गोस्वामी तुलसीदास कृत

श्री रामचरितमानस

(प्रामाणिक पाठ तथा टीका)

गोस्वामी तुलसीदास कृत

श्री रामचरितमानस

योगेन्द्र प्रताप सिंह

पूर्व प्रोफेसर एवं अध्यक्ष

हिन्दी विभाग, इलाहाबाद विश्वविद्यालय

लोकभारती प्रकाशन

लोकभारती प्रकाशन
पहली मंजिल, दरबारी बिल्डिंग, महात्मा गांधी मार्ग
प्रयागराज-211 001

वेबसाइट : www.lokbhartiprakashan.com
ईमेल : info@lokbhartiprakashan.com

शाखाएँ : 1-बी, नेताजी सुभाष मार्ग, दरियागंज
नई दिल्ली-110 002
अशोक राजपथ, साइंस कॉलेज के सामने
पटना-800 006

पहला संस्करण : 1999
दूसरा संशोधित संस्करण : 2013
तीसरा संस्करण : 2023

मुद्रक : बी.के. ऑफसेट
नवीन शाहदरा, दिल्ली-110 032

SHRI RAMCHARITMANAS
by Dr. Yogendra Pratap Singh

ISBN : 978-81-8031-648-7

मूल्य : ₹ 2500

स्वर्गीय माता-पिता

की

पुण्य स्मृति

में

आत्मकथ्य

भारतीय वाङ्मय में श्रीरामचरितमानस एक कालजयी महाकाव्य है। यह महाकाव्य आज जितनी श्रद्धा एवं आदर का विषय बना हुआ है, महाकवि तुलसीदास के जीवनकाल में भी इसने इतनी ही व्यापक श्रद्धा तथा आदर अर्जित कर लिया था। कवि के ही जीवनकाल में इसके रूपान्तरण के अनेक साक्ष्य मिलते हैं। हिन्दी साहित्य में सम्भवतया सबसे अधिक टीकाएँ इसी काव्य की मिलती हैं। गोस्वामी तुलसीदास के जीवनकाल से लेकर बीसवीं शती के पूर्वार्द्ध तक मानस की हस्तलिखित प्रतियों की संख्या हजारों से भी अधिक मिलती हैं, इसकी लोकप्रियता का इससे बड़ा प्रमाण और क्या हो सकता है?

इस कृति की सबसे बड़ी विशेषता है, अर्थ के अनेक पार्श्वों को व्यक्त करने की क्षमता रखना। यद्यपि मानस लोकभाषा में लिखा गया है और इसको समझने में सामान्य-से-सामान्य जन को भी किसी कठिनाई का अनुभव नहीं होता किन्तु व्याख्या के स्तर पर इस कृति में इतने गूढ़ एवं रहस्यमय अर्थ भरे पड़े हैं कि विशेषज्ञों एवं गहन वैदुष्यमण्डित पण्डितों को भी निहित मूलतत्त्व के विवेचन में कठिनाई का अनुभव होता है। इस कृति में पूर्ववर्ती परम्परा के आर्ष ग्रन्थों के मन्तव्यों एवं सन्दर्भों को इतनी कुशलतापूर्वक सन्निविष्ट कराया गया है कि विवेचन के स्तर पर जटिलताएँ अनिवार्यतः उठ खड़ी होती हैं। परम्परा के विद्वान् विवेचक श्रीरामचरितमानस के सिद्धान्त पक्ष के द्वैतवाद, अद्वैतवाद, द्वैताद्वैत एवं विशिष्टाद्वैतवाद के विषय में अपनी अन्तिम सम्मति अभी तक नहीं बना पाये हैं। लीला तथा भक्ति के सापेक्ष्य में यह विवेचन और भी जटिल है। कई वर्षों के अध्ययन-अध्यापन के बाद इस गहन वैदुष्यपूर्ण तथा बहुआयामी कृति के स्पर्श का मेरा यह प्रयास बालोचित ही प्रतीत होता है।

इस टीका का मूल मन्तव्य मानस की साहित्यिक दृष्टि को अधिक स्पष्ट करना रहा है। श्रीरामचरितमानस पर अब तक लगभग दो दर्जन प्रसिद्ध टीकाएँ प्राप्त हैं किन्तु खेद का विषय है कि इनमें उलझाव अधिक मिलता है। यह टीका गोस्वामी तुलसीदासविषयक वाद-विवादों से मुक्त उनके काव्य में अन्तर्निहित तत्त्वों एवं विशेषताओं पर आधारित है। यही नहीं, इस रचना के काव्यपक्ष को समझाने के लिए प्रत्येक दोहे के अन्त में टिप्पणियाँ दी गयी हैं और कोशिश यह की गयी है कि मूल सन्दर्भ से बहकना न पड़े। कवि की साहित्यिक दृष्टि को विवेचित सन्दर्भ में स्पष्ट टीका का यहाँ यही मुख्य लक्ष्य रहा है। गोस्वामी तुलसीदास जी ने अपने कथ्य को तेजवान् बनाने के लिए रचना के जिन तत्त्वों का उपयोग किया है, उनकी ओर पाठकों का ध्यान आकर्षित कराना इस टीका की प्रमुख विशेषता है।

श्रीरामचरितमानस भारतीय जीवन एवं नीतिनिष्ठा का आधार-स्तम्भ है। भारतीय जीवन की सांस्कृतिक विशेषता त्यागवृत्ति में है। आज का अर्थपिशाच युग संग्रहवृत्ति के पीछे उन्मादग्रस्त एवं पागल की भाँति भटक रहा है। आज के इस अर्थलोलुप युग के लिए श्रीरामचरितमानस जीवन्त आदर्श प्रस्तुत करता है। भारतीय सांस्कारिक नीतिनिष्ठा की प्रतिष्ठा के लिए श्रीरामचन्द्र ने अपने चक्रवर्ती पिता दशरथ का राज्य तृण की भाँति त्याग दिया था। राम ने देव-विजयी रावण की सम्पत्ति, जिसको उसने अनेकानेक कष्टों से अर्जित की थी, संकोचपूर्वक विभीषण को दे डाला। बालिवध के पश्चात्, किष्किन्धा का साम्राज्य अपने मित्र सुग्रीव को सहज ही अर्पित कर दिया। नैतिकता, त्याग, अपरिग्रह आदि श्रेष्ठ समाज रचना के आधार हैं और भारतीय दृष्टि वैदिक काल से ही इसका समर्थन करती रही है। प्रस्तुत टीका में स्थल-स्थल पर इन आर्ष मूल्यों को इंगित करने का प्रयास किया गया है ताकि अब भी हम उन्हें समझकर और अपने जीवन में उतार सकें।

साहित्यिक कृति के रूप में श्रीरामचरितमानस की सबसे बड़ी विशेषता है, उपयुक्त शब्दार्थ एवं काव्य-संस्कार द्वारा पाठकों के मन में अपने मन्तव्य को सरलतापूर्वक उतार देना। टीकाकार द्वारा इस बात की पूरी चेष्टा की गयी है कि मानसकार के इस कवि-कर्म को बिना तोड़े-मरोड़े तथा उलझाव पैदा किये, सीधे-सीधे तटस्थभाव से उसे पाठकों के मन तक पहुँचा दिया जाय।

लोकभारती के व्यवस्थापक श्री दिनेश जी एवं श्री रमेश जी के सतत आग्रह से ही यह टीका लिखी गयी गयी है, अन्यथा इसका लिखा जाना सम्भव ही नहीं था। इस टीका की पाण्डुलिपि तैयार करने में पुत्र डॉ. कीर्ति कुमार सिंह, डॉ. संजय कुमार सिंह एवं श्री अजय कुमार सिंह तथा पुत्री कुमारी नन्दिता सिंह ने जो सहयोग दिया है, इसके लिए वे आशीर्वाद के पात्र हैं। इस टीका के लिए गुरुवर्य प्रो. जगदीश गुप्त-जिनकी कक्षा में मैंने बैठकर तुलसीदास का अध्ययन किया था तथा प्रो. रामस्वरूप चतुर्वेदी जिन्होंने साहित्य के अध्ययन का संस्कार दिया है, दोनों के प्रति कृतज्ञ हूँ। गुरुदेव डॉ. माताप्रसाद गुप्त, गीताप्रेस, पं. विश्वनाथ प्रसाद मिश्र आदि-आदि द्वारा सम्पादित श्रीरामचरितमानस के पाठों से मिलनेवाले सहयोग एवं अंजनीशरण जी महाराज आदि विद्वानों की टीकाओं के प्रति मैं कृतज्ञता अर्पित करता हूँ। यही नहीं, भारती भवन पुस्तकालय, अहियापुर, इलाहाबाद, हिन्दी साहित्य सम्मेलन संग्रहालय, प्रयाग आदि की उपलब्ध सामग्रियों की एतदर्थ जो सहायता मिली है, उसके प्रति भी मैं वहाँ के अधिकारियों का आभार प्रकट करता हूँ। लेजर कम्पोजिंग के सन्दर्भ में प्रयागराज कम्प्यूटर्स के व्यवस्थापक श्री पुनीत अग्रवाल एवं प्रूफ रीडिंग के लिए श्री रमेश शुक्ल की तत्परता के लिए लेखक उन्हें साधुवाद देता है।

यह कार्य कितना सफल हो सका है, मानस के सुधी पाठक तथा मर्मज्ञ ही इसका आकलन कर सकेंगे। श्रीरामचरितमानस की निर्मल जलराशि में अवगाहन करके पाठकों की प्रज्ञा की विश्रान्ति-प्राप्ति ही इस टीका-लेखन की सार्थकता समझी जायगी।

प्रयाग : १५-१२-९८ **योगेन्द्र प्रताप सिंह**

द्वितीय संस्करण की भूमिका

यह हर्ष का विषय है कि श्रीरामचरितमानस की लोकभारती टीका का यह द्वितीय संस्करण आपके सामने है। आप भलीभाँति अवगत हैं कि सम्प्रति श्रीरामचरितमानस की सत्ताईस टीकाओं के बीच उसकी यह लीलान्वयी टीका सर्वथा नवीन सन्दर्भों से जुड़ी रही है। श्रीराम अवतरित पुरुष होकर ब्रह्म की सत्ता के मूलधर्म हैं। इस ब्रह्मसत्ता से मूलधर्म से मानवीय सत्ता को जोड़कर तथा उन्हें लोकजगत् के बीच अवतरित करके उनके कार्यों को मानवीय आचरण का पर्याय बना देना ही लीला है। वह लोक के सम्पूर्ण सन्दर्भों, आचरणों तथा स्वयं के व्यवहारों द्वारा लोकरक्षक बनकर सम्पूर्ण जगत् की हितैषिता के लिए प्रत्येक विधि से प्रत्येक क्षण तत्पर हैं। वह सम्पूर्ण सृष्टि के सर्जक तथा आधार-स्रोत हैं-तुलसी के राम कहते हैं कि **सब मम प्रिय सब मम उपजाये। सबसे अधिक अनुज मोहि भाये।।** लोकरक्षण के लिए समर्पित उनकी इस अपूर्व कृति श्रीरामचरितमानस का यह द्वितीय संस्करण आपके अवलोकनार्थ प्रस्तुत है। इस कृति के माध्यम से आप यह अनुभव करेंगे कि लीलाधारी श्रीराम का समग्र लोकाचरण मानव जाति की हितबद्धता से सम्बद्ध निरन्तर उसकी आत्यन्तिक समृद्धि, सुख, आनन्द एवं शान्ति का मूलाधार हैं। इन्हीं मंगल कामनाओं के साथ मानस की यह लीलान्वयी टीका पुनः आपके लिए प्रस्तुत हैं।

महाकुम्भ, मकर संक्रान्ति **योगेन्द्र प्रताप सिंह**
१४ जनवरी, सोमवार
सन् २०१३, विक्रम संवत् २०६९

विषय सूची

(अंक पृष्ठ संख्या के सूचक हैं)

अरण्यकांड

किष्किंधाकांड

सुंदरकांड

लंकाकांड

उत्तरकांड

परिशिष्ट

गोस्वामी तुलसीदास : जीवनवृत्त एवं मूल्यांकन

धर्मोजयति नाधर्मस्सत्यं जयति नानृतम्।
क्षमा जयति न क्रोधो विष्णुर्जयति नासुरः॥

(टोडरमल के पंचनामे में तुलसीदास का वक्तव्य)

गोस्वामी तुलसीदास हिन्दी साहित्य के कालजयी कवि ही नहीं, अपने युग के महान् चिन्तक, भक्त एवं श्रीराम के प्रति अनन्य निष्ठा से समर्पित साधक भी हैं। उनके काव्य में अभिव्यक्त भक्ति, चिन्तन एवं साधना का विवेचन हिन्दी तथा भारतीय भाषाओं में ही नहीं अपितु विदेशी भाषाओं में भी गहरी निष्ठा तथा गम्भीर विवेक के साथ यह मानकर किया जाता है कि इस महान् कवि ने केवल अपने युग की मानव जाति के लिए ही नहीं वरन् आगे आने वाली समग्र मानवता के लिए उच्चतम मांगलिक मूल्यों का स्वप्न देखा है।

तुलसी मानव हितैषिता के सर्वश्रेष्ठ कवि हैं। उन्होंने भारतीय संस्कृति की समग्र चिन्तन धाराओं को एकसूत्र में पिरोकर और अपने अतीत, सामयिक एवं भविष्य के लिए सम्पूर्ण मानव जाति की आकांक्षाओं तथा आवश्यकताओं से उसे जोड़कर एवं वैष्णवी आस्था, साथ ही, भक्ति के सर्वसुलभ रूप से उसे समन्वित करके श्रीरामचरितमानस नामक एक ऐसी कृति की रचना की है जो भारत के प्रत्येक वर्ग, प्रत्येक जाति, प्रत्येक भाषा-भाषी के लिए समान आस्था, समान निष्ठा एवं समान श्रद्धा का विषय बना हुआ है।

गोस्वामी तुलसीदास द्वारा रचित श्रीरामचरितमानस वह कृति है—जिसमें महर्षि वाल्मीकि की मानवीय हितचिन्ता, महाकवि कालिदास की समग्र कला-कल्पना तथा विलास दृष्टि एवं ऋषि श्रेष्ठ देवकवि व्यास की भारतीय आर्ष मूल्यों के संरक्षण की चिन्ता समवेत् रूप से समन्वित है। आज तक हिन्दी ही नहीं, समग्र भारतीय भाषा में गोस्वामी तुलसीदास जैसी काव्य प्रतिभा, रचनात्मक काव्य सृजन शक्ति तथा एक ही रचना फलक पर लोकहितैषिता की व्यापक भावभूमि शायद ही कहीं प्राप्त हो। लोकमंगल, हताश एवं निराश मानव जाति में आत्म विश्वास तथा सद्भाव एवं प्रेम का कविता द्वारा सार्वजनिक मंच तैयार करने वाला इस प्रकार का विवेक सम्पन्न अतलदर्शी प्रतिभा का महाकवि हिन्दी साहित्य में और कोई दूसरा नहीं है।

इस महाकवि का संक्षिप्त जीवन परिचय इस प्रकार है—

गोस्वामी तुलसीदास का जन्म संवत् १५८९ अधिकांश विद्वानों द्वारा स्वीकार किया जाता है। तुलसी साहब ने घट रामायण में इस जन्मतिथि को स्वीकार करते हुए बताया है—

संबत पन्द्रह सौ नवासी। भादौं सुदी मंगल एकादसी।

अर्थात्, संवत् पन्द्रह सौ नवासी में भाद्रपद मास शुक्ल पक्ष, एकादशी, मंगलवार को इस महाकवि का जन्म हुआ था। वैसे, अनेक विद्वान् इनका जन्म संवत् १६००, संवत् १५५४ तथा संवत् १५८९ आदि मानते हैं।

गोस्वामी तुलसीदास के जन्म स्थान के विषय में पर्याप्त विवाद बना हुआ है किन्तु अधिकांशतया विद्वान् चित्रकूट के पास स्थित राजापुर गाँव (चित्रकूट) को ही इनका जन्म स्थान मानते हैं। सर जार्ज ग्रियर्सन ने तारी, ग्रीव्स ने हस्तिनापुर, गार्साँ दि तासी ने हाजीपुर, डॉ० रामदत्त भरद्वाज आदि ने एटा के प्रसिद्ध तीर्थस्थल सोरों एवं अन्य कई विद्वानों ने गोंडा के वाराह क्षेत्र को

इनकी जन्मस्थली स्वीकार किया है। इन वैमत्यों के बीच अधिकांशतया साक्ष्य राजापुर के पक्ष में जाते हैं और राजापुर को ही इनका जन्म स्थान माना जाता है।

जन्म संवत् तथा जन्म स्थली की भाँति उनकी उपजाति भी विवाद का विषय है। तुलसी के अन्तस्साक्ष्य से ज्ञात होता है कि ये जाति के ब्राह्मण थे किन्तु कोई इन्हें सरयूपारीण मानता है, कोई कान्यकुब्ज तथा कोई सनाढ्य। उपजाति के अन्तर्गत मिश्र, शुक्ल, दुबे या गोसाईं से इन्हें सम्बद्ध किया जाता है, किन्तु यह स्पष्ट हो चुका है कि गोसाईं इनकी उपाधि थी। अधिकांशतया विद्वान् इन्हें दुबे उपजाति का सरयूपारीण ब्राह्मण मानते हैं। इनके पिता का नाम आत्माराम दुबे बताया गया है तथा माता का नाम हुलसी।

यह एक निर्विवाद सत्य है कि गोस्वामी तुलसीदास की बाल्यावस्था नितान्त संकटापन्न रही है। इस संकटापन्न बाल्यावस्था के मूल में क्या कारण रहे हैं, इस विषय में विद्वानों के बीच पर्याप्त मतभेद है। इस विषय में अनेक जनश्रुतियाँ भी हैं। कोई कहता है कि अभुक्त मूल नक्षत्र में पैदा होने के कारण माता-पिता ने इन्हें त्याग दिया था, किन्तु यह जनश्रुति सत्य नहीं प्रतीत होती। तुलसीदास की विभिन्न रचनाओं के अन्तस्साक्ष्यों से ऐसा प्रतीत होता है कि—थोड़े ही समय के पश्चात् इनके माता-पिता का देहावसान हुआ था और उसके पश्चात् ये निराश्रित होकर जीवन व्यतीत करने लगे थे। विनय पत्रिका में एक स्थल पर स्वयं कवि ने ही सूचना दी है—

'तनु तज्यो कुटिल कीट ज्यों तज्यो मातु पिताहूँ'

कुटिला कीट की विशेषता यह है कि वह संतति उत्पन्न करते ही शरीर त्याग देता है—और शायद उसी क्रम में ही इनके माता-पिता बाल्यावस्था में ही दिवंगत हो चुके थे। इस सम्बन्ध के साक्ष्य उनकी अन्य कृतियों में भी मिलते हैं।

थोड़े बड़े होने पर इनका पालन पोषण सम्भवत: किसी हनुमान मन्दिर में हुआ होगा क्योंकि 'हनुमान बाहुक' में कवि ने इस सम्बन्ध में संकेत दिया है—'खायो खोंची माँगि तेरो नाम लियो रे' अर्थात्, कवि हनुमान का नाम जपता हुआ, मन्दिर के चढ़ावे से अपना जीवन यापन करता था। तुलसीदास अपनी बाल्यावस्था में भीख माँगकर गुजारा करते थे, इस तथ्य के भी संकेत उनकी कृतियों में प्राप्त होते हैं। कवितावली में उन्होंने अपनी बाल्यावस्था की विपन्नता का बड़ा ही मार्मिक दृश्य प्रस्तुत किया है—

मातु पिता जग जाइ तजे बिधिहूँ न लिखी कछु भाल भलाई।
नीच निरादर भाजन कादर कूकुर टूकनि लागि ललाई॥

कवि का मूल नाम क्या था, इस सम्बन्ध में विद्वानों ने रामबोला नाम का संकेत किया है। गोस्वामी तुलसीदास जी ने कवितावली में 'रामबोला' नाम शब्द का उल्लेख किया है, किन्तु उसकी प्रामाणिकता का कोई उल्लेख नहीं है। विनय पत्रिका में एक स्थल पर उल्लेख है कि गोस्वामी तुलसीदास बाल्यावस्था में 'अनामधारी' थे—

'फिर्‌यो बिललात बिनु नाम उदर लागि दुखउ दुखित मोहिं हेरे।'

इनकी माता का नाम हुलसी तथा पिता का नाम आत्माराम दुबे, यह जनश्रुतियों में बताया जाता है। रामचरितमानस में कवि ने 'हुलसी' शब्द का प्रयोग किया है और उसका अर्थ उनकी माता के सन्दर्भ में भी किया जाता है। अकबर के नवरत्न अब्दुर्रहीम खानखाना ने इनकी माता का नाम हुलसी बताया है—

सुरतिय नरतिय नागतिय सब चाहत अस होइ।
गोद लिये हुलसी फिरै तुलसी सो सुत होइ॥

गोस्वामी तुलसीदास उपाधिमूलक नाम है, इसका संकेत उन्होंने अनेक बार कहा है। मानस में एक स्थल पर वे कहते हैं—

'जो सुमिरत भयो भाँग ते तुलसी तुलसीदास'

मूल नाम का उल्लेख नहीं है किन्तु श्रीराम की कृपा से तुलसी प्रारम्भ में तुलसी के नाम से पुकारे जाते रहे हैं, फिर बाद में अत्यधिक ख्याति अर्जित करने के कारण गोसाईं तुलसीदास के नाम से विख्यात् हुए। कवितावली में भी इसी प्रकार के संकेत मिलते हैं—

नाम तुलसी पै भोंड़े भाग सो कहायो दास
कियो अंगीकार ऐसे बड़े दगाबाज को।

गोस्वामी तुलसीदास बाल्यावस्था में, प्रतीत होता है किसी रामकथा के मर्मज्ञ गुरु के सम्पर्क में आ चुके थे। श्रीरामचरितमानस की रचना के सन्दर्भ में यह कहना कि 'समुझ्यो नहिं तसि बालपन तब अति रह्यो अचेत' इसमें 'बालपन' तथा 'अचेत' इन दो शब्दों से यही व्यंजना निकलती है। लगता है, इन्हीं गुरु की कृपा से तुलसीदास ने 'राम नाम' मंत्र लिया था—

बहुमत सुनि गुनि पंथ पुरानहिं जहाँ तहाँ झगरो सो।
गुरु कह्यो राम भजन नीको मोहि लागत राज डगरो सो॥

गुरु की कृपा से ही इन्होंने श्रीराम भक्ति के राजमार्ग को जीवन यापन के लिए स्वीकार किया। तुलसीचरित के लेखक रघुबरदास ने इनके गुरु का नाम 'श्रीरामदास' बताया है।

इनके गुरु के विषय में भी कई मत हैं। एकमत तो यह है कि ये शेष सनातन जी के शिष्य थे किन्तु इस सम्बन्ध में अधिकांशतया विद्वान् यही मानते हैं कि इनके गुरु का नाम 'नरहरिदास' था श्रीरामचरितमानस की प्रारम्भिक वन्दना के समय अपने गुरु का स्मरण दो बार करते हैं—

बंदौ गुरु पद कंज कृपासिन्धु नर रूप हरि

×× ×× ××

वन्दे बोधमयं नित्यं गुरुं शंकररूपिणम्।
यमाश्रितो हि वक्रोऽपि चन्द्रः सर्वत्र वन्द्यते॥

सर जार्ज ग्रियर्सन ने तुलसी की गुरु परम्परा का उल्लेख करते हुए श्रीनरहरिदास जी को ही उनका गुरु स्वीकार किया है।

गोस्वामी तुलसीदास ने एक स्थिति विशेष में गृहस्थ जीवन को स्वीकार किया था, ऐसा उनके अन्तस्साक्ष्यों के आधार पर ज्ञात होता है। हनुमान बाहुक में एक स्थल पर उन्होंने अपने पूरे जीवन की सम्पूर्णतः समीक्षा की है—

बालेपन सूधेमन राम सनमुख भयो
राम नाम लेत माँगि खात टूक टाक हौं॥
पर्‌यो लोकरीति में पुनीत प्रीति रामराय
मोहबस बैठो तोरि तरक तराक हौं॥
खोटे खोटे आचरन आचरत अपनायो
अंजनी कुमार सोध्यो रामपानि पाक हौं।
तुलसी गोसाईं भयो भोंड़े दिन भूलि गयो,
ताको फल पावत निदान परिपाक हौं॥

ऐसी स्थिति में यह कहना अनुचित न होगा कि उन्होंने एक विशेष समय में गृहस्थ जीवन को भी स्वीकार किया था।

उनकी पत्नी रत्नावली, जो दीनबन्धु पाठक की पुत्री के रूप में विश्रुत हैं, की चर्चा बराबर

जनश्रुति के रूप में मिलती है। रघुबरदास जी ने इनके तीन विवाहों की चर्चा की है और कहा गया है कि तीसरी पत्नी बुद्धिमती के धिक्कारने पर इन्हें वैराग्य हुआ था किन्तु अधिकांशतया यह किंवदन्ती रत्नावली के साथ जुड़ती है। गोस्वामी तुलसीदास जी ने नारियों के प्रति जो टिप्पणियाँ दी हैं, उनसे इन नारियों के प्रति उनके मन के क्षोभ को सहज ही देखा जा सकता है। फिर भी, दोहावली तथा कवितावली के साक्ष्यों से यह स्पष्ट है कि कवि ने गृहस्थ जीवन का भोग किया था। दोहावली में पत्नी को सम्बोधित एक दोहा इस प्रकार आता है—

खरिया खरिक कपूर ज्यों उचित न पिय तिय त्याग।
कै खरिया मोहिं मेलि कै बिमल बिबेक बिराग॥

दोहावली के इस दोहे के साथ यह जनश्रुति है कि वृद्धावस्था में इनकी पत्नी इनसे मिली और आग्रह किया कि जैसे झोली में खड़िया, चन्दन, कपूर आदि पड़े रहकर वैराग्य भाव में मदद पहुँचाते हैं, तथैव मैं भी आपके पास पड़ी रहकर आपकी सेवा सुश्रूषा कर करूँगी। कहा जाता है कि यह सुनकर उसी दिन तुलसीदास ने अपनी झोली को गंगा में प्रवाहित करके संग्रहवृत्ति का भली प्रकार से त्याग कर दिया। उनके सम्बन्ध में यह भी किंवदन्ती है कि उन्हें तारक नाम का एक पुत्र भी था।

तुलसीदास गृहस्थ जीवन के अधिक विरोधी नहीं प्रतीत होते और वे 'घर' तथा 'वन' के बीच के सामंजस्य को श्रेयस्कर मानते हैं।

गोस्वामी तुलसीदास के अन्तस्साक्ष्यों से ज्ञात होता है कि किसी कारणवश गृहस्थ जीवन को इन्होंने छोड़ दिया था। प्रारम्भिक स्थिति में इन्होंने हनुमान की भक्ति की होगी और फिर क्रमशः श्रीराम में उनकी भक्ति प्रगाढ़ होती गई और आजीवन वे श्रीराम के भक्त बने रहे।

गोस्वामी तुलसीदास जी ने अपना जीवन चित्रकूट, अयोध्या, प्रयाग तथा काशी में व्यतीत किया था, इसके समग्र अन्तस्साक्ष्य वर्तमान हैं। यही नहीं, वे चित्रकूट से बराबर प्रयाग तथा सीतामढ़ी के रास्ते से होकर काशी जाया करते थे, ऐसा साक्ष्य उनकी कृतियों में वर्तमान है। श्रीरामचरितमानस के बाल, अयोध्या तथा अरण्यकांडों को उन्होंने अयोध्या में रहकर पूरा किया था तथा शेष कांडों की रचना काशी में पूर्ण की थी। अपने जीवन की प्रारम्भिक साधना उन्होंने चित्रकूट में पूरी की थी, तथा वे प्रयाग में यदाकदा आते रहे हैं। काशी में उनके कई निवास स्थल बताये जाते थे। इस सम्बन्ध में यहाँ प्राय: पाँच स्थानों की चर्चा की जाती है—हनुमान फाटक, प्रह्लादघाट, संकटमोचन, गोपाल मन्दिर तथा अस्सीघाट। प्रह्लाद घाट के विषय में कहा जाता है कि ये गंगाराम ज्योतिषी के घर पर रहा करते थे और इनसे इनकी बड़ी ही मैत्री थी। इनकी मैत्री से सम्बन्धित एक दोहा रामाज्ञा प्रश्न में अंकित है—

सगुन प्रथम उनचास सुभ तुलसी अति अभिराम।
सब प्रसन्न सुरभूमि सुर गो गन गंगाराम॥

वाराणसी में नगवाँ स्थित संकट मोचन मंदिर तुलसीदास द्वारा ही बनवाया गया था और उन्होंने ही यहाँ हनुमान की मूर्ति स्थापित की थी, ऐसा कहा जाता है। गोपाल मन्दिर में श्रीमुकुन्दराय जी के बाड़े में दक्षिण-पश्चिम के कोने में एक कोठरी अब भी वर्तमान है। कहा जाता है कि 'विनयपत्रिका' की रचना तुलसीदास जी ने यहीं रहकर की थी। अस्सीघाट पर तुलसीदास का अन्तिम समय व्यतीत हुआ और यहीं इन्होंने हनुमान जी की मूर्ति भी स्थापित की है। इनके प्रसिद्ध शिष्य रामू द्विवेदी ने लिखा है कि प्रतिदिन गंगा के तट पर खड़े होकर तुलसीदास यहाँ 'भरत गये ठाढ़े' पद गाते हुए प्रेमाश्रु, विह्वल एवं विथकित हो उठते थे। यहाँ इन्होंने हनुमान जी की मूर्ति की स्थापना एक गुफा में की थी।

तुलसीकृत हनुमान बाहुक देखकर ज्ञात है कि उनके मन में इनके प्रति अगाध श्रद्धा थी और

इस प्रकार की किंवदन्ती है कि इन्होंने काशी में हनुमान की बारह मूर्तियाँ स्थापित की थीं।

अस्सीघाट के विषय में यह भी किंवदन्ती है कि अपनी वृद्धावस्था में गोस्वामी तुलसीदास ने यहीं रामलीला करानी प्रारम्भ की थी।

गोस्वामी तुलसीदास की एक बड़ी मित्र तथा शिष्य मंडली थी। काशी के टोडरमल, पंडित गंगाराम ज्योतिषी, अब्दुर्रहीम खानखाना, मधुसूदन सरस्वती, रामू द्विवेदी आदि तुलसीदास के मित्र तथा शिष्य थे।

काशी निवासी टोडरमल तुलसी के अनन्य मित्रों में से थे। गोस्वामी तुलसीदास का इनके परिवार में बड़ा ही आदर तथा सम्मान था और तुलसीदास ने दोहावली में इनके लिए कई दोहों की रचना की है—

चारि गाँव को ठाकुरो मन को महा महीप।
तुलसी या कलिकाल में अथये टोडर भूप॥
तुलसी उर थाला बिमल टोडर गुन गन बाग।
ये दोउ नैनन्हि सींचिहौं समुझि सुमुझि अनुराग॥
तुलसी राम सनेह को सिर पर भारी भार।
टोडर कान्हा ना दियो सब कहि रहे उतार॥

श्री टोडरमल जी की मृत्यु के पश्चात् तुलसीदास को अपार कष्ट हुआ था और उनकी मृत्यु से अत्यधिक शोक विह्वल उन्होंने अधोलिखित दोहा लिखा था—

रामधाम टोडर गये तुलसी भये असोच।
जियबो मीत पुनीत बिनु यहै जानि संकोच॥

टोडरमल के दो पुत्र थे। एक का आनन्दराम और दूसरे का नाम बलिभद्र था। बलिभद्र टोडरमल के सामने दिवंगत हो गये थे और टोडरमल की मृत्यु के पश्चात् आनन्दराम एवं कन्हई के बीच भूमि विवाद हुआ, उसमें गोस्वामी जी पंच हुए और उनके हाथ से निर्णय का पंचनामा लिखा गया था। यह पंचनामा ग्यारह पीढ़ियों तक टोडरमल के परिवार वालों के पास रहा और ग्यारहवीं पीढ़ी के पृथ्वीपाल सिंह ने उसे महाराज काशी नरेश के हवाले कर दिया। इस पंचनामे का सबसे बड़ा ऐतिहासिक महत्त्व यह है कि इससे तुलसी के हस्तलेख की सही जानकारी हो सकती है और प्रतिलिपियों के विवाद के निर्धारण में सहायक हो सकता है। इस पंचनामे के प्रारम्भ में दो श्लोक एवं एक दोहा आया है, जो सत्य एवं धर्मनिष्ठा का प्रमाण तथा गोस्वामी तुलसीदास की धर्म चेतना का बहुत बड़ा साक्ष्य है—

श्रीजानकीवल्लभो विजयते
द्विशरंनाभिसंधत्ते द्विस्थापयति नाश्रितान्।
द्विर्ददाति न चार्थिभ्यो रामो द्विर्नैवभाषते॥
तुलसी जान्यो दशरथहिं धरमु न सत्य समान।
राम तजे जेहिं लागि बिनु राम परिहरे प्रान॥
धर्मोजयति नाधर्म्मस्सत्यं जयति नानृतम्।
क्षमा जयति न क्रोधो विष्णुर्जयति नासुरः॥

इस पंचनामे की तिथि १६६९, क्वार मास, त्रयोदशी है। यह श्रीरामचरितमानस की रचना के ३८ वर्ष बाद लिखा गया था और तब तक तुलसीदास को पर्याप्त ख्याति मिल चुकी थी।

अब्दुर्रहीम ख़ानख़ाना के सन्दर्भ में कहा जाता है कि उन्होंने कतिपय बरवै छन्दों को लिखकर तुलसी के पास भेजा था और तुलसी ने उसके आधार पर बरवै छन्दों की रचना की थी। एक

जनश्रुति है कि एक बार एक गरीब ब्राह्मण को सहायता के निमित्त एक दोहा की आधी पंक्ति लिखकर तुलसी ने रहीम के पास भेजी। यह पंक्ति इस प्रकार है—

'सुरतिय नरतिय नागतिय सब चाहत अस होय।'

रहीम ने तुलसी के आशय को समझकर उस ब्राह्मण को प्रभूत दान दिया और उस दोहे को पूरा करके इस प्रकार भेजा—

'गोद लिये हुलसी फिरैं तुलसी सो सुत होय।'

रहीम तथा तुलसी में वैसे कई दोहों में साम्य दिखाई पड़ता है।

मधुसूदन सरस्वती से तुलसी की प्रगाढ़ मैत्री थी और कहा जाता है कि दोनों शेष सनातन जी के शिष्य तथा गुरुभाई थे। मधुसूदन सरस्वती का प्रसिद्ध श्लोक तुलसी की प्रशस्ति में लिखा हुआ मिलता है।

गोस्वामी तुलसीदास के शिष्यों में रामू द्विवेदी का विशेष महत्त्व है। रामू द्विवेदी तुलसी के शिष्य थे और उन्होंने बालकांड के कुछ अंशों का संस्कृत में रूपान्तरण किया है। इनके अनुसार गोस्वामी तुलसीदास के मित्रों तथा शिष्यों की संख्या बड़ी थी।

तुलसीदास के अन्तस्साक्ष्य से ज्ञात होता है कि उन्हें जीवन काल में बड़ी ख्याति मिली थी जिसके कारण ईर्ष्यालु पंडितों से इनका विवाद बढ़ा था। 'तुलसी गुसाईं भयो भोंड़े दिन भूलि गयो' की पंक्ति से स्पष्ट है कि उन्हें अपने जीवन काल में पर्याप्त सम्मान मिला। था। गोस्वामी तुलसीदास जी ने अपने प्रति होनेवाले विरोध का बड़ा ही मार्मिक चित्र कवितावली के कई छन्दों में निर्दिष्ट किया है—

कोउ है कहत कुसाज दगाबाज बड़ो,
कोऊ कहै राम को गुलाम खरो खूब है।
साधु कहैं महासाधु खल कहैं महाखल
बानी झूठी साची कोटि कहत हबूब है।
चहत न काहू सों न कहत काहू सो कछु
सब की सहत उर अंतर न ऊब है।
तुलसी को भलोपोच हाथ रघुनाथ ही के
राम की भगति भूमि मेरी मति दूब है।

गोस्वामी तुलसीदास जी का अन्तिम समय बड़ा ही कष्टमय बीता। उन्होंने अपनी आँखों से 'काशी की कदर्थना' भी देखी और उसे सहा भी था। प्लेग की महामारी से ग्रस्त काशी की दुर्दशा का तुलसी ने इतना यथार्थ तथा मार्मिक चित्र खींचा है कि वह अपने आप में यथार्थ चित्रण का मानक बन गया है। काशी की यह दुर्दशा रुद्रबीसी के अन्तराल में हुई थी—

बीसी बिस्वनाथ की बिषाद बड़ो बारानसी,
बूझियै न ऐसी गति संकर सहर की।

ज्योतिष की गणना के अनुसार यह रुद्रबीसी संवत् १६६५ से १६८५ तक थी—और इसी रुद्रबीसी के अन्तराल में गोस्वामी जी का देहावसान भी हुआ था।

कवितावली तथा हनुमान बाहुक के साक्ष्यों से स्पष्ट है कि तुलसीदास इस महामारी से आक्रान्त थे और उससे मुक्ति के लिए 'हनुमान बाहुक' की रचना की थी। हनुमान बाहुक में तुलसी की हताशा तथा निराशा के जो पद मिलते हैं, उनसे तो यह नहीं प्रतीत होता है कि वे उससे उबर पाये रहे हों किन्तु विद्वानों का एकमत यह बताता है कि गोस्वामी तुलसीदास प्लेग की महामारी से मुक्त होकर भले चंगे हो गये थे और उसके बाद उनकी मृत्यु हुई। हनुमान बाहुक में तुलसी की गहन निराशा से सम्बन्धित पद इस प्रकार का है, जहाँ उनकी श्रीराम के प्रति आजीवन

अभिव्यक्त आस्था टूटती हुई दृष्टिगत होती है। यह 'हनुमान बाहुक' का अन्तिम छन्द है—

कहौं हनुमान सों सुजान रामराय सों
कृपानिधान संकट सो सावधान सुनिये।
हरष विषाद राग रोग गुन दोषमई
बिरची बिरंचि सब देखियत सुनिये।
माया जीव काल के करम के सुभाय के
करैया राम बेद कहै साँची मन गुनिये।
तुम ते कहा न होय ह हा! सो बुझैये मोहि
हौं हूँ रहौ मौन ही बयो सो जानि लुनिये॥

हनुमान से कहकर थक गया, श्रीराम से भी कहते-कहते क्लान्त हो चुका, कृपानिधान शिव से भी प्रार्थना करते-करते हार गया—किन्तु मेरी महामारी की पीड़ा नहीं शान्त हुई। वेदादि तो कहते हैं कि श्रीराम सब कुछ करने में सर्वदा समर्थ हैं लेकिन लगता है, जीवन के अन्तिम क्षणों में कोई सहायक नहीं होता और जीवन में मनुष्य ने जिन कर्मों को बो रखा है, अन्तिम दिनों में उसी फसल को ही काटेगा, दूसरी नहीं।

तुलसी की डगमगाई आस्था का यह क्षण जीवन के जिस यथार्थ अनुभव संवेदन की चोट खाकर विचलित है, यह बहुत साधारण नहीं है।

तुलसी की मृत्यु के समय के दो छन्द मिलते हैं—कथन इस प्रकार है—

राम नाम जस बरनि कै भयउ चहत अब मौन।
तुलसी के मुख दीजिये अबहीं तुलसी लोन॥

कवितावली में मृत्युपूर्व का निम्नलिखित छन्द विशेष रूप से उल्लेखनीय बताया गया है—

कुंकुम रंग सुअंग जितो मुख चंद सो चंद की होड़ परी है।
बोलत बोल समृद्धि चुवै अवलोकत सोक निषाद हरी है।
गौरी कि गंग बिहंगिनि बेष कि मंजुल मूरति मोद भरी है।
पेखि सपेम पयान समै सब सोच बिमोचन छेमकरी है॥

गोस्वामी तुलसीदास जी के परलोक गमन के विषय में निम्नलिखित दोहा जनश्रुति तथा नामादास कृत भक्तमाल की टीका के अनुसार प्रसिद्ध है—

संबत सोरह सै असी असी गंग के तीर।
सावन सुक्ला सत्तमी तुलसी तजे सरीर॥

मूल गोसाईचरित में दूसरी पंक्ति का खंडन करते हुए इस प्रकार बताया गया है—

'सावन स्यामा तीज सनि तुलसी तजे सरीर।'

यह तिथि ज्योतिष गणना के आधार पर ठीक उतरती है और इसी तिथि क्रम के अनुसार टोडरमल के वंशज अब भी ब्राह्मणों को सीधा देते हैं। वैसे, पूर्व दोहे में वर्णित 'सावन शुक्ला सप्तमी' की परम्परा का अनुपालन बनारस के गोपाल मंदिर में अब तक होता चला आ रहा है और वह कोठरी, जिसमें रहकर तुलसीदास ने विनय पत्रिका की रचना की थी, साल भर बन्द रहती है और पूजन के निमित्त वह प्रतिवर्ष श्रावण मास, शुक्ल पक्ष, सप्तमी को ही खुलती है। यही नहीं, सन्त तुलसी साहब भी तुलसी की देहावसान तिथि यही मानते हैं और पूर्व तिथि ज्योतिष के आधार पर सही भी नहीं उतरती और डॉ० माताप्रसाद जी गुप्त के अनुसार इस तिथि को शनिवार नहीं शुक्रवार पड़ता है।

तुलसी की प्रामाणिक कृतियाँ

तुलसी की प्रामाणिक कृतियों के सम्बन्ध में पर्याप्त समय तक विवाद रहा है। इस विवाद का कारण सम्भवतया मिश्र बन्धु विनोद है, जिसमें उनके ३१ ग्रंथों की सूचना दी गई है। वस्तुत: हिन्दी साहित्य में तुलसी नाम के कई कवि हो चुके हैं और रचनाओं में रचनाकार का तुलसी या तुलसीदास देखकर प्राय: विवेच्य तुलसीदास के ही नाम से उन्हें जोड़ दिया है। इसके साथ ही, एक अन्य तथ्य यह भी है कि प्रत्येक लोकप्रिय कवि के नाम पर अनेक प्रक्षिप्त ग्रंथों के लिखने की भी परिपाटी संस्कृत तथा हिन्दी साहित्य में देखी जाती है।

परम्परा में बाबा वेणीमाधवदास ने इनके तेरह ग्रंथों की सूची दी है जिसमें कवितावली का उल्लेख नहीं है किन्तु हनुमान बाहुक का उल्लेख मिलता है, जो प्राय: कवितावली के साथ ही संलग्न है। मिश्रबन्धुओं ने उनके अनेक ग्रंथों में 12 ग्रंथों को ही प्रामाणिक माना है—जिसमें रामशलाका, कलिधर्माधर्म तथा हनुमान चालीसा भी है। मिश्रबन्धुओं ने रामलला नहछू, पार्वती मंगल, बरवै रामायण को अप्रामाणिक माना है। पण्डित रामगुलाम द्विवेदी के अनुसार तुलसी के प्रामाणिक ग्रंथ इस प्रकार हैं—

१. रामलला नेहछू
२. वैराग्य संदीपनी
३. बरवै रामायण
४. पार्वती मंगल
५. जानकी मंगल
६. रामाज्ञाप्रश्नावली
७. दोहावली
८. कवित्त रामायण
९. गीतावली रामायण
१०. कृष्णगीतावली
११. श्रीरामचरितमानस
१२. विनयपत्रिका

काशी नागरी प्रचारिणी ने गोस्वामी तुलसीदास के प्रामाणिक ग्रंथों की सूची इस प्रकार स्वीकार की है—

१. रामलला नेहछू
२. वैराग्य संदीपनी
३. बरवै रामायण
४. पार्वती मंगल
५. जानकी मंगल
६. रामाज्ञाप्रश्न
७. दोहावली
८. कवितावली या कवित्त रामायण
९. गीतावली
१०. कृष्णगीतावली
११. श्रीरामचरितमानस
१२. विनयपत्रिका

डॉ० माताप्रसाद गुप्त ने रचनाओं के काल क्रमानुसार इनकी निम्नलिखित रचनाओं को प्रामाणिक माना है—

१. रामलला नेहछू
२. रामाज्ञाप्रश्न (रामशलाका)
३. जानकी मंगल
४. रामचरितमानस
५. पार्वती मंगल
६. गीतावली
७. कृष्णगीतावली
८. विनयपत्रिका
९. बरवै रामायण
१०. दोहावली
११. कवितावली
१२. हनुमान बाहुक

कृतियों का संक्षिप्त परिचय

(१) रामलला नेहछू—इस कृति को 'रामजी के नेहछू' के नाम से भी पुकारा गया है और इसको तुलसी की प्रथम रचना कहा जाता है। यह नहछू संवत् १६१६ के आसपास की रचना मानी

जाती है। नहछू के सम्बन्ध में दो मत हैं—

१—अयोध्या में यज्ञोपवीत के समय का नेहछू है

२—यह राम विवाह के समय का है।

राम विवाह के समय का नेहछू इसलिए नहीं हो सकता कि इसमें सम्पूर्ण घटनाएँ अयोध्या की हैं। किन्तु इसके विपरीत यह भी नेहछू के अन्तर्गत वर्णित है कि नेहछू कार्यक्रम में श्रीराम दूल्हे तथा दुलहिन सीता हैं। यह रचना सोहर छन्द में है। यज्ञोपवीत या विवाह के अवसर की विविध प्रकार की लोकरीतियों, विशेषकर, नाइन के द्वारा वर का नाखून काटना और स्नान कराये जाने के एक लोक कृत्य का वर्णन है। ऐसा कहा जाता है कि लोक में प्रचलित अश्लील सोहर गीतों के द्वारा सम्पन्न नेहछू के स्थान पर शिष्ट सोहर छन्दों में तुलसी ने इस रामलला नेहछू को लिखकर मर्यादा स्थापित करने का कार्य किया है।

(२) वैराग्य संदीपनी—यह भी कवि की प्रारम्भिक कृतियों में से है। वैराग्य संदीपनी की प्रकाशित तथा अप्रकाशित प्रतियों में अत्यधिक पाठ भेद वर्तमान है, इसीलिए अधिकांशतम विद्वान् अब यह तय नहीं कर पा रहे हैं कि यह तुलसीदास की कृति है, या नहीं, यदि है तो इसका मूल पाठस्वरूप क्या होना चाहिए? काशी नागरी प्रचारिणी से प्रकाशित वैराग्य संदीपनी का प्रकाशित रूप सामान्यतया अधिक प्रचलित है। गोस्वामी तुलसीदास ने इस वैराग्य संदीपनी के अन्तर्गत सत्संगति से उत्पन्न ज्ञान एवं भक्ति तथा शान्ति का विवेचन किया है। श्रीराम के प्रति एकनिष्ठ भक्ति के मन्तव्य को यहाँ विवेचन का मूल लक्ष्य बनाया गया है। यह तीन अध्यायों में विभक्त (सन्त स्वभाव वर्णन, सन्त महिमा वर्णन, शान्ति वर्णन) एक लघु कृति है।

(३) रामाज्ञाप्रश्न—इसका अपर नाम रामशलाका भी है। इस कृति का मुख्य मन्तव्य शकुन विचार से है। इस रचना में सात सर्ग हैं और ये सर्ग विभिन्न सप्तकों में विभक्त हैं। इस रचना के अन्तर्गत शकुन विचार के साथ-साथ सम्पूर्ण रामकथा दी गई है। इस कृति की रचना तिथि संवत् १६२१ के आसपास की बताई जाती है। रामाज्ञा प्रश्न की रामकथा मानस की रामकथा से कहीं-कहीं भिन्न है। जैसे मानस में परशुराम प्रसंग धनुभंग के अवसर पर है किन्तु यहाँ परशुराम प्रसंग विवाह से लौटने पर मार्ग में आता है। यह क्रम वाल्मीकि रामायण का है। इसकी शैली में शिथिलता देखकर यह स्पष्ट रूप से अनुमान लगाया जा सकता है कि यह रचना श्री रामचरितमानस के बाद की है। साहित्यिक दृष्टि से इस कृति की प्रौढ़ता एवं रचनात्मक कौशल के प्रति सजगता विशेष रूप से उल्लेखनीय विषय है।

(४) जानकी मंगल—इसका रचनाकाल संवत् १३२६ के आसपास अर्थात् श्रीरामचरितमानस के पूर्व बताया गया है। बंगाल में विवाह के उपलक्ष्य में लिखे जाने वाले मंगलकाव्यों की एक परम्परा भक्तिकाल में भी दिखाई पड़ती है, सम्भव है, कवि को उन्हीं मंगलशीर्षक काव्यों से मंगलकाव्य लिखने की प्रेरणा मिली हो। इसमें सीता विवाह के सम्पूर्ण प्रसंगों की विस्तारपूर्वक चर्चा की गई है और कवि की यहाँ विवाह दृष्टि मानस से थोड़ी भिन्न प्रतीत होती है। इस कृति का कथानक रामाज्ञाप्रश्न के पर्याप्त समीप है। इसमें पुष्पवाटिका विहार प्रसंग का अभाव है, विवाह के पश्चात् श्रीराम से बारात लौटते समय मार्ग में परशुराम मिलते हैं आदि। यही नहीं, यह रचना पार्वती मंगल एवं मानस से शिल्प तथा काव्यबन्ध की परिपक्वता की दृष्टि से अपरिस्कृत ठहरती है। सत्य है कि यह कृति मानस से पूर्व लिखी गई है, फिर भी कथावस्तु एवं सैद्धान्तिकता की दृष्टि से श्रीरामचरितमानस की पृष्ठभूमि के रूप में स्वीकार की जा सकती है।

(५) श्रीरामचरितमानस—यह रामचरितमानस, मानस, रामायण के नाम से प्रचलित कृति श्रीरामचरितमानस है। कवि ने इसकी रचना तिथि चैत्रमास, शुक्ल पक्ष, नवमी, मंगलवार संवत् १६३१ बताई है। ज्योतिष गणना के आधार पर भी यह तिथि ठीक उतरती है, अतः मानस के रचनाकाल के विषय में कोई संदेह नहीं है।

मानस की रचना सप्त सोपानों में हुई है तथा मानस के उत्तरकांड में इसकी चौपाइयों की संख्या को निर्देश के रूप में विद्वानों ने स्वीकार किया है—

'सत पंच चौपाई मनोहर जानि जो नर उर धरै'

विद्वानों की धारणा है कि इसमें ५००१ चौपाइयाँ हैं। किन्तु इस पंक्ति का इस प्रकार का अर्थ निकालना उचित नहीं है। वैसे गणना करने पर चौपाइयों की संख्या ४५६४ एवं खंडित चौपाइयाँ (अर्धालियाँ) ९६ मिलती हैं और सबका योग करने पर ४६०० चौपाइयाँ मानस में मिलती हैं। पण्डित् विश्वनाथप्रसाद मिश्र ने सत पंच का अर्थ ५१०० चौपाइयाँ लगाया है और उनके अनुसार तुलसी के प्रामाणिक पाठ में इतनी चौपाइयाँ पहुँच सकती हैं।

मानस वक्ता-श्रोता परम्परा में लिखा गया विलक्षण काव्य है। सामान्यतया इसमें दो प्रकार के वक्ता-श्रोता हैं—

(१) प्रथम वर्ग के वे वक्ता, श्रोता जो श्रीराम के रहस्य को नहीं समझ पाते और आत्मभ्रम संशय एवं अज्ञान को दूर करने के निमित्त श्रीरामकथा का श्रवण करना चाहते हैं। इस संवर्ग के अन्तर्गत निम्नलिखित हैं—

(१) शिव-पार्वती
(२) कागभुशुंडि-गरुड़

(२) दूसरे संवर्ग के वे वक्ता-श्रोतागण हैं जो श्रीराम के रहस्य से भलीभाँति परिचित, उनके कथा से उत्पन्न आनन्द, भक्ति, तत्त्व चिन्तन के आस्वाद एवं विश्रान्ति के निमित्त इसका श्रवण करना चाहते हैं। इस संवर्ग के वक्ता-श्रोता निम्नलिखित हैं—

(१) याज्ञवल्क्य-भरद्वाज
(२) अगस्त्य-शिव
(३) भुशुंडि-शिव

वैसे, कुल मिलाकर श्रीरामचरितमानस में ८ वक्ता-श्रोता हैं।

श्रीरामचरितमानस की कथावस्तु पर पाँच ग्रंथों का अत्यधिक प्रभाव है। मानस का बालकांड सामान्यतया अध्यात्म रामायण से प्रभावित है और कुछ अंश वाल्मीकि रामायण से। अयोध्याकांड प्रायः सम्पूर्णतः भरत प्रसंग के अन्तिम भाग को छोड़कर वाल्मीकि रामायण पर आश्रित है। अरण्यकांड अध्यात्म रामायण से प्रभावित है और किष्किंधाकांड की उपमाएँ भागवतपुराण पर आधारित हैं। सुंदरकांड पर वाल्मीकि रामायण एवं हनुमन्नाटक का प्रभाव अधिक है। लंकाकांड का पूर्वांश हनुमन्नाटक से प्रभावित है और परवर्ती अंश वाल्मीकि रामायण एवं अध्यात्म रामायण से मानस के उत्तरकांड का पूर्वार्ध एवं परार्ध अनेक ग्रंथों से प्रभावित बताया गया है—जिनमें भागवत पुराण, अध्यात्म रामायण, योगवाशिष्ठ, भुशुंडि रामायण प्रमुख हैं। कवि की निजी तत्त्व चिन्तन विषयक मौलिक दृष्टि यहाँ प्रभाव की तुलना में अधिक महत्त्वपूर्ण है। कुल मिलाकर, कवि ने श्रीरामचरितमानस की कथावस्तु तथा चिन्तन के लिए वाल्मीकि रामायण, अध्यात्म रामायण, भागवत पुराण, हनुमन्नाटक (महानाटक) को आधार के रूप में ग्रहण किया है।

श्रीरामचरितमानस के रचनाक्रम के विषय में विद्वानों का मत है कि कवि ने अयोध्याकांड की रचना सबसे पहले की थी क्योंकि कवि की लीला भक्ति का जो चिन्तन तथा कथात्मक संकल्पना अयोध्याकांड में है, शेष कांडों में वह नहीं है। रचनाक्रम के सन्दर्भ में यह भी कहा जाता है कि कवि द्वारा उत्तरकांड एवं बालकांड की प्रस्तावना को (दो० सं० ४३ तक) सब से अन्त में लिखा गया।

गोस्वामी तुलसीदास की समस्त कृतियों में श्रीरामकथा के दो रूप मिलते हैं। रामाज्ञाप्रश्न, जानकी मंगल की रामकथा वाल्मीकि रामायण पर आश्रित है किन्तु मानस की श्रीरामकथा इस

परम्परा से भिन्न है। राम गीतावली की श्रीरामकथा दोनों परम्पराओं की मिश्रित कथा है।

गोस्वामी तुलसीदास श्रीरामचरित की कथावस्तु का नियोजन सोपानक्रम में जिस प्रकार करते हैं, वह उनकी मौलिक दृष्टि का परिचायक है। मानस का बालकांड इस दृष्टि से सर्वथा अद्भुत है। उसमें पाँच संवर्ग की कथाएँ हैं—

(१) प्रस्तावना कथाएँ—शिव एवं भरद्वाज प्रसंग

(२) अवतार कथाएँ—मनु-शतरूपा, नारद, प्रतापभानु, जय, विजय, जलंधर आदि

(३) मुख्य कथा—श्रीरामकथा

(४) पूरक कथा—विश्वामित्र कथा आदि

(५) सहकथाएँ—अहल्या, ताड़का कथाएँ आदि

यही स्थिति, अन्य कांडों की भी है। अरण्यकांड एवं उत्तरकांड में सहकथाओं की स्थिति अधिक है। किष्किंधा एवं सुंदरकांड में पूरक कथाएँ हैं। अयोध्या एवं लंकाकांड की अधिकांश कथाएँ मुख्य कथा के रूप में हैं।

तुलसीदास ने मानस में कथा क्रम की प्रस्तुति भी अपने ढंग से की है। मानस का बालकांड दशरथ की पुत्र चिन्ता से शुरू होता है किन्तु वाल्मीकि एवं अध्यात्म रामायण में ऐसा नहीं है। बालकांड का समापन कवि सर्वथा अपने ढंग से करता है, उसे यहाँ श्रीरामकथा की परम्परा की तनिक भी चिन्ता नहीं है।

अयोध्याकांड का प्रारम्भ भी इसी प्रकार दशरथ द्वारा कानों के पास श्वेत बालों को देखकर शुरू होता है और समापन भरत के नन्दिग्राम में। इस प्रकार की योजना न वाल्मीकि रामायण में है और न अध्यात्म रामायण में।

कवि के अरण्यकांड का पूर्वार्ध सर्वथा कवि-कल्पित है और उसका परार्ध लीलाभक्ति से सम्बद्ध है जहाँ श्रीराम लक्ष्मण को ज्ञान का उपदेश देते हैं और नारद को भक्ति तथा माया का।

कवि किष्किंधा, सुंदर एवं लंकाकांडों में कथावस्तु का विधान अपने ढंग से करता है। उत्तरकांड तो कवि की सर्वथा अपनी मौलिक कथावस्तु की रचना-दृष्टि का प्रमाण है।

कवि ने वाल्मीकि तथा अध्यात्म रामायणों से कांडों का नामकरण लिया है किन्तु मानस के साङ्गरूपक क्रम में वह उन्हें सोपानों के नाम से पुकारता है। वे बार-बार वाल्मीकि रामायण तथा अध्यात्म रामायणों के कथा-पथों से अपने को पृथक् रखते हुए दिखाई पड़ते हैं।

कांडों के नामकरण प्राय: वाल्मीकि जैसे ही हैं, केवल कवि ने वाल्मीकि के युद्धकांड का नाम लंकाकांड रखा है। उत्तरकांड उसका नया नामकरण है। अध्यात्म रामायण में भी युद्धकांड है। वहाँ अन्त में उत्तरकांड है, सम्भवतया कवि ने नामकरण यहीं से लिया हो किन्तु कथावस्तु उसकी अपनी भिन्न है। वैसे कवि ने कवितावली, गीतावली आदि में भी उत्तरकांड रखे हैं किन्तु मानस का उत्तरकांड उसके सभी उत्तरकांडों से भिन्न है।

गोस्वामी तुलसीदास ने मानस का प्रारम्भ अयोध्या में तुलसी चौरा नामक स्थान पर प्रारम्भ किया था और समापन काशी में। इसकी रचना कब समाप्त हुई, इसके विषय में कई मत हैं। एक मत के अनुसार मानस ७ वर्ष ७ मास में पूरा हुआ था। डॉ० माताप्रसाद गुप्त ने अयोध्या की एक जनश्रुति का उल्लेख किया है, जिसके अनुसार यह कृति संवत् १९३३ में राम विवाह की तिथि पर समाप्त हुई थी। बाबा वेणीमाधवदास जी ने मूल गोसाईचरित में इसकी तिथि संवत् १६३३, मार्गशीर्ष, शुक्लपक्ष, मंगलवार, पंचमी बताई है।

(६) पार्वती मंगल—यह मंगल काव्य की परम्परा के अन्तर्गत लिखा गया काव्य है। कवि ने इसका रचनाकाल स्वयं रचना के अन्तर्गत दिया है। कवि के अनुसार—

जय संवत फागुन सुदि गुरु दिन।
अस्विनि बिरचेउ मंगल मुनि सुख छिनु-छिनु॥

जय संवत् का अर्थ बृहस्पति संवत् है और डॉ० माताप्रसाद गुप्त के अनुसार यह कवि के जीवन काल में केवल एक ही बार पड़ा था, संवत् १६४३ में। इस प्रकार इसकी रचना तिथि संवत् १६४३, फाल्गुन शुक्ल पक्ष, बृहस्पतिवार अर्थात् मानस के बारह वर्ष बाद यह रचना लिखी गई।

पार्वती मंगल की कथावस्तु से स्पष्ट है कि मानस की प्रस्तावना में कथित शिवकथा के प्रसंगों एवं कथ्यों से इसमें अद्‌भुत साम्य है, साथ ही, इस कृति की रचनात्मक प्रौढ़ता उनकी प्रारम्भिक कृतियों से अधिक है।

(७) गीतावली—सामान्यतया विद्वानों का विचार है कि पदावली रामायण तथा गीतावली रामायण एक है किन्तु दोनों में पर्याप्त पाठ भेद एवं पद परिवर्तन दिखाई पड़ते हैं। साथ ही, पदावली रामायण की प्रति भी खंडित ही है। यह श्रीराम कथा पर आधारित सूर आदि कृष्ण भक्त कवियों की गीति शैली में लिखा गया कथात्मक गीतिकाव्य है। इस गीति काव्य के अन्तर्गत दी गई रामकथा मानस, रामाज्ञाप्रश्न एवं कवितावली से भिन्न है। इसमें बालकांड के अन्तर्गत सूर के कई पदों की छाया एवं शब्द रूपान्तरण के साथ पुनरावृत्ति दिखाई पड़ती है। मूलत: लंकाकांड तक यह कथा वाल्मीकि रामायण से प्रभावित है और मानस से इसकी कथा प्रस्तुतियाँ प्राय: भिन्न हैं। इसके उत्तरकांड में अयोध्या की गलियों में श्रीराम के होली खेलने जैसे दृश्यों का वर्णन है तथा लोक-प्रवादवश वाल्मीकि आश्रम में सीता को त्यागकर छोड़ देने एवं लवकुश का प्रसंग भी वर्णित है। इस रचना में रसिक रूप श्रीराम का व्यक्तित्व दिखाई पड़ता है। यह रसिकोपासकों की प्रेरणा का प्रतिफल है।

(८) कृष्णगीतावली—गीतावली एवं कृष्णगीतावली दोनों समान पद-शैली, रचनाविधान एवं भाव योजना की रचनाएँ हैं। कृष्णगीतावली की रचनातिथि विद्वानों ने संवत् १६३० के आसपास निश्चित की है। कृष्ण गीतावली के अन्तर्गत सम्पूर्ण कृष्ण कथा ६१ गीतों में रखी गई है और इसके पदों में अनावश्यक कथात्मक विस्तार नहीं मिलता। सूर के रचनात्मक वैभव की स्पष्ट छाया इन पदों पर दृष्टिगोचर होती है।

(९) विनयपत्रिका—विनयपत्रिका का प्रारम्भिक रूप विनयावली या रामगीतावली के रूप में मिलता है। प्रारम्भ में, लगता है कि गीति परम्परा से प्रभावित होकर आत्म दैन्य एवं स्तोत्र सम्बन्धी कतिपय छन्दों की रचना कवि ने राम-गीतावली के नाम से की थी और अपने विशिष्ट प्रयोजन की सिद्धि के लिए उसका नाम विनयपत्रिका रखा था। विनयपत्रिका में कुल २७९ गीत हैं। विनयपत्रिका किसी एक काल-खंड की रचना नहीं है। डॉ० रामकुमार वर्मा इसका रचनाकाल संवत् १६६६ मानते हैं और डॉ० श्यामसुन्दर दास मानते हैं कि इसकी रचना संवत् १६३६ तथा १६३९ के बीच किसी समय की।

विनयपत्रिका कवि के चिन्तन का अद्‌भुत साक्ष्य है इसमें जीवन के आत्मबोध की दशा का बड़ा ही सजीव चित्रण प्रस्तुत किया गया है और इस ज्ञान चिन्तन की सब से बड़ी विशेषता है कि यहाँ कविता मरती नहीं।

आत्मबोध की अवस्था में जीव के विवेक की जागृति की दशा का चित्रण और उसके परिणामस्वरूप द्रष्टा की भाँति सम्पूर्ण जगत् एवं उसके विविध रूपों तथा विविध सम्बन्धों को देखने तथा उसके परिणामों को भोगनेवाले प्राणियों का भावात्मक चित्रांकन विनयपत्रिका का वर्ण्य विषय है।

जीव तथा ब्रह्म के वियोग से उत्पन्न पीड़ा एवं ब्रह्म के तादात्म्य से इस पीड़ा की मुक्ति ही इस रचना का केन्द्रीय भाव है। कवि के दार्शनिक चिन्तन के जीवन भर के निष्कर्ष उसके भावात्मक

आवेग के सहारे इस रचना में व्यक्त होते हैं, अतः गूढ़ दार्शनिक मन्तव्यों से पूरी तरह गुम्फित होते हुए भी यह कृति काव्यमर्म की सम्पूर्णतः रक्षा करने में समर्थ दिखाई पड़ती है। कबीर आदि कवियों जैसे रहस्यात्मक अनुभव पुंज एवं प्रेम मार्गी कवियों जैसी प्रतीकात्मक अभिव्यंजना की अनेक दृष्टियाँ विनयपत्रिका में परिलक्षित हैं। विनयपत्रिका का महत्त्व कवि के प्रौढ़ चिन्तन की दृष्टि से श्रीरामचरितमानस से कहीं अधिक है।

(१०) बरवै रामायण—बरवै रामायण की रचना श्रीरामचरितमानस के बाद की है। शैली की प्रौढ़ता की दृष्टि से यह तुलसी की प्रौढ़ कृति मानी जा सकती है। किंवदन्ती है कि रहीम के बरवै छन्दों के काव्य वैभव से आकर्षित होकर कवि ने रामकथा बरवै छन्दों में लिखी थी। सम्प्रति, बरवै के दो पाठ रूप प्राप्त होते हैं। गीताप्रेस, गोरखपुर का पाठ रूप भिन्न है और हिन्दी साहित्य सम्मेलन से प्रकाशित बरवै रामायण का पाठ भिन्न है। एक का कलेवर संक्षिप्त है तो दूसरे का कलेवर अपेक्षाकृत दीर्घ। इसकी रचना तिथि सामान्यतया संवत् १६६१ के बाद बताई जाती है। बरवै रामायण कांडों में विभक्त रचना है और इसका उत्तरकांड तुलसी के सभी उत्तरकांडों से भिन्न है।

(११) दोहावली—इसका दूसरा नाम सतसई दोहावली है किन्तु यह रचना दोहावली के नाम से प्रचलित तथा प्रकाशित है दोहावली में प्रकाशित दोहों की संख्या ५७३ है।

गोस्वामी तुलसीदास ने अपने युग में प्रचलित नीति, उपदेश, धर्म आदि से सम्बन्धित विषयों के लिए मुक्तक दोहे की विधा का प्रयोग भरपूर रूप में किया है और यह दोहावली इसी का साक्ष्य है। इस दोहावली का कोई निश्चित रचनाकाल नहीं है, अपितु कवि ने जीवनभर जब चाहा इस विधा में लेखन किया और इसीलिए कहा जाता है कि उसकी मृत्यु के समय का अन्तिम छन्द इसी दोहावली में ही संकलित है।

इस कवि की दोहावली के अन्तर्गत श्रीरामचरितमानस के यथास्थल के मार्मिक दोहे भी ले आकर संकलित कर दिये गये हैं—किन्तु इन दोहों की सबसे बड़ी विशेषता यही मिलती है कि मुक्तक काव्यधर्मिता, जो दोहों की रचना की मुख्य विशेषता है, का कवि कहीं भी क्षरण नहीं होने देता। जिस प्रकार, सूर के कई पदों से तुलसी के पदों का साम्य दिखाई पड़ता है, ठीक उसी प्रकार रहीम और तुलसी के कतिपय दोहे समानान्तर एक जैसे मिलते हैं।

(१२) कवितावली—दोहावली की भाँति कवितावली भी कवि द्वारा जीवनपर्यन्त लिखी जानेवाली रचनाओं का संकलन है, अतः इस कृति की कोई निश्चित रचना तिथि निश्चित करना सम्भव नहीं है। कवि के जीवन की सान्ध्य वेला के छन्दों का संकलन 'हनुमान बाहुक' भी इसी कवितावली का अनिवार्य अंग माना जाता है। परम्परा में लिखित कवित्त तथा सवैया छन्दों में कवि ने श्रीराम की विविध कथाओं को समय-समय पर प्रस्तुत करने की चेष्टा की थी और बाद में लगता है उसका कांड क्रम से विभाजन कर दिया गया।

कवितावली की सब से बड़ी विशेषता उसके उत्तरकांड की है, जहाँ कवि अपने युग के लोक यथार्थ की पीड़ा को बिना किसी दुराव तथा छिपाव के रखने की चेष्टा करता है। अपने युग के सामयिक संकट तथा यथार्थ को व्यक्त करने वाली यह तुलसी की अप्रतिम रचना है।

इस रचना का महत्त्व तुलसी के कल्पना विलास एवं रचनात्मक वैभव के कारण है। रचनात्मक वैभव एवं कल्पना विलास की तुलना में यहाँ भक्ति का पक्ष नितान्त सामान्य है।

श्रीरामचरितमानस : अवतरण, लीला तथा भक्ति

श्रीरामचरितमानस की मुख्य विशेषता उसके लीला नियोजन में निहित है। अवतार, लीला एवं भक्ति मानस की रचना के तीन पार्श्व हैं और ये तत्त्व परस्पर पृथक् न होकर त्रि-आयामी हैं। लीला को बिना अवतरण के नहीं जाना जा सकता है और यदि अवतरण है तो उसका प्रमाण ही लीलाधर्मी होना निश्चित है और इस लीलाधर्मी के प्रति मानसिक संसक्ति ही भक्ति है। भक्ति का

आधार वह भाव है, जो अवतरित के रूप, गुण, क्रिया, स्वभाव से किसी भी रूप में सम्बद्ध है। यह सम्बन्ध भाव रूप में भी है, संसक्ति रूप में भी, कुभाय रूप में भी है, दुराग्रह रूप में भी। अवतरित के प्रति, प्रेम, मोह, आस्था, समर्पण, राग, द्वेष, वैर, हठ, युयुत्साभाव, ईर्ष्या सभी कुछ भक्ति है। चूँकि ब्रह्म लोक में अवतरित होता है, वह अवतरण मानव रूप सामाजिक सम्बन्धों का है, अतः लोक व्यवहार के सम्पूर्ण सम्बन्ध, नाते, रिश्ते उससे जोड़े जा सकते हैं। तुलसी विनय पत्रिका में इसी की ओर इंगित करते हुए कहते हैं—

'मोहिं तोहिं बीच नाते अनेक मानिये जो भावै'

हर रिश्ते तथा हर नातों का वह ईश्वरीय सम्बन्ध ही भक्ति है। इस प्रकार मानस में अवतार, लीला एवं भक्ति की त्रि-आयामिता सर्वत्र परिलक्षित होती है किन्तु तुलसी के भक्ति पथ को स्पष्ट करने के लिए तीनों तत्त्वों का पृथक्-पृथक् विवेचन आवश्यक है—

अवतरण

अवतार का अर्थ 'अवतरण' है। अवतरण शब्द जन्म का विलोम है। जन्म का कोई-न-कोई आत्यन्तिक कारण होता है। माता-पिता होते हैं—अवतरित का कोई आत्यन्तिक हेतु नहीं है। श्रीराम के माता-पिता तो केवल दिखावे के लिए हैं, वह स्वयं अज एवं कारणरहित हैं। जन्मने वाले व्यक्ति दूसरे की इच्छा से जन्मते हैं और जन्म लेते ही माया से आवेष्ठित हो उठते हैं किन्तु अवतरण ब्रह्म की विलासेच्छा या स्वेच्छा का परिणाम है। मानस में अनेक स्थलों पर कवि कहता है—

'निज इच्छा निर्मित तन माया गुन गोपार'

उत्पन्न होनेवाला अनेक सामाजिक बन्धनों में बँधा रहता है और वह बन्धन उसकी अनिवार्यताएँ हैं—अवतरित प्रभु अपने तंत्रों से प्रभावित सर्वथा स्वतंत्र होता है। अवतरित व्यक्ति माता की कुक्षि से जन्म नहीं लेता, वरन् उसका प्राकट्य होता है।

श्रीरामचरितमानस में कवि विविध दृष्टान्तों तथा विविध साक्ष्यों द्वारा श्रीराम के अवतरण को इंगित करने की चेष्टा करता है। श्रीरामचरितमानस में कोई रामकथा नहीं है। यह सम्पूर्ण रामकथा ब्रह्म श्रीराम की अवतरण लीला है और इस लीला को हम अज्ञानतावश श्रीरामकथा का नाम दे देते हैं जबकि वह कथा नहीं, श्रीराम की लीला है। यहाँ श्रीराम का अर्थ अवतरित ब्रह्म है। मानस की कथा श्रीराम की कथा न होकर अवतरित ब्रह्म श्रीराम की लीला है। इस तथ्य को कवि निम्नलिखित तर्कों से निरन्तर समझाने की चेष्टा करता है—

सामान्यतया श्रीरामकथा के सहृदय दो प्रकार के हैं—एक वे जिन्हें कवि ने अज्ञ बताया है। ये अज्ञ मोहान्ध होते हैं तथा प्रभु पर नाना प्रकार के लौकिक व्यापारों का आरोपण करके मिथ्याबुद्धि से ग्रस्त नाना प्रकार से उन्हें कर्मफल या लोक व्यवस्था से प्रभावित बताते हैं। प्रभु के समस्त कृत्य लोकातीत हैं, मन-बुद्धि-वाणी से अतर्क्य हैं। श्रीराम पर आरोप लगात हुए अनेक व्यक्ति उन्हें व्याध की भाँति छिप कर बालि का हन्ता जैसे आरोपों से दूषित बताते हैं। इस प्रकार का आरोप मूलतः लोक व्यवस्था में बँधे व्यक्ति के लिए है। बालि वध तो प्रभु की लीला है और लीला के विषय में नन-नचु का कोई प्रश्न नहीं है—क्योंकि प्रभु के द्वारा अनुचरित लीला केवल आनन्द का विषय है, समीक्षा का नहीं। अवतरित के आचरण के हेतुओं की परिकल्पना सम्भव नहीं है, और न सांसारिक जन को उसकी समीक्षा का ही अधिकार है।

प्रभु के अवतरण के तीन स्वरूप बताये गये हैं—

(क) महाकाल स्वरूप

(ख) महाविभूति स्वरूप

(ग) महाऐश्वर्य स्वरूप

(क) महाकाल स्वरूप यह अवतरण उन मदान्धों के लिए है, जो अपने को काल के ऊपर प्रतिष्ठित करके अपने को दुर्दमनीय मानते हैं। श्रीराम को कवि परिभाषित करता हुआ महाकाल स्वरूप सिद्ध करता है—

लव निमेष परिनाम जुग बरष कलप सरचंड।
भजसि न मन तेहिं राम कहुँ कालु जासु कोदंड॥

उस महाकाल के बाण लव, निमेष, प्रहर, क्षण, परिणाम कल्प आदि हैं और वह कालरूपी धनुष पर निरन्तर लक्ष्य प्रहार करके सचराचर का इन्हीं बाणों से संहार करता रहता है। रावण, कंस, कुंभकर्ण आदि योद्धाओं को यह भ्रम था कि वे कालजयी पुरुष हैं तथा वह इनके द्वारा नियन्त्रित हैं किन्तु श्रीराम के समक्ष आने पर वे उनके क्षण, प्रहर आदि बाणों से सदैव, सदा-सदा के लिए बिद्ध होते हैं। काल सभी को पचाता है। रात्रि-प्रहर, दिन-रात समस्त सचराचर काल में विलीन होते जाते हैं और वह काल इस महाकाल से नियंत्रित है। सम्पूर्ण ब्रह्मांड इस काल से इतर एक पल के लिए भी मुक्त नहीं हो सकता। अवतरित प्रभु के विषय में श्रीराम के स्वरूप को समझाती हुई मन्दोदरी रावण से कहती है कि श्रीराम तो कालों के भी काल हैं। इस प्रकार श्रीराम का अवतरण लोक में भ्रम का संशय अवश्य उत्पन्न करता है किन्तु ज्ञानी जन तथा सर्व तत्त्ववेत्ता उनके समक्ष अपनी लघुता तथा निरीहता का अनुभव करके स्वयं को उनसे जोड़ने की चेष्टा करते हैं।

(ख) महाविभूति रूप यह अवतरण ब्रह्म के स्वभाव का अंग है। प्रभु अपनी सम्पूर्ण शक्तियों एवं पार्षदों के साथ अवतरित होता है। उसके प्रत्येक कार्य उसकी दिव्यता से परिपूर्ण हैं। वह अपने महाविभूति स्वरूप के कारण लोक में प्रतीति का विषय बनता है। श्रीराम का अवतरण उनकी आदि शक्ति सीता के साथ होता है। मनु-शतरूपा प्रसंग में वह बताता है कि मैं अपने अंशों के साथ अवतरित हूँगा। विश्व की भरणपोषण एवं परिपालन की आदि शक्ति भरत हैं, संहार रूप प्रकृति के अनुक्रम में शत्रुघ्न हैं। सम्पूर्ण सचराचर का सन्तुलन बनाकर स्थित दिव्य तत्त्व लक्ष्मण हैं। चिदानन्द देह को धारण करके श्रीराम स्वयं अवतरित हैं। सृष्टि का सम्पूर्ण विभूति स्वरूप यह अवतरण श्रीराम से प्रतीकबद्ध है।

ब्रह्म अपने अवतरण के अन्तर्गत निरन्तर अपने इस महाविभूति रूप को बिम्बित करता रहता है। पार्वती ब्रह्म के इस विभूति स्वरूप को देखकर दिग्भ्रमित हैं। कौसल्या को भी यह महाविभूति रूप दिखाई पड़ता है—

देखरावा मातहिं निज अद्‌भुत रूप अखंड।
रोम रोम प्रति लागे कोटि कोटि ब्रह्मंड॥
अगनित रबि ससि सिव चतुरानन। बहु गिरि सरित सिंधु महि कानन॥
काल कर्म गुन ग्यान सुभाऊ। सोउ देखा जो सुना न काऊ॥

×× ×× ××

तन पुलकित मुख बचन न आवा। नयन मूँदि चरनन सिर नावा॥

यह श्रीराम का महाविभूति स्वरूप है। यही विभूति स्वरूप गरुड़ भी देखता है। श्रीराम के उदर में जाकर वह इस रूप का दर्शन करके आश्चर्यचकित तथा स्तम्भित है। भुशुंडि इस महाविभूति स्वरूप का चित्रण करते हुए कहते हैं—

उदर माँझ सुनु अंडजराया। देखेउँ बहु ब्रह्मांड निकाया॥
अगनित लोकपाल जम काला। अगनित भूधर भूमि बिसाला॥
सागर सरि सर बिपिन अपारा। नाना भाँति सृष्टि बिस्तारा॥
जो नहिं देखा नहिं सुना जो मनहूँ न समाइ।
सो सब अद्‌भुत देखेउँ बरनि कवन बिधि जाइ॥

महाविभूति के रूप में उसके स्वरूप की अभिव्यक्ति सचराचर में व्याप्त दिखाई पड़ती है। वह कभी महानन्द स्वरूप, कभी महाचैतन्य स्वरूप होकर निष्ठावान पात्रों द्वारा अनुभूत किया जाता है। शिव, हनुमान, सुतीक्ष्ण आदि इस स्वरूप का अपने जीवन में अनुभव करते हैं। दूसरे जीव जो उसके स्वरूप का अनुभव तो नहीं करते किन्तु उसके महत्त्व को समझते हैं और बार-बार उस स्वरूप का कथन करते हैं—विभीषण, मन्दोदरी, अंगद आदि इसी प्रकार के पात्र हैं। मन्दोदरी रावण को बार-बार समझाती है—और उसके समझाने का तर्क श्रीराम के महाविभूति स्वरूप का ही कथन होता है—

नाथ बयरु कीजै ताही सों। बुधि बल सकिय जीति जाही सो॥
अति बल जेहिं मधुकैटभ मारे। महाबीर दितिसुत संहारे॥
जेहिं बल बाँधि सहस भुज मारा। सोइ अवतरेउ हरन महि भारा॥

इसी प्रकार अंगद भी श्रीराम के विभूति स्वरूप का कथन करते हुए रावण को बार-बार समझाते हैं किन्तु रावण हठवश किसी की बात नहीं सुनता।

(ग) ऐश्वर्य—यह अवतरण के बाद अवतरित ब्रह्म की लीला रूप विभिन्न क्रियाओं की अभिव्यक्ति है। इस ऐश्वर्य रूप के द्वारा वह भक्तों को मुक्ति तथा आनन्द प्रदान करता है। यह अपने आचरण द्वारा अपने प्रति आस्थालु एवं समर्पित भक्तों को अहैतुक या सहैतुक सारूप्य, सालोक्य, सायुज्यादि मुक्ति देकर लोक में अपनी कृपा का वितरण करता है। उसका यह प्रसाद वितरण भक्तों के लिए महाप्रसाद रूप में है। अहल्या का उद्धार, सुतीक्ष्ण को आनन्द, असुरों की सालोक्य तथा सायुज्यमुक्ति, वसिष्ठ तथा दशरथ को आत्मस्वरूप की प्रतीति इसी धर्म के कारण ही होती है। अवतरण के फलस्वरूप वह प्राणियों में इस महाऐश्वर्य स्वरूप द्वारा विविध लीलाओं की अभिव्यक्ति करता हुआ लोक में उन तत्त्वों का प्रसार करता है जिनसे मानवीय मुक्ति तथा लोक में सन्तुलन का विकास होता है। वह इसी तत्त्व द्वारा जगत् में धर्ममय वातावरण एवं रामराज्य जैसे लोक मंगलकारी तत्त्वों की प्रतिष्ठा करता है। चरमतम शुभ एवं चरमतम आनन्द की अभिव्यक्ति इस ऐश्वर्य रूप अभिव्यक्ति का हेतु है।

लीला

अवतरण का क्रिया पक्ष अर्थात् आचरणीय रूप ही लीला है। इस लीला के तीन पक्ष हैं। इस लीला के माध्यम से न केवल वह अपने महाकाल, महाविभूति एवं महाऐश्वर्य रूप की अभिव्यक्ति करता है अपितु सम्पूर्ण सृष्टि को आत्मीयता प्रदान करता है। तृतीय पक्ष है, लोक व्यवहार की दृष्टि से वह लोक व्यवहार के आदर्शपूर्ण आचरण से सम्बद्ध होकर मानवीय उच्च एवं शुभ मूल्यों की प्रतिष्ठा करता है तथा अपने ऐश्वर्य स्वरूप द्वारा वह भक्तों एवं लोक जन के बीच महाप्रसाद का वितरण करता है। प्रभु का यह उभयात्मक वेष एवं स्वरूप लोकरंजनात्मक है। प्रभु अवतरण में कौन-सा स्वरूप धारण करेगा, कब यह स्वरूप ग्रहण करेगा, इस स्वरूप द्वारा कौन-सा आचरण कर डालेगा—यह सब उसकी अपनी स्वेच्छा से ही सम्बद्ध है। कभी-कभी भक्तजन, अपने प्रेम, स्नेह, आत्म पीड़ा द्वारा उसे कुछ विशिष्ट आचरण की प्रेरणा देते हैं और फिर वह अपने आचरणों से उनके मन्तव्यों की पूर्ति के लिए अवतरित होकर आचरण करता है। आचार्यों ने इसी के कारण लीला को दो भागों में विभक्त किया है—

(१) अहैतुकी लीला

(२) हैतुकी लीला

(१) अहैतुकी लीला—प्रभु की लीला किन हेतुओं के लिए होती है, इसका कोई कारण नहीं होता। वह ब्रह्म के स्वभाव की नैसर्गिक अभिव्यक्ति है इस अभिव्यक्ति का कोई प्रत्यक्ष कारण नहीं है। यह सहज एवं स्वयं अभिव्यक्त स्वरूप है। एक पुष्प क्यों खिल उठता है और अपनी गंध को

पृथ्वी पर बिखेर डालता है, इसका कोई प्रत्यक्ष कारण नहीं है। इसी प्रकार, वह ब्रह्म स्वेच्छा से, मात्र विलासेच्छा से प्रेरित अपने को लोक में व्यक्त करता है और अपनी आनन्ददायिनी ऐश्वर्यशक्ति को लोकभर में फैलाता है।

(२) हैतुकी लीला—यह लीला सकारण होती है। इसके हेतुओं की चर्चा अनेक ग्रंथों में प्रतिपादित है। रामचरितमानस में इस अवतरण के हेतु की चर्चा करते हुए बताया गया है कि—

बिप्र धेनु सुर संत हित लीन्ह मनुज अवतार।
निज इच्छा निर्मित तन माया गुन गोपार॥

मूलतः ब्राह्मण, गौ, देवता, सन्त एवं पृथ्वी यही सृष्टि के महत्त्वपूर्ण मूल्य हैं। भारतीय संस्कृति में इन्हें उदात्त एवं परम शुभ का प्रतीक माना गया है। इनका विनाश समग्र शुभ का विनाश है और शुभ के विनाश के बाद वह ब्रह्म भी प्रतीति का विषय नहीं रह पाएगा। इन तत्त्वों के माध्यम से समाज में शुभ मूल्यों की स्थापना ताकि जगत् को ईश्वर के महाविभूति स्वरूप की प्रतीति होती रहे और समाज का सन्तुलन व्यवस्थित होता चले प्रभु, श्रीराम की अहैतुकी लीला के लिए आधार है। इसी को स्पष्ट करता हुआ कवि पुनः कहता है—

जब जब होइ धरम कै हानी। बाढ़हिं असुर अधम अभिमानी॥
करहिं अनीति जाइ नहिं बरनी। सीदहिं बिप्र धेनु सुर धरनी॥
तब तब प्रभु धरि बिबिध सरीरा। हरहिं कृपानिधि सज्जन पीरा॥

असुर मारि थापहिं सुरन्ह राखहिं निज श्रुति सेतु।
जग बिस्तारहिं बिसद जस राम जन्म कर हेतु॥

सोइ जस गाइ भगत भव तरहीं। कृपासिंधु जनहित तनु धरहीं।

यह शरीर धारण किन्हीं हेतुओं से और निश्चित कार्यों के सम्पादन के निमित्त होता है। अवतरित ब्रह्म का आचरण इन हेतुओं से जब होगा, उसका आचरण-विधान एक निश्चित उद्देश्य एवं प्रेरणा से संकल्पित तथा नियंत्रित होगा। इस प्रकार प्रभु की हैतुकी लीला भी उसी प्रकार आनन्ददायिनी है, जैसी अहैतुकी लीला। विविध असुरों तथा राक्षसों का विनाश और प्रभु के यश का विस्तार इस लीला का उद्देश्य है। उस यश का गुणगान करके कवि एवं सन्तजन प्रभु के लीला का आस्वादन करते हैं, बार-बार लोक को उस यशलीला गान द्वारा अभिभूत करते एवं मुक्ति मार्ग की स्थापना करते हैं। सहैतुकी अवतरण लीला निश्चित रूप से उसी प्रकार आनन्ददायिनी है, जैसे अहैतुकी लीला।

अहैतुकी लीला को आचार्यों द्वारा पाँच आसक्तियों से सम्बद्ध किया है—

(१) शान्त

(२) दास्य

(३) वात्सल्य

(४) सख्य

(५) शृंगार

सहैतुकी लीला के दो भेद हैं—

(१) लोक और भक्त के लिए अनुग्रह स्वरूप

(२) लोक रक्षण स्वरूप

यह लीला मूलतः अपने स्वभाव के कारण दो रूपों में प्रकट होती है। उसके स्वभात्र का मूल धर्म **प्रच्छन्न रूप** होना है। अवतरित विग्रह के मूल में वह परम तत्त्व गोप्य है—यह रहस्य का विषय है। इस रहस्य को दिव्य पुरुष अन्तर्दृष्टि द्वारा समझते हैं और जब वह जीवों पर अनुग्रह एवं

भूत रक्षण का कार्य सम्पन्न करता है तब उसके उस प्रच्छन्न रूप का प्राकट्य होता है। लीला का दूसरा स्वरूप **प्रकाश रूप** है। यह प्रकाश रूप नट के आचरण की भाँति है—

यथा अनेकरूप धरि नृत्य करइ नट कोइ।
जोइ जोइ रूप देखावइ आपुन होइ न सोइ॥

यह नट रूप अभिनयान्वेषी मानवाचरण उस अवतरित की लोकभूमिका है। यह उसका प्रकाश रूप है और इस प्रकाश रूप के द्वारा वह जन-जन को विमुग्ध तथा दिग्भ्रमित करता है। ज्ञानी भक्त जनों को अपनी इस लीलाधर्मिता द्वारा आनन्दित करके यह एहसास कराता है कि वह लोक में रहकर भी लोकातीत है, मानवीय आचरण की सम्भावनाओं में रहकर भी वह कभी माया एवं उसकी गुणात्मक प्रकृति के वश में नहीं होता। सामान्य अज्ञजन उस पर अपनी मोहबुद्धि का आरोपण करके उसे सीमित नहीं करते वरन् अपनी अल्पज्ञता का परिचय देते हैं। वाल्मीकि श्रीराम के इस स्वरूप को स्पष्ट करते हुए कहते हैं—

जग पेखन तुम्ह देखन हारे। बिधि हरि संभु नचावनि हारे॥
तेउ न जानइ मरमु तुम्हारा। तुमहिं अछत को बरनै पारा॥
चिदानंदमय देहु तुम्हारी। बिगत बिकार जान अधिकारी॥
नर तनु धरेहु संत सुर काजा। कहहु करहु जस प्राकृत राजा॥
राम देखि सुनि चरित तुम्हारे। जड़ मोहहिं बुध होहिं सुखारे॥

प्रभु का यह लीला स्वरूप व्यक्त होकर लोक में विभ्रम का कारण बनता है—जड़ इस स्वरूप को देखकर सामान्य जन की भाँति समझते हैं और अपनी मोहबुद्धि के कारण ईश्वर में मनुष्य का आरोपण करते हैं—उनका मोहबुद्धिभरा आचरण भी एक प्रकार की लीला है और अनेकानेक लोकभाव के अहैतुकी तत्त्व उसमें सन्निविष्ट हैं किन्तु ज्ञानी जन उसका गूढ़ार्थ समझते हैं। शिव, अगस्त्य, वाल्मीकि, भरद्वाज आदि पात्र अंकुठित भाव से प्रभु की सहैतुकी एवं अहैतुकी दोनों लीलाओं के मर्म को समझकर आनन्दित होते हैं।

इस प्रकार, अवतरण हेतु है और लीला उसका परिणाम। सामान्यतया ब्रह्म के स्वरूप के सन्दर्भ में अवतरण के निम्नलिखित क्रम दिखाई पड़ते हैं—

१. अवतरण के पूर्व का ब्रह्म
२. अवतरण के बाद अवतरित रूप ब्रह्म
३. अवतरित रूप में रूप, गुण, क्रिया एवं स्वभाव द्वारा उस अवतरित स्वरूप की व्यंजना
४. भक्त को इस अवतरित रूप की प्रतीति
५. ब्रह्मभाव एवं लोकभाव इन दोनों को एक साथ मिलाकर देखना।

अवतरण के पाँचों सन्दर्भ लीला भाव के सन्दर्भ हैं। इन सन्दर्भों से भागवत लीला को जोड़कर भक्त आचार्यों तथा कवियों ने इस भाव को अनेक रूपों में विस्तार दिया है।

इस प्रकार यह स्पष्ट रूप से कहा जा सकता है कि अवतरण या अवतार हेतु है और लीला इस हेतु से उत्पन्न कारण। इस लीला द्वारा अवतरित ब्रह्म सम्पर्क में आनेवाले सभी को ही नहीं आनन्दित करता, स्वयं भी आनन्दित होता है। भागवत पुराण में इसे स्पष्ट करते हुए बताया गया है कि—

एवं लीला नरवपुः नृलोकमनुशीलयन्।
रेमे गो गोप गोपीनां रमयन् रूपवाक् कृतैः॥

(इस प्रकार, लीलामनुष्य भगवान् श्रीकृष्ण ने मनुष्य की-सी लीला की और अपने सौन्दर्य, माधुर्य, वाणी तथा कर्म से गौएँ, ग्वालबाल और गोपियों को आनन्दित किया तथा स्वयं भी उस

अलौकिक प्रेम रस का आस्वादन करते हुए आनन्दित हुए।) ब्रह्म एवं जीव के आस्वादन भाव में भिन्नता है। जीव स्वयं आस्वादन से सम्बद्ध होकर आत्मराम हो उठता है, दूसरे शब्दों में अपने मूल स्वभाव के आस्वादन से जुड़ जाता है, ब्रह्म का आस्वादन उसकी सहज क्रिया है और उसके लिए मात्र लीलाभाव है।

श्रीरामचरितमानस में प्रभु को कवि 'परम कौतुकी' या 'कौतुकी कृपालु' के नाम से पुकारता है। चन्द्रमा में काली छाया देखकर वह कौतुकवशात् सभी से पूछते हैं कि यह छाया क्या है, और कैसे है? वहाँ उसका मन्तव्य सब के मनोभावों को समझकर मात्र विहार मात्र है। मानस में इस प्रकार के विहार के प्रकरण अनेक हैं। यही, विहार वह धनुर्भंग के क्षणों में करता है।

कवि श्रीराम के इस लीला विहार को नाट्य व्यापार से उपमित करता है। यह प्रभाव मूलतः भागवत पुराण का है—

यथा अनेक बेषधरि नृत्य करइ नट कोइ।
जोइ जोइ भाव देखावई आपुन होइ न सोइ॥

×× ×× ××

नट कृत बिकट चरित रघुराया। नट सेवकहिं न ब्यापहिं माया॥

यह नटाचरण अभिनय अर्थात् लीला का पर्यायवाची है। अभिनेता अपने मूल अस्तित्व को छिपाता है, वेष विन्यास आदि द्वारा और यहाँ ब्रह्म प्रकृत मनुष्य बनकर ब्रह्मत्व को छिपाये हुए है। लेकिन यह प्रकृत देह मनुष्य की भाँति मांस मज्जा की नहीं है। वाल्मीकि इस देह को स्पष्ट करते हुए कहते हैं—

चिदानन्दमय देह तिहारी। जान बिकार भगत अधिकारी॥

यह ब्रह्म स्वयं अपने कार्य के परिणामों से कभी आबद्ध नहीं होता—उसी प्रकार, जैसे नट अभिनय काल में किये गये अभिनीत कार्य एवं उसके अपने मूल जीवन के विविध यथार्थ भिन्न-भिन्न होते हैं। ब्रह्म लोक मंच पर नट की भाँति आकर दिखावा मात्र करता है। वह उसके सुख-दुःख से लेशमात्र भी प्रभावित नहीं है। रावण एवं राक्षसों के वध का आनन्द, सीताहरण का वियोग-दुःख, भाई लक्ष्मण के मूर्च्छित होने की पीड़ा, यह सब मंच पर अभिनय की भाँति मात्र प्रपंचात्मक है। लीला मूलतः प्रभु श्रीराम का **'आत्म विहार'** है लेकिन इस आत्म विहार के आनन्द में वह किसी प्रकार बँधा नहीं है, वह आत्म विहार भी नटाभिचरण मात्र है। यह आत्म विहार भक्तों पर अनुग्रह के लिए ही है। भागवत पुराण में कहा गया है—

अनुग्रहाय भक्तानां मानुषं देहमास्थितः।
भजते तादृशी क्रीडा या श्रुत्वा तत्परो भवेत्।

ब्रह्म का यह आत्मस्फोट स्वरूप अवतरण आत्म विहार है और यह केवल भक्तों पर अनुग्रह के लिए होता है और यह लीला का बाह्य स्वरूप है और यह लीला वास्तविकी लीला है। इसी के साथ रूप, क्रिया के रूप में जो लीला आचरण का अंग बनकर दिखाई पड़ती है, वह व्यावहारिकी लीला है। श्रीराम का अवतरण किसी अपने कार्य के लिए नहीं हुआ है, वरन् उसके अनेक कारण हैं। वह अवतरण केवल भक्तों के लिए है ताकि उसके सम्पर्क में आकर भक्तगण निम्नलिखित तत्त्वों की प्राप्ति कर सकें—

(१) अपनी अन्तःप्रज्ञा में स्थित अपनी जीवत्व की अणुता को जाग्रत करके श्रीराम का अनुग्रह प्राप्त कर सकें।

(२) अनुग्रह प्राप्त करके उनकी दास्यमूलक भक्ति में स्व का विलीनीकरण कर सकें।

(३) उसके अनुग्रह की प्राप्ति के प्रसाद एवं दास्यभक्ति में स्व के विलीनीकरण द्वारा मधुरभाव रूप आनन्द में निमग्न हो सकें।

(४) उसके यश तथा उसकी लीला का गान करके न केवल अपने स्वयं को वरन् भक्तगणों को रिझाये।

लीला के सापेक्ष्य में भक्तों के ये समस्त आचरण मानस में तुलसी द्वारा निर्दिष्ट किये जाते हैं।

श्रीरामचरितमानस की समग्र लीला का विश्लेषण करें तो वह तीन रूपों में दिखाई पड़ती है—

(१) यशमयी लीला

(२) ऐश्वर्यमयी लीला

(३) श्रीलीला

१. यशमयी लीला—इस लीला का सम्बन्ध राक्षसवध तथा धर्म की स्थापना से सम्बद्ध है। धर्म की स्थापना का अर्थ है—वेद, ब्राह्मण, पृथ्वी, देवता, गौ एवं सन्तों की रक्षा। यश लीला विनाश के लिए न होकर जीव पर अनुग्रह के लिए है। प्रभु का क्रोध भी अनुग्रह है। वैर भी अनुग्रह है। राक्षसों का वध भी अनुग्रह है। प्रभु का सम्पूर्ण कार्य अनुग्रह है। इस भावना का मूल भागवत पुराण में मिलता है। भागवत पुराण में कहा गया है कि—

'क्रोधोऽपि तेऽनुग्रहः'

अमर्ष, द्वेष, ईर्ष्या, हठ भाव में भी कंस एवं रावण दोनों को श्रीकृष्ण या श्रीराम दिखाई पड़ते हैं, वे भक्तों के समान ही अनुग्रह के पात्र हैं और उन्हीं की भाँति सालोक्य तथा सायुज्य मुक्ति के अधिकारी भी। भागवत पुराण में इस प्रकरण में सर्वप्रथम चर्चा मिलती है। कंस वध के लिए भागवतकार कहता है—

स नित्यदोद्विग्नधिया तमीश्वरं
पिवन् वदन् वा विचरन् स्वपञ्छ्वसन्
ददर्श चक्रायुधमग्रतो यः
तदेव रूपम् दुरवापमाप॥

अर्थात्, "कंस खाते, पीते, सोते, चलते, साँस लेते सब काल में अपने हाथ में चक्र लिए भगवान् श्रीकृष्ण को ही देखता था, इसीलिए उसे भागवत स्वरूप की प्राप्ति हुई।"

रावण की भी यही स्थिति थी। विभीषण, अंगद, माल्यवंत, मन्दोदरी आदि के समझाने पर भी उसका श्रीराम हठ नहीं समाप्त हुआ और मरते समय भी वह कहता है—

'कहाँ राम रन हतौं पचारी'

उसके इसी वाक्य से भगवान् हँसकर उसके तेज को आत्मसात कर लेते हैं।

२. ऐश्वर्यमयी लीला—यह लीला महाविभूति के स्वरूप की अभिव्यक्ति के लिए आचरण है। इस लीला का मन्तव्य ब्रह्म का अपनी विभूति का ज्ञान कराना है। ब्रह्म का परातात्त्विक रूप से सामर्थ्यवान् होना इसकी विशेषता है। पार्वती, भुशुण्डि, कौसल्या, सुतीक्ष्ण आदि को प्रभु इस प्रकार की लीलाएँ दिखाकर अपनी सत्ता की विराटता तथा विशिष्टता का आभास कराते हैं।

३. श्रीलीला—यह लीला अवतरित की लोकरागात्मक लीला है। मानव जीवन को वैयक्तिक तथा सामाजिक वासनाएँ अपने क्रोड में समेटे रहती हैं। शान्त, दास्य, सख्य, वात्सल्य एवं कान्तासक्ति की वासनाएँ यहाँ मूल रूप में हैं। तुलसी मानस में शान्त, दास्य एवं वात्सल्य विषयक श्रीलीला को महत्त्व देते हैं। सुग्रीव तथा विभीषण में सख्य भाव भी है किन्तु मानस में कान्तासक्ति नहीं है। एकाध-दो स्थलों पर कान्तासक्तिमूलक श्रीलीला सांकेतिक रूप में अवश्य दिखाई पड़ती है—जैसे पुष्पवाटिका में सीता तथा श्रीराम का प्रथम मिलन या चित्रकूट में स्फटिक शिला प्रसंग—

एक बार चुनि कुसुम सुहाए। निज कर भूषन राम बनाए।
सीतहिं पहिराए प्रभु सादर। बैठे फटिक सिला पर सुंदर॥

गीतावली में कवि रसिकोपासकों या कृष्णभक्त कवियों के प्रभाव से श्रीराम की शृंगार या कान्तामूलक श्रीलीला का विधान करता है। श्रीराम का मूलतः मर्यादावतार ही कवि को विशेष रूप से मान्य है, अतः यह यश लीला एवं उससे सम्बद्ध शान्त, दास्य, वात्सल्य की श्री लीला को व्यक्त करता है। इस लीला रूप का कथन अध्यात्म रामायण में स्थल-स्थल पर प्राप्त है, अतः तुलसी अधार के रूप में अध्यात्म रामायण पर ही अपनी समग्र दृष्टि केन्द्रित करते हैं। श्रीराम काव्य की विशाल परम्परा के होते हुए भी लीलाभाव से सम्बन्धित मान्यताओं की स्थापना के निमित्त तुलसी अध्यात्म रामायण को प्रमुखता के साथ स्वीकार करते हैं, अन्यत्र उनकी दृष्टि बहुत कम जाती है।

भक्ति

गोस्वामी तुलसीदास मानस में भक्ति को लीला सापेक्ष्य इंगित करते हैं। भक्ति का, उनका यह स्वरूप, भागवत पुराण तथा अध्यात्म रामायण के मन्तव्य के अधिक समीप है। भक्ति के स्वरूप को वह मानस के अरण्यकांड में प्रतिपादित करते हैं। सर्वप्रथम वह भक्ति की तात्त्विकता का विवेचन लक्ष्मण के साथ प्रश्नोत्तर के रूप में करते हैं और इस प्रसंग को लक्ष्मण गीता के नाम से पुकारा जाता है। लक्ष्मण प्रश्न पूछते हैं कि हे प्रभु—

कहहु ग्यान बिराग अरु माया। कहहु सो भगति करहु जेहिं दाया॥

इस प्रश्न के उत्तर में समझाते हुए श्रीराम लक्ष्मण को बताते हैं—

जातें बेगि द्रवउँ मैं भाई। सो मम भगति भगत सुखदाई॥

तुलसीदास ने यह प्रसंग अध्यात्म रामायण से लिया है लेकिन भक्ति की परिभाषा स्वयं उनकी है। अध्यात्म रामायण में यहाँ केवल भक्ति का महत्त्व ही बताया जाता है—

किन्त्वेतदुर्लभं मन्ये मद्भक्तिविमुखात्मनाम्॥
चक्षुष्मतामपि यथा रात्रौ सम्यङ् न दृश्यते।
एवं मद्भक्तियुक्तानामात्मा सम्यक् प्रकाशते॥

"(जिस प्रकार नेत्र होते हुए भी व्यक्ति रात्रि को भलीभाँति नहीं देख पाते और दीपक होने पर ही भलीभाँति देखते हैं, उसी प्रकार भक्ति वह दीपक-प्रकाश है, जिससे व्यक्ति आत्मा का सम्यक् साक्षात्कार करते हैं)"

शबरी के प्रसंग में उसी अरण्यकांड में तुलसी पुनः भक्ति प्रसंग को ले आते हैं और भक्ति के स्वरूप को प्रतिपादित करते हुए कहते हैं—

कह रघुपति सुनु भामिनि बाता। मानहु एक भगति कर नाता॥
भगतिहीन नर सोहइ कैसा। बिनु जल बारिद देखिअ जैसा॥

यह नवधाभक्ति का प्रकरण भी अध्यात्म रामायण से अनुप्रेरित है—यहाँ भक्ति के महत्त्व को उसी तरह से निरूपित किया गया है, जैसे मानस में—

स्त्रियो वा पुरुषस्यापि तिर्यग्योनिगतस्य वा।
भक्तिः संजायते प्रेमलक्षणा शुभलक्षणे॥
भक्तौ संजातमात्रायां मत्तत्त्वानुभवस्तदा।
ममानुभवसिद्धस्य मुक्तिस्तत्रैव जन्मनि॥

"(हे शुभ लक्षणे! जिस प्रकार के ये साधन होते हैं, वह स्त्री-पुरुष, पशु-पक्षी आदि क्यों न हो? उसमें प्रेमलक्षणाभक्ति का आविर्भाव हो जाता है, भक्ति के उत्पन्न होने से ही, मेरे स्वभाव तथा मेरे स्वरूप का अनुभव हो जाता है।"

मानस में तुलसीदास इसी प्रसंग में नवधाभक्ति का उल्लेख करते हुए इसी प्रकार का निष्कर्ष निकालते हैं कि—

नव महुँ जिनके एकहु होई। नारि पुरुष सचराचर कोई॥
सोइ अतिसय प्रिय भामिनि मोरे। सकल प्रकार भगति दृढ़ तोरे॥

तुलसीदास अरण्यकांड के लक्ष्मण-गीता प्रसंग में भक्ति योग समझाते हैं और शबरी प्रसंग में भक्ति का साधन। भक्तियोग के अनुसार भक्ति की एकादश साधनावस्थाएँ हैं और उनमें से अन्तिम है—

बचन कर्म मन मोरि गति भजनु करहिं निःकाम।
तिन्ह के हृदय कमल महुँ करउँ सदा बिश्राम॥

मूलतः यही भक्ति योग ही लीलामूलक भक्ति के लिए आधार है। नवधाभक्ति तो भक्ति के साधन हैं और उसका उल्लेख शबरी प्रसंग में हुआ है और इन साधनों से सभी को प्रेमलक्षणामूला भक्ति की प्राप्ति होती है किन्तु भक्ति योग की साधना से भक्त राममय हो उठता है और यही कवि का मूल सिद्धान्त है—

'मन, कर्म तथा वाणी से ईश्वर में एक मात्र अपने ज्ञान, कर्म, क्रिया को अर्पित कर देना।' इस प्रकार ईश्वरार्पण ही इस भक्ति के लिए आधार है। लीला भक्ति सम्पूर्णतया ईश्वरार्पण ही है। इस भक्ति को शास्त्रों में ईश्वर के स्वरूप में स्वस्वरूप की तन्मयीभूतता कहा गया है और नारद ने भक्ति सूत्र में इस भक्ति के स्वरूप तथा लक्षण दोनों की ओर इंगित करते हुए बताया है कि—

यल्लब्धवा पुमान् सिद्धोभवत्यमृतोभवति तृप्तो भवति। यत्प्राप्य न किंचित् वांछति न शोचति न द्वेष्टि, न रमते, नोत्साही भवति—

अर्थात्, ''भक्ति वह है जिसे प्राप्त करके मनुष्य सिद्ध हो उठता है, अमृत एवं आप्तकाम हो उठता है, तृप्त एवं आत्मराम हो उठता है और उसके पाने की उसे इच्छा होती है, वह न किसी अन्य के लिए चिन्ता करता है, न स्वार्थ के लिए द्वेष करता है, वह उस ब्रह्म के अतिरिक्त, न अन्य किसी में रमण करता है, और न ईश्वर के अतिरिक्त अन्य किसी को पाने के लिए उत्साह प्रदर्शित करता है।''

नारद का यह भक्ति तत्त्व उसी 'भक्ति योग' का निरूपण है और यह भक्ति योग पूरी तरह से 'रागमूलाभक्ति' है और इस भक्ति का आधार लीला ही है। इस लीलामूलक भक्ति को परवर्ती भक्त आचार्यों ने भाँति-भाँति रूपों में समझाया है। आचार्य वल्लभ इसी भक्ति को समझाते हुए बताते हैं—

'पूर्णस्वरूपानन्द अनुभवः भक्तिः'

आचार्य हरिराय जी इसी लीलाभक्ति को समझाते हुए कहते हैं—**'भगवद्विरहानुभव सामर्थ्यम् इति भक्तिः'**

नारद एवं शांडिल्य इसी को समझाते हुए क्रमशः बताते हैं कि—

—सा त्वस्मिन् परम प्रेमरूपा, अमृतस्वरूपा च (भक्तिः)

—सा परानुरक्तिरीश्वरे (भक्तिः)

इस प्रकार, तुलसी के युग में भक्ति के जिस स्वरूप को ग्रहण किया गया था और स्वयं तुलसीदास ने भी मानस के माध्यम से जिस भक्ति योग की कल्पना की है, इसके निम्नलिखित लक्षण हैं—

(१) भक्त का वह आचरण जिससे ईश्वर आनन्दित हो उठे। उसमें आचरण के अच्छे-बुरे होने का प्रश्न नहीं है। उसमें दृष्टि पूर्णसमर्पण की होनी चाहिए।

(२) भक्ति ही एकमात्र काम्य है और इस नाते ब्रह्म का अवतरित स्वरूप के अतिरिक्त भक्त को और कुछ भी काम्य नहीं है।

(३) ईश्वर में ही भक्त की अनन्य गति होनी चाहिए वह प्रेम, द्वेष, राग, स्नेह आदि लोक-भावनाओं को यदि कहीं भी व्यक्त करना चाहता है तो ईश्वर में ही व्यक्त करे।

(४) भक्त के लिए अवतरित ब्रह्म ही माता, पिता, भाई, बन्धु, शत्रु, मित्र सभी कुछ हैं और भक्त उनसे ही आद्यन्त जुड़ा रहे।

(५) इस ईश्वर को ही प्राप्त करने की उसकी अन्तिम वांछा हो और इसके अतिरिक्त उसके लिए और कुछ भी काम्य न हो। भक्ति योग की एकादश वृत्तियों के द्वारा इसी संदर्भ को स्पष्ट करने की चेष्टा की गई है। श्रीरामचरितमानस का मूल मन्तव्य इसी संदर्भ को स्पष्ट करना है। कवि मानस की विविध कथाओं, विविध घटनाओं श्रीराम के कार्यों एवं वचनों तथा पात्रों के विविध चरित्रों द्वारा लीलाभक्ति के स्वरूप को ही व्यंजित करना चाहता है। श्रीरामचरितमानस के सम्पूर्ण पात्र भक्त हैं। तुलसी बताते हैं कि जो जीव एक बार भी ईश्वर की दृष्टि में आ जाता है, वह मुक्ति प्राप्त कर लेता है, चाहे वह पापी हो, दुष्कर्मी हो, राक्षस हो, पशु हो, पक्षी हो—कोई क्यों न हो। दूसरे स्तर पर वह बताते हैं कि जो उनके संसर्ग में आ जाता है, वह उनके सामीप्य के कारण सामीप्य मुक्ति प्राप्त कर लेता है और जो निरन्तर उनका भजन करता है, वह भी सार्मप्य मुक्ति का अधिकारी है और जो अनन्य गति के साथ उनके प्रीति, वैर, क्रोध, आलस्य आदि से ग्रसित एवं अन्य से संसक्त नहीं होता उसे सारूप्य भक्ति मिलती है। सालोक्य, सामीप्य, सारूप्य आदि के बाद भक्ति की एक अन्यवृत्ति भी है, वह है, केवल भक्ति की प्राप्ति। लीलाधारियों की एक वृत्ति यह भी है कि वे भक्ति की प्राप्ति के होने पर मुक्ति का निरादर करते हैं। लीलानन्द तथा भक्ति में निरन्तर, आजीवन, जन्म-जन्म तथा योनि-योनि डूबे रहना ही उनकी मूल कामना है—

'मुकुति निरादर भगति लुभाने'

रामकथा की विविध लीलाओं के माध्यम से तुलसी इसी लीलामूलक भक्ति की स्थापना करते हैं। विविध घटनाओं तथा विविध चरित्रों के माध्यम से इसे इस प्रकार स्पष्ट किया जा सकता है—

श्रीरामचरितमानस में निम्नलिखित पाँच प्रकार की कथाएँ हैं—

(१) प्रस्तावना कथा

(२) अवतारकथाएँ

(३) मुख्य कथा

(४) पूरककथाएँ

(५) सहकथाएँ

(१) प्रस्तावना कथा—यह कथा मानस में शिव, याज्ञवल्क्य, एवं भुशंडि की कथाएँ हैं। ये कथाएँ श्रीराम के स्वरूप का निदर्शन कराकर ब्रह्म के लीलात्मक स्वरूप को स्पष्ट करती हैं। पार्वती प्रसंग में सर्वप्रथम पार्वती को मोह होता है, फिर उन्हें श्रीराम स्वरूप का ज्ञान और फिर उनमें श्रीराम की भक्ति उत्पन्न होती है। पार्वती प्रसंग की समाप्ति के पश्चात् वे कहती हैं—

सुनि सब कथा हृदय अति भाई। गिरिजा बोली गिरा सुहाई॥
नाथ कृपागत मम संदेहा। राम चरन उपजेउ नव नेहा॥
मैं कृतकृत्य भयउँ अब तव प्रसाद बिस्वेस।
उपजी राम भगति दृढ़ बीते सकल कलेस॥

भुशंडि से कथा सुन लेने के बाद गरुड़ कहते हैं—

मैं कृतकृत्य भयउँ तव बानी। सुनि रघुबीर भगति रस सानी॥
राम चरन रति नूतन भई। माया जनित बिपति सब गई॥

याज्ञवल्क्य भरद्वाज से कहते हैं—

जागबलिक बोले मुसुकाई। तुम्हहिं बिदित रघुपति प्रभुताई॥
राम भगत तुम्ह मन क्रम बानी। चतुराई तुम्हारि मैं जानी॥
चाहहु सुनै राम गुन गूढ़ा। कीन्हिहु प्रस्न मनहुँ अति मूढ़ा॥

श्रीरामचरितमानस की तीनों प्रस्तावना कथाओं का मन्तव्य श्रीराम की लीला भक्ति का ही प्रतिपादन है। तुलसी की मानस कथा मूलतः कथा, चरित्र, लोकात्मक भव्यता के उद्देश्य की स्थापना के लिए नहीं, केवल भक्ति की स्थापना के लिए रची गई है। पार्वती तथा गरुड़ जैसे अज्ञान-अंधकार में विचरण करनेवाले अनेकानेक प्राणियों के अज्ञान का विनाश करके भक्ति की उनमें स्थापना तथा श्रीराम के मूल स्वरूप के ज्ञाता भजनानन्दियों को बार-बार भक्तिजनित आनन्द का आस्वादन कराने के निमित्त ही तुलसी की श्रीरामकथा की अवतारणा की गई है।

अवतारकथाएँ—मानस में निम्नलिखित अवतारकथाएँ हैं—

१. मनु-शतरूपा प्रसंग
२. नारद प्रसंग
३. प्रतापभानु प्रसंग
४. जलंधर प्रसंग
५. जय तथा विजय प्रसंग

इन सब में प्रारम्भिक तीन प्रसंग विशेष महत्त्वपूर्ण हैं। इन तीनों अवतार हेतुओं की चर्चा के पूर्व कवि की स्थापना है—

हरि अवतार हेतु जेहिं होई। इदमित्थं कहि जाइ न सोई॥
राम अतर्क्य बुद्धि मन बानी। मत हमार अस सुनहु भवानी॥
तदपि संत मुनि बेद पुराना। जस कछु कहहिं स्वमति अनुमाना॥
तस मैं सुमुखि सुनावउँ तोही। समुझि परइ जस कारन मोही॥

इस प्रस्तावना के बाद कवि अवतार हेतुओं के मूल में निहित यश लीला तथा श्रीलीला के हेतुओं की चर्चा करता है—

असुर मारि थापहिं सुरन्ह राखहिं निज श्रुति सेतु।
जग बिस्तारहिं बिसद जस राम जन्म कर हेतु॥
सोइ सोइ गाइ भगत भव तरहीं। कृपासिंधु जन हित तनु धरहीं॥

कृपासिन्धु श्रीराम मनुष्य, सन्तों तथा भक्तों के लिए शरीर धारण करते हैं। उनकी लीला का यशगान भव मुक्ति का साधन है और प्रकारान्तर भाव से लीला के विस्तार के लिए ही वे अवतरित होते हैं। यह लीला उनकी यश एवं श्रीमयी भक्ति को व्यक्त करती है। मानस में इन अवतारकथाओं का प्रयोजन मूलतः इसी लीलाभक्ति का आस्वादन कराना है—

मनु-शतरूपा प्रसंग में दम्पत्ति की वर याचना के माध्यम से कवि कहता है—

मनु— दो०— दानि सिरोमनि कृपानिधि नाथ कहउँ सतिभाउ।
चाहहुँ तुमहिं समान सुत प्रभु सन कवन दुराउ॥

×× ×× ××

शतरूपा— जे निज भगति नाथ तव अहहीं। जो सुख पावहिं जो गति ललहीं॥
दो०— सोइ सुख सोइ गति सोइ भगति सोइ निज चरन सनेहु।
सोइ बिबेक सोइ रहनि प्रभु हमहिं कृपा करि देहु॥

मनु— बंदि चरन मनु कहेउ बहोरी। अवर एक बिनती प्रभु मोरी॥
सुत बिषइक तव पद रति होऊ। मोहि बड़ मूढ़ कहै किन कोऊ॥

मनु तथा शतरूपा की इस वर कामना में श्रीलीलाविषयक भक्ति का गूढार्थ निवेशित है और लंकाकांड में रावण वध के बाद दशरथ प्रसंग की अवतारणा करके कवि कथा के स्थान पर मानस में लीला भक्ति की स्थापना करता है।

इसी प्रकार का सन्दर्भ नारद प्रसंग में भी है। नारद प्रभु श्रीराम को शाप देते हैं—

बंचेहु मोहि जवनि धरि देहा। सोइ तनु धरहिं साप मम एहा॥
कपि आकृति कीन्हि हमारी। करिहहिं कीस सहाय तुम्हारी॥
मम अपकार कीन्ह तुम्ह भारी। नारि बिरहँ तुम्ह होब दुखारी॥

दो०— श्राप सीस धरि हरषि हियँ प्रभु बहु बिनती कीन्हि।
निज माया कै प्रबलता करषि कृपानिधि लीन्हि॥

श्रीराम का यह अवतरण भी लीलामूलक भक्ति की स्थापना के लिए ही है और नारद के शाप को अंगीकार करके प्रभु बन-बन नारी के शोक में भटकते हैं।

तीसरी प्रमुख अवतार कथा प्रतापभानु की है—जो जय-विजय की कथा का अपर रूपान्तर एवं अधर्म की हानि से सम्बद्ध है। प्रतापभानु रावण बनता है, उसका भाई अरिमर्दन कुंभकर्ण। अनीति की पराकाष्ठा दिखाई पड़ती है—

अतिसय देखि धर्म कै ग्लानी। परम सभीत धरा अकुलानी॥
सकल धर्म देखइ बिपरीता। कहि न सकइ रावन भयभीता॥

और फिर, देवताओं की प्रार्थना के बाद श्री हरि कहते हैं—

जनि डरपहु मुनि सिद्ध सुरेसा। तुम्हहि लागि धरिहउँ नर बेसा॥
अंसन्ह सहित मनुज अवतारा। लेहउँ दिनकर बंस उदारा॥
कस्यप अदिति महातप कीन्हा। तिन्ह कहुँ मैं पूरब बर दीन्हा॥
नारद बचन सत्य सब करिहउँ। परम सक्ति समेत अवतरिहउँ॥
हरिहउँ सकल भूमि गरुआई। निर्भय होहु देव समुदाई॥

श्रीराम की यह यश लीला है। श्रीराम की यश लीला देखने, सुनने, स्मरण करने, कहने, गाने आदि सभी रूपों में भक्ति तथा मुक्ति प्रदायिनी है।

मानस की कथा निश्चित रूप से वाल्मीकि रामायण की रामकथा नहीं है, जहाँ श्रीराम के शौर्यपूर्ण पराक्रम के द्वारा उदात्त आर्य मूल्यों की प्रतिष्ठा की गई है। आचार्य रामचन्द्र शुक्ल द्वारा निर्दिष्ट वह भी कथा नहीं है जो लोक की हितैषिता एवं सामाजिक पुनर्रचना के लिए या लोकमंगल की स्थापना तुलसीदासकृत श्रीरामचरितमानस की कथा मूलतः लीलाभक्ति की स्थापना की कथा है जो लोक में भागवत राग एवं रति के लिए प्रेरणा स्रोत है। इस लीला रागानुयायी श्रीरामकथा मूलतः निराश भारतीय मन को परम शान्ति, विश्रान्ति एवं आनन्द प्रदान करने के लिए रची गई थी। यश लीला से सम्बन्धित लोकमंगल भक्ति काल में आकार अवान्तर मूल्य बन चुका था। मानस में लोकमंगल दूसरे स्थान पर आता है।

(३-४) मुख्य तथापूरक कथाएँ—पूरक कथाएँ मुख्य कथा की मूल कड़ी को जोड़ने के लिए हैं। उदाहरण के लिए जैसे बालकांड में विश्वामित्र कथा, अयोध्याकांड में कैकेयी तथा भरद्वाज कथा, अरण्यकांड में सूर्पनखा कथा आदि। ये कथाएँ न हों तो आगे की कथा का विकास ही न हो। मूलतः प्रस्तुत विवेच्य विषय की दृष्टि से मुख्य कथा ही महत्त्वपूर्ण है। मानस की मुख्य कथा रावण-वध से जुड़ी हुई है।

वाल्मीकि रामायण की रामकथा का मन्तव्य निश्चित रूप से उदात्त मानवीय मूल्यों की प्रतिष्ठा है। लोक मंगल की समस्त अवधारणाओं के साथ परम्परित आर्य जाति की पहचान करानेवाले

श्रेष्ठतम शुभ मूल्यों का केन्द्र वाल्मीकि रामायण है और इसीलिए आज तक उन लोकमंगल की अवधारणाओं से जुड़े इस काव्य को भारतीय मानस से हटा पाना मुश्किल है। स्वयं कवि ने अनेक स्थलों पर वाल्मीकि रामायण के प्रति अपनी कृतज्ञता अर्पित की है—

सीताराम गुणग्राम पुण्यारण्य विहारिणौ।
वन्दे विशुद्ध विज्ञानौ कवीश्वर कपीश्वरौ॥

×× ×× ××

बंदौ मुनि पद कंज रामायन जेहिं निरमयउ।
सखर सुकोमल मंजु दोष रहित दूषन सहित॥

इस आदर के बाद भी, कवि वाल्मीकि को प्रणाम करके उनकी कथा दृष्टि से हट कर अलग हो जाता है और अपने को लोकमंगल के श्रेयस्कर रामकथापथ से हटाकर भक्ति पथ से जोड़ देता है।

कवि इस प्रसंग में शिव कथा का स्मरण करता है। शिव रामायण अर्थात् अध्यात्म रामायण जिसमें शैव एवं वैष्णव भक्ति धाराओं के समन्वित होने का व्यापक वातावरण बनता है, जहाँ कथा मुख्य नहीं, कथा तो एक बहाना है, इस बहाने से श्रीराम भक्ति की स्थापना ही मुख्य विषय है साथ ही, श्रीराम भक्ति अभिव्यक्त होती है तो केवल लीला के माध्यम से और इस प्रकार वहाँ सम्पूर्ण दृष्टि कथा के साथ सम्पर्कित लीला भक्ति की स्थापना ही बन जाती है। यही लीलाभक्ति की स्थापना ही मानस की रचना का मुख्य लक्ष्य है। श्रीरामचरितमानस में कथा तो एक बहाना है, यह कथा कथा नहीं, प्रभु श्रीराम की लीला रचना है। इसमें कहीं प्रारम्भ, मध्य एवं समापन बिन्दु नहीं है—प्रभु श्रीराम ही सम्पूर्ण मानस में प्रतिपाद्य हैं—

एहिं महँ आदि मध्य अवसाना। प्रभु प्रतिपाद्य राम भगवाना॥

मानस की सम्पूर्ण कथा श्रीराम की लीला है। इसे वाल्मीकि की लोकात्मक कथा की भाँति देखना कवि के मन्तव्य पर कुठाराघात करना है। वाल्मीकि ने मानव राम की लोकमंगलदायी कथा कही है और तुलसी ने वाल्मीकि की पंक्ति से अलग हटकर श्रीहरि लीला और उससे सम्बन्धित आत्मरति मूलक भक्ति की स्थापना की है। लोकावरण यहाँ आधार है, साधन है—साध्य है, लीलामूला भक्ति। मानस के श्रीराम मात्र मनुष्य वेष में हैं और उनका शरीर श्रीहरि का है। यह श्रीहरि का विग्रह चिद् एवं आनन्द तत्त्व से बना है। ब्रह्म के द्वारा जो भी कार्य सम्पादित होते हैं, वे उसकी सिद्ध विचारणा से सम्बद्ध हैं। ये कार्य उचित हैं या अनुचित उसके विषय में न हम शंसय कर सकते हैं और हमे संशय करने का अधिकार प्राप्त है और न हम उसके लिए समर्थ ही हैं। अनेक आलोचक सामाजिक दृष्टि से सूर्पनखा के नाक कान काटे जाने या बालिवध के श्रीराम के कृत्य पर आरोप लगाते हैं—ये आरोप मानस के रचना मन्तव्य की दृष्टि से देखें तो प्रभु की लीला मात्र है और स्वयं बालि मृत्यु के समय इस रहस्य को समझकर अपने द्वारा की गई भर्त्सना के लिए क्षमा माँगता है।

(५) सहकथाएँ—सम्पूर्ण मानस की कथा रचना का मूल मन्तव्य लीलामूलक भक्ति की स्थापना है। सहकथाएँ इस लीलामूलक श्रीहरि की भक्ति को बाहर से सम्पुष्ट करती हैं। अहल्या का उद्धार, शबरी के बेर, नारद को ज्ञानोपदेश, लक्ष्मण गीता, हनुमान तथा विभीषण प्रसंग, गृद्ध तथा अन्य कथाएँ यदि मानस के मूल से हटा ली जायँ तो कथा-विधान तत्त्व पर कोई प्रभाव नहीं पड़ता किन्तु कवि की लीलाभक्ति की दृष्टि से ये कथाएँ मुख्य कथा से कवि के लिए कहीं अधिक प्रिय तथा स्पृहणीय हैं। इन सहकथाओं के माध्यम से वह श्रीहरि की कृपा, उदारता, अनन्य आश्रय एवं संरक्षण, दयालुता, उदारता आदि भावों की सम्पुष्टि करता है।

इस प्रकार, निष्कर्ष रूप से कहा जा सकता है कि श्रीरामचरितमानस की सम्पूर्ण कथा योजना

के माध्यम से भी कवि लीलामूलक भक्ति की निष्पत्ति कराने के प्रति सचेष्ट है।

यही नहीं, मानस के सम्पूर्ण पात्रों की भी यही स्थिति है। मुख्य कथा के पात्र राम का संवर्ग पृथक् है। वे मूलतः कृपा तथा उदारता के अनन्य आश्रय हैं और अन्य शेष चरित्र अपने अस्तित्व, भाव सत्ता एवं आत्म प्रकाशन के लिए श्रीराम के ऊपर ही आश्रित हैं। श्रीराम के माता, पिता, भाई, बन्धु, गुरु-पुरोहित, प्रियजन, पत्नी लोकात्मक सम्बन्ध रखते हुए भी श्रीराम के अस्तित्व से अस्तित्ववान् हैं। ये सभी-के-सभी श्रीराम के होने के नाते ही अस्तित्व प्राप्त करते हैं अन्यथा इनकी स्थिति का कोई औचित्य नहीं है। यही नहीं, समग्र विरोधी पात्र एवं प्रतिनायक के भी साथी तथा सहचर श्रीराम की कृपा तथा उदारता के याचक हैं। रावण की यही याचना है—

सुर रंजन भंजन महिभारा। जौ भगवन्त लीन्ह अवतारा॥
तौ मैं जाइ बैरु हठि करऊँ। प्रभु सर प्रान तजे भव तरऊँ॥
होइहि भजनु न तामस देहा। मन क्रम बचन मंत्र दृढ़ एहा॥

इस प्रकार कवि कथा विधान तथा पात्र योजना दोनों दृष्टियों से इसी लीलाभक्ति की ही आयोजना मानस में करता है और यही लीलाभक्ति की समग्र योजना का प्रचार-प्रसार ही कवि का मन्तव्य है। यही कवि की आधारमूला भक्ति है।

लीलाभक्ति परम्परित नवधा भक्ति से सर्वथा भिन्न है। नवधा भक्ति में आचरणशुचिता का एक महत्त्वपूर्ण सन्दर्भ छिपा हुआ है। लीला भक्ति के लिए आचरणशुचिता आवश्यक नहीं है। कवि इस लीलाभक्ति के स्वरूप को मनुष्य ही नहीं, पशु-पक्षियों एवं सचराचर के प्राणियों तक ले जाने की चेष्टा करता है—

पुरुष नपुंसक नारि वा जीव चराचर कोइ।
सर्बभाव भज कपट तजि मोहि परम प्रिय सोइ॥

इस प्रकार, भक्ति पथ के लिए कोई वर्णाश्रम व्यवस्था नहीं है। उसके लिए सब से आवश्यक तत्त्व है निश्छल समर्पण। नवधा भक्ति निश्चित ही साधना में क्लिष्ट है किन्तु भक्ति योग सबसे अधिक सहज एवं सबके लिए सुलभ है।

अपने-अपने कर्म का अनुपालन करते हुए तथा व्यक्ति सन्त-ब्राह्मणों पर प्रीति रखकर प्रभु के प्रति अनुराग उत्पन्न करे। भक्ति का मूल यही अनुराग ही है। श्रवणादिक नवधाभक्ति धीरे-धीरे स्वयं दृढ़ होगी और सचेष्टता उस पर वह दृढ़ता से ईश्वर या भजन करता हुआ व्यक्ति श्रीहरि को गुरु, माता, पिता, बन्धु एवं पति जैसा स्वीकार करता है इस प्रकार भक्त के हृदय में शान्ति, वात्सल्य, सख्य एवं कान्ता रति का जन्म होता है। इस भक्ति रति के बाद भक्त को भक्ति का जो आस्वादन प्राप्त होगा—वह प्रेमाश्रु प्रवाह एवं पुलकपूर्ण वाणी द्वारा परिलक्षित होगा। सम्पूर्ण काम-क्रोध, मोह, मात्सर्य, दंभ ईश्वरार्पित होंगे और फिर जाग्रत होगी भक्ति योग की दशा—

इस भक्ति योग का लक्षण बताता हुआ कवि कहता है—

बचन कर्म मन मोरि गति भजनु करहि निःकाम।
तिन्ह के हृदय कमल महुँ करउँ सदा विश्राम॥

विष्णु पुराण में इसी को स्पष्ट करते हुए बताया गया है—

कृष्णलीलानुकारिव्यः कृष्ण प्रति हिते क्षणाः।
कृष्णास्य गतिगामिन्यः तरुप्यस्तां वराङ्गना॥

यह गोपियों की भक्ति योग की दशा है, जिनमें कृष्ण कान्तासक्ति भाव से सदा-सर्वदा वर्तमान हैं। श्रीरामचरित-मानस में शिव, हनुमान, सुतीक्ष्ण, भुशुण्डि आदि ऐसे पात्र हैं, जो शरीर की अवधारणाओं के साथ अनन्त-अनन्त युगों से इसी भक्ति योग में तन्मयीभूत हैं।

इस प्रकार, निष्कर्ष रूप से कहा जा सकता है कि मानस के माध्यम से तुलसी भक्तियोग की स्थापना करते हैं। यह भक्तियोग किसी जाति, वर्ग के लिए नहीं है। गृहस्थ और अगृहस्थ समान रूप से इस भक्ति के अधिकारी हैं। यहाँ नारी-पुरुष या नपुंसक के किसी के लिए कोई वर्जना नहीं है। जटायु जैसा मांसभक्षी गृद्ध, विभीषण जैसा राक्षस, पशुयोनि में सुग्रीव आदि, हिंसक पशुओं में जाम्बवान् जैसे भालु आदि कोई भी इस भक्तियोग का अधिकारी हो सकता है। निषाद एवं गुह जैसे दलित, वनवासी शबरी जैसी उपेक्षिता नारी, अहल्या जैसी पतिपरित्यक्ता इस भक्तियोग के लिए समान भाव से, समान अधिकार से स्वीकार्य हैं और उनकी आत्मरति ही, सान्द्रता ही उनके लिए श्रेष्ठता का आधार है। भक्ति का इतना उदार आधार प्रदान करनेवाले तुलसी को संकीर्ण वर्गवाद से यदि कोई जोड़ता है तो निश्चित ही वह सर्वथा उपहास का पात्र समझा जायेगा।

इसी सन्दर्भ में उनकी भक्ति विषयक दूसरी मान्यता लीलाभक्ति की है। श्रीरामचरितमानस की समस्त कथाएँ एवं समस्त पात्र लीलाभक्ति के इसी व्यापक एवं उदार सन्दर्भ से सन्दर्भित हैं। मानस में कथा तो एक बहाना है। यहाँ चाहे नायक पक्ष की घटनाएँ हों या प्रतिपक्ष की, नायक पक्ष के चरित्र हों या फिर प्रतिपक्ष रावण से सम्बद्ध सभी-के-सभी तुलसी की लीलाभक्ति के साक्ष्य हैं। श्रीरामकथा तो वाल्मीकि ने लिखी है, तुलसी का उद्देश्य यहाँ कथा को आधार बनाकर लील-ा भक्ति का प्रतिपादन करता रहा है। इस लीलाभक्ति के दो रूप हैं—प्रथम, यशलीला और द्वितीय, श्रीलीला।

यशलीला उस आराध्य श्रीहरि की लोक हितैषिता से मंडित व्यक्ति की पहचान कराती है। उसके यश के गान से भी मुक्ति मिलती है किन्तु उससे महत्त्वपूर्ण श्रीलीला है जो मानव में प्रभु के प्रति वासनात्मक संसक्ति प्रदान करती है। मध्यकालीन भक्तों का यही मन्तव्य रहा है। लोकात्मक रूप से निराशा एवं सामाजिक संकट के बीच में श्रीहरि के प्रति रागात्मक सम्बन्ध स्थापित करके निरन्तर संसक्त रहना और शेष लोक प्रपंचों को विस्मृत कर जाना ही तुलसी की लीलाभक्ति का निष्कर्ष है। मानस के समापन के बाद तुलसी उसे प्रकारान्तर भाव से इंगित करते हैं—

कामिहिं नारि पियारि जिमि लोभिहिं प्रिय जिमि दाम।
तिमि रघुनाथ निरंतर प्रिय लागहु मोहिं राम॥

श्रीरामचरितमानस की लीलाधर्मिता तथा कवि की कवितादृष्टि

श्रीरामचरितमानस भारतीय संस्कृति का सर्वश्रेष्ठ काव्य है। इसका अध्ययन भारतीयों ने ही नहीं, अंग्रेज, फ्रांसीसी, रूसी तथा अन्य विदेशी चिन्तकों ने भी किया है। गोस्वामी तुलसीदास को व्यापक मंच पर, सच पूछा जाय तो, प्रतिष्ठित करने का श्रेय इन्हीं पाश्चात्य विद्वानों को ही है।

सन् १८८८ में 'ए स्केच ऑव दि रेलिजस सेक्ट्स ऑव हिन्दूज़' नामक पुस्तक में एच० एच० विल्सन ने सर्वप्रथम तुलसी के महत्त्व पर प्रकाश डालते हुए इनके अध्ययन की एक आलोचनात्मक दृष्टि का सूत्रपात किया। 'गार्सां दि तासी' ने इसी के आधार पर 'इस्तवार दि ला लितरेत्योर इंदुई एन इन्दुस्तानी' में सं० १९२८ में तुलसीदास पर आलोचनात्मक टिप्पणी दी। सं० १९१३ में एफ० एस० ग्राउस ने रामचरितमानस का अंग्रेजी में रूपान्तरण किया और इनसे सम्बन्धित लेख लिखे। सर जार्ज ग्रियर्सन ने तुलसीदास पर अपना लेख सं० १९९२ में 'अन्तर्राष्ट्रीय ओरियंटल कांग्रेस' में पढ़ा और फिर सं० १९५० में इंडियन एंटीक्वेरी में 'नोट्स आन तुलसीदास' के नाम से कवि का जीवनवृत्त प्रकाशित कराया। यह तुलसीदास के व्यवस्थित अध्ययन का प्रथम श्रीगणेश है।

गोस्वामी तुलसीदास को सही परिप्रेक्ष्य में विश्लेषित करने का श्रेय ग्रियर्सन महोदय को ही जाता है। संवत् १९६८ में एल० पी० टेसीटरी ने मानस पर पड़ने वाले वाल्मीकि रामायण के प्रभावों का विश्लेषण किया, उदाहरण सहित। संवत् १९७५ में जे० एन० कारपेंटर ने 'दि थियोलाजी ऑव तुलसीदास' की रचना की और इसके अन्तर्गत गोस्वामी तुलसीदास के धार्मिक मन्तव्यों को स्पष्ट करने की चेष्टा की। सं० १९८७ में जे० एम० मैक्फी ने 'दि रामायन ऑव तुलसीदास' लिखी जिसमें भारतीय जीवनधारा एवं धर्मपद्धति का विवेचन मिलता है। इन सबके अतिरिक्त रूसी विद्वान् डॉ०

वरान्निकोव ने मानस का रूसी भाषा में रूपान्तरण करके बृहत् भूमिका के साथ उसे प्रकाशित कराया जिसकी भूमिका का अनुवाद हिन्दी में डॉ० केशरी नारायण शुक्ल ने, ''मानस की रूसी भूमिका'' के नाम से किया है। कुमारी शार्तल बोदबील नामक फ्रेंच महिला ने मानस के रचनाक्रम का विनास।'' विषय पर जो वैदुष्यपूर्ण विवेचन प्रस्तुत किया है, वह हिन्दी के अनुसन्धानकर्त्ताओं के लिए प्रेरणास्त्रोत है। डॉ० फादर कामिल बुल्के ने तुलसीकृत 'विनय पत्रिका' का विश्लेषण बड़ी गम्भीरता से प्रस्तुत किया हैं और उन्होंने इस कृति के माध्यम से उनकी भक्ति तथा रचना दृष्टि के अनेक पार्श्वों को उभारा है।[१]

हिन्दी में भी गोस्वामी तुलसीदास विषयक आलोचनात्मक अध्ययन की शुरुआत शिवसिंह सरोज से शुरू हुई। आगे चलकर, तुलसी विषयक यह अध्ययन चार भागों में विभक्त हुआ—(१) जीवनी एवं कृतियों की प्रामाणिकताविषयक अध्ययन, (२) धर्म, भक्ति, दर्शन एवं सामाजिक दाय से सम्बद्ध अध्ययन, (३) तुलसीदास का समग्र मूल्यांकन, (४) रामचरितमानस एवं अन्य कृतियों के सापेक्ष्य में तुलसीदास की समीक्षा।

यहाँ उनकी सैद्धान्तिक समीक्षा एवं उनके काव्य पक्ष पर गम्भीरता से अपना दृष्टिकोण प्रस्तुत करने वाले निम्नलिखित ग्रंथ विशेष चर्चा के विषय रहे हैं—

१. तुलसी ग्रंथावली, प्रकाशित—नागरी प्रचारिणी सभा काशी की भूमिका
२. गोस्वामी तुलसीदास—आचार्य रामचन्द्र शुक्ल (तुलसी ग्रंथावली के निबन्धों के आधार पर)
३. गोस्वामी तुलसीदास—बाबू श्यामसुन्दर दास, डॉ० पीताम्बरदत्त वर्थवाल
४. तुलसी साहित्य रत्नाकार—श्री रामचन्द्र द्विवेदी
५. तुलसी सन्दर्भ—डॉ० माताप्रसाद गुप्त
६. तुलसीदास (एक समालोचनात्मक अध्ययन)—डॉ० माताप्रसाद गुप्त
७. कल्याण—मानसांक—गीताप्रेस गोरखपुर
८. मानस दर्शन—डॉ० श्रीकृष्ण लाल
९. तुलसी और उनका युग—डॉ० राजपति दीक्षित
१०. तुलसी दर्शन मीमांसा—डॉ० उदयभानु सिंह
११. मानस के रचना शिल्प का विश्लेषण—डॉ० योगेन्द्र प्रताप सिंह
१२. तुलसी के रचना सामर्थ्य का विवेचन—डॉ० योगेन्द्र प्रताप सिंह
१३. तुलसी के रचना वैविध्य का विवेचना—श्री योगेन्द्र प्रताप सिंह
१४. जन-जन के कवि तुलसीदास—डॉ. योगेन्द्र प्रताप सिंह
१५. गोस्वामी तुलसीदास—विश्वनाथप्रसाद मिश्र
१६. तुलसी और उनकी कविता—रामनरेश त्रिपाठी
१७. रामचरितमानस : साहित्यिक मूल्यांकन—सुधाकर पाण्डेय
१८. तुलसी विभिन्न सन्दर्भों में—डॉ० बचन देव कुमार
१९. रामचरित मानस में जीवन मूल्य—डॉ० अमिता सिंह
२०. तुलसी रसायन—डॉ० भगीरथ मिश्र
२१. तुलसीदास—चन्द्रबली पाण्डेय
२२. तुलसीदास—डॉ० रामबहोरी शुक्ल

कुल मिलाकर गोस्वामी तुलसीदास या श्रीरामचरितमानस पर लिखी गईं ये प्रमुख आलोचनात्मक पुस्तकें कवि के रचनात्मक तथा जीवनगत मूल्यों पर विविध कोणों से प्रकाश डालती हैं।

गोस्वामी तुलसीदास कृत श्रीरामचरितमानस के कविता पक्ष के विवेंचन की आधार भूमि क्या

---

१. सूचनाएँ, डॉ० माताप्रसाद गुप्त कृत तुलसीदास शीर्षक शोध प्रबंध से साभार

होनी चाहिए, इस प्रश्न पर अधिकांशतया आलोचकों ने उनके लोकमंगलकारी तत्त्वों की ओर ध्यान आकर्षित किया है। आचार्य रामचन्द्र शुक्ल उनके महनीय नैतिक मूल्यों की उदात्तता के समर्थक और अंग्रेज समालोचक डंटन की शब्दावली में उनकी कविता में लोकमंगल की साधनावस्था की स्थापना करते हैं। डॉ० शम्भुनाथ सिंह ने 'महाकाव्यों के उद्भव एवं विकास, शीर्षक ग्रंथ में मानस की महनीयता तथा उदात्तता की चर्चा करते हुए उसे मानक महाकाव्य के रूप में प्रतिष्ठित किया है। श्री रामनरेश त्रिपाठी, श्रीचन्द्रबली पाण्डेय आदि ने अति संक्षेप में तुलसी के रचनात्मक कौशल को इंगित किया है जो केवल उनकी महनीयता से जुड़ा है। डॉ० भगीरथ मिश्र, डॉ० वचन देव कुमार, डॉ० राजपति दीक्षित, डॉ० श्रीकृष्णलाल, पं० विश्वनाथप्रसाद मिश्र आदि आलोचकों ने तुलसी कृत मानस के विचार एवं काव्यपथ का गम्भीर मूल्यांकन किया है। डॉ० उदयभानु सिंह ने मानस की वैचारिकता का गहन तथा वैदुष्यपूर्ण विवेचन करके तुलसी की प्रतिभा को शीर्षस्थ स्थान दिया है। इन सम्पूर्ण विवेचनों से श्रीरामचरितमानस और विशेष रूप से तुलसी के समझने-सोचने तथा पुनर्विचार करने की सम्भावनाएँ और बढ़ी हैं।

श्रीरामचरितमानस का रचनात्मक स्वरूप यदि ध्यानपूर्वक देखा जाय तो कुछ इन्द्रजाल जैसा दिखाई पड़ता है, और यह रचना अपने इसी स्वरूप के कारण एक क्षण भ्रम उत्पन्न करती है कि क्या यह पौराणिक रचना तो नहीं है? और इस स्थिति में लगता है, डॉ० श्रीकृष्णलाल का विवेचन शायद संगत सही है किन्तु दूसरे ही क्षण जब रचनात्मक काव्य परिवेश के निर्माण विषयक कवि की सजगता पर दृष्टि जाती है तो पुनः संकुचित हो जाना पड़ता है और लगता है यह परम्परा के श्रेष्ठतम उदार काव्यों में सर्वोपरि या उनमें अग्रगण्य कृति है। रचनात्मक भव्यता एवं भक्ति विषयक आग्रह का अद्भुत सम्मिश्रण इस कृति की विशिष्टता है। श्रीरामचरितमानस की रचनाभूमि के दो पक्ष—लोक एवं अध्यात्म के द्वन्द्व साथ-साथ उपजते एवं समापन प्राप्त करते हैं। आदि से अन्त तक एक कथा है और उसी के ठीक समानान्तर लीला-धर्मिता भी। लोकभाव एवं लीलाधर्मिता के द्वन्द्व से निर्मित श्रीरामचरितमानस एक ओर जहाँ समाज के शुभतम मूल्यों का आख्यान है, वहीं उसमें भक्ति की सर्वथा सार्थक एवं कवियुगीन सामायिक मान्यताएँ एक साथ अभिव्यक्त होकर आमने-सामने आती हैं। तुलसी जिन संस्कारों तथा परिस्थितियों के कवि हैं, उनके समक्ष श्रीरामभक्ति, आख्या, लीला, कथा एवं उन सब के साथ बृहत्तर सामाजिक आयामिता आवश्यक प्रतीत हो रही थी और सब से महत्त्वपूर्ण इस सन्दर्भ में उनका काव्य रचना का वृहत्तर दायित्व है जो बालकांड में बेचैनी एवं छटपटाहट से भरा दिखाई पड़ता है।

सम्पूर्ण मानस की रचना में उन्हें दो प्रकार की बेचैनी दिखाई पड़ती है, प्रथम यह कि बृहत्तर मानवीय मूल्यों एवं सामाजिक आवश्यकताओं को उनका यह काव्य व्यक्त करने के साथ ही, विशेषतः श्रीराम भक्ति का भी महत्त्वपूर्ण मानक ग्रंथ बन सके। गोस्वामी तुलसीदास इस अपने दुहरे दायित्व के लिए श्रेष्ठतम कवि वाल्मीकि एवं कालिदास को रचना का आदर्श नहीं बनाते; बनाते हैं तो अध्यात्म रामायण, हनुमन्नाटक एवं भागवत पुराण को किन्तु वे कालिदास एवं वाल्मीकि की उपेक्षा कर जाते हैं, ऐसा नहीं है। तुलसी मानस के अयोध्याकांड एवं अन्य स्थलों पर वाल्मीकि रामायण के छन्दों को रूपायित करते हैं किन्तु अपनी लीला भक्ति तथा मन्तव्य के प्रकाश में वे उसमें इस प्रकार का परिवर्तन कर देते हैं कि प्रसंग भक्ति के कोण से सारवान दिखाई पड़ने लगता है। यही दृष्टि कालिदास के प्रति भी है। प्रसन्नराघव तथा अनर्घराघव के प्रभावों को ग्रहण करते हुए वहाँ भी तुलसी यही कौतुक करते हैं। हनुमन्नाटक में जहाँ उन्होंने आवश्यक समझा, मन्तव्य लिया, अन्यथा आगत सन्दर्भ की अर्थ-दृष्टि परिवर्तित कर दी। कहने का तात्पर्य यह कि तुलसी लोक तथा अध्यात्म के द्वन्द्व के बीच अध्यात्म को निरन्तर बचाने, प्रभावशाली एवं उदात्त भावभूमि पर निर्मित करने के लिए सम्पूर्णतः सचेष्ट दिखाई पड़ते हैं।

हिन्दी साहित्य में जो भी मानस के रचनात्मक सामर्थ्य का विवेचन हुआ है, वह एकांगी है।

आचार्य शुक्ल जैसे आलोचक जहाँ तुलसी की लोकमंगल की साधनावस्था को केन्द्र में रखकर विवेचन करने के पक्षपाती हैं, वहीं डॉ० श्रीकृष्णलाल, डॉ० वलदेव उपाध्याय आदि भक्ति एवं धर्मपक्ष को पूरी तन्मयता से उभारते हैं—और दोनों पक्ष अपनी-अपनी ओर बलात् खींचने का प्रयास करते हैं। हिन्दी साहित्य में मानस जैसी मानक रचना में अन्तर्निहित इस रचनात्मक द्वन्द्व का विवेचन निश्चित ही एक समस्या के रूप में अभी भी समीक्षात्मक विवेचना की अपेक्षा रखती है।

सम्पूर्ण श्रीरामचरितमानस में लोक एवं अध्यात्म का द्वन्द्व कवि मन्तव्य के साथ अनिवार्यता के साथ जुड़ा दिखाई पड़ता है। मानस की रचना इन्हीं मन्तव्यों के द्वन्द्व के बीच शुरू होती है। पार्वती इस द्वन्द्व को शिव के समक्ष रखती हैं—

जो नृपतनय त ब्रह्म किमि नारि बिरहँ मति भोरि।
देखि चरित महिमा सुनत भ्रमित बुद्धि अति मोरि॥

हिन्दी के आलोचकों को भी यही पार्वतीभ्रम ग्रस्त करता है और वे कवि के द्वन्द्वपूर्ण मन्तव्य के रचनात्मक सन्दर्भ को केवल नृपतनय श्रीराम एवं उनकी आदर्शपूर्ण चारित्रिक निष्ठा के रूप में विवेचित करते हैं। वे समय-समय पर उस निष्ठा के सामाजिक प्रभावों का भी विवेचन करते हैं किन्तु कवि का वह मन्तव्य जो आध्यात्मिक है, ब्रह्ममूलक निष्पत्ति का नियोजक है और मानस का सबसे तेजवान एवं सारवान् तत्त्व है, उसका निषेध कर जाते हैं। जैसा कि इसके पहले विस्तारपूर्वक स्पष्ट किया जा चुका है कि कवि सम्पूर्ण श्रीरामकथा को अपने वैचारिक मन्तव्य लीला के प्रकाश में विनियोजित करता है। यह लीला यशमूलक तथा श्रीलीला विषयक दृष्टि से सम्पृक्त कवि की सम्पूर्ण वैचारिकता का आधार है। इसी आधार के फलस्वरूप जो रचनात्मक कौतुक रामचरितमानस में उत्पन्न होता है, उसे पढ़कर या सुनकर आश्चर्य न प्रकट करने की कवि सर्वत्र चेतावनी देता चलता है—

कीन्हि प्रस्न जेहिं भाँति भवानी। जेहिं बिधि संकर कहा बखानी॥
सो सब हेतु कहब मैं गाई। कथा प्रबन्ध बिचित्र बनाई॥
जेहिं यह कथा सुनी नहिं होई। जनि आचरजु करै सुनि सोई॥
कथा अलौकिक सुनहिं जे ग्यानी। नहिं आचरजु करहिं अस जानी॥
राम कथा कै मिति जग नाहीं। अस प्रतीति जिन्ह के उर माहीं॥
कलपभेद हरि चरित सुहाए। भाँति अनेक मुनीसन्ह गाए॥
राम अनंत अनंत गुन अमित कथा विस्तार।
सुनि आचरजु न मानिहहिं जिन्हके बिमल विचार॥

श्रीरामचरितमानस के लोकात्मक एवं आध्यात्मिक द्वन्द्व का मन्तव्य निश्चित रूप से भ्रमात्मक, आश्चर्यमूलक, विचित्रता से संयुक्त, अलौकिक मन्तव्यों से सम्पृक्त आदि-आदि बन्ध तत्त्वों से समन्वित है। जब तक आलोचक गोस्वामी तुलसीदास के कथात्मक मन्तव्य के इन पक्षों का स्पष्टीकरण नहीं कर पायेंगे, यह रचना अव्याख्येय समझी जाती रहेगी और इसीलिए शायद श्रीरामचरितमानस अब तक आलोचनात्मक दृष्टि से अव्याख्येय कृति है क्योंकि लीला एवं लोक के प्रपंचधर्मी तत्त्वों से कवि के रचनात्मक उन्मेष को कितना बल मिला है, इसकी व्याख्या अभी तक नहीं हुई है।

जैसा कि ऊपर कहा गया है, मानस में कवि का मूल मन्तव्य लीला तथा लोकात्मक जगत् से जुड़कर विचित्र हो उठता है। इस मन्तव्य का सब से पहला प्रभाव कथावस्तु की संरचना पर पड़ता है। सम्पूर्ण मानस लोक तथा अध्यात्म के द्वन्द्व से विन्यस्त है। कवि सर्वत्र सचेष्ट है कि लोक तत्त्व उसके लीला विषयक मन्तव्य को आक्रान्त न कर सके। कथावस्तु के स्तर पर लौकिकता के बीच आध्यात्मिकता को अनेक युक्तियों एवं वक्रताओं से पारदर्शी बनाकर कवि निरन्तर झलकाता

चलता है। पौराणिक कथा रूढ़ियाँ, मिथक, परम्परित कथाएँ, लोकविश्वास, दार्शनिक चिन्तन, वेद, उपनिषद् एवं स्मृतियों के साक्ष्य, भक्ति, योग, तंत्र, शैव, वैष्णव आदि की मान्यताएँ—कितने-कितने तत्त्व हैं, जिनका उपयोग कवि कथा-विन्यास की विचित्रता के लिए करता है। भक्ति, धर्म, नैतिक, पौराणिकता जैसे कितने मन्तव्यों को रचनात्मक आवरण में लपेट कर सम्पूर्ण प्रसंग को निरन्तर अर्थवान तथा सार्थक बनाने की वह चेष्टा करता है कि वह सब देखकर आश्चर्यचकित हो जाना पड़ता है। कथा-विन्यास का लोकात्मक कलेवर एक क्षण के लिए कवि के आध्यात्मिक सन्दर्भ में विलीन हो उठता है। वह सम्पूर्ण प्रसंग को अपनी कल्पना की दिव्यता तथा आश्चर्य से भर देता है, भले ही, वह प्रसंग सामान्य-से-सामान्य क्यों न हो। कवि 'राम' शब्द में 'रा' तथा 'म' के युगपदत्व का विवेचन करता है। यहाँ रचना के उत्कर्षपूर्णविधान के लिए उसके द्वारा रचा गया धार्मिक मन्तव्य भरा वातावरण द्रष्टव्य है—

आखर मधुर मनोहर दोऊ। बरन बिलोचन जन जिय जोऊ॥
कहत सुनत सुमिरत सुनि नीके। राम लखन सम प्रिय तुलसी के॥
बरनत बरन प्रीति बिलगाती। ब्रह्म जीव सम सहज सँघाती॥
नर नारायन सरिस सुभ्राता। जग पालक बिसेखि जन त्राता॥
भगति सुतिय कल करन बिभूषन। जगहित हेतु बिमल बिधु पूषन॥
जन मन मंजु कंज मधुकर से। जीह जसोमति हरि हलधर से॥

'रा' तथा 'म' इन दोनों के माहात्म्य निरूपण के लिए कवि जिस बन्ध का प्रयोग करता है, वह सादृश्य विधान का ही है किन्तु उसकी प्रकृति लोकात्मक न होकर आध्यात्मिक है, जो प्रस्तुत तथा अप्रस्तुत दोनों के बीच आध्यात्मिक मन्तव्य की सार्थकता को स्पष्ट करती है। विधान के स्तर पर भी कवि सहज, समर्पित तथा लोक में व्याप्त आध्यात्मिक अनुभव की जीवन्तता को कथाबन्ध से जोड़ता है। कौसल्या, दशरथ, विश्वामित्र जनक आदि-आदि से जुड़ी कितनी कलाएँ लोक तथा अध्यात्म के द्वन्द्व से सम्पूर्ण कथा को रसात्मक आवेग से परिपूर्ण एवं संवेद्य बना देती हैं। उदाहरण के लिए जनक प्रसंग को देखें—विदेह जनक ने सुना कि विश्वामित्र नगर में पधारे हैं, वे उनके स्वागत के लिए आते हैं और आध्यात्मिक संस्कार से मंडित जनक की जिस मन: दशा का कवि चित्रण करता है, वह कितना स्पृहणीय है, इसे यहाँ उदाहरण के रूप में देखा जा सकता है—

प्रेम मगन मनु जानि नृपु करि बिबेकु धरि धीर।
बोलेउ मुनि पद नाइ सिर गदगद गिरा गँभीर॥

कहहु नाथ सुंदर दोउ बालक। मुनि कुल तिलक कि नृप कुल पालक॥
ब्रह्म जो निगम नेति कहि गावा। उभय बेष धरि की सोइ आवा॥
सहज बिराग रूप मन मोरा। थकित होत जिमि चंद चकोरा॥

कवि पौराणिक मन्तव्य, मानवीय मनोविज्ञान, रूप की अद्वितीयता के द्वारा श्रीराम के आध्यात्मिक स्वरूप को झलका देने के लिए निरन्तर सचेष्ट है। सम्पूर्ण मानस भर में कथा के इस विलक्षण विन्यास के लिए कवि जिन युक्तियों का प्रयोग अपनी भव्य कल्पनाशक्ति से जोड़कर करता है, उन युक्तियों तथा विधानों का विश्लेषण अभी तुलसी तथा रामचरितमानस के सन्दर्भ में हिन्दी जगत् में नहीं हुआ है।

लीला के लोकात्मक और आध्यात्मिक मन्तव्य से मानस के सम्पूर्ण चरित्र विधिवत् योजनाबद्ध तरीके से सुसंगठित हैं। अभी तक नायकत्व की परिभाषा की सम्पूर्णता इसी पर निर्धारित की जाती थी कि वह सम्पूर्ण कथासूत्र को आगे बढ़ाता है, अपनी अप्रतिहत तेजोमयता से उसे ले जाता है आदि-आदि। किन्तु मानस की नायक योजना की विलक्षणता के आगे परम्परा के यह महनीय उदात्त इतिहासपुरुषता निस्तेज प्रतीत होती हैं। मानस में श्रीराम सभी की कामना के एक मात्र विषय

हैं। पक्ष तथा प्रतिपक्ष के वे एक मात्र शरण्य हैं। दशरथ, सीता, लक्ष्मण, भरत, शत्रुघ्न, कौसल्या आदि ही नहीं; रावण, विभीषण, मन्दोदरी, मारीच, कुंभकर्ण प्रभृति सभी विरोधी पात्रों की कामनाएँ उन्हीं में समर्पित होकर सार्थकता प्राप्त करती हैं। श्रीराम सभी की आत्मीयता एवं सभी की प्रियता के एक मात्र एवं अन्तिम अभीष्ट केन्द्रबिन्दु हैं, इसके बाद भी, पात्रों में परस्पर लोकात्मकता तथा अध्यात्म के लीलापरक द्वन्द्व सन्दर्भ समेटे हुए है। इस लोकात्मक चारित्रिक द्वन्द्व के बीच कवि एक द्वन्द्वरहित बिन्दु की रचना कर देता है जो सर्वथा विलक्षण है।

पात्रों के स्तर पर मानस के मनोभावों की द्वन्द्वात्मक रचनाभूमि उसी प्रकार विलक्षणता तथा आश्चर्य से परिपूर्ण है, जैसे कथाविधान एवं रचना के मन्तव्य। कवि निरन्तर सचेष्ट है कि किन-किन तरीकों से इस चरित्र के द्वन्द्व को अर्थवान बना सकें। रचना के स्तर पर देखा जाता है कि कवि परिस्थिति के अनुकूल स्वयं को पात्र विशेष बनाकर प्रसंगों को प्रस्तुत करता है। मानवीय व्यक्तित्व की सार्थकता का जितना जीवन्त एवं स्पृहणीय वर्णन मानस में मिलता है, उतना अन्यत्र नहीं है किन्तु पात्रों के लोकात्मक व्यक्तित्व को वह दूसरे ही क्षण आध्यात्मिकता के आवरण से ढककर उसे लीलाधर्मी बना देता है। उसकी इस प्रवृत्ति में कहीं-कहीं अस्वाभाविकता भी उठ खड़ी होती है किन्तु कवि चरित्रविन्यास के इस द्वन्द्वपूर्ण रचनाविधान के प्रति सर्वत्र सचेष्ट है। पात्र रचना की यह विधानप्रणाली, उसके प्रभाव तथा उसकी परम्परा एवं मौलिकता का विवेचन हिन्दी साहित्य में अभी तक नहीं हो पाई है। मानस के मन्तव्य, पात्र योजना तथा चरित्र रचना के इन तीन सन्दर्भों का लोकात्मक तथा आध्यात्मिक द्वन्द्व का विवेचन हिन्दी कविता की प्रकृति को शायद कोई नया आयाम दे सके।

मानस की आस्वादन भूमि अर्थात् रस समस्या भी इसी द्वन्द्व से जुड़ी हुई है। चरित्र तथा कथा द्वन्द्व की भाँति मानस में भावद्वन्द्व की एक महत्त्वपूर्ण समस्या है। लोकात्मक सन्दर्भ में अभिव्यक्त विविध लोकात्मक अनुभव व्यापार एवं आध्यात्मिक संदर्भ में लोकोत्तर भाव सन्दर्भ दोनों साथ-साथ दिखाई पड़ते हैं। मानस की प्रत्येक घटना, प्रत्येक पात्र तथा प्रत्येक सन्दर्भ के बीच लोकानुभव से भिन्न आध्यात्मिक अभिव्यंजना का सन्दर्भ दिखाई पड़ता है। यह अनुभव व्यापार लोक-वासनाओं रति, हास, उत्साह, जुगुप्सा आदि से नहीं विश्लेषित हो सकते। भक्ति साहित्य से भिन्न परम्परा में जो भी कृतियाँ हैं, वे लोकानुभव से सम्बद्ध पाठक में लोकवासनाओं की प्रतीति कराकर आनन्दित करती रही हैं। भक्ति को छोड़कर समग्र भारतीय साहित्य और सभी श्रेष्ठ कवि कालिदास, बाण, हर्ष आदि अपनी रचनाओं में अनुभव व्यापार की दृष्टि से निरन्तर लोकभाव की ही सृष्टि करते रहे हैं। भारतीय साहित्यशास्त्र में रस एवं भाव व्यापार को प्रकृत, सहज एवं लोकात्मक माना गया है किन्तु भक्तिकाल में जिस अनुभव व्यापार का सृजन हुआ है, उसका मनोविज्ञान भिन्न धरातल पर है तथा वहाँ प्रकृत, सहज एवं लोकात्मक अनुभव व्यापार के स्थान पर अप्रकृत, आध्यात्मिक तथा असहज भाव व्यापार की अभिव्यक्ति मिलती है। इस प्रकार लोकात्मक एवं आध्यात्मिक अनुभव व्यापार के इस द्वन्द्व का विवेचन परम्परित रस सिद्धान्त से सम्भव नहीं है। हिन्दी के आलोचकों में आचार्य रामचन्द्र शुक्ल, डॉ० माताप्रसाद गुप्त एवं डॉ० राजपति दीक्षित जैसे विद्वान् जब मानस के भाव जगत् का अध्ययन करते हैं तो वे इसके लिए भारतीय काव्यशास्त्र में वर्णित रस सिद्धान्त को आधार बनाते हैं और जैसा कि कहा जा चुका है ये सिद्धान्त तो मात्र लोकात्मक अनुभव एवं वासना व्यापार के हेतु मात्र हैं, भक्ति साहित्य के नहीं।

भक्त आचार्यों एवं काव्य विवेचकों ने इसके लिए भक्ति रस की अवधारणा प्रस्तुत की है और आध्यात्मिक लीला के द्वन्द्व को विवेचित करने के लिए इस आधार को सुझाया है। उनके अनुसार—भक्ति काव्य की भावात्मक समस्या का निदान रस के अंगांगि सम्बन्ध से जुड़ा है। यहाँ भक्तिरस अंगिन् अर्थात् प्रमुख है और काव्य में वर्णित शृंगारादि रस गौण या अंगभूत हैं। भक्तिरस एवं काव्य रसों के बीच यहाँ अंगांगि का सम्बन्ध है। लोकात्मक भाव या रस सहायक है, भक्ति रस की सम्पुष्टि के लिए क्योंकि भक्तिकाल की अभिव्यंजना अपने में प्रमुख है और उसे स्पष्ट तथा

प्रकाशित करने का दायित्व लोकभाव के ऊपर है। रस में अंग रस की स्थिति प्राय: संचारी भाव के रूप में मानी जाती है और इस प्रकार शृंगारादि रस अपने संचारी रूप में भक्ति भाव तथा रस का पोषण करते हैं। मानस में इसके लिए बड़ा सटीक दृष्टान्त तुलसी ने रखा है। धनुर्भंग का प्रसंग है और सभी श्रीराम को देखते हैं—श्रीराम के आध्यात्मिक व्यक्तित्व की विराटता में सम्पूर्ण लोकभाव तथा रस संचारी भाव की भाँति मिलकर उन्हें अलौकिक तथा तेजवान बना रहे हैं—

जिन्ह के रही भावना जैसी। प्रभु मूरति तिन्ह देखी तैसी॥
देखहि रूप महा रन धीरा। मनहुँ बीर रसु धरे सरीरा॥
डरे कुटिल नृप प्रभुहि निहारी। मनहु भयानक मूरति भारी॥
रहे असुर छल छोनिप बेषा। तिन्ह प्रभु प्रगट काल सम देखा॥
नारि बिलोकहिं हरषि हिय निज निज रुचि अनुरूप।
जनु सोहत सिंगार धरि मूरति परम अनूप॥
बिदुषन्ह प्रभु बिराटमय दीसा। बहु मुख कर पग लोचन सीसा॥
सहित बिदेह बिलोकहिं रानी। सिसु सम प्रीति न जाइ बखानी॥
जोगिन्ह परम तत्त्वमय भासा। सांत सुद्ध सम सहज प्रकासा॥

कवि श्रीराम के एकाकी व्यक्तित्व में वीर, भयानक, अद्‌भुत, शृंगार, वात्सल्य, शान्त आदि रसों को एक साथ अनेक कोणों से व्यंजित कराकर भव्यता तथा उदात्तता को चित्रित कर रहा है। इसी के साथ-साथ लोकात्मक तथा आध्यात्मिक मन्तव्यों की एक साथ सम्पुष्टि करके कवि एक ही केन्द्र पर लोक तथा अध्यात्म को भी व्यंजित कर रहा है।

भक्त आचार्यों ने लीलाभाव का रसात्मक विवेचन जिस रूप में किया है, वह इस द्वन्द्व को अपने ढंग से विवेचित करता है। इन्होंने वासनाओं के ही आधार पर शान्त भक्तिरस, दास्य भक्तिरस, वात्सल्यभक्तिरस, सख्यभक्तिरस एवं कान्ता या शृंगार (उज्ज्वल) भक्तिरस का विवेचन करते हुए भक्ति काव्य की इस भावात्मक सत्ता का विवेचन किया है।

फिर भी, भक्ति रस के आधार पर भक्ति काव्य की समग्र समस्याओं का समाधान नहीं हो सकता। भक्ति काव्य, विशेषरूप से तुलसी के मानस का रचना फलक इतना व्यापक है कि केवल भक्तिरस की व्याख्या से उसके आध्यात्मिक मर्म को स्पष्ट नहीं किया जा सकता। इसके भावात्मक विवेचन का एक अन्य आधार सौन्दर्यशास्त्रीय भी है। किन्तु, यहाँ यह पदेन-पदेन ध्यान रखना होगा कि यह सौन्दर्यशास्त्रीय आधार आध्यात्मिक व्यंजना को विवेचन के स्तर पर कहीं मन्द न होने दें। ये आधार क्रमश: हैं—उदात्तता, भव्यता, प्रियता, शृंगार, प्रेम-(मर्यादित तथा स्वच्छन्द)—रति, स्नेह, प्रणय, राग, अनुराग, लीलाभावजन्य आनन्द, प्रेमानन्द, आप्तकाम एवं आत्मराम दशाओं का। भक्ति रस के साथ इन भाव दशाओं को सम्बद्ध करके भक्ति काव्य के भावात्मक मन्तव्य का विश्लेषण सम्भव है, और बिना इस आधारफलक के भक्ति काव्य की भाव सम्पदा का विश्लेषण करना असम्भव है।

भावविधान के साथ-साथ तुलसीकृत श्रीरामचरितमानस के शिल्पविधान की भी इसी प्रसंग में चर्चा कर लेना आवश्यक है। मानस के शिल्पविधान का प्रत्यक्षत: आधार भारतीय काव्यशास्त्र में ध्वनि सिद्धान्त पर आधारित प्रतीत होता है। लोक तथा अध्यात्म भाव के लीलामूलक द्वन्द्व के बीच एक आधारभूत सम्बन्ध वर्तमान है। लीला तत्त्व में लोकपक्ष भी भक्तों के लिए उतना ही आनन्ददायी है, जितना उससे व्यंजित अध्यात्म तत्त्व, किन्तु सामान्यतया लोकात्मक हेतु कारण है, अध्यात्म कार्य है। यदि ध्वनि सिद्धान्त की शब्दावली में कहना चाहें तो लोकभाव वाच्य रूप में है और आध्यात्मिक मन्तव्य व्यंग्य रूप में। ध्वनि सिद्धान्त में प्रतिपादित है कि ध्वनि के अन्तर्गत वाच्य भी उतना ही श्लाघ्य एवं महत्त्वपूर्ण है जितना व्यंग्य और इस प्रकार मानस का शिल्पविधान मूलत:

वाच्यादि रूप में आध्यात्मिक ध्वनि तत्त्व की सम्पुष्टि का हेतु बनता है। मानस के अलंकारादि तत्त्व अपनी समग्र काव्यात्मक सार्थकता के साथ मानस के आध्यात्मिक मन्तव्य की ही सम्पुष्टि करते हैं। ये सभी आध्यात्मिक मन्तव्य की सम्पुष्टि के साधन हैं।

इस प्रकार लीलात्मक भाव रचना के कारण मानस के भाव व्यापार का परम्परित शास्त्रीय व्यवस्था से हटकर विवेचन अपेक्षित है और शिल्पविधान के सन्दर्भ में भी यह विशेषरूप से ध्यान देने की बात है कि अलंकार आदि अर्थरचना के तत्त्व मानस के आध्यात्मिक मन्तव्य को ही ग्राह्य एवं आस्वाद्य बनाने की दिशा में सचेष्ट हैं।

इतने वर्षों के पश्चात् भी यह खेद का विषय है कि श्रीरामचरितमानस के काव्यात्मक विवेचन का यह अर्थ तथा भावद्वन्द्व से सम्बद्ध पक्ष समग्र रूप से अभी तक विवेचित नहीं हो पाये हैं।

श्रीरामचरित मानस की प्रासंगिता

गोस्वामी तुलसीदास श्रीरामचरितमानस के माध्यम से श्रीराम की यशलीला एवं श्रीलीला का विस्तारपूर्वक वर्णन करना चाहते हैं। यश लीला का सम्बन्ध प्रभु श्रीराम की विराटता से है। सचराचर में व्याप्त, परमभव्य तथा परमविराट् जो अनन्त एवं अखण्ड ब्रह्मांड का आधार है—यश-लीला का विषय है। इतना विराट् और इतना ऐश्वर्यवान जो महाकाल रूप, महाविभूति स्वरूप समग्र ब्रह्मांड का नियन्ता है, वही श्रीराम के रूप में अवतरित है। तुलसी का मानस सर्वप्रथम प्रभु श्रीराम के इस विराट् व्यक्तित्व का पदेन-पदेन एहसास कराता है और बताता है कि वह अवतरित हो रहा है—श्रीलीला के निमित्त।

श्रीलीला का मन्तव्य प्रभु की विराटता के ठीक प्रतिकूल है। वह विराट् अब इस भूमि पर आकर इतना छोटा हो गया है, इतना सहज हो गया है, इतना सामान्य हो गया है कि उस विराटता एवं इस सामान्यता के बीच एक आश्चर्यमिश्रित कौतूहल आकर स्थान ले लेता है—

ब्यापक ब्रह्म निरंजन निर्गुन बिगत बिनोद।
सो अज प्रेम भगति बस कौसल्या के गोद॥

श्रीरामचरित की यश लीला की विराटता एवं श्रीलीला की सर्वसुलभता तथा नितान्त सहजता दोनों तत्त्वों का अद्भुत सामंजस्य ही मानस के रचना फलक का केन्द्रीय आधारविन्दु है।

गोस्वामी तुलसीदास मध्यकालीन निराश तथा धर्मप्राण भारतीय मानस के लिए एक परम विराट् महानायक की तलाश करते हैं। वह महानायक मध्यकालीन सामन्ती नरेशों एवं विदेशी बादशाहों से ऊँचा और बहुत ऊँचा है। उनकी विराटता तथा व्याप्ति का जो चित्रण रावण के समक्ष मन्दोदरी करती है वह निश्चित रूप में अपनी लोकात्मक व्यंजना की सार्थकता से सम्पृक्त है। श्रीराम नायक एवं महानायक ही नहीं, महानायकों के भी महानायक हैं। उन महानायक श्रीराम के व्यक्तित्व की अतिशयता के प्रति श्रद्धा-प्रीति तथा विश्वास उपजाना तुलसी का पहला दायित्व था।

तुलसी श्रीराम की इस विराटता के प्रति श्रद्धा एवं विश्वास ही नहीं उत्पन्न करते अपितु उनकी लीला से मानव जाति को जोड़ते हैं। वे निराश, हताश, धर्मलिप्सु, आतंकित, भयभीत, राजमद के आतंक से जर्जरित तथा क्षरित मानव समुदाय को यह भी विश्वास दिलाते हैं कि वह विराट् एवं विभु घर-घर, दरवाजे-दरवाजे, जंगल-जंगल, आश्रम तथा कुटी-कुटी अपने पाँवों से चलकर जायेगा। सबकी खोज खबर लेगा। ऋषि, मुनि, लांछित स्त्रियों, उपेक्षित तथा दलित शबरी जैसी नारियों, राजा द्वारा छिनी हुई पत्नी वाले सुग्रीव, लात मार कर भगाये गये विभीषण, पराई पत्नी का अपहरण करनेवाले रावण आदि-आदि सब के लिए वह चिन्तित सब के लिए समाधान देने को तत्पर है। उसे केवल दलित, पीड़ित, उपेक्षित, लांछित, बर्बर, क्रूर, हिंसक मानव जाति की ही चिन्ता नहीं है, उसे निराश्रित पशु, पक्षी आदि की भी चिन्ता है। उसे शास्त्र एवं ज्ञान के आधार

की आवश्यकता नहीं, प्रत्येक प्राणी के मन के आत्मीय प्रेम, स्नेह, आत्मीयता से ही जुड़ने की आकांक्षा है। ऐसे श्रीराम को प्राणिजाति के हृदय-हृदय तक पहुँचाना एवं उन्हें भयमुक्त करना तुलसी की दूसरी चिन्ता है।

गोस्वामी तुलसीदास मानस के द्वारा एक ऐसे विराट् महानायक के व्यक्तित्व की स्थापना करते हैं जो पशु-पक्षी से लेकर दुखी-पीड़ित दलित ही नहीं, सम्पूर्ण मानव जाति को आत्मीयता एवं भावात्मक निजता से जुड़ने में समर्थ हो सके। यह विराट् महानायक भूमि पर अवतरित शक्ति से नहीं, प्रेम से विवश होकर आत्यन्तिक मानव हित के लिए दर-दर ठोकरें खाकर अत्यन्त आनन्दित है। वह विराटनायक सेवा, समर्पण, दयालुता, प्रेम, भक्ति, आत्मीयता, मानवीय संकल्प, शुचिता आदि कितने भावों का जीवन्त प्रतीक है। विराट् एवं महनीय ब्रह्म का मानव जाति के हृदय-हृदय से जोड़कर उसे सेवा, रक्षा, दया, प्रेम का जन प्रतीक बना देना तुलसी कृत मानस की सबसे बड़ी उपलब्धि है। मानव जाति के लिए प्रेम, रक्षा, शोषणमुक्ति, भाई-चारे, अस्तित्व आदि की सनातन आवश्यकता रहेगी और तुलसी ने मानस के द्वारा मानव जाति के अस्तित्व की इन मूल आवश्यकताओं के लिए जो आधार तैयार किया है, उसकी चर्चा भारतीय इतिहास में सदैव-सदैव की जाती रहेगी।

मध्यकालीन भक्ति आन्दोलन तथा लोक चेतना की संरक्षा को ध्यान में रखकर उनका विवेचन करना आज नितान्त आवश्यक है।

मध्यकालीन भारतीय भक्ति आन्दोलन लोक जागरण का राष्ट्रीय उद्घोष है। केवल हिन्दी प्रदेश ही नहीं, समग्र भारत लोक जागरण के इस आन्दोलन से अभिभूत रहा है। उत्तर, पूरब-पश्चिम, मध्यदेश, गुजरात, बंगाल, असम, उड़ीसा, नेपाल, जम्मू-कश्मीर तथा पंजाब से लेकर सम्पूर्ण दक्षिण भारत की लोक चेतना में एक मात्र व्याप्त-ग्राह्य यह एक आन्दोलन था, भक्ति की सामाजिक परिवर्तन की लहर थी जिसने सबको भक्तिमय बना दिया। परम्परागत वर्ण व्यवस्था के मानक टूट रहे थे, ज्ञान, वैराग्य, कर्मकांड, तप, यज्ञ, योग सभी को दर किनारे रखकर परम्परित संस्कारों से विजड़ित पाशबद्धता को छिन्न करके प्रत्येक भाषा, प्रत्येक जाति, प्रत्येक राज्य, प्रत्येक वर्ग नगर गाँव, पुरवे, घर-घर सभी को भक्ति का यह लोक आन्दोलन अपने प्रभाव से चूड़ान्त सराबोर किये हुए था। लोक आन्दोलन की इस धारा में अद्वैत-वेदान्त, शैव, वज्रयान, सहजयान कितने मतवाद निमग्न थे। भक्ति आन्दोलन, इस प्रकार जन-जन की निष्ठा का न केवल सहज अंग था, वरन् सभी को अपने से जोड़कर एक सूत्र में बाँधकर एक मंच पर ले आकर खड़ा किए हुए था। इस लोक जागरण की दो बड़ी चिन्ताएँ थीं—

प्रथम, यह कि विजड़ित, धार्मिक, सामाजिक एवं अन्य व्यावहारिक मूल्यों के विकल्प के स्थान पर सहज सर्वसुलभ, सर्वस्वीकृत तथा सभी के लिए आचरणीय मूल्यों की तलाश एवं स्थापना करना।

द्वितीय, यह कि एक ऐसे बहुआयामी मूल्य की स्थापना जो स्वयं में लोकोत्तर होते हुए सभी के लिए समान रूप से आश्रय बन सके। प्रकारान्तर से वह सार्वभौम स्थापनाओं का प्रतीक हो तथा कुटिया से राजमहल तक वह समान श्रद्धा, समान आदर तथा समान प्रियता का विषय बन सके।

इन दोनों मूल्यों की स्थापना के लिए जनता की सहमति के बीच से ही वैष्णवी अवतारों को पूर्णरूपेण पराशक्तिमत्ता से मण्डित करके इस युग के मनीषियों ने श्रीराम तथा श्रीकृष्ण जैसे बहु-आयामी एवं लोक व्यापक दो मूल्यों की स्थापना की। ये दोनों मूल्य लोक द्वारा खोजे गये थे—श्रीराम तथा श्रीकृष्ण लीला एवं मंगल विधान के न केवल सर्वोच्च मूल्य थे—वरन् बहुआयामी, बहु विचारित, घर-घर तथा जन-जन की श्रद्धा एवं आस्था के आधारबिन्दु भी थे। आस्था, संकल्प, निष्ठा, भक्ति, समर्पण, प्रपत्ति, शरणागति सभी कुछ उन तक पहुँचकर अपनी सार्थकता प्राप्त करने लगे। वे जंगल, वन, वाटिका, गाँव, पुर, नगर, पर्वत, नदी, तट झोपड़ी, वृक्ष छाया, राजमहल सभी जगह सभी के बीच निर्भय विचरण करते हैं—सब के आँसू पोछते हैं, आहत को विश्वास मंडित

करते हैं, निराश्रित को आश्रय देते हैं, वह सबर, कोल, किरात, वाल्मीकि, वानर, भालु, राक्षस, आभीर, गोप, अहल्या तथा कुब्जा जैसी निरादृता नारियों के बीच बैठकर सभी की आत्मीयता से जुड़ते हैं। दर्शन ग्रंथों की टिप्पणियों एवं सूत्रों के जाल में उलझा ब्रह्म लोक में अवतरित होकर प्रजा के बीच प्रजा, सामन्त के बीच सामन्त, सेवक के बीच सेवक बना हुआ है। उसका सम्पूर्ण आचरण अपने लिए नहीं लोक के लिए है। वह अपने आचरण के कर्मफल का भोक्ता भी नहीं है—'लीला तु लीलया'—वह सब कुछ लोक के लिए आचरण करता है। इस प्रकार, भक्ति आन्दोलन ने, शास्त्रवाद, चिन्तन तथा तर्कवाद आदि सबसे अपने को भिन्न करके लोक की सहज, सर्वमान्य, सर्वस्वीकृत आस्था के बीच से इन दो मूल्यों से मण्डित व्यक्तियों को स्थापित किया जो सबकी सहज स्वीकृति के प्रतिफल हैं। इस प्रकार भक्ति आन्दोलन का सम्बन्ध न किसी प्रदेश से है और न किसी जाति से। वह सम्पूर्ण मध्यकाल की लोक चेतना का अखंडित एवं गरिमापूर्ण उत्स है—और यह उत्स किसी दमन तथा दबाव की प्रतिक्रिया नहीं है। यह लोक जागरण के बीच सदियों के संस्कारों से विजड़ित तथा छटपटाते हुए भारतीय मानस को मुक्ति दिलाने की अन्त:प्रेरणा का उत्साह भरा प्रतिफल है। यह पराजित जाति की अन्तर्मुखी पीड़ा की लोकात्मक अभिव्यक्ति है। इतिहास साक्षी है—भारतीय मानव मूल्यों के अध:पतन से जितना अधिक पीड़ित रहा है—उतना जातीय पराजय से नहीं। भक्ति के इस लोक जागरण के मंच को सब से अधिक सशक्त तथा व्यापक बनानेवाले इस युग के मनीषियों में गोस्वामी तुलसीदास अग्रगण्य हैं। अग्रगण्य इसलिए कि उन्होंने वर्गवाद, जातिवाद, परम्परावाद तथा सनातनवाद के ऊपर लोक चिन्तन की मंगलदायिनी भावभूमि का इस प्रकार प्रसार किया कि सभी-के-सभी उसके नीचे दबकर श्रीहीन हो गये। गोस्वामी तुलसीदास के साहित्य का यदि अध्ययन करें तो यहाँ तीन ऐसी महत्त्वपूर्ण निष्पत्तियाँ हैं, जो मानवीय चिन्ता तथा लोकहित की सर्वोच्च आकांक्षा से मंडित हैं—

१. परम्पराओं के मूल में ही व्यापक मानवीय मूल्यों का अन्वेषण और इसके द्वारा इतिहास तथा वर्तमान को जोड़ने का प्रयास।

२. मूल्यों के यथार्थपरक आधारों की खोज और उन यथार्थपरक मूल्यों को लोक संवेदना से जोड़कर सार्वभौम बना देने की दृष्टि।

३. शोक तथा संतापयुक्त मानव समाज की स्वप्नाकांक्षा तथा उस समाज को सर्वथा मंगलमय जीवन यापन की प्रेरणा से प्रोत्साहित करना।

तुलसी की तीन दृष्टियाँ उन्हें बहुत बड़े चिन्तक, कवि, भक्त एवं लोक नायक की श्रेणी में रखती हैं।

गोस्वामी तुलसीदास प्रत्येक युग के श्रेष्ठ कवि तथा चिन्तक की भाँति मानव को सर्वश्रेष्ठ मानते हैं। महाभारत में व्यास ने भी यही कहा है—मनुष्य से श्रेष्ठ कुछ भी नहीं है। तुलसी उसी परम्परा में मानवीय अस्तित्व एवं उसकी सार्थकता को सर्वोपरि मानते हैं—

नर तन सम नहीं कवनउ देही। जीव चराचर जाचत येही॥
नरक स्वर्ग अपवर्ग निसेनी। ग्यान बिराग भगति सुख देनी॥

मानव की यह महत्ता भारतीय परम्परा की अपनी चिन्तन दृष्टि है—आज मैथिलीशरण गुप्त, दिनकर, जयशंकर प्रसाद परम्परा के इसी मानव अस्तित्व के स्तोत्र का स्तवन करने में संकोच का अनुभव नहीं करते—

१. **उन्हें चिनगारी सदृश सदर्प कुचलती रहे खड़ी सानन्द।**
आज से मानवता भी कीर्ति अनिल भू जल में रहे न बन्द॥
जलधि के फूटे कितने उत्स द्वीप कच्छप डूबे उतराय।
किन्तु वह खड़ी रहे दृढ़मूर्ति अभ्युदय का कर रही उपाय॥ —कामायनी

दिनकर उर्वशी के तृतीय अंक में मानव जाति के अस्तित्व का गुणगान करते हुए कहते हैं—

बिछा हुआ है, जाल रश्मि का मही मग्न सोती है।
अभी मृत्तिका देख स्वर्ग को भी ईर्ष्या होती है।
नर के वश की बात देवता बनें कि नर रह जायें।
रुके गन्ध पर या बढ़कर फूलों को गले लगायें।
पर सुर बने मनुज भी वे यह स्वत्व न पा सकते हैं।
गन्धों की सीमा के आगे देव न जा सकते हैं।

मनुष्य की सर्वोपरि प्रतिष्ठा मनुष्य की अपनी श्रेष्ठता, अस्तित्व एवं आत्मसम्मान का मूल कारण है, उसकी अपनी अद्वितीयता। आज विश्व की जो भी अधुनातन विचारधाराएँ हैं, इसी बिन्दु से प्रारम्भ होती हैं कि मानवीय अस्तित्व सर्वोपरि है। उसकी पवित्रता, दुर्लभता एवं सम्पूर्णता सृष्टि रचना के बीच में उसकी अपनी केन्द्रीयता, भौतिकवादी विचारधारा नहीं है। अनादि काल से लेकर आगत कालखण्डों तक मनुष्य प्राथमिकता के साथ अपनी उत्कृष्टता के प्रतिपादन तथा उसकी हितचिन्ता में लगा रहेगा। मानव के अस्तित्व की चिन्ता के प्रति तुलसी द्वारा की गयी यह कामना सनातन है, आज और कल के लिए भी है। स्वयं श्रीराम अपने मुख से कहते हैं—

सब मम प्रिय सब मम उपजाए। सब ते अधिक मनुज मोहिं भाए॥

मनुष्य को सर्वोपरि प्रतिष्ठित करना भक्ति आन्दोलन की सब से बड़ी उपलब्धि है और इसी उपलब्धि के अन्तर्गत उसने सर्वोच्च मूल्य ईश्वर को भी उसी के बीच, उसी जैसा अवतरित देखा। नर के बीच नारायण की प्रतिष्ठा और नर को ही नारायण का प्रतिबिम्ब देखना भक्ति आन्दोलन की सब से बड़ी देन है। आधुनिक युग में स्वामी रामकृष्ण परमहंस, विवेकानन्द, राजाराम मोहन राय, महात्मा गांधी आदि ने नर के रूप में जिस नारायण की प्रतिष्ठा की है, उसके तुलसी जैसे मनीषी तथा विचारक मूलआधार रहे हैं।

इसी के साथ, एक बिन्दु की ओर ध्यान आकर्षित करा देना अनुचित न होगा—कतिपय विचारक उन्हें सनातनवादी या वर्ण व्यवस्थावादी कहते हैं, किन्तु तुलसी कहीं भी और कभी भी सनातनवादी नहीं रहे हैं। वे सदैव तथा सर्वदा मानवीय मूल्यों को मानव जाति के सर्वोच्च हितों से जोड़कर देखने के पक्षपाती थे। इस सन्दर्भ में द्विजों की श्रेष्ठता के प्रतिपादन का तर्क दिया जाता है—किन्तु वे द्विजत्व को श्रेष्ठ बताते हैं, सर्वश्रेष्ठ नहीं—स्वयं श्रीराम कहते हैं—

सब मम प्रिय सब मम उपजाए। सब ते अधिक मनुज मोहिं भाए॥
तिन्ह महँ द्विज द्विज महँ श्रुतिधारी। तिन्ह महुँ निगम धरम अनुसारी॥

किन्तु इसी क्रम में वे द्विजत्व तथा सनातनवाद को एक झटके से वे तोड़ देते हैं—

भगतिहीन बिरंचि किन होई। सब जीवहु सम प्रिय मोहि सोई।
भगवतिवंत अति नीचउ प्रानी। मोहि प्रानप्रिय असि मम बानी॥

इसकी ओर स्पष्ट करते हुए वे कहते हैं—

पुरुष नपुंसक नारि वा जीव चराचर कोइ।
सर्वभाव भज कपट तजि मोहि परमप्रिय सोइ॥

यहाँ कवि न तो द्विजत्व का समर्थन कर रहा है और न सनातनता का। वह समर्थन कर रहा है, समग्र लोक का, उपेक्षित का, त्याज्य का, हीन एवं सामाजिक न्याय से वंचित जन समुदाय का। आज आरक्षण अधिनियम में मूल में 'सामाजिक न्याय' दिलाने का प्रश्न पूरे देश के लिए गरमाहट भरा विषय है—तुलसी इस सामाजिक न्याय के प्रश्न को भक्ति के साथ जोड़कर देखते हैं। आज

आर्थिक न्याय तथा आर्थिक विषमता का प्रश्न सामाजिक न्याय के बाद उठाया जाता है—गोस्वामी तुलसीदास ने रामराज्य के अन्तर्गत सबसे बड़ा मुद्दा इसी विषमता से जोड़कर रखा था—

'रामराज्य बिषमता खोई।'

लोकतंत्र के बुनियादी आधार समानता तथा समता का स्वप्न देखने वाला यह कवि शायद ही कभी अप्रासंगिक हो—

प्रभु तरुतर कपि डार पर ते किय आपु समान।
तुलसी कहूँ न राम ते साहब सील निधान॥

हिन्दी साहित्य में परम्परा से हटकर मूल्यों को परखने की दृष्टि का विकास धीरे-धीरे हो रहा है। हम लगभग पचास वर्षों से तुलसी को आदर्शवादी कहते हुए उनकी यथार्थवादी दृष्टि की उपेक्षा करते रहे हैं। तुलसी अपनी यथार्थवादी दृष्टिकोण के कारण आज नहीं, आगे आनेवाली पीढ़ियों में प्रासंगिक बने रहेंगे। श्रीरामचरितमानस के उत्तरकांड के समापन के सन्दर्भ में गरुड़ भुशुण्डि से सात प्रश्न पूछते हैं— जिनमें से एक यह भी है—

'बड़ दुख कवन कवन सुख भारी।'

मानव जाति के लिए सबसे बड़ा कष्टदायी संकट क्या है?—यहाँ एक कवि को समग्र मानव जाति की चिन्ता है और वह बताता है—

'नहिं दरिद्र सम दुख जग माहीं।'

दरिद्रता से बढ़कर मानव जाति के लिए कष्टकारी दु:ख और कुछ भी नहीं है। संकटों की परिकल्पनाएँ तो अनेक हैं—दैहिक, दैविक, भौतिक, जरा-मरण जिस पर सम्पूर्ण बौद्ध धर्म आधारित है, हिंसा, द्वेष, लोभ, पाखण्ड कदाचार आदि, जिनसे मुक्ति की छटपटाहट समग्र भारतीय वाङ्मय में दिखाई पड़ती है—किन्तु कवि के अनुसार—अभावपूर्ण जीवनयापन अर्थात् दरिद्रता से बड़ा और कोई संकट नहीं है। रामराज्य की स्थापना के सन्दर्भ में भी कवि सबसे पहले दरिद्रता को ही हटाने की चर्चा करता है—'नहिं दरिद्र कोउ दुखी न दीना'। आज विश्व के समक्ष दरिद्रता अभिशाप है—कवि जिस प्रकार मानव अस्तित्व को वरीयता देता है, उसी प्रकार मानव की भौतिक सम्पन्नता का भी समर्थन करता है। वे अपने युग की भौतिक विपन्नता से दुखी तथा उससे मुक्ति के लिए बराबर छटपटाते दिखाई पड़ते हैं। लोक की भौतिक विपन्नता की पीड़ा से छटपटाते हुए तुलसी कहते हैं—

खेती न किसान को भिखारी को न भीख बलि,
बनिक को बनिज न चाकर को चाकरी।
जीविकाविहीन लोग सीद्यमान सोचबस,
एक कहैं एकन सो कहाँ जाई का करी॥

आज भारतीय लोकतंत्र के स्वर्णजयन्ती काल में भी जीविकाविहीन, चिन्तातुर भीड़ एक-दूसरे से प्रश्नवाचक मुद्रा में पूछती है—'कहाँ जाई का करी'। इस प्रकार का संकट आगे कितने वर्षों तक बरकरार रहेगा, कौन कह सकता है। गोस्वामी तुलसीदास अपने युग के सबसे बड़े लोकहितैषी होने के कारण भौतिक संकट के इस संवेदनशील प्रश्न पर बिना कुछ कहे नहीं रह सकते थे। वे अत्यन्त मर्माहत होकर बार-बार कहते हैं—

देव न दयाल महिपाल न कृपालु चित्
वारानसी बाढ़ति अनीति नित नई है।

लोकासक्ति से मुँह मोड़कर वैराग्य का जीवन यापन करनेवाले कवि से लोक का क्या मतलब? नहीं, मतलब है, वे लोकनायक हैं, लोकप्रतिनिधि हैं, लोकपीड़ा से अभिभूत होकर कहते हैं—

'महिपालु न कृपालु'

इनकी विपत्ति देखनेवाला कोई कृपालु प्रजा रक्षक, राजा भी नहीं रहा। उनकी इस पीड़ा में लोक हितैषिता की गम्भीर संवेदना अन्तर्निहित है। सत्ता के मद में स्वार्थी तथा अंधे को लोक पीड़ा नहीं दिखाई पड़ती—केवल सत्ता और सिर्फ सत्ता ही दिखाई पड़ती है—तुलसी की यह टिप्पणी प्रत्येक युग तथा काल में सदा स्वीकार की जाती रहेगी।

तुलसी भौतिक पीड़ा के अन्तर्गत बुभुक्षा को सर्वोपरि मानते हुए कृषि जीवन और उसके संसाधनों को बराबर निर्दिष्ट करते हैं। वे एक स्थल पर कहते हैं—

तुलसी बुझाइ एक राम धनस्याम ही तै,
आगि बड़वागि से बड़ी है पेट आगि की।

पेट की आग अर्थात् बुभुक्षा बड़वाग्नि से भी गहन और भयंकर है। बुभुक्षा की तृप्ति का आधार जल और कृषि है—'माँगे वारिद देइ जल रामचंद्र के राज' दोहावली में कृषि विषयक पचासों दोहे हैं और कवि उन्नत कृषि जीवन की सार्थकता के प्रति निरन्तर आस्थावान तथा ग्राम्य जीवन की सार्थकताओं तथा पंचायती व्यवस्था पर सदैव बल देता है—'मुखिया मुख सो चाहिए' दोहे के माध्यम से सार्थक वितरण प्रणाली की ओर तुलसी इंगित करते हैं। तुलसी के आदर्शवाद का कोण लोकात्मक तथा व्यावहारिक है। भौतिक यथार्थवाद को वे आदर्शवाद की चपेट में रौंदते नहीं, वरन् उसे मानव जीवन के अस्तित्व की धुरी मानते हैं।

गोस्वामी तुलसीदास माया के मिथ्यात्व, लोक की असत्यता, अद्वैत वेदान्त के विवर्तवाद सभी को बार-बार याद करते हैं, किन्तु उन सब के बीच यह भी सिद्ध करते हैं कि यह संसार सुंदर है, ग्राह्य है, भोग्य है, असत्य तथा मिथ्या होते हुए भी संग्रहणीय है—'घर तथा वन' दोनों को मिलाकर रहने का सुख ही इस संसार का सुख है। भारत जैसा देश, गंगा जैसी नदी, चित्रकूट एवं हिमालय जैसे पर्वत,काशी, प्रयाग एवं अयोध्या जैसे नगर हम सभी के लिए काम्य हैं—

भलि भारत भूमि भलो कुल जन्म समाज शरीर भली लहि के।
करषा तजिकै परुषा बरषा हिम मारुत धाम सदा सहिकै॥

अपना प्रिय भारत देश, उसकी ऐतिहासिक तथा सांस्कृतिक धरोहर और इन सबसे जुड़ी अपनी राष्ट्रीय अस्मिता इन सबके प्रति इतना संवेदनशील स्वर महाकवि जयशंकर प्रसाद को छोड़कर और कहाँ मिलता है। उपल वृष्टि, हिमपात, धूप, झंझावत, सहते हुए यह न भूलो कि—

'भलि भारतभूमि भलो कुल जन्म, समाज शरीर भलो लहि कै।'

आज भारत पश्चिम के सांस्कृतिक अपचय के बीच अपनी सांस्कृतिक अस्मिता खो रहा है। ऐसे ही, प्रहार तुलसी के युग में भी भारतीय संस्कृति पर हो रहे थे। आज के टी० वी० चैनल पर पश्चिमी सभ्यता और संस्कृति का मुखर स्वर हमें आकर्षित कर रहा है—ऐसा ही प्रहार, भारतीय संस्कृति को अंग्रेजों के समय में भी झेलना पड़ा था। अपनी ना समझी में हम विवश हैं। सांस्कृतिक अपचय का जहर धीरे-धीरे हमारे संस्कारों में घुल रहा है और हम अपने अतीत की गौरवभरी अस्मिता को तोड़ते जा रहे हैं—

गुन ग्यान गुमान भभेरि बड़ो कल्पद्रुम काटत मूसर को।
कलिकाल बिचार अचार हरो नहीं सूझि परै धमधूसर को॥

भारतीय संस्कृति एवं अपनी राष्ट्रीय अस्मिता की मूल्यवान धरोहरों को हम उसी प्रकार नष्ट कर रहे हैं—जैसे कोई अनाड़ी मूसल बनाने के लिए कल्पद्रुम को काट रहा हो। भारतीय संस्कृति निश्चय ही कल्पवृक्ष है, हमारी राष्ट्रीय अस्मिता हमारी सांस्कृतिक धरोहरों पर ही आश्रित है। तुलसी का साहित्य आज भी भारतीय संस्कृति के क्षरण के प्रति हम सभी भारतीयों को सावधान करता है।

तुलसी साहित्य के दो महत्त्वपूर्ण बिन्दुओं की चर्चा के बिना तुलसी की प्रासंगिकता का प्रकरण अधूरा है। एक का सम्बन्ध व्यापक लोकहितैषिता से है तो दूसरे का सम्बन्ध संकट तथा पीड़ा मुक्त मानव समाज से। ये दोनों अपेक्षाकृत बृहत्तर मूल्य हैं और प्रत्येक कालजयी कवि ऐसे बृहत्तर मूल्यों की स्थापनाओं द्वारा लोकमंगल के बहु आयामी पक्षों को चित्रित करने के प्रति सदैव चिन्तित रहता है। शोक तथा संतापरहित मानव समाज का स्वप्न कवि कल्पना से जुड़कर हमारे लिए लोकादर्श रहा है, तुलसी मानस में निरन्तर ऐसे मूल्यों की स्थापनाओं के प्रति सचेष्ट हैं। श्रीरामचरितमानस के उत्तरकांड में गोस्वामी तुलसीदास की कविता तथा वैचारिकता के प्रश्न परस्पर एक हो गये हैं। इन दोनों के बीच से लोक व्यवस्था के दो पक्ष उभरकर हमारे सामने आते हैं—एक भावात्मक है तो दूसरा निषेधात्मक—एक रामराज्य के रूप में है तो दूसरा कलि प्रसंग के रूप में। कवि का कलि प्रसंग उसके युग का यथार्थ है—और वहाँ वह अतीत को वर्तमान से जोड़ना चाहता है—जोड़कर उसमें संक्रमित करता है। लोक व्यवस्था का यह अपचय परस्पर अतीत से वर्तमान तक बिम्बित है। भौतिक समाज की मूल्यहीनता को उसके शीर्ष बिन्दु पर प्रतिष्ठित करके विसंगति एवं विद्रूपता के ठीक सामने ही रामराज्य की मंगलमयी सामाजिक व्यवस्था की वे रचना करते हैं। पूरी रचना में ठीक समानान्तर 'अंधकार के समक्ष प्रकाश' की भाँति विद्रूपता के समक्ष परमतम शुभ को वे स्थापित कर देते हैं। मानस के उत्तरकांड का कलि प्रसंग जहाँ सामाजिक विसंगति के लोकक्षयी पक्ष की सनातनता को व्यंजित करता है, वहीं रामराज्य लोक व्यवस्था के उच्चतम शुभ के आवेग का संस्कार देता है—दोनों संस्कार अपने-अपने स्थानों पर प्रासंगिक, सामाजिक, पारदर्शी हैं। यहाँ तुलसी अतीत एवं वर्तमान की सामयिकता को एक-साथ बिम्बित-प्रतिबिम्बित करते हैं। प्राय: श्रेष्ठतम महाकाव्यों की नियति एक जैसी होती है। रचना के अन्तिम छोर पर पहुँचते-पहुँचते मानव जाति की सर्वोच्च हित कामना से जुड़े महाकाव्य उच्चतम श्रेष्ठ मूल्यों के प्रति समर्पित हो उठते हैं। इसके लिए श्रीरामचरित तथा कामायनी को उदाहरण के रूप में लिया जा सकता है—कामायनी के अन्तिम तीन सर्ग—दर्शन, रहस्य एवं आनन्द लोक मंगल या पीड़ा मुक्ति के आख्यान हैं—कवि पीड़ित मानव जाति के लिए समरसता की एक सुखद कल्पना द्वारा लोक को आनन्ददायी स्वप्न देता है—और यहाँ विशेषता यह है कि यहाँ कविता मरने नहीं पाती, ठीक यही स्थिति रामचरितमानस की भी है। तुलसी भी मानस के अन्त में वैचारिकता को रचना के तंत्रविधान के द्वन्द्व से जोड़कर समग्र मानव जाति के सर्वोच्च शुभ का स्वप्न देखते हैं। इस सर्वोच्च शुभ के पीछे संयुक्त लोक पीड़ा से मुक्ति की छटपटाहट छिपी है—कवि इस समस्या को 'मानस रोग' के रूप में उठाता है—

एक ब्याधि बस नर मरहिं ये असाधि बहु ब्याधि।
पीड़हिं संतत जीव कहँ सो किमि लहै समाधि॥
एहिं बिधि सकल जीव जग रोगी। सोक हरष भय प्रीति बियोगी॥

सचराचर इस मानस रोग से क्लान्त एवं क्षरित है। ये रोग सनातन हैं तथा मानव सृष्टि तक रहेंगे और मनुष्य के लिए आवश्यक है कि वह उनसे मुक्त होने का प्रयास करता रहे। सार्वभौम मानस रोग हैं—मोह, काम, क्रोध, ममता, ईर्ष्या, अहंकार, मद, तृष्णा, मात्सर्य आदि। इनका जन्म मानव जाति की समझ के साथ होता है और ये उसके मानसिक सन्तुलन को जीवन पर्यन्त अव्यवस्थित किये रहते हैं। किसी जाति, वर्ग तथा समूह से मिल जाने पर ये अनर्थकारी हो जाते हैं। शक्ति एवं अहंकार के संयोग से मानव जाति ने इनके भयंकर परिणाम भोगे हैं। अत: सन्तुलित लोक व्यवस्था के लिए इन मानस रोगों से मुक्ति आवश्यक है और कवि यहाँ अपनी स्थापना देता है कि जिस दिन मानव समाज इन रोगों से मुक्ति प्राप्त कर लेगा—यह पृथ्वी स्वर्ग हो उठेगी—विषमता तथा असन्तुलन समाप्त हो जायेगा। कवि इन रोगों से मुक्ति का एक मात्र उपाय बताता है—श्रीराम के प्रति आत्यन्तिक समर्पण और यही आत्यन्तिक समर्पण ही मानस रोग से मुक्ति का प्रकारान्तर भाव

से आनन्ददायी सन्तुलिक लोक व्यवस्था तथा विषमता एवं भयमुक्त समाज रचना का कारण है। यह भक्ति का प्रसंग आज चाहे उतना प्रासंगिक न हो, शरणागति एवं प्रपत्तिभाव भले ही मानव जाति को आज काम्य न हो, किन्तु तुलसी के मन में, द्वन्द्वरहित, भयविहीन समता तथा समृद्धि से संयुक्त लोक-समाज की एक परिकल्पना थी और उन्होंने उसके लिए अपनी इस कृति में एक स्वप्न देखा है और मानव जाति को शुभ मूल्यों के प्रति निष्ठावान होने के लिए जो प्रेरणा दी है—वह आज भी प्रासंगिक है—मानव जाति को समृद्धि, सुख, सन्तुष्टि पाने के लिए अहंकार, लोभ, ईर्ष्या, मद, युयुत्सा, मोह, काम, क्रोध आदि का परित्याग करना होगा—ये अनर्थकारी मनोभाव शुभ एवं आनन्ददायी मूल्यों के विघातक हैं और तुलसी मानस का समापन इन्हीं गर्हित मनोभावों से कर्दमित बन्धनों की मुक्ति-कामना से करते हैं।

इस प्रकार, गोस्वामी तुलसीदास भारतीय सांस्कृतिक इतिहास का समग्रतः परीक्षण करके उसके निष्कर्षों को अपने युग के वर्तमान से जोड़ते हैं। इनका सम्पूर्ण निष्कर्ष मानव जाति को सदैव गहरी आत्मीयता भरी संवेदना से जोड़कर आगत कालखण्डों तक ले जाता है—उनके रचनात्मक फलक पर अतीत और वर्तमान की सम्पृक्त संवेदनाओं के बीच से उभरता है, एक निष्कलुष मनुष्य जो रोग, शोक, सन्ताप, भय, विषमता, पीड़ा आदि से सर्वथा मुक्त है तथा ऐसे समग्र मनुष्यों से निर्मित होता है एक लोक जो सर्वोच्च मंगल एवं शुभ का प्रतीक है। इस प्रकार, गोस्वामी तुलसीदास जी ने जिस निष्कलुष मानव तथा सर्वोच्च शुभ एवं मंगलमय समाज का स्वप्न अपनी कृतियों में देखा है, वह सदा-सदा के लिए मानव जाति के ऐतिहासिक कालपत्र पर अमर लेख की भाँति सुरक्षित रहेगा और प्रकारान्तर भाव से यह कवि आने वाली पीढ़ियों में शायद ही कभी अप्रासंगिक हो।

प्रयाग:१५.१२.९८

योगेन्द्र प्रताप सिंह

❑

श्री गणेशाय नमः

श्री जानकीवल्लभोविजयते

श्रीरामचरितमानस

प्रथम सोपान

बालकांड

श्लोक— वर्णानामर्थसंघानां रसानां छन्दसामपि।
मंगलानां च कर्त्तारौ वंदे वाणीविनायकौ॥
भवानीशंकरौ वंदे श्रद्धाविश्वासरूपिणौ।
याभ्यां विना न पश्यन्ति सिद्धाः स्वान्तःस्थमीश्वरम्॥
वन्दे बोधमयं नित्यं गुरुं शंकररूपिणं।
यमाश्रितो हि वक्रोऽपि चन्द्रः सर्वत्र वन्द्यते॥
सीतारामगुणग्रामपुण्यारण्यविहारिणौ।
वन्दे विशुद्धविज्ञानौ कवीश्वरकपीश्वरौ॥
उद्भवस्थितिसंहारकारिणीं क्लेशहारिणीं।
सर्वश्रेयस्करीं सीतां नतोऽहं रामवल्लभां॥
यन्मायावशवर्ति विश्वमखिलं ब्रह्मादिदेवासुरा।
यत्सत्त्वादमृषैव भाति सकलं रज्जौ यथाहेर्भ्रमः॥
यत्पादप्लवमेकमेव हि भवाम्भोधेस्तितीर्षावतां।
वन्देऽहं तमशेषकारणपरं रामाख्यमीशं हरिम्॥
नानापुराणनिगमागमसम्मतं यद्-
रामायणे निगदितं क्वचिदन्यतोऽपि।
स्वान्तःसुखाय तुलसी रघुनाथगाथा-
भाषानिबन्धमतिमञ्जुलमातनोति॥

अर्थ—वर्णों, अर्थसंघों, रसों, छन्दों और मंगलों के विधायक सरस्वती तथा गणेश की वन्दना करता हूँ।

श्रद्धा तथा विश्वास के रूप पार्वती तथा शिव की वन्दना करता हूँ, जिनके बिना सिद्धजन अपने अन्तस्तल में स्थित ईश्वर को नहीं देख पाते।

ज्ञानस्वरूप तथा नित्यस्थित शिवस्वरूप अपने गुरु की मैं वन्दना करता हूँ, जिनके आश्रित वक्र होता हुआ भी (मन्द एवं कुटिल मति) चन्द्रमा (शिष्य रूप तुलसीदास) सर्वत्र पूज्य होता है।

सीताराम के गुण समूहरूपी पवित्र वन में बिहार करनेवाले विशुद्ध विज्ञानस्वरूप कविश्रेष्ठ वाल्मीकि तथा कपिश्रेष्ठ हनुमान की मैं वन्दना करता हूँ।

उत्पत्ति, पालन एवं विनाश करनेवाली, क्लेशों को नष्ट करनेवाली, सम्पूर्ण कल्याणों को सम्पन्न करनेवाली श्रीराम की प्रिया (पत्नी) सीता को मैं नमन करता हूँ।

जिनकी माया के वशवर्ती सम्पूर्ण सृष्टि, ब्रह्मादि देवता तथा असुरगण हैं, जिनके अस्तित्व के कारण रस्सी में सर्प के भ्रम की भाँति सम्पूर्ण असत्य दृश्य जगत् सत्य जैसा प्रतीत हो रहा है, भवसागर को पार करने की इच्छा रखनेवालों के लिए जिसके चरण एकमात्र नौका की भाँति हैं, उन सम्पूर्ण कारणों के कारण-स्वरूप श्रेष्ठ राम के रूप में पुकारे जाने वाले (कहे जाने वाले) श्री हरि की मैं वन्दना करता हूँ।

अनेकानेक पुराण, निगम (वैदिक परम्परा के शास्त्रग्रन्थ) आगम (श्रुत परम्परा के धर्म ग्रंथ) से सम्मत और जो रामायण में वर्णित है और कुछ अन्यत्र भी उपलब्ध है, ऐसी रघुनाथ की गाथा को तुलसीदास (नामक यह कवि) अपने स्वान्तःसुख के लिए अत्यन्त मनोहारी भाषा में सम्पूर्ण बन्ध (रचना) का विस्तार करता है।

टिप्पणी—पाँच श्लोक मंगलाचरण के हैं, छठाँ श्लोक स्तुति से सम्बद्ध है एवं सातवाँ काव्य स्वरूप तथा काव्य प्रयोजन को इंगित करता है। मंगलाचरण के प्रारम्भिक चार श्लोक युग्मबन्धक हैं—संश्लिष्ट भाव से तीन श्लोक प्रथम, द्वितीय तथा तृतीय हैं, चतुर्थ द्वन्द्व समासात्मकता से सम्बद्ध है जिसके कारण तुल्यता की स्थिति नहीं आती। सरस्वती तथा गणेश, शिव-पार्वती, हनुमान-वाल्मीकि छः उसके काव्य के मूलाधार समानरूप से वन्द्य हैं। वह गुरु तथा शिव के बीच द्वन्द्वसमास तोड़कर एवं सादृश्य का अध्यवसान उपस्थित करके रूपक की योजना करता है। वह शिव में गुरु का अध्यवसान करके उनके 'वक्रचन्द्र' में अपने व्यक्तित्व का अध्यवसान करा देता है। यह तृतीय छन्द है।

सरस्वती वाग्देवी हैं और गणेश शुभ के देवता, शेष वाल्मीकि, हनुमान तथा शिव श्रीराम कथा के आदि सर्जक हैं। वैसे, शिव-पार्वती कवि की श्रद्धा एवं विश्वास के प्रतीक भी हैं। छन्द पाँच तथा ६ जगन्माता सीता तथा श्रीहरि श्रीराम की वन्दनाएँ हैं। श्रीराम तथा श्रीहरि के बीच विख्यात श्रुति तथा आस्था का निर्देश कवि करता है।

अन्तिम छन्द, मानस के काव्य-स्वरूप तथा हेतु का निदर्शन करता है।

कालिदास कृत रघुवंश के मंगलाचरण का स्पष्ट प्रभाव कवि के इस मंगलाचरणमूलक श्लोक पर है। प्रणव स्वरात्मक शुभ वर्ण 'व' से दोनों महाकाव्यों का प्रारम्भ होता है।

सो०— जो सुमिरत सिधि होइ गन नायक करिवर बदन।
करउ अनुग्रह सोइ बुद्धिरासि सुभगुन सदन॥
मूक होइ बाचाल पंगु चढ़इ गिरिवर गहन।
जासु कृपाँ सो दयाल द्रवउ सकल कलिमल दहन॥
नील सरोरुह स्याम तरुन अरुन बारिज नयन।
करउ सो मम उर धाम सदा छीर सागर सयन॥
कुंद इंदु सम देह उमा रमन करुना अयन।
जाहि दीन पर नेह करउ कृपा मर्दन मयन॥
बंदउँ गुरु पद कंज कृपा सिंधु नर रूप हरि।
महामोह तम पुंज जासु बचन रबिकर निकर॥

अर्थ—जिनके स्मरण से सिद्धि होती है, वे गणों के स्वामी, सुन्दर हाथी के मुखवाले, बुद्धि के भंडार तथा शुभ गुणों के अधिष्ठान गणेश कृपा करें।

जिसकी कृपा से गूँगा वाचाल हो उठता है, पंगु दुर्गम पर्वत पर चढ़ जाता है वे सम्पूर्ण कलिजनित पापों को विनष्ट करनेवाले कृपासिन्धु श्रीहरि मुझ पर द्रवित हों।

नील-कमल सदृश श्यामल, तरुण-अरुण वर्ण के कमल सदृश जिसके नेत्र हैं, वे क्षीर सागर में शयन करने वाले श्रीहरि मेरे हृदय में निवास करें।

बेला के पुष्प और चन्द्रमा के सदृश (गौर वर्ण) की जिनकी देह है जो पार्वती के पति तथा करुणा के धाम हैं, जिसका दीनों पर स्नेह है ऐसे कामहन्ता शिव मुझ पर कृपा करें।

मैं गुरु के चरण-कमल की वन्दना करता हूँ, जो कृपा के समुद्र एवं नर रूप श्रीहरि सदृश हैं तथा जिनकी वाणी महामोहरूपी गहन अंधकार को विनष्ट करने के लिए सूर्य के किरण समूह की भाँति है।

टिप्पणी—कवि पुनः पाँच मंगलात्मक छन्दों द्वारा विघ्न विनायक गणेश, श्रीहरि, शिव तथा गुरु इन चार की वन्दना करता है। गणेश से शुभ के लिए अनुग्रह, श्री हरि की अनन्य कृपा के लिए महती आकांक्षा, शिव से आत्मीयता प्राप्ति का आग्रह, ज्ञान के आलोक से अज्ञान तिमिर को समूल नष्ट करनेवाले श्रीहरि रूप गुरु के प्रति विनयपूर्ण स्तुति—ये चार सन्दर्भ मंगलाचरण परम सोरठा छन्दों से जुड़ते हैं।

प्रारम्भिक सात श्लोकों में रचना की व्याप्ति, उदात्तता, भव्यता, सर्वतोत्कृष्टता के प्रतिपादन का संस्थापन तथा इन पाँच छन्दों में मंगलात्मक निर्देश, श्रद्धा, भक्ति, आकांक्षा तथा गुरु की स्तुति का कथन है। ये छन्द कृतज्ञता भाव की संपृक्ति से जुड़े हैं तथा प्रथम सात श्लोक रचना के बृहत्तर आयामों की सर्वश्रेष्ठता को व्यंजित करते हैं।

अन्तिम छन्द 'नर रूप हरि' में कवि ने मुद्रा के माध्यम से कवि गुरु 'नरहरिदास' की व्यंजना इंगित की है।

तीसरे श्लोक में कवि गुरु तथा शिव के बीच सादृश्य का अध्यवसान अर्थात् एक रूप होने का रूपक देता है तो यहाँ पाँचवें सोरठे में गुरु को नररूप श्रीहरि अर्थात् स्वयं श्रीराम का स्वरूप प्रदान करता है। तीसरे श्लोक का 'वक्रचन्द्र' का पूज्य होना रचनात्मक सम्भ्रान्तता को इंगित करता है साथ ही, गुरु के प्रति श्रद्धा तथा भक्ति भाव का निदर्शन है।

बंदउँ गुरु पद पदुम परागा। सुरुचि सुबास सरस अनुरागा॥
अमिअ मूरिमय चूरन चारू। समन सकल भव रुज परिवारू॥
सुकृत संभु तन बिमल बिभूती। मंजुल मंगल मोद प्रसूती॥
जन मन मंजु मुकुर मल हरनी। किएँ तिलकु गुन गन बस करनी॥
श्रीगुरु पद नख मनि गन जोती। सुमिरत दिव्य दृष्टि हिय होती॥
दलन मोह तम सो सुप्रकासू। बड़े भाग उर आवइ जासू॥
उघरहिं बिमल बिलोचन ही के। मिटहिं दोष दुख भव रजनी के॥
सूझहिं रामचरित मनि मानिक। गुपुत प्रगट जहँ जो जेहिं खानिक॥
दो०— जथा सुअंजन अंजि दृग साधक सिद्ध सुजान।
कौतुक देखहिं सैल बन भूतल भूरि निधान॥ १॥

अर्थ—मैं गुरु चरण-कमल के पराग-रज की वन्दना करता हूँ जो सुन्दर, आस्वाद से युक्त, सुगंधमय तथा अनुरागरूपी रस से परिपूर्ण है। वह अमृत मूल (संजीवनी जड़ी) सदृश सुन्दर चूर्ण से युक्त, भव क्लेश से उत्पन्न सम्पूर्ण तथा विविध रोग समूहों को नष्ट करनेवाला है।

वह पुण्य रूप (गुरुचरण धूलि) शिव के शरीर पर लिप्त निर्मल विभूति सदृश सुन्दर, शुभ तथा आनन्द की जननी है। वह भक्तजनों के मंजुल-हृदय दर्पण के मल को दूर करनेवाली और मस्तक

पर तिलक मात्र से सम्पूर्ण गुण समूहों को वश में करने वाली है।

आदरणीय तथा पूज्य गुरु के चरणों के नख की ज्योति मणि समूह की भाँति है—जिसका स्मरण करने मात्र से हृदय में दिव्य दृष्टि उत्पन्न होती है। वह (गुरु चरण नख ज्योति का) दिव्य प्रकाश मोहरूपी अंधकार को विनष्ट करने वाला—जिसके हृदय में प्रविष्ट हो जाता है, वह अत्यन्त भाग्यशाली है।

उसके हृदय में प्रवेश करते ही हृदय के निर्मल नेत्र खुल जाते हैं और संसाररूपी रात्रि का अंधकाररूपी अज्ञान कष्ट समाप्त हो उठता है। (उसके खुलते ही) श्रीरामचरित्ररूपी मणि तथा माणिक्य जो जहाँ जिस खान में गुप्त हैं, प्रकट होकर (स्पष्टत:) दिखाई पड़ने लगते हैं।

जिस प्रकार नेत्रों को सिद्धांजन से अंजित करके साधक, सिद्ध तथा सहृदय पर्वत, वन, पृथ्वीतल में अनेक सम्पत्ति समूह कौतुक से परिपूर्ण देखते हैं तथैव गुरु चरण रज से अंजित शिष्य की मेधा सम्पूर्ण गोपनीय, अदृश्य तथा अज्ञेय तत्त्वार्थों का अवलोकन करती है॥१॥

टिप्पणी—विभिन्न सादृश्यों द्वारा गुरु के चरण सन्दर्भों का वर्णन करके उनके महत्त्व की अद्वितीयता को अंकित करना कवि का मन्तव्य है। चरण सन्दर्भ के क्रम इस प्रकार हैं—चरण, चरण धूलि, गुरु पद, नख इन तीनों के साथ कवि माहात्म्य सन्दर्भों को जोड़कर कवि सादृश्य विधान द्वारा उनका स्तवन करता है—

पद > पद्मवत्, चरणरज > पद्म पराग सदृश, पदनख ज्योति > मणि समूह की कान्ति युक्त ज्योति सदृश कवि पद्म पराग एवं चरण धूलि तथा नख एवं मणि ज्योति के सादृश्य के अनुरूप कथनों द्वारा श्री गुरु की दिव्यता के प्रभाव का चित्रांकन करता है।

कवि, अन्त में, उदाहरण के द्वारा गुरु की चरण-रज को सिद्धांजन के रूप में स्वीकार करता है जो ज्ञान-चक्षु में लगाने पर लोक तथा परमार्थ तत्त्व के गुह्यतम स्वरूप को आलोकित कर देता है॥

गुरु पद रज मृदु मंजुल अंजन। नयन अमिअँ दृग दोष बिभंजन॥
तेहिं कर बिमल बिबेक बिलोचन। बरनउँ राम चरित भव मोचन॥
बंदउँ प्रथम महीसुर चरना। मोह जनित संसय सब हरना॥
सुजन समाज सकल गुन खानी। करौं प्रनाम सप्रेम सुबानी॥
साधु चरित सुभचरित कपासू। निरस बिसद गुनमय फल जासू॥
जो सहि दुख परछिद्र दुरावा। बंदनीय जेहिं जगु जसु गावा॥
मुद मंगलमय संत समाजू। जो जग जंगम तीरथराजू॥
रामभगति जहँ सुरसरि धारा। सरसइ ब्रह्म बिचार प्रचारा॥
बिधि निषेधमय कलिमल हरनी। करम कथा रबिनंदिनि बरनी॥
हरि हर कथा बिराजति बेनी। सुनत सकल मुद मंगल देनी॥
बटु बिस्वास अचल निज धरमा। तीरथसाज समाज सुकरमा॥
सबहि सुलभ सब दिन सब देसा। सेवत सादर समन कलेसा॥
अकथ अलौकिक तीरथराऊ। देइ सद्य फल प्रगट प्रभाऊ॥

दो०— सुनि समुझहिं जन मुदित मन मज्जहिं अति अनुराग।
लहहिं चारि फल अछत तनु साधु समाज प्रयाग॥ २॥

अर्थ—गुरु चरणों की धूलि (ज्ञानरूपी नेत्रों के लिए) कोमल एवं सुन्दर अंजन है। यह अमृत स्वरूप तथा (मेधारूपी) नेत्रों के दोषों को नष्ट करने वाली है। विवेक रूपी नेत्रों को उससे निर्मल करके संसार रूपीबन्धन से मुक्त करने वाले श्रीराम चरित का वर्णन करता हूँ।

मैं सर्वप्रथम पृथ्वी के देवता (ब्राह्मणों) के चरणों की वन्दना करता हूँ जो मोंह से उत्पन्न

सम्पूर्ण संशय के विनाशकर्त्ता हैं। पुनः सम्पूर्ण गुणों की खान सुजन (सन्त) समाज की अत्यन्त प्रेमपूर्वक तथा सुन्दरवाणी से वन्दना करता हूँ।

सन्त जनों का चरित्र कपास के स्वभाव (आचरण-चरित्र) के सदृश सुभमय है जो (सन्त पक्ष) आसक्ति रहित (कपास पक्ष) नीरस, निर्मल (सन्तपक्ष) उज्ज्वल (कपास पक्ष) तथा सद्गुण से परिपूर्ण (सन्त पक्ष) एवं तन्तु युक्त, फल युक्त (कपास-पक्ष) है। कपास सदृश सन्त अनेक संकटों को झेलकर दूसरे के दोषों (सन्त पक्ष) तथा गोपनीय अंगों (कपास पक्ष) को छिपाते हैं और इन्ही गुण के कारण दोनों ने संसार में पूज्य यश प्राप्त किया है।

सन्तों का समाज आनन्द तथा मंगल का अधिष्ठान है। वह संसार में चलता फिरता तीर्थराज है। यहाँ रामभक्ति ही गंगा की धारा है। ब्रह्म विचार का प्रचार ही सरस्वती हैं।

कलि के दोषों को नष्ट करनेवाली ये विधि-निषेधमयी कर्मों की कथाएँ ही सूर्य-पुत्री युमना हैं। श्रवण मात्र से सम्पूर्ण आनन्द एवं मंगल को देनेवाली श्रीहरि एवं शिव की कथाएँ ही सुन्दर त्रिवेणी हैं।

अपने धर्म में अटल विश्वास ही अक्षयवट है। सुन्दर कर्म ही तीर्थराज के सुन्दर साधु समाज हैं। वह (सन्तरूपी प्रयाग) सभी को सर्वदा एवं सर्वत्र सुलभ है। इसका आदरपूर्वक सेवन सम्पूर्ण क्लेशों को दूर करनेवाला है।

यह सन्त समाज रूपी तीर्थराज अकथनीय एवं अलौकिक है। यह तत्काल ही फल देने वाला है, इसका यह प्रभाव प्रत्यक्ष है।

जो सहृदय विद्वान् जन इस साधु समाजरूपी तीर्थराज का महत्त्व सुनते तथा समझते हैं तथा अत्यधिक प्रीतिपूर्वक इसमें स्नान करते हैं वे शरीर धारण करते हुए धर्मादि चार फलों को प्राप्त करते हैं॥ २॥

टिप्पणी—गुरु माहात्म्य के साथ-ही-साथ सर्वप्रथम ब्राह्मण की वन्दना ततश्च विस्तारपूर्वक साधु-समाज-प्रयाग के माहात्म्य निरूपण साङ्गरूपक अलंकार द्वारा करता है। 'सन्त माहात्म्य' तुलसी का प्रिय तथा अभीष्ट विषय है।

मज्जन फल पेखिअ ततकाला। काक होहिं पिक बकउ मराला॥
सुनि आचरज करै जनि कोई। सत संगति महिमा नहिं गोई॥
बालमीकि नारद घट जोनी। निज निज मुखनि कही निज होनी॥
जलचर थलचर नभचर नाना। जे जड़ चेतन जीव जहाना॥
मति कीरति गति भूति भलाई। जब जेहिं जतन जहाँ जेहिं पाई॥
सो जानब सतसंग प्रभाऊ। लोकहुँ बेद न आन उपाऊ॥
बिनु सतसंग बिबेक न होई। राम कृपा बिनु सुलभ न सोई॥
सतसंगति मुद मंगल मूला। सोइ फल सिधि सब साधन फूला॥
सठ सुधरहिं सतसंगति पाई। पारस परस कुधातु सोहाई॥
बिधि बस सुजन कुसंगति परहीं। फनिमनि सम निज गुन अनुसरहीं॥
बिधि हरि हर कबि कोबिद बानी। कहत साधु महिमा सकुचानी॥
सो मो सन कहि जात न कैसे। साक बनिक मनि गुन गन जैसे॥
दो०— बंदउँ संत समान चित हित अनहित नहिं कोउ।
अंजलिगत सुभ सुमन जिमि सम सुगंध कर दोउ॥
संत सरल चित जगत हित जानि सुभाउ सनेहु।
बाल बिनय सुनि करि कृपा राम चरन रति देहु॥ ३॥

अर्थ—इस सन्त समाजरूपी तीर्थराज के स्नान का फल तत्काल ही देखा जाता है। (इसके परिणामस्वरूप) काक (काक स्वभाव) (कोकिल स्वभाव) कोयल तथा बगुले (बगुले के स्वभाव का व्यक्ति) हंस स्वभाव वाले (हंस) बन जाते हैं। इसे सुनकर कोई आश्चर्य न करे। सत्संगति की महिमा छिपी नहीं है।

वाल्मीकि, नारद तथा अगस्त्य ऋषियों ने अपने-अपने मुखों से (सत्संगति के परिणामस्वरूप) अपना होना (परिवर्तन) कहा है। जल में निवास करनेवाले, स्थल पर निवास करनेवाले तथा आकाश में विचरनेवाले अनेकानेक जड़-चेतन जीव जो सृष्टि में हैं—

उनमें से जब जिसने जिस यत्न से जहाँ मति, कीर्ति, सद्गति, ऐश्वर्य तथा कल्याण प्राप्त किया है, उसे सत्संगति के प्रभाव से (प्राप्त हुआ) मानना चाहिए क्योंकि लोक एवं परमार्थ (वेद) दोनों में (इसकी प्राप्ति के) अन्य उपाय नहीं हैं।

बिना सत्संग के विवेक उत्पन्न नहीं होता और श्रीराम की कृपा के बिना वह सुलभ नहीं होता। सत्संगति ही आनन्द तथा कल्याण की जड़ है, अन्य सम्पूर्ण साधन तो फूल हैं, उसकी (सत्संगति) की सिद्धि ही फल है।

दुष्ट भी सत्संगति पाकर सुधर जाते हैं, जैसे पारस पत्थर के स्पर्श से लोहा भी सुहावना हो जाता है। यदि दैवयोग से सज्जन कुसंगति में पड़ जाते हैं तो भी वे सर्प मणि के सदृश अपने ही गुणों का अनुसरण करते हैं।

ब्रह्मा, विष्णु, शिव तथा कवि और पण्डितों की वाणी भी साधु महिमा का वर्णन करने में संकुचित नहीं होती। इस सत्संगति का महत्त्व मुझ (तुच्छ) से उसी प्रकार करते नहीं बनता, जैसे—शाक (सब्जी) के व्यापार करने वाले से मणि के गुण समूहों का वर्णन (नहीं हो सकता)।

मैं सन्तों की वन्दना करता हूँ, ये समत्व चित्तवृत्ति वाले हैं और उनका हितैषी तथा शत्रु कोई नहीं है। वे अंजलि में रखे हुए पवित्र (गन्धमय) पुष्प की भाँति हैं—जो समान रूप से दोनों हथेलियों को सुगन्धित करते हैं। वे तोड़ने तथा रखने वाले हाथों में विभेद नहीं करते॥

सन्त जन चित्त (स्वभाव) से ही सरल तथा संसार के हितैषी हैं—उनके इस स्वभाव तथा स्नेह को जानकर मैं उनकी वन्दना करता हूँ, वे मेरी बाल सुलभ विनय सुनकर श्रीराम के चरणों में मुझे संसक्ति (का आशीर्वाद) दें॥ ३॥

टिप्पणी—यहाँ सन्त समाज के माहात्म्य का विस्तारपूर्वक निरूपण है। कवि इनके माहात्म्य निरूपण के लिए अत्युक्ति, उदाहरण, उपमा अलंकारों का प्रयोग किया गया है। इन प्रयोगों का मुख्य उद्देश्य प्रस्तुत (संत पक्ष) के माहात्म्य को विविध भंगिमाओं से व्यक्त करना है।

बहुरि बंदि खल गन सतिभाएँ। जे बिनु काज दाहिनेहु बाएँ॥
पर हित हानि लाभ जिन्ह केरे। उजरे हरष बिषाद बसेरे॥
हरि हर जस राकेस राहु से। पर अकाज भट सहसबाहु से॥
जे पर दोष लखहिं सहसाँखी। पर हित घृत जिन्ह के मन माखी॥
तेज कृसानु रोष महिषेसा। अघ अवगुन धन धनी धनेसा॥
उदय केतु सम हित सबहीं के। कुंभकरन सम सोवत नीके॥
पर अकाजु लगि तनु परिहरिहीं। जिमि हिम उपल कृषीदलि गरहीं॥
बंदउँ खल जस सेष सरोषा। सहस बदन बरनइ परदोषा॥
पुनि प्रनवउँ पृथुराज समाना। पर अघ सुनइ सहस दस काना॥
बहुरि सक्र सम बिनवउँ तेही। संतत सुरानीक हित जेही॥
बचन बज्र जेहिं सदा पिआरा। सहस नयन पर दोष निहारा॥
दो०— उदासीन अरि मीत हित सुनत जरहिं खल रीति।
जानि पानि जुग जोरि जनु बिनती करइ सप्रीति॥ ४॥

अर्थ—पुनः सच्चे भाव से खल जनों की वन्दना करता हूँ, जो अकारण ही अपने प्रति अच्छा (दाहिनेहुँ) आचरण करने वाले के प्रति प्रतिकूल (वाम) बने रहते हैं। दूसरे के हितों की हानि ही जिनकी दृष्टि में लाभ है—जिन्हें दूसरों के उजड़ने में हर्ष तथा उनके बसने में बड़ा कष्ट होता है।

विष्णु तथा शिव के यश चन्द्र के लिए निरन्तर राहु हैं और दूसरों की हानि के लिए सहस्रबाहु के सदृश योद्धा हैं। ये दूसरों के दोषों को हजार आँखों से देखा करते हैं और दूसरों के लाभरूपी घृत के लिए जिनका मन मक्खी बना रहता है।

अकारण दूसरों को विनष्ट करने के निमित्त अग्नियुक्त ताप (तेज) से युक्त हैं और रोष में यमराज के सदृश हैं तथा पाप और अवगुणरूपी धन के कुबेर सदृश धनी हैं। सभी की हितैषिता को विनष्ट करनेवाले पुच्छल तारे की भाँति हैं और कुम्भकरण के सदृश उनका शयन ही संसार के लिए शुभकर है।

दूसरों का काम बिगाड़ने के लिए वे अपने शरीर तक का परित्याग कर देते हैं जैसे ओले कृषि को विमर्दित करके स्वयं गल जाते हैं। मैं रोषयुक्त शेष की भाँति खलों की वन्दना करता हूँ जो (खल) हजार मुखों से (रोषयुक्त शेष सदृश) दूसरों के दोषों का वर्णन करते हैं।

पुनः (दस हजार कान वाले) राजा पृथु के सदृश मैं खलों की वन्दना करता हूँ जो दस हजार कानों से दूसरे के पापों को सुनते हैं। पुनः उनकी वन्दना इन्द्र सदृश मानकर करता हूँ जिन्हें निरन्तर सुरानीक अर्थात् देवताओं की सेना की या मदिरा अच्छी और हितकर लगती है।

जिन्हें वचनरूपी वज्र सदैव प्रिय है और जो हजारों आँखों से दूसरे के दोषों को देखते हैं॥

दुष्टों की यह परिपाटी है कि अपने प्रति उदासीन, शत्रुता भाव रखनेवाले तथा हितैषी किसी के भी हित को सुनते ही जलने लगते हैं। यह जानकर, दोनों हाथ जोड़कर यह दास (जन) उनसे प्रेमपूर्वक विनय करता है॥ ४॥

टिप्पणी—श्रीरामचरित मानस की असन्त जन वन्दना उतनी ही महत्त्वपूर्ण मानी जाती है—जितनी सन्त वन्दना। कवि असन्त वन्दना को विविध गूढ़ आलंकारिक परिपाटियों तथा अर्थ व्यंजनाओं के माध्यम से आकर्षक तथा व्यंग्यपूर्ण बनाकर प्रस्तुत करता है। महाकाव्य के लक्षणों में निर्दिष्ट है—'क्वचिद् निन्दाखलादीनां सतां च गुणकीर्तनम्' —कवि यथावसर सन्त की वन्दना करके असन्तों की व्यंग्यभरी निन्दा उनके गुणकथन या व्याजोक्ति के माध्यम से करता है। असंगति, व्याजोक्ति आदि यहाँ व्यंग्य के प्रमुख अलंकार हैं—स्तुति में निन्दा का भाव प्रत्यक्षतः दर्शनीय है।

मैं अपनी दिसि कीन्ह निहोरा। तिन्ह निज ओर न लाउब भोरा॥
बायस पलिअहिं अति अनुरागा। होहिं निरामिष कबहुँ कि कागा॥
बंदउँ संत असज्जन चरना। दुखप्रद उभय बीच कछु बरना॥
बिछुरत एक प्रान हरि लेहीं। मिलत एक दुख दारुन देहीं॥
उपजहिं एक संग जग माहीं। जलज जोंक जिमि गुन बिलगाहीं॥
सुधा सुरा सम साधु असाधू। जनक एक जग जलधि अगाधू॥
भल अनभल निज निज करतूती। लहत सुजस अपलोक बिभूती॥
सुधा सुधाकर सुरसरि साधू। गरल अनल कलि मल सरि ब्याधू॥
गुन अवगुन जानत सब कोई। जो जेहिं भाव नीक तेहिं सोई॥

दो०— भलो भलाइहि पै लहइ लहइ निचाइहिं नीचु।
सुधा सराहिअ अमरता गरल सराहिअ मीचु॥ ५॥

अर्थ—मैंने अपनी ओर से अपना दायित्व पूरा कर दिया किन्तु वे अपनी ओर से कभी भी नहीं मानेंगे। कौओं को बड़े प्रेम से पालिए किन्तु कौओे क्या कभी निरामिष हो सकते हैं।

मैं सन्त तथा असन्त दोनों के चरणों की एक साथ वन्दना करता हूँ किन्तु दोनों दुखप्रद हैं किन्तु अन्तर केवल इतना कहा गया है कि एक (सन्तजन) बिछुड़ते समय प्राण का हरण कर लेते हैं और एक दूसरे (असन्त जन) मिलने पर ही असह्य कष्ट उत्पन्न करते हैं।

संसार में एक साथ (सन्त-असन्त दोनों) उत्पन्न होते हैं किन्तु जल में एक साथ उत्पन्न होने वाले कमल तथा जोंक की भाँति अपने गुणों से दोनों भिन्न-भिन्न हो जाते हैं। संसाररूपी अगाध समुद्र ही दोनों को जन्म देनेवाला है किन्तु एक साधु अमृतवत् है और दूसरा दुष्ट मदिरा की भाँति।

भले तथा बुरे अपनी-अपनी करनी के अनुसार यश तथा अपयशरूपी सम्पत्ति प्राप्त करते हैं। अमृत, चन्द्रमा, गंगा, साधुजन तथा विष, अग्नि, कर्मनाशा नदी और व्याध इन सबके गुण तथा अवगुण सभी जानते हैं किन्तु जिसको जो भाव प्रिय है, वही उसके लिए अच्छा है।

प्रत्येक स्थिति में भले व्यक्ति भलाई को ही ग्रहण करते हैं तथा नीच व्यक्ति नीचता को ही प्राप्त करता है। अमृत की सराहना अमर करने में होती है किन्तु विष की सराहना मृत्युधर्मिता में॥ ५॥

टिप्पणी—असन्त स्वभाव की चर्चा में विषम अलंकार है—निहोरा शब्द कवि वर्णन के पक्ष से है—जिसके द्वारा कवि अपनी कृतज्ञता व्यंजित करता है किन्तु 'लाउब भोरा' असन्त पक्ष से उनके स्वभाव की कृतघ्नता को इंगित करता है। इस 'कृतघ्नता' की सम्पुष्टि के लिए कवि एक वाक्य देता है—'बायस पलिअहिं अति अनुरागा। होहिं निरामिष कबहुँ कि कागा॥' यह निदर्शना अलंकार संयुक्त वाक्य उनकी कृतघ्नता को सम्पुष्ट करता है।

दोनों के स्वभाव की तुलना के सन्दर्भ में कवि एक सादृश्य देकर उसे स्पष्ट करता है—'क्षीर सागर से अमृत तथा विष' दोनों साथ-साथ निकलने पर भी दोनों विषम फलदायी—एक ही स्रोत से एक साथ उत्पन्न होने वाले 'जोंक तथा कमल' की भाँति भिन्न स्वभावधर्मा, एक मिलने पर प्राणघातक होता है और दूसरा वियोग के समय कष्टदायी।

व्याघात, व्यंग्योक्ति, तथा असंगति अलंकारों के चमत्कार से कवि कथन में वैचित्र्य का सृजन करता है।

खल अघ अगुन साधु गुन गाहा। उभय अपार उदधि अवगाहा॥
तेहिं तें कछु गुन दोष बखाने। संग्रह त्याग न बिनु पहिचाने॥
भलेउ पोच सब बिधि उपजाए। गनि गुन दोष बेद बिलगाए॥
कहहिं बेद इतिहास पुराना। बिधि प्रपंचु गुन अवगुन नाना॥
दुख सुख पाप पुन्य दिन राती। साधु असाधु सुजाति कुजाती॥
दानव देव ऊँच अरु नीचू। अमिअँ सजीवनु माहुरु मीचू॥
माया ब्रह्म जीव जगदीसा। लच्छि अलच्छि रंक अवनीसा॥
कासी मग सुरसरि क्रमनासा। मरु मालब महिदेव गवासा॥
सरग नरक अनुराग बिरागा। निगमागम गुन दोष बिभागा॥
दो०— जड़ चेतन गुन दोषमय बिस्व कीन्ह करतार।
संत हंस गुन गहहिं पय परिहरि बारि बिकार॥ ६॥

अर्थ—खलजनों के पाप तथा अवगुण एवं साधुओं की गुण गाथाएँ दोनों ही अपार और अथाह समुद्र की भाँति हैं। इसीलिए इनके कतिपय गुणों तथा दोषों का वर्णन किया गया है क्योंकि बिना जाने या समझे उनका संग्रह तथा त्याग सम्भव नहीं है।

भले एवं बुरे सभी ब्रह्मा द्वारा उत्पन्न किये हुए हैं, किन्तु उनके गुणों तथा दोषों की गणना करके वेदों ने उन्हें अलग-अलग कर रखा है। वेद, इतिहास तथा पुराण कहते हैं कि ब्रह्मा की यह प्रपंचमयी सृष्टि गुण तथा अवगुणों से सनी हुई है।

दुख, सुख, पाप, पुण्य, दिन, रात्रि, साधु, असाधु, सुजाति-कुजाति, दानव, देवता, ऊँच तथा नीच, अमृत सम्यक् जीवन विष तथा मृत्यु—

माया तथा ब्रह्म, जीव तथा ईश्वर, सम्पत्ति तथा निर्धनता, निर्धन तथा नरेश, काशी तथा मगह, गंगा तथा कर्मनाशा, मरु प्रदेश और मालव, ब्राह्मण तथा कसाई (गौ का असन (भोजन) करनेवाले),

स्वर्ग-नरक, अनुराग-विराग आदि गुण-दोषों का विभाजन निगम तथा आगमों ने कर रखा है।

ब्रह्मा ने सम्पूर्ण जड़-चेतनमयी सृष्टि की रचना गुण-दोषमयी की है किन्तु सन्तरूपी हंस दोषरूपी जल का त्याग करके क्षीर (दूध) रूपी गुण को ग्रहण करते हैं॥ ६॥

टिप्पणी—साधु एवं असन्त दोनों सृष्टि के अनिवार्य अंग हैं, अत: उनका अस्तित्व समान तथा बराबर है। वेद, पुराण, शास्त्र आदि ने उनके पारस्परिक गुण-दोषों का निर्देश किया है और इसी से सन्तरूपी हंस गुणरूपी दुग्ध को ग्रहण करके असाधु के दोषरूपी नीर का परित्याग कर देते हैं।

'संत हंस गुन.....................विकार'-परम्परितरूपक है—जिसका उद्देश्य गुण-ग्राहकता के सन्दर्भ में किया गया है।

अस बिबेक जब देइ बिधाता। तब तजि दोष गुनहिं मन राता॥
काल सुभाउ करम बरिआईं। भलेउ प्रकृति बस चुकइ भलाईं॥
सो सुधारि हरिजन जिमि लेहीं। दलि दुख दोष बिमल जसु देहीं॥
खलउ करहिं भल पाइ सुसंगू। मिटइ न मलिन सुभाउ अभंगू॥
लखि षुबेषु जग बंचक जेऊ। बेष प्रताप पूजिअहिं तेऊ॥
उघरहिं अंत न होहिं निबाहू। कालनेमि जिमि रावन राहू॥
किएहुँ कुबेषु साधु सनमानू। जिमि जग जामवंत हनुमानू॥
हानि कुसंग सुसंगति लाहू। लोकहुँ बेद बिदित सब काहू॥
गगन चढ़इ रज पवन प्रसंगा। कीचहिं मिलइ नीच जल संगा॥
साधु असाधु सदन सुक सारीं। सुमिरहिं राम देहिं गनि गारीं॥
धूम कुसंगति कारिख होई। लिखिअ पुरान मंजु मसि सोई॥
सोइ जल अनल अनिल संघाता। होइ जलद जग जीवनदाता॥
दो०— ग्रह भेषज जल पवन पट पाइ कुजोग सुजोग।
होहिं कुबस्तु सुबस्तु जग लहहिं सुलच्छन लोग॥
सम प्रकास तम पाख दुहुँ नाम भेद बिधि कीन्ह।
ससि सोषक पोषक समुझि जग जस अपजस दीन्ह॥
जड़ चेतन जग जीव जत सकल राममय जानि।
बंदउँ सब के पद कमल सदा जोरि जुग पानि॥
देव दनुज नर नाग खग प्रेत पितर गंधर्ब।
बंदउँ किन्नर रजनिचर कृपा करहु अब सर्ब॥ ७॥

अर्थ—विधाता जब इस प्रकार की विवेक सामर्थ्य उत्पन्न करते हैं, तब दोषों को छोड़कर मन गुणों में रम जाता है। काल, स्वभाव तथा कर्म की प्रबलता से कभी-कभी भले भी प्रकृति (माया) के वशीभूत होकर भलाई से चूक जाते हैं।

ईश्वर के भक्त उस भूल को जैसे-तैसे सुधार लेते हैं और उनसे सम्बन्धित दु:खों का दलन करके विमल यश प्रदान करते हैं। सुसंगति पाकर खल भी भला कार्य करते हैं फिर भी संस्कार रूप से स्थिर होने के कारण उनका मलिन स्वभाव नहीं मिटता।

जो संसार को ठगनेवाले हैं, उनके सुन्दर वेश-विन्यास को देखकर उस वेश के प्रताप से उन्हें भी पूजते हैं किन्तु उनके कपट के रहस्य के उजागर हो जाने पर वह कपट नहीं छिप पाता जैसे कालनेमि, रावण तथा राहु के।

बुरा वेश होने पर भी साधु जन सम्मान प्राप्त करते हैं, जैसे संसार में जांबवंत तथा हनुमान। कुसंगति से हानि तथा सुसंगति से लाभ, यह बात लोक वेद और सभी को ज्ञात है।

वायु के संसर्ग से धूलि आकाश तक चढ़ जाती है और नीच या अधोमुखी जल की संगति से वही (धूलि) कीचड़ में मिल जाती है। साधु जन एवं असाधु जन के घर में क्रमशः शुक और सारिकाएँ राम का स्मरण करती हैं और (असाधु के यहाँ) गिन-गिन कर गालियाँ देती हैं।

धुआँ कुसंगति के कारण कालिख बनता है और वही सुन्दर स्याही होकर पुराण लिखने का हेतु बनता है। वही धुआँ जल, अग्नि तथा वायु के साथ के कारण बादल बनकर सम्पूर्ण लोकों के लिए जीवनदाता बन जाता है।

ग्रह, ओषधि, जल, वायु एवं वस्त्र कुयोग तथा सुयोग पाकर संसार में बुरे या भले हुआ करते हैं, इस बात को सुलक्षणधारी (विषयों के विज्ञानी तथा विवेकशील) पुरुष ज्ञान दृष्टि द्वारा देखते या जानते हैं।

महीने के दोनों पक्षों (शुक्ल तथा कृष्णपक्ष) में समान रूप से उजाला तथा अँधेरा रहता है किन्तु विधाता ने दोनों में नाम भेद कर दिया है। एक को चन्द्र घटाने वाला तथा दूसरे को चन्द्र बढ़ानेवाला समझकर जगत् ने क्रमशः उन्हें सुयश एवं अपयश दिया है॥ ७॥

संसार में जड़ चेतन रूप जीव जितने हैं, सभी को राममय जानकर सदैव दोनों हाथ जोड़कर सबके चरण-कमलों की वन्दना करता हूँ।

देवगण, दैत्य, मनुष्य, नाग, पक्षी, प्रेत, पितर, गन्धर्व, किन्नर तथा राक्षस सबको मैं प्रणाम करता हूँ। आप सभी अब हम पर कृपा करें॥ ७॥

आकर चारि लाख चौरासी। जाति जीव जल थल नभ बासी॥
सीय राममय सब जग जानी। करउँ प्रनाम जोरि जुग पानी॥
जानि कृपाकर किंकर मोहू। सब मिलि करहु छाँड़ि छल छोहू॥
निज बुधि बल भरोस मोहि नाहीं। तातें बिनय करउँ सब पाहीं॥
करन चहउँ रघुपति गुन गाहा। लघु मति मोरि चरित अवगाहा॥
सूझ न एकउ अंग उपाऊ। मन मति रंक मनोरथ राऊ॥
मति अति नीच ऊँचि रुचि आछी। चहिअ अमिअँ जग जुरइ न छाछी॥
छमिहहिं सज्जन मोरि ढिठाई। सुनिहहिं बाल बचन मन लाई॥
जौं बालक कह तोतरि बाता। सुनहिं मुदित मन पितु अरु माता॥
हँसहहिं कूर कुटिल कुबिचारी। जे पर दूषन भूषन धारी॥
निज कबित्त केहि लाग न नीका। सरस होउ अथवा अति फीका॥
जे पर भनिति सुनत हरषाहीं। ते बर पुरुष बहुत जग नाहीं॥
जग बहु नर सर सरि सम भाई। जे निज बाढ़ बढ़हिं जल पाई॥
सज्जन सकृत सिंधु सम कोई। देखि पूर बिधु बाढ़इ जोई॥

दो०— भाग छोट अभिलाषु बड़ करउँ एक बिस्वास।
पैहहिं सुख सुनि सुजन जन खल करिहहिं उपहास॥ ८॥

अर्थ—चौरासी लाख योनियों में चार प्रकार (जाति) (स्वेदज, अडंज, उद्भिज, जरायुज) के जीव जल, स्थल एवं नभ में निवास करते हैं। इनसे युक्त सम्पूर्ण जगत् को सीताराममय जानकर मैं दोनों हाथ जोड़कर प्रणाम करता हूँ।

कृपा की राशि (आकर) आप सब मुझे अपना दास समझकर तथा सब लोग मिलकर एवं छल कपट का परित्याग करके मुझपर वात्सल्य रूप स्नेह करें। मुझे अपनी बुद्धि तथा बल का लेश मात्र भी भरोसा नहीं है, इसलिए सभी से मैं विनय कर रहा हूँ।

मैं श्रीराम के गुणों का गान करना चाहता हूँ, मेरी बुद्धि लघु है और यह श्रीराम का चरित अथाह है। मुझे उपाय का एक भी पक्ष (अंग) समझ में नहीं आ रहा है, मन तथा मति कंगाल है किन्तु मेरा मनोरथ राजा है।

मेरी बुद्धि तो अत्यन्त नीची है और आकांक्षाएँ ऊँची हैं। चाह तो अमृत की है किन्तु जुगाड़ मट्ठे का भी नहीं है। इसलिए सज्जनवृन्द मेरी धृष्टता क्षमा करेंगे और मेरे बाल-वचनों को मन लगाकर सुनेंगे।

जैसे बालक तोतली बातें कहता है तो माता-पिता मुदित मन से उसकी बातें सुनते हैं किन्तु क्रूर, कुटिल एवं कुविचार रखने वाले हँसेंगे क्योंकि उन्हें दूसरे का दोष ही श्रेष्ठ अलंकार है।

रसयुक्त हो या नीरस अपनी कविता किसे अच्छी नहीं लगती किन्तु जो दूसरे को काव्यरचना को सुनकर प्रसन्न होते हैं, उन जैसे श्रेष्ठ पुरुष संसार में अधिक नहीं हैं।

हे भाई! संसार में तालाब तथा नदी के सदृश अनेकानेक व्यक्ति हैं जो जल पाकर अपनी ही बाढ़ से बढ़ते हैं किन्तु समुद्र के सदृश संसार में कोई ही विरला होता है जो पूर्ण चन्द्रमा को देखकर उमंगित हो उठता है।

मेरा भाग्य छोटा है, अभिलाषा बड़ी है फिर भी मुझे यह एक विश्वास है कि इसे सुनकर सभी सज्जन आनन्दित होंगे किन्तु दुष्ट जन हँसी उड़ायेंगे॥ ८॥

टिप्पणी—कवि अपने काव्य की सिद्धि के लिए सचराचर से आशीर्वाद चाहता है क्योंकि वह सचराचर को राममय मानता है। इस विनयोक्ति के अन्तर्गत वह अपनी कविता को बालक की तोतली बातों से उपमित करता है। सभी शिशु की तोतली वाणी की भाँति उसकी कविता को सहज प्रसन्नता से स्वीकार करें, यही कवि की कामना है।

लोकोक्ति, दृष्टान्त, निदर्शना, रूपक, अर्थान्तरन्यास पर्यायोक्ति अलंकारों के वैचित्र्य कवि की विनयोक्ति को सम्पुष्ट करने के लिए प्रयुक्त हुए हैं।

खल परिहास होइ हित मोरा। काक कहहिं कल कंठ कठोरा॥
हंसहिं बक दादुर चातकही। हँसहिं मलिन खल बिमल बतकही॥
कबित रसिक न रामपद नेहू। तिन्ह कहँ सुखद हास रस एहू॥
भाषा भनिति भोरि मति मोरी। हँसिबे जोग हँसे नहिं खोरी॥
प्रभु पद प्रीति न सामुझि नीकी। तिन्हहिं कथा सुनि लागिहिं फीकी॥
हरि हर पद रति मति न कुतरकी। तिन्ह कहँ मधुर कथा रघुबर की॥
राम भगति भूषित जियँ जानी। सुनिहहिं सुजन सराहि सुबानी॥
कबि न होउँ नहि बचन प्रवीनू। सकल कला सब बिद्या हीनू॥
आखर अरथ अलंकृति नाना। छंद प्रबंध अनेक बिधाना॥
भाव भेद रस भेद अपारा। कबित दोष गुन बिबिध प्रकारा॥
कबित बिबेक एक नहिं मोरे। सत्य कहउँ लिखि कागद कोरे॥
दो०— भनिति मोर सब गुन रहित बिस्व बिदित गुन एक।
सो बिचारि सुनिहहिं सुमति जिन्हके बिमल बिबेक॥ ९॥

अर्थ—खलों के द्वारा निन्दा किये जाने पर मेरा ही हित होगा। मधुर कंठवाले (कोकिल तथा हंस) को कौओ तो कठोर कहते ही हैं। बगुले तथा मेढक चातक की वाणी पर परिहासपूर्वक हँसते हैं। इसी प्रकार मलिन मति वाले दुष्ट जन साधुजनों की निर्मल वाणी का उपहास करते हैं।

जो न तो काव्य के रसिक हैं और न श्रीराम के चरणों में जिन्हें संसक्ति है, उनके लिए यह रचना सुखद हास्य रस है। एक तो यह लोकभाषा की काव्य रचना है दूसरे मेरी मति भोली (अल्प) है, अतः यह काव्य-रचना उपहास योग्य है ही, हँसने में, अतः उनका कोई दोष नहीं है।

श्रीराम के चरणों में जिनको न संसक्ति है, न जिनकी समझ ही ठीक है, उनको यह कथा सुनकर अवश्य फीकी लगेगी। जिनकी विष्णु स्वरूप श्रीराम एवं शिव में संसक्ति है और जिनकी गति कुतर्कणापूर्ण नहीं है, उनके लिए श्रीराम की यह कथा रचना मधुर लगेगी।

अपने हृदय से इस कथा रचना को श्रीराम भक्ति से भूषित समझकर सज्जनगण सुन्दर वाणी से सराहना करते हुए इसका श्रवण करेंगे। न तो मैं कवि हूँ और न वचन रचना में प्रवीण हूँ तथा मैं सम्पूर्ण विद्याओं तथा कलाओं से हीन हूँ।

नाना प्रकार की अक्षर रचना के सौन्दर्य, अर्थ रचना, अनेकानेक प्रकार के अलंकार विधान, साथ ही, छन्द एवं प्रबन्ध वर्णना के अनेक रूपों, अनन्त भावभेदों, रसभेदों और अनेकानेक प्रकार के काव्य गुण-दोषों से कविता परिपूर्ण होती है।

इन सम्पूर्ण कथित काव्य तत्त्वों में से किसी एक भी काव्य तत्त्व का ज्ञान मुझमें नहीं है। यह मैं कोरे कागज पर लिखकर सही-सही कहता हूँ।

मेरी काव्य-रचना समस्त गुणों से विहीन है किन्तु केवल इसमें एक ही जगतप्रसिद्ध गुण है। उस पर विचार करके भली बुद्धि वाले—जिनकी मति निर्मल है, इसका श्रवण करेंगे॥ ९॥

टिप्पणी—आक्षेप तथा पर्यायोक्ति अलंकारों के चमत्कार के माध्यम से कवि साधु जनों द्वारा अपने काव्य को सहृदयता के साथ ग्रहण करने की कामना करता है। कौवे (असन्त) कल कंठ को कठोर कहते हैं और बगुले (दुष्ट नास्तिक जन) हंस की परम प्रिय वाणी की निन्दा करते हैं। स्वभावतः दुष्ट एवं असहृदय असाधु के लिए तुलसी की यह कृति निश्चित ही उपहास का विषय होगी किन्तु कवि विनयोक्ति द्वारा उनके परिहास को भी अपने लिए स्वीकार्य बनाता हुआ कहता है कि समस्त दोषों के होते हुए भी केवल श्रीराम के गुणानुवाद से परि पूर्ण होने के कारण यह कृति श्लाघ्य होगी और वह परम्परा में निर्दिष्ट वर्णरचना, अर्थ रचना, अलंकृति, छन्द विधान, भाव, रस, गुण, दोष आदि-आदि का निर्देश करता हुआ इन सब के ऊपर श्रीराम के यश वर्णन को एक मात्र या सर्वोपरि स्थापित करके उसे ही सहृदय श्लाघ्य बनाता है। विनयोक्ति के माध्यम से बहुज्ञता सर्वत्र व्यंजित है।

येहि महुँ रघुपति नाम उदारा। अति पावन पुरान श्रुति सारा॥
मंगल भवन अमंगल हारी। उमा सहित जेहि जपत पुरारी॥
भनिति बिचित्र सुकबि कृत जोऊ। राम नाम बिनु सोह न सोऊ॥
बिधुबदनी सब भाँति सँवारी। सोह न बसन बिना बर नारी॥
सब गुन रहित कुकबि कृत बानी। राम नाम जस अंकित जानी॥
सादर कहहिं सुनहिं बुध ताही। मधुकर सरिस संत गुन ग्राही॥
जदपि कबित रस एकउ नाहीं। राम प्रताप प्रगट येहि माहीं॥
सोइ भरोस मोरे मन आवा। केहि न सुसंग बड़प्पन पावा॥
धूमउ तजइ सहज करुआई। अगरु प्रसंग सुगंध बसाई॥
भनिति भदेस बस्तु भलि बरनी। रामकथा जग मंगल करनी॥

अर्थ—इस रचना में श्रीराम का निर्मल नाम है, वह अत्यन्त पवित्र तथा पुराण एवं श्रुतियों का सार है। मंगल के अधिष्ठान तथा सम्पूर्ण अमंगल को विनष्ट करनेवाले हैं तथा पार्वती सहित भगवान् शिव जिसका सदैव जप किया करते हैं।

श्रेष्ठ कवि द्वारा रची हुई अत्यन्त विचित्र रचना भी श्रीराम के नाम के बिना शोभित नहीं होती। जिस प्रकार चन्द्रमुखी युवती सब तरह से अलंकृत होती हुई भी बिना वस्त्र के शोभित नहीं होती (उसी प्रकार वह श्रेष्ठ विचित्र अलंकृत कविता)।

इसके विपरीत, सम्पूर्ण गुणों से विहीन कुकवि के द्वारा रची हुई कविता श्रीराम नाम के यश से अंकित जानकर विद्वज्जन आदरपूर्वक कहते-सुनते हैं क्योंकि राम कथा के सहृदय सन्त जन गुणों को ग्रहण करनेवाले होते हैं।

यद्यपि मेरी इस कविता में एक भी काव्य रस नहीं है फिर भी इसमें श्रीराम का माहात्म्य ही वर्णित है। मेरे मन में एक ही भरोसा बार-बार उत्पन्न होता है कि कौन ऐसा है—जिसने सुसंगति से बड़प्पन नहीं प्राप्त किया है?

अगरु के साहचर्य से सुगन्ध वासित होकर धुआँ भी सहज ही अपनी कड़ुवाहट त्याग देता है। मेरी रचना यद्यपि भदेस है किन्तु सम्पूर्ण जगत् का कल्याण करने वाली श्रीराम कथा इसमें शुभमयी विषयवस्तु है—(अत: उससे सम्पर्कित होने के कारण वह भी शुभ है)।

छंद— मंगल करनि कलिमल हरनि तुलसी कथा रघुनाथ की।
गति कूर कबिता सरित की ज्यों सरित पावन पाथ की॥
प्रभु सुजस संगति भनिति भलि होइहि सुजन मन भावनी।
भव अंग भूति मसान की सुमिरत सुहावनि पावनी॥

दो०— प्रिय लागिहि अति सबहि मम भनिति राम जस संग।
दारु बिचारु कि करइ कोउ बंदिअ मलय प्रसंग॥
स्याम सुरभि पय बिसद अति गुनद करहिं सब पान।
गिरा ग्राम्य सिय राम जस गावहिं सुनहिं सुजान॥ १०॥

अर्थ—तुलसीदास जी कहते हैं कि श्रीराम की यह कथा मंगलकारिणी तथा कलियुग के पापों को नष्ट करनेवाली है। मेरी इस भद्दी कविता का प्रवाह (चाल) गंगा नदी के प्रवाह की भाँति है। श्रीराम के सुयश की सत्संगति से मेरी यह रचना सुन्दर बनकर सहृदयों के हृदय के लिए प्रिय होगी। यह उसी प्रकार है—जैसे भगवान् शिव के अंग से सम्पर्कित होकर श्मशान की अपवित्र राख भी सुहावनी तथा स्मरण करते ही पवित्र करने वाली हो जाती है।

श्रीराम के यश से सम्पर्कित होकर सभी को मेरी यह रचना प्रिय लगेगी। मलय पर्वत के साहचर्य से काष्ठ भी चन्दन हो उठता है किन्तु चन्दन हो जाने के पश्चात् कोई भी उसके काष्ठ रूप पर विचार नहीं करता।

श्यामा गाय का दूध अत्यधिक उज्ज्वल एवं गुणकारी होता है और सभी उसका आनन्दपूर्वक पान करते हैं उसी प्रकार ग्राम्य भाषा में होने पर भी श्रीराम तथा सीता के यश से सम्पर्कित होने के कारण सज्जन निरन्तर इसका गान तथा श्रवण करते रहेंगे॥ १०॥

टिप्पणी—कवि भक्ति काव्य का मानकीकरण करता है—भाव, रस, अर्थ विधान गुण, दोष एवं अलंकार ये सब काव्य को श्लाघ्य नहीं बनाते—कविता को श्लाघ्य शुभ मूल्य बनाते हैं और श्रीराम के यश वर्णन से बढ़कर शुभ मूल्य क्या हो सकता है? काव्य मूल्य मानव मुक्ति के माध्यम नहीं हो सकते दूसरी ओर श्रीराम का यश मंगलकारी, कलिमल का विघातक एवं स्थायी आनन्द का हेतु है और इससे मिलकर सामान्य से सामान्य कविता भी पुण्यदायिनी हो उठती है। श्रीराम के इसी निर्मल यश गान के कारण ही मेरी कविता सर्वथा प्रिय होगी न कि काव्य के रचनात्मक मूल्यों के कारण। संस्कृत जैसी भाषा भी श्रीराम के गुणानुवाद से शून्य पवित्र तथा ग्राह्य नहीं हो सकती। श्यामा गाय तथा मलयगिरि के साहचर्य से शुष्क काष्ठ अपने शरीर के कारण नहीं गुण के कारण ग्राह्य हैं ठीक उसी प्रकार, यह कविता श्रीराम के यश साहचर्य से सुधी सहृदयों द्वारा सम्पूर्णतया श्लाघ्य होगी,

अलंकारादि के कारण नहीं, ऐसा कवि का विचार है 'विधुबदनी...बरनारी' दृष्टान्त अलंकार, 'मधुकर सरिस...सन्त गुन ग्राही' : उपमा अलंकार,...'सोइ भरोस मोरे...पावा' : निदर्शना अलंकार।

'स्याम सुरभि' तथा 'गिरा ग्राम्य' में अर्थ की व्याप्ति आर्थी व्यंजना से सम्बद्ध निषेध में विपरीत फल की सिद्धि कराती है।

मनि मानिक मुकुता छबि जैसी। अहि गिरि गज सिर सोह न तैसी॥
नृप किरीट तरुनी तनु पाई। लहहिं सकल सोभा अधिकाई॥
तैसेहिं सुकबि कबित बुध कहहीं। उपजहिं अनत अनत छबि लहहीं॥
भगति हेतु बिधि भवन बिहाई। सुमिरत सारद आवत धाई॥
राम चरित सर बिनु अन्हवाएँ। सो स्रम जाइ न कोटि उपाएँ॥
कबि कोबिद अस हृदयँ बिचारी। गावहिं हरि जस कलि मल हारी॥
कीन्हें प्राकृत जन गुन गाना। सिर धुनि गिरा लगति पछिताना॥
हृदय सिंधु मति सीपि समाना। स्वाति सारदा कहहिं सुजाना॥
जौं बरषै बर बारि बिचारू। होहिं कबित मुकुता मनि चारू॥

दो०— जुगुति बेधि पुनि पोहिअहिं रामचरित बर ताग।
पहिरहिं सज्जन बिमल उर सोभा अति अनुराग॥ ११॥

अर्थ—मणि, माणिक्य एवं मुक्ता की जैसी छवि हैं—अपने मूल उद्गम सर्प, पर्वत तथा हाथी के मस्तक पर ये उस प्रकार नहीं शोभित होते। राजा के मुकुट एवं नारी के शरीर का सम्पर्क प्राप्त करके ये सब अत्यधिक शोभा प्राप्त करते हैं।

इसी प्रकार, विद्वान् जन, श्रेष्ठ कवियों के कविता के सम्बन्ध में कहते हैं कि वह उत्पन्न कहीं और होती है और शोभा कहीं अन्य स्थल पर प्राप्त करती है, (अर्थात् कविता कवि के सम्पर्क में उतनी शोभा नहीं प्राप्त करती जितनी सहृदय के हृदय में।) कवि की प्रेमभक्ति के कारण ब्रह्मा के भवन का परित्याग करके सरस्वती स्मरण करते ही दौड़ी चली आती हैं।

श्रीरामचरितमानस में बिना स्नान कराये अन्य कोटि उपायों से भी सरस्वती के दौड़कर आने से उत्पन्न श्रम दूर नहीं हो सकता। इसीलिए कवि तथा पण्डित हृदय में भलीभाँति विचार करके कलिजनित पापों को दूर करनेवाले श्रीहरि का कीर्ति का गान करते हैं।

प्राकृत जनों का गुणगान करने पर सरस्वती सिर धुन-धुन कर पछताने लगती हैं क्योंकि सहृदय जन हृदय को सिन्धु, मति को सीप सदृश एवं सरस्वती को स्वाति नक्षत्र के सदृश कहते हैं।

यदि इसमें श्रेष्ठ विचाररूपी जल की वर्षा होती है तभी मुक्तामणि के सदृश सुन्दर कविता उत्पन्न होती है।

सहृदय जन उन मुक्तामणियों को युक्तिपूर्वक बेधकर श्रीरामचरितरूपी सुन्दर सूत्र में पिरोते और निर्मल हृदय पर धारण करते हैं—इससे उनकी अनुरागरूपी शोभा बढ़ती है॥ ११॥

टिप्पणी—(१) दृष्टान्त तथा आक्षेप अलंकारों के माध्यम से यहाँ कवि-कविता की सहृदय ग्राहिता का विवेचन करता है। मणि, माणिक्य तथा मुक्ता के अपने मूल उद्गम स्थल पर अधिक प्रकर्षवान न होने के आक्षेप द्वारा नृप किरीट तथा तरुण तनु, पर उसके अधिक प्रकर्षवान होने की प्रतिष्ठा करके उससे काव्य को उपमित करता है। काव्य कवि के हृदय में उत्पन्न होता है किन्तु सहृदय के हृदय में आस्वादित होकर चारुता प्राप्त करता है—ध्वनि सिद्धान्त के इस मन्तव्य को कवि यहाँ सम्पुष्ट कर रहा है।

(२) श्रीराम के गुणानुवाद के सन्दर्भ में सरस्वती का स्वतः रचनात्मक उत्कर्ष के लिए दौड़े आना तथा लोक काव्य रचना के क्षणों में क्षोभ प्रकट करना—यह कवि द्वारा रची जा रही कवि-

प्रौढ़ोक्ति है। वाग्देवी सरस्वती की कल्पना स्वयं में कवि-प्रौढ़ोक्ति है।

(३) कवि अपनी कविता की श्रेष्ठता के लिए साङ्गरूपक तैयार करता है—जिसमें प्रस्तुत तथा अप्रस्तुत पक्ष इस प्रकार हैं—

प्रस्तुत		**अप्रस्तुत**
कवि हृदय	:	समुद्र
कवि मति	:	सीप
स्वाति नक्षत्र	:	सरस्वती
शुभ विचारणा	:	स्वाति नक्षत्र की जलवर्षा
चारु कविता	:	चारु मुक्तामणि
काव्य चातुरी से युक्त नाना प्रकार की उक्तियाँ	:	सुन्दर माला को बनाने की सुन्दर युक्तियाँ
सहृदयों के निर्मल हृदय का हार	:	सज्जनों के कंठ की माला

इस साङ्गरूपक द्वारा कवि काव्य रचना प्रक्रिया और प्रकारान्तर से अपने काव्य की श्रेष्ठता का निरूपण करता है।

जे जनमे कलिकाल कराला। करतब बायस बेष मराला॥
चलत कुपंथ बेद मग छाँड़े। कपट कलेवर कलिमल भाँड़े॥
बंचक भगत कहाइ राम के। किंकर कंचन कोह काम के॥
तिन्ह महँ प्रथम रेख जग मोरी। धींग धरमध्वज धंधक धोरी॥
जौं अपने अवगुन सब कहऊँ। बाढ़इ कथा पार नहिं लहऊँ॥
ताते मैं अति अलप बखाने। थोरे महुँ जानिहहिं सयाने॥
समुझि बिबिध बिधि बिनती मोरी। कोउ न कथा सुनि देइहि खोरी॥
एतेहु पर करिहहिं जे असंका। मोहि तें अधिक ते जड़मति रंका॥
कबि न होउँ नहिं चतुर कहावौं। मति अनुरूप राम गुन गावौं॥
कहँ रघुपति के चरित अपारा। कहँ मति मोरि निरत संसारा॥
जेहिं मारुत गिरि मेरु उड़ाहीं। कहहु तूल केहिं लेखे माहीं॥
समुझत अमित राम प्रभुताई। करत कथा मन अति कदराई॥

दो०— सारद सेस महेस बिधि आगम निगम पुरान।
नेति नेति कहि जासु गुन करहिं निरन्तर गान॥ १२॥

अर्थ—जो व्यक्ति भयंकर कलिकाल में पैदा हुए हैं, जिनकी करनी कौए के सदृश है और वेश हंस की भाँति, जो वेदमार्ग का परित्याग करके कुमार्ग पर चलते हैं, वे कपट के कलेवर हैं और उनका शरीर उस पात्र (भांड) की भाँति है—जिसमें कलिजनित मल भरे पड़े हैं।

जो कंचन, क्रोध तथा काम के दास हैं तथा श्रीराम के भक्त कहलाकर लोगों को ठगते हैं। धींगामुस्ती करनेवाले, धर्म की (झूँठी) ध्वजा उठाकर ले चलने वाले एवं नाना प्रकार के उचित अनुचित कार्य करने वालों में मैं अग्रगण्य (धोरी—तीन बैलों की बैलगाड़ी में सबसे आगे का बैल) हूँ और इनकी गणना में मैं सबसे अग्रिम पंक्ति में हूँ।

यदि मैं अपने सम्पूर्ण अवगुणों का वर्णन करने लगूँ तो कथा बढ़ जायेगी और मैं उसका अन्त नहीं पाऊँगा। इसलिए मैंने अपने अवगुणों का वर्णन अति संक्षेप में किया है और चतुर जन इस संक्षेप कथन से ही सारी बातें समझ लेंगे।

मेरी अनेक प्रकार की विनती समझ करके कोई भी इस कथा को सुनकर दोष नहीं देगा। इतने

विनय के पश्चात् भी यदि कोई मुझ पर शंका करेंगे तो वे मुझसे भी अधिक जड़ एवं बुद्धि से रंक होंगे।

न तो मैं कवि हूँ, न तो कला चतुर कहलाता हूँ, मैं स्वमति के अनुरूप श्रीराम के गुण का गान कर रहा हूँ। कहाँ श्रीराम के अनन्त चरित्र और कहाँ मिथ्या जगत् में संसक्त मेरी बुद्धि।

जिस प्रचण्ड वायु के झोंके से सुमेरु पर्वत तक उड़ जाते हैं, कहिए उसके समक्ष रुई की क्या गणना? श्रीराम के अमित माहात्म्य को समझते हुए श्रीराम की इस कथा रचना में मेरा मन कदरा (कायर होकर पिछड़) रहा है।

सरस्वती, शेषनाग, शिव, ब्रह्मा, वेद, निगम एवं पुराणादि 'नेति' 'नेति' कहकर जिसका सदैव गुणगान किया करते हैं (उसका वर्णन मुझसे भला कैसे सम्भव है)॥ १२॥

टिप्पणी—कवि पुन: विनयोक्ति द्वारा अपनी रचना अज्ञता तथा असमर्थता का वर्णन करता है और श्रीराम कथा की विराटता तथा उनके महत्त्व एवं स्वरूप की गहनीयता के समक्ष तो कवि-प्रतिभा और भी छोटी हो जाती है। आक्षेप अलंकार के माध्यम से शेषनाग, सरस्वती तथा वेद के द्वारा 'नेति' 'नेति' कहे जाने वाले के विषय में एक सामान्य मनुष्य द्वारा कुछ वर्णित किया जाय, यह असम्भव है।

'विनयोक्ति' काव्य रचना के अन्तर्गत शील तथा विनम्रता को निर्दिष्ट करनेवाली परिपाटी मात्र है—कवि आत्मज्ञान को अपने शील से क्षण भर के लिए ढकने का प्रयास करता है। विनयोक्ति के कथन मूलत: शिष्टाचारवश कहे जाते हैं, उससे कवि प्रतिभा पर कहीं कोई प्रश्न चिह्न नहीं लगता।

सब जानत प्रभु प्रभुता सोई। तदपि कहे बिनु रहा न कोई॥
तहाँ बेद अस कारन राखा। भजन प्रभाउ भाँति बहु भाखा॥
एक अनीह अरूप अनामा। अज सच्चिदानंद पर धामा॥
ब्यापक बिस्वरूप भगवाना। तेहिं धरि देह चरित कृत नाना॥
सो केवल भगतन्ह हित लागी। परम कृपाल प्रनत अनुरागी॥
जेहि जन पर ममता अति छोहू। जेहि करुनाकरि कीन्ह न कोहू॥
गई बहोर गरीब नेवाजू। सरल सबल साहिब रघुराजू॥
बुध बरनहिं हरि जस अस जानी। करहिं पुनीत सुफल निज बानी॥
तेहिं बल मैं रघुपति गुन गाथा। कहिहउँ नाइ राम पद माथा॥
मुनिन्ह प्रथम हरि कीरति गाई। तेहिं मग चलत सुगम मोहिं भाई॥

दो०— अति अपार जे सरित बर जौं नृप सेतु कराहिं।
चढ़ि पिपीलिकउ परम लघु बिनु श्रम पारहिं जाहिं॥ १३॥

अर्थ—यद्यपि सभी श्रीराम जी की प्रभुता को इस प्रकार अवर्णनीय जानते हैं फिर भी, कोई उसे कहे बिना रहा नहीं। इस प्रकरण में वेद ने इस प्रकार वर्णन करने का कारण बताया है कि भाँति-भाँति से श्रीराम के भजन के प्रभाव कहे गये हैं (इसलिए जिससे जैसा बन पड़े उसे वैसा ही कहना चाहिए।)

श्रीराम केवलेक, इच्छा रहित, नाम तथा रूपरहित, अजन्मा, सच्चिदानन्द तथा परमधाम हैं, सर्वव्याप्त, विश्वरूप भगवान् हैं और उन्होंने ही शरीर धारण करके अनेक रूपों में नाना रूपों में चरित किए हैं।

यह चरित या लीला मात्र भक्तों के लिए ही है क्योंकि वे अत्यन्त कृपाशील एवं शरणागत (प्रनत) पर अनुराग रखनेवाले हैं। जिनकी भक्तों पर अतिशय ममता तथा स्नेह है और जिन्होंने एक बार भक्त पर कृपा करके कभी क्रोध नहीं किया।

दीनबन्धु श्रीराम विनष्ट वस्तु को पुनः प्राप्त कराते हैं, ऐसे श्रीराम अत्यन्त सरल स्वभावयुक्त, सर्वशक्तिमान तथा सब के स्वामी हैं। ऐसा समझ करके विद्वज्जन श्रीहरि के यश का वर्णन करके अपनी वाणी दुर्लभ फल से युक्त एवं पवित्र करते हैं।

उसी न्याय (बल) से मैं भी श्रीराम के गुणों की गाथा उनके (श्रीराम) के चरणों में शीश झुकाकर कहूँगा। मुनियों ने पूर्व में श्रीहरि की कीर्ति का गान कर रखा है, हे भाई! उसी मार्ग पर चलना मेरे लिए भी सुगम है।

जो अत्यधिक दुस्तर श्रेष्ठ नदियाँ हैं, यदि राजा उन पर पुल बँधवा देता है तो अत्यधिक लघु चींटी भी बिना परिश्रम के पार चली जाती है॥ १३॥

टिप्पणी—शिष्टाचार तथा विनयोक्ति को तोड़ने की कवि यहाँ एक युक्ति निकाल रहा है। सम्पूर्ण कविगण श्रीराम के ब्रह्मस्वरूप की अज्ञेयता को समझते हुए भी कुछ-न-कुछ कहते रहे हैं—इसी सिद्धान्त से कवि भी कुछ कह रहा है अर्थात् सामान्य द्वारा इस विशेष के समर्थन से मण्डित निदर्शन की व्यंजना प्रभावशाली है और उसके द्वारा वह श्रीराम की अनन्तता तथा अज्ञेयता के बाद भी कुछ कहना संभव है, इस सिद्धान्त वाक्य की सम्पुष्टि करता है।

एहि प्रकार बल मनहि देखाई। करिहउँ रघुपति कथा सुहाई॥
ब्यास आदि कबि पुंगव नाना। जिन्ह सादर हरि सुजस बखाना॥
चरन कमल बंदउँ तिन्ह केरे। पुरवहुँ सकल मनोरथ मेरे॥
कलि के कबिन्ह करउँ परनामा। जिन्ह बरने रघुपति गुन ग्रामा॥
जे प्राकृत कबि परम सयाने। भाषा जिन्ह हरि चरित बखाने॥
भए जे अहहिं जे होइहहिं आगें। प्रनवउँ सबहिं कपट छल त्यागें॥
होहु प्रसन्न देहु बरदानू। साधु समाज भनिति सनमानू॥
जो प्रबंध बुध नहिं आदरहीं। सो स्रम बादि बाल कबि करहीं॥
कीरति भनिति भूति भलि सोई। सुरसरि सम सब कहँ हित होई॥
राम सुकीरति भनिति भदेसा। असमंजस अस मोहिं अँदेसा॥
तुम्हरी कृपाँ सुलभ सोउ मोरे। सिअनि सुहावनि टाट पटोरे॥

अर्थ—इस प्रकार मन को सामर्थ्य दिखाकर मैं मन को आनन्दित करनेवाली श्रीराम कथा करूँगा। व्यास आदि अनेक श्रेष्ठ कविगण जिन्होंने आदरपूर्वक श्रीहरि के सुयश का वर्णन किया है।

मैं उन सबके चरण-कमलों की वन्दना करता हूँ। वे सभी मेरे सम्पूर्ण मनोकामनाओं को पूर्ण करें। कलियुग के उन सभी कवियों को प्रणाम करता हूँ—जिन्होंने श्रीराम के गुण समूहों का वर्णन किया है।

वे परम चतुर प्राकृत कवि जिन्होंने भाषा में श्रीहरि के चरित्र का वर्णन किया है—जो पूर्व चरित्र प्रणयन कर चुके हैं, जो इस समय वर्तमान है और जो आगे होंगे, सम्पूर्णभावेन मैं सब छल-कपट त्याग कर प्रणाम कर रहा हूँ।

आप सभी प्रसन्न होकर मुझे वरदान दें ताकि मेरी कविता का सम्मान साधु समाज में हो क्योंकि विद्वान जिस कविता का आदर नहीं करते मूर्ख कवि उस श्रम को व्यर्थ करते हैं।

कीर्ति, काव्यरचना और सम्पत्ति वही भली है जो गंगा की भाँति सबका हित करनेवाली है, श्रीराम का सुन्दर यश किन्तु मेरी भदेस कविता, मुझे इसी बात का असमंजस है तथा इसी बात का मुझे अंदेसा है।

परन्तु हे कविगण! आपकी ही कृपा से वह भी मेरे लिए सुलभ है क्योंकि टाट पर भी रेशम के तागे की सिलाई सुहावनी लगती है।

टिप्पणी—(१) कविजन श्रीराम का वर्णन करते आये हैं, उसी न्याय से, उसी बल से परम्परा की व्यापक श्रीराम काव्य की परिपाटी की लीक पर काव्य वर्णन की सार्थकता का ही कवि उल्लेख नहीं करता अपितु व्यास आदि कविश्रेष्ठों के प्रति कृतज्ञता भी अर्जित करता है। कवि की यह भी भविष्यवाणी है कि वही अकेला कवि वर्तमान का नहीं है, और भी हैं और भविष्य में भी होंगे। यही नहीं, अनेक भाषाओं—प्राकृत, अपभ्रंश, प्राचीन हिन्दी तथा अन्यान्य आर्य भाषाओं में भी श्रीराम कथा के अनेक कवि हैं—आगे भी होंगे—और वह इस क्रम में श्रीराम कथा के प्रणयन के तर्क तथा विनयोक्ति-दोनों को ध्यान में रखकर कृतज्ञता तथा प्रणतिपूर्वक सब की वन्दना करता है। विशेषोक्ति तथा दृष्टान्त के चमत्कार अर्थ रचना के माध्यम हैं।

(२) सहृदय श्लाघ्य प्रबन्ध (काव्य) ही समाज में समादर प्राप्त करता है ध्वनि-सिद्धान्त के प्रवर्तकों का यह मत कवि को मान्य है और कवि यहाँ उसी की स्थापना करता है।

(३) टाट पर रेशम की सिलाई सुहावनी लगती है—श्रीराम की यश कथा के तन्तुओं से बुना सामान्य काव्य भी श्लाघ्य होगा—यह विशेषोक्तिमूलक वाक्य कवि की काव्य दृष्टि का परिचायक है।

दो०— सरल कबित कीरति बिमल सोइ आदरहिं सुजान।
सहज बयर बिसराइ रिपु जो सुनि करहिं बखान॥
सो न होइ बिनु बिमल मति मोहि मति बल अति थोर।
करहु कृपा हरि जस कहउँ पुनि पुनि करउँ निहोर॥
कवि कोबिद रघुबर चरित मानस मंजु मराल।
बाल बिनय सुनि सुरुचि लखि मोपर होहु कृपाल॥
सो०— बंदउँ मुनि पद कंजु रामायन जेहिं निरमयउ।
सख सुकोमल मंजु दोष रहित दूषन सहित॥
बंदउँ चारिउ बेद भव बारिधि बोहित सरिस।
जिन्हहिं न सपनेहुँ खेद बरनत रघुबर बिसद जसु॥
बंदउँ बिधि पद रेनु भवसागर जेहिं कीन्ह जहँ।
संत सुधा ससि धेनु प्रगटे खल बिष बारुनी॥
दो०— बिबुध बिप्र बुध ग्रह चरन बंदि कहउँ कर जोरि।
होइ प्रसन्न पुरवहु सकल मंजु मनोरथ मोरि॥ १४॥

अर्थ—सहृदय जन उसी कविता का आदर करते हैं जो सरल हो एवं जिसमें निर्मल चरित्र (वर्णित) हो, जिसे सुनकर स्वाभाविक शत्रुता भी भूलकर (सभी) उसकी सराहना करें।

ऐसी कविता बिना निर्मल मति के नहीं होती किन्तु मुझ में मेरी मति का बल नितान्त स्वल्प है—इसीलिए मैं बार-बार निहोरा करता हूँ कि आप सब मुझ पर कृपा करें क्योंकि मैं श्री हरि के यश का वर्णन करना चाहता हूँ।

हे कवि तथा पण्डितगण! आप सब श्रीरामचरितरूपी सरोवर के सुन्दर हंस हैं। मेरी बालक सुलभ विनय सुनकर तथा श्रीराम कथा वर्णन में सुरुचि देखकर मुझपर कृपालु हों।

मैं मुनि वाल्मीकि के चरणों की वन्दना करता हूँ जिन्होंने रामायण की रचना की है। वह रामायण खर राक्षस के चरित्र से युक्त होते हुए भी कोमल तथा मंजुपदावली परिपूर्ण है, साथ ही, दूषन राक्षस की कथा से संयुक्त दोष रहित भी।

मैं चारों वेदों की वन्दना करता हूँ जो संसाररूपी समुद्र से पार होने के लिए विशाल नौका के सदृश हैं तथा जिन्हें श्रीराम के निर्मल यश का वर्णन करने में कभी थकावट (खेद) नहीं होती।

मैं ब्रह्म के चरण-रज की वन्दना करता हूँ जिन्होंने भवसागर की रचना की है, जहाँ से

संतजन, अमृत, चन्द्रमा कामधेनु तथा दूसरी ओर खल, विष एवं मदिरा उत्पन्न हुए।

देवता, ब्राह्मण, विद्वज्जन, ग्रहगण सबके चरणों की वन्दना करता हूँ और हाथ जोड़कर कहता हूँ कि प्रसन्न होकर मेरे सम्पूर्ण सुन्दर मनोरथों को आप सभी पूरा करें॥ १४॥

टिप्पणी—(१) कवि सहृदय श्लाघ्य काव्य के लक्षण का निर्देश करता है। उसके अनुसार इसके तीन लक्षण हैं—(क) कविता सरल हो (सामान्यजन के लिए अर्थग्राह्य हो), (ख) निर्मल यश की रचना की अवतारणा हो, (ग) हृदय को आवर्जित करने की शक्ति हो—ताकि श्रवण या अध्ययन के समय सहृदय श्लाघ्य अर्थ तन्मयीभूत कर लें और व्यक्ति को 'ममत्व' तथा 'परत्व' के भाव से मुक्त कर दे।

कवि के अनुसार ये कविता के तीन लक्षण हैं।

(२) कवि इस प्रकार की कविता के लिए 'काव्य हेतु' का निर्देश करता है—परम्परा में 'प्रतिभा, अभ्यास तथा व्युत्पन्नता' की चर्चा की गई है किन्तु कवि उन सब से भिन्न 'विमल मति' अर्थात् सांसारिक प्रपंचों से उपरमित आत्मज्ञान, विवेक एवं बोधयुक्त ज्ञानवृत्ति ही रचना के लिए हेतु की चर्चा करता है। यह 'विमल मति' व्यास, नारद, वाल्मीकि आदि परम्परा के श्रेष्ठ कवियों के आशीर्वाद से या उनके ग्रंथों तथा सद्विचारों के श्रद्धया अनुशीलन से प्राप्त होती है।

कवि इसी 'विमल मति' की सिद्धि के लिए वाल्मीकि, वेदों, ब्रह्मा के चरण रज, देवता, ब्राह्मण, विद्वज्जन तथा ग्रहों की वन्दना करता है।

पुनि बंदउँ सारद सुरसरिता। जुगल पुनीत मनोहर चरिता॥
मज्जन पान पाप हर एका। कहत सुनत एक हर अबिबेका॥
गुरु पितु मातु महेस भवानी। प्रनवउँ दीनबंधु दिन दानी॥
सेवक स्वामि सखा सिय पी के। हित निरुपधि सब बिधि तुलसी के॥
कलि बिलोकि जग हित हर गिरिजा। साबर मंत्र जाल जिन्ह सिरजा॥
अनमिल आखर अरथ न जापू। प्रगट प्रभाउ महेश प्रतापू॥
सो उमेस मोहिं पर अनुकूला। करिहिं कथा मुद मंगल मूला॥
सुमिरि सिवा सिव पाइ पसाऊ। बरनउँ राम चरित चित चाऊ॥
भनिति मोरि सिव कृपा बिभाती। ससि समाज मिलि मनहुँ सुराती॥
जे येहि कथहिं सनेह समेता। कहिहहिं सुनिहहिं समुझि सचेता॥
होइहहिं राम चरन अनुरागी। कलि मल रहित सुमंगल भागी॥
दो०— सपनेहु साँचेहु मोहिं पर जौ हर गौरि पसाउ।
तौ फुर होउ जो कहेउँ सब भाषा भनिति प्रभाउ॥ १५॥

अर्थ—मैं पुनः सरस्वती एवं गंगा दोनों की वन्दना करता हूँ। दोनों ही पवित्र तथा मनोहर चरित्र वाली हैं। एक (गंगा) स्नान तथा जलपान से पाप हर लेती हैं और एक दूसरी (सरस्वती) कथन तथा श्रवण से अज्ञान विनष्ट करती हैं।

शिव तथा पार्वती मेरे गुरु और पिता तथा माता हैं—मैं उन्हें प्रणाम करता हूँ। वे दोनों दीनों के सखा तथा नित्य दानी हैं। वे सीतापति श्रीराम के सेवक, स्वामी तथा सखा और तुलसीदास जी के निष्कपट (निरुपाधि) हितैषी हैं।

शिव पार्वती ने कलि का अवलोकन करके संसार के प्राणियों के कल्याण के निमित्त शाबर मंत्र समूह की रचना की—जिन मंत्रों के अक्षर बेमेल हैं, जिनका न अर्थ ठीक लगता है और न जप ही होता है, फिर भी, शिव के प्रताप से उनका प्रभाव स्पष्ट है।

ऐसे शिव मुझपर प्रसन्न हों तथा इस कथा को आनन्द मंगलदायी बनाएँ। इस प्रकार शिव एवं पार्वती दोनों की वन्दना करके तथा उनका प्रसाद पाकर पुलकित चित्त से रामचरित्र का वर्णन करता हूँ।

शिव की कृपा से मेरी कविता उसी प्रकार सुशोभित होगी जैसे तारागणों से परिपूर्ण चन्द्रमा के साथ रात्रि शोभित होती है, जो इस कथा को प्रेमपूर्वक तथा सावधानी के साथ कहेंगे, सुनेंगे, समझेंगे—वे श्रीराम के चरणों में अवश्य अनुरक्त कलिमल रहित एवं सुन्दर कल्याण के भागी होंगे।

यदि शिव तथा पार्वती स्वप्न में भी सचमुच मुझपर प्रसन्न हों तो मैंने भाषा कविता के प्रभाव के सम्बन्ध में जो कुछ भी कहा है, वह सच हो॥ १५॥

टिप्पणी—कवि अपनी 'विमल मति' तथा उससे निष्पन्न काव्य की सिद्धि के लिए 'सरस्वती तथा गंगा' की समवेत् वन्दना करता है। उसकी कविता में दोनों की समवेत् निर्मलता की कामना मिलती है।

पुनः वह गुरु, पिता तथा माता स्वरूप 'पार्वती-शिव' की वन्दना करता है और हर प्रकार से उनको प्रसन्न करके श्रीराम कथा प्रणयन की आकांक्षा प्रकट करता है।

इन पंक्तियों में वह काव्य लक्षण तथा काव्य हेतु के पश्चात् 'काव्य प्रयोजन' की चर्चा करता है। उसके अनुसार शिव की प्रेरणा मूलहेतु के रूप में है और श्रीराम के यश का लोकव्यापी विस्तार तथा मानव कल्याण इस रचना का प्रयोजन है—

जे यह कथहिं सनेह समेता। कहिहहिं सुनिहहिं समुझि सचेता॥
होइहहिं राम चरन अनुरागी। कलिमल रहित सुमंगल भागी॥

इस प्रयोजन का सत्यायन 'शिव-पार्वती' की मेरे प्रति परमप्रियता तथा प्रसन्नता करेगी, ऐसी कवि की निष्ठा तथा आत्मविश्वास है।

बंदउँ अवध पुरी अति पावनि। सरजू सरि कलि कलुष नसावनि॥
प्रनवउँ पुर नर नारि बहोरी। ममता जिन्ह पर प्रभुहि न थोरी॥
सिय निंदक अघ ओघ नसाए। लोक बिसोक बनाइ बसाए॥
बंदउँ कौसल्या दिसि प्राची। कीरति जासु सकल जग माची॥
प्रगटेउ जहँ रघुपति ससि चारू। बिस्व सुखद खल कमल तुसारू॥
दसरथ राउ सहित सब रानी। सुकृत सुमंगल मूरति मानी॥
करउँ प्रनाम करम मन बानी। करहु कृपा सुत सेवक जानी॥
जिन्हहि बिरचि बड़ भएउ बिधाता। महिमा अवधि राम पितु माता॥

सो०— बंदउँ अवध भुआल सत्य प्रेम जेहि राम पद।
बिछुरत दीनदयाल प्रिय तनु तृन इव परिहरेउ॥ १६॥

अर्थ—मैं अति पवित्र अयोध्यापुरी तथा कलि कलुष को नष्ट करनेवाली सरयू नदी दोनों को प्रणाम करता हूँ। पुनः अयोध्या नगर के सम्पूर्ण नर-नारियों को प्रणाम करता हूँ, जिन पर श्रीराम की ममता थोड़ी नहीं है।

सीता जी की भी निन्दा करनेवाले (धोबी) के पाप समूहों को (भी उन्होंने) नष्ट किया तथा उसे शोक रहित बनाकर स्वलोक में बसा दिया। मैं कौसल्यारूपी पूर्व दिशा की वन्दना करता हूँ— जिसकी कीर्ति सम्पूर्ण संसार में फैली हुई है।

इसी कौसल्यारूपी पूर्व दिशा में श्रीरामरूपी चन्द्र का प्राकट्य हुआ है जो विश्व के लिए सुखदायी एवं दुष्टरूपी कमल के लिए तुषार की भाँति हुए। राजा दशरथ सहित समस्त सभी रानियों को पुण्य, सुन्दर शुभ की मूर्ति मानकर—

मन, कर्म तथा वाणी से प्रणाम करता हूँ और आप सब अपने पुत्र का सेवक मानकर मुझपर कृपा करें। इनकी रचना करके ब्रह्मा भी महान माने गये और इस प्रकार श्रीराम के पिता-माता की महिमा ही महिमा की सीमा है।

मैं अयोध्या नरेश दशरथ की वन्दना करता हूँ—जिनको श्रीराम के चरणों में वास्तविक प्रेम था क्योंकि दीनदयालु श्रीराम के बिछड़ते ही अपने प्रिय शरीर को तृण की भाँति त्याग दिया॥ १६॥

टिप्पणी—अपने इस परम प्रयोजन—'कलिमल रहित सुमंगल भागी' जैसे—पुण्य फल की सिद्धि के निमित्त कवि श्रीराम की जन्मभूमि जो उनका मूल उद्गम स्थल है अर्थात् अयोध्या का वर्णन करता है—फिर उस जननी का यशोगान करता है—जिसने श्रीराम जैसे यशस्वी सूर्य सदृश तेजवान पुत्र को जना तथा पिता दशरथ एवं सम्पूर्ण शक्तियों की वन्दना करता है। वह श्रीराम के उस प्रेम को कथा की प्रस्तावना के रूप में प्रकारान्तर भाव से इंगित करता है, जो उनके पिता दशरथ के वात्सल्य का जीवनाधार है। इन सम्पूर्ण वन्दनाओं के मूल में उसे अपनी रचना के 'विशिष्ट प्रयोजन' की सिद्धि की अन्तर्कामना निहित है।

प्रनवउँ परिजन सहित बिदेहू। जाहि राम पद गूढ़ सनेहू॥
जोग भोग महँ रखेउ गोई। राम बिलोकत प्रगटेउ सोई॥
प्रनवउँ प्रथम भरत के चरना। जासु नेम ब्रत जाइ न बरना॥
राम चरन पंकज मन जासू। लुबुध मधुप इव तजइ न पासू॥
बंदउँ लछिमन पद जल जाता। सीतल सुभग भगत सुख दाता॥
रघुपति कीरति बिमल पताका। दंड समान भएउ जस जाका॥
सेष सहस्रसीस जगकारन। जो अवतरेउ भूमि भय टारन॥
सदा सो सानुकूल रह मोपर। कृपासिंधु सौमित्रि गुनाकर॥
रिपुसूदन पद कमल नमामी। सूर सुसील भरत अनुगामी॥
महाबीर बिनवउँ हनुमाना। रामु जासु जस आपु बखाना॥
दो०— प्रनवउँ पवनकुमार खल बन पावक ग्यान घन।
जासु हृदय आगार बसहिं राम सर चाप धर॥ १७॥

अर्थ—परिवार सहित राजा जनक की मैं वन्दना करता हूँ जिनका श्रीराम के चरणों में गूढ़ स्नेह रहा है। उस गूढ़ स्नेह को उन्होंने योग तथा भोग में छिपा रखा था किन्तु श्रीराम को देखते ही वह (गुप्त प्रेम) प्रकट हो गया॥

मैं सबसे पहले भरत के चरणों की वन्दना करता हूँ जिनके नियम तथा व्रत का वर्णन नहीं किया जा सकता। श्रीराम के चरण-कमल में जिसका मन भ्रमर की भाँति लुब्ध रहता है और उसका एक क्षण के लिए भी साथ नहीं छोड़ता।

मैं श्री लक्ष्मण के चरण-कमलों की वन्दना करता हूँ जो नितान्त शीतल, पवित्र एवं भक्तजनों के लिए सुखदायी है। श्रीरामचन्द्र की कीर्तिरूपी पताका के लिए जिसका यश उसके दण्ड के समान है—

जो सहस्र सिर वाले तथा संसार के कारणस्वरूप हैं और जिनका अवतरण भूमि के भय को समाप्त करने के लिए हुआ है—हे गुणों के समूह कृपासिन्धु लक्ष्मण आप सदा मुझ पर अनुकूल रहें।

शत्रुघ्न के चरणों की मैं वन्दना करता हूँ जो अत्यन्त पराक्रमी, शीलवान तथा भरत के अनुगत हैं। मैं महाबलशाली हनुमान की वन्दना करता हूँ जिसके यश का वर्णन श्रीराम ने स्वयं किया है।

ज्ञान की सघन मूर्ति तथा खलरूपी वन के लिए अग्निवत् (दाहक) हनुमान की मैं वन्दना करता हूँ जिनके हृदयरूपी भवन में धनुष-बाण धारण करने वाले श्रीराम निरन्तर निवास करते हैं॥ १७॥

टिप्पणी—कवि श्रीरामचरित मानस के मूल प्रयोजन आच्छन्न मानस मल के प्रच्छालन एवं दिव्य मांगलिक मूल्यों की प्रतिष्ठा के लिए पूर्वक्रम में परिजन सहित जनक, भरत, लक्ष्मण, शत्रुघ्न

तथा कपीश्वर हनुमान की वन्दना करता है। ये सम्पूर्ण वन्दनाएँ गुणानुवाद मूलक हैं—जो उन्हें प्रसन्न करने के लिए हैं ताकि वह मानस के रचना के आदर्श की प्रतिष्ठा करा सके।

कपिपति रीछ निसाचर राजा। अंगदादि जे कीस समाजा॥
बंदउँ सब के चरन सुहाए। अधम सरीर राम जिन्ह पाए॥
रघुपति चरन उपासक जेते। खग मृग सुर नर असुर समेते॥
बंदउँ पद सरोज सब केरे। जे बिनु काम राम के चेरे॥
सुक सनकादि भगत मुनि नारद। जे मुनिबर बिग्यान बिसारद॥
प्रनवउँ सबनि धरनि धरि सीसा। करउँ कृपा जन जानि मुनीसा॥
जनकसुता जग जननि जानकी। अतिसय प्रिय करुना निधान की॥
ताके जुग पद कमल मनावउँ। जासु कृपा निरमल मति पावउँ॥
पुनि मन करम बचन रघुनायक। चरन कमल बंदउँ सब लायक॥
राजिव नैन धरे धनु सायक। भगति बिपति भंजन सुखदायक॥
दो०— गिरा अरथ जल नीचि सम कहिअत भिन्न न भिन्न।
बंदउँ सीताराम पद जिन्हहिं परम प्रिय खिन्न॥ १८॥

अर्थ—कपिपति सुग्रीव, राक्षसेन्द्र विभीषण और ऋक्षपति जाम्बवान् तथा अंगदादि जो भी कपि समूह के रूप में हैं, मैं उनके सुन्दर चरणों की वन्दना करता हूँ क्योंकि इन सभी ने अपने अधम शरीर से श्रीराम को प्राप्त किया था।

श्रीराम के चरणों के जो भी पक्षी, पशु, देवता, मनुष्य एवं असुर सहित उपासक हैं, मैं उन सभी के चरण-कमलों की वन्दना करता हूँ क्योंकि वे अकारण श्रीराम के चरणों के सेवक हैं।

शुकदेव, सनक तथा नारदादि जितने भी श्रीराम के भक्त हैं और अन्य जो ज्ञान के परम श्रेष्ठ मुनिजन हैं, मैं पृथ्वी पर शीश टेककर उन सबको प्रणाम करता हूँ। हे मुनिगण! मुझे अपना दास समझकर आप सब मुझ पर कृपा करें।

सम्पूर्ण जगत् की माता जनकपुत्री जानकी, जो श्रीराम को अतिशय प्रिय हैं, उनके युगल चरणों का ध्यान करता हूँ, जिनकी कृपा से निर्मल मति प्राप्त करूँ।

पुनः मन, वाणी एवं कर्म से सर्वथा समर्थ श्रीराम के चरण-कमलों की वन्दना करता हूँ। ये कमल-नयन धनुष-बाण धारण किये हुए श्रीराम भक्तों की विपत्ति को दूर करनेवाले तथा आनन्द देने वाले हैं।

वाणी और उसके अर्थ, जल और उसकी तरंग के सदृश जो कहने में भिन्न किन्तु भिन्न (पृथक्) नहीं है, तथैव श्री सीताराम जिन्हें आर्तजन परम प्रिय हैं, के (एकमेव) चरणों की वन्दना करता हूँ॥ १८॥

टिप्पणी—(१) पूर्वक्रम में अपनी रचना के मन्तव्य के पूर्ण होने के लिए विभीषण, सुग्रीव, जामवन्त एवं शुकदेव, सनकादि, ऋषि, नारद तथा अन्य विज्ञान-विशारद महर्षियों की वन्दना करता है ताकि उसकी रचना का मन्तव्य पूरा हो सके। अन्त में, वह जगन्माता सीता तथा अपने इष्ट श्रीराम की एतदर्थ वन्दना करता है।

(२) जल-वीचि तथा वाणी एवं अर्थ की अद्वैतता के माध्यम से सीता एवं श्रीराम की अद्वैतता का संकेत करता है। 'जल-वीचि' जैसी अद्वैतता ब्रह्म प्रमाण की है तथा वाणी-अर्थ की अद्वैतता शब्द ब्रह्म की। बहु प्रकार से श्रीराम तथा सीता की अद्वैतता से ब्रह्म तथा शब्द ब्रह्म का कवि स्मरण करता है।

बंदउँ राम नाम रघुबर को। हेतु कृसानु भानु हिमकर को॥
बिधि हरि हरमय बेद प्रान सो। अगुन अनूपम गुन निधान सो॥

महामंत्र जोइ जपत महेसू। कासीं मुकुति हेतु उपदेसू॥
महिमा जासु जान गन राऊ। प्रथम पूजिअत नाम प्रभाऊ॥
जान आदिकबि नाम प्रतापू। भयेउ सुद्ध करि उलटा जापू॥
सहस नाम सम सुनि सिय बानी। जपि जेईं पिय संग भवानी॥
हरषे हेतु हेरि हर ही को। किय भूषन तिय भूषन तीको॥
नाम प्रभाउ जान सिव नीको। कालकूट फल दीन्ह अमी को॥
दो०— बरषा रितु रघुपति भगति तुलसी सालि सुदास।
राम नाम बर बरन जुग सावन भादव मास॥ १९॥

अर्थ—मैं श्री रघुनाथ के 'राम' नाम की वन्दना करता हूँ जो अग्नि (र बीज मंत्र रूप), सूर्य (आ बीज मंत्र रूप) तथा चन्द्र (म बीज रूप मंत्र) के बीज मंत्र रूप हैं। यह राम नाम ब्रह्मा, हरि तथा शिव स्वरूप है तथा वेदों का प्राण रूप है। यह 'राम' नाम यद्यपि निर्गुण है फिर भी अनुपम गुणों का भंडार है।

जो महामंत्र है तथा जिसे शिव जपते रहते हैं और जिसका उपदेश काशी में मुक्ति का हेतु है। जिसकी (राम नाम की) महिमा गणेश जानते हैं और वे नाम के प्रभाव से ही अग्रगण्य पूज्य हैं।

आदि कवि वाल्मीकि राम नाम के प्रताप को जानते हैं—जिसका उल्टा (मरा-मरा) जप करके वे शुद्ध हुए। शिव की इस वाणी को सुन करके कि एक नाम सहस्र नाम के बराबर है, पार्वती इसे पति के साथ निरन्तर जपती हैं।

शिव जी पार्वती की इस प्रीति को देखकर हर्षित हुए और उन्हें स्त्रियों में अलंकारस्वरूपा पार्वती को अपना आभूषण बना लिया। श्रीराम के नाम का प्रभाव शिव भलीभाँति जानते हैं उसी के कारण कालकूट नामक विषम विष ने अमृत का फल दिया।

श्रीराम की भक्ति, वर्षा ऋतु सदृश है, तुलसीदास जी कहते हैं कि भक्तगण धान (कृषि) हैं। राम नाम के दो श्रेष्ठ वर्ण (उनके पोषण के लिए) श्रावण तथा भादों के महीने हैं॥ १९॥

टिप्पणी—(१) गोस्वामी तुलसीदास श्रीराम तथा सीता की वन्दना के पश्चात् श्रीराम नाम के माहात्म्य का वर्णन करते हैं और इस श्रीराम नाम माहात्म्य के विवेचन का सन्दर्भ उनकी पूर्व प्रार्थना से है—जिसके माध्यम से वे रचना के मन्तव्य को सम्पूर्ण प्रचारित होने की कामना करते हैं।

(२) 'राम' नाम का चमत्कारपूर्ण वर्णन और इस वर्णन में शब्द माहात्म्य (नाम माहात्म्य), रूप, लीला, गुण तथा धाम से श्रेष्ठ है, कवि बराबर इसकी प्रतिष्ठा करता है।

(३) यह 'राम' नाम शब्द द्विवर्णात्मक है और कवि इस द्विवर्णात्मक शब्द के संयोग, प्रभाव एवं माहात्म्य तथा चमत्कार का विदग्धतापूर्ण वर्णन करता है।

आखर मधुर मनोहर दोऊ। बरन बिलोचन जन जिय जोऊ॥
सुमिरत सुलभ सुखद सब काहू। लोक लाहु परलोक निबाहू॥
कहत सुनत सुमिरत सुठि नीके। राम लखन सम प्रिय तुलसी के॥
बरनत बरन प्रीति बिलगाती। ब्रह्म जीव सम सहज सँघाती॥
नर नारायण सरिस सुभ्राता। जग पालक बिसेषि जनत्राता॥
भगति सुतिअ कल करन बिभूषन। जग हित हेतु बिमल बिधु पूषन॥
स्वाद तोष सम सहज सुधा के। कमठ सेष सम धर बसुधा के॥
जन मन मंजु कंज मधुकर से। जीह जसोमति हरि हलधर से॥
दो०— एकु छत्रु एकु मुकुट मनि सब बरननि पर जोउ।
तुलसी रघुबर नाम के बरन बिराजत दोउ॥ २०॥

अर्थ—दोनों अक्षर मधुर तथा मनोहारी हैं। दोनों वर्ण भक्तजन के लिए नेत्र तथा उनके लिए जीवन स्वरूप हैं। स्मरण करने में ये सुलभ तथा सभी के लिए सुख-दायी हैं। ये इस लोक के लिए लाभस्वरूप तथा परलोक के लिए निर्वाह हेतु हैं।

कहने में, स्मरण करने में सुष्ठु (सुठि) तथा सुन्दर हैं। तुलसीदास के लिए तो ये राम लक्ष्मण के सदृश प्रिय हैं। वर्णों का पृथक्-पृथक् वर्णन करने से प्रीति विलग दिखाई पड़ती है (अर्थात्, उन बीज मंत्रों के फल भिन्न-भिन्न दिखाई पड़ते हैं) किन्तु दोनों वर्ण 'ब्रह्म तथा जीव' की भाँति नैसर्गिक सम्बन्ध से जुड़े हैं।

ये दोनों वर्ण 'नर-नारायण' सदृश सुन्दर भाई हैं और (नर-नारायण की ही भाँति) संसार के पालनकर्त्ता हैं तथा भक्तों को तो विशेष रूप से सुखदायी हैं। ये भक्तिरूपी सुन्दर रमणी के दोनों कानों के आभूषण हैं और संसार की रक्षा करने के निमित्त निर्मल चन्द्र तथा सूर्य हैं।

मुक्तिरूपी अमृत के स्वाद एवं तृप्ति से उत्पन्न आनन्द की भाँति ये दोनों वर्ण हैं तथा पृथ्वी के भार को धारण करनेवाले कच्छप तथा शेष नाग सदृश हैं। भक्तों के सुन्दर मन कमल के लिए भ्रमरवत् हैं तथा जिह्वारूपी यशोदा के लिए ये कृष्ण तथा बलराम हैं।

सभी वर्णों पर एकक्षत्र रूप है (ँ) तथा एक दूसरा मुकुट मणि (ं) स्वरूप। तुलसीदास जी कहते हैं कि इस प्रकार राम नाम के दोनों वर्ण शोभित हो रहे हैं॥ २०॥

टिप्पणी—'राम' शब्द के संयुक्त रूप से आगे बढ़कर वह 'रा' तथा 'म' वर्णों के माहात्म्य निरूपण पर अपने को केन्द्रित करता है। वह इन दो अक्षरों की मनोहारिता, उनके माहात्म्य का कथन, भक्तों की उन पर आस्था आदि का वैचित्र्यपूर्ण निरूपण करता है। सामान्यतया मनोहारी एवं ललित उपमाएँ तथा रूपक इस सन्दर्भ में विशेष द्रष्टव्य हैं—वह दोनों वर्ण—नर नारायण हैं, भक्तिरूपी युवती के कर्णाभूषण, पृथ्वी के भार को धारण करनेवाले कच्छप तथा शेष, भक्तों के चित्त कमल के लिए युग्म भ्रमरवत् तथा यशोदारूपी जिह्वा के लिए उनके अति प्रिय कृष्ण तथा बलराम हैं।

यह विलक्षण वैचित्र्ययुक्त मनोहारी वर्ण विवेचना अन्ततया श्रीराम के नाम माहात्म्य का निरूपण करती है और कवि अपनी रचना के मन्तव्य को पूर्ण होने के क्रम में इनका स्मरण करता है।

समुझत सरिस नाम अरु नामी। प्रीति परस्पर प्रभु अनुगामी॥
नाम रूप दुइ ईस उपाधी। अकथ अनादि सुसामुझि साधी॥
को बड़ छोट कहत अपराधू। सुनि गुन भेदु समुझिहहिं साधू॥
देखिअहिं रूप नाम आधीना। रूप ग्यान नहिं नाम बिहीना॥
रूप बिसेष नाम बिनु जानें। करतल गत न परहिं पहिचानें॥
सुमिरिअ नामु रूप बिनु देखें। आवत हृदयँ सनेह बिसेषे॥
नाम रूप गति अकथ कहानी। समुझत सुखद न परत बखानी॥
अगुन सगुन बिच नाम सुसाखी। उभय प्रबोधक चतुर दुभाखी॥
दो०— राम नाम मनि दीप धरु जीह देहरीं द्वार।
तुलसी भीतर बाहरहुँ जौं चाहसि उजिआर॥ २१॥

अर्थ—समझने में 'नाम' तथा 'नामी' (नाम से सम्बोधित आकारवाला व्यक्ति) एक सदृश हैं किन्तु दोनों में स्वामी तथा सेवक (अनुगामी) का सम्बन्ध है। नाम तथा रूप ये ईश्वर की उपाधियाँ हैं, ये परस्पर अनिर्वचनीय, अनादि और बड़े यत्नपूर्वक बुद्धि (चित्) द्वारा (ये दोनों) साधे (समझे) जाते हैं।

इनमें से कौन छोटा है, कौन बड़ा यह कहना अपराध है और इनके गुण भेद को समझकर

साधुजन स्वयं समझ लेंगे। रूप तो निरन्तर नाम के अधीन देखे जाते हैं और नाम के बिना रूप का ज्ञान नहीं है।

रूप विशेष होते हुए भी बिना नाम जाने हथेली पर वर्तमान होते हुए भी (तत्त्व) पहचाना नहीं जा सकता। रूप को देखे बिना भी यदि नाम का स्मरण किया जाय तो विशेष स्नेह के कारण वह (नामी) हृदय में आ जाता है। नाम तथा रूप के ज्ञान की कथा अकथनीय है। वह समझने में आनन्ददायिनी है किन्तु उसका वर्णन नहीं किया जा सकता। निर्गुण तथा सगुण दोनों के बीच 'नाम' ही प्रतीति का साक्ष्य है और यही दोनों का ज्ञान करने वाला (प्रबोधक) चतुर दुभाषिया है।

तुलसीदास जी कहते हैं कि यदि अन्तर्मन तथा बाहर दोनों पक्षों में उजाला हो तो मुखरूपी देहरी के जीभरूपी द्वार पर राम नाम का मणि-दीपक रखें॥ २१॥

टिप्पणी—(१) 'नाम तथा रूप' की दार्शनिक चर्चा करता हुआ कवि रूप से अधिक नाम माहात्म्य प्रकरण के महत्त्व को स्थापित करता है। 'रूप विशेष नाम बिन जाने। करतलगत न परहिं पहिचाने' पद के माध्यम से नाम, प्रकारान्तर से 'रा' तथा 'म' इन वर्णों के माहात्म्य का तर्क सहित कवि प्रतिपादन करता है।

(२) वह 'दुभाषी' के दृष्टान्त द्वारा नाम को निर्गुण तथा सगुण का ज्ञापक तत्त्व एवं रूपक अलंकार के द्वारा 'राम' नाम को देहरी पर रखे हुए उसे मणि-दीपक से उपमित करता है—जो कभी न बुझने और न क्षरित होनेवाला तथा अन्तः एवं बाह्य (भीतर एवं बाहर का) दोनों को आलोकित किये रहता है।

नाम जीहँ जपि जागहिं जोगी। बिरति बिरंचि प्रपंच बियोगी॥
ब्रह्म सुखहिं अनुभवहिं अनूपा। अकथ अनामय नाम न रूपा॥
जानी चहहिं गूढ़ गति जेऊ। नाम जीहँ जपि जानहिं तेऊ॥
साधक नामु जपहिं लय लाएँ। होहिं सिद्ध अनिमादिक पाएँ॥
जपहिं नामु जन आरति भारी। मिटहिं कुसंकट होहिं सुखारी॥
राम भगत जग चारि प्रकारा। सुकृती चारिउ अनघ उदारा॥
चहू चतुर कहुँ नाम अधारा। ग्यानी प्रभुहिं बिसेषि पियारा॥
चहुँ जुग चहुँ श्रुति नाम प्रभाऊ। कलि बिसेषि नहिं आन उपाऊ॥
दो०— सकल कामनाहीन जे राम भगति रस लीन।
नाम पेम पीयूष ह्रद तिन्हहुँ किए मन मीन॥ २२॥

अर्थ—ब्रह्मा के द्वारा बनाये गये इस प्रपंचात्मक सृष्टि के उलझाव से मुक्त एवं विरत योगीगण अपनी जीभ से राम का नाम जपते हुए जागते रहते हैं और उस अकथनीय पवित्र (अनामय), नाम तथा रूप से मुक्त ब्रह्म के विलक्षण आनन्द का अनुभावन करते रहते हैं।

जो उस ब्रह्म के गूढ़ ज्ञान को जानना चाहते हैं वे भी नाम को जीभ से जप कर ही जानते हैं। साधकजन तल्लीन होकर नाम का जप करके अणिमादि सिद्धियाँ प्राप्त करके सिद्ध हो जाते हैं।

अत्यंत आर्त होकर भक्त जन नाम का जप करते हैं, जिसके फलस्वरूप उनके कुसंकट दूर हो जाते हैं और वे आनन्दित होते हैं। संसार में चार प्रकार के राम भक्त होते हैं (अर्थार्थी, आर्त, जिज्ञासु तथा ज्ञानी) चारों ही पुण्यवान, पापरहित तथा उदार हैं।

इन चारों चतुरों को नाम का ही आधार है, फिर भी, इनमें ज्ञानी प्रभु को विशेष प्रिय है। यद्यपि चारों युगों में तथा चारों वेदों में नाम का विशेष महत्त्व है किन्तु विशेषकर कलियुग में नाम के अतिरिक्त अन्य कोई उपाय नहीं है।

जो सब प्रकार की कामनाओं से रहित तथा श्रीराम की भक्ति में निरन्तर तन्मय रहते हैं— उन्होंने भी रामनामरूपी प्रेममयी अमृत युक्त सरोवर में अपने मन को मछली बना लिया है॥ २२॥

टिप्पणी—कवि 'नाम' के भक्तिमूलक प्रभाव का निर्वचन करता है। वह इसे ज्ञान एवं भक्ति

का मूलाधार मानता है। 'सकल कामना हीन जे....किए मन मीन' के द्वारा कवि परम्परित रूपक का आश्रय लेकर नाम का आलम्बन ग्रहण करने वाले भक्तों की चित्त दशा का वर्णन किया है। आराध्य के प्रति निरन्तर निश्छल भाव से कामनारहित मत्स्य भाव से संसक्त भक्त के लिए नाम ही एक मात्र आधार है।

अगुन सगुन दुइ ब्रह्म सरूपा। अकथ अगाध अनादि अनूपा॥
मोरे मत बड़ नाम दुहूँ तें। किए जेहिं जुग निज बस निज बूतें॥
प्रौढ़ि सुजन जनि जानहिं जन की। कहेउँ प्रतीति प्रीति रुचि मन की॥
एकु दारुगत देखिअ एकू। पावक सम जुग ब्रह्म बिबेकू॥
उभय अगम जुग सुगम नाम तें। कहेउँ नाम बड़ ब्रह्म राम तें॥
व्यापक एकु ब्रह्म अबिनासी। सत चेतन घन आनँद रासी॥
अस प्रभु हृदय अछत अबिकारी। सकल जीव जग दीन दुखारी॥
नाम निरूपन नाम जतन तें। सोउ प्रगटत जिमि मोल रतन तें॥
दो०— निरगुन तें एहि भाँति बड़ नाम प्रभाउ अपार।
कहउँ नाम बड़ राम तें निज बिचार अनुसार॥ २३॥

अर्थ—निर्गुण तथा सगुण ब्रह्म के दो स्वरूप हैं। दोनों ही, अकथनीय, अगाध, अनादि तथा अनूप हैं। मेरे विचार से, 'नाम' इन दोनों से भी श्रेष्ठ है क्योंकि उसने अपने बलबूते से दोनों को अपने वश में कर रखा है।

लोग इस दास की इसे काव्योक्ति मात्र न समझें। मैं अपने मन के प्रेम, विश्वास तथा उसकी सुरुचि के आधार पर कह रहा हूँ। निर्गुण तथा सगुण ब्रह्म का ज्ञान अग्नि सदृश है जो एक प्रत्यक्षत: दिखाई पड़ रही है और द्वितीय काष्ठ में निहित है।

दोनों ही ज्ञान की दृष्टि से अगम्य हैं किन्तु नाम द्वारा दोनों ही सुगम हैं, इसीलिए मैंने 'नाम' को ब्रह्म राम से बड़ा बताया है। ब्रह्म व्यापक है, केवलेक है, अविनाशी है, सत्यरूप है, आनन्द की घनीभूत राशि तथा परम चैतन्य स्वरूप है।

ऐसे विकाररहित प्रभु के हृदय में होते हुए भी सम्पूर्ण जगत् के जीवगण दीन तथा दुखी हैं। परन्तु राम नाम के भलीभाँति निरूपण एवं यत्न करने से वह इस प्रकार प्रकट होता है, जैसे रत्न के जानने से उसका मूल्य।

इस प्रकार निर्गुण ब्रह्म से नाम का प्रभाव अत्यन्त (अपार) बड़ा है और अब मैं अपने विचार के अनुसार सगुण ब्रह्म राम से नाम के बड़े होने का वर्णन करता हूँ॥ २३॥

टिप्पणी—(१) कवि तर्कपूर्वक 'नाम' को निर्गुण तथा सगुण ब्रह्म दोनों से श्रेष्ठ बताता है, कारण कि बिना नाम के दोनों की प्रतीति सम्भव नहीं है। वह इसके लिए अग्नि का दृष्टान्त देता है। एक अग्नि लकड़ी के भीतर है और एक दिखाई पड़ती है—किन्तु दोनों नाम रूपी घर्षण द्वारा सुगम हैं। निर्गुण गुप्त है किन्तु नाम के प्रभाव से वह छिपी मणि के सदृश (उपमालंकार) उजागर हो उठता है।

(२) कवि राम का प्रतिषेध करके अपह्नति के तर्कों द्वारा 'नाम' के माहात्म्य को उनसे अत्यधिक महत्त्व का निरुपण करता है। यह वर्णन काव्य रचना वैचित्र्य का उदाहरण है।

(३) 'प्रौढ़ि सुजन जनि जानहिं जन की' सुजन शब्द का अर्थ, काव्य का सहृदय एवं प्रौढ़ि शब्द का अर्थ—काव्य प्रौढ़ि अर्थात् काल्पनिक वर्णन परिपाटी (कवि कल्पना) है। ये ध्वनि सिद्धान्त के पारिभाषिक शब्द हैं।

राम भगत हित नर तनु धारी। सहि संकट किए साधु सुखारी॥
नाम सप्रेम जपत अनयासा। भगत होहिं मुद मंगल बासा॥

राम एक तापस तिय तारी। नाम कोटि खल कुमति सुधारी॥
रिषि हित राम सुकेतुसुता की। सहित सेन सुत कीन्ह बिबाकी॥
सहित दोष दुख दास दुरासा। दलइ नामु जिमि रबि निसि नासा॥
भंजेउ रामु आपु भव चापू। भव भय भंजन नाम प्रतापू।
दंडक बन प्रभु कीन्ह सुहावन। जन मन अमित नाम किए पावन॥
निसिचर निकर दले रघुनंदन। नाम सकल कलि कलुष निकंदन॥
दो०— सबरी गीध सुसेवकन्हि सुगति दीन्ह रघुनाथ।
नाम उधारे अमित खल बेद बिदित गुन गाथ॥ २४॥

अर्थ—सगुण ब्रह्म राम ने भक्तों के हित रक्षण के निमित्त मनुष्य शरीर धारण किया। अनेक संकटों को झेला तथा सन्तों को आनन्दित किया किन्तु प्रेमपूर्वक नाम का स्मरण करते हुए सन्त जन आनन्द तथा कल्याण के निवास बन जाते हैं।

सगुण ब्रह्म राम ने तपस्वी की पत्नी अहल्या का उद्धार किया किन्तु नाम ने सैकड़ों कोटि दुष्टों का जीवन सुधार दिया। ऋषि विश्वामित्र के हित रक्षण के निमित्त सुकेतु की पुत्री ताड़का को उसके पुत्र तथा सेना सहित नष्ट कर दिया—

किन्तु नाम भक्तों के दु:ख, पाप एवं कष्टों को उसी प्रकार नष्ट करता है, जैसे सूर्य रात्रि का। श्रीराम ने स्वयं शिव का धनुष तोड़ा किन्तु उनके नाम का प्रताप सम्पूर्ण जगत के भय को विनष्ट करनेवाला है।

श्रीराम ने दण्डक वन को पवित्र किया किन्तु उनके नाम ने अनेकानेक मनुष्यों के मनों को पवित्र कर दिया है। राम ने राक्षसों की सेनाओं का वध किया है किन्तु नाम सम्पूर्ण कलियुग के पापों का समूल विनष्टकर्ता है।

श्रीराम ने शबरी, गृद्ध जटायु तथा अन्योन्य सुसेवकों को मुक्ति प्रदान की किन्तु नाम ने तो अनन्त खलों का उद्धार कर दिया है, जिसके गुणों की गाथा वेदों में ज्ञात है॥ २४॥

टिप्पणी—वह अपह्नुति का आश्रय ग्रहण करके श्रीराम के महत्त्व से नाम के महत्त्व को सहस्रगुण अधिक सिद्ध करता है। उसके अनुसार 'नाम' प्रतीति 'नामी' के स्वरूप और कार्यफल से कहीं अधिक महत्त्वपूर्ण है। श्रीरामकथा के प्रसंग एक ओर हैं और दूसरी ओर नाम के महत्त्व का लक्षणागर्भित कथन काव्य रचना की दृष्टि से, अर्थ की विलक्षणता का सृजन करके सहृदयों के लिए विलासमय बन जाता है, जैसे—

भंजेउ राम आपु भव चापू। भव भय भंजन नाम प्रतापू॥
राम एक तापस तिय तारी। नाम कोटि खल कुमति सुधारी॥

एक चाप का टूटना—और सम्पूर्ण जन्म-मरण के भय का टूटना एक तपस्विनी का उद्धार एवं कोटि खल कुमति (स्त्रीलिंग, तपस्विनी की समता में) का उद्धार—अर्थात् 'कर्त्तापद' एवं 'क्रियापद' के सादृश्य के अर्थ विधान द्वारा चमत्कार सृजन की रचनात्मक काव्यवृत्ति अपह्नुति की व्यंजना को निरन्तर सघनता प्रदान करती है।

राम सुकंठ बिभीषन दोऊ। राखे सरन जान सबु कोऊ॥
नाम गरीब अनेक नेवाजे। लोक बेद बर बिरिद बिराजे॥
राम भालु कपि कटकु बटोरा। सेतु हेतु श्रमु कीन्ह न थोरा॥
नामु लेत भवसिंधु सुखाहीं। करहु बिचारु सुजन मन माहीं॥
राम सकुल रन रावनु मारा। सीय सहित निज पुर पगु धारा॥
राजा रामु अवध रजधानी। गावत गुन सुर मुनि बर बानी॥

सेवक सुमिरत नामु सप्रीती। बिनु श्रम प्रबल मोह दलु जीती॥
फिरत सनेहँ मगन सुख अपनें। नाम प्रसाद सोच नहिं सपनें॥

दो०— ब्रह्म राम ते नामु बड़ बरदायक बर दानि।
रामचरित सत कोटि महँ लिय महेस जियँजानि॥ २५॥

अर्थ—यह सभी जानते हैं कि श्रीराम ने सुग्रीव तथा विभीषण दोनों को शरणागति दी तथा रक्षा की किन्तु नाम ने अनेक असहायों की रक्षा की तथा उनका श्रेष्ठ यश लोक तथा वेद दोनों में शोभित है।

श्रीराम ने भालुओं एवं वानरों की सेना एकत्रित करके सेतु रचना हेतु कम परिश्रम नहीं किया था किन्तु, हे सहृदय जन! मन में विचार तो करो कि (कहाँ नाम) जिसे लेते ही भवसागर सूख जाता है।

श्रीराम ने कुल सहित युद्धभूमि में रावण को मारा और सीता के साथ अयोध्या लौटे। श्रीराम राजा हुए, अयोध्या राजधानी बनी जिसके यश का गान श्रेष्ठ वाणी में देवता एवं मुनिगण करते हैं।

किन्तु उनके भक्तगण प्रेमपूर्वक उनके नाम का स्मरण करते ही अनायास ही भयंकर मायाजनित अज्ञान राशि पर विजय प्राप्त करते हैं। वे प्रेम में मग्न निरन्तर अपने सुख में ही विचरण करते हैं और नाम के प्रसाद से उन्हें स्वप्न में भी चिन्ता नहीं होती।

इस प्रकार सगुण ब्रह्म राम से नाम बड़ा है। वह वरदान देनेवालों के लिए भी श्रेष्ठ वरदाता है। इसीलिए सतकोटि श्रीरामचरितों में से शिव ने केवल (सार रूप) एकमात्र रामनाम को ही चुना॥ २५॥

टिप्पणी—श्रीरामकथा के अन्तर्गत उनसे जुड़े मार्मिक एवं लोकविश्रुत प्रसंगों से उनके समानान्तर अर्थ रचना के चमत्कारी विधान द्वारा नाम माहात्म्य की कवि चर्चा करता है। वह उसके चमत्कार को तब पराकाष्ठा पर पहुँचा देता है—जब कहता है कि करोड़ों रामकथाओं में शिव ने एक 'राम' नाम को ही सार के रूप में चुना है और बाकी को ज्यों-का-त्यों छोड़ दिया है। इसीलिए निर्गुण एवं सगुण ब्रह्म श्रीराम, उनकी अनन्त कथाओं तथा अनन्त कृत्यों से केवल एक शब्द 'राम' सर्वथा श्रेष्ठ एवं सर्वोपरि है। अपने काव्य के मन्तव्य की पूर्ति के लिए कवि इस परम विश्रान्तिदायक 'नाम ब्रह्म' का स्तवन करता है।

नाम प्रसाद संभु अबिनासी। साजु अमंगल मंगल रासी॥
सुक सनकादि सिद्ध मुनि जोगी। नाम प्रसाद ब्रह्म सुख भोगी॥
नारद जानेउ नाम प्रतापू। जग प्रिय हरि हरि हर प्रिय आपू॥
नामु जपत प्रभु कीन्ह प्रसादू। भगति सिरोमनि भे प्रहलादू॥
ध्रुवँ सगलानि जपेउ हरि नाऊँ। पाएउ अचल अनूपम ठाऊँ॥
सुमिरि पवनसुत पावन नामू। अपने बस करि राखे रामू॥
अपतु अजामिलु गजु गनिकाऊ। भए मुकुत हरि नाम प्रभाऊ॥
कहौं कहाँ लगि नाम बड़ाई। रामु न सकहिं नाम गुन गाई॥

दो०— नाम राम को कलप तरु कलि कल्यान निवासु।
जो सुमिरत भयो भाँग तें तुलसी तुलसीदासु॥ २६॥

अर्थ—नाम के ही प्रसादस्वरूप अशुभ वेष युक्त शिव मंगल की राशि बन गये। शुकदेव, सनकादि, सिद्ध, मुनि एवं योगीगण नाम के प्रसाद से ही ब्रह्मानन्द का भोग करते हैं।

नारद ने नाम का माहात्म्य जाना है। संसार को हरि प्रिय हैं, हरि को शिव प्रिय हैं और वे हरि तथा शिव दोनों के लिए प्रिय हो गये। नाम का जाप करने के कारण प्रभु ने जो कृपा की उससे प्रह्लाद भक्तशिरोमणि हो गये।

अत्यन्त ग्लानिपूर्वक ध्रुव ने राम के नाम का जप किया फलस्वरूप उन्होंने अचल एवं अनुपम स्थान प्राप्त किया। पवनपुत्र हनुमान ने पवित्र श्रीराम नाम का स्मरण करके सगुण ब्रह्म श्रीराम को अपने वश में कर लिया।

पतित अजामिल, गजेन्द्र तथा पिंगला गणिका सभी नाम के प्रभाव से मुक्त हो गये। कहाँ तक नाम के माहात्म्य का वर्णन किया जाय, स्वयं श्रीराम भी नाम के गुण माहात्म्य का वर्णन करने में असमर्थ हैं।

राम का नाम कलियुग के लिए कल्पतरु तथा कल्याणकारी आश्रय स्थल है—जिसका स्मरण करते-करते भाँग-सा निकृष्ट तुलसीदास तुलसी का अर्चनीय पौधा हो गया॥ २६॥

टिप्पणी—कवि 'नाम के माहात्म्य' का चित्रण यहाँ उसके प्रभाव फल द्वारा कर रहा है। 'नाम' स्मरण एवं रति का प्रभाव शिव, शुकदेव, सनकादि, नारद, ध्रुव, हनुमान, अजामिल, गज, गणिका आदि की कथाओं द्वारा देखा जा सकता है। इन सम्पूर्ण कथाओं एवं प्रसंगों का लाक्षणिक चित्रण करता हुआ कवि नाम माहात्म्य का निरूपण करता है और अन्त में, वह अपना उदाहरण देता है—

'जो सुमिरत भयो भाँग ते तुलसी तुलसीदास'

लोकविकारों में ग्रस्त भाँग पौधे जैसा तुलसीदास तुलसी जैसा पवित्र पौधा माना जाने लगा और फिर वह 'तुलसीदास', 'लोकविश्रुत महात्मा' बन गया—भाँग—तुलसी—तुलसीदास यह क्रमशः विकास केवल श्रीराम की भक्ति का परिणाम है। शिव, शुकदेव आदि पूर्व कथाओं से आगे की कथा की संगति बैठा देने से 'नाम शब्द' की ही विलक्षणता नहीं बढ़ी वरन् आत्मनेपद के इस प्रसंग ने वस्तु-विधान को चमत्कारपूर्ण बना दिया है।

चहुँ जुग तीनि काल तिहुँ लोका। भए नाम जपि जीव बिसोका॥
बेद पुरान संत मत एहू। सकल सुकृत फल राम सनेहू॥
ध्यानु प्रथम जुग मख बिधि दूजें। द्वापर परितोषत प्रभु पूजें॥
कलि केवल मल मूल मलीना। पाप पयोनिधि जन मन मीना॥
नाम कामतरु काल कराला। सुमिरत समन सकल जग जाला॥
राम नाम कलि अभिमत दाता। हित परलोक लोक पितु माता॥
नहिं कलि करम न भगति बिबेकू। राम नाम अवलंबन एकू॥
कालनेमि कलि कपट निधानू। नाम सुमति समरथ हनुमानू॥
दो०— राम नाम नर केसरी कनककसिपु कलिकाल।
जापक जन प्रहलाद जिमि पालिहिं दलि सुरसाल॥ २७॥

अर्थ—चारों युगों में, तीनों कालों तथा तीनों लोकों में नाम का जप करके लोग शोक-मुक्त हो गये। वेद, पुराण एवं सन्तों का यही मत है कि सम्पूर्ण पुण्यों का फल श्रीराम में स्नेह होना है।

प्रथम युग (सत्युग) में ध्यान, द्वितीय (त्रेता) युग में यज्ञ विधान एवं तीसरे (द्वापर) युग में पूजन विधान से प्रभु प्रसन्न होते हैं। कलि तो साक्षात् मल-मूल एवं मलिनता परिपूर्ण है तथा पापरूपी समुद्र में मानव जाति के लिए मछली बना हुआ है।

ऐसे भयंकर कलियुग में श्रीराम का नाम कल्पवृक्ष है और उसका स्मरण करते ही सम्पूर्ण सांसारिक पाशों का विनाश हो जाता है। श्रीराम का नाम ही कलियुग में सम्पूर्ण मनोकामनाओं को पूर्ण करनेवाला है। यही सभी के परलोक का हितैषी तथा लोक के लिए माता-पिता सदृश है।

कलियुग में न कर्म, न भक्ति और न ज्ञान हितैषी हैं, यहाँ तो श्रीराम नाम ही एक मात्र आधार है। कपट का भंडार कलियुगरूपी कालनेमि को विनष्ट करने के लिए रामनाम ही बुद्धि तथा सामर्थ्य परिपूर्ण हनुमान हैं।

राम नाम नृसिंह भगवान् हैं और कलियुग हिरण्यकश्यप है, यह राम नाम उस देवपीड़क (हिरण्यकशिपु) को मर्दित करके जप करनेवाले भक्तगणों का प्रह्लाद की भाँति परिपालन करता है॥ २७॥

टिप्पणी— विविध पौराणिक वृत्तों में अन्तर्निहित मन्तव्यों द्वारा 'राम' शब्द के माहात्म्य का कवि यहाँ निरूपण करता है। नृसिंह कथा के सादृश्य विधान द्वारा इस पौराणिक मन्तव्य को वह आलंकारिक रूप देकर स्पृहणीय बना देता है—श्रीराम का नाम नृसिंह भगवान् की भाँति है, कलियुग हिरण्यकशिपु है, नाम के जप करनेवाले भक्तजन प्रह्लाद हैं—यह नाम कलियुग रूप हिरण्यकशिपु को मथकर प्रह्लाद रूप भक्तजनों का परिपालन करता है।

यहाँ पौराणिक कथा का मिथकीय प्रयोग कवि नाम के महत्त्व को प्रतिपादित करने के लिए करता है और इस प्रतिपादन का मूल लक्ष्य है 'काव्य प्रयोजन' के मन्तव्य को भलीभाँति प्रसारित करने के लिए 'नाम वन्दना', है क्योंकि—

कलि केवल मल मूल मलीना। पाप पयोनिधि जनमन मीना॥
राम नाम कलि अभिमत दाता। हित परलोक लोक पितु माता॥
नहिं कलि करम न भगति बिबेकू। राम नाम अवलंबन एकू॥

कवि के काव्य प्रयोजनों में 'कलि मल हरण' प्रमुख है और उसके लिए अकेले नाम स्मरण मात्र पर्याप्त है—इसीलिए इस सन्दर्भ में वह 'नाम' का स्तवन करता है।

भायँ कुभायँ अनख आलसहूँ। नाम जपत मंगल दिसि दसहूँ॥
सुमिरि सो नाम राम गुन गाथा। करउँ नाइ रघुनाथहिं माथा॥
मोरि सुधारिहि सो सब भाँती। जासु कृपा नहिं कृपाँ अघाती॥
रामु सुस्वामि कुसेवक मोसो। निज दिसि देखि दयानिधि पोसो॥
लोकहुँ बेद सुसाहिब रीती। बिनय सुनत पहिचानत प्रीती॥
गनी गरीब ग्राम नर नागर। पंडित मूढ़ मलीन उजागर॥
सुकबि कुकबि निज मति अनुहारी। नृपहि सराहत सब नर नारी॥
साधु सुजान सुसील नृपाला। ईस अंस भव परम कृपाला॥
सुनि सनमानहिं सबहि सुबानी। भनिति भगति नति गति पहिचानी॥
यह प्राकृत महिपाल सुभाऊ। जान सिरोमनि कोसलराऊ॥
रीझत राम सनेह निसोतें। को जग मंद मलिन मति मोतें॥

अर्थ—भावपूर्वक, कुभावपूर्वक, क्रोधपूर्वक या आलस्यपूर्वक नाम का जप करने से दसों दिशाओं में कल्याण होता है। इसलिए उसी नाम का स्मरण करके श्रीराम को शीश झुका कर उनके गुणों की गाथा कहता हूँ।

वे श्रीराम जिनकी कृपा कृपा करने से संतृप्ति नहीं पाती वे श्रीराम मेरी सब भाँति से सुधारेंगे। श्रीराम सदृश सुन्दर स्वामी और मुझ सदृश पतित सेवक इस पर भी अपनी ओर उन्मुख मुझे देखकर उस दयानिधि ने मेरा परिपालन किया।

अच्छे स्वामी श्रीराम की यह रीति लोक तथा वेद में प्रसिद्ध है कि विनय सुनते ही दास की प्रीति पहचान जाते हैं चाहे वे गण्यमान हों या गरीब, ग्रामीण हों या नगरवासी (भोले जन हों या चतुर जन), पण्डित हों या मूर्ख, यशस्वी हों या अयशस्वी।

कुकवि-सुकवि तथा समस्त नर-जारी अपनी मति सामर्थ्य के अनुसार तथा साधु चतुर, सुशील जन एवं ईश्वर के अंश से उत्पन्न कृपालुगण राजा की सराहना करते हैं।

सब की वाणी, भक्ति, विनय एवं स्वभाव को पहचान कर तथा सब को सुनकर सुन्दर वाणी में

सब का सम्मान करते हैं। यह स्वभाव तो प्रकृत राजाओं का है किन्तु कोसलनाथ श्रीराम तो चतुर शिरोमणि है (उनका आचरण कैसा होगा)?

श्रीराम निश्छल (निसोते) स्नेह मात्र से रीझ उठते हैं। (इसका दृष्टान्त) इस जगत् में मुझसे बढ़कर कौन मूर्ख और मलिन मति होगा (जिसे उन्होंने पूज्य तथा श्लाघ्य बना दिया)।

टिप्पणी—(१) कलि के विनाशकारी पापों को ध्वस्त करनेवाला एकमात्र श्रीराम का नाम ही मूलाधार है—इसीलिए यहाँ कवि उसका स्मरण करता है। वह स्पष्ट करता हुआ कहता है- -

सुमिरि सो नाम राम गुन गाथा। करउँ नाइ रघुनाथहिं माथा॥

इस 'नाम' स्मरण के पश्चात् ही वह श्रीराम का स्मरण करके—रघुनाथ की इस गुणमयी गाथा का प्रारम्भ करना चाहता है और तब अर्थात् नाम स्मरण के पश्चात् वह भी राम कथा कहने के पूर्व उसके मन्तव्य के व्यापक प्रसार के लिए अपने प्रभु के प्रेमपूर्ण आशीर्वाद की कामना करता है।

(२) कवि दरबारी काव्य रचना प्रवृत्ति का सांकेतिक उल्लेख करता है—

सुनि सनमानहिं सबहिं सुबानी। भनिति भगति नति गति पहिचानी॥
यह प्राकृत महिपाल सुभाऊ। जान सिरोमणि कोसलराऊ॥

सामान्य कवि अपनी काव्य चातुरी से प्राकृत राजाओं को उनके दरबार में जाकर रिझाते हैं—और सुन्दर वाणी में सम्मान पाते हैं—कोशलाधीश, जो राजाओं के शिरोरत्न (सर्वश्रेष्ठ) हैं, का नाम स्मरण (गुन गान) इस काव्य में कर रहा हूँ वे मेरे इस काव्य का क्यों न सम्मान करेंगे?

दो०— सठ सेवक की प्रीति रुचि रखिहहिं राम कृपालु।
उपल किए जलजान जेहिं सचिव सुमति कपि भालु॥
हौंहु कहावत सबु कहत राम सहत उपहास।
साहिब सीतानाथ सो सेवक तुलसीदास॥ २८॥

इस शठ सेवक की प्रीति तथा रुचि की रक्षा कृपालु श्रीराम अवश्य करेंगे। (उन्हें मेरी तुच्छता एवं नीचता की चिन्ता नहीं होगी क्योंकि प्रेम विवश होकर ही) उन्होंने पत्थर को अपना जलयान एवं भालु-बन्दरों को अपना बुद्धिमान मंत्रि बनाया।

हमें भी सब (श्रीराम का सेवक) कहते हैं और मैं भी (राम का सेवक) अपने को कहता हूँ तथा श्रीराम भी इस उपहास को निरन्तर सुनते रहते हैं कि श्रीराम सदृश (सुन्दर) स्वामी का तुलसीदास जैसा (शठ) सेवक है॥ २८॥

टिप्पणी—कवि विनयोक्ति द्वारा अपनी लोकविश्रुत शठता एवं श्रीराम की सर्वज्ञता का निरूपण करता हुआ प्रकारान्तर भाव से उनकी आत्मीयता की प्राप्ति एवं अपने काव्य के प्रयोजन के व्यापक प्रभाव की चर्चा करता है। इस कृति के व्यापक प्रयोजन 'लोकमंगल' की स्थापना में प्रभु श्रीराम की कृपा कवि को अवश्य मिलेगी, इसका उसे अगाध विश्वास है।

अति बड़ि मोरि ढिठाई खोरी। सुनि अघ नरकहुँ नाक सिकोरी॥
समुझि सहम मोहि अपडर अपने। सो सुधि राम कीन्ह नहिं सपने॥
सुनि अवलोकि सुचित चख चाही। भगति मोरि मति स्वामि सराही॥
कहत नसाइ होइ हियँ नीकी। रीझत राम जानि जन जी की॥
रहति न प्रभु चित चूक किए की। कहत सुनत सय बार हिए की॥
जेहिं अघ बधेउ ब्याध जिमि बाली। फिरि सुकंठ सोइ कीन्हि कुचाली॥
सोइ करतूति बिभीषन केरी। सपनेहुँ सो न राम हियँ हेरी॥
ते भरतहि भेंटत सनमाने। राजसभाँ रघुबीर बखाने॥

दो०— प्रभु तरु तर कपि डार पर ते किए आपु समान।
तुलसी कहूँ न राम से साहिब सील निधान॥

राम निकाई रावरी है सबही को नीक।
जौ यह साँची है सदा तौ नीको तुलसीक॥
येहि बिधि निज गुन दोष कहि सबहि बहुरि सिरु नाइ।
बरनउँ रघुबर बिसद जसु सुनि कलि कलुष नसाइ॥ २९॥

अर्थ—मेरी इतनी गर्हित दुष्टता तथा धृष्टता एवं मेरे पापों को सुन करके नरक ने भी नाक सिकोड़ ली है। यह समझकर मुझे अपने ही उर से डर लग रहा है। किन्तु उसका स्मरण श्रीराम ने कभी भी नहीं किया।

श्रीराम ने सुन करके, देख करके तथा अपने सुचित्तरूपी चक्षु से समझ करके मेरी भक्ति तथा बुद्धि की सराहना की है। हृदय में अच्छी भावना होनी चाहिए चाहे कहने में थोड़ा बिगड़ ही जाय (बुरा नहीं है) क्योंकि श्रीराम तो भक्त के हृदय की भावना जानकर प्रसन्न होते हैं।

श्रीराम के हृदय में भक्तों के द्वारा की गई भूल की स्मृति नहीं रहती है। वे भक्तों के हृदय की भावना की सैकड़ों बार याद करते हैं। जिस पाप के कारण बालि का वध व्याध की भाँति किया था वही कुचाल तो बाद में सुग्रीव ने भी की।

वही करतूत विभीषण की भी थी किन्तु श्रीराम ने उसे स्वप्न में भी हृदय में विचार नहीं किया। वे सब भरत से भेंटते हुए गौरवान्वित हुए और राजसभा में श्रीराम ने उनके गुणों का बखान किया।

प्रभु श्रीराम कहाँ वृक्ष के नीचे भूमि पर और कविगण कहाँ डालों पर रहनेवाले उन्हें उन्होंने अपने सदृश सम्मानित बना दिया। तुलसीदास जी कहते हैं कि श्रीराम के सदृश सुशीलवान स्वामी कहीं नहीं हैं॥

हे श्रीराम आपकी अच्छाई से सभी का कल्याण होता है यदि यह सच है तो तुलसीदास का भी सदा कल्याण होगा॥

इस प्रकार मैं अपने समस्त गुण-दोषों का वर्णन करके और पुनः सभी को सिर झुका कर श्रीराम के निर्मल यश का वर्णन करता हूँ जिसे सुनकर कलियुग के पाप नष्ट हो जाते हैं॥ २९॥

टिप्पणी—(१) कवि श्रीराम के सतत कृपालु व्यक्तित्व एवं स्वभाव का चित्रण करता है। उन्हें अपने प्रिय की रक्षा के लिए नैतिकता-अनैतिकता का प्रश्न बाधित नहीं करता, वे केवल भक्तों के भाव से विह्वल होकर उसकी रक्षा में तत्पर होते हैं और यही गुण तुलसीदास को भी काम्य है—अतः अन्य अवगुणों के होने की उसे चिन्ता नहीं है। स्व-आश्रित जनों का प्रभु श्रीराम कितना ध्यान रखते हैं—वह इसका एक दृष्टान्त भी देता है—अमानुषिक प्रवृत्ति के वानर जैसे पशु दासों को अपने सदृश दिव्य बनाना उन्हीं का कार्य है और इसी भरोसे कवि भी आत्म-कल्याण के प्रति आश्वस्त है।

(२) वह पुनः अपने काव्य प्रयोजन—श्रीराम के निर्मल यशगान द्वारा कलिजनित पापों के प्रच्छालित होने की चर्चा करता है।

जागबलिक जो कथा सुहाई। भरद्वाज मुनिबरहिं सुनाई॥
कहिहउँ सोइ संबाद बखानी। सुनहु सकल सज्जन सुखु मानी॥
संभु कीन्ह यह चरित सुहावा। बहुरि कृपा करि उमहि सुनावा॥
सोइ सिव कागभुसुंडिहि दीन्हा। राम भगति अधिकारी चीन्हा॥
तेहि सन जागबलिक पुनि पावा। तिन्ह पुनि भरद्वाज प्रति गावा॥
ते श्रोता बकता समसीला। सवँदरसी जानहिं हरि लीला॥
जानहिं तीनि काल निज ग्याना। करतल गत आमलक समाना॥
औरउ जे हरिभगत सुजाना। कहहिं सुनहिं समुझहिं बिधि नाना॥

दो०— मैं पुनि निज गुर सन सुनी कथा सो सूकरखेत।
समुझी नहिं तसि बालपन तब अति रहेउँ अचेत॥
श्रोता बकता ग्याननिधि कथा राम कै गूढ़।
किमि समुझौं मैं जीव जड़ कलि मल ग्रसित बिमूढ़॥ ३०॥

अर्थ—ऋषि याज्ञवल्क्य ने जो सुहावनी कथा मुनिश्रेष्ठ भरद्वाज को सुनाई थी। मैं उसी कथा संवाद का वर्णन करूँगा। सभी सहृदय जन सुख प्राप्त करते हुए उसे सुनें।

शिव ने इस सुहावने चरित की रचना की थी और फिर कृपा करके पार्वती को सुनाया। उसी को शिव ने काकभुशुण्डि को श्रीराम भक्ति का अधिकारी पहचान कर प्रदान किया था।

उन काकभुशुण्डि से पुनः याज्ञवल्क्य ने प्राप्त किया था और उन्होंने यह कथा भरद्वाज को गाकर सुनाई। वे दोनों वक्ता तथा श्रोता समान शीलवाले तथा समदर्शी हैं और श्री हरिलीला को समान रूप से जानते हैं।

अपने ज्ञान से वे जो त्रिकाल के ज्ञान को हथेली पर रखे हुए आँवले के समान जानते हैं तथा अन्य जो चतुर हरिभक्त जन हैं वे भी नाना प्रकार से इसे कहते, सुनते तथा समझते हैं।

फिर, वही कथा मैंने भी सूकरक्षेत्र में अपने गुरु से सुनी। उस समय उसे बालपन के कारण समझ नहीं सका क्योंकि तब मैं अत्यन्त अबोध था।

श्रीराम की रहस्यमयी कथा के श्रोता तथा वक्ता ज्ञान के भण्डार हैं और श्रीराम की कथा स्वयं स्वभावतया गूढ़ है। दूसरी ओर अहन्ताग्रस्त मैं कलियुग के पापों से ग्रस्त महामूढ़ स्वरूप जड़ जीव उसको कैसे समझ सकता था?॥ ३०॥

टिप्पणी—कवि श्रीराम कथा की वक्ता-श्रोता की परम्परा का निर्देश करता है। इसके अनुसार ये प्रसिद्ध परम्पराएँ हैं—

१. शिव का वक्ता होना तथा पार्वती का श्रोता बनना
२. शिव द्वारा कथा को कागभुशुंडि को सुनाया जाना
३. कागभुशुंडि से श्रीराम कथा को याज्ञवल्क्य ने प्राप्त किया
४. याज्ञवल्क्य ने भरद्वाज को सुनाया।

ये वक्ता तथा श्रोता एक ही शील तथा स्वभाव के हैं अर्थात् ये परस्पर वक्ता भी हैं और श्रोता भी हैं, साथ ही ये सर्वज्ञ एवं सर्वदर्शी तथा प्रभु श्रीराम के रहस्य को भलीभाँति जानते भी हैं। इसी क्रम में वह पाँचवीं परम्परा का उल्लेख करता है—

(५) कवि के गुरु द्वारा कवि को श्रीरामकथा का सुनाया जाना।

कवि निष्कर्षबद्ध करता हुआ कहता है कि सभी श्रोता एवं वक्ता परस्पर एक शील एवं स्वभाव के होने के कारण विपुल ज्ञान के भंडार हैं और दूसरी ओर श्रीराम की कथा भी साधारण कथा न होकर अत्यधिक गूढ़ता से भरी हुई है। यह गूढ़ता लीला एवं चरित्र की जटिलता है।

निष्कर्ष रूप से कवि वक्ता-श्रोता की परम्पराओं एवं कथा की लीलाजनित जटिलताओं की ओर उल्लेख करता हुआ पुनः विनयोक्ति द्वारा रचनाकार के रूप में अपनी अज्ञता का ही निर्देश करता है।

तदपि कही गुर बारहिं बारा। समुझि परी कछु मति अनुसारा॥
भाषाबद्ध करबि मैं सोई। मोरें मन प्रबोध जेहिं होई॥
जस कछु बुद्धि बिबेक बल मेरे। तस कहिहउँ हियँ हरि के प्रेरे॥
निज संदेह मोह भ्रम हरनी। करउँ कथा भव सरिता तरनी॥
बुध बिश्राम सकल जन रंजनि। रामकथा कलि कलुष बिभंजनि॥

रामकथा कलि पंनग भरनी। पुनि बिबेक पावक कहुँ अरनी॥
रामकथा कलि कामद गाई। सुजन सजीवनि मूरि सुहाई॥
सोइ बसुधातल सुधा तरंगिनि। भय भंजनि भ्रम भेक भुअंगिनि॥
असुर सेन सम निकट निकंदिनि। साधु बिबुध कुल हित गिरिनन्दिनि॥
संत समाधि पयोधि रमा सी। बिस्व भार भर अचल छमा सी॥
जम गन मुहँ मसि जग जमुना सी। जीवन मुकुति हेतु जन कासी॥
रामहि प्रिय पावनि तुलसी सी। तुलसिदास हित हियँ हुलसी सी॥
सिवप्रिय मेकल सैल सुता सी। सकल सिद्धि सुख संपति रासी॥
सदगुरु सुर गन अंब अदिति सी। रघुबर प्रेम भगति परिमिति सी॥
दो०— रामकथा मंदाकिनी चित्रकूट चित चारु।
तुलसी सुभग सनेह बन सिय रघुबीर बिहारु॥ ३१॥

अर्थ—फिर भी, गुरु ने बार-बार कथा सुनाई और तब बुद्धि के अनुसार ही कुछ समझ में आई। वही कथा मैं अब भाषाबद्ध करूँगा जिससे मेरे मन को सान्त्वना प्राप्त हो॥

जैसा कुछ मुझ में बुद्धि, बल तथा विवेक होगा, हरि की प्रेरणा के अनुसार मैं वैसा ही कहूँगा। मैं अपने संदेह, मोह तथा भ्रम को हरनेवाली कथा की रचना कर रहा हूँ जो भवसरिता के लिए नौका सदृश है।

विद्वानों के लिए आनन्ददायिनी शान्ति एवं सभी मनुष्यों के हृदय को आनन्दित करनेवाली यह रामकथा कलियुगजन्य पापों को नष्ट करनेवाली होगी। राम की कथा कलिरूपी सर्पिणी के लिए मयूरी के सदृश और विवेकरूपी अग्नि को प्रकट करने के लिए शमीवृक्ष की लकड़ी (जिसके सतत घर्षण से स्वत:अग्नि प्रकट हो जाया करती है), के सदृश है।

यह रामकथा कलियुग में कामनाओं को पूर्ण करनेवाली कामधेनु के सदृश है तथा सहृदय जनों के लिए सुन्दर संजीवनी मूल है। यही (रामकथा) पृथ्वी तल पर स्थित अमृत की नदी है और भय एवं भ्रमरूपी मेढक को नष्ट करनेवाली सर्पिणी है।

यह रामकथा असुरों की सेना के सदृश नरक को नष्ट करनेवाली है। साधुरूपी देवताओं के समूह की रक्षा के निमित्त यह पार्वती सदृश है। यह सन्त समाजरूपी क्षीर सागर के निमित्त लक्ष्मी की भाँति है और सम्पूर्ण विश्व के भार को धारण करनेवाली अचला पृथ्वी के सदृश है।

यमदूतों के मुँह पर कालिख सदृश जगत् के लिए यह कथा यमुना की भाँति है। जीवन को मुक्ति प्रदान करनेवाली यह कथा काशी सदृश है। श्रीराम को यह पवित्र तुलसी की भाँति प्रिय है और तुलसीदास का हृदय से हित चाहनेवाली उनकी माता हुलसी की भाँति यह रामकथा है।

यह रामकथा शिव को नर्मदा नदी सदृश प्रिय है। यह सम्पूर्ण सिद्धि-सुख तथा सम्पत्ति की राशि है। सद्‌गुणरूपी देवताओं के लिए यह उनकी माता अदिति सदृश है और श्रीराम की भक्ति एवं उनके प्रेम की यह पूर्ण सीमा है।

श्रीरामकथा मन्दाकिनी नदी की भाँति है और कवि का सुन्दर चित्त चित्रकूट है। इस चित्रकूट में तुलसी स्नेहापूरित तुलसी वृक्ष के वन की भाँति है—जिसमें सीता सहित श्रीराम निरन्तर विहार करते हैं॥ ३१॥

टिप्पणी—पुन: कवि गुरुवचन, श्रीहरि की प्रेरणा तथा अपनी बुद्धि तथा विवेक को रचना का हेतु मानता है। वह विभिन्न सादृश्यों द्वारा इस काव्य के प्रयोजनों को इंगित करता है—श्रीरामकथा स्त्रीलिंग है—अत: वह कथा को स्त्रीलिंग के सादृश्यों यथा, कामधेनु, अमृत नदी (गंगा), पार्वती, अचला पृथ्वी, यमुना, काशीपुरी, तुलसी तथा तुलसी की माता हुलसी की भाँति लोकरक्षक एवं लोक हितैषिणी मानता है।

रामचरित चिंतामनि चारू। संत सुमति तिय सुभग सिंगारू॥
जग मंगल गुनग्राम राम के। दानि मुकुति धन धरम धाम के॥
सदगुर ग्यान बिराग जोग के। बिबुध बैद भव भीम रोग के॥
जननि जनक सिय राम प्रेम के। बीज सकल ब्रत धरम नेम के॥
समन पाप संताप सोक के। प्रिय पालक परलोक लोक के॥
सचिव सुभट भूपति बिचार के। कुंभज लोक उदधि अपार के॥
काम कोह कलि मल करिगन के। केहरि सावक जन मन बन के॥
अतिथि पूज्य प्रियतम पुरारि के। कामद घन दारिद दवारि के॥
मंत्र महामनि बिषम ब्याल के। मेटत कठिन कुअंक भाल के॥
हरन मोह तम दिनकर कर से। सेवक सालि पाल जलधर से॥
अभिमत दानि देवतरु बर से। सेवत सुलभ सुखद हरिहर से॥
सुकबि सरद नभ मन उडगन से। राम भगत जन जीवन धन से॥
सकल सुकृत फल भूरि भोग से। जगहित निरुपधि साधु लोग से॥
सेवक मन मानस मराल से। पावन गंग तरंग माल से॥

दो०— कुपथ कुतरक कुचालि कलि कपट दंभ पाखंड।
दहन राम गुन ग्राम जिमि ईंधन अनल प्रचण्ड॥
रामचरित राकेस कर सरिस सुखद सब काहु।
सज्जन कुमुद चकोर चित हित बिसेषि बड़ लाहु॥ ३२॥

अर्थ—सन्तों की सुन्दर मतिरूपी युवती के रमणीक श्रृंगार के लिए श्रीरामचरित चारु चिन्तामणि है। श्रीराम के गुण समूह संसार के लिए मंगलमय तथा मुक्ति, धन, धर्म एवं धाम के दायक हैं।

ज्ञान, योग एवं वैराग्य के लिए यह सद्‌गुरु की भाँति है तथा भवजन्य भंयकर रोगों के नष्ट करने के लिए यह अश्वनीकुमार है। सीता राम के प्रति प्रेम उत्पन्न करने के लिए यह माता-पिता की भाँति है और सम्पूर्ण व्रताचरण, धर्म एवं नियमों के लिए बीज स्वरूप है।

पाप, संताप तथा शोक को शान्त करनेवाली यह रामकथा लोक तथा परलोक की प्रिय पालनकर्त्ता है। यह सद्‌विचाररूपी राजा के लिए पराक्रमी सचिव (मंत्री) तथा लोभरूपी अनन्त समुद्र को विनष्ट करनेवाले अगस्त्य ऋषि की भाँति है।

भक्त जन के मनरूपी वन में काम-क्रोधादि कलि समूहरूपी हस्तिसावकों को नष्ट करने के लिए यह सिंह शावक की भाँति है। शिव के लिए पूज्य एवं अत्यन्त प्रिय अतिथि की भाँति यह कथा दरिद्रतारूपी दावाग्नि को नष्ट करने के लिए कामनाओं को पूर्ण करनेवाले बादल सदृश हैं।

विषम विष से परिपूर्ण सर्प के विष को शान्त करने के लिए यह मंत्र एवं महामणि है। भाल पर लिये हुए विधि द्वारा अशुभ भाग्य लेखों का विघातक है। अज्ञानरूपी अंधकार को नष्ट करनेवाला यह सूर्य की किरणों के सदृश है। श्रीराम के भक्तरूपी धान का पोषण करनेवाला यह बादल है।

कल्पवृक्ष के सदृश यह मनोवांछित देनेवाला तथा सेवा करने में यह शिव तथा विष्णु सदृश सर्वथा सुलभ है। सुकवियों के मनरूपी शारदीय आकाश को शोभित करनेवाला यह तारकसमूह सदृश है। यह रामकथा श्रीराम भक्तों के लिए जीवनधन है।

यह सम्पूर्ण पुण्यों का सर्वोत्कृष्ट फल है। संसार में छलरहित (निरुपाधि) हित करने में समर्थ साधु-सन्तों के सदृश है। यह सेवकरूपी मानसरोवर के लिए हंस के सदृश है। यही नहीं, यह गंगा की लहरमालाओं के सदृश पवित्र है।

कलिजन्य कुपथ, कुचाल, कुतर्क, कपट दम्भ तथा पाखण्डरूपी ईंधन को जलाने के लिए यह रामकथा प्रचण्ड अग्नि की भाँति है।

श्रीराम का चरित चन्द्र-किरणों के सदृश सभी के लिए सुखदायी है किन्तु सहृदयरूपी कुमुद तथा चकोर के चित्त के लिए तो विशेष रूप से हितैषी तथा अत्यधिक लाभदायक है॥ ३२॥

टिप्पणी—(१) कवि श्रीरामचरितमानस के लोकहितकारी व्यापक लोकमंगल के प्रयोजन की चर्चा करता हुआ सर्वोच्च मानवीय हित को अपनी रचना का विषयवस्तु बनाता है। वह पद-पद पर श्रीरामकथा के व्यापक प्रभाव की अवधारणा को लक्ष्यभूत करता हुआ अज्ञान, अनाचरण, शोषण, दरिद्रता, उत्पीड़न, कल्मष, काम, क्रोध, लोभ, मोह, सामाजिक विषमता, अन्याय, जन्म-मरण के विषम दुःख संताप शोकों से मानवजाति को मुक्त होने की कामना इस काव्य द्वारा करता है। ये सभी निषेधमूलक मूल्य हैं—जिनका उपशमन वह श्रीराम की इस कथा रचना द्वारा चाहता है किन्तु दूसरी ओर इस कथा द्वारा भावात्मक लोकहितकारी मूल्यों की भी वह स्थापना करता है—

(२) सन्तों की गति के लिए अक्षय अलंकार स्वरूप, मुक्ति, धर्म, धन, धाम, ज्ञान, योग, वैराग्य एवं धार्मिक व्यवस्था के बीजरूप श्रीराम की कथा साक्षात् शुभ देनेवाले कल्पवृक्ष, मनोकामनाओं की पूरक शिव की भाँति मुक्तिदायी एवं विष्णु की भाँति आनन्दनिधि है। यह कथा सम्पूर्ण पुण्यों का सर्वतोत्कृष्ट फल तथा अत्यन्त पवित्र है।

श्रीरामचरितमानस के आस्वादन के तीसरे भोक्ता सन्त जन हैं। ऐसे भक्तरूपी सहृदय जनरूपी कुमुद तथा चकोर के लिए यह चन्द्र की भाँति है—जो सहज एवं नैसर्गिक रूप से इसकी चन्द्रिकारूपी माधुरी का पान करते रहेंगे।

इस प्रकार कवि अपने अधिकारियों की तीन श्रेणी बनाता है—

(१) पाप एवं भव पीड़ा संत्रस्त

(२) सन्त एवं साधु जन

(३) भक्तजन

इन तीनों सहृदयों के लिए वह यहाँ काव्य प्रयोजनों का विधान करता है।

सादृश्य विधान में उपमा-मालाओं का प्रयोग सहज ही अर्थ प्रतीति के लिए सुखकर है। ये अर्थ-मालाएँ विभिन्न पौराणिक एवं कवि समयजन्य मिथकों पर आधारित हैं।

कीन्हि प्रस्न जेहिं भाँति भवानी। जेहि बिधि संकर कहा बखानी॥
सो सब हेतु कहब मैं गाई। कथा प्रबंध बिचित्र बनाई॥
जेहिं यह कथा सुनी नहिं होई। जनि आचरजु करै सुनि सोई॥
कथा अलौकिक सुनहिं जे ग्यानी। नहिं आचरजु करहिं अस जानी॥
रामकथा कै मिति जग नाहीं। अस प्रतीति तिन्ह के मन माहीं॥
नाना भाँति राम अवतारा। रामायन सत कोटि अपारा॥
कलपभेद हरि चरित सुहाए। भाँति अनेक मुनीसन्ह गाए॥
करिअ न संसय अस उर आनी। सुनिय कथा सादर रति मानी॥
दो०— राम अनंत अनंत गुन अमित कथा बिस्तार।
सुनि आचरज न मानिहहिं जिन्ह के बिमल बिचार॥ ३३॥

अर्थ—जिस प्रकार से पार्वती ने (शिव जी) से प्रश्न किया और जिस प्रकार शिव जी ने (पार्वती से) उसका वर्णन किया—विचित्र कथा प्रबन्ध रचना द्वारा उन समस्त हेतुओं का मैं गाकर वर्णन करूँगा।

जिसने यह कथा इसके पूर्व नहीं सुनी हो, वे इसे सुनकर आश्चर्य न करें। जो ज्ञानी जन इस आध्यात्मिक कथा का श्रवण करें—इसे ऐसा जानकर (देखकर) आश्चर्य न करें।

श्रीराम की कथा की संसार में कोई सीमा नहीं है, उनके मन में इस प्रकार का विश्वास है। नाना प्रकार के श्रीराम के अवतार हुए। रामायणें तो सौ करोड़ से भी अनन्त हैं।

कल्पभेदानुसार श्रीहरि के सुन्दर चरित्रों का गान भाँति-भाँति रूपों में मुनियों ने किया है। ऐसा सोचकर मन में संदेह न करें और आदरपूर्वक प्रीतिसहित इस कथा को सुनें।

श्रीराम अनन्त हैं और उनके गुण अनन्त हैं और उनकी कथाओं का विस्तार भी अनन्त है अत: जिनके विचार अत्यन्त निर्मल हैं, वे इसे सुनकर आश्चर्य नहीं करेंगे॥ ३३॥

टिप्पणी—कवि इन पंक्तियों में मानस के प्रबन्धस्वरूप का निरूपण करता है। कवि कृत श्रीरामचरितमानस का प्रबन्धस्वरूप परम्परा से सर्वथा विलक्षण है—और यह विलक्षणता कहीं भी उसे कथा से भिन्न नहीं करती—क्योंकि वह कहता है कि—

नाना भाँति राम अवतारा। रामायन सतकोटि अपारा॥
करिअ न संसय अस उर आनी। रामकथा सादर रति मानी॥

कथा का विचित्रताभरा बन्ध मानस की मौलिकता की ओर इंगित करता है और स्पष्ट है कि कवि स्वयं परम्परित श्रीरामकथा में अनेक तत्त्वों का समावेश कराकर उसे मौलिकता प्रदान करता है।

येहि बिधि सब संसय करि दूरी। सिर धरि गुर पद पंकज धूरी॥
पुनि सबहीं बिनवउँ कर जोरी। करत कथा जेहिं लाग न खोरी॥
सादर सिवहिं नाइ अब माथा। बरनउँ बिसद राम गुन गाथा॥
संबत सोरह सै एकतीसा। करउँ कथा हरिपद धरि सीसा॥
नौमी भौमबार मधुमासा। अवधपुरीं यह चरित प्रकासा॥
जेहि दिन राम जनम श्रुति गावहिं। तीरथ सकल तहाँ चलि आवहिं॥
असुर नाग खग नर मुनि देवा। आइ करहिं रघुनायक सेवा।
जनम महोत्सव रचहिं सुजाना। करहिं राम कीरति कल गाना।
दो०— मज्जहिं सज्जनबृंद बहु पावन सरजू नीर।
जपहिं राम धरि ध्यान उर सुंदर स्याम सरीर॥ ३४॥

अर्थ—इस प्रकार समस्त संदेहों को दूर करके और गुरु की चरणधूलि को सिर पर रखकर मैं पुन: सब से हाथ जोड़कर विनती कर रहा हूँ जिससे कथा रचना करते समय कोई दोष न लगे।

आदरपूर्वक शिव जी को शीश झुकाकर मैं श्रीराम की पवित्र गुणों से संयुक्त कथा कहता हूँ। श्रीहरि के चरणों पर अपने मस्तक को रखकर संवत् सोलह सौ इकतीस में कथा (प्ररम्भ) कर रहा हूँ।

चैत्रमास, नवमी तिथि, मंगलवार को अयोध्या में यह चरित्र प्रकाशित किया। जिस दिन वेदादि श्रीराम के जन्म दिन का गायन (कथन) करते हैं और सम्पूर्ण तीर्थ वहाँ (अयोध्या में) स्वत: चलकर चले आते हैं।

असुर, नाग, पक्षी-मनुष्य, मुनि तथा देवगण सभी यहाँ आकार श्रीराम की सेवा करते हैं। सहृदय जन श्रीराम के जन्म महोत्सव का विधान और श्रीराम की रमणीक कीर्ति का गायन करते हैं।

(उस दिन) पवित्र सरयू नदी में अनेकानेक सज्जन वृन्द स्नान करके तथा हृदय में श्रीराम के सुन्दर श्याम शरीर का ध्यान करके उनका जप करते हैं॥ ३४॥

टिप्पणी—मानस में गुरु, संत, असंत वन्दना के पश्चात् उसके हेतु, प्रयोजन, कथाफल आदि का निर्देश करता है। इन समग्र विन्दुओं पर विस्तारपूर्वक चर्चा करने के पश्चात् उसकी रचनातिथि पर प्रकाश डालता है।

"संवत् सोलह सौ एकतीस, चैत्रमास शुक्लपक्ष, नवमी तिथि, मंगलवार तथा रचना स्थली अयोध्यानगरी (श्रीराम की जन्मभूमि) में श्रीरामचरित के कथा का प्रारम्भ"

डॉ० माताप्रसाद गुप्त इस तिथि को ज्योतिष गणना के आधार पर ठीक ठहराते हैं किन्तु उनका मत है कि श्रीरामचरितमानस की रचना पूर्ण कर लेने के बाद ये पंक्तियाँ लिखी गई थीं। उन्होंने 'अवधपुरी यह चरित प्रकासा' में 'प्रकाशा' का अर्थ प्रकाशित किया था, लगाया है—किन्तु इससे यह रचना तिथि खंडित नहीं होती।

दरस परस मज्जन अरु पाना। हरइ पाप कह वेद पुराना॥
नदी पुनीत अमित महिमा अति। कहि न सकइ सारदा बिमल मति॥
राम धामदा पुरी सुहावनि। लोक समस्त बिदित जग पावनि॥
चारि खानि जग जीव अपारा। अवध तजे तनु नहिं संसारा॥
सब बिधि पुरी मनोहर जानी। सकल सिद्धिप्रद मंगल खानी॥
बिमल कथा कर कीन्ह अरंभा। सुनत नसाहिं काम मद दंभा॥
रामचरितमानस एहि नामा। सुनत स्त्रवन पाइअ बिस्रामा॥
मन करि बिषय अनल बन जरई। होइ सुखी जौं येहिं सर परई॥
रामचरितमानस मुनि भावन। बिरचेउ संभु सुहावन पावन॥
त्रिबिध दोष दुख दारिद दावन। कलि कुचालि कुलि कलुष नसावन॥
रचि महेस निज मानस राखा। पाइ सुसमय सिवा सन भाषा॥
ताते रामचरितमानस बर। धरेउ नाम हियँ हेरि हरिष हर॥
कहउँ कथा सोइ सुखद सुहाई। सादर सुनहु सुजन मन लाई॥
दो०— जस मानस जेहि बिधि भएउ जग प्रचार जेहि हेतु।
अब सोइ कहउँ प्रसंग सब सुमिरि उमा बृषकेतु॥ ३५॥

अर्थ—वेद पुराण कहते हैं कि सरयू नदी का दर्शन, स्पर्श, स्नान तथा पान पापों को हरता है। यह नदी पवित्र है तथा इसकी महिमा अत्यधिक असीम है। इसकी महिमा निर्मल बुद्धियुक्त सरस्वती भी नहीं कर सकतीं।

अयोध्यापुरी श्रीराम के लोक को देनेवाली अत्यन्त सुहावनी है। यह समस्त लोकों में प्रसिद्ध तथा अत्यधिक पवित्र है। संसार के चार कोटियोंवाले (अण्डज, स्वेदज, उद्भिज तथा जरायुज) अनन्त जीव अयोध्या में शरीर छोड़ने पर पुनः संसार को नहीं प्राप्त करते हैं।

समस्त सिद्धियों को देनेवाली, मंगल की खानि, तथा सब प्रकार से इस अयोध्यापुरी को मनोहारी समझ करके मैंने यहाँ इस निर्मल कथा को प्रारम्भ किया है—जिसे सुनकर काम, मद तथा दम्भ नष्ट हो जाते हैं।

रामचरितमानस इसका नाम है जिसका श्रवण करते ही कानों को आनन्ददायिनी शान्ति मिलती है। विषय-वासनारूपी अग्नि में मनरूपी हाथी जल रहा है—यदि इस रामचरितमानसरूपी सरोवर में पड़ जाय तो आनन्दित हो उठे।

यह रामचरितमानस मुनियों के लिए आनन्दस्वरूप है। इस सुहावने तथा पवित्र चरित की रचना शिव ने की। यह त्रिविध दोषों, दुःख एवं दारिद्र्य को समूल नष्ट करनेवाला, कलि के कुचाल एवं उसके समस्त पापों का विनाशकर्त्ता है।

शिव जी ने इसे रचकर अपने हृदय में रखा और उचित अवसर पाकर पार्वती से बताया। इसलिए शिव ने हृदय से तर्क तथा युक्तिपूर्वक सोचकर प्रसन्नतापूर्वक इसका प्रियनाम 'रामचरित मानस' रखा।

मैं उसी आनन्ददायी तथा सुन्दर लगनेवाली कथा को कह रहा हूँ, हे सहृदय जन आदरपूर्वक मन लगाकर इस कथा का श्रवण करो।

जैसा श्रीरामचरितमानस का स्वरूप है, जिस निमित्त इसकी रचना की गई है और संसार में जिस निमित्त इसका प्रचार हुआ—अब वही सब कथा मैं 'पार्वती-शिव' का स्मरण करता हुआ कहता हूँ॥ ३५॥

टिप्पणी—कवि इन पंक्तियों में श्रीरामचरितमानस के नामकरण एवं मन्तव्य पर प्रकाश डालता है। शिव की मानसी रचना होने के कारण यह श्रीरामचरितमानस के नाम से शिव द्वारा ही पुकारी गई और उन्होंने प्रसन्नतापूर्वक इसका नाम 'श्रीरामचरितमानस' रखा—और इस प्रकार कथा को अधिदैवत् व्यक्तित्व से जोड़कर उसके माहात्म्य को निरूपित करने का प्रयास किया गया है—वैसे भी शिव द्वारा कही हुई 'आध्यात्म रामायण' का प्रभाव श्रीरामचरितमानस पर अधिक है। वहाँ वक्ता शिव हैं, श्रोता पार्वती हैं। एक बार पुनः यहाँ कवि रचना के मन्तव्यों को दुहराता है।

संभु प्रसाद सुमति हियँ हुलसी। रामचरितमानस कबि तुलसी॥
करइ मनोहर मति अनुसारी। सुजन सुचित सुनि लेहु सुधारी॥
सुमति भूमि थल हृदय अगाधू। बेद पुरान उदधि घन साधू॥
बरसहिं राम सुजस बर बारी। मधुर मनोहर मंगलकारी॥
लीला सगुन जो कहहिं बखानी। सोइ स्वच्छता करइ मल हानी॥
प्रेम भगति जो बरनि न जाई। सोइ मधुरता सुसीतलताई॥
सो जल सुकृत सालि हित होई। राम भगत जन जीवन सोई॥
मेधा महिगत सो जल पावन। सकिलि श्रवन मग चलेउ सुहावन॥
भरेउ सुमानस सुथल थिराना। सुखद सीत रुचि चारु चिराना॥
दो०— सुठि सुंदर संबाद बर बिरचे बुद्धि बिचारु।
तेइ एहि पावन सुभग सर घाट मनोहर चारु॥ ३६॥

अर्थ—शिव की कृपा से कवि (तुलसी) के हृदय में सुन्दरमति उमंगित हुई इसलिए 'रामचरित मानस' का कवि तुलसीदास हुआ। वह तुलसीदास अपनी मति (निर्मल ज्ञान) के अनुसार इसे मनोहारी बना रहा है, हे सहृदय जन! निर्मल चित्त से इसे सुनकर सुधार लें (यदि कहीं त्रुटि हो तो दूर कर लें या यदि कहीं संदेहादि हो तो इसे पढ़कर ठीक कर लें)।

निर्मल बुद्धि ही भूमि स्थली है, हृदय ही उस स्थल की अगाधता है, वेद-पुराण समुद्र है, सन्तजन मेघ हैं और वे सन्तरूपी मेघ निरन्तर श्रीराम के सुयशरूपी सुन्दर, मधुर, मनोहारी तथा कल्याणमयी जल की वर्षा करते रहते हैं।

सगुण लीला का जो विस्तारपूर्वक वर्णन है, वह जल (श्रीराम का यश) की निर्मलता है, जो मल (कलिजनित कल्मष) को नष्ट करता है। प्रेममूलाभक्ति जो अवर्णनीय है वही इस जल की मधुरता तथा शीतलता है।

वह जल पुण्यरूपी धान के लिए हितकारी है और वही श्रीराम भक्तों के लिए प्राण स्वरूप है। वह पवित्र जल मेधा (निर्मल बुद्धि) में पहुँचकर सिमट गया (संचित हुआ) और अत्यधिक सुहावने कानरूपी मार्ग से होकर चला।

इस रमणीक जल प्रवाह से सुन्दर हृदय भर गया और वहीं यह जल स्थिर हो गया और वहीं (हृदय में ही) सुखद, शीतल, रुचिकर, सुन्दर तथा स्थायी बना।

बुद्धि तथा विचार से श्रेष्ठ रचे हुए इस मानस में सुष्ठु तथा सुन्दर संवाद हैं। यही इस पवित्र एवं रमणीक सरोवर के सुन्दर तथा मनोहारी घाट हैं॥ ३६॥

टिप्पणी—(१) कवि रचना के नामकरण के पश्चात् श्रीरामकथा के प्रेरक श्री शिव की वन्दना

करता हुआ—श्रीरामकथा के वास्तविक रचनाकार स्वयं अपने (तुलसीदास) विषय में टिप्पणी देता हुआ कहता है कि किसी को यह भ्रम न हो कि शिव इसके रचनाकार हैं—श्री शिव ने तो इसका नामकरण मात्र करके इसे पार्वती को सुनाया था और उन्होंने ही मुझे प्रेरणा भी दी कि—तुम रचनाकार के रूप में इसकी रचना करो—

संभु प्रसाद सुमति हियँ हुलसी। रामचरितमानस कवि तुलसी॥
करइ मनोहर मति अनुसारी। सुजन सुचित सुनि लेहु सुधारी॥

बिना किसी संदेह, बिना किसी भ्रम, बिना किसी संशय के इस श्री रामचरितमानस का कृती तुलसीदास है, शिव ने तो मात्र हृदय में रचकर रखा था और उसका नामकरण मात्र किया था।

शिव का प्रकरण माहात्म्य निरूपण के लिए पर्यायोक्ति अलंकार के अन्तर्गत है।

इसी क्रम में, वह श्रीरामचरितमानस के दो रूपकों को एक साथ जोड़कर कथा को आगे बढ़ाता है। प्रथम रूपक 'मानस-सरोवर' का है—जो शिव की मानस कथा से जुड़ा है—दूसरा रूपक कवि द्वारा प्रस्तुत कथा जो मानसरोवर से नि:सृत सरयू प्रवाह से जुड़ता है। कवि दोनों को पारस्परिक क्रम के साथ निर्दिष्ट करता है।

(२) मानस रूपक का प्रारम्भ यहाँ से होता है। जैसा कि कहा गया है कि दो विशाल रूपकों का प्रवाह क्रम एक लम्बे अन्तराल को अपने से समेटे हैं—

(१) मानसरोवर रूपक

(२) मानस सरोवर से निकली सरयू नदी का रूपक

मानसरोवर का मानस रूपक रचना के स्वरूप वैशिष्ट्य तथा उसकी आन्तरिक रचना के विन्यास का सूचक है किन्तु सरयू रूपक कथा प्रवाह एवं घटना विन्यास का। आलोचकों ने इन दो रूपकों को प्राय: एक में मिलाकर देखा है—जो उचित नहीं है 'सरयू नाम सुमंगल मूला' छन्द से कथा प्रवाह क्रम का निर्देश है—उसके पूर्व मानस रूपक है—जो कथा संगठन के वैशिष्ट्य एवं वैचित्र्य को इंगित करता है।

(३) रचना के स्वरूप विन्यास के लिए कवि एक विशाल रूपक बाँधता है। यह विशाल रूपक मानव जगत् के सर्वोच्च शुभ का आधार फलक तैयार करता है। वह इन पंक्तियों के अन्तर्गत सरोवर के जल की सर्वपावनता प्रकारान्तर भाव से भारतीय परम्परा के वैदिक मूल्यों से प्रारम्भ करके भक्ति तथा श्रीहरिलीला तक फैले हिन्दुत्व एवं वैष्णवी मूल्यों की उदात्त पृष्ठभूमि से मानस के स्वरूप को मण्डित करता है।

साङ्गरूपक अलंकार इस सर्वोच्च पावन मूल्यवत्ता के केन्द्र में है।

सप्त प्रबंध सुभग सोपाना। ग्यान नयन निरखत मन माना॥
रघुपति महिमा अगुन अबाधा। बरनब सोइ बर बारि अगाधा॥
राम सीय जस सलिल सुधा सम। उपमा बीचि बिलास मनोरम॥
पुरइनि सघन चारु चौपाई। जुगुति मंजु मनि सीप सुहाई॥
छंद सोरठा सुंदर दोहा। सोइ बहुरंग कमल कुल सोहा॥
अरथ अनूप सुभाव सुभासा। सोइ पराग मकरंद सुबासा॥
सुकृत पुंज मंजुल अलि माला। ग्यान बिराग बिचार मराला॥
धुनि अवरेब कबित गुन जाती। मीन मनोहर ते बहु भाँती॥
अरथ धरम कामादिक चारी। कहब ग्यान बिग्यान बिचारी॥
नव रस जप तप जोग बिरागा। ते सब जलचर चारु तड़ागा॥
सुकृती साधु नाम गुन गाना। ते बिचित्र जल बिहग समाना॥

संत सभा चहुँ दिसि अँबराई। श्रद्धा रितु बसंत सम गाई॥
भगति निरूपन बिबिध बिधाना। छमा दया दम लता बिताना॥
सम जम नियम फूल फल ग्याना। हरि पद रति रस बेद बखाना॥
औरउ कथा अनेक प्रसंगा। तेइ सुक पिक बहु बरन बिहंगा॥

दो०— पुलक बाटिका बाग बन सुख सुबिहंग बिहारु।
माली सुमन सनेह जल सींचत लोचन चारु॥ ३७॥

अर्थ—इस प्रबन्ध काव्य (सरोवर) के सुन्दर सात सोपान (काण्ड) हैं। इनको ज्ञानरूपीनेत्रों से देखते ही मन मुग्ध हो जाता है। निर्गुण तथा द्वन्द्वरहित श्रीराम की महिमा का जो वर्णन करूँगा, वही इस जल की अथाह गहराई है।

श्रीराम तथा सीता का यश अमृतोपम जल है। (रची गईं) उपमाएँ लहरों का मनोरम विलास हैं। रमणीक चौपाइयाँ ही सघन फैली हुई कमलिनी पुष्प हैं। काव्योक्तियाँ सुन्दर मणि उत्पन्न करने वाली सीप हैं।

सोरठे, सुन्दर दोहे आदि जो छन्द हैं, वही इस सरोवर के अनेकानेक रंगों के शोभित कमल समूह हैं। अनुपम अर्थ, सुन्दरभाव तथा रमणीक भाषा वही सब इस कमल के पराग, मकरन्द रस और सुगन्ध हैं।

पुण्यों का संचयन सुन्दर भ्रमर पंक्तियाँ हैं। ज्ञान, वैराग्य तथा विचार हंस हैं। कविता के ध्वनि, वक्रोक्ति, गुण एवं स्वभावोक्ति आदि अनेकानेक प्रकार की सुन्दर मछलियाँ हैं।

इस काव्य में धर्म, अर्थ, काम, मोक्षादि चतुर्थ पुरुषार्थ, ज्ञान, विज्ञान तथा विचार कहूँगा। नवरस, जप, तप, योग एवं वैराग्य ये सभी इस सरोवर के सुन्दर जलचर जीव हैं।

पुण्यवान साधुजन तथा श्रीराम के नाम का गुणानुवाद इस सरोवर के विचित्र जलपक्षी के सदृश हैं। संतों की सभा ही चारों दिशाओं की सुन्दर अँवराई है। श्रद्धा का वर्णन वसन्त के रूप में गाया गया है।

भक्ति निरूपण ही इसके विविध विधान हैं। क्षमा, दया, इन्द्रिय-निग्रह लताओं के मण्डप हैं। निग्रह (सम), यम (सत्य, अहिंसा, अपरिग्रह, अस्तेय एवं ब्रह्मचर्य), नियम (शौच, सन्तोष, तप, स्वाध्याय आदि) ही पुष्प हैं तथा ज्ञान फल है। वेदों ने बताया है कि श्रीहरि के चरणों में रति ही फल का रस (आस्वाद) है।

अनेकानेक प्रसंग एवं अन्य कथाएँ नाना वर्णों के तोते, कोयल आदि पक्षी समूह हैं।

कथा श्रवण तथा अध्ययन से जो रोमांच उत्पन्न होता है, वही वाटिका, बाग तथा वन हैं। इससे प्राप्त आनन्द ही सुन्दर पक्षियों की बिहार क्रीड़ा है। सुन्दर मन ही माली है जो (इस वाटिका के वृक्षों को) प्रेमरूपी जल युक्त सुन्दर नेत्रों द्वारा सींचता है॥ ३७॥

टिप्पणी—(१) रचना के स्वरूप-विन्यास का उदात्त तथा व्यापक फलक तैयार करता हुआ कवि परम्परित आलंकारिक मूल्यों को मात्र साधन के रूप में स्वीकार करता है। इस मानसरूपक प्रकरण में वह एक ओर काव्यगत आलंकारिक मूल्यों की स्थापना करता है तो दूसरी ओर नैतिकता, भक्ति, सदाचरण, श्रीराम के प्रति प्रेम, राग तथा विविध मानवीय मूल्यों की पूर्ण निष्ठा के साथ स्थापना करके वह मानस के मन्तव्य को भलीभाँति स्पष्ट करता है।

(२) काव्य के विविध उपादान उपमालंकार, ध्वनि, वक्रोक्ति, स्वभावोक्ति आदि की जैसी चर्चा यहाँ की गई है, ठीक ऐसी ही चर्चा स्वयंभू की रामायण में भी है। महापंडित राहुल सांकृत्यायन ने इस तथ्य की ओर इंगित किया है कि इस प्रकार के कथन स्वयंभू रामायण से प्रभावित हैं।

जे गावहिं एहि चरित सँभारे। तेइ एहि ताल चतुर रखवारे॥
सदा सुनहिं सादर नर नारी। तेइ सुरबर मानस अधिकारी॥

अति खल जे बिषई बग कागा। एहि सर निकट न जाहिं अभागा॥
संबुक भेक सेवार समाना। इहाँ न बिषय कथा रस नाना॥
तेहि कारन आवत हियँ हारे। कामी काक बलाक बिचारे॥
आवत एहिं सर अति कठिनाई। राम कृपा बिनु आइ न जाई॥
कठिन कुसंग कुपंथ कराला। तिन्ह के बचन बाघ हरि ब्याला॥
गृह कारज नाना जंजाला। तेइ अति दुर्गम सैल बिसाला॥
बन बहु बिषम मोह मद माना। नदीं कुतर्क भयंकर नाना॥
दो० — जो श्रद्धा संबल रहित नहिं संतन कर साथ।
तिन्ह कहुँ मानस अगम अति जिन्हहिं न प्रिय रघुनाथ॥ ३८॥

अर्थ—जो अत्यधिक सम्हाल कर इस चरित का गान करते हैं, वे इस सरोवर के चतुर रखवाले हैं। वे पुरुष-स्त्री जो निरन्तर इस कथा का श्रवण करते हैं वे देवतुल्य इस सुन्दर मानस के सहृदय अधिकारी हैं।

अत्यधिक खल तथा विषयासक्त जन ही इस सरोवर के बगुले तथा कौवे हैं, वे अभागे इस सरोवर के निकट नहीं जा पाते क्योंकि घोंघे, मेढक और सेवार घास के सदृश यहाँ (उनके आश्रम के निमित्त) अनेकानेक विषय-रस की कथाएँ नहीं हैं।

इसीलिए बेचारे काक तथा बगुलों के सदृश कामीजन यहाँ आने की कामना रखते हुए भी यहाँ आकर भी हृदय से हार मान जाते हैं। इस सरोवर तक आने में बड़ी कठिनाइयाँ हैं और श्रीराम की कृपा के बिना यहाँ आया नहीं जा सकता।

कठिन कुसंगति ही भयंकर रास्ते हैं और उनके वचन ही (मार्ग में) बाघ, सिंह और सर्प हैं। गृह के कार्यादि और नाना प्रकार के गृहस्थी के जंजाल ही अत्यन्त दुर्गम विशाल पर्वत हैं।

मोह-मद तथा मान ही अनेकानेक विषम वन हैं। नाना प्रकार के कुतर्थ ही भयंकर नदी है।

जो श्रद्धा-संबलविहीन हैं और जिन्हें सन्तों का साथ नहीं मिला है साथ ही, जिन्हें श्रीराम प्रिय नहीं हैं, उन्हें मानस (मानसरोवर) नितान्त अगम है॥ ३८॥

टिप्पणी—कवि इन पंक्तियों में मानस के अधिकारी एवं अनधिकारी का प्रश्न उठाता है। श्रद्धा संबल से मण्डित कथा के गायक तथा श्रद्धा से परिपूर्ण श्रोता इसके सहृदय अधिकारी हैं और अनधिकारी हैं—विषय-वासनाओं में अनुरक्त तथा उनके रसों में लीन व्यक्ति मोह, मद, कुसंगति, माया आदि से संसक्त जन कभी भी मानस के समीप नहीं जा सकते। श्रद्धा सम्बलविहीन तथा सन्तों की संगति से विरत जन किसी भी रूप में मानस के अधिकारी नहीं हो सकते।

जौं करि कष्ट जाइ पुनि कोई। जातहिं नींद जुड़ाई होई॥
जड़ता जाड़ विषम उर लागा। गएहुँ न मज्जन पाव अभागा॥
करि न जाइ सर मज्जन पाना। फिरि आवइ समेत अभिमाना॥
जौं बहोरि कोइ पूछन आवा। सर निंदा कहि ताहि बुझावा॥
सकल बिघ्न ब्यापहिं नहिं तेही। राम सुकृपाँ बिलोकहिं जेही॥
सोइ सादर सर मज्जन करई। महा घोर त्रय ताप न जरई॥
ते नर यह सर तजहिं न काऊ। जिन्ह कें रामचरन भल भाऊ॥
जो नहाइ चह एहिं सर भाई। सो सतसंग करउ मन लाई॥
अस मानस मानस चख चाही। भइ कबि बुद्धि बिमल अवगाही॥
भएउ हृदयँ आनंद उछाहू। उमगेउ प्रेम प्रमोद प्रबाहू॥
चली सुभग कबिता सरिता सो। राम बिमल जस जल भरिता सो॥

सरजू नाम सुमंगल मूला। लोक बेद मत मंजुल कूला॥
नदी पुनीत सुमानस नंदिनि। कलि मल तृन तरु मूल निकंदनि॥

दो०— श्रोता त्रिबिध समाज पुर ग्राम नगर दुहुँ कूल।
संतसभा अनुपम अवध सकल सुमंगल मूल॥ ३९॥

अर्थ—कष्ट उठाकर यदि कोई मनुष्य (मानसरूपी मानसरोवर तक) पहुँच ही जाता है तो जाते ही उसे नींदरूपी जूड़ी आ जाती है। हृदय में उसे जड़तारूपी ठण्डक लग जाती है और वह भाग्यहीन जाने पर भी स्नान नहीं कर पाता।

उस व्यक्ति से (मानसरोवररूपी मानस में) न तो स्नान करते बनता है और न जलपान ही और वह अभिमानसहित लौटकर चला आता है और यदि कोई उससे (यात्रा का समाचार आदि) पूछने आता है तो वह उसे (सरोवररूपी मानस) की निन्दा करके समझा देता है।

सम्पूर्ण विघ्न उसे नहीं व्यापते जिसे श्रीराम कृपा करके देख लेते हैं। वही आदरपूर्वक इस (मानसरोवररूपी मानस में) स्नान करते हैं और भयंकर त्रिताप (दैहिक, दैविक तथा भौतिक) से नहीं जलता।

जिनके हृदय में श्रीरामचन्द्र जी के चरणों में भलीभाँति प्रेम है, वे भक्तजन इस सरोवर का कभी भी नहीं त्याग करते। हे भाई! यदि इस मानसरूपी सरोवर में स्नान (अवगाहन) करना चाहते हो तो मन लगाकर सत्संगति करो।

ऐसे मानसरूपी मानसरोवर की हृदय के नेत्रों से आस्वादन की कामना करके उसमें अवगाहन द्वारा कवि की बुद्धि निर्मल हो उठी। उसके हृदय में आनन्द तथा उत्साह उत्पन्न हुआ और प्रेम तथा प्रमोद का प्रवाह उमंगित हो उठा।

(उस मानसरूपी मानसरोवर से आनन्द प्रवाह के कारण) श्रीराम के विमलजलरूपी यश से परिपूरित पवित्र कवितारूपी सरिता बह निकली। इस (कवितारूपी नदी) का नाम सरयू है जो सुन्दर मंगल की मूल है। इस (कवितारूपी सरयू नदी) के लोकमत तथा वेदमत नामक दो किनारे हैं।

कवि मानसरूपी मानसरोवर की पुत्री यह कवितारूपी सरयू अत्यन्त पवित्र है। कलिमलरूपी घासों एवं वृक्षों को यह समूल नष्ट कर देने वाली है।

तीन प्रकार के श्रोताओं के समाज ही इस नदी के तट पर बसे हुए पुर, ग्राम तथा नगर हैं। सम्पूर्ण सुन्दर मंगलों की जड़ सन्तों की सभा ही अनुपम अयोध्या है॥ ३९॥

टिप्पणी—मानसरूपक के माध्यम से कवि पुनः उसके अधिकारी-अनधिकारी का प्रश्न उठाकर उसके मूल्यगत नैतिक स्वरूप की प्रतिष्ठा कर रहा है। उसके अनुसार श्रीरामचरितमानस के अवगाहन के लिए सत्संग अनिवार्य है।

अधिकारी के प्रश्न के बाद वह श्रीरामचरितमानस की कथावस्तु एवं रचनात्मक वैभव का सरयू रूपक द्वारा निर्दिष्ट करता है। जिस प्रकार सरयू मानसरोवर से निकली हैं, उसी प्रकार मानस भी उमंगित कवि मानस से निकला है।

रामभगति सुरसरितहि जाई। मिली सुकीरति सरजु सुहाई॥
सानुज राम समर जसु पावन। मिलेउ महानद सोन सुहावन॥
जुग बिच भगति देवधुनि धारा। सोहति सहित सुबिरति बिचारा॥
त्रिबिध ताप त्रासक तिमुहानी। राम सरूप सिंधु समुहानी॥
मानस मूल मिली सुरसरिही। सुनत सुजन मन पावन करिही॥
बिच बिच कथा बिचित्र बिभागा। जनु सरि तीर तीर बन बागा॥

उमा महेस बिबाह बराती। ते जलचर अगनित बहुभाँती॥
रघुबर जनम अनन्द बधाई। भँवर तरंग मनोहरताई॥
दो०— बालचरित चहुँ बंधु के बनज बिपुल बहुरंग।
नृप रानी परिजन सुकृत मधुकर बारि बिहंग॥ ४०॥

अर्थ—सुन्दर कीर्तियुक्त सुहावनी सरयू रामभक्तिरूपी गंगा में जाकर मिल गई और उसी में लक्ष्मण सहित श्रीराम की पवित्र युद्ध यश गाथारूपी महानद सोनभद्र भी आकर मिला।

दोनों के बीच में रामभक्तिरूपी गंगा की धारा वैराग्य तथा ज्ञान से परिपूर्ण शोभित हो रही है। तीनों तापों की त्रासक यह तिमुहानी श्रीराम के स्वरूपरूपी समुद्र की ओर अग्रसर है॥

श्रीरामचरितमानस मूल सरयू रामभक्तिरूपी गंगा में मिलकर श्रवण मात्र से सज्जनों के मन को पवित्र कर रही है। इसके बीच-बीच में कथाओं के विचित्र क्रम हैं (ये इस प्रकार है) मानो नदी के तट पर स्थित वन तथा बाग।

पार्वती, शिव तथा उनके विवाह के बरातीगण इन नदी के भाँति-भाँति के जलचर हैं। श्रीराम के जन्म की आनन्द बधाइयाँ नदी के भँवरों तथा तरंगों की मनोहरता हैं।

चारों भाइयों के बालचरित अनेकानेक रंगों के अनेक कमल हैं। महाराज दशरथ तथा उनकी रानियों एवं कुटुम्बियों के पुण्य भँवरें तथा जलपक्षी हैं॥ ४०॥

टिप्पणी—मानसरूपी मानसरोवर से काव्यधारारूपी सरयू निकलकर आर्तजन, जिज्ञासु एवं ज्ञानी इन तीनों श्रोताओं के बीच से निकल श्रीराम कथा-भक्तिरूपी गंगा से मिलकर अत्यधिक भाव तथा वेग से परिपूर्ण हो उठती है। आगे चलकर, श्रीराम तथा लक्ष्मण की शौर्य गाथारूपी महानद सोन से मिलकर यह कथा और भी विलक्षण हो जाती है। इस प्रकार कवि सरयू रूपक के माध्यम से कविता, भक्ति तथा श्रीराम की कथा इन तीनों के समन्वित रूप पर इस रूपक के माध्यम से प्रकाश डालता है। आगे चलकर, वह मानस के सम्पूर्ण कथा प्रसंगों को नदी के इस विराट् रूपक से समन्वित करके देखता है।

सीय स्वयंबर कथा सुहाई। सरित सुहावनि सो छबि छाई॥
नदी नाव पटु प्रस्न अनेका। केवट कुसल उतर सबिबेका॥
मुनि अनुकथन परस्पर होई। पथिक समाज सोह सरि सोई॥
घोर धार भृगुनाथ रिसानी। घाट सुबद्ध राम बर बानी॥
सानुज राम बिबाह उछाहू। सो सुभ उमग सुखद सब काहू॥
कहत सुनत हरषहिं पुलकाहीं। ते सुकृती मन मुदित नहाहीं॥
राम तिलक हित मंगल साजा। परब जोग जनु जुरे समाजा॥
काई कुमति केकई केरी। परी जासु फल बिपति घनेरी॥
दो०— समन अमित उतपात सब भरत चरित जप जाग।
कलि अघ खल अवगुन कथन ते जल मल बग काग॥ ४१॥

अर्थ—सीता के स्वयंवर की सुहानी कथा जैसे नदी की सुहावनी छाई हुई छवि हो। नदी तथा नाव अनेक चतुरतापूर्ण प्रश्न हैं और उन प्रश्नों के कुशलता भरे विवेक युक्त उत्तर ही केवट हैं।

इस कथा को सुनकर जो परस्पर अनुकथन (कथन के पश्चात् की चर्चा) होता है वही नदी के साथ चलते हुए शोभित होनेवाले पथिक समाज हैं। परशुराम जी का क्रोध इस नदी की भयंकर धारा है। श्रीराम की सुन्दर वाणी ही अच्छी तरह से बाँधे गये सुन्दर घाट हैं।

अनुजों सहित श्रीराम का विवाह उत्साह इस कथारूपी नदी की कल्याणकारी बाढ़ है जो सभी के लिए आनन्ददायी है। इसके कहने-सुनने में जो हर्षित और पुलकित होते हैं वे ही पुण्यवान है और वही मुदित मन से इसमें स्नान करते हैं॥

श्रीराम के तिलक हित जो मंगल साज सजाये गये मानो वही मांगलिक पर्वों के समय पर एकत्रित जन समूह हैं। कैकेई की दुर्बुद्धि इसकी काई है, जिसके फलस्वरूप बड़ी भारी विपत्ति आ गई।

समस्त अनन्त उत्पातों को शान्त करनेवाला भरत का चरित्र नदी तट का जप तथा यज्ञ है। कलि के पापों तथा दुष्टों के अवगुणों के जो कथन हैं, वे इस नदी के जल के कीचड़ और बगुले-कौए हैं॥ ४१॥

टिप्पणी—कवि सीता स्वयंवर से लेकर भरत प्रसंग तक की कथा को इस रूपक के साथ जोड़कर आगे बढ़ाता है। साङ्गरूपक का यह विशाल तथा व्यापक क्रम कथा एवं काव्य रचना निर्वाह की संगति से लेश मात्र भी क्षरित नहीं होता। प्रस्तुत तथा अप्रस्तुत के बीच सादृश्यगत अध्यवसान के साथ समुचित तथा पर्याप्त संगति दिखाई पड़ती है।

कीरति सरित छहूँ रितु रूपी। समय सुहावनि पावनि भूरी॥
हिम हिमसैलसुता सिव ब्याहू। सिसिर सुखद प्रभु जनम उछाहू॥
बरनब राम बिबाह समाजू। सो मुद मंगलमय रितुराजू॥
ग्रीषम दुसह राम बन गमनू। पंथ कथा खर आतप पवनू॥
बरषा घोर निसाचर रारी। सुर कुल सालि सुमंगलकारी॥
राम राज सुख बिनय बड़ाई। बिसद सुखद सोइ सरद सुहाई॥
सती सिरोमनि सिय गुन गाथा। सोइ गुन अमल अनूपम पाथा॥
भरत सुभाउ सुसीतलाई। सदा एक रस बरनि न जाई॥
दो०— अवलोकनि बोलनि मिलनि प्रीति परस्पर हास।
भायप भलि चहुँ बंधु की जल माधुरी सुबास॥ ४२॥

अर्थ—यह कीर्तिरूपी नदी छहों ऋतुओं में सुन्दर है। सभी समय यह परम सुहावनी तथा पवित्र है। हिमालयपुत्री पार्वती तथा शिव का ब्याह ही हेमन्त ऋतु है। श्रीराम प्रभु का जन्मोत्सव ही सुखदायी शिशिर ऋतु है।

श्रीराम के विवाह तथा विवाह समाज का वर्णन ही वसंत ऋतु है। श्रीराम का वनगमन दु:सह ग्रीष्म ऋतु है और मार्ग की कथा ही कड़ी धूप और तेज वायु (लू) है।

राक्षसों के साथ घोर युद्ध ही वर्षा ऋतु है जो देवकुलरूपी धान के लिए अत्यन्त मंगलदायिनी है। रामचन्द्र के राज्य का सुख, विनम्रता तथा समृद्धि वही अत्यधिक सुख देनेवाली सुन्दर शरद् ऋतु है।

सती-शिरोमणि सीता के गुणों का समूह वही इस जल का निर्मल तथा अनुपम गुण है। भरत का स्वभाव इस नदी की सुन्दर सुशीलता है—जो निरन्तर एकरस है और उसका वर्णन नहीं किया जा सकता।

उन चारों भाइयों का परस्पर देखना, बोलना, मिलना, प्रेम तथा परस्पर हास-परिहास और सुन्दर भाईपन जल की मधुरता तथा गंध है॥ ४२॥

टिप्पणी—यहाँ कवि सांगरूपक को मनोहारी वर्णनों से जोड़ता है। कथा क्रम में वह वस्तुओं की कल्पना करता है। नद प्रदेश को विविध ऋतुएँ रमणीक बना देती हैं। उसके अनुसार यह श्रीराम की कीर्तिरूपी नदी सभी ऋतुओं में निर्मल है और ऋतुएँ निम्नवत् हैं—

(१) हिमालय पुत्री पार्वती का ब्याह हेमन्त ऋतु है।
(२) श्रीराम का जन्मोत्सव शिशिर ऋतु है।
(३) श्रीराम का विवाह वसन्त ऋतु है।
(४) श्रीराम का वनगमन ग्रीष्म ऋतु है।

(५) राक्षसों से घोर युद्ध वर्षा ऋतु है।

(६) श्रीराम का राज्य आनन्ददायी शरद ऋतु है।

सम्पूर्ण कथा की यह ऋतु कल्पना प्रकारान्तर से कथा स्वभाव एवं उससे सम्बद्ध मानसिक वृत्ति दोनों को इंगित करती है।

आरति बिनय दीनता मोरी। लघुता ललित सुबारि न थोरी॥
अद्भुत सलिल सुनत गुनकारी। आस पिआस मनोमल हारी॥
राम सुपेमहि पोषत पानी। हरत सकल कलि कलुष गलानी॥
भव श्रम सोषक तोषक तोषा। समन दुरित दुख दारिद दोषा॥
काम कोह मद मोह नसावन। बिमल बिबेक बिराग बढ़ावन॥
सादर मज्जन पान किए ते। मिटहिं पाप परिताप हिए ते॥
जिन्ह एहि बारि न मानस धोए। ते कायर कलिकाल बिगोए॥
तृषित निरखि रबिकर भवबारी। फिरिहहिं मृग जिमि जीव दुखारी॥
दो०— मति अनुहारि सुबारि गुन गन गनि मन अन्हवाइ।
सुमिरि भवानी संकरहिं कह कबि कथा सुहाइ॥
अब रघुपति पद पंकरुह हियँ धरि पाइ प्रसाद।
कहउँ जुगल मुनिबर्ज कर मिलन सुभग संबाद॥ ४३॥

अर्थ—मेरा आर्तभाव, विनय तथा दैन्य उस (निर्मल) जल का अत्यधिक हल्कापन है। इसका जल अद्भुत और सुनने में नितान्त गुणकारी है। यह आशा रूपी प्यास एवं मन के मैल को दूर कर देता है।

यह जल श्रीरामरूपी सुन्दर प्रेम को सम्पुष्ट करता है तथा कलिजन्य सम्पूर्ण कलुष और ग्लानि को समाप्त करता है। यह भवजन्य श्रम को दूर करता तथा आनन्द देता है और दुःख तथा दारिद्र्य एवं दोषों को शान्त करता है।

काम-क्रोध, मद तथा मोह को नष्ट करने वाला साथ ही निर्मल ज्ञान तथा वैराग्य की वृद्धि करनेवाला है। इसमें आदरपूर्वक स्नान तथा जलपान करने से हृदय के पाप तथा संताप दूर होते हैं।

जिन्होंने इस जल में अपना हृदय नहीं साफ किया वे कायर कलिकाल द्वारा विमुग्ध किये गये हैं। वे जीव प्यासे मृग की भाँति सूर्य की किरणों से उत्पन्न भ्रमात्मक जल को देखकर उसके निमित्त दुखी उसके पीछे भटका करते हैं।

अपनी बुद्धि के अनुसार इस पवित्र जल के गुण समूहों की गणना करके और उसमें मन को स्नान करा करके साथ ही, पार्वती तथा शिव का स्मरण करके यह कवि (तुलसीदास) सुहावनी कथा कह रहा है।

अब श्रीराम के चरण-कमलों को हृदय में धारण करके और उनका प्रसाद पाकर दोनों श्रेष्ठ मुनियों के मिलन का सुंदर संवाद कह रहा हूँ॥ ४३॥

टिप्पणी—अन्त में कवि इस विशाल सांगरूपक अलंकार को समापन की ओर ले जाता हुआ उसे मानस के कथाफल से जोड़ता है। श्रीरामचरितमानस की उद्भावना जिन व्यापक तथा बृहत्तर मूल्यों की निष्पत्ति कराती है, पुनः प्रकारान्तर भाव से कवि अपने सांगरूपक के साथ जोड़कर स्पष्ट करता है। इस बार-बार पुनरावृत्ति का लक्ष्य है—उन्हें तरह-तरह से सम्पुष्ट करना। कवि अपनी विनयोक्ति, भाव संत्रास को नष्ट करनेवाली मानस के कथा फल, श्रीराम के प्रति अनन्य निष्ठा, जन्म-मरण के बीच अनेकानेक कष्टदायी श्रमों, दारिद्र्य, दुःख, विषमता आदि क्लेशों की मुक्ति तथा ततश्च मानस से प्राप्त होनेवाली आनन्ददायिनी जीवन्मुक्तिमयी विश्रान्ति की चर्चा करके वह

सम्पूर्ण मानव जाति के लिए उसे प्राप्त करने के लिए प्रेरणा देता है—

जिन्ह येहिं बारि न मानस धोए। ते कायर कलिकाल बिगोए॥
तृषित निरखि रबि कर भय बारी। फिरिहहिं मृग जिमि जीव दुखारी॥

अन्ततया वह सम्पूर्ण मानव जाति के लिए श्रीरामचरितमानस का अवगाहन अनिवार्य बताता है।

भरद्वाज मुनि बसहिं प्रयागा। तिन्हहि रामपद अति अनुरागा॥
तापस सम दम दया निधाना। परमारथ पथ परम सुजाना॥
माघ मकरगत रबि जब होई। तीरथपतिहिं आव सब कोई॥
देव दनुज किंनर नर श्रेनीं। सादर मज्जहिं सकल त्रिवेनीं॥
पूजहिं माधव पद जल जाता। परसि अखयबटु हरषहिं गाता॥
भरद्वाज आश्रम अति पावन। परम रम्य मुनिबर मन भावन॥
तहाँ होइ मुनि रिषय समाजा। जाहिं जे मज्जन तीरथ राजा॥
मज्जहिं प्रात समेत उछाहा। कहहिं परसपर हरि गुन गाहा॥

दो०— ब्रह्म निरूपन धर्म बिधि बरनहिं तत्त्व बिभाग।
कहहिं भगति भगवंत कै संजुत ग्यान बिराग॥ ४४॥

अर्थ—भरद्वाज मुनि प्रयाग में निवास करते हैं और उन्हें श्रीराम के चरणों में अत्यधिक अनुराग है। वे सम, दम, दया के निधान तथा तपस्वी हैं और उन्हें श्रीराम के चरणों में अत्यधिक अनुराग है। वे परमार्थ के पथ के परम चतुर हैं।

माघ के महीने में जब सूर्य मकरराशिगत होते हैं तब सब लोग तीर्थराज प्रयाग में आते हैं। देवता, असुर, किन्नर एवं मनुष्य समूह सभी आदरपूर्वक त्रिवेणी में स्नान करते हैं।

वे श्री वेणीमाधव के चरण-कमलों का पूजन करते हैं और अक्षयवट का स्पर्श करके सशरीर हर्षित होते हैं। भरद्वाज का आश्रम अत्यधिक पवित्र है। वह परम रम्य तथा श्रेष्ठ मुनियों के मन को भला लगनेवाला है।

जो मुनिगण तीर्थराज में स्नान करने के लिए जाते हैं, उनका वहाँ समाज एकत्रित होता है। प्रात:काल सभी उत्साहपूर्वक स्नान करते हैं और परस्पर भगवान् के गुणों की कथाएँ कहते हैं।

ब्रह्म का निरूपण, धर्म विधि का कथन एवं तत्त्व विभाग का वर्णन करते हुए ज्ञान तथा वैराग्य से परिपूर्ण चित्त वे भगवान् की भक्ति का कथन करते हैं॥ ४४॥

टिप्पणी—वह श्रीरामकथा के प्रणयन की उद्भावना का श्रीगणेश करता है। यह प्रसंग याज्ञवल्क्य तथा भरद्वाज के संवाद के रूप में शुरू होता है। कथा स्थल है—प्रयाग का त्रिवेणी तट, इस तट का भरद्वाज मुनि का आश्रम और संगम है—माघ मास के मकर संक्रान्ति के बाद का यहाँ का शुभ पावन पर्व जिसमें नाना प्रकार के ऋषिगण एकत्रित होकर धर्म, ज्ञान, भक्ति एवं ब्रह्म निरूपण की विविध भाँति की मीमांसा करते हैं। कथा प्रसंग की उद्भावना इस प्रकरण से जोड़कर कवि उसकी पावनता तथा उदात्तता की स्थापना करता है।

एहि प्रकार भरि माघ नहाहीं। पुनि सब निज निज आश्रम जाहीं॥
प्रति संबत अति होइ अनंदा। मकर मज्जि गवनहिं मुनिबृंदा॥
एक बार भरि मकर नहाए। सब मुनीस आश्रमन्ह सिधाए॥
जागबलिक मुनि परम बिबेकी। भरद्वाज राखे पद टेकी॥
सादर चरन सरोज पखारे। अति पुनीत आसन बैठारे॥
करि पूजा मुनि सुजसु बखानी। बोले अति पुनीत मृदु बानी॥

नाथ एक संसउ बड़ मोरें। करगत बेद तत्त्व सबु तोरें॥
कहत सो मोहिं लागत भय लाजा। जौ न कहउँ बड़ होइ अकाजा॥
दो०— संत कहहिं अस नीति प्रभु श्रुति पुरान मुनि गाव।
होइ न बिमल बिबेक उर गुर सन किए दुराव॥ ४५॥

अर्थ—इस प्रकार वे सभी महीनेपर्यन्त माघ का स्नान करते हैं और फिर सब अपने-अपने आश्रमों के लिए गमन करते हैं। प्रतिवर्ष इस प्रकार का बड़ा आनन्द यहाँ होता है। मकर स्नान करके मुनिगण चले जाते हैं।

एक बार पूरे मकर भर स्नान करके सभी मुनिगण अपने-अपने आश्रमों को सिधारे किन्तु परम ज्ञानी याज्ञवल्क्य मुनि को भरद्वाज मुनि ने चरण टेक करके रोक लिया।

आदरपूर्वक चरण-कमलों को धो करके अत्यन्त पवित्र आसन पर उन्हें बैठाया और पूजा करके मुनि के सुयश का बखान किया तथा अत्यन्त पवित्र एवं कोमल वाणी से बोले।

हे नाथ! मेरे मन में एक बड़ा संशय है और आपकी मुट्ठी में समस्त वेद तत्त्व स्थित हैं किन्तु उस सन्देह को कहते हुए भय तथा लज्जा दोनों लग रही है यदि नहीं कहता तो बड़ा अकाज होता है।

हे प्रभु! सन्तजन ऐसी नीति कहते हैं तथा वेद, पुराण एवं मुनिजन भी इसी प्रकार का गायन करते हैं कि गुरु से दुराव-छिपाव करने से हृदय में निर्मल ज्ञान नहीं उत्पन्न होता॥ ४५॥

टिप्पणी—इस प्रकार के आध्यात्मिक वातावरण में याज्ञवल्क्य ऋषि प्रयाग पधारे थे और मास पर्यन्त त्रिवेणी स्नान करके जब प्रस्थान करना चाहते थे, उस समय भरद्वाज ने आदरपूर्वक प्रणाम करके पवित्र श्रीराम कथा का उनसे निवेदन किया।

अस बिचारि प्रगटउँ निज मोहू। हरहु नाथ करि जन पर छोहू॥
राम नाम कर अमित प्रभावा। संत पुरान उपनिषद गावा॥
संतत जपत संभु अबिनासी। सिव भगवान ग्यान गुन रासी॥
आकर चारि जीव जग अहहीं। कासी मरत परम पद लहहीं॥
सोपि राम महिमा मुनिराया। सिव उपदेसु करत करि दाया॥
रामु कवन प्रभु पूछउँ तोही। कहिअ बुझाइ कृपानिधि मोही॥
एक राम अवधेस कुमारा। तिन्ह कर चरित बिदित संसारा॥
नारि बिरह दुख लहेउ अपारा। भयउ रोषु रन रावन मारा॥
दो०— प्रभु सोइ राम कि अपर कोउ जाहि जपत त्रिपुरारि।
सत्यधाम सर्बग्य तुम्ह कहहु बिबेकु बिचारि॥ ४६॥

अर्थ—ऐसा सोचकर, मैं अपना मोह प्रकट करता हूँ और हे नाथ! इस जन पर आत्मीय प्रेम प्रकट करते हुए अज्ञान का हरण कीजिए। श्रीराम नाम का अमित प्रभाव है, सन्त, पुराणों, उपनिषदों ने भी (ऐसा ही) गाया है।

अखिल मंगलस्वरूप ज्ञान तथा गुण की राशि अविनाशी भगवान् शिव निरन्तर इसका (राम नाम का) जप करते रहते हैं। संसार में चार प्रकार के जीव समूह हैं और सभी काशी में मरने से परमपद को प्राप्त करते हैं।

हे मुनिश्रेष्ठ! वह भी राम नाम की ही महिमा है क्योंकि शिव भी अत्यन्त दयापूर्वक उसी (रामनाम) का ही उपदेश करते हैं। हे प्रभु! मैं आपसे पूछता हूँ कि (यह) राम कौन हैं। हे कृपानिधि! मुझे समझा करके आप बतायें।

एक राम तो अवधेश दशरथ-पुत्र हैं—उनका चरित्र सम्पूर्ण संसार भर में विदित है। नारी के

वियोग में उन्होंने अपार दुःख प्राप्त किया और क्रोध का आवेग उत्पन्न होने पर उन्होंने युद्धभूमि में रावण को मार डाला।

हे प्रभु! वही राम हैं कि अन्य कोई जिसको शिव रात-दिन जपा करते हैं। हे मुनिश्रेष्ठ! आप सत्यधाम हैं और सर्वज्ञ हैं—आप ज्ञान से विचारपूर्वक बताएँ॥ ४६॥

टिप्पणी—प्रश्न का केन्द्रीय बिन्दु मानव राम एवं ब्रह्म राम के अन्तर्द्वन्द्व से उठाया गया है। श्रीरामचरितमानस में आदि से अन्त तक यही बिन्दु परिव्याप्त है। श्रीराम मानव हैं या ब्रह्म—यह विकल्प चरितात्मक लीला का केन्द्रीय बिन्दु है—और सती, गरुड़ ही नहीं—अनेकानेक रामकथा के पात्रों द्वारा कवि यही प्रश्न-द्वन्द्व उठाता चलता है। श्रीरामचरितमानस सम्पूर्ण उसी द्वन्द्व का उत्तर देने के लिए लिखा गया अद्भुत महाकाव्य है जिसमें इसी द्वन्द्व के समाधान में श्रीहरि की लीला का गुणानुवाद किया गया है—इसमें कोई कथा नहीं सुनाई गई है।

जैसें मिटै मोर भ्रम भारी। कहहु सो कथा नाथ बिस्तारी॥
जागबलिक बोले मुसुकाई। तुम्हहिं बिदित रघुपति प्रभुताई॥
राम भगत तुम्ह मन क्रम बानी। चतुराई तुम्हारि मैं जानी॥
चाहहु सुनै राम गुन गूढ़ा। कीन्हहु प्रस्न मनहु अति मूढ़ा॥
तात सुनहु सादर मनु लाई। कहउँ राम कै कथा सुहाई॥
महामोह महिषेसु बिसाला। रामकथा कालिका कराला॥
कामकथा ससि किरन समाना। संत चकोर करहिं जेहि पाना॥
ऐसेइ संसय कीन्ह भवानी। महादेव तब कहा बखानी॥

दो०— कहउँ सो मति अनुहारि अब उमा संभु संबाद।
भयउ समय जेहि हेतु जेहि सुनि मुनि मिटिहि बिषाद॥ ४७॥

अर्थ—हे नाथ! जिस प्रकार से भी मेरा भारी भ्रम मिट सके, उस प्रकार से विस्तारपूर्वक (यह) कथा कहें। इसे सुनकर, याज्ञवल्क्य ने मुस्कराकर कहा कि तुम्हें श्रीराम की प्रभुता ज्ञात है।

तुम मन, कर्म तथा वाणी से रामभक्त हो। तुम्हारी चातुरी मैं जानता हूँ। तुम श्रीराम के रहस्यमयी गुणों को सुनना चाहते हो इसी से इस प्रकार का प्रश्न किया मानो अत्यधिक मूढ़ हो।

हे तात! तुम आदरपूर्वक मन लगाकर सुनो! मैं श्रीराम की सुन्दर कथा कहता हूँ। भारी अज्ञान (मोह) विशाल महिषासुर है और श्रीराम की कथा विकराल कालिका है।

रामकथा चन्द्र-किरणों के समान है जिसका सन्तरूपी चकोर निरन्तर पान करते हैं। इसी प्रकार का सन्देह पार्वती ने किया था। शिव ने तब इसका वर्णन किया।

अब मैं अपनी बुद्धि के अनुसार वही उमा तथा शिव का संवाद कह रहा हूँ। हे मुनि! वह जिस समय जिस हेतु से हुआ, उसे सुनो (जिसे सुनकर) तुम्हारा विषाद मिट जायेगा॥ ४७॥

टिप्पणी—इन पंक्तियों में प्रश्नकर्त्ता की अज्ञता नहीं सर्वज्ञता का वर्णन है। यही लीला चरित की सबसे बड़ी विशेषता है, उसके रहस्य से अवगत पात्र पुनः-पुनः उसका श्रवण करके आनन्द प्राप्त करना चाहता है। वह अज्ञान तथा संशय को प्रश्नोत्तर द्वारा दूर नहीं करना चाहता, वह तो दिखावा मात्र है। वह अधिकारी मर्मज्ञ से बार-बार कथा श्रवण करके उसके आनन्द से अनेकशः, अनेक रूपों में अनेक बार आनन्दित तथा परितृप्त होना चाहता है—

राम भगत तुम्ह मन क्रम बानी। चतुराई तुम्हारि मैं जानी॥
चाहहु सुनै राम गुन गूढ़ा। कीन्हहु प्रस्न मनहु अति मूढ़ा॥

याज्ञवल्क्य अपनी कथा की प्रस्तावना में शिव की कथा प्रारम्भ कर देते हैं और उनका मन्तव्य है—शिव की इस कथा के माध्यम से श्रीरम के प्रश्नगत स्वरूप का निरूपण है।

एक बार त्रेता जुग माहीं। संभु गए कुंभज रिषि पाहीं॥
संग सती जगजननि भवानी। पूजे रिषि अखिलेस्वर जानी॥
रामकथा मुनिबर्ज बखानी। सुनी महेस परम सुख मानी॥
रिषि पूछी हरिभगति सुहाई। कही संभु अधिकारी पाई॥
कहत सुनत रघुपति गुन गाथा। कछु दिन तहाँ रहे गिरिनाथा॥
मुनि सन बिदा माँगि त्रिपुरारी। चले भवन सँग दच्छकुमारी॥
तेहि अवसर भंजन महि भारा। हरि रघुबंस लीन्ह अवतारा॥
पिता बचन तजि राजु उदासी। दंडक बन बिचरत अबिनासी॥

दो०— हृदय बिचारत जात हर केहि बिधि दरसनु होइ।
गुपुत रूप अवतरेउ प्रभु गये जान सबु कोइ॥

सो०— संकर उर जति छोभु सती न जानहि मरमु सोइ।
तुलसी दरसन लोभु मन डरु लोचन लालची।।४८॥

अर्थ—त्रेता युग में एक बार शिव अगस्त्य ऋषि के पास गये उनके साथ जगज्जननी भवानी सती भी थीं। ऋषि ने उन्हें सम्पूर्ण जगत् का स्वामी जानकर पूजा की।

मुनिश्रेष्ठ अगस्त्य ने रामकथा कही। शिव ने अत्यन्त सुख मानकर उसे सुना। फिर ऋषि ने शिव से आनन्ददायी श्रीहरि की भक्ति के विषय में पूछा। उन्होंने भक्ति का अधिकारी समझकर उनको बताया।

इस प्रकार श्रीराम की कथा कहते-सुनते कुछ समय तक शिव वहाँ रहे। शिव मुनि से विदा माँगकर सती के साथ अपने निवास पर चले गये।

उसी समय पृथ्वी के भार को दूर करने के लिए श्रीहरि ने रघुवंश में अवतार ले रखा था। पिता के वचनों को पूरा करने के लिए राज्य का त्याग करके तपस्वी वेष में अविनाशी प्रभु दण्डक वन में विचरण कर रहे थे।

शिव जी हृदय में विचार करते जा रहे थे कि श्री हरि के दर्शन किस प्रकार हों? प्रभु गुप्त रूप से अवतरित हुए हैं, पास जाने पर सभी इसे जान जायेंगे।

इस बात को लेकर शिव के हृदय में अत्यधिक संघर्ष चल रहा था किन्तु सती इस रहस्य को नहीं जानती थीं। तुलसीदास जी कहते हैं कि शिव के लालची नेत्रों में उनके दर्शन का लोभ उमड़ रहा था किन्तु मन में भय था॥ ४८॥

टिप्पणी—यह शिव कथा की अवतारणा है और इस अवतारणा के अन्तर्गत कवि पार्वती से सम्बद्ध श्रीराम कथा के लोकात्मक तथा आध्यात्मिक द्वन्द्व की भूमिका तैयार करता है।

इस भूमिका के अन्तर्गत महर्षि अगस्त्य तथा शिव प्रकरण कथित है और इस प्रकरण के कथन का मन्तव्य श्रीराम कथा की सनातनता का चित्रण करना है।

यही नहीं, त्रेता में श्रीराम जन्म के पूर्व भी रामकथा थी—और परस्पर कथा-रस के लिए शिव एवं अगस्त्य एक-दूसरे से श्रीरामकथा तथा रहस्य का आदान-प्रदान करते हैं। शिव रामकथा जानते थे, भरद्वाज की ही भाँति अगस्त्य के साथ उसकी चर्चा कह-सुनकर उसका आनन्द उठाना चाहते थे—

राम कथा मुनिबर्ज बखानी। सुनी महेस परम सुख मानी॥
रिषि पूछी हरिभगति सुहाई। कही संभु अधिकारी पाई॥
कहत सुनत रघुपति गुन गाथा। कछु दिन तहाँ रहे गिरिनाथा॥

दशरथ राम की कथा तो मात्र एक युग की कथा है—श्रीराम अनेक कल्पों में अवतरित

होते हैं—

रामचरित सत कोटि अपारा। श्रुति सारदा न बरनै पारा॥
राम अनंत अनंत गुनानी। जन्म कर्म अनंत नामानीं॥

कवि दाशरथि श्रीराम के जन्म के पूर्व श्रीराम की कथा के अस्तित्व होने की बात कहकर श्रीराम की अखण्डता एवं उनके चिरन्तन अस्तित्व पर प्रकाश डालता है।

रावन मरन मनुज कर जाँचा। प्रभु बिधि बचनु कीन्ह चह साँचा॥
जउ नहिं जाउँ रहइ पछितावा। करत बिचारु न बनत बनावा॥
एहि बिधि भए सोच बस ईसा। तेही समय जाइ दससीसा॥
लीन्ह नीच मारीचहिं संगा। भयउ तुरत सोइ कपट कुरंगा॥
करि छल मूढ़ हरी बैदेही। प्रभु प्रभाउ तस बिदित न तेही॥
मृग बधि बंधु सहित हरि आए। आश्रमु देखि नयन जल छाए॥
बिरह बिकल नर इव रघुराई। खोजत बिपिन फिरत दोउ भाई॥
कबहूँ जोग बियोग न जाकें। देखा प्रगट बिरह दुख ताकें॥

दो०— अति बिचित्र रघुपति चरित जानहिं परम सुजान।
जे मतिमंद बिमोह बस हृदय धरहिं कछु आन॥ ४९॥

अर्थ—रावण ने (वरदान के रूप में) मनुष्य के हाथों से अपनी मृत्यु का वर माँगा था। श्रीहरि ब्रह्मा के इस वचन को पूर्ण करना चाहते थे। यदि मैं (श्रीहरि के दर्शनार्थ) नहीं जाता तो यह पछतावा बना रहेगा। शिव इस प्रकार का विचार कर रहे थे किन्तु कोई युक्ति नहीं निकल रही थी।

इस प्रकार शिव चिन्ता विवश हो गये, उसी समय नीच रावण ने जाकर मारीच को साथ लिया और वह मारीच तुरन्त कपट का मृग बन गया।

उस मूर्ख रावण ने छल करके सीता का हरण किया। श्रीराम के वास्तविक प्रभाव का उसे ज्ञान नहीं था। मृग का वध करके बंधु लक्ष्मण के साथ श्रीहरि लौटे और (सीता रहित) आश्रन को देख करके उनके नेत्रों में अश्रु आ गये।

श्रीराम मनुष्य की भाँति विरह में व्याकुल हुए और दोनों भाई वन में सीता को खोजते फिरने लगे। जिनको कभी भी संयोग तथा वियोग नहीं है—उनमें विरह का प्रकट दुख दिखाई पड़ा।

श्रीराम का चरित अत्यन्त रहस्यमय और विचित्रता भरा है, इसे चतुर ज्ञानीजन ही जानते हैं। जो मन्द बुद्धि हैं, व्यामोहवश (उनके प्रति) हृदय में कुछ अन्यथा समझ लेते हैं॥ ४९॥

टिप्पणी—(१) दाशरथि श्रीराम एक कल्प में त्रेता युग में अवतरित हुए थे—और जो अनादि ब्रह्म श्रीराम के एक विशिष्ट अवतार मात्र थे, उन अनादि आराध्य के दर्शन की शिव-उत्कंठा का कवि इन पंक्तियों में चित्रण करके शिव कथा की प्रस्तावना के लिए रहस्यपूर्ण वातावरण की सृष्टि करता है।

(२) श्रीराम का अवतरण यदि त्रेता युग मात्र तक कवि सीमित करता तो उनकी अखण्डता और अनन्तता पर प्रश्न चिह्न उठ सकता है, अतः कवि प्रभु श्रीराम के अवतरण को अनन्त तथा अखण्ड बताता है।

(३) श्रीराम को जो एक युग तथा एक अवतार मात्र तक सीमित रखता है, वह मोहग्रस्त है और कवि के अनुसार वह अज्ञानवश इस प्रकार उन्हें ऐसा समझता है।

संभु समय तेहि रामहिं देखा। उपजा हियँ अति हरषु बिसेखा॥
भरि लोचन छबि सिंधु निहारी। कुसमय जानि न कीन्हि चिन्हारी॥
जय सच्चिदानंद जग पावन। अस कहि चलेउ मनोज नसावन॥

चले जात सिव सती समेता। पुनि पुनि पुलकत कृपानिकेता॥
सतीं सो दसा संभु कै देखी। उर उपजा संदेहु बिसेखी॥
संकर जगतबंद्य जगदीसा। सुर नर मुनि सब नावहिं सीसा॥
तिन्ह नृप सुतहिं कीन्ह परनामा। कहि सच्चिदानंद परधामा॥
भए मगन छबि तासु बिलोकी। अजहुँ प्रीति उर रहति न रोकी॥

दो०— ब्रह्म जो ब्यापक बिरज अज अकल अनीह अभेद।
सो कि देह धरि होइ नर जाहि न जानत बेद॥ ५०॥

अर्थ—शिव ने उस समय श्रीराम को देखा। उनके हृदय में (उन्हें देखकर) अत्यधिक विशेष आनन्द उत्पन्न हुआ। सौन्दर्यराशि श्रीराम को उन्होंने आँख भरके देखा और कुसमय जानकर परिचय नहीं किया।

संसार को पवित्र करनेवाले सच्चिदानन्द की जय हो, ऐसा कहकर शिव चल पड़े। सती के साथ शिव बार-बार आनन्द पुलकित चले जा रहे थे।

सती ने शिव की वह दशा विशेष देखी और (उसे देखकर) उनके हृदय में विशेष संदेह उत्पन्न हुआ। शिव जगतपूज्य सृष्टि के स्वामी हैं। देवता, मनुष्य तथा मुनि उन्हें शीश झुकाते हैं।

उन्होंने एक राजपुत्र को सच्चिदानन्द परमधाम कहकर प्रणाम किया। उनकी छवि को देखकर वे पुलकित हो उठे और अब भी वह प्रेम रोकने से भी नहीं रुक रहा है।

वह ब्रह्म जो सर्वव्याप्त, मायारहित, अजन्मा, अगोचर, इच्छारहित और भेदरहित है—जिसे वेद भी नहीं जानते, वह ब्रह्म क्या देह धारण करके मनुष्य हो सकता है!॥ ५०॥

टिप्पणी—कवि श्रीराम के विराट्, अनन्त, अज्ञेय एवं अखण्ड स्वरूप की प्रस्तावना के निमित्त 'शिव तथा पार्वती' की समझ की पारस्परिक भिन्नता का दिग्दर्शन कराता है। यहाँ कवि की कथात्मक कुशलता द्रष्टव्य है। शिव श्रीराम को देखकर (अपने आराध्य के दर्शन से) पुलकित हैं और उनके इस भाव यथार्थ को पार्वती मुग्ध बुद्धि के कारण समझ नहीं पातीं, फलतः सन्देहग्रस्त हैं। यहाँ शिव के अखण्ड विश्वास की एक ओर पराकाष्ठा है तो दूसरी ओर पार्वती के संदेह की भी। कवि इस द्वन्द्व को इस दोहे के माध्यम से उभारता है—

ब्रह्म जो ब्यापक बिरज अज अकल अनीह अभेद।
सो कि देह धरि होइ नर जाहि न जानत बेद॥

प्रकारान्तर भाव से, निर्गुण एवं सगुण ब्रह्म के द्वन्द्वात्मक विधान को ध्यान में रखकर तुलसीदास कथाबन्ध के द्वन्द्व का निर्माण करते हैं।

पार्वती की दृष्टि में शिव उपहास के विषय हैं और शिव की दृष्टि से अज्ञ पार्वती।

कथा का चमत्कार दोनों की पारस्परिक सन्देह दृष्टि के बीच उगता है।

बिष्नु जो सुर हित नरतनु धारी। सोउ सर्बग्य जथा त्रिपुरारी॥
खोजइ सो कि अग्य इव नारी। ग्यानधाम श्रीपति असुरारी॥
संभुगिरा पुनि मृषा न होई। सिव सर्बग्य जान सबु कोई॥
अस संसय मन भयेउ अपारा। होइ न हृदयँ प्रबोध प्रचारा॥
जद्यपि प्रगट न कहेउ भवानी। हर अंतरजामी सब जानी॥
सुनहि सती तव नारि सुभाऊ। संसय अस न धरिअ उर काऊ॥
जासु कथा कुंभज रिषि गाई। भगति जासु मैं मुनिहिं सुनाई॥
सोइ मम इष्टदेव रघुबीरा। सेवत जाहि सदा मुनि धीरा॥

अर्थ—यदि विष्णु ने देवताओं के हित के लिए मनुष्य का शरीर धारण किया है तो वे भी शिव

की ही भाँति सर्वज्ञ हैं। ज्ञान के भण्डार, लक्ष्मीपति तथा असुरों के हन्ता विष्णु क्या अज्ञानी की भाँति पत्नी को खोजेंगे?

पुनः शिव की वाणी असत्य नहीं हो सकती। सभी जानते हैं कि शिव सर्वज्ञ हैं। सती के मन में ऐसा अपार संशय उत्पन्न हुआ और हृदय में ज्ञान का प्रादुर्भाव नहीं हो पा रहा था।

यद्यपि भवानी ने (शिव से) प्रकट में कुछ नहीं कहा किन्तु अन्तर्यामी शिव सब जान गये। उन्होंने कहा, हे सती! सुनो—तुम्हारा नारी स्वभाव है, मन में कभी भी ऐसा सन्देह नहीं रखना चाहिए।

जिसकी कथा का गान अगस्त्य मुनि ने किया है और जिसकी भक्ति को मैंने उन्हें सुनाया है। ये वही मेरे इष्टदेव श्रीराम हैं। जिनकी सेवा सदैव ज्ञानी मुनिजन किया करते हैं।

छंद— मुनि धीर जोगी सिद्ध संतत बिमल मन जेहि ध्यावहीं।
कहि नेति निगम पुरान आगम जासु कीरति गावहीं॥
सोइ रामु ब्यापक ब्रह्म भुवन निकाय पति माया धनी।
अवतरेउ अपने भगत हित निजतंत्र नित रघुकुलमनी॥
सो०— लाग न उर उपदेसु जदपि कहेउ सिवँ बार बहु।
बोले बिहँसि महेसु हरि माया बलु जानि जियँ॥ ५१॥

ज्ञानी मुनि, योगी, सिद्ध निर्मल मन से जिसका ध्यान करते रहते हैं तथा वेद, पुराण तथा आगम 'जिसका अन्त नहीं है', ऐसा कहकर जिसकी कीर्ति का गान करते रहते हैं। सर्वव्यापक, समस्त भुवनों के स्वामी, मायापति ब्रह्म श्रीराम के रूप में स्वेच्छा से, अपने भक्तों के निमित्त, नित्यस्वरूप रघुकुलमणि के रूप में अवतरित हुए हैं।

यद्यपि शिव ने अनेकों बार समझाया, फिर भी, सती के हृदय में वह उपदेश नहीं लगा (समझ में नहीं आया) तब भगवान की माया का बल जानकर शिव मन-ही-मन मुस्करा कर बोले॥ ५१॥

टिप्पणी—श्रीराम की लीला, भ्रम उत्पन्न करनेवाली है—और उस भ्रम से पीड़ित सती ब्रह्म रूप श्रीराम और नर रूप श्रीराम की तुलना करती हैं। इस तुलना में ज्ञानियों के प्रति परिहास है। लीला के रहस्य को समझ पाने वाला व्यक्ति सती की ही भाँति श्रीराम के आचरण के प्रति सन्देह रखता है—और पार्वती का यह सन्देह लोकभाव का सन्देह है—जिसका निराकरण कवि 'शिव-पार्वती' कथा की प्रस्तावना द्वारा करना चाहता है।

शिव की पत्नी, उनके साथ सनातन रूप से विद्यमान पार्वती श्रीराम के उस मर्म को नहीं जानती, अत: उन्हें श्रीराम के प्रति प्रतीतिभाव नहीं है।

जौं तुम्हरें मन अति संदेहू। तौ किन जाइ परीछा लेहू॥
तब लगि बैठ अहउँ बट छाहीं। जब लगि तुम्ह ऐहहु मोहि पाहीं॥
जैसे जाइ मोह भ्रम भारी। करेहु सो जतनु बिबेकु बिचारी॥
चलीं सती सिव आयसु पाई। करहिं बिचारु करौं का भाई॥
इहाँ संभु अस मन अनुमाना। दच्छसुता कहुँ नहिं कल्याना॥
मोरेहु कहें न संसय जाहीं। बिधि बिपरीत भलाई नाहीं॥
होइहि सोइ जो राम रचि राखा। को करि तर्क बढ़ावै साखा॥
अस कहि लगे जपन हरिनामा। गईं सती जहँ प्रभु सुखधामा॥
दो०— पुनि पुनि हृदयँ बिचारु करि धरि सीता कर रूप।
आगे होइ चलि पंथ तेहि जेहि आवत नरभूप॥ ५२॥

अर्थ—यदि तुम्हारे मन में अत्यधिक सन्देह है तो क्यों नहीं जाकर परीक्षा ले लेती? तब तक मैं

वट वृक्ष की छाया में बैठा हुआ हूँ और तब तक (परीक्षा लेकर) तुम मेरे पास आ जाओगी।

जिस भी प्रकार तुम्हारा यह मोहात्मक भ्रम दूर हो, तुम ज्ञानपूर्वक सोच-समझकर उपाय करना। शिव की आज्ञा पाकर सती चलीं और मन-ही-मन विचार करने लगीं कि किस भाँति करूँ (परीक्षा लूँ)।

इधर शिव ने मन-ही-मन अनुमान लगाया कि दक्षपुत्री सती का अब कल्याण नहीं है। जब मेरे समझाने से मन का सन्देह नहीं गया तो विधाता ही प्रतिकूल हैं, उनका अब कल्याण नहीं है।

जो श्रीराम ने रच रखा है, वही होगा, तर्क करके कौन (उस तर्क की) शाखाओं का विस्तार करे। ऐसा कहकर, शिव श्री हरि का नाम जपने लगे और सती वहाँ पहुँचीं, जहाँ सुखधाम प्रभु श्रीराम थे।

बार-बार हृदय में विचार करके सती सीता का स्वरूप धारण करके उस मार्ग के आगे होकर चलीं, जिससे नर भूपाल श्रीराम आ रहे थे॥ ५२॥

टिप्पणी—श्रीराम के प्रति पार्वती के मन में प्रतीति कैसे हो, इसके लिए आवश्यक है, उनको स्पष्ट रूप से जानना और शिव उन्हें इन पंक्तियों में सलाह देते हैं—

'जैसे जाइ मोह भ्रम भारी। करहु सो जतन बिबेकु बिचारी॥'

सीता विरहित श्रीराम के समक्ष 'पार्वती' का सीता का वेष विन्यास छल करने का माध्यम है, और इसीलिए उसका विपरीत परिणाम उन्हें भुगतना पड़ा।

लछिमन दीख उमा कृत बेषा। चकित भए भ्रम हृदयँ बिसेषा॥
कहि न सकत कछु अति गंभीरा। प्रभु प्रभाउ जानत मतिधीरा॥
सती कपटु जानेउ सुरस्वामी। सबँदरसी सब अंतरजामी॥
सुमिरत जाहि मिटइ अग्याना। सोइ सर्बग्य राम भगवाना॥
सती कीन्ह चह तहँहुँ दुराऊ। देखहु नारि सुभाउ प्रभाऊ॥
निज माया बलु हृदय बखानी। बोले बिहँसि रामु मृदु बानी॥
जोरि पानि प्रभु कीन्ह प्रनामू। पिता समेत लीन्ह निज नामू॥
कहेउ बहोरि कहाँ बृषकेतू। बिपिन अकेलि फिरहु केहि हेतू॥
दो०— राम बचन मृदु गूढ़ सुनि उपजा अति संकोचु।
सती सभीत महेस पहिं चली हृदय बड़ सोचु॥ ५३॥

अर्थ—सती के द्वारा विन्यस्त (सीता रूप) वेष को देखकर लक्ष्मण चकित हो उठे तथा उनके हृदय में विशेष भ्रम उत्पन्न हुआ। अत्यन्त गम्भीर (हो उठे) वे कुछ कह नहीं सके क्योंकि धीर बुद्धि वाले लक्ष्मण श्रीराम के प्रभाव को जानते थे।

सब कुछ देखने वाले अन्तर्यामी देव स्वामी श्रीराम सती के कपट को समझ गये। श्रीराम वही सर्वज्ञ श्रीहरि हैं जिसके स्मरण मात्र से अज्ञान मिट जाता है।

नारी स्वभाव का प्रभाव तो देखो, सती वहाँ भी दुराव करना चाहती हैं। अपनी माया के प्रभाव (बल) को हृदय में बखान करके श्रीराम अत्यन्त कोमल वाणी में बिहँसकर बोले।

हाथ जोड़कर प्रभु श्रीराम ने प्रणाम किया और पिता सहित अपना नाम बताया। (इसके पश्चात्) पुनः कहा कि शिव कहाँ हैं और आप अकेली वन में किस निमित्त विचरण कर रही हैं।

श्रीराम के कोमल तथा गूढ़ वचन को सुनकर उनके मन में अत्यधिक संकोच उत्पन्न हुआ, तब सती भयभीत होकर शिव के पास चलीं और उनके मन में अत्यधिक चिन्ता (व्याप्त) थी॥ ५३॥

टिप्पणी—लक्ष्मण एवं श्रीराम में भिन्नता यही है कि श्रीराम सर्वज्ञ हैं तथा लक्ष्मण की स्थिति वैसी नहीं है इसलिए सीता वेषधारिणी सती को देखकर उन्हें आश्चर्य होता है; किन्तु सर्वज्ञ श्रीराम

को नहीं—श्रीराम के प्रति सती के भ्रम का निराकरण उनके छल के रहस्य का खुल जाना है। रहस्य खुल जाने पर वे भयाक्रान्त शिव के पास चलीं—

भयाक्रान्त होने के दो कारण हैं—

(क) उनके छल का रहस्य खुल गया तथा उनकी विश्वसनीयता पर प्रश्न चिह्न लग गया।

(ख) परम श्रद्धेय, पूज्य एवं समर्पित भावना के एक मात्र केन्द्र आराध्य श्रीराम की पत्नी का छल द्वारा वेष विन्यास भी परम भय का कारण है।

मैं संकर कर कहा न माना। निज अग्यानु राम पर आना॥
जाइ उतरु अब देइहउँ काहा। उर उपजा अति दारुन दाहा॥
जाना राम सती दुखु पावा। निज प्रभाउ कछु प्रगटि जनावा॥
सतीं दीख कौतुक मग जाता। आगें राम सहित श्री भ्राता॥
फिरि चितवा पाछें प्रभु देखा। सहित बंधु सिय सुंदर बेषा॥
जहँ चितवहिं तहँ प्रभु आसीना। सेवहिं सिद्ध मुनीस प्रबीना॥
देखे सिव बिधि बिष्नु अनेका। अमित प्रभाउ एक तें एका॥
बंदत चरन करत प्रभु सेवा। बिबिध बेष देखे सब देवा॥

दो०— सती बिधात्री इंदिरा देखीं अमित अनूप।
जेहिं जेहिं बेष अजादि सुर तेहि तेहि तन अनुरूप॥ ५४॥

अर्थ—मैंने शिव का कहना नहीं माना और श्रीराम के ऊपर अपने अज्ञान का आरोपण किया। अब मैं शिव के पास जाकर उन्हें क्या उत्तर दूँगी और उनके हृदय में अत्यधिक पीड़ा उत्पन्न हुई।

श्रीराम ने यह जान लिया कि सती को दु:ख हुआ है तो उन्होंने प्रभाव को कुछ स्पष्ट रूप से प्रकट किया। सती ने रास्ते में जाते हुए कौतुक देखा कि आगे-आगे श्रीराम, लक्ष्मण और सीता के साथ हैं।

पीछे की ओर फिरकर देखा तो लक्ष्मण तथा सीता सहित श्रीराम सुन्दर वेष रचना में चले जा रहे थे। वे जिधर ही देखती हैं प्रभु श्रीराम ही स्थित दिखाई पड़ते हैं और चतुर सिद्धगण तथा मुनिश्रेष्ठ उनकी सेवा कर रहे हैं।

सती ने अनेक शिव, अनेक ब्रह्मा तथा अनेक विष्णु को देखा जो एक-से-एक बढ़कर अनन्त सामर्थ्ययुक्त थे। अनेकानेक वेषों में उन्होंने समस्त देवताओं को देखा जो श्रीराम के चरणों की वन्दना तथा सेवा कर रहे थे।

उन्होंने अनेक अनुपम सती, ब्रह्माणी तथा लक्ष्मी देखीं—जिस-जिस वेष में ब्रह्मादि देवता थे—उन्हीं-उन्हीं के शरीर के अनुरूप वे भी थीं। ५४॥

टिप्पणी—(१) पार्वती की आत्मग्लानि का चित्रण करता हुआ कवि श्रीराम की सामर्थ्य का संकेत करता है। श्रीराम की सामर्थ्य उन्हें श्रीराम के व्यक्तित्व की पूर्ण प्रतीति कराती है और आगे पार्वती स्वयं अपने शब्दों में उसकी सम्पुष्टि करती हैं।

(२) प्रतीति कराने के मुख्य आधार परादैवी कृत्य हैं। ये कुल भारतीय संस्कृति में पुरा गाथाओं तथा पुराणों की देन हैं। भारतीय संस्कृति में अज्ञेय तत्त्वों की सहज प्रतीति के लिए पुरागाथाओं के इस प्रकार के अचरज भरे कृत्य विशेष सहायक मिलते हैं।

देखे जहँ तहँ रघुपति जेते। सक्तिन्ह सहित सकल सुर तेते॥
जीव चराचर जो संसारा। देखे सकल अनेक प्रकारा॥
पूजहिं प्रभुहि देव बहु बेषा। राम रूप दूसर नहिं देखा॥
अवलोके रघुपति बहुतेरे। सीता सहित न बेष घनेरे॥

सोइ रघुबर सोइ लछिमनु सीता। देखि सती अति भईं सभीता॥
हृदय कंप तन सुधि कछु नाहीं। नयन मूँदि बैठीं मग माहीं॥
बहुरि बिलोकेउ नयन उघारी। कछु न दीख तहँ दच्छकुमारी॥
पुनि पुनि नाइ रामपद सीसा। चलीं तहाँ जहँ रहे गिरीसा॥
दो०— गईं समीप महेस तब हँसि पूछी कुसलात।
लीन्ह परीक्षा कवन बिधि कहहु सत्य सब बात॥ ५५॥

अर्थ—सती ने जहाँ-तहाँ जितने श्रीराम को देखा, अपनी शक्तियों सहित वहाँ उतने ही देवताओं को भी देखा। संसार में जितने भी चर-अचर जीव हैं, उन सबको भी अनेकों रूपों का देखा।

वे नाना प्रकार के वेष में प्रभु श्रीराम का पूजन कर रहे थे किन्तु श्रीराम का दूसरा (अन्य रूप) रूप नहीं दिखाई पड़ा। उन्होंने सीता के साथ अनेक श्रीराम का अवलोकन किया, किन्तु उनके वेष भिन्न नहीं थे।

वही श्रीराम, वही लक्ष्मण, वही सीता-इन सबको देखकर सती अत्यधिक भययुक्त हुईं। हृदय में कम्प उत्पन्न हुआ, शरीर की सुध-बुध नष्ट हो गई और वे आँख मूँद कर रास्ते पर ही बैठ गईं।

पुनः नेत्रों को खोलकर जब देखा तो सती को कुछ भी न दीख पड़ा। पुनः-पुनः तब श्रीराम के चरणों में शीश झुकाकर वे वहाँ चलीं जहाँ शिव थे।

शिव के पास पहुँचीं तब शिव ने हँसकर कुशल-क्षेम पूछा और कहा कि किस प्रकार तुमने परीक्षा ली, सारी बातें सही-सही कहो॥ ५५॥

टिप्पणी—कवि इन पंक्तियों के माध्यम से श्रीराम के द्वैताद्वैत विलक्षण रूप एवं उनके इतर सम्पूर्ण जगत् का विकृत रूपात्मक चित्रण करके पार्वती को मोह से स्तम्भित कर रहा है। सती को अन्य देवगण भिन्न-भिन्न रूपों में दिखाई पड़े किन्तु सीता-लक्ष्मण एवं श्रीराम जैसे के तैसे ही थे।

कवि ने श्रीराम के इस विशिष्ट विराट् स्वरूप का दर्शन मानस में तीन बार दिया है—सती मोह प्रसंग में, कौसल्या प्रसंग में तथा भुशुण्डि मोह प्रसंग में। गीता में अर्जुन का भी मोह श्रीकृष्ण ने इसी विराट् स्वरूप का दर्शन करा कर भंग किया था। कवि की स्थापना है—

'देखे बिन न होइ परतीती। बिन परतीति होइ नहिं प्रीती॥'

ये दृष्टान्त अन्यों में स्वयं प्रतीति के हेतु बन जाते हैं।

सतीं समुझि रघुबीर प्रमाऊ। भय बस सिव सन कीन्ह दुराऊ॥
कछु न परीक्षा लीन्हि गोसाईं। कीन्ह प्रनाम तुम्हारिहि नाईं॥
जो तुम्ह कहा सो मृषा न होई। मोरें मन प्रतीति अति सोई॥
तब संकर देखेउ करि ध्याना। सतीं जो कीन्ह चरित सबु जाना॥
बहुरि राममायहि सिरु नावा। प्रेरि सतिहि जेहि झूँठ कहावा॥
हरि इच्छा भावी बलवाना। हृदय बिचारत संभु सुजाना॥
सती कीन्ह सीता कर बेषा। सिव उर भयेउ बिषाद बिसेषा॥
जौं अब करउँ सती सन प्रीती। मिटै भगति पथ होइ अनीती॥
दो०— परम पुनीत न जाइ तजि किए प्रेम बड़ पापु।
प्रगटि न कहत महेसु कछु हृदय अधिक संतापु॥ ५६॥

अर्थ—सती ने श्रीराम के प्रभाव को समझकर भयवश शिव से दुराव किया और कहा कि हे गोस्वामी! मैंने कोई परीक्षा नहीं ली और आपकी ही भाँति मैंने भी प्रणाम किया।

आपने जो भी बताया है, वह असत्य नहीं है, मेरे मन में अत्यधिक विश्वास है। तब शिव ने

ध्यान करके देखा और सती ने जो चरित्र किया था, उसे वे जान गये।

पुनः उन्होंने श्रीराम की माया को शीश झुकाया जिसने प्रेरित करके सती से झूठ बुलवाया। सहृदय शिव मन-ही-मन विचार करते हैं—प्रभु श्रीराम की इच्छारूपी भावी (नितान्त) प्रबल है।

सती ने सीता का वेष विन्यास किया (इसे सोचकर) शिव के हृदय में बड़ा कष्ट हुआ। यदि मैं अब सती से प्रेम करता हूँ तो भक्ति मार्ग लुप्त हो जायेगा तथा अनीति उत्पन्न होगी।

सती अत्यन्त पवित्र हैं, इन्हें छोड़ा नहीं जा सकता और प्रेम करने में भी बड़ा पाप होगा, हृदय में अत्यधिक पीड़ा है और शिव प्रकट भाव से कुछ कहते नहीं॥ ५६॥

टिप्पणी—कवि कथा को आगे बढ़ाने के लिए 'भय बस सिव सन कीन्ह दुराऊ' वाक्य को रखकर सती के मोह तथा उनके द्वारा किये गये कार्य को अनिष्टकारी परिणति की ओर ले जा रहा है। 'सीता का वेष विन्यास' सती द्वारा किया जाना शिव की भक्ति-निष्ठा के लिए मानदण्ड बन जाता है और आराध्य की अखंडित निष्ठा के लिए सती जैसी पत्नी का परित्याग भक्त के लिए एक साधारण सी घटना है—

तब संकर प्रभु पद सिरु नावा। सुमिरत रामु हृदयँ अस आवा॥
एहि तन सतिहि भेंट मोहि नाहीं। सिव संकल्पु कीन्ह मन माहीं॥
अस बिचारि संकर मतिधीरा। चले भवन सुमिरत रघुबीरा॥
चलत गगन भइ गिरा सुहाई। जय महेस भलि भगति दृढ़ाई॥
अस पन तुम्ह बिनु करइ को आना। राम भगत समरथ भगवाना॥
सुनि नभ गिरा सती उर सोचा। पूछा सिवहिं समेत संकोचा॥
कीन्ह कवन पन कहहु कृपाला। सत्यधाम प्रभु दीन दयाला॥
जदपि सती पूछा बहु भाँती। तदपि न कहेउ त्रिपुर आरातीं॥

दो०— सती हृदय अनुमान किय सबु जानेउ सर्बग्य।
कीन्ह कपट मैं संभु सन नारि सहज जड़ अग्य॥

सो०— जलु पय सरिस बिकाइ देखहु प्रीति की रीति भलि।
बिलग होइ रसु जाइ कपट खटाई परत ही॥ ५७॥

अर्थ—तब शिव ने प्रभु के चरणों में शीश झुकाया और श्रीराम का स्मरण करते ही यह विचार मन में उत्पन्न हुआ। सती के इस शरीर से मेरी भेंट (प्रीति) नहीं हो सकती, ऐसा संकल्प शिव ने मन-ही-मन किया।

ऐसा संकल्प करके स्थिर बुद्धिवाले शिव श्रीराम का स्मरण करते हुए अपने निवास को चले। (उनके) चलते समय, सुहावनी वाणी में यह भविष्यवाणी हुई, हे शिव! जय हो, आपने भक्ति की भलीभाँति दृढ़ता दिखाई।

ऐसा प्रण आपके अतिरिक्त और कोई दूसरा नहीं कर सकता। आप श्रीराम के भक्त, समर्थवान् तथा भगवान् हैं। आकाशवाणी सुनकर सती के हृदय में चिन्ता हुई और संकोचपूर्वक शिव से पूछा।

हे कृपालु! बताएँ, कौन-सा प्रण किया है—हे सत्यधाम! हे प्रभु!! आप दीनदयालु हैं। यद्यपि सती ने भाँति-भाँति से पूछा, किन्तु त्रिपुरारि शिव ने कुछ न बताया।

सती ने हृदय में अनुमान लगाया कि सर्वज्ञ शिव सब जान गये हैं। स्वभाव से ही जड़ तथा अज्ञ नारी मैंने शिव से कपट किया है।

प्रीति की इस भली रीति को देखिए कि (दूध में मिलकर) जल भी दूध सदृश ही बिकता

है किन्तु कपटरूपी खटाई के पड़ते ही (जल) पृथक् हो जाता है और रस (प्रेम) जाता रहता है॥ ५७॥

टिप्पणी—'आकाशवाणी' प्रसंग भारतीय संस्कृति का मिथकीय सन्दर्भ है। जीवन में अनेक परादैवी तथा नियति के अज्ञात प्रेरक तत्त्व हैं—जो अतिविशिष्ट रहस्यों को सांकेतिक ढंग से उजागर करते हैं। रहस्यमय वातावरण की सृष्टि इस परालौकिक अभिकथन का मन्तव्य है।

सती के गोपन शिव को ज्ञात हो चुके हैं इससे कथा में रोमांच का भाव उत्पन्न होता है और इसी परिज्ञान तथा रहस्यमयता के बीच शिव कथा आगे बढ़ती है।

'पय जल सरिस बिकाइ' वाक्य में प्रतिवस्तूपमा अलंकार है—और प्रस्तुत तथा अप्रस्तुत वाक्यों में 'कपट-खटाई' मूलत: विधायक कारण है। रूपक की स्थिति वाक्य को नियंत्रित करने में है।

हृदयँ सोचु समुझत निज करनी। चिंता अमित जाइ नहिं बरनी॥
कृपासिंधु सिव परम अगाधा। प्रगट न कहेउ मोर अपराधा॥
संकर रुख अवलोकि भवानी। प्रभु मोहि तजेउ हृदयँ अकुलानी॥
निज अघ समुझि न कछु कहि जाई। तपै अवाँ इव उर अधिकाई॥
सतिहि ससोच जानि बृषकेतू। कही कथा सुंदर सुख हेतू॥
बरनत पंथ बिबिध इतिहासा। बिस्वनाथ पहुँचे कैलासा॥
तहँ पुनि संभु समुझि पन आपन। बैठे बट तर करि कमलासन॥
संकर सहज सरूपु सँभारा। लागि समाधि अखंड अपारा॥

दो०— सती बसहिं कैलास तब अधिक सोचु मन माँहिं।
मरमु न कोऊ जान कछु जुग सम दिवस सिराहिं॥ ५८॥

अर्थ—अपनी करतूत को समझकर उनके हृदय में चिन्ता है और इस अपरिमित चिन्ता का वर्णन नहीं करते बनता। कृपासिन्धु शिव परम अगाध हैं और प्रकट भाव से उन्होंने मेरा अपराध नहीं कहा।

शिव के रुख को देखकर सती व्याकुल हुईं और स्वामी ने मुझे त्याग दिया, यह सोचकर हृदय से व्याकुल हुईं। अपना पाप समझकर कुछ कहते नहीं बनता और हृदय अवाँ के सदृश हृदय अत्यधिक तपने लगा।

वृषकेतु शिव ने सती को चिन्तायुक्त समझकर सुख देनेवाली सुन्दर कथाएँ कहीं। इस प्रकार मार्ग में विविध इतिहास का वर्णन करते हुए शिव कैलास पर्वत पर पहुँचे।

वहाँ शिव अपने प्रण को समझकर वटवृक्ष के नीचे पद्मासन लगाकर बैठ गये। शिव ने अपने नैसर्गिक स्वरूप को सम्हाला और उनकी अपार तथा अखण्ड समाधि लगी।

सती कैलास पर निवास करने लगीं और उनके हृदय में अत्यधिक चिन्ता उत्पन्न थी। इस रहस्य को कोई कुछ भी नहीं जानता था और उनके दिन युग की भाँति बीत रहे थे॥ ५८॥

टिप्पणी—कवि सती के परिताप का वर्णन करता है—शोक के संचारी भाव-चिंता, आत्मग्लानि तथा विषाद आदि उठकर सती को पश्चात्ताप जैसी स्थिति में खड़ा करते हैं।

शिव पार्वती को वाणी द्वारा कभी उसके अपराध का ज्ञान नहीं कराते वरन् उसे अनेक कथा प्रसंगों द्वारा बहलाने का प्रयास करते हैं किन्तु दोनों समझते हैं, ये बहाने मात्र हैं।

नित नव सोचु सती उर भारा। कब जैहउँ दुख सागर पारा॥
मैं जो कीन्ह रघुपति अपमाना। पुनि पतिबचनु मृषा करि जाना॥
सो फलु मोहि बिधाताँ दीन्हा। जो कछु उचित रहा सोइ कीन्हा॥
अब बिधि अस बूझिअ नहिं तोही। संकर बिमुख जिआवसि मोही॥

कहि न जाइ कछु हृदय गलानी। मन महुँ रामहिं सुमिर सयानी॥
जौं प्रभु दीनदयाल कहावा। आरति हरन बेद जसु गावा॥
तौ मैं बिनय करउँ कर जोरी। छूटउ बेगि देह यह मोरी॥
जौं मोरे सिव चरन सनेहू। मन क्रम बचन सत्य ब्रतु एहू॥
दो०— तौ सबदरसी सुनिअ प्रभु करौ सो बेगि उपाइ।
होइ मरनु जेहिं बिनहिं श्रम दुसह बिपत्ति बिहाइ॥ ५९॥

अर्थ—नित्य नया सोच सती हृदय पर भार जैसा बढ़ रहा है। (वे सोचती थीं) कब इस शोक-समुद्र के पार उतरूँगी। मैंने जो श्रीराम का अपमान किया है और पुनः पति के वचनों को झूठा जाना है।

उसका परिणाम मुझे विधाता ने दिया है और जो कुछ उचित है, उन्होंने (शिव ने) किया। हे विधाता! अब तुझे यह उचित नहीं है कि शिव के विमुख होकर भी मुझे (तू) जीवित रख रहा है।

हृदय की ग्लानि कुछ कहते नहीं बनती और चतुर सती ने मन-ही-मन श्रीराम का स्मरण किया। हे प्रभु! यदि आप दीनदयालु कहलाते हैं, वेदों ने आपका यश पीड़ा हरण करनेवाले के रूप में गाया है।

तो मैं हाथ जोड़कर यह विनती कर रही हूँ कि मेरी यह देह शीघ्र ही छूट जाये। यदि मुझमें शिव के चरणों में स्नेह हो तो मन, कर्म एवं वाणी से यह व्रत सत्य हो।

तो हे सर्वदर्शी प्रभु श्रीराम! सुनिए और शीघ्र ही उपाय करिए, जिससे बिना श्रम मेरी मृत्यु हो जाये और यह सहने में कठिन विपत्ति समाप्त हो जाए॥ ५९॥

टिप्पणी—(१) करुण प्रसंग में सती को आत्म-ग्लानि शरीर त्याग की सीमा तक पहुँच जाती है। यह 'करुण रस' के अन्तर्गत पश्चात्ताप की पराकाष्ठा है। किन्तु इसी सन्दर्भ में सती के लिए शिव त्याग भी एक अकथनीय सन्दर्भ है—शिव के बिना शक्ति कैसी और शक्ति के बिना शिव की कोई स्थिति नहीं—यहाँ सती (शक्ति) अपने पक्ष से शिव की अनन्यता की निष्ठा व्यक्त करती है।

(२) श्रीराम के अपमान का परिशोध केवल श्रीराम की ही शरणागति है—नारद एवं जयन्त प्रसंग इसके दृष्टान्त हैं, वैसी ही, अवतारणा कवि यहाँ भी करता है—'मन महुँ रामहिं सुमिरि सयानी'। प्रभु अपने प्रति किये गये अपमान को शरणागति के क्षण विस्मृत कर जाते हैं—ऐसी ही धारणा की व्यंजना कवि यहाँ कराता है।

येहि बिधि दुखित प्रजेस कुमारी। अकथनीय दारुन दुखु भारी॥
बीतें संबत सहस सतासी। तजी समाधि संभु अबिनासी॥
राम नाम सिव सुमिरन लागे। जानेउ सतीं जगतपति जागे॥
जाइ संभु पद बंदनु कीन्हा। सन्मुख संकर आसनु दीन्हा॥
लगे कहन हरि कथा रसाला। दच्छ प्रजेस भए तेहि काला॥
देखा बिधि बिचारि सब लायक। दच्छहिं कीन्ह प्रजापति नायक॥
बड़ अधिकार दच्छ जब पावा। अति अभिमान हृदयँ तब आवा॥
नहिं कोउ अस जनमा जग माहीं। प्रभुता पाइ जाहि मद नाहीं॥
दो०— दच्छ लिए मुनि बोलि सब करन लगे बड़ जाग।
नेवते सादर सकल सुर जे पावत मख भाग॥ ६०॥

अर्थ—इस प्रकार प्रजापतिपुत्री दुखित हुईं। उनका दुःख भयंकर तथा अकथनीय था। सत्तासी हजार वर्ष बीत जाने पर अविनासी शिव ने अपनी समाधि खोली।

शिव श्रीराम नाम का स्मरण करने लगे तब सती ने जाना कि जगत् के स्वामी शिव जग गये

हैं। उन्होंने जाकर शिव-चरणों की वन्दना की और शिव ने उनके लिए सामने आसन दिया।

वे अनेक प्रकार की रसयुक्त कथाएँ कहने लगे, उसी समय दक्ष प्रजापति हुए। ब्रह्मा ने विचार करके सब प्रकार से योग्य दक्ष को प्रजापतियों का नायक बनाया।

जब दक्ष इतना बड़ा अधिकार पा गया तो उसके हृदय में भारी अभिमान उत्पन्न हुआ। संसार में ऐसा कोई नहीं पैदा हुआ है, जिसे प्रभुता पाकर मद न उत्पन्न हुआ हो।

दक्ष ने सभी मुनियों को बुलाया और वे विशाल यज्ञ करने लगे—जो यज्ञ में भाग पाते हैं, उन सब देवताओं को (उन्होंने) आदरपूर्वक आमंत्रित किया॥ ६०॥

टिप्पणी—'सत्तासी हजार संवत्' की समाधि के बाद भी शिव की मानस-ग्रंथि में कोई परिवर्तन नहीं होता, कवि इस सन्दर्भ की व्यंजना वाच्य-विशेष से कराता है। 'सम्मुख आसन देना' यह वाच्य पद पत्नी के लिए नहीं, अपितु किसी आदरणीय के लिए है। शिव के लिए तो सती का स्थान उनका 'वामांक' था, शिव वाम पार्श्व में पार्वती को स्थान न देकर सामने देते हैं।

प्रजापति दक्ष प्रसंग की अवतारणा से कवि कथा को आगे बढ़ाता है।

किन्नर नाग सिद्ध गंधर्बा। बधुन्ह समेत चले सुर सर्बा॥
बिष्नु बिरंचि महेस बिहाई। चले सकल सुर जान बनाई॥
सती बिलोके ब्योम बिमाना। जात चले सुंदर बिधि नाना॥
सुर सुंदरी करहिं कल गाना। सुनत श्रवन छूटहिं मुनि ध्याना॥
पूछेउ तब सिव कहेउ बखानी। पिता जग्य सुनि कछु हरषानी॥
जौं महेसु मोहिं आयसु देहीं। कछु दिन जाइ रहौं मिस एहीं॥
पति परित्याग हृदय दुखु भारी। कहै न निज अपराध बिचारी॥
बोली सती मनोहर बानी। भय संकोच प्रेमरस सानी॥

दो०— पिता भवन उत्सव परम जौं प्रभु आयसु होइ।
तौ मैं जाउँ कृपायतन सादर देखन सोइ॥ ६१॥

अर्थ—किन्नर, नाग, सिद्ध तथा गन्धर्व अपनी पत्नियों के साथ सभी चले। विष्णु, ब्रह्मा तथा शिव को छोड़कर सभी देवगण अपने विमान सजाकर चल दिये।

सती ने आकाश में अनेक प्रकार के चले जाते हुए सुन्दर विमानों को देखा। देव सुन्दरियाँ सुन्दर गीत गा रही थीं जिसको सुनकर सभी मुनियों के ध्यान छूट रहे थे।

पार्वती ने तब शिव से पूछा और (उनके मुख से) पिता का यज्ञ सुनकर हर्षित हुईं। हे शिव! यदि आप मुझे आज्ञा दें तो इसी बहाने कुछ दिन वहाँ जाकर रहूँ।

पति के परित्याग का हृदय में भारी विषाद था और अपने अपराध को वह सोचकर नहीं कह पा रही थीं। भय, संकोच एवं प्रेम रस से सनी हुई मनोहर वाणी सती बोलीं।

पिता के भवन में परमोत्सव है, हे प्रभु! यदि आज्ञा हो तो, हे अत्यधिक कृपालु! मैं आदरपूर्वक उसे देखने जाऊँ॥ ६१॥

टिप्पणी—पिता के यज्ञ में जाकर सम्मिलित होने का प्रसंग और आत्मीय मोहवश उस यज्ञ में सम्मिलित होने की मनोकामना आगामी कथा की यहाँ आधारभूमि है।

कहेहु नीक मोरेहुँ मन भावा। यह अनुचित नहिं नेवत पठावा॥
दच्छ सकल निज सुता बोलाई। हमरे बयर तुम्हउ बिसराई॥
ब्रह्मसभाँ हम सन दुखु माना। तेहि ते अजहुँ करहिं अपमाना॥
जौं बिनु बोले जाहु भवानी। रहै न सीलु सनेहु न कानी॥
जदपि मित्र प्रभु पितु गुर गेहा। जाइअ बिनु बोलेहुँ न सँदेहा॥

तदपि बिरोध मान जहँ कोई। तहाँ गएँ कल्यान न होई॥
भाँति अनेक संभु समुझावा। भावी बस न ग्यानु उर आवा॥
कह प्रभु जाहु जो बिनहिं बोलाएँ। नहिं भलि बात हमारे भाएँ॥
दो०— कहि देखा हर जतन बहु रहइ न दच्छकुमारि।
दिए मुख्य गन संग तब बिदा कीन्ह त्रिपुरारि॥ ६२॥

अर्थ—शिव ने उत्तर दिया—ठीक ही कहा, मुझे भी अच्छा लगा है, (मुझे भी तुम्हारी बात भायी है) किन्तु अनुचित यह है कि निमंत्रण नहीं भेजा है। दक्ष प्रजापति ने अपनी समस्त पुत्रियों को बुला रखा है किन्तु मेरी शत्रुता के कारण तुम्हें भुला दिया है।

ब्रह्मा की सभा में मुझसे दु:ख मान करके उसी के कारण आज भी अपमान करता है। हे सती! यदि बिना बुलाये जाती है तो शील, स्नेह तथा मर्यादा नष्ट हो जायेगी।

यद्यपि मित्र, स्वामी, पिता तथा गुरु के घर बिना बुलाये भी जाना चाहिए, इसमें सन्देह नहीं है, किन्तु जहाँ (जाने पर) कोई विरोध मानता हो, वहाँ जाने से कल्याण नहीं होता।

शिव ने अनेक भाँति से उन्हें समझाय किन्तु भवितव्यतावश, उन्हें समझ में नहीं आया। यदि तुम बिना बुलाये जाती हो तो मेरी दृष्टि में, उचित बात नहीं होगी।

अनेक यत्नों से कहकर देखा, किन्तु दक्ष पुत्री सती रुक ही नहीं रही थीं, तब मुख्य गणों को साथ देकर शिव ने उसे (पिता के गृह के लिए) विदा किया॥ ६२॥

टिप्पणी—अनाहूत न जाने के लिए शिव की वर्जना—क्योंकि उससे शील, स्नेह तथा मर्यादा तीनों की च्युति होती है—इसे आगामी कथा के मूल कारण के रूप में अंकित किया गया है।

अपने मन की शान्ति तथा आत्म ग्लानि से मुक्ति प्राप्त करने के लिए पिता के यज्ञ में सम्मिलित होने की प्रेरणा ही यहाँ मूलाधार है।

यही मनोभाव कथा प्रसंग को आगे बढ़ाता है।

पिता भवन जब गईं भवानी। दच्छ त्रास काहुँ न सनमानी॥
सादर भलेहिं मिली एक माता। भगिनीं मिलीं बहुत मुसुकाता॥
दच्छ न कछु पूछी कुसलाता। सतिहि बिलोकि जरे सब गाता॥
सतीं जाइ देखेउ तब जागा। कतहुँ न दीख संभु कर भागा॥
तब चित चढ़ेउ जो संकर कहेऊ। प्रभु अपमानु समुझि उर दहेऊ॥
पाछिल दुखु न हृदयँ अस ब्यापा। जस यह भयउ महा परितापा॥
जद्यपि जग दारुन दुख नाना। सब तें कठिन जाति अपमाना॥
समुझि सो सतिहि भयउ अति क्रोधा। बहु बिधि जननीं कीन्ह प्रबोधा॥
दो०— सिव अपमान न जाइ सहि हृदय न होइ प्रबोध।
सकल सभहिं हठि हटकि तब बोलीं बचन सक्रोध॥ ६३॥

अर्थ—जब पार्वती पिता के घर गईं तब दक्ष के भय से उन्हें किसी ने भी आदर नहीं दिया। एक माँ ही आदरपूर्वक भलीभाँति मिली और पुत्री भी (अपना माँ से) अति प्रसन्न भाव से मिली।

दक्ष ने कोई कुशल-क्षेम नहीं पूछा और सती को देखकर (क्रोधवश) उसका सम्पूर्ण शरीर जल उठा। सती ने तब जाकर यज्ञ देखा और कहीं भी (वहाँ) शिव का अंश नहीं दिखाई पड़ा।

तब उनके चित्त में जो शिव ने कहा था, सब बातें उभर गईं और स्वामी का अपमान समझकर हृदय जल उठा। पिछला दु:ख हृदय में इतना कष्टदायी नहीं था, जैसा यह प्रकरण भयंकर परिताप (पीड़ा) का कारण बना।

यद्यपि संसार में अनेक कष्टकारी दु:ख हैं किन्तु जाति का अपमान सबसे कठिन है। उसे

सोचकर सती को अत्यधिक क्रोध हुआ, यद्यपि माता ने इसे अनेक प्रकार से समझाया।

हृदय में समझ (शान्ति) नहीं आ रही थी और शिव का अपमान सहा नहीं जा रहा था तब सम्पूर्ण सभा को दृढ़ता से फटकार करके वे क्रोधपूर्वक वाणी बोलीं॥ ६३॥

टिप्पणी—कवि आत्मग्लानि के पश्चात् सती के क्रोध का चित्रण करता है। इस क्रोध का मूल कारण 'शिव' का अपमान है।

सुनहु सभासद सकल मुनिंदा। कही सुनी जिन संकर निंदा॥
सो फलु तुरत लहब सब काहूँ। भली भाँति पछिताब पिताहूँ॥
संत संभु श्रीपति अपबादा। सुनिअ जहाँ तहँ असि मरजादा॥
काटिअ तासु जीभ सो बसाई। श्रवन मूदि न त चलिअ पराई॥
जगदातमा महेस पुरारी। जगत जनक सब के हितकारी॥
पिता मंदमति निंदत तेही। दच्छ सुक्र संभव यह देही॥
तजिहउँ तुरत देह तेहि हेतू। उर धरि चंद्रमौलि बृषकेतू॥
अस कहि जोग अगिनि तनु जारा। भएउ सकल मख हाहाकारा॥

दो०— सती मरन सुनि संभु गन लगे करन मख खीस।
जग्य बिधंस बिलोकि भृगु रच्छा कीन्हि मुनीस॥ ६४॥

अर्थ—सभा में बैठे हुए हे समस्त मुनिश्रेष्ठ! सुनें, जिन्होंने शिव की निन्दा कही-सुनी है, वे सब समस्त फल अभी शीघ्र ही प्राप्त करेंगे और पिता भी भलीभाँति पश्चात्ताप करेंगे।

संतजन, शिव तथा विष्णु अपवादस्वरूप हैं और जहाँ उनकी इस प्रकार की अमर्यादा सुनी जाय (जैसी आज यहाँ है) यदि वश चले तो उसकी (निन्दक की) जीभ काट लेनी चाहिए अन्यथा कान मूँदकर भाग चलना चाहिए।

त्रिपुरनाशक शिव जगत् के आत्मा हैं। वे संसार के पिता तथा सभी के हितैषी हैं। मेरे मंदमति पिता उनको अपमानित कर रहे हैं—अतः दक्ष के वीर्य से उत्पन्न यह देह।

इसलिए, हृदय में चन्द्रचूड वृषभ ध्वज शिव को धारण करके मैं (यह देह) तुरंत त्याग दूँगी। ऐसा कहकर उन्होंने योगाग्नि से अपना शरीर जला डाला और तब सम्पूर्ण यज्ञ (मण्डल) में हाहाकार हो उठा।

सती की मृत्यु सुनकर शिव के गण यज्ञ नष्ट करने लगे, यज्ञ विध्वंस को देखकर भृगु ने मुनियों की रक्षा की।

टिप्पणी—पति और वह भी शिव जैसा पति, उसके अपमान की तुलना में सती पिता, माता, स्वजन, परिजन, ऋषि आदि सब को परित्याग के योग्य बताती हैं, सती के अनुसार भद्रता की श्रेणी इस प्रकार है—

'संत संभु श्रीपति अपबादा। सुनी जहाँ तहँ अस मरजादा॥'

शिव की मर्यादा की रक्षा के निमित्त यदि पिता द्वारा उत्पन्न की गई देह का भी परित्याग करना पड़े, तो वह भी त्याज्य है—और सती उसे त्यागकर 'शिव सम्मान' प्रकारान्तर से पति के सम्मान की रक्षा करती हैं।

समाचार जब संकर पाए। बीरभद्रु करि कोपु पठाए॥
जज्ञ बिधंस जाइ तिन्ह कीन्हा। सकल सुरन्ह बिधिवत फलु दीन्हा॥
भै जग बिदित दच्छ गति सोई। जसि कछु संभु बिमुख कै होई॥
यह इतिहास सकल जग जानी। ताते मैं संछेप बखानी॥

सतीं मरत हरि सन बर मागा। जनम जनम सिव पद अनुरागा॥
तेहि कारन हिमगिरि गृह जाई। जनमीं पारबती तनु पाई॥
जब तें उमा सैल गृह जाईं। सकल सिद्धि संपति तहँ छाईं॥
जहँ तहँ मुनिन्ह सुआश्रमु कीन्हे। उचित बास हिम भूधर दीन्हे॥
दो०— सदा सुमन फल सहित सब द्रुम नव नाना जाति।
प्रगटी सुंदर सैल पर मनि आकर बहु भाँति॥ ६५॥

अर्थ—जब शिव ने यह समाचार प्राप्त किया तब उन्होंने क्रोधपूर्वक अपने गण वीरभद्र को भेजा। उन्होंने जाकर यज्ञ का विध्वंस किया किन्तु समस्त देवताओं को उनका यथोचित् भाग दिया।

संसार में, जैसा कुछ भी शिव के विरोधी का होता है, वैसी कुछ संसार विख्यात गति दक्ष की हुई। यह इतिहास सम्पूर्ण संसार जानता है, अत: मैंने संक्षेप में बताया।

मरते समय, सती ने विष्णु से यह वरदान माँगा कि जन्मों-जन्मों तक शिव के प्रति मेरा प्रेम बना रहे। इसी कारण से, वे हिमालय के घर में जाकर पार्वती का शरीर पाकर जन्मीं।

जब से पार्वती हिमालय के घर में पैदा हुईं, वहाँ समस्त सिद्धियाँ तथा सम्पत्ति छा उठी। यत्र-तत्र मुनियों ने सुन्दर आश्रम बनाये तथा हिमालय ने उन्हें उचित निवास दिया।

(पार्वती के जन्म लेने पर) नाना प्रकार के नये-नये सभी वृक्ष सदा पुष्प-फल सहित हो उठे तथा पर्वत पर अनेक प्रकार की मणियों के समूह प्रकट हुए॥ ६५॥

टिप्पणी—शिव को भावी शरीर द्वारा प्राप्त करने के लिए श्रीहरि से वरदान याचना और उसी क्रम में हिमालय की पुत्री के रूप में जन्म लेने की कथा का यहाँ संकेत मात्र है।

सरिता सब पुनीत जलु बहहीं। खग मृग मधुप सुखी सब रहहीं॥
सहज बयरु सब जीवन्ह त्यागा। गिरि पर सकल करहिं अनुरागा॥
सोह सैल गिरिजा गृह आएँ। जिमि जनु रामभगति के पाएँ॥
नित नूतन मंगल गृह तासू। ब्रह्मादिक गावहिं जसु जासू॥
नारद समाचार सब पाए। कौतुक ही गिरि गेह सिधाए॥
सैलराज बड़ आदर कीन्हा। पद पखारि बर आसनु दीन्हा॥
नारि सहित मुनि पद सिरु नावा। चरन सलिल सबु भवनु सिंचावा॥
निज सौभाग्य बहुत गिरि बरना। सुता बोलि मेली मुनि चरना॥
दो०— त्रिकालग्य सर्बग्य तुम्ह गति सर्वत्र तुम्हारि।
कहहु सुता के दोष गुन मुनिबर हृदयँ बिचारि॥ ६६॥

अर्थ—समस्त नदियाँ पवित्र जल से युक्त बह उठीं तथा पक्षी, पशु एवं भ्रमर सब सुखी भाव से रहने लगे। सभी जीवों ने सहज वैर त्याग दिया और सभी हिमालयपति के प्रति नैसर्गिक अनुराग करने लगे।

पार्वती के आगमन के कारण पर्वत ऐसे शोभित होने लगा जैसे राम भक्ति की प्राप्ति के बाद सन्त जन। उनके घर नित्य नूतन मंगल होने लगे और उनके यश का गान ब्रह्मादिक (भी) करने लगे।

जब नारद ने सब समाचार प्राप्त किया तो वे कौतुकवश हिमालय के घर पधारे। पर्वतराज ने उनका बड़ा आदर किया और चरण धोकर उन्हें श्रेष्ठ आसन दिया।

अपनी पत्नी के साथ उन्होंने मुनि के चरणों में शीश नवाया और उनके चरणोदक से अपने भवन को सिंचित् कराया। (मुनि आगमन के कारण) उन्होंने अपने सौभाग्य का अनेक भाँति से वर्णन किया तथा पुत्री को बुलाकर नारद के चरणों का स्पर्श कराया।

(पर्वतराज ने कहा) हे नारद मुनि! आप त्रिकालज्ञ हैं, सर्वज्ञाता हैं, और आपकी गति सर्वत्र है। हे मुनिश्रेष्ठ! पुत्री के दोष तथा गुणों को हृदय में विचार करके बताइये॥ ६६॥

कह मुनि बिहँसि गूढ़ मृदु बानी। सुता तुम्हारि सकल गुन खानी॥
सुंदर सहज सुसील सयानी। नाम उमा अंबिका भवानी॥
सब लच्छन संपन्न कुमारी। होइहि संतत पिअहि पिआरी॥
सदा अचल एहि कर अहिबाता। इहि तें जसु पइहहिं पितु माता॥
होइहि पूज्य सकल जग माहीं। एहि सेवत कछु दुर्लभ नाहीं॥
एहि कर नामु सुमिरि संसारा। त्रिय चढ़िहहिं पतिब्रत असिधारा॥
सैल सुलच्छन सुता तुम्हारी। सुनहु जे अब अवगुन दुइ चारी॥
अगुन अमान मातु पितु हीना। उदासीन सब संसय छीना॥
दो०— जोगी जटिल अकाम मन नगन अमंगल बेष।
अस स्वामी एहि कहँ मिलिहि परी हस्त असि रेख॥ ६७॥

अर्थ—मुनि ने हँस करके मीठी वाणी में गूढ़ता भरी बात कही कि तुम्हारी पुत्री समस्त गुणों की खान है। यह सुन्दर, सहज ही सुशीलवती एवं चतुर है तथा इसके नाम उमा, अम्बिका तथा भवानी हैं।

आपकी कन्या सम्पूर्ण लक्षणों से सम्पन्न सदैव अपने पति को प्रिय होगी। इसका सौभाग्य सदैव अचल होगा और इससे माता-पिता को यश प्राप्त होगा।

यह सम्पूर्ण संसार में पूज्य होगी और इसकी सेवा करने से (सेवा करनेवाले को) संसार में कुछ दुर्लभ नहीं रहेगा। संसार में इसके नाम का स्मरण करके स्त्रियाँ पातिव्रत की खड्गधारा जैसी तीक्ष्ण धार पर चढ़ेंगी (दुर्लभ पातिव्रत धर्म को प्राप्त करेंगी)।

हे पर्वतराज! तुम्हारी पुत्री सुन्दर लक्षणों से युक्त है अब, उन दो-चार अवगुणों को भी सुनें (जो उनमें हैं)। गुणरहित, मानरहित, माता-पिताहीन, उदासीन एवं सम्पूर्ण सन्देहों से मुक्त।

योगी, जटाधारी, कामनाहीन मनवाला, नग्न, अमंगल वेषधारी इस प्रकार का पति इसे प्राप्त होगा, ऐसी इसके हाथ में रेखा पड़ी है॥ ६७॥

टिप्पणी—भावी कथा क्रम के विकास के निमित्त नारद प्रसंग भावी कथा की संसूचना तथा उसको विकसित करने का एक उपाय है। कवि बड़े ही नाटकीय ढंग से पार्वती के माहात्म्य का निरूपण एवं पति के रूप में ठीक पार्वती के सुख-सौभाग्य के विपरीत अगुन, अमानी, माता-पिता विहीन, योगी, अमंगल वेषधारी, आश्रमविहीन पति के मिलने की भविष्यवाणी। शिव तथा पार्वती के इस अन्तर्विरोध में वर्णन का चमत्कार निहित है।

सुनि मुनि गिरा सत्य जियँ जानी। दुख दंपतिहिं उमा हरषानी॥
नारदहूँ यह भेदु न जाना। दसा एक समुझब बिलगाना॥
सकल सखी गिरिजा गिरि मैना। पुलक सरीर भरे जल नैना॥
होइ न मृषा देवरिषि भाषा। उमा सो बचनु हृदय धरि राखा॥
उपजेउ सिव पद कमल सनेहू। मिलन कठिन मन भा संदेहू॥
जानि कुअवसरु प्रीति दुराई। सखी उछँग बैठी पुनि जाई॥
झूठ न होइ देवरिषि बानी। सोचहिं दंपति सखी सयानी॥
उर धरि धीर कहइ गिरिराऊ। कहहु नाथ का करिअ उपाऊ॥
दो०— कह मुनीस हिमवंत सुनु जो बिधि लिखा लिलार।
देव दनुज नर नाग मुनि कोउ न मेटनहार॥ ६८॥

अर्थ—मुनि की वाणी को सुनकर तथा उसे हृदय से सत्य जानकर हिमालय दम्पति को दुख हुआ किन्तु पार्वती प्रसन्न हुईं। नारद भी यह रहस्य नहीं समझ सके क्योंकि समझ एक थी, किन्तु मन:दशाएँ भिन्न-भिन्न।

सम्पूर्ण सखियाँ, पार्वती, हिमालय तथा मैना सभी के शरीर पुलकपूर्ण थे और उन सभी के नेत्रों में जल भरा था। देवर्षि नारद के वचन असत्य नहीं हो सकते और पार्वती ने उस वचन को हृदय में धारण करके रख लिया।

उन्हें शिव के पद-कमलों में स्नेह उत्पन्न हुआ और फिर मन में सन्देह हुआ कि शिव (उनका) मिलना कठिन है। उचित अवसर न जानकर उन्होंने शिव के प्रति प्रीति छिपा ली और फिर वे सखी की गोद में जाकर बैठ गईं।

देवर्षि की वाणी असत्य नहीं हो सकती और हिमालय दम्पति तथा समस्त चतुर सखियाँ चिन्ता करने लगीं। हृदय में धैर्य धारण करके हिमालय बोले, हे नाथ! कहिए अब क्या उपाय करना चाहिए।

तब मुनीश्वर नारद ने कहा, हे हिमवन्त! सुनें, विधाता ने ललाट पर जो कुछ लिख दिया है उसको देवता, दैत्य, मनुष्य, नाग और मुनिजनों में कोई मिटाने वाला नहीं है॥ ६८॥

टिप्पणी—कवि वर्णन के इस अन्तर्विरोध द्वारा किसी को प्रसन्न और किसी को दु:खी चित्रित करता है। पार्वती अपने पूर्वजन्म के संस्कार एवं शिव में इन सम्पूर्ण लक्षणों की उपस्थिति का स्मरण करके आनन्दित हैं किन्तु परिवार जन सन्तप्त हैं। कवि कथा विधान के माध्यम से इस अन्तर्विरोध को चित्रित करके कौतूहलपूर्ण वातावरण की सृष्टि करता है।

तदपि एक मैं कहउँ उपाई। होइ करै जौं दैव सहाई॥
जस बरु मैं बरनेउँ तुम्ह पाहीं। मिलिहि उमहिं तस संसय नाहीं॥
जे जे बर के दोष बखाने। ते सब सिव पहिं मैं अनुमाने॥
जौं बिबाहु संकर सन होई। दोषउ गुन सम कह सबु कोई॥
जौं अहि सेज सयन हरि करहीं। बुध कछु तिनकर दोषु न धरहीं॥
भानु कृसानु सर्ब रस खाहीं। तिन्ह कहँ मंद कहत कोउ नाहीं॥
सुभ अरु असुभ सलिल सब बहई। सुरसरि कोउ अपुनीत न कहई॥
समरथ कहुँ नहिं दोषु गोसाईं। रबि पावक सुरसरि की नाईं॥

दो०— जौं अस हिसिषा करहिं नर जड़ बिबेक अभिमान।
परहिं कलप भरि नरक महुँ जीव कि ईस समान॥ ६९॥

अर्थ—इन सबके होते हुए भी मैं एक उपाय बताता हूँ। यदि दैव सहायता करे तो वह हो सकता है। जिन गुणों से युक्त वर मैंने तुझसे वर्णित किया है, पार्वती को वैसा ही मिलेगा, इसमें सन्देह नहीं है।

वर के जिन-जिन दोषों का वर्णन किया है, उन दोषों को मैंने शिव में अनुमानित किया है। यदि शिव के साथ उनका विवाह हो जाय तो दोषों को सभी गुण के समान कहेंगे।

जैसे, सर्प की शय्या पर विष्णु शयन करते हैं किन्तु पण्डित जन उनका कोई दोष मन में नहीं स्वीकार करते। सूर्य तथा अग्नि सभी (अच्छे तथा बुरे पदार्थों) के रसों का भक्षण करते हैं परन्तु उनको कोई बुरा नहीं कहते।

पवित्र तथा गन्दे दोनों प्रकार के जल गंगा में बहते हैं किन्तु उन्हें कोई अपवित्र नहीं कहता। हे गुसाईं (पर्वतराज)! सूर्य, अग्नि और गंगा के सदृश समर्थवान को दोष नहीं होता।

यदि कोई जड़ मनुष्य विवेक के अभिमान से ग्रस्त इस प्रकार की होड़ (हिहिसा) करते हैं तो

वे कल्पपर्यन्त नरक में पड़ते हैं, क्या कोई जीव कभी ईश्वर के सदृश हो सकता है॥ ६९॥

टिप्पणी—भारतीय साहित्य एवं चिन्तन में दोष निरूपण के साथ-साथ उसके परिहार का भी निरूपण है और प्रकारान्तर भाव से नारद पार्वती के भावी पति के जिन अवगुणों की परिगणना कराते हैं, वे सभी लक्षण शिव में हैं—और शिव में होने के कारण वे दोष परिपूर्ण नहीं हैं।

सुरसरि जल कृत बारुनि जाना। कबहुँ न संत करहिं तेहि पाना॥
सुरसरि मिलें सो पावन जैसें। ईस अनीसहिं अंतरु तैसें॥
संभु सहज समरथ भगवाना। एहि बिबाह सब बिधि कल्याना॥
दुराराध्य पै अहहिं महेसू। आसुतोष पुनि किएँ कलेसू॥
जौं तपु करै कुमारि तुम्हारी। भाविउ मेटि सकहिं त्रिपुरारी॥
जद्यपि बर अनेक जग माहीं। एहि कहँ सिव तजि दूसर नाहीं॥
बरदायक प्रनतारति भंजन। कृपासिंधु सेवक मन रंजन॥
इच्छित फल बिनु सिव अवराधें। लहिअ न कोटि जोग जप साधें॥

दो०— अस कहि नारद सुमिरि हरि गिरिजहिं दीन्ह असीस।
होइहि यहि कल्यान अब संसय तजहु गिरीस॥ ७०॥

अर्थ—गंगा के जल से बनी हुई मदिरा को जानकर कभी भी सन्तजन उसका पान नहीं करते परन्तु वही गंगा जल में मिल जाने पर जैसे पवित्र हो जाती है, ईश्वर तथा जीव में उसी प्रकार भेद है।

शिवजी सहज ही सामर्थ्यवान हैं क्योंकि वे भगवान् हैं। इसीलिए इस विवाह में सब प्रकार का कल्याण है परन्तु शिव आराधना में अत्यन्त दुर्गमता से प्राप्य हैं फिर भी, क्लेशपूर्वक तप करने पर वे शीघ्र ही प्रसन्न होते हैं।

यदि आपकी कन्या तप करे तो त्रिपुरारि शिव भावी को मिटा सकते हैं। यद्यपि संसार में अनेक वर हैं परन्तु पार्वती के लिए शिव को छोड़कर दूसरा वर नहीं है।

शिव वर देनेवाले, प्रणतों (आराधकों) के दुःखों को विनष्ट करनेवाले, कृपा के सिन्धु एवं अपने भक्तों के मन को आनन्दित करनेवाले हैं। शिव की आराधना किये बिना कोटि योग जप की साधना करने पर भी मनोवांछित फल की प्राप्ति नहीं होती।

ऐसा कहकर नारद ने विष्णु का स्मरण करके पार्वती को आशीर्वाद दिया और कहा, हे हिमालय! आप सन्देह का परित्याग कर दें, अब इसका कल्याण ही होगा॥ ७०॥

टिप्पणी—इस प्रस्तावना के माध्यम से कथा क्रम को आगे बढ़ाने के लिए कवि का विदग्धतापूर्ण उपाय—और इस उपाय का मन्तव्य है—कथा क्रम में पार्वती की तपस्या का बिना किसी अवरोध के वातावरण निर्मित करना।

कहि अस ब्रह्मभवन मुनि गयऊ। आगिल चरित सुनहु जस भयऊ॥
पतिहि एकांत पाइ कह मैना। नाथ न मैं समुझे मुनि बैना॥
जौं घरु बरु कुलु होइ अनूपा। करिअ बिबाहु सुता अनुरूपा॥
न तु कन्या बरु रहउ कुआरी। कंत उमा मम प्रान पिआरी॥
जौं न मिलिहि बरु गिरिजहि जोगू। गिरि जड़ सहज कहिहिं सब लोगू॥
सोइ बिचारि पति करेहु बिबाहू। जेहिं न बहोरि होइ उर दाहू॥
अस कहि परी चरन धरि सीसा। बोले सहित सनेह गिरीसा॥
बरु पावक प्रगटै ससि माहीं। नारद बचनु अन्यथा नाहीं॥

दो०— प्रिया सोच परिहरहु सब सुमिरहु श्री भगवान।
पारबतिहि निरमयउ जेहिं सोइ करिहि कल्यान॥ ७१॥

अर्थ—ऐसा कहकर, मुनि ब्रह्मलोक गये और अब आगे जैसा वृत्तान्त हुआ, उसे सुनें। पति को एकान्त में पाकर मैना ने कहा कि हे नाथ! मैंने मुनि की बात समझी नहीं।

यदि कन्या के अनुरूप घर, बर और कुल उत्तम मिले तो विवाह कर दें, नहीं तो, चाहे कन्या कुमारी ही रहे (ब्याह नहीं करूँगी) क्योंकि हे पतिदेव! उमा मेरे प्राणों से भी प्रिय है।

यदि पार्वती के योग्य वर न मिला तो पर्वत तो स्वभाव से ही जड़ (मूर्ख) होते हैं, ऐसा सारे लोग कहेंगे। ऐसा विचार करके हे पतिदेव! पार्वती का विवाह कर दें जिससे कि हृदय में पुनः सन्ताप न हो।

ऐसा कहकर सिंर रखकर वह चरणों में गिरी तब हिमालय स्नेहयुक्त वचन बोले। यह सम्भव है कि चन्द्रमा से अग्नि प्रकट हो जाय किन्तु नारद की वाणी असत्य नहीं हो सकती।

हे प्रिये! सम्पूर्ण चिन्ता का परित्याग करो और अब भी भगवान् का स्मरण करो। जिसने पार्वती को रचा है, वही कल्याण भी करेंगे॥ ७१॥

टिप्पणी—पुत्री के प्रति माता के वात्सल्य का निरूपण और उस वात्सल्य निरूपण में सन्तति के प्रति हितकामिता का भाव सन्निहित है। माता के द्वारा पूर्वलक्षित लक्षणों से युक्त पति से भिन्न अन्य वर की कामना के सन्दर्भ में पर्वतराज का विरोध प्रकट करना इन पंक्तियों की रचना का मन्तव्य है।

अब जौं तुम्हहि सुता पर नेहू। तौ अस जाइ सिखावनु देहू॥
करै सो तपु जेहिं मिलहिं महेसू। आन उपायँ न मिटिहि कलेसू॥
नारद बचन सगर्भ सहेतू। सुंदर सब गुन निधि बृषकेतू॥
अस बिचारि तुम्ह तजहु असंका। सबहिं भाँति संकरु अकलंका॥
सुनि पति बचन हरषि मन माँहीं। गई तुरत उठि गिरिजा पाहीं॥
उमहि बिलोकि नयन भरे बारी। सहित सनेह गोद बैठारी॥
बारहिं बार लेति उर लाई। गदगद कंठ न कछु कहि जाई॥
जगत मातु सर्बग्य भवानी। मातु सुखद बोली मृदु बानी॥

दो०— सुनहि मातु मैं दीख अस सपन सुनावउँ तोहि।
सुंदर गौर सुबिप्रबर अस उपदेसेउ मोहि॥ ७२॥

अर्थ—अब यदि तुम्हें पुत्री पर अत्यन्त स्नेह है तो उसे जाकर इस प्रकार की शिक्षा दो। वह वैसा तप करे जिससे शिव प्राप्त हों और अन्य उपायों से क्लेश नहीं मिटेगा।

नारद की वाणी रहस्ययुक्त एवं सकारण है क्योंकि शिव सभी प्रकार से सुन्दर तथा समस्त गुणों की निधि हैं। ऐसा सोचकर तुम संदेह का परित्याग कर दो क्योंकि शिव प्रत्येक प्रकार से निष्कलंक हैं।

पति के वचनों को सुनकर और मन-ही-मन हर्षित होकर तुरन्त उठकर पार्वती के पास गईं। पार्वती को देखकर नेत्रों में आँसू भर आये और स्नेहपूर्वक उसे गोद में बैठा लिया।

बार-बार उसे हृदय से लगाने लगीं, उसका गला भर आया, और वाणी नहीं फूटती। जगज्जननी पार्वती तो सर्वज्ञ हैं, वे माता को आनन्दित करने वाली वाणी बोलीं।

हे माता! सुनो, मैंने ऐसा स्वप्न देखा है, तुझे सुनाती हूँ, एक सुन्दर गौरवर्ण के विप्र ने मुझे ऐसा उपदेश दिया है॥ ७२॥

टिप्पणी—कालिदास के 'कुमारसम्मभवम्' में माता के विरोध करने पर पार्वती हठपूर्वक शिव तपस्या का व्रत लेती हैं किन्तु यहाँ स्वयं पिता की सहमति से माता शिव प्राप्ति की तपस्या के निमित्त पार्वती को एतदर्थ वन प्रेषित करने के लिए संकल्पबद्ध हैं। कालिदास वात्सल्य स्नेह को सर्वोपरि स्थापित करते हैं किन्तु यहाँ नारद की भविष्यवाणी की सत्यता को अपरिवर्तनीय मानकर शिव की समाराधना का वातावरण वात्सल्य के ऊपर कवि स्थापित करता है।

इस प्रकरण में मन्तव्य की सम्पुष्टि के लिए 'स्वप्न' प्रसंग नियति चक्र की अज्ञेय सत्ता के बीच भविष्य के विधान को इंगित करनेवाला एक 'मोटिफ़' कवि द्वारा रचा जाता है। यह मोटिफ़ आकाशवाणी या ज्योतिष से सम्बन्धित 'भविष्यवाणी' जैसा है।

करहि जाइ तपु सैलकुमारी। नारद कहा सो सत्य बिचारी॥
मातु पितहि पुनि यह मत भावा। तपु सुखप्रद दुख दोष नसावा॥
तप बल रचै प्रपंचु बिधाता। तप बल बिष्नु सकल जग त्राता॥
तप बल संभु करहिं संघारा। तप बल सेषु धरइ महि भारा॥
तप अधार सब सृष्टि भवानी। करहि जाइ तपु अस जियँ जानी॥
सुनत बचन बिसमित महतारी। सपन सुनायउ गिरिहि हँकारी॥
मातु पिता बहु बिधि समुझाई। चलीं उमा तप हित हरषाई॥
प्रिय परिवार पिता अरु माता। भए बिकल मुख आव न बाता॥
दो०— बेदसिरा मुनि आइ तब सबहिं कहा समुझाइ।
पारबती महिमा सुनत रहे प्रबोधहि पाइ॥ ७३॥

अर्थ—हे पार्वती! नारद ने जो कहा है, उसे सत्य समझकर, जाकर तप करो फिर यह बात तुम्हारे माता-पिता को भी अच्छी लगी है। तप सुखप्रद तथा दु:ख एवं पापों का विनाशक है।

तपस्या के ही बल पर ब्रह्मा संसार के प्रपंचों को रचते हैं। तपस्या के बल से ही विष्णु सम्पूर्ण जगत् की रक्षा करते हैं। तपस्या के बल से शिव संहार करते हैं और तपस्या के ही बल से शेष पृथ्वी का भार धारण करते हैं।

हे पार्वती! सम्पूर्ण सृष्टि तपस्या पर ही आधारित है—ऐसा हृदय में समझकर तुम जाकर तपस्या करो। इन बातों के सुनते हुए माता आश्चर्यचकित हुईं और हिमालय को बुलाकर तपस्या के विषय में बताया।

माता-पिता को अनेक भाँति समझा-बुझाकर पार्वती हर्षित होकर तपस्या के निमित्त चलीं। प्रिय परिवारजन तथा माता-पिता (पार्वती को जाते देखकर) व्याकुल हो उठे और मुँह से बात नहीं निकलती।

तब वेदशिरा ऋषि ने आकर सभी को समझाकर बताया और पार्वती की महिमा सुनकर सभी को सान्त्वना मिली॥ ७३॥

टिप्पणी—कथा के सन्दर्भ में पौराणिक इतिवृत्तात्मकता—वेदशिरा ऋषि द्वारा पार्वती के मूल रहस्य का उद्घाटन-कथा के सन्दर्भ को स्थिरता प्रदान करता है। यह प्रसंग माता-पिता, परिजन तथा स्वजनों के लिए शान्ति विधायक है।

उर धरि उमा प्रानपति चरना। जाइ बिपिन लागीं तपु करना॥
अति सुकुमार न तनु तप जोगू। पति पद सुमिरि तजेउ सबु भोगू॥
नित नव चरन उपज अनुरागा। बिसरी देह तपहिं मन लागा॥

संबत सहस मूल फल खाए। सागु खाइ सत बरष गवाँए॥
कछु दिन भोजनु बारि बतासा। किए कठिन कछु दिन उपवासा॥
बेल पाति महि परै सुखाई। तीनि सहस संबत सोइ खाई॥
पुनि परिहरे सुखानेउ परना। उमहि नामु तब भयउ अपरना॥
देखि उमहि तप खीन सरीरा। ब्रह्मगिरा भै गगन गंभीरा॥
दो०— भयेउ मनोरथ सुफल तव सुनु गिरिराजकुमारि।
परिहरु दुसह कलेस सब अब मिलिहहिं त्रिपुरारि॥ ७४॥

अर्थ—हृदय में प्राणपति (शिव) के चरणों को धारण करके वन में जाकर पार्वती तप करने लगीं। उनका अत्यन्त कोमल शरीर तप के योग्य नहीं है फिर भी पति के पद का स्मरण करके सम्पूर्ण भोगों का उन्होंने त्याग कर दिया।

नित्य शिव के चरणों में नवीन अनुराग उत्पन्न होने लगा और तपस्या में इतना मन रम गया कि शरीर का स्मरण भूल गया। एक हजार वर्ष तक पार्वती ने कन्दमूल तथा फल खाये और साग खाकर पुन: सौ वर्ष व्यतीत किये।

कुछ दिनों तक जल तथा वायु का भोजन किया और कुछ दिनों तक कठिन उपवास किया। बेलपत्र, जो पृथ्वी पर सूखकर गिरते थे, तीन हजार वर्षों तक उनको खाया।

इसके पश्चात् सूखे हुए पत्तों का भी परित्याग कर दिया और तभी पार्वती का अपर्णा नाम हुआ। तपस्या से उमा को क्षीण शरीर देखकर आकाश से ब्रह्मवाणी हुई।

हे पर्वतपुत्री पार्वती! सुनें, तुम्हारा मनोरथ सुफल हुआ। समस्त असह्य क्लेशों का परित्याग कर दें और अब तुझे शिव मिलेंगे॥ ७४॥

टिप्पणी—पार्वती की तप: साधना की उच्चता का प्रतिपादन है। पार्वती का एक नाम 'अपर्णा' भी है और तप:साधना की दुरूहता इस नामकरण का कारण है। अपर्णा शब्द में साभिप्राय विशेष्य के कारण परिकरांकुर अलंकार है।

अस तपु काहुँ न कीन्ह भवानी। भए अनेक धीर मुनि ग्यानी॥
अब उर धरहु ब्रह्म बर बानी। सत्य सदा संतत सुचि जानी॥
आवै पिता बोलावन जबहीं। हठ परिहरि घर जाएहु तबहीं॥
मिलहिं तुम्हहिं जब सप्त रिषीसा। जानेहु तब प्रमान बागीसा॥
सुनत गिरा बिधि गगन बखानी। पुलक गात गिरिजा हरषानी॥
उमा चरित सुंदर मैं गावा। सुनहु संभु कर चरित सुहावा॥
जब तें सतीं जाइ तनु त्यागा। तब तें सिव मन भयउ बिरागा॥
जपहिं सदा रघुनायक नामा। जहँ तहँ सुनहिं राम गुन ग्रामा॥
दो०— चिदानंद सुखधाम सिव बिगत मोह मद काम।
बिचरहिं महि धरि हृदयँ हरि सकल लोक अभिराम॥ ७५॥

अर्थ—हे पार्वती! यद्यपि अनेक धीर, मुनि तथा ज्ञानी हो चुके हैं किन्तु ऐसी तपस्या किसी ने भी नहीं की है। अब श्रेष्ठ ब्रह्मवाणी को सत्य (कहा हुआ) और निरन्तर पवित्र समझकर हृदय में धारण करो।

आपके पिता जब बुलाने आयें तब हठ का परित्याग करके घर चली जाना। जब तुम्हें सप्तर्षि मिलें तब इस ब्रह्मवाणी को प्रमाण (सत्य रूप में घटित होने वाला) समझें।

आकाश से कही हुई ब्रह्मा की इस वाणी को सुनकर पार्वती प्रसन्न हो उठीं और उनका शरीर पुलकित हुआ। मैंने पार्वती के सुन्दर चरित्र का गान किया अब शिव का रमणीक चरित्र सुनें।

जब से सती ने जाकर शरीर त्याग कर दिया, उसी समय से शिव के मन में वैराग्य उत्पन्न हो गया। शिव सदैव श्रीराम के नाम का जप करते तथा यत्र-तत्र श्रीराम के गुण समूहों से युक्त उनकी कथाएँ सुनते।

चिदानन्दस्वरूप, सुख के धाम, मद, काम, मोह से विगत शिव सम्पूर्ण लोकों के लिए आनन्ददायी श्रीराम को हृदय में धारण करके पृथ्वी पर विचरण करने लगे॥ ७५॥

टिप्पणी—'आकाशवाणी' की ही भाँति ब्रह्मा के वचनों का उद्घोष—परादैवी तत्त्व का संकेत है। ऐसे सन्दर्भ जो मानवीय ज्ञान तथा चिन्तन के परे जो मात्र संसूच्य हैं—भारतीय संस्कृति में नितान्त प्रचलित तथा महत्त्वपूर्ण माने गये हैं। ऐसे वचन भविष्य के कुहासे के अन्तर्गत भावी घटितार्थ के संसूचक हैं—भविष्यवाणी, शकुन, ब्रह्मवाणी, आकाशवाणी-आदि इसी के अन्तर्गत आते हैं।

शिव कथा इस संसूचना के बाद आगे बढ़ती है।

कतहुँ मुनिन्ह उपदेसहिं ग्याना। कतहुँ राम गुन करहिं बखाना॥
जदपि अकाम तदपि भगवाना। भगत बिरह दुख दुखित सुजाना॥
एहि बिधि गयउ काल बहु बीती। नित नै होइ राम पद प्रीती॥
नेमु प्रेमु संकरू कर देखा। अबिचल हृदयँ भगति कै रेखा॥
प्रगटे रामु कृतग्य कृपाला। रूप सील निधि तेज बिसाला॥
बहु प्रकार संकरहिं सराहा। तुम्ह बिनु अस ब्रतु को निरबाहा॥
बहु बिधि राम सिवहिं समुझावा। पारबती कर जनमु सुनावा॥
अति पुनीत गिरिजा कै करनी। बिस्तर सहित कृपानिधि बरनी॥
दो०— अब बिनती मम सुनहु सिव जौं मो पर निजु नेहु।
जाइ बिबाहहु सैलजहिं यह मोहिं माँगें देहु॥ ७६॥

अर्थ—शिव कहीं मुनियों को ज्ञानोपदेश करते हैं और कहीं श्रीराम के गुणों का वर्णन। यद्यपि शिव निष्काम हैं फिर भी, वे सहृदय (शिव) अपने भक्त (पार्वती) के विरह दुख में दुखी हैं।

इस प्रकार पर्याप्त समय व्यतीत हो गया। उनके मन में निरन्तर श्रीराम के प्रति नवीन प्रीति होती रही। श्रीराम ने जब शिव का नियम तथा प्रेम एवं उनके हृदय में भक्ति की अमिट छाप देखी तब उपकार माननेवाले, कृपाशील रूप एवं शील के भण्डार तथा तेजराशि श्रीराम उत्पन्न हुए। उन्होंने अनेक प्रकार से शिव की सराहना की तथा कहा कि आपके अतिरिक्त ऐसा व्रत और कौन निबाह सकता है?

श्रीराम ने बहुत प्रकार से शिव को समझाया तथा उन्होंने पार्वती के जन्म की बात सुनाई। पार्वती के अत्यन्त पवित्र कर्मों का विस्तारपूर्वक कृपानिधि श्रीराम ने वर्णन किया।

हे शिव! यदि मुझपर आपका स्नेह सत्य है तो मेरी विनती को सुनें, मुझे माँगने पर यह वर दें कि आप पार्वती से जाकर विवाह करें॥ ७६॥

टिप्पणी—स्वयं श्रीराम के द्वारा पार्वती से विवाह के लिए प्रेरित किया जाना, अपने आपमें महत्त्वपूर्ण—शैव तथा वैष्णव परम्पराओं का समन्वयन है। विशेष रूप से श्रीराम का उपर्युक्त वाक्य द्रष्टव्य है।

कह सिव जदपि उचित अस नाहीं। नाथ बचन पुनि मेटि न जाहीं॥
सिर धरि आयसु करिअ तुम्हारा। परम धरमु यह नाथ हमारा॥
मातु पिता गुर प्रभु कै बानी। बिनहिं बिचारि करिअ सुभ जानी॥
तुम्ह सब भाँति परम हितकारी। अग्या सिर पर नाथ तुम्हारी॥
प्रभु तोषेउ सुनि संकर बचना। भक्ति बिबेक धरम जुत रचना॥

कह प्रभु हर तुम्हार पन रहेऊ। अब उर राखेहु जो हम कहेऊ॥
अंतरधान भए अस भाखी। संकर सोइ मूरति उर राखी॥
तबहिं सप्तरिषि सिव पहिं आए। बोले प्रभु अति बचन सुहाए॥
दो०— पारबती पहिं जाइ तुम्ह प्रेम परिच्छा लेहु।
गिरिहिं प्रेरि पठएहु भवन दूर करेहु संदेहु॥ ७७॥

अर्थ—शिव ने कहा, यह यद्यपि उचित नहीं है, फिर भी हे नाथ! आपकी बात मेटी नहीं जा सकती। हे नाथ! मेरा यह परम धर्म है कि आपकी आज्ञा का पालन सिर पर रखकर करूँ।

माता, पिता, गुरु तथा स्वामी की वाणी शुभ जानकर बिना सोचे-विचारे करणीय है। आप तो प्रत्येक भाँति से मेरे हितैषी हैं, अतः हे नाथ! आपकी आज्ञा सिर पर है।

भक्ति, विवेक एवं धर्मयुक्त वाक्यरचना से परिपूर्ण शिव की वाणी सुनकर श्रीराम प्रसन्न हुए। प्रभु ने कहा, हे शिव! आपका प्रण रह गया और अब मैंने जो कुछ कहा है, उसे हृदय में धारण करके रखें।

ऐसा कहकर वे अन्तर्धान हो गये और शिव ने उनकी वही मूर्ति हृदय में धारण कर ली। उसी समय सप्तर्षि शिव के पास आये और प्रभु शिव ने उनसे सुखकर वाणी कही।

पार्वती के पास जाकर आप उनके प्रेम की परीक्षा लें और हिमालय को प्रेरित करके पार्वती को घर भिजवायें तथा उनके सन्देह को दूर करें॥ ७७॥

टिप्पणी—श्रीहरि की प्रेरणा से शिव का पार्वती से विवाह के लिए तैयार होना और सप्तऋषियों को पार्वती की परीक्षा के लिए भेजना। 'कुमारसम्भव' में स्वयं शिव पार्वती की परीक्षा लेने जाते हैं किन्तु अध्यात्म रामायण में सप्तर्षि। कवि उसी क्रम में सप्तर्षि प्रकरण का अवतरण करता है।

रिषिन्ह गौरि देखी तहँ कैसी। मूरतिमंत तपस्या जैसी॥
बोले मुनि सुनु सैलकुमारी। करहु कवन कारन तपु भारी॥
केहि अवराधहु का तुम्ह चहहू। हम सन सत्य मरमु किन कहहू॥
सुनत रिसिन्ह के बचन भवानी। बोली गूढ़ मनोहर बानी॥
कहत बचन मनु अति सकुचाई। हँसिहहु सुनि हमारि जड़ताई॥
मनु हठ परा न सुनै सिखावा। चहत बारि पर भीति उठावा॥
नारद कहा सत्य सोइ जाना। बिनु पंखन्ह हम चहहिं उड़ाना॥
देखहु मुनि अबिबेक हमारा। चाहिअ सदा सिवहिं भरतारा॥
दो०— सुनत बचन बिहँसे रिषय गिरि संभव तव देह।
नारद कर उपदेसु सुनि कहहु बसेउ किसु गेह॥ ७८॥

अर्थ—सप्तर्षि ने वहाँ पार्वती को इस प्रकार देखा जैसे मूर्तिवती तपस्या ही हो। मुनि बोले! हे पार्वती! सुनें, किसलिए यह कठिन तपस्या कर रही हैं?

किसकी आराधना कर रही हो, तुम क्या चाहती हो, हमसे अपना रहस्य सच-सच क्यों नहीं कहतीं? ऋषियों की बात सुनकर पार्वती मनोहारी (मुद्रा) में रहस्यपूर्ण वाणी बोली।

रहस्य कहने में मन अत्यन्त संकुचित हो रहा है और मेरी जड़ता सुनकर आप सब हँसेंगे। मन ने हठ पकड़ लिया है और वह सीख नहीं सुनता, वह तो जल पर दीवाल उठाना चाहता है।

नारद ने जो कह दिया, उसे ही मैंने सत्य समझा और मैं बिना पंखों के उड़ना चाहती हूँ। हे मुनिगण! मेरा अविवेक तो देखिए—मैं सदा शिव को ही अपना पति बनाना चाहती हूँ।

उनके वचनों को सुनकर ऋषिगण बिहँस पड़े और बोले—तुम्हारा शरीर पर्वत से ही तो उत्पन्न है। बताओ, नारद का उपदेश सुनकर किसका घर बसा है?॥ ६८॥

टिप्पणी—कवि परीक्षा के सन्दर्भ में पार्वती की तपस्या को इंगित करता है और वह तपस्या की गहनता-शिव जैसे वर की दुर्लभता को इंगित करती है। 'बिन पंखहिं हम चहहिं उड़ाना' दृष्टान्त अलंकार है—इस दृष्टान्त का मन्तव्य भी शिव की प्राप्ति की दुर्लभता ही है। 'गिरि सम्भव यह देह' में 'पर्वतभाव' अर्थात् जड़ता व्यंजित है और—

'नारद कर उपदेसु सुनि कहहु बसेहु किसु गेह'

यहाँ बोधव्य नामक आर्थी व्यंजना है—जिसका अर्थ है, नारद द्वारा सभी का बना काम विनष्ट किया गया।

दच्छ सुतन्ह उपदेसेन्हि जाई। तिन्ह फिरि भवनु न देखा आई॥
चित्रकेतु कर घरु उन घाला। कनककसिपु कर पुनि अस हाला॥
नारद सिष जे सुनहिं नर नारी। अवसि होहिं तजि भवन भिखारी॥
मन कपटी तन सज्जन चीन्हा। आपु सरिस सबही चह कीन्हा॥
तेहि के बचन मानि बिस्वासा। तुम्ह चाहहु पति सहज उदासा॥
निर्गुन निलज कुबेष कपाली। अकुल अगेह दिगंबर ब्याली॥
कहहु कवन सुख अस बरु पाएँ। भल भूलिहु ठग के बौराएँ॥
पंच कहें सिवँ सती बिबाही। पुनि अवडेरि मराएन्हि ताही॥
दो०— अब सुख सोवत सोचु नहिं भीख माँगि भव खाहिं।
सहज एकाकिन्ह के भवन कबहुँ कि नारि खटाहिं॥ ७९॥

अर्थ—उन्होंने दक्ष पुत्रों को जाकर उपदेश दिया फिर उन्होंने लौटकर अपना घर नहीं देखा। चित्रकेतु के घर को उन्होंने नष्ट कर दिया फिर ऐसा ही हाल हिरण्यकशिपु का भी हुआ।

जो पुरुष तथा स्त्री नारद की सीख सुनते हैं, वे निश्चय ही घर छोड़कर भिखारी हो जाते हैं। उनका मन कपटपूर्ण है किन्तु शरीर पर सज्जनों के चिह्न हैं और वे अपने समान सभी को करना चाहते हैं।

उनके वचनों का विश्वास मानकर तुम सहज उदासीन, गुणहीन, निर्लज्ज, कुवेष, नरकपालों की माला पहननेवाले, कुलहीन, गृहविहीन, नंगे, सर्पधारी के लिए पति की कामना करती हो।

बताओ, ऐसे वर को प्राप्त करके कौन-सा सुख प्राप्त करोगी? उस ठग (नारद) के बहकावे में आकर भलीभाँति (अपने हितों को) भूल गई हो। पंचों के कहने से शिव ने सती से विवाह किया था किन्तु उसे त्यागकर (अवडेरि) मरवा डाला।

अब चिन्ताविहीन शिव सुखपूर्वक सोते हैं और भीख माँगकर खा लेते हैं, बताओ स्वभाव से ही परम एकान्तवासी के यहाँ क्या कोई नारी टिक सकती है॥ ७९॥

टिप्पणी—पुनः 'प्रीति परीक्षा' के लिए तपस्या के मूल प्रेरक नारद की निन्दा और प्रकारान्तर से उनके परामर्श के विपरीत प्रभाव का संकेत। शिव के अवगुणों का कथन करके उनकी ओर से पार्वती को पराङ्मुख करने की चेष्टा। ये कथन शिवपुराण, अध्यात्म-रामायण, कुमारसम्भवम् आदि सभी स्थलों पर एक जैसे हैं।

अजहूँ मानहु कहा हमारा। हम तुम्ह कहुँ बर नीक बिचारा॥
अति सुंदर सुचि सुखद सुसीला। गावहिं बेद जासु जस लीला॥
दूषन रहित सकल गुन रासी। श्रीपति पुर बैकुंठ निवासी॥
अस बर तुम्हहि मिलाउब आनी। सुनत बिहंसि कह बचन भवानी॥
सत्य कहेहु गिरिभव तनु एहा। हठ न छूट छूटै बरु देहा॥
कनकउ पुनि पषान तें होई। जारेहु सहजु न परिहर सोई॥

नारद बचन न मैं परिहरिऊँ। बसउ भवनु उजरौ नहिं डरऊँ॥
गुर कें बचन प्रतीति न जेही। सपनेहुँ सुगम न सुख सिधि तेही॥
दो०— महादेव अवगुन भवन बिष्नु सकल गुनधाम।
जेहि कर मनु रम जाहि सन तेहि ताही सन काम॥ ८०॥

अर्थ—अब भी मेरा कहना मानो। हमने तुम्हारे लिए अच्छा वर विचारा है। वह अत्यन्त सुन्दर, पवित्र, आनन्ददायी, अत्यधिक शीलवान है तथा वेद जिसके यश तथा लीला का गुणगान करते हैं।

दोषरहित तथा सम्पूर्ण गुणों का समूह वह लक्ष्मी का पति तथा बैकुंठ लोक का निवासी है। हम लोग ऐसा वर ले आकर तुम्हें मिला देंगे। इसे सुनते ही, पार्वती हँसकर बोली।

आपने सत्य ही कहा है, जड़ पर्वत से ही यह देह उत्पन्न है। मेरा हठ नहीं छूट सकता, यह देह भले ही छूट जाय। स्वर्ण भी इसी पत्थर से उत्पन्न होता है किन्तु जलाये जाने पर भी वह अपने स्वभाव (स्वर्णत्व) को नहीं त्यागता।

नारद के वचनों का मैं परित्याग नहीं कर सकती। घर बसे या उजड़े, इससे मुझे डर नहीं है। गुरु के वचनों में जिसे विश्वास नहीं है, उसे स्वप्न में भी सुख तथा सिद्धि सुगम नहीं है।

यह सत्य है कि शिव अवगुणों के भवन हैं और विष्णु सम्पूर्ण गुणों के धाम हैं परन्तु जिसका मन जिसमें रम जाए, उसको उसी से ही काम है॥ ८०॥

टिप्पणी—पार्वती को डिगाने के लिए 'श्रीहरि' जैसे वर की प्राप्ति का प्रलोभन दिया जाना किन्तु पार्वती द्वारा उसका सतर्क खण्डन और इस खण्डन की विशेषता है—सप्तर्षियों द्वारा दिये गये तर्क वचनों का भिन्नार्थ प्रस्तुत करना—'पूर्व कथित गिरिसम्भव देह' में जड़ता (मूर्खता) के अर्थ का तिरस्कार करके दृढ़ प्रतिज्ञता (पर्वत की भाँति अचलता) और इसी पर्वत से उत्पन्न (सम्भव) स्वर्ण जो जलकर भी अपनी दीप्ति नहीं त्यागता उसी प्रकार के स्वभाव से युक्त के आरोपण में, कवि आर्थी व्यंजना का प्रयोग करता है। अन्तिम पंक्ति में निदर्शना अलंकार है।

जौं तुम्ह मिलतेहु प्रथम मुनीसा। सुनतिउँ सिख तुम्हारि धरि सीसा॥
अब मैं जन्मु संभु हित हारा। को गुन दूषन करै बिचारा॥
जौं तुम्हरे हठ हृदयँ बिसेषी। रहि न जाइ बिनु किएँ बरेषी॥
तौ कौतुकिअन्ह आलसु नाहीं। बर कन्या अनेक जग माहीं॥
जनम कोटि लगि रगर हमारी। बरउँ संभु नत रहउँ कुआरी॥
तजउँ न नारद कर उपदेसू। आपु कहहिं सत बार महेसू॥
मैं पा परउँ कहइ जगदंबा। तुम गृह गवनहु भएउ बिलंबा॥
देखि प्रेम बोले मुनि ग्यानी। जय जय जगदंबिके भवानी॥
दो०— तुम्ह माया भगवान सिव सकल जगत पितु मातु।
नाइ चरन सिरु मुनि चले पुनि पुनि हरषत गातु॥ ८१॥

अर्थ—हे मुनिश्रेष्ठ यदि तुम (नारद से) पहले मिलते तो तुम्हारी सीख को सिर पर धारण करके सुनती। अब तो मैं सम्पूर्ण जीवन शिव के लिए हार चुकी हूँ और (इसके बाद) गुण-दोष का कौन विचार करता है?

यदि आपके मन में (ब्याह के लिए) विशेष हठ ही है और बिना ब्याह की बात (बरेखी—बरेच्छा) किये रहा नहीं जाता तो कौतुक करनेवाले को आलस्य तो होता नहीं—संसार में अनेक वर-कन्याएँ हैं।

मेरा तो करोड़ों जन्मों तक यही हठ है कि या तो मैं शिव को वरण करूँगी, नहीं तो क्वाँरी (बिन ब्याहे) ही रहूँगी। यदि स्वयं शिव सौ बार भी आकर कहें तो भी नारद के उपदेश का परित्याग नहीं करूँगी।

पार्वती कहती हैं कि मैं आपके चरणों पर पड़ती हूँ आप घर पधारें, बड़ा विलम्ब हुआ। पार्वती के इस प्रेम को देखकर ज्ञानवान सप्तर्षि बोले—हे जगज्जननी! हे पार्वती! आपकी जय हो।

शिव (साक्षात्) भगवान् हैं और तुम उनकी माया हो। आप दोनों सम्पूर्ण जगत् के पिता-माता हैं। मुनि गण पार्वती के चरणों में सिर झुकाकर चल दिये। उनके शरीर बार-बार पुलकित हो रहे थे॥ ८१॥

टिप्पणी—पार्वती के प्रत्युत्तर में पूर्ववत् विदग्धता तथा व्यंग्यभाव वर्तमान है। दृष्टान्त एवं निदर्शना लाक्षणिकता के साधन हैं—'तौ कौतुकिअन्ह आलस नाहीं। वर कन्या अनेक जग माँहीं'॥ ब्याह की अगुआई करनेवाले को 'कौतुकिअन्ह' शब्द से व्यंजित किया गया है और मध्यकाल में ऐसे व्यक्ति ब्याह कराने के लिए प्रयास में निरन्तर रत रहते थे।

सप्तर्षि की परीक्षा में पार्वती खरी उतरती हैं और वे उनके मूल स्वरूप का ज्ञान कराते हुए शिव की प्राप्ति को सम्पुष्ट करते हैं।

जाइ मुनिन्ह हिमवंत पठाए। करि बिनती गिरिजहिं गृह ल्याए॥
बहुरि सप्तरिषि सिव पहिं जाई। कथा उमा कै सकल सुनाई॥
भए मगन सिव सुनत सनेहा। हरषि सप्तरिषि गवने गेहा॥
मनु थिरु करि तब संभु सुजाना। लगे करन रघुनायक ध्याना॥
तारकु असुर भएउ तेहि काला। भुज प्रताप बल तेज बिसाला॥
तेहिं सब लोक लोकपति जीते। भए देव सुख संपति रीते॥
अजर अमर सो जीति न जाई। हारे सुर करि बिबिध लराई॥
तब बिरंचि सन जाइ पुकारे। देखे बिधि सब देव दुखारे॥

दो०— सब सन कहा बुझाइ बिधि दनुज निधन तब होइ।
संभु सुक्र संभूत सुत एहि जीतइ रन सोइ॥ ८२॥

अर्थ—मुनियों ने जाकर हिमालय को भेजा और वे विनती करके पार्वती को घर लिवा लाये। फिर सप्तर्षि शिव के पास गये और पार्वती की सम्पूर्ण कथा सुनाई।

शिव पार्वती के स्नेह को सुनकर मग्न हो उठे और सप्तर्षिगण हर्षित घर गये। तब सहृदय शिव मन को स्थिर करके श्रीराम का ध्यान करने लगे।

उसी समय तारक नामक असुर उत्पन्न हुआ जो तेज तथा बल में अत्यधिक प्रचण्ड और भुजाओं के बल के कारण प्रतापी था। उसने सम्पूर्ण लोकपतियों और लोकों को जीता और सम्पूर्ण देवता सुख-सम्पत्ति से क्षीण हो उठे।

वह अजर-अमर था, इसलिए जीता नहीं जाता था और देवगण अनेक युद्ध करके हार चुके थे। तब उन्होंने ब्रह्मा से जाकर गुहार लगाई और तब ब्रह्मा ने सम्पूर्ण देवताओं को दुखी देखा।

ब्रह्मा जी ने सभी को समझाकर बताया कि असुर का निधन तभी हो सकता है जब शिव के शुक्र से पुत्र उत्पन्न हो और वही इसे युद्ध में जीत सकता है॥ ८२॥

टिप्पणी—शिव विवाह के मूल अभिप्राय-तारकासुर के वध की प्रासंगिकता के साथ जोड़कर कवि पुराणों में कथित इस कथा की परम्परा को आगे बढ़ाता है।

मोर कहा सुनि करहु उपाई। होइहि ईस्वर करिहि सहाई॥
सतीं जो तजी दच्छ मख देहा। जनमी जाइ हिमाचल गेहा॥
तेहिं तपु कीन्ह संभु पति लागी। सिव समाधि बैठे सबु त्यागी॥
जदपि अहइ असमंजस भारी। तदपि बात एक सुनहु हमारी॥
पठवहु कामु जाइ सिव पाहीं। करै छोभ संकर मन माही॥

तब हम जाइ सिवहिं सिर नाई। करवाउब बिबाहु बरिआई॥
एहि बिधि भलेहिं देव हित होई। मत अति नीक कहै सब कोई॥
अस्तुति सुरन्ह कीन्हि अति हेतू। प्रगटेउ बिषम बान झषकेतू॥
दो०— सुरन्ह कही निज बिपति सब सुनि मन कीन्ह बिचार।
संभु बिरोध न कुसल मोहिं बिहँसि कहेउ अस मार॥ ८३॥

अर्थ—मेरे कहने को सुनकर उपाय करो, ईश्वर सहायता करेंगे और कार्य हो जायेगा। वह सती जिसने दक्ष के यज्ञ में देह का परित्याग किया था—हिमालय के घर में जाकर उत्पन्न हुई हैं।

उसने शिव को पति रूप में प्राप्त करने के निमित्त तप किया है किन्तु शिव सब कुछ छोड़कर समाधि में बैठे हैं। यद्यपि बड़ी असमंजस की बात है फिर भी, मेरी एक बात सुनें।

तुम सब जाकर कामदेवता को शिव के पास प्रेषित करो और वह शिव के मन में विक्षोभ उत्पन्न करे। तब हम जाकर शिव के चरणों में सिर झुकायेंगे और हठात् विवाह करा देंगे।

सम्भव है (भलेहि) इसी बहाने देवताओं का हित हो जाय। यह उपाय ठीक है, सभी ने कहा। अत्यन्त प्रेम से जब देवताओं ने स्तुति की और तब पाँच (विषम) बाण धारण करनेवाले मत्स्यकेतु कामदेव प्रकट हुए।

देवताओं ने तब अपनी सम्पूर्ण विपत्ति बताई, उसे सुनकर मन में विचार किया और तब हँसकर कामदेव ने कहा कि अब शिव के विरोध से मेरा कुशल नहीं है॥ ८३॥

टिप्पणी—शिव से पुत्र की उत्पत्ति एक असम्भव सी घटना है किन्तु प्रस्तुत प्रसंग में पार्वती विवाह की प्राकरणिक स्थिति इसके लिए प्रेरक है। काम विकार से रहित नितान्त अनासक्त शिव-पार्वती के प्रति कामासक्त कैसे होंगे—देवताओं द्वारा रचित काम की आराधना तथा उसे शिव को कामासक्त करने के निमित्त प्रेरित करना यही उपाय सूझा।

शैवमत में कामासक्ति से विमुखता एक विशेष तत्त्व है—अत: काम दहन का प्रसंग विशेष उत्साह के साथ लिखा गया है।

तदपि करब मैं काजु तुम्हारा। श्रुति कह परम धरम उपकारा॥
परहित लागि तजै जो देही। संतत संत प्रसंसहिं तेहा॥
अस कहि चलेउ सबहिं सिर नाई। सुमन धनुष कर सहित सहाई॥
चलत मार अस हृदयँ बिचारा। सिव बिरोध ध्रुव मरनु हमारा॥
तब आपन प्रभाउ बिस्तारा। निज बस कीन्ह सकल संसारा॥
कोपेउ जबहिं बारिचरकेतू। छन महुँ मिटे सकल श्रुति सेतू॥
ब्रह्मचर्य ब्रत संजम नाना। धीरज धरम ग्यान बिग्याना॥
सदाचार जप जोग बिरागा। सभय बिबेक कटकु सबु भागा॥

अर्थ—फिर भी, मैं आप सबका कार्य करूँगा क्योंकि वेद कहते हैं कि उपकार ही परम धर्म है। दूसरे के हित के लिए जो अपने शरीर का परित्याग करता है, संतजन निरन्तर उसकी प्रशंसा करते हैं।

ऐसा कहकर, सभी को शीश झुकाकर वसन्त ऋतु आदि अपने समस्त सहायकों एवं पुष्प धनुष सहित चला। चलते समय कामदेव ने हृदय में इस प्रकार विचार किया कि शिव के विरोध में मृत्यु अटल है।

ततश्च उसने अपने प्रभाव का विस्तार किया और सम्पूर्ण सृष्टि को अपने वश में कर लिया। जब मत्स्यध्वज कामदेव ने क्रोध किया तो क्षण में सम्पूर्ण सृष्टि की मर्यादा मिट गई।

ब्रह्मचर्य, व्रत, नाना प्रकार के संयम, धैर्य, धर्म, ज्ञान, विज्ञान, सदाचार, जप, योग, वैराग्य आदि

विवेक की सभी सेना भयपूर्वक भाग निकली।

छंद— भागेउ बिबेकु सहाय सहित सो सुभट संजुग महि मुरे।
सदग्रंथ पर्वत कंदरन्हि महुँ जाइ तेहिं अवसर दुरे॥
होनिहार का करतार को रखवार जग खरभरु परा।
दुइ माथ केहिं रतिनाथ जेहि कहुँ कोपि करि धनुसरु धरा॥

दो०— जे सजीव जग चर अचर नारि पुरुष अस नाम।
ते निज निज मरजाद तजि भये सकल बस काम॥ ८४॥

विवेक अपने सहायकों सहित भागा और उसके योद्धा युद्धभूमि से पीछे मुड़ गये (भाग गये)। उस समय सद्ग्रंथ (विवेक के अभिन्न साथी भी) भयवश पर्वत की कन्दराओं में जाकर छिप गए। हे विधाता! क्या होने वाला है, इस समय रक्षक कौन है? सारे जगत् में खलबली मच गई। कौन दो माथ का होने वाला है जिसके ऊपर रतिपति कामदेव ने क्षोभपूर्वक धनुष-बाण धारण किया है?

संसार में अचर-चर वे जो सजीव स्त्री-पुरुष नामधारी हैं, सब अपनी-अपनी मर्यादा त्याग कर काम के वशवर्ती हो उठे॥ ८४॥

टिप्पणी—शिव को पराजित करने के निमित्त काम देवता समस्त सेना तथा सहचरों के साथ प्रस्थान करता है। काम व्यापार का उन्मादकारी प्रभाव यहाँ परम्परित न होकर कवि द्वारा सर्वथा कल्पित एवं कामोन्मेष के सन्दर्भ को प्रकर्षवान् बताने के लिए चित्रित है। काम की जागृति के क्या प्रभाव सचराचर पर पड़ते हैं तथा मानवजाति किस प्रकार अपने धैर्य, विवेक एवं सद्विचार आदि की तिलांजलि दे देती है, उसका बड़ा ही सटीक चित्र कवि अंकित करता है। छायावादी मानवीकरण जैसी लक्षणागर्भित अर्थदृष्टि सर्वथा द्रष्टव्य है—

विवेक का अपने सहायकों के साथ भागना, सद्ग्रंथों का भागकर पर्वत कन्दराओं में छिपना आदि। 'दुई माथ केहि' में आर्थी व्यंजना—लक्ष्यसम्भवा—अर्थ चमत्कार को दीप्त करती है।

सब के हृदय मदन अभिलाषा। लता निहारि नवहिं तरु साखा॥
नदी उमगि अंबुधि कहुँ धाईं। संगम करहिं तलाव तलाईं॥
जहँ-असि दसा जड़न्ह कै बरनी। को कहि सकै सचेतन करनी॥
पसु पच्छी नभ जल थलचारी। भए काम बस समय बिसारी॥
मदन अंध ब्याकुल सब लोका। निसि दिन नहिं अवलोकहि कोका॥
देव दनुज नर किन्नर ब्याला। प्रेत पिसाच भूत बेताला॥
इन्ह कै दसा न कहेउँ बखानी। सदा काम के चेरे जानी॥
सिद्ध बिरक्त महामुनि जोगी। तेपि काम बस भये बियोगी॥

अर्थ—सभी के हृदय में काम की कामना उत्पन्न हो उठी। लताओं को देखकर वृक्षों की शाखाएँ झुकने लगीं। नदियाँ (विवशीभूत) उमंगित समुद्र की ओर दौड़ीं और ताल-तलैया भी आपस में आलिंगन करने लगे।

जहाँ जड़ की यह दशा कही गई, तब चेतनायुक्त जीव की करतूतों का कौन वर्णन कर सकता है। जल तथा स्थल पर विचरण करनेवाले पशु-पक्षी (अपने सहवास का) काल भुलाकर काम विवश हो उठे।

सम्पूर्ण जगत् कामान्ध होकर व्याकुल हो उठा। चक्रवाक-चक्रवाकी रात्रि-दिवस नहीं देखते। देव, दैत्य, मनुष्य, किन्नर, सर्प, प्रेत, पिशाच, भूत, बेताल—

इनकी दशा का वर्णन मैंने नहीं किया क्योंकि ये सदा काम देवता के दास हैं, ऐसा समझें। सिद्धजन, विरक्त, महामुनि तथा महायोगीगण—ये भी काम के विवश होकर स्त्री के विरही हो गये।

छंद— भए कामबस जोगीस तापस पावँरन्हि की को कहै।
देखहिं चराचर नारिमय जे ब्रह्ममय देखत रहे॥
अबला बिलोकहि पुरुषमय जगु पुरुष सब अबलामयं!
दुइ दंड भरि ब्रह्मांड भीतर काम कृत कौतुक अयं॥
सो०— धरा न काहूँ धीर सब के मन मनसिज हरे।
जेहिं राखे रघुबीर ते उबरे तेहिं काल महुँ॥ ८५॥

जब योगिश्रेष्ठ और तपस्वी कामवश हो गये तो छुद्र (पामर) मनुष्यों की कौन कहे। जो सचराचर जगत् को ब्रह्ममय देख रहे थे, वे स्त्रीमय देखने लगे। स्त्रियाँ सम्पूर्ण संसार को पुरुषमय देखने लगीं और सम्पूर्ण पुरुष समुदाय संसार को स्त्रीमय देखने लगे। दो घड़ी तक ब्रह्माण्ड के भीतर कामदेव द्वारा रचा हुआ इस प्रकार का कौतुक घटित रहा।

किसी ने भी धैर्य नहीं रखा, सबके मनों को काम देवता ने हरण कर लिया—जिनकी श्रीराम ने रक्षा कर ली, वे ऐसे समय में भी बचे रहे॥ ८५॥

टिप्पणी—कवि काम के उद्रेक से आप्लावित सचराचर की विक्षिप्तता का वर्णन कर रहा है। काम मनुष्य को, पशु-पक्षी सचेतन को, नदी, तालाब, वृक्ष, लता, समुद्र, नभ, जल, थल तथा सचराचर में व्याप्त देव, मुनि, गन्धर्व, किन्नर सभी को व्याप्ति के क्षण उन्मत्त कर देता है—सम्पूर्ण सृष्टि में पुरुष एवं नारी (दक्षिण एवं वाम पार्श्व) इस उद्वेगकर स्थिति में उन्मत्त परस्पर एक-दूसरे के सान्निध्य के लिए व्याकुल हो उठते हैं।

उभय घरी अस कौतुक भयऊ। जब लगि काम संभु पहँ गयऊ॥
सिवहिं बिलोकि ससंकेउ मारू। भएउ जथाथिति सब संसारू॥
भए तुरत जग जीव सुखारे। जिमि मद उतरि गएँ मतवारे।
रुद्रहि देखि मदन भय माना। दुराधरष दुर्गम भगवाना।
फिरत लाज कछु कहि नहिं जाई। मरन ठानि मन रचेसि उपाई।
प्रकटेसि तुरत रुचिर रितुराजा। कुसुमित नव तरु राजि बिराजा।
बन उपबन बापिका तड़ागा। परम सुभग सब दिसा बिभागा।
जहँ तहँ जनु उमगत अनुरागा। देखि मुएहँ मन मनसिज जागा।

अर्थ—दो घड़ी तक इस प्रकार का कौतुक हुआ, तब तक कामदेव शिव के पास गया। शिव को देखकर कामदेव भयभीत हो उठा और तब सम्पूर्ण संसार यथास्थित (जैसा था वैसा) हो गया।

तुरन्त ही, संसार के जीव सुखी हो उठे जैसे मद्यपान में उन्मत्त नशा उतर जाने पर हो जाते हैं। भगवान् रुद्र को देखकर मदन भयाक्रान्त हुआ क्योंकि भगवान् शिव दुराधर्ष (पराजित किये जाने में कठिन) तथा दुर्गम (पार पाये जाने में असम्भव) है।

लौटने में लज्जा और कुछ करते भी नहीं बनता। मन में अपनी मृत्यु निश्चित करके उसने कुछ उपाय रचना की। उसने तुरन्त ही रमणीक ऋतुराज को प्रकट किया और तब पुष्पित नव वृक्ष पंक्तियाँ शोभित हो उठीं।

वन-उपवन, बावली (वापी), तालाब और सब दिशाओं के विभाग सुन्दर हो उठे। जहाँ-तहाँ मानो प्रेम उमंगित हो रहा है और उसे देखकर मानो मृत व्यक्ति में भी कामदेव जाग उठा।

छंद— जागइ मनोभव मुएहुँ मन बन सुभगता न परै कही।
सीतल सुगंध सुमंद मारुत मदन अनल सखा सही॥
बिकसे सरन्हि बहु कंज गुंजत पुंज मंजुल मधुकरा।
कलहंस पिक सुक सरस रव करि गान नाचहिं अपछारा॥

दो०— सकल कला करि कोटि बिधि हारेउ सेन समेत।
चली न अचल समाधि सिव कोपेउ हृदयनिकेत॥ ८६॥

मृत व्यक्ति के मन में भी कामदेव जागा, और (उस) वन की सुन्दरता कहते नहीं बनती। कामदेवता की दाहकता का सच्चा साथी शीतल, सुगंधयुक्त और मन्थर-गतिवाला वायु बहा। सरोवरों में नाना प्रकार के कमल खिल उठे और उन पर सुन्दर भ्रमर समूह गुंजित होने लगे। राजहंस, कोकिल, मयूर रसमय ध्वनि (वाणी) करने लगे तथा अप्सराएँ गा-गाकर नाचने लगीं।

कोटि-कोटि प्रकार की समस्त कलाएँ करके कामदेव सेना समेत हार गया किन्तु शिव की अचल समाधि न विचलित हुई, तब कामदेव क्रोधित हो उठा॥ ८६॥

टिप्पणी—इस सम्पूर्ण मादक प्रभाव के बीच कामदेवता अपने सैन्य-सहचरों के साथ शिव पर प्रभाव डालने लगा किन्तु शिव पर उसका कोई प्रभाव नहीं पड़ा। सचराचर को पीड़ित करनेवाला कामदेव अपनी इस विफलता पर क्रोध से विवशीभूत हुआ—जैसे कवि इंगित करना चाहता है कि क्रोध भी काम का ही साथी है।

देखि रसाल बिटप बर साखा। तेहिं पर चढ़ेउ मदन मन माखा॥
सुमन चाप निज सर संधाने। अति रिसि ताकि श्रवन लगि ताने॥
छाँड़ेउ बिषम बान उर लागे। छूटि समाधि संभु तब जागे॥
भयउ ईस मन छोभु बिसेखी। नयन उघारि सकल दिसि देखी॥
सौरभ पल्लव मदनु बिलोका। भयउ कोप कंपेउ त्रैलोका॥
तब सिवँ तीसर नयन उघारा। चितवत काम भयउ जरि छारा॥
हाहाकार भयउ जग भारी। डरपे सुर भए असुर सुखारी॥
समुझि काम सुख सोचहिं भोगी। भए अकंटक साधक जोगी॥

अर्थ—कामदेव मन में क्रोधित एक आमवृक्ष की सुन्दर शाखा देखकर उस पर चढ़ा। उसने अपने पुष्प-धनुष पर बाणों को चढ़ाया और अत्यन्त क्रोधित लक्ष्य को देखकर उन्हें कानों तक खींचा।

उसने तीक्ष्ण बाण छोड़े और वे शिव के हृदय में जा लगे। (उनके लगते ही) उनकी समाधि टूटी और तब शिव जाग गये। शिव के मन में बहुत क्षोभ (काम जनित भाव) हुआ और नेत्रों को खोलकर सम्पूर्ण दिशाएँ देखीं।

उन्होंने आम (सौरभ) के पल्लवों के बीच (छिपे) कामदेवता को देखा, तो बड़ा क्रोध हुआ और (उससे) त्रैलोक काँप उठा। तब शिव ने तीसरे नेत्र को खोला और देखते ही काम देवता जलकर राख हो उठे।

संसार में भारी हाहाकार हो उठा, देवता डर गये और असुर सुखी हो उठे। भोगी व्यक्ति काम सुख का स्मरण करके चिन्तित हो उठे तथा साधक योगिजन निष्कंटक हो उठे।

छंद— जोगी अकंटक भए पति गति सुनति रति मुरुछित भई।
रोदति बदति बहु भाँति करुना करति संकर पहिं गई।
अति प्रेम करि बिनती बिबिध बिधि जोरि कर सन्मुख रही।
प्रभु आसुतोष कृपाल सिव अबला निरखि बोले सही॥

दो०— अब तें रति तव नाथ कर होइहि नाम अनंगु।
बिनु बपु ब्यापहिं सबहि पुनि सुनु निज मिलन प्रसंगु॥ ८७॥

योगी निष्कंटक हो गये तथा कामदेव की पत्नी पति की दशा सुनकर मूर्च्छित हो उठी। वह अनेक भाँति से रोती तथा विलाप करती हुई तथा अनेक भाँति से करुणा करती हुई शिव के पास

गई। अत्यन्त प्रेम के साथ अनेक प्रकार की विनती करती हुई हाथ जोड़कर सामने खड़ी रही। कृपालु, शीघ्र ही प्रसन्न होनेवाले स्वामी शिव (उसे) असहाय स्त्री समझकर सुन्दर वाणी बोले।

हे रति! अब से तुम्हारे पति का नाम अनंग होगा। वे बिना ही शरीर के सभी में व्यापेंगे और तुम अपने पति से मिलने का प्रसंग सुनो॥ ८७॥

टिप्पणी—क्रोधासक्त विवेकभ्रष्ट कानदेवता ने शिव पर अपने पंचबाणों का संहार किया और काम के पंचशरों के लगते ही शिव में विक्षोभ (उन्मादक मदनोद्भेद) उत्पन्न हुआ और फिर कारण खोजने पर काम का दिखाई पड़ना और पुनः क्रोध से कामदेवता को तृतीय नेत्र से देखना और काम देवता का जल उठना—ये सम्पूर्ण कार्य विवेक प्रेरित न होकर उद्वेग प्रेरित हैं—उद्वेग प्रेरित कार्य की त्वरा के लिए कवि चपलातिशयोक्ति का आधार ग्रहण करता है—

तब सिव तीसर नयन उघारा। चितवत काम भयउ जरि छारा।

काम ध्वंस के परवर्ती प्रभाव के अन्तर्गत 'रति' का वैधव्य भी इंगित है किन्तु 'वरदान' जैसे मोटिफ के द्वारा उसे नियंत्रित कर लेता है—और अनंग जैसे कामदेव शब्द के पारिभषिक रूप को सार्थकता प्रदान करता हुआ कथाभिप्राय को पूरा करता है।

जब जदुबंस कृष्ण अवतारा। होइहि हरन महा महिभारा॥
कृष्ण तनय होइहि पति तोरा। बचनु अन्यथा होइ न मोरा॥
रति गवनी सुनि संकर बानी। कथा अपर अब कहउँ बखानी॥
देवन्ह समाचार सब पाए। ब्रह्मादिक बैकुंठ सिधाए॥
सब सुर बिष्नु बिरंचि समेता। गए जहाँ सिव कृपानिकेता॥
पृथक पृथक तिन्ह कीन्हि प्रसंसा। भए प्रसन्न चंद्र अवतंसा॥
बोले कृपासिंधु बृषकेतू। कहहु अमर आए केहि हेतू॥
कह बिधि तुम्ह प्रभु अंतरजामी। तदपि भगति बस बिनवउँ स्वामी॥

दो०— सकल सुरन्ह के हृदयँ अस संकर परम उछाहु।
निज नयनन्हि देखा चहहिं नाथ तुम्हार बिबाहु॥ ८८॥

अर्थ—पृथ्वी के बहुत बड़े भार को हरण करने के लिए जब यदुवंश में कृष्ण का अवतार होगा तब उनके पुत्र के रूप में तुम्हारा पति उत्पन्न होगा। मेरा यह वचन अन्यथा नहीं होगा।

शिव की वाणी सुनकर रति चली गई और अब दूसरी कथा का विस्तारपूर्वक वर्णन करता हूँ। ब्रह्मादि देवताओं ने जब यह समाचार सुना तो वे बैकुंठ गये।

पुनः सभी देवता, ब्रह्मा सहित विष्णु वहाँ गये, जहाँ कृपाधाम शिव थे। उन सबने अलग-अलग (उनकी) प्रशंसा की और तब चन्द्रभूषण शिव प्रसन्न हुए।

कृपा के सिन्धु शिव बोले, हे देवगण आप बतायें किस लिए पधारे हैं? ब्रह्मा ने कहा, हे प्रभु! आप अन्तर्यामिन् हैं फिर भी भक्तिवश हम सब आपसे विनय करते हैं।

हे शिव! सम्पूर्ण देवताओं के मन में ऐसा परम उत्साह है कि हे नाथ! आपका ब्याह ये सभी अपनी आँखों से देखना चाहते हैं॥ ८८॥

टिप्पणी—अपने प्रयास में विफल देवता पुनः चाटुकारिता का आश्रय ग्रहण करते हैं। तुलसी की दृष्टि में देवता षड्यंत्रकारी, चाटुकार, स्वकार्य-साधक, स्वार्थी एवं ईर्ष्यालु होते हैं। ये सम्पूर्ण लक्षण धूर्ततापूर्ण कार्यों में अनुरक्त समृद्ध जन के हैं और देवता जैसे यहाँ इन कार्यों के मोटिफ हों।

यह उत्सव देखिअ भरि लोचन। सोइ कछु करहु मदन मद मोचन॥
कामु जारि रति कहुँ बरु दीन्हा। कृपासिंधु यह अति भल कीन्हा॥
सासति करि पुनि करहिं पसाऊ। नाथ प्रभुन्ह कर सहज सुभाऊ॥

पारबतीं तप कीन्ह अपारा। करहु तासु अब अंगीकारा॥
सुनि बिधि बिनय समुझि प्रभु बानी। ऐसेइ होउ कहा सुख मानी॥
तब देवन्ह दुंदुभीं बजाईं। बरषि सुमन जय जय सुर साईं॥
अवसरु जानि सप्तरिषि आए। तुरतहिं बिधि गिरिभवन पठाए॥
प्रथम गए जहँ रहीं भवानी। बोले मधुर बचन छल सानी॥

दो०— कहा हमार न सुनेहु तब नारद कें उपदेस।
अब भा झूठ तुम्हार पन जारेउ काम महेस॥ ८९॥

अर्थ—इस उत्सव को नेत्र भरकर देखे लें, हे कामदेवता के अभिमान को नष्ट करनेवाले शिव! आप वैसा कुछ करें। कामदेवता को भस्म करके आपने रति को वरदान दिया और हे कृपासिन्धु! आपने यह बड़ा ही भला किया है।

साँसति करके पुनः कृपा करते हैं, हे नाथ! यह स्वामियों का सहज स्वभाव है। पार्वती ने अपार तपस्या की है और अब उसे अंगीकार कीजिए।

ब्रह्मा की विनय सुनकर तथा प्रभु की वाणी समझ करके सुख मानते हुए उन्होंने कहा, ऐसा ही हो। तब देवताओं ने नगाड़े बजाये, सुमन की वर्षा की तथा कहने लगे, देवताओं के स्वामी की जय हो, जय हो।

अवसर समझकर सप्तर्षि आये और ब्रह्मा ने उन्हें तुरन्त ही पर्वतराज हिमालय के घर भेजा। वे प्रथमतः वहाँ गये, जहाँ पार्वती थीं और छल-मिश्रित मधुर वाणी बोले।

नारद के उपदेश से (वशीभूत) तुमने तब हमारे कहने को नहीं सुना (माना)। अब तुम्हारी प्रतिज्ञा झूठी हो चली क्योंकि शिव ने कामदेव को जला डाला॥ ८९॥

टिप्पणी—शिवपुराणोक्त काम दहन के पश्चात् पुनः पार्वती विवाह की कथा आगे बढ़ती है—और ब्रह्मा की प्रार्थना से प्रसन्न शिव पार्वती से ब्याह की अनुमति देते हैं। सप्तर्षि पुनः सूचना देने के लिए पर्वतराज हिमालय एवं पार्वती के पास जाते हैं।

सुनि बोलीं मुसुकाइ भवानी। उचित कहेहु मुनिबर बिग्यानी॥
तुम्हरें जान कामु अब जारा। अब लगि संभु रहे सबिकारा॥
हमरें जान सदा सिव जोगी। अज अनवद्य अकाम अभोगी॥
जौ मैं सिव सेये अस जानी। प्रीति समेत कर्म मन बानी॥
तौ हमार पन सुनहु मुनीसा। करिहहिं सत्य कृपानिधि ईसा॥
तुम्ह जो कहेहु हर जारेउ मारा। सो अति बड़ अबिबेकु तुम्हारा॥
तात अनल कर सहज सुभाऊ। हिम तेहिं निकट जाइ नहिं काऊ॥
गए समीप सो अवसि नसाई। असि मनमथ महेस की नाई॥

दो०— हियँ हरषे मुनि बचन सुनि देखि प्रीति बिस्वास।
चले भवानिहि नाइ सिर गए हिमाचल पास॥ ९०॥

अर्थ—यह सुनकर पार्वती मुस्कराकर बोलीं, हे विज्ञानी मुनिश्रेष्ठ! आपने उचित ही कहा। आपकी समझ से शिव ने कामदेवता को अब जलाया और अब तक शिव विकारयुक्त रहे हैं।

मेरी समझ से तो शिव सदैव योगी रहे हैं। वे अजन्मा, निन्दारहित, कामरहित तथा भोगमुक्त हैं। यदि मैंने शिव की प्रीतिसहित मन, कर्म तथा वाणी से ऐसा ही समझकर सेवा की है तो—

हे मुनिश्रेष्ठ! सुनें, वे कृपानिधि ईश मेरी प्रतिज्ञा को सत्य करेंगे। आपने यह कहा है कि शिव ने कामदेव को जलाया है—यह आपकी बहुत बड़ा नासमझी है।

हे तात! अग्नि का तो यह सहज स्वभाव ही है कि हिम उसके निकट कभी भी जा ही नहीं

सकता। उसके समीप जाने पर वह अवश्य नष्ट होगा—ऐसा कामदेवता एवं शिव का न्याय (दृष्टान्त) है।

मुनिगण पार्वती के वचनों को सुनकर तथा उनके प्रीति एवं विश्वास को देखकर हृदय से हर्षित हुए फिर पार्वती को सिर झुकाकर चले और हिमालय के पास गये॥ ९०॥

टिप्पणी—पार्वती की शिवनिष्ठा का प्रकारान्तर भाव से कथन और इसी कथन से शिव की विकाररहिता का चित्रण किया गया है। अग्नि तथा हिम के स्वभाव के दृष्टान्त द्वारा शिव तथा काम के विरोधी सम्बन्ध की पुष्टि से निदर्शना अलंकार की व्यंजना है। यहाँ निदर्शना अलंकार की व्यंजना है। यहाँ निदर्शना उदाहरण बनकर दृष्टान्त का समर्थन करती है।

सबु प्रसंगु गिरिपतिहि सुनावा। मदन दहन सुनि अति दुख पावा॥
बहुरि कहेउ रति कर बरदाना। सुनि हिमवंत बहुत सुखु माना॥
हृदयँ बिचारि संभु प्रभुताई। सादरु मुनिबर लिए बुलाई॥
सुदिनु सुनखतु सुघरी सोचाई। बेगि बेदबिधि लगन धराई॥
पत्री सप्तरिषिन्ह सोइ दीन्ही। गहि पद बिनय हिमाचल कीन्ही॥
जाइ बिधिहि तिन्ह दीन्हि सो पाती। बाचत प्रीति न हृदयँ समाती॥
लगन बाचि अज सबहिं सुनाई। हरषे मुनि सब सुर समुदाई॥
सुमन बृष्टि नभ बाजन बाजे। मंगल कलस दसहुँ दिसि साजे॥

दो०— लगे सँवारन सकल सुर बाहन बिबिध बिमान।
होहिं सगुन मंगल सुभग करहिं अपछरा गान॥ ९१॥

अर्थ—उन मुनि गणों ने हिमालय को सम्पूर्ण वृत्तान्त सुनाया और वे कामदेवता के जल जाने के समाचार को सुनकर अत्यन्त दुखी हुए। फिर उन्होंने रति के वरदान को सुनाया। उसे सुनकर हिमालय ने बड़ा आनन्द माना।

हृदय में शिव के माहात्म्य को समझकर श्रेष्ठ मुनिवरों को आदरपूर्वक बुला लिया और शुभ दिन, शुभ नक्षत्र, शुभ घड़ी को विचरवाकर शीघ्र ही वैदिक परिपाटी के अनुकूल लग्न निश्चय करा लिया।

वह लग्नपत्री सप्तर्षियों को दी और उनके चरणों को पकड़कर हिमालय ने विनती की। उन्होंने जाकर ब्रह्मा को वह लग्नपत्री दी और पढ़ते हुए उनके हृदय में प्रेम नहीं समा पा रहा था।

लग्नपत्री को पढ़कर ब्रह्मा ने सभी को सुनाया और सुनकर मुनि तथा देव समूह हर्षित हो उठे। आकाश से सुमन वृष्टि हुई तथा बाजे बजने लगे और मंगल घट दसों दिशाओं में सजाये गये।

सम्पूर्ण देवतागण अपने-अपने विविध वाहन तथा विमान सँवारने लगे। शुभदायी मंगलमय शकुन होने लगे, अप्सराएँ गान करने लगीं।। ९१॥

टिप्पणी—लग्न और मुहूर्त—और उस मुहूर्त के सापेक्ष्य में घड़ी नक्षत्र, बार, तिथि आदि पर विचार की वैदिक विवाह रीति—जो कवि के युग में प्रचलित थी, के अनुसार योजना का चित्रण।

सिवहिं संभुगन करहिं सिंगारा। जटा मुकुट अहि मौरु सँवारा॥
कुंडल कंकन पहिरे ब्याला। तन बिभूति पट केहरि छाला॥
ससि ललाट सुंदर सिर गंगा। नयन तीनि उपबीत भुजंगा॥
गरल कंठ उर नर सिर माला। असिव वेष सिव धाम कृपाला॥
कर त्रिसूल अरु डमरु बिराजा। चले बसहँ चढ़ि बाजहिं बाजा॥
देखि सिवहिं सुर तिय मुसुकाहीं। बर लायक दुलहिनि जग नाहीं॥

बिष्नु बिरंचि आदि सुरब्राता। चढ़ि चढ़ि बाहन चले बराता॥
सुर समाज सब भाँति अनूपा। नहिं बरात दूलह अनुरूपा॥
दो०— बिष्नु कहा अस बिहँसि तब बोलि सकल दिसिराज।
बिलग बिलग होइ चलहु सब निज निज सहित समाज॥ ९२॥

अर्थ—शिव के गण शिव का शृंगार करने लगे। जटाओं का मुकुट बनाकर उस पर सर्पों का मौर सजाया। कुंडल तथा कंकण साँपों के पहने, शरीर पर विभूति और वस्त्र के स्थान पर सिंह चर्म पहना।

उनके ललाट पर चन्द्र और सिर पर सुन्दर गंगा हैं, तीन नेत्र तथा सर्प का जनेऊ है, कंठ पर विष एवं वक्ष पर नरमुण्डों की माला। इस प्रकार अशुभ वेषयुक्त शिव कल्याण के धाम एवं कृपालु हैं।

हाथ में त्रिशूल और डमरू शोभित हैं। शिव बैल पर चढ़कर चले, बाजे बज रहे हैं। शिव को देखकर देव वनिताएँ मुस्करा रही हैं और वे (व्यंग्ययुक्त वाणी में कहती हैं) कि इस वर के योग्य दुलहिन संसार में नहीं है।

विष्णु, शिव आदि देव समूह (सुरब्राता) अपने-अपने वाहनों पर चढ़कर बारात में चले, देवताओं का समाज सब प्रकार से विलक्षण था किन्तु दूल्हे के योग्य बारात नहीं थी।

तब विष्णु ने समस्त दिक्पालों को बुलाकर और हँसकर ऐसा कहा कि सभी लोग अपने-अपने दलों के साथ अलग-अलग होकर चलें॥ ९२॥

टिप्पणी—हास के भेद 'परिहास तथा उपहास' का वातावरण और इस हास का मूल हेतु 'विकृति' है। इस विकृति का सम्बन्ध दूल्हे के अलंकरण से जोड़ा गया है।

'देखि सिवहिं सुर तिय मुसुकाहीं। बर लायक दुलहिनि जग नाहीं॥'

वाक्य में अत्यन्त तिरस्कृत वाच्य ध्वनि है—यहाँ 'लायक' शब्द में अयोज्ञता का अर्थ परिहास के सन्दर्भ में व्यंजित है।

बर अनुहारि बरात न भाई। हँसी करैहहु पर पुर जाई॥
बिष्नु बचन सुनि सुर मुसुकाने। निज निज सेन सहित बिलगाने॥
मन हीं मन महेस मुसुकाहीं। हरि के बिंग्य बचन नहिं जाहीं॥
अति प्रिय बचन सुनत प्रिय केरे। भृंगिहिं प्रेरि सकल गन टेरे॥
सिव अनुसासन सुनि सब आए। प्रभु पद जलज सीस तिन्ह नाए॥
नाना बाहन नाना बेषा। बिहँसे सिव समाज निज देखा॥
कोउ मुखहीन बिपुल मुख काहू। बिनु पद कर कोउ बहु पद बाहू॥
बिपुल नयन कोउ नयन बिहीना। रिष्टपुष्ट कोउ अति तन खीना॥

अर्थ—हे भाई! वर के अनुरूप बारात नहीं है। दूसरे के नगर में जाकर क्या परिहास कराओगे? विष्णु के वचनों को सुनकर देवगण मुस्कराये और अपनी अपनी सेवा सहित अलग हो गये।

शिव मन-ही-मन मुस्कराने लगे कि विष्णु के व्यंग्य वचन नहीं छूटते। अपने प्रिय विष्णु के अत्यन्त प्रिय वचनों को सुनकर भृंगी को प्रेरित करके अपने समस्त गणों को बुलाया।

शिव के अनुशासन को सुनकर सभी गण आये और अपने स्वामी के चरण-कमलों में सिर झुकाया। अनेक प्रकार के वाहनों से युक्त, अनेक प्रकार के वेष वाले अपने समाज को देखकर शिव बिहँस पड़े।

कोई बिना मुख का है तो किसी के अनेक मुख हैं। कोई बिना पैर तथा हाथ का है और कोई अनेक चरणों तथा अनेक हाथों का। कोई अनेक नेत्रों का तो कोई नेत्रविहीन है—कोई अत्यधिक

हृष्ट (रिष्ट) पुष्ट तो कोई अत्यधिक क्षीण शरीर का है।

छंद— तन खीन कोउ अति पीन पावन कोउ अपावन गति धरें।
भूषन कराल कपाल कर सब सद्य सोनित तन भरें॥
खर स्वान सुअर सृगाल मुखगन बेष अगनित को गनै।
बहु जिनस प्रेत पिसाच जोगि जमात बरनत नहिं बनै॥
सो०— नाचहिं गावहिं गीत परम तरंगी भूत सब।
देखत अति बिपरीत बोलहिं बचन बिचित्र बिधि॥ ९३॥

कोई शरीर से क्षीण है तो कोई अत्यन्त मोटा, कोई पवित्र तो कोई अपवित्र वेष धारण किए हुए है। भयंकर गहने पहने हाथ में मुण्ड धारण किए और सभी शरीर में ताजा खून लपेटे हुए हैं। गधे, कुत्ते, सूअर और स्यार के सदृश मुखयुक्त उन गणों के वेषों की गणना कौन करे। अनेक प्रकार के जिन्द (जिनस), प्रेत, पिशाच और योगिनियों की जमातें हैं, उनका वर्णन करते नहीं बनता।

बड़े मौजी वे समस्त भूत नाचते तथा गीत गाते हैं। देखने में अत्यधिक बेढंगे हैं और बड़े ही विचित्र ढंग से वे बोलते हैं॥ ९३॥

टिप्पणी—परिहास के सन्दर्भ में व्यंग्य वचन—और वह भी विष्णु के—इसके निमित्त हैं। शिव के गणों की शारीरिक विकृतियाँ इस परिहास का वातावरण निर्मित करती हैं। अनेक प्रकार के प्रेत, पिशाच, जिन्द, योगिनियों ने पूरी शिव बारात के स्वरूप को कौतुकपूर्ण बना रखा है।

जस दूलहु तसि बनी बराता। कौतुक बिबिध होहिं मग जाता॥
इहाँ हिमाचल रचेउ बिताना। अति बिचित्र नहिं जाइ बखाना॥
सैल सकल जहँ लगि जग माहीं। लघु बिसाल नहिं बरनि सिराहीं॥
बन सागर सब नदी तलावा। हिमगिरि सब कहुँ नेवत पठावा॥
कामरूप सुंदर तन धारी। सहित समाज सोह बर नारी॥
गए सकल तुहिनाचल गेहा। गावहिं मंगल सहित सनेहा॥
प्रथमहिं गिरि बहु गृह सँवराए। जथा जोग जहँ तहँ सब छाए॥
पुर सोभा अवलोकि सुहाई। लागइ लघु बिरंचि निपुनाई॥

अर्थ—जैसा दूलह था, वैसी बारात भी सजी थी। मार्ग में जाते हुए अनेक प्रकार के कौतुक हो रहे थे। इधर हिमालय ने मण्डप बनवाया था, वह अत्यन्त विचित्र था, उसका वर्णन हो नहीं सकता।

संसार में जहाँ तक जितने पर्वत हैं—लघु तथा विशाल जिनका वर्णन करने से अन्त नहीं मिलता, वन, नदी, समुद्र तथा तालाब सभी को हिमालय ने निमंत्रण भेजा।

अपनी कामना के अनुरूप, सुन्दर शरीर धारण करके अपनी सुन्दर स्त्रियों तथा समाज के साथ सभी हिमालय के घर पधारे। सभी स्नेह से परिपूर्ण हैं और मंगल गीत गाते हैं।

पहले ही, हिमालय ने अनेक गृहों को संवार रखा था अतः यथायोग्य जहाँ-तहाँ सब शोभित करने लगे। नगर की सुहावनी शोभा देखकर ब्रह्मा की निपुणता तुच्छ लगती है।

छंद— लघु लागि बिधि की निपुनता अवलोकि पुर सोभा सही।
बन बाग कूप तड़ाग सरिता सुभग सब सक को कही।
मंगल बिपुल तोरन पताका केतु गृह गृह सोहहीं।
बनिता पुरुष सुंदर चतुर छबि देखि मुनि मन मोहहीं॥
दो०— जगदंबा जहँ अवतरी सो पुरु बरनि कि जाइ।
रिद्धि सिद्धि संपत्ति सुख नित नूतन अधिकाइ॥ ९४॥

नगर की सुन्दर शोभा देखकर ब्रह्मा की निपुणता भी छोटी लगने लगी। वन, बाग, कुएँ, तालाब, नदियाँ सुन्दर हैं, उनका वर्णन कौन कर सकता है? अनेकानेक मंगलसूचक तोरण, ध्वजा तथा केतु (पताकाएँ) घर-घर शोभित हो रही हैं। वहाँ के सुन्दर नर नारियों की छवि को देखकर मुनिजनों का भी मन मुग्ध हो रहा है।

जगज्जननी ने जिस नगर में अवतार लिया है, उस नगर का क्या वर्णन हो सकता है? वहाँ ऋद्धि, सिद्धि, सम्पत्ति एवं सुख नित्य नूतन बढ़ते जाते हैं॥ ९४॥

टिप्पणी—कवि विवाह के लोकात्मक प्रसंग का विशिष्टीकरण करता है। मध्यकालीन भक्ति काव्य लोक व्यवहार के माध्यम से अध्यात्म की व्यंजना करता है। लोक दृष्टि से वर्णन अतिशयता प्रधान है किन्तु आध्यात्मिक सन्दर्भ में वह वस्तुस्थिति है। लोक तथा अध्यात्म का यह द्वन्द्व इस विवाह के प्रकरण में भी है।

नगर निकट बरात सुनि आई। पुर खरभरु सोभा अधिकाई॥
करि बनाव सब बाहन नाना। चले लेन सादर अगवाना॥
हियँ हरषे सुर सेन निहारी। हरिहि देखि अति भए सुखारी॥
सिव समाज जब देखन लागे। बिडरि चले बाहन सब भागे॥
धरि धीरजु तहँ रहे सयाने। बालक सब लै जीव पराने॥
गएँ भवन पूछहिं पितु माता। कहहिं बचन भय कंपित गाता॥
कहिअ कहा कहि जाइ न बाता। जम कर धार किधौं बरिआता॥
बर बौराह बसहँ असवारा। ब्याल कपाल बिभूषन छारा॥

अर्थ—नगर के निकट बारात के आगमन को सुनकर नगर में खलबली मची जिससे उसकी शोभा बढ़ गई। बनाव करके अनेकानेक वाहनों को सजाकर आदरपूर्वक अगवानी लेने चले।

देवताओं की सेना देखकर सभी हृदय में प्रसन्न हुए और विष्णु को देखकर अत्यन्त आनन्दित हुए किन्तु शिव के दल को जब देखने लगे तो उन सबके वाहन डर कर भाग चले।

वहाँ धैर्य धारण करके वृद्ध जन रुके रहे किन्तु बालकगण अपने प्राण लेकर भाग निकले। घर जाने पर जब माता-पिता पूछते हैं तो भय से कम्पित शरीर से इस प्रकार कहते हैं।

क्या कहें, बात कही नहीं जाती, यह बारात है या यम की सेना की बाढ़ (धार)। वर पागल है और बसहँ (बैल) पर सवार है। सर्प, मुण्डमाल एवं राख उसका अलंकार हैं।

छंद— तन छार ब्याल कपाल भूषन नगन जटिल भयंकरा।
संग भूत प्रेत पिसाच जोगिनि बिकट मुख रजनीचरा॥
जो जिअत रहिहि बरात देखत पुन्य बड़ तेहिं कर सही।
देखिहि सो उमा बिबाह घर घर बात असि लरिकन्हि कही॥

दो०— समुझि महेस समाज सब जननि जनक मुसुकाहिं।
बाल बुझाए बिबिध बिधि निडर होहु डर नाहिं॥ ९५॥

शरीर पर राख लगी है, सर्प तथा कपाल अलंकरण हैं तथा वह नग्न, जटाधारी और भयंकर है। उसके साथ भूत, प्रेत, पिशाच, योगिनियाँ तथा भयंकर मुखवाले राक्षस हैं। जो बारात को देखकर जीवित रह जाते हैं, वे अत्यधिक पुण्यशाली हैं और वही पार्वती का विवाह भी देखेगा, यह बात घर-घर बालकों ने कही।

शिव समाज को समझकर सभी माँ-बाप मुस्कराते हैं। वे बालकों को नाना उपायों से समझते हैं कि निडर हो जाओ, भय की कोई बात नहीं है॥ ९५॥

लै अगवान बरातहि आए। दिए सबहिं जनवास सुहाए॥
मैनाँ सुभ आरती सँवारी। संग सुमंगल गावहिं नारी॥
कंचन थार सोह बर पानी। परिछन चलीं हरहि हरषानी॥
बिकट बेष रुद्रहिं जब देखा। अबलन्ह उर भय भएउ बिसेखा॥
भागि भवन पैठीं अति त्रासा। गए महेसु जहाँ जनिवासा॥
मैना हृदयँ भएउ दुखु भारी। लीन्हीं बोलि गिरीस कुमारी॥
अधिक सनेह गोद बैठारी। स्याम सरोज नयन भरे बारी॥
जेहिं बिधि तुम्हहिं रूप अस दीन्हा। तेहिं जड़ बन बाउर कस कीन्हा॥

अर्थ—अगवानी करने वाले जन बारात ले आये और सभी को सुन्दर जनवासा दिया। मैना ने मांगलिक आरती सजाई और उसके साथ की स्त्रियाँ मंगलगान गाने लगीं।

सुन्दर हाथों में सोने की थाल शोभित थी। वह हर्षित होकर शिव परछन करने चलीं। जब शिव को भयानक वेश में देखा तब उन स्त्रियों के हृदय में भारी भय उत्पन्न हुआ।

अत्यन्त भयभीत होकर वे भागकर भवन में घुस गईं और शिव का जहाँ जनवासा था, वहाँ गये। मैना के हृदय में बड़ा दु:ख उत्पन्न हुआ और पार्वती को अपने पास बुला लिया। अत्यधिक स्नेह से गोद में बैठाकर और श्यामल कमलवत् नेत्रों में अश्रु भरकर कहा—

जिस विधाता ने तुमको इतना सुन्दर रूप दिया उस जड़ (मूर्ख) ब्रह्मा ने तुम्हारे वर को क्यों बावला बना दिया।

छंद— कस कीन्ह बर बौराह बिधि जेहिं तुम्हहिं सुंदरता दई।
जो फलु चहिअ सुरतरुहिं सो बरबस बबूरहिं लागई॥
तुम्ह सहित गिरि तें गिरौं पावक जरौं जलनिधि महुँ परौं।
घर जाउ अपजसु होउ जग जीवत बिबाहु न हौं करौं।

दो०— भईं बिकल अबला सकल दुखित देखि गिरिनारि।
करि बिलापु रोदति बदति सुता सनेहु सँभारि॥ ९६॥

जिस विधाता ने तुम्हें सुन्दरता दी उसने क्यों बावला पति बनाया। जो फल कल्पवृक्ष में लगना चाहिए वह हठात् बबूल में लग रहा है। मैं तुम्हें साथ लेकर पर्वत से गिर पड़ूँगी, आग में जल जाऊँगी और समुद्र में कूद पड़ूँगी। घर नष्ट हो जाय, संसार भर में अपयश हो किन्तु जीते-जी मैं विवाह नहीं करूँगी।

हिमालय की पत्नी मैना को देखकर सम्पूर्ण स्त्रियाँ व्याकुल हो उठीं। अपनी पुत्री के स्नेह का स्मरण (सँभार) करके वह विलाप करके रोती और कहती हैं॥ ९६॥

टिप्पणी—शिव की बारात के सन्दर्भ में हास-परिहास परम्परित रूप वर्णित है—और इस परिहास का कारण उनकी विकृत वेष रचना है। सामान्यतया उनका 'अशिव रूप' भय का कारण है—किन्तु भक्तों के लिए वही रक्षा एवं दया का आधार रहा है। शिव के इस रूप को देखकर भय, संत्रास एवं पीड़ा के अनुभव-व्यापारों को व्यंजित करना कवि का मुख्य धर्म है—किन्तु ये सम्पूर्ण भाव केवल सामयिक हैं—मूलत: अशिव वेष शिव स्वयं सौन्दर्य तथा कल्याण की मूर्ति हैं।

माँ की ममता को शिव की विद्रूपता प्रभावित किये हुए है। दृष्टान्त अलंकार की व्यंजना विषम भाव के पोषण के लिए कथित है।

नारद कर मैं काह बिगारा। भवनु मोर जिन्ह बसत उजारा॥
अस उपदेसु उमहिं जिन्ह दीन्हा। बौरे बरहिं लागि तपु कीन्हा॥
साचेहुँ उन्ह कें मोह न माया। उदासीन धनु धामु न जाया॥

पर घर घालक लाज न भीरा। बाँझ कि जान प्रसव कर पीरा॥
जननिहिं बिकल बिलोकि भवानी। बोली जुत बिबेक मृदु बानी॥
अस बिचारि सोचहि मति माता। सो न टरइ जो रचइ बिधाता॥
करम लिखा जौं बाउर नाहू। तौ कत दोषु लगाइअ काहू॥
तुम्ह सन मिटिहिं कि बिधि के अंका। मातु ब्यर्थ जनि लेहु कलंका॥

अर्थ—मैंने नारद का क्या बिगाड़ा था जिन्होंने मेरे बसते हुए भवन को उजाड़ डाला। जिन्होंने पार्वती को ऐसा उपदेश दिया जिससे उसने बावले पति के लिए तपस्या की।

सचमुच उनके न तो किसी का मोह है और न माया है। वे उदासीन धन, धाम तथा पत्नीरहित हैं। दूसरे के घर को उजाड़ने वाले उन्हें न किसी की लज्जा है और न भय। बाझ स्त्री प्रसव की पीड़ा क्या जाने!

पार्वती माता को विकल देखकर कोमल तथा विवेकयुक्त वाणी बोलीं। हे माता! जो विधाता रच देते हैं, वह टलता नहीं, ऐसा विचार करके चिन्ता मत करो।

यदि मेरे भाग्य में बावला पति लिखा है तो किसी को क्यों दोष लगायें। क्या आपसे विधाता द्वारा लिखित भाग्य अंक मिट सकते हैं। हे माता! व्यर्थ ही कलंक मत लो।

छंद— जनि लेहु मातु कलंकु करुना, परिहरहु अवसर नहीं।
दुख सुखु जो लिखा लिलार हमरें जाब जहँ पाउब तहीं॥
सुनि उमा बचन बिनीत कोमल सकल अबला सोचहीं।
बहु भाँति बिधिहिं लगाइ दूषन नयन बारि बिमोचहीं॥

दो०— तेहिं अवसर नारद सहित अरु रिषि सप्त समेत।
समाचार सुनि तुहिन गिरि गवने तुरत निकेत॥ ९७॥

हे माता! कलंक न लो, करुणा का त्याग करो, यह उसका अवसर नहीं है जो भी मेरे ललाट में सुख-दु:ख लिखा है, उसे मैं जहाँ जाऊँगी, वहीं पाऊँगी। पार्वती के कोमल तथा विनीत वचनों को सुनकर समस्त स्त्रियाँ सोच करने लगीं और विधाता पर अनेकानेक भाँति के दोषों को लगा-लगाकर नेत्रों से अश्रु बरसाने लगीं॥

नारद तथा सप्तर्षिगणों के साथ इस समाचार को सुनते ही हिमालय उसी समय घर गये।। ९७॥

टिप्पणी—कवि माता के माध्यम से मानवीय ममता से ओत-प्रोत विषाद का चित्तद्रावक चित्रण करता है। पुत्री के विवाह में विसंगति ममता के विद्रावक स्वरूप को उभारने का कारण है। 'विधि का ललाट लेख' एक मोटिफ़ है और इसके माध्यम से नियति की अनिश्चयता प्राय: व्यंजित करके संकट को सहने की शक्ति उत्पन्न करना भारतीय जीवनचर्या का एक अंग है। इस मोटिफ़ द्वारा क्रूरतम को भी सहने की शक्ति भारतीयों ने अर्जित की है।

तब नारद सबही समुझावा। पूरुब कथाप्रसंगु सुनावा॥
मयना सत्य सुनहु मम बानी। जगदंबा तव सुता भवानी॥
अजा अनादि सक्ति अबिनासिनि। सदा संभु अरधंग निवासिनि॥
जग संभव पालन लय कारिनि। निज इच्छा लीला बपु धारिनि॥
जनमीं प्रथम दच्छ गृह जाई। नामु सती सुंदर तनु पाई॥
तहँहु सती संकरहिं बिबाहीं। कथा प्रसिद्ध सकल जग माहीं॥
एक बार आवत सिव संगा। देखेउ रघुकुल कमल पतंगा॥
भयउ मोह सिव कहा न कीन्हा। भ्रम बस बेषु सीय कर लीन्हा॥

अर्थ—तब नारद ने पूर्व जन्म की कथा का वृत्तान्त सुनाकर सब को समझाया। हे मैना! मेरी सत्य बात सुनो, तुम्हारी पुत्री भवानी जगज्जननो हैं।

वे अजन्मा, अनादि तथा अविनाशिनी शक्ति हैं। ये सदैव शिव के अर्धांग में निवास करनेवाली हैं। ये संसार की उत्पत्ति, पालन तथा संहार करनेवाली हैं और अपनी इच्छा से लीला शरीर धारण करनेवाली हैं।

प्रथमतः ये दच्छ प्रजापति के घर में जाकर जन्मी थीं, नाम सती तथा सुन्दर शरीर प्राप्त कर रखा था। वहाँ भी सती शंकर से ब्याही थीं और यह कथा सम्पूर्ण संसार भर में प्रसिद्ध है।

एक बार शिव के साथ आते हुए रघुकुल-कमल के सूर्य श्रीराम को देखा। उन्हें देखकर इन्हें मोह हुआ और शिव का कहना नहीं माना तथा भ्रम के वशीभूत इन्होंने सीता का वेष धारण किया।

छंद— सिय बेषु सतीं जो कीन्ह तेहिं अपराध संकर परिहरीं।
हर बिरहँ जाइ बहोरि पितु कें जग्य जोगानल जरीं॥
अब जनमि तुम्हरे भवन निज पति लागि दारुन तप किया।
अस जानि संसय तजहु गिरिजा सर्बदा संकर प्रिया॥

दो०— सुनि नारद के बचन तब सब कर मिटा बिषाद।
छन महुँ ब्यापेउ सकल पुर घर घर यह संबाद॥ ९८॥

सती ने जो सीता का वेष बनाया तब उसी अपराध के कारण शंकर ने उन्हें त्याग दिया। पुनः वे शिव के विरह में पिता के यज्ञ में जाकर योगाग्नि में जल गईं। अब आपके घर में जन्म लेकर पति के निमित्त भयंकर तप किया है। ऐसा जानकर, संदेह का परित्याग दें, क्योंकि पार्वती सदा ही शिवप्रिया हैं।

नारद के वचनों को सुनकर सबका विषाद दूर हुआ और क्षणभर में ही यह समाचार सारे नगर में घर-घर फैल गया॥ ९८॥

टिप्पणी—भारतीय संस्कृति में मृत्यु के बाद जन्म धारण करना एक अनन्य विश्वास है—नारद इस पूर्वजन्म विषयक अवधारणा को आधार बनाकर यहाँ सान्त्वना देते हैं।

भारतीय संस्कृति में विवाह प्रसंग भी पूर्वजन्म से ही जुड़ता है—और यह विश्वास शिव-पार्वती के युग युगान्तर सम्बन्ध को व्यंजित करता है। भारतीय संस्कृति के अनुसार तो पूर्वजन्म के संस्कारों का पुनर्भव विवाह के रूप में एक अनिवार्यता है।

तब मयना हिमवंतु अनंदे। पुनि पुनि पारबती पद बंदे॥
नारि पुरुष सिसु जुवा सयाने। नगर लोग सब अति हरषाने॥
लगे होन पुर मंगल गाना। सजे सबहिं हाटक घट नाना॥
भाँति अनेक भई जेवनारा। सूपसास्त्र जस कछु व्यवहारा॥
सो जेवनार कि जाइ बखानी। बसहिं भवन जेहिं मातु भवानी॥
सादर बोले सकल बराती। बिष्नु बिरंचि देव सब जाती॥
बिबिध पाँति बैठी जेवनारा। लागे परुसन निपुन सुआरा॥
नारिबृंद सुर जेवँत जानी। लगीं देन गारी मृदु बानी॥

अर्थ—तब मैना तथा हिमालय (इसे सुनकर) आनन्दित हुए और बार-बार पार्वती के चरणों की वन्दना की। स्त्री, पुरुष, बालक, युवा एवं वृद्ध नगर के सभी लोग प्रसन्न हुए।

नगर में मंगल गान होने लगे और सब ने स्वर्ण घटों को सजाया। पाकशास्त्र की जैसी प्रणाली है, तदनुसार अनेक भाँति के ज्योनार हुए।

जिस घर में माता पार्वती निवास करती हैं, उस घर के ज्योनार का वर्णन करते नहीं बनता। विष्णु, ब्रह्मा तथा सब जाति के देवताओं सहित सम्पूर्ण बारातियों को आदर सहित (भोजन के लिए) कहा।

भोजन के निमित्त बहुत सी पंक्तियाँ बैठीं और चतुर रसोइए (सुआरा : सूपकार) (भोजन) परसने लगे। देवताओं को भोजन करते जानकर नारियों का समूह मीठी वाणी में गालियाँ देने लगीं।

छंद— गारीं मधुर स्वर देहिं सुंदरि बिंग्य बचन सुनावहीं।
भोजनु करहिं सुर अति बिलंबु बिनोद सुनि सचु पावहीं।
जेवँत जो बढ्यो अनंदु सो मुख कोटिहूँ न परै कह्यो।
अँचवाइ दीन्हें पान गवने बास जहँ जाको रह्यो॥

दो०— बहुरि मुनिन्ह हिमवंत कहुँ लगन सुनाई आइ।
समय बिलोकि बिबाह कर पठये देव बोलाइ॥ ९९॥

सम्पूर्ण सुन्दरियाँ मधुर स्वर में गाली देने लगीं और व्यंग्यपूर्ण बातें सुनाने लगीं। इसके फलस्वरूप देवतागण भोजन करने में अत्यधिक विलम्ब और विनोद सुनकर सुख प्राप्त कर रहे थे। भोजन करते समय जो आनन्द बढ़ा वह करोड़ों मुखों से वर्णित नहीं किया जा सकता। (भोजन के पश्चात्) सबके हाथ-मुँह धुलाकर पान दिया और जिनका जहाँ वास स्थल था, सभी गये।

फिर सप्तर्षियों ने विवाह लग्न आकर सुनाया और विवाह का समय देखकर देवताओं को बुला भेजा॥ ९९॥

टिप्पणी—सम्पूर्ण कथा को विरोधी बिन्दु पर ले जाकर पुन: उसे सार्थकता से जोड़ देना—इस प्रसंग की विशेषता है। सहमति के असन्तोष एवं विरोध के बीच सन्तोष एवं समर्थन का प्रसंग खड़ा करके कवि सम्पूर्ण प्रसंग को रोचक एवं ग्राह्य बना देता है। विवाह का उल्लासपूर्ण वातावरण इस विरोध के कारण और भी आनन्ददायी बन जाता है।

बोलि सकल सुर सादर लीन्हे। सबहि जथोचित आसन दीन्हे॥
बेदी बेद बिधान सँवारी। सुभग सुमंगल गावहिं नारी॥
सिंघासनु अति दिव्य सुहावा। जाइ न बरनि बिरंचि बनावा॥
बैठे सिव बिप्रन्ह सिरुनाई। हृदय सुमिरि निज प्रभु रघुराई॥
बहुरि मुनीसन्ह उमा बोलाई। करि सिंगारु सखीं लै आई॥
देखत रूपु सकल सुर मोहे। बरनै छबि अस जग कबि को है॥
जगदंबिका जानि भव बामा। सुरन्ह मनहिं मन कीन्ह प्रनामा॥
सुंदरता मरजाद भवानी। जाइ न कोटिहुँ बदन बखानी॥

अर्थ—सभी देवताओं को आदर सहित बुलवा लिया और उनको यथोचित आसन दिया। वैदिक विधान के अनुसार वेदिका सजाई गई थी और स्त्रियाँ सुन्दर तथा मंगलदायिनी गान गा रही थीं।

वेदिका के ऊपर एक दिव्य सिंहासन सुशोभित था, उसका वर्णन करते नहीं बनता क्योंकि वह ब्रह्मा द्वारा निर्मित था। उस सिंहासन पर शिव ब्राह्मणों को सिर झुका कर तथा हृदय में अपने स्वामी श्रीराम का स्मरण करके बैठे।

उसके बाद मुनीश्वरों ने पार्वती को बुलाया। सखियाँ उनका शृंगार करके ले आईं। उनके रूप को देखकर सम्पूर्ण देवता मुग्ध रह गये, संसार में ऐसा कौन कवि है जो उस सुंदरता का वर्णन कर सके।

जगज्जननी को शिव-पत्नी समझकर देवताओं ने (उन्हें) मन-ही-मन प्रणाम किया। पार्वती सौन्दर्य की मर्यादा (सीमा) हैं अत: करोड़ों मुखों से भी उनकी शोभा वर्णित नहीं की जा सकती।

छंद— कोटिहुँ बदन नहिं बनै बरनत जग जननि सोभा महा।
सकुचहिं कहत श्रुति सेष सारद मंदमति तुलसी कहा॥
छबिखानि मातु भवानि गवनी मध्य मंडप सिव जहाँ।
अवलोकि सकहिं न सकुचि पति पद कमल मन मधुकर तहाँ॥

दो०— मुनि अनुसासन गनपतिहिं पूजेउ संभु भवानि।
कोउ सुनि संसय करइ जनि सुर अनादि जियँ जानि॥ १००॥

जगज्जननी की महत्तम शोभा का वर्णन करोड़ों मुखों से कहते नहीं बनता। श्रुतियाँ, शेषनाग, सरस्वती जब वर्णन करने में संकोच करती हैं तब इस मन्दमति तुलसी की कौन कहे? सौन्दर्य की खान माता पार्वती मण्डप के बीच, जहाँ शिव थे, गईं। अत्यन्त संकोच (लज्जा) के कारण पति के चरण-कमलों का अवलोकन नहीं कर पा रही हैं किन्तु उनका मनरूपी मधुकर तो वहाँ (निरन्तर निवास कर रहा) था।

मुनियों की आज्ञा से शिव तथा पार्वती ने गणपति की पूजा की। उन्हें (गणपति को) अनादि देवता समझकर इसे सुनकर कोई सन्देह न करे॥ १००॥

टिप्पणी—भारतीय परम्परा में विवाह के समय नारी के सौन्दर्य की अद्वितीयता का चित्रण किन्तु कवि की नैतिक दृष्टि इस सौन्दर्य चित्रण (सामान्यतया-नखशिख परम्परा) को स्वीकार करने के पक्ष में नहीं है। कवि कला के साथ नैतिकता का प्रश्न जोड़ता है—और भारतीय मर्यादावादी दृष्टि के अन्तर्गत यह वर्णन सम्भव नहीं है क्योंकि सौन्दर्य वर्णन विक्षोभपरक है दूसरी ओर माता, पुत्री, भगिनी आदि के सम्बन्ध मर्यादामंडित हैं। वैसे, कला सृजन के सर्वोच्च क्षणों में सम्पूर्ण लोक सम्बन्ध तिरोहित हो जाते हैं—और व्यक्ति केवल निरपेक्ष द्रष्टामात्र रह जाता है। कालिदास शिव तथा पार्वती को 'जगतः पितरौ' कहते हैं, किन्तु उनका सम्भोग चित्रण करने में संकोच नहीं करते।

जसि बिवाह कै बिधि श्रुति गाई। महामुनिन्ह सो सब करवाई॥
गहि गिरीस कुस कन्या पानी। भवहिं समरपीं जानि भवानी॥
पानिग्रहण जब कीन्ह महेसा। हियँ हरषे तब सकल सुरेसा॥
बेद मंत्र मुनिबर उच्चरहीं। जय जय जय संकर सुर करहीं॥
बाजहिं बाजन बिबिध बिधाना। सुमन बृष्टि नभ भै बिधि नाना॥
हर गिरिजा कर भयउ बिबाहू। सकल भुवन भरि रहा उछाहू॥
दासीं दास तुरग रथ नागा। धेनु बसन मनि बस्तु बिभागा॥
अन्न कनक भाजन भरि जाना। दाइज दीन्ह न जाइ बखाना॥

अर्थ—जैसी विवाह की रीति श्रुतियों में गाई गई है, उन नहामुनियों ने उन सबके अनुसार विवाह कराया। हिमालय ने हाथ में कुश तथा अपनी कन्या का हाथ लेकर उन्हें भवानी जानकर भव (शिव) को समर्पित किया।

जब शिव ने पाणिग्रहण किया तब इन्द्र सहित देवता हर्षित हुए। श्रेष्ठ मुनिगण वेद मंत्रों का उच्चारण करने लगे और देवता शंकर की जय-जयकार करने लगे।

नाना प्रकार के बाजे बजने लगे और आकाश से अनेक प्रकार के पुष्पों की वर्षा होने लगी। शिव तथा पार्वती का ब्याह हो गया और सम्पूर्ण लोक आनन्द से भर उठे।

दासी, दास, घोड़े, रथ तथा हाथी, गाय, वस्त्र, मणियाँ तथा भाँति-भाँति उपभोग वस्तुएँ देहज में दिया, जिनका वर्णन नहीं किया जा सकता।

छंद— दाइज दियो बहु भाँति पुनि कर जोरि हिमभूधर कह्यो।
का देउँ पूरन काम संकर चरन पंकज गहि रह्यो॥

सिवँ कृपासागर ससुर कर संतोष सब भाँतिहि कियो।
पुनि गहे पद पाथोज मयना प्रेम परिपूरन हियो॥
दो०— नाथ उमा मम प्रान सम गृह किंकरी करेहु।
छमेहु सकल अपराध अब होइ प्रसन्न बरु देहु॥ १०१॥

अनेक प्रकार का देहज देने के पश्चात् फिर हाथ जोड़कर हिमालय ने कहा—हे पूर्णकाम शिव! मैं आपको क्या दे सकता हूँ, ऐसा कहकर शिव चरणों को पकड़ लिये। कृपासिन्धु शिव ने स्वसुर हिमालय को अनेक भाँति से सन्तोष दिया। इसके पश्चात् मैना ने प्रेम पूरित हृदय से उनके चरण-कमलों को पकड़ा (और कहा)।

हे नाथ! पार्वती मुझे प्राणों के सदृश प्रिय है, इसे आप अपने घर की दासी बनायें और मेरे सभी अपराधों को क्षमा करके मुझे प्रसन्न होकर यही वर दें॥ १०१॥

टिप्पणी—यहाँ विवाह कार्यक्रम का वैदिक कर्मकांड समर्थित स्वरूप जो तुलसीदास के अपने युग का है। हाथ में कुश तथा जल लेकर कन्यादान की परिपाटी और दायज (दहेज) के अन्तर्गत जीवन निर्वाह की विविध सामग्रियों के दान की परिपाटी का कवि उल्लेख करता है।

यही नहीं, पुत्री के कन्यादान के पश्चात् उसके भविष्य के जीवन निर्वाह की माता की चिंता का वर्णन परिपाटी परम्परा से यहाँ भी प्राप्त है।

बहु बिधि संभु सासु समुझाई। गवनी भवन चरन सिरु नाई॥
जननीं उमा बोलि तब लीन्हीं। लै उछंग सुंदर सिख दीन्हीं॥
करेहु सदा संकर पद पूजा। नारि धरम पति देउ न दूजा॥
बचन कहत भरे लोचन बारी। बहुरि लाइ उर लीन्हि कुमारी॥
कत बिधि सृजीं नारि जग माहीं। पराधीन सपनेहुँ सुखु नाहीं॥
भै अति प्रेम बिकल महतारी। धीरजु कीन्ह कुसमय बिचारी॥
पुनि पुनि मिलति परति गहि चरना। परम प्रेम कछु जाइ न बरना॥
सब नारिन्ह मिलि भेटि भवानी। जाइ जननि उर पुनि लपटानी॥

अर्थ—नाना प्रकार से शिव ने सास को समझाया और वे चरणों में सिर झुका कर घर गईं। माता ने तब उमा को बुला लिया और गोद में बैठाकर सुन्दर शिक्षा दी।

सदा शिव के चरणों की पूजा करना। पति ही देवता है और कोई (देवता) नहीं है और यह वाणी कहते हुए नेत्र अश्रुपूरित हो उठे और पुनः कन्या को हृदय से लगा लिया।

(वे कहने लगीं)—हे विधाता! संसार में स्त्री क्यों पैदा किया? पराधीन को स्वप्न में भी सुख नहीं है। (यह कहती हुई) माता मैना प्रेम से अत्यधिक व्याकुल हो उठीं और कुसमय जानकर धैर्य धारण किया।

पुनः-पुनः (माता मैना पार्वती से) मिलती हैं, चरणों को पकड़ लेती हैं और उनके उस अत्यधिक प्रेम का वर्णन करते नहीं बनता। सब स्त्रियों से मिल भेंटकर पार्वती पुनः जाकर माता के अंक में लिपट गईं।

छंद— जननिहि बहुरि मिलि चली उचित असीस सब काहूँ दईं।
फिरि फिरि बिलोकति मातु तन तब सखी लै सिव पहिं गई॥
जाचक सकल संतोषि संकरु उमा सहित भवन चले।
सब अमर हरषे सुमन बरषि निसान नभ बाजे भले॥
दो०— चले संग हिमवंतु तब पहुँचावन अति हेतु।
बिबिध भाँति परितोषु करि बिदा कीन्ह बृषकेतु॥ १०२॥

पुनः माता से मिलकर पार्वती चलीं और सभी ने यथोचित आशीर्वाद दिये। पार्वती फिर-फिर माता की ओर देखती हैं और तब सब सखियाँ उन्हें लेकर शिव के पास गईं। सम्पूर्ण याचकों को सन्तुष्ट करके शिव पार्वती के साथ अपने भवन चल पड़े। सम्पूर्ण देवता पुष्प वर्षा करके हर्षित हो उठे और आकाश में सुन्दर ध्वनि में नगाड़े बज उठे।

तब हिमालय अत्यन्त प्रेमपूर्वक पहुँचाने चले। शिव ने उन्हें नाना प्रकार से सन्तोष दे ़र विदा किया॥ १०२॥

टिप्पणी—विवाह के बाद पुत्री की विदाई भारतीय संस्कृति में बड़ा ही कारुणिक प्रसंग है—इस प्रसंग द्वारा माता की ममता का द्रावक चित्रण किया गया है।

'कत बिधि सृजी नारि जग माहीं। पराधीन सपनेहुँ सुख नाहीं॥'

भारतीय नारी की यह व्यथा मूलतः बड़ा ही कारुणिक है। नारी जीवन भर कष्ट झेलती है, नारी जाति के लिए इतना बड़ा सहानुभूति दृष्टिकोण और क्या हो सकता है।

तुरत भवन आए गिरिराई। सकल सैल सर लिए बोलाई॥
आदर दान बिनय बहुमाना। सब कर बिदा कीन्ह हिमवाना॥
जबहिं संभु कैलासहिं आये। सुर सब निज निज लोक सिधाये॥
जगत मातु पितु संभु भवानी। तेहिं सिंगारु न कहउँ बखानी॥
करहिं बिबिध बिधि भोग बिलासा। गनन्ह समेत बसहिं कैलासा॥
हर गिरिजा बिहार नित नयऊ। एहिं बिधि बिपुल काल चलि गयऊ॥
तब जनमेउ षटबदन कुमारा। तारकु असुरु समर जेहिं मारा॥
आगम निगम प्रसिद्ध पुराना। सन्मुख जन्म सकल जग जाना॥

अर्थ—हिमाचल तुरन्त घर आये और सम्पूर्ण पर्वत तथा सरोवरों को बुला लिया। आदर, विनय, दान तथा अत्यधिक सम्मान करते हुए हिमाचल ने सभी को विदा किया।

जब शिव कैलास पर्वत पर आये तब सभी देवगण अपने-अपने लोक चले ये। (तुलसीदास के अनुसार) पार्वती तथा शिव जगत् के माता-पिता हैं, इसलिए उनके शृंगार का वर्णन नहीं कहता।

वे अनेक विधियों से भोग-विलास करते हुए अपने गणों के साथ कैलास पर निवास करते हैं। वे नित्य नये विहार करते हैं और इस प्रकार बहुत समय व्यतीत हो गया।

तब छः मुखवाले कार्तिकेय का जन्म हुआ जिन्होंने युद्ध में तारक असुर का वध किया था। वेदों, आगमों तथा पुराणों में प्रसिद्ध स्वामी कार्तिकेय का जन्म सम्पूर्ण संसार जानता है।

छंद— जगु जान षन्मुष जनमु करमु प्रतापु पुरषारथु महा।
तेहिं हेतु मैं बृषकेतु सुत कर चरित संछेपहिं कहा॥
यह उमा संभु बिबाहु जे नर नारि कहहिं जे गावहीं।
कल्यान काज बिबाह मंगल सर्बदा सुखु पावहीं॥

दो०— चरित सिंधु गिरिजा रमन बेद न पावहिं पारु।
बरनै तुलसीदासु किमि अति मतिमंद गवाँरु॥ १०३॥

संसार स्वामी कार्तिकेय का जन्म, कर्म, प्रताप तथा अत्यधिक पुरुषार्थ जानता है। इसीलिए मैंने शिव जी का चरित्र अत्यन्त संक्षेप में कहा है। पार्वती-शिव का यह विवाह जो नर नारी कहेंगे या गायेंगे, वे कल्याणकारी कार्यों तथा विवाहादि मंगलों में सदा सुख पाएँगे।

गिरिजापति शिव का चरित्र समुद्रवत् है और वेदादि उसका पार नहीं पा सकते फिर अत्यन्त मन्द बुद्धिवाला और गवाँर तुलसीदास उसका वर्णन कैसे कर सकता है।। १०३॥

टिप्पणी—कवि की नीति दृष्टि शिव-पार्वती विहार के विस्तृत वर्णन का निषेध करती है, साथ

ही, कवि श्रीरामकथा की प्रस्तावना के निमित्त विस्तारपूर्वक शिव-पार्वती कथा को रखकर पाठकों, साथ-साथ भरद्वाज ऋषि की पात्रता का अनुमान करना चाहता है।

शिवकथा श्रीरामकथा की प्रस्तावना के निमित्त है, अत: यहाँ तक की कथा को उस प्रस्तावना की भूमिका के रूप में स्वीकार करना चाहिए।

संभु चरित सुनि सरस सुहावा। भरद्वाज मुनि अति सुखु पावा॥
बहु लालसा कथा पर बाढ़ी। नयनन्हि नीरु रोमावलि ठाढ़ी॥
प्रेम बिबस मुख आव न बानी। दसा देखि हरषे मुनि ग्यानी॥
अहो धन्य तव जन्मु मुनीसा। तुम्हहिं प्रान सम प्रिय गौरीसा॥
सिव पद कमल जिन्हहिं रति नाहीं। रामहिं ते सपनेहुँ न सुहाहीं॥
बिनु छल बिस्वनाथ पद नेहू। राम भगत कर लच्छन एहू॥
सिव सम को रघुपति ब्रतधारी। बिनु अघ तजी सती असि नारी॥
पनु करि रघुपति भगति दृढ़ाई। को सिव सम रामहिं प्रिय भाई॥

दो०— प्रथमहिं मैं कहि सिव चरित बूझा मरमु तुम्हार।
सुचि सेवक तुम्ह राम के हित समस्त बिकार॥ १०४॥

अर्थ—शिव के सरस एवं सुखकर चरित्र को सुनकर भरद्वाज मुनि को अत्यधिक आनन्द मिला। उनकी कथा पर अत्यधिक लालसा बढ़ी और नेत्रों में जल भर आया और रोमावलियाँ खड़ी हो गईं।

प्रेम से थकित उनके मुख से वाणी नहीं फूट रही थी और उनकी दशा देखकर याज्ञवल्क्य (ज्ञानी मुनि) हर्षित हो उठे। अहा! हे मुनिश्रेष्ठ तुम्हारा जन्म धन्य है। तुम्हें गौरीपति शिव प्राणों से प्रिय हैं।

शिव के चरण-कमलों में जिन्हें संसक्ति नहीं है वे श्रीराम को भी स्वप्न में भी अच्छे नहीं लगते। छलविहीन शिव के चरणों में प्रेम ही श्रीराम के भक्तों का लक्षण है।

शिव सदृश श्रीराम का व्रत धारण करनेवाला और कौन है जिन्होंने बिना अपराध के सती सदृश नारी का परित्याग कर दिया। उन्होंने प्रतिज्ञा करके श्रीराम की भक्ति दिखा दी और श्रीराम को शिव के सदृश कौन प्रिय है।

मैंने पहले ही शिव का चरित्र कहकर तुम्हारे हृदय का रहस्य समझ लिया। तुम श्रीराम के समस्त विकाररहित पवित्र सेवक हो॥ १०४॥

टिप्पणी—शिवकथा श्रीरामकथा की प्रस्तावना के रूप में है और शैव तथा वैष्णव मत के समर्थन के लिए शिव द्वारा श्रीराम का पूजित होना तथा श्रीराम द्वारा शिव का पूजित होना—दोनों सन्दर्भ पारस्परिक दृष्टि से महत्त्वपूर्ण हैं। 'प्रथमहिं कहि मैं सिव चरित बूझा मरमु तुम्हार' वाक्य भावी श्रीरामकथा का प्रस्तावनामूलक वाक्य है।

मैं जाना तुम्हार गुन सीला। कहउँ सुनहु अब रघुपति लीला॥
सुनु मुनि आजु समागम तोरें। कहि न जाइ जस सुखु मन मोरें॥
राम चरित अति अमित मुनीसा। कहि न सकहिं सत कोटि अहीसा॥
तदपि जथाश्रुत कहउँ बखानी। सुमिरि गिरापति प्रभु धनु पानी॥
सारद दारुनारि सम स्वामी। रामु सूत्रधर अंतरजामी॥
जेहिं पर कृपा करहिं जनु जानी। कबि उर अजिर नचावहिं बानी॥
प्रनवउँ सोइ कृपाल रघुनाथा। बरनउँ बिसद तासु गुन गाथा॥
परम रम्य गिरिबरु कैलासू। सदा जहाँ सिव उमा निवासू॥

दो०— सिद्ध तपोधन जोगि जन सुर किन्नर मुनिबृंद।
बसहिं तहाँ सुकृती सकल सेवहिं सिव सुखकंद॥ १०५॥

अर्थ—मैंने तुम्हारा गुण तथा शील समझ लिया, अब मैं श्रीराम की लीला का वर्णन करता हूँ, सुनिए। हे मुनि, सुनिए! आज तुम्हारे समागम से जैसा सुख मेरे मन में उत्पन्न हो रहा है, वह कहते नहीं बनता।

हे मुनिश्रेष्ठ! श्रीराम का चरित्र अनन्त है, उसे शत कोटि शेषनाग भी नहीं कह सकते। फिर भी, जैसा मैंने सुना है, वैसा ही, हाथ में धनुष धारण करनेवाले और सरस्वती के स्वामी का स्मरण करके कहता हूँ।

सरस्वती कठपुतली के सदृश हैं, अन्तर्यामी स्वामी श्रीराम कठपुतली के सूत्र पकड़कर नचानेवाले सूत्रधार सदृश हैं। अपना दास समझकर वे जिस व्यक्ति (कवि) पर कृपा करते हैं, उस कवि के हृदयरूपी आँगन में सरस्वती को नचाते हैं।

मैं उस कृपालु श्रीराम को प्रणाम करके और उनकी व्यापक गुणगाथा का वर्णन करता हूँ। गिरिश्रेष्ठ परम रमणीक कैलास पर्वत पर जहाँ शिव पार्वती सहित निरन्तर निवास करते हैं।

सिद्ध, तपस्वी, योगिगण, देवता, किन्नर, मुनि समूह वहाँ निवास करते हैं और वे समस्त पुण्यात्मा आनन्दकन्द शिव की सेवा करते हैं॥ १०५॥

टिप्पणी—कवि श्रीराम कथा के स्वरूप एवं हेतु की चर्चा करता है। उपमा तथा रूपक का आधार ग्रहण करके कवि श्रीराम कथा के हेतु की चर्चा करता हुआ उनकी प्रेरणा को ही कथा का मूल हेतु मानता है। वे काव्य हेतु मूलक वाक्य हैं।

सारद दारुनारि सम स्वामी। राम सूत्रधर अंतरजामी॥
जेहिं पर कृपा करहिं जनु जानी। कबि उर अजिर नचावहिं बानी॥

सरस्वती कठपुतली हैं, श्रीराम कठपुतली के नियंत्रक सूत्रधार हैं, अपना निश्छल सेवक समझकर श्रीराम जिसपर कृपामात्र करें, वे उसके हृदय में सरस्वतीरूपी कठपुतली को नचाने लगते हैं अर्थात् श्रीराम की अहैतुकी कृपा ही श्रीरामकथा का मूल हेतु है।

कवि उन श्रीराम को प्रणाम करके शिव कथा के पश्चात् श्रीराम की कथा को पुनः प्रस्तावित करता है।

यहाँ प्रश्न विचारणीय है कि श्रीराम कथा के अवतरण के लिए क्या इतनी बड़ी शिवकथा अपेक्षित है? क्या यह प्रबन्ध दोष तो नहीं है—तभी कवि उसका समाधान देता है—'प्रथमहिं कहि मैं सिव चरित बूझा मरमु तुम्हार।'

कवि की यह कथा इस प्रस्तावना अनौचित्य के दोष को समाप्त कर देती है।

हरि हर बिमुख धर्म रति नाहीं। ते नर तहँ सपनेहुँ नहिं जाहीं॥
तेहिं गिरि पर बट बिटप बिसाला। नित नूतन सुंदर सब काला॥
त्रिबिध समीर सुसीतल छाया। सिव बिश्राम बिटप श्रुति गाया॥
एक बार तेहि तर प्रभु गएऊ। तरु बिलोकि उर अति सुखु भएउ॥
निज कर डासि नागरिपु छाला। बैठे सहजहिं संभु कृपाला॥
कुंद इंदु दर गौर सरीरा। भुज प्रलंब परिधन मुनि चीरा॥
तरुन अरुन अंबुज सम चरना। नख दुति भगत हृदय तम हरना॥
भुजग भूति भूषन त्रिपुरारी। आननु सरद चंद छबि हारी॥

दो०— जटा मुकुट सुर सरित सिर लोचन नलिन बिसाल।
नीलकंठ लावन्य निधि सोह बालबिधु भाल॥ १०६॥

अर्थ—जो शिव तथा विष्णु से विमुख हैं तथा जिन्हें धर्म में संसक्ति नहीं है, वे मनुष्य वहाँ स्वप्न में भी नहीं जा सकते। उस पर्वत पर विशाल बरगद का वृक्ष है जो सभी कालों में नित्य नूतन तथा सुन्दर रहता है।

उसकी छाया शीतल है तथा त्रिविध वायु बहती रहती है। श्रुतियों ने गान किया है कि यह शिव विश्राम विटप है। एक बार स्वामी शिव उस वृक्ष के नीचे गये और वृक्ष को देखकर उन्हें अत्यधिक सुख प्राप्त हुआ।

अपने हाथ से सिंह (नागरिपु) की छाल (बाघम्बर) को बिछाकर कृपालु शिव सहज भाव से बैठे। बेला के पुष्प एवं चन्द्रमा के सदृश उनका शरीर गौर वर्ण का था, भुजाएँ लम्बी (आजानु) थीं और मुनिचीर (वल्कल) वस्त्र था।

सद्यः खिले हुए कमल सदृश उनके अरुण चरण थे और उनके नखों का प्रकाश भक्तों के हृदय के अंधकार को हरने वाला था। उन त्रिपुरासुर के भंजक शिव के सर्प तथा भस्म अलंकरण थे और शरद ऋतु के (पूर्ण) चन्द्र की छवि को हरनेवाला उनका मुख (आलोकित) था।

सिर पर जटाओं का मुकुट एवं गंगा थीं, नेत्र कमलवत् विशाल थे और नीला कंठ था, वे सौन्दर्य की निधि थे और उनके मस्तक पर बाल (द्वितीया) का चन्द्र शोभित था॥ १०६॥

टिप्पणी—कवि श्रीरामकथा के निमित्त सुन्दर प्रस्तावना की अवतारणा करता है।

कैलास पर्वत का देव 'मुनि' गन्धर्व सेवित शिखर, उस पर्वत शिखर पर विशाल वट वृक्ष, त्रिविध तापहारी वायु, सुन्दर छाया और महाशिव की पवित्र विश्रामस्थली।

कवि इस सुन्दर वातावरण को कथा की प्रस्तावना से जोड़कर उदात्तता की भूमिका का निर्माण करता है। ऐसे वृक्ष के नीचे सम्पूर्ण ऐश्वर्य राशि से शिवकथा के वक्ता हैं।

शिव का सम्पूर्ण चित्रण प्रीतिकर तथा कथात्मक भव्यता के लिए श्रेष्ठ है।

बैठे सोह काम रिपु कैसें। धरें सरीरु सांतरस जैसें॥
पारबती भल अवसरु जानी। गईं संभु पहिं मातु भवानी॥
जानि प्रिया आदरु अति कीन्हा। बाम भाग आसनु हर दीन्हा॥
बैठीं सिव समीप हरषाई। पूरुब जन्म कथा चित आई॥
पति हियँ हेतु अधिक अनुमानी। बिहसि उमा बोलीं प्रिय बानी॥
कथा जो सकल लोक हितकारी। सोइ पूछन चह सैल कुमारी॥
बिस्वनाथ मम नाथ पुरारी। त्रिभुवन महिमा बिदित तुम्हारी॥
चर अरु अचर नाग नर देवा। सकल करहिं पद पंकज सेवा॥

दो०— प्रभु समरथ सर्बग्य सिव सकल कला गुन धाम।
जोग ग्यान बैराग्य निधि प्रनत कलपतरु नाम॥ १०७॥

अर्थ—कामदेवता के शत्रु शिव बैठे हुए किस प्रकार शोभित हो रहे थे, जैसे शान्त रस ही शरीर धारण करके बैठा हो। माँ भवानी पार्वती अच्छा अवसर समझकर शिव के पास गईं।

अपनी प्रिया समझकर उनका अत्यधिक आदर किया और शिव ने बायें भाग की ओर बैठने का आसन दिया। वे शिव के समीप हर्षित होकर बैठीं और उनके चित्त में पूर्वजन्म की कथा का स्मरण हो आया।

अपने पति शिव के हृदय में अधिक प्रेम का अनुमान करके पार्वती विहँस कर प्रियवाणी बोलीं। वह कथा जो समस्त लोकों के लिए हितकारिणी है, उसे ही पार्वती पूछना चाहती हैं(याज्ञवल्क्य कहते हैं)।

(पार्वती कहती हैं), हे विश्वनाथ! मेरे स्वामी!! त्रिपुर का विनाश करनेवाले!!! आपकी

महिमा तीनों लोकों में सर्वथा ज्ञात है। चर, अचर, नाग, मनुष्य, देवता सभी आपके चरणों की सेवा करते हैं।

हे प्रभु! आप समर्थवान्, सर्वज्ञ, कल्याणकारी तथा सम्पूर्ण कलाओं एवं गुणों के स्वामी हैं। आप योग, ज्ञान तथा वैराग्य की निधि हैं आपका नाम शरणागतों के लिए कल्पवृक्ष है॥ १०७॥

टिप्पणी—इस प्रकार के भव्य वातावरण में मनोहारी शिवकथा वक्ता की मनःदशा का कवि चित्रण करता है—

'धरें सरीरु सांतरसु जैसें'

इस उदाहरण अलंकार द्वारा—अनुद्विग्न मन तथा स्थित चित्तयुक्त कथावाचक की मनःदशा का वर्णन तथा पार्वती जैसे श्रोता के लिए उपयुक्त अवसर का हाथ लग जाना—सभी-के-सभी सन्दर्भों का कवि बड़े व्यवस्थित ढंग से नियोजन करता है।

पार्वती की भाषा में शिष्टता एवं मृदुता एक जिज्ञासु की है।

जौं मो पर प्रसन्न सुखरासी। जानिअ सत्य मोहि निज दासी॥
तौ प्रभु हरहु मोर अग्याना। कहि रघुनाथ कथा बिधि नाना॥
जासु भवनु सुरतरु तर होई। सहि कि दरिद्र जनित दुख सोई॥
ससिभूषन अस हृदयँ बिचारी। हरहु नाथ मम मति भ्रम भारी॥
प्रभु जे मुनि परमारथबादी। कहहिं राम कहुँ ब्रह्म अनादी॥
सेष सारदा बेद पुराना। सकल करहिं रघुपति गुन नाना॥
तुम्ह पुनि राम राम दिन राती। सादर जपहु अनँग आराती॥
राम सो अवध नृपति सुत सोई। की अज अगुन अलखगति कोई॥
दो०— जौं नृप तनय त ब्रह्म किमि नारि बिरहँ मति भोरि।
देखि चरित महिमा सुनत भ्रमति बुद्धि अति मोरि॥ १०८॥

अर्थ—हे आनन्दराशि! यदि आप मुझपर प्रसन्न हैं और सचमुच मुझे अपनी दासी मानते हैं तो श्रीराम की नाना प्रकार की कथाओं का वर्णन करके मेरे अज्ञान को दूर करें।

जिसके अपने घर में कल्पवृक्ष हो वह क्या दारिद्र्यजनित दुःख सहन करे। हे शशिभूषण शिव! ऐसा हृदय में विचार करके, हे नाथ! मेरी मति के भारी भ्रम को दूर करें।

हे प्रभु! जो परमार्थ तत्त्व के वेत्ता हैं, वे श्रीराम को अनादि ब्रह्म कहते हैं और शेषनाग, सरस्वती, वेद तथा पुराण सभी श्रीराम का गुण गान करते हैं।

हे कामदेवता के शत्रु शिव! फिर आप तो दिन-रात राम-राम जपते रहते हैं—वह राम वही अयोध्यानरेश दशरथ के पुत्र हैं या अजन्मा, निर्गुण और अगोचर कोई और राम हैं।

यदि वे राजा के पुत्र हैं तो ब्रह्म कैसे! और यदि ब्रह्म हैं तो पत्नी के विरह में उनकी मति बावली कैसे है? उनके चरित्र को देखकर (दूसरी ओर) उनकी महिमा को सुनकर मेरी बुद्धि अधिक भ्रमित है॥ १०८॥

टिप्पणी—अज्ञान के विनाश के लिए पार्वती को एक जन्म लेना पड़ा, कारण कि श्रीराम की लीला बड़ी ही विलक्षण तथा जटिल है। पार्वती प्रश्न लीला एवं अवतरण का उठाती हैं—एक ओर मानव देहधारी श्रीराम हैं तो दूसरी ओर ब्रह्म, वह जो अनाम तथा अरूप है। यह अनाम तथा अरूप ब्रह्म देहधारी श्रीराम कैसे हैं? चरितात्मक लीला से सम्बन्धित यह प्रश्न श्रीरामचरितमानस की कथा के स्वरूप एवं स्वभाव का आधार है। पार्वती का नूल प्रश्न है—'जौ नृप तनय त ब्रह्म किमि'—यही लीला के विवेचन का आधार है—और सम्पूर्ण मानस में कवि इसी का उत्तर देता है।

जौं अनीह ब्यापक बिभु कोऊ। कहहु बुझाइ नाथ मोहिं सोऊ॥
अग्य जानि रिस उर जनि धरहू। जेहि बिधि मोह मिटै सोइ करहू॥

मैं बन दीखि राम प्रभुताई। अति भय बिकल न तुमहिं सुनाई॥
तदपि मलिन मन बोधु न आवा। सो फलु भली भाँति हम पावा॥
अजहूँ कछु संसय मन मोरें। करहु कृपा बिनउँ कर जोरें॥
प्रभु तब मोहिं बहु भाँति प्रबोधा। नाथ सो समुझि करहु जनि क्रोधा॥
तब कर अस बिमोह अब नाहीं। राम कथा पर रुचि मन माहीं॥
कहहु पुनीत राम गुन गाथा। भुजगराज भूषन सुरनाथा॥
दो०— बंदउँ पद धरि धरनि सिरु बिनय करउँ कर जोरि।
बरनहु रघुबर बिसद जसु श्रुति सिद्धांत निचोरि॥ १०९॥

अर्थ—यदि इच्छारहित, विराट्, स्वयं समर्थ प्रभु अन्य कोई (रामेतर) हैं तो हे नाथ! मुझे वह भी समझा कर कहिए। मुझे नासमझ जानकर आप अपने हृदय में क्रोध न धारण करें और जिस भी तरह से मेरा अज्ञान नष्ट हो, उसी प्रकार कीजिए।

मैंने वन में श्रीराम की प्रभुता देखी थी और भय से अत्यन्त व्याकुल होकर आपको नहीं सुनाया था फिर भी मेरे मलिन मन को समझ नहीं आई और उसका फल मैंने भलीभाँति प्राप्त कर लिया।

आज भी मेरे मन में कुछ संशय शेष है, मैं हाथ जोड़कर विनती कर रही हूँ, आप कृपा करें। हे प्रभु! आपने उस समय भी अनेक प्रकार से समझाया था, हे नाथ! यह सोचकर मुझपर क्रोध न करें।

मुझे पहले जैसा अब व्यामोह नहीं है, मेरे मन में (अब) श्रीराम की कथा के प्रति रुचि है। हे शेषनाग को आभूषण के रूप में प्रयुक्त करनेवाले! हे देवताओं के स्वामी!! आप श्रीराम के गुणों की पवित्र गाथा कहें।

मैं धरती पर सिर टेककर और हाथ जोड़कर आपकी वन्दना करती हूँ कि आप श्रुतियों के सिद्धान्त को निचोड़कर श्रीराम के निर्मल चरित्र का वर्णन करें॥ १०९॥

टिप्पणी—श्रीराम की रहस्यमयता को देखकर भी पार्वती को संदेह शेष है क्योंकि अभी तक उन्हें सत्संगति नहीं प्राप्त हुई है—प्रतीति के लिए देखना आधार है किन्तु पूरी समझ तो सत्संगति के बाद ही आती है। पार्वती श्रीराम के स्वरूप को देखकर भी अभी भी भलीभाँति उन्हें नहीं समझ पा रही हैं। अतः भ्रम से ग्रस्त वे शिव से भ्रम निवारण की प्रार्थना कर रही हैं। यहाँ मात्र संदेह तथा भ्रमग्रस्तता ही नहीं है—श्रीराम की कथा को जानने तथा समझने की उत्कंठा भी है।

जदपि जोषिता नहिं अधिकारी। दासी मन क्रम बचन तुम्हारी॥
गूढउ तत्त्व न साधु दुरावहिं। आरत अधिकारी जहँ पावहिं॥
अति आरति पूछउँ सुरराया। रघुपति कथा कहहु करि दाया॥
प्रथम सो कारन कहहु बिचारी। निर्गुन ब्रह्म सगुन बपु धारी॥
पुनि प्रभु कहहु राम अवतारा। बालचरित पुनि कहहु उदारा॥
कहहु जथा जानकी बिबाहीं। राज तजा सो दूषन काहीं॥
बन बसि कीन्हे चरित अपारा। कहहु नाथ जिमि रावन मारा॥
राज बैठि कीन्ही बहु लीला। सकल कहहु संकर सुखसीला॥
दो०— बहुरि कहहु करुनायतन कीन्ह जो अचरज राम।
प्रजा सहित रघुबंसमनि किमि गवने निज धाम॥ ११०॥

अर्थ—यद्यपि योषिताएँ (श्रुति कथा की) अधिकारिणी नहीं हैं किन्तु मैं तो मन, वचन तथा कर्म से आपकी दासी हूँ। साधुजन जहाँ आर्त अधिकारी प्राप्त करते हैं, वहाँ गूढ़ तत्त्व भी नहीं छिपाते।

हे देव स्वामी! मैं बहुत ही दीनता भरे भाव (आर्त) से पूछती हूँ, आप श्रीराम की कथा

अत्यन्त दयापूर्वक कहें। पहले (आप) उन कारणों का विचारपूर्वक वर्णन करें जिनसे निर्गुण ब्रह्म सगुण शरीर धारण करता है।

हे प्रभु! पुनः श्रीराम के अवतार का वर्णन करें और पुनः निर्मल (उदार) बाल चरित कहें। फिर आप कहें—जैसे जानकी से ब्याह किया और भी राम ने राज्य का परित्याग कर दिया, वह कौन सा दोष था?

वन में निवास करके उन्होंने अनन्त चरित किये, हे नाथ! जिस प्रकार उन्होंने रावण को मारा, बतायें! हे आनन्दशील शिव जी आप वह भी बताइए कि राजसिंहासन पर बैठकर जो अनेक लीलाएँ की।

हे करुणाधाम शिव जी! आप पुनः श्रीराम ने जो आश्चर्यजनक कार्य किये, बतायें (और यह भी बतायें कि) अपने प्रजाजन के साथ श्रीरामचन्द्र जी ने अपने लोक के लिए किस प्रकार गमन किया॥ ११०॥

टिप्पणी—'जदपि जोषिता नहिं अधिकारी'—इस वाक्य के माध्यम से कवि नारी के प्रति परम्परित मध्यकालीन दृष्टिकोण व्यक्त करता है—फिर भी, कथा सुनाकर स्वयं उसका खण्डन भी करता है। कवि पार्वती को आर्त अधिकारी कहकर परम्परा का एक समाधान निकालता है।

कवि, इसके पश्चात् कथा क्रम के विन्दुओं का पार्वती के मुख से निर्देश कराता है—

१. निर्गुण ब्रह्म शरीर धारण करके सगुण क्यों हुआ?
२. पुनः श्रीराम का अवतरण तथा बाल लीला प्रसंग का कथन,
३. श्रीराम-जानकी का विवाह तथा राज्य त्याग करने का कारण,
४. वनवास के विविध कृत्य तथा रावण-वध प्रसंग,
५. अयोध्या के राजसिंहासन पर आरूढ़ होकर अनेक लीलाओं की रचना
६. अन्य आश्चर्यजनक कृत्य तथा श्रीराम का प्रजा के साथ स्वर्गारोहण।

पार्वती के ये प्रश्न श्रीरामकथा के मूल बिन्दु हैं—जिनमें अन्तिम बिन्दु को छोड़कर शिव सभी प्रश्नों का उत्तर देकर श्रीरामकथा के मर्म को विस्तारपूर्वक समझाते हैं।

पुनि प्रभु कहहु सो तत्त्व बखानी। जेहिं बिग्यान मगन मुनि ग्यानी॥
भगति ग्यान बिग्यान बिरागा। पुनि सब बरनहु सहित बिभागा॥
औरउ राम रहस्य अनेका। कहहु नाथ अति बिमल बिबेका॥
जो प्रभु मैं पूछा नहिं होई। सोउ दयालु राखहु जनि गोई॥
तुम्ह त्रिभुवन गुर बेद बखाना। आन जीव पाँवर का जाना॥
प्रस्न उमा कै सहज सुहाई। छल बिहीन सुनि सिव मन भाई॥
हर हियँ रामचरित सब आए। प्रेम पुलक लोचन जल छाए॥
श्रीरघुनाथ रूप उर आवा। परमानंद अमित सुख पावा॥
दो०— मगन ध्यानरस दंड जुग पुनि मन बाहेर कीन्ह।
रघुपति चरित महेस तब हरषित बरनै लीन्ह॥ १११॥

अर्थ—फिर हे प्रभु! उस तत्त्व को बखान (विस्तारपूर्वक बताकर) कर बतायें—जिस विज्ञान में ज्ञानी मुनि मग्न रहते हैं। भक्ति, ज्ञान, विज्ञान, वैराग्य का पुनः विभागों सहित वर्णन कीजिए।

हे नाथ! विमल विवेक के साथ और भी श्रीराम के अनेक रहस्यों का वर्णन करें। जिन (प्रसंगों) को हे नाथ! मैंने न पूछा हो, हे दयालु शिव! उसे भी आप छिपाकर न रखें।

वेद वर्णन करते हैं कि आप तीनों लोकों के गुरु हैं अन्य तुच्छ जीव इस रहस्य को क्या जाने! छलविहीन पार्वती के सहज सुन्दर प्रश्नों को सुन करके शिव के मन को अच्छा लगा।

शिव के हृदय में सम्पूर्ण रामचरित आया (जग उठा, स्मृति में बिम्बांकित हुआ) और उससे परम आनन्द स्वरूप शिव ने असीम आनन्द प्राप्त किया।

दो दण्डपर्यन्त ध्यानरस में निमग्न रहे फिर मन को (उससे) बाहर किया और तब शिव प्रसन्न होकर श्रीराम के चरित्र का वर्णन करने लगे॥ १११॥

टिप्पणी—पार्वती श्रीरामकथा के साथ अन्य अवान्तर समस्याओं को भी जानना चाहती हैं और वे प्रश्न हैं—

(१) भेदोपभेद सहित भक्ति, ज्ञान, विज्ञान (आत्मबोध) तथा वैराग्य का निरूपण।

(२) 'श्रीराम' तत्त्व के अन्य रहस्यमयी सन्दर्भ तथा वे भी समस्त तत्त्व जिनके विषय में मेरी कोई जानकारी नहीं।

जिज्ञासु के रूप में पार्वती के ये प्रस्तावना बिन्दु हैं—जो वर्गीकृत करने पर तीन संवर्गों के अन्तर्गत आते हैं—

१. निर्गुण का सगुण ब्रह्म के रूप में अन्तरण,

२. सगुण की लीला,

३. सगुण तथा निर्गुण ब्रह्म के ज्ञान के लिए उपयोगी-भक्ति, ज्ञान, विज्ञान तथा वैराग्य आदि तत्त्व जो साधन स्वरूप भी हैं और साध्य स्वरूप भी।

श्रीरामचरितमानस की यही तीन प्रमुख समस्याएँ हैं इनके अतिरिक्त वह कुछ भी इतस्ततः कथित है, जो भक्ति, ज्ञान, विज्ञान तथा वैराग्य से इतर है।

झूठेउ सत्य जाहि बिनु जानें। जिमि भुजंग बिनु रजु पहिचानें॥
जेहि जानें जग जाइ हेराई। जागें जथा सपन भ्रम जाई॥
बंदउँ बाल रूप सोइ रामू। सब सिधि सुलभ जपत जिसु नामू॥
मंगल भवन अमंगल हारी। द्रवउ सो दसरथ अजिर बिहारी॥
करि प्रनाम रामहिं त्रिपुरारी। हरषि सुधा सम गिरा उचारी॥
धन्य धन्य गिरिराजकुमारी। तुम्ह समान नहिं कोउ उपकारी॥
पूँछेउ रघुपति कथा प्रसंगा। सकल लोक जग पावनि गंगा॥
तुम्ह रघुबीर चरन अनुरागी। कीन्हिहु प्रस्न जगत हित लागी॥
दो०— राम कृपा तें पारबति सपनेहुँ तव मन माहिं।
सोक मोह संदेह भ्रम मम बिचार कछु नाहिं॥ ११२॥

अर्थ—जिसके बिना जाने झूठा भी सत्यवत् रहता है, बिना रस्सी को पहचाने जैसे सर्प भ्रम। जिसके जानने पर संसार इस प्रकार लुप्त हो जाता है, जैसे जाग जाने पर स्वप्न का भ्रम नष्ट हो जाता है।

मैं श्रीराम के उसी बालस्वरूप का वर्णन करता हूँ, जिसका नाम जपने से सभी सिद्धियाँ सुलभ हो जाती हैं, हे मंगलधाम! हे अमंगल का विनाश करने वाले! दशरथ के आँगन में आनन्द क्रीड़ा करने वाले! वह श्रीराम! मुझपर द्रवित हों (कृपाभाव करें)।

त्रिपुरारि शिव श्रीराम को प्रणाम करके और हर्षित भाव से अमृत सदृश वाणी बोले! हे हिमालयपुत्री पार्वती! तुम धन्य हो, तुम्हारे सदृश (संसार का) कोई उपकार करनेवाला नहीं है।

तुमने श्रीराम के जिस कथा प्रसंग को पूछा है वह सम्पूर्ण लोकों के लिए, जगत् के लिए पवित्र गंगा है (मात्र कथा ही नहीं) श्रीराम के चरणों में अनुराग रखने वाली हे पार्वती! वह तुमने (अपने लिए ही नहीं) संसार के कल्याण के निमित्त यह प्रश्न पूछा है।

हे पार्वती! श्रीराम की कृपा से स्वप्न में भी तुम्हारे मन में शोक, मोह, संदेह, भ्रम मेरे विचार से कुछ भी नहीं है॥ ११२॥

टिप्पणी—कथा प्रारम्भ करने के पूर्व कथा नायक का स्तवन और स्तुति के माध्यम से उनके निर्गुण सगुणात्मक स्वरूप का विवेचन-दोनों एक साथ जुड़े हैं—

'बाल रूप सोइ रामू' बाल रूप श्रीराम जो लीला के अन्तर्गत वात्सल्य रस के लोकात्मक आधार हैं—सर्वोपरि एवं सर्वकाम्य हैं—शिव, भुशुण्डि, कवि, दशरथ, कौसल्या आदि के लिए अतिशय काम्य यह स्वरूप कवि को अभीष्ट है।

सख्य एवं शृंगार कृष्ण भक्त कवियों के लिए काम्य है: किन्तु तुलसी की भक्ति दास्य एवं वात्सल्य की है। 'सेवक-सेव्य भाव' भवमुक्ति का कारण है—और वात्सल्य लीलाजनित आनन्द का। भक्त जन भवमुक्ति का तिरस्कार करके निरन्तर वात्सल्य लीला में रमे रहें, यही तुलसी का अभीष्ट है।

तदपि असंका कीन्हिहु सोई। कहत सुनत सब कर हित होई॥
जिन्ह हरि कथा सुनी नहिं काना। श्रवन रन्ध्र अहिभवन समाना॥
नयनन्हि संत दरस नहिं देखा। लोचन मोरपंख कर लेखा॥
ते सिर कटु तुंबरि सम तूला। जे न नमत हरि गुरु पद मूला॥
जिन्ह हरि भगति हृदयँ नहिं आनी। जीवत सव समान तेइ प्रानी॥
जो नहिं करै राम गुन गाना। जीह सो दादुर जीह समाना॥
कुलिस कठोर निठुर सोइ छाती। सुनि हरि चरित न जो हरषाती॥
गिरिजा सुनहु राम कै लीला। सुर हित दनुज बिमोहनसीला॥
दो०— रामकथा सुरधेनु सम सेवत सब सुख दानि।
सत समाज सुरलोक सब को न सुनै अस जानि॥ ११३॥

अर्थ—यद्यपि तुमने इसीलिए वही शंका की है जिसके कहने-सुनने में सभी का कल्याण हो। जिन्होंने कानों से श्रीहरि की कथा का श्रवण नहीं किया है, उसके कानों के छिद्र सर्प की बिल (बाबी) के सदृश है।

जिन्होंने अपने नेत्रों से सन्तों के दर्शन नहीं किये हैं, उनके नेत्र मयूर के पंखों में (बनी हुई आँख की आकृति की भाँति) हैं। जो सिर गुरु तथा श्रीहरि के चरण-मूलों का नमन नहीं करते, वे सिर कड़वी लौकी (तितलौकी) की बनी तुम्बी के तुलनीय हैं।

जिन्होंने श्रीहरि की भक्ति को हृदय में नहीं बसाया है, वे प्राणी जीवित शव सदृश हैं। जो जिह्वा श्रीराम के गुण का गान नहीं करती वह जिह्वा मेढक की जिह्वा के समान है।

श्रीहरि के चरित्र को सुनकर जो हृदय हर्षित नहीं होता वह वज्र की भाँति कठोर तथा निष्ठुर है। हे पार्वती! देवताओं की हितकारिणी तथा दैत्यों को विमुग्ध कर देने वाली श्रीहरि की लीला को श्रवण करो।

हे पार्वती! श्रीराम की कथा कामधेनु की भाँति है जो सेवा करने से सम्पूर्ण सुखों का दान करती है और सन्तों का समाज देव लोक की भाँति है—ऐसा समझकर इसका श्रवण कौन नहीं करेगा॥ ११३॥

टिप्पणी—कवि श्रीरामकथा के महत्त्व का निरूपण करता है। श्रीरामचरितमानस भक्तों के लिए के तीन उपजीव्य विषय हैं—(१) श्रीराम का स्वरूप, (२) श्रीराम का नाम, (३) श्रीराम की कथा। रूप तथा नाम का वह वर्णन प्रारम्भ में कर चुका है—यहाँ तीसरे उपजीव्य अर्थात् श्रीहरि कला के महत्त्व का निरूपण कवि उपमा तथा उदाहरण अलंकारों का आश्रय लेता हुआ करता है।

कथा कान से सुनी जाती है, नेत्रों से कथावाचक सन्त का दर्शन किया जाता है, मन से तृप्ति प्राप्त की जाती है और उसे हृदय में धारण किया जाता है, जिह्वा से कथन किया जाता है तथा उसे

सुनकर हृदय को शान्ति मिलती है—श्रीरामकथा के कथन, श्रवण एवं गायन के ये छः सन्दर्भ हैं—यदि व्यक्ति निष्ठा इन समवेत् सन्दर्भों के साथ श्रीराम के प्रति नहीं है तो वह घृणित एवं अधर्म है।

यह कथा का महत्त्व निरूपण आध्यात्मिक रति का रूप है। श्रीराम की कथा के लिए आध्यात्मिक रति अनिवार्य है।

कवि अन्तिम वाक्य में लीला के स्वरूप तथा उसकी रहस्यमयता का चित्रण करता है—वह बताता है कि यह लीला देवताओं को आनन्दित करनेवाली एवं असुरों को विमुग्ध करने वाली है। देवता लीला के रहस्य को समझते हैं, इसलिए आनन्दित होते हैं किन्तु अज्ञानवश असुर लीला रहस्य से अपरिचित पद-पद पर ठगे जाते हैं।

जो मनुष्य लीला के रहस्य को जानकर आनन्दित होते हैं वे देव तुल्य हैं अन्यथा शेष असुर तुल्य।

रामकथा सुन्दर कर तारी। संसय बिहग उड़ावनहारी॥
रामकथा कलि बिटप कुठारी। सादर सुनु गिरिराजकुमारी॥
राम नाम गुन चरित सुहाए। जनम करम अगनित श्रुति गाए॥
जथा अनंत राम भगवाना। तथा कथा कीरति गुन नाना॥
तदपि जथा श्रुत जसि मति मोरी। कहिहउँ देखि प्रीति अति तोरी॥
उमा प्रस्न तव सहज सुहाई। सुखद संतसंमत मोहि भाई॥
एक बात नहिं मोहिं सोहानी। जदपि मोह बस कहेहु भवानी॥
तुम्ह जो कहा राम कोउ आना। जेहिं श्रुति गाव धरहिं मुनि ध्याना॥
दो०— कहहिं सुनहिं अस अधम नर ग्रसे जो मोह पिसाच।
पाखंडी हरिपद बिमुख जानहिं झूठ न साच॥ ११४॥

अर्थ—श्रीराम की कथा संदेहरूपी पक्षियों को उड़ानेवाली हाथ की सुन्दर ताली है। हे हिमालय-पुत्री पार्वती! सुनो, यह श्रीराम की कथा कलियुगरूपी वृक्षों को काटने के लिए सुन्दर कुल्हाड़ी है।

श्रुतियों ने यह गान किया है कि श्रीराम के सुन्दर नाम, गुण, चरित्र, जन्म, कर्म अगणित हैं। जिस प्रकार भगवान् श्रीराम अनन्त हैं, उसी प्रकार उनके गुण एवं यश भी अनन्त हैं।

फिर भी, जैसा मैंने सुना है और जिस प्रकार मेरी बुद्धि है, तुम्हारी इस अत्यधिक प्रीति को देखकर मैं कहूँगा। हे पार्वती! तुम्हारा प्रश्न स्वाभाविक रूप से सुन्दर है। वह आनन्ददायी है, सन्तजन सम्मत तथा मेरे लिए अच्छा लगनेवाला है।

एक बात मुझे अच्छी नहीं लगी, यद्यपि उसे तुमने मोहवश कहा है। तुमने जो कहा कि जिन्हें वेद गाते हैं और मुनिजन जिनका ध्यान धारण करते हैं, वे श्रीराम कोई और हैं।

इस प्रकार की बात मोहरूपी पिशाच से ग्रस्त अधम, पाखण्डी, हरिचरणों से विमुख जो झूठ तथा सत्य नहीं जानते हैं, वे कहते-सुनते हैं॥ ११४॥

टिप्पणी—(१) कवि कथा प्रस्तावना के अन्तर्गत उसके महत्त्व का निरूपण करता हुआ उसके स्वरूप तथा स्वभाव पर टिप्पणी करता है। वह कथा को श्रीराम के अनुसार ही अनन्त एवं अज्ञेय मानता है फिर भी, वह उनकी कथा के उस स्वरूप का कथन करता है—जिसे शिव कथा के नाम से कहा जा सकता है। इस कथा के दो तत्त्व हैं—

(क) यथाश्रुत कथा रूप अर्थात् परम्परित श्रीरामकथा

(ख) स्वमति के अनुसार कथित अर्थात् अनेक मौलिक सन्दर्भों का समावेश करते हुए उसकी मौलिक प्रस्तुति।

(२) कवि (शिव) पार्वती के प्रथम प्रश्न का उत्तर देता है—यह उत्तर यहाँ दर्शन सापेक्ष न होकर आस्था तथा विश्वास सापेक्ष्य है—प्रश्न है, क्या श्रीराम ब्रह्म हैं? कवि का उत्तर है—

कहहिं सुनहिं अस अधम नर ग्रसे जो मोह पिसाच।
पाखंडी हरिपद बिमुख जानहिं झूठ न साच॥

कवि प्रश्न के उत्तर का प्रारम्भ आस्था तथा विश्वास से देना प्रारम्भ कर रहा है।

अग्य अकोबिद अंध अभागी। काई विषय मुकुर मन लागी॥
लंपट कपटी कुटिल बिसेखी। सपनेहुँ संत सभा नहिं देखी॥
कहहिं ते बेद असंमत बानी। जिन्ह के सूझ लाभ नहिं हानी॥
मुकुर मलिन अरु नयन बिहीना। राम रूप देखहिं किमि दीना॥
जिन्ह के अगुन न सगुन बिबेका। जल्पहिं कल्पित बचन अनेका॥
हरिमाया बस जगत भ्रमाहीं। तिन्हहिं कहत कछु अघटित नाहीं॥
बातुल भूत बिबस मतवारे। ते नहिं बोलहिं बचन बिचारे॥
जिन्ह कृत महामोह मद पाना। तिन्ह कर कहा करिअ नहिं काना॥
सो०— अस निज हृदय बिचारि तजु संसय भजु राम पद।
सुनु गिरिराज कुमारि भ्रम तम रबि कर बचन मम॥ ११५॥

अर्थ—अज्ञानी, नासमझ, अंधे, अभागे, जिनके मनरूपी दर्पण पर विषय-वासनाओं की काई जमी हुई है, लपंट, कपटी, अत्यधिक कुटिल तथा स्वप्न में भी जिन्होंने सन्तों के समाज को नहीं देखा है।

जिन्हें लाभ तथा हानि की समझ नहीं है, वे इस प्रकार की वेद विरुद्ध बातें किया करते हैं। जिनका हृदय दर्पण मलिन है तथा जो (ज्ञान) नेत्र से हीन हैं वे बेचारे (नासमझ) राम के स्वरूप को किस प्रकार देख सकते हैं।

जिन्हें निर्गुण तथा सगुण का कोई विवेक नहीं है जो अनेक कल्पनापूर्ण बातें, बका करते हैं जो श्रीहरि की माया के वशवर्ती होकर संसार में (नाना योनियों के अन्तर्गत) भ्रमण करते रहते हैं, उनके लिए ऐसा कहना कुछ असम्भव (अघटित) नहीं है।

जो वात रोग से पीड़ित (उन्मादग्रस्त पागल), भूतों के वशवर्ती, नशे में चूर वे विचार करके वाणी नहीं बोलते। जिन्होंने महामोहरूपी मदिरा का पान कर रखा है, उनके कहने पर कान नहीं देना चाहिए।

इस प्रकार से अपने हृदय में विचार करके सम्पूर्ण सन्देह का परित्याग करके श्रीराम के चरणों का भजन करो। हे हिमालयपुत्री पार्वती! सुनो, मेरी वाणी भ्रमरूपी अंधकार के लिए सूर्य किरण है॥ ११५॥

टिप्पणी—मध्यकाल तर्क तथा चिन्तन का काल नहीं था—वह गहन आस्था तथा विश्वास का काल खण्ड था, इसीलिए इन पंक्तियों में भी कवि विश्वास के संस्कार को ही प्रतीति का एकमात्र मानक स्वीकार करता है।

वह आस्था विरहित व्यक्तियों के लिए जिन विशेषणों का प्रयोग करता है—उनका सम्बन्ध किसी तर्क से नहीं है—अंध, अज्ञानी, विषयवासना संसक्त, लंपट, कपटी, कुटिल, लाभ-हानि के विवेक से रहित, मंदमति, अन्धे, माया मुग्ध, जल्पक, पागल, भूतादि बाधाओं से ग्रस्त, मद्यप, मोहरूपी मदिरा में उन्मत्त—जैसे व्यक्ति इस प्रकार का प्रश्न उठाते हैं कि—

'राम सो अवध नृपति सुत सोई। की अज अगुन अलखपति कोई॥'

मध्यकालीन आस्थामूलक भक्ति के आन्दोलन का सूत्र वाक्य था—

'तजु संसय भजु राम पद'

और यही निष्ठामूलक वाक्य—श्रीरामकथा की प्रस्तावना का सूत्र वाक्य है।

सगुनहि अगुनहि नहिं कछु भेदा। गावहिं मुनि पुरान बुध बेदा॥
अगुन अरूप अलख अज जोई। भगत प्रेम बस सगुन सो होई॥
जो गुन रहित सगुन सोइ कैसें। जलु हिम उपल बिलग नहिं जैसें॥
जासु नाम भ्रम तिमिर पतंगा। तेहि किमि कहिअ बिमोह प्रसंगा॥
राम सच्चिदानंद दिनेसा। नहिं तहँ मोह निसा लवलेसा॥
सहज प्रकास रूप भगवाना। नहिं तहँ पुनि बिग्यान बिहाना॥
हरष बिषाद ग्यान अग्याना। जीव धर्म अहमिति अभिमाना॥
राम ब्रह्म ब्यापक जग जाना। परमानंद परेस पुराना॥
दो०— पुरुष प्रसिद्ध प्रकास निधि प्रगट परावर नाथ।
रघुकुलमनि मम स्वामि सोइ कहि सिवँ नायउ माथ॥ ११६॥

अर्थ—सगुण और निर्गुण में कोई भेद नहीं है—मुनि, पुराण, विद्वज्जन तथा वेद ऐसा गाते हैं जो अज, अलख, अरूप तथा निर्गुण है, वह भक्तों के प्रेम से विवश होकर सगुण हो जाते हैं।

जो गुणरहित है, वह सगुण कैसे (होता है), जैसे जल तथा हिम उपल (बर्फ के ओले) अलग नहीं हैं। जिसका नाम भ्रमरूपी अंधकार के लिए सूर्यवत् है उसके लिए मोह का प्रसंग कैसे कहा जा सकता है।

श्रीराम सत्, चित् तथा आनन्दरूपी सूर्य हैं, अतः वहाँ मोहरूपी रात्रि का लवलेश मात्र नहीं है। भगवान् श्रीराम स्वभावतः प्रकाशस्वरूप हैं और वहाँ विज्ञानरूप प्रातःकाल भी नहीं होता (अर्थात् ज्ञान का समभाव निरन्तर, एक रूप बना रहता है।)।

हर्ष, विषाद, ज्ञान, अज्ञान, अहन्ता तथा अभिमान ये सब जीव के धर्म हैं। श्रीराम तो व्यापक ब्रह्म, परम आनन्द स्वरूप, ईशत्व से ऊपर पुराण-पुरुष हैं—जैसा संसार जानता है।

पुराण पुरुष के रूप में प्रसिद्ध, प्रकाश की निधि, सम्पूर्ण जीवों में प्रकट (अभिव्यक्ति) जीव, जगत् और माया (परावर) के स्वामी वही रघुवंशशिरोमणि श्रीराम मेरे स्वामी हैं, ऐसा कहकर शिव ने अपना शीश झुकाया (नमन किया)॥ ११६॥

टिप्पणी—कवि अपनी तथा लोक की आस्थामूलक दृष्टि—'सगुण स्वरूपता' का परावर्तन दशरथपुत्र श्रीराम में करके वह सगुण-निर्गुण सम्बन्ध का अब तार्किक विवेचन प्रारम्भ करता है। सगुण ब्रह्म एवं श्रीराम में अभेद है, वह आस्थामूलक दृष्टि है—और इस आस्था को सनातन सत्य मानकर आगे वह ज्ञानमूलक तर्क देता है।

कवि के तर्क शास्त्रोचित, न्यायसिद्ध तथा विविध काव्यालंकारों पर आश्रित हैं—मूल विवेच्य विन्दु यहाँ 'सगुण तथा निर्गुण' की अभेद दृष्टि है। निर्गुण तथा सगुण की यह अभेद दृष्टि श्रीराम अर्थात् सगुणत्व में निर्गुण ब्रह्म की अनन्तता तथा विराटता को समेटती है और आगे चलकर यही सगुण ब्रह्म की लीला के लिए आधार स्तम्भ भी है।

(१) निर्गुण का प्रेमभक्ति से विवशीभूत होकर सगुण होना,

(२) 'जल एवं हिम' का न्याय परस्पर सगुणत्व से निर्गुणत्व एवं निर्गुणत्व से सगुणत्व के लिए तर्क तथा दृष्टान्तगत आधार है। कवि आस्था की सम्पुष्टि इन दो तर्कों से कर रहा है।

निज भ्रम नहिं समुझहिं अग्यानी। प्रभु पर मोह धरहिं जड़ प्रानी॥
जथा गगन घन पटल निहारी। झाँपेउ भानु कहहिं कुबिचारी॥
चितव जो लोचन अंगुलि लाएँ। प्रगट जुगल ससि तेहि के भाएँ॥

उमा राम बिषयक अस मोहा। नभ तम धूम धूरि जिमि सोहा॥
बिषय करन सुर जीव समेता। सकल एक तें एक सचेता॥
सब कर परम प्रकासक जोई। राम अनादि अवधपति सोई॥
जगत प्रकास्य प्रकासक रामू। मायाधीस राम गुन धामू॥
जासु सत्यता तें जड़ माया। भास सत्य इव मोह सहाया॥
दो०— रजत सीप महुँ भास जिमि जथा भानु कर बारि।
जदपि मृषा तिहुँ काल सोइ भ्रम न सकइ कोउ टारि॥ ११७॥

अर्थ—अज्ञानी व्यक्ति अपने भ्रम को (मोहवश) नहीं समझते, वे जड़ बुद्धि जीव प्रभु श्रीराम पर अपना मोह आरोपित करते हैं। जैसे आकाश में बादलों का समूह देखकर नासमझ कहते हैं कि (उन बादलों ने) सूर्य को ढक लिया है।

जो नेत्रों में उँगली लगाकर देखता है, उसके लिए दो चन्द्रमा प्रकट (दीखते) हैं। हे पार्वती! श्रीराम के विषय का अज्ञान (मोह बुद्धि से उत्पन्न) ऐसा ही है जैसे आकाश में अंधकार, धुएँ तथा धूलि देखने जैसे शोभित है (मिथ्या रूप में भ्रमोत्पादक रूप शोभित होता है)।

विषय, इन्द्रियाँ, देवता और जीवात्मा—ये सब एक की सहायता से एक चेतन होते हैं, इन सबका जो परम प्रकाशक है, वही अनादि ब्रह्म अयोध्यानरेश श्रीरामचन्द्र हैं।

यह जगत् प्रकाश्य है और श्रीराम इसके प्रकाशक। वे मायाधीस ज्ञान तथा गुण के धाम हैं। जिसकी सत्यता से जड़ माया भी मोह की सहायता पाकर सत्य की भाँति प्रतिभासित होती है।

जिस प्रकार सीप में चाँदी और सूर्य की किरणों में जलवत् प्रतीति होती है, यद्यपि यह प्रतीति तीनों कालों में असत्य है तथापि यह भ्रम कोई टाल नहीं सकता॥ ११७॥

टिप्पणी—(१) कवि यह सिद्ध करना चाहता है कि श्रीराम के स्वरूप के विषय में संशय श्रीराम के स्वरूप का भ्रमपूर्ण यथाथत: होना न होकर व्यक्ति की अपनी मोह दृष्टि एवं अज्ञता है। मोह-उत्पन्न करनेवाली भ्रमात्मक दृष्टि के वह कई उदाहरण देता है—जो माया की भ्रमात्मकता के लिए परम्परा में दिये गये हैं। अज्ञानी अपने अज्ञान बुद्धि को प्रभु श्रीराम पर आरोपित करके उनके वास्तविक स्वरूप को नहीं समझ पाता, यह अज्ञता का मूल कारण है—और इसके लिए वह तीन उदाहरणों को प्रस्तुत करता है।

(२) श्रीहरि की माया के स्वरूप का विवेचन करते हुए बताता है कि उनकी सत्यता का आश्रय पाकर जड़माया सत्य की भाँति प्रतीत होती है—ऐसी स्थिति में उनकी सत्यता का स्वरूप कितना सार्थक एवं महिमा मण्डित है, इसका सहज ही अनुमान लग सकता है।

एहि बिधि जग हरि आश्रित रहई। जदपि असत्य देत दुख अहई॥
जौं सपनें सिर काटै कोई। बिनु जागें न दूरि दुख होई॥
जासु कृपाँ अस भ्रम मिटि जाई। गिरिजा सोइ कृपालु रघुराई॥
आदि अंत कोउ जासु न पावा। मति अनुमानि निगम अस गावा॥
बिनु पद चलइ सुनइ बिनु काना। कर बिनु करम करइ बिधि नाना॥
आनन रहित सकल रस भोगी। बिनु बानी बकता बड़ जोगी॥
तन बिनु परस नयन बिनु देखा। ग्रहइ घ्रान बिनु बास असेषा॥
असि सब भाँति अलौकिक करनी। महिमा जासु जाइ नहिं बरनी॥
दो०— जेहि इमि गावहिं बेद बुध जाहि धरहिं मुनि ध्यान।
सोइ दसरथ सुत भगत हित कोसलपति भगवान॥ ११८॥

अर्थ—इस प्रकार, यह संसार भगवान् के आश्रित रहता है। यद्यपि यह (संसार) असत्य है तो

भी दु:ख ही देता रहता है। जिस प्रकार से स्वप्न में कोई सिर काट ले तो बिना जागे वह दु:ख नहीं जाता।

हे पार्वती! जिनकी कृपा से इस प्रकार का भ्रम मिट जाता है, वही कृपालु श्री रघुनाथ हैं जिसका आदि तथा अन्त किसी ने नहीं पाया है। वेदों ने अपनी बुद्धि से अनुमान करके (उन्हें) इस प्रकार गाया है।

वह (ब्रह्म) बिना पैर के ही चलता है और बिना हाथों के नाना प्रकार के कर्म करता है। बिना मुख के समस्त रसों का भोग करता है और बिना वाणी के बहुत योग्य वक्ता है?

वह बिना शरीर के स्पर्श तथा बिना नेत्रों के देखता है और बिना नाक के ही सम्पूर्ण स्पर्शों को ग्रहण करता है। (उस ब्रह्म की) इस प्रकार की करनी सब प्रकार से विलक्षण है। उसकी महिमा का वर्णन नहीं किया जा सकता।

जिस ब्रह्म का इस प्रकार वेद और विद्वज्जन गान करते हैं और मुनिगण जिसका ध्यान करते हैं, वही दशरथपुत्र भक्तों के हितैषी कोशलाधीश भगवान् श्रीराम हैं॥ ११८॥

टिप्पणी—(१)श्रीहरि की कृपा ही जीव के लिए एकमात्र आश्रयस्थली है और उनकी कृपा प्रसाद से ही इस असत्य रूप माया से मुक्ति सम्भव है।

(२) विनोक्ति अलंकार के माध्यम से कवि श्रीराम के ब्रह्मस्वरूप का विवेचन करते हुए उन्हें अशक्य मानवीय सम्भावनाओं से ऊपर स्थापित करता है बिना पद के चलना, बिना कानों के सुनना आदि।

(३) सम्पूर्ण अशक्य अलौकिक व्यापार का सम्पादक वह ब्रह्म ही दशरथपुत्र श्रीराम हैं—कवि कथित तर्कों, विश्वासों तथा सिद्धान्तों के द्वारा पार्वती के प्रथम प्रश्न का उत्तर देता है—कि दशरथसुत राम ब्रह्म हैं, अन्य कोई नहीं।

कासीं मरत जंतु अवलोकी। जासु राम बल करउँ बिसोकी॥
सोइ प्रभु मोर चराचर स्वामी। रघुबर सब उर अंतरजामी॥
बिबसहुँ जासु नाम नर कहहीं। जनम अनेक रचित अघ दहहीं॥
सादर सुमिरन जे नर करहीं। भव बारिधि गोपद इव तरहीं॥
राम सो परमातमा भवानी। तहँ भ्रम अति अबिहित तव बानी॥
अस संसय आनत उर माहीं। ग्यान बिराग सकल गुन जाहीं॥
सुनि सिव के भ्रम भंजन बचना। मिटि गै सब कुतरक कै रचना॥
भइ रघुपति पद प्रीति प्रतीती। दारुन असंभावना बीती॥

दो०— पुनि पुनि प्रभु पद कमल गहि जोरि पंकरुह पानि।
बोलीं गिरिजा बचन बर मनहुँ प्रेम रस सानि॥ ११९॥

अर्थ—जिस श्रीराम के नाम स्मरण के बल से काशी में मरते हुए प्राणी को देखकर मैं उसे सर्वथा शोकरहित कर देता हूँ, वही चराचर स्वामी, सबके हृदय में निवास करनेवाले श्रीराम मेरे प्रभु हैं।

विवश होकर भी जिनका नाम स्मरण करने से मनुष्यों के अनेक जन्मों के किए हुए पाप दग्ध हो जाते हैं—जो मनुष्य आदरपूर्वक उनका स्मरण करते हैं, वे संसाररूपी समुद्र को गौ के खुर में स्थित जल को पार करने के सदृश पार कर जाते हैं।

हे पार्वती! वही परमात्मा श्रीराम हैं, उनमें भ्रम है, यह तुम्हारी वाणी सर्वथा अनुचित है। इस प्रकार का हृदय में सन्देह लाते ही ज्ञान, वैराग्यादि समस्त गुण नष्ट हो जाते हैं।

शिव के भ्रम भंजक वचनों को सुनकर पार्वती के मन की समस्त कुतर्क रचना मिट गई।

श्रीराम के चरणों में उनकी प्रीति तथा विश्वास हो उठा और उनकी सम्पूर्ण मिथ्या कल्पना (असम्भावना) समाप्त हो गई।

बार-बार प्रभु शिव के चरण-कमलों को पकड़कर और कमलवत् हाथों को जोड़कर मानो प्रेमरस से सानकर पार्वती श्रेष्ठ वचन बोलीं॥ ११९॥

टिप्पणी—(१) कवि श्रीराम के माहात्म्य का निरूपण कर रहा है। शिव स्वयं अपने लिए कहते हैं कि मैं केवल उनके 'नाम' मात्र के स्मरण से जीवों को शोकरहित करने की सामर्थ्य रखता हूँ—तब फिर उनके स्वरूप, गुण तथा लीला का महत्त्व क्या होगा, यह सहज ही समझा जा सकता है।

(२) श्रीराम के ब्रह्मत्व के विषय में संदेह उत्पन्न होते ही ज्ञान एवं वैराग्य आदि व्यक्ति के समस्त गुण बुद्धि की मोह ग्रस्तता के फलस्वरूप विनष्ट हो उठते हैं।

ससि कर सम सुनि गिरा तुम्हारी। मिटा मोह सरदातप भारी॥
तुम्ह कृपाल सब संसउ हरेऊ। राम सरूप जानि मोहिं परेऊ॥
नाथ कृपा अब गयउ बिषादा। सुखी भयउँ प्रभु चरन प्रसादा॥
अब मोहि आपनि किंकरि जानी। जदपि सहज जड़ नारि अयानी॥
प्रथम जो मैं पूछा सोइ कहहू। जौं मो पर प्रसन्न प्रभु अहहू॥
राम ब्रह्म चिन्मय अबिनासी। सर्ब रहित सब उर पुर बासी॥
नाथ धरेउ नरतनु केहि हेतू। मोहि समुझाइ कहहु बृषकेतू॥
उमा बचन सुनि परम बिनीता। रामकथा पर प्रीति पुनीता॥

अर्थ—आप की चन्द्रमा की किरणों के सदृश (शीतल) वाणी सुनकर कष्टकारी शरद ऋतु (क्वार) के धूप से उत्पन्न जलन (कष्ट) मिट गयी। हे कृपालु! आपने सम्पूर्ण संशय का हरण कर लिया और मुझे राम का स्वरूप समझ में आ गया।

हे नाथ! आपकी कृपा से सम्पूर्ण विषाद समाप्त हो गया और प्रभु के चरणों के प्रसाद से मैं सुखी हो गई हूँ। यद्यपि स्वभाव से मैं अति मूर्ख तथा अज्ञानी नारी हूँ फिर भी अब आप मुझे अपनी दासी समझकर—

हे प्रभु! यदि आप मुझपर प्रसन्न हैं तो मैंने जो तत्त्व आप से पहले पूछा था, उसे समझाएँ। श्रीराम चिन्मय अविनाशी ब्रह्म हैं और सबसे रहित तथा सभी के हृदय में निवास करनेवाले हैं।

हे नाथ! उन्होंने मनुष्य शरीर किस लिए धारण किया है, हे वृषकेतु शिव! मुझे समझाकर बताइए। पार्वती के अत्यन्त विनीत वचनों को सुनकर और श्रीरामकथा पर अत्यधिक पवित्र प्रेम देखकर—

दो०— हियँ हरषे कामारि तब संकर सहज सुजान।
बहु बिधि उमहि प्रसंसि पुनि बोले कृपा निधान॥
सो०— सुनु सुभ कथा भवानि रामचरितमानस बिमल।
कहा भुसुंडि बखानि सुना बिहग नायक गरुड़॥
सो संबाद उदार जेहिं बिधि भा आगें कहब।
सुनहु राम अवतार चरित परम सुंदर अनघ॥
हरि गुन नाम अपार कथा रूप अगनित अमित।
मैं निज मति अनुसार कहउँ उमा सादर सुनहु॥ १२०॥

स्वभावतः सहृदय कामारि शिव तब हृदय से हर्षित हुए अनेक प्रकार से पार्वती की प्रशंसा करके फिर कृपा के धाम शिव बोले—

हे पार्वती! पवित्र रामचरितमानस की शुभ कथा सुनें जिसे कागभुशुंडि ने वर्णित करके कहा था और पक्षियों के राजा गरुड़ ने सुना था।

वह श्रेष्ठ कथा संवाद जिस प्रकार हुआ—उसे मैं आगे कहूँगा—इस समय श्रीराम के अवतार का परम सुन्दर तथा पवित्र चरित्र सुनें।

श्रीहरि के गुण, नाम, कथा तथा रूप सभी अगणित तथा अनन्त हैं फिर भी, मैं अपनी बुद्धि के अनुसार कह रहा हूँ, आप आदरपूर्वक उसे सुनें॥ १२०॥

टिप्पणी—पार्वती द्वारा किये जाने वाले प्रथम प्रश्न कि क्या श्रीराम ब्रह्म हैं, इसका समाधान हो जाने के पश्चात् वे दूसरा प्रश्न उसी क्रम में पुन: पूछती हैं कि अवतार के हेतु क्या हैं? इस प्रश्न के उत्तर में शिव पार्वती को अवतार हेतुओं की चर्चा करते हैं।

सुनु गिरिजा हरि चरित सुहाए। बिपुल बिसद निगमागम गाए॥
हरि अवतार हेतु जेहि होई। इदमित्थं कहि जाइ न सोई॥
राम अतर्क्य बुद्धि मन बानी। मत हमार अस सुनहि सयानी॥
तदपि संत मुनि बेद पुराना। जस कछु कहहिं स्वमति अनुमाना॥
तस मैं सुमुखि सुनावउँ तोही। समुझि परइ जस कारन मोही॥
जब जब होइ धरम कै हानी। बाढ़हिं असुर अधम अभिमानी॥
करहिं अनीति जाइ नहिं बरनी। सीदहिं बिप्र धेनु सुर धरनी॥
तब तब प्रभु धरि बिबिध सरीरा। हरहिं कृपानिधि सज्जन पीरा॥
दो०— असुर मारि थापहिं सुरन्ह राखहिं निज श्रुति सेतु।
जग बिस्तारहिं बिषद जस राम जनम कर हेतु॥ १२१॥

अर्थ—हे पार्वती—अनेक रूपों में तथा व्यापक गान निगमागम ने किया है उस श्रीहरि चरित्र को सुनो। श्रीहरि का अवतार जिस निमित्त होता है 'वह यही है' ऐसा नहीं कहा जा सकता।

हे सयानी! ऐसा मेरा मत सुनो कि श्रीराम बुद्धि, मन तथा वाणी से अतर्क्य (तर्कातीत) हैं। फिर भी सन्त, मुनि, वेद तथा पुराण अपनी-अपनी बुद्धि के अनुसार जैसा कुछ कहते हैं।

हे सुमुखि! जैसा कुछ कारण मेरी समझ में आता है, वही मैं तुझे सुनाता हूँ। जब-जब धर्म की हानि होती है तथा अधम, अभिमानी असुरों की वृद्धि होती है।

वे ऐसी अनीति करते हैं, जिनका वर्णन नहीं किया जा सकता और उससे (उनके अन्याय से) विप्र, गाय, देवता तथा पृथ्वी (पीड़ा से) कम्पित होने लगती हैं, तब-तब प्रभु श्रीहरि अनेकानेक प्रकार के शरीर धारण करके सज्जनों की पीड़ा हरते हैं।

असुरों का वध करके देवताओं की स्थापना करते हैं, अपने वेदों की मर्यादा की रक्षा करते हैं और संसार में अपने पवित्र यश का विस्तार करते हैं—यही श्रीराम के जन्म के कारण हैं॥ १२१॥

टिप्पणी—सैद्धान्तिक स्तर पर प्रभु श्रीराम के अवतार हेतुओं के विषय में कुछ कहना सम्भव नहीं है, किन्तु संतगण, मुनिगण, वेद एवं पुराणादि अपने-अपने अनुमान से कतिपय अवतार हेतुओं की चर्चा करते हैं—जिनमें से प्रथम है—

धर्म का अतिशय पराभव होने पर पुन: उसकी स्थापना के निमित्त असुरों का विनाश करके देवताओं की स्थापना करना।

इसका प्रकारान्तर से एक दूसरा प्रभाव समाज पर पड़ता है—

(क) वैदिक मूल्यों तथा मानों की मर्यादा की रक्षा

(ख) श्रीराम के यश की व्याप्ति

भक्तगण इस यश का गान करके भवसागर पार करते हैं तथा वैदिक मूल्य तथा मान समाज की मर्यादा की रक्षा करते हैं।

सोइ जस गाइ भगत भव तरहीं। कृपासिंधु जनहित तनु धरहीं॥
राम जनम के हेतु अनेका। परम बिचित्र एक तें एका॥
जनम एक दुइ कहउँ बखानी। सावधान सुनु सुमति भवानी॥
द्वारपाल हरि के प्रिय दोऊ। जय अरु बिजय जान सब कोऊ॥
बिप्र श्राप तें दूनउ भाई। तामस असुर देह तिन्ह पाई॥
कनककसिपु अरु हाटकलोचन। जगत बिदित सुरपति मदमोचन॥
बिजई समर बीर बिख्याता। धरि बराह बपु एक निपाता॥
होइ नरहरि दूसर पुनि मारा। जन प्रहलाद सुजस बिस्तारा॥
दो०— भए निसाचर जाइ तेइ महाबीर बलवान।
कुंभकरन रावन सुभट सुर बिजयी जग जान॥ १२२॥

अर्थ—उन्हीं-उन्हीं का गान करके भक्त भवसागर से तरते हैं। कृपासिन्धु श्रीहरि भक्तों के लिए शरीर धारण करते हैं। श्रीराम के जन्म के अनेक कारण हैं और वे एक-से-एक बढ़कर परम विचित्र हैं।

हे सुन्दर बुद्धि वाली पार्वती! सावधान होकर सुनें, मैं उनके एक-दो जन्मों का वर्णन करता हूँ। जय और विजय नाम के दो द्वारपाल थे। श्रीहरि के दोनों प्रिय थे।

ब्राह्मणों के शाप से उन दोनों भाइयों ने असुर का तामसी देह प्राप्त किया। वे इन्द्र के अभिमान को छुड़ानेवाले, संसार में विख्यात हिरण्यकशिपु तथा हिरण्याक्ष थे।

वे युद्ध में विख्यात विजयी योद्धा थे जिनमें से एक हिरण्याक्ष का वाराह का शरीर धारण करके वध कर डाला था और फिर नृसिंह होकर दूसरे हिरण्यकशिपु का वध किया और भक्त प्रह्लाद के सुन्दर यश का विस्तार किया।

वही दोनों (दूसरे जन्म में) जाकर महापराक्रमी तथा बलवान राक्षस हुए—सारा संसार उन्हें यशस्वी योद्धा तथा देवताओं पर विजय प्राप्त करनेवाले कुंभकरण तथा रावण (के नाम से) जानता है॥ १२२॥

टिप्पणी—हेतु के इन कारणों की सम्पुष्टि के निमित्त कवि उन कथाओं का वर्णन करता है—जो अवतार के हेतु की कथा के नाम से पुराणों में वर्णित हैं, यथा—श्रीहरि के द्वारपाल की कथा जो शापवश तीन जन्म लेते हैं और तीनों जन्मों में उनके उद्धार के निमित्त प्रभु वाराह, नृसिंह और श्रीराम के रूप में अवतरित होते हैं।

मुकुत न भए हते भगवाना। तीनि जनम द्विज बचन प्रवाना॥
एक बार तिन्हके हित लागी। धरेउ सरीर भगत अनुरागी॥
कस्यप अदिति तहाँ पितु माता। दसरथ कौसल्या बिख्याता॥
एक कलप एहिं बिधि अवतारा। चरित पवित्र किए संसारा॥
एक कलप सुर देखि दुखारे। समर जलंधर सन सब हारे॥
संभु कीन्ह संग्राम अपारा। दनुज महाबल मरइ न मारा॥
परम सती असुराधिप नारी। तेहिं बल ताहिं न जितहिं पुरारी॥
दो०— छल करि टारेउ तासु ब्रत प्रभु सुर कारज कीन्ह।
जब तेहिं जानेउ मरम तब श्राप कोप करि दीन्ह॥ १२३॥

अर्थ—तीन जन्मों के लिए ब्राह्मणों के वचनों का प्रमाण था अतः श्रीहरि द्वारा मारे जाने के

बावजूद भी वे मुक्त नहीं हुए। अत: एक बार पुन: उनके हितों के निमित्त भक्तों पर प्रीति रखनेवाले श्रीहरि ने अवतार धारण किया।

उस जन्म में कस्यप अदिति माता-पिता थे जो (अगले जन्म में) दशरथ तथा कौसल्या के नाम से विख्यात हुए। एक कल्प में इस प्रकार अवतार लेकर संसार में पवित्र चरित किए।

एक कल्प में युद्ध में समस्त देवताओं के युद्ध में जलंधर से हार जाने के कारण दुखी देखकर शिव ने उससे अपार संग्राम किया किन्तु महाबली दैत्य मारने से नहीं मरता था।

उस असुरराज की पत्नी परम सती थी इसीलिए उसके बल से उसे शिव जीत नहीं पा रहे थे।

छल करके उसके व्रत को भंग करके प्रभु ने देवताओं का कार्य किया। जब उसने यह रहस्य समझा तब क्रोध करके शाप दिया॥ १२३॥

टिप्पणी—कवि इसके अनन्तर कस्यप अदिति तथा जलंधर की पत्नी के शाप की कथाओं को अवतार हेतु की कथा के रूप में चित्रित करता है।

तासु श्राप हरि दीन्ह प्रमाना। कौतुकनिधि कृपाल भगवाना॥
तहाँ जलंधर रावन भएऊ। रन हति राम परम पद दएऊ॥
एक जनम कर कारन एहा। जेहि लगि राम धरी नरदेहा॥
प्रति अवतार कथा प्रभु केरी। सुनु मुनि बरनी कबिन्ह घनेरी॥
नारद श्राप दीन्ह एक बारा। कलप एक तेहिं लगि अवतारा॥
गिरिजा चकित भईं सुनि बानी। नारद बिष्नु भगत पुनि ग्यानी॥
कारन कवन श्राप मुनि दीन्हा। का अपराध रमापति कीन्हा॥
यह प्रसंग मोहि कहहु पुरारी। मुनि मन मोह आचरज भारी॥

दो०— बोले बिहसि महेस तब ग्यानी मूढ़ न कोइ।
जेहि जस रघुपति करहिं जब सो तस तेहि छिन होइ॥

सो०— कहउँ राम गुन गाथ भरद्वाज सादर सुनहु।
भव भंजन रघुनाथ भजु तुलसी तजि मान मद॥ १२४॥

अर्थ—लीलाओं के भण्डार, कृपालु श्रीहरि ने उसके शाप को अंगीकार करके (प्रवान > प्रमाण्य) कर दिया। उस जन्म में वही जलंधर रावण हुआ और युद्धभूमि में उसका वध करके उसे परम पद दिया।

एक जन्म का यही करण था, जिसके निमित्त श्रीराम ने मानव देह धारण किया। हे भरद्वाज मुनि! सुनें, प्रभु के प्रत्येक अवतार की कथा का कवियों ने नाना प्रकार से वर्णन किया है।

एक बार नारद ने शाप दिया और एक कल्प उसी के लिए अवतार हुआ। यह बात सुनकर पार्वती आश्चर्यचकित हुईं और बोलीं कि नारद तो विष्णु भक्त तथा ज्ञानी हैं।

किस कारणवश नारद ने शाप दिया? लक्ष्मीपति श्रीहरि ने क्या अपराध किया था? हे शिव! इस प्रसंग को मुझे बतायें। नारद मुनि के मन में मोह का होना तो अत्यन्त आश्चर्य की बात है।

तब महेश हँसकर बोले, न कोई ज्ञानी है और न मूर्ख। जब श्रीराम जैसा जिसको करें, वह उस क्षण वैसा हो जाता है।

हे भरद्वाज! आदरपूर्वक सुनें, मैं श्रीराम की गुण गाथा का वर्णन करता हूँ। श्रीराम संसारजन्य भ्रम को नष्ट करनेवाले हैं, तुलसीदास जी कहते हैं मद और मान का परित्याग करके उनका भजन करो॥ १२४॥

टिप्पणी—अवतार हेतु कथा के रूप में कवि नारद के शाप की कथा का वर्णन करता है। सामान्यतया इस कथा को विद्वत्समाज कवि कल्पित कथा मानता है—जिसका उद्देश्य 'अहम्-भाव'

से उत्पन्न 'स्वस्वरूप' विस्मृति की वैचारिक पृष्ठभूमि की स्थापना है। भक्तों के लिए यह प्रसंग आदर्श है।

हिमगिरि गुहा एक अति पावनि। बह समीप सुरसरी सुहावनि॥
आश्रम परम पुनीत सुहावा। देखि देवरिषि मन अति भावा॥
निरखि सैल सरि बिपिन बिभागा। भएउ रमापति पद अनुरागा॥
सुमिरत हरिहिं श्राप गति बाधी। सहज बिमल मन लागि समाधी॥
मुनि गति देखि सुरेस डेराना। कामहिं बोलि कीन्ह सनमाना॥
सहित सहाय जाहु मम हेतू। चलेउ हरषि हिय जलचरकेतू॥
सुनासीर मन महुँ असि त्रासा। चहत देवरिषि मम पुर बासा॥
जे कामी लोलुप जग माहीं। कुटिल काक इव सबहिं डेराहीं॥

दो०— सूख हाड़ लै भाग सठ स्वान निरखि मृगराज।
छीनि लेइ जनि जानि जड़ तिमि सुरपतिहिं न लाज॥ १२५॥

अर्थ—हिमालय पर्वत की एक अति पवित्र गुफा थी। उसके समीप सुहावनी गंगा बहती थी। परम पवित्र उस आश्रम को देखकर देवर्षि नारद के मन को अत्यन्त भाया।

पर्वत, नदी तथा वन के विभागों को देखकर (उन्हें एकाएक) लक्ष्मीपति श्रीहरि चरणों के प्रति प्रेम उदित हुआ। भगवान् का स्मरण करते ही उनके (निरन्तर भ्रमण करते रहने की) शाप की गति रुक गई और स्वाभाविक रूप से निर्मल होने के कारण उनके मन को समाधि लग गई।

नारद मुनि की गति को देखकर इन्द्र डर गये और काम देवता को बुलाकर उनका सत्कार किया। अपने सहायकों को साथ लेकर मेरे (हित के) लिए वहाँ जायें और (उनकी आज्ञा पाकर) मीनध्वज कामदेव यह सुनकर हर्षित हृदय चला।

इन्द्र के मन में इस प्रकार का भय उत्पन्न हुआ कि देवर्षि नारद जैसे मेरी पुरी का (वास) राज्य चाहते हैं। जो संसार में कामी तथा लोभी होते हैं वे कुटिल कौए की भाँति सब को डरते रहते हैं।

जैसे सठ कुत्ता सिंह को देखकर छीन न ले, यह समझकर सूखी हड्डी को लेकर भागता है, वैसे ही (इस प्रकार की सोचवाले) इन्द्र को (ऐसा करते) लज्जा नहीं आती॥ १२५॥

टिप्पणी—कवि नारद की तपस्या तथा देवराज इन्द्र के भय का निरूपण करता हुआ उदाहरण अलंकार के द्वारा उनकी (देवराज इन्द्र की) स्वभावगत तुच्छता एवं स्वार्थपरायणता का निरूपण करता है।

तेहिं आश्रमहिं मदन जब गएऊ। निज माया बसंत निरमयऊ॥
कुसुमित बिबिध बिटप बहुरंगा। कूजहिं कोकिल गुंजहिं भृंगा॥
चली सुहावनि त्रिबिध बयारी। काम कृसानु बढ़ावनिहारी॥
रंभादिक सुरनारि नबीना। सकल असमसर कला प्रबीना॥
करहिं गान बहु तान तरंगा। बहुबिधि क्रीड़हिं पानि पतंगा॥
देखि सहाय मदन हरषाना। कीन्हेसि पुनि प्रपंच बिधि नाना॥
काम कला कछु मुनिहिं न ब्यापी। निज भयँ डरेउ मनोभव पापी॥
सीम कि चाँपि सकै कोउ तासू। बड़ रखवार रमापति जासू॥

दो०— सहित सहाय सभीत अति मानि हारि मन मैन।
गहेसि जाइ मुनि चरन तब कहि सुठि आरत बैन॥ १२६॥

अर्थ—उस आश्रम में जब कामदेव गया (तब) उसने अपनी माया से वसंत को उत्पन्न किया।

नाना प्रकार के वृक्ष अनेकानेक रंग के पुष्पों से पुष्पित हो उठे और कोकिल कूजने लगे, भवँरे गुंजार करने लगे।

कामाग्नि को उद्दीप्त करनेवाली शीतल, मन्द, सुगन्ध वायु बहने लगी। सम्पूर्णतः काम-कला में निपुण रम्भादिक नवयुंवती देवांगनाएँ—

नाना प्रकार की तरंगों के साथ गायन करने लगीं और हाथ में गेंद (पतंग) लेकर नाना प्रकार की क्रीड़ाएँ करने लगीं। अपने इन सहायकों को देखकर कामदेव अत्यधिक प्रसन्न हुआ फिर उसने नाना प्रकार के प्रपंच फैलाये।

मुनि नारद पर काम-कलाओं का कुछ भी असर नहीं व्यापा तब अपने ही भय से पापी कामदेव भयभीत हो उठा। जिसके सबसे बड़े रक्षक भगवान् लक्ष्मीपति श्रीहरि हैं भला उसकी मर्यादा को कोई दबा सकता है।

मन-ही-मन कामदेव अत्यन्त हार मानकर अपने सहायकों सहित भयभीत प्रशंसापूर्ण तथा आर्त वाणी कहता हुआ मुनि नारद के चरणों को जाकर पकड़ा॥ १२६॥

टिप्पणी—कवि यहाँ श्रीराम की कृपा के निःसीम प्रभाव का निरूपण करता हुआ कहता है कि कामादि विकार श्रीराम के भक्त के पास नहीं आते—और इसीलिए इन्द्र की काम छल माया का प्रभाव भी नारद पर नहीं पड़ा।

भएउ न नारद मन कछु रोषा। कहि प्रिय बचन काम परितोषा॥
नाइ चरन सिरु आयसु पाई। गएउ मदन तब सहित सहाई॥
मुनि सुसीलता आपनि करनी। सुरपति सभा जाइ सब बरनी॥
सुनि सब के मन अचरजु आवा। मुनिहि प्रसंसि हरिहि सिरु नावा॥
तब नारद गवने सिव पाहीं। जिता काम अहमिति मन माहीं॥
मार चरित संकरहिं सुनाए। अति प्रिय जानि महेस सिखाए॥
बार बार बिनवउँ मुनि तोही। जिमि यह कथा सुनाएहु मोही॥
तिमि जनि हरिहिं सुनाएहु कबहूँ। चलेहुँ प्रसंग दुराएहु तबहूँ॥

दो०— संभु दीन्ह उपदेस हित नहिं नारदहिं सुहान।
भरद्वाज कौतुक सुनहु हरि इच्छा बलवान॥ १२७॥

अर्थ—इससे नारद के मन में कोई रोष नहीं हुआ और प्रिय वचनों को कहकर, उन्होंने कामदेव को परितुष्ट किया। चरणों में सिर झुकाकर तथा उनसे आज्ञा पाकर कामदेवता अपने सहायकों के साथ लौट गया।

मुनि नारद में अपनी सुशीलता तथा अपनी करतूतों को इन्द्र की सभा में जाकर सब सुनाया। उसे सुनकर सभी के मन को आश्चर्य हुआ और मुनि की प्रशंसा करके सभी ने श्रीहरि को शीश झुकाया।

तब नारद ने शिव के पास गमन किया। कामदेवता को जीता था, इसलिए मन में अधिक अहन्ता थी। उन्होंने सम्पूर्ण काम चरित को शिव को सुनाया किन्तु अपना अत्यन्त प्रिय समझकर शिव ने उन्हें सीख दी।

हे मुनि! मैं तुमसे बार-बार विनय कर रहा हूँ कि जिस प्रकार यह कथा मुझे सुनाई है, उस प्रकार श्रीहरि को कभी भी नहीं सुनाना। यदि इसका प्रसंग चले तब भी इसे छिपा जाना।

शिव ने हितोपदेश दिया किन्तु नारद को वह न भाया, हे भरद्वाज! कौतुक सुनें, श्रीहरि की इच्छा बलवती है॥ १२७॥

टिप्पणी—काम के छल प्रभाव से नारद की विजय और स्वयं को इस विजय का कारण

समझना—अहन्ता भाव है—इस अहन्ता भाव ने नारद को स्थल-स्थल पर भटकने के लिए विवश कर दिया, वैसे ही-जैसे गरुड़ को मोह ने।

राम कीन्ह चाहहिं सोइ होई। करै अन्यथा अस नहिं कोई॥
संभु बचन मुनि मन नहिं भाए। तब बिरंचि के लोक सिधाए॥
एक बार करतल बर बीना। गावत हरि गुन गान प्रबीना॥
छीरसिंधु गवने मुनिनाथा। जहँ बस श्रीनिवास श्रुतिमाथा॥
हरषि मिले उठि रमानिकेता। बैठे आसन रिषिहिं समेता॥
बोले बिहसि चराचरराया। बहुते दिनन्ह कीन्हि मुनि दाया॥
काम चरित नारद तब भाखे। जद्यपि प्रथम बरजि सिवँ राखे॥
अति प्रचंड रघुपति कै माया। जेहि न मोह अस को जग जाया॥
दो०— रूख बदन करि बचन मृदु बोले श्रीभगवान।
तुम्हरे सुमिरन ते मिटहिं मोह मार मद मान॥ १२८॥

अर्थ—श्रीराम जो करना चाहते हैं, वही होता है, ऐसा कोई नहीं है, जो उससे विपरीत कर दे। शिव के वचनों को सुनकर मन को अच्छा नहीं लगा और नारद ब्रह्मलोक गये।

एक बार गान विद्या में चतुर श्रीहरि का गुणगान करते हुए हाथ में सुन्दर वीणा लिये हुए, जहाँ श्रुतिमाथ लक्ष्मीनिवास श्रीहरि रहते थे, उस क्षीरसिन्धु में गये।

श्रीहरि हर्षित भाव से उठकर मिले और देवर्षि नारद के साथ आसन पर बैठे। चराचर-स्वामी श्रीहरि हँसकर बोले, हे मुनि! आपने बहुत दीनों पर दया की।

यद्यपि शिव ने पहले रोक रखा था फिर भी नारद ने काम चरित सुनाया। श्रीराम की माया अत्यधिक प्रचण्ड है, संसार में ऐसा कौन उत्पन्न हैं, जिसे इसने न मोहित कर रखा हो।

भगवान् श्रीहरि रूखा मुँह करके मृदु वाणी बोले, हे देवर्षि! तुम्हारे स्मरण से मोह, काम, मद तथा मानभाव क्यों नहीं मिटेंगे॥ १२८॥

टिप्पणी—कवि इस सम्बन्ध में अपनी अवधारणा के आयाम को और भी बृहत्तर बनाता है और नारद की मोहबुद्धि का कारण नारद को न बताकर स्वयं श्रीहरि की इच्छा बताता है। सर्वत्र प्रभु की इच्छा ही सर्वोपरि है, और अपनी इस इच्छा से कुछ विशिष्ट कराना चाहता है, अतः जिसे वह माध्यम बनाता है, वह भी इसके लिए दोषभागी नहीं है।

सुनु मुनि मोह होइ मन ताकें। ग्यान बिराग हृदय नहिं जाकें॥
ब्रह्मचरज ब्रत रत मति धीरा। तुम्हहिं कि करइ मनोभव पीरा॥
नारद कहेउ सहित अभिमाना। कृपा तुम्हारि सकल भगवाना॥
करुनानिधि मन दीख बिचारी। उर अंकुरेउ गर्ब तरु भारी॥
बेगि सो मैं डारिहउँ उखारी। पन हमार सेवक हितकारी॥
मुनि कर हित मम कौतुक होई। अवसि उपाय करबि मैं सोई॥
तब नारद हरिपद सिरु नाई। चले हृदय अहमिति अधिकाई॥
श्रीपति निज माया तब प्रेरी। सुनहु कठिन करनी तेहि केरी॥
दो०— बिरचेउ मगु महुँ नगर तेहिं सत जोजन बिस्तार।
श्रीनिवासपुर तें अधिक रचना बिबिध प्रकार॥ १२९॥

अर्थ—जिसके हृदय में ज्ञान, वैराग्य नहीं है, हे मुनि! मोह तो उसके हृदय में होगा। ब्रह्मचर्य व्रत से आपकी मति स्थिर हो चुकी है, इसलिए क्या कामभावना आपको पीड़ा दे सकती है।

नारद ने तब अभिमान के साथ कहा कि हे श्रीहरि यह तुम्हारी कृपा है। करुणानिधान श्रीहरि

ने मन में विचार करके देखा कि मुनि के हृदय में गम्भीर गर्वरूपी वृक्ष अंकुरित हो चुका है,

अतः मैं उसे शीघ्र ही उखाड़ डालूँ क्योंकि मेरी प्रतिज्ञा दासों की रक्षा करना है। जिससे मुनि का हित होगा और मेरी लीला होगी इस प्रकार का उपाय मैं अवश्य करूँगा।

तब नारद श्रीहरि के चरणों में सिर झुकाकर हृदय में अत्यधिक गर्वभाव भर करके चले। तब श्रीहरि ने अपनी माया प्रेरित की अब उसकी (माया की) कठिन करतूत को सुनें।

उस रास्ते में सौ योजन विस्तृतवाले एक नगर की रचना की और उसकी विविधता भक्ति रचना बैकुण्ठ नगर से भी अधिक थी॥ १२९॥

टिप्पणी—अपने भक्तों के प्रति निरन्तर कृपालु श्रीहरि उनके हृदय से गर्व एवं अहन्ता भाव को तुरन्त नष्ट करना चाहते हैं ताकि भक्तगण अपने और आराध्य के स्वरूप के विषय में उत्पन्न भ्रम से मुक्त हो सकें, यह हरि का स्वभाव है। कवि उनके इसी स्वभाव का उल्लेख करता है।

बसहिं नगर सुंदर नर नारी। जनु बहु मनसिज रति तनु धारी॥
तेहिं पुर बसै सीलनिधि राजा। अगनित हय गय सेन समाजा॥
सत सुरेस सम बिभव बिलासा। रूप तेज बल नीति निवासा॥
बिस्वमोहिनी तासु कुमारी। श्री बिमोह जिसु रूपु निहारी॥
सोइ हरि माया सब गुन खानी। सोभा तासु कि जाइ बखानी॥
करइ स्वयंबर सो नृपबाला। आए तहँ अगनित महिपाला॥
मुनि कौतुकी नगर तेहिं गयऊ। पुरबासिन्ह सब पूँछत भयऊ॥
सुनि सब चरित भूप गृह आए। करि पूजा नृप मुनि बैठाए॥

दो०— आनि देखाई नारदहि भूपति राजकुमारि।
कहहु नाथ गुन दोष सब एहि के हृदय बिचारि॥ १३०॥

अर्थ—उस नगर में सुन्दर नर-नारी निवास करते थे मानो अनेक काम देवता तथा उनकी पत्नी रति शरीर धारण किये हुए (अनेक रूपों में) हो। उस नगर में शीलनिधि नामक राजा बसता था जिसके पास अगणित घोड़े, हाथी तथा सैन्य समाज था।

सैकड़ों इन्द्र के समान उसके पास वैभव विलास था और वह रूप, तेज, बल एवं नीति का घर था। जिसके स्वरूप को देखकर लक्ष्मी विमोहित हो उठें; ऐसी विश्वमोहिनी नाम की कन्या उनके थी।

श्रीहरि की माया से सभी गुणों की खान वहाँ थी। उसकी शोभा का क्या वर्णन किया जा सकता है अर्थात् नहीं। वह राजपुत्री स्वयंवर करना चाहती थी और इस निमित्त वहाँ अगणित राजा आये हुए थे।

कौतुकी मुनि उस नगर में गये और नगरवासियों से उन्होंने सब हाल पूछा। सब समाचार सुनकर वे राजा के निवास में गये और राजा ने पूजा करके मुनि को बैठाया। राजा ने राजकुमारी को ले आकर नारद को दिखाया। हे नाथ! हृदय से विचार करके इसके गुण दोष सबका कथन करें॥ १३०॥

टिप्पणी—कथा सन्दर्भ की सम्पुष्टि के लिए कवि एक कथा प्रसंग की अवतारणा करते हुए नगर वैभव एवं राज्य समृद्धि का वर्णन करता है। यहाँ कवि समृद्धि वर्णन का सांकेतिक निरूपण करता हुआ कथा सन्दर्भ को उसी के बीच से विकसित करता है। राजा शीलनिधि की कथा प्रकारान्तर से, नारद मोह प्रसंग की यह कथा पुराणों में नहीं प्राप्त होती।

इस कथा की विशेषता यह है कि यह रामावतार के मूलहेतु के रूप में है। यह कथा अरण्यकांड में पुनः अवतरित होकर समाप्त होती है। अपने मन्तव्य की पूर्ति के लिए कवि इस प्रसंग को विशेष रुचि के साथ चित्रित करता है।

नारी के रूप द्वारा छला जाना ऐसा प्रतीत होता है कि भक्ति का विशेष सन्दर्भ है—और यह सन्दर्भ अत्यधिक लोकान्वयी है—यदि कवि की पत्नी का सन्दर्भ सत्य है तो इस कथा की व्यंजना कवि ओर भी इंगित है।

देखि रूप मुनि बिरति बिसारी। बड़ी बार लगि रहे निहारी॥
लच्छन तासु बिलोकि भुलाने। हृदय हरष नहिं प्रगट बखाने॥
जो एहि बरै अमर सोइ होई। समर भूमि तेहिं जीत न कोई॥
सेवहिं सकल चराचर ताही। बरै सीलनिधि कन्या जाही॥
लच्छन सब बिचारि उर राखे। कछुक बनाइ भूप सन भाखे॥
सुता सुलच्छन कहि नृप पाहीं। नारद चले सोच मन माहीं॥
करौं जाइ सोइ जतन बिचारी। जेहिं प्रकार मोहिं बरै कुमारी॥
जप तप कछु न होइ एहि काला। हे बिधि मिलै कवन बिधि बाला॥
दो०— एहि अवसर चाहिअ परम सोभा रूप बिसाल।
जो बिलोकि रीझै कुँवरि तब मेलै जयमाल॥ १३१॥

अर्थ—उसके रूप को देखकर मुनि वैराग्य भूल गये और बड़ी देर तक उसको देखते ही रह गये। उसके लक्षणों को देखकर देवर्षि नारद आत्मविस्मृत हो उठे, हृदय हर्षित हुआ किन्तु प्रकट भाव से उसका वर्णन नहीं किया।

जो इसे वरण करेगा, वह अमर होगा, युद्धभूमि में उसे कोई जीत नहीं सकेगा। शीलनिधि की यह कन्या जिसका वरण करेगी उसकी सेवा सम्पूर्ण चराचर करेगा।

सम्पूर्ण लक्षणों को विचार करके उन्होंने (इसे) हृदय में ही रखा और कुछ अन्यथा बनाकर राजा को बताया। राजा से यह कहकर कि आपकी पुत्री सुन्दर लक्षणों से युक्त है—नारद चल पड़े उनके मन में चिन्ता है।

मैं, जाकर विचारपूर्वक वह यत्न करूँ—जिस प्रकार यह कुमारी मेरा वरण कर ले। इस समय जप, तपादि कुछ भी नहीं हो सकता, हे विधाता! किस प्रकार यह कन्या मुझे प्राप्त होगी।

इस अवसर पर अत्यधिक शोभा तथा सुन्दर रूप चाहिए जिसे देखकर यह कन्या रीझ उठे और तब (मेरे गले में) जयमाल डाल दे॥ १३१॥

टिप्पणी—रूप की अपूर्वता के प्रभाव को यहाँ कवि द्वारा चित्रित किया गया है। नारद की आत्मविस्मृति, विमुग्धता, अपलक देखना, हर्ष आदि शारीरिक तथा मानसिक भाव दशाओं का चित्रण करके कवि नारद के सौन्दर्याभिभूत होने को व्यंजित कर रहा है।

हरि सन मागौं सुंदरताई। होइहि जात गहरु अति भाई॥
मोरें हित हरिसम नहिं कोऊ। एहिं अवसर सहाय सोइ होऊ॥
बहु बिधि बिनय कीन्हि तेहिं काला। प्रगटेउ प्रभु कौतुकी कृपाला॥
प्रभु बिलोकि मुनि नयन जुड़ाने। होइहि काजु हिएँ हरषाने॥
अति आरत कहि कथा सुनाई। करहु कृपा करि होहु सहाई॥
आपन रूप देहु प्रभु मोही। आन भाँति नहिं पावौं ओही॥
जेहि बिधि नाथ होइ हित मोरा। करहु सो बेगि दास मैं तोरा॥
निज माया बल देखि बिसाला। हिय हँसि बोले दीनदयाला॥
दो०— जेहिं बिधि होइहिं परम हित नारद सुनहु तुम्हार।
सोइ हम करब न आन कछु बचन न मृषा हमार॥ १३२॥

अर्थ—हे भाई! यदि श्रीहरि से इस समय सुन्दरता माँगूँ तब (उनके पास क्षीरसागर तक) जाने में

अत्यधिक देर (गहरु) होगी किन्तु श्रीहरि के सदृश मेरा कोई हितैषी भी नहीं है, इसलिए इस अवसर पर वही मेरे सहायक हों।

उस समय अनेकों प्रकार से देवर्षि नारद ने (श्रीहरि से) विनती की। कौतुक करनेवाले कृपालु श्रीहरि प्रकट हुए। प्रभु को देखकर देवर्षि के नेत्र शीतल हो उठे और हृदय से हर्षित हुए कि कार्य (अवश्य पूरा) होगा।

नारद ने अत्यधिक दीनभाव से सम्पूर्ण कथा कही और प्रार्थना की कि कृपा करिए और कृपापूर्वक मेरे सहायक बनें। हे प्रभु! मुझे आप अपना रूप दें, अन्य भाँति से मैं उसे नहीं प्राप्त कर सकता।

हे नाथ! जिस प्रकार से मेरा हित हो, उसे आप शीघ्र करें, मैं आपका सेवक हूँ। अपने माया की व्यापक शक्ति देखकर हृदय-ही-हृदय हँसकर दीनदयाल श्रीहरि बोले।

हे नारद! सुनें, जिस प्रकार तुम्हारा परम हित होगा, मैं वही करूँगा और कुछ नहीं, मेरे वचन झूठे नहीं होते॥ १३२॥

टिप्पणी—शीलनिधि की कन्या को प्राप्त करने की व्यग्रता का उल्लेख करता हुआ कवि नारद की मनःदशाओं का चित्रण करता है। इस चित्रण का मन्तव्य 'नारद' प्रकारान्तर से काम के प्रभाव का उपहास है।

कुपथ माँगु रुज ब्याकुल रोगी। बैद न देइ सुनहु मुनि जोगी॥
एहि बिधि हित तुम्हार मैं ठयऊ। कहि अस अंतरहित प्रभु भयऊ॥
माया बिबस भए मुनि मूढ़ा। समुझी नहिं हरि गिरा निगूढ़ा॥
गवने तुरत तहाँ रिषिराई। जहाँ स्वयंबर भूमि बनाई॥
निज निज आसन बैठे राजा। बहु बनाव करि सहित समाजा॥
मुनि मन हरष रूप अति मोरें। मोहि तजि आनहि बरिहि न भोरें॥
मुनि हित कारन कृपानिधाना। दीन्ह कुरूप न जाइ बखाना॥
सो चरित्र लखि काहु न पावा। नारद जानि सबहिं सिर नावा॥
दो०— रहे तहाँ दुइ रुद्रगन ते जानहिं सब भेउ।
बिप्र बेष देखा फिरहिं परम कौतुकी तेउ॥ १३३॥

अर्थ—हे योगी मुनि! सुनें, व्याधि से व्याकुल रोगी के कुपथ्य के माँगने पर वैद्य नहीं देता। मैंने इसी प्रकार का हित आपका हित करना ठान लिया है और ऐसा कहकर श्रीहरि अन्तर्धान हो गये।

माया से विवशीभूत मुनि नारद ऐसे मुग्धबुद्धि (मूढ़) हो गये कि रहस्यभरी श्रीहरि की वाणी उनकी समझ में नहीं आई। ऋषिराज नारद वहाँ तुरन्त गये, जहाँ स्वयंवर भूमि बनाई हुई थी।

अनेक प्रकार की साज-सज्जा करके समाज सहित सम्पूर्ण राजा अपने-अपने आसन पर बैठे थे। मुनि का मन हर्षित था कि मेरे पास अत्यन्त सुन्दर रूप है। मुझे छोड़कर वह अन्य को, भूलकर भी नहीं वरण करेगी।

कृपानिधान भगवान् श्रीहरि ने मुनि के हित के लिए उन्हें ऐसा कुरूप बना दिया जिसका वर्णन नहीं किया जा सकता। उस चरित्र को कोई नहीं देख सका और नारद जानकर सबने शीश झुकाया।

वहाँ भगवान् शिव के दो गण थे जो सम्पूर्ण रहस्य जानते थे और ब्राह्मण का वेष बनाकर वे सम्पूर्ण कौतुक देखते फिर रहे थे क्योंकि वे बड़े ही विनोदप्रिय थे॥ १३३॥

टिप्पणी—'वरदान' एक पौराणिक मोटिफ़ है—और कवि सन्दर्भित भाव व्यापार एवं कथा फल की निष्पत्ति के निमित्त उसको आधार के रूप में स्वीकृत करता है। वरदान देने में अर्थ की प्रतीपमूलक व्यंजना दो प्रकार की हो जाती है—नारद के सामयिक सन्दर्भ में कुछ और, उनकी हितबद्धता के सन्दर्भ में ठीक प्रतिकूल कुछ और।

जेहिं समाज बैठे मुनि जाई। हृदय रूप अहमिति अधिकाई॥
तहँ बैठे महेस गन दोऊ। बिप्र बेष गति लखइ न कोऊ॥
करहिं कूट नारदहिं सुनाई। नीकि दीन्हि हरि सुंदरताई॥
रीझिहिं राजकुअँरि छबि देखी। इन्हहिं बरिहि हरि जानि बिसेषी॥
मुनिहि मोह मन हाथ पराएँ। हँसहि संभुगन अति सचु पाएँ॥
जदपि सुनहिं मुनि अटपट बानी। समुझि न परै बुद्धि भ्रम सानी॥
काहु न लखा सो चरित बिसेखा। सो सरूप नृप कन्या देखा॥
मर्कट बदन भयंकर देही। देखत हृदयँ क्रोध भा तेही॥
दो०— सखीं संग लै कुअँरि तब चलि जनु राजमराल।
देखत फिरै महीप सब कर सरोज जयमाल॥ १३४॥

अर्थ—मन-ही-मन अपने रूप के अत्यधिक अहंकार में उस समाज में मुनि जहाँ बैठ गए थे—वहीं दोनों शिव के गण भी बैठे थे। विप्रवेष के कारण उनकी गति को कोई नहीं समझ सका।

ये नारद को सुनाकर व्यंग्य किया करते थे कि भगवान् ने इन्हें अच्छी सुन्दरता दी है। इनकी छवि देखकर राजकुमारी रीझ जायेगी और इन्हें हरि (बन्दर) विशेष जानकर वरण कर लेगी।

मुनि को मोह था क्योंकि वे दूसरे के हाथ में थे (माया के मोह में थे) और शिव के गण अत्यन्त प्रसन्न (सचु) होकर हँस रहे थे। यद्यपि मुनि उनकी अटपटी बातें सुन रहे थे किन्तु भ्रम से सनी हुई बुद्धि के कारण वे बातें समझ नहीं पड़ रही थीं।

उस चरित्र विशेष को किसी ने नहीं समझा, केवल राज कन्या ने ही वह रूप देखा। बन्दर का मुख और भयंकर शरीर देखते-ही उसके मन में क्रोध उत्पन्न हुआ।

तब राजकुमारी सखियों को साथ लेकर ऐसी गति से चली जैसे राजहंसिनी हो। हाथ में कमल की माला लेकर सभी राजाओं को देखते हुए घूमने लगी।। १३४॥

टिप्पणी—रूप के गर्व का अहम् और उसी के समानान्तर रूप की विकृति को एक साथ रखकर सम्पूर्ण प्रसंग को उपहासपूर्ण बनाता है। प्रसंग से उत्पन्न यह उपहास नारद जैसे देवर्षि की कामान्धता को व्यंजित कर रहा है। रचना वैचित्र्य का यहाँ कारण विरोध है।

जेहिं दिसि बैठे नारद फूली। सो दिसि तेहिं न बिलोकी भूली॥
पुनि पुनि मुनि उकसहिं अकुलाहीं। देखि दसा हरगन मुसुकाहीं॥
धरि नृप तनु तहँ गएउ कृपाला। कुअँरि हरषि मेलेउ जयमाला॥
दुलहिन लै गये लच्छिनिवासा। नृप समाज सब भएउ निरासा॥
मुनि अति बिकल मोहँ मति नाँठी। मनि गिरि गई छूटि जनु गाँठी॥
तब हरगन बोले मुसुकाई। निज मुख मुकुर बिलोकहु जाई॥
अस कहि दोउ भागे भयँ भारी। बदन दीख मुनि बारि निहारी॥
बेषु बिलोकि क्रोध अति बाढ़ा। तिन्हहिं सराप दीन्ह अति गाढ़ा॥
दो०— होहु निसाचर जाइ तुम कपटी पापी दोउ।
हँसेहु हमहिं सो लेहु फल बहुरि हँसेहु मुनि कोउ॥ १३५॥

अर्थ—जिस दिशा में नारद रूप के गर्व में फूले हुए बैठे थे, उसने उस दिशा की ओर भूल कर भी नहीं देखा। मुनि पुनः-पुनः कसमसाते और व्याकुल होते थे, उनकी उस दशा को देखकर शिवगण मुस्कराते थे।

राजा का शरीर धारण करके कृपालु श्रीहरि वहाँ गये थे। राजकुमारी ने हर्षित होकर उनके

गले में जयमाला डाली। लक्ष्मी-निवास भगवान् श्रीहरि दुलहिन ले गये और सम्पूर्ण नृप समाज निराश हो उठा।

मोह के कारण मुनि की मति नष्ट थी और वे अत्यधिक विकल थे, जैसे गाँठ से मणि छूट कर गिर गई हो। तब गणों ने मुस्कराकर कहा, अपने मुख को जरा शीशे में जाकर देखिए तो।

ऐसा कहकर, वे दोनों अत्यधिक भय से भयभीत भागे और अपना मुँह उन्होंने जल में झाँककर देखा। अपने वेष को देखकर उनका क्रोध बढ़ा और उनको अत्यन्त कठोर शाप दिया।

तुम दोनों कपटी-पापी जाकर राक्षस बनो। हम पर जो तुम हँसे थे, उसका फल प्राप्त करो और अब फिर जाकर किसी अन्य मुनि पर हँसना॥ १३५॥

टिप्पणी—कामान्ध व्यक्ति के रूप मोह एवं दूसरी ओर उसकी 'विकृति का उपहास' प्रसंग को रोचक बनाता है। नारद के मोह भंग की कवि यहाँ भूमिका देता है—

'मुनि अति विकल मोहँ मति नाँठी। मनि गिरि गई छूटि जनु गाँठी।' मोह से व्याकुल मति का पूर्णतः नष्ट हो जाना यह रूपासक्ति का शीर्ष बिन्दु है और इस बिन्दु पर कविता को ले जाकर कवि नारद के मोह का शीर्ष चित्रित करता है।

पुनि जल दीख रूप निज पावा। तदपि हृदयँ संतोष न आवा॥
फरकत अधर कोप मन माहीं। सपदि चले कमलापति पाहीं॥
देहउँ स्राप कि मरिहउँ जाई। जगत मोरि उपहास कराई॥
बीचहिं पंथ मिले दनुजारी। संग रमा सोइ राजकुमारी॥
बोले मधुर बचन सुरसाईं। मुनि कहँ चले बिकल की नाईं॥
सुनत बचन उपजा अति क्रोधा। माया बस न रहा मन बोधा॥
पर संपदा सकहु नहिं देखी। तुम्हरे इरिषा कपट बिसेषी॥
मथत सिंधु रुद्रहि बौराएहु। सुरन्ह प्रेरि बिष पान कराएहु॥

दो०— असुर सुरा बिष संकरहि आपु रमा मनि चारु।
स्वारथ साधक कुटिल तुम्ह सदा कपट ब्यवहारु॥ १३६॥

अर्थ—मुनि ने पुनः जल में देखा तो उन्होंने अपना असली रूप पाया-फिर भी, उनके हृदय में सन्तोष नहीं हुआ। मन में क्रोध है, होंठ फड़क रहे हैं और शीघ्रतापूर्वक श्रीहरि के पास चले।

या तो मैं शाप दूँगा या जाकर प्राण दे दूँगा, संसार भर में मेरा उपहास कराया। बीच रास्ते में ही श्रीहरि मिले, साथ में वही राजकुमारी वेष में लक्ष्मी।

देव स्वामी श्रीहरि मधुर वाणी में बोले, हे मुनि! व्याकुल की भाँति कहाँ चले। उनके वचनों को सुनकर क्रोध उत्पन्न हुआ और माया विवश उनके मन में होश नहीं रहा।

आप दूसरे की सम्पत्ति नहीं देख सकते, आपके अन्दर ईर्ष्या तथा कपट अधिक है। समुद्र मथते समय शिव को बावला बना दिया देवताओं को प्रेरित करके उन्हें विष पिला दिया।

दैत्यों को मदिरा और शिव को विष और स्वयं लक्ष्मी तथा सुन्दर स्फटिक मणि ले ली। आप स्वार्थसाधक एवं कुटिल हैं और आपका व्यवहार सदैव कुटिलता से भरा रहता है।। १३६॥

टिप्पणी—कामान्ध एवं रूपलिप्सु की कामनाओं की अतृप्ति का विक्षोभ इन पंक्तियों में चित्रित है। रूपासक्ति से प्रारम्भ करके इस नारद प्रसंग को अतृप्ति के विक्षोभ तक पहुँचाकर कवि पुनः शाप मोटिफ की ओर प्रवृत्त होता है। वरदान तथा अभिशाप के मोटिफ़ पौराणिक कथा रूपों के मर्म को सदैव सफल बनाते हैं। विष्णु की निन्दा इस भावात्मक सफलता को शीर्ष पर पहुँचाती है।

परम स्वतंत्र न सिर पर कोई। भावइ मनहिं करहु तुम्ह सोई॥
भलेहि मंद मंदेहि भल करहू। बिसमउ हरष न हियँ कछु धरहू॥

डहँकि डहँकि परिचेहु सब काहू। अति असंक मन सदा उछाहू॥
करम सुभासुभ तुम्हहिं न बाधा। अब लगि तुम्हहिं न काहूँ साधा॥
भले भवन अब बायन दीन्हा। पावहुगे फल आपन कीन्हा॥
बंचेहु मोहि जवनि धरि देहा। सोइ तनु धरहु स्त्राप मम एहा॥
कपि आकृति तुम्ह कीन्हि हमारी। करिहहिं कीस सहाय तुम्हारी॥
मम अपकार कीन्ह तुम्ह भारी। नारि बिरहँ तुम्ह होब दुखारी॥
दो०— स्त्राप सीस धरि हरषि हियँ प्रभु बहु बिनती कीन्हि।
निज माया कै प्रबलता करषि कृपानिधि लीन्हि॥ १३७॥

अर्थ—तुम परम स्वतन्त्र हो, तुम्हारे सिर पर (दबाव डालने के लिए) कोई नहीं है, मन में जो कुछ भी भाता है, वही-वही करते हो। भले को बुरा और बुरे को भला करते रहते हो और हृदय में विषाद तथा हर्ष कुछ भी नहीं धारण करते।

सभी को ठग-ठग करके सभी से परच (अभ्यस्त) हो गये हो। मन से निडर हो तथा सदा दूसरों को परेशान करने के लिए उत्साह बना रहता है। कर्म के शुभ तथा अशुभ फल तुम्हें बाधा नहीं पहुँचाते (यह इसलिए कि) अब तक तुम्हें किसी ने शिक्षा नहीं दी।

अब अच्छे घर में बायन (निमंत्रण) दिया है और अपने किये हुए का फल भोगेंगे। जिस शरीर को धारण करके मुझे ठगा है, मेरा शाप है कि उसी शरीर को धारण करोगे।

तुमने मेरा रूप बन्दर का-सा बना दिया है और इस कारण बन्दर ही तुम्हारी सहायता करेंगे। (स्त्री का वियोग कराकर) मेरा बड़ा अपकार किया है और इसी भाँति नारी के विरह में भी तुम दुखी होगे।

हर्षित हृदय से शाप को सिर पर धारण करके प्रभु ने नारद से बहुत बिनती की और कृपानिधान श्री हरि ने अपनी माया की प्रबलता को खींच लिया ।। १३७॥

टिप्पणी—विष्णु की निन्दा में उनकी पक्षधरता का संकेत है। वैसे, विष्णु की समग्र पक्षधारता भक्तों के हित के लिए होती है—फिर भी, यह निन्दा उनके आचरण का सार्वभौम धर्म है। इसी निन्दा के साथ अभिशाप जुड़ता है और यह अभिशाप पूर्णतया नारद की कामासक्ति के अवरोध की तीव्र प्रतिक्रिया है।

इस प्रसंग में एक वाक्य विचारणीय है—'निज माया कै प्रबलता करषि कृपानिधि लीन्ह।' श्रीहरि द्वारा अपनी माया को समेट लेने पर 'नारद में आत्म-बोध की जागृति' यह एक विशेष सन्दर्भ है। श्रीहरि के स्वभाव एवं माया की उत्कटता का प्रकारान्तर भाव से यहाँ चित्रण है।

जब हरिमाया दूरि निवारी। नहिं तहँ रमा न राजकुमारी॥
तब मुनि अति सभीत हरि चरना। गहे पाहि प्रनतारति हरना॥
मृषा होउ मम स्त्राप कृपाला। मम इच्छा कह दीन दयाला॥
मैं दुर्बचन कहे बहुतेरे। कह मुनि पाप मिटहिं किमि मेरे॥
जपहु जाइ संकर सतनामा। होइहिं हृदय तुरत बिश्रामा॥
कोउ नहिं सिव समान प्रिय मोरें। अस परतीति तजहु जनि भोरें॥
जेहि पर कृपा न करहिं पुरारी। सो न पाव मुनि भगति हमारी॥
अस उर धरि महि बिचरहु जाई। अब न तुम्हहिं माया निअराई॥
दो०— बहु बिधि मुनिहि प्रबोधि प्रभु तब भए अंतरधान।
सत्य लोक नारद चले करत राम गुन गान॥ १३८॥

अर्थ—जब भगवान् ने अपनी माया दूर कर ली तो न वहाँ लक्ष्मी थी, न राजकुमारी। तब मुनि

ने अत्यन्त भयपूर्वक श्रीहरि के चरणों को पकड़ लिया और कहा—हे आर्त तथा दुखियों के दुःखों के रक्षक रक्षा करें।

हे कृपालु! मेरा शाप झूठा हो—इस पर दीनदयालु भगवान् ने कहा—यह सब मेरी इच्छा है अर्थात् मैं यही चाहता था। मुनि ने कहा कि मैंने आपको अनेकों दुर्वचन कहे हैं—मेरे पाप किस प्रकार दूर होंगे।

श्रीहरि ने उत्तर दिया—जाकर शिव के नाम सौ बार जपें, इससे हृदय को तुरन्त ही शान्ति प्राप्त होगी। मेरे लिए कोई भी शिव के सदृश प्रिय नहीं है—ऐसा विश्वास भूलकर भी न छोड़ना।

जिस पर शिव कृपा नहीं करते, हे नारद! वह हमारी भक्ति नहीं प्राप्त करता—ऐसा हृदय में (संकल्प) धारण करके पृथ्वी पर जाकर विचरण करो और अब तुम्हारे पास मेरी माया कभी भी नहीं आयेगी।

अनेक प्रकार से मुनि को समझा-बुझाकर प्रभु श्रीहरि अन्तर्धान हो गये और श्रीराम का गुणगान करते हुए नारद ब्रह्मलोक गये॥ १३८॥

टिप्पणी—श्रीराम के स्वरूप की प्रतीति और मोह तथा मुग्धता का विनाश सभी कुछ श्रीहरि की कृपा पर आधारित है। अवतरण का यह हेतु अर्थात् नारद का काम-मोह प्रसंग प्रभु की मायामयी लीला है—जो असत्य होते हुए भी प्रभु के अवतरण तथा लीला के लिए हेतु है। यह लीला लोक को न केवल तत्त्व बोध का परिचय देती है, वरन् श्रीप्रभु के अवतरण के लिए हेतु का भी कार्य करती है।

हर गन मुनिहि जात पथ देखी। बिगत मोह मन हरष बिसेखी॥
अति सभीत नारद पहिं आए। गहि पद आरत बचन सुनाए॥
हर गन हम न बिप्र मुनि राया। बड़ अपराध कीन्ह फलु पाया॥
स्राप अनुग्रह करहु कृपाला। बोले नारद दीन दयाला॥
निसिचर जाइ होहु तुम्ह दोऊ। बैभव बिपुल तेज बल होऊ॥
भुजबल बिस्व जितब तुम्ह जहिआ। धरिहहिं बिष्नु मनुज तनु तहिआ॥
समर मरन हरि हाथ तुम्हारा। होइहहु मुकुत न पुनि संसारा॥
चले जुगल मुनि पद सिरु नाई। भए निसाचर कालहिं पाई॥
दो०— एक कलप एहिं हेतु प्रभु लीन्ह मनुज अवतार।
सुर रंजन सज्जन सुखद हरि भंजन भुवि भार॥ १३९॥

अर्थ—शिव के गणों ने जब मुनि को मोहरहित और मन से विशेष हर्षित जाते हुए देखा तब अत्यन्त भयग्रस्त नारद के पास आये और उनके चरणों को पकड़कर अपनी आर्त वाणी सुनाई।

हे मुनिश्रेष्ठ! हम ब्राह्मण नहीं हैं, शिव के गण हैं, हमने बड़ा भारी अपराध किया था, उसका फल प्राप्त किया। हे कृपालु! मेरे शाप को दूर करें—इसे (सुनकर) दीनदयालु नारद बोले—

तुम दोनों जाकर राक्षस बनो और तुम्हें विपुल वैभव, तेज तथा बल प्राप्त हो। अपनी भुजाओं की शक्ति से जब विश्व जीत लोगे तो उसी समय विष्णु मनुष्य का रूप धारण करेंगे और—

युद्धभूमि में तुम्हारी मृत्यु श्रीहरि के हाथ से होगी फिर तुम संसार में पुनः न उत्पन्न होगे और तुम्हारी मुक्ति हो जायेगी। दोनों मुनि चरणों में सिर झुकाकर चल दिए और समय पाकर राक्षस हुए।

देवताओं को आनन्दित करनेवाले भक्तों को आनन्द देनेवाले पृथ्वी के भार को दूर करनेवाले श्रीहरि ने एक कल्प में इस निमित्त मनुष्य का अवतार लिया॥ १३९॥

एहि बिधि जनम करम हरि केरे। सुंदर सुखद बिचित्र घनेरे॥
कलप कलप प्रति प्रभु अवतरहीं। चारु चरित नाना बिधि करहीं॥

तब तब कथा मुनीसन्ह गाई। परम पुनीत प्रबंध बनाई॥
बिबिध प्रसंग अनूप बखाने। करहिं न सुनि आचरजु सयाने॥
हरि अनंत हरि कथा अनंता। कहहिं सुनहिं बहु बिधि सब संता॥
रामचंद्र के चरित सुहाए। कलप कोटि लगि जाहिं न गाए॥
यह प्रसंग मैं कहा भवानी। हरिमायाँ मोहहिं मुनि ग्यानी॥
प्रभु कौतुकी प्रनत हितकारी। सेवत सुलभ सकल दुखहारी॥
सो०— सुर नर मुनि कोउ नाहिं जेहिं न मोह माया प्रबल।
अस बिचारि मन माहिं भजिअ महामाया पतिहिं॥ १४०॥

अर्थ—इस प्रकार श्रीहरि के सुन्दर, सुखद तथा अनेक विचित्रता भरे जन्म (अवतार) तथा कर्म (लीलाएँ) हैं। प्रत्येक कल्प में श्रीहरि अवतरित होकर नाना प्रकार की रमणीक लीलाएँ करते हैं।

(उनके अवतरण तथा लीला के पश्चात्) तब-तब श्रेष्ठ मुनियों ने परम पवित्र प्रबन्ध रचना बनाकर उनकी कथा का गान किया है। उन्होंने अनेकानेक अनुपम प्रसंगों का बखान किया है और उसे सुनकर चतुर जन आश्चर्य नहीं करते।

श्रीहरि अनन्त स्वरूप हैं उनकी कथाएँ भी अनन्त हैं और सभी सन्तजन उसे अनन्त प्रकार से कहते सुनते हैं। श्रीरामचन्द्र के सुन्दर चरित्र करोड़ों कल्पों में गाये नहीं जा सकते।

हे पार्वती! इस प्रसंग को मैंने इसलिए कहा है कि ज्ञानी मुनिजन भी श्रीहरि की माया में बिमुग्ध रहते हैं। श्रीप्रभु कौतुकी (लीलामय) हैं तथा सहज सेवा से सुलभ तथा सर्वथा समस्त दुःखों को विनष्ट करने वाले हैं।

देवता, मनुष्य और मुनियों में ऐसा कोई नहीं है, जिसको श्रीहरि की प्रबल माया ने नोहित नहीं किया है। मन में इस प्रकार विचार करके महामाया के स्वामी श्रीहरि का भजन करो॥ १४०॥

टिप्पणी—कवि अवतार के अन्य हेतुओं की भूमिका निर्मित करता है। अवतरण लीला का हेतु है और सगुण भक्ति मुख्यतः लीला मुखापेक्षी है। सम्पूर्ण भक्ति काव्य इस प्रकार लौकिक तथा अलौकिक धरातलों के द्वन्द्व के बीच निर्मित है। अवतार के हेतुओं की विविधता से अवतरित ब्रह्म की लीलात्मकता बहु आयामी हो उठती है और यही चरितात्मक बहु आयामिता भक्तों के आनन्द का कारण बनती है।

अपर हेतु सुनु सैल कुमारी। कहउँ बिचित्र कथा बिस्तारी॥
जेहिं कारन अज अगुन अरूपा। ब्रह्म भएउ कोसलपुर भूपा॥
जो प्रभु बिपिन फिरत तुम्ह देखा। बंधु समेत धरे मुनि बेषा॥
जासु चरित अवलोकि भवानी। सती सरीर रहिहु बौरानी॥
अजहुँ न छाया मिटति तुम्हारी। तासु चरित सुनु भ्रम रुज हारी॥
लीला कीन्हि जो तेहिं अवतारा। सो सब कहिहउँ मति अनुसारा॥
भरद्वाज सुनि संकर बानी। सकुचि सप्रेम उमा मुसुकानी॥
लगे बहुरि बरनै बृषकेतू। सो अवतार भयउ जेहि हेतू॥
दो०— सो मैं तुम्ह सन कहउँ सबु सुनु मुनीस मन लाइ।
राम कथा कलिमल हरनि मंगल करनि सुहाइ॥ १४१॥

अर्थ—हे शैलकुमारी! अब श्रीहरि के अवतार का दूसरा हेतु सुनो—मैं उस विचित्र कथा का विस्तार करके कहता हूँ। जिसके कारणस्वरूप अज, निर्गुण एवं रूपरहित ब्रह्म कोसलपुर के राजा हुए।

अपने भाई लक्ष्मण के साथ मुनि का वेष धारण करके जिस प्रभु को तुमने वन में विचरण करते

हुए देखा और हे पार्वती! जिसके चरित्र को देखकर सती के शरीर में तुम बावली हो गई थी।

आज भी तुम्हारी वह छाया नहीं मिटती, हे पार्वती! तुम उनके भ्रमरूपी रोग को दूर करनेवाली कला को सुनो। उस अवतार में प्रभु ने जो भी लीलाएँ की हैं मैं अपनी बुद्धि के अनुसार उन सबको कहूँगा।

हे भरद्वाज! शिव की वाणी सुनकर संकुचित भाव से प्रेम सहित पार्वती मुसकरायीं। शिव पुनः वह अवतार जिस निमित्त हुआ था, उसका वर्णन करने लगे।

हे मुनिश्रेष्ठ भरद्वाज! मन लगाकर सुनें, मैं तुमसे सब कहता हूँ। श्रीराम की कथा कलि के पापों को विनष्ट करनेवाली है, कल्यान करनेवाली तथा सुहावनी है॥ १४१॥

टिप्पणी—शिव श्रीराम के पूर्व अवतरण के हेतु मनु-शतरूपा को वरदान देने के प्रसंग की उद्भावना करते हैं। यह प्रसंग अध्यात्म रामायण सहित पुराणों में वर्णित है किन्तु कवि इस कथा के स्वरूप को अपनी मौलिक मन्तव्य रचना से विलक्षण बना देता है।

स्वायंभू मनु अरु सतरूपा। जिन्ह तें भइ नर सृष्टि अनूपा॥
दंपति धरम आचरन नीका। अजहुँ गाव श्रुति जिन्ह कै लीका॥
नृप उत्तानपाद सुत तासू। ध्रुव हरिभगत भयउ सुत जासू॥
लघु सुत नाम प्रियब्रत ताही। बेद पुरान प्रसंसहिं जाही॥
देवहूति पुनि तासु कुमारी। जो मुनि कर्दम कै प्रिय नारी॥
आदि देव प्रभु दीन दयाला। जठर धरेउ जेहिं कपिल कृपाला॥
सांख्य सास्त्र जिन्ह प्रगट बखाना। तत्त्व बिचार निपुन भगवाना॥
तेहिं मनु राज कीन्ह बहुकाला। प्रभु आयसु सब बिधि प्रतिपाला॥

दो०— होइ न बिषय बिराग भवन बसत भा चौथपनु।
हृदय बहुत दुख लाग जनम गयेउ हरिभगति बिनु॥ १४२॥

अर्थ—स्वायम्भुव मनु तथा सतरूपा जिनसे मनुष्यों की अतुलनीय सृष्टि हुई। इनके दाम्पत्य धर्म तथा आचरण श्रेष्ठ थे और आज भी वेद उनकी मर्यादा का गायन करते हैं।

और जिसके पुत्र नृप उत्तानपाद और उनके पुत्र श्रीहरि के भक्त ध्रुव हुए। उनके छोटे पुत्र का नाम प्रियव्रत था और उसकी प्रशंसा वेद पुराणादि करते हैं।

देवहूति उनकी कन्या थी जो कर्दम ऋषि की प्रिय पत्नी थी। उसने दीनों पर दया करने वाले प्रभु आदि देवता कृपाशील कपिल को गर्भ में धारण किया था।

तत्त्व रचना विचार में अत्यन्त पटु उन भगवान् कपिल ने सांख्य सिद्धान्त का प्रकट रूप से वर्णन किया। उन मनु ने अनेक वर्षों तक राज्य किया और सब प्रकार से प्रभु श्रीहरि की आज्ञा का पालन किया।

राजभवन में निवास करते हुए वृद्धावस्था हो गई किन्तु विषय-वासनाओं से वैराग्य नहीं हो रहा था और (इस बात की पीड़ा थी कि) श्रीहरि की भक्ति के बिना ही सम्पूर्ण जीवन व्यतीत हो गया॥ १४२॥

बरबस राज सुतहिं तब दीन्हा। नारि समेत गवन बन कीन्हा॥
तीरथबर नैमिष बिख्याता। अति पुनीत साधक सिधि दाता॥
बसहिं तहाँ मुनि सिद्ध समाजा। तहँ हियँ हरषि चलेउ मनु राजा॥
पंथ जात सोहहिं मति धीरा। ग्यान भगति जनु धरे सरीरा॥
पहुँचे जाइ धेनुमति तीरा। हरषि नहाने निरमल नीरा॥
आए मिलन सिद्ध मुनि ग्यानी। धरम धुरंधर नृपरिषि जानी॥

जहँ जहँ तीरथ रहे सुहाए। मुनिन्ह सकल सादर करवाए॥
कृष सरीर मुनिपट परिधाना। सत समाज नित सुनहिं पुराना॥

दो०— द्वादस अच्छर मंत्र पुनि जपहिं सहित अनुराग।
बासुदेव पद पंकरुह दंपति मन अति लाग॥ १४३॥

अर्थ—तब पुत्र को हठात् राज्य सौंपकर राजा पत्नी के साथ वन चले गये। नैमिषारण्य के नाम से विख्यात श्रेष्ठ तीर्थ जो साधकों के लिए अत्यन्त पवित्र तथा सिद्धिदायक है—

जहाँ मुनिजन, सिद्ध समाज के साथ निवास करते हैं वहाँ राजा हृदय से हर्षित होकर चले। धीरमति वाले राजा मार्ग में जाते हुए इस प्रकार शोभित हो रहे थे मानो ज्ञान तथा भक्ति (मनु तथा शतरूपा) शरीर धारण किये हुए (जा रहे) हैं।

वे दोनों जाकर धेनुमती नदी के तट पर पहुँचे और हर्षित भाव से निर्मल जल में स्नान किया। अनेक सिद्ध, ज्ञानी, मुनि राजा को परम धर्मात्मा तथा राजर्षि जानकर मिलने आये।

जहाँ-जहाँ (नैमिषारण्य में) अच्छे तीर्थ थे, मुनियों ने आदरपूर्वक उन्हें (दर्शन) करा दिये। शरीर कृश था, वस्त्र मुनिवस्त्र था और इस प्रकार ज्ञानियों के समाज में नित्य पुराण सुनते थे।

द्वादश अक्षरात्मक मंत्र (ॐ नमो भगवते वासुदेवाय) का अत्यधिक आसक्तिपूर्वक जप करते थे और इस प्रकार वासुदेव के चरण-कमलों में दम्पत्ति का मन अत्यधिक रम गया॥ १४३॥

करहिं अहार साक फल कंदा। सुमिरहिं ब्रह्म सच्चिदानंदा॥
पुनि हरि हेतु करन तप लागे। बारि अधार मूल फल त्यागे॥
उर अभिलाष निरतंर होई। देखिअ नयन परम प्रभु सोई॥
अगुन अखंड अनंत अनादी। जेहिं चिंतहिं परमारथबादी॥
नेति नेति जेहिं बेद निरूपा। निजानंद निरुपाधि अनूपा॥
संभु बिरंचि बिष्नु भगवाना। उपजहिं जासु अंस तें नाना॥
ऐसेउ प्रभु सेवक बस अहई। भगति हेतु लीला तनु गहई॥
जौ यह बचन सत्य श्रुति भाषा। तौ हमार पूजहि अभिलाषा॥

दो०— एहिं बिधि बीते बरस षट सहस बारि आहार।
संबत सप्त सहस्त्र पुनि रहे समीर अधार॥ १४४॥

अर्थ—वे दोनों शाक, फल, कन्द का आहार करते तथा सच्चिदानन्द ब्रह्म का स्मरण करते थे। पुनः वे दोनों श्रीहरि की प्राप्ति के लिए तप करने लगे और कन्दमूल फल का परित्याग करके केवल जल पर आश्रित हुए।

उनके हृदय में निरन्तर यही अभिलाषा थी कि नेत्रों से उस परम श्रीहरि का दर्शन करूँ। निर्गुण, अखण्ड स्वरूप, अनन्त, अनादि स्वरूप, जिसका चिन्तन निरन्तर परमार्थवादी करते हैं।

नेति-नेति कहकर जिसका वेद विवेचन करते हैं और जो स्वयं आनन्दस्वरूप, उपाधि रहित तथा विलक्षण हैं। शिव, ब्रह्मा एवं विष्णु भगवान् जिसके अंश से निरन्तर उत्पन्न होते रहते हैं।

ऐसे प्रभु श्रीराम सेवक के वश में रहते हैं और भक्तों के लिए लीला शरीर धारण करते हैं। यदि इस वाणी को श्रुतियों ने सही-सही कहा है तो हमारी मनोकामना पूरी करेंगे।

इस प्रकार छः हजार वर्ष जल ग्रहण करते हुए व्यतीत हुए और फिर सात सहस्त्र संवत् वायु का आधार ग्रहण करते बिताया॥ १४४॥

टिप्पणी—श्रीहरि का दर्शन प्राप्त करने के निमित्त तप की जटिलता को कवि चित्रित करता है। कवि उन पंक्तियों में ब्रह्म प्राप्ति की दुरूहता तथा नितान्त सहजता दोनों को एक बिन्दु पर चित्रित कर रहा है। ब्रह्मा तथा विष्णु के लिए अगम्य श्रीहरि सदैव अपने दासों के वश में रहते हैं—जटिलता

के बीच सामान्य सुलभता का तर्क सम्पूर्ण भक्तिकाव्य का मन्तव्य है और इसीलिए वह लोक भावना का विषय बन सका है।

बरस सहस दस त्यागेउ सोऊ। ठाढ़े रहे एक पग दोऊ॥
बिधि हरि हर तप देखि अपारा। मनु समीप आए बहु बारा॥
माँगहु बर बहु भाँति लोभाए। परम धीर नहिं चलहिं चलाए॥
अस्थि मात्र होइ रहे सरीरा। तदपि मनाग मनहिं नहिं पीरा॥
प्रभु सर्बग्य दास निज जानी। गति अनन्य तापस नृप रानी॥
माँगु माँगु बर भै नभबानी। परम गंभीर कृपामृत सानी॥
मृतक जिआवनि गिरा सुहाई। स्त्रवन रंध्र होइ उर जब आई॥
हृष्ट पुष्ट तन भए सुहाए। मानहुँ अबहिं भवन तें आए॥
दो०— श्रवन सुधा सम बचन सुनि पुलक प्रफुल्लित गात।
बोले मनु करि दंडवत प्रेम न हृदय समात॥ १४५॥

अर्थ—दस हजार वर्षों तक उसे भी त्याग दिया और एक चरण पर खड़े रहे। ब्रह्मा, शिव एवं श्रीहरि ने इस अपार तप को देखकर मनु के पास अनेक बार आये।

उन्होंने अनेक लोभ उत्पन्न करते हुए वर माँगने के लिए कहा किन्तु परम धैर्यवान वे दोनों डिगाने से भी नहीं डिगे। उनके शरीर अस्थि मात्र हो रहे थे फिर भी, क्षण भर के लिए भी उनके मन में क्लेश नहीं था।

अनन्य गतिवाले तपस्वी राजा-रानी को सर्वज्ञ प्रभु ने अपना सेवक समझा और तब उनकी कृपारूपी अमृत से सनी हुई परम गम्भीर शब्दों में बार-बार नभ वाणी हुई कि वर माँगो।

मृतक को जीवित कर देनेवाली सुहावनी वाणी जब श्रवणरन्ध्र से होकर उनके हृदय में आई, वे दोनों हृष्ट-पुष्ट शरीर से शोभित हो उठे मानो अभी घर से आये हों।

कानों से अमृत तुल्य वाणी को सुनकर वे पुलकित तथा प्रफुल्लित शरीर हो उठे और तब मनु दण्डवत करके बोले, उनका प्रेम हृदय में नहीं समाता था॥ १४५॥

टिप्पणी—पौराणिक आख्यानों की रचना अनेक निजन्धरी एवं अति-अलौकिक सन्दर्भों से की जाती है। ब्रह्म की अलौकिकता एवं सामर्थ्य सिद्ध करने के लिए यहाँ उसी अलौकिक सन्दर्भ की रचना की गई है। कवि 'मृतक जिआवनि गिरा' अर्थात् 'मृत संजीवनी वाणी' की परिकल्पना करता है और इस प्रकार सम्पूर्ण वातावरण में उत्साह तथा स्फूर्ति की रचना करता है।

सुनु सेवक सुरतरु सुरधेनू। बिधि हरि हर बंदित पद रेनू॥
सेवत सुलभ सकल सुखदायक। प्रनतपाल सचराचर नायक॥
जौं अनाथ हित हम पर नेहू। तौ प्रसन्न होइ यह बर देहू॥
जो सरूप बस सिव मन माहीं। जेहि कारन मुनि जतन कराहीं॥
जो भुसुंडि मन मानस हंसा। सगुन अगुन जेहिं निगम प्रसंसा॥
देखहिं हम सो रूप भरि लोचन। कृपा करहु प्रनतारति मोचन॥
दंपति बचन परम प्रिय लागे। मृदुल बिनीत प्रेम रस पागे॥
भगत बछल प्रभु कृपानिधाना। बिस्वबास प्रगटे भगवाना॥
दो०— नील सरोरुह नील मनि नील नीरधर स्याम।
लाजहिं तन सोभा निरखि कोटि कोटि सत काम॥ १४६॥

अर्थ—हे प्रभो! सुनिए, आप अपने दासों के लिए कल्पवृक्ष तथा कामधेनु हैं। ब्रह्मा, शिव तथा

विष्णु द्वारा आपकी चरण-रेणु वन्दित है। आप सेवा से सुलभ और समस्त सुखों के दाता हैं। आप सचराचर के नायक शरणागतों के रक्षक हैं।

हे अनाथों के हितैषी यदि मुझपर स्नेह है तो प्रसन्न होकर मुझे यह वर दें। आपका जो रूप शिव के मन में बसता है और जिसके लिए मुनि यत्न करते रहते हैं।

जो स्वरूप कागभुशुण्डि के मनरूपी मानसरोवर का हंस है और सगुण तथा निर्गुण कहकर जिसकी वेद प्रशंसा करते रहते हैं—उस स्वरूप को आँख (हम) भरकर देखें, हे शरणागत के क्लेश को दूर करनेवाले श्रीहरि! मेरे ऊपर कृपा करें।

श्रीहरि को दम्पति के मृदुल, विनीत तथा प्रेमरस से पगे हुए वचन अत्यधिक प्रिय लगे। तब भक्तवत्सल प्रभु कृपानिधान सम्पूर्ण विश्व को निवास स्थल बनाकर स्थित भगवान श्रीहरि प्रकट हुए।

नीलकमल, नीलमणि एवं जलधारण किये हुए श्यामलघन की भाँति श्यामल शरीर की शोभा को देखकर शत कोटि -कोटि कामदेव लज्जित हो उठे॥ १४६॥

टिप्पणी—कवि श्रीहरि के शील, स्वभाव तथा सामर्थ्य को इंगित करता हुआ भक्तों के लिए उन्हें सर्वथा सुलभ एवं सहज सिद्ध करता है। यहाँ कवि श्रीराम के स्वरूप सम्भावना की ओर इंगित करता हुआ अपने आराध्य के रूप का रेखांकन करता है। कवि के ब्रह्म श्रीराम कौन हैं—कवि इसके लिए निम्नलिखित टिप्पणी देता है—

(१) 'जो सरूप बस सिव मन माहीं।'

(२) 'जो भुसुंडि मन मानस हंसा।'

यही स्वरूप कवि को काम्य है और वह इंगित करता है—

'देखहिं हम सो रूप भरि लोचन।'

मनु-शतरूपा द्वारा कल्पित श्री हरि का स्वरूप तुलसी की भी कामना का विषय है। यह सम्पूर्ण प्रसंग अपने आप में चमत्कारगर्भिता से सम्पुष्ट है।

सरद मयंक बदन छबि सींवा। चारु कपोल चिबुक दर ग्रीवा॥
अधर अरुन रद सुंदर नासा। बिधु कर निकर बिनिंदक हासा॥
नव अंबुज अंबक छबि नीकी। चितवनि ललित भावँती जी की॥
भृकुटि मनोज चाप छबिहारी। तिलक ललाट पटल दुतिकारी॥
कुंडल मकर मुकुट सिर भ्राजा। कुटिल केस जनु मधुप समाजा॥
उर श्रीबत्स रुचिर बनमाला। पदिक हार भूषन मनि जाला॥
केहरि कंधर चारु जनेऊ। बाहु बिभूषन सुंदर तेऊ॥
करि कर सरिस सुभग भुजदंडा। कटि निषंग कर सर कोदंडा॥

दो०— तड़ित बिनिंदक पीत पट उदर रेख बर तीनि।
नाभि मनोहर लेति जनु जमुन भँवर छबि छीनि॥ १४७॥

अर्थ—उनका मुख शरत् चन्द्र की छवि की सीमा सदृश था। कपोल, चिबुक तथा ग्रीवा की रेखाएँ सुन्दर थीं, अरुण ओष्ठ, दाँत तथा नासिकाएँ सुन्दर थीं। उनकी हँसी चन्द्रमा के किरण समूहों को निन्दित कर रही थी।

नेत्रों की सुन्दर छवि, नव कमल सदृश थो। उनकी ललित चितवन हृदय को बहुत प्यारी थी। उनकी भौंहें कामदेव के धनुष के सौन्दर्य को हरनेवाली थीं तथा उनके ललाट-पटल पर प्रकाशमान तिलक था।

मकराकृत कुण्डल तथा सिर पर मुकुट शोभित था, घुँघराली केशराशि मानो भ्रमर समूह हों। हृदय पर श्रीवत्स, सुन्दर वनमाला, रत्जटित (पदिक) हार तथा मणियों (मणि जाला) के आभूषण थे।

सिंह की भाँति कन्धे थे तथा शरीर पर सुन्दर जनेऊ था। वे भुजाओं के आभूषण सुन्दर थे। हाथी के सूँड़ के समान सुन्दर भुजदण्ड थे। कमर में तरकस और हाथ में धनुष-बाण थे।

उनका पीताम्बर विद्युत को लज्जित करनेवाला का तथा उदर के ऊपर सुन्दर तीन रेखाएँ थीं। उनकी नाभि ऐसी मनोहर थी मानो यमुना के भवँरों की छवि छीने ले रही हो॥ १४७॥

टिप्पणी—श्रीरामचरितमानस में श्रीहरि (श्रीराम) के रूप की यह प्रथम झाँकी है—यही सगुण श्रीहरि शिव के मानस में निरन्तर बिम्बित तथा भुशुंडि के लिए आराध्य हैं। कवि के श्रीराम भी यही हैं।

गुणत्व की अद्वितीयता को इंगित करना कवि का मन्तव्य है। पुराणों में सन्दर्भित विग्रहों तथा अलंकरणों से मंडित श्रीहरि का यह मनोरम वर्णन भक्तों के लिए ध्यान भूमि है।

रूप-सौन्दर्य तथा लालित्य दोनों दृष्टियों से यह सन्दर्भ स्पृहणीय है।

पद राजीव बरनि नहिं जाहीं। मुनि मन मधुप बसहिं जिन्ह माहीं॥
बाम भाग सोभति अनुकूला। आदिसक्ति छबिनिधि जगमूला॥
जासु अंस उपजहिं गुनखानी। अगनित लच्छि उमा ब्रह्मानी॥
भृकुटि बिलास जासु जग होई। राम बाम दिसि सीता सोई॥
छबि समुद्र हरि रूप बिलोकी। एकटक रहे नयनपट रोकी॥
चितवहिं सादर रूप अनूपा। तृप्ति न मानहिं मनु सतरूपा॥
हरष बिबस तन दसा भुलानी। परे दंड इव गहि पद पानी॥
सिर परसे प्रभु निज कर कंजा। तुरत उठाए करुनापुंजा॥
दो०— बोले कृपानिधान पुनि अति प्रसन्न मोहिं जानि।
माँगहु बर जोइ भाव मन महादानि अनुमानि॥ १४८॥

अर्थ—जिन चरण-कमलों में मुनियों के मनरूपी भ्रमर निवास करते हैं, उनका वर्णन नहीं किया जा सकता। सौन्दर्य-निधिमयी, संसार की मूलकारणस्वरूपा, निरन्तर अनुकूल रहनेवाली आदिशक्ति उनके वाम भाग में शोभित थी।

अगणित गुणों की खान लक्ष्मी, उमा तथा ब्रह्माणी जिसके अंश से उत्पन्न होती हैं तथा जिनके भौंहों की विलास भंगिमा से सृष्टि की रचना होती है, वही सीता उनके वामभाग में शोभित हैं।

सौन्दर्य के समुद्ररूप श्रीहरि के सौन्दर्य का अवलोकन करके नेत्र-पुटकों को रोके वे एकटक से रहे। वे मनु तथा शतरूपा उस विलक्षण रूप को अतृप्त भाव से आदरपूर्वक देखते ही रहे (किन्तु) तृप्त नहीं होते थे।

हर्ष से विवशीभूत होने के कारण उनके शरीर की दशा विस्मृत हो उठी और अपने हाथों से उनके चरणों को पकड़कर दण्ड की भाँति गिर पड़े। प्रभु श्रीहरि ने हाथ से उनके सिर का स्पर्श किया और उन्हें तुरन्त ही उठा लिया।

तब कृपानिधान श्रीहरि ने उनसे कहा कि मुझे हृदय से अत्यन्त प्रसन्न समझकर तथा महादानी अनुमान करके आपके मन में जो मन भाये, वही वरदान माँग लें॥ १४८॥

टिप्पणी—रूपलालित्य का वर्णन करते हुए कवि सौन्दर्य चित्रण की एक भिन्न परम्परा स्थापित करता है। यह परम्परा संस्कृत के ललित साहित्य से भिन्न है—रूप वर्णन क्रम तद्वत्, है किन्तु उसकी नियति भिन्न प्रकार की है—

'पद राजीव बरनि नहिं जाहीं। मुनि मन मधुप बसहिं जिन्ह माहीं॥

यह रूप वर्णन भक्ति-निष्ठा की सर्वोच्च कामनाओं से मण्डित है।

दर्शन से उत्पन्न अनुभाव दशा का बड़ा ही हृदयग्राही चित्र यहाँ अंकित है। अपूर्व रूप दर्शन जो अब तक शृंगार का विषय था, कवि उसे भक्ति में अन्तरित करता है।

सुनि प्रभु बचन जोरि जुग पानी। धरि धीरजु बोले मृदु बानी॥
नाथ देखि पद कमल तुम्हारे। अब पूरे सब काम हमारे॥
एक लालसा बड़ि उर माहीं। सुगम अगम कहि जाति सो नाहीं॥
तुम्हहिं देत अति सुगम गोसाईं। अगम लाग मोहि निज कृपनाईं॥
जथा दरिद्र बिबुध तरु पाई। बहु संपति माँगत सकुचाई॥
तासु प्रभाउ जान नहिं सोई। तथा हृदयँ मम संसय होई॥
सो तुम्ह जानहु अंतरजामी। पुरवहु मोर मनोरथ स्वामी॥
सकुच बिहाइ माँगु नृप मोही। मोरें नहिं अदेय कछु तोही॥

दो०— दानि सिरोमनि कृपानिधि नाथ कहउँ सतभाउ।
चाहउँ तुम्हहिं समान सुत प्रभु सन कवन दुराउ॥ १४९॥

अर्थ—प्रभु के वचनों को सुनकर और दोनों हाथों को जोड़ करके उन्होंने मृदुवाणी कही। हे नाथ! आपके चरण-कमलों को देखकर अब हमारी सम्पूर्ण कामनाएँ पूर्ण हो चुकी हैं।

मेरे हृदय में यही एक बड़ी लालसा है जो सुगम भी है तथा अगम भी किन्तु कहते नहीं बनती। हे गोस्वामी! आपको देते हुए अत्यन्त सुगम है किन्तु मुझे अपनी कृपणता के कारण वह अगम दिखाई पड़ती है।

जैसे दरिद्र देववृक्ष (कल्प वृक्ष) को पाकर बहुत अधिक सम्पत्ति को माँगने में संकोच करता हो क्योंकि **वह** उसके प्रभाव को नहीं समझता है, उसी प्रकार मेरे हृदय में संशय हो रहा है।

हे **अन्तर्यामी**! उसे आप भलीभाँति जानते हैं, अत: हे स्वामी! आप मेरे मनोरथों को पूर्ण करें। [इसे सुनकर **श्रीहरि ने कहा**] हे नृप! संकोच छोड़कर मुझसे माँगें, मेरे लिए तुम्हारे प्रति कुछ भी अदेय नहीं है।

हे दानिशिरोमणि! हे कृपानिधि!! मैं सत्यभाव से कह रहा हूँ, प्रभु से भला क्या छिपाना, मैं आपके ही सदृश पुत्र प्राप्त करना चाहता हूँ॥ १४९॥

टिप्पणी—प्रभु श्रीहरि को लोकात्मक सम्बन्धों के बीच प्राप्त करने के लिए अतिशय विनय, प्रेम, स्नेह, आत्मीयता और समर्पण के सम्पूर्ण तथ्य यहाँ इंगित हैं। कवि 'याचना संकोच' के सन्दर्भ में श्रीहरि के सामर्थ्य का निरूपण कवि समय 'कल्पद्रुम' से जोड़कर करता है। अपनी अंकिचनता और प्रभु की अनन्त सामर्थ्य के बीच स्थित 'स्नेह संकोच' के सम्पूर्ण प्रसंग का स्पर्श कवि भावविगलन के साथ करता है।

देखि प्रीति सुनि बचन अमोले। एवमस्तु करुनानिधि बोले॥
आपु सरिस खोजौं कहँ जाई। नृप तव तनय होब मैं आई॥
सतरूपहिं बिलोकि कर जोरें। देबि माँगु बरु जो रुचि तोरें॥
जो बरु नाथ चतुर नृप माँगा। सोइ कृपालु मोहि अति प्रिय लागा॥
प्रभु परंतु सुठि होति ढिठाई। जदपि भगत हित तुम्हहिं सुहाई॥
तुम्ह ब्रह्मादि जनक जगस्वामी। ब्रह्म सकल उर अंतरजामी॥
अस समुझत मन संसय होई। कहा जो प्रभु प्रवान पुनि सोई॥
जो निज भगत नाथ तव अहहीं। जो सुख पावहिं जो गति लहहीं॥

दो०— सोइ सुख सोइ गति सोइ भगति सोइ निज चरन सनेहु।
सोइ बिबेक सोइ रहनि प्रभु हमहिं कृपा करि देहु॥ १५०॥

अर्थ—उनकी प्रीति देखकर तथा अमूल्य वचनों को सुनकर करुणानिधान श्रीहरि ने कहा—ऐसा ही हो। मैं अपने सदृश कहाँ जाकर खोजूँ। हे नृप! मैं स्वयं आकर तुम्हारा पुत्र बनूँगा।

सतरूपा को हाथ जोड़े हुए देखकर (श्रीहरि ने कहा) हे देवि! जो तुम्हारी रुचि हो उसे माँगो। हे नाथ! जो वर चतुर नृप ने माँगा है, हे कृपालु! मुझे भी वही अच्छा लगा है।

हे प्रभु! फिर भी बहुत अधिक (सुठि) ढिठाई हो रही है, लेकिन भक्तों के निमित्त वह (ढिठाई) आपको अच्छी लगती है। आप ब्रह्मादिक के जनक तथा संसार के स्वामी हैं तथा सबके हृदय के अन्तर्यामी ब्रह्म हैं।

आपको ऐसा जान लेने पर मन को संदेह होता है, फिर, प्रभु ने जो भी कहा है, वही प्रमाण है। हे भगवन! जो आपके अपने अत्यन्त प्रिय भक्त हैं और वे जो आनन्द प्राप्त करते हैं और जिस परमगति को प्राप्त होते हैं।

हे प्रभु! वही आनन्द, वही गति, वही भक्ति और चरणों के प्रति वही स्नेह, वही ज्ञान, वही जीवन चर्या हमें कृपा करके दें॥ १५०॥

टिप्पणी—कवि इस सन्दर्भ में भावमूलक लीला भक्ति के अवतरण को सर्वोच्च शीर्ष पर व्यंजित करता है। लीला में विश्वास तथा आस्था रखनेवाले भक्त के उन्मादपूर्ण स्नेह, प्रीति, विश्वास, तथा लीलामय ब्रह्म का होकर निरन्तर जीवन निर्वाह—यही उनकी कामना है। एक ओर लोक जीवन की संसक्ति एवं दूसरी ओर लीला भक्ति की तन्मयासक्ति, दोनों के बीच सन्तुलन बनाकर लोक-जीवन व्यतीत करने की दृष्टि क्या सम्भव है! मानस में कवि की यही कथा प्रतिज्ञा है कि वह दोनों के बीच भक्ति तत्त्व द्वारा सन्तुलन स्थापित करेगा। दशरथ तथा कौसल्या के चरित्र में इस प्रतिज्ञा की व्यंजना कराना कवि का मन्तव्य है। अवतरण के इस हेतु की व्यंजना लीला तत्त्व की जटिलता की ओर इंगित करती है।

सुनि मृदु गूढ़ रुचिर बच रचना। कृपासिन्धु बोले मृदु बचना॥
जो कछु रुचि तुम्हरे मन माहीं। मैं सो दीन्ह सब संसय नाहीं॥
मातु बिबेक अलौकिक तोरें। कबहुँ न मिटिहि अनुग्रह मोरें॥
बंदि चरन मनु कहेउ बहोरी। अवर एक बिनती प्रभु मोरी॥
सुत बिषयिक तव पद रति होऊ। मोहिं बड़ मूढ़ कहै किन कोऊ॥
मनि बिनु फनि जिमि जल बिनु मीना। मम जीवन तिमि तुम्हहिं अधीना॥
अस बरु माँगि चरन गहि रहेऊ। एवमस्तु करुनानिधि कहेऊ॥
अब तुम्ह मम अनुसासन मानी। बसहु जाइ सुरपति रजधानी॥

सो०— तहँ करि भोग बिसाल तात गएँ कछु काल पुनि।
होइहहु अवध भुआल तब मैं होब तुम्हार सुत॥ १५१॥

अर्थ—कोमल, गूढ़ एवं सुन्दर वचन रचना सुनकर कृपासिन्धु श्रीहरि मृदुवाणी बोले—आपके मन में जो कुछ भी रुचि है। मैंने उन सबको दे दिया, इसमें सन्देह नहीं है।

हे माता! मेरी कृपा से तुम्हारा आत्मबोध कभी भी नहीं मिटेगा। मनु ने चरणों की वन्दना करके पुनः कहा कि हे प्रभु! मेरी और एक बिनती है।

चाहे जो मुझे जितना भी मूढ़ क्यों न कहे, फिर भी, आपके चरणों में मेरी (निरन्तर) पुत्र विषयक रति बनी रहे। जैसे मणि के बिना सर्प और जल के बिना मछली की स्थिति होती है, वैसे ही मेरा जीवन आपके (पुत्र भाव के) अधीन हो।

ऐसा वर माँगकर, वे चरण पकड़े रह गये तब करुणानिधि श्रीहरि ने कहा—ऐसा ही हो। अब तुम मेरा अनुशासन मानकर इन्द्र की राजधानी में जाकर निवास करो।

वहाँ अत्यधिक सुखभोगों को भोगकर हे तात! फिर कुछ समय व्यतीत हो जाने पर आप अयोध्यानरेश होंगे और तब मैं आपका पुत्र होऊँगा॥ १५१॥

टिप्पणी—कवि लीला के गूढ़ तथा रहस्यपूर्ण सन्दर्भ से इंगित करता है। 'सुत विषयक रति' को यहाँ कवि लीला का कारण एवं भक्ति का हेतु स्वीकार करता है। 'वात्सल्य रति' को कवि अपनी भक्ति का आधार बनाता है। यही वात्सल्य रति शिव को भी प्रिय है, भुशुंडि को भी। वर 'याचना' एवं प्रकारान्तर भाव से लीला तथा अवतरण के बीच में वात्सल्य भक्ति रस मूल नियामक तत्त्व के रूप में। कवि कौसल्या तथा दशरथ चरित्र की अवतारणा करके मानस में अवतरण तथा लीला के इस भक्ति स्वरूप को सम्पुष्ट कर रहा है।

कवि वाणी का विशेषण बताता है—'मृदु गूढ़ रुचिर बर रचना' अर्थात् वाणी के विशेषण 'सुकोमल रहस्यमयी तथा ललित' निश्चित रूप से भक्त कवियों की वाणी से सन्दर्भित हैं। सम्पूर्ण भक्ति काव्य की भाषा मार्दव सुकोमल तथा ललित है। लीला से संयुक्त होने के कारण रहस्यपूर्ण अर्थ विधान से संयुक्त है।

इच्छामय नर बेष सँवारें। होइहउँ प्रगट निकेत तुम्हारें॥
अंसन्ह सहित देह धरि ताता। करिहउँ चरित भगत सुखदाता॥
जे सुनि सादर नर बड़भागी। भव तरिहहिं ममता मद त्यागी॥
आदिसक्ति जेहिं जग उपजाया। सोउ अवतरिहि मोरि यह माया॥
पुरउब मैं अभिलाष तुम्हारा। सत्य सत्य पन सत्य हमारा॥
पुनि पुनि अस कहि कृपानिधाना। अंतरधान भए भगवाना॥
दंपति उर धरि भगत कृपाला। तेहिं आश्रम निवसे कछु काला॥
समय पाइ तनु तजि अनयासा। जाइ कीन्ह अमरावति बासा॥
दो०— यह इतिहास पुनीत अति उमहि कही बृषकेतु।
भरद्वाज सुनु अपर पुनि राम जनम कर हेतु॥ १५२॥

अर्थ—इच्छा रूप मनुष्य वेष सजकर मैं आपके घर प्रकट होऊँगा। हे तात! अपने अंशों के साथ देह धारण करके भक्तों के लिए आनन्ददायी लीलाएँ (चरित) करूँगा।

उस लीला को आदरपूर्वक सुनकर अत्यन्त भाग्यशाली मनुष्य ममता तथा मद का परित्याग करके भवसागर पार करेंगे। मेरी यह आदिशक्ति माया (जो मेरे वाम भाग में स्थित है) जिसने सम्पूर्ण संसार को उत्पन्न किया है, वह भी अवतरित होगी।

मैं तुम्हारी अभिलाषा को पूरी करूँगा, यह मेरा प्रण सत्य है, सत्य है, सत्य है। पुनः-पुनः ऐसा कहकर कृपानिधान भगवान् श्रीहरि अन्तर्धान हो गए।

उस दम्पत्ति ने कुछ दिनों तक भक्तों पर कृपालु श्रीहरि को हृदय में धारण करके उस आश्रम में निवास किया। समय पाकर फिर सहज भाव से शरीर का परित्याग करके अमरावती (इन्द्र के नगर) में जाकर निवास किया।

हे भरद्वाज! इस पवित्र इतिहास को शिव ने पार्वती से कहा, अब श्रीराम के अन्य अवतार का पुनः दूसरा कारण सुनो॥ १५२॥

टिप्पणी—कवि श्रीहरि के मुख से लीलाधर्मिता को इंगित करता है। प्रभु के अवतरण में निम्नलिखित तत्त्व हैं—

(१) स्वेच्छया रूप, वर्ण, कर्म, स्वभाव की रचना (लीला नाम विलासेच्छा) ताकि स्वतंत्र भाव से लोक में रमण कर सके।

(२) अंशों के साथ देह धारण करने की दृष्टि ताकि रमण में गहन लोकधर्मिता उत्पन्न हो सके।

(३) भक्तों के लिए आनन्दकारी, आह्लादपूर्ण लीलाचरित की अभिव्यक्ति ही इसका मन्तव्य है।

(४) श्रीहरि द्वारा आदि शक्ति एवं माया को लीला की परिपूर्णता के लिए साथ-साथ अभिव्यक्त कराना। कवि द्वारा लीला के इन चार हेतुओं की कल्पना अवतरण के सन्दर्भ में की गई है।

सुनु मुनि कथा पुनीत पुरानी। जो गिरिजा प्रति संभु बखानी॥
बिस्व बिदित एक कैकय देसू। सत्यकेतु तहँ बसै नरेसू॥
धरम धुरंधर नीति निधाना। तेज प्रताप सील बलवाना॥
तेहि कें भए जुगल सुत बीरा। सब गुन धाम महा रनधीरा॥
राज धनी जो जेठ सुत आही। नाम प्रतापभानु अस ताही॥
अपर सुतहि अरिमर्दन नामा। भुज बल अतुल अचल संग्रामा॥
भाइहि भाइहि परम समीती। सकल दोष छल बरजित प्रीती॥
जेठे सुतहि राज नृप दीन्हा। हरि हित आपु गवन बन कीन्हा॥
दो०— जब प्रतापरबि भएउ नृप फिरी दोहाई देस।
प्रजा पाल अति बेद बिधि कतहुँ नहीं अघ लेस॥ १५३॥

अर्थ—हे मुनि! (इस) पवित्र तथा पुरानी कथा को सुनो जिसे पार्वती के लिए शिव ने कहा था। कैकय नाम का एक विश्वविख्यात देश है जहाँ सत्यकेतु नरेश निवास करता था।

वह अत्यधिक धर्मशील, नीति का भण्डार, तेजवान, प्रतापवान, शीलवान एवं शक्तिशाली था। उसके दो पराक्रमी वीर पुत्र उत्पन्न हुए। सभी-के-सभी गुणों के भण्डार तथा युद्ध में अत्यधिक धैर्यवान थे।

राज्य का स्वामी उसका जो ज्येष्ठ पुत्र, उसका नाम प्रतापभानु था। दूसरे पुत्र का नाम अरिमर्दन था, जिसके भुजाओं की अतुलनीय शक्ति थी तथा युद्ध में अचल (अविचल) था।

भाई-भाई में अत्यधिक मेल था और उनमें सब प्रकार से छल तथा दोष वर्जित प्रीति थी। राजा ने ज्येष्ठ पुत्र को राज्य दिया और स्वयं आप श्रीहरि के लिए वन चले गये।

तब प्रतापभानु राजा बना और उसकी दुहाई देश-देश में घूमी। उत्तम वेद विधि से उसने प्रजा का पालन किया और कहीं भी (उसके समस्त राज्य में) लेश मात्र के लिए पाप नहीं रहा॥ १५३॥

टिप्पणी—कवि यहाँ से अवतरण के लिए एक भिन्न हेतु की कल्पना करता है। 'नारद प्रसंग' का सन्दर्भ भक्तों की कामादि मोहमुग्धता का त्याग कराना है, 'मनु-शतरूपा' का प्रसंग लीला भाव से सम्बन्धित है। यहाँ अवतरण के तीसरे हेतु की परिकल्पना की गई है, आधार है—प्रतापभानु कथा। अधर्म की हानि होने पर उसके विनाश तथा धर्म की स्थापना सम्बन्धी दृष्टि मूल आधार है। यह गीतान्वयी परम्परित दृष्टि इतिहास परम्परा में प्रसिद्ध रही है और यहाँ कवि सबसे अन्त में, इसको आख्यानबद्ध करता है।

नृप हितकारक सचिव सयाना। नाम धरमरुचि सुक्र समाना॥
सचिव सयान बंधु बलबीरा। आपु प्रतापपुंज रनधीरा॥
सेन संग चतुरंग अपारा। अमित सुभट सब समर जुझारा॥
सेन बिलोकि राउ हरषाना। अरु बाजे गहगहे निसाना॥
बिजय हेतु कटकई बनाई। सुदिन साधि नृप चलेउ बजाई॥
जहँ तहँ परीं अनेक लराईं। जीते सकल भूप बरिआईं॥

सप्त दीप भुज बल बस कीन्हे। लै लै दंड छाँड़ि नृप दीन्हे॥
सकल अवनि मंडल तेहि काला। एक प्रतापभानु महिपाला॥
दो०— स्वबस बिस्व करि बाहु बल निज पुर कीन्ह प्रबेसु।
अरथ धरम कामादि सुख सेवइ समयँ नरेसु॥ १५४॥

अर्थ—राजा का हितकारी धर्मरुचि नाम का शुक्र सदृश बुद्धिमान मंत्री था। मंत्री चतुर था और भाई बलशाली योद्धा और वह स्वयं युद्ध में अविचलित शक्तिपुंज था।

उसके साथ अपार चतुरंगिणी सेना थीं। उसके अनेकानेक योद्धा सभी युद्धभूमि में जूझ मरने वाले थे। अपनी सेना को देखकर राजा प्रसन्न हुआ और घमासान नगाड़े बजने लगे।

विजय के निमित्त उसने सेना सजा ली और मुहूर्त साधकर डंका बजवा कर चला। जहाँ-तहाँ अनेक लड़ाइयाँ लड़नी पड़ीं, किन्तु राजा ने बलपूर्वक सम्पूर्ण राजाओं को जीत लिया।

सातों द्वीपों को अपनी भुजाओं के बल से वश में कर लिया और राजाओं से दण्ड ले-लेकर उन्हें छोड़ दिया। उस समय सम्पूर्ण पृथ्वी मण्डल पर एक मात्र (चक्रवर्ती) प्रतापभानु राजा था।

सम्पूर्ण विश्व को बाहु शक्ति से अपने वश में करके अपने नगर में प्रवेश किया। वह (प्रतापभानु) नरेश समयानुकूल (यथावसर) अर्थ, धर्म, काम आदि सुखों का सेवन करता था॥ १५४॥

टिप्पणी—यहाँ कवि का लक्ष्य है—काव्य परम्परा में स्वीकृत रूढ़ियुक्त राजधर्म का निरूपण करना है। यह निरूपण सामान्य एवं परम्पराबद्ध है। युद्ध में पराक्रम प्रकट करनेवाले चक्रवर्ती सम्राट् के विजय का सन्दर्भ सम्पूर्णत: रूढ़ वर्णन के रूप में है।

भूप प्रतापभानु बल पाई। कामधेनु भै भूमि सुहाई॥
सब दुख बरजित प्रजा सुखारी। धरमसील सुंदर नर नारी॥
सचिव धरमरुचि हरि पद प्रीती। नृप हित हेतु सिखव नित नीती॥
गुरु सुर संत पितर महिदेवा। करै सदा नृप सब कै सेवा॥
भूप धरम जे बेद बखाने। सकल करै सादर सुख माने॥
दिन प्रति देइ बिबिध बिधि दाना। सुनै सास्त्र बर बेद पुराना॥
नाना बापी कूप तड़ागा। सुमन बाटिका सुंदर बागा॥
बिप्रभवन सुरभवन सुहाए। सब तीरथन्ह बिचित्र बनाए॥
दो०— जहँ लगि कहे पुरान श्रुति एक एक सब जाग।
बार सहस्र सहस्र नृप किए सहित अनुराग॥ १५५॥

अर्थ—राजा प्रतापभानु का बल पाकर पृथ्वी सुहावनी कामधेनु हो गई। सम्पूर्ण दुखों से मुक्त प्रजा सुखी थी। स्त्री-पुरुष सुन्दर तथा धर्मशील थे।

धर्मरुचि मंत्री की प्रीति श्रीहरि के चरणों में थी और वह नित्य राजा के हित के निमित्त नीति सिखाता था। राजा गुरु, देवता, संत, पितरजन एवं ब्राह्मण सब की सदैव सेवा करता था।

उन राजधर्मों का, जिनका वर्णन वेदों ने किया है, वह आदरपूर्वक एवं प्रसन्नभाव से सबका पालन करता था। वह प्रतिदिन विविध प्रकार के दान दिया करता था और श्रेष्ठ वेद पुराण तथा शास्त्रों को सुनता था।

अनेक प्रकार की वापिकाएँ (बावलियाँ), कुएँ तथा तालाब, पुष्पों से युक्त वाटिकाएँ तथा सुन्दर बगीचे, ब्राह्मणों के लिए भवन तथा सभी तीर्थों में अत्यन्त सुन्दर एवं विचित्र मंदिर उसने बनवाए।

वेद तथा पुराणों में जहाँ-तक (जितने प्रकार के) यज्ञों का कथन है, एक-एक यज्ञ को अत्यन्त अनुरागपूर्वक राजा (प्रतापभानु) ने हजार-हजार बार किये॥ १५५॥

टिप्पणी—राजधर्म एवं राजचर्या का परम्परित एवं रूढ़ निरूपण करता हुआ कवि काव्य परिपाटी के अन्तर्गत नगर के सुख, समृद्धि, ऐश्वर्य आदि का वर्णन कर रहा है।

हृदय न कछु फल अनुसंधाना। भूप बिबेकी परम सुजाना॥
करइ जे धरम करम मन बानी। बासुदेव अर्पित नृप ग्यानी॥
चढ़ि बर बाजि बार एक राजा। मृगया कर सब साजि समाजा॥
बिंध्याचल गँभीर बन गएऊ। मृग पुनीत बहु मारत भएऊ॥
फिरत बिपिन नृप दीख बराहू। जनु बन दुरेउ ससिहि ग्रसि राहू॥
बड़ बिधु नहिं समात मुख माहीं। मनहुँ क्रोध बस उगिलत नाहीं॥
कोल कराल दसन छबि गाई। तनु बिसाल पीवर अधिकाई॥
घुरघुरात हय आरौ पाएँ। चकित बिलोकत कान उठाएँ॥
दो०— नील महीधर सिखर सम देखि बिसाल बराहु।
चपरि चलेउ हय सुटुकि नृप हाँकि न होइ निबाहु॥ १५६॥

अर्थ—इन यज्ञों के फल का अनुसंधान (कामना) उसने अपने हृदय में नहीं की क्योंकि वह राजा अत्यधिक विवेकवान एवं चतुर था। वह ज्ञानी नृप कर्म, मन, वाणी से जो भी धर्म करता था, (सभी कुछ) वासुदेव को अर्पित था।

एक बार श्रेष्ठ घोड़े पर सवार होकर और मृगया का सम्पूर्ण समाज साज करके विन्ध्याचल के गहन वन में गया और अनेक उत्तम मृगों को मारा।

राजा ने वन में विचरते हुए वाराह को देखा। (वह विशाल दाँतों वाला) वाराह ऐसा प्रतीत होता था मानो चन्द्रमा को ग्रस कर राहु वन में छिपा हो। विशाल-सा चन्द्र उसके मुख में जैसे समा न रहा हो किन्तु क्रोधवश उसे उगल भी न रहा हो।

यह तो सुअर के भयंकर दाँतों का वर्णन किया है किन्तु उसका शरीर तो बड़ा ही विशाल तथा मोटा (पीवर) था। आहट (आरौ) पाकर वह घुरघुराता हुआ चकित भाव से कानों को उठाकर देखने लगा।

नील पर्वत शिखर के सदृश उस विशाल बाराह को देखकर राजा घोड़े पर चाबुक चलाकर तेजी (चपरि) से चला और ललकारा कि अब तुम्हारा निर्वाह (जीवन रक्षा) सम्भव नहीं है॥ १५६॥

टिप्पणी—काव्य परम्परा में 'मृगया तथा आखेट' का वर्णन है। लक्षणकारों ने —'प्रातं अपराह्नमृगया' का वर्णन महाकाव्य के अन्तर्गत आवश्यक बताया है। इस आखेट वर्णन का उपयोग कवि भावी कथा विकास के लिए करता है।

'शूकर वर्णन' की जीवन्तता एवं प्राणरक्षा के निमित्त शूकर के पलायन का सन्दर्भ स्पृहणीय है।

आवत देखि अधिक रव बाजी। चलेउ बराह मरुत गति भाजी॥
तुरत कीन्ह नृप सर संधाना। महि मिलि गएउ बिलोकत बाना॥
तकि तकि तीर महीस चलावा। करि छल सुअर सरीर बचावा॥
प्रगटत दुरत जाइ मृग भागा। रिस बस भूप चलेउ सँग लागा॥
गएउ दूरि घन गहन बराहू। जहँ नाहिन गज बाजि निबाहू॥
अति अकेल बन बिपुल कलेसू। तदपि न मृग मग तजइ नरेसू॥
कोल बिलोकि भूप बड़ धीरा। भागि पैठि गिरिगुह गँभीरा॥
अगम देखि नृप अति पछिताई। फिरेउ महाबन परेउ भुलाई॥

दो०— खेद खिन्न छुद्धित तृषित राजा बाजि समेत।
खोजत ब्याकुल सरित सर जल बिनु भएउ अचेत॥ १५७॥

अर्थ—अत्यधिक ध्वनि करते अश्व को आते हुए देख करके सूअर वायु गति से भाग निकला। राजा ने तुरन्त ही बाण चलाया किन्तु बाग को देखकर (वह) पृथ्वी से चिपक गया।

राजा ने निशाना बना-बनाकर बाण चलाये किन्तु सूकर ने छल करके अपने शरीर को (बार-बार) बचाया। प्रकटता-छिपता वह आखेट-पशु भागता चला गया और राजा भी क्रोध से विवशीभूत उसी के संग लग गया।

सूअर दूर ऐसे गहन घने वन में गया जहाँ हाथी तथा घोड़े किसी का भी निर्वाह सम्भव नहीं था। अत्यन्त अकेला और वन में अत्यधिक क्लेश फिर भी राजा ने उस आखेट-पशु का पीछा नहीं छोड़ा।

सूकर राजा को अत्यधिक धैर्यवान देखकर भागा और एक गहरी पर्वत गुफा में जा घुसा। उस वन को न गमनीय (न जाने योग्य) समझकर राजा को पछतावा हुआ और लौटा किन्तु उस भयंकर वन में मार्ग भुला बैठा।

श्रमजनित थकान से पीड़ित, घोड़े सहित भूख तथा प्यास से व्याकुल राजा नदी तथा सरोवर खोजता हुआ बिना जल के व्याकुल (अचेत ज्ञान रहित) हो उठा॥ १५७॥

टिप्पणी—मृगया के सन्दर्भ में मार्ग का भूल जाना और फिर उसके बीच से एक सर्वथा नवीन कथा प्रसंग का अवतरण, कथा वर्णन की एक परम्परित रूढ़ि है। कवि इस रूढ़ि में सजीवता का समावेश करके कथा प्रसंग को आगे बढ़ाता है। कथा को आगे बढ़ाने के सन्दर्भ में 'अवतार के हेतु' का प्रकरण विशेष रूप से कवि के मन में है।

फिरत बिपिन आश्रम एक देखा। तहँ बस नृपति कपट मुनिबेषा॥
जासु देस नृप लीन्ह छुड़ाई। समर सेन तजि गयउ पराई॥
समय प्रतापभानु कर जानी। आपन अति असमय अनुमानी॥
गयउ न गृह मन बहुत गलानी। मिला न राजहिं नृप अभिमानी॥
रिस उर मारि रंक जिमि राजा। बिपिन बसै तापस कें साजा॥
तासु समीप गवन नृप कीन्हा। यह प्रताप रबि तेहिं तब चीन्हा॥
राउ तृषित नहिं सो पहिचाना। देखि सुबेष महामुनि जाना॥
उतरि तुरग तें कीन्ह प्रनामा। परम चतुर न कहेउ निज नामा॥

दो०— भूपति तृषित बिलोकि तेहिं सरबरु दीन्ह देखाइ।
मज्जन पान समेत हय कीन्ह नृपति हरषाइ॥ १५८॥

अर्थ—जंगल में भटकते हुए उसने एक आश्रम देखा वहाँ कपटभाव से मुनि का वेष बनाकर एक राजा रहता था। जिसके देश को नृप ने छीन लिया था और युद्ध में सेना छोड़कर भाग निकला था।

अपना अत्यधिक कुसमय समझकर तथा राजा प्रतापभानु का अच्छा समय जानकर वह अभिमानी राजा राजा से न मिला और अत्यधिक ग्लानि के कारण घर भी नहीं गया।

हृदय में क्रोध को दबाकर भिखारी की भाँति राजा तपस्वी का वेष बनाकर वन में रहता था। राजा उसके समीप गये और तब यह 'प्रतापभानु' है, उसने पहचान लिया।

प्यासे राजा ने उसे नहीं पहचाना और उसके (सजे हुए मुनि) वेष को देखकर उसे महामुनि समझा। घोड़े से उतरकर (राजा ने) उसे प्रणाम किया किन्तु परम चतुर राजा ने अपना नाम नहीं बताया।

राजा को प्यासा देखकर उसने सरोवर दिखा दिया और राजा ने (उस सरोवर में) उस तालाब में घोड़े सहित स्नान तथा जलपान किया॥ १५८॥

टिप्पणी—कथा को आगे बढ़ाने का सन्दर्भ पूर्व वैर तथा छल पूर्ण आचरण है। रहस्यमयी वातावरण की अवतारणा करके कवि 'छल' भाव को कथा विस्तार का माध्यम बना रहा है। आखेट के सन्दर्भ में प्यास, भूख, श्रम से उत्पन्न थकान आदि का वर्णन कवि पूर्व कथा सन्दर्भों के क्रम में ही कर रहा है।

गै श्रम सकल सुखी नृप भएऊ। निज आश्रम तापस लै गएऊ॥
आसन दीन्ह अस्त रबि जानी। पुनि तापस बोलेउ मृदु बानी॥
को तुम्ह कस बन फिरहु अकेलें। सुंदर जुबा जीव परहेलें॥
चक्रबर्त्ति के लच्छन तोरे। देखत दया लागि अति मोरें॥
नाम प्रतापभानु अवनीसा। तासु सचिव मैं सुनहु मुनीसा॥
फिरत अहेरे परेउँ भुलाई। बड़े भाग देखेउँ पद आई॥
हम कहँ दुर्लभ दरस तुम्हारा। जानत हौं कछु भल होनिहारा॥
कह मुनि तात भएउ अँधिआरा। जोजन सत्तरि नगर तुम्हारा॥

दो०— निसा घोर गंभीर बन पंथ न सुनहु सुजान।
बसहु आजु अस जानि तुम्ह जाएहु होत बिहान॥
तुलसी जसि भवितव्यता तैसी मिलै सहाइ।
आपुनु आवइ ताहि पहिं ताहि तहाँ लै जाइ॥ १५९॥

अर्थ—सम्पूर्ण थकावट समाप्त हो गयी और राजा आनन्दित हुआ, तब तपस्वी उन्हें अपने आश्रम ले गया। सूर्यास्त जानकर आसन दिया और तब तपस्वी मृदुवाणी में बोला।

तुम कौन हो, सुन्दर युवा (युवक) होने के बाद भी जीवन की अवहेलना करके तुम वन में अकेले कैसे विचरण कर रहे हो? तुम्हारे चक्रवर्ती के लक्षण हैं, और तुम्हें देखकर मुझे दया लगती है।

राजा ने उत्तर दिया कि—प्रतापभानु नाम के राजा हैं और हे मुनिश्रेष्ठ! मैं उनका सचिव हूँ। आखेट के लिए फिरते हुए मैं भटक गया और बड़े भाग्य से यहाँ आपके चरणों के दर्शन किये।

हमारे लिए आपका दर्शन दुर्लभ था (किन्तु दर्शन हो जाने के पश्चात्) अब जानता हूँ कि कुछ भला होने वाला है। मुनि ने कहा—हे प्रिय! अब अँधेरा हो चुका है और तुम्हारा नगर सत्तर योजन है।

अतः सुजान सुनें, गहरी अँधेरी रात है, वन घना है और (उसमें) मार्ग भी नहीं है, ऐसा समझकर आज निवास करो और सवेरा होते ही चले जाना।

तुलसीदास जी कहते हैं कि जैसी होनी होती है उसी प्रकार सहायता भी मिल जाती है। या तो वह स्वयं उसके पास चली आती है या उसे वहाँ ले जाती है॥ १५९॥

टिप्पणी—कवि कथा के मन्तव्य की ओर इंगित करता हुआ एक सिद्धान्त वाक्य रखता है—'तुलसी जसि भवितव्यता तैसी मिलइ सहाइ।' नियतिवाद को इंगित करनेवाला यह वाक्य निश्चित रूप से कथा के मन्तव्य को इंगित करके रहस्यमय वातावरण के निर्माण में सहायक होता है। छल, छद्म एवं प्रपंचपूर्ण राजचर्या इस प्रकरण में विशेष रूप से द्रष्टव्य है।

भलेहिं नाथ आयसु धरि सीसा। बाँधि तुरग तरु बैठ महीसा॥
नृप बहु भाँति प्रसंसेउ ताही। चरन बंदि निज भाग्य सराही॥
पुनि बोलेउ मृदु गिरा सुहाई। जानि पिता प्रभु करउँ ढिठाई॥

मोहि मुनीस सुत सेवक जानी। नाथ नाम निज कहहु बखानी॥
तेहि न जान नृप नृपहि सो जाना। भूप सुहृद सो कपट सयाना॥
बैरी पुनि छत्री पुनि राजा। छल बल कीन्ह चहइ निज काजा॥
समुझि राजसुख दुखित अराती। अवाँ अनल इव सुलगइ छाती॥
सरल बचन नृप के सुनि काना। बयर सँभारि हृदयँ हरषाना॥

दो०— कपट बोरि बानी मृदुल बोलेउ जुगुति समेत।
नाम हमार भिखारि अब निर्धन रहित निकेत॥ १६०॥

अर्थ—हे स्वामी! अच्छा है, उनकी आज्ञा को सिर पर धर कर और घोड़े को पेड़ में बाँध करके वृक्ष के नीचे राजा बैठा। राजा ने अनेक भाँति से उसकी (तपस्वी की) प्रशंसा की और चरणों की वन्दना करके अपने भाग्य की सराहना की।

और पुनः मीठी सुहावनी वाणी (वह) बोला कि हे स्वामी आपको पिता समझकर यह धृष्टता करता हूँ। हे मुनीस! मुझे अपना सेवक तथा पुत्र जानकर हे नाथ! अपने नाम का बखान करें।

राजा उसे नहीं जान पाया परन्तु वह नृप को जान गया—राजा तो निर्मल हृदय का था किन्तु वह कपटी चतुर था। शत्रु फिर जाति का क्षत्रिय और फिर राजा (ये सभी) छल-बल से अपने कार्य करना चाहते हैं।

वह अपने राजसुख का स्मरण करके दुखी तथा आर्त था और आँवे की आग की भाँति (उसकी) छाती सुलग रही थी। राजा के सरल वचनों को सुनकर अपनी शत्रुता का स्मरण करके हृदय में हर्षित हुआ।

कपट में डुबोकर युक्तिपूर्वक मीठी वार्णी बोला, हमारा नाम भिखारी है, मैं निर्धन तथा घरबार रहित हूँ।

टिप्पणी—कवि कपटपूर्ण विश्वसनीयता का वातावरण निर्मित करता है और इस वतावरण में वह छल-छद्म की परिस्थितियों का निर्माण करके कथा को आगे बढ़ाता है। कवि कपटी मुनि की वाणी को स्पष्ट करता हुआ कहता है—

'कपटपूर्ण सन्दर्भ किन्तु वाणी मृदुल और युक्ति से निर्मित' यही कपटपूर्ण वाणी की सार्थकता है।

कह नृप जे बिग्यान निधाना। तुम्ह सारिखे गलित अभिमाना॥
सदा रहहिं अपनपौ दुराएँ। सब बिधि कुसल कुबेष बनाएँ॥
तेहि तें कहहिं संत श्रुति टेरें। परम अकिंचन प्रिय हरि केरें॥
तुम्ह सम अधन भिखारि अगेहा। होत बिरंचि सिवहि संदेहा॥
जोसि सोसि तव चरन नमामी। मो पर कृपा करिअ अब स्वामी॥
सहज प्रीति भूपति कै देखी। आपु बिषय बिस्वास बिसेखी॥
सब प्रकार राजहिं अपनाई। बोलेउ अधिक सनेह जनाई॥
सुनु सतिभाउ कहउँ महिपाला। इहाँ बसत बीते बहु काला॥

दो०— अब लगि मोहि न मिलेउ कोउ मैं न जनावउँ काहु।
लोकमान्यता अनल सम कर तप कानन दाहु॥

सो०— तुलसी देखि सुबेषु भूलहिं मूढ़ न चतुर नर।
सुंदर केकिहि पेखु बचन सुधा सम असन अहि॥ १६१॥

अर्थ—राजा ने कहा, जो (श्रेष्ठ जन) विज्ञान के निधान और आपके सदृश अभिमानशून्य होते

हैं, वे अपने (यथार्थ स्वरूप को) सदैव छिपाये रहते हैं क्योंकि कुवेष बनाकर रहने में ही सब प्रकार का कल्याण है।

इसीलिए संत तथा श्रुतियाँ टेर-टेर कर कहती हैं कि परम अकिंचन ही हरि को प्रिय है। तुम्हारे सदृश धनहीन, भिखारी एवं गृहरहित हो—इससे ब्रह्मा तथा शिव सदृश को भी संदेह हो जाता है (सन्त हैं या भिखारी)।

आप जो भी हों, सो-हों किन्तु मैं आपके चरणों को नमन करता हूँ, हे स्वामी अब मुंझ पर कृपा करें। राजा की सहज प्रीति देखकर और अपने प्रति विशेष विश्वास समझकर।

(उस तपस्वी ने) सभी प्रकार से राजा को आत्मीय बनाकर और (बाहर से) अत्यधिक स्नेह प्रकट करते हुए बोला! हे राजा! मैं सच्चे भाव से कहता हूँ, यहाँ रहते हुए बहुत समय व्यतीत हो चुके हैं।

अब तक न तो मुझसे कोई मिला और न मैंने किसी को जनाया क्योंकि लोक-प्रतिष्ठा अग्नि की भाँति है जो तपस्यारूपी वन को दग्ध करती है।

तुलसीदास कहते हैं कि सुन्दर वेष रचना को देखकर मूढ़ ही नहीं, चतुर मनुष्य भी विवेक शून्य हो जाते हैं। सुन्दर मयूर को देखो, वाणी तो अमृत की भाँति है किन्तु आहार सर्प का है॥ १६१॥

टिप्पणी—कवि विश्वसनीयता का भ्रम अविश्वसनीयता के छल के साथ जोड़कर इन पंक्तियों को स्पष्ट कर रहा है। कवि अपनी बात की सम्पुष्टि के लिए विशेष वाक्य से सामान्य का समर्थन करा रहा है—जो निदर्शना अलंकार का कारण बनता है।

तातें गुपुत रहउँ जग माहीं। हरि तजि किमपि प्रयोजन नाहीं॥
प्रभु जानत सब बिनहिं जनाएँ। कहहु कवनि सिधि लोक रिझाएँ॥
तुम्ह सुचि सुमति परम प्रिय मोरें। प्रीति प्रतीति मोहि पर तोरें॥
अब जौं तात दुरावउँ तोही। दारुन दोष घटइ अति मोही॥
जिमि जिमि तापसु कथइ उदासा। तिमि तिमि नृपहिं उपज बिस्वासा॥
देखा स्वबस कर्म मन बानी। तब बोला तापस बकध्यानी॥
नाम हमार एकतनु भाई। सुनि नृप बोलेउ पुनि सिरु नाई॥
कहहु नाम कर अरथ बखानी। मोहि सेवक अति आपन जानी॥
दो०— आदि सृष्टि उपजी जबहिं तब उतपति भै मोरि।
नाम एकतनु हेतु तेहि देह न धरी बहोरि॥ १६२॥

अर्थ—इससे मैं संसार में गुप्त रहता हूँ और श्रीहरि को छोड़कर अन्य कोई प्रयोजन नहीं है। प्रभु तो बिना जनाये ही सब कुछ जानते हैं फिर बताओ, संसार को रिझाने से कौन-सी सिद्धि मिलने वाली है।

तुम पवित्र और सुन्दर बुद्धिवाले हो और तुम्ह पर मुझे अत्यधिक प्रेम तथा विश्वास है, हे तात! यदि मैं तुमसे छिपाव करूँगा तो मुझपर दारुण पाप घटित होगा (लगेगा)।

जितना-जितना तपस्वी उदासीन भाव से कहता था, उतना-ही-उतना राजा में उसके प्रति विश्वास उत्पन्न होता था। उसने देखा कि (राजा) मन, कर्म तथा वाणी से उसके वश में हो चुका है, तब बगुले की भाँति ध्यान लगाने वाला (कपटी) तपस्वी बोला।

हे भाई! मेरा नाम एकतनु है, सुनकर राजा पुनः सिर झुका कर बोले, हे मुनिश्रेष्ठ! मुझे अपना सेवक समझकर नाम का अर्थ बता करके कहें।

मुनि ने कहा, जबसे आदि सृष्टि की उत्पत्ति हुई थी तभी मेरी भी उत्पत्ति हुई (और चूँकि) मैंने तबसे दूसरी देह नहीं धारण की इसलिए मेरा नाम एकतनु है॥ १६२॥

जनि आचरजु करहु मन माहीं। सुत तप तें दुर्लभ कछु नाहीं॥
तपबल तें जग सृजइ बिधाता। तब बल बिष्णु भए परित्राता॥
तपबल संभु करहिं संहारा। तप तें अगम न कछु संसारा॥
भयउ नृपहि सुनि अति अनुरागा। कथा पुरातन कहै सो लागा॥
करम धरम इतिहास अनेका। करइ निरूपन बिरति बिबेका॥
उद्भव पालन प्रलय कहानी। कहेसि अमित आचरज बखानी॥
सुनि महीप तापस बस भएऊ। आपन नाम कहन तब लएऊ॥
कह तापस नृप जानउँ तोही। कीन्हेहु कपट लाग भल मोही॥
सो०— सुनु महीस असि नीति जहँ तहँ नाम न कहहिं नृप।
मोहि तोहि पर अति प्रीति सोइ चतुरता बिचारि तव॥ १६३॥

अर्थ—मन में आश्चर्य मत करो, हे पुत्र! तपस्या से कुछ भी दुर्लभ नहीं है। तपस्या के बल पर ही ब्रह्मा जगत् की रचना करते हैं, विष्णु तपस्या के बल पर ही संसार के रक्षक हुए।

तपस्या के बल से ही शिव संहार करते हैं, अत: तपस्या से कुछ भी दुर्लभ नहीं है। राजा को यह सुनकर अत्यधिक प्रेम हुआ और वह (तपस्वी) पुरानी कथाएँ कहने लगा।

कर्म, धर्म, अनेक प्रकार के इतिहासों तथा वैराग्य एवं विवेक का वह निरूपण करने लगा। सृष्टि, पालन, प्रलय की अत्यन्त आश्चर्यजनक कहानियों को उसने विस्तारपूर्वक वर्णन किया।

उसे सुनकर राजा तपस्वी के वश में हो गया और तब अपना नाम कहने को उद्यत हुआ। तपस्वी ने कहा, हे राजा! मैं तुझे जानता हूँ, आपने कपट किया, यह मुझे अच्छा लगा।

हे राजन! सुनो, ऐसी नीति है कि राजा जहाँ-तहाँ अपना नाम नहीं बताते, तुम्हारी वही चतुरता समझकर मेरे मन में तुम्हारे प्रति अत्यधिक प्रीति (उत्पन्न हुई) है॥ १६३॥

टिप्पणी—कपट का भ्रम उत्पन्न करने के लिए आडम्बरपूर्ण कथन का आश्रय लिया गया है। इस कथन का आधार 'तप' है और तप की विशिष्टता का चित्रांकन करके वह अपनी कपटभरी श्रेष्ठता और उसके प्रति विश्वसनीयता का वातावरण निर्मित करता है।

नाम तुम्हार प्रताप दिनेसा। सत्यकेतु तव पिता नरेसा॥
गुर प्रसाद सब जानिअ राजा। कहिअ न आपन जानि अकाजा॥
देखि तात तव सहज सुधाई। प्रीति प्रतीति नीति निपुनाई॥
उपजि परी ममता मन मोरें। कहौं कथा निज पूछे तोरें॥
अब प्रसन्न मैं संसय नाहीं। माँगु जो भूप भाव मन माहीं॥
सुनि सुबचन भूपति हरषाना। गहि पद बिनय कीन्हि बिधि नाना॥
कृपासिंधु मुनि दरसन तोरें। चारि पदारथ करतल मोरें॥
प्रभुहिं तथापि प्रसन्न बिलोकी। माँगि अगम बरु होउँ असोकी॥
दो०— जरा मरन दुख रहित तनु समर जितै जनि कोउ।
एकछत्र रिपुहीन महि राज कलप सत होउ॥ १६४॥

अर्थ—तुम्हारा नाम प्रतापभानु है, राजा सत्यकेतु तुम्हारे पिता थे। हे राजा! मैं गुरु की कृपा से सब कुछ जानता हूँ परन्तु अपनी हानि समझकर नहीं कहता।

हे तात! तुम्हारे स्वाभाविक सरलपन, तुम्हारी प्रीति, विश्वास तथा नीतिनिपुणता देखकर मेरे मन में ममता उत्पन्न हो गई और मैं तुम्हारे पूछने पर अपनी कथा कहता हूँ।

अब मैं प्रसन्न हूँ, इसमें सन्देह नहीं है। हे राजा! तुम्हारे मन में जो कुछ भी हो उसे माँगो।

उसके सुन्दर वचनों को सुनकर राजा हर्षित हुए और चरणों को पकड़कर नाना प्रकार की विनय की।

हे कृपासिन्धु मुनि! आपके दर्शन से मेरी हथेली में चारों पुरुषार्थ (अर्थ, धर्म, काम, मोक्ष) आ गये हैं, फिर क्यों न दुर्लभ वर माँग कर मैं शोकरहित हो जाऊँ।

मेरा शरीर जरा-मरण के दुख से रहित हो तथा युद्ध में मुझे कोई जीत न पाये। मेरा राज्य शत कल्पों का हो और पृथ्वी पर मैं शत्रुहीन होकर एकच्छत्र (सम्राट्) बनूँ॥ १६४॥

टिप्पणी—कपटपूर्ण सर्वज्ञता के निरूपण के माध्यम से प्रतापभानु को सम्मोहित करने की चेष्टा और इस चेष्टा में छलभरा वातावरण निर्मित करके कपटमुनि द्वारा विश्वसनीयता प्राप्त करने का प्रयास किया गया है।

कह तापस नृप ऐसेइ होऊ। कारन एक कठिन सुनु सोऊ॥
कालउ तुअ पद नाइहि सीसा। एक बिप्र कुल छाँड़ि महीसा॥
तप बल बिप्र सदा बरिआरा। तिन्हकें कोप न कोउ रखवारा॥
जौं बिप्रन्ह बस करहु नरेसा। तौ तुअ बस बिधि बिष्नु महेसा॥
चल न ब्रह्मकुल सन बरिआई। सत्य कहउँ दोउ भुजा उठाई॥
बिप्र स्राप बिनु सुनु महिपाला। तोर नास नहिं कवनेहुँ काला॥
हरषेउ राउ बचन सुनि तासू। नाथ न होइ मोर अब नासू॥
तब प्रसाद प्रभु कृपानिधाना। मोकहुँ सर्ब काल कल्याना॥

दो०— एवमस्तु कहि कपट मुनि बोला कुटिल बहोरि।
मिलब हमार भुलाब निज कहहु त हमहिं न खोरि॥ १६५॥

अर्थ—तपस्वी ने कहा, हे राजा! ऐसा ही होगा, किन्तु इसमें एक कठिन बात है, उसे सुनें। हे राजा! एक ब्राह्मण कुल को छोड़कर मृत्यु भी तुम्हारे चरणों में सिर झुकायेगी।

तपस्या के बल पर विप्र कुल सदैव शक्तिशाली रहा है, अतः उनके क्रोध से कोई रक्षक नहीं है। हे राजा! यदि आप विप्रों को वश में कर लेते हैं तो तुम्हारे वश में ब्रह्मा, विष्णु तथा शिव भी हो जायेंगे।

विप्र कुल से जबर्दस्ती नहीं चलती, मैं दोनों भुजाओं को उठाकर सही-सही कहता हूँ, हे राजा सुनें, बिना ब्राह्मण शाप के तुम्हारा विनाश किसी भी समय में नहीं हो सकता।

उसके वचनों को सुनकर राजा हर्षित हुए, और कहा! मेरा नाश अब नहीं होगा, हे कृपानिधान प्रभु! आपकी कृपा से मेरा सदैव कल्याण होगा।

ऐसा ही हो, यह कहकर वह कुटिल मुनि पुनः कुटिलतायुक्त (बात) कही। हमारा मिलना तथा अपना मार्ग भूलना यदि किसी से कहते हैं तो मेरा दोष नहीं होगा॥ १६५॥

टिप्पणी—ब्राह्मण सेवा का माहात्म्य निरूपित करते हुए उसके प्रति पूर्ण विश्वसनीयता प्रकट करना यहाँ कवि का मूल मन्तव्य है। वह इसी एक माध्यम से अपनी कार्य सिद्धि एवं प्रकारान्तर भाव से राजा के विनाश की योजना तैयार करता है।

तातें मैं तोहि बरजउँ राजा। कहें कथा तव परम अकाजा॥
छठें श्रवन यह परत कहानी। नास तुम्हार सत्य मम बानी॥
यह प्रगटें अथवा द्विज स्रापा। नास तोर सुनु भानुप्रतापा॥
आन उपायँ निधन तव नाहीं। जौं हरि हर कोपहिं मन माहीं॥
सत्य नाथ पद गहि नृप भाखा। द्विज गुरु कोप कहहु को राखा॥
राखइ गुरु जौं कोप बिधाता। गुर बिरोध नहिं कोउ जग त्राता॥

जौं न चलब हम कहे तुम्हारे। होउ नास नहिं सोच हमारे।।
एकहिं डर डरपत मन मोरा। प्रभु महिदेव स्त्राप अति घोरा।।
दो०— होहिं बिप्र बस कवन बिधि कहहु कृपा करि सोउ।
तुम्ह तजि दीनदयाल निज हितू न देखउँ कोउ।। १६६।।

अर्थ—हे राजा! मैं इसलिए तुम्हें रोक रहा हूँ कि इस कथा को कहने से तुम्हारी अत्यधिक हानि होगी। छठें कान में यह कथा पड़ते ही, तुम्हारा नाश हो जाएगा, यह बात मेरी सत्य है।

हे प्रतापभानु! सुनो, इस कथा के प्रकट होने से अथवा ब्राह्मण शाप से तुम्हारा नाश होगा। यदि विष्णु तथा शिव भी मन में कुपित हो जाएँ तो भी अन्य किसी उपाय से तुम्हारा निधन नहीं होगा।

वह चरण पकड़कर बोला, हे नाथ! यह सत्य है, गुरु तथा ब्राह्मण के क्रोध से कौन रक्षा कर सकता है? यदि ब्रह्मा क्रोध करे तो गुरु रक्षा कर सकता है किन्तु गुरु के विरोध से संसार में कोई रक्षक नहीं है।

यदि मैं आपके कथनानुसार नहीं चलूँगा, मेरा नाश हो जाये, मेरा विनाश हो जाये, मुझे इसकी चिन्ता नहीं है। हे प्रभो! एक ही डर से मेरा मन डर रहा है कि ब्राह्मणों का शाप अत्यधिक भयानक है।

ये ब्राह्मण किस प्रकार वश में हो सकते हैं, कृपा करके वही (उपाय) बताइए। हे दीनदयालु! आपको छोड़ करके मैं अपना कोई हितैषी नहीं देखता।। १६६।।

टिप्पणी—इस छल को कवि गुरु माहात्म्य से जोड़ता है। छल के लिए नीति पथ का आलम्बन ग्रहण करना एक परम्परित उपाय है। यहाँ इसी उपाय को छल का आधार बनाया जा रहा है।

सुनु नृप बिबिध जतन जग माहीं। कष्टसाध्य पुनि होहिं कि नाहीं।।
अहइ एक अति सुगम उपाई। तहाँ परंतु एक कठिनाई।।
मम आधीन जुगुति नृप सोई। मोर जाब तव नगर न होई।।
आजु लगें अरु जब ते भयउँ। काहू के गृह ग्राम न गयऊँ।।
जौं न जाउँ तव होइ अकाजू। बना आइ असमंजस आजू।।
सुनि महीस बोलेउ मृदु बानी। नाथ निगम असि नीति बखानी।।
बड़े सनेह लघुन्ह पर करहीं। गिरि निज सिरनि सदा तृन धरहीं।।
जलधि अगाध मौलि बह फेनू। संतत धरनि धरत सिर रेनू।।
दो०— अस कहि गहे नरेस पद स्वामी होहु कृपाल।
मोहि लागि दुख सहिअ प्रभु सज्जन दीनदयाल।। १६७।।

अर्थ—हे नृप! सुनें, संसार में अनेक यत्न हैं, वे (एक तो) कष्टसाध्य हैं, पुनः उनसे कार्य पूर्ण हो या नहीं (यह भी संदेहास्पद है)। हाँ, एक उपाय तो अति सुगम है परन्तु उसमें एक कठिनाई है।

हे नृप! वह युक्ति मेरे अधीन है, किन्तु आपके नगर में मेरा जाना नहीं हो सकता क्योंकि जब से मैं उत्पन्न हुआ तबसे लेकर आज तक न मैं किसी के घर गया और न गाँव गया।

यदि मैं नहीं जाता तो आपका अकाज होगा, आज यह बड़ा असमंजस आ पड़ा है। इसे सुनकर राजा कोमल वाणी में बोला, हे नाथ! वेदों में ऐसी नीति बखानी गई है—

गुरुजन अपने छोटों पर स्नेह करते हैं। पर्वत अपने सिरों पर सदा घास (तृण) धारण करते हैं। अगाध समुद्र के मस्तक पर फेन बहता रहता है (धारण करता है) पृथ्वी निरन्तर अपने सिर पर धूलि धारण किए रहती है।

ऐसा कहकर राजा ने (तपस्वी के) चरणों को पकड़ा और कहा कि हे स्वामी! कृपाशील हों, हे दीनदयालु! प्रभु! मेरे लिए आप इतना दुःख सहें।। १६७।।

टिप्पणी—नीति पथ के आवरण को कपटपूर्ण माया का आधार बताया गया है ताकि विश्वसनीया बढ़ सके।

जानि नृपहि आपन आधीना। बोला तापस कपट प्रबीना॥
सत्य कहउँ भूपति सुनु तोहीं। जग नाहिन दुर्लभ कछु मोहीं॥
अवसि काज मैं करिहउँ तोरा। मन तन बचन भगत तैं मोरा॥
जोग जुगुति तप मंत्र प्रभाऊ। फलइ तबहिं जब करिअ दुराऊ॥
जौ नरेस मैं करउँ रसोई। तुम्ह परुसहु मोहि जान न कोई॥
अन्न सो जोइ जोइ भोजन करई। सोइ सोइ तव आयसु अनुसरई॥
पुनि तिन्ह के गृह जेंवइ जोऊ। तव बस होइ भूप सुनु सोऊ॥
जाइ उपाय रचहु नृप एहू। संबत भरि संकल्प करेहू॥
दो०— नित नूतन द्विज सहस सत बरेउ सहित परिवार।
मैं तुम्हरे संकलप लगि दिनहिं करबि जेवनार॥ १६८॥

अर्थ—अपने अधीन नृप को समझकर कपट प्रवीण तपस्वी बोला, हे राजा! तुमसे सच-सच कह रहा हूँ, संसार में कुछ दुर्लभ नहीं है।

मैं आपका अवश्य कार्य करूँगा—मैं मन, वाणी तथा शरीर से तुम्हारा भक्त हूँ। योग, युक्ति, तपस्या मंत्र का प्रभाव तभी फलता है, जब (उसे) गोपनीय रखें।

हे राजा! यदि मैं रसोई बनाऊँ, तुम उसे परसो, मुझे कोई जाने न। उस अन्न का जो-जो व्यक्ति भोजन करेगा, वह-वह आपकी आज्ञा का पालन करेगा।

पुन: उनके घर जो भोजन करेगा, हे राजा! सुनें वह भी आपके वश में होगा। हे राजा! इस उपाय की जाकर व्यवस्था करो और एक वर्ष तक के लिए (इस भोजन व्यवस्था का) इसका संकल्प करो।

नित्य नये सत सहस्र ब्राह्मणों का परिवार सहित (आमंत्रण के लिए) वरण (चुनाव) करो और मैं तुम्हारे संकल्प के निमित्त दिन में भोजन बनाया करूँगा॥ १६८॥

टिप्पणी—षड्यंत्र के लिए नीति पथ के आधार का वह व्यावहारिक विस्तार देता है। 'उपाय रचना' इन पंक्तियों का मन्तव्य है।

एहि बिधि भूप कष्ट अति थोरें। होइहहिं सकल बिप्र बस तोरे॥
करिहहिं बिप्र होम मख सेवा। तेहि प्रसंग सहजहिं बस देवा॥
और एक तोहि कहउँ लखाऊ। मैं एहिं बेष न आउब काऊ॥
तुम्हरे उपरोहित कहुँ राया। हरि आनब मैं करि निज माया॥
तपबल तेहि करि आपु समाना। रखिहउँ इहाँ बरष परवाना॥
मैं धरि तासु बेषु सुनु राजा। सब बिधि तोर सवाँरब काजा॥
गै निसि बहुत सयन अब कीजै। मोहि तोहि भूप भेंट दिन तीजै॥
मैं तपबल तोहि तुरग समेता। पहुँचैहउँ सोवतहि निकेता॥
दो०— मैं आउब सोइ बेषु धरि पहिचानेउ तब मोहि।
जब एकांत बोलाइ सब कथा सुनावउँ तोहि॥ १६९॥

अर्थ—इस प्रकार अत्यन्त थोड़े (प्रयास) कष्ट में ही सभी ब्राह्मण आपके वश में हो जायेंगे। ब्राह्मण हवनयज्ञ तथा पूजन करेंगे तो उस प्रसंग के कारण देवता 'सहज' ही वश में हो जायेंगे।

मैं एक और भी पहचान (लखाऊ-लक्षण) बता रहा हूँ कि इस वेष में कभी नहीं आऊँगा। हे राजा! मैं तुम्हारे पुरोहित को अपनी माया से हर ले आऊँगा।

तपस्या के बल से उसे अपने समान बनाकर मैं यहाँ एक वर्ष पर्यन्त तक रखूँगा। हे राजा! सुनें, मैं उसका वेष धारण करके प्रत्येक प्रकार से तुम्हारा कार्य पूर्ण करूँगा।

हे राजा! रात बहुत बीत गई है अतः अब शयन करें मेरी और तुम्हारी भेंट आज से तीसरे दिन होगी। मैं तपस्या के बल से तुझे घोड़े समेत सोते में ही घर पहुँचा दूँगा

मैं जब वही वेष धारण करके आऊँगा और एकान्त में बुलाकर सारी कथा सुनाऊँगा, तब आप मुझे पहचान लीजियेगा॥ १६९॥

टिप्पणी—विश्वसनीयता उत्पन्न करने के लिए आश्चर्यपूर्ण कृत्य का संयोजन ताकि विश्वास बढ़ सके। इस प्रकार की काव्य योजनाएँ परम्परित हैं।

सयन कीन्ह नृप आयसु मानी। आसन जाइ बैठ छलग्यानी॥
श्रमित भूप निद्रा अति आई। सो किमि सोव सोच अधिकाई॥
कालकेतु निसिचर तहँ आवा। जेहिं सूकर होइ नृपहिं भुलावा॥
परम मित्र तापस नृप केरा। जानइ सो अति कपट घनेरा॥
तेहि के सत सुत अरु दस भाई। खल अति अजय देव दुखदाई॥
प्रथमहिं भूप समर सब मारे। बिप्र संत सुर देखि दुखारे॥
तेहि खल पाछिल बयरु सँभारा। तापस नृप मिलि मंत्र बिचारा॥
जेहि रिपु छय सोइ रचेन्हि उपाऊ। भावी बस न जान कछु राऊ॥
दो०— रिपु तेजसी अकेल अपि लघु करि गनिअ न ताहु।
अजहुँ देत दुख रबि ससिहि सिर अवसेषित राहु॥ १७०॥

अर्थ—राजा ने आज्ञा मानकर शयन किया और वह कपट-ज्ञानी आसन पर जाकर बैठा। श्रमित राजा को गहरी निद्रा आ गई परन्तु (तपस्वी वेष कपट-ज्ञानी) चिन्ता की अधिकता के कारण वह कैसे सोता!

उस समय कालकेतु राक्षस वहाँ आया जिसने शूकर बनकर राजा को भ्रमित किया था। उस तपस्वी राजा का वह गहरा दोस्त था और वह अनेकों प्रकार के कपट-प्रपंचों से परिचित था।

उसके दस पुत्र तथा दस भाई थे, वह दुष्ट अत्यधिक अजेय तथा देवताओं को दुख देने वाला था। ब्राह्मणों, सन्तों तथा देवताओं को दुखी देखकर पहले ही युद्ध में राजा द्वारा सभी मारे जा चुके थे।

उस खल ने पुरानी शत्रुता का स्मरण करके तपस्वी राजा के साथ मिलकर मंत्रणा की। जिससे शत्रु का विनाश हो जाय, वह उपाय करना चाहिए। भावीवश (भवितव्यतावश) राजा कुछ भी नहीं जान सका।

तेजस्वी शत्रु यदि अकेला हो तो भी उसे छोटा मत समझो। आज भी सिर मात्र जिसका बचा हुआ है ऐसा राहु सूर्य-चन्द्रमा को दुख देता है।। १७०।।

टिप्पणी—सम्पूर्ण षड्यंत्र की प्रस्तावना यहाँ पूर्ण होती है। कवि सिद्धान्त वाक्य प्रस्तुत करता है कि राजनीति एवं लोकनीति के अन्तर्गत अकेले तथा असहाय शत्रु को भी दुर्बल नहीं समझना चाहिए—इसके लिए वह 'शीश विहीन' राहु का दृष्टान्त देता है—जो सूर्य तथा चन्द्र जैसे परम तेजस्वी ग्रहों के लिए कष्टदायी हैं।

तापस नृप निज सखहि निहारी। हरषि मिलेउ उठि भएउ सुखारी॥
मित्रहि कहि सब कथा सुनाई। जातुधान बोला सुख पाई॥
अब साधेउँ रिपु सुनहु नरेसा। जौं तुम्ह कीन्ह मोर उपदेसा॥
परिहरि सोचु रहहु तुम्ह सोई। बिनु औषध बिआधि बिधि खोई।

कुल समेत रिपु मूल बहाई। चौथें दिवस मिलब मैं आई॥
तापस नृपहि बहुत परितोषी। चला महा कपटी अतिरोषी॥
भानुप्रतापहि बाजि समेता। पहुँचाएसि छन माझ निकेता॥
नृपहि नारि पहिं सयन कराई। हय गृहँ बाँधेसि बाजि बनाई॥
दो०— राजा के उपरोहितहि हरि लै गएउ बहोरि।
लै राखेसि गिरिखोह महुँ मायाँ करि मति भोरि॥ १७१॥

अर्थ—तपस्वी राजा अपने मित्र को देखकर हर्षित भाव से उठकर मिला और सुखी हुआ। सम्पूर्ण कथा अपने (राक्षस) मित्र को कहकर सुनाया (उसे सुनकर) राक्षस आनन्दित होकर बोला।

हे राजा! सुनें, यदि आपने मेरे कहने के अनुसार किया तो मैं शत्रु को साध लूँगा। चिन्ता छोड़कर तुम सो रहो, अब बिना ओषधि के सम्पूर्ण व्याधि को विधाता ने नष्ट कर दिया (ऐसा समझो)।

कुल सहित, शत्रु को जड़ सहित (उखाड़कर) बहाकर चौथे दिन आकर तुमसे पुनः मिलूँगा। तपस्वी राजा को भलीभाँति समझाकर वह महाकपटी तथा क्रोधी राक्षस चला।

प्रतापभानु को घोड़े के साथ क्षण मात्र में ही घर पर पहुँचाया। राजा की पत्नी के पास उनका शयन कराकर भलीभाँति घोड़े को अश्वशाला में बाँधा।

पुनः राजा के पुरोहित का हरण कर ले गया। उसकी बुद्धि माया से भ्रमित करके पर्वत कन्दरा में ले जाकर रखा॥ १७१॥

टिप्पणी—षड्यंत्र की पूर्णता के लिए कार्ययोजन इन पंक्तियों का लक्ष्य है।

आपु बिरचि उपरोहित रूपा। परेउ जाइ तेहि सेज अनूपा॥
जागेउ नृप अनभएँ बिहाना। देखि भवन अति अजरजु माना॥
मुनि महिमा मन महुँ अनुमानी। उठेउ गवँहिं जेहिं जान न रानी॥
कानन गएउ बाजि चढ़ि तेहीं। पुर नर नारि न जानेउ केहीं॥
गएँ जाम जुग भूपति आवा। घर घर उत्सव बाजु बधावा॥
उपरोहितहि देख जब राजा। चकित बिलोक सुमिरि सोइ काजा॥
जुग सम नृपहि गए दिन तीनी। कपटी मुनि पद रह मति लीनी॥
समय जानि उपरोहित आवा। नृपहि मते सब कहि समुझावा॥
दो०— नृप हरषेउ पहिचानि गुरु भ्रमबस रहा न चेत।
बरे तुरत सत सहस बर बिप्र कुटुंब समेत॥ १७२॥

अर्थ—स्वयं पुरोहित का रूप धारण करके उस अनुपम शैया पर जाकर लेटा। सवेरा होने के पूर्व ही राजा जगा और अपना भवन देखकर उसने अत्यधिक आश्चर्य माना।

मुनि महिमा का मन में अनुमान करके, वह सम्हाल करके धीरे से उठा जिससे रानी न समझ सके। उसी घोड़े पर चढ़कर वह जंगल गया। नगर के किसी स्त्री-पुरुष ने (इसे) नहीं जाना।

दो प्रहर बीत जाने पर राजा आया। घर-घर उत्सव होने लगे, बधावे बजने लगे। राजा ने जब पुरोहित को देखा उसी कार्य का स्मरण करके उसे आश्चर्य से देखा।

तीन दिन राजा के लिए युग सदृश व्यतीत हो गये। उसकी बुद्धि कपटी राजा के चरणों में लीन हो गई। समय जानकर पुरोहित (राक्षस रूप) आया और राजा के साथ हुई (पूर्व आश्रम की मंत्रणा) के अनुसार उसे कहकर समझाया।

राजा गुरु को पहचान कर प्रसन्न हुए, भ्रम के कारण उन्हें होश न रहा। तुरन्त उसे शत सहस्त्र उत्तम ब्राह्मणों को परिवार सहित आमंत्रित किया॥ १७२॥

टिप्पणी—कवि कथा में त्वरा उत्पन्न करता हुआ षड्यंत्र की पीठिका को आगे बढ़ाता है ताकि उसका कार्यान्वयन हो सके।

उपरोहित जेवनार बनाई। छरस चारि बिधि जसि श्रुति गाई॥
मायामय तेहिं कीन्ह रसोई। बिंजन बहु गनि सकइ न कोई॥
बिबिध मृगन्ह कर आमिष राँधा। तेहि महुँ बिप्र माँसु खल साँधा॥
भोजन कहँ सब बिप्र बोलाए। पद पखारि सादर बैठाए॥
परुसन जबहिं लाग महिपाला। भै अकासबानी तेहि काला॥
बिप्रबृंद उठि उठि गृह जाहू। है बड़ि हानि अन्न जनि खाहू॥
भएउ रसोईं भूसुर माँसू। सब द्विज उठे मानि बिस्वासू॥
भूप बिकल मति मोहँ भुलानी। भावी बस न आव मुख बानी॥
दो०— बोले बिप्र सकोप तब नहिं कछु कीन्ह बिचार।
जाइ निसाचर होहु नृप मूढ़ सहित परिवार॥ १७३॥

अर्थ—छः रस एवं चारों प्रणालियों के अनुसार जैसा श्रुतियों में वर्णित है, पुरोहित ने भोजन बनाया। उसने मायाभरी रसोई तैयार की, अनेक व्यंजन थे, जिनका वर्णन कोई नहीं कर सकता।

नाना प्रकार के पशुओं का मांस उसने पकाया और उस दुष्ट ने उसमें ब्राह्मण का मांस भी मिलाकर पका दिया। भोजन के निमित्त सम्पूर्ण ब्राह्मणों को बुलाया और चरण धोकर उन्हें आदर सहित बैठाया।

राजा जब (भोजन) परसने लगा तब उसी समय आकाशवाणी हुई। हे ब्राह्मणवृन्द! उठ-उठकर घर जाओ, इस अन्न को मत खाओ, इससे बड़ी हानि है।

रसोई में ब्राह्मण मांस बना है और सभी ब्राह्मण उसका विश्वास मानकर उठ पड़े। राजा व्याकुल हो उठा, मोह के कारण बुद्धि विस्मृत थी और भावीवश उसके मुँह से वाणी नहीं निकल रही थी।

तब अत्यधिक क्रोधपूर्वक विप्रवृन्द बोले, और उन्होंने इस पर (गम्भीरतापूर्वक) विचार नहीं किया, हे मूढ़ (राजा) परिवार सहित जाकर राक्षस हो जाओ॥ १७३॥

टिप्पणी—यहाँ षड्यंत्र की परिपूर्णता है। कवि सम्पूर्ण प्रसंग को विश्वास तथा नीति पथ से शुरू करके उसका समापन दुराचरण में करता है। 'ब्राह्मण-मांस' भक्षण की आयोजना षड्यंत्र की सिद्धि का आधार है। 'ब्राह्मण मांस' की परिकल्पना इसलिए की गई कि आगे रावण एवं कुंभकर्ण जैसे अधम तामसी वृत्ति संयुक्त राक्षसों की भयंकरता से सम्पूर्ण प्रसंग को जोड़ा जा सके। गाय तथा ब्राह्मण परम्परित भारतीय संस्कृति के सर्वोच्च मूल्य हैं।

छत्रबंधु तैं बिप्र बोलाई। घालै लिए सहित समुदाई॥
ईस्वर राखा धरम हमारा। जैहसि तैं समेत परिवारा॥
संबत मध्य नास तव होऊ। जलदाता न रहिहि कुल कोऊ॥
नृप सुनि स्राप बिकल अति त्रासा। भै बहोरि बर गिरा अकासा॥
बिप्रहु स्राप बिचारि न दीन्हा। नहिं अपराध भूप कछु कीन्हा॥
चकित बिप्र सब सुनि नभबानी। भूप गयउ जहँ भोजन खानी॥
तहँ न असन नहिं बिप्र सुआरा। फिरेउ राउ मन सोच अपारा॥
सब प्रसंग महिसुरन्ह सुनाई। त्रसित परेउ अवनी अकुलाई॥
दो०— भूपति भावी मिटै नहिं जदपि न दूषन तोर।
किए अन्यथा होइ नहिं बिप्र स्राप अति घोर॥ १७४॥

अर्थ—हे क्षत्रिय! तूने ब्राह्मणों को उनके समुदाय के साथ बुलाकर नष्ट करना चाहा। ईश्वर ने हमारे धर्म की रक्षा कर ली। तू परिवार सहित नष्ट हो जा।

एक वर्ष पर्यन्त तुम्हारा विनाश हो जाय और तुम्हारे कुल में कोई पानी देने वाला तक (श्राद्ध कर्मादि में जलदान) न रहेगा। राजा शाप सुनकर भय-पीड़ा से व्याकुल हो उठे। पुनः (इसके बाद) सुन्दर आकाशवाणी हुई।

हे ब्राह्मण वृन्द! आप लोगों ने विचारपूर्वक शाप नहीं दिया है। राजा ने कोई अपराध नहीं किया है। आकाशवाणी सुनकर सभी ब्राह्मण चकित हो उठे। राजा वहाँ गये, जहाँ भोजन की रसोई थी।

वहाँ न तो भोजन था, न रसोइया (सुआरा) ब्राह्मण था। राजा अत्यधिक शोकग्रस्त मन से लौटे। सम्पूर्ण प्रसंग उन्होंने ब्राह्मणों को सुनाया और व्याकुल होकर पृथ्वी पर गिर पड़े।

हे राजा! यद्यपि आपका दोष नहीं है (इसी प्रकार की भवितव्यता थी) अतः भवितव्यता मिट नहीं सकती। ब्राह्मणों का शाप अत्यन्त भयंकर होता है, वह किसी भी तरह से अन्यथा नहीं हो सकता॥ १७५॥

टिप्पणी—षड्यंत्र की सिद्धि तथा उसके कारण प्रचंड अभिशाप—इन दो सम्भावनाओं से जुड़ा यह प्रसंग यहाँ परिपूर्णता प्राप्त करता है। अभिशप्त की तेजहीनता का सिद्धान्त नियोजित करके कवि प्रतापभानु के पराभव की कथा को समापन की ओर ले जाता है।

अस कहि सब महिदेव सिधाए। समाचार पुरलोगन्ह पाए॥
सोचहिं दूषन दैवहिं देहीं। बिरचत हंस काग किय जेहीं॥
उपरोहितहिं भवन पहुँचाई। असुर तापसहिं खबरि जनाई॥
तेहिं खल जहँ तहँ पत्र पठाए। सजि सजि सेन भूप सब धाए॥
घेरेन्हि नगर निसान बजाई। बिबिध भाँति नित होइ लराई॥
जूझे सकल सुभट करि करनी। बंधु समेत परेउ नृप धरनी॥
सत्यकेतु कुल कोउ नहिं बाँचा। बिप्र स्राप किमि होइ असाँचा॥
रिपु जिति सब नृप नगर बसाई। निज पुर गवने जय जसु पाई॥
दो०— भरद्वाज सुनु जाहि जब होइ बिधाता बाम।
धूरि मेरु सम जनक जम, ताहि ब्याल सम दाम॥ १७५॥

अर्थ—ऐसा कहकर सम्पूर्ण ब्राह्मण वृन्द चले गये और (तब) नगर के लोगों ने इस समाचार को प्राप्त किया। वे चिन्ता करने लगे और विधाता को दोष देने लगे कि उसने हंस बनाते-बनाते कौआ बना दिया।

उपरोहित को घर पहुँचाकर राक्षस ने तपस्वी राजा को खबर दी। उस दुष्ट ने जहाँ तहाँ पत्र भेजे और सेना सजा-सजाकर सम्पूर्ण राजा आ पहुँचे।

बाजे बजा-बजाकर नगर घेर लिया और प्रतिदिन नाना प्रकार की लड़ाइयाँ होने लगीं। अपने करतब (करनी : युद्ध कौशल) कर करके सम्पूर्ण योद्धा युद्ध में काम आये और राजा (प्रतापभानु जी) भाई के साथ पृथ्वी पर मृत हुआ।

सत्यकेतु के कुल में कोई नहीं बचा। ब्राह्मण का शाप असत्य कैसे हो सकता है? शत्रु को जीत करके और नगर को बसा करके सभी राजा विजय यश को प्राप्त करके अपने-अपने नगरों को लौट पड़े।

याज्ञवल्क्य ने कहा—हे भरद्वाज सुनो, जिसके लिए जब भी विधाता प्रतिकूल हो जायँ धूलि सुमेरु पर्वत के सदृश, पिता यम की भाँति एवं रस्सी सर्प के समान होंगे॥ १७५॥

टिप्पणी—प्रतापभानु कथा यहाँ अपने फलागम की परिपूर्णता को प्राप्त करती है। मनुशतरूपा अवतरण प्रस्तावना का सम्बन्ध भक्ति से है। नारद कथा का सम्बन्ध लीला रचना से तथा प्रतापभानु की कथा 'कर्म पराभव' एवं 'धर्म की ग्लानि' से जुड़ी है। हिन्दी भक्ति काल में अवतार के तीन हेतु हैं—धर्म की स्थापना, भावमूला-भक्ति की लोकात्मक प्रतिष्ठा तथा लीला का व्यापक प्रचार। कवि 'धर्म की स्थापना' सन्दर्भ को इस कथा के कथाफल से जोड़ता है।

काल पाइ मुनि सुनु सोइ राजा। भएउ निसाचर सहित समाजा॥
दस सिर ताहि बीस भुजदंडा। रावन नाम बीर बरिबंडा॥
भूप अनुज अरिमर्दन नामा। भएउ सो कुंभकरन बल धामा॥
सचिव जो रहा धरमरुचि जासू। भएउ बिमात्र बंधु लघु तासू॥
नाम बिभीषन जेहि जग जाना। बिष्नु भगत बिग्यान निधाना॥
रहे जे सुत सेवक नृप केरे। भए निसाचर घोर घनेरे॥
कामरूप खल जिनिस अनेका। कुटिल भयंकर बिगत बिबेका॥
कृपा रहित हिंसक सब पापी। बरनि न जाहिं बिस्व परितापी॥

दो०— उपजे जदपि पुलस्त्यकुल पावन अमल अनूप।
तदपि महीसुर स्त्राप बस भए सकल अघ रूप॥ १७६॥

अर्थ—हे भरद्वाज मुनि! सुनें, समय पाकर वही राजा अपने समाज (परिवार) के साथ राक्षस हुआ। उसके दस सिर थे, बीस भुजदण्ड थे, नाम रावण था और वह बड़ा ही प्रचण्ड योद्धा (बरिबंडा) था।

राजा प्रतापभानु का अरिमर्दन नाम का छोटा भाई 'जो शक्तिनिधान था' कुंभकर्ण बना। धर्मरुचि नाम का उसका जो मंत्री था, वह रावण का सौतेला भाई विमाता का पुत्र अर्थात् विमात्र हुआ।

सम्पूर्ण संसार ने उसे विभीषण के नाम से जाना। वह ज्ञान का भंडार (विभीषण) विष्णु का भक्त था। राजा के जो पुत्र तथा सेवक थे, वे सभी अत्यधिक भयंकर राक्षस हुए।

वे सब अनेकों वर्ग (जिनस) के, इच्छानुसार रूप धारण करने वाले, कुटिल, भयकारी, विवेक शून्य, दयारहित, हिंसक, सभी-के-सभी पापकर्मपरायण तथा समग्र संसार को कष्ट देनेवाले थे, उनका वर्णन नहीं किया जा सकता।

यद्यपि सभी पवित्र, मलरहित एवं विलक्षण पुलस्त्य कुल में उत्पन्न हुए थे फिर भी, ब्राह्मणों के शाप के कारण वे सभी पाप-स्वरूप थे॥ १७६॥

टिप्पणी—मानस की श्रीरामकथा का प्रारम्भ कवि यहाँ से करता है। इसके पूर्व वह काव्य स्वरूप, काव्य-हेतु-कथाओं एवं अवतार-कथाओं की प्रस्तावना करके उससे जुड़े अनेकानेक सन्दर्भों एवं मन्तव्यों को स्पष्ट करता है। कवि की यह श्रीरामकथा श्रीराम से प्रारम्भ न होकर रावणकथा से प्रारम्भ होती है। परम्परित रामायणों तथा पौरागिक सन्दर्भों में भी 'रामकथा की उत्पत्ति' के कारणों पर पहले प्रकाश डाला गया है—कवि उसी मार्ग का अनुसरण करता है। राम का अवतरण निष्प्रयोजन नहीं, सप्रयोजन है—जबकि ललित काव्यों में यह प्रवृत्ति नहीं मिलती। ललित काव्यों में सम्पूर्ण कथा समाप्ति के बाद कथा का प्रयोजन संकेत भाव से व्यंजित होता है किन्तु इन कथाओं में प्रयोजनों का उल्लेख करके सम्पूर्ण कथा को उसी के अनुक्रम में विकसित किया जाता है।

कीन्ह बिबिध तप तीनिहुँ भाई। परम उग्र नहिं बरनि सो जाई॥
गएउ निकट तप देखि बिधाता। माँगहु बर प्रसन्न मैं ताता॥
करि बिनती पद गहि दससीसा। बोलेउ बचन सुनहु जगदीसा॥

हम काहू के मरहिं न मारें। बानर मनुज जाति दुइ बारें॥
एवमस्तु तुम्ह बड़ तप कीन्हा। मैं ब्रह्माँ मिलि तेहि बर दीन्हा॥
पुनि प्रभु कुंभकरन पहिं गएऊ। तेहि बिलोकि मन बिसमय भएऊ॥
जौं एहिं खल नित करब अहारू। होइहि सब उजारि संसारू॥
सारद प्रेरि तासु मति फेरी। माँगेसि नींद मास षट केरी॥
दो०— गए बिभीषन पास पुनि कहेउ पुत्र बर माँगु।
तेहि माँगेउ भगवंत पद कमल अमल अनुरागु॥ १७७॥

अर्थ—उन तीनों भाइयों ने विविध प्रकार के तप किये, वे परम उग्र थे जिनका वर्णन नहीं किया जा सकता। उनके तप को देखकर विधाता उनके निकट गये और कहा हे तात! मैं प्रसन्न हूँ, वर माँगें।

विनय करके तथा उनके चरणों को पकड़कर रावण ने कहा, हे जगदीश्वर! सुनें, हम किसी के भी मारने से न मरें केवल मनुष्य तथा वानर को छोड़कर।

शिव ने कहा—ऐसा ही हो, मैंने और ब्रह्मा जी ने मिल करके उसे वरदान दिया। पुनः ब्रह्मा कुम्भकर्ण के पास गये और उसे देखकर मन में विस्मय हुआ।

यदि यह दुष्ट प्रतिदिन आहार करेगा तो सम्पूर्ण संसार उजाड़ (निर्जन) हो जायेगा। सरस्वती को प्रेरित करके उसकी मति पलट दी और उसने छः महीने की निन्द्रा माँग ली।

ब्रह्मा पुनः विभीषण के पास गये और कहा, हे पुत्र! वर माँगो। उसने श्रीहरि के कमल-चरणों की निर्मल अनुरागमूला भक्ति माँगी॥ १७७॥

टिप्पणी—'तप' परम्परा में तथा अपने आप में भी सिद्धि का सहज एवं विश्रुत आधार है। कर्माधारित यह निग्रह का आधार समाज के सभी वर्गों के लिए है—यद्यपि ब्राह्मणवादी परम्परा में इसके अपवाद दिये गये हैं किन्तु असुरों एवं राक्षसों के द्वारा तप किए जाने का विधान परम्परित है। 'शक्ति एवं सामर्थ्य' अर्जन का 'तप' परम्परित मोटिफ़ है। रावण की शक्ति का आधार यही 'तप' है।

तिन्हहिं देइ बर ब्रह्म सिधाए। हरषित ते अपने गृह आए॥
मय तनुजा मंदोदरि नामा। परम सुंदरी नारि ललामा॥
सोइ मय दीन्हि रावनहिं आनी। होइहि जातुधानपति जानी॥
हरषित भएउ नारि भलि पाई। पुनि दोउ बंधु बिआहेसि जाई॥
गिरि त्रिकूट एक सिंधु मझारी। बिधि निर्मित दुर्गम अति भारी॥
सोइ मय दानवँ बहुरि सँवारा। कनक रचित मनिभवन अपारा॥
भोगावति जसि अहिकुल बासा। अमरावति जसि सक्र निवासा॥
तिन्हतें अधिक रम्य अति बंका। जग बिख्यात नाम तेहि लंका॥
दो०— खाईं सिंधु गँभीर अति चारिहुँ दिसि फिरि आव।
कनक कोट मनि खचित दृढ़ बरनि न जाइ बनाव॥
हरि प्रेरित जेहिं कलप जोइ जातुधानपति होइ।
सूर प्रतापी अतुल बल दल समेत बस सोइ॥ १७८॥

अर्थ—उन्हें वर देकर ब्रह्मा चले गये और वे भी हर्षितभाव से अपने घर लौटे। मंदोदरी नाम की मय दानव की पुत्री, जो स्त्रियों में रत्नस्वरूपा एवं परम सुन्दरी थी।

यह जानकर कि यह राक्षसों का राजा होगा, उसे ले आकर रावण को दिया। सुन्दर नारी पाकर वह हर्षित हुआ फिर उसने जाकर दोनों भाइयों का विवाह कर दिया।

समुद्र के मध्य में एक त्रिकूट पर्वत पर ब्रह्मा के द्वारा निर्मित एक विशाल दुर्ग था। उसको मय दानव ने फिर से सँवार दिया और उसमें मड़ियों से जड़े अनेक स्वर्ण निर्मित भवन थे।

जैसे सर्पों के निवास के लिए भोगावती नगरी है, इन्द्र के निवास के लिए अमरावती है—उन सबसे अधिक सुन्दर तथा अत्यधिक बाँका जगत् में विख्यात लंका नगर हुआ।

चारों दिशाओं से उसे अत्यधिक गहरी समुद्र की खाई घेरे हुए थी, मणियों से खचित स्वर्णिम दुर्ग अत्यन्त दृढ़ थे (उनकी दृढ़ता का) वर्णन नहीं किया जा सकता।

श्री हरि से प्रेरित जिस कल्प में जो भी राक्षसों का स्वामी (रावण) होता है, वही शूर, प्रतापी, अतुलनीय शक्तिशाली अपनी सेनाओं सहित वहीं निवास करता है॥ १७८॥

टिप्पणी—परम्परित वर्णन परिपाटियों के अनुसार विवाह तथा दुर्ग रचना का सन्दर्भ यहाँ इंगित है। पराक्रमी को ऐश्वर्य एवं भोग स्वत: मिलते हैं, कवि इस तथ्य को यहाँ इंगित करता है।

रहे तहाँ निसिचर भट भारे। ते सब सुरन्ह समर संघारे॥
अब तहँ रहहिं सक्र के प्रेरे। रच्छक कोटि जच्छपति केरे॥
दसमुख कतहुँ खबरि असि पाई। सेन साजि गढ़ घेरेसि जाई॥
देखि बिकट भट बड़ि कटकाई। जच्छ जीव लै गए पराई॥
फिरि सब नगर दसानन देखा। गएउ सोच सुख भएउ बिसेखा॥
सुंदर सहज अगम अनुमानी। कीन्हि तहाँ रावन रजधानी॥
जेहि जस जोग बाँटि गृह दीन्हे। सुखी सकल रजनीचर कीन्हे॥
एक बार कुबेर पर धावा। पुष्पक जान जीति लै आवा॥

दो०— कौतुक ही कैलास पुनि लीन्हेसि जाइ उठाइ।
मनहुँ तौलि निज बाहु बल चला बहुत सुख पाइ॥ १७९॥

अर्थ—पूर्व में वहाँ बड़े योद्धा राक्षस रहते थे उनको देवताओं ने युद्ध में मार डाला था। अब वहाँ इन्द्र की प्रेरणा से यक्षपति कुबेर के एक करोड़ रक्षक रहते थे।

रावण ने कहीं यह समाचार प्राप्त किया। सेना सजाकर उसने दुर्ग को जा घेरा। बड़े भयंकर योद्धाओं की भारी सेना देखकर यक्षगण जीवन लेकर भाग गये।

तब रावण ने सम्पूर्ण नगर घूम कर देखा। उसकी सम्पूर्ण चिन्ता मिट गई और उसे विशेष आनन्द प्राप्त हुआ। उस नगर को सुन्दर, सहज ही अगम्य रावण ने वहाँ राजधानी बनाई।

जो जिस योग्य था उसके अनुसार उसने घरों को बाँट दिया और सभी राक्षसों को (इस प्रकार) सुखी बनाया। एक बार उसने कुबेर पर आक्रमण किया और पुष्पक विमान जीतकर लाया।

(एक बार) खेल-खिलवाड़ में ही जाकर कैलास पर्वत उठा लिया मानो अपनी भुजाओं का बल तौलकर बहुत सुख पाकर चला आया॥ १७९॥

टिप्पणी—कथा के प्रतिपक्षी नायक के शौर्य का वर्णन यहाँ कवि का मूल मन्तव्य है। रावण पराक्रम के कारण हठात् यक्षों से उनकी नगरी छीनकर अप्नी राजधानी बना लेता है। यक्षपति कुबेर से पुष्पक विमान छीन लेता है और शीरीरिक शक्ति में मदान्ध होकर खेल-खेल में वह 'शिव सहित कैलास पर्वत' उठा लेता है।

भक्ति काव्य की सबसे बड़ी विशेषता यही है कि वहाँ प्रतिपक्षी के शौर्य, पराक्रम, मद, अहंकार को ये कवि चरमशीर्ष पर पहुँचा कर नायक द्वारा उसे ध्वस्त करके चमत्कारिक रूप से 'शील तथा शक्ति' की मर्यादा स्थापित करते हैं।

रचना विधान की यह दृष्टि मूलत: पौराणिक है, काव्यात्मक नहीं।

सुख संपति सुत सेन सहाई। जय प्रताप बल बुद्धि बड़ाई॥
निज नूतन सब बाढ़त जाई। जिमि प्रति लाभ लोभ अधिकाई॥

अतिबल कुंभकरन अस भ्राता। जेहि कहुँ नहिं प्रतिभट जग जाता॥
करइ पान सोवइ षट मासा। जागत होइ तिहूँ पुर त्रासा॥
जौं दिन प्रति अहार कर सोई। बिस्व बेगि सब चौपट होई॥
समर धीर नहिं जाइ बखाना। तेहि सम अमित बीर बलवाना॥
बारिदनाद जेठ सुत तासू। भट महुँ प्रथम लीक जग जासू॥
जेहि न होइ रन सनमुख कोई। सुरपुर नितहिं परावन होई॥

दो०— कुमुख अकंपन कुलिसरद धूमकेतु अतिकाय।
एक एक जग जीति सक ऐसे सुभट निकाय॥ १८०॥

अर्थ—सुख, सम्पत्ति, पुत्र, सेना, सहायक, विजय, प्रताप, बल, बुद्धि, गौरव सभी नित्य नूतन भाव से बढ़ते जाते हैं जैसे प्रत्येक लाभ पर लोभ अधिक होता जाता है (बढ़ता है)।

अत्यन्त बलवान कुम्भकर्ण जैसा भाई जिसकी प्रतिभा (बराबरी का योद्धा) संसार में कहीं नहीं है। मद्यपान करता था और छः महीने सोता था तथा उसके जगते ही तीनों लोकों में भय व्याप्त हो जाता था।

यदि वह प्रतिदिन भोजन करता तो विश्व शीघ्र ही नष्ट हो जाता। वह युद्ध में धैर्यवान था और उसके सदृश वहाँ अनन्त वीर योद्धा थे।

मेघनाद उसका ज्येष्ठ पुत्र था, संसार में जिसकी मर्यादा (रेखा) प्रथम योद्धा के रूप में थी। उसके सामने युद्ध में कोई नहीं होता (आता) था और स्वर्ग में तो नित्य ही (उसके कारण) भगदड़ मची रहती थी।

कुमुख, अकम्पन, बज्रदन्त, धूमकेतु और अतिकाय आदि अकेले ही सम्पूर्ण जगत् को जीत सकने में समर्थ अनेक योद्धा (वहाँ) थे।। १८०॥

टिप्पणी—कवि यहाँ 'अनीति एवं अधर्म' के प्रभाव से उत्पन्न वैभव का चित्रण करता है। चित्रण का सम्पूर्ण सन्दर्भ परम्परित है। कवि परम्परा एवं लोक दृष्टि के बीच समन्वय स्थापित करने का प्रयास करता है—दुराचारी एवं धर्मच्युत की सम्पत्ति के विकास का वह दृष्टान्त देता है—

'जिमि प्रतिलाभ लोभ अधिकाई।'

'प्रतिलाभ एवं प्रतिलोभ' का क्रमशः आवर्तन तथा विकास दुराचारी की शक्ति एवं सम्पत्ति के विकास से उपमित करता है। परम्परित दृष्टि को लोक दृष्टि से जोड़ना तथा समाज में नैतिक आधार की पीठिका तैयार करना यह भक्तिकालीन काव्य की अपनी विशेषता है।

कामरूप जानहिं सब माया। सपनेहुँ जिन्ह कें धरम न दाया॥
दसमुख बैठ सभाँ एक बारा। देखि अमित आपन परिवारा॥
सुत समूह जन परिजन नाती। गनै को पार निसाचर जाती॥
सेन बिलोकि सहज अभिमानी। बोला बचन क्रोध मद सानी॥
सुनहु सकल रजनीचर जूथा। हमरे बैरी बिबुध बरूथा॥
ते सनमुख नहिं करहिं लराई। देखि सबल रिपु जाहिं पराई॥
तिन्ह कर मरन एक बिधि होई। कहउँ बुझाइ सुनहु अब सोई॥
द्विज भोजन मख होम सराधा। सब कै जाइ करहु तुम्ह बाधा॥

दो०— छुधा छीन बलहीन सुर सहजहिं मिलिहहिं आइ।
तब मारिहउँ कि छाड़िहउँ भली भाँति अपनाइ॥ १८१॥

अर्थ—सभी कामना के अनुसार वेष धारण करने में दक्ष तथा माया जानते थे और स्वप्न में भी

जिनके मन में न दया थी और न धर्म था। रावण ने एक बार सभा में बैठकर अपने अमित परिवार को देखा।

पुत्र समूह, कुटुम्बी, सेवक, पौत्र और उन सम्पूर्ण राक्षस जातियों को जिनको कोई गिन नहीं सकता था—की सेना को देखकर वह अभिमानी स्वभाव का रावण क्रोध तथा मद से सने हुए वचन बोला—

हे सम्पूर्ण राक्षस समूह! सुनो, देवगण हमारे शत्रु हैं। वे सामने आकर युद्ध नहीं करते और पराक्रमी शत्रु को देखकर भाग जाते हैं।

उनकी मृत्यु एक ही विधि से होगी, मैं समझाकर कहता हूँ, उसे अब सुनो! ब्राह्मण भोजन, यज्ञ, हवन तथा श्राद्ध इन सबमें जाकर बाधा उत्पन्न करो।

तब भूखे, शक्तिहीन एवं क्षीण देवता सहज ही आकर मिलेंगे (समर्पित होंगे) तब भलीभाँति अपने वश में उन्हें करके छोड़ दूँगा, या मार डालूँगा (यह मेरी इच्छा पर निर्भर होगा)॥ १८१॥

टिप्पणी—माया से कामरूपता छल तथा वंचना का आधार है। 'दयाहीनता' एवं 'धर्मच्युति' इनकी प्रकृति का अंग है और इस सन्दर्भ में पुत्र, पौत्र, सम्पत्ति, सेना, शक्ति, ऐश्वर्य इन सबकी वृद्धि अनर्थकारी है।

कवि सम्पूर्ण धर्मविहीनता के अवतरण हेतु का वातावरण तैयार करता है।

देवगण 'सद्मूल्यों' के प्रतीक हैं, उनके मारने अर्थात् समाज को सद्मूल्यों से च्युत करने का अभियान 'धर्म ग्लानि' से जुड़ा हुआ है।

कवि राक्षसों के इस अत्याचार द्वारा श्रीराम के अवतरण की प्रस्तावना का निर्माण करता है।

मेघनाद कहुँ पुनि हँकरावा। दीन्ही सिख बल बयरु बढ़ावा॥
जे सुर समर धीर बलवाना। जिनके लरिबे कर अभिमाना॥
तिन्हहिं जीति रन आनेसु बाँधी। उठि सुत पितु अनुसासन काँधी॥
एहि बिधि सबही अग्या दीन्ही। आपुन चलेउ गदा कर लीन्ही॥
चलत दसासन डोलत अवनी। गर्जत गर्भ स्त्रवहिं सुर रवनी॥
रावन आवत सुनेउ सकोहा। देवन्ह तके मेरु गिरि खोहा॥
दिगपालन्ह के लोक सुहाए। सूने सकल दसानन पाए॥
पुनि पुनि सिंघनाद करि भारी। देइ देवतन्ह गारि प्रचारी॥
रन मद मत्त फरइ जग धावा। प्रतिभट खोजत कतहुँ न पावा॥
रबि ससि पवन बरुन धनधारी। अगिनि काल जम सब अधिकारी॥
किंनर सिद्ध मनुज सुर नागा। हठि सबही के पंथहिं लागा॥
ब्रह्म सृष्टि जहँ लगि तनुधारी। दसमुख बसबर्ती नर नारी॥
आयसु करहिं सकल भयभीता। नवहिं आइ नित चरन बिनीता॥

दो०— भुजबल बिस्व बस्य करि राखेसि कोउ न स्वतंत्र।
मंडलीकमनि रावन राज करइ निज मंत्र॥
देव जच्छ गंधर्ब नर किंनर नाग कुमारि।
जीति बरीं निज बाहु बल बहु सुंदर बर नारि॥ १८२॥

अर्थ—फिर, उसने मेघनाद को बुलवाया और उसे सिखाकर देवताओं के प्रति उसने बल तथा शत्रुता बढ़ाई। जो देवता युद्ध में धैर्यशाली तथा बलवान हों तथा जिन्हें युद्ध में लड़ने का अभिमान हो।

उन्हें युद्ध में जीतकर बाँध लाओ। पिता की आज्ञा को स्वीकार करके पुत्र (मेघनाद) उठा। इस प्रकार, उसने सभी को आज्ञा दी और स्वयं हाथ में गदा लेकर चला।

रावण के चलने के कारण पृथ्वी डगमगाने लगी और उसके गर्जन से देव-पत्नियों के गर्भ गिरने लगे। क्रोधपूर्वक (युद्ध के निमित्त) रावण को आते हुए सुन करके देवता सुमेरु पर्वत की कन्दरा की ओर भाग पड़े।

दिग्पालों के सुहावने सम्पूर्ण नगर रावण को सूने लगे। फिर, पुनः-पुनः भयानक सिंहनाद करते हुए देवताओं को ललकार-ललकार करके गालियाँ दीं।

युद्ध के मद में उन्मत्त संसार में दौड़ता फिरा किन्तु उसने अपनी बराबरी का योद्धा कहीं भी नहीं प्राप्त किया। सूर्य, चन्द्रमा, वायु, वरुण, कुबेर, अग्नि, काल, यम तथा समस्त अधिकारी,

किन्नर, सिद्ध, मनुष्य देवता, नाग—सभी के पीछे वह हठपूर्वक लगा। ब्रह्मा की सृष्टि में जहाँ तक शरीरधारी स्त्री-पुरुष थे, सभी रावण के अधीन हुए।

भयभीत सभी उसकी आज्ञा के अनुसार (आचरण) और नित्य आकर उसके चरणों में नमन करते थे।

अपनी भुजाओं के बल से विश्व को वश में कर लिया और किसी को स्वतंत्र न रहने दिया। इस प्रकार मण्डलीकशिरोमणि रावण स्वेच्छानुसार राज्य करने लगा।

देवता, यक्ष, गन्धर्व, मनुष्य, किन्नर तथा नाग-कुमारियों और सुन्दर कन्याओं को अपने बाहुबल से जीत करके ब्याहा॥ १८२॥

टिप्पणी—अनीति का विस्तार, अधर्म का प्रसार एवं दुष्कर्म प्रवृत्त व्यक्ति का अत्याचार यहाँ विस्तारपूर्वक कथा प्रसंगों से कवि वर्णित करता है। सूर्य, चन्द्र, वायु, वरुण, कुबेर, अग्नि, काल, यम, देव, किन्नर, सिद्ध, गन्धर्व आदि समस्त शक्तियों पर उसने विजय प्राप्त की तथा उन्हें अपने नियंत्रण में रखा।

इंद्रजीत सन जो कछु कहेऊ। सो सब जनु पहिलेहिं करि रहेऊ॥
प्रथमहिं जिन्ह कहुँ आयसु दीन्हा। तिन्ह कर चरित सुनहु जो कीन्हा॥
देखत भीमरूप सब पापी। निसिचर निकर देव परितापी॥
करहिं उपद्रव असुर निकाया। नाना रूप धरहिं करि माया॥
जेहि बिधि होइ धरम निर्मूला। सो सब करहिं बेद प्रतिकूला॥
जेहिं जेहिं देस धेनु द्विज पावहिं। नगर गाउँ पुर आगि लगावहिं॥
सुभ आचरन कतहुँ नहिं होई। देव बिप्र गुर मान न कोई॥
नहिं हरि भगति जग्य जप दाना। सपनेहुँ सुनिअ न बेद पुराना॥

अर्थ—इन्द्रजीत से उसने जो कुछ भी कहा, उसने मानो (उन्हें) पहले से ही कर रखा हो। प्रारम्भ में, जिन्हें आज्ञा दे रखी थी, उन्होंने जो कुछ किया, उनके चरित को सुनें।

उन राक्षसों के समूह देखने में भंयकर आकृतियुक्त, सभी पापपरायण तथा देवों के कष्टदाता थे। वे असुर समूह उपद्रव करते थे और माया करके नाम रूप धारण करते थे।

जिस उपाय से धर्म निर्मूल हो जाय वे सब वेदमार्ग के प्रतिकूल आचरण करते थे। जिस-जिस प्रदेश में वे गाय तथा ब्राह्मण प्राप्त करते थे, उन-उन नगर, ग्राम तथा पुर में आग लगा दिया करते थे।

कहीं भी शुभ कर्म नहीं हो पा रहा था। देवता, गुरु तथा ब्राह्मण को कोई नहीं मानता था। न हरिभक्ति थी, न यज्ञ था, न तपस्या थी और न ज्ञान चर्चा। वेद तथा पुराण स्वप्न में भी नहीं सुनने को मिलते थे।

छंद— जप जोग बिरागा तप मख भागा श्रवन सुनइ दससीसा॥
आपुन उठि धावइ रहै न पावै धरि सब घालइ खीसा॥
अस भ्रष्ट अचारा भा संसारा धरम सुनिअ नहिं काना॥
तेहि बहु बिधि त्रासइ देस निकासइ जो कह बेद पुराना॥

सो०— बरनि न जाइ अनीति घोर निसाचर जो करहिं।
हिंसा पर अति प्रीति तिन्ह कें पापहिं कवनि मिति॥ १८३॥

जप, जोग, वैराग्य, तप, यज्ञ का देवभाग जहाँ कहीं भी रावण कानों से सुनता था, वह उसी क्षण स्वयं उठकर दौड़ता था और कुछ भी (सम्बन्धित सत्कर्म) रहने नहीं पाता था और सभी को पकड़कर बलात् विनष्ट कर देता था। सम्पूर्ण संसार ऐसा आचरण भ्रष्ट हो गया कि धर्म कानों से नहीं सुनाई पड़ता था। जो वेद तथा पुराण कहता था उसे अनेक प्रकार से कष्ट और देश से निकाल देता था।

भयंकर राक्षस जो अनीति करते थे, उसका वर्णन नहीं किया जा सकता हिंसा पर जिनकी प्रीति है, उनके पापों की सीमा क्या! ।। १८३ ॥

टिप्पणी—कवि 'धर्म ग्लानि' का मूल्यगत विवेचन करता है। जप, योग, वैराग्य, तप, यज्ञ ये भारतीय परम्परा के उदात्त मूल्य हैं। सम्पूर्ण सृष्टि से धर्माचरण का नष्ट हो जाना तथा हिंसा का व्यापक फैलाव इस सन्दर्भ के विशिष्ट तत्त्व हैं—कवि इन सबका यहाँ विस्तारपूर्वक वर्णन करता है। परम्परित सन्दर्भों को अपने युग की हिंसा तथा धर्मविहीनता से जोड़ना नयापन है।

बाढ़े खल बहु चोर जुआरा। जे लंपट पर धन पर दारा॥
मानहिं मातु पिता नहिं देवा। साधुन्ह सन करवावहिं सेवा॥
जिन्ह के यह आचरन भवानी। ते जानहु निसिचर सम प्रानी॥
अतिसय देखि धरम कै ग्लानी। परम सभीत धरा अकुलानी॥
गिरि सरि सिंधु भार नहिं मोही। जस मोहि गरुअ एक परद्रोही॥
सकल धर्म देखइ बिपरीता। कहि न सकइ रावन भयभीता॥
धेनु रूप धरि हृदयँ बिचारी। गई तहाँ जहँ सुर मुनि झारी॥
निज संताप सुनाएसि रोई। काहू तें कछु काज न होई॥

अर्थ—चोर, जुआरी तथा दुष्ट अधिक बढ़ गये जो लंपट तथा पराये धन तथा पराई स्त्री के प्रति संसक्त थे। वे माता, पिता तथा देवता को नहीं मानते थे तथा साधु जनों से अपनी सेवा कराते थे।

हे पार्वती! जिनके इस प्रकार के आचरण हैं, उन सभी को राक्षस जानें, धर्म की अत्यधिक हानि देखकर पृथ्वी अत्यन्त सभीत एवं व्याकुल हो उठी।

पृथ्वी चिन्ता करने लगी कि पर्वत, सरोवर, समुद्र का मुझे कोई वैसा भार नहीं है जितना मुझे एक दूसरों के अहित चाहनेवाले परद्रोही का भार है। सम्पूर्ण धर्म को वह विपरीत देख रही थी रावण के भय से डरी हुई कुछ कह नहीं सकती थी।

हृदय में भलीभाँति सोच करके पृथ्वी गाय का रूप धारण करके वह वहाँ गई जहाँ समस्त देवता तथा मुनि थे (छिपे थे)। उसने अपना कष्ट रोकर सुनाया किन्तु किसी से भी उसका कार्य सिद्ध न हो सका।

छंद— सुर मुनि गंधर्बा मिलि करि सर्बा गे बिरंचि के लोका।
सँग गोतनुधारी भूमि बिचारी परम बिकल भय सोका॥

ब्रह्मा सब जाना मन अनुमाना मोर कछू न बसाई।
जा करि तैं दासी सो अबिनासी हमरेउ तोर सहाई॥
सो०— धरनि धरहि मन धीर कह बिरंचि हरिपद सुमिरु।
जानत जन की पीर प्रभु भंजिहि दारुन बिपति॥ १८४॥

तब देवता, मुनि, गन्धर्व, सभी मिलकर ब्रह्मा के लोक में गये। साथ में अत्यन्त असहाय, ब्याकुल, भय एवं शोक से ग्रस्त गाय का रूप धारण किये पृथ्वी थी। ब्रह्मा जी सब बात जान गए और मन-ही-मन अनुमान लगाया कि मेरा वश चलने का नहीं है। जिसकी तुम दासी हो वही अविनाशी ब्रह्म मेरा एवं तुम्हारा सहायक है।

ब्रह्मा ने कहा, हे पृथ्वी! मन में धैर्य धारण करके श्रीहरि का स्मरण करो। वे प्रभु! भक्त की पीड़ा जानते हैं, और वही इस दारुण विपत्ति को दूर करेंगे॥ १८४॥

टिप्पणी—कवि इन पंक्तियों के माध्यम से अपने अधः निर्दिष्ट मन्तव्यों को स्पष्ट करता है—

(१) अनाचरणपूर्ण समाज में अराजक तत्त्वों का बाहुल्य होता है। ये अराजक तत्त्व चोरी तथा जुआ जैसे हैं। राक्षस तो प्रतीक रूप में हैं, उनके माध्यम से कवि अराजकतापूर्ण समाज को यहाँ इंगित करता है।

(२) पौराणिक इतिवृत्त के बीच सामयिक तथा सनातन व्यवस्था की झलक देना—कविता के शाश्वत मूल्यों की कल्पना है। कवि इस सन्दर्भ को यहाँ अपने युग तथा आने वाले समयों से जोड़ता है—

'जिन्हके यह आचरन भवानी। ते जानेहु निसिचर सम प्रानी॥'

(३) अनाचरण के चरमोत्कर्ष पर नैतिक शक्तियों के अभ्युदय की चिन्ता-सनातन चिन्ता है और रहेगी।

बैठे सुर सब करहिं बिचारा। कहँ पाइअ प्रभु करिअ पुकारा॥
पुर बैकुंठ जान कह कोई। कोउ कह पयनिधि बस प्रभु सोई॥
जाके हृदयँ भगति जसि प्रीती। प्रभु तहँ प्रगट सदा तेहि रीती॥
तेहिं समाज गिरजा मैं रहेऊँ। अवसर पाइ बचन एक कहेऊँ॥
हरि ब्यापक सर्बत्र समाना। प्रेम तें प्रगट होहिं मैं जाना॥
देस काल दिसि बिदिसिहु माहीं। कहहु सो कहाँ जहाँ प्रभु नाहीं॥
अग जगमय सब रहित बिरागी। प्रेम तें प्रभु प्रगटइ जिमि आगी॥
मोर बचन सब कें मन माना। साधु साधु करि ब्रह्म बखाना॥
दो०— सुनि बिरंचि मन हरष तन पुलकि नयन बह नीर।
अस्तुति करत जोर कर सावधान मतिधीर॥ १८५॥

अर्थ—समस्त देवता बैठकर विचार करने लगे कि प्रभु को कहाँ प्राप्त करें ताकि अपनी गुहार करें। किसी ने बैकुण्ठपुरी जाने के लिए कहा किसी ने कहा वह प्रभु क्षीरसागर में निवास करते हैं।

जिसके हृदय में जैसी भक्ति तथा प्रीति होती है प्रभु वहाँ उसी रीति (प्रकार) से प्रकट होते हैं। हे पार्वती! उस समाज में मैं भी था और समय पाकर मैंने भी एक बात कही।

श्रीहरि सर्वत्र समान भाव से व्याप्त हैं और वे प्रेम से प्रकट होते हैं। देश, काल, दिशा एवं विदिशा में बताइए वह स्थान कहाँ है, जहाँ प्रभु नहीं हैं।

वे श्रीहरि सचराचर में व्याप्त होते हुए भी सभी से रहित तथा सभी से विरक्त हैं किन्तु प्रेम से विवशीभूत सर्वव्याप्त अग्नि की भाँति सर्वत्र प्रकट होते हैं। मेरी बात सबको अच्छी लगी और साधु (उचित) है, साधु है, ऐसा कहकर ब्रह्मा ने प्रशंसा की।

मेरी बात सुनकर ब्रह्मा मन से हर्षित हुए, शरीर से पुलकित तथा नेत्रों से अश्रु बह पड़े। वह धीर बुद्धियुक्त फिर सावधान होकर हाथ जोड़कर स्तुति करने लगे॥ १८५॥

टिप्पणी—प्रभु श्रीहरि के विषय में मंत्रणा और प्रकारान्तर भाव से उनकी सर्वज्ञता एवं भक्ति तथा प्रीति द्वारा उनकी प्राप्ति की सम्भाविता की ओर संकेत है। श्रीहरि की सन्निकटता के सम्बन्ध में आत्यन्तिक संसक्ति को मूलाधार माना गया है। इस संसक्ति के कायिक एवं सात्त्विक आधार हैं—

'सुनि बिरंचि मन हरष तन पुलकि नयन बह नीर'

मन का अत्यधिक हर्षित होना, शरीर का पुलकावलि संयुक्त होना तथा उससे प्रभावित हर्षवश प्रेमाश्रु प्रवाह-यह संसक्ति का द्योतक है।

छंद— **जय जय सुरनायक जन सुखदायक प्रनतपाल भगवंता।**
गो द्विज हितकारी जय असुरारी सिंधुसुता प्रिय कंता॥
पालन सुर धरनी अद्‌भुत करनी मरम न जानइ कोई।
जो सहज कृपाला दीनदयाला करउ अनुग्रह सोई॥
जय जय अबिनासी सब घट बासी ब्यापक परमानंदा।
अबिगत गोतीतं चरित पुनीतं मायारहित मुकुंदा॥
जेहि लागि बिरागी अति अनुरागी बिगत मोह मुनिबृंदा।
निसि बासर ध्यावहिं गुन गन गावहिं जयति सच्चिदानंदा॥
जेहिं सृष्टि उपाई त्रिबिध बनाई संग सहाय न दूजा।
सो करउ अघारी चिंत हमारी जानिअ भगति न पूजा॥
जो भव भय भंजन मुनि मन रंजन गंजन बिपति बरूथा।
मन बच क्रम बानी छाँड़ि सयानी सरन सकल सुर जूथा॥
सारद श्रुति सेषा रिषय असेषा जा कहुँ कोउ नहिं जाना।
जेहि दीन पिआरे बेद पुकारे द्रवउ सो श्री भगवाना॥
भव बारिधि मंदर सब बिधि सुंदर गुनमंदिर सुखपुंजा।
मुनि सिद्ध सकल सुर परम भयातुर नमत नाथ पद कंजा॥
दो०— जानि सभय सुर भूमि सुनि बचन समेत सनेह।
गगनगिरा गंभीर भइ हरनि सोक संदेह॥ १८६॥

अर्थ—हे देवताओं के स्वामी आपकी जय हो, जय हो? भक्तों को सुख देनेवाले, प्रणतपाल दीनदयालु आपकी जय हो। गौ, ब्राह्मणों के हितैषी, सिन्धुपुत्री लक्ष्मी के पति तथा असुरों के शत्रु श्रीहरि आपकी जय हो। अद्‌भुत कर्म करनेवाले, देवता तथा पृथ्वी की रक्षा करनेवाले आपके रहस्य को कोई नहीं जानता—जो स्वभावतः कृपाशील हैं, दीनों के हितैषी हैं, वही श्रीहरि मुझपर कृपा करें।

हे अविनाशी, सभी प्राणियों के शरीर में निवास करनेवाले, सर्वव्यापक, परम आनन्दस्वरूप, निर्गुण, इन्द्रियों से परे, पवित्र चरित्रवाले, माया विमुक्त तथा मोक्षदायक (मुकुन्द) आपकी जय हो, जिस ब्रह्म के निमित्त अत्यधिक वैराग्य भाववाले विगत मोह मुनि समूह आपके प्रति अनुरक्त भाव से संयुक्त रहते हैं—जिसका वे रात्रि-दिन ध्यान करते रहते हैं और जिनके गुणों का गान करते रहते हैं, उन सच्चिदानन्द श्रीहरि की जय हो।

जिसने सृष्टि को उत्पन्न किया है, त्रिगुणात्मक स्वरूप बनाया है और इस कार्य के निमित्त अन्य कोई सहायक भी नहीं है, हे पापहर्त्ता हमारी चिन्ता करो (हमारे कष्टों के प्रति ध्यान दो) न मैं

भक्ति जानता हूँ और न पूजा विधान। जो संसार के भय को विनष्ट करनेवाले मुनियों के मन को आनन्दित करनेवाले तथा विपत्ति के समूह के विनाशकर्त्ता हैं—उन श्रीहरि की शरण में हम अपनी चतुरता को छोड़कर मन, वाणी तथा कर्म से जाते हैं।

सरस्वती, वेद, शेषनाग तथा सम्पूर्ण ऋषिगण में से कोई जिसको नहीं जानते—जिसे असहाय जन अत्यधिक प्रिय हैं, ऐसा कहकर वेद पुकारते हैं, ऐसे श्रीहरि द्रवित हों। संसाररूपी समुद्र के मंदराचल, सब प्रकार से सुन्दर, गुणों के धाम और सुखों की राशि हे स्वामी! आपके चरणों में हम समस्त मुनि, सिद्ध तथा देवता परम भयातुर भाव से आपका नमन करते हैं।

देवताओं तथा पृथ्वी को भयभीत जानकर तथा उनके स्नेहयुक्त वचन सुनकर शोक तथा संदेह को हरण करने वाली गम्भीर आकाशवाणी हुई॥ १८६॥

टिप्पणी—स्तुति रचना का मूलाधार स्तोत्र प्रणाली है। इसमें आराध्य के गुण, ऐश्वर्य, स्वभाव, कारण, कार्य आदि का रंजनपूर्ण वर्णन करते हुए अपने अभीष्ट को उसके साथ जोड़ना-विशिष्ट रूप से वर्णित किया जाता है। प्रस्तुत स्तुति श्रीहरि का गुणानुवाद है, मन्तव्य है, एक व्यापक लोकरंजन मूल्य या अवतरण की सिद्धि। वैष्णव भक्ति काव्य में मन्तव्यपरक स्तुतियों की परम्परा बराबर मिलती है—कवि इस स्तुति को कथाक्रम से जोड़कर प्रस्तुत करता है।

जनि डरपहु मुनि सिद्ध सुरेसा। तुम्हहिं लागि धरिहउँ नर बेसा॥
अंसन्ह सहित मनुज अवतारा। लेइहउँ दिनकर बंस उदारा॥
कस्यप अदिति महा तप कीन्हा। तिन्ह कहुँ मैं पूरब बर दीन्हा॥
ते दसरथ कौसल्या रूपा। कोसलपुरीं प्रगट नर भूपा॥
तिन्ह कें गृह अवतरिहउँ जाई। रघुकुल तिलक सो चारिउ भाई॥
नारद बचन सत्य सब करिहउँ। परम सक्ति समेत अवतरिहउँ॥
हरिहौं सकल भूमि गरुआई। निर्भय होहु देव समुदाई॥
गगन ब्रह्मबानी सुनि काना। तुरत फिरे सुर हृदय जुड़ाना॥
तब ब्रह्माँ धरनिहिं समुझावा। अभय भई भरोस जियँ आवा॥

दो०— निज लोकहि बिरंचि गे देवन्ह इहइ सिखाइ।
बानर तनु धरि धरनि महि हरि पद सेवहु जाइ॥ १८७॥

अर्थ—हे मुनिगण, सिद्ध गण, तथा देवताओं के स्वामी! मत डरो। मैं तुम्हारे (हितों की रक्षा के) लिए मनुष्य का वेश धारण करूँगा। सूर्य के पवित्र वंश में अपने अंशों के साथ मनुष्य का अवतार लूँगा।

कश्यप तथा अदिति ने महातप किया था और उनको मैंने पूर्व काल में वर दिया था। वे दशरथ तथा कौसल्या के रूप में नृपति होकर अयोध्या में प्रकट हुए हैं।

उनके घर में जाकर मैं रघुवंश में तिलक स्वरूप चारों भाइयों के रूप में अवतरित होऊँगा। मैं नारद के सभी वचनों को सत्य करूँगा और परम शक्ति के साथ अवतरित होऊँगा।

हे देव समुदाय! भयरहित हो जाओ, मैं पृथ्वी के समस्त भार को हरण करूँगा। आकाश की ब्रह्मवाणी कान से सुनकर, उनका हृदय शीतल हो उठा और वे तुरन्त ही लौट पड़े।

तब ब्रह्मा जी ने पृथ्वी को समझाया, वह निर्भय हुई तथा हृदय में भरोसा उत्पन्न हुआ।

देवताओं को यह सिखाकर कि तुम लोग पृथ्वी पर बन्दर का शरीर धारण कर-करके श्रीहरि के चरणों का जाकर सेवन करो ब्रह्मा सत्यलोक को गये॥ १८७॥

टिप्पणी—श्रीहरि के मुख से आकाशवाणी, मूलतः काव्य का मिथकीय आधार है। पौराणिक काव्यों में अशक्य व्यापार की सम्भावनाओं को आकाशवाणी द्वारा पूरा किया जाता रहा है। संस्कृत नाटकों में आकाशभाषित के रूप में आकाशवाणी का प्रयोग अशक्य या सम्भावित घटना व्यापार के

स्वरूप को स्पष्ट करने के लिए किया गया है। यहाँ इस आकाशवाणी का उद्देश्य अवतरण के स्वरूप एवं मन्तव्य को स्पष्ट करना है।

गए देव सब निज निज धामा। भूमि सहित मन कहुँ बिश्रामा॥
जो कछु आयसु ब्रह्माँ दीन्हा। हरषे देव बिलंब न कीन्हा॥
बनचर देह धरी छिति माहीं। अतुलित बल प्रताप तिन्ह पाहीं॥
गिरि तरु नख आयुध सब बीरा। हरि मारग चितवहिं मतिधीरा॥
गिरि कानन जहँ तहँ भरि पूरी। रहे निज निज अनीक रचि रूरी॥
यह सब रुचिर चरित मैं भाखा। अब सो सुनहु जो बीचहिं राखा॥
अवधपुरीं रघुकुलमनि राऊ। बेद बिदित तेहि दसरथ नाऊ॥
धरम धुरंधर गुननिधि ग्यानी। हृदयँ भगति मति सारँगपानी॥
दो०— कौसल्यादि नारि प्रिय सब आचरन पुनीत।
मति अनुकूल प्रेम दृढ़ हरि पद कमल बिनीत॥ १८८॥

अर्थ—समस्त देवता अपने-अपने धाम गये। पृथ्वी के साथ सभी के मन को शान्ति मिली। जो कुछ आज्ञा ब्रह्मा ने दी थी, उससे देवगण हर्षित हुए और उन्होंने विलम्ब नहीं किया।

उन्होंने पृथ्वी पर वानर (वनचर) देह धारण किया। उनके पास अतुलित बल तथा प्रताप था। वे सभी पराक्रमी थे और पर्वत, वृक्ष तथा नख उनके आयुध थे। वे स्थिर बुद्धि वाले सभी श्रीहरि के आने का मार्ग देखने लगे।

पर्वत, जंगल और जहाँ-तहाँ भलीभाँति सज-धज कर (वे देवगण) छा गये और अपनी-अपनी रुचि के अनुसार सेना बना-बनाकर रहने लगे। यह सब सुन्दर वृत्तान्त मैंने कहा—अब वह चरित्र सुनो जिसे बीच में ही रख छोड़ा था।

अवधपुरी में रघुवंशियों में मणिस्वरूप एक राजा हुए। उनका दशरथ नाम वेदों में विख्यात है। वे धर्म की धुरी धारण करनेवाले थे और गुण ही उनकी सम्पत्ति थी तथा ज्ञानी थे, हृदय में शार्ङ्गधनुष धारण करनेवाले श्रीहरि की भक्ति थी तथा उनकी मति भी उसी प्रकार की थी।

उनकी कौसल्या आदि सभी परम पुनीत आचरण से युक्त प्रिय नारियाँ थीं। वे (सभी नारियाँ) पति के प्रति अनुकूल भाव से युक्त, श्रीहरि के चरणों में दृढ़ प्रेम से संयुक्त तथा विनयशील थीं॥ १८८॥

टिप्पणी—कवि देवोद्योग के साथ-साथ अवतरण की मूल कथा की प्रस्तावना विस्तृत भूमिका के पश्चात् करता है। राजा के नाम, स्वभाव, गुण एवं रानियों का वर्णन परम्परित क्रम में है। अयोध्या, नगर, रघुवंश, दशरथ नाम से विख्यात धर्मशील, गुणनिधि आदि-आदि परम्परित विशेषण हैं। कवि इन परम्परित विशेषणों में एक विशेषण अपनी तरफ से जोड़ता है—'हृदयँ भगति मति सारँगपानी' यही स्थिति उनकी पत्नियों के विषय में भी है—'श्रीहरि के चरण-कमलों में दृढ़ प्रेम'। यह भक्ति प्रसंग उनके पूर्व संस्कार 'मनु-शतरूपा' से जुड़ता है। यही नहीं, परम्परित मानकों तथा मूल्यों की शृंखला में भक्ति को भी एक मूल्य मानकर उसे निक्षिप्त करना उसे अभीष्ट है—और वह उसे यहाँ मूल्यक्रमों में स्थापित करता है।

एक बार भूपति मन माहीं। भै गलानि मोरे सुत नाहीं॥
गुर गृह गएउ तुरत महिपाला। चरन लागि करि बिनय बिसाला॥
निज दुख सुख सब गुरुहिं सुनाएउ। कहि बसिष्ठ बहु बिधि समुझाएउ॥
धरहु धीर होइहहिं सुत चारी। त्रिभुवन बिदित भगत भय हारी॥
शृंगी रिषिहिं बसिष्ठ बोलावा। पुत्रकाम सुभ जग्य करावा॥

भगति सहित मुनि आहुति दीन्हे। प्रगटे अगिनि चरू कर लीन्हे॥
जो बसिष्ठ कछु हृदय बिचारा। सकल काजु भा सिद्ध तुम्हारा॥
यह हबि बाँटि देहु नृप जाई। जथा जोग जेहि भाग बनाई॥

दो०— तब अदृस्य भए पावक सकल सभहि समुझाइ।
परमानंद मगन नृप हरष न हृदयँ समाइ॥ १८९॥

अर्थ—एक बार राजा के मन में ग्लानि हुई कि मेरे पुत्र नहीं है। राजा तुरन्त गुरु के घर गये और उनके चरणों में लगकर बहुत विनय की।

गुरु को अपना समस्त दुःख सुख सुनाया। गुरु वशिष्ठ ने अनेकों भाँति से समझाकर कहा। हे राजा! धैर्य धारण करें, आपके चार पुत्र होंगे। वे तीनों लोकों में विख्यात तथा भक्तों के भय को दूर करने वाले होंगे।

वसिष्ठ ने शृंगी ऋषि को बुलाया और पुत्रेष्टि यज्ञ कराया। भक्ति सहित मुनि ने आहुति दी और तब हाथ में चरु (हविष्यान्न) लेकर अग्नि प्रकट हुए।

जो कुछ वसिष्ठ ने हृदय में विचार कर रखा है, आपका सम्पूर्ण कार्य सिद्ध हुआ। हे राजा! यथा योग्य जिसका जो हिस्सा हो, यह हविष्यान्न बाँट दें।

सम्पूर्ण सभा को सारी बातें समझाकर तब अग्नि देवता अदृश्य हो गये। दशरथ परम आनन्द से परिपूरित हो उठे, उनका हर्ष हृदय में समाई नहीं पड़ता॥ १८९॥

टिप्पणी—कवि कथा प्रसंग को त्वरा के साथ संदर्भित करता है। पुत्र प्राप्ति की आंकाक्षा, उसके निमित्त पुत्रकाम्य यज्ञ और पुनः पुत्र प्राप्ति का अवतारणा कथा प्रसंग से जुड़ी है। अग्नि द्वारा चरु दान परम्परित सन्दर्भ है।

तबहिं रायँ प्रिय नारि बोलाईं। कौसल्यादि तहाँ चलि आईं॥
अर्ध भाग कौसल्यहि दीन्हा। उभय भाग आधे कर कीन्हा॥
कैकेई कहँ नृप सो दएऊ। रह्यो सो उभय भाग पुनि भएऊ॥
कौसल्या कैकेई हाथ धरि। दीन्ह सुमित्रहि मन प्रसन्न करि॥
एहि बिधि गर्भ सहित सब नारी। भईं हृदय हरषित सुख भारी॥
जा दिन तें हरि गर्भहिं आए। सकल लोक सुख संपति छाए॥
मंदिर महँ सब राजहिं रानी। सोभा सील तेज की खानी॥
सुख जुत कछुक काल चलि गएऊ। जेहि प्रभु प्रगट सो अवसर भएऊ॥

दो०— जोग लगन ग्रह बार तिथि सकल भए अनुकूल।
चर अरु अचर हर्षजुत राम जनम सुख मूल॥ १९०॥

अर्थ—तब राजा दशरथ ने अपनी प्रिय पत्नियों को बुलाया और कौसल्यादि वहाँ चल कर आईं। उस हविष्यान्न का अर्ध भाग कौसल्या को दिया और आधे का दो भाग कर लिया।

कैकेई को राजा ने (एक भाग) दिया जो शेष बचा पुनः उसका दो भाग किया। कौसल्या तथा कैकेयी से अनुमति लेकर (उनके हाथ पर रखकर) उनका मन प्रसन्न करते हुए सुमित्रा को दिया।

इस प्रकार दशरथ की सम्पूर्ण पत्नियाँ गर्भयुक्त होकर अत्यन्त सुख से हर्षित हृदय हुईं। जिस दिन से श्रीहरि गर्भ में आये सम्पूर्ण लोकों में सुख तथा सम्पत्ति छा गई।

शोभा, शील तथा कान्ति की राशि वे सभी रानियाँ राजप्रासाद के अन्तःपुर में शोभित थीं। सुखपूर्वक कुछ समय व्यतीत हो चुका—जिस अवसर पर प्रभु को प्रकट होना था, वह (अवसर) आया।

योग, लग्न, ग्रह, वार, तिथि सभी अनुकूल हो गये। गोचर तथा अगोचर नक्षत्र हर्षयुत हो उठे क्योंकि श्रीराम का जन्म आनन्द का मूलाधिष्ठान है॥ १९०॥

टिप्पणी—चरु का पत्नियों के बीच विभाजन पुत्रोत्पत्ति का कारण बनता है। तीन पत्नियों के बीच चार पुत्रों की परम्परित अवधारणा वाल्मीकि रामायण से ही चली आ रही है—कवि उसी क्रम को यहाँ भी स्वीकार करता है।

श्री हरि का गर्भ में आना अवतरण की रूढ़ि के अन्तर्गत है—अद्‌भुत के सान्निध्य से परम अद्‌भुत की प्रसंग कल्पना—श्रीहरि के गर्भ में आने की घटना से जुड़ा है।

नौमी तिथि मधु मास पुनीता। सुकल पच्छ अभिजित हरि प्रीता॥
मध्य दिवस अति सीत न घामा। पावन काल लोक बिश्रामा॥
सीतल मंद सुरभि बह बाऊ। हरषित सुर संतन मन चाऊ॥
बन कुसुमित गिरिगन मनिआरा। स्त्रवहिं सकल सरिताऽमृतधारा॥
सो अवसर बिरंचि जब जाना। चले सकल सुर साजि बिमाना॥
गगन बिमल संकुल सुर जूथा। गावहिं गुन गंधर्ब बरूथा॥
बरषहिं सुमन सुअंजलि साजी। गहगहि गगन दुंदुभी बाजी॥
अस्तुति करहिं नाग मुनि देवा। बहु बिधि लावहिं निज निज सेवा॥
दो०— सुर समूह बिनती करि पहुँचे निज निज धाम।
जगनिवास प्रभु प्रगटे अखिल लोक बिश्राम॥ १९१॥

अर्थ—नौमी तिथि, पवित्र चैत्र मास, शुक्ल पक्ष, श्रीहरि का प्रिय अभिजित् नक्षत्र था। दिवस का मध्य (मध्याह्न) था, न ठण्डक थी, न धूप थी, वह पवित्र काल सम्पूर्ण लोकों को विश्राम देने वाला था।

शीतल, मंद तथा सुगन्धित हवा बह रही थी। सन्तों के मन में चाव (हर्षातिरेक) था तथा देवता हर्षित थे। वन कुसुमित थे, पर्वत समूह मणियों से कान्तिवान हो रहे (मनिआरा) थे। सम्पूर्ण सरिताएँ अमृत की धाराएँ बहा रही थीं।

ब्रह्मा ने जब उस (पवित्र) अवसर को जाना तब विमान से सजे सम्पूर्ण देवताओं के साथ (वे) चल पड़े। निर्मल आकाश सम्पूर्ण देवताओं के समूहों से संकुलित (खचाखच) हो उठा।

सुन्दर अंजलियाँ सजाकर वे पुष्पवृष्टि करते हैं। आकाश में गहगहाकर (घमासान भाव से) दुंदुभियाँ बज उठीं। नाग, मुनि, देवता स्तुति करने लगे और अनेक प्रकार की अपनी-अपनी भेंट (सेवा) लाने लगे।

देवताओं का समूह विनती कर-करके अपने घर गया। सम्पूर्ण लोकों के लिए विश्रान्तिदायक जगदाधार श्रीहरि प्रकट हुए॥ १९१॥

टिप्पणी—(१) अभिजित् नक्षत्र इस दैवी घटना के लिए परम पुण्य है। श्रीराम के जन्म की रूढ़ि चैत्र मास, शुक्ल पक्ष, मध्य दिवस-मध्याह्न का समय, धूप तथा शीत की समरसता और अभिजित् नक्षत्र है।

(२) प्रकृति स्वयं आनन्दमग्न है, देवगण उल्लसित हैं, गन्धर्व किन्नर झुंड-के-झुंड गायन में मग्न हैं, ब्रह्मा-विमान सजाकर देवगणों के साथ अयोध्या प्रस्थान कर रहे हैं आदि-आदि वर्णनों के द्वारा कवि श्रीहरि के जन्मोत्सव का उल्लास चित्रित करता है।

(३) वर्तमान रामनवमी का पवित्र एवं मंगलदायी आयोजन उस मूल जन्मोत्सव के आनन्द को व्यंजित करता है। श्रीराम का जन्मोत्सव तो सनातन है—कवि अतीत तथा वर्तमान को एक विन्दु पर ले आने का प्रयास करता हुआ—वैष्णवी आस्था को प्रोत्साहित करता है।

छंद— भए प्रगट कृपाला दीनदयाला कौसल्या हितकारी।
हरषित महतारी मुनि मन हारी अद्भुत रूप बिचारी॥
लोचन अभिरामा तनु घनस्यामा निज आयुध भुज चारी।
भूषन बनमाला नयन बिसाला सोभासिंधु खरारी॥
कह दुइ कर जोरी अस्तुति तोरी केहि बिधि करौं अनंता।
माया गुन ग्यानातीत अमाना बेद पुरान भनंता॥
करुना सुख सागर सब गुन आगर जेहि गावहिं श्रुति संता।
सो मम हित लागी जन अनुरागी भएउ प्रगट श्रीकंता॥
ब्रह्मांड निकाया निर्मित माया रोम रोम प्रति बेद कहै।
मम उर सो बासी यह उपहासी सुनत धीर मति थिर न रहै॥
उपजा जब ग्याना प्रभु मुसुकाना चरित बहुत बिधि कीन्ह चहै।
कहि कथा सुहाई मातु बुझाई जेहि प्रकार सुत प्रेम लहै॥
माता पुनि बोली सो मति डोली तजहु तात यह रूपा।
कीजै सिसु लीला अति प्रिय सीला यह सुख परम अनूपा॥
सुनि बचन सुजाना रोदन ठाना होइ बालक सुरभूपा।
यह चरित जे गावहिं हरपद पावहिं ते न परहिं भवकूपा॥
दो०— बिप्र धेनु सुर संत हित लीन्ह मनुज अवतार।
निज इच्छा निर्मित तनु माया गुन गो पार॥ १९२॥

अर्थ—दीनों पर दया करनेवाले कौसल्या के हितकारी कृपालु श्रीहरि प्रकट हुए। मुनियों के मनों को मुग्ध कर देनेवाले अद्भुत रूप का विचार करके माता (कौसल्या) हर्षित हो उठीं। नेत्र सुन्दर थे, शरीर नील मेघ सदृश था, चारों भुजाओं में आयुध थे, आभूषण तथा वनमाला थी, विशाल नेत्रोंवाले वे खरारि श्रीहरि सौन्दर्य के समुद्र थे।

हे अनन्त स्वरूप श्रीहरि! आपकी स्तुति किस विधि से करूँ, माता कौसल्या ने (मुग्धभाव से) दोनों हाथ जोड़कर कहा। हे माया, गुण तथा ज्ञान से परे, मानरहित (मापने : नापने के सम्पूर्ण आधारों से परे)—ऐसा वेद तथा पुराण कहते हैं। करुणा तथा आनन्द का जो समुद्र तथा सम्पूर्ण गुणों का आगार है—श्रुतियाँ तथा सन्त जन ऐसा कहकर जिसका गायन करते रहते हैं, भक्तों पर अनुराग रखनेवाले वही लक्ष्मीपति श्रीहरि मेरे हित के निमित्त उत्पन्न हुए।

वेद कहते हैं कि जिसके रोएँ-रोएँ में माया निर्मित अनेक ब्रह्माण्ड समूह हैं—वह मेरे गर्भ में रहा, यह उपहास का विषय है—जिसे सुनकर धीर मतिवाले ऋषियों की भी गति स्थिर नहीं हो पाती। कौसल्या माता को जब ज्ञान उत्पन्न हुआ तो प्रभु मुस्कराए क्योंकि वे नाना प्रकार की चरितात्मक लीलाएँ करना चाहते थे। उन्होंने (पूर्वजन्म की) सुहावनी कथा कही, माता को सान्त्वना दी जिससे उन्हें वात्सल्य प्रेम प्राप्त हो जाय।

(कौसल्या की) वह मति परिवर्तित हो गई, वे पुनः बोलीं; हे तात! इस स्वरूप का त्याग करके शिशु लीला करें, मेरे लिए यह वात्सल्य सुख परम अनुपम होगा। इस वाणी को सुनकर देवताओं के स्वामी सुजान श्रीहरि ने रोदन प्रारम्भ किया। इस चरित्र का जो गान करते हैं वे श्रीहरि के पद को प्राप्त करते हैं और फिर इस संसाररूपी कुएँ में नहीं पड़ते।

ब्राह्मण, गाय, देवता तथा सन्तों के निमित्त प्रभु ने मनुष्य का अवतार लिया। माया, त्रिगुणात्मक प्रकृति तथा इन्द्रियों से परे (उनका शरीर) स्व इच्छा से निर्मित है॥ १९२॥

टिप्पणी—श्रीहरि के अवतरित होने की परादैवत् घटना को कवि आवेग, आश्चर्य, कौतूहल,

विस्मय एवं परादैवी तत्त्वों से सम्पृक्त करके व्यंजित कर रहा है।

(१) 'अवतरण' में जन्म नहीं होता, प्राकट्य होता है। यह प्राकट्य परादैवी तत्त्वों के विग्रह तथा विस्मय तत्त्व से ओत-प्रोत है, वह यहाँ भी है।

प्राकट्य के तात्कालिक एवं दूरगामी हेतुओं की कवि चर्चा करता है—

(२) कौसल्या के आत्यन्तिक हितों के लिए, वात्सल्य भाव की लीला के आनन्द की वर्षा के लिए, विप्र, धेनु, देव एवं संतों की हितैषिता की रक्षा के निमित्त, नाना प्रकार के चरित्रों के अनुपालन के निमित्त।

(३) श्रीहरि का अपनी इच्छा के अनुरूप शरीर धारण करना—लीला के मन्तव्य से सन्दर्भित है।

(४) ब्रह्म का भक्तों के हित के लिए तथा प्रतिज्ञा पूर्ण करने के निमित्त अवतरित होना—यह भी एक प्रयोजन है।

(५) ब्रह्म के प्रति पुत्रासक्ति की प्राप्ति भक्त माता कौसल्या का एक मात्र मन्तव्य है।

संक्षेप में, यह छन्द श्रीहरि की प्राकट्य लीला, चरितात्मक लीला के सम्पूर्ण सन्दर्भ एवं उससे उत्पन्न आस्वाद को ध्यान में रखकर प्रस्तुत है। कवि का मन्तव्य लीला के मर्म को उद्घाटित करके सगुण ब्रह्म की सार्थकता का निरूपण करना है।

सुनि सिसु रुदन परम प्रिय बानी। संभ्रम चलि आईं सब रानी॥
हरषित जहँ तहँ धाईं दासी। आनँद मगन सकल पुरबासी॥
दसरथ पुत्रजन्म सुनि काना। मानहुँ ब्रह्मानंद समाना॥
परम प्रेम मन पुलक सरीरा। चाहत उठन करत मति धीरा॥
जाकर नाम सुनत सुभ होई। मोरें गृह आवा प्रभु सोई॥
परमानंद पूरि मन राजा। कहा बुलाइ बजावहु बाजा॥
गुरु बसिष्ठ कहँ गएउ हँकारा। आए द्विजन्ह सहित नृप द्वारा॥
अनुपम बालक देखेन्हि जाई। रूप रासि गुन कहि न सिराई॥
दो०— नंदीमुख सराध करि जातकरम सब कीन्ह।
हाटक धेनु बसन मनि नृप ब्रिप्रन्ह कहँ दीन्ह॥ १९३॥

अर्थ—नितान्त मधुर वाणी में शिशु का रुदन सुनकर भौंचक्की हो सभी रानियाँ दौड़ आईं। जहाँ-तहाँ हर्षित भाव से दासियाँ दौड़ पड़ीं और सम्पूर्ण नगरवासी (हर्षातिरेक से) आनन्दमग्न हो उठे।

दशरथ ने अपने कानों से पुत्र जन्म सुना मानो वे ब्रह्मानंद में समा गये। उनका मन अलौकिक प्रेम से परिपूर्ण, शरीर पुलकित (अर्थात् पुलक से भारी) हो उठा। वे मति को धैर्य प्रदान करके उठना चाहते हैं।

जिसका नाम सुनने से ही शुभ होता है, वही प्रभु मेरे घर में अवतरित हुए हैं। परमानंद से परिपूरित मनवाले राजा ने बाजा बजाने वालों को बुलाकर कहा—बाजा बजाओ।

गुरु वसिष्ठ के पास बुलावा गया। वे ब्राह्मणों के साथ राजा के दरवाजे पर आये। रूप की राशि-विलक्षण बालक को उन्होंने जाकर देखा, उसके गुण अवर्णनीय थे।

राजा ने नांदीमुख श्राद्ध करके सभी जातक संस्कार किये और ब्राह्मणों को सोना, गौ, वस्त्र तथा मणि दान में दी॥ १९३॥

टिप्पणी—कवि प्राकट्य लीला के विविधमुखी आनन्द का उल्लेख करता है। ब्रह्म के स्वरूप की ही भाँति उनके प्राकट्य का प्रसंग भी भक्तों के लिए अद्भुत आह्लादकारी है क्योंकि यह प्राकट्य लीला का प्रथम चरण है।

'शिशु रुदन' ब्रह्म के प्राकट्य लीला का प्रथम चरित है। लोकात्मकता के प्रकाश में 'संभ्रम' सभी रानियों का उठकर आना और प्राकट्य वार्ता का दशरथ द्वारा सुनना तथा उनका प्रेम सागर में निमग्न हो उठना आदि-आदि उसके प्रभाव का चित्रण है।

'प्रेम से उत्पन्न शैथिल्य' मूलतः आनन्द दशा का चरमोत्कर्ष प्रतीक है। सम्पूर्ण मानस में दशरथ को सर्वप्रथम ज्ञान होता है कि प्रभु का प्राकट्य उनके भवन में होता है। पुनः पुत्रासक्ति में इतने डूब गए कि जीवन भर प्रभु तथा पुत्र के बीच के अन्तर नहीं समझ सके।

ध्वज पताक तोरन पुर छावा। कहि न जाइ जेहि भाँति बनावा॥
सुमनबृष्टि अकास तें होई। ब्रह्मानंद मगन सब कोई॥
बृंद बृंद मिलि चलीं लोगाईं। सहज सिंगार किएँ उठि धाईं॥
कनक कलस मंगल भरि थारा। गावत पैठहिं भूप दुआरा॥
करि आरति नेवछावरि करहीं। बार बार सिसु चरनन्हि परहीं॥
मागध सूत बंदिगन गायक। पावन गुनगावहिं रघुनायक॥
सरबस दान दीन्ह सब काहू। जेहिं पावा राखा नहिं ताहू॥
मृगमद चंदन कुंकुम कीचा। मची सकल बीथिन्ह बिच बीचा॥

दो०— गृह गृह बाज बधाव सुभ प्रगटेउ प्रभु सुख कंद।
हरषवंत सब जहँ तहँ नगर नारि नर बृंद॥ १९४॥

अर्थ—ध्वज, पताका तथा तोरण से नगर छा गया, वे इस प्रकार सजाये गये हैं कि उनका वर्णन करते नहीं बनता। आकाश से पुष्प वृष्टि हो रही थी और सभी लोग ब्रह्मानंद में समा गये।

स्त्रियाँ समूह-की-समूह एकत्रित होकर चलीं। स्वाभाविक शृंगार किए हुए ही वे उठकर दौड़ीं। सोने के कलश तथा थालों में मांगलिक वस्तुएँ भरकर गाती हुई राजद्वार में प्रवेश करने लगीं।

वे आरती करके निछावर करती हैं और बार-बार शिशु के चरण पर पड़ती हैं। मागध, सूत, बन्दीजन तथा गायकगण रघुकुल के स्वामी दशरथ के निर्मल गुणों का गान करते हैं।

राजा ने सबको प्रभूत दान दिया जिसने जो कुछ भी प्राप्त किया उसने भी उसे अपने पास नहीं रखा (अर्थात् आनन्दमग्न होकर उसने भी दान दे दिया). सम्पूर्ण गलियों के बीच-बीच में कस्तूरी, चन्दन तथा कुंकुम का कीचड़ बन गया।

घर-घर मंगलमय बधावे बजने लगे, सौन्दर्य के मूल भगवान् श्रीराम प्रकट हुए हैं। नगर के स्त्री-पुरुष सभी जहाँ-तहाँ आनन्दित थे॥ १९४॥

टिप्पणी—श्रीहरि के प्राकट्य का महोत्सव बड़े सजीव रूप में चित्रित है। ऐसा प्रतीत होता है कि यह जन्मोत्सव 'रामजन्म' के अवसर पर मनाया जानेवाला सनातन क्रम है। आज भी इस प्राकट्य उत्सव पर ऐसा ही लोकोल्लास अयोध्या नगरी में दिखाई पड़ता है। भक्तों की अवधारणा के अनुसार जन्मोत्सव नित्य, सनातन तथा अक्षय आनन्द का स्रोत है।

कवि यहाँ कथात्मक क्रम में जन्मोत्सव के उल्लास के विविध पक्षों का चित्रण करता है। पुत्र जन्म उत्सव की विविध काव्य रूढ़ियाँ यहाँ वर्णित हैं।

कैकयसुता सुमित्रा दोऊ। सुंदर सुत जनमत भैं ओऊ॥
वह सुख संपति समय समाजा। कहि न सकइ सारद अहिराजा॥
अवधपुरी सोहइ एहि भाँती। प्रभुहि मिलन आई जनु राती॥
देखि भानु जनु मन सकुचानी। तदपि बनी संध्या अनुमानी॥
अगर धूप बहु जनु अँधियारी। उड़इ अबीर मनहुँ अरुनारी॥
मंदिर मनि समूह जनु तारा। नृप गृह कलस सो इंदु उदारा॥

भवन बेद धुनि अति मृदु बानी। जनु खग मुखर समयँ जनु सानी॥
कौतुक देखि पतंग भुलाना। एक मास तेइ जात न जाना॥

दो०— मास दिवस कर दिवस भा मरम न जानै कोइ।
रथ समेत रबि थाकेउ निसा कवन बिधि होइ॥ १९५॥

अर्थ—कैकेयी तथा सुमित्रा ने भी सुन्दर पुत्रों को जन्म दिया। उस सुख का, उस सम्पत्ति का, उस समय का तथा उस समाज का वर्णन सरस्वती तथा शेषनाग से भी करते नहीं बनता।

अयोध्या नगरी इस प्रकार शोभित हो रही है मानो दिन में ही रात्रि श्रीप्रभु से मिलने के लिए आई हो। फिर भी, सूर्य को देखकर वह मन में मानो संकुचित हो गई हो, विचार करके वह मानो सन्ध्या बन गई हो।

अगरु धूप से उत्पन्न धुँआ मानो अँधेरा हो, उड़ रही अबीर मानो उसकी लालिमा हो। राजभवनों में खचित मणि समूह मानो तारे हों। राजभवन का कलश मानो निर्मल चन्द्र हो।

राजभवन में अत्यन्त कोमलवाणी से उच्चरित वेद ध्वनि मानो समय से सनी हुई (समय देखकर उसके अनुसार ध्वनि करने में अभ्यस्त) मानो पक्षियों का कलरव हो। यह कौतुक देखकर सूर्य भी (अपनी गति) भूल गये और एक महीना भर उन्होंने जाते न जाना।

एक महीने भर का एक दिन हो गया, यह मर्म किसी की समझ में नहीं आया। सूर्य अपने रथ सहित वहीं स्थगित हो गये (रुक गये), फिर रात्रि किस प्रकार होती॥ १९५॥

टिप्पणी—प्रभु के एकाकी प्राकट्य के पश्चात् कवि यहाँ अंशों के साथ पूर्ण प्राकट्य का चित्रण करता है। कच्छप, मत्स्य, वाराह आदि अवतार एकाकी थे—क्योंकि वहाँ लीला रचना नहीं थी—प्रभु लीला रचना करना चाहते हैं, अत: यहाँ एकाकी अवतरित नहीं होते। उनके साथ उनके सम्पूर्ण अंश हैं—और इस प्रकार यह पूर्ण प्राकट्य की घटना है और इस घटना के अद्‌भुत प्रभाव, स्वरूप एवं उससे उत्पन्न होनेवाले आनन्द का कवि चित्रण करता है।

अबीर, गुलाल आदि से उत्पन्न सम्पूर्ण वातावरण का आच्छादित हो उठना—यहाँ चमत्कारपूर्ण ढंग से चित्रित है।

अबीर आदि से आच्छादित सम्पूर्ण दिन जैसे प्रतीत होने के मार्मिक चित्र का साङ्गरूपक द्वारा निरूपण किया गया है। उस प्रेमोल्लास में आनन्द निमग्न लोगों के दिन रात व्यतीत हो गये और एक महीने तक उसका ज्ञान नहीं हो सका—यह अत्युक्ति अलंकार है। यहाँ काव्य का अतिरंजित तत्त्व एवं घटना का अद्‌भुत प्रभाव, दोनों परस्पर एकमेव हो गये हैं।

यह रहस्य काहूँ नहिं जाना। दिनमनि चले करत गुनगाना॥
देखि महोत्सव सुर मुनि नागा। चले भवन बरनत निज भागा॥
औरउ एक कहउँ निज चोरी। सुनु गिरिजा अति दृढ़ मति तोरी॥
काकभुसुंडि संग हम दोऊ। मनुज रूप जानइ नहिं कोऊ॥
परमानंद प्रेम सुख फूले। बीथिन्ह फिरहिं मगन मन भूले॥
यह सुभ चरित जान पै सोई। कृपा राम कै जापर होई॥
तेहि अवसर जो जेहि बिधि आवा। दीन्ह भूप जो जेहि मन भावा॥
गज रथ तुरग हेम गो हीरा। दीन्हे नृप नाना बिधि चीरा॥

दो०— मन संतोषे सबन्हि के जहँ तहँ देहिं असीस।
सकल तनय चिरजीवहु तुलसिदास के ईस॥ १९६॥

अर्थ—यह रहस्य किसी ने भी नहीं समझा और सूर्य श्रीराम का गुणगान करते हुए चले गये।

देवता, मुनि तथा नाग जन्म महोत्सव देखकर अपने भाग्य की सराहना करते हुए अपने-अपने घर चले।

हे गिरिजा! तुम्हारी बुद्धि अत्यधिक दृढ़ है अत: और भी मैं अपनी एक चोरी (रहस्य) की बात कहता हूँ—उसे सुनो! कागभुशुण्डि और मैं, दोनों को मनुष्य का रूप धारण करने के कारण कोई नहीं पहचानता था,

परमानन्दित श्रीराम के प्रेमरस में निमग्न आनन्दित मन से (अयोध्या की) गलियों में घूमते फिरते थे। यह शुभ चरित्र वही जान सकता है, जिस पर श्रीराम की कृपा हो।

उस अवसर पर जो जिस भाँति भी आया और उसके मन को जो अच्छा लगा, राजा ने उसे वही दिया। राजा दशरथ ने हाथी, रथ, घोड़े, स्वर्ण, गाय, हीरा, नाना प्रकार के वस्त्र दिये।

राजा दशरथ ने सभी के मन को सन्तुष्ट किया। सभी लोग जहाँ-तहाँ आशीर्वाद दे रहे हैं कि तुलसीदास के स्वामी श्रीराम सहित सभी पुत्र दीर्घायु हों॥ १९६॥

टिप्पणी—सूर्य का एक मास तक अस्त न होना, यह सन्दर्भ यहाँ मिथकीय निरूपण पद्धति का अंग है। प्राकट्य लीला के आश्चर्यमत के साथ सचराचर पर व्याप्त आकस्मिक प्रभाव का निरूपण करता है।

शिव, कागभुसुंडि भी सूर्य के साथ अयोध्या की गलियों में आनन्दित एक मास तक भटकते रहे, यह जन्मोत्सव प्रसंग से उत्पन्न रोमांचकारी आनन्द के प्रभाव की अद्वितीयता है।

कछुक दिवस बीते एहि भाँती। जात न जानिअ दिन अरु राती॥
नामकरन कर अवसरु जानी। भूप बोलि पठए मुनि ग्यानी॥
करि पूजा भूपति अस भाखा। धरिअ नाम जो मुनि गुनि राखा॥
इन्ह के नाम अनेक अनूपा। मैं नृप कहब स्वमति अनुरूपा॥
जो आनंद सिंधु सुखरासी। सीकर तें त्रैलोक सुपासी॥
सो सुख धाम राम अस नामा। अखिल लोक दायक बिश्रामा॥
बिस्व भरन पोषन कर जोई। ताकर नाम भरत अस होई॥
जाके सुमिरन तें रिपु नासा। नाम सत्रुहन बेद प्रकासा॥
दो०— लच्छन धाम राम प्रिय सकल जगत आधार।
गुरु बसिष्ठ तेहि राखा लछिमन नाम उदार॥ १९७॥

अर्थ—कुछ दिन इस प्रकार बीत गये। दिन तथा रात्रि का व्यतीत होना जान नहीं पड़ा। नामकरण का अवसर जानकर राजा दशरथ ने ज्ञानी मुनि वसिष्ठ को बुला भेजा।

(वसिष्ठ के आने पर) पूजा करके राजा ने इस प्रकार कहा—हे मुनि! जो आपने-अपने मन में विचार कर रखा हो, वह इनके नाम रखें। (वसिष्ठ ने कहा) हे राजा! इनके अनेक अनुपम नाम हैं किन्तु मैं अपनी समझ (बुद्धि) के अनुसार कहूँगा।

यह जो आनन्द के समुद्र एवं सुख की राशि हैं जिसके लेश बिन्दुकण से त्रैलोक्य आनन्दित होते हैं—उन आनन्दधाम का नाम 'राम' (इस प्रकार) है जो अखिल लोकों के लिए परम शान्तिदायक है।

जो संसार का भरण-पोषण करते हैं, उन दूसरे पुत्र का नाम भरत (इस कारण से) है। जिसके स्मरण भाव से शत्रुओं का विनाश हो जाता है, उनका शत्रुघ्न नाम वेदों में प्रसिद्ध है।

शुभ लक्षणों के धाम, श्रीराम को नितान्त प्रिय तथा सम्पूर्ण जगत् के आधार हैं उनका 'लक्ष्मण' श्रेष्ठ नाम गुरु वसिष्ठ ने रखा॥ १९७॥

टिप्पणी—कवि प्राकट्य लीला के पश्चात् उसका विस्तार करता है। यहाँ नामकरण का प्रसंग

है। चरितात्मक लीला वर्णन की सबसे बड़ी विशेषता यह है कि यहाँ सर्वत्र लोकात्मकता में आध्यात्मिक भाव की गूढ़ तथा रहस्यमयी व्यंजना न्यस्त एवं सन्निहित दिखाई पड़ती है। सम्पूर्ण रामचरितमानस प्रभु श्रीहरि की लोकात्मक एवं आध्यात्मिक लीला की धूप-छाँव से आवेष्ठित है।

लीला का लोक पक्ष भी उतना ही इन भक्त कवियों को काम्य है—जितना अध्यात्म पक्ष।

काव्य की दृष्टि से लोकपक्ष वाच्य है और अध्यात्म पक्ष व्यंग्य है। यहाँ वाच्य एवं व्यंग्य दोनों ही काम्य हैं, दोनों ही महत्त्वपूर्ण तथा दोनों ही उपास्य हैं।

लीला चरित का वाच्य रूप तथा आध्यात्मिक अनुभव की व्यंजना—दोनों का साथ-साथ आनन्द प्राप्त कराना इन रचनाकारों का मन्तव्य रहा है।

कवि यहाँ 'नाम' के आध्यात्मिक मर्म को निर्दिष्ट कर रहा है। रूप, लीला तथा स्वभाव का चित्रण वह धीरे-धीरे आगे नियोजित करेगा।

धरे नाम गुर हृदयँ बिचारी। बेद तत्त्व नृप तव सुत चारी॥
मुनि धन जन सरबस सिव प्राना। बाल केलि रस तेहिं सुख माना॥
बारेहि ते निज हित पति जानी। लछिमन राम चरन रति मानी॥
भरत सत्रुहन दूनौ भाई। प्रभु सेवक जसि प्रीति बड़ाई॥
स्याम गौर सुंदर दोउ जोरी। निरखहिं छबि जननी तृन तोरी॥
चारिउ सील रूप गुन धामा। तदपि अधिक सुखसागर रामा॥
हृदयँ अनुग्रह इंदु प्रकासा। सूचत किरन मनोहर हासा॥
कबहुँ उछंग कबहुँ बर पलना। मातु दुलारै कहि प्रिय ललना॥
दो०— ब्यापक ब्रह्म निरंजन निर्गुन बिगत बिनोद।
सो अज प्रेम भगति बस कौसल्या कें गोद॥ १९८॥

अर्थ—गुरु ने हृदय में विचार करके उनके नाम रखे और कहा कि हे राजा! आपके चारों पुत्र वेद के तत्त्व हैं। ये मुनियों के लिए धन स्वरूप, भक्तों के सर्वस्व स्वरूप तथा शिव के प्राणस्वरूप हैं। उन सभी ने बाल लीला रस के आनन्द को (सर्वस्व) माना है।

बाल्यावस्था से ही अपना हितैषी तथा स्वामी जानकर लक्ष्मण ने राम-चरणों में रति स्थापित कर ली। भरत तथा शत्रुघ्न दोनों भाइयों ने स्वामी तथा सेवक की प्रीति की जिसकी महिमा कही गई है (वैसा स्वीकार कर लिया है)।

स्याम तथा सुन्दर वर्ण की दोनों जोड़ी देखकर माताएँ तृण तोरती हैं (ताकि डीठ आदि न लगे), चारों भाई शील, स्वरूप तथा गुण के भण्डार थे फिर भी आनन्द सागर श्रीराम उनमें से कहीं अधिक शीलवान् एवं गुणवान् थे।

उनके हृदय पर अनुग्रहरूपी चन्द्रमा प्रकाशित है—उनका मनोहारी हास किरणों के माध्यम से सूच्य हैं। कभी गोदी में, कभी सुन्दर पालने में (पर लिटाकर) माता 'प्रिय ललना' कह कर दुलारती है।

सर्वव्यापक, मायारहित, निर्गुण, विनोद (विकार) रहित अजन्मा ब्रह्म प्रेम तथा भक्ति के विवशीभूत कौसल्या की गोद में (क्रीड़ा कर रहा है) है॥ १९८॥

टिप्पणी—बाल रूप वर्णन करना यहाँ कवि का मन्तव्य है। प्राकट्य तथा नामकरण के बाद वह उनके रूप तथा संस्कार का चित्रण करता है। कवियों ने लीला के पाँच धर्म निरूपित किए हैं—

नाम, रूप, लीला (कार्य-चरित), स्वभाव एवं धाम! कवि यहाँ रूप का चित्रण करता है—

निगुर्ण ब्रह्म का लोक-सम्बन्धों की मर्यादा स्वीकार करके अवतरित होना—लीला रचना करना

जैसा अशक्य व्यापार 'प्रेम-भक्ति' वशवर्तिता के कारण है। वह 'प्रेम-भक्ति' वश ही सगुणत्व की मर्यादाओं को पूरा करता है, यही भागवत मर्म है।

काम कोटि छबि स्याम सरीरा। नील कंज बारिद गंभीरा॥
अरुन चरन पंकज नख जोती। कमल दलन्हि बैठे जनु मोती॥
रेख कुलिस ध्वज अंकुस सोहे। नूपुर धुनि सुनि मुनि मन मोहे॥
कटि किंकिनी उदर त्रय रेखा। नाभि गँभीर जान जेहिं देखा॥
भुज बिसाल भूषन जुत भूरी। हियँ हरि नख अति सोभा रूरी॥
उर मनिहार पदिक की सोभा। बिप्रचरन देखत मन लोभा॥
कंबु कंठ अति चिबुक सुहाई। आनन अमित मदन छबि छाई॥
दुइ दुइ दसन अधर अरुनारे। नासा तिलक को बरनै पारे॥
सुंदर श्रवन सुचारु कपोला। अति प्रिय मधुर तोतरे बोला॥
चिक्कन कच कुंचित गभुआरे। बहु प्रकार रचि मातु सँवारे॥
पीत झगुलिआ तनु पहिराई। जानु पानि बिचरनि मोहि भाई॥
रूप सकहिं नहिं कहि श्रुति सेषा। सो जानै सपनेहुँ जेहिं देखा॥
दो०— सुख संदोह मोह पर ग्यान गिरा गोतीत।
दंपति परम प्रेम बस कर सिसु चरित पुनीत॥ १९९॥

अर्थ—करोड़ों कामदेव की छवि वाले नील-कमल तथा घने बादल सदृश श्यामल शरीरयुक्त हैं। अरुण वर्ण के कमल सदृश चरणों में नख की ज्योति इस प्रकार प्रतीत हो रही है, मानो कमल-दलों पर मोती बैठे हों।

चरण तलों में बज्र, ध्वजा तथा अंकुश के चिह्न शोभित हैं और नूपुरों की ध्वनि को सुनकर मुनियों का मन भी मुग्ध हो जाता है। कमर में करधनी है और उदर पर त्रिवली रेखा है। नाभि की गम्भीरता को वही जानते हैं, जिन्होंने उसे देखा है।

अलंकारों से संयुक्त विशाल भुजाएँ हैं। हृदय पर सिंहनख की बहुत ही सुन्दर शोभा है। हृदय पर मणिमय हारों की शोभा और ब्राह्मण (भृगु) के चरणों के चरण को देखकर मन लुब्ध हो जाता है।

शंख सदृश कंठ तथा ठोड़ी बहुत ही सुहावनी है। मुख पर अनन्त कामदेवों की छवि फैली हुई है। अरुण होठों पर दो-दो दन्त-पंक्तियाँ हैं। नासिका तथा तिलक के सौन्दर्य का तो वर्णन करते नहीं बनता।

सुन्दर कान हैं, अत्यधिक सुन्दर गाल हैं। मधुर तोतले बोल अत्यधिक प्रिय हैं। चिकने घुँघराले बालों को माता ने अनेक प्रकार से बनाकर सँवारा है।

पीली झँगुली शरीर पर पहनाई गई है—घुटनों तथा हाथों के बल चलना मुझे अत्यधिक अच्छा लगता है। वेद तथा शेष भी इस स्वरूप का वर्णन नहीं कर सकते। वही जान सकता है, जिसने स्वप्न में भी कभी देखा हो।

वे सुख की राशि, मोह से परे ज्ञान तथा वाणी से परे हैं। वे कौसल्या तथा दशरथ के प्रेम के वशीभूत होकर पवित्र शिशु चरित कर रहे हैं॥ १९९॥

टिप्पणी—लोकात्मक शिशुरूप में आध्यात्मिक ब्रह्मभाव की व्यंजना द्वारा कवि एक ओर शिशु के लोकात्मक रूप का विमुग्धकारी चित्र अंकित करता है तो दूसरी ओर उसके द्वारा लीला के आध्यात्मिक मर्म को भी उद्घाटित करता है। लीला का मर्म है—

'दंपति परम प्रेमबस कर सिसु चरित पुनीत'

ब्रह्म दंपति दशरथ-कौसल्या के प्रेम की जंजीर में बँधा लोक में लोक विलक्षण लीला चरित रच रहा है—यह समुणत्व का मर्म भरा सन्दर्भ है। कवि लोकचरित से इस आध्यात्मिक मर्म को यहाँ इंगित करने के प्रति सचेष्ट है।

एहिं बिधि राम जगत पितु माता। कोसलपुर बासिन्ह सुखदाता॥
जिन्ह रघुनाथ चरन रति मानी। तिन्हकी यह गति प्रगट भवानी॥
रघुपति बिमुख जतन कर कोरी। कवन सकइ भव बंधन छोरी॥
जीव चराचर बस कै राखे। सो माया प्रभु सों भय भाखे॥
भृकुटि बिलास नचावइ ताही। अस प्रभु छाँड़ि भजिअ कहु काही॥
मन क्रम बचन छाड़ि चतुराई। भजत कृपा करिहहिं रघुराई॥
एहि बिधि सिसु बिनोद प्रभु कीन्हा। सकल नगरबासिन्ह सुख दीन्हा॥
लै उछंग कबहुँक हलरावै। कबहुँ पालने घालि झुलावै॥
दो०— प्रेम मगन कौसल्या निसि दिन जात न जान।
सुत सनेह बस माता बालचरित कर गान॥ २००॥

अर्थ—इस प्रकार जगत् के माता-पिता राम (बालक के रूप में) अयोध्यावासियों को आनन्द प्रदान करते हैं। जिन्होंने श्रीराम के चरणों में रति स्वीकार ली है, हे पार्वती! उनकी यह प्रत्यक्ष गति है कि वे इस प्रकार लीलाजनित आनन्द प्राप्त करेंगे।

श्रीराम के विमुख लोग करोड़ों (कोरी) यत्न करें किन्तु (बिना श्रीराम के) कौन उनका सांसारिक बन्धन तोड़ सकता है। जिसने सम्पूर्ण चराचर के जीवों को अपने वश में कर रखा है, वह माया भी उन प्रभु से भय खाती रहती है।

श्रीराम उस माया को भृकुटि विलास मात्र से नचाते रहते हैं, ऐसे प्रभु को छोड़कर कहो किसका भजन किया जाए। मन, वाणी, कर्म से चतुरता छोड़कर भजन करते ही वे कृपा करेंगे।

इस प्रकार से प्रभु श्रीराम ने बाल विनोद किया और सम्पूर्ण नगरवासियों को आनन्दित किया। माता कौसल्या गोद में लेकर कभी हिलाती है और कभी पालने पर सुलाकर झुलाती हैं।

प्रेम में मग्न कौसल्या रात-दिन बीतते नहीं जानतीं। वात्सल्य स्नेह से विवशीभूत होकर माता कौसल्या श्रीराम के बालचरित का गान करती है॥ २००॥

टिप्पणी—यहाँ कवि लीला के मर्म तथा उसके विलक्षण स्वरूप का चित्रण करता है। प्रेमवश जगत् के माता-पिता श्रीहरि 'शिशु' बनकर लोकचरित से सभी को आनन्दित करते हैं, यह विलक्षण आनन्द का विषय है।

उनकी लीला पर किसी को संदेह न हो, इसकी सम्पुष्टि वह शिवमुख से कराता है।

श्रीहरि के प्रति संशयरहित एकनिष्ठ प्रेमार्पण ही भक्ति एवं लीला का मर्म है।

इस मर्म को पगली, शिशु प्रेम विह्वल कौसल्या की भाँति निर्बाह करो—

प्रेम मगन कौसल्या निसि दिन जात न जान।
सुत सनेह बस माता बालचरित कर गान॥

यहाँ लोक तथा अध्यात्म का अद्‌भुत समन्वय है—वह पहले कौसल्या उसे कहता है—फिर माता और ब्रह्म के प्रति पागलपना भरा उसका 'सुत स्नेह' यहाँ विलक्षण है।

सगुण ब्रह्म इस निश्छल प्रेम से ही प्राप्त है—तथा लोक एवं अध्यात्मक की सम्पूर्ण विषमता को समाप्त करने में प्रभु के प्रति यही निश्छल प्रेम ही एकमात्र आधार है।

एक बार जननी अन्हवाए। करि सिंगार पलनाँ पौढ़ाए॥
निज कुल इष्टदेव भगवाना। पूजा हेतु कीन्ह अस्नाना॥

करि पूजा नैबेद्य चढ़ावा। आपु गई जहँ पाक बनावा॥
बहुरि मातु तहवाँ चलि आई। भोजन करत देखि सुत जाई॥
गै जननी सिसु पहिं भयभीता। देखा बाल तहाँ पुनि सूता॥
बहुरि आइ देखा सुत सोई। हृदयँ कंप मन धीर न होई॥
इहाँ उहाँ दुइ बालक देखा। मतिभ्रम मोर कि आन बिसेषा॥
देखि राम जननी अकुलानी। प्रभु हँसि दीन्ह मधुर मुसुकानी॥
दो०— देखरावा मातहिं निज अद्‌भुत रूप अखंड।
रोम रोम प्रति लागे कोटि कोटि ब्रह्मंड॥ २०१॥

अर्थ—एक बार माता कौसल्या ने श्रीराम को स्नान करवाया और शृंगार करके पालने पर सुला दिया। फिर, अपने कुल के इष्टदेव भगवान् की पूजा के निमित्त स्नान किया।

पूजा करके नैवेद्य चढ़ाया और वह स्वयं जहाँ रसोई बनाई गई थी, वहाँ गईं, फिर माता वहीं लौटकर आईं और वहाँ आने पर पुत्र को भोजन करते हुए देखा।

माता पुनः शिशु श्रीराम के पास भयभीत होकर गईं और वहाँ पुनः सोया हुआ बालक देखा। पुनः आकर उसी पुत्र को यहाँ देखा। उनके हृदय में कम्प होने लगा तथा मन को धैर्य नहीं था।

यहाँ और वहाँ उसने दो बालकों को देखा (और उसने सोचा कि) यह मेरी बुद्धि का भ्रम है या और कोई अन्य कारण। श्रीराम ने माता को व्याकुल देखकर मधुर मुस्कानपूर्वक हँस दिया।

फिर, उन्होंने माता को अपना अखण्ड अद्‌भुत स्वरूप दिखाया जिसके एक-एक रोएँ में करोड़ों-करोड़ों ब्रह्माण्ड लगे हुए थे॥ २०१॥

टिप्पणी—मानस में कवि लीला तथा अध्यात्म दोनों भूमियों का समान्तर भाव से चित्रण करता हुआ चलता है। वह अवतरित ब्रह्म के लोकात्मक चरित के बीच आध्यात्मिक सन्दर्भों को व्यंजित कर रहा है—और यह आध्यात्मिक चरित्र रहस्यपूर्ण, कौतूहल तथा आश्चर्य से अन्वित है। मानस में तीन पात्रों को कवि अपने इष्ट के स्वरूप की विराटता का बोध कराता है—पार्वती, कौसल्या तथा भुशुंडि।

अगनित रबि ससि सिव चतुरानन। बहु गिरि सरित सिंधु महि कानन॥
काल कर्म गुन ग्यान सुभाऊ। सोउ देखा जो सुना न काऊ॥
देखी माया सब बिधि गाढ़ी। अति सभीत जोरें कर ठाढ़ी॥
देखा जीव नचावइ जाही। देखी भगति जो छोरइ ताही॥
तन पुलकित मुख बचन न आवा। नयन मूँदि चरननि सिरु नावा॥
बिसमयवंत देखि महतारी। भए बहुरि सिसुरूप खरारी॥
अस्तुति करि न जाइ भय माना। जगत पिता मैं सुत करि जाना॥
हरि जननी बहु बिधि समुझाई। यह जनि कतहुँ कहसि सुनु माई॥
दो०— बार बार कौसल्या बिनय करइ कर जोरि।
अब जनि कबहूँ ब्यापै प्रभु मोहि माया तोरि॥ २०२॥

अर्थ—अगणित सूर्य, चन्द्रमा, शिव, ब्रह्मा, अनेक पर्वत, समुद्र, पृथ्वी तथा वन प्रदेश, काल, कर्म, गुण, स्वभाव, ज्ञान तथा अन्य जो कभी सुने नहीं गये थे, उन्हें देखा।

उन्होंने प्रत्येक प्रकार से बलवती माया देखी जो अत्यधिक भयभीत होकर प्रभु के सामने हाथ जोड़े खड़ी है। उसने उस जीव को देखा जिसे माया नचाती है तथा उस भक्ति को देखा जो उसे मुक्त करती है।

उसका शरीर पुलकित हो उठा और मुख से वचन नहीं निकले। तब आँख मूँद कर उनके

चरणों में सिर झुकाया। माता को विस्मय से भरी हुई देखकर पुनः श्रीहरि शिशु रूप हो गये।

उसे भय उत्पन्न हुआ और उससे स्तुति भी नहीं की जा रही थी (और सोच रही थी कि) जगत् पिता श्रीहरि को मैंने पुत्र करके समझा। श्रीहरि ने माता को यह अनेक प्रकार से समझाया और कहा कि हे माता! सुनो! यह बात किसी से कहना मत।

कौसल्या बार-बार हाथ जोड़कर कहती है कि यह आपकी माया अब मुझे कभी न व्यापे॥ २०२॥

टिप्पणी—कवि श्रीराम में मात्र विष्णुत्व की ही परिकल्पना मात्र नहीं करता। परम विष्णुत्व, जिसके अंग स्वयं विष्णु हैं, वह सर्वथा विभु, व्यापक, विराट्, सर्व व्याप्त, सर्व समर्थ ब्रह्म के स्वरूप की श्रीराम में कल्पना करके उनके स्वरूप की अद्वितीयता का चित्रण करता है।

उस विराट् का भक्त पर अनुग्रह ही लीला है। कौसल्या पर इसी अनुग्रह का चित्रण कवि यहाँ चित्रित करता है। 'यह जनि कतहुँ कहसि सुनु माई।' के द्वारा उसकी दिव्यता की गोपनीयता की रक्षा की गई है।

बालचरित हरि बहु बिधि कीन्हा। अति अनंद दासन्ह कहँ दीन्हा॥
कछुक काल बीते सब भाई। बड़े भए परिजन सुखदाई॥
चूड़ाकरन कीन्ह गुरु जाई। बिप्रन्ह पुनि दछिना बहु पाई॥
परम मनोहर चरित अपारा। करत फिरत चारिउ सुकुमारा॥
मन क्रम बचन अगोचर जोई। दसरथ अजिर बिचर प्रभु सोई॥
भोजन करत बोल जब राजा। नहिं आवत तजि बाल समाजा॥
कौसल्या जब बोलन जाई। ठुमुकु ठुमुकु प्रभु चलहिं पराई॥
निगम नेति सिव अंत न पावा। ताहि धरै जननी हठि धावा॥
धूसर धूरि भरे तनु आए। भूपति बिहँसि गोद बैठाए॥

दो०— भोजन करत चपल चित इत उत अवसरु पाइ।
भाजि चले किलकत मुख दधि ओदन लपटाइ॥ २०३॥

अर्थ—श्रीहरि ने अनेकों प्रकार की बाललीलाएँ कीं और अपने भक्तों को अत्यधिक आनंद दिया। कुछ समय व्यतीत हो जाने पर कुटुम्बियों को सुख देते हुए वे बड़े हुए।

तब गुरु ने जाकर चूड़ाकर्म संस्कार किया और फिर ब्राह्मणों ने प्रभूत दक्षिणा प्राप्त की। वे चारों सुकुमार (बालक) अनेक मनोहारी चरित्रों को करते फिरते रहे।

मन, वाणी, कर्म से जो अगोचर है वही प्रभु दशरथ के आँगन में विचरण कर रहा है। भोजन करते समय जब राजा दशरथ उन्हें बुलाते हैं तब बाल समाज का परित्याग करके वे नहीं आते।

कौसल्या जब उन्हें बुलाने जाती हैं, तब प्रभु ठुमुक-ठुमुक करके भाग जाते हैं। वेद के लिए जो नेति है तथा शिव जिसका अन्त नहीं प्राप्त कर पाते हैं, उसे हठपूर्वक पकड़ने के लिए माता कौसल्या दौड़ती हैं।

वे धूल से धूसरित आते हैं—राजा उन्हें हँसकर गोद में बैठा लेते हैं।

चपल चित्तवाले वे भोजन करते हुए इधर-उधर अवसर प्राप्त करके मुख में दही-चावल लपटा कर किलकारी मारते हुए भाग चलते हैं॥ २०३॥

टिप्पणी—कवि वात्सल्यभाव का चित्रण करता है। वह यहाँ प्रभु के स्वरूप का अनुकथन करके वात्सल्य की सहज रसात्मकता को खण्डित कर देता है। यही नहीं, आध्यात्मिक निरूपण का कथन करके पुनः वात्सल्य व्यंजित करना रस दोष है। उसका मन्तव्य यहाँ श्रीराम के अति अलौकिक व्यक्तित्व को व्यंजित करना पहले है, वात्सल्य भाव का चित्रण तो अवान्तर प्रश्न है।

बालचरित अति सरल सुहाए। सारद सेष संभु श्रुति गाए॥
जिन्ह कर मन इन्ह सन नहिं राता। ते जन बंचित किए बिधाता॥
भए कुमार जबहिं सब भ्राता। दीन्ह जनेऊ गुर पितु माता॥
गुर गृहँ गए पढ़न रघुराई। अलप काल बिद्या सब पाई॥
जाकी सहज स्वास श्रुति चारी। सो हरि पढ़ यह कौतुक भारी॥
बिद्या बिनय निपुन गुन सीला। खेलहिं खेल सकल नृप लीला॥
करतल बान धनुष अति सोहा। देखत रूप चराचर मोहा॥
जिन्ह बीथिन्ह बिहरहिं सब भाई। थकित होहिं सब लोग लुगाई॥
दो०— कोसलपुर बासी नर नारि बृद्ध अरु बाल।
प्रानहुँ तें प्रिय लागत सब कहुँ राम कृपाल॥ २०४॥

अर्थ—श्रीराम के अत्यन्त सरल तथा सुन्दर चरित्र का गान सरस्वती, शेष, शिव एवं वेदों ने किया है। जिनका मन इनमें नहीं अनुरक्त हुआ उन्हें विधाता ने मानो (भाग्य से) वंचित कर रखा है।

जब सभी भाई कौमार्य को प्राप्त हुए तो गुरु-पिता-माता ने उनका यज्ञोपवीत किया। श्रीराम गुरु के घर पढ़ने के लिए गये और थोड़े-से ही समय में सभी विद्याएँ उन्हें आ गईं।

चारों वेद जिसके सहज श्वास हैं, वे श्रीहरि पढ़ें, यह परम आश्चर्य है। विद्या, विनय, गुण तथा शील में निपुण वे चारों भाई राजाओं की लीलाओं को ही खेल में खेलते हैं।

हथेली में बाण तथा धनुष अत्यधिक शोभित हैं और उनके स्वरूप को देखकर सचराचर मुग्ध हैं। जिन गलियों में वे चारों भाई विचरण करते हैं, सम्पूर्ण स्त्री-पुरुष (उन्हें देखकर) प्रेम से स्तम्भित हो उठते हैं।

अयोध्या के सम्पूर्ण निवासी-आबाल वृद्ध नर-नारी को श्रीराम प्राणों से भी अधिक प्रिय लगते हैं॥ २०४॥

टिप्पणी—सिद्धान्ततः तुलसी को बालभाव की उपासना अभीष्ट है किन्तु कथात्मक अवरोध को बचाने के लिए इसका विस्तारपूर्वक वर्णन करने के स्थान पर वह कथाक्रम को आगे बढ़ाते हैं। वात्सल्य के भावात्मक चित्रण के स्थान पर वह उनके वय विकास क्रम तथा उससे सम्बन्धित प्रसंगों का निर्देश यहाँ करते हैं।

बंधु सखा सँग लेहिं बुलाई। बन मृगया नित खेलहिं जाई॥
पावन मृग मारहिं जियँ जानी। दिन प्रति नृपहि देखावहिं आनी॥
जे मृग राम बान के मारे। ते तनु तजि सुरलोक सिधारे॥
अनुज सखा सँग भोजन करहीं। मातु पिता अग्या अनुसरहीं॥
जेहिं बिधि सुखी होहिं पुर लोगा। करहिं कृपानिधि सोइ संजोगा॥
बेद पुरान सुनहिं मन लाई। आपु कहहिं अनुजन्ह समुझाई॥
प्रातकाल उठि कै रघुनाथा। मातु पिता गुर नावहिं माथा॥
आयसु माँगि करहिं पुर काजा। देखि चरित हरषइ मन राजा॥
दो०— ब्यापक अकल अनीह अज निर्गुन नाम न रूप।
भगत हेतु नाना बिधि करत चरित्र अनूप॥ २०५॥

अर्थ—भाइयों तथा मित्रों को साथ बुला लेते हैं और वन में जाकर नित्य शिकार खेलते हैं। मन-ही-मन पवित्र मृग विचार करके वध करते हैं और प्रतिदिन उसे राजा को ले आकर दिखाते थे।

रामबाण के द्वारा मारे हुए जो भी मृग थे वे शरीर परित्याग करके देवलोक चले जाते थे। छोटे भाइयों तथा मित्रों के साथ श्रीराम भोजन करते तथा माता-पिता की आज्ञा का अनुसरण करते हैं।

जिस प्रकार अयोध्यानिवासी सुखी हों कृपानिधि श्रीराम वही कार्य (संयोग) करते हैं। वेद, पुराण आदि वे सुनते हैं। वे स्वयं अपने भाइयों को समझाकर (वेदादि) कहते भी हैं।

श्रीराम प्रात:काल उठकर माता, पिता तथा गुरु को शीश झुकाते हैं। उन सबसे आज्ञा माँगकर अयोध्या नगर का सारा कार्य करते हैं और उनके चरित्र को देखकर राजा मन-ही-मन हर्षित होते हैं।

व्यापक, अकल, इच्छारहित, अजन्मा, निर्गुण तथा नाम रूपविहीन श्रीहरि भक्तों के लिए अनेकों प्रकार से विलक्षण चरित सम्पादित करते हैं॥ २०५॥

टिप्पणी—वात्सल्य के स्थान पर कवि सख्य लीला का यहाँ कथात्मक विकास देता है। बाल-राजकुमारों का परस्पर मिलकर आखेट करने का प्रसंग है। उनका पारस्परिक प्रेम तथा स्नेह इंगित करना ही इन पंक्तियों का मन्तव्य है।

प्रभु का हिंस कर्म भी भक्तों के लिए उद्धार का हेतु है—'पावनमृग मारहिं' पद से इसी की व्यंजना निकलती है।

यह सब चरित कहा मैं गाई। आगिलि कथा सुनहु मन लाई॥
बिस्वामित्र महामुनि ग्यानी। बसहिं बिपिन सुभ आश्रम जानी॥
जहँ जप जग्य जोग मुनि करहीं। अति मारीच सुबाहुहि डरहीं॥
देखत जग्य निसाचर धावहिं। करहिं उपद्रव मुनि दुख पावहिं॥
गाधितनय मन चिंता ब्यापी। हरि बिनु मरहिं न निसिचर पापी॥
तब मुनिबर मन कीन्ह बिचारा। प्रभु अवतरेउ हरन महि भारा॥
एहूँ मिस देखौं पद जाई। करि बिनती आनौं दोउ भाई॥
ग्यान बिराग सकल गुन अयना। सो प्रभु मैं देखब भरि नयना॥
दो०— बहुबिधि करत मनोरथ जात लागि नहिं बार।
करि मज्जन सरऊ जल गए भूप दरबार॥ २०६॥

अर्थ—यह सब चरित्र मैंने गाकर कहा और अब आगे की कथा मन लगाकर सुनो। ज्ञानी महामुनि विश्वामित्र अपने आश्रम को अत्यधिक पवित्र जानकर निवास करते थे।

जहाँ (जिस आश्रम में) वे मुनि जप, यज्ञ, योग करते थे तथा सुबाहु एवं मारीच से अत्यधिक डरा करते थे। (उनके) यज्ञ को देखकर राक्षस दौड़ पड़ते थे, वे उपद्रव करते थे और जिनसे मुनिजन कष्ट प्राप्त करते थे।

विश्वामित्र के मन में यह चिन्ता व्यापी कि पापी निशाचर श्रीहरि के बिना नहीं मरेंगे। तब मुनिश्रेष्ठ ने मन में विचार किया कि पृथ्वी का भार हरण करने के लिए तो प्रभु श्रीहरि अवतरित हो चुके हैं।

इसी बहाने जाकर दोनों भाइयों को देखूँगा तथा विनय करके दोनों भाइयों को ले आऊँगा। ज्ञान, वैराग्य तथा समस्त गुण समूहों के केन्द्र उन प्रभु को मैं आँख भर देखूँगा।

अनेक प्रकार से मनोरथ करते हुए उन्हें जाने में देर न लगी। सरयू जल में स्नान करके वे विश्वामित्र राजा दशरथ के दरबार में पहुँचे॥ २०६॥

टिप्पणी—कवि आगामी कथा के विकास के लिए पूरक कथा के रूप में विश्वामित्र प्रसंग की अवतारणा करता है। मुख्य कथावस्तु के शिथिल हो जाने पर उसके विकास के लिए 'सह प्रसंग' की परिकल्पना ही पूरक कथा प्रसंग है और इसके द्वारा कवि कथा का स्वोद्देश्य के अनुकूल विकास करता है।

मुनि आगमन सुना जब राजा। मिलन गयउ लै बिप्र समाजा॥
करि दंडवत मुनिहि सनमानी। निज आसन बैठारेन्हि आनी॥
चरन पखारि कीन्हि अति पूजा। मो सम आजु धन्य नहिं दूजा॥
बिबिध भाँति भोजन करवावा। मुनिबर हृदयँ हरष अति पावा॥
पुनि चरननि मेले सुत चारी। राम देखि मुनि देह बिसारी॥
भए मगन देखत मुख सोभा। जनु चकोर पूरन ससि लोभा॥
तब मन हरषि बचन कह राऊ। मुनि अस कृपा न कीन्हिहु काऊ॥
केहि कारन आगमन तुम्हारा। कहहु सो करत न लावउँ बारा॥
असुर समूह सतावहिं मोही। मैं जाचन आएउँ नृप तोही॥
अनुज समेत देहु रघुनाथा। निसिचर बध मैं होब सनाथा॥

दो०— देहु भूप मन हरषित तजहु मोह अग्यान।
धर्म सुजस प्रभु तुम्ह कौं इन्ह कहुँ अति कल्यान॥ २०७॥

अर्थ—जब राजा दशरथ ने मुनि विश्वामित्र का आगमन (समाचार) सुना तब वे ब्राह्मण समाज साथ लेकर मिलने चले। दण्डवत् करके उन्होंने मुनि का सम्मान किया और ले आकर अपने आसन पर बैठाया।

चरणों को धोकर उन्होंने पूजा की और कहा कि मेरे समान आज कोई अन्य भाग्यवान् नहीं है। (उन्होंने फिर) अनेक प्रकार के भोजन करवाये जिससे मुनिश्रेष्ठ विश्वामित्र ने हृदय में अत्यधिक हर्ष प्राप्त किया।

पुनः राजा ने मुनि के चरणों पर चारों पुत्रों को प्रणाम कराया (मेला > मिलाया) श्रीराम को देखकर मुनि विश्वामित्र अपने शरीर की सुध भूल गये। वे श्रीराम के मुख की शोभा देखते ही मग्न हो उठे मानो चकोर पूर्णचन्द्र को देखकर लुब्ध हो उठा हो।

तब मन-ही-मन हर्षित होकर राजा ये वचन बोले, हे मुनि! इस प्रकार की कृपा तो आपने कभी भी नहीं की। किस कारणवश आपका आगमन हुआ है, उसे आप कहें, उसे पूर्ण करने में देर नहीं लगाऊँगा।

मुनि ने (तब) कहा, कि हे राजन! राक्षसों के समुदाय मुझे बहुत सताते हैं—इसलिए मैं आपसे कुछ माँगने आया हूँ। श्रीराम को उनके छोटे भाई लक्ष्मण सहित मुझे दें, निशिचरों के मारे जाने पर मैं सुरक्षित (सनाथ) हो जाऊँगा।

हे राजन! मोह तथा अज्ञान का परित्याग करके हर्षित मन से (इन्हें) दे दें। हे प्रभु! आपको धर्म तथा सुयश प्राप्त होगा तथा इनका कल्याण।

टिप्पणी—प्रभु श्रीराम के लोकमंगलकारी स्वरूप की परिकल्पना तथा उनके द्वारा राक्षस वध का उपक्रम वर्णित है। कर्त्तव्य तथा स्नेह का भाव-द्वन्द्व और उसके द्वारा मानवीय स्नेह की तुलना में कर्त्तव्य के सन्दर्भ की श्रेष्ठता प्रतिपादित की गई है। विश्वामित्र का यह सम्पूर्ण प्रसंग इसी द्वन्द्व का विधायक है।

सुनि राजा अति अप्रिय बानी। हृदय कंप मुख दुति कुमुलानी॥
चौथेंपन पायउँ सुत चारी। बिप्र बचन नहिं कहेहु बिचारी॥
माँगहु भूमि धेनु धन कोसा। सर्बस देउँ आजु सह रोसा॥
देह प्रान तें प्रिय कछु नाहीं। सोउ मुनि देउँ निमिष एक माहीं॥
सब सुत प्रिय मोहि प्रान की नाईं। राम देत नहिं बनइ गोसाईं॥
कहँ निसिचर अति घोर कठोरा। कहँ सुंदर सुत परम किसोरा॥

सुनि नृप गिरा प्रेम रस सानी। हृदयँ हरष माना मुनि ग्यानी॥
तब बसिष्ठ बहु बिधि समुझावा। नृप संदेह नास कहँ पावा॥
अति आदर दोउ तनय बोलाए। हृदयँ लाइ बहु भाँति सिखाए॥
मेरे प्रान नाथ सुत दोऊ। तुम्ह मुनि पिता आन नहिं कोऊ॥

दो०— सौंपे भूप रिषिहि सुत बहु बिधि देइ असीस।
जननी भवन गए प्रभु चले नाइ पद सीस॥

सो०— पुरुष सिंह दोउ बीर हरषि चले मुनि भय हरन।
कृपासिंधु मति धीर अखिल बिस्व कारन करन॥ २०८॥

अर्थ—राजा दशरथ ने अति अप्रिय वाणी को सुना और उनके मुख की द्युति मलिन हो उठी तथा हृदय काँप उठा। उन्होंने कहा—हे विप्र! वृद्धावस्था में मैंने चार पुत्रों को प्राप्त किया है और आपने विचार कर बात नहीं कही।

आप भूमि, गौ, सम्पत्ति एवं राजभण्डार माँग लें, मैं सब कुछ अत्यन्त प्रसन्नतापूर्वक (सहरोसाः सहर्ष) दे दूँगा। शरीर एवं प्राण से प्रिय कुछ भी नहीं है और फिर उसे भी एक क्षण में दे दूँ।

सारे पुत्र मुझे प्राणों की भाँति प्रिय हैं किन्तु हे स्वामी! राम को तो किसी भी प्रकार से देते नहीं बनता। कहाँ अत्यन्त प्रचंड एवं क्रूरकर्मा राक्षस और कहाँ परम किशोर वय के सुन्दर मेरे पुत्र।

राजा की प्रेम रस से सनी वाणी सुनकर ज्ञानी मुनि विश्वामित्र ने बड़ा हर्ष माना। वसिष्ठ ने उन्हें नाना भाँति से समझाया तब राजा दशरथ के संदेह ने नाश को प्राप्त किया (अर्थात्, वह नष्ट हुआ)।

अत्यधिक आदरपूर्वक उन्होंने दोनों पुत्रों को बुलाया और हृदय से लगाकर अनेक भाँति से समझाया। फिर उन्होंने विश्वामित्र से कहा कि हे नाथ! दोनों पुत्र मेरे प्राण हैं और हे मुनि! आप ही इनके पिता हैं, कोई दूसरे नहीं।

नाना प्रकार से आशीर्वाद देकर राजा ने दोनों पुत्रों को मुनि को सौंपा। ततश्च प्रभु श्रीराम माता कौसल्या के भवन गये और (उनके) चरणों में शीश झुकाकर (मुनि के साथ) चले।

पुरुषों में सिंहवत् दोनों भाई मुनि के भय को विनष्ट करने के निमित्त हर्षित होकर चल पड़े। वे कृपा के सिन्धु, धीरमतिवाले तथा सम्पूर्ण सृष्टि के कारण के भी कारण हैं॥ २०८॥

टिप्पणी—पुत्र स्नेह की अतिशयता हेतु है, वचन भंग हो जाने का भय है—इस भय से उत्पन्न सात्त्विक अनुभावों का बड़ा ही मार्मिक चित्रण इन पंक्तियों में किया गया है। अप्रिय वाणी का प्रभाव है—कान्तिहीनता एवं हृदयकम्प। अतिदीनता भरी वाणी में निवेदन उसी की प्रतिक्रिया है किन्तु गुरु द्वारा कर्त्तव्यबोध कराये जाने पर स्नेह का उत्कर्ष समाप्त और कर्त्तव्यनिष्ठा का पक्ष सबल हो उठता है। मोह के ऊपर कर्त्तव्यनिष्ठा की स्थापना ही मानस में तुलसी का लक्ष्य रहा है।

अरुन नयन उर बाहु बिसाला। नील जलज तनु स्याम तमाला॥
कटि पट पीत कसें बर भाथा। रुचिर चाप सायक दुहुँ हाथा॥
स्याम गौर सुंदर दोउ भाई। बिस्वामित्र महानिधि पाई॥
प्रभु ब्रह्मन्यदेव मैं जाना। मोहि निति पिता तजेउ भगवाना॥
चले जात मुनि दीन्हि देखाई। सुनि ताड़का क्रोध करि धाई॥
एकहिं बान प्रान हरि लीन्हा। दीन जानि तेहि निज पद दीन्हा॥
तब रिषि निज नाथहिं जियँ चीन्ही। बिद्यानिधि कहुँ बिद्या दीन्ही॥
जाते लाग न छुधा पिपासा। अतुलित बल तनु तेज प्रकासा॥

दो०— आयुध सर्ब समर्पि कै प्रभु निज आश्रम आनि।
कंद मूल फल भोजन दीन्ह भगति हित जानि॥ २०९॥

अर्थ—नेत्र अरुण वर्ण के हैं तथा भुजाएँ लम्बी हैं। नील कमल वर्ण का शरीर तमाल वृक्ष की भाँति (नीला तथा छरहरा) है। कटि में पीताम्बर तथा सुन्दर तरकस कसे हुए हैं और दोनों हाथों में सुन्दर धनुषबाण हैं।

श्याम तथा गौर वर्ण के दोनों भाई सुन्दर हैं, विश्वामित्र को तो मानो महानिधि प्राप्त हो गई। मैं समझ गया कि ये प्रभु ब्रह्मण्यदेव (महाप्रभु, ईश्वर) हैं और मेरे लिए (निति) भगवान् ने अपने पिता को भी छोड़ दिया।

मार्ग में चले जाते हुए मुनि ने दिखा दिया और (शब्द) सुनकर ताड़का क्रोध करके दौड़ी। श्रीराम के एक ही बाण ने उसके प्राण हर लिये और दीन समझ कर उसे अपना पद दिया।

तब ऋषि विश्वामित्र ने अपने प्रभु को विद्यानिधि जानते हुए भी विद्याएँ प्रदान कीं (जिसके ज्ञान से) जाते हुए उन्हें न भूख लगी, न प्यास और उनके शरीर में अतुलनीय बल तथा तेज प्रकाशित हो उठा।

आश्रम के प्रवेश द्वार पर ही सम्पूर्ण अस्त्रों को रखकर मुनि प्रभु श्रीराम को आश्रम में ले आये और उन्हें अपना परम हितैषी मानकर भक्तिपूर्वक कन्द, मूल, फल का भोजन दिया॥ २०९॥

टिप्पणी—प्रभु श्रीराम का लक्ष्मण के साथ मार्गगमन की एक झाँकी देता हुआ कवि ताड़का वध के प्रसंग को प्रस्तुत करता है। श्रीराम की जीवनचर्या ही लोकमंगल की अवतारणा है। कवि अपने इस मन्तव्य का परिपालन आगे पद-पद पर करता है। श्रीरामचरितमानस के कथानायक श्रीराम पद-पद पर लोक कल्याण एवं भक्ति के आनन्ददायी उन्मेष की सृष्टि करते हैं।

प्रात कहा मुनि सन रघुराई। निर्भय जग्य करहु तुम्ह जाई॥
होम करन लागे मुनि झारी। आपु रहे मख की रखवारी॥
सुनि मारीच निसाचर क्रोही। लै सहाय धावा मुनिद्रोही॥
बिनु फर बान राम तेहि मारा। सत जोजन गा सागर पारा॥
पावक सर सुबाहु पुनि मारा। अनुज निसाचर कटकु सँघारा॥
मारि असुर द्विज निर्भयकारी। अस्तुति करहिं देव मुनि झारी॥
तहँ पुनि कछुक दिवस रघुराया। रहे कीन्हि बिप्रन्ह पर दाया॥
भगति हेतु बहु कथा पुराना। कहे बिप्र जद्यपि प्रभु जाना॥
तब मुनि सादर कहा बुझाई। चरित एक प्रभु देखिअ जाई॥
धनुषजग्य सुनि रघुकुल नाथा। हरषि चले मुनिबर के साथा॥
आश्रम एक दीख मग माहीं। खग मृग जीव जंतु तहँ नाहीं॥
पूछा मुनिहि सिला प्रभु देखी। सकल कथा मुनि कही बिसेषी॥

दो०— गौतम नारि स्राप बस उपल देह धरि धीर।
चरन कमल रज चाहति कृपा करहु रघुबीर॥ २१०॥

अर्थ—प्रातःकाल श्रीराम ने मुनि विश्वामित्र से कहा कि आप निर्भय होकर यज्ञ करें। यह सुनकर, समस्त मुनि (झारीः सब) यज्ञ हवन करने लगे और आप स्वयं यज्ञ की रक्षा पर रहे।

यह सुनकर क्रोधी तथा मुनि द्रोही निशाचर मारीच अपने सहायकों को लेकर दौड़ा। श्रीराम ने उसे बिना फलवाले बाण से आघात् किया जिसके कारण वह शत योजन विस्तार वाले समुद्र के उस पार जा गिरा।

फिर, सुबाहु को अगिनबाण से मारा और लक्ष्मण ने सम्पूर्ण सेना का विनाश किया। इस प्रकार, राक्षसों को मारकर ब्राह्मणों को निर्भय करनेवाले श्रीराम की समस्त देव-मुनि देव वन्दना करने लगे।

वहाँ पुनः कुछ दिनों तक रहकर ब्राह्मणों पर कृपा की। ब्राह्मणों ने भक्ति के निमित्त बहुत सी वहाँ कथाएँ कहीं, यद्यपि भगवान् श्रीराम उन्हें पहले-से ही जानते थे।

तब मुनि विश्वामित्र ने आदरपूर्वक समझाकर कहा कि, हे प्रभु! चलें चलकर एक चरित्र देखें। रघुकुल के स्वामी श्रीराम धनुषयज्ञ सुनकर मुनिश्रेष्ठ के साथ हर्षित होकर चले।

मार्ग में एक आश्रम दिखाई पड़ा, जहाँ पर पक्षी, पशु, जीव-जन्तु नहीं थे। शिला को देखकर मुनि से श्रीराम ने पूछा तब मुनि ने समस्त कथा विस्तार (विशेषी) पूर्वक बताई।

शापवश गौतमपत्नी अहल्या अत्यन्त धैर्यपूर्वक पत्थर का देह धारण करके आपके चरण-कमलों की धूलि चाहती है। हे श्रीराम! आप कृपा करें॥ २१०॥

टिप्पणी—लोकमंगल के तीन महत्त्वपूर्ण सन्दर्भों की कवि यहाँ अवतारणा करता है—(१) यज्ञरक्षा, (२) राक्षसवध, (३) अहल्या प्रसंग। जनक की धनुर्भंग भूमिका के क्रम में अहल्या के प्रसंग की चर्चा है।

श्रीरामचरितमानस में मुख्य तथा पूरक कथाओं के साथ सहकथा के अनेक सन्दर्भ हैं। ये सहकथाएँ श्रीराम के लोकमंगलकारी व्यक्तित्व की सम्पुष्टि एवं भक्ति के संवर्धन के निमित्त हैं। अहल्या का प्रसंग सहकथा प्रसंग है।

मूल कथा के विन्यास में ये सहकथाएँ साहित्यिक दृष्टि से बहुत आवश्यक नहीं हैं फिर भी कथा विन्यास की पौराणिक प्रवृत्ति से प्रभावित ये कथाएँ कथानायक के माहात्म्य का निरूपण करती हैं।

छंद— परसत पद पावन सोक नसावन प्रगट भई तप पुंज सही।
देखत रघुनायक जन सुखदायक सनमुख होइ कर जोरि रही॥
अति प्रेम अधीरा पुलक सरीरा मुख नहिं आवइ बचन कही।
अतिसय बड़भागी चरनन्हि लागी जुग नयनन्हि जलधार बही॥
धीरजु मनु कीन्हा प्रभु कहुँ चीन्हा रघुपति कृपाँ भगति पाई।
अति निर्मल बानी अस्तुति ठानी ग्यानगम्य जय रघुराई॥
मैं नारि अपावन प्रभु जगपावन रावनरिपु जन सुखदाई।
राजीव बिलोचन भव भय मोचन पाहि पाहि सरनहिं आई॥
मुनि स्राप जो दीन्हा अति भल कीन्हा परम अनुग्रह मैं माना।
देखेउँ भरि लोचन हरि भव मोचन इहइ लाभु संकर जाना॥
बिनती प्रभु मोरी मैं मति भोरी नाथ न माँगउँ बर आना।
पद कमल परागा रस अनुरागा मम मन मधुप करै पाना॥
जेहिं पद सुरसरिता परम पुनीता प्रगट भई सिव सीस धरी।
सोई पद पंकज जेहि पूजत अज मम सिर धरेउ कृपाल हरी॥
एहिं भाँति सिधारी गौतमनारी बार-बार हरिचरन परी।
जो अति मन भावा सो बरु पावा गै पतिलोक अनंद भरी॥
दो०— अस प्रभु दीन बंधु हरि कारन रहित दयाल।
तुलसिदास सठ तेहि भजु छाड़ि कपट जंजाल॥ २११॥

अर्थ—सम्पूर्ण शोकों को नष्ट करने वाले पवित्र चरणों का स्पर्श करके वह सचमुच तपोमूर्ति-

सी प्रकट हो गई। अपने भक्तों को सुख देनेवाले श्रीराम को देखकर उनके सन्मुख होकर वह हाथ जोड़े रही। प्रेम के कारण अत्यधिक अधीर हो उठी, उसका शरीर पुलकित हो उठा और मुख से (शैथिल्य के कारण) वचन नहीं निकल पा रहे थे। वह अत्यन्त बड़भागिनी श्रीराम प्रभु के चरणों में जा लगी और उसके दोनों नेत्रों से अश्रु प्रवाहित होने लगे।

फिर, उसने मन में धैर्य धारण करके प्रभु श्रीराम को पहचाना और श्रीराम जी की कृपा से भक्ति प्राप्त की। तब अत्यधिक निर्मलवाणी से उसने उनकी स्तुति प्रारम्भ की, कि हे केवल ज्ञान से ही जाने जानेवाले श्रीराम जी! आपकी जय हो। हे प्रभु! मैं अपवित्र नारी हूँ और आप सम्पूर्ण जगत् को पवित्र करनेवाले, रावण शत्रु तथा भक्तों के आनन्ददाता हैं—हे कमलनयन! आप सम्पूर्ण जगत् के संकट को दूर करनेवाले, आप रक्षा करें, रक्षा करें, मैं आपकी शरण में आई हुई हूँ।

मुनि ने जो मुझे शाप दिया था, अच्छा किया था मैं इसे उनका अनुग्रह मानती हूँ जिसके कारण, मैंने संसार का क्लेश नष्ट करनेवाले श्रीहरि को देखा और इसी को शिव जी भी परम लाभ मानते हैं। हे प्रभु! मैं बुद्धि से बड़ी भोली हूँ, हे नाथ मैं इसके अतिरिक्त अन्य वर नहीं माँग सकती कि मेरा मनरूपी भ्रमर आपके चरण-कमलरूपी रज-पराग का निरन्तर पान करता रहे।

जिस चरण से परम पवित्र गंगा नदी प्रकट हुईं और उन्हें शिव ने शीश पर धारण किया और जिन चरण-कमलों को ब्रह्मा जी पूजते हैं, हे कृपालु श्रीहरि! आपने उन्हीं को मेरे शीश पर रखा। जो मन को बहुत अच्छा लगता था, उस वर को प्राप्त करके वह आनन्द परिपूर्ण पति के लोक को चली गई।

स्वामी श्रीराम ऐसे दीनबन्धु तथा बिना कारण के ही दया करनेवाले भगवान् श्रीहरि हैं—अत: तुलसीदास जी कहते हैं कि कपट-जंजाल का परित्याग करके तू उन्हें भजो॥ २११॥

टिप्पणी—कवि इस परम्परित अहल्या प्रसंग की अवतारणा प्रसंगवशात् ही करता है और उसका मुख्य उद्देश्य प्रभु श्रीराम की अकारण कृपा तथा वत्सलता का संकेत करना है। भक्ति काव्य को प्रसंग से हटकर उपदेश देने की छूट स्वयं इन कवियों ने ले ली है और इन्हें चिन्ता नहीं है कि इससे प्रबन्ध दूषित हो रहा है या नहीं।

चले राम लछिमन मुनि संगा। गए जहाँ जग पावनि गंगा॥
गाधिसूनु सब कथा सुनाई। जेहिं प्रकार सुरसरि महि आई॥
तब प्रभु रिषिन्ह समेत नहाए। बिबिध दान महिदेवन्हि पाए॥
हरषि चले मुनि बृंद सहाया। बेगि बिदेह नगर निअराया॥
पुर रम्यता राम जब देखी। हरषे अनुज समेत बिसेषी॥
बापी कूप सरित सर नाना। सलिल सुधा सम मनि सोपाना॥
गुंजत मंजु मत्त रस भृंगा। कूजत कल बहु बरन बिहंगा॥
बरन बरन बिकसे बनजाता। त्रिबिध समीर सदा सुखदाता॥

दो०— सुमन बाटिका बाग बन बिपुल बिहंग निवास।
फूलत फलत सुपल्लवत सोहत पुर चहुँ पास॥ २१२॥

अर्थ—श्रीराम तथा लक्ष्मण मुनि विश्वामित्र के साथ चले। वे वहाँ पहुँचे, जहाँ जगत्पावनी गंगा थीं। गाधिपुत्र विश्वामित्र ने वह समस्त कथा सुनाई, जिस प्रकार, पृथ्वी पर गंगा आई थीं।

तब श्रीराम ने ऋषियों के साथ गंगा में स्नान किया और ब्राह्मणों ने अनेक प्रकार के दान प्राप्त किये। तत्पश्चात् मुनि-समूहों के साथ हर्षित चले और शीघ्र ही जनक के नगर के समीप आये।

श्रीराम ने जब जनकपुर की रमणीयता देखी तो वह अपने भाई लक्ष्मण के साथ हर्षित हुए। वहाँ अनेक बावली (बापी), कुएँ, नदी तथा तालाब थे जिनमें अमृत के सदृश जल है तथा मणिमय सीढ़ियाँ हैं।

पुष्प के पराग के रस से उन्मत भ्रमर गूँज रहे हैं और रंग-बिरंगे पक्षी मधुर शब्द कर रहे हैं। नाना वर्ण के कमल (बनजाता) विकसित हैं तथा शीतल, मन्द, सुगन्ध त्रिविध सुखदायी वायु बह रही है।

पुष्पवाटिका, बाग और वन—जिनमें बहुत से पक्षियों का निवास है, फूलते, फलते और सुन्दर पत्तों से पल्लवित से युक्त नगर के चारों ओर शोभित हैं॥ २१२॥

टिप्पणी—नगर के ऐश्वर्य का चित्रण है। कवि पुर रचना के स्थान पर वाटिका तथा पुष्प वर्णन को कवि नगर सौन्दर्य के वर्णन का आधार बनाता है। वन, बाग, सुमन वाटिकाएँ, पक्षी समूह, पुष्पित, पल्लवित एवं फलवान होते वृक्ष सभी का रमणीक दृश्यांकन यहाँ किया गया है। नगर समृद्धि के स्थान पर उसकी रमणीयता यहाँ चित्रित है।

बनइ न बरनत नगर निकाई। जहाँ जाइ मन तहँइँ लोभाई॥
चारु बजारु बिचित्र अँबारी। मनिमय जनु बिधि स्वकर सँवारी॥
धनिक बनिक बर धनद समाना। बैठे सकल बस्तु लै नाना॥
चौहट सुंदर गली सुहाई। संतत रहहिं सुगंध सिंचाई॥
मंगलमय मंदिर सब केरें। चित्रित जनु रतिनाथ चितेरें॥
पुर नर नारि सुभग सुचि संता। धरमसील ग्यानी गुनवंता॥
अति अनूप जहँ जनक निवासू। बिथकहिं बिबुध बिलोकि बिलासू॥
होत चकित चित कोट बिलोकी। सकल भुवन सोभा जनु रोकी॥
दो०— धवल धाम मनि पुरट पट सुघटित नाना भाँति।
सिय निवास सुंदर सदन सोभा किमि कहि जाति॥ २१३॥

अर्थ—नगर की शोभा का वर्णन करते नहीं बनता, जहाँ जाय, वहीं मन लुब्ध हो उठता है। सुन्दर बाजार हैं और मणियों से बने सुन्दर छज्जे (अँबारी) हैं, मानो ब्रह्मा ने उन्हें अपने हाथ से बनाया है।

कुबेर के सदृश श्रेष्ठ व्यापारी सब प्रकार की अनेक वस्तुएँ लेकर बैठे हैं। चौराहे सुन्दर तथा गलियाँ सुहावनी हैं और वे निरन्तर सुगंध (से परिपूर्ण जल) से सींची रहती हैं।

सभी के घर मंगलमय हैं, वे इस प्रकार चित्रित हैं, मानो कामदेव ही उनका (घरों का) चित्रकार हो। नगर के नर-नारी सुन्दर, पवित्र, संत, धर्मशील, ज्ञानी तथा गुणवान हैं।

श्री जनक जी का जहाँ निवास स्थल है, वह तो अत्यधिक अनुपम है और उनके महल के विलास (वैभव) को देखकर देवगण स्तम्भित (विथकित) हैं। जनक के कोट (परकोटे) को देखकर चित्त चकित हो उठता है मानो उसने सम्पूर्ण भुवनों की शोभा को रोक रखा है।

उज्ज्वल प्रासाद मणि जड़ित सोने की जरी से सज्जित बनाये गये और उनमें सीता जी के रहने के सुन्दर महल की शोभा का तो वर्णन ही नहीं किया जा सकता है॥ २१३॥

टिप्पणी—पुर रचना, नगर समृद्धि, दुर्ग की विशालता, नगरवासियों की शालीनता तथा राजवैभव का परम्परित वर्णन यहाँ अभीष्ट है। प्रासाद और सीता निवास का वर्णन इसी पुर समृद्धि वर्णन का अंग है। सम्पूर्ण वर्णन काव्य रचना परिपाटी के अनुकूल है।

सुभग द्वार सब कुलिस कपाटा। भूप भीर नट मागध भाटा॥
बनी बिसाल बाजि गज साला। हय गय रथ संकुल सब काला॥
सूर सचिव सेनप बहुतेरे। नृप गृह सरिस सदन सब केरे॥
पुर बाहेर सर सरित समीपा। उतरे जहँ तहँ बिपुल महीपा॥
देखि अनूप एक अँबराई। सब सुपास सब भाँति सुहाई॥

कौसिक कहेउ मोर मनु माना। इहाँ रहिअ रघुबीर सुजाना॥
भलेहिं नाथ कहि कृपानिकेता। उतरे तहँ मुनि बृंद समेता॥
बिस्वामित्र महामुनि आए। समाचार मिथिलापति पाए॥

दो०— संग सचिव सुचि भूरि भट भूसुर बर गुर ग्याति।
चले मिलन मुनिनायकहिं मुदित राउ एहिं भाँति॥ २१४॥

अर्थ—सुन्दर दरवाजे हैं तथा वज्रवत् उनमें किंवाड़ें लगी हैं और वहाँ राजा, मनुष्य, चारण तथा भाँटों की भीड़ लगी रहती है। घुड़साल तथा गजशालाएँ विशाल बनी हैं और हर समय वह घोड़े तथा रथों से संयुक्त बनी रहती हैं।

अनेकानेक पराक्रमी योद्धाओं, मंत्रियों तथा सेनापतियों के घर राजा के घर के ही सदृश (ऐश्वर्यपूर्ण) हैं। नगर के बाहर, नदी तथा तालाबों के पास जहाँ-तहाँ अनेक राजागण डेरा डाले हुए थे।

आर्यों की एक सुन्दर वाटिका देखकर, जहाँ सभी प्रकार की सुविधाएँ थीं और जो भलीभाँति सुन्दर थीं, विश्वामित्र ने कहा कि हे सुजान श्रीराम! मेरा मन कहता है कि यहाँ रहा जाय।

कृपाधाम श्री राम ने कहा कि हे स्वामी! ठीक है, और फिर मुनिवृन्द समेत वहीं रुक पड़े। जनक ने जब यह समाचार प्राप्त किया कि महामुनि विश्वामित्र आये हुए हैं।

तब साथ में पवित्र स्वभाववाले मंत्रियों, बहुत से योद्धा तथा श्रेष्ठ ब्राह्मण, गुरु एवं बंधु-बांधवों को लेकर इस प्रकार आनन्दित मन से मुनिश्रेष्ठ विश्वामित्र से मिलने चल पड़े॥ २१४॥

टिप्पणी—कवि महाकाव्योचित परिपाटी के अन्तर्गत राजद्वार, कपाट, नट, मागध, भाँट, सेनापति, मंत्री आदि का चित्रण करता है। इसी के साथ ही विश्राम के लिए 'अँवराई' का चयन ग्राम्य संस्कृति का निर्वाह है। ऋषि आदि नगर तथा ग्राम के बाहर अँवराई, वाटिका, उपवन, कूप आदि के समीप निवास करते थे, ऐसा परम्परा में उल्लेख है।

महामुनियों के आगमन पर स्वागतार्थ राजाओं का अगवानी के लिए आना, कुशल क्षेम जानना, उत्तम व्यवस्था एवं प्रबन्ध करना आदि की पूर्व परिपाटियाँ रही हैं। कवि तदनुकूल कथाक्रम के विकास के प्रकाश में उसका वर्णन करता है।

कीन्ह प्रनामु चरन धरि माथा। दीन्हि असीस मुदित मुनिनाथा॥
बिप्र बृंद सब सादर बंदे। जानि भाग्य बड़ राउ अनंदे॥
कुसल प्रस्न कहि बारहिं बारा। बिस्वामित्र नृपहिं बैठारा॥
तेहि अवसर आए दोउ भाई। गए रहे देखन फुलवाई॥
स्याम गौर मृदु बयस किसोरा। लोचन सुखद बिस्व चित चोरा॥
उठे सकल जब रघुपति आए। बिस्वामित्र निकट बैठाए॥
भए सब सुखी देखि दोउ भ्राता। बारि बिलोचन पुलकित गाता॥
मूरति मधुर मनोहर देखी। भएउ बिदेहु बिदेहु बिसेषी॥

दो०— प्रेम मगन मनु जानि नृपु करि बिबेकु धरि धीर।
बोलेउ मुनि पद नाइ सिरु गदगद गिरा गँभीर॥ २१५॥

अर्थ—मुनि के चरणों पर मस्तक रखकर प्रणाम किया और मुनिश्रेष्ठ विश्वामित्र ने प्रसन्नभाव से आशीर्वाद दिया। सम्पूर्ण ब्राह्मण समाज की आदरपूर्वक वन्दना की और बड़ा भाग्य जानकर राजा जनक आनन्दित हुए।

बार-बार कुशल प्रश्न करके विश्वामित्र ने राजा को बैठाया—फुलवारी देखने के लिए गये हुए दोनों भाई उसी समय आये।

कोमल किशोर वयवाले श्यामल तथा गौर वर्णवाले (श्रीराम तथा लक्ष्मण) विश्व के चित्त को चुरानेवाले तथा नेत्र के लिए आनन्ददायी हैं। जब श्रीराम आये तब सभी उठ खड़े हुए और विश्वामित्र ने उन्हें निकट बैठाया।

दोनों भाइयों को देखकर सब सुखी हुए, सभी के नेत्र जल से परिपूर्ण हो उठे तथा शरीर पुलकित हो उठे। श्रीराम की मधुर एवं मनोहर मूर्ति को देखकर विदेह जनक विशेष रूप से (विदेह-शरीर की स्मृति से मुक्त) हो उठे।

मन को प्रेममग्न जानकर राजा जनक ने विवेक का आश्रय लेकर धैर्य धारण किया और फिर वे मुनि के चरणों में सिर नवाकर गदगद होकर गम्भीर वाणी में बोले॥ २१५॥

टिप्पणी—कवि विश्वामित्र तथा जनक के सम्मिलन द्वारा न कवि केवल शिष्टाचार का निरूपण करना चाहता है, वरन् राम प्रसंग की अवतारणा करके उनके प्रभाव की पूर्व पीठिका निर्मित करता है। श्रीराम तथा लक्ष्मण के सौन्दर्य को देखकर जनक की प्रेम विवशता एवं विगलन भावी प्रसंग अर्थात् सीताराम के विवाह की घटना की पूर्वपीठिका है।

कहहु नाथ सुंदर दोउ बालक। मुनि कुल तिलक कि नृपकुल पालक॥
ब्रह्म जो निगम नेति कहि गावा। उभय बेष धरि की सोइ आवा॥
सहज बिराग रूप मनु मोरा। थकित होत जिमि चंद चकोरा॥
ताते प्रभु पूछउँ सतिभाऊ। कहहु नाथ जनि करहु दुराऊ॥
इन्हहि बिलोकत अति अनुरागा। बरबस ब्रह्मसुखहि मन त्यागा॥
कह मुनि बिहँसि कहेहु नृप नीका। बचन तुम्हार न होइ अलीका॥
ये प्रिय सबहिं जहाँ लगि प्रानी। मन मुसुकाहिं रामु सुनि बानी॥
रघुकुलमनि दसरथ के जाए। मम हित लागि नरेस पठाए॥

दो०— रामु लखनु दोउ बंधुबर रूप सील बल धाम।
मख राखेउ सबु साखि जगु जिते असुर संग्राम॥ २१६॥

अर्थ—हे नाथ! बतायें कि ये दोनों सुन्दर बालक मुनि कुल के तिलक स्वरूप या किसी राजवंश के पालनकर्त्ता हैं अथवा वह ब्रह्म जो वेदों में 'नेति नेति' कहा जाता रहा है, वह दो रूप धारण करके तो नहीं आया है।

मेरा सहज वैराग्य स्वभाव का मन (उन्हें देखकर) इस प्रकार थकित है, जैसे चन्द्रमा को देखकर चकोर पक्षी। हे प्रभु! इसलिए मैं आपसे निश्छल भाव (सतिभाउ) से पूछ रहा हूँ कि आप बतायें, किसी प्रकार का छिपाव न करें।

अत्यन्त आसक्त भाव से इन्हें देखकर मेरे मन ने हठात् ब्रह्म सुख को भी त्याग दिया है। मुनि ने हँसकर कहा, हे राजा! आपने ठीक ही कहा है, आपके वचन असत्य नहीं हैं।

संसार में जहाँ तक प्राणी हैं, ये सभी को प्रिय हैं, और उनकी वाणी को सुनकर श्रीराम मन-ही-मन मुस्कराते हैं। ये रघुवंशशिरोमणि राजा दशरथ के पुत्र हैं और मेरे हितों की रक्षा के निमित्त राजा दशरथ द्वारा भेजे हुए हैं।

ये राम तथा लक्ष्मण दोनों श्रेष्ठ भाई रूप, शील एवं बल के धाम हैं। सम्पूर्ण जगत् इसका साक्षी है कि सम्पूर्ण असुरों को संग्राम में जीतकर इन्होंने यज्ञ की रक्षा की है॥ २१६॥

टिप्पणी—नायक के कुल शील, पराक्रम, शौर्य एवं यश का वर्णन और यह वर्णन भावी सिद्धि का संकेत है।

विश्वामित्र सम्पूर्ण जगत् को साक्षी बनाकर श्रीराम तथा लक्ष्मण के धर्म रक्षक व्यक्तित्व को प्रकारान्तर से समझाते हैं।

उनके रूप, शील, बल निश्चित रूप से सभी के लिए स्पृहणीय हो सकते हैं।

जनक की टिप्पणी है कि दोनों बालक ब्राह्मण वंश के हैं या क्षत्रिय वंश के? जनक श्रीराम तथा लक्ष्मण को ब्रह्म का उभयात्मक वेष धारण करनेवाला कहा है—इस उभय वेष का सन्दर्भ कई व्यंजनाओं को इंगित करता है—(१) अंशिन् एवं अंश रूप ब्रह्म, (२) ब्रह्म एवं जीव रूप, (३) निरपेक्ष ब्रह्म रूप एवं लीलावतारी रूप। जनक की मति संस्कारवशात् जिसमें रम रही हो—वह निश्चित ही सामान्य नहीं है।

प्रकारान्तर भाव से कवि लोक-जगत् में अवतरित श्रीहरि की आध्यात्मिकता व्यंजित करना चाहता है।

लीला रूप में सगुण ब्रह्म के दर्शन से प्राप्त आनन्द ब्रह्मानन्द से अनेकशः अधिकता रूप से आनन्ददायी है। कवि लीलाभक्ति के इस मन्तव्य को इंगित करना चाहता है।

यह मन्तव्य भागवत पुराण की लीला विषयक अवधारणा से जुड़ा है।

मुनि तव चरन देखि कह राऊ। कहि न सकउँ निज पुन्य प्रभाऊ॥
सुंदर स्याम गौर दोउ भ्राता। आनँदहू के आनँददाता॥
इन्ह कै प्रीति परसपर पावनि। कहि न जाइ मन भाव सुहावनि॥
सुनहु नाथ कह मुदित बिदेहू। ब्रह्म जीव इव सहज सनेहू॥
पुनि पुनि प्रभुहि चितव नरनाहू। पुलक गात उर अधिक उछाहू॥
मुनिहि प्रसंसि नाइ पद सीसू। चलेउ लवाइ नगर अवनीसू॥
सुंदर सदनु सुखद सब काला। तहाँ बासु लै दीन्ह भुआला॥
करि पूजा सब बिधि सेवकाई। गएउ राउ गृह बिदा कराई॥
दो०— रिषय संग रघुबंसमनि करि भोजनु बिश्रामु।
बैठे प्रभु भ्राता सहित दिवसु रहा भरि जामु॥ २१७॥

अर्थ—राजा ने कहा, कि हे मुनि विश्वामित्र! आपके चरणों को देखकर मैं अपने पुण्य के प्रभाव का वर्णन नहीं कर सकता। श्यामल और गौर वर्ण के ये दोनों भाई आनन्द को भी आनन्द देनेवाले हैं।

इनकी आपस की प्रीति बड़ी ही पवित्र है। वह मन को भानेवाली इतनी सुहावनी है कि उसका वर्णन करते नहीं बनता। आनन्दभाव से जनक ने कहा कि हे नाथ! सुनें, ब्रह्म-जीव की भाँति इनमें सहज स्नेह है।

राजा जनक ने (उन्हें) पुनः-पुनः देखा और उनका शरीर पुलकित हो उठा और हृदय आनन्द से उमंगित। मुनि की प्रशंसा करते हुए उनके चरणों में मस्तक झुका करके उन्हें लिवाकर राजा नगर ले गये।

सभी ऋतुओं में आनन्ददायी एक सुन्दर महल, वहाँ ले जाकर उन्हें निवास कराया और तत्पश्चात् सब प्रकार से पूजा एवं सेवा करके राजा विदा माँगकर अपने घर गए।

ऋषियों के साथ रघुवंशशिरोमणि श्रीराम भोजन तथा विश्राम करके अपने भ्राता लक्ष्मण के साथ बैठे, और (उस समय) दिन एक प्रहर (याम) रह गया था॥ २१७॥

टिप्पणी—श्रीराम तथा लक्ष्मण के शील, सौन्दर्य तथा उनके प्रति आत्यन्तिक कामना की कवि व्यंजना सीता की प्राप्ति की भूमिका से जुड़ती है।

आनन्द को भी आनन्द देनेवाले सन्दर्भ में अत्युक्ति अलंकार है—यह आलंकारिक रचना लोकभाव से है, अन्यथा आध्यात्मिक भाव की दृष्टि से यह वास्तविकता है।

जनक के कथन एवं चेष्टा व्यापार में श्रीराम के श्रीहरि स्वरूप की व्यंजना है। परस्पर दोनों

की प्रीति मनभावनी एवं सुहावनी है। 'ब्रह्म तथा जीव' का सम्मिलन भी ऐसा ही विलक्षण है और 'ब्रह्म-जीव' परस्पर अंशांशि है और माया निर्मुक्त जब जीव ब्रह्म का सामीप्य प्राप्त करता है तो उसकी स्थिति श्रीराम तथा लक्ष्मण जैसी हो उठती है। ब्रह्म का दर्शन मुक्त जीव के साथ, वह भी जनक जैसे स्थितप्रज्ञ द्वारा, निश्चित ही, हर्षादिक का हेतु है।

लषन हृदयँ लालसा बिखेसी। जाइ जनकपुर आइअ देखी॥
प्रभु भय बहुरि मुनिहिं सकुचाहीं। प्रगट न कहहिं मनहि मुसुकाहीं॥
राम अनुज मन की गति जानी। भगत बछलता हियँ हुलसानी॥
परम बिनीत सकुचि मुसुकाई। बोले गुर अनुसासन पाई॥
नाथ लषनु पुरु देखन चहहीं। प्रभु सकोच डर प्रगट न कहहीं॥
जौं राउर आयसु मैं पावौं। नगरु देखाइ तुरत लै आवौं॥
सुनि मुनीसु कह बचन सप्रीती। कस न राम तुम्ह राखहु नीती॥
धरम सेतु पालक तुम्ह ताता। प्रेम बिबस सेवक सुख दाता॥

दो०— जाइ देखि आवहु नगरु सुख निधान दोउ भाइ।
करहु सुफल सब के नयन सुंदर बदन देखाइ॥ २१८।

अर्थ—लक्ष्मण के हृदय में विशेष लालसा है कि जनकपुर जाकर देख आयें—(प्रथम तो उन्हें) श्रीराम का भय है और पुनः मुनि से संकोच कर रहे हैं, इसलिए प्रकट कुछ नहीं कहते, मन-ही-मन मुस्कराते हैं।

श्रीराम ने लक्ष्मण के मन की दशा जान ली और उनके हृदय में भक्त-वात्सल्य उमड़ आया। गुरु की आज्ञा पाकर अत्यन्त विनयपूर्वक संकोच के साथ मुस्कराते हुए बोले।

हे नाथ! लक्ष्मण जी जनकपुर देखना चाहते हैं किन्तु प्रभु के संकोच तथा भय से स्पष्ट रूप से कह नहीं पा रहे हैं। यदि आपकी आज्ञा मुझे मिले तो नगर दिखाकर मैं तुरन्त लौटाकर वापस ले आऊँ।

यह सुनकर मुनिश्रेष्ठ ने प्रीतिपूर्वक वाणी कही कि हे राम! तुम नीति की रक्षा क्योंकर नहीं करोगे! हे तात! तुम मर्यादा का पालन करनेवाले हो और प्रेम के वशीभूत होकर सेवकों को सुख देने वाले हो।

आनन्दविधान दोनों भाई (आप लोग) जाकर नगर देख आयें, और अपने सुन्दर मुख दिखलाकर सभी के नेत्रों को सफल बनाएँ॥ २१८॥

टिप्पणी—मख रचना के समय 'पुर दर्शन' प्रेम विषयक औत्सुक्य का सूचक है। शालीनता तथा संकोच से—उनका व्यक्तित्व धीरोदात्त बनता है—कवि यहाँ इस उनके धीरोदात्त पक्ष की रक्षा करता हुआ शील तथा उनके चरित्र के संकोच एवं मर्यादा की व्यंजना करता है। एक ओर कवि श्रीराम के शील एवं मर्यादा के सर्वोच्च को तो दूसरी ओर भक्तिवत्सलता के सर्वोच्च को वह चित्रित करता है।

धनुर्भंग एवं सीता विवाह श्रीहरि की लीला रचना का भावी अंग है, उसकी भूमिका कवि यहाँ निर्मित करता है। श्रीहरि का स्वभाव है—

भक्तों के मन की बात जानकर उसकी पूर्ति के निमित्त सम्पूर्ण शील तथा मर्याद को भी तोड़ बैठना—कवि इस भाव पर टिप्पणी करता है—

'राम अनुज मन की गति जानी। भगत बछलता हियँ हुलसानी॥'

भक्त के मन के विचार मात्र को जानकर उसे पूर्ण करने के लिए संकल्पबद्ध हो उठना—यह भगवान् श्रीराम के आचरण तथा स्वभाव का अंग है—और इसीलिए विश्वामित्र भी उसी की सम्पुष्टि करते हैं—'प्रेम बिबस सेवक सुखदाता'।

मुनि पद कमल बंदि दोउ भ्राता। चले लोक लोचन सुख दाता॥
बालक बृंद देखि अति सोभा। लगे संग लोचन मनु लोभा॥
पीत बसन परिकर कटि भाथा। चारु चाप सर सोहत हाथा॥
तन अनुहरत सुचंदन खोरी। स्यामल गौर मनोहर जोरी॥
केहरि कंधर बाहु बिसाला। उर अति रुचिर नागमनि माला॥
सुभग सोन सरसीरुह लोचन। बदन मयंक तापत्रय मोचन॥
कानन्हि कनक फूल छबि देहीं। चितवत चितहि चोरि जनु लेहीं॥
चितवनि चारु भृकुटि बर बाँकी। तिलक रेख सोभा जनु चाँकी॥
दो०— रुचिर चौतनी सुभग सिर मेचक कुंचित केस।
नख सिख सुंदर बंधु दोउ सोभा सकल सुदेस॥ २१९॥

अर्थ—सम्पूर्ण लोक के नेत्रों को आनन्द देनेवाले वे दोनों भाई मुनि के चरण-कमलों की वन्दना करके चल दिये। बालकों के समूह इनकी अत्यधिक शोभा देखकर, नेत्र तथा मन के लोभ से प्रभावित (उनके) साथ-साथ चल पड़े।

पीताम्बर पहने हैं, कटि में तरकस एवं सुन्दर धनुष तथा बाण हाथ में शोभित हैं। शरीर को सौन्दर्य प्रदान करने वाला (तदनुरूप) सुन्दर चन्दन की खौर लगी हुई है। वह श्यामल तथा गौर वर्ण की जोड़ी मनोहारिणी है।

सिंह के सदृश विशाल कंधा है, बाहुएँ विशाल हैं, तथा छाती पर अत्यन्त सुन्दर गजमुक्ता की माला है। सुन्दर लाल कमलों के सदृश सुन्दर नेत्र हैं, तीनों तापों को नष्ट करने वाला चन्द्रमुख है।

कानों में सोने के कर्णफूल अत्यधिक छवि प्रदान करने वाले हैं और देखते ही चित्त को चुरा लेते हैं। उनकी भृकुटि बंकिम तथा दृष्टिपात् सुन्दर है। तिलक की रेखाएँ इतनी सुन्दर हैं कि मानो सौन्दर्य को मुद्रित कर दिया गया हो।

सिर पर सुन्दर चौकोर टोपी (चौतनी) है, काले तथा घुँघराले केश हैं—दोनों भाई नख से शिख तक सुन्दर हैं और सम्पूर्ण सौन्दर्य प्रत्येक अंग पर यथास्थित हैं॥ २१९॥

टिप्पणी—श्रीराम के वस्त्राभरणादि से अलंकृत रूप-सौन्दर्य का कवि चित्रण करता है। विवाह की भूमिका में परस्पर नायक एवं नायिका का लोक-विश्रुत अंग-प्रत्यंग सौन्दर्य निरूपण महाकाव्य की परिपाटी रही है। कवि नायक श्रीराम एवं अनुज लक्ष्मण के अलंकरणयुक्त अद्वितीय सौन्दर्य का चित्रण करता है।

अवतरित लीला ब्रह्म के अलंकरण तथा विग्रह की अद्वितीयता का चित्रण यहाँ लोक वर्णन के साथ इंगित है। अवतरित लीला ब्रह्म की वेष रचना एवं विग्रह आदि उसी प्रकार पूज्य हैं, जैसे श्रीहरि स्वयं क्योंकि विग्रह एवं वेष रचना आदि ही उस सगुण ब्रह्म की प्रतीति कराते हैं—

पीत वर्ण, धनुष-बाण, चन्दन चर्चित देह, गले में गजमुक्ता की माला, कानों में सोने के कर्णफूल—आदि यह श्रीहरि के प्रथम वय की झाँकी है।

इसी के साथ लीला प्रभु के प्रथम वय का भी वर्णन है—सिंह सदृश स्कन्ध, विशाल बाहु, कमलवत् विशाल नेत्र आदि।

अलंकरण एवं रूप सौन्दर्य दोनों दृष्टियों से 'नख से शिख' तक की अद्वितीयता लीला उपासक भक्तों के लिए सर्वथा काम्य है।

कवि अलंकरण तथा रूप-विग्रह के चित्रण द्वारा लीलाधारी सगुण ब्रह्म की प्रतीति कराता है।

'देखन नगरु भूपसुत आए। समाचार पुरबासिन्ह पाए॥
धाए धाम काम सब त्यागी। मनहुँ रंक निधि लूटन लागी॥

निरखि सहज सुंदर दोउ भाई। होहिं सुखी लोचन फल पाई॥
जुबतीं भवन झरोखन्हि लागीं। निरखहिं राम रूप अनुरागीं॥
कहहिं परसपर बचन सप्रीती। सखि इन्ह कोटि काम छबि जीती॥
सुर नर असुर नाग मुनि माहीं। सोभा असि कहुँ सुनिअति नाहीं॥
बिष्नु चारि भुज बिधि मुख चारी। बिकट भेष मुख पंच पुरारी॥
अपर देउ अस कोउ न आही। यह छबि सखी पटतरिअ जाही॥

दो०— बय किसोर सुषमा सदन स्याम गौर सुख धाम।
अंग अंग पर बारिअहिं कोटि कोटि सत काम॥ २२०॥

अर्थ—दोनों राजपुत्र जनकपुरी देखने आये हैं, जब इस प्रकार का समाचार पुरवासियों ने प्राप्त किया। सारा कार्य छोड़कर घर-घर से निकल पड़े-मानो रंक (दरिद्र) खजाना लूटने में उद्यत हो गये हों।

स्वभाव से ही दोनों भाइयों को सुन्दर देखकर वे सब नेत्रों का फल पाकर सुखी हो गये। युवतियाँ भवन के झरोखों से लगी हुई अत्यन्त अनुराग भाव से श्रीराम के स्वरूप को देखती हैं।

वे आपस में प्रीतिपूर्वक बातचीत करती हुई कहती हैं कि हे सखी! इन्होंने तो कोटि-कोटि कामदेव की छवि जीत ली है। देवता, मनुष्य, असुर, नाग एवं मुनि गणों के बीच ऐसा सौन्दर्य कहीं सुना नहीं जाता।

विष्णु की चार भुजाएँ हैं और ब्रह्मा चार मुख के हैं। शिव का वेष भयानक है और वे पाँच मुख वाले हैं। हे सखी! इनके अतिरिक्त अन्य कोई देव नहीं है—जिससे इस सौन्दर्य की तुलना की जा सके।

किशोर वय है, श्यामल तथा गौर वर्ण के दोनों सौन्दर्य के धाम हैं—इनके अंगों-अंगों पर करोड़ों-अरबों कामदेव निछावर किये जा सकते हैं॥ २२०॥

टिप्पणी—'*भूप सुत*' शब्द साभिप्राय व्यंजक है। अनेक भूप तथा भूप पुत्र धनुभंग में सम्मिलित होने के लिए आयेंगे, ये भी आये हैं—यह नगरवासियों के कौतूहल का विषय है।

नगर-युवतियों द्वारा श्रीराम के सौन्दर्य की अद्वितीयता का अतिशयपूर्ण चित्रण और सकारण अन्य उपमानों को हीन करके उपमेय रूप श्रीराम की श्रेष्ठता का प्रतिपादन किया गया है।

श्रीराम एक मुखवाले हैं जबकि विष्णु चार मुखवाले विकृत शरीर रचनायुक्त हैं, वे श्रीराम तुल्य सुन्दर नहीं हैं।

शिव भयंकर वेषधारी पाँच मुखवाले हैं किन्तु ये सुन्दर वेष-विन्यासयुक्त अविकृत तथा सुन्दर हैं, वे भी इनके समतुल्य नहीं हैं।

इन्द्रादि देव तो इनके सौन्दर्य की तुलना में स्वतः एवं सहजहीन हैं, अतः उपमा शृंखला के अन्तर्गत ये अतुलनीय हैं।

नागर-स्त्रियों द्वारा श्रीराम के स्वरूप का यह चित्रण परम रमणीक तथा काव्यमय है। सभी निष्कर्ष तर्कसम्मत हैं।

वनगमन के अवसर पर ग्रामवधूटियों की भाँति इनकी चिन्तना तर्कहीन एवं भावात्मक आवेगपूर्ण नहीं है।

श्रीहरि रूप श्रीराम को कवि अनन्त विष्णु, अनन्त ब्रह्मा एवं अनन्त शिव का हेतु बताता है। श्रीराम मात्र विष्णु नहीं, वह महाविष्णु हैं, अतः नागर-रमणियों की व्यंजना में उनकी वह अद्वितीयता भी व्यंजित होती है जो एक ओर लोकात्मक रूप वर्णन से सम्बद्ध है तो दूसरी ओर आध्यात्मिक है।

कहहु सखी अस को तनु धारी। जो न मोह यह रूप निहारी॥
कोउ सप्रेम बोली मृदु बानी। जो मैं सुना सो सुनहु सयानी॥
ए दोऊ दसरथ के ढोटा। बाल मरालन्हि के कल जोटा॥
मुनि कौसिक मख के रखवारे। जिन्ह रन अजिर निसाचर मारे॥
स्याम गात कल कंज बिलोचन। जो मारीच सुभुज मदु मोचन॥
कौसल्यासुत सो सुख खानी। नामु रामु धनु सायक पानी॥
गौर किसोर बेषु बर काछें। कर सर चाप राम कें पाछें॥
लछिमनु नामु रामु लघु भ्राता। सुनु सखि तासु सुमित्रा माता॥
दो०— बिप्र काजु करि बंधु दोउ मग मुनिबधू उधारि।
आए देखन चाप मख सुनि हरषीं सब नारि॥ २२१॥

अर्थ—हे सखी! कहो, कौन शरीरधारी है जो इस रूप को देखकर मुग्ध न हो जाये। किसी अन्य ने प्रेमपूर्वक मीठी वाणी में कहा—हे चतुर सखी! मैंने जो सुन रखा है, उसे सुनो।

बालहंस की यह सुन्दर जोड़ी सदृश ये दोनों राजा दशरथ के पुत्र हैं। ये कौशिक ऋषि के यज्ञ के रक्षक हैं और इन्होंने युद्धस्थल में राक्षसों का वध किया है।

जिनके शरीर श्यामल हैं और नेत्र पद्मवत् हैं, जो मारीच तथा सुबाहु के मद को नष्ट करने वाले हैं—वे आनन्द की खान हैं, हाथ में धनुष-बाण है, कौसल्या के पुत्र हैं तथा राम इनका नाम है।

अवस्था किशोर है, रंग गोरा है, सुन्दर वेष बनाये हैं, श्रीराम के पीछे हाथ में धनुष-बाण धारण किये हुए हैं, वे राम के लघुभ्राता हैं तथा नाम लक्ष्मण है, हे सखी, सुनो—उनकी माता सुमित्रा हैं।

विश्वामित्र ब्राह्मण का कार्य सम्पन्न करके, मार्ग में मुनि पत्नी अहल्या का उद्धार करके यहाँ दोनों भाई धनुषयज्ञ देखने आए हैं, यह सुनकर सभी स्त्रियाँ हर्षित हुईं॥ २२१॥

टिप्पणी—कवि श्रीराम-सीता के विवाह की पूर्वध्वनि इन कथनों में कराता है—

(१) 'कहहु सखी अस को तनुधारी। जो न मोह यह रूप निहारी॥'

अर्थात्, स्वयं जानकी, उनके पिता-माता, परिजन सभी मुग्ध होकर इन्हें स्वीकार करेंगे।

(२) सौन्दर्य के पश्चात् नगर-वधुएँ उनके पराक्रम का वर्णन करती हैं। इसी पराक्रम से जुड़ा लोकहितैषिता—अहल्या उद्धार का भी सत्कर्म है।

श्रीराम की शक्ति और सौन्दर्य दोनों की अद्वितीयता ही नगर-वधुओं के हर्ष का कारण है।

'हर्ष' का हेतु विवाह प्रसंग की सहज सफलता से जुड़ा है।

प्रभु की सुन्दर लीला का गुणानुवाद और उसे लोक यश का हेतु बनाना यहाँ कवि का मन्तव्य है—लीलाएँ हैं—'विश्वामित्र ऋषि का यज्ञ रक्षण, मारीच एवं सुबाहु राक्षसों का दलन, अहल्या का उद्धार।' लीलाधारी ब्रह्म की यही यशगाथाएँ लोक में आनन्द का विधान करती हैं। नगर-वधुएँ प्रकारान्तर भाव से इसी लीलाभाव की रमणीयता की व्यंजना कराती हैं।

देखि राम छबि कोउ एक कहई। जोगु जानकिहि यह बरु अहई॥
जौं सखि इन्हहिं देख नरनाहू। पन परिहरि हठि करइ बिबाहू॥
कोउ कह ए भूपति पहिचाने। मुनि समेत सादर सनमाने॥
सखि परंतु पनु राउ न तजई। बिधि बस हठि अबिबेकहि भजई॥
कोउ कह जौं भल अहइ बिधाता। सब कहँ सुनिअ उचित फलदाता॥
तौ जानकिहि मिलिहि बरु एहू। नाहिन आलि इहाँ संदेहू॥

जौं बिधि बस अस बनै सँजोगू। तौ कृतकृत्य होइ सब लोगू॥
सखि हमरें आरति अति तातें। कबहुँक ए आवहिं येहिं नातें॥
दो०— नाहिं त हमकहुँ सुनहु सखि इन्ह कर दरसनु दूरि।
यह संघटु तब होइ जब पुन्य पुराकृत भूरि॥ २२२॥

अर्थ—श्रीराम की छवि देखकर कोई अन्य कहती है कि जानकी के योग्य यही वर है। हे सखी! यदि इन्हें राजा जनक देख लेंगे तो प्रतिज्ञा का त्याग करके हठ करके इन्हीं से विवाह कर देंगे।

कोई कहती हैं कि राजा जनक ने इन्हें पहचान लिया है, और मुनि के साथ इनका सादर सम्मान किया है परन्तु, हे सखी! राजा अपने प्रण का परित्याग नहीं करेंगे—विधिवश वे हठ करके अविवेक का आलम्बन ग्रहण किये हैं।

कोई अन्य कहती हैं कि विधाता भले हैं—सुना जाता है कि वे सभी को उचित फल प्रदान करते हैं (और यह सत्य है तो) जानकी को यही वर मिलेगा—हे सखी! यहाँ कोई सन्देह नहीं है।

यदि विधिवश, ऐसा संयोग बन जाय, तो हम सब लोग कृतकृत्य हो जायेंगे। हे सखी! हमारे लिए तो यही सबसे बड़ी कृपाकांक्षा (आरति-पीड़ा, अत्यधिक आकांक्षा) हो रही है कि इसी नाते ये कभी यहाँ (पुन:) आयेंगे तो।

नहीं तो, हे सखी! सुनो, हमें इनके दर्शन दुर्लभ हैं, यह संयोग (संघटु) तभी हो सकता है, जब पूर्वजन्मों के किये हुए बहुत सारे पुण्य हों॥ २२२॥

टिप्पणी—सीता श्रीराम के परिणय की विविध सम्भावनाएँ—जो फल प्राप्ति की व्यंजना की पूर्वसिद्धि के रूप में हैं, यहाँ कथित हैं, इस सम्भावना हेतु में 'रूप की प्रियता' प्रमुख कारण है। सीता तथा श्रीराम की सौन्दर्यमूलक समता तो है ही, विवाह की सम्भावना के मूल में नगर-वधुएँ स्नेह एवं संसक्ति को भी ब्याह का आधार बनाती हैं।

प्रभु का दर्शन किसी भी बहाने से हो—उसका अवसर मिलता रहे, यह आकांक्षा संकेत के द्वारा व्यंजित है। प्रभु श्रीराम के 'दर्शन' का मार्ग प्रशस्त रहे, यही इन पंक्तियों की कामना है।

बोली अपर कहेहु सखि नीका। येहिं बिवाह अति हित सबहीं का॥
कोउ कह संकर चाप कठोरा। ये स्यामल मृदु गात किसोरा॥
सबु असमंजस अहइ सयानी। यह सुनि अपर कहइ मृदु बानी॥
सखि इन्ह कहँ कोउ कोउ अस कहहीं। बड़ प्रभाउ देखत लघु अहहीं॥
परसि जासु पद पंकज धूरी। तरी अहल्या कृत अघ भूरी॥
सो कि रहिहि बिनु सिव धनु तोरें। यह प्रतीति परिहरिअ न भोरें॥
जेहिं बिरंचि रचि सीय सँवारी। तेहिं स्यामल बरु रचेउ बिचारी॥
तासु बचन सुनि सब हरषानीं। ऐसेइ होउ कहहिं मृदु बानीं॥
दो०— हियँ हरषहिं बरषहिं सुमन सुमुख सुलोचनि बृंद।
जाहिं जहाँ जहँ बंधु दोउ तहँ तहँ परमानन्द॥ २२३॥

अर्थ—दूसरी सखी बोली—हे सखी! तुमने ठीक कहा है, इस विवाह से सभी का हित है । कोई (सखी) कहती है कि शिव का धनुष कठोर है और ये साँवले कुमार कोमल शरीर के हैं।

हे चतुर सखी! सब असमंजस ही है और उसे सुनकर दूसरी सखी कोमल वाणी में कहने लगी। हे सखी! इन्हें कोई-कोई ऐसा कहते हैं, ये देखने में तो छोटे हैं किन्तु इनका प्रभाव बहुत बड़ा है।

जिसके कमलवत्‌चरणों की धूलि का स्पर्श करके अत्यधिक पाप करनेवाली अहल्या तर गयी।

ये क्या बिना शिव के धनुष को तोड़े रहेंगे? यह विश्वास भूलकर भी न छोड़ें।

जिस ब्रह्मा ने सीता को सँवार कर रचा है, उन्होंने विचार करके ही साँवले वर की रचना की है। उनके वचनों को सुनकर सभी हर्षित हुईं और मीठी वाणी में कहा कि ऐसा ही होगा।

सुन्दर मुख तथा सुन्दर नेत्रोंवाली स्त्रियाँ हृदय में हर्षित होती हैं तथा पुष्प वर्षा करती हैं और जहाँ-जहाँ दोनों भाई जाते हैं, वहाँ-वहाँ परमानन्द छा जाता है॥ २२३॥

टिप्पणी—नगरवधू की यह तीसरी तर्कणा है। शिव चाप के सापेक्ष्य में श्रीराम की शक्ति तथा ऐश्वर्य का चित्रण इसका मुख्य मन्यव्य है। इस चित्रण का उद्देश्य विवाह सम्भावना की दृढ़ता तथा तर्कपूर्वक स्थापना है।

'बड़ प्रभाउ देखत लघु अहहीं'—इस विरोध मूलक वाक्य से मन्तव्य की सिद्धि होती है। चरण स्पर्श से अहल्या का उद्धार करने में समर्थ श्रीराम धनुष को अवश्य तोड़कर सीता से विवाह करेंगे—तर्कपूर्वक सिद्ध करके नगरवधुएँ हर्षित होती हैं।

प्रभु श्रीराम के लीला, ऐश्वर्य तथा उनके सामर्थ्य की सांकेतिक व्यंजना यहाँ कवि का मन्तव्य है। श्रीराम सीता के श्यामल-गौर कलेवर की रूपैश्वर्यभरी व्यंजना द्वारा दोनों के पारस्परिक मिलन की सम्भावना तथा उससे उत्पन्न होनेवाले आनन्द भाव का यहाँ चित्रण है।

पुर पूरब दिसि गे दोउ भाई। जहँ धनुमख हित भूमि बनाई॥
अति बिस्तार चारु गच ढारी। बिमल बेदिका रुचिर सँवारी॥
चहुँ दिसि कंचन मंच बिसाला। रचे जहाँ बैठहिं महिपाला॥
तेहि पाछें समीप चहुँ पासा। अपर मंच मंडली बिलासा॥
कछुक ऊँचि सब भाँति सुहाई। बैठहिं नगर लोग जहँ जाई॥
तिन्ह के निकट बिसाल सुहाए। धवल धाम बहु बरन बनाए॥
जहँ बैठे देखहिं सब नारीं। जथाजोग निज कुल अनुहारीं॥
पुर बालक कहि कहि मृदु बचना। सादर प्रभुहिं देखावहिं रचना॥
दो०— सब सिसु येहि मिसु प्रेम बस परसि मनोहर गात।
तन पुलकहिं अति हरष हियँ देखि देखि दोउ भ्रात॥ २२४॥

अर्थ—पुनः दोनों भाई पूर्व की ओर गये जहाँ धनुष यज्ञ के लिए भूमि रचना की गई थी। अत्यन्त विस्तारवाली सुन्दर भूमि ढाली गई थी और उस पर पवित्र वेदिका सुन्दर ढंग से सँवारी हुई थी।

चारों ओर सोने के विशाल मंच बने हुए थे जिनपर राजागण बैठेंगे। उनके पीछे समीप ही चारों ओर अन्य मंचों का घेरा (मंडली) शोभित (विलासा) था।

उससे कुछ ऊँचा भलीभाँति शोभित मंच जहाँ जाकर नगर के लोग बैठेंगे, बना था, उनके पीछे ही, समीप में चारों ओर अनेकानेक प्रकार के सफेद भवन सजाये गये थे।

जहाँ बैठकर अपने-अपने कुल की यथा योग्य स्त्रियाँ (इस दृश्य को) देखेंगी। नगर के बालक मीठी वाणी बोल-बोलकर आदरपूर्वक प्रभु श्रीराम को रचना दिखाते हैं।

सभी शिशु इसी बहाने प्रेम के वशीभूत होकर श्रीराम के मनोहर अंगों को छूकर प्रसन्न हो रहे हैं और दोनों भाइयों को देखकर उनके हृदय में अत्यधिक हर्ष हो रहा है।। २२४॥

सिसु सब राम प्रेमबस जाने। प्रीति समेत निकेत बखाने॥
निज निज रुचि सब लेहिं बोलाई। सहित सनेह जाहिं दोउ भाई॥
रामु देखावहिं अनुजहि रचना। कहि मृदु मधुर मनोहर बचना॥
लव निमेष महुँ भुवन निकाया। रचइ जासु अनुसासन माया॥
भगति हेतु सोइ दीनदयाला। चितवत चकित धनुष मखसाला॥

कौतुक देखि चले गुर पाहीं। जानि बिलंबु त्रास मन माही॥
जासु त्रासु डर कहुँ डर होई। भजन प्रभाउ देखावत सोई॥
कहि बातें मृदु मधुर सुहाईं। किए बिदा बालक बरिआईं॥

दो०— सभय सप्रेम बिनीत अति सकुच सहित दोउ भाइ।
गुर पद पंकज नाइ सिर बैठे आयसु पाइ॥ २२५॥

अर्थ—सभी बालकों को श्रीराम ने प्रेम विवश जानकर प्रीति सहित यज्ञ रचनास्थल की प्रशंसा की। वे सब अपनी-अपनी रुचि के अनुसार उन्हें बुलाते हैं, तब वे दोनों भाई स्नेहपूर्वक वहाँ जाते हैं।

कोमल, मधुर तथा मनोहारी वाणी बोलकर श्रीराम अपने अनुज लक्ष्मण को यज्ञ स्थली की रचना दिखाते हैं। जिसकी आज्ञा पाकर माया (पलक गिरने के चौथाई भाग अर्थात्) एक लव-निमेष मात्र में सम्पूर्ण भुवन की रचना करती है।

भक्ति के निमित्त वही प्रभु दीनदयाल श्रीराम चकित भाव से यज्ञ भूमि (रचना) को देख रहे हैं। विलम्ब जान करके और मन में भयाक्रान्त होकर उस विचित्र रचना को देखकर गुरु के पास चले।

जिसके त्रास से भय को भी भय होता है, वही श्रीराम यहाँ भय का प्रभाव (नाट्य रूप-लीला रूप में) दिखा रहे हैं। उन्होंने कोमल मधुर तथा सुन्दर बातें कहकर बालकों को हठात् विदा किया।

भय, प्रेम, विनय तथा अत्यन्त विनम्रता के साथ दोनों भाई गुरु के चरण-कमलों में शीश झुकाकर तथा आज्ञा पाकर बैठे॥ २२५॥

निसि प्रबेस मुनि आयसु दीन्हा। सबहीं संध्याबंदनु कीन्हा॥
कहत कथा इतिहास पुरानी। रुचिर रजनि जुग जाम सिरानी॥
मुनिबर सयन कीन्ह तब जाई। लगे चरन चापन दोउ भाई॥
जिन्ह के चरन सरोरुह लागी। करत बिबिध जप जोग बिरागी॥
तेइ दोउ बंधु प्रेम जनु जीते। गुर पद कमल पलोटत प्रीते॥
बार बार मुनि अग्या दीन्ही। रघुबर जाइ सयन तब कीन्ही॥
चापत चरन लखनु उर लाएँ। सभय सप्रेम परम सचु पाएँ॥
पुनि पुनि प्रभु कह सोवहु ताता। पौढ़े धरि उर पद जलजाता॥

दो०— उठे लखनु निसि बिगत सुनि अरुनसिखा धुनि कान।
गुर तें पहिलेहिं जगतपति जागे रामु सुजान॥ २२६॥

अर्थ—सन्ध्या समय (निशा प्रवेश) के समय गुरु ने आज्ञा दी और फिर सभी ने सन्ध्या वन्दन किया तब पुरानी कथाएँ तथा इतिहास कहते-कहते, सुन्दर रात्रि के दो याम बीत गए।

तब मुनिश्रेष्ठ ने जाकर विश्राम किया और दोनों भाई उनके चरण दबाने लगे। जिनके चरण-कमलों के दर्शन के निमित्त विरागी जन विविध जप तथा योग करते हैं।

वे दोनों भाई मानो प्रेम भाव से पराजित प्रीतिपूर्वक गुरु के चरण-कमलों को दबा रहे हैं। बार बार मुनि विश्वामित्र ने उन्हें आज्ञा दी, तब श्रीराम ने जाकर शयन किया।

श्रीराम के चरणों को हृदय से लगाकर भय तथा प्रेमसहित परम सुख का अनुभव करते हुए लक्ष्मण दबा रहे हैं। श्रीराम प्रभु ने बार बार उन्हें कहा कि हे तात! जाकर शयन करो, तब वे (उनके) चरणों को हृदय पर धारण करके लेट गये।

रात्रि बीतने पर मुर्गे की ध्वनि को कानों से सुनकर लक्ष्मण जगे। जगत् के स्वामी सुजान श्रीराम भी गुरु से पहले ही जाग उठे॥ २२६॥

टिप्पणी—श्रीराम की चर्या का वर्णन है। नगर दर्शन में उत्पन्न विलम्ब से संकुचित श्रीराम तथा लक्ष्मण गुरु-चरणों की सेवा करते हैं और लक्ष्मण श्रीराम के चरणों को सेवा भाव से दबाते हैं और उनके चरणों को थाम्ह कर रात्रि व्यतीत करते हैं।

दो प्रहर रात्रि बीत जाने तक गुरु द्वारा कथा, इतिहास, पुराणादि की चर्चा करना भी उसी चर्या का अंग है।

शृंगार उत्पन्न होने के पूर्व का शान्तभाव प्रकरण सम्पूर्ण मर्यादा को अपने में बाँधे हुए हैं।

सकल सौच करि जाइ नहाए। नित्य निबाहि मुनिहि सिर नाए॥
समय जानि गुर आयसु पाई। लेन प्रसून चले दोउ भाई॥
भूप बागु बर देखेउ जाई। जहँ बसंत रितु रही लोभाई॥
लागे बिटप मनोहर नाना। बरन बरन बर बेलि बिताना॥
नव पल्लव फल सुमन सुहाए। निज संपति सुर रूख लजाए॥
चातक कोकिल कीर चकोरा। कूजत बिहग नटत कल मोरा॥
मध्य बाग सरु सोह सुहावा। मनि सोपान बिचित्र बनावा॥
बिमल सलिलु सरसिज बहुरंगा। जल खग कूजत गुंजत भृंगा॥
दो०— बागु तड़ागु बिलोकि प्रभु हरषे बंधु समेत।
परम रम्य आरामु यहु जो रामहि सुख देत॥ २२७॥

अर्थ—सभी शौच क्रिया करके वे जाकर नहाये तथा नित्य कर्म करके मुनि विश्वामित्र को मस्तक झुकाया अर्थात् प्रणाम किया। समय जान करके गुरु ने आज्ञा दी, तब दोनों भाई फूल लेने चल पड़े।

उन्होंने जाकर जनक की सुन्दर वाटिका देखी, जहाँ वसन्त ऋतु लुभाई हुई स्थित थी। नाना प्रकार के मनोहारी वृक्ष लगे थे और भाँति-भाँति के सुन्दर लता/मण्डप छाये थे।

नये पत्रों, फलों तथा फूलों से युक्त पुष्प शोभित थे और अपने वैभव से कल्पवृक्ष को भी लुभाये हुए थे। चातक, कोयल, तोते एवं चकोर आदि पक्षी सुन्दर ध्वनि (कर रहे थे) और मयूर नृत्य कर रहे थे।

वाटिका के मध्य में सुन्दर सरोवर शोभित था और यहाँ विचित्र मणि-सीढ़ियाँ बनी थीं। जल निर्मल था, अनेक वर्णों के कमल थे, जलपक्षी बोल रहे थे, भ्रमर गुंजार कर रहे थे।

वाटिका के तालाब को देख करके भाई लक्ष्मण के साथ प्रभु श्रीराम हर्षित हुए। यह वाटिका वास्तव में रमणीक है क्योंकि वह श्रीराम को भी आनन्द दे रही थी॥ २२७॥

टिप्पणी—कवि श्रीराम तथा सीता के प्रथम दर्शन और परस्पर रूप दर्शन से उत्पन्न प्रेमासक्ति का वातावरण बनाता है।

प्रातः पूजा के लिए वाटिका में पुष्प चयन एक परम्परित माध्यम है। परम्परा में कवियों ने शृंगार के उद्दीपन के लिए नायक नायिका के प्रथम दर्शन के अन्तर्गत वसंत, वाटिका, पुष्पराजि, सुगंधमय वातावरण की सृष्टि की है।

प्रस्तुत वाटिका प्रसंग भी परम्परित वर्णन क्रम में शृंगार की उदभावना के ही लिए है।

जो श्रीराम प्रभु के मन में रमण भाव उत्पन्न कर दे वह 'परम रमणीक' है, कहकर उद्दीपन की श्रेष्ठता के अन्तर्गत कवि उस प्रणयस्थली की दिव्यता का वर्णन करता है, क्योंकि कवि के अनुसार वह स्थली सारी सृष्टि के लिए रमणीक है—क्योंकि प्रभु श्रीराम के शृंगार भाव के उद्दीपन की पुण्यस्थली है।

चहुँ दिसि चितइ पूँछि मालीगन। लगे लेन दल फूल मुदित मन॥
तेहि अवसर सीता तहँ आई। गिरिजा पूजन जननि पठाई॥
संग सखीं सब सुभग सयानी। गावहिं गीत मनोहर बानी॥
सर समीप गिरिजा गृह सोहा। बरनि न जाइ देखि मनु मोहा॥
मज्जनु करि सर सखिन्ह समेता। गईं मुदित मन गौरि निकेता॥
पूजा कीन्हि अधिक अनुरागा। निज अनुरूप सुभग बरु माँगा॥
एक सखी सिय संगु बिहाई। गई रही देखन फुलवाई॥
तेहिं दोउ बंधु बिलोके जाई। प्रेम बिबस सीता पहिं आई॥
दो०— तासु दसा देखी सखिन्ह पुलक गात जलु नैन।
कहु कारनु निज हरष कर पूछहिं सब मृदु बैन॥ २२८॥

अर्थ—चारों ओर देखकर तथा मालीगणों से पूछकर आनन्दित मन से पुष्प पत्र लेने लगे। उसी समय सीता वहाँ आईं। उनकी माता ने (उन्हें) गिरिजा पूजन के निमित्त भेजा था।

साथ में सुन्दर तथा चतुर सखियाँ हैं और वे मनोहर वाणी में गीत गा रही हैं। सरोवर के पास पार्वती जी का मन्दिर शोभित है, उसका वर्णन नहीं किया जा सकता और वह देखने पर मन मुग्ध करता था।

सखियों के साथ सरोवर में स्नान करके आनन्दित मन से गौरी के मन्दिर में गईं। अत्यधिक अनुरागपूर्वक पूजा करके अपने अनुरूप सुन्दर वर की याचना की।

एक सखी जो सीता का साथ छोड़कर वाटिका देखने गई थी—उसने वहाँ जाकर दोनों बन्धुओं को देखा था, वह प्रेम से विवशीभूत होकर सीता के पास आई।

उसका शरीर पुलकित था, नेत्र अश्रु से भरे थे, (इस दशा को देखकर) सभी सखियाँ मीठी वाणी में पूछती हैं कि अपने हर्ष का कारण बताओ॥ २२८॥

टिप्पणी—चारों ओर देखकर और माली से पूछकर श्रीराम पुष्प-चयन करने लगते हैं—विनम्रता तथा चकित भाव साथ-साथ है—रूप दर्शन का माध्यम दूती सखी रूप में है—उसके शब्द दर्शन की अभिलाषा के लिए प्रेरणा हैं। दूती सखी पर श्रीराम के रूप दर्शन का प्रभाव इस प्रकार था—

'पुलक गात जलु नैन'

सौन्दर्य और रूपदर्शन से उत्पन्न अभिभूतता इस प्रभाव के मूल में है—

इस प्रभाव वर्णन द्वारा कवि सीता एवं अन्य सखियों में रूपदर्शन का औत्सुक्य जाग्रत करता है।

कामनासक्तिमूलक भक्तिरस का उज्ज्वल रस के अन्तर्गत अवतारणा एवं उसकी दिव्य प्रेम-शृंगारमयी झाँकी उपस्थित करने का उपक्रम-यहाँ स्पृहणीय है।

देखन बागु कुँअर दुइ आए। बय किसोर सब भाँति सुहाए॥
स्याम गौर किमि कहौं बखानी। गिरा अनयन नयन बिनु बानी॥
सुनि हरषीं सब सखीं सयानी। सिय हियँ अति उतकंठा जानी॥
एक कहइ नृपसुत तेइ आली। सुने जे मुनि सँग आए काली॥
जिन्ह निज रूप मोहनी डारी। कीन्हे स्वबस नगर नर नारी॥
बरनत छबि जहँ तहँ सब लोगू। अवसि देखिअहिं देखन जोगू॥
तासु बचन अति सियहि सोहाने। दरस लागि लोचन अकुलाने॥
चली अग्र करि प्रिय सखि सोई। प्रीति पुरातन लखइ न कोई॥
दो०— सुमिरि सीय नारद बचन उपजी प्रीति पुनीत।
चकित बिलोकति सकल दिसि जनु सिसु मृगी सभीत॥ २२९॥

अर्थ—(उस सखी ने बताया कि) दो राजकुमार बाग देखने के लिए आये हैं—वे किशोर वय के सभी तरह से सुन्दर हैं। उन श्यामल तथा गौर वर्ण के किशोरों का क्या वर्णन करूँ क्योंकि (वर्णन करने वाली) वाणी के पास नेत्र नहीं हैं और नेत्र के पास वाणी नहीं है।

यह सुनकर और सीता के हृदय में अत्यधिक उत्कंठा जानकर वे सभी चतुर सखियाँ हर्षित हुईं। एक (सखी) कहने लगी कि हे सखी! ये वे ही राजपुत्र हैं जो कल मुनि विश्वामित्र के साथ आये हुए हैं।

जिन्होंने अपने रूप की मोहिनी डालकर नगर के सम्पूर्ण नर-नारियों को अपने वश में कर रखा है। जहाँ-तहाँ सभी व्यक्ति उनकी-छवि का वर्णन करते हैं। वे देखने योग्य हैं, उन्हें अवश्य देखा जाना चाहिए।

उसके वचन सीता जी को अत्यधिक प्रिय लगे और (उनके दर्शन के लिए) नेत्र लालायित हो उठे। उस प्रिय सखी को आगे करके (सीता) चलीं और उनके दर्शन के निमित्त लोचन आकुलित हो उठे।

नारद के वचनों का स्मरण करके सीता के हृदय में पवित्र प्रीति उत्पन्न हुई। वह चकित भाव से चारों दिशाओं को इस प्रकार देख रही थीं मानो भयपूर्ण शिशु मृगी॥ २२९॥

टिप्पणी—कवि मिलन की प्रस्तावना का काव्यमय रमणीक दृश्यांकन करता है। पूर्व मिलन के सम्पूर्ण संचारी भाव यहाँ वर्तमान हैं। दर्शन की अभिलाषा, औत्सुक्य, व्यग्रता, रूपलोभ, लोभ के वशीभूत होकर दर्शन के लिए प्रस्थान, नारद की भविष्यवाणी द्वारा सम्मिलन के प्रति आश्वस्तता आदि आदि।

ये सम्पूर्ण भाव दूती द्वारा नायक के रूप-सौन्दर्य वर्णन से उत्पन्न होते हैं।

श्रीराम तथा सीता के पारस्परिक स्नेह एवं शृंगार लीला रस के स्वरूप का चित्रांकन—यहाँ कवि का मन्तव्य है।

कंकन किंकिनि नूपुर धुनि सुनि। कहत लषन सन रामु हृदयँ गुनि॥
मानहुँ मदन दुंदुभी दीन्ही। मनसा बिस्व बिजय कहँ कीन्ही॥
अस कहि फिरि चितए तेहि ओरा। सिय मुख ससि भए नयन चकोरा॥
भए बिलोचन चारु अचंचल। मनहुँ सकुचि निमि तजे दिगंचल॥
देखि सीय सोभा सुखु पावा। हृदयँ सराहत बचनु न आवा॥
जनु बिरंचि सब निज निपुनाई। बिरचि बिस्व कहँ प्रगटि देखाई॥
सुंदरता कहुँ सुंदर करई। छबिगृहँ दीपसिखा जनु बरई॥
सब उपमा कबि रहे जुठारी। केहि पटतरौं बिदेहकुमारी॥
दो०— सिय सोभा हियँ बरनि प्रभु आपनि दसा बिचारि।
बोले सुचि मन अनुज सन बचन समय अनुहारि॥ २३०॥

अर्थ—कंकण, किंकिणी तथा नूपुर की ध्वनि को सुनकर श्रीराम हृदय में विचार करके लक्ष्मण से कहते हैं; मानो कामदेव ने विश्व पर विजय का संकल्प करके डंके पर चोट की हो।

ऐसा कहकर, पुनः उस ओर देखा (क्षणभर) सीता के मुखचन्द्र के निमित्त उनके नेत्र चकोर हो उठे। सुन्दर नेत्र स्तम्भित हो उठे मानो निमि (जनक के पूर्वज) ने संकोचवश पलकें छोड़ दीं।

सीता के सौन्दर्य को देखकर उन्हें सुख मिला और वे उसकी हृदय से सराहना करते रहे—शब्द नहीं मिलते। मानो ब्रह्मा ने अपनी सम्पूर्ण निपुणता को प्रकट करके सीता के रूप में मूर्तिमान दिखा दिया हो।

सीता का (अंग-प्रत्यंग का) सौन्दर्य सौन्दर्य को भी सुन्दर बना रहा था। मानो छवि गृह (शीश

महल) में दीपशिखा जल उठी हो। कवि जन सम्पूर्ण उपमाएँ जूँठी कर चुके हैं, इसलिए सीता की उपमा किससे दूँ।

सीता के सौन्दर्य का वर्णन हृदय-हृदय में ही करके और अपनी दशा पर विचार करके अपने पवित्र मन से समयानुकूल वाणी बोले॥ २३०॥

टिप्पणी—नायिका अलंकरण ध्वनि से नायक के मन को अपनी ओर आकर्षित करती है। अचानक दृष्टिपात और सीता के नेत्रों से अपने नेत्रों को मिलाकर एकटक देखना और अभिभूत होकर एकटक देखते रहने का नयनाभिराम चित्र कवि यहाँ प्रस्तुत करता है।

प्रथम मिलन से उत्पन्न प्रथम रूपदर्शन के स्नेहासक्ति का अद्‌भुत चित्रण है।

युवजनों का प्रथम मिलन अविस्मरणीय है। वह जीवन भर के लिए स्मरण की घटना है। श्रीराम के इस चित्र का बिम्बांकन निराला ने राम की शक्ति पूजा में की है। श्रीराम के मन में सीता के सौन्दर्य की अद्वितीयता का जो भाव बनता है उसे कवि इन पंक्तियों में कहता है—

'सुंदरता कहुँ सुंदर करई। छबिगृहँ दीपसिखा जनु बरई।'

सीता का सौन्दर्य सत्य एवं माया का संयोग है।

राम आश्रय हैं, सीता विषय हैं, प्रेमोद्दीपन, संसक्ति, कामना, सौन्दर्य एवं उसकी अद्वितीयता का कवि उत्प्रेक्षामूलक कल्पनामंडित चित्रण प्रस्तुत करता है।

तात जनकतनया यह सोई। धनुषजग्य जेहि कारन होई॥
पूजन गौरि सखीं लै आईं। करत प्रकास फिरइ फुलवाईं॥
जासु बिलोकि अलौकिक सोभा। सहज पुनीत मोर मनु छोभा॥
सो सबु कारनु जान बिधाता। फरकहिं सुभद अंग सुनु भ्राता॥
रघुबंसिन्ह कर सहज सुभाऊ। मनु कुपंथ पगु धरै न काऊ॥
मोहि अतिसय प्रतीति मन केरी। जेहिं सपनेहुँ परनारि न हेरी॥
जिन्ह कै लहहिं न रिपु रन पीठी। नहिं पावहिं परतिय मनु डीठी॥
मंगन लहहिं न जिन्ह कै नाहीं। ते नरबर थोरे जग माहीं॥
दो०— करत बतकही अनुज सन मनु सिय रूप लोभान।
मुख सरोज मकरंद छबि करइ मधुप इव पान॥ २३१॥

अर्थ—हे तात! यह वही जनकपुत्री (जानकी) है जिसके लिए धनुषयज्ञ हो रहा है। सखियाँ इसे गौरी पूजन के निमित्त ले आई हैं और यह वाटिका में प्रकाश करती फिर रही है।

जिसके अलौकिक सौन्दर्य को देख करके स्वभाव से पवित्र मेरा मन क्यों क्षुब्ध हुआ है, वह सब कारण तो विधाता जानें (कि ऐसा क्यों हो रहा है)? हे भ्राता! सुनो, मेरे मंगलकारी अंग फड़क रहे हैं।

(परम्परया) यह रघुवंशियों का सहज स्वभाव है कि कभी भी उनका मन कुपंथ पर नहीं पड़ता। मुझे तो अपने मन पर अतिशय विश्वास है जिसने स्वप्न में भी पराई स्त्री पर (दृष्टि) नहीं डाली है।

शत्रु युद्धभूमि में जिसकी पीठ नहीं देख पाते, जिनके मन तथा दृष्टि को परायी स्त्रियाँ नहीं खींच पातीं। याचक जिनके यहाँ से 'नाहीं' शब्द नहीं प्राप्त करते, ऐसे पुरुष श्रेष्ठ संसार में अत्यल्प हैं।

अपने अनुज (लक्ष्मण) के साथ इस प्रकार की बातें कर रहे हैं किन्तु मन सीता के रूप पर लुब्ध है। वह (मन) (सीता के) मुख-कमल के सौन्दर्य-पराग-रस का पान भ्रमर की भाँति कर रहा है॥ २३१॥

टिप्पणी—वाटिका में सीता का दर्शन एवं सौन्दर्य-सी अभिभूतता यह 'धीर ललित नायक' का

लक्षण है। श्रीराम संस्कार से 'धीरोदात्त' नायक हैं, अतः धीरोदात्त नायक के अविकल भाव से संस्कार जाग्रत हो जाने पर वे सौन्दर्य, श्रृंगार एवं भावाभिभूतता के प्रभाव से मुक्त हो जाते हैं।

श्रृंगार के प्रभाव से अभिभूत होना और पुनः अतिशीघ्रता से मुक्त हो जाना कवि के लिए अभीष्ट है—क्योंकि भक्ति के सात्त्विक परिवेश पर इससे बाधा पड़ती है।

कवि अपनी नैतिकता से वशीभूत होकर मर्यादा की रक्षा के निमित्त काम के आवेश तथा प्रभाव को क्षणभर में ही तोड़ देता है।

कवि मानव कमजोरी तथा नैतिक उदात्तता के द्वन्द्व के निवेश से सम्पूर्ण प्रसंग की मार्मिकता की रक्षा करता है।

वय प्राप्ति पर कामभाव श्रीराम जैसे नीतिनिष्ठ को विचलित किये हैं—

करत बतकही अनुज सन मन सिय रूप लोभान।
मुख सरोज मकरंद छबि करइ मधुप इव पान॥

वय प्राप्ति का विद्रावक काम प्रभाव यहाँ सम्पूर्ण व्यक्तित्व एवं परिवेश पर हावी है, ऐसी कवि की व्यंजना है।

चितवति चकित चहूँ दिसि सीता। कहँ गए नृपकिसोर मनु चिंता॥
जहँ बिलोक मृग सावक नैनी। जनु तहँ बरिस कमल सित श्रेनी॥
लता ओट तब सखिन्ह लखाए। स्यामल गौर किसोर सुहाए॥
देखि रूप लोचन ललचाने। हरषे जनु निज निधि पहिचाने॥
थके नयन रघुपति छबि देखें। पलकन्हिहूँ परिहरीं निमेषें॥
अधिक सनेह देह भै भोरी। सरद ससिहि जनु चितव चकोरी॥
लोचन मग रामहिं उर आनी। दीन्हे पलक कपाट सयानी॥
जब सिय सखिन्ह प्रेमबस जानी। कहि न सकहिं कछु मन सकुचानी॥
दो०— लता भवन तें प्रगट भे तेहि अवसर दोउ भाइ।
निकसे जनु जुग बिमल बिधु जलद पटल बिलगाइ॥ २३२॥

अर्थ—सीता चकित भाव से चारों ओर देख रही हैं, मन के लिए चित्ताकर्षक नृप किशोर कहाँ गये (वे सोचती हैं), वह शिशु मृग सदृश नेत्रों वाली (सीता) जिधर देखती है, मानो उधर कमलों की पंक्तियाँ बरस जाती हैं।

लता के ओट में तब उन श्याम एवं गौर वर्णवाले (राजकुमारों) को सखियों ने दिखाया। उनके रूप को देखकर नेत्र ललचा उठे, वे ऐसे प्रसन्न हुए मानो अपनी निधि पहचान ली हो।

श्रीराम की छवि को देखकर नेत्र थकित हो उठे और पलकों ने भी गिरना छोड़ दिया। अत्यधिक स्नेह के कारण देह विह्वल हो उठी मानो शरद् ऋतु के चन्द्रमा को चकोरी देख रही हो।

नेत्रों के मार्ग से श्रीराम को हृदय में ले आकर चतुर सीता ने पलकों के कपाट बन्द कर दिये और जब सखियों ने सीता को प्रेमवश जाना, तब वे सब मन में संकुचित हो उठीं, कुछ कह नहीं सकती थीं।

उस समय दोनों भाई लता भवन से प्रकट हुए मानो दो निर्मल चन्द्रमा जलद-पटल को हटाकर बाहर निकले हों॥ २३२॥

टिप्पणी—यहाँ नायिका सीता की अद्वितीय प्रेम कामना एवं संसक्ति का आलंकारिक एवं भावनामय चित्रण है। सीता का अपहृत चित्त श्रीराम को खोज रहा है। नेत्र व्याकुल हैं और जिधर खोजते हैं वे व्याकुल खोजते ही रहते हैं। आत्मविस्मृत सीता अपने को भूल गई, मन को भूल गई, तन को भूल गई—जैसे चकोरी शरत् ऋतु के पूर्णचन्द्र को एकटक देखकर अभिभूत हो।

प्रेमोत्कर्ष से उत्पन्न जड़ता एवं आत्मसम्मोहन का शीर्षस्थ चित्र यहाँ अंकित है।

सोभा सीवँ सुभग दोउ बीरा। नील पीत जलजाभ सरीरा॥
मोरपंख सिर सोहत नीके। गुच्छ बीच बिच कुसुम कली के॥
भाल तिलक श्रमबिंदु सुहाए। श्रवन सुभग भूषन छबि छाए॥
बिकट भृकुटि कच घूघरवारे। नव सरोज लोचन रतनारे॥
चारु चिबुक नासिका कपोला। हास बिलास लेत मनु मोला॥
मुख छबि कहि न जाइ मोहि पाहीं। जो बिलोकि बहु काम लजाहीं॥
उर मनि माल कंबु कल ग्रीवा। काम कलभ कर भुज बल सींवा॥
सुमन समेत बाम कर दोना। साँवर कुअँर सखी सुठि लोना॥

दो०— केहरि कटि पट पीत धर सुषमा सील निधान।
देखि भानुकुलभूषनहि बिसरा सखिन्ह अपान॥ २३३॥

अर्थ—दोनों सुन्दर भाई सौन्दर्य की सीमा हैं। उनके शरीर की शोभा नीले एवं पीतकमल की भाँति है। सिर पर सुन्दर मयूर पंख शोभित हैं और उनके बीच-बीच में फूलों की कलियों के गुच्छे लगे हुए हैं।

माथे पर तिलक तथा पसीने से उत्पन्न बिन्दुएँ शोभित हो रही हैं। कानों में सुन्दर अलंकारों की छवि छाई हुई है। तिरछी भौंहें तथा घुँघराले बाल हैं। नवीन कमल की भाँति अरुणवर्ण के नेत्र हैं।

नासिका, कपोल तथा चिबुक सुन्दर हैं और हास्य का सौन्दर्य तो मोल खरीदे ले रहा है। मुख के सौन्दर्य का वर्णन मुझसे करते नहीं बनता जिसे देख करके कामदेवता भी लज्जित हैं।

वक्ष पर मणि माला एवं सुन्दर ग्रीवा शंख की भाँति है, पराक्रम की सीमा स्वरूप कामदेव हाथी के बच्चे की सूँड़ सदृश भुजाएँ हैं। बाएँ हाथ में पुष्पों से युक्त दोना है, हे सखी! यह श्यामल राजकुमार (तो बड़ा ही) सुन्दर-सलोना है।

सिंह सदृश कटियुक्त, पीताम्बर धारण किये हुए सौन्दर्य तथा शील के निधान सूर्य कुल के भूषण श्रीरामचन्द्र को देखकर सखियाँ अपने को विस्मृत कर उठीं॥ २३३॥

टिप्पणी—कवि श्रीराम तथा लक्ष्मण की सौन्दर्यमयी अलंकृत रूप झाँकी की प्रस्तुति करते हुए सखियों के लिए उन्हें स्पृहणीय बना देता है। विशेष रूप से श्रीराम अपने सलोनेपन के कारण रूपासक्ति के विषय बन जाते हैं।

कवि श्रीराम में केवल लावण्य ही नहीं व्यंजित करता, उनके आकर्षक व्यक्तित्व की भंगिमा लावण्य के साथ शील एवं सौन्दर्य से जुड़कर अद्वितीय बनती है।

लक्ष्मण का सौन्दर्य पीत जलजाभ एवं श्रीराम का शरीर नील जलजाभ सदृश है। शारीरिक लावण्य एवं कोमलता का व्यंग्य इस सादृश्य में सन्निहित है।

रूप एवं अलंकरण तथा साज-सज्ज युक्त श्रीराम तथा लक्ष्मण का समवेत् वर्णन मधुर प्रेमासक्ति को व्यंजित करने के लिए हुआ है।

धरि धीरजु एक आलि सयानी। सीता सन बोली गहि पानी॥
बहुरि गौरि कर ध्यानु करेहू। भूप किसोर देखि किन लेहू॥
सकुचि सीयँ तब नयन उघारे। सनमुख दोउ रघुसिंघ निहारे॥
नख सिख देखि राम कै सोभा। सुमिरि पिता पनु मनु अति छोभा॥
परबस सखिन्ह लखी जब सीता। भएउ गहरु सब कहहिं सभीता॥
पुनि आउब एहि बेरिआँ काली। अस कहि मन बिहसी एक आली॥

गूढ़ गिरा सुनि सिय सकुचानी। भएउ बिलंबु मातु भय मानी॥
धरि बड़ि धीर रामु उर आने। फिरी अपनपउ पितु बस जाने॥
दो०— देखन मिस मृग बिहग तरु फिरै बहोरि बहोरि।
निरखि निरखि रघुबीर छबि बाढ़ै प्रीति न थोरि॥ २३४॥

अर्थ—धैर्य धारण करके एक चतुर सखी हाथ पकड़कर सीता से बोली। (पहले) राजकुमारों को देख क्यों नहीं लेती, पुनः गौरी का ध्यान करना।

सीता ने संकुचित भाव से नेत्रों को खोला और (अपने) सामने (स्थित) दोनों रघुकुल सिंहों को देखा। श्रीराम के नख-शिख सौन्दर्य को देख करके और पुनः पिता के प्रण का स्मरण करके उनका मन अत्यधिक क्षुब्ध हुआ।

जब सखियों ने सीता को परवश (विवश) देखा, तब सभी भयभीत होकर कहने लगीं—अब बड़ी देर हो गई है। (अब-यहाँ से चलें) कल पुनः इसी समय पर आयेंगी, ऐसा कहकर के एक सखी मन-ही-मन हँसी।

उसकी रहस्य भरी वाणी सुनकर सीता संकुचित हो उठीं और देर हो गई है, यह सोचकर माता का भय माना। अत्यधिक धैर्य धारण करके श्रीराम को हृदय में लाईं और अपने को पिता के अधीन समझकर लौटीं।

मृग, पक्षी एवं वृक्षों को देखने के बहाने से बार-बार मुड़ती हैं और श्रीराम की छवि को देख करके उनका प्रेम अत्यधिक बढ़ रहा है।

टिप्पणी—रूप दर्शन के प्रति सीता को लक्ष्य में करके सखी द्वारा किया गया व्यंग्य ध्यान भंग करने के लिए है। ध्यान भंग होने पर पुनः तन्मयता की वृद्धि सीता को परवश कर देता है। पिता की प्रतिज्ञा के कारण उत्पन्न क्षोभ उनकी गहरी आसक्ति से सम्बद्ध है।

एक दूसरी सखी का व्यंग्य कि कल पुनः आकर देखना, आज अधिक विलम्ब हो चुका है—पुनः सीता का ध्यान भंग करता है।

प्रथम सखी के मन्तव्य में प्रस्ताव व्यंजना है तो दूसरी सखी के कथन में काकु व्यंजना। दोनों व्यंजनाएँ सीता की संसक्ति सन्दर्भ को व्यंजित करती हैं।

जानि कठिन सिव चाप बिसूरति। चली राखि उर स्यामल मूरति॥
प्रभु जब जात जानकी जानी। सुख सनेह सोभा गुन खानी॥
परम प्रेममय मृदु मसि कीन्ही। चारु चित्त भीतीं लिखि लीन्ही॥
गईं भवानी भवन बहोरी। बंदि चरन बोली कर जोरी॥
जय जय गिरिबरराज किसोरी। जय महेस मुख चंद चकोरी॥
जय गजबदन षडानन माता। जगत जननि दामिनि दुति गाता॥
नहिं तव आदि मध्य अवसाना। अमित प्रभाउ बेदु नहिं जाना॥
भव भव बिभव पराभव कारिनि। बिस्व बिमोहनि स्वबस बिहारिनि॥
दो०— पति देवता सुतीय महुँ मातु प्रथम तव रेख।
महिमा अमित न सकहिं कहि सहस सारदा सेष॥ २३५॥

अर्थ—शिव के कठोर धनुष को जानकर वह मन-ही-मन कष्ट का अनुभव करती हुई हृदय में श्यामलमूर्ति धारण करके चलीं। सुख, स्नेह, शोभा एवं गुण की भंडार जानकी को प्रभु ने जब जाते हुए जाना।

परम प्रेम की मृदु स्याही बनाकर (उन्होंने) अपने सुन्दर चित्तरूपी भित्ति पर (उसे) चित्रित कर लिया या प्रेमपत्र लिख दिया। सीता पुनः पार्वती के मन्दिर में गईं और चरणों की वन्दना करके हाथ जोड़कर बोलीं।

हे हिमालय-पुत्री पार्वती! आपकी जय हो, जय हो। हे शिव के मुख-चन्द्र की चकोरी पार्वती! आपकी जय हो। हे गणेश तथा कार्तिकेय की माता पार्वती! आपकी जय हो। हे जगन्माता! हे विद्युत कान्तियुक्त शरीरवाली! आपकी जय हो।

आपका न आदि है, न मध्य है, और न अन्त है, आपका प्रभाव असीम है जिसका ज्ञान वेदों को भी नहीं है। सम्पूर्ण विश्व को विमोहित और स्वतंत्र रूप से विहार करनेवाली आप संसार को उत्पन्न करनेवाली, उसका पालन तथा विनाश करनेवाली हैं।

पति को देवता (मानने वाली) पवित्र स्त्रियों के बीच आपकी गणना सर्वप्रथम है। आपकी महिमा अमित है और उसका वर्णन हजार-हजार सरस्वती तथा शेषनाग नहीं कर सकते॥ २३५॥

टिप्पणी—संयोग शृंगार के गूढ़ रहस्यमय प्रेम की यहाँ व्यंजना है जिसमें परस्पर एक-दूसरे को प्राप्त करने की अभिलाषा का भाव सन्निहित है। सीता के मन में पिता की प्रतिज्ञा और धनुष की कठोरता का क्षोभ है क्योंकि वह परस्पर मिलन का बाधक है, वह वर याचना के लिए श्री दुर्गा की प्रार्थना में तत्पर होती हैं और श्रीराम —

'परम प्रेममय मृदु मसि कीन्ही। चारु चित्त भीतीं लिखि लीन्ही॥'

इस गम्योत्प्रेक्षागर्भित साङ्गरूपक के माध्यम से अपने प्रणयभाव के संदेश का मन्तव्य सीता के नेत्रों तक पहुँचा देते हैं।

अभिलाष, आकांक्षा, स्नेहाधिक्य तथा परस्पर प्राप्ति की छटपटाहट को कवि कथात्मक व्यंजना द्वारा इंगित करता है। वर प्राप्ति के लिए, दैव प्रार्थना एक परम्परित रूढ़ि है—कवि इस रूढ़ि के द्वारा प्रणय की भावी सिद्धि की मांगलिक सूचना देकर सीता को आश्वस्त करके पाठकों के मन में उत्पन्न कौतूहल को शान्त करता है।

सीता के द्वारा पार्वती की वन्दना किया जाना परम्परित लोकरूढ़ि ही नहीं कवि की उदार समन्वयवादी धार्मिक दृष्टि का सूचक है।

सेवत तोहि सुलभ फल चारी। बरदायनी पुरारि पिआरी॥
देबि पूजि पद कमल तुम्हारे। सुर नर मुनि सब होहिं सुखारे॥
मोर मनोरथु जानहु नीकें। बसहु सदा उर पुर सबही कें॥
कीन्हेउँ प्रगट न कारन तेहीं। अस कहि चरन गहे बैदेहीं॥
बिनय प्रेम बस भई भवानी। खसी माल मूरति मुसुकानी॥
सादर सिय प्रसाद सिर धरेऊ। बोलीं गौरि हरष हियँ भरेऊ॥
सुनु सिय सत्य असीस हमारी। पूजिहि मनकामना तुम्हारी॥
नारद बचनु सदा सुचि साचा। सो बर मिलिहि जाहिं मन राचा॥

अर्थ—हे अभीष्ट वरदायिनी! हे शिवप्रिया! तुम्हारी सेवा मात्र से धर्मार्थ चारों फल सुलभ हैं। हे देवि! तुम्हारे चरण-कमलों की पूजा करके देव, मनुष्य तथा मुन्गिण सभी आनन्दित होते हैं।

हे देवी! आप मेरी मनोकामना को पूरी तरह जानती हैं, क्योंकि आप निरन्तर सभी के हृदय में निवास करती हैं। इसलिए इस कारणवश मैंने (अपनी मनोकामना को) उसे स्पष्ट नहीं किया और ऐसा कह करके सीता ने चरण पकड़ लिये।

भवानी सीता के विनय तथा प्रेम की वशवर्ती हो गईं और उनके गले की माला खिसक गई तथा मूर्ति मुस्करा पड़ी। आदरपूर्वक सीता ने (उसको) प्रसाद रूप में सिर पर धारण किया। गौरी हर्षभाव से हृदय भरी हुई बोलीं।

हे सीता! हमारे सच्चे आशीर्वाद की सुनो! तुम्हारी मनोकामना पूर्ण होगी। नारद की वाणी सदैव पवित्र एवं सच्ची है। जिसमें तुम्हारा मन अनुरक्त है, वह वर तुझे मिलेगा।

छंद— मनु जाहिं राचेउ मिलिहि सो बरु सहज सुंदर साँवरो।
करुना निधान सुजान सील सनेह जानत रावरो॥
येहि भाँति गौरि असीस सुनि सिय सहित हियँ हरषीं अली।
तुलसी भवानिहि पूजि पुनि पुनि मुदित मन मंदिर चलीं॥
सो०— जानि गौरि अनुकूल सिय हिय हरषु न जाइ कहि।
मंजुल मंगल मूल बाम अंग फरकन लगे॥ २३६॥

(तुम्हारा) मन जिसमें अनुरक्त है, वह सहज सुन्दर श्यामल वर तुझे मिलेगा। करुणानिधान, सुजान श्रीराम तुम्हारे शील तथा स्नेह को जानते हैं। इस प्रकार पार्वती के आशीर्वाद को सुनकर सीता समेत सभी सखियाँ हर्षित हुईं। तुलसीदास कहते हैं कि इस प्रकार पार्वती पुनः-पुनः पूजन करके आनन्दित मन से राजभवन लौटीं।

पार्वती को अनुकूल जानकर सीता के हृदय में जो हर्ष उत्पन्न हुआ, उसका वर्णन करते नहीं बनता। सुन्दर मंगल मूल स्वरूप सीता के बाएँ अंग फड़कने लगे॥ २३६॥

टिप्पणी—पार्वती की परम्परागत स्तुति और उस स्तुति से वर प्राप्ति सम्पूर्ण कथा में व्याप्त संशय को नष्ट करता है। यह संकेत सांकेतिक तथा गूढ़ है—

'मनु जाहिं राचेउ मिलिहि सो वर सहज सुंदर साँवरो'

वर के रूप में श्रीराम की प्राप्ति एक गूढ़ तथा सांकेतिक व्यंजना है। इसी के साथ 'शुभ' शकुन अभिप्राय की सम्पुष्टि के लिए 'मोटिफ' हैं और कवि पुनः सीता को वांछित मनोकामना की प्राप्ति के प्रति आश्वस्त करता है। मूर्ति के गले की माला का खिसकना और मुसकराना अभीष्ट की प्राप्ति की व्यंजना का सन्दर्भ देता है।

सम्पूर्ण प्रसंग अभीष्ट की प्राप्ति के मन्तव्य की सूचना देने के लिए कल्पित है।

हृदयँ सराहत सीय लोनाई। गुर समीप गवने दोउ भाई॥
राम कहा सबु कौसिक पाहीं। सरल सुभाउ छुआ छल नाहीं॥
सुमन पाइ मुनि पूजा कीन्ही। पुनि असीस दुहु भाइन्ह दीन्ही॥
सुफल मनोरथ होहुँ तुम्हारे। रामु लषनु सुनि भए सुखारे॥
करि भोजनु मुनिबर बिग्यानी। लगे कहन कछु कथा पुरानी॥
बिगत दिवसु गुरु आयसु पाई। संध्या करन चले दोउ भाई॥
प्राची दिसि ससि उएउ सुहावा। सिय मुख सरिस देखि सुखु पावा॥
बहुरि बिचारु कीन्ह मन माहीं। सीय बदन सम हिमकर नाहीं॥
दो०— जनम सिंधु पुनि बंधु बिषु दिन मलीन सकलंकु।
सिय मुख समता पाव किमि चंदु बापुरो रंकु॥ २३७॥

अर्थ—हृदय से सीता के लावण्य की सराहना करते हुए दोनों भाई गुरु के समीप गये। स्वभाव से सरल तथा छल जिन्हें छूता तक नहीं ऐसे श्रीराम ने विश्वामित्र से सब बताया।

पुष्पों को पाकर गुरु ने पूजा की और पुनः दोनों भाइयों को आशीर्वाद दिया कि तुम्हारे मनोरथ सुफल हों, जिसे सुनकर श्रीराम तथा लक्ष्मण प्रसन्न हुए।

भोजन करने के पश्चात् विशिष्ट ज्ञानी मुनिश्रेष्ठ कुछ प्राचीन कथाएँ कहने लगे। दिन व्यतीत होते गुरु की आज्ञा पाकर दोनों भाई सन्ध्या करने चले।

सुन्दर चन्द्र पूर्व दिशा में उदय हुआ और उसे सीता के मुख सदृश देखकर वे आनन्दित हुए। पुनः उन्होंने मन में विचार किया कि सीता के मुख सदृश चन्द्र नहीं है।

चन्द्रमा का जन्म (खारे) सिन्धु में हुआ है और पुनः उसका भाई विष है, दिन में मलिन और

कलंक युक्त है। यह सीता के मुख की क्यों समता प्राप्त कर सकता है क्योंकि बेचारा चन्द्र बड़ा ही निर्धन है॥ २३७॥

टिप्पणी—(१) कवि सीता की मनोकामना की पूर्ति आशीर्वाद प्राप्ति द्वारा सिद्ध करके श्रीराम की मनोकामना को मुनि के आशीर्वचन से पूर्ण कराने का यहाँ उपक्रम करता है। 'सुफल मनोरथ होहुँ तुम्हारे' यह गुरु का आशीर्वचन श्रीराम को आश्वस्त करता है। 'आशीर्वचन' भी वरदान तथा शकुन की भाँति एक अभिप्राय (मोटिफ) है जो अनिश्चतता के बीच आशा की किरणें उत्पन्न करता है।

(२) परम्परित उपमान चन्द्र दर्शन मुख के सादृश्य के स्मरण का हेतु है। सीता का स्मरण, उनके प्रति उत्पन्न प्रेम एवं संसक्ति की अभिलाषा इस सादृश्य स्मृति का प्रतिफल है।

(३) अपह्नुति अलंकार की सशक्त व्यंजना है—क्योंकि चन्द्र के गुणों का प्रतिषेध करके सीता के मुख सौन्दर्य की अद्वितीयता का चित्रण कवि का मन्तव्य है।

सीता स्वयं माया रूप है, प्रभु की इस आह्लादिनी माया से भौतिक तथा जड़ वस्तुओं की तुलना सम्भव नहीं है। कवि एक ही बिन्दु पर काव्यात्मक तथा आध्यात्मिक संदर्भ को व्यंजित कर रहा है।

घटइ बढ़इ बिरहिनि दुखदाई। ग्रसइ राहु निज संधिहिं पाई॥
कोक सोकप्रद पंकज द्रोही। अवगुन बहुत चंद्रमा तोही॥
बैदेही मुख पटतर दीन्हे। होइ दोषु बड़ अनुचित कीन्हे॥
सिय मुख छबि बिधु ब्याज बखानी। गुर पहिं चले निसा बड़ि जानी॥
करि मुनि चरन सरोज प्रनामा। आयसु पाइ कीन्ह बिश्रामा॥
बिगत निसा रघुनायक जागे। बंधु बिलोकि कहन अस लागे॥
उयउ अरुन अवलोकहु ताता। पंकज कोक लोक सुख दाता॥
बोले लखन जोरि जुग पानी। प्रभु प्रभाउ सूचक मृदु बानी॥
दो०— अरुनोदयँ सकुचे कुमुद उडगन जोति मलीन।
जिमि तुम्हार आगमन सुनि भए नृपति बलहीन॥ २३८॥

अर्थ—यह घटता-बढ़ता रहता है और विरहिणियों के लिए दुःख का कारण है और राहु अपनी सन्धि पाकर इसे ग्रस लेता है। यह चक्रवाक के लिए शोक का हेतु तथा कमल का वैरी है। हे चन्द्र! तुझमें अनेक अवगुण हैं।

अतः सीता के मुख का सादृश्य देने से अनुचित कार्य करने का दोष लगेगा। चन्द्रमा के बहाने से सीता के मुख के सौन्दर्य का वर्णन करके अत्यधिक रात्रि जानकर गुरु के पास चले।

मुनि के चरण-कमलों को प्रणाम करके तथा उनकी आज्ञा पाकर विश्राम के लिए चले। रात व्यतीत होने पर श्रीराम जगे और भाई लक्ष्मण को देखकर इस प्रकार कहने लगे।

हे तात! सूर्य निकला है, देखो, यह कमल, चक्रवाक और समग्र संसार के लिए सुखदायी हैं। लक्ष्मण ने दोनों हाथ जोड़कर प्रभु के प्रभाव को सूचित करने वाली वाणी में कहा।

सूर्योदय होने पर कुमुदिनी संकुचित हो गई और तारागणों का प्रकाश फीका पड़ गया। जिस प्रकार आपके आगमन को सुनकर नृपतिगण बलहीन हो उठे हैं॥ २३८॥

टिप्पणी—(१) कवि कहता है कि सीता के मुख की तुलना में चन्द्रमा तो एक बहाना है—अन्यथा कहाँ सीता का मुख और कहाँ यह निरीह चन्द्र।

सीता के मुख की उदात्तता एवं सापेक्ष्य में चन्द्र सौन्दर्य की हीनता के सन्दर्भ में आचार्य केशवदास की रामचन्द्रिका के वे तीन छन्द याद आते हैं, जहाँ 'ताते मुख—मुखै सखि कमलौ न चन्द री' की वे स्थापना करते हैं।

(२) कवि का यह 'चन्द्र सादृश्य' काव्य प्रौढ़ि एवं रूढ़ि के रूप में लगता है।

(३) 'अरुणोदय सकुचे कुमुद' में अन्योक्ति को दृष्टान्त द्वारा सम्पुष्ट करके कवि मांगलिक उपलब्धि धनुर्भंग, सीता प्राप्ति तथा नृपसमूह की शक्ति की असमर्थता को व्यंजित कर रहा है।

(4) 'उयउ अरुन अवलोकहु ताता। पंकज कोक लोक सुख दाता॥' इस परम्परित रूपक का प्रयोग कवि सीता की प्रसन्नता एवं जनकपुर के नर-नारियों के हर्ष के द्योतन के लिए करता है।

श्रीराम तथा लक्ष्मण द्वारा कहे गये वाक्यों की व्यंजनाएँ सामान्य अभिधेय न होकर उपर्युक्त सन्दर्भों में व्यंग्य भाव से परिपुष्ट हैं।

नृप सब नखत करहिं उजिआरी। टारि न सकहिं चाप तम भारी॥
कमल कोक मधुकर खग नाना। हरषे सकल निसा अवसाना॥
ऐसेहिं प्रभु सब भगत तुम्हारे। होइहहिं टूटें धनुष सुखारे॥
उयउ भानु बिनु श्रम तम नासा। दुरे नखत जग तेजु प्रकासा॥
रबि निज उदय ब्याज रघुराया। प्रभु प्रतापु सब नृपन्ह देखाया॥
तव भुज बल महिमा उदघाटी। प्रगटी धनु बिघटन परिपाटी॥
बंधु बचन सुनि प्रभु मुसुकाने। होइ सुचि सहज पुनीत नहाने॥
नित्यक्रिया करि गुर पहिं आए। चरन सरोज सुभग सिर नाए॥
सतानंदु तब जनक बोलाए। कौसिक मुनि पहिं तुरत पठाए॥
जनक बिनय तिन्ह आइ सुनाई। हरषे बोलि लिए दोउ भाई॥
दो०– सतानंद पद बंदि प्रभु बैठे गुर पहिं जाइ।
चलहु तात मुनि कहेउ तब पठवा जनक बोलाइ॥ २३९॥

अर्थ—सम्पूर्ण राजागण तारों की भाँति (मलिन) प्रकाश करते हैं और वे धनुषरूपी गहन अंधकार नहीं टाल सकते। कमल, चक्रवाक, भ्रमर तथा नाना प्रकार के पक्षी रात्रि की समाप्ति होने पर जैसे हर्षित होते हैं।

हे प्रभु! इसी प्रकार तुम्हारे सम्पूर्ण भक्तगण धनुष टूटने पर हर्षित होंगे। सूर्य का उदय हुआ, अनायास ही बिना परिश्रम के अंधकार नष्ट हो गया, नक्षत्रगण छिप गये और सम्पूर्ण संसार में आपका तेज प्रकाशित हो उठा।

हे श्रीराम! आपने सूर्य उदित होने के बहाने से सम्पूर्ण राजाओं को अपना प्रताप दिखलाया है। आपके भुजाओं के पराक्रम का उद्घाटन करने के निमित्त ही जैसे धनुष के तोड़ने की यह परिपाटी उत्पन्न हुई।

भाई लक्ष्मण की बातों को सुनकर प्रभु श्रीराम मुसकराये और नैसर्गिक रूप से पवित्र श्रीराम ने शौच से निवृत्त होकर स्नान किया तथा नित्यकर्म करके गुरु के पास गये। (उन्होंने) गुरु के पवित्र चरण-कमलों को शीश नवाया।

जनक ने तब सतानन्द को बुलवाया और शीघ्र ही, विश्वामित्र के पास भेजा। उन्होंने जनक से आकर विनय सुनाई और हर्षित भाव से दोनों भाइयों को उन्होंने बुलाया।

शतानन्द के चरणों की वन्दना करके प्रभु श्रीराम गुरु के पास बैठे। तब मुनि ने कहा—हे तात! चलो, जनक ने (हमें) बुला भेजा है॥ २३९॥

टिप्पणी—प्रभु श्रीराम ने चन्द्र के ब्याज से सीता के सौन्दर्य का वर्णन पूर्व पंक्तियों में किया है और यहाँ लक्ष्मण सूर्य के ब्याज से श्रीराम की शक्ति तथा सामर्थ्य का चित्रण करते हैं।

धनुर्भंग के दिन का प्रथम प्रभात है और सूर्योदय हो रहा है, तेजहीन तारक स्तंमित हो रहे हैं। श्रीराम की शक्ति तथा सामर्थ्य का स्मरण तथा एकत्रित राजाओं की सापेक्षिक निस्तेजता का वर्णन

वह इस प्रसंग के क्रम में कवि करता है। 'चन्द्र' को देखकर सीता की स्मृति की भाँति यह भी 'स्मृति' पर ही आधारित आलंकारिक वर्णन है।

सादृश्य व्यंजना में समतुल्यता है—क्योंकि अपने पूर्व पुरुष कुलगुरु सूर्य से अधिक श्रीराम की श्रेष्ठता का वर्णन लक्ष्मण नहीं कर सकते हैं—किन्तु समतुल्यता से जितना वर्णन वह करते हैं, उतना ही, उनके सामर्थ्य को व्यंजित करने के लिए पर्याप्त है।

मांगलिक उपलब्धि के लिए उत्साह का अतिरेक तथा शुचिता दोनों का यह संकेत साथ-साथ है।

सीय स्वयंबरु देखिअ जाई। ईसु काहि धौं देइ बड़ाई॥
लखन कहा जस भाजनु सोई। नाथ कृपा तव जापर होई॥
हरषे मुनि सब सुनि बर बानी। दीन्हि असीस सबहिं सुखु मानी॥
पुनि मुनिबृंद समेत कृपाला। देखन चले धनुष मख साला॥
रंगभूमि आए दोउ भाई। असि सुधि सब पुरबासिन्ह पाई॥
चले सकल गृह काज बिसारी। बाल जुबान जरठ नर नारी॥
देखी जनक भीर भै भारी। सुचि सेवक सब लिए हँकारी॥
तुरत सकल लोगन्ह पहिं जाहू। आसन उचित देहु सब काहू॥
दो०— कहि मृदु बचन बिनीत तिन्ह बैठारे नर नारि।
उत्तम मध्यम नीच लघु निज निज थल अनुहारि॥ २४०॥

अर्थ—सीता का स्वयंवर चलकर देखा जाये। देखें! ईश्वर किसे बड़प्पन प्रदान करते हैं। लक्ष्मण ने कहा, जैसा पात्र होगा, हे नाथ! आपकी कृपा जिस पर होगी।

मुनि सहित सभी उस वाणी को सुनकर प्रसन्न हुए और सभी ने सुख मानकर आशीर्वाद दिया। पुनः मुनि समूह के साथ कृपालु श्रीराम धनुष की यज्ञशाला देखने चले।

रंगभूमि में दोनों भाई आये ऐसा समाचार सभी नगरवासियों ने प्राप्त किया। गृह कार्य भूलकर सभी बालक, युवा तथा वृद्ध नर-नारी चल पड़े।

जनक ने देखा कि भारी भीड़ हो गई है तब उन्होंने सभी विनम्र-सुशील सेवकों को बुलवाया (और कहा) कि शीघ्र ही, सभी लोगों के पास जाओ और सबको उचित आसन प्रदान करो।

उन सेवकों ने मृदु तथा विनीत वाणी बोलकर उत्तम, मध्यम, नीच और लघु स्त्री-पुरुषों को (उनके) अपने-अपने अनुरूप स्थलों पर बैठाया॥ २४०॥

टिप्पणी—(१) कवि श्रीराम की विजय के लिए विश्वामित्र के आशीर्वचन की योजना करता है। इस योजना में सफलता की पूर्व भूमिका का निर्माण कवि संकेत द्वारा इंगित करता है।

(२) कवि कथानायक श्रीराम को समस्त प्रसंगों के केन्द्र में अध्यवसित करता है और वही समस्त आकर्षण के केन्द्र बनते हैं।

राजकुअँर तेहि अवसर आए। मनहुँ मनोहरता तन छाए॥
गुन सागर नागर बर बीरा। सुंदर स्यामल गौर सरीरा॥
राज समाज बिराजत रूरे। उडगन महुँ जनु जुग बिधु पूरे॥
जिन्ह कें रही भावना जैसी। प्रभु मूरति तिन्ह देखी तैसी॥
देखहिं भूप महा रनधीरा। मनहुँ बीर रसु धरे सरीरा॥
डरे कुटिल नृप प्रभुहि निहारी। मनहुँ भयानक मूरति भारी॥
रहे असुर छल छोनिप बेषा। तिन्ह प्रभु प्रगट काल सम देखा॥
पुरबासिन्ह देखे दोउ भाई। नर भूषन लोचन सुखदाई॥

दो०— नारि बिलोकहिं हरषि हियँ निज निज रुचि अनुरूप।
जन सोहत सिंगार धरि मूरति परम अनूप॥ २४१॥

अर्थ—उसी समय राजकुमार (राम तथा लक्ष्मण) आये, (ऐसा प्रतीत हुआ) मानो मनोहारिता ही (उनके शरीर पर) शोभा पा रही हो। वे गुणों के समुद्र, चतुर एवं श्रेष्ठ योद्धा हैं और उनके श्यामल तथा गौर शरीर सुन्दर हैं।

ये सुन्दर राजाओं के समाज में शोभित हो रहे हैं मानो तारागणों के मध्य में दो पूर्ण चन्द्र। जिनकी जैसी भावना थी, प्रभु श्रीराम की मूर्ति उन्होंने वैसी ही देखी।

महा रणधीर उनके रूप को देख रहे हैं, मानो वीर रस शरीर धारण किये हुए हो। कुटिल राजा श्रीराम के रूप को देखकर डरे मानो भयानक भारी मूर्ति हो।

राजाओं के वेष में छल से जो असुर थे, उन्होंने प्रभु को प्रकट काल सदृश देखा। नगरवासियों ने दोनों भाइयों को मनुष्यों में अलंकरण रूप नेत्रों को सुख देनेवाला देखा।

नारियाँ अपनी-अपनी रुचि के अनुकूल हर्षित हृदय से देख रही हैं मानो शृंगार रस ही परम अनुपम मूर्ति धारण करके शोभित हो रहा हो॥ २४१॥

टिप्पणी—श्रीराम की केन्द्रीयता का निरूपण करता हुआ कवि उनकी आध्यात्मिक अलौकिकता की व्यंजना करता है। इस आध्यात्मिक अलौकिकता का हेतु है—आत्मिकप्रियता! भावना शब्द का प्रयोग मनोनुकूल आत्मिकप्रियता के लिए हुआ है। श्रीराम को सभी पात्र स्व-स्व भावना के अनुकूल देखते तथा पाते हैं—इस सन्दर्भ का मन्तव्य है श्रीराम की सर्वव्याप्तता की सूचना देना—लीलाभाव इसके मूल में है। यह प्रसंग भागवत पुराण के कंस की मखशाला से प्रभावित है—जहाँ श्रीकृष्ण का दर्शन अपनी मनोनुकूल आत्मिकप्रियता की भावना से सभी करते हैं।

बिदुषन्ह प्रभु बिराटमय दीसा। बहु मुख कर पग लोचन सीसा॥
जनक जाति अवलोकहिं कैसें। सजन सगे प्रिय लागहिं जैसें॥
सहित बिदेह बिलोकहिं रानी। सिसु सम प्रीति न जाइ बखानी॥
जोगिन्ह परम तत्त्वमय भासा। सांत सुद्ध सम सहज प्रकासा॥
हरिभगतन्ह देखे दोउ भ्राता। इष्टदेव इव सब सुख दाता॥
रामहि चितव भायँ जेहि सीया। सो सनेहु सुखु नहिं कथनीया॥
उर अनुभवति न कहि सक सोऊ। कवन प्रकार कहै कबि कोऊ॥
एहि बिधि रहा जाहि जस भाऊ। तेहिं तस देखेउ कोसलराऊ॥

दो०— राजत राज समाज महुँ कोसलराज किसोर।
सुंदर स्यामल गौर तन बिस्व बिलोचन चोर॥ २४२॥

अर्थ—विद्वानों को प्रभु विराट् रूप दिखाई दिये जिसके बहुत से मुख, हाथ, पैर, नेत्र और सिर हैं। जनक के स्वजातीय प्रभु को किस प्रकार देख रहे हैं जैसे प्रिय सगे स्वजन लगते हैं।

जनक के साथ रानी उन्हें पुत्र के सदृश देख रही हैं, उनकी प्रीति का वर्णन नहीं किया जा सकता। योगियों को वे परमतत्त्वमय, शान्त, शुद्ध, सम, स्वयंप्रकाश्य प्रतीत हुए।

हरिभक्तों ने दोनों भाइयों को सब सुखों को देनेवाले इष्टदेव के समान देखा। सीता ने श्रीराम को जिस भावना से देखा, उस स्नेह तथा सुख का वर्णन करते नहीं बनता।

वे उस (सुख तथा स्नेह) का अनुभव कर रही हैं, वे उसका वर्णन नहीं कर सकतीं फिर कोई कवि उसका किस प्रकार वर्णन कर सकता है। इस प्रकार, जिसका जैसा भाव था, उसने उसी प्रकार कोशलाधीश श्रीराम को देखा।

सुन्दर, श्यामल, गौर वर्ण के शरीरवाले विश्व के नेत्रों को चुरानेवाले राजा दशरथ के कुमार राज समाज के मध्य शोभित हो रहे हैं॥ २४२॥

टिप्पणी—जिसका जैसा भाव था, श्रीराम उसे उसी प्रकार दिखाई पड़े। विद्वानों, जनक के परिवार के जन, जनक तथा उनकी पत्नी रानी सुनयना, योगिजन, हरिभक्तजन तथा स्वयं सीता-सभी ने एक ही व्यक्तित्व में अनेक भावात्मक रूपों का दर्शन किया।

जगत् की सम्पूर्ण लीला तथा सम्बद्ध लोक सम्बन्धों को ईश्वर में देखो और वह अनेक रूपों में व्याप्त सृष्टि की समस्त विविधताओं के साथ दिखाई पड़ता है।

सहज मनोहर मूरति दोऊ। कोटि काम उपमा लघु सोऊ॥
सरद चंद निंदक मुख नीके। नीरज नयन भावते जी के॥
चितवनि चारु मार मनु हरनी। भावति हृदयँ जात नहिं बरनी॥
कल कपोल श्रुति कुंडल लोला। चिबुक अधर सुंदर मृदु बोला॥
कुमुदबंधु कर निंदक हाँसा। भृकुटी बिकट मनोहर नासा॥
भाल बिसाल तिलक झलकाहीं। कच बिलोकि अलि अवलि लजाहीं॥
पीत चौतनीं सिरन्हि सुहाईं। कुसुमकलीं बिच बीच बनाईं॥
रेखें रुचिर कंबु कल ग्रीवाँ। जनु त्रिभुवन सुषमा की सीवाँ॥

दो०— कुंजर मनि कंठा कलित उरन्हि तुलसिका माल।
बृषभ कंध केहरि ठवनि बल निधि बाहु बिसाल॥ २४३॥

अर्थ—दोनों मूर्तियाँ स्वभाव से ही मनोहारी हैं और उनकी तुलना में कोटि कामदेव की तुलना लघु है। शरद्पूर्णिमा के चन्द्र की निन्दा करनेवाला उनका मुख सुन्दर है। उनके कमलवत् नयन हृदय को भले लगते हैं।

उनकी सुन्दर चितवन कामदेव के मन को हरने वाली है। वह हृदय को बहुत अच्छी लगती है, उसका वर्णन नहीं किया जा सकता। सुन्दर गाल हैं, कानों में चंचल कुंडल हैं। चिबुक, ओष्ठ सुन्दर हैं तथा वाणी कोमल है।

हँसी कुमुदबन्धु चन्द्रमा का तिरस्कार करने वाली है, भौंहें टेढ़ी हैं तथा नासिका मनोहर है। चौड़े ललाट पर तिलक झलक रहे हैं। बालों को देखकर भ्रमर पंक्तियाँ लज्जित हो रही हैं।

सिरों पर पीली चौकोर टोपियाँ शोभित हैं, बीच-बीच में फूलों की कलियाँ काढ़ी हुई हैं। सुन्दर शंख की भाँति गले में मनोहर तीन रेखाएँ हैं जो मानो तीनों लोकों के सौन्दर्य की सीमा हैं।

हृदय पर हस्ति मुक्ताओं के कंठ तथा तुलसी की मालाएँ शोभित हैं। शक्ति के समुद्र विशाल बाहुवाले श्रीराम के स्कन्ध (कंधे) वृषभ की भाँति तथा खड़े होने की पद भंगिमा सिंह की भाँति हैं॥ २४३॥

कटि तूनीर पीत पट बाँधें। कर सर धनुष बाम बर काँधें॥
पीत जग्य उपबीत सुहाए। नख सिख मंजु महा छबि छाए॥
देखि लोग सब भए सुखारे। एकटक लोचन चलत न तारे॥
हरषे जनकु देखि दोउ भाई। मुनि पद कमल गहे तब जाई॥
करि बिनती निज कथा सुनाई। रंग अवनि सब मुनिहि देखाई॥
जहँ जहँ जाहिं कुअँर बर दोऊ। तहँ तहँ चकित चितव सबु कोऊ॥
निज निज रुख रामहि सबु देखा। कोउ न जान कछु मरमु बिसेषा॥
भलि रचना मुनि नृप सन कहेऊ। राजाँ मुदित महासुख लहेऊ॥

दो०— सब मंचन्ह तें मंचु एकु सुंदर बिसद बिसाल।
मुनि समेत दोउ बंधु तहँ बैठारे महिपाल॥ २४४॥

अर्थ—कटि में तरकस है, पीताम्बर बाँधे हुए हैं। हाथ में बाण तथा सुन्दर बाएँ कन्धे पर धनुष तथा पीले वर्ण का यज्ञोपवीत शोभित है। नख से शिख तक अत्यधिक सौन्दर्य मण्डित हैं।

उन्हें देखकर लोग सुखी हुए तथा उनके नेत्र एकटक हैं और तारे (पुतलियाँ) भी नहीं टलतीं। दोनों भाइयों को देखकर जनक हर्षित हुए और तत्पश्चात् उन्होंने (जनक ने) जाकर मुनि के चरण-कमल को पकड़ा।

विनती करके उन्होंने अपनी कथा सुनाई और सम्पूर्ण रंगभूमि मुनि को दिखाया। जहाँ-जहाँ दोनों श्रेष्ठ राजकुमार जाते हैं, वहाँ-वहाँ सभी चकित भाव से देखते हैं।

श्रीराम को सभी ने अपनी-अपनी ओर ही मुख किये हुए देखा परन्तु इसका लेश मात्र भी मर्म कोई न जान सका। मुनि ने राजा से कहा कि आपकी रंगभूमि रचना सुन्दर है (सुनकर) मुदित मन (हुए) राजा को परम आनन्द प्राप्त हुआ॥

सभी मंचों से एक सुन्दर, सुखद तथा विशाल मंच था। राजा जनक ने (स्वयं) मुनि सहित दोनों भाइयों को वहाँ बैठाया॥ २४४॥

प्रभुहि देखि सब नृप हियँ हारे। जनु राकेस उदय भएँ तारे॥
अस प्रतीति सब के मन माहीं। राम चाप तोरब सक नाहीं॥
बिनु भंजेहुँ भव धनुषु बिसाला। मेलिहि सीय राम उर माला॥
अस बिचारि गवनहु घर भाई। जसु प्रतापु बलु तेजु गवाँई॥
बिहसे अपर भूप सुनि बानी। जे अबिबेक अंध अभिमानी॥
तोरेहुँ धनुषु ब्याहु अवगाहा। बिनु तोरें को कुअँरि बिआहा॥
एक बार कालउ किन होऊ। सिय हित समर जितब हम सोऊ॥
यह सुनि अवर महिप मुसुकाने। धरमसील हरिभगत सयाने॥
सो०— सीय बिआहबि राम गरबु दूरि करि नृपन्ह को।
जीति को सक संग्राम दसरथ के रन बाँकुरे॥ २४५॥

अर्थ—प्रभु श्रीराम को देखकर सभी राजा हृदय से हार गये जैसे चन्द्रमा के उदित होने पर तारक मण्डल। सभी के मन में ऐसी प्रतीति हो गई कि श्रीराम धनुष तोड़ेंगे, इसमें संशय नहीं है।

शिव के विशाल धनुष को बिना तोड़े भी सीता श्रीराम के हृदय में माला (अवश्य) डालेंगी। ऐसा समझ कर हे भाई, यश, प्रताप, बल, तेज गवाँकर घर के लिए गमन करो।

इस प्रकार की वाणी सुनकर अविवेकी, बुद्धिहीन तथा अभिमानी अपर राजागण हँस पड़े। धनुष तोड़ने पर भी ब्याह मुश्किल है और बिना धनुष तोड़े कुमारी सीता से कौन विवाह कर सकता है?

एक बार स्वयं काल ही क्यों न हो सीता की प्राप्ति के निमित्त उसे भी युद्ध में जीत लेंगे। यह सुनकर धर्मशील हरिभक्त चतुर अन्य शेष राजा मुस्करा पड़े।

राजाओं के गर्व को नष्ट करके श्रीराम सीता के साथ विवाह करेंगे। दशरथनरेश के इन रण बाँकुरे (पुत्रों) को युद्ध में कौन जीत सकता है॥ २४५॥

ब्यर्थ मरहु जनि गाल बजाई। मन मोदकन्हि कि भूख बुताई॥
सिख हमारि सुनि परम पुनीता। जगदंबा जानहु जियँ सीता॥
जगत पिता रघुपतिहि बिचारी। भरि लोचन छबि लेहु निहारी॥
सुंदर सुखद सकल गुन रासी। ए दोउ बंधु संभु उर बासी॥
सुधा समुद्र समीप बिहाई। मृगजलु निरखि मरहु कत धाई॥
करहु जाइ जा कहुँ जोइ भावा। हम तौ आजु जनम फलु पावा॥

अस कहि भले भूप अनुरागे। रूप अनूप बिलोकन लागे॥
देखहिं सुर नभ चढ़े बिमाना। बरषहिं सुमन करहिं कल गाना॥

दो०— जानि सुअवसर सीय तब पठई जनक बोलाइ।
चतुर सखीं सुंदर सकल सादर चलीं लवाइ॥ २४६॥

अर्थ—गाल बजाकर अपलाप करके व्यर्थ ही मत प्राण दो। मन के लड्डुओं से क्या कहीं भूख बुझती है। हमारी परम पवित्र शिक्षा सुनो और सीता को जगज्जननी मानो।

श्रीराम को जगत्पिता समझकर नेत्र भरकर उनकी छवि को देख लो। सुन्दर, सुख देने वाले, सम्पूर्ण गुणों की राशि ये दोनों भाई शिव के हृदय में निवास करनेवाले हैं।

अमृत समुद्र को समीप त्याग करके हे मूर्खो! मृग मरीचिका रूप जल को देखकर क्यों दौड़कर मरते हो। जिसे जो अच्छा लगे, जाकर करो, हमने तो आज अपने जन्म लेने का फल प्राप्त कर लिया।

ऐसा कहकर साधु स्वभाव के राजागण श्रीराम के रूप में अनुरक्त हो उठे और उनके अनुपम रूप को देखने लगे और देवगण उन्हें आकाश में विमानों पर चढ़े देखते हैं तथा मधुर गान करते हुए पुष्प वर्षा करते हैं।

तब शुभ अवसर जानकर जनक ने सीता को बुलवा लिया। समस्त सुन्दर तथा चतुर सखियाँ आदरपूर्वक उन्हें लिवाकर चलीं॥ २४६॥

सिय सोभा नहिं जाइ बखानी। जगदंबिका रूप गुन खानी॥
उपमा सकल मोहि लघु लागीं। प्राकृत नारि अंग अनुरागीं॥
सिय बरनिअ तेइ उपमा देई। कुकबि कहाइ अजसु को लेई॥
जौं पटतरिअ तीय सम सीया। जग असि जुबति कहाँ कमनीया॥
गिरा मुखर तन अरध भवानी। रति अति दुखित अतनु पति जानी॥
बिष बारुनी बंधु प्रिय जेही। कहिअ रमा सम किमि बैदेही॥
जौं छबि सुधा पयोनिधि होई। परम रूपमय कच्छपु सोई॥
सोभा रजु मंदरु सिंगारू। मथै पानि पंकज निज मारू॥

दो०— एहि बिधि उपजै लच्छि जब सुंदरता सुख मूल।
तदपि संकोच समेत कबि कहहिं सीय समतूल॥ २४७॥

अर्थ—जगज्जननी रूप एवं गुण की भंडार सीता की शोभा का वर्णन करते नहीं बनता। लोक-स्त्रियों में स्थित (अंग में लगी) समस्त उपमाएँ मुझे तुच्छ लगती हैं।

उन्हीं (लोक-स्त्रियों के लिए प्रसिद्ध) उपमाओं को देकर सीता का वर्णन करके कौन व्यक्ति कुकवि कहा कर अपयश ले। यदि लोक-स्त्रियों के साथ सीता की तुलना की जाय तो संसार में ऐसी कमनीय स्त्री कहाँ है।

यदि सरस्वती से सीता की उपमा दी जाय तो वह वाचाल हैं, पार्वती अर्धांगिनी हैं। अपने पति को अशरीरी जानकर रति अत्यधिक दुखी रहती है। विष तथा मदिरा जिसके प्रिय बंधु हों, ऐसी लक्ष्मी के साथ सीता क्यों तुलनीय होंगी।

यदि छविरूपी अमृत का समुद्र हो, परम स्वरूपवान कच्छप हो, सौन्दर्य रस्सी हो, शृंगार स्वयं मंदराचल हो और कामदेव स्वयं उसे अपने (दोनों) हाथों से मथे।

इस प्रकार जब सुन्दरता तथा सुख की मूल लक्ष्मी उत्पन्न हो तो भी कवि संकोचपूर्वक सीता के समतुल्य कहेंगे॥ २४७॥

चलीं संग लै सखीं सयानी। गावत गीत मनोहर बानी॥
सोह नवल्न तनु सुंदर सारी। जगत जननि अतुलित छबि भारी॥
भूषन सकल सुदेस सुहाए। अंग अंग रचि सखिन्ह बनाए॥
रंगभूमि जब सिय पगु धारी। देखि रूप मोहे नर नारी॥
हरषि सुरन्ह दुंदुभीं बजाईं। बरषि प्रसून अपछरा गाईं॥
पानि सरोज सोह जयमाला। अवचट चितए सकल भुआला॥
सीय चकित चित रामहि चाहा। भए मोहबस सब नरनाहा॥
मुनि समीप देखे दोउ भाई। लगे ललकि लोचन निधि पाई॥
दो०— गुरजन लाज समाजु बड़ देखि सीय सकुचानि।
लागि बिलोकन सखिन्ह तन रघुबीरहि उर आनि॥ २४८॥

अर्थ—मनोहर वाणी में गीत गाती हुई चतुर सखियाँ साथ लेकर चलीं। उनके नवीन शरीर पर सुन्दर साड़ी शोभित है। जगज्जननी की छवि अतुलनीय है।

सुन्दर अंगों पर आभूषण शोभित हैं जिन्हें सखियों ने अंग-प्रत्यंग पर सँवार सजाया है। रंगभूमि में जब सीता ने चरण रखा—उनके रूप को देखकर नर-नारी विमुग्ध हो उठे।

देवताओं ने हर्षित होकर दुंदुभी वादन किया और अप्सराओं ने पुष्प वर्षा करके गान किया। सीता के कर-कमलों में जयमाला शोभित है (ऐसी सीता को) चकित भाव से सभी राजाओं ने अचानक देखा।

सीता ने चकित भाव से श्रीराम को देखा (जिसे देखकर) सभी राजा मोह के वशीभूत हो उठे। सीता ने मुनि के पास बैठे हुए दोनों भाइयों को देखा मानो नेत्र अपना खजाना पाकर लालच से लुब्ध हो उठे।

गुरुजनों की लज्जा तथा बड़े समाज को देखकर सीता सकुचा गईं। वे (विवशीभूत) श्रीराम को हृदय में धारण करके सखियों को देखने लगीं॥ २४८॥

राम रूपु अरु सिय छबि देखें। नरनारिन्ह परिहरीं निमेषें॥
सोचहिं सकल कहत सकुचाहीं। बिधि सन बिनय करहिं मन माहीं॥
हरु बिधि बेगि जनक जड़ताई। मति हमारि असि देहि सुहाई॥
बिनु बिचार पनु तजि नरनाहू। सीय राम कर करै बिआहू॥
जगु भल कहिहि भाव सब काहू। हठ कीन्हें अंतहुँ उर दाहू॥
येहिं लालसाँ मगन सबु लोगू। बरु साँवरो जानकी जोगू॥
तब बंदीजन जनक बोलाए। बिरिदावली कहत चलि आए॥
कह नृपु जाइ कहहु पन मोरा। चले भाट हियँ हरषु न थोरा॥
दो०— बोले बंदी बचन बर सुनहु सकल महिपाल।
पन बिदेह कर कहहिं हम भुजा उठाइ बिसाल॥ २४९॥

अर्थ—श्रीराम के स्वरूप तथा सीता की छवि देखकर नर-नारियों ने पलकों का गिराना छोड़ दिया। सभी सोचते हैं, कहने में संकुचित होते हैं इसलिए ब्रह्मा से मन-ही-मन विनय करते हैं।

हे विधाता! शीघ्र ही जनक की मूढ़ता का हरण कर लें और हमारी ही जैसी उन्हें सुन्दर मति दे दें जिसके फलस्वरूप बिना विचार किये राजा अपना प्रण छोड़कर सीता का श्रीराम के साथ विवाह कर दें।

संसार इसे भला कहेगा क्योंकि यही संसार को भला लग रहा है, हठ करने में अन्ततः हृदय ही जलेगा। इसी लालसा में समस्त जन भूले हुए थे कि जानकी के योग्य तो यही श्यामल वर है।

तब जनक ने बंदी जनों को बुलाया और वे वंश प्रशस्ति गाते हुए चले आये। राजा ने कहा कि जाकर (समस्त राजाओं से) मेरा प्रण कहो। भाँट (यह सुनकर) चले, उनके हृदय में कम हर्ष नहीं था।

भाँटों ने श्रेष्ठ वचन कहा, हे राजाओ! सुनो, अपनी विशाल भुजाओं को उठाकर हम जनक की प्रतिज्ञा कहते हैं॥ २४९॥

नृप भुजबलु बिधु सिव धनु राहू। गरुअ कठोर बिदित सब काहू॥
रावनु बानु महाभट भारे। देखि सरासन गवँहिं सिधारे॥
सोइ पुरारि कोदंडु कठोरा। राज समाज आजु जोइ तोरा॥
त्रिभुवन जय समेत बैदेही। बिनहिं बिचार बरइ हठि तेही॥
सुनि पन सकल भूप अभिलाषे। भटमानी अतिसय मन माखे॥
परिकर बाँधि उठे अकुलाई। चले इष्टदेवन्ह सिर नई॥
तमकि ताकि तकि सिव धनु धरहीं। उठइ न कोटि भाँति बलु करहीं॥
जिन्ह के कछु बिचार मन माहीं। चाप समीप महीप न जाहीं॥

दो०— तमकि धरहिं धनु मूढ़ नृप उठइ न चलहिं लजाइ।
मनहुँ पाइ भट बाहु बलु अधिकु अधिकु गरुआइ॥ २५०॥

अर्थ—राजाओं का भुजबल चन्द्रमा है और शिव का धनुष राहु के सदृश है। यह सभी को ज्ञात है कि यह भारी और कठोर है। रावण और बाणासुर सदृश पराक्रमी योद्धा इसे देखकर गौं (घात लगाकर या बहाना बनाकर) से चले गये।

उसी शिव के कठोर धनुष को इस भरे राज समाज में जो तोड़ देगा उसे त्रिभुवन की विजय के साथ बैदेही बिना विचार किये हठपूर्वक वरण कर लेगी।

प्रण सुनकर राजागण अभिलषित हुए। अभिमानी योद्धा के मन अतिशय अमर्ष से भर उठे। वे कमर कस कर व्याकुल होकर उठे और अपने-अपने इष्ट देवों को नमन करके चले।

वे तमक कर, दृष्टि केन्द्रित करके, अपने को पूरी तरह जमा करके (सन्नद्ध करके) शिवधनुष को पकड़ते हैं किन्तु करोड़ों भाँति से शक्ति लगाते हैं किन्तु वह उठता नहीं। जिन राजाओं के मन में जरा भी विवेक है, वे राजा धनुष के पास जाते तक नहीं।

मूर्ख राजा तमक करके धनुष धारण करते हैं किन्तु वह उठता नहीं, इसलिए लज्जित होकर चल देते हैं। ऐसा प्रतीत होता है, मानो वीरों के बाहुबल को पा-पा करके वह धनुष अधिक अधिक भारी होता जाता है॥ २५०॥

भूप सहस दस एकहिं बारा। लगे उठावन टरइ न टारा॥
डगइ न संभु सरासनु कैसें। कामी बचनु सती मनु जैसें॥
सब नृप भए जोगु उपहासी। जैसें बिनु बिराग संन्यासी॥
कीरति बिजय बीरता भारी। चले चाप कर बरबस हारी॥
श्रीहत भए हारि हियँ राजा। बैठे निज निज जाइ समाजा॥
नृपन्ह बिलोकि जनकु अकुलाने। बोले बचन रोष जनु साने॥
दीप दीप के भूपति नाना। आए सुनि हम जो पनु ठाना॥
देव दनुज धरि मनुज सरीरा। बिपुल बीर आए रनधीरा॥

दो०— कुअँरि मनोहर बिजय बड़ि कीरति अति कमनीय।
पावनिहार बिरंचि जनु रचेउ न धनु दमनीय॥ २५१॥

अर्थ—अन्त में, एक हजार राजा एक बार में उठाने लगे किन्तु वह टालने से भी नहीं टला। शिव का धनुष उसी प्रकार नहीं डिगा जैसे कामी व्यक्ति की वाणी से सती स्त्री का मन।

सम्पूर्ण राजागण उपहास के योग्य हो गये जैसे वैराग्यशून्य संन्यासी। कीर्ति, विजय, बड़ी वीरता इन सभी को धनुष के हाथों हार कर बरबस चले।

हृदय से सभी राजा हार कर श्रीहत हो गये और अपने-अपने समाज में जाकर बैठे। राजाओं को (श्रीहत देखकर) जनक व्याकुल हो उठे और वे इस प्रकार की वाणी बोले मानो क्रोध से सने हों।

हमने जो प्रण ठान रखा था, उसे सुन-सुनकर द्वीप-द्वीप के अनेक राजा आये। देवता तथा दानव भी मनुष्य का शरीर धारण करके और अनेकानेक रणधीर पराक्रमी वीर आए।

धनुष को न टूटनेवाला बनाकर ब्रह्मा ने मनोहारी राजकुमारी, बड़ी विजय तथा अत्यन्त कमनीय कीर्ति—(इन तीनों को) पाने वाला मानो बनाया ही नहीं॥ ३५१॥

कहहु काहि यहु लाभु न भावा। काहुँ न संकर चापु चढ़ावा॥
रहउ चढ़ाउब तोरब भाई। तिलु भरि भूमि न सके छड़ाई॥
अब जनि कोउ माखै भट मानी। बीर बिहीन मही मैं जानी॥
तजहु आस निज निज गृहँ जाहू। लिखा न बिधि बैदेहि बिबाहू॥
सुकृतु जाइ जौं पनु परिहरऊँ। कुअँरि कुआरि रहउ का करऊँ॥
जौं जनतेउँ बिनु भट भुवि भाई। तौ पन करि होतेउँ न हँसाई॥
जनक बचन सुनि सब नर नारी। देखि जानकिहि भए दुखारी॥
माखे लषनु कुटिल भइँ भौंहैं। रदपट फरकत नयन रिसौंहैं॥

दो०— कहि न सकत रघुबीर डर लगे बचन जनु बान।
नाइ राम पद कमल सिरु बोले गिरा प्रमान॥ २५२॥

अर्थ—कहिए, यह लाभ किसे अच्छा नहीं लगता किन्तु किसी ने भी शिव के धनुष को नहीं चढ़ाया है। प्रत्यंचा चढ़ाना तथा तोड़ना तो दूर रहा, कोई तिल मात्र भूमि भी नहीं छुड़ा सका।

अब कोई अभिमानी योद्धा मलाल न करे, मैंने समझ लिया कि पृथ्वी योद्धाविहीन है, अब आशा त्यागें और अपने-अपने घर पधारें, विधाता ने सीता का विवाह नहीं लिखा है।

यदि मैं प्रण त्यागता हूँ तो पुण्य नष्ट हो जाता है, इसलिए क्या करूँ, कन्या कुमारी ही रहे। यदि मैं जानता होता कि पृथ्वी बिना योद्धा के है तो प्रण करके उपहास का पात्र न बनता।

जनक की वाणी सुनकर समस्त नर-नारी सीता को देखकर दुखी हो उठे। (इसे सुनकर) लक्ष्मण आवेशित हो उठे भौंहें टेढ़ी हो गईं, ओष्ठ फड़कने लगे और नेत्र क्रोध से भर उठे।

श्रीराम के भय से वे कुछ कह नहीं सकते थे, क्योंकि जनक की वाणी उन्हें बाण के सदृश लगी थी। अन्त में, विवश होकर श्रीराम के चरण-कमलों में सिर झुका कर वे यथार्थ वाणी बोले॥ २५२॥

रघुबंसिन्ह महुँ जहँ कोउ होई। तेहिं समाज अस कहइ न कोई॥
कही जनक जसि अनुचित बानी। बिद्यमान रघुकुलमनि जानी॥
सुनहु भानुकुल पंकज भानू। कहउँ सुभाउ न कछु अभिमानू॥
जौं तुम्हारि अनुसासन पावौं। कंदुक इव ब्रह्मांड उठावौं॥
काचे घट जिमि डारौं फोरी। सकउँ मेरु मूलक जिमि तोरी॥
तव प्रताप महिमा भगवाना। को बापुरो पिनाक पुराना॥

नाथ जानि अस आयसु होऊ। कौतुकु करौं बिलोकिअ सोऊ॥
कमल नाल जिमि चाप चढ़ावौं। जोजन सत प्रमान लै धावौं॥
दो०— तोरौं छत्रक दंड जिमि तव प्रताप बल नाथ।
जौं न करौं प्रभु पद सपथ कर न धरौं धनु भाथ॥ २५३॥

अर्थ—रघुवंशियों में जहाँ भी कोई होता है, उस समाज में ऐसा कोई नहीं कहता—जिस तरह से रघुवंशशिरोमणि श्रीराम के रहते हुए जनक ने अनुचित वाणी कही है।

हे सूर्यकुल के कमल के सूर्य! आप सुनें, मैं अपने स्वभाव से कहता हूँ, इसमें मेरा कोई अभिमान नहीं है। यदि आपकी आज्ञा प्राप्त हो तो सम्पूर्ण ब्रह्माण्ड को गेंद की भाँति उठा लूँ।

और उसे कच्चे घड़े की भाँति फोड़ डालूँ और सुमेरु पर्वत को मूली की भाँति तोड़ दूँ। हे भगवन्! आपकी महिमा के समक्ष बेचारा पुराना धनुष क्या है?

हे नाथ! ऐसा जानकर ऐसी आज्ञा हो तो मैं कुछ आश्चर्यपूर्ण कृत्य करूँ और उसे आप देखें। धनुष को कमलदण्ड की भाँति चढ़ाकर शत योजन तक लेकर दौड़ जाऊँ॥

हे नाथ! आपके प्रताप के बल से इसे कुकुरमुत्ते की भाँति तोड़ डालूँ। यदि मैं ऐसा न करूँ तो हे प्रभु! आपके चरणों की सौगन्ध मैं धनुष तथा तरकस को कभी हाथ में न ग्रहण करूँगा॥ २५३॥

लखन सकोप बचन जे बोले। डगमगानि महि दिग्गज डोले॥
सकल लोक सब भूप डेराने। सिय हियँ हरषु जनक सकुचाने॥
गुर रघुपति सब मुनि मन माहीं। मुदित भए पुनि पुनि पुलकाहीं॥
सयनहिं रघुपति लखनु नेवारे। प्रेम समेत निकट बैठारे॥
बिस्वामित्र समय सुभ जानी। बोले अति सनेहमय बानी॥
उठहु राम भंजहु भव चापा। मेटहु तात जनक परितापा॥
सुनि गुरु बचन चरन सिर नावा। हरषु बिषादु न कछु उर आवा॥
ठाढ़े भए उठि सहज सुभाएँ। ठवनि जुआ मृगराजु लजाएँ॥
दो०— उदित उदय गिरि मंच पर रघुबर बाल पतंग।
बिकसे संत सरोज सब हरषे लोचन भृंग॥ २५४॥

अर्थ—जब लक्ष्मण (इस प्रकार की) क्रोधयुक्त वाणी बोले, पृथ्वी डगमगाने लगी और दिग्गज डोलने लगे। सभी लोग तथा राजागण डर गये। सीता का हृदय हर्षित हुआ तथा जनक संकुचित हो उठे।

गुरु विश्वामित्र, श्रीराम तथा सभी मुनि मन में प्रसन्न और बार-बार पुलकित हुए। इशारे से श्रीराम ने लक्ष्मण को रोका और प्रेम सहित अपने पास बैठा लिया।

विश्वामित्र शुभ समय जानकर अत्यन्त स्नेहभरी वाणी बोले। हे श्रीराम! उठो, और शिव जी का धनुष तोड़ो। हे तात! जनक का संताप दूर करो।

गुरु के वचन सुनकर श्रीराम ने चरणों नें सिर झुकाया और हर्ष या विषाद कुछ भी हृदय में नहीं आया। सहज स्वभाव से ही पदन्यास से युवा सिंह को लज्जित करते हुए वे उठ खड़े हुए।

मंचरूपी उदयाचल पर श्रीरामरूप बाल-सूर्य के उदित होते ही सभी सन्तरूपी सरोज खिल उठे और नेत्ररूपी भ्रमर हर्षित हो उठे॥ २५४॥

नृपन्ह केरि आसा निसि नासी। बचन नखत अवली न प्रकासी॥
मानी महिप कुमुद सकुचाने। कपटी भूप उलूक लुकाने॥
भए बिसोक कोक मुनि देवा। बरिसहिं सुमन जनावहिं सेवा॥
गुर पद बंदि सहित अनुरागा। राम मुनिन्ह सन आयसु माँगा॥

सहजहिं चले सकल जग स्वामी। मत्त मंजु बर कुंजर गामी॥
चलत राम सब पुर नर नारी। पुलक पूरि तन भए सुखारी॥
बंदि पितर सुर सुकृत सँभारे। जौं कछु पुन्य प्रभाउ हमारे॥
तौ सिव धनु मृनाल की नाईं। तोरहुँ रामु गनेस गोसाईं॥
दो०— रामहिं प्रेम समेत लखि सखिन्ह समीप बोलाइ।
सीता मातु सनेह बस बचन कहइ बिलखाइ॥ २५५॥

अर्थ—राजाओं की आशारूपी निशा नष्ट हो गई और उनकी वाणीरूपी तारों की पंक्तियाँ प्रकाशहीन। अभिमानी राजारूपी कुमुद संकुचित हो उठे और कपटी राजारूपी उल्लू छिप गये।

मुनि तथा देवतारूपी चकवे शोकरहित हो उठे। वे (देवता) पुष्प वर्षा करके अपनी सेवा प्रकट करने लगे। अत्यन्त अनुरागपूर्वक गुरु के चरणों की वन्दना करके श्रीराम ने मुनियों से आज्ञा माँगी।

समस्त जगत् के स्वामी (श्रीराम) सुन्दर श्रेष्ठ मत्त हाथी की गतिवाले सहज ही चले। श्रीराम के चलते ही जनकपुर के समस्त नर-नारी सुखी हो उठे और उनके शरीर पुलकित हो उठे।

उन्होंने देवताओं तथा पितरों की वन्दना करके अपने पुण्यों का स्मरण किया कि हे गणेश गोसाईं! हमारे पुण्यों का जो कुछ भी प्रभाव हो तो श्रीराम इस शिव धनुष को कमलदण्ड की भाँति तोड़ें।

श्रीराम को अत्यन्त प्रेम के साथ देखकर और सखियों को समीप बुलाकर सीता की माता विलखती हुई स्नेहवश वाणी बोलीं॥ २५५॥

टिप्पणी—राजाओं की आशारूपी रात्रि की समाप्ति हो रही है, उनकी वाणी नक्षत्रमालाओं की भाँति निस्तेज हो रही है, अभिमानी राजागण कुमुद की भाँति संकुचित हो रहे हैं, कपटी भूप उलूकवत् हैं, मुनि तथा देवता प्रसन्न चक्रवाक हैं। कवि एकमात्र सूर्योदय व्यापार से समस्त घटना व्यापारों को जोड़कर साङ्गरूपक को समुच्चय व्यापार से सम्बद्ध कर रहा है। इस व्यंजना व्यापार से वह सम्पूर्ण राजाओं के अहम तथा गर्वभाव को पराभव की ओर उन्मुख करता है।

'सहजहिं चले सकल जग स्वामी' पंक्ति द्वारा कवि श्रीराम के सगुणात्मक ऐश्वर्य भाव को चित्रित करना चाह रहा है।

सखि सब कौतुकु देखनिहारे। जेउ कहावत हितू हमारे॥
कोउ न बुझाइ कहइ गुर पाहीं। ये बालक असि हठ भलि नाहीं॥
रावन बान छुआ नहिं चापा। हारे सकल भूप करि दापा॥
सो धनु राजकुवँर कर देहीं। बाल मराल कि मंदर लेहीं॥
भूप सयानप सकल सिरानी। सखि बिधि गति कछु जाति न जानी॥
बोली चतुर सखी मृदु बानी। तेजवंत लघु गनिअ न रानी॥
कहँ कुंभज कहँ सिंधु अपारा। सोखेउ सुजसु सकल संसारा॥
रबि मंडल देखत लघु लागा। उदयँ तासु तिभुवन तम भागा॥
दो०— मंत्र परम लघु जासु बस बिधि हरि हर सुर सर्ब।
महा मत्त गजराज कहुँ बस कर अंकुस खर्ब॥ २५६॥

अर्थ—हे सखी! जो हमारे हितैषी कहलाते हैं, वे सब तमाशबीन हैं। कोई समझाकर गुरु विश्वामित्र से नहीं कहता कि ये बालक हैं, ऐसा हठ उचित नहीं है।

रावण तथा बाणासुर ने जिस धनुष को छुआ तक नहीं और सम्पूर्ण राजागण गर्व करके हार गये, वही धनुष राजकुमार के हाथ में दे रहे हैं, क्या हंस का शिशु मंदराचल थाम्ह सकता है।

राजा की सारी समझ (मुझे लगता है) समाप्त हो चुकी है। हे सखी! विधाता की गति कुछ

समझ में नहीं आती। (उसे सुनकर) कोई एक चतुर सखी मृदुवाणी में बोली, हे रानी! तेजवान को छोटा नहीं गिनना चाहिए।

कहाँ कुंभज अगस्त्य और कहाँ समुद्र! किन्तु उन्होंने उसे सोख लिया—जिसका सुयश समस्त संसार भर में है। सूर्य मण्डल देखने में छोटा लगता है परन्तु उसके उदय होने पर तीनों लोकों का अन्धकार भाग जाता है।

मंत्र छोटा-सा ही होता है किन्तु उसके वश में ब्रह्मा, विष्णु, शिव और सभी देवता हैं। महामत्त गजराज को एक अंकुश (छोटा-सा) वश में कर लेता है॥ २५६॥

टिप्पणी—कवि धनुष की कठोरता एवं गुरुता तथा श्रीराम की कोमलता दोनों के बीच वैषम्य उत्पन्न करके उनके प्रति प्रियता का भाव रखनेवाली जनकपत्नी सुनयना के मोह का चित्रण कर रहा है। इस मोह में श्रीराम के पूर्ण आत्मीयता का भाव सन्निहित है।

सुनयना की मोह बुद्धि से उत्पन्न संशय का निवारण उनकी सखी द्वारा किया जाता है—इसके लिए सिद्धान्त वाक्य है—'तेजवंत लघु गनिअ न रानी'।

काम कुसुम धनु सायक लीन्हे। सकल भुवन अपने बस कीन्हे॥
देबि तजिअ संसउ अस जानी। भंजब धनुषु राम सुनु रानी॥
सखी बचन सुनि भै परतीती। मिटा बिषादु बढ़ी अति प्रीती॥
तब रामहिं बिलोकि बैदेही। सभय हृदयँ बिनवति जेहि तेही॥
मनहीं मन मनाव अकुलानी। होहु प्रसन्न महेस भवानी॥
करहु सुफल आपनि सेवकाई। करि हितु हरहु चाप गरुआई॥
गननायक बर दायक देवा। आजु लगें कीन्हिउँ तुअ सेवा॥
बार बार बिनती सुनि मोरी। करहु चाप गुरुता अति थोरी॥

दो०— देखि देखि रघुबीर तन सुर मनाव धरि धीर।
भरे बिलोचन प्रेम जल पुलकावली सरीर॥ २५७॥

अर्थ—कामदेवता ने पुष्प के धनुष-बाण लेकर सम्पूर्ण भुवनों को अपने वश में कर रखा है। हे देवि! ऐसा समझकर संदेह त्याग दें और हे रानी! सुनें, श्रीराम ही धनुष तोड़ेंगे।

सखी के वचनों को सुनकर (उन्हें) विश्वास हुआ, विषाद समाप्त हुआ तथा प्रीति बढ़ी। तब श्रीराम को सीता ने देखा और भयभीत हृदय से जिस-तिस (देवता) से प्रार्थना कर रही हैं।

मन-ही-मन व्याकुल भाव से मनौती मना रही हैं कि हे शिव-पार्वती! प्रसन्न हों। अपनी सम्पूर्ण सेवा सफल बनायें और मुझपर स्नेह करके धनुष के भारीपन को नष्ट करें।

हे गणों के नायक वरदायक गणेश! आज ही के निमित्त मैंने सेवा की है। बार-बार मेरी विनती सुनकर धनुष की गुरुता को अत्यधिक कम कर दीजिए।

श्रीराम की ओर देख-देख करके सीता जी धैर्य धारण कर-करके देवताओं की मनौती कर रही हैं। प्रेमाश्रु से नेत्र भरे हैं और शरीर में रोमांच हो रहा है॥ २५७॥

टिप्पणी—सीता के गूढ़ स्नेह तथा संसक्ति का कवि चित्रण कर रहा है। धनुर्भंग के लिए उद्यत श्रीराम को वह जब-जब देखती हैं—स्नेहातिरेक एवं संसक्ति प्राबल्य के कारण—कायजन्य सात्त्विक अनुभाव अपनी पराकाष्ठा को प्राप्त कर लेते हैं। प्रेमातिरेक के कारण नेत्रों का आनन्दाश्रु से भर उठना एवं देह का कंटकित हो उठना इसी सन्दर्भ को सूचित करता है।

श्रीराम को पति के रूप में प्राप्त करने की उत्कट कामना—शिव, पार्वती एवं गणेश की मन-ही-मन मनौती से जोड़कर कवि सीता की संसक्ति को परम उत्कटता तक पहुँचा देता है।

नीकें निरखि नयन भरि सोभा। पितु पनु सुमिरि बहुरि मनु छोभा॥
अहह तात दारुनि हठ ठानी। समुझत नहिं कछु लाभु न हानी॥

सचिव सभय सिख देइ न कोई। बुध समाज बड़ अनुचित होई॥
कहँ धनु कुलिसहुँ चाहि कठोरा। कहँ स्यामल मृदु गात किसोरा॥
बिधि केहि भाँति धरौं उर धीरा। सिरस सुमन कन बेधिअ हीरा॥
सकल सभा कै मति भै भोरी। अब मोहि संभु चाप गति तोरी॥
निज जड़ता लोगन्ह पर डारी। होहि हरुअ रघुपतिहि निहारी॥
अति परिताप सीय मन माहीं। लव निमेष जुग सय सम जाहीं॥

दो०— प्रभुहिं चितै पुनि चितव महि राजत लोचन लोल।
खेलत मनसिज मीन जुग जनु बिधुमंडल डोल॥ २५८॥

अर्थ—भली-भाँति नेत्र भरकर (श्रीराम की) शोभा देख करके पुनः पिता के प्रण का स्मरण करके मन क्षुब्ध हो उठा। अहा! पिता जी ने बड़ा ही कष्टदायी हठ ठाना है—वे लाभ-हानि कुछ भी नहीं समझ रहे हैं।

मंत्री भयवश कोई सीख भी नहीं दे पा रहे हैं, विद्वानों की सभा में बड़ा अनुचित हो रहा है, कहाँ वज्र से भी कठोर यह धनुष और कहाँ कोमल शरीर श्यामल राजकुमार।

हे विधाता! किस प्रकार हृदय में धैर्य धारण करूँ शिरीष पुष्प क्या हीरा वेध सकता है? सम्पूर्ण सभा की मति भोली हो गई है, हे शिवधनुष! अब तो गति (विश्वास) तुम तक ही है।

अपनी जड़ता लोगों पर डालकर तुम श्रीराम को देखकर हल्के हो जाओ। सीता के मन में अत्यधिक कष्ट है। निमेष का एक लव (समय का सबसे स्वल्प भाग) शत युगों सदृश बीत रहा था।

श्रीराम को देखकर फिर पृथ्वी को देखकर चंचल नेत्र इस प्रकार शोभित हो रहे हैं मानो चन्द्रमण्डलरूपी डोल में कामदेव की दो मछलियाँ खेल रही हैं॥ २५८॥

टिप्पणी—सीता की परमासक्ति का चित्रण कवि उनकी खीझ से जोड़कर करता है। उनकी खीझ है—पिता के प्रति, सचिव के प्रति, मुनियों तथा ऋषियों एवं जनक के शुभेक्षुओं के प्रति—जो श्रीराम की कोमलता एवं धनुष की कठोरता के वैषम्य से उत्पन्न निरीहता की आँखों के सामने उपेक्षा कर रहे हैं।

वह अपनी विमुग्धता तथा आस्था दोनों एक साथ 'धनुष' पर केन्द्रित करती हैं और उसे अत्यधिक हलके हो जाने के लिए उसके प्रति प्रार्थनाबद्ध होती हैं।

कवि प्रेमासक्ति की गहनता को 'अधैर्य भाव' से जोड़ता है—जहाँ सीता के पलक निमेष के क्षण उसके लिए शत-शत कल्प बन जाते हैं।

इस अधैर्य का चित्रण करते-करते कवि सीता के नेत्रों की अस्थिरता एवं देखने से उत्पन्न लज्जा दोनों को एक साथ जोड़कर 'भावसन्धि' नामक ध्वनि का अद्वितीयता के साथ वर्णन करता है।

गिरा अलिनि मुख पंकज रोकी। प्रगट न लाज निसा अवलोकी॥
लोचन जलु रह लोचन कोना। जैसें परम कृपन कर सोना॥
सकुची ब्याकुलता बड़ि जानी। धरि धीरजु प्रतीति उर आनी॥
तन मन बचन मोर पनु साचा। रघुपति पद सरोज चितु राचा॥
तौ भगवानु सकल उर बासी। करिहि मोहि रघुबर कै दासी॥
जेहि कें जेहि पर सत्य सनेहू। सो तेहि मिलै न कछु संदेहू॥
प्रभु तन चितइ प्रेम तन ठाना। कृपानिधान रामु सबु जाना॥
सियहि बिलोकि तकेउ धनु कैसें। चितव गरुरु लघु ब्यालहि जैसें॥

दो०— लषन लखेउ रघुबंसमनि ताकेउ हर कोदंड।
पुलकि गात बोले बचन चरन चापि ब्रह्मांडु॥ २५९॥

अर्थ—वाणीरूपी भ्रमरी को मुखरूपी कमल में रोका। लज्जारूपी निशा को देखकर वह प्रकट नहीं कर रही है। नेत्रों का जल (प्रेमाश्रु) नेत्रों में रह गया जैसे परम कृपण का स्वर्ण (कोने में ही रह जाता है)।

अपनी बढ़ी हुई व्याकुलता जानकर अत्यधिक संकुचित हुईं और धैर्य धारण करके हृदय में प्रतीति ले आईं। शरीर, मन तथा वाणी से यदि मेरा प्रण सच्चा है और श्रीराम के चरण-कमलों में (यथार्थतः यदि मेरा) चित्त रमा है तो—

सभी के हृदय में निवास करनेवाले हे भगवान्! मुझे श्रीराम की दासी बनायें। जिसका जिस पर सत्य स्नेह है, वह उसे (निश्चय भाव से) मिलेगा, इसमें कोई संशय नहीं है।

श्रीराम की ओर देखकर सीता ने शरीर के द्वारा प्रेम ठान (अन्तिम रूप से दृढ़ निश्चय कर) लिया। कृपानिधान श्रीराम सब जान गये। सीता को देखकरके उन्होंने धनुष को कैसे देखा जैसे सँपोले (छोटे साँप) को गरुड़ देखता हो।

लक्ष्मण ने देखा कि श्रीराम शिव के धनुष को (हीनता भाव से) देखा है तो पुलकित शरीर ब्रह्मांड को चरण से चापकर वे बोले॥ २५९॥

टिप्पणी—प्रेमार्द्रता से उत्पन्न बिलखने का रोमांचयुक्त वर्णन कवि की कलात्मक काव्यसिद्धि का उदाहरण है। सीता अपनी कथा किसी से कह नहीं सकतीं (गिरा अलिनि मुख पंकज रोकी) लांक्षित होने के भय से अश्रु भी नहीं बहा पातीं (लोचन जलु रह लोचन कोना)—और फिर अपनी निश्छल-अडिग प्रतीति पर विश्वास-आस्था ही एकमात्र उसके लिए विकल्प बचा।

दिसिकुंजरहु कमठ अहि कोला। धरहु धरनि धरि धीर न डोला॥
रामु चहहिं संकर धनु तोरा। होहु सजग सुनि आयसु मोरा॥
चाप समीप रामु जब आए। नर नारिन्ह सुर सुकृत मनाए॥
सब कर संसउ अरु अग्यानू। मंद महीपन्ह कर अभिमानू॥
भृगुपति केरि गरब गरुआई। सुर मुनिबरन्ह केरि कदराई॥
सिय कर सोचु जनक पछितावा। रानिन्ह कर दारुन दुख दावा॥
संभु चाप बड़ बोहितु पाई। चढ़े जाइ सब संगु बनाई॥
राम बाहु बल सिंधु अपारू। चहत पारु नहिं कोउ कड़हारू॥

दो०— राम बिलोके लोग सब चित्र लिखे से देखि।
चितई सीय कृपायतन जानी बिकल बिसेषि॥ २६०॥

अर्थ—हे दिशाओं के हाथियो, हे कच्छप, हे शेष, हे वाराह, धैर्य धारण करके धरती को थाम्हे रहो। श्रीराम शिवधनुष को तोड़ना चाहते हैं—मेरी आज्ञा को सुनकर सजग हो जायँ।

श्रीराम जब धनुष के समीप आये तब (जनकपुर के) समस्त नर-नारियों ने अपने पुण्यों की मनौती दी। सभी का सन्देह तथा अज्ञान, मंदबुद्धिवाले सम्पूर्ण राजाओं का अभिमान—

परशुराम के गर्व की गुरुता, श्रेष्ठ मुनियों की कायरता, सीता का शोक, जनक का पश्चात्ताप, रानियों के दारुण दुःखरूपी दावाग्नि—

शिव के धनुषरूपी बृहत्-जहाज को पाकर, उपर्युक्त सभी-के-सभी साथ मिलकर जा चढ़े। वे सभी श्रीराम के अपरिमित बलरूपी विशाल समुद्र को पार करना चाहते हैं, किन्तु कोई केवट नहीं है।

श्रीराम ने सब लोगों की ओर देखा और वे सभी चित्र में लिखे से दिख पड़े फिर कृपायतन (श्रीराम) ने सीता को देखा और उन्हें विशेष व्याकुल समझा॥ २६०॥

टिप्पणी—धनुर्भंग की पूर्व सूचना लक्ष्मण के विश्वास भरे शब्दों द्वारा कराकर श्रीराम की शक्ति, सामर्थ्य एवं परादैवी व्यक्तित्व की ओर कवि-इंगित करता है।

कवि दीपक तथा समुच्चय अलंकार की कथन रचना द्वारा धनुर्भंग घटना की न केवल अलौकिकता इंगित करता है अपितु श्रीराम के ऐश्वर्य का प्रशस्तिपूर्ण चित्रांकन भी करता है। जनकपुर के पुरवासियों के संशय तथा अज्ञान, राजाओं के अभिमान, परशुराम के गर्व, देवता एवं मुनियों की कायरता, सीता के प्रेमवलित शोक, जनक के पश्चात्ताप, रानियों की दारुण दुःख-दावाग्नि सभी-के-सभी इस श्रीराम धनुष के टूटने के सन्दर्भ से जुड़ जाते हैं।

कवि रचनात्मक भंगिमा एवं कुशलता के साथ सबको एक साथ जुड़ने और आगे नष्ट होने की रचना करता है।

देखी बिपुल बिकल बैदेही। निमिष बिहात कलप सम तेही॥
तृषित बारि बिनु जो तनु त्यागा। मुएँ करइ का सुधा तड़ागा॥
का बरषा जब कृषी सुखानें। समय चुकें पुनि का पछितानें॥
अस जियँ जानि जानकी देखी। प्रभु पुलके लखि प्रीति बिसेषी॥
गुरहि प्रनामु मनहिं मन कीन्हा। अति लाघवँ उठाइ धनु लीन्हा॥
दमकेउ दामिनि जिमि जब लयऊ। पुनि नभ धनु मंडल सम भयऊ॥
लेत चढ़ावत खैंचत गाढ़ें। काहुँ न लखा देख सबु ठाढ़ें॥
तेहि छन राम मध्य धनु तोरा। भरे भुवन धुनि घोर कठोरा॥

अर्थ—श्रीराम ने सीता को अत्यधिक व्याकुल देखा—उनके लिए एक-एक निमिष कल्प के सदृश व्यतीत हो रहा था। एक प्यासा यदि बिना जल के शरीर का त्याग कर दे तो उसके मर जाने के बाद अमृत सरोवर का वह क्या करेगा?

सम्पूर्ण खेती सूख जाने पर वर्षा किस काम की? ऐसा मन में समझकर जानकी को देखा और उनकी विशेष प्रीति समझकर प्रभु पुलकित हो उठे।

मन-ही-मन उन्होंने गुरु को प्रणाम किया और अत्यन्त त्वरापूर्वक धनुष को उठा लिया—जब उसे लिया तब वह बिजली की भाँति चमका पुनः वह धनु आकाश में मण्डलाकार हो गया।

धनुष को लेते हुए, चढ़ाते हुए और बलपूर्वक खींचते हुए किसी ने भी नहीं देखा और सभी ने श्रीराम को खड़े ही देखा—उसी क्षण के मध्य में श्रीराम ने धनुष को तोड़ डाला। भयंकर कठोर ध्वनि से सम्पूर्ण भुवन भर उठा।

छंद—भरे भुवन घोर कठोर रव रबि बाजि तजि मारगु चले।
चिक्करहिं दिग्गज डोल महि अहि कोल कूरम कलमले॥
सुर असुर मुनि कर कान दीन्हें सकल बिकल बिचारहीं।
कोदंड खंडेउ राम तुलसी जयति बचन उचारहीं॥

सो०— संकर चापु जहाजु सागरु रघुबर बाहु बलु।
बूड़ सो सकल समाजु चढ़ा जो प्रथमहि मोह बस॥ २६१॥

अर्थ—भयंकर कठोर ध्वनि से भुवन भर गया, सूर्य के रथ के घोड़े मार्ग छोड़कर भाग निकले। दिशाओं के हाथी चिंघाड़ करने लगे, पृथ्वी डोलने लगी, शेषनाग, कच्छप तथा वाराह कलमला उठे। देवगण, राक्षस एवं मुनिगण अपने कानों पर हाथ रखकर सभी व्याकुल होकर विचार करने लगे। तुलसीदास कहते हैं कि यह (निश्चय हो जाने पर कि) श्रीराम ने (शिव के) धनुष को तोड़ डाला है (ऐसा जानकर) जय हो—इस प्रकार की वाणी का सभी उच्चारण करने लगे।

शिव का धनुष जहाज की भाँति है—श्रीराम का बाहुबल समुद्र की भाँति है—वह सम्पूर्ण समाज डूब गया जो मोहवश प्रथम इस पर चढ़ा था॥ २६१॥

टिप्पणी—(१) कवि सम्पूर्ण घटना क्रम से सम्बन्धित विविध भावों का चित्रण क्रमबद्ध तरीके से प्रस्तुत करता है। सीता की अधैर्यभरी उत्सुकता का मार्मिक चित्रांकन एवं श्रीराम का उसके प्रति जागरूक होकर धनुर्भंग के लिए उद्यत होना कवि का कुशलताभरा रचना-व्यापार का अंग है।

(२) धनुर्भंग का प्रसंग श्रीराम के अद्‌भुत शौर्य से कवि द्वारा जोड़ा जाता है—कवि एक सर्वथा समर्थवान व्यक्तित्व द्वारा शौर्य प्रदर्शन का जो दृश्यांकन धनुर्भंग के बहाने करता है—वह उसकी अद्वितीय कला शक्ति का प्रमाण है। केवल घटना के परिणाम से कार्य व्यापार की सिद्धि की सूचना मिले—यह अत्यन्तातिशयोक्ति है—

'तेहि छन राम मध्य धनु तोरा। भरे भुवन धुनि घोर कठोरा।'

यहाँ कवि लोकात्मक व्यंजना द्वारा श्रीराम के आध्यात्मिक व्यक्तित्व की सूचना देता है।

शौर्य प्रदर्शन एवं पराक्रम से परिपूर्ण कर्म की अद्वितीयता की परम्परित रूढ़ियाँ कवियों में सैकड़ों वर्षों से चली आ रही हैं। कवि इन्हीं रूढ़ियों से यहाँ श्रीराम के शक्ति एवं पराक्रम भरे ऐश्वर्य का चित्रण करता है—सूर्य के अश्वों का मार्ग त्याग देना, दिग्गजों का भयवश कम्पन, शेष, कमठ एवं शूकर का विचलन, देवता तथा असुरों का ध्वनि भय से कान में उँगली डाल लेना आदि वर्णनगत रूढ़ि का अंग है।

प्रभु दोउ चाप खंड महि डारे। देखि लोग सब भए सुखारे॥
कौसिकरूप पयोनिधि पावन। प्रेम बारि अवगाह सुहावन॥
रामरूप राकेसु निहारी। बढ़त बीचि पुलकावलि भारी॥
बाजे नभ गहगहे निसाना। देवबधू नाचहिं करि गाना॥
ब्रह्मादिक सुर सिद्ध मुनीसा। प्रभुहि प्रसंसहि देहिं असीसा॥
बरिसहिं सुमन रंग बहु माला। गावहिं किंनर गीत रसाला॥
रही भुवन भरि जय जय बानी। धनुष भंग धुनि जात न जानी॥
मुदित कहहिं जहँ तहँ नर नारी। भंजेउ राम संभुधनु भारी॥
दो०— बंदी मागध सूत गन बिरिद बदहिं मतिधीर।
करहिं निछावरि लोग सब हय गय धन मनि चीर॥ २६२॥

अर्थ—प्रभु श्रीराम ने दोनों चाप खण्डों को पृथ्वी पर डाल दिया जिसे देखकर सभी लोग सुखी हुए। विश्वामित्ररूपी पवित्र समुद्र जो अगाध स्नेहरूपी जल से शोभित है।

श्रीराम को पूर्ण चन्द्र रूप में देखकर उनकी पुलकावलीरूपी तरंगें बढ़ चलीं। आकाश में नगाड़े गहगहाकर बजने लगे। देववधुएँ गान कर करके नाचने लगीं।

ब्रह्मा आदि देवता, सिद्ध, मुनिश्रेष्ठ श्रीराम की प्रशंसा करते हैं तथा उन्हें आशीर्वाद देते हैं। देवतागण रंग-बिरंगे पुष्प एवं मालाएँ बरषा रहे हैं। किन्नर रसभरे गीत गा रहे हैं।

'जय जय' की वाणी से भुवन भर गया और उसमें धनुष टूटने की ध्वनि जान ही नहीं पड़ती। जहाँ-तहाँ मुदित नर-नारी कहते हैं कि श्रीराम ने शिव के भारी धनुष को तोड़ डाला।

स्थिर बुद्धि वाले भाँट, चारण, सूत समूह श्रीराम की विरुदावली गाते हैं और सारे लोग हाथी, घोड़े, सम्पत्ति, मणि तथा वस्त्र निछावर कर रहे हैं॥ २६२॥

टिप्पणी—कवि सांग एवं परम्परित रूपक अलंकार के माध्यम से विश्वामित्र के हर्षातिरेक का चित्रण करता है—

कौशिक समुद्र की भाँति हैं, उनका प्रेम-स्नेह जल है तथा श्रीराम के 'चन्द्रमुख' को देखकर

अनन्त-अनन्त प्रेमभाव लहरों से कौशिक के हृदय का आनन्दित हो उठना, धनुर्भंग का परिणाम है।

विश्वामित्र अकारण ही श्रीराम के धनुर्भंग से सम्बद्ध पराक्रम एवं उनके विवाह के हेतु बन जाते हैं।

झाँझि मृदंग संख सहनाई। भेरि ढोल दुंदुभी सुहाई॥
बाजहिं बहु बाजने सुहाए। जहँ तहँ जुबतिन्ह मंगल गाए॥
सखिन्ह सहित हरषीं सब रानी। सूखत धानु परा जनु पानी॥
जनक लहेउ सुखु सोचु बिहाई। पैरत थकें थाह जनु पाई॥
श्रीहत भए भूप धनु टूटे। जैसें दिवस दीप छबि छूटे॥
सीय सुखहि बरनिअ केहि भाँती। जनु चातकी पाइ जलु स्वाती॥
रामहिं लखनु बिलोकत कैसें। ससिहि चकोर किसोरकु जैसें॥
सतानंद तब आयसु दीन्हा। सीताँ गमनु राम पहिं कीन्हा॥
दो०— संग सखी सुंदरि चतुर गावहिं मंगलचार।
गवनी बाल मराल गति सुषमा अंग अपार॥ २६३॥

अर्थ—झाँझ, मृदंग, शंख, शहनाई, भेरी, ढोल एवं सुहावनी दुंदुभी तथा अन्य अनेक सुखदायी बाजे बज रहे हैं और युवतियाँ जहाँ-तहाँ मंगल गायन कर रही हैं।

सखियों के साथ रानी (सुनयना : जनक की पत्नी) अत्यधिक हर्षित हुईं (और उनकी ऐसी दशा थी) मानो सूखते हुए धान पर पानी पड़ा हो। जनक ने शोक को त्याग देने वाला सुख प्राप्त किया जैसे—तैरते-तैरते थके को मानो थाह मिल गया हो।

धनुष टूट जाने पर सभी राजा भी श्रीहत हो उठे जैसे दिन हो जाने पर दीपक की श्री समाप्त हो उठे। सीता के सुख का वर्णन कैसे किया जाय मानो चातकी स्वाति जल पाकर (तृप्त) हो उठी हो।

श्रीराम को लक्ष्मण किस प्रकार देख रहे हैं जैसे चकोर शावक चन्द्र को देखता हो। तब सतानन्द ने आज्ञा दी, सीता ने श्रीराम के पास गमन किया।

साथ में सुन्दर चतुर सखियाँ मंगलाचार गा रही हैं। उनके साथ अंगों में अपार सौन्दर्य से परिपूर्ण सीता बाल-हंसिनी की चाल से चलीं॥ २६३॥

टिप्पणी—धनुर्भंग से उत्पन्न जनकपत्नी सुनयना, जनक, सीता तथा लक्ष्मण के पुलक भरे स्नेहानन्द का चित्रण कवि बड़ी ही मार्मिकता के साथ प्रस्तुत करता है—

सुनयना—'सूखत धान परा जनु पानी'

जनक—'पैरत थकें थाह जनु पाई'

सीता—'जनु चातकी पाइ जलु स्वाती'

लक्ष्मण—'ससिहि चकोर किसोरकु जैसें'

इन चारों उपमाओं में क्रमशः जीवन, आशा, आश्वासन, सर्वाधिक्य अभीष्ट प्रियतम की प्राप्ति, आत्मीयता भरा स्नेहाधिक्य चार सम भावनाओं का चित्रांकन है।

प्रभु श्रीराम ने इन चारों की अभीष्ट कामनाओं के अनुसार इन्हें आत्मीयता भरा प्रेम भाव दिया। कवि लोकात्मक स्नेह एवं लीला के ऐश्वर्य दोनों का चित्रांकन करता है।

सखिन्ह मध्य सिय सोहति कैसें। छबि गन मध्य महाछबि जैसें॥
कर सरोज जयमाल सुहाई। बिस्व बिजय सोभा जेहिं छाई॥
तन सकोचु मन परम उछाहू। गूढ़ प्रेमु लखि परै न काहू॥
जाइ समीप राम छबि देखी। रहि जनु कुअरि चित्र अवरेखी॥

चतुर सखीं लखि कहा बुझाई। पहिरावहु जयमाल सुहाई॥
सुनत जुगल कर माल उठाई। प्रेम बिबस पहिराइ न जाई॥
सोहत जनु जुग जलज सनाला। ससिहि सभीत देत जयमाला॥
गावहिं छबि अबलोकि सहेली। सियँ जयमाल राम उर मेली॥
सो०— रघुबर उर जयमाल देखि देव बरिसहिं सुमन।
सकुचे सकल भुआल जनु बिलोकि रबि कुमुद गन॥ २६४॥

अर्थ—सखियों के मध्य में सीता किस प्रकार शोभित हो रही थीं जैसे छविगणों के बीच महाछवि। कमल-कर में जयमाल शोभित हो रही थी—जिसमें विश्व विजय की शोभा छायी हुई थी।

शरीर में संकोच था किन्तु मन में परम उत्साह था। उनका गूढ़ प्रेम किसी को दिखाई नहीं पड़ रहा था। समीप जाकर उन्होंने श्रीराम की छवि देखी और वह राजकुमारी मानो चित्रलिखित-सी रह गई।

चतुर सखी ने यह देखकर समझाकर कहा—सुहावनी जयमाला पहनाओ—यह सुनते ही उसने दोनों हाथों से जयमाल उठा लिया किन्तु प्रेम से विवशीभूत होने के कारण यह पहनाया नहीं जा रहा था।

ये ऐसे शोभित हैं मानो दो कमलों से युक्त मृणालदण्ड भयमुक्त चन्द्रमा को जयमाल दे रहे हों। उस छवि को देखकर सखियाँ गाने लगीं और उस समय सीता ने श्रीराम के गले में जयमाल पहना दी।

श्रीराम के हृदय पर जयमाल देखकर देवता पुष्प वर्षा करते हैं। सारे राजागण इस प्रकार संकुचित हो गये मानो सूर्य को देखकर कुमुद समूह॥ २६४॥

टिप्पणी—सीता के सौन्दर्य तथा ऐश्वर्य का कवि चित्रण करता है। इस सौन्दर्य भाव में नैसर्गिकता के साथ-साथ आत्मोल्लास भरा गर्व है—एक विश्व विजयी को पति के रूप में वरण करने का गर्व—

'छवि गन मध्य महाछबि जैसी'

केवल श्रीराम ने ही विश्व विजय की शोभा नहीं प्राप्त की—उनकी प्रिया परिणीता भी उसी विश्व विजय का अभिन्न अंग है—

'बिस्व बिजय सोभा जेहिं छाई'

कवि सीता की गूढ़ासक्ति का सात्विक प्रेम भाव से प्रभावित चित्र प्रस्तुत करता है—

'प्रेम बिबस पहिराइ न जाई'

कवि 'कवि समयों' के प्रयोग में अर्थ वैचित्र्य की रचना करके सीता के मन में उत्पन्न होने वाली गूढ़ संसक्ति का चित्रण करता है—

चन्द्र को देखकर जलज (कमल) संकुचित हो उठता है, यह कवि समय है—श्रीराम का मुख चन्द्रवत् है और कहीं पत्रों की निर्मित जयमाला कुम्हला न जाय—उसे गले में डालने के पूर्व (सीता की) चिन्ता का कवि वर्णन करता है।

इस वर्णन में सीता को श्रीराम का मुख पूर्णत: चन्द्र की भाँति समीप से प्रतीत हो रहा है—और जयमाल के जलज धर्म की हीनता में सीता की मुग्धता का चित्रण है।

पुर अरु ब्योम बाजने बाजे। खल भए मलिन साधु सब राजे॥
सुर किंनर नर नाग मुनीसा। जय जय जय कहि देहिं असीसा॥
नाचहिं गावहिं बिबुध बधूटीं। बार बार कुसुमांजलि छूटीं॥

जहँ तहँ बिप्र बेद धुनि करहीं। बंदी बिरिदावलि उच्चरहीं॥
महि पातालु नाक जसु ब्यापा। राम बरी सिय भंजेउ चापा॥
करहिं आरती पुर नर नारी। देहिं निछावरि बित्त बिसारी॥
सोहति सीय राम कै जोरी। छबि सिंगारु मनहुँ एक ठोरी॥
सखी कहहिं प्रभु पद गहु सीता। करति न चरन परस अति भीता॥
दो०— गौतम तिय गति सुरति करि नहिं परसति पग पानि।
मन बिहसे रघुबंसमनि प्रीति अलौकिक जानि॥ २६५॥

अर्थ—नगर तथा आकाश में बाजे बजने लगे। दुष्टजन मलिन पड़ गये तथा सभी साधुगण प्रसन्न हो उठे। देवता, किन्नर, मनुष्य, नाग एवं मुनिगण जय-जय कह कर आशीर्वाद दे रहे हैं।

देव वधुएँ नाच-गा रही हैं और बार-बार पुष्पों की अंजलियाँ छूट रही हैं। जहाँ-तहाँ ब्राह्मण वेदध्वनि कर रहे हैं और भाँट विरुदावली कह रहे हैं।

पृथ्वी, पाताल एवं स्वर्ग लोक में श्रीराम का यश व्याप्त हो उठा कि श्रीराम ने धनुष तोड़कर सीता का वरण कर लिया। जनकपुर के नर-नारी आरती करते हैं और अपनी सामर्थ्य (वित्त) को भुलाकर न्यौछावर दे रही हैं।

सीता-राम की जोड़ी ऐसी शोभित हो रही है मानो सौन्दर्य तथा शृंगार दोनों एक स्थान पर (एकत्र) हों। सखी कहती हैं कि हे सीते! श्रीराम के चरण छुओ किन्तु अत्यन्त भययुक्त वह चरण स्पर्श नहीं करतीं।

अहल्या की गति का स्मरण करके वह हाथ से पैर नहीं छूती। उसकी अलौकिक प्रीति को समझ करके रघुवंशशिरोमणि श्रीराम मन-ही-मन विहँस पड़े॥ २६५॥

टिप्पणी—कवि जनकपुर के आनन्दोल्लास तथा एकत्रित राजाओं के पराजय भाव के साथ-साथ सीता की गूढ़ एवं गहन संसक्ति का चित्रण करता है। सखियाँ सीता को श्रीराम के चरण स्पर्श का संकेत करती हैं किन्तु मुग्धात्व भाव से आविष्ट सीता-अहल्या कथा का स्मरण करती हैं—जो चरण छूते ही दिव्यता को प्राप्त करके स्वर्ग लोक चली गई थीं।

कवि इस कथा को अर्थ रचना के चमत्कार के रूप में नियोजित करता है, मुख्य उद्देश्य है—सीता की गूढ़ संसक्ति एवं मुग्धात्व भाव का निरूपण करना।

श्रीराम का चरण स्पर्श श्रीराम के वियोग का कारण न बन जाय—यह भय मुग्धात्व एवं सीता संसक्ति को नियंत्रित करती है।

सीता के इस भय में अलौकिक तथा विलक्षण प्रेम भावना के संस्कार हैं—कवि इसे इस संदर्भ द्वारा अंकित करता है।

अहल्या उद्धार की कथा यहाँ काव्य रचना के लिए जीवन्त पौराणिक मोटिफ़ है।

तब सिय देखि भूप अभिलाषे। कूर कपूत मूढ़ मन माषे॥
उठि उठि पहिरि सनाह अभागे। जहँ तहँ गाल बजावन लागे॥
लेहु छड़ाइ सीय कह कोऊ। धरि बाँधहु नृप बालक दोऊ॥
तोरें धनुषु चाड़ नहिं सरई। जीवत हमहिं कुअँरि को बरई॥
जौं बिदेहु कछु करै सहाई। जीतहु समर सहित दोउ भाई॥
साधु भूप बोले सुनि बानी। राज समाजहिं लाज लजानी॥
बलु प्रतापु बीरता बड़ाई। नाक पिनाकहि संग सिधाई॥
सोइ सूरता कि अब कहुँ पाई। असि बुधि तौ बिधि मुँह मसि लाई॥

दो०— देखहु रामहि नयन भरि तजि इरषा मदु कोहु।
लषन रोषु पावकु प्रबल जानि सलभ जनि होहु॥ २६६॥

अर्थ—तब सीता को देखकर राजागण अभिलषित (पाने के लिए लालायित) हो उठे और वे क्रूर तथा कुपूत दुर्बुद्ध मन में तमतमाए (माखे)। वे अभागे उठ-उठकर कवच पहनकर जहाँ-तहाँ प्रलाप करने (गाल बजाने) लगे।

कोई कहता है कि सीता को छीन लो और दोनों बालकों को पकड़कर बाँध दो। धनुष तोड़ने से मनोभिलाषा (चाड़) नहीं पूरी होगी, हमारे जीते-जी राजकुमारी को कौन वरण कर सकता है।

यदि जनक कुछ सहायता करते हैं तो युद्ध में दोनों भाइयों को साथ-साथ जीत लो। उनकी वाणी को सुनकर सज्जन राजा बोले कि इस राज समाज को देखकर लज्जा तो स्वयं लजा गई है।

बल, प्रताप, वीरता, बड़प्पन एवं प्रतिष्ठा (नाक) धनुष के साथ ही चली गई। वही वीरता (जो चली गई है) अब कहाँ से प्राप्त कर ली है—ऐसी बुद्धि है तभी तो विधाता ने मुँह में स्याही लगा दी है।

ईर्ष्या, मद एवं क्रोध का परित्याग करके श्रीराम को आँख भरकर देख लो। लक्ष्मण के रोषरूपी प्रबल अग्नि में पतंगे न बनो॥ २६६॥

टिप्पणी—कवि यहाँ पराजित एवं सीता को न प्राप्त कर पाने के कारण खिन्न दुष्ट राजाओं के अमर्ष भाव का चित्रण करते हुए साधु राजाओं द्वारा उनकी निन्दा का निरूपण करता है।

बैनतेय बलि जिमि चह कागू। जिमि ससु चहै नाग अरि भागू॥
जिमि चह कुसल अकारन कोही। सब संपदा चहै सिव द्रोही॥
लोभ लोलुप कल कीरति चहई। अकलंकता कि कामी लहई॥
हरि पद बिमुख परा गति चाहा। तस तुम्हार लालचु नर नाहा॥
कोलाहलु सुनि सीय सकानी। सखीं लेवाइ गईं जहँ रानी॥
राम सुभायँ चले गुरु पाहीं। सिय सनेहु बरनत मन माहीं॥
रानिन्ह सहित सोच बस सीया। अब धौं बिधिहि काह करनीया॥
भूप बचन सुनि इत उत तकहीं। लषनु राम डर बोलि न सकहीं॥

दो०— अरुन नयन भृकुटी कुटिल चितवत नृपन्ह सकोप।
मनहुँ मत्त गज गन निरखि सिंघ किसोरहि चोप॥ २६७॥

अर्थ—जैसे गरुड़ को अर्पित बलि (हविष्य) कौवा चाहे, सिंह का हिस्सा खरगोश चाहे, अकारण क्रोध करनेवाला अपनी कुशल कामना करे और जैसे शिव-द्रोही समग्र सम्पत्ति प्राप्त करना चाहे।

लोभ के लालची जैसे कीर्ति चाहते हों, क्या कामी पुरुष निष्कलंकता प्राप्त कर सकते हैं—जैसे श्रीहरि के चरणों से विमुख होकर परम गति की कामना करे, हे राजागण! आप लोगों की कामना उसी प्रकार है।

कोलाहल सुनकर सीता सकबका गईं—सखियाँ उन्हें वहाँ लिवा ले गईं, जहाँ रानी थीं। श्रीराम सीता के स्नेह का वर्णन मन-ही-मन करते सहज भाव से गुरु के पास चले।

रानी के साथ सीता सोच के वश में हो गईं। अब न जाने क्या विधाता के लिए करणीय है। राजाओं की बातें सुनकर लक्ष्मण इधर-उधर ताकते हैं कि श्रीराम के भय से वे बोल नहीं पाते।

उनके नेत्र लाल हैं, भौंहें तीखी हैं और क्रोधयुक्त होकर राजाओं को देख रहे हैं। मानो मत्त गजराज को देखकर सिंह के किशोर को जोश (चोप) आ गया हो॥ २६७॥

टिप्पणी—सीता को प्राप्त कर सकने में असमर्थ राजाओं की भग्न आकांक्षाओं को केन्द्र में

रखकर उनकी भर्त्सना का यह सन्दर्भ साधु राजाओं द्वारा प्रस्तुत किया जाता है। इस प्रस्तुति में विविध दृष्टान्तों के प्रकाश में श्रीराम के ग्राह्य होने का प्रश्न कवि द्वारा उठाया जाता है।

कवि को एक अवसर मिला है, श्रीराम के महत्त्व एवं भक्ति के लिए निरूपण का और वह इस सन्दर्भ द्वारा श्रीराम की भक्ति एवं महत्त्व का भी निरूपण करता है। प्रस्तुत सन्दर्भ इस अवसर के लिए एक बहाना मात्र है।

खरभरु देखि बिकल पुर नारीं। सब मिलि देहिं महीपन्ह गारीं॥
तेहिं अवसर सुनि सिव धनु भंगा। आयउ भृगुकुल कमल पतंगा॥
देखि महीप सकल सकुचाने। बाज झपट जनु लवा लुकाने॥
गौर सरीर भूति भलि भ्राजा। भाल बिसाल त्रिपुंड बिराजा॥
सीस जटा ससि बदनु सुहावा। रिस बस कछुक अरुन होइ आवा॥
भृकुटी कुटिल नयन रिस राते। सहजहुँ चितवत मनहुँ रिसाते॥
बृषभ कंध उर बाहु बिसाला। चारु जनेउ माल मृगछाला॥
कटि मुनि बसन तून दुइ बाँधें। धनु सर कर कुठारु कल काँधें॥
दो०— सांत बेषु करनी कठिन बरनि न जाइ सरूप।
धरि मुनि तनु जनु बीर रसु आयउ जहँ सब भूप॥ २६८॥

अर्थ—खलबली देखकर जनकपुर की स्त्रियाँ व्याकुल थीं और सभी मिलकर राजाओं को गालियाँ दे रही थीं। उसी समय शिव के धनुष को भंग (होने का समाचार) सुनकर भृगुवंशरूपी कमल के सूर्य परशुराम आ गये।

(उन्हें) देखकर सारे राजा (भयवश) संकुचित हो उठे जैसे बाज की झपट पर लवा पक्षी छिप जाते हैं। उनके गोरे शरीर पर भभूत अच्छी लग रही थी। उनके विशाल मस्तक पर त्रिपुंड शोभित था।

शीश पर जटायुक्त उनका चन्द्रमुख शोभित था और क्रोधवश किंचित् अरुणाभ हो उठा था। भृगुटी टेढ़ी थी और नेत्र क्रोध से लाल। वे सहज ही देखते थे—लगता था, मानो क्रोध में हों।

बैल के सदृश कंधे हैं, वक्षस्थल तथा बाहुएँ विशाल हैं, सुन्दर जनेऊ है, माला तथा मृगचर्म है। उनकी कटि में मुनियों के वस्त्र तथा दो तरकश बँधे हुए हैं, सुन्दर कंधे पर फरसा एवं हाथ में धनुष-बाण हैं।

उनका वेष शान्त है किन्तु उनकी करनी बड़ी कठिन है (और इस प्रकार) उनके स्वरूप का वर्णन नहीं किया जा सकता। जहाँ सभी राजागण हैं, वहाँ मानो वीर रस मुनिवेष धारण करके आया हो॥ २६८॥

टिप्पणी—अनिष्ट की आशंका के बीच एक अत्यधिक भयावह सन्दर्भ को रखकर तात्कालिक अनिष्ट की आशंका को वह नष्ट कर रहा है। यह आकस्मिक प्रसंग है, सम्पूर्ण क्षत्रिय जाति के विनाशक एवं परम शक्ति मंडित का अवतरण।

कवि श्रीराम की शक्ति तथा सामर्थ्य को चित्रित करने के लिए परशुराम प्रसंग का यहाँ अवतरण करता है। यह अवतरण सर्वथा प्रसंग के अनुकूल बनाकर लाया गया है।

देखत भृगुपति बेषु कराला। उठे सकल भय बिकल भुआला॥
पितु समेत कहि कहि निज नामा। लगे करन सब दंड प्रनामा॥
जेहि सुभायँ चितवहिं हितु जानी। सो जानै जनु आइ खुटानी॥
जनक बहोरि आइ सिरु नावा। सीय बोलाइ प्रनामु करावा॥
आसिष दीन्हि सखीं हरषानीं। निज समाज लै गईं सयानीं॥

बिस्वामित्र मिले पुनि आई। पद सरोज मेले दोउ भाई॥
रामु लषनु दसरथ के ढोटा। दीन्हि असीस देखि भल जोटा॥
रामहिं चितइ रहे थकि लोचन। रूपु अपार मार मद लोचन॥

दो०— बहुरि बिलोकि बिदेह सन कहहु काह अति भीर।
पूँछत जानि अजान जिमि ब्यापेउ कोपु सरीर॥ २६९॥

अर्थ—परशुराम के भयंकर वेष को देखकर सभी राजा भय से व्याकुल होकर उठ गये। पिता के साथ अपने नामों को कह-कहकर सभी (उनको) दण्डवत तथा प्रणाम करने लगे।

जिसको हितभाव से सहज ही देखते हैं, वह जानने लगा कि मानो आयु (आइ) पूरी (खुटानी) हो गई। इसके बाद जनक ने आकर प्रणाम किया और फिर सीता को बुलाकर प्रणाम कराया।

मुनि ने आशीर्वाद दिया (इस पर) सखियाँ हर्षित हो उठीं और वे चतुर सखियाँ अपने समूह में ले गईं। पुनः (उनसे) विश्वामित्र आकर मिले और उन्होंने दोनों भाइयों को उनके चरण-कमलों पर गिरवाया।

दशरथ के पुत्र राम, लक्ष्मण की भली जोड़ी देखकर आशीर्वाद दिया। कामदेव के रूप मद को विनष्ट करनेवाले श्रीराम के अपार रूप-सौन्दर्य को आँख भर कर देखते रहे।

पुनः जनक को देखकर पूछा, बताओ यह भीड़ कैसी है—सब जानते हुए भी यह अजान की भाँति पूछा और उनके शरीर में क्रोध व्याप्त हुआ॥ २६९॥

टिप्पणी—परशुराम का आगमन होते ही वह सम्पूर्ण अमर्ष भाव जो अभी श्रीराम के प्रति द्वेषभाव से सन्दर्भित होकर उपजा था, आकस्मिक रूप से भय में परिवर्तित हो उठता है। अमर्ष का भय में भावान्तरण कवि की सोची-समझी योजना के अन्तर्गत है।

इस भय में भी श्रीराम के रूप तथा ऐश्वर्य को अद्वितीयता के साथ चित्रित करना उनके आध्यात्मिक व्यक्तित्व की व्यंजना है—

'रामहि चितइ रहे थकि लोचन। रूप अपार मार मद मोचन॥'

भयावहता के बीच रूप की अद्वितीयता का बिम्बांकन बड़ा ही स्पृहणीय है।

समाचार कहि जनक सुनाए। जेहि कारन महीप सब आए॥
सुनत बचन फिरि अनत निहारे। देखे चाप खंड महि डारे॥
अति रिस बोले बचन कठोरा। कहु जड़ जनक धनुष कै तोरा॥
बेगि देखाउ मूढ़ न त आजू। उलटौं महि जहँ लगि तव राजू॥
अति डरु उतरु देत नृप नाहीं। कुटिल भूप हरषे मन माहीं॥
सुर मुनि नाग नगर नर नारी। सोचहिं सकल त्रास उर भारी॥
मन पछिताति सीय महतारी। बिधि अब सवँरी बात बिगारी॥
भृगुपति कर सुभाउ सुनि सीता। अरध निमेष कलप सम बीता॥

दो०— सभय बिलोके लोग सब जानि जानकी भीरु।
हृदयँ न हरषु बिषादु कछु बोले श्री रघुबीरु॥ २७०॥

अर्थ—जिसके निमित्त सारे राजा आये हुए थे, (सारा) समाचार जनक ने कहकर बताया। उनके वचनों को सुनकर अन्य तरफ देखा फिर खंडित शिव धनुष पृथ्वी पर दिखा।

अत्यन्त क्रोधपूर्वक वे कठोर वाणी बोले कि हे दुर्बुद्ध जनक! बताओ (इस) धनुष को किसने तोड़ा है। हे मूढ़! उसे शीघ्र दिखा नहीं तो आज मैं वहाँ तक की पृथ्वी उलट दूँगा, जहाँ तक तुम्हारा राज्य है।

अत्यन्त भयवश राजा उत्तर नहीं देते—कुटिल राजागण (इससे) मन-ही-मन प्रसन्न हुए। देवता, मुनि, नाग तथा नगर के नर नारी चिन्ताग्रस्त हो उठे, सभी के हृदय में भारी भय की पीड़ा है।

सीता की माता मन में पछता रही हैं कि विधाता ने भलीभाँति बनी बात बिगाड़ दी। परशुराम का स्वभाव सुनकर सीता का आधा पल कल्प के सदृश बीतने लगा।

सभी को भयभीत देखकर तथा जानकी को स्वभावत: भीरु जानकर श्रीराम बोले, उनके हृदय में न हर्ष था, न विषाद॥ २७०॥

टिप्पणी—विविध कोणों से भय की भयावहता का चित्रण करना कवि का मन्तव्य है। कारण है, गुरु शिव के धनुष का भंग होना लक्ष्य सकर्म है—उसकी निश्चितता या धनुर्भंग के अपराधी की पहचान।

सीता की माता का पश्चात्ताप एवं सीता का भय दोनों केन्द्रीय आधार के रूप में हैं।

सीता विषयक संसक्ति का चित्रण करता हुआ पूर्व में कवि सूचना देता है—

'लव निमेष जुग सत सम जाहीं'

अर्थात्, एक पलक निमेष जिसे 'लव' कहा जाता है शतयुगों की भाँति है—किन्तु भय का वर्णन करते हुए कवि उसमें और अधिक गम्भीरता का सन्निवेष करता है—

'अरध निमेष कलप सम बीता'

अर्थात्, अर्ध लव अनेक युगों (कल्प) के सदृश सीता को लगे।

भय का यह दृष्टान्त गहन तथा गूढ़ आत्मीय संसक्ति का चित्रण करता है।

नाथ संभु धनु भंजनिहारा। होइहि केउ एक दास तुम्हारा॥
आयसु काह कहिअ किन मोही। सुनि रिसाइ बोले मुनि कोही॥
सेवकु सो जो करै सेवकाई। अरि करनी करि करिअ लराई॥
सुनहु राम जेहिं सिव धनु तोरा। सहसबाहु सम सो रिपु मोरा॥
सो बिलगाउ बिहाइ समाजा। न त मारे जैहहिं सब राजा॥
सुनि मुनि बचन लखनु मुसुकाने। बोले परसुधरहि अपमाने॥
बहु धनुहीं तोरीं लरिकाईं। कबहुँ न असि रिस कीन्हि गोसाईं॥
येहि धनु पर ममता केहि हेतू। सुनि रिसाइ कह भृगुकुल केतू॥
दो०— रे नृप बालक काल बस बोलत तोहि न सँभार।
धनुही सम तिपुरारि धनु बिदित सकल संसार॥ २७१॥

अर्थ—हे नाथ! शिव के धनुष को तोड़नेवाला कोई आपका ही एक सेवक होगा। क्या आज्ञा है, मुझसे आप क्यों नहीं कहते, इसे सुनकर क्रोधी मुनि नाराज होकर बोले।

सेवक वह है जो सेवा करे, शत्रु कर्म करके जो युद्ध करे (वह सेवक नहीं)। हे राम! सुनो, जिसने शिवधनु तोड़ा है, वह सहस्रार्जुन सदृश मेरा शत्रु है।

इसलिए वह समाज को छोड़कर अलग हो जाय नहीं तो सभी राजा मारे जायेंगे। मुनि के वचनों को सुनकर लक्ष्मण मुस्कराये और परशुराम का अपमान करते हुए बोले।

हे गोस्वामी! बाल्यावस्था में अनेक धनुष तोड़ डाले किन्तु कभी आपने इस प्रकार क्रोध नहीं किया। इस धनुष पर ममता किस कारण है, उसे सुनकर भृगवंश की ध्वजा परशुराम क्रोध करके बोले।

हे राजपुत्र! कालवश होने के कारण बोलने में तुझे समझ (सँभार) नहीं है। यह संसार भर को ज्ञात है कि यह शिवधनुष क्या धनुही के सदृश है?॥ २७१॥

टिप्पणी—कवि श्रीराम के शौर्य की उच्चतर प्रतिष्ठा के लिए परशुराम के अमर्ष का चित्रण

करता है। श्रीराम भंगिमा भाव से अत्यन्त विनयपूर्वक धनुष भंग करनेवाले को इंगित करते हैं और परशुराम उसे प्रकरण वक्रता से अपरार्थ की ओर ले जाते हैं।

सम्पूर्ण प्रकरण में लक्ष्मण की वक्तृता परशुराम के अमर्षभाव को उत्तेजित करती है। इस उत्तेजना का सन्दर्भ शिवधनु एवं लोक सामान्य धनुष के बीच सादृश्य व्यापार है।

लखन कहा हँसि हमरें जाना। सुनहु देव सब धनुष समाना॥
का छति लाभु जून धनु तोरें। देखा राम नए के भोरें॥
छुअत टूट रघुपतिहु न दोसू। मुनि बिनु काज करिअ कत रोसू॥
बोले चितइ परसु की ओरा। रे सठ सुनेहि सुभाउ न मोरा॥
बालकु बोलि बधउँ नहिं तोही। केवल मुनि जड़ जानहि मोही॥
बाल ब्रह्मचारी अति कोही। बिस्व बिदित छत्रिय कुल द्रोही॥
भुज बल भूमि भूप बिनु कीन्ही। बिपुल बार महिदेवन्ह दीन्ही॥
सहसबाहु भुज छेदनिहारा। परसु बिलोकु महीप कुमारा॥
दो०— मातु पितहि जनि सोच बस करसि महीप किसोर।
गर्भन्ह के अर्भक दलन परसु मोर अति घोर॥ २७२॥

अर्थ—लक्ष्मण ने कहा, हे देव! सुनें, मेरी समझ से सारी धनुषें एक समान हैं। जीर्ण (जून) धनुष को तोड़ने से क्या लाभ-हानि, श्रीराम ने तो इसे नये के धोखे में देखा था।

छूते ही यह टूट गया, इसमें श्रीराम का क्या दोष है? हे मुनि! बिना कारण आप क्यों क्रोध कर रहे हैं। फरसे की ओर देखकर (परशुराम) बोले, रे शठ! तूने मेरे स्वभाव को नहीं सुना है।

बालक समझकर मैं तुम्हारा वध नहीं कर रहा हूँ। रे जड़! क्या तू मुझे निरा मुनि ही समझ रहा है। मैं बाल ब्रह्मचारी तथा अत्यधिक क्रोधी हूँ तथा क्षत्रिय कुल का विश्वविख्यात द्रोही हूँ।

भुजाओं की शक्ति से पृथ्वी को भूपविहीन किया है और इसे अनेक बार ब्राह्मणों को दे दिया है। हे राजपुत्र! मेरे फरसे को देखो, यह सहस्रार्जुन की भुजाओं को काटनेवाला है।

हे राजपुत्र! माता-पिता को शोकग्रस्त न करो। गर्भों के शिशुओं को मर्दन करने वाला मेरा यह परशु अत्यधिक भयंकर है॥ २७२॥

टिप्पणी—लक्ष्मण द्वारा धनु सादृश्य का कथन और परशुराम के अमर्ष का यह सादृश्य कारण बनता है। सामान्य तथा काल वर्णन परिपाटी के अन्तर्गत शौर्य प्रदर्शन के लिए आत्म-गर्वोक्ति की प्रणाली का यहाँ आलम्बन ग्रहण किया गया है। परशुराम सर्वत्र आत्ममोह से ग्रस्त आत्मशौर्य प्रदर्शित करते हैं।

बिहसि लखनु बोले मृदु बानी। अहो मुनीसु महा भटमानी॥
पुनि पुनि मोहि देखाव कुठारू। चहत उड़ावन फूँकि पहारू॥
इहाँ कुम्हड़बतिया कोउ नाहीं। जे तरजनी देखि मरि जाहीं॥
देखि कुठारु सरासन बाना। मैं कछु कहा सहित अभिमाना॥
भृगुसुत समुझि जनेउ बिलोकी। जो कछु कहहु सहउँ रिस रोकी॥
सुर महिसुर हरिजन अरु गाई। हमरें कुल इन्ह पर न सुराई॥
बधें पापु अपकीरति हारें। मारतहूँ पाँ परिअ तुम्हारें॥
कोटि कुलिस सम बचनु तुम्हारा। ब्यर्थ धरहु धनु बान कुठारा॥
दो०— जो बिलोकि अनुचित कहेउँ छमहु महामुनि धीर।
सुनि सरोष भृगुबंसमनि बोले गिरा गँभीर॥ २७३॥

अर्थ—लक्ष्मण विहँस करके कोमल वाणी बोले, अहो मुनिश्रेष्ठ अपने को महायोद्धा मानते हैं। बार-बार मुझे अपना कुल्हाड़ा दिखाकर फूँक कर पहाड़ उड़ाना चाहते हैं।

यहाँ कोई कुम्हड़बतिया नहीं है, जो तर्जनी देखकर मर जाय। कुठार तथा धनुष-बाण देखकर ही मैंने कुछ अभिमानपूर्वक कहा है।

भृगुपुत्र समझकर और यज्ञोपवीत देखकर जो कुछ भी आप कहते हैं, उसे क्रोध रोककर सहता हूँ। देवता, ब्राह्मण, भक्त जन तथा गाय, हमारे कुल में इन पर शौर्य नहीं (प्रदर्शित किया जाता) है।

आपका वध करने में पाप है और हारने में अपकीर्ति है इसलिए आपके मारते रहते हुए भी आपके चरणों में पड़ते हैं। आपका वचन ही कोटि वज्र की भाँति (कठोर) है और आप धनुष बाण एवं कुठार व्यर्थ ही धारण करते हैं।

जिन्हें (धनुष-बाण एवं कुठार को) देखकर मैंने जो कुछ अनुचित कहा है तो हे धैर्यशील महामुनि! क्षमा करें इसे सुनकर, भृगुवंशशिरोमणि रोषयुक्त वाणी के साथ गम्भीर वचन बोले॥ २७३॥

टिप्पणी—परशुराम के अमर्ष को अधिक उद्वेगवान बनाने के लिए कवि लक्ष्मण की व्यंग्योक्ति को आधार के रूप में चुनता है। कवि लक्ष्मण की व्यंग्यभरी वाणी में लक्षणा व्यापार का आरोप करके अधिक सार्थक एवं उत्तेजक बनाता है। कुल, मर्यादा, परम्परा कुलाचार, लोक मर्यादा आदि इस व्यंग्य व्यापार के आधार हैं।

कौसिक सुनहु मंद यहु बालकु। कुटिल काल बस निज कुलघालकु॥
भानु बंस राकेस कलंकू। निपट निरंकुस अबुध असंकू॥
काल कवलु होइहि छन माहीं। कहउँ पुकारि खोरि मोहि नाहीं॥
तुम्ह हटकहु जौं चहहु उबारा। कहि प्रतापु बलु रोषु हमारा॥
लषन कहेउ मुनि सुजस तुम्हारा। तुम्हहिं अछत को बरनै पारा॥
अपने मुँह तुम्ह आपनि करनी। बार अनेक भाँति बहु बरनी॥
नहिं संतोषु त पुनि कछु कहहू। जनि रिस रोकि दुसह दुख सहहू॥
बीरब्रती तुम्ह धीर अछोभा। गारी देत न पावहु सोभा॥
दो०— सूर समर करनी करहिं कहि न जनावहिं आपु।
बिद्यमान रन पाइ रिपु कायर करहिं प्रलापु॥ २७४॥

अर्थ—हे विश्वामित्र! सुनें, यह बालक निर्बुद्ध, कुटिल, कालवश एवं अपने कुल का विघातक है। यह सूर्यवंशरूपी चन्द्र का कलंक है। यह पूर्णतया अंकुशविहीन, दुर्बुद्ध तथा निडर है।

यह क्षण में ही काल का कलेवा (ग्रास) हो जायेगा। मैं पुकार कर कह रहा हूँ मुझे कोई दोष नहीं है। यदि आप इसे उबारना चाहते हैं तो मेरे प्रताप, बल तथा क्रोध (के विषय में) बतलाकर इसे रोकें।

लक्ष्मण ने कहा, हे मुनि! आपका सुयश आपके रहते भला कौन वर्णन करने में समर्थ है। आपने अपने मुँह से अपनी करतूत अनेक बार अनेक भाँति से वर्णित की है।

इतने पर भी यदि सन्तोष नहीं हुआ है तो कुछ पुनः कहें। क्रोध को रोक करके असहनीय दुःख न सहें। आप वीरता का व्रत धारण करनेवाले धीर तथा क्षोभरहित हैं। गाली देते (आप) शोभा नहीं पाते।

युद्धभूमि में वीर योद्धा करनी करते हैं, कहकर अपने को नहीं जनाते। शत्रु को युद्ध में विद्यमान पाकर कायर जन ही अपलाप किया करते हैं॥ २७४॥

टिप्पणी—परशुराम अपने बल, प्रताप, क्रोध तीनों से आक्रान्त हैं और उसी के दबाव में

लक्ष्मण को शक्ति से दबाने का प्रयास करते हैं और लक्ष्मण उसे गर्वोक्ति समझकर स्वभावानुसार उसका उत्तर देते हैं। सर्वथा समर्थवान परशुराम ने अभी तक किसी से प्रत्युत्तर नहीं सुना था और वह अपमान उन्हें बोलने के लिए बार-बार विवश करता हैं।

तुम्ह तौ कालु हाँक जनु लावा। बार बार मोहि लागि बोलावा॥
सुनत लखन के बचन कठोरा। परसु सुधारि धरेउ कर घोरा॥
अब जनि देइ दोसु मोहि लोगू। कटुबादी बालकु बध जोगू॥
बाल बिलोकि बहुत मैं बाँचा। अब यहु मरनिहार भा साँचा॥
कौसिक कहा छमिअ अपराधू। बाल दोष गुन गनहिं न साधू॥
कर कुठार मैं अकरुन कोही। आगें अपराधी गुरद्रोही॥
उतर देत छोड़उँ बिनु मारें। केवल कौसिक सील तुम्हारें॥
न त एहि काटि कुठार कठोरें। गुरुहि उरिन होतेउँ श्रम थोरें॥
दो०— गाधिसूनु कह हृदयँ हँसि मुनिहि हरिअरइ सूझ।
अयमय खाँड़ न ऊखमय अजहुँ न बूझ अबूझ॥ २७५॥

अर्थ—आप तो काल देवता को मानो हाँका लगाकर बार-बार मेरे लिए बुलाते हैं। लक्ष्मण के कठोर वचनों को सुनकर अपने भयानक फरसे को सुधार कर हाथ में ले लिया।

अब मुझे लोग दोष नहीं देंगे। यह कटुभाषी बालक वध के ही योग्य है। बालक देखकर मैंने इसे बहुत बचाया—अब यह सचमुच मरनेवाला हो गया।

विश्वामित्र ने कहा, अपराध क्षमा करें। साधुजन बालकों के गुण तथा दोष की गणना नहीं करते। मैं अकरुण क्रोधी और (मेरा) यह है तीक्ष्ण परशु तथा यह गुरुद्रोही एवं अपराधी मेरे सामने है।

हे विश्वामित्र! केवल आपके संकोचवश, उत्तर देते हुए (इसको) बिना वध किये छोड़ रहा हूँ। नहीं तो, इस कठोर परशु से इसे काटकर थोड़े श्रम मात्र से गुरु ऋण से मुक्त हो जाता।

विश्वामित्र ने हृदय-ही-हृदय हँसकर कहा मुनि को अब भी हरियाली सूझी हुई है—यह लौह की बनी खड्ग है, ईख (की खाँड़-शक्कर) नहीं है, अभी तक ये नहीं समझे, अभी तक अबूझ ही बने हुए हैं॥ २७५॥

टिप्पणी—परशुराम के आवेग का उत्कर्ष किन्तु विश्वामित्र द्वारा हस्तक्षेप के कारण पुनः अमर्षविग की शान्ति का क्रम कवि घटित करता है। क्षमाशीलता का आधार 'बाल्य-दोष अपराध की गणना न करना' है। क्षमा का सम्पूर्ण सन्दर्भ विश्वामित्र पर मढ़कर कवि पुनः एक समाधान निकालता है।

कहेउ लखन मुनि सीलु तुम्हारा। को नहिं जान बिदित संसारा॥
माता पितहि उरिन भए नीकें। गुर रिनु रहा सोचु बड़ जीके॥
सो जनु हमरेहि माथे काढ़ा। दिन चलि गए ब्याज बहु बाढ़ा॥
अब आनिअ ब्यवहरिआ बोली। तुरत देउँ मैं थैली खोली॥
सुनि कटु बचन कुठार सुधारा। हाय हाय सब सभा पुकारा॥
भृगुबर परसु देखावहु मोही। बिप्र बिचारि बचउँ नृप द्रोही॥
मिले न कबहुँ सुभट रन गाढ़े। द्विज देवता घरहिं के बाढ़े॥
अनुचित कहि सब लोग पुकारे। रघुपति सयनहिं लखनु नेवारे॥
दो०— लखन उतर आहुति सरिस भृगुबर कोपु कृसानु।
बढ़त देखि जल सम बचन बोले रघुकुलभानु॥ २७६॥

अर्थ—लक्ष्मण ने कहा, हे मुनि! तुम्हारा शील कौन नहीं जानता, संसार भर में ज्ञात है। आप माता-पिता से भलीभाँति ऋणमुक्त हो गये, गुरु का ऋण शेष रहा, हृदय में इसका बड़ा सोच है।

वह मानो हमारे ही सिर पर रोपा है, बहुत दिन व्यतीत हो चुके, पर्याप्त ब्याज बढ़ चुका होगा। अब किसी हिसाब-किताब करनेवाले (व्यवहरिया) को बुलायें, तो मैं तुरन्त थैली खोलकर दे दूँ।

कटु वचन सुनते ही उन्होंने फरसा सुधारा। सारी सभा ने हाय-हाय करके पुकार लगाई। हे भृगुश्रेष्ठ परशुराम! आप मुझे परशु दिखा रहे हैं, हे राजाओं के शत्रु! मैं ब्राह्मण समझकर बचा रहा हूँ।

आपको कभी रणभूमि में प्रचण्ड योद्धा नहीं मिले। हे ब्राह्मण देवता! आप घर ही के बड़े हैं। 'यह अनुचित है' ऐसा कहकर लोग पुकारने लगे और श्रीराम ने नेत्रों के इशारे से लक्ष्मण को वर्जित (नेवारे) किया।

परशुराम के क्रोधरूपी अग्नि के लिए लक्ष्मण का उत्तर आहुति के सदृश था। उसको (क्रोधाग्नि को) बढ़ते हुए देखकर रघुकुल के सूर्य श्रीराम जल सदृश वाणी बोले॥ २७६॥

टिप्पणी—लक्ष्मण के उत्तेजक वाक्य यहाँ पुनः अमर्ष भाव के प्रेरक हैं। इस उत्तेजना का आधार माता-पिता के पूर्वाचरणों का सन्दर्भ है। सामान्यतया अपने पूज्य व्यक्तियों के सन्दर्भ का श्रवण करके अमर्ष भाव से उत्तेजित होना यहाँ मूल व्यापार है। इस क्रोध के उत्कर्ष में श्रीराम अपनी शान्तिपूर्ण वाणी से दोनों पक्षों के बीच हस्तक्षेप करते हैं। यह हस्तक्षेप उनके शील का दृष्टान्त है।

नाथ करहु बालक पर छोहू। सूध दूधमुख करिअ न कोहू॥
जौं पै प्रभु प्रभाउ कछु जाना। तौ कि बराबरि करत अयाना॥
जौं लरिका कछु अचगरि करहीं। गुर पितु मातु मोद मन भरहीं॥
करिअ कृपा सिसु सेवकु जानी। तुम सम सील धीर मुनि ग्यानी॥
राम बचन सुनि कछुक जुड़ाने। कहि कछु लखन बहुरि मुसुकाने॥
हँसत देखि नखसिख रिस ब्यापी। राम तोर भ्राता बड़ पापी॥
गौर सरीर स्याम मन माहीं। कालकूट मुख पयमुख नाहीं॥
सहज टेढ़ अनुहरइ न तोही। नीचु मीचु सम देख न मोही॥
दो०— लषन कहेउ हँसि सुनहु मुनि क्रोधु पापु कर मूल।
जेहिं बस जन अनुचित करहिं चरहिं बिस्व प्रतिकूल॥ २७७॥

अर्थ—हे नाथ! आप बालक पर आत्मीयतायुक्त प्रेम करें। इस सीधे तथा दुहमुँहे बच्चे पर क्रोध न कीजिए। यदि प्रभु (आपके) के प्रभाव को कुछ भी जानता होता तब क्या यह अज्ञानी (नासमझ) आपकी बराबरी करता।

यदि बालक कुछ चपलता भी करे तो गुरु, पिता, माता का मन आनन्द से भर जाता है। इसे अपना शिशु दास समझ कर कृपा करें, फिर आप तो समदर्शी, शीलवान, धैर्ययुक्त ज्ञानी मुनि हैं।

श्रीराम के वचनों को सुनकर कुछ शीतल हुए किन्तु लक्ष्मण कुछ कहकर मुस्करा पड़े। उनको हँसते हुए देखकर नख से शिख तक उन्हें क्रोध छा गया और कहा, हे राम! तुम्हारा भाई बड़ा पापी है।

शरीर से गौर है किन्तु दिल से काला है। यह कालकूट विषमुख है, दुधमुँहा नहीं है। यह स्वभाव से टेढ़ा है, तुम्हारा अनुसरण नहीं करता, यह नीच मुझे काल के समान नहीं देखता।

लक्ष्मण ने हँसकर कहा, हे मुनि सुनें, क्रोध पाप का मूल है जिसके वशवर्ती होकर मनुष्य अनुचित कर्म और विश्व के प्रतिकूल आचरण करते हैं॥ २७७॥

टिप्पणी—श्रीराम का हस्तक्षेप शील तथा विनम्रता का दृष्टान्त है और मानवीय आचरण के बीच शान्तिपूर्ण प्रयास का व्यंजक है। परशुराम का अमर्ष शान्त होता है—ठीक उसी क्षण लक्ष्मण की कुटिलतापूर्ण मुस्कान पुनः अमर्षपूर्ण स्थिति उत्पन्न कर देती है। नाटकीय संवाद शैली के अन्तर्गत परस्पर क्रोध एवं उत्तेजना के उद्वेलन के जितने भी आयाम हो सकते हैं कवि सभी का उपयोग एतदर्थ करता है।

मैं तुम्हार अनुचर मुनिराया। परिहरि कोपु करिअ अब दाया॥
टूट चाप नहिं जुरिहि रिसाने। बैठिअ होइहिं पाय पिराने॥
जौं अति प्रिय तौ करिअ उपाई। जोरिअ कोउ बड़ गुनी बोलाई॥
बोलत लखनहिं जनकु डेराहीं। मष्ट करहु अनुचित भल नाहीं॥
थर थर काँपहिं पुर नर नारी। छोट कुमारू खोट अति भारी॥
भृगुपति सुनि सुनि निरभय बानी। रिस तन जरइ होइ बल हानी॥
बोले रामहि देइ निहोरा। बचउँ बिचारि बंधु लघु तोरा॥
मन मलीन तनु सुंदर कैसें। बिष रस भरा कनक घटु जैसें॥
दो०— सुनि लछिमनु बिहसे बहुरि नयन तरेरे राम।
गुर समीप गवने सकुचि परिहरि बानी बाम॥ २७८॥

अर्थ—हे मुनिश्रेष्ठ! मैं आपका दास हूँ, हे मुनि! क्रोध परित्याग करके दया कीजिए। टूटा धनुष क्रोध करने से जुड़ नहीं जायेगा, पाँव दुखने लगे होंगे (आप) बैठ जाइए।

यदि यह धनुष अत्यन्त प्रिय हो तो कोई उपाय किया जाय किसी बड़े गुणज्ञ को बुलाकर जुड़वाया जाय। बोलते हुए लक्ष्मण (को देखकर) को जनक डर रहे थे। चुप (मष्ट) रहें, यह अनुचित है, भला नहीं है।

जनकपुर के नर नारी थर-थर काँप रहे हैं, छोटा राजकुमार अत्यधिक खोटा है। (लक्ष्मण की) निर्भय वाणी सुन-सुनकर उनका क्रोध से शरीर जल रहा है और बल की हानि हो रही है।

श्रीराम पर अहसान जताते हुए परशुरम बोले, तुम्हारा छोटा भाई समझकर इसे बचा रहा हूँ यह मन का मलिन तथा शरीर का कैसे सुन्दर है—जैसे विष रस से भरा हुआ स्वर्णिम घट।

यह सुनकर लक्ष्मण फिर हँसे, फिर तब श्रीराम ने नेत्र तरेर कर (उन्हें) देखा जिसके कारण सकुचा कर वे अपनी वाम वाणी बोलना छोड़कर गुरु के पास गये॥ २७८॥

टिप्पणी—कुछ काल पूर्व श्रीराम के पराक्रम से रुष्ट राजाओं ने भय का वातावरण तैयार किया था—जो परशुराम के आने के बाद टूट-सा गया था। यह टूटना उस सन्दर्भ को समाप्त करने के लिए नहीं अपितु उसे पुनः अत्यधिक भयावह बनाने के लिए था। कवि यहाँ लक्ष्मण प्रसंग की अवतारणा करके प्रसंग की भयावहता को चरमोत्कर्ष पर पहुँचा देता है—ताकि पूर्वकाल में राजाओं द्वारा निर्मित भयावह तथा उत्तेजक वातावरण शान्त हो सके। साथ ही, कवि सम्पूर्ण कथा को इस दिशा की ओर ले जाता है जहाँ श्रीराम के शील, शौर्य एवं उनकी मर्यादा का भी स्वयं अनायास निर्माण हो सके।

अति बिनीत मृदु सीतल बानी। बोले रामु जोरि जुग पानी॥
सुनहु नाथ तुम्ह सहज सुजाना। बालक बचनु करिअ नहिं काना॥
बररै बालकु एकु सुभाऊ। इन्हहिं न संत बिदूषहिं काऊ॥
तेहिं नाहीं कछु काज बिगारा। अपराधी मैं नाथ तुम्हारा॥
कृपा कोपु बधु बँधब गोसाईं। मो पर करिअ दास की नाईं॥
कहिअ बेगि जेहिं बिधि रिस जाई। मुनिनायक सोइ करौं उपाई॥

कह मुनि राम जाइ रिस कैसें। अजहुँ अनुज तव चितव अनैसें॥
एहि कें कंठ कुठारु न दीन्हा। तौ मैं काह कोपु करि कीन्हा॥
दो०— गर्भ स्त्रवहिं अवनिप रवनि सुनि कुठार गति घोर।
परसु अछत देखउँ जिअत बैरी भूप किसोर॥ २७९॥

अर्थ—श्रीराम दोनों हाथों को जोड़कर अत्यन्त विनीत भाव से मृदु वाणी बोले। हे नाथ! सुनें, आप स्वभाव से ही सहृदय हैं। आप बालक की वाणी को कान न करिए (ध्यान न दीजिए)।

बर्रे तथा बालक का एक जैसा स्वभाव है, इसीलिए सन्त जन इन्हें कभी दोषपूर्ण नहीं मानते। उसने कोई कार्य नहीं बिगाड़ा है, हे नाथ! आपका अपराधी तो मैं हूँ।

हे स्वामी! कृपा, क्रोध, बध तथा बंधन जो कुछ करना है, मुझ पर आप दास सदृश (मानकर) करें। आप शीघ्र बतायें, जिस भी तरह से आपका क्रोध जा सकता हो, हे मुनिश्रेष्ठ! मैं वही उपाय करूँ।

मुनि ने कहा, हे राम! मेरा क्रोध कैसे दूर हो, तुम्हारा भाई अब भी टेढ़ी दृष्टि से (अनैसे) देख रहा है। यदि मैंने इसके कंठ पर परशु न चलाया तो मैंने क्रोध करके ही क्या किया?

राजाओं की रमणियाँ परशु की प्रचण्ड (चालन ध्वनि) की गति को सुनकर गर्भ का स्राव कर देती हैं। इस परशु के रहते हुए वैरी इस भूप किशोर को मैं जीवित कैसे देखूँ?॥ २७९॥

टिप्पणी—लक्ष्मण द्वारा उत्तेजित किये जाने पर परशुराम का जाग्रत अमर्ष राम द्वारा पुनः शान्त किया जा रहा है। संवाद की नाटकीयता के उत्कर्ष के लिए जीवन्तता की धुरी परशुराम का क्रोध एवं लक्ष्मण के व्यंग्य वचन, शील तथा अमर्यादापूर्ण आचरण तीनों क्रम-क्रम से उभर कर प्रकाश में आते हैं।

बहइ न हाथु दहइ रिस छाती। भा कुठार कुंठित नृपघाती॥
भएउ बाम बिधि फिरेउ सुभाऊ। मोरे हृदयँ कृपा कसि काऊ॥
आजु दया दुखु दुसह सहावा। सुनि सौमित्रि बिहसि सिरु नावा॥
बाउ कृपा मूरति अनुकूला। बोलत बचन झरत जनु फूला॥
जौं पै कृपाँ जरिहिं मुनि गाता। क्रोधु भएँ तनु राखु बिधाता॥
देखु जनकु हठि बालकु येहू। कीन्ह चहत जड़ जमपुर गेहू॥
बेगि करहु किन आँखिन्ह ओटा। देखत छोट खोट नृप ढोटा॥
बिहसे लखनु कहा मन माहीं। मूँदें आँखि कतहुँ कोउ नाहीं॥
दो०— परसुराम तब राम प्रति बोले उर अति क्रोधु।
संभु सरासन तोरि सठ करसि हमार प्रबोधु॥ २८०॥

अर्थ—हाथ चलता नहीं, कोप से छाती जलती है (लगता है) यह नृपघाती परशु कुंठित हो चुका है। विधाता विपरीत हो गया या स्वभाव बदल गया है, मेरे हृदय में किसी के प्रति कृपाभाव कैसा!

आज यह दया मुझे असह्य कष्ट सहा रही है, इसे सुनकर लक्ष्मण ने मुस्करा कर सिर नवाया। आपकी कृपारूपी वायु आपकी ही मूर्ति के अनुकूल है, आप वचन बोलते हैं, मानो फूल झड़ रहे हैं।

हे मुनि! यदि कृपा करने पर आपका शरीर जलता है तो क्रोध होने पर विधाता ही इस शरीर की रक्षा करें। परशुराम ने कहा, हे जनक! हठ करके यह बालक यमपुरी में अपना गृह बसाना चाहता है।

इसको शीघ्र ही क्यों नहीं आँखों से ओट करते क्योंकि यह नृप पुत्र देखने में छोटा किन्तु

अत्यधिक खोटा है। लक्ष्मण ने हँसकर मन-ही-मन कहा, आँख मूँद लेने पर कहीं कोई नहीं है।

हृदय में अत्यधिक क्रोध धारण करके श्रीराम से परशुराम बोले, हे शठ! शिव के धनुष को तोड़कर तू मुझी को ज्ञान सिखाता है॥ २८०॥

टिप्पणी—परशुराम के क्रोध का कार्य के रूप में न परिणत होना आत्मपीड़ा का हेतु है—'बहइ न हाथु दहइ रिस छाती' उनके अमर्ष को शीर्ष बिन्दु पर पहुँचना कवि इंगित करता है। कवि सम्पूर्ण सन्दर्भ को समापन की ओर ले जाने का प्रयास करता है। इसीलिए वह भावात्मक आवेग को वैचारिकता के सूत्रों से बाँधने की चेष्टा करता है।

बंधु कहइ कटु संमत तोरें। तू छल बिनय करसि कर जोरें॥
करु परितोषु मोर संग्रामा। नाहिं त छाड़ु कहाउब रामा॥
छलु तजि करहि समरु सिवद्रोही। बंधु सहित न त मारउँ तोही॥
भृगुपति बकहिं कुठारु उठाए। मन मुसुकाहिं रामु सिर नाए॥
गुनहु लखन कर हम पर रोषू। कतहुँ सुधाइहु तें बड़ दोषू॥
टेढ़ जानि संका सब काहू। बक्र चंद्रमहि ग्रसइ न राहू॥
राम कहेउ रिस तजिअ मुनीसा। कर कुठारु आगे यह सीसा॥
जेहिं रिस जाइ करिअ सोइ स्वामी। मोहि जानिअ आपन अनुगामी॥

दो०— प्रभुहि सेवकहि समरु कस तजहु बिप्रबर रोसु।
बेषु बिलोकें कहेसि कछु बालक हूँ नहिं दोसु॥ २८१॥

अर्थ—तुम्हारी सहमति से ही तुम्हारा भाई कटु बोल रहा है और तू हाथ जोड़कर छलभरी विनय करता है। या तो युद्ध में मुझे सन्तुष्ट करो, नहीं तो राम कहलाना छोड़ दो।

हे शिवद्रोही, छल का परित्याग करके मुझसे युद्ध करो अन्यथा भाई सहित तुझे मार डालूँगा। परशुराम परशु उठाकर बक रहे थे और श्रीराम सिर झुकाए मन-ही-मन मुस्करा रहे थे।

दोष तो लक्ष्मण का है और अपराध हम पर है। कहीं-कहीं सीधेपन से भी बड़ा दोष होता है। टेढ़ा जानकर सभी किसी की वन्दना करते हैं, वक्र चन्द्रमा को राहु भी नहीं ग्रसता?

श्रीराम ने कहा, हे मुनिश्रेष्ठ आप क्रोध त्याग दें, आपके हाथ में कुठार है और यह शीश आगे है। जिस प्रकार से क्रोध शान्त हो, हे स्वामी! वही कीजिए। मुझे आप अपना दास समझिए।

हे द्विजश्रेष्ठ! क्रोध का परित्याग कर दें, स्वामी तथा सेवक में युद्ध कैसा? आपके वेश को देखकर उसने कुछ कहा है, वैसे बालक का कोई दोष नहीं है॥ २८१॥

टिप्पणी—श्रीराम पर दोषारोपण और उससे सम्पूर्ण प्रसंग को वैचारिकता की ओर ले जाने का प्रयास। श्रीराम अपनी वाणी द्वारा सम्पूर्ण अमर्ष प्रसंग पर पुनः विचार करने का बातावरण-सा उत्पन्न करते हुए प्रतीत होते हैं।

देखि कुठार बान धनु धारी। भै लरकहि रिस बीरु बिचारी॥
नामु जान पै तुम्हहि न चीन्हा। बंस सुभायँ उतरु तेहिं दीन्हा॥
जौं तुम्ह औतेहु मुनि की नाईं। पद रज सिर सिसु धरत गोसाईं॥
छमहु चूक अनजानत केरी। चहिअ बिप्र उर कृपा घनेरी॥
हमहिं तुम्हहिं सरबरि कस नाथा। कहहु न कहाँ चरन कहँ माथा॥
राम मात्र लघु नाम हमारा। परसु सहित बड़ नाम तुम्हारा॥
देव एकु गुनु धनुष हमारें। नव गुन परम पुनीत तुम्हारें॥
सब प्रकार हम तुम्ह सन हारे। छमहु बिप्र अपराध हमारे॥

दो०— बार बार मुनि बिप्रबर कहा राम सन राम।
बोले भृगुपति सरुष हसि तहूँ बंधु सम बाम॥ २८२॥

अर्थ—परशु एवं बाण सहित आपको धनुर्धर समझकर तथा आपको वीर योद्धा जानकर लड़के को क्रोध हुआ। वह आपका नाम जानता था किन्तु पहचानता नहीं था और उसने कुल स्वभाव के अनुसार आपको उत्तर दिया।

यदि आप मुनि की भाँति आते तब वह बालक आपके चरणों की धूलि को सिर पर रखता। अनजान के कारण जो चूक हो गई है, उसके लिए क्षमा करें क्योंकि ब्राह्मण के हृदय में घनीभूत कृपा होनी चाहिए।

हमारे और आपके बीच में कैसी बराबरी? बतायें कहाँ आपका चरण और कहाँ (वहाँ) हमारा मस्तक। 'राम' मात्र छोटा सा मेरा नाम है और आपका नाम परशु सहित बड़ा नाम है।

हे देव! हमारे धनुष में मात्र एक डोरी है और जबकि आपके धनुष में पुनीत नवगुण हैं। हर प्रकार से हम आपसे हारे हैं। हे विप्र! हमारे अपराधों को क्षमा करें।

श्रीराम ने बार-बार परशुराम को मुनि या विप्रश्रेष्ठ कहा, तब परशुराम इषद् क्रोध से हँसते हुए बोले, तू भी अपने भाई के ही समान टेढ़ा है॥ २८२॥

टिप्पणी—श्रीराम की विनीतता परशुराम के आत्मचिन्तन का आधार बनती है। इस विनीतता में क्षमा-याचना का भाव सन्निहित है जो मूलत: श्रीराम के शील तथा सत्यनिष्ठा का प्रमाण है। अमर्ष के बीच 'हास' का सन्दर्भ उत्पन्न कर कवि आवेग पर विचार के प्रवेश को सूचित कर रहा है। इस प्रकार के हास में भी क्रोध का लेप है।

निपटहिं द्विज करि जानहि मोही। मैं जस बिप्र सुनावउँ तोही॥
चाप स्रुवा सर आहुति जानू। कोपु मोर अति घोर कृसानू॥
समिधि सेन चतुरंग सुहाई। महा महीप भये पसु आई॥
मैं येहिं परसु काटि बलि दीन्हे। समर जग्य जगु कोटिन्ह कीन्हे॥
मोर प्रभाउ बिदित नहिं तोरें। बोलसि निदरि बिप्र के भोरें॥
भंजेउ चापु दापु बड़ बाढ़ा। अहमिति मनहु जीति जगु ठाढ़ा॥
राम कहा मुनि कहहु बिचारी। रिस अति बड़ि लघु चूक हमारी॥
छुअतहिं टूट पिनाकु पुराना। मैं केहि हेतु करउँ अभिमाना॥

दो०— जौं हम निदरहिं बिप्र बदि सत्य सुनहु भृगुनाथ।
तौ अस को जग सुभटु जेहि भयबस नावहिं माथ॥ २८३॥

अर्थ—हे राम! तू मुझे निपट ब्राह्मण जैसा न समझो। मैं जैसा ब्राह्मण हूँ, तुझे सुना रहा हूँ। चाप को स्रुवा एवं बाणों को आहुति समझो। मेरा क्रोध अत्यधिक प्रचण्ड अग्नि है।

समिधा अच्छी तरह शोभित चतुरंगिणी सेनाएँ हैं और बड़े-बड़े राजा बलिपशु हैं। मैंने इस परशु से काट कर उन्हें बलि दिया है और इस प्रकार के करोड़ों समर यज्ञ किये हैं।

तुझे मेरा प्रभाव ज्ञात नहीं है, ब्राह्मण के धोखे में निरादर करके मुझसे बोल रहा है। धनुष तोड़ डाला है, इसलिए बड़ा घमंड बढ़ गया है और ऐसा अहंकार (उत्पन्न हो गया है) मानो संसार को जीतकर खड़ा है।

राम ने कहा! हे मुनि! विचार कर कहें, आपका क्रोध बहुत बड़ा है और हमारी भूल बहुत छोटी। छूते ही यह पुराना धनुष टूट गया इसलिए मैं किस निमित्त अभिमान करूँ।

हे विप्रश्रेष्ठ! यदि हम सचमुच ब्राह्मण कहकर निरादर करते हैं तो हे भृगुनाथ! यह सही-सही सुन लीजिए कि संसार मैं ऐसा कौन योद्धा है, जिसको भयवश माथ झुकाएँ॥ २८३॥

टिप्पणी—श्रीराम की व्यंजनापूर्ण वक्रता परशुराम को आवेश से मुक्त करके प्रसंग को सही ढंग से सोचने के लिए विवश करती है। श्रीराम अपने ढंग से तर्क देते हैं, जिनकी अर्थ व्याप्ति परशुराम को प्रभावित करके उन्हें शान्ति की ओर ले जाती है।

देव दनुज भूपति भट नाना। समबल अधिक होउ बलवाना॥
जौं रन हमहिं पचारै कोऊ। लरहिं सुखेन कालु किन होऊ॥
छत्रिय तनु धरि समर सकाना। कुल कलंकु तेहि पावँर आना॥
कहउँ सुभाउ न कुलहि प्रसंसी। कालहु डरहिं न रन रघुबंसी॥
बिप्र बंस कै असि प्रभुताई। अभय होइ जो तुम्हहि डेराई॥
सुनि मृदु गूढ़ बचन रघुपति के। उघरे पटल परसुधर मति के॥
राम रमापति कर धनु लेहू। खैंचहु मिटै मोर संदेहू॥
देत चापु आपुहिं चलि गएऊ। परसुराम मन बिसमय भएऊ॥
दो०— जाना राम प्रभाउ तब पुलक प्रफुल्लित गात।
जोरि पानि बोले बचन हृदयँ न प्रेमु अमात॥ २८४॥

अर्थ—देवता, दैत्य, राजा एवं अनेकानेक योद्धागण, वे शक्ति में मेरे बराबर हों या अधिक बलशाली। यदि हमें युद्ध भूमि में कोई ललकारता है तो हम सुखपूर्वक युद्ध करते हैं, चाहे वह काल ही क्यों न हो?

क्षत्रिय का शरीर धारण करके युद्ध में भय का अनुभव किया (सकाना) तो ब्रह्म पामर (निकृष्ट) ने कुल पर कलंक लगा दिया। मैं कुल की प्रशंसा करके नहीं, स्वभाववश कहता हूँ कि रघुवंश में उत्पन्न होने वाले रण में काल से भी नहीं डरते।

ब्राह्मणवंश की ऐसी महिमा है कि वह अभय हो जाता है, जो तुम्हें डरता है। श्रीराम के कोमल तथा रहस्यपूर्ण वचन सुनकर परशुराम की मति के पर्दे खुल गए।

हे राम! हे रमापति! इस धनुष को हाथ में लीजिए और इसे खींचिए, मेरा संदेह मिट जाय। धनुष देते ही (वह) स्वयं चला गया तब परशुराम के मन में विस्मय हुआ।

श्रीराम का प्रभाव तब उन्होंने जाना। उनका शरीर पुलकित तथा प्रफुल्लित हो उठा। वे हाथ जोड़कर वचन बोले, हृदय में प्रेम नहीं समाता था॥ २८४॥

टिप्पणी—श्रीराम अपने पराक्रम का व्यंजना-भाव से वर्णन करते हुए उसे ब्राह्मण शक्ति से हीन बताकर परशुराम के क्रोध की शान्ति का आधार तैयार करते हैं। 'अभय होइ जो तुम्हहि डेराई' वाक्य के अन्तर्गत ब्राह्मण भाव के प्रति सनातन निष्ठा वर्तमान है। ब्राह्मणों के प्रति सनातन निष्ठा का भाव परशुराम को पुनः सम्पूर्ण प्रकरण पर शान्तिपूर्वक सोचने के लिए विवश करता है।

कवि अलौकिक घटना व्यापार द्वारा परशुराम में विस्मय भाव उत्पन्न करके श्रीराम के ब्रह्मत्व की प्रतिष्ठा करता है।

उनका हाथ जोड़कर प्रार्थना करना वैष्णवी आस्था की न केवल स्थापना है वरन् राजाओं द्वारा निर्मित आतंकपूर्ण वातावरण के समापन का उपक्रम भी।

जय रघुबंस बनज बन भानू। गहन दनुज कुल दहन कृसानू॥
जय सुर बिप्र धेनु हितकारी। जय मद मोह कोह भ्रम हारी॥
बिनय सील करुना गुन सागर। जयति बचन रचना अति नागर॥
सेवक सुखद सुभग सब अंगा। जय सरीर छबि कोटि अनंगा॥
करौं काह मुख एक प्रसंसा। जय महेस मन मानस हंसा॥
अनुचित बहुत कहेउँ अग्याता। छमहु छमा मंदिर दोउ भ्राता॥

कहि जय जय जय रघुकुलकेतू। भृगुपति गए बनहि तप हेतू॥
अपभयँ कुटिल महीप डेराने। जहँ तहँ कायर गवँहिं पराने॥
दो०— देवन्ह दीन्ही दुंदुभी प्रभु पर बरषहिं फूल।
हरषे पुर नर नारि सब मिटी मोहमय सूल॥ २८५॥

अर्थ—परशुराम ने प्रार्थना की—हे रघुवंशरूपी कमलवन के सूर्य! असुरकुलरूपी गहन (वन) को जलानेवाले अग्नि! आपकी जय हो। देवता, ब्राह्मण, गौ के हितैषी आपकी जय हो। मद, मोह, क्रोध एवं भ्रम को विनष्ट करनेवाले आपकी जय हो।

हे विनय, शील, करुणा एवं गुणों के समुद्र तथा वचनों की रचना में अत्यधिक चतुर आपकी जय हो। हे सेवकों को सुख देने वाले सभी अंगों से सुन्दर तथा शरीर से करोड़ों कामदेव की छवि धारण करनेवाले आपकी जय हो।

मैं एक मुख से आपकी क्या प्रशंसा करूँ, शिव के मन मानस के राजहंस आपकी जय हो। मैंने अज्ञात भाव से आपके प्रति बहुत अनुचित कहा, हे क्षमा के मन्दिर दोनों भाई आपकी जय हो।

रघुकुलकेतु! की जय हो, जय हो, जय हो—ऐसा कहकर भृगुपति वन में तपस्या के निमित्त चले गये। कुटिल राजागण (इस घटना को देखकर) आत्मभय से डर गये और वे कायर जहाँ-तहाँ अवसर (गवय) देखकर भाग गये।

देवताओं ने नगाड़े बजाये, वे प्रभु के ऊपर फूल बरसाने लगे। जनकपुर के सभी पुरुष हर्षित हो उठे तथा उनका मोहमय कष्ट समाप्त हो उठा॥ २८५॥

टिप्पणी—परशुराम द्वारा की गई श्रीराम की यह स्तुति उनके ब्रह्म स्वरूप को इंगित करने का उपक्रम है। इस उपक्रम के द्वारा कवि लोक में न केवल श्रीराम के स्वरूप, शक्ति, शील तथा आध्यात्मिकता की स्थापना ही नहीं करता है, अपितु राजाओं के अपभय से भाग जाने का वातावरण भी तैयार कर रहा है।

अति गहगहे बाजने बाजे। सबहिं मनोहर मंगल साजे॥
जूथ जूथ मिलि सुमुखि सुनयनीं। करहिं गान कल कोकिल बयनीं॥
सुखु बिदेह कर बरनि न जाई। जन्म दरिद्र मनहुँ निधि पाई॥
बिगत त्रास भइ सीय सुखारी। जनु बिधु उदयँ चकोरकुमारी॥
जनक कीन्ह कौसिकहि प्रनामा। प्रभु प्रसाद धनु भंजेउ रामा॥
मोहि कृतकृत्य कीन्ह दुहुँ भाई। अब जो उचित सो कहिअ गोसाईं॥
कह मुनि सुनु नरनाथ प्रबीना। रहा बिबाहु चाप आधीना॥
टूटत हीं धनु भएउ बिबाहू। सुर नर नाग बिदित सब काहू॥
दो०— तदपि जाइ तुम्ह करहु अब जथा बंस ब्यवहारु।
बूझि बिप्र कुलबृद्ध गुर बेद बिदित आचारु॥ २८६॥

अर्थ—अत्यन्त जोर से बाजे बजने लगे। सभी मनोहारी मंगल साज साजे। सुन्दर मुखवाली तथा सुन्दर नेत्रोवाली एवं कोकिल की भाँति सुन्दर शब्द करनेवाली युवतियों के समूह मिलकर सुन्दर गान करती हैं।

जनक के सुख का वर्णन नहीं किया जा सकता मानो जन्म से दरिद्र व्यक्ति ने प्रभूत सम्पत्ति प्राप्त कर ली हो। भय समाप्त हुआ, सीता सुखी हो उठीं मानो चन्द्रमा के उदित होने पर चकोरकुमारी आनन्दित हो।

जनक ने विश्वामित्र को प्रणाम किया। हे प्रभु! आपके प्रसाद से श्रीराम ने धनुष तोड़ा। मुझे दोनों भाइयों ने कृतकृत्य कर दिया। हे गोस्वामी! अब जो उचित हो उसे कहें।

मुनि विश्वामित्र ने कहा कि हे प्रवीण नरनाथ! सुनें, विवाह तो धनुष के अधीन था। धनुष टूटते ही विवाह हो गया। यह देवता, मनुष्य, नागगण सभी को (सर्वथा) विदित है।

तथापि अब आप जाकर अपने वंश के व्यवहार के अनुसार कुलवृद्ध, गुरु से समझ कर वेदों में वर्णित आचार करें॥ २८६॥

टिप्पणी—परशुराम के प्रत्यागमन एवं श्रीराम के चमत्कारपूर्ण प्रभाव की स्थापना अर्थात् इन दोनों के कारण यज्ञभूमि में जो हर्ष का वातावरण बनता है—वह बड़ा ही नाटकीय एवं त्रासद मनोभावों को तत्काल सुखान्त में परिणत करके उल्लास के हेतु का सर्जक है। त्रासद वातावरण को हर्ष में बदल देना इस प्रकरण की सबसे बड़ी विशेषता है।

दूत अवधपुर पठवहु जाई। आनहिं नृप दसरथहि बोलाई॥
मुदित राउ कहि भलेहिं कृपाला। पठए दूत बोलि तेहि काला॥
बहुरि महाजन सकल बोलाए। आइ सबन्हि सादर सिर नाए॥
हाट बाट मंदिर सुरबासा। नगरु सवाँरहु चारिहु पासा॥
हरषि चले निज निज गृह आए। पुनि परिचारक बोलि पठाए॥
रचहु बिचित्र बितान बनाई। सिर धरि बचन चले सचु पाई॥
पठए बोलि गुनी तिन्ह नाना। जे बितान बिधि कुसल सुजाना॥
बिधिहि बंदि तिन्ह कीन्ह अरंभा। बिरचे कनक कंदलि के खंभा॥
दो०— हरित मनिन्ह के पत्र फल पदुमराग के फूल।
रचना देखि बिचित्र अति मनु बिरंचि कर भूल॥ २८७॥

अर्थ—आप जाकर दूत को अवधपुर भेजें जो दशरथ को बुला लाये। आनन्दित होकर राजा जनक ने कहा हे कृपालु! बहुत अच्छा है। उसी समय बुलाकर (उन्होंने) दूत भेज दिया।

पुनः सम्पूर्ण महाजनों को बुलाया और सभी ने आकर आदरपूर्वक सिर झुकाया। बाजार, रास्ते, मन्दिर, देवालय तथा नगर को चारों पार्श्वों (पासा) से सजाओ।

वे हर्षित भाव से चले तथा अपने-अपने घर आये और पुनः परिचारिकों को बुला भेजा। विचित्र मण्डप सजाकर तैयार करो। वे इसे सुनकर राजा के वचन सिर पर धरकर सुख पाकर चले।

उन्होंने नाना प्रकार के मुनियों को बुलाकर भेजा जो वितान बनाने में कुशल तथा चतुर थे। ब्रह्मा की वन्दना करके उन्होंने बितान का कार्य प्रारम्भ किया और सर्वप्रथम सोने के केले के खम्भे बनाये।

हरी-हरी मणियों के पत्र-फूल और पद्मराग मणियों के फूल बनाये। उस विचित्र रचना को देखकर ब्रह्मा का मन भी भूल गया॥ २८७॥

टिप्पणी—विवाह के पूर्व नगर की रचना एवं सज्जा का वर्णन है। परम्परया श्रीराम के पिता दशरथ को एतदर्थ सूचना भेजने का उपक्रम।

बेनु हरित मनिमय सब कीन्हे। सरल सपरब परहिं नहिं चीन्हे॥
कनक कलित अहिबेलि बनाई। लखि नहिं परइ सपरन सुहाई॥
तेहि के रचि पचि बंध बनाए। बिच बिच मुकुता दाम सुहाए॥
मानिक मरकत कुलिस पिरोजा। चीरि कोरि पचि रचे सरोजा॥
किए भृंग बहु रंग बिहंगा। गुंजहिं कूजहिं पवन प्रसंगा॥
सुरप्रतिमा खंभन गढ़ि काढ़ीं। मंगल द्रव्य लिएँ सब ठाढ़ीं॥
चौकें भाँति अनेक पुराईं। सिंधुर मनिमय सहज सुहाईं॥

दो०— सौरभ पल्लव सुभग सुठि किए नीलमनि कोरि।
हेम बौरु मरकत घवरि लसति पाटमय डोरि॥ २८८॥

अर्थ—बाँस हरी-हरी मणियों के सब बनाये गये जो सीधे तथा गाँवों से युक्त इस प्रकार थे जो पहचाने नहीं जा सकते। सोने की सुन्दर पान की लता बनाई जो पत्तों के साथ ऐसी अच्छी मालूम होती थीं कि पहचान में नहीं आती थीं।

उसी को रचकर तथा उसी की पच्चीकारी करके बन्दनवार बनाये गये तथा मोतियों की सुन्दर झालरें थीं तथा बीच-बीच में मोती की झालरें थीं। माणिक्य, मरकत, बज तथा फिरोजे रत्नों को चीर करके कोट करके तथा पच्चीकारी करके कमल बनाये गये।

अनेक रंगों के भौंरे तथा पक्षी बनाये गये जो हवा के सहारे गूँजते तथा कूँजते थे। खम्भों पर देव प्रतिमाएँ गढ़कर काढ़ी गईं और सभी मंगलद्रव्य लेकर सभी खड़ी थीं।

हरित (सिंदूर) मणियों के सहज सुहावने अनेक प्रकार के चौक पूरे गये।

नीलमणियों को छाँट कर अत्यन्त सुन्दर आम के पत्ते बनाये गये, सोने की बौरें, मरकत के फलों के गुच्छे रेशम की डोरी से बँधे शोभित थे॥ २८८॥

टिप्पणी—विवाह के पूर्व क्रम में नगर सज्जा और विशेष रूप से परम्परित मांगलिक परिस्थितियों के अन्तर्गत विवाहोत्सव की तैयारी का सन्दर्भ प्रस्तुत किया गया है। वैदिक विवाह परम्परा में बाँस, पान की लताओं का उल्लेख करता है। मणि-माणिक्य, पिरोजे, मरकत आदि की सज्जा मध्यकाल सामन्ती व्यवस्था के अनुरूप है।

रचे रुचिर बर बंदनिवारे। मनहुँ मनोभवँ फंद सँवारे॥
मंगल कलस अनेक बनाए। ध्वज पताक पट चमर सुहाए॥
दीप मनोहर मनिमय नाना। जाइ न बरनि बिचित्र बिताना॥
जेहिं मंडप दुलहिनि बैदेही। सो बरनै असि मति कवि केही॥
दूलहु रामु रूप गुन सागर। सो बितानु तिहुँ लोक उजागर॥
जनक भवन कै सोभा जैसी। गृह गृह प्रति पुर देखिय तैसी॥
जेहिं तिरहुति तेहिं समय निहारी। तेहि लघु लाग भुवन दस चारी॥
जो संपदा नीच गृह सोहा। सो बिलोकि सुरनायक मोहा॥
दो०— बसै नगर जेहि लच्छि करि कपट नारि बर बेषु।
तेहि पुर कै सोभा कहत सकुचहिं सारद सेषु॥ २८९॥

अर्थ—रुचित तथा सुन्दर बन्दनवार ऐसे बनाये गये थे मानो कामदेव ने फंदे सजाये हों। अनेक प्रकार के मंगलमय कलश तथा सुन्दर ध्वजा, पताकाएँ, परदे तथा चँवर बनाये गये थे।

मणियों के बने अनेकानेक दीपक थे तथा विचित्र-मण्डपों का वर्णन करते नहीं बनता। जिस मण्डप में जानकी दुलहिन होंगी, उसका वर्णन कर सके, किस कवि में इतनी बुद्धि होगी।

जिस मण्डप में रूप तथा गुणों के समुद्र श्रीराम दूल्हे होंगे वह मण्डप तीनों लोकों में उजागर होगा। जनक ने राजभवन की जो शोभा थी, वैसे ही, पुरों में स्थित घर घर की दिखाई पड़ती थी।

जिसने इस समय तिरहुत को देखा, उसे चौदह भुवन तुच्छ जान पड़े। जो सम्पत्ति उस समय निर्धन के गृह शोभित होती थी, उसे देखकर इन्द्र मुग्ध थे।

जिस नगर में लक्ष्मी कपट से स्त्री का वेष धारण करके निवास कर रही हैं, उस नगर की शोभा करने में सरस्वती एवं शेषनाग सकुचाते हैं॥ २८९॥

टिप्पणी—पुर सज्जा के पश्चात् मण्डप रचना परम्परित व्यवस्था का अंग है। इस क्रम में कवि विवाह-मण्डप की राजोचित क्रम में साज-सज्जा की बात कर रहा है। जनकपुर के सौन्दर्य वर्णन

का अतिशयोक्तिपरक निरूपण परम्परित आलंकारिक प्रणाली के अनुक्रम में है। अतिशयोक्ति एवं अत्युक्ति अलंकारों का इस वर्णन प्रणाली पर पदेन-पदेन प्रभाव है।

पहुँचे दूत राम पुर पावन। हरषे नगर बिलोकि सुहावन॥
भूप द्वार तिन्ह खबर जनाई। दसरथ नृप सुनि लिए बोलाई॥
करि प्रनामु तिन्ह पाती दीन्ही। मुदित महीप आपु उठि लीन्ही॥
बारि बिलोचन बाँचत पाती। पुलक गात आई भरि छाती॥
रामु लखनु उर कर बर चीठी। रहि गए कहत न खाटी मीठी॥
पुनि धरि धीर पत्रिका बाँची। हरषी सभा बात सुनि साँची॥
खेलत रहे तहाँ सुधि पाई। आए भरतु सहित हित भाई॥
पूछत अति सनेहँ सकुचाई। तात कहाँ तें पाती आई॥
दो०— कुसल प्रान प्रिय बंधु दोउ अहहिं कहहु केहि देस।
सुनि सनेह साने बचन बाँची बहुरि नरेस॥ २९०॥

अर्थ—दूत पवित्र अयोध्या नगर पहुँचे। सुन्दर नगर को देखकर वे हर्षित हुए। राजा दशरथ के द्वार पर उन्होंने समाचार बताया जिसे सुनकर राजा दशरथ ने उन्हें (स्वयं) बुला लिया।

प्रणाम करके उन्होंने पत्रिका दी। आनन्दित राजा ने स्वयं उठकर ले लिया। पत्रिका बाँचते समय उनके नेत्रों में अश्रु-प्रवाह था, शरीर पुलकित हो गया तथा छाती भर उठी।

हृदय में राम-लक्ष्मण हैं। हाथ में सुन्दर पत्रिका है। (राजा उस पत्र को) लिये रह गये खट्टी-मीठी कुछ भी नहीं कह सके। पुनः धैर्य धारण करके पत्रिका पढ़ी और सारी सभा सच्ची बातें सुनकर हर्षित हो उठी।

भरत, जहाँ खेल रहे थे, वहाँ समाचार सुना और वे शत्रुघ्न तथा साथियों के साथ आये। अत्यन्त स्नेहवश संकुचित भाव से पूछते हैं, हे पिता जी! किस स्थान से पत्रिका आई है।

मेरे प्राणप्रिय दोनों भाई, कहिए, कुशलपूर्वक तो हैं, किस देश में हैं, उनके स्नेह से सने वचनों को सुनकर उस पत्र को राजा ने फिर से पढ़ा॥ २९०॥

टिप्पणी—दूतों द्वारा जनक का पत्र राजा दशरथ तक पहुँचने पर उनके अनुराग तथा वात्सल्य का कवि चित्रण करता है। कवि दशरथ के हर्ष को उत्पन्न करने के लिए अनुभावों के प्रयोग सन्दर्भ का उपयोग करता है।

सुनि पाती पुलके दोउ भ्राता। अधिक सनेहु समात न गाता॥
प्रीति पुनीत भरत कै देखी। सकल सभाँ सुखु लहेउ बिसेषी॥
तब नृप दूत निकट बैठारे। मधुर मनोहर बचन उचारे॥
भैआ कहहु कुसल दोउ बारे। तुम्ह नीकें निज नयन निहारे॥
स्यामल गौर धरे धनु भाथा। बय किसोर कौसिक मुनि साथा॥
पहिचानहु तुम्ह कहहु सुभाऊ। प्रेम बिबस पुनि पुनि कह राऊ॥
जा दिन तें मुनि गए लवाई। तब तें आजु साँचि सुधि पाई॥
कहहु बिदेह कवनि बिधि जाने। सुनि प्रिय बचन दूत मुसुकाने॥
दो०— सुनहु महीपति मुकुटमनि तुम्ह सम धन्य न कोउ।
रामु लखनु जिन्ह के तनय बिस्व बिभूषन दोउ॥ २९१॥

अर्थ—पत्रिका को सुनकर दोनों भाई पुलकित हुए। स्नेहाधिक्य उनके शरीर में नहीं समा पा रहा था। भरत की पवित्र प्रीति देखकर सारी सभा ने विशेष सुख प्राप्त किया।

तब राजा ने दूतों को समीप बैठाया और मनोहारी तथा मधुर वाणी उनसे कही। हे भय्या!

कहो, दोनों बच्चे कुशल तो हैं, तुमने भलीभाँति अपनी आँखों से देखा तो है?

स्यामल तथा गौरवर्ण के वे दोनों हैं, धनुष तथा तरकस धारण किये रहते हैं, इनकी उम्र किशोरावस्था की है, विश्वामित्र के साथ हैं, यदि तुम पहचानते हो तो उनका स्वभाव बताओ, प्रेम से विवशीभूत राजा दशरथ यही बार-बार कह रहे हैं।

जिस दिन से मुनि लिवा गये, उनकी सही खबर तब से आज पाई है। बताओ तो महाराज जनक ने उन्हें किस प्रकार पहचाना। उनके (इस प्रकार) के प्रिय वचनों को सुनकर दूत मुस्कराए।

हे राजाओं के मुकुटमणि! आपके सदृश धन्य और कोई नहीं है। श्रीराम तथा लक्ष्मण विश्व के विभूषण जैसे, जिनके पुत्र हैं॥ २९१॥

टिप्पणी—वात्सल्य के अन्तर्गत आत्मीयता का प्रकरण और यह प्रकरण पुत्रासक्ति से जुड़े पिता के भोलेपन से जुड़ता है। श्रीराम तथा लक्ष्मण की पहचान के माध्यम से कवि उनके वात्सल्य एवं माहात्म्य निरूपण का पुनः एक नया अवसर प्राप्त करता है।

पूछन जोगु न तनय तुम्हारे। पुरुषसिंघ तिहु पुर उजियारे॥
जिन्ह के जस प्रताप के आगे। ससि मलीन रबि सीतल लागे॥
तिन्ह कहँ कहिअ नाथ किमि चीन्हे। देखिअ रबि कि दीप कर लीन्हे॥
सीय स्वयंबर भूप अनेका। समिटे सुभट एक तें एका॥
संभु सरासनु काहुँ न टारा। हारे सकल बीर बरिआरा॥
तीनि लोक महुँ जे भटमानी। सब कै सकति संभु धनु भानी॥
सकइ उठाइ सरासुर मेरू। सोउ हियँ हारि गएउ करि फेरू॥
जेहिं कौतुक सिवसैलु उठावा। सोउ तेहि सभाँ पराभउ पावा॥
दो०— तहाँ राम रघुबंसमनि सुनिअ महा महिपाल।
भंजेउ चापु प्रयास बिनु जिमि गज पंकज नाल॥ २९२॥

अर्थ—आपके पुत्र पूछने योग्य नहीं हैं? वे पुरुषों में सिंह हैं तथा तीनों लोकों में विख्यात हैं। जिनके यश तथा प्रताप के समक्ष चन्द्रमा फीका और सूर्य शीतल लगता है।

हे नाथ! आप उनको पहचानने को कहते हैं क्या सूर्य को हाथ में दीपक लेकर देखा जाता है? सीता के स्वयंवर में अनेक राजा एक-से-एक बढ़कर एकत्रित थे।

शिव के धनुष को कोई नहीं हटा सके। सम्पूर्ण शक्तिशाली राजा हार गये। तीनों लोकों में जितने भी सम्मान्य योद्धा थे सबकी शक्ति शिवधनु ने तोड़ दी।

ऐसा बाणासुर जो सुमेरु पर्वत को भी उठा सकता है, वह भी हृदय से हारकर (धनुष की) परिक्रमा करके चला गया। जिसने लीलाभाव से कैलास को उठा लिया था, रावण ने भी उस सभा में पराजय प्राप्त की।

हे श्रेष्ठ राजा! आप सुनें, रघुवंशशिरोमणि श्रीराम ने वहाँ बिना प्रयास के ही शिव धनुष तोड़ डाला—जैसे हाथी कमल की नाल तोड़ डालता है॥ २९२॥

टिप्पणी—परम्परित शौर्य वर्णन की परिपाटी के अन्तर्गत श्रीराम तथा लक्ष्मण के सौन्दर्य, शील तथा पराक्रम का वर्णन करना कवि का उद्देश्य है। मध्यकालीन काव्य के अन्तर्गत ऐसे प्रकरणों में 'अतिशयता' के द्वारा वर्णित किया गया है। कवि भी इस सन्दर्भ में उसी प्रणाली का अनुगमन करता है। जनकपुर में श्रीराम-लक्ष्मण के पहुँचने से लेकर परशुराम प्रसंग तक का संस्मरणात्मक वर्णन यहाँ परिस्थितियों के परिज्ञान कराने का उपक्रम बनता है।

सुनि सरोष भृगुनायक आए। बहुत भाँति तिन्ह आँखि देखाए॥
देखि राम बलु निज धनु दीन्हा। करि बहु बिनय गवनु बन कीन्हा॥
राजत रामु अतुलबल जैसें। तेज निधान लखनु पुनि तैसें॥

कंपहिं भूप बिलोकत जाकें। जिमि गज हरि किसोर के ताकें॥
देव देखि तव बालक दोऊ। अब न आँखि तर आवत कोऊ॥
दूत बचन रचना प्रिय लागी। प्रेम प्रताप बीर रस पागी॥
सभा समेत राउ अनुरागे। दूतन्ह देन निछावरि लागे॥
कहि अनीति ते मूँदहिं काना। धरमु बिचारि सबहिं सुखु माना॥
दो०— तब उठि भूप बसिष्ट कहुँ दीन्हि पत्रिका जाइ।
कथा सुनाई गुरहि सब सादर दूत बोलाइ॥ २९३॥

अर्थ—इसे सुनकर क्रोध से भरे परशुराम आये और अनेक भाँति से आँखें दिखाईं। श्रीराम की शक्ति को देखकर उन्होंने अपना धनुष दे दिया और अनेक प्रकार की विनती करके वन के लिए गमन किया।

हे राजन! श्रीराम में जैसा अतुलनीय बल है वैसे ही लक्ष्मण भी तेज निधान हैं। जिनके देखने मात्र से राजा काँपने लगते हैं, जैसे सिंहकिशोर के ताकने मात्र से हाथी।

हे देव! आपके दोनों पुत्रों को देखकर, अब आँख के अन्दर कोई आता ही नहीं। दूत की वह वचन रचना (राजा को) प्रिय लगी जो प्रेम, प्रताप तथा वीर रस से पगी थी।

राजसभा सहित राजा आनन्दित हो उठे और दूतों को निछावर देने लगे। यह नीति प्रतिकूल है, ऐसा कहकर वे कानों को मूँदने लगे। धर्म को विचार करके सभी सुखी हुए।

तब राजा ने उठकर गुरु वसिष्ठ को जाकर पत्रिका दी। आदरपूर्वक दूतों को बुलाकर उन्होंने सारी कथा सुना दी॥ २९३॥

टिप्पणी—दूतों की वचन रचना के क्रम का समापन है। संस्मरणात्मक घटना क्रम की समाप्ति के साथ श्रीराम तथा लक्ष्मण का शौर्य वर्णन निर्दिष्टि है। इस शौर्य वर्णन के अन्तर्गत उनका आध्यात्मिक सन्दर्भ भी निर्दिष्ट होता है।

कथा सन्दर्भ को आगे बढ़ाने के लिए कवि गुरु वसिष्ठ का सन्दर्भ ले आता है। विवाह के लिए पुरोहित तथा गुरु से मंत्रणा करने का सन्दर्भ परम्परा से जुड़ा है।

सुनि बोले गुर अति सुखु पाई। पुन्य पुरुष कहुँ महि सुख छाई॥
जिमि सरिता सागर महुँ जाहीं। जद्यपि ताहि कामना नाहीं॥
तिमि सुख संपति बिनहिं बोलाएँ। धरमसील पहिं जाहिं सुभाएँ॥
तुम्ह गुर बिप्र धेनु सुर सेबी। तसि पुनीत कौसल्या देबी॥
सुकृती तुम्ह समान जग माहीं। भयउ न है कोउ होनेउ नाहीं॥
तुम्ह ते अधिक पुन्य बड़ काकें। राजन राम सरिस सुत जाकें॥
बीर बिनीत धरम ब्रत धारी। गुन सागर बर बालक चारी॥
तुम्ह कहुँ सर्ब काल कल्याना। सजहु बरात बजाइ निसाना॥
दो०— चलहु बेगि सुनि गुर बचन भलेहिं नाथ सिरु नाइ।
भूपति गवने भवन तब दूतन्ह बासु देवाइ॥ २९४॥

अर्थ—सब सुनकर गुरु अत्यन्त सुख प्राप्त करके बोले। पुण्यात्मा रूप पुरुष के लिए पृथ्वी पर सुख छाए हुए हैं। जिस प्रकार सरिताएँ सागर की ओर जाती हैं, यद्यपि समुद्र को उसकी कामना नहीं है,

उसी प्रकार सभी सुख तथा सम्पत्ति बिना बुलाये ही धर्मशील व्यक्ति के पास नैसर्गिक रूप से जाती हैं। तुम गुरु, ब्राह्मण तथा देवता की सेवा करने वाले हो और वैसे ही पवित्र कौसल्या देवी हैं।

आपके सदृश संसार में पुण्यात्मा न हुआ है, न होने वाला है और न है। हे राजन! जिसके

श्रीराम सदृश पुत्र हों, (ऐसे आप के सदृश) किसके अधिक पुण्य हैं?

आपके चारों पुत्र वीर, विनीत तथा धर्म के व्रत को धारण करने वाले गुणों के भण्डार (समुद्र) हैं। आपके लिए सारे कालों में कल्याण है। इसलिए डंके बजवाकर बारात सजवाइए।

'जल्दी प्रस्थान करें' इस प्रकार गुरु के वचनों को सुनकर (राजा ने सिर झुकाकर कहा) बहुत अच्छा और इस प्रकार दूतों को आवास दिलाकर राजा अन्त:पुर में गये॥ २९४॥

टिप्पणी—वसिष्ठ दशरथ के धर्म एवं ऐश्वर्य मण्डित व्यक्तित्व की प्रशंसा करते हुए धर्म तथा ऐश्वर्य के नैसर्गिक सम्बन्धों पर टिप्पणी देते हैं। कवि की यह टिप्पणी मध्यकालीन राजनीतिक व्यवस्था के लिए आदर्श का कार्य करती है।

राजा सबु रनिवासु बोलाई। जनक पत्रिका बाँचि सुनाई॥
सुनि संदेसु सकल हरषानी। अपर कथा सब भूप बखानी॥
प्रेम प्रफुल्लित राजहिं रानी। मनहुँ सिखिनि सुनि बारिद बानी॥
मुदित असीस देहिं गुर नारीं। अति आनंद मगन महतारीं॥
लेहिं परसपर अतिप्रिय पाती। हृदयँ लगाइ जुड़ावहिं छाती॥
राम लखन कै कीरति करनीं। बारहिं बार भूपबर बरनीं॥
मुनि प्रसादु कहि द्वार सिधाए। रानिन्ह तब महिदेव बोलाए॥
दिए दान आनंद समेता। चले बिप्र बर आसिष देता॥
सो०— जाचक लिए हँकारि दीन्हि निछावरि कोटि बिधि।
चिरु जीवहुँ सुत चारि चक्रबर्ति दसरत्थ के॥ २९५॥

अर्थ—राजा ने सभी रनिवास को बुलाया और जनक की पत्रिका को पढ़कर सुनाया। संदेश सुनकर सभी प्रसन्न हुईं और राजा ने तब अन्य कथाएँ सुनाईं।

प्रेम से प्रफुल्लित रानियाँ इस प्रकार प्रसन्न हो रही थीं, मानो मयूरियाँ बादल की आवाज को सुनकर (प्रसन्न हों)। गुरु-पत्नियाँ प्रसन्न होकर आशीर्वाद देती हैं और माताएँ आत्यधिक आनन्द से मग्न हैं।

अत्यन्त प्रिय पत्रिका को आपस में लेती हैं और हृदय से लगाकर अपनी छाती शीतल करती हैं। श्रीराम तथा लक्ष्मण की करनी को बार-बार राजा ने कहकर बताया।

यह मुनि की कृपा है, ऐसा कहकर वे बाहर चले गये और तब रानियों नें ब्राह्मणों को बुलाया। उन्होंने आनन्दपूर्वक दान दिया और श्रेष्ठ ब्राह्मण आशीर्वाद देते चले।

पुन: याचकों को बुला लिया और अनेक प्रकार की निछावरें दीं। (वे आशीर्वाद देते हुए चले) चक्रवर्ती दशरथ सम्राट् के चारों पुत्र चिरंजीवी हों॥ २९५॥

टिप्पणी—कथा सन्दर्भ को आगे बढ़ाता हुआ कवि पत्रिका-प्रकरण को रनिवास ले जाता है। इस प्रकरण द्वारा माताओं के पुलक एवं वात्सल्य मंडित हर्ष का चित्रण करना कवि का मन्तव्य है। हर्ष के ऐसे अवसरों पर दानादि का परम्परित प्रकरण यहाँ उसी क्रम में निर्दिष्ट है।

कहत चले पहिरें पट नाना। हरषि हने गहगहे निसाना॥
समाचार सब लोगन्ह पाए। लागे घर घर होन बधाए॥
भुवन चारि दस भरा उछाहू। जनकसुता रघुबीर बिआहू॥
सुनि सुभ कथा लोग अनुरागे। मग गृह गलीं सँवारन लागे॥
जद्यपि अवध सदैव सुहावनि। राम पुरी मंगलमय पावनि॥
तदपि प्रीति कै रीति सुहाई। मंगल रचना रची बनाई॥
ध्वज पताक पट चामर चारू। छावा परम बिचित्र बजारू॥
कनक कलस तोरन मनि जाला। हरद दूब दधि अच्छत माला॥

दो०— मंगलमय निज निज भवन लोगन्ह रचे बनाइ।
बीथीं सीचीं चतुरसम चौकें चारु पुराइ॥ २९६॥

अर्थ—वे नाना प्रकार के वस्त्रों को पहने (यह) कहते हुए चले। नगाड़ेवालों ने हर्षित भाव से जोर-शोर से नगाड़े बजाये। सभी लोगों ने यह समाचार प्राप्त किया फिर घर-घर बधावे होने लगे।

चौदहों भुवनों में उत्साह भर उठा कि जनकपुत्री सीता का श्रीराम से विवाह है। इस शुभ प्रसंग को सुनकर लोग आनन्दित हुए। रास्ते, घर तथा गलियाँ सँवारने लगे।

मंगलमय पवित्र होने के कारण श्रीरान की अयोध्यानगरी यद्यपि सदैव सुहावनी है तथा प्रीति की प्रीति शोभित होने के कारण इसकी मांगलिक रचना और भी सँवारकर बनाई गई।

ध्वजा, पताकाएँ, वस्त्र, सुन्दर चमरों से बाजार को विचित्र प्रकार से आच्छादित कर दिया। स्वर्णिम घट, तोरण तथा मणियों की झालरें, हल्दी, दूध, दही, अक्षत तथा मालाओं से।

मंगलमय बनाकर लोगों ने अपने घरों की रचना करके सँवार दिया। चतुर सम (सुगंधित जल) से गलियों को सींचा और सुन्दर चौकों को पूरा॥ २९६॥

टिप्पणी—कवि पूरी कुशलता के साथ प्रसंग क्रम को आगे बढ़ाता है। दशरथ से गुरु वसिष्ठ, फिर माताएँ एवं गुरु-पत्नियाँ इत्यादि और ततश्च प्रजागण तक इस घटना की सूचना का व्यवस्थित एवं क्रमबद्ध वर्णन कवि करता है। यह वर्णन क्रम कवि की रचनात्मक वर्णन कुशलता का अंग है।

जहँ तहँ जूथ जूथ मिलि भामिनि। सजि नव सप्त सकल दुति दामिनि॥
बिधुबदनीं मृग सावक लोचनि। निज सरूप रति मानु बिमोचनि॥
गावहिं मंगल मंजुल बानी। सुनि कल रव कलकंठि लजानी॥
भूप भवनु किमि जाइ बखाना। बिस्व बिमोहन रचेउ बिताना॥
मंगल द्रव्य मनोहर नाना। राजत बाजत बिपुल निसाना॥
कतहुँ बिरिद बंदी उच्चरहीं। कतहुँ बेद धुनि भूसुर करहीं॥
गावहिं सुंदरि मंगल गीता। लै लै नामु रामु अरु सीता॥
बहुतु उछाहु भवनु अति थोरा। मानहुँ उमगि चला चहुँ ओरा॥

दो०— सोभा दसरथ भवन कै को कबि बरनै पार।
जहाँ सकल सुर सीस मनि राम लीन्ह अवतार॥ २९७॥

अर्थ—जहाँ-तहाँ से यूथ-यूथ मिलकर भामिनियाँ सोलह श्रृंगार (नव सप्त) सजकर विद्युत लेखा की भाँति आलोकित चन्द्रमुखी, मृग शावक के सदृश नेत्रों वाली अपने स्वरूप से रति के मान को नष्ट करने वाली।

सुन्दर तथा मंगल भरी वाणी में गाती हैं जिनके सुन्दर स्वर को सुनकर कोकिला भी लज्जित हो जाती है। राजा के भवन का वर्णन किस प्रकार किया जा सकता है—वहाँ विश्व को विमुग्ध करने वाला मण्डप बनाया गया।

अनेक प्रकार के मंगल तथा मनोहारी वस्तुएँ शोभित हो रही थीं और अनेक नगाड़े बज रहे थे। कहीं भाँट विरुदावली गा रहे हैं, कहीं ब्राह्मण वेद ध्वनि कर रहे हैं।

स्त्रियाँ सुन्दर मांगलिक गीत श्रीराम तथा सीता का नाम ले-लेकर गा रही हैं। महल छोटा है, उत्साह अधिक है (उसमें न समा सकने के कारण) चारों ओर वह उमंगित होकर बह चला।

जहाँ सम्पूर्ण देवताओं के शिरोमणि श्रीराम ने अवतार लिया है, उस राजा दशरथ के राजमहल की शोभा का वर्णन करने में कौन कवि पार पा सकता है॥ २९७॥

टिप्पणी—इस सन्दर्भ में सम्पूर्ण अयोध्यानगरी भर में श्रीराम के विवाहोत्सव की प्रसन्नता का

वर्णन है। हर्षातिरेकवश नगर सज्जा, गायन, वादन, उत्सव आदि का विधान परम्परित काव्यों में ऐसे अवसरों पर मिलता है, कवि तदनुरूप उसी परम्परा का निर्वाह यहाँ करता है। ऐसे अवसरों पर परम्परित अतिशयोक्ति वर्णन का उपयोग करने में कवि चूकता नहीं।

भूप भरतु पुनि लिए बोलाई। हय गय स्यंदन साजहु जाई॥
चलहु बेगि रघुबीर बराता। सुनत पुलक पूरे दोउ भ्राता॥
भरत सकल साहनी बोलाए। आयसु दीन्ह मुदित उठि धाए॥
रचि रुचि जीन तुरग तिन्ह साजे। बरन बरन बर बाजि बिराजे॥
सुभग सकल सुठि चंचल करनीं। अय इव जरत धरत पग धरनी॥
नाना जाति न जाहिं बखाने। निदरि पवनु जनु चहत उड़ाने॥
तिन्ह सब छैल भए असवारा। भरत सरिस बय राजकुमारा॥
सब सुंदर सब भूषन धारी। कर सर चाप तून कटि भारी॥
दो०— छरे छबीले छैल सब सूर सुजान नबीन।
जुग पदचर असवार प्रति जे असि कला प्रबीन॥ २९८॥

अर्थ—फिर राजा ने भरत को बुलवा लिया और कहा कि जाकर घोड़े, हाथी तथा रथ सजाओ और शीघ्र ही श्रीराम की बारात में चलो। इसे सुनते ही, वे आनन्द से पुलकपूर्ण हो उठे।

भरत ने सम्पूर्ण घुड़साल के अध्यक्षों (साहनी) को बुलवाया। उन्होंने आज्ञा (उन्हें सजाने के निमित्त) दी एवं स्वयं उठकर आनन्दित होकर दौड़े। रुचिपूर्वक रचकर उन्होंने घोड़ों की जीन कसी और घोड़े सजाए। रंग-रंग के सुन्दर अश्व शोभित थे।

सभी अश्व सुन्दर और चंचल चाल (करनी) के थे। वे पृथ्वी पर इस प्रकार टापें रख रहे थे, जैसे जलते हुए लोहों पर। वे अनेक जातियों के थे, उनका वर्णन नहीं किया जा सकता और जैसे वे वायु का निरादर करते हुए उड़ान भरना चाहते हैं।

उन सब पर सजे राजकुमार भरत की अवस्था वाले सवार हुए, सभी सुन्दर थे, सभी अलंकरणयुक्त थे, उनके हाथों में बाण तथा धनुष और कटि में भारी तरकस थे।

सभी चुने हुए सजे राजकुमार बहादुर, चतुर तथा नवयुवक थे। प्रत्येक अश्वारोही के साथ खड्गकला में प्रवीण दो पैदल सैनिक थे॥ २९८॥

टिप्पणी—बारात के प्रस्थान का उपक्रम और इस उपक्रम के अन्तर्गत लोकात्मकता एवं परम्परा दोनों का एक साथ संवहन किया गया है। इस सन्दर्भ में बारात के प्रस्थान की सम्पूर्ण तैयारी की कवि भूमिका बनाता है।

बाँधें बिरद बीर रन गाढ़े। निकसि भए पुर बाहेर ठाढ़े॥
फेरहिं चतुर तुरग गति नाना। हरषहिं सुनि सुनि पनव निसाना॥
रथ सारथिन्ह बिचित्र बनाए। ध्वज पताक मनि भूषन लाए॥
चवँरु चारु किंकिनि धुनि करहीं। भानु जान सोभा अपहरहीं॥
सावँकरन अगनित हय होते। ते तिन्ह रथन्ह सारथिन्ह जोते॥
सुंदर सकल अलंकृत सोहे। जिन्हहिं बिलोकत मुनि मन मोहे॥
जे जल चलहिं थलहिं की नाईं। टाप न बूड़ बेग अधिकाईं॥
अस्त्र सस्त्र सबु साज बनाई। रथी सारथिन्ह लिए बोलाई॥
दो०— चढ़ि चढ़ि रथ बाहेर नगर लागी जुरन बरात।
होत सगुन सुंदर सबहि जो जेहि कारज जात॥ २९९॥

अर्थ—सभी युद्ध कला में सुभट योद्धा अपनी बहादुरी का बिरद बाँधे हुए अयोध्यापुरी के बाहर

निकल कर खड़े हो गये। वे चतुर अपने अश्वों को नाना गति से फेर रहे थे और नगाड़े की आवाज सुन-सुन कर प्रसन्न थे।

ध्वज, पताकाएँ, मणि तथा आभूषणों को लगाकर सभी ने रथों को बहुत विलक्षण बना दिया था। सुन्दर चँवर लगे थे, सुन्दर घंटियाँ शब्द कर रहीं थीं—और वे रथ सूर्य देवता के रथ की शोभा छीने ले रहे थे।

अगणित श्यामकर्ण घोड़े थे, सारथियों ने उन्हें रथों में जोत रखा था। वे देखने में सुन्दर और अलंकरणों से सजाये हुए थे—जिन्हें देखकर मुनियों का मन मंत्र मुग्ध था।

जो रथ जल पर भी स्थल की भाँति चलते थे और रथ के वेग की अत्यधिकता से उनका टाप जल में नहीं डूबता था। अस्त्र, शस्त्र और सभी साजों से अलंकृत करके सारथियों ने रथियों को बुला लिया।

रथों पर चढ़-चढ़कर नगर के बाहर बारात जुटने लगी तथा जो जिस कार्य के निमित्त जाता था उन सभी को सुन्दर शकुन होते हैं॥ २९९॥

टिप्पणी—बारात वर्णन की लोकात्मकता एवं काव्यों की परम्परित रूप से वर्णित व्यवस्था का सम्पूर्ण उपक्रम दिखाई पड़ता है। सम्पूर्ण ऐश्वर्य साज-सज्जा, शौर्य के प्रसंग परम्परित साहित्य में इस प्रकरण में देखे जाते हैं, कवि यहाँ भी तद्‌वत् उसका वर्णन करता है।

कलित करिबरन्हि परीं अँबारीं। कहि न जाहिं जेहिं भाँति सँवारी॥
चले मत्त गज घंट बिराजी। मनहुँ सुभग सावन घन राजी॥
बाहन अपर अनेक बिधाना। सिबिका सुभग सुखासन जाना॥
तिन्ह चढ़ि चले बिप्र बर बृंदा। जनु तनु धरें सकल श्रुति छंदा॥
मागध सूत बंदि गुननायक। चले जान चढ़ि जो जेहि लायक॥
बेसर ऊँट बृषभ बहु जाती। चले बस्तु भरि अगनित भाँती॥
कोटिन्ह काँवरि चले कहारा। बिबिध बस्तु को बरनै पारा॥
चले सकल सेवक समुदाई। निज निज साजु समाजु बनाई॥

दो०— सब कें उर निर्भर हरषु पूरित पुलक सरीर।
कबहिं देखिबे नयन भरि रामु लषनु दोउ बीर॥ ३००॥

अर्थ—सुन्दर हाथियों पर अँबारियाँ (झूलें) पड़ी हुई थीं, वे जिस तरह से सजाई गई थीं, उनका वर्णन नहीं किया जा सकता। मतवाले हाथी शोभित होकर घंट बजाते चले। उन्हें देखकर ऐसा प्रतीत होता था मानो सुन्दर सावन का बादल शोभित हो।

सुन्दर पालकियाँ, सुख से बैठने योग्य (अन्य उपकरण) अनेक प्रकार के वाहन तथा अनेकों प्रकार के अन्य साधन थे। उन पर श्रेष्ठ ब्राह्मण सवार होकर चले मानो वेदों के छन्द शरीर धारण किए हुए हों।

मागध, सूत, बंदी तथा गुण गायन करनेवाले चारण जो जिस योग्य थे, यान पर चढ़े। अनेक जातियों के खच्चर, ऊँट तथा अनेक भाँति के बैल भाँति-भाँति की वस्तुओं को भर कर चले।

कहार करोड़ों काँवरों को लेकर चले उनमें अनेक प्रकार की वस्तुएँ थीं, जिनका वर्णन नहीं किया जा सकता। सभी सेवक समूह अपने साज तथा समाज बनाकर चले।

सभी के हृदय में अतुलनीय आनन्द था और उनसे परिपूर्ण सभी का शरीर पुलकित था। (सभी की एक मात्र लालसा थी कि) हम श्रीराम दोनों भाइयों को कब आँख भर देखेंगे॥ ३००॥

टिप्पणी—सम्पूर्ण साज-सज्जा के साथ बारात के प्रस्थान का वर्णन है। यह वर्णन पारम्परिक

तथा लोकात्मक है। इस बारात के केन्द्र में श्रीराम हैं जो सम्पूर्ण अयोध्या नगरवासियों के सर्वथा प्रिय तथा काम्य रहे हैं।

गरजहिं गज घंटा धुनि घोरा। रथ रव बाजि हिंस चहु ओरा॥
निदरि घनहि घुर्म्मरहिं निसाना। निज पराइ कछु सुनिअ न काना॥
महा भीर भूपति के द्वारें। रज होइ जाइ पषान पबारें॥
चढ़ीं अटारिन्ह देखहिं नारीं। लिएँ आरती मंगल थारीं॥
गावहिं गीत मनोहर नाना। अति आनंदु न जाइ बखाना॥
तब सुमंत्र दुइ स्यंदन साजी। जीते रबि हय निंदक बाजी॥
दोउ रथ रुचिर भूप पहिं आने। नहिं सारद पहिं जाहिं बखाने॥
राज समाजु एक रथ साजा। दूसर तेज पुंज अति भ्राजा॥
दो०— तेहिं रथ रुचिर बसिष्ठ कहुँ हरषि चढ़ाइ नरेसु।
आपु चढ़ेउ स्यंदन सुमिरि हर गुर गौरि गनेसु॥ ३०१॥

अर्थ—घंट की भीषण ध्वनि हो रही है। हाथी चिंघाड़ रहे हैं। घोड़ों की हिनहिनाहट तथा रथों की ध्वनि चारों ओर हो रही है। नगाड़े बादलों की ध्वनि का निरादर करते हुए बज रहे हैं और अपनी तथा पराई बात कानों से (उनके कारण) नहीं सुनाई पड़ रही है।

दशरथ के दरवाजे पर बड़ी भीड़ है। भीड़ के कारण पाषाण फेंकने से धूलि हो जाती थी। मंगल थाली में आरती लिये हुए नारियाँ अटारियों पर चढ़ी देख रही थीं।

नाना प्रकार के मनोहारी गीत गा रही हैं—उनके अत्यन्त आनन्द का वर्णन नहीं किया जा सकता। तब सुमंत्र ने दो रथों को सजाया। सूर्य के (रथ के) अश्वों की निन्दा करनेवाले घोड़े उसमें जोते।

वे दोनों सुन्दर रथ राजा के पास ले आये जिनकी सुन्दरता का वर्णन सरस्वती से भी नहीं हो सकता। एक रथ पर राजसी सामान सजाया गया और दूसरा जो तेजपुंज तथा अत्यधिक सुशोभित था।

उस सुन्दर रथ पर हर्षित होकर वसिष्ठ को चढ़ाकर गुरु, गौरी तथा गणेश का स्मरण करके (दूसरे) रथ पर स्वयं राजा दशरथ चढ़े॥ ३०१॥

टिप्पणी—नगरवासियों एवं सैन्यादि को आगे भेजकर सब से अन्त में सम्पूर्ण व्यवस्था को समझकर प्रस्थान करनेवाले वर के पिता दशरथ एवं गुरु वसिष्ठ के प्रस्थान की चर्चा यहाँ की गई है।

सहित बसिष्ठ सोह नृप कैसें। सुर गुर संग पुरंदर जैसें॥
करि कुल रीति बेद बिधि राऊ। देखि सबहि सब भाँति बनाऊ॥
सुमिरि रामु गुर आयसु पाई। चले महीपति संख बजाई॥
हरषे बिबुध बिलोकि बराता। बरषहिं सुमन सुमंगल दाता॥
भयउ कोलाहल हय गय गाजे। ब्योम बरात बाजने बाजे॥
सुर नर नारि सुमगंल गाईं। सरस राग बाजहिं सहनाईं॥
घंट घंटि धुनि बरनि न जाहीं। सरव करहिं पाइक फहराहीं॥
करहिं बिदूषक कौतुक नाना। हास कुसल कल गान सुजाना॥
दो०— तुरग नचावहि कुअँर बर अकनि मृदंग निसान।
नागर नट चितवहिं चकित डगहिं न ताल बँधान॥ ३०२॥

अर्थ—वसिष्ठ के साथ राजा दशरथ इस प्रकार शोभित थे जैसे बृहस्पति के साथ इन्द्र! वेद के

विधान से तथा कुल की रीति से राजा दशरथ ने सभी कार्य करके सभी को सभी तरीके से अलंकृत देखकर—

श्रीराम का स्मरण करके तथा गुरु की आज्ञा प्राप्त करके राजा शंख बजाकर चले। बारात को देखकर देवगण हर्षित हुए और सुन्दर तथा मंगलदायक पुष्पों की वर्षा करने लगे।

हाथी और घोड़े गरजने लगे, बड़ा शोर हुआ। आकाश तथा बारात में बाजे बजने लगे देवस्त्रियाँ एवं मानवस्त्रियाँ मंगलगान गाने लगीं और शहनाई भी रसपूर्ण राग में बजने लगी।

घंटे और घंटियों की ध्वनि का वर्णन करते नहीं बनता। पैदल चलनेवाले सेवकगण नरक्रीड़ा (सरौं) कर रहे हैं और पताके फहरा रहे हैं। हास्य कला में कुशल और सुन्दर गाने में चतुर विदूषकगण अनेक प्रकार के कौतुक कर रहे हैं।

मृदंग एवं नगाड़े की ध्वनि का अनुमान लगाकर उसी के ताल अनुक्रम में श्रेष्ठ कुमारगण घोड़े नचा रहे हैं—ताल बंध से एक क्षण के लिए वे विचलन नहीं करते, उन्हें चतुर नट चकित भाव से (ऐसा करते) देख रहे हैं॥ ३०२॥

टिप्पणी—गुरु वसिष्ठ सहित दशरथ के प्रस्थान का कवि चित्रण करता हुआ बारात को साज-सज्जा का परम्परित वर्णन क्रम में निरूपण करता है। बारात प्रस्थान के समय नट, भाँट, चारणों, विदूषकों, अश्वारोहियों द्वारा किये जानेवाले उत्साहवर्धक विविध कौशलों का निरूपण करके इसे महोत्सव का रूप देता है।

बनइ न बरनत बनी बराता। होहिं सगुन सुंदर सुभ दाता॥
चारा चाषु बाम दिसि लेई। मनहुँ सकल मंगल कहि देई॥
दाहिन काग सुखेत सुहावा। नकुल दरसु सब काहूँ पावा॥
सानुकूल बह त्रिबिध बयारी। सघट सबाल आव बर नारी॥
लोवा फिरि फिरि दरसु देखावा। सुरभी सनमुख सिसुहि पिआवा॥
मृगमाला फिर दाहिनि आई। मंगल गन जनु दीन्हि देखाई॥
छेमकरी कह छेम बिसेषी। स्यामा बाम सुतरु पर देखी॥
सनमुख आयउ दधि अरु मीना। कर पुस्तक दुइ बिप्र प्रबीना॥
दो०— मंगलमय कल्यानमय अभिमत फल दातार।
जनु सब साचे होन हित भए सगुन एक बार॥ ३०३॥

अर्थ—सजी हुई बारात का वर्णन नहीं करते बनता—चारों ओर शुभकर एवं सुन्दर शकुन हो रहे हैं। नीलकंठ बाईं ओर चारा ले रहा है मानो सम्पूर्ण मंगल को वह कहे दे रहा है।

दाहिनी ओर सुन्दर कौआ सुन्दर खेत में शोभित हो रहा है और सभी ने नेवले का दर्शन प्राप्त किया। त्रिविध समीर सानुकूल दिशा में बह रही है। गोद में बालक सहित घट भरे हुए स्त्री आ रही है।

लोमड़ी बार-बार दिखाई पड़ रही थी और गाय सामने खड़ी अपने बछड़े को पिला रही थी। हिरणों की टोलियाँ पुनः (बाईं ओर से) दाहिनी ओर आईं-मानो सभी मंगलों का समूह दिखाई दिया हो।

क्षेमकरी पक्षी विशेष रूप से कल्याण (क्षेम) कर रही थी और श्यामा बाईं ओर सुन्दर पेड़ पर दिखाई पड़ी। सामने दही और मछली आई और हाथ में पुस्तक लिये दो विद्वान् ब्राह्मण आये।

अपनी सत्यता स्थापित करने के निमित्त जैसे सभी मंगलकारी एवं कल्याणकारी शकुन एक ही समय (उपस्थित) हो उठे हों॥ ३०३॥

टिप्पणी—कवि प्रस्थान के सम्पूर्ण शकुनों का वर्णन करता है। लोकरीति के अन्तर्गत विवाह के

निमित्त प्रस्थान करने के समय विविध शकुनों को आयोजित करके उसके कुशलतापूर्वक निर्वाह की परिपाटी का सन्दर्भ मिलता है। यहाँ शकुन स्वयं उपस्थित हो रहे हैं। ये सम्पूर्ण शकुन लोकात्मक एवं साहित्यिक अभिप्राय के अंग हैं और परम्परित साहित्य में इनका वर्णन शुभदायी प्रसंग में इसी प्रकार मिलता है।

सम्पूर्ण शकुन श्रीराम की बारात में अपनी सार्थकता तथा लोक प्रसिद्धि के रक्षण के निमित्त स्वयं उपस्थित हो रहे हैं—यह अतिशयतापूर्ण कहा गया वाक्य श्रीराम के परादैवी व्यक्तित्व की भी व्यंजना करता है।

मंगल सगुन सुगम सब ताकें। सगुन ब्रह्म सुंदर सुत जाकें॥
राम सरिस बरु दुलहिनि सीता। समधी दसरथु जनकु पुनीता॥
सुनि अस ब्याहु सगुन सब नाचे। अब कीन्हे बिरंचि हम साँचे॥
येहि बिधि कीन्ह बरात पयाना। हय गय गाजहिं हने निसाना॥
आवत जानि भानुकुल केतू। सरितन्हि जनक बँधाए सेतू॥
बीच बीच बर बास बनाए। सुरपुर सरिस संपदा छाए॥
असन सयन बर बसन सुहाए। पावहिं सब निज निज मन भाए॥
नित नूतन सुख लखि अनुकूले। सकल बरातिन्ह मंदिर भूले॥

दो०— आवत जानि बरात बर सुनि गहगहे निसान।
सजि गज रथ पदचर तुरग लेन चले अगवान॥ ३०४॥

अर्थ—सगुण ब्रह्म जिसके सुन्दर पुत्र हैं, सभी मंगलमय शकुन उसके निमित्त सुगम हैं। श्रीराम के सदृश वर, सीता सदृश दुलहिन दशरथ एवं जनक सदृश पवित्र समधी—

ऐसा ब्याह सुनकर सारे शकुन नाच उठे (और कह उठे) कि अब ब्रह्मा ने हमें सच्चा बना दिया। इस प्रकार से बारात ने प्रस्थान किया। हाथी, घोड़े गरज रहे हैं और नगाड़े पीटे जा रहे हैं।

सूर्य कुल की पताका स्वरूप दशरथ को आते हुए देखकर जनक ने नदियों पर सेतु बनवा दिया था। बीच-बीच में सुन्दर वासस्थली बनाई गई थी जिनमें देव लोक के सदृश सम्पत्ति छाई थी।

सभी लोग अपने-अपने मन के अनुकूल भोजन, शैया, सुन्दर शोभित होने वाले वस्त्र प्राप्त किये। अपने अनुकूल नित्य नये सुखों को देखकर सभी बारातियों के (अपने) गृह भूल गये।

नगाड़े की जोर से आवाज सुनकर और श्रेष्ठ बारात को आते हुए समझकर हाथी, रथ, पैदल तथा घोड़े सजाकर अगवानी करनेवाले बारात लेने चले॥ ३०४॥

टिप्पणी—बारात का सन्दर्भ है, शकुनों की सार्थकता के वर्णन के साथ मार्गादि की व्यवस्था का निरूपण ताकि दोनों पक्षों की समतुल्यता का निर्देशन किया जा सके।

कनक कलस भरि कोपर थारा। भाजन ललित अनेक प्रकारा॥
भरे सुधा सम सब पकवाने। भाँति भाँति न जाहिं बखाने॥
फल अनेक बर बस्तु सुहाईं। हरषि भेंट हित भूप पठाईं॥
भूषन बसन महा मनि नाना। खग मृग हय गय बहु बिधि जाना॥
मंगल सगुन सुगंध सुहाए। बहुत भाँति महिपाल पठाए॥
दधि चिउरा उपहार अपारा। भरि भरि काँवरि चले कहारा॥
अगवानन्ह जब दीखि बराता। उर आनंदु पुलक भर गाता॥
देखि बनाव सहित अगवाना। मुदित बरातिन्ह हने निसाना॥

दो०— हरषि परसपर मिलन हित कछुक चले बगमेल।
जनु आनंद समुद्र दुइ मिलत बिहाइ सुबेल॥ ३०५॥

अर्थ—कोंपर जल (शर्बत, जल, दूध, हल्दी) की धारा से स्वर्णिम कलश तथा अन्य सुन्दर पात्र जिनका वर्णन नहीं किया जा सकता है, से भरकर अमृत सदृश सभी पकवानों से भरे बर्तन ,

अनेक सुन्दर फल तथा अच्छी वस्तुएँ राजा ने हर्षित होकर भेंट के लिए भेजीं। गहनें, वस्त्र, नाना प्रकार की मणियाँ, पक्षी, पशु, घोड़े, हाथी और तरह-तरह के यान,

तथा बहुत प्रकार के सुगन्धित एवं सुहावनी मंगल वस्तुओं को राजा ने भेजा। दही, चिउड़ा तथा अगणित उपहार की वस्तुएँ काँवर में भर-भर कहार चले।

अगवानी करनेवालों को जब बारात दिखाई पड़ी, हृदय आनन्द से और शरीर पुलक से भर गया। सजे-धजे अगवानों को देखकर आनन्दित होकर बरातियों ने नगाड़े बजाये।

परस्पर मिलने के लिए हर्षित होकर कुछ एक सरपट दौड़े और ऐसे मिले मानो आनन्द के दो समुद्र तट की मर्यादा छोड़ कर मिले हों॥ ३०५॥

टिप्पणी—राजा जनक की बारात व्यवस्था का चित्रण और यह चित्रण जनक के आतिथ्य वैशिष्ट्य का व्यंजक है। इस सम्पूर्ण आतिथ्य के साथ बारात की अगवानी करने वाले के पक्ष से दशरथ की बारात के पक्ष के परस्पर आनन्द परिपूर्ण सम्मिलन का चित्रण करना यहाँ कवि का मन्तव्य है।

बरषि सुमन सुर सुंदरि गावहिं। मुदित देव दुंदुभी बजावहिं॥
बस्तु सकल राखीं नृप आगें। बिनय कीन्हि तिन्ह अति अनुरागें॥
प्रेम समेत राय सबु लीन्हा। भै बकसीस जाचकन्हि दीन्हा॥
करि पूजा मान्यता बड़ाई। जनवासे कहुँ चले लवाई॥
बसन बिचित्र पाँवड़े परहीं। देखि धनदु धन मदु परिहरहीं॥
अति सुंदर दीन्हेउ जनवासा। जहँ सब कहुँ सब भाँति सुपासा॥
जानी सियँ बरात पुर आई। कछु निज महिमा प्रगटि जनाई॥
हृदयँ सुमिरि सब सिद्धि बोलाईं। भूप पहुनई करन पठाईं॥
दो०— सिधि सब सिय आयसु अकनि गईं जहाँ जनवास।
लिएँ संपदा सकल सुख सुरपुर भोग बिलास॥ ३०६॥

अर्थ—देव-सुन्दरियाँ पुष्प वर्षा करके गा रही हैं, आनन्दित होकर देवता दुंदुभी बजा रहे हैं। उन लोगों ने सारी चीजें दशरथ के आगे रख दीं और उन्होंने अत्यन्त प्रेम के साथ विनय किया।

प्रेम सहित सारी वस्तुएँ राजा दशरथ ने ले लीं फिर उनकी बख्शीशें होने लगीं और (वस्तुएँ) याचकों को दे दीं। तदनुसार पूजा, आदर, सत्कार तथा बड़ाई करके उन्हें जनवासे की ओर लिवा चले।

विलक्षण बसनों के पाँवड़े पड़ रहे हैं—जिन्हें देखकर कुबेर भी अपने धन के मद का परित्याग कर दे रहा है। उन्होंने अत्यन्त सुन्दर जनवास दिया जहाँ सबके लिए सब भाँति की सुविधा थी।

सीता ने जब यह जाना कि बारात नगर में आ चुकी है तब अपनी कुछ महिमा प्रकट करके दिखलाई। हृदय में स्मरण करके सभी सिद्धियों को बुलाया और उन्हें राजा दशरथ की मेहमानी करने के लिए प्रेषित किया।

सभी सिद्धियों ने सीता की आज्ञा को जानकर जहाँ जनवासा था, सम्पूर्ण सम्पदाओं एवं सुखों तथा अमरावती के समस्त भोग विलास को लिये हुए वहाँ पहुँची॥ ३०६॥

टिप्पणी—बारातियों के प्रति सम्मान भाव के साथ-साथ जनकपुरवासियों के विनय, नय, प्रीति तथा सौहार्द को कवि चित्रित कर रहा है। इसी क्रम में कवि जनवास का भी चित्रण करता है, जहाँ बारात के ठहरने की व्यवस्था की गई है। कवि बारात प्रस्थान से प्रारम्भ करके क्रमशः सम्पूर्ण लोकात्मक रूढ़ियों एवं काव्य परिपाटियों का अनुसरण करता हुआ सम्पूर्ण वर्णन क्रम को आगे बढ़ाता है।

निज निज बास बिलोकि बराती। सुर सुख सकल सुलभ सब भाँती॥
बिभव भेद कछु कोउ न जाना। सकल जनक कर करहिं बखाना॥
सिय महिमा रघुनायक जानी। हरषे हृदयँ हेतु पहिचानी॥
पितु आगमनु सुनत दोउ भाई। हृदयँ न अति आनंदु अमाई॥
सकुचन्ह कहि न सकत गुर पाहीं। पितु दरसन लालचु मन माहीं॥
बिस्वामित्र बिनय बड़ि देखी। उपजा उर संतोषु बिसेखी॥
हरषि बंधु दोउ हृदयँ लगाए। पुलक अंग अंबक जल छाए॥
चले जहाँ दसरथु जनवासे। मनहुँ सरोवर तकेउ पिआसे॥

दो०— भूप बिलोके जबहिं मुनि आवत सुतन्ह समेत।
उठे हरषि सुख सिंधु महुँ चले थाह सी लेत॥ ३०७॥

अर्थ—बारातियों ने अपने-अपने वासस्थान को देखा और वहाँ देव सुलभ सभी सुखकारी वस्तुओं को प्राप्त किया। ऐश्वर्य का कुछ भी भेद कोई न जान सका और सभी जनक का बखान करने लगे।

श्रीराम सीता की महिमा जानकर उनके प्रेम को समझकर हृदय से हर्षित हुए। पिता के आगमन को सुनकर दोनों भाइयों के हृदय का अपार आनन्द समाई नहीं पड़ रहा था।

वे संकोचवश गुरु (विश्वामित्र) से नहीं कह सकते थे किन्तु उनके मन में पिता के दर्शन की लालच थी। उनके इस विनम्रता को देखकर विश्वामित्र के हृदय में विशेष सन्तोष उत्पन्न हुआ।

हर्षित होकर उन्होंने दोनों भाइयों को हृदय से लगाया। उनका शरीर पुलकित हो उठा और नेत्रों में जल छा गये। वे वहाँ उस जनवासे को चले जहाँ दशरथ थे मानो सरोवर प्यासे को देखकर उसकी ओर आतुर भाव से चला हो।

जब राजा ने पुत्रों के साथ मुनि विश्वामित्र को आते देखा तो वे हर्षित होकर उठे और आनन्दरूपी समुद्र में थाह लेते हुए चले॥ ३०७॥

टिप्पणी—कवि सीता के माहात्म्य को बारात के सत्कार से जोड़ता है और इसी से स्वतः जुड़ जाती है—श्रीराम के प्रति सीता की आत्मीयता। गोस्वामी तुलसीदास अपने विविध वर्णन क्रमों में प्रायः पात्रों के दैवी व्यक्तित्व की रचना उनके अभूतपूर्व कृत्यों से जोड़कर करते हैं।

सामान्य परिपाटी तथा लोकात्मक परम्परा के अनुसार जनवास (बारात के ठहरने का स्थान) की सुख-सुविधा तथा सम्भ्रान्तता आत्मीयता व्यंजक मानी जाती है। तुलसी इन दोनों पक्षों को उभारकर बारात के स्वागत के परम्परित आदर्श को व्यंजित करते हैं। यह प्रसंग आतिथ्य गरिमा को निर्दिष्ट करता है।

मुनिहि दंडवत कीन्ह महीसा। बार बार पद रज धरि सीसा॥
कौसिक राउ लिए उर लाई। कहि असीस पूछी कुसलाई॥
पुनि दंडवत करत दोउ भाई। देखि नृपति उर सुखु न समाई॥
सुत हियँ लाइ दुसह दुख मेटे। मृतक सरीर प्रान जनु भेंटे॥
पुनि बसिष्ठ पद सिर तिन्ह नाए। प्रेम मुदित मुनिबर उर लाए॥
बिप्र बृंद बंदे दुहुँ भाईं। मनभावती असीसें पाईं॥
भरत सहानुज कीन्ह प्रनामा। लिए उठाइ लाइ उर रामा॥
हरषे लखनु देखि दोउ भ्राता। मिले प्रेम परिपूरित गाता॥

दो०— पुरजन परिजन जातिजन जाचक मंत्री मीत।
मिले जथाबिधि सबहि प्रभु परम कृपालु बिनीत॥ ३०८॥

अर्थ—राजा ने मुनि के चरण-रज को बार-बार शीश पर चढ़ाकर दण्डवत किया। विश्वामित्र ने राजा को हृदय से लगा लिया और आशीर्वाद कहकर कुशल क्षेम पूछा।

पुनः दोनों भाइयों को (अपने प्रति) दण्डवत् करते देखकर सुख राजा के हृदय में समाता नहीं है। पुत्रों को हृदय से लगाकर दु:सह दु:ख को उन्होंने दूर किया मानो मृतक शरीर को प्राण मिले हों।

फिर गुरु वसिष्ठ के चरणों में उन्होंने शीश नवाया। प्रेम से आनन्दित होकर मुनिश्रेष्ठ ने हृदय से लगा लिया। दोनों भाइयों ने ब्राह्मण समूह की वन्दना की और मनोकामना के अनुरूप आशीर्वाद प्राप्त किया।

भरत ने अनुज शत्रुघ्न के साथ श्रीराम को प्रणाम किया, उन्हें उठाकर श्रीराम ने हृदय से लगा लिया। लक्ष्मण दोनों भाइयों को देखकर हर्षित हुए और प्रेम से परिपूर्ण शरीर से वे उनसे मिले।

अत्यन्त कृपापूर्ण एवं विनीत प्रभु श्रीराम नगरवासी, परिवार जन, जाति के लोगों मंत्रियों, मित्रों तथा याचकों से यथायोग्य मिले॥ ३०८॥

टिप्पणी—जनक द्वारा वसिष्ठ तथा दशरथ का स्वागत किया जाना, लोकात्मक व्यवस्था के अनुरूप है। यही नहीं, विश्वामित्र के द्वारा दशरथ को गले लगा लेना उनके प्रेमाधिक्य का व्यंजक है। पारस्परिक प्रेम तथा प्रणति इस सम्मिलन का लक्ष्य है।

इसी सन्दर्भ में कवि दशरथ की पुत्रासक्ति तथा प्रेम को भी व्यंजित करता हुआ श्रीराम की विनीतता एवं कृपालुता का साथ-साथ चित्रण करता है। श्रीराम अपने पिता, गुरु, भाइयों, बंधु-बांधवों, नगरवासियों तथा भृत्यादि से सम्पूर्ण आत्मीयता के साथ मिलते हैं।

इस मिलन में लोकभाव तथा आध्यात्मिक व्यंजना दोनों का साथ-साथ चित्रण मिलता है।

रामहि देखि बरात जुड़ानी। प्रीति कि रीति न जाति बखानी॥
नृप समीप सोहहिं सुत चारी। जनु धन धरमादिक तनु धारी॥
सुतन्ह समेत दसरथहि देखी। मुदित नगर नर नारि बिसेषी॥
सुमन बरिसि सुर हनहिं निसाना। नाकनटीं नाचहिं करि गाना॥
सतानंदु अरु बिप्र सचिव गन। मागध सूत बिदुष बंदीजन॥
सहित बरात राउ सनमाना। आयसु माँगि फिरे अगवाना॥
प्रथम बरात लगन तें आई। तातें पुर प्रमोदु अधिकाई॥
ब्रह्मानंदु लोग सब लहहीं। बढ़हुँ दिवस निसि बिधि सन कहहीं॥
दो०— रामु सीय सोभा अवधि सुकृत अवधि दोउ राज।
जहँ तहँ पुरजन कहहिं अस मिलि नर नारि समाज॥ ३०९॥

अर्थ—श्रीराम को देखकर बारात शीतल हो उठी—उस प्रीति की रीति का वर्णन नहीं हो सकता। राजा के पास चारों पुत्र इस प्रकार शोभित हो रहे थे—मानो शरीर धारण करके अर्थ, धर्मादि चतुर्थ पुरुषार्थ।

पुत्र सहित दशरथ को देखकर नगर के नर-नारी विशेष आनन्दित हुए। देवता पुष्प वृष्टि करके नगाड़े बजा रहे हैं और स्वर्ग की अप्सराएँ गाकर नृत्य कर रही हैं

अगवानी में आये हुए शतानन्द, मंत्रीगण एवं ब्राह्मणवृन्द, मागध, सूत, विदूषक, भाँटों ने दशरथ के साथ सम्पूर्ण बारात का सत्कार किया और उनसे आज्ञा माँगकर अगवानी करने वाले लौटे।

बारात लग्न के दिन से पहले आ गई है—इसलिए जनकपुर में अधिक आनन्द छा गया। सभी लोग ब्रह्मानन्द प्राप्त कर रहे थे तथा विधाता से निवेदन कर रहे थे कि दिन और रातें बढ़ जायँ।

श्रीराम तथा सीता सौन्दर्य की सीमा हैं और दोनों राजा पुण्य की सीमा हैं—जहाँ-तहाँ मिलकर

जनकपुर के नर-नारी इस प्रकार की बातें कह रहे हैं॥ ३०९॥

टिप्पणी—यह बारात बिना 'वर' के थी और 'वर' को देख लेने के बाद बारात की सार्थकता की सिद्धि कवि 'जुड़ानी' शब्द प्रयोग से करता है।

सामान्य परम्परा के अनुसार वर के साथ बारात के स्थिर हो जाने के बाद आनन्दोत्सव एवं उल्लास के विविध प्रकरणों के आयोजन घटित होते हैं।

सम्पूर्ण सन्दर्भ इसी प्रकरण से सम्बन्धित है।

जनक सुकृत मूरति बैदेही। दसरथ सुकृत रामु धरें देही॥
इन्ह सम काहुँ न सिव अवराधे। काहुँ न इन्ह समान फल लाधे॥
इन्ह सम कोउ न भएउ जग माहीं। है नहिं कतहूँ होनेउ नाहीं॥
हम सब सकल सुकृत कै रासी। भए जग जनमि जनकपुर बासी॥
जिन्ह जानकी राम छबि देखी। को सुकृती हम सरिस बिसेषी॥
पुनि देखब रघुबीर बिआहू। लेब भली बिधि लोचन लाहू॥
कहहिं परसपर कोकिल बयनीं। येहि बिआहँ बड़ लाभु सुनयनीं॥
बड़ें भाग बिधि बात बनाई। नयन अतिथि होइहहिं दोउ भाई॥

दो०— बारहिं बार सनेह बस जनक बोलाउब सीय।
लेन आइहहिं बंधु दोउ कोटि काम कमनीय॥ ३१०॥

अर्थ—जनक के पुण्य की मूर्ति सीता हैं और दशरथ के पुण्य देह धारण किये हुए श्रीराम हैं। इनके समान किसी ने भी शिव की आराधना नहीं की है और न इनके सदृश किसी ने फल प्राप्त किया है।

इनके सदृश न कोई संसार में हुआ—न कहीं (वर्तमान) में है और न कहीं होने वाला है। हम सब भी समस्त पुण्यों की राशि हैं जो संसार में जन्म लेकर जनकपुर के निवासी हुए।

जिन्होंने श्रीराम तथा सीता की छवि देखी है, हमारे सदृश विशेष पुण्यवान और कौन है और अब पुनः श्रीराम का विवाह देखेंगे तथा भली प्रकार नेत्रों का लाभ प्राप्त करेंगे।

कोकिल के सदृश वाणी वाली युवतियाँ आपस में कहती हैं, हे सुन्दर नेत्रों वाली! इस विवाह में बड़ा लाभ है। बड़े भाग्य से विधाता ने सब बातें बना दी हैं—ये दोनों भाई नेत्रों के पाहुने हुआ करेंगे।

जनक बार-बार स्नेहवश सीता को बुलायेंगे और करोड़ों कामदेव के सदृश सुन्दर दोनों भाई उन्हें विदा कराने आयेंगे॥ ३१०॥

टिप्पणी—लोकजन सामान्यतया बारात आ जाने पर कन्या एवं वर पक्ष की तुलना करते हैं। सभी एकत्रित समाज बारात आ जाने पर जनक एवं दशरथ की तुलना करते हुए उन्हें समतुल्य कहते हैं—और इस समतुल्यता के लिए मूल आधार सीता तथा श्रीराम हैं। जनकवासियों और विशेषकर बधुओं एवं नारियों ने लिए तो श्रीराम का विवाह विशेष स्पृहणीय बन गया है। उनकी कामना थी, विवाह के ही सम्बन्ध से शायद फिर इन्हें देखने का सुअवसर प्राप्त हो। जनक का स्नेह नगरवधुओं की आत्मीयता का अंग बनेगा—कवि इस परिकल्पना द्वारा श्रीराम के प्रति व्याप्त व्यापक स्पृहणीयता के भाव को यहाँ व्यंजित करता है।

बिबिध भाँति होइहि पहुनाई। प्रिय न काहि अस सासुर माई॥
तब तब राम लखनहि निहारी। होइहहिं सब पुर लोग सुखारी॥
सखि जस राम लषन कर जोटा। तैसेइ भूप संग दुइ ढोटा॥
स्याम गौर सब अंग सुहाए। ते सब कहहिं देखि जे आए॥

कहा एक मैं आजु निहारे। जनु बिरंचि निज हाथ सँवारे॥
भरतु राम ही की अनुहारी। सहसा लखि न सकहिं नर नारी॥
लखनु सत्रुसूदनु एक रूपा। नख सिख तें सब अंग अनूपा॥
मन भावहिं मुख बरनि न जाहीं। उपमा कहुँ त्रिभुवन कोउ नाहीं॥

अर्थ—तब उनकी अनेक प्रकार से मेहमानदारी (आतिथ्य) होगी। हे सखी! ऐसी ससुराल किसे प्रिय नहीं होगी। तब तब हम सभी नगरवासी श्रीराम तथा लक्ष्मण को देख-देखकर सुखी होंगे।

हे सखी! जैसे श्रीराम तथा लक्ष्मण की जोड़ी है, वैसे ही राजा दशरथ के पास दो (अन्य) कुमार भी हैं। वे भी श्यामल गौर सर्वांग सुन्दर हैं ऐसा वे सब बतला रहे हैं, जो (उन्हें) देखकर आये हैं।

एक ने कहा मैंने उन्हें आज ही देखा है, मानो ब्रह्मा ने अपने हाथों से सँवारा है। भरत तो श्रीराम के ही रूप लक्षण (अनुहारि) के हैं और सहसा नर-नारी उन्हें पहचान नहीं सकते।

लक्ष्मण तथा शत्रुघ्न एक रूप हैं और वे नख से शिख तक तथा सर्वांग अनुपम हैं। मन को अच्छे लगते हैं, परन्तु मुख से उनका वर्णन सम्भव नहीं है। उनके सदृश उपमा तीनों लोकों में कहीं नहीं है।

छंद— उपमा न कोउ कह दास तुलसी कतहुँ कबि कोबिद कहैं।
बल बिनय बिद्या सील सोभा सिंधु इन्ह से एइ अहैं॥
पुर नारि सकल पसारि अंचल बिधिहि बचन सुनावहीं।
ब्याहिअहुँ चारिउ भाइ एहिं पुर हम सुमंगल गावहीं॥
सो०— कहहिं परसपर नारि बारि बिलोचन पुलक तन।
सखि सबु करब पुरारि पुन्य पयोनिधि भूप दोउ॥ ३११॥

तुलसीदास कहते हैं कि कवि और विद्वान् बताते हैं कि उनकी उपमा कोई भी नहीं है। बल, विनय, विद्या, शील और शोभा के समुद्र इनके सदृश ये ही हैं। जनकपुर की सभी स्त्रियाँ अपने अंचल फैलाकर विधाता से अपने विनय वचन सुनाती हैं कि चारों भाइयों का विवाह इसी नगर में हो और हम सब सुमंगल गान करें।

पुलकित शरीर से नेत्रों में प्रेमाश्रु भरकर स्त्रियाँ परस्पर कहती हैं कि—हे सखी, दोनों नरेश पुण्य के समुद्र हैं, अत: शिव सब पूरा करेंगे॥ ३११॥

टिप्पणी—भरत तथा शत्रुघ्न क्रमश: वय, रूप, आकार, गुण एवं शील में श्रीराम तथा लक्ष्मण की अनुकृतिवत् हैं और इसलिए श्रीराम तथा लक्ष्मण जैसी स्पृहणीयता नगर-वधुएँ इन दोनों को देती हैं।

इसके अतिरिक्त, इन्हें भी श्रीराम तथा लक्ष्मण के सदृश वर रूप में ग्रहण करके जनक अपनी पुत्रियों से विवाह करेंगे, इस सन्दर्भ की व्यंजना कवि इस आत्मीयता के माध्यम से व्यंजित करता है।

येहिं बिधि सकल मनोरथ करहीं। आनँद उमगि उमगि उर भरहीं॥
जे नृप सीय स्वयंबर आए। देखि बंधु सब तिन्ह सुख पाए॥
कहत राम जसु बिसद बिसाला। निज निज गेह गए महिपाला॥
गए बीति कछु दिन येहि भाँती। प्रमुदित पुरजन सकल बराती॥
मंगल मूल लगन दिनु आवा। हिम रितु अगहनु मासु सुहावा॥
ग्रह तिथि नखतु जोगु बर बारू। लगन सोधि बिधि कीन्ह बिचारू॥
पठै दीन्हि नारद सन सोई। गनी जनक के गनकन्ह जोई॥
सुनी सकल लोगन यह बाता। कहहिं जोतिषी अपर बिधाता॥

दो०— धेनुधूरि बेला बिमल सकल सुमंगल मूल।
बिप्रन्ह कहेउ बिदेह सन जानि सगुन अनुकूल॥ ३१२॥

अर्थ—इसी प्रकार सभी मनोरथ कर रही हैं और उमंगित हो-होकर हृदय को सराबोर कर रही हैं। जो राजा सीता के स्वयंवर में आये थे, उन्होंने भी चारों भाइयों को देखकर सुख प्राप्त किया।

श्रीराम के विशद एवं व्यापक यश का वर्णन करते हुए राजागण अपने-अपने भवन गये। कुछ दिन इसी प्रकार व्यतीत हुए। सभी नगरवासी एवं बाराती अत्यधिक आनन्दित थे।

मंगलों का मूल लग्न का दिन आ गया—हेमन्त ऋतु का सुहावना अगहन मास आया। ग्रह, तिथि, नक्षत्र, योग, दिन श्रेष्ठ थे लग्न शोधकर विधाता ने उस पर विचार किया।

उसको उन्होंने नारद से भेज दिया और जनक के गणकों (ज्योषियों) ने उसकी गणना की। सभी लोगों ने इस बात को सुना और कहा (यहाँ विवाह) के ज्योतिषी तो स्वयं ब्रह्मा ही हैं।

निर्मल तथा सम्पूर्ण मंगलों की मूल स्वरूप गोधूलि की वेला आ गई है। ब्राह्मणों ने अनुकूल शकुनों को जानकर जनक से कहा॥ ३१२॥

टिप्पणी—विवाह के लग्न का प्रकरण है। स्वयं ब्रह्मा ने श्रीराम (वर) पक्ष की ओर से लग्न पत्रिका तैयार की है, सामान्य ज्योतिषी का क्या प्रश्न, कहीं कोई संशय तथा संदेह की स्थिति नहीं बनती। श्रीराम के विवाह का समय अग्रहायण मास परम्परा में प्रचलित है—कवि भी उसी का यहाँ समर्थन कर रहा है।

विधाता द्वारा लग्न शोधन परम्परित रूढ़ि है और कवि इस रूढ़ि का यहाँ समर्थन कर रहा है। इस रूढ़ि के द्वारा श्रीराम के परम दैवत् व्यक्तित्व की व्यंजना कराई जा रही है।

उपरोहितहि कहेउ नरनाहा। अब बिलंब कर कारनु काहा॥
सतानंद तब सचिव बोलाए। मंगल कलस साजि सब ल्याए॥
संख निसान पनव बहु बाजे। मंगल कलस सगुन सुभ साजे॥
सुभग सुआसिनि गावहिं गीता। करहिं बेद धुनि बिप्र पुनीता॥
लेन चले सादर येहि भाँती। गए जहाँ जनवास बराती॥
कोसलपति कर देखि समाजू। अति लघु लाग तिन्हहिं सुरराजू॥
भयउ समउ अब धारिअ पाऊ। यह सुनि परा निसानहिं घाऊ॥
गुरहि पूछि करि कुल बिधि राजा। चले संग मुनि साधु समाजा॥
दो०— भाग्य बिभव अवधेस कर देखि देव ब्रह्मादि।
लगे सराहन सहस मुख जानि जनम निज बादि॥ ३१३॥

अर्थ—राजा ने पुरोहित (शतानन्द) से कहा कि अब विलम्ब का क्या कारण है। तब शतानन्द ने मंत्री को बुलाया। वे सभी मांगलिक सामग्री सजा कर ले आये।

शंख, नगाड़े, ढोल (पनव) तथा अन्य बहुत से बाजे बजने लगे। और शुभ शकुन की वस्तुएँ सजाई गईं। सुन्दर सौभाग्यवती स्त्रियाँ गीत गाने लगीं और पवित्र ब्राह्मण वेद ध्वनि करने लगे।

इस प्रकार सब लोग आदरपूर्वक बारात लेने चले और वे वहाँ गये जहाँ बारातियों का जनवासा था। राजा दशरथ का वैभव (समाज) देखकर उन्हें इन्द्र वैभव अत्यन्त तुच्छ लगा।

(सभी ने प्रार्थना की) मांगलिक समय आ गया है, आप लोग पधारें—यह सुनकर नगाड़े पर चोट पड़ी। राजा दशरथ गुरु वसिष्ठ से पूछकर कुल रीति के अनुसार साधुओं तथा मुनियों के समाज के साथ चल पड़े।

अवध नरेश दशरथ के भाग्य और वैभव को देखकर ब्रह्मादिक देवता अपने जीवन को व्यर्थ समझकर हजारों मुखों से उनकी सराहना करने लगे॥ ३१३॥

टिप्पणी—कवि द्वारचार के प्रकरण की योजना करता है। जनवासा से जनक के राजमहल तक बारात ले आने के लिए आमंत्रण देने का प्रसंग यहाँ निर्दिष्ट है। कवि इसी प्रकरण में परम्परागत वर्णन रूढ़ि के माध्यम से दशरथ के ऐश्वर्य का अतिशयतापरक चित्रण करता है।

सुरन्ह सुमंगल अवसरु जाना। बरषहिं सुमन बजाइ निसाना॥
सिव ब्रह्मादिक बिबुध बरूथा। चढ़े बिमानन्हि नाना जूथा॥
प्रेम पुलक तन हृदयँ उछाहू। चले बिलोकन राम बिआहू॥
देखि जनकपुरु सुर अनुरागे। निज निज लोक सबहिं लघु लागे॥
चितवहिं चकित बिचित्र बिताना। रचना सकल अलौकिक नाना॥
नगर नारि नर रूप निधाना। सुघर सुधरम सुसील सुजाना॥
तिन्हहि देखि सब सुर सुरनारीं। भए नखत जनु बिधु उजिआरीं॥
बिधिहि भयउ आचरजु बिसेषी। निज करनी कछु कतहुँ न देखी॥
दो०— सिवँ समुझाए देव सब जनि आचरज भुलाहु।
हृदयँ बिचारहु धीर धरि सिय रघुबीर बिआहु॥ ३१४॥

अर्थ—देवगणमंगल का शुभ अवसर जानकर नगाड़े बजाकर पुष्पवर्षा करते हैं। शिव, ब्रह्मादिक देव समूह अनेक यूथों में विमानों पर चढ़े।

प्रेम से पुलकित शरीर तथा हृदय में उत्साह भरकर वे श्रीराम का विवाह देखने चले। जनकपुर को देखकर देवगण इतने अनुरक्त हो उठे कि उन्हें अपने-अपने लोक छोटे जान पड़े।

विचित्र वितान तथा अनेक प्रकार की अलौकिक रचनाओं को वे चकित भाव से देख रहे हैं। नगर के स्त्री-पुरुष स्वरूप के निधान, सुन्दर, धर्मयुक्त, शीलवान तथा चतुर हैं।

उन्हें देखकर देव-पुरुष तथा नारियाँ इस प्रकार तेजहीन हो गये जैसे चन्द्रमा के समक्ष नक्षत्र मण्डल। उन्हें देखकर ब्रह्मा को विशेष आश्चर्य हुआ क्योंकि वहाँ उन्होंने अपना रचना कौशल कहीं देखा ही नहीं।

तब शिव ने समस्त देवताओं को समझाया कि आश्चर्य में मत भूलो। हृदय में धैर्य धारण करके विचार करो कि यह श्री राम तथा सीता (विशेष) का विवाह है॥ ३१४॥

टिप्पणी—द्वारचार के पूर्व की साज-सज्जा का अतिशयतापरक चित्रण है। जनकपुर की साज-सज्जा और विशेष रूप से जनक के राजप्रासाद तथा उनके वैभव का अतिशयतापरक वर्णन यहाँ कवि को अभीष्ट है। कवि अत्युक्ति अलंकार के माध्यम से ब्रह्मा को भी चकित कर देता है कि जनकपुर जैसी रचना तो की नहीं थी। वर्णन प्रणाली में भी ऐसे अवसरों पर इसी प्रकार के ऊहात्मक तथा अतिशयित वर्णन क्रम परम्परा में देखे जाते हैं।

जिन्ह कर नामु लेत जग माहीं। सकल अमंगल मूल नसाहीं॥
करतल होहिं पदारथ चारी। तेइ सिय रामु कहेउ कामारी॥
एहि बिधि संभु सुरन्ह समुझावा। पुनि आगें बर बसहु चलावा॥
देवन्ह देखे दसरथु जाता। महामोद मन पुलकित गाता॥
साधु समाजु संग महिदेवा। जनु तनु धरें करहिं सुख सेवा॥
सोहत साथ सुभग सुत चारी। जनु अपबरग सकल तनुधारी॥
मरकत कनक बरन बर जोरी। देखि सुरन्ह भै प्रीति न थोरी॥
पुनि रामहि बिलोकि हियँ हरषे। नृपहि सराहि सुमन तिन्ह बरषे॥
दो०— राम रूप नख सिख सुभग बारहिं बार निहारि।
पुलक गात लोचन सजल उमा समेत पुरारि॥ ३१५॥

अर्थ—जिनके नाम मात्र लेने से संसार के सम्पूर्ण अमंगलों की जड़ नष्ट हो जाती है। धर्मार्थ चारों पदार्थ मुट्ठी में आ जाते हैं, वे ही श्री सीताराम हैं, ऐसा शिव ने समझाया।

इस प्रकार शिव ने देवताओं को समझाया और फिर आगे अपने श्रेष्ठ नन्दी को बढ़ाया। देवताओं ने शरीर से पुलकित एवं मन से अत्यन्त आनन्दित राजा दशरथ को जाते हुए देखा।

उनके साथ साधुओं के समाज एवं ब्राह्मणों को इस प्रकार जाते देखा मानो शरीर धारण करके देवगण सेवा कर रहे हों। उनके साथ चारों सुन्दर पुत्र शोभित हो रहे हैं मानो सम्पूर्ण मोक्ष (सालोक्य, सामीप्य, सारूप्य तथा सायुज्य) शरीर धारण किये हुए हों।

मरकत मणि तथा सुवर्ण के वर्ण की सुन्दर जोड़ियाँ देखकर देवताओं के हृदय में कम प्रेम नहीं उत्पन्न हुआ। पुनः श्रीराम को देखकर हृदय में हर्षित हुए और राजा दशरथ की सराहना करके पुष्प वर्षा की।

नख से शिख तक श्रीराम के सुन्दर स्वरूप को बार-बार देखकर पार्वती सहित श्री शिव का शरीर पुलकित हो उठा और नेत्र प्रेमाश्रुपूरित हो उठे॥ ३१५॥

टिप्पणी—द्वारचार का प्रसंग है, वर के पिता दशरथ अपने चारों पुत्रों तथा मुनियों को साथ लिये आगे चलते हैं—इस वातावरण की भव्यता, पवित्रता एवं उल्लास का वर्णन कवि शिव की साक्षी देकर देवगणों के मुख से कराता है—ताकि श्रीराम एवं सीता की ब्रह्म-विषयक उदात्तता की रक्षा हो सके। यह विवाह आदर एवं सम्मान का विषय बन सकें—साथ ही, उदात्त की दृष्टि से भी ग्राह्य हो सके, यहाँ यही कवि की कामना है।

केकि कंठ दुति स्यामल अंगा। तड़ित बिनिंदक बसन सुरंगा॥
ब्याह बिभूषन बिबिध बनाए। मंगल मय सब भाँति सुहाए॥
सरद बिमल बिधु बदनु सुहावन। नयन नवल राजीव लजावन॥
सकल अलौकिक सुंदरताई। कहि न जाइ मनहीं मन भाई॥
बंधु मनोहर सोहहिं संगा। जात नचावत चपल तुरंगा॥
राजकुअँर बर बाजि देखावहिं। बंस प्रसंसक बिरिद सुनावहिं॥
जेहि तुरंग पर रामु बिराजे। गति बिलोकि खगनायकु लाजे॥
कहि न जाइ सब भाँति सुहावा। बाजि बेषु जनु काम बनावा॥

अर्थ—मयूर के कंठ की कान्ति सदृश अंगवाले श्रीराम के ऊपर विद्युत का निरादर करनेवाले सुन्दर रंग (पीत) के वस्त्र हैं। समस्त मंगलस्वरूप तथा प्रत्येक प्रकार से शोभित सुन्दर विवाह के विविध अलंकरण शरीर पर सजाये गये हैं।

उनका सुन्दर मुख शरत् ऋतु के निर्मल चन्द्र की भाँति तथा नेत्र सद्यः खिले कमल को लज्जित करने वाला है। सारी सुन्दरता अलौकिक है, वह कही नहीं जा सकती, मन-ही-मन अत्यन्त प्रिय (भायी) है।

साथ ही मन को हरनेवाले भाई साथ में शोभित हैं और वे चपल अश्वों को नचाते हुए चल रहे हैं। राजकुमार श्रेष्ठ घोड़ों की चाल दिखला रहे हैं और वंश की प्रशंसा करनेवाले चारण विरुदावली सुना रहे हैं।

जिस अश्व पर श्रीराम विराजमान हैं, उसकी गति देखकर गरुड़ लज्जित हो रहे हैं। वह प्रत्येक प्रकार से शोभित है तथा उसका वर्णन करते नहीं बनता (वह इतना सुन्दर है) मानो कामदेव ने घोड़े का वेष बना लिया है।

छंद— जनु बाजि बेषु बनाइ मनसिजु राम हित अति सोहई।
आपनें बय बल रूप गुन गति सकल भुवन बिमोहई॥

जगमगत जीनु जराव जोति सुमोति मनि मानिक लगे।
किंकिनि ललाम लगामु ललित बिलोकु सुर नर मुनि ठगे॥

दो०— प्रभु मनसहिं लयलीन मनु चलत बाजि छबि पाव।
भूषित उडगन तड़ित धनु जनु बर बरहि नचाव॥ ३१६॥

मानो श्रीराम के लिए कामदेव घोड़े का वेष बनाकर अत्यधिक शोभित हो रहा है। वह अपने वय, बल, रूप, गुण तथा गति से सम्पूर्ण भुवनों को विमोहित कर रहा है। सुन्दर मोती तथा माणिक्य लगे हुए जड़ाऊ जीन की ज्योति जगमगा रही है। किंकिणी लगी हुई सुन्दर लगाम को देखकर देवता, मनुष्य एवं मुनि ठग से गये हैं।

प्रभु (श्रीराम) की कामना में लयलीन मनवाला वह अश्व अत्यधिक शोभा प्राप्त कर रहा है मानो तारागण तथा विद्युत से अलंकृत मेघ सुन्दर मयूर का नृत्य करा रहा हो॥ ३१६॥

टिप्पणी—द्वारचार का वर्णन है। अश्व पर चढ़कर द्वारचार की प्रथा का कवि निर्देश करता है। श्रीराम अपने भाइयों के साथ अश्वारूढ़ हैं। अश्वारूढ़ श्रीराम के सौन्दर्य का मिथकीय चित्रण कवि यहाँ करता है। सौन्दर्य वर्णन में परम्परित विधान का अनुसरण करता है।

जेहिं बर बाजि रामु असवारा। तेहि सारदउ न बरनै पारा॥
संकरु राम रूप अनुरागे। नयन पंचदस अति प्रिय लागे॥
हरि हित सहित रामु जब जोहे। रमा समेत रमापति मोहे॥
निरखि राम छबि बिधि हरषाने। आठइ नयन जानि पछिताने॥
सुर सेनप उर बहुत उछाहू। बिधि ते डेवढ़ लोचन लाहू॥
रामहि चितव सुरेसु सुजाना। गौतम स्रापु परम हित माना॥
देव सकल सुरपतिहि सिहाहीं। आजु पुरंदर सम कोउ नाहीं॥
मुदित देव गन रामहिं देखी। नृप समाज दुहुँ हरषु बिसेषी॥

अर्थ—जिस श्रेष्ठ अश्व पर श्रीराम सवार हैं, उसका वर्णन करने में सरस्वती भी समर्थ नहीं हैं। शिव श्रीराम के रूप में इतने अनुरक्त हो उठे कि उन्हें अपने पन्द्रह नेत्र अत्यधिक प्रिय लगे।

विष्णु ने प्रेम से परिपूर्ण जब श्रीराम के रूप को देखा तो लक्ष्मी सहित वे मुग्ध हो उठे। श्रीराम की छवि को देखकर ब्रह्मा हर्षित हो उठे किन्तु (अपने पास) आठ नेत्र जानकर वे पछताने लगे।

देव सेनापति कार्तिकेय के हृदय में अत्यन्त आनन्द था क्योंकि विधाता से ड्योढ़ा अर्थात् बारह नेत्रों से नेत्र लाभ ले रहे हैं। चतुर इन्द्र श्रीराम को देखकर गौतम ऋषि के शाप को अत्यन्त प्रिय माना।

सम्पूर्ण देवता आज इन्द्र से ईर्ष्या कर रहे हैं कि आज इन्द्र के सदृश कोई नहीं है। श्रीराम को देखकर देवगण अत्यधिक आनन्दित हैं और दोनों पक्षों के राज समाज के हृदय में विशेष हर्ष है।

छंद— अति हरषु राजसमाजु दुहुँ दिसि दुंदुभी बाजहिं घनी।
बरषहिं सुमन सुर हरषि कहि जय जयति जय रघुकुलमनी॥
एहि भाँति जानि बरात आवत बाजने बहु बाजहीं।
रानी सुआसिनि बोलि परिछनि हेतु मंगल साजहीं॥

दो०— सजि आरती अनेक बिधि मंगल सकल सँवारि।
चलीं मुदित परिछनि करन गजगामिनि बर नारि॥ ३१७॥

दोनों पक्ष के राज समाज में बहुत हर्ष है, घनघोर नगाड़े बज रहे हैं। देवगण रघुकुल के मणि स्वरूप श्रीराम की जय हो, जय हो, कहकर पुष्प-वर्षा कर रहे हैं। इस प्रकार बारात को आते हुए

समझकर अनेकानेक बाजे बजने लगे और रानी (सुनयना) सौभाग्यवतियों को बुलाकर मांगलिक वस्तुएँ सजाने लगीं।

सभी मांगलिक वस्तुओं को सँवार कर और आरती सजाकर श्रेष्ठ गजगामिनी स्त्रियाँ परछन करने के लिए चलीं॥ ३१७॥

टिप्पणी—द्वारचार के प्रकरण पर वर के सौन्दर्य को अद्वितीय रूप में चारण परिपाटी के अन्तर्गत चित्रित किया जाता रहा है। कवि इस परिपाटी की तुलना में जिस प्रकार का वक्रतापूर्ण अर्थ विधान करता है, वह सम्पूर्ण परिपाटी में विधानों को तोड़कर सौन्दर्य निरूपण का स्वयं अद्वितीय मौलिक मानक बन जाता है।

वर्णन का आधार कवि समय या पौराणिक विश्वास है श्री शिव का त्रिनेत्र होना, ब्रह्मा का आठ नेत्रों से युक्त होना, षडानन का बारह नेत्रों से युक्त रहना एवं इन्द्र का सहस्र आँखों वाला होना—ये सभी दर्शन की श्लाघा से जुड़ते हैं और सहस्राक्ष इन्द्र की स्पृहा में आज सभी देवता छोटे प्रतीत होते हैं।

कवि की ऊहापूर्ण यह वर्णन प्रणाली परम्परा के वर्णनों को अपनी अर्थ चातुरी से स्तम्भित कर देती है।

बिधुबदनीं सब सब मृगलोचनि। सब निज तन छबि रति मदु मोचनि॥
पहिरें बरन बरन बर चीरा। सकल बिभूषन सजें सरीरा॥
सकल सुमंगल अंग बनाएँ। करहिं गान कलकंठि लजाएँ॥
कंकन किंकिनि नूपुर बाजहिं। चालि बिलोकि काम गज लाजहिं॥
बाजहिं बाजने बिबिध प्रकारा। नभ अरु नगर सुमंगलचारा॥
सची सारदा रमा भवानी। जे सुरतिय सुचि सहज सयानी॥
कपट नारि बर बेष बनाई। मिली सकल रनिवासहिं जाई॥
करहिं गान कल मंगल बानीं। हरष बिबस सब काहुँ न जानीं॥

अर्थ—सभी चन्द्रमुखी हैं और सभी मृग नेत्र वाली हैं और सभी अपनी शरीर की छवि से रति के गर्व को नष्ट करनेवाली हैं। अनेकानेक रंगों के चीर पहने हुए और सभी अपने शरीर को अलंकृत किये हुए—

सभी मांगलिक पदार्थों से अंगों को सजाए हुए कोकिल को लज्जित करनेवाले सुन्दर कंठ से गायन कर रही हैं। करधन, किंकिणी एवं नूपुर बज रहे हैं और उनकी गति को देखकर कामदेवता के हाथी भी लज्जित हो रहे हैं।

नाना प्रकार के बाजे बज रहे हैं। आकाश और नगर दोनों स्थानों पर मंगलाचार हो रहे हैं। इन्द्राणी, सरस्वती, लक्ष्मी तथा पार्वती और जो स्वभाव से ही पवित्र तथा चतुर देवांगनाएँ थीं,

कपटपूर्ण नारी का सुन्दर वेष विन्यास बनाकर सभी रनिवास में जाकर मिल गईं और वे सुन्दर तथा मंगल वाणी में गायन कर रही हैं, सभी हर्ष से विवश थे, कोई जान न पाया।

छंद— **को जान केहि आनंद बस सब ब्रह्म बर परिछन चलीं।**
कल गान मधुर निसान बरषहिं सुमन सुर सोभा भली॥
आनंदकंदु बिलोकि दूलहु सकल हियँ हरषित भईं।
अंभोज अंबक अंबु उमगि सुअंग पुलकावलि छईं॥

दो०— **जो सुखु भा सिय मातु मन देखि राम बर बेषु।**
सो न सकहिं कहि कलप सत सहस सारदा सेषु॥ ३१८॥

कौन किसे जाने, आनन्द की वशवर्तिनी सभी दूलह बने हुए ब्रह्म श्रीराम के परछन के लिए

चलीं। मधुर गायन हो रहा है, नगाड़े बज रहे हैं, देवता पुष्प वर्षा कर रहे हैं, अच्छी शोभा (बनी) है। आनन्द के मूल श्रीराम (ब्रह्म) को दूलह बना देखकर सभी हृदय में आनन्दित हुईं। उनके कमल सदृश नेत्रों में प्रेमाश्रु उमड़ा तथा (उन सभी के) सुन्दर अंगों में पुलकावली छा गई।

श्रीराम के वर वेष को देखकर जो आनन्द सीता की माता के मन में हुआ उस सुख का वर्णन सरस्वती तथा शेष लाखों कल्पों में भी नहीं कर सकते॥ ३१८॥

टिप्पणी—द्वारचार का प्रकरण है। कवि परम्परित एवं लोकात्मक रूढ़ियों के अनुसार 'वर दर्शन' के प्रकरण को प्रस्तुत कर रहा है। श्रीराम जैसे वर के अनुरूप सजी-धजी जनकपुर की आभरण-वसन सज्जित युवतियाँ स्वागत के लिए उपस्थित हैं।

परम्परया वर की सास सर्वप्रथम दूल्हे को देखती हैं—कवि श्रीराम के मुखचन्द्र के सौन्दर्य की अद्वितीयता से श्रीराम की सास सुनयना को अभिभूत कर देता है।

द्वारचार के सन्दर्भ में युवतियाँ तथा अपनी सखियों सहित जनकपत्नी सुनयना श्रीराम की सर्वप्रथम आरती करती हैं। सास द्वारा आरती की परम्परा अपनी कन्या के लिए उपयुक्त वर प्राप्त करने की कामना को बिम्बित करती है। आरती के उस प्रकरण को 'परछन' कहा जाता है। यह एक लोकरीति है दरवाजे पर द्वारचार के निमित्त उपस्थित वर को कलश, पुष्प, आरती, सिल, बट्टे, मूसल आदि से स्पर्श करके अभिमंत्रित किया जाता है।

नयन नीरु हटि मंगल जानी। परिछनि करहिं मुदित मन रानी॥
बेद बिहित अरु कुल आचारू। कीन्ह भली बिधि कुल ब्यवहारू॥
पंच सबद धुनि मंगल गाना। पट पाँवड़े परहिं बिधि नाना॥
करि आरती अरघु तिन्ह दीन्हा। राम गवनु मंडप तब कीन्हा॥
दसरथु सहित समाज बिराजे। बिभव बिलोकि लोकपति लाजे॥
समयँ समयँ सुर बरषहिं फूला। सांति पढ़हिं महिसुर अनुकूला॥
नभ अरु नगर कोलाहल होई। आपनि पर कछु सुनइ न कोई॥
एहिं बिधि रामु मंडपहि आए। अरघु देइ आसन बैठाए॥

अर्थ—मंगल का अवसर समझ कर नेत्रों का प्रेमाश्रु रोके रानी सुनयना आनन्दित मन से परछन कर रही हैं। वेद में कहे हुए तथा कुल के आचार के अनुसार भलीभाँति (परछन का सारा) व्यवहार रानी ने किया।

पंचशब्द (तंत्री, ताल, झाँझ, नगाड़ा, तुरही) पंचध्वनि (वेद, बंदी, जय, शंख तथा हुलू ध्वनि) तथा मंगल गायन हो रहे हैं। नाना प्रकार के वस्त्रों के पाँवड़े पड़ रहे हैं। उन्होंने आरती करके अर्घ्य किया तब श्रीराम मण्डप में गये।

राजा दशरथ अपनी मंडली सहित विराजमान हैं और उनके वैभव को देखकर लोकपति लज्जित हैं। समय-समय पर देवगण पुष्प वर्षा कर रहे हैं और ब्राह्मण समयानुकूल शान्ति पाठ कर रहे हैं।

आकाश तथा नगर में कोलाहल हो रहा है। अपना-पराया कोई कुछ नहीं सुन रहा है। इस प्रकार श्रीराम मण्डप में आये और अर्घ्य देकर आसन पर बैठाये गये।

छंद— बैठारि आसन आरती करि निरखि बरु सुखु पावहीं।
मनि बसन भूषन भूरि वारहिं नारि मंगल गावहीं॥
ब्रह्मादि सुरबर बिप्र बेष बनाइ कौतुक देखहीं।
अवलोकि रघुकुल कमल रबि छबि सुफल जीवन लेखहीं॥

दो०— नाऊ बारी भाट नट राम निछावरि पाइ।
मुदित असीसहिं नाइ सिर हरषु न हृदयँ समाइ॥ ३१९॥

आसन पर बैठाकर आरती करके दूलह को देखकर स्त्रियाँ सुख पा रही हैं। वे स्त्रियाँ ढेर-के-ढेर मणि, वस्त्र तथा आभूषण निछावर करके मंगल गा रही हैं। ब्रह्मादिक देवगण ब्राह्मण का वेष बनाकर कौतुक देख रहे हैं और रघुवंशरूपी कमल को आनन्दित करनेवाले सूर्यरूप श्रीराम की छवि को देखकर अपना जीवन सफल मान रहे हैं।

नाई, बारी, भाँट तथा नट श्रीराम की निछावर पाकर आनन्दित हो सिर झुकाकर आशीर्वचन कह रहे हैं और उनके हृदय में आनन्द नहीं समाता॥ ३१९॥

टिप्पणी—द्वारचार पर परछन (आरती वर पूजनादि) के पश्चात् मण्डप गमन का कार्यक्रम आयोजित किया जाता है। द्वारचार के अवसर पर प्रजाजनों को नाना प्रकार के दान तथा सम्मान से अलंकृत करने की लोकात्मक परिपाटी का यहाँ उल्लेख है।

मिले जनकु दसरथु अति प्रीतीं। करि बैदिक लौकिक सब रीतीं॥
मिलत महा दोउ राज बिराजे। उपमा खोजि खोजि कबि लाजै॥
लही न कतहुँ हारि हियँ मानी। इन्ह सम एइ उपमा उर आनी॥
सामध देखि देव अनुरागे। सुमन बरषि जसु गावन लागे॥
जगु बिरंचि उपजावा जब तें। देखे सुने ब्याह बहु तब तें॥
सकल भाँति सम साजु समाजू। सम समधी देखे हम आजू॥
देवगिरा सुनि सुंदरि साँची। प्रीति अलौकिक दुहु दिसि माची॥
देत पाँवड़े अरघु सुहाए। सादर जनकु मंडपहि ल्याए॥

अर्थ—सम्पूर्ण लौकिक तथा वैदिक रीति पूर्ण करके जनक तथा दशरथ अत्यन्त प्रेमपूर्वक (गले) मिले। दोनों महाराज मिलते हुए अत्यधिक शोभित हुए, कवि (इसके निमित्त) उपमा खोज-खोजकर लजा गये।

कहीं न पाकर उसने हृदय में हार मान लिया और हृदय में आया कि इनके सदृश ये ही हैं। समधी का प्रेम देखकर देवगण अनुराग से भर गये और सुमन-वृष्टि करके यश गाने लगे।

(वे परस्पर कहने लगे) विधाता ने जब से संसार को उत्पन्न किया है और तब से अनेकानेक ब्याह (के वर्णन) सुनें और उन्हें देखा किन्तु प्रत्येक प्रकार से समतुल्य साज, समाज और समतुल्य समधी आज ही हमने देखा।

सुन्दर तथा सच्ची देव वाणी सुनकर दोनों पक्षों में अलौकिक प्रीति छायी। सुन्दर पाँवड़े तथा अर्घ्य देते हुए आदरपूर्वक जनक उन्हें मण्डप में ले आये।

छंद— मंडपु बिलोकि बिचित्र रचनाँ रुचिरताँ मुनि मन हरे।
निज पानि जनक सुजान सब कहुँ आनि सिंघासन धरे॥
कुल इष्ट सरिस बसिष्ट पूजे बिनय करि आसिष लही।
कौसिकहि पूजत परम प्रीति कि रीति तौ न परै कही॥

दो०— बामदेव आदिक रिषय पूजे मुदित महीस।
दिए दिब्य आसन सबहिं सब सन लही असीस॥ ३२०॥

मण्डप को देखा, उसकी विचित्र रचना तथा सुन्दरता ने मुनियों के मन का हरण कर लिया। अपने हाथ से ले आकर जनक ने सभी के निमित्त सिंहासन रखा। कुल के इष्ट देवता की भाँति वसिष्ठ की पूजा की तथा विनय करके आशीर्वाद प्राप्त किया। विश्वामित्र का पूजन करते हुए परम प्रीति की रीति का वर्णन करते नहीं बनता।

राजा जनक ने वामदेव आदिक ऋषियों की पूजा आनन्दित भाव से की। सभी को दिव्य आसन दिये और सब से आशीर्वाद प्राप्त किया॥ ३२०॥

टिप्पणी—मण्डप गमन के पूर्व द्वारचार के अवसर पर सामध (समधी : पुत्र का पिता) के सम्मान का प्रकरण है। कन्यापक्ष का सामध (पुत्री का पिता) अर्थात् जनक दशरथ की अगवानी एवं प्रीतिपूर्वक अभिनन्दन करते हैं। दोनों समधी समान हैं और साज-समाज की दृष्टि से भी दोनों में समानता है—कवि इस कथन द्वारा ब्याह के औचित्य तथा उसकी उपयुक्तता का निर्देश करता है—

'सकल भाँति सम साजु समाजू। सम समधी देखे हम आजू।।'

यह प्रकरण मण्डप-गमन की प्रस्तावना है।

बहुरि कीन्हि कोसलपति पूजा। जानि ईस सम भाउ न दूजा॥
कीन्हि जोरि कर बिनय बड़ाई। कहि निज भाग्य बिभव बहुताई॥
पूजे भूपति सकल बराती। समधी सम सादर सब भाँती॥
आसन उचित दिए सब काहूँ। कहौं काह मुख एक उछाहू॥
सकल बरात जनक सनमानी। दान मान बिनती बर बानी॥
बिधि हरि हरु दिसिपति दिनराऊ। जे जानहिं रघुबीर प्रभाऊ॥
कपट बिप्र बर बेषु बनाएँ। कौतुक देखहिं अति सचु पाएँ॥
पूजे जनक देव सम जानें। दिए सुआसन बिनु पहिचानें॥

अर्थ—और अन्य कोई भाव न रखकर मात्र शिव के सदृश भाव से ही पुनः राजा दशरथ की पूजा की। उन्होंने अपने वैभव विस्तार तथा भाग्य का कथन करते हुए (अर्थात् राजा दशरथ के आमगन से उनका भाग्य तथा वैभव कितना बढ़ा) हाथ जोड़कर विनय तथा बड़प्पन (दशरथ के बड़प्पन) का वर्णन किया।

राजा ने सम्पूर्ण बरातियों का समधी के सदृश ही सभी प्रकार से आदरपूर्वक पूजन किया और सभी को उचित आसन दिया। मैं अपने एक मुख से उस उत्साह का क्या वर्णन करूँ।

जनक ने दान से, सम्मान से, विनय से तथा उत्तम वाणी से सभी बारात को सम्मानित किया। ब्रह्मा, विष्णु, शिव, दिक्पाल तथा सूर्य देवता जो श्रीराम के प्रभाव को जानते थे,

कपटपूर्ण ब्राह्मण का सुन्दर वेष बनाकर सुख प्राप्त करते हुए (सम्पूर्ण) कौतुक देख रहे थे। जनक ने उन्हें देवता सदृश जानकर उनका पूजन किया और उन्हें बिना पहचाने हुए सुन्दर आसन दिया।

छंद— **पहिचान को केहि जान सबहि अपान सुधि भोरी भई।**
आनन्दकंदु बिलोकि दूलहु उभय दिसि आनँदमई॥
सुर लखे राम सुजान पूजे मानसिक आसन दए।
अवलोकि सीलु सुभाउ प्रभु को बिबुध मन प्रमुदित भए॥

दो०— रामचंद्र मुख चंद्र छबि लोचन चारु चकोर।
करत पान सादर सकल प्रेमु प्रमोदु न थोर॥ ३२१॥

सब को अपनी ही सुधि भूली हुई थी इसलिए कौन किसे पहचानें, किसे जाने। आनन्दकंद श्रीराम को दूलह देखकर दोनों पक्ष आनन्दमय हो गये। श्रीरामचन्द्र ने देवताओं को देखा, उनका मानसी पूजन किया तथा उन्हें आसन दिया। प्रभु का शील स्वभाव देखकर देवगण मन में आनन्दित हुए।

श्रीरामचन्द्र के मुखचन्द्र की छवि को सभी के सुन्दर नेत्ररूपी चकोर आदरपूर्वक पान कर रहे थे, उनमें प्रेम तथा आनन्द कम नहीं था॥ ३२१॥

टिप्पणी—मण्डप के अन्तर्गत वसिष्ठ, विश्वामित्र, दशरथ आदि का यथोचित सम्मान करके दिव्य आसन पर वर श्रीराम को बैठाने का प्रकरण है। कवि इस अवसर पर श्रीराम की परम दिव्यता का चित्रण करके उनके आध्यात्मिक व्यक्तित्व को इंगित करना चाह रहा है।

समउ बिलोकि बसिष्ठ बोलाए। सादर सतानंदु सुनि आए॥
बेगि कुअँरि अब आनहु जाई। चले मुदित मुनि आयसु पाई॥
रानी सुनि उपरोहित बानी। प्रमुदित सखिन्ह समेत सयानी॥
बिप्र बधूँ कुल बृद्ध बोलाईं। करि कुल रीति सुमंगल गाईं॥
नारि बेष जे सुर बर बामा। सकल सुभायँ सुंदरी स्यामा॥
तिन्हहिं देखि सुखु पावहिं नारीं। बिनु पहिचानि प्रानहु ते प्यारीं॥
बार बार सनमानहिं रानी। उमा रमा सारद सम जानी॥
सीय सँवारि समाजु बनाई। मुदित मंडपहि चलीं लवाई॥

अर्थ—समय देखकर वसिष्ठ ने बुलाया और उनका बुलावा सुनकर आदर सहित शतानन्द आये। शीघ्र ही, अब जाकर राजकुमारी को ले आइए। (मुनि की) आज्ञा पाकर वे आनन्दित होकर चले।

चतुर रानी ने पुरोहित की वाणी सुनकर सखियों सहित आनन्दित ब्राह्मण-बंधुओं तथा कुल की वृद्धाओं को बुलाया तथा मंगलगान गाकर कुल की रीति की।

देवताओं की सुन्दर श्रेष्ठ अंगनाएँ जो सुन्दर मनुष्यों के वेष में हैं और सभी सुन्दरियाँ हैं और सभी स्यामा हैं, उन्हें देखकर सभी नारियाँ सुख प्राप्त कर रही हैं और बिना पहचान के भी वे प्राणों से प्रिय (प्रतीत हो रही) हैं।

उनको पार्वती, लक्ष्मी तथा सरस्वती के सदृश जानकर रानी सुनयना बार-बार सम्मान देती हैं। सीता की श्रृंगार रचना करके और अपनी मण्डली बना करके आनन्दित भाव से वे मण्डप में लिवा कर चलीं।

छंद— चलि ल्याइ सीतहि सखी सादर सजि सुमंगल भामिनीं।
नवसप्त साजें सुंदरीं सब मत्त कुंजरगामिनीं॥
कल गान सुनि मुनि ध्यान त्यागहिं काम कोकिल लाजहीं।
मंजीर नूपुर कलित कंकन ताल गति बर बाजहीं॥

दो०— सोहति बनिता बृंद महुँ सहज सुहावनि सीय।
छबि ललना गन मध्य जनु सुषमा तिय कमनीय॥ ३२२॥

सुन्दर सुमंगल का साज सजाकर सखियाँ सीता को लिवा कर चलीं, सभी सुन्दरियाँ सोलह श्रृंगारों से सजी और सभी मत्त हस्ति गति वाली थीं। उनके मनोहर गान को सुनकर मुनिगण ध्यान त्यागे दे रहे थे और कामदेव के कोकिल भी लज्जित थे। उनके चरणों में मंजीर (पायजेब) नूपुर, सुन्दर कंकण ताल की गति पर बड़े सुन्दर बज रहे थे।

नैसर्गिक रूप से रूपवती सीता उन युवतियों के समूह में इस प्रकार शोभित हो रही थीं मानो छविरूपी ललनाओं के समूह के मध्य परम सौन्दर्यरूपी स्त्री शोभित हो॥ ३२२॥

टिप्पणी—वर (दूल्हे) श्रीराम को मण्डप में प्रतिष्ठित करके लोकरीति के अनुसार नारियों द्वारा मंगल गायन तथा वर पूजन का विधान है। इसके पश्चात् मण्डप में दूल्हन (सीता) को सजाकर ले आने एवं विधि विधान के अनुसार विवाह की पूर्व योजना का यहाँ चित्रण है।

सिय सुंदरता बरनि न जाई। लघु मति बहुत मनोहरताई॥
आवत दीखि बरातिन्ह सीता। रूप रासि सब भाँति पुनीता॥
सबहिं मनहिं मन किए प्रनामा। देखि राम भए पूरन कामा॥
हरषे दसरथु सुतन्ह समेता। कहि न जाइ उर आनँदु जेता॥
सुर प्रनामु करि बरसहिं फूला। मुनि असीस धुनि मंगल मूला॥
गान निसान कोलाहलु भारी। प्रेम प्रमोद मगन नर नारी॥
येहि बिधि सीय मंडपहिं आई। प्रमुदित सांति पढ़हिं मुनिराई॥
तेहि अवसर कर बिधि ब्यवहारू। दुहुँ कुलगुर सब कीन्ह अचारू॥

अर्थ—सीता की सुन्दरता वर्णित नहीं की जा सकती। मेरी बुद्धि तुच्छ है, सौन्दर्य महनीय है। सब भाँति से पवित्र तथा रूपराशि सीता को आते हुए बरातियों ने देखा।

सभी ने मन-ही-मन उन्हें प्रणाम किया और श्रीराम को देखकर तो वे सभी पूर्ण काम हो गये। राजा दशरथ पुत्रों सहित हर्षित हुए और उनके हृदय में जितना आनन्द था, वह कहा नहीं जा सकता।

देवगण प्रणाम करके फूल बरसा रहे हैं। मंगलमूल रूप मुनि के आशीर्वाद की ध्वनि हो रही है। गानों तथा नगाड़ों के शब्द से भारी शोर मच रहा है। सभी नर नारी प्रेम तथा आनन्द में मग्न हैं।

इस प्रकार सीता मण्डप में आईं। मुनिराज अत्यन्त आनन्दित होकर शान्ति पाठ कर रहे हैं। उस अवसर का सब विधि-विधान, व्यवहार तथा कुलाचार दोनों कुल गुरुओं ने सब किया।

छंद— आचारु करि गुर गौरि गनपति मुदित बिप्र पुजावहीं।
सुर प्रगटि पूजा लेहिं देहिं असीस अति सुखु पावहीं॥
मधुपर्क मंगल द्रव्य जो जेहि समय मुनि मन महुँ चहैं।
भरे कनक कोपर कलस सो तब लिए परिचायक रहैं॥
कुलरीति प्रीति समेत रबि कहि देत सबु सादर कियो।
येहि भाँति देव पुजाइ सीतहि सुभग सिंघासनु दियो॥
सिय राम अवलोकनि परसपर प्रेमु काहु न लखि परै।
मन बुद्धि बर बानी अगोचर प्रगट कवि कैसें करै॥

दो०— होम समय तनु धरि अनलु अति सुख आहुति लेहिं।
बिप्र बेष धरि बेद सब कहि बिबाह बिधि देहिं॥ ३२३॥

कुलाचार करके गुरुगण गौरी, गणेश और ब्राह्मणों की पूजा करा रहे हैं। देवता (स्वयं) प्रकट होकर पूजा ग्रहण कर रहे हैं तथा आशीर्वाद देकर अत्यन्त सुख प्राप्त कर रहे हैं। मधुपर्क तथा मंगलकारी वस्तुओं की जिस समय भी मुनि मन में चाह करते हैं, सेवकगण सोने की परातों में और कलशों में उसी समय लिए तत्पर (मिलते) हैं।

स्वयं सूर्यदेवता प्रीतिपूर्वक अपने कुल की रीति कह देते हैं और सभी उसे आदरपूर्वक करते हैं। इस प्रकार देव पूजन करा करके सीता को सुन्दर सिंहासन दिया। सीता और श्रीराम का परस्पर देखना तथा उनका पारस्परिक प्रेम किसी को दिखाई नहीं पड़ता। वह जो मन, बुद्धि और श्रेष्ठ वाणी से अलक्षित है, उसे कवि कैसे व्यक्त करे।

हवन के समय अग्निदेव शरीर धारण करके बड़े आनन्दपूर्वक आहुति ग्रहण कर रहे हैं और समस्त वेदगण ब्राह्मण का वेष धारण करके विवाह की विधियाँ कहे दे रहे हैं॥ ३२३॥

टिप्पणी—ब्याह के निमित्त सीता को मण्डप में ले आने का प्रकरण है। इस प्रकरण में कवि लोक तथा परम्परा दोनों पद्धतियों का निर्वाह कर रहा है। कन्या (दुलहिन) की साज-सज्जा,

सौन्दर्य वर्णन तथा वर से उसकी समतुल्यता का कवि निरूपण करता हुआ उन दोनों के आध्यात्मिक व्यक्तित्व की व्यंजना कर रहा है।

जनक पाटमहिषी जग जानी। सीय मातु किमि जाइ बखानी॥
सुजसु सुकृत सुख सुंदरताई। सब समेटि बिधि रची बनाई॥
समउ जानि मुनिबरन्ह बुलाई। सुनत सुआसिनि सादर ल्याई॥
जनक बाम दिसि सोह सुनयना। हिमगिरि संग बनी जनु मयना॥
कनक कलस मनि कोपर रूरे। सुचि सुगंध मंगल जल पूरे॥
निज कर मुदित रायँ अरु रानी। धरे राम के आगें आनी॥
पढ़हिं बेद मुनि मंगल बानी। गगन सुमन झरि अवसरु जानी॥
बरु बिलोकि दंपति अनुरागे। पायँ पुनीत पखारन लागे॥

अर्थ—लोक विख्यात जनक की पट्ट महिषी (सबसे बड़ी रानी) सीता की माता (सुनयना) का वर्णन कैसे किया जा सकता है। सुन्दर यश, पुण्य, सुख तथा सौन्दर्य सब को समेट करके ब्रह्मा ने उन्हें सँवार कर निर्मित किया है।

समय समझकर श्रेष्ठ मुनियों ने उन्हें बुलाया। सुनते ही सौभाग्यवती स्त्रियाँ (सुआसिनि) उन्हें सादर लिवा लाईं। राजा जनक के बायीं ओर सुनयना इस प्रकार शोभित हो रही थीं, जैसे हिमालय के साथ मयना शोभित हों।

पवित्र, सुगन्धमय एवं मांगलिक जल से भरे हुए स्वर्णिम कलश और मणियों से खचित सुन्दर (स्वर्णिम) परातें (कोपर) राजा जनक तथा उनकी पत्नी ने अपने हाथों से ले आ करके आगे रखा।

मुनिगण मंगल वाणी में वेद पाठ कर रहे थे और शुभ अवसर समझकर आकाश से पुष्प वर्षा हुई। वर को देखकर राजा-रानी अनुरागयुक्त हो उठे और उनके पवित्र चरणों को पखारने लगे।

छंद— लागे पखारन पाय पंकज प्रेम तनु पुलकावली।
नभ नगर गान निसान जय धुनि उमगि जनु चहुँ दिसि चली॥
जे पद सरोज मनोज अरि उर सर सदैव बिराजहीं।
जे सकृत सुमिरत बिमलता मन सकल कलि मल भाजहीं॥
जे परसि मुनिबनिता लही गति रही जो पातकमई।
मकरंदु जिन्ह को संभु सिर सुचिता अवधि सुर बरनई॥
करि मधुप मन मुनि जोगिजन जे सेइ अभिमत गति लहैं।
ते पद पखारत भाग्यभाजनु जनकु जय जय सब कहैं॥
बर कुँअरि करतल जोरि साखोच्चारु दोउ कुलगुरु करैं।
भयो पानिगहनु बिलोकि बिधि सुर मनुज मुनि आनँद भरैं॥
सुखमूल दूलहु देखि दंपति पुलक तनु हुलस्यो हियो।
करि लोक बेद बिधानु कन्यादानु नृप भूषन कियो॥
हिमवंत जिमि गिरिजा महेसहि हरिहि श्री सागर दई।
तिमि जनक रामहि सिय समरपी बिस्व कल कीरति नई॥
क्यों करै बिनय बिदेहु कियो बिदेहु मूरति सावँरी।
करि होमु बिधिवत गाँठि जोरी होन लागीं भावँरी॥

दो०— जय धुनि बंदी बेद धुनि मंगल गान निसान।
सुनि हरषहिं बरषहिं बिबुध सुरतरु सुमन सुजान॥ ३२४॥

वे दोनों (श्रीराम के) कमलवत् चरण पखारने लगे तथा प्रेम से उनके शरीर पुलकित हो उठे। आकाश एवं नगर के गान तथा नगाड़े की ध्वनि से एवं जय-जयकार की ध्वनि मानो चारों दिशाओं में उमंगित होकर चल निकली। श्रीराम के चरण-कमल निरन्तर कामदेव के शत्रु श्री शिव जी के हृदयरूपी सरोवर में निरन्तर शोभित होते रहते हैं। जिनका एक बार स्मरण करने से मन में निर्मलता उत्पन्न हो उठती है और सम्पूर्ण कलिजनित पाप भाग जाते हैं।

जो अत्यन्त पापमयी थी वह अहल्या उन चरणों का स्पर्श करके मुक्ति प्राप्त की। श्रीराम के चरण-कमल का मकरन्द रस (गंगा जी हैं) जिसे देवगण पवित्रता की सीमा बताते हैं। (जिन चरण-कमलों को केन्द्र बनाकर) योगीजन अपने मन रूप भ्रमर को केन्द्रित करते हैं और जिनकी सेवा करके मनोवांछित गति प्राप्त करते हैं। भाग्य-भाजन श्री जनक उन चरणों को पखार रहे हैं—सभी उनकी जय-जयकार कर रहे हैं।

दोनों कुलों के कुलगुरु वर तथा कन्या की हथेलियों को मिलाकर शाखोच्चार कर रहे हैं, पाणिग्रहण संस्कार हुआ, यह देखकर ब्रह्मा, देवता, मुनि एवं मनुष्य सभी आनन्द से परिपूर्ण हैं। आनन्द विधान वर को देखकर आनन्द से राजा-रानी दोनों का शरीर पुलकित हो उठा और मन उमंगित है और इस प्रकार नृपभूषण जनक ने लोक एवं वेद दोनों विधानों को पूर्ण करके कन्यादान किया।

जैसे हिमालय ने शिव को पार्वती समर्पित की थी और क्षीरसागर ने विष्णु को लक्ष्मी को सौंपा था, उसी प्रकार विश्व में नवीन सुन्दर कीर्ति स्थापित करते हुए जनक ने श्रीराम को सीता सौंपी। उस साँवली मूर्ति ने जनक को विदेह (अंग से शिथिल बना रखा था) अतः उनकी विनय वे कैसे करें। इस तरह होम करके विधि विधानतः उनकी गाँठ जोड़ी गई और भाँवरे (के पड़ने) की रीति होने लगी।

जय-जयकार की ध्वनि, बंदी ध्वनि, वेदध्वनि, मंगलगान और नगाड़ों की ध्वनि सुनकर सहसा देवता हर्षित कल्प वृक्ष से पुष्प वर्षा करते हैं॥ ३२४॥

टिप्पणी—मण्डप में विवाह के सन्दर्भ में वर तथा कन्या के मण्डप में बैठ जाने के बाद कन्या के माता-पिता द्वारा पाद प्रक्षालन तथा कन्यादान का प्रकरण वर्णित है। कवि मानस में श्रीराम की अतिशय कृपालुता, भक्त-वत्सलता तथा उनके आध्यात्मिक व्यक्तित्व को इंगित करने के लिए बराबर अवसरों की तलाश करता रहता है। यह पाद प्रच्छालन का अवसर भी श्रीराम की आध्यात्मिक व्यंजना से पूरी तरह जुड़ जाता है।

कुअँरु कुअँरि कल भावँरि देहीं। नयन लाभु सब सादर लेहीं॥
जाइ न बरनि मनोहरि जोरी। जो उपमा कछु कहौं सो थोरी॥
राम सीय सुंदर परिछाहीं। जगमगाति मनि खंभन्ह माहीं॥
मनहुँ मदनु रति धरि बहु रूपा। देखत राम बिबाहु अनूपा॥
दरस लालसा सकुच न थोरी। प्रगटत दुरत बहोरि बहोरी॥
भए मगन सब देखनिहारे। जनक समान अपान बिसारे॥
प्रमुदित मुनिन्ह भाँवरी फेरीं। नेग सहित सब रीति निबेरीं॥
राम सीय सिर सेंदुर देहीं। सोभा कहि न जाति बिधि केहीं॥
अरुन पराग जलजु भरि नीकें। ससिहि भूष अहि लोभ अमी कें॥
बहुरि बसिष्ठ दीन्हि अनुसासन। बरु दुलहिनि बैठे एक आसन॥

अर्थ—वर तथा कन्या सुन्दर भाँवरें दे रहे हैं। सभी आदरपूर्वक नेत्रों का लाभ प्राप्त कर रहे थे। उस सुन्दर जोड़ी का वर्णन करते नहीं बनता। जो कुछ भी उपमा कहूँ, वही थोड़ी है।

श्रीराम-सीता की सुन्दर प्रतिच्छाया मणिमय खम्भों के बीच जगमगा रही थी, (वह इस प्रकार

प्रतीत हो रही थी) मानो मदन और रति अनेक रूप धारण करके श्रीराम के विलक्षण विवाह को देख रहे हैं।

उन्हें दर्शन की लालसा और संकोच दोनों कम नहीं हैं इसलिए मानो वे बार-बार प्रकट होते और छिप रहे हैं। सभी दर्शक आनन्दमग्न हो उठे और जनक की भाँति सभी आत्मविस्मृत हैं।

मुनियों ने आनन्दपूर्वक भाँवरें फिराईं और नेग पाकर सम्पूर्ण रीतियाँ पूरी कीं। श्रीराम सीता के सिर में सिंदूर दे रहे हैं, यह सौन्दर्य किसी भी प्रकार से कहा नहीं जाता।

मानो कमल को लाल पराग से सम्पूर्णतः भर करके सर्प अमृत के लोभ से चन्द्रमा को भूषित कर रहा है। पुनः वसिष्ठ ने आज्ञा दी और दूल्हे तथा दूल्हन एक आसन पर बैठे।

छंद— बैठे बरासनु रामु जानकि मुदित मन दसरथु भए।
तनु पुलक पुनि पुनि देखि अपनें सुकृत सुरतरु फल नए॥
भरि भुवन रहा उछाहु राम बिबाहु भा सबहीं कहा।
केहि भाँति बरनि सिरात रसना एकु यहु मंगलु महा॥
तब जनक पाइ बसिष्ठ आयसु ब्याह साजु सँवारि कै।
मांडवी श्रुतिकीरति उर्मिला कुअँरि लईं हँकारि कै॥
कुसकेतु कन्या प्रथम जो गुन सील सुख सोभामई।
सब रीति प्रीति समेत करि सो ब्याहि नृप भरतहिं दई॥
जानकी लघु भगिनी सकल सुंदरि सिरोमनि जानि कै।
सो जनक दीन्ही ब्याहि लखनहिं सकल बिधि सनमानि कै॥
जेहि नामु श्रुतिकीरति सुलोचनि सुमुखि सब गुन आगरी।
सो दई रिपुसूदनहिं भूपति रूप सील उजागरी॥
अनुरूप बर दुलहिनि परसपर लखि सकुचि हियँ हरषहीं।
सब मुदित सुंदरता सराहहिं सुमन सुर गन बरषहीं॥
सुंदरीं सुंदर बरन्ह सह सब एक मंडप राजहीं।
जनु जीव उर चारिउ अवस्था बिभुन्ह सहित बिराजहीं॥
दो०— मुदित अवधपति सकल सुत बधुन्ह समेत निहारि।
जनु पाए महिपाल मनि क्रियन्ह सहित फल चारि॥ ३२५॥

श्रेष्ठ (सुन्दर) आसन पर श्रीराम तथा सीता बैठे, यह देखकर दशरथ मन-ही-मन आनन्दित हुए। अपने पुण्यरूपी कल्पवृक्ष में नये फलों को देखकर शरीर पुनः-पुनः पुलकित हो उठा। सम्पूर्ण जगत् में आनन्द भर उठा और सभी ने कहा कि श्रीराम का विवाह हो चुका, किस प्रकार से इसका पूर्णरूपेण वर्णन यह जिह्वा करे क्योंकि वह अकेली है और यह विवाहोत्सव महनीय है।

तब जनक ने वसिष्ठ की आज्ञा पाकर और ब्याह की सम्पूर्ण साज-सज्जा सँवार कर मांडवी, श्रुतिकीर्ति तथा उर्मिला राजकुमारियों को बुला लिया। कुशकेतु की बड़ी कन्या जो गुणशील तथा आनन्द की प्रतिमूर्ति थी उसे सम्पूर्ण विवाह की रीतियों का अनुसरण करते हुए जनक ने प्रीतिपूर्वक भरत को ब्याह दिया।

सीता की छोटी बहन (उर्मिला को) सम्पूर्ण सुन्दरियों में शिरोमणि समझकर और उसे सब प्रकार से सम्मानित करके लक्ष्मण के साथ ब्याह दिया, सम्पूर्ण गुणों में अग्रगण्य सुन्दर मुख एवं नेत्र से युक्त जिसका नाम श्रुतिकीर्ति है और जो रूप तथा शील में उजागर है उसे राजा जनक ने शत्रुघ्न को ब्याह दिया।

सम्पूर्ण वधुएँ अपने अनुकूल वर देखकर परस्पर संकुचित भाव से हृदय में हर्षित थीं। सभी

प्रमुदित भाव से उनकी सुन्दरता की सराहना कर रहे थे और देवतागण पुष्प-वर्षा कर रहे थे। अपने वरों के साथ सभी वधुएँ एक मण्डप में शोभित हो रही थीं मानो जीव की चारों अवस्थाएँ (जाग्रत, स्वप्न, सुषुप्ति और तुरीय) अपने विभुओं (विश्व, तेजस, प्राज्ञ एवं ब्रह्म) के साथ शोभित हों।

अपने पुत्रों को वधुओं के साथ देखकर दशरथ इस प्रकार आनन्दित हो रहे थे जैसे भूपालमणि दशरथ ने क्रियाओं (यज्ञ क्रिया, श्रद्धा-क्रिया, योग क्रिया, ज्ञान क्रिया) सहित चारों फल (अर्थ, धर्म, काम, मोक्ष) प्राप्त कर लिया हो॥ ३२५॥

टिप्पणी—(कन्यादान) पाणिग्रहण के पश्चात् भाँवर तथा सिन्दूरदान का प्रकरण यहाँ निर्दिष्ट है। मुख्यत: कवि श्रीराम सीता के विवाह का सन्दर्भ प्रस्तुत करके भरत, लक्ष्मण एवं शत्रुघ्न अन्य शेष तीन भाइयों के विवाह का आयोजन निर्दिष्ट कर रहा है। इस प्रकरण में दशरथ के आनन्द का उल्लेख कवि विशेष रूप से करता है। सीता की माँग में सिन्दूरदान को कवि अपने रमणीक उत्प्रेक्षागर्भित रूपक से अलंकृत करता है।

'अरुन पराग जलजु भर नीकें। ससिहिं भूष अहि लोभ अमी के॥'

पुनरावृत्ति के भय से शेष भाइयों के विवाह क्रम को सामान्य वर्णन परिपाटी के रूप में वह चित्रित रहा है।

जसि रघुबीर ब्याह बिधि बरनी। सकल कुअँर ब्याहे तेहिं करनी॥
कहि न जाइ कछु दाइज भूरी। रहा कनक मनि मंडपु पूरी॥
कंबल बसन बिचित्र पटोरे। भाँति भाँति बहु मोल न थोरे॥
गज रथ तुरग दास अरु दासीं। धेनु अलंकृत कामदुहा सीं॥
बस्तु अनेक करिअ किमि लेखा। कहि न जाइ जानहिं जिन्ह देखा॥
लोकपाल अवलोकि सिहाने। लीन्ह अवधपति सब सुखु माने॥
दीन्ह जाचकन्हि जो जेहि भावा। उबरा सो जनवासेहिं आवा॥
तब कर जोरि जनकु मृदु बानी। बोले सब बरात सनमानी॥

अर्थ—जिस प्रकार से श्रीराम के विवाह की विधि वर्णित की गई है, उसी प्रकार से परिपूर्ण सब राजकुमारों के विवाह हुए। दहेज की अत्यधिकता का वर्णन नहीं किया जा सकता। सम्पूर्ण मण्डप सोने तथा मणियों से भर उठा।

कम्बल, वस्त्र एवं विचित्र प्रकार के रेशमी वस्त्र—अनेकानेक प्रकार के एवं बहुत प्रकार के बहुमूल्य थे। हाथी, घोड़े, दास, दासियाँ और कामधेनु सदृश सजाई हुईं अनेकानेक प्रकार की गायें थीं।

अनेक वस्तुएँ थीं, उनकी गणना नहीं की जा सकती। जिन्होंने उन्हें देखा है, वही जानते हैं, उनका वर्णन नहीं किया जा सकता। उन्हें देखकर लोकपाल भी सिहा गये और अयोध्यानरेश दशरथ ने सभी प्रकार से प्रसन्न होकर उसे लिया।

जिस याचक को जो अच्छा लगा, उसे दे दिया तथा शेष बचा, वह जनवासे में आया। तब जनक ने हाथ जोड़कर मृदुवाणी में सम्पूर्ण बरातियों से बोलते हुए उन्हें सम्मानित किया।

छंद— सनमानि सकल बरात आदर दान बिनय बड़ाइ कै।
प्रमुदित महामुनि बृंद बंदे पूजि प्रेम लड़ाइ कै॥
सिरु नाइ देव मनाइ सब सन कहत कर संपुट किएँ।
सुर साधु चाहत भाउ सिंधु कि तोष जल अंजलि दिएँ॥
कर जोरि जनकु बहोरि बंधु समेत कोसलराय सों।
बोले मनोहर बयन सानि सनेह सील सुभाय सों॥

संबंध राजन रावरें हम बड़े अब सब बिधि भए।
एहि राज साज समेत सेवकु जानिबी बिनु गथ लए॥
ये दारिका परिचारिका करि पालिबी करुना नई।
अपराधु छमिबो बोलि पठए बहुत हौं ढीट्यो दई॥
पुनि भानुकुलभूषन सकल सनमान निधि समधी किए।
कहि जाति नहिं बिनती परसपर प्रेम परिपूरन हिए॥
बृंदारका मन सुमन बरसहिं राउ जनवासेहि चले।
दुंदुभी जय धुनि बेद धुनि नभ नगर कौतूहल भले॥
तब सखीं मंगल गान करत मुनीस आयसु पाइ कै।
दूलह दुलहिनिन्ह सहित सुंदरि चलीं कोहबर ल्याइ कै॥

दो०— पुनि पुनि रामहि चितव सिय सकुचति मनु सकुचै न।
हरत मनोहर मीन छबि प्रेम पिआसे नैन॥ ३२६॥

आदर, दान, विनय तथा बड़ाई करते हुए उन्होंने सम्पूर्ण बारात को सम्मानित किया और अत्यन्त प्रेम से आप्लावित होकर आनन्दित भाव से श्रेष्ठ मुनि–वृन्दों की पूजा की। सिर झुकाकर देवताओं को सम्मानित करके दोनों हाथ जोड़कर कहने लगे—देवता एवं साधुजन तो हृदय का सच्चा प्रेम चाहते हैं—क्योंकि एक अंजलि भर जल प्रदान करने से देवता प्रसन्न हो उठते हैं।

फिर जनक जी भाई सहित हाथ जोड़कर राजा दशरथ से सहज ही शील, स्नेह से सनी मनोहर वाणी बोले, हे राजन! आपके सम्बन्ध हो जाने से हम सब सभी प्रकार से बड़े हो गये। हम दोनों भाइयों को आप इस राज समाज के साथ बिना मूल्य का सेवक जानिए।

इन हमारी कन्याओं को अपनी दासी मानकर नित्य नई करुणा करके इनका पालन करें। मैंने बड़ी धृष्टता की कि यहाँ आपको बुला भेजा, मेरा अपराध क्षमा कीजिएगा। पुनः सूर्यकुल–भूषण दशरथ ने समधी जनक को सम्मान का निधि बना दिया। अगाध प्रेम से परिपूर्ण हृदयवाले उन दोनों की परस्पर विनय का वर्णन नहीं किया जा सकता।

देवतागण पुष्प–वर्षा कर रहे हैं और राजा जनवासे की ओर चले। दुंदुभी की ध्वनि, जयकर की ध्वनि, वेद ध्वनि आकाश तथा नगर में देखने योग्य कौतुक हो रहे थे। तब मुनिश्रेष्ठों की आज्ञा पाकर सुन्दर सखियाँ मंगलचार करती हुई कोहबर के लिए वर तथा वधुओं को लिवा कर चलीं।

सीता बार–बार श्रीराम को देखती हैं और संकोचग्रस्त हो उठती हैं, उनका मन संकुचित नहीं होता। उनके प्रेम से पिपासित नेत्र मछलियों की छवि का हरण कर रहे थे॥ ३२६॥

टिप्पणी—चारों भाइयों के साथ श्रीराम का विवाह समाप्त हो जाने पर कवि यहाँ कन्या पक्ष की ओर से समधी जनक की विनीतता का वर्णन करता है। यह कवि विवाह की परम्परित परिपाटी के अनुक्रम में है।

स्याम सरीरु सुभायँ सुहावन। सोभा कोटि मनोज लजावन॥
जावक जुत पद कमल सुहाए। मुनि मन मधुप रहत जिन्ह छाए॥
पीत पुनीत मनोहर धोती। हरति बाल रबि दामिनि जोती॥
कल किंकिनि कटि सूत्र मनोहर। बाहु बिसाल बिभूषन सुंदर॥
पीत जनेउ महाछबि देई। कर मुद्रिका चोरि चितु लेई॥
सोहत ब्याह साज सब साजे। उर आयत उर भूषन राजे॥
पिअर उपरना काखासोती। दुहुँ आँचरन्हि लगे मनि मोती॥
नयन कमल कल कुंडल काना। बदनु सकल सौंदर्ज निधाना॥

सुंदर भृकुटि मनोहर नासा। भाल तिलकु रुचिरता निवासा॥
सोहत मौरु मनोहर माथें। मंगलमय मुकुता मनि गाथें॥

अर्थ—श्रीराम का सुहावना श्यामल शरीर स्वभावतः करोड़ों कामदेव की शोभा का हरण कर रहा है। महावर से युक्त उनके चरण-कमल शोभित हो रहे हैं—इन चरण-कमलों को मुनिगणों के मनरूपी भ्रमर निरन्तर आच्छादित किये रहते हैं।

पवित्र मनोहारी पीली धोती बाल सूर्य एवं विद्युत लेखा की ज्योति का हरण कर रही थी। मनोहर कटिसूत्र एवं किंकिणी कटि में है। उनके बाहु विशाल एवं आभूषणों से अलंकृत सुन्दर हैं।

पीला यज्ञोपवीत अत्यधिक छवि दे रहा है। उँगलियों की अँगूठी चित्त को चुरा ले रही थी। पीला दुपट्टा जनेऊ (काखाँ सोती) के सदृश हैं और उनके दोनों आँचरों पर मणि तथा मोती लगे हैं। नेत्र कमलवत् हैं, कानों में सुन्दर कुण्डल है और उनका मुख सम्पूर्ण सौन्दर्य का भण्डार है।

भृगुटी सुन्दर हैं, नासिका मनोहारी है। ललाट पर तिलक तो मानो सौन्दर्य का निवास हो। मंगलमय मुक्ताओं एवं मणियों से गुथा हुआ ननोहारी मौर माथे पर शोभित हो रहा है।

छंद— गाथें महामनि मौरु मंजुल अंग सब चित चोरहीं।
पुर नारिं सुर सुंदरीं बरहिं बिलोकि सब तिन तोरहीं॥
मनि बसन भूषन वारि आरति करहिं मंगल गावहीं।
सुर सुमन बरिसहिं सूत मागध बंदि सुजसु सुनावहीं॥
कोहबरहिं आनी कुअँर कुअँरि सुआसिनिन्ह सुख पाइ कै।
अति प्रीति लौकिक रीति लागीं करन मंगल गाइ कै॥
लहकौरि गौरि सिखाव रामहि सीय सन सारद कहैं।
रनिवासु हास बिलास रस बस जन्म को फलु सब लहैं॥
निज पानि मनि महुँ देखिअति मूरति सुरूपनिधान की।
चालति न भुजबल्ली बिलोकनि बिरह भय बस जानकी॥
कौतुक बिनोद प्रमोदु प्रेमु न जाइ कहि जानहिं अलीं।
बर कुअँरि सुंदर सकल सखी लेवाइ जनवासेहिं चलीं॥
तेहि समय सुनिअ असीस जहँ तहँ नगर नभ आनँदु महा।
चिरु जिअहुँ जोरी चारु चार्‌यो मुदित मन सबहीं कहा॥
जोगीन्द्र सिद्ध मुनीस देव बिलोकि प्रभु दुंदुभि हनी।
चले हरषि बरषि प्रसून निज निज लोक जय जय जय भनी॥

दो०— सहित बधूटिन्ह कुअँर सब तब आए पितु पास।
सोभा मंगल मोद भरि उमगेउ जनु जनवास॥ ३२७॥

महामणियों से गथित सुन्दर मौर था और (उनका) अंग सम्पूर्ग चित्त को चुराये ले रहा था। नगर की सम्पूर्ण स्त्रियाँ एवं देव सुन्दरियाँ वर को देखकर तृण तोड़ रही थीं (कहीं डिठौना आदि न लगे) तथा मणि, वस्त्र, अलंकार को निछावर करती हुईं आरती और मंगल का गान करती हैं। देवता पुष्प-वृष्टि कर रहे हैं, सूत, मागध तथा चारण सुयश सुना रहे हैं।

सौभाग्यवती स्त्रियाँ आनन्द प्राप्त करके वर तथा वधुओं को कोहबर में ले आईं और मंगलगान करती हुईं अत्यन्त प्रेमपूर्वक लोकरीति करने लगीं। वर-वधू का परस्पर ग्रास (लहकौरि) करते समय श्रीराम को पार्वती सिखाती हैं और सीता से सरस्वती कहती हैं—इस प्रकार, सम्पूर्ण रनिवास हास्य एवं रस-विलास में मग्न हैं और सभी अपने जन्म के फल (आनन्द) को प्राप्त करती हैं।

सीता अपने हाथ की मणियों में रूप भंडार श्रीराम की मूर्ति (बिम्ब) देखती हैं और (देखना

व्यतिक्रमित न हो उठे) इस पलकान्तर के भय से समन्वित श्री जानकी अपनी बाहु बल्ली का चालन नहीं करती। उनके विनोद, प्रमोद एवं प्रेम का कौतुक कहते नहीं बनता, उसे वे सखियाँ ही समझती हैं। इस प्रकार सभी कुवँरों एवं वधुओं को सभी सखियाँ लिवाकर जनवास ले चलीं।

उस समय जहाँ-तहाँ आशीर्वचन सुनाई पड़ रहे थे, नगर तथा आकाश दोनों में अत्यधिक आनन्द व्याप्त था और सभी ने आनन्दित मन से कहा कि चारों की सुन्दर जोड़ी चिरंजीवी हो। प्रभु श्रीराम को देखकर योगिश्रेष्ठ, सिद्ध, मुनिगण एवं देवताओं ने आकाश में दुंदुभी बजाई (वे सभी) जय जय जय कहते हुए पुष्प-वर्षा करते हुए हर्षित होकर अपने-अपने लोकों को चले।

तब अपनी वधुओं के साथ सभी राजकुमार अपने पिता के पास आये मानो सौन्दर्य मंगल एवं मोद परिपूर्ण भाव से जनवास में उमड़ पड़ा हो॥ ३२७॥

टिप्पणी—विवाह के पश्चात् 'कोहबर' प्रसंग की अवतारणा का चित्रण है। कोहबर हास-परिहास से युक्त विवाह के समापन की एक रीति है—जहाँ सद्यः विवाहिता तथा विवाहित वर एक दूसरे को हाथ से खिलाते हैं। कन्या पक्ष की युवतियाँ 'वर' के साथ अनेक प्रकार से हास-परिहास करती हैं। विवाह की यह लोकरीति है और इस लोकरीति में यहाँ श्रीराम के पक्ष में स्वयं पार्वती तथा सीता के पक्ष में सरस्वती इसमें सम्मिलित होती हैं।

पुनि जेवनार भई बहु भाँती। पठए जनक बोलाइ बराती॥
परत पाँवड़े बसन अनूपा। सुतन्ह समेत गवन कियो भूपा॥
सादर सब कें पाय पखारे। जथाजोगु पीढ़न्ह बैठारे॥
धोए जनक अवधपति चरना। सीलु सनेहु जाइ नहिं बरना॥
बहुरि राम पद पंकज धोए। जे हर हृदय कमल महुँ गोए॥
तीनिउ भाइ राम सम जानी। धोए चरन जनक निज पानी॥
आसन उचित सबहि नृप दीन्हे। बोलि सूपकारी सब लीन्हे॥
सादर लगे परन पनवारे। कनक कील मनि पान सँवारे॥
दो०— सूपोदन सुरभी सरपि सुंदर स्वादु पुनीत।
छन महुँ सब के परुसि गे चतुर सुआर बिनीत॥ ३२८॥

अर्थ—उसके पश्चात् नाना भाँति के ज्योनार बने और जनक ने बरातियों को बुला भेजा। राजा ने पुत्रों के साथ गमन किया और अनेक अनुपम वस्त्रों के पाँवड़े पड़ते जाते हैं।

आदरपूर्वक सब के चरणों को धोया और सब को यथायोग्य पीढ़ों पर बैठाया। जनक ने दशरथ के पैर धोये। उनके शील तथा स्नेह का वर्णन नहीं किया जा सकता।

पुनः श्रीराम के चरण-कमलों को धोया (ये श्रीराम के चरण) शिव के हृदय कमल में छिपे रहते हैं। तीनों भाइयों को श्रीराम के सदृश जानकर जनक ने अपने हाथों से उनके चरणों को धोया।

राजा जनक ने सभी को उचित आसन दिया और सभी परसनेवालों (सूप कर्म करनेवालों) को बुला लिया। आदरपूर्वक पत्तलें पड़ने लगीं (वे पत्तलें) मणियों के पत्तों में सोने की कीलें लगाकर बनाई गई थीं।

अत्यन्त चतुर एवं विनीत सूपकारों ने सुन्दर सुस्वादु पवित्र दाल भात (सुपोदन) एवं गाय का घी क्षणभर में सब के सामने परसा॥ ३२८॥

टिप्पणी—विवाह के आयोजन के पश्चात् भोजन प्रसंग पूर्व स्वीकृत विवाह परम्परा के अन्तर्गत है। विवाह की यह सम्पूर्ण रीति 'उत्तर भारत' की ही है और गोस्वामी तुलसीदास के युग की मान्यताओं एवं प्रचलन से सम्बद्ध है। मिथिला प्रदेश में वैसे विवाह का यह क्रम इस समय नहीं है।

पंच कवल करि जेंवन लागे। गारि गान सुनि अति अनुरागे॥
भाँति अनेक परे पकवाने। सुधा सरिस नहिं जाहिं बखाने॥

परुसन लगे सुआर सुजाना। बिंजन बिबिध नाम को जाना॥
चारि भाँति भोजन बिधि गाई। एक एक बिधि बरनि न जाई॥
छरस रुचिर बिंजन बहु जाती। एक एक रस अगनित भाँती॥
जेंवत देहिं मधुर धुनि गारी। लै लै नाम पुरुष अरु नारी॥
समय सुहावनि गारि बिराजा। हँसत राउ सुनि सहित समाजा॥
ग्रेहि बिधि सबहीं भोजनु कीन्हा। आदर सहित आचमनु दीन्हा॥
दो०— देइ पान पूजे जनक दसरथु सहित समाज।
जनवासेहि गवने मुदित सकल भूप सिरताज॥ ३२९॥

अर्थ—सभी बराती पंच कवल (प्राणादि को अर्पित करके) भोजन करने लगे और गारी का गाना सुनकर अत्यधिक आनन्दित हुए। अनेक भाँति के पकवान परसे गये—उनके अमृत सदृश स्वाद का वर्णन करते नहीं बनता।

चतुर रसोइए अनेक प्रकार के व्यंजन परसने लगे और उन विविध व्यंजनों का नाम कौन जानता है—जिन चार प्रकार के भोजनों की प्रणाली (चोष्य, लेह्य, पेय और चर्ब्य) कही गई है—उनमें एक-एक प्रणाली के (इतने अधिक भोज्य पदार्थ थे) कि उनका वर्णन करते नहीं बनता।

अनेक प्रकार के स्वादिष्ट छः रसों से युक्त व्यंजन हैं और उनके एक-एक रस का वर्णन करते नहीं बनता। बरातियों के भोजन करते समय मधुर ध्वनि में पुरुष विशेष और उनकी स्त्री का नाम ले लेकर गाली दे रही हैं।

समयानुसार सुहावनी गाली शोभित हो रही थी—जिसे सुनकर अपने समाज सहित राजा प्रसन्न थे। इस प्रकार सभी ने भोजन किया और उन्हें आदर सहित आचमन दिया गया।

पुनः राजा जनक ने पान देकर सम्पूर्ण समाज सहित राजा दशरथ का पूजन किया। सम्पूर्ण राजाओं के सिरमौर दशरथ जी ने तब सभी के साथ प्रसन्न मन से जनवास के लिए प्रस्थान किया॥ ३२९॥

टिप्पणी—विवाह के पश्चात् भोजन के समय गाली (गारी) गाने का प्रचलन है। यह लोक रीति है। विवाह के समापन पर आनन्द तथा उल्लास इसी 'गारी' प्रकरण से जुड़ जाता है। कवि इस उल्लास का वर्णन करता हुआ कहता है—

'समय सुहावनि गारि बिराजा। हँसत राउ सुनि सहित समाजा॥'

बिना गारी के विवाह का प्रकरण अधूरा रहता है।

नित नूतन मंगल पुर माहीं। निमिष सरिस दिन जामिनि जाहीं॥
बड़े भोर भूपतिमनि जागे। जाचक गुन गन गावन लागे॥
देखि कुअँर बर बधुन्ह समेता। किमि कहि जात मोदु मन जेता॥
प्रातक्रिया करि गे गुर पाहीं। महाप्रमोदु प्रेमु मन माहीं॥
करि प्रनामु पूजा कर जोरी। बोले गिरा अमिअँ जनु बोरी॥
तुम्हरी कृपाँ सुनहु मुनिराजा। भयउँ आजु मैं पूरन काजा॥
अब सब बिप्र बोलाइ गोसाईं। देहु धेनु सब भाँति बनाईं॥
सुनि गुर करि महिपाल बड़ाई। पुनि पठए मुनिबृंद बोलाई॥
दो०— बामदेव अरु देवरिषि बालमीकि जाबालि।
आए मुनिवर निकर तब कौसिकादि तपसालि॥ ३३०॥

अर्थ—जनकपुर में नित्य नूतन मांगलिक कृत्य हो रहे थे। दिन तथा रात्रि पल के सदृश व्यतीत हो रहे थे। भोर में भूपालमणि (दशरथ) जगे और याचक जन उनके गुणों का गान करने लगे।

राजकुमारों को सुन्दर वधुओं सहित देखकर मन में जो आनन्द उत्पन्न हुआ, उसका वर्णन करते नहीं बनता। नित्य प्रात: क्रिया करके वे गुरु वसिष्ठ के पास गये, उनके मन में अत्यधिक प्रेम तथा आनन्द भरा हुआ था।

प्रणाम तथा पूजा करके तथा हाथ जोड़कर वे अमृतयुक्त वाणी बोले। हे मुनिश्रेष्ठ! सुनें, आपकी कृपा से मैं आज पूर्णकाम हो उठा।

हे गोस्वामी! अब सभी विप्रों को बुलाकर और गायों को भलीभाँति सज्जित करके उन्हें दान करें। यह सुनकर गुरु ने राजा की प्रशंसा की और फिर मुनिगणों को बुलवा भेजा।

तब वामदेव, देवर्षि नारद, वाल्मीकि, जाबालि, विश्वामित्रादि श्रेष्ठ तपस्वी मुनि समूह आये॥ ३३०॥

टिप्पणी—कवि बारात के प्रत्यागमन (विदाई) की भूमिका बाँधता है। यहाँ का सम्पूर्ण प्रकरण लोकात्मक है। विदाई के पूर्व ब्राह्मण, ऋषि, मुनि, चारण-भाट एवं प्रजाजनों को विविध दान देने का सन्दर्भ है।

दंड प्रनाम सबहि नृप कीन्हे। पूजि सप्रेम बरासन दीन्हे॥
चारि लच्छ बर धेनु मँगाईं। काम सुरभि समसील सुहाईं॥
सब बिधि सकल अलंकृत कीन्हीं। मुदित महिप महिदेवन्ह दीन्हीं॥
करत बिनय बहु बिधि नरनाहू। लहेउँ आजु जग जीवन लाहू॥
पाइ असीस महीसु अनंदा। लिए बोलि पुनि जाचक बृंदा॥
कनक बसन मनि हय गय स्यंदन। दिए बूझि रुचि रबिकुल नंदन॥
चले पढ़त गावत गुनगाथा। जय जय जय दिनकर कुल नाथा॥
एहिं बिधि राम बिबाह उछाहू। सकइ न बरनि सहसमुख जाहू॥
दो०— बार बार कौसिक चरन सीसु नाइ कह राउ।
यहु सबु सुखु मुनिराज तव कृपा कटाच्छ पसाउ॥ ३३१॥

अर्थ—राजा ने सभी को दण्ड प्रणाम किया तथा प्रेमपूर्वक उनकी पूजा करके श्रेष्ठ आसन दिया। कामधेनु की भाँति स्वभाव एवं देखने में सुन्दर चार लाख गायें राजा ने मँगवाईं।

सभी गायों को प्रत्येक भाँति से अलंकृत करके राजा ने अत्यन्त प्रसन्न होकर ब्राह्मणों को (दान में) दिया। राजा अनेकों प्रकार से विनय करते हुए (कहते) हैं कि आज ही मैंने जीवन का लाभ प्राप्त किया।

राजा आशीर्वाद पाकर आनन्दित हुए और तब याचक समूहों को बुला लिया। स्वर्ण, वस्त्र, घोड़े, हाथी तथा रथ आदि (याचक की) रुचि समझकर दिया।

वे (याचकगण) गुणयुक्त गाथाओं का गान करते हुए सूर्यकुल के स्वामी दशरथ की जय हो कहते हुए चले। इस प्रकार श्रीराम के विवाह के उत्सव का वर्णन शेषनाग भी नहीं कर सकते, जिनके हजार मुख हैं।

बार-बार दशरथ विश्वामित्र के चरणों में शीश झुका कर कहते हैं कि हे मुनिश्रेष्ठ! यह सब सुख आपकी कृपा कटाक्ष का प्रसाद है॥ ३३१॥

टिप्पणी—कवि विदाई के पूर्व दान का निरूपण करता हुआ विश्वामित्र के प्रति दशरथ की कृतज्ञता का वर्णन करता है।

जनक सनेहु सीलु करतूती। नृपु सब भाँति सराह बिभूती॥
दिन उठि बिदा अवधपति माँगा। राखहिं जनकु सहित अनुरागा॥
नित नूतन आदरु अधिकाई। दिन प्रति सहस भाँति पहुनाई॥
नित नव नगर अनंदु उछाहू। दसरथ गवनु सोहाइ न काहू॥

बहुत दिवस बीते एहिं भाँती। जनु सनेह रजु बँधे बराती॥
कौसिक सतानंद तब जाई। कहा बिदेह नृपहि समुझाई॥
अब दसरथ कहुँ आयसु देहू। जद्यपि छाड़ि न सकहु सनेहू॥
भलेहिं नाथ कहि सचिव बोलाए। कहि जय जीव सीस तिन्ह नाए॥
दो०— अवधनाथु चाहत चलन भीतर करहु जनाउ।
भए प्रेमबस सचिव सुनि बिप्र सभासद राउ॥ ३३२॥

अर्थ—जनक के शील, स्नेह तथा कार्यों तथा उनके ऐश्वर्य की राजा दशरथ ने सभी भाँति से सराहना की। प्रतिदिन उठकर अवधपति (जनक से) विदा माँगते थे किन्तु जनक उन्हें अनुरागपूर्वक रखते थे।

नित्यशः उनका आदर अधिक बढ़ता जाता है और नित्यशः उनकी अनेकों प्रकार से पहुनाई (आतिथ्य) होती थी। नगर में नित्यशः नवीन आनन्दोत्सव होता था और दशरथ का गमन किसी को अच्छा नहीं लगता था।

इस प्रकार अनेक दिन व्यतीत हो उठे मानो बाराती स्नेहरूपी रस्सी से बाँध उठे हों। तब विश्वामित्र तथा शतानन्द ने जाकर राजा जनक को समझाकर कहा कि—

अब राजा दशरथ को जाने की आज्ञा दें क्योंकि आप स्नेह से विवशीभूत उन्हें छोड़ नहीं सकते। हे स्वामी! बहुत अच्छा है, ऐसा कहकर (उन्होंने) मंत्री को बुलाया और 'स्वामी की जय, हो स्वामी दीर्घकाल तक जीवित रहें' ऐसा कहकर उन्होंने सिर झुकाया।

अयोध्यापति दशरथ जाना चाहते हैं, ऐसी खबर अन्तःपुर में करें, इस बात को सुनकर मंत्री, सभासद ब्राह्मणगण एवं स्वयं राजा जनक प्रेम से विवश हो उठे॥ ३३२॥

टिप्पणी—दशरथ द्वारा जनक के समक्ष विदाई का प्रस्ताव रखकर उनकी सहमति प्राप्त करने का प्रकरण है। जनक का स्नेहाधिक्य यद्यपि 'विदाई' में बाधक पड़ रहा था फिर भी जनक के मंत्री शतानन्द के प्रयास से यह प्रकरण घटित होता है। जनक के प्रेमाधिक्य का वर्णन करके कवि श्रीराम की लोकात्मक स्पृहणीयता का चित्रांकन करता है।

पुरबासी सुनि चलिहि बराता। बूझत बिकल परसपर बाता॥
सत्य गवनु सुनि सब बिलखाने। मनहुँ साँझ सरसिज सकुचाने॥
जहँ जहँ आवत बसे बराती। तहँ तहँ सिद्ध चला बहु भाँती॥
बिबिधि भाँति मेवा पकवाना। भोजन साजु न जाइ बखाना॥
भरि भरि बसहँ अपार कहारा। पठईं जनक अनेक सुसारा॥
तुरग लाख रथ सहस पचीसा। सकल सँवारे नख अरु सीसा॥
मत्त सहस दस सिंधुर साजे। जिन्हहि देखि दिसिकुंजर लाजे॥
कनक बसन मनि भरि भरि जाना। महिषीं धेनु बस्तु बिधि नाना॥
दो०— दाइज अमित न सकिअ कहि दीन्ह बिदेहँ बहोरि।
जो अवलोकत लोकपति लोक संपदा थोरि॥ ३३३॥

अर्थ—पुरवासियों ने यह सुनकर कि बारात चलना चाहती है, वे परस्पर व्याकुल एक-दूसरे से बात बूझने लगे। बारात जायेगी यह सुनकर सभी रानियाँ इस प्रकार व्याकुल हो उठीं जैसे सन्ध्या के आगमन पर कमल कुम्हला जाते हैं।

आते समय जहाँ-जहाँ आकर बाराती ठहरे थे, वहाँ-वहाँ अनेकों प्रकार के सिद्ध (सीधा) भेजे गये। नाना भाँति के मेवा तथा पकवान एवं भोजन की सामग्रियाँ जिनका वर्णन करते नहीं बनता।

ये सामग्रियाँ अनेकानेक बैलों तथा कहाँरों पर लादकर भेजी गईं और उनके साथ जनक ने

अनेक शय्याएँ भी भेजीं। सभी नख से लेकर शिखा तक सज्जित किये हुए एक लाख घोड़े तथा पचीस हजार पालकियाँ भेजीं।

मत्त दस हजार सजे हुए हाथी (दिये) जिन्हें देखकर दिशाओं के हाथी भी लजा जाते हैं। (गाड़ियों) में भर-भर कर सोना, मणि तथा वस्त्र तथा भैंसें, गाय एवं नाना प्रकार की वस्तुएँ दीं।

जनक ने पुनः वर्णन न किये जा सकने वाले अमित दहेज की वस्तुएँ दीं जिसे देखकर लोकपालों की सम्पदा थोड़ी प्रतीत होती है॥ ३३३॥

टिप्पणी—विदाई के समय उपहार, भोजन तथा मिष्ठान्न एवं प्रभूत धन सम्पत्ति को 'दाइज' के रूप में देने का प्रचलन तुलसी के समय वर्तमान था। इसकी लोकात्मक परम्परा आज भी बँधी है। कवि इसी लोकात्मक रीतियों के अनुक्रम में विवाह एवं उससे जुड़े सम्पूर्ण प्रसंगों को क्रमशः वर्णित करता है।

सबु समाजु येहि भाँति बनाई। जनक अवधपुर दीन्ह पठाई॥
चलिहि बरात सुनत सब रानीं। बिकल मीनगन जनु लघु पानीं॥
पुनि पुनि सीय गोद करि लेहीं। देइ असीस सिखावनु देहीं॥
होएहु संतत पिअहि पिआरी। चिर अहिबातु असीस हमारी॥
सासु ससुर गुर सेवा करेहू। पति रुख लखि आयसु अनुसरेहू॥
अति सनेह बस सखीं सयानीं। नारि धरमु सिखवहिं मृदु बानीं॥
सादर सकल कुअँरि समुझाईं। रानिन्ह बार बार उर लाईं॥
बहुरि बहुरि भेटहिं महतारीं। कहहिं बिरंचि रचीं कत नारीं॥

दो०— तेहिं अवसर भाइन्ह सहित रामु भानुकुल केतु।
चले जनक मंदिर मुदित बिदा करावन हेतु॥ ३३४॥

अर्थ—इस प्रकार सम्पूर्ण वस्तुओं को इस भाँति सजाकर राजा जनक ने अयोध्या नगर में भेज दिया। बारात जा रही है, सभी रानियाँ इस प्रकार व्याकुल हो गईं मानो अल्प जल के कारण मछलियाँ।

वे बार-बार सीता को गोद में बैठा लेती हैं और उन्हें आशीर्वाद देकर शिक्षा देती हैं। तुम सदैव अपने पति को प्रिय होओ और हमारा यह आशीर्वाद है कि तुम्हारा सौभाग्य अचल हो।

सास, ससुर, गुरु की सेवा करना तथा पति के रुख को देखकर सदैव उनकी आज्ञा का अनुसरण करना। चतुर सखियाँ अत्यधिक स्नेह से वशीभूत मीठी वाणी में नारिधर्म कहती हैं।

आदरपूर्वक सम्पूर्ण कुमारियों को समझाकर रानियाँ बार-बार हृदय से लगा लेती हैं। माता पुनः पुनः भेंटती और कहती हैं, हे विधाता! तूने नारी क्यों बनाई।

सूर्य कुल के पताकास्वरूप श्रीराम उस समय भाइयों के साथ प्रसन्न होकर विदाई कराने के निमित्त जनक के राजमहल में गये॥ ३३४॥

टिप्पणी—इस विदाई का सब से मार्मिक प्रसंग कन्या की विदाई का है। भारतीय परम्परा में कन्या को पिता-माता की धरोहर माना जाता है और वे सम्पूर्ण सम्मान के साथ इस धरोहर को सदा-सर्वदा के लिए उचित पात्र के लिए सौंपते हैं—और इस सौंपने के समय अपनी सम्पूर्ण आत्मीयता देती हुई माता पुत्री को नाना प्रकार की सीख देती हैं। यह प्रकरण इसी सन्दर्भ से जुड़ा है। श्रीराम अपने भाइयों के साथ जनक के आँगन में विदाई के निमित्त प्रस्थान करते हैं—यह रीति विवाह प्रणाली का अंग है।

चारिउ भाइ सुभायँ सुहाए। नगर नारि नर देखन धाए॥
कोउ कह चलन चहत हहिं आजू। कीन्ह बिदेह बिदा कर साजू॥

लेहु नयन भरि रूपु निहारी। प्रिय पाहुने भूपसुत चारी॥
को जानै केहिं सुकृत सयानी। नयन अतिथि कीन्हे बिधि आनी॥
मरनसीलु जिमि पाव पिऊषा। सुरतरु लहै जनम कर भूखा॥
पाव नारकी हरिपदु जैसें। इन्ह कर दरसनु हम कहुँ तैसें॥
निरखि राम सोभा उर धरहू। निज मन फनि मूरति मनि करहू॥
येहि बिधि सबहि नयन फलु देता। गए कुअँर सब राज निकेता॥
दो०— रूप सिंधु सब बंधु लखि हरषि उठा रनिवासु।
करहिं निछावर आरती महा मुदित मन सासु॥ ३३५॥

अर्थ—सहजभाव से सुन्दर चारों भाइयों को जनकपुरी के नर-नारी देखने दौड़े। कोई कहता है कि ये आज चलना चाहते हैं क्योंकि जनक ने विदाई का सारा सामान तैयार कर दिया है।

राज (दशरथ) के ये चारों पुत्र नेत्रों के लिए प्रिय पाहुने (मेहमान) हैं अत: उनके रूप को आँखें भरकर देख लो। हे चतुर सखी! कौन जाने किस पुण्य से विधाता ने उन्हें ले आकर नेत्रों का अतिथि बनाया है।

सद्य: मरणशील व्यक्ति जैसे अमृत प्राप्त कर ले और जन्म का भूखा व्यक्ति कल्पतरु प्राप्त कर ले—जैसे नरकगामी व्यक्ति श्रीहरि के चरणों की कृपा प्राप्त कर ले—हे सखी, हमारे लिए इनका दर्शन इसी प्रकार है।

श्रीराम की शोभा को भलीभाँति देखकर हृदय में धारण कर लो और अपने मनरूपी साँप के लिए श्रीराम की मूर्ति को मणि बना लो। इस प्रकार, सम्पूर्ण राजकुमार सभी को नेत्रों का परमफल देते हुए राजमहल गये।

सौन्दर्यसिन्धुरूप सभी भाइयों को देखकर सम्पूर्ण रनिवास हर्षित हो उठा और अत्यधिक आनन्दित चित्त से सभी सास निछावर तथा आरती करती हैं॥ ३३५॥

टिप्पणी—रनिवास के आँगन में चारों भाइयों के सम्पूर्ण रनिवास के स्नेहाधिक्य एवं स्वागत का कवि चित्रण करता हुआ सभी की आसक्ति तथा प्रेम भाव को चित्रित करता है।

देखि राम छबि अति अनुरागीं। प्रेम बिबस पुनि पुनि पद लागीं॥
रही न लाज प्रीति उर छाई। सहज सनेहु बरनि किमि जाई॥
भाइन्ह सहित उबटि अन्हवाए। छरस असन अति हेतु जेंवाए॥
बोले रामु सुअवसर जानी। सील सनेह सकुचमय बानी॥
राउ अवधपुर चहत सिधाए। बिदा होन हम इहाँ पठाए॥
मातु मुदित मन आयसु देहू। बालक जानि करब नित नेहू॥
सुनत बचन बिलखेउ रनिवासू। बोलि न सकहिं प्रेम बस सासू॥
हृदयँ लगाइ कुअँरि सब लीन्हीं। पतिन्ह सौंपि बिनती अति कीन्हीं॥

अर्थ—श्रीराम की छवि को देखकर वे अत्यधिक अनुरक्त हो उठीं और प्रेम से विवशीभूत होकर पुन:-पुन: उनके चरणों में लगीं। हृदय में प्रीति आच्छादित हो जाने के कारण लज्जा समाप्त हो उठी और उनके सहज स्नेह का वर्णन करते नहीं बनता।

श्रीराम को उनके भाइयों के साथ (स्वयं द्वारा) उबट कर नहलाया और उनको षट्रसों से युक्त व्यंजन अत्यधिक प्रीतिभाव से खिलाया। सुन्दर अवसर जानकर श्रीराम जी शील, संकोच व स्नेह भरी वाणी बोले, कि—

महाराज अवधपुर चलना चाहते हैं, हमें विदाई के निमित्त यहाँ भेजा है। हे माता! हमें आनन्दित मन से आज्ञा दें और अपना पुत्र समझकर निरन्तर स्नेह बनाए रखिये।

उनकी वाणी सुनकर सम्पूर्ण रनिवास बिलख पड़ा। प्रेम से विचलित सासुएँ बोल नहीं पातीं। उन्होंने सम्पूर्ण कुमारियों को हृदय से लगा लिया और उन्हें उनके पतियों को सौंपकर अनेक प्रकार से विनय की।

छंद— करि बिनय सिय रामहि समरपी जोरि कर पुनि पुनि कहै।
बलि जाउँ तात सुजान तुम्ह कहुँ बिदित गति सब की अहै॥
परिवार पुरजन मोहि राजहि प्रानप्रिय सिय जानिबी।
तुलसीस सीलु सनेहु लखि निज किंकरी करि मानिबी॥
सो०— तुम परिपूरन काम जान सिरोमनि भाव प्रिय।
जन गुन गाहक राम दोष दलन करुनायतन॥ ३३६॥

विनय करके सीता श्रीराम को सौंपी और हाथ जोड़कर बार-बार कहा—हे तात! हे चतुर! आप को सब की गति ज्ञात है—इस जानकी को परिवार जन के लिए, नगरवासियों के लिए, मेरे तथा राजा के लिए प्रानप्रिय समझना। आप इसके शील तथा स्नेह को देखकर इसे दासी की भाँति समझना।

तुम पूर्णकाम हो, ज्ञान या सुजानशिरोमणि हो, और (निश्छल) भाव ही तुम्हें प्रिय है। हे राम! आप भक्तजनों के गुण ग्राहक, करुणा के धाम तथा समस्त दोषों को नष्ट करने वाले हैं॥ ३३६॥

टिप्पणी—वर के आँगन में जाने से सम्बन्धित सम्पूर्ण औपचारिकताओं का वर्णन करके कवि 'विदाई के आयोजन' की प्रस्तुति करता है। वर्षों-वर्षों की संचित प्रेम राशि इस अवसर पर टूट-टूटकर विखंडित हो जाती है। भारतीय व्यवहार जगत् में यह प्रकरण सदैव अत्यधिक मार्मिक माना गया है और कालिदास जैसे कवि भी इस कारुणिकता का चित्रांकन करते हुए आर्द्रकंठ दिखाई पड़ते हैं। सम्पूर्ण माताएँ तथा पूरा-का-पूरा रनिवास पीड़ा से कंटकित होकर बिलख पड़ता है। कारुणिकता इस प्रसंग का केन्द्रीय तत्त्व है और कवि परम्परानुकूल इस करुणाभाव को यहाँ भी चित्रित करता है।

अस कहि रही चरन गहि रानी। प्रेम पंक जनु गिरा समानी॥
सुनि सनेह सानी बर बानी। बहु बिधि राम सासु सनमानी॥
राम बिदा माँगा कर जोरी। कीन्ह प्रनाम बहोरि बहोरी॥
पाइ असीस बहुरि सिरु नाई। भाइन्ह सहित चले रघुराई॥
मंजु मधुर मूरति उर आनी। भईं सनेह सिथिल सब रानी॥
पुनि धीरजु धरि कुअँरि हँकारीं। बार बार भेटहिं महतारीं॥
पहुँचावहिं फिर मिलहिं बहोरी। बढ़ी परसपर प्रीति न थोरी॥
पुनि पुनि मिलति सखिन्ह बिलगाई। बाल बच्छ जिमि धेनु लवाई॥
दो०— प्रेम बिबस नर नारि सब सखिन्ह सहित रनिवासु।
मानहुँ कीन्ह बिदेहपुर करुनाँ बिरहँ निवासु॥ ३३७॥

अर्थ—ऐसा कहकर, रानी सुनयना उनके चरणों को पकड़े रही। उनकी वाणी मानो प्रेम-रूपी कीचड़ में फँस गई हो। स्नेहसिक्त श्रेष्ठ वाणी सुनकर श्रीराम ने अनेक भाँति से सास को सम्मानित किया।

श्रीराम ने हाथ जोड़कर विदा माँगी और बार-बार (उन्हें) प्रणाम किया। आशीर्वाद पाकर पुनः सिर झुकाया और भाइयों के साथ श्रीराम चले।

श्रीराम की सुन्दर मूर्ति हृदय में धारण करके सभी रानियाँ स्नेह से विगलित हो उठीं और पुनः धैर्य धारण करके तथा कुमारियों को बुला करके माताएँ बार-बार भेंटने लगीं।

पुत्रियों को पहुँचाती हैं और फिर (लौटकर) मिलती हैं और उनकी परस्पर प्रीति कोई थोड़ी नहीं बढ़ी अर्थात् अत्यधिक बढ़ी। पुनः-पुनः मिलती हुई सखियों को माता ने अलग किया जैसे बछड़े को गाय से अलग (लवाई) कर दे।

मिथिला के सम्पूर्ण नर-नारी तथा सखियों के साथ समस्त रनिवास प्रेम से विवशीभूत था मानो जनकपुर में करुणा तथा विरह भाव ने डेरा डाल दिया हो॥ ३३७॥

टिप्पणी—कन्या की विदाई के प्रसंग की इस कारुणिकता का कवि स्वयं करुणभाव से चित्रांकन करता है। उत्कंठा, अधैर्य, क्लेद, विषाद, शोक आदि का कारुणिक भावों से परिपूर्ण यह वातावरण अपने आप में हृदय-विदारक बन जाता है।

सुक सारिका जानकी ज्याए। कनक पिंजरन्हि राखि पढ़ाए॥
ब्याकुल कहहिं कहाँ बैदेही। सुनि धीरजु परिहरइ न केही॥
भए बिकल खग मृग एहि भाँती। मनुज दसा कैसें कहि जाती॥
बंधु समेत जनकु तब आए। प्रेम उमगि लोचन जल छाए॥
सीय बिलोकि धीरता भागी। रहे कहावत परम बिरागी॥
लीन्हि राय उर लाइ जानकी। मिटी महा मरजाद ग्यान की॥
समुझावत सब सचिव सयाने। कीन्ह बिचारु न अवसर जाने॥
बारहिं बार सुता उर लाईं। सजि सुंदर पालकीं मँगाईं॥

दो०— प्रेम बिबस परिवार सबु जानि सुलगन नरेस।
कुअँरि चढ़ाईं पालकिन्ह सुमिरे सिद्धि गनेस॥ ३३८॥

अर्थ—शुक तथा सारिकाएँ जिन्हें जानकी ने पाला था और सोने के पिंजड़ों में रखकर पढ़ाया था, वे व्याकुल भाव से कहती थीं कि सीता कहाँ है—जिसे सुनकर कौन धैर्य का परित्याग करता!

इस प्रकार जब पशु तथा पक्षी विकल हो उठे तो मनुष्य की दशा का वर्णन कैसे किया जा सकता है? तब भाई सहित जनक आये। प्रेम से उमड़कर उनके नेत्र अश्रु से परिपूर्ण हो उठे।

जो परम वैराग्यवान कहलाते थे, सीता को देखकर उनका धैर्य भाग उठा। राजा ने जानकी को हृदय से लगा लिया—प्रेम के प्रभावस्वरूप उनके ज्ञान की महा मर्यादा नष्ट हो गई।

सभी सयाने सचिवों ने उन्हें समझाया तब उन्होंने विचार किया कि यह शोक का अवसर नहीं है। बार-बार पुत्री को हृदय से लगाया और सजी हुई सुन्दर पालकी मँगाई।

सब परिवार प्रेम से विवश था। राजा ने शुभ लग्न समझकर सिद्धियों सहित गणेश का स्मरण करके राजकुमारियों को पालकी पर चढ़ाया॥ ३३८॥

टिप्पणी—विदाई के अवसर पर आत्मीयों से बिछुड़ने का प्रकरण परम्परा में स्मरण किया जाता रहा है। साहित्य में इस विरह-वर्णन की कई रूढ़ियाँ—जिनमें से पालतू शुक, सारिकाओं एवं पशुओं के शोक का वर्णन भी इसी परम्परा क्रम में है। कवि इस परम्परा का उपयोग विरह को घनीभूत बनाने के लिए कर रहा है।

पिता के द्वारा विदाई किये जाने का मार्मिक हृदय यहाँ जनक की अवतारणा में द्रष्टव्य है।

पालकी में विदाई कराने का प्रकरण मध्यकालीन लोकात्मक व्यवस्था से जुड़ा है। राजाओं में 'रथ' पर 'विदाई' कराने का वर्णन परम्परा नें मिलता है।

बहु बिधि भूप सुता समुझाईं। नारि धरमु कुलरीति सिखाईं॥
दासीं दास दिए बहुतेरे। सुचि सेवक जे प्रिय सिय केरे॥
सीय चलत ब्याकुल पुरबासी। होहिं सगुन सुभ मंगल रासी॥
भूसुर सचिव समेत समाजा। संग चले पहुँचावन राजा॥

समय बिलोकि बाजने बाजे। रथ गज बाजि बरातिन्ह साजे॥
दसरथ बिप्र बोलि सब लीन्हे। दान मान परिपूरन कीन्हे॥
चरन सरोज धूरि धरि सीसा। मुदित महीपति पाइ असीसा॥
सुमिरि गजाननु कीन्ह पयाना। मंगल मूल सगुन भए नाना॥
दो०— सुर प्रसून बरषहिं हरषि करहिं अपछरा गान।
चले अवधपति अवधपुर मुदित बजाइ निसान॥ ३३९॥

अर्थ—राजा जनक ने अनेक प्रकार से पुत्रियों को समझाया। उन्होंने अपने कुल की परम्परा तथा नारीधर्म को सिखाया। विश्वासपात्र जो जानकी के प्रिय सेवक थे (उनके सहित) अनेक दासियों तथा दासों को दिया।

सीता के चलते समय नगरवासी व्याकुल हो उठे। मंगल से परिपूर्ण शुभ सकुन होने लगे। ब्राह्मण तथा मंत्रिगणों के समूह के साथ राजा पहुँचाने चले।

प्रस्थान का समय देखकर बाजे बजने लगे। बारातियों ने रथ, घोड़ों तथा हाथियों को सजाया। दशरथ ने सम्पूर्ण ब्राह्मणों को बुला लिया और उन्हें दान तथा सम्मान से परिपूर्ण किया।

अपने सिर पर उनके चरण-कमलों की धूलि रखी और उनका आशीर्वाद पाकर आनन्दित हुए। गणेश का स्मरण करके उन्होंने प्रस्थान किया तब मंगलों के मूल अनेक शकुन हुए।

देवता हर्षित होकर फूल बरसा रहे हैं और अप्सराएँ गान कर रही थीं। अयोध्यापति दशरथ नगाड़े बजवाकर आनन्दपूर्वक अयोध्यानगरी के लिए चल पड़े॥ ३३९॥

टिप्पणी—विदाई का सन्दर्भ है। सम्पूर्ण आयोजन लोकात्मक परम्परा के अनुक्रम में है और कन्यापक्ष का सम्पूर्ण विवाह कार्यक्रम इस प्रकरण के बाद समाप्त हो जाता है। कन्यापक्ष का शोक तथा वर पक्ष का हर्ष ऐसे अवसर पर दोनों एक साथ मिल जाते हैं। कवि इसी परम्परित क्रम में विवाह का समापन करता है।

नृप करि बिनय महाजन फेरे। सादर सकल मागने टेरे॥
भूषन बसन बाजि गज दीन्हे। प्रेम पोषि ठाढ़े सब कीन्हे॥
बार बार बिरिदावलि भाषी। फिरे सकल रामहिं उर राखी॥
बहुरि बहुरि कोसलपति कहहीं। जनकु प्रेम बस फिरै न चहहीं॥
पुनि कह भूपति बचन सुहाए। फिरिअ महीस दूरि बड़ि आए॥
राउ बहोरि उतरि भए ठाढ़े। प्रेम प्रबाह बिलोचन बाढ़े॥
तब बिदेह बोले कर जोरी। बचन सनेह सुधा जनु बोरी॥
करौं कवन बिधि बिनय बनाई। महाराज मोहि दीन्हि बड़ाई॥
दो०— कोसलपति समधी सजन सनमाने सब भाँति।
मिलनि परसपर बिनय अति प्रीति न हृदयँ समाति॥ ३४०॥

अर्थ—राजा दशरथ ने विनय करके श्रेष्ठजनों को लौटाया और सादरपूर्वक सम्पूर्ण याचकों को बुलाया। उन्हें भूषण, वस्त्र, घोड़े, हाथी दिए तथा प्रेम से परिपुष्ट करके उन्हें (ठाढ़े-खड़ा लक्षणा से) प्रसन्न कर दिया।

उन सब ने बार-बार (दशरथ की) विरुदावली का बखान किया और वे सब श्रीराम को हृदय में रखकर लौटे। दशरथ बार-बार कहते हैं किन्तु प्रेम से विवशीभूत जनक लौटना नहीं चाहते थे।

दशरथ ने पुनः सुहावने वचन कहे कि हे राजन! आप बहुत दूर तक चले आये हैं, लौटें। दशरथ पुनः रथ से उतरकर खड़े हो गये—उनके नेत्रों में प्रेमाश्रुओं का प्रवाह बढ़ आया।

तब जनक हाथ जोड़कर बोले, वाणी मानो स्नेहामृत में डूबी हो। हे राजन! आपने जिस प्रकार

मुझे बड़प्पन दिया है, किस प्रकार की सुन्दर शब्द-रचना (बनाई) करके, उसका वर्णन करूँ।

दशरथ ने अपने स्वजन समधी का सभी प्रकार से सम्मान किया। उनका परस्पर सम्मिलन अत्यधिक विनयपूर्ण था और उनकी प्रीति हृदय में नहीं समा पा रही थी॥ ३४०॥

टिप्पणी—सम्मानपूर्वक नगर के अन्तिम छोर तक समधी सहित बारातियों को पहुँचाकर विदा करने का सन्दर्भ परम्परा में है। जनक अपने नगर के छोर तक सम्मानपूर्वक सम्पूर्ण बारातियों को समधी तक पहुँचाकर सम्मान तथा स्नेह का वातावरण निर्मित करते हैं। कवि यहाँ विवाह की सम्पूर्ण आदर्श परम्परा को प्रस्तुत करने में तनिक भी संकोच नहीं करता।

मुनि मंडलिहि जनक सिरु नावा। आसिरबादु सबहि सन पावा॥
सादर पुनि भेंटे जामाता। रूप सील गुननिधि सब भ्राता॥
जोरि पंकरुह पानि सुहाए। बोले बचन प्रेम जनु जाए॥
राम करौं केहि भाँति प्रसंसा। मुनि महेस मन मानस हंसा॥
करहिं जोग जोगी जेहिं लागी। कोहु मोहु ममता मदु त्यागी॥
ब्यापकु ब्रह्म अलखु अबिनासी। चिदानंदु निरगुन गुनरासी॥
मन समेत जेहि जान न बानी। तरकि न सकहिं सकल अनुमानी॥
महिमा निगमु नेति कहि कहई। जो तिहुँ काल एकरस अहई॥
दो०— नयन बिषय मो कहुँ भएउ सो समस्त सुख मूल।
सबुइ लाभु जग जीव कहँ भएँ ईसु अनुकूल॥ ३४१॥

अर्थ—मुनि मण्डली को जनक ने शीश झुकाया और सभी से आशीर्वाद प्राप्त किया। पुनः आदरपूर्वक रूप, शील, गुणों के भण्डार सभी दामादों को उन्होंने भेंटा।

सुन्दर कमल-करों को जोड़कर ऐसी वाणी बोले मानो वे प्रेम से उत्पन्न हुए हों। हे श्रीराम! आपकी मैं किस प्रकार प्रशंसा करूँ। आप मुनिगणों तथा शिव के मानस के हंस हैं।

क्रोध, मोह, ममता, मद का त्याग करके जिसके निमित्त योगी जन योगसाधन करते रहते हैं। आप सर्वव्यापक, अलख तथा अविनाशी ब्रह्म हैं। आप चिदानन्द स्वरूप गुणों की राशि होते हुए भी निर्गुण हैं।

आपको मन सहित वाणी नहीं जानती जिसके विषय में सभी केवल अनुमान मात्र करते हैं, तर्कणा भी नहीं कर सकते। आपकी महिमा का वर्णन वेद 'नेति' कहकर करते हैं और आप तीनों कालों में सदा एकरस रहते हैं।

वे ही समस्त आनन्द के मूल अधिष्ठान स्वरूप मेरे नेत्रों के विषय बनें। ईश्वर के अनुकूल होने पर संसार में जीव के लिए सभी लाभ (प्राप्त) हैं॥ ३४१॥

टिप्पणी—कवि को, सम्पूर्ण प्रसंग को एक बार पुनः निष्कर्षबद्ध करने का अवसर प्राप्त होता है। वह जनक को केन्द्र में रखकर अपनी आध्यात्मिक टिप्पणी देते हुए जरा भी संकोच का अनुभव नहीं करता।

कवि मानस में श्रीराम के ब्रह्म निरूपण के शीर्षतम प्रसंग में लोकात्मक जीवन को तिरस्कृत करने में लेशमात्र भी संकोच का अनुभव नहीं करता। पिता, माता भी उसके इस शैली से नहीं बच पाते। उसे जनक का 'जामाता—मोह,' तोड़ना यहाँ उसी प्रकार अभीष्ट है—जैसे कौसल्या तथा दशरथ के पुत्र मोह को कवि ने तोड़ा है। जनक की प्रार्थना निश्चय ही कवि के लोकात्मक जीवन के बीच अध्यात्म संदर्भ की टिप्पणी है—जो श्रीराम के लीलारूप को सम्पुष्ट करती है।

सबहिं भाँति मोहि दीन्हि बड़ाई। निज जनु जानि लीन्ह अपनाई॥
होहिं सहस दस सारद सेषा। करहिं कलप कोटिक भरि लेखा॥
मोर भाग्य राउर गुन गाथा। कहि न सिराहिं सुनहु रघुनाथा॥

मैं कछु कहउँ एक बल मोरें। तुम्ह रीझहु सनेह सुठि थोरें॥
बार बार मागउँ कर जोरे। मनु परिहरै चरन जनि भोरें॥
सुनि बर बचन प्रेम जनु पोषे। पूरनकामु रामु परितोषे॥
करि बर बिनय ससुर सनमाने। पितु कौसिक बसिष्ठ सम जाने॥
बिनती बहुत भरत सन कीन्ही। मिलि सप्रेम पुनि आसिष दीन्ही॥
दो०— मिले लखन रिपुसूदनहि दीन्हि असीस महीस।
भए परसपर प्रेम बस फिरि फिरि नावहिं सीस॥ ३४२॥

अर्थ—आपने सभी भाँति से मुझे बड़ाई दी तथा अपना जन जानकर अपना लिया। हे श्रीराम सुने! दस हजार सरस्वती तथा शेषनाग हों और कोटि कल्पों-पर्यन्त तक गणना करते रहें, फिर भी—

मेरे भाग्य और आपके गुणों की गाथा का वर्णन करके समाप्त नहीं कर सकते। मैं जो कुछ भी कह रहा हूँ उसमें मेरा एकमात्र यही बल है कि आप अत्यन्त प्रिय किन्तु थोड़े ही स्नेह से प्रसन्न हो जाते हैं। मैं बार-बार हाथ जोड़कर माँग रहा हूँ कि मेरा मन भूलकर भी (आपके) चरणों का त्याग न करे। मानो प्रेम से परिपुष्ट जैसे वचनों को सुनकर पूर्णकाम श्रीराम (मन-ही-मन) पुरितुष्ट हो उठे।

पिता दशरथ, विश्वामित्र एवं गुरु वसिष्ठ के सदृश समझकर तथा अत्यधिक विनय करके स्वसुर को सम्मानित किया। जनक ने पुनः भरत से अत्यधिक विनय की और प्रेमपूर्वक मिलकर उन्हें आशीर्वाद दिया।

पुनः जनक लक्ष्मण तथा शत्रुघ्न से मिले और पुनः उन्हें आशीर्वाद दिया। वे परस्पर प्रेम के वश होकर बार-बार आपस में सिर झुकाने लगे॥ ३४२॥

बार बार करि बिनय बड़ाई। रघुपति चले संग सब भाई॥
जनक गहे कौसिक पद जाई। चरन रेनु सिर नयनन्ह लाई॥
सुनु मुनीस बर दरसन तोरें। अगमु न कछु प्रतीति मन मोरें॥
जो सुखु सुजसु लोकपति चहहीं। करत मनोरथ सकुचत अहहीं॥
सो सुख सुजसु सुलभु मोहि स्वामी। सब सिधि तव दरसन अनुगामी॥
कीन्हि बिनय पुनि पुनि सिरु नाई। फिरे महीसु आसिषा पाई॥
चली बरात निसान बजाई। मुदित छोट बड़ सब समुदाई॥
रामहि निरखि ग्राम नर नारी। पाइ नयन फलु होहिं सुखारी॥
दो०— बीच बीच बर बास करि मग लोगन्ह सुखु देत।
अवध समीप पुनीत दिन पहुँची आइ जनेत॥ ३४३॥

अर्थ—श्रीराम बार-बार जनक से विनय करके तथा बड़ाई करते हुए सभी भाइयों के साथ चले। जनक ने जाकर, विश्वामित्र के चरणों को पकड़ लिया और उनके चरणों की धूलि को सिर तथा नेत्रों में लगाया।

(उन्होंने कहा) हे मुनिश्रेष्ठ! आपके इस शुभ दर्शन से, मेरे मन को ऐसा विश्वास है कि कुछ अगम नहीं है। जिस सुख एवं सुयश की लोकपति कामना करते हैं और जिसकी मनोकामना करते हुए सुकुचाते रहते हैं।

वह सुख और वह सुयश हे स्वामी! मुझे प्राप्त हुआ है। सम्पूर्ण सिद्धियाँ तुम्हारे दर्शन की अनुगामिनी हैं। इस प्रकार शीश झुकाकर उन्होंने बार-बार विनय की और राजा जनक उनका आशीर्वाद पाकर लौटे।

नगाड़े बजाते बारात चल पड़ी। छोटे-बड़े सभी बराती (समुदाय) प्रसन्न थे। गाँव के स्त्री-पुरुष श्रीराम को देखकर और नेत्रों का फल प्राप्त करके सभी सुखी थे।

बीच-बीच में अच्छी तरह से विश्राम करके, मार्ग में लोगों को सुख देते हुए बारात (जनेत) शुभ दिन पर अयोध्या नगरी के समीप आई।

टिप्पणी—श्रीराम के साथ भरतादि अन्य जामाताओं को विदाई देते हुए जनक अपनी आत्मीयता का चित्रांकन करते हैं। यह आत्मीयता प्रदर्शन क्रम परम्परित वर्णन व्यवस्था के अनुरूप है। आध्यात्मिक सन्दर्भ की अवतारणा निश्चय ही इस वर्णन परिपाटी की नवीनता है।

हने निसान पनव बर बाजे। भेरि संख धुनि हय गय गाजे॥
झाँझि भेरि डिंडिभी सुहाई। सरस राग बाजहिं सहनाई॥
पुर जन आवत अकनि बराता। मुदित सकल पुलकावलि गाता॥
निज निज सुंदर सदन सँवारे। हाट बाट चौहट पुर द्वारे॥
गलीं सकल अरगजा सिंचाईं। जहँ तहँ चौकें चारु पुराईं॥
बना बजारु न जाइ बखाना। तोरन केतु पताक बिताना॥
सफल पूगफल कदलि रसाला। रोपे बकुल कदंब तमाला॥
लगे सुभग तरु परसत धरनी। मनिमय आलबाल कल करनी॥

दो०— बिबिध भाँति मंगल कलस गृह गृह रचे सँवारि।
सुर ब्रह्मादि सिहाहिं सब रघुबर पुरी निहारि॥ ३४४॥

अर्थ—नगाड़ों पर चोटें मारी गईं, सुन्दर ढोलें बजीं। भेरी तथा शंख की ध्वनि होने लगी। घोड़े और हाथी गरजने लगे। झाँझें, सुन्दर ध्वनि वाली डफलियों की ध्वनि शोभित होने लगी और रसपूर्ण रागों में शहनइयाँ बजीं।

अयोध्यावासियों ने यह अन्दाज लगाकर कि बारात आ रही है, सभी प्रसन्न हो उठे एवं सभी के शरीर में पुलकावली छा गई। अपने-अपने सुन्दर भवनों, बाजार, मार्ग, चौराहे और नगर के द्वारों को सजा दिया।

सम्पूर्ण गलियाँ अरगजा से सिंचाई गईं—और जहाँ-तहाँ सुन्दर चौक पुराये गये। बन्दनवार, ध्वजा-पताकाओं एवं चँदोवों से बाजार इस प्रकार सजाया गया कि उसका वर्णन करते नहीं बनता।

फलयुक्त सुपारी, केला, आम, मौलश्री, कदम्ब तथा तमाल लगाये गये। लगाये हुए सुन्दर वृक्ष (अपनी घनी शाखाओं से) पृथ्वी छू रहे थे। उनके मणियुक्त थाल्हे सुन्दर (ढंग से) बनाये गये थे।

नाना प्रकार के मंगलमय कलश घर-घर सजा कर बनाये गये थे। श्रीराम की अयोध्यापुरी को देखकर देवता तथा ब्रह्मादि सिहा रहे थे॥ ३४४॥

टिप्पणी—बारात के आगमन की भाँति विदाई के सन्दर्भ में शकुन एवं शुभ आयोजन की रचना का सन्दर्भ है। अयोध्यानगरी वर तथा वधू के स्वागत के लिए सजी है। सजने का सन्दर्भ उल्लास तथा आनन्द भाव से जुड़ा है। सजने की वर्णन परिपाटियाँ परम्परित हैं।

भूप भवनु तेहिं अवसर सोहा। रचना देखि मदन मनु मोहा॥
मंगल सगुन मनोहरताई। रिधि सिधि सुख संपदा सुहाई॥
जनु उछाह सब सहज सुहाए। तनु धरि धरि दसरथ गृह आए॥
देखन हेतु रामु बैदेही। कहहु लालसा होइ न केही॥
जूथ जूथ मिलि चली सुआसिनि। निज छबि निदरहिं मदन बिलासिनि॥
सकल सुमंगल सजे आरती। गावहिं जनु बहु बेष भारती॥

भूपति भवन कोलाहलु होई। जाइ न बरनि समउ सुखु सोई॥
कौसल्यादि राम महतारी। प्रेम बिबस तन दसा बिसारी॥
दो०— दिए दान बिप्रन्ह बिपुल पूजि गनेस पुरारि।
प्रमुदित परम दरिद्र जनु पाइ पदारथ चारि॥ ३४५॥

अर्थ—राजा दशरथ का भवन उस समय इस प्रकार शोभित हो रहा था कि उसकी रचना देखकर कामदेव का मन मुग्ध था। मंगल, शकुन, मनोहारिता, ऋद्धि, सिद्धि एवं शोभित होने वाली सम्पदा,

और सब प्रकार के उत्सव सभी सहज भाव से शोभित हो रहे थे मानो सभी शरीर धारण कर करके दशरथ के राजभवन में छा गये। श्रीराम तथा सीता को देखने के लिए कहो किसे लालसा नहीं हो रही थी।

सुहागिनियाँ झुंड के झुंड मिलकर चलीं। वे अपनी छवि से काम की पत्नी (विलासिनी) रति की छवि का निरादर कर रही थीं। सभी सुन्दर मंगलमय आरती सजाये चल पड़ीं मानो अनेक वेष धारण करके सरस्वती गा रही हों।

राजमहल में कोलाहल हो रहा था और उस समय के सुख का वर्णन नहीं किया जा सकता। राम की माँ कौसल्या तथा अन्य माताएँ प्रेम से विवशीभूत थीं तथा शरीर की सुधि भूल गई थीं।

गणेश तथा शिव की पूजा करके अनेकानेक ब्राह्मणों को दान दिया। परम दरिद्र जन भी जैसे चारों पुरुषार्थों (धर्म, अर्थ, काम, मोक्ष) को प्राप्त करके प्रसन्न होते हैं, उसी भाँति प्रसन्न थे॥ ३४५॥

टिप्पणी—जिस प्रकार 'कन्या पक्ष' के यहाँ द्वारचार पर कन्या की माता द्वारा 'परछन' करने की प्रथा है, ठीक उसी प्रकार वर-वधू के लौटने पर वर की माता द्वारा परछन, आरती, पूजन, वन्दन, स्वागत आदि से सम्बद्ध है। इसी आयोजन की पृष्ठभूमि का निर्माण कवि इन पंक्तियों में कर रहा है।

मोद प्रमोद बिबस सब माता। चलहिं न चरन सिथिल भए गाता॥
राम दरस हित अति अनुरागीं। परिछनि साजु सजन सब लागीं॥
बिबिध बिधान बाजने बाजे। मंगल मुदित सुमित्राँ साजे॥
हरद दूब दधि पल्लव फूला। पान पूगफल मंगल मूला॥
अच्छत अंकुर रोचन लाजा। मंजुर मंजरि तुलसि बिराजा॥
छुहे पुरट घट सहज सुहाए। मदन सकुन जनु नीड़ बनाए॥
सगुन सुगंध न जाहिं बखानी। मंगल सकल सजहिं सब रानी॥
रचीं आरतीं बहुत बिधाना। मुदित करहिं कल मंगल गाना॥
दो०— कनक थार भरि मंगलन्हि कमल करन्हि लिएँ मातु।
चलीं मुदित परिछनि करन पुलक पल्लवित गातु॥ ३४६॥

अर्थ—प्रेम तथा आनन्द से सभी माताएँ विगलित थीं—उनके चरण नहीं पड़ते थे और सारा शरीर शिथिल था। श्रीराम के दर्शनों के निमित्त अत्यन्त हुलास से भरी हुईं, सभी परछन का सब सामान सजाने लगीं।

नाना प्रकार के बाजे बज रहे थे। सुमित्रा ने आनन्द से परिपूर्ण मांगलिक सामानों को सजाया। हल्दी, दूर्वा, दधि, पल्लव, पुष्प, पान, सुपाड़ी आदि जो मंगल-मूल रूप वस्तुएँ हैं।

अक्षत, अंकुर, गोरोचन, लावे और तुलसी की नई मंजरियाँ शोभित थीं तथा अनेकानेक रंगों से चित्रित किये हुए सहज सुन्दर स्वर्ण कलश ऐसे प्रतीत हो रहे थे मानो कामदेव ने शकुन पक्षियों के नीड़ बना रखे हों।

शकुन की (वस्तुओं के) सुगंध का वर्णन नहीं किया जा सकता। सारी रानियाँ सम्पूर्ण मंगल का साज सजा रही थीं। अनेकानेक विधानों से आरतियाँ सजी थीं और वे आनन्दित होकर मांगलिक गान गा रही थीं।

सोने की थालियों में मांगलिक वस्तुओं को भरकर अपने कमलवत हाथों में लिये हुए वे आनन्दित होकर परछन करने निकलीं। पुलक से उनके शरीर पल्लवित हो उठे॥ ३४६॥

टिप्पणी—माताओं द्वारा परछन की आयोजना की जाती है। इस आयोजन की समग्र शुभ सामग्रियों सामान्यतया लोक परम्परा की हैं और यह परछन उत्सव भी लोकात्मक है। यह एक प्रकार से वर-वधू के स्वागत का आयोजन है जो वर की माता द्वारा किया जाता है।

धूप धूम नभु मेचकु भएऊ। सावन घन घमंडु जनु ठएऊ॥
सुरतरु सुमन माल सुर बरषहिं। मनहुँ बलाक अवलि मनु करषहिं॥
मंजुल मनिमय बंदनवारे। मनहुँ पाकरिपु चाप सँवारे॥
प्रगटहिं दुरहिं अटन्हि पर भामिनि। चारु चपल जनु दमकहिं दामिनि॥
दुंदुभि धुनि घन गरजनि घोरा। जाचक चातक दादुर मोरा॥
सुर सुगंध सुचि बरषहिं बारी। सुखी सकल ससि पुर नर नारी॥
समय जानि गुर आयसु दीन्हा। पुर प्रबेसु रघुकुल मनि कीन्हा॥
सुमिरि संभु गिरिजा गनराजा। मुदित महीपति सहित समाजा॥
दो०— होहिं सगुन बरषहिं सुमन सुर दुंदुभी बजाइ।
बिबुध बधू नाचहिं मुदित मंजुल मंगल गाइ॥ ३४७॥

अर्थ—धुएँ-धुएँ (अर्थात् अत्यधिक धुएँ के फैलाव से) से आकाश काला हो उठा और ऐसा प्रतीत होता था जैसे सावन में बादल घुमड़-घुमड़ कर घिर उठे हों। देवता कल्पवृक्ष से फूलों की माला बरसा रहे थे मानो बगुले की पंक्तियाँ मन को आनन्दित (करषहिं) कर रही हों।

सुन्दर मणियों से युक्त बंदनवार थे मानो इन्द्र ने धनुष सजा रखा हो। अटारियों पर सुन्दरियाँ प्रकट होती और छिपती फिरती थीं मानो सुन्दर तथा चंचल विद्युत् लेखा दमक रही हो।

दुंदुभी की ध्वनि मानो बादलों की घोर गर्जन ध्वनि हो, याचकों के स्वर चातक, मेढक तथा मयूर के स्वर जैसे लग रहे थे। देवता पवित्र एवं सुन्दर गंधमय जल बरसा रहे थे जिससे कृषि रूप सम्पूर्ण अयोध्या के नर-नारी प्रसन्न हो रहे थे।

शुभ मुहूर्त समझकर गुरु ने आज्ञा दी तब गणेश, पार्वती एवं शिव का स्मरण करके अपने सम्पूर्ण समाज (बारातियों) आदि के साथ रघुवंश-शिरोमणि दशरथ ने नगर में प्रवेश किया।

देवता दुंदुभी बजाकर पुष्प वृष्टि कर रहे थे, शकुन हो रहे थे। सुन्दर तथा मंगलदायी गान करती हुए देवांगनाएँ आनन्दभाव से नृत्य कर रही थीं॥ ३४७॥

टिप्पणी—कवि अयोध्या के उल्लास एवं वर-वधू के स्वागतोत्सव का बिम्बात्मक एवं आलंकारिक चित्रण कर रहा है। अगरु सुगंध से सुवासित सम्पूर्ण अयोध्या नगरी मेघमय हो रही थी। इस मेघ के सन्दर्भ में कवि श्रावण के मेघों की परिकल्पना करता है। बगुले की पंक्ति की भाँति देव पुष्प बरसा रहे थे, मणियुक्त बंदनवार मानो इन्द्रधनुष हों—आदि आदि द्वारा कवि कल्पनामूलक बिम्बात्मक चित्र प्रस्तुत करके अयोध्या के आनन्द तथा उल्लास का चित्रण करता है। यह उत्सव परछन के समय का है।

मागध सूत बंदि नट नागर। गावहिं जसु तिहु लोक उजागर॥
जय धुनि बिमल बेद बर बानी। दस दिसि सुनिअ सुमंगल सानी॥
बिपुल बाजने बाजन लागे। नभ सुर नगर लोग अनुरागे॥

बने बराती बरनि न जाहीं। महा मुदित मन सुख न समाहीं॥
पुरबासिन्ह तब राउ जोहारे। देखत रामहि भए सुखारे॥
करहिं निछावरि मनि गन चीरा। बारि बिलोचन पुलक सरीरा॥
आरति करहिं मुदित पुर नारी। हरषहिं निरखि कुअँर बर चारी॥
सिबिका सुभग ओहार उघारी। देखि दुलहिनिन्ह होहिं सुखारी॥
दो०— येहि बिधि सबही देत सुखु आए राज दुआर।
मुदित मातु परिछनि करहिं बधुन्ह समेत कुमार॥ ३४८॥

अर्थ—मागध, सूत, बंदीजन (भाँट) तथा चतुर नट तीनों लोकों में उजागर करनेवाले (श्रीराम के) यश का गान कर रहे थे। अत्यधिक मंगल से परिपूर्ण जय ध्वनि तथा वेद की निर्मल एवं श्रेष्ठ वाणी दसों दिशाओं में सुनाई पड़ रही थी।

नाना प्रकार के वाद्य बजने लगे। आकाश में देवता तथा नगर में लोग आनन्दित हैं। सजे बरातियों का वर्णन करते नहीं बनता। वे अत्यधिक आनन्दित हैं। उनके मन में सुख नहीं समा पा रहा था।

तब अयोध्या नगर के निवासियों ने राजा दशरथ की जुहार की और श्रीराम को देखकर अत्यधिक आनन्दित हुए। वे मणियाँ एवं वस्त्र निछावर कर रहे थे, उनके नेत्रों में प्रेमाश्रु थे तथा शरीर पुलकित था।

आनन्दित नर-नारी आरती कर रहे थे और उन चारों श्रेष्ठ राजकुमारों को देखकर हर्षित थे। सुन्दर पालकी के परदे (ओहार) को हटा करके दुलहिनों को देखकर आनन्दित हो रहे थे।

इस प्रकार सभी को सुख देते हुए वे सब राजद्वार पर आये। माताएँ मुदित भाव से वधुओं सहित राजकुमारों की परछन करने चलीं॥ ३४८॥

टिप्पणी—परछन के समय अयोध्या के नर-नारियों का उल्लास वर्णित है। कवि निर्दिष्ट करता है कि परछन के पूर्व वधू को गृह के अन्तर्भाग में ले आने के पहले ही नगर की नारियाँ शिविका के बाह्य आवरण को खिसकाकर उनका मुख देखकर आनन्दित होती हैं। कवि द्वारा निर्दिष्ट यह क्रिया-कलाप लोकात्मक है और लोक में प्रायः इस प्रकार के दृश्य देखने को मिलते हैं।

करहिं आरती बारहिं बारा। प्रेमु प्रमोदु कहै को पारा॥
भूषन मनि पट नाना जाती। करहिं निछावरि अगनित भाँती॥
बधुन्ह समेत देखि सुत चारी। परमानंद मगन महतारी॥
पुनि पुनि सीय राम छबि देखी। मुदित सफल जग जीवन लेखी॥
सखीं सीय मुख पुनि पुनि चाही। गान करहिं निज सुकृत सराही॥
बरषहिं सुमन छनहिं छन देवा। नाचहिं गावहिं लावहिं सेवा॥
देखि मनोहर चारिउ जोरीं। सारद उपमा सकल ढँढोरीं॥
देत न बनहिं निपट लघु लागीं। एकटक रहीं रूप अनुरागीं॥
दो०— निगम नीति कुल रीति करि अरघ पाँवड़े देत।
बधुन्ह सहित सुत परिछि सब चलीं लवाइ निकेत॥ ३४९॥

अर्थ—वे बार-बार उनकी आरती कर रही हैं। उनके प्रेम तथा आनन्द का वर्णन नहीं किया जा सकता। अनेकानेक प्रकार के भूषण, वस्त्र, मणियों तथा अगणित प्रकार की (अन्य वस्तुएँ) वे निछावर करती हैं।

वधुओं के सहित अपने चारों पुत्रों को देखकर माताएँ परमानन्द में मग्न हो उठीं। उन्होंने बार-

बार श्रीराम-सीता की छवि देखी। वे उसे देखकर आनन्दित हुईं और जगत् में अपना जीवन सफल माना।

सखियाँ सीता के मुख को देखकर पुनः-पुनः देखना चाह रही हैं और अपने पुण्य की सराहना करती हुई गान कर रही हैं। क्षण-क्षण देवता पुष्प-वर्षा करते, नाचते, गाते, सेवा अर्पित कर रहे हैं।

चारों मनोहर जोड़ियों को देखकर सरस्वती ने चारों ओर उपमाएँ खोज डालीं किन्तु उन्हें उपमा देते नहीं बनती क्योंकि वह अत्यधिक लघु लगी इसलिए एकटक उनके रूप में अनुरक्त उन्हें देखती रहीं।

वेद की नीति तथा कुल की रीति के अनुसार अर्घ्य पाँवड़े देती हुई सभी माताएँ वधुओं सहित पुत्रों की परछन करके राजमहल में लिवा चलीं॥ ३४९॥

टिप्पणी—परछन के समय पुत्र सहित वधुओं के सौन्दर्य की अद्वितीयता का चित्रण करके कवि उनके साजसी महत्त्व की रक्षा करता है। कवि परम्परित आलंकारिक शैली में उन सबके सौन्दर्य का चित्रण करके उनमें परमोदात्तता का समावेश करता है।

चारि सिंघासन सहज सुहाए। जनु मनोज निज हाथ बनाए॥
तिन्ह पर कुअँरि कुअँर बैठारे। सादर पाय पुनीत पखारे॥
धूप दीप नैबेद बेद बिधि। पूजे बर दुलहिनि मंगल निधि॥
बारहिं बार आरती करहीं। ब्यंजन चारु चामर सिर ढरहीं॥
बस्तु अनेक निछावरि होहीं। भरीं प्रमोद मातु सब सोहीं॥
पावा परम तत्त्व जनु जोगीं। अमृत लहेउ जनु संतत रोगीं॥
जनम रंकु जनु पारस पावा। अंधहि लोचन लाभु सुहावा॥
मूक बदन जनु सारद छाई। मानहुँ समर सूर जय पाई।
दो०— येहि सुख ते सत कोटि गुन पावहिं मातु अनंदु।
भाइन्ह सहित बिआहि घर आए रघुकुलचंदु॥
लोक रीति जननीं करहिं बर दुलहिनि सकुचाहिं।
मोदु बिनोदु बिलोकि बड़ रामु मनहिं मुसुकाहिं॥ ३५०॥

अर्थ—स्वाभाविक रूप से सुन्दर चार सिंहासन थे मानो उनकी रचना कामदेव ने अपने हाथ से की थी। उन पर राजकुमार तथा कुमारियों को बैठाकर आदरपूर्वक उनके पवित्र चरण धोये।

मंगल के निधान दूलह तथा दुलहिनों की धूप, दीप, नैवेद्य आदि द्वारा वैदिक विधान से पूजा की। बार-बार उनकी आरती करती हैं और उनके सिरों पर सुन्दर पंखें तथा चँवर झल रहे हैं।

अनेक वस्तुएँ निछावर हो रही थीं और आनन्दभरी सभी माताएँ सुशोभित हो रही थीं। ऐसा प्रतीत हो रहा था मानो योगी ने परम तत्त्व को प्राप्त कर लिया हो और हमेशा रोगी रहनेवाले को मानो अमृत मिल गया हो।

मानो जन्म के भिखारी को पारस प्राप्त हो उठा हो, अंधे को नेत्रों का लाभ मिला हो। गूँगे के मुख में मानो सरस्वती आ गई हों। शूरवीर ने मानो युद्ध में विजय प्राप्त कर ली हो।

इन सुखों से भी शतकोटिगुना आनन्द मानो माताएँ पा रही थीं क्योंकि रघुकुल के चन्द्र श्रीराम भाइयों के साथ विवाह करके घर लौटे थे।

माताएँ लोकरीति करती थीं और वर-दुलहिनें संकुचित हो रही थीं। इस अत्यधिक विनोद तथा आनन्द को देखकर श्रीराम मन-ही-मन मुस्करा रहे थे॥ ३५०॥

टिप्पणी—कवि यहाँ दशरथ की तीनों रानियों के सौख्य का अतिरंजनापूर्वक वर्णन करता है। इस प्रकरण में अन्तर्निहित अत्युक्ति के द्वारा कवि उनके प्रेमाधिक्य का वर्णन करता है। इस

प्रेमाधिक्य में उनमें निहित अलौकिकता पूरी तरह व्यंजित है—

(१) योगी को जैसे परम तत्त्व की प्राप्ति का आनन्द प्राप्त हो।

(२) सतत रोगी जैसे अमृत रस प्राप्त कर ले।

(३) जन्म-जन्म का रंक जैसे स्पर्श मणि प्राप्त करे।

(४) अंधे को नेत्रों का लाभ प्राप्त हो उठे।

(५) मूक की जिह्वा पर जैसे सरस्वती विराजमान हो जाएँ।

(६) मानो युद्ध में योद्धा ने विजय प्राप्त कर ली हो।

इन दृष्टान्तों में कर्त्ता को जो आनन्द प्राप्त होता है, उससे सैकड़ों करोड़ अधिक आनन्द पुत्रवधुओं सहित अपने पुत्रों को देखकर माताओं को है। कवि की अत्युक्तिपरक शैली तथा दृष्टान्तों से व्यंजित यह आनन्द प्राप्ति के प्रेमाधिक्य में आध्यात्मिक अलौकिकता को निर्दिष्ट करता है।

देव पितर पूजे बिधि नीकीं। पूजीं सकल बासना जी कीं॥
सबहि बंदि माँगहिं बरदाना। भाइन्ह सहित राम कल्याना॥
अंतरहित सुर आसिष देहीं। मुदित मातु अंचल भरि लेहीं॥
भूपति बोलि बराती लीन्हे। जान बसन मनि भूषन दीन्हे॥
आयसु पाइ राखि उर रामहि। मुदित गए सब निज निज धामहि॥
पुर नर नारि सकल पहिराए। घर घर बाजन लगे बधाए॥
जाचक जन जाचहिं जोइ जोई। प्रमुदित राउ देइ सोइ सोई॥
सेवक सकल बजनिआँ नाना। पूरन किए दान सनमाना॥
दो०— देहिं असीस जोहारि सब गावहिं गुन गन गाथ।
तब गुर भूसुर सहित गृहँ गवनु कीन्ह नरनाथ॥ ३५१॥

अर्थ—मन की सम्पूर्ण वासनाओं को पूर्ण जानकर देव तथा पितरों का अच्छी तरह से पूजन किया। सभी की वन्दना करके वरदान माँगते हैं कि भाइयों के साथ श्रीराम का कल्याण हो।

छिपे हुए देवता आशीर्वाद देते हैं और माताएँ मुदित भाव से अंचल भर ले रही हैं। राजा ने तब सभी बारातियों को बुला लिया और उन्हें सवारियाँ, वस्त्र, मणि तथा आभूषण दिये।

आज्ञा पाकर तथा श्रीराम के रुख की रक्षा करते हुए सभी मुदित भाव से अपने-अपने घर गये। नगर के नर-नारियों को राजा ने वस्त्राभूषण पहनाये और घर-घर बधावे बजने लगे।

याचक जन जो-जो याचना करते हैं आनन्दित राजा वही-वही दान देते हैं। सम्पूर्ण सेवकों तथा बाजा बजानेवालों को नाना प्रकार के दान तथा सम्मान से परिपूर्ण किया।

सभी वन्दन करके आशीर्वाद देते हैं और उनके गुण समूहों की गाथा गाते हैं तब राजा दशरथ ने ब्राह्मणों एवं गुरु के साथ राजमहल में गमन किया॥ ३५१॥

टिप्पणी—बारात के समापन का सन्दर्भ है। दशरथ बारातियों, याचकों, अयोध्यापुर के नर-नारियों, भृत्य तथा सेवकों आदि को पुरस्कार एवं दान देकर अपने उल्लास को व्यक्त करते हैं। बारात समापन का यह क्रम लोकात्मक है।

जो बसिष्ट अनुशासन दीन्ही। लोक बेद बिधि सादर कीन्ही॥
भूसुर भीर देखि सब रानी। सादर उठीं भाग्य बड़ जानी॥
पाय पखारि सकल अन्हवाए। पूजि भली बिधि भूप जेवाँए॥
आदर दान प्रेम परिपोषे। देत असीस सकल मन तोषे॥
बहु बिधि कीन्हि गाधिसुत पूजा। नाथ मोहि सम धन्य न दूजा॥
कीन्हि प्रसंसा भूपति भूरी। रानिन्ह सहित लीन्हि पग धूरी॥

भीतर भवन दीन्ह बर बासू। मनु जोगवत रह नृपु रनिवासू॥
पूजे गुर पद कमल बहोरी। कीन्हि बिनय उर प्रीति न थोरी॥
दो०— बधुन्ह समेत कुमार सब रानिन्ह सहित महीसु।
पुनि पुनि बंदत गुर चरन देत असीस मुनीसु॥ ३५२॥

अर्थ—वसिष्ठ ने जो भी आज्ञा दी, लोक और वेद विधि से उसे राजा ने आदरपूर्वक किया। ब्राह्मणों की भीड़ देखकर सभी रानियाँ अपना सौभाग्य जानकर आदरपूर्वक उठीं।

उन सब के चरणों को धोकर उन्हें नहलाया और राजा ने भलीभाँति उनका पूजन करके भोजन कराया। आदर, दान तथा प्रेम से परिपुष्ट हुए वे मन से सन्तुष्ट आशीर्वाद देते हुए चले।

अनेक प्रकार से विश्वामित्र की पूजा की और कहा—हे नाथ! मेरे सदृश और कोई धन्यभाग नहीं है। राजा ने बार-बार उनकी प्रशंसा की और रानियों के साथ उनके चरणों की धूलि ली।

उन्हें महल के अन्दर अच्छा-सा निवास दिया और उनके मन को सदैव राजा तथा रनिवास सम्हालते (जोगवत) रहे। पुनः गुरु के चरण-कमलों की पूजा और विनती की। उनके हृदय में (गुरु के प्रति) थोड़ी प्रीति न थी अर्थात् अत्यधिक प्रीति थी।

वधुओं के साथ सभी राजकुमार तथा रानियों के साथ राजा दशरथ बार-बार गुरु-चरणों की वन्दना करते हैं और मुनिश्रेष्ठ (बार-बार) उन्हें आशीर्वाद देते हैं॥ ३५२॥

टिप्पणी—बारात के समापन के समय पुरोहित वसिष्ठ द्वारा निर्दिष्ट शुभ कार्यों का सम्पादन, विश्वामित्र का सम्मान तथा रानियों द्वारा ब्राह्मणों के यथोचित सत्कार का उल्लेख इन पंक्तियों में किया गया है। विशेष रूप से, विश्वामित्र के प्रति अनेक रूपों में कृतज्ञता की अभिव्यक्ति यहाँ महत्त्वपूर्ण सन्दर्भ है।

बिनय कीन्हि उर अति अनुरागें। सुत संपदा राखि सब आगें॥
नेगु माँगि मुनिनायकु लीन्हा। आसिरबादु बहुत बिधि दीन्हा॥
उर धरि रामहि सीय समेता। हरिष कीन्ह गुर गवनु निकेता॥
बिप्रबधू सब भूप बोलाईं। चैल चारु भूषन पहिराईं॥
बहुरि बुलाइ सुआसिनि लीन्हीं। रुचि बिचारि पहिरावनि दीन्हीं॥
नेगी नेग जोग सब लेहीं। रुचि अनुरूप भूपमनि देहीं॥
प्रिय पाहुने पूज्य जे जाने। भूपति भली भाँति सनमाने॥
देव देखि रघुबीर बिबाहू। बरषि प्रसून प्रसंसि उछाहू॥
दो०— चले निसान बजाइ सुर निज निज पुर सुख पाइ।
कहत परसपर राम जसु प्रेमु न हृदय समाइ॥ ३५३॥

अर्थ—पुत्र एवं अपनी समस्त सम्पत्ति आगे रखकर हृदय में अत्यधिक प्रेम से परिपूर्ण होकर राजा ने गुरु से विनय की। मुनिश्रेष्ठ ने केवल अपना नेग लिया और अनेक प्रकार से आशीर्वाद दिया।

हृदय में सीता सहित श्रीराम को धारण करके हर्षित भाव से गुरु अपने घर गये। राजा ने सम्पूर्ण विप्र-वधुओं को बुलाया और उन्हें सुन्दर वस्त्र (चैल) तथा आभूषण पहनाये।

पुनः नगर की सौभाग्यवतियों को बुलवा लिया और उनकी रुचि देखकर उन्हें पहिरावा दिया। नेगी लोग अपना नेग जोग लेते हैं और उनकी रुचियों के अनुरूप भूपशिरोमणि दशरथ उन्हें देते हैं।

जिन्हें अपना प्रिय एवं पूज्य अतिथि समझा उन्हें राजा ने भलीभाँति सम्मानित किया। देवगण श्रीराम के विवाह को देखकर पुष्प-वर्षा तथा उत्सव की प्रशंसा करते हैं।

आनन्द प्राप्त करते हुए देवगण नगाड़े बजाते हुए अपने-अपने नगर चले। वे परस्पर श्रीराम का

यशोगान कर रहे थे और उनका प्रेम हृदय में नहीं समाई पड़ रहा था॥ २५३॥

टिप्पणी—कवि यहाँ गुरु वसिष्ठ प्रकरण को भक्ति व्यंजना से आप्लावित करके उदात्त बना देता है। दशरथ अपने पुत्र एवं अपनी सम्पूर्ण सम्पत्ति वसिष्ठ के समक्ष दान-स्वरूप रख देते हैं किन्तु वसिष्ठजी उसमें से केवल लेते हैं, अपना नेग। यह नेग है—'उर धरि रामहिं सीय समेता' यही वसिष्ठ का नेग है। तुलसी मानस में भक्ति की अलौकिकता एवं सर्वश्रेष्ठता को यहाँ भी इस दृष्टान्त द्वारा प्रतिपादित करते हैं।

सब बिधि सबहि समदि नरनाहू। रहा हृदयँ भरि पूरि उछाहू॥
जहँ रनिवासु तहाँ पगु धारे। सहित बधूटिन्ह कुअँर निहारे॥
लिए गोद करि मोद समेता। को कहि सकइ भयउ सुख जेता॥
बधू सप्रेम गोद बैठारीं। बार बार हियँ हरष दुलारीं॥
देखि समाजु मुदित रनिवासू। सब के उर अनंदु कियो बासू॥
कहेउ भूप जिमि भएउ बिबाहू। सुनि सुनि हरषु होत सब काहू॥
जनक राज गुन सीलु बड़ाई। प्रीति रीति संपदा सुहाई॥
बहु बिधि भूप भाट जिमि बरनी। रानीं सब प्रमुदित सुनि करनी॥
दो०— सुतन्ह समेत नहाइ नृप बोलि बिप्र गुरु ग्याति।
भोजनु कीन्ह अनेक बिधि घरी पंच गइ राति॥ ३५४॥

अर्थ—सब प्रकार से सभी को राजा ने समादृत (समदि) किया। उनका हृदय आनन्द से परिपूर्ण हो रहा था। जहाँ रनिवास था, वे वहाँ गये और पुत्र-वधुओं सहित राजकुमारों को देखा।

उन्होंने अत्यन्त आनन्द भाव से उन्हें गोद में बैठा लिया और उन्हें इतना अधिक सुख हुआ कि उसका वर्णन करते नहीं बनता। प्रेमपूर्वक वधुओं को गोद में बैठाया और हृदय में हर्षित होकर बार-बार उन्हें दुलारा।

इस समारोह को देखकर रनिवास आनन्दित हो उठा और सभी के हृदय में आनन्द ने निवास किया। जैसे विवाह हुआ था, राजा ने उसे (सबको) बताया उसे सुन-सुन कर सबको हर्ष हो रहा था।

राजा जनक के गुण, शील, बड़प्पन, उनकी प्रीति, रीति एवं सुखदायी सम्पत्ति का वर्णन अनेक बार राजा ने भाँट की भाँति वर्णित की। जनक की करनी को सुन सुन कर सभी रानियाँ प्रमुदित थीं।

पुत्रों के साथ स्नान करके राजा ने ब्राह्मण, गुरु तथा कुटुम्बियों को बुलाकर अनेकानेक प्रकार के बने भोजन को किया और इस प्रकार पाँच घड़ी रात व्यतीत हो उठी॥ २५४॥

टिप्पणी—ससुर द्वारा पुत्रवधू के सम्मान दिये जाने का प्रकरण है। यह भी लोकात्मक रीति का अंग है। स्वसुर पुत्रवधुओं का मुख देखता है, आशीर्वाद तथा स्नेह अर्पित करता है। यहाँ दशरथ का कौतुक एवं स्नेहाधिक्य से परिपूर्ण आचरण इसी की सम्पुष्टि के लिए है। रानियों के समक्ष जनक के ऐश्वर्य सत्कार, आवभगत आदि का वर्णन बारात-गाथा है और यह बारात-गाथा सुनने वाली रानियों के लिए आनन्ददायी है। कवि बारात प्रकरण का अन्तिम रूप से समापन इस बारात-गाथा द्वारा करता है। यहाँ दशरथ को 'भाँट' जैसा उपमित करना हर्ष को सूचित करता है।

मंगल गान करहिं बर भामिनि। भै सुख मूल मनोहर जामिनि॥
अँचइ पान सब काहूँ पाए। स्त्रग सुगंध भूषित छबि छाए॥
रामहिं देखि रजायसु पाई। निज निज भवन चले सिर नाई॥
प्रेमु प्रमोदु बिनोदु बड़ाई। समउ समाजु मनोहरताई॥
कहि न सकहिं सत सारद सेसू। बेद बिरंचि महेस गनेसू॥

सो मैं कहौं कवन बिधि बरनी। भूमि नागु सिर धरइ कि धरनी॥
नृप सब भाँति सबहि सनमानी। कहि मृदु बचन बोलाईं रानी॥
बधूँ लरिकिनीं पर घर आईं। राखेहु नयन पलक की नाईं॥
दो०— लरिका श्रमित उनीद बस सयन करावहु जाइ।
अस कहि गे बिश्रामगृहँ राम चरन चितु लाइ॥ ३५५॥

अर्थ—सुन्दर युवा स्त्रियाँ मंगलगान गा रही हैं और रात्रि आनन्द की मूल और मनोहारी हो उठी। आचमन करने के बाद सभी ने पान प्राप्त किया और माला तथा सुगंधमय चन्दन से भूषित सभी शोभित हुए।

श्रीराम को देखकर और सभी आज्ञा पाकर सिर झुकाकर अपने-अपने घर चले। उस समय के प्रेम, आनन्द, विनोद, महत्त्व, समय, समाज तथा उसकी मनोहारिता का वर्णन

सैकड़ों सरस्वती, शेषनाग, वेद, ब्रह्मा, शिव एवं गणेश नहीं कर सकते, भला मैं उसका वर्णन कैसे कर सकता हूँ? क्या कहीं केंचुआ अपने सिर पर पृथ्वी धारण कर सकता है?

राजा ने हर तरह से सबको सम्मानित किया और मीठी वाणी में पुकार कर रानियों को बुलाया। बधुएँ बच्ची हैं, दूसरे के घर में आई हैं, अतः इनकी रक्षा उस प्रकार से करना, जैसे नेत्र की रक्षा पलकें करती हैं।

लड़के थके हुए हैं और वे नींद के वश हो रहे हैं, इन्हें ले जाकर शयन कराओ ऐसा कहकर राजा श्रीराम के चरणों में चित्त लगाकर अपने विश्राम गृह में गये॥ ३८५॥

टिप्पणी—श्रीराम आदि भाइयों के अन्तःपुर में जाने का सन्दर्भ है—वह प्रसंग बारात के आगमन से उत्पन्न श्रम के परिहार से है। इसी सन्दर्भ में कवि माताओं की मुग्धता भरी संसक्ति का चित्रण करता है।

भूप बचन सुनि सहज सुहाए। जरित कनक मनि पलँग डसाये॥
सुभग सुरभि पय फेनु समाना। कोमल कलित सुपेतीं नाना॥
उपबरहन बर बरनि न जाहीं। स्त्रग सुगंध मनि मंदिर माहीं॥
रतन दीप सुठि चारु चँदोवा। कहत न बनइ जान जेहिं जोवा॥
सेज रुचिर रचि राम उठाए। प्रेम समेत पलँग पौढ़ाए॥
अग्या पुनि पुनि भाइन्ह दीन्हीं। निज निज सेज सयन तिन्ह कीन्हीं॥
देखि स्याम मृदु मंजुल गाता। कहहिं सप्रेम बचन सब माता॥
मारग जात भयावनि भारी। केहि बिधि तात ताड़का मारी॥
दो०— घोर निसाचर बिकट भट समर गनहिं नहिं काहु।
मारे सहित सहाय किमि खल मारीच सुबाहु॥ ३५६॥

अर्थ—सहज सुहावने राजा के वचनों को सुनकर मणियों से जुड़े सुयशमय पलँग बिछाये। गाय के दूध के फेन के सदृश कोमल सुन्दर एवं सफेदी से युक्त नाना प्रकार की सुन्दर चद्दरें—

जिनका वर्णन नहीं किया जा सकता तथा मणियों के मन्दिर फूलमालाओं एवं सुगन्धि से युक्त थे, रत्नों के दीपक तथा चँदौवों की सुन्दर शोभा कहते नहीं बनती। उसको वही जान सकता है, जिसने देखा है।

इस प्रकार सुन्दर शैया सजाकर माताओं ने श्रीराम को उठाया और प्रेमपूर्वक पलँग पर सुलाया। श्रीराम ने पुनः सारे भाइयों को आज्ञा दी और उन्होंने अपनी-अपनी शय्या पर शयन किया।

श्रीराम के कोमल एवं सुन्दर शरीर को देखकर माताएँ प्रेमभरी वाणी से कहती हैं—हे तात! मार्ग में जाते हुए भयावनी ताड़का को किस प्रकार मारा है?

भयंकर राक्षस जो भयानक योद्धा हैं, जो युद्ध में किसी की गणना ही नहीं करते थे—किस प्रकार से उन सहायकों सहित दुष्ट मारीच तथा सुबाहु का आपने वध किया?॥ ३५६॥

टिप्पणी—कवि माताओं के पुत्र मोह एवं मुग्धता का चित्रण करके पुत्रासक्ति को निरूपित करता है। यह पुत्रासक्ति ममता पर आश्रित है।

मुनि प्रसाद बलि तात तुम्हारी। ईस अनेक करवरें टारी॥
मख रखवारी करि दुहुँ भाईं। गुर प्रसाद सब बिद्या पाईं॥
मुनि तिय तरी लगत पग धूरी। कीरति रही भुवन भरि पूरी॥
कमठ पीठि पबि कूट कठोरा। नृप समाजु महुँ सिव धनु तोरा॥
बिस्व बिजय जसु जानकि पाई। आए भवन ब्याहि सब भाई॥
सकल अमानुष करमु तुम्हारे। केवल कौसिक कृपाँ सुधारे॥
आजु सुफल जग जनमु हमारा। देखि तात बिधुबदनु तुम्हारा॥
जे दिन गए तुम्हहि बिनु देखें। ते बिरंचि जनि पारहिं लेखें॥

दो०— राम प्रतोषीं मातु सब कहि बिनीत बर बैन।
सुमिरि संभु गुर बिप्र पद किए नींद बस नैन॥ ३५७॥

अर्थ—हे पुत्र! मैं तुम्हारी बलैया लेती हूँ मुनि विश्वामित्र की कृपा से ईश्वर ने तुम्हारी बहुत-सी बलाएँ (करवरें) टाल दीं। यज्ञ की रखवाली करके दोनों भाइयों ने गुरु की कृपा से समस्त विद्याएँ प्राप्त कर लीं।

मुनिपत्नी अहल्या चरण धूलि लगते ही तर गई और आपकी कीर्ति सम्पूर्ण भुवनों में भर गई। कछुए की पीठ, बज्र तथा पर्वत (कूट) से भी कठोर शिव धनुष को राजाओं के समाज में तोड़ दिया।

आपने विश्वामित्र का यश और सीता को (एक साथ) प्राप्त किया और सभी भाई विवाह करके घर लौटे। तुम्हारे ये समस्त कर्म अमानुषी हैं और मात्र विश्वामित्र की कृपा से ही पूरे हुए (सुधारे) हैं।

हे तात! तुम्हारे चन्द्रमुख को देखकर आज हमारा संसार में जन्म लेना सफल हो गया। जितने दिन तुम्हें बिना देखे व्यतीत हो गये हैं, उनको विधाता आयु गणना के बाहर रखें।

विनयभरी सुन्दर वाणी कहकर श्रीराम ने माताओं को सान्त्वना दी फिर शिव, गुरु, विप्र के चरणों का स्मरण करके नेत्रों को नींद के लिए विवशीभूत किया॥ ३५७॥

टिप्पणी—माताएँ अपने सुकुमार पुत्रों द्वारा सम्पादित विलक्षण कार्यों का श्रेय विश्वामित्र के आशीर्वचन को देती हैं। उन्हें स्वप्न में विश्वास नहीं है कि उनके सुकुमार पुत्र इतने भयंकर कार्य करेंगे। कवि माताओं के कथनों से उनकी मुग्धता एवं पुत्र स्नेह के आधिक्य को चित्रित करता है।

'किए नींद बस नैन' प्रभु श्रीराम की लीला को व्यंजित करता है 'नेत्र नींद वश नहीं हुए' वरन् श्रीराम ने व्यंजित किया कि उनके नेत्र निद्राविवश हो रहे हैं।

नीदउँ बदन सोह सुठि लोना। मनहुँ साँझ सरसीरुह सोना॥
घर घर करहिं जागरन नारीं। देहिं परसपर मंगल गारीं॥
पुरी बिराजति राजति रजनी। रानीं कहहिं बिलोकहु सजनी॥
सुंदर बधुन्ह सासु लै सोईं। फनिकन्ह जनु सिरमनि उर गोईं॥
प्रात पुनीत काल प्रभु जागे। अरुनचूड बर बोलन लागे॥
बंदि मागधन्हि गुन गन गाए। पुरजन द्वार जोहारन आए॥

बंदि बिप्र सुर गुर पितु माता। पाइ असीस मुदित सब भ्राता॥
जननिन्ह सादर बदन निहारे। भूपति संग द्वार पगु धारे॥
दो०— कीन्ह सौच सब सहज सुचि सरित पुनीत नहाइ।
प्रातक्रिया करि तात पहिं आए चारिउ भाइ॥ ३५८॥

अर्थ—नींद में भी उनका मुख लावण्य परिपूर्ण सुन्दर शोभित हो रहा था मानो सन्ध्या का स्वर्णिम कमल। नारियाँ घर-घर जागरण कर रही थीं और आपस में एक-दूसरे को मांगलिक गालियाँ दे रही थीं।

रानियाँ कहती हैं, हे सजनी! देखो, रात्रि की कैसी शोभा है, इससे अयोध्यापुरी शोभित हो रही है। सुन्दर वधुओं को सास लेकर सोईं मानो सापों ने अपने सिर मणियों को हृदय से छिपा रखा हो।

प्रात:काल पवित्र ब्राह्म मुहूर्त में प्रभु जगे। सुन्दर मुर्गे बोलने लगे। भाँटों तथा चारणों ने गुणों का गान किया और नगर के लोग राजद्वार पर जुहार करने आये।

विप्र, देवता, गुरु, पिता, माता की वन्दना की, आशीर्वाद प्राप्त किया तथा माताएँ अत्यन्त प्रसन्न थीं। माताओं ने आदर के साथ उनके मुखों को देखा और राजा दशरथ के साथ राम दरवाजे पर पधारे।

सहजभाव से ही पवित्र सभी ने शौचादि से निवृत्त होकर पवित्र नदी में स्नान किया। इस प्रकार चारों भाई प्रात: कर्म करके राजा दशरथ के पास आये॥ ३५८॥

टिप्पणी—माताएँ अत्यन्त आदरपूर्वक, प्रीतियुक्त एवं स्नेह से भरी अपने पुत्र-वधुओं को लेकर सोती हैं—कवि उनकी आत्मासक्ति को उपमित करता हुआ कहता है—

'सुंदर बधुन्ह सासु लै सोई। फनिकन्ह जनु सिर मनि उर गोई॥'

प्रौढ़ोक्ति है कि सर्प को उनकी मणि अत्यधिक प्रिय है, प्राणों से भी अधिक। माताओं की पुत्रवधुओं के प्रति संसक्ति भी इसीप्रकार की है।

भूप बिलोकि लिए उर लाई। बैठे हरषि रजायसु पाई॥
देखि रामु सब सभा जुड़ानी। लोचन लाभु अवधि अनुमानी॥
पुनि बसिष्टु मुनि कौसिकु आए। सुभग आसनन्हि मुनि बैठाए॥
सुतन्ह समेत पूजि पग लागे। निरखि रामु दोउ गुर अनुरागे॥
कहहिं बसिष्ट धरम इतिहासा। सुनहिं महीसु सहित रनिवासा॥
मुनि मन अगम गाधिसुत करनी। मुदित बसिष्ट बिपुल बिधि बरनी॥
बोले बामदेउ सब साँची। कीरति कलित लोक तिहुँ माँची॥
मुनि आनंदु भएउ सब काहू। राम लखन उर अतिहि उछाहू॥
दो०— मंगल मोद उछाहु नित जाहिं दिवस येहि भाँति।
उमगी अवध अनंद भरि अधिक अधिक अधिकाति॥ ३५९॥

अर्थ—उन्हें देखकर राजा ने हृदय से लगा लिया और उनकी आज्ञा पाकर वे हर्षित भाव से बैठ गये। श्रीराम को देखकर सम्पूर्ण सभा शीतल हो उठी और (उन्हें देखकर माना कि) लोचन के लाभ की इतनी ही सीमा मानी।

फिर वसिष्ठ एवं मुनि विश्वामित्र आये। सुन्दर आसनों पर मुनियों को बैठाया। पुत्रों के साथ पूजा करके उनके चरणों में लगे और श्रीराम को देखकर दोनों गुरु प्रेम विह्वल हो उठे।

वसिष्ठ धर्म के इतिहास का कथन करते और राजा अपनी सम्पूर्ण रानियों के साथ श्रवण करते हैं। मुनियों के मन के लिए सर्वथा अगम्य विश्वामित्र की करनी का वर्णन वसिष्ठ मुदित मन से अनेकश: करते हैं।

वामदेव ने कहा, यह सब सत्य है, इनकी सुन्दर कीर्ति चारों दिशाओं में फैली हुई है। उसे सुनकर सभी को आनन्द हुआ। श्रीराम तथा लक्ष्मण के हृदय में अधिक आनन्द हुआ।

नित्य ही मंगल, उत्सव तथा आनन्द होते हैं—और इस प्रकार दिन व्यतीत होता जा रहा है। आनन्द से परिपूर्ण होकर अयोध्या उमड़ पड़ी और यह आनन्द अधिक-अधिक अधिकाता जा रहा है॥ ३५९॥

टिप्पणी—एक लम्बे अंतराल के बाद श्रीराम का राजदरबार में जाना तथा गुरु वसिष्ठ द्वारा समयोचित राजचर्या का उल्लेख है। यह राजचर्या दैनन्दिन के व्यवहार ज्ञान तथा नैतिक अनुशासन से सम्बद्ध है।

सुदिन सोधि कल कंकन छोरे। मंगल मोद बिनोद न थोरे॥
नित नव सुखु सुर देखि सिहाहीं। अवध जनम जाचहिं बिधि पाहीं॥
बिस्वामित्रु चलन नित चहहीं। राम सप्रेम बिनय बस रहहीं॥
दिन दिन सयगुन भूपति भाऊ। देखि सराह महा मुनिराऊ॥
माँगत बिदा राउ अनुरागे। सुतन्ह समेत ठाढ़ भे आगे॥
नाथ सकल संपदा तुम्हारी। मैं सेवकु समेत सुत नारी॥
करब सदा लरिकन्ह पर छोहू। दरसनु देत रहब मुनि मोहू॥
अस कहि राउ सहित सुत रानी। परेउ चरन मुख आव न बानी॥
दीन्हि असीस बिप्र बहु भाँती। चले न प्रीति रीति कहि जाती॥
रामु सप्रेम संग सब भाई। आयसु पाइ फिरे पहुँचाई॥

दो०— राम रूप भूपति भगति ब्याहु उछाहु अनंदु।
जात सराहत मनहिं मन मुदित गाधिकुलचंदु॥ ३६०॥

अर्थ—शुभ दिन शोध करके सुन्दर कंकणों को खोला गया। मंगल आनन्द और विनोद कुछ कम नहीं हुए। नित्य नये आनन्द को देखकर देवता ईर्ष्या करते हैं और विधाता से अयोध्या में जन्म की याचना करते हैं।

विश्वामित्र नित्य चलना चाहते हैं किन्तु श्रीराम के प्रेम से परिपूर्ण विनय के कारण रुक जाते हैं। दिनों-दिन राजा का सौ गुना भाव देखकर महामुनि श्रेष्ठ विश्वामित्र सराहना करते हैं।

जब विश्वामित्र ने विदा माँगी तो राजा दशरथ प्रेम-विह्वल हो उठे और पुत्रों के सहित आगे आकर खड़े हो गये। हे नाथ! मेरी सम्पूर्ण सम्पदा आपकी है और मैं पुत्र तथा नारियों सहित आपका सेवक हूँ।

सदा बालकों पर प्रेम-वात्सल्य बनाये रहें और हे मुनिश्रेष्ठ! आप मुझे दर्शन देते रहें—ऐसा कहकर राजा अपने पुत्रों तथा रानियों के साथ उनके चरणों पर गिर पड़े। मुख से वाणी नहीं निकल रही थी।

ब्राह्मण विश्वामित्र ने अनेक भाँति से उन्हें आशीर्वाद दिया। वे चल पड़े। प्रीति की रीति का वर्णन करते नहीं बनता। सभी भाइयों के साथ प्रेमपूर्वक पहुँचाकर और उनकी आज्ञा पाकर लौटे।

गाधि कुल के चन्द्रमा विश्वामित्र श्रीराम के रूप, दशरथ की भक्ति, ब्याह का आनन्दोत्सव मन-ही-मन अत्यधिक मुदित भाव से सराहते हुए चले जा रहे हैं।

टिप्पणी—ब्याह के कंकण उतारने का कार्यक्रम अन्तिम है और कवि इसको पूर्ण करने के बाद विश्वामित्र के प्रत्यावर्तन को चित्रित करता है। इस प्रत्यावर्तन के द्वारा कवि विश्वामित्र की प्रेमासक्तिमूलक भक्ति की व्यंजना देता है।

बामदेव रघुकुल गुर ग्यानी। बहुरि गाधिसुत कथा बखानी॥
सुनि मुनि सुजसु मनहि मन राऊ। बरनत आपन पुन्य प्रभाऊ॥

बहुरे लोग रजायसु भएऊ। सुतन्ह समेत नृपति गृहँ गएऊ॥
जहँ तहँ रामु ब्याहु सब गावा। सुजस पुनीत लोक तिहुँ छावा॥
आए ब्याहि रामु घर जब तें। बसइ अनंद अवध सब तब तें॥
प्रभु बिबाहँ जस भयउ उछाहू। सकहिं न बरनि गिरा अहिनाहू॥
कबिकुल जीवनु पावन जानी। राम सीय जसु मंगल खानी॥
तेहि ते मैं कछु कहा बखानी। करन पुनीत हेतु निज बानी॥

अर्थ—वामदेव एवं रघुवंश के ज्ञानवान् वसिष्ठ ने पुनः विश्वामित्र की कथा कही। उनके यश को सुन-सुनकर राजा दशरथ मन-ही-मन अपने पुण्य प्रभाव का वर्णन करने लगे।

राजाज्ञा के पश्चात् लोग लौट पड़े और राजा भी पुत्रों के साथ अपने राजप्रासाद लौटे। जहाँ-तहाँ श्रीराम के विवाह की गाथाएँ सभी गा रहे थे और उनका पवित्र यश तीनों लोकों में छा गया।

जब से श्रीराम ब्याह करके घर (अयोध्या) लौटे हैं, तब से वहाँ सभी प्रकार के आनन्द आकर बसने लगे। प्रभु श्रीराम के विवाह में जैसे आनन्दोत्सव हुए थे, उनका वर्णन सरस्वती तथा शेषनाग नहीं कर सकते।

इसलिए शुभ मंगलों के भंडारस्वरूप और कवि कुलों के जीवन को पवित्र बनानेवाला इसे जानकर अपनी वाणी को पवित्र करने के निमित्त मैंने कुछ वर्णन करके (उसे) कहा है।

छंद— निज गिरा पावनि करन कारन राम जसु तुलसीं कह्यो।
रघुबीर चरित अपार बारिधि पारु कबि कौनें लह्यो॥
उपबीत ब्याह उछाह मंगल सुनि जे सादर गावहीं।
बैदेहि राम प्रसाद ते जन सर्बदा सुखु पावहीं॥
सो०— सिय रघुबीर बिबाहु जे सप्रेम गावहिं सुनहिं।
तिन्ह कहुँ सदा उछाहु मंगलायतन राम जसु॥ ३६१॥

इति श्रीमद्रामचरितमानसे सकलकलिकलुषविध्वंसने प्रथमः सोपानः समाप्तः॥

तुलसी कहते हैं कि अपनी वाणी को पवित्र करने के निमित्त श्रीराम के यश का गान किया है। श्रीराम के अपार चरित्र-समुद्र का किस कवि द्वारा पार पाया जा सकता है। यज्ञोपवीत, ब्याह के उत्सव एवं मंगल को सुनकर जो आदरपूर्वक गान करेंगे, श्रीराम तथा सीता के प्रसाद से वे भक्तजन सदा सुख प्राप्त करेंगे।

जो व्यक्ति प्रेमपूर्वक श्रीराम तथा सीता के विवाह का गायन करेंगे अथवा सुनेंगे, उन्हें सदैव आनन्द (मिलता) रहेगा क्योंकि श्रीराम का यश मंगल का केन्द्र (आयतन : आधार भूमि) है॥ ३६१॥

टिप्पणी—कवि यहाँ काव्य के प्रथम सोपान का समापन करते हुए उसके अध्ययन के फल की ओर इंगित करता है। यह फल निरूपण काव्य वर्णन परम्परा के अन्तर्गत एक रूढ़ि है। धर्म, अर्थ, काम, मोक्ष में से कोई एक पुरुषार्थ काव्य समापन पर उसके फल की प्राप्ति की रूढ़ि के रूप में चित्रित किया जाता है। यहाँ श्रीराम के यश से प्राप्त आनन्द ही इसका मुख्य कथा फल है। फल प्राप्ति का यह प्रकरण प्रकारान्तर भाव से काव्य प्रयोजन से जुड़ा है।

इस प्रकार श्रीरामचरितमानस द्वारा सम्पूर्ण कलिजनित कलुष को विध्वंस करनेवाला प्रथम अध्याय समाप्त हुआ।

❑❑

श्री गणेशाय नमः

श्री जानकीवल्लभोविजयते

श्रीरामचरितमानस

द्वितीय सोपान

अयोध्याकांड

वामाङ्के च विभाति भूधरसुता देवापगा मस्तके।
भाले बालविधुर्गले च गरलं यस्योरसि व्यालराट्॥
सोऽयं भूतिविभूषणः सुरवरः सर्वाधिपः सर्वदा।
शर्वः सर्वगतः शिवः शशिनिभः श्रीशंकरः पातु माम्॥

प्रसन्नतां या न गताभिषेकस्तथा न मम्ले वनवासदुःखतः।
मुखाम्बुजश्रीरघुनन्दनस्य मे सदाऽस्तु सा मञ्जुलमङ्गलप्रदा॥

नीलाम्बुजस्यामलकोमलाङ्गं सीतासमारोपितवामभागम्।
पाणौ महासायकचारुचापं नमामि रामं रघुवंशनाथम्॥

अर्थ—जिनके वामाङ्क में पर्वतपुत्री पार्वती हैं, मस्तक पर देवसरित् गंगा हैं, मस्तक पर बालचन्द्र (द्वितीया का चन्द्र) है, गले में विष (या विष चिह्न) है और जिसके वक्ष पर सर्पराज हैं, वह भस्म से अलंकृत, देवतागणों में श्रेष्ठ, सर्वदा सब के स्वामी, सभी के संहारकर्त्ता (शर्वः), सभी में व्याप्त, कल्याणमूर्ति चन्द्र सदृश (कान्तिमान) श्री शिव मेरी रक्षा करें।। १ ॥

जो राज्याभिषेक से न प्रसन्नता को प्राप्त हुई तथा जो न वनवास के दुःख से मलिन हुई, रघुनन्दन (राम) के मुख-कमल की वह श्री मेरे लिए सदैव मंजुल (सुन्दर) मंगलदायिनी बने॥ २ ॥

जिसके अंग नील कमल सदृश श्यामल एवं कोमल हैं, जिनके वाम भाग में सीता [प्रकृतया] विराजमान हैं, जिनके हाथों (पाणौ) में अमोघ बाण तथा सुन्दर धनुष हैं, ऐसे रघुवंश के स्वामी श्री राम को (मैं) नमन करता हूँ॥ ३ ॥

जब तें रामु ब्याहि घर आए। नित नव मंगल मोद बधाए॥
भुवन चारिदस भूधर भारी। सुकृत मेघ बरषहिं सुख बारी॥
रिधि सिधि संपति नदीं सुहाई। उमगि अवध अंबुधि कहुँ आई॥
मनिगन पुर नर नरि सुजाती। सुचि अमोल सुंदर सब भाँती॥
कहि न जाइ कछु नगर बिभूती। जनु एतनिअ बिरंचि करतूती॥
सब बिधि सब पुर लोग सुखारी। रामचंद मुख चंदु निहारी॥
मुदित मातु सब सखीं सहेली। फलित बिलोकि मनोरथ बेली॥
राम रूपु गुन सीलु सुभाऊ। प्रमुदित होइ देखि सुनि राऊ॥

दो०— सब कें उर अभिलाषु अस कहहिं मनाइ महेसु।
आप अछत जुबराज पद रामहि देउ नरेसु।। १॥

अर्थ—जब से श्रीराम [सीता से] विवाह करके [अयोध्या नगरी में] आए हैं, [तब से] निरन्तर नित्य नए मांगलिक आनन्दमूलक उत्सव हो रहे हैं। चौदह भुवन विशाल पर्वत हैं, जिन पर पुण्यरूपी बादल सुखरूपी जल की वर्षा कर रहे हैं।

ऋद्धि, सिद्धि तथा सम्पत्ति की शोभित होने वाली नदियाँ उमंगित होकर अयोध्यारूपी सुमद्र में आकर मिलीं। सुन्दर स्वभाव एवं आचरणवाले अयोध्यावासी सुन्दर लक्षणोंवाले मणिसमूहों की भाँति हैं। सब प्रकार से पवित्र, अतिमूल्यवान, कान्तिमान एवं सुन्दर स्वभाववाले मणिसमूहों की भाँति गुणों से सम्पन्न अयोध्या नगर के नर-नारी हैं।

अयोध्या नगर के ऐश्वर्य का वर्णन नहीं किया जा सकता, मानो ब्रह्मा का रचना-कौशल मात्र इतना ही है। सब तरह से सभी अयोध्यावासी श्रीरामचन्द्र के मुखचन्द्र को देखकर आनन्द का अनुभव करते हैं।

सभी माताएँ तथा उनकी सखी-सहेलियाँ मनोरथरूपी लता को फलवती देखकर प्रमुदित हैं। राम के रूप, गुण शील तथा स्वभाव को देख और सुनकर राजा दशरथ आनन्दित हैं।

सभी के हृदय में यह अभिलाषा है और वे शिव की मनौती मानकर कहते हैं कि अपने रहते-रहते राजा दशरथ राम को युवराज पद पर अभिषिक्त कर दें॥ १॥

टिप्पणी—(१) प्रस्तुत अर्धालियाँ 'बालकांड' के समापन एवं अयोध्याकांड के प्रारम्भ की हैं। महाकाव्य के लक्षण में सर्गान्त में भावी सर्ग की कथा तथा प्रारम्भ में आगामी सम्पूर्ण कथा का निष्कर्ष सूचित करना चाहिए। 'आप अछत जुवराज पद रामहिं देउ नरेसु' में इस सोपान की मुख्य कथा की भूमिका है। बालकांड का समापन विवाह के सम्पूर्ण उत्सवों के बाद होता है। बालकांड के अन्तिम दोहे में कवि बताता है—

आए ब्याहि रामु घर जब तें। बसइ अनंद अवध सब तब तें॥
प्रभु बिबाह जस भयउ उछाहू। सकहिं न बरनि गिरा अहिनाहू॥

इसी अंश से कथावस्तु के पूर्वसम्बन्ध निर्वाह के निमित्त कवि—'जब तें राम ब्याहि घर आए' पद का प्रयोग करता है।

(२) अयोध्या के ऐश्वर्य का वर्णन करता हुआ कवि राम के राज्याभिषेक का वातावरण तैयार करता है। वाल्मीकि एवं अध्यात्म रामायणों में भी इसी प्रकार की भूमिका मिलती है—वाल्मीकि रामायण में प्रजानन कहते हैं—

तं देव देवोपममात्मजं ते,
सर्वस्य लोकस्य हिते निविष्टम्।
हिताय नः क्षिप्रमुदारजुष्टं,
मुदाभिषेक्तु वरद त्वमर्हसि॥

अध्यात्म रामायण में पौरजन, वृद्ध एवं मन्त्रिगणों द्वारा अभिषेक भूमिका के लिए राम की प्रशंसा की गई है—

भगवन् राममखिलाः प्रशंसन्ति मुहुर्मुहुः।
पौराश्च निगमा वृद्धामन्त्रिणश्च विशेषतः॥

(३) चौदह भुवन—भू, भुवः, स्वः, महः, जनः, तपः सत्यं ये सात लोक तथा अतल, वितल, रसातल, सुतल, तलातल, महीतल एवं पाताल ये सात पाताल हैं। इन्हें मिलाकर चौदह भुवन बनते हैं।

आठ सिद्धियाँ—अणिमा, महिमा, गरिमा, लघिमा, प्राप्ति, प्राकाम्य, ईशित्व, वशित्व

(४) सम्पूर्ण प्रसंग में अभिषेक की भूमिका की कल्पना की गई है। महाकाव्य के लक्षण के अनुसार, 'आदौनमस्क्रियाशीर्वावस्तुनिर्देशएव वा' यहाँ वस्तु का निर्देश है। सांगरूपक अलंकार अयोध्या की समृद्धि एवं आनन्दोल्लास को व्यंजित करने के लिए नियोजित किया गया है।

'भुवन चारिदस भूधर' से लेकर...... 'रामचन्द मुखचन्द निहारी' तक इसकी व्याप्ति है।

रिधि	›	नदी
अयोध्या	›	अम्बुधि
पुर नर नारी	›	मणिगण
रामचन्दमुख	›	चन्द्र

इस सांगरूपक द्वारा कवि परम्परा की रामायणों से भिन्न अयोध्या की समृद्धि का वर्णन करते हुए अभिषेक की भूमिका का निर्माण करता है, साथ ही, श्रीराम के प्रभाव का दैवी रूप भी निर्दिष्ट करता है।

एक समय सब सहित समाजा। राजसभाँ रघुराजु बिराजा॥
सकल सुकृत मूरति नरनाहू। राम सुजसु सुनि अतिहि उछाहू॥
नृप सब रहहिं कृपा अभिलाषें। लोकप करहिं प्रीति रुख राखें॥
तिभुवन तीनि काल जग माहीं। भूरिभाग दसरथ सम नाहीं॥
मंगल मूल रामु सुत जासू। जो कछु कहिअ थोर सबु तासू॥
रायँ सुभायँ मुकुरु कर लीन्हा। बदनु बिलोकि मुकुट सम कीन्हा॥
स्रवन समीप भए सित केसा। मनहुँ जरठपनु अस उपदेसा॥
नृप जुबराजु राम कहुँ देहू। जीवन जनम लाहु किन लेहू॥
दो०— यह विचारु उर आनि नृप सुदिनु सुअवसरु पाइ।
प्रेम पुलकि तन मुदित मन गुरहि सुनायउ जाइ॥ २॥

अर्थ—एक समय अपने समस्त समाज के साथ दशरथ राजसभा में विराजमान हैं। सम्पूर्ण पुण्यों के मूर्तिस्वरूप राजा दशरथ को राम का सुयश सुनकर अत्यधिक आनन्द हुआ।

सभी नरेश जिनकी कृपा की अभिलाषा करते हुए जीवन व्यतीत करते हैं। लोकपालगण प्रीतिपूर्वक जिनकी इच्छाओं की रक्षा करते हुए कार्य करते हैं। तीनों लोकों और तीनों कालों तथा संसार भर में दशरथ की भाँति अन्य कोई भाग्यशाली नहीं है।

मंगलों के मूल राम जैसा जिसके पुत्र हैं, उसके लिए जो कुछ भी कहा जाए, वह थोड़ा है। दशरथ ने सहज रूप से हाथ में दर्पण लेकर, उसमें मुख देखा और अपना मुकुट सीधा किया।

[मुकुट सीधा करने पर देखा] कि श्रवण के पास बाल श्वेत हो गए हैं, [मानो इस बहाने] जरठपन (वृद्धावस्था) (कानों के पास आकर) इस प्रकार उपदेश कर रहा हो कि हे नृप! राम को युवराज के पद पर अभिषिक्त करके जीवन-जन्म के लाभ को क्यों नहीं प्राप्त करते?

मन में ऐसा विचार करके मंगलदायक दिन और समुचित अवसर देखकर पुलकित मन एवं मुदित शरीर से (रोमांचित) राजा दशरथ ने गुरु (वसिष्ठ) को [अपना मनोरथ] सुनाया। २॥

टिप्पणी—कवि राज्याभिषेक के वातावरण का निर्माण करता है, दशरथ के पुण्य से राम के यश को जोड़कर वह परिस्थिति में भव्यता को चित्रित करने के बाद 'अभिषेक' के वास्तविक औचित्य की व्यंजना कर रहा है। इस औचित्य के सन्दर्भ हैं—

१. राम के यश एवं प्रताप का चित्रण

२. दशरथ की वृद्धावस्था

३. गुरु की आज्ञा

४. श्रीराम के ऐश्वर्य का वर्णन

मूलतः राम के यश में लोकमत, दशरथ की वृद्धावस्था और लालसा में अखण्डित साम्राज्य को संवहन कर सकने की सामर्थ्य के प्रति (पिता का) विश्वास एवं पुत्रासक्ति तथा गुरु की आज्ञा में धर्म का आदेश आदि तत्त्व सन्निविष्ट हैं। इसीलिए कवि इन पंक्तियों में उनकी ओर संकेत करता है।

१. 'नृप सब रहहि .... रुख राखे', — अतिशयोक्ति अलंकार

२. 'मंगलमूल राम सुत जासू ....' — रूपक, अलंकार

३. 'स्रवन समीप भए सित .... अस उपदेसा' — हेतूत्प्रेक्षा अलंकार

क्योंकि श्वेत बालों द्वारा उपदेश अहेतु में हेतु की कल्पना है, बाल उपदेशक नहीं हैं, इसलिए अहेतु की स्थिति उपस्थित है।

४. कवि वर्णन के अन्तर्गत 'श्वेत' एवं 'वृद्धावस्था' को पर्याय माना गया है। आचार्य केशवदास ने 'श्वेत' के सन्दर्भ में इस वृद्धावस्था का स्मरण किया है।

कीरति, हरिहय शरद घन जोन्ह जरा मंदार।
हरि हर हर गिरि सूर ससि सुधा सौध घनसार॥

इस-'जरा' (जरठपन) को उपदेश के रूप में स्वीकृति कवि वर्णक क्रम में देता है। रघुवंश महाकाव्य में कालिदास ने इसी प्रकार की कल्पना की है—

तं कर्णमूलमागत्य रामे श्रीर्न्यस्यतामिति।
कैकेयी शंकये वाह पलितच्छद्मना जरा॥

कहइ भुआलु सुनिअ मुनिनायक। भए राम सब बिधि सब लायक॥
सेवक सचिव सकल पुरबासी। जे हमार अरि मित्र उदासी॥
सबहि रामु प्रिय जेहि बिधि मोही। प्रभु असीस जनु तनु धरि सोही॥
बिप्र सहित परिवार गोसाईं। करहिं छोहु सब रौरिहि नाईं॥
जे गुरु चरन रेनु सिर धरहीं। ते जनु सकल बिभव बस करहीं॥
मोहि सम यहु अनुभयउ न दूजें। सबु पायउँ रज पावनि पूजें॥
अब अभिलाषु एकु मनु मोरें। पूजिहि नाथ अनुग्रह तोरें॥
मुनि प्रसन्न लखि सहज सनेहू। कहेउ नरेस रजायसु देहू॥
दो०— राजन राउर नामु जसु सब अभिमत दातार।
फल अनुगामी महिप मनि मन अभिलाषु तुम्हार॥ ३॥

अर्थ—राजा कहते हैं, हे मुनिश्रेष्ठ (वशिष्ठ) आप सुनिये। (पुत्र) राम सब प्रकार से सर्वथा योग्य हो गये हैं। भृत्य, मंत्री एवं एवं समस्त अयोध्यापुरवासी तथा हमारे समस्त, मित्र, शत्रु एवं उदासीन,

सभी को राम उसी प्रकार प्रिय हैं, जिस प्रकार वे मुझे हैं [ऐसा प्रतीत होता है] मानो आपका आशीर्वाद सशरीर शोभित हो रहा हो। विप्रगण सपरिवार आपकी ही भाँति, हे गोस्वामी! उन पर प्रेम रखते हैं।

जो व्यक्ति गुरु के चरणों की रेणुका (धूलि) शीश पर धारण करते हैं, मानो समस्त ऐश्वर्यों को वशवर्ती कर लेते हैं, इस तथ्य का अनुभव मुझसे अधिक किसने किया है, जिसने आपके पावन चरण-रजों का पूजन कर सब प्राप्त कर लिया है।

अब मेरे हृदय में एकमात्र यही लालसा अवशिष्ट है, हे नाथ! वह आपकी कृपा से पूरी होगी। दशरथ के सहज स्नेह को देखकर मुनि (वसिष्ठ) ने प्रसन्नतापूर्वक कहा! हे नरेश आज्ञा दें (बताएँ)।

हे राजन! आपका नाम और यश ही समस्त वांच्छितों को देने वाला है, हे महीपशिरोमणि! आपके मन की अभिलाषा का फल अनुगमन करता है, अर्थात् आपके मन में अभिलाषा उत्पन्न नहीं हुई कि उस अभिलाषा की पूर्ति का फल (परिणाम) तुरन्त उपस्थित हो जाता है॥ ३॥

टिप्पणी—इन पंक्तियों में कवि का उद्देश्य 'वसिष्ठ' की स्वीकृति लेना है। वसिष्ठ धर्म के प्रतीक हैं, और 'राजा' धर्मदण्ड ग्रहण करता है, अतः दण्ड ग्रहण के लिए धर्म गुरु की स्वीकृति आवश्यक है। दशरथ की बलवती कामना पुत्र प्राप्ति, उनके विवाहादि कार्य वसिष्ठ की मंत्रणा से ही पूर्ण हुए थे। वे कुलगुरु थे, अतः राम के राज्याभिषेक को दशरथ अपनी अन्तिम लालसा के रूप में उनके सामने अत्यन्त विनीतता के साथ प्रकट करते हैं।

(१) 'जे गुरुचरन .... पावन पूजे' ये अर्धालियाँ वसिष्ठ की मंत्रणा से पुत्र प्राप्ति आदि फलों की ओर संकेत करती हैं।

(२) 'राजन राउर नाम जस .... तुम्हार'

इसमें पर्यायोक्ति एवं अत्यन्तातिशयोक्ति अलंकार हैं। मुख्य मन्तव्य को घुमा फिर कर कहने के कारण पर्यायोक्ति एवं इच्छा प्रकट करने के पूर्व ही फल का प्रकट हो जाना—अत्यन्तातिशयोक्ति का व्यापार है।

सब बिधि गुरु प्रसन्न जियँ जानी। बोलेउ राउ रहँसि मृदुबानी॥
नाथ रामु करिअहिं जुबराजू। कहिअ कृपा करि करिअ समाजू॥
मोहि अछत यहु होइ उछाहू। लहहिं लोग सब लोचन लाहू॥
प्रभु प्रसाद सिव सबइ निबाहीं। यह लालसा एक मन माहीं॥
पुनि न सोच तनु रहउ कि जाऊ। जेहिं न होइ पाछें पछिताऊ॥
सुनि मुनि दसरथ बचन सुहाए। मंगल मोद मूल मन भाए॥
सुनु नृप जासु बिमुख पछिताहीं। जासु भजन बिनु जरनि न जाहीं॥
भयउ तुम्हार तनय सोइ स्वामी। रामु पुनीत प्रेम अनुगामी॥

दो०— बेगि बिलंबु न करिअ नृप साजिअ सबुइ समाजु।
सुदिन सुमंगलु तबहिं जब रामु होहिं जुबराजु॥ ४॥

अर्थ—सब प्रकार से गुरु को प्रसन्न जानकर दशरथ ने हर्षित होकर कोमल वाणी में कहा। हे नाथ! आप राम को युवराज बनाएँ (बनाने के लिए कहें), आप कृपापूर्वक आदेश दें, जिससे कि मैं सारी तैयारी करूँ।

मेरे जीते-जी यह उत्सव हो जाए, जिससे कि लोग अपने नेत्रों के लाभ प्राप्त कर सकें अर्थात् इस उत्सव को देख कर आनन्दित हों। आपकी कृपा से शिव ने सम्पूर्ण मनोरथों को पूरा किया और मन में केवल एकमात्र लालसा मन में शेष है (वह भी पूरी हो जाये)।

जिससे कि फिर यह पश्चात्ताप न रह जाए कि शरीर रहेगा या जायेगा और जिससे आगे पछतावा न हो। आनन्द आनन्द एवं मंगल मूलरूप दशरथ की वाणी सुनकर मुनि को अच्छी लगी।

वशिष्ठ बोले, हे नृप! सुनें, जिससे विमुख होने पर निरन्तर पछताना पड़ता है और जिसके भजन के बिना जीवन के मात्रिक संतापों का विनाश नहीं होता, जो सात्त्विक प्रेन का अनुगमन करते हैं, वे स्वामी राम ही तुम्हारे पुत्र के रूप में उत्पन्न हुए हैं।

हे नृप! विलम्ब न करें, शीघ्र ही आयोजन के अनुकूल समस्त समाज (सामग्री, उत्सव) को सजाएँ (एकत्रित करें या आयोजित करें)। राम जब युवराज होते हैं, वही दिन शुभ एवं मुहूर्त मांगलिक हो जायेगा।

टिप्पणी—इन पंक्तियों में दशरथ वसिष्ठ से राम के राज्याभिषेक के लिए अपने मन्तव्य को

स्पष्ट करते हैं और वशिष्ठ भी उन्हें अभिषेक की सहर्ष अनुमति देते हुए, इस कार्य को शीघ्रातिशीघ्र सम्पादित करने के लिए कहते हैं।

(१) 'सुनु नृप जासु .... राम पुनीत प्रेम अनुमानी'—अर्थान्तरन्यास अलंकार है। क्योंकि प्रस्तुत वाक्य 'सुनु नृप .... जाहीं' का विशेष वाक्य, 'भयउ तुम्हार तनय सोइ स्वामी' द्वारा समर्थन किया जा रहा है।

(२) 'सुदित सुमंगल तबहिं जब राम होहिं युवराज' में अत्यन्तातिशयोक्ति है क्योंकि शुभतिथि पर राम का अभिषेक होना है किन्तु कवि का कथन है कि हेतु रूप मांगलिक तिथि वही है, जिस दिन राम का अभिषेक होता है।

(३) वसिष्ठ कोई तिथि न बताकर सम्पूर्ण स्थिति को यहाँ संदिग्ध बना देते हैं, यह रचनाकार का अभिप्राय अभिव्यक्ति का कौशल है, जिसके माध्यम से यह व्यंजित है कि शायद राम के राज्याभिषेक की तिथि सन्निकट नहीं है क्योंकि यहाँ निर्दिष्ट है कि राम का जब भी राज्याभिषेक होगा, वही मांगलिक तिथि होगी।

मुदित महीपति मंदिर आए। सेवक सचिव सुमंत्रु बोलाए॥
कहि जयजीव सीस तिन्ह नाए। भूप सुमंगल बचन सुनाए॥
जौं पाँचहि मत लागै नीका। करहु हरषि हियँ रामहि टीका॥
मंत्री मुदित सुनत प्रिय बानी। अभिमत बिरवँ परेउ जनु पानी॥
बिनती सचिव करहिं कर जोरी। जिअहु जगतपति बरिस करोरी॥
जग मंगल भल काजु बिचारा। बेगिअ नाथ न लाइअ बारा॥
नृपहिं मोदु सुनि सचिव सुभाषा। बढ़त बौंड़ जनु लही सुसाखा॥
दो०— कहेउ भूप मुनिराज कर जोइ जोइ आयसु होइ।
राम काज अभिषेक हित बेगि करहु सोइ सोइ॥ ५॥

अर्थ—इसके पश्चात् अत्यन्त आनन्दपूर्वक दशरथ राजभवन में आकार भृत्यगणों द्वारा मंत्री सुमंत्र को बुलाया। आते ही उन्होंने 'जयति-जीवतु' शब्दों का प्रयोग करके अभिवादन किया और तब भूप ने उन्हें [अभिषेक की सूचना जैसे] मांगलिक शब्दों को सुनाया।

मंत्री को सम्बोधित करके वे कहते हैं यदि [आपकी दृष्टि में] पंचों को (या सर्वसाधारण को) यह अभिमत अच्छा लगे तो हर्षित -हृदयपूर्वक राम का राज्याभिषेक करें।

इस प्रिय वाणी को सुनते ही मंत्री ने इस प्रकार से आनन्द का अनुभव किया मानो उनके मनोरथरूपी बिरवे पर (नन्हें पौधे) पानी पड़ा हो। सचिव गण हाथ जोड़कर विनती करते हुए कहते हैं कि हे जगत्पति! आप करोड़ों वर्षों जीवित रहें।

हे नाथ! आपने सम्पूर्ण जगत् में मंगल के लिए कार्य सोचा है, उसे सीघ्र सम्पादित कराएँ, विलम्ब न होने दें। सचिव की प्रिय बात को सुनकर दशरथ को उसी प्रकार आनन्द हुआ जैसे बढ़ती हुई लता ने (आलम्बन के लिए) शाखा पा ली हो।

दशरथ ने कहा, राम के राज्याभिषेक के लिए वशिष्ठ की जो-जो आज्ञा हो, उसे शीघ्र ही सम्पादित करें॥ ५॥

टिप्पणी—(१) 'जय जीव' यह शब्द विशेष महत्त्वपूर्ण है। मंत्री, ब्राह्मणादि राजा के सम्मुख उपस्थित होने पर सर्वप्रथम—'जयति जीवतु' (जय जीव) शब्द का उच्चारण करते थे, तब अभिवादन के पश्चात् राजा सभी के प्रति यथोचित सम्मान एवं शिष्टाचार प्रकट करता था।

(२) 'पाँचहि मत'—मानस में 'पंचमत' के माध्यम से 'लोकमत' या 'सर्व-साधारण' के

समर्थन की बात कही गई है। मानस में कई स्थानों पर इस परम्परा का उल्लेख है—

मोरि बात सब बिधिहिं बनाई। प्रजा पाँच कत करहु सहाई॥

(३) 'अभिमत बिरवँ परेउ जनु पानी' तथा 'बढ़त बौंड़ जनु लही सुसाखा' में क्रमशः रूपक तथा उत्प्रेक्षालंकार है। प्रथम पंक्ति में रूपक तथा उत्प्रेक्षा की संसृष्टि है।

वाल्मीकि रामायण में प्रजाजन राम के राज्याभिषेक का समाचार सुनकर राजा के प्रति कृतज्ञता का अनुभव करते हैं। इसका सन्दर्भ यहाँ मन्त्रीगणों से जुड़ा हुआ है। वाल्मीकि रामायण में प्रजा कहती है—

चिर जीवतु धर्मात्मा राजा दशरथोऽनघः।
यत्प्रसादेनाभिषिक्तं रामं द्रक्ष्यामहेवयम्॥

हरषि मुनीस कहेउ मृदु बानी। आनहु सकल सुतीरथ पानी॥
औषध मूल फूल फल पाना। कहे नाम गनि मंगल नाना॥
चामर चरम बसन बहु भाँती। रोम पाट पट अगनित जाती॥
मनिगन मंगल बस्तु अनेका। जो जग जोगु भूप अभिषेका॥
बेद बिदित कहि सकल बिधाना। कहेउ रचहु पुर बिबिध बिताना॥
सफल रसाल पूगफल केरा। रोपहु बीथिन्ह पुर चहुँ फेरा॥
रचहु मंजु मनि चौकें चारू। कहहु बनावन बेगि बजारू॥
पूजहु गनपति गुर कुलदेवा। सब बिधि करहु भूमिसुर सेवा॥
दो०— ध्वज पताक तोरन कलस सजहु तुरग रथ नाग।
सिर धरि मुनिवर बचन सबु निज निज काजहिं लाग॥ ६॥

अर्थ—प्रसन्नतापूर्वक वसिष्ठ ने मृदुवाणी में कहा कि [अभिषेक के निमित्त] समस्त तीर्थों के जल को लायें। ओषधि, मूल, फूल, फल, पत्ते और अनेक मांगलिक वस्तुओं के नामों को बताया।

चवँर, मृगचर्मादि, अनेक प्रकार के ऊनी, रेशमी एवं सूती वस्त्रों, अनेक मणियों, अन्य मांगलिक वस्तुओं को जिन्हें जगत् में राज्याभिषेक के योग्य निर्दिष्ट किया गया है [उनका निर्देश किया]।

वेद-विदित (प्रसिद्ध) समस्त विधानों को निर्दिष्ट करके कह कि अयोध्या नगर को विविध वितानों (मण्डपों) से मण्डित कर दो। अयोध्यापुर की गलियों के चारों ओर फलयुक्त रसाल, सुपाड़ी और केले के वृक्षों को लगाओ।

सुन्दर मणियों से भव्य चौकों की रचना करो और शीघ्र ही बाजार को सजाने के लिए कहो। गणपति (गणेश), गुरु एवं कुलदेवता की पूजा करो तथा ब्राह्मणों की प्रत्येक प्रकार से सेवा करो।

ध्वजा, पताके (छोटी झण्डियाँ), वन्दनवार, कलश, घोड़े, रथ तथा हाथी इन सबको सज्जित करो। मुनिश्रेष्ठ के वचनों को शिरोधार्य करके सभी अपने-अपने कार्यों में लग गये॥ ६॥

टिप्पणी—कवि अभिषेक के वातावरण का निर्माण करना चाह रहा है। उसके वर्णन में इतनी स्वाभाविकता है कि इसकी कहीं भी व्यंजना नहीं हो पाती कि सम्पूर्ण आयोजन कुछ ही समय बाद निष्फल हो जायगा। आगामी असंगति को अधिक तीव्र बनाने के लिए व्यापक उत्सव तथा आयोजन विधान का वह वर्णन करता है। यहाँ अभिषेकादि मांगलिक पर्वों की सामग्रियों का विस्तारपूर्वक उल्लेख है।

जो मुनीस जेहि आयसु दीन्हा। सो तेहिं काजु प्रथम जनु कीन्हा॥
बिप्र साधु सुर पूजत राजा। करत राम हित मंगल काजा॥
सुनत राम अभिषेक सुहावा। बाज गहागह अवध बधावा॥
राम सीय तन सगुन जनाए। फरकहिं मंगल अंग सुहाए॥

पुलकि सप्रेम परसपर कहहीं। भरत आगमनु सूचक अहहीं॥
भए बहुत दिन अति अवसेरी। सगुन प्रतीति भेंट प्रिय केरी॥
भरत सरिस प्रिय को जग माहीं। इहइ सगुन फलु दूसर नाहीं॥
रामहि बंधु सोच दिन राती। अंडन्हि कमठ हृदउ जेहि भाँती॥
दो०— एहि अवसर मंगलु परम सुनि रहँसेउ रनिवासु।
सोभत लखि बिधु बढ़त जनु बारिधि बीचि बिलासु॥ ७॥

अर्थ—मुनिश्रेष्ठ वसिष्ठ ने जिसे जो-जो आज्ञा दी, उसने उस कार्य को जैसे पहले कर लिया। दशरथ, श्रीराम के लिए ब्राह्मण, साधुजन तथा देवताओं की पूजा और मंगल कार्य करते हैं।

श्रीरामचन्द्र के आनन्ददायक राज्याभिषेक को सुनकर अयोध्या में धूमधाम से बधावे बजने लगे। राम और सीता के शरीर पर शकुन प्रतीत होने लगे तथा उनके मांगलिक सुन्दर अंग-भाग फड़कने लगे।

वे परस्पर पुलकित होकर कहते हैं कि ये शकुन भरत के आगमन सूचक हैं। उनके विछोह के बहुत दिन (देर) हो जाने के कारण लगता है। शकुन की प्रतीति प्रिय से भेंट होने के लिए है।

भरत के सदृश संसार में मुझे अन्य और कौन प्रिय है,लगता है, शकुन का यही फल है, अन्य नहीं। राम को बंधु भरत की चिन्ता उसी प्रकार रात-दिन लगी रहती है, जिस प्रकार कछुए की चित्तासक्ति अपने अंडे में लगी रहती है।

इस अवसर पर अभिषेक रूप परम शुभ को सुनकर सम्पूर्ण रनिवास आनन्दित हो उठा, मानो पूर्णचन्द्र को ऊपर उठते देखकर समुद्र की तरंगों का विलास शोभित हो रहा हो॥ ७॥

टिप्पणी—कवि राज्याभिषेक प्रंसग को प्रबन्धात्मक व्याप्ति देते हुए उसे साँकेतिक ढंग से (शकुन द्वारा) राम में व्यंजित करके सम्पूर्ण अयोध्या तथा रनिवास (माताओं एवं उनकी सहेलियाँ, परिचारिकाओं आदि) तक इसकी सूचना फैलाता है। आगे आने वाले वनवास प्रसंग के दारुण कष्ट के पूर्व की हर्षमूलक व्यंजना, जिससे भावनात्मक घात-प्रतिघात उत्पन्न हो सके, के लिए इस प्रकार की व्याप्ति आवश्यक है।

१. 'सो तेहिं काज प्रथम चह कीन्हा' पंक्ति में उत्प्रेक्षा एवं अतिशयोक्ति अलंकारों का संकर है, और इन अलंकारों का प्रयोग 'कार्य की त्वरा' के लिए किया गया है।

२. 'अडंन्हि कमठ हृदय जेहिं भाँती' में 'उदाहरण अलंकार ' है क्योंकि प्रस्तुत को अप्रस्तुत की समता द्वारा स्पष्ट किया जा रहा है।

३. 'एहि अवसर.......................................बीचि बिलास' में उत्प्रेक्षालंकार है। इस अलंकार मुख्य कार्य है, राज्याभिषेक के समाचार को सुनकर रनिवास के हृदय में उठने वाले आनन्दातिरेक को व्यंजित करना।

'अंडन्हि कमठ हृदय जेहिं भाँती'—कछुए के लिए प्रसिद्ध है कि वह अपने अंडे को रेत में गाड़ देता है और हमेशा उसका चित्त उसी में लगा रहता है। भरत के प्रति राम के मन में उसी प्रकार की आसक्ति थी।

'सोभत लखि बिधु बढ़त जनु, बारिधि बीचि बिलासु'—कवि समय के अनुसार पूर्णिमा के चन्द्र को देखकर समुद्र हर्षातिरेक से उमंगित होकर अपनी तरंगों द्वारा उसे स्पर्श करना चाहता है। वैज्ञानिक दृष्टि से पूर्णिमा के दिन चन्द्र का गुरुत्वाकर्षण अधिक हो जाने से समुद्र में 'ज्वार' आता है।

प्रथम जाइ जिन्ह बचन सुनाए। भूषन बसन भूरि तिन्ह पाए॥
प्रेम पुलकि तन मन अनुरागीं। मंगल कलस सजन सब लागीं॥
चौकें चारु सुमित्राँ पूरी। मनिमय बिबिध भाँति अति रूरी॥

आनँद मगन राम महतारी। दिए दान बहु बिप्र हँकारी॥
पूजीं ग्राम देबि सुर नागा। कहेउ बहोरि देन बलिभागा॥
जेहि बिधि होइ राम कल्यानू। देहु दया करि सो बरदानू॥
गावहिं मंगल कोकिल बयनीं। बिधुबदनीं मृगसावकनयनीं॥

दो०— राम राज अभिषेकु सुनि हियँ हरषे नर नारि।
लगे सुमंगल सजन सब बिधि अनुकूल बिचारि॥ ८॥

अर्थ—प्रथम जाकर जिसने (रनिवास में राज्याभिषेक की) खबर बताई, उसने प्रभूत मात्रा में आभूषण तथा वस्त्रों को प्राप्त किया। प्रेम से पुलकित एवं तन मन से राम में अनुरागवती, सब मांगलिक कलश सजने लगीं।

मणियुक्त तथा प्रत्येक प्रकार से सुन्दर चौक को सुमित्रा ने बनाया। राम-माता (कौसल्या) ने आनन्दमग्न अनेक ब्राह्मणों को बुलाकर प्रभूत मात्रा में दान दिया।

ग्राम देवी, देवता एवं नागपूजा करके पुनः (अभिषेक पूर्ण हो जाने पर) बलिभाग (पूजा की सामग्री) देने का संकल्प किया। जिस प्रकार से राम का कल्याण हो, दया करके मुझे वह वरदान दें।

चन्द्रमुखी, शिशु मृग की भाँति नेत्रों वाली तथा कोकिल कंठवाली नारियाँ मंगल गान गा रही हैं।

राम के राज्याभिषेक को सुनकर अयोध्या के नर-नारी हृदय से हर्षित हुए। विधि को अनुकूल समझकर सभी सुन्दर मांगलिक साज सजने लगे॥ ८॥

टिप्पणी—सम्पूर्ण माताएँ आनन्द से उल्लसित निश्चिन्त भाव से इस मांगलिक पर्व की आयोजना में तत्पर हैं। उनकी 'तत्परता' आगे की विसंगति को घनीभूत बनाने के लिए कवि द्वारा आयोजित है। 'कोकिलबयनी, बिधुबदनी, मृगसावक सयनी' में शुभ की व्यंजना के साथ-साथ काव्य वर्णन की परिपाटी का अनुसरण है।

तब नरनाहँ बसिष्ठु बोलाए। रामधाम सिख देन पठाए॥
गुर आगमनु सुनत रघुनाथा। द्वार आइ पद नायउ माथा॥
सादर अरघ देइ घर आने। सोरह भाँति पूजि सनमाने॥
गहे चरन सिय सहित बहोरी। बोले रामु कमल कर जोरी॥
सेवक सदन स्वामि आगमनू। मंगल मूल अमंगल दमनू॥
तदपि उचित जनु बोलि सप्रीती। पठइअ काज नाथ असि नीती॥
प्रभुता तजि प्रभु कीन्ह सनेहू। भयउ पुनीत आजु यहु गेहू॥
आयसु होइ सो करौं गोसाईं। सेवकु लहइ स्वामी सेवकाईं॥

दो०— सुनि सनेह साने बचन मुनि रघुबरहि प्रसंस।
राम कस न तुम्ह कहहु अस हंस बंस अवतंस॥ ९॥

अर्थ—तब दशरथ ने वसिष्ठ को बुलवाकर श्री रामचन्द्र के महल में शिक्षा देने के लिए भेजा। गुरु वसिष्ठ का आगमन सुनते ही, द्वार पर पहुँचकर चरणों पर शीश झुकाया।

आदरपूर्वक अर्घ्य देकर राम उन्हें भवन लिवा लाये तथा षोडशोपचार (पूजन) द्वारा पूजा करने सम्मानित किया। पुनः सीता के साथ वसिष्ठ की चरण वन्दना की और फिर हाथ जोड़कर बोले।

हे नाथ! सेवक के घर स्वामी का आगमन मंगल का मूल तथा अमंगल का नाशक है, फिर भी, आपके लिए उचित यही था कि प्रीतिपूर्वक इस दास को कार्य के निमित्त बुला भेजते, यही नीति है।

हे प्रभु! आपने अपनी गरिमा का ध्यान न रखकर मुझ पर स्नेह (अनुग्रह) किया, जिससे यह भवन आज पवित्र हो गया। हे गोस्वामी! जो आज्ञा हो, उसे पूरा करूँ, सेवक का लाभ (धर्म, शोभा) स्वामी की सेवा है।

राम की स्नेहसिक्त वाणी सुनकर मुनि राम की बड़ाई करने लगे। हे सूर्यवंश के अलंकरण राम! तुम्हारा यह कहना उपयुक्त है॥ ९॥

टिप्पणी—दशरथ के कहने पर वसिष्ठ राम भवन में उन्हें नीति शिक्षा देने के लिए जाते हैं। राम का आचरण कवि द्वारा इस प्रकार व्यक्त किया गया है कि उनके नैतिक सदाचरण से यह व्यंजित हो उठता है कि वे सर्वथा नीति निपुण हैं, और 'हंस बंस अवतंस' कहकर वसिष्ठ उनकी नीतिनिष्ठा की ही प्रकारान्तर भाव से सराहना करते हैं।

(१) षोडशोपचार इस प्रकार है—

आसनं स्वागतं पाद्यमर्घ्यमाचमनीयकम्।
मधुपर्काचमनस्नानं वस्त्रं च आभरणानि च।
सुगन्धं सुमनो धूपं दीपं नैवेद्यवन्दनम्॥

(२) 'हंस बंस अवतंस' में सम अलंकार है।

'सेवक सदन .... असि नीती' में आक्षेप अलंकार है।

बरनि राम गुन सीलु सुभाऊ। बोले प्रेम पुलकि मुनिराऊ॥
भूप सजेउ अभिषेक समाजू। चाहत देन तुम्हहि जुबराजू॥
राम करहु सब संजम आजू। जौं बिधि कुसल निबाहै काजू॥
गुरु सिख देइ राय पहिं गएऊ। राम हृदयँ अस बिसमय भएऊ॥
जनमे एक संग सब भाई। भोजन सयन केलि लरिकाई॥
करनबेध उपबीत बिआहा। संग संग सब भए उछाहा॥
बिमल बंस यहु अनुचित एकू। बंधु बिहाइ बड़ेहि अभिषेकू॥
प्रभु सप्रेम पछितानि सुहाई। हरउ भगत मन कै कुटिलाई॥
दो०— तेहि अवसर आए लखन मगन प्रेम आनंद।
सनमाने प्रिय बचन कहि रघुकुल कैरव चंद॥ १०॥

अर्थ—राम के गुण, शील, स्वभाव का वर्णन करके पुलकित भाव से वसिष्ठ बोले। आपके पिता दशरथ ने राज्याभिषेक के आयोजन की सज्जा की है और आपको वह युवराज पद देना चाहते हैं।

हे राम! प्रत्येक प्रकार से आज संयम रखें जिससे कि विधाता सकुशल कार्य का निर्वाह कर दें। गुरु शिक्षा देकर राजा दशरथ के पास गए, तब राम के हृदय में इस प्रकार का विस्मय (आश्चर्य तथा सन्देह) उत्पन्न हुआ।

हम सम्पूर्ण भ्रातागण एक साथ उत्पन्न हुए, भोजन, शयन, बाल्य क्रीड़ा भी एक साथ की। कर्णवेध, यज्ञोपवीत तथा विवाह के उत्सव साथ-साथ हुए।

उज्ज्वल सूर्य (विमल) वंश में यही एक अनुचित है कि लघुभ्राता के बिना बड़े भ्राता का राज्याभिषेक हो। (तुलसीदास इस पर टिप्पणी देते हुए कहते हैं कि) प्रभु राम का यह प्रेमपूर्वक पछतावा (न कि वंश मर्यादा के कारण)—भक्तों के मन की कुटिलता का हरण करे।

उस समय लक्ष्मण प्रेमानन्द में मग्न आये। रघुवंशरूपी कुमुद के चन्द्र श्रीराम ने प्रिय वचनों के साथ उन्हें सम्मानित किया।। १०॥

टिप्पणी—कवि ने इन पंक्तियों के माध्यम से अभिषेक प्रसंग की ओर संकेत किया है। राम के

मन में यह सन्देह उठता है कि मेरे चारों भाइयों के जन्म, कर्णवेध, यज्ञोपतीत, विवाह आदि साथ-साथ हुए किन्तु भरत के बिना अभिषेक कैसे? 'बिहाइ' शब्द की व्यंजना यही निकलती है कि राम इसे समझते हैं कि भरत को सचेष्ट हटाया गया है क्योंकि 'बिहाइ' शब्द का अर्थ 'त्याग' 'छोड़ना' आदि है। दशरथ का राम को युवराज बनाना यदि षड्यन्त्र भी है तो कवि व्यंजित करना चाह रहा है कि राम इसमें सम्मिलित नहीं थे। वे अपने भाई भरत के प्रति सहज संसक्ति का भाव रखते थे। इन पंक्तियों में कवि का लक्ष्य रामचरित्र की निर्दोषिता एवं भरत के प्रति स्नेह की प्रगाढ़ता सिद्ध करना है। श्रीराम का पश्चात्ताप अपने लिए नहीं है, भक्तों के लिए है।

१. 'बिमल वंस' शब्द साभिप्राय प्रयुक्त है। 'सूर्य' तथा 'निर्मल' अर्थों की व्यंजना कराने के कारण परिकर अलंकार है क्योंकि विमल साभिप्राययुक्त विशेषण साभिप्राय है।

२. 'सप्रेम पछितानि' शब्द का प्रयोग विशिष्ट है। कवि राम के इस पछतावे को मात्र वंश परम्परा के प्रतिकूल ही नहीं मानता, इससे महत्त्वपूर्ण कारण 'भातृत्व प्रेम' को इस शब्द से व्यंजित करता है।

३. 'हरहु भगत मन की कुटिलाई' इस पद का भी प्रयोग विशिष्ट अर्थ में है। यदि किसी के मन में भूल से भी यह संशय उठे कि इस षड्यन्त्र में राम का भी हाथ है तो श्रीरामचन्द्र का का यह सप्रेम पछतावा उसके संशय को मुक्त करे।

४. 'रघुकुल कैरव चन्द्र' में परम्परित रूपक है। कैरव चन्द्र को देखकर विकसित होता है, यह एक कवि परम्परा (समय) है और इस परम्परा से निबद्ध होने के कारण यहाँ परम्परित रूपक है।

५. 'जौ बिधि कुसल..............' पद अर्थ को दो रूपों में व्यंजित करता है—सामान्य अर्थ कुशलता के सन्दर्भ में है, साथ ही संदेहास्पदता भी इस पद द्वारा व्यंजित है।

बाजहिं बाजने बिबिध बिधाना। पुर प्रमोदु नहिं जाइ बखाना॥
भरत आगमनु सकल मनावहिं। आवहुँ बेगि नयन फलु पावहिं॥
हाट बाट घर गलीं अथाईं। कहहिं परसपर लोग लोगाईं॥
कालि लगन भलि केतिक बारा। पूजिहि बिधि अभिलाषु हमारा॥
कनक सिंघासन सीय समेता। बैठहिं राम होइ चित चेता॥
सकल कहहिं कब होइहि काली। बिघन मनावहिं देव कुचाली॥
तिन्हहि सोहाइ न अवध बधावा। चोरहिं चाँदिनि राति न भावा॥
सारद बोलि बिनय सुर करहीं। बारहिं बार पाय लै परहीं॥

दो०— बिपत हमारि बिलोकि बड़ि मातु करिअ सोइ आजु।
राम जाहिं बन राजु तजि होइ सकल सुर काज॥ ११॥

अर्थ—नाना प्रकार के बाजे बज रहे हैं, अयोध्या नगर के आनन्द का वर्णन करते नहीं बनता। सभी भरत के आगमन को मना रहे हैं। वे शीघ्र आयें जिससे नेत्रों को दर्शन का फल मिले।

बाजार, रास्ते, घर गलियाँ एवं चबूतरे (अथाईं) में सभी पुरुष तथा स्त्रियाँ (लोगाई) परस्पर चर्चा करते हैं, भली (सुन्दर) शुभ लग्न कल किस समय है, जबकि विधाता (राम का राज्याभिषेक सम्पन्न कराकर) हमारी अभिलाषा की पूर्ति करेगा।

स्वर्ण सिंहासन पर सीता के साथ श्रीरामचन्द्र बैठेंगे, तब हमारे चित्त का सोचा हुआ (चेता) पूर्ण होगा। सभी अयोध्यावासी सोचते हैं कि कल कब होगा, किन्तु बुरे आचरण वाले (कुचाली) देवगण विघ्न मना रहे हैं।

उन्हें अयोध्या के ये बधावे (उत्सव आयोजन) अच्छे नहीं लगते, चोर को चाँदनी रात अच्छी नहीं लगती। सरस्वती को बुलाकर देवगण विनय करते हुए उनके चरणों पर बारम्बार गिर रहे हैं।

हे माता! हमारी इस बड़ी विपत्ति को देखकर आप वही कार्य करें, जिससे राम राज्य छोड़कर बन जाएँ और देवताओं का समस्त कार्य सम्पन्न हो॥ ११॥

टिप्पणी—कवि देव प्रसंग की कल्पना कथा के मोड़ देने के लिए करता है। एक ओर अयोध्यावासियों के आनन्द की पराकाष्ठा और उनकी व्यग्रता कि 'कब कल होगा' अर्थात् एक-एक क्षण उनके लिए लम्बा होता जा रहा है, दूसरी ओर इस चरम विकास पर आयोजन के भंग होने की भूमिका कथावस्तु को नाटकीय मोड़ प्रदान करती है। भारतीय काव्यों में कथाओं को आकस्मिक मोड़ देने के लिए कहीं-कहीं दैवी शक्तियों का आश्रय ग्रहण किया गया है। मानस में इस प्रकार के अनेक सन्दर्भ आते हैं। 'सरस्वती प्रसंग' मूलतः अध्यात्म रामायणकार द्वारा प्रयुक्त किया गया है जिसे कवि उसी क्रम में स्वीकार करता है किन्तु रचनात्मक विस्तार कवि का अपना निजी है। इसका आध्यात्मिक संदर्भ श्रीराम की अवतारवादी दृष्टि से जुड़ा है।

१. 'चोरहिं चाँदिनी राति न भावा' में दृष्टान्त अलंकार है, क्योंकि प्रस्तुत वाक्य से इस अप्रस्तुत वाक्य में बिम्ब प्रतिबिम्ब भाव का सम्बन्ध है।

२. 'देव कुचाली'—गोस्वामी तुलसीदास देवताओं के प्रति इसी प्रकार की अपनी टिप्पणियाँ प्रस्तुत करते हैं। स्वार्थ सिद्धि के लिए हर प्रकार के गर्हित कार्यों का सम्पादन उनका स्वभाव है। उनके इस कार्य से सम्पूर्ण अयोध्यावासी शोक-समुद्र में डूब उठेंगे, दारुण हाहाकार होगा, राम, भरत चौदह वर्षों का भंयकर कष्ट सहेंगे, दशरथ की मृत्यु होगी—आदि-आदि, फिर भी देवगण अपने स्वार्थ सिद्धि में तत्पर हैं। इसीलिए शायद तुलसीदास जी को भी देवताओं का यह आचरण प्रिय नहीं है।

सुनि सुर बिनय ठाढ़ि पछिताती। भइउँ सरोज बिपिन हिमराती॥
देखि देव पुनि कहहिं निहोरी। मातु तोहि नहिं थोरिउ खोरी॥
बिसमय हरष रहित रघुराऊ। तुम्ह जानहु सब राम प्रभाऊ॥
जीव करम बस सुख दुख भागी। जाइअ अवध देव हित लागी॥
बार बार गहि चरन सँकोची। चली बिचारि बिबुध मति पोची॥
ऊँच निवासु नीचि करतूती। देखि न सकहिं पराइ बिभूती॥
आगिल काजु बिचारि बहोरी। करिहहिं चाह कुसल कबि मोरी॥
हरषि हृदयँ दसरथ पुर आई। जनु ग्रह दसा दुसह दुखदाई॥

दो०— नामु मंथरा मंदमति चेरि कैकई केरि।
अजस पेटारी ताहि करि गई गिरा मति फेरि॥ १२॥

अर्थ—देवताओं की विनय को सुनकर खड़ी हुई सरस्वती पछता रही हैं कि मैं तो अयोध्यारूपी प्रफुल्लित कमल-वन के लिए तुहिनरात्रि हो गई। सरस्वती को संकुचित देखकर देवता पुनः कृतज्ञतापूर्वक (निहोरी) कहते हैं कि हे माता! आपको थोड़ा-सा भी दोष नहीं लगेगा।

राम विषाद (विस्मय) एवं हर्ष से शून्य हैं, और आप राम के प्रभाव को सभी तरह से जानती हैं। (जहाँ तक अयोध्यावासियों दशरथादि के सुख-दु:ख का प्रश्न है) प्रत्येक जीव अपने कर्मानुसार सुख-दु:ख का भागी बनता है, इसलिए देवताओं के कार्य निष्पादन के लिए आप अयोध्या जायँ।

देवताओं द्वारा बार-बार चरण पकड़े जाने पर, वे (सरस्वती) संकोच में पड़ गईं और यह विचार करके अयोध्या चलीं कि देवताओं की मति ओछी (पोची) है। निवास तो उनका उच्च है किन्तु करतूत (करनी) निकृष्ट है। वे (स्वार्थ सम्पादन के निमित्त) दूसरे की सम्पन्नता नहीं देख सकते।

राम के वन गमन से रावण वध के कारण लोक संकट रूप अगले कार्य को पुनः विचार करके कुशल कवि मेरी चाह करेंगे। इसलिए हर्षित हृदय से वह अयोध्या नगरी में आई। (उसका आगमन ऐसा प्रतीत होता है) मानो दुसह एवं दुखदायी ग्रह-दशाएँ अयोध्या पर छा गई हों।

(सरस्वती) मंथरा नाम की मूर्ख कैकेयी की चेरी (दासी) को अपयश की पेटारी (पेटी-सन्दूक : मुहावरा) बनाकर, उसकी मति पलट कर, चली गईं॥ १२॥

टिप्पणी—देवताओं के विनय करने पर सरस्वती ने लोकहित को ध्यान में रखकर कार्य के निमित्त स्वीकृति दे दी। इस स्वीकृति देने के पीछे सरस्वती की जिस मनः दशा का वर्णन कवि कर रहा है वह विशेष प्रकार के द्वन्द्व से परिपूर्ण है। एक ओर अयोध्यावासियों में व्याप्त होने वाला दारुण कष्ट दूसरी ओर रावणवध, इन दोनों कार्यों में लोकमंगल उन्हें अधिक श्रेयस्कर लगता है। 'आगिल काज बिचारि बहोरी' में केवल देवताओं के स्वार्थ की पूर्ति ही नहीं है, उसमें व्यापक लोकरक्षण का भाव निहित है इसलिए, इस कार्य को किसी तरह संकोचपूर्वक देवताओं के बहुत बड़े आग्रह के बाद वे कर रही हैं। आगे, देवगण सरस्वती से भरत की मति फेरने की भी बात करते हैं किन्तु वे अस्वीकार कर देती हैं। सरस्वती राम के विरोध में कहीं भी नहीं आना चाहती हैं, इसी कार्य के निमित्त राम का अवतरण हुआ है तथा इससे व्यापक लोकरक्षण तथा भक्ति का विस्तार होगा, इसलिए वे किसी तरह इसे स्वीकार कर लेती हैं।

'ऊँच निवास .... बिभूती।' इसमें विषम अलंकार है क्योंकि—देवगण तथा व्यवहार में अत्यन्त वैधर्म्य है। इस वैधर्म्य के कारण यहाँ विषम अलंकार होगा।

'जनु ग्रह दसा दुसह दुखदाई'—उत्प्रेक्षालंकार है। इस सम्भावना के माध्यम से कवि अयोध्या के ऊपर आने वाली विपत्ति को सूचित कर रहा है।

'अजस पेटारी ताहि करि गई गिरा मति फेरि'—इसमें अपह्नुति अलंकार है, मंथरा का निषेध करके उस पर 'अजस पेटारी' का आरोपण है। प्रकारान्तर से इस अलंकार का उद्देश्य मंथरा के व्यक्तित्व में प्रविष्ट नये धर्म व्यापार के फल का निर्देश करना है।

दीख मंथरा नगरु बनावा। मंजुल मंगल बाज बधावा॥
पूछेसि लोगन्ह काह उछाहू। राम तिलकु सुनि भा उर दाहू॥
करइ बिचारु कुबुद्धि कुजाती। होइ अकाजु कवनि बिधि राती॥
देखि लागि मधु कुटिल किराती। जिमि गवँ तकइ लेउँ केहि भाँती॥
भरत मातु पहिं गइ बिलखानी। का अनमनि हसि कह हँसि रानी॥
ऊतरु देइ न लेइ उसासू। नारि चरित करि ढारइ आँसू॥
हँसि कह रानि गालु बड़ तोरें। दीन्ह लखन सिख अस मन मोरें॥
तबहुँ न बोल चेरि बड़ि पापिनि। छाड़इ स्वास कारि जनु साँपिनि॥
दो०— सभय रानि कह कहसि किन कुसल रामु महिपालु।
लखनु भरतु रिपुदमनु सुनि भा कुबरी उर सालु॥ १३॥

अर्थ—मंथरा ने नगर की सजावट देखी। मांगलिक, मधुर बधावे बज रहे थे। लोगों से उसने पूछा कि उत्सव क्यों है, (उत्तर में) राम का राजतिलक सुनकर उसे अत्यन्त दाह (जलन, डाह) हुआ।

वह दुर्बुद्धि नीच जाति वाली (कुजाती) सोचती है कि किस विधि से आज रात भर में ही यह कार्य भंग हो। मधु लगे हुए (छत्ते) को देखकर जैसे कुटिल किरातिनी घात देखती है कि इसे किस प्रकार ले लूँ (मंथरा की भी वही दशा है)।

भरत माता कैकेयी के पास वह बिलखती हुई गई, (उसे देखकर) रानी (कैकेयी) ने हँसकर

पूछा कि तुम क्यों अनमनी हो? इसे सुनकर, वह उत्तर नहीं देती, ऊँची साँसें लेती है और त्रिया चरित्र करके आँसू बहाती है।

रानी ने हँसकर कहा, तुम्हारे बड़े गाले (मुँहजोरी-अवधी का मुहावरा 'गाला देने, गाला होना आदि) हैं और (तुम्हारी इस मुँहजोरी के कारण) ऐसा मुझे लगता है कि लक्ष्मण ने तुम्हें कोई सीख (ताड़ना, प्रताड़नादि) दी है। इस पर भी वह बड़ी पापिनी चेरी नहीं बोली और (त्रिया चरित्र करती हुई) ऊँची साँसें छोड़ने लगी मानो काली सर्पिणी हो।

(उसकी इस दशा को देखकर) भयपूर्वक रानी ने कहा, बताती क्यों नहीं राम, राजा दशरथ, लक्ष्मण, भरत, शत्रुघ्न कुशल से तो हैं। यह सुनकर मंथरा के हृदय में शल्य चुभा (अर्थात् कष्ट कर पीड़ा हुई)॥ १३॥

टिप्पणी—एक ओर मंथरा ने रात भर में ही विघ्न डालने का निश्चय किया है, दूसरी ओर कैकेयी को राम अत्यधिक प्रिय हैं, दशरथ (पति) से भी अधिक। कवि ने इस विघ्न को घटित कराने के लिए जो आयोजन किया है, वह कितना नाटकीय तथा प्रभावशाली है, उसकी कल्पना इस वर्णन से की जा सकती है। विघ्न के लिए कैकेयी को आधार मानना, बिलखती हुई उसके पास जाना, बात न करना, ऊँची साँसें लेना, आँसू बहाना आदि कार्य आकस्मिकता के लिए हैं। इस कार्य से कैकेयी ही नहीं, कोई भी पूछ सकता है—क्या घटित हुआ—फिर कैकेयी की वह मुँह बोली; पिता के घर से साथ-साथ आई दासी थी—उसका यह चरित्र देखकर सरल एवं कोमल हृदया कैकेयी अत्यन्त आतुरतापूर्वक इस रोने के कारण क्यों न पूछती? यह अपने इन कार्यों द्वारा कैकेयी के मन को षड्यन्त्र की ओर उन्मुख करने का प्रयास कर रही है।

दोहे में भाषा मुहावरे के कारण अपनी स्वाभाविक व्यंजकता तक पहुँच गई है। 'नारि चरित करि ढारइ आँसू', 'गाल बड़ तोरे', 'दीन्ह सिख', 'नगर बनावा', 'उर दाहू', 'गँव तकइ', 'उर साल' आदि प्रयोग काव्यभाषा की दृष्टि से अर्थ को ठीक उसकी संगति में व्यंजित करते हैं। क्रिया तथा कृदन्तीय प्रयोगों में यह प्रयोगगत विलक्षणता और उभर कर आई है, जैसे 'बिलखानी' शब्द मंथरा के बेहालपन को, 'ढारइ आँसू' में दारुण विपत्ति की विकलता को, 'हँस कह रानि' में कैकेयी के परिहासात्मक भाव को आदि-आदि प्रयोगों में शब्द कवि के व्यंजित अर्थ के ठीक समीप है।

'देखि लागि मधु..................भाँती' में उदाहरण अलंकार है। इस अलंकार की रचना इसलिए है कि राज्याभिषेकरूपी मधुर-मधु के छत्ते की समाप्ति पर बल कैसे दिया जाय। इस उदाहरण में अयोध्या नगरी छत्ते की भाँति है, अभिषेक मधु की भाँति, मंथरा कुटिला किरातिनी की भाँति। इस शुभ कार्य में विघ्न होना ही मधु निकालना है।

'सभय' शब्द से आकस्मिकता की व्यंजना होती है। कैकेयी मे मुँह से सर्वप्रथम 'राम के कुशल ततश्च दशरथ के कुशल' के शब्द निकलते हैं, यही मंथरा के शल्य का कारण है।

कत सिख देइ हमहिं कोउ माई। गालु करब केहि कर बलु पाई॥
रामहिं छाँड़ि कुसल केहि आजू। जिन्हहिं जनेसु देइ जुबराजू॥
भयउ कौसिलहि बिधि अति दाहिन। देखत गरब रहत उर नाहिन॥
देखहु कस न जाइ सब सोभा। जो अवलोकि मोर मनु छोभा॥
पूतु बिदेस न सोचु तुम्हारें। जानति हहु बस नाहु हमारें॥
नींद बहुत प्रिय सेज तुराई। लखहु न भूप कपट चतुराई॥
सुनि प्रिय बचन मलिन मनु जानी। झुकी रानि अब रहु अरगानी॥
पुनि अस कबहुँ कहसि घर फोरी। तब धरि जीभ कढ़ावउँ तोरी॥

दो०— काने खोरे कूबरे कुटिल कुचाली जानि।
तिय बिसेषि पुन चेरि कहि भरत मातु मुसुकानि।। १४॥

अर्थ—किसलिए, हे सखी! हमें कोई शिक्षा देगा? किसके बल पर मैं मुँहजोरी करूँगी। आज राम को छोड़कर किसका कुशल है? जिन्हें दशरथ (जनेस) युवराज पद दे रहे हैं।

कौसल्या के लिए विधाता अनुकूल (दाहिना) हो गया है, देखती हूँ (दिखाई पड़ती है, देखकर), गर्व उनके हृदय में छिपा नहीं रह पाता (गर्व थाम्हे नहीं थम्हता)। क्यों नहीं बाहर निकलकर नगर की शोभा देखती, जिसे देखकर मेरा मन क्षुब्ध है।

(तुम्हारा) पुत्र बाहर (विदेश) है, तुम्हें कोई सोच नहीं है, इसलिए कि तुम समझती हो कि पति हमारे वश में हैं। शय्या और तोशक (गद्दा तुराई) पर निद्रा तुझे अत्यधिक प्रिय है, राजा की कपट भरी हुई चातुरी को तुम नहीं देखती।

मंथरा के प्रिय बचनों को सुन तथा मन की कुटिल जानकर रानी कैकेयी क्रोध से फटकारती हुई बोली, अब दूर हटो (झुकी रानि अब रहु अरगानी) (झुकी = क्रोध की मुद्रा में संकेत करना, अरगानी = दूर हटना, भाग जाना)। हे घर फोड़ने वाली! फिर यदि कभी इस प्रकार कहा, तब मैं तुम्हारी जीभ पकड़कर निकलवा लूँगी।

काने, खोरे [खाजयुक्त, विकारयुक्त लँगड़े-लूले आदि] कूबड़े, को कुटिल तथा कुचाली जानो। उनमें भी स्त्री और पुनः चेरी (दासी)—(ये अत्यधिक कुटिल होते हैं) कहकर भरत माता कैकेयी मुस्कराई॥ १४॥

टिप्पणी—मंथरा विघ्न डालने के निमित्त अपने मन्तव्य को बड़े ही कूटनीतिज्ञ ढंग से इन पंक्तियों में प्रस्तुत करती है। अपने प्रति उदासीनता, पुनः राम का राज्याभिषेक, कौसल्या का गर्वभाव तथा दशरथ की कुटिलता से सम्बन्धित सन्दर्भों को गढ़ती है। राम के राज्याभिषेक की टक्कर पर 'पूत बिदेस न सोच तुम्हारे' वाक्य कहा गया है। सपत्नीक, ईर्ष्या को व्यंजित करने के लिए कौसल्या के लिए 'देखत गरब रहत उर नाहिन' एवं दशरथ की कपट चातुरी के लिए 'जानत हहु बस नाह तुम्हारे' तथा 'लखहु न भूप कपट चतुराई' वाक्यों का प्रयोग कवि द्वारा कराया गया है। यही नहीं, वह कैकेयी के भोलेपन को भी प्रकारान्तर से इसी कूटनीतिक प्रक्रिया के अन्तर्गत प्रकट करती है—

'पूत बिदेस न सोच तुम्हारे' तथा 'नींद बहुत प्रिय सेज तुराई' इस प्रकार अपने प्रति कैकेयी की उपेक्षा, सपत्नी पुत्र (राम) के सौभाग्य एवं स्वपुत्र का तिरस्कार, सपत्नी का गर्व, पति की कपट चातुरी आदि सूत्रों को पकड़कर वह षड्यन्त का वातावरण प्रस्तुत करती है।

'काने, खोरे कूबरे..................भरत मातु मुसुकानि' में सार अलंकार है। कवि 'मंथरा की कुटिलता' पर विशेष बल देने के लिए इस अलंकार का प्रयोग करता है।

मंथरा की बातें कैकेयी के लिए नितान्त अग्राह्य नहीं हैं, इसलिए कवि 'सुनि प्रिय वचन' एवं 'मुसुकानि' शब्दों का प्रयोग कर रहा है।

'मुसुकानि' शब्द के कारण यहाँ आक्षेप अलंकार हो जाता है क्योंकि इससे मंथरा के प्रति की गई सम्पूर्ण भर्त्सना तिरोहित हो जाती है।

प्रियबादिनि सिख दीन्हिउँ तोही। सपनेहुँ तो पर कोपु न मोही॥
सुदिनु सुमंगल दायकु सोई। तोर कहा फुर जेहि दिन होई॥
जेठ स्वामि सेवक लघु भाई। यह दिन कर कुल रीति सुहाई॥
राम तिलकु जौ साँचेहुँ काली। देउँ माँगु मन भावत आली॥
कौसल्या सम सब महतारी। रामहिं सहज सुभायँ पिआरी॥
मो पर करहिं सेनहु बिसेषी। मैं करि प्रीति परीछा देखी॥

जौं बिधि जनमु देइ करि छोहू। होहुँ राम सिय पूत पतोहू॥
प्रान ते अधिक रामु प्रिय मोरें। तिन्हकें तिलक छोभु कस तोरें॥

दो०— भरत सपथ तोहि सत्य कहु परिहरि कपट दुराउ।
हरष समय बिसमउ करसि कारन मोहि सुनाउ॥ १५॥

अर्थ—हे प्रियवादिनी! मैंने तुझे शिक्षा दी है। स्वप्न में भी मुझमें तुम्हारे प्रति क्रोध नहीं है। मंगलदायक शुभ दिन वही है जिस दिन तुम्हारा कहना (राम का राज्याभिषेक) सत्य होगा।

सूर्यवंश की यही कुल मर्यादा शोभित रही है कि स्वामी ज्येष्ठ भ्राता तथा सेवक लघुभ्राता होता है। सच, यदि कल राम का तिलक है तो हे सखी! जो तुझे अच्छा लगे, माँग, मैं तुझे दूँगी।

राम के लिए कौसल्या के सदृश सभी माताएँ सहज तथा स्वभावतः प्रिय हैं। मुझ पर सबसे अधिक स्नेह रखते हैं, मैंने प्रीति परीक्षा करके देखी है।

यदि विधाता, अत्यधिक कृपा प्रेमवश जन्म दें तो राम और सीता जैसे सहज पुत्र और पुत्रवधू भी दें। राम प्राणों से अधिक प्रिय हैं, उनके राज्यतिलक में तुझे क्षोभ (दुःख, ग्लानि, कष्ट आदि का सम्मिश्रित भाव) क्यों है।

भरत की तुझे शपथ है, सत्य बताओ, कपट और छल को त्याग दो। इस हर्ष के प्रसंग में तू कष्ट (विस्मय) प्रकट कर रही है, मुझे इसका कारण सुनाओ ।। १५ ॥

टिप्पणी—कवि, कैकेयी के मन में संशय के बीज का वपन करता है। वह मंथरा पर क्रोध करती हुई भी प्रियवादिनी के रूप में सम्बोधित करके उसे अपने संशय को परिशमित करने के लिए प्रेरित करती है। वह राम के प्रति अपनी प्रियता को व्यक्त करती है तथा राम के प्रेम की भी चर्चा करती है। इसके बाद भी तीन प्रसंग इन पंक्तियों में विशेष स्मरणीय हैं—

१. कैकेयी को यह ज्ञात नहीं है कि कल राम का तिलक है 'राम तिलकु जौं साँचेहुँ काली' वाक्य से इसकी पुष्टि होती है। षड्यंत्र के बीज को अंकुरित होने का स्थान यहीं मिलता है।

२. राम सबके प्रिय हैं, मुझे भी प्रिय हैं, तुमने भी कभी उनकी निन्दा नहीं की किन्तु आज क्या है है—'हरष समय बिसमउ करसि कारन मोहिं सुनाउ'।

३. कैकेयी के मन भी राम के प्रेम के विषय में कभी संशय उठा था और उसकी पुष्टि के लिए कथित वाक्य है—'मैं करि प्रीति परीछा देखी'।

ये तीन सन्दर्भ षड्यन्त्र के बीज वपन करने के हेतु निमित्त मूलाधार का कार्य करते हैं।

'प्रिवादिन सिख दीन्हेउ.....कोप न मोही।' अर्धाली में पूर्व कथित वार्ता का निषेध किया जा रहा है, इसलिए आक्षेप अलंकार होगा।

'करि छोहू' में देहली दीपक अलंकार है। मूलतः यहाँ अपह्नुति अलंकार का ही चमत्कार है। 'पुत्र और पुत्रवधू' न होते हुए भी पुत्र एवं पुत्रवधू हैं। 'कहहिं झूँठि फुरि....' में 'विरोध'।

एकहिं बार आस सब पूजी। अब कछु कहब जीभ करि दूजी॥
फोरइ जोगु कपारु अभागा। भलेउ कहत दुख रउरेहिं लागा॥
कहहिं झूठि फुरि बात बनाई। ते प्रिय तुम्हहि करुइ मैं माई॥
हमहुँ कहबि अब ठकुरसोहाती। नाहिं त मौन रहबि दिनु राती॥
करि कुरूप बिधि परबस कीन्हा। बवा सो लुनिअ लहिअ जो दीन्हा॥
कोउ नृप होउ हमहि का हानी। चेरि छाड़ि अब होब कि रानी॥
जारै जोगु सुभाउ हमारा। अनभल देखि न जाइ तुम्हारा॥
तातें कछुक बात अनुसारी। छमिअ देबि बड़ि चूक हमारी॥

दो०— गूढ़ कपट प्रिय बचन सुनि तीय अधरबुधि रानि।
सुर माया बस बैरिनिहि सुहृद जानि पतिआनि॥ १६॥

अर्थ—एक बार तो मेरी सम्पूर्ण अभिलाषा पूर्ण हो गई और अब किसी दूसरी जीभ से कोई बात कहूँगी। मेरा अभागा कपार फोड़ने योग्य है, जिसके कारण आपका भला कहने पर आप को बुरा लगा।

जो झूठ-सत्य बात बनाकर कहते हैं, वे तुम्हें प्रिय हैं, मैं (सत्यवादिनी) कड़वी हूँ। मैं भी अब ठकुरसोहाती बोलूँगी, अथवा हमेशा मौन ही रहूँगी।

विधाता ने कुरूप बनाकर परवश कर दिया, मैं जो बोया सो काटा, जो दिया सो प्राप्त किया। राजा कोई भी हो, मुझे क्या हानि है, चेरी छोड़कर अब क्या रानी हो जाऊँगी!

मेरा स्वभाव ही जला देने योग्य है, जिसके कारण स्वप्न में भी आपका अहित नहीं देखा जाता। इसलिए (स्वभाव से लाचार होकर) मैंने कुछ बात चलाई, हे देवी! क्षमा करना, हमारी बड़ी भूल (चूक) है।

गूढ़ और कपट से परिपूर्ण किन्तु प्रिय वचन सुनकर जिसकी बुद्धि मात्र अधरों तक ही होती है, ऐसी नारी (जाति) होने के कारण रानी कैकेयी देवमाया से विमोहित बुद्धिवाली वैरिणी मंथरा को आत्मीय समझकर विश्वास किया॥ १६॥

टिप्पणी—मंथरा द्वारा कही हुईं यह वाणी षड्यन्त्र से परिपूर्ण नितान्त कूटनीतिक है। 'जीभ काटने वाली, कपार फोड़ने वाला, स्वभाव जला देने योग्य है' इन मुहावरों का प्रयोग आत्मनिन्दा के लिए कैकेयी को फँसाने के लिए किया गया है। सर्वत्र व्यंजना का ही चमत्कार है। 'मैं कहूँगी आपके हित की बात चाहे जीभ काट क्यों न ली जाय, मेरे मस्तिष्क में निरन्तर तुम्हारी ही चिन्ता उत्पन्न होती है। यही मेरे सर फोड़ देने का कारण है, मेरा स्वभाव इसलिए जलाने योग्य है क्योंकि निरन्तर उसमें तुम्हारे हित की नैसर्गिक कामना उसमें अन्तर्हित है। वह कैकेयी को पूरी तरह से प्रभावित करने के लिए ही इस तरह की बात कहती है। मानस-पियूषकार श्री अंजनीनन्दनशरण जी इसे पूर्व अर्धालियों का प्रश्नोत्तर रूप मानते हैं। वे इसे स्पष्ट करते हुए कहते हैं—

कैकेयी वचन	**उत्तर (मंथरा का)**
१. सभय रानि कह कहसि किन कुसल रामु....	—रामहिं छाड़ि कुसल केहिं आजू
२. हँस कह रानि गाल बड़ तोरे	— गाल करब केहिं के बल पाई
३. दीन्ह लखन सिख अस मन मोरे	—कत सिख देइ हमहिं कोउ माई
४. झुकी रानि अब रहु अरगानी	— नाहिं त मौन रहब दिन राती
५. पुनि अस कबहुँ कहसि...जीभ कढ़ावउँ	— अब कछु कहब जीभ करि दूजी
६. सुदिन सुमंगल....रामतिलक जौं साँचेहुँ	— कोउ नृप होउ हमहिं का हानी
७. देउँ माँगु मन भावत आली	—एकहिं बार आस सब पूजी
८. भरत सपथ तोहि सत्य कहु	—कहहिँ झूठ-फुरि....करुइ मैं माई
९. परिहरि कपट दुराउ	— गूढ़ कपट

४, तथा ९ इसमें पूरी तरह लागू नहीं होते।

मंथरा की वाक्पटुता का कवि आलंकारिक शैली में दिग्दर्शन करा रहा है। लक्षणा तथा अलंकार व्यापार की गहरी व्यंजकता पंक्तियों में सन्निविष्ट है। 'जीभ करि दूजी' में आक्षेप तथा उपादन लक्षणा, 'फौरे जोग कपार अभागा'—में व्याजस्तुति, 'करि कुरूप विधि....लीन्हा'—अर्थान्तरन्यास अलंकार, 'कोउ नृप होइ....रानी', दृष्टान्त अलंकार 'अधर बुधि' अपह्नुति अलंकार है।

सादर पुनि पुनि पूँछति ओही। सबरी गान मृगी जनु मोही॥
तसि मति फिरी अहइ जस भाबी। रहसी चेरि घात जनु फाबी॥
तुम्ह पूँछहु मैं कहत डेराऊँ। धरेहु मोर घरफोरी नाऊँ॥
सजि प्रतीति बहुबिधि गढ़ि छोली। अवध साढ़साती तब बोली॥
प्रिय सिय रामु कहा तुम्ह रानी। रामहिं तुम्ह प्रिय सो फुरि बानी॥
रहा प्रथम अब ते दिन बीते। समउ फिरें रिपु होहिं पिरीते॥
भानु कमल कुल पोषनिहारा। बिनु जल जारि करइ सो छारा॥
जरि तुम्हारि चह सवति उखारी। रूँधहु करि उपाउ बर बारी॥

दो०— तुम्हहि न सोचु सोहाग बल निज बस जानहु राउ।
मन मलीन मुह मीठ नृपु राउर सरल सुभाउ॥ १७॥

अर्थ—कैकेयी आदर देकर पुनः-पुनः उससे पूछती है, मानो मृगी शबरी के गान से मुग्ध हो गई हो। जैसी भवितव्यता है, वैसी ही कैकेयी की मति फिर गई, दासी (मंथरा) हर्षित हो उठी, मानो घात सध (फाबी) गया हो।

तुम मुझसे साग्रह पूछती हो और मैं बताते हुए डरती हूँ इसलिए कि तुमने मेरा घरफोरी नाम रख दिया है। विश्वास दिलाकर (सजाकर) हर प्रकार से गढ़ छोल (साज सँवार कर, बनाकर), अयोध्या की साढ़ेसातीरूपी मंथरा बोली।

सीता और राम के लिए तुमने बताया कि तुम्हें प्रिय हैं और राम को तुम प्रिय है, यह बात सत्य है किन्तु यह अब से पहले था, वे दिन अब बीत गए, समय बदलने पर प्रिय (पिरीते) भी शत्रु हो जाते हैं।

सूर्य कमल समूह का पोषणकर्ता है, किन्तु बिना जल के वही उसे जलाकर भस्म (राख) कर डालता है। तुम्हारी जड़ को तुम्हारी सौत (कौसल्या) उखाड़ना चाहती है, उसे श्रेष्ठ उपायरूपी सुदृढ़ थाल्हे (मेड़ी बारी) लगाकर रूँधी।

आपको सौभाग्य बल की (पति की अत्यधिक प्रियता) जरा सी भी चिन्ता नहीं है, और समझती हो कि राजा अपने वश में हैं। रूप (दशरथ) मन से मलीन किन्तु मुँह से मीठे हैं, आप सरल स्वभाव की हैं॥ १७॥

टिप्पणी—संशयग्रस्त कैकेयी आदरपूर्वक उससे पुनः पूछती है। उसके इस पूछने में उसके मन का संदेह पुष्ट होकर और जितना ही उसका सन्देह उभरता है, मंथरा को अपना दाँव चलाने की राहत मिलती है। वह जिन तर्कों से अपनी बात कहती है, वे परिस्थिति की अनुकूलता में भी वैषम्य को परिलक्षित करते हैं।

कवि अपनी बात को सिद्ध करने के लिए वैषम्यमूलक व्यंजताओं की झड़ी लगा देता है। उत्प्रेक्षा, रूपक, विनोक्ति—आदि के मूल में वैषम्य ही है। 'सबरी गान मृगी जनु मोही' तथा 'रहसी चेरि घात जनु फाबी' में उत्प्रेक्षा का प्रयोग कवि कैकेयी की मनःदशा एवं मंथरा के आश्वस्त होने की पुष्टि के लिए करता है। 'अवध साढ़ साती' में रूपक के द्वारा भावी संकट की व्यंजना कवि कराता है। 'भानु कमल कुल.........' में दृष्टान्त अलंकार है। यह दृष्टान्त सीधे कैकेयी के सौभाग्य पर आघात पहुँचाता है। 'मन मलीन मुँह मीठ नृप राउर सरल सुभाउ' के प्रारम्भिक अंश में वैषम्य है। यह वैषम्य विश्वास जगाने के लिए प्रयुक्त है। 'राउर सरल सुभाउ' में चाटुकारिता के माध्यम से अपने पक्ष में करने का प्रयास है।

मंथरा की इन उक्तियों के माध्यम से कवि ने 'कुट्टनी' की सहज बुद्धिकुशलता एवं विलक्षणता का नैसर्गिक चित्र खींचा है। मंथरा का सन्दर्भ इस दृष्टि से नितान्त मनोवैज्ञानिक है।

चतुर गँभीर राम महतारी। बीचु पाइ निज बात सँवारी॥
पठए भरतु भूत ननिअउरें। राम मातु मत जानब रउरें॥
सेवहिं सकल सवति मोहि नीकें। गरबित भरत मातु बल पी कें॥
सालु तुम्हार कौसिलहि माई। कपट चतुर नहिं होइ जनाई॥
राजहि तुम्ह पर प्रेमु बिसेषी। सवति सुभाउ सकइ नहिं देखी॥
रचि प्रपंचु भूपहि अपनाई। राम तिलक हित लगन धराई॥
यह कुल उचित राम कहुँ टीका। सबहि सोहाइ मोहि सुठि नीका॥
आगिलि बात समुझि डरु मोही। देउ दैउ फिरि सो फलु ओही॥
दो०— रचि पचि कोटिक कुटिल पन कीन्हेसि कपट प्रबोधु।
कहिसि कथा सत सवति कै जेहि बिधि बाढ़ बिरोधु॥ १८॥

अर्थ—राम की माता कौसल्या चतुर और गम्भीर हैं, समय पाकर (अवसर पाकर) अपनी बात ठीक कर ली। भूप ने भरत को ननिहाल भेज दिया, आप इसे राम माता (कौसल्या) का मत समझें।

सभी सौतें मेरी भली-भाँति सेवा करती हैं किन्तु भरत माता पति के स्नेहाधिक्य के कारण (बल) गर्वित रहती है। हे सखी! तुम्हारा शल्य (खटका भय) कौसल्या ही है किन्तु कपट में वह इतनी चतुर है कि उसके अन्त:भाव जाने नहीं जा सकते।

सौत स्वभाव (ईर्ष्या, डाहादि) वश वह इसे देख नहीं सकती (सह नहीं सकती)। उसने प्रपंच रचकर भूप (दशरथ) को अपनी ओर मिला लिया और राम के राज्याभिषेक के लिए लग्न (मुहूर्त) निश्चित करा लिया (धराई)।

यह कुलरीति की दृष्टि से उचित है कि राम का राज्याभिषेक हो। यह सभी को अच्छा लगता है, और मुझे भी अत्यधिक (सुठि) अच्छा लग रहा है, किन्तु, आगे की बात विचार कर मुझे डर लगता है, हे विधाता! वह फल उसे (उसके षड्यन्त्र पूर्ण कार्यों के बदले) लौटाकर पुन: दो अर्थात् उसके दुष्कर्म को फल उसे दें।

अनेकों कुटिलताओं को भलीभाँति रचपच करके (बना करके) उसने कैकेयी के लिए कपटपूर्ण प्रबोधन किया और सैकड़ों सौतों की कथाएँ बताई, जिनसे विरोध का भाव बढ़े॥ १८॥

टिप्पणी—निर्दोष कौसल्या को कल्पित प्रसंग रचना के माध्यम से पूरे प्रसंग का हेतु सिद्ध करके चेरी मंथरा कैकेयी के सपत्नी-भाव-जनित ईर्ष्या तथा डाह को जगाती है। भरत का ननिहाल जाना एक घटना है जिसका सम्पूर्ण उत्तरदायित्व वह कौसल्या के सिर पर डाल देती है। यही नहीं, इस कार्य के पीछे मात्र पुत्र को राज्य ही नहीं, कैकेयी को दासी के रूप में देखने की मंत्रणा कुशल मंथरा की बुद्धि कौशल का कल्पित प्रसंग है।

'आगिलि बात.......... फलु ओहीं', में आक्षेप अलंकार है।

भावी बस प्रतीति उर आई। पूँछ रानि पुनि सपथ देवाई॥
का पूँछहु तुम्ह अबहुँ न जाना। निज हित अनहित पसु पहिचाना॥
भयउ पाखु दिन सजत समाजू। तुम्ह पाई सुधि मोहि मन आजू॥
खाइअ पहिरिअ राज तुम्हारें। सत्य कहें नहिं दोषु हमारें॥
जौं असत्य कछु कहब बनाई। तौ बिधि देइहि हमहि सजाई॥
रामहिं तिलक कालि जौं भयऊ। तुम्ह कहुँ बिपति बीजु बिधि बयऊ॥
रेख खँचाइ कहउँ बलु भाषी। भामिनि भइहु दूध कइ माखी॥
जौं सुत सहित करहु सेवकाई। तौ घर रहहु न आन उपाई॥
दो०— कद्रूँ बिनतहि दीन्ह दुखु तुम्हहि कौसिलाँ देब।
भरत बंदिगृह सेइहहिं लखनु राम के नेब॥ १९॥

अर्थ—भवितव्यतावश मंथरा के वचनों में कैकेयी को विश्वास उत्पन्न हुआ, तब रानी ने शपथ दिलाकर पुनः पूछा। क्या पूछती हो, तुमने अब तक भी नहीं जाना, अपना हित-अनहित पशु-पक्षी भी पहचानते हैं।

समाज सजते एक पखवार (पन्द्रह दिन) के दिन हो गये, और तुमने मुझसे आज इसका समाचार (सुधि) प्राप्त किया। मैं तुम्हारे राज्य में खाती पहनती हूँ। (तुम्हारे द्वारा मेरा उदरपोषण एवं जीवन यापन किया जाता है) इसलिए तुमसे सत्य कहने में मेरे लिये दोष नहीं है।

यदि मैं कुछ असत्य एवं बनाकर कहूँ तो विधाता हमें उसकी सजा दें। यदि कल राम का राज्याभिषेक होगा तो (निश्चित समझो) विधाता ने तुम्हारे लिये मानो विपत्ति के बीज बो दिया।

रेखा खींच कर (अन्तिम सत्य के रूप में) बलपूर्वक भविष्यवाणी (भाखी) कहती हूँ कि हे भामिनि! (राज्य तिलक हो जाने पर) तुम दूध ही मक्खी हो जाओगी। यदि पुत्र के साथ (राम तथा कौसल्या की) सेवा करोगी तो अयोध्या के राजमहल में रहोगी, और अन्य कोई उपाय नहीं है।

(सर्पमाता) कद्रू ने (गरुड़माता) विनता को दुख दिया तुम्हें (वैसा की कष्ट) कौसल्या देगी। भरत वंदीगृह का सेवन करेंगे, लक्ष्मण राम के सहायक (नेब, नायब) होंगे॥ १९॥

टिप्पणी—पूरी तरह से विश्वास दिलाकर, सपत्नी भाव को सर्वथा सम्पुष्ट करके, अपनी विश्वसनीयता प्रमाणित करके वह सम्पूर्ण षड्यन्त्र का निष्कर्ष निकलती है—

रेख खँचाइ कहउँ बल भाषी। भामिनि भइहु दूध कइ माखी॥
जौं सुत सहित करहु सेवकाई। तौ घर रहहु न आन उपाई॥

कोई भी, सौभाग्यवती सपत्नी इसे नहीं सहन कर सकती। कैकेयी भी नहीं सहन कर सकी और राज्याभिषेक के षड्यन्त्र में लिप्त हो उठी। 'भामिनि भइहु दूध कइ माछी' लोकोक्ति तथा कलित अलंकार है।

कैकयसुता सुनत कटु बानी। कहि न सकइ कछु सहमि सुखानी॥
तन पसेउ कदली जिमि काँपी। कुबरीं दसन जीभ तब चाँपी॥
कहि कहि कोटिक कपट कहानी। धीरज धरहु प्रबोधिसि रानी॥
फिरा करमु प्रिय लागि कुचाली। बकिहि सराहइ मानि मराली॥
सुनु मंथरा बात फुरि तोरी। दहिनि आँखि नित फरकइ मोरी॥
दिन प्रति देखउँ राति कुसपने। कहउँ न तोहि मोहबस अपने॥
काह करौं सखि सूध सुभाऊ। दाहिन बाम न जानउँ काऊ॥
दो०— अपने चलत न आजु लगि अनभल काहुक कीन्ह।
केहिं अघ एकहि बार मोहि दैअँ दुसह दुखु दीन्ह॥ २०॥

अर्थ—कैकेय की पुत्री (कैकेयी) इस कड़ी (कटु) वाणी को सुनकर , कुछ कह नहीं सकी, कुछ सहम कर सूख गई। शरीर में प्रस्वेद (पसीना) उत्पन्न हो आया और (क्रोधवश या भयवश) केले के पत्ते की तरह काँपने लगी। (इसें देखकर) कूबरी ने भयवश दाँतों तले जीभ दबाई (कहीं कैकेयी की मृत्यु आदि घटित न हो जाए इस भयवश एकाएक हतप्रभ हो उठीं, दाँतों तले जीभ दबाना—एक मुहावरा है)।

अनेक कपटपूर्ण कथाओं को सुना-सुनाकर मंथरा ने कैकेयी से कहा कि धैर्य धारण करो। कैकेयी का कर्म (भाग्य) पलट गया (बदल गया), और वह कुत्सित आचरणवाली मंथरा उसे प्रिय लगी, बकी (बगुली) को मराली (राजहंसिनी) मानकर सराहने लगी।

हे मंथरे! सुनो, तुम्हारी बात सत्य है, मेरी दाहिनी आँख नित्य फड़कती रहती है। मैं प्रतिदिन

रात्रि में दु:स्वप्न देखती हूँ किन्तु अपने सीधेपन या अज्ञान के कारण (मोहवश) तुझसे नहीं कह सकी।

हे सखी! क्या करूँ, मेरा सीधा स्वभाव है और मैंने अपना दाहिना-बाँया (अनुकूल-प्रतिकूल आगे-पीछे : मुहावरा) कभी नहीं समझा।

अपनी समझ से (अपने आचरण से) आज तक मैंने किसी का भी अहित नहीं किया। किस पापवश विधाता ने एकाएक मुझे दु:सह दु:ख दिया॥ २०॥

टिप्पणी—मंथरा की कूटनीति एवं षड्यन्त्र से भलीभाँति आक्रान्ता कैकेयी की कायिक, वाचिक एवं मानसिक, सात्त्विक दशाओं का कवि इन पंक्तियों में वर्णन कर रहा है। मंथरा की बात पर विश्वास करके क्रोध तथा भय से अनुविद्ध कैकेयी इन पंक्तियों के माध्यम से आत्मदैन्य और आत्मग्लानि व्यक्त कर रही है।

'कदली जिमि काँपी' उदाहरण अलंकार है, जिसका उपयोग कवि के वेग भाव दशा को चित्रित करने के लिए कर रहा है।

नैहर जनमु भरब बरु जाई। जिअत न करबि सवति सेवकाई॥
अरि बस दैउ जिआवत जाही। मरनु नीक तेहि जीवन चाही॥
दीन बचन कह बहुबिधि रानी। सुनि कुबरीं तिय माया ठानी॥
अस कस कहहु मानि मन ऊना। सुखु सोहागु तुम्ह कहुँ दिन दूना॥
जेहिं राउर अति अनभल ताका। सोइ पाइहि यहु फलु परिपाका॥
जब तें कुमत सुना मैं स्वामिनि। भूख न बासर नीद न जामिनि॥
पूँछेउँ गुनिन्ह रेख तिन्ह खाँची। भरत भुआल होहिं यह साँची॥
भामिनि करहु त कहौं उपाऊ। है तुम्हरीं सेवा बस राऊ॥

दो०— परउँ कूप तुअ बचन पर सकउँ पूत पति त्यागि।
कहसि मोर दुखु देखि बड़ कस न करब हित लागि॥ २१॥

अर्थ—पिता के घर जाकर जीवन व्यतीत कर लूँगी किन्तु जीते जी सवति की दासता नहीं करूँगी। शत्रु वश में रखकर विधाता जिसे जीवित रखता है, उसके लिए जीवन चाहने (जीवन की कामना रखने) से मृत्यु श्रेयस्कर है।

रानी ने अनेक प्रकार से आत्मदैन्य युक्त वाणी व्यक्त की जिसे सुनकर कूबरी ने स्त्री चरित्र फैलाया। अपने मन में अल्पता (ऊना, अपनी कमी, दीनता आदि) का अनुभव करती हुई तू इस प्रकार क्यों कहती हो। सुख-सौभाग्य तुम्हारे लिए दिनोंदिन दूने (अत्यधिक बढ़ें) हों।

जिसने आपका अत्यधिक अहित देखा है, वही अपने कर्मों के परिणाम रूप बुरे फल को प्राप्त करेगा। हे स्वामिनी! जब से यह कुमंत्रणा सुनी, न दिन में भूख लगती है और न रात्रि में नींद।

गणना करने वाले या गुणज्ञों (ज्योतिषियों, फलाफल पर विचार करने वालों) से मैंने (इस विषय में जानकारी ली) और उन्होंने रेखा खींचकर (निश्चयपूर्वक घटित होगा, इसकी भविष्यवाणी करके) कहा है कि यह सत्य है कि भरत राजा होंगे। हे भामिनी! यदि करो तो मैं उपाय बताऊँ क्योंकि तुम्हारी सेवा के कारण राजा दशरथ तुम्हारे वश में हैं।

तुम्हारे वचनों पर आचरण करते हुए अपने पुत्र तथा पति का भी मैं परित्याग कर सकती हूँ। तुमने मेरी सबसे बड़ी विपत्ति देखकर मुझे बताया (सावधान किया), मैं अपने हित के रक्षार्थ क्यों नहीं कार्य करूँगी॥ २१॥

टिप्पणी—मंथरा के षड्यन्त्र से पूरी तरह प्रभावित कैकेयी के दृढ़ निश्चय का कवि चित्रण करता है। वह ईर्ष्या, दाह, विद्वेष, प्रतिकार की भावना से अंधी होकर—

'परउँ कूप तुअ बचन पर सकउँ पूत पति त्याग'

की घोषणा करती है। नारी मनोविज्ञान का यह अनूठा चित्र तुलसी ने जिन विकल्पों को रखकर गढ़ा है, वह नितान्त यथार्थ तथा वैज्ञानिक है।

कुबरीं करि कबुली कैकेई। कपट छुरी उर पाहन टेई॥
लखइ न रानि निकट दुखु कैसें। चरत हरित तिन बलि पसु जैसें॥
सुनत बात मृदु अंत कठोरी। देति मनहुँ मधु माहुर घोरी॥
कहइ चेरि सुधि-अहइ कि नाहीं। स्वामिनि कहिहु कथा मोहि पाहीं॥
दुइ बरदान भूप सन थाती। मागहु आजु जुड़ावहु छाती॥
सुतहि राजु रामहि बनबासू। देहु लेहु सब सवति हुलासू॥
भूपति राम सपथ जब करई। तब मागेहु जेहि बचनु न टरई॥
होइ अकाजु आजु निसि बीतें। बचनु मोर प्रिय मानेहु जीतें॥
दो०— बड़ कुघातु करि पातकिनि करेसि कोप गृहँ जाहु।
काज सँवारेहु सजग सबु सहसा जनि पतिआहु॥ २२॥

अर्थ—मंथरा ने कैकेयी को बलि पशु बनाकर, कपटरूपी छुरी को हृदयरूपी पत्थर पर धारदार बनाया। रानी कैकेयी सन्निकट आसन्न (स्थित) कष्ट (संकट) को उस प्रकार नहीं देख पा रही है, जैसे बलि के लिए लाया गया पशु हरित तृण को मुग्ध होकर चरता रहता है।

मंथरा की बातें सुनने में मृदु किन्तु परिणाम में कष्टदायी हैं, मानो वह मधु (शहद) में विष घोलकर दे रही हो। दासी कहती है कि स्मरण है कि नहीं, हे स्वामिनी! तुमने मुझे कथा कही थी।

दो वरदान दशरथ के पास थाती (धरोहर) हैं, आज उन्हें माँगों और अपनी छाती (मन) जुड़ा (प्रसन्न) लो। पुत्र भरत के लिए राज्य और राम के लिए वनवास देकर सौत (कौसल्या) के सम्पूर्ण उल्लास को विनष्ट कर दो।

राजा जब राम की शपथ करें तब उन धरोहर के वचनों को माँगना जिससे वचन न टल सके। मेरी इन बातों को प्राणों से प्रिय समझो और यदि आज रात्रि (बिना इस बात के बीत गई तो) समझ लेना कि कार्य नष्ट हो गया।

पापस्वरूपिणी उस मंथरा ने कैकेयी के लिए भयंकर कुघात करके कहा कि तुम कोपभवन जाओ। सावधान रहकर अपने कार्य को सँवारो (सम्हालो), सहसा (राजा की बात में आकर) विश्वास न करना॥ २२॥

टिप्पणी—प्रतिकार की भावना से भरी हुई नारी के समक्ष मंथरा अन्तिम दाँव रखती है, वह है, पूर्व में दिये गये दो वरदानों की स्मृति। 'सुतहि राज, रामहि बनवासू' बड़े ही सटीक सही एवं आत्म स्वार्थ एवं प्रतिकार की पूर्ति के साधन के रूप में दो वरदान। पूरी तरह से तैयार करके मंथरा कैकेयी को लक्ष्य की ओर संधान करती है। 'कुबरीं करि......जैसें' में उदाहरण अलंकार के माध्यम से रूपकार्थ संश्लिष्ट है। कवि कैकेयी की निर्दोषिता सिद्ध करने के लिए एक टिप्पणी देता है। 'सुनत बात मृदु....माहुर घोरी' में उत्प्रेक्षालंकार है। इस अलंकार का प्रयोग कैकेयी की निर्दोषिता से अधिक मंथरा के मीठे शब्दों में श्लिष्ट षड्यन्त्र को व्यंजित करता है।

कुबरिहि रानि प्रान प्रिय जानी। बार बार बड़ि बुद्धि बखानी॥
मोहि सम हित न मोर संसारा। बहे जात कइ भइसि अधारा॥
जौं बिधि पुरब मनोरथु काली। करौं तोहिं चख पूतरि आली॥
बहुबिधि चेरिहि आदरु देई। कोप भवन गवनी कैकेई॥

बिपति बीजु बरषा रितु चेरी। भुइँ भइ कुमति कैकई केरी॥
पाइ कपट जलु अंकुर जामा। बर दोउ दल दुख फल परिनामा॥
कोप समाज साजि सबु सोई। राजु करत निज कुमति बिगोई॥
राउर नगर कोलाहलु होई। यह कुचालि कछु जान न कोई॥
दो०— प्रमुदित पुर नर नारि सब सजहिं सुमंगलचार।
एक प्रबिसहिं एक निर्गमहिं भीर भूप दरबार॥ २३॥

अर्थ—कुबरी को प्राणप्रिय समझकर 'बड़ी बुद्धिवाली कहकर' रानी ने बार-बार प्रशंसा की। इस संसार में तुम्हारे सदृश मेरा कोई हितैषी नहीं है। मुझ नष्ट होते हुए (बहे जात) के लिए तू आलम्ब बनी।

यदि विधाता ने कल मेरा मनोरथ पूरा कर दिया तो हे सखी! मैं तुम्हें आँख की पुतली (अत्यधिक प्रिय) बनाकर रखूँगी। अनेक प्रकार से चेरी को आदर देकर कैकेयी कोपभवन गई।

[आगामी] विपत्तियाँ बीज हैं, चेरी (दासी) वर्षाऋतु है, कैकेयी की कुमति (दुर्बुद्धि) पृथ्वी बनी। कपटरूपी जल को पाकर अंकुर उगा है, दो वरदान उस अंकुर के दो पत्रमूल हैं. परिणाम के रूप में निकलने वाला कष्ट ही इसका फल है।

कोप (मान तथा क्रोध) की समग्र सज्जाओं से सजकर [वह कैकेयी] राज्य करते हुए अपनी दुर्बुद्धि से नष्ट हो गई। राजकुल (राजमहल राउर) एवं अयोध्या नगर में हर्षध्वनि उठ रही है किन्तु इस दुष्कर्म (कुचालि) को कोई लेश मात्र भी नहीं जानता।

अयोध्या नगर के सम्पूर्ण नर-नारी प्रमुदित होकर मांगलिक साज-सज्जा सज रहे हैं। कुछ प्रवेश करते हैं, कुछ (प्रवेश किये हुए) बाहर निकलते हैं, [इस प्रकार] राजदरबार में भीड़भाड़ है॥ ३॥

टिप्पणी—इन पंक्तियों में कवि कैकेई के कोपभवन में गमन को स्पष्ट करता है। कवि के वर्णन में विशेष प्रकार की नाटकीयता है। किसी को इस तथ्य का किंचित् मात्र भी ज्ञान नहीं, सभी अपने-अपने आनन्द में मग्न हैं किन्तु अन्दर-ही-अन्दर एक गम्भीर तथा भयंकर षड्यन्त्र ने जन्म ले लिया है। यह सम्पूर्ण स्थिति नाट्यापह्नुति (Dramatic Irony) की है। कवि आलंकारिक भाषा में इस कार्य के होने वाले गम्भीर परिणामों से पाठक को परिचित कराने में जरा भी नहीं हिचकता। घटना के आगामी फल का पूर्व निर्देश मानसकार के रचनात्मक वैशिष्ट्य का अंग है, और अपनी इस प्रवृत्ति का यह यहाँ भी उपयोग कर रहा है। 'बहे जात कइ भइसि अधान' में ललित अलंकार है।

बाल सखा सुनि हियँ हरषाहीं। मिलि दस पाँच राम पहिं जाहीं॥
प्रभु आदरहिं प्रेमु पहिचानी। पूँछहिं कुसल खेम मृदु बानी॥
फिरहिं भवन प्रिय आयसु पाई। करत परसपर राम बड़ाई॥
को रघुबीर सरिस संसारा। सीलु सनेहु निबाहनिहारा॥
जेहिं जेहिं जोनि करम बस भ्रमहीं। तहँ तहँ ईसु देउ यह हमहीं॥
सेवक हम स्वामी सियनाहू। होउ नात यह ओर निबाहू॥
अस अभिलाषु नगर सब काहू। कैकयसुता हृदयँ अति दाहू॥
को न कुसंगति पाइ नसाई। रहइ न नीच मतें चतुराई॥
दो०— साँझ समय सानंद नृपु गयउ कैकई गेहँ।
गवनु निठुरता निकट किय जनु धरि देह सनेहँ॥ २४॥

अर्थ—राम के बाल सखागण इसे (राज्याभिषेक) सुनकर हर्षित भाव से दस-पाँच का समूह

बनाकर राम के पास जाते हैं। राम उनके प्रेम को पहचान कर आदर देते हैं और मीठी वाणी में उनका कुशलक्षेम पूछते हैं।

प्रिय (राम) की आज्ञा पाकर अपने गृह लौटते हुए परस्पर राम की प्रशंसा करते हैं। स्नेह, शील का निर्वाह करने वाला इस संसार में राम के सदृश और दूसरा कौन है?

स्व कर्मवश जिन-जिन योनियों में, मैं पड़ूँ [शरीर धारण करूँ] वहाँ-वहाँ, हे शिव! हमें यह (वरदान) दें। हम सेवक हों और सीतापति श्रीरामचन्द्र हमारे स्वामी (पति) हों और हे नाथ! यह सम्बन्ध (नात) आदि से अन्त तक या दोनों तरफों से [ओर] निबहे।

नगर में सभी की ऐसी अभिलाषा थी किन्तु कैकयनन्दिनी (कैकेयी) के हृदय में अत्यधिक दाह (जलन) थी। कुसंगति पाकर कौन नहीं नष्ट हो जाता, नीच के मतानुसार चलते (मते) में चतुरता नहीं रह पाती।

सायंकाल आनन्द से हर्षित दशरथ [नृप] कैकेयी के भवन में गये। [कवि कल्पना करता है] मानो स्नेह ने देह धारण करके निष्ठुरता के निकट गमन किया॥ २४॥

टिप्पणी—कवि इन पंक्तियों में अयोध्यावासियों तथा राम के बालसखागणों के उनके (राम के) प्रति आन्तरिक प्रेमासक्ति का चित्रण करता है। इस चित्रण में सख्य तथा दास्यभाव का सामंजस्य है। कवि सखाधर्म को मूलत: दास्य में परिवर्तित करता है। क्योंकि सखाभाव समवयस्कता के कारण समानता से सार्थक होता है किन्तु कवि की मान्यता है कि राम (ब्रह्म) की समवयस्कता सम्भव नहीं है, अत: सम्पूर्ण भाव को वह 'सेवक हम स्वामी सियनाहू' में परिगत कराता है। वैसे, वनवास की घटना की भूमिका का श्री गणेश निर्दिष्ट दोहे से होता है। 'रहइ न नीच मतें चतुराई' दृष्टान्त अलंकार तथा 'गवनु निठुरता......... सनेहँ' उत्प्रेक्षालंकार है।

कोप भवन सुनि सकुचेउ राऊ। भय बस अगहुड़ परइ न पाऊ॥
सुरपति बसइ बाँहबल जाकें। नरपति सकल रहहिं रुख ताकें॥
सो सुनि तिय रिस गयउ सुखाई। देखहु काम प्रताप बड़ाई॥
सूल कुलिस असि अँगवनिहारे। ते रति नाथ सुमन सर मारे॥
सभय नरेसु प्रिया पहिं गयऊ। देखि दसा दुखु दारुन भयऊ॥
भूमि सयन पटु मोट पुराना। दिये डारि तन भूषन नाना॥
कुमतिहि असि कुबेषता फाबी। अनअहिवातु सूच जनु भाबी॥
जाइ निकट नृप कह मृदु बानी। प्रान प्रिया केहि हेतु रिसानी॥

अर्थ—कोप भवन सुनकर दशरथ (राऊ) संकुचित हुए और भयवश आगे पाँव नहीं पड़ रहा है। इन्द्र जिसके बाहुबलों से (पर भरोसा करते हुए) बसते हैं (बिना भय के निर्विघ्न रहते हैं)। समस्त नृपतिगण जिसके रुख [इच्छाभाव] को देखते हुए अपने को रखते हैं।

वह (राजा दशरथ) स्त्री का कोप सुनकर सूख गये, कामदेवता के प्रताप का बड़प्पन (प्रताप की अत्यधिकता) देखें। त्रिशूल, वज्र, खड्ग को अंग पर झेल लेने की सामर्थ्य से युक्त (राजा दशरथ) कामदेवता (रतिनाथ) के पुष्पबाण से मारे गये हैं।

भय से परिपूर्ण नरेश प्रिया (कैकेयी) के पास गये और उसकी दशा देखकर उन्हें दारुण दु:ख हुआ। भूमि पर शयन किये हुए, मोटे पुराने (अवधी का मुहावरा—फटे-चीथड़े) वस्त्रों को धारण किये हुए, अनेकानेक आभूषणों को शरीर से उतार कर डाल दिया।

दुर्बुद्धि कैकेयी को यह कुवेषता इस प्रकार लग रही थी मानो भावी वैधव्य की सूचना हो। सन्निकट जाकर दशरथ ने मृदु वाणी कही कि हे प्राणप्रिये! किसलिए नाराज हो।

टिप्पणी—कैकेयी के कोपभवन गमन की चर्चा सुनकर उनका सम्पूर्ण हर्ष दारुण दु:ख में

परिणत हो उठा। कवि दो भावों के इस वैषम्य को दशरथ के पराक्रम एवं ठीक इसके विपरीत उनकी कामवासना या संसक्ति के सन्दर्भों में व्यंजित करता है। भयंकर शस्त्रों को झेलने वाले दशरथ पुष्पबाण से हत हुए, यह एक सार्थक विसंगति है और रचनात्मक चमत्कार इसी विसंगति में ही है। कोप भवन में जाकर तथा कैकेयी की दशा को देखकर उन्हें कष्ट का अनुभव होता है। उसे मानविमुक्त करने के लिए चाटुकारितापूर्ण शब्दों का सम्बोधन करते हैं। कुल मिलाकर इन पंक्तियों में कवि कैकेयी के कोप की भयंकरता तथा दशरथ के मन पर पड़ने वाले उसके प्रभाव को हो चित्रित करना चाहता है। 'सुरपति.........ताकें' अतिशयोक्ति अलंकार, 'सूच जनु भाबी' उत्प्रेक्षालंकार है।' 'सूल-कुलिस.......मारे' असम्भवालकार, (असम्भवोऽको निष्पत्तेरसम्भाव्यत्व-वर्णनम्, कुबलयानन्द, ८४) विषमालंकार की भी व्यंजना है।

छंद— केहि हेतु रानि रिसानि परसत पानि पतिहि नेवराई।
मानहुँ सरोष भुअंग भामिनि बिषम भाँति निहारई॥
दोउ बासना रसना दसन बर मरम ठाहरु देखई।
तुलसी नृपति भवितब्यता बस काम कौतुक लेखई॥

सो०— बार बार कह राउ सुमुखि सुलोचनि पिकबचनि।
कारन मोहि सुनाउ गजगामिनि निज कोप कर॥ २५॥

अर्थ—हे रानी! किस लिए कुपित हो, (कहकर) हाथ से स्पर्श करते हुए पति को (आदेश से भरी हुई छूने से) रोकती है। (उसकी दृष्टि दशरथ पर इस प्रकार पड़ रही है) मानो सर्प की स्त्री (सर्पिणी) कुटिल दृष्टि से देख रही हो। दोनों वर की अभिलाषाएँ [सर्पिणी] की दोनों जिह्वाएँ हैं, उसके (दोनों विषयमय) दाँत वरदान हैं, और वह (दंशन के निमित्त राजा दशरथ के) मर्मस्थल को देख रही है। कवि गोस्वामी तुलसीदास जी कहते हैं कि (मतिभ्रमवश) राजा (दशरथ) भवितव्यतावश इसे कामक्रीड़ा (हाव, भाव, विलास) समझ रहे हैं।

बार-बार राजा ने कहा कि हे सुमुखि! सुलोचनि!! पिकवचनि!!! गज-गामिनि!!!! अपने कोप का कारण मुझे कह।। २५।।

टिप्पणी—मान मोचन का सन्दर्भ है। दशरथ पत्नी को प्रिय लगने वाली चाटुकारिता भरी वाणी से उसके मान को समाप्त करने का प्रयास इन पंक्तियों में करते हैं। वाणी प्रयोग के पूर्व स्नेह भरे स्पर्श से वे कैकेयी को प्रभावित करना चाहते थे किन्तु कोप की प्रचण्डता के कारण उनकी यह चेष्टा निरर्थक हो जाती है। कवि 'कैकेई के कोप' एवं 'दशरथ की कामुकता' को विसंगति के माध्यम से प्रस्तुत करता है। कैकेई कोप की प्रचण्डता को अपने विविध आंगिक भंगिमाओं से व्यक्त करती है किन्तु दशरथ इन भंगिमाओं को भ्रमवश काम की विलास-भंगिमा समझते हैं। यही संभ्रम दशरथ के आगामी कार्य व्यापार का निर्धारक बन जाता है। 'मानहु सरोष..........' उत्प्रेक्षा, 'दोउ बासना दसना दसन बर काम कौतुक लेखई' आदि में अपह्नुति, 'सुलोचनि पिकबयनि गजगामिनि आदि में समासगा उपमालंकार है।

अनहित तोर प्रिया केइँ कीन्हा। केहि दुइ सिर केहि जमु चह लीन्हा॥
कहु केहु रंकहि करौं नरेसू। कहु केहि नृपहि निकासौं देसू॥
सकउँ तोर अरि अमरउ मारी। काह कीट बपुरे नर नारी॥
जानसि मोर सुभाउ बरोरू। मनु तव आनन चंद चकोरू॥
प्रिया प्रान सुत सरबसु मोरें। परिजन प्रजा सकल बस तोरें॥
जौं कछु कहौं कपटु करि तोही। भामिनि राम सपथ सत मोही॥
बिहसि माँगु मनभावति बाता। भूषन सजहिं मनोहर गाता॥
घरी कुघरी समुझि जियँ देखू। बेगि प्रिया परिहरहि कुबेषू॥

दो०— यह सुनि मन गुनि सपथ बड़ि बिहसि उठी मतिमंद।
भूषन सजति बिलोकि मृगु मनहुँ किरातिनि फंद॥ २६॥

अर्थ—हे प्रिये! तुम्हारा अहित किसने किया है। कौन दो सिर का होना चाहता है, किसे यमराज लेना चाहते हैं। कहो, किस दरिद्र को नरेश बना दूँ, कहो, किस नृपति को उसके राज्य (देश) से निकाल दूँ।

तुम्हारे शत्रु अमर या देवतादि को मार सकता हूँ, कीड़े-मकोड़ों की भाँति इन नर-नारियों की क्या (सामर्थ्य)। हे श्रेष्ठ जाँघोंवाली! (प्रिये!) तू मेरा स्वभाव जानती है। मेरा मन तुम्हारे मुखरूपी चन्द्र के लिए चकोर है।

हे प्रिये! प्राण, पुत्र, परिजन (भृत्यादि), प्रजागण मेरे जो कुछ भी हैं, सभी तुम्हारे आधीन हैं। हे भामिनि! मुझे राम की शत सौगन्ध है यदि मैं तुझसे कुछ कपट करके कहता होऊँ (या कहूँ)।

प्रसन्न मन से तू मनोवांछित वस्तु माँग लो और अपने मनोहारी शरीर को आभूषणों से सज्जित करो। समय-असमय (अवसर-अनवसर) हृदय से देख-समझकर, हे प्रिये! शीघ्र इस कुवेष को त्यागो।

यह सुनकर और हृदय में विचार करके कि शपथ बड़ी है, मतिमन्द कैकेयी हर्षित भाव से उठी और आभूषणों से सज्जित होने लगी मानो किरात स्त्री मृग को देखकर जाल में फंदे [सजा रही हो]।

टिप्पणी—दशरथ द्वारा सम्पूर्णतः आश्वासन पाकर एवं राम की शत सौगन्ध करने पर कवि कैकेयी की प्रसन्नता का चित्रण करता है। प्रारम्भिक चार पंक्तियों में दशरथ कैकेयी में प्रति विश्वास उत्पन्न कराने का प्रयत्न करते हैं। उसके लिए अशक्य को शक्य कर सकने की सामर्थ्य, अत्यधिक प्रियता एवं संसक्ति, सम्पूर्ण ऐश्वर्य पुत्र भृत्यादि पर उसके आधिपत्य की दशरथ बात करते हैं। इन सबसे वह उतनी प्रसन्न नहीं होती, जितनी 'राम सपथ सत मोही' वाक्य से। इन पंक्तियों में कवि दशरथ के स्त्रैण स्वभाव एवं नारी सौन्दर्य से लोलुप पुरुष की भीरुता एवं चाटुकारिता का चित्रण करता है। 'अनहित.....नर नारी' पर्यायोक्ति अलंकार।

'मनु तव आनन चंद चकोरू'—रूपक अलंकार, 'मनहु किरातिन फंद', उत्प्रेक्षालंकार। इन सम्पूर्ण अलंकारों का प्रयोग भाव के आवेग को प्रभावशाली बनाने के लिए किया गया है।

पुनि कह राउ सुहृद जियँ जानी। प्रेम पुलकि मृदु मंजुल बानी॥
भामिनि भयउ तोर मन भावा। घर घर नगर अनंद बधावा॥
रामहि देउँ कालि जुबराजू। सजहि सुलोचनि मंगल साजू॥
दलकि उठेउ सुनि हृदय कठोरू। जनु छुइ गयउ पाक बरतोरू॥
अइसिउ पीर बिहसि तेहिं गोई। चोर नारि जिमि प्रगटि न रोई॥
लखहिं न भूप कपट चतुराई। कोटि कुटिल मनि गुरू पढ़ाई॥
जद्यपि नीति निपुन नरनाहू। नारि चरित जलनिधि अवगाहू॥
कपट सनेहु बढ़ाइ बहोरी। बोली बिहसि नयन मुहु मोरी॥

दो०— मागु मागु पै कहहु पिय कबहुँ न देहु न लेहु।
देन कहेहु बरदान दुइ तेउ पावत संदेहु॥ २७॥

अर्थ—तत्पश्चात् राजा (कैकेयी को) हृदय से सुहृद समझकर प्रेम से पुलकित कोमल तथा मंजुल वाणी बोले। हे भामिनि! तुम्हारा चाहा हुआ घटित हुआ। नगर के घर-घर में आनन्दोत्सव हो रहे हैं।

राम को मैं कल युवराज पद देने जा रहा हूँ। हे सुन्दर नेत्रों वाली! मांगलिक साजों को सजो।

[दशरथ की वाणी] सुनकर कैकेयी का कठोर हृदय कष्ट से कसमसा उठा, मानो पका हुआ बरतोड़ छू गया हो।

ऐसी कष्टकारी पीड़ा को उसने हँसकर छिपा लिया, जैसे 'चोर नारी' प्रकट भाव से नहीं रोती। ऐसी (कष्टकर) उसकी कपटपूर्ण चातुरी राजा नहीं समझ [लखइ] पाते क्योंकि वह करोड़ों कुटिलों की गुरु-शिरोमणि (मंथरा) द्वारा सिखाई (पढ़ाई) गई है।

यद्यपि राजा दशरथ नीति में (नितान्त) निपुण हैं किन्तु 'नारी चरित्र' अगाध समुद्र की भाँति है। पुनः (उसने) कपटपूर्ण स्नेह बढ़ाकर नेत्र और मुँह मोड़कर (विलासपूर्ण कटाक्ष भंगिमा को प्रकट करती हुई) बोली।

हे पति! माँग लो, माँग लो कहते हैं, किन्तु [पै] कभी भी देते-लेते नहीं। दो वरदान देने को कहा था, उन्हें पाने में [भी] सन्देह (प्रतीत) होता है॥ २७॥

टिप्पणी—इन पंक्तियों में कवि कैकेयी की कूटनीतिक चेष्टाओं द्वारा दशरथ के समक्ष वरदान की चर्चा को प्रस्तावित करता है। कैकेयी राम के राज्याभिषेक के प्रस्ताव से उत्पन्न कष्ट को कुशल कूटनीतिज्ञ की भाँति झेलकर विलासपूर्ण कटाक्ष भंगिमाओं द्वारा दशरथ को पूर्णरूपेण विवश बनाकर अपने प्रस्ताव को रखती है। 'दलकि उठेउ ....बरतोरू' उत्प्रेक्षा अलंकार-भाव की तीव्रता की वृद्धि के लिए। 'कठोर के दलकने' में विरोधाभास है, जिसके द्वारा कैकेयी की निष्ठुरता व्यंजित है। 'माँगु-माँगु............' आक्षेप अलंकार है। 'ऐसिउ पीर बिहसि तेहिं गोई' वाक्य में युक्ति अलंकार' है, 'युक्तिः परातिसन्धानं क्रिया मर्मगुप्तये' अर्थात् जहाँ अपने मर्म को छिपाने के लिए विपरीत चेष्टा के द्वारा वचन किया जाये। 'चोर नारि जिमि प्रगट न रोई' उदाहरण अलंकार है।

जानेउँ मरमु राउ हँसि कहई। तुम्हहि कोहाब परम प्रिय अहई॥
थाती राखि न मागिहु काऊ। बिसरि गयउ मोहि भोर सुभाऊ॥
झूठेहुँ हमहि दोषु जनि देहू। दुइ कै चारि मागि मकु लेहू॥
रघुकुल रीति सदा चलि आई। प्रान जाहिं बरु बचनु न जाई॥
नहिं असत्य सम पातक पुंजा। गिरि सम होहिं कि कोटिक गुंजा॥
सत्य मूल सब सुकृत सुहाए। बेद पुरान बिदित मनु गाए॥
तेहि पर राम सपथ करि आई। सुकृत सनेह अवधि रघुराई॥
बात दृढ़ाइ कुमति हँसि बोली। कुमत कुबिहग कुलह जनु खोली॥

दो०— भूप मनोरथ सुभग बनु सुख सुबिहंग समाजु।
भिल्लिनि जिमि छाड़न चहति बचन भयंकरु बाजु॥ २८॥

अर्थ—(कैकेयी की वाणी सुनकर) राजा दशरथ ने हँसकर कहा कि मैंने सहस्य समझा। मान करना (कोहाब) तुम्हें अत्यन्त प्रिय है। थाती रखकर कभी माँगा नहीं। मेरा भूल जाने वाला स्वभाव (मोर सुभाऊ) भूल गया।

मुझे झूठे दोष मत दो, दो की जगह चार वर माँग लो। रघुवंश की (वंश) परम्परा (मर्यादा) निरन्तर चलती आ रही है कि प्राण चले जाएँ किन्तु वचन नहीं जाता (भंग न होता)।

असत्य सदृश पाप समूह नहीं हैं, क्य करोड़ों घुँघुचियाँ (राशि भूत होकर) पर्वत की भाँति हो सकती हैं! सम्पूर्ण सुकृत (पुण्य) सत्य मूल (जिनके मूल में सत्यनिष्ठ है) होने के कारण शोभित हैं, वेद, पुराण से विदित है और मनु ने (उनका) वर्णन (गाये) किया है।

इसके बाद भी राम की शपथ ले चुका हूँ क्योंकि (मेरे) पुण्य और स्नेह की सीमा (अवधि) राम ही हैं। वह दुर्बुद्धि कैकेयी अपनी बात पक्की कराने के बाद हँसकर बोली मानो कुविचाररूपी

दुष्टपक्षी (बाज आदि) को कुलह (थैले रूपी मन) से खोल दिया हो।

भूप का मनोरथ पुष्पित-पल्लवित (सुभग) वन है, (उसकी पूर्ति की कामना से उत्पन्न) सुख श्रेष्ठ पक्षि समूह है। (इस वन में) भिल्लिनी (कैकेयी) मानो (वरदान के मन्तव्य को स्पष्ट करने वाले) वचनरूपी भयंकर बाज छोड़ना चाहती है॥ २८॥

टिप्पणी—दशरथ द्वारा सम्पूर्णतया सहमति एवं स्वीकृति प्राप्त कर लेने पर कैकेयी का वरदान कहने के लिए उद्यत होना इन पंक्तियों में निर्दिष्ट किया गया है। दशरथ के आश्वासन में जो तर्क है, वे क्रमशः नीति, कुलरीति एवं व्यक्तिगत निष्ठा इन तीनों के समन्वय हैं। दशरथ वेद-पुराण, मनुस्मृति आदि के साक्ष्य, रघुवंश की पारम्परिक मर्यादा तथा अन्तिम और सबसे महत्त्वपूर्ण अपनी वैयक्तिक निष्ठा राम की सौगन्ध के साक्ष्य को रखकर कैकेयी से वर याचना का आग्रह करते हैं। दशरथ द्वारा प्रदत्त आश्वासनों से आश्वस्त कैकेयी अमंगलकारी वरों को माँगने के लिए उद्यत हो रही है। 'कोहाब-परमप्रिय अहई' विषम अलंकार, 'रघुकुलरीति........जाई'—अर्थान्तर न्यास अलंकार, दशरथ एवं उनके कुल की सत्य-निष्ठा को व्यंजित करने के लिए, 'नहि असत्य..... गुंजा', दृष्टान्त अलंकार, 'सत्यमूल.....गाए', अर्थान्तरन्यास अलंकार, 'सकुल सनेह अवधि रघुराई', अधिकालंकार, 'कुमत कुबिहग कुलह जनु खोली, उत्प्रेक्षा-अलंकार। यहाँ सम्पूर्ण अलंकार विविध वस्तुओं (गुण तथा शीलादि) के व्यंजक हैं। 'भूप मनोरथ.....भयंकरु बाजु' वाक्य में क्रिया प्रयोग के सब स्फुरण को कवि उपमा, उदाहरण एवं रूपक की संश्लिष्टि के माध्यम से व्यंजित कर रहा है।

सुनहु प्रानप्रिय भावत जी का। देहु एक बर भरतहि टीका॥
मागउँ दूसर बर कर जोरी। पुरवहु नाथ मनोरथ मोरी॥
तापस बेष बिसेषि उदासी। चौदह बरिस रामु बनबासी॥
सुनि मृदु बचन भूप हियँ सोकू। ससि कर छुअत बिकल जिमि कोकू॥
गयउ सहमि नहिं कछु कहि आवा। जनु सचान बन झपटेउ लावा॥
बिबरन भयउ निपट नरपालू। दामिनि हनेउ मनहुँ तरु तालू॥
माथे हाथ मूँदि दोउ लोचन। तनु धरि सोचु लाग जनु सोचन॥
मोर मनोरथु सुरतरु फूला। फरत करिनि जिमि हतेउ समूला॥
अवध उजारि कीन्हि कैकेईं। दीन्हिसि अचल बिपति कै नेईं॥

दो०— कवनें अवसर का भयउ गयउँ नारि बिस्वास।
जोग सिद्धि फल समय जिमि जतिहि अबिद्या नास॥ २९॥

अर्थ—हे प्राणपति, हृदय को अच्छा लगने वाला (वर) सुनें वह यह कि भरत का राज्याभिषेक एक वर दें। हे नाथ! मैं हाथ जोड़कर दूसरे वरदान को माँग रही हूँ, मेरे मनोरथ को पूर्ण करें।

तपस्वी का वेश धारण करके विशेषरूप से उदासीन भाव से (चित्त की वासना से उपरमित या उदासीन तपस्वी की भाँति) राम चौदह वर्षों तक वनवासी हों। मृदुवाणी को सुनकर भूप (दशरथ) के हृदय में शोक [व्याप्त] हुआ जैसे चन्द्रमा की किरणों को छूते ही चक्रवाक विकल हो उठा हो।

[वे] भय से सहम गये, कुछ कहते नहीं बनता मानो लवा पक्षि समूह (वन) पर बाज झपट पड़ा हो। दशरथ पूर्णतः विवर्ण (निःतेज, कांतिहीन) हो उठे, मानो ताल (ताड़) वृक्ष को (एकाएक) वज्रपात (विद्युतपात) ने आहत किया हो।

मस्तक पर हाथ (रखकर) दोनों नेत्रों को मूँदकर (इस प्रकार शोक संतप्त वे दिखाई पड़े) जैसे शोक धारण करके शोकमुद्रा में हो गया हो। मेरा मनोरथरूपी कल्पवृक्ष फूल चुका था। फल लगने के समय (फल लगते-लगते) हस्तिनी ने (उसे) समूल विक्षत कर दिया (हतेउ)।

अयोध्यानगरी को कैकेयी ने उजाड़ दी [पुनः अयोध्या बसाने के निमित्त] अचल विपत्ति की नींव दे दी (टाल दी)।

अवसर किसका था, क्या हो गया (घटित हुआ), मैं नारी-विश्वास में विनष्ट हुआ (गयउँ)। [उस प्रकार] जैसे योगी की योगसिद्धि फल के समय अविद्या नष्ट कर दे॥ २९॥

टिप्पणी—इन पंक्तियों में कवि कैकेयी के अनिष्टकारी वरदानों का कथन तथा उनके श्रवण से दशरथ की क्लेशपूर्ण मनःदशा का आलंकारिक शैली में वर्णन कर रहा है। कैकेयी ने वरदान की चर्चा अत्यधिक कोमल वाणी में की किन्तु उसका ठीक उसके विपरीत विषम प्रभाव दशरथ पर दिखाई पड़ रहा है। कवि विविध सदृश्यों के माध्यम के शोक संचार, प्रभाव, आंगिक चेष्टा एवं स्तम्भ आदि सात्त्विकों का यहाँ चित्रण कर रहा है। शोक के व्यापक प्रभाव के लिए दशरथ इस प्रसंग में आलम्बनस्वरूप हैं। 'सुनि मृदु बचन.........कोकू' विषम तथा उदाहरण की संसृष्टि है। भाव को मार्मिक बनाने के लिए इनका प्रयोग किया गया है। 'जनु सचान........लावा' उत्पेक्षालंकार आकस्मिकता को व्यंजित करने के लिए, 'दामिनि.........तालू'—उत्प्रेक्षालंकार दशरथ के वैवर्ष्य को व्यंजित करने के लिए, 'तनु धनि सोच.........सोचन', उत्प्रेक्षा तथा अतिशयोक्ति की संसृष्टि दशरथ की शोकपूर्ण मुद्रा को व्यंजित करने के निमित्त, 'मोर मनोरथ.........समूला', में उपमा एवं उदाहरण अलंकारों की संसृष्टि है। इनके प्रयोग का उद्देश्य है, दशरथ की मनोव्यथा को व्यंजित करना। 'कवने अवसर........नास', अर्थान्तरन्यास अलंकार के द्वारा दशरथ की आत्मग्लानि का समर्थन किया जा रहा है।

एहि बिधि राउ मनहिं मन झाँखा। देखि कुभाँति कुमति मन माखा॥
भरतु कि राउर पूत न होंही। आनेहु मोल बेसाहि कि मोही॥
जो सुनि सरु अस लाग तुम्हारें। काहे न बोलहु बचनु सँभारें॥
देहु उतरु अनु करहु कि नाहीं। सत्यसंध तुम्ह रघुकुल माहीं॥
देन कहेहु अब जनि बरु देहू। तजहु सत्य जग अपजसु लेहू॥
सत्य सराहि कहेहु बरु देना। जानेहु लेइहि मागि चबेना॥
सिबि दधीचि बलि जो कछु भाषा। तनु धनु तजेउ बचन पनु राखा॥
अति कटु बचन कहति कैकेई। मानहुँ लोन जरे पर देई॥
दो०— धरम धुरंधर धीर धरि नयन उघारे रायँ।
सिरु धुनि लीन्हि उसास असि मारेसि मोहि कुठायँ॥ ३०॥

अर्थ—इस प्रकार राजा (दशरथ) मन-ही-मन कष्टित (खीझ) हो रहे थे। उनके इस प्रतिकूल रुख को देखकर दुर्बुद्धि (कैकेयी) मन में क्रोधित हुई। [वह क्रोधित होकर कहती है]—भरत क्या आपके पुत्र नहीं हैं, या कि मुझे मोल खरीदकर ले आये हो।

जो (मेरे द्वारा वरदान की कही हुई वाणी) सुनकर तुम्हें (तुम्हारे हृदय, शरीर में) बाण की भाँति लगा। (वरों की पूर्ति के निमित्त) उत्तर दो (हाँ करो) या नहीं कहो (अस्वीकार करो) आप रघुवंश में सत्यवादी हैं (अर्थात् आपने रघुवंश की मर्यादा और अपनी सत्यवादिता की अभी-अभी इतनी दुहाई दी है, इसलिए अपने वचनों को पालन करने के निमित्त मेरी बातों को स्वीकार करें या कलंक को लें)।

वरदान देने के लिए कहा था, अब मत दीजिए। (अब) आप सत्य का त्याग करके अपयश ग्रहण करें। सत्य की सराहना करके आपने वर देने के लिए कहा, आपने समझा की चबेना (जैसी हल्की वस्तु) (कैकेयी) माँग लेगी।

शिवि, दधीचि, बलि आदि सत्यवादियों ने जो कुछ (दान के निमित्त) कहा उन्होंने शरीर और सम्पत्ति त्याग दी और वचन के प्रण की रक्षा की। कैकेयी (दशरथ के प्रति) अत्यधिक कड़वी बातें कह रही है मानो जले हुए (घाव पर) नमक छिड़कती हो।

धर्म की धुरी धारण करने वाले दशरथ ने धैर्य धारण करके नेत्रों को खोला। सिर पीट कर (दु:ख भरे) उच्छ्वास लिया, (और विचार किया) कि मेरे मर्मस्थल पर इतने तलवार का आघात् किया (वैसे मुहावरा, मर्म पर कुठाराघात् का है)॥ ३०॥

टिप्पणी—कैकेयी के वरदानों को सुनकर दशरथ चिन्ता में डूब जाते हैं। वह सोचती है, कहीं राम के प्रति अत्यधिक संसक्तिवश ये वर को अस्वीकार न कर दें, इसलिए वह व्यंग्य वचनों द्वारा उन्हें इस प्रकार मर्माहत करती है ताकि किसी-न-किसी भाँति इसे स्वीकार कर लें।

'सत्यसंध तुम रघुकुल माँही' ब्याजोक्ति अलंकार जो कैकेयी की खीझ को व्यक्त कर रहा हैं। 'सर अस लाग तुम्हारे' उपमा प्राय: इसका स्वरूप उदाहरण अलंकार जैसा है। 'सत्य सराहि' चबेना में समासोक्ति अलंकार है क्योंकि 'चबेना' प्रस्तुत में राज्य सुख जैसे सामान्य वरदान को व्यंजित किया जा रहा है। सामान्य स्वरूप लोकोक्ति का है। 'तनु धनु तजेउ' दीपक अलंकार, 'बचन पनु राखा' दोनों वाक्यों के मिला देने पर 'शरीर तथा धन त्याग करके प्रण की रक्षा करना' परिवृत्ति अलंकार है। 'मानहु लोन जरे पर देई' उत्प्रेक्षालंकार मूलत: भाव को तीव्रतर बनाने के लिए प्रयुक्त है।

आगें दीखि जरत रिसि भारी। मनहुँ रोष तरवारि उघारी॥
मूठि कुबुद्धि धार निठुराई। धरीं कूबरीं सान बनाई॥
लखी महीप कराल कठोरा। सत्य कि जीवनु लेइहि मोरा॥
बोले राउ कठिन करि छाती। बानी सबिनय तासु सोहाती॥
प्रिया बचन कस कहसि कुभाँती। भीर[1] प्रतीति प्रीति करि हाँती॥
मोरें भरतु रामु दुइ आँखी। सत्य कहुँ करि संकरु साखी॥
अवसि दूत मैं पठइब प्राता। ऐहहिं बेगि सुनत दोउ भ्राता॥
सुदिन सोधि सबु साजु सजाई। देउँ भरत कहुँ राजु बजाई॥
दो०— लोभु न रामहि राजु कर, बहुत भरत पर प्रीति।
मैं बड़ छोट बिचारि जियँ, करत रहेउँ नृप नीति॥ ३१॥

अर्थ—सामने भयंकर क्रोध से जलती हुई (कैकेयी को दशरथ ने) देखा। मानो नंगी रोषरूपी तलवार हो। कैकेयी की दुर्बुद्धि ही उस खड्ग की मुठिया हो, निष्ठुरता ही धार हो और कूबरीरूपी सान (वह पत्थर विशेष जिस पर धार रखी जाती है) पर रखकर जिसे (धारदार) बनाया गया हो।

दशरथ ने ऐसी भयंकर तथा निष्ठुर (कैकेयीरूपी खड्ग) को देखा और (विचार किया) कि यह या तो मेरे सत्य को ले लेगी (प्रतिज्ञाच्युत करा देगी) या जीवन को (मेरा प्राणान्त करा देगी)। दशरथ साहस करके विनय से युक्त और उसे प्रिय लगने वाली वाणी बोले।

हे प्रिये! भय (भीर), विश्वास (प्रतीति) और प्रीति को नष्ट करके (हाँती) तुम इस प्रकार की (अन्यथा) बात कैसे कहती हो! मेरे लिए भरत और राम दो आँख हैं, शिव की साक्षी देकर मैं सत्य कहता हूँ।

मैं प्रात: दूत अवश्य भेजूँगा और दोनों भाई सुनते ही अविलम्ब आयेंगे। सुदिन (मांगलिक दिन) विचार करा करके, सभी साज सजाकर धूमधाम से भरत को राज्य दे दूँगा।

राम को राज्य का लोभ नहीं है, (उनके मन में) भरत के प्रति अत्यधिक प्रीति है। मैं मन में बड़े-छोटे का विचार करके नृप नीति (के अनुकूल) कर रहा था॥ ३१॥

टिप्पणी: कैकेयी की निष्ठुरता एवं वर प्राप्ति के लिए अडिग संकल्प देखकर दशरथ इन

---

१. भीरु, पाठ भी मिलता है, जिसका अर्थ—हे भीरु, लगाया गया है! यह ठीक नहीं है। 'भीर' का 'भय' अर्थ न समझ पाने के कारण प्रतिलिपिकारों ने इसे कैकेयी के लिए सम्बोधन सूचक बना दिया।

पंक्तियों के माध्यम से उसे पुनः सान्त्वना देने की चेष्टा करते हैं। इस चेष्टा के अन्तर्गत वे 'भरत को राज्य देने' की बात सहर्ष स्वीकार कर लेते हैं। उनके मन में विश्वास था कि कैकेयी पुत्र के राज्याभिषेक को सुनकर शायद अपने दूसरे वरदान को लौटा दे. इसलिए वे भरत के राज्याभिषेक की प्रस्तावना कैकेयी के समक्ष रखते हैं।

'मनहु रोष तरवारि उघारी' उत्प्रेक्षालंकार, क्रोध के स्वरूप को तीव्रतापूर्ण अभिव्यक्ति के निमित्त, आगे इसी उघारी हुई तलवार के विविध अंगों के अध्यवसान से सांगरूपक का निर्माण किया गया है। दुर्बुद्धि, निष्ठुरता, कुमंत्रणा आदि पोषक तत्त्व के रूप में हैं। 'लखी महीप कराल कठोरा' अप्रस्तुत प्रशंसा है और उसके साथ 'सत्य कि जीवन लेइहिं मोरा' वाक्य में कैकेयी के साथ कठोर कराल के एकधर्माभिसम्बन्ध अर्थात् 'जीवन लेइहिं' क्रिया के कारण दीपक अलंकार है। पृथक् वाक्य के रूप में लाला भगवानदीन यहाँ 'सत्य लेगी या मेरा जीवन लेगी' कहकर विकल्प अलंकार मानते हैं। अप्पयदीक्षित विकल्प अलंकार को परिभाषित करके कहते हैं—

'विरोधे तुल्यवलयोर्विकल्पालंकृतिर्मता'

अर्थात्, जहाँ कवि अपनी वचन चातुरी के द्वारा समान बल वाले दो विरोधी पदार्थों का एक साथ वर्णन करे, वहाँ विकल्प अलंकार होता है।

राम सपथ सत कहउँ सुभाऊ। राम मातु कछु कहेउ न काऊ॥
मैं सबु कीन्ह तोहि बिनु पूँछें। तेहि तें परेउ मनोरथु छूछें॥
रिस परिहरु अब मंगल साजू। कछु दिन गएँ भरत जुबराजू॥
एकहि बात मोहि दुख लागा। बर दूसर असमंजस मागा॥
अजहूँ हृदउ जरत तेहि आँचा। रिस परिहास कि साँचेहुँ साँचा॥
कहु तजि रोषु राम अपराधू। सबु कोउ कहइ रामु सुठि साधू॥
तुहूँ सराहसि करसि सनेहू। अब सुनि मोहि भयउ संदेहू॥
जासु सुभाउ अरिहि अनुकूला। सो किमि करिहिं मातु प्रतिकूला॥
दो०— प्रिया हास रिस परिहरहि मागु बिचारि बिबेकु।
जेहिं देखौं अब नयन भरि भरत राज अभिषेकु॥ ३२॥

अर्थ—मैं राम की सौ शपथ खाकर बिना किसी बनाव-दुराव के (सुभाऊ) कह रहा हूँ कि (राज्याभिषेक के सम्बन्ध में) राम माता (कौसल्या) ने कभी (काऊ) भी कुछ नहीं कहा। मैंने सब तुमसे बिना पूछे किया उससे मेरा मनोरथ खाली (छूछें) हुआ (मनोवांक्षा निष्फल हुई)।

क्रोध का परित्याग करो [और] अब मंगल सजो (मांगल्कि रचनादि में प्रवृत्त होओ), कुछ दिन बीतने पर भरत युवराज होंगे। एक ही बात से मुझे दुख लगा है कि दूसरा वरदान द्विधापूर्ण (असमंजस वाला) माँगा है।

उसकी आँच से अब भी [मेरा] हृदय जल रहा है, [बताओ] यह क्रोध है, कि हँसी है कि सच-सच है। क्रोध को त्याग करके राम का अपराध बताओ। सभी कहते हैं कि राम सुष्ठु (सुशील : सुठि) और साधु हैं।

तुम भी उन्हें सराहती हो और स्नेह करती हो, अब [वरदान] सुनकर सन्देह हो रहा है। जिसका स्वभाव शत्रु के लिए भी अनुकूल है, वह कैसे माता के प्रतिकूल आचरण करेंगे? (मेरी समझ में नहीं आता)।

हे प्रिय, हास्य या क्रोध (जो भी तुम्हारे मन में हों) उन्हें त्याग दो फिर से विवेकपूर्वक विचारानुसार माँग लो—जिससे कि नेत्र भर करके (पूर्ण तृप्ति भाव से) मैं भरत का राज्याभिषेक देख सकूँ॥ ३२॥

टिप्पणी—इन पंक्तियों में पुनः प्रकारान्तर भाव से दशरथ कैकेयी को भरत के राज्याभिषेक को स्वीकार करते हुए सान्त्वना देते हैं कि यदि तुमने क्रोध या परिहास में इस प्रकार की बातें रखी हैं तो शीघ्र मेरे मन को संशय-शोक मुक्त करो (क्योंकि निरपराध राम को इस प्रकार दण्डित करने का कोई औचित्य नहीं है) अन्यथा तुम्हारे वरदान तो पूरे होंगे किन्तु मेरे प्राणान्त को रोक पाना तुम्हारे लिए असम्भव होगा।

जिऐ मीन बरु बारि बिहीना। मनि बिनु फनिकु जिअइ दुख दीना॥
कहउँ सुभाउ न छलु मन माहीं। जीवनु मोर राम बिनु नाहीं॥
समुझि देखु जियँ प्रिया प्रबीना। जीवनु राम दरस आधीना॥
सुनि मृदु बचन कुमति अति जरई। मनहुँ अनल आहुति घृत परई॥
कहइ करहु किन कोटि उपाया। इहाँ न लागिहि राउरि माया॥
देहु कि लेहु अजसु करि नाहीं। मोहिं न बहुत प्रपंच सोहाहीं॥
राम साधु तुम्ह साधु सयाने। राम मातु भलि सब पहिचाने॥
जस कौसिलाँ मोर भल ताका। तस फलु उन्हहि देउँ करि साका॥

दो०— होत प्रातु मुनि बेष धरि जौं न रामु बन जाहिं।
मोर मरनु राउर अजस नृप समुझिअ मन माहिं॥ ३३॥

अर्थ—यह सम्भव हो सकता है कि मस्त्य जल के अभाव में जीवित रहे, सर्प (फनिकु) मणि के अभाव में दुखी और दीन (होकर) जीवित रहे, किन्तु मैं निश्छल तथा सहज भाव से कहता हूँ कि मेरा जीवन राम के बिना नहीं है।

हे चतुर प्रिये! हृदय में समझ करके देखो कि मेरा जीवन राम के दर्शन के आधीन है। (दशरथ) के मृदु वचनों को सुनकर वह दुर्बुद्धि अत्यधिक जल रही है, मानो अग्नि में घृत की आहुति पड़ती हो।

वह कहती है कि कितने कोटि यत्नों को करें किन्तु यहाँ आपकी माया नहीं न चलेगी। देना हो तो दें, अन्यथा नहीं करके (अस्वीकार करके) अपयश लें, मुझे अधिक प्रपंच अच्छे नहीं लगते।

राम साधु हैं, तुम सयाने (चतुर) साधु हो, राम माता (कौसल्या) भले स्वभाव की हैं, (सभी मेरे द्वारा) पहचान लिये गये। जिस तरह कौसल्या ने मेरा भला (अत्यन्त तिरस्कृत वाच्यध्वनि के आधार पर इसका अर्थ अहित होगा) (अहित) देखा, वैसा ही फल मैं डंके की चोट पर (साका-शाका-शक संवतादि का प्रचलन) दूँगी।

प्रातः काल होते ही यदि मुनिवेष धारण करके राम वन नहीं जाते तो हे राजा! मेरी मृत्यु और आपका (अपना) अपयश (आप साथ-साथ) समझ लें॥ ३३॥

टिप्पणी—इन पंक्तियों में कैकेयी दशरथ को रोषपूर्ण वचनों से मर्माहत करती हुई अन्तिम रूप से चेतावनी देती है कि प्रातःकाल राम का वनगमन अनिवार्य है, अन्यथा मेरी मृत्यु और आपका अपयश दोनों साथ-साथ घटित होंगे। दशरथ जिस भावुकता के साथ पूर्वपंक्तियों में राम को वन न जाने देने के लिए कैकेयी से याचना करते हैं, कैकेयी उतने ही दृढ़ संकल्प के साथ राम को वन भेजने के लिए जोर देती है। राम वन गमन में कौसल्या के प्रति बदले की भावना इन पंक्तियों में हेतु के रूप में वर्णित है।

'जिऐ मीन........बिनु नाहीं', विनोक्ति अलंकार, 'जीवन मोर राम बिनु नाहीं' तथा 'जीवन राम दरस आधीना' वाक्यों में विशेष के समर्थन से अर्थान्तरन्यास अलंकार भी है।

अस कहि कुटिल भई उठि ठाढ़ी। मानहुँ रोष तरंगिनि बाढ़ी॥
पाप पहार प्रगट भइ सोई। भरी क्रोध जल जाइ न जोई॥

दोउ बर कूल कठिन हठधारा। भवँर कूबरी बचन प्रचारा॥
ढाहत भूप रूप तरु मूला। चली बिपति बारिधि अनुकूला॥
लखी नरेस बात फुरि साँची। तिय मिस मीचु सीस पर नाची॥
गहि पद बिनय कीन्ह बैठारी। जनि दिनकर कुल होसि कुठारी॥
मागु माथ अबहीं देउँ तोही। राम बिरहँ जनि मारसि मोही॥
राखु राम कहुँ जेहि तेहि भाँती। नाहिं त जरिहि जन्म भरि छाती॥
दो०— देखी ब्याधि असाध नृप परेउ धरनि धुनि माथ।
कहत परम आरत बचन राम राम रघुनाथ॥ ३४॥

अर्थ—ऐसा कहकर वह कुटिला (कैकेयी) उठकर खड़ी हुई। (उसका रोष में उठकर खड़ा होना ऐसा प्रतीत होता है) मानो रोष की तरंगिणी (आवेगवती नदी) बढ़ी हो। पापरूपी पहाड़ से वह (नदी : कैकेयी) प्रकट हुई, क्रोधरूप जल से भरी (आप्लावित) (भयंकरतावश) देखी नहीं जा रही है।

दो वरदान (नदी के) दोनों कूल हैं, उसका (कैकेयी का) कठिन हठ (दुर्दम) धारा है। कूबरी द्वारा प्रेरित वचन (मंत्रणा) भँवर है। राजा दशरथ रूपी वृक्ष को मूल (सहित) गिराती हुई विपत्ति रूपी समुद्र की ओर वह बही।

नरेश ने देखा कि बात पूर्णत: (सचमुच) ठीक है, कि स्त्री के बहाने मृत्यु सिर पर नाच रही है। (राजा ने) चरण पकड़कर तथा बैठाकर विनय किया, अयि कैकेयी! तू सूर्यवंश (रूपी वृक्ष के लिए) के लिए कुठार (कुल्हाड़ी) न होओ।

तू मेरे मस्तक को माँग ले, अभी ही मैं तुम्हें दे दूँगा। राम के विरह में मुझे मारो मत। जिस भी तरह से हो, उस तरह से राम को रख लो नहीं तो जन्मभर (तुम्हारी) छाती जलेगी।

दशरथ असाध्य व्याधि (रोग) देखकर धरती पर माथा पीटकर पड़े (गिर पड़े) और अत्यन्त आर्त (करुणाभरी पीड़ा) के स्वर में 'राम, राम, रघुनाथ' कहते हैं।। ३४॥

टिप्पणी—इन पंक्तियों में कवि कुटिला कैकेयी की भयंकरता को सांगरूपक का माध्यम ग्रहण करके बिम्बात्मक रूप में चित्रित करता है। बदले की भावना से प्रेरित एवं वरदान के लिए कृत संकल्प कैकेयी दशरथ द्वारा चरण-पकड़कर विनय करने पर भी टस-से-मस नहीं होती। कवि ठीक कैकेयी के समानान्तर दशरथ के असामर्थ्य एवं भय को भी साथ-साथ व्यंजित कर रहा है। राम के प्रति अगाध स्नेह से आप्लावित दशरथ अपनी पत्नी के समक्ष मृत्यु को पुत्र वियोग से श्रेयस्कर बताते हैं। उनके कथन में उनका भय, अपमान, राम के प्रति अगाध स्नेह, वितृष्णा आदि अनेक भाव सम्मिलित हैं।

'तिय मिस मीचु...........नाची':कैतवापह्नुति अलंकार, 'जनि दिनकर...........कुठारी' रूपक अलंकार है। सम्पूर्णतया सांगरूपक अलंकार है।

ब्याकुल राउ सिथिल सब गाता। करिनि कलपतरु मनहुँ निपाता॥
कंठ सूख मुख आव न बानी। जनु पाठीनु दीन बिनु पानी॥
पुनि कह कटु कठोर कैकेई। मनहुँ घाय महुँ माहुर देई॥
जौं अंतहुँ अस करतबु रहेऊ। मागु मागु तुम्ह केहिं बल कहेऊ॥
दुइ कि होइ एक समय भुआला। हँसब ठठाइ फुलाउब गाला॥
दानि कहाउब अरु कृपनाई। होइ कि खेम कुसल रौताई॥
छाड़हु बचनु कि धीरजु धरहू। जनि अबला जिमि करुना करहू॥
तनु तिय तनय धामु धनु धरनी। सत्यसंध कहुँ तृन सम बरनी॥

दो०— मरम बचन सुनि राउ कह कहु कछु दोष न तोर।
लागेउ तोहिं पिसाच जिमि कालु कहावत मोर॥

अर्थ—राजा व्याकुल हो उठे और (उनका) समस्त शरीर शिथिल हो गया मानो हस्तिनी (कैकेयी) न कल्पतरु को छिन्न-भिन्न (उखाड़) कर दिया हो। कंठ सूख गया, मुँह से वाणी नहीं आती (निकलती) मानो बड़ी मछली (पाठीनु) जल के अभाव में दुखी (दीन) हो।

कैकेयी ने (इस पर भी) पुनः कड़ी और कठोर (मर्मान्तक) कहा मानो घाव में माहुर (विष) दे रही हो। यदि, अन्त में ऐसा ही कर्म (करतब) करना था (रहेउ) तो माँगो, माँगों किस बल पर कहा।

हे भूपाल! क्या दोनों (विपरीत, विरुद्ध) के ही समय हो सकते हैं—ठट्ठा मारकर हँसना और गाल का फुलाना, दानी कहाना और कृपणता या (युद्ध स्थल में) शौर्य प्रदर्शन के समय कुशल क्षेम।

या आप वचन (मर्यादा) छोड़े या धैर्य धारण करें, अबला (असहाय नारी) की भाँति करुण (विलाप) न प्रकट करें। शरीर, स्त्री, पुत्र, राजप्रासाद, सम्पत्ति एवं पृथ्वी सत्यनिष्ठ निष्कंटक तृण (तिनके) की भाँति कहे गये हैं।

मर्मान्तक वाणी को सुनकर राजा ने कहा, कहीं तुम्हारा कुछ भी दोष नहीं है। तुम्हें पिशाच जैसा (जिमि) लग गया है, जो मेरा काल (मृत्यु) कहलाता (कहा जाता)॥ ३५॥

टिप्पणी—कैकेयी के हठ को देखकर अत्यन्त दुखी दशरथ व्याकुल तथा शिथिल पृथ्वी पर गिर पड़ते हैं। उनकी इस दशा पर भी प्रतिहिंसा की भावना से पीड़ित कैकेयी अपने मर्मभेदी व्यंग्यबाणों से उन्हें विद्ध करती है। पूरी तरह से लाचार एवं समर्पित दशरथ निश्चय कर लेते हैं कि कैकेयी मेरे मृत्यु का कारण बनेगी। इन पंक्तियों में कवि कैकेयी की प्रतिहिंसा को उसकी पूर्ण पराकाष्ठा पर चित्रित करता है। कैकेयी की इस प्रतिहिंसा की ऊँचाई के साथ दशरथ का दैन्य भी अपनी सम्पूर्ण ऊँचाई पर प्रकारान्तर भाव से चित्रित है।

दशरथ की व्याकुलता को कवि बिधि कल्पनाओं के माध्यम से व्यंजित कर रहा है। उनके 'शैथिल्य' को कैकेयीरूपी मत्त हस्तिनी के द्वारा निपातित कल्पवृक्ष कण्ठावरोध एवं मुख परिशुष्कता को जलविहीन व्याकुल विशाल मत्स्य से कवि उत्प्रेक्षित करता है। कटु पर अधिक कटु के प्रहार की तीक्ष्णता घाव को विष बुझाने से वह उत्प्रेक्षित करता है। 'दुइ कि होइ............... गाला' सामान्यतः लोकोक्ति है किन्तु मूल व्यंजना विषम अलंकार की है क्योंकि दो असमरूप घटनाएँ दृष्टान्त के रूप में वर्णित है। 'मरम बचन..........कहावत मोर' अपह्नुति अलंकार।

चहत न भरत भूपतहि भोरें। बिधि बस कुमति बसी जिय तोरें॥
सो सबु मोर पाप परिनामू। भयउ कुठाहर जेहिं बिधि बामू॥
सुबस बसिहि फिर अवध सुहाई। सब गुन धाम राम प्रभुताई॥
करिहहिं भाइ सकल सेवकाई। होइहि तिहुँ पुर राम बड़ाई॥
तोर कलंकु मोर पछिताऊ। मुएहुँ न मिटिहि न जाइहि काऊ॥
अब तोहि नीक लागु करु सोई। लोचन ओट बैठु मुहु गोई॥
जब लगि जिऔं कहउँ कर जोरी। तब लगि जनि कछु कहसि बहोरी॥
फिरि पछितैहसि अंत अभागी। मारसि गाइ नहारू लागी॥

दो०— परेउ राउ कहि कोटि बिधि काहे करसि निदानु।
कपट सयानि न कहति कछु जागति मनहुँ मसानु॥ ३६॥

अर्थ—भरत भूपता को भूलकर भी (स्वप्न में भी) नहीं चाहते। भवितव्यतावश तुम्हारे हृदय में

दुर्बुद्धि निवसित है। वह सब मेरे पापों का परिणाम है, जिससे कि विधाता टेढ़ा (वाम) एवं विपरीत स्थान वाला (कुठाहर........विपरीत फल वाला) हुआ।

अयोध्या शोभित होकर फिर से स्वतः बसेगी (अर्थात् राम वनगमन के बाद मेरी मृत्यु तथा भरत के राज्य त्याग से अयोध्या उजड़ जायेगी और चौदह वर्षों बाद पुनः उसके दिन लौटेंगे) तथा समस्त गुणों के समूह राम की प्रभुता (स्थापित) होगी। सभी भ्राता सेवाकार्य (राजा राम का) करेंगे और तीनों लोकों में राम की बड़ाई (कीर्तिगाथा फैलेगी) होगी।

किन्तु तुम्हारा कलंक और मेरा पश्चात्ताप न मरने से मिटेंगे और न अन्य किसी भाँति जायेंगे। इसलिए अब तुझे जो अच्छा लगे उसे करो, मुँह छिपाकर, नेत्रों से ओट होकर बैठो।

हाथ जोड़कर कहता हूँ कि जब तक जीवित रहूँ, तब तक पुनः कुछ मत कहो। हे अभागिनी! अन्त में पछतायेगी कि तूने चमड़े के टुकड़े (नहारू) के लिए गाय मारी॥

राजा ने अनेक भाँति से कहकर कि तू विनाश (निदान) क्यों करती है, भूमि पर गिर पड़े। कपट चतुर (कैकेयी) कुछ कहती नहीं मानो मसान जगा (औघड़ों एवं वामचारियों की भाँति शवसाधना कर रही हो) रही हो॥ ३६॥

टिप्पणी—इन पंक्तियों के माध्यम से दशरथ कैकेयी के सम्मुख बुरी तरह से आहत एवं निराश भविष्यवाणी करते हैं कि राम के वनगमन के पश्चात् मेरी मृत्यु एवं तुम्हारा कलंक ये अनिवार्यता बनेंगे। वे कैकेयी को भावी निष्कर्ष, जो मूलतः स्वतः उसके लिए घातक है, की ओर संकेत करते हैं कि भरत न राज्य लेंगे और न मेरे प्राण बचेंगे अर्थात् पुत्र-स्नेह एवं पति के अभाव में वैधव्य व्यतीत करके घोर कष्ट प्राप्त करोगी। इस कथन के बाद भी कैकेयी अपने संकल्प पर दृढ़ है। 'चहत न भरत.....बामू'—अर्थान्तरन्यास अलंकार—'मोर पाप परिणामू' सामान्य वाक्य का समर्थन 'कुठाहर जेहिं बिधि बामू' विशेष वाक्य से हो रहा है। 'तोर कलंक मोर....काऊ', दीपक अलंकार है। 'फिरि.....लागी'—दृष्टान्त अलंकार है। 'जागति मनहु मसान' उत्प्रेक्षालंकार है।

राम राम रट बिकल भुआलू। जनु बिनु पंख बिहंग बेहालू॥
हृदयँ बनाव भोरु जनि होई। रामहि जाइ कहै जनि कोई॥
उदउ करहु जनि रबि रघुकुल गुर। अवध बिलोकि सूल होइहि उर॥
भूप प्रीति कैकइ कठिनाई। उभय अवधि बिधि रची बनाई॥
बिलपत नृपहि भयउ भिनुसारा। बीना बेनु संख धुनि द्वारा॥
पढ़हिं भाट गुन गावहिं गायक। सुनत नृपहि जनु लागहिं सायक॥
मंगल सकल सोहाहिं न कैसें। सहगामिनिहि बिभूषन जैसे॥
तेहि निसि नीद परी नहिं काहू। राम दरस लालसा उछाहू॥
दो०— द्वार भीर सेवक सचिव कहहिं उदित रबि देखि।
जागेउ अजहुँ न अवधपति कारनु कवनु बिसेषि॥ ३७॥

अर्थ—भूपाल (दशरथ) विकल भाव से राम-राम रटते हैं, (वे इस प्रकार विकल प्रतीत होते हैं) मानो बिना पंख के विकल विहंग (पक्षी)। (हृदय ही) हृदय में मनौती मानते हैं कि प्रातः न हो, राम के पास जाकर कोई कुछ कहे न।

हे रघुवंश के पूर्व पुरुष (गुरु)! अपने को उदय न करें क्योंकि अयोध्या को देखकर आपके हृदय में शूल (पीड़ा, कष्ट) होगा। दशरथ की (राम के प्रति) प्रीति एवं कैकेयी की निष्ठुरता-विधि ने इस दोनों की सीमा रचकर बनाई है।

राजा के विलाप करते-करते प्राप्तः हो गया और वीणा, वेणु (वंशी) तथा शंख वाद्यों की ध्वनि सिंहद्वार पर हुई। भाट कीर्ति पाठ (विरुद) कर रहे हैं तथा गायक गुण गान कर रहे हैं। राजा को (उनका) श्रवण बाण जैसा लग रहा है।

सम्पूर्ण मंगल [दशरथ को] इस प्रकार अच्छे नहीं लग रहे थे जैसे सती (होने के लिए तत्पर नारी) के शरीर पर आभूषण। उस रात्रि को किसी को नींद नहीं आई क्योंकि राम के दर्शन की लालसा एवं उमंग (सभी में) है।

द्वार पर सेवक मंत्री (सभी) सूर्य उदित देखकर कह रहे हैं कि दशरथ अब तक नहीं जगे, क्या विशेष कारण है?॥ ३७॥

टिप्पणी—कैकेयी को अस्वीकार न कर पाने के कारण व्याकुल दशरथ भूमि पर पड़े हुए इस संकट से मुक्ति की मन में कामना करते हैं। इस मुक्ति कामना के मूल में राम के वन गमन का निषेध एकमात्र तत्त्व है। दशरथ अपनी जगह अडिग हैं और कैकेयी अपनी बात पर दृढ़ है। इस विरोधी अन्तर्द्वन्द्व के बीच वातावरण की भयावहता तथा तनाव को व्यंजित करता हुआ कवि दशरथ की मनोव्यथा एवं दैन्य को ही प्रकारान्तर भाव से व्यंजित करता है। दशरथ की व्याकुलता के लिए कवि 'जनु बिनु पंख बिहंग बेहालू' की उत्प्रेक्षा करता है। 'अवध बिलोकि सूल होइहिं उर' व्याघात अलंकार, 'भूप प्रीति..........बनाई' दीपक अलंकार, 'नृपहि जनु लागहिं सायक' उत्प्रेक्षालंकार हैं। 'सुनत नृपहिं जनु लागहिं सायक' उत्प्रेक्षा तथा 'सहगामिनिहि बिभूषन जैसे' वाक्य में उदाहरण अलंकार है।

पहिले पहर भूपु नित जागा। आजु हमहि बड़ अचरजु लागा॥
जाहु सुमंत्र जगावहु जाई। कीजिअ काजु रजायेसु पाई॥
गए सुमंत्र तब राउर माहीं। देखि भयावन जात डेराहीं॥
धाइ खाइ जनु जाइ न हेरा। मानहुँ बिपति बिषाद बसेरा॥
पूछें कोउ न ऊतरु देई। गए जेहिं भवन भूप कैकेई॥
कहि जयजीव बैठ सिरु नाई। देखि भूप गति गएउ सुखाई॥
सोच बिकल बिबरन महि परेऊ। मानहुँ कमल मूलु परिहरेऊ॥
सचिव सभीत सकइ नहिं पूँछी। बोली असुभ भरी सुभ छूछी॥

दो०— परी न राजहि नीद निसि हेतु जान जगदीसु।
रामु रामु रटि भोरु किय कहइ न मरमु महीसु॥ ३८॥

अर्थ—राजा नित्य रात्रि के चतुर्थ प्रहर (ब्राह्ममुहूर्त) में जागा करते थे। आज हमें बड़ा आश्चर्य लग रहा है। हे सुमंत्र! जाओ और जाकर जगाओ (जिससे कि) राजाज्ञा प्राप्त करके (हम सब) अपना कार्य करें।

सुमंत्र तब राजकुल (अन्तःपुर) में गये, उन्हें भयावना दिखाई पड़ रहा था और जाते हुए डर रहे थे। (सम्पूर्ण अन्तःपुर का वातावरण ऐसा प्रतीत होता था) जैसे दौड़ कर खा रहा है और (भयानकता के कारण) देखा नहीं जा रहा है, (कवि इस नीरव भयंकरता के लिए कल्पना करता है) मानो (वहाँ) विपत्ति तथा निषाद का बसेरा हो।

पूछने पर कोई उत्तर नहीं देता (तब) वे दशरथ एवं कैकेयी जिस भवन में थे, वहाँ गये। जय हो, जीवित रहे (जयजीव) कह कर (मंत्री) सिर झुकाकर बैठे और राजा की दशा देखकर सूख गये।

शोक से व्याकुल एवं विवर्ण (मलीन) भूमि पर पड़े हुए (दशरथ ऐसे प्रतीत हो रहे थे) मानो जड़ (मूल) से छिन्न (परिहरित) कमल। सभीत (भयवश) मंत्री पूछ नहीं सक,(पा) रहे हैं तब (मंत्री को इस विकल्पमुद्रा में देखकर) शुभ शून्य एवं अशुभ से परिपूर्ण (कैकेयी) बोली।

राजा को रात्रि में नींद नहीं पड़ी (आई) कारण ईश्वर समझें। (उन्होंने) राम-राम रट कर सवेरा किया। राजा रहस्य (भेद) नहीं बता रहे हैं॥ ३८॥

टिप्पणी—मंत्री कैकेयी भंवन के अन्त:पुर में दशरथ के लिए गये। कवि मार्ग की भयावहता का चित्रण भावी अमंगल की सूचना के निमित्त करता है। वे अन्त:पुर में जाने के पश्चात् दशरथ की दशा देकर अवाक् हो उठते हैं। आगे कथाक्रम को कवि कैकेयी के कथनों से बढ़ाता है। कूटनीति में प्रवण कैकेयी सम्पूर्ण तथ्यों का गोपन करके वह दशरथ की इस विकलता के प्रति अनभिज्ञता का प्रदर्शन करती है। इस अनभिज्ञता को व्यक्त करने के पीछे कोपभवन में राम को बुलाकर ले आने का हेतु उसने छिपा रखा है।

'मानहु कमल मूल परिहरेऊ' उत्प्रेक्षालंकार तथा 'अशुभ भरी सुभ छूछी' पर्याय अलंकार है क्योंकि एक ही आधार को, एक ही तथ्य को दो प्रकार से वर्णित किया जा रहा है।

आनहु रामहि बेगि बोलाई। समाचार तब पूँछेहु आई॥
चलेउ सुमंत्रु राय रुख जानी। लखी कुचालि कीन्हि कछु रानी॥
सोच बिकल मग परइ न पाऊ। रामहि बोलि कहिहि का राऊ॥
उर धरि धीरजु गयउ दुआरें। पूँछहिं सकल देखि मनु मारें॥
समाधानु करि सो सबही का। गयउ जहाँ दिनकर कुल टीका॥
राम सुमंत्रहि आवत देखा। आदरु कीन्ह पिता सम लेखा॥
निरखि बदनु कहि भूप रजाई। रघुकुलदीपहिं चलेउ लेवाई॥
राम कुभाँति सचिव सँग जाहीं। देखि लोग जहँ तहँ बिलखाहीं॥
दो०— जाइ दीख रघुबंसमनि नरपति निपट कुसाजु।
सहमि परेउ लखि सिंघिनिहि मनहुँ बृद्ध गजराजु॥ ३९॥

अर्थ—राम को शीघ्र बुलाकर ले आओ, तब समाचार, आकर, पूछना। सुमंत्र राजा का रुख समझकर (भ्रमवश) चले और समझे (लखे) कि रानी ने कुछ कुचाल (षड्यन्त्र) किया है।

शोक से व्याकुल मार्ग पर पाँव नहीं पड़ते। (और वे सोचते हैं कि) राम को बुलाकर (बोलि) राजा क्या कहेंगे। हृदय में धैर्य धारण करके सिंहद्वार पर गये और उन्हें खिन्न (मन मारे : मुहावरा) देखकर (सभी) पूछते हैं।

उन्होंने सबका समाधान करके (सभी की शंकाओं का निवारण करके) सूर्य कुल के तिलक (राम) जहाँ थे, वहाँ गये। राम ने सुमंत्र को आते हुए देखा ततश्च पिता की भाँति समझकर (लेखा) आदर किया।

राम के मुख को देखकर राजाज्ञा बताई और (वे) रघुकुलदीपक राम को लिवाकर चले। राम कुभाँति (राज्य मर्यादा एवं वैशिष्ट्यों से हीन) सचिव के साथ चले (जिसे देखकर) जहाँ-तहाँ लोक कष्ट तथा व्याकुलता का अनुभव करते हैं।

जाकर उन्होंने नृपति को पूर्णत: (निपट : बिल्कुल) अस्तव्यस्त देखा (जिन्हें ऐसा प्रतीत हुआ) मानो (प्रचंड) सिंहनी को देखकर वृद्ध गजराज सहमा हुआ (या सहम कर) (भूमि पर गिरा) पड़ा हो॥ ३९॥

टिप्पणी—कैकेयी द्वारा प्रेरित सुमंत्र राम को ले जाने के लिए अन्त:पुर से बाहर आते हैं। आश्चर्यचकित लोग उनसे दशरथ के न जगने का कारण जानना चाहते हैं। वे सबको समझाकर राम के पास जाकर उन्हें दशरथ के पास चलने के लिए कहते हैं। राम ने कैकेयी के अन्त:पुर में जाकर भूमि पर निरीह पड़े हुए पिता को देखा। कवि ने सादृश्यविधान (उत्प्रेक्षा) के माध्यम से कैकेयी की प्रचंडता तथा दशरथ की निरीहता का बड़ा ही सजीव चित्र प्रस्तुत किया है। सहमा हुआ वृद्ध गजराज प्रचंड सिंहनी का शिकार बना अपनी मृत्यु की अन्तिम घड़ी गिनता हुआ भयभीत—इस प्रकार का चित्र भूमि पर कैकेयी के सम्मुख पड़े हुए विकल राजा दशरथ का बनता है।

सूखहिं अधर जरइ सबु अंगू। मनहुँ दीन मनिहीन भुअंगू॥
सरुष समीप दीखि कैकेई। मानहुँ मीचु घरीं गनि लेई॥
करुनामय मृदु राम सुभाऊ। प्रथम दीख दुखु सुना न काऊ॥
तदपि धीर धरि समउ बिचारी। पूँछी मधुर बचन महतारी॥
मोहि कहु मातु तात दुख कारन। करिअ जतन जेहिं होइ निबारन॥
सुनहु राम सबु कारनु एहू। राजहि तुम्ह पर बहुत सनेहू॥
देन कहेन्हि मोहि दुइ बरदाना। मागेउँ जो कछु मोहि सोहाना॥
सो सुनि भयउ भूप उर सोचू। छाड़ि न सकहिं तुम्हार सँकोचू॥

दो०— सुत सनेहु इत बचनु उत संकट परेउ नरेसु।
सकहु त आयसु धरहु सिर मेटहु कठिन कलेस॥ ४०॥

अर्थ—(शोकवश) राजा के ओष्ठ सूख रहे हैं तथा सर्वांग जल रहे हैं। (इस रूप में वे इस प्रकार प्रतीत होते हैं) मानो मणिविहीन सर्प दीन (दुखी) हो। रोष से भरी हुई (राजा के) समीप कैकेयी दिखी, (वह इस प्रकार प्रतीत होती है) मानो मृत्यु (दशरथ के मरण की) घड़ी गिन लेगी (ले रही हो)।

कोमल एवं करुणामय राम का स्वभाव है (उन राम ने) उस दुःख को प्रथम बार देखा (जिसके विषय में) किसी से सुना नहीं है, फिर भी (उन्होंने) धैर्य धारण करके तथा समय (परिस्थिति) पर विचार करके मधुर वाणी में माँ (कैकेयी) से पूछा।

हे माता! पिता के दुःख का कारण मुझसे बताओ। मैं यत्न करूँ जिससे (उसका) निवारण हो। (कैकेयी ने उत्तर दिया) हे राम! सुनो, सब कारण यह है कि राजा का (राजा के मन में) तुम्हारे प्रति अत्यधिक स्नेह है।

(राजा ने) मुझे दो वरदानों को देने के लिए कहा था—मुझे जो कुछ भी भला लगा, (मैंने उसे) माँगा। उसे सुनकर भूप के हृदय में शोक उत्पन्न हुआ है कारण कि तुम्हारा संकोच (वे) छोड़ नहीं सकते।

इधर पुत्र स्नेह, उधर वचन (का पालन) (इन दोनों के) संकट में राजा पड़े हैं। यदि पूरा कर सकते हो तो आज्ञा शिरोधार्य करो और (इनके) कठिन क्लेश को मिटाओ॥ ४०॥

टिप्पणी—राम अपने पिता की व्याकुलता से, कोमल स्वभाव होने के कारण, अत्यन्त दुखी होकर माता कैकेयी से इसका कारण पूछते हैं। दशरथ पुत्र स्नेह एवं वचन की मर्यादा की द्विधा में व्याकुल बेसुध बोल नहीं पा रहे हैं। कैकेयी स्वार्थ की सिद्धि के लिए स्वानुकूल शब्दों से दशरथ की इस द्विधाग्रस्तता तथा मूर्च्छा को अपने मन्तव्य के लिए हेतु बना रही है। दशरथ का न बोल सकना ही उसे अपनी स्वार्थ सिद्धि का सबसे बड़ा तर्क बन रहा है, और इस तर्क से वह अपने मन्तव्य को पूरा कर लेती है। 'सूखहिं अधर गनि लेई' उत्प्रेक्षालंकारों का प्रयोग भावात्मक सघनता को व्यंजित करने के लिए किया गया है।

निधरक बैठि कहइ कटु बानी। सुनत कठिनता अति अकुलानी॥
जीभ कमान बचन सर नाना। मनहुँ महिप मृदु लच्छ समाना॥
जनु कठोरपनु धरें सरीरू। सिखइ धनुषविद्या बर बीरू॥
सबु प्रसंगु रघुपतिहि सुनाई। बैठि मनहुँ तनु धरि निठुराई॥
मन मुसुकाइ भानुकुल भानू। राम सहज आनंद निधानू॥
बोले बचन बिगत सब दूषन। मृदु मंजुल जनु बाग बिभूषन॥

सुनु जननी सोइ सुतु बड़भागी। जो पितु मातु बचन अनुरागी॥
तनय मातु पितु तोषनिहारा। दुर्लभ जननि सकल संसारा॥

दो०— मुनिगन मिलनु बिसेषि बन सबहि भाँति हित मोर।
तेहि महँ पितु आयसु बहुरि संमत जननी तोर॥ ४१॥

अर्थ—निर्भय बैठकर (कैकेयी) कटु वाणी कह रही है, जिसे सुनकर काठिन्य (निष्ठुरता) को भी व्याकुलता हो रही है। (कैकेयी की) जिह्वा धनुष है, उसके वचन बाणसमूह हैं, राजा दशरथ मानो उसके मृदु लक्ष्य के समान हैं।

(ऐसा प्रतीत होता है) मानो कठोरपन (निष्ठुरता) ने शरीर धारण करके अपने श्रेष्ठ योद्धा (वीरू) को धनुर्विद्या दे रहा हो। सम्पूर्ण वृत्तान्त राम (रघुपति) को सुनाया मानो शरीर धारण करके निष्ठुरता हो।

सूर्यवंश के सूर्य (श्रेष्ठ) (राम) मन में मुसकाते हैं (मन-ही-मन हर्ष का अनुभव करते हैं क्योंकि) राम नैसर्गिक के भंडार हैं। सभी दोषों से विहीन वाणी (राम) बोले (वह वाणी अत्यन्त) कोमल, सुन्दर एवं मानो वाणी के लिए आभूषण की भाँति [या = वाणी (सरस्वती) के आभूषण तुल्य हो]।

हे माता! सुनें, वही पुत्र अत्यधिक भाग्यशाली है जो माता-पिता के वचनों में अनुराग रखता है। माता-पिता को आनन्द देने वाला पुत्र, हे माता! सम्पूर्ण सृष्टि में दुर्लभ हैं।

विशेष रूप में वन में मुनिगणों से भेंट होती है, जिस पर पिता की आज्ञा और हे माता, फिर तुम्हारी सम्मति इसलिए वन में मेरा सब भाँति हित है॥ ४१॥

टिप्पणी—कैकेयी के मन्तव्य से भली भाँति अवगत राम वनवास को सहर्ष स्वीकार कर लेते हैं। इस 'वनगमन' प्रसंग से जहाँ कैकेयी के हर्ष को पराकाष्ठा पर कवि पहुँचा रहा है, वहीं दशरथ के कष्ट की पराकाष्ठा अपने आप में ध्वनित है। इस प्रसंग का वैशिष्ट्य है, इतने कठोर निर्णय का राम द्वारा सहज तथा सहर्ष भाव से स्वीकार कर लिया जाना। यद्यपि राम का अपने लिए किया गया वह निर्णय सहज है, कैकेयी के लिए प्रीतिकर, किन्तु दशरथ एवं समस्त अयोध्या निवासियों के लिए भयंकर रूप से दारुणमय है। कैकेयी की निष्ठुरता के अतिरेक को 'सुनत कठिनता अति अकुलानी' अतिशयोक्ति अलंकार के माध्यम से व्यंजित करता है। कवि इसी भावात्मक सन्दर्भ (निष्ठुरता) की रक्षा 'जीभ कमान बचन सर नाना' उपमा, 'मनहु महिप मृदु लच्छ समाना' उत्प्रेक्षा, 'जनु कठोर पन धरे सरीरू, सिखइ धनुष विद्या बर बीरू' वाक्यों में उत्प्रेक्षा तथा समासोक्ति अलंकारों से करता है। 'मुनि गन मिलनु.........संमत जननी तोर' वाक्य में समुच्चय अलंकार है।

भरतु प्रानप्रिय पावहिं राजू। बिधि सब बिधि मोहि सनमुख आजू॥
जौं न जाउँ बन अइसेहुँ काजा। प्रथम गनिअ मोहि मूढ़ समाजा॥
सेवहिं अरँडु कलपतरु त्यागी। परिहरि अमृत लेहिं बिष मागी॥
तेउ न पाइअ समउ चुकाहीं। देखु बिचारि मातु मन माहीं॥
अंब एक दुखु मोहि बिसेषी। निपट बिकल नरनायकु देखी॥
थोरहिं बात पितहि दुख भारी। होति प्रतीति न मोहि महतारी॥
राउ धीर गुन उदधि अगाधू। भा मोहि तें कछु बड़ अपराधू॥
जातें मोहि न कहत कछु राऊ। मोरि सपथ तोहि कहु सतिभाऊ॥

दो०— सहज सरल रघुबर बचन कुमति कुटिल करि जान।
चलइ जोंक जल बक्रगति जद्यपि सलिलु समान॥ ४२॥

अर्थ—प्राणप्रिय भरत राज्य पायें, मेरे लिए विधाता सभी भाँति से सम्मुख (अनुकूल) हैं। ऐसे कार्य के निमित्त यदि मैं वनगमन नहीं करता तो मूढ़ समाज में मेरी गणना सर्वप्रथम की जायेगी।

जो कल्पतरु को छोड़कर रेंड़ वृक्ष का सेवन करते हैं, जो अमृत छोड़कर विष माँग लेते हैं, (अर्थात् मूढ़ कोटि के वे व्यक्ति जिन्हें हित-अहित का बोध नहीं है) वे भी ऐसा अवसर प्राप्त करके चूक नहीं करेंगे, हे माता! इसे मन में विचार करके समझो (देखो)।

(इसके होते हुए भी) राजा को (पिता को) अत्यन्त विकल देख करके, हे माता! मुझे एक ही विशेष दु:ख हो रहा है। थोड़ी-सी बात के लिए पिता को इतना भारी दु:ख है, इसलिए मुझे इसका विश्वास नहीं हो रहा है।

राजा धैर्य एवं (अन्य) गुणों के अगाध समुद्र हैं। इस छोटी-सी बात पर उन्हें विकल नहीं होना चाहिए) (ऐसा लगता है) जैसे मुझसे कुछ बड़ा अपराध हो गया है जिससे कि राजा मुझे कुछ भी नहीं कहते, तुम्हें मेरी सौगन्ध है, सच बताओ।

राम की वाणी नितान्त सरल एवं स्वाभाविक है किन्तु दुर्बुद्धि (कैकेयी) ने इसे टेढ़ा ही समझा। यद्यपि जल समभाव से रहता है, किन्तु जोंक उसमें वक्रगति से ही चलता है॥ ४२॥

टिप्पणी—शोक से स्तम्भित दशरथ के मुँह से शब्दों के न निकलने का कारण राम अपना कोई भयंकर अपराध मानते हैं और कैकेयी से उसकी जानकारी चाहते हैं किन्तु कैकेयी राम की निश्छल वाणी को राजनीतिक कपट समझती है। राम वन जाने के लिए सहर्ष तैयार हैं किन्तु चाहते हैं कि उनके पिता भी कुछ कहें किन्तु राम के सन्देह एवं प्रश्न को कैकेयी संशय की दृष्टि से देखती है। 'सेवहिं अरँडु....बिष माँगी' वाक्य में प्रथम को दृष्टान्तों (अप्रस्तुतों) द्वारा प्रस्तुत राम सहजतापूर्वक कार्य सम्पादन की व्यंजना कराते हैं। वह वाक्य रचना अप्रस्तुत प्रशंसा अलंकार की है, वैसे अन्तिम पद द्वारा अर्थान्तरन्यास भी बनता है।

'सहज सरल रघुबर बचन कुमति कुटिल करि जान' के धर्मानुबिम्बन को व्यक्त करने वाला वाक्य 'चलइ जोंक जल बक्रगति गति यद्यपि सलिलु समान' दृष्टान्त अलंकार का उदाहरण है।

रहसी रानि राम रुख पाई। बोली कपट सनेहु जनाई॥
सपथ तुम्हार भरत कै आना। हेतु न दूसर मैं कछु जाना॥
तुम्ह अपराध जोगु नहिं ताता। जननी जनक बंधु सुखदाता॥
राम सत्य सबु जो कछु कहहू। तुम्ह पितु मातु बचन रत अहहू॥
पितहि बुझाइ कहहु बलि सोई। चौथेंपन जेहिं अजसु न होई॥
तुम्ह सम सुअन सुकृत जेहिं दीन्हे। उचित न तासु निरादरु कीन्हे॥
लागहिं कुमुख बचन सुभ कैसे। मगहँ गयादिक तीरथ जैसे॥
रामहि मातु बचन सब भाए। जिमि सुरसरि गत सलिल सुहाए॥

दो०— गइ मुरुछा रामहि सुमिरि नृप फिरि करवट लीन्ह।
सचिव राम आगमन कहि बिनय समय सम कीन्ह॥ ४३॥

अर्थ—राम का रुख पाकर कैकेयी (मन-ही-मन) हर्षित हुई और कपटपूर्ण स्नेह प्रकट करती हूई बोली। तुम्हारी सौगन्ध और भरत की शपथ, मैं अन्य अपर हेतु नहीं जानती।

हे पुत्र! तुम माता-पिता एवं भाइयों के लिए आनन्दाकारक हो, अपराध योग्य नहीं हो। हे राम! तुम जो कुछ भी कह रहे हो, सभी सत्य हैं, तुम माता-पिता के (आदेश) वचनों में प्रेम रखते हो।

मैं बलि (बलिहारी) जाती हूँ, पिता को समझाकर वह कहो जिससे (इस) चौथेपन (वृद्धावस्था) में अपयश न हो। तुम्हारे सदृश पुत्र जिस पुण्य ने दिया है, उसका (उस पुण्य का) निरादर करने में उचित नहीं है।

(कैकेयी के) कुमुख में ये वचन कैसे शुभ लगते थे, जैसे मगध देश में गयादिक तीर्थस्थल। राम को माता की सभी बातें (इस प्रकार) अच्छी लगीं, जैसे गंगा में प्रविष्ट (सभी प्रकार के) जल शुभ हो जाते हों।

मूर्च्छा समाप्त हुई, राम का स्मरण करके नृप ने करवट लिया। मंत्री ने राम का आगमन कहकर समयानुकूल विनय किया॥ ४३॥

टिप्पणी—कैकेयी अपने कार्यसिद्धि के निमित्त राम के प्रति कपटपूर्ण स्नेह व्यक्त करती है। इस स्नेहाभिव्यक्ति के पीछे उसमें अपने मन्तव्य को पूर्ण कराने की सचेष्टता वर्तमान है। वह प्रकारान्तर भाव से राम की निर्दोषिता सिद्ध करती हुई उन्हें दशरथ को इसलिए समझाने को कहती है, ताकि वे (दशरथ) किसी प्रकार से भी स्नेहादि के वशीभूत होकर उनके (राम के) वनगमन में अवरोध न उत्पन्न करें। 'लागहिं असुभ.....तीरथ जैसे' निदर्शना अलंकार तथा 'रामहिं मातु वचन......... सुहाए'—उदाहरण अलंकार है।

अवनिप अकनि रामु पगु धारे। धरि धीरजु तब नयन उघारे।।
सचिवँ सँभारि राउ बैठारे। चरन परत नृप रामु निहारे॥
लिए सनेह बिकल उर लाई। गै मनि मनहुँ फनिक फिरि पाई॥
रामहि चितइ रहेउ नर नाहू। चला बिलोचन बारि प्रबाहू॥
सोक बिबस कछु कहै न पारा। हृदयँ लगावत बारहिं बारा॥
बिधिहि मनाव राउ मन माहीं। जेहिं रघुनाथ न कानन जाहीं॥
सुमिरि महेसहि कहइ निहोरी। बिनती सुनहु सदासिव मोरी॥
आसुतोष तुम्ह अवढर दानी। आरति हरहु दीन जनु जानी॥
दो०— तुम्ह प्रेरक सब के हृदय सो मति रामहि देहु।
बचनु मोर तजि रहहिं घर परिहरि सीलु सनेहु॥ ४४॥

अर्थ—नृपति (दशरथ) ने आहट पाकर कि राम पधारे हैं, धैर्य धारण करके तब नेत्रों को खोला। सचिव ने सँभाल करके राजा को बैठाया और चरण पड़ते हुए राजा ने राम को देखा।

स्नेहाधिक्य व्याकुलतावश (राम को) हृदय से लगा लिया मानो सर्प ने खायी हुई मणि को पुनः प्राप्त कर लिया हो। राजाराम को एकटक देखते रहे (और) उनके नेत्रों से अश्रुप्रवाह चल पड़ा।

शोक से विवश कुछ कहने में (वे) समर्थ नहीं हो सके, (वे राम को) बार-बार हृदय से लगाते हैं। राजा दशरथ मन-ही-मन विधाता से मनौती करते हैं जिससे कि राम वन न जाएँ!

शिव की (मन-ही-मन) अहसानपूर्वक स्तुति (प्रार्थना, स्मरण) करते हुए कहते हैं कि हे सदाशिव (निरन्तर मंगल करने वाले) मेरी विनती (विनय) सुनें। (हे शिव!) तुम आसुतोष (सद्यः प्रसन्न होने वाले दीन और मुक्तभाव से दानी को इसलिए (इस) दास (जन) को जानकर (उसके) कष्ट का हरण करें।

आप सबके हृदय के प्रेरक हैं इसलिए राम को वह मति दें, जिससे मेरे वचन का परित्याग करके और शील-स्नेह को छोड़ करके गृह (अयोध्या) रहें॥ ४४॥

टिप्पणी—कैकेयी राम को कुटिलतापूर्वक प्रबोधन दे रही थी, उसी समय दशरथ की मूर्च्छा टूटी और राम को अपने समक्ष देखकर वे मन-ही-मन शिवादि देवताओं से मनौती मनाते हैं कि राम वनगमन न करें। एक ओर कवि कैकेयी की बलवती कामना (स्वार्थ) का चित्रण करता है कि राम वनगमन करें दूसरी ओर दशरथ की स्नेहासक्ति को भी वह उसी पराकाष्ठा पर चित्रित करता है कि राम वनगमन न करें। इस द्वन्द्वात्मक परिस्थिति में रखकर कवि राम के शील और चरित्र को मार्जित करने की चेष्टा करता है। 'गै मनि.......फिरि पाई' वाक्य में उत्प्रेक्षालंकार है।

अजसु होउ जग सुजसु नसाऊ। नरक परौं बरु सुरपुर जाऊ॥
सब दुख दुसह सहावहु मोहीं। लोचन ओट रामु जनि होहीं॥
अस मन गुनइ राउ नहिं बोला। पीपर पात सरिस मनु डोला॥
रघुपति पितहि प्रेमबस जानी। पुनि कछु कहिहि मातु अनुमानी॥
देस काल अवसर अनुसारी। बोले बचन बिनीत बिचारी॥
तात कहहुँ कछु करउँ ढिठाई। अनुचित छमब जानि लरिकाई॥
अति लघु बात लागि दुखु पावा। काहु न मोहिं कहि प्रथम जनावा॥
देखि गोसाइँहि पूँछिउँ माता। सुनि प्रसंगु भए सीतल गाता॥
दो०— मंगल समय सनेह बस सोच परिहरिअ तात।
आयसु देइअ हरिष हिय कहि पुलके प्रभु गात॥ ४५॥

अर्थ—(दशरथ पुत्रासक्ति से अभिभूत सोचते हैं कि) संसार में अपयश हो या (संसार में—देहली दीपक अलंकार 'जग' शब्द में) चाहे मेरी सुन्दर कीर्ति विनष्ट हो जाय। सम्भव है नरक में पड़ूँ या स्वर्ग में जाऊँ। सभी दुःखह दुःखों को मुझे सहन करा लें किन्तु राम नेत्रों के ओट में न हों।

राजा इस प्रकार मन में सोच रहे हैं, बोल (नहीं पा) रहे हैं। (उनका) मन पीपल के पत्ते की तरह डोल रहा है (चंचल एवं अस्थिर है)। राम ने पिता को प्रेमवश समझा और यह अनुमान किया कि माता कुछ कहेगी।

देश, काल, अवसर के अनुसार वे विचारपूर्वक विनीत वाणी बोले। हे पिता! मैं कुछ कहता हूँ (और कहकर) धृष्टता करता हूँ। (इस अनुचित को) आप लड़कपन समझकर क्षमा करेंगे।

अत्यधिक छोटी बात के लिए दुःख प्राप्त किया, क्यों नहीं मुझे पहले ही कहकर (किसी से) जता (ज्ञान करा) दिया। आपको (गोसाइँहि) देख करके (अर्थात् आपकी इस दशा को देख करके) मैंने माता से पूछा। प्रसंग (सम्पूर्ण वृत्तान्त) सुनकर मेरा शरीर शीतल हुआ (शोक, क्रोध, शंका, भयादि से विनिर्मुक्त चित्त शान्त तथा उद्विग्नहीन तथा कर्त्तव्यपरायण के लिए सहजमान से तत्पर)।

हे तात! मांगलिक अवसर पर स्नेह से विवश आप शोक का परित्याग कर दें। हर्षित हृदय से आप आज्ञा दें, ऐसा कहकर प्रभु राम का शरीर पुलकित हो उठा॥ ४५॥

टिप्पणी—पिता को स्नेहाभिभूत देखकर सत्यनिष्ठा के रक्षार्थ राम उन्हें अत्यन्त विनीत भाव से (ताकि कैकेयी का मन उद्विग्न न होने पाये) वनगमन के लिए आदेश देने के लिए प्रार्थना करते हैं। उनके इस अनुनय में धर्म एवं सत्यनिष्ठा की रक्षा तथा पिता की आज्ञा को पूर्ण करने का संकल्प साथ-ही-साथ, प्रसन्नता दोनों है। कवि कैकेयी तथा दशरथ दोनों के मनों की द्विधाग्रस्तता राम के इस कथन के माध्यम से समाप्त करने का उपक्रम करता है। 'पीपर पात सरिस मन डोला' दशरथ के हृदय की अस्थिरता के लिए बड़ी ही सटीक उपमा है।

धन्य जनमु जगतीतल तासू। पितहि प्रमोदु चरित सुनि जासू॥
चारि पदारथ करतल ताकें। प्रिय पितु मातु प्रान सम जाकें॥
आयसु पालि जनम फलु पाई। ऐहउँ बेगिहिं होउ रजाई॥
बिदा मातु सन आवउँ मागी। चलिहउँ बनहिं बहुरि पग लागी॥
अस कहि राम गवनु तब कीन्हा। भूप सोक बस उतरु न दीन्हा॥
नगर ब्यापि गइ बात सुतीछी। छुअत चढ़ी जनु सब तन बीछी॥
सुनि भए बिकल सकल नर नारी। बेलि बिटप जिमि देखि दवारी॥
जो जहँ सुनइ धुनइ सिरु सोई। बड़ बिषादु नहिं धीरजु होई॥

दो०— मुख सुखाहिं लोचन स्त्रवहिं सोकु न हृदय समाइ।
मनहुँ करुन रस कटकई उतरी अवध बजाइ॥ ४६॥

अर्थ—(उस पुत्र का) इस पृथ्वीतल पर जन्म लेना धन्य है जिसके चरित्र को सुनकर पिता में प्रमोद (हर्ष) हो। धर्म, अर्थ, काम, मोक्ष रूप चारों पदार्थ उसके करतलगत हैं, जिसके लिए माता और पिता प्राण के सदृश प्रिय हों।

आज्ञा का पालन करके तथा जन्म फल को प्राप्त करके (अर्थात् आपकी आज्ञानुसार चौदह वर्ष वनवास के व्यतीत करके और पिता की आज्ञा का पालन करने के कारण इस जीवन को सार्थक बनाकर), मैं शीघ्र ही लौट आऊँगा, राजाज्ञा (रजाई = आज्ञा) हो। माता (कौसल्या से) विदा माँग आऊँ और पुन: आपके चरणों को छूकर वन चला जाऊँगा।

ऐसा कहकर, ततश्च राम ने प्रस्थान (माता की आज्ञा के लिए) किया और शोक के वशीभूत होने के कारण राजा ने उत्तर नहीं दिया (या उत्तर न दे सके)। यह नितान्त तीक्ष्ण बात नगर भर में व्याप्त हो उठी जैसे डंक छूते ही बिछू (का विष) सम्पूर्ण शरीर पर्यन्त फैल जाता है।

यह सुनकर (बिच्छू डंक से पीड़ित-व्याकुल की भाँति) अयोध्या के सम्पूर्ण नर-नारी विकल हो उठे—जैसे दावाग्नि को देखकर वन के वृक्ष तथा लताएँ। जो जहाँ ही सुनता है (बिच्छू डंक से पीड़ित की भाँति) वहीं सिर पीटने लगता है, बड़ा कष्ट है, धैर्य नहीं होता (धैर्य धारण करते नहीं बनता)।

मुख (शोकवश) सूख गये हैं, नेत्र अश्रु-प्रवाहित हैं, शोक हृदय में थम्ह नहीं पड़ रहा है, मानो करुण रस की सेना डंके पीट कर अयोध्यानगरी में उतर आई हो॥ ४६॥

टिप्पणी—पिता को सान्त्वना देते हुए राम माता कौसल्या से वनगमन की आज्ञा के निमित्त प्रस्थान करते हैं, इसी बीच अयोध्या के सम्पूर्ण नर-नारियों में प्रवास गमन की चर्चा आग की भाँति फैल उठती है। सम्पूर्ण अयोध्यानगरी इस शोक में आमग्न हो उठते हैं। कवि बड़ी कुशलता से जहाँ राम के चित्त की स्थिरता एवं धैर्य का चित्रण करता है, उसी के ठीक विपरीत इस घटना से उत्पन्न नगरवासियों की कष्ट से भरी करुणा चित्रांकन करता है। राम की स्थिरता तथा अयोध्यावासियों की उद्विग्नता दोनों एक साथ घटित होकर सम्पूर्ण प्रसंग में घटनात्मक द्वन्द्व का निर्माण करते हैं।

'धन्य जनमु जगतीतल..........होउ रजाई', वाक्यों में अर्थान्तरन्यास अलंकार की योजना है। इसमें सामान्य (अप्रस्तुत वाक्य) द्वारा विशेष प्रस्तुत (श्रीराम की स्वोक्ति का समर्थन व्यंजित है। 'छुअत......बीछी' उत्प्रेक्षालंकार का उद्देश्य घटना की 'सद्यः व्याप्ति' को व्यंजित करना है। अनिष्ट की सन्निकटता को व्यक्त करने के लिए 'बेलि बिटप जिमि देखि दवारी' उदाहरण अलंकार का कवि आश्रय लेता है। 'मुख सुखाहिं.....बजाइ' उत्प्रेक्षालंकार का प्रयोग कवि वातावरण में व्याप्त अजस्त्र भाव को व्यंजित करने के लिए कर रहा है।

मिलेहि माझ बिधि बात बेगारी। जहँ तहँ देहिं कैकइहिं गारी॥
एहि पापिनिहि बूझि का परेऊ। छाइ भवन पर पावकु धरेऊ॥
निज कर नयन काढ़ि चह दीखा। डारि सुधा बिषु चाहत चीखा॥
कुटिल कठोर कुबुद्धि अभागी। भइ रघुबंस बेनु बन आगी॥
पालव बैठि पेड़ु एहिं काटा। सुख महुँ सोक ठाटु धरि ठाटा॥
सदा रामु एहि प्रान समाना। कारन कवन कुटिलपनु ठाना॥
सत्य कहहिं कबि नारि सुभाऊ। सब बिधि अगमु अगाध दुराऊ॥
निज प्रतिबिंब बरुकु गहि जाई। जानि न जाइ नारि गति भाई॥

दो०— काह न पावकु जारि सक का न समुद्र समाइ।
का न करै अबला प्रबल केहि जग कालु न खाइ॥ ४७॥

अर्थ—मिलते-मिलते ही विधि ने बात बिगाड़ दी। (लोग) इतस्तः कैकेयी को गाली दे रहे हैं। इस पापिनी को क्या सूझ पड़ा कि भवन को भलीभाँति छाकर उस पर आग रख दिया।

अपने हाथों से (अपने) नेत्रों को ही निकाल कर देखना चाहती है। अमृत का परित्याग करके यह विष को चखना चाहती है। यह (स्वभाव की) कुटिल, कठोर, दुर्बुद्धि एवं भाग्यहीना रघुवंशरूपी बाँस वन के लिए दावाग्नि हो गई।

पल्लव (अवधी में पालव शब्द 'डाल' के लिए प्रयुक्त होता है) पर बैठकर इसने पेड़ को काटा और सुख (राम के राज्याभिषेक के सर्वथा मांगलिक आनन्द) के अवसर पर इसने शोक को ठाटा (शोक का आयोजन किया)। सदैव से ही राम इसके लिए प्राण सदृश हैं, फिर किस कारणवश इसने यह कुटिल प्रण (हठ) किया।

कविगण (विद्वान्, साधुजन) नारि-स्वभाव के विषय में सत्य ही कहते हैं। इनका कपट (दुराउ) सब प्रकार से अग्रहणीय (नियंत्रण विहीन), अगाध (जिसका थाह नहीं पाया जा सकता) है। हे भाई, अपना प्रतिबिम्ब, सम्भव है, पकड़ा जा सके किन्तु त्रियाचरित जाना नहीं जा सकता।

अग्नि किसे नहीं जला सकती, समुद्र में क्या नहीं समा सकता। अबलाएँ प्रबल (प्रचंड एवं शक्तिशालिनी) हैं, वे क्या नहीं कर (बैठतीं), संसार में काल किसको नहीं खाता (अपना ग्रास नहीं बनाता)।। ४७॥

टिप्पणी—अयोध्या के नर-नारी सम्पूर्ण समाचार सुनकर कैकेयी के प्रति अपनी प्रतिक्रिया व्यक्त करते हैं। कैकेयी के प्रति व्यक्त की गई यह प्रतिक्रिया अन्ततया समस्त कुत्सित स्वभाववाली नारी जाति के लिए हो जाती है। यहाँ कवि विशेष से सामान्य की ओर अपने काव्यात्मक निष्कर्ष के माध्यम से पहुँचने का प्रयास कर रहा है। सुखद प्रसंग को करुणा एवं क्लेश की अन्तिम पराकाष्ठा पर पहुँचाने के लिए ही कवि विशेष के सामान्यीकरण की इस प्रक्रिया को प्रस्तुत करता है। वह कैकेयी विशेष के इस गर्हित आचरण को अन्त तक एक सिद्धान्त का स्वरूप देकर उसे सर्वमान्य तथा सर्वथा नित्य घोषित करता है।

'छाइ भवन पर पावक धरेऊ' में ललित अलंकार 'वर्णेस्याद्वर्ण्यवृत्तान्त प्रतिबिम्बस्य वर्णनम्' अर्थात् वर्ण्य विषय के उपस्थित होने पर उससे सम्बन्धित वृत्तान्त का वर्णन प्रतिबिम्ब भाव से किया जाय, वहाँ ललित अलंकार होता है। यहाँ कवि कैकेयी के विघ्न का सहज वर्णन न करके उसे 'छाइ भवन पर पावक धरेऊ' दृष्टान्त के प्रतिबिम्बभाव से वर्णन कर रहा है। 'निज कर नयन ....दीखा'—विचित्रालंकार है—'विचित्रं यत्प्रयत्नश्चेद्विपरीतः फलेच्छया' विपरीत फलेच्छा के निमित्त किया गया विचित्र प्रयत्न 'विचित्रालंकार' है। यहाँ 'अपने हाथ से आँख निकाल कर देखने का प्रयास' विचित्र फलेच्छा के निमित्त विचित्र प्रकार का कार्य है। 'डारि सुधा बिष चाहत चीखा' वाक्य में ललित, भइ रघुबंस बेनु बन आगी—वाक्य में रूपक अलंकार (परम्परित), 'पालव बैठि पेड़ एहि काटा' में विचित्र अलंकार, 'सत्य कहहिं कवि.........नारि गति भाई'—विकस्वर अलंकार, 'यस्मिन्वशेष सामान्य विशेषा च विकस्वरः' जहाँ विशेष का सामान्य से समर्थन करके पुनः विशेष से उसका समर्थन किया जाय वहाँ विकस्वर अलंकार होता है। 'काह न पावक........खाइ'—यह वर्हिलापिका चित्रालंकार जैसा प्रतीत तो होता है, किन्तु है नहीं। क्योंकि वर्हिलापिका का लक्षण केशवदास इस प्रकार देते हैं—

'उत्तर वरण जु बाहिरै बर्हिलापिका सोय'

अर्थात् उत्तर का वर्णन बाहर से लाया जाय वहाँ वर्हिलापिका होती है। 'काह न पावक जारि सक' का उत्तर देने वालों ने 'काल न पावक जारि सक' जैसे उत्तरों को भी बाहर से गढ़ लिया है किन्तु वह समीचीन नहीं है। यहाँ कवि की मूलदृष्टि है—कौन ऐसी वस्तु, जिसे आग न जला डाले, समुद्र में न समा जाय, प्रबल अबलाएँ उचित-अनुचित का विवेक त्याग करके क्या नहीं कर बैठतीं—जैसे कैकेयी। तात्पर्य यह कि कवि विभिन्न दृष्टान्तों से सहसा अकल्पनीय के घटित हो जाने की ओर संकेत करता है।

का सुनाइ बिधि काह सुनावा। का देखइ चह काह देखावा॥
एक कहहिं भल भूप न कीन्हा। बरु बिचारि नहिं कुमतिहि दीन्हा॥
जो हठि भयउ सकल दुख भाजनु। अबला बिबस ग्यानु गुनु गा जनु॥
एक धरम परमिति पहिचाने। नृपहि दोसु नहिं देहिं सयाने॥
सिबि दधीचि हरिचंद कहानी। एक एक सन कहहिं बखानी॥
एक भरत कर संमत कहहीं। एक उदास भायँ सुनि रहहीं॥
कान मूदि कर रद गहि जीहा। एक कहहिं यह बात अलीहा॥
सुकृत जाहिं अस कहत तुम्हारे। रामु भरत कहुँ प्रान पिआरे॥
दो०— चंदु चवै बरु अनल कन सुधा होइ बिषतूल।
सपनेहुँ कबहुँ न करहिं कछु भरत राम प्रतिकूल॥ ४८॥

अर्थ—विधि ने (पूर्व में) क्या सुनाकर (राम राज्याभिषेक के विषय से मांगलिक समाचार सुनाकर) (अब) क्या सुनाया (राम वनगमन का समाचार सुनाया)। क्या दिखलाकर (समस्त मांगलिक उत्सवों का आयोजन दिखला कर) इस समय क्या दिखा रहा है—(राम वियोग की करुणा से अयोध्या का विद्रावक रूप दिखा रहा है—या दिखाना चाहता है)। (राजनीतिज्ञ) कहते हैं, दशरथ ने (राजनीति की दृष्टि से) ठीक नहीं किया, इस दुर्बुद्धि को उन वरदानों को विचार कर नहीं दिया।

जो हठात् (हठि) समस्त दुखों के भाजन हुए (अर्थात् उन वरदानों की पूर्ति के ही कारण इतना कष्टकारी परिणाम सामने आया)। एक दूसरे (धार्मिक) जो धर्म की सीमा का परिज्ञान रखते हैं, वे चतुर, नृप को दोष नहीं देते।

वे शिवि, दधीचि एवं हरिश्चन्द्र की कथा (राजा के आचरण को, धार्मिक मर्यादा की दृष्टि से उचित सिद्ध करते हुए) एक दूसरे से बखान कर (धर्म की रक्षा से सम्बद्ध यश-कीर्ति का विस्तृत वर्णन) कहते हैं। एक दूसरे (कूटनीतिज्ञ) इसमें भरत की सम्मति (राय : समर्थन) कहते हैं और एक अन्य (लोक नीति निपुण) उदासीन भाव से सुनकर शान्त रहते हैं।

(सभी बातों की खबर रखने वाले) एक अन्य कानों को मूँद कर एवं जिह्वा को रद (दाँत) के नीचे पकड़ कर कहते हैं कि यह बात (भरत की सम्मतिवाली बात) मिथ्या (अलीहा) है। ऐसा कहने से तुम्हारे पुण्य-नष्ट हो जायेंगे क्योंकि राम भरत के लिए प्राणों से भी अधिक प्रिय हैं।

सम्भव है, चन्द्रमा से अग्नि कण गिरें, अमृत विषतुल्य हो जाये, स्वप्न में भी भरत राम के प्रतिकूल (विरुद्ध) कुछ नहीं करेंगे। ४८॥

टिप्पणी—कवि प्रस्तुत कार्य पर समाज के विविध वर्गों द्वारा विविध प्रकार की टिप्पणियाँ दिलाता है। कुछ स्वभाव एवं कर्मानुसार कैकेयी के कुकृत्य पर अपनी टिप्पणियाँ देते हैं और अन्य उन टिप्पणियों पर अपना समर्थन असमर्थन व्यक्त करते हैं। अन्त में, सभी इस निष्कर्ष पर पहुँचते हैं कि कैकेयी के इस षड्यन्त्र में भरत का किसी प्रकार का हाथ नहीं है और वे सर्वथा निर्दोष हैं। भरत अयोध्याकांड की इस कथा के नायक हैं और दुर्भाग्य से उस कैकेयी के पुत्र हैं, जिसने उन्हीं के लिए इस प्रकार का भयावह दुश्चक्र रचा। ऐसी स्थिति में, लोकमत की दृष्टि से उनके चरित्र को सर्वथा निर्दोष रखना कवि के लिए आवश्यक है। इस प्रसंग में कैकेयी की दुर्बुद्धि, दशरथ की धर्मशीलता साथ-ही-साथ अव्यावहारिकता का चित्रण करते हुए कवि भरत के सर्वथाभावेन निष्कलंक चरित्र को स्थापित करता है। 'चंदु चुवै बरु...............राम प्रतिकूल' में असम्भवालंकार है। इसकी परिभाषा इस प्रकार है—'असम्भवोऽर्थ निष्पत्तेरसम्भाव्यत्ववर्णनम्।'

एक बिधातहि दूषनु देहीं। सुधा देखाइ दीन्ह बिषु जेहीं॥
खरभरु नगर सोचु सब काहू। दुसह दाहु उर मिटा उछाहू॥

बिप्रबधू कुलमान्य जठेरी। जे प्रिय परम कैकई केरी॥
लगीं देन सिख सीलु सराही। बचन बान सम लागहिं ताही॥
भरतु न मोहि प्रिय राम समाना। सदा कहहु यहु सबु जगु जाना॥
करहु राम पर सहज सनेहू। केहिं अपराध आजु बनु देहू॥
कबहुँ न किएहु सवति आरेसू। प्रीति प्रतीति जान सबु देसू॥
कौसल्याँ अब काह बिगारा। तुम्ह जेहि लागि बज्रपुर पारा॥
दो०— सीय कि पिय सँगु परिहरिहि लखनु कि रहिहहिं धाम।
राजु कि भूँजब भरत पुर नृप कि जिइहिं बिनु राम॥ ४९॥

अर्थ—एक अन्य (भाग्यवादी) विधाता को दोष देते हैं जिसने अमृत (सुखद प्रसंग) दिखाकर (लालच देकर) विष (राम-वियोग) (चखने के लिए) दिया। नगर में खलबली (खरभरु) हो गई और सभी को शोक या सोच (चिन्ता) है। हृदय के असह्य विषम कष्ट (दाह : जलन) से उगंम (आनन्द) समाप्त हो उठा।

ब्राह्मणों की स्त्रियाँ, कुल में मान्य (प्रतिष्ठा प्राप्त) एवं वयोवृद्धाएँ और वे जो कैकेयी के लिए नितान्त प्रिय हैं उसकी शील एवं शिष्टता की सराहना करती हुई शिक्षा देने लगीं किन्तु उनके वचन उसे बाण सदृश लगते हैं।

तुम सदा यह कहती रही हो और सम्पूर्ण संसार यही जानता रहा है कि भरत मुझे (तुम्हें : कैकेयी के लिए) राम सदृश प्रिय नहीं हैं। राम पर तुम सहज स्नेह करती रही हो फिर किस अपराधवश आज बन दे रही हो?

कभी भी नहीं तुमने सपत्नी ईर्ष्या (आरेसू) की। सम्पूर्ण कौसल प्रदेश तुम्हारी प्रीति एवं विश्वास को (भलीभाँति) समझता है। आज (अब) कौसल्या ने क्या बुरा किया (बिगारा) जिसके कारण तुमने अयोध्यापुरी पर बज्र गिराया (पारा)।

(वन गमन के अवसर पर) क्या सीता पति का साथ छोड़ देंगी, क्या लक्ष्मण (राम के वन गमन करने पर) भवन में रहेंगे, क्या भरत अयोध्यापुरी का राज्य भोगेंगे (भूँजब) या क्या राम के बिना (वियोग में) राजा (दशरथ) जीवित रहेंगे?॥ ४९॥

टिप्पणी—कैकेयी के इस कार्य से सभी अयोध्यावासी दुखी हैं। कैकेयी की कुछ विशेष मान्य एवं अन्तरंग स्त्रियाँ उसके पास जाकर समझाती हैं कि इस कार्य से तुम्हारा भयंकर अहित होगा। सीता-लक्ष्मण राम के साथ बन चले जायेंगे। भरत इस राज्य को स्वीकार न करेंगे और राम के वन गमन के असह्य दुःख से पीड़ित दशरथ जीवित न रह सकेंगे और तुम्हें कलंक, वैधव्य एवं पुत्र की उपेक्षा एक साथ भोगनी पड़ेगी। इस समझाने का उसके ऊपर कोई प्रभाव नहीं पड़ता। यहाँ समझाने वाली स्त्रियों की परिकल्पना करके कवि कैकेयी के हठ को पराकाष्ठा पर पहुँचा देता है। कार्यसिद्धि की बाधा सम्पूर्ण घटना व्यापार को अधिक विद्रावक एवं मार्मिक बनाती है।

अस बिचारि उर छाड़हु कोहू। सोक कलंक कोठि जनि होहू॥
भरतहि अवसि देहु जुबराजू। कानन काह राम कर काजू॥
नाहिन रामु राज के भूखे। धरम धुरीन बिषय रस रूखे॥
गुर गृह बसहुँ राम तजि गेहू। नृप सन अस बरु दूसर लेहू॥
जौ नहिं लगिहहु कहें हमारे। नहिं लागिहि कछु हाथ तुम्हारे॥
जौं परिहास कीन्ह कछु होई। तौ कहि प्रगट जनावहु सोई॥
राम सरिस सुत कानन जोगू। काह कहिहि सुनि तुम्ह कहुँ लोगू॥
उठहु बेगि सोइ करहु उपाई। जेहि बिधि सोकु कलंकु नसाई॥

अर्थ—(कैकेयी को समझाती हुई कुलान्य एवं वृद्धाएँ या वय में उससे ज्येष्ठाएँ कहती हैं)—ऐसा विचार करके हृदय से क्रोध को निकाल दो और तुम शोक और कलंक की कुठिला (संग्रहणीय पात्र या भाण्ड) न बनो। भरत को युवराज पद अवश्य दो किन्तु राम का वन में कौन-सा कार्य है।

धर्म की धुरी धारण करने वाले एवं विषय रस से उदासीन राम राज्य के भूखे नहीं है। राजा से इस प्रकार का दूसरा वरदान माँग लो कि राम भवन त्याग करके गुरु के आश्रम में निवास करें।

यदि हमारे कहने में तत्पर (लगिहहु) नहीं होगी तो तुम्हारे हाथ में कुछ भी नहीं लगेगा। यदि तूने कुछ परिहास किया हो तो (स्पष्ट) कहकर प्रकट रूप में उसे ज्ञात कराओ।

राम सदृश पुत्र क्या वन (निवास) करने योग्य हैं; इसे सुनकर लोग तुझे क्या कहेंगे? (इसलिए) शीघ्र उठो, और वह उपाय करो, जिससे (अयोध्यावासियों का) शोक और (तुम्हारा) कलंक नष्ट हो।

टिप्पणी—सभी समझाती हुई पुनः कहती हैं, यदि पुत्रासक्ति के कारण तुम भरत को राज्य दिलवाना ही चाहती हो तो इससे भी सम्पूर्ण अयोध्यावासी राम के दुःसह वियोग संकट से मुक्ति पा सकते हैं। स्वयं राम भी भरत को युवराज स्वोकार कर लेंगे क्योंकि उन्हें राज्यभोग की लेश भी लिप्सा नहीं है। मूल समस्या राम वनगमन की है। तुम अपने वरदान में इतना संशोधन कर दो कि राम अयोध्या का त्याग करके गुरु वशिष्ठ के आश्रम में रहें। मात्र इतने से ही सम्पूर्ण संकटों से मुक्ति मिल जायेगी। कवि कैकेयी की निष्ठुरता को पराकष्ठा पर पहुँचाने के लिए इस विकल्प को पुनः रखवाता है। मूलतः वह शोक एवं करुप रस के हेतुओं की बारी-बारी से चर्चा करता है। यहाँ इस चर्चा का अभीष्ट इतना ही है कि कैकेयी निष्ठुरता के कारण राम वनगमन को एकमात्र हेतु बनाये हुए दृढ़ संकल्प है। आगे, घटित होने वाला कारुणिक शोक-व्यापार इसी घटना का प्रतिफल है।

छंद— जेहि भाँति सोकु कलंकु जाइ उपाय करि कुल पालही।
हठि फेरु रामहि जात बन जनि बात दूसरि चालही॥
जिमि भानु बिनु दिनु प्रान बिनु तनु चंद बिनु जिमि जामिनी।
तिमि अवध तुलसीदास प्रभु बिनु समुझि धौं जियँ भामिनी॥
सो०— सखिन्ह सिखावनु दीन्ह सुनत मधुर परिनाम हित।
तेइँ कछु कान न कीन्ह कुटिल प्रबोधी कूबरी॥ ५०॥

अर्थ—अयि कैकेयी! जिस भी प्रकार से (समस्त अयोध्यावासियों का) शोक और (तुम्हारा) कलंक समाप्त हो सके, (उस) उपाय को (स्वीकार) करते हुए कुल की रक्षा करो (पालहीं)। वन गमन के लिए तत्पर राम को दृढ़पूर्वक लौटा लो, और अन्य दूसरी बातें न चलाओ। जिस प्रकार सूर्य के बिना दिन (मलिन रहता है), बिना प्राण के शरीर (निर्जीव रहता है) और चन्द्रमा के बिना रात्रि (कान्तिविहीन रहती) है; उसी प्रकार अयोध्या प्रभु राम के बिना (मलिन, निर्जीव एवं कान्ति विहीन हो जायेगी) इसलिए हे प्रिय! (भामिनी) हृदय में इसे भलीभाँति (धौं = ध्रुवसत्य) समझ लो।

सखियों ने (उस दृढ़ निश्चय वाली कैकेयी को) शिक्षाएँ दीं, जो सुनने में मधुर एवं परिणाम में हितकारी हैं, किन्तु उसने कुछ जरा-सा भी ध्यान (कान) न दिया क्योंकि कुटिल स्वभाववाली कूबरी द्वारा सिखाई (प्रबोधी) गई थी॥ ५०॥

टिप्पणी—कैकेयी की अन्तरंग, नितान्त प्रिय सखियों द्वारा उसे भली-भाँति समझाया गया किन्तु वह अपने दृढ़ (निश्चय से रंचमात्र भी विचलित नहीं होती। कवि इसके इस अविचलित निर्णय द्वारा (राम वनगमन) की घटना निश्चयात्मक परिणति की ओर संकेत करता हुआ करुण रस की पृष्ठभूमि निर्मित करता है। राम वनगमन के लिए कैकेयी का निष्ठुर एवं दृढ़ निश्चय ही इस करुण

एवं शोक व्यापार का प्रेरक विषय (आलम्बन) है। 'जिमि भानु बिनु............भामिनी'—विनोक्ति अलंकार है। वैसे यह विनोक्ति 'अवध तुलसीदास प्रभु बिनु' को स्पष्ट करने के निमित्त तीन उपमान वाक्यों के समर्थन के लिए है। मूलतः यहाँ पदधर्मी उपमामाला है। 'सखिन्ह सिखावनु ....प्रबोधी कूबरी' काव्यलिंग अलंकार है।

उतरु न देइ दुसह रिस रूखी। मृगिन्ह चितव जनु बाघिनि भूखी॥
ब्याधि असाधि जानि तिन्ह त्यागी। चलीं कहत मतिमंद अभागी॥
राजु करत यह दैअँ बिगोई। कीन्हेसि अस जस करन न कोई॥
एहि बिधि बिलपहिं पुर नर नारीं। देहिं कुचालिहि कोटिक गारीं॥
जरहिं बिषम जर लेहिं उसासा। कवनि राम बिनु जीवन आसा॥
बिपुल बियोग प्रजा अकुलानी। जनु जलचर गन सूखत पानी॥
अति बिषाद बस लोग लोगाईं। गए मातु पहिं रामु गोसाईं॥
मुख प्रसन्न चित चौगुन चाऊ। मिटा सोचु जनि राखइ[१] राऊ॥

दो०— नव गयंदु रघुबीर मनु राजु अलान समान।
छूट जानि बन गवनु सुनि उर अनंदु अधिकान॥ ५१॥

अर्थ—असह्य क्रोध से रुक्ष, उत्तर नहीं देती और (उन अन्तरंग सखियों को, जो मधुर एवं हितकारी उपदेश दे रही हैं, इस प्रकार देख रही है) जैसे भूखी व्याघ्रिणी मृगियों को देखती हो। असाध्य व्याधि (रोग) समझकर उन्होंने (इसे) त्यागा और वे कहती चलीं कि (यह) अभागिन एवं मतिमन्द है।

राज्य करते हुए इसे दैव (विधाता) ने नष्ट कर दिया और इसने ऐसा कर डाला, जैसा किसी ने भी नहीं किया था। इस प्रकार अयोध्यापुर के नर-नारी विलपते हुए उस स्वार्थपरायणा को कोटि-कोटि गाली देते हैं।

विषम (वियोग-सम्भावना) ज्वर से जलते हुए उसासें (लम्बी सासें) लेते हैं (और कहते हैं) राम के बिना जीवन की कौन-सी (कैसी) आशा। इस अत्यधिक वियोग में प्रजा व्याकुल हो उठी मानो (सरोवर में) में जब सूखते समय (या सूखने पर) जल के जीव जन्तु।

(इस प्रकार) सम्पूर्ण नर-नारी शोक के विवशीभूत हो उठे (उधर) स्वामी राम माता के पास गये। (उनका) मुख प्रसन्न है और चित्र में चौगुना चाव (उत्साह) है। शोच (चिन्ता) मिट गया कि राजा जाने से मना न करें।

राम का मन नये पकड़े हुए हाथी के सदृश है, राज्य गज-शृंखला या बन्धन के समान है। (उस नये पकड़े हुए हाथी की भाँति) छूटा हुआ जानकर तथा वनगमन सुनकर, हृदय में आनन्द का आधिक्य हो गया॥ ५१॥

टिप्पणी—राम के वनगमन प्रसंग से दशरथ मूर्च्छित हैं, प्रजागण व्याकुल हैं। अभी तक, कौसल्यादि परिवारजन को इसका समाचार नहीं मिला है। राम का माता के पास आज्ञा माँगने के लिए जाना ततश्च सीता, लक्ष्मण, सुमित्रा आदि को इस प्रसंग का ज्ञान कराना करुण रस के विस्तार एवं उसकी सान्द्रता के लिए आवश्यक है। कवि, इस प्रकार, शोक तथा करुण का समुचित वातावरण निर्मित करता है। 'उतरु न देइ..........भूखी'—वाक्य में उत्प्रेक्षा का प्रयोग कैकेयी के क्रोधावेग को व्यक्त करने, 'जनु जलचर गन सूखत पानी' में उत्प्रेक्षा का प्रयोग अयोध्यावासियों के वियोग एवं छटपटाहट तथा 'नवगंयदु.............अधिकान' में उपमालंकार का प्रयोग श्रीराम के मन की प्रासादिकता को व्यक्त करने के लिए हुआ है।

१.. गीता प्रेस—राखै।

रघुकुलतिलक जोरि दोउ हाथा। मुदित मातु पद नायउ माथा॥
दीन्हि असीस लाइ उर लीन्हें। भूषन बसन निछावरि कीन्हें॥
बार बार मुख चुंबति माता। नयन नेह जलु पुलकित माता॥
गोद राखि पुनि हृदयँ लगाए। स्त्रवत प्रेम रस पयद सुहाए॥
प्रेमु प्रमोदु न कछु कहि जाई। रंक धनद पदबी जनु पाई॥
सादर सुंदर बदनु निहारी। बोली मधुर बचन महतारी॥
कहहु तात जननी बलिहारी। कबहिं लगन मुद मंगलकारी॥
सुकृत सील सुख सीवँ सुहाई। जनम लाभ कइ अवधि अघाई॥

दो०— जेहि चाहत नर नारि सब अति आरत एहि भाँति।
जिमि चातक चातकि तृषित बृष्टि सरद रितु स्वाति॥ ५२॥

अर्थ—रघुवंश में श्रेष्ठ (उच्च) राम ने दोनों हाथों को जोड़कर प्रसन्न भाव से माता (कौसल्या) के चरणों में मस्तक झुकाया (नायउ)। आशीर्वाद देकर हृदय से लगा लिया और भूषण-वस्त्रों को निछावर किया।

(वात्सल्य एवं प्रेमाधिक्य से विवशीभूत) बार-बार माता मुख चूमती है, नेत्र स्नेह-जल से परिपूर्ण एवं शरीर पुलकित है। गोदी में बैठाकर पुनः हृदय से लगाया। प्रेम रस से विवशीभूत पयस्राव से (माता कौसल्या के) स्तन शोभित हुए।

उस प्रेमामोद को लेशमात्र भी वर्णित नहीं किया जा सकता—मानो रंक (कंगाल) ने कुबेर की पदवी प्राप्त की हो (यह अप्रस्तुत वाक्य वर्णन कर्त्ता कवि के लिए है)। अत्यन्त आदरपूर्वक सुन्दर वदन देखती हुई माता मधुर वाणी बोली।

हे पुत्र! बताओ, माता बलि जाती है, वह आनन्द एवं मंगलकारी (राज्याभिषेक की) लग्न कब है जो (लग्न) पुण्यात्माओं एवं शीलवानों के सुख की सुशोभित होने वाली सीमा और जन्म प्राप्त करने के लाभ की परिपूर्ण (अघाई) सीमा है।

जिससे (राज्याभिषेक के लग्न या मुहूर्त को) अयोध्या के नर-नारी अत्यन्त आर्त होकर इस प्रकार (भाव) से चाह रहे हैं, जिस प्रकार (जिस भाव) से तृषातुर चातक तथा चातकी शरद ऋतु के स्वामी-वृष्टि को (चाहते हैं)— ॥ ५२॥

टिप्पणी—कवि शोक एवं करुण को अत्यधिक प्रभावशाली बनाने के लिए कौसल्या की वात्सल्यासक्ति को पराकाष्ठा पर पहुँचाता है। वह अभी तक नहीं जानती और राम के हर्षातिरेक के कारण स्वप्न में भी कल्पना नहीं कर सकती कि इस प्रकार की विषम घटना घटित हो चुकी है। कवि घटना को और अधिक मार्मिक बनाने के लिए इस प्रसंग को माता कौसल्या की गहन पुत्रासक्ति से संवलित करता है। 'जेहिं चाहत.......रितु स्वाति'—निदर्शनालंकार है।

तात जाउँ बलि बेगि नहाहू। जो मन भाव मधुर कछु खाहू॥
पितु समीप तब जाएहु भैआ। भइ बड़ि बार जाइ बलि मैया॥
मातु बचन सुनि अति अनुकूला। जनु सनेह सुर तरु के फूला॥
सुख मकरंद भरे श्रियमूला। निरखि राम मनु भवँरु न भूला॥
धरम धुरीन धरम गति जानी। कहेउ मातु सन अति मृदु बानी॥
पिताँ दीन्ह मोहि कानन राजू। जहँ सब भाँति मोर बड़ काजू॥
आयसु देहि मुदित मन माता। जेहिं मुद मंगल कानन जाता॥
जनि सनेह बस डरपसि भोरें। आनँदु अंब अनुग्रह तोरें॥

दो०— बरष चारिदस बिपिन बसि करि पितु बचन प्रमान।
आइ पाय पुनि देखिहउँ मनु जनि करसि मलान॥ ५३॥

अर्थ—हे पुत्र! मैं बलि जाती हूँ, तुम शीघ्र स्नान कर लो, जो मन को अच्छा लगे कुछ मधुर (खाद्य पदार्थ) खा लो और तब हे भैया! (पुत्र के लिए वात्सल्य सूचक प्रयोग) पिता के समीप जाना। बड़ी देर (बार) हो गई है, माता बलि जाती है।

अति अनुकूल (अपने प्रति स्नेहासक्ति युक्त) माता के वचनों को, जो मानो स्नेहरूपी कल्पवृक्ष के पुष्प हैं, आनन्दरूपी पराग से परिपूर्ण तथा कल्याण के मूल हैं, देखकर (सुनकर) राम का मनरूपी भ्रमर (लेशमात्र भी) लोभित नहीं हुआ।

धर्म की धुरी धारण करने वाले (राम) धर्म की गति (ज्ञान, स्वरूप, मर्यादा) समझ कर माता से अत्यन्त मृदु वाणी बोले। पिता ने मुझे वन का राज्य दिया है, जहाँ सब प्रकार से मेरा बड़ा काम (आवश्यकता) है।

हे माता! प्रसन्न मन से आज्ञा दें जिससे वनगमन के समय आनन्दमंगल रहे। स्नेहवश तू भूलकर भी भय का अनुभव न कर। हे माता! तुम्हारी कृपा से आनन्द रहेगा।

चौदह वर्ष वन में निवास करके तथा पिता के वचन को प्रमाणित (पूर्ण) करके मैं पुनः लौटकर आपके चरणों को देखूँगा, मन में लेशमात्र भी म्लान (मलिनता, खिन्नता, क्लेश) न करें॥ ५३॥

टिप्पणी—माता कौसल्या के समक्ष राम का यह कथन नाट्यापह्नुति के सदृश नाटकीयता से परिपूर्ण एक भाव के प्रकर्ष को भंग करके दूसरे भाव की कक्षा के चरमोत्कर्ष तक ले जाने की सामर्थ्य से युक्त है। आशा और संभावना के ठीक प्रतिकूल घटित तथ्य के प्रति सूचना इन पंक्तियों का मन्तव्य है। इन पंक्तियों द्वारा इस मन्तव्य को सूचित करने के पीछे राम के 'अनासक्त स्वभाव' को व्यंजित करने की स्पष्ट आलंकारिक भंगिमा वर्तमान है। 'जनु सनेह सुरतरु के फूला' उत्प्रेक्षालंकार, 'सुख मकरंद.........भूला' परम्परित रूपक अलंकार, 'बरस चारिदस..........पुनि देखिहौं' अतिशयोक्ति अलंकार है।

बचन बिनीत मधुर रघुबर के। सर सम लगे मातु उर करके॥
सहमि सूखि सुनि सीतलि बानी। जिमि जबास परें पावस पानी॥
कहि न जाइ कछु हृदय बिषादू। मनहुँ मृगी सुनि केहरि नादू॥
नयन सजल तन थर थर काँपी। माँजहि खाइ मीन जनु मापी॥
धरि धीरजु सुत बदनु निहारी। गदगद बचन कहति महतारी॥
तात पितहि तुम्ह प्रान पिआरे। देखि मुदित नित चरित तुम्हारे॥
राजु देन कहुँ सुभ दिन साधा। कहेउ जान बन केहिं अपराधा॥
तात सुनावहु मोहि निदानू। को दिनकर कुल भयउ कृसानू॥

दो०— निरखि राम रुख सचिव सुत कारनु कहेउ बुझाइ।
सुनि प्रसंगु रहि मूक जिमि दसा बरनि नहिं जाइ॥ ५४॥

अर्थ—राम के अत्यन्त विनीतभाव से कहे हुए मधुर वचन बाण की भाँति माता के हृदय में लगे और कसके (करके)। (राम की उस) शीतल वाणी को सुनकर (वह : कौसल्या) भयवश सूख-सी गई जैसे जवास पर वर्षा का पानी पड़ा हो।

हृदय का विषाद कुछ कहा नहीं जाता जैसे सिंह की गर्जना सुनकर मृगी (स्तम्भित) हो। जलपूरित नेत्रों से युक्त वह थर-थर काँपने लगी जैसे माजा (विषैले फेन) को खाकर मछली तड़पकर उतरा आई (मापी) हो।

पुत्र के मुख को देखकर (धैर्ययुक्त, खिन्नता रहित) और धैर्य धारण करके माता अवरोधित कंठवाली वाणी कहती है (अर्थात् कंठावरोध के कारण भलीभाँति स्फुट नहीं हो पा रही है वाणी जो; गद्गद वचन) हे पुत्र! तुम पिता के लिए प्राणों से भी प्रिय हो और तुम्हारे आचरण-व्यवहार (चरित) को देखकर सदैव आनन्दित रहते हैं।

उन्होंने तुम्हें युवराज पद देने के लिए शुभ दिन खोजकर निश्चित कराया फिर किस अपराध के कारण उन्होंने वन जाने के लिए कहा! हे पुत्र! मुझे सब कारण (निदान) सुनाओ, सूर्यकुल के लिए कौन अग्नि बना?

राम के रुख को देख करके मंत्रीपुत्र ने कारण समझाकर कहा। घटना-प्रसंगों को सुनकर वह मूक सदृश रह गई, (उसकी) दशा वर्णित नहीं की जा सकती।।५४॥

टिप्पणी—आकस्मिक रूप से हर्ष भाव के चरमोत्कर्ष से विषाद के चरमोत्कर्ष पर कौसल्या की मनःदशा के पहुँच जाने का कवि सजीव वर्णन करता है। इन पंक्तियों में कवि का लक्ष्य आकस्मिक रूप से भावात्मकता की परिणति का चित्रण है। 'आकस्मिकता' इसके लिए एक विशिष्ट आधार का कार्य करती है।

कवि अलंकारों की झड़ी लगा देता है। प्रथम अर्धाली में 'सर सम लगे' उपमा, द्वितीय अर्धाली, 'जिमि जवास परे......' उत्प्रेक्षा, 'मनहुँ मृगी सुनि केहरि.....' उत्प्रेक्षा 'राज देन कह सुभ दिन ......' तृतीय असंगति द्रष्टव्य है। इन सम्पूर्ण अलंकारों का उद्देश्य भाव को प्रकर्षवान तथा सान्द्र बनाना है।

राखि न सकइ न कहि सक जाहू। दुहूँ भाँति उर दारुन दाहू॥
लिखत सुधाकर गा लिखि राहू। बिधि गति बाम सदा सब काहू॥
धरम सनेह उभयँ मति घेरी। भइ गति साँप छछूँदरि केरी॥
राखउँ सुतहि करउँ अनुरोधू। धरमु जाइ अरु बंधु बिरोधू॥
कहउँ जान बन तौ बड़ि हानी। संकट सोच बिबस भइ रानी॥
बहुरि समुझि तिय धरमु सयानी। रामु भरतु दोउ सुत सम जानी॥
सरल सुभाउ राम महतारी। बोली बचन धीर धरि भारी॥
तात जाउँ बलि कीन्हेहु नीका। पितु आयसु सब धरमक टीका॥

दो०— राजु देन कहि दीन्ह बनु मोहि न सो दुख लेसु।
तुम्ह बिनु भरतहिं भूपतिहिं प्रजहिं प्रचंड कलेसु॥५५॥

अर्थ—न वह (राम को) रख सकती है और न कह सकती है कि वन जाओ। दोनों स्थितियों में उसके हृदय में सघन कष्टकारी जलन है। (विधाता) सुधाकर (अमृत तुल्य प्रभावकारी, हृदय को शीतल करने वाले युवराज पद) को लिखते-लिखते राहु (वनगमन का अत्यधिक क्लेशकारी प्रसंग) लिख गया। विधाता की गति सदा सभी के लिए प्रतिकूल है।

धर्म (मर्यादा का परिपालन) एवं पुत्र स्नेह दोनों ने (कौसल्या की) बुद्धि को आवेष्टित कर लिया और (उनकी) दशा साँप (द्वारा निगले) छछुन्दर की हो गई। पुत्र को राखूँ और अनुरोध करूँ तो (इधर) मेरा धर्म नष्ट होगा (उधर) बन्धु विरोध होता है।

यदि वन जाने के लिए कहती हूँ तो बड़ी हानि होती है (पुत्र वियोग एवं स्नेह-मर्यादा की च्युति होगी) इस प्रकार धर्म संकट एवं सोच से रानी कौसल्या विवश हो उठीं। पुनः स्त्रीधर्म को समझ कर बुद्धिमती राम और भरत दोनों को सदृश पुत्र जानकर—

सरल स्वभाववाली राम की माता अत्यधिक धैर्य धारण करके बोली। हे पुत्र! तुमने अच्छा किया, मैं बलि जाती हूँ। पिता की आज्ञा सभी धर्मों से सर्वोपरि है।

राज्य देने को कह कर वनवास दिया, इसके लिए मुझे लेशमात्र भी कष्ट नहीं है (किन्तु चिन्ता

इस बात की है कि) तुम्हारे बिना भरत को, राजा को और प्रजागण को प्रचण्ड क्लेश होगा॥ ५५॥

टिप्पणी—कवि इन पंक्तियों में मानवीय दुर्बलता के ऊपर नैतिक मूल्यों की विजय तथा श्रेष्ठता का प्रतिपादन कौसल्या के आत्मनिर्णय के माध्यम से व्यंजित करता है। सामाजिक सन्तुलन के लिए भारतीय नीति-परम्परा के अनुसार पिता की आज्ञा सर्वोपरि मानी गई है। कैकेयी मानवीय स्नेह और उसकी सामान्य दुर्बलता पर विजय प्राप्त करती हुई अन्यतया श्रेष्ठतर का समर्थन करती है। कवि प्रकारान्तर भाव से भारतीय सांस्कृतिक चेतना को कैकेयी के आत्मनिर्णय द्वारा प्रतिष्ठित करता है। इन्हीं श्रेष्ठताओं के कारण मानस जैसे काव्यों में भारतीय आदर्श तथा नैतिकता काव्यरस के रूप में आस्वादित होकर पाठक के मन पर स्थायी प्रभाव छोड़ जाते हैं।

जौं केवल पितु आयसु ताता। तौ जनि जाहु जानि बड़ि माता॥
जौं पितु मातु कहेउ बन जाना। तौ कानन सत अवध समाना॥
पितु बनदेव मातु बनदेवी। खग मृग चरन सरोरुह सेवी॥
अंतहुँ उचित नृपहिं बनबासू। बय बिलोकि हियँ होइ हराँसू॥
बड़भागी बनु अवध अभागी। जो रघुबंसतिलक तुम्ह त्यागी॥
जौं सुत कहौं संग मोहि लेहू। तुम्हरे हृदयँ होइ संदेहू॥
पूत परम प्रिय तुम्ह सबही के। प्रान प्रान के जीवन जी के॥
ते तुम्ह कहहु मातु बनु जाऊँ। मैं सुनि बचन बैठि पछिताऊँ॥
दो०— यह बिचारि नहिं करउँ हठ झूठ सनेहु बढ़ाइ।
जानि मातु कर नात बलि सुरति बिसरि जनि जाइ॥ ५६॥

अर्थ—हे पुत्र यदि (वनगमन के निमित्त) मात्र पिता की आज्ञा हो तो माता को बड़ी समझ कर वन मत जाओ। यदि माता-पिता (कैकेयी एवं दशरथ) दोनों ने (एक साथ) वनगमन के लिए कहा है तो वन तुम्हारे लिए शत-शत अयोध्या के सदृश है।

(वन में) पिता वनदेवता एवं माता वनदेवी होंगी तथा पक्षी एवं पशु वन में तुम्हारे कमल-चरणों के सेवक होंगे। (केवल एक ही बात का कष्ट है कि) वानप्रस्थ अवस्था में नृप के लिए वनगमन उचित है, (आपके इस बाल) वय को देखकर हृदय में कष्ट होता है।

वन भाग्यशाली है और अयोध्या नगरी अभागिनी है जिसको तुम रघुवंशश्रेष्ठ त्याग रहे हो। हे पुत्र! यदि मैं कहती हूँ कि मुझे साथ ले लो तो तुम्हारे हृदय में मेरी (नैतिक निष्ठा) के प्रति सन्देह हो सकता है।

हे पुत्र! तुम सभी के लिए परम प्रिय हो। तुम प्राणों के भी प्राण एवं चैतन्य के लिए जीवन या (चैतन्य) हो (या जीव के लिए जीवन हो)। (मेरे प्राणों के प्राण एवं चेतना के चैतन्य जैसे) तुम कहते हो कि हे माता मैं वन को जाऊँ (आज्ञा दो और वन के लिए जाऊँ) इस वचन को सुनकर बैठी-बैठी मैं पछताती हूँ।

यह विचार करके और झूठा स्नेह बढ़ाकर हठ नहीं करती हूँ (कि मुझे भी वन ले चलो)। (हे पुत्र ! बलि जाती हूँ, माता का सम्बन्ध मानकर स्मरण करना) मेरी स्मृति भूल न जाना।। ५६॥

टिप्पणी—कौसल्या भाँति-भाँति से अपने हृदय पर पत्थर रखकर पुत्र राम को माता (कैकेयी)—पिता की आज्ञा स्वीकार करके वनगमन के लिए आदेश देने में हिचकती है। वह सकंट की इस घड़ी को अपने कर्त्तव्य की परीक्षा मानती है। कवि इन पंक्तियों के माध्यम से उसके चरित्र की भव्यता को प्रकारान्तर भाव से चित्रित करता है।

देव पितर सब तुम्हहिं गोसाईं। राखहुँ पलक नयन की नाईं॥
अवधि अंबु प्रिय परिजन मीना। तुम्ह करुनाकर धरम धुरीना॥

अस बिचारि सोइ करहु उपाई। सबहि जिअत जेहिं भेंटहु आई॥
जाहु सुखेन बनहिं बलि जाऊँ। करि अनाथ जन परिजन गाऊँ॥
सब कर आजु सुकृत फल बीता। भयउ करालु कालु बिपरीता॥
बहुबिधि बिलपि चरन लपटानी। परम अभागिनि आपुहि जानी॥
दारुन दुसह दाहु उर ब्यापा। बरनि न जाहिं बिलाप कलापा॥
राम उठाइ मातु उर लाई। कहि मृदु बचन बहुरि समुझाई॥

दो०— समाचार तेहि समय सुनि सीय उठी अकुलाइ।
जाइ सासु पद कमल जुग बंदि बैठि सिरु नाइ॥ ५७॥

अर्थ—हे गोस्वामी! (इन्द्रिय निग्रह करने वाले) सभी देवता और पितर तुम्हारी पलक-नेत्र की भाँति रक्षा करें (जिस प्रकार पलकें निरन्तर भाव से वर्तमान अविश्रमित नेत्रों के ऊपर अपनी रक्षा-छाया बनाये रखती हैं, उसी प्रकार देव एवं पितर निरन्तर चौदह वर्षों तक वन में तुम्हारी रक्षा करें।) चौदह वर्षों की अवधि जल है, प्रिय एवं प्रजाजन मत्स्य हैं, हे धर्म की धुरी धारण करने वाले (राम) तुम करुणाकर (व्यंग्यभाव से बादल जैसे) हो अर्थात् १४ वर्षों बाद अपने करुणा-स्नेह-वर्षण से सभी को तृप्त करो अन्यथा अवधि जल सूख जाने पर प्रियजन एवं परिजन तड़प-तड़प कर मर जाएँगे)।

ऐसा विचार करके तुम वह उपाय करना जिससे जीते-जी सबसे आकर मिलो। मैं बलि जाती हूँ, तुम आत्मीयजनों, प्रजाजनों एवं गाँव (अयोध्या नगर : तुलसी के मानस पर ग्राम्य संस्कृति का अविच्छिन्न प्रभाव जिससे वे अयोध्यानगरी को भी गाँव कहते हैं) को अनाथ बनाकर प्रसन्नापूर्वक वन जाओ।

आज सभी के पुण्य फल समाप्त हो गये। काल (भवितव्यता) सभी के लिए विपरीत एवं निष्ठुर (भयंकर) हो गया। इस प्रकार, अपने को परम अभागिनी समझकर अनेक भाँति से विलाप करके वह (राम के) चरणों से लिपट गई।

दुःसह्य एवं अतीव भयंकर दाह हृदय में व्याप्त हो उठा और उसके विलाप-बाहुल्य का वर्णन करते नहीं बनता। राम से माता को उठाकर हृदय से लगा लिया और मीठी वाणी में कहकर पुनः समझाया।

(ठीक) उसी समय समाचार सुनकर सीता व्याकुल हो उठीं। वह (वहाँ) जाकर, सास (कौसल्या) के युग-पद कमलों की वन्दना (प्रणाम करके) करके, सिर झुका कर बैठ गई॥ ५७॥

टिप्पणी—कवि कौसल्या (माता) के शोक को पराकाष्ठा पर पहुँचा कर सीता (पत्नी) के शोक प्रसंग की अवतारणा करता है। वह धर्मनिष्ठा के समक्ष मातृ-स्नेह की बलि देती हुई, पूर्ण शोकावेग से विह्वल व्याकुल हो उठती है। कवि का मन्तव्य इस प्रसंग में भावयोजना की दृष्टि से यही है भी। इसको चरमोत्कर्ष पर पहुँचाकर वह राम की पत्नी सीता की प्रतिक्रिया तथा मानसिक दशा का चित्रण करने के निमित्त उसके आगमन की अवतारणा करता है। 'अवधि अंबु........... करुणाकर धरमधुरीना'—उपमालंकार है। यह उपमा अपने में साधन है, साध्य है, पर्यायोक्ति अलंकार। कौसल्या का यहाँ मन्तव्य यह है कि बादलों की भाँति वर्षाजल के लिए व्याकुल मत्स्य की तरह तड़पते हुए मुझ सहित समस्त अयोध्यावासियों को १४ वर्षों बाद निरापद लौटकर आनन्दित करो। निरापद लौटने की कामना में उसका आशीर्वाद भी छिपा हुआ है। 'जाहु सुखेन........ गाऊँ'—पर्यायोक्ति अलंकार है।

दीन्हि असीस सासु मृदु बानी। अति सुकुमारि देखि अकुलानी॥
बैठि नमित मुख सोचति सीता। रूप रासि पति प्रेम पुनीता॥
चलन चहत बन जीवन नाथू। केहि सुकृती सन होइहि साथू॥

की तनु प्रान कि केवल प्राना। बिधि करतबु कछु जाइ न जाना॥
चारु चरन नख लेखति धरनी। नूपुर मुखर मुधुर कबि बरनी॥
मनहुँ प्रेम बस बिनती करहीं। हमहि सीय पद नहि परिहरहिं॥
मंजु बिलोचन मोचति बारी। बोली देखि राम महतारी॥
तात सुनहु सिय अति सुकुमारी। सास ससुर परिजनहिं पिआरी॥
दो०— पिता जनक भूपाल मनि ससुर भानुकुल भानु।
पति रबिकुल कैरव बिपिन बिधु गुन रूप निधानु॥ ५८॥

अर्थ—सास (कौसल्या ने) मृदु (मन्द और कोमल) वाणी में आशीर्वाद दिया और उनकी अति सुकुमारता को देखकर घबरा गई (घबराने का कारण है चौदह वर्षों का वियोग-कष्ट यह कोमलांगी सीता कैसे सहन कर पायेगी)। सौन्दर्य राशि एवं पवित्र पतिप्रेमपरायण सीता नमित-मुख बैठी सोच रही है।

मेरे जीवन-स्वामी वन चलना चाहते हैं (वनगमन के लिए तत्पर एवं तैयार हैं) (देखें) किस पुण्यवान (प्राण या शरीर तथा प्राण दोनों) से उनका साथ होगा। या तो शरीर और प्राण दोनों (अर्थात्, मैं सशरीर पति के साथ चलूँगी) या केवल प्राण (अर्थात्, यदि मुझे साथ नहीं लिवा जाते तो शरीरान्त हो जाने के कारण मात्र प्राण उनके साथ जायेगा)। विधाता का खिलवाड़ कुछ समझ में नहीं आता।

(सीता अपने) सुन्दर चरण-नख से धरती को कुरेंद रही है (लेखति)। (कुरेंदने के कारण गति भंगिमा से ध्वनित) नूपरों की मधुर मुखरता (ध्वनि) या मुखरता के व्याज (बहाने) से कवि इस प्रकार वर्णन करता है मानो वे प्रेमवश विनय कर रहे हैं कि सीता के चरण हमें न त्यागें।

(यदि आप सीता को साथ नहीं लिवा जाते तो वह प्राणान्त कर लेगी या १४ वर्षों तक वियोगिनी का जीवन व्यतीत करेगी। दोनों ही स्थितियों में हमें चरण त्यागना पड़ेगा, अतः नूपूरोक्ति के व्याज से कवि की व्यंजना है कि राम सीता को अपने साथ अवश्य लिवा चलें, तभी उसके चरणों के साथ हमारा रहना सम्भव हो सकेगा)। (सीता) रमणीक नेत्रों से अश्रुजल बहा रही है। उसे (इस दशा में देखकर) राम की माती बोलीं, हे पुत्र! सुनो, सीता अत्यन्त कोमलांगी है तथा सास, श्वसुर एवं आत्मीय जनों को अत्यधिक प्रिय है।

(जहाँ तक उसके ऐश्वर्य का प्रश्न है) उसके पिता जनक भूपालों के मणिस्वरूप (मूर्धन्य स्थित) हैं, श्वसुर (दशरथ) सूर्यवंश के सूर्य (अत्यन्त प्रतापी) हैं। सम्पूर्ण गुण एवं सौन्दर्य की राशि (उसके) पति (आप) सूर्यवंशरूपी कुमुद विपिन (वन) के लिए चन्द्र हैं॥ ५८॥

टिप्पणी—सीता के प्रसंग को कवि कौसल्या-प्रसंग से भिन्न रूप में रखता है। वह राम की अभिन्न सहचरी होने के कारण वनवास से उतनी दुखी नहीं है, जितनी वियोग की परिकल्पना से। जिसके नूपुर वियोग की कल्पना से शोकतप्त हैं, उसकी वियोग-वेदना अकल्पनीय है। कवि इन पंक्तियों के माध्यम से सीता के परम सौन्दर्य एवं अतुल्य समृद्धि तथा सौभाग्य का चित्रण कर रहा है। कवि के रचना कौशल की प्रकृति जो इस प्रसंगों में विशेष रूप से द्रष्टव्य है, वह है दो भिन्न विरोधी विपरीत चरमोत्कर्ष प्राप्त भावों का एक-दूसरे में संक्रमण कराना। दशरथ के अतीव आनन्द की कष्ट की मूर्च्छा में परिणति, कौसल्या की गहन पुत्रासक्ति को कष्टकारी वियोग कष्ट में परिणत करा देना पूर्व के वर्णित दो विशिष्ट उदाहरण हैं। तीसरा उदाहरण सीता का है। वह अनिंद्य सुन्दरी, अतुलनीय ऐश्वर्य तथा सौभाग्य का भोग करने वाली, अन्त में मलिन वेशधारी पति के साथ अरण्यवास के कंटकमय मार्ग पर निकल पड़ती है। आनन्द के चरणोत्मर्ष का शोकभाव में संक्रमण कराने के लिए कवि की वर्णन कला अपने में विशेष स्पृहणीय है। 'चारु चरन नख लेखत..........परिहरहीं'—सामान्यतया उत्प्रेक्षालंकार है। इसके

माध्यम से वह पर्यायोक्ति अलंकार को व्यंजित कर रहा है। 'पति रबि कुल.........बिधानु'— रूपकालंकार है।

मैं पुनि पुत्रबधू प्रिय पाई। रूप रासि गुन सील सुहाई॥
नयन पुतरि करि प्रीति बढ़ाई। राखेउँ प्रान जानकिहिं लाई॥
कलप बेलि जिमि बहु बिधि लाली। सींचि सनेह सलिल प्रतिपाली॥
फूलत फलत भयउ बिधि बामा। जानि न जाइ काह परिनामा॥
पलँग पीठ तजि गोद हिंडोरा। सियँ न दीन्ह पगु अवनि कठोरा॥
जिअन मूरि जिमि जोगवत रहऊँ। दीप बाति नहिं टारन कहऊँ॥
सोइ सिय चलन चहति बन साथा। आयसु काह होइ रघुनाथा॥
चंद किरन रस रसिक चकोरी। रबि रुख नयन सकइ किमि जोरी॥

दो०— करि केहरि निसिचर चरहिं दुष्ट जंतु बन भूरि।
बिष बाटिकाँ कि सोह सुत सुभग संजीवनि मूरि॥ ५९॥

अर्थ—सौन्दर्य राशि, गुण तथा शील से शोभित (ऐसी ऐश्वर्य एवं सौभाग्यशालिनी सीता को) मैंने, फिर, प्रिय पुत्रवधू के रूप में प्राप्त किया है। मैंने इसे नेत्रों की पुतली बनाकर, अत्यधिक प्रीति बढ़ाकर (रखा है) साथ ही अपने प्राणों को इस जानकी से लागकर रखा है।

जैसे कल्पलता अनेक-अनेक यत्नों से पोषित एवं स्नेह जल से सींच-सींच करके प्रतिपालित की गई हो—किन्तु उसके फूलने और फलने के समय विधाता वाम हो गये हैं (ठीक वैसी ही स्थिति सीता की है) जाना नहीं जाता, इनका अन्त (परिणाम) क्या होगा?

(सीता ने) पर्यंक-पीठ (आसन या विश्राम स्थल) (यदि) छोड़ा (होगा) तो (मेरी) गोद में (रही होगी) या हिंडोले (पर)—उसने कभी भी (आज तक) कर्कश भूमि पर चरणन्यास नहीं किया है। (अपने प्राणों के रक्षार्थ) संजीवनी बूटी की भक्ति जिसे सँजोये (जोगवत) रखा और दीपक की बत्ती तक को भी खिसकाने (घटाने-बढ़ाने) का कार्य करने को नहीं कहा।

वही सीता आपके साथ वन जाना चाहती है, हे रघुनाथ! क्या आज्ञा होती है (अयोध्या के सुख-विलास) चन्द्र-किरणों के रसपान की रसिक चकोरी (सीता) अपने नेत्रों को सूर्य (प्रचण्ड वन) का रुख करके कैसे (उसे) मिलाये (जोरी) रह सकती है?

हाथी, सिंह, राक्षस तथा वन में अनेक दुष्ट जन्तु विचरण करते हैं। हे पुत्र! क्या विष-वाटिका (अरण्य) के मध्य संजीवनी बूटी (सीता) शोभा प्राप्त कर सकती है?॥ ५९॥

टिप्पणी—सीता के सौन्दर्य, गुण, शील, ऐश्वर्य की पराकाष्ठा का संकेत करता हुआ परिस्थिति के वैषम्य को उपलक्षित करके कवि उसके वनगमन की प्रस्तावना इस पंक्तियों में करता है। कवि अपने वर्णन कौशल के रूप में सीता के ऐश्वर्य तथा वन के संकट इन दोनों के बीच निहित विषमता को आलंकारिक भाषा के माध्यम से व्यंजित करके वर्णन को प्रभावशाली बनाता है।

बन हित कोल किरात किसोरी। रचीं बिरंचि बिषय सुख भोरी॥
पाहन कृमि जिमि कठिन सुभाऊ। तिन्हहि कलेसु न कानन काऊ॥
कै तापस तिय कानन जोगू। जिन्ह तप हेतु तजा सब भोगू॥
सिय बन बसहि तात केहि भाँती। चित्रलिखित कपि देखि डेराती॥
सुरसर सुभग बनज बन चारी। डाबर जोगु कि हंसकुमारी॥
अस बिचारि जस आयसु होई। मैं सिख देउँ जानकिहिं सोई॥
जौं सिय भवन रहै कह अंबा। मोहि कहँ होइ बहुत अवलंबा॥
सुनि रघुबीर मातु प्रिय बानी। सील सनेह सुधाँ जनु जानी॥

दो०— कहि प्रिय बचन बिबेक मय कीन्हि मातु परितोष।
लगे प्रबोधन जानकिहिं प्रगटि बिपिन गुन दोष॥ ६०॥

अर्थ—वन के लिए, विधाता ने किरात-किशोरियों की रचना की है जो विषय रस से अपरिचित (भोरी) हैं। पत्थर को खाने वाले कीड़े की भाँति—जिसका कठोर स्वभाव है, उन्हें वन में कोई कष्ट नहीं है।

या फिर, तपस्वियों की स्त्रियाँ वन के योग्य होती हैं जिन्होंने तप की पूर्ति के निमित्त सम्पूर्ण भोगों को त्याग दिया है। हे पुत्र! सीता किस प्रकार वन में रहेगी जो चित्र में बने कपि को भी देखकर भयभीत होती है।

निर्मल मानसरोवर के कमलवन में विचरण करने वाली हंसकुमारी क्या कीचड़ युक्त छोटे तालाब में रह सकती है? ऐसा विचार करके, (आपकी) जैसी आज्ञा हो, मैं जानकी को वैसी ही शिक्षा दूँ।

माता कहती है कि यदि सीता राजभवन में रहती है तो मेरे लिए बहुत (अधिक) आधार (सहारा : अवलम्ब) होगा। राम ने माँ की शील-स्नेह युक्त प्रिय वाणी सुनी जो मानो अमृत में सनी हो।

विवेक से परिपूर्ण एवं प्रिय वचनों के द्वारा (राम ने) माता को परितुष्ट किया और फिर वन (निवास) के गुण-दोषों का कथन करते हुए वे जानकी को प्रबोधित करने लगे॥ ६०॥

टिप्पणी—माता कौसल्या सीता की कोमलता की सापेक्षता में वन के संकटों का वर्णन करती हुई यह संकेतभाव से व्यंजित करती हैं कि सीता वनगमन न करें। काँटों का बोध कराने का काव्यात्मक पक्ष यही है कि कोमलांगी सीता जिसका लालन-पालन इतने वैभवपूर्ण ढंग से हुआ है। जो कपि के चित्र को देखकर भी भय का अनुभव करती है, यदि पति के साथ वनगमन करेगी तो निश्चित ही अभिव्यक्त होने वाला शोक एवं करुण तत्त्व की सान्द्रता पर बल पड़ेगा।

मातु समीप कहत सकुचाहीं। बोले समउ समुझि मन माहीं॥
राजकुमारि सिखावनु सुनहू। आन भाँति जियँ जनि कछु गुनहू॥
आपन मोर नीक जौं चहहू। बचनु हमार मानि गृह रहहू॥
आयसु मोर सासु सेवकाई। सब बिधि भामिनि भवन भलाई॥
एहि ते अधिक धरम नहिं दूजा। सादर सासु ससुर पद पूजा॥
जब जब मातु करिहिं सुधि मोरी। होइहि प्रेम बिकल मति भोरी॥
तब तब तुम्ह कहि कथा पुरानी। सुंदरि समुझाएहु मृदु बानी॥
कहउँ सुभायँ सपथ सत मोही। सुमुखि मातु हित राखउँ तोही॥

दो०— गुर श्रुति संमत धरम फलु पाइअ बिनहिं कलेस।
हठ बस सब संकट सहे गालव नहुष नरेस॥ ६१॥

अर्थ—राम (माता के समक्ष) कहते हुए संकोच का अनुभव करते हैं किन्तु समय को मन में विचारकर बोले। हे राजपुत्री! मेरी शिक्षा सुनो और इसे हृदय में अन्यथा भाव न समझो (गुनहू)।

अपना और मेरा यदि हित (अच्छा; भलाई—नीक) चाहती हो, तो मेरे वचनों को स्वीकार करके गृह (भवन) में रहो। मेरी आज्ञा (परिपालन) और सास के सेवा के लिए, हे भामिनि! सब प्रकार से भवन (निवास) में ही, तुम्हारा (हित) है।

आदरपूर्वक सास तथा स्वसुर के चरणों की पूजा की जाये इससे बड़ा (स्त्रियों के लिए) अन्य कोई धर्म नहीं है। जब-जब माता मेरा स्मरण करें और प्रेम से विह्वल तथा बेसुध मति वाली हों।

तब-तब तुम कोमल वाणी में पुराख्यानों को कह-कह कर समझाना। हे सुमुखि! मैं सहज

भाव से कहता हूँ और मुझे सैकड़ों शपथ है कि मैं तुझे माता के लिए (यहाँ) रख रहा हूँ।

गुरु और श्रुति (वेद) के अनुकूल (सम्मत) धर्मफल बिना क्लेश के प्राप्त होते हैं किन्तु, हठवश (अर्थात् जो हठवश अपने से श्रेष्ठ तथा वेदशास्त्रादि की वाणी या उपदेशों की उपेक्षा करते हैं) वे गालब ऋषि एवं राजा नहुष की भाँति सम्पूर्ण संकटों को सहन करते हैं॥ ६१॥

टिप्पणी—राम सीता से माता-पिता की सेवा के बहाने अयोध्या में रुकने के लिए आग्रह करते हैं। वे इसके लिए शास्त्र का भी आश्रय लेते हैं। यह सीता के वनगमन का निषेध पक्ष (या पूर्व पक्ष) है किन्तु सीता राम के बिना अयोध्या में रह ही नहीं सकती। वह पति की संगति में सर्वथाभावेन निमग्न सास, स्वसुर, गुरु , शास्त्र तथा श्रुति सभी के प्रबोधनों पर ध्यान नहीं देती। उसकी संसक्ति ही पूर्व पक्ष से यहाँ व्यंजित है।

मैं पुनि करि प्रवान पितु बानी। बेगि फिरब सुनु समुखि सयानी।।
दिवस जात नहिं लागहिं बारा। सुंदरि सिखवनु सुनहु हमारा॥
जौं हठ करहु प्रेम बस बामा। तौ तुम्ह दुखु पाउब परिनामा॥
काननु कठिन भयंकरु भारी। घोर घामु हिम बारि बयारी॥
कुस कंटक मग काँकर नाना। चलब पयादेहिं बिनु पदत्राना॥
चरन कमल मृदु मंजु तुम्हारे। मारग अगम भूमिधर भारे॥
कंदर खोह नदी नद नारे। अगम अगाध न जाहिं निहारे॥
भालु बाघ बृक केहरि नागा। करहिं नाद सुनि धीरजु भागा॥
दो०— भूमि सयन बलकल बसन असनु कंद फल मूल।
ते कि सदा सब दिन मिलहिं सबुइ समय अनुकूल॥ ६२॥

अर्थ—मैं पिता की वाणी को प्रमाणित (पूरा) करके, हे सुमुखि! सुनो, शीघ्र ही लौटूँगा। हे सुन्दरी! मेरी शिक्षा पर ध्यान दो (सुनो), दिन बीतते देर नहीं लगती है।

हे वामा! (पत्नी) यदि प्रेम विवश होकर (साथ चलने के लिए) हठ करोगी तो उसके परिणाम में (फल के रूप में) तुम दुःख प्राप्त करोगी। वन कठोर और अत्यधिक भयंकर (भयावह) होते हैं। धूप, हिम, वर्षा एवं वायु के थपेड़े (अत्यधिक) प्रचण्ड होते हैं।

कुश, कंटक एवं कंकड़ मार्ग में अधिक हैं, और (इस पर भी) बिना पदत्राण (पदरक्षक जूता, चप्पल, खड़ाऊँ आदि) के पैदल चलना। तुम्हारे चरण-कमल अत्यधिक कोमल तथा सुन्दर हैं और (दूसरी ओर) पहाड़ी मार्ग दुर्गम तथा बड़े पर्वतों से युक्त हैं।

कन्दराएँ, खोह, नदियाँ, छोटी नदियाँ, नाले ऐसे दुर्गम तथा गहरे हैं कि देखे नहीं जाते (उन्हें देखकर भय लगता है)। रीछ, व्याघ्र, भेंड़िए, सिंह और हाथी (इस प्रकार से) भयंकर ध्वनि करते हैं कि सुनकर धैर्य भाग जाता है।

भूमिस्थली पर शयन, वस्त्र के स्थान पर छाल के वस्त्र तथा भोजन के नाम पर कन्द-मूल फल और वे भी क्या, सर्वथाभावेन, सभी प्रहर एवं सभी दिन, समयानुकूल मिल सकेंगे?।। ६२॥

टिप्पणी—राम सीता को समझाने के लिए प्रारम्भ में गुरु-शास्त्र वचनों को आधार बनाते हैं, पुनः उसकी सुकुमारता की ओर उसका ध्यान आकर्षित करते हुए वन के उन भयंकर कष्टों का उल्लेख करते हैं जो सर्वथा भयावह हैं। यही नहीं, भय के अतिरिक्त सामान्य जीवन निर्वाह के उन संकटों की ओर भी संकेत करते हैं जो उस जीवन के प्रति विरक्ति उत्पन्न करते हैं। गुरुशास्त्र वचन की भाँति यह भी भावी शोक एवं करुण भाव का पूर्व पक्ष है। ऐसे संकटों एवं असुविधाओं के बावजूद कोमलांगी सीता वनगमन करती है।

नर अहार रजनीचर चरहीं। कपट बेष बिधि कोटिक करहीं॥
लागइ अति पहार कर पानी। बिपिन बिपति नहिं जाइ बखानी॥

ब्याल कराल बिहग बन घोरा। निसिचर निकर नारि न चोरा॥
डरपहिं धीर गहन सुधि आएँ। मृगलोचनि तुम्ह भीरु सुभाएँ॥
हंसगवनि तुम्ह नहिं बन जोगू। सुनि अपजसु मोहि देइहि लोगू॥
मानस सलिल सुधाँ प्रतिपाली। जिअइ कि लवन पयोधि मराली॥
नव रसाल बन बिहरन सीला। सोह कि कोकिल बिपिन करीला॥
रहहु भवन अस हृदय बिचारी। चंद बदनि दुखु कानन भारी॥
दो०— सहज सुहृद गुर स्वामि सिख जो न करइ सिर मानि।
सो पछिताइ अघाइ उर अवसि होइ हित हानि॥ ६३॥

अर्थ—मनुष्य का आहार करने वाले राक्षस निरन्तर विचरण करते हैं और वे अनेक विधियों के कपट वेष विन्यास करते हैं। (वन में) पहाड़ का पानी (पहाड़ी झरने या कुण्ड) अत्यधिक व्याधि कष्टकारी (लागइ—अवधी की विशिष्ट शब्द, पानी लगना) होता है और वन की (अन्य) विपत्तियों का वर्णन नहीं किया जा सकता।

दुर्गम वन में भयंकर सर्प तथा पक्षी (या, वन में भयंकर सर्प तथा भयानक पक्षी) एवं नर-नारियों को चुराने वाले राक्षस समूह हैं। धैर्यवान् भी गहन वन का स्मरण आते ही डर का अनुभव करते हैं, हे मृगनेत्रि! तुम तो नैसर्गिक रूप से ही स्वभाव-भीरु हो।

हे हंसगामिनि! तुम वन के योग्य नहीं हो। (तुम्हारे वनगमन को) सुनकर मुझे लोग (समाज, कवि जन आदि) अपयश देंगे। मानसरोवर के जल में अमृत से प्रतिपालित हंसिनी क्या समुद्र के खारे जल में जीवित रह सकती है?

नवीन (वसंतागम से मंजरित) आम्र वन के विहार में प्रवृत्त कोकिला क्या करील के जंगल में शोभित होगी। इसलिए, हे चन्द्रमुखी! हृदय में इस प्रकार विचार करके भवन में ही रहो, वन में भयंकर कष्ट हैं।

नैसर्गिक रूप से आत्मीय जन (सुहृद), गुरु, स्वामी की सीख को श्रद्धया स्वीकार करके जो नहीं आचरण करता वह हृदय से भरपेट पछताता है, और उसके हितों की निश्चित रूप से हानि होती है।। ६३॥

टिप्पणी—राम सीता के वनगमन के लिए विमुखता का तर्क प्रस्तुत करते हुए मनुष्यों को चुराकर खा जाने वाले राक्षसों, भयंकर सर्पादि का विवरण देते हैं, साथ ही, उसकी कोमलता तथा सुन्दरता को भी इस प्रतिबंध का कारण बताते हैं—और सबसे अन्त में, नैतिक उपदेश कि बड़ों की आज्ञा का तिरस्कार करने वाले भयंकर कष्ट भोगते हैं—को कहकर यह आशा करते हैं कि उनके समझाने से सीता वनगमन नहीं करेगी! जैसा कि, पूर्व लक्षित है, एक कोमलांगी का वनगमन सहानुभूतिपूर्ण करुणा का सर्वतोत्कृष्ट उदाहरण है—इसीलिए सभी पूर्व हेतुओं एवं सम्भावनाओं की उद्भावना कवि कर लेता है। राम की वनयात्रा में सीता को देखकर पाठकों के मन का करुण भाव अधिक वेगवान तथा सांद्र हो उठता है। सीता की यही कोमलता वनगमन की कठोरता के चरमोत्कर्ष पर अपना विक्षेपात्मक प्रभाव डालती है।

सुनि मृदु बचन मनोहर पिय के। लोचन ललित भरे जल सिय के॥
सीतल सिख दाहक भइ कैसें। चकइहि सरद चंद निसि जैसें॥
उतरु न आव बिकल बैदेही। तजन चहत सुचि स्वामि सनेही॥
बरबस सेकि बिलोचन बारी। धरि धीरजु उर अवनि कुमारी॥
लागि सासु पग कह कर जोरी। छमबि देबि बड़ि अबिनय मोरी॥
दीन्हि प्रानपति मोहि सिख सोई। जेहि बिधि मोर परम हित होई॥
मैं पुनि समुझि दीखि मन माहीं। पिय बियोग सम दुखु जग नाहीं॥

दो०— प्राननाथ करुनायतन सुंदर सुखद सुजान।
तुम्ह बिनु रघुकुल कुमुद बिधु सुरपुर नरक समान॥ ६४॥

अर्थ—पति की मनोहारी एवं मोमल वाणी सुनकर सीता के सुन्दर नेत्र अश्रुपूरित हो उठे। (राम द्वारा) वह शीतलवाणी में दी गई शिक्षा (सीता के लिए) इस प्रकार जलाने वाली (कष्टकारी) बनी जैसे चक्रवाकी के लिए शरद् चन्द्रमा की रात्रि।

उत्तर नहीं निकल रहा है, और सीता (इस बात पर व्याकुल हो गई कि) मेरे पवित्र स्नेही मुझे छोड़ना चाहते हैं। हठात् नेत्रों के अश्रुप्रवाह (बारी) को रोक कर और पृथ्वी पुत्री (जानकी) हृदय में धैर्य धारण करके—

अपनी सास के चरणों में लगती हुई हाथ जोड़ कर बोली, हे देवी! मेरी इस बहुत बड़ी अवज्ञा को क्षमा करें (सास के समक्ष पति से बात करने की अवज्ञा) प्राणनाथ ने मुझे वही शिक्षा दी है जिससे मेरा परम हित हो।

फिर भी, मैंने मन में समझा और देखा कि संसार में (एक नारी के लिए) पति वियोग से बड़ा और कोई कष्ट नहीं है।

हे प्राणनाथ! हे करुणानिधान! हे सुन्दर सुखदाता! हे सुजान! हे रघुकुलरूपी कुमुद समूह के चन्द्र! आपके बिना (मेरे लिए) देवपुरी भी नरक के सदृश है॥ ६४॥

टिप्पणी—राम के तर्कों का उत्तर सीता एक ही वाक्य में देती है कि आपके वियोग से उत्पन्न होने वाले कष्टों की तुलना में आप द्वारा वर्णित समस्त कष्ट सामान्य प्रतीत होते हैं। पत्नी के लिए पतिवियोग से बड़ा कष्ट और क्या हो सकता है? सीता सम्पूर्ण शील एवं सौमनस्य को प्रकट करती हुई अपने तर्क को अकाट्य रूप में रखती है। आगे कवि पतिविहीनता को विशेष से सामान्यीकरण की ओर ले जाता है। इस सामान्यीकरण के लिए दिया गया तर्क पत्नी के वैधव्य तक खिंचता है—जो थोड़ा-सा अतिरंजित तो है किन्तु अपने में अकाट्य एवं प्रबल हो उठता है।

मातु पिता भगिनी प्रिय भाई। प्रिय परिवारु सुहृद समुदाई॥
सासु ससुर गुर सजन सहाई। सुत सुंदर सुसील सुखदाई॥
जहँ लगि नाथ नेह अरु नाते। प्रिय बिनु तियहि तरनिहु ते ताते॥
तनु धनु धामु धरनि पुर राजू। पति बिहीन सबु सोक समाजू॥
भोग रोगसम भूषन भारू। जम जातना सरिस संसारू॥
प्राननाथ तुम्ह बिनु जग माहीं। मो कहुँ सुखद कतहुँ कछु नाहीं॥
जिय बिनु देह नदी बिनु बारी। तैसिअ नाथ पुरुष बिनु नारी॥
नाथ सकल सुख साथ तुम्हारें। सरद बिमल बिधु बदनु निहारें॥

दो०— खग मृग परिजन नगरु बनु बलकल बिमल दुकूल।
नाथ साथ सुरसदन सम परनसाल सुखु मूल॥ ६५॥

अर्थ—पिता, माता, बहन, प्रिय भाई, आत्मीय परिवार एवं अन्य हितैषी गण, सास, स्वसुर, गुरु एवं सहायक स्वजन, सुन्दर, सुशील तथा सुख देने वाला पुत्र,

और हे नाथ! जहाँ तक अन्य स्नेह और सम्बन्ध हैं (सभी) पति के बिना पत्नी के लिए सूर्य से भी अधिक संतापकारी हो जाते हैं। शरीर, सम्पत्ति, भवन, पृथ्वी, नगर तथा राज्य पति के अभाव में सभी शोक की सामग्री हैं।

(पति के अभाव में) भोग रोग की भाँति तथा आभूषण भार स्वरूप (हो जाते) हैं। समस्त संसार यम-यातना की भाँति (कष्टकारी हो जाता) है। हे प्राणनाथ! संसार में तुम्हारे बिना कहीं कुछ भी मेरे लिए सुखद नहीं है।

(जैसे) बिना जीवन के देह तथा बिना जल की नदी, हे नाथ! उसी प्रकार पुरुष (पति) के बिना नारी (पत्नी) है। हे नाथ! आपके शरद कमल समान (निर्मल एवं रमणीक) चन्द्र-मुख को निहारने (देखने में ही) में सारे सुख साथ में हैं (रहेंगे)।

हे नाथ! पक्षी एवं पशु कुटुम्बी जन, वन-नगर, छाल , पवित्र वस्त्र तथा पर्णकुटी (पत्ते की छाई गई कुटी) इन्द्र भवन के सदृश सुखमूलक होगी॥ ६५॥

टिप्पणी—पतिविहीनता एवं पति-साहचर्य इन दोनों की तुलना करते हुए; सीता इन पंक्तियों में तुलनात्मक दृष्टि से पति के साथ में ही 'सुख-सन्तोष' की परिकल्पना करती हैं।

बनदेबीं बनदेव उदारा। करिहहिं सासु ससुर सम सारा॥
कुस किसलय साथरी सुहाई। प्रभु संग मंजु मनोज तुराई॥
कंद मूल फल अमिय अहारू। अवध सौध सत सरिस पहारू॥
छिनु छिनु प्रभु पद कमल बिलोकी। रहिहउँ मुदित दिवस जिमि कोकी॥
बन दुख नाथ कहे बहुतेरे। भय बिषाद परिताप घनेरे॥
प्रभु बियोग लवलेस समाना। सब मिलि होहिं न कृपानिधाना॥
अस जियँ जानि सुजान सिरोमनि। लेइअ संग मोहि छाँड़िअ जनि॥
बिनती बहुत करौं का स्वामी। करुनामय उर अंतरजामी॥
दो०— राखिअ अवध जो अवधि लगि रहत न जनिअहिं प्रान।
दीनबंधु सुंदर सुखद सील सनेह निधान॥ ६६॥

अर्थ—वनदेवी तथा वनदेवता सास श्वसुर की भाँति मेरी देखभाल (लालन-पालन) करेंगे। कुश तथा नये पत्तों की बनी साथरी (एक विशेष प्रकार की चटाई जैसी) स्वामी के साथ कामदेव के तोषक (रुई डालकर बनाई गई) के सदृश शोभित होगी।

कन्द, मूल, फल अमृत (सदृश) स्वादु भोजन एवं पहाड़ अयोध्या के शत-शत प्रासादों के सदृश (आपके साथ रहने पर) होंगे। क्षण-क्षण स्वामी के चरण-कमलों को देखकर दिन में चक्रवाती की भाँति प्रसन्न रहूँगी।

हे नाथ! वन के अनेक कष्टों, भय, विषाद तथा अनेकों कष्टों के बारे में आपने कहा। ये सम्पूर्ण कष्ट मिलकर, हे स्वामी! आपके वियोग के पलक निमेष (लव) से भी अल्प (लेश) काल के वियोग के बराबर भी नहीं होंगे।

हे सहृदयशिरोमणि! ऐसा जानकर, आप मुझे साथ ले लें और छोड़ें नहीं। हे करुणामय! हे हृदय के अन्तर्यामिन्! हे स्वामी! और अधिक विनती क्या करूँ?

हे दीनबन्धु! हे सुन्दर सुखों के आश्रय!! हे शील एवं स्नेह के आगार!!! यदि (चौदह वर्षों की) अवधि तक मुझे अयोध्या में रखा तो प्राण को रहता हुआ न जानेंगे (अर्थात् प्राणान्त हो जायेगा)॥ ६६॥

टिप्पणी—कवि सीता के वचनों द्वारा उनकी आन्तरिक संसक्ति का चित्रण करता हुआ वियोग की अन्तिम एवं एकादश अवस्था 'मरण' की ओर संकेत करता है। वियोग की सम्भावना को वह इस भाव सीमा तक पहुँचा कर कवि सीता का राम के साथ जाना एक अनिवार्यता बना देता है। वैसे यहाँ सीता के तर्कों का उत्तर स्वयं राम की निरुत्तरता है।

मोहि मग चलत न होइहि हारी। छिनु छिनु चरन सरोज निहारी॥
सबहिं भाँति प्रिय सेवा करिहौं। मारग जनित सकल श्रम हरिहौं॥
पाय पखारि बैठि तरु छाहीं। करिहउँ बाउ मुदित मन माहीं॥
श्रम कन सहित स्यामु तनु देखें। कहँ दुख समउ प्रानपति देखें॥

सम महि तृन तरु पल्लव डासी। पाय पलोटिहि सब निसि दासी॥
बार बार मृदु मूरति जोही। लागिहिं तात बयारि न मोही॥
को प्रभु सँग मोहि चितवननिहारा। सिंघबधुहि जिमि ससक सियारा॥
मैं सुकुमारि नाथ बन जोगू। तुम्हहि उचित तप मो कहुँ भोगू॥

दो०— ऐसेउ बचन कठोर सुनि जौ न हृदउ बिलगान।
तौ प्रभु बिषम बियोग दुख सहिहहिं पावँर प्रान॥ ६७॥

अर्थ—क्षण-क्षण (आपके) चरणकमलों को देखकर मार्ग चलते हुए मुझे श्रमजन्य थकावट (हारी, अवधी हारु) नहीं आयेगी। सभी भाँति आपकी सेवा करती हुई मार्गजन्य समस्त श्रम को दूर करूँगी।

(आपके) चरणों को धोकर, वृक्ष की छाया में बैठकर मन में प्रमुदित होकर वायु झलूँगी। परिश्रम से उत्पन्न स्वेद कण से युक्त आपके श्यामल शरीर को देखकर और प्राणपति को देखते रहने से दु:ख का समय कहाँ (रहेगा)।

समतल पृथ्वी पर घास (तृण) तथा तरुपल्लवों को बिछाकर (डासी) यह दासी सम्पूर्ण रात्रि (सब निसि) (आपके) चरणों को दबायेगी। बार-बार आपकी कोमल मूर्ति देख-देखकर, मुझे तप्त हवा नहीं लगेगी।

स्वामी के साथ कौन मुझे (अनिष्ट भाव से) ताकने वाला है (आँख उठाकर देख तक नहीं सकता, अनिष्ट पहुँचाने की बात कौन करे!) जिस प्रकार सिंहवधू (सिंहिनी) को (तुच्छ) शशक और सियार। (काकु व्यंग्य से सीता कहती हैं) मैं कोमलांगी हूँ और हे नाथ! आप वन के योग्य हैं (आप मुझसे भी कोमल हैं अत: आपको तो और भी वन नहीं जाना चाहिए)। आपके लिए तपस्या उचित है और मुझे (अयोध्या में) भोग-विलास (अर्थात्, यदि आप उदासीन की भाँति अरण्यवास करेंगे तो पत्नी के रूप में क्या मेरे लिए यह उचित होगा कि मैं अयोध्या में रहकर समस्त भोगों को भोगूँ?)।

(अयोध्या में ही रहो) ऐसे कठोर वचनों को सुनकर यदि मेरा हृदय विदीर्ण नहीं हुआ तो हे प्रभु! आपके वियोग से उत्पन्न विषम दु:ख भी ये नीच (पाँवर : पामर) प्राण सह लेंगे॥ ६७॥

टिप्पणी—सीता राम के साथ जाने के लिए अपने दृढ़ संकल्प को दुहराती हुई उनके उन समस्त तर्कों को निराधार बताती हैं, जो उसके लिए कष्ट के विशेष हेतु के रूप में थे। कवि राम-सीता के बीच नियोजित इस कथोपकथन द्वारा प्रासादिकता की सृष्टि करता है। पति के सानिध्य मात्र से सभी सुखों की परिकल्पना और सम्पूर्ण संकटों का निवारण भारतीय परम्परा की एक आदर्श सामाजिक स्थिति है। इस सामाजिक आदर्श के निर्वाह द्वारा एक सर्वथा निर्दोष, सर्वथा पवित्र तथा सुकुमार दम्पति का वनगमन पाठक की सहानुभूति को स्वत: आकर्षित करता है।

अस कहि सीय बिकल भइ भारी। बचन बियोगु न सकी सँभारी॥
देखि दसा रघुपति जियँ जाना। हठि राखें नहिं राखिहिं प्राना॥
कहेउ कृपाल भानुकुलनाथा। परिहरि सोचु चलहु बन साथा॥
नहि बिषाद कर अवसरु आजू। बेगि करहु बन गवन समाजू॥
कहि प्रिय बचन प्रिया समुझाई। लगे मातु पद आसिष पाई॥
बेगि प्रजा दुख मेटब आई। जननी निठुर बिसरि जनि जाई॥
फिरिहि दसा बिधि बहुरि कि मोरी। देखिहउँ नयन मनोहर जोरी॥
सुदिन सुघरी तात कब होइहि। जननी जिअत बदन बिधु जोइहि॥

दो०— बहुरि बच्छ कहि लालु कहि रघुपति रघुबर तात।
कबहिं बोलाइ लगाइ हियँ हरषि निरखिहउँ गात॥ ६८॥

अर्थ—ऐसा कहकर सीता अत्यधिक व्याकुल हुई और 'वियोग' का कथन मात्र भी न सँभाल सकीं (सह सकीं)। उनकी इस दशा को देखकर राम ने हृदय में विचार किया कि (इसे) हठपूर्वक (अयोध्या में) रखने से यह प्राण को सुरक्षित नहीं रख पायेगी।

सूर्यवंश के स्वामी, कृपालु (राम ने) कहा, (हे सीते!) सोच को परित्याग करके साथ-साथ वन चलो। आज विषाद करने का अवसर नहीं है, इसलिए शीघ्र ही वनगमन की तैयारी (सज्जा : समाज) करो।

प्रिय वचनों को कहकर राम ने पत्नी को समझाया और माता के चरणों का स्पर्श किया तथा आशीर्वाद प्राप्त किया। (माता ने राम से कहा कि) तुम शीघ्र ही आकर प्रजाजन का दुःख दूर करना और इस निष्ठुर माता को भूल मत जाना।

(कौसल्या कहती है कि) हे विधाता! क्या मेरी यह दशा पुनः लौटेगी। इस मनोहर जोड़ी को (पुनः क्या) मैं नेत्रों से देख सकूँगी? हे पुत्र! वह मंगलदायक दिन कब होगा जब (यह) माता जीते-जी तुम्हारे मुख-चन्द्र को देखेगी॥

पुनः कभी वत्स कहकर, लाल कहकर, कभी रघुपति, रघुवर पुत्र कहकर, बुलाकर, हृदय से लगाकर हर्षित भाव से तुम्हारे शरीर को कभी क्या निहार सकूँगी॥ ६८॥

टिप्पणी—कवि इन पंक्तियों में कौसल्या के वात्सल्य स्नेह एवं मातृ वियोग का हृदय विदारक चित्रांकन करता हुआ पाठकों में शोक तथा करुणा के व्यापक संचार के लिए वातावरण निर्मित करता है। यहाँ राम और सीता अर्थात् 'पुत्र एवं पुत्रवधू' का आकस्मिक चौदह वर्षों का कष्टकारी वियोग-चित्रण पाठकों की अनुभूति के आवेग से सहज भाव से जुड़ जाता है।

लखि सनेह कातरि महतारी। बचनु न आव बिकल भइ भारी॥
राम प्रबोधु कीन्ह बिधि नाना। समउ सनेहु न जाइ बखाना॥
तब जानकी सासु पग लागी। सुनिअ माय मैं परम अभागी॥
सेवा समय दैअँ बनु दीन्हा। मोर मनोरथु सफल न कीन्हा॥
तजब छोभु जनि छाड़िअ छोहू। करमु कठिन कछु दोसु न मोहू॥
सुनि सिय बचन सासु अकुलानी। दसा कवनि बिधि कहौं बखानी॥
बारहिं बार लाइ उर लीन्ही। धरि धीरजु सिख आसिष दीन्ही॥
अचल होउ अहिवातु तुम्हारा। जब लगि गंग जमुन जल धारा॥

दो०— सीतहि सासु असीस सिख दीन्हि अनेक प्रकार।
चली नाइ पद पदुम सिरु अति हित बारहिं बार॥ ६९॥

अर्थ—(मुँह से) वाणी नहीं निकल रही है, अत्यधिक व्याकुल हुई स्नेह कातर माता कौसल्या को देखकर राम ने नाना भाँति से प्रबोधित किया (समझाया)। उस समय (परस्पर) स्नेह का वर्णन करते नहीं बनता।

इसके पश्चात् सीता सास के चरणों का स्पर्श किया (और कहा कि) हे माता! सुनें, मैं परम अभागिनी हूँ। आपकी सेवा के समय विधाता ने वनवास दिया और मेरे मनोरथ को भी पूर्ण नहीं किया (अर्थात् वन गमन के कारण सेवा का अवसर नष्ट हुआ)।

आप इसके लिए दुख (क्षोभ) न करें और स्नेह भाव न छोड़ें भाग्य (का लेख) प्रबल होता है, मेरा कुछ भी दोष नहीं है। सीता के वचनों को सुनकर कौसल्या विकल हो उठीं, उनकी (उस वैकल्य) दशा का वर्णन किस विधि से करूँ।

बार-बार छाती से लगा लिया और धैर्य धारण करके आशीर्वाद तथा शिक्षाएँ दी। जब तक गंगा यमुना में जल धारा है, तुम्हारा सौभाग्य अचल रहे।

सीता को सास ने अनेक भाँति से आशीर्वाद और शिक्षाएँ दीं। सीता अत्यन्त प्रेम भाव से (हित) बार-बार (सास के) चरण-कमलों में शीश झुकाकर चलीं॥ ६९॥

टिप्पणी—कवि मानवीय सम्बन्धों की संवेदनामूलक परिस्थितियों को चित्रित करने की चेष्टा कर रहा है। वनवास के लिए विदा लेते हुए पुत्र के साथ कोमलांगी पुत्रवधू भी आकर वनगमन के निमित्त अपनी सास से आज्ञा माँगती है। परिस्थितियों के वैषम्य के माध्यम से संवेदना को घनीभूत बनाने की शैली में गोस्वामी तुलसीदास सिद्धहस्त हैं।

समाचार जब लछिमन पाए। ब्याकुल बिलख बदन उठि धाए॥
कंप पुलक तन नयन समीरा। गहे चरन अति प्रेम अधीरा॥
कहि न सकत कछु चितवत ठाढ़े। मीनु दीन जनु जल तें काढ़े॥
सोचु हृदयँ बिधि का होनिहारा। सबु सुखु सुकृतु सिरान हमारा॥
मो कहुँ काह कहब रघुनाथा। रखिहहिं भवन कि लेहहिं साथा॥
राम बिलोकि बंधु कर जोरें। देह गेह सब सन तृनु तोरें॥
बोले बचनु राम नय नागर। सील सनेह सरल सुख सागर॥
तात प्रेम बस जनि कदराहू। समुझि हृदयँ परिनाम उछाहू॥

दो०— मातु पिता गुरु स्वामि सिख सिर धरि करहिं सुभायँ।
लहेउ लाभु तिन्ह जनम कर नतरु जनमु जग जायँ॥ ७०॥

अर्थ—(कौसल्या-सीता प्रसंग की अवतारणा करके कवि लक्ष्मण प्रसंग को उठाता है) वनवास प्रसंग का समाचार जब लक्ष्मण को मिला तब वे व्याकुल एवं विलखते मुँह उठ कर दौड़े। शरीर (करुण रस के आवेग एवं शोक के कारण) कंटकित और कंपित है, नेत्र अश्रु पूरित हैं। अत्यन्त प्रेम से विवशीभूत (विह्वल) वे राम के चरण पकड़ लिये।

स्तंभित (उन्हें) देखते खड़े हैं, (कंठावरोध के कारण) कुछ कह नहीं पा रहे हैं जैसे जल से निकाला हुआ मत्स्य अत्यन्त दु:खी (दिखाई पड़ता हो)। हृदय में सोच रहे हैं कि हे विधि! क्या घटित होने वाला है? (आज) मेरा सम्पूर्ण पुण्य एवं सुख (यहीं) समाप्त हो गया।

मुझे राम क्या कहेंगे? राजभवन में रखेंगे या साथ लेंगे। राम ने बन्धु (लक्ष्मण) को हाथ जोड़े हुए देखा, जिन्होंने शरीर एवं गृह सबसे सम्बन्ध तोड़ रखा है।

नीति-निपुण, शील, स्नेह सरलता तथा आनन्द के सागर राम (लक्ष्मण को इस प्रकार देखकर) वाणी बोले। इस परिणाम (वनगमन) को हृदय में आनन्द समझ कर हे बन्धु! प्रेम के वशीभूत होकर (तुम) संकुचित मत होओ—(कदराहूँ—कायर मत बनो)।

(जो) माता-पिता गुरु, स्वामी की शिक्षा को सहज रूप से शिरोधार्य करते हैं वे जन्म लेने का लाभ प्राप्त करते हैं, नहीं तो संसार में जन्म नष्ट है॥ ७०॥

टिप्पणी—कवि 'करुणा' की संवेदना को सघन बनाने के लिए इसी के साथ लक्ष्मण प्रसंग की उद्भावना करता है। श्रीराम के प्रति गहन संसक्ति से प्रभावित होने के कारण उनमें उतना ही घनीभूत वैकल्यभाव भी वर्तमान है। दूसरी ओर श्रीराम उन्हें भरत के आगमन तक अयोध्या सम्हालने के लिए कहते हैं। इस सहेजने को कवि नीतिधर्म से आवरित करके लक्ष्मण का रुकना एक आवश्यकता के रूप में चित्रित करता है।

अस जियँ जानि सुनहु सिख भाई। करहु मातु पितु पद सेवकाई॥
भवन भरतु रिपुसूदनु नाहीं। राउ बृद्ध मम दुखु मन नाहीं॥

मैं बन जाउँ तुम्हहि लेइ साथा। होइ सबहि बिधि अवध अनाथा॥
गुरु पितु मातु प्रजा परिवारू। सब कहुँ परइ दुसह दुख भारू॥
रहहु करहु सब कर परितोषू। नतरु तात होइहिं बड़ दोषू॥
जासु राज प्रिय प्रजा दुखारी। सो नृपु अवसि नरक अधिकारी॥
रहहु तात असि नीति बिचारी। सुनत लखनु भए ब्याकुल भारी॥
सिअरें बचन सूखि गए कैसें। परसत तुहिन तामरसु जैसें॥
दो०— उतरु न आवत प्रेम बस गहे चरन अकुलाइ।
नाथ दासु मैं स्वामि तुम्ह तजहु त काह बसाइ॥ ७१॥

अर्थ—ऐसा हृदय में समझकर हे भाई! शिक्षा सुनो। (यहाँ रह कर) तुम माता-पिता के चरणों की सेवा करो। राजभवन में भरत और शत्रुघ्न नहीं हैं, राजा वृद्ध हैं तथा उनके मन में मेरा दु:ख है।

(यदि) मैं तुम्हें लेकर वन जाऊँगा तो अयोध्या सभी भाँति से अनाथ हो जायेगी। गुरु, पिता, माता प्रजा एवं समस्त परिवार पर असह्य बड़ी विपत्ति पड़ जायेगी।

जिस राजा के राज्य में प्रिय प्रजा दु:खी रहती है, वह राजा निश्चय ही नरक का अधिकारी होता है। इसलिए हे तात! इस प्रकार की नीति का विचार करके तुम घर रहो।

यह सुनकर, लक्ष्मण अत्यधिक व्याकुल हुए। रामचन्द्र जी की शीतल (सिअरे) वाणी को सुनकर इस प्रकार सूख गये जैसे तुषार की स्पर्श करते ही कमल (तामरस) (सूख जाता है)।

प्रेम से विह्वल (लक्ष्मण) को उत्तर देते नहीं बन रहा है। (उन्होंने) आकुलित होकर चरण पकड़ लिये। हे नाथ! मैं दास हूँ, आप स्वामी हैं, यदि आप (हठात्) मुझे छोड़ दें तो मेरा क्या वश?॥ ७१॥

टिप्पणी—श्रीराम लक्ष्मण को समझाते हैं कि यदि तुम यहाँ नहीं रहते तो भरत एवं रिपुसूदन का अभाव, पुत्र विरह के कारण माता-पिता में वैकल्यभाव की अधिकता, गुरु, पिता, माता, प्रजा, परिवार आदि के क्लेश और नगर का राजा विहीन हो जाना—ये सभी सन्दर्भ कष्टकारी होंगे। नीति को प्रेम से महत्त्वपूर्ण समझकर तुम यहाँ रहो। तुलसीदास जी लक्ष्मण के रुके रहने के लिए अनेक तर्कों की झड़ी लगा देते हैं। मूलत: राम के साथ लक्ष्मण का वनगमन अनिवार्य था फिर भी पूर्वपक्ष की सम्भावनाओं को प्रतिपादित करके उत्तर पक्ष में (वनगमन पक्ष में) वह जिन तर्कों को रखते हैं, इन सम्भावनाओं से उसका लालित्य बढ़ जाता है।

दीन्हि मोहि सिख नीकि गोसाईं। लागि अगम अपनी कदराईं॥
नरबर धीर धरम धुर धारी। निगम नीति कहुँ ते अधिकारी॥
मैं सिसु प्रभु सनेहँ प्रतिपाला। मंदरु मेरु कि लेहिं मराला॥
गुर पितु मातु न जानउँ काहू। कहउँ सुभाउ नाथ पतिआहू॥
जहँ लगि जगत सनेह सगाई। प्रीति प्रतीति निगम निजु गाई॥
मोरें सबइ एक तुम्ह स्वामी। दीनबंधु उर अंतरजामी॥
धरम नीति उपदेसिअ ताही। कीरति भूति सुगति प्रिय जाही॥
मन क्रम बचन चरन रत होई। कृपासिंधु परिहरिअ कि सोई॥
दो०— करुनासिंधु सुबंधु के सुनि मृदु बचन बिनीत।
समुझाए उर लाइ प्रभु जानि सनेहँ सभीत॥ ७२॥

अर्थ—हे गोस्वामी! आपने मुझे अच्छी शिक्षा दी किन्तु मुझे कायरता ही अगम लग रही है।

आप धैर्य तथा धर्म की धुरी धारण करने वाले, तथा निगम निर्दिष्ट नीति के अधिकारी श्रेष्ठ पुरुष हैं।

मैं आपके स्नेह से प्रतिपालित शिशु हूँ क्या मराल मंदराचल को धारण कर सकता है? हे नाथ! मैं सहज भाव से कह रहा हूँ, विश्वास करें, गुरु, पिता, माता किसी को भी (आपके अतिरिक्त) नहीं जाना।

जहाँ तक संसार में स्नेह का सम्बन्ध है, प्रेम की प्रतीति जिसको निगमों ने बताया है, हे दीनबन्धु! ऐ हृदय के अन्तर्यामिन! मेरे लिए सब कुछ (सर्वस्व) एक मात्र स्वामी आप ही हैं।

धर्म, नीति का उपदेश देना उसके लिए है (जिसे) कीर्ति, ऐश्वर्य (भूति) एवं सुगति (भलीभाँति जीवन यापन की लालसा) प्रिय हो। जो मन, कर्म (क्रम) एवं वाणी से आपके चरणों में लीन हो, हे कृपासिन्धु! क्या उसे छोड़ देना चाहिए।

करुणासिन्धु राम ने प्रिय भाई (लक्ष्मण के) मृदु तथा विनीत वचनों को सुनकर स्नेह से भयभीत जानकर हृदय से लगाकर समझाया॥ ७२॥

टिप्पणी—श्रीराम के तर्कों के उत्तर में लक्ष्मण एक ही बात रखते हैं कि (जो) मन, कर्म एवं वाणी से आपके चरणों में रत हो उसको धर्म-नीति का उपदेश कैसा? मैं तो आपका दास हूँ। भातृत्व एवं भक्ति दोनों कसौटियों को एक केन्द्र बिन्दु तक लाकर कवि भाई और भक्त के लिए एक मात्र अभीष्ट 'आराध्य' है। भक्ति के आवेश में कवि सिद्ध करना चाहता है कि आराध्य के लिए भक्ति माता, पिता, नगर, प्रजा आदि सभी का परित्याग कर देते हैं। लक्ष्मण के माध्यम से कवि भातृत्व को कम उसमें निहित 'भायप भक्ति' को अधिक उजागर करना चाहते हैं।

माँगहु बिदा मातु सन जाई। आवहु बेगि चलहु बन भाई।
मुदित भए सुनि रघुबर बानी। भयउ लाभ बड़ गइ बड़ि हानी।
हरषित हृदयँ मातु पहिं आए। मनहुँ अंध फिरि लोचन पाए।
जाइ जननि पग नायउ माथा। मनु रघुनंदन जानकि साथा।
पूँछे मातु मलिन मन देखी। लखन कही सब कथा बिसेषी॥
गई सहमि सुनि बचन कठोरा। मृगी देखि दव जनु चहु ओरा।
लखन लखेउ भा अनरथ आजू। एहिं सनेह बस करब अकाजू॥
माँगत बिदा समय सकुचाही। जाइ संग बिधि कहिहि कि नाहीं॥
दो०— समुझि सुमित्राँ राम सिय रूपु सुसीलु सुभाउ।
नृप सनेहु लखि धुनेउ सिरु पापिन दीन्ह कुदाउ॥ ७३॥

अर्थ—माता से जाकर विदा माँगो, हे भाई! शीघ्र आओ और वन चलो। (लक्ष्मण) राम की वाणी सुनकर प्रसन्न हुए। (उन्हें प्रतीत हुआ) जैसे बड़ा लाभ हुआ, बहुत बड़ी हानि समाप्त हुई।

हर्षित हृदय से (लक्ष्मण) माता के पास आए। (ऐसा प्रतीत हुआ) मानो अंधे ने पुनः लोचन प्राप्त किया। (उन्होंने) जाकर माता के चरणों में शीश झुकाया किन्तु उनका मन राम और सीता के साथ था।

मलिन मन देखकर माता द्वारा पूछे जाने पर लक्ष्मण ने सम्पूर्ण विशेष कथा बताई। (परिणाम में) कठोर वचनों को सुनकर वह सहम गई, मृगी ने जैसे अपने चारों ओर दावाग्नि देख लिया हो।

वे (माता से) विदा माँगते समय संकोच का अनुभव करते हैं। हे विधाता! (श्रीराम के) संग जाने के लिए कहेगी या नहीं।

सुमित्रा ने राम-सीता के रूप, सुन्दर शील तथा स्वभाव को समझकर और नृप का स्नेह (राम तथा सीता के प्रति) समझकर सिर पीट लिया कि पापिनी (कैकेई) ने कुघात (कुचाल = कुदाउ) किया (दीन्ह)॥ ७३॥

टिप्पणी—बड़ी कुशलता से कवि न केवल लक्ष्मण के प्रसंग की उद्‌भावना माता सुमित्रा से आज्ञा लेने के लिए करता है अपितु इसी को आधार बनाकर सम्पूर्ण प्रकरण से उसे अवगत भी कराता है। श्रीराम का वनगमन, साथ ही श्रीराम के साथ अपने पुत्र लक्ष्मण का वनगमन के लिए आज्ञा माँगना, आकस्मिक रूप से उसके लिए कष्टकर हैं, किन्तु कवि सुमित्रा के चरित्र की दृढ़ता एवं आदर्श को एक साथ बड़ी कुशलता से चित्रित करता है।

धीरजु धरेउ कुअवसर जानी। सहज सुहृद बोली मृदु बानी॥
तात तुम्हारि मातु बैदेही। पिता रामु सब भाँति सनेही॥
अवध तहाँ जहँ राम निवासू। तहँइँ दिवसु जहँ भानु प्रकासू॥
जौं पै सीय रामु बन जाहीं। अवध तुम्हार काजु कछु नाहीं॥
गुरु पितु मातु बंधु सुर साईं। सेइअहिं सकल प्रान की नाईं॥
रामु प्रानप्रिय जीवन जी के। स्वारथ रहित सखा सबही के॥
पूजनीय प्रिय परम जहाँ तें। सब मानिअहिं राम के नातें॥
अस जियँ जानि संग बन जाहू। लेहु तात जग जीवन लाहू॥
दो०— भूरि भाग भाजनु भयहु मोहि समेत बलि जाउँ।
जौं तुम्हरें मन छाड़ि छलु कीन्ह राम पद ठाउँ॥ ७४॥

अर्थ—कुसमय देख करके धैर्य धारण किया और सहज सहृदय (वह) मृदु वाणी बोली। (हे लक्ष्मण!) तुम्हारी माता सीता तथा सब प्रकार से स्नेह करने वाले पिता राम हैं।

जहाँ भी राम का निवास है, वहाँ अयोध्या है, दिन वहीं है, जहाँ सूर्य का प्रकाश है। यदि निश्चित रूप से (पै) सीता-राम वन जा रहे हैं तो अयोध्या में तुम्हारा कोई काम नहीं है।

गुरु, पिता, माता, बंधु, देवता तथा स्वामी सबकी प्राण की भाँति सेवा करनी चाहिए। राम प्राणों के लिए प्रिय तथा जीवन के लिए जीवन (की भाँति) और बिना प्रयोजन सभी के मित्र हैं।

जो भी जहाँ अत्यधिक प्रिय एवं पूज्य हैं, सबको राम के नाते मानना चाहिए। ऐसा हृदय से समझ कर वन जाओ और हे पुत्र! संसार में जन्म लेने (जीवन) का लाभ प्राप्त करो।

मैं बलि जाती हूँ, तुम मुझ सहित अत्यधिक (भूरि) सौभाग्य पात्र बने जोकि तुम्हारे मन ने छल परित्याग करके राम के चरणों में स्थान प्राप्त किया॥ ७४॥

टिप्पणी—सुमित्रा लक्ष्मण को सहर्ष राम की सेवा के निमित्त वन में जाने की आज्ञा देती है। राम के प्रति सर्वथा प्रियता, निष्ठा, प्रेम तथा भक्ति की व्यंजना इन पंक्तियों में मिलती है। सुमित्रा राम की विमाता है, उसमें वात्सल्य स्नेह के साथ-साथ राम के प्रति समर्पण की निष्ठा है और लक्ष्मण को उसी से प्रेरित होकर भेजती है। 'माता में भक्ति का अंकुरण' स्वाभाविक नहीं है फिर भी तुलसी को ऐसा ही अभीष्ट है। वे सुमित्रा के इस कथन द्वारा भक्ति का सर्वसाधारणीकरण करते हैं।

पुत्रवती जुबती जग सोई। रघुपति भगतु जासु सुतु होई॥
नतरु बाँझ भलि बादि बिआनी। राम बिमुख सुत तें हित जानी॥
तुम्हरेहिं भाग रामु बन जाहीं। दूसर हेतु तात कछु नाहीं॥
सकल सुकृत कर बड़ फल एहू। राम सीय पद सहज सनेहू॥
रागु रोषु इरिषा मदु मोहू। जनि सपनेहुँ इन्हके बस होहू॥
सकल प्रकार बिकार बिहाई। मन क्रम बचन करेहु सेवकाई॥
तुम्ह कहुँ बन सब भाँति सुपासू। सँग पितु मातु रामु सिय जासू॥
जेहिं न रामु बन लहहिं कलेसू। सुत सोइ करेहु इहइ उपदेसू॥

अर्थ—संसार में वही युवती पुत्रवती है, जिसका पुत्र राम भक्त हो। नहीं तो, बन्ध्या भली, उसका ब्याना (पशु की भाँति सन्तति उत्पन्न करना) व्यर्थ है क्योंकि राम-विमुख (प्रतिकूल) पुत्र से (उसके) हितों की हानि है।

तुम्हारे ही भाग्य से राम वन जा रहे हैं, हे तात! दूसरा अन्य कारण नहीं है। सम्पूर्ण पुण्यों का बड़ाफल यही है कि राम-सीता के चरणों में स्नेह (बना) रहे।

राग, रोष, ईर्ष्या, मद, मोह इन सबके वश में स्वप्न में भी न होना। इसलिए समस्त प्रकार के विकारों को त्याग कर मन, कर्म (क्रम) वाणी से सेवा करना।

तुम्हें वन में हर प्रकार का सुख है क्योंकि साथ में पिता-माता सदृश श्रीराम और सीता हैं। जिससे राम वन में क्लेश न प्राप्त करें, हे पुत्र! वही करना, यही उपदेश है।

टिप्पणी—'भक्ति' एवं 'अग्रज की सेवा' इन दो प्रसंगों को एक साथ समेट कर कवि सुमित्रा के मुख से लक्ष्मण को राम के साथ रहने के औचित्य का प्रतिपादित करता है। 'श्रीराम' की सेवा में कवि भातृत्व से अधिक 'आराध्य की सेवा' का प्रसंग व्यंजना भाव से समाविष्ट कर रहा है। कवि की दृष्टि में 'सभी कुछ श्रीराम के लिए' और फिर सम्पूर्ण भातृत्व, उन्हीं की सेवा में समर्पित हो, मध्यकालीन भक्ति व्यंजना की प्रकारान्तर भाव से सिद्धि इन पंक्तियों में मिलती है। 'सकल प्रकार विकार विहाई' और 'जेहिं न राम वन लहहिं कलेसू। सुत सोइ करेउ इहइ उपदेसू।' की व्यंजनाएँ भ्रातृत्व की लोकात्मकता को ओर कम भक्ति निष्ठा की ओर अधिक सजग हैं।

छंद— उपदेसु यहु जेहिं तात[१] तुम्हरे राम सिय सुख पावहीं।
पितु मातु प्रिय परिवार पुर सुख सुरति बन बिसरावहीं॥
तुलसी प्रभुहि सिख देइ आयसु दीन्ह पुनि आसिष दई।
रति होउ अबिरल अमल सिय रघुबीर पद नित नित नई॥

सो०— मातु चरन सिरु नाइ चले तुरत संकित हृदयँ।
बागुर बिषम तोराइ मनहुँ भागु मृगु भाग बस॥ ७५॥

अर्थ—सुमित्रा लक्ष्मण को समझाती हुई कहती हैं—हे पुत्र! यही उपदेश है कि तुम्हारे जिस (कार्य) से राम-सीता सुख प्राप्त करें और पिता, माता, प्रिय परिवार, अयोध्यानगर आदि के सुख की स्मृति भूल जायँ। तुलसीदास कहते हैं कि प्रभु लक्ष्मण को शिक्षा देकर, आज्ञा दी, पुनः आशीर्वाद दिया कि राम के चरणों में नित्य-नवीन निरन्तर एवं निर्मल रति हो।

माता के चरणों में शीस झुकाकर शंकित हृदय से (कि मुझे देर हो गई हो और राम चले न गये हों) तुरन्त चले, विषम बन्धन को तोड़कर मानो भाग्यवशात् मृग वन को भाग चला हो॥ ७५॥

टिप्पणी—सेवा के लिए अन्तिम, आर्शीर्वाद 'रति होउ अबिरल अमल सिय रघुबीर पद नित-नित नई' यही कवि को मूलतया अभीष्ट है। उसकी दृष्टि में श्री राम के प्रति सम्बन्धों की सार्थकता का चरमबिन्दु भी यही है। इसी को यह कैकेयी तथा मंथरादि जैसे कुछ पात्रों को छोड़कर लगभग सभी के चरित्रों के माध्यम से पुष्ट करने की चेष्टा करता है। परिजन, पुरजन, कुटुम्बी एवं सगे सम्बन्धी सभी पात्र कवि की दृष्टि इसी दिशा में नियोजित किये गये हैं। अयोध्याकांड की सार्थकता तथा मौलिकता भी इसी में है। सभी श्रीराम के प्रति आत्यन्तिक संसक्ति भाव से समर्पित हैं। 'करुणा' एवं भक्ति के समन्वित भावात्मक ऐक्य का पोषण ही अयोध्याकांड की रचना का मूल लक्ष्य है। 'बागुर बिषम तोराइ' उत्प्रेक्षा लक्ष्मण की 'त्वरा' को व्यंजित करती है।

गए लखनु जहँ जानकिनाथू। भे मन मुदित पाइ प्रिय साथू॥
बंदि राम सिय चरन सुहाए। चले संग नृपमंदिर आए॥

---

१. 'जात' पाठ भी अनेक प्रतियों में है।

कहहिं परसपर पुर नर नारी। भलि बनाइ बिधि बात बिगारी॥
तन कृस मन दुखु बदन मलीने। बिकल मनहुँ माखी मधु छीने॥
कर मीजहिं सिरु धुनि पछिताहीं। जनु बिनु पंख बिहग अकुलाहीं॥
भइ बड़ि भीर भूप दरबारा। बरनि न जाइ बिषादु अपारा॥
सचिव उठाइ राउ बैठारे। कहि प्रिय बचन रामु पगु धारे॥
सिय समेत दोउ तनय निहारी। ब्याकुल भयउ भूपपति भारी॥

दो०— सीय सहित सुत सुभग दोउ देखि देखि अकुलाइ।
बारहिं बार सनेह बस राउ लेइ उर लाइ॥ ७६॥

अर्थ—जहाँ जानकी राम (जानकी और उनके पति राम) थे, लक्ष्मण वहाँ पहुँचे और प्रिय का साथ पाकर अत्यधिक प्रसन्न हुए। राम-सीता के सुहावने चरणों की वन्दना करके साथ-साथ चले और राजा (दशरथ) के भवन में आये।

अयोध्या नगरी के नर-नारी कहते हैं कि विधाता ने अच्छी बनाकर पुनः बात बिगाड़ दी। शरीर से अत्यधिक क्षीण, मन से दुखी एवं मुख से मलीन (वे) ऐसे विकल हैं मानो शहद छीन लेने पर मुधमक्खी।

हाथ मीजते हुए, सिर धुनते हुए पछताते हैं मानों पंखविहीन पक्षी व्याकुल हो। राजा के दरबार में बड़ी भीड़ हो गई है और (वहाँ के) अपार विषाद का वर्णन करते नहीं बनता

मंत्री ने उठाकर दशरथ को बैठाया—और प्रिय वचनों में कहा कि 'राम का पदार्पण हुआ है।' सीता के साथ दोनों पुत्रों को देखकर पृथ्वीपति (दशरथ) अत्यधिक (भारी) व्याकुल हुए।

सीता के साथ दोनों सुन्दर पुत्रों को देख-देखकर व्याकुल होते हैं। राजा बार-बार स्नेहवश (उन्हें) हृदय से लगा लेते हैं।। ७६ ॥

टिप्पणी—दशरथ को अकेले राम के वनगमन का असह्य दुःख है। सीता और अपर पुत्र को साथ में वनगमन के लिए उद्यत देखकर उनका कष्ट निःसन्देह अत्यधिक विद्रावक, मार्मिक एवं असह्य हो उठा होगा। विषाद की सघनता के लिए कवि दशरथ के समक्ष तीनों को खड़ा करके करुणा को अधिक संचरणशील बनाता है। करुण रस की केन्द्रीयता दशरथ में है। कौसल्या, सुमित्रा, अयोध्यावासियों के विषाद प्रकरण संचारी के रूप में है। कैकेयी मूल हेतु या आलम्बन के रूप में है। राम का वनगमन उद्दीपन है। गोस्वामी तुलसीदास जी ने विशाल फलक पर अयोध्याकांड के इस करुण रस के दृश्य का चित्रांकन किया है। करुण रस ही अयोध्याकांड की केन्द्रीय चेतना है। भक्त जनों के लिए अराध्य के वियोग से बढ़कर कारुणिक दृश्य और क्या हो सकता है।

सकइ न बोलि बिकल नर नाहू। सोक जनित उर दारुन दाहू॥
नाइ सीसु पद अति अनुरागा। उठि रघुबीर बिदा तब मागा॥
पितु असीस आयसु मोहि दीजै। हरष समय बिसमउ कत कीजै॥
तात किएँ प्रिय प्रेम प्रमादू। जसु जग जाइ होइ अपबादू॥
सुनि सनेह बस उठि नरनाहाँ। बैठारे रघुपति गहि बाहाँ॥
सुनहु तात तुम्ह कहुँ मुनि कहहीं। रामु चराचर नायक अहहीं॥
सुभ अरु असुभ करम अनुहारी। ईसु देइ फलु हृदयँ बिचारी॥
करइ जो करम पाव फल सोई। निगम नीति असि कह सबु कोई॥

दो०— औरु करै अपराधु कोउ और पाव फल भोगु।
अति बिचित्र भगवंत गति को जग जानै जोगु॥ ७७॥

अर्थ—विषाद विगलित राजा बोल नहीं पा रहे हैं। हृदय में शोक से उद्दीप्त दारुण (महाभयंकर) दाह (असह्य जलन) है। उनके चरणों में सिर डालकर, अत्यन्त अनुरागपूर्वक राम ने उठकर तब बिदा माँगी।

हे पिता जी! मुझे आज्ञा और आशीर्वाद दीजिए। हे पिता जी! प्रिय के प्रेम में प्रमाद (मोह) करने से संसार में यश विनष्ट हो जाता है और निन्दा (अपवाद) होती है।

यह सुनकर, स्नेह से विवशीभूत राजा ने उठकर राम को बाँह पकड़कर बैठाया। हे पुत्र! सुनो! मुनिगण तुम्हें कहते हैं कि 'राम चराचर (जड़-जंगम) के नायक हैं।'

शुभाशुभ कर्मानुसार शिव हृदय से विचार करके फल देता है। ऐसा वेदादि, नीतिशास्त्र एवं सभी कहते हैं कि जो कर्म करता है, वह फल प्राप्त करता है।

अपराध और कोई करे तथा फल भोग अपर (अन्य) प्राप्त करे। भगवान् की गति अत्यन्त विचित्र है, संसार में कौन उसे जानने में समर्थ है।। ७७॥

टिप्पणी—कवि करुणा के शीर्ष उत्कर्ष का चित्रण करता है। श्रीराम जिनको वह एक क्षण के लिए आँखों से ओझल नहीं होने देना चाहते थे, वही वनगमन के लिए 'आज्ञा और आशीर्वाद' माँग रहे हैं। इस विषाद के क्षण व्याकुल राजा स्वतः राम से ही प्रश्न पूछता है कि 'अपराध कैकेयी ने किया और फल मैं भोग रहा हूँ, इसका औचित्य क्या है।' कवि के इन वाक्यों में समाधान पाने का स्वर नहीं—अनन्त करुणा तथा अथाह पीड़ा की व्यंजना तथा सार्थकता दोनों के साथ है। 'शोक तथा आत्म ग्लानि' दोनों का समन्वय कवि को यहाँ अभीष्ट है ताकि करुणा सम्पूर्ण मार्मिकता के साथ व्यंजित हो सके। प्रकारान्तर भाव से श्रीराम के ब्रह्मत्व की भी प्रतिष्ठा की गई है।

रायँ राम राखन हितलागी। बहुत उपाय किए, छलु त्यागी॥
लखी राम रुख रहत न जाने। धरम धुरंधर धीर सयाने॥
तब नृप सीय लाइ उर लीन्ही। अतिहित बहुत भाँति सिख दीन्ही॥
कहि बन के दुख दुसह सुनाए। सासु ससुर पितु सुख समुझाए॥
सिय मनु राम चरन अनुरागा। घरु न सुगमु बनु बिषमु न लागा॥
औरउ सबहिं सीय समुझाई। कहि कहि बिपिन बिपति अधिकाई॥
सचिव नारि गुर नारि सयानी। सहित सनेह कहहिं मृदु बानी॥
तुम्ह कहुँ तौ न दीन्ह बनबासू। करहु जो कहहिं ससुर गुर सासू॥
दो०— सिख सीतलि हित मधुर मृदु सुनि सीतहि न सोहानि।
सरद चंद चंदिनि लगत जनु चकई अकुलानि॥ ७८॥

अर्थ—राजा ने राम को रखने के लिए छलविहीन होकर अनेक उपाय किये किन्तु राम का यह रुख देखा कि धर्म की धुरी धारण करने वाले, और सयाने होने के कारण उन्हें रहते न जाना (वे नहीं रहेंगे)।

तब राजा ने सीता को हृदय से लगा लिया और अत्यन्त प्रेम (हित) पूर्वक अनेक भाँति से शिक्षा दी। वन दुःसह दुखों को कहकर सुनाया और सास, स्वसुर एवं पिता के (घरों का) सुख समझाया।

सीता का मन राम के चरणों में अनुरक्त था (उनके लिए) गृह निवास सुगम प्रतीत नहीं होता था और न वन विषम और सभी ने, वन की अत्यधिक विपत्तियों का विस्तारपूर्वक वर्णन करके सीता को समझाया।

मंत्री, गुरु की स्त्रियों तथा अन्य चतुर स्त्रियों ने स्नेह सहित मृदुवाणी कही कि तुमको तो वनवास नहीं दिया है, वही करो, जो गुरु, सास एवं स्वसुर कहते हैं।

शीतल, हितकारी , मधुर तथा मृदु शिक्षा सुनकर सीता को न सुहाई (अच्छी लगी) मानो शरत् ऋतु के चन्द्रमा की चन्द्रिका (चंदिनि) लगते ही चक्रवाकी अकुलित हो उठी हो॥ ७८॥

टिप्पणी—शोक का पर्यवसान कवि को 'मरण' में करना है। 'शोक' स्थायी का परिपोषण रूप करुण की अन्तिम दशा है। सीता के रह जाने से सम्भव है वह (दशरथ की मृत्यु) रुक जाती। कवि शोक के परिपोषण के लिए उसके हेतुओं की सबलता का यहाँ प्रकारान्तर भाव से (सीता के न रुकने की भंगिमा द्वारा) व्यंजित कर रहा है।

सीय सकुच बस उतरु न देई। सो सुनि तमकि उठी कैकेई॥
मुनि पट भूषन भाजन आनी। आगें धरि बोली मृदु बानी॥
नृपहि प्रान प्रिय तुम्ह रघुबीरा। सील सनेह न छाड़िहि भीरा॥
सुकृत सुजसु परलोकु नसाऊ। तुम्हहि जान बन कहिहि न काऊ॥
अस बिचारि सोइ करहु जो भावा। राम जननि सिख सुनि सुखु पावा॥
भूपहि बचन बान सम लागे। करहि न प्रान पयान अभागे॥
लोग बिकल मुरुछित नर नाहू। काह करिअ कछु सूझ न काहू॥
रामु तुरत मुनि बेषु बनाई। चले जनक जननिहि सिरु नाई॥

दो०— सजि बन साजु समाजु सबु बनिता बंधु समेत।
बंदि बिप्र गुर चरन प्रभु चले करि सबहि अचेत॥ ७९॥

अर्थ—सीता संकोचवश (इन सबकी शिक्षाओं का) उत्तर नहीं देती तब तक उसे सुनकर कैकेयी तमक उठी। मुनि वस्त्र (वल्कलादि), आभूषण (मालादि) तथा पात्र (कमण्डलादि) ले आकर आगे रखकर मृदु वाणी में बोली।

हे राम! तुम राजा के लिए प्राणों से भी अधिक प्रिय हो। दुर्बल (भीरु) हृदय के राजा शील तथा स्नेह नहीं छोड़ेंगे। पुण्य, सुयश तथा परलोक भले ही नष्ट हो जाएँ किन्तु तुम्हें वन जाने के लिए कभी भी नहीं कहेंगे।

ऐसा सोचकर जो अच्छा लगे, उसे करो। माँ की सीख सुनकर श्रीरामचन्द्र जी ने (अति) सुख प्राप्त किया। राजा को (कैकेयी के) वचन बाण सदृश लगे (और वे पीड़ित सोचते हैं) कि अभागे प्राण प्रस्थान भी नहीं करते!

लोग व्याकुल है, राजा मुर्च्छित हैं, क्या करें किसी को कुछ नहीं सुझाई पड़ता। राम तुरन्त मुनि का वेष बनाकर पिता और माता (कैकेयी) को प्रणाम करके वन चले पड़े।

वनवासी की समस्त साज-सामग्री से सज्जित पत्नी एवं छोटे भाई के सहित गुरु तथा ब्राह्मण के चरणों की वन्दना करके सभी (अयोध्यावासियों) को अचेत (मूर्च्छित) करके प्रभु राम वन चल पड़े॥ ७९॥

टिप्पणी—कैकेयी की निष्ठुरता विद्रावक करुणा का मूल हेतु है। एक ओर अयोध्या के विह्वल नर-नारी, मंत्री, राजा सभी राम को वनगमन के लिए हृदय से प्रतिरोध करते हैं किन्तु कैकेयी समझती है कि इन सबके कारण राम कहीं विचलित होकर वनगमन स्थगित न कर दें, वह इन विगलित वातावरण में क्रूरता भरी एक चाल और चल बैठती है। वह है—'मुनि पट भूषन भाजन आनी।' उसका यह कार्य अयोध्या के समस्त व्यक्तियों की कातरता की दृष्टि में घृणित एवं क्रूरता प्रेरित है।

निकसि बसिष्ठ द्वार भए ठाढ़े। देखे लोग बिरह दव दाढ़े॥
कहि प्रिय बचन सकल समुझाए। बिप्र बृंद रघुबीर बोलाए॥
गुर सन कहि बरषासन दीन्हे। आदर दान बिनय बस कीन्हे॥
जाचक दान मान संतोषे। मीत पुनीत प्रेम परितोषे॥
दासी दास बोलाइ बहोरी। गुरहि सौंपि बोले कर जोरी॥

सब के सार सँभार गोसाईं। करबि जनक जननी की नाईं॥
बारहिं बार जोरि जुग पानी। कहत रामु सब सन मृदुबानी॥
सोइ सब भाँति मोर हितकारी। जेहि तें रहैं भुआल सुखारी॥
दो०— मातु सकल मोरे बिरहँ जेहिं न होहिं दुख दीन।
सोइ उपाय तुम्ह करेहु सब पुरजन परम प्रवीन॥ ८० ॥

अर्थ—(राज भवन से) निकल कर वसिष्ठ दरवाजे पर खड़े हुए। (उन्होंने) लोगों को विरह की दावाग्नि में दग्ध देखा। प्रिय वचन कहकर सबको समझाया। राम ने ब्राह्मण समूहों को बुलाया।

गुरु से कहकर उन्हें वर्षाशन (वर्षपर्यन्त भोजन के लिए अन्न) दिया और विनयपूर्वक आदर और दान दिया। याचकों को दान, सम्मान से सन्तुष्ट किया तथा मित्रों को पवित्र प्रेम से परितुष्ट किया।

पुनः दास-दासियों को बुलाकर तथा गुरु को उन्हें सौंपकर हाथ जोड़कर बोले। (हे गोस्वामी) सबकी देख-रेख (सार सँभार) माता-पिता की भाँति करियेगा।

बार-बार दोनों हाथों को जोड़कर राम सभी से मृदु वाणी में कहते हैं—वही (व्यक्ति) मेरा सबसे बड़ा हितैषी है जिससे (जिस व्यक्ति से या जिसके कार्य व्यवहार से) राजा सुखी रहें।

हे प्रवीण नगरवासी जन! मेरे विरह में समस्त माताएँ जिस कार्य से दुखी तथा दीन न हों, तुम सब मिलकर वही उपाय करना॥ ८० ॥

टिप्पणी—कवि यहाँ राम की विनीतता के माध्यम से शोक सन्तप्त वातावरण को नितान्त गम्भीर बनाने का प्रयास कर रहा है। चौदह वर्षों के लिए सम्पूर्ण प्रजाजन, नगरवासी तथा परिवार जनों की आत्यन्तिक हित कामना से परिपूर्ण प्रवास गमन के लिए प्रस्थान करते हुए राम के ये वचन हृदय विदारक हैं। शोक को और अधिक गम्भीर बनाने के लिए कवि इस सन्दर्भ की योजना कर रहा है।

एहि बिधि राम सबहि समुझावा। गुरु पद पदुम हरषि सिरु नावा॥
गनपति गौरि गिरीस मनाई। चले असीस पाइ रघुराई॥
राम चलत अति भयउ बिषादू। सुनि न जाइ पुर आरत नादू॥
कुसगुन लंक अवध अति सोकू। हरष बिषाद बिबस सुर लोकू॥
गइ मुरछा तब भूपति जागे। बोलि सुमंत्रु कहन अस लागे॥
रामु चले बन प्रान न जाहीं। केहि सुख लागि रहत तन माहीं॥
एहि तें कवन ब्यथा बलवाना। जो दुखु पाइ तजहिं तनु प्राना॥
पुनि धरि धीर कहइ नरनाहू। लै रथु संग सखा तुम्ह जाहू॥
दो०— सुठि सुकुमार कुमार दोउ जनकसुता सुकुमारि।
रथ चढ़ाइ देखराइ बनु फिरहु गएँ दिन चारि॥ ८१ ॥

अर्थ—इस प्रकार राम ने सभी को समझाया और गुरुचरण-कमल में हर्षित भाव से शीश झुकाया। गणपति, गौरी एवं गिरीश (शिव) की वन्दना (मनाइ) करते हुए (गुरु का) आशीर्वाद पाकर राम ने प्रस्थान किया (चले)।

राम के प्रस्थान करते ही अत्यधिक विषाद उत्पन्न हुआ और अयोध्या नगरी के आर्तनाद को सुना नहीं जा रहा है। लंका में अपशकुन एवं अयोध्या में अत्यधिक शोक तथा देव लोक में 'हर्ष-विषाद' साथ-साथ घटित हुए।

मूर्च्छा समाप्त हुई, तब राजा होश में आये और सुमंत्र को बुलाकर ऐसा कहने लगे। राम वनगमन के लिए प्रस्थान कर गये किन्तु मेरे प्राण नहीं जा रहे हैं। मालूम नहीं, वे (प्राण) किस सुख के निमित्त शरीर में निवसित हैं।

इससे (पुत्र-वियोग से) बढ़कर (अन्य) कौन बलवती व्यथा होगी? जिसको पाने पर (सामान्य व्यक्ति के) प्राण शरीर छोड़ देते हैं। पुनः धैर्य धारण करके राजा कहता है, हे मित्र! रथ लेकर तुम साथ जाओ।

दोनों राज पुत्र अत्यधिक सुकुमार हैं, जनकपुत्री (जानकी) अत्यधिक कोमलांगी हैं। रथ पर चढ़ाकर, वन दिखलाकर दो चार दिन में लौट आना॥ ८१॥

टिप्पणी—दशरथ में अभी आशा की अन्तिम किरण वर्तमान है। राम के चले जाने पर वे सुमंत्र को आदेश देते हैं कि राजकुमारों एवं पुत्रवधू को रथ पर चढ़ाकर वन दिखाकर दो-चार दिन में लौट आना। 'रथ पर चढ़ाकर और वन दिखाकर' ये शब्द उनकी गहन पुत्रासक्ति को व्यंजित करते हैं। कहाँ राम का 'दृढ़ निश्चय' और कहाँ दशरथ का यह स्नेहाधिक्य दोनों में गहन वैषम्य है। दशरथ के इन वाक्यों के माध्यम से उनकी स्नेहाभिभूतता को कवि व्यंजित कर रहा है।

जौं नहिं फिरहिं धीर दोउ भाई। सत्यसंध दृढ़ब्रत रघुराई॥
तौ तुम्ह बिनय करेहु कर जोरी। फेरिअ प्रभु मिथिलेस किसोरी॥
जब सिय कानन देखि डेराई। कहेहु मोरि सिख अवसरु पाई॥
सासु ससुर अस कहेउ सँदेसू। पुत्रि फिरिअ बन बहुत कलेसू॥
पितुगृह कबहुँ कबहुँ ससुरारी। रहेहु जहाँ रुचि होइ तुम्हारी॥
एहि बिधि करेहु उपाय कदंबा। फिरइ त होइ प्रान अवलंबा॥
नाहिं त मोर मरनु परिनामा। कछु न बसाइ भएँ बिधि बामा॥
अस कहि मुरुछि परा महि राऊ। रामु लखनु सिय आनि देखाऊ॥

दो०— पाइ रजायसु नाइ सिरु रथु अति बेग बनाइ।
गयउ जहाँ बाहेर नगर सीय सहित दोउ भाइ॥ ८२॥

अर्थ—(दशरथ कहते हैं) राम स्वतः दृढ़व्रती, सत्यसन्ध (सत्य की प्रतिज्ञा पर अटल रहने वाले) तथा दोनों भाई धैर्यवान हैं, यदि (वे दोनों) न लौटें तो तुम हाथ जोड़कर विनय करना कि मिथिलेश पुत्री जानकी को, हे प्रभु ! लौटा दें।

सीता जब वन देखकर डरने लगे तब अवसर प्राप्त करके मेरी सीख कहना कि सास और स्वसुर ने ऐसा संदेशा कहलवाया है कि हे पुत्री! लौट आना, वन में अनेक क्लेश हैं।

कभी पिता के घर, कभी ससुराल जहाँ तुम्हारी इच्छा हो, वहाँ रहना। इस प्रकार से उपाय समूहों (कदम्बा) को करना, यदि वह लौट आती है तो प्राणों के लिए आधार मिल जायेगा।

नहीं तो, (इसका) परिणाम मेरी मृत्यु है। विधि के वाम (प्रतिकूलः टेढ़ा) हो जाने से कुछ वश नहीं चलता। ऐसा कह कर राजा पृथ्वी पर मूर्च्छित गिर पड़े और (उसने) कहा कि राम, लक्ष्मण एवं सीता को ले आकर दिखाओ।

राजाज्ञा पाकर, सिर नवाकर, रथ को अत्यधिक तेजी से चलाकर अयोध्या नगर के बाहर (वहाँ) गये, जहाँ सीता के साथ दोनों भाई थे॥ ८२॥

टिप्पणी—इन पंक्तियों में कवि दशरथ के मरण की पूर्व अवतारणा करता है। उसके प्राण राम, लक्ष्मण में टिके हैं। वे नहीं लौटते तो किसी तरह सीता को देखकर जीवित रह लेगा, अन्यथा प्राणान्त अडिग सत्य है। कवि पूरे प्रसंग के शोक व्यापार को ले आकर 'सीता' के प्रत्यागमन तक केन्द्रित कर देता है। भावात्मक विस्तार का ध्रुवीकरण 'सीता दर्शन' तक सीमित करना—कवि के वर्णन कौशल का विशिष्ट रूप है। दशरथ की मृत्यु टालने का अन्तिम उपाय मात्र इतना ही है।

तब सुमंत्र नृप बचन सुनाए। करि बिनती रथ रामु चढ़ाए॥
चढ़ि रथ सीय सहित दोउ भाई। चले हृदयँ अवधहि सिरु नाई॥

चलत रामु लखि अवध अनाथा। बिकल लोग सब लागे साथा॥
कृपासिंधु बहुबिधि समुझावहिं। फिरहिं प्रेम बस पुनि फिरि आवहिं॥
लागति अवध भयावनि भारी। मानहुँ कालराति अँधियारी॥
घोर जंतु सम पुर नर नारी। डरपहिं एकहि एक निहारी॥
घर मसान परिजन जनु भूता। सुत हित मीत मनहुँ जमदूता॥
बागन्ह बिटप बेलि कुम्हिलाहीं। सरित सरोवर देखि न जाहीं॥

दो०— हय गय कोटिन्ह केलि मृग पुरपसु चातक मोर।
पिक रथांग सुक सारिका सारस हंस चकोर॥ ८३॥

अर्थ—तब सुमंत्र ने राजा के वचनों को सुनाया और प्रार्थना करके रथ पर राम को चढ़ाया। रथ पर सीता के साथ दोनों भाई चढ़कर अयोध्या नगरी को शीश झुकाकर चल पड़े।

राम को प्रस्थान करते हुए देखकर अयोध्या अनाथ हो गई। अत्यन्त व्याकुल भाव से (साथ के समस्त) लोग साथ लग पड़े। कृपासिन्धु राम अनेक भाँति से समझाते हैं, प्रेम से विवशीभूत वे (नगरवासी) (नगर की ओर) जाते हैं और पुनः (राम की ओर) लौट आते हैं।

अयोध्या अत्यधिक भयावनी लग रही है मानो अँधेरी कालरात्रि हो। अयोध्या नगर के नर-नारी भयंकर जंगली जन्तुओं के सदृश एक दूसरे को देखकर डर रहे हैं।

गृह मानो श्मशान हैं, कुटुम्बी भूत हैं, पुत्र, हितैषी और मित्र मानो यम के दूत हों। वाटिकाओं में वृक्ष तथा लताएँ कुम्हलाई हैं तथा नदी और तालाब देखे नहीं जा रहे हैं।

करोड़ों; हाथी, घोड़े, क्रीड़ा पशु, नगर पशु (गाय, बैल आदि) चातक, मयूर, कोकिल, चक्रवाक (रथ का अंग चक्र के आधार पर बना चक्रवाक शब्द) शुक, सारिकाएँ, साहस, हंस— और चकोर, सभी कुम्हलाये हैं॥ ८३॥

टिप्पणी—'भय तथा आशंका' के वातावरण की परिकल्पना के द्वारा श्रीराम से शून्य हो जाने पर नगर की भयावहता को कवि चित्रित करता है। अयोध्या > कालरात्रि की भाँति, नर नारी > भयंकर हिंसक वन-जन्तुओं की भाँति, घर > श्मशान की भाँति, परिवार जन > भूतप्रेतों की भाँति और इस वातावरण में परस्पर एक दूसरे को देखकर भयभीत होना, सूनेपन तथा भयावहता को त्रासद रूप में व्यंजित करता है। वियोग से उत्पन्न संत्रास की मार्मिकता परिस्थिति वैशिष्ट्य से ही कल्पित की गई है, वस्तु व्यापार बोध से उसका लेशमात्र भी सम्बन्ध नहीं है।

राम बियोग बिकल सब ठाढ़े। जहँ तहँ मनहुँ चित्र लिखि काढ़े॥
नगर सकल बनु गहबर भारी। खग मृग बिपुल सकल नर नारी॥
बिधि कैकइ किरातिनि कीन्ही। जेहिं दव दुसह दसहुँ दिसि दीन्ही॥
सहि न सके रघुबर बिरगाही। चले लोग सब ब्याकुल भागी॥
सबहिं बिचारु कीन्ह मन माहीं। राम लखन सिय बिनु सुख नाहीं॥
जहाँ राम तहँ सबुइ समाजू। बिनु रघुबीर अवध नहिं काजू॥
चले साथ अस मंत्रु दृढ़ाई। सुर दुर्लभ सुख सदन बिहाई॥
राम चरन पंकज प्रिय जिन्हही। बिषय भोग बस करहिं कि तिन्हही॥

दो०- बालक बृद्ध बिहाइ गृहँ लगे लोग सब साथ।
तमसा तीर निवासु किय प्रथम दिवस रघुनाथ॥ ८४॥

अर्थ—राम के वियोग में सभी (पूर्व निर्दिष्ट पशु-पक्षी आदि) व्याकुल भाव से खड़े (स्तम्भित) मानो जहाँ-तहाँ चित्र में बने (चित्रित) कढ़े हों। सम्पूर्ण नगर फलयुक्त सघन वन हो समस्त नर-नारी विपुल पशु-पक्षी हों।

विधाता ने कैकेयी को किरातिनी बनाया है जिसने दशों दिशाओं में असह्य दावाग्नि लगा दी। राम की वियोगाग्नि को न सह सकने के कारण सभी लोग व्याकुल भाव से भाग चले।

सभी के मन में विचार है कि राम, लक्ष्मण, सीता के बिना सुख नहीं है। जहाँ राम (होंगे) वहीं सभी समाज (रहेगा)। राम के बिना अयोध्या में काम नहीं है।

देवताओं के लिए भी दुर्लभ आनन्दमय गृहों को छोड़कर सभी ऐसी सलाह (मंत्र) पक्की करके (दृढ़ाई) (राम के) साथ-साथ चले। राम का चरण-कमल जिन्हें प्रिय है, विषय-भोग क्या उन्हें वश में कर सकते हैं!

बालक, वृद्धों को घरों में छोड़कर सभी लोग साथ लगे। राम ने तमसा नदी के तट पर (प्रवास के) प्रथम दिन निवास किया॥ ८४॥

टिप्पणी— प्रजाजनों में श्रीराम के वियोग की विषय पीड़ा को बड़ी ही लाक्षणिक शैली में व्यंजित किया गया है। 'वैकल्प पीड़ित स्तब्धता' को कवि 'जहँ-तहँ मनहुँ चित्र लिखि काढ़े' शब्दों से व्यंजित कर रहा है। सभी स्तब्ध हैं—चित्र की भाँति, हिलते-डुलते नहीं— जैसा चित्रकार ने बना दिया, वैसे ही बन गये हैं, प्रकारान्तर भाव से शोक की गहन पीड़ा से स्तम्भित एवं जड़ीभूत होने की सार्थकता। 'अयोध्यारूपी वन में दावाग्नि लगने से प्राण रक्षा के लिए श्रीराम के पीछे पलायन करना' कितने बड़े संकट की गहराई तक पाठक के मन को कवि ले जाता है और कुल मिलाकर कवि का भक्तिमूलक आदर्श—अर्थात्, जहाँ श्रीराम हैं, वहीं उन्हें भी होना चाहिए जिनको श्रीराम प्रिय हैं। 'प्रियता' को 'भक्ति' व्यंजना के माध्यम के रूप में कवि इस्तेमाल करता है।

रघुपति प्रजा प्रेम बस देखी। सदय हृदय दुखु भयउ बिसेषी॥
करुनामय रघुनाथ गोसाँई। बेगि पाइअहिं पीर पराई॥
कहि सप्रेम मृदु बचन सुहाए। बहुबिधि राम लोग समुझाए॥
किए धरम उपदेस घनेरे। लोग प्रेम बस फिरहिं न फेरे॥
सीलु सनेहु छाड़ि नहिं जाई। असमंजस बस भे रघुराई॥
लोग सोग श्रम बस गए सोई। कछुक देवमायाँ मति मोई॥
जबहिं जाम जुग जामिनि बीती। राम, सचिव सन कहेउ सप्रीती॥
खोज मारि रथु हाँकहु ताता। आन उपायँ बनिहिं नहिं बाता॥

दो०— राम लखन सिय जान चढ़ि संभु चरन सिरु नाइ।
सचिवँ चलायउ तुरत रथु इत उत खोज दुराइ॥ ८५॥

अर्थ—राम ने, प्रजा को प्रेम विवश देखा, और उनके दया संकुल हृदय में विशेष दुःख उत्पन्न हुआ। करुणाशील गोस्वामी रघुनाथ दूसरों की पीड़ा शीघ्र ही आत्मसात् (पाइअहिं) कर लेते हैं।

शोभित होने वाले (शिष्ट) मृदु वचनों से प्रेमपूर्वक नाना भाँति राम ने लोगों को समझाया। अनेकानेक धर्मों का उपदेश किया किन्तु प्रेम विवश लोग लौटाने से लौटे नहीं।

शील तथा स्नेह छोड़ा नहीं जाता इसलिए राम द्विधाग्रस्त हो उठे। लोग शोक तथा श्रम से विवश सो गये और देव-माया कुछ उनकी मति को मोह गई या मुग्ध कर गई (मोई = भिगोना—अवधी)।

जब दो याम रात्रि बीत गई तब राम ने सचिव से प्रीतिपूर्वक कहा कि हे तात! खोज मारकर (रथ को इस प्रकार से हाँकना कि चक्रादि के चिह्न प्रकट न हों) रथ चलाओ क्योंकि किसी अन्य उपाय से बात नहीं बनेगी।

राम-लक्ष्मण एवं सीता शिव को प्रणाम करके रथ (यान) पर चढ़े। सचिव ने तुरन्त रथ इधर-उधर खोज छिपाकर चलाया॥ ८५॥

टिप्पणी—राम कर्त्तव्यपालन तथा प्रजागण के प्रेम से वशीभूत कठोर शब्दों में कहकर प्रजा को लौटा नहीं सकते। केवल एक विकल्प है, छिप कर जाना। अन्य उपायों के अभाव में छिपकर जाना ही एक मात्र विकल्प बचता है। प्रिय का आकस्मिक रूप से इस परिस्थिति में गायब हो जाना दारुण व्यथामूलक है। कवि सम्पूर्ण प्रसंग की दारुण व्यथा की योजना प्रजाजन को 'असहाय' बनाकर करता है। एक-एक करके माता, पिता, परिवार जन, प्रजाजन शोक सन्तप्त तथा व्यथित छूटते जाते हैं।

जागे सकल लोग भएँ भोरू। गे रघुनाथ भयउ अति सोरू॥
रथ कर खोज कतहुँ नहिं पावहिं। राम राम कहि चहुँ दिसि धावहिं॥
मनहुँ बारिनिधि बूड़ जहाजू। भयउ बिकल बड़ बनिक समाजू॥
एकहि एक देहिं उपदेसू। तजे राम हम जानि कलेसू॥
निंदहिं आपु सराहहिं मीना। धिग जीवनु रघुबीर बिहीना॥
जौ पै प्रिय बियोगु बिधि कीन्हा। तौ कस मरनु न मागें दीन्हा॥
एहि बिधि करत प्रलाप कलापा। आए अवध भरे परितापा॥
बिषम बियोगु न जाइ बखाना। अवधि आस सब राखहिं प्राना॥

दो०— राम दरस हित नेम ब्रत लगे करन नर नारि।
मनहुँ कोक कोकी कमल दीन बिहीन तमारि॥ ८६॥

अर्थ—प्रातः हुए और सभी लोग जगे। राम चले गये ऐसा कहकर आकस्मिक रूप से कोलाहल हुआ। रथ का चिह्न कहीं नहीं पाते और चारों दिशाओं में राम-राम कहकर दौड़ते हैं।

जैसे समुद्र में जहाज डूब जाये और (उस पर सामग्रियों सहित स्थित) व्यापारी समाज अत्यधिक विकल हो (ठीक वहीं दशा प्रजा जनों की थी)। एक-एक को उपदेश दे रहे हैं कि राम ने हमें क्लेश में जानकर (मेरे साथ में रहने पर प्रजाजन को अत्यधिक कष्ट होगा) छोड़ दिया।

अपनी निन्दा करते हैं और मछलियों की सराहना करते हैं (वियोग में हम जीवित हैं किन्तु अपर वियोगी मछलियाँ हैं, जो प्रिय (जल) के वियोग में जीवित नहीं रह पातीं) और धिक्कारते हैं कि राम के बिना जीवन को धिक्कार है। यदि निश्चयपूर्वक (पै) प्रिय का वियोग विधि ने किया है तो माँगने से मृत्यु क्यों नहीं दी।

इस प्रकार अनेक भाँति (कलाप समूह) विलापों को करते हुए परिताप (मानसिक खिन्नता) से भरे हुए वे अयोध्या पहुँचे। प्रजाजन के विषम वियोग का वर्णन नहीं करते बनता और आने की अवधि (१४ वर्षों की प्रतीक्षा) की आशा में प्राण रखे हुए हैं।

राम के दर्शन के निमित्त (अयोध्या के) नर नारी व्रत एवं नियमादि का आचरण करने लगे। वे इस प्रकार मलिन (दुखी) हैं मानो सूर्य (तमादि) के अभाव में चक्रवाक-चक्रवाकी एवं कमल (मलिन) हो॥ ८६॥

टिप्पणी—राम के आकस्मिक रूप से चले जाने के बाद प्रजाजनों में उत्पन्न 'वैकल्य' भाव का चित्रण कवि इन पंक्तियों में कर रहा है। राम नहीं है, सुमंत्र नहीं है, रथ नहीं है, कहीं भी रथ के चक्रादि के भी चिह्न नहीं है—किस दिशा में राम को खोजें—यह 'चक्रिति भाव' उनकी इच्छा को और बढ़ा देती है। शोक से आविष्ट चारों दिशाओं में राम-राम कह कर दौड़ना—प्रायः शोक की विक्षेपावस्था से जुड़ जाती है। राम को प्राप्त करने के सभी उपायों के समाप्त हो जाने पर गहन निराशा से डूबी प्रजा अयोध्या आती है।

सीता सचिव सहित दोउ भाई। सृंगबेर पुर पहुँचे जाई॥
उतरे राम देवसरि देखी। कीन्ह दंडवत हरषु बिसेषी॥

लखन सचिवँ सियँ किए प्रनामा। सबहि सहित सुखु पायउ रामा॥
गंग सकल मुद मंगल मूला। सब सुख करनि हरनि सब सूला॥
कहि कहि कोटिक कथा प्रसंगा। रामु बिलोकहिं गंग तरंगा॥
सचिवहि अनुजहि प्रियहि सुनाई। बिबुध नदी महिमा अधिकाई॥
मज्जनु कीन्ह पंथ श्रम गयऊ। सुचि जलु पिअत मुदित मन भयऊ॥
सुमिरत जाहि मिटइ श्रम भारू। तेहि श्रम यह लौकिक ब्यवहारू॥
दो०— सुद्ध सच्चिदानंदमय कंद भानुकुल केतु।
चरित करत नर अनुहरत संसृति सागर सेतु॥ ८७॥

अर्थ—सीता तथा मंत्री के साथ दोनों भाई शृंगवेरपुर (जाकर) पहुँचे। राम गंगा (देवसरि) को देखकर (रथ से) उतरे और विशेष हर्ष के साथ दण्डवत् किया।

लक्ष्मण, सुमंत्र एवं सीता जी ने भी प्रणाम किया और सभी के साथ राम ने सुख प्राप्त किया। गंगा सम्पूर्ण आनन्द एवं मंगल की मूलस्वरूपा हैं, सभी शूलों (कष्टों) को विनष्ट करने वाली तथा सभी सुखों की हेतुभूता हैं।

(गंगा विषयक) कोटि-कोटि कथा प्रसंगों को कह-कह कर राम गंगा की लहरों को देखते हैं। इस देव नदी (विवुधनदी) के माहात्म्य की अधिकता को मंत्री, लक्ष्मण तथा प्रिया सीता को (राम ने) सुनाया।

ततश्च, राम ने स्नान (मज्जन) किया और उनका मार्ग-श्रम नष्ट हुआ और पवित्र जल का पान करने से मन आनन्दित हो उठा। जिसके स्मरण करने से, भव श्रम का भार (जन्म धारण करने के बाद किये गये अनेक दुष्कृत्यों के परिणामों का मलिन भोग) नष्ट हो उठता है, उसे (मार्ग श्रम हो और इस मार्ग श्रम को दूर करने के लिए मज्जनादि करे) श्रम हो, यह लोकाश्रित व्यवहार है।

शुद्ध सच्चिदानन्द से परिपूर्ण, आनन्ददाता (कन्दः कं ददाति इति कन्दः) जल (आनन्द) देता है, इसलिए कन्द है), सूर्यकुल के ध्वज स्वरूप तथा सृष्टिरूपी समुद्र के सेतु राम मानव के अनुरूप (अनुहरत) चरित (व्यापक लीला भाव) कर रहे हैं॥ ८७॥

यह सुधि गुहँ निषाद जब पाई। मुदित लिए प्रिय बंधु बोलाई॥
लिए फल मूल भेंट भरि भारा। मिलन चलेउ हियँ हरषु अपारा॥
करि दंडवत भेंट धरि आगें। प्रभुहि बिलोकत अति अनुरागें॥
सहज सनेह बिबस रघुराई। पूँछी कुसल निकट बैठाई॥
नाथ कुसल पद पंकज देखें। भयउँ भागभाजन जन लेखें॥
देव धरनि धनु धामु तुम्हारा। मैं जनु नीचु सहित परिवारा॥
कृपा करिअ पुर धारिअ पाऊ। थापिअ जनु सबु लोगु सिहाऊ॥
कहेहु सत्य सबु सखा सुजाना। मोहि दीन्ह पितु आयसु आना॥
दो०— बरष चारिदस बासु बन मुनि ब्रत बेषु अहारु।
ग्राम बासु नहिं उचित सुनि गुहहि भयउ दुखु भारु॥ ८८॥

अर्थ—यह समाचार (सुधि : अवधी) जब निषाद गुह ने प्राप्त किया और प्रिय बन्धुओं को मुदित भाव से बुला लिया। फल-मूल तथा अन्य भेंट सामग्रियों को प्रभूत (भारा) मात्रा में लेकर, हृदय से अत्यधिक हर्षित (राम से) मिलने के लिए चला।

(उसने) दण्डवत् करके भेंट सामग्री आगे रखी और प्रभु राम को अत्यन्त अनुरक्त भाव से (वह) देखने लगा। उसके नैसर्गिक प्रेम से विवशीभूत राम ने समीप बैठाकर कुशल क्षेमादि पूछा।

हे नाथ! आपके चरण-कमलों को देखने (दर्शन) मात्र से ही कुशल है और भाग्य भाजनों

(विशिष्ट भाग्यवानों) के बीच इस जन (मेरी) की गिनती (लेखे) हो गई। हे देव! मेरी पृथ्वी, सम्पत्ति, गृह सब आपका है तथा मैं परिवार सहित आपका लघु सेवक (नीज जनु) हूँ।

(आप) कृपा करें और मेरे पुर में चरण रखें तथा इस दास को स्थापित (मान्यता दें) करें जिससे (अन्य) लोग (मेरे भाग्य) से लोभ (सिहाऊ) करें। हे चतुर सखा! मैं सत्य कहता हूँ कि मुझे पिता ने अन्य प्रकार की आज्ञा दे रखी है।

चौदह वर्षों तक वन में निवास, मुनियों के व्रत, वेष तथा आहार (उस आज्ञा के अन्तर्गत) है। ग्राम में निवास करना उचित नहीं है, यह सुनकर गुह को भारी कष्ट हुआ॥ ८८॥

राम लखन सिय रूप निहारी। कहहिं सप्रेम ग्राम नर नारी॥
ते पितु मातु कहहु सखि कैसे। जिन्ह पठए बन बालक ऐसे॥
एक कहहिं भल भूपति कीन्हा। लोयन लाहु हमहि बिधि दीन्हा॥
तब निषादपति उर अनुमाना। तरु सिंसुपा मनोहर जाना॥
लै रघुनाथहि ठाउँ देखावा। कहेउ राम सब भाँति सुहावा॥
पुरजन करि जोहारु घर आए। रघुबर संध्या करन सिधाए॥
गुहँ सँवारि साँथरी डसाई। कुस किसलयमय मृदुल सुहाई॥
सुचि फल मूल मधुर मृदु जानी। दोना भरि भरि राखेसि पानी॥

दो०— सिय सुमंत्र भ्राता सहित कंद मूल फल खाइ।
सयन कीन्ह रघुबंसमनि पाय पलोटत भाइ॥ ८९॥

अर्थ—राम, लक्ष्मण तथा सीता के रूप को देखकर प्रेमपूर्वक ग्राम के नर-नारी कहते हैं कि हे सखि! वे माता-पिता कैसे हैं, जिन्होंने ऐसे बालकों को वन भेजा है।

एक कहते हैं, राजा ने अच्छा किया, विधाता ने हमको 'लोचन-लाभ' (दर्शन-सुख) तो दिया। तब निषादपति ने हृदय से अनुमान करके तथा 'सिंसुपा' वृक्ष (शीशम, अशोकपिच्छिलाऽगुरु शिंशिपा इत्यमरकोशे) को मनोहर जानकर—

राम को ले आकर वह स्थान दिखाया। राम ने (उस स्थान को देखकर) कहा कि सब प्रकार से शोभनीय है। निषाद के नगरवासी जुहार (एक विशेष प्रकार का प्रणाम) करके घर आए और राम सन्ध्या करने के लिए चल पड़े।

गुह ने कुश एवं किसलयों से युक्त मृदुल , शोभित साथरी (एक विशेष प्रकार की चटाई) सँवार करके बिछा दी। पवित्र फल एवं मूल हृदय से स्वादिष्ट तथा कोमल समझकर दोने में भर भरकर जल के साथ रखा।

सीता, सुमंत्र तथा भ्राता लक्ष्मण के साथ कन्दमूल फल खाकर रघुवंश में श्रेष्ठ राम ने शयन किया और भ्राता लक्ष्मण (भाई) पाँव दबाने लगे (पलोटत)॥ ८९॥

उठे लखनु प्रभु सोवत जानी। कहि सचिवहिं सोवन मृदु बानी।
कछुक दूरि सजि बान सरासन। जागन लगे बैठि बीरासन।
गुहँ बोलाइ पाहरू प्रतीती। ठावँ ठावँ राखे अति प्रीती॥
आपु लखन पहिं बैठेउ जाई। कटि भाथी सर चाप चढ़ाई॥
सोवत प्रभुहि निहारि निषादू। भयउ प्रेम बस हृदयँ बिषादू॥
तनु पुलकित जलु लोचन बहई। बचन सप्रेम लखन सन कहई॥
भूपति भवन सुभायँ सुहावा। सुरपति सदनु न पटतर पावा॥
मनिमय रचित चारु चौबारे। जनु रतिपति निज हाथ सँवारे॥

दो०— सुचि सुबिचित्र सुभोगमय सुमन सुगंध सुबास।
पलँग मंजु मनि दीप जहँ सब बिधि सकल सुपास॥ ९०॥

अर्थ—प्रभु राम को सोते हुए समझ कर लक्ष्मण उठ आये और मंत्री को मृदु वाणी में सोने के लिए कहा। कुछ ही दूरी पर धनुष पर बाण सजाकर वीरासन में बैठकर जागने लगे (पहरा देने लगे)।

गुह ने विश्वसनीय (प्रतीती) पहरेदारों को बुलाकर अत्यन्त प्रेमपूर्वक उन्हें स्थान-स्थान पर रखा। (वह) स्वयं लक्ष्मण के पास जाकर कमर में तरकश एवं धनुष पर बाण चढ़ाकर बैठा।

प्रभु राम को सोते हुए देखकर निषाद के हृदय में प्रेम के कारण विषाद उत्पन्न हुआ। शरीर पुलकित है, नेत्रों से अश्रुजल गिर रहे हैं, (ऐसे निषाद ने) प्रेमपूर्ण वचनों में लक्ष्मण से कहा।

दशरथ (राजा) का भवन सहज ही इतना भव्य है कि इन्द्रभवन भी उसकी समता नहीं प्राप्त कर सकता। जिसमें मणिरचित सुन्दर चौबारे (चतुर्द्वार) हैं मानो कामदेव ने इन्हें अपने हाथों से सँवारा है।

पवित्र, अत्यधिक विचित्र, विविध भोग सामग्रियों से युक्त, विविध पुष्प गन्धों से सुवासित (अन्त:कक्ष में) जहाँ मणि दीप से युक्त सुन्दर पलँग हैं, जहाँ सब प्रकार से सभी सुविधाएँ (सुपास) हैं॥ ९०॥

बिबिध बसन उपधान तुराईं। छीर फेन मृदु बिसद सुहाईं॥
तहँ सिय रामु सयन निसि करहीं। निज छबि रति मनोज मृदु हरहीं॥
ते सिय रामु साथरीं सोए। श्रमित बसन बिनु जाहिं न जोए॥
मातु पिता परिजन पुरबासी। सखा सुसील दास अरु दासी॥
जोगवहिं जिन्हहि प्रान की नाईं। महि सोवत तेइ राम गोसाईं॥
पिता जनक जग बिदित प्रभाऊ। ससुर सुरेस सखा रघुराऊ॥
रामचंदु पति सो बैदेही। सोवत महि बिधि बाम न केही॥
सिय रघुबीर कि कानन जोगू। करम प्रधान सत्य कह लोगू॥
दो०— कैकय नंदिनि मंदमति कठिन कुटिलपनु कीन्ह।
जेहिं रघुनंदन जानकिहि सुख अवसर दुखु दीन्ह॥ ९१॥

अर्थ—जहाँ अनेक वस्त्र, तकिया (उपधान) तूलिका भरे तोशक (गद्दे) जो दूध के झाग के सदृश मृदु, शोभित एवं सुन्दर (विशाल) हैं, वहाँ सीता और राम निशा-शयन करते हैं तथा अपनी छवि से रति एवं कामदेव के मद को विनष्ट करते हैं।

ऐसे सीता और राम बिना वस्त्रों के थके हुए साथरी पर सोये हुए (मुझसे दु:खवश) देखे नहीं जाते। माता-पिता: कुटुम्बजन एवं नगरवासी, मित्रगण, शील से परिपूर्ण दास एवं दासियाँ—

जिन (राम) को पलक की भाँति सँजोकर रखते रहे हैं, वे ही राम गोस्वामी पृथ्वी पर सो रहे हैं पिता जनक जिनका प्रभाव संसार भर में ज्ञात है, रघुकुल के राजा दशरथ स्वसुर जिसके सखा इन्द्र हैं,

(सम्पूर्ण कला, ऐश्वर्य तथा पराक्रम से युक्त) राम जिसके पति हैं, (वह सीता) पृथ्वी पर सो रही है, विधाता किसके लिए प्रतिकूल नहीं होता? सीता और राम क्या वन के योग्य हैं? लोग सत्य ही कहते हैं, भाग्य (करम) प्रबल होता है, या कर्मप्रधान मानने वाले लोग सत्य ही कहते हैं (कि विधाता किसके लिए वाम नहीं होता)।

मन्द बुद्धि कैकयनन्दिनी (कैकेयी) ने कठिन कुटिलता की जिसने राम तथा जानकी को सुख के अवसर पर दु:ख दिया॥ ९१॥

भइ दिनकर कुल बिटप कुठारी। कुमति कीन्ह सब बिस्व दुखारी॥
भयउ बिषादु निषादहि भारी। राम सीय महि सयन निहारी॥
बोले लखन मधुर मृदु बानी। ग्यान बिराग भगति रस सानी॥
काहु न कोउ सुख दुख कर दाता। निज कृत करम भोग सबु भ्राता॥
जोग बियोग भोग भल मंदा। हित अनहित मध्यम भ्रम फंदा॥
जनमु मरनु जहँ लगि जग जालू। संपति बिपति करमु अरु कालू॥
धरनि धामु धनु पुर परिवारू। सरगु नरकु जहँ लगि ब्यवहारू॥
देखिअ सुनिअ गुनिअ मन माहीं। मोह मूल परमारथु नाहीं॥
दो०— सपनें होइ भिखारि नृपु रंक नाकपति होइ।
जागें लाभु न हानि कछु तिमि प्रपंच जियँ जोइ॥ ९२॥

अर्थ—सूर्यवंशरूपी वृक्ष के लिए कुल्हाड़ी बनकर इस दुर्बुद्धि ने सम्पूर्ण विश्व को दुखी किया। राम-सीता को पृथ्वी पर शयन करते देखकर निषाद को अत्यधिक विषाद हुआ।

(उसके इस विषाद को देखकर) लक्ष्मण ज्ञान, वैराग्य तथा भक्ति रस से सिक्त मधुर तथा कोमल वाणी बोले। हे भ्राता! अपने किये हुए कर्म का सब भोग करते हैं कोई किसी को सुख-दु:ख देने वाला नहीं है।

संयोग, वियोग, अच्छा-बुरा भोग, हितैषी, अहितैषी (शत्रु) एवं मध्यम भाव वाले व्यक्ति (उदासीन) सभी भ्रम के फंदे हैं (भ्रममूलक हैं)। जन्म, मृत्यु एवं जहाँ तक भवबन्धन व्याप्त हैं, सम्पत्ति, विपत्ति, कर्म तथा काल—

पृथ्वी, गृह, धन, नगर, परिवार, स्वर्ग, नरक तथा जहाँ तक लोक व्यवहार की व्याप्ति है, देखने, सुनने और मन में समझने के पश्चात् यह (प्रतीत होता है) सभी मोहमूलक हैं, परमार्थ कुछ भी नहीं है।

स्वप्न में भिखारी नृप हो जाय और दरिद्र स्वर्ग का स्वामी (इन्द्र) हो जाय किन्तु जगने पर हानि-लाभ कुछ भी नहीं, उसी प्रकार प्रपंचात्मक (विश्व) को हृदय में देखो (समझो)॥ ९२॥

टिप्पणी—यह प्रकरण ज्ञान, वैराग्य तथा भक्तिरस में से ज्ञान का है। ज्ञान का यह सन्दर्भ अद्वैत वेदान्त का अध्यासवाद है। इस अध्यासवाद की व्यावहारिक उपयोगिता यहाँ प्रकरणात्मक है। भारतीय दृष्टि से शोक एवं आनन्द के सम्पूर्ण विषय चित्त विलास मात्र हैं। राम के लिए इस प्रकार का शोक मोह बुद्धि का व्यापार है और सम्पूर्ण संसार मोह के मुग्धता = पाश में विस्मृत इसी प्रकार से शोकाविष्ट है। 'शोक एवं करुणा' के ये ही अन्तिम परिणाम निकलते हैं—मरण या हृदय को वज्र की भाँति बनाकर सहन या फिर वैराग्य। दशरथ ने मरण प्राप्त किया, कौसल्या तथा सुमित्रा ने हृदय को वज्र बनाकर इस शोक को सहन किया, लक्ष्मण, भरत, पुरवासी एवं निषादादि ने वैराग्य, जपतप, पूजापाठ के माध्यम से राम ने दु:सह वियोग को झेला। इस वियोग को कौन किस प्रकार झेलता है, कवि अत्यन्त व्यापक तथा व्यवस्थित ढंग से पूर्ण प्रबंध कौशल के साथ व्यंजित करता है। यहाँ लक्ष्मण का यह दु:ख झेलना इसी प्रकार का है। वे इस शोकजनिक क्लेश को झेलने के लिए इसी प्रकार का उपदेश निषादराज गुह दो दे रहे हैं।

अस बिचारि नहिं कीजिअ रोसू। काहुहि बादि न देइअ दोसू॥
मोह निसाँ सब सोवनिहारा। देखिअ सपन अनेक प्रकारा॥
एहिं जग जामिन जागहिं जोगी। परमारथी प्रपंच बियोगी॥
जानिअ तबहिं जीव जग जागा। जब सब बिषय बिलास बिरागा॥
होइ बिबेकु मोह भ्रम भागा। तब रघुनाथ चरन अनुरागा॥

सखा परम परमारथु एहू। मन क्रम बचन राम पद नेहू॥
राम ब्रह्म परमारथ रूपा। अबिगत अलख अनादि अनूपा॥
सकल बिकार रहित गत भेदा। कहि नित नेति निरूपहिं बेदा॥

दो०— भगत भूमि भूसुर सुरभि सुर हित लागि कृपाल।
करत चरित धरि मनुज तनु सुनत मिटहिं जग जाल॥ ९३॥

अर्थ—ऐसा विचारकर आप रोष न करें और व्यर्थ ही किसी को दोष न दें। मोहरूपी रात्रि में सभी सो रहे अनेक प्रकार के स्वप्नों को देख रहे हैं।

इस संसाररूपी यामिनी में मात्र योगी ही जागते हैं जो प्रपंचों से मुक्त एवं परमार्थ तत्त्व के वेत्ता हैं। जब सम्पूर्ण विषयों के विलास (आस्वादानन्द) से वैराग्य हो जाय तभी जीव को संसार में जगा हुआ जानो।

विवेक जाग्रत होते ही मोहरूपी भ्रम भाग जाता है तथा तभी राम के चरणों में अनुरक्ति होती है। हे सखा! परम परमार्थ यही है—मन, कर्म, वाणी से राम के चरणों में स्नेह।

परमार्थ तत्त्वरूप ब्रह्म राम ही हैं और (वे ही) ज्ञानातीत, अलक्ष्य, अनादि एवं अनूप हैं। वे सम्पूर्ण विकारों से रहित, द्वैतशून्य (मतभेदा) और उन्हीं को वेद 'नेति-नेति' कहकर निरूपित करते हैं।

भक्त, भूमि, ब्राह्मण (भूसुर) गाय एवं देवताओं के निमित्त (वे ही) कृपावत्सल (राम) मनुष्य का शरीर धारण करके चरित (व्यापक लीला) करते हैं (जिनके इस चरित को) सुनने पर भव-बन्धन नष्ट हो जाते हैं॥ ९३॥

टिप्पणी—वैराग्य एवं भक्तिरस का यहाँ सन्दर्भ है। राम में ब्रह्मत्व की स्थापना और उनके चरित्र में आत्यन्तिक संसक्ति यही जीव के लिए एक मात्र काम्य है। कवि सम्पूर्ण सन्दर्भों को ऐहिकता से प्रारम्भ करके उसका समापन परमार्थ में करता है। भक्तिकाव्य में ऐहिकता साधन है। उसकी स्थिति ध्वनि सिद्धान्त में वाच्यार्थ जैसी है। जैसे ध्वनि 'शब्द और अर्थ' अपने को गौण बनाकर उस 'प्रतीयमान' अर्थ (ध्वनि) को व्यंजित करके अपनी सार्थकता प्राप्त करते हैं उसी प्रकार भक्ति काव्य में ऐहिकता तथा लौकिकता उस आध्यात्मिकता को व्यंजित करके सार्थक बनती है, जो भारतीय चिन्तन की मूल चेतना है। राम से सम्बद्ध समस्त ऐहिकता और लौकिकता की व्यंजना अन्ततया अध्यात्म रस या भक्ति रस में होती है।

सखा समुझि अस परिहरि मोहू। सिय रघुबीर चरन रत होहू॥
कहत राम गुन भा भिनुसारा। जागे जग मंगल दातारा॥[१]
सकल सौच करि राम नहावा। सुचि सुजान बट छीर मगावा॥
अनुज सहित सिर जटा बनाए। देखि सुमंत्र नयन जल छाए॥
हृदयँ दाहु अति बदन मलीना। कह कर जोरि बचन अति दीना॥
नाथ कहेहु अस कोसलनाथा। लै रथु जाहु राम कें साथा॥
बनु देखाइ सुरसरि अन्हवाई। आनेहु फेरि बेगि दोउ भाई॥
लखनु रामु सिय आनेहु फेरी। संसय सकल सँकोच निबेरी॥

---

१. डॉ० माताप्रसाद गुप्त यहाँ 'दातारा' पाठ मानते हैं जिसका अर्थ है (मंगल देने वाले, करने वाले) तथा अन्य यहाँ 'सुखदारा' मानते हैं जिसका अर्थ भी सुख देने वाले या आनन्द ही जिसकी दारा (पत्नी) है अर्थात् आह्लादिनी शक्ति से युक्त।

दो०— नृप अस कहेउ गोसाइँ जस कहइ करौं बलि सोइ।
करि बिनती पायन्ह परेउ दीन्ह बाल जिमि रोइ॥ ९४॥

अर्थ—हे सखा! ऐसा समझकर मोह त्याग दें और सीता तथा राम के चरणों में लीन हों। राम का गुणानुवाद करते-करते प्रभात हो गया और संसार के मंगलदाता राम जगे।

सम्पूर्ण शौच कर्म से निवृत्त होकर राम ने स्नान किया और पवित्र तथा चतुर राम ने बरगद का दूध मँगवाया। लक्ष्मण के साथ सिर पर उन्होंने जटा बनाई जिसे देखकर सुमंत्र के नेत्रों में अश्रु-जल छा गये।

हृदय में जलन (पीड़ा) है और मुख अत्यधिक मलिन है (ऐसे सुमंत्र ने) अत्यन्त दीन भाव से हाथ जोड़कर वाणी बोले। हे नाथ! राजा दशरथ ने इस प्रकार कहा है कि रथ राम के साथ ले जाओ।

वन दिखलाकर, गंगा स्नान कराकर शीघ्र ही दोनों भाइयों को लौटा लाना। सम्पूर्ण संशय एवं संकोच को दूर करके राम, लक्ष्मण और सीता को लौटा कर ले आना।

हे गोस्वामी! मैं बलि जाता हूँ, राजा ने ऐसा कहा है, जैसा आप कहें वैसा करूँ। (इतना कहने के पश्चात्) विनय करके पाँवों में गिर पड़े तथा बालक की भाँति रो पड़े॥ ९४॥

टिप्पणी—कवि सुमंत्र की मन:दशा का वर्णन करता है। राजा ने उसके ऊपर एक दायित्व सौंपा है, वह है 'वन दिखाकर, गंगा स्नान कराकर लौटा लाना'। किन्तु श्रीराम के द्वारा बरगद का दूध मँगाकर जटा बनाते देखकर वह अपनी सभी आशा को निर्मूल मानता है। वियोगभरी प्रजा से वियुक्त होने का एक दृश्य, घटित हो चुका है, कवि मंत्री के वियुक्त होने का दूसरा कारुणिक दृश्य रचता है। 'जटा विन्यास' अयोध्या न लौटने के दृढ़ निश्चय की सूचना है और फिर राजा का संदेश देकर मंत्री की आत्मपीड़ा 'दीन्ह बाल जिमि रोइ' शब्दों में चित्रित है। इस रोने में उसकी निराश्रिता तथा आलम्बनविहीनता साकार हो उठी है।

तात कृपा करि कीजिअ सोई। तातें अवध अनाथ न होई॥
मंत्रिहि राम उठाइ प्रबोधा। तात धरम मतु तुम्ह सबु सोधा॥
सिबि दधीचि हरिचंद नरेसा। सहे धरम हित कोटि कलेसा॥
रंतिदेव बलि भूप सुजाना। धरमु धरेउ सहि संकट नाना॥
धरमु न दूसर सत्य समाना। आगम निगम पुरान बखाना॥
मैं सोइ धरमु सुलभ करि पावा। तजें तिहूँ पुर अपजसु छावा॥
संभावित कहु अपजस लाहू। मरन कोटि सम दारुन दाहू॥
तुम्ह सन तात बहुत का कहऊँ। दिएँ उतरु फिरि पातकु लहऊँ॥

दो०— पितु पद गहि कहि कोटि नति बिनय करब कर जोरि।
चिंता कवनिहु बात कै तात करिअ जनि मोरि॥ ९५॥

अर्थ—हे तात! कृपा करके वही करें, जिससे अयोध्या अनथ न हो। राम ने मंत्री को उठाकर सान्त्वना दी (और कहा) हे तात! आपने सम्पूर्ण धर्ममतों का शोधन (छान-बीन, अन्वेषण) किया है।

शिवि, दधीचि, हरिश्चन्द्र आदि राजाओं ने धर्म के लिए अनेक क्लेशों को सहा है। रन्तिदेव, बलि आदि अनेक चतुर राजाओं ने अनेक संकटों को सहकर धर्म को धारण किया।

सत्य के सदृश अन्य दूसरा धर्म नहीं है (इस प्रकार) शास्त्र, वेद तथा पुराण कहते हैं। मैंने उसी (सत्य) धर्म को सहज भाव से (सुलभ करि) प्राप्त किया और उसको छोड़ने में तीनों लोकों में अपयश छा जायेगा।

सम्मानित (प्रतिष्ठित) व्यक्ति के लिए अपयश का प्राप्त करना कोटि-कोटि मृत्यु सदृश भंयकर दाह (कष्ट) है। हे तात! तुमसे अधिक क्या कहूँ, (आप श्रेष्ठ हैं, अतः) उत्तर देने से पाप का भागी बनूँगा।

पिता के चरणों को पकड़कर (हमारे) कोटि प्रणाम (नति) कहें और (मेरी तरफ से) हाथ जोड़कर विनय करें (तथा कहें कि) हे तात! किसी भी बात के लिए मेरी चिंता न करेंगे॥ ९५॥

टिप्पणी—कवि मंत्री को धर्म की आड़ में सान्त्वना दिलाता है। यहाँ श्रीराम का चरित्र मानवीय उच्चादर्श का प्रतीक है। 'सम्भावित कर अपजास लाहू। कोटि मरन सम दारुन दाहू॥' यही सूत्र वाक्य है। यह वाक्य राम, मंत्री एवं दशरथ तीनों के ऊपर समान रूप से घटित है। 'धर्म की रक्षा के निमित्त मुझे तत्पर समझ कर' पिता किसी बात के लिए मेरी चिन्ता नहीं करेंगे—यह प्रकारान्तर भाव से सुमंत्र एवं दशरथ दोनों के लिए सान्त्वना है।

तुम्ह पुनि पितु सम अति हित मोरें। बिनती करउँ तात कर जोरें॥
सब बिधि सोइ करतब्य तुम्हारें। दुख न पाव पितु सोचु हमारें॥
सुनि रघुनाथ सचिव संबादू। भयउ सपरिजन बिकल निषादू॥
पुनि कछु लखन कही कटु बानी। प्रभु बरजे बड़ अनुचित जानी॥
सकुचि राम निज सपथ देखाई। लखन संदेसु कहिअ जनि जाई॥
कह सुमंत्रु पुनि भूप सँदेसू। सहि न सकिहि सिय बिपिन कलेसू॥
जेहि बिधि अवध आव फिरि सीया। सोइ रघुबरहि तुम्हहि करनीया॥
नतरु निपट अवलंब बिहीना। मैं न जिअब जिमि जल बिनु मीना॥

दो०— मइकें ससुरें सकल सुख जबहिं जहाँ मनु मान।
तहँ तब रहिहि सुखेन सिय जब लगि बिपति बिहान॥ ९६॥

अर्थ—आप पिता के सदृश मेरे अत्यधिक हितैषी हैं। हे तात! मैं हाथ जोड़कर आपसे विनय करता हूँ। सब प्रकार से आपका यही कर्त्तव्य है कि पिता, मेरी चिन्ता से, दुःख न प्राप्त करें।

राम तथा मंत्री के संवाद को सुन करके कुटुम्बजनों के साथ निषाद दुःख से व्याकुल हो उठा। पुनः लक्ष्मण (राजा के लिए) कुछ कटु वाणी बोले, उसे अत्यधिक अनुचित जानकर प्रभु राम ने रोका।

संकुचित होकर, राम ने अपनी शपथ-दिलाकर (कहा) कि लक्ष्मण का संदेश जाकर न कहियेगा। सुमंत्र ने पुनः राजा का संदेश कहा कि सीता वन के कष्ट न सह सकेंगी।

जिस भाँति से भी सीता अयोध्या लौट आयें तुम्हें और राम को वही करणीय होगा (करना चाहिए)। नहीं तो, बिल्कुल आलम्बनविहीन मैं उसी प्रकार नहीं जीवित रह पाऊँगा, जैसे जल विहीन मत्स्य।

मातृगृह या ससुराल (मिथिला या अयोध्या) में समस्त सुख हैं, जब तक इस विपत्ति का समापन न हो जाय तब तक जहाँ मन माने वहाँ सीता सुखपूर्वक रहे॥ ९६॥

टिप्पणी—लक्ष्मण प्रसंग वाल्मीकि रामायण में है। कवि का मन्तव्य यहाँ दुर्वचन कहलवाने से मात्र इतना ही है कि आराध्य के हित को ध्यान में रखकर आराधक 'माता-पिता परिवार' तक का तिरस्कार कर सकता है। शपथ दिलाकर संदेश न कहने में श्रीराम की नैतिक मर्यादा की रक्षा होती है। मात्र सीता के लौटने से पुत्र वियोग पीड़ा से मुक्ति पाने का अन्तिम समाधान था, उस समाधान को कवि विकल्प के रूप में रखकर आगे की पंक्तियों में उसका भी निषेध कर देता है।

बिनती भूप कीन्ह जेहि भाँती। आरति प्रीति न सो कहि जाती॥
पितु सँदेसु सुनि कृपानिधाना। सियहि दीन्ह सिख कोटि बिधाना॥

सासु ससुर गुर प्रिय परिवारू। फिरहु त सब कर मिटै खभारू॥
सुनि पति बचन कहति बैदेही। सुनहु प्रानपति परम सनेही॥
प्रभु करुनामय परम बिबेकी। तनु तजि रहति छाँह किमि छेंकी॥
प्रभा जाइ कहँ भानु बिहाई। कहँ चंद्रिका चंदु तजि जाई॥
पतिहि प्रेममय बिनय सुनाई। कहति सचिव सन गिरा सुहाई॥
तुम्ह पितु ससुर सरिस हितकारी। उतरु देउँ फिरि अनुचित भारी॥
दो०— आरति बस सनमुख भइउँ बिलगु न मानब तात।
आरजसुत पद कमल बिनु बादि जहाँ लगि नात॥ ९७॥

अर्थ—राजा ने जिस प्रकार विनय किया उस दीनता भरे दु:ख तथा प्रीति का वर्णन नहीं किया जा सकता। कृपानिधान राम ने पिता का संदेश सुनकर अनेक विधियों से सीता को सीख दी।

सास, स्वसुर, गुरु तथा प्रिय परिवार सब का कष्ट (खभारू) यदि लौटती हो तो मिट जायेगा। पिता के वचनों को सुनकर सीता कहती हैं कि हे परमप्रिय प्राणपति सुनिये।

हे करुणासागर, परम विवेकवान स्वामी (बतायें) शरीर को छोड़कर छाया रोकने से भी कैसे रुक सकती है। सूर्य को छोड़कर प्रभा (प्रथमा) कहाँ जा सकती है और चन्द्रिका चन्द्र को त्यागकर कहाँ जा सकती है।

पति को प्रेम से परिपूर्ण विनय सुनाकर मंत्री से प्रीतिकर वाणी में कहती हैं। आप पिता एवं स्वसुर की भाँति मेरे हितैषी हैं, अत: उलटकर उत्तर देती हूँ तो बड़ा अनुचित होगा।

दीनतावश मैं आपके सम्मुख हुई, हे तात! उसे आप अन्यथा न समझें (इसे आप धृष्टता न समझें)। आर्य पुत्र (राम) के चरण-कमलों के बिना जहाँ तक सारे सम्बन्ध हैं, निरर्थक हैं॥ ९७॥

टिप्पणी—सीता अपने को विकल्प के रूप में रखे जाने की प्रतिक्रिया में निवेदन करती है कि नारी पति को छोड़कर अत्यन्त सुखपूर्वक नहीं रख सकती—'आरज सुत पद कमल बिनु बादि जहाँ लगि नात'। इस वाक्य में दोनों व्यंजनाएँ श्रीराम के सानिध्य एवं पति के साथ की समानान्तर भाव से वर्तमान हैं। भारतीय नारी का आदर्श सीता में प्रबल रूप में दिखाई पड़ता है।

पितु बैभव बिलास मैं डीठा। नृप मनि मुकुट मिलित पद पीठा॥
सुखनिधान अस पितु गृह मोरें। पिय बिहीन मन भाव न भोरें॥
ससुर चक्कवइ कोसल राऊ। भुवन चारिदस प्रगट प्रभाऊ॥
आगें होइ जेहि सुरपति लेई। अरध सिंघासन आसनु देई॥
ससुर एतादृस अवध निवासू। प्रिय परिवारु मातु सम सासू॥
बिनु रघुपति पद पदुम परागा। मोहि केउ सपनेहुँ सुखद न लागा॥
अगम पंथ बन भूमि पहारा। करि केहरि सर सरित अपारा॥
कोल किरात कुरंग बिहंगा। मोहि सब सुखद प्रान पति संगा॥
दो०— सासु ससुर सन मोरि हुँति बिनय करबि परि पायँ।
मोर सोचु जनि करिअ कछु मैं बन सुखी सुभायँ॥ ९८॥

अर्थ—पिता के वैभव-विलास को मैंने देखा है। अनेकानेक राजाओं के मुकुटों की मणियाँ जिसकी चरण पीठिका (पैर रखने की चौकी) से रगड़ खाती थीं (अर्थात् अनेक नरेश मुकुट सहित अपने शीश पैर रखने की चौकी तक झुकाकर प्रणाम करते थे)। इस प्रकार के ऐश्वर्य मण्डित मेरे पिता का घर भी पति के अभाव में मेरे मन को भूलकर भी अच्छा नहीं लगेगा।

चक्रवर्ती ससुर कोशलाधीश जिनका प्रभाव चौदहों भुवनों तक प्रकट है। आगे बढ़कर, इन्द्र जिसकी अगवानी करता है और बैठने के लिए अपने सिंहासन का अर्धभाग प्रदान करता है,

इस प्रकार के स्वसुर, ऐसी (ऐश्वर्यवती अयोध्या नगरी) का निवास, इस प्रकार का प्रिय परिवार

तथा माता के सदृश (स्नेह करने वाली) सास किन्तु राम के चरण-कमलों के रज के बिना मुझे स्वप्न में भी कोई सुखद नहीं लगेगा।

वनमार्ग, धरती एक पहाड़ दुर्गम हैं, हाथी, सिंह, नदियाँ तथा अनेक सरोवर, कोल, किरात, हिरण तथा पक्षी प्राणपति (राम) के साथ सुख देंगे।

सास स्वसुर से मेरी ओर से चरणों पर पड़कर विनय करियेगा कि मेरी लेशमात्र भी चिन्ता न करेंगे, मैं वन में सहजभाव से सुखी हूँ॥ ९८॥

टिप्पणी—सुमंत्र द्वारा सीता के प्रत्यावर्तन के लिए संदेश कहने पर वे अपने तर्क देकर अयोध्या जाने से अस्वीकार कर देती हैं। मुख्य आधार पति का साथ निभाना है। ऐश्वर्य एवं भोग की तुलना में पति के साथ निर्जन तथा भंयकर वनों का निवास श्रेयस्कर है। भोग-विलास एवं भयंकर वनों में निवास के बीच कष्ट का वरण भारतीय दृष्टि से नारी के लिए नैतिकता है क्योंकि पतिविहीन रहकर भारतीय नारी के लिए भोग-विलास कैसा! कवि काव्योक्तियों के माध्यम से नारी विषयक भारतीय मान्यताओं को व्यंजित कर रहा है।

प्राननाथ प्रिय देवर साथा। बीर धुरीन धरें धनु भाथा॥
नहिं मग श्रमु भ्रमु दुख मन मोरें। मोहि लगि सोचु करिअ जनि भोरें॥
सुनि सुमंत्रु सिय सीतलि बानी। भयउ बिकल जनु फनि मनि हानी॥
नयन सूझ नहिं सुनइ न काना। कहि न सकइ कछु अति अकुलाना॥
राम प्रबोधु कीन्ह बहु भाँती। तदपि होति नहिं सीतलि छाती॥
जतन अनेक साथ हित कीन्हे। उचित उतर रघुनंदन दीन्हे॥
मेटि जाइ नहिं राम रजाई। कठिन करम गति कछु न बसाई॥
राम लखन सिय पद सिरु नाई। फिरेउ बनिक जिमि मूर गवाँई॥
दो०— रथु हाँकेउ हय राम तन हेरि हेरि हिहिनाहिं।
देखि निषाद बिषाद बस धुनहिं सीस पछिताहिं॥ ९९॥

अर्थ—पराक्रमी योद्धाओं में अग्रगण्य (धुरीन) तथा धनुष एवं (बाणों से परिपूर्ण) तूणीर (तरकश) धारण करने वाले प्राणनाथ (राम) तथा प्रिय देवर साथ में हैं। मार्ग चलने से उत्पन्न श्रम भ्रमवश भी मेरे मन में नहीं होगा, मेरे लिए भूलकर भी चिन्ता न करिये।

सीता की शीतल वाणी सुनकर सुमंत्र विकल हो उठे मानो सर्प की मणि हानि हो गई। नेत्रों से न सुझाई पड़ता है, न कान से सुनाई पड़ता है और अत्यधिक व्याकुलतावश कुछ कह नहीं पा रहे हैं।

राम ने नाना भाँति समझाया फिर भी उनका मन (छाती) शीतल नहीं होता। सुमंत्र ने राम (को लिवा चलने) के लिए अनेक यत्न किया किन्तु राम ने उनका उचित उत्तर (निराकरण) दिया (किया)।

राम की राजाज्ञा मेटी नहीं जाती, कर्म की गति कठिन है, कुछ वश नहीं। राम, लक्ष्मण सीता के पदों में शीश झुकाकर (प्रणाम करके) वणिक की भाँति मूलधन जैसे गँवाकर लौटे।

(सुमंत्र ने) रथ हाँका किन्तु घोड़े राम को देख-देख करके हिनहिनाते हैं। इसे देखकर निषाद गण विषादवश सिर पीटते और पछताते हैं।। ९९॥

टिप्पणी—सीता के तर्कों में पति के दुःख में सहभागी बनने की भारतीय नारी विषयक दृष्टि की प्रमुखता है। वैभव की चमक-दमक, वन के कष्ट एवं भय इन तीनों तत्त्वों का प्रतिषेध वे अपने ढंग से करती हैं। इस प्रतिषेध से सुमंत्र की मनःदशा शोक एवं वैकल्य से अस्थिर हो उठती है। कवि सीता के दृढ़ निश्चय से उत्पन्न सुमंत्र में शोकावेग को व्यंजित कर रहा है। 'सुमंत्र की दशा को' 'फिरेउ बनिक जिमि मूँरि गँवाई' उदाहरण के माध्यम से उनकी विवशता को कवि बड़े सफल ढंग से चित्रित करता है।

जासु बियोग बिकल पसु ऐसें। प्रजा मातु पितु जीहहिं कैसें॥
बरबस राम सुमंत्रु पठाए। सुरसरि तीर आपु तब आए॥
माँगी नाव न केवटु आना। कहइ तुम्हार मरमु मैं जाना॥
चरन कमल रज कहुँ सबु कहई। मानुष करनि मूरि कछु अहई॥
छुअत सिला भइ नारि सुहाई। पाहन तें न काठ कठिनाई॥
तरनिउ मुनि घरिनी होइ जाई। बाट परइ मोरि नाव उड़ाई॥
एहिं प्रतिपालउँ सबु परिवारू। नहिं जानउँ कछु अउर कबारू॥
जौं प्रभु पार अवसि गा चहहू। मोहि पद पदुम पखारन कहहू॥

अर्थ—(वे सोचते हैं) जिसके वियोग में पशु इस प्रकार व्याकुल हैं, प्रजा, माता, पिता (उसके वियोग में) किस प्रकार जीवित रह सकेंगे। राम ने हठात् सुमंत्र को लौटाया और वे स्वयं तब गंगा तट पर आये।

(राम ने) नाँव माँगी (किन्तु) केवट नहीं लाया और बोला—मैंने आपका मर्म जान लिया है। आपके चरण-कमलों की धूलि के लिए सभी कहते हैं कि वह मनुष्य बना देने वाली जड़ी-बूटी विशेष है।

आपके छूते ही पत्थर शिला सुन्दर स्त्री हो गई, पत्थर से काठ में काठिन्य नहीं है (अर्थात् पत्थर आपके चरण स्पर्श के प्रभाव से रमणी में बदल गया तो मेरी नौका उस पत्थर से हल्की है क्योंकि काठ की है)। (मेरी) नौका (तरनिउँ) मुनि पत्नी हो जायेगी और नाव उड़ जाने पर मेरी आजीविका का हरण होगा (बाट परइ, लुट जायेगी)।

इसी से (मैं) सम्पूर्ण परिवार का प्रतिपालन करता हूँ, कोई अन्य धन्धा (कबारू) नहीं जानता। हे प्रभु! यदि सचमुच आप पार जाना चाहते हैं, मुझे चरण-कमल धो ले देने के लिए आदेश दें।

टिप्पणी—सुमंत्र के लौटने के साथ-ही-साथ शोक व्यापार की व्याप्ति तथा घनीभूतता को कवि रथ के अश्वों से जोड़ता है। इसकी पराकाष्ठा आगे निषाद के लौट आने के बाद सुमंत्र से पुनः भेंट होने पर कवि प्रस्तुत करेगा। वनगमन प्रसंग में 'केवट प्रसंग' भक्ति तथा परिहास का मनोरम दृश्य प्रस्तुत करता है। इसका मूल महारामायण का है किन्तु तुलसी ने यहाँ इसे आत्मीय प्रसंग बनाकर प्रस्तुत किया है। श्रीराम की चरण-रज के स्पर्श से अहल्या संस्तरण की घटना इस परिहास का मूल कारण है। इस परिहास का अभीष्ट है, चरणोदक प्राप्त करना। हास्य एवं व्यंग्य की सम्पूर्ण भंगिमाओं का निर्वाह करते हुए कवि के सम्पूर्ण कुशलता के साथ भक्तों के लिए एकमात्र काम्य 'चरणोदक' की प्राप्ति के लक्ष्य को नितान्त तत्परतापूर्वक प्रस्तुत किया है।

छंद— पद कमल धोइ चढ़ाइ नाव न नाथ उतराई चहौं।
मोहि राम राउरि आन दसरथ सपथ सब साची कहौं॥
बरु तीर मारहुँ लखनु पै जब लगि न पाय पखारिहौं।
तब लगि न तुलसीदास नाथ कृपालु पारु उतारिहौं॥

सो०— सुनि केवट के बैन प्रेम लपेटे अटपटे।
बिहसे करुनाऐन चितइ जानकी लखन तन॥ १००॥

अर्थ—हे नाथ! कमल-चरण धोकर, नाँव पर चढ़ाऊँगा, (मैं) उतराई नहीं चाहता। हे राम! मुझे आपकी सौगन्ध है, और (आपके पित) दशरथ की शपथ है, मैं सही-सही कह रहा हूँ। चाहे लक्ष्मण बाण भले ही मार दें, परन्तु जब तक चरण नहीं धो लूँगा तब तक (गोस्वामी तुलसीदास जी कहते हैं कि) हे कृपालु! हे स्वामी!! पार नहीं उतारूँगा।

केवट के प्रेम से सने हुए तथा अटपटे वचनों को सुन करके करुणाकर (राम) जानकी और लक्ष्मण की तरफ देखकर हँस पड़े॥ १००॥

टिप्पणी—केवट का एक मात्र हठ 'चरण धोकर ही नौका पर चढ़ाना' इन पंक्तियों में व्यंजित है। इसके लिए न उसे प्राण जाने की चिन्ता है और न मजदूरी प्राप्त करने की कामना। 'केवट' के इस हठ में मध्यकालीन भक्तों का हठ है। इस आग्रह में आत्मीयता एवं भक्तसुलभ आकांक्षा का गंभीर भाव वर्तमान है। इस 'हठ' के कारण लक्ष्मण स्वत: आराध्य श्रीराम को भी ज्ञात है। श्रीराम का इस मजबूरी में हँस देना 'परिहास और असमर्थता' को साथ-साथ व्यंजित करता है।

कृपासिंधु बोले मुसुकाई। सोइ करु जेहिं तब नाव न जाई॥
बेगि आनु जल पायँ पखारू। होत बिलंबु उतारहि पारू॥
जासु नाम सुमिरत एक बारा। उतरहिं नर भवसिंधु अपारा॥
सोइ कृपालु केवटहि निहोरा। जेहिं जगु किय तिहु पगहु ते थोरा॥
पद नख निरखि देवसरि हरषी। सुनि प्रभु बचन मोहँ मति करषी॥
केवट राम रजायसु पावा। पानि कठवता भरि लेइ आवा॥
अति आनंद उमगि अनुरागा। चरन सरोज पखारन लागा॥
बरषि सुमन सुर सकल सिहाहीं। एहि सम पुन्यपुंज कोउ नाहीं॥
दो०— पद पखारि जलु पान करि आपु सहित परिवार।
पितर पारु करि प्रभुहि पुनिं मुदित गयउ लेइ पार॥ १०१॥

अर्थ—कृपासिन्धु राम मुस्करा कर बोले, वही करो जिससे तुम्हारी नाव न नष्ट (जाय) हो। अविलम्ब जल लाकर पाद-प्रक्षालन करो, विलम्ब हो रहा है, (शीघ्र) पार उतारो।

जिसके नाम का एक बार स्मरण करने से मनुष्य अपार भवसागर से पार कर जाते हैं और जिसने (वामनावतार में) संसार को (अपने) तीन पदों से भी छोटा कर दिया उसी कृपालु राम ने (गंगा पार होने के लिए) केवट का अहसान लिया।

(विष्णु राम के) चरणनख (अपनी उत्पत्ति-स्थली) देखकर गंगा हर्षित हुई और प्रभु राम के वचनों को सुनकर उनकी बुद्धि ने मोह को नष्ट कर दिया (करषी : खिंचना : नष्ट होना) राम सामान्य व्यक्ति नहीं हैं क्योंकि उनके पद के नख को देखकर (गंगा को अपनी उत्पत्तिस्थली याद हो आई और उनके मन में यह निश्चय हो गया कि राम विष्णु ही हैं, प्राकृत मनुष्य नहीं।) राम की आज्ञा (रजायसु : राजाज्ञा) पाकर केवट कठौते में पानी भरकर ले आया।

प्रेम में उमंगित अत्यन्त आनन्द से परिपूर्ण चरण-कमल प्रक्षालित करने लगा। पुष्प-वर्षा करके समस्त देवता ललचा रहे हैं (और कह रहे हैं कि) इसके सदृश पुण्यसमूह वाला कोई नहीं है।

पद प्रक्षालित करके, जल (चरणोदक) का पान करके, स्वयं परिवार सहित अपने पितरों को तार करके वह पुन: प्रसन्नतापूर्वक (श्रीरामादि को) पार ले गया॥ १०१॥

टिप्पणी—केवट प्रसंग की सर्वप्रथम बार अवतारणा 'महारामायण' में की गई है। राम के चरणरज के स्पर्श से अहल्या के उद्धार की कथा का सम्पर्क हो जाने पर केवट के सन्दर्भ में चरणरज से नौका के नारी में परिणत हो जाने की ऊहा की गई। इस ऊहा के दो मन्तव्य हैं—प्रथम, राम के माहात्म्य के सन्दर्भ को लेकर एक व्यंग्यपरक सन्दर्भ की कल्पना और द्वितीय, भक्ति के माहात्म्य को व्यंजित करना। भगवान् राम के चरणामृत के लिए अहल्या-कथा का व्याज एक सुन्दर काव्योक्ति तथा भक्तिव्यंजक मर्म है, जिसका सही-सही ढंग से प्रस्तुत अंश में कवि उपयोग करता है।

उतरि ठाढ़ भए सुरसरि रेता। सीय रामु गुह लखन समेता॥
केवट उतरि दंडवत कीन्हा। प्रभुहिं सकुच एहि नहिं कुछ दीन्हा॥
पिय हिय की सिय जाननिहारी। मुनि मुंदरी मन मुदित उतारी॥

कहेउ कृपाल लेहि उतराई। केवट चरन गहे अकुलाई॥
नाथ आजु मैं काह न पावा। मिटे दोष दुख दारिद दावा॥
बहुत काल मइँ कीन्हि मजूरी। आजु दीन्ह बिधि बनि भलि भूरी॥
अब कछु नाथ न चाहिअ मोरें। दीन दयाल अनुग्रह तोरें॥
फिरती बार मोहि जो देबा। सो प्रसाद मइँ सिर धरि लेबा॥
दो०— बहुत कीन्ह प्रभु लखन सियँ नहिं कछु केवट लेइ।
बिदा कीन्ह करुनायतन भगति बिमल बरु देइ॥ १०२॥

अर्थ—गंगा की रेती में राम, लक्ष्मण, सीता एवं गुह सहित नाव से उतर करके खड़े हुए। (तत्पश्चात्) केवट ने उतरकर दण्डवत् किया। प्रभु राम को संकोच हुआ कि इसे (उतराई) कुछ नहीं दी।

पति के हृदय के मनोभाव को जानने वाली सीता ने आनन्दित मन से मणि-मुद्रिका (उतराई देने के लिए) अँगुली से उतारी। कृपालु राम ने कहा, अपनी उतराई लो। (इसे सुनकर) केवट ने व्याकुल भाव से (उनके) चरणों को पकड़ लिया।

हे नाथ! आज मैं क्या नहीं पा चुका। मेरे सम्पूर्ण (दैहिक, दैविक भौतिक) दोष, दुःख, दारिद्र्य, एवं भवताप (दावा : दावाग्नि : लक्षणा से भवताप) नष्ट हो गये। मैंने बहुत समय तक मजदूरी की, विधि ने (मेरी इस लम्बी मजदूरी को देखकर) आज अत्यधिक और उचित पारिश्रमिक या मजदूरी (बनी = अवधी में बन्धुआ काम करने वालों को दी जाने वाली अन्न की मजदूरी को बनी कहते हैं) दी।

हे नाथ! अब मुझे कुछ भी नहीं चाहिए, हे दीनदयाल! आपका अनुग्रह (कृपा) [पर्याप्त] है। लौटते समय आप मुझे जो भी देंगे, उस प्रसाद को मैं श्रद्धया (सिर धर करके) ले लूँगा।

प्रभु राम, लक्ष्मण, सीता ने बहुत (प्रयास) किया, किन्तु केवट ने कुछ नहीं लिया। करुणायतन (आयतन : भंडार) राम ने विशुद्ध (निष्काम) भक्ति का वरदान देकर उसे विदा किया॥ १०२॥

टिप्पणी—इस प्रसंग का सम्बन्ध 'केवट के पारिश्रमिक प्राप्त करने' से है। श्रीराम सीता, लक्ष्मण सहित गंगा पार करने के पश्चात् उसे उतराई देना चाहते हैं। मूलतः यह प्रसंग करुणा का बड़ा ही मार्मिक तथा व्यंजक रूप प्रस्तुत करता है। राम सम्पूर्ण धन-सम्पति का त्याग तथा राज्य को छोड़कर वल्कल वस्त्रों में वन जा रहे हैं। चक्रवर्ती सम्राट के युवराज के पास केवट को उतराई देने के लिए एक फूटी कौड़ी भी नहीं है। पत्नी के पास उसकी एक मात्र अँगूठी है, और वह पति के मनोभाव को समझकर कि इसे उतराई में कुछ देना चाहिए—सीता अपनी एकमात्र शेष सम्पत्ति उतार कर देने लगती हैं। 'करुणा' का बड़ा दिव्य व्यंजक रूप इस सन्दर्भ में उठ खड़ा होता है।

तब मज्जनु करि रघुकुल नाथा। पूजि पारथिव नायउ माथा॥
सियँ सुरसरिहिं कहेउ कर जोरी। मातु मनोरथ पुरउबि मोरी॥
पति देवर सँग कुसल बहोरी। आइ करौं जेहिं पूजा तोरी॥
सुनि सिय बिनय प्रेम रस सानी। भइ तब बिमल बारि बर बानी॥
सुनु रघुबीर प्रिया बैदेही। तव प्रभाउ जग बिदित न केही॥
लोकप होहिं बिलोकत तोरें। तोहिं सेवहिं सब सिधि कर जोरें॥
तुम्ह जो हमहिं बड़ि बिनय सुनाई। कृपा कीन्हि मोहि दीन्हि बड़ाई॥
तदपि देबि मइँ देबि असीसा। सफल होन हित निज बागीसा॥
दो०— प्राननाथ देवर सहित कुसल कोसला आइ।
पूजिहिं सब मन कामना सुजसु रहिहि जग छाइ॥ १०३॥

अर्थ—तब रघुकुल स्वामी राम ने मज्जन (स्नान) करके पार्थिव (बालू या मिट्टी के शिवलिंगादि) का पूजन करके प्रणाम किया। सीता ने गंगा को हाथ जोड़कर कहा कि हे माता! मेरे मनोरथों को पूर्ण करें।

जिससे पुनः पति, देवर के साथ सकुसल लौटकर आपकी पूजा करूँ। प्रेम रस से सिक्त सीता की विनय को सुनकर तब पवित्र जल से श्रेष्ठ वाणी हुई।

हे रामप्रिये वैदेही! सुनो, तुम्हारा प्रभाव संसार में किसे विदित नहीं है? आपके दर्शन मात्र से (भक्तजन) लोकपाल होते हैं और सभी सिद्धियाँ हाथ जोड़े हुए तुम्हारी सेवा करती हैं।

आपने हमें जो बड़ी विनय सुनाई, कृपा करते हुए मुझे बड़प्पन दिया। फिर भी, हे देवि! मैं आपके वचनों के सत्य होने के निमित्त आशीश दूँगी।

प्राणनाथ और देवर के साथ कुशलपूर्वक अयोध्या में लौटें (गी), आपकी सभी मनोकामनाएँ पूर्ण होंगी और संसार में श्रेष्ठ कीर्ति छायेगी॥ १०३॥

टिप्पणी—सीता के माहात्म्य को व्यंजित करते हुए गंगा के वचनों से कवि कथा के सुखान्त होने की ध्वनि देता है। इस समग्र कारुणिक प्रसंग में कवि कथा के सुखान्त होने की एक झलक प्रस्तुत कर रहा है। गंगा की आशीर्वादभरी भविष्यवाणी के दो अंश हैं एक, 'कुशल कोसला आइ' तथा दूसरा, 'सुजसु रहिहि जग छाइ' इन दोनों के माध्यम से 'सकुशल लौटने' तथा 'रावणवध के बाद अक्षय कीर्ति का प्रसार' समवेत रूप से व्यंजित है। यह प्रसंग नाटकों के 'अंकावतार' जैसा है।

गंग बचन सुनि मंगल मूला। मुदित सीय सुरसरि अनुकूला॥
तब प्रभु गुहहिं कहेउ घर जाहू। सुनत सूख मुखु भा उर दाहू॥
दीन बचन गुह कह कर जोरी। बिनय सुनहु रघुकुलमनि भोरी॥
नाथ साथ रहि पंथु देखाई। करि दिन चारि चरन सेवकाई॥
जेहिं बन जाइ रहब रघुराई। परनकुटी मैं करबि सुहाई॥
तब मोहि कहँ जसि देब रजाई। सोइ करिहउँ रघुबीर दोहाई॥
सहज सनेह राम लखि तासू। संग लीन्ह गुह हृदयँ हुलासू॥
पुनि गुहँ ग्याति बोलि सब लीन्हे। करि परितोषु बिदा तब कीन्हे॥
दो०— तब गनपति सिव सुमिरि प्रभु नाइ सुरसरिहिं माथ।
सखा अनुज सिय सहित बन गवनु कीन्ह रघुनाथ॥ १०४॥

अर्थ—गंगा के मंगलमूलक वचन सुनकर तथा उन्हें (गंगा को) अपने अनुकूल समझकर सीता प्रसन्न हुईं। तब प्रभु राम ने गुह से कहा कि (अपने) घर लौट जाओ—यह सुनते ही उसका मुख सूख गया तथा हृदय में जलन (पीड़ा) उत्पन्न हुई।

गुह ने हाथ जोड़कर दैन्यपूर्वक कहा कि हे रघुकुलमणि राम! मेरी विनय सुनें। हे नाथ! मैं साथ रहकर रास्ता दिखाऊँगा और कुछ दिनों तक आपके चरणों की सेवा करूँगा।

हे राम! आप जिस वन में चलकर रहेंगे वहाँ मैं शोभित होने वाली (सुन्दर) पर्णकुटी बनाऊँगा। हे रघुवीर! आपकी दुहाई देकर कह रहा हूँ, तब (आप) मुझे जैसी आज्ञा देंगे, वही करूँगा।

राम ने उसके सहज स्नेह को देखकर, हृदय हुलसित (उल्लसित) है जिसका, ऐसे गुह को साथ लिया। तब गुह ने सम्पूर्ण बन्धुबांधव गणों (ग्याति सन, जाति के लोगों से) को बुला लिया और उन्हें परितुष्ट करके विदा किया—

तब प्रभु राम ने गणपति, शिव का स्मरण करके तथा गंगा को शीश झुका कर सखा गुह, लक्ष्मण एवं सीता के साथ वन के लिए गमन किया॥ १०४॥

टिप्पणी—'निषादराज गुह' के लौटने के इस प्रसंग का अपना विशिष्ट साहित्यिक सन्दर्भ है। राम के साथ की प्रजा लौट गई, सुमंत लौट गये। गुह बचे हैं, श्रीराम उन्हें भी लौटने के लिए कहते हैं, फिर भी, गुह अनुनय करके साथ रह जाता है। सामान्य सन्दर्भ में श्रीराम को जनसून्य तथा सुविधाविहीन अरण्यजीवन के लिए अभ्यस्त बनाने के लिए उसका औचित्य है। इससे भी बड़ा औचित्य आगे उसके लौटने पर दिखाई देता है। सुमंत्र गंगा नदी के तट पर शोकविह्वल तब से पड़े हैं, जब से राम उन्हें छोड़कर आगे बढ़ गये। वे सन्तप्त तथा खिन्न विषादमग्न वहीं पड़े हुए हैं। निषाद एक लम्बे अन्तराल के बाद श्रीराम के पास से लौटा और समय का यह लम्बा अन्तराल सुमंत्र के दैन्य की अस्थिरदशा की सूचना देता है। निषाद के ही प्रेरित करने के बाद वे अयोध्या लौट सके।

तेहिं दिन भयउ बिटप तर बासू। लखन सखाँ सब कीन्ह सुपासू॥
प्रात प्रातकृत करि रघुराई। तीरथराजु दीख प्रभु जाई॥
सचिव सत्य स्त्रद्धा प्रिय नारी। माधव सरिस मीतु हितकारी॥
चारि पदारथ भरा भंडारू। पुन्य प्रदेस देस अति चारू॥
छेत्रु अगम गढ़ु गाढ़ सुहावा। सपनेहुँ नहिं प्रतिपच्छिन्ह पावा॥
सेन सकल तीरथ बर बीरा। कलुष अनीक दलन रनधीरा॥
संगमु सिंहासनु सुठि सोहा। छत्रु अखयबटु मुनि मनु मोहा॥
चवँर जमुन तरु गंग तरंगा। देखि होहिं दुख दारिद भंगा॥

दो०— सेवहिं सुकृती साधु सुचि पावहिं सब मनकाम।
बंदी बेद पुरान गन कहहिं बिमल गुन ग्राम॥ १०५॥

अर्थ—उस दिन वृक्ष के नीचे निवास हुआ। लक्ष्मण तथा सखा गुह ने सभी व्यवस्थाएँ कीं। (दूसरे दिन) प्रात: प्रातकर्म करके प्रभु राम ने जाकर तीर्थराज प्रयाग देखा।

जिसके (तीर्थराज के) मंत्री सत्य, श्रद्धा, प्रिय पत्नी तथा वेणीमाधव हित कामना करने वाले मित्र के सदृश हैं। जिनका कोष धर्मार्थादि चार पुरुषार्थ रूप (अक्षय सम्पत्ति से) परिपूर्ण है। जिसका पुण्य प्रदेश ही (राजा की) सुन्दर राजधानी (देश) है।

(प्रयाग) क्षेत्र ही अजेय, दुर्गम दुर्ग के रूप में शोभित है और स्वप्न में भी (दोषादि) शत्रु जिसको (दुर्ग को) नहीं वश कर सकते (पाना)। पापरूपी सेना का मर्दन करने वाले युद्ध में धैर्यधारण करने वाले सम्पूर्ण तीर्थ ही जिसके श्रेष्ठ योद्धा हैं।

संगम जिसका शोभित होने वाला सुन्दर सिंहासन है तथा मुनियों के मन को मुग्ध करने वाला अक्षयवट वृक्ष ही जिनका क्षत्र है। यमुना और गंगा की तरंगें ही चँवर हैं जिन्हें देखकर दुख एवं दारिद्र्य भंग होते हैं।

पुण्यकृत तथा पवित्र साधुजन जिसकी सेवा करके सभी मनोरथों को प्राप्त करते हैं, (उसके) गुण समूहों (ग्राम) का निरन्तर गायन करने वाले वेद-पुराण गण चारण हैं॥ १०५॥

टिप्पणी—प्रयाग 'तीर्थराज' है। कवि की यह मौलिक कल्पना है कि 'तीर्थराज' के चक्रवर्तित्व को सिद्ध किया जाये। यह सांगरूपक के माध्यम से तीरथराज की चक्रवर्तितता तथा उसके आध्यात्मिक माहात्म्य को साथ-साथ व्यंजित करता है। स्थान तथा भाववाची प्रस्तुतों एवं अप्रस्तुतों के माध्यम से ईषद् संश्लिष्ट प्रणाली को आधार बनाकर कवि 'प्रयाग' को अपनी संसक्ति से जोड़कर 'तीर्थराज' के रूप में यहाँ चित्रित कर रहा है।

को कहि सकइ प्रयाग प्रभाऊ। कलुष पुंज कुंजर मृगराऊ॥
अस तीरथपति देखि सुहावा। सुख सागर रघुबर सुखु पावा॥

कहि सिय लखनहिं सखहिं सुनाई। श्रीमुख तीरथराज बड़ाई॥
करि प्रनामु देखत बन बागा। कहत महातम अति अनुरागा॥
एहि बिधि आइ बिलोकी बेनी। सुमिरत सकल सुमंगल देनी॥
मुदित नहाइ कीन्हि सिव सेवा। पूजि जथा बिधि तीरथ देवा॥
तब प्रभु भरद्वाज पहिं आए। करत दंडवत मुनि उर लाए॥
मुनि मन मोद न कछु कहि जाई। ब्रह्मानंद रासि जनु पाई॥

दो०— दीन्हि असीस मुनीस उर अति अनंदु अस जानि।
लोचन गोचर सुकृत फल मनहुँ किए बिधि आनि॥ १०६॥

अर्थ—प्रयाग के प्रभाव को कौन वर्णित कर सकता है। पाप-समूहरूपी हस्तिदल के लिए (वह) सिंह है। इस प्रकार के सुहावने तीर्थराज को देखकर आनन्द-सागर राम ने आनन्द प्राप्त किया।

और अपने मुख (श्रीमुख) से सीता, लक्ष्मण तथा सखा (गुह) को तीर्थराज का माहात्म्य बताया। प्रणाम करके, (उपकूलों पर स्थित) वन तथा बागों को देखते हुए अत्यन्त अनुरागपूर्वक वे (राम) प्रयाग माहात्म्य कहते हैं।

स्मरण मात्र से समस्त मंगलों को देने वाली त्रिवेणी को इस प्रकार राम ने आकर देखा। प्रसन्नतापूर्वक स्नान करके शिव की सेवा (पूजा) की और यथाविधि तीर्थराज की पूजा की।

इसके पश्चात् प्रभु राम भरद्वाज के पास आये और दण्डवत करते हुए उनको मुनि ने हृदय से लगाया। मुनि के मन के आनन्द का कुछ (वर्णन) करते नहीं बनता मानो (उन्होंने) ब्रह्मानन्द की राशि प्राप्त की हो।

हृदय से अत्यधिक आनन्दित होकर मुनिश्रेष्ठ ने आशीर्वाद दिया और ऐसा समझा मानो विधाता ने (उनके) पुण्यफलों को ले आकर नेत्रों के लिए (समक्ष) प्रस्तुत कर दिया हो॥ १०६॥

टिप्पणी—कई रामायणों में 'भरद्वाज' के पश्चात् तीर्थराज प्रयाग में जाने की कथा वर्णित है। कवि की दृष्टि में सम्भवतः यही उचित रहा है कि तीर्थराज का दर्शन करके पुनः श्रीराम भरद्वाज-आश्रम जाते। मूलतः कथा को आगे बढ़ाने के लिए इस प्रसंग का औचित्य इस रूप में सिद्ध है। लोक के लिए श्रीराम 'राजपुत्र' हैं, उनका 'मार्ग-दर्शन' आवश्यक है। आगे वे अपने चार शिष्यों को श्रीराम के मार्ग-दर्शन के लिए भेजते हैं। वन की ओर जाने के लिए उचित तथा सही दिशा का बोध वनगमन का एक अत्यावश्यक सन्दर्भ है। आगे की घटनाएँ जिन स्थानों से जुड़ी हैं, उस दिशा की ओर भरद्वाज के चार शिष्य राम को ले जाते हैं। बाद में, राम के माहात्म्य को व्यंजित करने के लिए भी इस प्रसंग का औचित्य स्वीकार किया जाने लगा।

कुसल प्रस्न करि आसन दीन्हे। पूजि प्रेम परिपूरन कीन्हे॥
कंद मूल फल अंकुर नीके। दिए आनि मुनि मनहुँ अमी के॥
सीय लखन जन सहित सुनाए। अति रुचि राम मूल फल खाए॥
भए बिगत श्रम रामु सुखारे। भरद्वाज मृदु बचन उचारे॥
आजु सुफल तपु तीरज त्यागू। आजु सुफल जप जोग बिरागू॥
सफल सकल सुभ साधन साजू। राम तुम्हहिं अवलोकत आजू॥
लाभ अवधि सुख अवधि न दूजी। तुम्हरें दरस आस सब पूजी॥
अब करि कृपा देहु बर एहू। निज पद सरसिज सहज सनेहू॥

दो०— करम बचन मन छाड़ि छलु जब लगि जनु न तुम्हार।
तब लगि सुखु सपनेहुँ नहीं किएँ कोटि उपचार॥ १०७॥

अर्थ—(मुनि ने) कुशल क्षेम पूछकर आसन दिया तथा प्रेमपूर्वक पूजन करके सन्तुष्ट (परिपूरन) किया। स्वादिष्ट कन्दमूल, फल एवं अंकुर ले जाकर दिया मानो वे अमृत के हों।

राम, सीता, लक्ष्मण तथा गुह (जन) को वे (कन्दमूलादि) भले लगे तथा अत्यधिक रुचिपूर्वक (उन्होंने) मूल-फलों को खाया। श्रम-विगत होकर (थकावट से मुक्त होकर) राम सुखी हुए तब भरद्वाज मृदुल वाणी बोले!

हे राम आज तुम्हें देखकर सम्पूर्ण तपस्या, तीर्थाटन एवं त्याग, वैराग्य आज सफल हुए, सम्पूर्ग शुभ साधन एवं साज-सज्जा सफल हुए। आपके दर्शन से समस्त आशाएँ पूर्ण हो गईं।

अत: (जीवन के) लाभ एवं सुख की अन्य अवधि (सीमा) नहीं रह गई (अर्थात् जीवन का सर्वोच्च लाभ और सुख आपके दर्शनमात्र से मिल गया और लाभ तथा सुख की कोई आकांक्षा नहीं रह गयी)। 'अपने पद कमल के प्रति सहज स्नेह' यह वरदान अब कृपा करके दें।

कोटि उपाय (उपचार) करने पर भी, जब तक कपट का त्याग करके मन, वाणी तथा कर्म से (व्यक्ति) आपका दास (जन) नहीं होता तब तक स्वप्न में भी (उसे) सुख नहीं है॥ १०७॥

टिप्पणी—राम के ब्रह्मत्व की व्यंजना ही इस प्रसंग का मूल औचित्य है। भरद्वाज श्रीराम से 'निज पद सरसिज सहज सनेहू' का आशीर्वाद माँगकर इस प्रसंग के औचित्य को सिद्ध करते हैं। जैसा कि, पूर्वनिर्दिष्ट है, इस प्रसंग की अवतारणा का आशय 'श्रीराम के मार्गदर्शन' से है किन्तु प्रस्तुत कवि भक्ति के प्रबल आग्रह के वशीभूत उसमें 'मार्ग-दर्शन' को गौण बना देता है। यह मात्र तुलसी ही नहीं करते अपितु परम्परा में 'अध्यात्म रामायण' आदि में भी इसी प्रकार से निर्दिष्ट है। गोस्वामी तुलसीदास जी ने भक्ति की अवतारणा विषयक भावना को अधिक सघन बनाया है।

सुनि मुनि बचन राम सकुचाने। भाव भगति आनंद अघाने॥
तब रघुबर मुनि सुजसु सुहावा। कोटि भाँति कहि सबहिं सुनावा॥
सो बड़ सो सब गुन गन गेहू। जेहि मुनीस तुम्ह आदर देहू॥
मुनि रघुबीर परसपर नवहीं। बचन अगोचर सुखु अनुभवहीं॥
यह सुधि पाइ प्रयाग निवासी। बटु तापस मुनि सिद्ध उदासी॥
भरद्वाज आश्रम सब आए। देखन दसरथ सुअन सुहाए॥
राम प्रनाम कीन्ह सब काहू। मुदित भए लहि लोयन लाहू॥
देहिं असीस परम सुखु पाई। फिरे सराहत सुंदरताई॥

दो०— राम कीन्ह बिश्राम निसि प्रात प्रयाग नहाइ।
चले सहित सिय लखन जन मुदित मुनिहिं सिरु नाइ॥ १०८॥

अर्थ—मुनि के वचनों को सुनकर राम संकुचित हो उठे (और उनकी) भाव भक्ति से छककर (अघाने) आनन्दित हो उठे। तब श्रीराम ने मुनि के विमल यश को करोड़ों भाँति से सबको सुनाया।

हे मुनिश्रेष्ठ! आप जिसे सम्मान दें, वही श्रेष्ठ है, समस्त गुणों का भंडार हैं। मुनि तथा राम एक दूसरे को आदर दे रहे हैं और शब्दातीत आनन्द का अनुभव कर रहे हैं।

यह समाचार पाकर (राम के आगमन का समाचार) प्रयाग के निवासीगण बटु (ब्रह्मचारी), तपस्वी, मुनिगण, सिद्धजन एवं उदासीन सभी भरद्वाज आश्रम पर दशरथ के सुन्दर पुत्रों को देखने के लिए आये।

सभी ने राम को प्रणाम किया और नेत्रों का दर्शन लाभ पाकर वे आनन्दित हुए। अत्यधिक आनन्द पाकर वे आशीर्वाद देते हैं और(उनके) सौन्दर्य की सराहना करते हुए (वे) लौटे।

राम ने रात्रि में विश्राम किया और प्रात: प्रयाग स्नान करके सीता, लक्ष्मण एवं गुह (जन) के साथ प्रसन्नतापूर्वक मुनि को शीश झुका कर (वे) चले॥ १०८॥

टिप्पणी—श्रीराम और मुनि के बीच परस्पर शिष्टाचार का निरूपण करते हुए कवि प्रकारान्तर से श्रीराम के माहात्म्य का ही वर्णन करता है। सम्पूर्ण क्षेत्रीय जनों का श्रीराम के दर्शनार्थ आना प्रकारान्तर से अत्यधिक सहानुभूति की व्याप्ति का हेतु बनता है।

राम सप्रेम कहेउ मुनि पाहीं। नाथ कहिअ हम केहि मग जाहीं॥
मुनि मन बिहसि राम सन कहहीं। सुगम सकल मग तुम्ह कहुँ अहहीं॥
साथ लागि मुनि सिष्य बोलाए। सुनि मन मुदित पचासक आए॥
सबन्हि राम पर प्रेम अपारा। सकल कहहिं मगु दीख हमारा॥
मुनि बटु चारि संग तब दीन्हे। जिन्ह बहु जनम सुकृत सब कीन्हे॥
करि प्रनामु रिषि आयसु पाई। प्रमुदित हृदयँ चले रघुराई॥
ग्राम निकट जब निकसहिं जाई। देखहिं दरसु नारि नर धाई॥
होहिं सनाथ जनम फल पाई। फिरहिं दुखित मनु संग पठाई॥

दो०— बिदा किए बटु बिनय करि फिरे पाइ मन काम।
उतरि नहाए जमुन जल जो सरीर सम स्याम॥ १०९॥

अर्थ—राम ने सप्रेम मुनि से कहा कि हे नाथ! हम किस रास्ते से जायँ, बतायें। मुनि मन-ही-मन हँसकर राम से कहते हैं कि सभी मार्ग आपके लिए सुगम हैं।

साथ के लिए मुनि ने शिष्यों को बुलाया, सुनकर, प्रसन्न मन से पचास के आस-पास (पचासक) शिष्य आये। सभी का श्रीराम पर अपार प्रेम है और सभी कहते हैं कि रास्ता हमारा देखा हुआ है।

मुनि ने चार ब्रह्मचारियों को साथ किया जिन्होंने अनेक जन्मों में सम्पूर्ण पुण्य किए थे। प्रणाम करके, ऋषि की आज्ञा पा करके, राम प्रसन्न मन से चल पड़े।

गाँवों के समीप जब होकर निकलते हैं तब नर-नारी दौड़ कर (इनके) रूप-दर्शन (दरसु) को करते (देखते) हैं। अपने जन्म के फल को प्राप्त कर वे कृतकृत्य (सनाथ) हो रहे हैं और अपने मन को उनके साथ भेज कर दुखित भाव से लौट रहे हैं।

राम ने विनय करके ब्रह्मचारियों को विदा किया। (वे) मनोकामना पूर्ण करके लौटे। (तत्पश्चात्) उन्होंने (यमुना को) पार करके शरीर के सदृश श्याम यमुना जल में स्नान किया॥ १०९॥

टिप्पणी—मार्गदर्शन का प्रसंग है। भरद्वाज अपने चार शिष्यों को मार्ग-दर्शन के निमित्त भेजते हैं। जैसा कि प्रारम्भ में निर्दिष्ट किया जा चुका है, मूल कथा तक पहुँचाने का श्रेय इसी पूरक कथा को है।

सुनत तीरबासी नर नारी। धाए निज निज काज बिसारी॥
लखन राम सिय सुंदरताई। देखि करहिं निज भाग्य बड़ाई॥
अति लालसा बसहिं मन माहीं। नाउँ गाउँ बूझत सकुचाहीं॥
जे तिन्ह महुँ बयबिरिध सयाने। तिन्ह करि जुगुति रामु पहिचाने॥
सकल कथा तिन्ह सबहिं सुनाई। बनहिं चले पितु आयसु पाई॥
सुनि सबिषाद सकल पछिताहीं। रानी रायँ कीन्ह भल नाहीं॥
तेहि अवसर एक तापसु आवा। तेज पुंज लघुबयस सुहावा॥
कबि अलखित गति बेषु बिरागी। मन क्रम बचन राम अनुरागी॥

दो०— सजल नयन तन पुलकि निज इष्ट देउ पहिचानि।
परेउ दंड जिमि धरनि तल दसा न जाइ बखानि॥ ११०॥

अर्थ—तट के निवासी नर-नारी (आने का समाचार) सुनते ही, कि अपने-अपने कार्यों को भूलकर दौड़े। लक्ष्मण, राम और सीता की सुन्दरता देखकर अपने भाग्य की प्रशंसा करते हैं।

(परिचय प्राप्त करने की) अत्यधिक लालसा सबके मन में है किन्तु नाम-ग्राम पूछते हुए संकोच का अनुभव करते हैं। उनमें से जो वयवृद्ध एवं चतुर थे उन्होंने युक्ति से राम को पहचान लिया।

उन्होंने सभी को सम्पूर्ण कथा सुनाकर बताया कि (ये) पिता की आज्ञा से वन को चले हैं। (इसे) सुनकर सभी विषादपूर्वक पश्चात्ताप करते हैं (और कहते हैं कि) रानी और राजा ने अच्छा नहीं किया।

उसी समय एक तपस्वी आया जो तेजपुंज (अत्यधिक तेजवान), छोटी अवस्था का सुन्दर था। वह कवि के लिए अलक्षित ज्ञान का (जिसके विषय में कवि जन भी अपरिचित हैं या अलक्षित गति वाला, कवि) तथा विरक्त वेषवाला, एवं मन, कर्म वाणी से राम के प्रेम में संसक्त था।

अपने इष्टदेव को पहचान कर (प्रेमवश) शरीर से रोमांचित एवं नेत्रों से अश्रुपूरित दण्ड के सदृश (राम के चरणों पर) पृथ्वीतल पर गिर पड़ा और उसकी दशा वर्णित करते नहीं बनती॥ ११०॥

टिप्पणी—यमुना नदी के तट की ओर लगकर चित्रकूट के लिए श्रीराम जा रहे हैं। 'हनुमन्नाटक' में यह प्रसंग विशिष्ट रमणीयता के साथ चित्रित है। हनुमन्नाटक के प्रसंग की सामान्य छाया को कवि अपनी मौलिक प्रतिभा से पल्लवित करता है। उसके द्वारा कथा का यह पल्लवन विशेष चारुता से सम्पृक्त है। हनुमन्नाटक का पथिक राम-प्रसंग यमुना तटवर्ती प्रदेशों का नहीं है। इस प्रसंग की सामान्य अवतारणा करके कवि आगे 'तापस-प्रसंग' को रखता है।

राम सप्रेम पुलकि उर लावा। परम रंक जनु पारसु पावा॥
मनहुँ प्रेमु परमारथु दोऊ। मिलत धरें तन कह सबु कोऊ॥
बहुरि लखन पायन्ह सोइ लागा। लीन्ह उठाइ उमगि अनुरागा॥
पुनि सिय चरन धूरि धरि सीसा। जननि जानि सिसु दीन्ह असीसा॥
कीन्ह निषाद दंडवत तेही। मिलेउ मुदित लखि राम सनेही॥
पिअत नयन पुट रूप पियूषा। मुदित सुअसनु पाइ जिमि भूखा॥
ते पितु मातु कहहु सखि कैसे। जिन्ह पठए बन बालक ऐसे॥
राम लखन सिय रूप निहारी। होहिं सनेह बिकल नर नारी॥

दो०— तब रघुबीर अनेक बिधि सखहिं सिखावनु दीन्ह।
राम रजायसु सीस धरि भवन गवनु तेइँ कीन्हु॥ १११॥

अर्थ—राम ने प्रेमपूर्वक पुलकित (उसे) हृदय से लगा लिया मानो परम दरिद्र ने पारस (स्पर्शमणि) प्राप्त किया हो। मानो प्रेम तथा परमार्थ दोनों शरीर धारण करके मिल रहे हैं, ऐसा सभी कोई कहते हैं।

वह पुनः लक्ष्मण के चरणों में लगा। (उन्होंने) अनुराग से उमंगित होकर (उसे) उठा लिया। पुनः सीता के चरणों की धूलि शीश पर रखी और(उन्होंने अपने को) जननी जानकर शिशु (तापस) को आशीर्वाद दिया।

निषाद ने उसे दण्डवत् किया। राम सखा समझकर (वह उससे) आनन्दपूर्वक मिला। नेत्र-पुटों (दोनों) से रूपामृत पी रहा है जैसे भूखा (व्यक्ति) सुन्दर व्यंजनों को पाकर आनन्दित हो।

हे सखि! वे माता-पिता कैसे हैं, जिन्होंने ऐसे (इतने कोमल, सुन्दर) बालकों को वन भेजा है। राम-लक्ष्मण तथा सीता के रूप को देख करके सम्पूर्ण नर-नारी प्रेम से व्याकुल हैं।

तब राम ने अनेक भाँति से सखा (गुह) को सीख दी। राम की आज्ञा सिर पर रखकर उसने तब स्वगृह के लिए गमन किया॥ १११॥

टिप्पणी—रामचरितमानस के यह विवादास्पद स्थलों में से एक है। डॉ० माताप्रसाद गुप्त इस प्रसंग को प्रामाणिक मानते हैं। उनके अनुसार यह बीच से हठात् प्रवेश किया गया प्रक्षिप्त प्रसंग जैसा प्रतीत होता है किन्तु मानस की प्राप्त प्राचीनतम प्रतियों में यह पाठ उपलब्ध है। काशिराज संस्करण में पण्डित विश्वनाथप्रसाद मिश्र इस प्रसंग को अप्रामाणिक और प्रक्षिप्त मानते हैं।

'तापस' कौन है, यह एक अति विवादास्पद प्रसंग है। किसी के अनुसार यह हनुमान, किसी के अनुसार सप्तर्षि आदि-आदि व्यक्तियों की सम्भावना है। आचार्य शुक्ल तथा उन्हीं के क्रम में डॉ० माताप्रसाद गुप्त स्वयं कवि को तापस के छद्म रूप में प्रकट होना स्वीकार करते हैं। अधिकांशतया विद्वान् इसी तथ्य को मान्यता प्रदान करते हैं।

इस 'तापस-प्रसंग' का औचित्य मात्र कवि के छद्मरूप में अवतरण से ही सिद्ध होता है। कवि प्रौढ़ोक्ति के रूप में यह प्रसंग सांकेतिक रूप से अपने आराध्य को अपनी ही जन्मभूमि पर पहुँचाने के पश्चात् उसके लिए आवश्यक हो गया कि छद्म रूप (तापस वेष) में वह उनका मानस लोक में साक्षात् दर्शन करें। प्रसंग वक्रता के ऐसे सन्दर्भों को कालिदास आदि ने भी यथास्थान सांकेतिक ढंग से रखा है।

पुनि सियँ राम लखन कर जोरी। जमुनहिं कीन्ह प्रनामु बहोरी॥
चले ससीय मुदित दोउ भाई। रबितनुजा कइ करत बड़ाई॥
पथिक अनेक मिलहिं मग जाता। कहहिं सप्रेम देखि दोउ भ्राता॥
राज लखन सब अंग तुम्हारें। देखि सोचु अति हृदय हमारें॥
मारग चलहु पयादेहिं पाएँ। ज्योतिषु झूठ हमारे भाएँ॥
अगमु पंथु गिरि कानन भारी। तेहि महँ साथ नारि सुकुमारी॥
करि केहरि बन जाइ न जोई। हम सँग चलहिं जो आयसु सोई॥
जाब जहाँ लगि तहँ पहुँचाई। फिरब बहोरि तुम्हहिं सिरु नाई॥

दो०— येहि बिधि पूँछहिं प्रेम बस पुलक गात जलु नैन।
कृपासिंधु फेरहिं तिन्हहि कहि बिनीत मृदु बैन॥ ११२॥

अर्थ—पुन: सीता राम लक्ष्मण ने हाथ जोड़कर यमुना को एक बार और प्रणाम किया। सूर्यपुत्री (यमुना) की प्रशंसा करते हुए सीता सहित दोनों भाई मुदित होकर चले।

मार्ग में चलते हुए अनेक पथिक मिलते हैं वे दोनों भाइयों को प्रेमपूर्वक देखकर कहते हैं। तुम्हारे सम्पूर्ण अंग में 'राज्यलक्षण' हैं, जिन्हें देखकर हमारे हृदय में अत्यधिक चिन्ता है।

मार्ग में (नंगे) पैर पैदल चल रहे हैं, हमारी समझ में ज्योतिष झूठा है। मार्ग अगम तथा भंयकर जंगल (एवं) पर्वतयुक्त है, उस पर साथ में कोमलांगी नारी भी है।

हाथी और सिंह ऐसे हैं जो देखे नहीं जा सकते, यदि आज्ञा हो तो हम साथ चलें। जहाँ तक आप जायँ, वहाँ पहुँचाकर पुन: तुम्हें प्रणाम करके लौट आयेंगे।

नेत्रों में अश्रु भरे, पुलकित शरीर, प्रेम से विवश (उनसे) इस प्रकार पूछते हैं। विनीत तथा कोमल वाणी कहकर कृपासिन्धु राम उन्हें लौटाते हैं॥ ११२॥

टिप्पणी—ग्राम वधू या पथिक वेश में राम का वनगमन बड़ा ही रमणीक एवं काव्यात्मक प्रसंग है। जैसा कि निर्दिष्ट है, इसकी मूल उद्भावना हनुमन्नाटक में मिलती है। कवि अपनी पूरी तन्मयता, सहृदयता तथा काल्पनिक रचनात्मक सूक्ष्मता के साथ इस प्रसंग को उभारता है। लोक जीवन की सहज अभिराममयी जिज्ञासाभरी भावात्मक सरसता तथा व्यापक लोक-करुणा का

उद्वेलन इस प्रसंग की रचना का अभीष्ट है। कवि विविध परिणतियों के माध्यम से रूढ़ि, विश्वास, लोक लक्षण ज्ञान आदि को वर्णन की विश्वसनीयता का अंग बनाकर चित्रित करता है।

जे पुर गाँव बसहिं मग माहीं। तिन्हहि नाग सुर नगर सिहाहीं॥
केहि सुकृतीं केहि घरीं बसाए। धन्य पुन्यमय परम सुहाए॥
जहँ जहँ राम चरन चलि जाहीं। तिन्ह समान अमरावति नाहीं॥
पुन्य पुंज मग निकट निवासी। तिन्हहिं सराहहिं सुरपुर बासी॥
जे भरि नयन बिलोकहिं रामहिं। सीता लखन सहित घनस्यामहिं॥
जे सर सरित राम अवगाहहिं। तिन्हहिं देव सर सरित सराहहिं॥
जेहि तरु तर प्रभु बैठहिं जाई। करहिं कल्पतरु तासु बड़ाई॥
परसि राम पद पदुम परागा। मानति भूमि भूरि निज भागा॥
दो०— छाँह करहिं घन बिबुध गन बरषहिं सुमन सिहाहिं।
देखत गिरि बन बिहग मृग रामु चले मग चाहिं॥ ११३॥

अर्थ—जो नगर और गाँव मार्ग में बसते हैं, उनको नाग तथा देवताओं के नगर लालच से (देखते) हैं। किस पुण्यवान ने किस घड़ी में इन्हें बसाया है, ये धन्य हैं, पुण्यमय हैं तथा अत्यधिक सुहावने हैं।

जहाँ-जहाँ राम चरणों से चलकर जाते हैं, उनके समान अमरावती (इन्द्रनगरी) नहीं। मार्ग के निकट के निवासी पुण्य पुंज हैं और स्वर्गवासी भी उनकी सराहना करते हैं।

जो सीता, लक्ष्मण एवं मेघवत् श्यामल वर्ण के श्रीराम को जी भरकर देखते हैं तथा जिन तालाबों तथा नदियों में श्रीराम स्नान करते हैं, देव सरोवर तथा देव नदियाँ भी उनकी सराहना करती हैं।

जिस वृक्ष के नीचे प्रभु राम बैठ जाते हैं, उस (वृक्ष की) प्रशंसा कल्पवृक्ष[१] करते हैं। राम के चरण-कमलों के पराग (रज) को स्पर्श (परसि) करके भूमि अपने भाग्य को बहुत अधिक मानती है।

बादल छाया करते हैं (छाया करने के कारण उन बादलों को सौभाग्यशाली मानकर) देव समूह लालच करते (हुए) पुष्प वर्षा करते हैं। (इस प्रकार) राम पर्वत, वन, पक्षी, मृग (आदि) देखते हुए रास्ता चले जा रहे हैं॥ ११३॥

टिप्पणी—सामान्य काव्य की दृष्टि से इस प्रकार के वर्णन अत्युक्ति की सीमा के अन्तर्गत आते हैं किन्तु यहाँ श्रीराम के माहात्म्य को यथार्थ रूप से समझने वाले व्यक्ति के लिए वास्तविकता है। अतिशयोक्ति एवं अत्युक्ति जैसे अलंकार मानवीय सम्भावनाओं में ही अलंकारत्व ग्रहण करते हैं। पुरा कथाओं एवं पौराणिक वृत्तों से मण्डित आध्यात्मिक सन्दर्भ में वे यथार्थपरक हैं। उनमें कहीं-भी अत्युक्ति नहीं हैं क्योंकि ब्रह्म की सामर्थ्य एवं उसके माहात्म्य के सन्दर्भ में अत्युक्ति का प्रश्न ही नहीं है। यहाँ विविध सन्दर्भों की सापेक्षिक तुलना का लक्ष्य राम के विशिष्ट आधिदैविक व्यक्तित्व की सूचना तथा माहात्म्य की व्यंजना है।

सीता लखन सहित रघुराई। गाँव निकट जब निकसहिं जाई॥
सुनि सब बाल बृद्ध नर नारी। चलहिं तुरत गृह काजु बिसारी॥
राम लखन सिय रूप निहारी। पाइ नयनफलु होहिं सुखारी॥
सजल बिलोचन पुलक सरीरा। सब भए मगन देखि दोउ बीरा॥
बरनि न जाइ दसा तिन्ह केरी। लहि जनु रंकन्ह सुर मनि ढेरी॥
एकन्ह एक बोलि सिख देहीं। लोचन लाहु लेहु छन एहीं॥

१. कल्पवृक्ष एक ही है किन्तु यहाँ अनेक कल्पवृक्षों की चर्चा की गई है।

रामहिं देखि एक अनुरागे। चितवत चले जाहिं सँग लागे॥
एक नयन मग छबि उर आनी। होहिं सिथिल तन मन बर बानी॥
दो०— एक देखि बट छाँह भलि डासि मृदुल तृन पात।
कहहिं गवाँइअ छिनुकु श्रमु गवनब अबहिं कि प्रात॥ ११४॥

अर्थ—सीता, लक्ष्मण के साथ राम जब गाँव के निकट आकर पहुँचते हैं तब सभी आबाल-वृद्ध नर-नारी सुनकर शीघ्र ही अपने गृह कार्यों को विस्मृत करके चल पड़ते हैं।

राम, लक्ष्मण एवं सीता के रूप को देखकर, नेत्रों का फल पाकर (दर्शन-जनित आनन्द प्राप्त करके) सुखी होते हैं। अश्रुजलयुक्त नेत्र एवं शरीर से पुलकित सभी दोनों भाइयों को देखकर आनन्दमग्न हो उठे।

उनकी दशा का वर्णन करते नहीं बनता मानो महादरिंद्र ने इन्द्रमणि (चिन्तामणि, देवमणि) की राशि प्राप्त कर ली हो। एक दूसरे से (परस्पर) कहकर शिक्षा देते हैं कि इसी क्षण लोचनों का लाभ (दर्शनजनित आनन्द) ले लो।

राम को देखकर एक (अन्य) अनुरक्त भाव से (उन्हें) देखते-देखते साथ लगे चले जाते हैं। एक अन्य नेत्र मार्ग से (राम की) छवि को हृदय में ले आकर शरीर, मन और श्रेष्ठ वाणी से शिथिल (आनन्दविह्वल) हैं।

एक अन्य बरगद की भली छाया देखकर, मृदुल घास (तृन) तथा पत्रों को बिछाकर (डासि) कहते हैं क्षण भर के लिए यहाँ श्रम दूर कर लीजिए) अभी चले जाइयेगा या (कल) प्रातः॥ ११४॥

टिप्पणी—राम के सौन्दर्य तथा कोमलता की विविध रूपों में व्यंजना की गई है। नर-नारी रूप को देखकर मुग्ध हैं। कवि ब्रह्म के 'आनन्द धर्म' की व्यंजना श्रम सौन्दर्य के आधार पर करता है। दर्शक के मन की लिप्सा रूप के सांसारिक भोग की व्यंजना नहीं अपितु आध्यात्मिकता के झीने आवरण के बीच व्यंजित है। भोग तथा आध्यात्मिकता दोनों के बीच में व्यंजित लोक वधूटियों का यह प्रसंग बड़ा ही रमणीक है। एक श्यामल वर्ण का राजकुमार साथ में प्रिया एवं सुकुमार भाई ग्रामीण बालाओं की रागात्मक सहृदयता के लिए भावात्मक प्रतीक बन जाते हैं।

एक कलस भरि आनहिं पानी। अँचइअ नाथ कहहिं मृदु बानी॥
सुनि प्रिय बचन प्रीति अति देखी। रामकृपालु सुसील बिसेषी॥
जानी श्रमित सीय मन माहीं। घरिक बिलंबु कीन्ह बट छाहीं॥
मुदित नारि नर देखहिं सोभा। रूप अनूप नयन मनु लोभा॥
एकटक सब सोहहिं चहुँ ओरा। रामचंद्र मुख चंद चकोरा॥
तरुन तमाल बरन तनु सोहा। देखत कोटि मदन मनु मोहा॥
दामिनि बरन लखन सुठि नीके। नख सिख सुभग भावते जी के॥
मुनिपट कटिन्ह कसें तूनीरा। सोहहिं कर कमलनि धनु तीरा॥
दो०— जटा मुकुट सीसनि सुभग उर भुज नयन बिसाल।
सरद परब बिधु बदन बर लसत स्वेद कन जाल॥ ११५॥

अर्थ—एक अन्य कलश में भर कर जल लाते हैं और कोमल वाणी में कहते हैं कि हे नाथ! आचमन कर लें। विशिष्ट शीलवान एवं कृपालु राम ने (उनके) प्रिय वचनों को सुनकर (तथा उनकी) प्रीति देखकर—

तथा मन में सीता को थकित समझकर बरगद की छाया में घड़ी भर के लिए विश्राम (विलम्ब) किया। मन को क्षुब्ध करने वाले अनुपम रूप की शोभा देखकर नर-नारी प्रसन्न हैं।

रामचन्द्र के मुखचन्द्र को चकोरगण की भाँति सभी चारों ओर (से) एकटक (देखते हुए)

शोभित हो रहे हैं। तरुण तमाल वृक्ष के वर्ण-सा शरीर शोधित हो रहा है जो देखने में कोटि कामदेव के मन को मुग्ध करता है।

विद्युत वर्ण के लक्ष्मण अत्यधिक अच्छे हैं (सुष्ठु : सुठि) तथा नख से शिख तक हृदय को भले लगते हैं। मुनिवस्त्र युक्त तथा कटि में तरकस कसे, कर-कमलों में धनुष-बाण धारण किये हुए शोभित हैं।

जिनके वक्ष, भुजाएँ तथा नेत्र विशाल हैं और जिनके शीशों पर सुन्दर जटाओं का मुकुट है। (साथ ही उनके) शरत्पर्व (शरद् ऋतु की पूर्णिमा) से सुन्दर चन्द्रमुख पर स्वेद (पसीना) कणिकाओं का समूह शोभित हो रहा है॥ ११५॥

टिप्पणी—बटोही राम का अद्वितीय कन्दर्पदर्पी रूप-लावण्य ग्राम के नर-नारियों के नेत्रों के लिए महोत्सव की भाँति है। वर्णदर्प को चित्ताकर्षण का आधार मान कर कवि लोक-जनों को मुग्ध करने के लिए पत्नी-सीता सहित श्रीराम की जो स्वरूप झाँकी प्रस्तुत कर रहा है, वह मात्र भक्ति की दृष्टि से ही नहीं, काव्य की सीमा में रूपचित्रण का सर्वथा तथा सर्वतोभावेन आकर्षक चित्र है।

बरनि न जाइ मनोहर जोरी। सोभा बहुत थोरि मति मोरी॥
राम लखन सिय सुंदरताई। सब चितवहिं चित मन मति लाई॥
थके नारि नर प्रेम पिआसे। मनहुँ मृगी मृग देखि दिआ से॥
सीय समीप ग्राम तिय जाहीं। पूँछत अति सनेह सकुचाहीं॥
बार बार सब लागहिं पाएँ। कहहिं बचन मृदु सरल सुभाएँ॥
राजकुमारि बिनय हम करहीं। तिय सुभायँ कछु पूँछत डरहीं॥
स्वामिनि अबिनय छमबि हमारी। बिलगु न मानब जानि गँवारी॥
राजकुअँर दोउ सहज सलोने। इन्ह तें लही दुति मरकत सोने॥
दो०— स्यामल गौर किसोर बर सुंदर सुषमा ऐन।
सरद सर्बरीनाथ मुखु सरद सरोरुह नैन॥ ११६॥

अर्थ—(इस) मनोहर जोड़ी का वर्णन करते नहीं बनता। उसका सौन्दर्य अत्यधिक है तथा मेरी (कवि की) बुद्धि अल्प है। राम, लक्ष्मण एवं सीता की सुन्दरता को सभी (मार्ग के दर्शक) चित्त, बुद्धि तथा मन को लगाकर देखते हैं।

(उसे देखकर) प्रेम पिपासित नर-नारी थकित हो उठे मानो मृग-मृगी दीपक देखने के सदृश (ठिठक कर चित्रवत् खड़े हैं)। सीता के पास ग्राम-वधुएँ जाकर स्नेहवश नाम गाँव पूछने में संकोच करती हैं।

बार-बार सभी (सीता के) पाँव लगती हैं और स्वभावतः मृदु सरल वचन कहती हैं। हे राजकुमारी! हम विनय करती हैं तथा नारी स्वभाववश कुछ पूछते हुए डरती भी हैं।

हे स्वामिनी हमारे अविनय को क्षमा करेंगी तथा हमें गँवार स्त्री समझ कर अन्यथा (विलग) मत मानियेगा। दोनों राजकुमार सहज ही सुन्दर हैं और इनसे (क्रमशः) मरकतमणि (नीलम : राम के वर्ण सादृश्य के लिए) तथा स्वर्ण (लक्ष्मण के वर्ण के लिए) ने कान्ति ग्रहण की है।

सौन्दर्य के निधान (ऐन : गृह) तथा शोभामय श्यामल तथा गौर वर्ण के श्रेष्ठ किशोर (राम तथा लक्ष्मण) के मुख शरद् ऋतु के पूर्ण चन्द्र (शर्वरी नाथ : रात्रि का स्वामी, चन्द्र) तथा नेत्र शरद् ऋतु के कमल की भाँति हैं॥ ११६॥

टिप्पणी—ग्राम-वधुओं के सन्दर्भ में उसकी उच्चतम पराकाष्ठा परस्पर उनके और सीता के बीच के प्रश्नोत्तर से सम्बन्धित है। बड़ी ही शिष्टतापूर्वक, नितान्त आदरणीय भाव से, संकोच तथा

लज्जा से मण्डित सांकेतिक-ढंग से वे सभी सीता से उनके पति के विषय में जानकारी चाहती हैं। कवि के लिए शास्त्र, लोक-चेतना एवं रचनात्मक सौन्दर्य सभी का निर्वाह एक कसौटी के रूप में है। अपनी रचनात्मक कुशलता का सर्वथा परिचय देता हुआ वह ग्रामवधूटियों द्वारा पूछे गये प्रश्नों को पूरी शालीनता के साथ प्रस्तुत कर रहा है।

कोटि मनोज लजावनिहारे। सुमुखि कहहु को आहिं तुम्हारे॥
सुनि सनेहमय मंजुल बानी। सकुचि सीय मन महुँ मुसुकानी॥
तिन्हहिं बिलोकि बिलोकति धरनी। दुहुँ संकोच सकुचति बरबरनी॥
सकुचि सप्रेम बाल मृगनयनी। बोली मधुर बचन पिकबयनी॥
सहज सुभाय सुभग तन गोरे। नामु लखनु लघु देवर मोरे॥
बहुरि बदनु बिधु अंचल ढाँकी। पिय तन चितइ भौंह करि बाँकी॥
खंजन मंजु तिरीछे नयननि। निज पति कहेउ तिन्हहि सियँ सयननि॥
भईं मुदित सब ग्रामबधूटीं। रंकन्ह राय रासि जनु लूटीं॥

दो०— अति सप्रेम सिय पायँ परि बहुबिधि देहिं असीस।
सदा सोहागिनि होहु तुम्ह जब लगि महि अहि सीस॥ ११७॥

अर्थ—(अपने सौन्दर्य से) कोटि कामदेव को लज्जित करने वाले, हे सुमुखि, ये तुम्हारे कौन हैं? सीता उनके स्नेहसिक्त सुन्दर वाणी को सुनकर (प्रथमतः) संकुचित हुईं (ततश्च) मुस्कराईं।

उन्हें देखकर (सीता) (लज्जा एवं संकोचवश) पृथ्वी (नीचे) देखती हैं। वह सुन्दर वर्णवाली (सीता) दोनों के संकोच में (लज्जावश : मर्यादावश) संकुचित हो रही है। वह बालमृगाक्षी तथा कोकिलबयनी (सीता) मधुर वाणी बोली—

जो स्वभावतः सहज, सुन्दर तथा गौर वर्ण के हैं, उनका नाम लक्ष्मण है और (वे) मेरे छोटे देवर हैं। पुनः (अपने) चन्द्रमुख को आँचल से ढँककर पति की ओर देखकर (लास्ययुक्त) भ्रूभंगिता को बंकिम बनाया।

और मंजु खंजन पक्षी सदृश अपने तिरछे नेत्रों के संकेत (सयननि) से सीता जी ने उनको (श्रीरामचन्द्र को) पति कहा सम्पूर्ण ग्रामवधुएँ (आशय समझकर) आनन्दित हो उठीं जैसे परम दरिद्रों ने राज्यकोष को लूट लिया हो॥

अत्यन्त प्रेमवश सीता के चरणों पर पड़कर के अनेक भाँति से आशीर्वाद देती हैं। जब तक शेषनाग के शीश पर पृथ्वी (टिकी) है, तुम सदैव सौभाग्यवती होओ॥ ११७॥

टिप्पणी—कवि के रचनात्मक प्रश्नोत्तर एवं लोक के सामान्य कथोपकथनों में बड़ा मौलिक अन्तर दृष्टिगत होता है। यहाँ लोक के सामान्य प्रश्नोत्तरों से हटकर काव्य का एक सुन्दर प्रश्नोत्तर है। प्रश्न कुछ लज्जा से, कुछ संकोच से, कुछ मर्यादा और शालीनता से पूछा गया और इस काव्यमय प्रश्न का काव्यमय उत्तर कुछ वाणी-विलास, कुछ भाव-विलास से तथा कुछ चेष्टा-विलास से प्रस्तुत किया जा रहा है। उत्तर प्रश्न के अभिप्राय का ज्ञान न कराकर श्रोता तथा पाठक के रसन व्यापार से जुड़कर आस्वादन तथा भोग का विषय बन रहा है। आंगिक भगिमा लास्यमयी मुद्रा की विलासभरी चेष्टा तथ्य को मन से नहीं, हृदय से चिपका देती है।

पारबती सम पति प्रिय होहू। देबि न हम पर छाड़ब छोहू॥
पुनि पुनि बिनय करिअ कर जोरी। जौं एहिं मारग फिरिअ बहोरी॥
दरसनु देब जानि निज दासी। लखीं सीयँ सब प्रेम पिआसी॥
मधुर बचन कहि कहि परितोषीं। जनु कुमुदिनीं कौमुदीं पोषीं॥
तबहिं लखन रघुबर रुख जानी। पूँछेउ मगु लोगन्हि मृदु बानी॥

सुनत नारि नर भए दुखारी। पुलकित गात बिलोचन बारी॥
मिटा मोदु मन भए मलीने। बिधि निधि दीन्ह लेत जनु छीने॥
समुझि करम गति धीरजु कीन्हा। सोधि सुगम मगु तिन्ह कहि दीन्हा॥
दो०— लखन जानकी सहित तब गवनु कीन्ह रघुनाथ।
फेरे सब प्रिय बचन कहि लिए लाइ मन साथ॥ ११८॥

अर्थ—हे देवि! पार्वती के सदृश आप पति की प्रिया हों और हमारे ऊपर प्रेमासक्ति (छोहू) न छोड़ियेगा। पुनः-पुनः हाथ जोड़कर विनय करती हैं, यदि इस मार्ग से पुनः लौटें तो अपनी दासी समझकर (हमें) पुनः दर्शन देंगी।

सीता ने सभी को प्रेमपिपासित देखकर मधुर वचनों द्वारा कह-कह कर (उन्हें) परितुष्ट किया मानो कुमुदनियों (कमलनियों) का चन्द्रकिरण (कौमुदी) पोषण कर रही हो।

तब लक्ष्मण ने राम का रुख समझकर कोमल वाणी में लोगों से मार्ग पूछा। सुनते ही, समस्त नर-नारी दुःखी हो उठे और उनके शरीर (प्रेम से) पुलकित (हो उठे) तथा नेत्र अश्रुपूरित।

आनन्द समाप्त तथा मन मलिन हो उठा मानो दी हुई निधि को विधाता छीने ले रहा हो। कर्म की गति समझ करके धैर्य धारण किया और आपस में शोधन करके (परस्पर सुविचार करके) उन्होंने सुगम मार्ग बता दिया।

लक्ष्मण, सीता के साथ तब श्रीराम ने गमन किया और उन सभी को (ग्रामवासियों को) प्रिय वचन कहकर लौटाया किन्तु उनका मन अपने साथ लेते जा रहे हैं॥ ११८॥

टिप्पणी—कवि बटोही राम, लक्ष्मण एवं सीता के प्रति ग्रामवधुओं की अनन्यतम संसक्ति का चित्रण करता है। ग्रामवधूटियों की आसक्ति, ललक, आकांक्षा, मोह, लज्जा, विवाद आदि कितने ही भावों को वह चित्रित करके वर्णन क्रम के केन्द्र में इन तीनों (राम, लक्ष्मण एवं सीता) को रख रहा है। कवि की कुशलता यहाँ इस तथ्य के रूप में प्रकट है कि वह राम को बिना एक क्षण पृथक् किये सम्पूर्ण वर्णन व्यापार को पूरी सार्थकता, एक ही प्रकार की तन्मयता एवं एक ही गति से आगे बढ़ाता है।

फिरत नारि नर अति पछिताहीं। दैअहिं दोष देहिं मन माहीं॥
सहित बिषाद परस्पर कहहीं। बिधि करतब उलटे सब अहहीं॥
निपट निरंकुस निठुर निसंकू। जेहिं ससि कीन्ह सरुज सकलंकू॥
रूख कल्पतरु सागर खारा। तेहि पठए बन राजकुमारा॥
जौं पै इन्हहिं दीन्ह बनबासू। कीन्ह बादि बिधि भोग बिलासू॥
ए बिचरहिं मग बिनु पदत्राना। रचे बादि बिधि बाहन नाना॥
ए महि परहिं डासि कुस पाता। सुभग सेज कत सृजत बिधाता॥
तरुबर बास इन्हहिं बिधि दीन्हा। धवल धाम रचि रचि श्रमु कीन्हा॥
दो०— जौं ए मुनि पट धर जटिल सुंदर सुठि सुकुमार।
बिबिध भाँति भूषन बसन बादि किए करतार॥ ११९॥

अर्थ—लौटते हुए नर-नारी अत्यधिक पछताते हैं और मन में विधाता को दोष देते हैं। विषादपूर्वक वे परस्पर कहते हैं कि विधाता के सभी खिलवाड़ उलटे ही हैं।

विधाता सर्वथा (निपट) निरंकुश, निष्ठुर तथा निडर है जिन्होंने चन्द्र (जैसे सुन्दर को) को रोगी (क्षयग्रस्त) तथा कलंकी बनाया। कल्पतरु को वृक्ष तथा समुद्र को खारा बना दिया। (उसी विधाता ने) इन राजकुमारों को वन के लिए भेजा है।

निश्चित रूप से यदि विधाता ने उन्हें वनवास दिया है, तो भोग-विलासों को व्यर्थ ही बनाया। ये

मार्ग पर बिना पदत्राण (जूते, खड़ाऊँ आदि) के पृथ्वी पर विचरण करते हैं, तब विधि ने अनेकानेक वाहनों का व्यर्थ ही निर्माण किया।

ये पृथ्वी पर कुश और पत्रों को बिछा कर रहते हैं तो विधाता ने रमणीक, आरामदायक शय्या की रचना की, क्यों की? विधाता ने इन्हें वृक्षों का निवास दिया है तो (लगता है) उसने स्वच्छ महलों की रचना करके (व्यर्थ ही) श्रम किया है।

यदि ये अपने सुन्दर तथा कोमल (अंगों पर) अनेक भाँति से ग्रथित (जटिल) मुनि वस्त्र धारण करते हैं तो विविध भाँति के आभूषणों की रचना विधाता ने व्यर्थ ही की॥ ११९॥

टिप्पणी—इन पंक्तियों में कवि इन सुन्दर सुकुमार मूर्तियों को उदासीन वेष में वनवास का जीवन व्यतीत करने के लिए जाते देखकर ग्राम के नर-नारियों की मनोव्यथा को चित्रित करता है। मनोव्यथा के लिए आधार हैं वे विविध भोग विलास के उपकरण जो सामान्यतया मधुराकृतियों द्वारा परिपक्व वय में भोगे जाते हैं। इस सम्पूर्ण कथन में कवि करुणा तथा राम को समवेत रूप में सम्मिश्रित करके 'रागात्मक करुणा भाव' का निर्माण करता है।

जौं ए कंद मूल फल खाहीं। बादि सुधादि असन जग माहीं॥
एक कहहिं ए सहज सुहाए। आपु प्रगट भए बिधि न बनाए॥
जहँ लगि बेद कही बिधि करनी। श्रवन नयन मन गोचर बरनी॥
देखहु खोजि भुवन दसचारी। कहँ अस पुरुष कहाँ असि नारी॥
इन्हहि देखि बिधि मनु अनुरागा। पटतर जोग बनावै लागा॥
कीन्ह बहुत श्रम ऐक[१] न आए। तेहिं इरिषा बन आनि दुराए॥
एक कहहिं हम बहुत न जानहिं। आपुहिं परम धन्य करि मानहिं॥
ते पुनि पुन्य पुंज हम लेखे। जे देखहिं देखिहहिं जिन्ह देखे॥
दो०— एहि बिधि कहि कहि बचन प्रिय लेहिं नयन भरि नीर।
किमि चलिहहिं मारग अगम सुठि सुकुमार सरीर॥ १२०॥

अर्थ—यदि ये कन्दमूल फल खाते हैं तो सुधा तुल्य भोजन व्यर्थ है। एक अन्य कहते हैं, ये सहज ही शोभित हैं, ये स्वत: प्रकट हुए हैं, विधि द्वारा बनाये गये नहीं हैं।

जहाँ तक वेदों ने विधाता के कृत्यों का उल्लेख किया है उसको श्रवण, नेत्र तथा मन के लिए गोचरीभूत जैसा वर्णन किया है। चौदहों भुवनों की खोज करके देखो इस प्रकार के पुरुष और इस प्रकार की नारी कहाँ हैं?

इन्हें देख करके विधि का मन अनुरक्त हो उठा और इनकी समता के योग्य रचना करने लगा। अत्यधिक परिश्रम किया किन्तु एक भी (रचना में) बन पड़े (आये), उसी ईर्ष्या से इन्हें वन में ले आकर छिपा दिया।

एक अन्य कहते हैं, हम बहुत (इस प्रकार के तर्क-वितर्क की अनेक बातें) नहीं जानते। वरन् (इन्हें देखकर) अपने को परम धन्य करके मानते हैं। हमारी समझ से वे भी पुण्यपुंज हैं, जो देख रहे हैं, जो देखेंगे और जिन्होंने (भूतकाल में) इन्हें देखा है।

इस प्रकार से प्रिय वचनों को कह-कह करके नेत्रों में अश्रु भर लेते हैं। ये सुष्ठु, सुकुमार शरीर वाले दुर्गम (जटिल) मार्ग पर कैसे चलेंगे?॥ १२०॥

टिप्पणी—'रागात्मक करुणा' की सृष्टि करके कवि यहाँ इनके वनगमन विषयक प्रसंग में काव्यात्मक सम्भावनाओं को स्थापित करता है। काव्यात्मक सम्भावना लोक सम्भावना से सर्वथा

१. 'मानसपीयूष' में अैक-अंदाज पाठ तथा अर्थ मिलता है। डॉ० माताप्रसाद गुप्त तथा अन्य में 'एक' पाठ है।

भिन्न है क्योंकि इसकी रचना का उद्देश्य रचनात्मक चमत्कारधर्मिता की सृष्टि करके उसको भावात्मक बनाना है। चमत्कार के मूल में विभावना अलंकार है, 'ये स्वतः उत्पन्न हैं, विधाता के बनाये हुए नहीं हैं' क्योंकि सृष्टि में खोजने पर भी 'कहँ अस पुरुष कहाँ अस नारी' वाक्य राम के ब्रह्मत्व को तो व्यंजित ही करता है, लोक दृष्टि से करुणा मिश्रित रागात्मकता को उत्कर्ष देता है। यही नहीं, आगे उन्होंने बड़ा परिश्रम किय किन्तु एक भी इनकी तुलना में सुन्दर नहीं बन पड़े इसलिए अपनी रची हुई सृष्टि के उपहास भय से ईर्ष्यावश वन में इन्हें छुपा देने के लिए षड्यन्त्र किया है—'तेहिं इरिषा बन आनि दुराए' यह काव्य सम्भावना भी मूलतः उपरिनिर्दिष्ट भाव से ही सम्बद्ध है। एक अन्य कहते हैं, हम और कल्पना तथा कथा विलास नहीं जानते, इनका दर्शन मात्र हमारे नेत्रों के पुण्य का विषय है। हमारे ही लिए नहीं, जिन्होंने इन्हें देख लिया है, हम जो देख रहे हैं तथा आगे जो देखेंगे—वे पुण्यपुंज शील अत्यधिक भाग्यशाली हैं।

ते पुनि पुन्यपुंज हम लेखे। जे देखहि देखिहहिं जिन्ह देखे॥

करुणात्मक राग सृष्टि के अतिरिक्त भी यह काव्य-सम्भावना गर्भित उक्ति राम के ब्रह्मत्व को भी समानान्तर भाव से व्यंजित करती है कि जो ऋषिश्रेष्ठ ब्रह्म राम को देख चुके हैं, वे उच्चतम पुण्यफल के अधिकारी हैं, हम देखने वालों का भी पुण्य फल है, जो इन्हें देखेंगे वे भी पुण्यफल के अधिकारी होंगे।

काव्य की सम्भावना गर्भित यह कल्पनात्मक उक्ति काव्यानन्द तथा आध्यात्मिक सन्दर्भ दोनों को एक बिन्दु पर जोड़कर कवि के अद्वितीय रचनात्मक कौशल का साक्ष्य प्रस्तुत करती है।

नारि सनेह बिकल बस होहीं। चकईं साँझ समय जनु सोहीं॥
मृदु पद कमल कठिन मगु जानी। गहबरि हृदयँ कहहिं मृदु[1] बानी॥
परसत मृदुल चरन अरुनारे। सकुचति महि जिमि हृदय हमारे॥
जौं जगदीस इन्हहिं बनु दीन्हा। कस न सुमन मय मारगु कीन्हा॥
जौं माँगा पाइअ बिधि पाहीं। ए रखिअहिं सखि आँखिन्ह माहीं॥
जे नर नारि न अवसर आए। तिन्ह सिय रामु न देखन पाए॥
सुनि सुरूप बूझहिं अकुलाई। अब लगि गए कहाँ लगि भाई॥
समरथ धाइ बिलोकहिं जाई। प्रमुदित फिरहिं जनम फलु पाई॥

दो०— अबला बालक बृद्ध जन कर मीजहिं पछिताहिं।
होहिं प्रेम बस लोग इमि रामु जहाँ जहँ जाहिं॥ १२१॥

अर्थ—स्त्रियाँ स्नेह से वशीभूत विकल हो रही हैं। जैसे चक्रवाकी सायंकाल में शोभित हो रही हो (सायंकाल को प्रिय वियोग का प्रारम्भ मानकर चक्रवाकी व्याकुल होती है।) श्रीराम के चरणों को कोमल तथा मार्ग को कठोर समझ कर गह्वरित (व्याकुल) हृदय से मृदु वाणी कहती हैं।

(इनके) कोमल तथा अरुण वर्ण के चरणों का स्पर्श किये जाने पर पृथ्वी वैसे ही संकोच का अनुभव करती है जैसे हमारे हृदय। यदि ईश्वर ने इन्हें वनवास दिया तो (उसने) पुष्पमय मार्ग की रचना क्यों नहीं की।

यदि ब्रह्मा से माँगने पर (इन्हें) पायें तो हे सखी! इनको आँखों में रख लिया जाये। जो नर-नारी (इस) अवसर पर नहीं आये और वे सीता राम को देख नहीं पाये (सके)—

उनके सुन्दर रूप को सुनकर व्याकुल भाव से पूछते हैं कि हे भाई! अब वे कहाँ तक पहुँचे होंगे? (उनमें से) समर्थ दौड़कर (तथा) जाकर देखते हैं और अपने जन्म के फल

१. 'गीताप्रेस' आदि कई पाठों में 'बर' पाठ है। डॉ० माता प्रसाद गुप्त 'मृदु' पाठ मानते हैं।

(उनका दर्शन) पाकर प्रफुल्लित भाव से लौट आते हैं।

अबलाएँ (स्त्रियाँ), बालक एवं वृद्ध जन (जो समर्थ नहीं हैं) हाथ मींजते और पछताते हैं। इस प्रकार श्रीराम जहाँ-जहाँ जाते हैं, लोग प्रेम से विवशीभूत होते जाते हैं॥ १२१॥

टिप्पणी—बटोही राम के प्रति ग्रामवधूटियों एवं अन्य नर-नारियों की आकांक्षा का चित्रण कवि इन पंक्तियों में कर रहा है। सुन्दरतम और कोमलता के अधिष्ठान कहाँ है? क्या वे पृथ्वी के विषय हैं? काव्य की एक रमणीक कल्पना उक्ति के माध्यम से कवि सुन्दरता का अधिष्ठान 'आँख' बताता है। आँख इतनी कोमल है कि वह अपने अन्दर अन्य किसी भी कोमलतम वस्तु को भी नहीं सहपाती।

गाँव गाँव अस होइ अनंदू। देखि भानुकुल कैरव चंदू॥
जे कछु समाचार सुनि पावहिं। ते नृप रानिहिं दोसु लगावहिं॥
कहहिं एक अति भल नर नाहू। दीन्ह हमहि जेहिं लोचन लाहू॥
कहहिं परस्पर लोग लोगाईं। बातें सरल सनेह सुहाईं॥
ते पितु मातु धन्य जिन्ह जाए। धन्य सो नगरु जहाँ तें आए॥
धन्य सो देसु सैलु बन गाऊँ। जहँ जहँ जाहिं धन्य सोइ ठाऊँ॥
सुखु पायउ बिरंचि रचि तेहीं। ए जेहि के सब भाँति सनेहीं॥
राम लखन पथि कथा सुहाई। रही सकल मग कानन छाई॥

दो०— येहि बिधि रघुकुल कमल रबि मग लोगन्ह सुख देत।
जाहिं चले देखत बिपिन सिय सौमित्रि समेत॥ १२२॥

अर्थ—सूर्यवंशरूपी कुमुदनी के चन्द्र (श्रीरामचन्द्र) को देख करके गाँव-गाँव में इस प्रकार का आनन्द हो रहा है। जो अन्य कुछ समाचार सुन पाते हैं वे राजा-रानी को दोष लगाते हैं।

एक अन्य कहते हैं कि राजा (दशरथ) बड़े भले हैं जिन्होंने हमें (इस प्रकार) लोचन लाभ (दर्शन फल) दिया। परस्पर स्त्री-पुरुष सरल, स्नेहमुक्त, एवं शोभन बाते कर रहे हैं।

वे माता-पिता धन्य हैं, जिनसे ये उत्पन्न हुए हैं और वह नगर धन्य है जहाँ से ये आये हैं। वह देश, वह पर्वत, वह गाँव और (अन्य स्थान) जहाँ-जहाँ ये जाते हैं, वे धन्य हैं।

उनको रच कर विधाता ने भी सुख प्राप्त किया है, जिन्हें ये प्रत्येक प्रकार से प्रिय हैं। श्रीराम लक्ष्मण की यह सुन्दर 'पन्थ कथा' सम्पूर्ण मार्गों एवं वन में छा रही (फैल गई) है।

इस प्रकार रघुवंशरूपी कमल के सूर्य श्रीराम मार्ग के लोगों को आनन्द देते हुए लक्ष्मण, सीता के साथ वन देखते हुए चले जा रहे हैं॥ १२२॥

टिप्पणी—पंथ कथा का समापन करते हुए कवि ने सामान्यत: अपनी वर्णन शैली के अनुरूप पूरे प्रसंग को आध्यात्मिक रंग देने की चेष्टा की है। पंथ के विविध जन माता, पिता, प्रदेश, शैल, वन, गन्तव्य, मार्ग आदि को राम से सम्बद्ध होने के कारण उत्कृष्ट बताते हुए और इसके द्वारा प्रकारान्तर से कवि राम के माहात्म्य को स्थापित करने की चेष्टा करता है। माहात्म्य संस्थापन की यह शैली पूर्णतया व्यंजनानुमोदित है, जो अभिधेय स्तर पर उन सबकी आसक्ति को और प्रकारान्तर से राम माहात्म्य को सूचित करती है।

आगें रामु लखनु बने पाछें। तापस बेष बिराजत काछें॥
उभय बीच सिय सोहति कैसें। ब्रह्म जीव बिच माया जैसे॥
बहुरि कहउँ छबि जसि मन बसई। जनु मधु मदन मध्य रति लसई॥
उपमा बहुरि कहउँ जियँ जोही। जनु बुध बिधु बिच रोहिनि सोही॥
प्रभु पद रेख बीच बिच सीता। धरनि चरन मग चलति सभीता॥

सीय राम पद अंक बराएँ। लखन चलहिं मगु दाहिन लाएँ॥
राम लखन सिय प्रीति सुहाई। बचन अगोचर किमि कहि जाई॥
खग मृग मगन देखि छबि होहीं। लिए चोरि चित राम बटोहीं॥
दो०— जिन्ह जिन्ह देखे पथिक प्रिय सिय समेत दोउ भाइ।
भव मगु अगमु अनंदु तेइ बिनु श्रम रहे सिराइ॥ १२३॥

अर्थ—आगे श्रीराम तथा पीछे लक्ष्मण शोभित हैं। वे तपस्वी वेष (कसे हुए)बनाये हुए शोभित (विराजत) हैं। उन दोनों के बीच सीता किस प्रकार शोभित हैं जैसे ब्रह्म तथा जीव के बीच में माया।

(उनको देख करके) जिस प्रकार की छवि सादृश्य सौन्दर्य मन में बनती है, (वह इस प्रकार है) मानो कामदेव तथा वसंत (कामदेव का पुत्र) के बीच में रति (कामदेव की पत्नी) शोभित हो। हृदय से विचार करके (जोही : देखकर) (इनके लिए) मैं सादृश्य (उपमा) पुनः कहता हूँ—मानो चन्द्रमा और बुध (चन्द्र-पुत्र) के बीच रोहिणी (चन्द्र की पत्नी) शोभित हो।

प्रभु श्रीराम की पद-रेखाओं (चिह्नों) के बीच-बीच अत्यधिक सभीत भाव से सीता पग रखती मार्ग पर चलती हैं। लक्ष्मण श्रीराम तथा सीता के पद चिह्नों को बचाते हुए दाहिनी ओर लगकर मार्ग चलते हैं। श्रीराम, लक्ष्मण एवं सीता की सुहावनी प्रीति वचनों से अगोचर है, वह कैसे कही जा सकती है?

पक्षी, पशु सौन्दर्य देखकर मुग्ध हो रहे हैं, (और इस प्रकार) पथिक वेष राम (उनके) चित्त चुरा लिये हैं।

जिन-जिन लोगों ने सीता सहित दोनों भाइयों को प्रिय पथिक (वेष में) देखा उनके अगम्य भवमार्ग आनन्दपूर्वक बिना परिश्रम के तय हो गये (सिराना : चलते-चलते मार्ग का समाप्त होना—अवधी)॥ १२३॥

टिप्पणी—बटोही श्रीराम के साथ उनकी पत्नी सीता तथा अनुज लक्ष्मण जा रहे हैं। कवि इस गमन के सन्दर्भ में उनके वैशिष्ट्य को चित्रित करने के लिए रमणीक सादृश्यों का आधार ग्रहण करके उनके बीच निहित मानवीय सम्बन्धों की मृदुलता तथा स्नेह की पवित्रता भी व्यक्त करता है। अन्त में, कवि सम्पूर्ण पंथ कथा के निष्कर्ष को निकाल कर फलश्रुति के रूप में प्रतिपादित करता है कि—

'जिन्ह जिन्ह देखे पथिक प्रिय सिय समेत दोउ भाइ।
भव मग अगमु अनंदु तेइ बिनु श्रम रहे सिराइ॥'

अजहुँ जासु उर सपनेहुँ काऊ। बसहुँ लखनु सिय रामु बटाऊ॥
राम धाम पथ पाइहि सोई। जो पथ पाव कबहुँ मुनि कोई॥
तब रघुबीर श्रमित सिय जानी। देखि निकट बटु सीतल पानी॥
तहँ बसि कंद मूल फल खाई। प्रात नहाइ चले रघुराई॥
देखत बन सर सैल सुहाए। बाल्मीकि आश्रम प्रभु आए॥
राम दीख मुनि बासु सुहावन। सुंदर गिरि काननु जलु पावन॥
सरनि सरोज बिटप बन फूले। गुंजत मंजु मधुप रस भूले॥
खग मृग बिपुल कोलाहल करहीं। बिरहित बैर मुदित मन चरहीं॥
दो०— सुचि सुंदर आश्रमु निरखि हरषे राजिवनैन।
सुनि रघुबर आगमनु मुनि आगें आयउ लैन॥ १२४॥

अर्थ—आज भी, स्वप्न में भी किसी के (हृदय में) श्रीराम, लक्ष्मण एवं सीता रूप पथिक

निवास करते हैं तो वह भी रामधाम (मुक्ति) के उस मार्ग को प्राप्त करता है, जिस पथ को कदाचित् कोई-कोई मुनि प्राप्त करते हैं।

तब श्रीराम ने सीता को श्रमित जानकर तथा निकट ही बरगद का वृक्ष एवं जल देखकर और कन्द-मूल फल खाकर वहाँ निवास (वास : रात्रि निवास) किया तथा श्रीराम प्रातः स्नान करके (आगे) चले।

प्रभु श्रीराम वन, सरोवर एवं शोभित पर्वतमालाओं को देखते हुए वाल्मीकि आश्रम पर आये। श्रीराम ने मुनि की सुहावनी वासस्थली देखी (यहाँ) पर्वत सुन्दर हैं तथा जल पवित्र है।

सरोवरों में कमल तथा वन में वृक्ष पुष्पित हैं। रस में छके हुए भ्रमर मंजु स्वर में गुंजार कर रहे हैं। असंख्य पशु-पक्षी कोलाहल कर रहे हैं तथा वैरभाव भूलकर (विरहित = वियुक्त) प्रसन्न मन से विचरण कर रहे हैं।

पवित्र और सुन्दर आश्रम को देखकर कमलनयन राम प्रसन्न हुए। मुनि भी राम के (आश्रम में) आगमन को सुनकर उन्हें लेने के लिए आये (अगवानी की)॥ १२४॥

टिप्पणी—वाल्मीकि प्रसंग की प्रस्तावना इस दोहे से प्रारम्भ होती है। कथा की दृष्टि से इस प्रसंग का विशेष औचित्य यह है कि 'रावणवध' जैसे महत्तम उद्देश्य के लिए अन्तिम रूप से मार्ग दर्शन की परिस्थिति इससे सिद्ध होती है। 'राम' और 'रावण' से सम्बन्धित कथाएँ भिन्न-भिन्न बिन्दुओं से शुरू होती हैं। रचनाकार प्रबन्ध कल्पना के द्वारा इस प्रकार की दो कथाओं को मिलाने की चेष्टा करता है। वाल्मीकि रामायण में राम को दंडकारण्य में रहने के लिए प्रेरणा वाल्मीकि से मिलती है। प्रसंग वही है। हल्की-सी आध्यात्मिकता की छाप यहाँ भी दिखाई देती है। अध्यात्म रामायण में इस प्रसंग को आध्यात्मिक आवरण देकर रखा गया है। गोस्वामी तुलसीदास जी ने इस कथा पर और भी अधिक आध्यात्मिक रंग चढ़ा दिया, परिणामस्वरूप यह प्रसंग अपने मूल अभिप्राय से किंचित् भिन्न प्रतीत होने लगा किन्तु इसकी अन्तिम परिणति राम के आवास निर्देश की ही है।

मुनि कहुँ राम दंडवत कीन्हा। आसिरबादु बिप्रबर दीन्हा॥
देखि राम छबि नयन जुड़ाने। करि सनमानु आश्रमहिं आने॥
मुनिबर अतिथि प्रानप्रिय पाए। कंद मूल फल मधुर मँगाए॥
सिय सौमित्रि राम फल खाए। तब मुनि आसन[1] दिए सुहाए॥
बालमीकि मन आनंदु भारी। मंगल मूरति नयन निहारी॥
तब कर कमल जोरि रघुराई। बोले बचन श्रवन सुखदाई॥
तुम्ह त्रिकाल दरसी मुनिनाथा। बिस्व बदर जिमि तुम्हरें हाथा॥
अस कहि प्रभु सब कथा बखानी। जेहि जेहि भाँति दीन्ह बनु रानी॥

दो०— तात बचन पुनि मातु हित भाइ भरत अस राउ।
मो कहुँ दरस तुम्हार प्रभु सबु मम पुन्य प्रभाउ॥ १२५॥

अर्थ—श्रीराम ने मुनि को दण्डवत् किया और विप्रश्रेष्ठ (वाल्मीकि) ने उन्हें आशीर्वाद दिया। श्रीराम की छवि को देखकर उनके नेत्र शीतल हो उठे तथा सम्मान (सत्कार) करके आश्रम में ले आये।

---

१. मानस पीयूष तथा गीता प्रेस में 'आश्रम' पाठ दिया है। गीता प्रेस के आश्रम शब्द का अर्थ स्थान है तथा मानस पीयूष में आसन अर्थ दिया गया है।

मुनिश्रेष्ठ ने प्राणप्रिय अतिथि को प्राप्त किया और (उनके निमित्त) मधुर कन्दमूल फलादि को मँगाया। सीता, लक्ष्मण तथा श्रीराम ने फलों को खाया तब मुनि ने सुन्दर आसन दिये।

मंगलमूर्ति श्रीराम को नेत्रों से देखकर वाल्मीकि के मन को अत्यधिक आनन्द हुआ। तब श्रीराम कर-कमलों को जोड़कर (वाल्मीकि) के श्रवणों के लिए सुखद वचन बोले।

हे मुनिनाथ! आप त्रिकालदर्शी हैं। सम्पूर्ण संसार आपकी हथेली पर रखे बेर की भाँति है। ऐसा कहकर श्रीराम ने (वह) सम्पूर्ण कथा, जिस-जिस भाँति से रानी ने वनवास दिया, बताई।

पिता की वाणी (का पालन), माता का हित, भरत सदृश भाई के लिए राज्य और हे प्रभु! मुझको आपका दर्शन (इन सबका एक साथ मिलना) सभी मेरे पुण्य प्रभावों के फल हैं॥ १२५॥

देखि पाय मुनिराय तुम्हारे। भए सुकृत सब सुफल हमारे॥
अब जहँ राउर आयसु होई। मुनि उदबेगु न पावै कोई॥
मुनि तापस जिन्ह तें दुखु लहहीं। ते नरेस बिनु पावक दहहीं॥
मंगल मूल बिप्र परितोषू। दहइ कोटि कुल भूसुर रोषू॥
अस जिय जानि कहिअ सोइ ठाऊँ। सिय सौमित्रि सहित जहँ जाऊँ॥
तहँ रचि रुचिर परम तृन साला। बासु करौं कछु काल कृपाला॥
सहज सरल सुनि रघुबर बानी। साधु साधु बोले मुनि ग्यानी॥
कस न कहहु अस रघुकुलकेतू। तुम्ह पालक संतत श्रुति सेतू॥

अर्थ—हे मुनिराज आपके चरणों को देखकर हमारे सम्पूर्ण पुण्य सार्थक हो उठे। अब आपकी जहाँ आज्ञा हो और (जिससे) कोई मुनि व्यवधान (उदवेगु) न प्राप्त कर सकें ऐसा कोई स्थान दिखायें।

(क्योंकि) जिन नरेशों से मुनि तथा तपस्वी दुःख प्राप्त करते हैं, वे (नरेश) बिना अग्नि के जल जाते हैं। विप्रजनों का परितोष मंगलों का मूल है, ब्राह्मणों का रोष कोटि (राज) कुलों को जला डालता है।

ऐसा हृदय से विचार करके वह स्थान बतायें जहाँ सीता तथा लक्ष्मण के साथ जाऊँ। वहाँ अत्यधिक रमणीक पर्णशाला रच करके हे कृपाल! कुछ समय तक (मैं) निवास करूँ।

श्रीराम की सहज तथा सरल वाणी सुनकर त्रिकालज्ञ मुनि 'साधु-साधु' बोले। हे रघुवंशध्वज (श्रीराम) आप निरन्तर श्रुतिसेतु (नैतिक तथा वेदविहित मर्यादा) के पालनकर्ता हैं, आप ऐसा क्यों न कहें?

टिप्पणी—कवि इस वाल्मीकि प्रसंग के माध्यम से राम के व्यक्तित्व का अधिदैवत्-तत्त्व उभारना चाहता है। राम वाल्मीकि से उस स्थान के विषय में पूछते हैं, जहाँ पर्णशाला बनाकर कुछ दिनों तक वे रह सकें। वाल्मीकि कवि स्वभाव के अनुसार राम में ब्रह्मत्व का आरोपण करके निखिल सृष्टि को उनमें निहित बताते हुए काव्यात्मक परिहास करते हैं। यह काव्यात्मक परिहास रचनात्मक दृष्टि से नितान्त उत्कृष्ट कोटि का ज्ञानात्मक तर्क तथा आध्यात्मिक विश्वास के सम्मिश्रण से पाठक में 'आश्चर्य' तथा 'हर्ष' का भाव उत्पन्न करता है।

छंद— श्रुति सेतु पालक राम तुम्ह जगदीस माया जानकी।
जो सृजति जगु पालति हरति रुख पाइ कृपानिधान की॥
जो सहस सीसु अहीसु महिधरु लखनु सचराचर धनी।
सुर काज धरि नर राज तनु चले दलन खल निसिचर अनी॥

सो०— राम सरूप तुम्हार बचन अगोचर बुद्धि पर।
अबिगत अकथ अपार नेति नेति नित निगम कह॥ १२६॥

अर्थ—हे श्रीराम! आप वैदिक मर्यादा के पालनकर्ता जगत् के स्वामी हैं तथा सीता आपकी (कार्य) माया हैं; हे कृपानिधान! आपका संकेत पाकर संसार का सृजन, पालन एवं विनाश (हरति) करती हैं और जो सहस्र सिर पर पृथ्वी धारण करने वाले शेषनाग तथा सम्पूर्ण जड़-जंगम के स्वामी हैं, वे लक्ष्मण हैं। देवताओं के कार्य की सिद्धि के लिए आप नृपति का शरीर धारण करके दुष्ट राक्षसों की सेनाओं का दलन करने के लिए चले (आये हैं, अवतरित हुए हैं) हैं।

हे श्रीराम ! आपका स्वरूप वचनों के लिए अनिर्वचनीय तथा बुद्धि से परे, अज्ञेय, अकथनीय तथा अपार है एवं वेद निरन्तर (उसे) 'नेति' 'नेति' कहते हैं॥ १२६॥

टिप्पणी—श्रीराम को ब्रह्म तथा सीता को उनकी माया रूप में चित्रित करके कवि अपनी वैष्णवी आस्था को स्पष्ट कर रहा है। नरत्व में नारायणत्व की परिकल्पना अवतारवादी धारणा का प्रकारान्तर रूप है, लक्ष्मण को 'शेष' का अवतार क्षीरशायी विष्णु के साथ उनकी निरन्तरता को व्यक्त करता है। यह प्रसंग वाल्मीकि रामायण का न होकर अध्यात्म रामायण से सम्बन्धित है। कवि की यह व्यंजना भी रचनात्मक दृष्टि से महत्त्वपूर्ण है कि रामचरित्र के आदि गायक वाल्मीकि इस रहस्य से भलीभाँति अवगत हैं कि श्रीराम, सीता एवं लक्ष्मण प्रकृत व्यक्ति नहीं हैं।

जगु पेखन तुम्ह देखनिहारे। बिधि हरि संभु नचावनिहारे॥
तेउ न जानहिं मरमु तुम्हारा। औरु तुम्हहिं को जाननिहारा॥
सोइ जानइ जेहि देहु जनाई। जानत तुम्हहि तुम्हइ होइ जाई॥
तुम्हरिहि कृपाँ तुम्हहिं रघुनंदन। जानहिं भगत भगत उर चंदन॥
चिदानंदमय देह तुम्हारी। बिगत बिकार जान अधिकारी॥
नर तनु धरेहु संत सुर काजा। कहहु करहु जस प्राकृत राजा॥
राम देखि सुनि चरित तुम्हारे। जड़ मोहहिं बुध होहिं सुखारे॥
तुम्ह जो कहहु करहु सबु साँचा। जस काछिअ तस चाहिअ नाचा॥

दो०— पूँछेहु मोहि कि रहौं कहँ मैं पूँछत सकुचाउँ।
जहँ न होहु तहँ देहु कहि तुम्हहि देखावौं ठाउँ॥ १२७॥

अर्थ—संसार प्रेक्षण (पेखन : अभिनीत दृश्यादि) है और आप उसके द्रष्टा हैं। ब्रह्मा, विष्णु एवं महेश को भी आप (उस अभिनय में) नचाने वाले हैं। वे भी आप का रहस्य नहीं जानते और अन्य कौन तुम्हें जानने वाला है।

वही आपको जानता है जिसे आप (अपने स्वरूप का) ज्ञान करा दें और आपका ज्ञान होते ही वह त्वदीय (आप जैसा) हो जाता है। हे रघुनन्दन राम! हे भक्तों के हृदय पर चन्दन की भाँति लिप्त!! (शीतल और पवित्र) आपकी कृपा से आपको भक्तगण जानते हैं।

आपकी देह चित् (सम्यक् ज्ञान स्वरूप) तथा आनन्दस्वरूप है और अधिकारीजन ही जानते हैं कि (वह) विकाररहित है। संत, देवताओं का कार्यसिद्धि के लिए (आपने) मानव शरीर धारण किया है और प्रकृत नरेश की भाँति कह और कर रहे हैं।

हे श्रीराम! आपके चरित को देख सुन करके जड़ जन (जो आपके स्वरूप की पारमार्थिक स्थिति से परिचित नहीं है) मुग्ध तथा विबुध (ज्ञानी : आपके स्वरूप के वेत्ता) सुखी होते हैं। आप जो करते और कहते हैं वह सब सच है, जैसा काछ हो (वस्त्रादि सज्जा से रूप विन्यासादि) उसी के अनुरूप नृत्य भी होना चाहिए।

(आपने) मुझसे पूछा कि कहाँ रहूँ? मैं आपसे पूछते हुए संकोच भाव का अनुभव कर रहा हूँ। आप जहाँ न हों, वहाँ के लिए आप बता दें और मैं वही स्थान आपको दिखला दूँ॥ १२७॥

टिप्पणी—अभिनय कर्म के माध्यम से राम (ब्रह्म) की अनन्त शक्ति एवं सामर्थ्य की व्यंजना

कराना कवि का उद्देश्य है। सम्पूर्ण सृष्टि रंगमंच है और ब्रह्मा, विष्णु, महेश आदि तक इस सृष्टि मंच पर नाच रहे हैं और राम सूत्रधार की भाँति उनके अभिनय को नियंत्रित किए हुए उन्हें नाना-रूपों तथा वेशों में नचा रहे हैं। अत: इस सृष्टि मंच के पीछे छिपा वह सूत्रधार ही सम्पूर्ण अभिनय कृत्यों एवं उसके परिणामों का भागी है। इतना रहस्यमय वह मनुष्य के वेश में स्थित ब्रह्म मुझसे निवास के लिए स्थल पूछ रहा है, वह कितना कौतुक भरा कार्य है।

सुनि मुनि बचन प्रेम रस साने। सकुचि राम मन महुँ मुसुकाने॥
बालमीकि हँसि कहहिं बहोरी। बानी मधुर अमिअ रस बोरी॥
सुनहु राम अब कहउँ निकेता। जहाँ बसहु सिय लखन समेता॥
जिन्ह के श्रवन समुद्र समाना। कथा तुम्हारि सुभग सरि नाना॥
भरहिं निरंतर होहिं न पूरे। तिन्ह के हिय तुम्ह कहुँ गृह रूरे॥
लोचन चातक जिन्ह करि राखे। रहहिं दरस जलधर अभिलाषे॥
निदरहिं सरित सिंधु सर भारी। रूप बिंदु जल होहिं सुखारी॥
तिन्ह कें हृदय सदन सुख दायक। बसहु बंधु सिय सह रघुनायक॥

दो०— जसु तुम्हार मानस बिमल हंसिनि जीहा जासु।
मुकताहल गुन गन चुनइ राम बसहु मन तासु॥ १२८॥

अर्थ—प्रेम-रस से सने हुए मुनि के वचनों को सुनकर संकोच भाव से श्रीराम मन-ही-मन मुसकाए। वाल्मीकि पुन: अमृत-रस डूबी मधुर वाणी में हँसकर कहते हैं।

हे श्रीराम! सुनें, अब मैं (उन) स्थानों को बताता हूँ जहाँ सीता-लक्ष्मण सहित आप निवास करें। जिनके श्रवण समुद्र की भाँति हैं और तुम्हारी कथाएँ अनेक रमणीक नदियों की भाँति—

निरन्तर (श्रवण-समुद्र) को (अपने ले जाए हुए जल से) भरे किन्तु वह परिपूर्ण न हो, (अर्थात् वे रामकथा के लोलुप भक्त जन जो आपके कथा-श्रवण से कभी तृप्त न हों) उनके हृदय में आपका रुचिर निवास-स्थान हो। जिन्होंने (अपने) नेत्रों को चातक की भाँति कर रखा हो और आपके दर्शनरूपी बादल की (जल) अभिलाषा में ही जीवन व्यतीत करते हैं।

साथ ही, विशाल समुद्र, सरोवर एवं नदियों का भी निरादर कर देते हैं और (स्वाति रूपी) रूप विन्दु मात्र जल से आनन्दित होते हैं, उनके सुख देने वाले हृदयरूपी निवास स्थली में हे श्रीराम! आप अपने भ्राता (लक्ष्मण) एवं सीता के साथ निवास करें।

आपका, यश निर्मल मानसरोवर की भाँति है और जिनकी जिह्वा हंसगण की भाँति है तथा जो (उस चंचु से) राम नाम और गुणरूपी मुक्ताफल को निरन्तर चुनते रहते हैं, हे श्रीराम आप उसके हृदय में निवास स्थान करें॥ १२८॥

टिप्पणी—'श्रीराम निकेत' का वर्णन प्रकारान्तर भाव से भक्ति तथा नैतिक एवं शुभ मूल्यों की प्रतिष्ठा से है। तुलसी की दृष्टि में श्रीराम ज्ञान, कर्म एवं भक्ति की सम्पूर्णता के प्रतीक हैं। वे अयोध्याकांड की व्यंजना के द्वारा भक्ति के महत्तम मूल्य को स्थापित करने पर बल देते हैं किन्तु ज्ञान तथा कर्म की भी उपेक्षा नहीं करते। वाल्मीकि प्रसंग तीनों का समवेत् रूप से समन्वय करता है। यह प्रसंग काव्य की दृष्टि लक्षणा व्यापार (विशेष रूप से शुद्ध लक्षणा के अन्तर्गत आधेय-आधार सम्बन्ध पर आधारित) है। इसके द्वारा श्रीराम को सम्पूर्ण नैतिक, भक्ति एवं ज्ञानपरक मूल्यों का केन्द्र माना गया है। अलंकार के रूप में यहाँ व्याजोक्ति तथा पर्यायोक्ति के सन्दर्भ अधिक प्रभावी हैं। सामान्य अलंकारों में उपमा, रूपक, दृष्टान्त आदि हैं। 'बसहु' शब्द श्रीराम के सन्दर्भ में आवास सूचक था किन्तु वाल्मीकि पर्यायोक्ति या शुद्धा लक्षणा व्यापार से नैतिक, भक्तिपरक तथा ज्ञानात्मक मूल्यों के अधिष्ठान के रूप में इस 'बसहु' शब्द की अर्थ व्यंजकता परिवर्तित कर देते हैं। अन्य

परवर्ती आवास सम्बन्धी सन्दर्भों—यथा—'तुम्ह कहँ गृह रूरे', 'बसहु', 'मनमन्दिर बसहु', 'तिनके मन सुभ सदन तुम्हारे' आदि-आदि का प्रयोग इसी लाक्षणिक अर्थ में हुआ है।

प्रभु प्रसाद सुचि सुभग सुबासा। सादर जासु लहइ नित नासा॥
तुम्हहिं निबेदित भोजन करहीं। प्रभु प्रसाद पट भूषन धरहीं॥
सीस नवहिं सुर गुरु द्विज देखी। प्रीति सहित करि बिनय बिसेषी॥
कर नित करहिं राम पद पूजा। राम भरोस हृदयँ नहिं दूजा॥
चरन राम तीरथ चलि जाहीं। राम बसहु तिन्ह के मन माहीं॥
मंत्रराजु नित जपहिं तुम्हारा। पूजहिं तुम्हहिं सहित परिवारा॥
तरपन होम करहिं बिधि नाना। बिप्र जेवाँइ देहिं बहु दाना॥
तुम्ह तें अधिक गुरुहि जियँ जानी। सकल भायँ सेवहिं सनमानी॥

दो०— सबु कर मागहिं एक फलु राम चरन रति होउ।
तिन्ह कें मन मंदिर बसहु सिय रघुनंदन दोउ॥ १२९॥

अर्थ—प्रभु श्रीराम जी आपके प्रसाद की सुन्दर एवं पवित्र सुगन्ध नित्य, आदरपूर्वक जिसकी नासिका ग्रहण करती है, आपको निवेदित (अर्पण) करके जो भोजन करते हैं और वस्त्र-आभूषणादि आपका प्रसाद (समझकर) धारण करते हैं।

देवता, गुरु एवं ब्राह्मण को देखकर शीश झुकाते हैं और प्रीतिपूर्वक (इन सब के प्रति) विशेष विनय करते हैं। (जिनके) हाथ निरन्तर श्रीराम के चरणों की पूजा करते हैं और श्रीराम के अतिरिक्त हृदय में अन्य दूसरे का भरोसा नहीं है।

(जिनके) चरण (निरन्तर) राम के तीर्थों पर चलकर जाते हैं, हे श्रीराम! आप उनके मन में निवास करें। जो निरन्तर आपका मंत्रराज जपते हैं और सम्पूर्ण परिवार सहित आपकी पूजा करते हैं,

नाना प्रकार से होम और तर्पण करते और विप्र को भोजन कराकर (उसके उपरान्त दक्षिणा के रूप में) अत्यधिक दान देते हैं। हृदय से गुरु को आपसे अधिक महत्त्वपूर्ण समझकर जो प्रत्येक प्रकार से सम्मानपूर्वक (उनकी) सेवा करते हैं।

सभी सत्कर्मों का एक ही फल माँगते हैं कि श्रीराम के चरणों में अनुरक्ति हो, उनके मनरूपी मन्दिर में श्रीराम और सीता (आप) दोनों निवास करें॥ १२९॥

टिप्पणी—पूर्व अंश में भक्ति की प्रतिष्ठा करके पुनः इस छन्द के अन्तर्गत सत्कर्म की प्रतिष्ठा करते हैं। ईश्वरार्पित सत्कर्म ही एकमात्र सत्कर्म है और वही परम शुभ एवं आपके द्वारा अन्तिम रूप से ग्राह्य है।

काम कोह मद मान न मोहा। लोभ न छोभ न राग न द्रोहा॥
जिन्ह के कपट दंभ नहिं माया। तिन्ह के हृदय बसहु रघुराया॥
सब के प्रिय सब के हितकारी। दुख सुख सरिस प्रसंसा गारी॥
कहहिं सत्य प्रिय बचन बिचारी। जागत सोवत सरन तुम्हारी॥
तुम्हहिं छाड़ि गति दूसरि नाहीं। राम बसहु तिन्ह के मन माहीं॥
जननी सम जानहिं परनारी। धनु पराव बिष तें बिष भारी॥
जे हरषिहिं पर संपति देखी। दुखित होहिं पर बिपति बिसेषी॥
जिन्हहिं राम तुम्ह प्रानपिआरे। तिन्ह के मन सुभ सदन तुम्हारे॥

दो०— स्वामि सखा पितु मातु गुर जिन्ह के सब तुम्ह तात।
मन मंदिर तिन्ह कें बसहु सीय सहित दोउ भ्रात॥ १३०॥

अर्थ—(जिनके) काम, क्रोध, मद, मान, मोह, लोभ, क्षोभ, राग एवं द्रोह नहीं है। जिनके न कपट है, दम्भ है, न माया है, हे रघुकुल के स्वामी श्री राम उनके हृदय में आप निवास करें।

जो सभी के प्रिय और सभी के हितैषी हैं, जिनको सुख-दु:ख, प्रशंसा एवं निन्दा (गारी) सभी समान हैं, जो विचारपूर्वक प्रिय लगने वाली सत्य (वाणी) बोलते हैं, जो सोते-जागते आपकी शरण में रहते हैं

और आपको छोड़कर जिनकी अन्यथा गति नहीं हैं, हे श्रीराम! आप उनके मन में निवास करें! (जो) दूसरों की स्त्री को माता के सदृश जानते हैं, पराये धन को विष से भी भयंकर विष (समझते हैं),

जो दूसरे की सम्पत्ति देखकर हर्षित होते हैं और दूसरे की विपत्ति देखकर दुखी होते हैं। हे श्रीराम! जिनके लिए आप प्राणों से भी प्रिय हो, उन्हीं का मन आपका शुभ (पवित्र) गृह है।

हे तात! स्वामी, मित्र, पिता, माता, गुरु (जिनके) सभी तुम्हीं हो, सीता सहित आप दोनों भ्राता उनके मन्दिर (हृदय) में निवास करें॥ १३०॥

टिप्पणी—वैष्णव भक्ति का वह महत्तम आदर्श जिसके अन्तर्गत सम्पूर्ण वासनाओं का परित्याग, समता बुद्धि, शरणागति, शुभैषिता तथा लोक सम्बन्धों को ईश्वर में ही समारोपित करना—ये सभी लोकादर्श ब्रह्म प्रतीक में सार्थकता प्राप्त करते हैं और इनसे युक्त व्यक्ति भी ब्रह्म की पात्रता प्राप्त करता है। कवि लक्षणा व्यापार से श्रीराम की भक्ति एवं आत्यन्तिक समर्पण को ही सिद्ध करता है।

अवगुन तजि सब के गुन गहहीं। बिप्र धेनु हित संकट सहहीं॥
नीति निपुन जिन्ह कइ जग लीका। घर तुम्हार तिन्ह कर मनु नीका॥
गुन तुम्हार समुझइ निज दोसा। जेहिं सब भाँति तुम्हार भरोसा॥
राम भगत प्रिय लागहिं जेही। तेहि उर बसहु सहित बैदेही॥
जाति पाँति धनु धरमु बड़ाई। प्रिय परिवार सदन सुखदाई॥
सब तजि तुम्हहि रहइ उर लाई। तेहि के हृदय रहहु रघुराई॥
सरगु नरकु अपबरगु समाना। जहँ तहँ देख धरें धनु बाना॥
करम बचन मन राउर चेरा। राम करहु तेहि के उर डेरा॥

दो०— जाहि न चहिअ कबहुँ कछु तुम्ह सन सहज सनेहु।
बसहु निरंतर तासु मन सो राउर निज गेहु॥ १३१॥

अर्थ—अवगुणों का परित्याग करके सभी के गुणों को ग्रहण करते तथा ब्राह्मण, गाय के लिए संकट सहन करते हैं, नीति-निपुणों में जिनकी संसार में उच्च प्रतिष्ठा (लीक) है, हे प्रभु, उनका मन ही आपका श्रेष्ठ घर है।

आपके गुणों का गुण एवं दोष को अपना (अपने ही प्रारब्धादि से उत्पन्न) दोष समझता है और जिसे सर्वथाभावेन आपका ही आधार है तथा जिसे राम भक्त प्रिय लगते हैं, हे श्री राम! आप सीता के साथ उसी हृदय में निवास करें।

जाति-पाँति, धन, धर्म, उच्चता, प्रिय, परिवार एवं सुख देने वाला भवन इन सभी का परित्याग करके आप में ही लगन (लौ) लगा कर रहता है हे श्रीराम! आप उसके हृदय में निवास करें।

स्वर्ग, नरक एवं मोक्ष (अपवर्ग) को समान (जो) भाव से (देखता है) तथा आपको जहाँ-तहाँ (सभी जगह) धनुष बाण धारण किये हुए देखता है। कर्म, वाणी तथा मन से जो आपका दास है, हे श्रीराम! आप उसके हृदय में डेरा (पड़ाव के अर्थ में) करें।

जिसे स्वप्न में भी कुछ न चाहिए (निष्काम भाव हो) और आप से (उसे) स्वाभाविक स्नेह

हो, उसके मन में (आप) निरन्तर निवास करें, तथा (वह मन) आपका निवास स्थान हो॥ १३१॥

टिप्पणी—वैष्णव भक्ति के अन्तर्गत परम्परागत आर्ष मूल्य गुणग्राहिता, ब्राह्मणत्व एवं धेनुत्व अर्थात् क्षमा एवं उदारता की भरसक रक्षा करने में तत्परता, प्रत्येक भाँति से ईश्वर के प्रति प्रेम, सांसारिक सम्बन्धों का त्याग करके अखण्ड आस्थावान् की भाँति समर्पण, सर्वत्र धनुर्बाणधारी श्रीराम के विग्रह का बिम्बदर्शन, मन-कर्म-वाणी से दास्य भाव एवं ईश्वर के स्नेह की एकमात्र कामनाशीलता, जैसे मूल्यों का लक्षणा व्यापार से समर्थन किया गया है।

एहि बिधि मुनिबर भवन देखाए। बचन सप्रेम राम मन भाए।।
कह मुनि सुनहु भानुकुलनायक। आश्रम कहउँ समय सुखदायक॥
चित्रकूट गिरि करहु निवासू। तहँ तुम्हार सब भाँति सुपासू॥
सैल सुहावन कानन चारू। करि केहरि मृग बिहग बिहारू॥
नदी पुनीत पुरान बखानी। अत्रि प्रिया निज तप बल आनी॥
सुरसरि धार नाउँ मंदाकिनि। जो सब पातक पोतक डाकिनि॥
अत्रि आदि मुनिबर बहु बसहीं। करहिं जोग जप तप तन कसहीं॥
चलहु सफल श्रम सब कर करहू। राम देहु गौरव गिरिबरहू॥
दो०— चित्रकूट महिमा अमित कही महामुनि गाइ।
आइ नहाए सरित बर सिय समेत दोउ भाइ॥ १३२॥

अर्थ—इस प्रकार मुनिश्रेष्ठ ने (शुभ मूल्यरूपी) भवनों को दिखाया और उनके प्रेमयुक्त वचन श्रीराम के मन को अच्छे लगे। मुनि ने कहा कि हे भानुकुलश्रेष्ठ! सुनें, (मैं) समयानुकूल सुखद निवासस्थली बताता हूँ।

(आप) चित्रकूल गिरि पर निवास करें और वहाँ आपकी सब प्रकार से सुविधा (सुपास) है। वन रमणीक है, पर्वत सुहावना है, हाथी, सिंह, मृग एवं पक्षियों की विहार स्थली है।

पुराण वर्णित पवित्र नदी (मंदाकिनी) है तथा अत्रि ऋषि की पत्नी (अनुसूइया) अपने तपोबल से लायी है। (वह) गंगा (सुरसरि) की ही धारा है तथा मंदाकिनी नाम है जो समस्त पापरूपी पक्षिशावकों (पोतक) के लिए डाकिनी मंत्र सिद्ध नारी (जिसके दर्शन या मंत्र के प्रभाव से शिशुओं का शरीरपात् हो उठता है) की भाँति है।

अत्रि आदि अनेक श्रेष्ठ मुनि वहाँ निवास करते हैं और जग, तप तथा योग साधन से अपने शरीर को नियंत्रित (कसहीं) करते हैं। हे श्रीराम! चलकर आप सभी का श्रम सफल करें। (वे) आपके लिए ही साधनारत हैं, उन्हें दर्शन देकर कृतकृत्य करें और पर्वतश्रेष्ठ (चित्रकूट) को गौरव प्रदान करें।

महामुनि ने चित्रकूट के असंख्य माहात्म्यों का वर्णन करके कहा और तब सीता सहित दोनों भ्रातागणों ने आकर (मंदाकिनी) नदी में स्नान किया॥ १३२॥

टिप्पणी—'बसहु' शब्द में लक्षणा व्यापार से भक्ति, ज्ञान एवं कर्म मार्ग की प्रतिष्ठा का निर्देश करने के बाद अभिधा व्यापार से अन्त में 'चित्रकूट गिरि करहु निवासू' का कवि निर्देश करता है। यहाँ 'निवासू' में 'बसहु' जैसी मुख्यार्थ बाधा न होकर 'चित्रकूट पर्वत पर निवास स्थली बनाने का', साक्षात् संकेतित अर्थ है।

कवि श्रीराम के आध्यात्मिक संदर्भ को भी व्यंजना के द्वारा इंगित करता है। सभी ऋषियों की तपस्या के श्रम को सफल करना एवं पर्वत चित्रकूट को गौरव प्रदान करना श्रीराम की आध्यात्मिक महत्ता को निर्देशित करता है।

रघुबर कहेउ लखन भल घाटू। करहु कतहुँ अब ठाहर ठाटू॥
लखन दीख पय उतर करारा। चहुँ दिसि फिरेउ धनुष जिमि नारा॥

नदी पनच सर सम दम दाना। सकल कलुष कलि साउज नाना॥
चित्रकूट जनु अचल अहेरी। चुकइ न घात मार मुठभेरी॥
अस कहि लखन ठाउँ देखरावा। थलु बिलोकि रघुबर सुखु पावा॥
रमेउ राम मनु देवन्ह जाना। चले सहित सुर थपति प्रधाना॥
कोल किरात बेष सब आए। रचे परन तृन सदन सुहाए॥
बरनि न जाहिं मंजु दुइ साला। एक ललित लघु एक बिसाला॥

दो०— लखन जानकी सहित प्रभु राजत रुचिर निकेत।
सोह मदनु मुनि बेस जनु रति रितुराज समेत॥ १३३॥

अर्थ—श्रीराम ने लक्ष्मण से कहा कि (मंदाकिनी नदी का) घाट अच्छा है और अब कहीं ठहरने की व्यवस्था करो। लक्ष्मण ने पयस्विनी के उत्तर दिशावर्ती करार को (तटवर्ती प्रान्त या तट) देखा, चारों दिखाओं तक धनुष की भाँति नाला घूमा हुआ था।

नदी प्रत्यंचा की भाँति, दम और दान बाण की भाँति हैं, कवि के सम्पूर्ण पाप आखेटपशु (साउज, सौंजे) की भाँति हैं। चित्रकूट मानो अडिग आखेटक (अहेरी) है और (उसके) भिड़कर (मुठभेरी : मुठभेड़) मारने पर वार (घात) नहीं चूकता।

ऐसा कह करके लक्ष्मण ने स्थल दिखलाया, जिस स्थल को देखकर रघुवंशश्रेष्ठ श्रीराम को सुख प्राप्त हुआ। देवताओं ने समझा कि राम का मन (वहाँ) रम गया है, अतः अपने स्थापत्य-कला (भवन कला : थपति) के प्रधान (विश्वकर्मा) को साथ लेकर चले।

(वे सभी) कोल, किरात के वेष में आये और शोभित घास-पत्ते (तृण) के घर को रचा। आकर्षक दो पर्णशालाओं का वर्णन करते नहीं बनता इनमें से एक सुन्दर तथा लघु है और एक विशाल है।

लक्ष्मण, जानकी के साथ प्रभु श्रीराम इस रमणीक गृह में शोभित हैं, मानो (अपनी पत्नी) रति एवं (पुत्र) वसन्त के साथ कामदेव मुनि वेष धारण करके शोभित हो रहा है॥ १३३॥

टिप्पणी—चित्रकूट का लाक्षणिक वर्णन है। 'धनुष' और 'पयस्विनी' नदी के सादृश व्यापार द्वारा आखेटक चित्रकूट द्वारा कलि-कलुषरूपी आखेट पशु का 'सद्यः वध' उसके माहात्म्य का प्रतीक है। चित्रकूट के सम्पर्क में आते ही सम्पूर्ण पापपुंजों का विनाश ही उसका माहात्म्य है। 'वन' के साथ 'आखेट' के सदृश की सहज संगति है। वैष्णवी तीर्थस्थलों का माहात्म्य निरूपण मूलतः इस लक्षणा व्यापार का परिणाम है।

अमर नाग किंनर दिसिपाला। चित्रकूट आए तेहि काला॥
राम प्रनामु कीन्ह सब काहू। मुदित देव लहि लोचन लाहू॥
बरषि सुमन कह देव समाजू। नाथ सनाथ भए हम आजू॥
करि बिनती दुख दुसह सुनाए। हरषित निज निज सदन सिधाए॥
चित्रकूट रघुनंदन छाए। समाचार सुनि सुनि मुनि आए॥
आवत देखि मुदित मुनि बृंदा। कीन्ह दंडवत रघुकुल चंदा॥
मुनि रघुबरहिं लाइ उर लेहीं। सुफल होन हित आसिष देहीं॥
सिय सौमित्रि राम छबि देखहिं। साधन सकल सफल करि लेखहिं॥

दो०— जथाजोग सनमानि प्रभु बिदा किए मुनिबृंद।
करहिं जोग जप जाग तप निज आश्रमन्हि सुछंद॥ १३४॥

अर्थ—देवता, नाग, किन्नर एवं दिक्पाल उस समय चित्रकूट आये। राम ने सभी को प्रणाम किया। देवताओं ने मुदित (मन) नेत्रों का लाभ (दर्शन सुख) प्राप्त किया।

पुष्प वर्षा करके देव समाज ने कहा, हे नाथ! आज हम सनाथ (यह समझा कि हमारा कोई रक्षक भी है, अन्यथा रावण के भय से अनाथ हो चुके थे) हो गये। विनय करके (उन्होंने) अपना असह्य कष्ट (उन्हें) सुनाया और हर्ष भाव से परिपूर्ण अपने-अपने आवासों को लौटे।

चित्रकूट में श्रीराम रम रहे हैं—(छाये का अर्थ, कुटी छा कर रहे रहे हैं, एकाध स्थल पर दिया गया है किन्तु अवधी में 'छाये' शब्द का प्रयोग रमते, रहने के अर्थ में भी हो होता है), यह समाचार सुन-सुनकर मुनि गण (वहाँ) आये। मुनि समुदाय को प्रसन्नभावेन आते देखकर रघुकुल चन्द्र श्रीराम ने (उन्हें) दण्डवत् किया।

मुनिगण रघुवंशश्रेष्ठ श्रीराम को हृदय (से) लगा ले रहे हैं और मनोवांछाओं के सिद्ध होने के निमित्त आशीश दे रहे हैं। सीता, लक्ष्मण और राम की छवि देखकर सम्पूर्ण साधनों को (यज्ञ, कर्मकाण्ड, भक्ति आदि) सफल (करके) समझ रहे हैं।

यथायोग्य सम्मानित करके मुनि समूहों को प्रभु श्रीराम ने विदा किया और (वे) अब स्वच्छन्द (सुछन्द) भाव से अपने आश्रमों में जप, यज्ञ, तपश्चर्या करने लगे॥ १३४॥

टिप्पणी—पर्णशाला का निर्माण तथा देवताओं द्वारा अपनी विपत्तियों की सूचना देना प्रकारान्तर भाव से श्रीराम के दैवी व्यक्तित्व की सूचना के लिए है। राक्षसों के विनाश की पूर्व सम्भावना का इगित रूप इस देव विनय में सन्निहित है।

यह सुधि कोल किरातन्ह पाई। हरषे जनु नव निधि घर आई॥
कंद मूल फल भरि भरि दोना। चले रंक जनु लूटन सोना॥
तिन्ह महँ जिन्ह देखे दोउ भ्राता। अपर तिन्हहि पूँछहिं मगु जाता॥
कहत सुनत रघुबीर निकाई। आइ सबन्हि देखे रघुराई॥
करहिं जोहारु भेंट धरि आगे। प्रभुहि बिलोकहिं अति अनुरागे॥
चित्रलिखे जनु जहँ तहँ ठाढ़े। पुलक सरीर नयन जल बाढ़े॥
राम सनेह मगन सब जाने। करि प्रिय बचन सकल सनमाने॥
प्रभुहि जोहारि बहोरि बहोरी। बचन बिनीत कहहिं कर जोरी॥

दो०— अब हम नाथ सनाथ सब भए देखि प्रभु पाय।
भाग हमारें आगमनु राउर कोसलराय॥ १३५॥

अर्थ—(राम के आगमन का) यह समाचार कोल-किरातों ने प्राप्त किया, (वे इसे सुनकर) हर्षित हुए मानो नवों निधियाँ घर में आ गयी हों। दोने भर-भरकर कन्दमूल तथा फल लेकर चले मानो परमदरिद्र सोना लूटने के लिए चला हो।

उनमें से जिन्होंने दोनों भाइयों को देखा है, अन्य (अपर) उनसे मार्ग में गमन करते हुए पूछते हैं। श्रीराम की सुन्दरता का वर्णन करते-सुनते सभी ने आकर उन रघुनाथ को देखा।

भेंट को उनके आगे रखकर और जुहार (जय-जयकार करके अभिवादन : जुहारु) करके और अत्यन्त अनुरापूर्वक प्रभु श्रीराम को देख रहे हैं। पुलकित शरीर एवं प्रेमाश्रुपूरित नेत्रों से वे मानो जहाँ-तहाँ चित्र कढ़े हुए हों।

राम ने सभी को स्नेह में आमग्न जानकर (सभी को) प्रिय वचन कहकर सम्मानित किया। बार-बार प्रभु की जुहार लगाकर (अभिवादन करके) हाथ जोड़कर विनीत वाणी कह रहे हैं।

हे नाथ! अब हम सभी आपके चरणों को देखकर सनाथ हो गये हैं। हे कोशलाधीश आपका आगमन हमारे भाग्य से हुआ है॥ १३५॥

टिप्पणी—चित्रकूट का वनचर, कोल किरात प्रसंग भी अपना आध्यात्मिक सन्दर्भ रखता है। आश्रय तथा आलम्बविहीन निरीह तथा निराश्रित जन-जाति श्रीराम को अपना आश्रय मान रही है।

निराश्रित के भी आश्रयस्वरूप भगवान् श्रीराम का व्यक्तित्व यहाँ कवि उभारने की चेष्टा कर रहा है। सभी 'अनाथों' का 'सनाथ' हो जाना ईश्वर की अनन्य करुणा तथा अनन्य का प्रतिफल है। वनचर प्रसंग का यह अंश इसी भाव से सन्दर्भित है।

धन्य भूमि बन पंथ पहारा। जहँ जहँ नाथ पाउ तुम्ह धारा॥
धन्य बिहग मृग काननचारी। सफल जनम भए तुम्हहि निहारी॥
हम सब धन्य सहित परिवारा। दीख दरसु भरि नयन तुम्हारा॥
कीन्ह बासु भल ठाउँ बिचारी। इहाँ सकल रितु रहब सुखारी॥
हम सब भाँति करब सेवकाई। करि केहरि अहि बाघ बराई॥
बन बेहड़ गिरि कंदर खोहा। सब हमार प्रभु पग पग जोहा॥
जहँ तहँ तुम्हहि अहेर खेलाउब। सर निरझर जल ठाउँ देखाउब॥
हम सेवक परिवार समेता। नाथ न सकुचब आयसु देता॥

दो०— बेद बचन मुनि मन अगम ते प्रभु करुना ऐन।
बचन किरातन्ह के सुनत जिमि पितु बालक बैन॥ १३६॥

अर्थ—हे नाथ! जहाँ-जहाँ आपने चरण रखे हैं, (वह) भूमि, मार्ग, वन, पहाड़ सभी धन्य हैं (परम भाग्यशाली हैं)। पक्षी, मृग तथा शेष वन में विचरण करने वाले धन्य हैं, जिनके जन्म आपको देखकर सफल हो गये हैं।

हम सभी सपरिवार धन्य हैं क्योंकि नेत्र भर करके सभी ने आपका दर्शन किया। आपने भला स्थान विचार करके निवास किया है और यहाँ सम्पूर्ण ऋतुओं में सुखी रहेंगे।

हम हर प्रकार से आपकी सेवा करेंगे और हाथी, सिंह, सर्प तथा बाघ को (हम सब यहाँ से) अलग कर देंगे (बेराई = छाँटना, अलग करना—अवधी)। वन, बेहड़ (सघन झाड़ियाँ—बेहड़-अवधी) पर्वत, कंदरा तथा खोह ये सभी हमारे पग-पग देखे हुए हैं।

जहाँ-तहाँ आपको आखेट (अहेर) करायेंगे और सरोवर, निर्झर से युक्त निर्मल स्थलों को दिखायेंगे। हे नाथ! हम सपरिवार आपके सेवक हैं और (हमें) आज्ञा देते हुए आप संकोच न करेंगे।

जो वेद, वाणी तथा मुनियों के मन के लिए भी अगम्य हैं, वे करुणानिधान श्रीराम किरातों की वाणी को इस प्रकार सुन रहे हैं जैसे बालक के वचन को पिता॥ १३६॥

टिप्पणी— यह वनचर प्रसंग प्रकारान्तर भाव से श्रीराम के माहात्म्य को व्यंजित करता है। ब्रह्म राम के चरण रखते ही वह कौन-सा स्थल है जो धन्य न हो उठे और सामान्य अर्थ में 'धन्य' शब्द उनकी कृतज्ञता को व्यंजित करने के लिए है। परवर्ती पंक्तियों में अबोध किरातों की शिशु-सुलभ सहजता वर्णित है। वे श्रीराम को सर्वथा वीहड़ एवं निर्जन स्थानों से अपरिचित मानकर मार्ग दर्शन का निर्देश करते हैं। 'वेद वचन..........बालक बैन' के माध्यम से किरातों की सहजता तथा अज्ञता का तथा दूसरी ओर श्रीराम के व्यक्तित्व में निहित ईश्वर भाव की व्यंजना मिलती है।

रामहि केवल प्रेमु पिआरा। जानि लेउ जो जाननिहारा॥
राम सकल बनचर तब तोषे। कहि मृदु बचन प्रेम परिपोषे॥
बिदा किए सिर नाइ सिधाए। प्रभु गुन कहत सुनत घर आए॥
एहि बिधि सिय समेत दोउ भाई। बसहिं बिपिन सुर मुनि सुखदाई॥
जब तें आइ रहे रघुनायक। तब तें भयउ बनु मंगलदायकु॥
फूलहिं फलहिं बिटप बिधि नाना। मंजु बलित बर बेलि बिताना॥

सुरतरु सरिस सुभायँ सुहाए। मनहुँ बिबुध बन परिहरि आए॥
गुंज मंजुतर मधुकर श्रेनी। त्रिबिधि बयारि बहइ सुख देनी॥
दो०— नीलकंठ कलकंठ सुक चातक चक्क चकोर।
भाँति भाँति बोलहिं बिहग श्रवन सुखद चित चोर॥ १३७॥

अर्थ—जो जानने वाला है, (वह, यह) जान ले कि श्रीराम को केवल प्रेम ही प्रिय है। श्रीराम ने सम्पूर्ण वन निवासियों को परितुष्ट किया और प्रेम से परिपूर्ण एवं मृदु वचन कहकर—

उन्हें विदा किया और वे प्रणाम करके लौटे तथा प्रभु श्रीराम का गुणगान सुनते हुए घर आये। इस प्रकार, मुनियों को सुख देने वाले सीता सहित दोनों भाई वन में रहने लगे।

जब से रघुनाथ श्रीराम आकर रहने लगे तब से (वह) वन मंगलदायक हो उठा। श्रेष्ठ तथा सुन्दर लता वितानों से आवेष्ठित (बलित) विविध भाँति के वृक्ष फूलने-फलने लगे।

वे सहज ही कल्पवृक्ष की भाँति शोभित हैं मानो देव वन को छोड़कर (यहाँ) चले आये हैं। सुन्दरतम भ्रमर पंक्तियाँ (श्रेणी) गुंजार कर रही हैं और सुहावनी त्रिविध वायु बह रही है।

नील कंठ, कोकिल, शुक, चातक, चक्रवाक, चकोर तथा अन्य अनेक प्रकार के पक्षी सुनने में सुखकर तथा चित्ताकर्षक (ध्वनि में) बोल रहे हैं॥ १३७॥

टिप्पणी—श्रीराम के सम्पर्क में आकर कोल-किरात एवं वनचरों में ही आर्जव नहीं उत्पन्न होता, सम्पूर्ण जड़ वनस्पतियाँ एवं वृक्ष कुछ दूसरे हो उठते हैं। सम्पूर्ण प्रकृति उनका सान्निध्य प्राप्त करके अपने सुन्दरतम को व्यक्त करती है। श्रीराम के सम्पर्क के कारण प्रकृति की यह सुष्ठुतम अभिव्यक्ति उनके अधिदैवत व्यक्तित्व को व्यंजित करती है। यही नहीं, प्रकारान्तर भाव से यह प्रकृति वर्णन भी है। इस प्रकृति वर्णन की सामान्य व्यंजना चित्रकूट की निर्मलता तथा पावनता को स्पष्ट करना है। श्रीराम हेतु हैं, प्रकृति कार्य है, प्रकारान्तर भाव से श्रीराम के माहात्म्य की आध्यात्मिक व्यंजना के साथ-साथ चित्रकूट की निर्मलता तथा पावनता की भी व्यंजना यहाँ वर्तमान है।

करि केहरि कपि कोल कुरंगा। बिगत बैर बिचरहिं सब संगा॥
फिरत अहेर राम छबि देखी। होहिं मुदित मृग बृंद बिसेषी॥
बिबुध बिपिन जहँ लगि जग माहीं। देखि रामबनु सकल सिहाहीं॥
सुरसरि सरसइ दिनकर कन्या। मेकलसुता गोदावरि धन्या॥
सब सर सिंधु नदीं नद नाना। मंदाकिनि कर करहिं बखाना॥
उदय अस्त गिरि अरु कैलासू। मंदर मेरु सकल सुरबासू॥
सैल हिमाचल आदिक जेते। चित्रकूट जसु गावहिं तेते॥
बिंधि मुदित मन सुखु न समाई। श्रम बिनु बिपुल बड़ाई पाई॥
दो०— चित्रकूट के बिहग मृग बेलि बिटप तृन जाति।
पुन्य पुंज सब धन्य अस कहहिं देव दिन राति॥ १३८॥

अर्थ—हाथी, सिंह, बन्दर, सूअर तथा मृग विगत वैर (होकर) साथ-साथ विचरण कर रहे हैं। आखेट के लिए घूमते हुए राम की छवि को देखकर पशु समूह विशेष भाव से आनन्दित होते हैं।

संसार में जहाँ तक वन हैं और देवताओं के वन सभी राम वन को देखकर लालच करते हैं। गंगा, सरस्वती, सूर्यपुत्री यमुना, नर्मदा (मेकलसुता) तथा गोदावरी सहित—

सभी सरोवर, समुद्र, नदियाँ तथा नद (बड़ी नदियाँ) मंदाकिनी नदी की प्रशंसा कर रहे हैं। उदयाचल, अस्ताचल तथा कैलास, मंदराचल, सुमेरु एवं वे समस्त पर्वत समूह जिन पर देवगण निवास करते हैं,

और हिमाचल आदिक जितने भी शैल (पर्वत) हैं, वे सभी चित्रकूट के यश का गान करते हैं। विन्ध्यपर्वत (आज विशेषरूप से) आनन्दमग्न है, उसका सुख नहीं समा रहा है क्योंकि बिना परिश्रम के ही प्रभूत प्रभुता प्राप्त कर ली।

चित्रकूट के पक्षी, पशु, लता, वृक्ष, वनस्पति जातियाँ (तृन जाति) सभी पुण्य-पुंज हैं, धन्य हैं, इस तरह देवता रात-दिन कह रहे हैं॥ १३८॥

टिप्पणी—पशु-पक्षी, नदी, नद सभी श्रीराम के सम्पर्क से सामान्येतर हो गये हैं। मन्दाकिनी 'चित्रकूट' एवं विन्ध्यपर्वत सभी-के-सभी इस समय अन्यों के लिए स्पृहा के पात्र बन गये हैं। गोस्वामी जी इन काव्योक्तियों के माध्यम से गिरि एवं नदी का माहात्म्य न व्यंजित करके प्रकारान्तर भाव से श्रीराम के माहात्म्य को व्यंजित कर रहे हैं।

नयनवंत रघुबरहि बिलोकी। पाइ जनम फल होहिं बिसोकी॥
परसि चरन रज अचर सुखारी। भए परम पद के अधिकारी॥
सो बनु सैल सुभायँ सुहावन। मंगलमय अति पावन पावन॥
महिमा कहिअ कवनि बिधि तासू। सुख सागर जहँ कीन्ह निवासू॥
पय पयोधि तजि अवध बिहाई। जहँ सिय लखनु रामु रहे आई॥
कहि न सकहिं सुषमा जसि कानन। जौं सत सहस होहिं सहसानन॥
सो मैं बरनि कहौं बिधि केहीं। डाबर कमठ कि मंदर लेहीं॥
सेवहिं लखनु करम मन बानी। जाइ न सीलु सनेहु बखानी॥

दो०— छिनु छिनु लखि सिय राम पद जानि आपु पर नेहु।
करत न सपनेहुँ लखनु चितु बंधु मातु पितु गेहु॥ १३९॥

अर्थ—(सभी) नेत्रधारी श्रीराम को देखकर, जन्म फल (मुक्ति, कैवल्यादि) प्राप्त करके (जन्म-मरण के) शोक से विहीन हो गये। श्रीराम के चरण-रजों का स्पर्श करके स्थावर (पवित्र, भूमि आदि जिस पर श्रीराम चरण रखते हैं) आनन्दित तथा परम पद के अधिकारी हो गये।

वह वन तथा पर्वत (जहाँ श्रीराम निवास कर रहे हैं) सहज ही सुहावने, मंगलमय तथा पवित्रों में पवित्र अत्यन्त पवित्र (चित्रकूट भी पवित्र हो उठा) हो उठे। आनन्दसागर श्रीराम ने जहाँ निवास किया है किस प्रकार उसके माहात्म्य का वर्णन किया जाये।

क्षीर सागर (पथ पयोधि) तथा अयोध्या धाम (बैकुण्ठ की व्यंजना अयोध्या शब्द में निहित है) को त्यागकर जहाँ (चित्रकूट में) सीता (लक्ष्मी रूप), लक्ष्मण (क्षीर सागर में शैया सुख देने वाले शेषनाग रूप) तथा श्रीराम (विष्णु रूप) आकर रह रहे हैं (उस) वन की जैसी शोभा है, यदि सहस्र फण वाले शेषनाग शतसहस्र मुख वाले भी हो जायँ तो भी वर्णन करने में असमर्थ हैं।

इस प्रकार मैं (कवि तुलसीदास) उसका किस प्रकार वर्णन करके कहूँ, क्या तुच्छ तलैया (डाबर) का कछुआ मंदराचल धारण कर सकता है। लक्ष्मण (श्रीराम तथा सीता को) मन, कर्म तथा वाणी से सेवा करते हैं। उनका शील और स्नेह वर्णन नहीं किया जा सकता।

क्षण-क्षण सीता तथा श्रीराम के चरणों को देख-देख करके और अपने ऊपर उनका स्नेह जान करके लक्ष्मण स्वप्न में भी भाई (भरतादि का), माता, पिता एवं राजगृह की स्मृति (चित) नहीं करते॥ १३९॥

टिप्पणी—अन्त में, कवि निष्कर्ष निकालता हुआ बताता है कि वे सभी जो चित्रकूट में हैं, चाहे चर हों या अचर, जड़ हों या चेतन क्षीर सागर एवं अयोध्या धाम का परित्याग करके श्रीराम के निवास के कारण, सभी-के-सभी स्पृहणीय क्षीर सागर एवं अयोध्या सदृश पवित्र हैं। कवि श्रीराम के माहात्म्य एवं उसके प्रति अपनी अगाध आस्था को इन पंक्तियों में चित्रित करता है।

राम संग सिय रहति सुखारी। पुर परिजन गृह सुरति बिसारी॥
छिनु छिनु पिय बिधु बदनु निहारी। प्रमुदित मनहुँ चकोर कुमारी॥
नाह नेहु नित बढ़त बिलोकी। हरषित रहति दिवस जिमि कोकी॥
सिय मनु राम चरन अनुरागा। अवध सहस सब बनु प्रिय लागा॥
परनकुटी प्रिय प्रियतम संगा। प्रिय परिवारु कुरंग बिहंगा॥
सासु ससुर सम मुनि तिय मुनिबर। असनु अमिअ सम कंदमूल फर॥
नाथ साथ साँथरी सुहाई। मयन सयन सय सम सुखदाई॥
लोकप होहिं बिलोकत जासू। तेहि कि मोहि सक बिषय बिलासू॥

दो०— सुमिरत रामहि तजहिं जन तृन सम बिषय बिलासु।
राम प्रिया जग जननि सिय कछु न आचरजु तासु॥ १४०॥

अर्थ—सीता श्रीराम के नगर, परिवारजन, राजगृह की याद भूल करके सुखपूर्वक रह रही हैं। क्षण-क्षण पति के चन्द्रमुख को देख करके इस प्रकार प्रमुदित हैं, मानो चकोर कुमारी हो।

पति के स्नेह को नित्य (निरन्तर) बढ़ते हुए देखकर वह इस प्रकार हर्षित रहती है, जैसे दिन में चक्रवाकी। सीता का मन श्रीराम के चरणों में अनुरक्त हो उठा, फलतः (वह) वन सहस्र अयोध्या के समान प्रिय लगा।

प्रियतम (श्रीराम के साथ) पर्णकुटी प्रिय लगी, मृग तथा पक्षी परिवार की भाँति प्रिय लगे। मुनि-पत्नियाँ तथा श्रेष्ठ मुनिगण सास स्वसुर की भाँति तथा कन्द मूल फल अमृत तुल्य खाद्य की भाँति हैं।

स्वामी के साथ (कुश-किसलय की) साँथरी कामदेव की शत शैया की भाँति सुखद तथा शोभित है। जिस (सीता) को देखकर (सामान्य व्यक्ति) लोकपाल हो जाता है, क्या उसे विषय-विलास मुग्ध कर सकता है!

श्रीराम का स्मरण करते हुए भक्तजन समस्त भोग विलासों को तृण के सदृश त्याग देते हैं, सीता जी जगत्माता एवं श्रीराम प्रिया (श्रीलक्ष्मी) हैं, उनके लिए कोई आश्चर्य नहीं॥ १४०॥

टिप्पणी—कवि सीता की अनासक्ति का चित्रण करता है। इस चित्रण में उनकी स्वभावगत चारित्रिक निष्ठा तथा उनके अधिदैवत् व्यक्तित्व दोनों का समन्वयन है। पति के चन्द्रमुख को देखकर अयोध्या के राजसी वैभव राशि को विस्मृत करना, 'कुरंग तथा विहंग' को परिवार का रूप मान लेना, मुनि तथा मुनि-स्त्रियों को स्वसुर एवं सास स्वीकार कर लेना आदि अपह्नुति अलंकार के संदर्भ उनकी चारित्रिक सहनशक्ति तथा सक्षमता का प्रतीक है। 'जिस सीता के दर्शनमात्र से सामान्य व्यक्ति लोकपाल हो उठता है' यह वाक्य उनके सामर्थ्य को बिम्बित करता है फिर श्रीराम ब्रह्म के साथ जगत्माता एवं श्रीराम प्रिया (लक्ष्मी) को अयोध्या के विलास पीड़ित करें, यह विश्वसनीय तथ्य नहीं है। कुल मिलाकर, कवि लोकात्मक एवं आध्यात्मिक परिवेशों में रखकर सीता के भोग के प्रति अनासक्ति भाव को चित्रित करता है। सम्पूर्ण सन्दर्भ इस प्रकार लीलात्मक हो उठता है। इसी के माध्यम से कवि श्रीराम के माहात्म्य का भी चित्रण करता है।

सीय लखन जेहि बिधि सुखु लहहीं। सोइ रघुनाथ करहिं सोइ कहहीं॥
कहहिं पुरातन कथा कहानी। सुनहिं लखनु सिय अति सुखु मानी॥
जब जब रामु अवध सुधि करहीं। तब तब बारि बिलोचन भरहीं॥
सुमिरि मातु पितु परिजन भाई। भरत सनेहु सीलु सेवकाई॥
कृपासिंधु प्रभु होहिं दुखारी। धीरजु धरहिं कुसमउ बिचारी॥
लखि सिय लखनु बिकल होइ जाहीं। जिमि पुरुषहिं अनुसर परिछाहीं॥

प्रिया बंधु गति लखि रघुनंदनु। धीर कृपाल भगत उर चंदनु॥
लगे कहन कछु कथा पुनीता। सुनि सुखु लहहिं लखनु अरु सीता॥
दो०— रामु लखन सीता सहित सोहत परन निकेत।
जिमि बासव बस अमरपुर सची जयंत समेत॥ १४१॥

अर्थ—सीता तथा लक्ष्मण जिस प्रकार सुख प्राप्त करें, श्रीराम वही कहते और करते हैं। (वे) पुरा (प्राचीन) कथाओं को कहते हैं जिसे सीता तथा लक्ष्मण अत्यन्त सुखपूर्वक सुनते हैं।

जब राम अयोध्या की याद करते हैं तब-तब नेत्र जलपूरित हो उठते हैं। माता, पिता, कुटुम्बियों, एवं भाइयों तथा (विशेष रूप से) भरत के शील एवं सेवा भाव का स्मरण करके—

कृपासागर प्रभु श्रीराम दुखी हो उठते हैं किन्तु कुसमय समझकर (इसलिए कि अरण्य जीवन शोक का नहीं है) धैर्य धारण करते हैं।

(श्रीराम को दुःख कातर) देखकर सीता तथा लक्ष्मण विकल हो उठते हैं, जिस प्रकार पुरुष की छाया (उसका) अनुसरण करती है।

प्रिया सीता तथा लक्ष्मण की दशा देखकर धैर्य से परिपूर्ण, कृपालु एवं भक्तों के हृदय पर आलिप्त चन्दन (की भाँति पवित्र और शीतल) श्रीराम कुछ पवित्र कथाएँ कहने लगे जिसे सुनकर लक्ष्मण एवं सीता सुख प्राप्त करते हैं।

श्रीराम, लक्ष्मण एवं सीता के साथ पर्णकुटी में इस प्रकार शोभित हैं, जैसे अमरावती में शची (पत्नी) तथा जयन्त (पुत्र) के साथ इन्द्र निवास करता (शोभित होता) है॥ १४१॥

टिप्पणी—लक्ष्मण एवं श्रीराम के अयोध्या स्मरण को लोकात्मक पीठिका में कवि प्रस्तुत कर रहा है। एक क्षण के लिए लक्ष्मण अयोध्या का स्मरण करके दुःख का स्मरण न करें, श्रीराम निरन्तर इसका ध्यान रखते हैं और स्वयं एकान्त में अयोध्या का स्मरण करके अश्रुपूरित हो उठते हैं। उनकी इस व्याकुलता को देखकर लक्ष्मण और सीता भी अत्यन्त व्याकुल हो उठते हैं और फिर प्रिय पत्नी और अनुज को दुखी देखकर उन्हें हठात् धैर्य धारण करना पड़ता है। श्रीराम की यह नैतिक जिम्मेदारी है कि अनुज एवं पत्नी को अयोध्या के संवेदात्मक स्मरण से पीड़ित न होने दें। कवि सचेष्ट भाव से उनकी इस जिम्मेदारी को इन पंक्तियों में चित्रित करता है। लोकात्मकता आध्यात्मिकता पर हावी है किन्तु लोकात्मकता यह रूप प्राकृत जन का न होकर भगवान् श्रीराम के आचरण का अंग है, इसलिए लीलात्मक चरित के रूप में सर्वथा रंजनकारी है।

जोगवहिं प्रभु सिय लखनहि कैसें। पलक बिलोचन गोलक जैसें॥
सेवहिं लखनु सीय रघुबीरहि। जिमि अबिबेकी पुरुष सरीरहि॥
एहि बिधि प्रभु बन बसहिं सुखारी। खग मृग सुर तापस हितकारी॥
कहेउँ राम बन गवनु सुहावा। सुनहु सुमंत्र अवध जिमि आवा॥
फिरेउ निषादु प्रभुहि पहुँचाई। सचिव सहित रथ देखेसि आई॥
मंत्री बिकल बिलोकि निषादू। कहि न जाइ जस भयउ बिषादू॥
राम राम सिय लखन पुकारी। परेउ धरनि तल ब्याकुल भारी॥
देखि दखिन दिसि हय हिहिनाहीं। जनु बिनु पंख बिहग अकुलाहीं॥
दो०— नहिं तृन चरहिं न पिअहिं जलु मोचहिं लोचन बारि।
ब्याकुल भयेउ निषाद सब रघुबर बाजि निहारि॥ १४२॥

अर्थ—प्रभु श्रीराम लक्ष्मण को उसी प्रकार बचाकर रखते हैं (जोगवहि-विशेष हिफाजत से बचाकर रखना : अवधी) जैसे नेत्रों के पलक गोलकों को (सोते जागते अवरित किये रहते हैं)।

लक्ष्मण एवं सीता श्रीराम की इस प्रकार सेवा करते हैं, जैसे अज्ञानी पुरुष (मोहासक्त होकर) शरीर की (सेवा करते हैं)।

इस प्रकार पक्षी, देवता तथा तपसियों के हितकारी प्रभु श्रीराम वन में सुखपूर्वक निवास करते हैं। मैंने श्रीराम का सुन्दर वनगमन कहा (रचना की, वर्णन किया), (अब) सुमंत्र अयोध्या में जिस प्रकार आये (उसे, उस कथा को) सुनें।

प्रभु को पहुँचाकर निषाद लौटा (गंगा तट पर) मंत्री सहित रथ को आकर देखा। मंत्री को विकल देखकर (उसे—निषाद को) जिस प्रकार का क्लेश हुआ, उसका वर्णन किया नहीं जाता (करने में असमर्थ हूँ)।

राम-राम सीता-लक्ष्मण पुकारते हुए अत्यधिक व्याकुल पृथ्वी-तल पर तड़प रहे हैं। रथ अश्व दक्षिण दिशा (राम के वनगमन की दिशा) देख-देखकर हिनहिनाते हैं मानो बिना पंख के पक्षी व्याकुल हों (हो रहे हों)।

वे अश्व न घास चरते हैं, न जल पीते हैं, और नेत्रों से (निरन्तर) अश्रु बहाते हैं। राम के (उन) सभी अश्वों को देखकर निषाद व्याकुल हो उठे॥ १४२॥

टिप्पणी—कवि श्रीराम और लक्ष्मण के पारस्परिक स्नेह-संरक्षण को निदर्शना तथा उदाहरण अलंकारों के माध्यम से चित्रित करके उक्त प्रसंग का पटाक्षेप करता है। श्रीराम का मन 'लक्ष्मण एवं सीता' की रक्षा एवं हित कामना में सहज रूप से निरन्तर लगा रहता है। पलक जिस प्रकार नेत्र के गोलकों को अपनी क्रोड में लिये प्रत्येक संकटों से उसे प्रतिक्षण निवारित करता रहता है' इस निदर्शना वाक्य की संगति तथा व्यंजना श्रीराम द्वारा प्रतिक्षण रक्षा में तत्परता से है। 'श्रीराम-सीता' की सेवा लक्ष्मण इस प्रकार करते हैं, जैसे अविवेकी पुरुष का मोहासक्ति के वशीभूत होकर शरीर की सेवा करना।' इस उदाहरण अलंकार की व्यंजना में श्रीराम की दुःख-सुखादि से विर्निमुक्तता व्यंजित है।

धरि धीरजु तब कहइ निषादू। अब सुमंत्रु परिहरहु बिषादू॥
तुम्ह पंडित परमारथ ग्याता। धरहु धीर लखि बिमुख बिधाता॥
बिबिध कथा कहि कहि मृदुबानी। रथ बैठारेउ बरबस आनी॥
सोक सिथिल रथु सकइ न हाँकी। रघुबर बिरह पीर उर बाँकी॥
चरफराहिं मग चलहिं न घोरे। बन मृग मनहुँ आनि रथ जोरे॥
अढ़ुकि परहिं फिरि फेरहिं पीछें। राम बियोग बिकल दुख तीछें॥
जो कह रामु लखनु बैदेही। हिंकरि हिंकरि हित हेरहिं तेही॥
बाजि बिरह गति कहि किमि जाती। बिनु मनि फनिक बिकल जेहि भाँती॥
दो०— भयउ निषादु बिषाद बस देखत सचिव तुरंग।
बोलि सुसेवक चारि तब दिए सारथी संग॥ १४३॥

अर्थ—तब धैर्य धारण करके निषाद कहता है कि हे सुमंत्र! अब विषाद त्याग दें। आप पंडित तथा परमार्थ तत्त्व के ज्ञाता हैं (और इस समय) विधाता को प्रतिकूल (विमुख) समझकर धैर्य धारण करें।

कोमल वाणी में (सान्त्वना के निमित्त) नाना भाँति की कथाएँ कह-कहकर हठात् ले आकर रथ पर बैठाया। शोक से शिथिल सुमन्त्र रथ हाँक नहीं पा रहे हैं। उनके हृदय में रघुवीर श्रीराम के वियोग की बंकिम पीड़ा है।

घोड़े छटपटाते हैं और मार्ग पर नहीं चलते मानो (मुक्त) वन पशु को ले आकर रथ में जोत दिया गया है। श्रीराम वियोग के तीक्ष्ण दुःख से व्याकुल वे (अश्व) ठोकर ले लेते हैं (अढ़ुकि परहि : ठोकर लेना, खाना—अवधी) और पुनः पीछे मुड़कर देखते हैं।

जो श्रीराम, लक्ष्मण एवं सीता शब्द का उच्चारण करते हैं, उसे हिंकर-हिंकर (हिंकरना—पशुओं द्वारा पीड़ा सूचक शब्दों को व्यक्त करना) कर प्रेमपूर्वक देखते हैं। अश्वों की विरह-दशा किस प्रकार कही जा सकती है, (अर्थात् उनके दुःख का वर्णन उसी प्रकार नहीं किया जा सकता) जिस प्रकार मणिविहीन सर्प व्याकुल हो (और उसकी व्याकुल दशा का वर्णन न किया जा सके)।

मंत्री तथा अश्वों को देखकर निषाद विषाद से विवश हो उठा तब (उसने) सारथी के साथ चार प्रिय सेवकों को लगाया॥ १४३॥

टिप्पणी—श्रीराम को चित्रकूट पहुँचाकर निषाद शृंगवेरपुर पहुँचता है, और देखता है कि मंत्री सुमंत्र अभी तक ज्यों-के-त्यों खड़े हैं। उन्हें समझाकर वह किसी तरह से रथ पर बैठाता है किन्तु सुमंत्र से अधिक वियोग श्रीराम के अश्वों को है। साहित्य में मनुष्य के साथ पशु की लोकात्मक संसक्ति के चित्रण कम मिलते हैं। वैसे गोस्वामी तुलसीदास इस दिशा में विशेष सचेष्ट हैं। साहित्यिक दृष्ठि से यद्यपि यह करुण का रसाभास है, क्योंकि वह शोक 'अश्वों' का है, प्रकृत मनुष्य का नहीं वे, फिर भी तुलसी की दृष्टि की व्यापकता से यह अंश विशेष रूप से प्रभावित है। भगवान् राम से सृष्टि के वन, वृक्ष, पशु, पक्षी, जड़, चेतन सभी अभिन्न हैं और लीलात्मकरूप में उनसे वियुक्त होकर ये सब सुखविहीन हैं। एक ओर जिस तरह से चित्रकूट के पशु, पक्षी, जड़, चेतन, वृक्ष वनस्पति सभी श्रीराम का सम्पर्क पाकर सत्त्वस्थ हो उठे हैं, उसी प्रकार अयोध्या के सभी कुछ भगवान् श्रीराम से वियुक्त होकर सत्त्वविहीन। रथ के अश्वों का यह वियोग मानवीय संसक्ति के धरातल पर होकर आध्यात्मिक स्पर्श की मर्ममयी अभिव्यंजना तक अपना विस्तार फैलाये हुए है। अश्व की वियोग दशा का प्रकृत रूप भी बड़े ही चित्रात्मक एवं स्वाभाविक क्रम में यहाँ चित्रित हैं। इस करुणरसाभास को उत्प्रेक्षा एवं स्मरण अलंकार सम्भ्रम की परिस्थितियों के माध्यम से व्यंजित करता है।

गुह सारथिहि फिरेउ पहुँचाई। बिरहु निषादु बरनि नहिं जाई॥
चले अवध लेइ रथहि निषादा। होहिं छनहिं छन मगन बिषादा॥
सोच सुमंत्र बिकल दुख दीना। धिग जीवन रघुबीर बिहीना॥
रहिहिं न अंतहुँ अधम सरीरू। जस न लहेउ बिछुरत रघुबीरू॥
भए अजस अघ भाजन प्राना। कवन हेतु नहिं करत पयाना॥
अहह मंद मनु अवसर चूका। अजहुँ न हृदय होत दुइ टूका॥
मीजि हाथ सिरु धुनि पछिताई। मनहुँ कृपिन धनरासि गँवाई॥
बिरिद बाँधि बरु बीरु कहाई। चलेउ समर जनु सुभट पराई॥

दो०— बिप्र बिबेकी बेद बिद संमत साधु सुजाति।
जिमि धोखें मद पान कर सचिव सोच तेहि भाँति॥ १४४॥

अर्थ—गुह सारथी को पहुँचाकर लौटा। वियोग के कष्ट का वर्णन करते नहीं बनता। रथ को निषाद लेकर अयोध्या चले और (वे) क्षण-क्षण विषाद में डूब (मग्न) जाते हैं।

दुःख से दुखी (दीन) सुमंत्र सोच रहे हैं कि श्रीराम के बिना जीवन को धिक्कार है। अन्ततया यह अधम शरीर रहेगा नहीं फिर भी श्रीराम के बिछुड़ने पर (इसने) यश नहीं लिया (अर्थात् श्रीराम के वियोग के समय इसका समाप्त हो जाना ही श्रेयस्कर था)।

ये प्राण अपयश तथा पाप के पात्र हो गये, अब किसलिए (शरीर में रुके हैं) प्रस्थान नहीं करते। कितने कष्ट की बात है (अहह) यह दुर्बुद्धि (नीच) मन अवसर चूक गया, आज और अब भी यह हृदय दो टूक क्यों नहीं होता?

हाथ मीज करके, सिर धुन करके (वह) पछता रहे हैं मानो कृपण ने अपनी महाराशि गँवा दी हो। बाना बाँध करके, श्रेष्ठ वीर कहला करके मानो पराक्रमी योद्धा समर छोड़कर भाग चला हो।

ब्राह्मण, विवेकवान, वेदादि का मर्मज्ञ, साधु सम्मत (आचरण वाला) एवं सुशील स्वभाववाला (सुजाति या सुन्दर जाति का) जिस प्रकार धोखे से मदिरा का पान कर ले, मंत्री को उसी प्रकार चिन्ता है।। १४४॥

टिप्पणी—कवि सुमंत्र की आत्मग्लानि का चित्रण करता है। सम्पूर्ण अयोध्यावासियों की एक मात्र आशा, माताओं के लिए एक मात्र काम्य तथा राजा दशरथ के प्राणों के प्राणस्वरूप श्रीराम को वन पहुँचाकर खाली रथ लेकर आने में आत्मग्लानि की मोहात्मक पीड़ा से आबद्ध सुमंत्र इन पंक्तियों में आत्मग्लानि से डूबे जा रहे हैं। लक्षणा-व्यापार से गर्भित इन पंक्तियों में कवि ने रचना व्यापार के रूप में शोक के प्रसार के लिए विस्तृत फलक तैयार किया है। 'नश्वर शरीर होने पर भी श्रीराम के वियोग में शरीरपात् करके यश नहीं लिया' यह व्यंजनामूलक वाक्य है। वाक्यगत आर्थी व्यंजना के माध्यम से कवि निर्दिष्ट करता है कि श्रीराम से वियुक्त होकर इस शरीर का अयोध्या लौटना धिक्कार है। इस नश्वर शरीर से श्रीराम के आत्यन्तिक स्नेह की रक्षा क्यों नहीं की, कौन-सा मुँह लेकर अयोध्या लौटे—आदि कितने अर्थ इस एक वाक्य में निहित हैं। उत्प्रेक्षा 'मनहु कृपिन धनरासि गवाँई' एवं उदाहरण 'जिमि धोखे मंद पानकर' इन अलंकारों में भी कवि सुमंत्र की आत्मग्लानि, आत्मशोक तथा पछतावे को ही व्यंजित करता है।

जिमि कुलीन तिय साधु सयानी। पति देवता करम मन बानी॥
रहै करम बस परिहरि नाहू। सचिव हृदयँ तिमि दारुन दाहू॥
लोचन सजल डीठि भइ थोरी। सुनइ न श्रवन बिकल मति भोरी॥
सूखहिं अधर लागि मुँह लाटी। जिउ न जाइ उर अवधि कपाटी॥
बिबरन भयउ न जाइ निहारी। मारेसि मनहुँ पिता महतारी॥
हानि गलानि बिपुल मन ब्यापी। जमपुर पंथ सोच जिमि पापी॥
बचनु न आव हृदयँ पछिताई। अवध काह मैं देखब जाई॥
राम रहित रथ देखिहि जोई। सकुचिहि मोहि बिलोकत सोई॥

दो०— धाइ पूँछिहहिं मोहि जब बिकल नगर नर नारि।
उतरु देब मैं सबहि तब हृदय बज्रु बैठारि।। १४५॥

अर्थ—जिस प्रकार उत्तम कुल की, चतुर एवं साध्वी तथा मन, कर्म, वाणी से पति को देवता मानने वाली नारी कर्मवशात् पति को छोड़कर जीवन व्यतीत करे, उसी प्रकार मंत्री के हृदय में भयंकर कष्ट (जलन) है।

नेत्र अश्रुपूरित हैं, दृष्टि मन्द हो गई, कानों से सुनाई नहीं पड़ता तथा व्याकुलतावश मति विभ्रमित हो उठी। ओष्ठ सूखे जा रहे हैं, मुँह में लाटी लग गई, प्राण नहीं निकल रहा है क्योंकि हृदय में (१४ वर्ष की) अवधिरूपी किवाड़ लग गईं।

कान्तिहीन (निस्तेज) हो उठे, वे देखे नहीं जाते मानो मातृ-पितृघाती हों। उनके मन में प्रभूत रूप में हानि की बहुत बड़ी ग्लानि व्याप गयी जैसे पापी यमपुरी गमन (के समय) मार्ग में चिन्ता करे।

हृदय-ही-हृदय पछता रहे हैं, वाणी नहीं निकलती, मैं अयोध्या में जाकर क्या देखूँगा! रामविहीन जो भी रथ देखेंगे, वही मुझे देखते ही सकुचाएगा।

नगर के व्याकुल नर नारी दौड़ करके जब मुझसे पूछेंगे तब मैं हृदय पर बज्र रखकर के सभी को उत्तर दूँगा॥ १४५॥

टिप्पणी—आत्मग्लानि से पीड़ित सुमंत्र की दशा का वर्णन कवि करुण रस के विविध अनुभावों से कराता है। नेत्र का अश्रुपूरित होना, दृष्टिमन्दता, वैकल्य, श्रवण दोष अधरशुष्कता, मुँह सूखना, छटपटाहट, वैवर्ण्य एवं निस्तेजता, स्तम्भ एवं कंठावरोध एवं आत्मविकत्थ्य (अपने को धिक्कारना) ये करुण रस के सन्दर्भ में कायिक, वाचिक, सात्त्विक अनुभाव हैं, जिनके माध्यम से

अत्यधिक सटीक ढंग से सुमंत्र के शोक को कवि ने चित्रित किया है। प्रारम्भिक दो पंक्तियों में निदर्शना अलंकार की भी व्यंजना सचिव के हृदय के दारुण दाह को व्यंजित करने के लिए ही है।

पुछिहहिं दीन दुखित सब माता। कहब काह मैं तिन्हहि बिधाता॥
पूछिहि जबहिं लखन महतारी। कहिहउँ कवन सँदेस सुखारी॥
राम जननि जब आइहि धाई। सुमिर बच्छु जिमि धेनु लवाई॥
पूँछत उतरु देब मैं तेही। गे बनु राम लखनु बैदेही॥
जोइ पूँछिहि तेहि ऊतरु देबा। जाइ अवध अब यहु सुखु लेबा॥
पूछिहि जबहिं राउ दुख दीना। जिवनु जासु रघुनाथ अधीना॥
देहउँ उतरु कौनु मुहु लाई। आयउँ कुसल कुअँर पहुँचाई॥
सुनत लखन सिय राम सँदेसू। तृन जिमि तनु परिहरिहि नरेसू॥
दो०— हृदय न बिदरेउ पंक जिमि बिछुरत प्रीतमु नीरु।
जानत हौं मोहि दीन्ह बिधि यहु जातना सरीरु॥ १४६॥

अर्थ—सभी माताएँ दीन तथा दु:खी पूछेंगी, तब हे विधाता! उन्हें मैं क्या उत्तर दूँगा (काह कहब)। जब लक्ष्मण की माता सुमित्रा मुझसे पूछेगी तो मैं कौन-सा सुखदायी संदेश दूँगा।

ब्यायी (लवाई : सद्य:प्रसूता, अवधी) गाय की भाँति वत्स (बछड़े) का स्मरण करती हुई श्रीराम की माता कौसल्या दौड़ी हुई आयेंगी और पूछेंगी (उनके पूछने पर) मैं उत्तर दूँगा कि श्रीराम लक्ष्मण सीता वन चले गये।

जो भी पूछेगा, उसे मैं उत्तर दूँगा—अयोध्या जाकर अब मैं यही सुख लूँगा। जिसका जीवन श्रीराम के (दर्शन के ही) आधीन है (ऐसे) दीन एवं दुखी राजा जब पूछेंगे तो,

कौन-सा मुँह लाकर उत्तर दूँगा कि मैं सकुशल राजकुमारों को पहुँचा आया। नरेश (राजा दशरथ) लक्ष्मण, सीता तथा श्रीराम के संदेश को सुनकर तृण की भाँति शरीर का परित्याग कर देंगे।

प्रियतम (श्रीराम) रूपी जल के वियुक्त होने पर पंक (कीचड़) की भाँति हृदय फटकर विदीर्ण न हुआ, प्रतीत होता है (जान पड़ता है) कि विधाता ने (इसी) यातना के निमित्त शरीर दिया है॥ १४६॥

टिप्पणी—व्यंजना व्यापार का बड़ा ही सटीक प्रयोग कवि ने इन पंक्तियों में किया है। ये पंक्तियाँ इस सन्दर्भ में विशेष विचारणीय हैं—

१. पूँछत उतरु देब मैं तेही। गे बनु राम लखनु बैदेही।
२. दैहहुँ उतरु कौन मुहु लाई। आयउँ कुसल कुअँर पहुँचाई॥

'वक्तृ' की विशेषता से आर्थी व्यंजना का चमत्कार सुमंत्र की आत्म-ग्लानि और 'अपने को धिक्कारने' की मनोदशा को चित्रित करता है।

येहि बिधि करत पंथ पछितावा। तमसा तीर तुरत रथु आवा॥
बिदा किए करि बिनय निषादा। फिरे पायँ परि बिकल बिषादा॥
पैठत नगर सचिव सकुचाई। जनु मारसि गुर बाँभन गाई॥
बैठि बिटप तरु दिवसु गवाँवा। साँझ समय तब अवसरु पावा॥
अवध प्रबेसु कीन्ह अँधियारें। पैठ भवन रथु राखि दुआरें॥
जिन्ह जिन्ह समाचार सुनि पाए। भूप द्वार रथु देखन आए॥
रथु पहिचानि बिकल लखि घोरे। गरहिं गात जिमि आतप ओरे॥
नगर नारि नर ब्याकुल कैसें। निघटत नीर मीनगन जैसें॥

दो०— सचिव आगमनु सुनत सबु बिकल भयउ रनिवासु।
भवनु भयंकरु लाग तेहि मानहुँ प्रेत निवासु॥ १४७॥

अर्थ—इस प्रकार मार्ग में पश्चात्ताप (वे) कर रहे हैं और शीघ्र ही (उनका) रथ तमसा तट पर आया। विनय करके निषादों को उन्होंने विदा किया और वे (उनके) चरणों पर पड़कर व्याकुल तथा विषादयुक्त लौटे।

नगर में प्रवेश करते मंत्री सकुच रहा था मानो उसने ब्राह्मण, गुरु एवं गाय की हत्या की हो। वृक्ष के नीचे बैठकर दिन बिताया और तब सन्ध्या समय उसने मौका देखा।

अँधेरे में (उसने) अयोध्या में प्रवेश किया तथा रथ को द्वार पर खड़ा करके (रख करके) राजभवन में प्रविष्ट हुआ। जो-जो लोक समाचार सुन पाये दशरथ के दरवाजे पर रथ देखने के निमित्त आये।

रथ को पहचान करके तथा घोड़ों को दुखी देख करके (उनके) शरीर इस प्रकार जल रहे हैं, मानो धूप की गर्मी में (बर्फ के) ओले। अयोध्या नगर के नर-नारी इस प्रकार दुखी हैं, जिस प्रकार जल के घटने पर मछली समूह।

मंत्री के आगमन को सुनकर सम्पूर्ण रनिवास व्याकुल हो उठा। उन्हें राजभवन भयंकर लगा मानो (वह) प्रेतों का निवास स्थल हो॥ १४७॥

टिप्पणी—सुमंत्र की आत्मग्लानि का भाव विशेष रूप से अनिष्ट की आशंका के साथ मिलकर चित्रित है। दिन में नगर में प्रवेश करने का संकोच 'ब्राह्मण और गोहत्या' की सीमा तक उत्प्रेक्षालंकार के माध्यम से कल्पित है। 'मात्र' घोड़ों को दुखी देखकर शरीर की कान्ति तथा बल इस प्रकार नष्ट हो रहा है मानो 'गरहिं गात जन आपत ओरे' इस उत्प्रेक्षा में चक्षु बिम्ब है। नगरवासियों की व्याकुलता को जलविहीन मत्स्य के उदाहरण तथा रनिवास एवं भवन की भयंकरता को प्रेत निवास की उत्प्रेक्षा से कवि चित्रित करता है।

अति आरति सब पूछहिं रानी। उतरु न आव बिकल भइ बानी॥
सुनइ न श्रवन नयन नहिं सूझा। कहहु कहाँ नृपु तेहि तेहि[1] बूझा॥
दासिन्ह दीख सचिव बिकलाई। कौसल्या गृहँ गईं लवाई॥
जाइ सुमंत्र दीख कस राजा। अमिअ रहित जनु चंदु बिराजा॥
आसन सयन बिभूषन हीना। परेउ भूमि तल निपट मलीना॥
लेइ उसासु सोच एहि भाँती। सुरपुर तें जनु खँसेउ जजाती॥
लेत सोच भरि छिनु छिनु छाती। जनु जरि पंख परेउ संपाती॥
राम राम कह राम सनेही। पुनि कह राम लखन बैदेही॥

दो०— देखि सचिवँ जय जीव कहि कीन्हेउ दंड प्रनामु।
सुनत उठेउ ब्याकुल नृपति कहु सुमंत्र कहँ रामु॥ १४८॥

अर्थ—सभी रानियाँ अत्यन्त कातरभाव से पूछ रही हैं किन्तु उसकी वाणी व्याकुल हो उठी, उत्तर नहीं निकलता। (वह) कानों से नहीं सुन पाता, नेत्रों से कुछ सूझता नहीं, और उन-उनसे पूछा कि बताओ, राजा कहाँ हैं?

दासियों ने मंत्री की विकलता देखी और वे (उसे) कौसल्या के घर लिवा गईं। सुमंत्र ने जाकर राजा को किस प्रकार देखा! (मंत्री को राजा किस रूप के दिखाई पड़े) मानो अमृत निचुड़ा (निस्तेज) चन्द्रमा शोभित हो।

---

१. कहीं-कहीं 'जेहिं-तेहिं' पाठ भी मिलता है।

आसन, शैया तथा आभूषणों से हीन अत्यधिक (निपट) मलिन भूमितल पर पड़े हुए हैं। (वह) शोक से इस प्रकार उसासें लेते (हुए ग्लानि तथा पछतावे की मुद्रा में हैं) मानो अमरावती से राजा ययाति गिरे हों।

क्षण-क्षण छाती शोक से भर लेते हैं (अर्थात् तड़प उठते हैं) मानो पंख जलन पर संपाती गृद्ध (विकल) पड़ा हो। (वह) राम, राम प्रिय स्नेही राम और पुनः राम, लखन, सीता कहते हैं।

उन्हें देख जयजीव (जयति-जीवतु) कहकर मंत्री ने दण्डवत् (सहित) प्रणाम किया। (इसे) सुनते ही व्याकुल भाव से राजा उठे (और बोले) कि हे सुमंत्र बताओ, राम कहाँ हैं!॥ १४८ ॥

टिप्पणी—करुण रस की व्यापक पृष्ठभूमि के निर्माण का कवि प्रयत्न करता है। रनिवास की भयंकरता, मंत्री की व्याकुलता, दशरथ की निस्तेजता, अलंकारविहीन पृथ्वी पर शिथिल लोटना, उच्छ्वास लेना, शोक से वक्ष उठना-बैठना, व्याकुलभाव से श्रीराम, सीता एवं लक्ष्मण कहकर पुकारना आदि अनुभावों एवं संचारियों के माध्यम से करुणा की अवतारणा कवि करा रहा है। कवि विविध अनुभवों की गम्भीरता एवं जीवंतता को चित्रित करने के लिए तीन उत्प्रेक्षालंकारों की रचना करता है—

१. निस्तेजता—'अमिय रहित जनु चंदु बिराजा'।

२. हतप्रभता एवं शोकमयता—'सुर पुर तें जन खँसेउ जजाती'।

३. शोकजन्य अस्थिरता—'जनु जरि पंख परेउ संपाती'।

भूप सुमंत्रु लीन्ह उर लाई। बूड़त कछु अधार जनु पाई॥
सहित सनेह निकट बैठारी। पूँछत राउ नयन भरि बारी॥
राम कुसल कहु सखा सनेही। कहँ रघुनाथ लखनु बैदेही॥
आने फेरि कि बनहि सिधाए। सुनत सचिव लोचन जल छाए॥
सोक बिकल पुनि पूँछ नरेसू। कहु सिय राम लखन संदेसू॥
राम रूप गुन सील सुभाऊ। सुमिरि सुमिरि उर सोचत राऊ॥
राउ सुनाइ दीन्ह बनबासू। सुनि मन भयउ न हरषु हराँसू॥
सो सुत बिछुरत गए न प्राना। को पापी बड़ मोहि समाना॥
दो०— सखा रामु सिय लखनु जहँ तहाँ मोहि पहुँचाउ।
नाहिं त चाहत चलन अब प्रान कहउँ सतिभाउ॥ १४९ ॥

अर्थ—राजा ने सुमंत्र को हृदय से लगा लिया मानो डूबते हुए ने कुछ आलम्बन पा लिया। स्नेह सहित निकट बैठाकर राजा नेत्रों में अश्रु भर के पूछता है।

हे स्नेही सखा! बताओ राम कुशलपूर्वक तो हैं? (बताओ) राम, लक्ष्मण, सीता कहाँ हैं! (उन्हें) लौटाकर लाये कि वे वन ही चले गये! (इसे) सुनते ही सचिव के नेत्र अश्रुपूरित हो उठे।

शोक से व्याकुल नरेश पुनः पूछता है, कि सीता, राम, लक्ष्मण का संदेशा बताओ। श्रीराम के गुण, शील तथा स्वभाव का स्मरण कर-करके राजा हृदय में सोचते हैं।

राज्याभिषेक सुनाकर (सूचित करके) जिसे वनवास दिया और (उसे) सुनकर (जिसे) न हर्ष हुआ न क्लेश (हराँसू क्लेश, बुखार का आ जाना—अवधी) इस प्रकार के पुत्र के बिछुड़ने पर (वियुक्त होने पर) प्राण नहीं निकले, मेरे सदृश बड़ा पापी कौन है?

हे सखा! राम, लक्ष्मण, सीता जहाँ हैं, मुझे भी वहाँ पहुँचाओ, नहीं तो मैं सत्यभाव (सतिभाउ) से कह रहा हूँ कि (मेरे) प्राण! चलना चाहते हैं॥ १४९ ॥

टिप्पणी—नैराश्य में आकस्मिक रूप से आशा का संचरण, क्षणिक धैर्य, प्रिय के कुशल क्षेम के विषय में प्रश्नादि तथा आत्मग्लानि को आधार बनाकर कवि इन पंक्तियों में दशरथ के शोक को

चित्रित करता है। दशरथ का सम्पूर्ण शोक सिमट कर प्रिय दर्शन या प्राणत्याग के विकल्प तक केन्द्रित हो उठता है। 'हे सखा राम तक पहुँचाओ अन्यथा प्राण प्रस्थान करना चाहते हैं।' शोक की दशा के शीर्ष को व्यंजित करने के लिए कहा गया है।

पुनि पुनि पूँछत मंत्रिहि राऊ। प्रियतम सुअन सँदेस सुनाऊ॥
करहि सखा सोइ बेगि उपाऊ। रामु लखनु सिय नयन देखाऊ॥
सचिव धीर धरि कह मृदु बानी। महाराज तुम्ह पंडित ग्यानी॥
बीर सुधीर धुरंधर देवा। साधु समाज सदा तुम्ह सेवा॥
जनम मरन सब दुख सुख भोगा। हानि लाभु प्रिय मिलन बियोगा॥
काल करम बस होहिं गोसाईं। बरबस राति दिवस की नाईं॥
सुख हरषहिं जड़ दुख बिलखाहीं। दोउ सम धीर धरहिं मन माहीं॥
धीरज धरहु बिबेकु बिचारी। छाड़िअ सोच सकल हितकारी॥
दो०— प्रथम बासु तमसा भयउ दूसर सुरसरि तीर।
न्हाइ रहे जलपानु करि सिय समेत दोउ बीर॥ १५०॥

अर्थ—पुनः-पुनः राजा मंत्री से पूछता है कि हे प्रियवर! (मुझे) पुत्र का संदेश सुनाओ। हे सखा! शीघ्र ही वही उपाय करो (और उस उपाय द्वारा) राम, लक्ष्मण, सीता को नेत्रों को दिखाओ।

मंत्री ने धैर्य धारण करके मृदु वाणी में कहा कि हे महाराज! आप विद्वान् हैं, ज्ञानी हैं, वीर हैं, अत्यधिक धैर्यवानों की धुरी धारण करते हैं (धैर्यवानों में सर्वथा श्रेष्ठ हैं) तथा देवतुल्य हैं और साधुओं के समाज की सदैव ही सेवा करते हैं।

(अतः आप जानते ही हैं कि) जन्म, मृत्यु, सुख, दुःख के भोग, हानि, लाभ, प्रिय का मिलन तथा वियोग, हे गोस्वामी। सभी काल तथा कर्म के आधीन 'रात-दिन' की भाँति बरबस (अपने आप हठात्) घटित होते हैं।

अज्ञजन (जड़ = मूढ़ = सुतविषयक तब पद रति होऊ। मोहि बड़ मूढ़ कहौ किन कोऊ) सुख में हर्षित होते हैं तथा दुःख में विलखते हैं, किन्तु धैर्यवान दोनों को समानभाव से (मन में) धारण करते हैं। हे सभी के हितैषी! शोक का परित्याग करें तथा विवेकपूर्वक विचार करके धैर्य धारण करें।

प्रथम निवास तमसा तट पर हुआ तथा दूसरा (निवास) गंगा नदी के तट पर। सीता सहित दोनों भाई स्नान के उपरान्त (प्रथम दिन) (मात्र) जलपान करके रह गये (रहे)॥ १५०॥

टिप्पणी—प्रिय का संदेश कथन यहाँ मूल प्रसंग है। इस संदेश कथन के साथ वक्ता शौर्य, गुण आदि के कथन के द्वारा, मूल आश्रय द्वारा धैर्य का संचार करने का प्रयास करता है। इस धैर्य प्रकरण से शान्त रस की निष्पत्ति में थोड़ी और सघनता तथा सान्द्रता उत्पन्न हो उठती है।

केवट कीन्हि बहुत सेवकाई। सो जामिनि सिंगरौर गवाँई॥
होत प्रात बट छीरु मँगावा। जटा मुकुट निज सीस बनावा॥
राम सखा तब नाव मगाई। प्रिया चढ़ाइ चढ़े रघुराई॥
लखन बान धनु धरे बनाई। आपु चढ़े प्रभु आयसु पाई॥
बिकल बिलोकि मोहि रघुबीरा। बोले मधुर बचन धरि धीरा॥
तात प्रनामु तात सन कहेहू। बार बार पद पंकज गहेहू॥
करबि पायँ परि बिनय बहोरी। तात करिअ जनि चिंता मोरी॥
बन मग मंगल कुसल हमारें। कृपा अनुग्रह पुन्य तुम्हारें॥

अर्थ—(दूसरे दिन) केवट ने अत्यधिक सेवा की और वह रात्रि शृंवेरपुर में व्यतीत की। प्रातः होते ही बरगद का दूध मँगाया और अपने हाथ से शिर पर जटाओं का मुकुट बनाया।

राम सखा (निषाद) ने तब नाव मँगाई और रघुकुलश्रेष्ठ श्रीराम प्रिया सीता को (उस पर) चढ़ाकर स्वयं चढ़े। लक्ष्मण ने धनुष-बाण भलीभाँति संभालकर (बनाकर) रखा और प्रभु श्रीराम की आज्ञा पाकर स्वयं (नौका पर) चढ़े।

मुझे व्याकुल देखकर श्रीराम ने धैर्य धारण करके मधुर वचनों से कहा कि हे तात! मेरे पिता से प्रणाम कहियेगा और बार-बार चरण-कमल पकड़ना (चरण छूकर प्रणाम निवेदित करना)

और चरणों पर पड़कर पुनः विनय करियेगा कि तात मेरी चिन्ता नहीं करेंगे। आपके पुण्य, अनुग्रह एवं कृपा-प्रसाद से वन मार्ग में हमारे लिए मंगल एवं कुशल है।

टिप्पणी—इन पंक्तियों में सुमंत्र दशरध को राम यात्रा का विवरण देते हुए उनका संदेश सुनाते हैं। इस विवरण का अभिप्राय उनको सान्त्वना देना है किन्तु कवि का रचनात्मक मन्तव्य कुछ और है। सुमंत्र के द्वारा सम्पूर्ण विवरण को इस ढंग से रखा जा रहा है कि दशरथ का शोक व्यापार और सघन हो।

छंद— तुम्हरें अनुग्रह तात कानन जात सब सुखु पाइहौं।
प्रतिपालि आयसु कुसल देखन पाय पुनि फिरि आइहौं॥
जननी सकल परितोष परि परि पायँ करि बिनती धनी।
तुलसी करेहु सोइ जतनु जेहिं कुसली रहहिं कोसल धनी॥

सो०— गुरु सन कहब सँदेसु बार-बार पद पदुम गहि।
करब सोइ उपदेसु जेहिं न सोच मोहि अवधपति॥ १५१॥

अर्थ—(सुमंत्र दशरथ को श्रीराम का संदेश सुनाते हुए कहते हैं कि) हे तात! आपके अनुग्रह (कृपा) से वन जाते हुए सभी सुखों को प्राप्त करूँगा। आपकी आज्ञा का प्रतिपालन करके मैं सकुशल लौटकर (आपके) चरणों का दर्शन पुनः करने आऊँगा। अत्यधिक विनय करके बार-बार चरणों पर पड़कर सभी माताओं को सान्त्वना (परितोष) प्रदान करिएगा। तुलसीदास जी कहते हैं कि आप वही यत्न करिएगा जिससे अयोध्यास्वामी (पिता दशरथ) कुशलपूर्वक बने रहें।

बार-बार पद-पद्मों को पकड़कर (प्रणाम निवेदित करके) गुरु से मेरा सन्देशा कहिएगा कि वे वही उपदेश करेंगे जिससे अयोध्या के स्वामी (पिता दशरथ) मेरी चिन्ता न करें॥ १५१॥

टिप्पणी—सम्पूर्ण सन्देश की केन्द्रीयता पिता 'दशरथ' को ध्यान में रख कर निर्मित है। माताओं को परितोष उतना महत्त्वपूर्ण नहीं है, जितना कि पिता के लिए। कवि पुत्र शोक से क्लान्त दशरथ के मरण की पूर्व सम्भावना के निमित्त राम की भावात्मक केन्द्रीयता दशरथ पर ही रखता है। मंत्री राम के प्रत्येक सन्देश में पिता के कुशलपूर्वक रहने की कवि चर्चा करता है।

पुरजन परिजन सकल निहोरी। तात सुनाएहु बिनती मोरी॥
सोइ सब भाँति मोर हितकारी। जातें रह नरनाहु सुखारी॥
कहब सँदेसु भरत के आएँ। नीति न तजिअ राजपदु पाएँ॥
पालेहु प्रजहि करम मन बानी। सेएहु मातु सकल सम जानी॥
और निबाहेहु भायप भाई। करि पितु मातु सुजन सेवकाई॥
तात भाँति तेहि राखब राऊ। सोच मोर जेहिं करै न काऊ॥
लखन कहे कछु बचन कठोरा। बरजि राम पुनि मोहि निहोरा॥
बार बार निज सपथ देवाई। कहबि न तात लखन लरिकाई॥

दो०— कहि प्रनामु कछु कहन लिय सिय भइ सिथिल सनेह।
थकित बचन लोचन सजल पुलक पल्लवित देह॥ १५२॥

अर्थ—हे तात! नगर एवं परिवारजनों सभी पर निहोरा करके मेरे विनय को सुनाइएगा। वही मेरा प्रत्येक प्रकार से हितैषी है, जिससे नृपति (दशरथ) सुखी रहें।

भरत के आने पर मेरा सन्देश कहिएगा कि नीति (यही है) कि राज्य पद को प्राप्त करके (उसे) छोड़ें न (राज्यपद प्राप्त करने पर नीति विमुख न होंगे यह असंगत अर्थ है)! कर्म, मन एवं वाणी से (सर्वथाभावेन) प्रजा का पालन और समान मानकर सभी माताओं की सेवा करिएगा।

पिता, माता स्वजनों की सेवा करते हुए हे भाई! भातृत्व प्रेम का निर्वाह करिएगा। हे तात! राजा को उस भाँति से रखिएगा जिससे मेरी लेशमात्र भी चिन्ता न करें।

लक्ष्मण ने कुछ बात कही, राम ने उन्हें रोककर मुझसे पुनः विनय (निहोरा) किया। बार-बार अपनी शपथ दिलाई और (कहा कि) हे तात! लक्ष्मण के बचपने को न कहना।

प्रणाम करके सीता ने कुछ कहना चाहा (कहन लिय) किन्तु स्नेह से शिथिल हो गईं, वाणी थक-सी (कंठावरोध) गई, नेत्र अश्रुपूरित हो उठे और शरीर पुलक से (विवश) पल्लवित (उल्लसित) हो उठा॥ १५१॥

टिप्पणी—राम के संदेश के साथ-साथ लक्ष्मण के कटुवचनों की सूचना दशरथ की अत्मग्लानि को जाग्रत करने के लिए है। यही नहीं, सीता में विविध सात्त्विक भावों की जागृति की सूचना के माध्यम से कवि दशरथ को सीता के आत्मिक स्नेह से अभिभूत करके प्रभावित करने का उपक्रम करता है।

तेहि अवसर रघुबर रुख पाई। केवट पारहि नाव चलाई॥
रघुकुलतिलक चले एहि भाँती। देखउँ ठाढ़ कुलिस धरि छाती॥
मैं आपन किमि कहौं कलेसू। जिअत फिरेउँ लेइ राम सँदेसू॥
अस कहि सचिव बचन रहि गयऊ। हानि गलानि सोच बस भयऊ॥
सूत बचन सुनतहिं नरनाहू। परेउ धरनि उर दारुन दाहू॥
तलफत बिषम मोह मन मापा। माजा मानहुँ मीनु कहुँ ब्यापा॥
करि बिलाप सब रोवहिं रानी। महा बिपति किमि जाइ बखानी॥
सुनि बिलाप दुखहू दुख लागा। धीरजहू कर धीरजु भागा॥

दो०— भयउ कोलाहलु अवध अति सुनि नृप राउर सोरु।
बिपुल बिहग बन परेउ निसि मानहुँ कुलिस कठोरु॥ १५३॥

अर्थ—उस समय श्रीराम का रुख पाकर केवट ने उस पार जाने के निमित्त नौका चलायी। रघुकुलश्रेष्ठ श्रीराम इस प्रकार चले पड़े और (मैं) अपने हृदय पर वज्र रखकर खड़ा-खड़ा देखता रहा।

मैं अपने क्लेश को किस प्रकार कहूँ कि (किसी भाँति) उनका संदेशा जीवित लेकर लौटा। ऐसा कह करके मंत्री का वचन (शेष मन में ही) रह गया (अर्थात्, क्लेश वश कंठावरोध हो उठा) तथा हानि, ग्लानि और शोक के वशीभूत हो उठे।

मंत्री (सूत) के वचन के सुनते ही राजा (दशरथ) पृथ्वी पर गिर पड़े और हृदय में भयंकर जलन (पीड़ा) उत्पन्न हो उठी। विषम पीड़ावश तड़पने लगे और मोह ने उनके मन को माप लिया (अभिभूत कर दिया अर्थात् समग्र चेतना मोहाभिभूत हो उठी) मानो विषैला फेन (माजा) मत्स्य में व्याप गया।

सम्पूर्ण रानियाँ विलाप करके रो रही हैं, भयंकर विपत्ति का किस प्रकार वर्णन किया जाय।

उनके विलाप को सुनकर दु:ख को भी दु:ख लगा तथा धैर्य का भी धैर्य भाग गया।

नृप के अन्त:भवन (राउर) के शोर को सुनकर अयोध्या नगरी में अत्यधिक कोलाहल हो उठा। विपुल रूप में पक्षीगण जिसमें रहते हैं ऐसे वन पर मानो भयंकर वज्रपात गिरा हो॥ १५३॥

टिप्पणी—राम, लक्ष्मण, सीता द्वारा प्रेषित संदेशों को सुनाकर अन्त में मंत्री अपने ऊपर पड़े उन संदेशों की भावात्मक प्रतिक्रियाओं का उल्लेख करता है। कवि विस्तारपूर्वक दशरथ मरण की प्रस्तावना को व्याप्ति देकर पाठकों के लिए सर्वथा भावात्मक एवं संवेदनापरक पृष्ठभूमि का निर्माण करता है। मंत्री के वचनों का समाप्त होना, राजा का तड़प करके भूमि पर गिरना, रानियों का विलाप एवं अयोध्या नगरी का विषाद से अभिभूत कोलाहल शोक व्यापार के चरम विकास (मृत्यु) की भूमिका है।

प्रान कंठगत भयउ भुआलू। मनि बिहीन जनु ब्याकुल ब्यालू॥
इंद्रीं सकल बिकल भइ भारी। जनु सर सरसिज बनु बिनु बारी॥
कौसल्याँ नृपु दीख मलाना। रबिकुल रबि अँथयउ जियँ जाना॥
उर धरि धीर राम महतारी। बोली बचन सभय अनुसारी॥
नाथ समुझि मन करिअ बिचारू। राम बियोग पयोधि अपारू॥
करनधार तुम्ह अवध जहाजू। चढ़ेउ सकल प्रिय पथिक समाजू॥
धीरजु धरिअ त पाइअ पारू। नाहिं त बूड़िहि सबु परिवारू॥
जौं जियँ धरिअ बिनय पिय मोरी। रामु लखनु सिय मिलहिं बहोरी॥
दो०— प्रिया बचन मृदु सुनत नृप चितयउ आँखि उघारि।
तलफत मीन मलीन जनु सींचेउ सीतल बारि॥ १५४॥

अर्थ—भूपाल के प्राण कंठगत हो उठे। (वे इस प्रकार लगते हैं) मानो मणिविहीन व्याकुल सर्प। सम्पूर्ण इन्द्रियाँ अत्यधिक व्याकुल हो उठीं मानो जलशून्य सरोवर में कमल समूह।

कौसल्या ने राजा को म्लान (निस्तेज : मरणासन्न) देखा और हृदय में जान लिया कि सूर्यकुल के सूर्य (दशरथ) स्तमित (मरना) होना चाहते हैं। राम की माता हृदय में धैर्यधारण करके समयानुकूल वचन बोली।

हे नाथ! (भलीभाँति) समझ करके मन में विचार करें कि राम का वियोग अथाह समुद्र की भाँति है। आप अयोध्यारूपी जहाज के कर्णधार हैं, सम्पूर्ण प्रियजनों का समाज पथिक (समाज) की भाँति (उस पर) चढ़ा हुआ है।

धैर्य धारण करेंगे तो पार हो जायेंगे नहीं तो समस्त परिवार डूबेगा। हे पतिदेव! यदि मेरी विनय हृदय में धारण करें (तो समझ लें) कि राम, लक्ष्मण, सीता तो पुन: मिलेंगे।

प्रिया (कौसल्या) के कोमल वचनों को सुनते ही राजा ने आँखें खोलकर देखा। (उनकी दशा इस प्रकार हुई) मानो दुखी, (भूमि पर) तड़पती हुई मछली को शीतल जल से सिंचित किया गया हो॥ १५४॥

टिप्पणी—मृत्यु के ठीक पूर्व कौसल्या ने उन्हें धैर्य धारण करने के लिए अत्यन्त कोमल और पीड़ा भरी वाणी में कहा। उनकी शीतल वाणी से दशरथ को कुछ चेतना आई। कवि मृत्यु के क्षण चैतन्य एवं जड़ता के द्वन्द्व के बीच दशरथ को ले आकर पाठकों की संवेदना से रस प्रसंग को जोड़ देता है।

धरि धीरजु उठि बैठि भुआलू। कहु सुमंत्र कहँ राम कृपालू॥
कहाँ लखनु कहँ रामु सनेही। कहँ प्रिय पुत्रबधू बैदेही॥
बिलपत राउ बिकल बहु भाँती। भइ जुग सरिस सिराति न राती॥

तापस अंध साप सुधि आई। कौसल्यहि सब कथा सुनाई॥
भयउ बिकल बरनत इतिहासा। राम रहित धिग जीवन आसा॥
सो तनु राखि करब मैं काहा। जेहि न प्रेम पनु मोर निबाहा॥
हा रघुनंदन प्रान पिरीते। तुम्ह बिनु जिअत बहुत दिन बीते॥
हा जानकी लखन हा रघुबर। हा पितु हित चित चालक जलधर॥
दो०— राम राम कहि राम कहि राम राम कहि राम।
तनु परिहरि रघुबर बिरहँ राउ गयउ सुरधाम॥ १५५॥

अर्थ—धैर्यधारण करके दशरथ उठ बैठे (और बोले) हे सुमंत्र! बताओ, कृपालु राम कहाँ हैं? राम स्नेही लक्ष्मण कहाँ हैं! प्रिय पुत्रवधू वैदेही कहाँ है?

(इस प्रकार) अनेक प्रकार से विलाप करते हुए राजा विकल हैं, रात्रि युग सदृश (बड़ी) हो गई और वह समाप्त नहीं होती। (राजा को) अन्ध तपस्वी के शाप का स्मरण हो आया और सम्पूर्ण कथा (उन्होंने) कौसिल्या को सुनाई।

इतिहास का वर्णन करते हुए व्याकुल हो उठे। राम के बिना जीने की आशा को धिक्कार है। जिसने मेरे प्रेम के प्रण का निर्वाह नहीं किया, उस शरीर को रखकर मैं क्या करूँगा (अर्थात् राम के वन गमन के समय ही शरीर का प्राणान्त हो जाना चाहिए था और उसके रहने का क्या औचित्य है।)

हे प्राणों के प्रिय रघुवंश में श्रेष्ठ (राम) तुम्हारे बिना जीवित रहते बहुत दिन हो गये। हा जानकी! हा लक्ष्मण! हा राम! हा पिता की हित चिन्तारूपी चातक के मेघ (राम)!

राम राम कहकर, राम कहकर फिर राम, राम, राम कहकर श्रीराम के विरह में शरीर त्याग करके राजा (दशरथ) देव लोक सिधारे॥ १५५॥

टिप्पणी—'दशरथ' के मरण का दृश्य है। पुत्र के प्रवास-वियोग के भीषण झंझावातों को झेलते हुए अन्त में, अन्धतापस की शाप कथा द्वारा कवि उनके मरण का निश्चयन करता है। इस 'मरणदशा' में सर्वाधिक महत्त्वपूर्ण 'तापस कथा' नहीं है। वह उनके रचनात्मक भावभूमि की सघनता के लिए एक आकस्मिक प्रसंग है। पुत्रासक्ति का आवेग ही इसके लिए उत्तरदायी है, अन्धशाप तो एक बहाना मात्र है। कवि पुत्रासक्ति के आवेग को ही तत्परतापूर्वक रचने के लिए सचेष्ट दिखाई पड़ता है, इसीलिए 'अन्धशाप' की कथा वह एक चौपाई मात्र में कहता है।

जिअन मरन फलु दसरथ पावा। अंड अनेक अमल जसु छावा॥
जिअत राम बिधु बदन निहारा। राम बिरह करि मरनु सँवारा॥
सोक बिकल सब रोवहिं रानी। रूप सीलु बलु तेजु बखानी॥
करहिं बिलाप अनेक प्रकारा। परहिं भूमि तल बारहिं बारा॥
बिलपहिं बिकल दास अरु दासी। घर घर रुदनु करहिं पुरबासी॥
अँथयउ आजु भानुकुल भानू। धरम अवधि गुन रूप निधानू॥
गारीं सकल कैकइहि देहीं। नयन बिहीन कीन्ह जग जेहीं॥
एहि बिधि बिलपत रैनि बिहानी। आए सकल महामुनि ग्यानी॥
दो०— तब बसिष्ठ मुनि समय सम कहि अनेक इतिहास।
सोक नेवारेउ सबहि कर निज बिग्यान प्रकास॥ १५६॥

अर्थ—जीने और मरने का फल दशरथ ने ही प्राप्त किया (रचनाकार का आध्यात्मिक मंतव्य है क्योंकि—'जिअत राम बिधु बदन निहारा। राम बिरह करि मरनु सँवारा॥', यही जीने और मरने का दुहरा लाभ दशरथ को मिला)। अनेक ब्रह्माण्डों में उनका धवल यश छा उठा। जीते हुए

श्रीराम के चन्द्रमुख को देखा और श्रीराम के (प्रवास) का वियोग सह करके (करके : करि) अपनी मृत्यु सँवार लीं (अपने प्रियतम के लिए प्राण की बलि दे देने की कथाओं में अग्रणी हुए या आध्यात्मिक दृष्टि से देवलोक के अधिकारी हुए)।

उनके रूप, शील, तेज और बल को बखानती हुई सभी रानियाँ शोक से व्याकुल रो रही हैं। वे अनेक प्रकार के विलाप करती हैं और बार-बार पृथ्वी तल पर गिर पड़ती हैं।

दास-दासियाँ व्याकुल विलाप कर रही हैं और नगरवासी घर-घर में रुदन कर रहे हैं। धर्म (मर्यादा) की सीता एवं गुण तथा रूप के भण्डार सूर्य कुल के सूर्य (दशरथ) आज स्तमित (मर) हो गये।

सभी कैकेयी को गाली दे रही हैं जिसने संसार को नेत्र विहीन कर दिया (सूर्य डूब जाने पर गहन अन्धकार और किसी को उसमें न सुझाई देना) इस प्रकार, विलाप करते हुए रात्रि व्यतीत हो गई और सभी ज्ञान सम्पन्न श्रेष्ठ मुनिगण आये।

तब वसिष्ठ मुनि ने समयानुकूल अनेक इतिहासों को कहकर अपने विज्ञान के प्रकाश से सभी का शोक दूर किया॥ १५६ ॥

टिप्पणी—'मरण' के पश्चात् विलाप-वर्णन का दृश्य है। रानियाँ परम्परानुकूल पति दशरथ के रूप, शील, बल तथा तेज का वर्णन करती विलाप कर रही हैं। भारतीय परम्परा में विलाप की यही परिपाटी है। दशरथ की लोकप्रियता के अनुरूप दास, दासी, नगर जन सभी इस शोक संताप से प्रभावित हैं।

तेल नाव भरि नृप तनु राखा। दूत बोलाइ बहुरि अस भाषा॥
धावहु बेगि भरत पहिं जाहू। नृप सुधि कतहुँ कहहु जनि काहू॥
एतनेइ कहेहु भरत सन जाई। गुर बोलाइ पठयउ दोउ भाई॥
सुनि मुनि आयसु धावन धाए। चले बेग बर बाजि लजाए॥
अनरथु अवध अरंभेउ जब तें। कुसगुन होहिं भरत कहुँ तब तें॥
देखहिं राति भयानक सपना। जागि करहिं कटु कोटि कलपना॥
बिप्र जेवाँइ देहिं दिन दाना। सिव अभिषेक करहिं बिधि नाना॥
मागहिं हृदयँ महेस मनाई। कुसल मातु पितु परिजन भाई॥
दो०— एहि बिधि सोचत भरत मन धावन पहुँचे आइ।
गुरु अनुसासन श्रवन सुनि चले गनेसु मनाइ।। १५७॥

अर्थ—नौका में तेल भरकर राजा का शरीर रखा और दूत बुलाकर (वसिष्ठ ने) इस प्रकार कहा। दौड़कर शीघ्र भरत के पास जाओ तथा राजा (के मरण) का समाचार (सुधि) कहीं भी किसी से भी मत कहना।

भरत से जाकर इतना ही कहना कि गुरु वसिष्ठ ने दोनों भाइयों को बुला भेजा है। मुनि की आज्ञा को सुनकर हरकारे (दूत : धावन) दौड़े। वे अपनी वेग गति से श्रेष्ठ अश्वों को लज्जित करते हैं।

अयोध्या में जब से अनर्थ प्रारम्भ हुआ तबसे भरत को अपशकुन हो रहे हैं। रात्रि में भयानक सपने देखते हैं, जाग करके कोटि कटु कल्पनाएँ (अपशकुन से सम्बन्धित अनिष्टादि के विषय में अनेक भाँति से सोचते हैं)।

ब्राह्मणों को खिला कर प्रतिदिन दान देते हैं और नाना भाँति से शिव का अभिषेक पूजन करते हैं। शिव की मन-ही-मन प्रार्थना (मनाई) करके माता, पिता, परिवार जन तथा सभी भाइयों का कुशल माँगते हैं।

भरत इस प्रकार मन में सोच रहे थे कि दूत आ पहुँचे। कानों से गुरु की आज्ञा (अनुशासन)

सुनकर गणेश की मन-ही-मन प्रार्थना करके चल पड़े॥ १५७॥

टिप्पणी—भरत का प्रत्यागमन और विशेष रूप से दुःस्वप्नों के माध्यम से आगामी अनिष्ट की सूचना एक विशेष प्रकार का परम्परागत रचनात्मक अभिप्राय है। कविगण इस प्रकार के भावी की सूचना के निमित्त अपशकुन एवं दुःस्वप्न आदि को अभिप्राय (motif) के रूप में वर्णित करते हैं। इस अभिप्रायों में पौराणिक या लोक विश्वास निहित होता है, और विश्वास की रहस्यमयता के साथ 'शोक' के सन्दर्भ में 'आशंका' आदि सहयोगी संचारियों को पुष्ट करते हैं।

चले समीर बेग हय हाँके। नाघत सरित सैल बन बाँके॥
हृदयँ सोचु बड़ कछु न सोहाई। अस जानहिं जियँ जाउँ उड़ाई॥
एक निमेष बरस सम जाई। एहि बिधि भरत नगर निअराई॥
असगुन होहिं नगर पैठारा। रटहिं कुभाँति कुखेत करारा॥
खर सियार बोलहिं प्रतिकूला। सुनि सुनि होइ भरत मन सूला॥
श्रीहत सर सरिता बन बागा। नगरु बिसेषि भयावनु लागा॥
खग मृग हय गय जाहि न जोए। राम बियोग कुरोग बिगोए॥
नगर नारि नर निपट दुखारी। मनहुँ सबन्हि सब संपति हारी॥
दो०— पुरजन मिलहिं न कहहिं कछु गवँहिं जोहारहिं जाहिं।
भरत कुसल पूछि न सकहिं भय बिषाद मन माहिं॥ १५८॥

अर्थ—हाँके हुए अश्व वायु वेग से चले, दुर्गम वन, पर्वत एवं नदियों को नाघते हुए हाँके गये अश्व वायु जैसी तेजी से चले। (उनके) हृदय में अत्यधिक चिन्ता है, कुछ अच्छा नहीं लगता, मन में ऐसा सोचते हैं कि उड़कर (अयोध्या) पहुँच जाऊँ।

एक-एक पलक निमेष वर्ष सदृश व्यतीत हो रहा है और इस प्रकार (सोचते-सोचते) भरत अयोध्या नगरी के निकट आ पहुँचे। नगर प्रवेश में अपशकुन हो रहे हैं। काले कौवे (करारा) बुरी तरह से बुरे स्थानों पर रट रहे हैं।

गधे और स्यार प्रतिकूल (दिशा में या प्रतिकूल शब्दों में, अपने स्वाभाविक शब्दों से भिन्न) बोल रहे हैं जिसे सुन-सुन कर भरत के मन में पीड़ा हो रही है। सरोवर, नदी, वन एवं वाटिकाएँ सभी श्रीहत (निस्तेज चहल-पहल से शून्य) और अयोध्या नगरी विशेष रूप से अर्थात् भयावनी से भी भयावनी लगती है।

पक्षी, पशु, अश्व, हाथी (राम वियोग में दुःखी हैं, इसलिए) देखते नहीं बनते (ये सभी) श्रीराम के वियोगरूपी अनिष्टकारी रोग से नष्ट किये हुए हैं। नगर के नर-नारी अत्यधिक दुखी हैं मानो सभी सब संपत्ति हार चुके हों।

नगरवासी (मार्ग में) भरत से मिलते हैं, कुछ बताते नहीं, युक्तिपूर्वक (चालाकी से) जय जयकार करते हैं (प्रणाम करते हैं) और चले जाते हैं। दोनों के मन में (भरत तथा नगरवासी जनों के मनों में) विषाद तथा भय है इसलिए दोनों परस्पर कुशल-क्षेम (भरत का कुशल तथा भरत द्वारा कुशल क्षेम का पूछा जाना) पूछ नहीं पा रहे हैं॥ १५८॥

हाट बाट नहिं जाइ निहारी। जनु पुर दहँ दिसि लागि दवारी॥
आवत सुत सुनि कैकयनंदिनि। हरषी रबिकुल जलरुह चंदनि॥
सजि आरती मुदित उठि धाई। द्वारेहि भेंटि भवन लेइ आई॥
भरत दुखित परिवारु निहारा। मानहुँ तुहिन बनज बनु मारा॥
कैकेई हरषित एहि भाँती। मनहुँ मुदित दव लाइ किराती॥
सुतहि ससोच देखि मन मारें। पूँछति नैहर कुसल हमारें॥

सकल कुसल कहि भरत सुनाई। पूँछी निज कुल कुसल भलाई।।
कहु कहँ तात कहाँ सब माता। कहँ सिय राम लखन प्रिय भ्राता।।
दो०— सुनि सुत बचन सनेहमय कपट नीर भरि नैन।
भरत श्रवन मन सूल सम पापिनि बोली बैन।। १५९।।

अर्थ—बाजार तथा रास्ते नहीं देखे जाते। मानो अयोध्या नगरी की दसों दिशाओं में दावाग्नि लगी हुई है और नगर दग्ध हो सुर्यकुलरूपी कमल (समूह) की चन्द्रिका स्वरूपिणी केकय-पुत्री (कैकेयी) पुत्र को आते हुए जानकर हर्षित हुई।

मुदितभाव से आरती सजाकर उठ कर दौड़ी और द्वार पर ही भेंट कर (भरत) को ले आई। भरत ने दुखित परिवार को देखा मानो तुषार मारा कमल समूह हो।

कैकेई इस प्रकार हर्षित है मानो वन में आग लगाकर (दावाग्नि लगाकर) किरातिनी प्रसन्न हो। पुत्र (भरत को) चिन्तायुक्त एवं उदास (मन मारे) देखकर (कैकेयी) पूछती है, हमारे नैहर (पितृगृह) में कुशल तो है!

भरत ने सम्पूर्ण कुशल क्षेम को कहकर सुनाया और फिर अपने कुल का कुशल क्षेम (भलाई) पूछा। बताओ, पिता कहाँ हैं? सारी माताएँ कहाँ हैं? सीता, प्रियभ्राता श्रीराम तथा लक्ष्मण कहाँ हैं?

पुत्र के स्नेह परिपूर्ण वचनों को सुनकर नेत्रों में कपटभाव से अश्रु भर करके भरत के श्रवण तथा मन के लिए त्रिशूल की भाँति पापकर्मा (कैकेयी) वाणी बोली।। १५९।।

टिप्पणी—कवि दो विरोधी भावों को समानान्तर लाता है। एक ओर कैकेयी का हर्ष और दूसरी ओर भरत की आशंका एवं उदासीनता। कवि आकस्मिक ढंग से भरत को शोकमग्न नहीं करता। दु:स्वप्न, मार्ग तथा अयोध्या में प्रवेश के समय अपशकुन, नगरी की भयावहता, नगरवासियों की भय तथा आशंका, पिता, माताओं, भाइयों की अनुपस्थिति को भरत के मन में व्यंजित करता हुआ अन्त में कवि काव्योचित नाटकीयता के साथ कैकेयी के मुख से मूल शोक तथा करुणात्मक प्रसंग चर्चा कराता है। इस प्रकार की योजना इसलिए की गई है कि पाठक का प्रसंगनिष्ठ कौतूहल एकायक समाप्त न हो सके और उसका मन उत्तरोत्तर इस कारुणिक प्रसंग में लिप्त होता जाय।

तात बात मैं सकल सँवारी। भै मंथरा सहाय बिचारी।।
कछुक काज बिधि बीच बिगारेउ। भूपति सुरपति पुर पगु धारेउ।।
सुनत भरतु भए बिबस बिषादा। जनु सहमेउ करि केहरि नादा।।
तात तात हा तात पुकारी। परे भूमि तल ब्याकुल भारी।।
चलत न देखन पायउँ तोही। तात न रामहि सौंपेहु मोही।।
बहुरि धीर धरि उठे सँभारी। कहु पितु मरन हेतु महतारी।।
सुनि सुत बचन कहति कैकेई। मरमु पाँछि जनु माहुर देई।।
आदिहु तें सब आपनि करनी। कुटिल कठोर मुदित मन बरनी।।
दो०— भरतहि बिसरेउ पितु मरन सुनत राम बन गौनु।
हेतु अपनपउ जानि जियँ थकित रहे धरि मौनु।। १६०।।

अर्थ—हे पुत्र! मैंने सभी बातें ठीक कर लीं और विचारी मंथरा सहायता करने वाली (सहाय बनी—अवधी (मु०) सहायक) बनी। विधाता ने कुछ थोड़ा-सा कार्य बीच में बिगाड़ दिया कि राजा (दशरथ) इन्द्रलोक चरण धारण कर गये (पधार गये)।

(इतना सुनते ही) भरत विषाद से विवशीभूत हो उठे मानो हाथी सिंह गर्जन से सहम उठा हो। पिता, पिता, हा पिता पुकार कर तथा अत्यधिक व्याकुल होकर पृथ्वीतल पर गिर पड़े।

हे पिता जी! महाप्रयाण में मैं आपको देखने भी नहीं पाया और मुझे श्रीराम को भी न सौंपा। पुन: धैर्य धारण करते हुए सँभलकर उठे और (बोले) कि माता पिता की मृत्यु का हेतु बताओ।

पुत्र के वचनों को सुनकर कैकेयी (इस प्रकार निर्मम बनकर) कहती है, मानो घाव को उँकेरकर (पाँछि = धाव को छुरे आदि से छीलना या उँकेरना) उस पर विष दे रही हो (डाल रही हो)। प्रारम्भ से अपना सम्पूर्ण दुष्कृत्य उस कुटिल तथा कठोर ने प्रसन्न मन से वर्णन किया है।

राम वनगमन को सुनकर भरत पिता की मृत्यु भूल गये (और उसमें) स्वयं को हृदय से हेतु समझकर मौन साधकर स्तम्भित हो उठे॥ १६०॥

टिप्पणी—कैकेयी जानती है कि पिता से अधिक भरत के मन में श्रीराम के प्रति स्नेह है, अतः वह प्रारम्भ पिता की मृत्यु से करती है। उस विषाद के बाद भरत के पुनः पूछने पर 'वनवास' को सूचित करती है। कवि का यह वर्णन क्रम उत्तरोत्तर भावसबलता को सूचित करता है। एक आघात् के बाद दूसरा उससे भी भयंकर आघात् का वर्णन भावयोजना को सघन बनाने तथा भरत के मन में निहित अग्रज राम के प्रति एकनिष्ठ गहन संसक्ति को व्यंजित करता है। वे 'पिता की मृत्यु' से अधिक कष्टदायी श्रीराम के वियोग को मानते हैं। उनकी इस सहज तथा गहन संसक्ति को देखकर 'कैकेयी-मंथरा' षड्यन्त्र में भरत के सम्मिलित होने को स्वप्न में भी नहीं सोचा जा सकता। इस प्रकार, कवि की वर्णनगत चातुरी के कारण इस प्रसंग में अनेक व्यंजनाएँ स्वतः उत्पन्न हो उठती हैं।

बिकल बिलोकि सुतहि समुझावति। मनहुँ जरे पर लोन लगावति॥
तात राउ नहिं सोचइ जोगू। बिढ़इ सुकृत जसु कीन्हेउ भोगू॥
जीवत सकल जनम फल पाए। अंत अमरपति सदन सिधाए॥
अस अनुमानि सोच परिहरहू। सहित समाज राज पुर करहू॥
सुनि सुठि सहमेउ राजकुमारू। पाकें छत जनु लाग अँगारू॥
धीरज धरि भरि लेहिं उसासा। पापिन सबहि भाँति कुल नासा॥
जौं पै कुरुचि रही अति तोही। जनमत काहे न मारे मोही॥
पेड़ काटि तै पालउ सींचा। मीन जिअन निति बारि उलीचा॥

दो०— हंसबसु दसरथु जनक राम लखन से भाइ।
जननी तूँ जननी भई बिधि सन कछु न बसाइ॥ १६१॥

अर्थ—व्याकुल देखकर पुत्र को समझाती है, मानो जले पर नमक लगाती हो। हे पुत्र! पिता शोक के योग्य (पात्र) नहीं हैं, जिन्होंने पुण्य अर्जित करके यश का भोग किया (या जिस प्रकार पुण्य अर्जित किया उसी प्रकार उसका भोग भी किया, जसु = यश या जैसे)।

जीवित रहते हुए सम्पूर्ण जन्म फलों को प्राप्त किया और अन्त में (मरण के पश्चात्) इन्द्रलोक (सदन : गृह, लक्षणा व्यापार से 'लोक') गये। ऐसा विचार करके शोक का परित्याग करो और समाज सहित (सचिव, सेनापति, पुरोहित, पारिषदजन आदि सहित) अयोध्या नगर का राज्य करो।

(इस) सुष्ठु उच्चरित (कैकेयी की ओर से हितकर कही गई वाणी) सुनकर राजकुमार भरत सहम गये (यहाँ 'सुठि' शब्द 'सहमेउ' शब्द का विशेषण भी हो सकता है जिसका लक्षणा से अर्थ 'अत्यधिक सहम गये' भी हो सकता है—सुठि = सुष्ठु (सं) सुन्दर)। मानो पके घाव (क्षत > छत > घाव) पर अंगार लग गया हो (पके घावों के विष को नष्ट करने के लिए लौह को लाल करके दागा जाता है)। धैर्य धारण करके वे उच्छ्वास लेने लगते हैं (और फिर कहते हैं) इस पापकर्मा ने सभी तरह से कुल का विनाश कर दिया।

यदि निश्चय ही तुममें दुर्भावना थी तो जन्म लेते ही मुझे क्यों नहीं मारा (कुरुचि—पिता की मृत्यु, श्रीराम का वनवास, पुरवासियों का कष्ट, यह सभी तुम्हारी राज्य भोग की कामनारूपी दुर्भावना का परिणाम है और यदि प्रारम्भ से ही पुत्र को राज्य दिलाने के लिए तुम्हारे मन में बुरे

विचार थे तो मुझे जन्म देकर तूने इस पाप कर्म में क्यों सम्मिलित किया)। वृक्ष को काट करके तूने पल्लव को सींचा है। (जल से निकाले हुए) मछली के जीवन के लिए नित्य जल फेंका या छिड़का है (उलीचा—उलीचना-चिल्लू से जल फेंकना)।

सूर्यवंश (सदृश वंश); दशरथ सदृश पिता और राम लखन सदृश भ्राता (सर्वथा दुर्लभ, आदर एवं सम्मान के पात्र हैं) हे माता! तू सचमुच मेरी माता हुई, विधाता के सम्मुख कुछ वश नहीं। (जननी तू जननी भई, पद में अत्यन्त तिरस्कृत वाच्यध्वनि है, तू मेरी माता नहीं, कलंक की हेतु बनी। द्वितीय 'जननी' शब्द का व्यंग्यार्थ पापकर्मा, कलंकिनी, परिवार को विनष्ट करने वाली, पति की मृत्यु की हेतुभूता, सूर्यवंश में अक्षय कलंक लगाने वाली आदि)।

टिप्पणी—भरत सर्वप्रथम माँ को धिक्कारते हैं। उनके धिक्कारने में मातृ मोह के प्रति गहन उपेक्षा, वितृष्णा एवं आक्रोश है। आलम्बन के प्रति इस प्रकार का क्षोभ उनके चरित्र को उदारता तथा निर्मलता का प्रथम आधार बनता है। कवि का भरत चरित्र-रचना का उद्देश्य आराध्य के प्रति महत्तम एकान्तनिष्ठा को व्यंजित करना है। राम के प्रति महत्तम एकान्तनिष्ठा में पहली बाधा उसकी माता है। भरत द्वारा उसका भर्त्सनापूर्वक त्याग किया जाना उनके प्रेम तथा आत्यन्तिक समर्पण की सिद्धि के साथ-नाथ चारित्रिक उज्ज्वलता का भी प्रतीक बन जाता है।

जब तैं कुमति कुमत जियँ ठयऊ। खंड खंड होइ हृदय न गयऊ॥
बर मागत मन भइ नहिं पीरा। गरि न जीभ मुहँ परेउ न कीरा॥
भूपँ प्रतीति तोरि किमि कीन्ही। मरन काल बिधि मति हरि लीन्ही॥
बिधिहु न नारि हृदय गति जानी। सकल कपट अघ औगुन खानी॥
सरल सुसील धरम रत राऊ। सो किमि जानै तीय सुभाऊ॥
अस को जीव जंतु जगमाहीं। जेहि रघुनाथ प्रान प्रिय नाहीं॥
भे अति अहित रामु तेउ तोही। को तू अहसि सत्य कहु मोही॥
जो हसि सो हसि मुँह मसि लाई। आँखि ओट उठि बैठहि जाई॥

दो०— राम बिरोधी हृदय तें प्रगट कीन्ह बिधि मोहि।
मो समान को पातकी बादि कहउँ कछु तोहि॥ १६२॥

अर्थ—हे दुर्बुद्धिनी! जब तुम्हारे मन में (तैं जिय = तुम्हारे जी में, अवधी) दुर्बुद्धि स्थित थी तो (तुम्हारा) हृदय टुकड़े-टुकड़े क्यों न हो गया! वर माँगते हुए तुम्हारे मन में शूल क्यों नहीं हुआ, तुम्हारी जीभ गली नहीं, मुँह में कीड़ा नहीं पड़ा।

राजा ने तुम्हारा विश्वास किस प्रकार किया (प्रतीत होता है) मृत्यु काल में विधि ने उनकी मति हरण कर ली। विधाता ने भी नारी के हृदय की गति नहीं समझी, (क्योंकि ये) सम्पूर्ण कपट, पाप एवं दुर्गुण की भण्डार हैं।

सरल स्वभाव के, अत्यधिक शीलवान तथा धर्मनिष्ठ (पिता) राजा इसलिए फिर कैसे स्त्री स्वभाव को समझ पाएँ? संसार में ऐसा कौन जीव, जन्तु है जिसके लिए श्रीराम प्राणों से प्रिय नहीं हैं।

वही राम तुम्हारे लिए अत्यधिक अहितकर हुए, इसलिए तू कौन हो (अहसि : हो-अवधी) मुझे सचसच बता (सभी मनुष्य, जीव, जन्तु तक राम को हृदय से चाहते हैं इसलिए तू क्या मनुष्य, जीव, जन्तु इनसे भिन्न कोई हिंसक वृत्ति अन्य कोई तो नहीं हो) जो हो (हसि : हो-अवधी) सो हो, मुँह में स्याही लगाकर, उठो और (मेरी) आँखों से ओट हो जाकर बैठो।

विधाता ने हृदय से (खूब सोच समझ कर) राम का विरोधी (बनाकर) मुझे पैदा किया है। तुझे कुछ कहना व्यर्थ है, मेरे सदृश पातकी (अन्य) कौन है?॥ १६२॥

टिप्पणी—भूत आलम्बन की भर्त्सना इसलिए कि कवि भरत के चरित्र की निर्मलता को निखारना चाहता है, अतः भर्त्सना और फिर उसके पश्चात् आत्मग्लानि का चयन करता है। आक्रोश के प्रति भर्त्सना से जब ऐसे प्रसंगों में आत्मदाह शान्त नहीं होता तो स्वयं के प्रति खीझ उत्पन्न होती है। भरत की आत्म भर्त्सना जितनी ही गहरी होगी, उनका चरित्र उतना ही निर्मल होगा—इस तथ्य से अवगत कवि अपने वर्णन क्रम में इसको केन्द्रीयता प्रदान करता है।

सुनि सत्रुघुन मातु कुटिलाई। जरहिं गात रिस कछु न बसाई॥
तेहि अवसर कुबरी तहँ आई। बसन बिभूषन बिबिध बनाई॥
लखि रिस भरेउ लखन लघु भाई। बरत अनल घृत आहुति पाई॥
हुमकि लात तकि कूबर मारा। परि मुँह भर महि करत पुकारा॥
कूबर टूटेउ फूट कपारू। दलित दसन मुख रुधिर प्रचारू॥
आह दइअ मैं काह नसावा। करत नीक फलु अनइस पावा॥
सुनि रिपुहन लखि नखसिख खोटी। लगे घसीटन धरि धरि झोंटी॥
भरत दयानिधि दीन्हि छुड़ाई। कौसल्या पहिं गे दोउ भाई॥
दो०— मलिन बसन बिबरन बिकल कृस सरीर दुख भार।
कनक कलप बर बेलि बन मानहु हनी तुसार॥ १६३॥

अर्थ—माता की कुटिलता सुनकर शत्रुघ्न का शरीर क्रोध से जलने लगा, कुछ वश नहीं है। वस्त्र एवं आभूषणों को विविध रूप से सजाये हुए उसी समय वहाँ मंथरा आई।

उसे देखकर शत्रुघ्न (लक्ष्मण के लघु भ्राताः यह साभिप्राय प्रयुक्त शब्द लक्ष्मण जैसे उग्र स्वभाव के उनके लघु भ्राता के अर्थ में प्रयुक्त है) क्रोध से भर उठे मानो जलती हुई अग्नि ने घृत की आहुति प्राप्त की हो। साधकर (तक कर-अवधी) हुमक करके (शक्ति से हूम करके) चरण से कूबर पर आघात् किया। वह मुँह के बल (भरि : के बल) पृथ्वी पर चिल्लाती हुई गिर पड़ी (परि : पड़ी)।

कूबड़ टूट गया और सिर भी फूटा, दाँत दलित (टूट गये) हो उठे और मुख से रक्त प्रवाह (प्रचारू) होने लगा। हाय दैव! मैंने क्या बिगाड़ा, भला करते हुए भी अनिष्ट (अनइस : बुरा, अनिष्ट-अवधी) प्राप्त किया।

शत्रुघ्न यह सुनकर और (उसे) नख-शिख तक खोटी समझकर उसकी झोंटी (बाल) पकड़कर घसीटने लगे। दयासागर भरत ने छुड़ा दिया और इसके अनन्तर दोनों भाई कौसल्या के पास गये।

(उन्हें कौसल्या इस प्रकार दिखाई पड़ी) वस्त्र मलिन हैं, दुःख भार से शरीर क्षीण, व्याकुल एवं कान्तिहीन है मानो वन की श्रेष्ठ (सुन्दर) स्वर्णिम कल्पलता को तुषार ने हत किया हो॥ १६३॥

टिप्पणी—कूबरी प्रसंग राम विमुखों की कदर्थना के लिए है। इससे रचनाकार पाठकों की सहानुभूति प्राप्त करता है। शोक से उमड़ते हुए मन के प्रतिशोध भाव का यह प्रसंग संचारी बनकर आया है।

भरतहि देखि मातु उठि धाई। मुरुछित अवनि परी झइँ आई॥
देखत भरतु बिकल भए भारी। परे चरन तन दसा बिसारी॥
मातु तात कहँ देहि देखाई। कहँ सिय रामु लखनु दोउ भाई॥
कैकइ कत जनमी जग माझा। जौं जनमति भइ काहे न बाँझा॥
कुल कलंकु जेहिं जनमेउ मोही। अपजस भाजन प्रिय जन द्रोही॥
को तिभुवन मोहि सरिस अभागी। गति असि तोरि मातु जेहि लागी॥

पितु सुरपुर बन रघुबर केतू। मैं केवल सब अनरथ हेतू।
धिग मोहि भयउँ बेनु बन आगी। दुसह दाह दुख दूषन भागी॥
दो०— मातु भरत के बचन मृदु सुनि पुनि उठी सँभारि।
लिए उठाइ लगाइ उर लोचन मोचति बारि॥ १६४॥

अर्थ—भरत को देखकर माता उठकर दौड़ी किन्तु चक्कर (झईं) आने पर वह पृथ्वी पर मूर्च्छित गिर पड़ी। उन्हें देखते ही भरत अत्यधिक व्याकुल हो उठे और शरीर-दशा को विस्मृत करके चरणों पर गिर पड़े।

हे माता! पिता कहाँ हैं, दिखा दो। सीता, श्रीराम तथा लक्ष्मण दोनों भाई कहाँ हैं (दिखा दो)। संसार में कैकेई ने जन्म क्यों लिया, यदि जन्मी तो वन्ध्या क्यों नहीं हुई—

जिसने कुल कलंक, अपपश के पात्र एवं आत्मीय जनों के द्रोही मुझको जन्म दिया। तीनों लोकों में मेरे सदृश कौन अभागा है, हे माता! जिसके कारण (लागि) तुम्हारी ऐसी दशा है।

पिता देवलोक में और श्रीराम वन में हैं, मात्र मैं ही सभी अनर्थ का कारण हूँ। मुझे धिक्कार है, मैं रघुवंशरूपी बाँस वन के लिए अग्नि होकर असह्य उत्ताप, दुःख और दोषों का भागी बना।

माता भरत के मृदु वचनों को सुनकर पुनः सम्हाल कर उठी तथा (उनको) उठाकर हृदय से लगा लिया और नेत्रों से अश्रु बहा रही है॥ १६४॥

टिप्पणी—करुण प्रसंग की व्याप्ति को कवि क्रमशः उभारने की चेष्टा करता है भरत द्वारा स्वमाता कैकेयी को धिक्कारने के पश्चात् राम माता कौसल्या के समक्ष अपनी निष्कलुषता का साक्ष्य देने तथा आत्मीयताभरी संवेदना प्रकट करने का उपक्रम कवि कराता है। कवि भरत द्वारा भर्त्सना, आत्मग्लानि एवं अन्तःकरण की निर्मलता के क्रम में उनके चरित्र को निखार रहा है।

सरल सुभाय माय हिय लाए। अति हित मनहुँ राम फिरि आए।
भेंटेउ बहुरि लखन लघु भाई। सोकु सनेहु न हृदयँ समाई।
देखि सुभाउ कहत सबु कोई। राम मातु अस काहे न होई।
माताँ भरत गोद बैठारे। आँसु पोंछि मृदु बचन उचारे॥
अजहुँ बच्छ बलि धीरज धरहू। कुसमउ समुझि सोक परिहरहू।
जनि मानहुँ हियँ हानि गलानी। काल करम गति अघटित जानी॥
काहुहि दोसु देहु जनि ताता। भा मोहि सब बिधि बाम बिधाता।
जो एतेहुँ दुख मोहि जिआवा। अजहुँ को जानइ का तेहि भावा।
दो०— पितु आयस भूषन बसन तात तजे रघुबीर।
बिसमउ हरषु न हृदयँ कछु पहिरे बलकल चीर॥ १६५॥

अर्थ—स्वभाव से ही सरल माता ने अत्यधिक स्नेहपूर्वक (उन्हें) हृदय से लगाया मानो राम लौट आये हों। पुनः लक्ष्मण के लघु भ्राता (शत्रुघ्न) को हृदय से लगाया। शोक तथा स्नेह हृदय थाम्हे नहीं थम्हता।

उनके स्वभाव को देखकर सभी कहते हैं कि राम की माता है, ऐसी क्यों न हो। माता ने भरत को गोदी में बैठाया और उनके अश्रु पोछकर मृदु वचन कहा।

हे वत्स, मैं बलि जाती हूँ, आज भी धैर्य धारण करो और कुसमय समझकर, शोक त्याग दो। मन में हानि और ग्लानि मत मानो तथा काल और कर्म की गति अमिट (अघटित) समझो।

हे तात! किसी को दोष मत दो, विधाता मेरे लिए प्रत्येक भाँति से विपरीत हुआ। यदि इतने बड़े दुःख के बावजूद भी (वह विधाता) मुझे जीवित रखता है तो अब भी, कौन जाने, उसका क्या विचार है (भावा : 'विचार होने' के अर्थ में)।

हे पुत्र! पिता की आज्ञा से श्रीराम ने भूषण तथा वस्त्र छोड़ा। हृदय में न कुछ विस्मय और न हर्ष (इस भाव से उन्होंने) वल्कल वस्त्र पहना॥ १६५॥

मुख प्रसन्न मन रंग न रोषू। सब कर सब बिधि करि परितोषू॥
चले बिपिन सुनि सिय सँग लागी। रहइ न राम चरन अनुरागी॥
सुनतहिं लखनु चले उठि साथा। रहहि न जतन किए रघुनाथा॥
तब रघुपति सबही सिरु नाई। चले संग सिय अरु लघु भाई॥
रामु लखनु सिय बनहि सिधाए। गयउँ न संग न प्रान पठाए॥
यहु सबु भा इन्ह आँखिन्ह आगें। तउ न तजा तनु जीव अभागें॥
मोहि न लाज निज नेहु निहारी। राम सरिस सुत मैं महतारी॥
जिऐ मरै भल भूपति जाना। मोर हृदय सत कुलिस समाना॥
दो०— कौसल्या के बचन सुनि भरत सहित रनिवासु।
ब्याकुल बिलपत राजगृह मानहुँ सोक नेवासु॥ १६६॥

अर्थ—प्रसन्न मुख से मन में न आनन्द न रोष, सभी को प्रत्येक भाँति से सन्तोष करके श्रीराम वन चले, यह सुनकर सीता भी साथ लग गईं, वह श्रीराम के चरणों में अनुरक्त (किसी भी तरह) नहीं रहती।

इसे सुनते ही लक्ष्मण भी उठकर साथ चले, श्रीराम ने (अनेक) यत्न किया किन्तु (लक्ष्मण) नहीं रुके। तब साथ में सीता तथा लघु भ्राता (को लेकर) श्रीराम सभी को सिर झुका कर (वन के लिए) चले।

श्रीराम, लक्ष्मण, सीता वन को चले गये (मैं) न साथ जा सकी, न (उनके साथ) अपने प्राण भेजा। इन्हीं आँखों के सामने यह सब हुआ, तब भी इस अभागे जीव ने शरीर को नहीं छोड़ा।

अपना स्नेह देखकर भी मुझे लज्जा नहीं आती, कहाँ राम सदृश पुत्र और कहाँ मैं (निष्ठुर) माता (अन्यथा राम के वियोग में ही मेरा प्राणान्त हो जाना चाहिए था, इतने सुशीलवान पुत्र को भी छोड़कर मैं जीवित रही)। जीवित रहना और मरना (इसको) भलीभाँति राजा (पति दशरथ) ने समझा, मेरा हृदय तो शत-शत वज्र सदृश कठोर (निर्मम) है।

कौसल्या के वचनों को सुनकर भरत के साथ सम्पूर्ण रनिवास व्याकुल होकर विलाप कर रहा है मानो राजगृह शोक का निवास स्थल हो॥ १६६॥

टिप्पणी—कौसल्या-पुत्र राम के वनगमन के सन्दर्भ को लक्षित करके शोक को आत्म भर्त्सना के माध्यम से व्यक्त कर रही हैं। 'राम जैसे सुशील पुत्र का वनवास माता ने किस प्रकार हृदय पर पत्थर रखकर सह लिया' प्रकारान्तर से वात्सल्यासक्ति के करुणात्मक वियोग का उत्कृष्टतम उदाहरण है। कौसल्या के चरित्र में मात्र दृढ़ता ही नहीं, संवेग भी है। राम के वनगमन प्रसंग की उसकी चारित्रिक दृढ़ता भरत के समक्ष आवेग की स्रोतस्विनी बनकर फूट पड़ती है। वहाँ उसके सामने नैतिक संकट था, मातृत्व तथा कर्त्तव्य के द्वन्द्व में कर्तव्य का पक्ष महत्त्वपूर्ण था। यहाँ केवल माता का ममता भरा हृदय आकुलित तथा स्पन्दित है।

बिलपहिं बिकल भरत दोउ भाई। कौसल्या लिए हृदयँ लगाई॥
भाँति अनेक भरतु समझाए। कहि बिबेकमय बचन सुनाए॥
भरतहुँ मातु सकल समुझाईं। कहि पुरान श्रुति कथा सुहाईं॥
छल बिहीन सुचि सरल सुबानी। बोले भरत जोरि जुग पानी॥
जे अघ मातु पिता सुत मारें। गाइ गोठ महिसुर पुर जारें॥
जे अघ तिय बालक बध कीन्हें। मीत महीपति माहुर दीन्हें॥

जे पातक उपपातक अहहीं। करम बचन मन भव कबि कहही॥
ते पातक मोहिं होहुँ बिधाता। जौं यहु होइ मोर मत माता॥
दो०— जे परिहरि हरि हर चरन भजहिं भूतगन घोर।
तेहि कइ गति मोहि देउ बिधि जौं जननी मत मोर॥ १६७॥

अर्थ—भरत तथा शत्रुघ्न दोनों भाई व्याकुल होकर कारुणिक विलाप कर रहे हैं। कौसल्या ने (उन्हें) हृदय से लगाया। अनेक भाँति से भरत को समझाया और विवेकपूर्ण वचनों को कह करके सुनाया।

भरत ने भी सुनकर पुराण एवं श्रुति (वेद) कथाओं को कहकर सभी माताओं को समझाया। भरत दोनों हाथ जोड़ करके छलविहीन, पवित्र, सरल एवं सुन्दरवाणी बोले।

जो पाप माता, पिता तथा पुत्र को मारने, गो गोष्ठ (बाड़ा जहाँ गायें रात्रि में रहती हैं), ब्राह्मण तथा नगर जलाने से, जो पाप स्त्री तथा बालक का वध करने से, मित्र एवं राजा को विष देने से, कर्म, वचन, मन से उत्पन्न—

जो पातक एवं उपपातक हैं और जिनकी चर्चा कविजन करते हैं, हे माता! वे सभी पातक मुझे प्राप्त हों, हे विधाता! यदि इसमें (राम वनगमन के षड्यन्त्र में) मेरा (कहीं भी) अभिमत हो।

जो शिव एवं विष्णु के चरणों को छोड़कर घोर प्रेतगणों का सेवन करता है, विधाता उनकी गति मुझे प्रदान करें, हे माता, यदि इसमें मेरा सम्मत हो तो॥ १६७॥

टिप्पणी—भरत की निष्कलुषता के लिए उनके द्वारा दिये गये साक्ष्यों की सरणि यहाँ दी गई है। परम्परा की प्रमुख रामायणों, यथा—वाल्मीकि, अध्यात्म आदि में यह प्रसंग संक्षेप-विस्तार दोनों पद्धतियों से मिलता है किन्तु प्रस्तुत कवि इसे विशेष विस्तार देता है। रचनात्मक दृष्टि से कवि के इस लम्बे साक्षी-कथन का औचित्य क्रमशः भरत के चरित्र की निष्कलुषता को व्यंजित करना है। आत्मग्लानि, माता की भर्त्सना, कौसल्या के सम्मुख दीनता से परिपूर्ण विषाद के पश्चात् उसके द्वारा दिया जा रहा अपनी निर्दोषिता का साक्ष्य यह चौथा आधार है, जिसका उपयोग कवि कथा के उदात्त पात्र भरत की निर्मल दिव्यता के लिए करता है।

बेचहिं बेदु धरम दुहि लेहीं। पिसुन पराय पाप कहि देहीं॥
कपटी कुटिल कलहप्रिय क्रोधी। बेद बिदूषक बिस्व बिरोधी॥
लोभी लंपट लोलुपचारा। जे ताकहिं परधनु परदारा॥
पावौं मैं तिन्हकै गति घोरा। जौं जननी यहु संमत मोरा॥
जे नहिं साधु संग अनुरागे। परमारथ पथ बिमुख अभागे॥
जे न भजहिं हरि नर तनु पाई। जिन्हहि न हरि हर सुजसु सोहाई॥
तजि श्रुति पंथु बाम पथ चलहीं। बंचक बिरचि बेष जगु छलहीं॥
तिन्ह कै गति मोहि संकर देऊ। जननी जौं यहु जानौं भेऊ॥
दो०— मातु भरत के बचन सुनि साँचे सरल सुभायँ।
कहति राम प्रिय तात तुम्ह सदा बचन मन कायँ॥ १६८॥

अर्थ—जो वेद ज्ञान को बेचते हैं तथा धर्म का दोहन करते हैं, चुगलखोर (पिशुन) जो पराये पाप को कह डालते हैं (अर्थात्, जिनके पेट में दूसरे का दोष-पाप नहीं छिप पाता), कुटिल, कपटी, कलह प्रिय, क्रोध, वेद के निन्दक (उपहास करने वाले) एवं लोक (विश्व) विरोधी—

जो लोभी, लंपट, लोलुपता का आचरण करने वाला तथा जो दूसरे के धन एवं स्त्री को कुदृष्टि देखते हैं। हे माता! यदि इस (षड्यन्त्र में) मेरी सम्मति हो तो माँ इनकी निकृष्टतम दशा को प्राप्त करूँ।

जो साधु संगति में अनुरक्ति नहीं रखते और वे अभागे जो परमार्थ पथ से पराङ्मुख हैं, जो मनुष्य शरीर पाकर विष्णु का भजन नहीं करते और जिन्हें विष्णु तथा शिव (दोनों का समवेत्) सुन्दर यश नहीं अच्छा लगता (सोहाई : अवधी)।

जो वेदमार्ग का परित्याग करके वाममार्ग (वामाचार : पंच मकारादि का सेवन करते हैं) पर चलते हैं और वे ठग वेष रचना करके संसार को दलते हैं, शिव! मुझे उनकी दशा दें, यदि हे माता! मैं यह रहस्य (भेऊ > भेद > कैकेयी के षड्यन्त्र का रहस्य) (पहले से) जानता होऊँ तो।

भरत के नैसर्गिक रूप से सरल तथा सत्य वचनों को सुनकर माता कहती है, हे तात! तुम सदा (मेरे लिए) मन, वचन एवं शरीर (शरीर कर्म : लक्षणा द्वारा) से राम की भाँति प्रिय हो॥ १६८॥

टिप्पणी—भरत द्वारा सफाई देने पर माता कौसल्या उनकी निष्कलुषता पर मुहर लगा देती है 'कहति राम प्रिय तात तुम्ह सदा बचन मन कायँ।' गोस्वामी तुलसीदास अयोध्याकांड में दो ही चरित्रों को ग्रहण करते हैं, एक दशरथ का और दूसरा भरत का। दशरथ के प्रेम को विविध रूपों में चित्रित कर उसे पराकाष्ठा पर पहुँचा कर कवि कथा के पूर्वांश को एक भिन्न सन्दर्भ देता है और उत्तरांश में भरत की भायप भक्ति को उसकी चरण पराकाष्ठा पर ले जाना चाहता है। इसके लिए प्रारम्भिक अंश उनके स्नेह एवं निष्कलुषता से प्रामाणिकता की ओर संकेत करते हैं।

राम प्रानहु तें प्रान तुम्हारे। तुम्ह रघुपतिहि प्रानहु तें प्यारे॥
बिधु बिष चबै स्त्रवै हिमु आगी। होइ बारिचर बारि बिरागी॥
भएँ ग्यानु बरु मिटै न मोहू। तुम्ह रामहि प्रतिकूल न होहू॥
मत तुम्हार यहु जो जग कहहीं। सो सपनेहुँ सुख सुगति न लहहीं॥
अस कहि मातु भरतु हियँ लाए। थन पय स्त्रवहि नयन जल छाए॥
करत बिलाप बहुत एहि भाँती। बैठेहिं बीति गई सब राती॥
बामदेउ बसिष्ठ तब आए। सचिव महाजन सकल बोलाए॥
मुनि बहु भाँति भरत उपदेसे। कहि परमारथ बचन सुदेसे॥

दो०— तात हृदयँ धीरजु धरहु करहु जो अवसर आजु।
उठे भरत गुर बचन सुनि करन कहेउ सबु साजु॥ १६९॥

अर्थ—श्रीराम जी तुम्हारे प्राणों के प्राण हैं और तुम भी राम के लिए प्राणों से प्रिय हो। चन्द्र विष टपकाये और हिम चाहे अग्नि प्रस्रवित करे, चाहे जलचर (मत्स्यादि) जल से राग (स्नेह) वियुक्त (क्यों) न हो,

(यह हो सकता है कि) ज्ञान होने पर भी मोह न मिटे किन्तु तुम राम के प्रतिकूल नहीं हो सकते। जो लोग संसार में (वनवास के षड्यन्त्र में) तुम्हारा सम्मत कहेंगे वे स्वप्न में भी सुख एवं सद्गति नहीं प्राप्त कर सकते।

ऐसा कहकर माता ने भरत को हृदय से लगाया। (स्नेह उमड़ने के कारण वात्सल्यवश) उनके स्तनों से दुग्ध स्रवित हो रहा है और नेत्रों में प्रेमाश्रु छा गया। इस भाँति अनेक प्रकार से विलाप करती है और बैठे-बैठे सारी रात्रि बीत गई।

प्रातःकाल (तब) वामदेव एवं वसिष्ठ ऋषि आये और मंत्री तथा अन्य संभ्रान्तजनों को बुलाया। देश कालादि (सुदेशे) के अनुसार परमार्थ वचनों को कहकर मुनि ने अनेक भाँति से भरत को उपदेश दिया।

हे तात! हृदय में धैर्य धारण करें और आज जिसका अवसर है, उसे करें। गुरु के वचनों को सुनकरके भरत उठे और 'मृत्यु क्रिया' के अनुरूप सभी आयोजनों को करने को कहा॥ १६९॥

टिप्पणी—कौसल्या द्वारा भरत-निर्दोषता का विवेचन असम्भवोक्ति द्वारा प्रस्तुत किया जा रहा

है। चन्द्र, हिम, वारिचर एवं वैराग्य इन चार से सम्बन्धित असम्भावोक्तियों द्वारा कवि भरत की निर्दोषिता को चित्रित करता है—

बिधु बिष चबै स्रवै हिम आगी। होइ बारिचर बारि बिरागी॥
भएँ ग्यान बरु मिटै न मोहू। तुम्ह रामहिं प्रतिकूल न होहू॥

श्रीराम की अनुकूलता सिद्ध करने के निमित्त बड़ी कुशलता से चतुर्थ विभावना को हेतु बनाकर काव्यलिंग को कार्य के रूप में स्वीकार किया गया है।

नृप तनु बेद बिदित अन्हवावा। परम बिचित्र बिमानु बनावा॥
गहि पद भरत मातु सब राखी। रहीं रानि दरसन अभिलाषी॥
चंदन अगर भार बहु आए। अमित अनेक सुगंध सुहाए॥
सरजु तीर रचि चिता बनाई। जनु सुर पुर सोपान सुहाई॥
एहि बिधि दाह क्रिया सब कीन्ही। बिधिवत न्हाइ तिलांजुलि दीन्ही॥
सोधि सुमृति सब बेद पुराना। कीन्ह भरत दसगात बिधाना॥
जहँ जस मुनिबर आयसु दीन्हा। तहँ तस सहस भाँति सब कीन्हा॥
भए बिसुद्ध दिए सब दाना। धेनु बाजि गज बाहन नाना॥

दो०— सिंघासन भूषन बषन अन्न धरनि धन धाम।
दिए भरत लहि भूमि सुर भे परिपूरन काम॥ १७०॥

अर्थ—राजा के शरीर को वेदोक्तरीति से स्नान कराया। (शव दाह के निमित्त) अत्यन्त विचित्र विमान बनाया गया। चरण पकड़कर भरत ने सभी माताओं को (सती होने से) रोका। (वे सभी) राम के दर्शन की लालसा से रुक गयीं।

सुखकर सुगन्ध से युक्त अमित (अगनित) तथा अनेक प्रकार के चन्दन एवं अगरु के अधिक भार (बोझ) आये। सरयू नदी के तट पर चिता रचकर बनाई गई मानो (वह चिता रचना) इन्द्रलोक के लिए शोभित सोपान हो।

इस प्रकार (भरत ने) प्रत्येक भाँति से दाहकर्म को किया और विधानानुसार स्नान करके तिलांजलि दी (शव के जल जाने के बाद तथा जले हुए राख को नदीं में विसर्जित कर देने पर अंजुलि में तिल तथा जल देकर मृतक प्राणी के नाम तथा गोत्राहि के उच्चारण के साथ छोड़ते हैं।) भरत ने सभी स्मृतियों, वेदों तथा पुराणों के (निर्देशानुसार) विचार करके विधानानुसार दशगात्र (दस दिनों का पिंडदानादि, जिससे मृतक को पुनः दस इन्द्रियों सहित दसवें दिन शरीर प्राप्त हो जाये) किया।

जहाँ जैसा मुनिश्रेष्ठ (वसिष्ठ) ने आज्ञा दी, वहाँ वैसा उन्होंने हजार बार किया। शुद्ध (दशगात्र के पश्चात् और कर्मादि करके व्यक्ति शुद्ध माना जाता है) होकर गाय, घोड़े, हाथी तथा अन्य नाना भाँति के वाहनों को भलीभाँति दान दिया।

सिंहासन, आभूषण, वस्त्र, अन्न, पृथ्वी, सम्पत्ति, गृह आदि को भरत ने दान में दिया जिसे प्राप्त करके ब्राह्मण गण (जिसकी कामना पूर्णतः परिपूर्ण हो चुकी है अर्थात्) पूर्णकाम हुए॥ १७०॥

पितु हित भरत कीन्हि जसि करनी। सो मुख लाख जाइ नहिं बरनी॥
सुदिन सोधि मुनिबर तब आए। सचिव महाजन सकल बोलाए॥
बैठे राजसभाँ सब जाई। पठए बोलि भरत दोउ भाई॥
भरत बसिष्ठ निकट बैठारे। नीति धरम मय बचन उचारे॥
प्रथम कथा सब मुनिबर बरनी। कैकइ कुटिल कीन्हि जसि करनी॥
भूपति धरमब्रतु सत्य सराहा। जेहिं तनु परिहरि प्रेमु निबाहा॥

कहत राम गुन सील सुभाऊ। सहज नयन पुलकेउ मुनिराऊ॥
बहुरि लखन सिय प्रीति बखानी। सोक सनेह मगन मुनि ग्यानी॥
दो०— सुनहु भरत भावी प्रबल बिलखि कहेउ मुनिनाथ।
हानि लाभु जीवनु मरनु जस अपजसु बिधि हाथ॥ १७१॥

अर्थ—पिता के लिए भरत ने जिस प्रकार क्रिया की, वह लाखों मुखों से भी वर्णित नहीं की जा सकती। शुभ दिन विचार करके तब मुनिश्रेष्ठ और मंत्री एवं संभ्रान्तजनों को बुलाया।

सभी राजसभा में जाकर बैठे और भरत-शत्रुघ्न दोनों भाइयों को बुला पठाया। वसिष्ठ ने भरत को निकट बैठाया तथा नीति एवं धर्म युक्त वचन बोले।

कुटिला कैकेयी ने जैसा करतब किया था, प्रथमत: मुनिश्रेष्ठ ने सम्पूर्ण कथा वर्णित की ततश्च राजा के सत्य और धर्मनिष्ठा को सराहा जिसने शरीर त्याग करके प्रेम का निर्वाह किया।

श्रीराम के गुण शील स्वभाव को कहते हुए मुनिराज के नेत्रों में जल भर आया और वे पुलकित हो उठे शोक तथा स्नेह में मगन ज्ञानवान् मुनि वसिष्ठ ने पुन: लक्ष्मण तथा सीता की प्रीति का बखान किया।

मुनिनाथ वसिष्ठ ने शोकार्त होकर कहा, हे भरत! भवितव्यता अत्यधिक बलवान् है। हानि, लाभ, जीवन, मृत्यु, यश, अपयश सभी विधाता के हाथ में है॥ १७१॥

टिप्पणी—मुनि वसिष्ठ जैसे ज्ञानी अपनी आँखों के सामने सम्पूर्ण घटना को धटित होते देखते रहे और कोई उपाय न निकाल सके। वसिष्ठ इस दृष्टान्त के माध्यम से तथा अन्य तर्कों से भरत के अटल विश्वास को आगे की पंक्तियों में डिगाने का प्रयास करते हैं, किन्तु वह राम के प्रति अपनी ऐकान्तिक समर्पण निष्ठा में किसी भी प्रकार की खोट नहीं आने देते। कवि सचेष्ट भाव से ऐसे प्रसंगों को कल्पित करता है, जिससे भरत का चरित्र उत्तरोत्तर निखरता जाय। माता की भर्त्सना, आत्मग्लानि, अपनी निष्कलुषता का प्रमाण देकर वे राज्य लोभ को भी ठुकरा देते हैं। रचनाकार राम प्रेम की तुलना में चक्रवर्तित्व को ठुकरा देने वाले भरत के चरित्र की निर्मलता की रचना किस प्रकार करता है, वह आगे द्रष्टव्य है।

अस बिचारि केहि देइअ दोसू। ब्यरथ काहि पर किजिअ रोसू॥
तात बिचारु करहु मन माहीं। सोच जोगु दसरथु नृपु नाहीं॥
सोचिअ बिप्र जो बेद बिहीना। तजि निज धरमु बिषय लयलीना॥
सोचिअ नृपति जो नीति न जाना। जेहि न प्रजा प्रिय प्रान समाना॥
सोचिअ बयसु कृपन धनवानू। जो न अतिथि सिव भगति सुजानू॥
सोचिअ सूद्रु बिप्र अवमानी। मुखर मानप्रिय ग्यान गुमानी॥
सोचिअ पुनि पति बंचक नारी। कुटिल कलहप्रिय इच्छाचारी॥
सोचिअ बटु निज ब्रतु परिहरई। जो नहिं गुर आयसु अनुसरई॥
दो०— सोचिअ गृही जो मोह बस करइ करम पथ त्याग।
सोचिअ जती प्रपंच रत बिगत बिबेक बिराग॥ १७२॥

अर्थ—वसिष्ठ भरत को सान्त्वना देते हुए कहते हैं—ऐसा विचार करके किसे दोष दें और व्यर्थ ही किस पर रोष करें। हे तात! मन में विचार करो (तो वह सत्य है कि) राजा दशरथ चिन्ता के योग्य (पात्र) नहीं हैं।

वेदज्ञान शून्य ब्राह्मण चिन्ता का विषय (सोचनीय) है जो अपने धर्म का त्याग करके विषय भोगों में लीन रहता है। वह नृपति सोचने योग्य है जो नीति नहीं जानता और जिसे प्रजा प्राण सदृश प्रिय नहीं है।

धनवान किन्तु कृपण वैश्य चिन्ता का विषय है जो अतिथि (सत्कार) एवं शिवभक्ति में कुशल न हो। विप्र की अवमानना (तिरस्कार) करने वाला, अत्यधिक वाचाल, आत्म सम्मान में रुचि रखने वाला तथा ज्ञान के घमण्ड में चूर रहने वाला शूद्र चिन्ता योग्य है।

पुनः पति से छल करने वाली, कुटिल, कलह प्रिय तथा स्वेच्छाचारिणी स्त्रियाँ चिन्ता योग्य हैं। ब्रह्मचारी, जो गुरु की आज्ञा का अनुसरण नहीं करता तथा अपने व्रत का त्याग करता है, सोच करने योग्य है।

वह गृहस्थ चिन्ता योग्य है जो मोह के वशीभूत होकर कर्म मार्ग का त्याग करता है। वह सोचनीय है, जो विवेक तथा वैराग्य शून्य एवं मायिक प्रपंचों में संसक्त है॥ १७२॥

बैखानस सोइ सोचै जोगू। तपु बिहाइ जेहि भावइ भोगू॥
सोचिअ पिसुन अकारन क्रोधी। जननि जनक गुर बंधु बिरोधी॥
सब बिधि सोचिअ पर अपकारी। निज तनु पोषक निरदय भारी॥
सोचनीय सबहीं बिधि सोई। जो न छाड़ि छलु हरिजन होई॥
सोचनीय नहिं कोसल राऊ। भुवन चारिदस प्रगट प्रभाऊ॥
भयउ न अहइ न अब होनिहारा। भूप भरत जस पिता तुम्हारा॥
बिधि हरिहरु सुरपति दिसि नाथा। बरनहिं सब दसरथ गुन गाथा॥
दो०— कहहु तात केहि भाँति कोउ करिहि बड़ाई तासु।
राम लखन तुम्ह सत्रुहन सरिस सुअन सुचि जासु॥ १७३॥

अर्थ—वही वानप्रस्थ चिन्ता योग्य है, जिसे तपस्या छोड़कर भोग अच्छा लगे। माता, पिता, गुरु एवं भाइयों का विरोधी, (व्यक्ति) अकारण क्रोध करने वाला (व्यक्ति) तथा चुगलखोर (ये सब) चिन्ता के योग्य हैं।

दूसरे का अपकार करने वाला (व्यक्ति), अपने शरीर का (मात्र) पोषक, एवं अत्यधिक क्रूर (से सभी व्यक्ति) सोचनीय है। जो छल का परित्याग करके विष्णु भक्त न हो वह प्रत्येक प्रकार से चिन्ता का विषय है।

(किन्तु) कोशलपति दशरथ (सर्वथा) चिन्ता के योग्य नहीं हैं। उनका प्रभाव चौदहों भुवनों में प्रकट है। हे भरत! तुम्हारे पिता जिस प्रकार के नृपति थे (उस प्रकार के नृपति) न हुए हैं, न हैं और न अब होने वाले हैं।

ब्रह्मा, विष्णु, शिव, इन्द्र तथा समस्त लोकपाल सभी दशरथ की गुणगाथा वर्णित करते हैं।

हे तात! बताओ, किसी प्रकार से, कोई भी उनकी बड़ाई कर सकता है? जिसके राम, लक्ष्मण, स्वयं तुम तथा शत्रुघ्न जैसे पवित पुत्र हों। (अर्थात्, तुम जैसे पुत्रों से युक्त उनकी प्रशंसा साधारण-सा साधारण व्यक्ति और प्रशंसा की प्रणालियों से अपरिचित व्यक्ति भी सहज ही प्रशंसा करेगा)॥ १७३॥

सब प्रकार भूपति बड़भागी। बादि बिषादु करिअ तेहि लागी॥
यह सुनि समुझि सोचु परिहरहू। सिर धरि राज रजायसु करहू॥
रायँ राजपदु तुम्ह कहुँ दीन्हा। पिता बचन फुर चाहिअ कीन्हा॥
तजे रामु जेहिं बचनहिं लागी। तनु परिहरेउ राम बिरहागी॥
नृपहि बचन प्रिय नहिं प्रिय प्राना। करहु तात पितु बचन प्रवाना॥
करहु सीस धरि भूप रजाई। हइ तुम्ह कहँ सब भाँति भलाई॥
परसुराम पितु अग्या राखी। मारी मातु लोक सब साखी॥
तनय जजातिहि जौबनु दयऊ। पितु अग्याँ अघ अजसु न भयऊ॥

दो०— अनुचित उचित बिचारु तजि जे पालहिं पितु बैन।
ते भाजन सुख सुजस के बसहिं अमरपति ऐन॥ १७४॥

अर्थ—राजा सब प्रकार से अत्यधिक भाग्यशाली थे, अतः उनके लिए विषाद करना व्यर्थ है। इसे सुनकर, समझकर चिन्ता परित्यक्त करें और राजा (दशरथ) की आज्ञा सिर पर धारण करके स्वीकार करें (शिरसा स्वीकार करें)।

राजा ने तुमको राज्यपद दिया है और तुम्हें पिता का वचन सत्य करना चाहिए। जिन वचनों के लिए उन्होंने श्रीराम का परित्याग कर दिया और श्रीराम की विरहाग्नि में (उन्हीं वचनों की पूर्ति के निमित्त) शरीर त्याग दिया।

(जो) वचन राजा को प्रिय थे, प्राण प्रिय नहीं थे (उनकी तुलना में) हे तात! तुम पिता के (उसी) वचन को प्रमाणित करो। (हे भरत तुम) शीश पर राजाज्ञा धारण (पूर्ण) करो, इसमें तुम्हारी सभी प्रकार से भलाई है।

परशुराम ने माता का वध करके पिता की आज्ञा रखी (पालन की)। पुत्र ने ययाति को यौवन दे दिया और पिता की आज्ञा के कारण उन्हें पाप और अपयश नहीं हुआ।

अनुचित उचित का विचार करके जो पिता के वचनों का पालन करते हैं। वे सुख एवं सुयश के पात्र इन्द्रलोक में निवास करते हैं॥ १७४॥

अवसि नरेस बचन फुर करहू। पालहु प्रजा सोकु परिहरहू॥
सुरपुर नृपु पाइहि परितोषू। तुम्ह कहुँ सुकृत सुजसु नहिं दोषू॥
बेद बिदित संमत सबही का। जेहि पितु देइ सो पावइ टीका॥
करहु राजु परिहरहु गलानी। मानहु मोर बचन हित जानी॥
सुनि सुखु लहब राम बैदेहीं। अनुचित कहब न पंडित केहीं॥
कौसल्यादि सकल महतारीं। तेउ प्रजा सुख होहिं सुखारीं॥
मरम तुम्हार राम कर जानिहि। सो सब बिधि तुम्ह सन भल मानिहि॥
सौंपेहु राजु राम के आएँ। सेवा करेहु सनेह सुहाएँ॥

दो०— कीजिअ गुर आयसु अवसि कहहिं सचिव कर जोरि।
रघुपति आएँ उचित जस तस तब करब बहोरि॥ १७५॥

अर्थ—हे भरत! राजा के वचनों को अवश्यमेव सत्य करो तथा प्रजा का शोक दूर करके (उनका) पालन करो। राजा इन्द्र लोक में (इस कार्य से) सन्तोष प्राप्त करेंगे। (इससे) तुमको पुण्य एवं सुकीर्ति (मिलेगी), दोष नहीं होगा।

यह वेद से ज्ञात तथा सभी (शास्त्रादि) सम्मत है कि जिसे पिता दें, वही अभिषेक प्राप्त करे। (इसलिए) तुम ग्लानि छोड़ो और राज्य करो तथा मेरे वचनों को हितकर समझकर स्वीकार करो।

इसे सुनकर श्रीराम और सीता भी सुख प्राप्त करेंगे और कोई भी पण्डित (ज्ञानी) इसे अनुचित नहीं कहेगा। कौसल्यादि (तुम्हारी) समस्त माताएँ भी प्रजा के सुख (देखकर) सुखी होंगी।

जो तुम्हारे और राम के मर्म (रहस्य) को जानता है (अर्थात् जो व्यक्ति भरत तथा राम के आन्तरिक प्रेम को समझता है) वह सभी भाँति से तुमसे भला मानेगा। राम के आने पर राज्य (उन्हें) सौंप देना और स्नेहपूर्वक उनको सुखकर (लगने वाली) सेवा करना।

मंत्री हाथ जोड़ कर कह रहे हैं कि गुरु की आज्ञा अवश्य (पालन) करें। श्री रामचन्द्र के लौट आने पर जैसा उचित होगा तब पुनः वैसा करिएगा॥ १७५॥

कौसल्या धरि धीरजु कहई। पूत पथ्य गुर आयसु अहई॥
सो आदरिय करिअ हित मानी। तजिअ बिषादु काल गति जानी॥

बन रघुपति सुरपति नरनाहू। तुम्ह एहि भाँति तात कदराहू॥
परिजन प्रजा सचिव सब अंबा। तुम्हही सुत सब कहँ अवलंबा॥
लखि बिधि बाम कालु कठिनाई। धीरजु धरहु मातु बलि जाई॥
सिर धरि गुर आयसु अनुसरहू। प्रजा पालि परिजन दुखु हरहू॥
गुर के बचन सचिव अभिनंदनु। सुने भरत हिय हित जनु चंदनु॥
सुनी बहोरि मातु मृदु बानी। सील सनेह सरल रस सानी॥

अर्थ—कौसल्या धैर्य धारण करके कह रही हैं, हे पुत्र! गुरु की आज्ञा पथ्य है। वह आदरणीय है तथा हितकर मानकर (उसे) करो और (जो कुछ घटित हो गया) काल की गति जानकर उसके विषाद को छोड़ो।

श्रीराम वन में हैं और राजा देवलोक में और हे तात! तुम इस प्रकार पिछड़ रहे हो। हे पुत्र! परिवार जन, प्रजा, मंत्री और सभी माताएँ सभी के लिए तुम्हीं आधार हो।

विधाता को प्रतिकूल तथा कालचक्र को कठिन देखकर (हे पुत्रः) माता बलि जाती है, धैर्य धारण करो। गुरु की आज्ञा शीश पर धारण करके (श्रद्धया स्वीकार करके) अनुसरण करो (आज्ञा के पीछे-पीछे चलो अर्थात् पालन करो), प्रजा का पालन और परिवार जनों के कष्टों को दूर करो।

गुरु की वाणी तथा मंत्री की प्रार्थना (अभिनन्दन : प्रार्थना, अनुमोदन, राय, प्रसन्नता) को भरत ने सुना मानो (यह) हितकर राय (भरत के) हृदय के लिए चन्दन हो! पुनः (भरत ने) माता की शील, स्नेह, सरल, रससिक्त एवं मृदु वाणी सुनी।

छंद— सानी सरल रस मातु बानी सुनि भरतु ब्याकुल भए।
लोचन सरोरुह स्त्रवत सींचत बिरह उर अंकुर नए॥
सो दसा देखत समय तेहि बिसरी सबहि सुधि देह की।
तुलसी सराहत सकल सादर सीवँ सहज सनेह की॥

सो०— भरतु कमल कर जोरि धीर धुरंधर धीर धरि।
बचन अमिअँ जनु बोरि देत उचित उत्तर सबहि॥ १७६॥

अर्थ—सरल तथा रससिक्त माता की वाणी को सुनकर भरत व्याकुल हो उठे। (उनके) कमल-नेत्रों से अश्रु निकल रहे हैं मानो (वे) हृदय के नवीन विरहरूपी अंकुर को सींच रहे हो। उस दशा को देखकर उस समय सभी को अपने शरीर का स्मरण भूल गया। तुलसीदास जी कहते हैं कि सभी आदरपूर्वक स्वाभाविक स्नेह की इस सीमा की सराहना कर रहे हैं।

धैर्यवानों में अग्रणी (धुरीधारण करने वाले) भरत धैर्य धारण करके और कमलवत् हाथों को जोड़कर मानो अमृत में वचनों को डुबोकर सभी को (वसिष्ठ, मंत्री एवं माता कौसल्या) उचित उत्तर दे रहे हैं॥ १७६॥

टिप्पणी—अयोध्या में गुरु वसिष्ठ जैसे आदरणीय, मंत्री सुमंत्र जैसे श्रेष्ठ सलाहकार, माता कौसल्या जैसी विनयमूर्ति तथा नगर के सभी संभ्रान्त एवं शिष्ट जन पिता की आज्ञा, राम वनवास एवं अन्य वैदिक, नैतिक, लोकपरक साक्ष्यों के प्रकाश में भरत को राज्य ग्रहण करने का सुझाव देते हैं। उसकी सीमा निर्धारित करके मात्र राम का प्रत्यावर्तन काल तक के लिए ही इन सबका आग्रह है। कवि बड़ी ही कुशलतापूर्वक भरत की चरित्रगत निर्मलता की सृष्टि के लिए सभी प्रकार के बन्धनों की सृष्टि करता है। कोई हेतु बचता नहीं, फिर भी, बिना किसी की चिन्ता और दुराग्रह के अपने विनीत, सरल तथा मार्मिक तर्कों से राज्यग्रहण को राम के आलम्बन की तुलना में हेय बताते हुए उसे श्रद्धया अस्वीकार कर देते हैं। निःसन्देह भरत के चरित्र के निर्माण में कवि ने सचेष्ट भाव से बड़ी ही सावधानी बरती है। आत्मग्लानि, माता की भर्त्सना आदि के बाद स्वतर्क द्वारा राम के आलम्बनत्व की गुरुता का प्रकाशन उनकी श्रेष्ठता का पर्याय है।

मोहि उपदेसु दीन्ह गुर नीका। प्रजा सचिव संमत सबही का॥
मातु उचित धरि आयसु दीन्हा। अवसि सीस धरि चाहउँ कीन्हा॥
गुर पितु मातु स्वामि हित बानी। सुनि मन मुदित करिअ भलि जानी॥
उचित कि अनुचित किएँ बिचारू। धरमु जाइ सिर पातक भारू॥
तुम्ह तौ देहु सरल सिख सोई। जो आचरत मोर भल होई॥
जद्यपि यह समुझत हउँ नीकें। तदपि होत परितोषु न जी कें॥
अब तुम्ह बिनय मोरि सुनि लेहू। मोहि अनुहरत सिखावनु देहू॥
ऊतरु देउँ छमब अपराधू। दुखित दोष गुन गनहिं न साधू॥
दो०— पितु सुरपुर सिय रामु बन करन कहहु मोहि राजु।
एहि तें जानहु मोर हित कै आपन बड़ काजु॥ १७७॥

अर्थ—(भरत कहते हैं—कि) मुझे गुरु ने हितकर उपदेश दिया तथा समस्त प्रजागण, मंत्री का भी (यही) अभिमत (राय : सम्मत) है। माता ने भी उचित निर्धारित (धर : निर्धारण) करके आज्ञा दी है और अवश्य ही (उसे) सिर पर धारण करके करना चाहता हूँ।

गुरु, पिता, माता एवं स्वामी की हितकर वाणी को मुदित मन सुनकर और अपना भला (हित) समझकर (पालन) करना चाहिए। उचित और अनुचित का विचार करने पर धर्म नष्ट होता है और सिर पर पातकों (पापों) का भार पड़ता है।

आप लोग वही सरल शिक्षा दे रहे हैं, जिसके आचरण से मेरा भला हो। यद्यपि मैं इसे भलीभाँति समझता हूँ, फिर भी हृदय को सन्तोष नहीं है।

अब आप लोग (मेरी) विनय सुन लें और तब मेरे लिए उचित (अनुहरत = आचरण करने योग्य) शिक्षा दें। मैं (आप लोगों को) उत्तर दे रहा हूँ, अपराध क्षमा करेंगे क्योंकि साधुजन दुखी मनुष्य के दोष और गुण की गणना नहीं करते (अर्थात् उस पर ध्यान नहीं देते)।

पिता देव लोक में, श्रीराम और सीता वन में हैं और (आप लोग) मुझे राज्य करने के लिए कह रहे हैं। इससे आप मेरा हित समझते हैं या अपना बड़ा कार्य (निकालना चाहते हैं)॥ १७७॥

टिप्पणी—व्यंजना के माध्यम से भरत आत्मभर्त्सना को व्यक्त करते हैं। मूलतः यहाँ अत्यन्त तिरस्कृत वाच्यध्वनि तथा वक्तृ एवं काकु निबन्धना द्वारा राज्य ग्रहण के औचित्य का निषेध करना कवि के वर्णन का लक्ष्य है।

हित हमार सियपति सेवकाई। सो हरि लीन्ह मातु कुटिलाई॥
मैं अनुमानि दीख मन माहीं। आन उपाउँ मोर हित नाहीं॥
सोक समाजु राजु केहि लेखें। लखन राम सिय बिनु पद देखें॥
बादि बसन बिनु भूषन भारू। बादि बिरति बिनु ब्रह्म बिचारू॥
सरुज सरीर बादि बहु भोगा। बिनु हरि भगति जायँ जप जोगा॥
जायँ जीव बिनु देह सुहाई। बादि मोर सबु बिनु रघुराई॥
जाउँ राम पहिं आयसु देहू। एकहिं आँक मोर हित एहू॥
मोहि नृप करि भल आपन चहहू। सोउ सनेह जड़ता बस कहहू॥
दो०— कैकई सुअ कुटिलमति राम बिमुख गत लाज।
तुम्ह चाहत सुखु मोहबस मोहि से अधम कें राज॥ १७८॥

अर्थ—(प्रथम पक्ष का उत्तर अर्थात् इसमें मेरा हित है या नहीं इसे आप लोग भलीभाँति समझ लें। भरत कहते हैं)—सीतापति श्रीराम की सेवा ही मेरा हित है जिसे माता की कुटिलता ने हर

लिया (नष्ट कर दिया)। मैंने अनुमानपूर्वक मन-ही-मन देख (समझ) लिया है कि अन्य उपायों से मेरा हित नहीं।

श्रीराम, लक्ष्मण एवं सीता के चरणों को बिना देखे शोक के समाज से युक्त (अर्थात् समग्रतया शोकाभिभूत) राज्य की गणना कैसी (लेखे = लेखा, गणना), वस्त्रों के बिना आभूषणों का भार व्यर्थ है, ब्रह्मज्ञान बिना वैराग्य व्यर्थ है।

रोगयुक्त शरीर के लिए अनेक भोग व्यर्थ है। हरिभक्ति के बिना जप-योग नष्ट (जायँ) हो जाते हैं। सोभित देह बिना जीव के नष्ट है, (ठीक इन दृष्टान्तों की भाँति) बिना श्रीराम के मेरे सभी कुछ (रिश्ते, नाते, राज्य, पाट, नगर वैभवादि) व्यर्थ हैं।

एक ही अंक (शब्द) में मेरा हित यही है, मैं श्रीराम के पास जाऊँ (आप लोग सभी) आज्ञा दें। (भरत दूसरे पक्ष अर्थात् आप लोग मुझे राज्य देकर कोई अपना हित चाहते हैं, उसका उत्तर देते हुए कहते हैं)। (आप लोग) मुझे राजा बनाकर अपना हित चाहते हैं, और उसे (आप) स्नेह की विवशता (जड़ता) के वशीभूत होकर कर रहे हैं।

कैकेयी का पुत्र, कुटिल मतिवाला, राम के प्रतिकूल एवं लज्जाविहीन मुझ जैसे अधम व्यक्ति के राज्य से आप लोग मोहवशवर्ती होकर सुख चाहते हैं॥ १७८॥

टिप्पणी—व्यंजना तथा लक्षणा दोनों शक्तियों के माध्यम से कवि भरत के मुख से राज्यसत्ता के ग्रहण करने का निषेध करा रहा है। श्रीराम के बिना उनकी दृष्टि में सम्पूर्ण भोग-सामग्री, परिवार सम्बन्ध, आदि निरर्थक हैं। कवि इस व्यंग्य द्वारा भातृत्व स्नेह सम्बन्ध तथा श्रीराम की भक्ति एवं माहात्म्य को स्पष्ट करने की चेष्टा कर रहा है। भरत भ्रातृत्व स्नेह एवं भक्ति दोनों के प्रतीक हैं।

कहउँ साँचु सब सुनि पतिआहू। चाहिअ धरमसील नरनाहू॥
मोहि राजु हठि देइहहु जबहीं। रसा रसातल जाइहि तबहीं॥
मोहि समान को पाप निवासू। जेहि लगि सीय राम बनबासू॥
रायँ राम कहुँ काननु दीन्हा। बिछुरत गमनु अमरपुर कीन्हा॥
मैं सठु सब अनरथ कर हेतू। बैठ बात सब सुनउँ सचेतू॥
बिनु रघुबीर बिलोकि अबासू। रहे प्रान सहि जग उपहासू॥
राम पुनीत बिषय रस रूखे। लोलुप भूमि भोग के भूखे॥
कहँ लगि कहौं हृदय कठिनाई। निदरि कुलिसु जेहिं लही बड़ाई॥

दो०— कारन तें कारजु कठिन होइ दोसु नहिं मोर।
कुलिस अस्थि तें उपल तें लोह कराल कठोर॥ १७९॥

अर्थ—(भरत कहते हैं)—मैं सत्य कह रहा हूँ और सभी लोग सुनकर विश्वास करें कि राजा को धर्मपरायण होना चाहिए। जिस क्षण हठ करके मुझे राज्य देंगे, उसी क्षण पृथ्वी रसातल को चली जायेगी।

मेरे समान पाप का अधिष्ठान और कौन है जिसके कारण श्रीराम तथा सीता का वनवास हुआ। राजा ने श्रीराम को वनवास दिया और (उनसे) वियुक्त होते ही देवलोक सिधार गये।

मैं सठस्वरूप सभी अनर्थों की जड़ हूँ और (यहाँ) बैठा हुआ सचेत मन से सभी बातें सुन रहा हूँ। श्रीराम के बिना आवास (राजभवन) को देखकर मेरे प्राण जगत् में उपहास सहते हुए स्थित हैं।

(ये मेरे प्राण) पवित्र श्रीराम के संसक्त विषय-रस से उदासीन क्या भूमि एवं भोग के लोलुप और भूखे हैं। (अर्थात् व्यंजना से सिद्धि निकलती है कि मुझे राजा के पृथ्वी एवं अन्य भोगों में कोई आसक्ति नहीं है, आसक्ति मात्र राम के चरणों में ही है) इसका एक अर्थ इस प्रकार है—"पवित्र

राम विषय-रसों से उदासीन हैं दूसरी ओर उनके अनुज मुझ भरत के प्राण भूमि एवं भोग के क्या भूखे हैं।'' मैं अपने हृदय के काठिन्य का वर्णन किस प्रकार करूँ, वज्र की निन्दा करके (कठोरता में) अपना बड़प्पन प्राप्त किया है।

(कठोर) कारण से कार्य (अधिक) कठोर होता है, इसमें मेरा दोष नहीं है। हड्डी से वज्र और पत्थर से लोहा अत्यधिक भयंकर और कठोर (होता) है॥ १७९॥

टिप्पणी—आत्मग्लानि तथा स्वच्छता के माध्यम से भरत राज्य के स्वीकार से सदैव पीछे रहते हैं। आत्मग्लानि का आधार माता के मन की संकीर्णता एवं कुटिलता बताते हैं। श्रीराम के लिए प्रियता की स्थापना प्रकारान्तर भाव से इन पंक्तियों का लक्ष्य है।

कैकेई भव तनु अनुरागे। पावँर प्रान अघाइ अभागे॥
जौं प्रिय बिरहँ प्रान प्रिय लागे। देखब सुनब बहुत अब आगे॥
लखन राम सिय कहुँ बनु दीन्हा। पठइ अमरपुर पति हित कीन्हा॥
लीन्ह बिधवपन अपजसु आपू। दीन्हेउ प्रजहि सोकु संतापू॥
मोहि दीन्ह सुखु सुजसु सुराजू। कीन्ह कैकेई सब कर काजू॥
एहि तें मोर काह अब नीका। तेहि पर देन कहहु तुम्ह टीका॥
कैकेइ जठर जनमि जग माहीं। यह मोहि कहँ कछु अनुचित नाहीं॥
मोरि बात सब बिधिहिं बनाई। प्रजा पाँच कत करहु सहाई॥

दो०— ग्रह ग्रहीत पुनि बात बस तेहि पुनि बीछी मार।
तेहि पिआइअ बारुनी कहहु काह उपचार॥ १८०॥

अर्थ—कैकेयी से उत्पन्न (भाव) शरीर में अनुरक्त पामर (तुच्छ) तथा अभागे प्राण (अब विशेष रूप भोगादि सुखों) की तृप्ति का अनुभव करेंगे (अर्थात् भोगादि सुखों की वांछा करने वाले कैकेयी के पुत्र भरत में तो राज्यादि भोगों की प्रबल आकांक्षा होनी ही चाहिए दूसरे शब्दों में काकु व्यंजना एवं अत्यन्त तिरस्कृत वाच्य ध्वनि से कवि यह व्यंजित कराना चाह रहा है कि मुझे भोगादि मे कोई रुचि नहीं है—आप लोगों का आग्रह उचित ही लगता है क्योंकि भोगलिप्सु (कारण) से उत्पन्न भरत में आपको और अधिक भोगलिप्सा की वृत्ति खोजनी ही चाहिए और इसीलिए शायद आप लोग इस प्रकार का आग्रह भी कर रहे हैं।) यदि मुझे श्रीराम के विरह में भी प्राण प्रिय लगते हैं (तो लगता है) अभी आगे बहुत कुछ (भाइयों का वियोग, पिता की मृत्यु, परिजनों एवं पुरजनों का शोक से अधिक) देखूँगा और सुनूँगा।

श्रीराम, सीता तथा लक्ष्मण को वन दिया। स्वर्गलोक भेजकर पति का हित किया। स्वयं अपने हाथ से वैधव्य और अपयश को ग्रहण किया तथा प्रजागण को शोक और कष्ट दिया।

मुझे सुख, सुयश और सुन्दर राज्य दिया। इस प्रकार कैकेयी ने सभी का कार्य (सिद्ध) किया। मेरे लिए इससे अधिक अब और क्या अच्छा हो सकता है कि इसके बावजूद भी आप लोग मुझे राज्याभिषेक के लिए कह रहे हैं।

इस संसार में कैकेयी के उदर से जन्म लेने के बाद (आप लोगों का) मेरे लिए यह (प्रस्ताव) जरा भी अनुचित नहीं है। मेरी (मेरे पक्ष की) सभी बातें विधाता ने ही बना दी हैं फिर प्रजा और पंच मेरी सहायता क्यों कर रहे हैं?

(क्रूर) ग्रहों से ग्रस्त, पुनः वातरोग से विवश इसके बाद भी उसे बिच्छू ने डंक मारा है, पुनः उसे मदिरा पिलाई जाये, बताइए (इसका) उपचार क्या है?

टिप्पणी—व्यंजना-व्यापार की सटीक भंगिमाओं द्वारा आत्मग्लानि तथा संकोच से भयभीत, दुखी एवं क्लेशार्द्र भरत अपनी माता की निन्दा इसलिए करते हैं कि उनके इष्ट एवं अग्रज को

राजतिलक से वंचित होकर वन में उसके कारण स्थान-स्थान पर भटकते हुए कष्ट झेलना पड़ रहा है। आराध्य की प्रियता की रक्षा के निमित्त सर्वत्र पवित्र मातृत्व पद की निन्दा तथा त्याग इन पंक्तियों की प्रकारान्तर व्यंजना है।

'ग्रह ग्रहीत.............उपचार' में अनुगुण अलंकार है। 'जहाँ कोई वस्तु अन्य वस्तु की सन्निधि के कारण अपने पूर्व सिद्ध गुण का अधिक उत्कर्ष धारण करे।'

कैकेइ सुअन जोगु जग जोई। चतुर बिरंचि दीन्ह मोहि सोई॥
दसरथ तनय राम लघु भाई। दीन्हि मोहि बिधि बादि बड़ाई॥
तुम्ह सब कहहु कढ़ावन टीका। राय रजायसु सब कहँ नीका॥
उतरु देउँ केहि बिधि केहि केही। कहहु सुखेन जथा रुचि जेही॥
मोहि कुमातु समेत बिहाई। कहहु कहिहि के कीन्ह भलाई॥
मो बिनु को सचराचर माहीं। जेहि सिय रामु प्रान प्रिय नाहीं॥
परम हानि सब कहँ बड़ लाहू। अदिनु मोर नहिं दूषन काहू॥
संसय सील प्रेम बस अहहू। सबुइ उचित सब जो कछु कहहू॥
दो०— राम मातु सुठि सरलचित मो पर प्रेमु बिसेषि।
कहइ सुभाय सनेह बस मोरि दीनता देखि॥ १८१॥

अर्थ—कैकेई के पुत्र के योग्य संसार में जो कुछ भी (हो सकता) है, चतुर विधाता ने वही-वही मुझे दिया है। दशरथ का पुत्र (बनाकर) एवं श्रीराम का भाई (बनाकर) विधाता ने मुझे व्यर्थ ही बड़ाई दी है।

आप सब लोग अभिषेक सजाने के लिए कह रहे हैं, राजा की आज्ञा सभी को अच्छी लग रही है। मैं किस-किस को किस-किस प्रकार से उत्तर दूँ। जिसकी जो इच्छा हो सुखपूर्वक वह कहे (मुझे कोई आपत्ति नहीं)।

मुझे स्वयं अपनी कुमाता सहित छोड़कर अन्य कहो कौन कहेगा कि यह अच्छा ही (भला + ई प्रत्यय, अवधी की प्रकृति के अनुसार विशेष में ई प्रत्यय जैसे अच्छई हवै) हुआ है। मेरे अतिरिक्त सम्पूर्ण चर-अचर युक्त संसार में कौन (है) जिसे श्रीराम और सीता प्राणों से प्रिय न हों।

जहाँ मेरी परम हानि है वहीं सबका अत्यधिक लाभ है, मेरे बुरे दिन हैं (वही करा रहे हैं), किसी का दोष नहीं है। आप सभी संदेह, विनय एवं प्रेम से विवश हैं अत: आप जो कुछ भी कहें, सभी उचित है।

राम माता कौसल्या अत्यधिक सरल चित्त हैं और मुझ पर उनका विशेष प्रेम है। ये मेरी दीनता (मात्र) को देखकर, सहज स्नेहवश ऐसा कह रही हैं॥ १८१॥

टिप्पणी—आत्मग्लानि एवं पश्चात्ताप यहाँ भी मूल लक्ष्य है। इस लक्ष्य को स्पष्ट करने के निमित्त माता के प्रति उपेक्षा से परिपूर्ण कथनों द्वारा वह अपने आशय को रख रहा है। व्यंजना व्यापार ही वर्णन शैली का मूल आधार है। प्रेम तथा भक्ति दोनों एक ही बिन्दु पर वर्णित हैं।

गुर बिबेक सागर जगु जाना। जिन्हहिं बिस्व कर बदर समाना॥
मो कहुँ तिलक साज सज सोऊ। भएँ बिधि बिमुख बिमुख सबु कोऊ॥
परिहरि रामु सीय जग माहीं। कोउ न कहहि मोर मत नाहीं॥
सो मैं सुनब सहब सुखु मानी। अंतहुँ कीच तहाँ जहँ पानी॥
डरु न मोहि जग कहिहि कि पोचू। परलोकहु कर नाहिन सोचू॥
एकइ उर बस दुसह दवारी। मोहि लगि भे सिय रामु दुखारी॥

जीवन लाहु लखन भल पावा। सबु तजि राम चरन मनु लावा॥
मोर जनम रघुबर बन लागी। झूठ काह पछिताउँ अभागी॥
दो०— आपनि दारुन दीनता कहउँ सबहिं सिरु नाइ।
देखें बिनु रघुनाथ पद जिय कै जरनि न जाइ॥ १८२॥

अर्थ—संसार जानता है कि गुरु वसिष्ठ ज्ञान के समुद्र हैं, जिनके लिए हाथ (हथेली) पर रखे बेर के सदृश सम्पूर्ण विश्व (का रहस्य) है। वे भी मेरे लिए राजतिलक साज सज रहे हैं (तो मुझे सत्य ही लगता है कि) विधाता के प्रतिकूल हो जाने पर सभी प्रतिकूल हो जाते हैं।

संसार में श्रीराम और सीता को छोड़कर कोई नहीं कहता कि मेरा मत (अभिमत-राम वनगमन दिलाने में) नहीं था। उसे मैं सहज सुख मानकर सहूँगा क्योंकि जहाँ-जहाँ पानी है, वहाँ-वहाँ अन्त में कीचड़ होता है (अर्थात् स्वार्थिनी माता कैकेयी (पानी की भाँति) का पुत्र स्वार्थी (कीचड़) होना ही चाहिए)।

संसार नीच (पोच) कहे, मुझे डर नहीं नहीं है। परलोक की भी मुझे चिन्ता नहीं है। हृदय में एक ही दु:सह्य दावाग्नि है कि मेरे खातिर श्रीराम और सीता दुखी (दु:ख भोग रहे) हैं।

जीवन लेने का लाभ लक्ष्मण ने अच्छी भाँति प्राप्त कर लिया है कि सभी का त्याग करके राम के चरणों में मन लगाया है। मेरा जन्म तो श्रीराम के वनवास के निमित्त (हुआ है) इसलिए मैं (अभागा) झूँठ ही क्यों पश्चात्ताप कर रहा हूँ।

सभी को शीश झुका करके मैं अपनी दारुण दीनता कह रहा हूँ कि श्रीराम के चरणों को देखे बिना मेरे हृदय की जलन शान्त न होगी॥ १८२॥

टिप्पणी—सभी के प्रस्तावों को सम्मानजनक रूप से अस्वीकार करते भरत श्रीराम के प्रति अपनी भक्ति एवं स्नेह को (अकाट्य शब्दों में) स्थापित, करते हैं। वे अपनी ग्लानि तथा पश्चात्ताप का एक ही कारण बताते हैं—'मोहिं लगि भे सियराम दुखारी' यह वाक्य श्रीराम के प्रति उनके हृदय में निहित स्नेह तथा भक्ति का उत्कृष्टतम साक्ष्य है और यही इन पंक्तियों का मंतव्य भी है।

आन उपाय मोहि नहिं सूझा। को जिय की रघुबर बिनु बूझा॥
एकहिं आँक इहइ मन माहीं। प्रात काल चलिहउँ प्रभु पाहीं॥
जद्यहि मैं अनभल अपराधी। भै मोहि कारन सकल उपाधी॥
तदपि सरन सनमुख मोहिं देखी। छमि सब करिहहिं कृपा बिसेखी॥
सील सकुच सुठि सरल सुभाऊ। कृपा सनेह सदन रघुराऊ॥
अरिहुक अनभल कीन्ह न रामा। मैं सिसु सेवक जद्यपि बामा॥
तुम्ह पै पाँच मोर भल मानी। आयसु आसिष देहु सुबानी॥
जेहिं सुनि बिनय मोहिं जनु जानी। आवहिं बहुरि रामु रजधानी॥
दो०— जद्यपि जनमु कुमातु तें मैं सठु सदा सदोस।
आपन जानि न त्यागिहहिं मोहि रघुबीर भरोस॥ १८३॥

अर्थ—मुझे अन्य उपाय नहीं सूझ रहा है क्योंकि श्रीराम के बिना मेरे हृदय को कौन बूझ सकता है। मेरे मन में यही एकमात्र निश्चय (आँक—जैसे कीमत आँकना—तय, निश्चित) कि प्रात: काल प्रभु के पास मैं चल दूँगा।

यद्यपि मैं अहित-कर्ता और अपराधी हूँ और मेरे कारण सम्पूर्ण उपद्रव (उपाधि) हुए फिर भी (अपने) समक्ष मुझे शरण में आया देखकर सब कुछ (समस्त अपराधों को) क्षमा कर देंगे और विशेष कृपा करेंगे।

शीलवान, संकोची तथा अत्यधिक सरल स्वभाववाले श्रीराम कृपा और स्नेह के निवास हैं।

श्रीराम ने शत्रु का भी अहित नहीं किया है, मैं तो उनका शिशुवत् (या शैशव काल से ही) सेवक हूँ यद्यपि मैं वाम (उनके लिए विपरीत परिणामवाला) हो गया हूँ।

आप पाँच पंच गण निश्चय ही मेरा भला मानकर सुन्दर वाणी में आज्ञा तथा आशीर्वाद दें जिससे (मेरी) विनय सुनकर और दास जानकर श्रीराम पुनः राजधानी लौट आयें।

यद्यपि मेरा जन्म कुमाता से हुआ है, और मैं सदा दोषी और सठ हूँ किन्तु अपना समझकर वे मुझे न त्यागेंगे, मुझे श्रीराम का (पूरा) भरोसा है॥ १८३॥

टिप्पणी—भाई की निश्छलता से प्रसन्न होकर श्रीराम द्वारा क्षमा कर दिये जाने की भरत-कामना इन पंक्तियों का अभीष्ट है। इसी के साथ 'शरणागति' एवं 'प्रपत्ति' भक्तिभाव भी अवान्तर रूप से व्यंजित हो उठता है। अधम-से-अधम पापी निश्छल-रूप से श्रीराम की शरणागति में उनके द्वारा सहर्ष स्वीकार कर लिये जाते हैं, इस तथ्य की व्यंजना कवि यहाँ मुख्य प्रसंग के साथ ही करा रहा है।

भरत बचन सब कहँ प्रिय लागे। राम सनेह सुधाँ जनु पागे॥
लोग बियोग बिषम बिष दागे। मंत्र सबीज सुनत जनु जागे॥
मातु सचिव गुर पुर नर नारी। सकल सनेहँ बिकल भये भारी॥
भरतहिं कहहिं सराहि सराही। राम प्रेम मूरति तनु आही॥
तात भरत अस काह न कहहू। प्रान समान राम प्रिय अहहू॥
जो पाँवरु अपनी जड़ताई। तुम्हहि सुगाइ मातु कुटिलाई॥
सो सठु कोटिक पुरुष समेता। बसिहि कलप सत नरक निकेता॥
अहि अघ अवगुन नहिं मनि अहई। हरइ गरल दुख दारिद दहई॥
दो०— अवसि चलिअ बन राम जहँ भरत मंत्रु भल कीन्ह।
सोक सिंधु बूड़त सबहिं तुम्ह अवलंबनु दीन्ह॥ १८४॥

अर्थ—भरत के वचन सभी को प्रिय लगे मानो राम के स्नेहरूपी अमृत में पगे (आलिप्त) हों। सभी (एकत्रित) जन विषम विष से दग्ध (दागे) थे मानो भरत के वचनरूपी बीज युक्त मंत्र से (वे अचेत भाव वाले समस्त जन) चैतन्य हो उठे (जागे)।

माता, मंत्री, गुरु एवं नगर के नर-नारी सभी स्नेहवश अत्यधिक व्याकुल हो उठे। सभी भरत को सराह-सराह करके कह रहे हैं कि तुम्हारा शरीर (साक्षात्) श्रीराम को प्रेममयी मूर्ति है।

हे तात भरत! तुम इस प्रकार क्यों न कहो क्योंकि तुम श्रीराम के लिए प्राण के समान प्रिय हो। जो पामर (पाँवरु : नीच) अपनी जड़ता से माता की कुटिलता के कारण तुम पर सन्देह करे (सुगाइ)—

वह शठ करोड़ों पुरुषों के साथ सैकड़ों कल्प पर्यन्त नरक गृह में निवास करेगा। सर्प के पापपूर्ण अवगुण को मणि नहीं ग्रहण करता; वह (तो) विष का हरण तथा दुःख एवं दारिद्र्य को नष्ट करता है।

वन में श्रीराम जहाँ हैं, वहाँ अवश्य चलना चाहिए, भरत ने अच्छी राय दी है। (हे भरत !) आपने शोकसिन्धु में डूबते हुए सभी को आधार दिया है॥ १८४॥

भा सब कें मन मोदु न थोरा। जनु घन धुनि सुनि चातक मोरा॥
चलत प्रात लखि निरनउ नीके। भरतु प्रानप्रिय भे सबही के॥
मुनिहि बंदि भरतहिं सिरु नाई। चले सकल घर बिदा कराई॥
धन्य भरत जीवनु जग माहीं। सीलु सनेहु सराहत जाहीं॥
कहहिं परसपर भा बड़ काजू। सकल चलै कर साजहिं साजू॥

जेहिं राखहिं रहु घर रखवारी। सो जानइ जनु गरदनि मारी॥
कोउ कह रहन कहिअ नहि काहू। को न चहइ जग जीवन लाहू॥
दो०— जरउ सो संपति सदन सुखु सुहृद मातु पितु भाइ।
सनमुख होत जो राम पद करै न सहस सहाइ॥ १८५॥

अर्थ—सभी के मन में कोई थोड़ा आनन्द नहीं हुआ (अर्थात् सभी अत्यधिक आनन्दित हुए मानो बादल की ध्वनि सुनकर चातक और मयूर पक्षिगण। प्रातः चलना है, इस अच्छे निर्णय को देखकर भरत सभी के प्राणप्रिय हो गये।

मुनि (वसिष्ठ) की वन्दना करके तथा भरत को सिर झुका करके और विदा के लिए आज्ञा माँगकर सभी (अपने-अपने) घर को चले। संसार में भरत का जीवन धन्य है, (इस प्रकार सभी) उनके शील-स्नेह को सराहते जाते हैं।

परस्पर (सभी) कह रहे हैं कि बड़ा कार्य हो गया और सभी चलने के निमित्त साज-सामान ठीक कर रहे हैं। जिसको रखते हैं कि घर में रहकर रखवाली करो, वह (यह) समझता है मानो गरदन (गला) काट लिया गया हो।

कोई कहता है कि रहने के निमित्त किसी से न कहो क्योंकि कौन संसार में जीवन का आत्यन्तिक लाभ नहीं चाहता।

वह सम्पत्ति, घर, सुख, माता, पिता, भाई सभी जल जायँ (या जल जाने योग्य हैं) जो श्रीराम के चरणों के सम्मुख होने में सहस्रों (सहस) भाँति से सहायता न करें॥ १८५॥

टिप्पणी—भरत के इस प्रस्ताव पर सभी की सहर्ष सहमति हो उठती है। इस सहमति से कवि इस निष्कर्ष को बड़ी कुशलता से व्यंजित करता है कि वह कौन-सा अधम व्यक्ति होगा जो श्रीराम के दर्शन का लाभ ऐसे मौके से उठाना न चाहेगा। 'वह सम्पत्ति, घर, सुख, माता, पिता, भाई सभी जल जायँ, जो श्रीराम के चरणों के सम्मुख होने में सहस्रों भाँति से सहायता न करें।' कथात्मक प्रसंग की अवान्तर व्यंजना श्रीराम की सर्वथा, सब के लिए समान रूप से काम्य होना है। कवि भरत स्नेह के साथ रामभक्ति को जोड़कर सब के लिए कामना का विषय बनाता है।

घर घर साजहिं बाहन नाना। हरषु हृदयँ परभात पयाना॥
भरत जाइ घर कीन्ह बिचारू। नगरु बाजि गज भवन भँडारू॥
संपति सब रघुपति कै आही। जौं बिनु जतन चलौं तजि ताही॥
तौ परिनाम न मोरि भलाई। पाप सिरोमनि साइँ दोहाई॥
करइ स्वामि हित सेवक सोई। दूषन कोटि देइ किन कोई॥
अस बिचारि सुचि सेवक बोले। जे सपनेहुँ निज धरम न डोले॥
कहि सबु मरमु धरमु भल भाषा। जो जेहि लायक सो तेहिं राखा॥
करि सबु जतनु राखि रखवारे। राम मातु पहिं भरतु सिधारे॥
दो०— आरति जननी जानि सब भरत सनेह सुजान।
कहेउ बनावन पालकी सजन सुखासन जान॥ १८६॥

अर्थ—घर-घर में लोग अनेकानेक वाहनों को साज रहे हैं। हृदय में (वे) हर्षित हैं क्योंकि प्रभात में ही प्रयाण (प्रस्थान) है। भरत ने घर में जाकर विचार किया कि (यह) अयोध्या नगर, अश्वसमूह, हस्तिसमूह, गृह तथा कोष आदि—

सभी सम्पत्ति श्रीराम की है (इसलिए) बिना सुरक्षा की व्यवस्था (जतन) करके मैं यों ही छोड़कर चलता हूँ तो अन्ततया (परिनाम) हितकर नहीं हैं और यह सर्वोच्च (पाप शिरोमणि) रूप स्वामीद्रोह (दोहाई) होगा।

सेवक वही है जो स्वामी का हित करे चाहे कोई अन्य कोटि-कोटि दोष क्यों न (उसके लिए) दे। ऐसा विचार करके उन्होंने ऐसे पवित्र भाव वाले उन सेवकों को कहा जो स्वप्न में भी अपने धर्म से न डिगने वाले थे या डोले थे।

सभी रहस्य और धर्म भलीभाँति कहकर जो जिसके योग्य था उसको उसके लिए नियुक्त किया (राखा)। सभी प्रकार के यत्नों को करके; रखवालों को रख करके भरत श्रीराम की माता कौसल्या के पास गये।

स्नेह के मर्मज्ञ भरत ने सभी माताओं को दु:खी जानकर पालकी, सुखासन एवं रथ)(जान > यान) सजाने के लिए (सजावन) कहा॥ १८६॥

चक्क चक्कि जिमि पुर नरनारी। चहत प्रात उर आरत भारी॥
जागत सब निसि भयउ बिहाना। भरत बोलाए सचिव सुजाना॥
कहेउ लेहु सबु तिलक समाजू। बनहिं देब मुनि रामहिं राजू॥
बेगि चलहु सुनि सचिव जोहारे। तुरत तुरग रथ नाग सँवारे॥
अरुंधती अरु अगिनि समाऊ। रथ चढ़ि चले प्रथम मुनिराऊ॥
बिप्र बृंद चढ़ि बाहन नाना। चले सकल तप तेज निधाना॥
नगर लोग सब सजि सजि जाना। चित्रकूट कहँ कीन्ह पयाना॥
सिबिका सुभग न जाहिं बखानी। चढ़ि चढ़ि चलत भईं सब रानी॥

दो०— सौंपि नगर सुचि सेवकनि सादर सकल चलाइ।
सुमिरि राम सिय चरन तब चले भरत दोउ भाइ॥ १८७॥

अर्थ—अयोध्यापुर के नर-नारी चक्रवाक-चक्रवाकी सदृश हैं। उनका अत्यधिक अवसादग्रस्त हृदय प्रात: (राम के संयोग से उत्पन्न आनन्द या संयोग-सुख) चाह रहे हैं। सम्पूर्ण रात्रि जागते-जागते दिन हो गया और भरत ने चतुर मंत्री को बुलाया—

तथा कहा कि समस्त तिलक सामग्री ले लें क्योंकि वन में ही मुनिश्रेष्ठ (वसिष्ठ) राम को राज्य देंगे। शीघ्र चलो (भरत के इस आदेश को) सुनकर मंत्री ने जय-जयकार या प्रणाम किया और तुरन्त ही घोड़े, रथ एवं हाथियों को सज्जित किया।

अरुंधती (वसिष्ठ की पत्नी का नाम) तथा अग्नि सामग्री (हवन सामग्री) लेकर सर्वप्रथम मुनि श्रेष्ठ वसिष्ठ रथ पर चढ़कर चले। तपस्या एवं तेज से दीप्त ब्राह्मण समूह (उनके पश्चात्) अनेक वाहनों पर चढ़कर चले।

नगर के सभी लोगों ने सज-सज करके रथों पर (बैठकर) चित्रकूट के लिए प्रस्थान किया। अवर्णनीय सुन्दर पालकियों पर चढ़-चढ़ करके सभी रानियाँ चल पड़ीं।

नगर को विश्वसनीय (सुचि : पवित्र भाव वाले) सेवकों को सौंप करके आदरपूर्वक सभी का प्रस्थान करा करके भरत तथा शत्रुघ्न दोनों भाई तब श्रीराम-सीता के चरणों का स्मरण करके चले॥ १८७॥

राम दरस बस सब नर नारी। जनु करि करिनि चले तकि बारी॥
बन सिय रामु समुझि मन माहीं। सानुज भरत पयादेहि जाहीं॥
देखि सनेहु लोग अनुरागे। उतरि चले हय गय रथ त्यागे॥
जाइ समीप राखि निज डोली। राम मातु मृदु बानी बोली॥
तात चढ़इ रथ बलि महतारी। होइहि प्रिय परिवारु दुखारी॥
तुम्हरें चलत चलिहिं सबु लोगू। सकल सोक कृस नहिं मग जोगू॥

सिर धरि बचन चरन सिरु नाई। रथ चढ़ि चलत भए दोउ भाई॥
तमसा प्रथम दिवस करि बासू। दूसरि गोमति तीर निवासू॥
दो०— पय अहार फल असन एक निसि भोजन एक लोग।
करत राम हित नेम ब्रत परिहरि भूषन भोग॥ १८८॥

अर्थ—श्रीराम के दर्शन के वशीभूत सभी नर-नारी इस प्रकार चले मानो हस्ति एवं हस्तिनियाँ जल को लक्षित (तकि : लक्षित : देखकर) करके चली हों। मन में श्रीराम तथा सीता के वन में समझ कर (अर्थात् वनवास के अनेक दारुण कष्ट सह रहे हैं और मैं रथ पर चलूँ, यह अनुचित है) अनुज शत्रुघ्न सहित भरत पैदल जा रहे हैं।

उनके स्नेह को देखकर लोग अनुराग विह्वल हो उठे और सभी ने हाथी, घोड़े एवं रथों को त्याग दिया। उनके समीप जाकर और पालकी (डोली : अवधी) को पास रखकर श्रीराम की माता कौसल्या कोमल वाणी में बोली।

हे पुत्र! माता बलि जाती है, रथ पर चढ़ो, अन्यथा प्रियजन तथा परिवार जन दुःखी होंगे। तुम्हारे (रथ पर चढ़कर चलने पर ही) सभी लोग (सवारियों पर चढ़कर) चलेंगे अन्यथा (पैदल चलने पर) सभी लोग शोक से कृशकाय (दुबले) मार्ग (पैदल) चलने योग्य नहीं हैं।

उनके वचनों को शिरसा स्वीकार करके तथा उनके चरणों में शीश झुका करके दोनों भाई रथ पर चढ़ करके चल पड़े। तमसा नदी के तट पर प्रथम दिन निवास करके दूसरा निवास गोमती तट पर किया।

कोई दुग्धाहार करके, कोई फलाहार करके और कुछ लोग रात्रि को ही एक बार भोजन करके तथा भूषण एवं भोग का परित्याग करके श्रीराम के लिए नियम एवं ब्रत करते हैं॥ १८८॥

टिप्पणी—भरत की आराध्यनिष्ठा का बड़ा ही सटीक उदाहरण है। उनके आराध्य श्रीराम पैदल नंगे पाँव गये हैं, अतः भरत रथ पर कैसे जा सकते हैं।

सई तीर बसि चले बिहाने। सृंगबेरपुर सब निअराने॥
समाचार सब सुने निषादा। हृदयँ बिचार करइ सबिषादा॥
कारन कवन भरत बन जाहीं। है कछु कपट भाउ मन माहीं॥
जौं पै जियँ न होति कुटिलाई। तौ कत लीन्ह सँग कटकाई॥
जानहिं सानुज रामहि मारी। करउँ अकंटक राजु सुखारी॥
भरत न राजनीति उर आनी। तब कलंकु अब जीवन हानी॥
सकल सुरासुर जुरहिं जुझारा। रामहि समर न जीतनिहारा॥
का आचरजु भरतु अस करहीं। नहिं बिष बेलि अमिय फल फरहीं॥
दो०— अस बिचारि गुहँ ग्याति सन कहेहु सजग सब होहु।
हथवाँसहु बोरहु तरनि कीजिअ घाटारोहु॥ १८९॥

अर्थ—सई नदी के तट पर रात्रिवास करके (वे सभी) प्रातः चल पड़े और शृंगवेरपुर के समीप पहुँचे। निषाद गुह ने जब सब समाचार सुना तो विषादपूर्वक हृदय में विचार (मन-ही-मन विचार) करने लगा।

वह कौन-सा कारण है, जिससे कि भरत वन जा रहे हैं। (क्या) उनके मन में कुछ कपट भाव है? यदि उनके हृदय में कुटिलता न होती तो साथ में सेना क्यों ली है?

सोचते हैं कि लक्ष्मण सहित (सानुज) श्रीराम को मार करके मैं सुखपूर्वक निष्कंटक राज्य करूँ। भरत ने राजनीति को हृदय में नहीं समझा। उस समय (राम के वन भिजवाने के साथ) कलंक (के भागी थे) अब (राम से युद्ध करने के पश्चात्) उन्हें जीवन की हानि होगी।

समस्त देवता तथा असुर यदि युद्ध में जुट जायँ तो श्रीराम को युद्ध में जीतने वाला कोई नहीं

है। भरत ऐसा कर रहे हैं (इसमें) क्या आश्चर्य क्योंकि विषबेलि अमृत फल नहीं फल सकते।

ऐसा विचार करके गुह ने सम्पूर्ण जाति के लोगों से कहा कि सभी लोग सजग हो जाओ। डाँड़-पतवार एवं नौकाएँ डुबो दो तथा घाट का अवरोध कर लो॥ १८९॥

टिप्पणी—प्रस्तुत प्रसंग निषादराज गुह के भ्रम से सम्बन्धित है। भ्रमपूर्ण स्थिति खड़ी करके रचनाकार ने एक विशेष प्रकार के चमत्कार कौशल को व्यक्त करने की चेष्टा की है। सामान्यतया रस दोष के अन्तर्गत यह 'अकाण्ड प्रथन' के नाम से पुकारा जायगा क्योंकि करुण रस के बीच युद्ध वीर से सम्बन्धित युद्धोत्साह स्थायी की आवश्यकता नहीं है। निषादराज की राम के प्रति स्वामिभक्ति की सिद्धि के लिए उनके भाई से भी युद्ध के लिए तत्पर है फिर भी, इस प्रसंग का उद्देश्य मात्र श्रीराम की सर्वतोत्कृष्टता का प्रतिपादन नहीं है। भरत में भ्रमवश यह षड्यंत्र का भाव आरोपित करता है, जबकि है ठीक इसके विपरीत। मूलतः भ्रम के निराकरण की अवधारणा करके भरत चरित्र की महनीयता को प्रतिपादित करने के लिए भी इस प्रसंग की अवधारणा कवि ने की है। राम माहात्म्य की निर्दिष्ट व्यंजना तो अति सामान्य है।

होहु सँजोइल रोकहु घाटा। ठाटहु सकल मरै के ठाटा॥
सनमुख लोह भरत सन लेऊँ। जिअत न सुरसरि उतरन देऊँ॥
समर मरनु पुनि सुरसरि तीरा। राम काजु छनभंगु सरीरा॥
भरत भाइ नृप मैं जन नीचू। बड़े भाग असि पाइअ मीचू॥
स्वामिकाज करिहउँ रन रारी। जस धवलिहउँ भुवन दस चारी॥
तजउँ प्रान रघुनाथ निहोरें। दुहूँ हाथ मुद मोदक मोरें॥
साधु समाज न जाकर लेखा। राम भगत महुँ जासु न रेखा॥
जायँ जिअत जग सो महि भारू। जननी जौबन बिटप कुठारू॥

दो०— बिगत बिषाद निषादपति सबहिं बढ़ाइ उछाहु।
सुमिरि राम माँगेउ तुरत तरकस धनुष सनाहु॥ १९०॥

अर्थ—एकत्रित होकर घाटों को रोक दो तथा सभी लोग मृत्यु के समस्त ठाठ ठट लो (अर्थात् प्राणों की बाजी लगाकर युद्ध के लिए तत्पर हो जाओ)। भरत से आमने-सामने लोहा लो (मुहावरा : डटकर युद्ध करो) और जीते-जी गंगा पार न होने दो।

युद्ध में मृत्यु, फिर गंगा नदी के तट पर, फिर श्रीराम का कार्य और यह स्वतः क्षण मात्र में भंग हो जाने वाला शरीर, यही नहीं, भरत राजा श्रीराम के भाई तथा हम लोग नीच जन, बड़े भाग्य से इस प्रकार की मृत्यु मिलती है।

स्वामि (श्रीराम) के लिए हम लोग युद्ध में लड़ेंगे तथा चौदहों लोकों को यश से प्रकाशित (धवलित) करेंगे। श्रीराम के निमित्त (निहोरा) प्राण त्याग देंगे (और इस प्रकार) हमारे दोनों हाथों में आनन्द के लड्डू हैं।

साधु समाज में न जिसकी गणना है, और न राम भक्तों में ही जिसको रेखांकित किया गया है। उसका संसार में जीवित रहना भार स्वरूप है और वह व्यक्ति अपनी माता के युवावस्थारूपी वृक्ष के लिए कुल्हाड़े की भाँति है।

इस प्रकार, निषादराज ने विषादशून्य होकर, सबके उत्साह बढ़ाकर और श्रीराम का स्मरण करके तरकश, धनुष एवं कवच (सनाह) माँगा॥ १९०॥

टिप्पणी—जैसा कि निर्दिष्ट है, निषादराज के मतिभ्रम को केन्द्र में रखकर कवि भरतचरित्र की उच्चता का प्रतिपादन करना चाहता है। युद्धोत्साह संचारी भाव के रूप में है और मतिभ्रम दूर हो जाने के पश्चात् भरत के उद्देश्य को समझकर उत्पन्न होने वाली उसकी ग्लानि भरत के चरित्र को दिव्य बना देती है।

बेगहु भाइहु सजहु सँजोऊ। सुनि रजाइ कदराइ न कोऊ॥
भलेहिं नाथ सब कहहिं सहरषा। एकहिं एक बढ़ावइ करषा॥
चले निषाद जोहारि जोहारी। सूर सकल रन रूचइ रारी॥
सुमिरि राम पद पंकज पनहीं। भाथीं बाँधि चढ़ाइन्हि धनुहीं॥
अँगरी पहिरि कूँडि सिर धरहीं। फरसा बाँस सेल सम करहीं॥
एक कुसल अति ओड़न खाँड़े। कूदहिं गगन मनहुँ छिति छाँड़े॥
निज निज साजु समाजु बनाई। गुह राउतहि जोहारे जाई॥
देखि सुभट सब लायक जाने। लै लै नाम सकल सनमाने॥
दो०— भाइहु लावहु धोख जनि आजु काज बड़ मोहि।
सुनि सरोष बोले सुभट बीर अधीर न होहि॥ १९१॥

अर्थ—हे भाइयो! शीघ्र ही सभी सामग्रियों (सँजोऊ) से सज्जित होओ। इस राजाज्ञा को सुन करके कोई कायरता न प्रकट करे। सभी सहर्ष कहते हैं कि हे नाथ! अच्छा (आदेश) है। वे (परस्पर) एक दूसरे का उत्साह बढ़ाते हैं।

सभी निषादराज की जय-जयकार (या प्रणाम) करके चले। सभी युद्ध में बहादुर हैं एवं (सभी को) युद्ध अच्छा लगता है। श्रीराम के चरण-कमलों की जूतियों का स्मरण करके सभी ने तरकश बाँधे एवं धनुष चढ़ाये।

कवच (अँगरी) को पहनकर तथा लोहे के टोप (कूड़ि) सिर पर धारण करके फरसा, बाँस के डण्डे और बरछों को सीधा (सम) करते हैं। कोई एक तलवार (असि) को हटा सकने (वारकर सकने : ओड़ना) में समर्थ थे और कोई अन्य नानो पृथ्वी (छिति) छोड़कर आकाश में कूद रहे हों।

अपनी-अपनी युद्ध सामग्रियाँ सज्जित कर निषादराज (राउत) की जाकर गुहार लगाई। सभी योद्धाओं को देखकर तथा सभी प्रकार से समर्थ समझकर उसने सभी को नाम ले-लेकर सम्मानित किया।

हे भाइयो! कोई कमी (धोख : अवधी) मत लगाना, आज मेरा महत्त्वपूर्ण कार्य है। इसे सुनकर योद्धागण रोषपूर्वक बोले, हे वीर! (निषादराज) (आप) अधीर न हों!॥ १९१॥

टिप्पणी—पूर्व निर्दिष्ट भाव के अनुसार राम के हितरक्षण के निमित्त सर्वथाभावेन निश्छल सभी योद्धा युद्ध के लिए तत्पर होते हैं। उनकी तत्परता में सत्यनिष्ठा है। इसी 'सत्यनिष्ठा' को आधार बनाकर कवि आगे भरतचरित्र को उठाने की चेष्टा करता है।

राम प्रताप नाथ बल तोरे। करहिं कटकु बिनु भट बिनु घोरे॥
जीवत पाउँ न पाछे धरहीं। रुंड मुंडमय मेदिनि करहीं॥
दीख निषाद नाथ भल टोलू। कहेउ बजाउ जुझाऊ ढोलू॥
एतना कहत छींक भइ बाँए। कहेउ सगुनिअन्ह खेत सुहाये॥
बूढ़ एकु कह सगुन बिचारी। भरतहिं मिलिय न होइहि रारी॥
रामहि भरत मनावन जाहीं। सगुन कहइ अस बिग्रहु नाहीं॥
सुनि गुह कहइ नीक कह बूढ़ा। सहसा करि पछिताहिं बिमूढ़ा॥
भरत सुभाउ सीलु बिनु बूझें। बड़ि हित हानि जानि बिनु जूझें॥
दो०— गहहु घाट भट समिटि सब लेउँ मरम मिलि जाइ।
बूझि मित्र अरि मध्य गति तस तब करिहउँ आइ॥ १९२॥

अर्थ—हे नाथ! श्रीराम के प्रताप और आपके बल से (भरत की) सेना को बिना योद्धा और

बिना अश्वों का कर देंगे। जीते-जी चरणों को पीछे नहीं रखेंगे और सम्पूर्ण पृथ्वी को बिना शरीर के (रुण्ड) तथा बिना सिर के कर देंगे।

निषादराज ने अपनी अच्छी (युद्धक) टोली देखी और कहा कि युद्धसूचक ढोल बजाओ। इतना कहते ही बाईं ओर छींक हुई और शकुन बताने वालों ने कहा कि युद्ध क्षेत्र (खेत) में शोभा बढ़ेगी (युद्ध में जीत होगी)।

एक अन्य वृद्ध ने शकुन विचार करके कहा, 'भरत से मेल होगा' युद्ध नहीं; राम को भरत मनाने जा रहे हैं, शकुन ऐसा कह रहा है कि विग्रह नहीं है।

इसे सुनकर गुह कहता है कि वृद्ध ठीक कह रहा है। मूढ़जन सहसा कार्य करके पछतावा करते हैं। भरत के स्वभाव तथा शील को समझे बिना, जाने बिना युद्ध करने में हितों की अत्यधिक हानि है (होगी)।

हे योद्धागण सभी लोग सिमट करके घाट पकड़ लो और मैं जाकर तथा मिलकर भेद लूँ। मित्र, शत्रु तथा तटस्थ समझकर तब आकर वैसा करूँगा॥ १९२॥

टिप्पणी—शकुन के अनुसार कार्य निर्देश भारतीय काव्यों के अन्तर्गत प्राय: मिलता है। 'शकुन' एक प्रकार के अभिप्राय हैं जो रचना के अन्तर्गत आकर लोकमत की विश्वसनीयता के लिए आधार का कार्य करते हैं। यहाँ यह सहज क्रिया मात्र सम्पूर्ण घटना की भावात्मक परिणति में आकस्मिक परिवर्तन लाती है। यह आकस्मिक परिवर्तन भरत के माहात्म्य को व्यंजित कराने के लिए है।

लखब सनेहु सुभायँ सुहाये। बैरु प्रीति नहिं दुरइँ दुराएँ॥
अस कहि भेंट सँजोवन लागे। कंद मूल फल खग मृग माँगे॥
मीन पीन पाठीन पुराने। भरि भरि भार कहारन्ह आने॥
मिलन साजु सजि मिलन सिधाये। मंगल मूल सगुन सुभ पाये॥
देखि दूरि तें कहि निज नामू। कीन्ह मुनीसहिं दंड प्रनामू॥
जानि रामप्रिय दीन्ह असीसा। भरतहिं कहेउ बुझाइ मुनीसा॥
राम सखा सुनि संदनु त्यागा। चले उतरि उमगत अनुरागा॥
गाउँ जाति गुँह नाउ सुनाई। कीन्ह जोहारु माथ महि लाई॥
दो०— करत दंडवत देखि तेहि भरत लीन्ह उर लाइ।
मनहुँ लखन सन भेंट भइ प्रेमु न हृदयँ समाइ॥ १९३॥

अर्थ—मैं उनका सुन्दर स्नेह तथा स्वभाव समझ लूँगा क्योंकि वैर तथा प्रीति छिपाये से नहीं छिपती। ऐसी कह करके (उनको देने के लिए) भेंट की सामग्रियाँ संयोजित करने लगा तथा (उसके निमित्त) कंद, मूल, फल, पक्षी एवं पशुओं को माँगा।

पुष्ट तथा पुरानी मछलियों (पाठीन) (बड़ा मत्स्य) का भार भर-भर करके कहाँर लाये। मिलन (भेंट) की सामग्रियाँ सज-सज करके मिलने के लिए आये और मार्ग में उन्होंने मंगलमूलक सुभ शकुनों को प्राप्त किया।

दूर ही से देख करके और अपना नाम कह करके मुनिश्रेष्ठ वसिष्ठ को दण्डवत् के साथ प्रणाम किया। राम का प्रिय समझ करके उन्होंने आशीर्वाद दिया और भरत को समझा कर (उसके विषय में) मुनिश्रेष्ठ ने समझाया।

राम-सखा सुन करके भरत ने रथ त्याग दिया और अनुराग से उमंगित उतर करके चले। उसने अपना ग्राम, जाति तथा गुह नाम सुनाकर पृथ्वी पर माथा लगा करके प्रणाम किया।

उसे दण्डवत् करते देख करके भरत ने हृदय से लगा लिया मानो लक्ष्मण से ही भेंट हुई हो, प्रेम हृदय में समा नहीं पा रहा है॥ १९३॥

टिप्पणी—गुह भेंट की समस्त सामग्रियों के साथ भरत से मिला और भरत ने उसे राम का मित्र समझ करके लक्ष्मण की भाँति हृदय से लगा लिया। कवि सम्पूर्ण आवेश-आवेश भाव को प्रीति में मिलाकर विचलित कर देता है। निषाद अभी तक जिसे राम का शत्रु समझ रहा था वह उसे राम सखा समझकर भाई की भाँति आलिंगन कर रहा है, सम्पूर्ण भावात्मक परिस्थिति का यह नाटकीय परिवर्तन भाव को करुणात्मक परिणति प्रदान करता है।

भेंटत भरतु ताहि अति प्रीती। लोग सिहाहिं प्रेम कै रीती॥
धन्य धन्य धुनि मंगल मूला। सुर सराहि तेहि बरिसहिं फूला॥
लोक बेद सब भाँतिहिं नीचा। जासु छाँह छुइ लेइअ सींचा॥
तेहि भरि अंक राम लघु भ्राता। मिलत पुलक परिपूरित गाता॥
राम राम कहिं जे जमुहाहीं। तिन्हहिं न पाप पुंज समुहाहीं॥
यह तौ राम लाइ उर लीन्हा। कुल समेत जगु पावन कीन्हा॥
करमानस जलु सुरसरि परई। तेहि को कहहु सीस नहिं धरई॥
उलटा नामु जपत जगु जाना। बालमीकि भए ब्रह्म समाना॥
दो०— स्वपच सबर खस जमन जड़ पावँर कोल किरात।
रामु कहत पावन परम होत भुवन बिख्यात॥ १९४॥

अर्थ—उसे अत्यधिक प्रीतिपूर्वक भरत भेंट (आलिंगन कर) रहे हैं, इस प्रेम रीति को देखकर लोग ईर्ष्या कर रहे हैं। मंगलमूलक ध्वनि के साथ 'धन्य-धन्य' (कह रहे हैं) देवता उनकी सराहना करके पुष्प वृष्टि करते हैं।

जो लोक और वेद परम्पराओं में सभी प्रकार से नीच हैं तथा उसकी छाया छू लेने से स्नान (सींचा : लाक्षणिक अर्थ, मात्र तुक की पूर्ति के निमित्त) करना पड़ता है। श्रीराम के लघु भ्राता भरत अंक भर कर पुलक परिपूर्ण शरीर से मिलते हैं।

जो राम नाम कह कर आलस्यवश जम्हाई भी ले लेते हैं, पाप समूह भी उनके समीप नहीं जाते। इनको (निषादराज को) जो साक्षात् श्रीराम ने हृदय से लगा लिया और इसे कुल सहित संसार में पवित्र बनाया।

कर्मनाशा नदी का जल गंगा में पड़ता है, बताइए, उसको कौन शीश पर धारण नहीं करता। संसार जानता है कि (राम का) उल्टा नाम जपते हुए वाल्मीकि ब्रह्मा के सदृश हो गये।

चांडाल, शबर, खस, यवन, कोल, किरात जैसे जड़वृत्ति एवं नीच जन 'राम' शब्द कहते-कहते अत्यधिक पवित्र एवं लोकविख्यात हो गए॥ १९४॥

टिप्पणी—कवि को निषाद के दृष्टान्त के माध्यम से अपनी भक्ति को प्रतिपादित करने का अवसर मिला है। वह पूरी सजगता के साथ इस अवसर का पूर्णत: उपयोग करता है। निषाद की सम्भ्रान्तता का आधार कुल की उच्चता न होकर राम का सान्निध्य है। भक्त कवि तथा आचार्य भक्ति को व्यापक बनाने एवं उसे लोकमानस तक पहुँचाने के निमित्त उसके स्वरूप को नितान्त सहज बनाते हैं। निषाद कथा पर बल देकर मूलत: कवि अध्यात्म रामायण की परम्परा के क्रम में भक्ति के व्यापाक स्वरूप की अवधारणा पर बल देता है।

नहिं अचिरिजु जुग जुग चलि आई। केहि न दीन्ह रघुबीर बड़ाई॥
राम नाम महिमा सुर कहहीं। सुनि सुनि अवध लोग सुखु लहहीं॥
राम सखहिं मिलि भरत सप्रेमा। पूँछी कुसल सुमंगल खेमा॥
देखि भरत कर सीलु सनेहू। भा निषाद तेहि समय बिदेहू॥
सकुच सनेहु मोदु मन बाढ़ा। भरतहिं चितवत एक टक ठाढ़ा॥

धरि धीरजु पद बंदि बहोरी। बिनय सप्रेम करत कर जोरी॥
कुसल मूल पद पंकज पेखी। मैं तिहुँ काल कुसल निज लेखी॥
अब प्रभु परम अनुग्रह तोरें। सहित कोटि कुल मंगल मोरें॥
दो०— समुझि मोरि करतूति कुलु प्रभु महिमा जियँ जोइ।
जो न भजइ रघुबीर पद जग बिधि बंचित सोइ॥ १९५॥

अर्थ—आश्चर्य नहीं है, यह युग-युग से चला आ रहा है कि श्रीराम ने किसे बड़प्पन नहीं दिया। देवगण भी राम नाम की महिमा कह रहे हैं जिसे सुनकर (वहाँ स्थित) अवधवासी जन सुख प्राप्त करते हैं।

भरत ने अत्यधिक प्रेमपूर्वक रामसखा निषादराज से प्रेमपूर्वक मिलकर कुशल, मंगल तथा क्षेम पूछा। भरत के शील-स्नेह को देखकर उस समय निषादराज विदेह (शरीर दशा से विस्मृत) हो उठा।

उसके मन में संकोच, स्नेह एवं आनन्द बढ़ा और एकटक खड़ा भरत को देख रहा है। धैर्य धारण करके और चरणों की पुनः वंदना करके हाथ जोड़ करके पुनः प्रेमपूर्वक अनुनय करता है।

आपके कुशल के मूलरूप चरणकमलों को देख करके मैंने तीनों कालों तक अपना कुशल समझ लिया। हे प्रभु! अब आपके परम अनुग्रह से कोटि कुलों सहित मेरे लिए मंगलमय हो गया।

मेरी करतूत (कार्यकलाप) एवं कुल को समझते हुए प्रभु श्रीराम के बड़प्पन को हृदय में देखकर (मेरा विचार है कि) जो श्रीराम के चरणों को नहीं भजता वह विधाता द्वारा ठगा (वंचित) है॥ १९५॥

टिप्पणी—निषाद के इस प्रसंग से कवि मध्यकालीन सामन्ती अवधारणा के ऊपर श्रीराम भक्ति का ऐसा आवरण डालने की कोशिश करता है, जिससे वह सर्वोपरि मूल्य के रूप में लक्षित हो सके। यही नहीं, भरत के शील एवं भक्ति भाव की उत्कृष्टता भी इसी सन्दर्भ में परिलक्षित की गयी है। 'देखि भरत कर सीलु सनेहू। भा निषाद तेहिं समय बिदेहू' यह मूल वाक्य है। इस वाक्य द्वारा कवि का अभिप्राय नितान्त स्पष्ट रूप से व्यंजित हो उठता है।

कपटी कायर कुमति कुजाती। लोक बेद बाहेर सब भाँती॥
राम कीन्ह आपन जबही तें। भयउँ भुवन भूषन तबहीं तें॥
देखि प्रीति सुनि बिनय सुहाई। मिलेउ बहोरि भरत लघु भाई॥
कहि निषाद निज नाम सुबानी। सादर सकल जोहारीं रानी॥
जानि लखन सम देहिं असीसा। जिअहु सुखी सय लाख बरीसा॥
निरखि निषादु नगर कर नारी। भये सुखी जनु लखनु निहारी॥
कहहिं लहेउ एहिं जीवन लाहू। भेंटेउ रामभद्र भरि बाहू॥
सुनि निषादु निज भाग बड़ाई। प्रमुदित मन लइ चलेउ लेवाई॥
दो०— सनकारे सेवक सकल चले स्वामि रुख पाइ।
धर तरु तर सर बाग बन बास बनाएन्हि जाइ॥ १९६॥

अर्थ—कपटी, कायर, दुर्बुद्ध, निकृष्ट जाति का तथा लोक और वेद से सभी भाँति से पृथक् (मुझ जैसे को) श्रीराम ने जब से सभी भाँति से अपना बनाया तबसे मैं चौदहों भुवनों में भूषण स्वरूप हो गया।

उसकी प्रीति देखकर तथा सुखकर विनय सुन करके भरत के छोटे भाई (शत्रुघ्न) मिले। अच्छी वाणी में निषादराज ने अपना नाम कह करके आदरपूर्वक सम्पूर्ण रानियों को जुहार लगाकर प्रणाम किया।

लक्ष्मण के सदृश समझकर (वे) आशीर्वाद देती हैं कि शत (सय) कोटि वर्ष सुखपूर्वक जिओ। नगर के नर-नारी निषाद को देख करके इस प्रकार सुखी हुए मानो लक्ष्मण को देख हो।

वे कह रहे हैं कि इसने जीवन का लाभ प्राप्त किया है क्योंकि कल्याणकारी श्रीराम को बाँह भर करके भेंटा है। निषाद अपने भाग्य के बड़प्पन को सुन करके आनन्दित मन से (उन सबको) लिवा चला॥ १९६॥

सम्पूर्ण सेवकों को संकेत द्वारा निर्दिष्ट किया, वे स्वामी के रुख को पाकर चले और घर, वृक्ष, तल, सरोवर, वाटिका तथा वन में जाकर (सभी ने) निवासस्थली बानाई॥ १९६॥

टिप्पणी—भक्ति के माहात्म्य को व्यंजित करने के निमित्त प्रकारान्तर के कवि द्वारा किया गया यह प्रयत्न बड़ा ही श्लाघ्य है। श्रीराम की आत्मीयता एवं भावपूर्ण आलिंगन प्राप्त कर लेने के कारण निषाद अपनी जातीय निम्नता का परित्याग करके लक्ष्मण के सदृश हो उठा। मध्यकालीन भक्ति के संदर्भ में जातीय भेदभाव को समाप्त करके मत्र भक्ति को श्रेष्ठता का मूल्य मानना एक विशिष्ट सन्दर्भ है। व्यक्ति जाति के कारण नहीं, भक्ति के कारण श्रेष्ठ है। अयोध्याकांड का निषाद-चरित्र इसका ज्वलन्त साक्ष्य है।

सृंगबेरपुर भरत दीख जब। भे सनेहँ बस अंग सिथिल तब॥
सोहत दिएँ निषादहि लागू। जनु तनु धरें बिषय अनुरागू॥
एहि बिधि भरत सेनु सब संगा। दीखि जाइ जग पावनि गंगा॥
रामघाट कहँ कीन्ह प्रनामू। भा मनु मगनु मिले जनु रामू॥
करहिं प्रनामु नगर नर नारी। मुदित ब्रह्ममय बारि निहारी॥
करि मज्जनु मागहिं कर जोरी। रामचंद्र पद प्रीति न थोरी॥
भरत कहेउ सुरसरि तव रेनू। सकल सुखद सेवक सुरधेनु॥
जोरि पानि बर माँगउ एहूँ। सीय राम पद सहज सनेहू॥

दो०— एहि बिधि मज्जनु भरत करि गुर अनुसासन पाइ।
मातु नहानीं जानि सब डेरा चले लवाइ॥ १९७॥

अर्थ—भरत ने शृंगवेरपुर को जब देखा, तब स्नेहवश सम्पूर्ण अंग शिथिल हो उठे। निषाद के साथ सम्बद्ध (लागू : जैसे, लाग-लपेट अवधी-मुहावरा) इस प्रकार शोभित हैं, जैसे शरीर धारण किये हुए विनय तथा अनुराग।

इस प्रकार भरत सम्पूर्ण समूह (सेना) के साथ जगत् पावनी गंगा को जाकर देखा। श्रीराम घाट को प्रणाम किया, मन इस प्रकार मग्न हुआ मानो श्रीराम ही मिले हों।

नगर के नर-नारी ब्रह्ममय जल को देखकर आनन्दित भाव से उसे प्रणाम करते हैं। स्नान करके हाथ जोड़कर वह वरदान माँगते हैं कि श्रीराम के चरणों में प्रेम थोड़ा न हो अर्थात् घटे न।

भरत ने कहा कि हे गंगा जी! आपकी रेणुका सर्वधा सुखदायक तथा भक्तों के लिए कामधेनु है। हाथ जोड़कर मैं यही वर माँग रहा हूँ कि श्रीराम एवं सीता के चरणों में सहज स्नेह हो।

इस प्रकार से भरत स्नान करके, गुरु की आज्ञा प्राप्त करके तथा माताओं को स्नात समझ करके सम्पूर्ण डेरे को लिवा कर चले॥ १९७॥

टिप्पणी—प्रिय के स्मरण के प्रेरक (उद्दीपक)तथा उन तत्त्वों के साहचर्य के कारण मन का पुलकित हो उठना साहित्य में अनेक रूपों में वर्णित है। श्रीराम की विश्रामस्थली भरत के रोमांच के लिए हेतु है। कवि प्रिय-साहचर्य से उत्पन्न होने वाले आह्लाद एवं रोमांच का चित्रण इन पंक्तियों में करता है।

जहँ तहँ लोगन्ह डेरा कीन्हा। भरत सोधु सबही कर लीन्हा॥
सुर सेवा करि आयसु पाई। रामु मातु पहिं गे दोउ भाई॥

चरन चाँपि कहि कहि मृदु बानी। जननीं सकल भरत सनमानी॥
भाइहिं सौंपि मातु सेवकाई। आपु निषादहिं लीन्ह बोलाई॥
चले सखा कर सों कर जोरे। सिथिल सरीरु सनेह न थोरें॥
पूँछत सखहिं सो ठाउँ देखाऊ। नेकु नयन मन जरनि जुड़ाऊ॥
जहँ सिय रामु लखनु निसि सोए। कहत भरे जल लोचन कोए॥
भरत बचन सुनि भयउ बिषादू। तुरत तहाँ लइ गयउ निषादू॥
दो०— जहँ सिंसुपा पुनीत तट रघुबर किय बिश्रामु।
अति सनेहँ सादर भरत कीन्हेउ दंड प्रनामु॥ १९८॥

अर्थ—जहाँ-तहाँ लोगों ने डेरे डाले और भरत ने सभी की खोज-खबर (सोधु) ली। देवता पूजन करके तथा आज्ञा प्राप्त करके दोनों भाई राम माता कौसल्या के पास गये।

चरण दबा करके और मीठी वाणी बोल-बोल करके भरत ने सम्पूर्ण माताओं का सम्मान किया। माता की सेवा के निमित्त भाई शत्रुघ्न को सौंप करके उन्होंने निषाद को बुला लिया।

निषाद के हाथ-से-हाथ मिलाये हुए वे चल पड़े। शरीर शिथिल है तथा (मन में) अत्यधिक स्नेह है (अत्यधिक स्नेह से विगलित शरीर शिथिल है)। सखा निषादराज से पूछते हैं कि वह स्थान दिखाओ जिससे मेरे नेत्र तथा मन की जलन (थोड़ी देरे के लिए) शान्ति हो।

'जहाँ सीता सहित श्रीराम रात्रि में सोये थे' (इतना) कहते ही नेत्रों के कोए जल से पूरित हो उठे। भरत के वचनों को सुनकर (अत्यधिक) उसे विषाद हुआ और निषाद शीघ्र ही वहाँ लेकर गया।

जहाँ शिंशिपा के पवित्र वृक्ष के नीचे श्रीराम ने विश्राम किया था अत्यन्त स्नेह तथा आदर के साथ भरत ने दण्डवत् प्रणाम किया॥ १९८॥

टिप्पणी—श्रीराम एवं सीता की विश्रामस्थली का दर्शन मूल प्रसंग है। प्रिय के चिह्नों, स्थलों, वस्त्रों, अलंकारों आदि को आधार बनाकर काव्य रचना की परिपाटी साहित्य के अन्तर्गत मिलती है। श्रीराम के प्रति एकमात्र संसक्ति भाव से विरहित भरत के मन एवं नेत्रों की जलन थोड़ी-थोड़ी देर के लिए निवासस्थली के दर्शन से शान्त होगी 'नेकु नयन मन जरनि जुड़ाऊ'—यह सन्दर्भ आराधक की आराध्य के प्रति अत्यधिक तन्मयता एवं विरहासक्ति का उदाहरण है।

कुस साँथरी निहारि सुहाई। कीन्ह प्रनामु प्रदच्छिन जाई॥
चरन रेख रज आँखिन्ह लाई। बनइ न कहत प्रीति अधिकाई॥
कनक बिंदु दुइ चारिक देखे। राखे सीय सीय सम लेखे॥
सजल बिलोचन हृदयँ गलानी। कहत सखा सन बचन सुबानी॥
श्रीहत सीय बिरह दुतिहीना। जथा अवध नर नारि मलीना॥
पिता जनक देउँ पटतर केही। करतल भोगु जोगु जग जेही॥
ससुर भानुकुल भानु भुआलू। जेहि सिहात अमरावति पालू॥
प्राननाथु रघुनाथ गोसाई। जो बड़ होत सो राम बड़ाई॥
दो०— पति देवता सुतीय मनि सीय साँथरी देखि।
बिहरत हृदय न हहरि हर पबि ते कठिन बिसेषि॥ १९९॥

अर्थ—सुन्दर कुश की साँथरी को देख करके (भरत ने) प्रदक्षिणा करके प्रणाम किया। श्रीराम के चरणों की रेखाओं से सम्पृक्त धूलि को आँखों में लगाया। उनकी प्रीति के आधिक्य का वर्णन करते नहीं बनता।

(श्रीसीता के वस्त्राभूषणों से झड़कर गिरे हुए) दो-चार कनक बिन्दुओं को देखा और उन्हें

सीता के समान मानकर शीश पर रखा। नेत्र अश्रुपूरित हैं, हृदय में ग्लानि है और भरत सखा निषाद से कोमल वाणी में बात कहते हैं।

सीता के विरह में ये (कनक बिन्दु) इस प्रकार निस्तेज है जैसे म्लान अयोध्या के नर-नारी। (जिनके) पिता जनक जिनकी तुलना मैं किससे करूँ और जिनके लिए संसार के योग तथा भोग दोनों करतलगत हैं (योगश्य भोगश्च करस्थ एव)।

जिनके श्वसुर (दशरथ) सूर्यकुल के सूर्य हैं। अमरावतीश्वर इन्द्र भी जिनकी स्पृहा करता है। जिसके प्राणनाथ पति गोस्वामी श्रीराम हैं (जिनके प्रभुत्व का यह स्वरूप है कि) संसार में जो बड़ा होता है वह श्रीराम के ही बड़प्पन (माहात्म्य) से।

पति ही जिसके लिए देवता हैं (अर्थात् पवित्रता) ऐसी स्त्रियों में मणिस्वरूप सीता को साँथरी को देख करके, हे शिव जी! मेरा हृदय हहर करके (भय ग्लानि मिश्रित आवेश से) विदीर्ण नहीं होता क्योंकि (वह) वह वज्र से भी अधिक कठोर है॥ १९९॥

टिप्पणी—प्रिय के उद्दीपन रूप अवशिष्ट चिह्नों को देखकर परम विरहासक्तिजन्य तन्मयता एवं सम्भ्रम की काव्यपरिपाटी के अनुक्रम में कवि यह वर्णन करता है। संसक्ति एवं सम्भ्रम के अनेक उदाहरण वियोग शृंगार में मिलते हैं किन्तु कवि का यह वर्णन भ्रातृत्व एवं भक्ति का व्यंजक होने के कारण आराधक की तन्मयता को स्पष्ट करता है। श्रीराम की चरणरेखा की धूलि को नेत्रों से लगा लेना तथा सीता के 'कनक बिन्दुओं' में श्रद्धापूर्वक मातृत्व भाव का सन्निवेश करना इन दृष्टान्तों के साथ मूल भाव को नितान्त स्पष्टतापूर्वक प्रकट करता है।

लालन जोगु लखन लघु लोने। भे न भाइ अस अहहिं न होने॥
पुरजन प्रिय पितु मातु दुलारे। सिय रघुबीरहिं प्रान पिआरे॥
मृदु मूरति सुकुमार सुभाऊ। तात बाउ तन लाग न काऊ॥
ते बन सहहिं बिपति सब भाँती। निदरे कोटि कुलिस एहिं छाती॥
राम जनमि जगु कीन्ह उजागर। रूप सील सुख सब गुन सागर॥
पुरजन परिजन गुर पितु माता। रामु सुभाउ सबहि सुख दाता॥
बैरिउ राम बड़ाई करहीं। बोलनि मिलनि बिनय मन हरहीं॥
सारद कोटि कोटि सत सेषा। करि न सकहिं प्रभु गुन गन लेखा॥

दो०— सुख स्वरूप रघुबंसमनि मंगल मोद निधान।
ते सोवत कुस डासि महि बिधि गति अति बलवान॥ २००॥

अर्थ—लाड़-प्यार करने योग्य तथा लावण्ययुक्त (लोने) लघुभ्राता लक्ष्मण जैसा भाई न हुआ और न होने वाला है। नगरवासियों, प्रियजनों, माता-पिता को प्रिय एवं श्रीरामचन्द्र और सीता के प्राणों के लिए प्रिय हैं।

वह मृदुता की मूर्ति हैं तथा सुकुमार स्वभाववाले जिन्हें कभी भी तप्त वायु भी शरीर में नहीं लगा, वे (लक्ष्मण) वन में हर तरह से विपत्ति झेल रहे हैं (लगता है) मेरे इस कठोर (हृदय) ने कोटि वज्रों को भी निरादृत कर दिया है।

रूप, शील, आनन्द एवं समस्त गुणों के समुद्र श्रीराम ने संसार में अवतरित होकर संसार को आलोकित कर दिया है। नगरवासी जन, परिवार जन, गुरु, पिता, माता आदि सभी के लिए श्रीराम का स्वभाव सुखदायक है।

शत्रु भी श्रीराम की बड़ाई करते हैं तथा उनकी बातचीत, सम्मिलन एवं विनय मन को आकर्षित करते हैं। कोटि-कोटि सरस्वती एवं शतकोटि शेषनाग प्रभु श्रीराम के गुण समूहों का लेखा-जोखा नहीं कर सकते।

आनन्द के भण्डार तथा सुखस्वरूप मंगलमय रघुवंशशिरोमणि वे श्रीराम कुश शय्या बिछाकर पृथ्वी पर सोते हैं, (लगता है) विधाता की गति प्रबल है॥ २००॥

टिप्पणी—कुस साँथरी क्र। विश्राम उद्दीपन है। इस उद्दीपन के कारण लक्ष्मण की कोमलता एवं राज्य सुखभोग आनन्दस्वरूप श्रीराम की मृदुता-वर्णन के लिए व्यंग्य का स्वरूप ग्रहण कर लेता है। इस प्रकार के कोमल एवं मृदुल वन के कष्टों को झेलना मन के लिए पीड़ा का विषय है। अन्ततया कवि का निष्कर्ष है कि यह विषमता विधाता की न समझ में आने वाली करतूत का ही फल है।

राम सुना दुखु कान न काऊ। जीवन तरु जिमि जोगवइ राऊ॥
फलक नयन फनि मनि जेहि भाँती। जोगवहिं जननि सकल दिन राती॥
ते अब फिरत बिपिन पद चारी। कंद मूल फल फूल अहारी॥
धिक कैकई अमंगल मूला। भइसि प्रान प्रियतम प्रतिकूला॥
मैं धिग धिग अघ उदधि अभागी। सबु उतपातु भयउ जेहि लागी॥
कुल कलंकु करि सृजेउ बिधाताँ। साँइ दोह मोहि कीन्ह कुमाताँ॥
सुनि सप्रेम समुझाव निषादू। नाथ करिअ कत बादि बिषादू॥
राम तुम्हहिं प्रिय तुम्ह प्रिय रामहिं। यह निरजोसु दोसु बिधि बामहिं॥

अर्थ—श्रीराम ने अपने कानों से कभी भी 'दु:ख' शब्द को सुना तक नहीं और राजा (दशरथ : पिता) जिसे (अपने प्राणों के लिए, जीवनस्वरूप) संजीवन वृक्ष की भाँति सम्हाल कर रखते थे। सम्पूर्ण माताएँ (जिन) श्रीराम को नेत्रपलक तथा सर्प-मणि सदृश सम्हाले रहती थीं,

वे श्रीराम अब वन में नंगे विचरण कर रहे हैं और कंदमूल, फल-फूल का आहार करते हैं। (इसका हेतु स्वरूप मैं) अमंगल की मूल (जड़) कैकेयी को धिक्कार है जो अपने प्राणों से भी प्रियतम (पति) के लिए विरुद्धधर्मा हुई।

मुझ अभागे पाप समुद्र को धिक्कार है, धिक्कार है उसको जिसके निमित्त सम्पूर्ण उत्पात हुए। विधाता ने मुझे कुल का कलंक करके बनाया और माता ने मुझे स्वामिद्रोही किया।

इसे सुनकर प्रेमपूर्वक निषाद समझाते हैं कि हे नाथ! आप व्यर्थ विषाद कर रहे हैं। आपको श्रीराम प्रिय हैं और आप श्रीराम के लिए प्रिय है, यह निष्कर्ष (निर्यास) है कि दोष (तो) विधाता की वामता को है।

छंद— बिधि बाम की करनी कठिन जेहिं मातु कीन्हीं बावरी।
तेहि राति पुनि पुनि करहिं प्रभु सादर सरहना रावरी॥
तुलसी न तुम्ह सो राम प्रीतमु कहत हौं सौहें किएँ॥
परिनाम मंगल जानि अपने आनिए धीरजु हिएँ॥
सो०— अंतरजामी रामु सकुच सप्रेम कृपायतन।
चलिअ करिअ बिश्रामु यह बिचारि दृढ़ आनि मन।। २०१॥

विधाता की वामता की करतूत कठिन है, जिसने माता को बावली बना दिया। उस रात्रि को आदरपूर्वक प्रभु श्रीराम पुन:-पुन: हे प्रभु! आपकी सराहना करते रहे। तुलसीदास जी कहते हैं कि मैं सौगन्ध करके कहता हूँ कि आप सदृश श्रीराम का प्रिय अन्य नहीं है। (आपके लिए अन्तिम) परिणाम मंगलमय होगा, यह जानकर हृदय में धैर्य लायें।

कृपाधाम श्रीराम संकोचशील, अन्तर्यामी प्रेम से युक्त हैं, ऐसा विचार करके और मन को दृढ़ करके आप चलकर विश्राम करें॥ २०१॥

टिप्पणी—प्रिय के वियोग में कष्ट की आशंका को आधार बनाकर अनेक सम्भावनोक्तियाँ

काव्यों में मिलती हैं। कवि यहाँ भी उसी सन्दर्भ को रखता हुआ उसकी हेतुस्वरूपा कैकेयी को धिक्कारने में कोई कसर नहीं छोड़ता। भरत के भ्रातृव को कैकेयी के मातृत्व से उत्कृष्ट और प्रकारान्तर से भ्रातृत्व में निहित भक्ति को लोक सम्बन्धों से उत्कृष्टतर सिद्ध करना कवि का अभीष्ट है।

सखा बचन सुनि उर धरि धीरा। बास चले सुमिरत रघुबीरा॥
यह सुधि पाइ नगर नर नारी। चले बिलोकन आरत भारी॥
परदखिना करि करहिं प्रनामा। देहिं कैकइहिं खोरि निकामा॥
भरि भरि बारि बिलोचन लेहीं। बाम बिधातहिं दूषन देहीं॥
एक सराहहिं भरत सनेहू। कोउ कह नृपति निबाहेउ नेहू॥
निंदहिं आपु सराहि निषादहिं। को कह सकइ बिमोहि बिषादहिं॥
एहिं बिधि राति लोगु सब जागा। भा भिनसार गुदारा लागा॥
गुरहिं सुनावँ चढ़ाइ सुहाई। नईं नाव सब मातु चढ़ाईं॥
दंड चारि महँ भा सबु पारा। उतरि भरत तब सबहिं सँभारा॥

दो०— प्रात क्रिया करि मातु पद बंदि गुरहिं सिरु नाइ।
आगें किए निषाद गन दीन्हेउ कटुक चलाइ॥ २०२॥

अर्थ—सखा निषाद के वचनों को सुनकर और धैर्यधारण करके श्रीभरत श्रीराम का स्मरण करते हुए वासस्थल को चले। अयोध्या के नर-नारी यह समाचार प्राप्त करके अत्यन्त आर्तभाव से देखने के लिए चले।

वे (राम के शयन-स्थली की) परिक्रमा करके प्रणाम करते हैं और कैकेयी को अत्यधिक (निकाम) दोष देते हैं। नेत्रों में अश्रुजल भर-भर लेते हैं और प्रतिकूल विधाता को दोष देते हैं।

कोई एक भरत के स्नेह को सराहते हैं और अन्य कोई कहता है कि राजा ने अपना स्नेह धर्म निबाहा। निषादराज की सराहना करते हुए वे (सभी) अपनी निन्दा करते हैं, उनके व्यामोह एवं विषाद का वर्णन कौन कर सकता है?

इस प्रकार, रात्रि भर सभी लोग जगे और प्रातः हुआ, उतराई (गुदारा) शुरू हो गई। गुरु को अच्छी नाव पर चढ़ा करके नई नावों पर माताओं को चढ़ाया।

चार दण्ड में सभी पार हुए और (नौका से) उत्तर करके भरत ने तब सभी को सम्हाला।

प्रातः क्रिया करके, माता के चरणों की वन्दना करके तथा सिर नवा कर गुरु की वन्दना करके निषादगणों को आगे करके सैन्य समाज को आगे चलाया॥ २०२॥

कियउ निषादनाथु अगुआईं। मातु पालकीं सकल चलाईं॥
साथ बोलाइ भाइ लघु दीन्हा। बिप्रन्ह सहित गवनु गुर कीन्हा॥
आपु सुरसरिहिं कीन्ह प्रनामू। सुमिरे लखन सहित सिय रामू॥
गवने भरत पयादहिं पाया। कोतल सँग जाहिं डोरिआया॥
कहहिं सुसेवक बारहिं बारा। होइअ नाथ अस्व असवारा॥
रामु पयादेहिं पायँ सिधाये। हम कहँ रथ गज बाजि बनाये॥
सिर भर जाउँ उचित अस मोरा। सब तें सेवक धरमु कठोरा॥
देखि भरत गति सुनि मृदु बानी। सब सेवक गन गरहिं गलानी॥

दो०— भरत तीसरे पहर कहँ कीन्ह प्रबेसु प्रयाग।
कहत राम सिय राम सिय उमगि उमगि अनुराग॥ २०३॥

अर्थ—निषादराज ने (सब की) अगुआई की और (तदनुसार) सभी माताओं की पालकियाँ

चलाईं। छोटे भाई शत्रुघ्न को बुलाकर साथ दे दिया और (तब) ब्राह्मणों के साथ गुरु ने गमन किया।

स्वयं (भरत) ने गंगा को प्रणाम तथा श्रीराम, सीता एवं लक्ष्मण का स्मरण किया। (इस प्रकार) भरत पैदल ही चल पड़े तथा उनकी सवारी का अश्व (कोतल) साथ डोरियाए (मात्र डोरी पकड़े हुए अश्व सेवक) लिये जाये जा रहे हैं।

श्रेष्ठ सेवक बार-बार कह रहे हैं कि हे स्वामी! घोड़े पर सवार हों। (भरत उनको उत्तर देते हैं) कि श्रीराम तो पैदल ही (वन) गये और हमारे लिए रथ, हाथी, घोड़े बनाये गये हैं।

(उनकी पैदल यात्रा को देखते हुए) मेरे लिए यही उचित है कि मैं सिर के बल जाऊँ क्योंकि भृत्य धर्म (निर्वाह की दृष्टि से) सबसे कठिन है। भरत की दशा देखकर उनकी कोमल वाणी सुनकर सम्पूर्ण भृत्यगण ग्लानिवश गले जा रहे हैं।

भरत ने दिन के तीसरे प्रहर में प्रयाग भूमि में प्रवेश किया। अनुराग में मग्न हो-होकर श्रीराम-सीता, श्रीराम-सीता कह रहे हैं॥ २०३॥

टिप्पणी—गोस्वामी तुलसीदास भ्रातृत्व में निहित दास्यासक्ति एवं प्रपत्तिरूप भक्ति को सन्निविष्ट कराकर इन पंक्तियों में आराधक (सेवक) धर्म का प्रतिपादन करते हैं। 'सिर भर जाउँ उचित अस मोरा। सब तें सेवक धरम कठोरा।' अश्व, रथ, यान आदि का तिरस्कार करते हुए नंगे पाँव चलना आराध्य श्रीराम का अनुसरण है। मूलतः कवि का यहाँ मूल मंतव्य भक्तिविषयक 'सेवक-सेव्य' भाव को ही व्यंजित करना है।

झलका झलकत पायन्ह कैसे। पंकज कोस ओस कन जैसे॥
भरत पयादेहिं आये आजू। भयउ दुखित सुनि सकल समाजू॥
खबरि लीन्ह सब लोग नहाए। कीन्ह प्रनामु त्रिबेनिहिं आए॥
सबिधि सितासित नीर नहाने। दिये दान महिसुर सनमाने॥
देखत स्यामल धवल हलोरे। पुलकि शरीर भरत कर जोरे॥
सकल कामप्रद तीरथराऊ। बेद बिदित जग प्रगट प्रभाऊ॥
माँगउँ भीख त्यागि निज धरमू। आरत काह न करइ कुकरमू॥
अस जियँ जानि सुजान सुदानी। सफल करहिं जग जाचक बानी॥

दो०— अरथ न धरम न काम रुचि गति न चहउँ निरबान।
जनम जनम रति राम पद यह बरदानु न आन॥ २०४॥

अर्थ—उनके चरणों में झलके (फफोले : अवधी) इस प्रकार झलक रहे हैं जैसे सम्पुटित पद्मकोष में ओस के जलकण। भरत आज पैदल आये हैं, यह सुनकर सम्पूर्ण समाज दुखित हुआ।

भरत ने खोज-खबर कर ली कि सभी स्नान कर चुके हैं उन्होंने आकर त्रिवेणी को प्रणाम किया। विधिपूर्वक श्वेत-श्याम (गंगा-यमुना) में स्नान किया तथा दान देकर ब्राह्मणों को सम्मानित किया।

श्यामल तथा उज्ज्वल लहरों को देखते ही पुलकित शरीर से भरत ने हाथ जोड़े (श्यामल तथा धवल लहरों के वर्ण साम्य के कारण श्रीराम-सीता तथा लक्ष्मण का स्मरण)। सम्पूर्ण कामनाओं को प्रदान करने वाले हे तीर्थराज! आपका प्रभाव वेदों में प्रसिद्ध एवं संसार में प्रकट है।

मैं अपने धर्म (क्षत्रिय धर्म) का परित्याग करके भीख माँगता हूँ क्योंकि आर्तजन (दुखी जन) कौन-सा कुकर्म नहीं करते। हृदय में ऐसा जानकर उत्तम तथा चतुर दानी संसार में याचकों की वाणी सफल करते हैं।

चारों पुरुषार्थों में न मुझे अर्थ, न धर्म और न काम की आकांक्षा है और न (चतुर्थ पुरुषार्थ)

निर्वाण (मोक्ष) ही चाहता हूँ। प्रत्येक 'जन्म में राम के चरणों में आसक्ति रहे, यही वरदान दें, अन्य नहीं॥ २०४॥

टिप्पणी—'स्मृति' संचारी भाव है 'सितासित जल' उद्दीपन है। 'स्यामल-धवल' हिलोरों में श्रीराम एवं सीता' के स्मरण मात्र से 'पुलक' सात्त्विक भाव का उत्पन्न हो जाना उनके हृदय की परमासक्ति (सादृश्यभजन्य) को व्यंजित करना है। कवि इस प्रयाग प्रसंग के माध्यम से भरत की परमप्रेमस्वरूपा भक्ति को चित्रित करना चाह रहा है। अयोध्या एवं चित्रकूट के मध्य में स्थित इस पुण्यस्थली तक पहुँचते-पहुँचते भरत पूरी तरह से भाव-विह्वल हो उठते हैं। अयोध्या के भरत का दूसरा रूप है। तमसा तट पर कुछ दूसरा हो उठता है, शृंगवेरपुर में उनकी भक्ति का स्वरूप कुछ और सान्द्र होता है। प्रयाग में पहुँच कर उनकी भक्तिनिष्ठा पूर्ण युवती हो उठती है। 'श्रीराम के चरणों में जन्म-जन्मान्तर तक रुचि' यही भक्त की एकमात्र एवं अन्तिम कामना है।

जानहुँ रामु कुटिल करि मोहीं। लोग कहउ गुर साहिब द्रोही॥
सीता राम चरन रति मोरें। अनुदिन बढ़उ अनुग्रह तोरें॥
जलदु जनम भरि सुरति बिसारउ। जाचत जलु पबि पाहन डारउ॥
चातकु रटनि घटें घटि जाई। बढ़ें प्रेमु सब भाँति भलाई॥
कनकहिं बान चढ़इ जिमि दाहें। तिमि प्रियतम पद नेम निबाहें॥
भरत बचन सुनि माझ त्रिबेनी। भइ मृदु बानि सुमंगल देनी॥
तात भरत तुम्ह सब बिधि साधू। राम चरन अनुराग अगाधू॥
बादि गलानि करहु मन माहीं। तुम्ह सम रामहिं कोउ प्रिय नाहीं॥

दो०— तनु पुलकेउ हियँ हरषु सुनि बेनि बचन अनुकूल।
भरत धन्य कहि धन्य सुर हरषित बरषहिं फूल॥ २०५॥

अर्थ—चाहे श्रीराम मुझे कुटिल करके समझें, सभी लोग गुरु तथा स्वामी का द्रोही ही चाहे समझें फिर भी आपकी कृपा (आशीर्वाद या वरदान) से दिन-दिन श्रीराम एवं सीता के चरणों में मेरी रति बढ़े।

बादल चाहे जन्म पर्यन्त के लिए (चातक की) स्मृति भुला दे, चाहे (चातक द्वारा) जलयाचना करने पर (वह) वज्र तथा ओले गिराये। चातक की (स्वाति जल के निमित्त) रट घट जाने पर (प्रतिष्ठा : मान) घट जायेगी (घटा हुआ समझा जायेगा) और (जल के निमित्त इस) रट के बढ़ने से प्रेम बढ़ने पर ही प्रत्येक प्रकार से उनका भला है।

उत्ताप (दाहें) से जिस प्रकार सोने में निखार (बान) आती है, ठीक उसी प्रकार प्रियतम के पद में प्रेम-निर्वाह से आराधक में निखार आता है। भरत के वचनों को सुनकर त्रिवेणी के मध्य से मंगलदायक कोमल वाणी हुई।

हे तात भरत! तुम प्रत्येक प्रकार से साधु हो और श्रीराम के चरणों में तुम्हारा अनुराग अगाध है। तुम मन में व्यर्थ ग्लानि कर रहे हो। तुम्हारे सदृश राम को कोई प्रिय नहीं है।

त्रिवेणी के अनुकूल वचनों को सुनकर शरीर (आनन्द से) पुलकित एवं हृदय हर्षित हो उठा। भरत के लिए धन्य-धन्य कहकर हर्षभाव से देवगण पुष्पवर्षा कर रहे हैं॥ २०५॥

टिप्पणी—भरत चरित्र की पूर्ण पराकष्ठा को चित्रित करता हुआ कवि रचना तथा निरपेक्ष भक्ति के मंतव्य को भी यहाँ प्रकारान्तर से व्यंजित कर रहा है। अयोध्याकाण्ड की रचना का लक्ष्य है, भरत की सर्वतोत्कृष्ट भक्ति एवं भ्रातृत्व प्रेम को व्यंजित करना। भरत का चरित्र ही भक्ति का पर्याय है और भक्ति का स्वरूप एवं प्रतीक 'चातकवृत्ति' में परिपूर्णता को प्राप्त करता है—

'कनकहिं' बान चढ़इ जिमि दाहें। तिमि प्रियतम पद नेम निबाहें' अयोध्याकांड की रचना के

द्वारा कवि इसी मूल आदर्श को प्रतिपादित करने का प्रयास करता है। अयोध्याकांड के पूर्वांश में कवि इसका निर्वाह दशरथ प्रसंग में करता है तथा उत्तरांश में यही उक्ति भरत चरित्र पर घटित होती है।

प्रमुदित तीरथराज निवासी। बैखानस बटु गृही उदासी॥
कहहिं परसपर मिलि दस पाँचा। भरत सनेहु सीलु सुचि साँचा॥
सुनत राम गुन ग्राम सुहाए। भरद्वाज मुनिबर पहिं आए॥
दंड प्रनामु करत मुनि देखे। मूरतिमंत भाग्य निज लेखे॥
धाइ उठाइ लाइ उर लीन्हे। दीन्हि असीस कृतारथ कीन्हे॥
आसनु दीन्ह नाइ सिरु बैठे। चहत सकुच गृहँ जनु भजि पैठे॥
मुनि पूँछब कछु यह बड़ सोचू। बोले रिषि लखि सीलु सँकोचू॥
सुनहु भरत हम सब सुधि पाई। बिधि करतब पर किछु न बसाई॥

दो०— तुम्ह गलानि जियँ जनि करहु समुझि मातु करतूति।
तात कैकेइहिं दोसु नहिं गई गिरा मति धूति॥ २०६॥

अर्थ—प्रयाग के (समस्त) निवासी—वानप्रस्थ, ब्रह्मचारी, गृहस्थ तथा उदासीन आनन्दित हैं। दस-पाँच आपस में मिलकर कहते हैं कि भरत का स्नेह एवं शील पवित्र तथा सच्चा है।

श्रीराम के मन को अच्छे लगने वाले गुणसमूहों का श्रवण करते हुए वे मुनिश्रेष्ठ भरद्वाज के पास आये। अपने भाग्य के मूर्तिमान स्वरूप जैसे उन्हें मुनि ने दण्डवत् प्रणाम करते हुए देखा।

दौड़ करके, उठा करके (उन्होंने भरत को) हृदय से लगाया और आशीर्वाद देकर कृतकृत्य किया। उन्होंने (भरत को) आसन दिया और (भरत) शीश झुका कर बैठे मानो संकोच के कारण गृह में भाग कर बैठना चाहते हों।

उन्हें यह बड़ा भारी सोच है कि मुनि पूछेंगे (और तब) उनके शील तथा संकोच को देखकर मुनि भरद्वाज बोले। हे भरत! सुनें, हमने सब समाचार प्राप्त कर लिया है, विधाता की करनी पर कुछ वश नहीं है।

माता की करनी जानकर आप हृदय में ग्लानि न करें। हे तात! इसमें कैकेयी का दोष नहीं है, सरस्वती ही उनकी मति छलकर गई थी॥ २०६॥

टिप्पणी—भरद्वाज द्वारा भरत को यह समझाया जाता है कि इस कृत्य में तुम्हारी माता कैकेयी दोषी नहीं है अपितु सम्पूर्ण घटना के दोषी देवगण हैं, जिन्होंने सरस्वती से छल कराया है। यह प्रसंग अध्यात्म रामायण से लिया गया है।

यहउ कहत भल कहिहि न कोऊ। लोकु बेदु बुध संमत दोऊ॥
तात तुम्हार बिमल जसु गाई। पाइहि लोकउ बेदु बड़ाई॥
लोक बेद संमत सबु कहई। जेहि पितु देइ राजु सो लहई॥
राउ सत्यब्रत तुम्हहि बोलाई। देत राजु सुखु धरमु बड़ाई॥
रामु गवनु बन अनरथ मूला। जो सुनि सकल बिस्व भइ सूला॥
सो भावी बस रानि अयानी। करि कुचालि अंतहुँ पछितानी॥
तहँउँ तुम्हार अलप अपराधू। कहै सो अधम अयान असाधू॥
करतेहुँ राजु त तुम्हहि न दोषू। रामहिं होत सुनत संतोषू॥

दो०— अब अति कीन्हेहु भरत भल तुम्हहि उचित मत एहु।
सकल सुमंगल मूल जग रघुबर चरन सनेहु॥ २०७॥

अर्थ—यह कहते हुए भी उसे (कैकेयी को) कोई भला नहीं कहेगा क्योंकि लोक तथा वेद

(दोनों ज्ञान) बुद्ध (विद्वान्) सम्मत हैं। किन्तु हे तात! तुम्हारे निर्मल यश का गायन करते हुए लोक तथा वेद (दोनों मतों को) दोनों बड़प्पन प्राप्त करेंगे।

यह लोक तथा वेद दोनों से सर्वथा स्वीकृत मत है तथा सब लोग भी कहते है कि जिसे पिता राज्य दे, वही प्राप्त करता है। सत्यव्रत राजा (दशरथ) तुम्हें बुलाकर राज्य देते, आनन्द तथा धर्म की बड़ाई होती।

राम का वनगमन ही सम्पूर्ण अनर्थ की जड़ है, जिसे सुनकर सम्पूर्ण विश्वभर को शूल हुआ। वह भी भवितव्यतावश ही (घटित हुआ है) रानी (कैकेयी) अज्ञान है, कुकृत्य करके, जिसको अन्त में पछतावा मिला। वहाँ तुम्हारा अल्प अपराध भी जो बताये वह नीच, अज्ञानी तथा असाधु है। (तुम) राज्य करते तो भी तुम्हें दोष नहीं था और उसे सुनकर श्रीराम को सन्तोष ही होता।

हे भरत! तुमने अब यह अत्यधिक उचित किया और यह अभिमत तुम्हारे लिए सर्वथा उचित है क्योंकि संसार में श्रीराम के चरणों में स्नेह ही सम्पूर्ण उत्तम मंगलों का मूल है। २०७॥

टिप्पणी—भरद्वाज भरत की निर्दोषिता का प्रतिपादन करते हुए श्रीराम की भक्ति का समर्थन करते हैं। निर्दोषिता के लिए आधार है, भरत का राज्य प्राप्ति के लिए स्वत: सचेष्ट न होना। राज्य उन्हें अनायास दिया गया। भक्ति का समर्थन राज्य छोड़कर श्रीराम को वन से लौटा लाने के कारण होता है।

सो तुम्हार धनु जीवनु प्राना। भूरि भाग को तुम्हहि समाना॥
यह तुम्हार आजरजु न ताता। दसरथ सुअन राम प्रिय भ्राता॥
सुनहु भरत रघुबर मन माहीं। पेम पात्रु तुम्ह सम कोउ नाहीं॥
लखन राम सीतहि अति प्रीती। निसि सब तुम्हहि सराहत बीती॥
जाना मरमु नहात प्रयागा। मगन होहिं तुम्हरें अनुरागा॥
तुम्ह पर अस सनेहु रघुबर कें। सुख जीवन जग जस जड़ नर कें॥
यह न अधिक रघुबीर बड़ाई। प्रनत कुटुंब पाल रघुराई॥
तुम्ह तौ भरत मोर मत एहू। धरें देह जनु राम सनेहू॥
दो०— तुम्ह कहँ भरत कलंक यह हम सब कहँ उपदेसु।
राम भगति रस सिद्धि हित भा यह समउ गनेसु॥ २०८॥

अर्थ—वह (श्रीराम के चरणों में स्नेह) तो तुम्हारा धर्म, जीवन एवं प्राण है। तुम्हारे सदृश अत्यधिक भाग्यशाली कौन है। हो तात! यह तुम्हारे लिये कोई आश्चर्य नहीं है क्योंकि तुम दशरथ के पुत्र तथा श्रीराम के भाई हो।

हे भरत! सुनो, श्रीराम के मन में तुम्हारे सदृश प्रेम-पात्र कोई नहीं है। (मेरे आश्रम में ही) लक्ष्मण, श्रीराम तथा सीता की सम्पूर्ण रात्रि अत्यधिक प्रीतिपूर्वक तुम्हारी सराहना में व्यतीत हुई।

(मैंने उनका यह) मर्म प्रयाग में स्नान करते समय समझा। (वर्ण साम्य के कारण स्मरण से विह्वल) तुम्हारे अनुराग में मग्न हो रहे थे। तुम्हारे ऊपर श्रीराम का ऐसा स्नेह है जैसे संसार में जड़ मनुष्य को जीवन का सुख हो।

यह श्रीराम की अधिक प्रशंसा नहीं है अपितु श्रीराम शरणागत के कुटुम्ब के पोषक हैं। हे भरत! मेरा मत यही है कि तुम तो साक्षात् शरीर धारण किये श्रीराम के स्नेह ही हो।

हो भरत! तुम्हारी समझ में यह कलंक है किन्तु हम सब के लिए यह उपदेश है। श्रीराम के भक्तिरस की सिद्धि के लिए यह समय श्रीगणेश (प्रस्थानबिन्दु) हुआ है॥ २०८॥

टिप्पणी—भरत के मन में वर्तमान श्रीराम के प्रति गहन प्रेम तथा दूसरी ओर श्रीराम के मन में निहित भरत के प्रति उत्कृष्ट प्रेमासक्ति की व्यंजना के निमित्त इन पंक्तियों की रचना की गई है।

भरत का धन, जीवन एवं प्राण श्रीराम के चरणों में अनुरक्त है तथा दूसरी ओर श्रीराम के स्नेह की व्यंजना भरद्वाज इन पंक्तियों में व्यक्त करते हैं—'निसि सब तुमहिं सराहत बीती' तथा 'जाना मरम नहात प्रयागा। मगन होहिं तुम्हरे अनुरागा।' कवि इस परस्पर प्रेमासक्ति का चित्रण करके भरत के चरित्र को उदात्त एवं निष्कलंक व्यंजित करता है। कवि के अनुसार श्रीराम के भक्तिरस का प्रस्थानविन्दु भरत का यही निर्मल आचरण है।

नव बिधु बिमल तात जसु तोरा। रघुबर किंकर कुमुद चकोरा॥
उदित सदा अँथइहि कबहूँ ना। घटिहि न जग नभ दिन दिन दूना॥
कोक तिलोक प्रीति अति करिही। प्रभु प्रताप रबि छबिहि न हरिही॥
निसि दिन सुखद सदा सब काहू। ग्रसिहि न कैकइ करतबु राहू॥
पूरन राम सुपेम पियूषा। गुर अवमान दोष नहिं दूषा॥
राम भगत अब अमिअँ अघाहूँ। कीन्हेहु सुलभ सुधा बसुधाहूँ॥
भूप भगीरथ सुरसरि आनी। सुमिरत सकल सुमंगल खानी॥
दसरथ गुन गन बरनि न जाहीं। अधिकु कहा जेहि सम जग नाहीं॥
दो०— जासु सनेह संकोच बस राम प्रगट भए आइ।
जे हर हिय नयननि कबहुँ निरखे नहीं अघाइ॥ २०९॥

अर्थ—हे तात! श्रीराम के दासरूपी कुमुदों और चकोरों के लिए आपका निर्मलयश नवीन चन्द्र है। यह सदा उदित रहेगा और (यह) अस्त भी कभी नहीं होगा। यह संसाररूपी आकाश में कभी घटेगा नहीं वरन् दिन-दिन दूने रूप में बढ़ेगा।

तीनों लोकों के जनसमूह चक्रवाक की भाँति (दुखी होने के स्थान पर) अत्यधिक प्रीति करेंगे। प्रभु श्रीराम का प्रतापरूपी सूर्य इसकी छवि का हरण नहीं करेगा। यह चन्द्र सदा सभी के लिए रात्रि-दिन सुखद होगा। कैकेयी का दुष्कर्मरूपी राहु इसे ग्रस नहीं पायेगा।

श्रीराम के उत्तम प्रेमामृत से यह परिपूर्ण होगा। गुरुजनों (गुरु) के अपमानरूपी दोष से यह दूषित भी नहीं होगा। अब श्रीराम के भक्त भक्त्यामृत से परितृप्त होंगे क्योंकि तुमने भक्ति सुधा को पृथ्वी पर सुलभ कर दिया है।

राजा भगीरथ गंगा को लाये थे, जिन (गंगा) के स्मरण से समस्त सुन्दर मंगलों की खानि प्राप्त होती है। दशरथ के गुण समूहों का वर्णन करते नहीं बनता। (उनकी तुलना में) गुणाधिक्य कहाँ है, उनके सदृश भी संसार में अन्य नहीं है।

जिसके स्नेह तथा संकोच के वशवर्ती होकर स्वयं ब्रह्म राम रूप में आकर अवतरित हुए जिनको (श्रीराम को) शिव हृदयरूपी नेत्र से देखते हुए कभी तृप्ति का अनुभव नहीं करते॥ २०९॥

टिप्पणी—सांगरूपक अलंकार के माध्यम से कवि भरत की चरित्र निष्ठा एवं प्रेमासक्ति को प्रस्तुत के रूप में स्वीकार करके 'बिमल विधु' के विविध अंगों के सादृश्याध्यवसाय के द्वारा पोषण करता है। भरत की गम्भीर प्रेमासक्ति का चित्रण करता हुआ कवि अन्त में यह निष्कर्ष निकालता है कि श्रीराम का अवतरण इस लोक के लिए एक अपूर्व घटना है। इनके इस अवतरण को प्रकाशित करने का श्रेय केवल भरत के चरित्र को है।

कीरति बिधु तुम्ह कीन्ह अनूपा। जहँ बस राम पेम मृग रूपा।।
तात गलानि करहु जियँ जाएँ। डरहु दरिद्रहि पारसु पाएँ॥
सुनहु भरत हम झूठ न कहहीं। उदासीन तापस बन रहहीं॥
सब साधन कर सुफल सुहावा। लखन राम सिय दरसनु पावा॥
तेहि फल कर फलु दरसु तुम्हारा। सहित पयाग सुभाग हमारा॥

भरत धन्य तुम्ह जसु जगु जयऊ। कहि अस प्रेम मगन मुनि भयऊ॥
सुनि मुनि बचन सभासद हरषे। साधु सराहि सुमन सुर बरषे॥
धन्य धन्य धुनि गगन पयागा। सुनि सुनि भरतु मगन अनुरागा॥
दो०— पुलक गात हियँ रामु सिय सजल सरोरुह नैन।
करि प्रनामु मुनि मंडलिहि बोले गदगद बैन॥ २१०॥

अर्थ—तुमने कीर्तिरूपी अपूर्व चन्द्र को रचा है जिसमें श्रीराम प्रेमरूपी मृग निवास करता है। हे तात! तुम हृदय में (जियँ जाए) व्यर्थ ग्लानि कर रहे हो। स्पर्श मणि प्राप्त करके भी दारिद्र्य से डरते हो।

हे भरत! सुनो, हम असत्य नहीं कहते क्योंकि हम उदासीन हैं (तटस्थ हैं, किसी से रागद्वेष नहीं है) तपस्वी हैं तथा अरण्यवासी हैं। सम्पूर्ण साधनों का उत्तम एवं शोभित होने वाला फल श्रीराम, लक्ष्मण तथा सीता के दर्शन की प्राप्ति है।

उस दर्शन फल का भी फल तुम्हारा दर्शन है, यह प्रयाग सहित हमारा सौभाग्य है। हे भरत! आप धन्य हैं, आपने अपने यश से संसार को जीत लिया है, ऐसा कहकर मुनि प्रेम मग्न से उठे।

मुनि के वचनों को सुनकर सम्पूर्ण सभासद (उस सभा में एकत्रित जन) हर्षित हो उठे। 'साधु-साधु' कहकर सराहना करते हुए देवगणों ने पुष्पवृष्टि की। धन्य-धन्य की ध्वनि प्रयाग और आकाश (जन समूह नीचे प्रयाग में तथा देवता समूह आकाश में) में सुन-सुन कर भरत आनन्द-विह्वल हो उठे।

शरीर से पुलकित, हृदय में सीता सहित श्रीराम से युक्त तथा कमलनेत्रों में अश्रुपूरित भरत, मुनि मण्डली को प्रणाम करके, विगलित वचन बोले॥ २१०॥

टिप्पणी—भरद्वाज द्वारा भरत के चरित्र की उत्कृष्टता का प्रतिपादन तथा उनके हृदय में स्थित श्रीराम के निर्मल भक्तिस्वरूप का समर्थन इन पंक्तियों का मंतव्य है। भरद्वाज यहाँ केवल तटस्थ द्रष्टा ही नहीं अपितु श्रीराम के भक्त, कथागायक एवं उनके मर्म से भली-भाँति परिचित हैं। भरत के चरित्र एवं भक्ति पर भरद्वाज की मुहर लगवाने की यही व्यंजना है कि उनकी निष्ठा पर कोई सन्देह न करे। भरद्वाज श्रीरामचरितमानस की कथा के वक्ता, ज्ञाता तथा उद्भावक पात्र हैं। वैसे, 'अद्‌भुत रामायण' में वाल्मीकि एवं भरद्वाज के माध्यम से रामकथा कही गई है।

मुनि समाजु अरु तीरथराजू। साँचिहुँ सपथ अघाइ अकाजू॥
एहिं थल जौं किछु कहिअ बनाई। एहि सम अधिक न अघ अधमाई॥
तुम्ह सर्बग्य कहउँ सतिभाऊ। उर अंतरजामी रघुराऊ॥
मोहि न मातु करतब कर सोचू। नहिं दुखु जियँ जगु जानिहि पोचू॥
नाहिन डरु बिगरिहि परलोकू। पितहु मरन कर मोहि न सोकू॥
सुकृत सुजस भरि भुअन सुहाए। लछिमन राम सरिस सुत पाए॥
राम बिरहँ तजि तनु छनभंगू। भूप सोच कर कवन प्रसंगू॥
राम लखन सिय बिनु पग पनहीं। करि मुनि भेष फिरहिं बन बनहीं॥
दो०— अजिन बसन फल असन महि सयन डासि कुसपात।
बसि तरु तर नित सहत हिम आतप बरषा बात॥ २११॥

अर्थ—मुनियों का समाज और तीर्थराज प्रयाग, यहाँ सच्ची शपथ करने से भी बड़ी (अपाइ) हानि होगी। इस स्थल पर, यदि कुछ बनाकर कहूँगा तो इसके सदृश अधिक पाप अधमता नहीं होगी।

आप सर्वज्ञ हैं। मैं आपसे सत्य भाव से कहता हूँ और श्रीराम हृदय के अन्तर्यामी हैं। मुझे माता

की करनी की चिन्ता नहीं है। इसकी भी चिन्ता नहीं है कि संसार मुझे नीच (पोच) समझेगा।

मुझे इसका भी डर नहीं है कि परलोक बिगड़ जायेगा और पिता की मृत्यु का भी मुझे शोक नहीं है। उनका उत्तम पुण्य एवं यश भुवन पर्यन्त शोभित है (क्योंकि उन्होंने) श्रीराम यथा लक्ष्मण सदृश पुत्र प्राप्त किया।

श्रीराम के विरह में उन्होंने क्षणभंगुर शरीर त्यागा अतः राजा के लिए शोक का क्या प्रसंग! (शोक का विषय केवल इतना ही है) कि श्रीराम, लक्ष्मण एवं सीता बिना पदत्राण के मुनि का वेष बनाकर वन-वन घूम रहे हैं।

मृग छाल (अजिन) के वस्त्र, फल का भोजन, कुश तथा पत्तों को बिछाकर शयन तथा वृक्ष के तले निवास करके नित्य धूप, वर्षा तथा वायु के झोंके सह रहे हैं॥ २११॥

टिप्पणी—कवि भरत की मनोव्यथा को चित्रित करता हुआ श्रीराम के प्रति उनके मन में वर्तमान गूढ़ आत्मासक्ति को भक्ति का आलम्बन प्रदान करता है। कवि पूर्व स्थितियों का निषेध करके अर्थात् माता कैकेयी की कुमंत्रणा, लोकनिन्दा, परलोकविनष्ट होने का भय तथा पिता मृत्यु से शोक की अवमानना करते हुए कष्ट का एक ही कारण भरत के द्वारा स्थापित किया जाता है, वह है—श्रीराम, सीता तथा लक्ष्मण का वनमार्ग में संकटों को झेलते हुए विचरण करना।

एहि दुखु दाहँ दहइ दिन छाती। भूख न बासर नींद न राती॥
एहि कुरोग कर औषधु नाहीं। सोधेउँ सकल बिस्व मन माहीं॥
मातु कुमत बढ़ई अघ मूला। तेहिं हमार हित कीन्ह बँसूला॥
कलि कुकाठ कर कीन्ह कुजंत्रू। गाड़ि अवधि पढ़ि कठिन कुमंत्रू॥
मोहि लगि यहु कुठाटु तेंहि ठाटा। घालेसि सबु जगु बारह बाटा॥
मिटइ कुजोग राम फिरि आएँ। बसइ अवध नहिं आन उपाएँ॥
भरत बचन सुनि मुनि सुखु पाई। सबहिं कीन्हि बहु भाँति बड़ाई॥
तात करहु जनि सोचु बिसेषी। सब दुखु मिटिहि राम पग देखी॥
दो०— करि प्रबोधु मुनिबर कहेउ अतिथि प्रेम प्रिय होहु।
कंद मूल फल फूल हम देहिं लेहु करि छोहु॥ २१२॥

अर्थ—इसी दुःख की जलन में मेरी छाती जल रही है। दिन में न भूख है और न रात्रि में निद्रा। इस असाध्य रोग की ओषधि नहीं है, मैंने अपने मन के द्वारा सम्पूर्ण विश्व में खोज लिया है।

माता की पापमूला दुर्बुद्धि बढ़ई है। उसने हमारे हित को बसूला बनाया। कलह (कलि) रूपी कुत्सित काठ का अभिचार यन्त्र बनाया तथा कठिन कुमंत्र को पढ़कर अयोध्या में गाड़ दिया।

मेरे लिए उसने यह कुठाट सजाया और उसने सम्पूर्ण संसार को प्रत्येक प्रकार से नष्ट-भ्रष्ट कर दिया (घालेसि.... बारह बाटा)। श्रीराम के पुनः लौटने पर ही कुमंत्र का दुष्प्रभाव (कुजोग) मिलेगा। अयोध्या किसी अन्य उपाय से नहीं बसेगी।

भरत के वचनों को सुन करके सभी ने सुख प्राप्त किया तथा सभी ने अनेक प्रकार से (उनकी) बड़ाई की। हे तात! विशेष सोच न करें। श्रीराम के चरणों के दर्शन से समस्त दुःख मिटेंगे।

सान्त्वना देकर मुनिश्रेष्ठ भरद्वाज ने कहा कि तुम (मेरे) प्रेमप्रिय अतिथि हो। हम कन्द, मूल , फूल दे रहे हैं, कृपापूर्वक स्वीकार करें॥ २१२॥

टिप्पणी—भरत अपने इस एक मात्र दुःख को अनेक उक्तियों द्वारा समर्थन देते हैं। समर्थनमूलक ये वाक्य उनकी निष्ठा को पुष्ट करते हैं। अपने तथा सम्पूर्ण अयोध्या के ऊपर आये हुए संकट को कवि मारक यन्त्र से उपमित करता है। मारक यंत्र का प्रभाव सम्पूर्ण अयोध्यावासियों के ऊपर से तभी समाप्त हो सकता है, जबकि 'श्रीराम का आगमन'

जैसा प्रसिद्ध कुयोग का निवारक हेतु उपस्थित हो।

सुनि मुनि बचन भरत हियँ सोचू। भयउ कुअवसर कठिन संकोचू॥
जानि गरुइ गुर गिरा बहोरी। चरन बंदि बोले कर जोरी॥
सिर धरि आयसु करिय तुम्हारा। परम धरम यहु नाथ हमारा॥
भरत बचन मुनिबर मन भाए। सुचि सेवक सिष निकट बोलाए॥
चाहिअ कीन्हि भरत पहुनाई। कंद मूल फल आनहु जाई॥
भलेहिं नाथ कहि तिन्ह सिर नाए। प्रमुदित निज निज काज सिधाये॥
मुनिहि सोच पाहुन बड़ नेवता। तसि पूजा चाहिय जस देवता॥
सुनि रिधि सिधि अनिमादिक आईं। आयसु होइ सो करहिं गोसाईं॥
दो०— राम बिरह ब्याकुल भरतु सानुज सहित समाज।
पहुनाई करि हरहु श्रम कहा मुदित मुनिराज॥ २१३॥

अर्थ—मुनि के वचनों को सुन करके भरत के हृदय में चिन्ता हुई, यह कठिन संकोचयुक्त बुरा अवसर हुआ। पुनः गुरु की वाणी को गुरुतर समझ कर चरणों में वन्दना करके, हाथ जोड़कर बोले।

हे नाथ! आपकी आज्ञा को शिरोधार्य करके स्वीकार करना यह हमारा परम धर्म है। भरत के वचन मुनिश्रेष्ठ को अच्छे लगे और उन्होंने पवित्र शिष्यों तथा सेवकों को सन्निकट बुलाया।

मैं भरत का आतिथ्य करना चाहता हूँ, (तुम सब) जाकर कन्द, मूल, फल लाओ। बहुत अच्छा स्वामी! कहकर उन सभी ने शीश झुकाया और प्रमुदित मन से अपने-अपने कार्य के निमित्त गये।

मुनि को चिन्ता हुई, बड़े अतिथि को न्योता है (आमंत्रित किया है) अतः जैसा देवता हो, उसी प्रकार की पूजा भी चाहिए। इसे सुनकर अणिमादिक ऋद्धियाँ-सिद्धियाँ आईं (और कहा कि) हे गोस्वामी! जो आज्ञा हो, उसे (पूर्ण) करें।

भरत, अनुज शत्रुघ्न तथा सम्पूर्ण अयोध्यावासी समाज राम के विरह में व्याकुल हैं। मुनिराज ने मुदित भाव से (उनसे) कहा कि आतिथ्य करके (उनके) श्रम का हरण करो॥ २१३॥

रिधि सिधि सिर धरि मुनिबर बानी। बड़ भागिनि आपुहिं अनुमानी॥
कहहिं परसपर सिधि समुदाई। अतुलित अतिथि राम लघु भाई॥
मुनि पद बंदि करिअ सोइ आजू। होइ सुखी सब राज समाजू॥
अस कहि रचेउ रुचिर गृह नाना। जेहिं बिलोकि बिलखाहि बिमाना॥
भोग बिभूति भूरि भरि राखे। देखत जिन्हहिं अमर अभिलाषे॥
दासी दास साजु सब लीन्हें। जोगवत रहहिं मनहि मनु दीन्हे॥
सब समाजु सजि सिधि पल माहीं। जे सुख सुरपुर सपनेहुँ नाहीं॥
दो०— बहुरि सपरिजन भरत कहुँ रिषि अस आयसु दीन्ह।
बिधि बिसमय दायकु बिभव मुनिबर तपबल कीन्ह॥ २१४॥

अर्थ—ऋद्धि-सिद्धियों ने मुनिश्रेष्ठ भरद्वाज की वाणी को सिरसा स्वीकार करके और स्वयं को अत्यधिक भाग्यशाली अनुमान करके वे परस्पर कहती हैं कि श्रीराम के अनुज (आज) अतुलनीय अतिथि हैं।

मुनि के चरणों की वन्दना करके आज (हम) वही करें जिससे सम्पूर्ण राज-समाज सुखी हो। ऐसा कहकर (उन सबों ने) अनेक रुचिकर आवासों को रचा जिन्हें देखकर विमान (दिव्यभवन) अवमानित होते हैं। अनेक प्रकार की भोग की सामग्रियाँ एवं ऐश्वर्य की वस्तुएँ घरों में रख दिया

जिन्हें देखकर देवताओं को (प्राप्ति की) अभिलाषा होने लगी।

दास-दासियाँ सभी सामग्रियाँ लिये हुए मन लगाकर (लोगों की) मनोकामनाओं को सावधानी से देखते रहते हैं। पल में सिद्धियाँ उन सभी सामग्रियों से सज्जित हुईं, जो सुख-स्वप्न में भी देवलोक में नहीं हैं। प्रथमतः सभी के लिए सुन्दर, सुखद, यथारुचि निवास दिया।

पुनः परिवारजन सहित भरत को ऋषि ने इस प्रकार की आज्ञा दी (विश्राम, निवास, भोजनादि की)। मुनिश्रेष्ठ भरद्वाज ने तपोबल से विधाता के लिए भी विस्मयदायक वैभव की रचना की॥ २१४॥

टिप्पणी—अतिथि सत्कार प्रसंग है। भरद्वाज अपनी तपस्या के बल पर ऋद्धि-सिद्धियों को आहूत करते हैं। भरत जैसे भक्त के स्वागत में ये ऋद्धियाँ एवं सिद्धियाँ गौरव का अनुभव करती हैं। यह प्रसंग वाल्मीकि रामायण पर आधारित है। श्रीराम के भक्त के गौरव का प्रतिपादन यहाँ व्यंजित है।

मुनि प्रभाउ जब भरत बिलोका। सब लघु लगे लोकपति लोका॥
सुखु समाजु नहिं जाइ बखानी। देखत बिरति बिसारहिं ग्यानी॥
आसन सयन सुबसन बिताना। बन बाटिका बिहग मृग नाना॥
सुरभि फूल फल अमिय समाना। बिमल जलासय बिबिध बिधाना॥
असन पान सुचि अमिअ अमी से। देखि लोग सकुचात जमी से॥
सुर सुरभी सुर तरु सबहीं कें। लखि अभिलाषु सुरेस सची कें॥
रितु बसंत बह त्रिबिध बयारी। सब कहँ सुलभ पदारथ चारी॥
स्त्रक चंदन बनितादिक भोगा। देखि हरष बिसमय बस लोगा॥

दो०— संपति चकई भरतु चक मुनि आयसु खेलवार।
तेहि निसि आश्रम पिंजराँ राखे भा भिनुसार॥ २१५॥

अर्थ—मुनि के प्रभाव को जब भरत ने देखा तो उन्हें समस्त लोकपालों के लोक तुच्छ लगे। सुख भोग की सामग्रियों का वर्णन करते नहीं बनता, जिन्हें देखकर ज्ञानी जन भी वैराग्य भूल जाते हैं।

आसन, शय्या, सुन्दर वस्त्र; चँदोवे (वितान), वन, वाटिकाएँ, पक्षी एवं नाना प्रकार के पशु हैं। सुरभित पुष्प तथा फल अमृततुल्य हैं और नाना प्रकार के निर्मल जलाशयों की रचना है।

पवित्र खाद्य एवं पेय पदार्थ अमृत से भी अमृत (आनन्दमय) हैं जिन्हें देखकर संयमशील (जमी : यमी) व्यक्ति भी संकुचित हो रहे हैं। सभी के पास कामधेनु एवं कल्पवृक्ष हैं जिन्हें देखकर देवगण, इन्द्र, तथा इन्द्राणी को स्पृहा (अभिलाषु) है।

शीतल, मन्द, सुगन्ध वायु बह रही है, वसन्त ऋतु है तथा सभी के लिए धर्म, अर्थ, काम, मोक्ष सुलभ हैं। माला, चन्दन, वनितादिक भोग (सामग्रियों को) देखकर समस्त जन हर्ष और विस्मय के वशीभूत हो उठे।

सम्पत्ति चक्रवाकी है, भरत चक्रवाक हैं, मुनि की आज्ञा बहेलिया है। उसने उस रात्रि को सम्पत्ति रूपी चक्रवाकी तथा भरत चक्रवाक को आश्रमरूपी पिंजड़े में रखा किन्तु सवेरा हो गया (और रात्रि में दोनों का मिलन नहीं हो सका अर्थात् भरत सभी भोगों से उपरामित रहे या 'राखे' शब्द को देहली दीपक मानकर इसका अर्थ 'रखे-रखे सवेरा हो गया' भी हो सकता है)॥ २१५॥

टिप्पणी—श्रीराम के भक्त को भोग वासनाएँ नैसर्गिक रूप से प्रतिकूल होकर अपने प्रभाव से अधोगामी बनाने में समर्थ नहीं हो सकतीं। 'स्त्रग चन्दन बनितादिक भोगा' आदि के बीच भरद्वाज ने

भरत को सचेष्ट भाव से परीक्षा के निमित्त रखा किन्तु भोग नैसर्गिक भाव से भरत के पास ही नहीं आ सका। प्रकारान्तर भाव से कवि यह सिद्ध करता है कि माया श्रीराम के भक्तों के पास आकर उन्हें प्रभावित करने का साहस नहीं करती, चाहे वे उनसे चतुर्दिक् घिरे ही क्यों न हों।

कीन्ह निमज्जनु तीरथराजा। नाइ मुनिहि सिरु सहित समाजा॥
रिषि आयसु असीस सिर राखी। करि दंडवत बिनय बहु भाषी॥
पथ गति कुसल साथ सब लीन्हें। चले चित्रकूटहिं चितु दीन्हें॥
राम सखा कर दीन्हें लागू। चलत देह धरि जनु अनुरागू॥
नहिं पद त्रान सीस नहिं छाया। पेमु नेमु ब्रत धरमु अमाया॥
लखन राम सिय पंथ कहानी। पूँछत सखहि कहत मृदुबानी॥
राम बास थल बिटप बिलोकें। उर अनुराग रहत नहिं रोकें॥
देखि दसा सुर बरिसहिं फूला। भइ मृदु महि मगु मंगल मूला॥
दो०— किएँ जाहिं छाया जलद सुखद बहइ बर बात।
तस मगु भयउ न राम कहँ जस भा भरतहि जात॥ २१६॥

अर्थ—प्रातः उन्होंने तीर्थराज में स्नान किया और सम्पूर्ण समाज के साथ मुनियों को प्रणाम करके, उनकी आज्ञा तथा आशीर्वाद सिर पर रखकर और दण्डवत् करके विनय निवेदन किया।

मार्ग ज्ञान में कुशल एवं सभी को साथ लेकर चित्त लगाये हुए चित्रकूट चले। श्रीराम सखा निषाद का सहारा (लागू) लिये भरत इस प्रकार चल रहे हैं, मानो शरीर धारण करके अनुराग चल रहा हो।

न चरणों में पदत्राण है और न सिर पर छाया है। उनका नियम, प्रेम, व्रत तथा धर्म माया (दिखावा) रहित है। श्रीराम, सीता तथा लक्ष्मण की मार्ग कथा सखा से पूछते हैं और वे कोमलवाणी में कहते हैं।

राम के निवासस्थलवाले वृक्ष देखकर उनके हृदय का अनुराग रोकने से नहीं रुकता। उनकी दशा को देखकर देवता पुष्पवृष्टि करते हैं, पृथ्वी मृदु हो गई और मार्ग मंगलमय हो गया।

बादल छाया किये हुए जा रहे हैं तथा रम्य वायु सुखद (होकर) बह रही है। जिस प्रकार (आनन्ददायक) मार्ग भरत-गमन के समय हुआ वैसा श्रीराम के लिए भी नहीं हुआ था॥ २१६॥

टिप्पणी—कवि भरत की परमतन्मयासक्ति को चित्रित करना चाह रहा है। भरत के चरणों में न पदत्राण है, न सिर पर छाया है, वे श्रीराम की भक्ति में श्रीराम की पंथ कथा पूछते निमग्न चले जा रहे हैं। भक्ति की इस भूमिका में पहुँचकर भक्त आराध्य से भी श्रेष्ठ हो जाता है।

जड़ चेतन मग जीव घनेरे। जे चितए प्रभु जिन्ह प्रभु हेरे॥
ते सब भये परमपद जोगू। भरत दरस मेटा भव रोगू॥
यह बड़ि बात भरत कइ नाहीं। सुमिरत जिनहि रामु मन माहीं॥
बारक राम कहत जग जेऊ। होत तरन तारन नर तेऊ॥
भरतु राम प्रिय पुनि लघु भ्राता। कस न होइ मगु मंगल दाता॥
सिद्ध साधु मुनिबर अस कहहीं। भरतहि निरखि हरषु हियँ लहहीं॥
देखि प्रभाउ सुरेसहि सोचू। जगु भल भलेहि पोच कहुँ पोचू॥
गुर सन कहेउ करिअ प्रभु सोई। रामहि भरतहि भेंट न होई॥
दो०— रामु सँकोची प्रेमबस भरत सपेम पयोधि।
बनी बात बेगरन चहति करिअ जतनु छलु सोधि॥ २१७॥

अर्थ—मार्ग के वे अनेक जड़ एवं चेतन जीव जिन्होंने प्रभु श्रीराम को देखा था या जिन्हें प्रभु श्रीराम ने देखा था, वे सभी परमपद के अधिकारी हो गये थे और (अब) भरत के दर्शन ने उनके संसारजनित क्लेशों को मिटा दिया।

जिनको श्रीराम मन में स्मरण करते हैं, उन भरत के लिए यह कोई बड़ी बात नहीं है। (यह श्रीराम के नाम का माहात्म्य है कि) एक बार भी जो संसार में श्रीराम कहता है उसका भवसागर से तरण हो जाता है तथा वे दूसरों को भी तारण (करने वाले) होते हैं।

भरत तो श्रीराम के प्रिय तथा अनुज हैं भला उनके लिए मार्ग मंगलदायी क्यों न होगा? सिद्धजन, साधुजन एवं मुनिश्रेष्ठ इस प्रकार कहते हैं और भरत को देखकर हृदय में हर्ष का अनुभव करते हैं।

उनके प्रभाव को देखकर इन्द्र को सोच है क्योंकि संसार भले के लिए भला तथा नीच के लिए नीच है। गुरु बृहस्पति से कहा कि हे प्रभु! वही करें जिससे कि श्रीराम और भरत से भेंट न हो (सके)।

श्रीराम संकोचशील हैं तथा प्रेम वशवर्ती हैं और भरत सुन्दर प्रेम के समुद्र हैं। बनी हुई बात बिगड़ना चाहती है, खोज करके छल के लिए यत्न करिये॥ २१७॥

टिप्पणी—कवि व्यतिरेक भाव से भरत की भक्ति का चित्रण करता है। 'श्रीराम से बढ़ कर श्रीराम के पास ही भरत माहात्म्य की व्यंजना' करना सम्भवतया अयोध्याकांड की रचना का मूल आदर्श है। नाना संकटों को झेलकर नाना भोगों को त्याग कर, राज्यसुख को तिलांजलि देकर नंगे पाँव श्रीराम के दर्शन के लिए व्याकुल वन में विचरण करने वाले भक्त दुर्लभ हैं। सम्पूर्ण विश्व श्रीराम के नाम का स्मरण करता है किन्तु श्रीराम ऐसे भक्तों के नाम का स्मरण करते रहते हैं। भरत प्रसंग के माध्यम से कवि भक्ति की इस परम सिद्धावस्था का चित्रण कर रहा है। 'इन्द्र की चिन्ता' भी इसी को व्यंजित करती है। श्रीराम भक्तों के लिए सबका परित्याग करने में तत्पर देखे जाते हैं।

बचन सुनत सुरगुरु मुसकाने। सहसनयन बिनु लोचन जाने॥
मायापति सेवक सन माया। करइ त उलटि परइ सुरराया॥
तबु किछु कीन्ह राम रुख जानी। अब कुचालि करि होइहि हानी॥
सुनु सुरेस रघुनाथ सुभाऊ। निज अपराध रिसाहिं न काऊ॥
जो अपराधु भगत कर करई। राम रोष पावक सो जरई॥
लोकहुँ बेद बिदित इतिहासा। यह महिमा जानहिं दुरबासा॥
भरत सरिस को राम सनेही। जगु जप राम रामु जप जेही॥

दो०— मनहुँ न आनिअ अमरपति रघुबर भगत अकाजु।
अजसु लोक परलोक दुख दिन दिन सोक समाजु॥ २१८॥

अर्थ—उनके वचनों को सुनकर बृहस्पति मुस्करा पड़े और सहस्त्र नेत्रोंवाले इन्द्र को नेत्रविहीन (ज्ञानविहीन) समझा। हे देवराज! मायापति श्रीराम के दास के साथ छल (माया) करने से वह उलट कर (छलकर्ता) पर आता है।

उस समय (सरस्वती को अयोध्या के लिए प्रेरित करने के समय) श्रीराम का रुख जानकर किया गया और अब कुचाल करने में हानि होगी। हे देवराज! श्रीराम के स्वभाव को सुनें, अपने प्रति किये गये अपराध से किसी पर नाराज नहीं होते—

किन्तु जो भक्त के साथ अपराध करता है, वह श्रीराम की रोषरूपी अग्नि में जलता है। लोक तथा वेद दोनों में यह इतिहास प्रसिद्ध है तथा दुर्वासा इस माहात्म्य को (भलीभाँति) जानते हैं।

भरत सदृश अन्य कौन श्रीराम का स्नेहपात्र है क्योंकि संसार श्रीराम को जपता है किन्तु श्रीराम उन्हें जपते हैं।

हे देवपति! आप श्रीराम के भक्त की हानि मन में भी न लायें। लोक में अपयश होगा, परलोक में दुःख होगा और दिन-दिन शोक की सामग्री (समूह) बढ़ेगी।। २१८॥

टिप्पणी—इन पंक्तियों में बृहस्पति इन्द्र से भरत के माहात्म्य प्रकारान्तर रूप में भक्ति तथा भक्त के वैशिष्ट्य का प्रतिपादन करते हैं। 'मायापति श्रीराम के सेवक से माया करना' अपना सबसे बड़ा अनिष्ट करना है। उसके अपमान से अपमानकर्ता का लोक में अपयश, परलोक में दुःख एवं दिन-दिन शोकाविष्ट होकर सन्तप्त रहना—यह इसी व्यंजना की सिद्धि के लिए है।

सुनु सुरेस उपदेसु हमारा। रामहि सेवकु परम पियारा॥
मानत सुख सेवक सेवकाइ। सेवक बैर बैरु अधिकाइ॥
जद्यपि सम नहिं राग न रोषू। गहहिं न पाप पूनु गुन दोषू॥
करम प्रधान बिस्व करि राखा। जो जस करइ सो तस फलु चाखा॥
तदपि करहिं सम बिषम बिहारा। भगत अभगत हृदय अनुसारा॥
अगुन अलेप अमान एकरस। रामु सगुन भये भगत पेम बस॥
राम सदा सेवक रुचि राखी। बेद पुरान साधु सुर साखी॥
अस जियँ जानि तजहु कुटिलाई। करहु भरत पद प्रीति सुहाई॥

दो०— राम भगत परहित निरत पर दुख दुखी दयाल।
भगत सिरोमनि भरत तें जनि डरपहु सुरपाल॥ २१९॥

अर्थ—हे देवराज इन्द्र! मेरा उपदेश सुनें। श्रीराम को सेवक परम प्रिय हैं। दास की सेवा वे सुख मानते हैं। सेवक के वैर से उनके वैर की अधिकता होती है।

श्रीराम यद्यपि समत्व बुद्धि युक्त हैं, न (उनमें) राग है और न रोष है, तभी (वे) पाप, पुण्य, गुण, दोष को ग्रहण नहीं करते हैं। सम्पूर्ण विश्व को उन्होंने कर्म प्रधान करके रखा है, जो जैसा करता है, वह उसका वैसा फल चखता है—

फिर भी, भक्त और अभक्त के हृदय की भावना के अनुसार (श्रीराम) सम तथा विषम आचरण करते हैं। यद्यपि वे गुणातीत, निर्लिप्त, अहंकारशून्य तथा एकरस हैं, फिर भी, भक्तों के प्रेम से विवश वे श्रीराम सगुण हुए।

श्रीराम ने सदा सेवक के रुचि की रक्षा की है, इसके लिए वेद, पुराण, साधु, देवगण सभी साक्षी हैं। ऐसा हृदय में समझकर कुटिलता छोड़ें और भरत के चरणों में भली लगने वाली प्रीति करो।

हे देवपालक इन्द्र! श्रीराम के भक्त दूसरे के हित में लीन रहते हैं, दूसरे के दुःख में दुःखी एवं दयालु होते हैं। आप भक्तशिरोमणि भरत से न डरें॥ २१९॥

टिप्पणी—मध्यकालीन भक्ति-मान्यता को वरीयता प्रदान करते हुए कवि बृहस्पति के शब्दों में इन्द्र के लिए सुझाव देता है—

'अस जियँ जानि तजहु कुटिलाई। करहु भरत पद प्रीति सुहाई।'

दूसरे शब्दों में, 'श्रीराम की कृपाकांक्षा की प्राप्ति के लिए श्रीराम के दासों का आलम्बन ग्रहण करना' यही भक्ति का मूलमंत्र है। इस प्रसंग की अवतारणा कवि ने भरत-माहात्म्य को और अधिक स्पष्ट करने के लिए की है।

सत्यसंध प्रभु सुर हितकारी। भरत राम आयस अनुसारी॥
स्वारथ बिबस बिकल तुम्ह होहू। भरत दोषु नहिं राउर मोहू॥

सुनि सुरबर सुरगुर बर बानी। भा प्रमोदु मन मिटी गलानी॥
बरषि प्रसून हरषि सुरराऊ। लगे सराहन भरत सुभाऊ॥
एहि बिधि भरत चले मग जाहीं। दसा देखि मुनि सिद्ध सिहाहीं॥
जबहिं रामु कहि लेहिं उसासा। उमगत पेमु मनहुँ चहु पासा॥
द्रवहि बचन सुनि कुलिस पषाना। पुरजन पेमु न जाइ बखाना॥
बीच बास करि जमुनहिं आए। निरखि नीरु लोचन जल छाए॥

दो०— रघुबर बरन बिलोकि बर बारि समेत समाज।
होत मगन बारिधि बिरह चढ़े बिबेक जहाज॥ २२०॥

अर्थ—सत्यप्रतिज्ञ प्रभु श्रीराम देवताओं के हितैषी हैं तथा भरत श्रीराम की आज्ञा का अनुसरण करते हैं, स्वार्थ से विवशीभूत तुम व्याकुल हो रहे हो, यह भरत का दोष नहीं, आपका मोह है।

देवश्रेष्ठ इन्द्र गुरु की उत्तम वाणी सुनकर मन में आनन्दित हुए और ग्लानि मिट गई। देवराज इन्द्र ने हर्षित होकर पुष्पवर्षा की और वे भरत के स्वभाव की सराहना करने लगे।

इस प्रकार, भरत मार्ग में चले जा रहे हैं और उनकी प्रेम विगलित दशा देखकर सिद्ध दशा को प्राप्त मुनिजन लालच करते हैं। भरत श्रीराम कहकर जब उसाँस लेते हैं तो मानो उनके पास चारों ओर प्रेम उमंगित हो रहा हो।

उनके वचनों को सुनकर (करुणाविवश) वज्र तथा पाषाण द्रवित हो रहे हैं और पुरवासियों के प्रेम का वर्णन करते नहीं बनता। बीच में (प्रयाग के पश्चात् मध्य में पड़े स्थान विशेष में) निवास करके यमुना तट पर आये तथा (श्रीराम के वर्ण के अनुरूप श्याम वर्ण के) जल को देख करके नेत्रों में अश्रु छा गये।

श्रीराम के वर्ण का उत्तम जल देख करके सम्पूर्ण समाज विरहरूपी समुद्र में आमग्न (डूबते) हुए विवेक (यथार्थ ज्ञान) रूपी जहाज पर चढ़ा (अर्थात्, भ्रमवश यमुना के वर्ण साम्य के कारण उसी को श्रीराम मान बैठे थे किन्तु विवेक ने उन सभी डूबते हुए भरतादि के अज्ञान को विनष्ट करके इसका ज्ञान कराया कि यह श्यामलमूर्ति श्रीराम नहीं, यमुना नदी है। मतिभ्रम व्यापार इस कार्य विलक्षणता का हेतु है)॥ २२०॥

टिप्पणी—प्रेमासक्ति एवं तन्मयासक्ति से ऊपर भरत भक्ति की परमविरहासक्ति भाव में प्रवेश कर जाते हैं। भरत की यह चित्रकूट यात्रा नामासक्ति से प्रारम्भ होकर परम विरहासक्ति की भूमिका तक पहुँच रही है। 'श्रीराम कहकर उच्छ्वास लेना' आर्तभाव से 'श्रीराम श्रीराम का उच्चारण करना', श्याम जल को देखकर भ्रमवश व्याकुल हो उठना आदि आचरण, परमविरहासक्ति के प्रतीक हैं। श्रीराम से मिलने की आशा के कारण उनका 'विवेक' अभी तक बचा हुआ है, अन्यथा वे जड़ या समाधि दशा में पहुँच जाते। कवि की इन उक्तियों के माध्यम से जिस प्रेममयी भक्ति की आवतारणा भरत के चरित्र से की जा रही है, उसकी समरूपता सूफी साहित्य के ऐसे प्रसंगों में देखी जा सकती है।

जमुन तीर तेहि दिन करि बासू। भयउ समय सम सबहि सुपासू॥
रातिहिं घाट घाट की तरनी। आईं अगणित जाहिं न बरनी॥
प्रात पार भए एकहिं खेवाँ। तोषे राम सखा की सेवाँ॥
चले नहाइ नदिहि सिर नाई। साथ निषाद नाथ दोउ भाई॥
आगें मुनिबर बाहन आछें। राज समाज जाइ सबु पाछें॥
तेहि पाछें दोउ बंधु पयादें। भूषन बसन बेष सुठि सादें॥

सेवक सुहृद सचिवसुत साथा। सुमिरत लखनु सीय रघुनाथा॥
जहँ जहँ राम बास बिश्रामा। तहँ तहँ करहिं सप्रेम प्रनामा॥
दो०— मगबासी नर नारि सुनि धाम काम तजि धाइ।
देखि सरूप सनेह सब मुदित जनमु फल पाइ॥ २२१॥

अर्थ—उस दिन यमुना तट पर निवास करके समयानुसार सबका सुपास सुख-सुविधापूर्वक (नित्यकर्मादि) हुआ। रात्रि को घाट-घाट की अगणित नौकाएँ गईं, जिनका वर्णन नहीं किया जा सकता।

प्रातः एक ही खेवे में सभी पार हुए तथा श्रीराम के सखा निषादराज की सेवा से सभी तुष्ट हुए। स्नान करके और यमुना नदी को सिर झुकाकर निषादनाथ के साथ दोनों भाई चल पड़े।

सबसे आगे मुनिश्रेष्ठ वसिष्ठ अच्छे वाहन (सुन्दर रथ) पर हैं और उनके पीछे सम्पूर्ण राज समाज चला जा रहा है। उन सबके पीछे दोनों भाई अत्यधिक सादे आभूषण मात्र में पैदल हैं।

उनके साथ भृत्यादि, मित्र एवं मंत्री के पुत्र हैं और वे लक्ष्मण, भरत एवं श्रीराम का स्मरण करते हुए जा रहे हैं। जहाँ-जहाँ श्रीराम का निवास तथा विश्राम था, वहाँ-वहाँ वे प्रेम प्रणाम करते हैं।

मार्गवासी नर-नारी उनके आगमन को सुन करके, गृहकार्य छोड़कर दौड़ पड़ते हैं और उनके स्नेह तथा स्वरूप को देखकर जीवन का फल प्राप्त कर आनन्दित होते हैं॥ २२१॥

कहहिं सपेम एक एक पाहीं। रामु लखनु सखि होहिं कि नाहीं॥
बय बपु बरन रूपु सोइ आली। सीलु सनेहु सरिस सम चाली॥
बेषु न सो सखि सीय न संगा। आगें अनी चली चतुरंगा॥
नहिं प्रसन्न मुख मानस खेदा। सखि संदेहु होइ एहिं भेदा॥
तासु तरक तियगन मन मानी। कहहिं सकल तेहिं सम न सयानी॥
तेहि सराहि बानी फुरि पूजी। बोली मधुर बचन तिय दूजी॥
कहि सपेम सब कथा प्रसंगू। जेहि बिधि राम राज रस भंगू॥
भरतहि बहुरि सराहन लागी। सील सनेह सुभाय सुभागी॥
दो०— चलत पयादें खात फल पिता दीन्ह तजि राजु।
जात मनावन रघुबरहि भरत सरिस को आजु॥ २२२॥

अर्थ—एक दूसरे से प्रेमाविष्ट होकर कहती हैं कि हे सखी! ये राम-लक्ष्मण ही हैं या नहीं। अवस्था, शरीर, वर्ण तथा रूप से, हे सखी! वही हैं। ये शील तथा स्नेह में भी उन्हीं के सदृश हैं तथा इनकी चाल भी उसी तरह है—

किन्तु इनका वेष विन्यास वैसा नहीं है तथा इनके साथ सीता भी नहीं है और इनके आगे चतुरंगिणी सेना चली जा रही है। इनका मुख प्रसन्न नहीं है तथा इनके हृदय से क्लेश (झलक रहा) है। हे सखी! इस भिन्नता (भेद) के कारण संदेह हो रहा है। उसकी तर्कणा को स्त्रीगणों ने मन से स्वीकार किया और सभी कहती हैं कि तुम्हारे सदृश अन्य कोई चतुर नहीं है।

उसकी सराहना करके (कहके) कि तुम्हारी वाणी पूर्ण (पूजी) सत्य (फुर) है, इस प्रकार, दूसरी स्त्री मधुर वाणी बोली।

जिस प्रकार राम राज्याभिषेक का आनन्द (रस) भंग हुआ था प्रेमपूर्वक (उसने) उस सम्पूर्ण कथा प्रसंग को सुनाया। (इसे सुनकर वे) भरत के शील, स्नेह, स्वभाव तथा सौभाग्य की पुनः प्रशंसा करने लगीं।

पिता के दिये हुए राज्य को छोड़कर पैदल चलते हुए तथा फल फूल खाते हुए श्रीराम को मनाने के लिए जा रहे हैं, आज (संसार में) भरत सदृश अन्य कौन है॥ २२३॥

टिप्पणी—ग्रामवधू प्रसंग की यहाँ पुनरावृत्ति है। श्रीराम एवं लक्ष्मण कुछ दिन पूर्व उनका चित्त चुराकर इसी मार्ग से गुजर चुके हैं। उसी वय, उसी शरीर, उसी कान्ति, उसी रूप, उसी शील, उसी स्नेह और उसी पदन्यास क्रम से चलते हुए भरत तथा शत्रुघ्न ग्रामवासियों में श्रीराम एवं लक्ष्मण का सम्भ्रम उत्पन्न करते हैं। चतुर स्त्रियाँ वेशभिन्नता, सीता के अभाव तथा चतुरंगिणी सेना को साथ में देखकर उनके न होने की सम्भावना कर लेती हैं। इस पूरी योजना का मन्तव्य मात्र इतना ही है कि भरत के चरित्र तथा कार्य की उत्कृष्टता का जनसामान्य द्वारा मधुर भाव से समर्थन कराया जाय।

भायप भगति भरत आचरनू। कहत सुनत दुख दूषन हरनू॥
जो किछु कहब थोर सखि सोई। राम बंधु अस काहे न होई॥
हम सब सानुज भरतहिं देखें। भइन्ह धन्य जुवती जन लेखें॥
सुनि गुन देखि दसा पछिताहीं। कैकइ जननि जोगु सुतु नाहीं॥
कोउ कह दूषनु रानिहि नाहिन। बिधि सबु कीन्ह हमहि जो दाहिन॥
कहँ हम लोक बेद बिधि हीनी। लघु तिय कुल करतूति मलीनी॥
बसहिं कुदेस कुगाँव कुबामा। कहँ यह दरसु पुन्य परिनामा॥
अस अनंदु अचिरिजु प्रति ग्रामा। जनु मरुभूमि कलपतरु जामा॥
दो०— भरत दरसु देखत खुलेउ मग लोगन्ह कर भागु।
जनु सिंघलबासिन्ह भयउ बिधि बस सुलभ प्रयागु॥ २२३॥

अर्थ—भरत की भातृत्व भक्ति, आचरण कथन एवं श्रवण दुःख एवं दोषों का विनाशकर्ता है। हे सखि! जो कुछ भी कहा जाय, वह थोड़ा है (वे) श्रीराम के बन्धु हैं, ऐसे क्यों न हों!

शत्रुघ्न सहित भरत को देखकर हम सभी की परमभाग्यशालिनी (धन्य) युवतियों में गणना हुई। सुन्दर गुणों को सुनकर और उनकी दशा देखकर वे (स्त्रियाँ) पछताती हैं कि कैकेयी जैसी माता के अनुकूल पुत्र नहीं हैं।

कोई कहती हैं कि रानी (कैकेयी) का दोष नहीं है, उस विधाता ने हम सब लोगों के अनुकूल (दाहिन, दक्षिण > अनुकूल) किया है। कहाँ हम लोग लोक एवं वेद विधानों से च्युत (हीन) तुच्छ, स्त्री तथा कुल एवं करनी से मलिन—

बुरे देश, बुरे गाँव में रहने वाली कुत्सित स्त्रियाँ (कुबामा) और कहाँ भरत का यह पुण्यतम परिणाम देने वाला दर्शन। इस प्रकार ग्राम-प्रतिग्राम में अत्यधिक आनन्द एवं आश्चर्य है मानो मरुभूमि में कल्पवृक्ष जम गया हो।

भरत का दर्शन करते हुए मार्गवासियों के भाग्य खुल गये। मानो संयोगवशात् सिंहवासियों के लिए प्रयाग सुलभ हुआ हो॥ २२३॥

टिप्पणी—कवि विविध उक्तियों, विविध कथनों तथा तर्कों द्वारा भरत की उत्कृष्टता का प्रतिपादन करता है। ग्राम युवतियों की दृष्टि से इस प्रकार का संयोग विधाता अत्यधिक भाग्यशाली को भी कभी ही प्रदान करता है।—

'जनु सिंघलवासिन्ह भयउ बिधि बस सुलभ प्रयागु'

यह सादृश्य भरत के माहात्म्य को ही व्यंजित कर रहा है।

निज गुन सहित राम गुन गाथा। सुनत जाहिं सुमिरत रघुनाथा॥
तीरथ मुनि आश्रम सुरधामा। निरखि निमज्जहिं करहिं प्रनामा॥
मनहीं मन मागहिं बरु एहू। सीय राम पद पदुम सनेहू॥

मिलहिं किरात कोल बनबासी। बैखानस बटु जती उदासी॥
करि प्रनामु पूँछहिं जेहि तेही। केहि बन लखनु रामु बैदेही॥
ते प्रभु समाचार सब कहहीं। भरतहि देखि जनम फलु लहहीं॥
जे जन कहहिं कुसल हम देखे। ते प्रिय राम लखन सम लेखे॥
ऐहि बिधि बूझत सबहि सुबानी। सुनत राम बनबास कहानी॥
दो०— तेहि बासर बसि प्रातहीं चले सुमिरि रघुनाथ।
राम दरस की लालसा भरत सरिस सब साथ॥ २२४॥

अर्थ—अपने गुणानुवाद सहित श्रीराम की गुणगाथा सुनते हुए भरत श्रीराम का स्मरण करते हुए जा रहे हैं। तीर्थ, मुनि आश्रम और मन्दिर (सुरधामा) को देख कर स्नान करते और प्रणाम करते हैं।

मन-ही-मन यह वरदान माँगते हैं कि श्रीराम तथा सीता के चरणों में स्नेह हो। उन्हें किरात, कोलादि वनवासी एवं वानप्रस्थ, ब्रह्मचारी, संन्यासी तथा उदासीन मिलते हैं।

वे प्रणाम करके जिस-तिस से पूछते हैं कि श्रीराम, लक्ष्मण एवं सीता किस वन में हैं। वे सभी प्रभु श्रीराम का समाचार कहते हैं और भरत को देखकर जन्मफल प्राप्त करते हैं।

जो लोग कहते हैं कि हमने (उन्हें) कुशलपूर्वक देखा है वे उन्हें राम-लक्ष्मण के सदृश प्रिय लगते हैं। इस प्रकार विनीत वाणी में सबसे पूछते और श्रीराम की वनवास कथा सुनते हैं।

उस दिन निवास करके प्रातःकाल ही श्रीराम का स्मरण करते हुए भरत चले। भरत के समान सभी साथ के लोगों में श्रीराम के दर्शन की लालसा है॥ २२४॥

मंगल सगुन होहिं सब काहू। फरकहिं सुखद बिलोचन बाहू॥
भरतहि सहित समाज उछाहू। मिलिहहिं रामु मिटिहि दुख दाहू॥
करत मनोरथ जस जियँ जाके। जाहिं सनेह सुराँ सब छाके॥
सिथिल अंग पग मग डगि डोलहिं। बिहबल बचन पेम बस बोलहिं॥
राम सखा तेहिं समय देखावा। सैल सिरोमनि सहज सुहावा॥
जासु समीप सरिस पय तीरा। सीय समेत बसहिं दोउ बीरा॥
देखि करहिं सब दंड प्रनामा। कहि जय जानकि जीवन रामा॥
प्रेम मगन अस राज समाजू। जनु फिरि अवध चले रघुराजू॥
दो०— भरत प्रेमु तेहि समय जस तस कहि सकइ न सेषु।
कबिहि अगम जिमि ब्रह्म सुखु अह मम मलिन जनेसु॥ २२५॥

अर्थ—सभी को मंगलसूचक शकुन हो रहे हैं। सुख देने वाले (शुभकर) नेत्र और भुजाएँ फड़क रही हैं। भरत सहित सम्पूर्ण समांज में उत्साह है कि श्रीराम मिलेंगे और दुःख तथा जलन मिटेगी।

जिसके हृदय में जैसी है, वैसी मनोकामना वे सब करते हैं और सभी स्नेह-मदिरा में मस्त (छाके) चले जा रहे हैं। सभी के शरीर एवं चरण शिथिल हैं तथा मार्ग पर उनके डग (चरण-न्यास) लड़खड़ा रहे हैं और प्रेम विवश होकर विह्वल वचन बोल रहे हैं (शराब के नशे में स्थित व्यक्ति की दशा जैसी उनकी दशा है।)

श्रीराम के सखा निषाद ने नैसर्गिक रूप में शोभित पर्वत शिरोमणि (कामदगिरि) को उस समय दिखाया; जिसके समीप पयस्विनी नदी के तट पर सीता सहित दोनों भाई निवास करते हैं।

उसे देखकर सभी जानकी के प्राण श्रीराम की जय कहकर दण्डवत् प्रणाम करते हैं। सम्पूर्ण राज समाज इस प्रकार से प्रेममग्न है श्रीराम मानो पुनः अयोध्या लौट चले हों।

भरत में इस समय जिस प्रकार का स्नेहाधिक्य है, उसको शेषनाग भी नहीं कह सकते और मुझ कवि को वह इस प्रकार अगम्य है, जैसे अहन्ता और ममता से (अहम्, मम) मलिन जन के लिए ब्रह्मसुख (का अनुभव)॥ २२५॥

टिप्पणी—प्रियजन के मिलन का शकुन प्रसंग भरत तथा श्रीराम के भेंट होने की पूर्व सम्भावना को व्यंजित करता है। वियोग के सन्दर्भ में कवि जन सम्मिलन की पूर्व सूचना के निमित्त शकुन का उपयोग करते हैं। इस 'शकुन' मात्र से सम्मिलन का सम्भावनाजन्य उन्माद भरत को उन्मत्त किए हुए है। इस उन्माद को कवि समाधि सुख से उपमित करता है—

'कविहिं अगम जिमि ब्रह्मसुख अह मम मलिन जनेषु'

यह अवर्णनीय समाधि सुख मात्र शकुन की व्यंजना से उत्पन्न है। सम्मिलन सुख का तो वर्णन ही नहीं किया जा सकता। कवि भक्ति के 'सा त्वस्मिन् परमप्रेमरूपा अमृतस्वरूपा च' को यहाँ शकुन के माध्यम से व्यंजित करना चाह रहा है।

सकल सनेह सिथिल रघुबर कें। गए कोस दुइ दिनकर ढरके॥
जलु थलु देखि बसे निसि बीतें। कीन्ह गवन रघुनाथ पिरीतें॥
उहाँ रामु रजनी अवशेषा। जागे सीयँ सपन अस देखा॥
सहित समाज भरत जनु आये। नाथ बियोग ताप तन ताये॥
सकल मलिन मन दीन दुखारी। देखीं सासु आन अनुहारी॥
सुनि सिय सपन भरे जल लोचन। भए सोच बस सोच बिमोचन॥
लखन सपन यह नीक न होई। कठिन कुचाह सुनाइहि कोई॥
अस कहि बंधु समेत नहाने। पूजि पुरारि साधु सनमाने॥

अर्थ—सभी श्रीराम के स्नेह में शिथिल हैं। दो कोस की भूमि जाने तक सूर्य ढलक गये (अस्तमित होने लगे)। जलस्थल देख करके निवास किया और रात्रि व्यतीत होते ही श्रीराम के प्रिय (भरत) ने गमन किया।

वहाँ (चित्रकूट की कुटिया में) श्रीराम रात्रि शेष रह जाने पर ही जागे और सीता ने ऐसा स्वप्न देखा, मानो सम्पूर्ण समाज के साथ भरत आये हुए हैं तथा प्रभु (श्रीराम) के वियोग के ताप में शरीर जला हुआ-सा है।

सभी सासों को मलिन मन वाली, अत्यधिक दीन एवं दुखी तथा विपरीत (आन) आकृति (अनुहार) देखी। सीता के स्वप्न को सुनकर उनके नेत्रों में जल भर आया तथा संसार को शोक से मुक्त करने वाले श्रीराम शोक विवश हो उठे।

हे लक्ष्मण! यह स्वप्न अच्छा नहीं है, कोई कठिन अनहोनी (कुचाह) सुनायेगी। ऐसा कहकर भाई लक्ष्मण सहित स्नान किया और शिव की पूजा करके साधुओं को सम्मानित किया।

छंद— सनमानि सुर मुनि बंदि बैठे उतर दिसि देखत भए।
नभ धूरि खग मृग भूरि भागे बिकल प्रभु आश्रम गए॥
तुलसी उठे अवलोकि कारनु काह चित सचकित रहे।
सब समाचार किरात कोलिन्ह आइ तेहि अवसर कहे॥

सो०— सुनत सुमंगल बैन मन प्रमोद तन पुलक भर।
सरद सरोरुह नैन तुलसी भरे सनेह जल॥ २२६॥

देवताओं को सम्मानित करके, मुनियों की वन्दना करके उत्तर दिशा की ओर देखने लगे। आकाश धूल युक्त है, अनेक पशु-पक्षी व्याकुल होकर भागे हुए प्रभु श्रीराम के आश्रम पर आये। तुलसीदास जी कहते हैं कि (इसका) कारण क्या है, इसे देखकर चित्त में आश्चर्यचकित रह गये।

ठीक उसी समय समस्त (भरत के आगमन का) समाचार किरात एवं कोलों ने आकर बताया।

मंगलमय वचनों को सुनकर मन आनन्द तथा शरीर पुलक से भर उठा। तुलसीदास कहते हैं कि श्रीराम के शरद् ऋतु सदृश नेत्र प्रेमाश्रु से परिपूरित हो उठे॥ २२६॥

बहुरि सोचबस भे सियरवनू। कारन कवन भरत आगवनू॥
एक आइ अस कहा बहोरी। सेन संग चतुरंग न थोरी॥
सो सुनि रामहिं भा अति सोचू। इत पितु बच इत बंधु संकोचू॥
भरत सुभाउ समुझि मन माहीं। प्रभु चित हित थिति पावत नाहीं॥
समाधान तब भा यह जाने। भरतु कहे महुँ साधु सयाने॥
लखन लखेउ प्रभु हृदयँ खभारू। कहत समय सम नीति बिचारू॥
बिनु पूछें कछु कहउँ गोसाईं। सेवकु समयँ न ढीठ ढिठाईं॥
तुम्ह सर्बग्य सिरोमनि स्वामी। आपनि समुझि कहउँ अनुगामी॥

दो०— नाथ सुहृद सुठि सरल चित सील सनेह निधान।
सब पर प्रीति प्रतीति जियँ जानिअ आपु समान॥ २२७॥

अर्थ—पुनः श्रीराम सोचवश हुए कि भरत के आगमन का क्या कारण है? एक ने आकर पुनः ऐसा कहा कि साथ में, चतुरंगिणी सेना बहुत बड़ी (थोड़ी नहीं) है।

उसे सुनकर श्रीराम को अत्यधिक सोच हुआ कारण कि इधर पिता का वचन और उधर भाई भरत का संकोच (अर्थात् १४ वर्ष आज्ञा का पालन करके न रहें तो पिता को दिया हुआ वचन खण्डित होता है और इधर भाई का संकोच कि इनसे कैसे कहें कि न लौट सकेंगे)। भरत के स्वभाव को मन-ही-मन समझकर प्रभु श्रीराम अपने चित्त के लिए स्थिति नहीं पाते (अर्थात् संशयवश किसी एक बात पर मन को स्थिर नहीं कर पाते)।

फिर, यह समझकर मन में समाधान हुआ कि भरत मेरे कहने में हैं (अर्थात् मेरी आज्ञा का पालन करते हैं), सुशीलवान एवं चतुर हैं। लक्ष्मण प्रभु श्रीराम के हृदय का क्षोभ (खँभार) देखकर समयानुकूल विचार कहने लगे।

हे स्वामी मैं बिना पूछे कुछ कह रहा हूँ। अवसर पर सेवक धृष्ट हो तो भी धृष्टता नहीं है। हे स्वामी! आप सर्वज्ञ शिरोमणि हैं। मैं सेवक (अनुगामी) अपनी समझ से कह रहा हूँ।

हे नाथ! आप अत्यधिक सहृदय, उदारचित्त, शीलवान तथा स्नेह के भण्डार हैं। आपके हृदय में सबके प्रति प्रीति एवं विश्वास (समान) है, अतः आप (सभी को, भरत को भी) अपने ही सदृश जानते हैं॥ २२७॥

टिप्पणी—भरत के आगमन की सूचना से श्रीराम का चिन्तित होना प्रायः सभी रामायणों में चित्रित है। यह प्रसंग भरत की निष्ठा तथा प्रेम को ही प्रकारान्तर रूप से व्यंजित करता है। भरत के प्रति सन्देह अन्ततया उत्कट विश्वास में परिणत हो जाता है। इस प्रसंग में लक्ष्मण के वीरभावना से परिपूर्ण अमर्ष (समान्यतया भावाभास रूप भाव) को चित्रित करके कवि भरत की प्रेमासक्ति की पुष्टि करता है।

बिषई जीव पाइ प्रभुताई। मूढ़ मोह बस होहिं जनाई॥
भरतु नीति रत साधु सुजाना। प्रभु पद पेमु सकल जगु जाना॥
तेऊ आजु राज पदु पाई। चले धरम मरजाद मेटाई॥
कुटिल कुबंधु कुअवसरु ताकी। जानि राम बनबास एकाकी॥
करि कुमंत्रु मन साजि समाजू। आये करै अकंटक राजू॥
कोटि प्रकार कलपि कुटिलाई। आये दल बटोरि दोउ भाई॥

जौं जियँ होति न कपट कुचाली। केहि सोहाति रथ बाजि गजाली॥
भरतहिं दोषु देइ को जाएँ। जग बौराइ राजु पदु पाएँ॥
दो०— ससि गुर तिय गामी नहुषु चढ़ेउ भूमिसुर जान।
लोक बेद तें बिमुख भा अधम न बेन समान॥ २२८॥

अर्थ—मायालिप्त मूढ़ विषयीजन प्रभुत्व पाकर मोह-विवश होने के कारण प्रकट हो जाते हैं। भरत नीति भाव के ज्ञाता, सुशील एवं सहृदय हैं और सम्पूर्ण संसार जानता है कि उनका आपके (प्रभु के) चरणों में स्नेह है।

वही (भरत) राजपद पाकर आज धर्म की मर्यादा मेट कर चल पड़े हैं। वह कुटिल, नीच भाई, कुअवसर देखकर तथा श्रीराम को अकेले वनवास में जानकर—

मन में कुमंत्रणा (कुत्सित विचार) सोचकर निष्कंटक राज्य करने के लिए आये हैं। करोड़ों प्रकार की कुटिलताएँ कल्पित (कलपि) करके दोनों भाई सैन्य समूह (दल) एकत्रित (बटोरि) करके यहाँ आए हैं।

यदि इनके हृदय में कुचाल न होती तो (साथ के) रथ, घोड़ों एवं हाथियों की पंक्ति किसे अच्छी लगती। भरत को कौन दोष दे क्योंकि राज्यपद पाकर संसार ही बावला हो जाता है।

(राज्यपद पाकर) चन्द्रमा गुरुस्त्रीगामी हुआ और नहुष ब्राह्मणों के द्वारा ढोई जाती हुई पालकी (यान) पर चढ़े। राजा बेन लोक तथा वेद दोनों से भ्रष्ट हुए, उनके सदृश अधम अन्य कोई नहीं हुआ॥ २२८॥

टिप्पणी—लक्ष्मण अपने स्वभाव के अनुकूल भरत में राजमद का आरोपण करके उनके स्वभाव की सम्भावनात्मक विकृति को व्यक्त करते हैं। उनका अमर्ष भरत के शील तथा स्नेह को उत्कट बनाने का हेतु है। भावाभास की यह स्थिति पाठकों की एकतानता तथा भावात्मक प्रवाह क्रम को थोड़ी देर के लिए रोक देती है। इस प्रवाह क्रम को पुनः आगे चलकर जो गति मिलती है, उसमें अधिक प्रभावात्मक विलक्षणता है। कवि इस भाव वैषम्य का उपयोग आगामी भाव को प्रभावशाली बनाने के लिए ही करता है।

सहसबाहु सुरनाथु त्रिसंकू। केहि न राजमद दीन्ह कलंकू॥
भरत कीन्ह यह उचित उपाऊ। रिपु रिन रंच न राखब काउ॥
एक कीन्हि नहिं भरत भलाई। निदरे रामु जानि असहाई॥
समुझि परिहि सोउ आजु बिसेषी। समर सरोष राम मुखु पेखी॥
एतना कहत नीति रस भूला। रन रस बिटपु पुलक मिस फूला॥
प्रभु पद बंदि सीस रज राखी। बोले सत्य सहज बलु भाषी॥
अनुचित नाथ न मानब मोरा। भरत हमहि उपचार न थोरा॥
कहँ लगि सहिय रहिय मनु मारें। नाथ साथ धनु हाथ हमारें॥
दो०— छत्रि जाति रघुकुल जनमु राम अनुज जगु जान।
लातहुँ मारे चढ़ति सिर नीच को धूरि समान॥ २२९॥

अर्थ—सहस्रार्जुन, इन्द्र एवं त्रिशंकु इनमें से राजमद ने किसको कलंकित नहीं किया। भरत ने यह अच्छा उपाय किया क्योंकि शत्रु एवं ऋण लेशमात्र भी बाकी न (काऊ) रखना चाहिए।

भरत ने एक ही कार्य अच्छा नहीं किया कि श्रीराम को असहाय जानकर निरादृत किया। युद्ध में श्रीराम का रोषपूर्ण मुख देखकर वह आज विशेष रूप से समझ पड़ेगा।

इतना कहते ही उनका नीतिभाव भूल गया और वह युद्ध-रसरूपी वृक्ष पुलक के बहाने फूल उठा (अर्थात् स्वामिभक्ति को प्रकट करने के लिए उपयुक्त अवसर के कारण पुलक सात्त्विक भाव

युद्धभाव के साथ उत्पन्न हुआ)। प्रभु श्रीराम के चरणों की वन्दना करके तथा शीश पर चरण रखकर अपने नैसर्गिक एवं सत्य बल को कहा।

हे नाथ! मेरी बात आप अनुचित न मानेंगे और भरत को शिक्षा देने के लिए (उपचार : इलाज, लक्ष्यार्थ से शिक्षा प्रदान करना) हमारे पास कुछ कम (शक्ति) नहीं है। कहाँ तक मन को दबाये हुए सहते रहेंगे जबकि हे नाथ! आप साथ में हैं और धनुष हाथ में है।

इसे संसार जानता है कि जाति क्षत्रिय की है, रघुवंश में जन्म है तथा मुझ सदृश (बलि) आपका अनुगामी है (हूँ) जबकि धूलि के समान अल्प महत्त्व का और कौन है और वह भी पैर से मारने पर शीश पर जा चढ़ती है॥ २२९॥

टिप्पणी—वीर रस का भावाभास है। भरत का आगमन उद्दीपन है। शरीर का कंटकित होना, मुख से कटु वचनों का निकलना, अंगों का स्फुरित होना आदि अनुभाव हैं इस सम्पूर्ण स्थिति का कारण भरत के सैन्य सहित आने के समाचार को सुनकर तथा चिन्ताग्रस्त श्रीराम को देखकर उत्पन्न सम्भ्रम है।

उठि करि जोरि रजायसु मागा। मनहुँ बीर रस सोवत जागा॥
बाँधि जटा सिर कसि कटि भाथा। साजि सरासनु सायकु हाथा॥
आजु राम सेवक जसु लेऊँ। भरतहि समर सिखावन देऊँ॥
राम निरादर कर फलु पाई। सोवहुँ समर सेज दोउ भाई॥
आइ बना भल सकल समाजू। प्रगट करउँ रिस पाछिल आजू॥
जिमि करि निकर दलइ मृगराजू। लेइ लपेटि लवा जिमि बाजू॥
तैसेहिं भरतहिं सेन समेता। सानुज निदरि निपातउँ खेता॥
जौं सहाय कर संकरु आई। तौ मारउँ रन राम दोहाई॥

दो०— अति सरोष माखे लखनु लखि सुनि सपथ प्रवान।
सभय लोक सब लोकपति चाहत भभरि भगान॥ २३०॥

अर्थ—उठकर और हाथ जोड़कर लक्ष्मण ने आज्ञा माँगी मानो वीर रस सोता हुआ जाग पड़ा हो। शीश पर जटा बाँधकर तथा कमर में तरकश कसकर धनुष सजाकर बाण हाथ में लिया (और कहा)—

मैं आज श्रीराम के सेवक होने का यश लूँगा तथा भरत को युद्ध में शिक्षा दूँगा। श्रीराम के निरादर का प्रतिफल पाकर दोनों भाई (भरत तथा शत्रुघ्न) युद्धरूपी शैया पर विश्राम करो (अर्थात् वीरगति को प्राप्त करोगे)।

समस्त समाज भी आकर एकत्रित है अच्छा हुआ मैं अपना पिछला क्रोध भी आज प्रकट करूँगा। जिस प्रकार हस्ति समूह का मर्दन सिंह करता है, जिस प्रकार बाज लवा पक्षी को लपेट लेता है।

वैसे ही, सेना सहित एवं शत्रुघ्न के साथ भरत को आज युद्ध भूमि में सर्वतोभावेन विनष्ट कर दूँगा। श्रीराम की सौगन्ध है, यदि शंकर भी आकर (उनकी) सहायता करें तो भी युद्ध में उन्हें मार गिराऊँगा।

लक्ष्मण अत्यधिक रोष के साथ क्रुद्ध हुए और उनकी शपथ के प्रमाण को देख तथा सुन करके सभी लोकों के लोकपाल भयपूर्वक भयाक्रान्त भागने को उद्यत हो उठे॥ २३०॥

टिप्पणी—कवि 'विरुद्ध कथन' की शब्दावलियों का प्रयोग करके अमर्ष भाव से सम्बद्ध वीर रस के भावाभास का चित्रण कर रहा है। 'अमर्ष' प्रेमासक्ति का विरोधी है। इसकी प्रारम्भिक योजना का अध्यवसान कराकर कवि आगे प्रतिषेध न्याय से भरत के शील एवं स्नेह की ही

विलक्षणता का चित्रण करना चाह रहा है। अमर्ष की यह सम्पूर्ण स्थिति भ्रममूलक है, जिसका परिहार आगे की पंक्तियों में कवि करता है। काव्य वर्णन की यह एक चतुरतापूर्ण शैली समझी जाती है।

जगु भय मगन गगन भइ बानी। लखनु बाहु बलु बिपुल बखानी॥
तात प्रताप प्रभाउ तुम्हारा। को कहि सकइ को जाननिहारा॥
अनुचित उचित काजु किछु होऊ। समुझि करिअ भल कह सबु कोऊ॥
सहसा करि पाछे पछिताहीं। कहहिं बेद बुध ते बुध नाहीं॥
सुनि सुर बचन लखन सकुचाने। राम सीयँ सादर सनमाने॥
कही तात तुम्ह नीति सुहाई। सब तें कठिन राजमदु भाई॥
सो अचवँत नृप मातहिं तेई। नाहिन साधुसभा जेहिं सेई॥
सुनहु लखन भल भरत सरीसा। बिधि प्रपंच महँ सुना न दीसा॥

दो०— भरतहि होइ न राजमदु बिधि हरि हर पद पाइ।
कबहुँ कि काँजी सीकरनि छीर सिंधु बिनसाइ॥ २३१॥

अर्थ—विश्व भयमग्न हो उठा और लक्ष्मण के बाहुबल की विपुल प्रशंसा करती हुई आकाशवाणी हुई। हे तात! तुम्हारे प्रभाव को कौन कह सकता है और (उसका) कौन ज्ञाता है।

उचित एवं अनुचित कोई कार्य हो, उसे समझ करके करें तो उसे सभी कोई (सभी लोग) अच्छा कहते हैं। शीघ्र आकस्मिक रूप से करके पीछे पश्चात्ताप करते हैं, वेद एवं विद्वानजन कहते हैं कि वे (कार्य करने वाले) समझदार नहीं हैं।

देववाणी को सुनकर लक्ष्मण संकुचित हो गये और श्रीराम तथा सीता ने उन्हें आदरपूर्वक सम्मानित किया। हे तात! तुमने भलीभाँति अच्छी लगने वाली नीति कही है कि राजमद सबसे कठिन है।

इस मद (मदिरा) का पान कर वे नृप मत्त (मातहिं—नशे से चूर) हो उठते हैं जिन्होंने साधु सभा का सेवन नहीं किया है। हे लक्ष्मण! सुनो! भरत के सदृश पुरुष ब्रह्मा की सृष्टि में न तो सुना गया है और न देखा गया है।

ब्रह्मा, विष्णु तथा शिव के पद को भी पाकर भरत को कभी राजमद नहीं हो सकता। क्या कभी काँजी के विन्दु कणों से भी क्षीरसागर विनष्ट हो सकता है।। २३१॥

टिप्पणी—भारतीय साहित्य में मुख्य समस्याओं के समाधान के लिए अन्य हेतुओं के अभाव में कभी-कभी दैवी शक्तियों के आकस्मिक अवतरण, आकाशवाणी, सिद्धजनों के अवतरण आदि अभिप्रायों (Motifs) के प्रयोग मिलते हैं। दो अन्तर्मनों की दूरी को समाप्त करने के लिए कवि यहाँ 'आकाश वाणी' का उपयोग करता है और इस पारंपरिक मुख्य मार्ग से विचलित भाव प्रवाह का अवरुद्ध रूप पुनः एकबद्ध होकर गतिशीलता प्राप्त कर लेता है। 'भरतहिं होइ न राजमदु बिधि हरि हर पद पाइ' के वाक्य से कवि प्रतिपक्षी सन्दर्भ को मुख्य कथा क्रम की ओर पुनः अभिमुख कर देता है।

तिमिरु तरुन तरनिहि मकु गिलई। गगनु मगन मकु मेघहिं मिलई॥
गोपद जल बूड़हिं घट जोनी। सहज छमा बरु छाँड़ै छोनी॥
मसक फूँक मकु मेरु उड़ाई। होइ न नृपमदु भरतहि भाई॥
लखन तुम्हार सपथ पितु आना। सुचि सुबंधु नहिं भरत समाना॥
सगुनु खीरु अवगुन जलु ताता। मिलइ रचइ परपंचु बिधाता॥
भरतु हंस रबिबंस तड़ागा। जनमि कीन्ह गुन दोष बिभागा॥

गहि गुन पय तजि अवगुन बारी। निज जस जगत कीन्हि उजिआरी॥
कहत भरत गुन सीलु सुभाऊ। पेम पयोधि मगन रघुराऊ॥
दो०— सुनि रघुबर बानी बिबुध देखि भरत पर हेतु।
सकल सराहत राम सों प्रभु को कृपानिकेतु॥ २३२॥

अर्थ—श्रीराम कहते हैं कि सम्भव है (मकु) अंधकार तरुण सूर्य को निगल ले जाय, सम्भव है, बादलों में तन्मय (मगन : मग्न) होकर आकाश चाहे विलीन हो जाय, अगस्त्य (घट जोनी) चाहे गोपद जल में डूब जायँ, चाहे पृथ्वी नैसर्गिक क्षमा धर्म को भूल जाय,

सम्भव है, सुमेरु पर्वत मसक (मच्छर) की फूँक से उड़ जाय किन्तु हे भाई! भरत को राजमद नहीं हो सकता। हे लक्ष्मण! तुम्हारी और पिता की सौगन्ध भरत सदृश पवित्र निष्ठाशील अच्छा भाई नहीं हैं।

सुन्दर गुणरूपी दूध तथा अवगुणरूपी जल को मिलाकर ब्रह्मा सृष्टि प्रपंचों को रचता है। सूर्यवंशरूपी सरोवर में हंसरूपी भरत ने जन्म लेकर (इन लोकात्मक) गुण-दोषों का विभाजन (विभाग : विशिष्ट या उपयुक्त भाग या अलग-अलग बँटवारा) किया है।

गुणरूपी दुग्ध को ग्रहण तथा अवगुणरूपी जल को त्याग करके अपनी कीर्ति से विश्व को उज्ज्वल किया। भरत के गुण, शील तथा स्वभाव का वर्णन करते-करते श्रीराम प्रेमरूपी समुद्र में आमग्न हो उठे।

श्रीराम की वाणी सुन करके तथा भरत पर (उनका) प्रेम देख करके समस्त सराहना करते हैं कि श्रीराम सदृश और कौन समर्थ (प्रभु) तथा कृपाधाम होगा॥ २३२॥

टिप्पणी—विविध असम्भवोक्तियों का उद्धरण देकर श्रीराम भरत के चरित्र की निष्ठशीलता, विवेक, पवित्रता एवं शील-स्नेह का समर्थन करते हुए लक्ष्मण के संशय को दूर करते हैं। वह संशय दूर करने का सन्दर्भ पूर्ववर्ती भाव प्रसंग से अभिन्नत: है। सामान्य भ्रम एवं सन्देह उत्पन्न करके और पुन: उसके परिहार द्वारा कवि भरत के चरित्र को दीप्ति देता है। यह कवि की वर्णनशैली की कुशलता का ही सन्दर्भ है। नीर क्षीर विवेक नामक कवि समय का प्रयोग भरत की चरित्रगत पवित्रता के लिए साक्ष्य है।

जौं न होत जग जनम भरत को। सकल धरम धुर धरनि धरत को॥
कबि कुल अगम भरत गुन गाथा। को जानइ तुम्ह बिनु रघुनाथा॥
लखन राम सियँ सुनि सुर जानी। अति सुखु लहेउ न जाइ बखानी॥
इहाँ भरतु सब सहित सहाए। मंदाकिनी पुनीत नहाये॥
सरित समीप राखि सब लोगा। मागि मातु गुर सचिव नियोगा॥
चले भरतु जहँ सिय रघुराई। साथ निषादनाथु लघु भाई॥
समुझि मातु करतब सकुचाहीं। करत कुतरक कोटि मन माहीं॥
रामु लखनु सिय सुनि मम नाऊँ। उठि जनि अनत जाहिं तजि ठाऊँ॥
दो०— मातु मते महुँ मानि मोहि जो कछु करहिं सो थोर।
अघ अवगुन छमि आदरहिं समुझि आपनी ओर॥ २३३॥

अर्थ—यदि संसार में भरत का जन्म न होता तो पृथ्वी पर समस्त धर्मों की धुरी कौन धारण करता! भरत के गुणों की कथा कवि समुदाय के लिए भी अगम्य है, हे श्रीराम! आपके बिना (उसे) कौन जान सकता है।

देववाणी सुनकर श्रीराम, सीता तथा लक्ष्मण ने अत्यन्त आनन्द प्राप्त किया, उसका वर्णन नहीं किया जा सकता। यहाँ भरत ने सभी सहायक गणों के साथ पवित्र मंदाकिनी में स्नान किया।

नदी के पास सभी लोगों को ठहराकर माता, गुरु एवं मंत्री से आज्ञा लेकर निषादराज तथा शत्रुघ्न के साथ जहाँ श्रीराम तथा सीता हैं, भरत चले।

माता की करनी को समझ कर वे संकोच का अनुभव कर रहे हैं और मन में अनेक कुतर्कणाएँ करते हैं कि श्रीराम, लक्ष्मण एवं सीता मेरे नाम को सुन करके स्थान छोड़कर उठकर अन्य स्थान न चले जायँ।

माता की कुमंत्रणा में मुझे मानकर (वे) जो कुछ भी करें, वह थोड़ा है या अपनी ओर मुझे समझ करके मेरे पाप तथा अवगुण को क्षमा करके आदर देंगे॥ २३३॥

टिप्पणी—भरत के चरित्र की निर्मलता की व्यंजना कराकर कवि पुन: उनके मन के संकोच को मानवीय भाव भूमिका के परिवेश में चित्रित करता है। भरत श्रीराम के आश्रम के समीप पहुँचकर संकोच, भय, कुतर्क, संशय आदि भावों के संघातों से उद्वेलित हो रहे हैं। ध्वनि सिद्धान्त के अन्तर्गत 'भावोदय' जैसी स्थिति को कवि यहाँ वर्णनक्रम में स्वीकार कर रहा है। यह वर्णन मात्र शास्त्रीय नहीं है, इसकी मानवीयता शास्त्रीयता से अधिक उत्कट है।

जौं परिहरहिं मलिन मन जानी। जौं सनमानहिं सेवकु मानी॥
मोरें सरन रामहिं की पनही। राम सुस्वामि दोसु सब जनही॥
जग जस भाजन चातक मीना। नेम पेम निज निपुन नबीना॥
अस मन गुनत चले मग जाता। सकुच सनेहँ सिथिल सब गाता॥
फेरति मनहुँ मातु कृत खोरी। चलत भगति बल धीरज धोरी॥
जब समुझत रघुनाथ सुभाऊ। तब पथ परत उताइल पाऊ॥
भरत दसा तेहि अवसर कैसी। जल प्रबाहँ जल अलि गति जैसी॥
देखि भरत कर सोचु सनेहू। भा निषाद तेहि समयँ बिदेहू॥

दो०— लगे होन मंगल सगुन सुनि गुनि कहत निषादु।
मिटिहि सोचु होइहिं हरषु पुनि परिनामु बिषादु॥ २३४॥

अर्थ—चाहें मुझे मलिन मन का जानकर त्याग दे, चाहे सेवक मानकर सम्मान दें, श्रीराम की जूतियाँ ही मेरे लिए शरण्य हैं। श्रीराम ही उत्तम स्वामी हैं और (सम्पूर्ण) दोष (इस) जन का है।

संसार में यश के भाजन तो चातक और मछली हैं जो अपने प्रेम व्रत (नेम) में निपुण एवं (सर्वथा) नवीन हैं। मन में ऐसा विचार करते हुए मार्ग पर (वे) चले जा रहे हैं तथा संकोच तथा स्नेह से सम्पूर्ण शरीर शिथिल है।

उनके मन को माता की कुटिलता लौटा-सी रही है किन्तु धैर्यरूपी धोरी (तीन बैलों की जुती बैलगाड़ी में सबसे आगे वाला बैल) भक्ति के बल से जैसे चलाये जा रहा हो। जब वे श्रीराम के स्वभाव का स्मरण करते हैं तो तब उनके चरण मार्ग में बड़ी जल्दी-जल्दी (उताइल) पड़ने लगते हैं।

भरत की दशा उस समय कैसी है जैसे जल की धारा में (कभी आगे कभी पीछे फिर आगे बहने वाले) जल के भ्रमर की गति। भरत की चिन्ता एवं स्नेह को देखकर उस समय निषाद विदेह (शरीर तथा मन के ज्ञान से विमुग्ध) हो उठा।

मंगल सूचक शकुन होने लगे, उन्हें सुनकर तथा विचार करके निषाद कहता है, चिन्ता मिटेगी, हर्ष होगा किन्तु उसके बाद का परिणाम विषादपूर्ण होगा॥ २३४॥

टिप्पणी—विविध भावों के चक्रवात् में फँसे भरत कभी आत्मग्लानि, कभी संशय, कभी हीनता, कभी पराभव से पीड़ित होते हैं किन्तु श्रीराम के चरणों में गहन संसक्ति होने के कारण स्वातिजल के आकांक्षी चातक की भाँति नाना उपेक्षाओं एवं प्रताड़नाओं के बावजूद भी वे आगे ही बढ़ते

जाते हैं। उनकी इस मनोदशा को चित्रित करने के लिए कवि एक सादृश्य देता है—

'भरत दसा तेहिं अवसर कैसी। जल प्रवाह जल अलि गति जैसी॥'

ध्वनि सिद्धान्त के भावोदय एवं भाव सबलता का समन्वित रूप यहाँ बड़ा ही विलक्षण है।

सेवक बचन सत्य सब जाने। आश्रम निकट जाइ निअराने॥
भरत दीख बन सैल समाजू। मुदित छुधित जनु पाइ सुनाजु॥
ईति भीति जनु प्रजा दुखारी। त्रिबिध ताप पीड़ित ग्रह मारी॥
जाइ सुराज सुदेस सुखारी। होहिं भरत गति तेहि अनुहारी॥
राम बास बन संपति भ्राजा। सुखी प्रजा जनु पाइ सुराजा॥
सचिव बिरागु बिबेकु नरेसू। बिपिन सुहावन पावन देसू॥
भट जम नियम सैल रजधानी। सांति सुमति सुचि सुंदर रानी॥
सकल अंग संपन्न सुराऊ। राम चरन आश्रित चित चाऊ॥

दो०— जीति मोह महिपालु दल सहित बिबेक भुआलु।
करत अकंटक राजु पुरँ सुख संपदा सुकालु॥ २३५॥

अर्थ—भरत ने सेवक निषाद की सभी बातों को सत्य माना और वे आश्रम के सन्निकट समीप जा पहुँचे। भरत ने वन एवं पर्वत शृंखलाओं (समाजू) को देखा मानो क्षुधित व्यक्ति अच्छा अन्न (खाद्य पदार्थ) पाकर आनन्दित हो।

मानो प्रजा प्राकृतिक उपद्रवों (ईति : अतिवृष्टि, अनावृष्टि आदि) के भय से दुखी तथा दैहिक, दैविक एवं भौतिक संतापों से पीड़ित एवं ग्रहों से सताई प्रजा सम्पन्न देश तथा उत्तम राज्य में जैसे जाकर सुखी हो, भरत की दशा (ठीक) उसके अनुरूप हो रही है।

वन में श्रीराम का निवास सम्पत्ति की भाँति शोभित है मानो प्रजा उत्तम राज्य पाकर सुखी हो। वैराग्य ही मंत्री है, विवेक ही राजा है, सुहावना वन ही पवित्र राज्य प्रदेश है।

यम नियम ही योद्धा हैं, पर्वत (जिस पर पर्णशाला है) ही राजधानी है। शान्ति एवं सुमति ही पवित्र रानियाँ हैं। यह उत्तम राज्य (सुराऊ : सुराजू) अपने सम्पूर्ण उपभोगों-विभागों से समृद्ध है और श्रीराम के चरणों में आश्रित होने के कारण यहाँ के निवासियों के चित्त में प्रसन्नता है।

मोहरूपी राजाओं को सेना सहित जीतकर विवेकरूपी भूपाल सुन्दर समय, सुख, सम्पत्ति सहित नगर में निष्कंटक राज्य कर रहा है॥ २३५॥

टिप्पणी—आराध्य के सम्मिलन का पूर्वाभास श्रीराम के आश्रम में स्थिति शांति एवं सुव्यवस्था की व्यंजना से कवि देता है। सम्मिलन के इस पूर्वाभास में इसकी भी व्यंजकता सम्मिलित है कि ब्रह्मा श्रीराम की निवास स्थली में शोक, कष्ट, मनोताप नहीं हैं। इस प्रकार इस चित्रण के माध्यम से दो व्यंजनाओं को एक ही माध्यम से वह व्यंजित कराता है।

बन प्रदेश मुनि बास घनेरे। जनु पुर नगर जाउँ गन खेरे॥
बिपुल बिचित्र बिहग मृग नाना। प्रजा समाजु न जाइ बखाना॥
खगहा करि हरि बाघ बराहा। देखि महिष बृष साजु सराहा॥
बयरु बिहाइ चरहिं एक संगा। जहँ तहँ मनहुँ सेन चतुरंगा॥
झरना झरहिं मत्त गज गाजहिं। मनहुँ निसान बिबिध बिधि बाजहिं॥
चक चकोर चातक सुक पिक गन। कूजत मंजु मराल मुदित मन॥
अलिगन गावत नाचत मोरा। जनु सुराज मंगल चहुँ ओरा॥
बेलि बिटप तृन सफल सफूला। सब समाजु मुद मंगल मूला॥

दो०— राम सैल शोभा निरखि भरत हृदयँ अति पेमु।
तापस तप फल पाइ जिमि सुखी सिरानें नेमु॥ २३६॥

अर्थ—वनरूपी प्रदेश में मुनियों के अनेक निवासाश्रम मानो पुर, नगर, गाँव तथा छोटी बस्तियों के समूह हों। विपुल संख्या के विचित्र प्रकार के पशु एवं पक्षी मानो प्रजा समूह हों, जिनका वर्णन नहीं किया जा सकता!

गैंड़ें (खगहा), हाथी, सिंह, व्याघ्र, शूकर, भैंसे तथा बैलों की सुन्दरता देखकर सराहने की इच्छा होती है। सभी नैसर्गिक वैर को त्याग करके एक साथ विचरण कर रहे हैं, जहाँ-तहाँ मानो चतुरंगिणी सेना हो।

झरने झर रहे हैं, मत्त हाथी चिंघाड़ रहे हैं मानो विविध प्रकार के नगाड़े बज रहे हों। चक्रवाक, चकोर, चातक, तोता कोकिल समूह तथा हंस आनन्दित मन से सुन्दर कूजन (पक्षि स्वर) कर रहे हैं।

भ्रमर समूह गान कर रहे हैं, मयूर नाच रहे हैं मानो चारों ओर मंगलदायक सुन्दर राज्य हो। लताएँ, वृक्ष तथा घासें पुष्प तथा फलयुक्त हैं। सम्पूर्ण समाज आनन्द तथा मंगल का मूल बना है।

श्रीराम के पर्वत (अर्थात् जिस पर श्रीराम ने पर्णशाला बनाई है, वह पर्वत विशेष) की शोभा देखकर भरत के हृदय में (उसी प्रकार का) अत्यधिक प्रेम है जैसे तपस्वी तपस्या का फल प्राप्त करके नियमादि के पालन की समाप्ति से सुखी होता है॥ २६॥

टिप्पणी—कवि वैभव से परिपूर्ण, शान्ति एवं आनन्द से मण्डित चित्रकूट की इस वासस्थली को व्यंजना भाव से सुव्यवस्थित राज्य प्रदेश के रूप चित्रित करता है। श्रीराम जहाँ हैं, वहाँ 'श्रीराम राज्य' है। सादृश्य और अपह्नुति अलंकारों की व्यंजना इस वर्णन का आधार है।

तब केवट ऊँचें चढ़ि धाई। कहेउ भरत सन भुजा उठाई॥
नाथ देखिअहिं बिटप बिसाला। पाकरि जंबु रसाल तमाला॥
जिन्ह तरुबरन्ह मध्य बटु सोहा। मंजु बिसाल देखि मनु मोहा॥
नील सघन पल्लव फल लाला। अबिरल छाँह सुखद सब काला॥
मानहुँ तिमिर अरुनमय रासी। बिरची बिधि सँकेलि सुषमा सी॥
ए तरु सरित समीप गोसाँई। रघुबर परनकुटी जहँ छाई॥
तुलसी तरुबर बिबिध सुहाए। कहुँ कहुँ सियँ कहुँ लखन लगाए॥
बट छाया बेदिका बनाई। सियँ निज पानि सरोज सुहाई॥

दो०— जहाँ बैठि मुनि गन सहित नित सिय रामु सुजान।
सुनहिं कथा इतिहास सब आगम निगम पुरान॥ २३७॥

अर्थ—तब केवट ने दौड़ करके ऊँचे पर चढ़ करके भुजा उठा करके भरत से कहा। हे नाथ! विशाल वृक्षों को देखें, वे पाकर, जामुन, आम तथा तमाल हैं।

उन वृक्षों के बीच में बरगद वृक्ष शोभित है जिसकी मंजुलता तथा विशालता को देखकर मन मुग्ध हो रहा है। नील सघन पल्लवों में लाल वर्ण के फल हैं तथा उसकी सघन छाया सभी ऋतुओं में आनन्ददायी है—

मानो ब्रह्म ने अन्धकार एवं अरुणमय राशि सम्पूर्ण सौन्दर्य सदृश संकलित करके रचना की हो। हे गोस्वामी! ये वृक्ष नदी (पयस्विनी) के समीप हैं जहाँ श्रीराम की पर्णकुटी छाई है।

अनेक तुलसी के वृक्ष शोभित हो रहे हैं, ये कहीं-कहीं सीता जी के और कहीं-कहीं लक्ष्मण जी के द्वारा लगाये हुए हैं। बरगद की छाया में सीता ने अपने कमलवत् हाथों से सुन्दर वेदिका बनाई है।

यहाँ नित्य सुजान श्रीराम तथा सीता मुनि गणों के साथ बैठकर आगम (शास्त्र), निगम (वेद), पुराण तथा इतिहास सबकी कथाएँ सुनते हैं॥ २३७॥

टिप्पणी—आचरणीय परम्परित आर्ष मूल्यों तथा कार्यों का यहाँ उल्लेख है।

सखा बचन सुनि बिटप निहारी। उमगे भरत बिलोचन बारी॥
करत प्रनाम चले दोउ भाई। कहत प्रीति सारद सकुचाई॥
हरषहिं निरखि राम पद अंका। मानहुँ पारसु पायेउ रंका॥
रज सिर धरि हियँ नयनन्हि लावहिं। रघुबर मिलन सरिस सुख पावहिं॥
देखि भरत गति अकथ अतीवा। प्रेम मगन मृग खग जड़ जीवा॥
सखहि सनेह बिबस मग भूला। कहि सुपंथ सुर बरसहिं फूला॥
निरखि सिद्ध साधक अनुरागे। सहज सनेहु सराहन लागे॥
होत न भूतल भाउ भरत को। अचर सचर चर अचर करत को॥

दो०— पेम अमिय मंदरु बिरहु भरतु पयोधि गंभीर।
मथि प्रगटेउ सुर साधु हित कृपासिंधु रघुबीर॥ २३८॥

अर्थ—सखा के वचनों को सुनकर तथा वृक्षों को देख करके भरत उद्वेलित हो उठे एवं नेत्र अश्रुपूरित हो आये। दोनों भाई प्रणाम करते हुए चले। उनकी प्रीति का वर्णन करते हुए सरस्वती संकोच का अनुभव कर रही है।

श्रीराम के चरण अंकों (चिह्नों) को देख करके वे (इस प्रकार) हर्षित हो रहे हैं मानो अत्यन्त निर्धन ने स्पर्शमणि प्राप्त की हो। चरण-रजों को शीश पर रखते और हृदय एवं नेत्रों में लगाते हैं। उनसे श्रीराम के मिलने जैसा सुख प्राप्त कर रहे हैं।

भरत की अतीव अकथनीय गति को देख करके पशु-पक्षी तथा अन्य जड़ जीव प्रेम में निमग्न हैं। निषादराज को स्नेह विवशतावश मार्ग भूल गया तथा देवगण सुन्दर मार्ग बताकर पुष्प वर्षा कर रहे हैं।

उन्हें देख करके सिद्ध साधकगण अनुराग से परिपूर्ण हो उठे और उनके (उस) नैसर्गिक स्नेह की सराहना करने लगे। यदि इस पृथ्वी पर भरत का जन्म और प्रेम न होता तो अचर को चर तथा चर को अचर कौन करता (अर्थात्, उनके प्रेम से जड़ विगलित हो उठे हैं और चेतन स्तम्भित)।

कृपासिन्धु श्रीराम ने अथाह भरत-स्नेहरूपी समुद्र को विरहरूपी मंदराचल पर्वत से मंथन करके देवतारूपी साधुजनों के निमित्त प्रेमरूपी अमृत प्रकट किया॥ २३८॥

टिप्पणी—कवि भरत की भक्ति के स्वरूप का चित्रण करता है। सम्मिलन की बलवती आकांक्षा को समेटे हुए मिलने के लिए आतुर श्रीराम के चरण चिह्नों को देखकर भाव विगलित हो उठना भावात्मक निष्पत्ति की उच्चतम मनःदशा है। भरत भक्ति के महत्तम प्रतीक हैं। इस प्रतीक को उच्चतम भाव धरातल पर ले जाकर रागानुगाभक्ति की सिद्धावस्था से जोड़ना तुलसी की रचना कला का अद्‌भुत साक्ष्य है।

सखा समेत मनोहर जोटा। लखेउ न लखन सघन बन ओटा॥
भरत दीख प्रभु आश्रम पावन। सकल सुमंगल सदनु सुहावन॥
करत प्रबेस मिटे दुख दावा। जनु जोगी परमारथु पावा॥
देखे भरत लखनु प्रभु आगे। पूछे बचन कहत अनुरागे॥
सीस जटा कटि मुनि पट बाँधें। तून कसें कर सरु धनु काँधें॥
बेदी पर मुनि साधु समाजू। सीय सहित राजत रघुराजू॥

बलकल बसन जटिल तनु स्यामा। जनु मुनि बेष कीन्ह रति कामा॥
कर कमलनि धनु सायकु फेरत। जिय की जरनि हरत हँसि हेरत॥
दो०— लसत मंजु मुनि मंडली मध्य सीय रघुचंदु।
ग्यान सभाँ जनु तनु धरे भगति सच्चिदानंदु॥ २३९॥

अर्थ—सखा निषाद सहित भरत तथा शत्रुघ्न की मनोहारी जोड़ी को सघन वन की आड़ के कारण लक्ष्मण ने नहीं देखा। भरत ने प्रभु श्रीराम के पवित्र आश्रम को देखा। वह सम्पूर्ण उत्तम मंगलों से युक्त एवं सुहावनी पर्णशाला है।

आश्रम स्थली में प्रवेश करते ही सम्पूर्ण दु:खरूपी दावाग्नि नष्ट हो गई। ऐसा प्रतीत हो रहा था मानो योगी ने परमार्थ तत्त्व को प्राप्त कर लिया हो। भरत ने लक्ष्मण को प्रभु के सामने (बैठे) देखा। श्रीराम के द्वारा पूछे गये वचनों का अनुरागपूर्वक उत्तर दे रहे हैं (कहे)।

सिर पर जटा है तथा कटि में मुनि वस्त्र बँधा है, तरकस कसा हुआ है, हाथ में कंधे पर धनुष है। वेदिका पर मुनि एवं साधु समूह बैठा हुआ है और सीता सहित श्रीराम शोभित हो रहे हैं।

शरीर पर वल्कल वस्त्र है, केश राशि जटा युक्त है एवं शरीर श्यामल है मानो कामदेव तथा उनकी पत्नी रति ने मुनि का वेष धारण कर रखा हो। कमलवत् हाथों से धनुष-बाण फेर रहे हैं, और हँसकर देखते हुए हृदय की भौतिक ज्वाला का हरण कर ले रहे हैं।

मुनिजनों की सुन्दर मण्डली के बीच सीता तथा श्रीराम शोभित हो रहे हैं। मानो ज्ञान की सभा में शरीर धारण किये हुए ब्रह्म और भक्ति हो॥ २३९॥

टिप्पणी—कवि भरत के नेत्रों के समक्ष उनके आराध्य श्रीराम की प्रथम झाँकी प्रस्तुत करता है। श्रीराम के आश्रम में प्रवेश ही योगी की परमार्थ सिद्धि है। यही नहीं—

'कर कमलनि धनु सायक फेरत। जिय की जरनि हरत हँसि हेरत॥'

भक्त के लिए आराध्य का दर्शन 'हृदय की जलन पर शान्ति लेप' का कार्य करता है।

गोस्वामी तुलसीदास भरत के व्यक्तित्व में आत्म प्रवेश करके यहाँ उनका जो मुग्धकारी, नयनाभिराम एवं हृदयरंजक स्वरूप प्रस्तुत करते हैं, उसमें सम्पूर्ण भक्तों का साधारणीकृत भाव व्यंजित हो उठता है।

सानुज सखा समेत मगन मन। बिसरे हरष सोक सुख दुख गन॥
पाहि नाथ कहि पाहि गोसाईं। भूतल परे लकुट की नाईं॥
बचन सप्रेम लखन पहिचाने। करत प्रनामु भरत जियँ जाने॥
बंधु सनेह सरस एहि ओरा। उत साहिब सेवा बस जोरा॥
मिलि न जाइ नहि गुदरत बनई। सुकबि लखन मन की गति भनई॥
रहे राखि सेवा पर भारू। चढ़ी चंग जनु खैंच खेलारू॥
कहत सप्रेम नाइ महि माथा। भरत प्रनाम करत रघुनाथा॥
उठे रामु सुनि प्रेम अधीरा। कहुँ पट कहुँ निषंग धनु तीरा॥
दो०— बरबस लिये उठाइ उर लाये कृपानिधान।
भरत राम की मिलनि लखि बिसरे सबहि अपान॥ २४०॥

अर्थ—अनुज शत्रुघ्न एवं सखा निषादराज के साथ भरत मन-ही-मन मग्न हैं और वे अपना समस्त हर्ष, शोक, सुख-दु:खादि विकार समुच्चयों को भूल गये। स्वामी रक्षा करें, गोस्वामी रक्षा करें, (शब्दों को) कहकर वे (भरत) दण्ड की भाँति पृथ्वी तल पर गिर पड़े।

उनके प्रेम युक्त वचनों को लक्ष्मण ने पहचाना और हृदय से समझा कि भरत प्रणाम कर रहे हैं। भावभीना भाई का इधर प्रेम और उधर स्वामी की कठोर सेवा।

(लक्ष्मण से) न (उठकर) मिलते बनता है और न (प्रभु की सेवा) छोड़ते बनती है, श्रेष्ठ कवि जन लक्ष्मण की मनोदशा का वर्णन इस प्रकार करते हैं। वे सेवा पर भार रखकर रह गये मानो चढ़ी हुई पतंग को पतंग के खिलाड़ी ने खींच लिया हो (अर्थात् बढ़ते हुए स्नेह की उमंग को दबाकर सेवा पर ही अपने को केन्द्रित करने का प्रयत्न किया।)

लक्ष्मण पृथ्वी पर शीश झुका कर कहते हैं कि हे स्वामी श्रीराम! भरत प्रणाम कह रहे हैं। (भरत के आर्त वचनों को) सुनकर प्रेमाकुल श्रीराम उठ पड़े और उनका वस्त्र कहीं गिरा, तरकश अन्यत्र और धनुष-बाण कहीं अन्यत्र (गिरे)।

कृपानिधान श्रीराम ने हठात् (भरत को) उठाकर हृदय से लगा लिया। भरत तथा श्रीराम के सम्मिलन को देखकर सभी को अपनी संज्ञा (चेतना, अपान) भूल गई॥ २४०॥

टिप्पणी—सम्मिलन का यह प्रसंग अद्भुत भावमय है। सामान्य दृष्टि से एक बिछुड़े हुए भाई की गहन आसक्ति का यह सुन्दर चित्र है किन्तु दूसरी ओर यहाँ जन्म-जन्मान्तर की पीड़ा से छटपटाते एवं दर्शन के लिए व्याकुल भक्त की आराध्य से सम्मिलन की व्यंजना भी है। यह एक पक्षीय प्रेम नहीं है। अपने भक्त के प्रति आराध्य के मन में कितनी स्नेहासक्ति है—'कहुँ पट, कहुँ निषंग धनु तीरा' की आत्मज्ञान विस्मृति सहज रूप से प्रेम की तदाकारिता व्यंजित करती है।

मिलनि प्रीति किमि जाइ बखानी। कबि कुल अगम करम मन बानी॥
परम पेम पूरन दोउ भाई। मन बुधि चित अहमिति बिसराई॥
कहहु सुप्रेम प्रगट को करई। केहि छाया कबि मति अनुसरई॥
कबिहि अरथ आखर बलु साँचा। अनुहरि ताल गतिहि नटु नाचा॥
अगम सनेह भरत रघुबर को। जहँ न जाइ मनु बिधि हरिहर को॥
सो मैं कुमति कहौं केहि भाँती। बाज सुराग कि गाँडर ताँती॥
मिलनि बिलोकि भरत रघुबर की। सुरगन सभय धकधकी धरकी॥
समुझाए सुरगुरु जड़ जागे। बरषि प्रसून प्रसंसन लागे॥

दो०— मिलि सप्रेम रिपुसूदनहि केवटु भेंटेउ राम।
भूरि भायँ भेटे भरत लछिमन करत प्रनाम॥ २४१॥

अर्थ—श्रीराम तथा भरत के सम्मिलनजन्य आनन्द का वर्णन कैसे किया जाय। उस आनन्द का वर्णन कवि समुदाय के कर्म, मन तथा वाणी के लिए अगम है। मन, बुद्धि, चित्त एवं अहन्ता को विस्मृत करके मिलने वाले दोनों भाई श्रेष्ठतम प्रेम से परिपूर्ण हैं।

कहो, कौन-सा कवि है, जो इस श्रेष्ठ प्रेम को प्रकट कर सकता है। कवि की मति किस रचना शैली (छाया) का अनुसरण करे। कवि के लिए अक्षर तथा अर्थ का ही सच्चा बल है। ताल की गति के अनुसार ही नट नृत्य करता है—

किन्तु श्रीराम और भरत का स्नेह अपरिमित (प्रेम की निर्दिष्ट परिपाटियों से सर्वथा मौलिक और भिन्न) हैं, जहाँ ब्रह्मा, विष्णु एवं शिव का भी मन नहीं पहुँच सकता। अतः उस प्रेम का वर्णन प्रकृत बुद्धिवाला मैं किस प्रणाली से कहूँ क्या गाँडर घास की तन्त्री मनोहारी राग में बज सकती है।

श्रीराम और भरत के सम्मिलन को देख करके देवताओं की धड़कन भयवश धकधक करने (धड़कने) लगी। बृहस्पति के समझाने पर दुर्बुद्ध देवता होश में आये और पुष्प वर्षा करके प्रशंसा करने लगे।

प्रेमपूर्वक श्रीराम ने शत्रुघ्न से मिलकर केंवट को अंग लगाया। प्रणाम करते हुए लक्ष्मण को अत्यधिक स्नेहपूर्वक भरत ने आलिंगित किया॥ २४१॥

टिप्पणी—कवि श्रीराम एवं भरत के सम्मिलनजन्य आनन्द का चित्रण करता है। यह मात्र

लोकात्मक नहीं है। लोकात्मकता आधार है, उस आध्यात्मिक आनन्दानुभूति का जहाँ आराधक की चित्तवृत्ति उस आराध्य के स्वरूप में विलयन प्राप्त करती है। वे दोनों मन, बुद्धि, चित्त, तथा अहन्ता को विस्मृत करके मिलते हैं। यह सम्मिलन लोकात्मक नहीं है, निर्विकल्पक सम्प्रज्ञात समाधि का वर्णन इसी प्रकार से किया गया है—

'सर्ववृत्तिप्रत्ययस्तमये संस्कारशेषोऽन्यः'

'समस्त वृत्ति के अस्त हो जाने पर चित्त का संस्कार रूप शेष रहना' कवि इस सम्मिलन से अद्वैत भाव रूप संस्कार शेष समाधि दशा जैसी स्थिति का चित्रण कर रहा है।

भेंटेउ लखन ललकि लघु भाई। बहुरि निषादु लीन्ह उर लाई॥
पुनि मुनिगन दुहुँ भाइन बंदे। अभिमत आसिष पाइ अनंदे॥
सानुज भरत उमगि अनुरागा। धरि सिर सिय पद पदुम परागा॥
पुनि पुनि करत प्रनाम उठाये। सिर कर कमल परसि बैठाये॥
सीय असीस दीन्हि मन माहीं। मगन सनेहँ देह सुधि नाहीं॥
सब बिधि सानुकूल लखि सीता। भे निसोच उर अपडर बीता॥
कोउ किछु कहइ न कोउ किछु पूँछा। प्रेम भरा मन निज गति छूँछा॥
तेहि अवसर केवटु धीरजु धरि। जोरि पानि बिनवत प्रनाम करि॥
दो०— नाथ साथ मुनिनाथ के मातु सकल पुर लोग।
सेवक सेनप सचिव सब आये बिकल वियोग॥ २४२॥

अर्थ—अत्यन्त उमंगपूर्वक लक्ष्मण ने अपने लघुभ्राता शत्रुघ्न का आलिंगन किया और पुनः निषाद को हृदय से लगाया। पुनः भरत तथा शत्रुघ्न इन दोनों भाइयों ने मुनिगणों की वन्दना की और मनोवांच्छित अनुकूल आशीर्वाद पाकर आनन्दित हुए।

शत्रुघ्न के साथ भरत उमंगित होकर अनुरागपूर्वक सीता के चरण-कमलों पर सिर रखकर पुनः-पुनः प्रणाम करते हैं और सीता उन्हें उठाती हैं तथा कमलवत् हाथों से उनके सिर का स्पर्श करके (पास में) बैठाया।

सीता ने मन-ही-मन आशीर्वाद दिया और वे (भरत) स्नेह मग्न हैं तथा (उन्हें) देह का स्मरण नहीं है। सभी प्रकार से सीता को अपने अनुकूल देखकर (भरत) हृदय से चिन्ता रहित हो गये तथा आगामी भय (आशंका) समाप्त हो गई।

न कोई कुछ कहता है और न कोई कुछ पूछता है, मन प्रेम से भर उठा और रीतेपन के कारण होने वाली चंचलता जैसी गति समाप्त हो उठी (क्योंकि मन प्रेम से भर उठा था) धैर्य धारण करके, प्रणाम करके तथा हाथ जोड़ करके उस समय केवट ने विनय-पूर्वक कहा।

हे नाथ! मुनिश्रेष्ठ (वसिष्ठ) के साथ वियोग से व्याकुल माताएँ नगरवासी जन सेवक, सेनापति एवं मन्त्री सभी आये हैं॥ २४२॥

टिप्पणी—श्रीराम से सम्मिलन के पश्चात् सीता तथा लक्ष्मण से सम्मिलन और उन सबकी परस्पर स्नेह दशा का कवि चित्रण कर रहा है। सभी प्रेम में स्तम्भित हैं। 'मगन सनेह देह सुधि नाहीं' तथा 'प्रेम भरा मन निज गति छूछा' आदि वाक्य उन सभी की आनन्द विह्वलता के व्यंजक हैं।

सीलसिंधु सुनि गुर आगवनू। सिय समीप राखे निपुदवनू॥
चले सबेग रामु तेहि काला। धीर धरम धुर दीनदयाला॥
गुरहि देखि सानुज अनुरागे। दंड प्रनाम करन प्रभु लागे॥
मुनिबर धाइ लिए उर लाई। प्रेम उमगि भेंटे दोउ भाई॥

प्रेम पुलकि केवट कहि नामू। कीन्ह दूरि तें दंड प्रनामू॥
राम सखा रिषि बरबस भेंटा। जनु महि लुठत सनेह समेता॥
रघुपति भगति सुमंगल मूला। नभ सराहि सुर बरसहिं फूला॥
एहि सम निपट नीच कोउ नाहीं। बड़ बसिष्ठ सम को जग माहीं॥
दो०— जेहि लखि लखनहु तें अधिक मिले मुदित मुनिराउ।
सो सीतापति भजन को प्रगट प्रताप प्रभाउ॥ २४३॥

अर्थ—गुरु के आगमन को सुनकर सीता के पास शत्रुघ्न को रखकर अत्यन्त वेग के साथ धैर्य तथा धर्म की धुरी धारण करने वाले विनयसागर श्रीराम उसी समय चल पड़े।

गुरु वसिष्ठ को देखकर लक्ष्मण सहित श्रीराम अनुराग से परिपूर्ण होकर दण्डवत् प्रणाम करने लगे। दौड़कर मुनिश्रेष्ठ ने उन्हें हृदय से लगा लिया और प्रेम से उमंगित होकर उन्होंने दोनों भाइयों का आलिंगन किया।

प्रेम से पुलकित होकर दूर से ही केवट ने अपना नाम बताकर दण्डवत् प्रणाम किया। राम सखा निषाद का ऋषि वसिष्ठ ने हठात् आलिंगन किया मानो पृथ्वी पर लुंठित (बहते हुए) स्नेह को समेट लिया हो।

श्रीराम की भक्ति सर्वथा मंगल मूलक है देवतागण इसकी प्रशंसा करते हुए आकाश से पुष्प वृष्टि करते हैं। इसके सदृश नितांत नीच और कोई नहीं और वशिष्ठ मुनि से बढ़कर भी संसार में कोई नहीं है।

जिसे देख करके लक्ष्मण से भी अधिक आनन्दित होकर वसिष्ठ ने आलिंगन किया, वह (निश्चय ही) सीतापति श्रीराम के भजन के प्रताप का प्रत्यक्ष प्रभाव है॥ २४३॥

टिप्पणी—सम्मिलन प्रसंग है। राम सखा निषाद का आलिंगन वसिष्ठ करते हैं। राम भक्त होने के कारण निषाद वसिष्ठ के लिए आलिंगन का पात्र हो उठा है। कवि के अनुसार सम्भ्रान्तता एवं श्रेष्ठता का आधार भक्ति है।

आरत लोग राम सबु जाना। करुनाकर सुजान भगवाना॥
जो जेहि भायँ रहा अभिलाषी। तेहि तेहि कै तसि तसि रुख राखी॥
सानुज मिलि पल महुँ सब काहू। कीन्ह दूरि दुख दारुन दाहू॥
यह बड़ि बात राम कै नाहीं। जिमि घट कोटि एक रबि छाहीं॥
मिलि केवटहि उमगि अनुरागा। पुरजन सकल सराहहिं भागा॥
देखीं राम दुखित महतारीं। जनु सुबेलि अवलीं हिम मारीं॥
प्रथम राम भेंटी कैकेई। सरल सुभायँ भगति मति भेई॥
पग परि कीन्ह प्रबोधु बरोही। काल करम बिधि सिर धरि खोरी॥
दो०— भेंटी रघुबर मातु सब करि प्रबोध परितोषु।
अंब ईस आधीन जगु काहु न देइअ दोषु॥ २४४॥

अर्थ—करुणाकर, सहृदय भगवान् श्रीराम ने सभी लोगों को दुखी देखकर जो जिस भाव का अभिलाषी था, उस-उस के लिए वैसी-वैसी इच्छा रखी।

लक्ष्मण सहित पल भर में ही सभी से मिल करके, सभी के दुःख एवं कष्टकर जलन को दूर किया। श्रीराम के लिए यह कोई बड़ी बात नहीं है, जैसे घड़े अनेक हों और सूर्य का प्रतिबिम्ब एक ही (सभी में) दिखाई पड़े।

सभी नगरवासी अत्यधिक उमंगपूर्वक केवट से मिल करके उसके भाग्य की सराहना करने लगे। श्रीराम ने माताओं को दुखी देखा मानो सुन्दर लता की पंक्तियाँ तुषार से मारी गई हों।

श्रीराम ने सर्वप्रथम कैकेई का आलिंगन किया और (उसे अपने) सरल स्वाभाविक भक्ति से उसे सिक्त (भेई = भिगोना) कर दिया। (उसके द्वारा किये गये) गर्हित कर्म को काम, कर्म एवं विधाता के सिर पर मढ़ करके माता के चरणों पर पड़कर उन्होंने पुनः सान्त्वना दी।

सान्त्वना देकर एवं सभी को सन्तुष्ट करके श्रीराम ने माताओं का आलिंगन किया और (बताया कि) हे माताओ! किसी को दोष नहीं देना चाहिए क्योंकि संसार ईश्वर के अधीन है॥ २४४॥

टिप्पणी—श्रीराम द्वारा माताओं से भेंट का प्रसंग है। श्रीराम सर्वप्रथम कैकेई को भेंटते हैं। गोस्वामी तुलसीदास श्रीराम के चरित्र द्वारा विशिष्ट नैतिक मर्यादा की अवतारण करते हैं। कैकेई से भेंटने का अर्थ है उसे अपमानित करना नहीं अपितु लांछनरहित करना है।

गुरतिय पद बंदे दुहु भाईं। सहित बिप्रतिय जे सँग आईं॥
गंग गौरि सम सब सनमानीं। देहिं असीस मुदित मृदु बानीं॥
गहि पद लगे सुमित्रा अंका। जनु भेंटी संपति अति रंका॥
पुनि जननी चरननि दोउ भ्राता। परे पेम ब्याकुल सब गाता॥
अति अनुराग अंबु उर लाये। नयन सनेह सलिल अन्हवाये॥
तेहि अवसर कर हरष बिषादू। किमि कबि कहइ मूक जिमि स्वादू॥
मिलि जननिहि सानुज रघुराऊ। गुर सन कहेउ कि धारिअ पाऊ॥
पुरजन पाइ मुनीस नियोगू। जल थल तकि तकि उतरेउ लोगू॥

दो०— महिसुर मंत्री मातु गुर गने लोग लिए साथ।
पावन आश्रम गवनु किय भरत लखन रघुनाथ॥ २४५॥

अर्थ—दोनों भाइयों ने गुरुपत्नी अरुन्धती तथा साथ में आई हुई अन्य ब्राह्मण-पत्नियों के चरणों की वन्दना की। गंगा तथा पार्वती की भाँति सभी का सम्मान किया। आनन्दित भाव से वे सभी आशीर्वाद दे रही हैं।

चरण छूकर वे माता सुमित्रा की गोद (अंक) से जा लगे मानो अत्यधिक दरिद्र को सम्पत्ति से भेंट हो गई हो। पुनः दोनों भाई कौसल्या के चरणों में पड़े और उनके सम्पूर्ण अंग प्रत्यंग प्रेम से विह्वल हैं।

माता ने अत्यधिक अनुराग से उन्हें हृदय से लगा लिया और स्नेहाधिक्य से उत्पन्न नेत्राश्रुओं से उन्हें भिगो दिया। उस समय के हर्ष और विषाद की संयुक्तता का वर्णन कवि किस प्रकार से करे वह मूकास्वादनवत् है।

लक्ष्मण सहित श्रीराम माताओं से मिल करके गुरु वसिष्ठ से कहा कि आश्रमस्थली में चरण रखें। नगरवासियों ने वसिष्ठ की आज्ञा पाकर जल-स्थल देखकर के (अर्थात् जल एवं निवास की सुविधा को देखते हुए) लोग उतरे।

ब्राह्मण, मंत्री, माताओं, गुरु आदि गिने-चुने लोगों को साथ में लेकर भरत, लक्ष्मण तथा श्रीराम ने पवित्र आश्रम में गमन किया॥ २४५॥

सीय आइ मुनिबर पग लागी। उचित असीस लही मन माँगी॥
गुरपतिनिहि मुनितियन्ह समेता। मिलीं पेमु कहि जाइ न जेता॥
बंदि बंदि पग सिय सबही के। आसिर बचन लहे प्रिय जी के॥
सासु सकल सब सीयं निहारीं। मूदे नयन सहमि सुकुमारीं॥
परी बधिक बस मनहुँ मरालीं। काह कीन्ह करतार कुचालीं॥
तिन्ह सिय निरखि निपट दुखु पावा। सो सबु सहिअ जो दैउ सहावा॥

जनकसुता तब उर धरि धीरा। नील नलिन लोयन भरि नीरा॥
मिली सकल सासुन्ह सिय जाई। तेहि अवसर करुना महि छाई॥

दो०— लागि लागि पग सबनि सिय भेंटति अति अनुराग।
हृदयँ असीसहिं प्रेम बस रहिअहु भरी सोहाग॥ २४६॥

अर्थ—सीता आकर वसिष्ठ के चरणों में लगी और मनोकामना के अनुकूल समुचित आशीर्वाद प्राप्त किया। गुरुपत्नी एवं मुनि स्त्रियों के अवर्णनीय प्रेम के साथ वह मिली।

सीता ने सभी के चरणों की बार-बार वन्दना करके हृदय के लिए प्रिय आशीर्वचन (उनसे) प्राप्त किया। जब सभी सासुओं को सीता ने देखा तब वह कोमलांगी नेत्र मूँद कर सिहर पड़ी।

मानो हंसिनी वधिक के वश में पड़ी हुई हो, विधाता ने कैसा कुचाल किया। उन माताओं ने सीता को देखकर अत्यन्त कष्ट प्राप्त किया और (मन-ही-मन विचार किया कि) विधाता जो कुछ भी सहा दे, उसे सहना पड़ता है।

जनक-पुत्री जानकी तब हृदय में धैर्य धारण करके और नील कमलवत् नेत्रों में जल भर करके सभी सासुओं से जाकर मिली। उस समय सम्पूर्ण पृथ्वी पर जैसे करुणा छा उठी हो।

सभी सासुओं के चरणों में लग-लग कर सीता अत्यधिक अनुरागपूर्वक आलिंगन करती है। प्रेम से विह्वल सभी हृदय से आशीर्वाद देती हैं कि तुम सदैव सौभाग्य परिपूर्ण रहो॥ २४६॥

टिप्पणी—सीता के सम्मिलन द्वारा कवि करुणा एवं शोक को व्यंजित करना चाह रहा है। उसकी सुकुमारता एवं सौन्दर्य और कहाँ वन का कष्टकर वातावरण इन सबको कवि 'परी बधिक बस मनहु मराली', इस एक ही वाक्य से व्यंजित कर रहा हो। 'नील नलिन लोयन भरि नीरा' सात्विक अनुभाव भी सीता के कष्ट को नहीं स्नेहपूरित करुणभाव को भी व्यंजित करता है।

बिकल सनेहँ सीय सब रानी। बैठन सबहि कहेउ गुर ग्यानीं॥
कहि जग गति मायिक मुनिनाथा। कहे कछुक परमारथ गाथा॥
नृप कर सुरपुर गवनु सुनावा। सुनि रघुनाथ दुसह दुखु पावा॥
मरन हेतु निज नेहु बिचारी। भे अति बिकल धीर धुर धारी॥
कुलिस कठोर सुनत बटु बानी। बिलपत लखन सीय सब रानी॥
सोक बिकल अति सकल समाजू। मानहुँ राजु अकाजेउ आजू॥
मुनिबर बहुरि रामु समझाये। सहित समाज सुसरित नहाये॥
ब्रत निरंबु तेहि दिन प्रभु कीन्हा। मुनिहु कहें जल काहुँ न लीन्हा॥

दो०— भोरु भएँ रघुनंदनहि जो मुनि आयसु दीन्ह।
श्रद्धा भगति समेत प्रभु सो सबु सादरु कीन्ह॥ २४७॥

अर्थ—सीता तथा सभी रानियाँ प्रेम से विह्वल हैं और तब ज्ञानी गुरु वसिष्ठ ने सभी को बैठने के लिए कहा। संसार की गति मायिक है, कहकर मुनिश्रेष्ठ ने कुछ परमार्थ गाथाएँ कहीं।

उन्होंने राजा दशरथ का देवलोक गमन सुनाया जिसे सुनकर श्रीराम ने असह्य दुःख प्राप्त किया। अपने स्नेह को मृत्यु का हेतु विचार कर धैर्य की धुरी धारण करने वाले श्रीराम अत्यधिक दुखी हुए।

वज्र से कठोर कष्टकर वाणी को सुनकर लक्ष्मण सीता सहित सभी रानियाँ विलाप कर रही हैं। सम्पूर्ण जनसमूह शोक से व्याकुल है मानो राजा आज भी दिवंगत (अकाजेउ) हुए हों।

पुनः मुनिश्रेष्ठ ने श्रीराम को समझाया और जनसमूह सहित पयस्विनी में स्नान किया। प्रभु श्रीराम ने उस दिन निर्जल व्रत किया और वसिष्ठ के कहने पर भी किसी ने जल ग्रहण नहीं किया।

प्रात: होते ही वसिष्ठ ने श्रीराम को जो आज्ञा दी उन्होंने श्रद्धा भक्ति सहित आदरपूर्वक सब कुछ सम्पन्न किया॥ २४७॥

टिप्पणी—श्रीराम को दशरथ की मृत्यु का समाचार वसिष्ठ द्वारा दिया जाता है। सम्मिलनजन्य सुख को धीरे-धीरे करुणा आवेष्टित कर रही है। इस प्रसंग से मृत्युजन्य विलाप के कारण करुणा और भी घनीभूत हो रही है।

करि पितु क्रिया बेद जस बरनी। भे पुनीत पातक तम तरनी॥
जासु नाम पावक अघ तूला। सुमिरत सकल सुमंगल मूला॥
सुद्ध सो भयउ साधु संमत अस। तीरथ आवाहन सुरसरि जस॥
सुद्ध भएँ दुइ बासर बीते। बोले गुर सन राम पिरीते॥
नाथ लोग सब निपट दुखारी। कंद मूल फल अंबु अहारी॥
सानुज भरतु सचिव सब गाता। देखि मोहि पल जिमि जुग जाता॥
सब समेत पुर धारिअ पाऊ। आपु इहाँ अमरावति राऊ॥
बहुत कहेउँ सब कियउँ ढिठाई। उचित होइ तस करिअ गोसाँई॥
दो०— धर्म सेतु करुनायतन कस न कहउ अस राम।
लोग दुखित दिन दुइ दरस देखि लहहुँ विश्राम॥ २४८॥

अर्थ—वेद गर्णित ढंग से पिता का श्राद्धकर्म करके पापरूपी अंधकार से सूर्य की भाँति वे (श्रीराम) पवित्र हुए। जिसका मात्र नाम पापरूपी रूई के लिए अग्नि की भाँति सहज दाहक है तथा जिसका स्मरण सम्पूर्ण मंगलों का मूल है,

साधुजनों का ऐसा मत है कि वे श्रीराम वैसे ही शुद्ध हुए जैसे तीर्थों के आवाहन से गंगा। शुद्ध हुए दो दिन व्यतीत हो गये तब श्रीराम ने गुरु से प्रेमपूर्वक कहा।

हे नाथ! कंदमूल फल एवं जल का आहार करते हुए सभी लोग अत्यधिक दुखी हैं। शत्रुघ्न सहित भरत, मंत्री तथा सभी माताओं को देखकर मेरे लिए पल युग के समान जाता लग रहा है।

सभी के साथ आप अयोध्या नगरी के लिए पधारें क्योंकि आप यहाँ हैं और पिता देव लोक में (अर्थात् अयोध्या सूनी है) मैंने ये सब धृष्टता करके बहुत कहा, हे गोस्वामी! जैसा उचित समझें, वैसा करें।

हे धर्म के सेतु एवं करुणाधाम श्रीराम आप ऐसा क्यों न कहें। सभी लोग दुखी हैं। दो दिन आपका दर्शन करके विश्राम प्राप्त करेंगे (अत: इन्हें रुकने से कष्ट नहीं है, न होगा)॥ २४८॥

टिप्पणी—कवि करुणा को थोड़ा और अधिक घनीभूत बना रहा है। 'श्राद्ध और शुद्धि' के पश्चात् सभी का सकरुण उदासमय हो उठना सम्पूर्ण वातावरण को बोझिल बनाता है। अयोध्यानगरी का सर्वथा अनाथ रहना (आपु इहाँ अमरावति राऊ) आगामी प्रसंगों की अवतारणा है।

राम बचन सुनि सभय समाजू। जनु जलनिधि महुँ बिकल जहाजू॥
सुनि गुर गिरा सुमंगल मूला। भयउ मनहुँ मारुत अनुकूला॥
पावन पयँ तिहुँ काल नहाहीं। जो बिलोकि अघ ओघ नसाहीं॥
मंगलमूरति लोचन भरि भरि। निरखहिं हरषि दंडवत करि करि॥
राम सैल बन देखन जाहीं। जहँ सुख सकल सकल दुख नाहीं॥
झरना झरहिं सुधासम बारी। त्रिबिध तापहर त्रिबिध बयारी॥
बिटप बेलि तृन अगनित जाती। फल प्रसून पल्लव बहु भाँती॥
सुंदर सिला सुखद तरु छाहीं। जाइ बरनि बन छबि केहि पाहीं॥

दो०— सरनि सरोरुह जल बिहग कूजत गुंजत भृंग।
बैर बिगत बिहरत बिपिन मृग बिहंग बहुरंग॥ २४९॥

अर्थ—श्रीराम के वचनों को सुनकर अयोध्या का समस्त जन समूह भयभीत हो उठा मानो समुद्र में जहाज डूबने के भय से यात्री व्याकुल हों। गुरु वसिष्ठ के मंगलमूल वचनों को सुनकर मानो अनुकूल वायु हो उठी (और डूबने का भय यात्री रूप अयोध्यावासियों के मन से जाता रहा)।

जिसे देख करके पाप समूह विनष्ट हो उठते हैं, उस पयस्विनी के जल में सभी त्रिकाल (प्रातः, मध्याह्न एवं सायंकाल) स्नान कर रहे हैं। मंगलमूर्ति श्रीराम को परितृप्त होकर देखते हैं और दण्डवत् प्रणाम कर-करके प्रसन्न होते हैं।

श्रीराम के पर्वत (कामदगिरी) और वन (चित्रकूट के वन) वे देखने जाते हैं, जहाँ किसी प्रकार के दुःख नहीं है, सभी प्रकार से आनन्द-ही-आनन्द हैं। झरने झर रहे हैं, जल अमृत की भाँति है तथा शीतल, मंद, सुगंध त्रिविध प्रकार की वायु दैहिक, दैविक एवं भौतिक इन तीनों प्रकार के भवजनित कष्टों को नष्ट करते हैं।

अगणित जातियों के वृक्ष, लताएँ एवं घासें तथा नाना प्रकार के पुष्प, फल, पल्लव वहाँ हैं। छाया में सुन्दर वृक्ष एवं सुखद शिलाएँ हैं और वन की छवि का वर्णन किसके द्वारा वर्णित किया जाय (अर्थात् किसी के द्वारा नहीं, वह अवर्णनीय है)।

सरोवरों में कमल हैं, जलपक्षी कूजन कर रहे हैं, भ्रमर गुंजरित हो रहे हैं तथा नाना प्रकार के पशु एवं पक्षी नैसर्गिक वैरभाव विस्मृत करके वन में विचरण कर रहे हैं॥ २४९॥

टिप्पणी—कवि करुणा तथा विषाद के वातावरण के बीच श्रीराम के दर्शनजन्य आनन्द तथा आश्रम की रमणीयता से उत्पन्न नैसर्गिक शान्ति का चित्रण करता है। यह वर्णन काव्य परिपाटी जैसा है। आश्रम वर्णन की काव्य परिपाटी के अन्तर्गत बताया गया है कि नैसर्गिक वैरभाव का त्याग करके पशु-पक्षियों का चित्रण किया जाना चाहिए। कवि कहता है—

'सरनि सरोरुह जल बिहग कूजत गुंजत भृंग।
बैर बिगत बिहरत बिपिन मृग बिहंग बहुरंग॥'

कवि के आश्रम वर्णन में परिपाटी के अतिरिक्त वातावरण की स्वतन्त्र छाया भी परिलक्षित है।

कोल किरात भिल्ल बनवासी। मधु सुचि सुंदर स्वादु सुधा सी॥
भरि भरि परन पुटीं रचि रूरी। कंद मूल फल अंकुर जूरी॥
सबहि देहिं करि बिनय प्रनामा। कहि कहि स्वाद भेद गुन नामा॥
देहि लोग बहु मोल न लेहीं। फेरत राम दोहाई देहीं॥
कहहिं सनेह मगन मृदु बानी। मानत साधु पेम पहिचानी॥
तुम्ह सुकृती हम नीच निषादा। पावा दरसनु राम प्रसादा॥
हमहिं अगम अति दरसु तुम्हारा। जस मरु धरनि देवधुनि धारा॥
रामकृपाल निषाद नेवाजा। परिजन प्रजउ चहिअ जस राजा॥

दो०— यह जियँ जानि संकोचु तजि करिअ छोहु लखि नेहु।
हमहिं कृतारथ करन लगि फल तृन अंकुर लेहु॥ २५०॥

अर्थ—पवित्र, मीठे, सुन्दर एवं अमृत सदृश सुस्वादु कंदमूल, फल, अंकुर एवं हरे पत्ते (जूरी) आकर्षक तथा रम्य दोनों में भर-भर करके कोल, किरात, भील तथा अन्य वन निवासी—

(उन वस्तुओं के) नाम, गुण तथा स्वाद भेद का वर्णन करते हुए विनयपूर्वक प्रणाम करके समस्त अयोध्यावासियों को (खाने के निमित्त) देते हैं। लोग (उन वस्तुओं का) अत्यधिक मूल्य दे रहे हैं किन्तु वे नहीं ग्रहण करते और लौटाने पर श्रीराम की दुहाई देते हैं।

वे अत्यधिक स्नेह से परिपूर्ण मृदुवाणी में कहते हैं कि साधुजन तो प्रेम की पहचान को ही (मानदण्ड) मानते हैं। आप पुण्यशाली हैं और हम निकृष्ट निषाद हैं, किन्तु श्रीराम के कारण (प्रेम की पहचान से ही) आप सबका दर्शन प्राप्त किया। आपका दर्शन श्रीराम के प्रसाद स्वरूप प्राप्त किया।

हमारे लिए आपका दर्शन अत्यधिक दुर्लभ है जैसे मरुस्थली में (मरु प्रदेश में) गंगा (देवधुनि) की पवित्र धारा। कृपालु श्रीराम ने निषाद को अनुगृहीत (नेवाजा) किया और नगरवासियों और प्रजा को भी वैसा ही (होना) चाहिए, जैसा राजा है।

ऐसा हृदय में विचार करके, संकोच का परित्याग करके तथा हमारे स्नेह दो देखकर आप हम पर नितान्त आत्मीय भाव (छोह) प्रकट करें, साथ ही, हमें कृतार्थ करने के निमित्त (इन) फल, वनस्पति अंकुरों को ग्रहण करें॥ २५०॥

टिप्पणी—वन्य जातियों के आतिथ्य का चित्रण कवि इन पंक्तियों में कर रहा है। इस आतिथ्य में आतिथ्यकर्ता की शिष्टता एवं शालीनता को उभारना कवि का मूल मन्तव्य है। उनके आतिथ्य में मानवीय शिष्टता एवं विनम्रता का गुण विशेष रूप से उभर कर प्रकाश में आता है।

तुम्ह प्रिय पाहुने बन पगु धारे। सेवा जोगु न भाग हमारे॥
देब काह हम तुम्हहि गोसाँई। ईंधनु पात किरात मिताई॥
यह हमारि अति बड़ि सेवकाई। लेहिं न बासन बसन चोराई॥
हम जड़ जीव जीव गन घाती। कुटिल कुचाली कुमति कुजाती॥
पाप करत निसि बासर जाहीं। नहिं पट कटि नहिं पेट अघाही॥
सपनेहुँ धरम बुद्धि कस काऊ। यह रघुनंदन दरस प्रभाऊ॥
जब तें प्रभु पद पदुम निहारे। मिटे दुसह दुख दोष हमारे॥
बचन सुनत पुरजन अनुरागे। तिन्हके भाग सराहन लागे॥

अर्थ—आप जैसे प्रिय अतिथि वन आये हैं, आपकी सेवा के योग्य हमारे भाग्य ही नहीं हैं (अर्थात् हम निर्धन, असहाय एवं निकृष्ट जाति के हैं।) हे गोस्वामी! हम तुम्हें क्या देने योग्य हैं क्योंकि किरात की मित्रता को ईंधन और पत्ते के लिए है।

हमारी यही बड़ी भारी सेवा है कि आपके बर्तन एवं वस्त्र हम चुरा न लें। अनेक जीवों (पशु-पक्षियों) पर आघात् करने वाले हम जड़ जन स्वभाव से कुटिल, कुकृत्यपरायण, मूर्ख एवं निकृष्ट जाति के हैं।

जिसका रात्रि-दिवस पाप कर्म करने में ही व्यतीत होता है और जिसकी कमर पर भी वस्त्र नहीं है और न जिसका कभी पेट भरता है। स्वप्न में भी जिसमें धर्म बुद्धि नहीं है (और जो कुछ भी विनयपूर्ण आचरण देख रहे हैं) वह श्रीराम के दर्शन के प्रभाव का (फल) है।

जब से श्रीराम के चरण-कमलों को देखा है, हमारे असह्य दुःख, तथा दोष मिट गये हैं। उनके वचनों को सुनकर अयोध्या नगरवासी जन अनुराग से भर उठे और उनके भाग्य की सराहना करने लगे।

छंद— **लागे सराहन भाग सब अनुराग बचन सुनावहीं।**
बोलनि मिलनि सिय राम चरन सनेहु लखि सुखु पावहीं॥
नर नारि निदरहिं नेहु निज सुनि कोल भिल्लनि की गिरा।
तुलसी कृपा रघुबंसमनि की लोह लै नौका तिरा॥

सो०— **बिहरहिं बन चहुँ ओर प्रतिदिन प्रमुदित लोग सब।**
जल ज्यों दादुर मोर भए पीन पावस प्रथम॥ २५१।

प्रेम के वचन सुनाते हुए सभी उनके भाग्य की सराहना करने लगे। उनकी बोलचाल, सम्मिलन तथा श्रीराम और सीता के चरणों में स्नेह देख करके सुख प्राप्त कर रहे हैं। कोल और भीलों की वाणी सुनकर समस्त आगत नर-नारी अपने स्नेह की निन्दा करते हैं। गोस्वामी तुलसीदास जी कहते हैं कि यह रघुवंशशिरोमणि श्रीराम की कृपा है कि लोहा नौका को लेकर तैर गया हो। (अर्थात् असम्भव का सम्भव हो उठता है)।

प्रतिदिन आनन्दित भाव से सभी लोग वन में चारों ओर विचरण कर रहे हैं। (वे श्रीराम के सम्पर्क से इतने आनन्दित एवं सुखी हैं कि) जैसे प्रथम वर्षा जल में ही मयूर तथा मेढक स्वस्थ (पीन = मोटा) हो उठते हैं॥ २५१॥

टिप्पणी—वन्य जातियाँ अपनी विनयोक्तियों द्वारा जिस आतिथ्य को प्रस्तुत करती हैं, वह कवि के वर्णन का महत्त्वपूर्ण अंग है। श्रीराम के चरण-कमलों को देखकर संस्कारच्युत वन्य जातियों का शालीन एवं शिष्ट हो जाना उनकी विनयोक्तियों की व्यंजना है। आत्मघाती, कुटिल, कुचाली, चौरकर्मप्रवृत्त, बुभुक्षु इन किरातों-कोलों में नागर शिष्टता का कारण है—

'जब तें प्रभु पद पदुम निहारे। मिटे दुसह दुख दोष हमारे॥'

प्रकारान्तर से श्रीराम के दर्शन के माहात्म्य की ही यहाँ व्यंजना की गई है।

पुरजन नारि मगन अति प्रीती। बासर जाहिं पलक सम बीती॥
सीय सासु प्रति बेष बनाई। सादर करइ सरिस सेवकाई॥
लखा न मरमु राम बिनु काहूँ। माया सब सिय माया माहूँ॥
सीयँ सासु सेवा बस कीन्हीं। तिन्ह लहि सुख सिख आसिष दीन्ही॥
लखि सिय सहित सरल दोउ भाई। कुटिल रानि पछितानि अघाई॥
अवनि जमहिं जाचति कैकेई। महि न बीचु बिधि मीचु न देई॥
लोकहुँ बेद बिदित कबि कहहीं। राम बिमुख थलु नरक न लहहीं॥
यहु संसउ सब के मन माहीं। राम गवनु बिधि अवध कि नाहीं॥

दो०— निसि न नींद नहिं भूख दिन भरतु बिकल सुचि सोच।
नीच कीच बिच मगन जस मीनहि सलिल संकोच॥ २५२॥

अर्थ—अत्यन्त प्रेम में नगरवासी नर-नारी आमग्न हैं, दिवस एक पलक-निमेष के सदृश बीता जा रहा है। सीता प्रति सास के क्रम में रूप रचना करके आदरपूर्वक अपने सदृश सेवा करती हैं।

इस मर्म को राम के अतिरिक्त और किसी ने भी नहीं देखा क्योंकि सीता माया में सभी मायाएँ अन्तर्निहित हैं। सीता ने सभी सासुओं को सेवा से वशवर्ती कर लिया। उन्होंने सुख प्राप्त करके (उसे) शिक्षा तथा आशीर्वाद दिया।

सीता सहित श्रीराम तथा लक्ष्मण की सरलता देखकर कुटिला रानी कैकेयी पेट भर पछताई। कैकेयी (ग्लानि तथा लज्जावश) पृथ्वी प्रवेश या मृत्यु याचना करती हैं किन्तु विधाता न तो पृथ्वी में स्थान दे रहा है और न मृत्यु ही।

यह लोक और वेदों से विदित है, तथा (इसी को) कविगण भी कहते हैं कि श्रीराम से विमुख व्यक्ति नरक में भी स्थान नहीं प्राप्त करता। सभी के मनों में यह संशय है कि हे विधाता! श्रीराम अयोध्या गमन करेंगे या नहीं।

रात्रि में न नींद है, न दिन में भूख लगती है (इस प्रकार) पवित्र शोक में भरत व्याकुल हैं जैसे कीचड़ के मध्य में नीचे जल की कमी (संकोच) के कारण मत्स्य (कष्टित होता है, वही दशा भरत की है)॥ २५२॥

टिप्पणी—सीता के सास-सेवा-प्रसंग की अवतारणा करके कवि कैकेयी के पाश्चात्ताप को

चित्रित करना चाह रहा है। कवि के 'कुटिल रानि पछितानि अघाई' तथा 'अवनि जमहिं जाचति कैकेई। महि न बीचु बिधि मीचु न देई॥' वाक्यों में कैकेई की जिस आत्मग्लानि की व्यंजना की गई है, वह नितान्त मानवीय एवं स्वाभाविक है। सम्पूर्ण घटना का हेतु स्वत: को मानकर जिस ढंग से पछताती है, वह चित्र मानव मन की आत्मग्लानि का सटीक चित्र है।

कीन्हि मातु मिस काल कुचाली। ईति भीति जस पाकत साली॥
केहि बिधि होइ राम अभिषेकू। मोहि अवकलत उपाउ न एकू॥
अवसि फिरहिं गुर आयसु मानी। मुनि पुनि कहब राम रुचि जानी॥
मातु कहेहुँ बहुरहिं रघुराऊ। राम जननि हठ करबि कि काऊ॥
मोहि अनुचर कर केतिक बाता। तेहि महँ कुसमउ बाम बिधाता॥
जौं हठ करउँ त निपट कुकरमू। हरगिरि ते गुरु सेवक धरमू॥
एकउ जुगुति न मन ठहरानी। सोचत भरतहि रैनि बिहानी॥
प्रात नहाइ प्रभुहि सिर नाई। बैठत पठए रिषयँ बोलाई॥

दो०— गुरपद कमल प्रनामु करि बैठे आयसु पाइ।
बिप्र महाजन सचिव सब जुरे सभासद आइ॥ २५३॥

अर्थ—माता के बहाने काल (दैवयोग) ने दुष्कृत्य किया जैसे धान पर (साली) पकते समय प्राकृतिक विपत्तियाँ (आयें)। किस प्रकार श्रीराम का अभिषेक हो, मुझे एक भी उपाय नहीं समझ में आता (अवकलत)।

गुरु की आज्ञा मानकर अवश्य लौटेंगे किन्तु मुनि तो श्रीराम की रुचि ही समझकर कहेंगे। माता (कौशल्या) के कहने पर श्रीराम लौटेंगे किन्तु क्या श्रीराम की माता कुछ हठ कर सकेंगी।

मुझ सेवक की बात अब क्या, उसमें भी असमय है और विधाता भी वाम हैं। यदि मैं उनसे हठ करता हूँ तो पूरी तरह से कुकर्म होगा। सेवक का धर्म कैलास पर्वत से भी गुरुतर है।

एक भी युक्ति मन में निश्चित नहीं हो पाई और इस प्रकार चिन्ता करते हुए रात्रि बीत गई। प्रात: स्नान करके प्रभु श्रीराम को शीश झुकाकर बैठते ही ऋषि वसिष्ठ ने (उन्हें) बुला भेजा।

गुरु के कमलवत्‌चरणों में प्रणाम करके तथा आज्ञा प्राप्त करके बैठे। इसी समय ब्राह्मण, श्रेष्ठ सम्भ्रांतजन, मंत्री तथा सभासद सभी आकर जुटे॥ २५३॥

टिप्पणी—भरत की आत्म चिन्ता का कवि वर्णन कर रहा है। इस आत्म चिन्ता में मूलभाव आत्मग्लानि तथा पश्चात्ताप का है। यह आत्मग्लानि आत्महीनता से प्रेरित न होकर निरीहता से प्रेरित है। यह निरीहता भक्त का दैन्य है। तर्कणा एवं संशय इसके पोषक तत्त्व हैं।

बोले मुनिबर समय समाना। सुनहु सभासद भरत सुजाना॥
धरम धुरीन भानुकुल भानू। राजा रामु स्वबस भगवानू॥
सत्यसंध पालक श्रुति सेतू। राम जनमु जग मंगल हेतू॥
गुर पितु मातु बचन अनुसारी। खल दलु दलन देव हितकारी॥
नीति प्रीति परमारथ स्वारथु। कोउ न राम सम जान जथारथु॥
बिधि हरिहरु ससि रबि दिसिपाला। माया जीव करम कुलि काला॥
अहिप महिप जहँ लगि प्रभुताई। जोग सिद्धि निगमागम गाई॥
करि बिचारि जियँ देखहु नीके। राम रजाइ सीस सबही के॥

दो०— राखें राम रजाइ रुख हम सब कर हित होइ।
समुझि सयाने करहु अब सब मिलि संमत सोइ॥ २५४॥

अर्थ—मुनिश्रेष्ठ वसिष्ठ समयानुकूल बोले, हे सुजान भरत एवं सभासदगण! सुनें, सूर्य कुल के सूर्य श्रीराम धर्म-धुरन्धर राजा, स्वतन्त्र एवं भगवान् हैं।

वे सत्यसंध, वेदरूपी सेतु के रक्षक हैं। श्रीराम का जन्म संसार के मंगलार्थ हुआ है। गुरु, पिता, माता के वचनों का वे अनुसरण करने वाले तथा दुष्टों के समूह का मर्दन करने वाले एवं देवताओं के हितैषी हैं।

नीति, प्रीति, परमार्थ एवं स्वार्थ अन्य कोई श्रीराम के सदृश यथार्थतः नहीं समझता। विधाता, विष्णु, शिव, चन्द्र, सूर्य, समस्त लोकपाल, माया, जीव, कर्म और सभी कालगण (पल, घड़ी, प्रहर, दिन, मासादि)—

शेष जी, समस्त राजागण जहाँ तक प्रमुख हैं तथा योग एवं सिद्धियाँ जहाँ तक वेद-शास्त्रों ने वर्णित की है, आप लोग विचार करके अच्छी तरह से समझ लें कि श्रीराम की आज्ञा सभी को सिरसा स्वीकार है।

श्रीराम की आज्ञा तथा इच्छा स्वीकार करने में ही हम लोगों का हित होग। आप सब सयाने (चतुर) हैं, अब सब लोग मिल करके, समझ करके तथा एक मत हो करके वही कार्य करें (जो उचित हो)॥ २५४॥

टिप्पणी—वाल्मीकि सभी को सम्बोधित करते हुए बताते हैं कि कोई श्रीराम को आज्ञा दे, इससे कल्याण नहीं होगा, कल्याण इसमें होगा कि सभी श्रीराम की आज्ञा का पलन करें। संसार में ऐसा कोई नहीं है जो श्रीराम की आज्ञा का पालन करता हो—'राम रजाइ सीस सबहीं के।' यह वाक्य लोकात्मक तथा आध्यात्मिक दोनों अर्थों की साथ-साथ व्यंजना कराता है।

सब कहुँ सुखद राम अभिषेकू। मंगल मोद मूल मग एकू॥
केहि बिधि अवध चलहिं रघुराऊ। कहहु समुझि सोइ करिअ उपाऊ॥
सब सादर सुनि मुनिबर बानी। नय परमारथ स्वारथ सानी॥
उतरु न आव लोग भए भोरे। तब सिरु नाइ भरत कर जोरे॥
भानु बंस भए भूप घनेरे। अधिक एक तें एक बड़ेरे॥
जनम हेतु सब कहँ पितु माता। करम सुभासुभ देइ बिधाता॥
दलि दुख सजइ सकल कल्याना। अस असीस राउरि जगु जाना॥
सो गोसाइँ बिधि गति जेहि छेंकी। सकइ को टारि टेकि जो टेकी॥

दो०— बूझिअ मोहि उपाउ अब सो सब मोर अभागु।
सुनि सनेहमय बचन गुर उर उमगा अनुरागु॥ २५५॥

अर्थ—सभी के लिए श्रीराम का अभिषेक सुखद है और वह मंगलमूल तथा आनन्द का एकमात्र मार्ग है। अतः श्रीराम किस विधि से अयोध्या के लिए प्रस्थान करें उसी विधि को सोच-समझ करके कहें, उपाय किया जाय।

नीति, परमार्थ एवं स्वार्थ से सनी हुई मुनिश्रेष्ठ की वाणी आदरपूर्वक सभी ने सुनी। (किसी को) उत्तर देते नहीं बनता, लोग स्तम्भित (भोरे) हो उठे, तब सिर झुकाकर भरत बोले,

सूर्य-वंश में अनेक एक से अधिक बड़े राजा हुए। सभी के जन्म के कारण माता-पिता हैं तथा विधाता (सभी को) कर्मानुसार शुभासुभ फल प्रदान करते हैं—

और आपका यह आशीर्वचन संसार ही जानता है कि (वह) दुःखों का दलन करके सम्पूर्ण कल्याणों को साधता (सजइ = सजाता है) है। हे गोस्वामी! आप वही हैं, जिन्होंने विधाता की गति छेंक ली है और जो हठ (टेक) आपने टेक रखी है (होगी), उसे कौन हटा सका।

आप जब मुझसे उपाय पूछते हैं, यह सब मेरा अभाग्य है। उनके स्नेह परिपूर्ण वचनों को सुनकर गुरु के हृदय में अनुराग उमड़ पड़ा॥ २५५॥

टिप्पणी—वसिष्ठ अपना प्रस्ताव जनसमूह के सम्मुख पुनः प्रस्तुत करते हैं कि आप सभी सोच विचार करके वह प्रस्ताव रखें जिससे श्रीराम का अयोध्या के लिए प्रत्यागमन हो। उनके प्रस्ताव को सुनकर भरत वसिष्ठ के माहात्म्य का निवेदन करते हुए उनसे इस सम्बन्ध में सुझाव देने के लिए कहते हैं।

तात बात फुरि राम कृपाहीं। राम बिमुख सिधि सपनेहुँ नाहीं॥
सकुचउँ तात कहत एक बाता। अरध तजहिं बुध सरबस जाता॥
तुम्ह कानन गवनहु दोउ भाई। फेरिअहिं लखन सीय रघुराई॥
सुनि सुबचन हरषे दोउ भ्राता। भे प्रमोद परिपूरन गाता॥
मन प्रसन्न तन तेजु बिराजा। जनु जिय राउ रामु भए राजा॥
बहुत लाभ लोगन्ह लघु हानी। सम दुख सुख सब रोवहिं रानी॥
कहहिं भरतु मुनि कहा सो कीन्हें। फलु जगु जीवन्ह अभिमत दीन्हें॥
कानन करउँ जनम भरि बासू। एहि ते अधिक न मोर सुपासू॥
दो०— अंतरजामी रामु सिय तुम्ह सरबग्य सुजान।
जौं फुर कहहु त नाथ निज कीजिअ बचनु प्रवान॥ २५६॥

अर्थ—हे तात! श्रीराम की कृपा से ही यह बात सत्य हुई है। श्रीराम से विमुख स्वप्न में भी सिद्धि नहीं होती। हे तात! एक बात कहते हुए संकुचित होता हूँ कि बुधजन सर्वस्व जाते (विनष्ट होते) देखकर आधा छोड़ देते हैं।

आप दोनों लोग वन गमन करें। और (हम लोग) श्रीराम सीता लक्ष्मण को लौटायें। इस सुन्दर वाणी को सुनकर दोनों भाई हर्षित हुए और आनन्दवश उनका शरीर परिपूर्ण हो उठा।

मन प्रसन्न हो उठा तथा शरीर में तेज शोभित होने लगा मानो राजा (पिता दशरथ) जी उठे और श्रीराम राजा हो गये। अधिक लोगों को लाभ एवं कम की हानि (जान पड़ी) और रानियाँ सुख-दुःख समान समझ कर रो रही हैं।

भरत कहते हैं कि मुनि कथन करने से संसार में जीवों को मनोवांछित (अभिमत) फल देना (सदृश) होगा। मैं (इस शर्त पर) जीवन भर अरण्यवास कर सकता हूँ, इससे अधिक मेरी अन्य कोई सुविधा (सुपासू) नहीं है।

आप चतुर एवं सर्वज्ञ हैं तथा श्रीराम एवं सीता सर्वज्ञ हैं, यदि आप सत्य कह रहे हैं तो हे नाथ! वचनों को प्रमाणित (सत्य) करें ।। २५६॥

टिप्पणी—वसिष्ठ का प्रस्ताव है कि श्रीराम सीता तथा लक्ष्मण के साथ अयोध्या लौटें और भरत शत्रुघ्न के साथ वनगमन करें। यह प्रस्ताव मूलतः जन समूह की आकांक्षाओं से सम्बद्ध न होते हुए भी भरत की निष्ठा के लिए चुनौती है जिसे स्वीकार करते हुए भरत कहते हैं 'कानन करउँ जनम भरि बासू। एहिं ते अधिक न मोर सुपासू॥'

भरत बचन सुनि देखि सनेहू। सभा सहित मुनि भए बिदेहू॥
भरत महा महिमा जलरासी। मुनि मति ठाढ़ि तीर अबला सी॥
गा चह पार जतनु हियँ हेरा। पावति नाव न बोहितु बेरा॥
औरु करिहि को भरत बड़ाई। सरसी सिपि कि सिंधु समाई॥
भरतु मुनिहि मन भीतर भाए। सहित समाज राम पहिं आए॥
प्रभु प्रनामु करि दीन्ह सुआसनु। बैठे सब सुनि मुनि अनुसासनु॥
बोले मुनिबरु बचन बिचारी। देस काल अवसर अनुहारी॥
सुनहु राम सरबग्य सुजाना। धरम नीति गुन ग्यान निधाना॥

दो०— सब के उर अंतर बसहु जानउ भाउ कुभाउ।
पुरजन जननी भरत हित होइ सो कहिअ उपाउ॥ २५७॥

अर्थ—भरत के वचन को सुन करके तथा स्नेह को देख करके सभासहित मुनि वसिष्ठ विदेह हो उठे। भरत की महान् महिमा जलराशि (समुद्रादि) हैं। मुनि की बुद्धि असहाय स्त्री की भाँति (समुद्र के पार होने की आकांक्षा से) तट पर खड़ी है—

वह पार जाना चाहती है, तथा मन में अनेक उपायों की अटकलें लगा रही है (हेरा) किन्तु वह न नाव पा रही है, न बड़ी नौका (या जहाज) और न बेड़े। भरत की और अन्य कौन बड़ाई कर सकता है, क्या तालाब (सरसी) की सीपी में समुद्र समा सकता है।

मुनि को मन-ही-मन भरत अच्छे लगे और समाज सहित वे श्रीराम के पास आये। प्रभु श्रीराम ने प्रणाम करके उन्हें श्रेष्ठ आसन दिया तथा मुनि की आज्ञा पाकर सब लोग बैठ गये।

मुनिश्रेष्ठ देश, काल, अवसर के अनुकूल समय विचार कर बोले। हे सर्वज्ञ, चतुर, धर्मनीति, गुण, ज्ञान के भण्डार श्रीराम सुनें!

आप सभी के हृदय में निवास करते हुए (सभी के) सद्भाव तथा द्वेषपूर्ण विचार को जानते हैं। (इसलिए) आप वह उपाय बतायें जिससे माता, नगरवासी जन एवं भरत का कल्याण हो॥ २५७॥

टिप्पणी—भरत के अगाध स्नेह का वर्णन कवि इस प्रसङ्ग के माध्यम से करना चाह रहा है। वसिष्ठ के प्रस्ताव को सहर्ष पुलकित मन स्वीकार कर लेने की व्यंजना उनके मन में स्थित श्रीराम के प्रति गूढ़ प्रेम की व्यंजना है। 'भरत महा महिमा जलरासी' सादृश्य का मन्तव्य इसी गूढ़ स्नेह की व्यंजना कराना है।

आरत कहहिं बिचारि न काऊ। सूझ जुआरिहि आपन दाऊ॥
सुनि मुनि बचन कहत रघुराऊ। नाथ तुम्हारेहि हाथ उपाऊ॥
सब कर हित रुख राउर राखें। आयसु किएँ मुदित फुर भाषें॥
प्रथम जो आयसु मो कहुँ होई। माथें मानि करौं सिख सोई॥
पुनि जेहि कहँ जस कहब गोसाईं। सो सब भाँति घटिहिं सेवकाईं॥
कह मुनि राम सत्य तुम्ह भाषा। भरत सनेहँ बिचारु न राखा॥
तेहि ते कहउँ बहोरि बहोरी। भरत भगति बस भइ मति मोरी॥
मोरें जान भरत रुचि राखी। जो कीजिअ सो सुभ सिव साखी॥

दो०— भरत बिनय सादर सुनिय करिअ बिचारि बहोरि।
करब साधुमत लोकमत नृपनय निगम निचोरि॥ २५८॥

अर्थ—आर्त जन कभी भी विचारपूर्वक नहीं कहते। जुआड़ी को अपना ही दाँव सूझता है। मुनि के वचनों को सुनकर श्रीराम कहते हैं कि हे नाथ! उपाय तो आपके ही हाथ में है।

आपकी इच्छाओं की रक्षा करने तथा आज्ञा करने पर आनन्दित होकर सत्य कहने में ही सभी का हित है। इसलिए, प्रथमतः मेरे लिए जो आज्ञा हो, उसे माथे पर मानकर उस शिक्षा को स्वीकार करूँ।

हे गोस्वामी! पुनः जिसको जैसा करेंगे, वह हर प्रकार से आपकी सेवा घटित करेगा। मुनि ने कहा कि हे श्रीराम! आप सत्य कह रहे हैं और भरत के स्नेह ने विचार (विवेक) भी नहीं रखा (अर्थात् भरत के स्नेह ने आपको विचार करने के लिए भी अवकाश नहीं दिया)।

इसलिए मैं पुनः-पुनः आपसे कहता हूँ कि भरत के स्नेह ने मेरी भी मति को विवश बना दिया है। मेरी समझ से भरत की इच्छाओं की रक्षा करें और (इस दृष्टि से) जो कुछ भी करेंगे, शिव साक्षी हैं, वह शुभ होगा।

आदरपूर्वक भरत की विनय को सुनकर आप पुनः उस पर विचार करें तथा पुनः साधुमत, लोकमत, नृपमत और वेदमत को निचोड़ करके (उचित) करें॥ २५८॥

टिप्पणी—वसिष्ठ के प्रस्ताव को सुनकर श्रीराम उनके माहात्म्य को व्यंजित करने के लिए सम्पूर्ण दायित्व उन्हीं के ऊपर सौंप देते हैं। वसिष्ठ सम्पूर्ण सन्दर्भों को समझते हुए पुनः श्रीराम के सन्दर्भ से भरत के स्नेह को ही इन पंक्तियों में व्यंजित करते हैं।

गुर अनुरागु भरत पर देखी। राम हृदयँ आनंदु बिसेषी॥
भरतहि धरम धुरंधर जानी। निज सेवक तन मानस बानी॥
बोले गुर आयस अनुकूला। बचन मंजु मृदु मंगल मूला॥
नाथ सपथ पितु चरन दोहाई। भयउ न भुअन भरत सम भाई॥
जे गुर पद अंबुज अनुरागी। ते लोकहुँ बेदहुँ बड़ भागी॥
राउर जा पर अस अनुरागू। को कहि सकइ भरत कर भागू॥
लखि लघु बंधु बुद्धि सकुचाई। करत बदन पर भरत बड़ाई॥
भरतु कहहिं सोइ किएँ भलाई। अस कहि राम रहे अरगाई॥
दो०— तब मुनि बोले भरत सन सब संकोचु तजि तात।
कृपा सिंधु प्रिय बंधु सन कहहु हृदय कै बात॥ २५९॥

अर्थ—भरत के ऊपर गुरु वसिष्ठ का स्नेह देखकर श्रीराम के हृदय में विशेष आनन्द हुआ। भरत को धर्म की धुरी धारण करने वाला समझ कर और शरीर, हृदय एवं वाणी से अपना सेवक समझकर—

गुरु की आज्ञा के अनुकूल श्रीराम कोमल, सुन्दर तथा मंगलमूलप्रद वाणी बोले। हे नाथ! आपकी शपथ तथा पिता के चरणों की दुहाई है (या देकर कहता हूँ कि) चौदहों भुवनों में भरत के सदृश भ्राता नहीं है।

जो गुरु के चरण-कमलों में अनुराग रखते हैं, वे लोक तथा वेद दोनों दृष्टियों से अत्यधिक भाग्यशाली हैं। आपका जिस पर ऐसा स्नेह हो, ऐसे भरत के भाग्य का वर्णन कौन कर सकता है?

लघु भ्राता भरत को देखकर मेरी बुद्धि संकुचित हो रही है कि (कहीं ऐसा न सोचा जाय कि) मुँह पर (मुँह देखी जैसी) भरत की बड़ाई कर रहा हूँ। भरत जो कुछ कहें, उसे स्वीकार करने में ही भला है, ऐसा कहकर श्रीराम तटस्थ हो गये।

तब मुनि वसिष्ठ ने भरत से कहा कि हे तात! सभी संकोचों का परित्याग करके करुणा के सागर अग्रज श्रीराम से मन की बात कहें॥ २५९॥

टिप्पणी—कवि श्रीराम के मुख से भरत के स्नेह की प्रगाढ़ता का चित्रण कर रहा है। लोक में भ्रातृत्व के साक्ष्य की दृष्टि से भरत अद्वितीय हैं। 'भयउ न भुवन भरत सम भाई' श्रीराम का केवल यही अकेला वाक्य निष्कलुषता, भक्तिप्रवणता, स्नेह तथा ममत्व को व्यंजित करने के लिए पर्याप्त है। प्रकारान्तर से श्रीराम को भी लौटाने का दायित्व भरत के सिर पर आ जाता है।

सुनि मुनि बचन राम रुख पाई। गुरु साहिब अनुकूल अघाई॥
लखि अपने सिर सबु छरु भारू। कहि न सकहिं कछु करहिं बिचारू॥
पुलकि सरीर सभाँ भए ठाढ़े। नीरज नयन नेह जल बाढ़े॥
कहब मोर मुनिनाथ निबाहा। एहि तें अधिक कहौं मैं काहा॥
मैं जानउँ निज नाथ सुभाऊ। अपराधिहु पर कोह न काऊ॥
मो पर कृपा सनेहु बिसेषी। खेलत खुनिस न कबहूँ देखी॥

सिसुपन तें परिहरेउँ न संगू। कबहुँ न कीन्ह मोर मन भंगू॥
मैं प्रभु कृपा रीति जियँ जोही। हारेहुँ खेल जितावहिं मोही॥
दो०— महूँ सनेह संकोच बस सनमुख कही न बैन।
दरसन तृपित न आजु लगि पेम पिआसे नैन॥ २६०॥

अर्थ—गुरु के वचनों को सुनकर तथा श्रीराम का रुख (अपनी ओर) पाकर भरत गुरु (वसिष्ठ) एवं स्वामी (श्रीराम) की अनुकूलता से तृप्त हो उठे। अपने सिर पर भी कार्यभार (दायित्व : छरु भारु) देख करके, वे विचार करते हैं किन्तु कुछ कह नहीं पा रहे हैं।

वे पुलकित शरीर सभा के मध्य खड़े हुए और उनके कमलवत् नेत्रों में स्नेह जल (प्रेमाधिक्यवशात्) बढ़ आये। मेरे कहने को तो मुनिश्रेष्ठ वसिष्ठ जी ने निबाहा (पूरा कर दिया) इससे अधिक मैं और क्या कहूँ।

मैं अपने स्वामी का स्वभाव जानता हूँ जिन्हें अपराधी पर भी कभी क्रोध नहीं होता। मुझ पर तो (उसकी) विशेष कृपा एवं स्नेह है और खेल में भी (मैंने) उनकी (अपने प्रति) रुक्षता (खुनिस) नहीं देखी।

शैशवावस्था से ही उन्होंने मेरा साथ नहीं छोड़ा और कभी भी मेरा मान (या मन) भंग नहीं किया। मैंने प्रभु श्रीराम की कृपा रीति (कृपा पद्धति, प्रणाली) हृदय से देखी है कि हार जाने पर भी मुझे खेल में जिताते रहे हैं।

मैंने भी संकोच एवं स्नेहवश कभी सामने बात नहीं की है। मेरे प्रेम पिपासित नेत्र उनके दर्शन से आज तक तृप्त नहीं हो सके॥ २६०॥

टिप्पणी—श्रीराम के प्रत्यावर्तन का सम्पूर्ण दायित्व अपने ही ऊपर समझकर स्नेह, संकोच, शील तथा द्विधा से परिपूर्ण भरत इन पंक्तियों में श्रीराम की 'अहैतुकी कृपा' का उल्लेख करते हैं। आराध्य भक्त पर अहैतुकी कृपा करता है। इस अहैतुकी कृपा से अभिभूत भरत का भक्त मन अपने आराधक के स्वरूप दर्शन से कभी तृप्ति का अनुभव नहीं करता—

'दरसन तृपित न आजु लगि प्रेम पियासे नैन'

इन पंक्तियों में भातृत्व को सामान्य आधार बनाकर 'प्रेमासक्तिमूला भक्ति' को व्यंजित किया गया है।

बिधि न सकेउ सहि मोर दुलारा। नीच बीचु जननी मिस पारा॥
यहउ कहत मोहि आजु न सोभा। अपनी समुझि साधु सुचि को भा॥
मातु मंदि मैं साधु सुचाली। उर अस आनत कोटि कुचाली॥
फरइ कि कोदव बालि सुसाली। मुकता प्रसव कि संबुक काली॥
सपनेहुँ दोसक लेसु न काहू। मोर अभाग उदधि अवगाहू॥
बिनु समुझें निज अघ परिपाकू। जारिउँ जायँ जननि कहि काकू॥
हृदयँ हेरि हारेउँ सब ओरा। एकहि भाँति भलेहिं भल मोरा॥
गुर गोसाइँ साहिब सिय रामू। लागत मोहि नीक परिनामू॥
दो०— साधु सभाँ गुर प्रभु निकट कहउँ सुथल सति भाउ।
प्रेम प्रपंचु कि झूठ फुर जानहिं मुनि रघुराउ॥ २६१॥

अर्थ—विधाता मेरे इस प्यार दुलार को न देख सका। उस नीच ने बीच में ही माता के बहाने विभेद डाल दिया (पारा)। यह कहते हुए भी मुझे आज शोभा नहीं देता क्योंकि अपनी समझ से कौन साधु पवित्र बना (अर्थात् अपने मुँह से कह कर किस साधु ने साधुता का बड़प्पन प्राप्त किया)।

माता (कैकेयी) बुरी (मंदि) है और मैं सुन्दर आचरण वाला साधु हूँ, ऐसा हृदय में लाना दुराचरणशीलता की कोटि होगी। क्या कोदव की बाली में धान फल सकता है, क्या काली घोंधी से मोती का प्रसव हो सकता है।

स्वप्न में भी लेशमात्र भी किसी को दोष नहीं है। मेरा अभाग्य अगाध (अवगाहू) समुद्र है। बिना अपने पाप परिणाम को समझे मैंने माता (कैकेयी) को क्या-क्या नहीं कह कर जलाया।

हृदय से देख करके सभी तरफ से समझ लिया कि एक ही प्रकार से मेरा भलीभाँति भला होगा। गोस्वामी गुरु वसिष्ठ तथा स्वामी श्रीराम तथा सीता, मुझे यही परिणाम ही अच्छा लगता है।

साधु जनों की सभा, गुरु तथा स्वामी के सन्निकट इस पवित्र स्थली में सत्य-सत्य कह रहा हूँ। यह (मेरा) प्रेम है कि प्रपंच है कि झूठ-सत्य है, इसे मुनि वसिष्ठ या श्रीराम ही समझेंगे॥ २६१॥

टिप्पणी—विधाता की ईर्ष्या आदि का निर्देश करता हुआ कवि भरत के प्रति श्रीराम की प्रियता का वर्णन करता है। यही नहीं, भरत की आत्मग्लानि इन पंक्तियों में अपनी पराकाष्ठा के रूप में चित्रित है। वे एक क्षण के लिए अपनी माता को भी दोषमुक्त सिद्ध करके सम्पूर्ण आरोप तथा अपयश का दायित्व अपने सिर पर ले लेते हैं। इन सम्पूर्ण सन्दर्भों के माध्यम से कवि अन्तिम रूप से भरत के प्रेम को ही सर्वोपरि सिद्ध करना चाह रहा है।

भूपति मरन पेम पनु राखी। जननी कुमति जगतु सबु साखी॥
देखि न जाहिं बिकल महतारीं। जरहिं दुसह जर पुर नर नारीं॥
महीं सकल अनरथ कर मूला। सो सुनि समुझि सहिउँ सब सूला॥
सुनि बन गबनु कीन्ह रघुनाथा। करि मुनि वेष लखन सिय साथा॥
बिनु पानहिन्ह पयादेहि पाएँ। संकरु साखि रहेउँ एहि घाएँ॥
बहुरि निहारि निषाद सनेहू। कुलिस कठिन उर भयउ न बेहू॥
अब सबु आखिन्ह देखेउँ आई। जियत जीव जड़ सबइ सहाई॥
जिन्हहि निरखि मग साँपिनि बीछी। तजहिं बिषम बिषु तामस तीछी॥

दो०— तेइ रघुनंदनु लखनु सिय अनहित लागे जाहि।
तासु तनय तजि दुसह दुख दैउ सहावइ काहि॥ २६२॥

अर्थ—राजा ने मरकर प्रेम प्रण की रक्षा की तथा माता कैकेयी की दुर्बुद्धि जगत् के लिए साक्षी हुई। व्याकुल माताएँ देखी नहीं जा रही हैं और अयोध्या नगर के नर-नारीगण असह्य क्लेशाग्नि में जल रहे हैं।

मैं ही (महीं) सम्पूर्ण अनर्थों की जड़ हूँ, उसे सुन और समझ कर सभी शूलों को सह रहा हूँ। बिना प्यादे के नंगे पैर पैदल ही श्रीराम ने मुनि वेष बनाकर लक्ष्मण एवं सीता के साथ वन गमन किया, इसे सुनकर,

शंकर साक्षी हैं, इस घाव के साथ जीवित रहा। पुनः निषाद के स्नेह को देखकर मेरे वज्र से भी कठोर हृदय में छेद (बेहू) क्यों नहीं हुआ।

अब यहाँ आकर सभी कुछ देखा। जीवित रहते हुए यह जड़ जीव सभी कुछ सहायेगा। जिन्हें देखकर मार्ग के साँप एवं बिच्छू भी अपने तीक्ष्ण तामस भाव एवं विषम विष को त्याग देते हैं—

वे ही श्रीराम, सीता तथा लक्ष्मण जिसको अहितैषी की भाँति लगे हैं, उसके पुत्र को छोड़ करके और किसको विधाता असह्य दुःख सहायेगा॥ २६२॥

टिप्पणी—भरत आत्मग्लानि के चरमतम क्षणों में जहाँ सम्पूर्ण अपराध को अपने ही ऊपर मढ़ लेते हैं, वहीं पुनः व्यंजना के माध्यम से अपने को विगर्हणा की पराकाष्ठा पर ले जाकर प्रतिष्ठित करते हैं। वह श्रीराम जिसे देखकर साँप तथा बिच्छू भी अपने विष का परित्याग कर देते हैं, वह कैकेयी को अप्रिय लगे—अर्थात् कैकेयी साँप तथा बिच्छू से भी विषैली एवं घातक है, उसका पुत्र मैं

कितना आत्मघाती हूँ। इसकी कोई परिकल्पना भी नहीं कर सकता। मुझ जैसे संस्कारी एवं जन्मना पातकी के ऊपर श्रीराम की इतनी अधिक अहैतुकी कृपा है, यह उन्हीं का ही माहात्म्य है। तात्पर्य यह कि भरत के वाक्य में निहित इस आर्थी व्यंजना व्यापार का उद्देश्य श्रीराम की कृपाशीलता का चित्रण करना है।

सुनि अति बिकल भरत बर बानी। आरति प्रीति बिनय नय सानी॥
सोक मगन सब सभाँ खभारू। मनहुँ कमल बन परेउ तुसारू॥
कहि अनेक बिधि कथा पुरानी। भरत प्रबोधु कीन्ह मुनि ग्यानी॥
बोले उचित बचन रघुनंदू। दिनकर कुल कैरव बन चंदू॥
तात जायँ जियँ करहु गलानी। ईस अधीन जीव गति जानी॥
तीनि काल त्रिभुअन मत मोरें। पुन्यसिलोक तात तर तोरें॥
उर आनत तुम्ह पर कुटिलाई। जाइ लोकु परलोकु नसाई॥
दोसु देहिं जननिहि जड़ तेई। जिन्ह गुर साधु सभा नहिं सेई॥
दो०— मिटिहहिं पाप प्रपंच सब अखिल अमंगल भार।
लोक सुजसु परलोक सुखु सुमिरत नाम तुम्हार॥ २६३॥

अर्थ—अत्यन्त व्याकुल भरत की श्रेष्ठ आर्तभाव से परिपूर्ण, प्रीति तथा विनय एवं नीति से युक्त वाणी सुनकर सम्पूर्ण शोकमग्न सभा में घबड़ाहट फैल गई मानो कमल समूह पर तुषार पड़ा हो।

अनेक प्रकार की प्राचीन कथाएँ कहकर ज्ञानी मुनि वसिष्ठ ने भरत को सान्त्वना दी। सूर्यकुलरूपी कौमुदी के चन्द्र श्रीराम ने उचित वचन कहे।

हे तात! विधाता के अधीन जीव की गति समझकर, हृदय में ग्लानि मत करें। मेरे विचार से तीनों काल तथा तीनों लोकों के समस्त पुण्यश्लोक (यशस्वी व्यक्ति) तुम्हारे नीचे हैं।

हृदय में तुम्हारे ऊपर कुटिलता आरोपित करते ही, (उस व्यक्ति का) यह लोक नष्ट हो उठेगा और परलोक भी विनष्ट हो जायेगा। माता कैकेयी को जो दोष देते हैं, वे जड़ हैं और उन्होंने कभी साधु सभा का सेवन नहीं किया है।

हे भरत! तुम्हारा नाम स्मरण करते ही सम्पूर्ण अमंगलों का बोझ, पाप एवं प्रपंच समाप्त हो उठेंगे, साथ ही लोक में सुन्दर कीर्ति तथा (मृत्यु के बाद) परलोक में सुख प्राप्त होगा॥ २६३॥

टिप्पणी—कवि श्रीराम के मुख से भरत के माहात्म्य को व्यंजित करता है। इस व्यंजना का सामान्य आधार सान्त्वनामूलक वाक्य है। भक्तों से लिए भरत श्रीराम के भाई बाद में, भक्त पहले हैं। मध्यकालीन भक्ति का एक महत्त्वपूर्ण सन्दर्भ है, भक्त का स्मरण करके आराध्य तक पहुँचना। भरत को कवि इस कोटि में ले आकर खड़ा कर देता है।

कहउँ सुभाउ सत्य सिव साखी। भरत भूमि रह राउरि राखी॥
तात कुतरक करहु जानि जाएँ। बैर पेम नहिं दुरइ दुराएँ॥
मुनिगन निकट बिहग मृग जाहीं। बाधक बधिक बिलोकि पराहीं॥
हित अनहित पसु पच्छिउ जाना। मानुष तनु गुन ग्यान निधाना॥
तात तुम्हहि मैं जानउँ नीकें। करौं काह असमंजस जीकें॥
राखेउ रायँ सत्य मोहि त्यागी। तनु परिहरेउ पेम पन लागी॥
तासु बचन मेटत मन सोचू। तेहिं तें अधिक तुम्हार सँकोचू॥
ता पर गुर मोहि आयसु दीन्हा। अवसि जो कहहु चहउँ सोइ कीन्हा॥
दो०— मनु प्रसन्न करि सकुच तजि कहहु करौं सोइ आजु।
सत्यसंध रघुबर बचन सुनि भा सुखी समाजु॥ २६४॥

अर्थ—हे भरत! मैं सहज तथा सत्य भाव से कह रहा हूँ और शिव इसके साक्षी हैं कि तुम्हारे रखने पर ही यह भूमि रक्षित रह सकती है। हे तात! व्यर्थ (अपने मन में) कुतर्क न करें, वैर और प्रीति छिपाये नहीं छिपते।

मुनि जनों के समीप पशु-पक्षी (सहज भाव से) जाते हैं किन्तु अपने प्रति हानि पहुँचाने वाले वधिक को देखकर (वही) भाग जाते हैं। पशु-पक्षी भी अपना हित-अहित समझते हैं (और जहाँ तक मनुष्य का प्रश्न है) मनुष्य शरीर तो गुण एवं ज्ञान का भण्डार है।

हे तात! तुम्हें मैं भलीभाँति जानता हूँ किन्तु हृदय के असमंजस के कारण क्या करूँ (समझ में नहीं आता)। मुझे त्याग कर राजा (दशरथ पिता) ने सत्यप्रण की रक्षा की। अपने प्रेम और प्रण (दोनों की रक्षा) के निमित्त शरीर त्याग दिया।

उनके वचनों को भंग (मेटत) करते हुए मन में सोच है और उससे अधिक तुम्हारा संकोच। उस पर भी गुरु ने मुझे आज्ञा दी है मैं अवश्य ही वही करना चाहता हूँ, जो तुम कहो।

संकोच का परित्याग करके एवं मन को प्रसन्न करके तुम कहो, आज मैं वही करूँ। सत्यसंध श्रीराम के वचनों को सुनकर सम्पूर्ण जन समूह प्रसन्न हो उठा॥ २६४॥

टिप्पणी—कवि सम्पूर्ण अयोध्याकांड की कथा को यहाँ चरमशीर्ष (Climax) देता है। कवि का मन्तव्य यहाँ भरत के भातृत्व के माहात्म्य को व्यंजित करना न होकर उनमें निहित भक्तिनिष्ठा को उजागर करना है। 'भक्त के स्नेह से विवशीभूत आराध्य उचित-अनुचित का विवेक त्यागकर उसकी मनोवांछाओं के अनुकूल आचरण करता है'—इस तथ्य को व्यंजित करना कवि का लक्ष्य है। श्रीराम आराधक भरत के स्नेह से विवश अन्त में उन्हीं के ऊपर इस निर्णय को यह कहकर छोड़ देते हैं कि वे जो कहेंगे उचित-अनुचित का विवेक छोड़कर मैं वही करूँगा।

सुरगुरु सहित सभय सुरराजू। सोचहिं चाहत होन अकाजू॥
करत उपाउ बनत कछु नाहीं। राम सरन सब गे मन माहीं॥
बहुरि बिचारि परस्पर कहहीं। रघुपति भगत भगति बस अहहीं॥
सुधि करि अंबरीष दुरबासा। भे सुर सुरपति निपट निरासा॥
सहे सुरन्ह बहु काल बिषादा। नरहरि किए प्रगट प्रहलादा॥
लगि लगि कान कहहिं धुनि माथा। अब सुर काज भरत के हाथा॥
आन उपाउ न देखिअ देवा। मानत रामु सुसेवक सेवा॥
हियँ सपेम सुमिरहु सब भरतहि। निज गुन सील राम बस करतहि॥

दो०— सुनि सुर मत सुरगुरु कहेउ भल तुम्हार बड़ भागु।
सकल सुमंगल मूल जग भरत चरन अनुरागु॥ २६५॥

अर्थ—बृहस्पति समेत इन्द्र भयभीत सोच रहे हैं कि आज कार्यबाधा होना चाहती है। कोई उपाय करते नहीं बनता और सभी मन-ही-मन श्रीराम की शरण गये।

पुनः विचार करके वे परस्पर कहते हैं कि श्रीराम भक्तों की भक्ति के वश में रहते हैं। अंबरीष तथा दुर्वासा का स्मरण करके इन्द्र तथा देवगण पूर्णतः निराश हो उठे।

देवगणों ने अनेक काल तक संकट झेला तब प्रह्लाद ने ही नृसिंह भगवान् को प्रकट किया था। कानाफूँसी करते हुए (लगि-लगि कान) अपने माथे को पीटते वे कह रहे हैं कि अब देवताओं के समस्त कार्यों की सिद्धि भरत के ही हाथ है।

हम देवगण कोई अन्य उपाय नहीं देख पा रहे हैं (केवल इसके कि) श्रीराम अपने सुशील भक्त की सेवा ही (मानदण्ड) मानते हैं। हे समस्त देवगण अपने गुण तथा शील से श्रीराम को वशवर्ती बना लेने वाले भरत का हृदय से स्मरण करो।

देवताओं के इस अभिमत को सुनकर बृहस्पति ने कहा, बड़ा अच्छा है, तुम्हारा बड़ा भाग्य है। भरत के चरणों का अनुराग ही सम्पूर्ण संसार में सभी मंगलों का मूल है॥ २६५॥

टिप्पणी—भरत श्रीराम को लौटाने के निमित्त आये हैं और श्रीराम भरत के ऊपर ही यह निर्णय छोड़ देते हैं कि वे जो कहेंगे, उसी का वे पालन करेंगे—यह प्रसंग प्रपंचरत देवताओं के लिए कष्टकारी है। इस देव प्रसंग की अवतारणा कवि भक्त भरत के माहात्म्य की ही अभिव्यक्ति के लिए करता है। देवगण भी इसी निष्कर्ष पर पहुँचते हैं कि हमारा आत्यंतिक हित भरत की शरणागति स्वीकार करने में ही है—'मानत रामु सुसेवक सेवा'। देवताओं के इस प्रस्ताव पर बृहस्पति भी सहमति देते हैं—

'सकल सुमंगल मूल जग भरत चरन अनुराग'

इस प्रसंग वक्रता या प्रसंग ध्वनि का मूल उद्देश्य भरत की भक्ति पर प्रकाश डालना है। अयोध्याकांड में भरत के चरित्र की अवतारणा भी कवि इसी उद्देश्य की पूर्ति के निमित्त करता है।

सीतापति सेवक सेवकाई। कामधेनु सम सरिस सुहाई॥
भरत भगति तुम्हरें मन आई। तजहु सोचु बिधि बात बनाई॥
देखु देवपति भरत प्रभाऊ। सहज सुभायँ बिबस रघुराऊ॥
मन थिर करहु देव डरु नाहीं। भरतहि जानि राम परिछाहीं॥
सुनि सुरगुर सुर संमत सोचू। अंतरजामी प्रभुहि सकोचू॥
निज सिर भारु भरत जियँ जाना। करत कोटि बिधि उर अनुमाना॥
करि बिचारु मन दीन्हीं टीका। राम रजायस आपन नीका॥
निज पन तजि राखेउ पनु मोरा। छोहु सनेहु कीन्ह नहिं थोरा॥

दो०— कीन्ह अनुग्रह अमित अति सब बिधि सीतानाथ।
करि प्रनामु बोले भरतु जोरि जलज जुग हाथ॥ २६६॥

अर्थ—सीतापति श्रीराम के सेवक की सेवा शत-शत कामधेनुओं के सदृश हितकारी है। तुम्हारे मन में भरत की भक्ति आई है, विधाता ने बात बना दी है, अत: सोच का परित्याग करो।

हे देवपति इन्द्र! भरत के प्रभाव को देखें, उनके सहज स्वभाव से श्रीराम विवश हैं। हे देवतागण! मन को स्थिर करो, डर नहीं है तथा आप लोग भरत को श्रीराम का प्रतिबिम्ब समझें।

बृहस्पति तथा देवगणों की परस्पर सलाह एवं सोच को सुनकर अन्तर्यामी प्रभु श्रीराम को संकोच हुआ। भरत ने हृदय से अपने ही सिर पर भार समझा और मन में अनेकों विधियों से अनुमान किया।

विचार करके उन्होंने मन पक्का किया कि श्रीराम की आज्ञा ही अपने लिए उचित है। श्रीराम ने अपने प्रण को त्याग करके मेरे प्रण की रक्षा की, मेरे लिए कम प्रेम-स्नेह नहीं किया।

सब प्रकार से सीतानाथ श्रीराम ने अत्यधिक कृपा की है। अपने दोनों कमलवत् हाथों को जोड़ते हुए प्रणाम करके भरत बोले॥ २६६॥

टिप्पणी—श्रीराम के इस सहज निर्णय को सुनकर भरत विह्वल हो उठे। कवि भरत की विह्वलता के माध्यम से आराध्य की अहैतुकी कृपा से परितृप्त भक्त की मनोदशा का निर्देश इन पंक्तियों में करता है।

कहौं कहावौं का अब स्वामी। कृपा अंबुनिधि अंतरजामी॥
गुर प्रसन्न साहिब अनुकूला। मिटी मलिन मन कलषित सूला॥
अपडर डरेउँ न सोच समूलें। रबिहिं न दोसु देव दिसि भूलें॥
मोर अभागु मातु कुटिलाई। बिधि गति बिषम काल कठिनाई॥

पाउ रोपि सब मिलि मोहि घाला। प्रनतपाल पन आपन पाला॥
यह नइ रीति न राउरि होई। लोकहुँ बेद बिदित नहिं गोई॥
जगु अनभल भल एकु गोसाईं। कहिअ होइ भल कासु भलाईं॥
देउ देवतरु सरिस सुभाऊ। सनमुख बिमुख न काहुहि काऊ॥

दो०— जाइ निकट पहिचानु तरु छाहँ समनि सब सोच।
मागत अभिमत पाव जग राउ रंकु भल पोच॥ २६७॥

अर्थ—हे कृपासिन्धु! हे अन्तर्यामी स्वामी श्रीराम अब मैं क्या कहूँ और आपसे क्या कहलाऊँ। गुरु प्रसन्न हैं और स्वामी (श्रीराम) अनुकूल हैं अत: मलिन मन का कल्पित शूल मिट गया।

मैं अपने-आप की कल्पित भय (अपडर) से डरा था, मूल में सोच का कोई कारण नहीं था। हे देव! दिशा भ्रम हो जाने पर सूर्य का दोष नहीं होता। मेरा अभाग्य, माता की कुटिलता, विधाता की विषम गति तथा काल की कुटिलता,

कठिन प्रतिज्ञा करके (पापु रोपि) तथा सभी ने मिल करके मुझे विनष्ट कर दिया था किन्तु शरण (प्रणति) में आये हुए के पालन का अपना प्रण आपने पूरा किया (पाला)। यह आपकी कोई नई नीति नहीं है। लोक तथा वेद सभी से प्रकट एवं किसी से भी छिपी नहीं है।

संसार अहितकर है, हे स्वामी! एक आप ही हितैषी हैं, उस स्थिति में कहें किसके द्वारा भलाई करने से भला होगा (अर्थात् आपकी भलाई करने से ही भला होगा, संसार के चाहने से न भला होगा न बुरा।) हे देव! आपका स्वभाव कल्पवृक्ष की भाँति है—(जो उसके पास जाने वाले के लिए) सदैव अनुकूल (सम्मुख) है और कभी भी किसी के लिए विमुख (प्रतिकूलधर्मा) नहीं है।

वृक्ष को पहचान करके उसके निकट जाने पर उसकी छाया शान्तिदायक होती है और माँगने पर संसार के राजा, रंक, अच्छे-बुरे सभी (इस कल्पवृक्ष से) मनोवांछित प्राप्त करते हैं॥ २६७॥

टिप्पणी—आराध्य की अहैतुकी कृपा से परितृप्त भक्तजनों की आत्मतुच्छता का निवेदन भाव इन पंक्तियों का मन्तव्य है। भरत श्रीराम की कृपा से पूर्णत: परितृप्त (आत्म तुच्छता का निवेदन करते हुए) आराध्य (ब्रह्म) की कृपावत्सलता का उल्लेख कर रहे हैं। प्रकारान्तर से भरत का सम्पूर्ण व्यक्तित्व भाई की अपेक्षा भक्त के रूप में चित्रित हो उठता है।

लखि सब बिधि गुर स्वामि सनेहू। मिटेउ छोभु नहिं मन संदेहू॥
अब करुनाकर कीजिअ सोई। जन हित प्रभु चित छोभु न होई॥
जो सेवकु साहिबहि सँकोची। निज हित चहइ तासु मति पोची॥
सेवक हित साहिब सेवकाई। करै सकल सुख लोभ बिहाई॥
स्वारथु नाथ फिरें सबही का। किए रजाइ कोटि बिधि नीका॥
यह स्वारथ परमारथ सारू। सकल सुकृत फल सुगति सिंगारू॥
देव एक बिनती सुनि मोरी। उचित होइ तस करब बहोरी॥
तिलक समाजु साजि सबु आना। करिअ सुफल प्रभु जौं मनु माना॥

दो०— सानुज पठइअ मोहि बन कीजिअ सबहिं सनाथ।
नतरु फेरिअहिं बन्धु दोउ नाथ चलौ मैं साथ॥ २६८॥

अर्थ—सभी प्रकार से गुरु एवं स्वामी का स्नेह देख करके मन की पीड़ा शान्त हो गई और संदेह समाप्त हो गया। हे करुणाकर! अब वही करें, जिससे इस जन (दास) के लिए हे प्रभु! आपके चित्त में व्याकुलता न हो।

जो दास स्वामी को संकोच में डालकर अपना हित चाहता है, उनकी मति निकृष्ट (पोची) है।

स्वामी की सेवा ही दास के लिए आत्यन्तिक हित है और वह उसे सुख के लोभ का परित्याग करके करे।

हे स्वामी! सभी का स्वार्थ आपके लौटाने में है और आपकी आज्ञा पालन करने में कोटि प्रकार का हित (लाभ) है। यही स्वार्थ (आपकी आज्ञा के अनुसार आचरण करना) परमार्थ का सार है, यहाँ सम्पूर्ण पुण्यों का फल तथा शुभ गतियों का शृंगार है।

हे देव! मेरी एक विनय सुनकर जैसा उचित हो वैसा पुनः करें। मैं तिलक की सम्पूर्ण सामग्रियाँ सज्जित करके लाया हूँ, यदि आपका विचार हो तो उसे सफल करें (स्वीकार करें)।

अनुज शत्रुघ्न सहित मुझे वन भेजें तथा आप अयोध्या को सनाथ करें (पधारें), नहीं तो (या) दोनों भाइयों को अयोध्या लौटा दें और हे नाथ! मैं आपके साथ वन चलूँ॥ २६८॥

टिप्पणी—भरत श्रीराम को अपने ऊपर अत्यधिक प्रसन्न जानकर अपने प्रस्ताव रखते हैं। इन प्रस्तावों के मूल में श्रीराम का प्रत्यावर्तन है।

नतरु जाहिं बन तीनिउ भाई। बहुरिअ सीय सहित रघुराई॥
जेहिं बिधि प्रभु प्रसन्न मन होई। करुनासागर कीजिअ सोई॥
देवँ दीन्ह सबु मोहि अभारू। मोरें नीति न धरम बिचारू॥
कहउँ बचन सब स्वारथ हेतू। रहत न आरत कैं चित चेतू॥
उतरु देइ सुनि स्वामि रजाई। सो सेवकु लखि लाज लजाई॥
अस मैं अवगुन उदधि अगाधू। स्वामि सनेहँ सराहत साधू॥
अब कृपाल मोहि सो मत भावा। सकुच स्वामि मन जाइँ न पावा॥
प्रभु पद सपथ कहउँ सति भाऊ। जग मंगल हित एक उपाऊ॥
दो०— प्रभु प्रसन्न मन सकुच तजि जो जेहि आयसु देब।
सो सिर धरि धरि करिहि सबु मिटिहिं अनट अवरेब॥ २६९॥

अर्थ—(यदि यह भी स्वीकार्य न हो तो) या तीनों भाई वन जायँ और हे रघुवंशश्रेष्ठ! आप सीता सहित लौटें। (इन विकल्पों में से) जिस प्रकार प्रभु का मन प्रसन्न रहे, हे करुणासागर! आप उसी को करें।

हे देव! आपने सम्पूर्ण आभार (दायित्व) मुझे दिया है और (जहाँ तक मेरा प्रश्न है) मुझमें न नीति है, न धर्म है और न विचार है। मैं सभी बातें अपने स्वार्थ के निमित्त कह रहा हूँ क्योंकि आर्त के चित में चेत नहीं रह जाता।

जो स्वामी की राजाज्ञा सुनकर उत्तर देता है, उस दास को देखकर लज्जा को भी लज्जा लगती है। मैं अवगुणों का ऐसा अगाध समुद्र हूँ जिसे स्वामी (आपके) स्नेह (का पात्र) होने के कारण साधु जन सराहते हैं।

हे कृपालु! अब मुझे वही मत अच्छा लगता है जिससे स्वामी के मन में संकोच न प्रवेश (जाइ न) प्राप्त करे। मैं प्रभु के चरणों की सौगन्ध खाकर सत्यभाव से कह रहा हूँ और संसार के कल्याण के निमित्त एक ही उपाय है।

(वह यह कि) हे प्रभु! मन के संकोच का परित्याग करके जिसे जो भी आज्ञा दें, वे सब उसे श्रद्धा स्वीकार (सिरधरि) कर करके करें जिससे सम्पूर्ण अनीति (अनट) और परेशानी (अवरेब = वक्रता) समाप्त हो।

टिप्पणी—भरत कई विकल्पों में से अन्तिम विकल्प रखते हैं कि श्रीराम प्रसन्न होकर जो आज्ञा दें अर्थात् चाहे हमें और शत्रुघ्न को वन में रखकर स्वयं अयोध्या लौटें या श्रीराम के साथ मैं ही वन चलूँ या तीनों भाई वन जायँ और श्रीराम सीता सहित अयोध्या लौटें—उन्हें स्वीकार्य है। निर्णय

का दायित्व श्रीराम के ऊपर रखकर कवि भक्तगणों की नैतिकता की रक्षा करता है। उनकी नैतिकता इसमें है कि वह आराध्य की आज्ञा का पालन करे न कि आराध्य को आज्ञा दें।

भरत बचन सुचि सुनि सुर हरषे। साधु सराहि सुमन सुर बरषे॥
असमंजस बस अवध नेवासी। प्रमुदित मन तापस बनबासी॥
चुपहिं रहे रघुनाथ सँकोची। प्रभु गति देखि सभा सब सोची॥
जनक दूत तेहि अवसर आए। मुनि बसिष्ठँ सुनि बेगि बोलाए॥
करि प्रनाम तिन्ह रामु निहारे। बेषु देखि भए निपट दुखारे॥
दूतन्ह मुनिबर बूझी बाता। कहहु बिदेह भूप कुसलाता॥
सुनि सकुचाइ नाइ महि माथा। बोले चर बर जोरें हाथा॥
बूझब राउर सादर साईं। कुसल हेतु सो भयउ गोसाईं॥
दो०— नाहिं त कोसलनाथ कें साथ कुसल गइ नाथ।
मिथिला अवध बिसेष तें जगु सब भयउ अनाथ॥ २७०॥

अर्थ—भरत के वचनों को सुन-सुन कर देवता हर्षित हो उठे और उन्होंने 'साधु' कहकर सराहना करते हुए बहु पुष्प वर्षा की। सम्पूर्ण अयोध्यावासी द्विधाग्रस्त हो उठे तथा तपस्वी एवं वनवासी मन-ही-मन आनन्दित हुए।

संकोचशील श्रीराम चुप रहे और प्रभु की दशा को देखकर सम्पूर्ण सभा चिन्ताग्रस्त हो उठी। जनक के दूत उसी समय आये और मुनि वसिष्ठ ने सुनकर (उनका आना सुनकर) शीघ्र बुला लिया।

उन सभी ने प्रणाम करके श्रीराम को देखा और उनके वेष को देखकर अत्यधिक दुखी हुए। मुनिश्रेष्ठ ने दूतों से समाचार पूछा कि बताओ! राजा विदेह कुशल से तो हैं।

इसे सुनकर, संकुचित भाव से मस्तक पृथ्वी पर झुकाकर श्रेष्ठ दूतों ने हाथ जोड़ा (और कहा) कि हे स्वामी! आदरपूर्वक आपका पूछना ही, वह (सो) कुशल का कारण हो गया है।

(नहीं तो) हे नाथ! अयोध्यापति (दशरथ) के साथ कुशल भी चला गया। सम्पूर्ण संसार (इस घटना से) अनाथ हो गया है, अयोध्या तथा मिथिला तो विशेष रूप से॥ २७०॥

टिप्पणी—चित्रकूट की इस प्रथम गोष्ठी के बीच कवि अवान्तर प्रसंग की अवधारणा करके कथा एवं भाव योजना के विकास के लिए अवसर प्रदान करता है। वह अवान्तर प्रसंग है—विदेह जनक का समाज सहित आगमन का समाचार।

कोसलपति गति सुनि जनकौरा। भे सब लोक सोक बस बौरा॥
जेहिं देखे तेहि समय बिदेहू। नामु सत्य अस लाग न केहू॥
रानि कुचालि सुनत नरपालहि। सूझ न कछु जस मनि बिनु ब्यालहि॥
भरत राज रघुबर बनबासू। भा मिथिलेसहि हृदयँ हराँसू॥
नृप बूझे बुध सचिव समाजू। कहहु बिचारि उचित का आजू॥
समुझि अवध असमंजस दोऊ। चलिअ कि रहिअ न कह कछु कोऊ॥
नृपहिं धीर धरि हृदयँ बिचारी। पठए अवध चतुर चर चारी॥
बूझि भरत सति भाउ कुभाऊ। आएहु बेगि न होइ लखाऊ॥
दो०— गये अवध चर भरत गति बूझि देखि करतूति।
चले चित्रकूटहि भरतु चार चले तेरहूति॥ २७१॥

अर्थ—कोशलाधीश दशरथ की मृत्यु को सुनकरके जनकपुर के सभी लोग शोक विवश बावले हो गये हैं। उस समय जिसने भी विदेह जनक को देखा किसी को भी (विदेह) ऐसा नाम सत्य नहीं

लगा (अर्थात् विदेह का विदेहत्व शोक की विवशता के कारण समाप्त हो उठा)।

नरपाल जनक को रानी की कुचाल सुनते ही कुछ भी नहीं सूझ पड़ा जैसे मणिविहीन सर्प हो। भरत को राज्य और श्रीराम को वनवास (सुनकर) मिथिलाधिपति जनक के ह्रदय में अत्यधिक कष्ट (हराँसू, बुखार आ जाना = अवधी) हो उठा।

राजा ने विद्वानों, मंत्रियों तथा सभासदों (समाजू) से समझने-बूझने के लिए कहा कि अच्छी तरह सोच करके बताओ कि आज उचित क्या (करणीय) है। अयोध्या के दोनों प्रकार के असमंजसों को समझकर चलें या रहें (न चलें) इस विषय में कोई कुछ भी नहीं कह सका।

राजा ने धैर्यधारण करके और ह्रदय में विचार करके अयोध्या में चार चतुर गुप्त दूतों (चर) को भेजा। भरत के सद्भाव (सतिभाऊ) एवं दुर्भाव को समझ करके शीघ्र ही आना, (तुम्हारे) जाने का ज्ञान किसी को न हो।

दूतगण अयोध्या गये और भरत की स्थिति जानकर और कार्यकलापों को देखकर कुछ चित्रकूट की ओर भरत के पास गये और उनमें से चारगण जनकपुर (तेरहुति) चल पड़े॥ २७१॥

टिप्पणी—कवि भरत प्रसंग के पोषण के लिए तृतीय अर्थात् जनक प्रसंग की अवतारणा करता है। यह इस प्रसंग का औचित्य भरत की सहानुभूति तथा सद्भाव यात्रा से जोड़कर उसकी मार्मिकता की वृद्धि करना है।

दूतन्ह आइ भरत कइ करनी। जनक समाज जथामति बरनी॥
सुनि गुर परिजन सचिव महीपति। भे सब सोच सनेहँ बिकल अति॥
धरि धीरजु करि भरत बड़ाई। लिए सुभट साहनी बोलाई॥
घर पुर देस राखि रखवारे। हय गय रथ बहु जान सँवारे॥
दुघरी साधि चले ततकाला। किए बिश्रामु न मग महिपाला॥
भोरहिं आजु नहाइ प्रयागा। चले जमुन उतरन सबु लागा॥
खबरि लेन हम पठए नाथा। तिन्ह कहि अस महि नायउ माथा॥
साथ किरात छ सातक दीन्हे। मुनिबर तुरत बिदा चर कीन्हे॥

दो०— सुनत जनक आगवनु सबु हरषेउ अवध समाजु।
रघुनंदनहि संकोच बड़ सोच बिबस सुरराजु॥ २७२॥

अर्थ—दूतों ने जनक की सभा (समाज) में आकर भरत के कृत्यों का अपनी बुद्धि के अनुसार वर्णन किया। गुरु, अनुयायी जन, मंत्री एवं जनक सभी सोच एवं स्नेह से व्याकुल हो उठे।

धैर्यधारण करके तथा भरत की प्रशंसा करते हुए जनक ने सेना के बहादुर योद्धाओं को बुलाया। राजगृह, नगर एवं मिथिला प्रदेश में रक्षकों को रख करके अनेक हाथी, घोड़े, रथ एवं यानों को सँवारा।

दो-दो घड़ियों (दुघड़िया) का मुहूर्त साध करके सीघ्र चल पड़े और मार्ग में पृथ्वीपाल जनक ने विश्राम भी नहीं किया। आज प्रातः प्रयाग स्नान करके चले और सभी यमुना पार होने लगे।

हे नाथ! (उसके बाद) हमें खबर लेने के लिए भेजा है और उन चरों ने ऐसा कह करके पृथ्वी पर शीश झुकाया। साथ में छः-सात किरातों को देकर मुनिश्रेष्ठ ने दूतों को तुरन्त विदा किया।

जनक के आगमन को सुनकर समस्त अयोध्यावासी आनन्दित हो उठे। श्रीराम को इसके लिए अत्यधिक संकोच हुआ एवं इन्द्र चिन्ताभिभूत हो गये॥ २७२॥

टिप्पणी—जनक के आगमन की प्रतिक्रिया कवि सहोक्ति अलंकार के माध्यम से व्यक्त कर रहा है। अवध समाज का हर्ष, श्रीराम का संकोच तथा इन्द्र का शोक सभी-के-सभी एक साथ घटित होते हैं। अवधवासियों का हर्ष इसलिए कि इसी बहाने दो-चार दिन यहाँ रहना होगा, श्रीराम

का संकोच इसलिए अपने से श्रेष्ठ अतिथि रूप स्वसुर जामाता तथा पुत्रियों का इस अवस्था में देखकर कैसा अनुभव करेंगे और इन्द्र का शोक इसलिए कि शायद भरत के कारण श्रीराम अयोध्या न लौटते किन्तु जनक के कहने पर वे अयोध्या अवश्यमेव लौटेंगे तथा रावण वध का कार्य सम्पन्न नहीं होगा।

गरइ गलानि कुटिल कैकेई। काहि कहै केहि दूषनु देई॥
अस मन आनि मुदित नर नारी। भयउ बहोरि रहब दिन चारी॥
एहि प्रकार गत बासर सोऊ। प्रात नहान लाग सबु कोऊ॥
करि मज्जनु पूजहिं नर नारी। गनप गौरि तिपुरारि तमारी॥
रमा रमन पद बंदि बहोरी। बिनवहिं अंजुलि अंचल जोरी॥
राजा रामु जानकी रानी। आनँद अवधि अवध रजधानी॥
सुबस बसउ फिरि सहित समाजा। भरतहि रामु करहुँ जुबराजा॥
एहि सुख सुधाँ सींचि सब काहू। देव देहु जग जीवन लाहू॥

दो०— गुर समाज भाइन्ह सहित राम राजु पुर होउ।
अछत राम राजा अवध मरिअ माग सबु कोउ॥ २७३॥

अर्थ—कुटिला कैकेयी ग्लानि से गली जा रही है। वह किससे कहे और किसे दोष दे। ऐसा मन में सोच करके समस्त नर-नारी प्रसन्न हैं कि पुनः (इसी बहाने) चार दिन और रहना हुआ।

इस प्रकार वह दिन भी समाप्त हुआ और प्रातः सभी स्नान करने लगे। स्नान करके नर-नारी गणेश, गौरी, शिव, सूर्य की पूजा करते हैं—

और पुनः लक्ष्मी के पति विष्णु के चरणों का वन्दन करके अंजलिबद्ध एवं आँचल फैला करके प्रार्थना करते हैं। श्रीराम राजा बनें, सीता रानी बनें, राजधानी अयोध्या में आनन्दोल्लास हो—

और वह सम्पूर्ण समाज सहित पुनः भलीभाँति बस जाय और श्रीराम भरत को युवराज पद दें। हे देवगण! इस आनन्दामृत से सभी को सिंचित करके संसार को जीवन लाभ दें।

अयोध्या नगर में गुरु, समाज, भाइयों के साथ श्रीराम का राज्य हो। अयोध्या में श्रीराम के राजा बने रहते हुए हम मृत्यु प्राप्त करें, ऐसा सभी (वरदान) माँगते हैं॥ २७३॥

टिप्पणी—कवि अयोध्यावासियों की मानसिक प्रसन्नता को चित्रित करता है। वे कुछ दिन इसी बहाने और रुककर श्रीराम के दर्शन का आनन्द उठाने के लिए समय पा जाने के कारण प्रसन्न हैं। उनकी इस कामना को कवि थोड़ा-बल देकर भक्ति व्यंजना से जोड़ने का प्रयास करता है। 'राजा राम जानकी रानी। आनन्द अवधि अवध रजधानी॥' की व्यंजना में 'विष्णु', 'माया' एवं 'लोक' तीनों व्यंजनाओं को एक क्रम में समेटने का प्रयास किया गया है।

सुनि सनेहमय पुरजन बानी। निंदहिं जोग बिरति मुनि ग्यानी॥
एहि बिधि नित्य करम करि पुरजन। रामहिं करहिं प्रनाम पुलकि तन॥
ऊँच नीच मध्यम नर नारी। लहहिं दरसु निज निज अनुहारी॥
सावधान सबही सनमानहिं। सकल सराहत कृपानिधानहिं॥
लरिकाइहि तें रघुबर बानी। पालत नीति प्रीति पहिचानी॥
सील संकोच सिंधु रघुराऊ। सुमुख सुलोचन सरल सुभाऊ॥
कहत राम गुन गन अनुरागे। सब निज भाग सराहन लागे॥
हम सम पुन्य पुंज जग थोरे। जिन्हहि रामु जानत करि मोरे॥

दो०— प्रेम मगन तेहि समय सब सुनि आवत मिथिलेसु।
सहित सभा संभ्रम उठेउ रबिकुल कमल दिनेसु॥ २७४॥

अर्थ—अयोध्या नगरवासियों की स्नेहपूर्ण वाणी सुन करके मुनि एवं ज्ञानीजन योग तथा वैराग्य की निन्दा करते हैं। इस प्रकार परिवार के लोग नित्य कर्म करके अत्यन्त पुलकित होकर श्रीराम को प्रणाम करते हैं।

ऊँच, नीच एवं मध्यम वृत्ति वाले नरनारीगण अपनी-अपनी वृत्ति के अनुसार (श्रीराम का) दर्शन प्राप्त करते हैं। सावधान होकर वे परस्पर सभी का सम्मान करते हैं और सभी कृपानिधान श्रीराम की सराहना करते हैं।

लड़कपन से ही श्रीराम की यह प्रवृत्ति (बानी) रही है कि वे प्रीति को पहचान कर नीति का पालन करते हैं। श्रीराम शील, संकोच के अगाध समुद्र हैं, विनीत वाणी वाले (सुमुख) सुन्दर नेत्र भंगिमा एवं सरल स्वभाव से युक्त हैं।

अनुरागपूर्वक श्रीराम का गुणानुवाद करते हुए सभी अपने भाग्य की सराहना करने लगे। हमारे सदृश पुण्यपुंज संसार में थोड़े ही (व्यक्ति) हैं, जिनको कि श्रीराम अपना करके जानते हैं।

मिथिलाधिपति का आगमन सुन करके उस समय सभी प्रेम से अभिभूत हो उठे और सम्पूर्ण समाज सहित सूर्यवंशरूपी कमल के सूर्य श्रीराम असमंजस्र भाव से उठ खड़े हुए॥ २७४॥

टिप्पणी—अयोध्यावासियों की श्रीराम के प्रति निष्ठा का इन पंक्तियों में वर्णन है। उनके शील, स्वभाव, संकोच आदि का आधार बनाकर तथा उससे आस्तिक बुद्धि का योग कराकर कवि श्रीराम के स्वरूप तथा चरित्र को लोक तथा लोकातीत इन दोनों के द्वन्द्वों से जोड़ देता है।

भाइ सचिव गुर पुरजन साथा। आगें गवनु कीन्ह रघुनाथा॥
गिरिबरु दीख जनकपति जबहीं। करि प्रनामु रथ त्यागेउ तबहीं॥
राम दरस लालसा उछाहू। पथ श्रम लेसु कलेसु न काहू॥
मन तहँ जहँ रघुबर बैदेही। बिनु मन तन दुख सुख सुधि केही॥
आवत जनकु चले एहि भाँती। सहित समाज प्रेम मति माती॥
आए निकट देखि अनुरागे। सादर मिलन परसपर लागे॥
लगे जनक मुनिजन पद बंदन। रिषिन्ह प्रनामु कीन्ह रघुनंदन॥
भाइन्ह सहित रामु मिलि राजहि। चले लवाइ समेत समाजहि॥

दो०— आश्रम सागर सांत रस पूरन पावन पाथु।
सेन मनहुँ करुना सरित लिएँ जाहिं रघुनाथु॥ २७५॥

अर्थ—भाई, मंत्री, गुरु और पुरवासियों के साथ श्रीराम आगे चले। जब जनक ने (चित्रकूट के) कामदगिरि को देखा, उसी क्षण प्रणाम करके उन्होंने रथ त्याग दिया।

सभी में श्रीराम के दर्शन की लालसा तथा उमंग है, इसीलिए किसी को भी लेशमात्र भी मार्गश्रमजनित क्लेश नहीं है। (उनका मन) वहाँ है, जहाँ श्रीराम और सीता हैं इसलिए मन के साथ न रहने पर मन एवं शरीरजनित सुख दुःख का स्मरण किसे हो!

प्रेम से उन्मत्त मतिवाले अपने समाज सहित जनक इस प्रकार चले आ रहे हैं। उन्हें निकट आये देखकर वे अनुराग से परिपूर्ण हो उठे और आदरपूर्वक परस्पर मिलने लगे।

जनक मुनिजनों के चरणों की वन्दना करने लगे और श्रीराम ने ऋषियों को प्रणाम किया। भाइयों के साथ श्रीराम जनक से मिले और उन्हें समाज सहित लिवाकर (आश्रम की ओर) चले।

पवित्र जल से परिपूर्ण (श्रीराम का) आश्रम शान्तरस के समुद्र की भाँति है। जनक की सेना (समाज) मानो करुण रस की नदी हो और उसे श्रीराम मानो (आश्रमरूपी उदधि में सम्मिलन

कराने के लिए) साथ में लिये जा रहे हों। (गंगावतरण के संदर्भ में भगीरथ प्रसंग की प्रकारान्तर भाव की व्यंजना है)॥ २७५॥

टिप्पणी—जनक प्रसंग के माध्यम से कवि करुणा के विक्षोभ का चित्रण करना चाह रहा है। 'करुणरस' का उल्लेख यहाँ स्वशब्द-वाच्यत्व दोष नहीं है। ज्ञात भाव को सादृश्य विधान से जोड़कर कवि वाच्य को लक्षणा व्यापार में परिवर्तित कर देता है। इस रचनात्मक प्रक्रिया के कारण मुख्यार्थबाधा से 'स्व शब्द वाच्यत्व' दोष का परिहार हो उठता है।

बोरति ग्यान बिराग करारे। बचन ससोक मिलत नद नारे॥
सोच उसास समीर तरंगा। धीरज तट तरुबर कर भंगा॥
बिषम बिषाद तोरावति धारा। भय भ्रम भवँर अबर्त अपारा॥
केवट बुध बिद्या बड़ि नावा। सकहि न खेइ ऐंक नहिं आवा॥
बनचर कोल किरात बिचारे। थके बिलोकि पथिक हियँ हारे॥
आश्रम उदधि मिली जब जाई। मनहुँ उठेउ अंबुधि अकुलाई॥
सोक बिकल दोउ राज समाजा। रहा न ग्यानु न धीरजु लाजा॥
भूप रूप गुन सील सराही। रोवहिं लोक सिंधु अवगाही॥

अर्थ—यह करुण रस की नदी ज्ञान तथा वैराग्य के कगारों को डुबाती जा रही है। शोकयुक्त वचन मानो उमें नद और नाले मिल रहे हों। चिन्ता और उच्छ्वास जिसमें वायु तथा तरंग की भाँति है, धैर्य भंग ही जिसके प्रवाह क्रम में तट के वृक्षों का भंग है।

तीक्ष्ण विषाद ही वेगवती धारा है, (समाज में वर्तमान) भय एवं भ्रम अनन्त अपार आवर्तित (चक्कर लगाती हुई) भवँरें हैं। बुधजन ही केवट हैं और विद्या ही विशाल नौका है किन्तु वे (उस नौका को) खे नहीं पा रहे हैं

क्योंकि वे (जल का) अनुमान वनचर कोल तथा किरात ही पथिक हैं जो नदी को देखकर हृदय से हार मानकर थक गए, नहीं लगा पा रहे हैं।

दोनों राज समाज शोक विह्वल है (और इसलिए) न उसमें ज्ञान अवशिष्ट है, न धैर्य है और न लज्जा। राजा दशरथ के रूप में गुण तथा शील की सराहना कर-करके शोक-सिन्धु में डूबे हुए सभी रो रहे हैं।

छंद— अवगाहि सोक समुद्र सोचहिं नारि नर ब्याकुल महा।
दै दोष सकल सरोष बोलहिं बाम बिधि कीन्हो कहा॥
सुर सिद्ध तापस जोगिजन मुनि देखि दसा बिदेह की।
तुलसी न समरथ कोउ जो तरि सकै सरित सनेह की॥
सो०— किए अमित उपदेस जहँ तहँ लोगन्ह मुनिबरन्ह।
धीरजु धरिअ नरेस कहेउ बसिष्ठ बिदेह सन।। २७६॥

अत्यन्त व्याकुल नर-नारी शोक-समुद्र में डूबे हुए चिन्ताग्रस्त हैं। (विधाता को) दोष देते हुए सभी रोष से बातें करते हैं (और कहते हैं) कि प्रतिकूल विधाता ने क्या (कहा) किया! देवता, सिद्ध, तपस्वी, योगिजन, मुनिजन सभी विदेह की इस दशा को देख करके (तुलसीदास जी) कहते हैं कि ऐसा कोई समर्थ नहीं है जो इस स्नेह की सरिता को संस्तरित (पार) कर सके (अर्थात् समत्वबुद्धि से युक्त विदेह जब स्नेह विगलित हो उठे तो अन्य की क्या स्थिति)।

जहाँ-तहाँ मुनिश्रेष्ठों ने लोगों को अनन्त प्रकार के उपदेश दिये तथा वसिष्ठ ने विदेह से कहा कि हे नरेश! धैर्य धारण करें॥ २७६॥

टिप्पणी—साङ्गरूपक एवं सादृश्यों के माध्यम से कवि प्रस्तुत पक्ष शोक तथा उससे उत्पन्न

विक्षोभ को चित्रित करता है। सामान्य दृश्य है, श्रीराम के आश्रम के सन्निकट शोक तथा करुणा से आप्लावित दोनों राज समाजों का सम्मिलन्। यह सम्मिलन परस्पर कितना कष्टकारी है, कवि इसी को सादृश्यविधान की शैली द्वारा प्रस्तुत करता है। पूर्व छन्द से ही आश्रम, शान्तरस से परिपूर्ण समुद्र, अयोध्या का समाज, करुण रस की सेना है। अभिनवगुप्त ने कहा है कि शान्त रस ही रसों का मूल है, जिसमें सभी रस विलीन हो जाते हैं किन्तु यहाँ शान्त में करुण विलीन होकर अपना अस्तित्व नहीं समाप्त करता वरन् उसमें और भी विक्षुब्धकारी दृश्य उपस्थित कर देता है। आश्रम की सम्पूर्ण शान्ति करुणा व्यापार द्वारा छिन्न-भिन्न कर दी जाती है।

'आश्रम उदधि मिली जब जाई। मनहुँ उठेउ अंबुधि अकुलाई' व्याकुलता की पराकाष्ठा में 'ज्ञान, धैर्य, लज्जा' का समाप्त हो जाना मानवीय एवं शास्त्रीय दोनों परिस्थितियों से नियन्त्रित है।

जासु ग्यानु रबि भव निसि नासा। बचन किरन मुनि कमल बिकासा॥
तेहि कि मोह ममता निअराई। यह सिय राम सनेह बड़ाई॥
बिसई साधक सिद्ध सयाने। त्रिबिध जीव जग बेद बखाने॥
राम सनेह सरस मन जासू। साधु सभाँ बड़ आदर तासू॥
सोह न राम प्रेम बिनु ग्यानू। करनधार बिनु जिमि जल जानू॥
मुनि बहुबिधि बिदेहु समुझाए। रामघाट सब लोग नहाए॥
सकल सोक संकुल नर नारी। सो बासरु बीतेउ बिनु बारी॥
पसु खग मृगन्ह न कीन्ह अहारू। प्रिय परिजन कर कौन बिचारू॥

दो०— दोउ समाज निमिराजु रघुराजु नहाने प्रात।
बैठे सब बट बिटप तर मन मलीन कृस गात॥ २७७॥

अर्थ—जिसके ज्ञानरूपी सूर्य से लोकात्मक संसार की (संसक्ति) निशा का विनाश हो उठता है तथा वचनरूपी किरणों से मुनियों के (हृदय) कमलों का विकास हो उठता है उनके पास मोह और ममता कैसे समीप आ सकती है? यह तो केवल श्रीराम तथा सीता का ही माहात्म्य है।

संसार में जीव तीन कोटियों के हैं, विषयी, साधक तथा सिद्ध (ऐसा) वेदों ने कहा है, किन्तु श्रीराम के स्नेह में जिनका मन रसप्रवण हो उठे, साधुजनों के समाज में उसी का ही सम्मान सर्वोपरि है।

श्रीराम के स्नेह से हीन ज्ञान भी उसी प्रकार शोभित नहीं है, जिस प्रकार कर्णधार के बिना नौका। मुनि ने अनेक प्रकार से जनक को समझाया और तत्पश्चात् सभी ने रामघाट पर स्नान किया।

सभी नर-नारी शोक से संकुचित है और वह दिन बिना जल ग्रहण किये व्यतीत हो गया। पशु-पक्षियों तथा हिरणों तक ने आहार नहीं किया। प्रिय परिवार-जनों की क्या बात (विचार)।

निमिराज जनक तथा श्रीराम सहित दोनों समाजों ने (जनकपुर तथा अयोध्या दोनों नगरों के निवासी गणों) प्रातः स्नान किया। सभी मन से मलिन एवं शरीर से क्षीण (अर्थात्, शोक से अभिभूत) वटवृक्ष के नीचे बैठे॥ २७७॥

टिप्पणी—कवि जनक की 'स्थितिप्रज्ञता' को आधार बनाकर श्रीराम की भक्ति को ज्ञान से श्रेष्ठतर प्रतिपादित करता है। श्रीराम के स्नेह से शून्य ज्ञान शुष्क एवं हेय है। श्रीराम के स्नेह से विह्वल विदेह जनक इस घटना से न केवल सार्थकता प्राप्त करते हैं, अपितु स्पृहणीयता भी प्राप्त कर लेते हैं। कवि अपनी रचनात्मक प्रकृति के अनुसार श्रीराम की भक्ति की वरीयता तथा ज्ञान की तुच्छता को प्रतिपादित करने के लिए यहाँ अवसर खोज लेता है।

जे महिसुर दसरथ पुर बासी। जे मिथिलापति नगर निवासी॥
हंस बंस गुर जनक पुरोधा। जिन्ह जग मगु परमारथु सोधा॥

लगे कहन उपदेस अनेका। सहित धरम नय बिरति बिबेका॥
कौसिक कहि कहि कथा पुरानीं। समुझाई सब सभा सुबानीं॥
तब रघुनाथ कौसिकहि कहेऊ। नाथ कालि जल बिनु सबु रहेऊ॥
मुनि कह उचित कहत रघुराई। गयउ बीति दिन पहर अढ़ाई॥
रिषि रुख लखि कह तेरहुतिराजू। इहाँ उचित नहिं असन अनाजू॥
कहा भूप भल सबहिं सोहाना। पाइ रजायसु चले नहाना॥
दो०— तेहि अवसर फल फूल दल मूल अनेक प्रकार।
लइ आए बनचर बिपुल भरि-भरि काँवरि भार॥ २७८॥

अर्थ—अयोध्या नगर के जो ब्राह्मण हैं और जो जनकपुरी के रहने वाले जन हैं, उन सभी को सूर्यवंश के गुरु वसिष्ठ तथा जनक के पुरोहित शतानन्द, जिन्होंने संसार में परमार्थ के मार्ग का शोधन किया था—

धर्म, नीति, वैराग्य तथा ज्ञान (विवेक) से युक्त अनेक उपदेश कहने लगे। विश्वामित्र (कौशिक) ने पुरानी कथाओं को कह-कहकर सम्पूर्ण सभा को सुन्दर वाणी में समझाया।

इसके पश्चात् श्रीराम ने विश्वामित्र से कहा कि हे नाथ! कल से सभी बिना जल के रह रहे हैं। मुनि ने कहा कि श्रीराम उचित कह रहे हैं और (आज भी) दिन ढाई प्रहर-व्यतीत हो गया।

ऋषि के रुख को देख करके तीरभुक्तिनरेश जनक ने कहा कि यहाँ अनाज का भोजन (करना) उचित नहीं है। जनक का कहा हुआ सभी को अच्छा लगा और आज्ञा पाकर सभी स्नान के लिए चले।

उसी समय वन के निवासीगण अनेक काँवरों में बोझ भर-भर करके अनेक प्रकार के प्रचुर फल, पुष्पदल, कन्दमूल ले आये॥ २७८॥

कामद भे गिरि राम प्रसादा। अवलोकत अपहरत बिषादा॥
सर सरिता बन भूमि बिभागा। जनु उमगत आनंद अनुरागा॥
बेलि बिटप सब सफल सफूला। बोलत खग मृग अलि अनुकूला॥
तेहि अवसर बन अधिक उछाहू। त्रिबिध समीर सुखद सब काहू॥
जाइ न बरनि मनोहरताई। जनु महि करति जनक पहुनाई॥
तब सब लोग नहाइ नहाई। राम जनक मुनि आयसु पाई॥
देखि देखि तरुबर अनुरागे। जहँ तहँ पुरजन उतरन लागे॥
दल फल मूल कंद बिधि नाना। पावन सुंदर सुधा समाना॥
दो०— सादर सब कहँ रामगुर पठए भरि भरि भार।
पूजि पितर सुर अतिथि गुर लगे करन फरहार॥ २७९॥

अर्थ—श्रीराम की कृपा से कामद पर्वत मनोवांछित फल देने वाला हो गया। देखते ही, यह सम्पूर्ण विवादों का हरण कर देता है। सरोवर, नदियाँ, वन एवं भूमि प्रदेश में मानो आनन्द एवं अनुराग उमड़ रहा हो।

सम्पूर्ण लताएँ एवं वृक्ष फल तथा फूलों से परिपूर्ण हैं। पशु-पक्षी एवं भ्रमर ऋतु के अनुकूल स्वर कर रहे हैं। उस समय-विशेष में वन में अत्यधिक उत्साह है और शीतल, मन्द तथा सुगंधित वायु सभी के लिए सर्वथा सुखद है।

उस मनोहारिता का वर्णन करते नहीं बनता, मानो पृथ्वी (सीता की माता) जनक का आतिथ्य कर रही हो। इसके पश्चात् स्नान कर-करके, श्रीराम, जनक तथा वसिष्ठ की आज्ञा प्राप्त करके—

सुन्दर वृक्षों को देख-देख करके जहाँ-तहाँ पुरवासीजन उतरने लगे। पवित्र, सुन्दर तथा अमृत

सदृश (सुस्वादु) अनेक प्रकार के पत्र, फल एवं फूलों को—

आदरपूर्वक काँवर के बोझ में भर-भर करके सभी के पास श्रीराम के गुरु वसिष्ठ ने भेजा और (वे सभी) पितृजनों, देवता, अतिथि एवं गुरुओं की पूजा करके फलाहार करने लगे॥ २७९॥

टिप्पणी—कवि श्रीराम के माहात्म्य को व्यंजित करता है। स्वसुर जनक का आतिथ्य वन में भी राजप्रासाद के आतिथ्य से कहीं अधिक सुन्दर एवं सुखद है।

एहि बिधि बासर बीते चारी। रामु निरखि नर नारि सुखारी॥
दुहु समाज असि रुचि मन माहीं। बिनु सिय राम फिरब भल नाहीं॥
सीता राम संग बनबासू। कोटि अमरपुर सरिस सुपासू॥
परिहरि लखन रामु बैदेही। जेहि घरु भाव बाम बिधि तेही॥
दाहिन दइउ होइ जब सबही। राम समीप बसिअ बन तबही॥
मंदाकिनि मज्जनु तिहु काला। राम दरसु मुद मंगल माला॥
अटनु राम गिरि बन तापस थल। असनु अमिअ सम कंद मूल फल॥
सुख समेत संबत दुइ साता। पल सम होहिं न जनिअहिं जाता॥
दो०— एहि सुख जोग न लोग सब कहहिं कहाँ अस भागु।
सहज सुभायँ समाज दुहु राम चरन अनुरागु॥ २८०॥

अर्थ—इस प्रकार चार दिन व्यतीत हुए तथा श्रीराम को देखकर नर-नारी सुखी हैं। दोनों समाजों के मन में इस प्रकार की इच्छा है कि श्रीराम तथा सीता के बिना लौटना उचित नहीं है।

श्रीराम तथा सीता के साथ वन निवास कोटि अमरावती की भाँति सुखप्रद है। श्रीराम, लक्ष्मण एवं सीता को छोड़ करके जिसे घर अच्छा लगे, विधाता उसके लिए प्रतिकूल हैं।

दैव सभी भाँति से जब सर्वथा अनुकूल (दाहिना) हो तभी राम के समीप वन में निवास हो। त्रिकालों में मंदाकिनी नदी में स्नान, आनन्द समूह (माला) श्रीराम का दर्शन,

श्रीराम गिरि पर्वत, वन एवं तपस्थलियों पर भ्रमण और अमृतोपम कन्दमूल फलों का आहार (करते हुए) आनन्दपूर्वक चौदह वर्ष पल के समान हो जायेंगे और व्यतीत होते पता नहीं चलेगा।

सब लोग कह रहे हैं कि हम इस आनन्द के योग्य नहीं हैं। इस प्रकार दोनों समाजों में नैसर्गिक एवं सहज रूप से श्रीराम के चरणों में अनुराग है॥ २८०॥

एहि बिधि सकल मनोरथ करहीं। बचन सप्रेम सुनत मन हरहीं॥
सीय मातु तेहि समय पठाईं। दासीं देखि सुअवसरु आईं॥
सावकास सुनि सब सिय सासू। आयउ जनकराज रनिवासू॥
कौसल्याँ सादर सनमानी। आसन दिए समय सम आनी॥
सीलु सनेहु सकल दुहु ओरा। द्रवहिं देखि सुनि कुलिस कठोरा॥
पुलक सिथिल तन बारि बिलोचन। महि नख लिखन लगीं सब सोचन॥
सब सिय राम प्रीति कि सि मूरति। जनु करुना बहु बेष बिसूरति॥
सीय मातु कह बिधि बुधि बाँकी। जो पय फेनु फोर पबि टाँकी॥
दो०— सुनिअ सुधा देखिअहिं गरल सब करतूति कराल।
जहँ तहँ काक उलूक बक मानस सकृत मराल॥ २८१॥

अर्थ—इस प्रकार सभी मनोकामना करते हैं और उनके प्रेमयुक्त वचनों को सुनकर मन हर उठता है। उसी समय सीता की माता सुनयना द्वारा भेजी हुई दासी अवसर देख करके आई।

सीता की सभी सासुओं को अवकाश में (स्थित) सुन करके राजा जनक का रनिवास आया।

कौसल्या ने आदरपूर्वक सम्मानित करके समयानुकूल मँगाकर आसन दिया।

दोनों पक्षों के सम्पूर्ण शील तथा स्नेह को देख-सुनकर कठोर वज्र भी द्रवित हो रहा है। शरीर पुलकित तथा शिथिल है, नेत्रों में जल है और सभी पृथ्वी को नख से कुरेदती हुई चिन्तातुर हैं।

सभी श्रीराम तथा सीता के प्रेम की मूर्ति सदृश है मानो अनेक वेषवती करुणा चिन्ताग्रस्त हो रही हों। सीता की माता ने कहा कि विधाता की बुद्धि बंकिम है जो दुग्ध फेन को वज्र की टाँकी से तोड़ती है।

अमृत के विषय में सुनाई पड़ता है और विष दिखाई पड़ता है, (उस विधाता की) सभी करतूतें भयंकर हैं। कौवे, उल्लू एवं बगुले तो यत्र-तत्र (सर्वत्र हैं, किन्तु मानसरोवर का हंस तो एकाध (सकृत) है॥ २८१॥

टिप्पणी—कवि इस प्रसंग द्वारा करुणा को व्यंजित करना चाहता है। जनक की पत्नी सुनयना कौसल्या के निवास में पदार्पण करती हैं। शिष्टता तथा सदाचार का निर्देश करता हुआ तथा दोनों पक्षों में परस्पर श्रीराम तथा सीता के स्नेह बिम्बन की कल्पना करता हुआ कवि कौसल्यादि, रानियों के सौभाग्य सुख से वंचित हो जाने से उत्पन्न करुणा को जगाने का प्रयत्न कर रहा है। अतिशयोक्ति, दृष्टान्त आदि अलंकारों का उपयोग करुणा को जगाने के लिए किया गया है।

सुनि ससोच कह देबि सुमित्रा। बिधि गति बड़ि बिपरीत बिचित्रा॥
जो सृजि पालइ हरइ बहोरी। बाल केलि सम बिधि मति भोरी॥
कौसल्या कह दोसु न काहू। करम बिबस दुःख सुख छति लाहू॥
कठिन करम गति जान बिधाता। जो सुभ असुभ सकल फल दाता॥
ईस रजाइ सीस सबही कें। उतपति थिति लय बिषहु अमी कें॥
देबि मोह बस सोचिअ बादी। बिधि प्रपंचु अस अचल अनादी॥
भूपति जिअब मरब उर आनी। सोचिअ सखि लखि निज हित हानी॥
सीय मातु कह सत्य सुबानी। सुकृती अवधि अवधपति रानी॥

दो०— लखनु राम सिय जाहुँ बन भल परिनाम न पोचु।
गहबरि हियँ कह कौसिला मोहि भरत कर सोचु॥ २८२॥

अर्थ—इसे सुनकर, सुमित्रा चिन्ता भरी हुई कहती है कि विधाता की गति बड़ी ही विपरीत तथा विचित्र है जो सृजन करके पालती है और फिर उसे विनष्ट कर देती है; विधाता की बुद्धि (इस प्रकार) शिशु क्रीड़ा की भाँति भोली है।

कौशल्या कहती हैं कि किसी का दोष नहीं है क्योंकि दुःख-सुख, हानि तथा लाभ सभी कर्म विवश हैं। कर्म की दुष्तर गति को विधाता ही जानते हैं, जो सम्पूर्ण शुभ तथा अशुभ फलों के देने वाले हैं।

ईश्वर की आज्ञा सभी के सिर पर है, उत्पत्ति, स्थिति एवं विनाश विष तथा अमृत के लिए भी हैं। हे देवि! मोह विवशित होकर व्यर्थ ही सोच कर रही हैं, विधाता का प्रपंच तो इसी प्रकार से अचल एवं अनादि है।

भूपति (दशरथ) के जीवन-मृत्यु के विषय में हृदय से जो सोच करती हैं वे अपने हित तथा हानि को देखकर सोच करना है। सीता की माता सुनयना कहती हैं कि आपकी सुन्दरवाणी सत्य है, आप पुण्यों की सीमा अयोध्याधिपति दशरथ की ही रानी है (आपका यह कहना सार्थक क्यों न हो)।

श्रीराम, लक्ष्मण एवं सीता वन जायँ, इसका परिणाम भला है, निष्कृष्ट नहीं। कंठ भरे वचनों से कौशल्या कहती हैं कि मुझे चिन्ता पुत्र भरत (के असह्य करुण जीवन) की है॥ २८२॥

टिप्पणी—परम्परागत मान्यताओं के अनुक्रम में कवि 'पति की मृत्यु' जैसे कष्टकारी प्रसंग को दशरथ की पत्नी सुमित्रा के सान्त्वनापूर्ण वचनों से व्यक्त कराता है। विधाता के कार्य की विडम्बना मूलतः विविध तर्कों तथा वाक्यों में कथित है। कवि कौसल्या वाक्य के माध्यम से 'पति मृत्यु' से कहीं अधिक चिन्ता का विषय भरत का विषाद चित्रित करता है। माताएँ अपने पति की मृत्यु को भुला सकने में समर्थ हैं किन्तु भरत का विषाद उनके लिए चिन्ता का विषय है। मूलतः परवर्ती कथा में भरत का प्रसंग सर्वत्र व्याप्त है।

ईस प्रसाद असीस तुम्हारी। सुत सुतबधू बिबुधसरि बारी॥
राम सपथ मैं कीन्हि न काऊ। सो करि कहउँ सखी सति भाऊ॥
भरत सील गुन बिनय बड़ाई। भायप भगति भरोस भलाई॥
कहत सारदहु कर मति हीचे। सागर सीप कि जाहिं उलीचे॥
जानउँ सदा भरत कुलदीपा। बार बार मोहि कहेउ महीपा॥
कसें कनकु मनि पारिखि पाएँ। पुरुष परिखिअहिं समयँ सुभाएँ॥
अनुचित आजु कहब अस मोरा। सोक सनेहँ सयानप थोरा॥
सुनि सुरसरि सम पावनि बानी। भईं सनेह बिकल सब रानी॥
दो०— कौसल्या कह धीर धरि सुनहु देबि मिथिलेसि।
को बिबेकनिधि बल्लभहिं तुम्हहि सकइ उपदेसि॥ २८३॥

अर्थ—ईश्वर की कृपा तथा आपके आशीर्वाद से मेरा पुत्र (राम) एवं पुत्रवधू (सीता) गंगाजल के सदृश पवित्र हैं। मैंने राम की सौगन्ध कभी भी नहीं की, उसे (आज) करके मैं सद्भावपूर्वक कहती हूँ कि—

भरत का शील, गुण, विनय बड़प्पन, भातृत्व प्रेम तथा भक्ति, भरोसा एवं अच्छी नियति का वर्णन करने में सरस्वती की मति भी हिचकती (हीचे) है। क्या समुद्र सीपी से उलीचा जा सकता है?

भरत को सदैव कुलदीपक जानती हूँ और महीप दशरथ ने भी इसे बारम्बर कहा है। सोना कसने पर और मणि पारखी पाकर ही (या परख पाकर ही) जाना जाता है, उसी प्रकार पुरुष की परीक्षा समय पड़ने पर स्वभावतः हो जाती है।

मेरा इस प्रकार से आज कहना भी अनुचित है क्योंकि शोक तथा स्नेह के समय बुद्धिमत्ता (सयानप) कम हो जाती है। कौसल्या की गंगा के सदृश पवित्र वाणी को सुन करके सभी रानियाँ स्नेह से व्याकुल हो उठीं।

कौसल्या धैर्य धारण करके कहती हैं कि हे मिथिलाधिपति की देवी! सुनिये, हे ज्ञानसागर (जनक) की वल्लभा (प्राणप्रिये) आपको कौन उपदेश दे सकता है (उपदेश देने में सक्षम है)॥ २८३॥

टिप्पणी—श्रीराम की माता द्वारा भरत की शील, निष्ठा एवं श्रीराम के प्रति उनके मन में निहित ऐकान्तिक निश्छल स्नेह भावना का वर्णन करना इन पंक्तियों का लक्ष्य है। भरत का शील, गुण, विनय, बड़प्पन, भरोसा, नियति एवं भातृत्व प्रेम सर्वोपरि है। कौसल्या का श्रीराम की शपथ करके इसे प्रमाणित करना प्रकारान्तर से भरत चरित्र की श्रेष्ठता का प्रतिपादन करना है।

रानि राय सन अवसरु पाई। अपनी भाँति कहब समुझाई॥
रखिअहिं लखनु भरतु गवनहिं बन। जौं यह मत मानै महीप मन॥
तौ भल जतनु करब सुबिचारी। मोरें सोचु भरत कर भारी॥
गूढ़ सनेह भरत मन माहीं। रहें नीक मोहि लागत नाहीं॥

लखि सुभाउ सुनि सरल सुबानी। सब भइ मगन करुन रसरानी॥
नभ प्रसून झरि धन्य धन्य धुनि। सिथिल सनेहँ सिद्ध जोगी मुनि॥
सबु रनिवासु बिथकि लखि रहेऊ। तब धरि धीर सुमित्राँ कहेऊ॥
देबि दंड जुग जामिनि बीती। राम मातु सुनि उठी सप्रीती॥
दो०— बेगि पाउ धारिअ थलहि कह सनेहँ सतिभाय।
हमरें तौ अब ईस गति कै मिथिलेस सहाय॥ २८४॥

अर्थ—हे रानी! अवसर पाकर आप राजा जनक को अपनी तरफ से समझा कर कहियेगा कि लक्ष्मण को घर रखकर भरत का वनगमन करेंगे, यदि राजा का मन यह मत माने तो (सभी के समक्ष कहेंगे)।

मेरे मन में भरत के लिए बहुत अधिक चिन्ता है, इसलिए भरत के लिए वे (जनक) खूब सोच विचार करके यत्न करेंगे। भरत के मन में श्रीराम के लिए गूढ़ स्नेह है, अतः उनका घर में रहना अच्छा नहीं लगता।

उनके स्वभाव को देखकर तथा उनकी सुन्दर वाणी सुनकर, सभी करुण रस में सिक्त आमग्न हो उठीं। आकाश से पुष्प वर्षा तथा धन्य-धन्य की ध्वनि हुई और सिद्ध, योगिजन एवं मुनिजन स्नेह-शिथिल हो उठे।

सम्पूर्ण रनिवास देखकर स्तम्भित (विथकि) रह गया और तब धैर्य धारण करके सुमित्रा ने कहा। हे देवि! रात्रि के दो दण्ड व्यतीत हो चुकी है और तब श्रीराम की माता कौशल्या प्रेमपूर्वक उठीं।

उन्होंने स्नेह तथा सद्भाव से कहा कि आप पुनः निवास-स्थली पर शीघ्र पधारें, हमारे तो (तौ) अब ईश्वर आश्रय (गति) हैं या फिर मिथिलाधिपति ही सहायक हैं॥ २८४॥

टिप्पणी—आने वाली अन्तिम संगोष्ठी की सूचना देना तथा श्रीराम के प्रति भरत के ऐकान्तिक गूढ़ स्नेह को व्यंजित करना इन पंक्तियों का लक्ष्य है। संगोष्ठी का कोई भी निर्णय ऐसा न हो जिससे भरत के गूढ़ स्नेह की उपेक्षा हो सके, मूलतः इसी को व्यंजित कराने के लिए कवि इन पंक्तियों की रचना करता है।

लखि सनेह सुनि बचन बिनीता। जनकप्रिया गह पाय पुनीता॥
देबि उचित असि बिनय तुम्हारी। दसरथ घरिनि राम महतारी॥
प्रभु अपने नीचहु आदरहीं। अगिनि धूम गिरि सिर तिनु धरहीं॥
सेवकु राउ करम मन बानी। सदा सहाय महेसु भवानी॥
रउरे अंग जोगु जग को है। दीप सहाय कि दिनकर सोहै॥
रामु जाइ बनु करि सुर काजू। अचल अवधपुर करिहहिं राजू॥
अमर नाग नर राम बाहुबल। सुख बसिहहिं अपनें अपनें थल॥
यह सब जागबलिक कहि राखा। देबि न होइ मुधा मुनि भाषा॥
दो०— अस कहि पग परि पेम अति सिय हित बिनय सुनाइ।
सिय समेत सियमातु तब चली सुआयसु पाइ॥ २८५॥

अर्थ—उनके स्नेह को देख करके तथा विनीत वाणी को सुन करके जनकप्रिया सुनयना ने पवित्र चरणों का स्पर्श किया। हे देवि! तुम्हारी इस प्रकार की विनय सर्वथा उचित है क्योंकि आप दशरथ की पत्नी और श्रीराम की माता हैं।

स्वामीजन अपने से छोटे का भी आदर करते हैं क्योंकि अग्नि धुआँ (निकृष्ट) एवं पर्वत शिखर पर वनस्पति (तृण) रखते हैं। राजा (जनक) तो मन, कर्म एवं वाणी से आपके

सेवक हैं और शिव-पार्वती तो सदैव रक्षक ही हैं।

आपके रक्षक (अंगरक्षक : अंग) योग्य संसार में कौन (व्यक्ति) है, क्या दीपक का सहायक रहकर सूर्य शोभित हो सकता है? श्रीराम वन जाकर, देव कार्य को सम्पन्न करके अयोध्या में अटल राज्य करेंगे।

श्रीराम के बाहुबल से (रक्षित) देवता, नागजन एवं मनुष्य अपने-अपने लोगों में सुखपूर्वक निवास करेंगे। यह सभी कुछ याज्ञवल्क्य ऋषि ने कह रखा है, हे देवि! मुनि की वाणी असत्य नहीं होती।

ऐसा कह करके चरणों पर पड़ करके अत्यन्त प्रेम से सीता के लिए वचन सुना करके (सीता को अपने निवास पर लिवा जाने के लिए) सीता के साथ सुनयना तब विनीत आज्ञा पाकर चली॥ २८५॥

टिप्पणी—सान्त्वना के निमित्त सुनयना द्वारा कौसल्या के प्रति कहा हुआ वाक्य जिसका मूल लक्ष्य आगामी कथा फल; राक्षस सहित रावण वध एवं अयोध्या में 'रामराज्य' की स्थापना, को व्यंजित करना है। 'देवि न होइ मुधा मुनि भाषा' वाक्य की मुहर लगाकर सुनयना आगामी कथाफल को ज्ञात करा कर कौसल्या को सान्त्वना देती है।

प्रिय परिजनहि मिली बैदेही। जो जेहि जोगु भाँति तेहि तेही॥
तापस बेष जानकी देखी। भा सबु बिकल बिषाद बिसेषी॥
जनक राम गुर आयसु पाई। चले थलहि सिय देखी आई॥
लीन्हि लाइ उर जनक जानकी। पाहुनि पावन प्रेम प्रान की॥
उर उमगेउ अंबुधि अनुरागू। भयउ भूप मनु मनहुँ पयागू॥
सिय सनेह बटु बाढ़त जोहा। तापर राम प्रेम सिसु सोहा॥
चिरजीवी मुनि ग्यान बिकल जनु। बूड़त लहेउ बाल अवलंबनु॥
मोह मगन मति नहिं बिदेह की। महिमा सिय रघुबर सनेह की॥

दो०— सिय पितु मातु सनेह बस बिकल न सकी सँभारि।
धरनिसुताँ धीरजु धरेउ समउ सुधरमु बिचारि॥ २८६॥

अर्थ—जो जिस योग्य था, उससे उसी प्रकार से सीता अपने प्रिय परिवारजनों से मिलीं। सीता का तपस्वी वेष देख करके सभी विशेष विषाद से व्याकुल हो गये।

जनक वसिष्ठ की आज्ञा पाकर अपने निवास स्थल पर आये और सीता को देखा। जनक ने सीता को हृदय से लगा लिया मानो वह पवित्र प्रेम एवं प्राण की अतिथि हो।

हृदय में अनुराग का समुद्र उमंगित हो उठा और राजा जनक का मन मानो प्रयाग हो उठा जिसमें सीता का स्नेहरूपी अक्षयवट बढ़ते हुए (उन्होंने) देखा और उस पर श्रीराम का प्रेमरूपी शिशु शोभित हो रहा है।

जनक के ज्ञानरूपी चिरंजीवी मार्कण्डेय मुनि ने डूबते हुए व्याकुल होकर मानो बालक राम का आलम्बन प्राप्त कर लिया। इसलिए विदेह जनक की मति (श्रीराम एवं सीता पर आलम्बित होने के कारण) मोह में मग्न नहीं हुई, यह श्रीराम सीता के स्नेह की ही महिमा है।[१]

सीता माता तथा पिता के स्नेह में व्याकुल अपने को सम्हाल न सकीं फिर भी, धरणिपुत्री जानकी ने, समयानुसार अपने विशिष्ट धर्म पर विचार करती हुई, धैर्य धारण किया॥ २८६॥

---

१. मोहग्रस्त मार्कण्डेय प्रलय सागर में डूबते हुए अक्षयवट वृक्ष पर शिशु रूप विष्णु को देखकर संशयविहीन हुए थे। इस साङ्गरूपक में निर्दिष्ट पौराणिक प्रसंग संश्लिष्ट है।

टिप्पणी—तपस्विनी वेष में पति सेवा के लिए तत्पर भाव से स्थित अपनी पुत्री जानकी को देखकर पिता जनक की भावनाओं का कवि वर्णन करता है। इस प्रसंग में पुत्री के प्रति पिता का स्नेह ही चित्रित नहीं है, अपितु पुत्री को कर्त्तव्य एवं शीलता में रत देखकर आत्मीयता की सम्पूर्ण वासनाओं का उमड़ना जैसा व्यंजित कराना कवि का लक्ष्य है। स्नेह एवं शील दोनों भावनाओं का यहाँ सम्मिलन है।

तापस बेष जनक सिय देखी। भयउ पेमु परितोषु बिसेषी॥
पुत्रि पवित्र किए कुल दोऊ। सुजस धवल जग कह सब कोऊ॥
जिति सुरसरि कीरति सरि तोरी। गवनु कीन्ह बिधि अंड करोरी॥
गंग अवनि थल तीनि बड़ेरे। एहिं किए साधु समाज घनेरे॥
पितु कह सत्य सनेहँ सुबानी। सीय सकुच महुँ मनहुँ समानी॥
पुनि पितु मातु लीन्ह उर लाई। सिख आसिष हित दीन्हि सुहाई॥
कहति न सीय सकुचि मन माहीं। इहाँ बसब रजनीं भल नाहीं॥
लखि रुख रानि जनायउ राऊ। हृदयँ सराहत सील सुभाऊ॥

दो०— बार बार मिलि भेंटि सिय बिदा कीन्हि सनमानि।
कही समय सिर भरत गति रानि सुबानि सयानि॥ २८७॥

अर्थ—सीता को तपस्वी वेष में देख करके जनक को विशेष सन्तोष तथा प्रेम हुआ। (उन्होंने कहा कि सभी कहते हैं, हे पुत्री! तुमने दोनों कुलों को पवित्र कर दिया तथा तुम्हारे पवित्र यश ने संसार को धवलित कर दिया।

तुम्हारी कीर्तिरूपी नदी गंगा की कीर्ति को जीत करके विधाता के करोड़ों ब्रह्माण्डों में गमन कर रही है। गंगा ने पृथ्वी पर तीन ही स्थलों को (हरद्वार, प्रयाग तथा गङ्गासागर) बड़ा बनाया है किन्तु इसने तो साधु-समाज के अनेक हृदय स्थलों को माहात्म्यपूर्ण बना दिया है।

पिता ने सुन्दर सत्य तथा स्नेहयुक्त वाणी कही किन्तु सीता मानो संकोच में समा गई। पुनः पिता तथा माता ने उसे हृदय से लगाया और उसके लिए हितकर तथा सुन्दर शिक्षा एवं आशीर्वाद दिया।

मन में अत्यधिक संकोचवश सीता कह नहीं पाती कि रात्रि में यहाँ निवास करना उचित नहीं है। उसकी इच्छा को देख करके सुनयना रानी ने राजा जनक को ज्ञात कराया। वे दोनों हृदय से उसके शील तथा स्वभाव की सराहना कर रहे हैं।

बार-बार सीता से मिलकर एवं भेंटकर सम्मानपूर्वक उन्होंने विदा किया और समयानुकूल (समय सिरि = उचित अवसर पर) चतुर रानी ने सुन्दर वाणी में भरत की दशा का वर्णन किया॥ २८७॥

टिप्पणी—स्नेह एवं पुलक को चित्रित करके कवि जनक के मुख से सीता के शील का वर्णन कर रहा है। कवि के मन में मध्यकालीन नारी की पवित्रता के जो भी मानदण्ड हैं, वह सीता के चित्रांकन के माध्यम से व्यंजित कर रहा है।

सुनि भूपाल भरत ब्यवहारू। सोन सुंगध सुधा ससि सारू॥
मूदे सजल नयन पुलके तन। सुजसु सराहन लगे मुदित मन॥
सावधान सुनु सुमुखि सुलोचनि। भरत कथा भव बंध बिमोचनि॥
धरम राजनय ब्रह्मबिचारू। इहाँ जथामति मोर प्रचारू॥
सो मति मोरि भरत महिमाही। कहै काह छलि छुअति न छाँही॥
बिधि गनपति अहिपति सिव सारद। कबि कोबिद बुध बुद्धि बिसारद॥

भरत चरित कीरति करतूती। धरम सील गुन बिमल बिभूती॥
समुझत सुनत सुखद सब काहू। सुचि सुरसरि रुचि निदर सुधाहू॥
दो०— निरवधि गुन निरुपम पुरुषु भरतु भरत सम जानि।
कहिअ सुमेरु कि सेर सम कबिकुल मति सकुचानि॥ २८८॥

अर्थ—राजा ने भरत का व्यवहार सुना, वह स्वर्ण में सुगंध तथा चन्द्रमा के सार तत्त्व अमृत सदृश है। (उसे सुनकर उन्होंने) जलयुक्त नेत्रों को बन्द कर लिया तथा उनका शरीर पुलकित हो उठा। वे आनन्दित मन से उनके सुयश की सराहना करने लगे।

हे सुमुखि, सुनयने! सावधान होकर सुनो! भरत की कथा सांसारिक बन्धनों से मुक्त करने वाली है। धर्मशास्त्र, राजनीति तथा ब्रह्म चर्चा इनमें यथावृद्धि मेरा प्रवेश (प्रचारू) है,

वह मेरी बुद्धि भरत की महिमा को क्या कहे (कहै काह) अर्थात् कहने में असमर्थ है, वह प्रपंच (छल) से भी उस भरत की महिमा की छाया भी नहीं छू पाती। ब्रह्मा, गणेश, शेष, शिव, सरस्वती, बुद्धि में विचक्षण (विशारद) कवि, कोविद एवं पण्डित

सभी को चरित्र, कीर्ति, कार्यकलाप, धर्म, शील, गुण एवं निर्मल ऐश्वर्य समझने तथा सुनने में सुखद तथा गंगा के समान पवित्र, रुचिकर और ममता में अमृत की भी निन्दा करने वाले हैं।

अनेकानेक गुणों से युक्त भरत अतुलनीय पुरुष हैं और (इस प्रकार) भरत को भरत की भाँति समझें। क्या सुमेरु पर्वत को सेर के समान कहा जा सकता है, इसे सोचकर कवि समाज की बुद्धि भी संकोच का अनुभव कर रही है॥ २८८॥

टिप्पणी—जनक के इस प्रसंग के माध्यम से कवि सम्पूर्ण कथा की सारवस्तु के रूप में स्थित भरत के माहात्म्य को चित्रित कर रहा है। जनक को अपने अखण्ड तथा अप्रतिहत ज्ञान की तुलना में भरत की भक्ति सान्द्र एवं सर्वतोत्कृष्ट लग रही है। पुनः भरत की भक्ति की महनीयता का प्रतिपादन ही इन पंक्तियों का लक्ष्य है।

अगम सबहिं बरनत बर बरनी। जिमि जलहीन मीन गमु धरनी॥
भरत अमित महिमा सुनु रानी। जानहिं रामु न सकहिं बखानी॥
बरनि सप्रेम भरत अनुभाऊ। तिय जिय की रुचि लखि कह राऊ॥
बहुरहिं लखनु भरत बन जाहीं। सब कर भल सब के मन माहीं॥
देबि परंतु भरत रघुबर की। प्रीति प्रतीति जाइ नहिं तरकी॥
भरतु अवधि सनेह ममता की। जद्यपि रामु सीय समता की॥
परमारथ स्वारथ सुख सारे। भरत न सपनेहुँ मनहुँ निहारे॥
साधन सिद्धि राम पग नेहू। मोहि लखि परत भरत मत एहू॥
दो०— भोरेहुँ भरत न पेलिहहिं मनसहुँ राम रजाइ।
करिअ न सोच सनेह बस कहेउ भूप बिलखाइ॥ २८९॥

अर्थ—हे सुन्दर वर्ण वाली! सभी के लिए (भरत के चरित्र का वर्णन) उसी प्रकार अगम है, जैसे जलहीन पृथ्वी पर मछली का गमन करना। हे रानी! भरत की अमित महिमा का वर्णन सुनो। श्रीराम उसे जानते हैं, किन्तु (वे भी) उसका वर्णन नहीं कर सकते।

प्रेमपूर्वक भरत के अनुभाव (अनुभाउ-प्रभाव) का वर्णन करके, पत्नी के हृदय की रुचि देखकर राजा (जनक) ने कहा कि लक्ष्मण (अयोध्या के लिए) लौटें तथा भरत वन जायँ, यही सभी के मन में है और इसी में सभी का हित है—

किन्तु हे देवि! भरत तथा श्रीराम की प्रीति की प्रतीति की तर्कणा (अनुमान) नहीं की जा सकती। यद्यपि श्रीराम समता की सीमा है किन्तु भरत का स्नेह ममता की अन्तिम सीमा है।

(राम के स्नेह की तुलना में) स्वार्थ तथा परमार्थ के समस्त सुखों को भरत ने स्वप्न में भी मन में नहीं देखा। मुझे भरत का एकमात्र यही मत दिखाई पड़ता है, (उनके जीवन का) साधन तथा साध्य (साधना एवं अभीष्ट) श्रीराम के चरणों में स्नेह है।

भूलकर भी भरत मन से कभी भी श्रीराम की आज्ञा की अवहेलना नहीं करेंगे। राजा ने विलख करके कहा कि स्नेह विवश होकर स्वप्न में भी चिन्ता न करें॥ २८९॥

टिप्पणी—आगामी संगोष्ठी के लिए विषयवस्तु की पूर्व प्रस्तावना व्यंजित है। इस प्रस्तावना का उद्देश्य है श्रीराम के मन में भरत के प्रति निहित प्रगाढ़ प्रेम-भाव का चित्रांकन। श्रीराम के इस स्नेह का कारण भरत का त्याग, शील एवं संसक्ति है।

राम भरत गुन गनत सप्रीती। निसि दंपतिहि पलक सम बीती॥
राम समाज प्रात जुग जागे। न्हाइ न्हाइ सुर पूजन लागे॥
गे नहाइ गुर पहिं रघुराई। बंदि चरन बोले रुख पाई॥
नाथु भरत पुरजन महतारी। सोक बिकल बनबास दुखारी॥
सहित समाज राऊ मिथिलेसू। बहुत दिवस भए सहत कलेसू॥
उचित होइ सोइ कीजिअ नाथा। हित सबही कर रौरें हाथा॥
अस कहि अति सकुचे रघुराऊ। मुनि पुलके लखि सीलु सुभाऊ॥
तुम्ह बिनु राम सकल सुख साजा। नरक सरिस दुहु राज समाजा॥

दो०— प्रान प्रान के जीव के जिव सुख के सुख राम।
तुम्ह तजि तात सोहात गृह जिन्हहि तिन्हहि बिधि बाम॥ २९०॥

अर्थ—श्रीराम और भरत के गुणों का प्रेमपूर्वक वर्णन करते हुए दंपति (राजा जनक और उनकी पत्नी) की रात्रि पलक निमेष की भाँति व्यतीत हो गई। युगल समाज प्रातःकाल जगे और स्नान कर-करके देवता की पूजा करने लगे।

स्नान करके श्रीराम गुरु के पास गये और उनका रुख पाकर चरणों की वन्दना करके बोले, हे नाथ! भरत, अयोध्यावासी जन एवं माताएँ सभी शोक से व्याकुल एवं यहाँ वन निवास से दुःखी हैं।

समाज सहित राजा जनक को अनेक दिनों से क्लेश सहते हो गया। अतः हे नाथ! जो उचित हो, उसे करें, क्योंकि सभी का हित आपके हाथों में है।

ऐसा कहकर श्रीराम अत्यन्त संकोचशील हुए और उनके शील से परिपूर्ण स्वभाव को देखकर वसिष्ठ संकुचित हो उठे। हे राम! तुम्हारे बिना दोनों राज समाजों के लिए सुख सामग्रियाँ (अपने-अपने नगरों में सामग्रियों का भोग) नरक तुल्य हैं।

हे राम! आप प्राणों के प्राण, जीवों के जीव तथा सुखों के सुख हैं। हे तात! तुम्हें छोड़कर जिन्हें गृह अच्छा लगता है, (समझें) उनके लिए विधाता प्रतिकूल हैं॥ २९०॥

सो सुखु करमु धरमु जरि जाऊ। जहँ न राम पद पंकज भाऊ॥
जोगु कुजोगु ग्यानु अग्यानू। जहँ नहिं राम प्रेम परधानू॥
तुम्ह बिनु दुखी सुखी तुम्ह तेहीं। तुम्ह जानहु जिय जो जेहि केहीं॥
राउर आयसु सिर सबही कें। बिदित कृपालहिं गति सब नीकें॥
आपु आश्रमहि धारिअ पाऊ। भयउ सनेह सिथिल मुनिराऊ॥
करि प्रनामु तब रामु सिधाए। रिषि धरि धीर जनक पहिं आए॥
राम बचन गुरु नृपहि सुनाए। सील सनेह सुभायँ सुहाए॥
महाराज अब कीजिअ सोई। सब कर धरम सहित हित होई॥

दो०— ग्यान निधान सुजान सुचि धरम धीर नरपाल।
तुम्ह बिनु असमंजस समन को समरथ एहि काल॥ २९१॥

अर्थ—जहाँ श्रीराम के चरण-कमलों में प्रेम नहीं है, वे सुख, कर्म एवं धर्म जल जायँ (नष्ट होना अवधी, मुहावरा)। जहाँ श्रीराम के प्रेम का प्राधान्य नहीं है, वह योग कुयोग है तथा ज्ञान अज्ञान है।

अत: तुम्हारे बिना सभी दुखी एवं तुम्हारे ही होने से सभी सुखी हैं और जिसके हृदय में जो भाव हैं, तुम उसे हृदय से जानते हो। हे श्रीराम! आपकी आज्ञा सभी को स्वीकार है, हे कृपाल! आप को सभी स्थितियाँ (गति) भलीभाँति ज्ञात हैं।

आप आश्रम में चरण रखें; (ऐसा कहकर) वसिष्ठ स्नेह से शिथिल हो उठे। तब प्रणाम करके श्रीराम चल पड़े और वसिष्ठ धैर्य धारण करके जनक के पास गये।

गुरु वसिष्ठ ने शील, स्नेह से सहज ही शोभित श्रीराम की वाणी जनक को सुनाई। हे महाराज! अब वही करें जिससे धर्मपूर्वक सभी का हित हो।

हे ज्ञान के भण्डार, चतुर पवित्र धर्म एवं धैर्य से परिपूर्ण राजन्! इस समय आपके बिना द्विधा को समाप्त करने में कौन समर्थ है?॥ २९१॥

टिप्पणी—श्रीराम के अनुरोध करने पर कि आप सहित सम्पूर्ण माताएँ यहाँ वन में पर्याप्त समय से परिजनों के साथ कष्ट भोग रही हैं, सुनकर वसिष्ठ कहते हैं कि हे श्रीराम! ऐसी बात नहीं है दूसरे शब्दों में, श्रीराम के साथ किसी को कष्ट नहीं है और उनसे वियुक्त होने पर सम्पूर्ण प्राणियों को कष्ट है। प्रकारान्तर से श्रीराम की भक्ति का प्रतिपादन ही इन पंक्तियों का मन्तव्य है।

सुनि मुनि बचन जनक अनुरागे। लखि गति ग्यानु बिरागु बिरागे॥
सिथिल सनेहँ गुनत मन माहीं। आए इहाँ कीन्ह भल नाहीं॥
रामहिं रायँ कहेउ बन जाना। कीन्ह आपु प्रिय प्रेम प्रवाना॥
हम अब बन तें बनहि पठाई। प्रमुदित फिरब बिबेक बड़ाई॥
तापस मुनि महिसुर सुनि देखी। भए प्रेम बस बिकल बिसेषी॥
समउ समुझि धरि धीरजु राजा। चले भरत पहिं सहित समाजा॥
भरत आइ आगें भइ लीन्हे। अवसर सरिस सुआसन दीन्हे॥
तात भरत कह तेरहुति राऊ। तुम्हहि बिदित रघुबीर सुभाऊ॥

दो०— राम सत्यब्रत धरम रत सब कर सीलु सनेहु।
संकट सहत सकोचबस कहिअ जो आयसु देहु॥ २९२॥

अर्थ—मुनि के वचनों को सुन करके जनक अनुराग परिपूर्ण हो उठे। उनकी दशा को देख करके ज्ञान तथा वैराग्य को भी वैराग्य हो गया। स्नेह से शिथिल मन में विचार कर रहे हैं कि यहाँ आकर मैंने अच्छा नहीं किया।

राम को राजा दशरथ ने वन जाने के लिए कहा और स्वयं उन्होंने प्रिय श्रीराम के प्रेम को प्रमाणित कर दिया। अब हम वन से वन को भेजकर प्रमुदित भाव से विवेक का बड़प्पन सिद्ध करते हुए लौटेंगे (अर्थात् अत्यन्त तिरस्कृत वाच्य ध्वनि के आधार पर—अज्ञता का प्रदर्शन करते हुए दुखी मन से लौटेंगे) या विवेक को नष्ट करके (बड़ाई-बुझाकर) लौटेंगे।

तपस्वियों एवं ऋषिजनों ने जनक की दशा को देखकर तथा उनकी बातें सुनकर सभी विशेष रूप से प्रेमाकुल हो उठे। समय विचार करके तथा धैर्य धारण करके राजा जनक समाज सहित भरत के पास चले।

भरत ने उन्हें आगे होकर लिया अर्थात् अगवानी की तथा यथावसर सुन्दर आसन दिया।

तीरभुक्तिनरेश जनक ने कहा, हे तात! तुम्हें श्रीराम का प्रभाव ज्ञात है।

हे तात! श्रीराम सत्यनिष्ठ एवं धर्मरत हैं, उनमें सभी के लिए शील तथा स्नेह है। वे सबके संकोच विवश संकट झेल रहे हैं, तुम जो आज्ञा दो (उसे) कहा जाय॥ २९२॥

टिप्पणी—श्रीराम के गमन करने के बाद वसिष्ठ ने श्रीराम के लौटाने का दायित्व जनक के ऊपर इसलिए रख दिया कि वे वय तथा सम्बन्ध, धर्मशीलता, चातुर्य पवित्रता, धर्म, धैर्य सभी दृष्टियों से श्रेष्ठ हैं। सम्पूर्ण परिस्थितियों पर विचार करते हुए जनक अपने को असमर्थ समझकर असमंजसवश विह्वल हो उठते हैं क्योंकि कोई ऐसा निर्णय उनकी समझ में नहीं आता जिससे दशरथ के वचनों की रक्षा भी हो सके और सम्पूर्ण प्रजाजनों के विरह संकट दूर हो सके। यहाँ कवि की नियति यही है कि निर्णय का दायित्व भरत के ऊपर डाला जाय जिससे कि कथा के अन्तर्गत उनका केन्द्रीय महत्त्व बना रहे।

सुनि तन पुलकि नयन भरि बारी। बोले भरतु धीर धरि भारी॥
प्रभु प्रिय पूज्य पिता सम आपू। कुलगुरु सम हित माय न बापू॥
कौसिकादि मुनि सचिव समाजू। ग्यान अंबुनिधि आपुनु आजू॥
सिसु सेवकु आयसु अनुगामी। जानि मोहि सिख देइअ स्वामी॥
एहिं समाज थल बूझब राउर। मौन मलिन मैं बोलब बाउर॥
छोटे बदन कहउँ बड़ि बाता। छमब तात लखि बाम बिधाता॥
आगम निगम प्रसिद्ध पुराना। सेवा धरमु कठिन जगु जाना॥
स्वामि धरम स्वारथहि बिरोधू। बैर अंध प्रेमहि न प्रबोधू॥

दो०— राखि राम रुख धरम ब्रतु पराधीन मोहि जानि।
सब कें संमत सर्ब हित करिअ पेमु पहिचानि॥ २९३॥

अर्थ—शरीर से पुलकित होकर तथा नेत्रों में जल भर करके और भरत धैर्य धारण करके बोले। हे प्रभु! आप पिता तुल्य पूज्य हैं और कुलगुरु (वसिष्ठ) की भाँति माता-पिता भी (हितैषी) नहीं है।

विश्वामित्र आदि मुनियों तथा मंत्रि-समुदायों के बीच में आप इस समय ज्ञान के समुद्र हैं। शिशु, सेवक तथा आज्ञा का अनुगमन करने वाला समझकर हे स्वामी! आप मुझे शिक्षा दें।

यह समाज एवं यह स्थल और कहाँ आपका पूछना, मुझ मलिन का मौन (ही श्रेयस्कर है) और बोलना पागलपन है। छोटी मुँह से बड़ी बातें कहता हूँ, हे तात! ब्रह्मा को प्रतिकूल जानकर क्षमा करना।

वेद, शास्त्र एवं पुराणों में प्रसिद्ध है तथा संसार जानता है कि सेवाधर्म जटिल है। स्वामी धर्म तथा स्वार्थ में विरोध है और वैर अन्धा एवं प्रेम में ज्ञानोपदेश (विरोधी) है।

श्रीराम के धर्म, व्रत तथा इच्छाओं की रक्षा करते हुए एवं मुझे पराधीन समझ करके, सभी के लिए सर्वतोभावेन अनुकूल तथा सभी के प्रेम को पहचान करके आप (जो उचित समझें) करें॥ २९३॥

टिप्पणी—अन्ततः कवि कुशलतापूर्वक जनक के माध्यम से भरत के श्रीमुख से मूल संकट को हल निकालने का प्रस्ताव रखता है। सम्पूर्ण समाज के बीच भरत का यह गौरव भक्त का गौरव है। वे विनयोक्तिपूर्वक कहते हैं कि सर्वव्यापी, सर्वहितकारी श्रीराम के ऊपर ही इसका भार डालना श्रेयस्कर है।

भरत बचन सुनि देखि सुभाऊ। सहित समाज सराहत राऊ॥
सुगम अगम मृदु मंजु कठोरे। अरथु अमित अति आखर थोरे॥

ज्यों मुखु मुकुर मुकुरु निज पानी। गहि न जाइ अस अद्‌भुत बानी॥
भूप भरतु मुनि सहित समाजू। गे जहँ बिबुध कुमुद द्विजराजू॥
सुनि सुधि सोच बिकल सब लोगा। मनहुँ मीनगन नव जल जोगा॥
देवँ प्रथम कुलगुर गति देखी। निरखि बिदेह सनेह बिसेषी॥
राम भगतिमय भरत निहारे। सुर स्वारथी हहरि हियँ हारे॥
सब कोउ राम प्रेममय पेखा। भए अलेख सोच बस लेखा॥
दो०— राम सनेह सकोच बस कह ससोच सुरराजु।
रचहु प्रपंचहि पंच मिलि नाहिं त भयउ अकाजु॥ २९४॥

अर्थ—भरत के वचनों को सुन करके तथा स्वभाव को देख करके राजा जनक और समस्त समाज सराहना कर रहा है। सर्वतोभावेन गम्य (ज्ञान का विषय या ज्ञात) किन्तु समझने में अगम्य मृदु एवं मंजु फिर भी क्लिष्ट, स्वल्प अक्षर से परिपूर्ण किन्तु अमितार्थ युक्त—

जैसे दर्पण में मुख बिम्ब किन्तु दर्पण का (मुखद्रष्टा के) हाथ में रहने पर भी (प्रतिबिम्ब हाथ से ग्रहण नहीं किया जा सकता) ठीक उसी प्रकार भरत की वह अद्‌भुत वाणी पकड़ में नहीं आती। राजा जनक, भरत, वसिष्ठ तथा समस्त साधु समाज देवरूपी कुमुद के चन्द्र श्रीराम के समीप गये।

समाचार (सुधि) सुन करके सभी लोग चिन्ताकुल हैं, मानों मछलियाँ नये जल (वर्षा के सद्यः बहकर आये जल) के संयोग से। देवताओं ने सर्वप्रथम वसिष्ठ की दशा देखी और पुनः विदेह जनक के स्नेह विशेष को देखा।

श्रीराम की भक्ति से परिपूर्ण भरत को देखकर स्वारथी देवगण कम्पित शरीर वाले हृदय से हार गये (अर्थात् पूर्णतः निराश हो उठे)। सभी ने श्रीराम के प्रेम में विह्वल देखा, वे इतने चिन्ताग्रस्त हो उठे कि उसका हिसाब नहीं।

चिन्तातुर इन्द्र ने कहा कि श्रीराम स्नेह तथा संकोच से विवश हैं अतः हे पंचो! मिलकर माया की रचना करो, अन्यथा अकाज होने को है॥ २९४॥

टिप्पणी—भरत की विनयोक्ति नितान्त गम्भीर तथा व्याजोक्ति से परिपूर्ण है। कवि प्रशंसापूर्वक भरत के वाक्य वैशिष्ट्य (काव्य वैशिष्ट्य : आराध्य के समक्ष आराधक की विनयोक्ति) को अलंकृत शैली में व्यंजित करता है। भरत की बात का कोई उत्तर नहीं रह गया और सम्पूर्ण सभा निरुत्तर हो उठी, देवतागण कम्पित हो उठे, कुलगुरु विह्वल और जनक स्नेहाविष्ट।

सुरन्ह सुमिरि सारदा सराही। देबि देव सरनागत पाही॥
फेरि भरत मति करि निज माया। पालु बिबुध कुल करि छल छाया॥
बिबुध बिनय सुनि देबि सयानी। बोली सुर स्वारथ जड़ जानी॥
मो सन कहहु भरत मति फेरू। लोचन सहस न सूझ सुमेरू॥
बिधि हरि हर माया बड़ि भारी। सोउ न भरत मति सकइ निहारी॥
सो मति मोहि कहत करु भोरी। चंदनि कर कि चंडकर चोरी॥
भरत हृदयँ सिय राम निवासू। तहँ कि तिमिर जहँ तरनि प्रकासू॥
अस कहि सारद गइ बिधि लोका। बिबुध बिकल निसि मानहुँ कोका॥
दो०— सुर स्वारथी मलीन मन कीन्ह कुमंत्र कुठाटु।
रचि प्रपंच माया प्रबल भय भ्रम अरति उचाटु॥ २९५॥

अर्थ—देवताओं ने सरस्वती का स्मरण करके उनकी सराहना की कि हे देवि, देवतागण

शरणागत हैं, रक्षा करें। अपनी माया रचकर, भरत की मति को पलट कर तथा छलरूपी छाया को करके देवताकुल का पालन करें।

चतुरा सरस्वती देवताओं की विनय सुन करके तथा उन्हें स्वार्थी एवं जड़ जानकर बोलीं— मुझसे कहते हो कि भरत की मति फिरा दो, हे सहस्रनेत्रों वाले इन्द्र! तुम्हें भरत माहात्म्यरूपी (विशाल) सुमेरु नहीं सूझ पड़ रहा है।

विधाता, विष्णु तथा शिव की माया बहुत व्यापक (विशाल) है, वे भी भरत की मति की ओर देख नहीं सकतीं, उस मति के लिए मुझे कहते हो कि भ्रमित (भोरी-भोली, लक्षणा व्यापार से मुग्ध एवं भ्रमित अर्थ) कर दो क्या चन्द्रिका सूर्य की चोरी कर सकती है?

भरत के हृदय में श्रीराम एवं सीता का निवास है, जहाँ सूर्य का प्रकाश है, वहाँ क्या अंधकार रह सकेगा? ऐसा कह करके सरस्वती ब्रह्मलोक को गईं, देवगण इस प्रकार व्याकुल हो रहे हैं मानो रात्रि को चक्रवाक समुदाय।

मलिन मनवाले स्वार्थी देवताओं ने भय, भ्रम, अरति (मन का न लगना, उच्चाटन) आदि प्रबल माया का प्रपंच रच कर कुमंत्र का कुठार किया।। १९५॥

टिप्पणी—भक्त भरत की मति को पलटने के लिए देवताओं ने आर्तभाव से सरस्वती को पुकारा किन्तु उसने अस्वीकार कर दिया। कवि भरत के हृदय में सीता राम की निवासस्थली बता कर उसे माया तथा उच्चाटनादि प्रभावों से मुक्त निर्दिष्ट करता है। व्यंग्य भाव से यही भक्तों के लिए भी एक सम्बल है। जिसके हृदय में श्रीराम का निवास हैं, उसे कोई भी माया प्रभावित नहीं कर पाती।

करि कुचालि सोचत सुरराजू। भरत हाथ सबु काजु अकाजू॥
गए जनकु रघुनाथ समीपा। सनमाने सब रबिकुल दीपा॥
समय समाज धरम अबिरोधा। बोले तब रघुबंस पुरोधा॥
जनक भरत संबादु सुनाई। भरत कहाउति कही सुहाई॥
तात राम जस आयसु देहू। सो सबु करै मोर मत एहू॥
सुनि रघुनाथ जोरि जुग पानी। बोले सत्य सरल मृदु बानी॥
बिद्यमान आपुनि मिथिलेसू। मोर कहब सब भाँति भदेसू॥
राउर राय रजायसु होई। राउर सपथ सही सिर सोई॥
दो०— राम सपथ सुनि मुनि जनकु सकुचे सभा समेत।
सकल बिलोकत भरत मुख बनइ न ऊतरु देत॥ २९६॥

अर्थ—कुकृत्य करके इन्द्र सोच रहे हैं कि भरत के हाथ में ही सभी काज (कार्य सिद्धि) एवं अकाज है। जनक श्रीराम के पास गये और सूर्य कुल के दीपक (श्रीराम) ने सभी को सम्मानित किया।

रघुवंश के पुरोहित (पुरोधा) वसिष्ठ समयानुकूल, समाजानुकूल एवं धर्मानुकूल वाणी बोले। जनक तथा भरत का संवाद सुनाया और भरत के सुन्दर कथन (कहाउति) को कहा।

हे तात श्रीराम! मेरा यह अभिमत है कि आपकी जैसी आज्ञा हो, वही सभी व्यक्ति करें। उसे सुनकर तथा दोनों हाथों को जोड़कर श्रीराम सत्य, सरल, एवं मृदुवाणी बोले।

आप और मिथिलाधिपति (जनक) के रहते हुए मेरा कहना सभी प्रकार से भद्दा होगा। आपकी और राजा (जनक की) जो आज्ञा हो, आपकी शपथ है, सचमुच वही शिरोधार्य है।

श्रीराम की सौगन्ध को सुन करके वसिष्ठ तथा जनक सम्पूर्ण समाज सहित संकुचित हो उठे। सभी भरत के मुँह को देख रहे हैं, उत्तर देते नहीं बनता॥ २९६॥

सभा सकुच बस भरत निहारी। राम बंधु धरि धीरजु भारी॥
कुसमउ देखि सनेहु सँभारा। बढ़त बिंधि जिमि घटज निवारा॥
सोक कनक लोचन मति छोनी। हरी बिमल गुन गन जगजोनी॥
भरत बिबेक बराहँ बिसाला। अनायास उधरी तेहि काला॥
करि प्रनामु सब कहँ कर जोरे। राम राउ गुर साधु निहोरे॥
छमब आजु अति अनुचित मोरा। कहउँ बदन मृदु बचन कठोरा॥
हियँ सुमिरी सारदा सुहाई। मानस तें मुख पंकज आई॥
बिमल बिबेक धरम नय साली। भरत भारती मंजु मराली॥
दो०— निरखि बिबेक बिचोचनन्हि सिथिल सनेहँ समाजु।
करि प्रनामु बोले भरतु सुमिरि सीय रघुराजु॥ २९७॥

अर्थ—भरत ने (सम्पूर्ण) सभा को संकोचग्रस्त देखा और (उन) राम बन्धु (भरत) ने अत्यधिक धैर्य धारण किया। कुसमय देख करके उन्होंने स्नेह को सम्हाला जैसे बढ़ते हुए विन्ध्यपर्वत को अगस्त्य ने सम्हाला (निवारा : समस्या का निवारण किया सम्हाला),

शोकरूपी हिरण्याक्ष ने सम्पूर्ण समाज की मतिरूपी पृथ्वी का हरण कर लिया, निर्मल गुण राशि युक्त भरतरूपी ब्रह्मा के विवेकरूपी विशाल वाराहावतार से उस समय वह अनायास ही उद्धरित हुई।

सभी को हाथ जोड़कर प्रणाम करते हुए श्रीराम, राजा जनक, गुरु वसिष्ठ तथा साधुजनों से निवेदन किया। आज हमारे बहुत बड़े अनौचित्य को क्षमा करेंगे क्योंकि अपने मृदु मुख से कठोर वचनों को कह रहा हूँ।

हृदय में पावन (सुहाई : सुन्दर, लक्षणा से पवित्र) सरस्वती का स्मरण किया और वह हृदय से (भरत के) मुख-कमल पर आ अधिष्ठित हुईं। निर्मल ज्ञान, धर्म तथा नीति से समन्वित (साली) भरत की वाणी सुन्दर हंसिनी जैसी है।

सम्पूर्ण सभा को ज्ञान-चक्षुओं से शिथिल देखकर श्रीराम एवं सीता का स्मरण एवं (सभी को) प्रणाम करते हुए भरत बोले॥ २९७॥

टिप्पणी—श्रीराम ने वसिष्ठ और जनक को आदेश व्यवस्था के लिए कहा किन्तु वे संकोचवश भरत का मुख देखते हैं। सभी को संशय, संकोच एवं द्विधा में देखकर भरत की वाणी प्रकट होती है। कवि हिरण्याक्ष द्वारा पृथ्वी हरण से उत्पन्न सम्पूर्ण संकट के परम्परित रूपक के माध्यम से एकत्रित समाज के दुःख को दूर करने वाली इस वाणी को सरस्वती का साक्षात् अवतरण बताया है।

प्रभु पितु मातु सुहृद गुर स्वामी। पूज्य परम हित अंतरजामी॥
सरल सुसाहिबु सील निधानू। प्रनतपाल सर्बग्य सुजानू॥
समरथ सरनागत हितकारी। गुनगाहकु अवगुन अघ हारी॥
स्वामि गोसाँइहि सरिस गोसाईं। मोहि समान मैं साइँ दोहाईं॥
प्रभु पितु बचन मोह बस पेली। आयउँ इहाँ समाजु सकेली॥
जग भल पोच ऊँच अरु नीचू। अमिअ अमरपद माहुरु मीचू॥
राम रजाइ मेट मन माहीं। देखा सुना कतहुँ कोउ नाहीं॥
सो मैं सब बिधि कीन्हि ढिठाई। प्रभु मानी सनेह सेवकाई॥
दो०— कृपाँ भलाई आपनी नाथ कीन्ह भल मोर।
दूषन भे भूषन सरिस सुजसु चारु चहु ओर॥ २९८॥

अर्थ—हे प्रभु! आप पिता, माता, सुहृद (सखा), गुरु, स्वामी, पूज्य परम हितैषी तथा अन्तर्यामिन हैं। आप सरल, सुस्वामी, शील के निधान, शरणागति के पालक, सर्वज्ञ तथा सुजान है।

आप समर्थ, शरणागतों के हितैषी, गुण ग्राहक तथा अवगुणों के पापों के विनष्टकर्ता हैं। हे स्वामी (आप) श्रेष्ठ स्वामी की समता में स्वयं श्रेष्ठ स्वामी हैं और हे स्वामी! मैं आपकी दुहाई देकर कहता हूँ कि (दासों) में अपने सदृश मैं स्वयं आप हूँ (अर्थात् आप में स्वामित्व की पराकाष्ठा है और मुझे दासभाव की)।

मोह से वशीभूत होकर हे स्वामी! आपका, तथा पिता के वचन का उल्लंघन करके और सम्पूर्ण समाज को एकत्रित करके मैं यहाँ चला आया। संसार में भले-बुरे, ऊँच तथा नीच, अमृत तथा अमर पद, मृत्यु और विष (आदि सभी हैं)।

जो मन से भी राम की आज्ञा मिटा दें—ऐसा किसी ने भी कहीं देखा-सुना नहीं है। (उनकी आज्ञा का उल्लंघन करके यहाँ आने के कारण) मैंने सभी भाँति से धृष्टता की किन्तु प्रभु श्रीराम ने उसे स्नेह तथा सेवाभाव मान लिया।

हे नाथ! अपनी कृपा तथा भलाई से आपने मेरा भला किया, परिणामस्वरूप मेरे दोष अलंकरण सदृश हो गये और चारों ओर विमल कीर्ति फैली॥ २९८॥

टिप्पणी—भरत का यह वाक्य सम्पूर्ण मध्यकालीन भक्ति सिद्धान्त का निचोड़ है भरत के कथन के माध्यम से गोस्वामी जी ने न केवल अपनी श्रीराम भक्ति का प्रतिपादन इन पंक्तियों में पूरी मार्मिकता से किया है अपितु भक्ति का मानकीकृत स्वरूप भी भलीभाँति इनमें व्यंजित किया है। अन्तिम निष्कर्ष आत्म-विगर्हणा का है—'प्रभु पितु बचन मोहबस पेली। आयउ इहाँ समाज सकेली।' पिता के साथ प्रभु की आज्ञा का उल्लंघन सबसे बड़ा अपराध है, जो मेरे द्वारा यहाँ आने के कारण हुआ है।

राउरि रीति सुबानि बड़ाई। जगत बिदित निगमागम गाई॥
कूर कुटिल खल कुमति कलंकी। नीच निसील निरीस निसंकी॥
तेउ सुनि सरन सामुहें आए। सकृत प्रनामु किहें अपनाए॥
देखि दोष कबहुँ न उर आने। सुनि गुन साधु समाज बखाने॥
को साहिब सेवकहि नेवाजी। आपु समाज साज सब साजी॥
निज करतूति न समुझिअ सपनें। सेवक सकुच सोचु उर अपनें॥
सो गोसाइँ नहिं दूसर कोपी। भुजा उठाइ कहउँ पन रोपी॥
पसु नाचत सुक पाठ प्रबीना। गुन गति नट पाठक आधीना॥

दो०— यों सुधारि सनमानि जन किए साधु सिरमौर।
को कृपाल बिनु पालिहै बिरिदावलि बरजोर॥ २९९॥

अर्थ—आपकी रीति, सुन्दर बाना एवं यश संसार को विदित है तथा उन्हें वेद शास्त्रों ने गाया है। क्रूर, कुटिल, खल, दुर्बुद्ध, कलंकित, नीच, शीलभ्रष्ट, अनाथ (निरीस) तथा निःशंक व्यक्ति को—

शरण तथा सम्मुख आया सुन करके और एक बार प्रणाम करने पर ही आपने अपनाया है। उनके दोषों को देख करके भी आपने कभी भी हृदय में विचार नहीं किया और उनके गुणों को सुनकर साधुओं के समाज में प्रशंसा की।

(संसार में) कौन ऐसा स्वामी (साहिब) अपने दास का कृपालु (नेवाजी) है कि वह स्वयं आप ही उसका सब साज समाज (सम्पूर्ण ऐश्वर्य तथा अभीष्ट संपत्ति आदि को चिंतासहित पूरा करे) सजा दे। ऐसा कौन-सा स्वामी है जो अपनी करतूत (कर्तृत्व) को स्वप्न में भी न सोचे और अपने हृदय में (निरन्तर) सेवक के लिए चिन्ता और संकोच रखे,

ऐसा गोस्वामी कोई भी (कोपि = संस्कृत कोऽपि) दूसरा नहीं है, ऐसा मैं भुजाओं को उठाकर के प्रतिज्ञा भाव से कहता हूँ। पशु नृत्य करते हैं और शुकादि पाठ में प्रवीण होते हैं किन्तु (पशु तथा पक्षियों को प्रशिक्षित करने वाले) नट तथा पाठ शिक्षकों के अधीन ही गुण तथा गति (पक्षियों में पाठ गुण एवं बन्दरादि पशुओं में नृत्यादि गतियाँ) रहती हैं—(अर्थात् जिस प्रकार के शिक्षक होंगे उसी प्रकार के गुण तथा गति पशु-पक्षी भी ग्रहण करते हैं)।

ठीक उसी तरह (यों) मुझ दास को शिक्षा से सुधार करके साधुजनों का सिरमौर बनाया। हे कृपालु! आपके बिना कौन अपनी विरुदावली का बलात् पालन करेगा॥ २९९॥

टिप्पणी—श्रीराम का यह स्वभाव है कि अपने भक्त के बड़े से बड़े अवगुणों पर भी कभी उन्होंने ध्यान नहीं दिया।

कूर कुटिल खल कुमति कलंकी। नीच निसील निरीस निसंकी॥
तेउ सुनि सरन सामुहें आए। सकृत प्रनामु किहे अपनाए॥

इन पंक्तियों में कवि मध्यकाल के ईश्वरीय कृपावत्सल भाव को मुक्त कंठ से प्रतिपादित कर रहा है। भक्तशरणागतपालक भगवान् श्रीराम का सुधारा हुआ पालतू पशु है। मध्यकालीन भक्त ईश्वर में अन्यत्र स्नेह, अनन्यनिष्ठा, अनन्य शरणागति का भाव रखते हैं। ये पंक्तियाँ इसी को व्यंजित करने के लिए लिखी गई हैं। इस भूमिका पर पहुँच कर भरत तथा तुलसी में अद्वैत स्थापित हो जाता है।

सोक सनेहँ कि बाल सुभाएँ। आयउँ लाइ रजायसु बाएँ॥
तबहुँ कृपाल हेरि निज ओरा। सबहिं भाँति भल मानेउ मोरा॥
देखेउँ पाय सुमंगल मूला। जानेउँ स्वामि सहज अनुकूला॥
बड़ें समाज बिलोकेउँ भागू। बड़ी चूक साहिब अनुरागू॥
कृपा अनुग्रहु अंगु अघाई। कीन्हि कृपानिधि सब अधिकाई॥
राखा मोर दुलार गोसाईं। अपनें सील सुभायँ भलाईं॥
नाथ निपट मैं कीन्हि ढिठाई। स्वामि समाज सकोच बिहाई॥
अबिनय बिनय जथारुचि बानी। छमिहि देउ अति आरति जानी॥

दो०— सुहृद सुजान सुसाहिबहि बहुत कहब बड़ि खोरि।
आयसु देइअ देव अब सबइ सुधारी मोरि॥ ३००॥

अर्थ—(हे स्वामी! मैं) शोकवशात्, या स्नेहवशात् या कि बाल स्वभाववशात् आपकी आज्ञा को वाम (प्रतिकूल) करके मैं आया, फिर भी, हे कृपालु! मेरी ओर देख करके सभी तरह से आपने मेरा भला समझा (माना)।

मैंने आपके सर्वथा मंगल मूल चरणों का दर्शन किया तथा स्वामी को सहज अनुकूल जाना। इस बृहत् समाज में अपने भाग्य को देखा (और समझा) कि इतनी बड़ी भूल होने पर भी स्वामी का अनुराग है।

हे कृपानिधि! सर्वांग (अंग-ऊँचाई) परिपूर्ण (मुझपर आपने) कृपा तथा अनुग्रह को सम्पूर्ण अधिकता से किया है। हे स्वामी! आपने अपने शील, स्वभाव एवं भला चाहने वाले (स्वभाव से) मेरे दुलार को रखा है।

हे नाथ! मैंने स्वामी तथा समाज के संकोच का परित्याग करके सर्वथाभावेन धृष्टता की। हे देव! अत्यन्त आर्त समझकर अविनय या विनय की मेरी अपनी रुचि के अनुकूल कही गई वाणी को क्षमा करें।

अपने सुहृद, सुजान तथा सुस्वामि से बहुत कहना भी अधिक दोष (खोरि) है। हे देव! अब आज्ञा दें जो (आज्ञा) मेरी सभी सुधार दे॥ ३००॥

टिप्पणी—अपने सम्पूर्ण अपराधों का स्मरण करते हुए तथा दूसरी ओर श्रीराम की स्नेह-वत्सलता तथा उदारता का अपने को अद्वितीय पात्र मानते हुए भरत अन्त में श्रीराम के ऊपर ही अन्तिम निर्णय का विकल्प छोड़ देते हैं क्योंकि भरत का धर्म सेवक धर्म है। निर्देश या निर्णय रूप कोई बात कहकर वे (कवि स्वयं भी) सेवक-सेव्य भाव को खण्डित करना नहीं चाहते।

प्रभु पद पदुम पराग दोहाई। सत्य सुकृत सुख सीवँ सुहाई॥
सो करि कहउँ हिए अपने की। रुचि जागत सोवत सपने की॥
सहज सनेहँ स्वामि सेवकाई। स्वारथ छल फल चारि बिहाई॥
अग्या सम न सुसाहिब सेवा। सो प्रसादु जन पावै देवा॥
अस कहि प्रेम बिबस भए भारी। पुलक सरीर बिलोचन बारी॥
प्रभु पद कमल गहे अकुलाई। समउ सनेहु न सो कहि जाई॥
कृपासिंधु सनमानि सुबानी। बैठाए समीप गहि पानी॥
भरत बिनय सुनि देखि सुभाऊ। सिथिल सनेहँ सभा रघुराऊ॥

अर्थ—प्रभु के चरण कमल रज, जो मेरे सत्य, पुण्य एवं सुख की सुन्दर सीमा हैं, की सौगन्ध है और उस सौगन्ध को करके मैं अपने जागरण, निद्रा एवं स्वप्न की रुचि तथा हृदय की बात कह रहा हूँ।

स्वार्थ, छल तथा चतुर्थ पुरुषार्थ फलों का परित्याग करके सहज स्नेह से स्वामी की सेवा तथा आज्ञा (का पालन) के समान सुस्वामि की और कोई सेवा नहीं है, और हे देव! दास (जन) उसी प्रसाद को ही प्राप्त करते हैं (अर्थात् दासों के लिए सेवा ही एक मात्र काम्य है)। ऐसा कह करके वे प्रेमाधिक्य से अभिभूत हो उठे शरीर पुलकित (हो उठा) तथा नेत्र अश्रुपूरित हो उठे।

ऐसा कह करके वे व्याकुलित भाव से प्रभु श्रीराम के चरणों को पकड़ा और उस समय वह स्नेह कहा नहीं जा सकता।

कृपासिन्धु श्रीराम ने सुन्दर वाणी में सम्मानित करके तथा हाथ पकड़ करके उन्हें समीप बैठाया। भरत के विनय तथा स्वभाव को देख-सुन करके श्रीराम तथा सम्पूर्ण सभा स्नेह से विगलित हो उठी।

टिप्पणी—सेवक सेव्यभाव को साक्ष्य बनाकर इन पंक्तियों में स्वतः द्वारा प्रस्ताव रखना भरत मर्यादा का खण्डन मानते हैं। निष्कर्ष रूप पंक्ति है—'अग्या सम न सुसाहिब सेवा। सो प्रसादु जन पावै देवा॥' आराध्य का आज्ञा पालन से बढ़कर भक्त के लिए अन्य कोई महाप्रसाद नहीं है।

छंद— रघुराउ सिथिल सनेहँ साधु समाज मुनि मिथिला धनी।
मन महुँ सराहत भरत भायप भगति की महिमा धनी॥
भरतहि प्रसंसत बिबुध बरषत सुमन मानस मलिन से।
तुलसी बिकल सब लोग सुनि सकुचे निसागम नलिन से॥

सो०— देखि दुखारी दीन दुहु समाज नर नारि सब।
मघवा महा मलीन मुए मारि मंगल चहत॥ ३०१॥

श्रीराम, साधु-समाज, वसिष्ठ एवं जनक सभी स्नेह से विगलित मन-ही-मन भरत की भायप भक्ति की प्रभूत महिमा की सराहना कर रहे हैं। देवतागण अपने मलिन मन से भारत की प्रशंसा करते हुए पुष्प वर्षा कर रहे हैं। तुलसीदास जी कहते हैं कि भरत की (अपने प्रतिकूल) वाणी सुनकर रात्रि के आगमन पर कमल सदृश संकुचित हो उठे।

जनक तथा अयोध्या के दोनों समाजों को दीन तथा दुखी देखकर महामलिन मन मघवा (ऐश्वर्यशाली इन्द्र) मानो मरे हुए को मार करके (अपना) मंगल चाहता है॥ ३०१॥

टिप्पणी—इन्द्र एवं देव प्रसंग बाहर के भरत प्रसंग का विरोधी जैसा प्रतीत होता है। कथा के चमत्कार रक्षण, भरत चरित्र की भव्यता, भक्ति की उत्कृष्टता आदि की सृष्टि के लिए गोस्वामी जी सचेष्ट भाव से इस प्रसंग को धारदार बनाकर उभारते और पुनः शान्त करते जाते हैं। कवि अन्त में, भरत के विशाल हृदय में विरोधी देव हृदय का भी विलयन सिद्ध कर देते हैं। कथा के खलनायकों की भाँति अन्त में आदर्श की उदात्तता में घुलकर कलुष हृदय का निर्मल हो जाना जैसा चरित्र यहाँ देवताओं का भी कवि द्वारा रचा गया है।

कपट कुचालि सीवँ सुरराजू। पर अकाज प्रिय आपन काजू॥
काक समान पाकरिपु रीती। छली मलीन कतहुँ न प्रतीती॥
प्रथम कुमत करि कपटु सँकेला। सो उचाटु सब कें सिर मेला॥
सुरमायाँ सब लोग बिमोहे। राम प्रेम अतिसय न बिछोहे॥
भय उचाट बस मन थिर नाहीं। छन बन रुचि छन सदन सोहाहीं॥
दुबिध मनोगति प्रजा दुखारी। सरित सिंधु संगम जनु बारी॥
दुचित कतहुँ परितोषु न लहहीं। एक एक सन मरमु न कहहीं॥
लखि सियँ हँसि कह कृपानिधानू। सरिस स्वान मघवान जुबानू॥

दो०— भरतु जनकु मुनिजन सचिव साधु सचेत बिहाइ।
लागि देवमाया सबहि जथाजोगु जनु पाइ॥ ३०२॥

अर्थ—इन्द्र कपट एवं कुचाल की सीमा है। उन्हें दूसरे का कार्य नष्ट करना तथा अपना कार्य सिद्ध होना प्रिय है। इन्द्र (पाकरिपु) की स्थिति काक की भाँति है जो प्रपंची, मलिन तथा किसी पर भी विश्वास नहीं करता।

सर्वप्रथम कुमंत्र (कुमत) करके कपट को संकलित (इकट्ठा) किया फिर उस उच्चाटन को सभी के सिर पर लगा दिया। देवमाया के वशीभूत होकर सभी लोग विमुग्ध हो उठे किन्तु श्रीराम के प्रेम के वशवर्ती होने के कारण अत्यधिक वियोगशील नहीं हुए।

भय तथा उच्चाटन के वशीभूत मन स्थिर नहीं है और कभी थोड़ी देर के लिए वन अच्छा लगता है और कभी घर (अयोध्या का) अच्छा लगा। द्विधा की मनोदशा में प्रजा दुखी है, मानो नदी तथा समुद्र के संगम का जल हो।

अस्थिर चित्त (दुचित) कहीं परितोष प्राप्त नहीं करते और वे इस रहस्य को एक-दूसरे से नहीं कहते। इसे देखकर श्रीराम सीता से हृदय में हँसकर कहते हैं कि कुत्ता, इन्द्र तथा नवजवान तीनों की प्रवृत्तियाँ समान हैं।

भरत, जनक, वसिष्ठ आदि मुनिगण मंत्री तथा साधुजनों की संचेतना को छोड़कर शेष यथानुकूल जनों को प्राप्त करके (वैसे-वैसे) देव माया सभी को लगी॥ ३०२॥

टिप्पणी—वह दृश्य जिसे देखकर सभी कंटकित तथा रोमांचित हैं, स्वार्थी देवता भी स्वार्थ में डूबे मलिन मन खिन्न हैं। परम निकृष्ट स्वार्थपरायण व्यक्तियों की भाँति इन्द्र निर्दोष अयोध्यावासियों पर उच्चाटन अभियोग करते हैं ताकि वे सभी ऊबकर चलें, यहाँ से शीघ्र जाने के लिए उद्यत हो जायँ, किन्तु यह देवमाया भी भरत जैसे भक्तों को प्रभावित नहीं कर पाती।

कृपासिंधु लखि लोग दुखारे। निज सनेहँ सुरपति छल भारे॥
सभा राउ गुर महिसुर मंत्री। भरत भगति सब कै मति जंत्री॥
रामहि चितवत चित्र लिखे से। सकुचत बोलत बचन सिखे से॥
भरत प्रीति नति बिनय बड़ाई। सुनत सुखद बरनत कठिनाई॥
जासु बिलोकि भगति लवलेसू। प्रेम मगन मुनिगन मिथिलेसू॥

महिमा तासु कहैं किमि तुलसी। भगति सुभायँ सुमति हियँ हुलसी॥
आपु छोटि महिमा बड़ि जानी। कबिकुल कानि मानि सकुचानी॥
कहि न सकति गुन रुचि अधिकाई। मति गति बाल बचन की नाई॥

दो०— भरत बिमल जसु बिमल बिधु सुमति चकोरकुमारि।
उदित बिमल जन हृदय नभ एकटक रही निहारि॥ ३०३॥

अर्थ—अपने स्नेह तथा इन्द्र के भारी छल से कृपासिन्धु श्रीराम ने लोगों को दुखी देखा। सभा, जनक, गुरु, ब्राह्मण एवं मंत्री आदि सभी की बुद्धि को भरत की भक्ति ने मंत्र कीलित कर दिया।

राम को सभी चित्र लिखित से देख रहे हैं और सिखाये हुए भी भाँति बचन बोलने में संकुचित हो रहे हैं। भरत की प्रीति, नीति एवं विनय का बड़प्पन सुनने में सुखकर एवं वर्णन करने में कठिन है।

जिसकी भक्ति के लवलेश (स्वल्पांश) को देखकर मिथिलाधिपति एवं मुनि समूह प्रेममगन हैं, उसकी महिमा का वर्णन तुलसी कवि कैसे कर सकता है क्योंकि भरत की स्वाभाविक भक्ति से उसकी सुन्दर मति तथा हृदय उमंगित है (अर्थात् इस उमंग में कवि विह्वल है और यह विह्वल उस दशा का वर्णन कैसे कर सकता है)।

अपने को छोटा तथा भरत के माहात्म्य को बड़ा जानकर (वह मति) कवि समूहों की मर्यादा को मानकर संकुचित हो रही है। अत्यधिक रुचि के बावजूद भी वह (कविमति) भरत के गुणाधिक्य को कहने में समर्थ नहीं है। कविमति की दशा बालवचन की भाँति है।

मेरी कवि बुद्धि चकोर कुमारी की भाँति है और भरत का विमल यश निर्मल चन्द्र की भाँति उसको निर्मलजनों के मानसरूपी आकाश उदित देखकर वह (चकोरपुत्रीरूपी मति) विह्वलभाव से एकटक देख रही है॥ ३०३॥

टिप्पणी—भरत की गूढ़ स्नेहभक्ति को उत्कर्ष पर पहुँचाकर अत्युक्ति की शैली में उसके माहात्म्य का कवि वर्णन करता है। कथा नायक के वैशिष्ट्य वर्णन की अपनी एक परिपाटी रही है। उसी परिपाटी का अनुगमन करता हुआ वह प्रतिपाद्य की अद्वितीयता तथा विलक्षणता को आलंकारिक शैली में प्रस्तुत करता है।

भरत सुभाउ न सुगम निगमहूँ। लघु मति चापलता कबि छमहूँ॥
कहत सुनत सति भाउ भरत को। सीय राम पद होइ न रत को॥
सुमिरत भरतहि प्रेमु राम को। जेहि न सुलभु तेहि सरिस बाम को॥
देखि दयाल दसा सबही की। एक सुजान जानि जन जी की॥
धरम धुरीन धीर नय नागर। सत्य सनेह सील सुख सागर॥
देसु कालु लखि समउ समाजू। नीति प्रीति पालक रघुराजू॥
बोले बचन बानि सरबसु से। हित परिनाम सुनत ससि रसु से॥
तात भरत तुम्ह धरम धुरीना। लोक बेद बिद प्रेम प्रबीना॥

दो०— करम बचन मानस बिमल तुम्ह समान तुम्ह तात।
गुर समाज लघु बंधु गुन कुसमयँ किमि कहि जात॥ ३०४॥

अर्थ—भरत के स्वभाव का वर्णन वेदों के लिए भी सुगम नहीं है अत: मेरी लघुमति की चपलता को कविजन क्षमा करें, भरत की भक्ति के सत्यभाव को कहते सुनते वह कौन है, जो श्रीराम सीता के चरणों का रत नहीं होता!

भरत का स्मरण करने से जिसे श्रीराम का प्रेम सुलभ नहीं हुआ, उसके सदृश वाम (प्रतिकूल

भाग्यवाला) और कौन है? सभी की दशा देख करके और अपने भक्त (जन) के हृदय को बात समझ करके,

धर्म की धुरी धारण करने वाले, नीति निपुण, सत्य, स्नेह, शील सुख के समुद्र देश, काल, समय एवं समाज को देख करके नीति, प्रीति पालक तथा दयालु श्रीराम—

वाणी के लिए सर्वस्व स्वरूप और अमृत (ससि रस) के समान परिणाम रस के हितकर वचन बोले। हे तात भरत! तुम धर्मधुरीण हो, लोक और वेद के ज्ञाता एवं प्रेम में चतुर हो।

हे तात! कर्म, वाणी तथा हृदय से निर्मल तुम्हारे सदृश तुम्हीं हो। गुरुओं के समाज में तथा इस कुसमय में लघुभ्राता के गुणों को कैसे कहा जा सकता है॥ ३०४॥

टिप्पणी—अपने आराध्य श्रीराम के इस उत्कट भक्त के विषय में कवि स्वयं टिप्पणी दे, यह उचित भी नहीं है। वह आराध्य के मुख से टिप्पणी चाहता है। यह आराध्य की टिप्पणी है

'तुम्ह समान तुम्ह तात'

अर्थात्, भरत की भक्ति की अद्वितीयता की स्थापना ही कवि का लक्ष्य है और स्वयं व्यंजना भाव से श्रीराम के मुख से उस पर मुहर लगवाकर उसकी सार्थकता प्रमाणित करता है। यही शैली 'विनयपत्रिका' की भी है जहाँ स्वयं श्रीराम इसी प्रकार कवि तुलसी के भक्ति-निर्वाह की अद्वितीयता पर अपनी मुहर लगाते हैं।

जानहु तात तरनि कुल रीती। सत्यसंध पितु कीरति प्रीती॥
समउ समाजु लाज गुरजन की। उदासीन हित अनहित मन की॥
तुम्हहि बिदित सबही कर करमू। आपन मोर परम हित धरमू॥
मोहि सब भाँति भरोस तुम्हारा। तदपि कहउँ अवसर अनुसारा॥
तात तात बिनु बात हमारी। केवल गुरकुल कृपाँ सँभारी॥
नतरु प्रजा परिजन परिवारू। हमहि सहित सबु होत खुआरू॥
जौं बिनु अवसर अथवँ दिनेसू। जग केहि कहहु न होइ कलेसू॥
तस उतपातु तात बिधि कीन्हा। मुनि मिथिलेस राखि सबु लीन्हा॥
दो०— राज काज सब लाज पति धरम धरनि धन धाम।
गुर प्रभाउ पालिहि सबहि भल होइहि परिनाम॥ ३०५॥

अर्थ—हे तात! तुम सुर्यकुल की मर्यादा, सत्यनिष्ठ पिता की कीर्ति एवं प्रीति जानते हो। समय, समाज एवं गुरुजनों की लज्जा, उदासीन, हितैषी, अहितैषी के मन की (बात जानते हो)।

तुम्हें सभी के करणीय कर्म भी ज्ञात हैं तथा अपना और मेरा परम हित तथा धर्म भी (ज्ञात है)। मुझे हर प्रकार से तुम्हारा भरोसा है फिर भी यथावसर मैं कह रहा हूँ।

हे तात! बिना पिता के हमारी बात को केवल कुलगुरु वसिष्ठ की कृपा ने सम्हाल ली, नहीं तो प्रजा, परिजन (भृत्यादि) एवं परिवार जन सभी की हमारे सहित दुर्दशा (खुआरू) होती।

यदि बिना समय के सूर्य अस्त हो जाये तो बताओ, संसार में किसे क्लेश नहीं होगा। (अर्थात् असमय पिता की मृत्यु किसके लिए दु:खदायी नहीं रही।) हे तात! विधाता ने उस प्रकार का (पिता की मृत्यु जैसा) उत्पात किया किन्तु गुरु वसिष्ठ एवं मिथिलेश ने सभी की रक्षा कर ली।

सभी प्रकार का राजकार्य, लज्जा, मर्यादा (पति), धर्म, पृथ्वी, धन एवं गृह सबका परिपालन गुरु प्रभाव करेगा और उसका परिणाम अच्छा होगा॥ ३०५॥

टिप्पणी—भरत के लिए श्रीराम का आदेश है। नीति, व्यवस्था, मर्यादा, परम्परा सभी दृष्टियों से तुम्हारा अयोध्या जाना और गुरु की आज्ञा से राज्य संचालन करना इस समय तुम्हारे लिए मेरा आदेश है।

सहित समाज तुम्हार हमारा। घर बन गुर प्रसाद रखवारा॥
मातु पिता गुर स्वामि निदेसू। सकल धरम धरनीधर सेसू॥
सो तुम्ह करहु करावहु मोहू। तात तरनि कुल पालक होहू॥
साधक एक सकल सिधि देनी। कीरति सुगति भूतिमय बेनी॥
सो बिचारि सहि संकट भारी। करहु प्रजा परिवारु सुखारी॥
बाँटी बिपति सबहिं मोहि भाई। तुम्हहि अवधि भरि बड़ि कठिनाई॥
जानि तुम्हहि मृदु कहउँ कठोरा। कुसमय तात न अनुचित मोरा॥
होहिं कुठायँ सुबंधु सुहाए। ओड़िअहि हाथ असनिहु के घाए॥
दो०— सेवक कर पद नयन से मुख सो साहिबु होइ।
तुलसी प्रीति कि रीति सुनि सुकबि सराहहिं सोइ॥ ३०६॥

अर्थ—समाज सहित मेरा और तुम्हारा, घर एवं वन का रक्षक गुरु का प्रसाद (कृपा) है। माता, पिता, गुरु, स्वामी का निदेश (अनुशासन आज्ञा) सम्पूर्ण धर्मरूपी पृथ्वी को धारण करने वाला शेष है।

इसलिए, हे तात! तुम वही करो और मुझसे भी वही कराओ (इस प्रकार तुम) सूर्यकुल (की मर्यादा के) रक्षक बनो। साधक के लिए एकमात्र सम्पूर्ण सिद्धि देने वाली कीर्ति, सद्गति एवं ऐश्वर्य (भूति) की त्रिवेणी (यही है)।

ऐसा विचार करके, अत्यधिक कठोर संकट को सह करके प्रजा तथा परिवार को सुखी बनाओ। हे भाई! हम सभी को विपत्ति बाँट कर दी गई है। और तुम्हें तो (चौदह वर्ष की) अवधि पर्यन्त बड़ी कठिनाई होगी।

तुम्हें कोमल स्वभाव समझ करके ही कठोर बात कह रहा हूँ, हे तात! कुसमय (होने) के कारण मेरा (कहना) अनुचित नहीं है। कुअवसर (कुठायँ) होने पर बन्धु ही सहायक होता है। वज्र के घाव (आघात्) को हाथ फैलाकर झेला जाता है। (वज्र का भी आघात् पड़ रहा हो किन्तु व्यक्ति स्वभावत: हाथ को रक्षार्थ आगे बढ़ा देता है और जबकि सत्य है कि हाथ वज्र के आघात् से किसी प्रकार से रक्षा कर सकने में असमर्थ है, उसी प्रकार तुम कोमल स्वभाव के अवश्य हो किन्तु भाई हो और विपत्ति में नैसर्गिक रूप से मुझे तुम्हारा ही स्मरण करना पड़ेगा)।

दास हाथ, चरण एवं नेत्र के सदृश और स्वामी मुख की भाँति हो। तुलसीदास जी कहते हैं कि प्रीति की इस रीति को सुनकर उसकी सुकवि जन सराहना करते हैं। (हाथ, पैर एवं नेत्र विपत्ति की सूचना देकर सर्वप्रथम उसे अपने ऊपर झेलने का प्रयास करते हैं तथा मुख भोजन करके सम्पूर्ण अंग का पोषण करता है।)॥ ३०६॥

टिप्पणी—तुलसी राजधर्म के प्रति निरन्तर सजग हैं। वे केवल गूढ़ एकान्तिक भक्ति की ही नहीं, व्यापक लोक रक्षण भाव की भी समान विन्दु पर प्रतिष्ठा करते हैं। स्वामी का मुख-सा होना और प्रजा का शरीर की भाँति तुलसी इस धर्म को राजा और प्रजा के बीच सार्थकतापूर्ण मर्यादाभाव के रूप में स्वीकार करते हैं।

सभा सकल सुनि रघुबर बानी। प्रेम पयोधि अमियँ जनु सानी॥
सिथिल समाज सनेह समाधी। देखि दसा चुप सारद साधी॥
भरतहि भयउ परम संतोषू। सनमुख स्वामि बिमुख दुख दोषू॥
मुख प्रसन्न मन मिटा बिषादू। भा जनु गूँगेहि गिरा प्रसादू॥
कीन्ह सप्रेम प्रनामु बहोरी। बोले पानि पंकरुह जोरी॥
नाथ भयउ सुखु साथ गए को। लहेउँ लाहु जग जनमु भए को॥

अब कृपाल जस आयसु होई। करौं सीस धरि सादर सोई॥
सो अवलंब देव मोहि देई। अवधि पारु पावौं जेहि सेई॥
दो०— देव देव अभिषेक हित गुर अनुसासनु पाइ।
आनेउँ सब तीरथ सलिलु तेहि कहँ काह रजाइ॥ ३०७॥

अर्थ—सम्पूर्ण समाज श्रीराम की वाणी सुनकर मानो प्रेमरूपी समुद्र से उत्पन्न अमृत से आप्लावित हो उठा हो। स्नेह की समाधि में (सम्पूर्ण) समाज शिथिल हो उठा। इस दशा को देखकर सरस्वती ने भी चुपकी साध ली।

भरत को अत्यधिक सन्तोष हुआ। स्वामी के सम्मुख होने में दुःख तथा दोष पराङ्मुख हो गये। मुख प्रसन्न हो उठा तथा मन का विषाद मिट गया मानो (वह प्रसन्नता) गूँगे व्यक्ति के लिए वाणी (प्राप्ति) का प्रसाद हो उठा हो।

उन्होंने पुनः प्रेमपूर्वक प्रणाम किया और (वे) हस्तकमल को जोड़कर बोले—हे नाथ! आपके साथ जाने का सुख मुझे प्राप्त हो गया तथा संसार में जन्म लेने का लाभ (भी) मैंने प्राप्त कर लिया।

हे कृपालु! अब जैसी आज्ञा हो, उसे सिर पर धारणकर आदरपूर्वक करूँ। हे देव! (आप) मुझे वह आलम्बन (सहारा) दें जिसकी सेवा करके मैं अवधि को व्यतीत कर सकूँ।

हे देव! आपके (देव के) अभिषेक के निमित्त गुरु की आज्ञा से सभी तीर्थों का जल ले आया हूँ, उसके लिए क्या आज्ञा है॥ ३०७॥

टिप्पणी—आराध्य की आज्ञा ही भक्त के लिए परम सन्तुष्टि का विषय है। भक्ति वाङ्मय के अन्तर्गत आराध्य के वचनों के प्रति नितान्त अनुकूलता इन पंक्तियों की व्यंजना है।

एकु मनोरथ बड़ मन माहीं। सभयँ सकोच जात कहि नाहीं॥
कहहु तात प्रभु आयसु पाई। बोले बानि सनेह सुहाई॥
चित्रकूट सुचि थल तीरथ बन। खग मृग सर सरि निर्झर गिरिगन॥
प्रभु पद अंकित अवनि बिसेषी। आयसु होइ त आवौं देखी॥
अवसि अत्रि आयसु सिर धरहू। तात बिगत भय कानन चरहू॥
मुनि प्रसाद बनु मंगल दाता। पावन परम सुहावन भ्राता॥
रिषिनायकु जहँ आयसु देहीं। राखेहु तीरथ जलु थल तेहीं॥
सुनि प्रभु बचन भरत सुख पावा। मुनि पद कमल मुदित सिरु नावा॥
दो०— भरत राम संवादु सुनि सकल सुमंगल मूल।
सुर स्वारथी सराहि कुल बरसत सुरतरु फूल॥ ३०८॥

अर्थ—मेरे मन में एक बहुत बड़ा मनोरथ है किन्तु भय एवं संकोच के कारण कहा नहीं जाता। हे तात! कहो, प्रभु की आज्ञा पाकर (भरत) स्नेहयुक्त, सुन्दर वाणी बोले।

चित्रकूट की पवित्र स्थली, तीर्थ, वन, पशु, पक्षी, सरोवर, नदियाँ, झरने एवं पर्वत श्रेणियाँ तथा प्रभु (आपके) के चरणों से अंकित पृथ्वी को यदि विशेष आज्ञा हो तो देख आऊँ।

हे तात! निर्भय होकर चित्रकूट कानन में विचरण करो और ऋषि अत्रि की आज्ञा सिर पर धारण करो। हे भ्राता! ऋषि के प्रसाद से यह वन मंगलदायक, पवित्र एवं परम रमणीक है।

ऋषिश्रेष्ठ अत्रि जहाँ आज्ञा दें, उस स्थल पर तीर्थ जल को रख दें। प्रभु के वचनों को सुन करके भरत को सुख प्राप्त हुआ और उन्होंने मुदित होकर मुनि के चरण-कमल में शीश झुकाया।

सम्पूर्ण सुन्दर मंगलों का मूलस्वरूप श्रीराम तथा भरत के संवाद को सुन करके सभी स्वार्थी देवता सराहना करते हुए कल्पवृक्ष के पुष्पों की वर्षा करते हैं॥ ३०८॥

टिप्पणी—भरत के इन वाक्यों में न केवल चित्रकूट की भ्रमण की लालसा ही निहित है अपितु

'प्रभु पद अंकित' होने के कारण यह पुण्यस्थली शुभ तीर्थ रूप हो जाने के कारण रमणीय तथा भक्तों के लिए नितान्त काम्य है। स्वयं श्रीराम अपने श्रीमुख से इसके माहात्म्य का वर्णन कर उसे तीर्थश्रेष्ठ बना देते हैं।

धन्य भरत जय राम गोसाईं। कहत देव हरषत बरिआईं॥
मुनि मिथिलेस सभाँ सब काहू। भरत बचन सुनि भयउ उछाहू॥
भरत राम गुन ग्राम सनेहू। पुलकि प्रसंसत राउ बिदेहू॥
सेवक स्वामि सुभाउ सुहावन। नेमु पेमु अति पावन पावन॥
मति अनुसार सराहन लागे। सचिव सभासद सब अनुरागे॥
सुनि सुनि राम भरत संबादू। दुहु समाज हियँ हरषु बिषादू॥
राम मातु दुखु सुखु सम जानी। कहि गुन राम प्रबोधीं रानी॥
एक कहहिं रघुबीर बड़ाई। एक सराहत भरत भलाई॥

दो०— अत्रि कहेउ तब भरत सन सैल समीप सुकूप।
राखिअ तीरथ तोय तहँ पावन अमिअ अनूप॥ ३०९॥

अर्थ—'भरत धन्य हैं तथा स्वामी राम की जय हो' ऐसा कहते हुए देवगण हठात् प्रसन्न हैं। भरत की वाणी को सुन करके वसिष्ठ, जनक तथा सभा के सभी को अत्यधिक आनन्द हुआ।

श्रीराम और भरत के गुण तथा स्नेह राशि की राजा विदेह पुलकित मन प्रशंसा कर रहे हैं। सेवक-स्वामि के रमणीक स्वभाव तथा अत्यधिक पवित्रता को भी पवित्र बना देने वाली प्रेम की मर्यादा की—

यथामति मंत्री, सभासद सभी अनुरागपूर्वक प्रशंसा करने लगे। श्रीराम तथा भरत के संवाद को सुन-सुन करके दोनों समाजों के हृदय में हर्ष तथा विषाद है।

श्रीराम की माता कौसल्या ने सुख-दुख को समान जान करके श्रीराम के गुणों का वर्णन करके रानियों को सान्त्वना दी। उनमें से कोई एक श्रीराम की प्रशंसा करती हैं और कोई एक भरत के सौम्य (भलाई : भलापन) की सराहना करती हैं।

तब ऋषि अत्रि ने भरत से कहा कि पर्वत के समीप कूप है, वहाँ अमृत तुल्य अनुपम पावन तीर्थजल को रखें॥ ३०९॥

टिप्पणी—'भरत कूप' की अवतारणा का प्रसंग है। श्रीराम के अभिषेक के निमित्त भरत द्वारा लाये गये अनेकानेक तीर्थों के जल को डाल देने के कारण इस पवित्र कूप का नाम 'भरत कूप' पड़ा।

भरत अत्रि अनुसासन पाई। जल भाजन सब दिए चलाई॥
सानुज आपु अत्रि मुनि साधू। सहित गए जहँ कूप अगाधू॥
पावन पाथ पुन्यथल राखा। प्रमुदित प्रेम अत्रि अस भाषा॥
तात अनादि सिद्ध थल एहू। लोपेउ काल बिदित नहिं केहू॥
तब सेवकन्ह सरस थलु देखा। कीन्ह सुजल हित कूप बिसेषा।
बिधि बस भयउ बिस्व उपकारू। सुगम अगम अति धरम बिचारू॥
भरतकूप अब कहिहहिं लोगा। अति पावन तीरथ जल जोगा॥
प्रेम सनेम निमज्जत प्रानी। होइहहिं बिमल करम मन बानी॥

दो०— कहत कूप महिमा सकल गए जहाँ रघुराउ।
अत्रि सुनायउ रघुबरहि तीरथ पुन्य प्रभाउ॥ ३१०॥

अर्थ—अत्रि के अनुशासन (आदेश) को प्राप्त करके भरत ने सम्पूर्ण जल पात्रों को चला दिया

(भेज दिया) और फिर, अनुज सहित स्वयं, ऋषि अत्रि, मुनि एवं साधुगण के साथ वहाँ गये, जहाँ अगाध कूप है।

उस पवित्र जल (पाथ) को पुण्यस्थली में रखा और तब प्रेम से आनन्दित ऋषि अत्रि ने इस प्रकार कहा। हे तात! अनादि काल से इस सिद्ध स्थल को काल ने लुप्त कर रखा था, (इससे) यह किसी को ज्ञात नहीं था।

तब सेवकों ने इस जलयुक्त (सरस) स्थल को देखा और सुन्दर जल के लिए विशेष कूप बनाया। दैववशात् विंश्व का उपकार हुआ तथा अगम्य धर्म का विचार अब सुगम्य हो गया (अर्थात् लुप्त धर्म अब प्रकाशित हो उठा)।

अब लोग इसे 'भरत कूप' कहेंगे और (यह अब) तीर्थ जलों के संयोग से अत्यधिक पवित्र हो उठा। प्रेम एवं नियम सहित स्नान करने से प्राणिजन मन, कर्म, वाणी से पवित्र होंगे।

भरत कूप की महिमा कहते हुए सभी जहाँ श्रीराम थे, गये और ऋषि अत्रि ने श्रीराम को तीर्थ के पुण्य प्रभाव को सुनाया॥ ३१०॥

टिप्पणी—भरत द्वारा नाना तीर्थों के जल को डाल देने के कारण प्रसिद्ध 'भरत कूप' के माहात्म्य का कवि वर्णन करता है। भरत के माहात्म्य को प्रकारान्तर भाव से व्यंजित करने के निमित्त 'भरत कूप' प्रसंग की कवि अवतारणा करता है।

कहत धरम इतिहास सप्रीती। भयउ भोरु निसि सो सुख बीती॥
नित्य निबाहि भरत दोउ भाई। राम अत्रि गुर आयसु पाई॥
सहित समाज साज सब सादें। चले राम बन अटन पयादें॥
कोमल चरन चलत बिनु पनहीं। भइ मृदु भूमि सकुचि मन मनहीं॥
कुस कंटक काँकरीं कुराईं। कटुक कठोर कुबस्तु दुराईं॥
महि मंजुल मृदु मारग कीन्हे। बहत समीर बिबिध सुख लीन्हे॥
सुमन बरषि सुर घन करि छाहीं। बिटप फूलि फलि तृन मृदुताहीं॥
मृग बिलोकि खग बोलि सुबानी। सेवहिं सकल राम प्रिय जानी॥

दो०— सुलभ सिद्धि सब प्राकृतहु राम कहत जमुहात।
राम प्रान प्रिय भरत कहुँ यह न होइ बड़ि बात॥ ३११॥

अर्थ—अत्यन्त प्रीतिपूर्वक इतिहास तथा धर्म की चर्चा करते हुए प्रभात हो गया और वह रात्रि सुखपूर्वक व्यतीत हुई। भरत दोनों भाई सहित नित्यकर्म का निर्वाह करके श्रीराम ऋषि अत्रि एवं वसिष्ठ की आज्ञा प्राप्त करके—

सम्पूर्ण समाज सहित सभी सादे ढंग से पैदल ही राम वन में भ्रमणार्थ (अटन) चल पड़े। वे कोमल चरणवाले बिना जूते के चलते हैं। पृथ्वी मन-ही-मन संकुचित होकर मृदु हो गई।

कुश, काँटे, कंकड़ एवं नुकीले (पत्थरादि) कष्टदायक, (कटुक), कठोर कुवस्तुओं को (पृथ्वी ने) छिपा दिया। पृथ्वी ने मार्गों को सुन्दर एवं कोमल बना दिया। सुख लिए हुए त्रिविध समीर बह रहा है।

देवता पुष्प वर्षा करके तथा बादल छाया करके, वृक्ष फूल-फल करके, वनस्पतियाँ (तृण) कोमलता द्वारा, पशु दृष्टिपात् करके, पक्षी मधुर कूजन करके भरत को श्रीराम प्रिय जान करके ये सभी सेवा कर रहे हैं।

श्रीराम कहकर जम्हाँई लेने मात्र से प्रकृत व्यक्ति को भी सभी सिद्धियाँ सुलभ हैं। श्रीराम के प्राणप्रिय भरत के लिए यह बड़ी बात नहीं हुई॥ ३११॥

टिप्पणी—कवि इन पंक्तियों में राम माहात्म्य का वर्णन करता है। तीर्थश्रेष्ठ चित्रकूट का भ्रमण

करने के निमित्त भरत निकले हैं। पृथ्वी उनके स्वागतार्थ कुश, कंटक, कंकड़ आदि कर्कश वस्तुओं को छिपा लेती है। वृक्ष पुष्पित, पल्लवित तथा फलयुक्त हैं। देवगण पुष्प वृष्टि कर रहे हैं। भरत के स्वागतार्थ प्रकृति के इन रमणीक परिवर्तनों का कारण श्रीराम की भरत के प्रति अहैतुकी कृपा है। आराध्य अपने भक्तों के लिए इसी प्रकार की अहैतुकी कृपाफल प्रदान करता रहता है।

एहि बिधि भरतु फिरत बन माहीं। नेमु प्रेमु लखि मुनि सकुचाहीं॥
पुन्य जलाश्रय भूमि बिभागा। खग मृग तरु तृन गिरि बन बागा॥
चारु बिचित्र पवित्र बिसेषी। बूझत भरतु दिव्य सब देखी॥
सुनि मन मुदित कहत रिषिराऊ। हेतु नाम गुन पुन्य प्रभाऊ॥
कतहुँ निमज्जन कतहुँ प्रनामा। कतहुँ बिलोकत मन अभिरामा॥
कतहुँ बैठि मुनि आयसु पाई। सुमिरत सीय सहित दोउ भाई॥
देखि सुभाउ सनेहु सुसेवा। देहिं असीस मुदित बन देवा॥
फिरहिं गएँ दिन पहर अढ़ाई। प्रभु पद कमल बिलोकहिं आई॥
दो०— देखे थल तीरथ सकल भरत पाँच दिन माझ।
कहत सुनत हरि हर सुजसु गयउ दिवसु भइ साँझ॥ ३१२॥

अर्थ—इस प्रकार भरत वन के मध्य घूम रहे हैं। उनके नियम और प्रेम को देखकर मुनि संकोच कर रहे हैं। पवित्र जलाशय, भिन्न प्रकार के भूमि खण्ड, पशु, पक्षी, वृक्ष, वनस्पतियाँ, पर्वत, वन, बाग—

सभी-के-सभी विशेष सुन्दर, पवित्र एवं चमत्कारी हैं। इन सभी को दिव्य देखकर भरत पूछते हैं। उसे सुनकर मुदित मन ऋषिराज (अत्रि) कारण बताते हैं—(श्रीराम के) नाम, गुण एवं पुण्य का प्रभाव।

आनन्दित मन से वे कहीं स्नान, कहीं प्रणाम और कहीं दर्शन करते हैं और कहीं मुनि की आज्ञा पाकर बैठकर सीता सहित दोनों भाइयों का स्मरण करते हैं।

उनके स्वभाव, स्नेह एवं सुन्दर सेवा को देख करके वन के देवतागण आनन्दित मन से आशीर्वाद देते हैं। ढाई प्रहर दिन व्यतीत हो जाने पर वे लौटते हैं और आकर श्रीराम के चरण-कमलों को देखते हैं।

भरत ने पाँच दिनों के बीच में (चित्रकूट के) समस्त तीर्थस्थलों को देखा। हरिहर के सुन्दर यश का कथन एवं श्रवण करते हुए दिन व्यतीत हो गया और सन्ध्या हो गई॥ ३१२॥

टिप्पणी—भरत के शील, स्नेह, संकोच एवं आचरण की व्यंजना करता हुआ कवि अब सम्पूर्ण समाज सहित अयोध्या के प्रत्यावर्तन को भूमिका बना रहा है। भरत के सम्पूर्ण मनोरथ पूर्ण हो चुके हैं और कवि को कथावस्तु 'गोमुखाग्रसमाग्रस्तु बन्धनम् तस्य कीर्तितम्' की स्थिति में पहुँच चुकी है।

भोर न्हाइ सबु जुरा समाजू। भरत भूमिसुर तेरहुति राजू॥
भल दिन आजु जानि मन माहीं। राम कृपाल कहत सकुचाहीं॥
गुर नृप भरत सभा अवलोकी। सकुचि राम फिरि अवनि बिलोकी॥
सील सराहि सभा सब सोची। कहुँ न राम सम स्वामि सँकोची॥
भरत सुजान राम रुख देखी। उठि सप्रेम धरि धीर बिसेषी॥
करि दंडवत कहत कर जोरी। राखीं नाथ सकल रुचि मोरी॥
मोहि लगि सबहिं सहेउ संतापू। बहुत भाँति दुखु पावा आपू॥
अब गोसाइँ मोहि देउ रजाईं। सेवौं अवध अवधि भरि जाई॥

दो०— जेहिं उपाय पुनि पाय जनु देखै दीनदयाल।
सो सिख देइअ अवधि लगि कोसलपाल कृपाल॥ ३१३॥

अर्थ—प्रातः स्नान करके भरत, ब्राह्मण गण, जनक एवं समस्त समाज एकत्रित हुआ। प्रस्थान के लिए आज शुभ दिन मन में जानकर (भी) कृपालु श्रीराम कहने में संकोच कर रहे हैं।

वसिष्ठ, जनक, भरत एवं सभा को देख करके श्रीराम संकुचित होकर भूमि को देखने लगे। उनके शील की सराहना करके समस्त सभा सोचने लगी कि श्रीराम के समान संकोचशील स्वामी कहीं नहीं है।

चतुर भरत श्रीराम के रुख को देख करके विशेष धैर्य धारण करके प्रेमाभिभूत उठे। दण्डवत् करके हाथ जोड़कर वे कहते हैं कि हे नाथ! आपने मेरी सम्पूर्ण इच्छाओं (रुचि) को रखा है।

मेरे ही कारण सभी ने कष्ट भोगे और आपने भी अनेक प्रकार के कष्टों को प्राप्त किया। हे गोस्वामी! अब मुझे आज्ञा दें ताकि मैं अवधिपर्यन्त अयोध्या का सेवन करूँ।

हे दीनदयाल! (यह) दास (अनु) जिस उपाय से आपके चरणों को पुनः देखें, हे कोसलाधीश, कृपालु श्रीराम! अवधिपर्यन्त के लिए वह शिक्षा दें॥ ३१३॥

टिप्पणी—भरत द्वारा अयोध्या प्रत्यावर्तन का प्रस्ताव इन पंक्तियों में निर्दिष्ट है। इस प्रत्यावर्तन के मूल में एक शर्त है, वह है चौदह वर्ष की अवधि समाप्ति के ठीक बाद 'दर्शन', भक्त के आराध्य के 'दर्शन' की कामना में 'चौदह वर्ष' क्या अनेकानेक जन्मजन्मान्तरों की प्रतीक्षा अपने में एक रोमांचक आनन्द माना गया है। यहाँ कवि 'भरतमुख' से भक्तों के लिए उसी आनन्ददायी प्रतीक्षा की ओर निर्देश कर रहा है।

पुरजन परिजन प्रजा गोसाईं। सब सुचि सरस सनेहँ सगाईं॥
राउर बदि भल भव दुख दाहू। प्रभु बिनु बादि परम पद लाहू॥
स्वामि सुजानु जानि सबही की। रुचि लालसा रहनि जन जी की॥
प्रनतपालु पालिहि सब काहू। देउ दुहू दिसि ओर निबाहू॥
अस मोहि सब बिधि भूरि भरोसो। किएँ बिचारु न सोचु खरोसो॥
आरति मोर नाथ कर छोहू। दुहुँ मिलि कीन्ह ढीठु हठि मोहू॥
यह बड़ दोषु दूरि करि स्वामी। तजि सकोच सिखइअ अनुगामी॥
भरत बिनय सुनि सबहिं प्रसंसी। खीर नीर बिबरन गति हंसी॥

दो०— दीनबंधु सुनि बंधु के बचन दीन छलहीन।
देस काल अवसर सरिस बोले रामु प्रबीन॥ ३१४॥

अर्थ—नगरवासी जन, भृत्यादि एवं प्रजाजन, हे गोस्वामी! सभी आपके स्नेह और सगेपन के कारण पवित्र और आनन्दित हैं। आपके लिए (बदि, बदे-अवधी का सम्प्रादन कारक के लिए प्रयुक्त होने वाला परसर्ग विशेष) संसार का दुःख-दाह (का भोग) भला है और हे प्रभु! आपके बिना परम पद का लाभ भी व्यर्थ है।

हे स्वामी! आप सुजान हैं और सभी के हृदय की जानकर तथा (इस) दास (जन) के हृदय की भी रुचि, लालसा एवं जीवनचर्या (रहनि) जानकर, हे प्रणतपालक! आप सभी का पालन करते हैं तथा हे देव! दोनों तरफ ओर-छोर (ओर) तक निर्वाह भी करते हैं।

मुझे सभी भाँति इस प्रकार से अत्यधिक भरोसा है और विचार करने पर तृण तुल्य (खरो सो) भी चिन्ता नहीं रह जाती। मेरा आर्त भाव एवं स्वामी का आत्मिक प्रेम दोनों ने मिल करके हठपूर्वक धृष्ट बना दिया है।

हे स्वामी! इस बड़े दोष को दूर करके तथा संकोच का परित्याग करके इस अनुगामी (दास)

को शिक्षा दें। नीर-क्षीर को पृथक्-पृथक् (विवरन) करने वाली भरत की हंसिनी गति वाली विनय को सुनकर सभी ने प्रशंसा की।

श्रीराम भाई भरत के दैन्य से परिपूर्ण तथा छलविहीन वचनों को सुनकर देश, काल एवं अवसर के अनुकूल वाणी बोले॥ ३१४॥

टिप्पणी—भरत की विनय कवि के द्वारा 'हंस का नीर क्षीर विवेक' है। नितान्त स्पष्ट, प्रजा परिजनादि के लिए सर्वथा काम्य, परिवार जनों के लिए सर्वथा सुख साथ-ही-साथ भक्त समुदाय के लिए अन्तिम आदर्श के रूप में है। इन पंक्तियों की व्यंजना में आराधक की निष्ठा तथा संवेदनशील कामना की अभिव्यक्ति वर्तमान है।

तात तुम्हारि मोरि परिजन की। चिंता गुरहि नृपति घर बन की॥
माथे पर गुर मुनि मिथिलेसू। हमहि तुम्हहि सपनेहुँ न कलेसू॥
मोर तुम्हार परम पुरुषारथु। स्वारथु सुजसु धरमु परमारथु॥
पितु आयसु पालिहिं दुहु भाईं। लोक बेद भल भूप भलाईं॥
गुर पितु मातु स्वामि सिख पालें। चलेहुँ कुमग पग परहिं न खालें॥
अस बिचारि सब सोच बिहाई। पालहु अवध अवधि भरि जाई॥
देसु कोसु परिजन परिवारू। गुर पद रजहिं लाग छरुभारू॥
तुम्ह मुनि मातु सचिव सिख मानी। पालेहु पुहुमि प्रजा रजधानी॥
दो०— मुखिया मुख सो चाहिए खान पान कहुँ एक।
पालइ पोषइ सकल अंग तुलसी सहित बिबेक॥ ३१५॥

हे तात! गुरु तथा राजा जनक को तुम्हारी, हमारी, भृत्यादि, घर एवं वन की चिन्ता है। तुम्हारे माथे पर गुरु (विश्वामित्र), वसिष्ठ एवं जनक हैं (अर्थात् ये सभी तुम्हारे रक्षक हैं) इसलिए हमें और तुम्हें स्वप्न में भी क्लेश नहीं है।

मेरा और तुम्हारा परम पुरुषार्थ, स्वार्थ, सुयश, धर्म परमार्थ यही है कि हम दोनों भाई पिता की आज्ञा का पालन करें ताकि लोक और वेद दोनों (क्रमों में) राजा (दशरथ) का भला हो।

गुरु, पिता, माता, स्वामी की शिक्षा पालन करने पर कुमार्ग में भी चलने पर चरण नीचे (अधोमुखी वृत्ति के) नहीं पड़ते (अर्थात् पतन नहीं होता)। ऐसा विचार करके और सभी प्रकार के चिन्ता का परित्याग करके अवधि पर्यन्त अयोध्या का पालन करो।

देश, कोष, परिजन, परिवार इन सबकी देखरेख का भार (दायित्व) (छरु भार) गुरु के पद-रजों पर है। (गुरु पद रजहिं लाग)। तुम मुनि, माता, मंत्री की शिक्षा स्वीकार करके प्रजा, पृथ्वी एवं राजधानी का पालन करना।

मुखिया मुख की भाँति होना चाहिए जो खाने-पीने के लिए तो अकेला हो किन्तु तुलसीदास जी कहते हैं कि (वह मुख की भाँति रसादि ग्रहण करके) विवेक-पूर्वक सम्पूर्ण शरीराङ्गों का पालन-पोषण करे॥ ३१५॥

टिप्पणी—इन पंक्तियों में श्रीराम द्वारा 'नीति निर्देश' किया जाता है। प्रस्तुत काव्य में 'श्रीराम' तथा 'भरत' इन दो चरित्रों को विशिष्ट गरिमा के साथ उठाया गया है। श्रीराम 'नीति' के प्रतीक हैं और भरत भक्ति के। श्रीराम प्रकारान्तर से 'लोक हितैषिता' के समन्वित भाव को स्थापित करने के प्रति संकल्पशील हैं तो भरत कवि की उस ऐकान्तिक संवेदनशील भक्ति को जो मध्यकालीन भक्तों के लिए मानक आदर्श रहा है। इन पंक्तियों में श्रीराम के मुख से कवि अपनी नैतिक अवधारणा को व्यंजित करता है।

राजधरम संरबसु एतनोई। जिमि मन माँह मनोरथ गोई॥
बंधु प्रबोध कीन्ह बहु भाँती। बिनु अधार मन तोषु न साँती॥

भरत सील गुर सचिव समाजू। सकुच सनेह बिबस रघुराजू॥
प्रभु करि कृपा पाँवरीं दीन्हीं। सादर भरत सीस धरि लीन्हीं॥
चरनपीठ करुना निधान के। जनु जुग जामिक प्रजा प्रान के॥
संपुट भरत सनेह रतन के। आखर जुग जनु जीव जतन के॥
कुल कपाट कर कुसल करम के। बिमल नयन सेवा सुधरम के॥
भरत मुदित अवलंब लहे तें। अस सुख जस सिय रामु रहे तें॥
दो०— माँगेउ बिदा प्रनामु करि राम लिए उर लाइ।
लोग उचाटे अमरपति कुटिल कुअवसर पाइ॥ ३१६॥

अर्थ—राजधर्म का सर्वस्व इतना ही है, जैसे मन के भीतर मनोरथ छिपा रहता है (और अन्य व्यवहार उसी मनोरथरूपी केन्द्र से निकलकर प्रकाशित होते हैं, उसी प्रकार राजधर्म मुख सदृश है)। श्रीराम ने बंधु भरत को अनेक भाँति से प्रबोधित किया (समझाया) किन्तु बिना आधार के मन में न शान्ति है और न सन्तोष।

भरत के शील तथा गुरु, मंत्री एवं समाज के संकोच तथा स्नेह से श्रीराम विवश हैं। प्रभु श्रीराम ने कृपा करके खड़ाऊँ (पाँवरी) दी और आदरपूर्वक भरत ने उसे शीस पर रख लिया।

करुणानिधान श्रीराम की दोनों चरण पीठिकाएँ (खड़ाऊँ) मानो प्रजाजनों के प्राणों (की रक्षा) के लिए दो पहरेदार (जामिक) हों। भरत के स्नेहरूपी रत्न की रक्षा के निमित्त जैसे दो, सम्पुटक (छोटी पिटारी) हों या जीवन की रक्षा के निमित्त मानो (राम नाम के) दो अक्षर हों।

रघुकुल की (रक्षा के लिए) मानो दो किवाड़ें हों, मानो कुशल कर्म के वे दो हाथ (कर) हों, सेवा एवं सुन्दर धर्म के निमित्त मानो वे दो विमल नेत्र हों, (पादुका) आलम्बन के प्राप्त करने से भरत इस प्रकार सुखी हैं मानो श्रीराम सीता के रहने से।

भरत ने प्रणाम करके विदा माँगी, तब श्रीराम ने हृदय से लगा लिया। कुटिल इन्द्र ने कुअवसर पाकर लोगों को उच्चारित किया॥ ३१६॥

टिप्पणी—भक्त के लिए आराध्य का आलम्बन सगुणत्व का बीजभूत तत्त्व है। कवि व्यंजना व्यापार के माध्यम से 'बिनु अधार मन तोषु न साँती' को आलम्बन के लिए निर्दिष्ट करता है। श्रीराम की चरण सेवित पादुकाओं से बढ़कर एक भक्त के लिए और क्या आधार हो सकता है! आराधक के लिए आलम्बनस्वरूप इन पादुकाओं की प्राप्ति का निर्देश इन वाक्यों में है। कवि इन दो पादुकाओं के जिस माहात्म्य को व्यंजित करता है, वे मात्र काष्ठ पादुकाएँ ही न होकर आराधक के लिए सर्वस्व हैं।

सो कुचालि सब कहँ भइ नीकी। अवधि आस सम जीवनि जी की॥
नतरु लखन सिय राम बियोगा। हहरि मरत सब लोग कुरोगा॥
राम कृपाँ अवरेब सुधारी। बिबुध धारि भइ गुनद गोहारी॥
भेंटत भुज भरि भाइ भरत सो। राम प्रेम रसु कहि न परत सो॥
तन मन बचन उमग अनुरागा। धीर धुरंधर धीरजु त्यागा॥
बारिज लोचन मोचत बारी। देखि दसा सुर सभा दुखारी॥
मुनिगन गुर धुर धीर जनक से। ग्यान अनल मन कसें कनक से॥
जे बिरंचि निरलेप उपाए। पदुप पत्र जिमि जग जल जाए॥
दो०— तेउ बिलोकि रघुबर भरत प्रीति अनूप अपार।
भए मगन मन तन बचन सहित बिराग बिचार॥ ३१७॥

अर्थ—यह कुचाल सभी के लिए अच्छी हुई। अवधि की आशा की भाँति यह जीवन की

संजीवनी (जीवनि) हुई, नहीं तो, श्रीराम, सीता तथा लक्ष्मण के वियोगरूपी कुरोग में सभी लोग तड़प कर मर जाते।

श्रीराम की कृपा ने इस वक्रता (अवरेब) को सुधार लिया और देवताओं की भीड़ (धारि) (अयोध्या एवं जनकपुरवासियों के लिए) गुणदायक गुहार (रक्षक) हो गई। भाई भरत से भुजा भर करके भेंट रहे हैं और श्रीराम के प्रेमरस का वर्णन करते नहीं बनता।

शरीर, मन एवं वचनों में उमंग तथा अनुराग है। धैर्यशिरोमणि श्रीराम ने धैर्य त्याग दिया। कमल-नेत्रों से वे अश्रुजल गिरा रहे हैं। उनकी दशा को देख करके देवताओं की सभा दुखित है।

मुनिगण, वसिष्ठ तथा धैर्य की धुरी धारण करने वाले जनक जैसे (जिन श्रेष्ठ पुरुषों) ने ज्ञानरूपी अग्नि में मनरूपी कनक को कस रखा था तथा वे जो संसाररूपी मायाजाल में पद्मपत्र की भाँति ब्रह्मा द्वारा पैदा किये गये हैं—

वे भी श्रीराम तथा भरत के अनुपम एवं अगाध प्रेम को देख करके वैराग्य एवं विवेक के साथ शरीर, मन तथा वाणी सहित भावमग्न हो उठे॥ ३१७॥

टिप्पणी—श्रीराम के अनुकूल होने पर अशुभ कर्म भी शुभ हो उठते हैं। कवि कल्पना करता है कि यदि प्रजाजनों पर देवताओं के उच्चाटन का प्रभाव न होता तो वे श्रीराम के वियोग में अयोध्यागमन तो दूर रहा, वहीं तड़प कर मर जाते। श्रीराम के अनुकूल रहने पर उच्चाटन शुभ हो उठा। श्रीराम की कृपा ने इस दोष को सुधार लिया।

जहाँ जनक गुर गति मति भोरी। प्राकृत प्रीति कहत बड़ि खोरी॥
बरनत रघुबर भरत बियोगू। सुनि कठोर कबि जानिहि लोगू॥
सो सकोचु रसु अकथ सुबानी। समउ सनेहु सुमिरि सकुचानी॥
भेंटि भरतु रघुबर समुझाए। पुनि रिपुदवनु हरषि हियँ लाए॥
सेवक सचिव भरत रुख पाई। निज निज काम लगे सब जाई॥
सुनि दारुन दुखु दुहूँ समाजा। लगे चलन के साजन साजा॥
प्रभु पद पदुम बंदि दोउ भाई। चले सीस धरि राम रजाई॥
मुनि तापस बनदेव निहोरी। सब सनमानि बहोरि बहोरी॥

दो०— लखनहिं भेंटि प्रनामु करि सिर धरि सिय पद धूरि।
चले सप्रेम असीस सुनि सकल सुमंगल मूरि॥ ३१८॥

अर्थ—जिस भाव बिन्दु पर पहुँच कर जनक एवं वसिष्ठ की मति विभोर हो उठी, उसे लौकिक प्रीति कहना बड़ा ही दोषपूर्ण होगा। श्रीराम एवं भरत के वियोग का वर्णन करना सुनकर लोग कवि को कठोर हृदय का समझेंगे।

वह संकोच रस (वर्णन व्यापार की दृष्टि से) अकथ्य है तथा सुन्दर वाणी भी उस समय के स्नेह का स्मरण करके संकुचित हो उठी। भरत से भेंट करके श्रीराम ने उन्हें समझाया तथा हर्षित भाव से शत्रुघ्न को हृदय से लगाया।

सेवक तथा मंत्रीगण भरत के रुख को पाकर सभी अपने-अपने कार्यों में जाकर लगे। दोनों समाजों ने दारुण दुःख (समाचार) को सुनकर प्रत्यागमन के साज सजने लगे (लौटने की तैयारी करने लगे)।

दोनों भाई प्रभु श्रीराम के चरण-कमल की वन्दना तथा सिर पर श्रीराम की आज्ञा धारण करके चल पड़े। मुनि, तपस्वियों एवं वन देवताओं की विनय करके और सबको बार-बार सम्मानित करते हुए—

लक्ष्मण से भेंट प्रणाम करके तथा सीता की चरणधूलि को शीश पर रख करके सम्पूर्ण शुभ

मंगलों के मूल स्वरूप आशीर्वाद को सुनकर वे दोनों चल पड़े॥ ३१८॥

टिप्पणी—देवताओं के उच्चाटन से जनक, वसिष्ठ तथा भरत प्रभावित नहीं हैं। विदेह जनक वियोग से जड़ हो उठे हैं, ज्ञानी वसिष्ठ की मति वियोग पीड़ा से कुंठित तथा भरत के वियोग का वर्णन मात्र कवि की कठोरता होगी। मूलतः वियोग की परिपाटी में सर्वथा नया वर्णन क्रम जोड़ता हुआ कवि देवोच्चाटन को कसौटी के रूप में निर्दिष्ट करता है। तीन ही पात्र त्रियोग से पीड़ित हैं, सभी देवोच्चाटन से त्रस्त होने के कारण अयोध्या पहुँचने के लिए आतुर हैं। प्रकारान्तर से कवि की व्यंजना यहीं है कि विदेह एवं त्रिकालज्ञों की वियोग क्षण में यह दशा है तो उच्चाटनहीनता की दशा में अयोध्यावासियों की क्या दशा होती।

सानुज राम नृपहि सिर नाई। कीन्हि बहुत बिधि बिनय बड़ाई॥
देव दया बस बड़ दुखु पायउ। सहित समाज काननहिं आयउ॥
पुर पगु धारिअ देइ असीसा। कीन्ह धीर धरि गवनु महीसा॥
मुनि महिदेव साधु सनमाने। बिदा किए हरि हर सम जाने॥
सासु समीप गए दोउ भाई। फिरे बंदि पग आसिष पाई॥
कौसिक बामदेव जाबाली। पुरजन परिजन सचिव सुचाली॥
जथा जोगु करि बिनय प्रनामा। बिदा किए सब सानुज रामा॥
नारि पुरुष लघु मध्य बड़ेरे। सब सनमानि कृपानिधि फेरे॥

दो०— भरत मातु पद बंदि प्रभु सुचि सनेहँ मिलि भेंटि।
बिदा कीन्ह सजि पालकी सकुच सोच सब मेटि॥ ३१९॥

अर्थ—श्रीराम ने अनुज लक्ष्मण के साथ जनक को प्रणाम करके अनेक भाँति से विनय और प्रशंसा की। हे देव! (हमारे प्रति) दया विवश होकर आपने बड़ा दुःख प्राप्त किया और (आप) समाज के साथ वन आये।

आशीर्वाद देकर आप नगर के लिए पधारें (और तब) राजा ने धैर्य धारण करके गमन (प्रस्थान) किया। मुनियों, ब्राह्मणों एवं साधुओं को शिव एवं विष्णु सदृश समझ करके सम्मानित करते हुए विदा किया।

दोनों भाई सासुओं के पास गये, चरण वन्दना की और आशीर्वाद पाकर लौटे। विश्वामित्र, वामदेव, जाबालि एवं सुन्दर आचरण वाले (सुचाली) पुरजनों तथा मंत्रियों को—

यथायोग्य विनय प्रणाम करके अनुज सहित श्रीराम ने सभी को विदा किया। नारी, पुरुष आयु में लघु, मध्य एवं बड़े सभी को सम्मानित करके कृपा-सिन्धु श्रीराम ने लौटाया।

भरत की माता कैकेयी के चरणों की वन्दना करके तथा पवित्र स्नेह से मिल भेंट तथा सभी प्रकार के संकोच एवं सोच को मिटा करके प्रभु श्रीराम ने पालकी सजाकर (उन्हें) विदा किया॥ ३१९॥

टिप्पणी—सभी के अनुनय पर जनक अयोध्या के लिए तैयार होते हैं तथा श्रीराम अपनी माताओं को आदरपूर्वक पालकी पर बैठाकर विदा करते हैं। माताओं में कैकेयी के प्रसंग को वह ध्यानपूर्वक वर्णित करता है क्योंकि श्रीराम के शील के लिए आधार देना कवि के लिए आवश्यक है।

परिजन मातु पितहि मिलि सीता। फिरी प्रानप्रिय प्रेम पुनीता॥
करि प्रनामु भेंटीं सब सासू। प्रीति कहत कबि हियँ न हुलासू॥
सुनि सिख अभिमत आसिष पाई। रही सीय दुहु प्रीति समाई॥
रघुपति पटु पालकीं मगाईं। करि प्रबोधु सब मातु चढ़ाईं॥

बार बार हिलि मिलि दुहु भाईं। सम सनेहँ जननीं पहुँचाईं॥
साजि बाजि गज बाहन नाना। भरत भूप दल कीन्ह पयाना॥
हृदयँ रामु सिय लखन समेता। चले जाहिं सब लोग अचेता॥
बसह बाजि गज पसु हियँ हारें। चले जाहिं परबस मन मारें॥
दो०— गुर गुरतिय पद बंदि प्रभु सीता लखन समेत।
फिरे हरष बिसमय सहित आए परन निकेत॥ ३२०॥

अर्थ—अपने प्राणप्रिय के प्रेम में पवित्र सीता माता, पिता तथा परिजनों से मिलकर लौटीं। प्रणाम करके समस्त सासुओं से अंकमिलन किया। उसकी प्रीति कहने में कवि के हृदय में उमंग (समाप्त होकर क्लेशाभिभूत है) नहीं है।

शिक्षा सुनकर तथा अनुकूल आशीर्वाद पाकर सीता दोनों स्नेहों (सासुओं और माताओं से साथ छूटने) में डूबी रही। श्रीराम ने सुन्दर (पटु) पालकी मँगाकर तथा सान्त्वना देकर सभी माताओं को बैठाया।

दोनों भाइयों ने बार-बार हिल-मिलकर सम्पूर्ण माताओं को समान, स्नेह दिया। अश्व, हस्ती एवं अनेक वाहनों को सज्जित करके भरत तथा जनक के दलों ने प्रस्थान किया।

उनका हृदय राम, लक्ष्मण एवं सीता के पास है तथा वे सभी लोग अचेत भाव से चले जा रहे हैं। बैल, अश्व, हस्ती आदि पशु हृदय से हारे हुए मन मारे परवश जैसे चले जा रहे हैं।

गुरु तथा गुरुपत्नी के चरणों की वन्दना करके लक्ष्मण-सीता सहित श्रीराम हर्ष और विस्मय से परिपूर्ण पर्णकुटी में आये॥ ३२०॥

टिप्पणी—वियोग की सामान्य परिपाटी के अनुरूप कवि उस प्रसंग को रखता है। इस प्रसंग में द्रावकता नहीं है। 'देवोच्चाटन' के बहाने से कवि कथा-प्रसंग की समाप्ति को त्वरा के साथ घटित करना चाह रहा है। प्रजाजनों का विद्रावक वियोग प्रारम्भ में वर्णित है, अतः उसका पुन-पुनः वर्णन पुनरावृत्ति के कारण अधिक रोचक एवं द्रावक न हो पाता।

बिदा कीन्ह सनमानि निषादू। चलेउ हृदयँ बड़ बिरह बिषादू॥
कोल किरात भिल्ल बनचारी। फेरे फिरे जोहारि जोहारी॥
प्रभु सिय लखन बैठि बट छाहीं। प्रिय परिजन बियोग बिलखाहीं॥
भरत सनेह सुभाउ सुबानी। प्रिया अनुज सन कहत बखानी॥
प्रीति प्रतीति बचन मन करनी। श्रीमुख राम प्रेम बस बरनी॥
तेहि अवसर खग मृग जल मीना। चित्रकूट चर अचर मलीना॥
बिबुध बिलोकि दसा रघुबर की। बरषि सुमन कहि गति घर घर की॥
प्रभु प्रनामु करि दीन्ह भरोसो। चले मुदित मन डर न खरो सो॥
दो०— सानुज सीय समेत प्रभु राजत परन कुटीर।
भगति ग्यानु बैराग्य जनु सोहत धरें सरीर॥ ३२१॥

अर्थ—निषादराज को सम्मानित करके विदा किया। वह हृदय में अत्यधिक विरह विषाद-से परिपूर्ण लौटा। कोल, किरात, भील तथा अन्य वनचर जन प्रणाम कर-करके लौटाने पर लौटे।

प्रभु श्रीराम, लक्ष्मण एवं सीता बरगद की छाया में बैठकर प्रिय एवं परिजनों के वियोग में विलख रहे हैं। भरत के स्नेह एवं स्वभाव को श्रीराम अनुज लक्ष्मण तथा प्रिया सीता से सुन्दर वाणी में कह रहे हैं।

भरत की मन, कर्म, वचन से युक्त प्रीति की प्रतीति को श्रीराम ने अपने श्रीमुख से प्रेम विवश होकर वर्णित किया। उस अवसर पर पशु, पक्षी (और यहाँ तक कि) जल स्थित मछलियाँ तथा

चित्रकूट के सभी चर-अचर दुखी हो उठे। देवताओं ने श्रीराम की दशा देख करके पुष्पवर्षा करते हुए अपने घर-घर की दशा बताई (कि सबका सम्पूर्ण परिवार दुखी है)। प्रभु श्रीराम को प्रणाम करने पर (उन्होंने देवताओं को) सान्त्वना दी। (सान्त्वना पाकर) वे मुदित मन चले और लेशमात्र (खर : तृण) भी डर न रहा।

प्रभु श्रीराम पर्णकुटी में सीता तथा अनुज लक्ष्मण सहित इस प्रकार शोभित हैं मानो ज्ञान, (श्रीराम), भक्ति (सीता) एवं वैराग्य (लक्ष्मण) शरीर धारण किये शोभित हो॥ ३२१॥

टिप्पणी—कवि अयोध्यावासियों के वियोग का वर्णन तो विस्तारपूर्वक कर चुका है। श्रीराम की स्नेहभरी ममता-व्यथा का यत्किंचित् चित्रांकन न केवल प्रसंग को पूर्ण वरन् मानवीय भी बनाता है, इसीलिए भरत आदि के विदा हो जाने के पश्चात् कवि श्रीराम, लक्ष्मण एवं सीता के वियोग संताप का वर्णन करता है। श्रीराम के दु:ख में वहाँ के पशु, पक्षी वृक्ष सभी-के-सभी दुखी हैं।

मुनि महिसुर गुर भरत भुआलू। राम बिरहँ सबु साजु बिहालू॥
प्रभु गुन ग्राम गनत मन माहीं। सब चुपचाप चले मग जाहीं॥
जमुना उतरि पार सबु भयऊ। सो बासरु बिनु भोजन गयऊ॥
उतरि देवसरि दूसर बासू। रामसखाँ सब कीन्ह सुपासू॥
सई उतरि गोमतीं नहाए। चौथें दिवस अवधपुर आए॥
जनकु रहे पुर बासर चारी। राज काज सब साज सँभारी॥
सौंपि सचिव गुर भरतहि राजू। तेरहुति चले साजि सबु साजू॥
नगर नारि नर गुर सिख मानी। बसे सुखेन राम रजधानी॥

दो०— राम दरस लगि लोग सब करत नेम उपबास।
तजि तजि भूषन भोग सुख जिअत अवधि कीं आस॥ ३२२॥

अर्थ—मुनि, ब्राह्मण, गुरु, भरत, राजा जनक तथा सभी साज-समाज श्रीराम के विरह में विह्वल हैं। प्रभु श्रीराम के गुण ग्राम (समूह) की मन में गणना करते हुए सभी चुपचाप मार्ग पर चले जा रहे हैं।

यमुना उतर करके सब पार हुए और वह दिन बिना भोजन के व्यतीत हुआ। दूसरे दिन गंगा के (उस पार) उतर करके श्रीराम के सखा निषाद ने सम्पूर्ण सुव्यवस्था (सुपास) की।

सई नदी उतर करके गोमती में स्नान किया और इस प्रकार सभी चौथे दिवस अयोध्या पहुँचे। राजकार्य तथा सभी साज समाज सम्हाले हुए जनक चार दिन अयोध्या नगर में रहे।

मंत्री, गुरु एवं भरत को राज्य सौंप करके वे सभी साज-समाज सजा कर मिथिला चले गये। नगर के नर-नारी गुह की शिक्षा मानकर श्रीराम की राजधानी अयोध्या में सुखपूर्वक रहने लगे।

श्रीराम के दर्शन के निमित्त सभी लोग उपवास का संयम करते हुए भोग सुख तथा आभूषणों का परित्याग कर-करके अवधि की आशा में जी रहे हैं॥ ३२२॥

टिप्पणी—सभी अयोध्यावासी श्रीराम के लिए दुखी हैं। वे उनके मंगल के लिए जप, दान एवं यज्ञ करते हैं।

सचिव सुसेवक भरत प्रबोधे। निज निज काज पाइ सिख ओधे॥
पुनि सिख दीन्हि बोलि लघु भाई। सौंपी सकल मातु सेवकाई॥
भूसुर बोलि भरत कर जोरे। करि प्रनाम बय बिनय निहोरे॥
ऊँच नीच कारजु भल पोचू। आयसु देब न करब सँकोचू॥
परिजन पुरजन प्रजा बोलाए। समाधानु करि सुबस बसाए॥
सानुज गे गुर गेहँ बहोरी। करि दंडवत कहत करजोरी॥

आयसु होइ त रहौं सनेमा। बोले मुनि तन पुलकि सपेमा॥
समुझब कहब करब तुम्ह जोई। धरम सारु जग होइहि सोई॥
दो०— सुनि सिख पाइ असीस बड़ि गनक बोलि दिनु साधि।
सिंघासन प्रभु पादुका बैठारे निरुपाधि॥ ३२३॥

अर्थ—मंत्री एवं चतुर सेवकों को भरत ने समझाया और उनकी शिक्षा पाकर अपने-अपने कार्यों में आविद्ध हुए (ओधे : संस्कृत आविद्ध का विकृत रूप : अवधी में प्रचलित)। पुनः लघुभ्राता (शत्रुघ्न) को बुलाकर शिक्षा दी तथा समस्त माताओं की सेवा सौंपी।

ब्राह्मणों को बुलाकर भरत ने हाथ जोड़ा तथा उन्हें प्रणाम करके वयानुकूल विनय-प्रार्थना (निहोरे) की। ऊँचा-नीचा, भला-बुरा जो भी कार्य हो आप (करने के निमित्त) आज्ञा देंगे, संकोच न करेंगे।

पुरजनों, परिजनों एवं प्रजाजनों को उन्होंने बुलाया तथा सभी का समाधान करके (सान्त्वना देकर) स्वेच्छापूर्वक (या सुखपूर्वक) बसाया। पुनः शत्रुघ्न के साथ गुरु गृह गये, और दण्डवत् करके एवं हाथ जोड़कर कहा।

आज्ञा हो तो मैं अनुष्ठानपूर्वक (सनेमा) रहूँ। यह सुनकर मुनि वसिष्ठ पुलकित शरीर प्रेमपूर्वक बोले। तुम जो कुछ समझोगे, कहोगे और करोगे, वही संसार में धर्म का निचोड़ होगा।

यह सुन करके और बड़ी शिक्षा तथा आशीर्वाद पाकर गणना मिलाने वाले ज्योतिषियों को बुलाकर तथा शुभ दिन शोध कराकर निश्च्छल (निरुपाधि) भाव से प्रभु श्रीराम की पादुका को सिंहासन पर बैठाया॥ २२३॥

टिप्पणी—मंत्री, अनुज को राज्य कार्य के लिए निर्देश देकर भरत ने गुरु की आज्ञा लेकर श्रीराम की चरणपादुकाओं को सिंहासन पर बैठाया। आराध्य की चरणपादुकाओं को आराध्य का प्रतीक मानना और उसके प्रति अपने सम्पूर्ण अहं को विसर्जित कर देना आत्मसमर्पण तथा दैन्य का सर्वोत्कृष्ट उदाहरण है।

राम मातु गुर पद सिरु नाई। प्रभु पद पीठ रजायसु पाई॥
नंदिगाँव करि परन कुटीरा। कीन्ह निवासु धरम धुर धीरा॥
जटाजूट सिर मुनिपट धारी। महि खनि कुस साँथरी सँवारी॥
असन बसन बासन ब्रत नेमा। करत कठिन रिषिधरम सप्रेमा॥
भूषन बसन भोग सुख भूरी। मन तन बचन तजे तिन तूरी॥
अवध राजु सुर राजु सिहाई। दसरथ धनु सुनि धनदु लजाई॥
तेंहि पुर बसत भरत बिनु रागा। चंचरीक जिमि चंपक बागा॥
रमा बिलासु राम अनुरागी। तजत बमन जिमि जन बड़भागी॥
दो०— राम पेम भाजन भरतु बड़े न एहिं करतूति।
चातक हंस सराहिअत टेंक बिबेक बिभूति॥ ३२४॥

अर्थ—श्रीराम की माता एवं गुरु के चरणों में शीश झुकाकर तथा प्रभु श्रीराम की पादुकाओं की आज्ञा पा करके नन्दिग्राम में पर्णकुटी बना करके धर्म की धुरी भरत ने निवास (प्रारम्भ) किया।

सिर पर जटाओं का जूड़ा (जूट), तथा मुनि वस्त्र धारण किया। पृथ्वी खोदकर कुश की चटाई सज्जित की। भोजन, वस्त्र, बर्तन, व्रत, नियम तथा कठिन ऋषिधर्म का निर्वाह प्रेमपूर्वक कर रहे हैं।

भूषण, वस्त्र तथा अनेकानेक भोग सुखों को तृण तुल्य (तूरी) तन, मन एवं वाणी से त्याग दिया। जिस अयोध्या राज्य को इन्द्र (देखकर) ललचाते थे, दशरथ की सम्पत्ति को सुनकर कुबेर लज्जित होते थे,

उसी नगर में भरत संसक्तिविहीन उसी प्रकार निवास कर रहे हैं, जैसे चंपक के वन में भ्रमर। श्रीराम के अनुरागी जन लक्ष्मी के विलास को वमन की भाँति त्याग देते हैं।

भरत श्रीराम के प्रेमपात्र हैं, वे इस विशिष्ट कार्य (करतूति) से महान् नहीं हुए (क्या कोई) चातक की टेक और हंस के विवेक की विभूति (अलौकिक सामर्थ्य) की सराहना करता है (नहीं, वह तो उनका नैसर्गिक धर्म है)॥ ३२४॥

टिप्पणी—कवि भरत के नन्दिग्राम सेवन के प्रसंग की अवतारणा में भक्त के निष्काम समर्पित स्वरूप को चित्रित करना चाह रहा है। श्रीराम के भक्त को वैभव एवं विलास अपनी ओर आकर्षित नहीं कर सकते। स्वत: कवि का भी जीवन ऐसा ही रहा है, भरत इसके लिए मानक उदाहरण हैं।

देह दिनहुँ दिन दूबरि होई। घटइ तेजु बलु मुखछबि सोई॥
नित नव रामप्रेम पनु पीना। बढ़त धरम दलु मनु न मलीना॥
जिमि जलु निघटत सरद प्रकासे। बिलसत बेतस बनज बिकासे॥
सम दम संजम नियम उपासा। नखत भरत हिय बिमल अकासा॥
ध्रुव बिस्वासु अवधि राका सी। स्वामि सुरति सुरबीथि बिकासी॥
राम पेम बिधु अचल अदोषा। सहित समाज सोह नित चोखा॥
भरत रहनि समुझनि करतूती। भगति बिरति गुन बिमल बिभूती॥
बरनत सकल सुकबि सकुचाहीं। सेस गनेस गिरा गमु नाहीं॥

दो०— नित पूजत प्रभु पाँवरी प्रीति न हृदयँ समाति।
मागि मागि आयसु करत राम काज बहु भाँति॥ ३२५॥

अर्थ—उनका शरीर तपश्चर्या के कारण दिनोदिन दुबला होता जा रहा है। तेज घटित (संयुक्त होना) हो रहा है, बल तथा मुख की छवि वैसी ही है। नित्य नवीन श्रीराम का प्रेम प्रण पुष्ट हो रहा है। धर्म पल्लव (दल) नित्य बढ़ रहा है और मलिन नहीं है।

जैसे शरद के प्रकाश से जल (वर्षा जल या बादल जल) कम होने लगता (निघटत) है, कमल विकसित होने लगते हैं तथा बेंत विलसित होने लगते हैं। शम, दम, संयम, नियम एवं उपवास भरत के हृदयरूपी निर्मल आकाश के नक्षत्र हैं।

अवधि पूर्णिमा की भाँति है, दृढ़ विश्वास ध्रुव नक्षत्र की भाँति है और स्वामी श्रीराम की स्मृति आकाश गंगा के विकास (सौन्दर्य विलास) की भाँति है। इसमें श्रीराम के प्रेम का अचल एवं कलंकरहित चन्द्र अपने सम्पूर्ण नक्षत्र-समाज के साथ नित्य अखण्डित भाव से शोभित है।

भरत की दिनचर्या, विचार, कार्य, भक्ति, वैराग्य, गुण एवं निर्मल ऐश्वर्य का वर्णन करने में सुन्दर कवि भी संकुचित होते हैं और वहाँ शेष, गणेश एवं सरस्वती की पहुँच (मन की गति का पहुँचना; गमु) नहीं है।

नित्य प्रभु श्रीराम की पादुका का पूजन करते हैं, प्रीति हृदय में नहीं सम्हल पाती (अँट पाती)। वे (उन चरणपादुकाओं से) आज्ञा माँग-माँग करके अनेक भाँति से राजकार्य (संचालित) करते हैं॥ ३२५॥

टिप्पणी—कवि भरत की कठिन तपस्या का वर्णन कर रहा है। आराधक आराध्य के लिए सर्वथा समर्पित होकर तप के द्वारा सम्पूर्ण आत्मसंस्कार के मोहोपवेश विनष्ट कर देता है। भरत की यह तपस्या इसी प्रतीक के रूप में है।

पुलक गात हियँ सिय रघुबीरू। जीह नामु जप लोचन नीरू॥
लखन राम सिय कानन बसहीं। भरतु भवन बसि तप तनु कसहीं॥
दोउ दिसि समुझि कहत सबु लोगू। सब बिधि भरत सराहन जोगू॥
सुनि ब्रत नेम साधु सकुचाहीं। देखि दसा मुनिराज लजाहीं॥
परम पुनीत भरत आचरनू। मधुर मंजु मुद मंगल करनू॥
हरन कठिन कलि कलुष कलेसू। महामोह निसि दलन दिनेसू॥
पाप पुंज कुंजर मृगराजू। समन सकल संताप समाजू॥
जन रंजन भंजन भव भारू। राम सनेह सुधाकर सारू॥

अर्थ—शरीर पुलकित है, हृदय में श्रीराम-सीता हैं, जिह्वा नामजप में (रत) है, नेत्रों में अश्रु है। श्रीराम-सीता-लक्ष्मण वन में निवास कर रहे हैं, भरत भवन में रहकर तपस्या से शरीर का निग्रह (कसहीं) कर रहे हैं।

दोनों पक्षों (वन में तपस्या एवं गृह में भरत तपस्या) को समझ कर सभी लोग कह रहे हैं कि भरत प्रत्येक प्रकार से प्रशंसा के पात्र हैं। उनके नियम-व्रतादि को सुनकर साधुजन संकुचित हैं और उनकी दशा को देख करके श्रेष्ठ मुनिजन लज्जित हैं।

भरत का यह परम पवित्र आचरण मधुर, सुन्दर, मंगलकारी तथा आनन्ददायक है। कलिकाल के कठिन क्लेश का यह हरण करने वाला तथा महामोहरूपी रात्रि दलन करने वाला सूर्य है। पाप समूहरूपी हाथियों को विदीर्ण करने वाला सिंह है और सम्पूर्ण कष्ट समूहों को शान्त करने वाला है। श्रीराम के स्नेह का वह अमृत (चन्द्रमा का निचले रूप) जन समूह का रंजक तथा सांसारिक तापों को नष्ट करने वाला है।

टिप्पणी—कवि सम्पूर्ण प्रबन्ध का निष्कर्ष इन पंक्तियों में निकालता है। आराध्य से वियुक्त आराधक अपनी चर्या किस प्रकार बनाता है, इसका स्पष्ट संकेत यहाँ है। यह तो एक सामान्य प्रसंग है। सबसे महत्त्वपूर्ण भरत का वह चरित्र है जिसमें निःस्पृह लोकासक्ति की उदासीनता केन्द्रीय व्यापार है। उसमें लोक के प्रति उदासीनता ही नहीं है, श्रीराम के प्रति अटूट प्रेम, अगाध श्रद्धा एवं उत्कट भक्ति है। कथा के निष्कर्ष के रूप में कवि की व्यंजना यही है कि श्रीराम का चरित्र जनजीवन के लिए आदर्श नहीं है। अयोध्याकांड की कथा के नायक भरत का चरित्र ही इस प्रकार लोक के लिए आदर्श तथा अनुकरण का विषय है।

छंद— **सिय राम प्रेम पियूष पूरन होत जनमु न भरत को।**
मुनि मन अगम जम नियम सम दम बिषम ब्रत आचरत को॥
दुख दाह दारिद दंभ दूषन सुजस मिस अपहरत को।
कलिकाल तुलसी से सठन्हि हठि राम सनमुख करत को॥

सो०— **भरत चरित करि नेमु तुलसी जो सादर सुनहिं।**
सीय राम पद पेमु अवसि होइ भव रस बिरति॥ ३२६॥

इति श्रीमद्रामचरितमानसे सकलकलिकलुषविध्वंसने द्वितीयः सोपानः समाप्तः।

अर्थ—श्रीराम सीता के प्रेमामृत से परिपूर्ण भरत का जन्म यदि न होता तो मुनिजनों के मन के लिए भी अगम्य यम, नियम, शम, दम एवं विषम व्रतों का कौन आचरण करता। दुःख, जलन, दारिद्र्य, दंभ एवं दोषों को उनके निर्मल यश के बहाने कौन दूर करता। कलियुग में तुलसीदास जैसे सठों को हठपूर्वक श्रीराम के सम्मुख कौन करता।

नियमपूर्वक भरत के चरित्र का जो आदरपूर्वक श्रवण करते हैं उन्हें अवश्यमेव सांसारिक सुखों से विरक्ति तथा श्रीराम-सीता के चरणों में संसक्ति होगी॥ ३२६॥

टिप्पणी—मध्यकाल में भक्ति के सन्दर्भ में सबसे महत्त्वपूर्ण तथ्य यह है कि श्रीराम के भक्त श्रीराम से अधिक महत्त्वपूर्ण हैं क्योंकि वे भक्ति के जिन मानदण्डों की अवतारणा करते हैं, वे ही मानदण्ड भक्तों के लिए साधना की आधारशिला बनते हैं। श्रीराम की प्रतीति ये भक्त अपने आचरण से सुकर बनाते हैं। श्रीराम के चरण-कमलों तक पहुँचने के लिए भक्तों का आचरण ही सोपान है। इस सिद्धान्त के माध्यम से व्यक्ति और उसके कार्य की जीवन्तता को श्रेयस्कर स्वीकार किया गया है। निश्चित रूप से, अयोध्याकांड में कवि भरत चरित्र की अवतारणा करके न केवल आत्मस्वरूप को अपितु भक्ति के मर्मस्पर्शी स्वरूप को भी उद्घाटित करता है।

इस प्रकार, श्रीरामचरितमानस द्वारा सम्पूर्ण कलिजनित कलुष को विध्वंस करने वाला दूसरा सोपान समाप्त हुआ।

□□

श्री गणेशाय नमः

श्री जानकीवल्लभोविजयते

श्रीरामचरितमानस

तृतीय सोपान

अरण्यकांड

मूलं धर्मतरोर्विवेकजलधेः पूर्णेन्दुमानन्ददं
वैराग्याम्बुजभास्करं ह्यघघनध्वान्तापहं तापहम्।
मोहाम्भोधरपूगपाटनविधौ स्वःसम्भवं शङ्करं
वन्दे ब्रह्मकुलं कलङ्कशमनं श्रीरामभूपप्रियम्॥ १॥

अर्थ—धर्मरूपी वृक्ष के मूलस्वरूप, विवेकरूपी समुद्र को आनन्द देने वाले पूर्णचन्द्र स्वरूप, वैराग्यरूपी कमल के लिए सूर्यस्वरूप, सघन पापरूपी अंधकार को नष्ट करने वाले (सूर्यस्वरूप), मोहरूपी बादलों के समूह को छिन्न-भिन्न करने वाले आकाश में वायुस्वरूप, स्वयं (कारणरहित) उत्पन्न होने वाले ब्रह्म कुल में (उद्‌भूत) तथा सम्पूर्ण पापों को विनष्ट करने वाले राजा श्रीराम के प्रिय शिव मैं आपकी वन्दना करता हूँ॥ १॥

सान्द्रानन्दपयोदसौभगतनुं पीताम्बरं सुन्दरं
पाणौ बाणशरासनं कटिलसत्तूणीरभारं वरम्।
राजीवायतलोचनं धृतजटाजूटेन संशोभितं
सीतालक्ष्मणसंयुतं पथिगतं रामाभिरामं भजे॥ २॥

सो०— उमा राम गुन गूढ़ पंडित मुनि पावहिं बिरति।
पावहिं मोह बिमूढ़ जे हरि बिमुख न धर्म रति॥

अर्थ—जिसका शरीर जलयुक्त बादल सदृश सुन्दर एवं सघन (सान्द्र) आनन्द से परिपूर्ण है तथा जिस पर (शरीर पर) सुन्दर पीताम्बर है। जिनके हाथों में बाणयुक्त धनुष है और जिसकी कटि में भार से शोभित सुन्दर तरकश है। जिनके नेत्र कमलवत् विशाल हैं और (मस्तक पर) जटाजूट धारण किये हुए जो भलीभाँति शोभित हैं इस प्रकार के सीता तथा लक्ष्मण के साथ सुशोभित पथिकरूप श्रीराम का भजन करता हूँ॥ २॥

हे पार्वती! श्रीराम का गुण (लीला विग्रह धर्माचरण) अत्यन्त रहस्यमय है। पंडित तथा मुनिगण (इसे जानकर, देखकर, समझकर आदि) वैराग्य प्राप्त करते हैं। जिन्हें न धर्म में रति है और जो श्रीहरि की भक्ति से विमुख हैं, वे अज्ञजन मोह को (इस लीला से) प्राप्त करते हैं।

पुर नर भरत प्रीति मैं गाई। मति अनुरूप अनूप सुहाई॥
अब प्रभु चरित सुनहु अति पावन। करत जे बन सुर नर मुनि भावन॥

एक बार चुनि कुसुम सुहाए। निज कर भूषन राम बनाए॥
सीतहि पहिराए प्रभु सादर। बैठे फटिक सिला पर सुंदर॥
सुरपति सुत धरि बाइस बेखा। सठ चाहत रघुपति बल देखा॥
जिमि पिपीलिका सागर थाहा। महा मंदमति पावन चाहा॥
सीता चरन चोंच हति भागा। मूढ़ मंद मति कारन कागा॥
चला रुधिर रघुनायक जाना। सींक धनुष सायक संधाना॥

दो०— अति कृपाल रघुनायक सदा दीन पर नेह।
ता सनु आइ कीन्ह छलु मूरख अवगुन गेह॥ १॥

अर्थ—मैंने अयोध्या नगर के निवासियों की विलक्षण प्रीति का गान यथाबुद्धि किया। इसके पश्चात् अब देवताओं, मनुष्यों तथा मुनियों के लिए प्रीतिदायी प्रभु श्रीराम के अत्यन्त पावन चरित्र को सुनें।

एक बार श्रीराम ने सुन्दर पुष्पों को चुनकर अपने हाथों से (उन पुष्पों के) आभूषण बनाये। सुन्दर स्फटिक शिला पर बैठे हुए (उन्होंने) आदरपूर्वक सीता को पहनाया।

देवराज इन्द्र का दुर्बद्ध पुत्र (जयन्त) जो श्रीराम की शक्ति को देखना चाहता है, कौए का वेष धारण करके (उसी तरह) जिस प्रकार महा मन्दगति चींटी समुद्र का थाह प्राप्त करना चाहती हो,

(उसी प्रकार, वह जयन्त) मूढ़ तथा मन्द बुद्धि के कारण सीता के चरणों में चंचु का प्रहार करके भागा। जब रक्त बह चला तो श्रीराम ने जाना और धनुष पर सींक का बाण संधान किया।

श्रीराम जो अत्यधिक कृपालु हैं और दीनों पर सदैव जिनका स्नेह (रहता) है, उन श्रीराम से उस अवगुणों के घर तथा मूर्ख ने छल किया॥ १॥

प्रेरित मंत्र ब्रह्मसर धावा। चला भाजि बाइस भय पावा॥
धरि निज रूप गएउ पितु पाहीं। राम बिमुख राखा तेहि नाहीं॥
भा निरास उपजी मन त्रासा। जथा चक्र भय रिषि दुर्बासा॥
ब्रह्मधाम सिवपुर सब लोका। फिरा स्त्रमित ब्याकुल भय सोका॥
काहूँ बैठन कहा न ओही। राखि को सकै राम कर द्रोही॥
मातु मृत्यु पितु समन समाना। सुधा होइ बिष सुनु हरिजाना॥
मित्र करै सत रिपु कै करनी। ता कहँ बिबुधनदी बैतरनी॥
सब जगु ताहि अनलहुँ तें ताता। जो रघुबीर बिमुख सुनु भ्राता॥
नारद देखा बिकल जयंता। लागि दया कोमल चित संता॥
पठवा तुरत राम पहिं ताही। कहेसि पुकारि प्रनत हित पाहीं॥
आतुर सभय गहेसि पद जाई। त्राहि त्राहि दयाल रघुराई॥
अतुलित बल अतुलित प्रभुताई। मैं मतिमंद जानि नहिं पाई॥
निजकृत कर्म जनित फल पाएउँ। अब प्रभु पाहि सरन तकि आएउँ॥
सुनि कृपाल अति आरत बानी। एक नयन करि तजा भवानी॥

सो०— कीन्ह मोहबस द्रोह जद्यपि तेहि कर बध उचित।
प्रभु छाड़ेउ करि छोह को कृपाल रघुबीर सम॥ २॥

अर्थ—मंत्र प्रेरित ब्रह्म बाण दौड़ा और भय प्राप्त करके कौआ भाग चला। अपना स्वरूप धारण करके (वह) पिता (इन्द्र) के पास गया और श्रीराम का विरोधी जानकर उन्होंने भी नहीं रखा।

वह निराश हो उठा तथा मन में भय उत्पन्न हुआ (उसी प्रकार) जैसे ऋषि दुर्वासा को चक्र भय

हुआ हो। ब्रह्मधाम, कैलास पर्वत (शिवपुरी) तथा अन्य समस्त लोकों में वह थकित, भय एवं शोक से व्याकुल (घूमता) घिरा।

श्रीराम के द्रोही को कौन राख सकता है, इसलिए किसी ने उसे बैठने के लिए नहीं कहा। हे गरुड़! (श्रीराम के द्रोही के लिए) माता मृत्यु के सदृश, पिता यमराज के समान और अमृत विष तुल्य हो जाता है।

उसके लिए मित्र शत शत्रु का आचरण (उससे) करने लगता है, देवनदी गंगा वैतरणी सदृश (हो उठती है)। हे भ्राता! सुनें, जो श्रीराम का विरोधी हो जाता है, सारा संसार उसे आग से भी अधिक दाहक हो जाता है।

नारद ने जयन्त को व्याकुल देखा तो उन्हें दया लगी क्योंकि संतजन कोमल चित्त के (होते) हैं। उसे, तुरन्त श्रीराम के पास भेज दिया और उसने पुकार कर कहा, हे प्रणतजनों के हितैषी, मेरी रक्षा करें।

अत्यन्त आतुर तथा अत्यधिक भययुक्त उसने जाकर श्रीराम के चरणों को पकड़ लिया और कहा कि हे दयालु श्रीराम जी! रक्षा करें, रक्षा करें। आपके अतुलनीय शक्ति एवं अतुलनीय प्रभुता को मैं बुद्धिहीन समझ नहीं सका।

मैंने अपने दुष्कर्म से जनित फल को प्राप्त कर लिया और हे प्रभु! इस समय, मेरी रक्षा कीजिए, मैं आपकी शरण में आया हुआ हूँ। हे पार्वती! कृपालु श्रीराम ने उसकी दु:खभरी वाणी सुनकर उसे एक आँख का काना बनाकर छोड़ दिया।

उसने मोहवश द्रोह किया था इसलिए यद्यपि उसका वध उचित था किन्तु प्रभु श्रीराम ने (उस पर) कृपा करके छोड़ दिया। श्रीराम के सदृश अन्य और कौन कृपाशील है॥ २॥

टिप्पणी—कवि जयन्त की घटना के प्रकाश में श्रीराम के कृपाशील स्वभाव का स्मरण दिलाता हुआ उनकी ओर आकर्षित करने लिए एक आधार का निर्माण करता है। अपकारी व्यक्ति भी यदि निश्छल भाव से क्षमा याचना करता है तो श्रीराम का ध्यान उस अपकारी के अपकार से हटकर उसकी हितैषिता की ओर जाता है और ऐसे गुणों के कारण श्रीराम ही एक मात्र ग्राह्य हैं—क्योंकि अन्य किसी का ऐसा स्वभाव नहीं है।

रघुपति चित्रकूट बसि नाना। चरित किए स्रुति सुधा समाना॥
बहुरि राम अस मन अनुमाना। होइहि भीर सबहिं मोहि जाना॥
सकल मुनिन्ह सन बिदा कराई। सीता सहित चले द्वौ भाई॥
अत्रि के आश्रम जब प्रभु गएऊ। सुनत महा मुनि हरषित भएऊ॥
पुलकित गात अत्रि उठि धाए। देखि रामु आतुर चलि आए॥
करत दंडवत मुनि उर लाए। प्रेम बारि द्वौ जन अन्हवाए॥
देखि राम छबि नयन जुड़ाने। सादर निज आश्रम तब आने॥
करि पूजा कहि बचन सुहाए। दिए मूल फल प्रभु मन भाए॥

सो०— प्रभु आसन आसीन भरि लोचन सोभा निरखि।
मुनिबर परमप्रबीन जोरि पानि अस्तुति करत॥ ३॥

अर्थ—श्रीराम ने चित्रकूट में निवास करके कानों के लिए अमृत स्वरूप चरित्र किये। पुन: श्रीराम ने मन में ऐसा अनुमान किया कि सभी मुझे जान गये हैं और (यहाँ) भीड़ होगी।

सम्पूर्ण मुनियों से विदा लेकर सीता सहित दोनों भाई (वहाँ से) चले। प्रभु श्रीराम तब अत्रि मुनि के आश्रम पर गये और इसको सुनते ही महामुनि हर्षित हो उठे।

(इसे सुनकर) पुलकित शरीर अत्रि उठकर दौड़ पड़े और उनको आते हुए देखकर श्रीराम

आतुर भाव से चले। दण्डवत् करते उन्हें मुनि ने गले से लगा लिया तथा प्रेमाश्रु ने दोनों जनों को नहला दिया।

श्रीराम की छवि को देखकर उनके नेत्र शीतल हो उठे तथा आदरपूर्वक अपने आश्रम में ले आये। उनका पूजन करके सुन्दर वचन कहे तथा श्रीराम के मन को भाने वाले कन्द तथा फल दिए।

आसन पर आसीन प्रभु श्रीराम को नेत्र भरकर उनकी शोभा देखकर परम प्रवीण मुनिश्रेष्ठ अत्रि हाथ जोड़कर स्तुति करते हैं—

टिप्पणी—अरण्यकांड में कवि प्रभु श्रीराम के आध्यात्मिक व्यक्तित्व को बिना किसी दुराव तथा छिपाव के उद्घाटित करता है। बाल तथा अयोध्याकांडों में कवि श्रीराम के आध्यात्मिक व्यक्तित्व को व्यंजना में बताना चाहता है किन्तु यहाँ उसका यह दृष्टिकोण काफी खुलासा हो चुका है। वह श्रीराम के ब्रह्मत्व को स्पष्ट रूप से इंगित करने में संकोच का अनुभव नहीं करता। अरण्य के ऋषिगण तो त्रिकालज्ञ हैं—अतः उनके समक्ष लीला की रहस्यमयता को छिपाने का प्रश्न भी नहीं उठ खड़ा होता।

छंद— नमामि भक्त वत्सलं। कृपालु शील कोमलं।
भजामि ते पदांबुजं। अकामिनां स्वधामदं॥
निकाम श्याम सुंदरं। भवांबुनाथ मंदरं।
प्रफुल्ल कंज लोचनं। मदादि दोष मोचनं॥
प्रलंब बाहु विक्रमं। प्रभोऽप्रमेय वैभवं।
निषंग चाप सायकं। धरं त्रिलोक नायकं॥
दिनेश वंश मंडनं। महेश चाप खंडनं।
मुनींद्र संत रंजनं। सुरारि वृंद भंजनं॥
मनोज वैरि वंदितं। अजादि देव सेवितं।
विशुद्ध बोध विग्रहं। समस्त दूषणापहं॥
नमामि इंदिरा पतिं। सुखाकरं सतां गतिं।
भजे सशक्ति सानुजं। शचीपति प्रियानुजं॥
त्वदंघ्रिमूल ये नराः। भजंति हीन मत्सराः।
पतंति नो भवार्णवे। वितर्क वीचि संकुले॥
विविक्तवासिनस्सदा। भजंति मुक्तये मुदा।
निरस्य इंद्रियादिकं। प्रयांति ते गतिं स्वकं॥
त्वमेकमद्भुतं प्रभुं। निरीहमीश्वरं विभुं।
जगद्गुरुं च शाश्वतं। तुरीयमेव केवलं॥
भजामि भाव वल्लभं। कुयोगिनां सुदुर्लभं।
स्वभक्त कल्प पादपं। समं सुसेव्यमन्वहं॥
अनूप रूप भूपतिं। नतोऽहमुर्विजा पतिं।
प्रसीद मे नमामि ते। पदाब्ज भक्ति देहि मे॥
पठंति ये स्तवं इदं। नरादरेण ते पदं।
व्रजंति नात्र संशयं। त्वदीय भक्तिसंयुताः॥

दो०— बिनती करि मुनि नाइ सिरु कह कर जोरि बहोरि।
चरन सरोरुह नाथ जनि कबहुँ तजै मति मोरि॥ ४॥

अर्थ—हे कृपालु! हे कोमल शीलवाले! हे भक्तवत्सल! मैं (आपको) प्रणाम करता हूँ। निष्काम व्यक्तियों को अपना धाम प्रदान करनेवाले मैं आपके चरण-कमलों को भजता हूँ।

हे अत्यन्त (निकाम) सुन्दर तथा श्यामल! आप जरामरण (भव) रूपी समुद्र के मन्दराचल हैं। हे खिले हुए कमल सदृश सुन्दर नेत्रोंवाले, आप कामादि दोषों को छुड़ानेवाले हैं।

पराक्रमयुक्त लम्बी बाहुओंवाले हे प्रभु! आपका ऐश्वर्य (वैभव) असीम (अप्रमेय) है। तरकस, धनुष-बाण धारण किये आप तीनों लोकों के स्वामी हैं।

सूर्यवंश के अलंकरण, स्वरूप, शिव के धनुष को तोड़नेवाले, मुनियों तथा सन्तों को आनन्द देनेवाले, असुर समूहों का निवाश करनेवाले,

शिव के द्वारा वन्दित, ब्रह्मा आदि देवों द्वारा सेवित, विशुद्ध ज्ञान विग्रह स्वरूप और समस्त दोषों को नष्ट करनेवाले,

हे लक्ष्मीपति, आनन्द के भण्डार एवं सज्जनों की एक मात्र गति स्वरूप मैं आपको नमस्कार करता हूँ। हे इन्द्र के छोटे भाई (वामन)! आत्म शक्ति सीता तथा लक्ष्मण सहित मैं (आपको) भजता हूँ।

जो व्यक्ति मात्सर्यरहित आपके चरण-कमलों का भजन करते हैं वे नाना प्रकार के वितर्थ रूपी तरंगों से परिपूर्ण इस संसार सागर में नहीं गिरते।

सदा एकान्त (विविक्त) वासी जन आनन्दपूर्वक मुक्ति के लिए आपका भजन करते हैं, इन्द्रिय आदि का निग्रह (निरस) करके वे (आपकी कृपा से) अपने स्वरूप में स्थित हो जाते हैं।

आप अद्वितीय, अद्भुत, प्रभु, इच्छारहित (निरीह), ईश्वर, सर्वव्यापक (विभु), जगत् के गुरु, सनातन, तुरीय (तीनों गुणों से परे) तथा केवल एक स्वरूप हैं।

हे भावप्रिय! विषयी पुरुषों के लिए दुर्लभ! अपने भक्तों के लिए कल्पवृक्ष स्वरूप। समत्व युक्त एवं सुखपूर्वक सेवन करने योग्य! मैं आपको भजता हूँ।

हे अनुपम रूपवान्! हे पृथ्वीपति! हे सीतापति श्रीराम! मैं आपको भजता हूँ। मेरे ऊपर प्रसन्न हों, मैं तुम्हारा नमन करता हूँ, आप मुझे अपने चरण-कमलों की भक्ति प्रदान करें।

जो मनुष्य आदरपूर्वक इस स्तुति को पढ़ते हैं वे आपकी भक्ति से संयुक्त होकर परमपद को प्राप्त करते हैं, इसमें संदेह नहीं।

विनय करके तथा सिर नवा करके और पुनः हाथ जोड़कर कहा कि हे नाथ! आपके चरण-कमलों को मेरी बुद्धि कभी भी न त्यागे॥ ४॥

टिप्पणी—कवि सत्कथा के रूप में ऐसे प्रसंगों को रखकर श्रीराम के माहात्म्य निरूपण के प्रति सजग है। वह सबकी आत्मीय निष्ठा तथा संसक्ति के केन्द्र में श्रीराम को देखना चाहता है और अरण्यकांड इस दृष्टि से उसे सर्वथा उपयुक्त दिखाई पड़ता है। कवि श्रीराम के आध्यात्मिक व्यक्तित्व को पूरी तरह से प्रकाशित करके उसे जन आस्था का विषय बनाता है।

अनसुइया के पद गहि सीता। मिली बहोरि सुसील बिनीता॥
रिषिपतिनी मन सुख अधिकाई। आसिष देइ निकट बैठाई॥
दिब्य बसन भूषन पहिराए। जे नित नूतन अमल सुहाए॥
कह रिषिबधू सरस मृदु बानी। नारि धर्म कछु ब्याज बखानी॥
मातु पिता भ्राता हितकारी। मित प्रद सबु सुनु राजकुमारी॥
अमित दानि भर्ता बैदेही। अधम सो नारि जो सेव न तेही॥
धीरजु धर्म मित्र अरु नारी। आपद काल परखिअहिं चारी॥
बृद्ध रोगबस जड़ धनहीना। अंध बधिर क्रोधी अति दीना॥
ऐसेहु पति कर किएँ अपमाना। नारि पाव जमपुर दुख नाना॥

एकइ धर्म एक ब्रत नेमा। काय बचन मन पति पद प्रेमा॥
जग पतिब्रता चारि बिधि अहहीं। बेद पुरान संत सब कहहीं॥
उत्तम के अस बस मन माहीं। सपनेहुँ आन पुरुष जग नाहीं॥
मध्यम पर पति देखइ कैसें। भ्राता पिता पुत्र निज जैसें॥
धर्म बिचारि समुझि कुल रहई। सो निकिष्ट त्रिय स्रुति अस कहई॥
बिनु अवसर भय ते रह जोई। जानेहु अधम नारि जग सोई॥
पति बंचक परपति रति करई। रौरव नरक कलप सत परई॥
छन सुख लागि जनम सत कोटी। दुख न समुझ तेहि सम को खोटी॥
बिनु स्रम नारि परम गति लहई। पतिब्रत धर्म छाड़ि छल गहई॥
पति प्रतिकूल जन्म जहँ जाई। बिधवा होइ पाइ तरुनाई॥
सो०— सहज अपावनि नारि पति सेवत सुभ गति लहइ।
जसु गावत स्रुति चारि अजहुँ तुलसिका हरिहि प्रिय॥
सुनु सीता तव नाम सुमिरि नारि पतिब्रत करहिं।
तोहि प्रान प्रिय राम कहेउँ कथा संसार हित॥ ५॥

अर्थ—अत्यन्त शीलवती एवं विनीत स्वभाववाली सीता पुनः (अत्रि पत्नी) अनुसुइया के चरण पकड़ कर उनसे मिली। ऋषिपत्नी अनुसुइया के मन में अत्यधिक आनन्द हुआ और आशीर्वाद देकर निकट बैठा लिया।

उन्होंने सीता को ऐसे दिव्य वस्त्र तथा आभूषण पहनाये जो नित्य नये निर्मल तथा सुहावने हैं। ततश्च, ऋषि की पत्नी ने उसके ब्याज से (बहाने से) रस युक्त तथा कोमल वाणी में नारी धर्म का बखान किया।

हे राजकुमारी! सुनें, माता, पिता, भाई सभी हित करने वाले हैं किन्तु सभी (अपनी) सीमा तक (मित प्रद) ही हैं। हे सीता! पति तो असीम आनन्द देने वाला है। वह नारी अधम है, जो ऐसे पति की सेवा नहीं करती।

धैर्य, धर्म , मित्र तथा पत्नी इन चारों की विपत्ति काल में परीक्षा होती है, वृद्ध, रोगी, महामूर्ख, निर्धन, अंधा, बहरा, क्रोधी तथा अत्यन्त ही दीन—

ऐसे पति का (भी) अपमान करने पर नरियाँ यमपुर में नाना प्रकार के कष्ट प्राप्त करती हैं। शरीर, वाणी तथा मन से पति के चरणों पर प्रेम ही (नारियों के लिए) एक मात्र धर्म है, एक मात्र व्रत है तथा एकमात्र नियम है।

जगत् में चार प्रकार की पवित्रताएँ, इस प्रकार वेद, पुराण तथा सभी संतजन कहते हैं। उत्तम नारियों के मन में ऐसा भाव बसा रहता है कि जगत् में दूसरा पुरुष स्वप्न में भी नहीं है।

मध्यम वर्ग की नारियाँ पर-पुरुषों को इस प्रकार देखती हैं जैसे अपने पिता, भाई तथा पुत्र। जो धर्म का विचार करके तथा कुल की मर्यादा समझकर (पर-पुरुष नहीं देखतीं) श्रुतियाँ ऐसा कहती हैं कि वे निकृष्ट स्त्रियाँ हैं।

जो स्त्रियाँ अवसर न प्राप्त होने पर या भयवश (पतिव्रता) बनी रहती हैं, उन्हें ही संसार में अधम नारी समझो। पति को ठगनेवाली तथा दूसरे पति से संसक्ति रखने वाली स्त्रियाँ सौ कल्पों तक रौरव नरक में पड़ी रहती हैं।

क्षणिक सुख के लिए जो शत कोटि जन्मों के दुःखों को नहीं समझतीं, उनके समान पतिता और कौन है? जो छल का त्याग करके पातिव्रत धर्म को ग्रहण करती हैं, वे नारियाँ बिना श्रम ही परम गति को प्राप्त कर लेती हैं।

पति के प्रतिकूल होकर जहाँ-जहाँ जाकर जन्म धारण करती हैं, वहीं जवानी प्राप्त करते ही विधवा हो जाती हैं।

नीरियाँ तो जन्म से स्वभावतः अपवित्र हैं किन्तु पति की सेवा करके वे शुभ गति को प्राप्त करती हैं। चारों श्रुतियाँ यश गान करती हैं (और इसी पति सेवा के कारण) आज भी तुलसी श्रीहरि को प्रिय है।

हे सीता! सुनें, तुम्हारे नाम का स्मरण करके स्त्रियाँ पातिव्रत धर्म का पालन करेंगी। तुम्हें तो श्रीराम प्राणों से भी अधिक प्रिय हैं। यह कथा तो मैंने संसार के लिए कही है—(तुम्हारे लिए नहीं) ॥ ५ ॥

टिप्पणी—मध्यकाल में नारियों को पतिनिष्ठा की ओर संकल्पबद्ध करने के लिए तुलसी का उक्त मन्तव्य सार्थक है। यह युग नारी जाति के अधःपतन का युग था और वे समाज में सबसे अधिक उपेक्षित थीं। तुलसी ने समग्र नारी जाति के लिए पुरुष के प्रति श्रद्धा, आत्मिकनिष्ठा एवं पातिव्रत धर्म की मर्यादा की स्थापना करके सामयिक युग के लिए मानक तैयार किया था। लोक-व्यवस्था तथा समाज रचना की दृष्टि से यह दृष्टिकोण आज की परिस्थिति में भले ही संगत न लगे किन्तु भारतीय समाज व्यवस्था में तुलसी द्वारा स्थापित नारी की मर्यादा आदर्शपूर्ण है।

सुनि जानकीं परम सुख पावा। सादर तासु चरन सिरु नावा॥
तब मुनि सन कह कृपानिधाना। आयसु होइ जाउँ बन आना॥
संतत मोपर कृपा करेहू। सेवक जानि तजेहु जनि नेहू॥
धर्म धुरंधर प्रभु कै बानी। सुनि सप्रेम बोले मुनि ग्यानी॥
जासु कृपा अज सिव सनकादी। चहत सकल परमारथ बादी॥
ते तुम्ह राम अकाम पियारे। दीनबंधु मृदु बचन उचारे॥
अब जानी मैं श्रीचतुराई। भजी तुम्हहिं सब देव बिहाई॥
जेहि समान अतिसय नहिं कोई। ता कर सील कस न अस होई॥
केहि बिधि कहौं जाहु अब स्वामी। कहहु नाथ तुम्ह अंतरजामी॥
अस कहि प्रभु बिलोकि मुनि धीरा। लोचन जल बह पुलक सरीरा॥

अर्थ—इसे सुनकर, सीता ने अत्यन्त आनन्द प्राप्त किया और आदरपूर्वक उनके चरणों में सिर नवाया। तब कृपानिधान श्रीराम ने मुनि से कहा कि आज्ञा हो तो मैं अब दूसरे वन में जाऊँ।

आप मुझपर निरन्तर कृपा करते रहियेगा तथा अपना दास जान कर स्नेह न त्यागियेगा। धर्म की धुरी धारण करने वाले प्रभु श्रीराम की वाणी सुनकर ज्ञानी मुनि अत्रि प्रेमपूर्वक बोले।

ब्रह्मा, शिव, सनकादि एवं समस्त परमार्थ तत्त्व के ज्ञाता ऋषि आदि जिसकी कृपा की आकांक्षा रखते हैं, हे श्रीराम! आप वही निष्काम पुरुषों के लिए प्रिय तथा दीनों के हितैषी हैं भगवान् हैं, (क्यों न) इस प्रकार की कोमल वाणी कहें?

अब मैंने लक्ष्मी की चतुराई समझी जिन्होंने सम्पूर्ण देवताओं को छोड़कर आपका भजन किया। जिसके सदृश श्रेष्ठ (अतिशय) अन्य कोई नहीं है, उसका शील (स्वभाव) ऐसा क्यों न हो?

हे स्वामी! मैं किस प्रकार कहूँ कि आप जायें, आप अन्तर्यामिन् हैं, हे नाथ! आप ही बतायें। ऐसा कहकर धीर मुनि ने प्रभु श्रीराम को देखा, उनका शरीर पुलकित है और नेत्रों में अश्रु भर आये।

छंद— **तन पुलक निर्भर प्रेम पूरन नयन मुख पंकज दिए।**
मन ग्यान गुन गोतीत प्रभु मैं दीख जप तप का किए॥
जप जोग धर्म समूह ते नर भगति अनुपम पावई।
रघुबीर चरित पुनीत निसि दिनु दास तुलसी गावई॥

दो०— कलिमल समन दमन दुख राम सुजस सुख मूल।
सादर सुनहिं जे तिन्ह पर राम रहहिं अनुकूल।
सो०— कठिन काल मल कोस धर्म न ज्ञान न जोग जप।
परिहरि सकल भरोस रामहि भजहिं ते चतुर नर। ६॥

अर्थ—प्रेम से परिपूर्ण और शरीर से पुलकित मुनि ने अपने नेत्र श्रीराम के मुख-कमल में लगा दिये। मैंने कौन से जप-तप किये थे जिससे कि मन, ज्ञान, गुण तथा इन्द्रियों से परे प्रभु श्रीराम को मैंने देखा। जप, योग एवं धर्म समूह के द्वारा मनुष्य अनुपम भक्ति की प्राप्ति करता है। तुलसीदास तो श्रीराम के पवित्र चरित्र को रात-दिन गाता रहता है।

श्रीराम की निर्मल कीर्ति कलियुग के पाप (मल) को शान्त करनेवाली, मन को निरुद्ध करनेवाली, और सुख का मूल है। जो आदरपूर्वक इसका श्रवण करते हैं श्रीराम उनपद प्रसन्न रहते हैं।

यह कठिन कलिकाल अधर्म का भंडार (कोष : कोस) है, यहाँ न धर्म है, न ज्ञान है, न योग है, न जप है। वे ही मनुष्य चतुर हैं, जो सम्पूर्ण अन्य आलम्बनों का त्याग करके श्रीराम का भजन करते हैं॥ ६॥

टिप्पणी—अरण्यकांड के उत्तरांश में कोई विशेष कथा नहीं है और विभिन्न ऋषियों के माध्यम से कवि श्रीराम के स्वरूप, उनके माहात्म्य तथा उनकी भक्ति का आख्यान करता है। यहाँ अत्रि स्वयं अपने मुख से न केवल श्रीराम के मूल स्वरूप कथन करते हैं परन्तु स्वयं भी उन्हीं को माध्यम बनाकर श्रीराम के प्रति अपनी आत्मीय संसक्ति का चित्रण कर रहा है। अध्यात्म रामायण में यह प्रसंग अयोध्याकांड के समापन से शुरू होकर अरण्यकांड के प्रारम्भ तक चलता है। श्रीराम के द्वारा मार्ग पूछे जाने पर अत्रि उत्तर देते हैं—'सर्वस्य मार्गद्रष्टा त्वं तव को मार्गदर्शकः। तुलसी इस सन्दर्भ को और अधिक विस्तृत करते हैं। यह प्रसंग वाल्मीकि रामायण में भी है।

मुनि पद कमल नाइ करि सीसा। चले बनहि सुर नर मुनि ईसा॥
आगे रामु अनुज पुनि पाछे। मुनिबर बेष बने अति काछे॥
उभय बीच श्री सोहइ कैसी। ब्रह्म जीव बिच माया जैसी॥
सरिता बन गिरि अवघट घाटा। पति पहिचानि देहिं बर बाटा॥
जहँ जहँ जाहिं देव रघुराया। करहिं मेघ तहँ तहँ नभ छाया॥
मिला असुर बिराध मग जाता। आवत ही रघुबीर निपाता॥
तुरतहिं रुचिर रूप तेहिं पावा। देखि दुखी निज धाम पठावा॥
पुनि आए जहँ मुनि सरभंगा। सुंदर अनुज जानकी संगा॥
दो०— देखि राम मुख पंकज मुनिबर लोचन भृंग।
सादर पान करत अति धन्य जनम सरभंग॥ ७॥

अर्थ—पुनः मुनि अत्रि के चरण-कमलों में शीश झुका कर देवता, मनुष्य एवं ऋषियों के स्वामी श्रीराम आगे चले! श्रीराम आगे हैं, ततश्च (पुनि) लक्ष्मण उनके पीछे हैं। मुनि के सुन्दर वेष में सजे अत्यन्त शोभित हैं।

दोनों के बीच में सीता किस प्रकार सोभित हो रही हैं, ब्रह्म तथा जीव के बीच में जैसे माया! नदी, वन, पर्वत, दुर्गम घाटियाँ (अवघट घाटा) आदि सभी अपने स्वामी श्रीराम को पहचान कर सुन्दर मार्ग दे देती हैं।

श्रीराम जहाँ-जहाँ जाते हैं, देवता भी साथ हैं तथा मेघ वहाँ-वहाँ आकाश में छाया करते हैं। मार्ग में जाते समय विराध असुर मिला और (उसे) आते ही श्रीराम ने उसका वध कर डाला।

(वध के पश्चात्) तुरन्त ही उसने सुन्दर स्वरूप प्राप्त किया और उसे दु:खी देखकर उसे अपने धाम भेजा। फिर अपने छोटे भाई लक्ष्मण तथा सीता के साथ पुनः वहाँ आये, जहाँ ऋषि शरभंग थे।

श्रीराम के मुख-कमल को देखकर मुनिश्रेष्ठ के नेत्ररूपी भ्रमर आदरपूर्वक (सौन्दर्य की रूप मकरंद) का पान करते हैं, शरभंग का जन्म धन्य है॥ ६॥

टिप्पणी—यह प्रसंग अध्यात्म रामायण में है। श्रीराम के आध्यात्मिक स्वरूप का दिग्दर्शन करना उस सन्दर्भ का उद्देश्य है। सरभंग योग में विश्वास करते थे, अत: योग की अन्तिम परिणति क्या हो सकती है, कवि ने शरभंग प्रसंग द्वारा यह स्पष्ट करने की चेष्टा की है।

कह मुनि सुनु रघुबीर कृपाला। संकर मानस राज मराला॥
जात रहेउँ बिरंचि के धामा। सुनेउँ श्रवन बन अइहहिं रामा॥
चितवत पंथ रहेउँ दिनु राती। अब प्रभु देखि जुड़ानी छाती॥
नाथ सकल साधन मैं हीना। कीन्ही कृपा जानि जन दीना॥
सो कुछ देब न मोहि निहोरा। निज पन राखेहु जन मन चोरा॥
तब लगि रहहु दीन हित लागी। जब लगि मिलौं तुम्हहि तनु त्यागी॥
जोगु जग्य जप तप ब्रत कीन्हा। प्रभु कहुँ देइ भगति बर लीन्हा॥
येहि बिधि सर रचि मुनि सरभंगा। बैठे हृदयँ छाड़ि सब संगा॥
दो०— सीता अनुज समेत प्रभु नील जलद तनु स्याम।
मम हिय बसहु निरंतर सगुन रूप श्रीराम॥ ८॥

अर्थ—मुनि ने कहा! शिव के हृदय-मानस के राजहंस हे कृपाशील श्रीराम! मैं ब्रह्मलोक जा रहा था, (इसी बीच) सुना कि श्रीराम वन में आयेंगे।

तब से मैं रात-दिन मार्ग देखता रहा और अब प्रभु आपको देखकर मेरा हृदय शीतल हो उठा। हे नाथ! मैं समस्त साधनों से हीन हूँ और इस जन को दीन समझकर आपने कृपा की।

हे देव! यह मुझ पर आपका कोई निहोरा (उपकार) नहीं है। भक्तों के मन को चुराने वाले हे श्रीराम! आपने (ऐसा करके) अपने प्रण की रक्षा की है। तब तक इस दीन के हितों की रक्षा के लिए आप ठहरें जब तक कि शरीर त्याग करके आपमें लीन नहीं हो जाऊँ।

योग, यज्ञ, जप, तप, व्रत, आदि (अब तक जो) साधा था उसे श्रीहारि को सौंपकर भक्ति का वरदान ले लिया। इस प्रकार चिता की रचना करके शरभंग ऋषि हृदय से समस्त आसक्ति त्याग करके उस (चिता) पर जा बैठे।

सीता, लक्ष्मण समेत हे नील बादल की भाँति शरीरवाले सगुण रूप हे प्रभु श्रीराम! आप निरन्तर मेरे हृदय में निवास करें॥ ८॥

टिप्पणी—यह शरभंग प्रसंग अध्यात्म रामायण में है। शरभंग योगादि में विश्वास रखते थे किन्तु श्रीराम के प्रभाव से उनका मन श्रीराम की भक्ति में परिवर्तित हुआ। योगादि से भक्ति श्रेष्ठ एवं उपास्य है, यह प्रसंग इसकी सम्पुष्टि करता है। अध्यात्म रामायण में भी अग्नि में दाह के पूर्व शरभंग सीता-लक्ष्मण सहित मेघवर्ण वाले श्रीराम के प्रति अपने को समर्पित करते हैं—

अयोध्याधिपतिर्मेऽस्तु हृदये राघव: सदा।
यद्वामांके स्थिता सीता मेघस्येव तडिल्लता॥

यह प्रसंग वाल्मीकि रामायण में भी है किन्तु वहाँ श्रीराम भक्ति का सन्दर्भ नहीं है।

अस कहि जोग अगिनि तनु जारा। राम कृपा बैकुंठ सिधारा॥
ताते मुनि हरिलीन न भयऊ। प्रथमहिं भेद भगति बर लयऊ॥
रिषि निकाय मुनिबर गति देखी। सुखी भए निज हृदयँ बिसेषी॥

अस्तुति करहिं सकल मुनि बृंदा। जयति प्रनतहित करुनाकंदा॥
पुनि रघुनाथ चले बन आगें। मुनिबर बृंद बिपुल सँग लागे॥
अस्थि समूह देखि रघुराया। पूँछा मुनिन्ह लागि अति दाया॥
जानत हूँ पूँछिअ कस स्वामी। सबँदरसी तुम्ह अंतरजामी॥
निसिचर निकर सकल मुनि खाए। सुनि रघुबीर नयन जल छाए॥
दो०— निसिचर हीन करौं महि भुज उठाइ पन कीन्ह।
सकल मुनिन्ह के आस्रमहि जाइ जाइ सुख दीन्ह॥ ९॥

अर्थ—ऐसा कहकर ऋषि शरभंग ने योगाग्नि में अपना शरीर जला डाला और श्रीराम की कृपा से वे बैकुंठ गये। मुनि श्रीहरि में इसलिए लयता नहीं प्राप्त कर सके क्योंकि (उन्होंने) पहले ही भेद भक्ति को वरण कर लिया था।

ऋषि समूह मुनिश्रेष्ठ शरभंग की गति देखकर अपने हृदय में विशेष रूप से आनन्दित हुए। समस्त मुनि समूह श्रीराम की स्तुति कर रहे हैं कि हे करुणा के मूल, हे शरणागतहितैषी आपकी जय हो।

पुनः श्रीराम आगे चले और विपुल श्रेष्ठ मुनियों का समूह साथ लग गया। हड्डियों के समूह को देखकर श्रीराम को अत्यधिक दया उमड़ी और मुनियों से पूछा!

हे स्वामी! आप (स्वयं) जानते हुए भी स्वयं पूछ रहे हैं—आप तो अन्तर्यामी एवं त्रिकालज्ञ हैं। राक्षस समूह ने ऋषियों को खा डाला है। (इसीलिए अस्थि समूह है) यह सुनते ही श्रीराम के नेत्रों में जल छा गये।

श्रीराम ने भुजा उठाकर प्रतिज्ञा की कि (सम्पूर्ण) पृथ्वी को राक्षसविहीन कर दूँगा और समस्त मुनियों के आश्रमों में जा-जाकर उनको सुख दिया॥ ९॥

टिप्पणी—वाल्मीकि रामायण में ऋषियों की ओर से राक्षसों के वध का प्रस्ताव रखा जाता है और श्रीराम को बताया जाता है कि राक्षसों द्वारा मारे गये ऋषि हड्डियों के ढेर यहाँ हैं हड्डियों के विषय में पूछने का प्रसंग अध्यात्म रामायण में है—

ददर्श तत्र पतितान्यनेकानि शिरांशि सः।
अस्थिभूतानि सर्वत्र रामो वचनमब्रवीत्॥

× × ×

श्रुत्वा वाक्य मुनीनां स भयदैन्य समन्वितम्॥
प्रतिज्ञामकरोद्रामो वधायशेषरक्षसाम्॥

अस्थियाँ कारण हैं, ऋषियों का वध गर्हित कार्य एवं अमांगलिक मूल्यों का प्रतीक है और उन्हें देखकर श्रीराम की आँखों में अश्रु का संचार आदर्शमूल्यों के क्षरण से उपजी करुणा है—जो श्रीराम के व्यक्तित्व को श्रेष्ठ बना देती है।

श्रीराम सर्वोच्च नैतिक मूल्यों की स्थापना के निमित्त स्वयं विगलित हैं—यही इन पंक्तियों में निहित मन्तव्य है।

मुनि अगस्ति कर सिष्य सुजाना। नाम सुतीछन रति भगवाना॥
मन क्रम बचन राम पद सेवक। सपनेहुँ आन भरोस न देवक॥
प्रभु आगवनु स्त्रवन सुनि पावा। करत मनोरथ आतुर धावा॥
हे बिधि दीनबंधु रघुराया। मो से सठ पर करिहहिं दाया॥
सहित अनुज मोहि राम गोसाईं। मिलिहहिं निज सेवक की नाईं॥
मोरें जिय भरोस दृढ़ नाहीं। भगति बिरति न ग्यान मन माहीं॥

नहिं सतसंग जोग जप जागा। नहिं दृढ़ चरन कमल अनुरागा॥
एक बानि करुनानिधान की। सो प्रिय जाके गति न आन की॥
होइहहिं सुफल आजु मम लोचन। देखि बदन पंकज भव मोचन॥
निर्भर प्रेम मगन मुनि ग्यानी। कहि न जाइ सो दसा भवानी॥
दिसि अरु बिदिसि पंथ नहिं सूझा। को मैं चलेउँ कहाँ नहिं बूझा॥
कबहुँक फिरि पाछें पुनि जाई। कबहुँक नृत्य करइ गुन गाई॥
अबिरल प्रेम भगति मुनि पाई। प्रभु देखहिं तरु ओट लुकाई॥
अतिसय प्रीति देखि रघुबीरा। प्रगटे हृदयँ हरन भवभीरा॥
मुनि मग माँझ अचल होइ बैसा। पुलक सरीर पनसफल जैसा॥
तब रघुनाथ निकट चलि आए। देखि दसा निज जन मन भाए॥
मुनिहि राम बहु भाँति जगावा। जाग न ध्यान जनित सुख पावा॥
भूप रूप तब राम दुरावा। हृदयँ चतुर्भुज रूप देखावा॥
मुनि अकुलाइ उठा तब कैसें। बिकल हीनमनि फनिबर जैसें॥
आगे देखि रामु तनु स्यामा। सीता अनुज सहित सुख धामा॥
परेउ लकुट इव चरनन्हि लागी। प्रेम मगन मुनिबर बड़भागी॥
भुज बिसाल गहि लिए उठाई। परम प्रीति राखे उर लाई॥
मुनिहि मिलत अस सोह कृपाला। कनक तरुहि जनु भेंट तमाला॥
राम बदनु बिलोक मुनि ठाढ़ा। मानहुँ चित्र माँझ लिखि काढ़ा॥

दो०— तब मुनि हृदयँ धीर धरि गहि पद बारहिं बार।
निज आस्त्रम प्रभु आनि करि पूजा बिबिध प्रकार॥ १०॥

अर्थ—ऋषि अगस्त्य के एक सहृदय शिष्य थे—सुतीक्ष्ण उनका नाम था तथा श्रीहरि में संसक्त थे। मन, वाणी तथा कर्म से श्रीराम के चरणों के सेवक थे और स्वप्न में भी अन्य देवताओं का भरोसा नहीं था।

प्रभु श्रीराम के आगमन को कानों से जैसे ही सुना, मनोरथ करते हुए आतुर दौड़ पड़े। हे विधाता! दीनबन्धु श्रीराम मुझ जैसे शठ पर क्या दया करेंगे?

स्वामी श्रीराम क्या अपने अनुज लक्ष्मण के साथ मुझ से अपने दास की भाँति मिलेंगे? क्या मुझ जैसे शठ पर वे दया करेंगे? ऐसा मेरे हृदय में दृढ़ विश्वास नहीं होता।

मैंने न तो सत्संग, योग, जप, यज्ञ किये हैं और न तो प्रभु के चरणों में मेरा दृढ़ अनुराग है, हाँ! करुणानिधान श्रीराम की एक बान (आदत : स्वभाव) है कि जिसके पास अन्य का आधार नहीं है वह उन्हें प्रिय है।

संसार की संसक्ति से मुक्ति दिलाने वाले श्रीराम को देखकर आज मेरे नेत्र सफल होंगे। शिव कहते हैं, हे पार्वती! मुनि ज्ञानी पूर्ण प्रेम में मग्न हैं, उनकी उस दशा का वर्णन नहीं करते बनता।

उन्हें दिशाओं एवं दिशा कोणों (बिदिसि) का मार्ग नहीं सूझ रहा है। मैं कौन हूँ, कहाँ चला हूँ, यह समझ में नहीं आ रहा है। कभी फिर कर पीछे पुनः आगे जाते हैं और कभी गुणानुवाद करते हुए नृत्य करने लगते हैं।

मुनि ने प्रगाढ़ प्रेम भक्ति प्राप्त कर ली है, इसे प्रभु श्रीराम वृंक्ष की आड़ में छिप कर देख रहे हैं। मुनि की अतिशय प्रीति देखकर संसारजन्य क्लेश का हरण करनेवाले श्रीराम मुनि के हृदय में प्रकट हो गये।

मुनि सुतीक्ष्ण मार्ग में अचल होकर बैठ गये (बैसा), और कटहल के फल सदृश (रोएँ का

कटहल काय के ऊपर खड़े काँटों सदृश जैसा) उनके शरीर में पुलक पूर्ण रोमांच हो उठा। तब श्रीराम उनके समीप चले आये और अपने भक्त की दशा देखकर मन में प्रसन्न हुए।

श्रीराम ने मुनि को अनेक भाँति से जगाया, परन्तु ध्यानजनित आनन्द की प्राप्तिवश जागे नहीं, श्रीराम ने तब राजा (पुत्र) का स्वरूप छिपा लिया और उनके हृदय में अपना चतुर्भुज स्वरूप दिखाया।

तब (उसे देखकर) मुनि किस प्रकार आकुलित हो उठे जैसे श्रेष्ठ सर्प मणिविहीन व्याकुल हो उठे। सीता तथा अनुज लक्ष्मण सहित नील कलेवर सुख के धाम श्रीराम को आगे देखकर।

वे अतिभाग्यशाली मुनिश्रेष्ठ प्रेम में मग्न दण्ड की भाँति श्रीराम के चरणों में लग गये। श्रीराम ने उन्हें विशाल भुजाओं से पकड़कर उठा लिया और परम प्रीति से विवश हृदय से लगा रखा।

कृपाल श्रीराम मुनि से मिलते हुए इस प्रकार शोभित हो रहे थे मानो स्वर्ण के वृक्ष को तमाल अंकबद्ध किये हो। श्रीराम के मुख को सुतीक्ष्ण मुनि इस प्रकार (एकटक) देख रहे थे, मानो किसी चित्र के अन्तर्गत अंकित करके बनाये (काढ़ा) हुए हों।

उसके पश्चात् मुनि सुतीक्ष्ण ने हृदय में धैर्य धारण करके एवं बार-बार चरण स्पर्श करके श्रीराम को अपने आश्रम में (लगाकर) उनकी अनेक प्रकार से पूजा की॥ १०॥

टिप्पणी—यह भक्ति का प्रसंग है। यहाँ कवि श्रीराम के मूल ब्रह्मत्व से सन्दर्भित प्रसंग को लीला धर्मिता से दबाता नहीं वरन् उद्घाटित करता है। वाल्मीकि तथा अध्यात्म रामायणों में यह प्रसंग वर्तमान है किन्तु भक्ति सन्दर्भ के चरम संसक्तिमूलक सन्दर्भों को यह कवि शीर्ष पर पहुँचाता है। यही इसकी मौलिकता है। परम तन्मयासक्ति रूप भक्ति का चित्रण करना कवि को यहाँ काम्य है।

कह मुनि प्रभु सुनु बिनती मोरी। अस्तुति करौं कवनि बिधि तोरी॥
महिमा अमित मोरि मति थोरी। रबि सन्मुख खद्योत अँजोरी॥
श्याम तामरस दाम शरीरं। जटा मुकुट परिधन मुनि चीरं॥
पाणि चाप शर कटि तूणीरं। नौमि निरंतर श्री रघुवीरं॥
मोह विपिन घन दहन कृशानुः। संत सरोरुह कानन भानुः॥
निशिचर करि बरूथ मृगराजः। त्रातु सदा नो भव खग बाजः॥
अरुण नयन राजीव सुवेशं। सीता नयन चकोर निशेशं॥
हर हृदि मानस बाल मरालं। नौमि राम उर बाहु विशालं॥
संशय सर्प ग्रसन उरगादः। शमन सुकर्कश तर्क विषादः॥
भव भंजन रंजन सुर यूथः। त्रातु सदा नो कृपा वरूथः॥
निर्गुण सगुण विषम सम रूपं। ज्ञान गिरा गोऽतीतमनूपं॥
अमलमखिलमनवद्यमपारं। नौमि राम भंजन महिभारं॥
भक्त कल्प पादप आरामः। तर्जन क्रोध लोभ मद कामः॥
अतिनागर भवसागर सेतुः। त्रातु सदा दिनकर कुल केतुः॥
अतुलित भुज प्रताप बल धामः। कलि मल विपुल विभंजन नामः॥
धर्मवर्म नर्मद गुनग्रामः। संतत शं तनोतु मम रामः॥
जदपि बिरज ब्यापक अबिनासी। सबके हृदय निरंतर बासी॥
तदपि अनुज श्री सहित खरारी। बसतु मनसि मम काननचारी॥
जे जानहिं ते जानहुँ स्वामी। सगुन अगुन उर अंतरजामी॥

जो कोसलपति राजिव नयना। करहु सो रामु हृदय मन अयना॥
अस अभिमान जाइ जनि भोरें। मैं सेवक रघुपति पति मोरें॥
सुनि मुनि बचन राम मन भाए। बहुरि हरषि मुनिबर उर लाए॥
परम प्रसन्न जानु मुनि मोही। जो बर मागहु देउँ सो तोही॥
मुनि कह मैं बर कबहुँ न जाँचा। समुझि न परै झूठ का साँचा॥
तुम्हहि नीक लागै रघुराई। सो मोहि देहु दास सुखदाई॥
अबिरल भगति बिरति बिग्याना। होहु सकल गुन ग्यान निधाना॥
प्रभु जो दीन्ह सो बरु मैं पावा। अब सो देहु मोहि जो भावा॥

दो०— अनुज जानकी सहित प्रभु चाप बान धर राम।
मम हिय गगन इंदु इव बसहु सदा येह काम॥ ११॥

अर्थ—मुनि सुतीक्ष्ण ने कहा कि हे प्रभु! मेरी विनती सुनें। मैं किस प्रकार से आपकी विनती करूँ। आपकी महिमा अनन्त है और मेरी गति अल्प जैसे सूर्य के सम्मुख जुगनू का प्रकाश।

हे नीलकमल की माला के सदृश श्याम शरीरवाले, हे जटाओं के मुकुट एवं मुनियों के वस्त्र से अलंकृत, हाथ में धनुष बाण, कटिप्रदेश में तरकस धारण करनेवाले हे श्रीराम, मैं निरन्तर भाव से आपको नमन करता हूँ।

मोहरूपी गहन वन को भस्मसात् करनेवाले, संतरूपी कमल वन के लिए सूर्य स्वरूप, राक्षस रूपी हाथियों के समूह को (नष्ट करने के लिए) सिंह, जन्म-मृत्यु रूप संसार-खग के लिए बाज स्वरूप हे श्रीराम! आप मेरी निरन्तर रक्षा करें।

कमलवत् अरुण नेत्रवाले, सुन्दर वेष विन्यास युक्त, सीता ने नयन-चकोर के लिए चन्द्र स्वरूप, शिव के हृदय (मानस) में निवास करनेवाले बालहंस स्वरूप, तथा हे विशाल बाहुवाले श्रीराम! मैं आपको नमस्कार करता हूँ।

संशयरूपी सर्प को ग्रसनेवाले वरुणस्वरूप अत्यन्त कठोर तर्क से उत्पन्न विषाद के शमनकर्त्ता, संसारजनित पीड़ा को नष्ट करनेवाले, देव समूहों को आनन्दित करनेवाले हे कृपा के भंडार श्रीराम! मेरी रक्षा करें।

हे निर्गुण तथा सगुण स्वरूप, विषम तथा सम स्वरूप, ज्ञान, वाणी तथा इन्द्रियों से अतीत, हे निर्मल, सम्पूर्ण , दोषरहित एवं अपार स्वरूप तथा पृथ्वी का भार नष्ट करने वाले श्रीराम! मैं आपको नमन करता हूँ।

भक्तों के लिए कल्पवृक्ष की वाटिका (आराम : अँवराई) स्वरूप, क्रोध, लोभ, मद तथा काम को नष्ट (तर्जन) करने वाले, हे भवसागर के लिए सेतु स्वरूप तथा सूर्य कुल की ध्वजा (केतु) सदैव मेरी रक्षा करें।

भुजाओं में स्थित अतुलनीय प्रतापयुक्त, शक्ति के धाम स्वरूप, कलियुग से उत्पन्न दोषों को नष्ट करने में समर्थ नामवाले, धर्म के कवच, तथा आनन्ददायी गुण समूहों से युक्त हे श्रीराम! आप निरन्तर मेरा कल्याण करें।

यद्यपि आप निर्मल, व्यापक एवं अविनाशी हैं फिर भी, सभी के हृदय में निरन्तर निवास करने वाले हैं तथा अनुज लक्ष्मण तथा सीता सहित वन में विचरण करनेवाले हे खर नामक राक्षस के हन्ता श्रीराम, आप मेरे हृदय में विचरण करें।

हे स्वामी! जो आपको सगुण-निर्गुण और सभी के हृदय में उपस्थित अर्न्तयामी जानें उन्हें आप भी उसी प्रकार जानें! किन्तु जो कलमनेत्रवत् कोशलाधीश श्रीराम हैं, वह आप श्रीराम! मेरे हृदय को आवास बनायें।

ऐसा अभिमान भूल करके भी न नष्ट हो कि मैं सेवक हूँ और श्रीराम मेरे स्वामी हैं। मुनि के वचन को सुनकर श्रीराम अत्यधिक प्रसन्न हुए और पुनः हर्षित होकर हृदय से लगा लिया।

(उन्होंने कहा) हे मुनि! मुझे परम प्रसन्न जानो, जो वर की याचना करो मैं उसे तुम्हें दूँ। मुनि सुतीक्ष्ण ने उत्तर दिया, हे प्रभु! मैंने वर कभी भी नहीं माँगा, मुझे समझ में नहीं आता कि झूठ क्या है, सत्य क्या है।

हे श्रीराम! आपको जो अच्छा लगे, भक्तों को सुख देने वाला वरदान मुझे प्रदान करें। (श्रीराम ने कहा! हे सुतीक्ष्ण!) अविरल भक्ति, विरति, विज्ञान तथा समस्त गुणों एवं ज्ञान के भंडार बनो।

(सुतीक्ष्ण ने कहा) हे प्रभु! आपने जो मुझे प्रदान किया मैंने उसे प्राप्त कर लिया, अब मुझे जो अच्छा लगता है उसे प्रदान करें।

हे प्रभु! हे श्रीराम! लक्ष्मण-सीता सहित धनुष बाण धारण करने वाले (स्वरूप में) आप स्थिर भाव से मेरे हृदयाकाश में सदैव चन्द्रमा की भाँति निवास करें॥ ११॥

टिप्पणी—भक्त के आदर्श स्वरूप तथा उसकी सर्वोच्चत्ता की ओर तुलसी सबका ध्यान आकर्षित करते हैं। उनके अनुसार सुतीक्ष्ण की भक्ति श्रेष्ठतम भक्ति के लिए मानक है। कवि इस भक्ति के द्वारा अपनी भक्ति के सर्वतोत्कृष्ट मानक को स्थापित करना चाहता है। सुतीक्ष्ण का प्रसंग यद्यपि अध्यात्म तथा वाल्मीकि रामायणों में है किन्तु तुलसी अपने दृष्टिकोण तथा मन्तव्य को ध्यान में रखकर यहाँ परिवर्तन करते हैं।

एवमस्तु कहि रमानिवासा। हरिष चले कुंभज रिषि पासा॥
बहुत दिवस गुर दरसनु पाए। भए मोहि येहि आश्रमु आए॥
अब प्रभु संग जाउँ गुर पाहीं। तुम्ह कहुँ नाथ निहोरा नाहीं॥
देखि कृपानिधि मुनि चतुराई। लिये संग बिहँसे द्वौ भाई॥
पंथ कहत निज भगति अनूपा। पुनि आस्रम पहुँचे सुरभूपा॥
तुरत सुतीछन गुर पहि गएऊ। करि दंडवत कहत अस भएऊ॥
नाथ कोसलाधीस कुमारा। आए मिलन जगत आधारा॥
राम अनुज समेत बैदेही। निसि दिनु देव जपत हहु जेही॥
सुनत अगस्ति तुरत उठि धाये। हरिबिलोकि लोचन जल छाये॥
मुनि पद कमल परे द्वौ भाई। रिषि अति प्रीति लिये उर लाई॥
सादर कुसल पूँछि मुनि ज्ञानी। आसन पर बैठारे आनी॥
पुनि करि बहु प्रकार प्रभु पूजा। मोहि सम भाग्यवंत नहिं दूजा॥
जहँ लगि रहे अमर मुनि बृंदा। हरषे सब बिलोकि सुख कंदा॥

दो०— मुनि समूह महँ बैठे सनमुख सब की ओर।
सरद इंदु तन चितवत मानहुँ निकर चकोर॥ १२॥

अर्थ—श्रीराम एवमस्तु कहकर हर्षित भाव से अगस्त्य ऋषि के पास चले। [सुतीक्ष्ण ने श्रीराम से कहा कि] मुझे गुरु का दर्शन पाये हुए बहुत दिन हुए क्योंकि इस आश्रम में आये बहुत दिन हुए।

हे प्रभु! अब मैं आपके साथ गुरु के पास चलता हूँ, और इसमें मेरा आप पर कोई निहोरा (एहसान) नहीं है। कृपानिधान श्रीराम मुनि की चतुरता देखते हुए दोनों भाई हँस पड़े तथा उन्हें साथ ले लिया।

मार्ग में अपनी अनुपम भक्ति का वर्णन करते हुए देवताओं के स्वामी श्रीराम मुनि अगस्त्य के आश्रम पर पहुँचे। सुतीक्ष्ण तुरन्त गुरु के पास गये और दण्डवत् करके इस प्रकार कहने लगे।

हे नाथ! अयोध्या के राजा दशरथ के पुत्र जो सृष्टि के आधार हैं हे देव! रात्रि दिन आप जिसका जप करते रहते हैं; अपने अनुज लक्ष्मण तथा पत्नी सीता सहित वे श्रीराम आप से मिलने आये हैं।

इसे सुनते ही अगस्त्य तुरन्त उठकर दौड़ पड़े और श्रीहरि को देखकर उनके नेत्रों में प्रेमाश्रु छा गये। दोनों भाई मुनि के चरण-कमलों पर पड़े तथा ऋषि ने अत्यन्त प्रीतिपूर्वक उन्हें हृदय से लगा लिया।

ज्ञानी मुनि ने आदरपूर्वक कुशल-क्षेम पूछकर श्रेष्ठ आसन पर ले आकर बैठाया और पुनः अनेक प्रकार से श्रीराम की पूजा करके कहा कि मेरे सदृश अन्य कोई भाग्यशाली नहीं है।

जहाँ तक अन्य ऋषिगण थे, सभी श्रीराम को देखकर हर्षित हुए।

मुनिगणों के समूह में श्रीराम सबके सम्मुख होकर बैठे, (सभी ऋषि गण उन्हें इस प्रकार देख रहे थे) मानो शरद् पूर्णिमा के (पूर्ण) चन्द्र को चकोर समूह देख रहे हों॥ १२॥

टिप्पणी—अगस्त्य का प्रसंग अध्यात्म तथा वाल्मीकि दोनों रामायणों में है। अगस्त्य वैदिक ऋषियों में सबसे अधिक प्रभावशाली थे और वैदिक धर्म का प्रचार सुदुर दक्षिण में रहकर किया करते थे। वाल्मीकि रामायण के अनुसार श्रीराम रावणवध की मंत्रणा के लिए उनसे मिले थे किन्तु कवि मानस में सम्पूर्ण सन्दर्भ को भक्ति तथा धार्मिक मन्तव्य से जोड़ता है। वाल्मीकि रामायण के अनुसार पंचवटी में रहने का प्रस्ताव अगस्त्य देते हैं और यह सन्दर्भ यहाँ भी संकेत मात्र से कहा गया है।

तब रघुबीर कहा मुनि पाहीं। तुम्ह सन प्रभु दुराव कछु नाहीं॥
तुम्ह जानहु जेहि कारन आएउँ। तातें तात न कहि समुझाएउँ॥
अब सो मंत्र देहु प्रभु मोही। जेहि प्रकार मारौं मुनि द्रोही॥
मुनि मुसुकाने सुनि प्रभु बानी। पूछेहु नाथ मोहिं का जानी॥
तुम्हरेइ भजन प्रभाव अधारी। जानउँ महिमा कछुक तुम्हारी॥
ऊमरि तरु बिसाल तव माया। फल ब्रह्मांड अनेक निकाया॥
जीव चराचर जंतु समाना। भीतर बसहिं न जानहिं आना॥
ते फल भच्छक कठिन कराला। तव भय डरत सदा सोउ काला॥
ते तुम्ह सकल लोकपति साईं। पूँछेहु मोहि मनुज की नाईं॥
यह बर मागौं कृपानिकेता। बसहु हृदय श्री अनुज समेता॥
अबिरल भगति बिरति सतसंगा। चरन सरोरुह प्रीति अभंगा॥
जद्यपि ब्रह्म अखंड अनंता। अनुभवगम्य भजहिं जेहि संता॥
अस तव रूप बखानौं जानउँ। फिरि फिरि सगुन ब्रह्म रति मानउँ॥
संतत दासन्ह देहु बड़ाई। तातें मोहि पूछेहु रघुराई॥
है प्रभु परम मनोहर ठाऊँ। पावन पंचवटी तेहि नाऊँ॥
दंडक बनु पुनीत प्रभु करहू। उग्र साप मुनिबर कै हरहू॥
बास करहु तहँ रघुकुल राया। कीजै सकल मुनिन्ह पर दाया॥
चले राम मुनि आयसु पाई। तुरतहि पचंबटी निअराई॥

दो०— गीधराज सैं भेंट भइ बहु बिधि प्रीति बढ़ाइ।
गोदावरी निकट प्रभु रहे परनगृह छाइ॥ १३॥

अर्थ—तब श्रीराम ने ऋषि अगस्त्य से कहा कि हे प्रभु! आप से कोई छिपाव नहीं है। मैं जिस कारण से यहाँ आया हूँ, इसी से, हे तात! मैंने (उसे) विशेष रूप से समझा कर नहीं बताया।

हे प्रभु! अब आप कुछ ऐसा मंत्र (सलाह) दें—जिस प्रकार से मैं मुनि-द्रोहियों (राक्षसों) को मारूँ। श्रीराम की वाणी सुनकर मुनि मुस्कराये, हे नाथ! (आपने यह) मुझसे क्या समझकर पूछा है?

हे पापों के विनाशक! मैं आपके ही भजन के प्रभाव से आपकी थोड़ी बहुत महिमा जानता हूँ। आपकी माया विशाल गूलर वृक्ष के समान है और (उसमें) अनेक ब्रह्मांडों के समान फल हैं।

सचराचर के जीव गूलर फल के अन्दर स्थित जन्तुओं के सदृश हैं, वे भीतर ही निवास करते हैं तथा अन्य को (जो बाहर हैं उन्हें) नहीं जानते। उन फलों का भक्षक कठिन कराल है और वह भी सदैव आपके भय से डरता रहता है।

ऐसे आप उन समस्त लोकों के स्वामी होकर मुझसे मनुष्य की भाँति पूछते हैं। हे कृपा के धाम श्रीराम, मैं (आपसे) यह वर माँग रहा हूँ कि आप सीता तथा लक्ष्मण सहित मेरे हृदय में निवास करें।

मुझे अभंग भक्ति, वैराग्य, सत्संग एवं आपके चरण-कमलों में अटूट प्रेम प्राप्त हो। यद्यपि आप अखंड एवं अनंत ब्रह्म हैं फिर भी आप अनुभव से जाने जाते हैं तथा (उसी के आधार पर) सन्त जन आपका भजन करते हैं—

मैं आपके इस प्रकार के स्वरूप को जानता बखानता हूँ फिर भी सगुण ब्रह्म में ही मैं संसक्ति रखता हूँ। आप निरन्तर सेवकों को बड़प्पन देते रहते हैं अतः इसीलिए हे श्रीरान! आपने मुझसे यह पूछा।

हे प्रभु! परम मनोरम तथा पवित्र स्थान है, पंचवटी उसका नाम है, हे स्वामी! आप दण्डक वन को पवित्र करें और मुनि (गौतम) के उग्र शाप को दूर करें।

हे रघुवंश के स्वामी! आप वहाँ सम्पूर्ण मुनियों पर दया करते हुए निवास करें। श्रीराम अगस्त्य मुनि की आज्ञा पाकर चल पड़े और शीघ्र ही, पंचवटी के समीप पहुँचे।

श्रीराम की वहाँ गृद्धराज से भेंट हुई तथा अनेक प्रकार से प्रेम बढ़ाकर प्रभु श्रीराम गोदावरी के समीप पर्णकुटी बनाकर रहने लगे॥ १३॥

टिप्पणी—अगस्त्य मुनि की भक्ति का सन्दर्भ अध्यात्म रामायण में निर्दिष्ट है, कवि यहाँ उस प्रसंग को आगे बढ़ाता है।

जब ते राम कीन्ह तहँ बासा। सुखी भये मुनि बीती त्रासा॥
गिरि बन नदी ताल छबि छाए। दिन दिन प्रति अति होहिं सुहाए॥
खग मृग बृंद अनंदित रहहीं। मधुप मधुर गुंजत छबि लहहीं॥
सो बनु बरनि न सक अहिराजा। जहाँ प्रगट रघुबीर बिराजा॥
एक बार प्रभु सुख आसीना। लछिमन बचन कहे छल हीना॥
सुर नर मुनि सचराचर साईं। मैं पूछउँ निज प्रभु की नाईं॥
मोहि समुझाइ कहहु सोइ देवा। सब तजि करौं चरन रज सेवा॥
कहहु ग्यान बिराग अरु माया। कहहु सो भगति करहु जेहिं दाया॥
दो०— ईस्वर जीव भेद प्रभु सकल कहहु समुझाइ।
जा तें होइ चरन रति सोक मोह भ्रम जाइ॥ १४॥

अर्थ—श्रीराम ने जब से वहाँ निवास करना प्रारम्भ किया, मुनिगण सुखी हो उठे और उनके भय जाते रहे। पर्वत, वन, नदी, तालाब शोभा से छा गये तथा दिन-प्रतिदिन और अधिक सुहावने होने लगे।

पक्षी तथा पशुओं के समूह आनन्दपूर्वक रहने लगे और मधुर गुंजार करते हुए भ्रमर शोभित

होने लगे। जहाँ श्रीराम स्वयं प्रकट भाव से विराजमान हैं, उस वन का वर्णन शेषनाग भी करने में असमर्थ हैं।

एक बार श्रीराम सुखपूर्वक बैठे थे, उस समय लक्ष्मण ने छलहीन वाणी में कहा। हे देव, मुनि, मनुष्य तथा सचराचर के स्वामी! मैं (आप से) अपने स्वामी की भाँति पूछता हूँ।

मुझे समझाकर उसे (परमार्थ तत्त्व को) बताइये ताकि मैं सबकुछ त्याग करके आपके चरण-रज की सेवा करूँ। आप ज्ञान, विज्ञान तथा माया के विषय में बताइये और उस भक्ति के विषय में भी कहें, जिसके फलस्वरूप आप (भक्तों पर) दया करते हैं।

हे प्रभु! आप ईश्वर तथा जीव के समस्त भेदों को समझाकर बतायें जिससे आपके चरणों में संसक्ति हो तथा सम्पूर्ण शोक, मोह एवं भ्रम विनष्ट हो जाये॥ १४॥

टिप्पणी—लक्ष्मण का यह प्रसंग भक्ति की अवतारणा के लिए रखा गया है। यह प्रसंग अध्यात्म रामायण में भी है और इसे 'लक्ष्मण गीता' के नाम से पुकारा जाता है। कवि सम्पूर्ण मानस में 'सेवक-सेवा' भाव की भक्ति की स्थापना करता है जिसके अन्तर्गत एक मात्र स्वामी श्रीराम हैं। वह लोक सम्बन्धों का तिरस्कार करके सम्पूर्ण मानस में 'सेवक सेव्य' सम्बन्ध को ही एक मात्र सम्बन्ध मानता है। दशरथ, कौसल्या, भरत, लक्ष्मण आदि इसके उदाहरण हैं। यहाँ कवि लक्ष्मण भातृत्व सम्बन्ध को सेवक सम्बन्ध में परिणत करके उसे सार्थकता प्रदान करता है।

थोरेहि महु सबु कहउँ बुझाई। सुनहु तात मति मन चितु लाई॥
मैं अरु मोर तोर तैं माया। जेहि बस कीन्हे जीव निकाया॥
गो गोचर जहँ लगि मन जाई। सो सब माया जानेहु भाई॥
तेहिकर भेद सुनहु तुम्ह सोऊ। बिद्या अपर अबिद्या दोऊ॥
एक दुष्ट अतिसय दुख रूपा। जा बस जीव परा भव कूपा॥
एक रचइ जग गुन बस जाकें। प्रभु प्रेरित नहिं निज बल ताकें॥
ग्यान मान जहँ एकउ नाहीं। देखि ब्रह्म समान सब माहीं॥
कहिअ तात सो परम बिरागी। त्रिन सम सिद्धि तीनि गुन त्यागी॥
दो०— माया ईस न आपु कहुँ जान कहिअ सो जीव।
बंध मोच्छप्रद सर्ब पर माया प्रेरक सीव॥ १५॥

अर्थ—हे तात! मैं संक्षेप में ही समझाकर बताता हूँ तुम मन तथा चित्र को संलग्न करके सुनो! मैं और मेरा, तुम तथा तुम्हारा (भाव) माया है जिसने (समस्त) जीवन समूहों को वश में कर रखा है।

इन्द्रियों के विषय तथा जहाँ तक मन जाता है, हे भाई! वह सब माया है, ऐसा समझो! तुम उसके भी भेदों को सुनो, वे दो हैं—एक विद्या और दूसरा भेद अविद्या।

एक अतिशय दुःख स्वरूपा है जिसके वश में होकर जीवन भवकूप में पड़ा है। और एक (विद्या) जिसके वश में गुण हैं, संसार की रचना करती है, उसके पास अपनी शक्ति नहीं है, वह प्रभु से ही प्रेरित है।

ज्ञान वह है जहाँ मान आदि (वासना प्रपंच) नहीं हैं और वह (ज्ञान) सभी में समान रूप से ब्रह्म देखता है। हे तात! उसी को परम विरागी समझो जो सिद्धियों तथा तीनों गुणों को तिनके के समान त्याग देता है।

जो माया, ईश्वर एवं अपने स्वरूप को नहीं जानता उसे जीव कहना चाहिए तथा जो माया एवं मोक्ष प्रदान करने वाला है, सभी से पर तथा माया का प्रेरक है, वह ईश्वर है॥ १५॥

टिप्पणी—कवि यहाँ 'लक्ष्मण गीता' के अन्तर्गत माया, ज्ञान, कर्म, जीव एवं ईश्वर के स्वरूप

का निरूपण करता है। कवि का यह तात्त्विक चिन्तन परम्परित है, किन्तु वह किसी मतवाद से नहीं जुड़ा है। वह दार्शनिक मन्तव्यों के विषय में स्वानुभव प्रेरित टिप्पणी देता है।

धर्म तें बिरति जोग तें ग्याना। ग्यान मोच्छप्रद बेद बखाना॥
जा तें बेगि द्रवउँ मैं भाई। सो मम भगति भगत सुखदाई॥
सो सुतंत्र अवलंब न आना। तेहि आधीन ग्यान बिग्याना॥
भगति तात अनुपम सुख मूला। मिलइ जो संत होइ अनुकूला॥
भगति के साधन कहउँ बखानी। सुगम पंथ मोहि पावहिं प्रानी॥
प्रथमहिं बिप्र चरन अति प्रीती। निज निज कर्म निरत श्रुति रीती॥
येहि कर फल पुनि बिषय बिरागा। तब मम धर्म उपज अनुरागा॥
स्त्रवनादिक नव भगति दृढ़ाहीं। मम लीला रति अति मन माहीं॥
संत चरन पंकज अतिप्रेमा। मन क्रम बचन भजन दृढ़ नेमा॥
गुरु पितु मातु बंधु पति देवा। सब मोहि कहँ जानै दृढ़ सेवा॥
मम गुन गावत पुलक सरीरा। गदगद गिरा नयन बह नीरा॥
काम आदि मद दंभ न जाके। तात निरंतर बस मैं ताके॥
दो०— बचन कर्म मन मोरि गति भजनु करहिं निहकाम।
तिनके हृदय कमल महुँ करउँ सदा बिश्राम॥ १६॥

अर्थ—धर्म से वैराग्य एवं योग से ज्ञान उत्पन्न होता है। ज्ञान मोक्षदायी है, ऐसा वेदादि कहते हैं। हे भाई! (भक्त के) जिस कार्य से मैं शीघ्र ही द्रवित हो उठूँ, वह मेरी भक्तों के अनन्द देने वाली भक्ति है।

यह भक्ति स्वतंत्र है और इसे (अन्य साधन की) अपेक्षा नहीं है तथा ज्ञान एवं विज्ञानादि इसके अधीन हैं। हे तात! भक्ति विलक्षण एवं आनन्द की मूल है और वह तभी मिलती है, जब सन्त जन अनुकूल होते हैं।

अब मैं भक्ति के साधनों का बखान करता हूँ, वह सुगम मार्ग है, जिससे जीवन मुझको सहज ही प्राप्त कर लेते हैं। सर्वप्रथम ब्राह्मणों के चरणों में अत्यधिक प्रीति हो और वैदिक मर्यादा के अनुसार सभी अपने-अपने वर्णाश्रम धर्म में संलग्न रहे।

इसका फल पुनः विषयों से वैराग्य होगा और तब वैराग्य होने पर मेरे विषय में प्रेम उत्पन्न होगा। श्रवण, मननादि नवधा भक्ति दृढ़ होगी और तब मन में मेरी लीलाओं के प्रति अत्यधिक प्रेम उत्पन्न होगा।

संतों के चरण-कमलों में अत्यधिक प्रेम हो तथा मन, कर्म एवं वाणी से भजन का दृढ़ नियम हो। गुरु, पिता, माता, बन्धु, पति और देवता सब कुछ मुझे ही जाने और मेरे प्रति दृढ़ सेवा भाव हो।

मेरा गुणानुवाद करते समय जिसका शरीर पुलकित हो उठे, वाणी गदगद हो उठे, नेत्रों से अश्रु प्रवाह होने लगे। जिसके हृदय में काम, मद तथा दम्भ आदि न हों, हे तात! मैं निरन्तर उसके वश में हूँ।

जिसकी वाणी, कर्म एवं मन में (एकमात्र) मेरी ही गति है और जो निष्काम भाव से मेरा भजन करते रहते हैं मैं उनके कमलवत् हृदय में सदैव विश्राम किया करता हूँ॥ १६॥

टिप्पणी—मध्यकालीन भक्ति लीला भाव के प्रति सर्वात्म समर्थनमूलक रही है। भक्ति के इसी स्वरूप का कथन अध्यात्म रामायण में हुआ है। कवि उसी के प्रभाव से भक्ति की प्रक्रिया का वर्णन करता है। कवि यहाँ जिस भक्ति का निरूपण कर रहा है, वह सर्वात्म समर्पण मूल्य भक्ति है।

भगति जोग सुनि अति सुख पावा। लछिमन प्रभु चरनन्हि सिरु नावा॥
एहि बिधि गए कछुक दिन बीती। कहत बिराग ग्यान गुन नीती॥
सूपनखा रावन कै बहिनी। दुष्ट हृदय दारुन जस अहिनी॥
पंचबटी सो गइ एक बारा। देखि बिकल भइ जुगल कुमारा॥
भ्राता पिता पुत्र उरगारी। पुरुष मनोहर निरखत नारी॥
होइ बिकल सक मनहिं न रोकी। जिमि रबिमनि द्रव रबिहिं बिलोकी॥
रुचिर रूप धरि प्रभु पहिं जाई। बोली बचन बहुत मुसुकाई॥
तुम्ह सम पुरुष न मो सम नारी। यह सँजोग बिधि रचा बिचारी॥
मम अनुरूप पुरुष जग माहीं। देखेउँ खोजि लोक तिहुँ नाहीं॥
ता तें अब लगि रहिउँ कुमारी। मनु माना कछु तुम्हहि निहारी॥
सीतहि चितइ कही प्रभु बाता। अहै कुमार मोर लघु भ्राता॥
गइ लछिमन रिपु भगिनी जानी। प्रबु बिलोकि बोले मृदु बानी॥
सुंदरि सुनु मैं उन्ह कर दासा। पराधीन नहिं तोर सुपासा॥
प्रभु समर्थ कोसलपुर राजा। जो कछु करहिं उन्हहिं सब छाजा॥
सेवक सुख चह मान भिखारी। ब्यसनी धन सुभ गति बिभिचारी॥
लोभी जसु चह चार गुमानी। नभ दुहि दूध चहत ए प्रानी॥
पुनि फिरि रामु निकट सो आई। प्रभु लछिमन पहिं बहुरि पठाई॥
लछिमन कहा तोहि सो बरई। जो तृन तोरि लाज परिहरई॥
तब खिसिआनि राम पहिं गई। रूप भयंकर प्रगटत भई॥
सीतहि सभय देखि रघुराई। कहा अनुज सन सयन बुझाई॥

दो०— लछिमन अति लाघव सों नाक कान बिनु कीन्हि।
ता के कर रावन कहुँ मनौ चुनौती दीन्हि॥ १७॥

अर्थ—भक्ति योग को सुनकर लक्ष्मण ने अत्यन्त सुख प्राप्त किया और उन्होंने प्रभु श्रीराम के चरणों में शीश झुकाया। इस प्रकार ज्ञान, वैराग्य, गुण और नीति कहते हुए कुछ दिन व्यतीत हो गए।

शूर्पणखा नामक रावण की एक बहन थी, वह नागिन की भाँति भयानक एवं दुष्ट हृदया थी। वह एक बार पंचवटी गई और दोनों राजकुमारों को देखकर व्याकुल हो उठी।

हे गरुड़! (कामान्ध नारियाँ) मनोहर पुरुष चाहे वह भाई, पिता, पुत्र ही क्यों न हो उन्हें देख करके वे व्याकुल हो उठती हैं और मन के आवेग को रोक नहीं पातीं जैसे सूर्य को देखकर सूर्यकान्त मणि द्रवित हो उठती है।

सुन्दर रूप धारण करके तथा प्रभु श्रीराम के पास जा करके बहुत मुस्कराती हुई मधुर वाणी बोली—तुम्हारे समान न तो कोई पुरुष है और न मेरे समान नारी। यह संयोग (जोड़ा) विधाता ने बहुत विचार कर बनाया है।

मेरे अनुरूप पुरुष संसार में नहीं है, मैंने तीनों लोकों में खोजकर देख लिया है। इस लिए अब तक अविवाहिता रही। अब आपको देखकर मेरा चित्त कुछ सन्तुष्ट हुआ।

सीता की ओर देखकर प्रभु श्रीराम ने यह बात कही कि अभी मेरा छोटा भाई क्वाँरा है। इसलिए वह तब लक्ष्मण के पास गई। लक्ष्मण उसे शत्रु की बहन जानकर और श्रीराम की ओर देखकर मृदु वाणी में बोले।

हे सुन्दरी! सुनो, मैं उनका दास हूँ और पराधीन हूँ अतः तुम्हारी सुख-साधन व्यवस्था

(सुपास) नहीं हो सकेगी। स्वामी समर्थ हैं, कोशलाधीश हैं, वे जो कुछ करें, उन्हें सब फबता है।

सेवक सुख की कामना करे, भिखारी सम्मान चाहे, व्यसनी व्यक्ति धन की कामना करे, व्यभिचारी शुभ गति चाहे, लोभी यश चाहे, अभिमानी धर्म, अर्थ , काम, मोक्ष की कामना करे—ये सभी के सभी (कामनाशील) प्राणी आकाश दुह कर दूध प्राप्त करना जैसे (असम्भव) चाहते हैं।

वह पुनः लौटकर श्रीराम के समीप आई और प्रभु ने पुनः उसे लक्ष्मण के पास भेजा। लक्ष्मण ने कहा, तुम्हारा वही वर करेगा जो तृण तोड़ करके (पूरी तरह से संकल्पबद्ध होकर) लज्जा का त्याग कर दे।

तब वह क्रुद्ध होती हुई श्रीराम के पास गई और अपना भयंकर स्वरूप प्रकट किया, सीता को भयातुर देखकरके श्रीराम ने लक्ष्मण को संकेत देकर कहा।

लक्ष्मण ने, तब, अत्यन्त फुर्ती (लाघव) से उसे बिना नाक कान का कर दिया। (उन्होंने) मानो उसके हाथ से रावण को चुनौती दी हो॥ १७॥

टिप्पणी—शूर्पणखा का प्रसंग पूरक कथा है। पंचवटी तक आकर सम्पूर्ण श्रीरामकथा स्थिर हो चुकी थी। कवि इस कथा को इस शूर्पणखा प्रसंग के द्वारा रावण की ओर उन्मुख करता है। रामकथा के उत्तरार्ध का श्रीगणेश इस कथा से होता है।

नाक कान बिनु भइ बिकरारा। जनु स्त्रव सैल गेरु कै धारा॥
खर दूषन पहिं गइ बिलपाता। धिग धिग तव पौरुष बल भ्राता॥
तेहि पूछा सब कहेसि बुझाई। जातुधान सुनि सेन बनाई॥
धाए निसिचर निकर बरूथा। जनु सपच्छ कज्जल गिरि जूथा॥
नाना बाहन नानाकारा। नानायुध धर घोर अपारा॥
सूपनखा आगें करि लीन्ही। असुभ रूप श्रुति नासा हीनी॥
असगुन अमित होहिं भयकारी। गनहिं न मृत्यु बिबस सब झारी॥
गर्जहिं तर्जहिं गगन उड़ाहीं। देखि कटकु भट अति हरषाहीं॥
कोउ कह जिअत धरहु द्वौ भाई। धरि मारहु त्रिय लेहु छड़ाई॥
धूरि पूरि नभ मंडल रहा। राम बोलाइ अनुज सन कहा॥
लै जानकिहि जाहु गिरि कंदर। आवा निसिचर कटकु भयंकर॥
रहेहु सजग सुनि प्रभु कै बानी। चले सहित श्री सर धनु पानी॥
देखि राम रिपु दल चलि आवा। बिहँसि कठिन कोदंड चढ़ावा॥

अर्थ—बिना नाक कान के वह विकराल हो उठी मानो पर्वत से गेरू की धारा स्त्रवित हो रही हो। वह विलाप करती हुई खर दूषण के पास गई और (धिक्कारते हुए कहा) हे भ्राता! तुम्हारे बल तथा पौरुष को धिक्कार है।

उन दोनों ने पूछा, तब उसने समझाकर कहा, सुनकर राक्षसों की सेना तैयार की। राक्षसों के समूह झुंड के झुंड दौड़ पड़े मानो पंखमुक्त कज्जल के पर्वतों के झुंड हों।

नाना प्रकार के आकारयुक्त नाना प्रकार के वाहनों पर अनेक प्रकार के असंख्य भयंकर हथियार धारण किये हुए हैं। उस कान-नाक विहीन अशुभ रूपवाली शूर्पणखा को सबने आगे कर लिया।

अनेक प्रकार के भयावह अपशकुन होने लगे और सभी-के-सभी मृत्यु के वशवर्ती होने के कारण उसको कुछ नहीं गिनते। गरजते हैं, ललकारते हैं, आकाश में उड़ते हैं और सेना को देखकर योद्धागण अत्यधिक हर्षित होते हैं।

कोई एक कहता है कि दोनों भाइयों को जीवित ही पकड़ लो और पकड़ कर मार डालो

तथा उनसे स्त्री को छीन लो। सम्पूर्ण आकाश धूल से परिपूर्ण हो उठा तब श्रीराम ने लक्ष्मण को बुलाया उनसे कहा।

राक्षसों की भयंकर सेना आ गई है (तुम) सीता को पर्वत कन्दरा में ले जाओ। सदैव सजग रहना। प्रभु श्रीराम की वाणी सुनकर सीता को लिये धनुष बाण सहित चले।

श्रीराम ने यह देखकर कि शत्रुओं की सेना समीप चली आई है, हँसकर कठिन कोदंड चढ़ाया।

छंद— कोदंड कठिन चढ़ाइ सिर जट जूटु बाँधत सोह क्यों।
मरकत सयल पर लरत दामिनि कोटि सों जुग भुजग ज्यों॥
कटि कसि निषंग बिसाल भुज गहि चाप बिसिख सुधारि कै।
चितवत मनहुँ मृगराज प्रभु गजराज घटा निहारि कै॥

दो०— आइ गए बगमेल धरहु धरहु धावत सुभट।
जथा बिलोकि अकेल बाल रबिहि घेरत दनुज॥ १८॥

कठिन धनुष चढ़ाकर तथा सिर पर जटाजूट बाँधते श्रीराम कैसे शोभित हो रहे थे मानो मरकट मणि के पर्वत पर करोड़ों बिजलियों से दो सर्प लड़ रहे हों। कमर में तरकस कसकर, विशाल भुजाओं में धनुष धारण करके और बाण सुधार कर राक्षस सेना को इस प्रकार देखते हैं, मानो मतवाले हाथियों के समूह को आते हुए देखकर सिंह घूरता हो।

वगमेल होकर (समूहबद्ध होकर) राक्षस सेना आ गई और पकडो, पकड़ो कहकर योद्धा दौड़ रहे हैं। जैसे बाल-सूर्य को अकेले देखकर राक्षस समूह उसे घरते हों॥ १८॥

प्रभु बिलोकि सर सकहि न डारी। थकित भई रजनीचर धारी॥
सचिव बोलि बोले खरदूषन। यह कोउ नृप बालक नर भूषन॥
नाग असुर सुर नर मुनि जेते। देखे जिते हते हम केते॥
हम भरि जन्म सुनहु सब भाई। देखी नहिं असि सुंदरताई॥
जद्यपि भगिनी कीन्हि कुरूपा। बध लायक नहिं पुरुष अनूपा॥
देहु तुरत निज नारि दुराई। जीअत भवन जाहु द्वौ भाई॥
मोर कहा तुम्ह ताहि सुनावहु। तासु बचन सुनि आतुर आवहु॥
दूतन्ह कहा राम सन जाई। सुनत राम बोले मुसुकाई॥
हम छत्री मृगया बन करहीं। तुम्ह से खल मृग खोजत फिरहीं॥
रिपु बलवंत देखि नहिं डरहीं। एक बार कालहु सन लरहीं॥
जद्यपि मनुज दनुज कुल घालक। मुनि पालक खल सालक बालक॥
जौं न होइ बल घर फिरि जाहू। समर बिमुख मैं हतउँ न काहू॥
रन चढ़ि करिअ कपट चतुराई। रिपु पर कृपा परम कदराई॥
दूतन्ह जाइ तुरत सब कहेऊ। सुनि खरदूषन उर अति दहेऊ॥

अर्थ—प्रभु श्रीराम को देखकर वे बाण नहीं चला पा रहे थे और सम्पूर्ण राक्षस सेना थकित रह गई। मंत्री को बुलाकर खर दूषण ने कहा—ये राजपुत्र कोई मनुष्यों का अलंकरण स्वरूप हैं।

जितने भी नाग, असुर, देवता मनुष्य एवं मुनि हैं, उनमें से हमने कितने देखे, जीते और मार डाले। हे सभी भाइयो सुनें, हमने जन्म भर में ऐसी सुन्दरता नहीं देखी है।

यद्यपि इन्होंने मेरी बहन को कुरूप बनाया है फिर भी, ये अनुपम पुरुष वध के योग्य नहीं हैं। छिपाकर रखी हुई अपनी स्त्री तुरन्त दे दें और दोनों भाई जीते-जी घर लौट जायें।

तुम जाकर मेरा कहा हुआ सुनाओ और उसके बचनों को सुनकर शीघ्र आ जाओ। दूतों ने

जाकर श्रीराम से कहा जिसे सुनकर श्रीराम मुस्कराते हुए बोले।

हम क्षत्रिय हैं और वन में आखेट करते रहते हैं और तुम्हारे समान दुष्ट पशुओं को खोजते फिरते हैं। हम बलशाली शत्रु को भी देखकर नहीं डरते और (समय पड़ने पर) एक बार तो हम काल से भी लड़ सकते हैं।

यद्यपि हम मनुष्य हैं, परन्तु दैत्य कुलों के विनाशक, मुनियों का पालन करने वाले, हम बालक तथा दुष्टों को दण्ड देते हैं। यदि शक्ति न हो तो घर लौट जाओ क्योंकि युद्ध से विमुख हो जाने वाले किसी का भी मैं वध नहीं करता।

युद्ध में चढ़कर आने पर कपटपूर्ण चतुरता करना और शत्रु पर कृपा दिखाना तो बड़ी ही कायरता है। दूतों ने लौटकर तुरन्त सब बातें बताईं जिसे सुनकर खर-दूषण का हृदय अत्यधिक जल उठा।

छंद— उर दहेउ कहेउ कि धरहु धाए बिकट भट रजनीचरा॥
सर चाप तोमर सक्ति सूल कृपान परिघ परसु धरा॥
प्रभु कीन्ह धनुष टकोर प्रथम कठोर घोर भयावहा॥
भए बधिर ब्याकुल जातुधान न ग्यान तेहि अवसर रहा॥
सो०— सावधान होइ धाए जानि सबल आराति।
लागे बरषन राम पर अस्त्र सस्त्र बहु भाँति॥
तिन्ह के आयुध तिल सम करि काटे रघुबीर।
तानि सरासन स्रवन लगि पुनि छाँड़े निज तीर॥ १९॥

अर्थ—हृदय दल उठा, तब उसने कहा कि पकड़ लो, सुनकर राक्षसों के भयंकर योद्धा दौड़ पड़े। (ये असुर योद्धा) बाण, धनुष, तोमर, शक्ति, शूल, तलवार, चक्र और फरसे धारण किये हुए थे। प्रभु श्रीराम ने प्रथमतः धनुष पर बड़ा घोर, कठोर तथा भयंकर टंकार किया जिसे सुनकर राक्षस समूह बहरे और व्याकुल हो उठे और उन्हें उस समय होश भी न रहा।

शत्रु को बलवान जानकर सावधान होकर वे दौड़े और श्रीराम के ऊपर नाना प्रकार के अस्त्र-शस्त्र बरसाने लगे। श्रीराम ने उनके आयुधों को तिल के समान टुकड़े-टुकड़े करके काट डाला फिर धनुष को कान तक तानकर अपने बाण छोड़े॥ १९॥

टिप्पणी—युद्ध को सीधे चित्रित न करके कवि युद्ध और शान्ति के प्रस्ताव का एक विराम देना चाहता है। इस विराम का आधार श्रीराम के स्वरूप की कोमलता बताई गई है। श्रीराम के कोमल स्वरूप का कारण माया संयुक्तता का है। एक क्षण में विमुग्ध कर लेने वाला रूप कितना रम्य है—और वह हिंसारत असुरों तथा राक्षसों में प्रीतिभाव उत्पन्न करता है—यह श्रीराम के स्वरूप तथा सौन्दर्य का आध्यात्मिक बोध है। श्रीराम का स्वरूप सभी के लिए आत्मरमण का विषय है—चाहे मनुष्य हों, मुनि हों या असुरवर्ग।

छंद— तब चले बान कराल। फुंकरत जनु बहु ब्याल॥
कोपेउ समर श्रीराम। चले बिसिख निसित निकाम॥
अवलोकि खरतर तीर। मुरि चले निसिचर बीर॥
भए क्रुद्ध तीनिउ भाइ। जो भागि रन ते जाइ॥
तेहि बधब हम निज पानि। फिरे मरन मन महुँ ठानि॥
आयुध अनेक प्रकार। सनमुख तें करहिं प्रहार॥
रिपु परम कोपे जानि। प्रभु धनुष सर संधानि॥
छाँड़े बिपुल नाराच। लगे कटन बिकट पिसाच॥

उर सीस भुज कर चरन। जहँ तहँ लगे महिं परन॥
चिक्करत लागत बान। धर परत कुधर समान॥
भट कटत तन सत खंड। पुनि उठत करि पाखंड॥
नभ उड़त बहु भुज मुंड। बिनु मौलि धावत रुंड॥
खग कंक काक सृगाल। कटकटहिं कठिन कराल॥

तब भयंकर बाण चले मानो फुंकारते हुए अनेक सर्प समूह हों। श्रीराम युद्ध में क्रुद्ध हुए और अत्यन्त तीक्ष्ण बाण चल पड़े।

तीक्ष्ण बाणों को देखकर पीठ दिखाकर राक्षस योद्धा भागे। इसे देखकर तीनों भाई क्रुद्ध हुए और बोले, जो युद्ध भूमि से भागकर जायेगा।

उसे हम अपने हाथों से मारेंगे और फिर मन में मृत्यु का निश्चय करके वे लौट पड़े। अनेक प्रकार के हथियारों से वे (श्रीराम) के सामने प्रहार करने लगे।

शत्रुओं को परम कुपित जानकर प्रभु श्रीराम ने धनुष पर बाण चढ़ाकर बहुत से नाराच छोड़े जिससे भयंकर राक्षस कटने लगे।

छाती, सिर, भुजाएँ, हाथ, चरण जहाँ-तहाँ पृथ्वी पर (कटकर) गिरने लगे। बाण लगते ही चिंघाड़ने (हाथी की भाँति स्वर करना) लगते हैं। उनके धड़ कट-कट कर पहाड़ की भाँति गिर रहे हैं।

योद्धाओं के शरीर कटकर शतखंड हो रहे हैं और पुनः माया करके उठ खड़े होते हैं। आकाश में अनेक भुजाएँ और सिर उड़ रहे हैं और बिना सिर के धड़ दौड़ रहे हैं।

चील (कंक) और कौअे आदि पक्षी तथा स्यार कठोर एवं भयकारी स्वरों में कटकटा रहे हैं।

छंद— कटकटहिं जंबुक भूत प्रेत पिसाच खर्प्पर संचही।
बेताल बीर कपाल ताल बजाइ जोगिनि नंचहीं॥
रघुबीर बान प्रचंड खंडहिं भटन्ह के उर भुज सिरा।
जहँ तहँ परहिं उठि लरहिं धरु धरु धरु करहिं भयकर गिरा॥
अंतावरीं गहि उड़त गीध पिचास कर गहि धावहीं॥
संग्राम पुर बासी मनहुँ बहु बाल गुड़ी उड़ावहीं॥
मारे पछारे उर बिदारे बिपुल भट कहँरत परे।
अवलोकि निज दल बिकल भट तिसिरादि खरदूषन फिरे॥
सर सक्ति तोमर परसु सूल कृपान एकहि बारहीं।
करि कोप श्रीरघुबीर पर अगनित निसाचर डारहीं॥
प्रभु निमिष महुँ रिपु सर निवारि प्रचारि डारे सायका।
दस दस बिसिख उर माझ मारे सकल निसिचर नायका॥
महि परत उठि भट भिरत मरत न करत माया अति घनी॥
सुर डरत चौदह सहस प्रेत बिलोकि एक अवधधनी॥
सुर मुनि सभय प्रभु देखि मायानाथ अति कौतुक कर्‌यो॥
देखहिं परसपर राम करि संग्राम रिपुदल करि मर्‌यो॥

दो०— राम राम कहि तनु तजहिं पावहिं पद निर्बान।
करि उपाइ रिपु मारे छनमहुँ कृपानिधान॥
हरषित बरषहिं सुमन सुर बाजहिं गगन निसान।
अस्तुति करि करि सब चले सोभित बिबिध बिमान॥ २०॥

स्यार स्वर कटकटाते हैं, भूत, प्रेत तथा पिशाच खोपड़ियाँ बटोर रहे हैं। बेताल, वीर, खोपड़ियों पर ताल दे रहे हैं और योगिनियाँ नाच रही हैं। श्रीराम के प्रचंड बाण शत्रुओं के वक्षस्थल, भुजाओं तथा सिरों को खंड-खंड कर रहे हैं और वे धड़ जहाँ-तहाँ गिरते हैं, पुनः उठते तथा लड़ते हैं और पकड़ लो-पकड़ लो के भयंकर शब्द करते हैं।

अँतड़ियों को पकड़कर गृद्ध उड़ते हैं और दूसरी ओर उन्हें पिशाच पकड़कर दौड़ते हैं ऐसा प्रतीत होता है, मानो संग्राम नगर के निवासी अनेक बालक पतंगें उड़ा रहे हैं। मारे गये, पछाड़े गये, अनेक हृदय विदीर्ण किये गये अनेक योद्धा कँहरते हुए पड़े हुए हैं। अपने दल को व्याकुल देखकर त्रिसिरा और खर-दूषण आदि योद्धा पुनः लौटे।

क्रोध करके अगणित राक्षसों ने श्रीराम के ऊपर बाण, शक्ति, लेकर फरसे, शूल एवं तलवार सभी को एक ही बार में छोड़ा। श्रीराम ने पलभर में शत्रुओं के बाणों का निवारण करके उनपर अपने बाण छोड़े और सम्पूर्ण राक्षस सेनापतियों के हृदय में दस-दस बाण मारे।

पृथ्वी पर पड़ते हैं पुनः योद्धा उठकर भिड़ते हैं, मरते नहीं और पुनः अनेक प्रकार की माया करते हैं। (एक ओर) श्रीराम अकेले हैं और (दूसरी ओर) राक्षस चौदह हजार हैं, इसे देखकर देवगण भयभीत होते हैं। देवता तथा मुनियों को भयमुक्त देखकर के मायापति श्रीराम ने एक बड़ा अद्‌भुत कार्य किया। (सभी राक्षस सेना) परस्पर (एक दूसरे के समक्ष) राम रूप में देखने लगी और (परस्पर ही) युद्ध करके लड़ मरी।

(यहाँ राम है, राम को मारो) अर्थात् राम-राम कहते हुए शरीर का त्याग करते हैं और मोक्ष पद पाते हैं। इस प्रकार कृपानिधान श्रीराम ने उपाय रचना द्वारा क्षण मात्र में ही शत्रुओं का वध कर डाला।

देवगण हर्षित होकर पुष्प वर्षा करते हैं, आकाश में नगाड़े बजते हैं। नाना प्रकार के विमानों पर शोभित वे (देवगण) स्तुति कर-करके चले गये॥ २०॥

टिप्पणी—राक्षस वध प्रसंग परम्परति युद्ध विधान एवं राक्षस विनाश से भिन्न परम्परा का है। यह दृष्टि लीलाविधान से जुड़ी है। भागवत तथा अध्यात्म रामायण दोनों में श्रीराम असुरों तथा राक्षसों का विनाश नहीं करते, उद्धार करते हैं। राक्षसों के आचरण को भी इन भक्त आचार्यों तथा कवियों ने भक्ति की सीमा में अन्तर्निहित किया है और ये श्रीराम या श्रीकृष्ण से शुभभाव की भक्ति करते हैं। असुर एवं राक्षस निश्छल भाव से श्रीराम या कृष्ण से शत्रुता मोल लेते हैं। यह भागवत् शत्रुशता भी अन्ततया भक्ति है और इन सबको मुक्ति दिलाती है?

युद्ध का वर्णन परम्परित है। प्रायः देखा जाता है कि तुलसी का युद्ध वर्णन जीवन्त नहीं है। युद्ध भूमि की भयावहता, शौर्य, उत्कर्ष एवं उत्साह का भयावह वर्णन जीवन्तता से पूर्ण तुलसी में नहीं प्राप्त होता, कुछ गिने-चुने हथियार वर्णन की परिपाटियों, कुछ चेष्टाएँ तथा परालौकिक कृत्य तक ही तुलसी अपने को सीमित रखते हैं।

जब रघुनाथ समर रिपु जीते। सुर नर मुनि सब के भय बीते॥
तब लछिमन सीतहि लै आए। प्रभु पद परत हरषि उर लाए॥
सीता चितव स्याम मृदु गाता। परम प्रेम लोचन न अघाता॥
पंचबटी बसि श्रीरघुनायक। करत चरित सुर मुनि सुखदायक॥
धुआँ देखि खरदूषन केरा। जाइ सुपनखाँ रावनु प्रेरा॥
बोली बचन क्रोध करि भारी। देस कोस कै सुरति बिसारी॥
करसि पान सोवसि दिन राती। सुधि नहि तव सिर पर आराती॥
राज नीति बिनु धनु बिनु धर्मा। हरिहि समर्पे बिनु सतकर्मा॥
विद्या बिनु बिबेक उपजाएँ। श्रम फल पढ़े किए अरु पाएँ॥

संग तें जती कुमंत्र तें राजा। मान तें ग्यान पान तें लाजा॥
प्रीति प्रनय बिनु मद तें गुनी। नासहिं बेगि नीति असि सुनी॥
सो०— रिपु रुज पावक पाप प्रभु अहि गनिअ न छोट करि।
अस कहि बिबिधि बिलाप करि लागी रोदन करन॥
दो०— सभा माँझ परि ब्याकुल बहु प्रकार कह रोइ।
तोहि जिअत दसकंधर मोरि कि असि गति होइ॥ २१॥

अर्थ—श्रीराम ने युद्ध में जब शत्रुओं को जीत लिया और देवता, मनुष्य और मुनि सभी के भय समाप्त हो गये तब लक्ष्मण सीता को लेकर आये।

(विजय पराक्रम एवं शौर्य के कारण उत्पन्न आत्मीयतावश) सीता ने श्रीराम के कोमल शरीर को देखा। अत्यधिक प्रेम के कारण नेत्र तृप्त नहीं हो पा रहे थे। इस प्रकार, पंचवटी में बसकर श्रीराम देवता एवं मुनियों को आनन्द देने वाले चरित्र (लीला) करते हैं।

खर-दूषण का विध्वंस (धुँआ-चिता आदि से सम्बद्ध दाह संस्कारमूलक अर्थ) देखकर शूर्पणखा ने जाकर रावण को प्रेरित किया। वह अत्यधिक क्रोध करके वाणी बोली कि आपने देश (साम्राज्य) तथा भंडार (कोष) दोनों की सुधि भुला दी है।

शराब पीता है, दिन-रात सोता है, तुझे ध्यान नहीं है कि दुश्मन सिर पर है। नीति के बिना राज्य, धर्म के बिना धन प्राप्त करने से, श्रीहरि को समर्पित किये बिना उत्तम कार्य करने से,

विवेक उत्पन्न किये बिना विद्या पढ़ने से परिणाम के रूप में श्रम ही हाथ आता है। विषयों के संग से संन्यासी और कुमंत्रणा से राजा, मान से ज्ञान और मदिरापान से लज्जा,

नम्रता के बिना प्रीति और अहंकार से गुणवान शीघ्र ही विनष्ट हो जाते हैं, ऐसी मैंने नीति सुनी है।

शत्रु, रोग, अग्नि, पाप, स्वामी तथा सर्प को छोटा मानकर न गणना करें। ऐसा कहती हुई, शूर्पणखा अनेकों प्रकार से विलाप करके रोने लगी।

रावण की सभा के बीच में व्याकुल पड़ी हुई नाना प्रकार से रोती हुई कहती है कि हे रावण! तुम्हारे जीवित रहते हुए मेरी इस प्रकार की दुर्दशा हो॥ २१॥

सुनत सभासद उठे अकुलाई। समुझाई गहि बाँह उठाई॥
कह लंकेस कहसि निज बाता। केइँ तव नासा कान निपाता॥
अवध नृपति दसरथ के जाए। पुरुषसिंघ बन खेलन आए॥
समुझि परी मोहिं उन्ह कै करनी। रहित निसाचर करिहहिं धरनी॥
जिन्ह कर भुजबल पाइ दसानन। अभय भए बिचरत मुनि कानन॥
देखत बालक काल समाना। परम धीर धन्वी गुन नाना॥
अतुलित बल प्रताप द्वौ भ्राता। खल बध रत सुर मुनि सुख दाता॥
सोभा धाम राम अस नामा। तिन्ह के संग नारि एक स्यामा॥
रूप रासि बिधि नारि सँवारी। रति सत कोटि तासु बलिहारी॥
तासु अनुज काटे स्त्रुति नासा। सुनि तव भगिनि करहिं परिहासा॥
खर दूषन सुनि लगे पुकारा। छन महुँ सकल कटक उन्ह मारा॥
खर दूषन तिसिरा कर घाता। सुनि दससीस जरे सब गाता॥
दो०— सूपनखहि समुझाइ करि बल बोलेसि बहु भाँति।
गएउ भवन अति सोचबस नींद परइ नहिं राति॥ २२॥

अर्थ—सभासद सुनते ही व्याकुल हो उठे। उन लोगों ने बाँह पकड़कर उसे उठाया और

समझाया। लंकापति रावण ने कहा, अपनी बात तो बता। किसने तुम्हारी नाक-कान काटी!

(शूर्पणखा बोली) अयोध्या के राजा दसरथ के पुत्र जो पुरुषों में सिंह की भाँति हैं, वन में शिकार खेलने के लिए आये हैं। मुझे उनकी करनी समझ में आ गई है कि वे पृथ्वी को राक्षस विहीन कर देंगे।

हे रावण! जिनकी भुजाओं का बल पाकर मुनिगण वन में निर्भय विचरण कर रहे हैं। वे देखने में मात्र बालक हैं किन्तु काल सदृश हैं। वे परम धैर्यशाली, श्रेष्ठ धनुर्धर एवं अनेक गुणों से युक्त हैं।

दोनों भाइयों का बल तथा प्रताप अतुलनीय है। वे राक्षसों के वध में रत तथा देवताओं एवं मुनियों को आनन्द प्रदान करने वाले हैं, वे सौन्दर्य के धाम हैं और 'राम' ऐसा उनका नाम है, उनके साथ एक नारी है, जो श्यामा (अवर्णनीय सौन्दर्ययुक्त स्वर्णिम वर्णवाली) है।

ब्रह्मा ने उस नारी को ऐसी रूप की राशि बनाई है कि सौ करोड़ कामपत्नियाँ उस पर निछावर हैं। उसी के छोटे भाई ने मेरे नाक-कान काटे हैं। आपकी बहन हूँ, यह सुनकर वे हँसी (उपेक्षा निन्दा) करने लगे।

मेरी पुकार सुनकर खर-दूषण मदद के लिए आये किन्तु क्षण भर में ही उन्होंने सारी सेना को मार डाला। खर, दूषण एवं त्रिशिरा का वध सुनकर रावण के सम्पूर्ण अंग जल उठे।

उसने शूर्पणखा को समझा बुझाकर अनेक भाँति से अपने बल का वर्णन किया। वह अत्यधिक चिन्ता विवश अपने भवन में गया और रात्रिभर उसे नींद नहीं पड़ी॥ २२॥

टिप्पणी—शूर्पणखा के इस कथन द्वारा कवि एक ओर श्रीराम के प्रभाव, ऐश्वर्य एवं शक्तिमता का चित्रण करता है तो दूसरी ओर वह उनके विषय में सूचनाएँ भी देता है। दोनों कार्यों द्वारा वह ऐसे प्रसंगों में दो अर्थ सन्दर्भों को साथ-साथ इंगित करता है। कवि की यही रचनात्मक कुशलता है।

सुर नर असुर नाग खग माहीं। मोरे अनुचर कहँ कोउ नाहीं॥
खर दूषन मोहिं सम बलवंता। तिन्हहि को मारइ बिनु भगवंता॥
सुर रंजन भंजन महि भारा। जौं भगवंत लीन्ह अवतारा॥
तौ मैं जाइ बयरु हठि करऊँ। प्रभु सर प्रान तजे भव तरऊँ॥
होइहि भजनु न तामस देहा। मन क्रम बचन मंत्र दृढ़ येहा॥
जौं नर रूप भूप सुत कोऊ। हरिहउँ नारि जीति रन दोऊ॥
चला अकेल जान चढ़ि तहवाँ। बस मारीच सिंधु तट जहवाँ॥
इहाँ राम जसि जुगुति बनाई। सुनहु उमा सो कथा सुहाई॥

दो०— लक्षिमन गए बनहिं जब लेन मूल फल कंद।
जनकसुता सन बोले बिहँसि कृपा सुखबृंद॥ २३॥

अर्थ—(वह मन-ही-मन सोचता है) कि देवता, मनुष्य, असुर, नाग तथा पक्षियों में कोई ऐसा नहीं है जो मेरे सेवकों के समतुल्य हों। खर-दूषण तो मेरे समान शक्तिशाली थे। उन्हें भगवान् के अतिरिक्त और कौन मार सकता है?

देवताओं को आनन्द प्रदान करने वाले तथा पृथ्वी का भार हरण के निमित्त यदि श्रीहरि ने अवतार धारण किया है तो मैं जाकर हठपूर्वक वैर करूँगा और प्रभु के बाण के आघात से प्राण त्यागकर भवसागर तर जाऊँगा।

इस तामस देह से अब भजन तो होगा नहीं अत: मन, वाणी एवं कर्म से यही दृढ़ संकल्प है (मंत्र) है। यदि वे मनुष्य रूप किसी राजा के पुत्र होंगे तो दोनों को रण में जीतकर उनकी स्त्री का हरण कर लाऊँगा।

समुद्र तट पर जहाँ मारीच निवास करता था (वह) अकेले रथ पर चढ़कर वहाँ चला। हे पार्वती! यहाँ श्रीराम ने जो युक्ति रची, उस सुहावनी कथा को सुनो।

लक्ष्मण जब वन में कंद, मूल फल लेने गये तब कृपा एवं आनन्द के भंडार श्रीराम सीता से हँसकर बोले॥ २३॥

टिप्पणी—कवि रावण की भक्ति का निरूपण करता है। तुलसी ने मानस में कुभाय भक्ति का उल्लेख किया है—'भायँ कुभायँ अनख आलसहूँ। नाम जपत मंगल दिसि दसहूँ॥' मूलतः यह मध्यकालीन लीलाभक्ति की अवधारणा है और इस अवधारणा के अनुसार—भक्त तथा अभक्त सभी श्रीराम को प्रिय हैं क्योंकि सभी तो उन्हीं की द्वारा उत्पन्न किये हुए हैं। रावण भी अन्ततया उन्हीं की सृष्टि है और उन्हें प्रिय है—कवि उसकी भी मुक्ति की कामना करता है। अध्यात्म रामायण में रावण का इसी प्रकार का संकल्प मिलता है—

वध्यो यदि स्यां परमात्मनाहं
वैकुण्ठराज्यं परिपालयेऽहम्।
नो चेदिदं राक्षसराज्यमेव
भोक्ष्ये चिरं राममतो व्रजामि॥

सुनहु प्रिया ब्रत रुचिर सुसीला। मैं कछु करबि ललित नर लीला॥
तुम्ह पावक महुँ करहु निवासा। जौ लगि करौं निसाचर नासा॥
जबहिं राम सब कहा बखानी। प्रभु पद धरि हिय अनल समानी॥
निज प्रतिबिंब राखि तहँ सीता। तैसइ सील रूप सुबिनीता॥
लछिमनहूँ यह मरम न जाना। जो कछु चरित रचा भगवाना॥
दसमुख गएउ जहाँ मारीचा। नाइ माथ स्वारथरत नीचा॥
नवनि नीच कै अति दुखदाई। जिमि अंकुस धनु उरग बिलाई॥
भयदायक खल कै प्रिय बानी। जिमि अकाल के कुसुम भवानी॥
दो०— करि पूजा मारीच तब सादर पूँछी बात।
कवन हेतु मन ब्यग्र अति अकसर आएहु तात॥ २४॥

अर्थ—सुन्दर पातिव्रत धर्म का पालन करने वाली, हे शीलवान प्रिये! सुनो, मैं कुछ ललित मानव लीला प्रारम्भ करने वाला हूँ। जब तक राक्षसों का विनाश न कर लूँ तब तक तुम अग्नि में निवास करो।

जब श्रीराम ने सब कुछ विस्तारपूर्वक वर्णन करके कहा, तब प्रभु श्रीराम के चरणों को हृदय में धारण करके वह अग्नि में समाहित हो गईं। सीता ने अपने जैसे ही शील, स्वरूप एवं अत्यन्त विनीत प्रतिबिम्ब रख दिया।

भगवान् श्रीराम ने जो कुछ लीला (चरित) रचना की उसका मर्म लक्ष्मण भी नहीं जान सके। स्वार्थरत एवं नीच रावण जहाँ मारीच था, गया और उसे सिर झुकाया।

नीचों का झुकना अत्यधिक दुखदाई होता है—जैसे अंकुश, धनुष, साँप तथा बिल्ली। दुष्टों की मीठी बोली भी दुःख देने वाली होती है जैसे बिना ऋतु के पुष्प।

तब मारीच ने (रावण की) पूजा करके आदरपूर्वक उससे बात पूछी। हे तात! आपका मन किस लिए व्यग्र है और आप अकेले आये हैं?॥ २४॥

टिप्पणी—सीता के अग्नि प्रवेश की यह घटना दो मन्तव्यों से रची गई है—प्रथम लीला भाव की सम्पुष्टि के लिए और द्वितीय सीता की निर्दोषिता चित्रित करने के लिए। कुछ ललित नरलीला यह अग्नि में अपने मूल रूप छिपाकर छाया रूप में व्यक्त होने की भूमिका है। कवि के अनुसार अनेक प्रकार के संकटों को झेलना, प्रिया के वियोग में व्याकुल होकर दर-दर भटकना, रावण से भयंकर युद्ध—यह सब श्रीराम के शब्दों में 'ललित नर लीला' अर्थात् केवल सिखाने के लिए है।

इसी प्रकार सीता की पवित्रता तथा निर्दोषिता के लिए आधार तैयार करना भी इसका एक मन्तव्य रहा है। अध्यात्म रामायण में इस प्रसंग की सर्वप्रथम परिकल्पना की गई है—

अथ रामोऽपि तत्सर्वं ज्ञात्वा रावणचेष्टितम्।
उवाचसीतामेकान्ते श्रुणु जानकि मे वचः॥
रावणो भिक्षुरूपेण आगमिष्यति तेऽन्तिकम्।
त्वं तु छायां त्वदाकारां स्थापयित्वोटजे विश॥
अग्नावदृश्यरूपेण वर्षं तिष्ठ ममाज्ञया।
रावणस्य वधान्ते मां पूर्ववत्प्राप्स्यसे शुभे॥

दसमुख सकल कथा तेहि आगें। कही सहित अभिमान अभागें॥
होउ कपट मृग तुम्ह छलकारी। जेहि बिधि हरि आनौं नृपनारी॥
तेहि पुनि कहा सुनहु दससीसा। ते नर रूप चराचर ईसा॥
तासों तात बयरु नहिं कीजै। मारे मरिअ जिआएँ जीजै॥
मुनि मख राखन गएउ कुमारा। बिनु फर सर रघुपति मोहि मारा॥
सत योजन आएउँ छन माहीं। तिन्ह सन बयरु किएँ भल नाहीं॥
भइ मम कीट भृंग कै नाई। जहँ तहँ मैं देखउँ दोउ भाई॥
जौं नर तात तदपि अति सूरा। तिन्हहिं बिरोधि न आइहि पूरा॥
दो०— जेहि ताड़का सुबाहु हति खंडेउ हर कोदंड।
खर दूषन तिसिरा बधेउ मनुज कि अस बरिबंड॥ २५॥

अर्थ—अभागे रावण ने अभिमानपूर्वक उसके समक्ष सम्पूर्ण कथा कही (और फिर राय दी), हे मारीच! तुम छल करने वाले कपटमृग बनो जिससे कि मैं उसकी राजवधू का हरण कर लाऊँ।

तब उसने कहा, हे रावण! सुनें, वे नर रूप में चराचर के स्वामी हैं। इसलिए, हे तात! उनसे शत्रुता न करें क्योंकि उन्हीं के मारने से मरना तथा जिलाने से जीना है।

यही रामकुमार मुनि विश्वामित्र के यज्ञ की रक्षा करने गये थे और श्रीराम ने मुझे (वहाँ) बिना फल के बाण मुझे मारा जिसके कारण मैं क्षणमात्र में सौं योजन आ गिरा। अतः उनसे शत्रुता करना उचित नहीं है।

मेरी दशा कीटभृंग की हो गई है और भ्रम तथा भयवश जहाँ-तहाँ (उन्हीं) दोनों भाइयों को देखता रहता हूँ। यदि मनुष्य हैं, तो बहुत पराक्रमी हैं और उनसे विरोध करने पर पूरा नहीं पड़ेगा।

जिसने ताड़का और सुबाहु को मार करके शिव के धनुष को तोड़ा तथा खर, दूषण एवं त्रिशिरा का वध किया है, वह परम पराक्रमी (बरिबंड) क्या मनुष्य हो सकता है?॥ २५॥

टिप्पणी—मारीच द्वारा आत्मानुभव के प्रकाश में श्रीराम की शक्ति के विषय में सूचित करना ताकि उसे उनकी शक्ति का एहसास हो सके।

जाहु भवन कुल कुसल बिचारी। सुनत जरा दीन्हिसि बहु गारी॥
गुरु जिमि मूढ़ करसि मम बोधा। कहु जग मोहि समान को जोधा॥
तब मारीच हृदय अनुमाना। नवहि बिरोधें नहिं कल्याना॥
सस्त्री मर्मी प्रभु सठ धनी। बैद बंदि कबि भान सगुनी॥
उभय भाँति देखा निज मरना। तब ताकेसि रघुनायक सरना॥
उतरु देत मोहि बधब अभागें। कस न मरौं रघुपति सर लागें॥
अस जियँ जानि दसानन संगा। चला राम पद प्रेम अभंगा॥
मन अति हरष जनाव न तेही। आजु देखिहउँ परम सनेही॥

अर्थ—इसलिए (हे रावण!) अपने परिवार के कुशल क्षेम का विचार करके घर जाइये। यह सुनते ही रावण आग बबूला हो उठा और बहुत-सी गालियाँ दीं। रे मूर्ख! गुरु की भाँति तू मुझे विवेक सिखाते हो। बताओ, संसार में मेरे सदृश कौन योद्धा है।

तब मारीच ने हृदय में अनुमान किया कि शस्त्रधारी, भेद जानने वाला (मर्मी), स्वामी, शठ, धनी, वैद्य, चारण (बंदी), कवि और रसोइया (मानस) इन नौ से विरोध करने पर कल्याण नहीं है।

दोनों भाँति से अपनी मृत्यु जानकर तब उसने श्रीराम की शरण ही एक मार्ग पकड़ा (तकना—एक ही मार्ग पकड़कर चलना—अवधी)। उत्तर देते ही यह अभागा मुझे मार डालेगा तो क्यों न श्रीराम के बाण लगने से मरूँ।

श्रीराम के चरणों में अटूट प्रेम रखकर वह ऐसा हृदय में समझकर रावण के साथ चला। मन में अत्यन्त हर्ष है कि आज मैं अपने परम सनेही श्रीराम को देखूँगा, फिर भी रावण को नहीं जनाया।

छंद— निज परम प्रीतम देखि लोचन सुफल करि सुख पाइहौं।
श्री सहित अनुज समेत कृपानिकेत पद मन लाइहौं॥
निर्बान दायक क्रोध जाकर भगति अबसहि बसकरी।
निज पानि सर संधानि सो मोहिं बधिहिं सुखसागर हरी॥
दो०— मम पाछे धर धावत धरे सरासन बान।
फिरि फिरि प्रभुहि बिलोकिहउँ धन्य न मो सम आन॥ २६॥

अपने परम प्रियतम श्रीराम को देखकर अपने नेत्रों को सफल बनाऊँगा तथा सुख प्राप्त करूँगा। सीता तथा लक्ष्मण के साथ कृपा के आगार श्रीराम के चरणों में मन लगाऊँगा। जिस श्रीराम का क्रोध भी निर्वाणदायक है, और भक्ति ही अवश्य उन श्रीराम को भी वश में कर देती है, ऐसे आनन्द के सागर श्रीराम अपने हाथ से बाण सन्धान कर मेरा वध करें?—(यह आनन्द का विषय है)।

धनुष पर बाण रखे हुए मेरे पीछे-पीछे दौड़ते हुए प्रभु श्रीराम को मुड़-मुड़कर देखूँगा, मेरे सदृश अन्य कोई दूसरा अत्यधिक भाग्यशाली (धन्य) नहीं है॥ २६॥

टिप्पणी—लीला भक्ति विलक्षण है। मृत्यु त्रासद है किन्तु श्रीराम के हाथों से मृत्यु प्राप्ति स्पृहणीय है और मृत्यु का हेतु स्पृहा का विषय है। मारीच की आकांक्षा में युयुत्सा एवं मृत्यु भय भक्ति के रूप में है। तुलसीदास लीला के आवरण में सम्पूर्ण लोक वासनाओं को मिथ्यात्व की ओर न ले जाकर उन्हें आनन्ददायी विश्रान्ति की ओर ले जाते हैं। प्रभु श्रीराम के लेशमात्र स्पर्श से सम्पूर्ण निकृष्ट तथा गर्हित वासनाएँ स्वर्णमयी दीप्त हो उठती हैं, यह संसार के लिए एक आचरणीय आधार है। कुत्सित से कुत्सित वृत्ति का व्यक्ति भी प्रभु की संसक्ति एवं स्मरण से मुक्ति का अधिकारी हो सकता है, कवि का यह दृष्टिकोण लोकहित की पराकाष्ठा से जुड़ा हुआ है।

तेहि बन निकट दसानन गएऊ। तब मारीच कपटमृग भएऊ॥
अति बिचित्र कछु बरनि न जाई। कनक देह मनि रचित बनाई॥
सीता परम रुचिर मृग देखा। अंग अंग सुमनोहर बेषा॥
सुनहु देव रघुबीर कृपाला। येहि मृग कर अति सुंदर छाला॥
सत्यसंध प्रभु बधि करि येही। आनहु चर्म कहति बैदेही॥
तब रघुपति जानत सब कारन। उठे हरषि सुर काजु सँवारन॥
मृग बिलोकि कटि परिकर बाँधा। करतल चाप रुचिर सर साँधा॥
प्रभु लछिमनहि कहा समुझाई। फिरत बिपिन निसिचर बहु भाई॥

सीता केरि करेहु रखवारी। बुधि बिबेक बल समय बिचारी॥
प्रभुहि बिलोकि चला मृग भाजी। धाए रामु सरासन साजी॥
निगम नेति सिव ध्यान न पावा। मायामृग पाछे सो धावा॥
कबहुँ निकट पुनि दूरि पराई। कबहुँक प्रगटै कबहुँ छपाई॥
प्रगटत दुरत करत छल भूरी। एहि बिधि प्रभुहि गएउ लै दूरी॥
तब तकि राम कठिन सर मारा। धरनि परेउ करि घोर पुकारा॥
लछिमन कर प्रथमहिं लै नामा। पाछे सुमिरेसि मन महुँ रामा॥
प्रान तजत प्रगटेसि निज देहा। सुमिरेसि राम समेत सनेहा॥
अंतर प्रेम तासु पहिचाना। मुनिदुर्लभ गति दीन्हि सुजाना॥

दो०— बिपुल सुमन सुर बरषहिं गावहिं प्रभ गुन गाथ।
निज पद दीन्ह असुर कहँ दीनबंधु रघुनाथ॥ २७॥

अर्थ—रावण उस वन के निकट जब पहुँचा तब मारीच कपटमृग बन गया। वह अत्यन्त विचित्रतापूर्ण था, उसका कुछ वर्णन करते नहीं बनता, स्वर्णिम देह मणियो से जड़कर बनाई हुई थी।

सीता ने उस परम सुन्दर हिरण को देखा, जिसके अंग-प्रत्यंग की सज्जा (वेषा : वेष रचना) अत्यधिक मनोहर थी। हे देव! हे कृपालु श्रीराम! सुनिए, इस मृग का चर्म (छाल) अत्यधिक सुन्दर है।

हे सत्यसन्ध प्रभो! इसका वधकरके, इसके चर्म को ला दीजिए, इस प्रकार सीता कहती हैं, तब श्रीराम सारे कारणों को जानते हुए, देवताओं का कार्य पूरा करने के लिए हर्षित होकर उठ पड़े।

मृग को देखकर कमर में तरकश बाँधा तथा हाथ में धनुष लेकर उस पर सुन्दर बाण चढ़ाया और लक्ष्मण से समझाकर कहा कि हे भाई! वन में बहुत से राक्षस घूमते फिरते हैं।

तुम बुद्धि, विवेक, बल तथा समय का विचार करते हुए सीता की रखवाली करना! प्रभु श्रीराम को देखकर मृग भाग चला और श्रीराम भी धनुष-बाण लेकर पीछे दौड़ पड़े।

वेद जिसे (जिसका ओर छोर नहीं है) नेति कहते हैं, शिव जिसको ध्यान में भी नहीं प्राप्त करते वह ब्रह्म रूप श्रीराम मायामृग के पीछे दौड़ रहे हैं। वह कभी निकट आता है और कभी दूर भागता है, कभी प्रकट होता है और कभी छिप जाता है।

प्रकट होता हुआ, छिपता हुआ और अनेक प्रकार का छल करता हुआ वह प्रभु श्रीराम को पुनः दूर ले गया। तब श्रीराम ने लक्ष्य संधान करके (तकि) कठोर बाण मारा। वह पृथ्वी पर गिर पड़ा और भयंकर 'पुकार' का शब्द करने लगा।

लक्ष्मण का पहले नाम लेकर फिर पाछे उसने मन में श्रीराम का स्मरण किया। प्राण त्यागते समय अपना शरीर प्रकट किया और स्नेह से परिपूर्ण होकर श्रीराम का नाम लिबा।

सहृदय (सुजान) श्रीराम ने उसके हृदय के प्रेम को पहचान कर उसे मुनियों के लिए भी दुर्लभ परम पद प्रदान किया।

देवगण अत्यधिक पुष्पों की वर्षा कर रहे हैं और प्रभु श्रीराम के गुणों की गाथाएँ गा रहे हैं। दीनबन्धु श्रीराम ने उस असुर को अपना ब्रह्मपद प्रदान किया॥ २७॥

टिप्पणी—मारीच की मुक्ति लीलाभाव की पराकाष्ठा है। कवि भक्ति के लीलावादी दृष्टिकोण को इस कथा के माध्यम से व्यक्त करके यह सिद्ध करने की चेष्टा करता है कि श्रीराम के लिए इस प्रकार की घटनाएँ लीला विलास मात्र हैं।

खल बधि तुरत फिरे रघुबीरा। सोह चाप कर कटि तूनीरा॥
आरत गिरा सुनी जब सीता। कह लछिमन सन परम सभीता॥

जाहु बेगि संकट अति भ्राता। लछिमन बिहँसि कहा सुनु माता॥
भृकुटि बिलास सृष्टि लय होई। सपनेहुँ संकट परइ कि सोई॥
मरम बचन जब सीता बोला। हरि प्रेरित लछिमन मन डोला॥
बन दिसि देव सौंपि सब काहू। चले जहाँ रावन ससि राहू॥
सून बीच दसकंधर देखा। आवा निकट जती कें बेषा॥
जा कें डर सुर असुर डेराहीं। निसि न नींद दिन अन्न न खाहीं॥
सो दससीस स्वान की नाईं। इत उत चितइ चला भड़िहाई॥
इमि कुपंथ पग देत खगेसा। रह न तेज तन बुधि बल लेसा॥
नाना बिधि कहि कथा सुहाई। राजनीति भय प्रीति दिखाई॥
कह सीता सुनु जती गुसाईं। बोलेहु बचन दुष्ट की नाईं॥
तब रावन निजि रूप देखावा। भई सभय जब नाम सुनावा॥
कह सीता धरि धीरजु गाढ़ा। आइ गएउ प्रभु रहु खल ठाढ़ा॥
जिमि हरिबधुहि छुद्र सस चाहा। भएसि काल बस निसिचर नाहा॥
सुनत बचन दससीस रिसाना। मन महुँ चरन बंदि सुख माना॥

दो०— क्रोधवंत तब रावन लीन्हिसि रथ बैठाइ।
चला गगन पथ आतुर भयँ रथ हाँकि न जाइ॥ २८॥

अर्थ—दुष्ट राक्षस का वध करके श्रीराम तुरन्त लौटे। हाथ में धनुष और कमर में तरकस शोभित है। सीता ने जब दु:खभरी (आर्त्त) वाणी सुनी तब अत्यन्त सभीत मन से लक्ष्मण से बोली।

शीघ्र ही जाओ, तुम्हारे भाई अत्यन्त संकट में हैं। लक्ष्मण ने (उनकी बात सुनकर) हँसकर कहा, हे माता! सुनो! जिनके भृकुटि विलास से सृष्टि का लय होता है स्वप्न में क्या उन पर संकट पड़ सकता है!

इस पर सीता ने कुछ मर्म वचन कहे और तब श्रीहरि की प्रेरणा से लक्ष्मण की मति चंचल हो उठी। उन्होंने (सीता को) वन तथा दिशाओं के देवताओं को सौंपकर रावणरूपी चन्द्र के राहु श्रीराम (जहाँ थे) वहाँ चले।

रावण इस बीच एकान्त (शून्य) देखकर उनके निकट यती, संन्यासी के वेष में आया। जिसके डर से देवता, असुर भयभीत रहते हैं और रात-दिन (भयवश) अन्न नहीं ग्रहण करते।

वह रावण कुत्ते की भाँति इधर-उधर देखकर भड़िहाई (चुराकर भाँड़ों में मुँह मारना) के लिए चल पड़ा। हे गरुड़! इस प्रकार कुमार्ग पर जो चरण रखता है, उसके शरीर में लेशमात्र भी न बल रह जाता है और न तेज।

उसने सीता को नाना प्रकार की कथाएँ सुनाईं और राजनीति, भय तथा प्रेम दिखाया। सीता ने कहा, हे संन्यासी गोस्वामी! सुनो, तुमने तो दुष्टों की भाँति वचन कहे हैं।

तब रावण ने अपना स्वरूप प्रकट किया और जब अपना नाम सुनाया तो भयभीत हो उठीं। सीता ने गम्भीर धैर्य धारण करके कहा कि हे दुष्ट! खड़े रहो, प्रभु आ ही गये।

जिस प्रकार सिंह की पत्नी को क्षुद्र शशक (खरगोश) पाने की कामना करे (हे राक्षसों के स्वामी रावण) तू उसी प्रकार मुझे चाहकर काल के वश हो गया। उनकी वाणी को सुनते ही रावण क्रोधाविष्ट हो गया और मन-ही-मन (सीता के) चरणों की वन्दना करके सुख का अनुभव किया।

तब क्रोध से अभिभूत रावण ने सीता को रथ पर बैठा लिया और अत्यन्त आतुर (उलटी वाणी में) भाव से आकाश मार्ग से चला किन्तु भय के मारे रथ हाँका नहीं जाता॥ २८॥

टिप्पणी—कवि अपहरण की घटना के साथ नैतिक टिप्पणी लगाकर उसे नीति का प्रश्न बना देता है। पराई पत्नी का अपहरण व्यक्ति के पराभव का कारण बनता है, वह लंकाधिपति रावण ही क्यों न हो?

कवि सीता के प्रति रावण की श्रद्धा बुद्धि का सन्दर्भ जोड़कर सम्पूर्ण प्रसंग को रावण लीला जैसा बना देता है। जैसे श्रीराम जान बूझकर मानवीय लीला के आवरण में अपने को प्रस्तुत करते हैं, उसी प्रकार रावण भी श्रीराम और सीता के स्वरूप को समझते हुए सम्पूर्ण अमर्ष एवं कुत्सित कार्य दिखावे के लिए करता है। मूलत: इस दोहे की अन्तिम अर्धाली इस दृष्टि से देखने योग्य है—

'सुनत बचन दससीस रिसाना। मन महुँ चरन बंदि सुख माना॥'

हा जगदेक बीर रघुराया। केहिं अपराध बिसारेहु दाया॥
आरति हरन सरन सुखदायक। हा रघुकुल सरोज दिन नायक॥
हा लछिमन तुम्हार नहिं दोसा। सो फलु पायउँ कीन्हेउँ रोसा॥
बिबिध बिलाप करति बैदेही। भूरि कृपा प्रभु दूरि सनेही॥
बिपति मोरि को प्रभुहि सुनावा। पुरोडास चह रासभ खावा॥
सीता कै बिलाप सुनि भारी। भए चराचर जीव दुखारी॥
गीधराज सुनि आरति बानी। रघुकुल तिलक नारि पहिचानी॥
अधम निसाचर लीन्हें जाई। जिमि मलेछबस कपिला गाई॥
सीते पुत्रि करसि जनि त्रासा। करिहउँ जातुधानु कर नासा॥
धावा क्रोधवंत खग कैसे। छूटइ पबि पर्बत कहुँ जैसे॥
रे रे दुष्ट ठाढ़ किन होही। निर्भय चलेसि न जानेहि मोही॥
आवत देखि कृतांत समाना। फिर दसकंधर कर अनुमाना॥
की मैनाक कि खगपति होई। मम बल जान सहित पति सोई॥
जाना जरठ जटायू येहा। मम कर तीरथ छाँड़िहि देहा॥
सुनत गीध क्रोधातुर धावा। कह सुनु रावन मोर सिखावा॥
तजि जानकिहि कुसल गृह जाहू। नाहिं त अस होइहि बहुबाहू॥
राम रोष पावक अति घोरा। होइहि सलभ सकल कुल तोरा॥
उतरु न देत दसानन जोधा। तबहिं गीध धावा करि क्रोधा॥
धरि कच बिरथ कीन्ह महि गिरा। सीतहि राखि गीध पुनि फिरा॥
चोचन्ह मारि बिदारेसि देही। दंड एक भइ मुरछा तेही॥
तब सक्रोध निसिचर खिसिआना। काढ़िसि परम कराल कृपाना॥
काटेसि पंख परा खग धरनी। सुमिरि राम करि अदभुत करनी॥
सीतहि जान चढ़ाइ बहोरी। चला उताइल त्रास न थोरी॥
करति बिलाप जाति नभ सीता। ब्याध बिबस जनु मृगी सभीता॥
गिरि पर बैठे कपिन्ह निहारी। कहि हरि नामु दीन्ह पट डारी॥
येहि बिधि सीतहि सो लै गएऊ। बन असोक महँ राखत भएऊ॥

दो०— हारि परा खल बहु बिधि भय अरू प्रीति देखाइ।
तब असोक पादप तर राखिसि जतनु कराइ॥
जेहिं बिधि कपट कुरंग सँग धाइ चले श्री राम।
सो छबि सीता राखि उर रटति रहति हरि नाम॥ २९॥

अर्थ—हा! जगत् के अद्वितीय योद्धा श्री कोसलेन्द्र रघुनाथ जी! किस अपराधवश (आपने) मुझ पर (अपनी) दया बिसार दी। हे (आर्तजनों के) दुःख को हरने वाले, शरणागत को सुख देने वाले, हे रघुकुल के सूर्य! हा!!

हा लक्ष्मण! तुम्हारा दोष नहीं है, मैंने क्रोध किया, उसका फल पाया। सीता (इस प्रकार) नाना प्रकार से विलाप कर रही हैं। प्रभु श्रीराम की कृपा तो बहुत है किन्तु वे स्नेही रघुनाथ दूर हैं।

मेरी (इस) विपत्ति को कौन सुनाये। यज्ञ के पुरोडास (आटे का बना पकवान विशेष जो यज्ञादि में प्रसाद के स्वरूप रखा जाता रहा है) गधा खाना चाहता है। सीता के भारी विलाप को सुनकर (वन के) जड़-चेतन सभी दुखी हो गये।

गृद्धराज जटायु ने सीता की आर्तवाणी सुनकर उसने रघुवंशतिलक श्रीराम की पत्नी को पहचान लिया। उसने देखा कि निकृष्ट राक्षस उनको इस प्रकार लिये जा रहा था जैसे कपिला गाय म्लेच्छ के वश में हो।

उसने कहा, हे पुत्री सीता भय न करो। मैं राक्षस का विनाश कर दूँगा। वह क्रोध से अभिभूत पक्षी इस प्रकार दौड़ा जैसे पर्वत की ओर वज्र छूटता है।

रे रे दुष्ट! खड़ा क्यों नहीं होता! निर्भय होकर चल दिया मुझे जाना नहीं। उसे यमराज के समान आता हुआ देखकर मुड़कर दसकन्धर अनुमान करने लगा।

या तो यह मैनाक पर्वत है, या गरुड़ है किन्तु वह (गरुड़) अपने स्वामी (विष्णु) सहित मेरे बल को जानता है। समझा, अरे यह तो वृद्ध जटायु है जो मेरी भुजारूपी तीर्थ पर अपना शरीर त्याग करना चाह रहा है।

यह सुनते ही क्रोधातुर गृद्ध दौड़ा और बोला कि हे रावण! मेरी सीख सुनो, सीता को छोड़कर कुशलपूर्वक घर जाओ, नहीं तो हे अनेक बाहुवाले (रावण) ऐसा घटित होगा—

श्रीराम की क्रोधाग्नि बड़ी भयंकर है और उसमें तुम्हारा सम्पूर्ण परिवार पतिंगा बन जायेगा। योद्धा रावण कोई उत्तर नहीं देता तब गृद्ध क्रोध करके दौड़ा।

उसने बाल पकड़ कर उसे रथ के नीचे कर दिया और (वह रावण) रथ से गिर पड़ा और सीता को एक ओर रखकर वह पुनः लौटा। चंचु प्रहार करके उसने उसके शरीर को विदीर्ण कर दिया और एक पल के लिए उसे मूर्च्छा आ गई।

तब क्रोध से भरकर राक्षस खिसियाया और अत्यधिक भयंकर कृपाण (छोटी तलवार) निकाल ली। उसने उसके पंख काट डाले और वह पक्षी (जटायु) श्रीराम की अद्भुत लीला का स्मरण करके पृथ्वी पर गिर पड़ा।

पुनः सीता को यान पर चढ़ाकर उतावले भाव से चल पड़ा उसे भय कम न था। आकाश में सीता विलाप करती जा रही हैं मानो बहेलिए के वश में हुई भययुक्त मृगी।

पर्वत पर बैठे कपियों को देखकर श्रीहरि का नाम लेकर उसने वस्त्र डाल दिये। इस प्रकार वह (रावण) सीता को ले गया तथा अशोकवाटिका में रखा।

वह दुष्ट (रावण) अनेक प्रकार भय तथा प्रीति दिखला कर हार गया (और) तब (विवश होकर) यत्न कराकर अशोक वृक्ष के नीचे रखा।

जिस प्रकार कपट मृग के साथ श्रीराम दौड़कर चले थे, उस छवि को हृदय में रखकर सीता श्रीहरि का नाम रटती रहती हैं॥ २९॥

टिप्पणी—कवि जटायु एवं कपियों के प्रसंग को कथा को आगे बढ़ाने के लिए ले आता है। मूल कथा के सूत्र नष्ट न हो जाएँ, इसके निमित्त कवि यहाँ इन दो प्रसंगों की अवतारणा करता है—और यही कथा सूत्र श्रीराम को लंका तक ले जाते हैं।

अपहरण की घटना में नायक के शौर्य, पराक्रम, प्रेम, संसक्ति को आधार बनाकर आर्त एवं

करुणाभरी पीड़ा तथा विलाप का प्रसंग परम्परित रूप से मिलता है। कवि भी उसी प्रकार की स्थिति यहाँ रख रहा है।

रघुपति अनुजहि आवत देखी। बाहिज चिंता कीन्हि बिसेषी॥
जनकसुता परिहरेहु अकेली। आएहु तात बचन मम पेली॥
निसिचर निकर फिरहिं बन माहीं। मम मन सीता आश्रम नाहीं॥
गहि पद कमल अनुज कर जोरी। कहेउ नाथ कछु मोहि न खोरी॥
अनुज समेत गए प्रभु तहवाँ। गोदावरि तट आश्रम जहवाँ॥
आस्त्रम देखि जानकी हीना। भए बिकल जस प्राकृत दीना॥
हा गुनखानि जानकी सीता। रूप सील ब्रत नेम पुनीता॥
लछिमन समुझाए बहु भाँती। पूँछत चले लता तरु पाँती॥
हे खग मृग हे मधुकर स्त्रेनी। तुम देखी सीता मृगनयनी॥
खंजन सुक कपोत मृग मीना। मधुप निकर कोकिला प्रबीना॥
कुंद कली दाड़िम दामिनी। कमल सरद ससि अहि भामिनी॥
बरुन पास मनोज धनु हंसा। गज केहरि निज सुनत प्रसंसा॥
श्रीफल कनक कदलि हरषाहीं। नेकु न संक सकुच मन माहीं॥
सुनु जानकी तोहि बिनु आजू। हरषे सकल पाइ जनु राजू॥
किमि सहि जात अनख तोहि पाहीं। प्रिया बेगि प्रगटसि कस नाहीं॥
येहि बिधि खोजत बिलपत स्वामी। मनहुँ महा बिरही अति कामी॥
पूरनकाम रामु सुखरासी। मनुज चरित कर अज अबिनासी॥
आगे परा गीधपति देखा। सुमिरत राम चरन जिन्ह देखा॥

दो०— कर सरोज सिरु परसेउ कृपासिंधु रघुबीर।
निरखि राम छबिधाम मुख बिगत भई सब पीर॥ ३०॥

अर्थ—(दूसरी ओर उधर) श्रीराम ने अनुज लक्ष्मण को आते देखा तो बाह्यरूप से (दिखाने के लिए लीला भाव से) बहुत चिन्ता की और कहा हे तात! मेरे वचनों का उल्लंघन करके तथा जनकपुत्री को अकेले छोड़कर चले आये।

वन में राक्षस समूह घूमा करते हैं। मेरा मन कहता है कि सीता आश्रम में नहीं हैं। हाथ जोड़कर तथा चरण पकड़कर अनुज लक्ष्मण ने कहा कि हे नाथ! (इसमें) मेरा कोई दोष नहीं है।

गोदावरी नदी के तट पर जहाँ आश्रम था, प्रभु श्रीराम अनुज लक्ष्मण के साथ वहाँ गये। सीता-विहीन आश्रम को देखकर प्रकृत मनुष्य की भाँति वह व्याकुल और दीन हो उठे।

(श्रीराम विलाप करते हुए कहते हैं)—हा गुणों की भंडार जानकी! हा रूप, शील, व्रत और नियमों से पवित्र सीते! लक्ष्मण ने उन्हें भाँति-भाँति से समझाया और तब श्रीराम लता तथा वृक्ष पंक्तियों से पूछते चले।

हे पक्षियो, हे पशुओ, हे भ्रमरपंक्तियो! तुमने कहीं मृगनयनी सीता को देखा है। खंजन, तोता, कपोत, हिरण, मछली, भ्रमर समूह, प्रवीण कोकिल,

बेले की कलियाँ, अनार, विद्युत, कमल, शरच्चन्द्र, सर्पिणी, वरुणपाश, कामदेवता का धनुष, हंस, गज तथा सिंह (तुम्हारे यहाँ न रहने के कारण अपनी प्रशंसा सुन रहे हैं। अन्यथा तुम्हारी उपस्थिति में विविध अंगों की सादृश्यहीना के कारण निन्दा के पात्र थे।)

बेल, स्वर्ण तथा केला हर्षित हो रहते हैं और अब लेशमात्र भी इनके मन में शंका एवं संकोच

नहीं है। हे जानकी! सुनो, तुम्हारे बिना आज से सभी प्रसन्न हैं, जैसे राज्य प्राप्त कर लिया हो।

तुमसे इन उपमानों का अमर्ष कैसे सहा जा रहा है और हे प्रिया! तुम शीघ्र ही क्यों नहीं प्रकट होती? इस प्रकार खोजते एवं विलाप करते हुए स्वामी श्रीराम मानो महा विरही तथा अत्यधिक कामी पुरुष हों।

पूर्णकाम, आनन्द की राशि! अज तथा अविनाशी श्रीराम इस प्रकार मानव की भाँति चरित्र कर रहे हैं। आगे (चलने पर) गृद्धपति जटायु को पड़ा देखा। वह कुलिशादि रेखाओं से युक्त श्रीराम के चरणों का स्मरण कर रहा था।

कृपासागर श्रीराम ने अपने कमलवत् हाथों से उसके सिर का स्पर्श किया। सौन्दर्यधाम श्रीराम के मुख को देखकर उसकी समस्त पीड़ा समाप्त हो गई॥ ३०॥

तब कह गीध बचन धरि धीरा। सुनहु राम भंजन भव भीरा॥
नाथ दसानन यह गति कीन्ही। तेहिं खल जनकसुता हरि लीन्ही॥
लै दच्छिन दिसि गएउ गोसाईं। बिलपति अति कुररी की नाईं॥
दरस लागि प्रभु राखेउँ प्राना। चलन चहत अब कृपानिधाना॥
राम कहा तनु राखहु ताता। मुख मुसुकाइ कही तेहिं बाता॥
जाकर नाम मरत मुख आवा। अधमउ मुकुत होइ श्रुति गावा॥
सो मम लोचन गोचर आगें। राखौं देह नाथ केहि खाँगे॥
जल भरि नयन कहहिं रघुराई। तात कर्म निज तें गति पाई॥
परहित बस जिन्ह के मन माहीं। तिन्ह कहुँ जग दुर्लभ कछु नाहीं॥
तनु तजि तात जाहु मम धामा। देउँ काह तुम्ह पूरनकामा॥

दो०— सीता हरन तात जानि कहेहु पिता सन जाइ।
जौं मैं रामु त कुल सहित कहिहि दसानन आइ॥ ३१॥

अर्थ—तब गृद्ध ने धैर्य धारण करके वचन कहे कि हे संसार की पीड़ा को विनष्ट करनेवाले श्रीराम! सुनें, हे नाथ! रावण ने मेरी यह दशा की है और वही दुष्ट सीता को हर ले गया है।

हे स्वामी! कुररी पक्षी की भाँति अत्यधिक विलाप करती हुई सीता को वह दक्षिण दिशा की ओर ले गया है। मैंने आपके दर्शन के निमित्त प्राणों को रखा है, हे कृपानिधान! अब (प्राण) चलना चाहते हैं।

श्रीराम ने कहा, कि हे तात! शरीर की रक्षा करो। तब उसने मुस्काते मुख से यह बात कही। श्रुतियाँ कहती हैं कि मृत्यु काल के समय में भी जिसका नाम मुख में आते ही अधम भी मुक्त हो जाता है,

वही मेरे नेत्रों के सम्मुख दृश्यमान है तो हे नाथ! तो किस कमी के कारण यह देह रखूँ। नेत्रों में अश्रु भरकर श्रीराम कहते हैं कि हे तात! आपने अपने (शुभ) कर्म से मुक्ति गति प्राप्त की है।

जिनके मन में दूसरे का हित निवास करता है, उनके लिए संसार में कुछ दुर्लभ नहीं है। हे तात! शरीर त्याग करके आप मेरे धाम में जायें, तुम स्वयं पूर्णकाम हो, तुम्हें क्या दूँ।

हे तात! सीता के हरण (की घटना) को आप स्वर्ग में जाकर मेरे पिता से न कहें। यदि मैं समर्थवान राम हूँ तो अपने परिवार सहित (वध के पश्चात्) रावण स्वयं ही आकर कहेगा॥ ३१॥

गीध देह तजि धरि हरि रूपा। भूषन बहु पट पीत अनूपा॥
स्याम गात बिसाल भुज चारी। अस्तुति करत नयन भरि बारी॥

अर्थ—गृद्ध ने शरीर त्याग करके और श्रीहरि का स्वरूप धारण करके अनेक दिव्य भूषण एवं अनुपम पीताम्बर पहने। श्याम शरीर है, विशाल चार भुजाएँ हैं और नेत्रों में प्रेमाश्रु भरकर वह स्तुति कर रहा है—

छंद— जय राम रूप अनूप निर्गुन सगुन गुनप्रेरक सही।
दससीस बाहु प्रचंड खंडन चंड सर मंडन मही॥
पाथोद गात सरोज मुख राजीव आयत लोचनं।
नित नौमि राम कृपाल बाहु बिसाल भव भय मोचनं॥
बलमप्रमेयमनादिमजमव्यक्तमेकमगोचरं।
गोविंद गोपर द्वंद्वहर बिग्यान घन धरनीधरं॥
जे राम मंत्र जपंत संत अनंत जन मन रंजनं।
नित नौमि राम अकाम प्रिय कामादि खल दल गंजनं॥
जेहि श्रुति निरंजन ब्रह्म ब्यापक बिरज अज कहि गावहीं।
करि ध्यान ग्यान बिराग जोग अनेक मुनि जेहि पावहीं॥
सो प्रगट करुनाकंद सोभाबृंद अग जग मोहई।
मम हृदय पंकज भृंग अंग अनंग बहु छबि सोहई॥
जो अगम सुगम सुभाव निर्मल असम सम सीतल सदा।
पश्यंति जं जोगी जतनु करि करत मन गो बस सदा॥
सो राम रमानिवास संतत दास बस त्रिभुवन धनी।
मम उर बसउ सो समन संसृति जासु कीरति पावनी॥

दो०— अबिरल भगति माँगि बर गीध गएउ हरि धाम।
तेहि की क्रिया जथोचित निज कर कीन्ही राम॥ ३२॥

अर्थ—अनुपम स्वरूप युक्त, निर्गुण-सगुण तथा सचमुच ही गुणों के प्रेरक श्रीराम आपकी जय हो। रावण की प्रचंड भुजाओं का खण्डन करने के लिए भयंकर बाण धारण करनेवाले, पृथ्वी को सुशोभित करनेवाले, बादलों की भाँति नीले शरीरवाले, कमल के समान मुखवाले, कमल के सदृश विशाल नेत्रवाले कृपाशील तथा विशाल बाहु एवं संसारजन्य क्लेश से मुक्त करनेवाले हे श्रीराम मैं आपको नित्य नमन करता हूँ।

असीम (अप्रमेय) शक्ति सम्पन्न, अनादि, अजन्मा, अव्यक्त, केवलैक्य, अगोचर, गोविन्द, इन्द्रियातीत, विविध द्वन्द्वों (काम-क्रोध अग्नि) का हरण करनेवाले, विज्ञानघनस्वरूप, पृथ्वी को धारण करनेवाले, जो संत श्रीराम नाम मंत्र को जपने एवं उन अनन्त सेवकों को आनन्द देने वाले, अकारण भक्तों के लिए प्रिय (निष्काम प्रिय) तथा कामादिक दुष्टों के दलन करने वाले हे श्रीराम! मैं आपको नित्य नमन करता हूँ।

जिन्हें श्रुतियाँ निरन्तर निरंजन, ब्रह्म, व्यापक, निर्विकार (विरज) अज कहकर गान करती रहती हैं। ध्यान, ज्ञान, वैराग्य तथा योग आदि साधन करके मुनिगण जिन्हें प्राप्त करते हैं, वे सौन्दर्य के समूह तथा करुणा के मूल श्रीराम प्रकट होकर समस्त जड़-चेतन को मुग्ध किये रहते हैं। मेरे हृदयरूपी कमल के भ्रमररूप हे श्रीराम! आपके अंग-अंग पर अनेकों कामदेव की छवि शोभित हो रही है।

जो अगम एवं सुगम है, निर्मल स्वाभावयुक्त हैं, असम भी हैं, सम भी और सदैव शीतल (शान्त) हैं। मन तथा इन्द्रियों को वश में करते हुए योगीगण अनेक यत्नों के बाद जिन्हें देख पाते हैं। वे रमा-निवास, तथा तीनों लोकों के धनी निरन्तर अपने दासों के वश में हैं। जिसकी

पवित्र कीर्ति जन्म तथा मृत्यु को समाप्त करके शान्ति देने वाली है, ऐसे श्रीराम! मेरे हृदय में निवास करें।

अखंड भक्ति का वरदान माँगकर गृद्ध श्रीहरि के लोक में गया और श्रीरामचन्द्र ने अपने हाथों से उसका यथोचित दाहकर्म किया॥ ३२॥

टिप्पणी—श्रीहरि का अत्यन्त आत्मीयता से किसी जाति, धर्म आदि से कोई सम्बन्ध नहीं है। सम्बन्ध केवल प्रियता का है। गृद्ध जैसे सामिष भोजी निकृष्ट पक्षी का श्राद्धकर्म श्रीराम स्वयं अपने हाथ से ही नहीं करते वरन् सारूप्य (स्वाकार) बनाकर अपना दिव्य लोक प्रदान करते हैं। वह श्रीहरि जैसा चतुर्भुज होकर पीताम्बर आदि से अलंकृत श्रीहरि का लोक प्राप्त करता है—यह भक्ति का विशिष्ट सन्दर्भ मूलतः इसको सर्वजनीन बनाने के लिए किया गया है। गोस्वामी तुलसीदास ने जटायु की भक्ति का यह सन्दर्भ अध्यात्म रामायण से लिया है—

शंखचक्रगदापद्मकिरीटवरभूषणैः ।
द्योतयन्स्वप्रकाशेन पीताम्बरधरोऽमलः॥

कोमल चित अति दीन दयाला। कारन बिनु रघुनाथ कृपाला॥
गीध अधम खग आमिष भोगी। गति दीन्ही जो जाचत जोगी॥
सुनहु उमा ते लोग अभागी। हरि तजि होहिं बिषय अनुरागी॥
पुनि सीतहि खोजत द्वौ भाई। चले बिलोकत बन बहुताई॥
संकुल लता बिटप घन कानन। बहु खग मृग तहँ गज पंचानन॥
आवत पंथ कबंध निपाता। तेहिं सब कही साप कै बाता॥
दुर्बासा मोहि दीन्ही सापा। प्रभु पद देखि मिटा सो पापा॥
सुनु गंधर्ब कहउँ मैं तोही। मोहि न सोहाइ ब्रह्मकुल द्रोही॥

दो०— मन क्रम बचन कपट तजि जो कर भूसुर सेव।
मोहि समेत बिरंचि सिव बस ताकें सब देव॥ ३३॥

अर्थ—अत्यन्त कोमल चित्त वाले एवं दीनों के प्रति अत्यधिक दयालुता रखने वाले श्रीराम अकारण कृपालु हैं। अधम पक्षी गृद्ध जो मांसभक्षी हैं, उसे वह स्थान प्रदान किया जिसकी याचना योगीगण करते रहते हैं।

हे उमा! सुनें, वे लोग अभागे हैं, जो श्रीहरि का परित्याग करके विषय-भोगों में संसक्त होते हैं। ततश्च दोनों भाई सीता को खोजते हुए वन की सघनता (बहुताई) देखते हुए आगे चले।

वह सघन वन वृक्षों तथा लताओं से आच्छादित (संकुल) था और वहाँ पक्षी, पशु, हाथी एवं सिंह रहते थे। मार्ग में आते हुए कबन्ध का वध किया जिसने अपने शाप की सारी बातें बताईं।

दुर्वासा ने मुझे शाप दिया था और प्रभु श्रीराम के चरणों के देखकर (आज) सारे पाप विनष्ट हो गये। श्रीराम ने कहा, हे गन्धर्व मैं तुझसे कहता हूँ कि मुझे ब्रह्म कुल के द्रोही भले नहीं लगते।

मन, वाणी तथा कर्म कपट का परित्याग करके जो पृथ्वी के देवता ब्राह्मणों की सेवा करता है, मुझ सदृस ब्रह्मा, शिव, आदि सम्पूर्ण देवता उसके वश में हो जाते हैं॥ ३३॥

टिप्पणी—विराध कथा का प्रसंग वाल्मीकि रामायण में मुख्य प्रसंग के रूप में है। कवि इस कथा को सांकेतिक रूप से रखकर पूरी कथा को नैतिक तथा धार्मिक मन्तव्य की ओर घुमा देता है परिणामस्वरूप विराधकथा का प्रसंग गौण हो उठता है।

सापत ताड़त परुष कहंता। बिप्र पूज्य अस गावहिं संता॥
पूजिअ बिप्र सील गुनहीना। सूद्र न गुन गन ग्यान प्रबीना॥
कहि निज धर्म ताहि समुझावा। निज पद प्रीति देखि मन भावा॥

रघुपति चरन कमल सिरु नाई। गएउ गगन आपनि गति पाई॥
ताहि देइ गति राम उदारा। सबरी कें आस्त्रमु पगु धारा॥
सबरी देखि राम गृह आए। मुनि के बचन समुझि जियँ भाए॥
सरजिस लोचन बाहु बिसाला। जटा मुकुट सिर उर बनमाला॥
स्याम गौर सुंदर द्वौ भाई। सबरी परी चरन लपटाई॥
प्रेम मगन मुख बचन न आवा। पुनि पुनि पद सरोज सिरु नावा॥
सादर जल लै चरन पखारे। पुनि सुंदर आसन बैठारे॥
दो०— कंद मूल फल सुरस अति दिए राम कहुँ आनि।
प्रेम सहित प्रभु खाए बारंबार बखानि॥ ३४॥

अर्थ—शाप देता हुआ, मारता हुआ और कठोर वचन कहता हुआ भी ब्राह्मण पूज्य है, ऐसा संतगण गाते हैं। शील एवं गुण से हीन ब्राह्मण पूज्य है और गुण राशि से युक्त एवं ज्ञान में निपुण शूद्र पूज्य नहीं है।

श्रीराम ने अपना धर्म कहकर उसे समझाया। चरणों में अनुरक्ति देखकर वह (कबंध) उन्हें मन में भला लगा। श्रीराम के चरण-कमलों में शीश झुकाकर अपनी गति (मुक्ति) प्राप्त करके आकाश में चला गया।

उसे मुक्ति प्रदान करके उधर श्रीराम ने शबरी के आश्रम में चरण रखा शबरी ने श्रीराम को घर में आया देख करके मुनि के वचनों का स्मरण किया। हृदय प्रसन्न हो उठा।

कमल सदृश नेत्र, विशाल बाहुएँ, सिर पर जटाओं का मुकुट और हृदय पर वनमाला युक्त तथा सुन्दर श्याम और गोरे दोनों भाइयों को देखकर शबरी चरणों से लिपट गई। प्रेममग्न उसके मुख से वाणी नहीं फूट रही थी और बार-बार चरण-कमलों में शीश झुका रही धी। आदरपूर्वक उसने जल लेकर चरणों को धोया और उसके पश्चात् दोनों को सुन्दर आसन पर बैठाया।

अत्यधिक रसयुक्त कन्द, मूल एवं फल उसने ले आकर श्रीराम को दिये। बार-बार उसकी प्रशंसा करते हुए प्रभु श्रीराम ने उन्हें खाया॥ ३४॥

टिप्पणी—मध्यकालीन भक्ति अवधारणा को सम्पुष्ट करने के लिए कवि गृद्ध, शबरी के प्रसंगों का अत्यन्त रुचि के साथ वर्णन कर रहा है। विराध प्रसंग जहाँ कवि की मध्यकालीन नैतिक मान्यताओं से जुड़ा है, वहीं शबरी प्रसंग श्रीराम की मानक भक्ति का उदाहरण है। मध्यकालीन नारी जिसके प्रति समाज में न्याय नहीं था, ये भक्त कवि उसे भी भक्ति के लिए पुरुष के समान ही अधिकारिणी बताते हैं।

पानि जोरि आगें भइ ठाढ़ी। प्रभुहि बिलोकि प्रीति अति बाढ़ी॥
केहि बिधि अस्तुति करौं तुम्हारी। अधम जाति मैं जड़मति भारी॥
अधम तें अधम अधम अति नारी। तिन्ह महुँ मैं अतिमंद अघारी॥
कह रघुपति सुनु भामिनि बाता। मानउँ एक भगति कर नाता॥
जाति पाँति कुल धर्म बड़ाई। धन बल परिजन गुन चतुराई॥
भगतिहीन नर सोहइ कैसा। बिनु जल बारिद देखिअ जैसा॥
नवधा भगति कहउँ तोहि पाहीं। सावधान सुनु धरु मन माहीं॥
प्रथम भगति संतन्ह कर संगा। दूसरि रति मम कथा प्रसंगा॥
दो०— गुर पद पंकज सेवा तीसरि भगति अमान।
चौथि भगति मम गुन गन करइ कपट तजि गान॥ ३५॥

अर्थ—वह हाथ जोड़कर आगे खड़ी हुई और श्रीराम को देखकर उसमें अत्यधिक प्रीति बढ़ी।

एक तो निकृष्ट जाति की और दूसरे अत्यधिक जड़ बुद्धिवाली मैं किस प्रकार से आपकी स्तुति करूँ।

हे पापहारी श्रीराम! अधमों में भी अधम और स्त्री रूप उनमें भी अधम मैं अत्यधिक बुद्धिहीन हूँ। श्रीराम ने कहा, हे भामिनि! मेरी बात सुनो मैं तो केवल एक भक्ति का ही सम्बन्ध मानता हूँ।

जाति-पाँति, कुल, धर्म, बड़प्पन, धन, बल, कुटुम्ब, गुण और चतुरता इन सबके होने पर भी भक्तिहीन मनुष्य जलविहीन बादल की भाँति दिखाई पड़ता है।

मैं तुमसे नवधा भक्ति कहता हूँ। तुम सावधान होकर सुनो, और मन में धारण करो। प्रथम भक्ति संतों का साथ है और दूसरी भक्ति है, मेरे कथा प्रसंग में प्रेम।

अभिमानरहित होकर गुरुचरणों की सेवा तीसरी भक्ति है और कपट का परित्याग करके मेरे गुण समूहों का गान चौथी भक्ति है।

टिप्पणी—अरण्यकांड में कवि श्रीराम की भक्ति की पूर्णतः स्थापना के लिए कटिबद्ध है। सीताहरण जैसी द्रावक घटना के दुःखदायी प्रसंग को कवि भक्ति के प्रवाह के सामने भूल जाता है। वाल्मीकि के कथा-विन्यास से भिन्न कवि यहाँ अध्यात्म रामायण से प्रेरित होकर कथा के सन्दर्भ को आगे न बढ़ाकर उसके स्थान पर आध्यात्मिक सन्दर्भों की योजना करता है। कविता विन्यास के अन्तर्गत कथा-प्रवाह का स्वरूप ऐसे स्थलों पर क्षीण तथा मन्द दिखाई पड़ता है।

मंत्र जाप मम दृढ़ बिस्वासा। पंचम भजनु सो बेद प्रकासा॥
छठ दम सील बिरति बहु कर्मा। निरत निरंतर सज्जन धर्मा॥
सातव सम मोहि मय जग देखा। मो तें संत अधिक करि लेखा॥
आठवँ जथालाभ संतोषा। सपनेहुँ नहिं देखइ पर दोषा॥
नवम सरल सब सन छलहीना। मम भरोस हियँ हरष न दीना॥
नव महुँ एकउ जिन्ह कें होई। नारि पुरुष सचराचर कोई॥
सोइ अतिसय प्रिय भामिनि मोरें। सकल प्रकार भगति दृढ़ तोरें॥
जोगि बृंद दुर्लभ गति जोई। तो कहुँ आजु सुलभ भइ सोई॥
मम दरसन फल परम अनूपा। जीव पाव निज सहज सरूपा॥
जनकसुता कइ सुधि भामिनी। जानहि कहु करिबर गामिनी॥
पंपासरहि जाहु रघुराई। तहँ होइहि सुग्रीव मिताई॥
सो सब कहिहि देव रघुबीरा। जानतहूँ पूछहु मतिधीरा॥
बार बार प्रभु पद सिरु नाई। प्रेम सहित सब कथा सुनाई॥

अर्थ—मेरे नाम का मंत्र जाप तथा मेरे प्रति दृढ़ विश्वास पाँचवीं भक्ति है, ऐसा श्रुतियाँ कहती हैं, अनेक कर्मों से वैराग्य तथा इन्द्रिय निग्रह (दम), शील एवं निरन्तर सज्जनों के आचरणीय धर्मों में लगे रहना छठीं भक्ति है।

मेरे सदृश सम्पूर्ण संसार को देखना और सन्तजनों को मुझसे अधिक समझना सातवीं भक्ति है। जो स्वप्न में भी दूसरे के दोषों को नहीं देखता और जो प्राप्त हो जाय, उसी में सन्तुष्ट रह जाना आठवीं भक्ति है।

अत्यन्त सरलता, सभी से निश्छलता, किसी भी दशा में हर्ष एवं विषाद से रहित होना तथा एकमात्र मेरा भरोसा रखना नवम भक्ति है। इन नवों में जिनके पास एक भी है—वह स्त्री, पुरुष जड़, चेतन कोई भी हो—

हे भामिनि! मुझे वही अत्यधिक प्रिय है, फिर तुझमें तो सभी प्रकार की दृढ़भक्ति है। अतः जो गति योगियों की दुर्लभ है, तुम्हारे लिए वह आज सुलभ हो गई है।

मेरे दर्शन का परम अनुपम फल यह है कि जीव अपने सहज स्वरूप को प्राप्त हो जाता है। हे भामिनि! यदि तू गजगामिनी सीता की कुछ भी खबर जानती हो तो बताओ।

हे श्रीराम! आप पंपा सरोवर जायें, वहाँ आपसे सुग्रीव की मित्रता होगी। हे देव श्रीराम! वह सारी हाल बतायेगा। हे धीर बुद्धि वाले श्रीराम! आप तो सब जानते हुए भी मुझसे पूछते हैं।

बार-बार प्रभु श्रीराम के पद पर शीश झुका कर उसने प्रेमपूर्वक सम्पूर्ण कथा सुनाई।

छंद— कहि कथा सकल बिलोकि हरि मुख हृदयँ पद पंकज धरे।
तजि जोग पावक देह हरिपद लीन भइ जहँ नहिं फिरे॥
नर बिबिध कर्म अधर्म बहु मत सोकप्रद सब त्यागहू।
बिस्वास करि कह दास तुलसी राम पद अनुरागहू॥

दो०— जातिहीन अघ जन्म महि मुक्त कीन्हि असि नारि।
महा मंद मन सुख चहसि ऐसे प्रभुहि बिसारि॥ ३६॥

अर्थ—सारी कथा कहकर तथा श्रीराम के मुख को देखकर उसने उनके चरण-कमलों को थाम्ह लिया। योगाग्नि में देह त्याग करके श्रीहरि के चरणों में लीन हो गई और उस लोक को प्राप्त किया जहाँ के बाद पुनर्जन्म नहीं होता, पुन: लौटना नहीं पड़ता। तुलसीदास कहते हैं कि इसलिए सभी लोग विश्वास रखकर श्रीराम के चरणों में अनुराग रखें।

प्रभु श्रीराम ने ऐसी नारी को जो पृथ्वी पर पापों की जन्मभूमि थी उसे मुक्त किया। रे महामन्द मन! ऐसे श्रीराम को भुलाकर सुख चाहता है।

टिप्पणी—कवि अध्यात्म रामायण समर्थित नवधा भक्ति का विवेचन करता है और उसी को लोक के लिए अन्तिम श्रेयस् तत्त्व बताता है। शबरी का प्रसंग मूलत: श्रीराम भक्ति के लोकग्राह्य भक्ति के स्वरूप को विवेचन के लिए ही है। यहाँ कथित यह नवधा भक्ति कीर्तनादि परम्परा निर्दिष्ट नवधा भक्ति से भिन्न है।

चले रामु त्यागा बन सोऊ। अतुलित बल नर केहरि दोऊ॥
बिरही इव प्रभु करत बिषादा। कहत कथा अनेक संबादा॥
लछिमन देखु बिपिन कइ सोभा। देखत केहि कर मनु नहिं छोभा॥
नारि सहित सब खग मृग बृंदा। मानहुँ मोरि करत हहिं निंदा॥
हमहि देखि मृग निकर पराहीं। मृगीं कहहिं तुम्ह कहँ भय नाहीं॥
तुम्ह आनंद करहु मृग जाए। कंचन मृग खोजन ये आए॥
संग लाइ करिनी करि लेहीं। मानहु मोहिं सिखावनु देहीं॥
सास्त्र सुचिंतित पुनि पुनि देखिअ। भूप सुसेवित बस नहिं लेखिअ॥
राखिअ नारि जदपि उर माहीं। जुबती सास्त्र नृपति बस नाहीं॥
देखहु तात बसंत सोहावा। प्रियाहीन मोहि भय उपजावा॥

दो०— बिरह बिकल बलहीन मोहि जानेसि निपट अकेल।
सहित बिपिन मधुकर खग मदन कीन्हि बगमेल॥
देखि गएउ भ्राता सहित तासु दूत सुनि बात।
डेरा कीन्हेउ मनहुँ तब कटकु हटकि मनजात॥ ३७॥

अर्थ—श्रीराम उस वन को भी त्याग कर आगे चले। दोनों भाई अतुलनीय बलशाली तथा मनुष्यों में सिंह के सदृश हैं। प्रभु श्रीराम विरही व्यक्ति की भाँति विषाद करते हुए अनेक कथा एवं संवाद कहते हैं।

हे लक्ष्मण! वन की शोभा देखो, इसे देखकर किसका मन नहीं क्षुब्ध होगा? अपनी पत्नियों के साथ पक्षी एवं पशु समूह मानो मेरी निन्दा कर रहे हैं।

हमें देखकर मृग समूह (धनुष बाण देखकर भयवश) भागते हैं, तब हिरन-पत्नियाँ कहती हैं, हे मृगपुत्र! तुम्हें भय नहीं है (होना चाहिए)। हे मृगपुत्र! (साधारण मृग से उत्पन्न) तुम आनन्द से रहो, ये सोने का मृग खोजने आये हैं।

हाथी हस्तिनियों को साथ लगा करके मानो मुझे शिक्षा देते हैं (कि स्त्री को अकेली नहीं छोड़ना चाहिए)। सुचिंतत शास्त्र को भी पुनः-पुनः पढ़ते रहना चाहिए। भलीभाँति सेवा किये हुए राजा को भी अपने वश में नहीं समझना चाहिए।

स्त्री को चाहे हृदय में ही क्यों न रखा जाय, युवती, शास्त्र और राजा किसी के वश में नहीं रहते, हे तात! वसन्त को देखो, (कितना) शोभित है, यह प्रिया सीता के बिना मुझे भय उत्पन्न कर रहा है।

मुझे विरह से व्याकुल, बलहीन तथा पूर्णतः अकेला जानकर कामदेवता ने वाटिका सहित भ्रमर और (कोकिलादि) पक्षियों को लेकर मुझपर धावा बोल दिया है।

उसका दूत यह देखकर गया कि मैं भाई के साथ हूँ, तब उसकी बात सुनकर कामदेवता ने मानो सेना के साथ यहाँ पड़ाव डाल दिया है॥ ३७॥

टिप्पणी—शबरी प्रसंग का प्रयोग आगे की कथा के विस्तार के लिए भी कवि करता है। भक्ति प्रसंग की अवधारणा मुख्य है, कथा के विकास का सन्दर्भ बाद में आता है। इसी विकास क्रम में शबरी प्रसंग के पूर्व प्रारम्भ विरह के प्रसंग को कवि यहाँ आगे बढ़ाता है।

बिटप बिसाल लता अरुझानी। बिबिध बितान दिए जनु तानी॥
कदलि ताल बर ध्वजा पताका। देखि न मोह धीर मन जाका॥
बिबिध भाँति फूले तरु नाना। जनु बानैत बने बहु बाना॥
कहुँ कहुँ सुंदर बिटप सुहाए। जनु भट बिलग बिलग होइ छाए॥
कूजत पिक मानहुँ गज माते। ढेक महोख ऊँट बेसरा ते॥
मोर चकोर कीर बर बाजी। पारावत मराल सब ताजी॥
तीतिर लावक पदचर जूथा। बरनि न जाइ मनोज बरूथा॥
रथ गिरि सिला दुंदुभी झरना। चातक बंदी गुन गन बरना॥
मधुकर मुखर भेरि सहनाईं। त्रिबिध बयार बसीठीं आईं॥
चतुरंगिनी सेन सँग लीन्हे। बिचरत सबहि चुनौती दीन्हें॥
लछिमन देखत काम अनीका। रहहिं धीर तिन्ह कै जग लीका॥
एहि कें एक परम बल भारी। तेहि तें उबर सुभट सोइ भारी॥

दो०— तात तीनि अति प्रबल खल काम क्रोध अरु लोभ।
मुनि बिग्यान धाम मन करहिं निमिष महुँ छोभ॥
लोभ के इच्छा दंभ बल काम के केवल नारि।
क्रोध के परुष बचन बल मुनिबर कहहिं बिचारि॥ ३८॥

अर्थ—विशाल वृक्षों के साथ लताएँ उलझी हुई हैं मानो विविध वितान तान दिये हों। केले और ताड़ के वृक्ष सुन्दर ध्वजा पताका के समान हैं जिसको देखकर उसी का मन मुग्ध नहीं होता जो स्थिर बुद्धि (धीर) का है।

अनेकानेक वृक्ष भाँति-भाँति से पुष्पित हैं, मानो बाणधारी सैनिक (बानैत) नाना प्रकार के बाना

धारण किये हुए हों। कहीं-कहीं सुन्दर वृक्ष शोभित हो रहे हैं, मानो योद्धागण अलग-अलग छावनी डाले हों।

कोयलें कूक रही हैं, मानो मत्त हाथी (चिंग्घाड़) रहे हों। ढेक तथा महोख पक्षी ऊँट की भाँति (बोल रहे) हैं। मयूर, चकोर, तोते, कबूतर तथा हंस मानो सभी सुन्दर अरबी घोड़े (ताजी) हों।

तीतर तथा बटेर पैदल सिपाहियों के झुंड हों और इस प्रकार कामदेव की सेना का वर्णन करते नहीं बनता। पर्वतों की शिलाएँ रथ एवं झरने नगाड़े हैं। चातक मानो गुण समूहों का वर्णन करने वाले बंदीजन हों।

भौंरों की गुंजार भेरी तथा शहनाई है, त्रिविध वायु मानो दौत्यकर्म (बसीठी) आया हो। साथ में चतुरंगिणी सेना लेकर मानो कामदेव सभी को चुनौती देता विचरण कर रहा हो।

हे लक्ष्मण! काम देवता की इस प्रकार की सेवा देखकर जो धीर (स्थिर) बने रहते हैं संसार में उन्हीं की प्रतिष्ठा होती है। उससे जो उबर जाये, वही पराक्रमी योद्धा है।

हे तात! काम, क्रोध एवं लोभ ये तीन प्रबल दुष्ट हैं। ये परम ज्ञानी ऋषियों के मन में एक क्षण में क्षोभ उत्पन्न कर देते हैं।

लोभ को इच्छा और दम्भ का बल है, काम के पास केवल नारी का बल है और क्रोध के पास केवल कठोर वचनों का बल है ऐसा मुनि श्रेष्ठ विचार कर कहते हैं॥ ३८॥

टिप्पणी—कवि परम्परित रूढ़ियों का आश्रय लेकर युद्ध छावनी के बहाने कामदेव की सेना अर्थात् काम के उद्दाम भरे वातावरण का वर्णन करता है।

इस वर्णन में साङ्गरूपक का आश्रय लिया गया है और यह रसात्मक न होकर मात्र परिगणना की सूचना देता है।

शुद्ध काव्य रूढ़ियों पर आधारित ऐसे वर्णनों की कविता तब मरने लगती है, जहाँ ऐसे स्थलों पर नीति का उपदेश प्रारम्भ होता है—और इस प्रकार कवि ऐसे वर्णन के प्राकृतिक स्वरूप पर अपनी नैतिकता के माध्यम से हस्तक्षेप करता है, जो कविता के लिए बहुत स्वस्थ नहीं है।

गुनातीत सचराचर स्वामी। राम उमा सब अंतरजामी॥
कामिन्ह कै दीनता देखाई। धीरन्ह कें मन बिरति दृढ़ाई॥
क्रोध मनोज लोभ मद माया। छूटहिं सकल राम की दाया॥
सो नर इंद्रजाल नहिं भूला। जापर होइ सो नट अनुकूला॥
उमा कहउँ मैं अनुभव अपना। सत हरि भजनु जगत सब सपना॥
पुनि प्रभु गए सरोबर तीरा। पंपा नाम सुभग गंभीरा॥
संत हृदय जस निर्मल बारी। बाँधे घाट मनोहर चारी॥
जहँ जहँ पिअहिं बिबिध मृग नीरा। जनु उदार गृह जाचक भीरा॥

दो०— पुरइनि सघन ओट जल बेगि न पाइअ मर्म।
मायाछन्न न देखिए जैसें निर्गुन ब्रह्म॥
सुखी मीन सब एकरस अति अगाध जल माहिं।
जथा धर्मसीलन्ह के दिन सुख संजुत जाहिं॥ ३९॥

अर्थ—हे पार्वती! श्रीराम गुणातीत एवं सचराचर के स्वामी हैं तथा सभी के अन्तर की बात जाननेवाले हैं। उन्होंने कामी लोगों की दीनता दिखाई है और विवेकी पुरुषों के मन को वैराग्य की दृढ़ता दी है।

क्रोध, काम, लोभ, मद और माया ये सभी-के-सभी श्रीराम की दया से छूट जाते हैं। वह नट रूपी ईश्वर जिस पर अनुकूल हो जाता है वह मनुष्य इन्द्रजाल में (कभी भी) भ्रमित नहीं होता।

हे पार्वती! मैं स्वानुभव कह रहा हूँ, श्रीहरि का भजन ही सत्य है, शेष सब स्वप्न हैं। प्रभु श्रीराम पुनः सरोवर के तट पर गये जिसका नाम पम्पा है और जो निर्मल तथा गम्भीर है।

उसका जल सन्त के हृदय के समान निर्मल है। चारों घाट मनोहर, बँधे हैं। जहाँ-तहाँ नाना प्रकार के पशु जल पी रहे हैं, मानो उदार याचक के घर पर याचकों की भीड़ हो।

घने पुरइन पत्तों के बीच ढके जल का मर्म नहीं ज्ञात होता था जैसे माया से ढके रहने के कारण निर्गुण ब्रह्म प्रतीति का विषय नहीं होता।

अत्यन्त अगाध जल के मध्य में सभी मछलियाँ समान भाव से सुखी रहती हैं—जैसे धर्मशीलों के दिन आनन्द से संयुक्त (सुखपूर्वक) बीतते हैं॥ ३९॥

टिप्पणी—यहाँ शिव की टिप्पणी है। यह टिप्पणी श्रीराम के लीलाभाव को सम्पुष्ट करती है। तुलसी श्रीराम कथा के द्वारा 'ज्ञानी' एवं 'लोकजन' दोनों पक्षों को सन्तुष्ट करना चाहते हैं और इसीलिए इस 'शिव संवाद' के मूलक्रम को उठाकर उनके लीलाभाव के ऊपर एक टिप्पणी देते हैं। लोकभाव के लिए जो सत्य है, वह लीला है क्योंकि ब्रह्म कभी कामीजन की भाँति विरह पीड़ित प्रकृत मनुष्य जैसा आचरण नहीं कर सकता। यहाँ वह यही आचरण करता है, यह आचरण 'लीला स्वरूप' होने के कारण ज्ञानियों के लिए भी प्रिय तथा काम्य है—क्योंकि ज्ञानी जानता है कि प्रभु तो यह लीला दिखावे के लिए कर रहा है। अतः प्रभु की लीला 'ज्ञानी एवं भक्तजन' दोनों के लिए समान रूप से कामना का विषय है।

बिकसे सरसिज नाना रंगा। मधुर मुखर गुंजत बहु भृंगा॥
बोलत जलकुक्कुट कलहंसा। प्रभु बिलोकि जनु करत प्रसंसा॥
चक्रवाक बक खग समुदाई। देखत बनइ बरनि नहिं जाई॥
सुंदर खग गन गिरा सोहाई। जात पथिक जनु लेत बोलाई॥
ताल समीप मुनिन्ह गृह छाए। चहुँ दिसि कानन बिटप सुहाए॥
चंपक बकुल कदंब तमाला। पाटल पनस परास रसाला॥
नव पल्लव कुसुमित तरु नाना। चंचरीक पटली कर गाना॥
सीतल मंद सुगंध सुभाऊ। संतत बहइ मनोहर बाऊ॥
कुहू कुहू कोकिल धुनि करहीं। सुनि रव सरस ध्यान मुनि टरहीं॥

दो०— फल भारनि नमि बिटप सब रहे भूमि निअराइ।
पर उपकारी पुरुष जिमि नवहिं सुसंपति पाइ॥ ४०॥

अर्थ—उसमें अनेक प्रकार के कमल खिलते हैं और अनेकानेक भ्रमर समूह मधुर स्वर से गुंजार कर रहे हैं। जलमुर्गे तथा राजहंस बोल रहे हैं, मानो वे प्रभु श्रीराम को देखकर उनकी प्रशंसा कर रहे हों।

चक्रवात एवं बगुले आदि अनेक पक्षियों के समुदाय देखते ही बनता है, उनका वर्णन नहीं किया जा सकता। सुन्दर पक्षी समूहों की वाणी सुहावनी है मानो रास्ते में जाते हुए पथिकों को बुला ले रही हों।

सरोवर के समीप मुनियों ने गृह (आश्रम) छा रखा है और उसके चारों ओर के सुन्दर वृक्ष चम्पा, मौलश्री, कदम्ब, तमाल, पाटल, कटहल, ढॉक, आम आदि हैं।

अनेक प्रकार के वृक्ष पल्लवों तथा पुष्पों से युक्त हैं। भौरों के समूह (वहाँ) गुंजार कर रहे हैं। स्वभाव से ही (नैसर्गिक रूप से ही) शीतल, मंद, सुगंध एवं मनोहारी वायु निरन्तर बह रही है।

कोकिल 'कुहू' 'कुहू' की ध्वनि कर रहे हैं। उनकी सरस ध्वनि को सुनकर मुनियों का ध्यान भंग हो जाता है।

फलों के भार से झुक कर समस्त वृक्ष पृथ्वी के पास आ लगे हैं जैसे परोपकारी पुरुष प्रभूत सम्पति प्राप्त करके झुक जाते हैं (विनम्र तथा विनयशील) हो जाते हैं॥ ४०॥

टिप्पणी—यह प्रसंग प्रकृति वर्णन का है। कवि प्रकृति का सामान्य आलम्बन मूलक वर्णन करके उसके माध्यम से विविध नैतिक मूल्यों को सादृश्य विधान क्रम में रखने की चेष्टा करता है। भागवत पुराण के अन्तर्गत प्रकृति-वर्णन की यह यह परिपाटी हमें तुलसी के पूर्व मिलती है। आगे किष्किंधाकांड में इस वर्णन रूढ़ि का वे सचेष्ट भाव से विस्तारपूर्वक अनुगमन करते हैं।

देखि राम अति रुचिर तलावा। मज्जनु कीन्ह परम सुख पावा॥
देखी सुंदर तरुबर छाया। बैठे अनुज सहित रघुराया॥
तहँ पुनि सकल देव मुनि आए। अस्तुति कर निज धाम सिधाए॥
बैठे परम प्रसन्न कृपाला। कहत अनुज सन कथा रसाला॥
बिरहवंत भगवंतहि देखी। नारद मन भा सोच बिसेषी॥
मोर साप करि अंगीकारा। सहत राम नाना दुख भारा॥
ऐसे प्रभुहि बिलोकउँ जाई। पुनि न बनिहि अस अवसरु आई॥
यह बिचारि नारद कर बीना। गए जहाँ प्रभु सुख आसीना॥
गावत राम चरित मृदु बानी। प्रेम सहित बहु भाँति बखानी॥
करत दंडवत लिए उठाई। राखे बहुत बार उर लाई॥
स्वागत पूँछि निकट बैठारे। लछिमन सादर चरन पखारे॥

दो०— नाना बिधि बिनती करि प्रभु प्रसन्न जियँ जानि।
नारद बोले बचन तब जोरि सरोरुह पानि॥ ४१॥

अर्थ—श्रीराम ने अत्यन्त रोचक तालाब देखकर, स्नान किया और अत्यधिक सुख प्राप्त किया। वहाँ पर सुन्दर वृक्ष की छाया देखी और श्रीराम अनुज लक्ष्मण के साथ बैठे हैं।

वहाँ सम्पूर्ण देवगण एवं ऋषिवर आये तथा उनकी स्तुति करके अपने-अपने निवास स्थल पर गये। कृपालु श्रीराम अत्यन्त प्रसन्न भाव से बैठे हुए लक्ष्मण से रसयुक्त कलाएँ कह रहे हैं।

श्रीराम को विरह में डूबे देखकर नारद को अपने मन में विशेष चिन्ता हुई। मेरे शाप को स्वीकार करके श्रीराम नाना प्रकार के दुःख के भार सह रहे हैं।

पुनः ऐसा अवसर हाथ नहीं आयेगा, ऐसे (विरहवन्त) प्रभु श्रीराम को जाकर देख आऊँ। ऐसा विचार करके हाथ में वीणा धारण किये हुए वहाँ पहुँचे जहाँ श्रीराम सुखपूर्वक बैठे थे।

कोमल वाणी में प्रभु चरित का अनेक रूपों में बखान करके प्रेमपूर्वक गाते हुए पहुँचे और दण्डवत करते हुए श्रीराम ने (उन्हें) उठा लिया और बहुत देर (बाद) तक हृदय से लगाये रखा।

स्वागत पूछकर निकट बैठाया और लक्ष्मण ने आदरपूर्वक उनके चरण धोये।

अनेक प्रकार से विनय करके तथा प्रभु श्रीराम को हृदय से प्रसन्न जानकर अपने कलमवत हाथों को जोड़कर नारद वचन बोले॥ ४१॥

टिप्पणी—वाल्मीकि रामायण एवं अध्यात्म रामायण शबरी के कथा के पश्चात् अरण्यकांड के प्रसंग को आगे नहीं बढ़ाते। तुलसी यहाँ कथा-कौतुक के विन्यास एवं अध्यात्म सम्बन्धित समसमायिक प्रश्नों का उत्तर देने के लिए नारद प्रसंग की अवतारणा करते हैं और इस प्रसंग के माध्यम से अपने युग की कतिपय आध्यात्मिक समस्याओं का समाधान देते हैं।

सुनहु परम उदार रघुनायक। सुंदर अगम सुगम बर दायक॥
देहु एक बरु माँगउँ स्वामी। जद्यपि जानत अंतरजामी॥
जानहु मुनि तुम्ह मोर सुभाऊ। जन सन कबहुँ कि करउँ दुराऊ॥

कवन बस्तु असि प्रिय मोहि लागी। जो मुनिबर न सकहु तुम्ह माँगी॥
जन कहुँ कछु अदेय नहिं मोरें। अस बिस्वास तजहु जनि भोरें॥
तब नारद बोले हरषाई। अस बर माँगउँ करउँ ढिठाई॥
जद्यपि प्रभु के नाम अनेका। स्रुति कह अधिक एक तें एका॥
राम सकल नामन्ह ते अधिका। होउ नाथ अघ खग गन बधिका॥

दो०— राका रजनी भगति तव राम नाम सोइ सोम।
अपर नाम उडुगन बिमल बसहु भगत उर ब्योम॥
एवमस्तु मुनि सन कहेउ कृपासिंधु रघुनाथ।
तब नारद मन हरष अति प्रभु पद नाएउ माथ॥ ४२॥

अर्थ—हे सहज उदार, सुन्दर अगम और सुगम वर देने वाले श्रीराम! सुनें, हे अन्तर्यामिन्! यद्यपि आप जानते हैं फिर भी (मुख से कह रहा हूँ) मैं एक वर माँग रहा हूँ, हे स्वामी! आप दें।

(श्रीराम ने उत्तर दिया) हे मुनि! तुम मेरे स्वभाव को जानते हो कि मैं अपने दासों से कोई छिपाव नहीं करता। मुझे कौन वस्तु ऐसी प्रिय (अदेय) लगती है, हे मुनिश्रेष्ठ! तुम नहीं माँग सकते?

अपने दासों के लिए कुछ भी मेरे लिए अदेय नहीं है। ऐसा विश्वास भूलकर भी न छोड़ो। तब नारद हर्षित होकर बोले, ऐसा वरदान माँगकर मैं धृष्टता कर रहा हूँ।

यद्यपि प्रभु श्रीराम के अनेक नाम हैं और श्रुतियाँ कहती हैं कि वे एक-से-एक बढ़कर हैं। 'राम' नाम समस्त नामों से बढ़कर है। हे नाथ! यह पापरूपी पक्षी समूहों के लिए वधिक बने।

आपकी भक्ति पूर्णिमा की रात्रि हो और यही राम नाम पूर्ण चन्द्र हो। निर्मल तारामण्डल का भाँति अन्य नामों से परिपूर्ण आप भक्तों के हृदयाकाश में निवास करें।

कृपासागर श्रीराम ने ऐसा ही हो, कहा। तब नारद ने अत्यन्त हर्षित मन से श्रीराम के चरणों में शीश नवाया॥ ४२॥

टिप्पणी—नारद के वरदान का प्रसंग है, जहाँ यह श्रीराम से एकमात्र भक्ति एवं श्रीराम की ही भक्ति की याचना करते हैं। 'भक्ति और श्रीराम की ही भक्ति' की स्थापना इस सन्दर्भ का मूल मन्तव्य है। 'श्रीराम की भक्ति' में सम्पूर्ण वैष्णवी भक्ति की निष्ठा वर्तमान है। श्रीराम के अन्य भी अवतार एवं नाम रूप हैं। नारद सभी कुछ चाहते हैं किन्तु श्रीराम के सापेक्ष्य में। तुलसीदास की उदार समन्वयवादी वैष्णवी आस्था यहाँ अभिव्यक्त है।

अति प्रसन्न रघुनाथहि जानी। पुनि नारद बोले मृदु बानी॥
राम जबहि प्रेरेहु निज माया। मोहेहु मोहि सुनहु रघुराया॥
तब बिबाह मैं चाहउँ कीन्हा। प्रभु केहि कारन करै न दीन्हा॥
सुनि मुनि तोहि कहउँ सह रोसा। भजहिं जे मोहि तजि सकल भरोसा॥
करउँ सदा तिन्ह कै रखवारी। जिमि बालक राखइ महतारी॥
गह सिसु बच्छ अनल अहि धाई। तहँ राखइ जननी अरगाई॥
प्रौढ़ भएँ तेहिं सुत पर माता। प्रीति करइ नहिं पाछिलि बाता॥
मोरें प्रौढ़ तनय सम ग्यानी। बालक सुत सम दास अमानी॥
जनहि मोर बल निज बल ताही। दुहुँ कहँ काम क्रोध रिपु आही॥
यह बिचारि पंडित मोहि भजहीं। पाएहु ग्यान भगति नहिं तजहीं॥

दो०— काम क्रोध लोभादि मद प्रबल मोह कै धारि।
तिन्ह महँ अति दारुन दुखद मायारूपी नारि॥ ४३॥

अर्थ—श्रीराम को अति प्रसन्न जानकर नारद पुनः मृदु वाणी में बोले। हे राम! आपने अपनी माया प्रेरित की और हें रघुनाथ सुनें, आपने जब मुझे मोहित किया।

और तब मैं विवाह करना चाहता था, हे प्रभु! किस कारण मुझे (विवाह) नहीं करने दिया। हे मुनि! सुनें, मैं हर्षपूर्वक कहता हूँ कि जो मुझे सम्पूर्ण भरोसा छोड़कर भजते हैं।

मैं हमेशा उनकी रखवाली वैसे ही करता रहता हूँ जैसे माँ बालक की रखवाली करती रहती है। जब वह शिशु वत्स आग और साँप को पकड़ना चाहता है, तो वहाँ माता उसे अलग करके बचाती है।

प्रौढ़ हो जाने पर उस पुत्र पर माता, प्रेम तो करती है किन्तु पिछली बातें नहीं रहतीं। ज्ञानी मेरे प्रौढ़ पुत्र की भाँति हैं और अपने बल का मान न रखने वाला सेवक मेरे शिशु पुत्र के समान हैं।

मेरे दासों को मेरा ही बल रहता है और ज्ञानियों को अपना बल। और दोनों के लिए काम एवं क्रोध शत्रु हैं। ऐसा विचार करके पंडित जन मेरा भजन करते हैं और ज्ञान प्राप्त करने के बाद भी मेरा भजन करते रहते हैं।

काम, क्रोध, लोभ तथा मद आदि मोह की प्रबल सेना है—उनमें से मायारूपी नारी अत्यधिक दारुण दुःख देने वाली है॥ ४३॥

टिप्पणी—नारद के स्वयं द्वारा नारी के सन्दर्भ में शाप दिये जाने का प्रसंग श्रीराम को वह स्मरण कराते हैं और व्यंग्य भाव से पूछते हैं—उस समय मेरे लिए नारी वर्जना का क्या कारण था—यह प्रसंग कवि द्वारा कल्पित प्रतीत होता है क्योंकि यह न अध्यात्म रामायण में मिलता है और न वाल्मीकि रामायण में। कवि इस प्रसंग के माध्यम से श्रीराम के कथनों द्वारा नारी विषयक अपनी अवधारणा को स्पष्ट करता है और इसके मूल में 'काम भाव की वर्जना' ही मूल व्यंजना बनकर सामने आती है। कवि की भक्ति विषयक अवधारणा के साथ जुड़कर यह नारी प्रसंग उनके दृष्टिकोण को ही स्पष्ट नहीं करता अपितु मध्यकालीन नारी के विषय में प्रचलित, भक्तिमार्ग के वैष्णव सन्तों का दृष्टिकोण भी स्पष्ट होकर सामने आता है।

सुनु मुनि कह पुरान श्रुति संता। मोह बिपिन कहुँ नारि बसंता॥
जप तप नेम जलासय झारी। होइ ग्रीषम सोषइ सब नारी॥
काम क्रोध मद मत्सर भेका। इन्हहिं हरषप्रद बरषा एका॥
दुर्बासना कुमुद समुदाई। तिन्ह कहँ सरद सदा सुखदाई॥
धर्म सकल सरसीरुह बृंदा। होइ हिम तिन्हहि दहइ सुख मंदा॥
पुनि ममता जवास बहुताई। पलुहइ नारि सिसिर रितु पाई॥
पाप उलूक निकर सुखकारी। नारि निबिड़ रजनी अँधियारी॥
बुधि बलु सील सत्य सब मीना। बनसी सम त्रिय कहहिं प्रबीना॥

दो०— अवगुनमूल सूलप्रद प्रमदा सब दुख खानि।
ता तें कीन्ह निवारन मुनि मैं यह जिय जानि॥ ४४॥

अर्थ—हे मुनि! सुनें, पुराण तथा संत आदि कहते हैं, मोहरूपी वन के लिए नारी वसन्त ऋतु के सदृश (आकर्षण एवं उन्मादक) है। जप, तप, नियमरूपी समस्त जलाशय को ग्रीष्म ऋतु बनकर नारी सुखा देती है।

काम, क्रोध, मद तथा मात्सर्य आदि मेढ़क हैं, इनको हर्ष प्रदान करने वाली वर्षा ऋतु एकमात्र (नारी) ही है। बुरी दुर्वासनाएँ कुमुद समूह की भाँति हैं, उनको सदैव सुख देने वाली शरद् ऋतु यही नारी है।

सम्पूर्ण धर्म कमल समूह की भाँति है, हिम बनकर निम्नगामी सुख देने वाली नारी उन्हें जला

डालती है। पुनः ममतारूपी जवास समूह को यह स्त्री रूप शिशिर ऋतु पुनः पल्लवित कर देती है।

पापरूपी उल्लुओं के आनन्द देने वाली यह नारी सुख देने वाली गहन अंधकार की भाँति है। बुद्धि, बल, शील तथा सत्य ये सभी मछलियों की भाँति (और उन्हें फँसाकर विनष्ट करने के लिए) नारियाँ बंसी की भाँति हैं।

युवती विलासिनी नारियाँ (प्रमदा) अवगुणों की जड़, पीड़ा देने वाली तथा समस्त दुःखों की खान हैं। हे मुनि! मैंने हृदय में ऐसा समझकर ही इसीलिए (विवाह करने से) रोका था॥ ४४॥

टिप्पणी—नारी विषयक मध्यकालीन अवधारणा का कवि यहाँ निरूपण करता है। कवि षड्ऋतु रूपक द्वारा भक्ति मार्ग एवं अध्यात्म पथ के लिए अवरोधक नारी का चित्रण करता है। यह चित्रण रतिमूलक संसक्ति पर आधारित है। रति वासना के पाश में बँधकर भक्ति मार्ग से व्यक्ति कैसे विचलित होता है, विविध ऋतुओं के दृष्टान्तों से उनके उद्यामकारी प्रभावों का विस्तारपूर्वक कवि चित्रण करता है। रति विषयक वासना एवं भोग किस प्रकार व्यक्ति को भक्तिपथ से विचलित करते हैं, उसके विविध दृष्टान्त यहाँ निर्दिष्ट हैं।

सुनि रघुपति के बचन सुहाए। मुनि तन पुलक नयन भरि आए॥
कहहु कवन प्रभु कै असि रीती। सेवक पर ममता अरु प्रीती॥
जे न भजहिं अस प्रभु भ्रम त्यागी। ग्यान रंक नर मंद अभागी॥
पुनि सादर बोले मुनि नारद। सुनहु राम बिग्यान बिसारद॥
संतन्ह के लच्छन रघुबीरा। कहहु नाथ भंजन भवभीरा॥
सुनु मुनि संतन्ह के गुन कहऊँ। जिन्ह तें मैं उन्हके बस रहऊँ॥
षट बिकार जित अनघ अकामा। अचल अकिंचन सुचि सुखधामा॥
अमितबोध अनीह मितभोगी। सत्यसार कबि कोबिद जोगी॥
सावधान मानद मदहीना। धीर धर्मगति परम प्रबीना॥

दो०— गुनागार संसार दुख रहित बिगत संदेह।
तजि मम चरन सरोज प्रिय तिन्ह कहुँ देह न गेह॥ ४५॥

अर्थ—श्रीराम के सुन्दर वचनों को सुनकर मुनि नारद का शरीर रोमांचित हो उठा और नेत्रों में अश्रु छा गये। कहो तो किस स्वामी की ऐसी रीति है जिसकी सेवक पर इतनी ममता और प्रीति हो।

भ्रम त्याग करके जो ऐसे प्रभु का भजन नहीं करते वे मनुष्य ज्ञान से रंक (निर्धन) एवं भाग्य से हीन हैं। नारद पुनः आदरपूर्वक बोले, हे विज्ञान के विशारद! श्रीराम सुनें।

हे भवपीड़ा के भंजक स्वामी श्रीराम! संतों के लक्षण बतलायें (श्रीराम ने कहा) हे मुनि! मैं सन्तों के उन गुणों को कह रहा हूँ, जिनके कारण मैं उनके वश में रहता हूँ।

काम, क्रोध, लोभ, मोह, मद तथा मत्सर इन छः विकारों को जीतने वाले, पापरहित, कामना रहित, स्थिर बुद्धि (अचल), सर्वत्यागी (अकिंचन), पवित्र तथा सुख के धाम, असीम ज्ञानवान, इच्छारहित (अनीह), मिताहारी, सत्यनिष्ठ, कवि, विद्वान, योगी—

सावधान, सदा दूसरों को सम्मान देने वाला, अभिमानरहित, धैर्यवान, धर्म में निरन्तर मन से अनुरक्त तथा व्यवहार में परम चतुर।

गुणों के भंडार, संसार के दुःखों से रहित, संदेह से मुक्त जिनको मेरे चरण-कमलों को छोड़कर न अपनी देह प्रिय है और न गृह॥ ४५॥

टिप्पणी—नारद यहाँ सन्तों का लक्षण जानना चाहते हैं। अरण्यकांड के अन्तर्गत कवि की दृष्टि घटना के निरूपण पर नहीं है। वैसे यहाँ घटनात्मकता तो नाम मात्र के लिए है। कवि को ऐसे अरण्य जीवन में ऋषि तत्त्वों के आख्यान का अवसर मिला है, और इस अवसर का वह पूर्णतः

उपयोग करता है। श्रीराम नारद के प्रश्न करने पर सन्तों का निरूपण स्वमुख से करते हैं। मध्यकालीन वातावरण के लिए 'सन्त-असन्त' निरूपण अत्यन्त महत्त्वपूर्ण है। क्योंकि उस युग की सर्वाधिक महत्त्वपूर्ण समस्याओं में से यह एक थी और इसके माध्यम से सन्तों के यथार्थ स्वरूप की पहचान कराना यहाँ नितान्त आवश्यक था।

निज गुन श्रवन सुनत सकुचाहीं। पर गुन सुनत अधिक हरषाहीं॥
सम सीतल नहिं त्यागहिं नीती। सरल सुभाउ सबहिं सन प्रीती॥
जप तप ब्रत दम संजम नेमा। गुर गोबिंद बिप्र पद प्रेमा॥
सद्धा छमा मयत्री दाया। मुदिता मम पद प्रीति अमाया॥
बिरति बिबेक बिनय बिग्याना। बोध जथारथ बेद पुराना॥
दंभ मान मद करहिं न काऊ। भूलि न देहिं कुमारग पाऊ॥
गावहिं सुनहिं सदा मम लीला। हेतु रहित पर हित रत सीला॥
मुनि सुनु साधुन्ह के गुन जेते। कहि न सकहिं सारद श्रुति तेते॥

अर्थ—अपने कानों से अपना गुण श्रवण करके जो संकुचित हो उठते हैं, दूसरे के गुणों को सुनकर जो अत्यधिक हर्षित होते हैं। समत्व बुद्धि वाले, शान्त स्वभाव वाले, जो नीति का परित्याग नहीं करते। स्वभाव से सरल एवं सभी से प्रेम रखने वाले,

जप, तप, व्रत, दम, संयम और नियम में लगे, गुरु, गोविन्द एवं विप्रों के चरणों में स्नेह रखने वाले, श्रद्धा, क्षमा, मैत्री, दया, मुदिता तथा मेरे चरणों में निष्कपट प्रेम,

वैराग्य, विवेक, विनय, विज्ञान (अनासक्ति पूर्ण ज्ञान) तथा वेद-पुराण में निहित ज्ञान का यथार्थ बोध, दम्भ, मान, मद कभी नहीं करते और भूलकर भी कुमार्ग पर चरण नहीं रखते।

सदैव मेरी लीलाओं को गाते सुनते हैं और अकारण ही, दूसरे के हित में लगे रहने वाले, हे मुनि नारद! सुनें, सन्तों के जितने गुण हैं, उसका वर्णन सरस्वती तथा वेद भी नहीं कर सकते।

छंद— कहि सक न सारद सेष नारद सुनत पद पंकज गहे।
अस दीनबंधु कृपाल अपने भगत गुन निज मुख कहे॥
सिरु नाइ बारहिं बार चरनन्हि ब्रह्मपुर नारद गए।
ते धन्य तुलसीदास आस बिहाइ जे हरि रँग रँए॥

दो०— रावनारि जसु पावन गावहिं सुनहिं जे लोग।
राम भगति दृढ़ पावहिं बिनु बिराग जप जोग॥
दीप सिखा सम जुवति तनु मन जनि होसि पतंग।
भजहि राम तजि काम मद करहि सदा सतसंग॥ ४६॥

इति श्रीरामचरितमानसे सकल कलिकलुषविध्वंसने विमलवैराग्यसम्पादनो नाम तृतीयः सोपान समाप्तः॥

सरस्वती तथा शेषनाग भी (सन्तों के गुणों का वर्णन) कह सकने में असमर्थ हैं यह सुनते ही, नारद ने श्रीराम के चरणों को पकड़ लिया। दीनबन्धु कृपालु श्रीराम ने इस प्रकार से अपने मुख द्वारा भक्तों के गुणों का कथन किया। श्रीराम के चरणों में बार-बार सिर झुकाकर नारद ब्रह्मलोक गये। तुलसीदास जी कहते हैं कि वे धन्य हैं, जो (समस्त) आशाओं का परित्याग करके श्रीहरि के रंग में रँग गये हैं।

जो लोग रावणारि श्रीराम के पवित्र यश का गान एवं श्रवण करेंगे, वे वैराग्य, जप एवं योग के अभाव में भी दृढ़ श्रीराम भक्ति को प्राप्त करेंगे।

युवती का शरीर दीपक की शिखा के सदृश है, रे मन! तू (उसके लिए) पतिंगे न बन। काम वासना का परित्याग करके श्रीराम का भजन कर और सदैव सत्संग करो॥ ४६॥

टिप्पणी—नारद का प्रसंग न वाल्मीकि रामायण में है और न अध्यात्म रामायण में। कवि इस प्रसंग की अवधारणा यहाँ नारी प्रसंग एवं सन्त लक्षणों का निर्देश करने के लिए कर रहा है। तुलसी की अपनी विशिष्ट धारणा के अनुसार 'नारी त्याग' एवं 'सन्त स्वभाव का उदय' ये दो विशिष्ट तत्त्व हैं, जो श्रीराम की भक्ति की ओर भक्तों को सहज ही आकर्षित कर लेते हैं। 'दीप शिखा सम युवति तन' के द्वारा कवि काम भावना की उस उद्दाम वासना से मुक्ति चाहता है जो अनायास सचराचर को योग में संसक्त होने के लिए प्रेरित करता है। इसी सन्दर्भ में सन्तों के लक्षण भी कथित हैं। सन्त जन अनायास ही अपने आचरण से स्वामी श्रीराम को परमप्रिय हो जाते हैं—और यह सन्त तत्त्व परम उदात्त मानवीय मूल्यों की श्रेष्ठता का मानदण्ड है और मानव जाति का अस्तित्व भी इन्हीं मूल्यों की स्वीकृति पर ही निर्भर करता है। परम्परा के आर्ष मूल्यों का कवि भक्ति के सापेक्ष्य में पुनर्कथन करता हुआ उनकी सार्थकता पर पुनर्प्रकाश डालता है।

इस प्रकार कलियुग के सम्पूर्ण पापों को विध्वंस करनेवाला श्रीरामचरितमानस का तीसरा अध्याय समाप्त हुआ।

❑❑

श्री गणेशाय नमः

श्री जानकीवल्लभोविजयते

श्रीरामचरितमानस

चतुर्थ सोपान

किष्किंधाकांड

कुन्देन्दीवरसुन्दरावतिबलौ विज्ञानधामावुभौ
शोभाढ्यौ वरधन्विनौ श्रुतिनुतौ गोविप्रवृंदप्रियौ।
मायामानुषरूपिणौ रघुवरौ सद्धर्मवर्मौ हितौ
सीतान्वेषणतत्परौ पथिगतौ भक्तिप्रदौ तौ हि नः॥

ब्रह्माम्भोधिसमुद्भवं कलिमलप्रध्वंसनं चाव्ययं
श्रीमच्छम्भुमुखेन्दुसुन्दरवरे संशोभितं सर्वदा।
संसारामयभेषजं सुखकरं श्रीजानकीजीवनं
धन्यास्ते कृतिनः पिबन्ति सततं श्रीरामनामामृतम्॥

सो०— मुक्ति जन्म महि जानि ग्यान खानि अघ हानि कर।
जहँ बस संभु भवानि सो कासी सेइअ कस न॥
जरत सकल सुर बृंद बिषम गरल जेहि पान किय।
तेहि न भजसि मन मंद को कृपाल संकर सरिस॥

अर्थ—बेला तथा कमल के सदृश सुन्दर, अत्यन्त बलवान, विज्ञान के धाम, शोभा से सम्पन्न, श्रेष्ठ धनुर्धारी, वेदों द्वारा वन्दित गौ तथा ब्राह्मण समूहों के लिए प्रिय, श्रेष्ठ धर्म के कवचस्वरूप (रक्षक) सबके हितैषी, सीतान्वेषण में तत्पर मार्ग में विचरते हुए माया से मनुष्य का स्वरूप धारण किये हुए श्रीराम तथा लक्ष्मण (रघुवरौ) (आप) दोनों भाई (तौ) हमारे लिए अवश्य ही भक्ति प्रदान करनेवाले हों।

ब्रह्मज्ञानरूपी समुद्र से उत्पन्न, कलिजनित मल को विनष्ट करने वाले, अविनाशीस्वरूप (अव्यय), निरन्तर भाव से श्रीमत् शिव के सुन्दर तथा श्रेष्ठ मुखरूपी चन्द्र में शोभित, सृष्टि के जन्म-मरण की ओषधि स्वरूप, आनन्द देनेवाले, श्री सीता के जीवन-स्वरूप श्रीराम नाम के अमृत निरन्तर जो पान करते रहते हैं, वे पुण्यात्मा धन्य हैं।

मुक्ति की जन्मभूमि, ज्ञान की खानि, पापों को विनष्ट करने वाली तथा जहाँ शिव तथा पार्वती निवास करते हैं, ऐसा जानकर (जानि) उस काशी का क्यों न सेवन किया जाये।

जिस भयंकर विष (के प्रभाव से) सम्पूर्ण देव समूह जल रहे थे—जिसने (उस) विष का पान

कर लिया (और उनके कष्ट को दूर किया) रे मतिमन्द! (जन) उनका भजन क्यों नहीं करते, शिव के सदृश कृपालु (भला और) कौन है?

आगें चले बहुरि रघुराया। रिष्यमूक पर्बत निअराया॥
तहँ रह सचिव सहित सुग्रीवा। आवत देखि अतुल बल सींवा॥
अति सभीत कह सुनु हनुमाना। पुरुष जुगल बल रूप निधाना॥
धरि बटु रूप देखु तैं जाई। कहेसु जानि जियँ सयन बुझाई॥
पठए बालि होहिं मन मैला। भागौं तुरत तजौं यह सैला॥
बिप्र रूप धरि कपि तहँ गएऊ। माथ नाइ पूँछत अस भएऊ॥
को तुम्ह स्यामल गौर सरीरा। छत्री रूप फिरहु बन बीरा॥
कठिन भूमि कोमल पद गामी। कवन हेतु बिचरहु बन स्वामी॥
मृदुल मनोहर सुंदर गाता। सहत दुसह बन आतप बाता॥
की तुम्ह तीनि देव महँ कोऊ। नर नारायन की तुम्ह दोऊ॥

दो०— जग कारन तारन भव भंजन भरनी भार।
की तुम्ह अखिल भुवनपति लीन्ह मनुज अवतार॥ १ ॥

पुनः श्रीराम आगे चले और ऋष्यमूक पर्वत समीप आया। वहाँ मंत्रियों के साथ सुग्रीव रहते थे (और उन्होंने) अतुलनीय बल की सीमा (श्रीराम को) आते देखा।

अत्यन्त भयपूर्वक उन्होंने कहा कि हे हनुमान सुनो, ये दोनों पुरुष शक्ति तथा रूप के भण्डार हैं। तुम ब्रह्मचारी का रूप धारण करो और जाकर देखो और उनके हृदय की बात जानकर मुझे संकेत (सयन) से समझा देना।

यदि मन के मलिन बालि ने उन्हें भेजा होगा तो इस पर्वत को तुरन्त छोड़कर भाग जाऊँगा। कपि हनुमान वहाँ ब्राह्मण का वेष बदल कर गये और नमस्कार करके इस प्रकार पूछने लगे।

हे वीर! क्षत्रिय के रूप में वन में विचरण कर रहे श्यामल तथा गौर शरीरयुक्त आप कौन हैं? कठिन भूमि पर कोमल चरणों से गमन करने वाले हे स्वामी! आप वन में किस कारण विचर रहे हैं?

आप कोमल, मनोहारी एवं सुन्दर शरीरवाले आप वन में धूप और हवा के (चपेट) क्यों सह रहे हैं। क्या आप ब्रह्मा, विष्णु, महेश इन तीनों देवतओं में से कोई एक हैं या आप दोनों नर-नारायण हैं।

अथवा आप जगत् के कारण स्वरूप, जन्म-मृत्यु के कष्ट को नष्ट करने वाले तथा पृथ्वी के भार को दूर करने वाले मनुष्य रूप सम्पूर्ण भुवनों के स्वामी स्वयं श्रीहरि हैं॥ १ ॥

टिप्पणी—हनुमान अंगद के भय के निवारणार्थ श्रीराम से उनका परिचय पूछते हैं। यह परिचय एक शिष्टाचार मात्र नहीं है वरन् हनुमान के संस्कारी मन पर श्रीराम के वास्तविक एवं मूल स्वरूप की झलक है। कवि श्रीराम के यथार्थ को बतला नहीं रहा है, उसे संकट से व्यंजित कर रहा है।

कोसलेस दसरथ के जाए। हम पितु बचन मानि बन आए॥
नाम राम लछिमन दोउ भाई। संग नारि सुकुमारि सुहाई॥
इहाँ हरी निसिचर बैदेही। बिप्र फिरहिं हम खोजत तेही॥
आपन चरित कहा हम गाई। कहहु बिप्र निज कथा बुझाई॥
प्रभु पहिचानि परेउ गहि चरना। सो सुख उमा जाइ नहिं बरना॥
पुलकित तन मुख आव न बचना। देखत रुचिर बेष कै रचना॥

पुनि धीरजु धरि अस्तुति कीन्ही। हरष हृदयँ निज नाथहि चीन्ही॥
मोर न्याउ मैं पूछा साईं। तुम्ह पूँछहु कस नर की नाईं॥
तव माया बस फिरउँ भुलाना। ता तें मैं नहिं प्रभु पहिचाना॥
दो०— एकु मंद मैं मोहबस कुटिल हृदय अग्यान।
पुनि प्रभु मोहि बिसारेउ दीनबंधु भगवान॥ २॥

अर्थ—(श्रीराम ने उत्तर दिया) हम कोसलाधीश दशरथ के पुत्र हैं और पिता के वचनों को मानकर वन आये हैं। हमारे नाम राम तथा लक्ष्मण हैं। मेरे साथ कोमलांगी सुन्दर पत्नी भी थी।

मेरी पत्नी जानकी को यहाँ (वन में) राक्षस ने हरण कर लिया है और हे ब्राह्मण! हम उसे खोजते फिर रहे हैं। मैंने तो अपनी कथा विस्तार से (गाई) बता दी, हे ब्राह्मण अपनी कथा समझा कर कहें।

हनुमान प्रभु श्रीहरि को पहचान कर उनके चरणों को पकड़कर गिर पड़े। हे पार्वती! उस सुख का वर्णन नहीं किया जा सकता। शरीर पुलकित है, मुख से वाणी नहीं फूट रही है, वे प्रभु श्रीराम के वेष में सुन्दर विन्यास को देख रहे हैं।

उन्होंने पुनः धैर्य धारण करके स्तुति की और अपने स्वामी को पहचान लेने से हृदय में हर्ष का भाव है। मेरा तो न्याय है कि (मैं जड़ताग्रस्त पशु हूँ) इसलिए (न पहचान पाया और) अज्ञ की भाँति आपका परिचय पूछा किन्तु आप मनुष्य की भाँति कैसे पूछ रहे हैं।

मैंने तो आपकी माया के वशवर्ती भूला फिरता हूँ इसलिए आपको मैंने नहीं पहचाना।

एक तो मैं यों ही मन्द (पशु स्वभाव के कारण) हूँ, फिर (माया विवश) मोह से ग्रस्त हूँ, (अहन्ता के कारण) कुटिल हृदय का हूँ और (जीव होने के कारण) अज्ञानी हूँ, फिर हे दीनबन्धु श्रीहरि प्रभु! आपने क्यों मुझे भुला दिया॥ २॥

टिप्पणी—श्रीराम की वेष विन्यास रचना एवं वाणी के प्रभाव से भक्त हनुमान के पूर्व संचित संस्कार जाग जाते हैं। संस्कार जाग्रत भक्त यह उलाहने के रूप में कहता है—कि जीव जाति, कर्म, स्वभाव, गुण के कारण आत्म स्वरूप को विस्मृत कर जाता है किन्तु ईश्वर पर इसके बन्धन नहीं हैं—फिर ब्रह्म जीव की भाँति क्यों आचरण कर रहा है? यह उपालम्भ भक्त तथा ब्रह्म की आत्मिकप्रियता का प्रतीक है।

जदपि नाथ बहु अवगुन मोरें। सेवक प्रभुहि परै जनि भोरें॥
नाथ जीव तव माया मोहा। सो निस्तरइ तुम्हारेहि छोहा॥
तापर मैं रघुबीर दोहाई। जानउँ नहिं कछु भजन उपाई॥
सेवक सुत पति मातु भरोसें। रहइ असोच बनइ प्रभु पोसें॥
अस कहि परेउ चरन अकुलाई। निज तनु प्रगटि प्रीति उर छाई॥
तब रघुपति उठाइ उर लावा। निज लोचन जल सींचि जुड़ावा॥
सुनु कपि जियँ मानसि जनि ऊना। तैं मम प्रिय लछिमन तें दूना॥
समदरसी मोहि कह सब कोऊ। सेवक प्रिय अनन्य गति सोऊ॥
दो०— सो अनन्य जाकें असि मति न टरइ हनुमंत।
मैं सेवक सचराचर रूप स्वामि भगवंत॥ ३॥

अर्थ—हे नाथ! मुझमें यद्यपि बहुत से अवगुण हैं, किन्तु सेवक स्वामी के लिए विस्मृत (भोरें) नहीं होता (परै न)। हे नाथ! यह जीव तो आपकी माया से मोहित है। उसका निस्तार (जीवन-यापन) तो आपके ही आत्मीयता भरे प्रेम से होगा।

उस पर हे श्रीराम! मैं आपकी सौगन्ध खाकर कहता हूँ कि कुछ भजनादि का साधन भी नहीं

जानता। सेवक तथा पुत्र तो स्वामी (पति) और माता के भरोसे चिन्तारहित रहता है और स्वामी को उसका पालन-पोषण (करते ही) बनता है।

ऐसा कहकर (हनुमान) व्याकुल होकर (श्रीराम के) चरणों पर गिर पड़े और उनके हृदय में प्रीति छा गई तथा अपने वास्तविक शरीर को प्रकट कर दिया। तब श्रीराम ने उठाकर उन्हें हृदय से लगा लिया और अपने प्रेमाश्रु से सिंचित करके उन्हें शीतल किया।

(श्रीराम ने कहा) हे कपि हनुमान! हृदय में छोटापन अनुभव न करना (ऊना-ऊर्ण-लघुता छोटा)। तुम मुझे लक्ष्मण से भी दूने प्रिय हो। (यद्यपि) सभी मुझे समदर्शी कहते हैं किन्तु सेवक मुझे (अत्यधिक) प्रिय हैं क्योंकि (मेरे प्रति) उसकी गति अनन्य (निष्ठा भरी) होती है।

हे हनुमान्! वह अनन्य है, जिसकी यह बुद्धि (निष्ठा) नहीं टलती कि मैं सेवक हूँ और सम्पूर्ण चर-अचर मेरे स्वामी श्रीहरि का ही स्वरूप है॥ ३॥

टिप्पणी—यहाँ कवि सेवक तथा स्वामी सम्बन्ध की व्याख्या करता हुआ, उनके पारस्परिक रिश्तों तथा प्रतीति की चर्चा करता है। सम्पूर्ण सृष्टि को ईश्वरमय समझकर उसके प्रति आत्मीयतापूर्वक समर्पित सेवा भाव तुलसी के अनुसार ईश्वरार्पण है। भक्ति तथा सेवा का यह उदात्त स्वरूप तुलसी की विलक्षण कल्पना है। सम्पूर्ण जीव-जन्तु, पशु-पक्षी, जड़-चेतन प्रभु की ही प्रकृति है—उपासना का यह आत्मीय भाव भक्त की उदात्त चेतना का प्रतिफल है। तुलसी यहाँ मानव प्रेम को ही सम्पूर्ण सचराचर प्रेम को भक्ति के लिए आदर्शपूर्ण बताते हैं।

देखि पवनसुत पति अनुकूला। हृदयँ हरष बीती सब सूला॥
नाथ सैल पर कपिपति रहई। सो सुग्रीव दास तव अहई॥
तेहि सन नाथ मयत्री कीजै। दीन जानि तेहि अभय करीजै॥
सो सीताकर खोज कराइहि। जहँ तहँ मरकट कोटि पठाइहि॥
येहि बिधि सकल कथा समुझाई। लिए दुऔ जन पीठि चढ़ाई॥
जब सुग्रीवँ राम कहुँ देखा। अतिसय जन्म धन्य करि लेखा॥
सादर मिलेउ नाइ पद माथा। भेंटेउ अनुज सहित रघुनाथा॥
कपि कर मन बिचार येहि रीती। करिहहिं बिधि मोसन ये प्रीती॥

दो०— तब हनुमंत उभय दिसि की सब कथा सुनाइ।
पावक साखी देइ करि जोरी प्रीति दृढ़ाइ॥ ४॥

अर्थ—स्वामी को अनुकूल देखकर हनुमान का हृदय हर्षित हुआ और उनके हृदय की समस्त पीड़ा समाप्त हो गई। (उन्होंने कहा) हे स्वामी! इस पर्वत पर वानरराज सुग्रीव रहता है, वह आपका सेवक है।

हे स्वामी! आप उससे मित्रता करें तथा निर्बल समझकर उसे भयमुक्त करें। वह सीता की खोज करायेगा और (उस खोज के निमित्त) जहाँ-तहाँ करोड़ों वानर भेजेगा।

इस प्रकार, सम्पूर्ण कथा समझाकर दोनों व्यक्तियों को उन्होंने पीठ पर चढ़ा लिया। जब सुग्रीव ने श्रीराम को देखा तो अपने जन्म को अत्यधिक धन्य समझा।

(श्रीराम के) चरणों में शीश नवाकर (वे) आदरसहित मिले और श्रीराम भी लक्ष्मण के साथ (उन्हें) गले लगाकर मिले। कपि सुग्रीव इस प्रकार मन-ही-मन विचार कर रहे हैं कि हे विधाता! क्या ये मुझसे प्रीति (आत्मीयता युक्त मैत्री) करेंगे।

तब हनुमान ने दोनों पक्षों की सारी कथा सुनाकर और अग्नि की साक्षी देकर दृढ़ता उत्पन्न करके प्रीति (मैत्रीपूर्ण अनन्यता) जोड़ दी॥ ४॥

टिप्पणी—मैत्री का आधार 'सम दुख दुखी' होना है। दोनों एक जैसे दुखी हैं, अतः दोनों की दृढ़ मैत्री सम्भव है—यही मैत्री का नीतिगत आधार है और कवि यहाँ इसी मैत्री आधार

को सम्पुष्ट करता है। यहाँ यह मैत्री कारण सहित है।

कीन्हि प्रीति कछु बीच न राखा। लछिमन राम चरित सब भाषा॥
कह सुग्रीव नयन भरि बारी। मिलिहिं नाथ मिथिलेस कुमारी॥
मन्त्रिन्ह सहित इहाँ एक बारा। बैठ रहेउँ मैं करत बिचारा॥
गगन पंथ देखी मैं जाता। परबस परी बहुत बिलपाता॥
राम राम हा राम पुकारी। हमहिं देखि दीन्हेउ पट डारी॥
माँगा रामु तुरत तेहिं दीन्हा। पट उर लाइ सोच अति कीन्हा॥
कह सुग्रीव सुनहु रघुबीरा। तजहु सोच मन आनहु धीरा॥
सब प्रकार करिहउँ सेवकाई। जेहि बिधि मिलिहि जानकी आई॥
दो०— सखा बचन सुनि हरषे कृपासिंधु बलसींव।
कारन कवन बसहु बन मोहि कहहु सुग्रीव॥ ५॥

अर्थ—दोनों ने बीच में (हृदय में) कोई भाव न रखकर मैत्री (प्रीति) की और तब लक्ष्मण ने श्रीराम का समस्त इतिहास बताया। सुग्रीव ने नेत्रों में अश्रु भरकर कहा, हे नाथ! जानकी मिल जाएँगी।

मैं एक बार यहाँ मंत्रियों के साथ बैठा हुआ मंत्रणा कर रहा था तब मैंने दूसरे के वश में हुई और अत्यन्त विलाप करते हुए आकाशमार्ग से (सीता को) मैंने जाते हुए देखा।

हमें देखकर उन्होंने राम! राम! हा राम! पुकार कर यह वस्त्र गिरा दिया। श्रीराम ने तब उसे माँगा और उन्होंने उसे तुरन्त दे दिया। श्रीराम ने उस वस्त्र को हृदय से लगाकर अत्यन्त चिन्ता (प्रकट) की।

सुग्रीव ने कहा, हे श्रीराम सुनें, शोक का परित्याग करें, मन में धैर्य ले आयें। जिस प्रकार से जानकी आपको प्राप्त हों। मैं सब प्रकार से आपकी सेवा करूँगा।

बल की सीमा कृपासागर श्रीराम मित्र सुग्रीव की वाणी सुनकर हर्षित हुए। हे सुग्रीव! किस कारण तुम वन में रहते हो, मुझे बताओ॥ ५॥

टिप्पणी—कवि सीता के 'स्मृति चिह्न' के द्वारा परस्पर आत्मीयता की वृद्धि एवं कथा काल की सुनिश्चिता को इंगित करना चाह रहा है। श्रीराम की सुनिश्चिता का आधार तैयार करके कवि सुग्रीव की पीड़ा मुक्ति की उपाय रचना की ओर कथा को आगे बढ़ाता है।

नाथ बालि अरु मैं द्वौ भाई। प्रीति रही कछु बरनि न जाई॥
मय सुत मायावी तेहि नाऊँ। आवा सो प्रभु हमरे गाऊँ॥
अर्द्ध राति पुर द्वार पुकारा। बाली रिपु बल सहइ न पारा॥
धावा बालि देखि सो भागा। मैं पुनि गएउँ बंधु सँग लागा॥
गिरि बर गुहा पैठ सो जाई। तब बाली मोहि कहा बुझाई॥
परिखेसु मोहि एक पखवारा। नहि आवौं तब जानेसु मारा॥
मास दिवस तहँ रहेउँ खरारी। निसरी रुधिर धार तहँ भारी॥
बालि हतेसि मोहि मारिहि आई। सिला देइ तहँ चलेउँ पराई॥
मंत्रिन्ह पुर देखा बिनु साईं। दीन्हेउ मोहि राजु बरिआईं॥
बाली ताहि मारि गृह आवा। देखि मोहि जियँ भेद बढ़ावा॥
रिपु सम मोहि मारेसि अति भारी। हरि लीन्हेसि सर्बसु अरु नारी॥
ताकें भय रघुबीर कृपाला। सकल भुवन मैं फिरेउँ बिहाला॥

इहाँ साप बस आवत नाहीं। तदपि सभीत रहउँ मन माहीं॥
सुनि सेवक दुख दीन दयाला। फरकि उठीं द्वौ भुजा बिसाला॥
दो०— सुनु सुग्रीव मारिहउँ बालिहि एकहि बान।
ब्रह्म रुद्र सरनागत गएँ न उबरिहिं प्रान॥ ६॥

अर्थ—हे नाथ! मैं और बालि दो भाई हैं—दोनों में (घनिष्ठ) प्रीति थी कि उसका वर्णन नहीं किया जा सकता। मय का पुत्र जिसका मायावी नाम था, हे प्रभु! वह हमारे गाँव आया।

आधी रात को (उसने) नगर के दरवाजे पर ललकारा। बालि (स्वभाव से) शत्रु के बल को सहन नहीं कर सका। बालि दौड़ा और उसे देखकर वह भाग चला। मैं भी भाई के साथ लगा चला गया।

वह एक पर्वत की कन्दरा में जा घुसा (पैठा), तब बालि ने मुझे समझाकर कहा। मुझे एक पक्ष तक (पन्द्रह दिनों तक) परखना (प्रतीक्षा करना), यदि नहीं लौटता तो समझना कि मारा गया।

हे श्रीराम! (खरारी) मैं वहाँ महीने भर रहा और वहाँ रक्त की प्रबल धारा निकली। (मुझे ऐसा प्रतीत हुआ मानो) बालि को मार डाला और अब आकर मुझे मारेगा और इसलिए गुफा के द्वार पर शिला रखकर भाग आया।

मंत्रियों के बिना स्वामी का नगर देखा, उन्होंने (तब) मुझे हठात् राज्य दे दिया। बालि उसे मारकर घर लौटा और मुझे देखकर हृदय में विरोध पैदा किया (भेद बढ़ावा)।

शत्रु के समान उसने मुझे बहुत अधिक मारा और उसने मेरा सर्वस्व तथा मेरी पत्नी को हर लिया। हे कृपालु श्रीराम! उसके भय से मैं सम्पूर्ण भुवनों में व्याकुल होकर फिरता रहा।

वह यहाँ शाप से विवश आता नहीं तो भी मैं मन-ही-मन भययुक्त रहता हूँ। सेवक (सुग्रीव) के दुःख को सुनकर दीनदयालु श्रीराम की दोनों विशाल भुजाएँ फड़क उठीं।

हे सुग्रीव! सुनो, मैं एक ही बाण द्वारा सुग्रीव को मार डालूँगा। ब्रह्मा तथा शिव की शरण जाने पर भी उसके प्राण नहीं बच सकेंगे॥ ६॥

टिप्पणी—'सम दुःख दुखी' भाव को मैत्री का आधार बताते हुए कवि सुग्रीव पक्ष के कष्ट को स्पष्ट करता है। इस सुग्रीव कथा को कवि भक्ति के पक्ष की ओर ले जाने की चेष्टा करता है। यहाँ आधार है, दास सुग्रीव और रक्षक है, अपने सेवक के लिए हितैषी दीनदयालु श्रीराम। रक्षा का उत्साह यहाँ विशेष रूप से द्रष्टव्य है—

'सुनि सेवक सुख दीन दयाला। फरकि उठीं द्वौ भुजा बिसाला॥'

श्रीराम की दोनों विशाल भुजाओं का सेवक की रक्षा के लिए अनायास फड़क उठना धर्मोत्साह से युक्त सात्त्विक अनुभाव है।

जे न मित्र दुख होहिं दुखारी। तिन्हहि बिलोकत पातक भारी॥
निज दुख गिरि सम रज करि जाना। मित्र क दुख रज मेरु समाना॥
जिन्ह कें असि मति सहज न आई। ते सठ कत हठि करत मिताई॥
कुपथ निवारि सुपंथ चलावा। गुन प्रगटइ अवगुनन्हि दुरावा॥
देत लेत मन संक न धरई। बल अनुमान सदा हित करई॥
बिपति काल कर सतगुन नेहा। श्रुति कह संत मित्र गुन एहा॥
आगे कह मृदु बचन बनाई। पाछे अनहित मन कुटिलाई॥
जा कर चित अहि गति सम भाई। अस कुमित्र परिहरेहि भलाई॥
सेवक सठ नृप कृपन कुनारी। कपटी मित्र सूल सम चारी॥
सखा सोच त्यागहु बल मोरें। सब बिधि घटब काज मैं तोरें॥

कह सुग्रीव सुनहु रघुबीरा। बालि महाबल अति रन धीरा॥
दुंदुभि अस्थि ताल देखराए। बिनु प्रयास रघुनाथ ढहाए॥
देखि अमित बल बाढ़ी प्रीती। बालि बधब इन्ह भइ परतीती॥
बार बार नावइ पद सीसा। प्रभुहि जानि मन हरष कपीसा॥
उपजा ग्यान बचन तब बोला। नाथ कृपा मन भएउ अलोला॥
सुख संपति परिवार बड़ाई। सब परिहरि करिहउँ सेवकाई॥
ये सब राम भगति के बाधक। कहहिं संत तव पद अवराधक॥
सत्रु मित्र सुख दुख जग माहीं। मायाकृत परमारथ नाहीं॥
बालि परम हित जासु प्रसादा। मिलेहु राम तुम्ह समन बिषादा॥
सपनें जेहि सन होइ लराई। जागे समुझत मन सकुचाई॥
अब परभु कृपा करहु येहि भाँती। सब तजि भजन करौं दिन राती॥
सुनि बिराग संजुत कपि बानी। बोले बिहँसि रामु धनुपानी॥
जो कछु कहेहु सत्य सब सोई। सखा बचन मम मृषा न होई॥
नट मरकट इव सबहिं नचावत। रामु खगेस बेद अस गावत॥
लै सुग्रीव संग रघुनाथा। चले चाप सायक गहि हाथा॥
तब रघुपति सुग्रीव पठावा। गर्जेसि जाइ निकट बल पावा॥
सुनत बालि क्रोधातुर धावा। गहि कर चरन नारि समुझावा॥
सुनु पति जिन्हहि मिलेउ सुग्रीवा। ते द्वौ बंधु तेज बल सींवा॥
कोसलेस सुत लछिमन रामा। कालहु जीति सकहिं संग्रामा॥

दो०— कहइ बालि सुनु भीरु प्रिय समदरसी रघुनाथ।
जौं कदाचि मोहि मारहिं तौ पुनि होउँ सनाथ॥ ७॥

अर्थ—जो मित्र के दुःख में दुखी नहीं होता, उन्हें देखने (मात्र) से भारी पातक लगता है। अपने पर्वत सदृश दुःख को रजकण की भाँति और मित्र के रजकण सदृश दुख को सुमेरु के समान समझो।

जिनके मन में सहज भाव से ही ऐसी बुद्धि नहीं उत्पन्न हुई वे शठ हैं और हठ करके क्यों (किसी से) मित्रता करते हैं। (मित्र को चाहिए कि वह) मित्र के कुपंथ का निवारण करके उसे सन्मार्ग पर ले जायें, वह अवगुणों को छिपा ले तथा गुणों को प्रकट करे।

लेने देने में मन में शंका न धारण करे और अपने बल के अनुसार सदैव हित करता रहे। विपत्ति काल में तो सौ गुना स्नेह करे और श्रुतियाँ कहती हैं कि श्रेष्ठ मित्र के गुण ये ही हैं।

जो सामने तो बना-बनाकर कोमल बातें करता है, कुटिलतापूर्ण मन से जो पीछे अनहित की बातें करता है। हे भाई! उनकी गति साँप के समान (कुटिल) है और ऐसे मित्र को छोड़ने में ही भलाई है।

मूर्ख सेवक, कृपण राजा, अकुलीन नारी एवं कपटी मित्र ये चारों शूल के समान कष्टदायी हैं। हे सखा! मेरे बल पर शोक का परित्याग कर दो। मैं हर तरह से तुम्हारे कार्य में आऊँगा (घटब)।

सुग्रीव ने कहा, हे श्रीराम! सुनें, बालि महाबली तथा बड़ा योद्धा है। उन्होंने दुंदुभि राक्षस की हड्डियाँ तथा ताल वृक्षों को दिखाया श्रीराम ने उन्हें बिना प्रयास ही मार गिरा दिया।

श्रीराम की अमित शक्ति को देखकर सुग्रीव की प्रीति बढ़ी, ये बालि का वध (अवश्य) करेंगे,

यह प्रतीति हुई। वे बार-बार प्रभु के चरणों में सिर झुकाने लगे तथा प्रभु को जानकर सुग्रीव मन-ही-मन हर्षित हुए।

जब ज्ञान उत्पन्न हुआ तब वे वचन बोले, हे नाथ! आपकी कृपा से मन (अब) चंचलरहित हो उठा है। मैं सुख, सम्पत्ति, परिवार तथा बड़प्पन आदि सबकुछ त्याग करके आपकी सेवा करूँगा।

ये सभी श्रीराम भक्ति के लिए बाधा स्वरूप हैं ऐसा आपके चरणों के आराधक सन्त जन कहते हैं। संसार में शत्रु-मित्र एवं सुख-दुख आदि माया द्वारा रचित हैं, ये तात्त्विक सत्य (पारमार्थिक) नहीं है।

हे श्रीराम! बालि तो मेरा परम हितैषी है, जिसकी कृपा से सम्पूर्ण विषादों को शान्ति देने वाले आप मिले। स्वप्न में, जिसके साथ लड़ाई हो तो जागने पर उसे समझकर संकोच होता है।

हे प्रभु! अब इस प्रकार कुछ कृपा करें ताकि सबका परित्याग करके रात-दिन भजन करूँ। वानरराज सुग्रीव की वैराग्य भरी वाणी सुनकर धनुर्धर श्रीराम मुसकरा कर बोले।

हे मित्र! जो कुछ कहा, वह सभी सत्य है, किन्तु मेरा वचन मिथ्या नहीं होता। हे गरुड़! (भुशुंडि कहते हैं) श्रीराम नट बन्दर की भाँति सभी को नचाते रहते हैं। ऐसा वेद कहते हैं।

सुग्रीव को साथ में लेकर श्रीराम हाथ में धनुष बाण लेकर चल पड़े। तब श्रीराम ने सुग्रीव को बालि के पास (युद्ध के लिए) भेजा और श्रीराम का बल पाकर निकट जाकर गरजा।

उसे सुनकर बालि क्रोध से आवेशित (आतुर) होकर दौड़ा किन्तु उसकी पत्नी ने चरण पकड़कर समझाया। हे पति! जिनसे सुग्रीव मिले हैं, वे दोनों भाई शौर्य और शक्ति की सीमा हैं।

वे दशरथ के पुत्र हैं, नाम लक्ष्मण तथा श्रीराम है और युद्ध में काल को जीत सकते हैं।

हे डरपोक स्वभाववाली प्रिये! सुनो, श्रीराम समदर्शी हैं और कदाचित् वे मुझे मारेंगे तो मैं सनाथ (सार्थकतायुक्त) हो जाऊँगा॥ ७॥

टिप्पणी—कवि एक ओर यहाँ आत्मीयता तथा शक्ति प्रदर्शन के आधार बनाकर सुग्रीव की मैत्री एवं आस्था को दृढ़ करता है, वहीं बालि की पत्नी द्वारा बालि के मन में यह भय भी उत्पन्न कराया जाता है कि सुग्रीव श्रीराम की शरण में है और जो प्रभु की शरणागति में चला जाता है, उसकी कोई क्षति नहीं हो पाती किन्तु इस शरणागति एवं दास की रक्षा के सन्दर्भ को कवि प्रभु श्रीराम के दूसरे गुण से खंडित करता है, वह गुण है, उनका समदर्शी होना। यहाँ श्रीराम के व्यक्तित्व के परादैवी गुणों का प्रकारान्तर भाव से चित्रण किया गया है।

अस कहि चला महा अभिमानी। तृन समान सुग्रीवहि जानी॥
भिरे उभौ बाली अति तर्जा। मुठिका मारि महा धुनि गर्जा॥
तब सुग्रीव बिकल होइ भागा। मुष्टि प्रहार बज्र सम लागा॥
मैं जो कहा रघुबीर कृपाला। बंधु न होइ मोर यह काला॥
एक रूप तुम्ह भ्राता दोऊ। तेहि भ्रम तें नहिं मारेउँ सोऊ॥
कर परसा सुग्रीव सरीरा। तनु भा कुलिस गई सब पीरा॥
मेली कंठ सुमन कै माला। पठवा पुनि बल देइ बिसाला॥
पुनि नाना बिधि भई लराई। बिटप ओट देखहिं रघुराई॥

दो०— बहु छल बल सुग्रीव करि हियँ हारा भय मानि।
मारा बालि राम तब हृदय माँझ सर तानि॥ ८॥

अर्थ—ऐसा कहकर वह महाअभिमानी बालि सुग्रीव को तिनके की भाँति समझकर चला। बालि ने सुग्रीव को अत्यधिक धमकाकर (तर्जा) मुष्टिका प्रहार और गर्जन किया।

(उसके मुष्टिका प्रहार से) सुग्रीव अत्यधिक व्याकुल होकर भागा। क्योंकि उसे मुष्टिका वज्र की भाँति लगी। हे कृपालु श्रीराम! मैंने आपसे जो पूर्व कहा था कि यह भाई नहीं, मेरा काल है (सत्य है)।

(श्रीराम ने कहा) तुम दोनों भाई एक ही प्रकार के हो उसी भ्रम से मैंने उसे मारा नहीं। (उन्होंने) हाथ से सुग्रीव के शरीर का स्पर्श किया, उसका शरीर वज्र का हो गया तथा उसकी समस्त पीड़ा दूर हो गई।

तब श्रीराम ने उसके कंठ में पुष्पों की माला डाली और उसे बड़ा बल देकर भेजा। फिर दोनों में नाना प्रकार का युद्ध हुआ और श्रीराम वृक्ष की आड़ से देख रहे हैं।

सुग्रीव ने अनेक छल-बल किये किन्तु भय मानकर हृदय से हार गया तब श्रीराम ने बालि के हृदय में तानकर के एक बाण मारा॥ ८॥

टिप्पणी—बालि का वध न करने का कारण यहाँ 'रूप सादृश्य' बताया गया है। वाल्मीकि रामायण में मूलतः इसी सादृश्य को व्यंजित करते हुए यहाँ बताया गया है कि—

'अन्योन्य सदृशौ वीरौ उभौदेवाविवाश्विनौ'

'वे दोनों वीर अश्वनीकुमार की भाँति परस्पर एक सदृश मिलते-जुलते प्रतीत हुए' इस सादृश्य के निवारणार्थ पुष्प विशेष की माला और वाल्मीकि रामायण के अनुसार 'गजपुष्पी की लता' उसके गले में पहचान के लिए डाल दी जाती है।

परा बिकल महि सर के लागें। पुनि उठि बैठ देखि प्रभु आगें॥
स्याम गात सिर जटा बनाएँ। अरुन नयन सर चाप चढ़ाएँ॥
पुनि पुनि चितइ चरन चित दीन्हा। सुफल जनम माना प्रभु चीन्हा॥
हृदयँ प्रीति मुख बचन कठोरा। बोला चितइ राम की ओरा॥
धर्म हेतु अवतरेहु गोसाईं। मारेहु मोहि ब्याध की नाईं॥
मैं बैरी सुग्रीव पिआरा। अवगुन कवन नाथ मोहि मारा॥
अनुज बधू भगिनी सुतनारी। सुन सठ ये कन्या सम चारी॥
इन्हहिं कुदृष्टि बिलोकइ जोई। ताहि बधें कछु पाप न होई॥
मूढ़ तोहि अतिसय अभिमाना। नारि सिखावनु करसि न काना॥
मम भुज बल आश्रित तेहि जानी। मारा चहसि अधम अभिमानी॥
दो०— सुनहु राम स्वामी सन चल न चातुरी मोरि।
प्रभु अजहूँ मैं पापी अंतकाल गति तोरि॥ ९॥

अर्थ—बाण लगते ही वह पृथ्वी पर व्याकुल होकर गिर पड़ा और प्रभु श्रीराम को आगे देखकर पुनः उठ बैठा। श्रीराम का श्यामल शरीर है, जटा बनाये हुए हैं, नेत्र अरुण हैं, धनुष पर बाण चढ़ाये हुए हैं।

बार-बार उन्हें देखकर उनके चरणों में चित्त लगाया और प्रभु को पहचान कर अपना जन्म समफल समझा। हृदय में प्रीति है किन्तु मुख में कठोर वाणी है और श्रीराम को देखकर बोला।

हे स्वामी! आप धर्म की (रक्षा के लिए) अवतरित हुए हैं फिर क्यों मुझे व्याध की भाँति (अधर्म) से मारा। मैं वैरी हो गया और सुग्रीव प्रिय, हे नाथ! मुझमें कौन अवगुण था जिससे आपने मुझे मारा।

(श्रीराम ने कहा) हे शठ! सुनो, छोटे भाई की पत्नी, बहन, पुत्र की स्त्री और कन्या ये चारों बराबर हैं। इनको जो भी बुरी दृष्टि से देखता है, उसे मारने से कुछ भी पाप नहीं होता।

हे मूढ़! तुझे अत्यधिक अभिमान है और पत्नी के सिखाने पर भी ध्यान न दिया। मेरी भुजाओं

की शक्ति पर उसे (सुग्रीव को) आश्रित जानकर भी हे अधम अभिमानी, तू उसे मारना चाहता है।

(बालि ने उत्तर दिया) हे श्रीराम! सुनें, स्वामी से चतुराई नहीं चल सकती। हे प्रभु! अन्तकाल में आपकी शरण (गति) पाकर क्या अब भी मैं पापी बना रहा!॥ ९॥

टिप्पणी—बालि की भर्त्सना का प्रकरण एक विख्यात प्रकरण है और यह श्रीराम के आदर्श को लांछित करता है। उस लांछन से मुक्त होने के लिए वाल्मीकि रामायण में कई तर्क दिये गये हैं—जिनमें से अपने छोटे भाई की पत्नी को अपनी भार्या बना लेना मुख्य है। यहाँ वाल्मीकि बताते हैं—

औरसीं भगिनीं वापि भार्यां वाप्यनुजस्य यः।
प्रचरेत नरः कामात् तस्य दण्डो वधः स्मृतः॥

जो पुरुष अपनी कन्या, बहिन अथवा छोटे भाई की स्त्री के पास काम बुद्धि से जाता है, उसका वध करना ही उपयुक्त दण्ड माना गया है।

अध्यात्म रामायण में इस तीन की संख्या चार हो गई—

'दुहिता भगिनी भ्रातुर्भार्या चैव तथा स्नुषा।
समा यो रमते तासामेकामपि विमूढ धीः।
पातकी तु विज्ञेयः स वध्यो राजभिः सदा॥

और इस प्रकार तुलसी भी बालि की भर्त्सना का उत्तर अध्यात्म रामायण सम्मत देते हैं—

अनुज बधू भगिनी सुतनारी। सुन सठ ये कन्या सम चारी॥

इस तरह श्रीराम का यह लांछित व्यक्तित्व प्रायः सभी ने एक जैसे तर्क से बचाने की चेष्टा की है।

सुनत राम अति कोमल बानी। बालि सीस परसेउ निज पानी॥
अचल करौं तनु राखहु प्राना। बालि कहा सुनु कृपानिधाना॥
जन्म जन्म मुनि जतनु कराहीं। अंत राम कहि आवत नाहीं॥
जासु नाम बल संकर कासी। देत सबहिं सम गति अबिनासी॥
मम लोचन गोचर सोइ आवा। बहुरि कि प्रभु अस बनिहि बनावा॥

अर्थ—बालि की अत्यन्त कोमल वाणी सुनकर श्रीराम ने उसके सिर को हाथ से स्पर्श किया और कहा कि मैं तुम्हें अचल कर दूँ तथा तुम प्राण रखो। बालि ने उत्तर दिया, हे कृपानिधान! सुनें।

मुनिगण जन्मों-जन्मों तक यत्न करते रहते हैं किन्तु अन्तकाल में उन्हें 'राम' शब्द नहीं कहने में आता। जिसकी नाम की शक्ति से शिव सबको काशी में समान रूप से मुक्ति (गति अविनासी) देते रहते हैं।

वह श्रीराम स्वयं मेरे नेत्रों के सामने आये हैं, हे प्रभु! ऐसा अवसर क्या फिर कभी बनेगा?

छंद— सो नयन गोचर जासु गुन नित नेति कहि श्रुति गावहीं।
जिति पवन मन गो निरस करि मुनि ध्यान कबहुँक पावहीं॥
मोहि जानि अति अभिमानबस प्रभु कहेउ राखु सरीरही।
अस कवन सठ हठि काटि सुरतरु बारि करिहि बबूरही॥
अब नाथ करि करुना बिलोकहु देहु जो बर माँगऊँ।
जेहि जोनि जन्मौं कर्म बस तहँ राम पद अनुरागऊँ॥
यह तनय मम सम बिनय बल कल्यानप्रद प्रभु लीजिए।
गहि बाँह सुर नर नाह आपन दास अंगद कीजिए॥

दो०— राम चरन दृढ़ प्रीति करि बालि कीन्ह तनु त्याग।
सुमननाल जिमि कंठ तें गिरत न जानइ नाग॥ १०॥

निरन्तर नेति, नेति कहकर जिसके यश का गान श्रुतियाँ करती रहती हैं, वह नेत्रों के समक्ष है। इन्द्रियों को रसहीन बनाकर तथा मन को जीत करके मुनिगण जिसे ध्यान में कभी-कभी प्राप्त करते हैं, मुझे अत्यधिक अभिमान में जानकर प्रभु ने कहा कि शरीर रख लो, ऐसा कौन मन्दमति होगा जो हठपूर्वक कल्प वृक्ष को काटना उससे बबूल की बाड़ लगायेगा।

हे नाथ! अब करुणा करके और मैं जो वर माँगता हूँ उसे दीजिए मैं जिस योनि में कर्मवश जन्म लूँ। वहीं श्रीराम के चरणों में प्रेम करूँ। यह मेरा पुत्र मेरे ही सदृश विनय तथा बल में (सम्पन्न) है। हे कल्याणकारी प्रभु श्रीराम! इसे ग्रहण कीजिए और हे देवों तथा मनुष्यों के स्वामी! बाँह पकड़कर इस अंगद को अपना दास बनाइए।

श्रीराम के चरणों में अत्यधिक प्रीति करके शरीर वैसे ही त्याग दिया जैसे सर्प या हाथी अपने गले की माला गिरते न जाने॥ १०॥

टिप्पणी—बालि में आत्मबोध का जाग्रत होना एक विशिष्ट प्रकरण है—वाल्मीकि रामायण में बालि का आत्मबोध धर्म से प्रेरित है, जबकि मानस में इसका आधार श्रीराम की भक्ति है। बालि अपना शरीर न माँगकर श्रीराम की भक्ति माँगता है केवल एक जन्म के लिए नहीं, जन्म-जन्मान्तर के लिए। बालि की भाँति काम तथा शक्ति को अहन्ता से ग्रस्त जीव अपनी मुक्ति के लिए श्रीराम की भक्ति का ही आश्रय ग्रहण करता है, तुलसी की यही आकांक्षा भी है।

राम बालि निज धाम पठावा। नगर लोग सब ब्याकुल धावा॥
नाना बिधि बिलाप कर तारा। छूटे केस न देह सँभारा॥
तारा बिकल देखि रघुराया। दीन्ह ग्यान हरि लीन्ही माया॥
छिति जल पावक गगन समीरा। पंच रचित अति अधम सरीरा॥
प्रगट सो तनु तव आगें सोवा। जीव नित्य केहि लगि तुम्ह रोवा॥
उपजा ग्यान चरन तब लागी। लीन्हेसि परम भगति बर माँगी॥
उमा दारु जोषित की नाईं। सबहि नचावत रामु गुसाईं॥
तब सुग्रीवहि आयसु दीन्हा। मृतक कर्म बिधिवत सब कीन्हा॥
रामु कहा अनुजहि समुझाई। राजु देहु सुग्रीवहि जाई॥
रघुपति चरन नाइ करि माथा। चले सकल प्रेरित रघुनाथा॥

दो०— लछिमन तुरत बोलाए पुरजन बिप्र समाज।
राजु दीन्ह सुग्रीव कहुँ अंगद कहुँ जुबराज॥ ११॥

अर्थ—श्रीराम ने बालि को अपने लोक में भेजा। नगर के सभी लोग व्याकुल होकर दौड़ पड़े। (बालि-पत्नी) तारा नाना प्रकार से विलाप करती है और उसके केश खुले हैं तथा देह नहीं सँभल रही है।

तारा को व्याकुल देखकर श्रीराम ने उसे ज्ञान दिया तथा उसकी माया हर ली। उन्होंने कहा—पृथ्वी, जल, अग्नि, आकाश तथा वायु—इन पाँच तत्त्वों से यह अधम शरीर रचा हुआ है।

वह शरीर तो प्रत्यक्षत: तुम्हारे सामने सोया हुआ है—जीव तो नित्य है, तुम किसके लिए रो रही हो? जब ज्ञान उत्पन्न हो गया तो वह (उनके) चरणों में लगी और उसने परम भक्ति का वरदान माँग लिया।

हे पार्वती! (शिव कहते हैं कि) कठपुतली की भाँति गोस्वामी श्रीराम सबको नचाते रहते हैं, तब सुग्रीव को श्रीराम ने आज्ञा दी और उसने विधिवत् सम्पूर्ण मृतककर्म किया।

श्रीराम ने अनुज लक्ष्मण से कहा कि, सुग्रीव को जाकर तुम राज्य दे दो। श्रीराम की प्रेरणा से सभी उनके चरणों में सिर झुकाकर चले।

लक्ष्मण ने तुरन्त ही नगरवासियों तथा ब्राह्मण समाज को बुलाया और (सभी के समक्ष) सुग्रीव को राज्य तथा अंगद को युवराज का पद दिया।

टिप्पणी—बालि की पत्नी तारा का विलापप्रियता तथा संसक्ति का उत्कट उदाहरण है। पति को सर्वस्व माननेवाली भारतीय नारी का स्वरूप तारा के व्यक्तित्व में कवि सन्निविष्ट करता है किन्तु वैराग्य उत्पन्न होने पर संसक्त जीवों के लिए भी श्रीराम भक्ति ही श्रेयस्कर है और बालि की पत्नी भी ऐसा ही आदर्श प्रस्तुत करती है। पुत्र अंगद का श्रीराम के प्रति पूर्व समर्पण एवं पति-पत्नी का उनकी शरण में जाना—यहाँ कवि का यह मन्तव्य पूरी कथा के साथ निरन्तर चलता रहता है।

उमा राम सम हित जग माहीं। गुर पितु मातु बंधु प्रभु नाहीं॥
सुन नर मुनि सब कै यह रीती। स्वारथ लागि करहिं सब प्रीती॥
बालि त्रास ब्याकुल दिन राती। तन बहु ब्रन चिंता जर छाती॥
सोइ सुग्रीव कीन्ह कपिराऊ। अति कृपाल रघुबीर सुभाऊ॥
जानतहूँ अस प्रभु परिहरहीं। काहे न बिपति जाल नर परहीं।
पुनि सुग्रीवहि लीन्ह बोलाई। बहु प्रकार नृप नीति सिखाई॥
कह प्रभु सुनु सुग्रीव हरीसा। पुर न जाउँ दस चारि बरीसा॥
गत ग्रीषम बरषा रितु आई। रहिहउँ निकट सैल पर छाई॥
अंगद सहित करहु तुम राजू। संतत हृदयँ धरेहु मम काजू॥
जब सुग्रीव भवन फिरि आए। रामु प्रबरषन गिरि पर छाए॥

दो०— प्रथमहिं देवन्ह गिरि गुहा राखी रुचिर बनाइ।
रामु कृपानिधि कछुक दिन बास करहिंगे आइ॥ १२॥

अर्थ—हे पार्वती! जगत् में श्रीराम के सदृश हितैषी गुरु, माता, पिता, भाई कोई नहीं है। देवता, मनुष्य, मुनि आदि सभी की यह रीति है कि सभी स्वार्थवश होकर ही प्रीति करते हैं।

बालि के त्रास से जो सुग्रीव रात-दिन व्याकुल था जिसके शरीर में अनेक घाव हो गये थे और चिन्ता से छाती जला करती थी, उसी सुग्रीव को उन्होंने वानरों का राजा बना दिया। श्रीराम का स्वभाव अत्यधिक कृपालु है।

प्रभु श्रीराम को इस प्रकार से जानते हुए जो परित्याग करते हैं वे क्यों न विपत्ति जाल में फँसे। पुनः श्रीराम ने सुग्रीव को बुलाया और अनेक प्रकार से राजनीति की सीख दी।

श्रीराम ने कहा कि हे कपिपति सुग्रीव! मैं चौदह वर्षों तक पुर में नहीं जा सकता। ग्रीष्म ऋतु बीत गई, वर्षा ऋतु आ गई, अतः मैं पर्वत ही टिका (छाई) रहूँगा।

अंगद के साथ तुम राज्य करो, और निरन्तर मेरे कार्य को (सीता की खोज को) अपने हृदय में रखना। उसके पश्चात् सुग्रीव जब घर लौट आये तब श्रीराम प्रवर्षण पर्वत पर जा टिके।

देवों ने पूर्व ही एक पर्वत गुफा भलीभाँति सजाकर रखी क्योंकि उन्होंने पूर्व ही समझ रखा तथा कि कृपानिधान श्रीराम यहाँ आकर कुछ दिन रहेंगे॥ १२॥

टिप्पणी—लोक के लिए प्रभु ही एकमात्र शरण्य हैं यह कवि इस प्रकरण द्वारा सिद्ध करने की चेष्टा करता है। बालि को सपरिवार आश्रय प्रदान करना एवं दूसरी ओर उसके भय से संत्रस्त सुग्रीव को भयमुक्त कर देना, यह श्रीराम की ही सामर्थ्य की बात है, जो अन्य के लिए सम्भव नहीं है। प्रभु सुग्रीव प्रसंग द्वारा कवि सीतान्वेषण का उद्योग मात्र नहीं करता अपितु पद-पद पर श्रीराम की भक्ति एवं माहात्म्य का भी निरूपण करता चलता है।

सुंदर बन कुसुमित अति सोभा। गुंजत मधुप निकर मधु लोभा॥
कंद मूल फल पत्र सुहाए। भए बहुत जब ते प्रभु आए॥
देखि मनोहर सैल अनूपा। रहे तहँ अनुज सहित सुरभूपा॥
मधुकर खग मृग तनु धरि देवा। करहिं सिद्ध मुनि प्रभु कै सेवा॥
मंगलरूप भयउ बन तब तें। कीन्ह निवास रमापति जब तें॥
फटिक सिला अति सुभ्र सुहाई। सुख आसीन तहाँ द्वौ भाई॥
कहत अनुज सन कथा अनेका। भगति बिरति नृपनीति बिबेका॥
बरषा काल मेघ नभ छाए। गर्जत लागत परम सुहाए॥
दो०— लछिमन देखु मोर मन नाचत बारिद पेखि।
गृही बिरति रत हरष जस बिष्नु भगत कहुँ देखि॥ १३॥

अर्थ—सुन्दर वन कुसुमित (खिले हुए पुष्पों से परिपूर्ण) था, भ्रमर समूह मधु के लोभ से गुंजार रहे थे। जब से श्रीराम (प्रवर्षण पर्वत पर) आये तब से कन्द, मूल एवं फल (वहाँ) बहुलता से हो गये।

अनुपम एवं मनोहर पर्वत को देखकर देवताओं के स्वामी श्रीराम अनुज लक्ष्मण के साथ वहाँ निवास कर गये। देवतागण भ्रमर, पक्षी एवं पशुओं का वेष धारण करके और देवता तथा सिद्ध प्रभु की सेवा करने लगे।

जब से लक्ष्मी के स्वामी श्रीराम ने वहाँ निवास किया तब से वह मंगल स्वरूप हो गया। अत्यन्त सुन्दर एक उज्ज्वल स्फटिक शिला है, जहाँ दोनों भाई आनन्दपूर्वक विराजमान हैं।

भक्ति, वैराग्य, नृपनीति एवं विवेक से युक्त अपने अनुज लक्ष्मण से श्रीराम अनेक कथाएँ कहत हैं। वर्षाकाल में आकाश में छाये हुए बादल गरजते हुए अत्यधिक सुन्दर लगते हैं।

हे लक्ष्मण! देखो, भौरों के झुंड बादलों को देखकर इस प्रकार नाचते हैं जैसे संन्यास में अनुरक्त कोई गृहस्थ विष्णु भक्त को देखकर (नाचता हो)॥ १३॥

टिप्पणी—श्रीराम का प्रवर्षण पर्वत पर निवास वाल्मीकि रामायण के वर्णन के ही सापेक्ष्य में है और वहाँ पर भी वर्षावर्णन का क्रम प्रारम्भ होता है। वाल्मीकि की ही भाँति तुलसी भी प्रवर्षण पर्वत पर निवास का समय वर्षा ऋतु ही निर्धारित करते हैं। वर्षा के पश्चात् शरत् ऋतु तक यह क्रम चलता है।

वर्षा एवं शरत् ऋतु का वर्णन प्रकृति चित्रण के अन्तर्गत आलम्बन एवं उद्दीपन दोनों सन्दर्भों में है। वाल्मीकि का वर्षा तथा शरत् ऋतु का वर्णन बड़ा ही मनोरम अधिकाशंतया आलम्बन रूप में है, उद्दीपन की यदा-कदा छटा ही दिखाई पड़ती है किन्तु तुलसी का यह प्रकृति वर्णन उद्दीपन रूप है। वर्षा के कारण सीतान्वेषण में व्यवधान आ जाने के कारण श्रीराम प्रवर्षण गिरि पर विश्राम करते हैं और इस विश्राम के समय तुलसी प्रकृति की विविध घटनाओं के माध्यम से श्रीराम की पीड़ा एवं नैतिक उपदेश स्वरूप विविध सन्दर्भों को उपमान के रूप में प्रस्तुत करते हैं। यहाँ सकर्म का प्रारम्भ वाल्मीकि रामायण से है किन्तु उपमान विधान भागवत पुराण से जुड़ा हुआ है। भागवत पुराण में दशरथ स्कन्ध के अध्याय २० में वर्षा तथा शरद् ऋतु का वर्णन है। तुलसीदास किष्किंधाकांड के वर्णन को भागवत पुराण के क्रम में रखते हैं।

घन घमंड नभ गर्जत घोरा। प्रियाहीन डरपत मन मोरा॥
दामिनि दमक रह न .घन माहीं। खल कै प्रीति जथा थिर नाहीं॥
बरषहिं जलद भूमि निअराएँ। जथा नवहिं बुध बिद्या पाएँ॥
बूँद अघात सहहिं गिरि कैसें। खल के बचन संत सह जैसें॥

छुद्र नदी भरि चली तोराई। जस थोरेहु धन खलु इतराई॥
भूमि परत भा ढाबर पानी। जनु जीवहि माया लपटानी॥
सिमिटि सिमिटि जल भरहिं तलावा। जिमि सदगुन सज्जन पहिं आवा॥
सरिता जल जलनिधि महुँ जाई। होइ अचल जिमि जिव हरि पाई॥
दो०— हरित भूमि तृन संकुल समुझि परहिं नहिं पंथ।
जिमि पाखंड बाद तें गुप्त होहि सदग्रंथ॥ १४॥

अर्थ—आकाश में बादल घुमड़कर भयंकर गर्जना कर रहे हैं, (जिसे सुनकर) प्रियाहीन मेरा मन डर रहा है। बिजली आकाश में चमक कर बादलों में स्थिर नहीं (रह न) रहती जैसे दुष्टों की प्रीति स्थिर नहीं रहती।

बादल पृथ्वी के समीप आकर बरस रहे हैं, जैसे विद्वान् जन विद्या पाकर नमित (विनम्र) हो उठते हैं। वर्षा की बूँदों के आघात् पर्वत इस प्रकार सहन करते हैं, जैसे दुष्टों के वचन संत सहते हैं।

छोटी नदी भर कर तुड़ाती हुई (किनारों की मर्यादा तोड़ती हुई) चली, जैसे अल्प (धन की प्राप्ति) से दुष्ट इतरा जाते हैं। भूमि पर पड़ते ही पानी गंदा (कर्दमित : कीचड़युक्त) हो उठता है, मानो जीव से माया लिपट गई हो।

एकत्र-एकत्र होकर जल तालाबों को भरे जा रहा है जैसे अच्छे गुण (एक-एक करके) सज्जनों के पास आ रहे हों। नदी का जल समुद्र में जाकर वैसे ही अचल होता जा रहा है, जैसे जीव श्रीहरि को प्राप्त करके।

घासों से संकुलित (घिरी हुई) भूमि हरी भरी हो गई है, और मार्ग नहीं सुझाई पड़ता—जैसे पाखण्ड से संयुक्त मतों के कारण सद्ग्रंथ लुप्त (गुप्त) हो उठते हैं॥ १४॥

टिप्पणी—वर्षा ऋतु में बिजली का चमकना, पृथ्वी को छूते हुए बादलों की वर्षा, पर्वत द्वारा वर्षा-बूँदों के आघात् का सहना, नदी का जल से परिपूर्ण होकर बह चलना आदि आदि। भागवत के एतद्विषयक दृष्टान्त इस प्रकार हैं—

लोकबन्धुषु मेघेषु विद्युतश्चलसौहृदाः।
स्थैर्यं न चक्रुः कामिन्यः पुरुषेषु गुणिष्वव॥

लोक के बन्धु स्वरूप मेघों में बिजलियाँ स्थिर नहीं रहतीं, ठीक वैसे ही, जैसे चपल अनुराग वाली कामिनी स्त्रियाँ गुणी पुरुषों के पास भी स्थिर भात्र से नहीं रहती। तुलसीदास इस प्रकरण को परिवर्तित करके खल की प्रीति यथास्थिर नहीं कर देते हैं।

भागवत पुराण कहता है—

गिरयोवर्षधाराभिर्हन्यमाना न विव्यथु।
अभिभूयमाना व्यसनैर्यथाधोक्षजचेतसः॥

मूसलाधार वर्षा की चोट खाने पर भी पर्वतों को कोई व्यथा नहीं होती जैसे दुःखों की भरमार होने पर भी ईश्वर में समर्पित चित्त वालों को कोई व्यथा नहीं होती। तुलसीदास इसको इस प्रकार कहते हैं—

'बूँद अघात सहहिं गिरि कैसें। खल के वचन संत सह जैसें॥'

तुलसीदास इसी प्रकार सम्पूर्ण प्रस्तुत वर्णन विधान को धार्मिक मन्तव्यों से उपमित करके इस भागवतान्वयी दृष्टि का अनुमोदन करते हैं।

तुलसीदास ने इस सन्दर्भ में भागवत पुराण की शैली, सन्दर्भ एवं उपमान विधान तीनों को यहाँ आधार बनाया है। इस प्रकरण में यह भी सत्य है कि उन्होंने पुराण के उपमानों का सीधा-सीधा रूपान्तरण मात्र नहीं किया है।

दादुर धुनि चहुँ दिसा सुहाई। बेद पढ़हिं जनु बटु समुदाई॥
नव पल्लव भए बिटप अनेका। साधक मन जस मिलें बिबेका॥
अर्क जवास पात बिनु भएऊ। जस सुराज खल उद्यम गएऊ॥
खोजत कतहुँ मिलइ नहिं धूरी। करइ क्रोध जिमि धरमहि दूरी॥
ससि संपन्न सोह महि कैसी। उपकारी कै संपति जैसी॥
निसि तम घन खद्योत बिराजा। जनु दंभिन्ह कर मिला समाजा॥
महाबृष्टि चलि फूटि किआरी। जिमि सुतंत्र भएँ बिगरहिं नारी॥
कृषी निरावहिं चतुर किसाना। जिमि बुध तजहिं मोह मद माना॥
देखियत चक्रबाक खग नाहीं। कलिहि पाइ जिमि धर्म पराहीं॥
ऊसर बरषै तृन नहिं जामा। जिमि हरिजन हियँ उपज न कामा॥
बिबिध जंतु संकुल महि भ्राजा। प्रजा बाढ़ जिमि पाइ सुराजा॥
जहँ तहँ रहे पथिक थकि नाना। जिमि इंद्रियगन उपजें ग्याना॥
दो०— कबहुँ प्रबल चल मारुत जहँ तहँ मेघ बिलाहिं।
जिमि कपूत कें उपजें कुल सद्धर्म नसाहिं॥
कबहुँ दिवस महुँ निबिड़ तम कबहुँक प्रगट पतंग।
बिनसइ उपजइ ग्यान जिमि पाइ कुसंग सुसंग॥ १५॥

अर्थ—चारों दिशाओं में मेढक के स्वर सुनाई पड़ते हैं। मानो बटु समुदाय (ब्रह्मचर्य आश्रम के विद्यार्थी) वेद पढ़ रहे हों (उच्चारण कर रहे हों)। अनेकानेक वृक्षों में नये पल्लव आ गये मानो और जैसे साधकों का चित्त विवेकवान होने पर हो जाय।

मदार एवं जवासे (जपाकुसुम) बिना पत्ते के हो गये जैसे श्रेष्ठ राज्य में दुष्टों का कार्य (उद्यम) जाता रहता है। धूल कहीं खोजने पर भी नहीं मिलती जैसे क्रोध धर्म को दूर कर देता है (उसी तरह से)।

कृषि से युक्त (सस : शस्य) पृथ्वी कैसी शोभित हो रही है, जैसे उपकारी की सम्पत्ति। रात्रि के घनान्धकार में जुगनू ऐसे शोभित हो रहे हैं, मानो दम्भियों का समाज एकत्रित हो उठा हो।

भारी वर्षा से खेत की क्यारियाँ फूट चली हैं, जैसे स्वतंत्र होकर स्त्रियाँ बिगड़ जाती (पथभ्रष्ट हो जाती) हैं। चतुर कृषक खेती निरा रहे हैं, जैसे विद्वान् जन मोह, मद एवं अभिमान का त्याग कर देते हैं।

चक्रवाक पक्षी नहीं दिखाई पड़ रहे हैं जैसे कलियुग को प्राप्त करके धर्म भाग जाता है। ऊसर में वर्षा होने पर भी घासें नहीं जमतीं जैसे हरिभक्तों के हृदय में काम भाव नहीं उत्पन्न होते।

नाना प्रकार के जन्तुओं से एकत्रित पृथ्वी शोभित होती है, जैसे सुराज्य पाकर प्रजा की वृद्धि होती है। थके हुए अनेकानेक पथिक जहाँ-तहाँ (ठहरे) रहते हैं, जैसे ज्ञान के उत्पन्न होने पर इन्द्रियाँ।

कभी-कभी वायु अत्यन्त प्रबल होकर बहने लगती है और यत्र-तत्र बादल विलीन होने लगते हैं, जैसे कुपुत्र के उत्पन्न होने पर कुल का श्रेष्ठ आचरण (सद्धर्म) नष्ट हो जाता है।

कभी दिन में प्रचण्ड अंधकार हो उठता है और कभी सूर्य प्रकट हो जाता है, जैसे कुसंगति एवं अच्छी संगति पाकर ज्ञान नष्ट होता तथा उत्पन्न होता है॥ १५॥

टिप्पणी—तुलसी ने यहाँ वर्षा का वर्णन करते हुए मेढक के स्वर की ध्वनि, मंदार तथा जपाकुसुम आदि की झाड़ियों के पत्र विहीन हो जाने, धूलि के न दिखाई पड़ने, वर्षा की अत्यधिकता आदि का वर्णन भागवत पुराण के उक्त क्रम में ही करते हैं। यथा—

श्रुत्वा पर्जन्यनिनदं मंडूका व्यसृजन गिरः।
तूष्णीं शयानाः प्राग यद्वत् ब्राह्मणा नियमात्यये॥

अर्थात् जो मेढक पहले चुप सो रहे थे वे अब बादलों की ध्वनि सुनकर ध्वनि करने लगे जैसे नित्य नियम से निवृत्त होने पर गुरु के आदेशानुसार ब्रह्मचारी वेदपाठ करते हैं। तुलसीदास इस प्रकरण को इस प्रकार करते हैं—'दादुर धुनि चहुँ दिसा सुहाई। वेद पढ़हिं जनु बटु समुदाई।'

गोस्वामी तुलसीदास किष्किंधाकांड के प्रकृति वर्णन प्रसंग को इस प्रकार धार्मिक तथा नैतिक मान्यताओं एवं मन्तव्यों से उपमित करके उपमान विधान की सर्वथा काव्य परम्परा से भिन्न मर्यादा स्थापित करते हैं।

बरषा बिगत सरद रितु आई। लछिमन देखहु परम सुहाई॥
फूलें कास सकल महि छाई। जनु बरषाँ कृत प्रगट बुढ़ाई॥
उदित अगस्ति पंथ जल सोखा। जिमि लोभहि सोषइ संतोषा॥
सरिता सर निर्मल जल सोहा। संत हृदय जस गत मद मोहा॥
रस रस सूखि सरित सर पानी। ममता त्याग करहिं जिमि ग्यानी॥
जानि सरद रितु खंजन आए। पाइ समय जिमि सुकृत सुहाए॥
पंक न रेनु सोह असि धरनी। नीति निपुन नृप कै जसि करनी॥
जल संकोच बिकल भइ मीना। अबुध कुटुंबी जिमि धनहीना॥
बिनु घन निर्मल सोह अकासा। हरिजन इव परिहरि सब आसा॥
कहुँ कहुँ बृष्टि सारदी थोरी। कोउ कोउ पाव भगति जिमि मोरी॥
दो०— चले हरषि तजि नगर नृप तापस बनिक भिखारि।
जिमि हरि भगति पाइ स्रम तजहिं आस्रमी चारि॥ १६॥

अर्थ—हे लक्ष्मण! देखो, वर्षा बीत गई, तथा सुहावनी शरत् ऋतु आ गई। पुष्पित कास से सम्पूर्ण पृथ्वी छा गई मानो वर्षा ने अपनी वृद्धावस्था प्रकट कर दी है।

अगस्त्य तारे ने उदित होकर मार्ग का समस्त जल सोख लिया। जैसे लोभ सन्तोष को सोख लेता है। नदी एवं सरोवर के जल इस प्रकार निर्मल शोभित हो रहा है जैसे मद एवं मोह से शून्य (गत) सन्तों का हृदय।

नदी तथा सरोवरों का जल रिस-रिस (क्षण-क्षण शनैः-शनैः) सूख रहा है, जैसे ज्ञानी जन ममता का त्याग करते हैं। शरद् ऋतु समझ कर खंजन पक्षी आ गये हैं, जैसे समय पाकर सुन्दर पुण्य प्रकट हो उठते हैं।

न कीचड़ है और न धूल, पृथ्वी ऐसी शोभित हो रही है जैसे नीति चतुर राजा के कृत्य। जल की अल्पता (संकोच) से मछलियाँ इस प्रकार व्याकुल हैं जैसे बुद्धिहीन गृहस्थ धनहीन (व्याकुल हों)।

बिना बादल का निर्मल आकाश इस प्रकार शोभित हो रहा है जैसे ईश्वरभक्त सम्पूर्ण आशाओं का परित्याग करके शोभित हो। कहीं-कहीं शरद् ऋतु की थोड़ी-थोड़ी वर्षा हो रही है, जैसे कोई बिरला ही मेरी भक्ति को प्राप्त करे।

तपस्वी, व्यापारी, राजा एवं भिखारी (वर्षा समाप्ति के कारण) नगर छोड़कर हर्षित चल पड़े जैसे श्रीहरि की भक्ति प्राप्त करके चारों आश्रम वाले (ब्रह्मचर्य, गृहस्थ, वानप्रस्थ एवं संन्यास) श्रम का परित्याग कर देते हैं॥ १६॥

सुखी मीन जे नीर अगाधा। जिमि हरि सरन न एकउ बाधा॥
फूले कमल सोह सर कैसा। निर्गुन ब्रह्म सगुन भएँ जैसा॥

गुंजत मधुकर मुखर अनूपा। सुंदर खग रव नाना रूपा॥
चक्रबाक मन दुख निसि पेखी। जिमि दुर्जन पर संपति देखी॥
चातक रटत तृषा अति ओही। जिमि सुख लहइ न संकर द्रोही॥
सरदातप निसि ससि अपहरई। संत दरस जिमि पातक टरई॥
देखि इंदु चकोर समुदाई। चितवहिं जिमि हरिजन हरि पाई॥
मसक दंत बीते हिम त्रासा। जिमि द्विज द्रोह किएँ कुल नासा॥
दो०— भूमि जीव संकुल रहे गए सरद रितु पाइ।
सदगुर मिले जाहिं जिमि संसय भ्रम समुदाइ॥ १७॥

अर्थ—जो अगाध जल में हैं, वे मछलियाँ आनन्दित हैं जैसे श्रीहरि की शरण में जाने के पश्चात् एक भी बाधा नहीं रहती। कमल खिले हैं, सरोवर किस प्रकार सुशोभित है, जैसे निर्गुण ब्रह्म सगुण होने पर (शोभित होता है)

अनुपम स्वरों में गुंजरित भ्रमर शोभित हो रहे हैं पक्षियों के नाना प्रकार के स्वर सुनाई पड़ते हैं। रात्रि को देखकर चक्रवाक का मन इस प्रकार दुःखी हो रहा है, जैसे दूसरे की सम्पत्ति को देखकर दुष्टों का हृदय (दुखी होता है)।

प्यास से व्याकुल (ओही) चातक रट रहा है, जैसे शिव का द्रोही सुख नहीं प्राप्त करता (और कराहता रहता है)। शरद् ऋतु के ताप को रात्रि में चन्द्रमा हरण कर लेता है जैसे संतों के दर्शन से पाप दूर हो उठते हैं।

चन्द्र को देखकर चकोर समुदाय इस प्रकार एकटक देखता है, जिस प्रकार श्रीहरि के भक्तगण श्रीहरि का रूप दर्शन प्राप्त करके। जाड़े के भय से मच्छरों के देश इस प्रकार समाप्त हो गये जैसे ब्राह्मण द्रोह से कुल का विनाश।

शरत् ऋतु को प्राप्त करके वे समस्त जीव-जन्तु जो पृथ्वी पर भरे पड़े थे, समाप्त हो उठे, जैसे सद्‌गुरु के मिल जाने पर भ्रम एवं संशय समूह विनष्ट हो जाते हैं॥ १७॥

टिप्पणी—वर्षा की ही भाँति शरद् ऋतु वर्णन प्रसंग भी भागवत पुराण से प्रभावित है। वाल्मीकि रामायण में यह सन्दर्भ न के बराबर है और यहाँ परम्परित रूप में 'सेना प्रयाण' का मन्तव्य रखा जाता है किन्तु तुलसी, भागवत पुराण के अनुक्रम में शरद् ऋतु का भी वर्णन उसी विधान क्रम में करते हैं—

शरदा नीरजोत्पत्त्या नीराणि प्रकृतिं ययुः।
भ्रष्टानामिव चेतांसि पुनर्योगनिषेवया॥

अर्थात् शरद ऋतु में कमलों की उत्पत्ति से जलाशयों में जल ने अपनी सहज स्वच्छता प्राप्त कर ली, ठीक वैसे ही, जैसे योगभ्रष्ट पुरुषों का चित्त फिर से योग का सेवन करके निर्मल हो जाता है।

तुलसी इस प्रसंग को इस प्रकार कहते हैं—

'फूले कमल सोह सर कैसा। निर्गुन ब्रह्म सगुन भए जैसा॥'

यहाँ तुलसी वर्णन की उपमान परिपाटी वैसी ही अपनाते हैं किन्तु उनका रचना विधान मौलिक है।

गोस्वामी तुलसीदास काव्यवर्णन की उपमान परम्परा में सर्वथा नया परिवर्तन लाना चाहते हैं और इस क्रम में वे काव्यरूढ़ियों का सर्वथा परित्याग करते हैं। यह परिवर्तन उनकी बदली हुई प्रवृत्ति का परिचायक है। तुलसी के इस प्रयोग से कविता की मिथकीय दृष्टि का विकास होता है। नैतिक एवं धार्मिक मूल्य परम्परा में जो अब तक वाच्य थे, कवि उन्हें सादृश्य विधान के अन्तर्गत रखता है।

बरषा गत निर्मल रितु आई। सुधि न तात सीता कै पाई॥
एक बार कैसेहुँ सुधि जानौं। कालहु जीति निमिष महुँ आनौं॥
कतहुँ रहौ जौ जीवति होई। तात जतनु करि आनौं सोई॥
सुग्रीवहुँ सुधि मोरि बिसारी। पावा राज कोस पुर नारी॥
जेहि सायक मारा मैं बाली। तेहि सर हतौं मूढ़ कहुँ काली॥
जासु कृपाँ छूटहिं मद मोहा। ता कहुँ उमा कि सपनेहु कोहा॥
जानहिं यह चरित्र मुनि ग्यानी। जिन्ह रघुबीर चरन रति मानी॥
लछिमन कोधवंत प्रभु जाना। धनुष चढ़ाइ गहे कर बाना॥

दो०— तब अनुजहि समुझावा रघुपति करुनासींव।
भय देखाइ लै आवहु तात सखा सुग्रीव॥ १८॥

अर्थ—वर्षा व्यतीत हो चुकी और निर्मल शरद् ऋतु आ गई किन्तु हे तात! सीता का समाचार न मिला। एक बार कैसे भी (किसी भी प्रकार से) समाचार जान लूँ फिर क्षण मात्र में, काल को भी जीतकर उन्हें (सीता को) ले आऊँ।

कहीं भी रहे, यदि जीवित होंगी तो, हे तात! लक्ष्मण मैं उसे अवश्य लाऊँगा। लगता है, राज्य, कोष, नगर एवं नारी को प्राप्त करके सुग्रीव ने मेरी याद भुला दी है।

जिस बाण से मैंने बालि को मारा था, उसी बाण से कल मैं उस मूढ़ का भी वध कर डालूँगा। हे पार्वती! जिसकी कृपा से मद तथा मोह छूटते हैं, उसे क्या स्वप्न में भी क्रोध हो सकता है?

जिन्होंने श्रीराम के चरणों में एकमात्र संसक्ति मान रखी है; वे ज्ञानवान् मुनि श्रीराम की लीला समझते हैं। लक्ष्मण ने प्रभु श्रीराम को जब क्रोध से युक्त जाना तब धनुष चढ़ाकर बाण हाथ में ले लिये।

करुणा की सीमा श्रीराम ने तब अनुज लक्ष्मण को समझाया कि हे तात! सुग्रीव को मात्र भय दिखाकर ले आओ, नष्ट करने की आवश्यकता नहीं है॥ १८॥

टिप्पणी—सीतान्वेषण के उद्योग की भूमिका का सन्दर्भ है। श्रीराम की ही वियोग पीड़ा इस उद्योग का हेतु है और उसके लिए सहायक लक्ष्मण बनते हैं। कवि इस विरह एवं उद्योग के अन्तर्गत भी अन्तर्यामिन् प्रभु श्रीराम के मूलस्वरूप तथा माहात्म्य को खंडित नहीं होने देता। वह उसको बार-बार स्मरण करता है। इसका मन्तव्य उनके लीलासमन्वित व्यक्तित्व का स्मरण करना है।

इहाँ पवनसुत हृदय बिचारा। रामकाजु सुग्रीव बिसारा॥
निकट जाइ चरनन्हि सिरु नावा। चारिहुँ बिधि तेहि कहि समुझावा॥
सुनि सुग्रीव परम भय माना। बिषय मोर हरि लीन्हेउ ग्याना॥
अब मारुतसुत दूत समूहा। पठवहु जहँ तहँ बानर जूहा॥
कहेहु पाख महुँ आव न जोई। मोरें कर ताकर बध होई॥
तब हनुमंत बोलाए दूता। सब कर करि सनमान बहूता॥
भय अरु प्रीति नीति देखराई। चले सकल चरनन्हि सिरु नाई॥
येहि अवसर लछिमनु पुर आए। क्रोध देखि जहँ तहँ कपि धाए॥

दो०— धनुष चढ़ाइ कहा तब जारि करउँ पुर छार।
ब्याकुल नगर देखि तब आएउ बालिकुमार॥ १९॥

अर्थ—यहाँ वायुपुत्र हनुमान ने हृदय में विचार किया कि सुग्रीव ने श्रीराम का कार्य भुला दिया

है, तां वे सुग्रीव के निकट जाकर उनके चरणों में सिर झुकाया और साम, दम, दण्ड, भेद आदि चारों नीतियों द्वारा उन्हें बताकर समझाया।

उसे सुनकर सुग्रीव ने अत्यधिक भय माना और (कहा) कि विषयों (की संक्तियों) ने मेरा ज्ञान हरण कर लिया है। हे वायुपुत्र हनुमान! जहाँ-जहाँ वानर यूथ रहते हैं, वहाँ-वहाँ दूत समूहों को भेजें।

उन्हें बतायें कि यदि एक पखवाड़े में जो न लौट आयेगा उसका वध मेरे हाथों से होगा। तब हनुमान ने दूतों को बुलवाया और सभी का बहुत सम्मान करके—

सभी को भय, प्रीति तथा नीति दिखाई और तब सभी वानर उनके चरणों में शीश झुकाकर चले। इसी समय लक्ष्मण नगर में आ गये (उनका) क्रोध देखकर वानर जहाँ-तहाँ भागे।

लक्ष्मण ने धनुष चढ़ाकर कहा कि मैं नगर को जलाकर राख कर दूँगा और तब नगर को व्याकुल देखकर बालिपुत्र अंगद आये॥ १९॥

टिप्पणी—श्रीराम के द्वारा प्रेरित लक्ष्मण को भेजने के पूर्व स्वयं हनुमान के सुझाव पर सुग्रीव सीतान्वेषण का कार्य प्रारम्भ करा चुके हैं। श्रीराम के उद्योग से सीतान्वेषण के मन्तव्य को और अधिक बल मिलता है।

चरन नाइ सिरु बिनती कीन्ही। लछिमनु अभय बाँह तेहि दीन्ही॥
क्रोधवंत लछिमनु सुनि काना। कह कपीस अति भयँ अकुलाना॥
सुनु हनुमंत संग लै तारा। करि बिनती समुझाउ कुमारा॥
तारा सहित जाइ हनुमाना। चरन बंदि प्रभु सुजसु बखाना॥
करि बिनती मंदिर लै आए। चरन पखारि पलँग बैठाए॥
तब कपीस चरनन्हि सिरु नावा। गहि भुज लछिमन कंठ लगावा॥
नाथ बिषय सम मद कछु नाहीं। मुनि मन मोह करइ छन माहीं॥
सुनत बिनीत बचन सुख पावा। लछिमन तेहि बहु बिधि समुझावा॥
पवन तनय सब कथा सुहाई। जेहि बिधि गए दूत समुदाई॥
दो०— हरषि चले सुग्रीव तब अंगदादि कपि साथ।
रामानुज आगे करि आए जहँ रघुनाथ॥ २०॥

अर्थ—उनके चरणों पर सिर झुकाकर विनय किया तब लक्ष्मण ने उन्हें अभय बाँह दी (अर्थात् निर्भय किया)। लक्ष्मण को अपने कानों से क्रोधातुर सुनकर सुग्रीव भय से अत्यधिक व्याकुल होकर बोला।

हे हनुमान! सुनें और आप तारा को लेकर और प्रार्थना करके राजकुमार को समझायें। तारा के साथ हनुमान ने जाकर और चरणों की वन्दना करके प्रभु श्रीराम के सुन्दर यश का वर्णन किया।

वे उनकी विनती करके महल ले आये और चरणों को धोकर उन्हें पलँग पर बैठाया। तब सुग्रीव ने उनके चरणों पर सिर झुकाया और लक्ष्मण ने उनकी भुजाओं को पकड़कर कंठ से लगा लिया।

(सुग्रीव ने पश्चात्ताप भरे स्वर में कहा कि) हे नाथ! विषय वासना के समान और कोई मद नहीं है और यह मुनियों के मन को भी क्षण मात्र में मुग्ध कर लेता है। उसके विनयभरी वाणी को सुनकर लक्ष्मण ने सुख प्राप्त किया और उसे अनेकों प्रकार से समझाया।

जिस प्रकार, दूतों के समुदाय गये हैं, हनुमान ने वह समस्त समाचार (कथा) सुनाया।

जहाँ श्रीराम थे, वहाँ लक्ष्मण को आगे कर सुग्रीव अंगद आदि वानरों को लेकर हर्षित भाव से चले॥ २०॥

टिप्पणी—सीतान्वेषण के प्रयत्न की तत्परता को और अधिक सशक्त बनाने के लिए यहाँ कवि इस प्रसंग की अवतारण करता है। श्रीराम के आदेशानुसार सुग्रीव सभी वानरों के साथ श्रीराम के पास आये।

नाइ चरन सिरु कह कर जोरी। नाथ मोहि कछु नाहिन खोरी॥
अतिसय प्रबल देव तव माया। छूटइ राम करहु जौ दाया॥
बिषयबस्य सुर नर मुनि स्वामी। मैं पाँवर पसु कपि अति कामी॥
नारि नयन सर जाहि न लागा। घोर क्रोध तम निसि जो जागा॥
लोभ पाँस जेहिं गर न बँधाया। सो नर तुम्ह समान रघुराया॥
यह गुन साधन तें नहि होई। तुम्हरीं कृपाँ पाव कोइ कोई॥
तब रघुपति बोले मुसुकाई। तुम्ह प्रिय मोहि भरत जिमि भाई॥
अब सोइ जतनु करहु मन लाई। जेहि बिधि सीता कै सुधि पाई॥
दो०— येहि बिधि होत बतकही आए बानर जूथ।
नाना बरन सकल दिसि देखिअ कीस बरूथ॥ २१॥

अर्थ—श्रीराम के चरणों में सिर झुकाकर तथा हाथ जोड़कर (सुग्रीव ने) कहा कि हे नाथ! मेरा कोई दोष नहीं है। हे देव! आपकी माया अतिशय प्रबल है और हे श्रीराम! यदि आप दया करते हैं, तभी छूटती है।

हे स्वामी! देवता, मुनि तथा मनुष्य सभी विषयों के वश में हैं, मैं तो अत्यन्त तुच्छ (पामर) पशु हूँ और (उसमें भी) वानर हूँ और (वानरों में भी) अत्यन्त कामी हूँ। स्त्री का नयन बाण जिसे नहीं लगा है जो भयंकर क्रोध की अंधकारमयी रात्रि में भी जागता रहता है।

लोभ के पाश में जिसने अपना गला नहीं बँधने दिया, हे श्रीराम! वह मनुष्य आपके ही समान है। ये सम्पूर्ण गुण साधना से नहीं प्राप्त होते, आपकी ही कृपा से कोई-कोई इसे प्राप्त करता है।

तब श्रीराम ने मुस्करा कर कहा कि हे भाई (सुग्रीव), तुम मुझे भरत सदृश प्रिय हो और अब मन लगाकर वही यत्न करो जिस उपाय द्वारा सीता का समाचार मिल सके।

इस प्रकार बातचीत हो रही थी कि (उसी समय) वानरों के समूह आ गये। नाना वर्णों के वानरों के समूह समस्त दिशाओं में दिखाई पड़ने लगे॥ २१॥

टिप्पणी—सुग्रीव अपनी लापरवाही, आलस्य तथा प्रमाद का कारण स्वयं अपने को न बताकर स्वयं को निर्दोष सिद्ध करता है। वह इसके लिए प्रभु की माया अर्थात् काम, क्रोध, लोभ, मोह वासनाओं को ही आधार के रूप में स्वीकार करता है। यह एक प्रकार की चतुरतापूर्ण वाक्य रचना की और यह वाक्य रचना स्वयं प्रभु श्रीराम को 'मुसकराने' का हेतु-सा कार्य करती है।

बानर कटक उमा मैं देखा। सो मूरुख जो करन चह लेखा॥
आइ राम पद नावहिं माथा। निरखि बदनु सब होहिं सनाथा॥
अस कपि एक न सेना माही। राम कुसल जेहि पूँछा नाहीं॥
यह कछु नहिं प्रभु कै अधिकाई। बिस्वरूप ब्यापक रघुराई॥
ठाढ़े जहँ तहँ आयसु पाई। कह सुग्रीव सबहि समुझाई॥
राम काजु अरु मोर निहोरा। बानर जूथ जाहु चहुँ ओरा॥
जनकसुता कहुँ खोजहु जाई। मास दिवस महुँ आएहु भाई॥
अवधि मेटि जो बिनु सुधि पाएँ। आवइ बनिहि सो मोहिं मराएँ॥
दो०— बचन सुनत सब बानर जहँ तहँ चले तुरंत।
तब सुग्रीव बोलाए आंगद नल हनुमंत॥ २२॥

अर्थ—(शिव ने बताया) हे पार्वती! मैंने (अपनी आँखों से) वानरों की वह सेना देखी थी जो उनकी गणना करना चाहे, वह मूर्ख है। वे आकर श्रीराम के चरणों में सिर झुकाते थे और उनकी शरीर का दर्शन करके कृतार्थ हो उठते थे।

उस सेना में, एक भी वानर ऐसा नहीं था, जिससे श्रीराम ने कुशल क्षेम न पूछा हो। यह प्रभु श्रीराम के लिए कोई बहुत बड़ी बात नहीं है क्योंकि श्रीराम विश्व तथा सर्वव्यापक हैं।

आज्ञा पाकर जहाँ-तहाँ वे खड़े हो गये तब सुग्रीव ने सभी को समझाकर कहा कि श्रीराम का कार्य है और मेरे ऊपर उपकार है, अतः तुम सभी चारों ओर जाओ।

(तुम सब जाकर) सीता की खोज करो और महीने भर मैं वापस आ जाना। अवधि को बिताकर जो बिना पता लगाये लौट आयेगा, वह लौट आने पर मेरे द्वारा मारा जायेगा।

सुग्रीव की वाणी सुनकर सभी वानर तुरन्त ही जहाँ-तहाँ चल दिये तब सुग्रीव ने अंगद, नल, हनुमान आदि को बुलाया॥ २२॥

टिप्पणी—अन्वेषण के उद्योग का उत्साह तथा श्रीराम का कार्य सम्पादित करने के लिए वानरों की तत्परता का वर्णन कवि करता है। श्रीराम के प्रति श्रद्धा से समन्वित वानरों की अपरिगणनीय संख्या एवं सुग्रीव के निर्देश का प्रसंग है। अन्वेषण के लिए समय की सीमा बाँध देने से कथा में त्वरा भाव का जन्म होने के कारण चमत्कार भाव उत्पन्न होता है।

सुनहु नील अंगद हनुमाना। जामवंत मतिधीर सुजाना॥
सकल सुभट मिलि दच्छिन जाहू। सीता सुधि पूँछेहु सब काहू॥
मन क्रम बचन सो जतनु बिचारेहु। रामचंद्र कर काजु सँवारेहु॥
भानु पीठि सेइअ उर आगी। स्वामिहि सर्ब भाव छल त्यागी॥
तजि माया सेइअ परलोका। मिटहि सकल भवसंभव सोका॥
देह धरे कर यह फलु भाई। भजिअ राम सब काम बिहाई॥
सोइ गुनग्य सोई बड़भागी। जो रघुबीर चरन अनुरागी॥
आयसु माँगि चरन सिरु नाई। चले हरषि सुमिरत रघुराई॥
पाछे पवन तनय सिरु नावा। जानि काजु प्रभु निकट बोलावा॥
परसा सीस सरोरुह पानी। कर मुद्रिका दीन्ह जन जानी॥
बहु प्रकार सीतहि समुझाएहु। कहि बल बिरह बेगि तुम्ह आएहु॥
हनुमत जनम सुफल करि माना। चलेउ हृदयँ धरि कृपानिधाना॥
जद्यपि प्रभु जानत सब बाता। राजनीति राखत सुरत्राता॥
दो०— चले सकल बन खोजत सरिता सर गिरि खोह।
राम काज लय लीन मन बिसरा तन कर छोह॥ २३॥

अर्थ—हे धैर्ययुक्त मति वाले चतुर नील, अंगद, हनुमान तथा जाम्बान् सुनें, तुम सभी श्रेष्ठ योद्धा मिलकर दक्षिण दिशा की ओर जाओ और सभी से (जो भी मिले) सीता की खबर पूछना।

मन, कर्म एवं वाणी से यत्न सोचना और श्रीराम का कार्य पूरा करना। सूर्य को पीठ देकर तथा अग्नि को हृदय से सामने सेवन करना चाहिए किन्तु स्वामी की सेवा (मन, कर्म एवं वाणी) सभी से (एकनिष्ठ भाव द्वारा) करनी चाहिए।

माया का त्याग करके परलोक का सेवन करना चाहिए। ताकि जन्म-मरण से उत्पन्न शोक समाप्त हो सके। हे भाई! इस देह धारण करने का यह काम है कि समस्त कामनाओं का त्याग करके श्रीराम का भजन किया जाय।

जो श्रीराम के चरणों का अनुरागी है, वही गुणज्ञ एवं बड़भागी है और तब आज्ञा माँगकर एवं

चरणों में सिर झुकाकर (वे सभी) आज्ञा माँगकर चले।

सबसे पीछे हनुमान ने सिर झुकाया और कार्य का विचार करके प्रभु श्रीराम ने उन्हें निकट बुलाया। श्रीराम ने अपने कर-कमलों से उनके सिर का स्पर्श किया और अपना सेवक समझकर हाथ की अँगूठी दी।

(उन्होंने कहा कि) अनेक प्रकार से सीता को समझाना और मेरा बल तथा प्रेम वियोग पीड़ा कह कर शीघ्र ही तुम लौटना। हनुमान ने अपना जन्म सफल समझा और कृपानिधान प्रभु श्रीराम को हृदय में धारण करके चल पड़े।

यद्यपि प्रभु श्रीराम सारी बातें जानते हैं फिर भी वे देवरक्षक राजनीति की रक्षा कर रहे हैं।

वे सभी वन, सरिता, सरोवर, पर्वत की कन्दराओं में खोज करते चले। उन सब का मन श्रीराम के कार्य में आत्म विस्मृत (लवलीन) है तथा सभी को अपने शरीर की ममता (छोह) तक भूल चुकी है॥ २३॥

टिप्पणी—कवि अन्वेषण के मूल मन्तव्यों को केन्द्रीयता की ओर ले जा रहा है। सुग्रीव लंका की ओर हनुमान, अंगद एवं नल-नील आदि को भेजने का उपक्रम करते हैं। कथावस्तु और भी केन्द्रीयता ले लेती है, जब श्रीराम हनुमान को अलग से बुलाकर उन्हें न केवल प्रीतिचिह्न अँगूठी देते हैं, वरन् संदेश भी समझाते हैं।

अध्यात्म रामायण में यह प्रसंग इस प्रकार है—

अस्मिन् कार्ये प्रमाणं हि त्वमेव कविसत्तम।
जानामि सत्त्वं ते सर्वं पन्थाः शुभस्तव॥

हे कपिश्रेष्ठ! इस कार्य में तुम्हीं समर्थ हो। मैं तुम्हारा बुद्धि-बल अच्छी तरह से जानता हूँ—जाओ, तुम्हारा मार्ग कल्याणमय हो।

वाल्मीकि रामायण में हनुमान के प्रति श्रीराम अपना विश्वास इन शब्दों में व्यक्त करते हैं—

उदारसत्त्वामिभजनो हनूमान् स मैथिली शास्यति वानरेन्द्र।
दिशं तु यामेव गता तु सीता, तामास्थितो वायुसुतो हनुमान्॥

कतहुँ होइ निसिचर सैं भेटा। प्रान लेहिं एक एक चपेटा॥
बहु प्रकार गिरि कानन हेरहिं। कोउ मुनि मिलइ ताहि सब घेरहिं॥
लागि तृषा अतिसय अकुलाने। मिलइ न जल घन गहन भुलाने॥
मन हनुमान कीन्ह अनुमाना। मरन चहत सब बिन जलपाना॥
चढ़ि गिरि सिखर चहूँ दिसि देखा। भूमि बिबर एक कौतुक पेखा॥
चक्रबाक बक हंस उड़ाहीं। बहुतक खग प्रबिसहिं तेहि माहीं॥
गिरि तें उतरि पवनसुत आवा। सब कहुँ लेइ सोइ बिबर देखावा॥
आगे कै हनुमंतहि लीन्हा। पैठे बिबर बिलंबु न कीन्हा॥

दो०— दीख जाइ उपबन बर सर बिगसित बहु कंज।
मंदिर एक रुचिर तहँ बैठि नारि तपपुंज॥ २४॥

अर्थ—कहीं कभी राक्षस से भेंट हो जाने पर, एक-एक चपेटे से उनका प्राण ले लेते हैं। पर्वतों तथा वनों में अनेक प्रकार से खोजते हैं तथा और किसी मुनि के मिल जाने पर पता लगाने के निमित्त सभी उन्हें घेर लेते हैं।

उन्हें प्यास लगी और वे अत्यधिक व्याकुल हो उठे किन्तु उन्हें जल नहीं मिला और वे घने

जंगल में भुला गये। हनुमान ने मन में अनुमान किया कि बिना जल पान के सभी लोग जैसे मरना चाहते हैं।

उन्होंने एक पर्वत के शिखर पर चढ़कर चारों दिशाओं में देखा—पृथ्वी के अन्दर एक गुफा-विवर में एक आश्चर्य दिखाई दिया। चकवे, बगुले और हंस उड़ रहे हैं और बहुत से पक्षी उसमें प्रवेश कर रहे हैं।

हनुमान पर्वत से उतर आये और सभी को ले जाकर वह गुफा विवर दिखाई। वे सभी हनुमान को आगे करके उस विवर में बिना विलम्ब किये प्रवेश कर गये।

वहाँ अन्दर (जाकर) उन्होंने उपवन एवं अनेकानेक विकसित कमलों से युक्त सुन्दर सरोवर देखा। वहाँ एक सुन्दर मन्दिर है जिसमें एक तपपुंजमयी नारी बैठी थी॥ २४॥

टिप्पणी—वानरों द्वारा सीतान्वेषण के प्रयत्न का वर्णन है। वानरों का समूह बड़ी तत्परतापूर्वक सीता का अन्वेषण कर रहा है। कवि वानरों द्वारा किये जाते हुए अन्वेषण के विविध प्रयासों का यहाँ चित्रण कर रहा है। इस अन्वेषण कार्य में तरलतावश विस्मृत होकर भूख तथा प्यास से संत्रस्त वानर समूह की निराशा का चित्रण है। निराशा के बीच 'हनुमान के द्वारा' आशा की किरण उत्पन्न करना कथावस्तु के विकास एवं पाठकों की उत्सुकता की वृद्धि का कारण बनता है। 'तपस्विनी नारी' का प्रसंग तापसी 'स्वयंप्रभा' की कथा से सम्बद्ध है। यह कथा 'वाल्मीकि रामायण' से शुरू होती है।

दूरि ते ताहि सबन्हि सिरु नावा। पूँछे निज बृत्तांत सुनावा॥
तेहिं तब कहा करहु जल पाना। खाहु सुरस सुंदर फल नाना॥
मज्जनु कीन्ह मधुर फल खाए। तासु निकट पुनि सब चलि आए॥
तेहिं सब आपनि कथा सुनाई। मैं अब जाब जहाँ रघुराई॥
मूँदहु नयन बिबर तजि जाहू। पैहहु सीतहि जनि पछिताहू॥
नयन मूँदि पुनि देखहिं बीरा। ठाढ़े सकल सिंधु के तीरा॥
सो पुनि गई जहाँ रघुनाथा। जाइ कमल पद नाएसि माथा॥
नाना भाँति बिनय तेहि कीन्ही। अनपायनी भगति प्रभु दीन्ही॥
दो०— बदरीबन कहुँ सो गई प्रभु अग्या धरि सीस।
उर धरि राम चरन जुग जे बंदत अज ईस॥ २५॥

अर्थ—दूर से ही सभी ने उसे प्रणाम किया और पूछने पर अपना वृत्तान्त बताया। तब उसने कहा कि जल का पान करो तथा अनेक प्रकार के रसमय फलों को खाओ।

सभी ने स्नान किया तथा मीठे फल खाये और तब सभी उसके समीप गये। तब उसने अपनी सारी कथा सुनाई और कहा कि अब मैं वहाँ जाऊँगी, जहाँ श्रीराम हैं।

तुम लोग आँखें मूँद लो और गुफा विवर को छोड़कर बाहर चले जाओ, पश्चात्ताप न करो, तुम लोग सीता को प्राप्त करोगे। समस्त योद्धा आँखें मूँदकर पुनः देखते हैं कि सभी समुद्र के तट पर खड़े हैं।

वह पुनः वहाँ गई जहाँ श्रीराम थे और जाकर (उनके) चरण-कमलों को प्रणाम किया। उसने भाँति-भाँति से उनकी विनय की और प्रभु श्रीराम ने उसे अपनी दुर्लभ भक्ति दी।

प्रभु की आज्ञा शिरोधार्य करके तथा जिन युगल चरणों की ब्रह्मा तथा शिव वन्दना करते हैं, उनको हृदय में धारण करके वह बदरिकाश्रम चली गई॥ २५॥

टिप्पणी—स्वयंप्रभा तपस्विनी के प्रभाव से उद्योग में उत्पन्न निराशा चमत्कारपूर्ण ढंग से आशा और आनन्द में बदल जाती है, सभी वानर आकस्मिक रूप से आँख मूँदते ही समुद्र के तट पर

पहुँच जाते हैं। भारतीय कविता में इस प्रकार के चमत्कार सृजन से कथा प्रवाह में 'उत्पन्न' अवरोध को दूर करने की परिपाटी मिलती है। कवि पूर्ववर्ती रामायणों की परम्परा से इस सन्दर्भ को ग्रहण करता है।

इहाँ बिचारहिं कपि मन माहीं। बीती अवधि काजु कछु नाहीं॥
सब मिलि कहहिं परस्पर बाता। बिनु सुधि लिए करब का भ्राता॥
कह अंगद लोचन भरि बारी। दुहुँ प्रकार भइ मृत्यु हमारी॥
इहाँ न सुधि सीता कै पाई। उहाँ गए मारिहिं कपिराई॥
पिता बधे पर मारत मोही। राखा राम निहोर न ओही॥
पुनि पुनि अंगद कह सब पाहीं। मरन भएउ कछु संसय नाहीं॥
अंगद बचन सुनत कपि बीरा। बोलि न सकहिं नयन बह नीरा॥
छन एक सोच मगन होइ रहे। पुनि अस बचन कहत सब भए॥
हम सीता कै सुधि लीन्हें बिना। नहिं जैहैं जुबराज प्रबीना॥
अस कहि लवन सिंधु तट जाई। बैठे कपि सब दर्भ डसाई॥
जामवंत अंगद दुख देखी। कही कथा उपदेश बिसेषी॥
तात राम कहुँ नर जनि मानहु। निर्गुन ब्रह्म अजित अज जानहु॥
हम सब सेवक अति बड़भागी। संतत सगुन ब्रह्म अनुरागी॥

दो०— निज इच्छा प्रभु अवतरइ सुर महि गो द्विज लागि।
सगुन उपासक संग तहँ रहहिं मोच्छ सुख त्यागि॥ २६॥

अर्थ—इधर कपिगण मन में विचार कर रहे हैं कि अवधि तो बीत गयी किन्तु कुछ कार्य न (सिद्ध) हुआ। सभी आपस में बात करते हैं कि हे भाई! अब तो सीता की खबर लिये बिना लौट कर करेंगे भी क्या?

अंगद नेत्रों में अश्रुजल भरकर कहता है कि दोनों ही प्रकार से हमारी मृत्यु हुई। यहाँ तो सीता की खबर नहीं मिली और वहाँ जाने पर कपिराज सुग्रीव मार डालेंगे।

पिता के वध करने पर ही वह मुझे मार डालते किन्तु श्रीराम ने मेरी रक्षा की है, इसमें उनका कोई अहसान (निहोर) नहीं है। अंगद पुनः पुनः सभी से कह रहे हैं कि मृत्यु हुई, अब कोई संदेह नहीं है।

वानर योद्धागण अंगद के वचनों को सुनते हुए बोल नहीं पा रहे हैं (उनके) नेत्रों से जल बह रहा है। एक क्षण के लिए सभी शोकमग्न हो रहे हैं और फिर सभी इस प्रकार की बात कहने लगे।

हे प्रवीण युवराज! हम सभी सीता की खोज-खबर लिये बिना (लौटकर) नहीं जायेंगे ऐसा कहकर सभी वानर लवण सागर के तट पर आये और कुश बिछाकर बैठे।

जाम्बवान् ने अंगद का दुःख देखकर उपदेश विशेष से संयुक्त कथाएँ कहीं (और समझाया) कि हे तात! श्रीराम को मनुष्य न मानो, उन्हें निर्गुण ब्रह्म, अजेय तथा अजन्मा जानो।

हम सभी उनके सेवकगण अत्यधिक भाग्यशाली हैं कि निरन्तर सगुण भक्ति में प्रीति रखते हैं।

देवता, पृथ्वी, गाय एवं ब्राह्मण की रक्षा के निमित्त प्रभु श्रीराम! अपनी इच्छा से अवतार लेते हैं और सभी सगुणोपासक वहाँ (उनके साथ) सम्पूर्ण प्रकार की युक्तियों का परित्याग करके उनके साथ रहते हैं॥ २६॥

टिप्पणी—अंगद के पश्चात्ताप का वर्णन करते हुए कवि प्रकारान्तर भाव से श्रीराम के महत्त्व का प्रतिपादन करता है। अंगद के पश्चात्ताप का वर्णन वाल्मीकि रामायण में अत्यधिक विस्तारपूर्वक है किन्तु यहाँ यह सामान्य और संक्षिप्त है। जाम्बवान् श्रीराम के महत्त्व को समझता

हुआ प्रकारान्तर भाव से उन्हें सान्त्वना देता है।

येहि बिधि कथा कहहिं बहु भाँती। गिरि कंदरा सुनी संपाती॥
बाहेर होइ देखे बहु कीसा। मोहि अहारु दीन्ह जगदीसा॥
आजु सबन्ह कहुँ भच्छन करऊँ। दिन बहु चले अहार बिनु मरऊँ॥
कबहुँ न मिल भरि उदर अहारा। आजु दीन्ह बिधि एकहि बारा॥
डरपे गीध बचन सुनि काना। अब भा मरनु सत्य हम जाना॥
कपि सब उठे गीध कहँ देखी। जामवंत मन सोच बिसेषी॥
कह अंगद बिचारि मन माहीं। धन्य जटायू सम कोउ नाहीं॥
राम काज कारन तनु त्यागी। हरिपुर गएउ परम बड़भागी॥
सुनि खग हरष सोक जुत बानी। आवा निकट कपिन्ह भय मानी॥
तिन्हहि अभय करि पूँछेसि जाई। कथा सकल तिन्ह ताहि सुनाई॥
सुनि संपाति बंधु कै करनी। रघुपति महिमा बहु बिधि बरनी॥

दो०— मोहि लै जाहु सिंधु तट देउँ तिलांजलि ताहि।
बचन सहाइ करबि मैं पैहहु खोजहु जाहि॥ २७॥

अर्थ—इस प्रकार वे भाँति-भाँति की कथाएँ कह रहे हैं और (उन्हें कहा कहते हुए) पर्वती की गुफा से सम्पाती नामक गृद्ध ने सुना। बाहर निकलकर उसने बहुत सारे वानरों को देखा (और बोला) कि आज ईश्वर ने घर बैठे बहुत-सा आहार भेज दिया।

आज मैं, इन सबको खा जाऊँगा, बहुत दिन व्यतीत हो चुके, आहार बिना मर रहा हूँ। कभी भी पेट भर भोजन हीं मिला और आज विधाता ने (मुझे) एक ही बार में (सारा-का-सारा) दे डाला।

कानों से गृद्ध का वचन सुनकर वानर भयभीत हुए कि अब मरना सच हो गया, हमने समझ लिया। उस गृद्ध को देखकर समस्त वारन उठ गये और तब जाम्बवान् के मन में विशेष चिन्ता हुई।

अंगद ने मन में विचार कर कहा कि—धन्य हो, जटायु के सदृश और कोई नहीं है। श्रीराम के कार्य के निमित्त उसने शरीर त्याग दिया और वह परम भाग्यशाली श्रीहरि के लोक में चला गया।

हर्ष एवं शोक से युक्त वाणी सुनकर वह वानरों के समीप आया (और उसके समीप आने से) वानर भयभीत हो उठे। उनको अभय वचन देकर (समीप) जाकर पूछा और सभी ने उसे उसकी (जटायु) की कथा सुनाई।

सम्पाती ने भाई जटायु के कार्यों को सुनकर अनेकानेक प्रकार से श्रीराम की महिमा का वर्णन किया।

मुझे समुद्र तक ले चलो ताकि मैं उसे तिलांजलि दे दूँ। मैं आप सबकी वचनों से सहायता करूँगा और जिसे आपलोग खोज रहे हैं, उसे प्राप्त कर लेंगे॥ २७॥

टिप्पणी—वानरों की गहन निराशा के बीच उनमें भय का संचार करता हुआ सम्पाती का प्रसंग उठ खड़ा होता है। वानरों की निराशा प्रारम्भ में गहन होती है, किन्तु जटायु का प्रसंग आकस्मिक रूप से उससे जुड़ जाने के कारण सम्पूर्ण निराशा सुखद समापन में परिणत हो उठती है। कवि यहाँ सम्पूर्ण कथा प्रसंग को नाटकीय बनाकर सामने रखता है।

अनुज क्रिया करि सागर तीरा। कहि निज कथा सुनहु कपि बीरा॥
हम द्वौ बंधु प्रथम तरुनाई। गगन गए रबि निकट उड़ाई॥
तेज न सहि सक सो फिर आवा। मैं अभिमानी रबि निअरावा॥
जरे पंख अति तेज अपारा। परेउँ भूमि करि घोर चिकारा॥

मुनि एक नाम चंद्रमा ओही। लागी दया देखि करि मोही॥
बहु प्रकार तेहि ग्यान सुनावा। देह जनित अभिमान छड़ावा॥
त्रेताँ ब्रह्म मनुज तनु धरिही। तासु नारि निसिचरपति हरिही॥
तासु खोज पठइहि प्रभु दूता। तिन्हहि मिले तैं होब पुनीता॥
जमिहहिं पंख करसि जनि चिंता। तिन्हहि देखाइ दिहेसु तैं सीता॥
मुनि कै गिरा सत्य भइ आजू। सुनि मम बचन करहु प्रभु काजू॥
गिरि त्रिकूट ऊपर बस लंका। तहँ रह रावन सहज असंका।
तहँ असोक उपवन जहँ रहई। सीता बैठि सोच रत अहई॥
दो०— मैं देखउँ तुम्ह नाहीं गीधहि दृष्टि अपार।
बूढ़ भएउँ न त करतेउँ कछुक सहाय तुम्हार॥ २८॥

अर्थ—समुद्र के तट पर अनुज जटायु का क्रिया-कर्म करके, वह अपनी कथा कहनी शुरू की कि हे कपि योद्धा! सुनें, हम दोनों भाई युवावस्था के प्रथम चरण में आकाश में सूर्य के सन्निकट उड़कर पहुँचे।

वह (जटायु) उनके तेज को न सह सका और लौट आया किन्तु मैं अभिमानी सूर्य के पास चला गया। उनके अत्यधिक अपार तेज से मेरे पंख जल उठे और भयंकर चीख मारकरके भूमि पर गिर पड़ा।

वहाँ (ओही) चन्द्रमा नाम के एक मुनि थे और मुझे देखकर उन्हें दया लगी उन्होंने नाना प्रकार से ज्ञान सुनाया तथा देह जनित (उस) अभिमान से मुझे मुक्त किया।

(उन्होंने बताया कि) त्रेता युग में ब्रह्म मनुष्य का शरीर धारण करेंगे और उनकी पत्नी को राक्षसों का राजा हरण करके ले जायेगा। उनकी खोज के लिए प्रभु (अपने) दूत भेजेंगे, उनके मिल जाने से तू पवित्र हो उठेगा।

तुम्हारे पंख जम उठेंगे, तुम चिन्ता न करो (किन्तु इतना करना कि) तुम उन्हें सीता को दिखा देना। आज मुनि की वाणी सत्य हुई और मेरी बातों को (भालीभाँति) सुनकर प्रभु श्रीराम का कार्य करो।

त्रिकूट पर्वत पर लंका बसी है, वहाँ स्वभाव से ही निडर रावण निवास करता है। वहाँ अशोक नामक उपवन है, जहाँ बैठी हुई सीता निरन्तर शोकग्रस्त रहती हैं।

गृद्ध की अपार दृष्टि (शक्ति) होती है, (इसलिए) मैं देख रहा हूँ, तुम सब नहीं, मैं बूढ़ा हो चला हूँ, नहीं तो आप सबकी कुछ सहायता तो करता॥ २८॥

टिप्पणी—जटायु के भाई सम्पाती वानरों को सीता के विषय में सम्पूर्ण जानकारी देते हैं किन्तु इस जानकारी के बाद भी एक बहुत बड़ा अवरोध उत्पन्न होता है, वह है, समुद्र का लाँघना। समुद्र दुर्लंघ्य है, और इस प्रकरण में अवरोध का उत्पन्न होना नाटकीयता की दृष्टि से मानसिक असमर्थता का द्योतक है। कवि इस अवरोध को उत्पन्न करके पुनः उद्देश्य की प्राप्ति में निराशा का भाव स्पन्दित कर देता है।

जो नाघइ सत जोजन सागर। करइ सो राम काज मति आगर॥
मोहि बिलोकि धरहु मन धीरा। राम कृपा कस भएउ सरीरा॥
पापिउ जाकर नाम सुमिरहीं। अति अपार भव सागर तरहीं॥
तासु दूत तुम्ह तजि कदराई। रामु हृदयँ धरि करहु उपाई॥
अस कहि उमा गीध जब गएऊ। तिन्ह कें मन अति बिसमय भएऊ॥
निज निज बल सब काहू भाषा। पार जाइ कर संसय राखा॥

जरठ भएउँ अब कहइ रिछेसा। नहिं तन रहा प्रथम बल लेसा॥
जबहिं त्रिबिक्रम भए खरारी। तब मैं तरुन रहेउँ बल भारी॥

दो०— बलि बाँधत प्रभु बाढ़ेउ सो तनु बरनि न जाइ।
उभय घरी महँ दीन्हीं सात प्रदच्छिन धाइ॥ २९॥

अर्थ—जो शत योजन (चार सौ कोस) समुद्र का लंघन करे वही अग्रगण्य बुद्धि का (मति आगर) श्रीराम का कार्य करेगा। मुझे देखकर हृदय में धैर्य धारण करो और (और समझो) कि श्रीराम की कृपा से कैसा शरीर हो उठा।

पापी जन भी जिसके नाम का स्मरण कर कर अत्यन्त दुर्गम भवसागर को पार कर जाते हैं, तुम उनके दूत (विशेष) हो अत: भीरुता का परित्याग करके श्रीराम को हृदय में धारण करके उपाय (यत्न) करो।

ऐसा कर तब गृद्ध गरुड़ (सदृश) हो गया और उन सबके मन में बड़ा विस्मय हुआ और सभी ने अपना-अपना बल बताया किन्तु समुद्र पार करने में सभी ने सन्देह प्रकट किया।

जम्बवान् कहने लगा कि अब मैं बूढ़ा हो चुका हूँ और शरीर में पूर्व का बल लेशमात्र भी नहीं रहा। (मेरा तो बल ऐसा था कि) जब श्रीराम वामन (के रूप में) अवतरित हुए थे, तब मैं युवा था और मुझमें बड़ी शक्ति थी।

बलि को बाँधते समय प्रभु इतने बढ़े कि उस शरीर का वर्णन नहीं किया जा सकता किन्तु मैंने (उस विशाल शरीर की भी) दो घड़ियों में दौड़कर सात बार प्रदक्षिणाएँ पूरी कर लीं॥ २९॥

टिप्पमी—वृद्ध जाम्बवान् की मंत्रणा यहाँ सर्वाधिक महत्त्वूर्ण है। वे अपनी वृद्धावस्थाजन्य असमर्थता का उल्लेख करते हुए अन्य वानर योद्धाओं को समुद्र लंघन करने के लिए प्रेरित करते हैं।

अंगद कहइ जाउँ मैं पारा। जियँ संसय कछु फिरती बारा॥
जामवंत कह तुम्ह सब लायक। पठइअ किमि सबही कर नायक॥
कहइ रिछेस सुनहु हनुमाना। का चुप साधि रहेउ बलवाना॥
पवनतनय बल पवन समाना। बुधि बिबेक बिग्यान निधाना॥
कवन सो काजु कठिन जग माहीं। जो नहिं होइ तात तुम्ह पाहीं॥
राम काज लगि तब अवतारा। सुनतहिं भएउ पर्बताकार॥
कनक बरन तन तेज बिराजा। मानहु अपर गिरिन्ह कर राजा॥
सिंघनाद करि बारहिं बारा। लीलहिं नाघउँ जलनिधि खारा॥
सहित सहाय रावनहि मारी। आनउँ इहाँ त्रिकूट उपारी॥
जामवंत मैं पूँछउँ तोही। उचित सिखावन दीजहु मोही॥
एतना करहु तात तुम्ह जाई। सीतहि देखि कहहु सुधि आई॥
तब निज भुजबल राजिवनयना। कौतुक लागि संग कपि सेना॥

अर्थ—अंगद कहता है कि पार तो जा सकता हूँ किन्तु लौटते समय के लिए मन में कुछ संदेह है। जाम्बवान् ने कहा (हे अंगद) तुम सब प्रकार से योग्य हो और सभी के नायक (अगुआ) हो, तुम्हें किस प्रकार भेजा जाय।

ऋक्षपति जाम्बवान् ने कहा, हे हनुमान सुनें, हे बलवान! क्यों चुप्पी साध रखी है। आप पवन के पुत्र हैं, शक्ति पवन देवता सदृश है। आप बुद्धि, विवेक एवं विज्ञान के भंडार हैं।

जगत् में कौन-सा ऐसा कठिन कार्य है, हे तात! जो आपसे नहीं हो सकता? आपका अवतरण

तो श्रीराम के कार्य के निमित्त ही हुआ है और इतना सुनते ही, हनुमान पर्वत के आकार के हो गये।

उनका वर्ण स्वर्ण का है, शरीर पर तेज भ्राजित है, मानो अपर पर्वतराज सुमेरु हो। बार-बार सिंहनाद करके (उन्होंने कहा) कि मैं खेल-खेल में इस पर्वत को लाँघ सकता हूँ।

और (उसी लीलाभाव में) सहायकों सहित रावण को मारकर उस त्रिकूट पर्वत सहित उखाड़कर यहाँ ले आ सकता हूँ। हे जाम्बवान्! आपसे मैं पूछता हूँ और आप उचित सीख दें?

(जाम्बवान् ने कहा कि) हे तात! तुम वहाँ जाकर मात्र इतना ही करो, सीता को देखकर आओ और उनका समाचार सुनाओ तब कमलनयन श्रीराम अपनी भुजाओं की शक्ति से (मात्र) लीला भाव में वानरों की समस्त सेना साथ में लेंगे।

छंद— कपि सेन संग सँघारि निसिचर रामु सीतहि आनिहैं।
त्रैलोक पावन सुजस सुर मुनि नारदादि बखानिहैं॥
जो सुनत गावत कहत समुझत परम पद नर पावई।
रघुबीर पद पाथोज मधुकर दास तुलसी गावई॥

दो०— भव भेषज रघुनाथ जस सुनहिं जे नर अरु नारि।
तिन्ह कर सकल मनोरथ सिद्ध करहिं त्रिसिरारि॥ ३०॥

सो०— नीलोत्पल तन स्याम काम कोटि सोभा अधिक।
सुनिय तासु गुन ग्राम जासु नाम अघ खग बधिक॥

इति श्रीरामचरितमानसे सकलकलिकलुषविध्वंसने विशुद्धसन्तोष सम्पादनो नाम चतुर्थ सोपानः समाप्तः॥

वानरों की सेना साथ में लेकर श्रीराम राक्षसों का वध करके सीता को ले आयेंगे, और तब देवता एवं नारदादिक ऋषिगण तीनों लोकों को पवित्र करने वाले उनके सुयश का बखान करेंगे। उस यश को गाने, कहने तथा समझने से मनुष्य परम पद को प्राप्त करेंगे उसे श्रीराम के चरण-कमलों के भ्रमर तुलसीदास (इस प्रकार) गाते हैं।

श्रीराम का यश भवरोग के लिए दवा है और जो मनुष्य तथा स्त्री इसे सुनेंगे उनका सम्पूर्ण मनोरथों को त्रिशिरा के शत्रु श्रीराम पूर्ण करेंगे।

करोड़ों कामदेवों से भी बढ़कर जिसके नीलोत्पल सदृश श्यामल शरीर की शोभा है और जिनका नाम पापरूपी खग के लिए व्याध है, गुणों के समूहों से संयुक्त श्रीराम की ऐसी (लीला) अवश्य सुननी चाहिए॥ ३०॥

इस प्रकार, कलियुग के समस्त पापों के नाश करनेवाले श्रीरामचरितमानस का चौथा सोपान समाप्त।

टिप्पणी—सम्पूर्ण वानर योद्धा अपनी शक्ति तथा सामर्थ्य का उल्लेख करते हुए सागर पार करने की असमर्थता बताते हुए चिन्ता प्रकट करते हैं। जाम्बवान् हनुमान् को समुद्र उल्लंघन के लिए प्रेरित करते हैं। हनुमान को बाल्यावस्था में यह शाप था कि वे अपनी शक्ति विस्मृत कर जायेंगे। जाम्बवान् उनको उनकी शक्ति का स्मरण कराते हैं क्योंकि उन्हें यह वरदान था कि जब उन्हें उनकी शक्ति का स्मरण होगा, तब उनकी अपनी विस्मृत शक्ति जाग्रत हो उठेगी। जाम्बवान् उसी शक्ति को जाग्रत करते हैं। हनुमान के उस प्रसंग से प्रयत्न की निराशा आशा में परिणत हो जाती है।

श्री गणेशाय नमः

श्री जानकीवल्लभोविजयते

श्रीरामचरितमानस

पंचम सोपान

सुंदरकांड

शांतं शाश्वतमप्रमेयमनघं निर्वाणशान्तिप्रदं
ब्रह्माशम्भुफणीन्द्रसेव्यमनिशं वेदान्तवेद्यं विभुं।
रामाख्यं जगदीश्वरं सुरगुरुं मायामनुष्यं हरिं
वन्देहं करुणाकरं रघुवरं भूपालचूणामणिं॥

नान्या स्पृहा रघुपते हृदयेस्मदीये सत्यं वदामि च भवानखिलान्तरात्मा।
भक्तिंप्रयच्छ रघुपुंगव निर्भरां मे कामादिदोषरहितं कुरु मानसं च॥
अतुलितबलधामं स्वर्णशैलाभदेहं दनुजवनकृशानुं ज्ञानिनामग्रगण्यं।
सकलगुणनिधानं वानराणामधीशं रघुपतिवरदूतं वातजातं नमामि॥

अर्थ—शान्त, शाश्वत्, प्रमाणों से अज्ञेय, पापरहित, मोक्ष रूपी परमशान्ति के दाता, ब्रह्मा, शिव एवं शेषनाग से निरन्तर सेवित, वेदान्त द्वारा जाने जाने योग्य, सर्वव्यापक, जगत् के स्वामी, देवताओं के गुरु, माया से आवेष्टित श्रीहरि, श्रीराम के रूप में पुकारे जाने वाले, करुणाशील भूपाल रघुवंशश्रेष्ठ (श्रीराम) मैं आपकी वन्दना करता हूँ।

हे श्रीराम! आप सम्पूर्ण जीवों की अन्तरात्मा में हैं और मैं आपसे सच-सच कह रहा हूँ कि हमारे हृदय में आपके अतिरिक्त और अन्य की स्पृहा (आकांक्षा) नहीं है। हे रघुवंशश्रेष्ठ श्रीराम! मैं आपकी भक्ति की याचना करता हूँ और आप मेरे हृदय को काम-क्रोधादि दोषों से मुक्त कर दें।

अतुलनीय बल के भंडार, स्वर्ण पर्वत (सुमेरु) के सदृश (स्वर्णाभ) कान्तियुक्त शरीरवाले, असुररूपी वन (को ध्वस्त करने) के लिए अग्निस्वरूप, ज्ञानियों में अग्रगण्य, सम्पूर्ण गुणों के निधान एवं वानरों के स्वामी तथा श्रीराम के श्रेष्ठ दूत, हे वायुपुत्र हनुमान! मैं आपको (श्रद्धया) नमन करता हूँ।

टिप्पणी—(१) ब्रह्म के लीला स्वरूप का स्तवन है। ब्रह्म के सम्पूर्ण धर्मों से संयुक्त, लीलावेष में श्रीराम के रूप में अवतरित, प्रभु की लीला कथा को कवि कहना चाहता है। प्रथम श्लोक में वह लीला ब्रह्म की स्थापना करता है और कहता है कि वह लीला ब्रह्म श्रीराम के रूप में ख्यात हैं। श्रीराम के रूप में ख्यात होने के कारण उनका एक वंश है, कुल है, स्वभाव है, धर्म है—किन्तु सारे धर्म लोक धर्म लीला के हैं। नाम, रूप, गुण, धाम, शील एवं स्वभाव लीला के तत्त्व हैं। इस

सबके रूप में श्रीराम ब्रह्म का जो स्वभाव बन गया है, भक्ति सापेक्ष्य में जिस स्वभाव का वह हो गया है, वही कवि को अभीष्ट है।

(२) कवि अपनी निष्ठा तथा आत्मीयता को प्रमाणित करता है, श्रीराम के प्रति अपनी अनन्य गति को इंगित करता है। इस आत्मीयता के लिए अपनी अन्तरात्मा को ही नहीं वरन् अन्तरारात्मा में स्थित स्वयं सम्बोध्य (श्रीराम को ही) साक्षी मानता है। उसकी यही चिन्ता है कि मानस में श्रीराम हैं तो कामादि दोष नहीं आने चाहिए क्योंकि कामादि दोष रहित मानस ही श्रीराम की निवास स्थली है।

(३) हनुमान की स्तुति भी है और इस स्तुति के माध्यम से सर्ग की कथावस्तु का निर्देश भी है। हनुमान सुंदरकांड में जो-जो करेंगे उसकी संक्षिप्त तालिका इस मंगलाचरण के श्लोक में है। अतुलनीय शक्ति के भंडार (समुद्र लंघन), स्वर्णाभ पर्वत की आकृति-सा स्वरूप (सीता के समक्ष स्वस्वरूप निवेदन), असुररूपी बन को ध्वस्त करना तथा लंका को जला डालना रावण को उपदेश, विभीषण मंत्रणा, सीता को सान्त्वना (ज्ञानियों में अग्रगण्य), (दास्य, सख्य, नीति, धर्म नीति आदि) गुणों से संयुक्त (समस्त गुण निधान होना), हताश वानर सेना का नायकत्व-संवहन करके सीतान्वेषण के लिए समुद्र लांघना, श्रीराम का दौत्य कर्म क्योंकि श्रीराम ने रामनाम अंकित मुद्रिका हनुमान को ही सौंपी थी, अन्य किसी कपि को नहीं।

जामवंत के बचन सुहाए। सुनि हनुमंत हृदयँ अति भाए॥
तब लगि मोहि परिखहु तुम्ह भाई। सहि दुख कंद मूल फल खाई॥
जब लगि आवौं सीतहि देखी। होइहि काजु मोहि हरष बिसेषी॥
अस कहि नाइ सबन्हि कहुँ माथा। चलेउ हरषि हियँ धरि रघुनाथा॥
सिंधु तीर एक भूधर सुंदर। कौतुक कूदि चढ़ेउ ता ऊपर॥
बार बार रघुबीर सँभारी। तरकेउ पवनतनय बल भारी॥
जेहिं गिरि चरन देइ हनुमंता। चलेउ सो गा पाताल तुरंता॥
जिमि अमोघ रघुपति कर बाना। येही भाँति चलेउ हनुमाना॥
जलनिधि रघुपति दूत बिचारी। तैं मैनाक होहि स्रमहारी॥

दो०— हनूमान तेहि परसा कर पुनि कीन्ह प्रनाम।
राम काजु कीन्हे बिनु मोहि कहाँ बिस्राम॥ १॥

अर्थ—जाम्बवान् के सुन्दर वचनों को (हनुमान) ने सुना, और वे उन्हें हृदय से अच्छे लगे। हे भाई! (वानर सखागण!) कन्दमूल फल खाते हुए तब तक मुझे परखना (प्रतीक्षा करना) जब तक मैं सीता को देखकर न लौट आऊँ।

यह कार्य अवश्य होना क्योंकि मुझे अत्यधिक (विशेष) हर्ष हो रहा है। ऐसा कहकर और सभी को शीश झुकाकर तथा हृदय में श्रीराम को धारण करके हर्षित भाव से वे चल पड़े।

समुद्र के तट पर एक सुन्दर पर्वत था। कौतुक-कौतुक में उसके ऊपर जा चढ़े। श्रीराम का बार-बार स्मरण करते हुए अत्यधिक बलशाली हनुमान समग्र शक्ति को एकत्रित करके उछले (तरकेउ)।

जिन पर्वत शिखरों पर हनुमान चरण रखकर चले वह (पद न्यास के क्षण ही) पाताल में जा धँसा। जैसे श्रीराम का अमोघ बाण (बेगवान) चलता है, उसी प्रकार हनुमान चले।

समुद्र ने उन्हें श्रीराम का दूत समझकर मैनाक पर्वत से बोला कि हे मैनाक! तू इनकी थकावट को हरण करने वाला बन।

हनुमान ने उसे हाथ से स्पर्श किया फिर प्रणाम करके कहा कि मुझे श्रीराम का कार्य किये बिना विश्राम कहाँ?॥ १॥

टिप्पणी—हनुमान का यह प्रसंग मूलतः किष्किंधाकांड से प्रारम्भ है।

श्रुत्वा जाम्बवतो वाक्यं हनुमानतिहर्षितः।
चकारनादं सिहंस्य ब्रह्माण्डं स्फोटयन् इव
वभूव पर्वताकारस्त्रिविक्रम इवा पर: (अध्यात्म रामायण)

यही स्थिति, मानस के किष्किंधाकांड में है—

राम काज लगि तव अवतारा। सुनतहिं भयउ पर्वताकारा॥
सिंहनाद करि बारहिं बारा। लीलहिं नाघहिं जलनिधि खारा॥

वाल्मीकि रामायण में जाम्बवान् के द्वारा शक्ति का स्मरण कराने पर हनुमान का पौरुष एवं पराक्रम स्पृहा तथा गौरव का विषय बन जाता है—

महोमेरु प्रतीकाशं मां द्रक्ष्यध्वं प्लवङ्गमाः।
दिवमावृत्य गच्छन्तं ग्रसमानमिवाम्बरम्॥
विधमिष्यामि जीमूतान्, कम्पयिष्यामि पर्वताम्।
सागर शोषयिष्यामि प्लवमानोमहार्णवम्॥

मैं महागिरि मेरु के समान विशाल शरीर धारण करके स्वर्ग को ढँकता और आकाश को निगलता आगे बढ़ूँगा। बादलों को छिन्न-भिन्न कर डालूँगा, पर्वतों को हिला दूँगा और एकचित्त हो छलांग मारकर आगे बढ़ने पर समुद्र को सुखा दूँगा।

किष्किंधाकांड की इस सम्पूर्ण प्रस्तावना से सुंदरकांड में हनुमान के समुद्रोल्लंघन की घटना का श्रीगणेश होता है।

तुलसी 'सुन्दर पर्वत शिखर' की परिकल्पना करके सुंदरकांड की प्रस्तावना देते हैं—

'सिंधु तीर एक भूधर सुंदर। कौतुक कूदि चढ़ेउ ता ऊपर॥'

वाल्मीकि एवं अध्यात्म रामायणों में 'महेन्द्र पर्वत' का प्रकरण आता है—

'महेन्द्राद्रिशिरोगत्वा वभूवाद्धुत दर्शनः' (अध्यात्म)
'महद्भिरुच्छ्रितं श्रृंगैः महेन्द्रो स महाबलः' (वाल्मीकि रामायण)

अध्यात्म रामायण तथा वाल्मीकि रामायण में हनुमान का चरित्र इतिवृत्तानुरूप तथा कथात्मक है किन्तु तुलसीकृत सुंदरकांड का हनुमान प्रसंग आस्था, विश्वास एवं श्रद्धा सम्बन्धित कथा प्रौढ़ियों पर आश्रित है। मैनाक प्रसंग से काव्यात्मक एवं आध्यात्मिक दोनों प्रौढ़ियों का समर्थन किया गया है।

जात पवनसुत देवन्ह देखा। जानइ कहुँ बल बुद्धि बिसेषा॥
सुरसा नाम अहिन्ह कै माता। पठइन्हि आई कही तेहिं बाता॥
आजु सुरन्ह मोहि दीन्ह अहारा। सुनत बचन कह पवनकुमारा॥
राम काजु करि फिरि मैं आवौं। सीता कइ सुधि प्रभुहि सुनावौं॥
तब तुअ बदन पइठिहौं आई। सत्य कहउँ मोहि जान दे माई॥
कवनेहु जतन देह नहिं जाना। ग्रससि न मोहि कहेउ हनुमाना॥
जोजन भरि तेहिं बदनु पसारा। कपि तनु कीन्ह दुगुन बिस्तारा॥
सोरह जोजन मुख तेहिं ठएऊ। तुरत पवनसुत बत्तिस भएऊ॥
जस जस सुरसा बदनु बढ़ावा। तासु दून कपि रूप देखावा॥
सत जोजन तेहिं आनन कीन्हा। अति लघु रूप पवनसुत लीन्हा॥
बदन पइठि पुनि बाहेर आवा। माँगा बिदा ताहि सिरु नावा॥
मोहि सुरन्ह जेहि लागि पठावा। बुधि बल मरमु तोर मैं पावा॥

दो०— राम काजु सबु करिहहु तुम्ह बल बुद्धि निधान।
आसिष देइ गई सो हरषि चलेउ हनुमान॥ २॥

अर्थ—वायु पुत्र हनुमान को (आकाश मार्ग से) जाते हुए देवताओं ने देखा, उनकी विशेष बुद्धि एवं बल की परीक्षा के निमित्त सुरसा नाम की सर्पमाता को भेजा और उसने आकर उनसे यह बात कही।

आज देवताओं ने मुझे आहार दिया है। यह वचन सुनकर, हनुमान ने कहा कि श्रीराम का कार्य करके मैं लौट आऊँ और सीता का समाचार (सुधि) उनको सुना दूँ।

तब मैं स्वत: तुम्हारे मुख में आकर प्रविष्ट हो जाऊँगा, हे माँ असत्य नहीं कह रहा हूँ, मुझे जाने दे। (वह जब) किसी भी उपाय से जाने नहीं दे रही है, तब हनुमान ने कहा, तो मुझे निगल क्यों नहीं लेती?

उसने एक योजन तक मुँह-फैलाया तब हनुमान ने अपने शरीर का (उसके) दूना विस्तार किया। उसने सोलह योजन का मुँह किया, हनुमान तुरन्त ही बत्तीस योजन के हो गये।

सुरसा ने जितना-जितना मुख बढ़ाया हनुमान ने उसका दूना रूपाकार दिखाया। तब उसने सौ योजन का मुँह किया, हनुमान ने तब अत्यन्त लघुरूप बनाया।

हनुमान मुख में प्रवेश करके बाहर निकल आये और उन्होंने शीश झुका कर बिदा माँगी। उसने कहा—जिसके लिए देवताओं ने मुझे भेजा था, तुम्हारी (उस) बुद्धि बल का मर्म मैंने प्राप्त कर लिया।

हे बल तथा बुद्धि के भंडार तुम श्रीराम के सभी कार्यों को करोगे, वह आशीर्वाद देकर गई और हनुमान हर्षित भाव से चल पड़े॥ २॥

टिप्पणी—नागमाता सुरसा का प्रसंग वाल्मीकि रामायण में है, किन्तु प्रसंग कथात्मक है। सुरसा मुख बढ़ाने का उपक्रम यहाँ १०, २०, ४०, ६०, ८०, एवं १०० है और हनुमान का १०, ३०, ५०, ७०, ९० योजन के क्रम में है। अन्त में हनुमान 'अंगुष्ठ सदृश' मात्र के होकर मुँह से प्रवेश क़रके निकल आते हैं। यह हनुमान के कर्म की दुष्करता सभी प्राणियों को प्रभावित करने के लिए है और यही यहाँ इस कथा का सार है। इसी के साथ बल बुद्धि की परीक्षा भी है।

अध्यात्म रामायण में हनुमान पहले अपना मुख एक योजन का फैलाते हैं फिर सुरसा ने पाँच योजन का मुख फैलाया। हनुमान ने उसका दूना कर लिया और सुरसा ने बीस योजन का मुख फैलाया। हनुमान से अपना शरीर तीस योजन का कर लिया तब सुरसा ने अपना मुख पचास योजन का मुख फैलाया और हनुमान 'अंगुष्ठ सदृश' रूप धारण करके उसके मुख में प्रविष्ट कर बाहर निकल आए।

मानस में हनुमान का यह स्वरूप विस्तार कथा के पौराणिक तथा आध्यात्मिक अभिप्राय को व्यंजित करता है— के कार्य की सफलता की योजना तथा उसके प्रति हनुमान की निष्ठा तथा तत्परता का निर्देश करना कवि का मन्तव्य है—चमत्कार पूर्ण दुष्कर कर्म का सम्पादन नहीं।

'सुरसा प्रसंग' में तुलसी की गहन आस्था हनुमान के साथ है और 'हरषि चलेउ हनुमान' पद में यही आस्था व्यंजित है।

निसिचरि एक सिंधु महुँ रहई। करि माया नभ के खग गहई॥
जीव जंतु जे गगन उड़ाहीं। जल बिलोकि तिन्ह कै परिछाहीं॥
गहइ छाँह सक सो न उड़ाई। येहि बिधि सदा गगनचर खाई॥
सोइ छल हनूमान कहँ कीन्हा। तासु कपटु कपि तुरतहिं चीन्हा॥
ताहि मारि मारुतसुत बीरा। बारिधि पार गएउ मति धीरा॥
तहाँ जाइ देखी बन सोभा। गुंजत चंचरीक मधु लोभा॥

नाना तरु फल फूल सुहाए। खग मृग बृंद देखि मन भाए॥
सैल बिसाल देखि एक आगे। तापर धाइ चढ़ेउ भय त्यागे॥
उमा न कछु कपि कै अधिकाई। प्रभु प्रताप जो कालहि खाई॥
गिरि पर चढ़ि लंका तेहिं देखी। कहि न जाइ अति दुर्ग बिसेषी॥
अति उतंग जलनिधि चहुँ पासा। कनककोट कर परम प्रकासा॥

अर्थ—एक राक्षसी समुद्र में रहा करती थी और माया करके आकाश के पक्षियों को पकड़ लेती थी। आकाश में जो भी जीव जन्तु उड़ा करते थे, वह उनकी जल में छाया देखकर।

उस छाया को ही पकड़ लेती थी, जिससे वे उड़ नहीं सकते थे। उसने हनुमान से भी वही छल किया। हनुमान ने तुरन्त ही उसका कपट समझ लिया।

उसे मार कर पराक्रमी एवं धीर बुद्धि वायुपुत्र समुद्र के पार गये। उन्होंने जाकर वहाँ वाटिका की शोभा देखी (जहाँ) मधु के लोभ में भ्रमर गुंजार रहे थे।

भाँति-भाँति के वृक्ष, फल, पुष्प शोभित थे और पक्षी तथा पशु समूहों को देखकर मन में प्रसन्न हुए। आगे एक विशाल पर्वत (त्रिकूट) देखकर निर्भय भाव से हनुमान उस पर दौड़ कर चढ़ गये।

(शिव कहते हैं) हे पार्वती! यह वानर हनुमान का कुछ भी बड़प्पन नहीं है। यह प्रभु श्रीराम का प्रताप है, जो काल को भी खा जाता है। पर्वत पर चढ़कर हनुमान ने लंका देखी—अत्यन्त विशिष्ट रचना संयुक्त (विसेषी) दुर्ग का वर्णन करते नहीं बनता।

वह अत्यन्त ऊँचा है, चारों ओर समुद्र है, सोने की चहारदीवारी (कोट : परकोट) अत्यन्त प्रकाश हो रहा था।

टिप्पणी—'सिंहिका' नामक राक्षसी के वध का प्रकरण अध्यात्म एवं वाल्मीकि रामायण दोनों में है। कवि इस कथा का सांकेतिक वर्णन करके लंका दर्शन प्रसंग पर पहुँच जाता है। वाल्मीकि रामायण का लंकानगर वर्णन अद्भुत, अलंकार योजना से संयुक्त, नगर वैभव तथा समृद्धि का द्योतक एवं काव्य परिपाटी से परिपूर्ण है। इस कांड की आलंकारिक एवं भाषागत समृद्धि के कारण ही सम्भवतया इसका नाम सुंदरकांड रखा गया है। तुलसी का 'लंकादर्शन' अति संक्षिप्त एवं संसूचनात्मक है।

छंद— कनक कोट विचित्र मनिकृत सुंदरायतना घना।
चउहट्ट हट्ट सुबट्ट बीथीं चारु पुर बहु बिधि बना॥
गज बाजि खच्चर निकर पदचर रथबरूथन्हि को गनै।
बहु रूप निसिचर जूथ अतिबल सेन बरनत नहि बनै॥
बन बाग उपवन बाटिका सर कूप बापी सोहहीं।
नर नाग सुर गंधर्व कन्या रूप मुनि मन मोहहीं॥
कहुँ माल देह बिसाल सैल समान अति बल गर्जहीं।
नाना अखारेन्ह भिरहिं बहु बिधि एक एकन्ह तर्जहीं॥
करि जतन भट कोटिन्ह बिकट तन नगर चहुँ दिसि रच्छहीं।
कहुँ महिष मानुष धेनु खर अज खल निसाचर भच्छहीं॥
येहि लागि तुलसीदास इन्हकी कथा कछु एक है कही।
रघुबीर सर तीरथ सरीरन्हि त्यागि गति पइहहिं सही॥
दो०— पुर रखवारे देखि बहु कपि मन कीन्ह बिचार।
अति लघु रूप धरौं निसि नगर करौं पइसार॥ ३॥

अर्थ—विभिन्न मणियों से निर्मित स्वर्णिम परकोटे तथा विशाल एवं सघन भवन हैं। चौराहे,

बाजार (हट्ट-बाजार), सुन्दर मार्ग एवं गलियाँ हैं और सुन्दर नगर भलीभाँति सजाया गया है। हाथी, घोड़े, खच्चर समूह तथा पैदल एवं रथ समूहों की कौन गणना कर सकता है। अनेक रूपों के राक्षस दल हैं, उनकी अत्यन्त शाक्तिशाली सेना का कौन वर्णन कर सकता है?

वन बाग, उपवन, वाटिका, सरोवर, कुएँ, बावलियाँ (स्थल-स्थल पर) शोभित हैं। मनुष्य, नाग, देव तथा गन्धर्व की कन्याएँ अपने रूप सौन्दर्य से मुनियों के मन को भी मुग्ध कर ले रही हैं। कहीं विशाल शरीर-वाले पर्वत की आकृति के सदृश योद्धा (माल-मल्ल) गरज रहे हैं। अनेक प्रकार के अखारे हैं जिनमें वे बहुत प्रकार से भिड़ते तथा एक दूसरे को ललकारते हैं।

भयंकर शरीर वाले कोटि-कोटि योद्धा बड़े यत्न करके नगर की चारों ओर से रक्षा कर रहे हैं। कहीं ये खल राक्षस भैंसे, मनुष्य, गाय, गधों तथा बकरों को खा रहे हैं। तुलसीदास ने इनकी कथा इसीलिए अति संक्षेप में कही है कि ये श्रीराम के बाणरूपी तीर्थ में शरीर परित्याग करके सद्‌गति प्राप्त करेंगे।

अनेकानेक नगर के रक्षकों को देख करके हनुमान ने मन में विचार किया कि अति लघु स्वरूप धारण करके मैं रात्रि के समय नगर में प्रवेश करूँगा॥ ३॥

टिप्पणी—वाल्मीकि रामायण में यह प्रसंग अत्यन्त विस्तृत है किन्तु कवि कारण देकर यहाँ कहा है कि—

'एहिं लागि तुलसीदास इनकी कथा कछु एक है कही।
रघुबीर सर तीरथ सरीरन्हि त्यागि गति पैहहिं सही॥'

हनुमान के 'लंका दर्शन का प्रसंग' अध्यात्म रामायण में नहीं है। कवि तुलसीदास वाल्मीकि की भाँति इस प्रसंग को काव्यात्मक एवं अति विस्तृत काव्य विधान से संयुक्त करके नहीं प्रस्तुत करते। यहाँ कवि केवल पौराणिक विश्वासों पर आधारित हनुमान के चरित्र की रचना करना चाहता है—अतः हनुमत् पर ही उसकी मूल दृष्टि है। फिर भी, इस प्रसंग का आधार वाल्मीकि रामायण ही है।

मसक समान रूप कपि धरी। लंकहि चलेउ सुमिरि नरहरी॥
नाम लंकिनी एक निसिचरी। सो कह चलेसि मोहि निंदरी॥
जानेहि नहीं मरमु सठ मोरा। मोर अहार जहाँ लगि चोरा॥
मुठिका एक महाकपि हनी। रुधिर बमत धरनी ढनमनी॥
पुनि संभारि उठी सो लंका। जोरि पानि कर बिनय ससंका॥
जब रावनहि ब्रह्म बर दीन्हा। चलत बिरंचि कहा मोहि चीन्हा॥
बिकल होसि तैं कपि कें मारे। तब जानेसु निसिचर संघारे॥
तात मोर अति पुन्य बहूता। देखेउँ नयन राम कर दूता॥
दो०— तात स्वर्ग अपबर्ग सुख धरिअ तुला एक अंग।
तूल न ताहि सकल मिलि जो सुख लव सतसंग॥ ४॥

अर्थ—हनुमान ने मच्छर के समान स्वरूप धारण किया और (वह) नर रूप श्रीहरि का स्मरण करके लंका के अन्दर चले। (वहीं द्वार पर) लंकिनी नाम की एक राक्षसी रहती थी, उसने कहा, मेरा निरादर करके (अर्थात् बिना मेरी अनुमति के) तू कहाँ चला जा रहा है?

रे शठ! तूने मेरा भेद नहीं जाना? जहाँ तक चोर हैं (अर्थात्, जो चोरी से लंका में प्रवेश करते हैं), वे सब मेरे आहार हैं। महाकपि हनुमान ने एक मुष्टिका मारी और वह खून का वमन करती पृथ्वी पर लुढ़क पड़ी।

पुनः वह लंकिनी सम्हाल कर उठी और हाथ जोड़कर भय समन्वित उसने विनती की। जब

ब्रह्मा ने रावण को वरदान दिया तो चलते समय ब्रह्मा ने मुझे यह पहचान (चिह्न) बता दी।

तू जब बंदर के मारने से व्याकुल होगी तब तू राक्षसों का संहार जान लेना। हे तात! यह मेरे लिए अत्यधिक पुण्य है कि मैंने (अपने) नेत्रों से श्रीराम का दूत विशेष देखा।

हे तात! स्वर्ग तथा मोक्ष के सुखों को तराजू के एक पलड़े पर रखा जाये तो भी वे सब मिलकर सत्संग के लव (पल मात्र) के सुख के तुल्य नहीं हैं॥ ४॥

टिप्पणी—लंका नगर में प्रवेश के समय स्वयं रावण पालित लंका में राक्षसी के वेष में आकर अवरोध करना वाल्मीकि रामायण की परिकल्पना है और अध्यात्म रामायण से होते हुए रामचरित मानस तक पहुँची है। लंकिनी को ब्रह्मा द्वारा यह वरदान प्राप्त था कि उसके पराजित होने पर रावण एवं राक्षसों पर भयंकर विपत्ति आएगी। वह प्रताड़ित किये जाने पर इस रहस्य की सूचना हनुमान को देती है। राम के अवतीर्ण होने की सूचना अध्यात्म रामायण में लंकिनी द्वारा दी गई है, तुलसी इस प्रसंग का यहाँ विस्तार करते हुए उसके माध्यम से प्रकारान्तरभावेन श्रीराम के माहात्म्य का निरूपण करते हैं।

प्रबिसि नगर कीजै सब काजा। हृदयँ राखि कोसलपुर राजा॥
गरल सुधा रिपु करहिं मिताई। गोपद सिंधु अनल सितलाई॥
गरुड़ सुमेरु रेनु सम ताही। राम कृपा करि चितवा जाही॥
अति लघु रूप धरेउ हनुमाना। पैठा नगर सुमिरि भगवाना॥
मंदिर मंदिर प्रति करि सोधा। देखे जहँ तहँ अगनित जोधा॥
गएउ दसानन मंदिर माहीं। अति बिचित्र कहि जात सो नाहीं॥
सयन किए देखा कपि तेही। मंदिर महुँ न दीखि बैदेही॥
भवन एक पुनि दीख सोहावा। हरि मंदिर तहँ भिन्न बनावा॥
दो०— रामायुध अंकित गृह सोभा बरनि न जाइ।
नव तुलसिका बृंद तहँ देखि हरष कपिराइ॥ ५॥

अर्थ—अयोध्या नगर के नरेश श्रीराम को हृदय में धारण किये हुए लंका नगरी में प्रवेश करके कार्य (सिद्ध) कीजिये। (उनके कारण) विष अमृत सदृश एवं शत्रु मित्रता करने लगते हैं, समुद्र गाय के खुर के बराबर हो जाता है और अग्नि में शीतलता आ जाती है।

हे गरुड़! जिसे श्रीराम ने कृपापूर्वक एक बार देख लिया उसके लिए (दुर्लंघ्य) सुमेरु पर्वत रेणु (धूलि रज) के सदृश है। तब हनुमान ने अत्यधिक लघु रूप धारण किया और श्रीहरि का स्मरण करके वह नगर में प्रविष्ट हुआ।

प्रत्येक महल महल में खोज की और जहाँ-तहाँ अगणित योद्धा देखे। वह रावण के महल में गया, वह अत्यन्त विचित्र था, उसका वर्णन नहीं हो सकता।

वहाँ उसने उसे शयन किये देखा किन्तु महल में सीता न दिखीं। इसके पश्चात् एक सुन्दर भवन दिखाई पड़ा, जहाँ एक सबसे भिन्न श्रीहरि का मन्दिर बना हुआ था।

वह राजगृह श्रीराम के आयुध (धनुष-बाण) (के चित्र) से अंकित था, उसकी शोभा का वर्णन करते नहीं बनता। वहाँ नए तुलसी के पौधों के समूह को देखकर हनुमान हर्षित हो उठे॥ ५॥

टिप्पणी—सीतान्वेषण में तत्पर हनुमान के लिए वह लंकिनी प्रेरणा बन जाती है। लंकिनी की प्रेरणा से हनुमान अतिलघुरूप धारण करके लंका में प्रवेश करते हैं। वाल्मीकि रामायण में भी वह लंकिनी कहती है—

प्रविश्य शापोपहतां हरीश्वर।
पुरीं शुभां राक्षस मुख्यं पालिताम्॥

अध्यात्म रामायण में यह लंकिनी स्वयं बताती है कि रावण के अन्त:पुर के क्रीड़ावन में स्थित अशोक वाटिका में शिंशपा (शीशम) के वृक्ष ने नीचे सीता है। तुलसी मानस में इस रहस्य का उद्घाटन विभीषण के मुख से कराते हैं।

लंका निसिचर निकर निवासा। इहाँ कहाँ सज्जन कर बासा॥
मन महुँ तरक करै कपि लागा। तेहीं समय बिभीषनु जागा॥
राम राम तेहिं सुमिरन कीन्हा। हृदयँ हरष कपि सज्जन चीन्हा॥
येहि सनु हठि करिहौं पहिचानी। साधु ते होइ न कारज हानी॥
बिप्र रूप धरि बचन सुनाए। सुनत बिभीषन उठि तहँ आए॥
करि प्रनामु पूँछी कुसलाई। बिप्र कहहु निज कथा बुझाई॥
की तुम्ह हरि दासन्ह महुँ कोई। मोरे हृदयँ प्रीति अति होई॥
की तुम्ह रामु दीन अनुरागी। आएहु मोहिं करन बड़भागी॥

दो०— तब हनुमंत कही सब राम कथा निज नाम।
सुनत जुगल तन पुलक मन मगन सुमिरि गुनग्राम॥ ६॥

अर्थ—लंका तो राक्षस समूहों की निवास स्थली है, यहाँ सज्जन पुरुष का निवास स्थान कहाँ? हनुमान मन-ही-मन वितर्कणा करने लगे, इसी बीच में विभीषण जगे।

उन्होंने श्रीराम श्रीराम का स्मरण (उच्चारण) किया। हनुमान ने उन्हें सज्जन समझा और वे हृदय से हर्षित हुए। उन्होंने संकल्प किया कि इससे हठपूर्वक पहचान करेंगे क्योंकि साधु पुरुष से (कभी) कार्य की हानि नहीं होती।

ब्राह्मण का स्वरूप धारण करके हनुमान ने वाणी सुनाई जिसे सुनकर विभीषण उठकर वहाँ आ गये। प्रणाम करके कुशल-क्षेम पूछा और कहा कि हे ब्राह्मण देवता! अपनी कथा समझा कर बताइये।

क्या आप किन्हीं हरिभक्तों में से हैं क्योंकि आपको देखकर मेरे हृदय में प्रेम उत्पन्न हो रहा है। क्या आप दीनों पर अनुराग रखने वाले स्वयं श्रीराम ही तो नहीं हैं जो मुझे अत्यधिक सौभाग्यवान बनाने के लिए यहाँ आये हैं।

तब हनुमान ने श्रीराम की सम्पूर्ण कथा समझाकर अपना नाम बताया। उसे सुनते ही दोनों के शरीर पुलकित हो उठे और श्रीराम के गुण-समूहों का स्मरण करते हुए दोनों के मन आनन्द मग्न हो उठे॥ ६॥

टिप्पणी—लंका में विभीषण प्रसंग की उद्‌भावना आकस्मिक रूप से होती है। अन्वेषण उद्योग में विभीषण का सहयोग सर्वोपरि है और यह कथा परम्परित रूप से प्राय: बाद के सभी रामायणों में प्राप्त होती है। विभीषण के प्रसंग को तुलसी रामभक्ति से जोड़ते हैं जबकि वाल्मीकि तथा अध्यात्म रामायणों में विभीषण का प्रसंग नहीं है।

सुनहु पवनसुत रहनि हमारी। जिमि दसनन्हि महुँ जीभ बिचारी॥
तात कबहुँ मोहि जानि अनाथा। करिहहिं कृपा भानुकुल नाथा॥
तामस तनु कछु साधन नाहीं। प्रीति न पद सरोज मन माहीं॥
अब मोहि भा भरोस हनुमंता। बिनु हरि कृपा मिलहिं नहिं संता॥
जौं रघुबीर अनुग्रह कीन्हा। तौ तुम्ह मोहि दरसु हठि दीन्हा॥
सुनहु बिभीषन प्रभु कै रीती। करहिं सदा सेवक पर प्रीती॥
कहहु कवन मैं परम कुलीना। कपि चंचल सबही बिधि हीना॥
प्रात लेइ जो नाम हमारा। तेहि दिन ताहि न मिलइ अहारा॥

दो०— अस मैं अधम सखा सुनु मोहूँ पर रघुबीर।
कीन्ही कृपा सुमिरि गुन भरे बिलोचन नीर॥ ७॥

अर्थ—[विभीषण ने बताया] कि हे वायु पुत्र हनुमान! मेरी रहनी (जीवन व्यतीत करना) सुनो, यह उसी प्रकार है—जैसे दांतों के बीच में असहाय जिह्वा। हे तात! मुझे अनाथ समझकर सूर्य कुल के स्वामी श्रीराम कभी कृपा करेंगे!

इस तामस (राक्षस) शरीर से कुछ पुण्यकृत (साधन) सम्भव नहीं हैं और न मेरे मन में (श्रीराम) चरण कमलों के प्रति प्रेम ही है किन्तु हे हनुमान! अब मुझे भरोसा हो गया क्योंकि प्रभु की कृपा के बिना सन्तजन नहीं मिलते।

जब श्रीराम ने ही कृपा की तभी आपने भी हठपूर्वक मुझे दर्शन दिया है। (हनुमान ने कहा) हे विभीषण सुनें, यह प्रभु श्रीराम की रीति है कि वे सदैव ही सेवक पर प्रेम किया करते रहते हैं॥

(हे विभीषण) बताइये, मैं भला कौन-सा कुलीन? एक तो चंचल वानर तथा हर प्रकार से अधम। प्रात: जो हम लोगों का नाम ले ले उस दिन उसे आहार न प्राप्त हो।

हे सखा विभीषण! सुनें, मुझ जैसा अधम? और उस पर भी श्रीराम ने (मुझ पर भी) कृपा की है। श्रीराम के गुणों का स्मरण करके नेत्रों में जल भर आय॥ १७॥

टिप्पणी—राम भक्ति विभीषण तथा हनुमान के मैत्री का कारण बनती है और विभीषण का यह प्रसंग कवि राम भक्ति की उद्‌भावना के लिए मुख्य रूप से अवतरित करता है। सीतान्वेषण के उद्योग में सहायता तो गौण धर्म है। हनुमान विभीषण को श्रीराम का स्वभाव बताकर उन्हें श्रीराम की शरण में जाने के लिए प्रेरित करते हैं। विभीषण का श्रीराम की शरण में जाना भक्ति तथा राजनीति दोनों उद्देश्यों की सम्पुष्टि करता है। वाल्मीकि रामायण में यह प्रसंग नहीं है।

जानतहूँ अस स्वामि बिसारी। फिरहिं ते काहे न होहिं दुखारी॥
येहि बिधि कहत राम गुनग्रामा। पावा अनिर्बाच्य बिस्रामा॥
पुनि सब कथा बिभीषन कही। जेहि बिधि जनकसुता तहँ रही॥
तब हनुमंत कहा सुनु भ्राता। देखी चहौं जानकी माता॥
जुगुति बिभीषन सकल सुनाई। चलेउ पवनसुत बिदा कराई॥
करि सोइ रूप गएउ पुनि तहवाँ। बन असोक सीता रह जहवाँ॥
देखि मनहिं महुँ कीन्ह प्रनामा। बैठेहिं बीति जात निसि जामा॥
कृसतनु सीस जटा एक बेनी। जपति हृदयँ रघुपति गुन स्रेनी॥
दो०— निज पद नयन दिए मन राम चरन महुँ लीन।
परम दुखी भा पवनसुत देखि जानकी दीन॥ ८॥

अर्थ—स्वामी श्रीराम को इस प्रकार जानकर भी उन्हे (लोग) भूल बैठे तथा भटकते फिरते हैं फिर वे दुखी क्यों न हों? इस प्रकार श्रीराम के गुणों का गायन करते हुए दोनों ने अनिवर्चनीय परम शान्ति (विभ्रान्ति) का अनुभव किया।

पुन: विभीषण ने, जिस प्रकार सीता लंका में रहती है, वह सम्पूर्ण कथा सुनाई। तब हनुमान ने कहा कि हे भाई सुनो! मैं माता सीता को देखना चाहता हूँ।

विभीषण ने इस (दर्शन) की सम्पूर्ण युक्ति बताई तब हनुमान विदा लेकर चल पड़े। वही (लघुरूप) धारण करके पुन: वहाँ उस अशोक वन में गये, जहाँ रहती थीं।

उन्हें देखकर मन-ही-मन प्रणाम किया। उनके (सीता को) बैठे-ही-बैठ रात्रि के (चारों) प्रहर बीत जा रहे थे। उनका शरीर कृश है, सिर पर जटाओं की एक वेणी है और हृदय में श्रीराम के गुणों के समूहों का जाप (स्मरण) कर रही हैं।

सीता अपने नेत्रों को अपने चरणों में लगाये हुए हैं और किन्तु मन श्रीराम के चरण-कमल में लीन है। सीता को अत्यधिक दुखी देखकर वायुपुत्र अत्यन्त पीड़ित हुए॥ ८॥

टिप्पणी—विभीषण सीता से सम्पर्क साधने का उपाय हनुमान को बताता है। हनुमान विभीषण द्वारा बताई हुई युक्ति से ही सीता को खोज पाते हैं।

कवि इन पंक्तियों के उत्तरार्ध में सीता की अत्यन्त क्लेश भरी विरहिणी मुद्रा को इंगित करने की कोशिश करता है। वाल्मीकि रामायण में शोक सन्तप्त सीता का वर्णन अत्यधिक विस्तार पूर्वक मिलता है। तुलसी सीता के शोक को मात्र एक ही पंक्ति में अंकित करते हैं—,

'निज पद नयन दिये मन राम चरन महुँ लीन'

'सीता के नेत्र अपने चरणों को देख रहे थे और मन श्रीराम के चरणों में लीन हैं' तुलसी की इतनी सी उक्ति वाल्मीकि रामायण के अनेक छन्दों में वर्णित सीता की वियोग दशा के चित्रण से कहीं अधिक मार्मिक दिखाई पड़ती है।

तरु पल्लव महुँ रहा लुकाई। करइ बिचार करौं का भाई॥
तेहिं अवसर रावनु तहँ आवा। संग नारि बहु किए बनावा॥
बहु बिधि खल सीतहि समुझावा। साम दान भय भेद देखावा॥
कह रावनु सुनु सुमुखि सयानी। मंदोदरी आदि सब रानी॥
तव अनुचरीं करौं पन मोरा। एक बार बिलोकु मम ओरा॥
तृन धरि ओट कहति बैदेही। सुमिरि अवधपति परम सनेही॥
सुनु दसमुख खद्योत प्रकासा। कबहुँ कि नलिनी करइ बिकासा॥
अस मन समुझि कहति जानकी। खल सुधि नहिं रघुबीर बान की॥
सठ सूने हरि आनेहि मोही। अधम निलज्ज लाज नहिं तोही॥
दो०— आपुहि सुनि खद्योत सम रामहिं भानु समान।
परुष बचन सुनि काढ़ि असि बोला अति खिसिआन॥ ९॥

अर्थ—तरु पल्लवों में छिपे हुए हनुमान विचार करते हैं कि हे भाई! अब क्या करूँ! उसी समय शृंगार सज्जा किये हुए अनेक स्त्रियों के साथ रावण आया।

उस दुष्ट ने अनेक प्रकार से सीता को समझाया तथा साम, दाम, भय एवं भेद दिखाया। रावण ने कहा कि हे सुमुखि! हे सयानी! सुनो, मंदोदरी आदि समस्त रानियों को,

मेरा यह प्रण है कि तुम्हारी दासी बना दूँगा, तुम (बस) एक बार मेरी ओर देख भर लो। परम स्नेही अयोध्या के स्वामी श्रीराम का स्मरण करते हुए सीता तिनके की आड़ से कहती हैं।

हे रावण! सुन, क्या कभी कुमुद जुगुनू के प्रकाश से खिल सकता है? सीता पुनः कहती हैं कि ऐसा हृदय में विचार करके समझो। रे दुष्ट तुझे श्रीराम के बाणों की खबर नहीं है।

हे शठ! तू मुझे एकान्त पाकर हर ले आया। रे अधम, रे निर्ल्लज! तुझे लज्जा नहीं आती।

अपने को जुगुनू की भाँति और श्रीराम को सूर्य की भाँति सुनकर और सीता के (इसी प्रकार के) अन्य परुष वचनों को सुनकर रावण तलवार निकाल कर बोला॥ ९॥

टिप्पणी—रावण के आने का प्रसंग सीता की श्रीराम-निष्ठा की परीक्षा से सम्बन्धित है। वाल्मीकि के अनुसार मंगलवाद्यों से प्रेरित कामभावना से संसक्त सभी प्रकार के अलंकरणों से सज्जित रावण सीता के पास आता है। वह अनेक नारियों के उद्दीपक वातावरण का परिवेश भी तैयार करता है, वह सीता को अनेक प्रलोभन तथा भय एवं संत्रास से संयुक्त करता है, किन्तु सीता अडिग हैं। तुलसी भी 'अंगनारि बहु किये बनावा' से इसी मन्तव्य को कहना चाहते हैं। सीता की उपेक्षा, भर्त्सना, निन्दा तथा निरादर से अपमानित रावण निराश एवं खीझ से भरा हुआ

लौटता है। तुलसी की मर्त्सना अधिक लोकात्मक है—

'अधम निलज्ज लाज नहिं तोहीं'

किन्तु, वाल्मीकि रामायण में सीता रावण की निन्दा करती हुई उसे श्रीराम का पराक्रम ही अधिक सुनाती हैं।

सीता तैं मम कृत अपमाना। कटिहउँ तव सिर कठिन कृपाना॥
नाहिं त सपदि मानु मम बानी। सुमुखि होति न त जीवन हानी॥
स्याम सरोज दाम सम सुंदर। प्रभु भुज करि कर सम दसकंधर॥
सो भुज कंठ कि तव असि घोरा। सुनु सठ अस प्रवान पन मोरा॥
चंद्रहास हरु मम परितापं। रघुपति बिरह अनल संजातं॥
सीतल निसित बहसि बर धारा। कह सीता हरु मम दुख भारा॥
सुनत बचन पुनि मारन धावा। मयतनया कहि नीति बुझावा॥
कहेसि सकल निसिचरिन्ह बोलाई। सीतहि बहु बिधि त्रासहु जाई॥
मास दिवस महुँ कहा न माना। तौ मैं मारबि काढ़ि कृपाना॥

दो०— भवन गएउ दसकंधर इहाँ पिसाचिनि बृंद।
सीतहि त्रास देखावहिं धरहिं रूप बहु मंद॥ १०॥

अर्थ—सीते! तूने मेरा अपमान किया है। मैं तेरा सिर इस कठोर कृपाण से काट लूँगा। नहीं तो, मेरी बातों को शीघ्र मानो, अन्यथा हे सुमुखि! जीवन से हाथ धोना पड़ेगा।

हे रावण! प्रभु की भुजा तो श्याम कमल की माला के सदृश सुन्दर एवं हाथी के सूँड़ के समान (पुष्ट) है। वह भुजा या तो मेरे गले में पड़ेगी या तुम्हारी भयंकर तलवार। हे शठ! सुनो, मेरे प्रण का यही प्रमाण (सत्यता) है।

हे चन्द्रहास! (रावण की तलवार का नाम) रघुपति की विरहाग्नि से उत्पन्न मेरे कष्टों का हरण करो। तू शीतल, तीव्र, और श्रेष्ठ धारा बहाती हो।

उनके वचनों को सुनकर वह पुन: मारने दौड़ा किन्तु मन्दोदरी ने नीति कहकर उसे समझाया। उसने तब, राक्षसियों को बुलाकर कहा कि सीता को जाकर अनेक प्रकार के त्रास पहुँचाओ।

महीने भर में यदि इसने बात नहीं मानी तो मैं तलवार निकाल कर इसका वध कर डालूँगा।

(इस प्रकार कहकर) रावण घर गया और इधर राक्षसियों का समूह नाना प्रकार के भयानक रूप धारण करके सीता को भय दिखाने लगा॥ १०॥

टिप्पणी—सीता के अपमान तथा तिरस्कार से क्षुब्ध रावण की प्रतिक्रिया का कवि वर्णन करता है। इस वर्णन में रावण का क्रोध अधिक भयावह है। कवि रावण के इस क्रोध को भी सह सकने की सामर्थ्य से सीता के स्वरूप को चित्रित करता है। इस चित्रण का सन्दर्भ आलंकारिक है—'सोभुज कंठ कि तब असि घोरा' यह सीता की प्रतिज्ञा है—व्यंजना है, तलवार की धार पर भी रहकर पातिव्रत धर्म का निर्वाह करूँगी, अन्यथा प्राणान्त निश्चित है। रावण द्वारा एक मास का समय दिया जाना आगे आने वाली कथा को त्वरापूर्वक बढ़ाने के मन्तव्य को पूरा करना है।

त्रिजटा नाम राक्षसी एका। राम चरन रति निपुन बिबेका॥
सबन्हौं बोलि सुनाएसि सपना। सीतहि सेइ करहु हित अपना॥
सपनें बानर लंका जारी। जातुधान सेना सब मारी॥
खर आरूढ़ नगन दससीसा। मुंडित सिर खंडित भुज बीसा॥
येहि बिधि सो दच्छिन दिसि जाई। लंका मनहुँ बिभीषन पाई॥
नगर फिरी रघुबीर दोहाई। तब प्रभु सीता बोलि पठाई॥

येह सपना मैं कहौं पुकारी। होइहि सत्य गएँ दिन चारी॥
तासु बचन सुनि ते सब डरीं। जनकसुता के चरनन्हि परीं॥

दो०— जहँ तहँ गईं सकल तब सीता कर मन सोच।
मास दिवस बीते मोहि मारिहि निसिचर पोच॥ ११॥

अर्थ—अत्यन्त चतुर, विवेकवती, श्रीराम के चरणों में रति रखने वाली त्रिजटा नामकी एक राक्षसी थी। उसने सभी को बुलाकर अपना स्वप्न बताया और कहा कि सीता की सेवा करके अपना-अपना हित साध लो।

स्वप्न में एक बानर ने लंका जला डाली तथा समस्त राक्षसी सेना को मार डाला। नग्न रावण गधे पर बैठा हुआ सिर मुड़ा हुआ है और बीसों भुजाएँ कटी हुई हैं।

इस प्रकार वह दक्षिण दिशा की ओर जा रहा है और मानो लंका विभीषण ने प्राप्त कर ली हो। लंका नगरी में श्रीराम की दुहाई फिर गई है और इसके पश्चात् श्रीराम ने सीता को बुलवा लिया।

मैं पुकार-पुकार कर कहती हूँ कि यह स्वप्न दो-चार दिन सत्य होकर रहेगा। उसके वचन के सुनकर वे सब राक्षसियाँ डर गईं और (भयवश) सीता के चरणों में आ पड़ीं।

वे सब जहाँ-तहाँ चली गईं और सीता मन में सोच करने लगीं कि एक महीने भर बीत जाने पर अधम राक्षस मुझे मार डालेगा॥ ११॥

टिप्पणी—त्रिजटा प्रसंग सीता के वियोग के सन्दर्भ में इसलिए महत्त्वपूर्ण है कि उस एकाकिनी के लिए यहाँ कोई सहायिका मिल गयी है। इसकी स्थिति विभीषण जैसी है। कथावस्तु में मूल कथानक को जिस प्रकार विभीषण सहयोग देता है, उसी प्रकार कथा की नायिका सीता को त्रिजटा सहायता देती है। मानस का त्रिजटा सन्दर्भ वाल्मीकि रामायण जैसा ही है।

त्रिजटा सन बोलीं कर जोरी। मातु बिपति संगिनि तइँ मोरी॥
तजौं देह करु बेगि उपाई। दुसह बिरहु अब नहिं सहि जाई॥
आनि काठ रचु चिता बनाई। मातु अनल पुनि देहि लगाई॥
सत्य करहि मम प्रीति सयानी। सुनइ को स्त्रवन सूल सम बानी॥
सुनत बचन पद गहि समुझाएसि। प्रभु प्रताप बल सुजस सुनाएसि॥
निसि न अनल मिल सुनु सुकुमारी। अस कहि सो निज भवन सिधारी॥
कह सीता बिधि भा प्रतिकूला। मिलिहि न पावक मिटिहि न सूला॥
देखिअत प्रगट गगन अंगारा। अवनि न आवत एकौ तारा॥
पावक मय ससि स्त्रवत न आगी। मानहुँ मोहि जानि हतभागी॥
सुनहि बिनय मम बिटप असोका। सत्य नाम करु हरु मम सोका॥
नूतन किसलय अनल समाना। देहि अगिनि तन करहि निदाना॥
देखि परम बिरहाकुल सीता। सो छन कपिहि कलप सम बीता॥

दो०— कपि करि हृदयँ बिचार दीन्हि मुद्रिका डारि तब।
जनु असोक अंगार दीन्ह हरषि उठि कर गहेउ॥ १२॥

अर्थ—सीता ने त्रिजटा से हाथ जोड़कर कहा कि हे माता! तू मेरे कष्ट की संगिनी है। कोई उपाय कर दे तो मैं शीघ्र ही इस देह को त्याग दूँ। यह असह्य विरह अब नहीं सहा जाता है।

लकड़ियाँ ले आकर चिता बनाकर सजा दे और पुनः उसमें आग लगा दे। रे चतुरे! तू मेरी प्रीति को सत्य कर दे। (रावण की) शूल की भाँति कष्टदायी वाणी कौन सुने?

सीता की वाणी सुनकर उसने चरणों को पकड़कर समझाया और प्रभु श्रीराम का प्रताप, बल एवं सुन्दर यश सुनाया। हे राजकुमारी सुनो! रात्रि में अग्नि नहीं मिल सकती और ऐसा कहकर वह घर चली गई।

सीता कहने लगी कि विधाता भी प्रतिकूल है क्योंकि न आग मिलेगी और न पीड़ा जायेगी। आकाश में अंगारे तो प्रकट दिखाई दे रहे हैं पर पृथ्वी पर एक भी तारा नहीं गिर रहा है।

अग्निमय (विरहिनियों के लिए दाहक) चन्द्रमा तो मुझे अत्यन्त हतभागिनी समझकर आग नहीं बरसा रहा है। हे अशोक वृक्ष! मेरी विनती सुनो और मेरे शोक का हरण करके अपने नाम की सार्थकता प्रदान करो।

तुम्हारे नये पत्ते किसलय के समान हैं, अग्नि प्रदान कर दे, रोग का निदान मत कर (अर्थात्, विरह समाप्त करके प्राणान्त कर दे, उसे आगे न बढ़ा)। सीता को अत्यन्त विरह व्याकुल देखकर वह क्षण वानर हनुमान के लिए कल्प के समान व्यतीत हुआ।

तब हनुमान ने हृदय में विचार करके मुद्रिका डाल दी मानो अशोक वृक्ष ने अंगार डाल दिया हो (ऐसा समझकर) सीता ने हर्षित भाव से उठकर उसे हाथ में ले लिया॥ १२॥

टिप्पणी—मूल सन्दर्भ वियोग का है। त्रिजटा से सीता आत्मदाह के लिए अग्नि की याचना करती है और त्रिजटा बहाना बनाकर चल देती है। सीता अपनी असहाय अवस्था को चरम उत्कर्ष पर पहुँचा देती है—'मिलहिं न पावक मिटहिं न सूला' और फिर अग्नि याचना के सन्दर्भ में विरह के दाहक प्रसंगों की कल्पना करके परम्परित विरह वर्णन की काव्य रूढ़ि को कवि उसके शीर्ष पर पहुँचाने की कोशिश करता है। वाल्मीकि एवं अध्यात्म रामायणों में अपनी वेणी को डालों में बाँधकर आत्महत्या का विचार सीता में उत्पन्न होता है किन्तु मानस में उसके स्थान पर अग्नि प्रकरण की चर्चा है। अग्नि याचना में तत्पर सीता के आगे हनुमान द्वारा मुद्रिका गिराकर अग्नि के भ्रम से नाटकीयता उत्पन्न करा देना यह तुलसी की अपनी मौलिक दृष्टि है। 'जनु असोक अंगार, दीन्हि मुद्रिका डारि तब' यह प्रसंग नाट्यापह्नुति का है।

तब देखी मुद्रिका मनोहर। राम नाम अंकित अति सुंदर॥
चकित चितव मुदरी पहिचानी। हरष बिषाद हृदयँ अकुलानी॥
जीति को सकइ अजय रघुराई। माया तें असि रचि नहिं जाई॥
सीता मन बिचार कर नाना। मधुर बचन बोलेउ हनुमाना॥
रामचंद्र गुन बरनै लागा। सुनतहि सीता कर दुख भागा॥
लागीं सुनै स्त्रवन मन लाई। आदिहुँ ते सब कथा सुनाई॥
स्त्रवनामृत जेहिं कथा सुहाई। कही सो प्रगट होति किन भाई॥
तब हनुमंत निकट चलि गएऊ। फिरि बैठी मन बिसमय भएउ॥
राम दूत मैं मातु जानकी। सत्य सपथ करुनानिधान की॥
येह मुद्रिका मातु मैं आनी। दीन्हि राम तुम्ह कहँ सहिदानी॥
नर बानरहि संग कहु कैसें। कही कथा भइ संगति जैसें॥

दो०— कपि के बचन सप्रेम सुनि उपजा मन बिस्वास।
जाना मन क्रम बचन येह कृपासिंधु कर दास॥ १३॥

अर्थ—तब श्रीराम के नाम से अंकित उस मनोहारी, सुन्दर मुद्रिका को सीता ने देखी। मुद्रिका पहचान कर वह चकित भाव से देखने लगीं। हर्ष तथा विषाद (दोनों भावों से सम्पृक्त) होकर हृदय से व्याकुल हो उठीं।

श्रीराम अजेय हैं, उन्हें कौन जीत सकता है? माया से भी यह रची नहीं जा सकती! सीता मन-

ही-मन नाना प्रकार के विचार कर ही रही थीं कि इसी समय हनुमान मधुर वाणी में बोले।

वह श्रीराम के गुणों का वर्णन करने लगे जिसे सुनकर सीता का दुःख भाग गया। वे कान से मन लगाकर सुनने लगीं और (और हनुमान ने) प्रारम्भ से लेकर समस्त कथा सुनाई।

जिसने कानों के लिए अमृत स्वरूप यह कथा सुनाई है, हे भाई! वह प्रकट क्यों नहीं होता? तब हनुमान उनके निकट चले गये। उन्हें देखकर सीता को आश्चर्य हुआ और मुँह फिरा कर बैठ गई।

हे माता जानकी! करुणानिधान श्रीराम की सत्य शपथ करके मैं कहता हूँ कि मैं श्रीराम का दूत हूँ। हे माता जी! यह मुद्रिका मैंने स्वयं ले आई है और श्रीराम ने आपके लिए पहचान चिह्न (सहिदानी) के रूप में इसे मुझे दी है।

सीता ने पूछा कि बतायें कि नर एवं वानर का साथ कैसे हुआ—जिस प्रकार से उनका साथ हुआ था, तब उन्होंने सारी कथा बता दी।

कपि हनुमान के प्रेम सहित वचनों को सुनकर सीता के मन में विश्वास उत्पन्न हुआ और यह समझा कि यह कृपासागर श्रीराम का मन, कर्म एवं वाणी से दास है॥ १३॥

टिप्पणी—प्राण त्याग की भावना मुद्रिका को देखते ही संशय तथा संदेह में बदल जाती है। इस उनके अन्तर्द्वन्द्वपूर्ण क्षण के बीच हनुमान का अवतरण सम्पूर्ण सन्दर्भ को नाटकीय बना देता है। कवि इस प्रकरण की कल्पना हनुमन्नाटक से प्रेरित होकर करता है। ऊपर से अँगूठी डालने का सन्दर्भ हनुमन्नाटक में है—

(मुद्रिका) दत्ता तेन त्वैव ता निजकरादालभ्य चालिंग्य च
प्रेमणाभूणि ससर्ज सम्यग्मुदभूद् गात्रेषु रोमोद्गमः॥

(यह उनकी अँगूठी है, तुम्हारे लिए दी है, उनकी अँगूठी को हाथ से उठाकर, हृदय से लगाकर प्रेमाश्रु बहाने लगी, सात्त्विक भावोदय के कारण उस समय उनका अंग रोमांचित हो उठा।) वाल्मीकि तथा अध्यात्म रामायणों में यह अँगूठी प्रसंग अन्त में आता है।

सम्पूर्ण कथा को अँगूठी प्रतीति चिह्न द्वारा नाटकीय बना देना तुलसी की मौलिकता कल्पना-शक्ति का प्रमाण है।

हरिजन जानि प्रीति अति बाढ़ी। सजल नयन पुलकावलि बाढ़ी॥
बूड़त बिरह जलधि हनुमाना। भएहु तात मो कहुँ जलजाना॥
अब कहु कुसल जाउँ बलिहारी। अनुज सहित सुखभवन खरारी॥
कोमल चित कृपालु रघुराई। कपि केहि हेतु धरी निठुराई॥
सहज बानि सेवक सुख दायक। कबहुँक सुरति करत रघुनायक॥
कबहुँ नयन मम सीतल ताता। होइहहिं निरखि स्याम मृदु गाता॥
बचनु न आव नयन भरे बारी। अहह नाथ हौं निपट बिसारी॥
देखि परम बिरहाकुल सीता। बोला कपि मृदु बचन बिनीता॥
मातु कुसल प्रभु अनुज समेता। तव दुख दुखी सुकृपानिकेता॥
जनि जननी मानहु जियँ ऊना। तुम्ह तें प्रेम राम के दूना॥

दो०— रघुपति कर संदेसु अब सुनु जननी धरि धीर।
अस कहि कपि गदगद भएउ भरे बिलोचन नीर॥ १४॥

अर्थ—प्रभु श्रीराम का दास जानकर प्रीति अत्यधिक गाढ़ी हो गई; नेत्र प्रेमाश्रु से परिपूर्ण हो गये और पुलकभाव बढ़ गया। हे हनुमान! विरहरूपी समुद्र में डूबते हुए मुझ (सीता के लिए) आप जलयान हो गये।

मैं बलि जाती हूँ, अब कुशल बतायें, खर के हन्ता एवं आनन्दधाम श्रीराम क्या कुशलपूर्वक

हैं? हे कपि हनुमान! श्रीराम तो कोमल हृदय हैं और अब उन्होंने क्यों निष्ठुरता धारण की है!

सेवक को सहज सुख देना जिनकी स्वाभाविक बान है, ऐसे श्रीराम क्या कभी स्मरण करते हैं? हे तात! प्रभु के कोमल श्यामल शरीर को देखकर कभी क्या मेरे नेत्र शीतल होंगे?

सीता के मुख से वाणी नहीं निकलती, नेत्र अश्रुपूरित हो उठे, हे नाथ! आपने पूरी तरह से (निपट) मुझे भुला दिया। सीता को परम विरह में व्याकुल देखकर कपि अत्यन्त विनीत वाणी में बोला।

हे माता! प्रभु अनुज लक्ष्मण के साथ कुशलपूर्वक हैं किन्तु सुन्दर कृपा के धाम श्रीराम आपके वियोग दु:ख से दुखी हैं। हे माता! आप अपना मन छोटा (ऊर्ण=ऊन-कम) न करिये। श्रीराम में (आपके लिए) आपसे दूना प्रेम है।

हे माता! अब धैर्य धारण करके श्रीराम के सन्देश को सुनें—ऐसा कहकर कपि हनुमान गदगद हो उठे और आँखों में प्रेमाश्रु भर आये॥ १४॥

टिप्पणी—वियोग काल में सन्देश वाहक दूत से विरह सन्देश प्रेषण की परम्परा भारतीय कविता में प्राचीन काल से मिलती है। वाल्मीकि रामायण का यह प्रसंग अधिक भावात्मक नहीं हो पाया है। तुलसी यहाँ विरह की सम्पूर्ण सम्भावनाओं का भावात्मक निवेश करते हैं। सीता का विरहिणी के रूप में अपनी मनोव्यथा कहना और हनुमान का दूत के रूप में उनकी व्यथा के निवारण के लिए उपयुक्त संवेदना एवं सहानुभूति से समन्वित सान्त्वना देना, दोनों सन्दर्भों के क्रम अपने उच्च शीर्ष पर यहाँ दिखाई पड़ते हैं।

कहेउ राम बियोग तव सीता। मो कहुँ सकल भए बिपरीता॥
नव तरु किसलय मनहुँ कृसानू। कालनिसा सम निसि ससि भानू॥
कुबलय बिपिन कुंत बन सरिसा। बारिद तपत तेल जनु बरिसा॥
जे हित रहे करत तेइ पीरा। उरग स्वास सम त्रिबिध समीरा॥
कहेहू तें कछु दुख घटि होई। काहि कहौं येह जान न कोई॥
तत्त्व प्रेम कर मम अरु तोरा। जानत प्रिया एकु मनु मोरा॥
सो मनु सदा रहत तोहि पाहीं। जानु प्रीति रसु एतनेहिं माहीं॥
प्रभु संदेसु सुनत बैदेही। मगन प्रेम तन सुधि नहिं तेही॥
कह कपि हृदयँ धीर धरु माता। सुमिरु राम सेवक सुखदाता॥
उर आनहु रघुपति प्रभुताई। सुनि मम बचन तजहु कदराई॥

दो०— निसिचर निकर पतंग सम रघुपति बान कृसानु।
जननी हृदयँ धीर धरु जरे निसाचर जानु॥ १५॥

अर्थ—(हनुमान ने कहा कि) श्रीराम ने कहा है कि हे सीते! तुम्हारे वियोग में सभी (अनुकूल आनन्द प्रदान करने वाले) विपरीत हो गये हैं। वृक्षों के नये किसलय मानो अग्नि हों, रात्रि काल रात्रि के सदृश एवं चन्द्रमा सूर्य के समान (हो गया है)।

कमल के वन भाले (कुन्त) के सदृश हैं। मेघ मानो तपते हुए तेज की वर्षा करते हैं, त्रिविध वायु सर्प श्वास के सदृश (विषैली) है और अब जो हितैषी थे, वही पीड़ा देने लगे हैं।

कहने से दु:ख घट जाता है किन्तु किससे कहूँ, यह कोई जानता नहीं। हे प्रिये! मेरे तथा तुम्हारे प्रेम तत्त्व का रहस्य केवल एक मेरा मन ही जानता है।

वह मन सदैव तुम्हारे ही पास रहता है, हे सीते! प्रेम का सार तत्त्व बस इतने से ही समझ लो। प्रभु के सन्देश को सुनकर सीता प्रेम में मग्न हो गईं। उन्हें शरीर की सुधि नहीं रही।

कपि हनुमान ने कहा, हे माता! हृदय में धैर्य धारण करो और भक्तों को सुख प्रदान करने वाले

श्रीराम का स्मरण करो। मेरे बातों को सुनकर कायरता (कदराई) छोड़ दो और हृदय में श्रीराम की प्रभुता का स्मरण करो।

श्रीराम के बाण अग्नि के सदृश हैं और राक्षसों के समूह पतिंगे के सदृश। हे माता! आप हृदय में धारण करते हुए (यह) समझें कि राक्षस जल गये हैं॥ १५॥

टिप्पमी—विरहिणी सीता को सान्त्वना देने के निमित्त हनुमान श्रीराम की वियोग दशा का चित्रण करते हैं। नायक की इस वियोग पीड़ा में तुलसी का अपनापन झलकता है। हनुमन्नाटक में विरह के उपकरण एवं सन्दर्भ सीता के पक्ष के हैं किन्तु तुलसी उन्हें श्रीराम के साथ जोड़कर कहते हैं—

चन्द्रो यत्र दिनेश दीधिति समः पद्मं स्फुलिंगो समं।
कर्पूरः कुलिसोपमः शशिकला शम्पासमा भासते॥

इस समय चन्द्रमा सूर्य रश्मियों के सदृश, कमल अग्निकणों के समान, कपूर वज्र के समान, चन्द्रकला बिजली के समान प्रतीत हो रही है।

श्रीराम की वियोग पीड़ा है, सन्देशवाहक दूत कवीश्वर-कपीश्वर हनुमान हैं, सीता को सान्त्वना दी जा रही है—तुलसी इन सम्पूर्ण सन्दर्भों की जिम्मेदारी समझते हुए बड़ी सावधानी से यह प्रसंग प्रस्तुत करते हैं।

जौं रघुबीर होति सुधि पाई। करते नहिं बिलंबु रघुराई॥
राम बान रबि उएँ जानकी। तम बरूथ कहँ जातुधान की॥
अबहिं मातु मैं जाउँ लवाई। प्रभु आयसु नहिं राम दोहाई॥
कछुक दिवस जननी धरु धीरा। कपिन्ह सहित अइहहिं रघुबीरा॥
निसिचर मारि तोहि लै जइहहिं। तिहुँ पुर नारदादि जसु गइहहिं।
हैं सुत कपि सब तुम्हहिं समाना। जातुधान अति भट बलवाना॥
मोरें हृदयँ परम संदेहा। सुनि कपि प्रगट कीन्हि निज देहा॥
कनक भूधराकार सरीरा। समर भयंकर अति बलबीरा॥
सीता मन भरोस तब भयेऊ। पुनि लघु रूप पवनसुत लयेऊ॥
दो०— सुनु माता साखामृग नहिं बल बुद्धि बिसाल।
प्रभु प्रताप तें गरुड़हि खाइ परम लघु ब्याल॥ १६॥

अर्थ—यदि श्रीराम को (आपका) समाचार (ज्ञात) होता तो रघुश्रेष्ठ विलम्ब न करते। हे सीता जी! श्रीराम के बाणों के उदय होते ही राक्षसों के सेनारूपी अंधकार कहाँ शेष (रहेंगे)।

हे माता! मैं आपको अभी लिवा जाऊँ, मैं दुहाई देकर कहता हूँ, श्रीराम की (इसके लिए) आज्ञा नहीं है। हे माता! कुछ दिनों तक और धैर्य रखें—श्रीराम यहाँ वानरों के साथ आयेंगे।

राक्षसों का वध करके तुझे ले जाएँगे। नारदादि (ऋषि) तीनों लोकों (उनका) यश गायेंगे। हे पुत्र! क्या सभी वानर तुम्हारे ही सदृश (लघुकाय) हैं? राक्षसों के योद्धा तो बड़े ही शक्तिशाली हैं।

मेरे हृदय में परम संदेह है, इसे सुनकर, कपि हनुमान ने अपनी देह-प्रकट की जो सुमेरु (कनक भूधराकार) पर्वत के आकार सदृश शरीर तथा युद्ध में भयंकर एवं शक्ति में शौर्य (बीरा) सम्पन्न।

तब सीता के मन में भरोसा हुआ और हनुमान ने पुनः लघु स्वरूप धारण कर लिया।

हे माता! सुनें, बन्दरों (शाखामृग) में बहुत बल बुद्धि नहीं है किन्तु प्रभु श्रीराम के प्रताप से अत्यन्त छोटा सर्प भी गरुण को खा सकता है॥ १६॥

टिप्पणी—श्रीराम के विरह के पश्चात् सीता को सान्त्वना देने के लिए कवि परम्परानुक्रम में

श्रीराम एवं उनके सहयोगी वानरों के पराक्रम का वर्णन हनुमान के मुख से कराता है। कवि इस प्रसंग में पुनः नाटकीय भंगिमाएँ अवतरित करता है। हनुमान के लघु रूप को सीता देखकर संदेह करती हैं कि क्या सभी कपि तुम्हारे ही सदृश हैं, इसके उत्तर में वे अपना ऐश्वर्य रूप प्रदर्शित करते हैं। इस पूरे सन्दर्भ में कवि का मन्तव्य अपने आराध्य हनुमान का ऐश्वर्यरूप बिम्बित करना है—

'कनक भूधराकार सरीरा। समर भयंकर अति बलबीरा॥'

कनकभूधर आकृति मूलतः सुमेरु पर्वत का सादृश्य है। जाम्बवान् द्वारा प्रेरित किये जाने पर भी हनुमान अपनी ऐश्वर्यपूर्ण देह विग्रह प्रकट करते हैं।

यह प्रसंग मूलतः अध्यात्म रामायण का है, जहाँ सीता के आग्रह पर हनुमान अपना विशाल ऐश्वर्य से परिपूर्ण दिव्य स्वरूप प्रगट करते हैं—

मेरुमन्दर संकाशं रक्षोगण विभीषणम्।
दृष्ट्वा सीता हनुमन्तं महापर्वत सन्निभम्॥

इस स्वरूप धारण का उद्देश्य सीता के हृदय में अपने कथनों के प्रति विश्वसनीयता उत्पन्न करना है।

मन संतोष सुनत कपि बानी। भगति प्रताप तेज बल सानी॥
आसिष दीन्हि राम प्रिय जाना। होहु तात बल सील निधाना॥
अजर अमर गुननिधि सुत होहू। करहुँ बहुत रघुनायक छोहू॥
करहुँ कृपा प्रभु अस सुनि काना। निर्भर प्रेम मगन हनुमाना॥
बार बार नायेसि पद सीसा। बोला बचन जोरि कर कीसा॥
अब कृतकृत्य भयेउँ मैं माता। आसिष तव अमोघ बिख्याता॥
सुनहु मातु मोहि अतिसय भूखा। लागि देखि सुंदर फल रूखा॥
सुनु सुत करहिं बिपिन रखवारी। परम सुभट रजनीचर भारी॥
तिन्ह कर भय माता मोहि नाहीं। जौं तुम्ह सुख मानहु मन माहीं॥

दो०— देखि बुद्धि बल निपुन कपि कहेउ जानकीं जाहु।
रघुपति चरन हृदयँ धरि तात मधुर फल खाहु॥ १७॥

अर्थ—भक्ति, प्रताप, तेज एवं बल से सनी हुई कपि हनुमान की वाणी सुनकर तथा श्रीराम का (उन्हें) प्रिय जानकर आशीर्वाद दिया (और कहा) कि हे पुत्र! तुम बल एवं शील के भंडार बनो। हे पुत्र! तुम अजर, अमर एवं गुणों के भंडार बनो। श्रीराम तुम पर बहुत आत्मीयतापूर्वक प्रेम करें। प्रभु कृपा करें, कान से ऐसा सुनकर हनुमान पूर्ण प्रेम में मगन हो गये।

हनुमान ने बार-बार (सीता के) चरणों में सिर झुकाया और हाथ जोड़कर वह बोले, हे माता! अब मैं कृतकृत्य हो उठा—यह विख्यात् (तथ्य) है कि आपका आशीर्वाद अमोघ है।

हे माता! सुनें, वृक्षों पर सुन्दर फलों का देखकर मुझे अत्यधिक भूख लग आई है। हे पुत्र! सुनो, भारी (मात्रा में) अत्यधिक योद्धा राक्षस वाटिका की रखवाली कर रहे हैं।

हनुमान ने उत्तर दिया, हे माता! यदि आप मन में सुख मानें तो मुझे उनका भय नहीं है।

कपि हनुमान को बुद्धि तथा बल में निपुण देखकर सीता ने कहा कि श्रीराम को हृदय में धारण करके हे पुत्र! मधुर फलों को खाओ॥ १७॥

टिप्पणी—दौत्य कर्म के द्वारा सम्पूर्ण कार्य करके रावण को श्रीराम की शक्ति का ज्ञान कराने के लिए कविगण सुंदरकांड की इस उत्तरार्ध कथा को आगे बढ़ाते हैं। हनुमान फल खाने के बहाने से बलात् रावण की शक्ति को परखने का कार्य करते हैं। यह फल खाना तो एक बहाना मात्र है। वाल्मीकि रामायण में इस सन्दर्भ में स्पष्ट टिप्पणी अंकित है—

कार्यार्थमागतो दूतः स्वामिकार्याविरोधतः॥
अत्यत्किंचिद् सम्पाद्य गच्छत्यधम एव सः॥

'जो दूत अपने स्वामी के कार्य के लिए आकर उसमें किसी प्रकार का विघ्न करने वाला कोई और कार्य न करके यों ही चला जाता है, वह अधम ही है।'

हनुमान इस प्रकार राक्षसवध एवं लंका दहन की भूमिका बाँधते हैं।

चलेउ नाइ सिरु पैठेउ बागा। फल खाएसि तरु तोरैं लागा॥
रहे तहाँ बहु भट रखवारे। कछु मारेसि कछु जाइ पुकारे॥
नाथ एक आवा कपि भारी। तेहिं असोक बाटिका उजारी॥
खायेसि फल अरु बिटप उपारे। रच्छक मर्दि मर्दि महि डारे॥
सुनि रावन पठये भट नाना। तिन्हहि देखि गर्जेउ हनुमाना॥
सब रजनीचर कपि संघारे। गए पुकारत कछु अधमारे॥
पुनि पठयेउ तेहिं अक्ष कुमारा। चला संग लै सुभट अपारा॥
आवत देखि बिटप गहि तर्जा। ताहि निपाति महाधुनि गर्जा॥

दो०— कछु मारेसि कछु मर्देसि कछु मिलयेसि धरि धूरि।
कछु पुनि जाइ पुकारे प्रभु मर्कट बल भूरि॥ १८॥

अर्थ— वे (हनुमान) सीता को सिर झुका कर चले और वाटिका में घुसे। फल खाया तथा वृक्षों को तोड़ने लगे। वहाँ बहुत से योद्धा रखवाले थे। (उनमें से) कुछ को मार डाला और कुछ ने जाकर रावण से पुकार की।

हे नाथ! एक विशाल वानर आया हुआ है और उसने वाटिका उजाड़ डाली है। उसने (न केवल) फल खाये हैं अपितु वृक्षों को भी उखाड़ डाला है और वन रक्षकों को तो मसल-मसल कर जमीन पर डाल दिया है।

यह सुनकर रावण ने बहुत से योद्धा भेजे! उन्हें देखकर हनुमान ने गर्जना की। कपि हनुमान ने सम्पूर्ण राक्षसों का संहार कर डाला और जो कुछ अधमरे थे, वे पुकारते हुए गये।

उसने पुनः अक्षय कुमार को भेजा। वह असंख्य श्रेष्ठ योद्धाओं को साथ लेकर चला। उसे आते देखकर (हनुमान ने) एक वृक्ष लेकर ललकारा (तर्जा) और उसका वध करके महाध्वनि से गर्जना की।

कुछ को मारा, कुछ का मर्दन कर डाला और कुछ को धूलि में मिला दिया। कुछ ने पुनः जाकर पुकार की कि हे स्वामी! बन्दर अत्यधिक शक्तिशाली है॥ १८॥

टिप्पणी—हनुमान कुछ और करने की प्रेरणा से न केवल वाटिका का फल ही खाते हैं, उसे उजाड़ते हैं, रखवालों को मारते हैं, साथ ही, साथ ही आगे के लिए चुनौती भी देते हैं।

सुनि सुत बध लंकेस रिसाना। पठयेसि मेघनाद बलवाना॥
मारेसि जनि सुत बाँधेसु ताही। देखिअ कपिहि कहाँ कर आही॥
चला इंद्रजित अतुलित जोधा। बंधु निधन सुनि उपजा क्रोधा॥
कपि देखा दारुन भट आवा। कटकटाइ गर्जा अरु धावा॥
अति बिसाल तरु एक उपारा। बिरथ कीन्ह लंकेस कुमारा॥
रहे महा भट ताकें संगा। गहि गहि कपि मर्दइ निज अंगा॥
तिन्हहि निपाति ताहि सन बाजा। भिरे जुगल मानहुँ गजराजा॥
मुठिका मारि चढ़ा तरु जाई। ताहि येक छन मुरुछा आई॥
उठि बहोरि कीन्हिसि बहु माया। जीति न जाइ प्रभंजन जाया॥

दो०— ब्रह्म अस्त्र तेहिं साधा कपि मन कीन्ह बिचार।
जौं न ब्रह्म सर मानौं महिमा मिटइ अपार॥ १९॥

अर्थ—पुत्र का वध सुनकर रावण नाराज हो उठा और उसने बलशाली मेघनाद को भेजा। हे पुत्र! मारना नहीं, उसे बाँध लाना। देखा जाये कि वह वानर कहाँ का है।

अतुलनीय इन्द्र को जीतने वाला पराक्रमी योद्धा चल पड़ा और भाई का निधन सुनकर उसे क्रोध उत्पन्न हुआ। कवि हनुमान ने देखा कि भयंकर योद्धा आया है, तब उन्होंने कटकटाकर गर्जना की और दौड़ पड़े।

एक विशाल वृक्ष को उन्होंने उखाड़ लिया और (उसके प्रहार से) लंकेश रावण के पुत्र को रथविहीन कर दिया। उसके साथ जितने भी योद्धा थे, उनको पकड़-पकड़ कर अपने शरीर से मर्दन करने लगा।

उन सबको मारकर फिर (वे) मेघनाथ से लड़ने लगे (बजे) मानो दो गजराज भिड़ गये हों। हनुमान मुष्टिका से प्रहार करके एक पेड़ पर जा चढ़े और उसे (मेघनाद को) क्षण के लिए मूर्च्छा-सी आ गई।

(मूर्च्छा से) उठ करके उसने बहुत-सी माया की किन्तु वायुपुत्र हनुमान उससे जीते नहीं जा सके।

अन्त में, उसने ब्रह्मास्त्र साधा तब कपि हनुमान ने मन में विचार किया कि यदि मैं ब्रह्मास्त्र नहीं मानता तो उसका अनन्त माहात्म्य समाप्त हो जायेगा॥ १॥

टिप्पणी—रावण के पुत्र अक्षय कुमार के वध के पश्चात् मेघनाद हनुमान को पकड़ने के लिए आता है। दोनों का युद्ध भयानक है और अन्त में मेघनाथ हनुमान के ऊपर ब्रह्मास्त्र छोड़ता है। ब्रह्मा के वरदान से हनुमान ब्रह्मास्त्र से भी अबन्ध्य एवं अवध्य हैं—फिर भी लोक मर्यादा के निमित्त वे उसकी अवहेलना नहीं करते। हनुमान को स्मरण है कि ब्रह्मा ने उन्हें अस्त्र से अमोघ होने का आशीर्वचन दिया है। वाल्मीकि कहते हैं—

ततः स्वायम्भुवैर्मन्त्रै ब्रह्मास्त्रं चाभिमंत्रितम्।
हनुमानः चिन्तयामास वरदानं पितामहात्॥

×× ×× ××

इत्येव मेवं विहितोऽस्त्रबन्धो
मया ऽऽत्मयोनेरन्तुवर्त्तितव्यः॥

अर्थात्, मुझे भगवान ब्रह्मा के सम्मानार्थ इस अस्त्र बंधन का अनुसरण करना चाहिये। मानस में भी कवि यही कहता है—

'जौ न ब्रह्म सर मामारौं महिमा मिटै अपार'

यह सन्दर्भ तुलसी की लोकसंग्रह दृष्टि का दृष्टान्त है।

ब्रह्मबान कपि कहुँ तेहिं मारा। परतिहुँ बार कटकु संघारा॥
तेहिं देखा कपि मुरुछित भयेऊ। नागपास बाँधेसि लै गयेऊ॥
जासु नाम जपि सुनहु भवानी। भवबंधन काटहिं नर ग्यानी॥
तासु दूत कि बंध तर आवा। प्रभु कारज लगि कपिहिं बँधावा॥
कपि बंधन सुनि निसिचर धाये। कौतुक लागि सभाँ सब आये॥
दसमुख सभा दीखि कपि जाई। कहि न जाइ कछु अति प्रभुताई॥
कर जोरें सुर दिसिप बिनीता। भृकुटि बिलोकत सकल सभीता॥
देखि प्रताप न कपि मन संका। जिमि अहिगन महुँ गरुड़ असंका॥

दो०— कपिहि बिलोकि दसानन बिहँसा कहि दुर्बाद।
सुत बध सुरति कीन्हि पुनि उपजा हृदयँ बिषाद॥ २०॥

अर्थ—उसने कपि हनुमान को ब्रह्म बाण मारा और गिरते समय उसने राक्षस सेना का विनाश किया। उसने देखा कि कपि मूर्च्छित हो उठा है तब वह उनको नागपाश में लेकर चला।

हे पार्वती सुनें! जिसके नाम को सुनकर ज्ञानी जन भवसागर के बन्धन काट डालते हैं क्या उसका दूत कभी बन्धन के दबाव (बंधतर) में आ सकता है! प्रभु के कार्य के लिए हनुमान ने स्वयं अपने को बँधा लिया।

बन्दर के बन्धन को सुनकर राक्षस दौड़ पड़े और तमाशा देखने के लिए (कौतुक लागि) सभी सभा में आये। कपि हनुमान ने जाकर रावण की सभा देखी और उसकी अत्यधिक प्रभुता का वर्णन किया नहीं जा सकता।

हाथ जोड़े हुए देवता तथा दिक्पाल विनीतभाव से सभी भययुक्त रावण की भृकुटि देख रहे थे। उसके प्रताप को देखकर कपि हनुमान के मन में लेश मात्र भी संशय (भय) नहीं हुआ जैसे सर्पों के बीच में गरुड़ नि:शंक हो।

बन्दर को देखकर रावण दुर्वचन (दुर्बाद)कहता हुआ जोर से हँसा और पुनः पुत्र के वध का (जब) स्मरण किया तो हृदय में विषाद उत्पन्न हुआ ॥ २०॥

टिप्पणी—रावण के दरबार में हनुमान का ले जाया जाना मूलतः नायक एवं प्रतिनायक सम्बन्धी कथाओं का प्रथम साक्षात्कार है। इस प्रथम साक्षात्कार के सन्दर्भ में नायक के बल, वीर्य, शक्ति, यश, पराक्रम, तेज आदि का आभास दिया जाना परम्परित काव्य वर्णन परिपाटी के अनुरूप है। वाल्मीकि रामायण इस सन्दर्भ का प्रथम दृष्टान्त है। तुलसी भी इस प्रसंग का उपयोग इसी सन्दर्भ के लिए करते हैं।

कह लंकेस कवन तइँ कीसा। केहि के बल घालेसि बन खीसा॥
की धौं श्रवन सुनेहि नहिं मोही। देखौं अति असंक सठ तोही॥
मारे निसिचर केहिं अपराधा। कहु सठ तोहि न प्रान कै बाधा॥
सुनु रावन ब्रह्मांड निकाया। पाइ जासु बल बिरचति माया॥
जाकें बल बिरंचि हरि ईसा। पालत सृजत हरत दससीसा॥
जा बल सीस धरत सहसानन। अंडकोस समेत गिरि कानन॥
धरइ जो बिबिध देह सुरत्राता। तुम्ह से सठन्ह सिखावनु दाता॥
हर कोदंड कठिन जेहिं भंजा। तोहि समेत नृप दल मद गंजा॥
खर दूषन त्रिसिरा अरु बाली। बधे सकल अतुलित बलसाली॥
दो०— जा के बल लवलेस तें जितेहु चराचर झारि।
तासु दूत मैं जा करि हरि आनेहु प्रिय नारि॥ २१॥

अर्थ—रावण ने पूछा, ‘‘ हे वानर, तू कौन है? किसके बल पर तूने वाटिका को उजाड़कर (खीसा) नष्ट कर दिया (घालेसि)। क्या तूने कभी मेरे विषय में कानों से नहीं सुना है? रे शठ! (मै) तुझे अत्यधिक नि:शङ्क देख रहा हूँ।

तूने किस अपराध में राक्षसों को मारा है? रे मूर्ख! बताओ, क्या तुझे प्राणों का भय नहीं है। हे रावण! सुनो, जिसका बल पाकर माया समस्त ब्रह्मांड की रचना करती है।

हे रावण! जिसके बल से ब्रह्मा, विष्णु एवं शिव पालन सृजन एवं संहार करते हैं। जिसके बल का आधार पाकर सहस्त्र मुख वाले शेषनाग सम्पूर्ण पर्वतों एवं वनों सहित समस्त ब्रह्मांड को जो धारण करते हैं।

तुम जैसे शठों को शिक्षा देने के लिए एवं देवताओं की रक्षा के निमित्त जो नाना प्रकार की (लीला) देह धारण करते हैं, जिन्होंने शिव के धनुष को तोड़ डाला और उसी के साथ राजाओं के समूह का गर्व भी चूर्ण कर डाला था।

खर-दूषण, त्रिशिरा एवं बालि को मार डाला, जो सब-के-सब अतुलनीय बलवान थे।

जिनके लेशमात्र बल से तुमने समस्त सचराचर जगत् को जीत लिया है तथा जिसकी प्रिय पत्नी का तुम हरण कर लाये हो—मैं उन्हीं का दूत हूँ॥ २१ ॥॥

टिप्पणी—रावण तथा हनुमान के बीच परस्पर नाटकीय कथोपकन है। संवाद शैली की रोचकता का विन्यास इस कथोपकथन का लक्ष्य है। तुलसी पूरी तरह से संवाद शैली का इस कथोपकथन के सन्दर्भ में निर्वाह करते हैं। रावण का प्रश्न और हनुमान के उत्तर दोनों क्रमबद्ध रूप से आमने-सामने हैं। सामान्य परिचयात्मकता के बाद लाक्षणिक कथनों की चमत्कारपूर्ण अन्विति सर्वत्र द्रष्टव्य है। यह प्रसंग हनुमन्नाटक तथा वाल्मीकि रामायण से प्रभावित है।

जानौं मैं तुम्हारि प्रभुताई। सहसबाहु सन परी लराई॥
समर बालि सन करि जसु पावा। सुनि कपि बचन बिहँसि बहरावा॥
खायेउँ फल प्रभु लागी भूखा। कपि सुभाव ते तोरेउँ रूखा॥
सब के देह परम प्रिय स्वामी। मारहिं मोहि कुमारगगामी॥
जिन्ह मोहि मारा ते मैं मारे। तेहिं पर बाँधेउ तनयँ तुम्हारे॥
मोहि न कछु बाँधे कइ लाजा। कीन्ह चहौं निज प्रभु कर काजा॥
बिनती करौं जोरि कर रावन। सुनहु मान तजि मोर सिखावन॥
देखहु तुम्ह निज कुलहि बिचारी। भ्रम तजि भजहु भगत भयहारी॥
जा के डर अति काल डेराई। जो सुर असुर चराचर खाई॥
ता सों बयरु कबहुँ नहिं कीजै। मोरें कहे जानकी दीजै॥

दो०— प्रनतपाल रघुनायक करुनासिंधु खरारि।
गएँ सरन प्रभु राखिहैं तव अपराध बिसारि॥ २२॥

अर्थ—मैं तुम्हारी प्रभुता को जानता हूँ, सहस्रबाहु से तुम्हारी लड़ाई छिड़ी थी (परी लराई)। बालि से युद्ध करने तुमने यश प्राप्त किया। कपि हनुमान के वचनों को सुनकर उसने हँसी में बात टाल दी (बिहरावा)।

हे राक्षसों के स्वामी! भूख लगी हुई थी (इसलिए) फल खाये और वानर स्वभाववशात् पेड़ भी तोड़े। हे राक्षसराज! सभी को देह परम प्रिय है और (तब) अन्यायी (कुमार्गगामी) राक्षस मुझे मारने लगे।

जिन्होंने मुझे मारा उन्हें मैंने मारा. इस पर तुम्हारे पुत्र ने मुझे बाँध लिया किन्तु मुझे बाँधे जाने की कोई लज्जा नहीं है क्योंकि मैं तो अपने प्रभु का कार्य करना चाहता हूँ।

हे रावण! मैं हाथ जोड़ कर विनय करता हूँ कि तुम अभिमान छोड़कर मेरी सीख सुनो। अपने कुल पर तो जरा विचार करके देखो। भक्तों के भयहारी श्रीराम का भय त्याग कर भजन करो।

देवता, असुर एवं सचराचर का भक्षण करता है, वह काल देवता भी जिनके डर से अत्यधिक भयभीत रहता है। उनसे वैरभाव कदापि न करो और मेरे कहने से उन्हें सीता दे दो।

शरणागतों के रक्षक, करुणा के सागर, खर नामक राक्षस के शत्रु श्रीराम की शरण में जाने पर सम्पूर्ण अपराधों को भूलकर तुम्हारी रक्षा करेंगे॥ २२॥

टिप्पणी—हनुमान द्वारा रावण को भाँति-भाँति से समझाने का उपक्रम यहाँ वर्तमान है। तुलसी की रचना का यह स्वभाव है कि श्रीराम के द्रोही को बिना किसी दुराव, शिष्टाचार एवं शालीनता के धिक्कारते हैं। यहाँ हनुमान द्वारा समझाये जाने में यही प्रवृत्ति लक्षित हो रही है।

राम चरन पंकज उर धरहू। लंका अचल राजु तुम्ह करहू॥
रिषि पुलस्ति जसु बिमल मयंका। तेहि ससि महुँ जनि होहु कलंका॥
राम नाम बिनु गिरा न सोहा। देखु बिचारि त्यागि मद मोहा॥
बसनहीन नहिं सोह सुरारी। सब भूषन भूषित बर नारी॥
राम बिमुख संपति प्रभुताई। जाइ रही पाई बिनु पाई॥
सजल मूल जिन्ह सरितन्ह नाहीं। बरषि गएँ पुनि तबहिं सुखाहीं॥
सुनु दसकंठ कहौं पन रोपी। बिमुख राम त्राता नहिं कोपी॥
संकर सहस बिष्नु अज तोही। सकहिं न राखि राम कर द्रोही॥
दो०— मोह मूल बहु सूलप्रद त्यागहु तम अभिमान।
भजहु राम रघुनायक कृपासिंधु भगवान॥ २३॥

अर्थ—श्री श्रीराम के चरण-कमलों को हृदय में धारण करो और लंका पर निश्चल राज्य करो। (तुम्हारे पूर्वज) ऋषि पुलस्त्य का यश निर्मल चन्द्र की भाँति है और उस चन्द्र में तुम कलंक न बनो।

श्रीराम शब्द के बिना वाणी भी शोभा नहीं प्राप्त करती, अभिमान तथा मोह का त्याग करके इसे विचारपूर्वक देखो। इन्द्र भी वस्त्रविहीन (नङ्गा) नहीं शोभित होते। सभी भूषणों से अलंकृत सुन्दर युवती भी (वस्त्रविहीन नहीं शोभित होती)।

श्रीराम से विमुख (पराङ्मुख) पुरुष की प्राप्त की हुई सम्पत्ति एवं प्रभुता भी अप्राप्त की भाँति चली जाती है। जिन नदियों में जलयुक्त मूल स्रोत नहीं हैं, वर्षा हो जाने के बाद ही वे सूख जाती हैं।

हे रावण! मैं अपनी प्रतिज्ञा रोपकर (संकल्प करके) कह रहा हूँ कि श्रीराम-विमुख का कोई रक्षक नहीं है। हजारों शिव, ब्रह्मा एवं विष्णु श्रीराम के साथ द्रोह करने वाले तुम्हारी रक्षा नहीं कर सकेंगे।

(हे रावण!) अंधकार रूप (उस) अभिमान का त्याग कर दो जो मोहमूलक एवं कष्टदायी है तथा (उसे त्यागकर) कृपा के सागर, रघुकुल के स्वामी भगवान् श्रीराम का भजन करो॥ २३॥

टिप्पणी—इन पंक्तियों में भी पूर्ववत् ही हनुमान रावण को समझाते हैं। समझाने की प्रवृत्ति भी पूर्ववत् ही है। वाल्मीकि रामायण में समझाने के सन्दर्भ में शिष्टाचार मिलता है किन्तु परस्त्री का अपहरण जैसे गर्हित कार्य के लिए हनुमान उसे उसी तरह से निन्दनीय बताते हैं, जैसे मानस में। अध्यात्म रामायण और मानस के इस प्रकरण में पर्याप्त समानताएँ देखी जाती हैं।

जदपि कही कपि अति हित बानी। भगति बिबेक बिरति नय सानी॥
बोला बिहँसि महा अभिमानी। मिला हमहिं कपि गुर बड़ ग्यानी॥
मृत्यु निकट आई खल तोही। लागेसि अधम सिखावन मोही॥
उलटा होइहि कह हनुमाना। मतिभ्रम तोर प्रगट मैं जाना॥
सुनि कपि बचन बहुत खिसियाना। बेगि न हरहु मूढ़ कर प्राना॥
सुनत निसाचर मारन धाये। सचिवन्ह सहित बिभीषन आये॥
नाइ सीस करि बिनय बहूता। नीति बिरोध न मारिअ दूता॥
आन दंड कछु करिअ गोसाईं। सबहीं कहा मंत्र भल भाई॥
सुनत बिहँसि बोला दसकंधर। अंग भंग करि पठइअ बंदर॥
दो०— कपि के ममता पूँछ पर सबहिं कह्यौ समुझाइ।
तेल बोरि पट बाँधि पुनि पावक देहु लगाइ॥ २४॥

अर्थ—यद्यपि कपि हनुमान ने अत्यधिक हितैषिता से परिपूर्ण, भक्ति, विवेक, वैराग्य एवं नीतियुक्त वाणी (उससे) कही फिर भी, वह महा अभिमानी (रावण) हँस कर बोला कि हमे बड़ा ज्ञानी कपि गुरु मिला है।

रे दुष्ट! तुम्हारी मृत्यु निकट आ गई है (इसी कारण वश) तू मुझे शिक्षा देने चला है। हनुमान ने उत्तर दिया कि यह प्रतिकूल भाव से (घटित होगा) (अर्थात्, तुम्हारी ही मृत्यु निकट आई है) मैंने प्रत्यक्षतः जान लिया है कि तुझे मतिभ्रम है।

कवि के वचनों को सुनकर वह बहुत क्रुद्ध हुआ और बोला कि इस मूढ़ के प्राण शीघ्र ही क्यों नहीं हरण कर लेते। इतना सुनते ही राक्षस मारने दौड़े ठीक उसी समय मंत्रियों के साथ विभीषण आ गये।

सिर नवाकर तथा अनेक भाँति से विनय करके (कहा कि) यह नीति विरुद्ध है, दूत को मारना नहीं चाहिए। हे स्वामी! इसके लिए अन्य दण्डविधान करणीय है। सभी ने कहा, हे भाई यह तुम्हारी मंत्रणा (सलाह) ठीक है।

इसे सुनकर रावण हँस कर बोला कि बन्दर को अंगभंग करके भेज दिया जाये।

मैं सभी को समझाकर कहता हूँ कि बंदर की ममता पूँछ पर रहती है। अतः वस्त्र को तेल में डुबोकर और उसे पूँछ में बाँधकर पुनः (उसमें) आग लगा दो॥ २४॥

टिप्पणी—हनुमान के वचनों से क्रुद्ध रावण उन्हें मृत्यु दण्ड देना चाहता था किन्तु विभीषण के समझाने पर अंग भंग करके भेजने की योजना बनाता है। अंग भंग करने के निमित्त पूँछ में आग लगाने का सन्दर्भ है। वाल्मीकि रामायण में दूतों को दंडित करने के उपाय बताये गए हैं। वहाँ विभीषण रावण को समझाते हैं—

वैरुथमङ्गेषु कशामिघातो
मौण्ड्यं तथा लक्षण सन्निपातः।
एतान् हि दूते प्रवदन्ति दण्डान्,
वधस्तु दूतस्य न नः श्रुतोऽस्ति॥

(किसी अंग को भंग कर देना, कोड़े से पिटवाना, सिर मुड़वा देना, तथा शरीर में कोई चिह्न दाग देना, ये ही दण्ड दूत के लिए उचित बताये गये हैं। उसके लिए वध का दण्ड तो मैंने कभी सुना ही नहीं है।)

पूँछहीन बानर तहँ जाइहि। तब सठ निज नाथहि लइ आइहि॥
जिन्ह कै कीन्हिसि बहुत बड़ाई। देखौं मैं तिन्ह कै प्रभुताई॥
बचन सुनत कपि मन मुसुकाना। भइ सहाय सारद मैं जाना॥
जातुधान सुनि रावन बचना। लागे रचैं मूढ़ सोइ रचना॥
रहा न नगर बसन घृत तेला। बाढ़ी पूँछ कीन्ह कपि खेला॥
कौतुक कहँ आए पुरबासी। मारहिं चरन करहिं बहु हाँसी॥
बाजहिं ढोल देहिं सब तारी। नगर फेरि पुनि पूँछ प्रजारी॥
पावक जरत देखि हनुमंता। भएउ परम लघु रूप तुरंता॥
निबुकि चढ़ेउ कपि कनक अटारी। भईं सभीत निसाचर नारीं॥
दो०— हरि प्रेरित तेहि अवसर चले मरुत उनचास।
अट्टहास करि गर्जा कपि बढ़ि लाग अकास॥ २५॥

अर्थ—बिना पूछ के कपि वहाँ जायेगा और तब यह शठ अपने उन स्वामी को लेकर आयेगा जिनकी इसने बड़ी प्रशंसा की है और मैं उनकी प्रभुता को देखूँगा।

(उसकी) वाणी सुनकर कपि हनुमान मन ही मन मुस्कराये और मन में ही बोले कि मैं समझ गया कि सरस्वती सहायक हुई है। राक्षसों ने रावण की आज्ञा (वचन) सुनकर वे मूर्ख उसी प्रकार की रचना रचने लगे।

कपि हनुमान ने ऐसा कौतुक किया कि पूँछ (इतनी) बढ़ी कि नगर भर में वस्त्र, घी तथा तेल नहीं बच रहा। सम्पूर्ण नगरवासी तमाशा देखने के लिए आये तथा पद प्रहार करके नाना प्रकार का उपहास करने लगे।

ढोल बज रहे हैं और सभी ताली बजा रहे हैं। नगर भर में उन्हें घुमाया गया और फिर पूँछ (आग से) प्रज्वलित कर दी गई। आग जलती देखकर तुरन्त ही हनुमान अत्यन्त लघु रूप के बन गये।

बन्धन से अपने को निकाल कर (निबुकना) के तुरन्त-हनुमान सोने की अट्टालिकाओं (अटारी : कोठे आदि) पर चढ़ गये और उन्हें देखकर निशाचरपत्नियाँ भयभीत हो उठीं।

उसी समय श्री हरि की प्रेरणा पाकर उनचासों प्रकार के पवन चलने लगे। कपि हनुमान अट्टहास करके गर्जे और बढ़कर आकाश से जाकर लग गये॥ २५॥

टिप्पणी—दण्ड विधान तथा उसके पीछे छिपे दण्ड देने वाले के मन्तव्य को इंगित करना और दण्ड के कार्यान्वियन का सन्दर्भ यहाँ वर्णित है। हनुमान की पूँछ में आग लगाने की योजना का खिलवाड़ चित्रित है जो आगे गम्भीर रूप धारण करके परिस्थिति को भयावह एवं त्रासद बना देता है। हनुमान के रौद्र रूप की पृष्ठभूमि यहाँ अंकित है। उनका यह स्वरूप उनके रुद्रावतार की सूचना देता है।

देह बिसाल परम हरुआई। मंदिर तें मंदिर चढ़ धाई॥
जरइ नगर भा लोग बिहाला। झपट लपट बहु कोटि कराला॥
तात मातु हा सुनिअ पुकारा। येहि अवसर को हमहि उबारा॥
हम जो कहा येह कपि नहिं होई। बानर रूप धरें सुर कोई॥
साधु अवग्या कर फल ऐसा। जरइ नगर अनाथ कर जैसा॥
जारा नगरु निमिष एक माहीं। एक बिभीषन कर गृह नाहीं॥
ताकर दूत अनल जेहिं सिरजा। जरा न सो तेहि कारन गिरिजा॥
उलटि पलटि लंका सब जारी। कूदि परा पुनि सिंधु मझारी॥

दो०— पूँछ बुझाइ खोइ स्त्रम धरि लघु रूप बहोरि।
जनकसुता के आगें। ठाढ़ भएउ कर जोरि॥ २६॥

अर्थ—अत्यन्त हल्की (हरुवाई) एवं विशाल देह हो गई और वे एक महल से दूसरे महल तक चले जा रहे हैं। नगर जल रहा है, लोग व्याकुल (बिहाला) हैं। अनेक अनन्त-कोटि-कोटि भयंकर लपटें झपटीं।

हा तात! हा मात! इस अवसर पर हमें कौन बचाये—आदि पुकारें सुनाई पड़ने लगीं। हमने तो कहा ही था कि वह वानर नहीं है, किसी देवता ने ही वानर रूप धारण कर रखा है।

साधु के अपमान का यह फल है कि नगर अनाथ के नगर की भाँति जल रहा है। पलक निमेष (तक के समय में ही) हनुमान ने लंका जला दी और केवल एक विभीषण का ही घर बच रहा।

हे पार्वती! वह (हनुमान) इसलिए उस आग से नहीं जले क्योंकि वे उनके दूत थे—जिन्होंने स्वयं अग्नि का सृजन किया है। कपि हनुमान ने उलट-पलट कर लंका जला डाली और तत्पश्चात् वे समुद्र में कूद पड़े।

पूँछ बुझाकर और श्रम का परिहार करके और पुनः लघु रूप धारण करके हाथ जोड़कर जनकपुत्री सीता के समक्ष खड़े हो गये॥ २६॥

टिप्पणी—हनुमान अपने रौद्ररूप में सम्पूर्ण लंका नगरी को ध्वस्त करके अपने दौत्य कर्म का निर्वाह करते हुए सम्पूर्ण लंकावासियों में भविष्य के प्रति भय उत्पन्न करते हैं। लंकादहन के पश्चात् हनुमान आज्ञा के निमित्त सीता के समक्ष पुनः जाते हैं। हनुमान का यह कृत्य जहाँ रावण पक्ष के लिए आतंक का कारण बनता है, वहीं सीता के लिए सान्त्वना का हेतु है।

मातु मोहि दीजै कछु चीन्हा। जैसे रघुनायक मोहि दीन्हा॥
चूड़ामनि उतारि तब दयेऊ। हरष समेत पवनसुत लयेऊ॥
कहेउ तात अस मोर प्रनामा। सब प्रकार प्रभु पूरन कामा॥
दीन दयालु बिरिदु संभारी। हरहु नाथ मम संकट भारी॥
तात सक्रसुत कथा सुनायेहु। बान प्रताप प्रभुहि समुझायेहु॥
मास दिवस महुँ नाथु न आवा। तौ पुनि मोहि जिअत नहिं पावा॥
कहु कपि केहि बिधि राखौं प्राना। तुम्हहूँ तात चहत अब जाना॥
तोहि देखि सीतल भइ छाती। पुनि मो कहुँ सो दिनु सो राती॥
दो०— जनकसुतहि समुझाइ करि बहु बिधि धीरजु दीन्ह।
चरन कमल सिरु नाइ कपि गवनु राम पहिं कीन्ह॥ २७॥

अर्थ—हे माता! जिस प्रकार श्रीराम ने मुझे कोई स्मृति चिह्न दिया था उसी प्रकार आप भी मुझे कुछ (स्मृति चिह्न) दें। तब सीता ने चूड़ामणि उतार कर दे दिया और वायुपुत्र हनुमान ने उसे हर्षपूर्वक ले लिया।

(सीता ने कहा) हे तात! मेरा प्रणाम (उन्हें) निवेदित करके इस प्रकार कहना कि हे प्रभु! आप सभी प्रकार से पूर्ण काम हैं। हे दीनों के प्रति अकारण दया दिखाने वाले! अपना विरद (बाने) सम्हालें और (इसलिए) मेरे गम्भीर संकट को दूर करें।

हे तात! उन्हें तुम इन्द्रपुत्र जयन्त की कथा सुनाना और प्रभु श्रीराम को (उनके) बाण के प्रताप को समझाना (याद दिलाना)। यदि मास पर्यन्त तक नाथ नहीं आते तो मुझे पुनः (उसके बाद) जीवित नहीं प्राप्त करेंगे।

हे कपि हनुमान! आप ही बतायें, किस प्रकार प्राणों की रक्षा करूँ। हे तात! तुम भी अब जाना चाह रहे हो। तुम्हे देखकर मेरा हृदय (थोड़ा) शीतल था किन्तु पुनः मेरे लिए वही (विरह युक्त) दिन और रातें (हो उठीं)।

जनकपुत्री सीता को धैर्य प्रदान करके बहुत भाँति समझाया और तब उनके चरण-कमलों में सिर नवाकर कपि हनुमान ने श्रीराम के पास गमन किया॥ २७॥

टिप्पणी—श्रीराम ने स्मृति चिह्न के रूप में मुद्रिका दी थी। सीता से भी कपि स्मृति चिह्न की याचना करता है। सीता अपने बालों में स्थित चूड़ामणि को निकाल कर दे देती हैं। भारतीय काव्य परम्परा में अपनी किसी आत्मिक प्रिय घटना का स्मरण दौत्य कर्म की सत्य निष्ठा के लिए कराया जाता रहा है। यहाँ सीता 'जयन्त प्रसंग' की स्मृति कराने के लिए हनुमान को कहती हैं। यह जयन्त प्रसंग केवल श्रीराम तथा सीता के बीच की घटना है। इस स्मृति कथा का उल्लेख वाल्मीकि, अध्यात्म, हनुमन्नाटक आदि सभी में वर्तमान है। कवि भी इसी का उपयोग करता है। हनुमन्नाटक में तीन 'अभिज्ञान' है किन्तु मानस में दो ही अभिज्ञानों का सन्दर्भ है।

चलत महा धुनि गर्जेसि भारी। गर्भ स्त्रवहिं सुनि निसिचर नारी॥
नाघि सिंधु येहि पारहि आवा। सबद किलकिला कपिन्ह सुनावा॥
हरषे सब बिलोकि हनुमाना। नूतन जनम कपिन्ह तब जाना॥
मुख प्रसन्न तन तेज बिराजा। कीन्हेसि रामचंद्र कर काजा॥

मिले सकल अति भए सुखारी। तलफत मीन पाव जनु बारी॥
चले हरिष रघुनायक पासा। पूँछत कहत नवल इतिहासा॥
तब मधुबन भीतर सब आये। अंगद संमत मधुफल खाये॥
रखवारे जब बरजन लागे। मुष्टि प्रहार हनत सब भागे॥

दो०— जाइ पुकारे ते सब बन उजार जुबराज।
सुनि सुग्रीव हरष कपि करि आये प्रभु काज॥ २८॥

अर्थ—चलते समय भंयकर ध्वनि में गर्जना की जिसे सुनकर राक्षस-पत्नियों के गर्भपात होने लगे। समुद्र नाघकर इस पार आये और उन्होंने कपियों को हर्षभरी किलकारी (किल किला) सुनायी।

हनुमान को देखकर कपिगण हर्षित हो उठे और तब उन्होंने अपना नया जन्म समझा। (हनुमान का) मुख प्रसन्न है तथा उनके शरीर पर तेज विराजमान है। (सभी ने इसी लक्षण से) समझ लिया कि श्रीराम का कार्य (पूरा) कर लिया है।

सभी मिलकर अत्यन्त प्रसन्न हुए मानो तड़पते हुए मत्स्य ने जल प्राप्त कर लिया हो। वे सभी नये नये इतिहास पूछते और कहते हुए हर्षित भाव से श्रीराम के पास चले।

तब सभी ने मधुवन के अन्दर आकर अंगद की आज्ञा से मीठे फलों को खाया। रखवाले जब (उन्हें) रोकने लगे तब घूँसों की मार करते ही सब (रखवाले) भाग चले।

उन सब ने जाकर पुकार की कि युवराज बन उजाड़ रहे हैं, तब उसे सुनकर सुग्रीव हर्षित हुए कि वानरगण श्रीराम के कार्य को पूरा करके आ गये हैं॥ २८॥

टिप्पणी—हनुमान समान रूप से अपने कृत्यों द्वारा एक ओर राक्षस समुदाय में भय एवं दूसरी ओर वानर समुदाय में आनन्द उत्पन्न करते हैं। सम्पूर्ण घटना व्यापार बड़ी ही त्वरा से आगे बढ़ता है। सभी वानर हनुमान के साथ किष्किंधा पहुँच जाते हैं।

जौं न होति सीता सुधि पाई। मधुबन के फल सकहिं कि खाई॥
येहि बिधि मन विचार कर राजा। आइ गए कपि सहित समाजा॥
आइ सबन्हि नावा पद सीसा। मिलेउ सबन्हि अति प्रेम कपीसा॥
पूछी कुसल कुसल पद देखी। राम कृपाँ भा काजु बिसेषी॥
नाथ काजु कीन्हेउ हनुमाना। राखे सकल कपिन्ह के प्राना॥
सुनि सुग्रीव बहुरि तेहि मिलेऊ। कपिन्ह सहित रघुपति पहिं चलेऊ॥
राम कपिन्ह जब आवत देखा। कियें काजु मन हरष बिसेषा॥
फटिक सिला बैठे द्वौ भाई। परे सकल कपि चरनन्हि जाई॥

दो०— प्रीति सहित सब भेंटे रघुपति करुनापुंज।
पूँछी कुसल नाथ अब कुसल देखि पद कंज॥ २९॥

अर्थ—यदि सीता का समाचार (सुधि) न पाये होते तो वे मधुबन के फल नहीं खा सकते थे। इस प्रकार, सुग्रीव मन में विचार कर रहे थे कि सम्पूर्ण दल सहित बानर आ गये।

सभी ने जाकर उनके चरणों पर शीश झुकाया और सुग्रीव सभी से अत्यन्त प्रेमपूर्वक मिले। उन्होंने कुशल पूछी (सभी ने उत्तर दिया कि) आपके चरणों के दर्शन से सब कुशल है और श्रीराम की कृपा से समस्त कार्य पूरा हो गया।

हे नाथ! हनुमान ने ही सम्पूर्ण कार्य किया और सभी वानरों के प्राण बचा लिये। यह सुनकर, सुग्रीव पुनः हनुमान से मिले और वानरों के साथ श्रीराम के पास गये।

श्रीराम ने जब वानरों को आते देखा—कार्य हो चुका है (ऐसा अनुमान करके) उन्हें विशेष हर्ष हुआ। स्फटिक शिला पर दोनों भाई बैठे थे। सम्पूर्ण वानर उनके चरणों पर जाकर पड़े। (आदरभाव से चरण स्पर्श किया)।

करुणा की राशि श्रीराम प्रीतिपूर्वक सभी को गले लगाकर भेंटे और कुशल-क्षेम पूछा (जिसे सुनकरसभी वानरों) ने कहा—हे नाथ! अब आपके चरण-कमलों को देखकर ही कुशल है॥ २९॥

टिप्पणी—वानरों का मधुवन के फलों को बिना अनुमति के खाना तथा रखवालों के वर्जित करने पर उन्हें दण्डित करना—ये दो ऐसे कारण हैं, जिनकी सूचना पाकर सुग्रीव प्रसन्न हो उठते हैं कि श्रीराम का कार्य सम्पादित हो उठा है और फिर सभी को लेकर श्रीराम के पास पहुँचे। ये कथा के आगामी विकास के लिए त्वरापूर्ण भंगिमाएँ हैं। प्रवर्षण गिरि पर स्थित श्रीराम-लक्ष्मण के पास वानर सुग्रीव के साथ पहुँचते हैं।

जामवंत कह सुनु रघुराया। जापर नाथ करहु तुम्ह दाया॥
ताहि सदा सुभ कुसल निरंतर। सुर नर मुनि प्रसन्न ता ऊपर॥
सोइ बिजई बिनई गुन सागर। तासु सुजसु त्रैलोक उजागर॥
प्रभु की कृपा भयेउ सबु काजू। जन्म हमार सुफल भा आजू॥
नाथ पवनसुत कीन्हि जो करनी। सहसहु मुख न जाइ सो बरनी॥
पवनतनय के चरित सुहाए। जामवंत रघुपतिहि सुनाए॥
सुनत कृपानिधि मन अति भाए। पुनि हनुमान हरषि हियँ लाए॥
कहहु तात केहि भाँति जानकी। रहति करति रच्छा स्वप्रान की॥

दो०— नाम पाहरू राति दिनु ध्यान तुम्हार कपाट।
लोचन निज पद जंत्रित जाहिं प्रान केहिं बाट॥ ३०॥

अर्थ—जाम्वान् ने बताया कि हे श्रीराम! सुनें, जिस पर आप दया करें उसके लिए सदा कल्याण एवं कुशल है और देवता, मनुष्य, मुनिगण सभी उस पर प्रसन्न हैं।

वही विनयशील, विजयी एवं गुणों का समुद्र है और त्रैलोक्य में उसी का ही यश प्रकाशित है, प्रभु श्रीराम की कृपा से ही सम्पूर्ण कार्य सम्पन्न हो गया और आज हम सबका जन्म (लेना) सफल हो गया।

हे नाथ! वायुपुत्र हनुमान ने जो अद्‌भुत कार्य (करनी) किया है, वह सहस्रों मुखों से भी वर्णित नहीं किया जा सकता। वायु पुत्र के सुन्दरचरित्र को जाम्बवान् ने श्रीराम को सुनाया।

सुनने पर यह (कथा) कृपानिधान श्रीराम को अच्छी लगी और उन्होंने पुनः हनुमान को हृदय से लगा लिया। हे तात! बताओ, सीता किस प्रकार अपने प्राणों की रक्षा करती है।

आपका नाम रात दिन का पहरेदार है, आपका ध्यान किवाड़े हैं, नेत्र ही अपने पदों से यंत्रित करनेवाला है, फिर भला प्राण किस रास्ते से जा सकता है?

टिप्पणी—कार्य सम्पादित होने की सूचना कवि अपनी प्रकृति के अनुसार ही देता है। 'प्रभु की कृपा भयेउ सब काजू' वाक्य द्वारा तुलसी स्वयं प्रभु को ही समस्त कार्य सम्पादन का श्रेय देते हैं। जाम्बवान् के इस कथन में वाग्चातुर्य एवं शिष्टाचार तो है ही, श्रीराम के महत्त्व का प्रतिपादन भी मिलता है। योजना साङ्गरूपक अलंकार की है।

चलत मोहि चूड़ामनि दीन्ही। रघुपति हृदयँ लाइ सोइ लीन्ही॥
नाथ जुगल लोचन भरि बारी। बचन कहे कछु जनककुमारी॥
अनुज समेत गहेहु प्रभु चरना। दीनबंधु प्रनतारति हरना॥
मन क्रम बचन चरन अनुरागी। केहिं अपराध नाथ हौं त्यागी॥

अवगुन एक मोर मैं जाना। बिछुरत प्रान न कीन्ह पयाना॥
नाथ सो नयनन्हि कर अपराधा। निसरत प्रान करहिं हठि बाधा॥
बिरह अगिनि तनु तूल समीरा। स्वास जरइ छन माहिं सरीरा॥
नयन स्त्रवहिं जलु निज हित लागी। जरइ न पाव देह ब्रिरहागी॥
सीता कै अति बिपति बिसाला। बिनहिं कहें भलि दीनदयाला॥
दो०— निमिष निमिष करुनानिधि जाहिं कलप सम बीति।
बेगि चलिअ प्रभु आनिअ भुज बल खल दल जीति॥ ३१॥

अर्थ—चलते समय उन्होंने चूड़ामणि दी है, श्रीराम ने उसे हृदय से लगा लिया। (हनुमान ने पुनः कहा) कि हे नाथ! दोनों नेत्रों में जल भर कर सीता ने कुछ संदेश कहे हैं।

छोटे भाई लक्ष्मण सहित प्रभु के चरणों को पकड़ना और कहना कि हे दीनबन्धु! एवं शरणागत जनों की पीड़ा को हरण करने वाले मैं मन, कर्म एवं वाणी से आपकी दासी हूँ। किस अपराधवश नाथ ने मुझे त्याग दिया है।

मैं स्वीकार करती हूँ कि मुझ में एक ही अवगुण है। वह यह कि आप से विरहित होते समय मेरे प्राण क्यों नहीं चले गये। हे नाथ! यह तो नेत्रों का अपराध है जो प्राणों से निकलने में हठपूर्वक बाधा उत्पन्न करते हैं।

विरह अग्नि है, शरीर रूई है, श्वास वायु है, यह शरीर क्षण मात्र में जल जाता किन्तु नेत्र (अपने दर्शनजन्य सुख की आकांक्षा में) जल बहाते रहते हैं, इसलिए विरह की अग्नि में यह (शरीर) जलने नहीं पाती।

सीता की विपत्ति अत्यधिक विशाल है। हे दीनदयालु! वह बिना कहे ही, भली है (कहने में अति कष्टदायिनी है)।

हे करुणानिधान! उनका एक-एक पल कल्प के सदृश व्यतीत हो रहा है तथा हे प्रभु! आप शीघ्र चलें और अपनी भुजाओं की शक्ति से दुष्टों का दलन करके, उन्हें ले आइए॥ ३१॥

टिप्पणी—सीता ने हनुमान को 'अभिज्ञान' दिया था, प्रथम चूड़ामणि तथा द्वितीय 'जयन्त की कथा का स्मरण कराना।' तुलसी केवल चूड़ामणि देते हैं और 'बचन कहे कहु जनक कुमारी' शब्दों में प्रसंग को विरह वेदना के वर्णन की ओर उन्मुख करते हैं। 'जयन्त' का प्रसंग वे छोड़ देते हैं। शायद श्रीराम का गोपनीय प्रसंग कहना तुलसी या हनुमान के लिए मानस में सम्भव नहीं था किन्तु हनुमन्नाटक में तीनों अभिज्ञानों का उल्लेख है। वाल्मीकि इस प्रसंग की चर्चा करते हैं—

मोघमस्त्रं न शक्यं तु कर्त्तमित्येव राघव।
भवांस्तस्याक्षि काकयस्य हिनस्ति स्म स दक्षिणम्॥

'अध्यात्म रामायण' में भी काक प्रसंग का अभिज्ञान संदर्भ है—

'दत्वा काकेन यद्वृत्तं चित्रकूट गिरौ पुरा।'

तुलसी अपने आराध्य श्रीराम और जगज्जननी जानकी के इस अत्यन्त गोपनीय प्रसंग को छिपा जाते हैं। रूपक एवं पर्यायोक्ति की व्यंजनाएँ महत्त्वपूर्ण हैं।

सुनि सीता दुख प्रभु सुख अयना। भरि आये जल राजिव नयना॥
बचन काय मन मम गति जाही। सपनेहुँ बूझिअ बिपति कि ताही॥
कह हनुमंत बिपति प्रभु सोई। जब तव सुमिरन भजन न होई॥
केतिक बात प्रभु जातुधान की। रिपुहि जीति आनिबी जानकी॥
सुनु कपि तोहि समान उपकारी। नहिं कोउ सुर नर मुनि तनुधारी॥
प्रति उपकार करौं का तोरा। सनमुख होइ न सकत मन मोरा॥

सुनु सुत तोहि उरिन मैं नाहीं। देखेउँ कर बिचारि मन माहीं॥
पुनि पुनि कपिहि चितव सुरत्राता। लोचन नीर पुलक अति गाता॥
दो०— सुनि प्रभु बचन बिलोकि मुख गात हरषि हनुमंत।
चरन परेउ प्रेमाकुल त्राहि त्राहि भगवंत॥ ३२॥

अर्थ—सुख के धाम श्रीराम के कमलवत् नेत्र सीता के दु:ख को सुनकर अश्रुजल से भर आये। मन, वाणी एवं शरीर से जिसे मेरा ही आश्रय (विश्वास या भरोसा) है, उसके लिए क्या स्वप्न में भी विपत्ति कही जा सकती है।

हनुमान ने कहा कि प्रभु! विपत्ति तो तभी है, जब आपका स्मरण एवं भजन न हो। हे प्रभु! राक्षसों की बात कितनी? शत्रु को जीतकर आप सीता को ले आएँगे।

हे कपि हनुमान! सुनो, तुम्हारे समान (मेरा) उपकार करने वाला कोई देवता, मनुष्य, ऋषि एवं शरीरधारी नहीं है। इस उपकार के बदले मैं तुम्हारा क्या उपकार (प्रति उपकार) करूँ? मेरा मन भी तुम्हारे सामने नहीं हो सकता।

मन में विचार करके देख लिया है कि हे पुत्र! मैं तुझसे ऋणमुक्त नहीं हो सकता। देवताओं के रक्षक प्रभु श्रीराम पुन:-पुन: कपि हनुमान को देख रहे हैं—नेत्रों में प्रेमाश्रु है, शरीर अत्यन्त पुलकित।

प्रभु श्रीराम के वचनों को सुनकर तथा उनके (भाव विह्वल) शरीर एवं मुख को देखकर हनुमान हर्षित और प्रेम से विह्वल—हे भगवान्! मेरी रक्षा करो, मेरी रक्षा करो, कहते हुए उनके चरणों पर गिर पड़े।

टिप्पणी—यहाँ हनुमान के प्रति श्रीराम का कृतज्ञता भाव वर्णित है। वाल्मीकि रामायण में हनुमान के उपकार से कृतज्ञ श्रीराम अपने पास कोई वस्तु उपहार देने के लिए न देखकर कहते हैं कि मैं हनुमान को उपहार के रूप में प्रगाढ़ आलिंगन दूँगा और ऐसा कहकर—

इत्युक्त्वा प्रीतिहृष्टांगो रामस्तं परिषजस्वे।
हनुमन्त कृतात्मानं कृतकार्यमुपागतम्॥

ऐसा कहकर श्रीराम के अंग प्रत्यंग प्रेम से पुलकित हो उठे और अपनी आज्ञा के पालन में सफलता पाकर लौटे हुए पवित्रात्मा हनुमान को हृदय से लगा लिया।

तुलसी इस सम्पूर्ण प्रकरण को भक्ति में बदल देते हैं। 'प्रति उपकार करौं का तोरा' जैसी श्रीराम की वाणी सुनकर हनुमान श्रीराम के चरणों में गिर कर पद विलुंठित हो उठते हैं—

'चरन परेउ प्रेमाकुल त्राहि त्राहि भगवंत'

यह प्रेम यहाँ सेवक-स्वामि भाव मूलक भक्ति की सर्वोत्कृष्टता के रूप में चित्रित है।

बार बार प्रभु चहैं उठावा। प्रेम मगन तेहि उठब न भावा॥
प्रभु कर पंकज कपि कें सीसा। सुमिरि सो दसा मगन गौरीसा॥
सावधान मन करि पुनि संकर। लागे कहन कथा अति सुंदर॥
कपि उठाइ प्रभु हृदयँ लगावा। कर गहि परम निकट बैठावा॥
कहु कपि रावन पालित लंका। केहि बिधि दहेहु दुर्ग अति बंका॥
प्रभु प्रसन्न जाना हनुमाना। बोला बचन बिगत अभिमाना॥
साखामृग कै बड़ि मनुसाई। साखा ते साखा पर जाई॥
नाँघि सिंधु हाटकपुर जारा। निसिचर गन बधि बिपिन उजारा॥
सो सब तव प्रताप रघुराई। नाथ न कछू मोरि प्रभुताई॥
दो०— ता कहुँ प्रभु कछु अगम नहिं जा पर तुम्ह अनुकूल।
तव प्रभाव बड़वानलहि जारि सकइ खलु तूल॥ ३३॥

अर्थ—प्रभु श्रीराम बार-बार उठाना चाहते हैं किन्तु परन्तु प्रेम से डूबे उन्हें उठना अच्छा नहीं लगता। प्रभु के कर कमल हनुमान के शीश पर हैं, उस दशा का स्मरण करके शिव प्रेम मग्न हो उठे।

पुनः अपने मन को सचेत (सावधान) करके शिव अत्यन्त सुन्दर कथा कहने लगे। कपि हनुमान को उठाकर उन्होंने हृदय से लगा लिया और हाथ पकड़ कर (उन्हें) अत्यन्त समीप बैठा लिया।

हे कपि हनुमान! बताओ, रावण द्वारा रक्षित (पालित) इस लंका को और उसके विलक्षण (बाँके-बंकिम) दुर्गों को किस प्रकार जलाया। हनुमान प्रभु श्रीराम को प्रसन्न जानकर अभिमान-शून्य वाणी बोले।

शाखामृग (बन्दर) का सबसे बड़ा यही पुरुषार्थ है कि एक शाखा से दूसरी शाखा पर जाता रहता है। मैंने सिंधु को लाँघ करके सोने की लंका जलाई और राक्षसों का वध करके वाटिका उजाड़ डाली।

हे श्रीराम! यह सब आपका ही प्रताप था। हे नाथ! इसमें मेरी कोई प्रभुता नहीं है।

हे प्रभु! जिस पर आप अनुकूल हों, उसके लिए कोई भी (कार्य) दुर्गम नहीं है। आपके प्रभाव से निश्चय ही बड़वाग्नि को रूई भी जला सकती है॥ ३३॥

टिप्पणी—तुलसी सदैव भक्ति के लिए आह्लादकारी अवसर मानस में खोजते रहते हैं। हनुमान का प्रगाढ़ चरण आलिंगन और स्नेह से श्रीराम का उनके सिर को सहलाना-प्रेम एवं आत्मीय संसक्ति की पराकाष्ठा है—

प्रभु कर पंकज कपि कें सीसा। सुमिरि सो दसा मगन गौरीसा॥
सावधान करि मन पुनि संकर। लागे कहन कथा अति सुंदर॥

इस प्रकरण के बिम्बात्मक चित्रण में कथा के वक्ता शिव का मन भी स्खलित हो उठता है। संसक्ति की उत्कटता के दो कारण हैं—प्रथम, स्वयं शिव कथा-वक्ता का उस रचनाभूमि में भोक्ता सहृदय के रूप में प्रवेश कर जाना या द्वितीय एकादश रुद्रावतार शिव के स्वयं के विगत अनुभव की स्मृति प्रतीति। हनुमान को शिव का एकादश अवतार बताया गया है। कुल मिलाकर, यह समस्त प्रसंग भक्ति एवं रचनात्मक रसावेग की दृष्टि से उत्कृष्टतम है।

'साखामृग कै बड़ि मनुसाई। साखा ते साखा पर जाई।'

यह उक्ति हनुमन्नाटक से रूपान्तरित है—

शाखामृगस्य शाखायाः शाखां गन्तुं पराक्रमः।
यत्पुर्नलंघितोम्मोधिः प्रभावोऽयं प्रभो तव॥

नाथ भगति अति सुखदायनी। देहु कृपा करि अनपायनी॥
सुनि प्रभु परम सरल कपि बानी। एवमस्तु तब कहेउ भवानी॥
उमा राम सुभाउ जेहिं जाना। ताहि भजनु तजि भाव न आना॥
येह संबाद जासु उर आवा। रघुपति चरन भगति सोइ पावा॥
सुनि प्रभु बचन कहहिं कपिबृंदा। जय जय जय कृपाल सुखकंदा॥
तब रघुपति कपिपतिहि बोलावा। कहा चलइ कर करहु बनावा॥
अब बिलंबु केहि कारन कीजै। तुरत कपिन्ह कहुँ आयेसु दीजै॥
कौतुक देखि सुमन बहु बरषी। नभ तें भवन चले सुर हरषी॥
दो०— कपिपति बेगि बोलाए आए जूथप जूथ।
नाना बरन अतुल बल बानर भालु बरूथ॥ ३४॥

अर्थ—हे नाथ! अत्यन्त आनन्द देने वाली अपनी अनपायिनी भक्ति कृपा करके दीजिए। हे

पार्वती! प्रभु श्रीराम कपि हनुमान की अत्यन्त सरल वाणी सुनकर बोले, एवमस्तु (ऐसा ही हो)।

हे पार्वती! जिसने श्रीराम का स्वभाव समझ लिया है, उसमें (उनका) भजन छोड़कर अन्य कोई भाव नहीं उपजता। यह संवाद (कथा प्रसंग) जिसके हृदय में आ गया, उसने श्रीराम के चरणों में भक्ति प्राप्त कर ली।

प्रभु श्रीराम के वचनों को सुनकर वानर समूह—कहते हैं, कृपालु आनन्दकन्द की जय हो-जय हो। तब श्रीराम ने सुग्रीव को बुलाया और कहा कि चलने की व्यवस्था (बनावा) करो।

अब किस कारण विलम्ब किया जाये और वानरों को तुरन्त आज्ञा दें। यह लीला (कौतुक) देखकर देवतागण अत्यधिक हर्षित हुए और पुष्प वर्षा करते हुए आकाश से अपने-अपने लोक (भवन) को चल पड़े।

वानरों के स्वामी सुग्रीव ने सभी को बुलाया और तब वे समूह के समूह (सेना के) आ गये। वानर तथा भालुओं के वे (यूथप) नाना वर्णों तथा अतुलनीय बलों वाले हैं॥ ३४॥

टिप्पणी—भक्ति के प्रसंग का समापन करते हुए अन्ततया युद्ध प्रयाण का सन्दर्भ प्रारम्भ होता है। युद्ध प्रयाण के पूर्व सैन्य निरीक्षण एवं तैयारी का प्रकरण यहाँ निर्दिष्ट है। श्रीराम इसी सन्दर्भ में वानरों को युद्ध प्रयाण की तैयारी के निमित्त बुलाते हैं।

प्रभु पद पंकज नावहिं सीसा। गर्जहिं भालु महाबल कीसा॥
देखी राम सकल कपि सेना। चितइ कृपा करि राजिव नयना॥
राम कृपा बल पाइ कपिंदा। भए पच्छजुत मनहुँ गिरिंदा॥
हरषि राम तब कीन्ह पयाना। सगुन भए सुंदर सुभ नाना॥
जासु सकल मंगलमय कीती। तासु पयान सगुन येह नीती॥
प्रभु पयान जाना बैदेही। फरकि बाम अँग जनु कहि देही॥
जोइ जोइ सगुन जानकिहि होई। असगुन भयेउ रावनहिं सोई॥
चला कटकु को बरनइ पारा। गर्जहिं बानर भालु अपारा॥
नख आयुध गिरि पादप धारी। चले गगन महि इच्छाचारी॥
केहरि नाद भालु कपि करहीं। डगमगाहिं दिग्गज चिक्करहीं॥

अर्थ—प्रभु श्रीराम के चरण-कमलों में वे शीश झुकाते हैं और अत्यधिक बलपूर्वक वे वानर तथा भालु गर्जना करते हैं। कमलनयन श्रीराम ने अत्यधिक कृपा करते हुए सम्पूर्ण कपि सेना को देखा।

श्रीराम की कृपा का बल पाकर वे श्रेष्ठ वानर मानो पंख से संयुक्त श्रेष्ठ पर्वत हो गये। श्रीराम ने तब हर्षित भाव से प्रयाण किया तब नाना प्रकार के सुन्दर शकुन हुए।

जिसकी कीर्ति सम्पूर्ण मंगलों से परिपूर्ण है, उसके प्रस्थान में शकुन हो, यह केवल नीति (औपचारिकता) मात्र है।

सीता ने श्रीराम का प्रस्थान समझा मानो शरीर के बायें अंग फड़क कर (इसे) बता दे रहे हों। सीता के जो-जो शकुन हो रहे थे, वही-वही रावण के लिए अपशकुन हो रहे थे।

सेना चली, उसका वर्णन करने में कौन समर्थ हो सकता है (पारा)! अनन्त वानर तथा भालु गर्जना कर रहे हैं।

नख, गिरि तथा वृक्षों को (शस्त्र) के रूप में धारण करने वाले तथा इच्छानुसार चलने वाले (भालु तथा वानर) आकाश या पृथ्वी मार्ग से चल रहे हैं। वानर तथा भालुगण सिंहनाद कर रहे हैं, दिशाओं के हाथी विचलित होकर चिग्घाड़ रहे हैं।

टिप्पणी—सेना के प्रयाण का कवि चित्रण करता है और इस चित्रण में परम्परा के आधार पर शक्ति का आकलन आवश्यक बताया गया है। सैन्य शक्ति के आकलन के पश्चात् विजय की आकांक्षा और उसकी सम्भावना का ज्ञान होता है। विजय की इस सम्भावना को शकुन द्वारा

व्यंजित कराया जा रहा है। सीता के शकुन एवं रावण के अपशकुन इसके प्रमाण हैं। वाल्मीकि रामायण में प्रस्थान के समय उत्तरा फाल्गुनी नक्षत्र एवं चन्द्रमा में हस्त नक्षत्र का योग बताया गया है। यही नहीं, वहाँ भी शुभ शकुनों की चर्चा की गई है। रण प्रयाण के समय शुभ लग्नों का होना आवश्यक बताया गया है।

छंद— **चिक्करहिं दिग्गज डोल महि गिरि लोल सागर खरभरे।**
मन हरष दिनकर सोम सुर मुनि नाग किंनर दुख टरे॥
कटकटहिं मर्कट बिकट भट बहु कोटि कोटिन्ह धावहीं।
जय राम प्रबल प्रताप कोसलनाथ गुन गन गावहीं॥
सहि सक न भार उदार अहिपति बार बारहिं मोहई।
गह दसन पुनि पुनि कमठ पृष्ट कठोर सो किमि सोहई॥
रघुबीर रुचिर पयान प्रस्थिति जानि परम सुहावनी।
जनु कमठ खर्पर सर्पराज सो लिखत अबिचल पावनी॥

दो०— येहि बिधि जाइ कृपानिधि उतरे सागर तीर।
जहँ तहँ लागे खान फल भालु बिपुल कपि बीर॥ ३५॥

अर्थ—दिग्गज चिंघाड़ कर रहे हैं। पृथ्वी डोल रही है, पर्वत चंचल हैं, समुद्र खलभला रहा है, सूर्य, चन्द्र, देवता, मुनि नाग, किन्नर मन-ही-मन हर्षित हैं कि हमारे संकट टल रहे हैं। वानरों के अनन्त विकट योद्धा कटकटा रहे हैं और वे करोड़ों (की संख्या में) दौड़ रहे हैं। कोशलनाथ श्रीराम के प्रबल प्रताप की जय हो—(इस प्रकार से) पुकारते हुए उनके गुण समूहों का गान कर रहे हैं।

सेना के प्रबल (उदार) भार को शेषनाग नहीं सह पा रहे हैं और वे बार-बार स्तम्भित (मोहई) हो रहे हैं। वे (उसी स्तम्भित होने की दशा में) कमठ की कठोर पीठ को दाँतों से पकड़े हुए इस प्रकार शोभित हो रहे हैं मानो श्रीराम की सेना का परम सुन्दर प्रस्थान एवं प्रयाण समझकर उसकी अमिट एवं पवित्र कथा को शेषनाग कछुए की पीठ (खर्पर) पर लिख रहे हैं।

इस प्रकार कृपा के सागर श्रीराम जाकर समुद्र के तट पर उतरे और असंख्य भालु एवं वानर योद्धा जहाँ-तहाँ फल खाने लगे॥ ३५॥

टिप्पणी—महाकाव्यों में 'रण-प्रयाण' का अतिशयोक्तिपूर्ण वर्णन आवश्यक बताया गया है। कवि उसी क्रम में यह वर्णन यहाँ प्रस्तुत करता है। वाल्मीकि ने इस रण प्रयाण का विस्तारपूर्वक वर्णन किया है। तुलसी भी रण-प्रयाण की परम्परा के क्रम में ही अतिशयोक्ति पूर्ण शैली के माध्यम से यह वर्णन प्रस्तुत करते हैं। शेषनाग द्वारा महाकच्छप की कठोर पीठ पर सेना प्रस्थान की कथा का अंकन करना अत्युक्ति है। यह अत्युक्ति परम्परित वर्णन शैली का ही एक अंग है।

कवि इस सैन्य प्रस्थान के पश्चात् यहाँ किष्किंधा की घटना को कुछ देर के लिए रोककर पुनः सभी का ध्यान लंका प्रसंग की ओर आकर्षित करता है।

उहाँ निसाचर रहहिं ससंका। जब ते जारि गयेउ कपि लंका॥
निज निज गृहँ सब करहिं बिचारा। नहिं निसिचर कुल केर उबारा॥
जासु दूत बल बरनि न जाई। तेहि आयें पुर कवन भलाई॥
दूतिन्ह सन सुनि पुरजन बानी। मंदोदरी अधिक अकुलानी॥
रहसि जोरि कर पति पद लागी। बोली बचन नीति रस पागी॥
कंत करष हरि सन परिहरहू। मोर कहा अति हित हियँ धरहू॥
समुझत जासु दूत कइ करनी। स्त्रवहिं गर्भ रजनीचर घरनी॥

तासु नारि निज सचिव बोलाई। पठवहु कंत जो चहहु भलाई॥
तव कुल कमल बिपिन दुखदाई। सीता सीत निसा सम आई॥
सुनहु नाथ सीता बिनु दीन्हें। हित न तुम्हार संभु अज कीन्हें॥

दो०— राम बान अहिगन सरिस निकर निसाचर भेक।
जब लगि ग्रसत न तब लगि जतन करहु तजि टेक॥ ३६॥

अर्थ—जब से कपि हनुमान लंका जला गए थे, वहाँ (लंका में) राक्षस भययुक्त रहने लगे। अब राक्षस परिवार के बचने का कोई मार्ग नहीं है—वे इस प्रकार अपने-अपने घरों में विचार करते हैं।

जिसके दूत की शक्ति का वर्णन नहीं किया जा सकता है फिर उसके (स्वामी के) आने से नगर में कौन-सा अनिष्ट नहीं हो सकता? दूतियों से नगरवासियों की (इस) चर्चा को सुनकर मन्दोदरी अधिक व्याकुल हुई।

एकान्त में वह हाथ जोड़कर अपने पति के चरणों में जा लगी और नीति रस में पगी हुई वाणी बोली। हे प्रियतम! श्रीहरि से संघर्ष विरोध (करष) छोड़ दें। मेरे समझाने को हृदय में अत्यन्त हितैषितापूर्ण जानकर धारण करें।

जिसके दूत के कौतुकपूर्ण कृत्य का विचार करते ही राक्षसियों के गर्भ पृथ्वी पर गिर पड़ते हैं, अपने मंत्री को बुलाकर उसकी पत्नी को (उनके पास) भेज दो, यदि भलाई चाहते हो तो।

आपके कुलरूपी कमल विपिन के लिए यह सीता शिशिर रात्रि के समान आई है। हे नाथ! सुन लें, बिना सीता को लौटाये, शिव तथा ब्रह्मा के भी (हित) करने से आपका हित नहीं होगा।

श्रीराम के बाण सर्प की भाँति हैं और राक्षसों के समूह मेढक के सदृश। जब तक वे इनका ग्रास नहीं कर लेते, तब तक अपना हठ छोड़कर कोई यत्न कर लें॥ ३६॥

टिप्पणी—शास्त्रों में पत्नी को पुरुष का प्रथम हित चिंतक बताया गया है। रावण की पत्नी मंदोदरी रावण को सीता लौटा देने की प्रार्थना करती है किन्तु रावण उसका तिरस्कार करता है। सुंदरकांड का यह प्रसंग न वाल्मीकि रामायण में है और न अध्यात्म रामायण में। कवि अपनी मौलिक कल्पना शक्ति के आधार पर इसे यहाँ प्रस्तुत करता है। हनुमन्नाटक में विभीषण के समझाने का प्रसंग अवश्य आता है किन्तु वाल्मीकि एवं अध्यात्म में यह प्रसंग युद्धकांड में है।

सुनी स्त्रवन सठ ता करि बानी। बिहँसा जगत बिदित अभिमानी॥
सभय सुभाउ नारि कर साँचा। मंगल महुँ भय मन अति काँचा॥
जौं आवै मर्कट कटकाई। जिअहिं बिचारे निसिचर खाई॥
कंपहिं लोकप जाकी त्रासा। तासु नारि सभीत बड़ि हासा॥
अस कहि बिहँसि ताहि उर लाई। चलेउ सभाँ ममता अधिकाई॥
मंदोदरी हृदयँ कर चिंता। भयेउ कंत पर बिधि बिपरीता॥
बैठेउ सभाँ खबरि असि पाई। सिंधु पार सेना सब आई॥
बूझेसि सचिव उचित मत कहहू। ते सब हँसे मष्ट करि रहहू॥
जितेहु सुरासुर तब स्त्रम नाहीं। नर बानर केहि लेखे माहीं॥

दो०— सचिव बैद गुर तीनि जौं प्रिय बोलहिं भय आस।
राज धर्म तन तीनि कर होइ बेगि ही नास॥ ३७॥

अर्थ—उस शठ, रावण ने उसकी वाणी सुनी और (उसे) सुनकर वह विश्वविख्यात अभिमानी हँसा। नारियों का स्वभाव सचमुच ही भयपूर्ण है। उनका मन कच्चा है क्योंकि उन्हें शुभसमय में भी भय होता है।

यदि वानर सेना आती है तो बेचारे राक्षस उन्हें खाकर जीयेंगे। (जीवन व्यतीत करेंगे)। जिसके संत्रास (भय) से लोकपाल काँपते हैं, यह बड़े उपहास का विषय है कि उसकी पत्नी भयभीत है।

विहँस करके उसने ऐसा कहा और उसे अंक में लगा लिया। इस प्रकार से स्नेह प्रदर्शित करके वह (रावण) सभा में चला गया। मंदोदरी हृदय-ही-हृदय चिंता करने लगी कि मेरे प्रियतम पर विधाता प्रतिकूल हो गये हैं।

ज्यों ही, (वह) सभा में बैठा, उसने ऐसी खबर पाई कि सम्पूर्ण सेना समुद्र के पार आ गई है। मंत्रियों से उसने पूछा कि उचित राय बतायें। वे-मन-ही-मन बोले, चुप किये रहिये (इसमें सलाह की कौन बात है)।

आपने देवता तथा असुर-सभी को जीत लिया है, मनुष्य तथा वानर किस गिनती में हैं।

भय या लाभ की आशा में मंत्री, वैद्य एवं गुरु यदि प्रिय वाणी बोलते हैं तो शीघ्र ही, राज्य धर्म एवं शरीर का विनाश हो जाता है॥ ३७॥

टिप्पणी—परम हितैषिणी पत्नी की सलाह की रावण उपेक्षा कर देता है। इसी बीच समाचार प्राप्त हुआ कि समुद्र के तट पर वानरों की सेना आ पहुँची है। इस समाचार को सुनकर उसने मंत्रियों से मंत्रणा की कि इस सन्दर्भ में क्या करणीय है? चाटुकार मंत्री रावण को युद्ध के लिए प्रोत्साहित करते हैं। चाटुकार मंत्रियों द्वारा हित-अहित की परीक्षा किये बिना युद्ध का निष्कर्ष निकाल लेना ही रावण के विनाश का कारण है, ऐसा कवि यहाँ इंगित करता है।

सोइ रावन कहुँ बनी सहाई। अस्तुति करहिं सुनाइ सुनाई॥
अवसर जानि बिभीषनु आवा। भ्राता चरन सीसु तेहिं नावा॥
पुनि सिरु नाइ बैठ निज आसन। बोला बचन पाइ अनुसासन॥
जौं कृपाल पूछहु मोहिं बाता। मति अनुरूप कहौं हित ताता॥
जो आपन चाहइ कल्याना। सुजसु सुमति सुभ गति सुख नाना॥
सो पर नारि लिलारु गोसाईं। तजौ चौथि के चंद कि नाईं॥
चौदह भुवन एक पति होई। भूत द्रोह तिष्ठइ नहिं सोई॥
गुन सागर नागर नर जोऊ। अलप लोभ भल कहइ न कोऊ॥
दो०— काम क्रोध मद लोभ सब नाथ नरक के पंथ।
सब परिहरि रघुबीरहि भजहु भजहिं जेहि संत॥ ३८॥

अर्थ—वही रावण के लिए सहायक बन गया है। मंत्रीगण उसे सुना-सुनाकर स्तुति कर रहे हैं। अवसर देखकर विभीषण आया और भ्राता रावण के चरणों पर उसने सिर नवाया।

और फिर सिर नवाकर, अपने आसन पर जा बैठा तथा आज्ञा पाकर वचन बोला। हे कृपाल! जब आपने मुझसे बातें पूछी हैं तो हे तात! मैं अपनी बुद्धि के अनुसार हित की बात कहता हूँ।

जो अपना कल्याण, यश, सुन्दर ज्ञान, सुन्दर गति एवं अनेकानेक सुख चाहता है तो हे स्वामी! दूसरे की पत्नी के ललाट को वह चौथ के चन्द्र की भाँति (देखना) त्याग दे।

चौदह भुवनों का एकमात्र स्वामी होने पर भी वह जीवों से वैर (भूतद्रोह) करके नहीं रह सकता (तिष्ठइ)। जो गुणों के समुद्र तथा चतुर हैं, उनके थोड़े-से भी लोभ को कोई भला नहीं कहता।

हे नाथ! काम, क्रोध, मद, लोभ सभी के सभी नरक के मार्ग हैं। सभी का परित्याग करके जिसका संत जन भजन करते हैं, उन कोशलाधीश श्रीराम का भजन करें॥ ३८॥

टिप्पणी—पत्नी, मंत्री एवं बन्धु बांधव यही सही हितैषी हैं। पत्नी की वह रावण अवहेलना कर देता है। मंत्रिगण ठकुरसुहाती बोल रहे हैं और ऐसे समय में रावण का सगा भाई विभीषण उसे

उचित परामर्श देने के लिए पहुँचता है। वह पर नारी अपहरण के कलंक से अपनी बात की शुरुआत करता है और परामर्श देता है कि सीता को पहुँचाकर श्रीराम से वह सन्धि कर ले। कवि यहाँ 'काम, क्रोध, लोभ, मोह तथा मद' से मुक्ति पाने की बात रावण से करता है क्योंकि रावण इन समस्त वासनाओं से ग्रस्त है। कवि इस प्रसंग को श्रीराम भक्ति की ओर उन्मुख करता है वाल्मीकि एवं अध्यात्म रामायणों में विभीषण प्रसंग लंकाकांड में है—किन्तु यहाँ यह सुंदरकांड के अन्तर्गत है यह हनुमन्नाटक का प्रभाव है। यहाँ विभीषण रावण को समझाता हुआ कहता है—

त्यजस्व कोपं कुलकीर्तिनाशनं भजस्वधर्मं कुलकीर्तिवर्धनम्।
प्रसीद जीवेम सबान्धवा वयं प्रदीयतां दाशरथाय मैथिली॥

तात रामु नहिं नर भूपाला। भुवनेस्वर कालहु कर काला॥
ब्रह्म अनामय अज भगवंता। ब्यापक अजित अनादि अनंता॥
गो द्विज धेनु देव हितकारी। कृपासिंधु मानुष तनु धारी॥
जन रंजन भंजन खल ब्राता। बेद धर्म रक्षक सुनु भ्राता॥
ताहि बयरु तजि नाइअ माथा। प्रनतारति भंजन रघुनाथा॥
देहु नाथ प्रभु कहुँ बैदेही। भजहु राम बिनु हेतु सनेही॥
सरन गएँ प्रभु ताहु न त्यागा। बिस्व द्रोह कृत अघ जेहि लागा॥
जासु नाम त्रय ताप नसावन। सोइ प्रभु प्रकट समुझु जिअँ रावन॥

दो०— बार बार पद लागौं बिनय करौं दससीस।
परिहरि मान मोह मद भजहु कोसलाधीस॥
मुनि पुलस्ति निज सिष्य सन कहि पठई येह बात।
तुरत सो मैं प्रभु सन कही पाइ सुअवसरु तात॥ ३९॥

अर्थ—हे तात! श्रीराम मनुष्यों के राजा ही नहीं, वे सम्पूर्ण भुवनों के स्वामी तथा काल देवता के भी काल हैं। वे विकार रहित, ब्रह्म (अनामय), अज, भगवान, व्यापक अजेय, अनादि तथा अनन्त हैं।

गाय, ब्राह्मण, धेनु तथा देवताओं के हितैषी एवं कृपा के सागर केवल (सभी की रक्षा के लिए) मनुष्य का शरीर धारण किया है। हे भाई! सुनो! वे श्रीराम दासों को आनन्द देने वाले दुष्टों के समुदाय का विनाश करने वाले तथा वेद एवं धर्म के रक्षक हैं।

वैर का परित्याग करके उन्हें सिर नवाइये। वे प्रणत जनों के संकट को दूर करने वाले श्री रघुनाथ जी है। हे नाथ! प्रभु श्रीराम को सीता लौटा दें एवं अकारण हितैषी श्रीराम का स्मरण करें।

सम्पूर्ण जगत से द्रोह करने का पाप जिसे लगा है, शरणागत होने पर प्रभु श्रीराम उसका भी त्याग नहीं करते, जिनका नाम तीनों तापों को नष्ट करने वाला है, वही प्रभु श्रीराम के रूप में प्रकट हुए हैं, हे रावण! ऐसा हृदय में समझो।

मैं बार-बार आपके चरणों पर पड़ता हूँ और हाथ जोड़कर विनय करता हूँ कि अभिमान, मद एवं मोह का परित्याग करके आप कोशलपति श्रीराम का भजन कीजिए।

मुनि पुलस्त्य ने अपने शिष्य से यह बात कहला भेजी है, हे तात! मैंने सुअवसर पाकर स्वामी से तुरन्त ही वह बात कह दी॥ ३९॥

टिप्पणी— विभीषण रावण को भाँति-भाँति से समझाता है और अन्त में वह अपने पितामह का सन्दर्भ भी देता है। यह पितामह सन्दर्भ संदेश के रूप में है। पुलस्त्यमुनि ने भी यही बात अपने

शिष्यों से कहला भेजी है, इसलिए स्वीकार करें। पुलस्त्य ऋषि रावण के पितामह थे और यहाँ कवि रावण को समझाने के लिए बन्धु बांधव की ही परिकल्पना नहीं करता, उसके पूर्व पुरुषों को भी इससे जोड़ने की बात करता है। पुलस्त्य प्रकरण पूर्व परम्परा में नहीं मिलता। वाल्मीकि रामायण में विभीषण रावण को तीन बार समझाने के लिए आता है।

माल्यवंत अति सचिव सयाना। तासु बचन सुनि अति सुख माना॥
तात अनुज तव नीति बिभूषन। सो उर धरहु जो कहत विभीषन॥
रिपु उतकरष कहत सठ दोऊ। दूरि न करहु इहाँ हइ कोऊ॥
माल्यवंत गृह गएउ बहोरी। कहइ बिभीषनु पुनि कर जोरी॥
सुमति कुमति सब कें उर रहहीं। नाथ पुरान निगम अस कहहीं॥
जहाँ सुमति तहँ संपति नाना। जहाँ कुमति तहँ बिपति निदाना॥
तव उर कुमति बसी बिपरीता। हित अनहित मानहु रिपु प्रीता॥
कालराति निसिचर कुल केरी। तेहि सीता पर प्रीति घनेरी॥

दो०— तात चरन गहि मागौं राखहु मोर दुलार।
सीता देहु राम कहुँ अहित न होइ तुम्हार॥ ४०॥

अर्थ—माल्यवान नाम का एक चतुर मंत्री था, उसने उसके वचनों का सुनकर अत्यधिक सुख का अनुभव किया। हे तात! आपके भाई विभीषण कीर्ति–विभूषण हैं। इसलिए जो विभीषण कह रहे हैं, उसे हृदय में धारण करें।

(रावण ने कहा) तुम दोनों शत्रु के उत्कर्ष का वर्णन कर रहे हो, यहाँ कोई हैं, इन्हें दूर क्यों नहीं करते? तब माल्यवान तो घर लौट आया किन्तु विभीषण पुनः हाथ जोड़कर कहता है।

हे नाथ! वेद तथा पुराण ऐसा कहते हैं कि सभी के हृदय में सुबुद्धि एवं दुर्बुद्धि (समान रूप से) निवास करती हैं किन्तु जहाँ सुमति है, वहाँ नाना प्रकार की सम्पत्ति है, किन्तु जहाँ कुमति है, वहाँ परिणाम (निदान) के रूप में विपत्ति रहती है।

आपके हृदय में विपरीति दुर्बुद्धि आकर बस गई है इसीलिए आप हित को अनहित एवं मित्र को शत्रु मान रहे हैं। आपकी (दुर्बुद्धि) राक्षस कुल की कालरात्रि की भाँति है और उस पर अधिक भयंकर सीता पर आपकी प्रीति बन गई है।

हे तात! मैं आपके चरणों को पकड़कर यह माँग रहा हूँ और आप मेरा दुलार रख लीजिए (बालक के प्रेम को न दुत्कारिये) कि श्रीराम को सीता दे दें जिससे कि आपका अहित न हो पाये॥ ४०॥

टिप्पणी—रावण का चतुर मंत्री माल्यवन्त भी रावण को यही परामर्श देता है और वह विभीषण का ही समर्थन करता है। विभीषण रावण के चरणों को पकड़कर सीता को लौटाने का अनुनय करता है किन्तु रावण पर कोई प्रभाव नहीं पड़ता। माल्यवंत प्रकरण भी अध्यात्म एवं वाल्मीकि रामायणों में नहीं है। तुलसी प्रायः पत्नी, मंत्री, भाई तथा पितामह सभी हितैषियों से उचित सलाह दिलाकर प्रसंग को अधिक तेजवान बनाते हैं।

बुध पुरान श्रुति संमत बानी। कही बिभीषन नीति बखानी॥
सुनत दसानन उठा रिसाई। खल तोहि निकट मृत्यु अब आई॥
जिअसि सदा सठ मोर जिआवा। रिपु कर पच्छ मूढ़ तोहि भावा॥
कहसि न खल अस को जग माहीं। भुजबल जेहिं जीता मैं नाहीं॥
मम पुर बसि तपसिन्ह पर प्रीती। सठ मिलु जाइ तिन्हहिं कहु नीती॥
अस कहि कीन्हेसि चरन प्रहारा। अनुज गहे पद बारहिं बारा॥

उमा संत कै इहइ बड़ाई। मंद करत जो करइ भलाई॥
तुम्ह पितु सरिस भलेहिं मोहिं मारा। राम भजें हित नाथ तुम्हारा॥
सचिव संग लै नभ पथ गयेऊ। सबहि सुनाइ कहत अस भयेऊ॥

दो०— रामु सत्य संकल्प प्रभु सभा काल बस तोरि।
मैं रघुबीर सरन अब जाउँ देहु जनि खोरि॥ ४१॥

अर्थ—विभीषण ने नीतिपूर्वक विद्वत् जन, पुराण, वेद अनुमोदित वाणी बखान कर कही—जिसे सुनकर रावण खीझ उठा और कहा कि रे दुष्ट! अब मृत्यु तुम्हारे निकट आ गई है।

रे शठ! तू हमेशा मेरे जिलाने से (मुझसे अन्नादि प्राप्त करके) जीता रहा है किन्तु रे मूर्ख! तुझे शत्रु का पक्ष अच्छा लगता है। रे दुष्ट! बता न। संसार में ऐसा कौन है, जिसे मैंने भुजाओं के बल से नहीं जीता है?

मेरे नगर में रहकर तपस्वियों से प्रेम? हे शठ! उन्हीं से जाकर मिलो और उन्हीं को नीति बताओ (कहु नीति)। ऐसा कहकर उसने चरण प्रहार किया और अनुज विभीषण ने (मारने पर भी) बार-बार चरण थाम्हे।

हे पार्वती! सन्तों का यही बड़प्पन है कि वे बुराई करने (मंद करत) पर भी भलाई करते हैं। आप पिता के सदृश हैं और मुझे मारा यह अच्छा किया किन्तु हे नाथ! श्रीराम का भजन करने पर ही आपका हित होगा।

(यह कह कर) मंत्रियों के साथ विभीषण आकाश मार्ग से चल पड़े और सभी को सुना कर इस प्रकार कहने लगे।

हे रावण! आपकी सभा कालवश हो उठी है क्योंकि श्रीराम तो सत्य संकल्प प्रभु हैं, अतः मैं अब श्रीराम की शरण में जा रहा हूँ, मुझे दोष न दीजिएगा॥ ४१॥

टिप्पणी—नेक सलाह देते हुए भी अनुज विभीषण पर पद प्रहार की घटना सर्वथा प्रसिद्ध घटना है। मानस में विभीषण पद प्रहार के बाद भी विचलित नहीं होता और कहता है—

'तुम्ह पितु सरिस भलेहिं मोहिं मारा। राम भजे हित नाथ तुम्हारा॥'

वाल्मीकि रामायण में 'पद प्रहार' की घटना नहीं है। वहाँ रावण से असन्तुष्ट होकर विभीषण राम के पास अपने मंत्रियों सहित चला जाता है। यही स्थिति, अध्यात्म रामायण की भी है—

विभीषणो रावण वाक्यतः क्षणा
द्विसृज्य सर्वं सपरिच्छदं गृहम्।
जगाम रामस्यपदार विन्दयो,
सेवाभिकाङ्क्षी परिपूर्णमानसः॥

हनुमन्नाटक में इस प्रसंग का उल्लेख मिलता है—

"इति वाम चरणेन विभीषणं ताऽयामास"

अस कहि चला बिभीषनु जबहीं। आयूहीन भये सब तबहीं॥
साधु अवज्ञा तुरत भवानी। कर कल्यान अखिल कै हानी॥
रावन जबहिं बिभीषनु त्यागा। भयेउ बिभव बिनु तबहिं अभागा॥
चलेउ हरषि रघुनायक पाहीं। करत मनोरथ बहु मन माहीं॥
देखिहौं जाइ चरन जलजाता। अरुन मृदुल सेवक सुखदाता॥
जे पद परसि तरी रिषिनारी। दंडक कानन पावनकारी॥
जे पद जनकसुता उर लाये। कपट कुरंग संग धर धाये॥
हर उर सर सरोज पद जेई। अहोभागय मैं देखिहौं तेई॥

दो०— जिन्ह पायन्ह के पादुकन्हि भरत रहे मन लाइ।
ते पद आज बिलोकिहौं इन्ह नयनन्हि अब जाइ॥ ४२॥

अर्थ—ऐसा कहकर विभीषण (ज्योंही) वहाँ से चला, सभी राक्षस आयुहीन हो उठे। हे पार्वती! साधुओं का अपमान तुरन्त ही सम्पूर्ण कल्याण की हानि कर देता है।

रावण ने जिस क्षण विभीषण का त्याग कर दिया (उसी क्षण) वह ऐश्वर्यविहीन हो उठा। इधर विभीषण हर्षित भाव से मन में नाना प्रकार के मनोरथ करते हुए श्रीराम के पास चले।

अरुणवर्ण के तथा भक्तों के लिए आनन्ददायी कमलवत् चरणों को जाकर देखूँगा। जिन चरणों का स्पर्श करके ऋषि गौतम की पत्नी अहल्या तर गई और (जो चरण) दण्डक वन को पवित्र करने वाले हैं।

जिन चरणों को सीता ने ह्रदय में लगाकर रखा है, जो कपटमृग को पकड़ने (धर) के लिए पृथ्वी पर दौड़े थे, जो चरण शिव के ह्रदय सरोवर के लिए कमलवत हैं मेरा अहोभाग्य है कि मैं उन्हें आज देखूँगा।

जिन चरणों की पादुकाओं में भरत अपने मन को लगा रखा है, उन चरणों को अभी जाकर आज ही मैं इन नेत्रों से देखूँगा॥ ४२॥

टिप्पणी—विभीषण को यहाँ भक्त के रूप में चित्रित करता हुआ कवि उसकी दर्शनासक्ति का चित्रण करता है। यहाँ विभीषण को भक्त के रूप में चित्रित करने का बड़ा ही द्रावक तथा मनोहारी चित्रण किया गया है। भाई-बन्धुओं की ओर से उपेक्षित तथा आश्रयविहीन विभीषण एकमात्र आश्रय श्रीराम के प्रति कितना अधिक निष्ठावान् है, कवि सम्पूर्ण तन्मयता एवं आत्मीयता के साथ इसका चित्रण करता है।

येहि बिधि करत सप्रेम बिचारा। आयेउ सपदि सिंधु येहि पारा॥
कपिन्ह बिभीषनु आवत देखा। जाना कोउ रिपु दूत बिसेषा॥
ताहि राखि कपीस पहिं आये। समाचार सब ताहि सुनाये॥
कह सुग्रीव सुनहु रघुराई। आवा मिलन दसानन भाई॥
कह प्रभु सखा बूझिये काहा। कहइ कपीस सुनहु नरनाहा॥
जानि न जाइ निसाचर माया। कामरूप केहि कारन आया॥
भेद हमार लेन सठ आवा। राखिअ बाँधि मोहि अस भावा॥
सखा नीति तुम्ह नीकि बिचारी। मम पन सरनागत भयहारी॥
सुनि प्रभु बचन हरष हनुमाना। सरनागत बच्छल भगवाना॥

दो०— सरनागत कहुँ जे तजहिं निज अनहित अनुमानि।
ते नर पाँवर पापमय तिन्हहि बिलोकत हानि॥ ४३॥

अर्थ—इस प्रकार, प्रेमपूर्वक विचार करता हुआ, शीघ्र (सपदि) ही समुद्र के इस पार आया। वानरों ने विभीषण को आते देखा तो समझा कि यह कोई शत्रु का दूत विशेष है।

उसे ठहराकर (राखि) सुग्रीव के पास वे आये और उन्हें सारा समाचार सुनाया। सुग्रीव ने कहा कि हे श्रीराम! सुनिये, रावण का भाई मिलने के लिये आया है।

प्रभु श्रीराम ने कहा, हे मित्र! समझिये, किसलिए (आया है)। सुग्रीव कहते हैं, हे महाराज! सुनिये, राक्षसों की माया समझी नहीं जाती। यह इच्छानुसार वेष बदलने वाला मायावी न जाने किस कारण आया है?

जान पड़ता है, यह शठ, हमारा भेद लेने के लिए आया है, इसलिए मुझे तो यही अच्छा लगता है कि इसे बाँध रखा जाए। श्रीराम ने कहा, हे मित्र! तुमने नीति तो अच्छी बिचारी है

किन्तु मेरा प्रण शरणागत के भय को हरण कर देना है।

प्रभु श्रीराम के वचनों को सुनकर हनुमान हर्षित हो उठे (और मन में विचार किया कि) भगवान् श्रीराम शरणागत पर वात्सल्य प्रेम रखने वाले (कितने उदार हृदय) हैं।

जो मनुष्य अपने हित-अनहित का अनुमान करके शरणागत का त्याग कर देते हैं, वे मनुष्य पामर (क्षुद्र) तथा पाप से परिपूर्ण हैं, उनको देखने से (पुण्य की) हानि होती है॥ ४३॥

टिप्पणी—कवि यहाँ विवेक, नीति एवं राजनीति तीनों से सम्बद्ध प्रश्नों को उठाकर एक साथ समाधान देने की चेष्टा करता है। शत्रु रावण का भाई विभीषण आया है, यह राजनीति है—किन्तु श्रीराम के पास आया है, यह एक नीति का प्रश्न है और श्रीराम जब विभीषण की वास्तविकता इंगित करते हैं तो वह विवेक से जुड़ जाता है—और हनुमान इसका समर्थन करते हैं। यहाँ विभीषण का प्रश्न 'शरणागत' का प्रश्न है, राजनीति का प्रश्न नहीं है, यह नीति तथा विवेक का प्रश्न है। विभीषण को स्वीकार करना नीति निष्ठा तथा विवेक को स्वीकार करना है।

कोटि बिप्र बध लागहि जाहू। आयें सरन तजौं नहिं ताहू॥
सन्मुख होइ जीव मोहि जबहीं। जन्म कोटि अघ नासहिं तबहीं॥
पापवंत कर सहज सुभाऊ। भजनु मोर तेहि भाव न काऊ॥
जौं पै दुष्ट हृदय सोइ होई। मोरें सन्मुख आव कि सोई॥
निर्मल मन जन सो मोहि पावा। मोहि कपट छल छिद्र न भावा॥
भेद लेन पठवा दससीसा। तबहुँ न कछु भय हानि कपीसा॥
जग महुँ सखा निसाचर जेते। लछिमनु हनइ निमिष महुँ तेते॥
जौं सभीत आवा सरनाईं। रखिहौं ताहि प्रान की नाईं॥

दो०— उभय भाँति तेहि आनहु हँसि कह कृपा निकेत।
जय कृपाल कहि कपि चले अंगद हनू समेत॥ ४४॥

अर्थ—जिसे करोड़ों ब्राह्मणों की हत्या लगी हो, उसे भी शरणागत होने पर मैं नहीं त्यागता। जीव जब भी मेरे सन्मुख हो जाए, उसी क्षण उसके करोड़ों जन्मों के पाप नष्ट हो जाते हैं।

पापी का यह सहज स्वभाव है कि उसे कभी भी मेरा भजन भाता (अच्छा लगना) नहीं। यदि वह (विभीषण) दुष्ट हृदय का होगा तो क्या वह मेरे सन्मुख आ सकता है? (अर्थात् नहीं)।

मुझे वही मनुष्य प्राप्त करता है, जो निर्मल मन का है। मुझे कपट, छल, छिद्र अच्छे नहीं लगते। यदि रावण ने मेरा रहस्य जानने के लिए भेजा है तो भी, हे सुग्रीव! न मुझे कुछ भय है और न हानि।

हे सखा! जगत् में जितने राक्षस है, उन्हें लक्ष्मण पल में ही मार सकते हैं और यदि भयभीत वह शरण में आया है तो मैं उसे प्राणों की भाँति रखूँगा (उसकी रक्षा करूँगा)।

कृपा के धाम श्रीराम ने हँस कर कहा कि दोनों ही स्थितियों में उसे ले आओ। तब अंगद तथा हनुमान के साथ सुग्रीव, कृपालु श्रीराम की जय हो कहते हुए चल पड़े॥ ४४॥

टिप्पणी—श्रीराम वानरों को समझाते हैं कि यदि राजनीति से सम्बद्ध है तो उसका भी पता चलेगा, यदि शरणागत है तो भी ज्ञात होगा। वह दोनों में से चाहे जिस पक्ष का हो उसे ले आया जाए—केवल आशंका के आधार पर निर्णय नहीं लिया जा सकता—यह विवेक का प्रश्न है। सन्देहास्पद अवसरों पर विवेक सर्वाधिक महत्त्वपूर्ण है, कवि इस मन्तव्य को व्यंजना द्वारा समझाने की चेष्टा करता है।

सादर तेहि आगें करि बानर। चले जहाँ रघुपति करुनाकर॥
दूरिहिं तें देखे द्वौ भ्राता। नयनानंद दान के दाता॥

बहुरि राम छबिधाम बिलोकी। रहेउ ठठुकि एकटक पल रोकी॥
भुज प्रलंब कंजारुन लोचन। स्यामल गात प्रनत भय मोचन॥
सिंघ कंध आयत उर सोहा। आनन अमित मदन मन मोहा॥
नयन नीर पुलकित अति गाता। मन धरि धीर कही मृदु बाता॥
नाथ दसानन कर मैं भ्राता। निसिचर बंस जनम सुरत्राता॥
सहज पाप प्रिय तामस देहा। जथा उलूकहि तम पर नेहा॥

दो०— स्रवन सुजसु सुनि आयेउँ प्रभु भंजन भव भीर।
त्राहि त्राहि आरति हरन सरन सुखद रघुबीर॥ ४५॥

अर्थ—आदरपूर्वक उसे (विभीषण को) आगे करके वानर वहाँ चले जहाँ करुणाकर श्रीराम थे। नेत्रों के लिए आनन्द का दान करने वाले उन दोनों भाइयों को विभीषण ने दूर से देखा।

पुनः सौन्दर्य के धाम श्रीराम की छवि को देखकर एकटक पलक रोककर ठिठक गया। भुजाएँ लम्बी, अरुण कमलवत् नेत्र, शरणागतों को भयमुक्त करने वाला श्यामल शरीर।

सिंह के सदृश कंधे एवं विशाल वक्षस्थल शोभित हो रहे थे। असंख्य कामदेवों के मन को मुग्ध करने वाला उनका मुख था विभीषण ने नेत्र में प्रेमाश्रु भरकर अत्यन्त पुलकित शरीर से, मन में धैर्य धारण करके कोमल स्वर से बातें कहीं—

हे नाथ! मैं रावण का भाई हूँ। हे देवताओं के रक्षक!! मेरा जन्म राक्षस वंश में हुआ है। यह तमस् वृत्तियों से संयुक्त देह स्वभाव से पापप्रिय है (अर्थात् इस देह से सहज ही पाप ही होते रहे हैं) जैसे—उलूक का अधंकार पर ही सहज स्नेह रहता है।

प्रभु! आप जन्म-मरण के भय का विनाश करने वाले हैं, यह सुयश कानों से सुनकर मैं आया हुआ हूँ। हे आर्तजनों के दुखों को दूर करने वाले तथा शरणागतों को आनन्द प्रदान करने वाले श्रीराम! मेरी रक्षा करें, मेरी रक्षा करें॥ ४५॥

टिप्पणी—तुलसी का विभीषण वाल्मीकि तथा अध्यात्म रामायणों के विभीषण से एकदम भिन्न है। वह भाई से संत्रस्त न होकर श्रीराम का भक्त एवं उनके प्रति संसक्तिभाव से आस्थावान् है। यहाँ कवि राजनीतिक 'शरणागति' के ऊपर शरणागति एवं प्रपत्तिमूलक भक्ति को स्थापित करता है। शरणागतों को स्वीकार करना श्रीराम का बाना है, इसी आकर्षण से वह आया है—

स्रवन सुजस सुनि आएउँ प्रभु भंजन भवभीर।
त्राहि त्राहि आरति हरन सरन सुखद रघुबीर॥

विभीषण के ये शब्द भक्त के हैं, राजनीतिक शरण खोजने वाले के नहीं।

अस कहि करत दंडवत देखा। तुरत उठे प्रभु हरष बिसेषा॥
दीन बचन सुनि प्रभु मन भावा। भुज बिसाल गहि हृदयँ लगावा॥
अनुज सहित मिलि ढिग बैठारी। बोले बचन भगत भयहारी॥
कहु लंकेस सहित परिवारा। कुसल कुठाहर बास तुम्हारा॥
खल मंडली बसहु दिनु राती। सखा धर्म निबहइ केहि भाँती॥
मैं जानौं तुम्हारि सब रीती। अति नय निपुन न भाव अनीती॥
बरु भल बास नरक कर ताता। दुष्ट संग जनि देइ बिधाता॥
अब पद देखि कुसल रघुराया। जौं तुम्ह कीन्हि जानि जन दाया॥

दो०— तब लगि कुसल न जीव कहुँ सपनेहुँ मन बिस्राम।
जब लगि भजत न राम कहुँ सोक धाम तजि काम॥ ४६॥

अर्थ—ऐसा कहकर उसे प्रभु श्रीराम ने दण्डवत् करते देखा, और तब विशेष हर्षित होकर वे तुरन्त उठ पड़े। उसके दीनता भरे वचन प्रभु श्रीराम को बहुत अच्छे लगे और अपनी विशाल भुजाओं से पकड़ कर उसे हृदय से लगा लिया।

अनुज लक्ष्मण के साथ मिलकर उसे समीप बैठाया और भक्तों के भय को दूर करने वाले श्रीराम बोले। हे लंकेश! परिवार सहित अपनी कुशल बताओ। तुम्हारा निवास तो बहुत बुरे स्थान पर है।

दिन-रात दुष्टों की मण्डली में निवास करते हो, अतः हे सखा! तुम्हारा धर्म किस प्रकार निबहता है। मैं तुम्हारे सम्पूर्ण व्यवहार की रीति जानता हूँ। तुम अत्यन्त नीति निपुण हो। तुम्हें अनीति अच्छी नहीं लगती।

हे तात! नरक में रहना श्रेयस्कर है परन्तु विधाता दुष्टों का साथ कभी न दें। हे श्रीराम! अब आपके चरणों का दर्शन करके कुशल से हूँ क्योंकि आपने अपना दास समझकर इस सेवक पर दया की है (ऐसा विभीषण ने उत्तर दिया)।

जब तक शोक के समूह (धाम) काम का परित्याग करके जीव श्रीराम को नहीं भजता तब तक न जीव के लिए कुशल है और न स्वप्न में भी परम शान्ति (विश्राम) है॥ ४६॥

टिप्पणी—विभीषण के प्रति यहाँ श्रीराम की आत्मीयता का चित्रण है। वह आत्मीयता उनके स्वभाव के अनुकूल तथा विभीषण को आश्वासन प्रदान करने के लिए है। विभीषण आश्वस्त हो जाएँ, यही श्रीराम के कथनों का मन्तव्य है।

तब लगि हृदयँ बसत खल नाना। लोभ मोह मच्छर मद माना॥
जब लगि उर न बसत रघुनाथा। धरें चाप सायक कटि भाथा॥
ममता तरुन तमी अँधियारी। राग द्वेष उलूक सुखकारी॥
तब लगि बसति जीव मन माहीं। जब लगि प्रभु प्रताप रबि नाहीं॥
अब मैं कुसल मिटे भय भारे। देखि राम पद कमल तुम्हारे॥
तुम्ह कृपाल जापर अनुकूला। ताहि न ब्याप त्रिबिध भवसूला॥
मैं निसिचर अति अधम सुभाऊ। सुभ आचरनु कीन्ह नहिं काऊ॥
जासु रूप मुनि ध्यान न आवा। तेहिं प्रभु हरषि हृदयँ मोहिं लावा॥
दो०— अहोभाग्य मम अमित अति राम कृपा सुख पुंज।
देखेउँ नयन बिरंचि सिव सेव्य जुगल पद कंज॥ ४७॥

अर्थ—जब तक धनुष, बाण एवं कमर में तरकस धारण किये हुए श्रीराम हृदय में निवास नहीं करते तब तक लोभ, मोह, मात्सर्य, मद, अभिमान आदि नाना प्रकार की दुष्ट भावनाएँ हृदय में निवास करती हैं।

ममतारूपी तरुण अँधेरी रात, जो राग-द्वेषरूपी उलूकों के लिए आनन्ददायिनी है, ये तभी तक जीवों के मन में निवास करते हैं, जब तक प्रभु श्रीराम के प्रतापरूपी सूर्य (का उदय) नहीं होता।

हे श्रीराम! आपके कमलवत् चरणों को देखकर, मेरे भारी भय मिट गये और अब मैं कुशलपूर्वक हूँ। हे कृपाशील! जिस पर तुम अनुकूल हो जाओ, उसे तीनों प्रकार के जन्म-मरण के कष्ट नहीं व्यापते।

मैं तो अत्यन्त नीच स्वभाव का राक्षस हूँ। मैंने कभी भी शुभ आचरण नहीं किया है। जिसका स्वरूप मुनियों के भी ध्यान में नहीं आता, उस प्रभु ने स्वयं मुझे हर्षित भाव से हृदय से लगा लिया।

हे कृपा एवं आनन्दसिन्धु श्रीराम! मेरा अत्यन्त अपरिमित अहोभाग्य है कि मैंने शिव तथा ब्रह्मा द्वारा सेवित आपके चरण-कमलों को (अपने इन) नेत्रों से देख लिया है॥ ४७॥

टिप्पणी—कवि यहाँ शरणागतिमूलक भक्ति के सार तत्त्व का निरूपण करता है। यह शरणागतिमूलक भक्ति अपने में कितनी प्रामाणिक है, विभीषण के वचन इसके साक्ष्य हैं। विभीषण के वचन उनके आत्मिक उद्‌गार हैं, वह अपने आत्मिक उद्‌गार द्वारा श्रीराम की भक्ति विषयक निष्ठा को पूरी तरह से प्रमाणित करना चाहता है। कवि को भी विभीषण की स्वीकृति से यह अवसर मिला है कि वह अशरणशरण तथा भक्तवत्सल जैसे प्रभु श्रीराम के स्वभाव को बलपूर्वक निरूपित करे।

सुनहु सखा निज कहौं सुभाऊ। जान भुसुंडि संभु गिरिजाऊ॥
जौं नर होइ चराचर द्रोही। आवइ सभय सरन तकि मोही॥
तजि मद मोह कपट छल नाना। करौं सद्य तेहि साधु समाना॥
जननी जनक बंधु सुत दारा। तनु धनु भवन सुहृद परिवारा॥
सब कै ममता ताग बटोरी। मम पद मनहिं बाँध बरि डोरी॥
सवँदरसी इच्छा कछु नाहीं। हरष सोक भय नहिं मन माहीं॥
अस सज्जन मम उर बस कैसें। लोभी हृदयँ बसै धनु जैसें॥
तुम्ह सारिखे संत प्रिय मोरें। धरौं देह नहिं आन निहोरें॥
दो०— सगुन उपासक पर हित निरत नीति दृढ़ नेम
ते नर प्रान समान मम जिन्ह कें द्विज पद प्रेम॥ ४८॥

अर्थ—(श्रीराम कहते हैं कि) हे सखा! मेरे स्वभाव को सुनो, इसे भुशुंडि, शिव एवं पार्वती ही जानते हैं। यदि कोई मनुष्य सम्पूर्ण जड़ चेतन का द्रोही भी हो तो वह भयभीत होकर तथा मद, मोह, कपट एवं नाना प्रकार के छल का त्याग करके मेरी ओर उन्मुख होकर (तककर) आता है तो उसे मैं शीघ्र ही साधु के समान बना देता हूँ। माता, पिता, भाई, पुत्र, पत्नी शरीर, धन, मित्र गण तथा परिवार,

इन सबके ममतारूपी तागों को बटोरकर तथा उसको डोरी (मोटी रस्सी) के रूप में आबंटित करके (बरके) जो अपने मन को मेरे चरणों में बाँध देता है; जिसकी कोई आकांक्षा नहीं है, इस प्रकार समदर्शी (बनकर) तथा हर्षशोक भय आदि जिसके मन में नहीं है,

ऐसे सज्जन मेरे हृदय में इस प्रकार निवास करते हैं, जैसे लोभी के हृदय में धन बसता है। तुम्हारे सदृश सन्त मुझे प्रिय हैं, (यह भी सत्य है कि) मैं किसी अन्य के लिए (यह लीला) देह नहीं धारण करता, ऐसे ही सन्तों के निमित्त ही देह धारण करता हूँ।

जो सगुण ब्रह्म के उपासक हैं, वे दूसरों के हित, नीति एवं नियमों में दृढ़तापूर्वक लगे रहते हैं और जिनके मन में ब्राह्मणों के प्रति प्रेम है, वे मनुष्य मेरे प्राणों के सदृश हैं॥ ४८॥

टिप्पणी—कवि यहाँ राजनीतिक 'शरण' को शरणागतिमूलक भक्ति के प्रसंग से सन्दर्भित कर देता है। इस शरणागतिमूलक प्रसंग को कवि श्रीराम के मुख से स्वयं अभिपुष्ट करा रहा है। श्रीराम कहते हैं—

सुनु लंकेस सकल गुन तोरें। ता तें तुम्ह अतिसय प्रिय मोरें॥
राम बचन सुनि बानर जूथा। सकल कहहिं जय कृपा बरूथा॥
सुनत बिभीषनु प्रभु कै बानी। नहिं अघात स्त्रवनामृत जानी॥
पद अंबुज गहि बारहिं बारा। हृदयँ समात न प्रेमु अपारा॥
सुनहु देव सचराचर स्वामी। प्रनतपाल उर अंतरजामी॥
उर कछु प्रथम बासना रही। प्रभु पद प्रीति सरित सो बही॥
अब कृपाल निज भगति पावनी। देहु सदा सिव मन भावनी॥

एवमस्तु कहि प्रभु रनधीरा। माँगा तुरत सिंधुकर नीरा॥
जदपि सखा तव इच्छा नाहीं। मोर दरसु अमोघ जग माहीं॥
अस कहि राम तिलक तेहि सारा। सुमन बृष्टि नभ भई अपारा॥
दो०— रावन क्रोध अनल निज स्वास समीर प्रचंड।
जरत बिभीषन राखेउ दीन्हेउ राजु अखंड॥
जो संपति सिव रावनहि दीन्हि दिएँ दस माथ।
सोइ संपदा बिभीषनहि सकुचि दीन्हि रघुनाथ॥ ४९॥

अर्थ—हे लंकेश विभीषण! सुनो, तुम्हारे अन्दर समस्त गुण हैं, इसीलिए तुम मुझे अत्यधिक प्रिय हो। श्रीराम के वचनों को सुनकर वानरों के समस्त समूह कहने लगे, कृपा के आगार श्रीराम की जय हो।

प्रभु की (इस प्रकार की) वाणी सुनते हुए विभीषण उसे श्रवणामृत सगझकर (तृप्ति से) अघाते नहीं हैं। बार-बार श्रीराम के चरण-कमलों को पकड़कर और जिनके हृदय में अनन्त प्रेम राशि समा नहीं पा रही थी (ऐसे विभीषण बोले)—

हे देव! हे सचराचर के स्वामी! हे शरणागत के रक्षक! हे हृदय के भीतर की समस्त बातों को जानने वाले श्रीराम! मेरे हृदय में इसके पूर्व जो कुछ वासना (अवशिष्ट) थी वह प्रभु के चरणों की प्रीति रूप सरिता में आज बह (विलीन हो) गई।

हे कृपालु! सदैव शिव को अच्छी लगने वाली अपनी पवित्र भक्ति मुझे दें। युद्ध में धैर्य प्रगट करने वाले श्रीराम ने एवमस्तु कहकर तुरन्त ही समुद्र का जल माँगा।

हे सखा! यद्यपि तुम्हारी कोई आकांक्षा भी नहीं है, फिर भी मेरा दर्शन संसार में अमोघ है (निष्फल नहीं जाता) ऐसा कहकर श्रीराम ने उसका राज तिलक कर दिया (सारा)। आकाश में (उस क्षण) अपार पुष्प वृष्टि हुई।

रावण के क्रोधरूपी अग्नि जो विभीषण की श्वास (नीति वाणी) रूपी वायु के सम्पर्क से प्रचंड होकर जल रही थी उसमें जलते हुए विभीषण की श्रीराम ने रक्षा कर ली और उसे अखण्ड राज्य दिया।

शिव ने दसों शीशों की बलि देने पर रावण को जो सम्पत्ति दी थी, श्रीराम ने उस सम्पत्ति को (अत्यन्त) संकोच पूर्वक विभीषण को दिया॥ ४९॥

टिप्पणी—श्रीराम के स्वभाव एवं कृपापूर्ण भक्तवत्सलता का कवि चित्रण कर रहा है। विभीषण को श्रीराम न केवल अपना सखा बना लेते हैं, वरन् उन्हें लंका के भावी सम्राट् के रूप में भी अभिषिक्त करते हैं। कवि को श्रीराम के माहात्म्य को चित्रित करने का यह उचित अवसर मिलता है—

जो संपति सिव रावनहिं दीन्हि दिये दस माथ।
सोइ संपदा विभीषनहिं सकुचि दीन्ह रघुनाथ॥

मूलतः यह सन्दर्भ हनुमन्नाटक से प्रभावित है:

या विभूतिदर्शग्रीवे शिरश्छेदेपि शंकरात्।
दर्शनाद्रामदेवस्य सा विभूतिर्विभीषणे॥

(जो ऐश्वर्य रावण को अपने शिर को काटकर चढ़ाने के बाद प्राप्त हुआ था, वही लंका का आधिपत्य विभीषण को श्रीराम के दर्शन मात्र से प्राप्त हुआ।)

'सकुचि दीन्हि' शब्द को जोड़कर कवि श्रीराम की अतिशय उदारता को यहाँ चित्रित करने का यत्न करता है।

अस प्रभु छाँड़ि भजहिं जे आना। ते नर पसु बिनु पूँछ बिषाना॥
निज जन जानि ताहि अपनावा। प्रभु सुभाव कपि कुल मन भावा॥

पुनि सबँग्य सर्ब उरबासी। सर्ब रूप सब रहित उदासी॥
बोले बचन नीति प्रतिपालक। कारन मनुज दनुज कुल घालक॥
सुनु कपीस लंकापति बीरा। केहि बिधि तरिअ जलधि गंभीरा॥
संकुल मकर उरग झष जाती। अति अगाध दुस्तर सब भाँती॥
कह लंकेस सुनहु रघुनायक। कोटि सिंधु सोषक तव सायक॥
जद्यपि तदपि नीति असि गाई। बिनय करिअ सागर सन जाई॥

दो०— प्रभु तम्हार कुलगुर जलधि कहिहि उपाय बिचारि।
बिनु प्रयास सागर तरिहि सकल भालु कपि धारि॥ ५०॥

अर्थ—ऐसे प्रभु श्रीराम को छोड़कर जो दूसरे का भजन करते हैं, वे बिना-सींग पूछ के पशु हैं। श्रीराम ने विभीषण को अपना सेवक समझकर अंगीकार कर लिया। प्रभु श्रीराम का यह स्वभाव वानर समूहों को भाया (अच्छा लगा)।

पुनः सर्वज्ञ, सभी के हृदय में निवास करने वाले, सर्वरूप, सबसे रहित, उदासीन, नीति के परिपालक, कतिपय हेतुओं से (लीला रूप) मनुष्य बनने वाले एवं राक्षसों के समूह को नष्ट करने वाले श्रीराम! वाणी बोले—।

हे वीर वानरराज सुग्रीव तथा लंकेश विभीषण! यह गहरा समुद्र किस प्रकार पार किया जाए। अनेकानेक मकरों, साँपों तथा मछलियों से आप्लावित (संकुल) (यह समुद्र) सब प्रकार से अत्यन्त अगाध एवं दुस्तर (पार करने में दुर्गम) है।

लंकेश विभीषण ने कहा, हे श्रीराम! सुनें, यद्यपि आपका बाण अनेकानेक समुद्रों को सोख लेने में समर्थ है तथापि नीति ऐसी कहती कि (प्रथमतः) समुद्र से चलकर विनय की जाए।

हे प्रभु! समुद्र आपका कुलगुरु है, वह विचार कर उपाय बतला देंगे और तब रीछ एवं वानरों की समस्त (धारि) सेना बिना प्रयास ही सागर पार हो जाएगी॥ ५०॥

टिप्पणी—कवि यहाँ सीता की प्राप्ति के निमित्त उत्पन्न सबसे बड़े अवरोध का वर्णन करता है। यह अवरोध है—समुद्र को पार करने का। कवि यहाँ अनेक रूपों में समुद्र की भयंकरता का चित्रण करता हुआ मन्तव्य की प्राप्ति में अवरोधजनित निराशा को चित्रित कर रहा है। यह अवरोध श्रीराम की परीक्षा का हेतु है। इस समुद्र के अवरोध को दूर करने के निमित्त श्रीराम मंत्रणा करते हैं और निष्कर्ष के रूप में 'सागर विनय' का सन्दर्भ एकमत से निश्चित होता है।

सखा कही तुम्ह नीकि उपाई। करिअ दैव जौं होइ सहाई॥
मंत्र न येह लछिमन मन भावा। राम बचन सुनि अति दुख पावा॥
नाथ दैव कर कवन भरोसा। सोखिअ सिंधु करिअ मन रोसा॥
कादर मन कहुँ एक अधारा। दैव दैव आलसी पुकारा॥
सुनत बिहँसि बोले रघुबीरा। ऐसेइ करब धरहु मन धीरा॥
अस कहि प्रभु अनुजहि समुझाई। सिंधु समीप गये रघुराई॥
प्रथम प्रनाम कीन्ह सिरु नाई। बैठे पुनि तट दर्भ डसाई॥
जबहिं बिभीषन प्रभु पहिं आये। पाछे रावन दूत पठाये॥

दो०— सकल चरित तिन्ह देखे धरें कपट कपि देह।
प्रभु गुन हृदयँ सराहहिं सरनागत पर नेह॥ ५१॥

अर्थ—हे सखा! तुमने अच्छा उपाय बताया, यदि दैव सहायक हो जाएँ तो यही करना चाहिए। लक्ष्मण के मन में यह सलाह अच्छी न लगी और श्रीराम की वाणी सुनकर (उन्हें) अत्यन्त दुःख प्राप्त हुआ।

(लक्ष्मण ने कहा) हे नाथ! दैव का क्या विश्वास? मन में क्रोध कीजिये और समुद्र को सुखा डालिए। कायर (कादर) मन के लिए दैव ही एकमात्र आधार है और आलसी व्यक्ति दैव-दैव पुकारा करते हैं।

यह सुनकर श्रीराम हँस कर बोले, मन में धैर्य धारण करो, ऐसा ही करूँगा। ऐसा कहकर प्रभु श्रीराम ने लक्ष्मण को समझाया और श्रीराम समुद्र के समीप गये।

सर्वप्रथम सिर झुका कर (उसे) प्रणाम किया और फिर समुद्र तट पर दर्भ (कुश) बिछा कर बैठे। ज्यों ही, विभीषण प्रभु श्रीराम के पास चले थे उनके त्योंही पीछे रावण ने दूत भेजा।

कपट पूर्ण वानर का शरीर धारण किये हुए उन्होंने सम्पूर्ण कार्यों को (चरित) देखा। वे हृदय-ही-हृदय प्रभु श्रीराम के शरणागत पर स्नेह जैसे उनके गुणों की सराहना कर रहे थे।

टिप्पणी—श्रीराम का सागर से विनय का प्रसंग है। श्रीराम विभीषण तथा वानरों की मंत्रणा मानकर समुद्र से प्रार्थना के लिए उद्यत होते हैं। इसी प्रकरण से जुड़ा रावण का गुप्तचर प्रसंग भी है।

प्रगट बखानहिं राम सुभाऊ। अति सप्रेम गा बिसरि दुराऊ॥
रिपु के दूत कपिन्ह तब जाने। सकल बाँधि कपीस पहिं आने॥
कह सुग्रीव सुनहु सब बानर। अंग भंग करि पठवहु निसिचर॥
सुनि सुग्रीव बचन कपि धाए। बाँधि कटक चहुँ पास फिराए॥
बहु प्रकार मारन कपि लागे। दीन पुकारत तदपि न त्यागे॥
जो हमार हर नासा काना। तेहि कोसलाधीस कै आना॥
सुनि लछिमन सब निकट बोलाये। दया लागि हँसि तुरत छोड़ाये॥
रावन कर दीजहु येह पाती। लछिमन बचन बाँचु कुलघाती॥

दो०— कहेहु मुखागर मूढ़ सन मम संदेसु उदार।
सीता देइ मिलहु न त आवा कालु तुम्हार॥ ५२॥

अर्थ—वे प्रकट भाव से श्रीराम के स्नेह की बड़ाई करने लगे और अत्यन्त प्रेम विह्वलता के कारण उनका कपट वेष भूल गया। जब वानरों ने जाना कि ये शत्रु के दूत हैं तो सभी को बाँधकर वे सुग्रीव के पास ले आये।

सुग्रीव ने कहा कि हे सभी वानरों सुनो, राक्षस का अंग-भंग करके भेजो। सुग्रीव की आज्ञा को सुनकर सम्पूर्ण वानर दौड़े और उन्हें बाँध करके सेना के चारों ओर घुमाया।

वानर उन्हें अनेक प्रकार से मारने लगे। वे दीन होकर पुकारते हैं, फिर भी उन्हें नहीं छोड़ते और अन्त में कहते हैं कि जो हमारे नाक-कान काटेगा, उसे कोशलाधीश श्रीराम की शपथ है।

यह सुनकर, लक्ष्मण ने सभी को सन्निकट बुलाया और उन्हें दया लगी तथा तुरन्त हँसकर छुड़ा दिया। (उन्होंने उनसे कहा) कि हे दूतों! रावण के हाथ में यह पत्र देना (और कहना कि) हे कुलघाती! लक्ष्मण के संदेश (बचन) को पढ़ो।

पुनः उस मूर्ख से मेरा यह उदार संदेश (स्पष्ट संदेश) मौखिक (मुखागर) कहना कि श्रीराम से मिलो और सीता को दे दो अन्यथा तुम्हारा काल (समीप) आ गया है॥ ५२॥

टिप्पणी—गुप्तचर प्रसंग द्वारा पुनः रावण को समझाने का प्रयास किया जा रहा है। लक्ष्मण का 'पत्रिका प्रसंग' यहाँ विशेष महत्त्वपूर्ण है। यह कवि की अपनी कल्पना शक्ति पर आधारित प्रसंग है और इस प्रसंग के द्वारा कवि यह सिद्ध करने का प्रयास कर रहा है कि तरह-तरह से समझाये जाने के बाद भी रावण के हठ पर उस समझाने का कोई प्रभाव नहीं है। कवि द्वारा श्रीराम की दयाशीलता एवं रावण की हठधर्मिता दोनों तत्त्वों का वर्णन पूरी निष्ठा से किया जा रहा है। रावण

किसी भी प्रकार से अपना हठ छोड़ने के लिए तैयार नहीं है और 'पत्रिका संदेश' द्वारा उसे पुनः एक अवसर लक्ष्मण प्रदान करना चाहते हैं।

तुरत नाइ लछिमन पद माथा। चले दूत बरनत गुन गाथा॥
कहत राम जसु लंका आए। रावन चरन सीस तिन्ह नाए॥
बिहँसि दसानन पूँछी बाता। कहसि न सुक आपनि कुसलाता॥
पुनि कहु खबरि बिभीषन केरी। जाहि मृत्यु आई अति नेरी॥
करत राजु लंका सठ त्यागी। होइहि जव कर कीट अभागी॥
पुनि कहु भालु कीस कटकाई। कठिन काल प्रेरित चलि आई॥
जिन्हके जीवन कर रखवारा। भएउ मृदुल चित सिंधु बिचारा॥
कहु तपसिन्ह कै बात बहोरी। जिन्ह कें हृदय त्रास अति मोरी॥
दो०— की भइ भेंट कि फिरि गए स्त्रवन सुजसु सुनि मोर।
कहसि न रिपुदल तेज बल बहुत चकित चित तोर॥५३॥

अर्थ—लक्ष्मण के चरणों में माथ झुकाकर श्रीराम के गुणों की गाथा का वर्णन करते हुए दूत तुरन्त ही चल पड़े। श्रीराम के यश का वर्णन करते हुए दूत लंका पहुँचे और रावण के चरणों में सिर झुकाया।

पुनः रावण ने हँसकर समाचार पूछा कि हे शुक! अपनी कुशलक्षेम कहो? फिर, जिसकी मृत्यु अत्यधिक सन्निकट (समीप) आ गई, उस विभीषण का समाचार बताओ।

उस शठ ने राज्य करते हुए लंका को त्याग दिया, वह अभागा (जौ के साथ ही लग कर मर जाने वाला) जौ का कीड़ा (घुन) बन जाएगा। पुनः भालु एवं वानरों की सेना का वर्णन करो जो कठिन काल द्वारा प्रेरित होकर यहाँ चली आई है।

जिनके जीवन का रक्षक कोमल स्वभाव का बेचारा समुद्र बन गया है, तथा जिनके हृदय में मेरा अत्यधिक भय वर्तमान हो चुका है, फिर उन तपस्वियों का समाचार बताओ।

कानों से मेरा सुयश सुनकर या तो वे लौट गये या उनसे भेंट हुई, तेरा चित्त बहुत चकित हो रहा है। तू शत्रुओं की सेना के तेज तथा बल को क्यों नहीं बताता॥ ५३॥

टिप्पणी—रावण द्वारा 'शुक-सारन' दूतों से शत्रु पक्ष का समाचार जानना तथा पूछना एवं अपने कल्पित आतंक और प्रभाव की स्थापना करना नाटकीय कार्य व्यापार की सम्पुष्टि है। इस कार्य व्यापार को कवि लक्ष्मण के पत्र की प्रतिक्रिया के पूर्व पक्ष के रूप में प्रस्तुत करता है।

नाथ कृपा करि पूँछेहु जैसे। मानहु कहा क्रोध तजि तैसे॥
मिला जाइ जब अनुज तुम्हारा। जातहिं राम तिलक तेहि सारा॥
रावन दूत हमहि सुनि काना। कपिन्ह बाँधि दीन्हे दुख नाना॥
स्त्रवन नासिका काटैं लागे। राम सपथ दीन्हें हम त्यागे॥
पूँछिहु नाथ राम कटकाई। बदन कोटि सत बरनि न जाई॥
नाना बरन भालु कपि धारी। बिकटानन बिसाल भयकारी॥
जेहिं पुर देहउ हतेउ सुत तोरा। सकल कपिन्ह महँ तेहि बलु थोरा॥
अमित नाम भट कठिन कराला। अमित नाग बल बिपुल बिसाला॥
दो०— द्विविद मयंक नील नलु अंगद गद बिकटासि।
दधिमुख केहरि कुमुद गव जामवंत बलरासि॥५४॥

अर्थ—हे नाथ! आपने कृपा करके जिस प्रकार पूछा है, उसी प्रकार अपने महाक्रोध का त्याग

करके बात मानिये (विश्वास करिये)। उनसे आपका अनुज विभीषण जब जाकर मिला तो जाते ही राम ने उसे राजतिलक दे दिया (सारा = पूरा करना)।

कानों से रावण का दूत सुनकर वानरों ने मुझे बाँधकर नाना प्रकार के दुःख दिये। वे जब मेरे नाक-कान काटने लगे तो श्रीराम की शपथ देने पर उन्होंने छोड़ा।

हे नाथ! आपने श्रीराम की सेना पूछी है, उसका वर्णन तो सौ करोड़ मुखों से भी नहीं किया जा सकता। अनेक रंगों के भालु तथा वानरों की सेना है जो भयंकर मुखवाले तथा विशाल एवं भयावह हैं।

जिसने नगर जलाया तथा तुम्हारे पुत्र को मारा था, उसका पराक्रम तो समस्त वानरों में बहुत कम है, अनन्त नाम वाले कठोर तथा भयकारी योद्धा हैं जो संख्या में अधिक, विशाल (शरीरवाले) असंख्य हाथियों की शक्ति से युक्त हैं।

द्विविद, मंयक, नील, नल, अंगद, गद, विकटास्य, दधिमुख, केसरी, कुमुद, गव, जाम्बवान आदि सभी बल की राशि हैं ॥ ५४॥

टिप्पणी—श्रीराम की शक्ति, पराक्रम, स्वभाव, दानशीलता, सैन्यशक्ति आदि का चित्रण करना ही प्रकारान्तर भाव से इस प्रकरण का उद्देश्य है। दूत एक माध्यम है, ताकि शक्ति आदि का आकलन प्रामाणिक रूप से हो सके। सेना की भंयकरता एवं उसकी शक्ति सामर्थ्य का यहाँ यह चित्रण शत्रु पक्ष को आतंकित करने के लिए किया गया है। समझाने से न मानने वाले रावण के सामने 'शक्ति' का भय उपस्थित करना यहाँ कवि का मन्तव्य है।

ये कपि सब सुग्रीव समाना। इन्ह सम कोटिन्ह गनइ को नाना॥
राम कृपाँ अतुलित बल तिन्हहीं। तृन समान त्रैलोकहि गनहीं॥
अस मैं सुना स्त्रवन दसकंधर। पदुम अठारह जूथप बंदर॥
नाथ कटक महँ सो कपि नाहीं। जो न तुम्हहि जीतइ रन माहीं॥
परम क्रोध मीजहिं सब हाथा। आयेसु पै न देहिं रघुनाथा॥
सोखहिं सिंधु सहित झष ब्याला। पूरहिं न त भरि कुधर बिसाला॥
मर्दि गर्द मिलवहिं दससीसा। ऐसेइ बचन कहहिं सब कीसा॥
गर्जहिं तर्जहिं सहज असंका। मानहु ग्रसन चहत हहिं लंका॥

दो०— सहज सूर कपि भालु सब पुनि सिर पर प्रभु राम।
रावन काल कोटि कहुँ जीति सकहिं संग्राम॥ ५५॥

अर्थ—ये सभी वानर शक्ति में सुग्रीव सदृश हैं और इन जैसे करोड़ों वानर हैं, उन बहुतों को कौन गिन सकता है। श्रीराम की कृपा से उनमें अतुलनीय शक्ति है और वे त्रैलोक्य की तिनके के समान गणना करते हैं।

हे रावण! मैंने इस प्रकार कानों से सुन रखा है कि अट्ठारह पद्म तो वानरों के सेनापति हैं। हे नाथ! उस सेना में ऐसा कोई वानर नहीं है, जो युद्ध में आपको न जीत सके।

वे सभी के सभी अत्यधिक क्रोध में हाथ मल रहे हैं किन्तु श्रीराम उन्हें आज्ञा नहीं दे रहे हैं। (वे कहते हैं कि) मछलियों तथा सर्प सहित सागर सोख लेंगे नहीं तो बड़े-बड़े पर्वतों से भर कर उसे (सागर को) पाट डालेंगे।

रावण को मर्द-मर्द करके धूल में मिला देंगे, सभी वानर इस प्रकार की बातें कह रहे हैं। वे सभी सहज एवं निःशंक भाव से गर्जन तर्जन करते हैं, मानो (सभी) लंका को ही निगल जाना चाहते हैं।

समस्त वानर तथा भालु सहज रूप से शूरवीर हैं फिर उनके सिर पर श्रीराम हैं। हे रावण! वे युद्ध में करोड़ों कालों को भी जीत सकते हैं (आपकी क्या हैसियत) ॥ ५५ ॥

टिप्पणी—रावण का गुप्तचर श्रीराम के सैन्यसमूह के साथ उनकी शक्ति को भी जोड़कर चित्रित करता है। रावण का गुप्तचर श्रीराम के सैन्य पराक्रम का जो चित्र खींचता है, वह रावण को आतंकित करने के लिए पर्याप्त है किन्तु रावण पर उसका कोई प्रभाव नहीं पड़ता।

राम तेज बल बुधि बिपुलाई। सेष सहस सत सकहिं न गाई॥
सक सर एक सोषि सत सागर। तव भ्रातहि पूँछेउ नयनागर॥
तासु बचन सुनि सागर पाहीं। माँगत पंथ कृपा मन माहीं॥
सुनत बचन बिहँसा दससीसा। जौं असि मति सहाय कृत कीसा॥
सहज भीरु कर बचन दृढ़ाई। सागर सन ठानी मचलाई॥
मूढ़ मृषा का करसि बड़ाई। रिपु बल बुद्धि थाह मैं पाई॥
सचिव सभीत बिभीषनु जाकें। बिजय बिभूति कहाँ लगि ताकें॥
सुनि खल बचन दूत रिसि बाढ़ी। समय बिचारि पत्रिका काढ़ी॥
रामानुज दीन्ही यह पाती। नाथ बँचाइ जुड़ावहु छाती॥
बिहँसि बाम कर लीन्ही रावन। सचिव बोलि सठ लाग बचावन॥

दो०— बातन्ह मनहिं रिझाइ सठ जनि घालसि कुल खीस।
राम बिरोध न उबरसि सरन बिष्नु अज ईस॥
की तजि मान अनुज इव प्रभु पद पंकज भृंग।
होहि कि राम सरानल खल कुल सहित पतंग॥ ५६ ॥

अर्थ—श्रीराम की तेज, बल और बुद्धि की अधिकता का गान हजारों लाख शेषनाग भी नहीं कर सकते। वे एक ही बाण से सैकड़ों सागर सोख सकते हैं किन्तु नीति चतुर श्रीराम ने तुम्हारे भाई से उपाय पूछा है।

उनके मन में अत्यधिक कृपा भरी है और विभीषण के वचनों को सुनकर समुद्र से मार्ग माँग रहे हैं। उसके वचनों को सुनकर रावण हँसा कि जब ऐसी ही बुद्धि है तभी वानरों को सहायक बनाया (कृत) है।

स्वभाव से ही भीरु स्वभाव के विभीषण के वचनों को प्रमाण करके उन्होंने समुद्र से बालहठ (मचलाई) ठाना है। रे मूढ़! झूठ-मूठ क्या बड़ाई करता है (बसकर) मैंने शत्रु की बुद्धि और बल की थाह पा ली है।

जिसके पास विभीषण जैसे डरपोक (स्वभाव का) मंत्री हो संसार में उसे विजय श्री (विभूति) संसार में कहाँ तक प्राप्त होगी? खल रावण के वचनों को सुनकर दूत का क्रोध बढ़ आया और उचित अवसर समझकर पत्रिका निकाली।

राम के अनुज लक्ष्मण ने यह पत्र दिया है, हे नाथ! इसे पढ़वा कर छाती ठंडी कीजिये। रावण ने हँसकर उसे बाँये से पकड़ा और मंत्री को आज्ञा देकर वह शठ पढ़वाने लगा।

(पत्र में लिखा था)—रे शठ! बातों में ही मन को रिझाकर अपने कुल को न नष्ट कर। विष्णु, ब्रह्मा तथा शिव की भी शरण में रहकर भी श्रीराम के विरोध में तू न बच पायेगा।

या तो अपने अनुज विभीषण की भाँति अभिमान का परित्याग करके श्रीराम के चरण-कमलों का भ्रमर हो जा या फिर श्रीराम के वाणरूपी अग्नि में परिवार सहित पंतिगा बन जा (अर्थात्, कुल सहित नष्ट हो जा।) ॥ ५६ ॥

टिप्पणी—रावण ने अपने हठ के दुराग्रह से गुप्तचर के वचनों की उसी प्रकार अवहेलना की

जैसे पत्नी, भाई एवं पितामह वचनों की पहले कर चुका है। रावण का परिहास गुप्तचर के कथन के प्रभाव को दूर करने के लिए है क्योंकि सम्पूर्ण सभा के बीच यदि वह लेश मात्र भी गुप्तचर के वचनों से प्रभावित होता तो सम्पूर्ण सभा पर उसका प्रतिकूल प्रभाव पड़ता। रावण के हठ भरे वचनों को सुनकर दूत उसकी प्रतिक्रिया में लक्ष्मण की पत्रिका उसे देता है।

सुनत सभय मन मुख मुसुकाई। कहत दसानन सबहिं सुनाई॥
भूमि परा कर गहत अकासा। लघु तापस कर बाग बिलासा॥
कह सुक नाथ सत्य सब बानी। समुझहु छाड़ि प्रकृति अभिमानी॥
सुनहु बचन मम परिहरि क्रोधा। नाथ राम सन तजहु बिरोधा॥
अति कोमल रघुबीर सुभाऊ। जद्यपि अखिल लोक कर राऊ॥
मिलत कृपा तुम्ह पर प्रभु करिहीं। उर अपराध न एकौ धरिहीं॥
जनकसुता रघुनाथहि दीजै। एतना कहा मोर प्रभु कीजै॥
जब तेहि कहा देन बैदेही। चरन प्रहार कीन्ह सठ तेही॥
नाइ चरन सिरु चला सो तहाँ। कृपासिंधु रघुनायक जहाँ॥
करि प्रनामु निज कथा सुनाई। राम कृपाँ आपनि गति पाई॥
रिषि अगस्ति की स्राप भवानी। राछस भयेउ रहा मुनि ग्यानी॥
बंदि राम पद बारहिं बारा। मुनि निज आस्रम कहुँ पगु धारा॥

दो०— बिनय न मानत जलधि जड़ गए तीन दिन बीति।
बोले राम सकोप तब भय बिनु होइ न प्रीति॥ ५७॥

अर्थ—पत्रिका सुनते ही वह मन में भयभीत (हो उठा) किन्तु मुख से मुसकाता हुआ सबको सुनाकर कहता है कि इस छोटे तपस्वी का वाग्विलास उसी प्रकार है, जैसे कोई पृथ्वी पर गिरा हुआ हाथ से आकाश पकड़ने की चेष्टा करता हो।

शुक ने कहा, हे नाथ! अपनी अभिमान भरी प्रकृति को छोड़कर आप वाणी की सारी सत्यता को समझें। क्रोध का परित्याग करके मेरी वाणी सुनें। हे नाथ! श्रीराम से विरोध त्याग दें।

यद्यपि श्रीराम सम्पूर्ण लोकों के स्वामी हैं, फिर भी श्रीराम का स्वभाव अत्यधिक कोमल है। आपके मिलते ही श्रीराम आप पर कृपा करेंगे और आपका एक भी अपराध हृदय में नहीं रखेंगे।

सीता को श्रीराम को दे दें, हे प्रभु! मेरा इतना कहना मान लें। जब उसने सीता को देने के लिए कहा तब उस शठ रावण ने उस पर चरण प्रहार किया।

जहाँ श्रीराम थे, वह वहाँ चरणों में सिर झुकाकर चला। प्रणाम करके उसने अपनी कथा सुनाई और श्रीराम की कृपा से अपनी गति (मुनि का रूप) प्राप्त किया।

हे पार्वती! अगस्त्य मुनि के शाप से वह ज्ञानी मुनि राक्षस हुआ था। श्रीराम के चरणों की बार-बार बन्दना करके वह मुनि अपने आश्रम चला गया।

तीन दिन व्यतीत हो चुके किन्तु जड़ समुद्र प्रार्थना (विनय) नहीं मानता है। तब श्रीराम क्रोधासहित बोले, 'भय के बिना प्रीति नहीं होती।'॥ ५७॥

टिप्पणी—पत्रिका में अंकित लक्ष्मण के संदेश को सभा के बीच उपहास करके रावण उड़ा देता है। शुक फिर उसे समझाता तथा श्रीराम के प्रभाव तथा स्वभाव की सूचना देता है किन्तु रावण के ऊपर उसका कोई प्रभाव नहीं है। यही नहीं, दूसरी ओर कवि समुद्र के हठ का वर्णन करता है। विनय के निष्प्रभावी हो जाने के पश्चात् श्रीराम के क्रोध का यहाँ चित्रण है।

लछिमन बान सरासन आनू। सोखौं बारिधि बिसिख कृसानू॥
सठ सन बिनय कुटिल सन प्रीती। सहज कृपन सन सुंदर नीती॥

ममता रत सन ग्यान कहानी। अति लोभी सन बिरति बखानी॥
क्रोधिहि सम कामिहि हरि कथा। ऊसर बीज बएँ फल जथा॥
अस कहि रघुपति चाप चढ़ावा। यह मत लछिमन कें मन भावा॥
संधानेउ प्रभु बिसिख कराला। उठी उदधि उर अंतर ज्वाला॥
मकर उरग झख गन अकुलाने। जरत जंतु जलनिधि जब जाने॥
कनक थार भरि मनि गन नाना। बिप्र रूप आए तजि माना॥

दो०— काटेहिं पइ कदली फरइ कोटि जतन कोउ सींच।
बिनय न मान खगेस सुनु डाँटेहि पै नव नीच॥ ५८॥

अर्थ—हे लक्ष्मण! बाण-धनुष लाओ, मैं अग्निबाण से समुद्र को सोख लूँ। शठ से विनय और कुटिल से प्रीति स्वभावत: कृपण से सुन्दर नीति,

ममता में संसक्त मनुष्य से ज्ञान की कथाएँ और अत्यन्त लोभी से वैराग्य का वर्णन, क्रोधी से शान्ति तथा कामी पुरुष से श्रीहरि की कथा (कहने) का फल उसी प्रकार है, जैसे ऊसर में बीज बोने का फल।

ऐसा कहकर, श्रीराम ने धनुष चढ़ाया। श्रीराम का यह विचार लक्ष्मण के मन को अच्छा लगा। प्रभु श्रीराम ने भयंकर अग्निबाण सन्धान किया (ताना) कि समुद्र के हृदय के अन्दर से अग्नि की ज्वाला उठ पड़ी।

मकर, साँप तथा मछलियों के समूह व्याकुल हो उठे और समुद्र ने अपने जन्तुओं को जलते हुए देखा तो नाना प्रकार की मणियों से भरी हुई सोने की थाल लेकर और अभिमान त्यागकर ब्राह्मण का रूप धारण करके आया।

हे गरुड़! सुनें, (भुशुंडि कहते हैं कि) कोटि-कोटि यत्न करके कोई सींचे किन्तु केला काटने पर ही फलता है। नीच डाटने पर ही मानता है, वह विनय नहीं मानता॥ ५८॥

टिप्पणी—रावण प्रसंग को समाप्त करके कवि पुन: रामपक्ष की कथा की ओर लौटता है। कवि का कथा का विन्यास शिल्प परस्पर समानान्तर तथा साथ-साथ श्रीराम एव रावण कथा क्रम में चलता है। श्रीराम तथा रावण को परस्पर आमने सामने रखकर कवि पाठकों में निरन्तर औत्सुक्य भाव का संचार करता रहता है। कवि एक ओर रावण के सामर्थ्य एवं सम्प्रभुता का चित्रण करता है तो दूसरी ओर श्रीराम की साधन विहीनता का। कवि इस द्वन्द्व से सम्पूर्ण कथा को विन्यस्त करके उसकी रोचकता की रक्षा करता चलता है।

प्रभु के बाण संधान करने का प्रकरण उनके महनीय प्रभाव की व्यंजना के लिए किया गया है। बीच-बीच में प्रभु श्रीराम के अलौकिक कृत्यों का समावेश करके उनके ईश्वरत्व को कवि व्यंजित करता चलता है।

सभय सिंधु गहि पद प्रभु केरे। छमहु नाथ सब अवगुन मेरे॥
गगन समीर अनल जल धरनी। इन्ह कइ नाथ सहज जड़ करनी॥
तव प्रेरित मायाँ उपजाए। सृष्टि हेतु सब ग्रंथन्हि गाए॥
प्रभु आयेसु जेहि जहँ जस अहई। सो तेहि भाँति रहें सुख लहई॥
प्रभु भल कीन्ह मोहि सिख दीन्ही। मरजादा पुनि तुम्हरिअ कीन्ही॥
ढोल गवाँर सूद्र पसु नारी। सकल ताड़ना के अधिकारी॥
प्रभु प्रताप मैं जाब सुखाई। उतरिहि कटकु न मोरि बड़ाई॥
प्रभु अग्या अपेल श्रुति गाई। करौं सो बेगि जो तुम्हहि सोहाई॥

दो०— सुनत बिनीति बचन अति कह कृपाल मुसुकाइ।
जेहि बिधि उतरइ कपि कटकु तात सो कहहु उपाइ॥ ५९॥

अर्थ—भयभीत समुद्र ने श्रीराम के चरणों को पकड़कर (कहा)—हे नाथ! मेरे समस्त अवगुणों को क्षमा करें। हे नाथ! आकाश, वायु, अग्नि, जल तथा पृथ्वी इन सबके आचरण स्वभाव से ही जड़ (जड़ता भरे) हैं।

आपकी प्रेरणा से माया ने इन्हें सृष्टि के लिए उत्पन्न किया है, ऐसा सभी ग्रंथों में कहा गया है। हे स्वामी! जिसके लिए आपकी जैसी आज्ञा है, वह उसी प्रकार रहने में सुख प्राप्त करता है।

हे प्रभु! आपने मुझे शिक्षा दी, यह अच्छा किया किन्तु (जीवों की) मर्यादा भी तो आपकी ही बनाई हुई है। ढोल, गँवार, शूद्र, पशु तथा स्त्री ये सभी दण्ड (ताड़न) के अधिकारी होते हैं।

प्रभु के प्रताप से मैं सुखा जाऊँगा, सेना (समुद्र पार) उतर जाएगी, इसमें मेरी बड़ाई नहीं है। प्रभु की आज्ञा अनुल्लंघनीय (अपेल) है, ऐसा श्रुतियाँ गाती हैं, अत: जो आपको अच्छा लगे, मैं शीघ्र ही उसे करूँ (पालन करूँ, आज्ञा दें)।

समुद्र के अत्यन्त विनीत वचन सुनकर कृपालु श्रीराम ने मुसकरा कर कहा—जिस प्रकार वानरों की सेना समुद्र के उस पार उतर जाए, वह उपाय बताओ॥ ५९॥

टिप्पणी—भय से पीड़ित जड़ समुद्र का आत्मरक्षा से प्रेरित होकर प्रकट होना श्री राम की अलौकिता को व्यंजित करता है। वह समुद्र जो अब तक टस से मस नहीं हो रहा था, किन्तु भय के कारण वह पूरी तरह से समर्पित होकर श्रीराम से ब्रह्मास्त्र का अपने ऊपर प्रयोग न करने की प्रार्थना करता है। यही नहीं, वह श्रीराम की आज्ञा पाकर उन्हें सागर पार होने के लिए उपाय बताने के लिए तैयार हो उठता है।

यहाँ कवि का मन्तव्य श्रीराम की दिव्यता की स्थापना है।

नाथ नील नल कपि द्वौ भाई। लरिकाईं रिषि आसिष पाई॥
तिन्ह कें परस किएँ गिरि भारे। तरिहहिं जलधि प्रताप तुम्हारे॥
मैं पुनि उर धरि प्रभु प्रभुताई। करिहौं बल अनुमान सहाई॥
येहि बिधि नाथ पयोधि बँधाइअ। जेहिं येह सुजसु लोक तिहुँ गाइअ॥
येहि सर मम उत्तर तट बासी। हतहु नाथ खल नर अघरासी॥
सुनि कृपाल सागर मन पीरा। तुरतहिं हरी राम रनधीरा॥
देखि राम बल पौरुष भारी। हरषि पयोनिधि भएउ सुखारी॥
सकल चरित कहि प्रभुहि सुनावा। चरन बंदि पाथोधि सिधावा॥

अर्थ—हे नाथ! नील तथा नल दो वानर भाई हैं। बाल्यावस्था में इन्होंने ऋषि से आशीर्वाद पा रखा है। उनके स्पर्श करने से भारी पर्वत भी आपके प्रताप से समुद्र में तर जायेंगे।

हे प्रभु! मैं पुन: हृदय में आपका प्रभुत्व धारण करके अपनी शक्ति के अनुसार (यथाशक्ति) सहायता करूँगा। हे नाथ! इस प्रकार आप समुद्र बँधवाइये जिससे तीनों लोकों में यह सुन्दर यश गाया जाये।

इस शर से मेरे उत्तर तट पर निवास करने वाले पाप की राशि दुष्ट मनुष्यों का वध कीजिये। कृपालु समुद्र के मन की पीड़ा को समझकर युद्ध में धैर्य करने वाले श्रीराम ने उस पीड़ा को तुरन्त हरण कर लिया।

श्रीराम के भारी बल तथा पौरुष को देखकर समुद्र हर्षित होकर सुखी हो उठा और उसने उन दुष्टों का सम्पूर्ण चरित्र कह डाला ततश्च चरणों की वन्दना करके समुद्र अन्दर चला गया।

छंद— निज भवन गवनेउ सिंधु श्री रघुपतिहि येह मत भायेऊ।
येह चरित कलिमलहर जथामति दास तुलसी गायेऊ॥
सुखभवन संसयसमन दवन बिषाद रघुपति गुनगना॥
तजि सकल आस भरोस गावहि सुनहि संतत सठ मना॥

दो०— सकल सुमंगल दायक रघुनायक गुन गान।
सादर सुनहिं ते तरहिं भव सिंधु बिना जलजान॥ ६०॥

इति श्रीरामचरितमानसे सकलकलिकलुषविध्वंसने विमल
ज्ञानसम्पादनो नाम पञ्चमः सोपानः समाप्तः॥

समुद्र अपने घर चला गया तथा श्रीराम को उसका यह मत अच्छा लगा। यह चरित्र कलियुग के पापों को नष्ट करने वाला है। तुलसीदास ने (इस चरित्र का) यथाबुद्धि गान किया है। श्रीराम के गुण समूह आनन्दधाम, संशय को शान्त करने वाला तथा सम्पूर्ण विषाद का दमन करने वाला है। रे शठ मन! सम्पूर्ण (अन्य) आशाओं तथा आलम्बनों का त्याग करके निरन्तर इसका गान कर और श्रवण कर।

श्रीराम का गुणगान सम्पूर्ण सुन्दर मंगलों को देने वाला है। जो इसे सादर सुनते हैं, वे बिना किसी जलयान के इस संसार-सागर को पार कर जाते हो॥ ६०॥

टिप्पणी—नल-नील के वरदान का उल्लेख करके सागर सेतु निर्माण के उपाय का निर्वचन कवि का मन्तव्य है। श्रीराम की अलौकिक दिव्यता यहाँ ब्रह्मास्त्र संधान के द्वारा इंगित की गई है। कवि इस प्रसंग में यह एक विशेष रहस्य भरा संकेत देता है—

एहि सर मम उत्तर तटवासी। हतहु नाथ खल नर अघरासी॥

यह प्रकरण वाल्मीकि रामायण से लिया गया है। ब्रह्मास्त्र की सबसे बड़ी विशेषता यह बताई गई है कि संधान करने पर उसे छोड़ा जाना आवश्यक है—और छोड़ने पर उसका प्रभाव विनाशकारी अवश्य होगा। श्रीराम ने सागर के ऊपर यह बाण संधान किया है—अब उसे कहा छोड़ा जाए, समुद्र बताता है—

द्रुमकुल्य इतिख्यातो लोकेख्याते यथाभवान्।
उग्रदर्शनकर्माणो बहवः तस्यदस्यवः।
आभीरप्रमुखा पापा पिबन्ति सलिलं मम॥
तैर्न तत्स्पर्शनं पापं सहेयं पाप कर्मभिः।
अमोघ क्रियतां राम अयं तत्रशरोत्तमः॥

सेतुबन्ध रामेश्वर के उत्तर समुद्र तट पर द्रुम कूल्य के पापी आभीर जो समुद्र जल का पान एवं अन्य अनाचरणीय कृत्य समुद्र जल द्वारा करते थे, सागर उनसे पीड़ित है। सम्भवतः यह गुजरात या सौराष्ट्र की ओर संकेत है। श्रीराम अपने ब्रह्मास्त्र से उनका वध करते तथा उस स्थान का माहात्म्य बढ़ा देते हैं। वह स्थान मरुकान्तार के नाम से प्रसिद्ध हुआ। तुलसी मानस में वाल्मीकि रामायण के इस प्रकरण इंगित करने की चेष्टा करते हैं।

इस प्रकार कलियुग के समस्त पापों को विनष्ट करने वाला निर्मल ज्ञान सम्पादन नाम का पाँचवाँ सोपान समाप्त हुआ।

□□

श्री गणेशाय नमः

श्री जानकीवल्लभोविजयते

श्रीरामचरितमानस

षष्ठ सोपान

लंकाकांड

रामं कामारिसेव्यं भवभयहरणं कालमत्तेभसिंहं
योगीन्द्रं ज्ञानगम्यं गुणनिधिमजितं निर्गुणं निर्विकारम्।
मायातीतं सुरेशं खलवधनिरतं ब्रह्मवृन्दैकदेवं
वन्दे कन्दावदातं सरसिजनयनं देवमुर्वीशरूपं॥

शंखेन्द्वाभमतीवसुन्दरतनुं शार्दूलचर्माम्बरम्
कालव्यालकरालभूषणधरं गंगाशशाङ्कप्रियम्।
काशीशं कलिकल्मषौघशमनं कल्याणकल्पद्रुमं
नौमीड्यं गिरिजापतिं गुणनिधिं श्रीशङ्करम् मन्मथारि॥

यो ददाति सतां शम्भुः कैवल्यमपि दुर्लभम्।
खलानां दण्डकृद्योऽसौ शंकरः शं तनोतु मे॥

अर्थ—कामदेवता के शत्रु शिव द्वारा सेवित, जन्म-मरण के भय को हरण करने वाले, काल रूपी मत्त हाथी के लिए सिंह सदृश, योगियों के स्वामी, ज्ञान द्वारा जानने योग्य, गुणों की निधि, अजेय, निर्गुण, विकाररहित, माया से परे, देवताओं के स्वामी, दुष्टों के वध में तत्पर, ब्राह्मण समूहों के लिए एकमात्र देव, जल की भाँति (नील) निर्मल, कमल-नयन, पृथ्वी के स्वामी (राजा) के रूप में परमदेवता-स्वरूप श्रीराम मैं आपकी वन्दना करता हूँ।

शंख तथा चन्द्र की कान्ति सदृश अतीव सुन्दर शरीरयुक्त, सिंहचर्म के वस्त्र से संयुक्त, काल सदृश भयंकर सर्प को धारण करने वाले, गंगा तथा चन्द्र के प्रिय, काशी के स्वामी, कलियुग के पाप समूहों का विनाश करने वाले, कल्याण के कल्पवृक्ष, गुणों के समूह, कामदेवता को विनष्ट करने वाले वन्दनीय पार्वतीपति श्री शिव को मैं नमन करता हूँ।

जो अत्यन्त दुर्लभ कैवल्य पद भी सज्जनों को दे देते हैं तथा जो दुष्टों को दण्ड प्रदान करते हैं, वे शिव मेरा कल्याण करें।

टिप्पणी—ये तीनों श्लोक मंगलाचरण से सम्बद्ध हैं। प्रथम श्लोक में श्रीराम की वन्दना है। कवि इंगित भाव से पृथ्वी के स्वामी अर्थात् राजपुत्र स्वरूप श्रीराम की वन्दना करके उनके युद्धकर्म को संकेतित करता है।

दो स्तुतियाँ शिव से सम्बद्ध हैं। कहा जाता है कि लंकाकांड की रचना कवि ने काशी में

रहकर की थी। काशी तथा शिव दोनों कवि को अनन्य रूप से अभीष्ट है।

दो०— लव निमेष परमानु जुग बरष कलप सर चंड।
भजसि न मन तेहि राम कहुँ कालु जासु कोदंड॥
सो०— सिंधु बचन सुनि राम सचिव बोलि प्रभु अस कहेउ।
अब बिलंबु केहि काम करहु सेतु उतरइ कटकु॥
सुनहु भानुकुल केतु जामवंत कर जोरि कह।
नाथ नाम तव सेतु नर चढ़ि भवसागर तरहिं॥

अर्थ—लव, निमेष, परमाणु, युग, वर्ष, कल्प जिसके प्रचण्ड बाण हैं और काल जिसका धनुष है, रे मन! तू ऐसे श्रीराम का क्यों नहीं भजन करता?

प्रभु श्रीराम ने समुद्र की वाणी सुनकर मंत्रियों को बुलाकर ऐसा कहा कि अब विलम्ब की क्या आवश्यकता? सेतु रचना शुरू करो ताकि सेना पार उतरे।

जाम्बवान् ने हाथ जोड़कर कहा कि हे कि हे सूर्य कुल के केतु (ध्वज) रूप श्रीराम! सुनें, हे नाथ! आपका नाम सेतु है—जिस पर चढ़कर सभी भवसागर पार कर जाते हैं।

टिप्पणी—ब्रह्म का परम काल रूप यहाँ वर्णित है। रावण जैसा योद्धा जिसने काल को वश में कर रखा था, उसे भी महाकाल रूपी ब्रह्म राम नियंत्रित करते हैं। अवतरण का एक हेतु महाकाल स्वरूप ब्रह्म के सामर्थ्य को लक्षित करना है। श्रीराम ब्रह्म का यह विकराल स्वरूप सृष्टि पर नियंत्रण के लिए है। काल की विभाजित इकाइयाँ 'लव, निमेष, परिमाण, वर्ष एवं युग' एवं कल्प बाण हैं तथा काल श्रीराम का धनुष हैं और समय के आभोग से यह महाकाल ब्रह्म सम्पूर्ण सचराचर का आखेट करता है। अवतरण की धारणा के मूल में यह तथ्य विशेष महत्त्वपूर्ण है।

येह लघु जलधि तरत कति बारा। अस सुनि पुनि कह पवनकुमारा॥
प्रभु प्रताप बड़वानल भारी। सोखेउ प्रथम पयोनिधि बारी॥
तव रिपुनारि रुदन जलधारा। भरेउ बहोरि भएउ तेहिं खारा॥
सुनि अति उक्ति पवनसुत केरी। हरषे कपि रघुपति तन हेरी॥
जामवंत बोले दोउ भाई। नल नीलहि सब कथा सुनाई॥
राम प्रताप सुमिरि मन माहीं। करहु सेतु प्रयास कछु नाहीं॥
बोलि लिए कपि निकर बहोरी। सकल सुनहु बिनती कछु मोरी॥
राम चरन पंकज उर धरहू। कौतुक एक भालु कपि करहू॥
धावहु मरकट बिकट बरूथा। आनहु बिटप गिरिन्ह के जूथा॥
सुनि कपि भालु चले करि हूहा। जय रघुबीर प्रताप समूहा॥
दो०— अति उतंग तरु सैलगन लीलहिं लेहिं उठाइ।
आनि देहिं नल नीलहि रचहिं ते सेतु बनाइ॥ १॥

अर्थ—इस छोटे से समुद्र को पार करते कितनी देर! यह सुनकर, पुनः वायुपुत्र हनुमान बोले—प्रभु का प्रताप भयंकर बड़वाग्नि है जिसने सर्वप्रथम समुद्र के जल को सोख लिया था।

किन्तु बाद में, आपके शत्रुओं की पत्नियों के रुदन से उत्पन्न जलधारा से यह पुनः भर गया और इसी से खारा भी हो गया। हनुमान की इस अत्युक्ति को सुनकर कपिगण श्रीराम की ओर (तन) देखकर आनन्दित हो उठे।

जाम्बवान् ने नल-नील दोनों भाइयों को बुलाकर समस्त कथा सुनाई। श्रीराम के प्रताप को मन में स्मरण करके तुम दोनों सेतु रचना करो, इसमें कोई श्रम नहीं है।

पुनः उसने वानर समूहों को बुला लिया और कहा कि सभी मेरे विनय को सुनें, अपने हृदय में

श्रीराम के चरण-कमलों को धारण करें और हे भालुओं तथा वानरों! एक खिलवाड़ जैसा कार्य करें।

हे भयंकर वानर समूह आप सब दौड़ें और आप पर्वतों तथा वृक्षों के समूह उखाड़ ले आयें। ऐसा सुनकर भालु तथा वानर श्रीराम के प्रताप पुंज की जय (बोलते) तथा हुंकार करते हुए चले।

खेल-खेल में ही अत्यन्त ऊँचे पर्वत और वृक्षों को उठा लेते हैं और उसे ले आकर नल नील को दे देते हैं और वे उसे बनाकर (ठीक करके) सेतु रचना करते हैं॥ १॥

टिप्पणी—सेतु रचना की योजना का प्रकरण है। जाम्बवान् तथा हनुमान के कथन सेतु रचना के उत्साह को इंगित करते हुए प्रकारान्तर भाव से श्रीराम के माहात्म्य को व्यंजित करते हैं। हनुमान की उक्ति अत्युक्त अलंकार की रचना से सम्बद्ध है—जिसका आधार हनुमन्नाटक है।

सैल बिसाल आनि कपि देहीं। कंदुक इव नल नील ते लेहीं॥
देखि सेतु अति सुंदर रचना। बिहँसि कृपानिधि बोले बचना॥
परम रम्य उत्तम येह धरनी। महिमा अमित जाइ नहिं बरनी॥
करिहउँ इहाँ संभु थापना। मोरें हृदय परम कलपना॥
सुनि कपीस बहु दूत पठाए। मुनिबर सकल बोलि लै आए॥
लिंग थापि बिधिवत करि पूजा। सिव समान प्रिय मोहि न दूजा॥
सिवद्रोही मम भगत कहावा। सो नर सपनेहुँ मोहि न पावा॥
संकर बिमुख भगति चह मोरी। सो नारकी मूढ़ मति थोरी॥

दो०— संकर प्रिय मम द्रोही सिव द्रोही मम दास।
ते नर करहिं कलप भरि घोर नरक महुँ बास॥ २॥

अर्थ—वानरगण विशाल पर्वत को लाकर देते हैं और नल-नील उन्हें गेंद की भाँति ले लेते हैं। सेतु की अत्यधिक सुन्दर रचना देख करके कृपानिधि श्रीराम हँसकर बोले।

यह पृथ्वी (सेतु बलबन्ध रामेश्वर स्थल) परम एवं एक अति उत्तम है और इसकी अमित महिमा वर्णित नहीं की जा सकती। यहाँ (मैं) शिवलिंग की स्थापना करूँगा, मेरे हृदय में, विचार है।

वानरराज सुग्रीव ने इसे सुनकर अनेक दूत भेजे (और वे) सारे श्रेष्ठ मुनियों को बुलाकर ले आये। शिव लिंग की स्थापना करके तथा विधिवत् उनकी पूजा करके कहा, शिव के सदृश मुझे कोई प्रिय नहीं है।

मेरा भक्त कहलाया जाकर जो शिव से द्रोह रखता है, वह मनुष्य स्वप्न में भी मुझे नहीं प्राप्त करता। शिव से विमुख होकर जो मेरी भक्ति चाहता है, वह नरकगामी, मूर्ख तथा अल्पबुद्धि है।

जिनको शिवप्रिय हैं, परन्तु मेरे द्रोही हैं और जो शिव द्रोही हैं किन्तु मेरे दास हैं वे मनुष्य कल्प पर्यन्त भंयकर नर्क में निवास करते हैं॥ २॥

टिप्पणी—सेतु रचना के कौतुकपूर्ण कार्य सम्पादित हो जाने के पश्चात् शिव स्थापना का प्रसंग है। यह प्रसंग अध्यात्म रामायण एवं वाल्मीकि दोनों में है। कवि की शिव निष्ठा के लिए यह अनुकूल प्रसंग है और कवि उसका उसी प्रकार उपयोग भी करता है।

जे रामेस्वर दरसनु करिहहिं। ते तनु तजि मम लोक सिधरिहहिं॥
जो गंगाजलु आनि चढ़ाइहि। सो साजुज्य मुक्ति नरु पाइहि॥
होइ अकाम जो छलु तजि सेइहि। भगति मोरि तेहि संकर देइहि॥
मम कृत सेतु जो दरसन करिही। सो बिनु स्त्रम भव सागर तरिही॥
राम बचन सब कें जियँ भाए। मुनिबर निज निज आस्त्रम आए॥

गिरिजा रघुपति कै येह रीती। संतत करहिं प्रनत पर प्रीती॥
बाँधेउ सेतु नील नल नागर। रामकृपाँ जसु भएउ उजागर॥
बूड़हिं आनहिं बोरहिं जेई। भए उपल बोहित सम तेई॥
महिमा येह न जलधि कै बरनी। पाहन गुन न कपिन्ह कै करनी॥
दो०— श्री रघुबीर प्रताप तें सिंधु तरे पाषान।
ते मतिमंद जे राम तजि भजहिं जाइ प्रभु आन॥ ३॥

अर्थ—जो रामेश्वर (श्रीराम द्वारा स्थापित) शिवलिंग का दर्शन करेंगे, वे शरीर त्यागकर मेरे लोक में पधारेंगे जो इन पर गंगा जल ले आकर चढ़ायेगा, वह मनुष्य सायुज्य मुक्ति प्राप्त करेगा।

जो निष्काम भाव से छल त्याग कर इनका सेवन करेंगे, उन्हें शिव मेरी भक्ति प्रदान करेंगे। मेरे द्वारा बनाये गये सेतु का जो दर्शन करेंगे—वे बिना श्रम के ही भवसागर तर कर पार कर जाएँगे।

श्रीराम की वाणी सभी को अच्छी लगी और सभी मुनिश्रेष्ठ अपने-अपने आश्रमों को लौटे। हे पार्वती! श्रीराम की यह रीति है कि वे प्रणत (अपने प्रति समर्पित) से निरन्तर प्रीति करते हैं।

चतुर नल-नील ने सेतु रचना की और श्रीराम की कृपा से उनका यश सर्वत्र फैला। जो स्वयं डूब जाते हैं और दूसरों को डुबो देते हैं वे पत्थर नौका सदृश हो गये।

यह न समुद्र की महिमा वर्णित की गई है, यह न पत्थरों का गुण है और न वानरों का (आश्चर्यजनक) कार्य है।

श्रीराम के प्रताप से पत्थर भी समुद्र पर तैर गये। (इस दृष्टान्त को देखने पर भी) वे मतिमंद हैं जो श्रीराम का त्याग करके दूसरों का भजन करते हैं॥ ३॥

टिप्पणी—शिव माहात्म्य के प्रसंग का कवि विस्तार देता हुआ गंगाजल से अभिषिक्त करने की चर्चा करता है। यह चर्चा मूलतः अध्यात्म रामायण में है —

'आनीय गङ्गासलिलं रामेशमभिषिच्य च'

कवि इसका रूपान्तरण करता हुआ कहता है—

'जो गंगाजलु आनि चढ़ाइहि'

बाँधि सेतु अति सुदृढ़ बनावा। देखि कृपानिधि कें मन भावा॥
चली सेन कछु बरनि न जाई। गरजहिं मर्कट भट समुदाई॥
सेतुबंध ढिग चढ़ि रघुराई। चितव कृपाल सिंधु बहुताई॥
देखन कहुँ प्रभु करुनाकंदा। प्रगट भए सब जलचर बृंदा॥
मकर नक्र नाना झख ब्याला। सत जोजन तनु परम बिसाला॥
ऐसेउ एक तिन्हहि जे खाहीं। एकन्ह कें डर तेपि डेराहीं॥
प्रभुहि बिलोकहिं टरहिं न टारे। मन हरषित सब भए सुखारे॥
तिन्ह की ओट न देखिअ बारी। मगन भए हरिरूप निहारी॥
चला कटकु प्रभु आयेसु पाई। को कहि सक कपिदल बिपुलाई॥
दो०— सेतुबंध भइ भीर अति कपि नभ पंथ उड़ाहिं।
अपर जलचरन्हि ऊपर चढ़ि चढ़ि पारहि जाहिं॥ ४॥

अर्थ—नल-नील ने समुद्र बाँध करके सेतु को अत्यन्त सुदृढ़ बनाया और वह देखने पर कृपानिधान श्रीराम को भला लगा। सेना चली, जिसका वर्णन नहीं किया जा सकता। योद्धा वानर समूह गर्जना कर रहे हैं।

सेतु बन्ध पर चढ़कर श्रीराम समुद्र का विस्तार देखने लगे (उस समय) करुणा के मूल श्रीराम

को देखने के निमित्त जलचरों के समूह प्रकट हो गये।

नाना प्रकार के मकर, घड़ियाल (नक्र), बड़ी मछलियाँ, सर्प जिनके शरीर शत योजन तक बहुत विशाल थे और उनमें से कुछ ऐसे, जो उनको भी खा जाएँ किन्तु वे भी किसी-किसी (वहाँ स्थित) के डर से डर रहे थे।

वे सभी श्रीराम को देखकर टालने से भी नहीं टल रहे थे, वे सभी मन-ही-मन आनन्दित और प्रसन्न थे। उनके (फैलने की) ओट से जल नहीं दिखाई पड़ रहा था और सभी श्रीराम का रूप देखकर आनन्दित थे।

सम्पूर्ण सेना आज्ञा पाकर चली। वानर सेना की विपुलता का वर्णन कौन कर सकता है?

सेतुबन्ध पर जब बड़ी भीड़ हो गई तो वानर आकाश मार्ग पर उड़ने लगे और कुछ दूसरे (वानर) जलचरों के ऊपर चढ़-चढ़कर पार जा रहे थे॥ ४॥

टिप्पणी—कवि यहाँ अध्यात्म रामायण तथा वाल्मीकि से अधिक विस्तार देकर न केवल कथावृत्त के फैलाव को इंगित करना चाहता है, अपितु श्रीराम के माहात्म्य को पूर्ण आस्था से व्यक्त करने की चेष्टा करता है। श्रीराम सचराचर के लिए काम्य हैं। वही सचराचर के स्वामी तथा ईश हैं। कवि समुद्र के अन्तर्गत स्थित समस्त जीवों की श्रीराम के दर्शन के लिए लालायित चित्रित करके उन्हें सचराचर के लिए एक मात्र काम्य बताता है।

अस कौतुक बिलोकि द्वौ भाई। बिहँसि चले कृपालु रघुराई॥
सेन सहित उतरे रघुबीरा। कहि न जाइ कपि जूथप भीरा॥
सिंधु पार प्रभु डेरा कीन्हा। सकल कपिन्ह कहुँ आयेसु दीन्हा॥
खाहु जाइ फल मूल सुहाए। सुनत भालु कपि जहँ तहँ धाए॥
सब तरु फरे राम हित लागी। रितु अरु कुरितु काल गति त्यागी॥
खाहिं मधुर फल बिटप हलावहिं। लंका सनमुख सिखर चलावहिं॥
जहँ कहुँ फिरत निसाचर पावहिं। घेरि सकल बहु नाच नचावहिं॥
दसनन्हि काटि नासिका काना। कहि प्रभु सुजसु देहिं तब जाना॥
जिन्ह कर नासा कान निपाता। तिन्ह रावनहि कही सब बाता॥
सुनत स्रवन बारिधि बंधाना। दसमुख बोलि उठा अकुलाना॥

दो०— बाँध्यो बननिधि नीरनिधि जलधि सिंधु बारीस।
सत्य तोयनिधि कंपति उदधि पयोधि नदीस॥ ५॥

अर्थ—ऐसा कौतुक देखकर दोनों भाई हँस पड़े और फिर कृपालु श्रीराम चले। श्रीराम सेना सहित पार उतर गये और वानर सेनापतियों की भीड़ का वर्णन नहीं किया जा सकता।

प्रभु श्रीराम ने समुद्र के पार डेरा डाला और सारे वानरों को आज्ञा दी कि तुम जाकर सुन्दर फल-मूल खाओ और इसे सुनकर वानर एवं भालु जहाँ तहाँ दौड़े।

श्रीराम के हित के लिए सारे वृक्ष ऋतु एवं अऋतु का समय त्याग कर फलवान हो उठे। वे सभी मधुर फल खाने एवं वृक्षों को हिलाने लगे तथा लंका को लक्ष्य करके पर्वत शिखर चलाने लगे।

जहाँ कहीं भी वे घूमते हुए राक्षसों को प्राप्त करते हैं, उन्हें घेर करके नाना प्रकार का नाच नचाते हैं। दाँतों से उनके नाक तथा कान काटकर और उनसे श्रीराम का सुयश कहलाकर ही जाने देते हैं।

जिन राक्षसों के नाक तथा कान काट लिये गये हैं, उन्होंने रावण से सारा समाचार बताया। कानों से सागर का (सेतु) निर्माण सुनकर रावण व्याकुल भाव से बोल पड़ा।

वननिधि, नीरनिधि, जलधि, सिन्धु, वारीस, तोयनिधि, कंपति, उदधि, पयोधि, नदीस को क्या सही-सही (सत्य) बाँध डाला॥ ५॥

टिप्पणी—कवि 'आवेग' संचारी का वर्णन करता है। आचार्य रामचन्द्र ने इसे चकपकाहट नामक नये संचारी भाव के रूप में देखने की चेष्टा की है किन्तु रावण की घबड़ाहट एवं उसका चित्त विभ्रम 'आवेग' संचारी भाव के अन्तर्गत सम्पूर्णतया समाहित है। कवि की भाव निरूपण की यह योजना परिस्थिति के यथार्थ, रावण की घबड़ाहट और उसके दसमुख होने की सार्थकता को एक साथ स्पष्ट करती है।

ब्याकुलता निज समुझि बहोरी। बिहँसि चला गृह करि भय भोरी॥
मंदोदरीं सुन्यो प्रभु आयो। कौतुकहीं पायोधि बँधायो॥
कर गहि पतिहि भवन निज आनी। बोली परम मनोहर बानी॥
चरन नाइ सिरु अंचल रोपा। सुनहु बचन पिय परिहरि कोपा॥
नाथ बयरु कीजै ताही सो। बुधि बल सकिय जीति जाही सो॥
तुम्हहि रघुपतिहिं अंतरु कैसा। खलु खद्योत दिनकरहि जैसा॥
अतिबल मधु कैटभ जेहि मारे। महाबीर दितिसुत संघारे॥
जेहिं बलि बाँधि सहसभुज मारा। सोइ अवतरेउ हरन महिभारा॥
तासु बिरोध न कीजिय नाथा। काल करम जिव जिनके हाथा॥
दो०— रामहि सौंपि जानकी नाइ कमल पद माथ।
सुत कहुँ राज समर्पि बन जाइ भजिय रघुनाथ॥ ६॥

अर्थ—पुनः अपनी व्याकुलता विचार करके भय विस्मृत (भोरी) विहँसता हुआ महल गया। मन्दोदरी ने जब यह सुना कि प्रभु श्रीराम (सागर पार) आ गये है और खेल-खेल में ही समुद्र में पुल बँधवा डाला है तब।

हाथ पकड़कर, अपने पति को अपने महल में ले आई और अत्यधिक मनोहारी वाणी बोली। चरण झुकाकर उसने अपना अँचल पसारा (रोपा) (अनुनयपूर्वक याचना की) कि हे पतिदेव! क्रोध का परित्याग करके मेरी वाणी सुनें।

हे नाथ! उसी से शत्रुता करनी चाहिए जिससे बुद्धि-बल सामर्थ्य द्वारा जीता जा सके। आप और श्रीराम में निश्चय ही (खलु) इतना (अधिक) अन्तर है, जितना सूर्य तथा जुगुनू में।

जिन्होंने अत्यन्त बलशाली मधुकैटभ (दैत्य) को मारा था, जिन्होंने महाशक्तिशाली दिति के पुत्रों (हिरण्याक्ष और हिरण्यकशिपु) का संहार किया था। जिन्होंने बलि को बाँधा तथा सहस्त्रबाहु का वध किया था।

हे नाथ! काल कर्म तथा जीव जिनके हाथ में है, उनसे हे नाथ! शत्रुता न करें।

उन श्रीराम के चरण-कमलों में शीश झुकाकर सीता को सौंप दें, पुत्र को राज्य सौंपकर (आप) वन जाकर श्रीराम का भजन करें॥ ६॥

टिप्पणी—यहाँ मन्दोदरी की चिन्ता का वर्णन है। यह चिन्ता वाल्मीकि तथा अध्यात्म रामायण में प्रसंगेर के रूप में वर्णित है। हनुमन्नाटक में भी इसका सन्दर्भ है। मन्दोदरी द्वारा यहाँ श्रीराम के ब्रह्म स्वरूप तथा उनके स्वभाव का निरूपण करके उनकी अनन्तता को इंगित किया जाता है। यहाँ मन्दोदरी के समझाने का आधार पुराणों में कथित विष्णु का पूर्ववत्त है।

नाथ दीनदयाल रघुराई। बाघउ सनमुख गए न खाई॥
चाहिय करन सो सबु करि बीते। तुम्ह सुर असुर चराचर जीते॥
संत कहहिं असि नीति दसानन। चौथेपन जाइहिं नृप कानन॥

तासु भजनु कीजिय तहँ भरता। जो करता पालक संहरता॥
सोइ रघुबीर प्रनत अनुरागी। भजहु नाथ ममता सब त्यागी॥
मुनिबर जतनु करहिं जेहि लागी। भूप राजु तजि होहिं बिरागी॥
सोइ कोसलाधीस रघुराया। आएउ करन तोहि पर दाया॥
जौ पिय मानहु मोर सिखावन। सुजसु होइ तिहुँ पुर अति पावन॥
दो०— अस कहि लोचन बारि भरि गहि पद कंपित गात।
नाथ भजहु रघुनाथ पद अचल होइ अहिवात॥ ७॥

अर्थ—हे स्वामी! श्रीराम दीनों के प्रति दया भाव रखते हैं। बाघ भी तो सम्मुख जाने पर नहीं खाता। जो आप करना चाहते थे, वह सब आप कर चुके। आप देवता, राक्षस तथा चर-अचर सभी को जीत चुके हैं।

हे रावण! संतजन ऐसी नीति कहते हैं कि चौथेपन (वृद्धावस्था) में राजा को वन चला जाना चाहिए। हे पतिदेव! वहाँ उनका भजन करें जो संसार के रचनाकार, पालनकर्त्ता एवं संहारकर्त्ता हैं।

वे श्रीराम प्रणत (अपने प्रति समर्पित पर) स्नेह रखने वाले हैं, अत: हे नाथ! सम्पूर्ण ममता का परित्याग करके उनका भजन करें। जिनके लिए मुनिश्रेष्ठ (अनेक) उपाय किया करते हैं तथा राजागण राज्य छोड़कर संन्यासी हो जाते हैं।

वही अयोध्या के स्वामी श्रीराम आप पर (यहाँ तक) अनुग्रह करने के लिए पधारे हैं। हे पतिदेव! यदि आप मेरी शिक्षा मानते हैं तो आपका अत्यधिक पवित्र यश तीनों लोकों तक फैल जाएगा।

ऐसा कहकर नेत्रों में अश्रु भरकर और काँपते हुए शरीर से उसने कहा कि हे स्वामी! श्रीराम के चरणों का भजन करें, ताकि मेरा सौभाग्य अचल हो जाए॥ ७॥

टिप्पणी—तुलसी द्वारा निरूपित नीति पथ, चौथेपन से 'जाइहिं नृप कानन' मंदोदरी के समझाने के लिए अन्तिम आधार है। वह श्रीराम की शक्ति, लोकनीति, यथार्थ आदि सभी को क्रमश: विवेचित करके अन्त में, अपने अहिवात का भी साक्ष्य देती है, किन्तु रावण टस-से-मस नहीं होता। श्रीराम के हाथों से मरने का उसका हठपूर्वक दुराग्रह उसके मन में बैठ गया है और कवि उसी दुराग्रह को उसकी अपरिवर्तनीय मानस वृत्ति के साथ सहजता पूर्वक जोड़े हुए है।

तब रावन मयसुता उठाई। कहइ लाग खल निज प्रभुताई॥
सुनु तैं प्रिया बृथा भय माना। जग जोधा को मोहि समाना॥
बरुन कुबेर पवन जम काला। भुजबल जितेउँ सकल दिगपाला॥
देव दनुज नर सब बस मोरें। कवन हेतु उपजा भय तोरें॥
नाना बिधि तेहिं कहेसि बुझाई। सभा बहोरि बैठ सो जाई॥
मंदोदरीं हृदयँ अस जाना। काल बिबस उपजा अभिमाना॥
सभा आइ मंत्रिन्ह तेहिं बूझा। करब कवन बिधि रिपु सैं जूझा॥
कहहिं सचिव सुनु निसिचरनाहा। बार बार प्रभु पूँछहु काहा॥
कहहु कवन भय करिय बिचारा। नर कपि भालु अहार हमारा॥
दो०— सब के बचन स्त्रवन सुनि कह प्रहस्त कर जोरि।
नीति बिरोध न करिय प्रभु मंत्रिन्ह मति अति थोरि॥ ८॥

अर्थ—तब रावण ने (चरणों पर गिरी हुई) मयपुत्री मन्दोदरी को उठाया और वह दुष्ट अपना प्रभुत्व कहने लगा। हे प्रिया! तूने व्यर्थ ही भय माना है (बताओ) मेरे समान संसार में कौन योद्धा है?

वरुण, कुबेर, वायु, यम, काल तथा सम्पूर्ण दिक्पालों को मैंने भुजाओं की शक्ति से जीता है। देवता, असुर, मनुष्य सभी मेरे वश में हैं, तुमको किस कारण भय उत्पन्न हुआ है।

उसे (रावण ने) भाँति-भाँति से कहकर समझाया और पुनः सभा में जाकर बैठा। मन्दोदरी ने तब मन में समझ लिया कि (यह) काल विवश हैं, इसलिए अभिमान उत्पन्न हुआ है।

सभा में आकर (उसने) मंत्रियों से पूछा कि शत्रु से किस प्रकार युद्ध करना चाहिए। मंत्रीगण बोल पड़े कि हे राक्षसराज! हे स्वामी! आप बार-बार क्यों पूछते हैं।

मनुष्य, भालु तथा वानर हमारे आहार हैं, अतः बतायें, कौन-सा भय है, (भय का कारण है) जिस पर विचार किया जाये।

कानों से सभी की बातों को सुनकर प्रहस्त (नामक रावण पुत्र) ने हाथ जोड़कर कहा कि हे प्रभु! आपके मंत्रियों में अल्प बुद्धि है, नीति के विरुद्ध आचरण नहीं करना चाहिए॥ ८॥

टिप्पणी—एक योद्धा की भाँति रावण के आत्मशौर्य का अपने ही मुख से वर्णन सान्त्वना के लिए आधार है। रावण के हठ तथा उसकी महत्त्वाकांक्षा में लेश मात्र भी संकोच कभी किसी भी पर कवि आने नहीं देता। भक्ति का एक यह भी स्वरूप है। तुलसी मानस में जिस अमर्ष भक्ति की कल्पना करते हैं, रावण उसका सबसे बड़ा दृष्टान्त है। वह भी रात-दिन राम का नाम लेता रहता है किन्तु अमर्ष तथा विद्वेष भाव से। श्रीराम के प्रति शत्रुता का हठभरा यह आग्रह स्वयं में एक उत्कृष्ट भक्ति का दृष्टान्त है। तुलसी का दृष्टिकोण कुछ इसी प्रकार का है और यह दृष्टिकोण भागवत पुराण से अनुमोदित है। कंस की मुक्ति का कारण वैरभाव की ही भक्ति है और यहाँ उसी भावना का आरोपण तुलसी रावण पर भी करते हैं।

कहहिं सचिव सठ ठकुर सोहाती। नाथ न पूर आव येहि भाँती॥
बारिधि नाँघि एकु कपि आवा। तासु चरित मन महुँ सब गावा॥
छुधा न रही तुम्हहि तब काहू। जारत नगरु कस न धरि खाहू॥
सुनत नीक आगें दुखु पावा। सचिवन्ह अस मत प्रभुहि सुनावा॥
जेहि बारीस बँधाएउ हेला। उतरे सेन समेत सुबेला॥
सो भनु मनुज खाब हम भाई। बचन कहहिं सब गाल फुलाई॥
तात बचन मम सुनु अति आदर। जनि मन गुनहु मोहि करि कादर॥
प्रिय बानी जे सुनहिं जे कहहीं। ऐसे नर निकाय जग अहहीं॥
बचन परम हित सुनत कठोरे। सुनहिं जे कहहिं ते नर प्रभु थोरे॥
प्रथम बसीठ पठउ सुनु नीती। सीता देइ करहु पुनि प्रीती॥
दो०— नारि पाइ फिरि जाहि जौं तौ न बढ़ाइअ रारि।
नाहिं त सनमुख समर महिं तात करिअ हठि मारि॥ ९॥

अर्थ—ये सभी शठ मंत्री ठकुर सुहाती कह रहे हैं, हे नाथ! इस प्रकार से बात पूरी नहीं होगी। समुद्र को लाँघकर एक वानर आया था और उसकी चरित्र-गाथा को मन-ही-मन सभी गाते हैं।

उस समय तुम सबमें किसी को भी भूख न थी, नगर जलते हुए उसको क्यों नहीं पकड़ कर खा डाला। इन सचिवों ने स्वामी को ऐसा मत सुनाया है कि वह सुनने में तो अच्छा है, किन्तु आगे चलकर (उससे) दुःख प्राप्त करना होगा।

जिन्होंने खेल-खेल में समुद्र बँधवा दिया और जो सेना सहित सुबेल पर्वत पर आ उतरे, हे भाई! बताओ कि वह मनुष्य हैं, जिसे हम खा जाएँगे या फिर प्रमाद भरा वचन ही (गाल फुलाई बचन) कहेंगे।

हे पिता जी! अत्यन्त आदरपूर्वक मेरे वचनों को सुनें और मुझे अपने मन में कायर भी न समझें। जो प्रिय वाणी (सामने) कहते और सुनते हैं, ऐसे मनुष्य समूह-के-समूह संसार में हैं।

सुनने में कठोर लेकिन परिणाम में अत्यन्त हितैषिता भरी वाणी जो कहते एवं सुनते हैं, ऐसे मनुष्य बहुत थोड़े से हैं। हे नाथ! नीति सुनें, सबसे पहले दूत भेजें और सीता को देकर फिर उनसे मैत्री कर लें।

यदि वे पत्नी पाकर लौट जाते हैं तो संघर्ष न बढ़ायें, नहीं तो, हे तात! युद्ध में आमने-सामने हठपूर्वक युद्ध करें॥ ९॥

टिप्पणी—मदान्ध रावण को पुनः समझाना और पुनः उसके द्वारा यथार्थ को झुठला देना उसकी की नियति है। कवि इस नियति के प्रकाश में मदान्ध रावण की विविध चेष्टाओं, क्रियाओं एवं कार्य कलापों का चित्रण करता है।

यह मत जौं मानहु प्रभु मोरा। उभय प्रकार सुजसु जग तोरा॥
सुत सन कह दसकंठ रिसाई। असि मति सठ केहिं तोहि सिखाई॥
अबहीं तें उर संसय होई। बेनु मूल सुत भएउ घमोई॥
सुनि पितु गिरा परुष अति घोरा। चला भवन कहि बचन कठोरा॥
हित मत तोहि न लागत कैसें। काल बिबस कहुँ भेषज जैसें॥
संध्या समय जानि दससीसा। भवन चलेउ निरखत भुज बीसा॥
लंका सिखर उपर आगारा। अति बिचित्र तहँ होइ अखारा॥
बैठ जाइ तेहिं मंदिर रावन। लागे किंनर गुन गन गावन॥
बाजहिं ताल पखाउज बीना। नृत्य करहिं अपछरा प्रबीना॥
दो०— सुनासीर सत सरिस सो संपत करइ बिलास।
परम प्रबल रिपु सीस पर तदपि न कछु मन त्रास॥ १०॥

अर्थ—हे प्रभु! यदि मेरी यह मंत्रणा मान लें तो संसार में आपका दोनों प्रकार से सुन्दर यश फैलेगा। पुत्र से क्रोध में भरकर रावण बोला कि हे शठ! इस प्रकार की शिक्षा तूने किससे प्राप्त की है।

अभी से ही तुम्हारे हृदय में संदेह हो रहा है, पुत्र! तू तो बाँस की कोठ (मूल-जड़) में घमोई (घास) हुआ है। अपनी पिता की कठोर एवं भयंकर वाणी सुनकर वह कड़ी वाणी बोलता हुआ घर चला गया।

हितैषिता भरी मंत्रणा तुम्हें उसी प्रकार भली नहीं लग रही है, जैसे मृत्यु के वश में हुए (व्यक्ति) के लिए ओषधि। रावण ने सन्ध्या का समय जानकर अपनी बीसों भुजाओं को (अभिमानवश) देखता हुआ चला।

लंका में पर्वत की चोटी पर एक अत्यन्त विचित्र महल था, जहाँ (नृत्य गान का) समाज (अखारा) होता था। रावण उस महल में जाकर बैठा और किन्नरगण उसके गुण समूहों का गायन करने लगे।

करताल (ताल), मृदंग (पखावज) एवं वीणाएँ बज रही हैं और चतुर अप्सराएँ नृत्य कर रही हैं।

वह रावण शत-शत इन्द्र की भाँति निरन्तर विलास करता था, यद्यपि उसके सिर पर परम प्रबल शत्रु (उपस्थित) था, फिर भी न उसे चिंता थी और न भय था॥ १०॥

टिप्पणी—कवि रावण की मदान्धता को यहाँ इंगित करना चाह रहा है। मदान्ध व्यक्ति शक्ति एवं शौर्य के भाव में विस्मृत अपने से भिन्न सबको तुच्छ तिनके के सदृश समझता है। रावण की यही मनःदशा है। हनुमन्नाटक में इस भाव को प्रायः इसी मनोदशा के साथ चित्रित किया गया है।

इहाँ सुबेल सैल रघुबीरा। उतरे सेन सहित अति भीरा॥
सैल सृंग एक सुंदर देखी। अति उतंग सम सुभ्र बिसेषी॥
तहँ तरु किसलय सुमन सुहाए। लछिमन रचि निज हाथ डसाए॥
तेहि पर रुचिर मृदुल मृगछाला। तेहि आसन आसीन कृपाला॥
प्रभु कृत सीस कपीस उछंगा। बाम दहिन दिसि चाप निषंगा॥
दुहुँ कर कमल सुधारत बाना। कह लंकेस मंत्र लगि काना॥
बड़भागी अंगद हनुमाना। चरन कमल चापत बिधि नाना॥
प्रभु पाछे लछिमन बीरासन। कटि निषंग कर बान सरासन॥

दो०— येहि बिधि करुना सील गुन धाम रामु आसीन।
ते नर धन्य जे ध्यान येहि रहत सदा लयलीन॥
पूरब दिसा बिलोकि प्रभु देखा उदित मयंक।
कहत सबहि देखहु ससिहि मृगपति सरिस असंक॥ ११॥

अर्थ—यहाँ सुबेल पर्वत पर श्रीराम अपनी सेना के साथ उतरे तथा साथ में अत्यधिक भीड़ थी। अत्यन्त रम्य, समतल, विशेष प्रकार का उज्ज्वल तथा ऊँचा एक शिखर देखकर—

वहाँ लक्ष्मण ने वृक्षों के कोमल पत्ते तथा पुष्प अपने हाथों से सजाकर बिछा दिया। उसके ऊपर सुन्दर मृग चर्म बिछाया और उस आसन पर कृपालु श्रीराम विराजमान हुए।

कपिराज सुग्रीव की गोद पर उनका सिर था। बाँये तथा दाहिनी दिशाओं में धनुष तथा तरकस थे। अपने दोनों हाथों से बाण सुधार रहे थे। विभीषण कानों के पास सटे हुए सलाह (मंत्र) दे रहे थे।

परम भाग्यशाली अंगद तथा हनुमान अनेकों प्रकार से प्रभु श्रीराम के चरण कमलों को दबा रहे थे। प्रभु के पीछे लक्ष्मण कमर में तरकस तथा धनुष पर बाण लगाये वीरासन में स्थित थे।

इस प्रकार कृपा के स्वरूप तथा गुणों के धाम प्रभु श्रीराम आसीन थे। वे मनुष्य धन्य हैं जो सदैव इसी ध्यान में निमग्र रहते हैं।

पूर्व दिशा को देखकर प्रभु श्रीराम ने उदित हुए चन्द्रमा को देखा। वे सभी से कहते हैं कि यह सिंह के सदृश निडर है, सभी इस चन्द्र को देखो॥ ११॥

टिप्पणी—लंका में युद्ध की कामना से आये तथा अपने सहायकों के बीच में स्थित श्रीराम की कवि यहाँ झाँकी देता है। तुलसी इस प्रसंग को हनुमान्नाटक से प्रभावित होकर प्रस्तुत करते हैं।

पूरब दिसि गिरि गुहा निवासी। परम प्रताप तेज बल रासी॥
मत्त नाग तम कुंभ बिदारी। ससि केसरी गगन बन चारी॥
बिथुरे नभ मुकुताहल तारा। निसि सुंदरी केर सिंगारा॥
कह प्रभु ससि महुँ मेचकताई। कहहु काह निज निज मति भाई॥
कह सुग्रीव सुनहु रघुराई। ससि महुँ प्रगट भूमि कै झाँई॥
मारेउ राहु ससिहि कह कोई। उर महुँ परी स्यामता सोई॥
कोउ कह जब बिधि रति मुख कीन्हा। सार भाग ससि कर हरि लीन्हा॥
छिद्र सो प्रगट इंदु उर माहीं। तेहि मग देखिअ नभ परिछाहीं॥
प्रभु कह गरल बंधु ससि केरा। अति प्रिय निज उर दीन्ह बसेरा॥
बिष संजुत कर निकर पसारी। जारत बिरहवंत नर नारी॥

दो०— कह मारुतसुत सुनहु प्रभु ससि तुम्हार प्रिय दास।
तव मूरति बिधु उर बसति सोइ स्यामता अभास॥

पवनतनय के बचन सुनि बिहँसे रामु सुजान।
दच्छिन दिसा बिलोकि पुनि बोले कृपानिधान॥ १२॥

अर्थ—पूर्व दिशारूपी पर्वत की गुफा में निवास करने वाला अत्यधिक प्रताप, तेज तथा बल की राशि यह चन्द्ररूपी सिंह मद विह्वल अधंकाररूपी हाथी के कुम्भस्थल को विदीर्ण करके आकाशरूपी वन में विचरण कर रहा है।

रात्रिरूपी सुन्दरी के शृंगार में प्रयुक्त होने वाले ये मुक्ता समूह बिखर पड़े हैं। प्रभु श्रीराम ने कहा कि हे भाइयो! चन्द्रमा में यह जो कालापन है, अपनी-अपनी बुद्धि के अनुसार बताइये कि वह क्या है?

सुग्रीव ने कहा कि हे श्रीराम! सुनें, चन्द्रमा में यह पृथ्वी की छाया दिखाई पड़ रही है। किसी ने बताया कि जब राहु ने चन्द्रमा को मारा था तो वही (उसके) हृदय पर (आघात् की) कालिमा पड़ी हुई है।

किसी ने बताया कि जब ब्रह्मा ने रति के मुख की रचना की तो (उन्होंने) इसका मूलतत्त्व निचोड़ लिया। इस निचोड़ने के कारण चन्द्रमा के हृदय में छेंद प्रकट हो गया और उसी मार्ग से आकाश की छाया दिखाई पड़ रही है।

प्रभु श्रीराम ने कहा कि चन्द्रमा विष का प्यारा भाई है, इसी से उसके विष को हृदय में स्थान दे रखा है। विष से संयुक्त अपने किरणरूपी हाथों को पसार करके वियोगी नर नारियों को जलाता रहता है।

हनुमान ने कहा कि हे प्रभु! सुनें, यह चन्द्रमा आपका प्रिय दास है। आपकी सुन्दर मूर्ति चन्द्रमा के हृदय में निवास करती है, उसी श्यामलता प्रतिबिम्ब चन्द्रमा में है।

हनुमान के वचनों को सुनकर सहृदय श्रीराम हँस पड़े और तब कृपानिधान प्रभु दक्षिण की दिशा की ओर देखकर बोले॥ १२॥

टिप्पणी—चन्द्रदर्शन प्रसंग मानस के महत्त्वपूर्ण सन्दर्भों में से एक है। यह प्रकरण अन्य रामायणों में नहीं है। वाल्मीकि रामायण में केवल इतना ही संकेत है कि पूर्णचन्द्र की राशि में श्रीराम ने प्रथम विश्राम सुबेल पर्वत पर किया था—

'पूर्णचन्द्र प्रदीप्ता च क्षणासपातिवर्तत:।

चन्द्र के माध्यम से शौर्य भाव का प्रदर्शन युद्ध की भूमिका है किन्तु चन्द्र को देखकर सम्पूर्ण योद्धाओं के कथन उनके मनोभावों के सूचक हैं। विषय को देखकर उससे सम्बद्ध संस्कार तथा भावनाएँ सहज ही जाग्रत होती हैं—कवि यहाँ इसी तथ्य को इंगित करना चाह रहा है। यहाँ साङ्गरूपक अलंकार द्वारा कवि श्रीराम के शौर्यभाव का चित्रण करके रावण के पराभव को प्रकारान्तर भाव से व्यक्त कर रहा है।

देखु बिभीषन दच्छिन आसा। घन घमंड दामिनी बिलासा॥
मधुर मधुर गरजइ घन घोरा। होइ बृष्टि जनि उपल कठोरा॥
कहत बिभीषन सुनहु कृपाला। होइ न तड़ित न बारिद माला॥
लंका सिखर उपर आगारा। तहँ दसकंधर देखि अखारा॥
छत्र मेघडंबर सिर धारी। सोइ जनु जलद घटा अति कारी॥
मंदोदरी स्त्रवन ताटंका। सोइ प्रभु जनु दामिनी दमंका॥
बाजहिं ताल मृदंग अनूपा। सोइ रव मधुर सुनहु सुरभूपा॥
प्रभु मुसुकान समुझि अभिमाना। चाप चढ़ाइ बान संधाना॥

दो०— छत्र मुकुट ताटंक तब हते एक ही बान।
सब कें देखत महि परे मरमु न कोऊ जान॥

अस कौतुक करि राम सर प्रबिसेउ आइ निषंग।
रावन सभा ससंक सब देखि महा रस भंग॥ १३॥

अर्थ—हे विभीषण! दक्षिण दिशा (आशा) को देखें, बादल घुमड़ रहे हैं, विजली चमक रही है, भयंकर बादल मधुर-मधुर स्वर में गरज रहे हैं, कहीं कठोर ओलों की वर्षा न हो?

विभीषण ने कहा, कि हे कृपालु! सुनें, यह न विद्युत है और न मेघमालाएँ। लंका के शिखर के ऊपर महल है, वहाँ रावण का अखाड़ा दिख रहा है।

रावण ने सिर पर मेघाडम्बर (एक विशेष प्रकार का सघन छत्र) छत्र धारण कर रखा है, वही मानो बादलों की काली घटा हो। मंदोदरी के कानों में स्थित ताटंक (कर्णफूल) (हिल रहे) हैं, हे प्रभु! मानो वही बिजली की चमक है।

हे देवताओं में श्रेष्ठ श्रीराम! सुनें, अनुपम ताल तथा मृदंग बज रहे हैं, वही मधुर ध्वनि (मेघ ध्वनि) है। रावण का अभिमान समझकर श्रीराम मुस्कराये और धनुष चढ़ाकर उस पर बाण संधान किया।

छत्र, मुकुट एवं कर्णफूल सभी एक ही बाण से मार करके गिरा दिया। सभी के देखते-देखते वे पृथ्वी पर आ गिरे और रहस्य किसी ने भी नहीं जाना।

श्रीराम का बाण ऐसा कौतुक करके (पुनः) आकर तरकस में जा घुसा। इस महान रस भंग (दोष) को देखकर रावण की सम्पूर्ण सभा सशंकित हो उठी॥ १३॥

टिप्पणी—कवि के अपह्नुति अलंकार की वर्णन शैली यहाँ चमत्कार का सृजन करती है। रावण के नृत्य समाज का आनन्दपूर्ण उल्लास, वाद्यों की ध्वनि, मेघाडम्बर तथा मन्दोदरी के ताटंकों की चमक में मेघ एवं वर्षा का आरोपण करके कवि नृत्य समाज का उसमें अध्यवसान करता है। मूलतः यह भ्रान्त्यापह्नुति अलंकार का एक उत्कृष्ट उदाहरण है और वास्तविक स्थिति का बोध कराकर कवि अन्ततः श्रीराम के शौर्य एवं रावण के लिए अपशकुन का वातावरण निर्मित करता है।

कंप न भूमि न मरुत बिसेषा। अस्त्र सस्त्र कछु नयन न देखा॥
सोचहिं सब निज हृदय मझारी। असगुन भएउ भयंकर भारी॥
दसमुख देखि सभा भय पाई। बिहसि बचन कह जुगुति बनाई॥
सिरउ गिरे संतत सुभ जाही। मुकुट खसे कस असगुन ताही॥
सयन करहु निज निज गृह जाई। गवने भवन सकल सिर नाई॥
मंदोदरी सोच उर बसेऊ। जब तें स्त्रवनपूर महि खसेऊ॥
सजल नयन कह जुग कर जोरी। सुनहु प्रानपति बिनती मोरी॥
कंत राम बिरोध परिहरहू। जानि मनुज जनि मन हठ धरहू॥
दो०— बिस्वरूप रघुबंस मनि करहु बचन बिस्वासु।
लोक कल्पना बेद कर अंग अंग प्रति जासु॥ १४॥

अर्थ—न भूमि का कम्पन हुआ और न हवा विशेष (तेजी से) चली और न किसी ने कोई अस्त्र-शस्त्र नेत्रों से देखा। सभी अपने-अपने हृदय में चिन्ता करने लगे कि बड़ा भयंकर अपशकुन हुआ।

रावण सभा को भय से युक्त देखकर हँसा और युक्ति बनाकर बोला कि सिरों का गिरना भी जिसके लिए निरन्तर शुभ होता रहा है, उसके लिए मुकुट का गिरना कैसा अपशकुन?

अपने -अपने घरों में जाकर विश्राम करो। सभी सिर झुकाकर (प्रणाम करके) घर चले गये। जब से कर्ण-फूल पृथ्वी पर आ गिरा था तब से मंदोदरी के हृदय में शोक निवास कर गया।

अश्रु भरे नेत्रों से दोनों हाथ जोड़कर बोली, हे प्राणनाथ! मेरी विनय सुनें। हे प्रियतम! श्रीराम का विरोध त्याग दें और उन्हें मनुष्य जानकर हृदय में हठ न धारण करें।

मेरी वाणी पर विश्वास करें कि रघुवंशशिरोमणि श्रीराम विश्व रूप हैं जिनके अंग-अंग में वेद (असंख्य) लोकों की कल्पना करते हैं॥ १४॥

टिप्पणी—अकस्मात् मन्दोदरी के कानों से उसके ताटंकों का स्खलन भयंकर अपशकुन है और इस अपशकुन से खिन्न वह पुनः श्रीराम के स्वरूप, शक्ति, सामर्थ्य एवं माहात्म्य का निरूपण करके श्रीराम के विषय में रावण को पुनः समझाती है।

पद पाताल सीस अज धामा। अपर लोक अँग अँग बिस्रामा॥
भृकुटि बिलास भयंकर काला। नयन दिवाकर कच घन माला॥
जासु घ्रान अस्विनी कुमारा। निसि अरु दिवस निमेष अपारा॥
स्त्रवन दिसा दस बेद बखानी। मारुत स्वास निगम निज बानी॥
अधर लोभ जम दसन कराला। माया हास बाहु दिगपाला॥
आनन अनल अंबुपति जीहा। उतपति पालन प्रलय समीहा॥
रोम राजि अष्टादस भारा। अस्थि सैल सरिता नस जारा॥
उदर उदधि अधगो जातना। जगमय प्रभु का बहु कल्पना॥

दो०— अहंकार सिव बुद्धि अज मन ससि चित्त महान।
मनुज बास सचराचर रूप राम भगवान॥
अस बिचारि सुनु प्रानपति प्रभु संन बयरु बिहाइ।
प्रीत करहु रघुबीर पद मम अहिवात न जाइ॥ १५॥

अर्थ—जिस (श्रीराम) का चरण पाताल है, शिर ब्रह्म लोक है, जिनके अंग-अंग पर अन्य शेष लोकों के विश्राम हैं, काल ही जिसका भयंकर भृकुटि विलास है, नेत्र ही सूर्य हैं, बादल समूह ही जिसके बाल हैं।

अश्विनीकुमार ही जिसके घ्राण हैं (युगपद नासिका छिद्र के प्रतीक रूप), रात्रि तथा दिन जिनके अनन्त पलक निमेष हैं, वेद बताते हैं कि दसों दिशाएँ ही कान हैं, वायु ही श्वास है और वेद ही जिनकी वाणी है।

लोभ ही जिनका ओष्ठ है, भयानक दाँत ही यमराज हैं, हास ही माया है, बाहु ही दिक्पाल हैं, मुख ही अग्नि है, जिह्वा ही वरुण हैं। उत्पत्ति, पालन एवं प्रलय जिसकी क्रिया (समीहा) है।

रोम राजि ही अट्ठारह वर्ग की वनस्पतियाँ हैं, अस्थियाँ ही शैलमालाएँ हैं, नसों के जाल (जारा) ही नदियाँ हैं, उदर ही समुद्र है और अधः इन्द्रियाँ ही नरक हैं। इस प्रकार, प्रभु श्रीराम सृष्टि के प्रतिरूप हैं, अधिक अन्य कल्पनाएँ क्या की जाएँ?

शिव ही जिनके अहंकार हैं, ब्रह्मा ही बुद्धि हैं, चन्द्रमा मन है और विष्णु जिसके चित्त हैं. उसी सचराचर स्वरूप भगवान् श्रीराम ने ही मनुष्य का अवतार ग्रहण किया है।

हे प्राणपति! सुनें और ऐसा विचार करके तथा वैर त्यागकर श्रीराम के चरणों में प्रेम करें ताकि मेरा सौभाग्य न नष्ट हो॥ १५॥

टिप्पणी—श्रीराम ब्रह्म के तीन स्वरूप हैं—

(१) ऐश्वर्यरूप श्रीराम
(२) महाकालस्वरूप श्रीराम
(३) महाविभूतिस्वरूप श्रीराम

यहाँ महाविभूति स्वरूप श्रीराम का चित्रण है। सचराचर श्रीराममय है और समग्र श्रीराम में

समाहित है। ब्रह्म का यह विराट् स्वरूप लोक में नैतिक मान्यताओं की स्थापना के लिए है। मन्दोदरी भी इस महाविभूति स्वरूप को आधार बनाकर रावण को समझाने का प्रयास करती है। यहाँ कवि का मूल मन्तव्य श्रीराम के महाविभूति स्वरूप की व्यंजना कराना है। रावण का हठ एवं मन्दोदरी का समझाना तो एक बहाना मात्र है।

बिहसा नारि बचन सुनि काना। अहो मोह महिमा बलवाना॥
नारि सुभाउ सत्य सब कहहीं। अवगुन आठ सदा उर रहहीं॥
साहस अनृत चपलता माया। भय अबिबेक असौच अदाया॥
रिपु कर रूप सकल तैं गावा। अति बिसाल भय मोहि सुनावा॥
सो सब प्रिया सहज बस मोरे। समुझि परा प्रसाद अब तोरे॥
जानिउँ प्रिया तोरि चतुराई। येहि मिसु कहहु मोरि प्रभुताई॥
तव बतकही गूढ़ मृगलोचनि। समुझत सुखद सुनत भयमोचनि॥
मंदोदरि मन महँ अस ठयेऊ। पिअहि कालबस मतिभ्रम भयेऊ॥
दो०— बहु बिधि जल्पेसि सकल निसि प्रात भये दसकंध।
सहज असंक लंकपति सभा गयेउ मद अंध॥
सो०— फूलइ फरइ न बेंत जदपि सुधा बरषहिं जलद।
मूरख हृदय न चेत जौं गुरु मिलहिं बिरंचि सम॥ १६॥

अर्थ—अपनी पत्नी के वचनों को सुनकर वह हँसा और बोला, अहो! मोह की महिमा बड़ी बलवान है। सभी नारी के स्वभाव (के विषय में) सत्य ही कहते हैं कि उनके हृदय में आठ अवगुण सदैव निवास करते हैं।

साहस, असत्य, चंचलता, माया, भय, अविवेक, अपवित्रता और निर्दयता। तुमने शत्रु का समग्र स्वरूप गा डाला और उससे मुझे अत्यधिक भयंकर भय भी सुनाया है।

हे प्रिये! ये सभी (समग्र सृष्टि) सहज ही मेरे अधिकार में है और तुम्हारी कृपा से यह अब मुझे समझ में आया है। हे प्रिये! मैंने तुम्हारी चतुरता समझ ली है और तूने इसी बहाने मेरे प्रभुत्व का वर्णन किया है।

हे मृगनेत्रवाली! तुम्हारी बातचीत बड़ी रहस्यपूर्ण है और वह समझने में आनन्दित करने वाली तथा भय को छुड़ाने वाली है। मन्दोदरी ने मन में ऐसा निश्चय कर लिया कि पति देवता (रावण) को कालवश भ्रम हो गया है।

इस प्रकार अनेकानेक मनोविनोद करते हुए रावण को सवेरा हो गया और तब सहजभाव से ही निर्भय एवं मदान्ध रावण सभा में गया।

चाहे बादल अमृत बरसें किन्तु बेंतवृक्ष न फूलता है और न फलता है। तथैव चाहे ब्रह्मा सदृश ज्ञानी गुरु क्यों न मिल जाएँ, मूर्खों के हृदय में ज्ञान नहीं होता॥ १६॥

टिप्पणी—ब्रह्म के इस महाविभूति स्वरूप वर्णन को वह मंदोदरी का विलास मानता है। श्रीराम का यह विराट् स्वरूप रावण जैसे अभिमानी मनुष्यों के लिए भी वाग्विलास हो सकता है किन्तु यथार्थ एकदम भिन्न है।

इहाँ प्रात जागे रघुराई। पूछा मत सब सचिव बोलाई॥
कहहु बेगि का करिअ उपाई। जामवंत कह पद सिरु नाई॥
सुनु सर्बग्य सकल गुन रासी। सत्यसंध प्रभु सब उर बासी॥
मंत्र कहउँ निज मति अनुसारा। दूत पठाइअ बालिकुमारा॥
नीक मंत्र सब के मन माना। अंगद सन कह कृपानिधाना॥

बालितनय बुधि बल गुन धामा। लंका जाहु तात मम कामा॥
बहुत बुझाइ तुम्हहि का कहऊँ। परम चतुर मैं जानत अहऊँ॥
काजु हमार तासु हित होई। रिपु सन करेहु बतकही सोई॥
सो०— प्रभु अग्या धरि सीस चरन बंदि अंगद उठेउ।
सोइ गुनसागर ईस राम कृपा जापर करहु॥
स्वयं सिद्ध सब काज नाथ मोहि आदरु दियेउ।
अस बिचारि जुबराज तन पुलकित हरषित हियेउ॥ १७॥

अर्थ—यहाँ प्रातः श्रीराम जगे और सभी मंत्रियों को बुलाकर सलाह पूछी। शीघ्र ही, बतायें कि क्या उपाय करणीय हैं, तब जाम्बवान् ने चरणों पर सिर झुकाकर कहा।

हे सर्वज्ञ! हे सभी के हृदय में निवास करने वाले! हे बुद्धि, बल, तेज तथा गुण की राशि श्रीराम! सुने, मैं अपनी बुद्धि के अनुसार सलाह दे रहा हूँ कि बालिपुत्र अंगद को दूत बनाकर (रावण के पास) भेजें।

सभी ने मन से स्वीकार कर लिया कि (यह) सलाह ठीक है तब कृपानिधान श्रीराम ने अंगद से कहा। हे बल, बुद्धि और गुण के भंडार बालिपुत्र! हे तात! मेरे कार्य के निमित्त लंका जाओ।

तुमको मैं बहुत समझा कर क्या कहूँ! मैं जानता हूँ, तुम बहुत चतुर हो, तुम शत्रु से वही बातचीत करना जिसमें मेरा कार्य हो और उस (रावण) का भी कल्याण हो।

प्रभु श्रीराम की आज्ञा को सिर पर रखकरके तथा उनके चरणों की वन्दना करके अंगद उठ खड़े हुए और बोले, हे स्वामी श्रीराम! वही गुण का सागर है, जिस पर आप कृपा कर दें।

हे नाथ! आपके समस्त कार्य तो स्वयं सिद्ध हैं, आपने तो मुझे इसी बहाने आदर दिया है, ऐसा कहकर अंगद का शरीर पुलकित एवं मन हर्षित हो उठा। ऐसा कहकर मन हर्षित हो उठा।

टिप्पणी—अंगद का दूतकार्य लंकाकांड के अतिशय महत्त्वपूर्ण प्रसंगों में से एक है। इसका मूल संदर्भ वाल्मीकि रामायण में और सर्वाधिक्य काव्यात्मक विस्तार के साथ यह हनुमन्नाटक में वर्णित है। तुलसी ने रामचरितमानस एवं आचार्य केशवदास ने रामचंद्रिका में यह प्रसंग हनुमन्नाटक से ही लिया है। दोनों कवियों ने इस प्रसंग की नाटकीय संवाद शैली भी समानभाव से रक्षा करने की चेष्टा की है।

बंदि चरन उर धरि प्रभुताई। अंगद चलेउ सबहि सिरु नाई॥
प्रभु प्रताप उर सहज असंका। रन बाँकुरा बालिसुत बंका॥
पुर पैठत रावन कर बेटा। खेलत रहा सो होइ गइ भेंटा॥
बातहि बात करष बढ़ि आई। जुगल अतुल बल पुनि तरुनाई॥
तेहिं अंगद कहुँ लात उठाई। गहि पद पटकेउ भूमि भँवाई॥
निसिचर निकर देखि भट भारी। जहँ तहँ चले न सकहिं पुकारी॥
एक एक सन मरमु न कहहीं। समुझि तासु बध चुप करि रहहीं॥
भएउ कोलाहल नगर मँझारी। आवा कपि लंका जेहिं जारी॥
अब धौं काह करिहि करतारा। अति सभीत सब करहिं बिचारा॥
बिनु पूछे मगु देहिं देखाई। जेहि बिलोक सोइ जाइ सुखाई॥
दो०— गएउ सभा दरबार तब सुमिरि राम पद कंज।
सिंघ ठवनि इत उत चितव धीर बीर बलपुंज॥ १८॥

अर्थ—अंगद चरणों की वन्दना करके तथा श्रीराम की प्रभुता हृदय में धारण करके और सभी

को शीश नवाकर चले। हृदय में श्रीराम के प्रताप से संयुक्त रणबाँकुरे बाँके बालि पुत्र अंगद सहजभाव से निर्भय हैं।

लंका नगरी में प्रवेश करते ही रावण के पुत्र से भेंट हुई, जो खेल रहा था। बातों-ही-बातों में दोनों में झगड़ा बढ़ गया क्योंकि दोनों ही नवयुवक एवं अतुलनीय शक्तिशाली थे।

उसने अंगद के ऊपर लात उठायी और अंगद ने वही पैर पकड़ चक्करदार घुमा कर भूमि पर पटक दिया। राक्षस समूह भयंकर योद्धा देखकर जहाँ-तहाँ भाग चले और भयवश शोर भी न मचा सके।

वे एक दूसरे को मर्म नहीं बतलाते और रावण पुत्र का वध समझकर चुप मार कर रह जाते हैं। नगर के मध्य कोलाहल मचा कि जिसने लंका जलाई थी, वह वानर आ गया।

अत्यन्त भय सहित सभी विचार करते हैं कि अब विधाता क्या करेगा? बिना पूछे ही मार्ग दिखा देते हैं और जिसे वह (वानर) देख लेता था, वे ही (भयवश) सूख उठते थे।

श्रीराम के चरण-कमलों का स्मरण करके वह सभा के द्वार पर गये और वह धीर, वीर, एवं शक्तियुक्त सिंह की पदमुद्रा में इधर-उधर देखने लगे॥ १८॥

टिप्पणी—अंगद अपने दूतकर्म के सन्दर्भ में मार्ग में ही रावणपुत्र का वध करते हैं, इस प्रकार की सूचना हनुमन्नाटक में मिलती है। अंगद तथा श्रीराम पराक्रम की पूर्व सूचना के निमित्त यह प्रसंग निर्दिष्ट किया गया है। अंगद श्रीराम के प्रताप को हृदय में धारण करके रावण के दरबार के लिए चलता है। लंकाकांड में श्रीराम पक्ष के समस्त युद्ध का आधार श्रीराम का प्रताप ही है। हनुमान, अंगद, सुग्रीव ही नहीं समस्त योद्धा श्रीराम के प्रताप को धारण करके युद्ध करते हैं। यह 'प्रताप' श्रीराम के व्यक्तित्व का महनीय तेज, शक्ति, ओजस्विता, पराक्रम, आस्था, विश्वास का प्रतीक है। श्रीराम के सामने न रहने पर भी उनका यह 'प्रताप' निरन्तर भालुओं एवं वानरों के लिए प्रेरणा मंत्र की भाँति हृदय में अडिग भाव से वर्तमान था। सम्पूर्ण लंकाकांड का युद्ध 'श्रीराम प्रताप' पर आधारित युद्ध है और अंगद भी इसी श्रीराम के अखंडित एवं अडिग 'प्रताप' को लेकर अकेले ही रावण के दरबार में जाते हैं।

शतियों-शतियों से यही श्रीराम का प्रताप ही अक्षरित आस्था के साथ जुड़कर भारतीयों के लिए मंगलदायी रहा है।

तुरत निसाचर एक पठावा। समाचार रावनहिं जनावा॥
सुनत बिहसि बोला दससीसा। आनहु बोलि कहाँ कर कीसा॥
आयेसु पाइ दूत बहु धाए। कपिकुंजरहि बोलि लै आए॥
अंगद दीख दसानन बैसा। सहित प्रान कज्जलगिरि जैसा॥
भुजा बिटप सिर सृंग समाना। रोमावली लता जनु नाना॥
मुख नासिका नयन अरु काना। गिरि कंदरा खोह अनुमाना॥
गएउ सभा मन नेंकु न मुरा। बालितनय अतिबल बाँकुरा॥
उठेउ सभासद कपि कहुँ देखी। रावन उर भा क्रोध बिसेषी॥
दो०— जथा मत्त गज जूथ महुँ पंचानन चलि जाइ।
राम प्रताप सँभारि उर बैठ सभा सिरु नाइ॥ १९॥

अर्थ—तुरन्त ही उसने एक राक्षस को भेजकर रावण को समाचार का ज्ञान कराया और उसे सुनते ही हँसकर रावण बोला, बुलाकर ले आओ, देखें, कहाँ का वानर है?

आज्ञा पाकर अनेक दूत दौड़े और कपिश्रेष्ठ (हाथी की भाँति शरीर वाले) अंगद को बुला ले गये। अंगद ने बैठे (बैसे) हुए रावण को इस प्रकार देखा, जैसे सजीव कोई प्राणयुक्त काजल का पर्वत हो।

भुजाएँ वृक्षों तथा सिर पर्वत शिखर के सदृश हैं। रोमावलियाँ मानो बहुत-सी लताएँ हों। मुख, नासिका छिद्र, नेत्र तथा कान पर्वत की कन्दराओं और खोहों जैसे हैं (अनुमाना)।

अत्यन्त शक्ति संयुक्त, बाँका बालिपुत्र अंगद सभा में गया और मन में जरा भी नहीं झिझका। कपि अंगद को देखकर (रावण के) सभासद उठ खड़े हुए जिसे देखकर, रावण के हृदय में विशेष क्रोध हुआ।

जिस प्रकार हाथियों के मत्त झुंड में सिंह चला जाता है, तथैव श्रीराम के प्रताप को हृदय में धारण करके नि:शंक सभा में सिर झुका कर (अंगद) प्रविष्ट हुए॥ १९॥

टिप्पणी—अंगद की निर्भीकता का वर्णन है। युद्ध के पूर्व दूत कर्म की व्यवस्था भारतीय परम्परा में मिलती है। युद्ध की भयावहता एवं उसके विनाश को टालने का यह सन्धिपूर्ण प्रस्ताव है। पीड़ित श्रीराम केवल अपनी पत्नी की ही याचना रावण से करते हैं किन्तु रावण किसी भी शर्त पर इसके लिए तैयार नहीं है। रावण के अनाचरण एवं हठ को इस दूत कर्म द्वारा विशेष रूप से इंगित किया गया है। अंगद अपने साथ (रावण के दरबार में) श्रीराम का प्रताप भी साथ लेकर जाते हैं।

कह दसकंठ कवन तैं बंदर। मैं रघुबीर दूत दसकंधर॥
मम जनकहिं तोहि रही मिताई। तव हित कारन आएउँ भाई॥
उत्तम कुल पुलस्ति कर नाती। सिव बिरंचि पूजेहु बहु भाँती॥
बर पाएहु कीन्हेहु सब काजा। जीतेहु लोकपाल सुर राजा॥
नृप अभिमान मोह बस किंबा। हरि आनेहु सीता जगदंबा॥
अब सुभ कहा सुनहु तुम्ह मोरा। सब अपराध छमिहि प्रभु तोरा॥
दसन गहहु तृन कंठ कुठारी। परिजन सहित संग निज नारी॥
सादर जनकसुता कर आगे। येहि बिधि चलहु सकल भय त्यागे॥

दो०— प्रनतपाल रघुबंसमनि त्राहि त्राहि अब मोहि।
आरत गिरा सुनत प्रभु अभय करैगो तोहि॥ २०॥

अर्थ—रावण ने पूछा, रे वानर! तू कौन है? (अंगद ने उत्तर दिया) हे रावण! मैं श्रीराम का दूत हूँ। मेरे पिता से आपकी मित्रता थी, इसलिए, हे भाई! आपके कल्याण के निमित्त आया हूँ।

आप उत्तम कुल के हैं। पुलस्त्य ऋषि के नाती हैं। आपने शिव तथा ब्रह्मा की बहुत-भाँति से पूजा की है। उनसे (आपने) वरदान प्राप्त किये और सभी कार्य पूर्ण किये। आपने लोकपालों तथा सभी राजाओं को जीत लिया।

राजमद के (अहंकार) वश अथवा मोहवश जगत्माता सीता को हर ले आये। अब तुम मेरी शुभमयी वाणी (कहा : कहना) सुनो, प्रभु श्रीराम आपका समस्त अपराध क्षमा कर देंगे।

दाँतों में तिनका दबावो और गले में कुल्हाड़ी डाल लो तथा कुटुम्बियों सहित अपनी पत्नी को साथ लेकर, आदरपूर्वक सीता को आगे करके एवं समस्त भय का परित्याग करके (उक्त प्रकार से श्रीराम से) मिलो।

साथ ही (यह प्रार्थना करते हुए कि) हे शरणागत के रक्षक, रघुवंशशिरोमणि श्रीराम! अब मेरी रक्षा करें, अब मेरी रक्षा करें। आपकी आर्तवाणी सुनते ही प्रभु आपको अभय कर देंगे॥ २०॥

टिप्पणी—कवि यहाँ कथोपकन तथा प्रश्नोत्तर शैली का आधार ग्रहण करके सम्पूर्ण सन्दर्भ को स्पष्ट करने की चेष्टा कर रहा है। रावण प्रश्न पूछता है और अंगद उत्तर देता है, इस उत्तर में रावण का आत्मीय बनकर उसके हितों के प्रति सचेष्ट करने का आग्रह है। हनुमन्नाटक में भी इसी प्रकार का सन्दर्भ देकर अंगद अपना आक्रोश प्रकट करता है—

'कस्त्वं वन्यपते: कुतो वनपति: क: सार्थिकस्त्वेकदा'

रावण—तुम कौन हो,

अंगद—मैं वानरराज बालि का पुत्र हूँ।

वाल्मीकि रामयण में अंगद स्वयं अपना परिचय देता है—

दूतोऽहं कोसलेन्द्रस्य रामस्याक्लिष्ट कर्मण:।
बालिपुत्रो अंगदो नाम यदि ते श्रोतमागत:॥

रे कपिपोत बोलु संभारी। मूढ़ न जानेहि मोहि सुरारी॥
कहु निज नाम जनक कर भाई। केहि नाते मानिए मिताई॥
अंगद नाम बालि कर बेटा। ता सो कबहुँ भई ही भेटा॥
अंगद बचन सुनत सकुचाना। रहा बालि बानर मैं जाना॥
अंगद तहीं बालि कर बालक। उपजेहु बंस अनल कुल घालक॥
गर्भ न गएउ ब्यर्थ तुम्ह जाएहु। निज मुख तापस दूत कहाएहु॥
अब कहु कुसल बालि कहँ अहई। बिहँसि बचन तब अंगद कहई॥
दिन दस गए बालि पहिं जाई। बूझेहु कुसल सखा उर लाई॥
राम बिरोध कुसल जसि होई। सो सब तोहि सुनाइहि सोई॥
सुनु सठ भेद होइ मन ताके। श्री रघुबीर हृदयँ नहिं जाके॥

दो०— हम कुलघालक सत्य तुम्ह कुलपालक दससीस।
अंधौ बधिर न अस कहहिं नयन कान तव बीस॥ २१॥

अर्थ—रे वानर के बच्चे! सम्हाल कर बोल! रे मूढ़! मुझ देवशत्रु को क्या नहीं जानता! भाई! अपने पिता का नाम तो बताओ, किस नाते से मित्रता मानता है।

मेरा नाम अंगद है, मैं बालि का बेटा हूँ, उससे कभी मुलाकात तो हुई होगी? अंगद की वाणी सुनकर वह संकुचित हो उठा और बोला, हाँ, मैं समझ गया, बालि एक वानर था।

अंगद! तुम्हीं बालि के पुत्र हो! हे कुलघाती! तू बाँस के वंश में आग पैदा हुआ। गर्भ क्यों नहीं गिर गया, तू व्यर्थ ही पैदा हुआ जो अपने ही मुख से तपस्वियों का दूत कहला रहा है।

अब बता! बालि की क्या कुशल है! तब हँस कर अंगद बचन बोला। दस-पाँच दिन बीत जाने पर तू स्वयं बालि के पास जाकर अपने मित्र को हृदय से लगाकर कुशल पूछना।

श्रीराम का विरोध करने पर कुशल कैसी होती है, यह सब वही तुम्हें सुनायेगा। रे शठ! सुनो, श्रीराम जिसके हृदय में नहीं हैं, उसी के मन में भेद उत्पन्न हो सकता अन्य के नहीं।

मैं कुलघातक हूँ और हे रावण! तुम कुलपालक हो, यह सच है, ऐसी बात अंधे-बहरे भी नहीं कह सकते, तुम्हारे पास तो बीस नेत्र और बीस कान हैं॥ २१॥

टिप्पणी—अंगद द्वारा कटु सम्भाषण से रुष्ट रावण अपने अहम् में उन्मत्त उसे फटकारता ही नहीं, वानरराज बालि के पुत्र के रूप में उसे धिक्कारता भी है। पिता के वध करने वाले के साथ मैत्री और उसका अनुचर बनकर दौत्यकर्म में प्रवृत्त होना इस धिक्कार का कारण है। इसी प्रकार की भावभंगिमा से पूर्ण कथन हमें हनुमन्नाटक में भी मिलता है—

धिक् धिक् अंगद मानेन येन ते निहत: पिता।
निर्माता वीर वृत्तिस्ते तस्य दूतस्वमागत:॥

(अरे अंगद धिक्कार है, जिसने अहंकार में आकर तेरे पिता को मारा तू उसी का दूत बनकर आया है। तेरा यह बर्ताव वीरों के आचरण के सर्वथा विपरीत है॥)

तुलसीदास यह मन्तव्य हनुमन्नाटक से अवश्य लेते हैं किन्तु उसे अपने तरीके से।

सिव बिरंचि सुर मुनि समुदाई। चाहत जासु चरन सेवकाई॥
तासु दूत होइ हम कुल बोरा। अइसिहुँ मति उर बिहर न तोरा॥
सुनि कठोर बानी कपि केरी। कहत दसाननु नयन तरेरी॥
खल तव कठिन बचन सब सहऊँ। नीति धर्म मैं जानत अहऊँ॥
कह कपि धर्मसीलता तोरी। हमहुँ सुनी कृत पर त्रिय चोरी॥
देखी नयन दूत रखवारी। बूड़ि न मरहु धर्मब्रत धारी॥
कान नाक बिनु भगिनि निहारी। छमा कीन्हि तुम्ह धर्म बिचारी॥
धर्मसीलता तव जग जागी। पावा दरसु हमहुँ बड़ भागी॥

दो०— जनि जल्पसि जड़ जंतु कपि सठ बिलोकु मम बाहु।
लोकपाल बल बिपुल ससि ग्रसन हेतु सब राहु॥
पुनि नभ सर मम कर निकर कमलन्हि पर करि बास।
सोभत भएउ मराल इव संभु सहित कैलास॥ २२॥

अर्थ—शिव, ब्रह्मा, देवगण एवं मुनि समूह जिसके चरणों की सेवा की कामना करते हैं, उसका दूत होकर हमने कुल डुबो दिया, इस प्रकार की मति वाला तुम्हारा हृदय क्यों नहीं विदीर्ण (बिहर) हो उठता!।

वानर की कठोर वाणी सुनकर रावण आँखें तरेर कर कहता है कि रे शठ! तुम्हारे सारे कठिन वचनों को सह रहा हूँ क्योंकि मैं नीति और धर्म जानता हूँ।

कपि अंगद ने कहा कि मैं तुम्हारी धर्मशीलता जानता हूँ और हमने सुनी भी है कि तुमने दूसरे की पत्नी की चोरी की है। अपनी आँखों से ही दूत की रक्षा की बात देख ली है, हे धर्मव्रतधारी! (अपने को कहने वाले रावण) तुम डूबकर मर क्यों नहीं जाते?

कान, नाक, के बिना बहन को देखकर तुमने धर्म का ही विचार कर क्षमा कर दिया। तुम्हारी धर्मशीलता तो संसार में उजागर है (जागी) है, मैं बड़ा भाग्यशाली हूँ, कि दर्शन प्राप्त कर लिया।

रे जड़बुद्धि वाले जन्तु वानर! व्यर्थ बकवाद न कर, मेरी बाहुओं को देख। ये सभी बाहुएँ लोकरूपी चन्द्रमा की शक्ति का ग्रास करने के निमित्त राहु हैं।

पुनः आकाशरूपी सरोवर में मेरी भुजाओं रूपी कमलों पर निवास करके शिव सहित कैलास ने हंस के सदृश शोभा प्राप्त की है॥ २२॥

टिप्पणी—अंगद के कटुवचनों पर वह अंगद को यह कहकर क्षमा करता है कि उसे नीति-धर्म का ज्ञान है और इसका भी ज्ञान है कि दूत दंडित नहीं किया जाता। उसके इन वचनों पर उसकी नीति-धर्म निष्ठा का अंगद खंडन करता है। वह खंडन मूलतः हनुमन्नाटक से प्रभावित है—

'रे रे शाखामृग! त्वामहं धर्मशीलतया कटु प्रलापनमपि न हन्मि।'

'रे वानर! मैं धर्म प्रिय होने के कारण कटु बोलने वाले तुमको नहीं मारता हूँ।'

हनुमन्नाटककार की ही शैली में अंगद भी यहाँ रावण की इस धर्मशीलता का उपहास करता है।

तुम्हरे कटक माँझ सुनु अंगद। मो सन भिरिहि कवन जोधा बद॥
तव प्रभु नारि बिरह बलहीना। अनुज तासु दुख दुखी मलीना॥
तुम्ह सुग्रीव कूलद्रुम दोऊ। अनुज हमार भीरु अति सोऊ॥
जामवंत मंत्री अति बूढ़ा। सो कि होइ अब समर अरूढ़ा॥
सिल्पिकर्म जानहिं नल नीला। है कपि एक महा बलसीला॥
आवा प्रथम नगरु जेहिं जारा। सुनत बचन कह बालिकुमारा॥

सत्य बचन कहु निसिचर नाहा। साँचेहु कीस कीन्ह पुर दाहा॥
रावन नगर अल्प कपि दहई। सुनि अस बचन सत्य को कहई॥
जो अति सुभट सराहेहु रावन। सो सुग्रीव केर लघु धावन॥
चलइ बहुत सो बीर न होई। पठवा खबरि लेन हम सोई॥

अर्थ—हे अंगद! तुम्हारी सेना के मध्य कौन-सा ऐसा वानर है, जो मुझसे भिड़ेगा? बताओ। तुम्हारा स्वामी पत्नी के विरह में शक्तिहीन है, उसका छोटा भाई उसी के दुख में दुखी तथा मलिन है।

तुम और सुग्रीव नदी के तट के वृक्ष हो (कब आपस में लड़कर मर जाओ, तय नहीं है)। मंत्री जाम्बवान् अत्यधिक वृद्ध है फिर वह क्यों युद्ध के लिए उद्यत (आरूढ़) होगा?

नल तथा नील शिल्पकर्म के ज्ञाता हैं (उनसे युद्ध से क्या सम्बन्ध) हाँ, एक वानर अत्यधिक शक्तिशाली है जो पहले आया था और लंका जलाई थी, (उसकी) वाणी को सुनकर बालिपुत्र अंगद बोला।

हे राक्षसराज! सच्ची बात कहो, क्या उस वानर ने सही-सही तुम्हारा नगर जला दिया था? रावण (जैसे शक्तिशाली राजा का) नगर एक छोटे वानर ने जला दिया था, इस बात को सुनकर इसे सच कौन कहेगा?

जिसको शक्तिशाली योद्धा कहकर सराहा है, वह सुग्रीव का छोटा सा हरकारा। (दौड़ कर संदेश देने वाला) है। जो बहुत चलता है, वह योद्धा नहीं है, हमने तो उसे (सीता का) समाचार लेने के लिए भेजा था।

टिप्पणी—रावण अंगद को फटकारता हुआ अपने पराक्रम का वर्णन करता है और शत्रु पक्ष के वीरों की निन्दा करता है। श्रीराम का नारी वियोग में दुखी रहना और लक्ष्मण का उनके व्यथा के कारण कष्टित रहना आदि पराक्रम निन्दा के वर्णन क्रम हुनमन्नाटक पर आधारित हैं। हनुमन्नाटक का कथन है—

रामः स्त्रीविरहेणहारितवपुः तच्चिन्तया लक्ष्मणः।
सुग्रीवोऽङ्गद शल्यभेदकतया निर्मूलकूलद्रुमः॥
गण्यः कस्यविभीषणः स च रिपोः कारुण्यदैन्यातिथिः।
लंकातङ्कविटंक पावक पटुः वध्यो ममैकः कपिः॥

(श्रीराम तो अपनी पत्नी के वियोग में जर्जर है, लक्ष्मण की भी वही दशा है सुग्रीव तथा अंगद परस्पर फूट के कारण नदी के किनारे के निर्मूल वृक्ष जैसे हो रहे हैं और विभीषण की क्या गिनती! क्योंकि वह शत्रु की दीनता और दया का भिखरी बना हुआ है। हाँ, लंकानिवासियों को भयाक्रान्त करने में चतुर बस एक हनुमान नामक वानर का ही मुझे वध करना है।)

तुलसी भी यहाँ इसी मन्तव्य को अपनी पंक्तियों में प्रकट करते हैं।

दो०— सत्य नगरु कपि जारेउ बिनु प्रभु आयसु पाइ।
फिरि न गएउ निज नाथ पहिं तेहि भय रहा लुकाइ॥
सत्य कहहि दसकंठ सब मोहि न सुनि कछु कोह।
कोउ न हमारें कटक अस तो सन लरत जो सोह॥
प्रीति बिरोध समान सन करिअ नीति असि आहि।
जौं मृगपति बध मेडुकन्हि भल कि कहइ कोउ ताहि॥
जद्यपि लघुता राम कहुँ तोहि बधें बड़ दोष।
तदपि कठिन दसकंठ सुनु छत्र जाति कर रोष॥

बक्र उक्ति धनु बचन सर हृदय दहेउ रिपु कीस।
प्रतिउत्तर सड़सिन्ह मनहुँ काढ़त भट दससीस॥
हँसि बोलेउ दसमौलि तब कपि कर बड़ गुन एक।
जो प्रतिपालै तासु हित करै उपाय अनेक॥ २३॥

अर्थ—क्या यह सच है कि उसने स्वामी की आज्ञा के बिना ही नगर जला डाला? लगता है, इसी भय से वह पुनः अपने स्वामी सुग्रीव के पास लौटकर नहीं जा सका और वह (कहीं) छिप गया।

हे रावण! तुम सब कुछ सच कहते हो जिसे सुनकर मुझे लेश मात्र भी क्रोध नहीं है। मेरी सेना में कोई भी ऐसा नहीं है, जो तुमसे युद्ध करने में शोभा प्राप्त करे।

ऐसी नीति है कि प्रीति तथा विरोध समान (स्तर वाले) से करनी चाहिए। यदि सिंह मेढ़कों का वध करे तो क्या उसे कोई अच्छा कहेगा?

यद्यपि तुम्हारा वध करने से श्रीराम की लघुता होगी और बड़ा दोष माना जायेगा, फिर भी, हे रावण सुनो, कि क्षत्रिय जाति का क्रोध बड़ा भयंकर होता है।

वक्रोक्तिरूपी धनुष से वचनरूपी बाणों द्वारा अंगद ने शत्रु रावण के हृदय को दग्ध कर दिया। रावण मानो (उसके बाद) प्रत्युत्तररूपी सँड़सी से (उन बाणों को) निकाल रहा हो।

दशासन रावण ने हँसकर कहा कि वानर का एक बहुत बड़ा गुण है कि जो उसको पालता है, उसका हित वह अनेक उपायों से करता है॥ २३॥

टिप्पणी—अनेक नीति वचनों से श्रीराम एवं उनके पक्ष की श्लाघा करते हुए अंगद रावण को समझाते हैं किन्तु रावण का अहंकार तथा हठ भी उसकी पराकाष्ठा पर है।

धन्य कीस जो निज प्रभु काजा। जहँ तहँ नाचै परिहरि लाजा॥
नाचि कूदि करि लोग रिझाई। पति हित करै धर्म निपुनाई॥
अंगद स्वामिभक्त तव जाती। प्रभु गुन कस न कहसि येहि भाँती॥
मैं गुन गाहक परम सुजाना। तव कटु रटनि करौं नहिं काना॥
कह कपि तव गुन गाहकताई। सत्य पवनसुत मोहि सुनाई॥
बन बिधंसि सुत बधि पुर जारा। तदपि न तेहिं कछु कृत अपकारा॥
सोइ बिचारि तव प्रकृति सुहाई। दसकंधर मैं कीन्हि ढिठाई॥
देखेउँ आइ जो कछु कपि भाषा। तुम्हरें लाज न रोष न माखा॥
जौं असि मति पितु खाएहि कीसा। कहि अस बचन हँसा दससीसा॥
पितहि खाइ खातेउँ पुनि तोही। अबहीं समुझि परा कुछ मोहीं॥
बालि बिमल जस भाजनु जानी। हतौं न तोहि अधम अभिमानी॥
कहु रावन रावन जग केते। मैं निज स्त्रवन सुने सुनु जेते॥
बलिहि जितन एक गएउ पताला। राखा बाँधि सिसुन्ह हयसाला॥
खेलहिं बालक मारहिं जाई। दया लागि बलि दीन्ह छोड़ाई॥
एकु बहोरि सहसभुज देखा। धाइ धरा जिमि जंतु बिसेषा॥
कौतुक लागि भवन लै आवा। सो पुलस्ति मुनि जाइ छोड़ावा॥
दो०— एक कहत मोहि सकुच अति रहा बालि की काँख।
इन्ह महुँ रावन तैं कवन सत्य बदहि तजि माख॥ २४॥

अर्थ—वानर धन्य है जो अपने स्वामी के कार्य के निमित्त लज्जा को त्याग कर जहाँ तहाँ नाचते हैं। नाच-कूदकर वे लोगों को रिझाते हैं और उनके धर्म की कुशलता यही है, स्वामी का हित करना।

हे अंगद तुम्हारी जाति ही स्वामिभक्त की है, फिर क्यों न, अपने स्वामी के गुणों का इस प्रकार से कथन करो और इसी से तुम्हारी कटु लगने वाली रट पर मैं ध्यान नहीं दे रहा हूँ।

हे रावण! तुम्हारी सही-सही गुणग्राहकता तो हनुमान ने बताई थी, अंगद ने उत्तर दिया। वाटिका का विध्वंस करके पुत्र का वध किया और नगर जला डाला फिर भी तुमने उनका कोई अपकार नहीं किया।

हे रावण! आपके इसी स्वभाव का विचार करके मैंने धृष्टता की है। जो हनुमान ने बताया था, यहाँ आकर देखा, न तुम्हें लज्जा है, न क्रोध है और न रोष।

हे वानर! ऐसी ही बुद्धि है तभी तूने पिता को खा डाला, ऐसा कहकर, रावण हँसा। पिता को खाने के बाद मैं तुझे खा डालता किन्तु अभी कुछ और ही बात मेरे मन में आ गई है।

हे अधम अभिमानी! बालि को यश का निर्मल पात्र तुझे जानकर मैं तुझे नहीं मार रहा हूँ। हे रावण! बता, संसार में कितने रावण हैं? मैंने अपने कानों से जितने सुने हैं, उन्हें सुनो।

एक तो, बलि को जीतने के लिए पाताल लोक गया था और तब बच्चों ने उसे घुड़साल में बाँध दिया। बालक उससे खेलते और (उसे) मारते थे (जिसे देखकर) बलि को दय लगी और (उसे) छुड़ा दिया।

फिर एक (रावण) ने सहस्रार्जुन को देखा, उसने जन्तु (समझकर) दौड़कर पकड़ लिया। कौतुक के लिए (वह) उसे महल में ले आया और तब पुलस्त्य मुनि ने जाकर उसे छुड़ा दिया।

एक (रावण की) चर्चा करने में मुझे अत्यन्त संकोच है कि वह बलि की काँख में (बहुत समय तक) रहा था। इन सब में, हे रावण! तुम कौन रावण हो, खीझ त्यागकर मुझे बताओ?॥ २४॥

टिप्पणी—रावण की शक्ति एवं मद भरे शब्दों का उत्तर देकर अंगद उसे बार-बार उत्तेजित करता है और यह वाक्य इसी उत्तेजना में कथित है। रावण जिन-जिन से पराभूत रहा है, अंगद सभी सन्दर्भों तथा घटनाओं की चर्चा करता है। यह प्रसंग सम्पूर्णतः हनुन्नाटक से प्रभावित है।

रे रे रावण रावणाः कति बहुनेतान्वयं शुश्रुमः।
प्रागेकं किल कार्त्तवीयनृपतेर्दोर्दण्डपिण्डीकृतम्॥

(रे रावण! अच्छा यह बताओ कि रावण कितने हैं। कुछ एक को तो हम जानते हैं। एक रावण को तो चार बार सहस्रार्जुन ने बाँध रखा था। दूसरे रावण को तो महाराज बलि की दासियों ने नाचने पर खाने को अन्न दिया था....आदि आदि)।

परस्पर स्तुति एवं निन्दा की शैली में एक दूसरे के पराभव की चर्चा करना इन कथनों का अभिप्राय है।

सुनु सठ सोइ रावनु बलसीला। हरगिरि जान जासु भुज लीला॥
जान उमापति जासु सुराई। पूजेउ जेहि सिर सुमन चढ़ाई॥
सिर सरोज निज करन्हि उतारी। पूजेउ अमित बार त्रिपुरारी॥
भुज बिक्रम जानहिं दिगपाला। सठ अजहूँ जिन्हकें उर साला॥
जानहिं दिग्गज उर कठिनाई। जब जब भिरौं जाइ बरिआई॥
जिन्ह के दसन कराल न फूटे। उर लागत मूलक इव टूटे॥
जासु चलत डोलत इमि धरनी। चढ़त मत्त गज जिमि लघु तरनी॥
सोइ रावनु जग बिदित प्रतापी। सुनेहि न स्रवन अलीक प्रलापी॥
दो०— तेहि रावन कहुँ लघु कहसि नर कर करसि बखान।
रे कपि बर्बर खर्ब खल अब जाना तव ग्यान॥ २५॥

अर्थ—(रावण ने उत्तर दिया) रे शठ! सुनो, मैं वही बलशाली रावण हूँ, जिसकी भुजाओं की लीला कैलास पर्वत जानता है; जिसकी शूरता शिव जानते हैं जिनकी पूजा मैंने अपने शीश-पुष्प चढ़ा कर की है।

सिररूपी कमलों को अपने हाथों से काटकर मैंने अनन्त बार शिव की पूजा की है। रे शठ! मेरी भुजाओं के पराक्रम को दिग्पाल जानते हैं और आज भी उनका हृदय साल (चुभ) रहा है।

मेरे वक्ष की कठोरता दिग्गज जानते हैं क्योंकि जब-जब जबरदस्ती उनसे जाकर भिड़ा, उनके दाँतों से मेरे (भंयकर) वक्ष कभी फूटे तक नहीं। (स्फुटित चिह्न आदि उभरना) और वे मेरे हृदय में (आघात) लगते ही मूली की भाँति टूट गये।

जिस (रावण) के चलते समय पृथ्वी इस प्रकार डोलती है, जैसे मतवाले हाथी के चढ़ते ही छोटी नौका। हे झूठा प्रलाप करने वाला (वानर)! क्या तूने कभी उस विश्वविख्यात प्रतापी रावण के विषय में नहीं सुन रखा है?

उस रावण को तू छोटा कहता है और एक मनुष्य की बड़ाई करता है, रे बर्बर, असभ्य, तुच्छ वानर! मैंने तेरा ज्ञान समझ लिया॥ २५॥

टिप्पणी—अंगद को उत्तर देता हुआ रावण उसके कथनों के ठीक विपरीत अपने शौर्य तथा पराक्रम का वर्णन करता है। रावण का आत्म पराक्रम से सम्बद्ध वर्णन उसकी शक्ति, मदान्धता एवं शौर्य को इंगित करता है।

सुनि अंगद सकोप कह बानी। बोलु सँभारि अधम अभिमानी॥
सहसबाहु भुज गहन अपारा। दहन अनल सम जासु कुठारा॥
जासु परसु सागर खर धारा। बूड़े नृप अगनित बहु बारा॥
तासु गर्ब जेहि देखत भागा। सो नर क्यों दससीस अभागा॥
रामु मनुज कस रे सठ बंगा। धन्वी कामु नदी पुनि गंगा॥
पसु सुरधेनु कल्पतरु रूखा। अन्न दान अरु रस पीयूषा॥
बैनतेय खग अहि सहसानन। चिंतामनि पुनि उपल दसानन॥
सुनु मतिमंद लोक बैकुंठा। लाभ कि रघुपति भगति अकुंठा॥
दो०— सेन सहित तव मान मथि बन उजारि पुर जारि।
कस रे सठ हनुमान कपि गएउ जो तव सुत मारि॥ २६॥

अर्थ—उसे सुनकर, अंगद क्रोध सहित वाणी बोला, रे अधम अभिमानी! तू सम्हाल कर बात कर। सहस्रार्जुन के अपार गहन वन को भस्म करने के लिए जिनका परशु अग्नि के सदृश था।

जिसकी परशु की तीक्ष्ण धारा में अगणित राजा अनेकों बार डूब चुके हैं। उनका भी गर्व जिसे देखकर भाग गया, रे अभागे रावण! वह मनुष्य कैसे है?

रे मूर्ख उदण्ड (बंगा) रावण! राम मनुष्य कैसे हैं? क्या कामदेव भी धनुर्धर हैं, क्या गंगा भी नदी हैं? क्या कामधेनु भी पशु है, क्या कल्पवृक्ष भी वृक्ष है, अन्न भी क्या दान है? अमृत भी क्या रस है?।

गरुड़ भी क्या पक्षी है, शेषनाग भी क्या सर्प है? रे रावण! क्या चिन्तामणि भी पत्थर है? रे मूर्ख! सुन, क्या बैकुण्ठ भी लोक है, क्या श्रीराम की अकुंठित भक्ति भी कोई लाभ है?

सेना सहित तुम्हारे भाव का मंथन करके, वाटिका को उजाड़ तथा नगर को जलाकर और तुम्हारे पुत्र का वध करके जो यहाँ से गये थे, वे हनुमान भी क्या वानर हैं?॥ २६॥

टिप्पणी—अंगद रावण के पराभव की कथा कहता हुआ श्रीराम की विशिष्टता का वर्णन करता है। रावण श्रीराम को मनुष्य कहता है। अंगद के वचनों के विविध दृष्टान्त यह सिद्ध करते हैं

कि श्रीराम मनुष्य नहीं, दैवी शक्तियों से सम्पन्न प्रभु श्री हरि हैं—प्रस्तुत संदर्भ भी हनुमान्नटक से सम्बन्धित है—

रे रे रावण हीन कुमते रामोऽपि किं मानुषः।
किं गङ्गापि नदी गजः सुसाजोऽप्युच्चैः श्रवा किं हयः
किं रम्भाप्यबलाकृतं किं युगं कामोऽपि धन्वी न किं
त्रैलोक्यप्रकटप्रतापविभवः किं रे हनूमान्कपिः॥

रे अरे दीन रावण! क्या राम को तू साधारण मनुष्य समझता है; क्या गंगा साधारण नदी है, क्या ऐरावत साधरण हाथी है, क्या उच्चैःश्रवा साधारण अश्व है, क्या रम्भा साधारण स्त्री है, क्या कामदेव साधारण धनुर्धर हैं, जिनके प्रताप की धाक तीनों लोकों में है, वे हनुमान क्या साधारण वानर हैं? आदि आदि।

तुलसी हनुमन्नाटक की इस वाक्शैली की अपनी कल्पना शक्ति से आगे बढ़ाते चले जाते हैं।

सुनु रावन परिहरि चतुराई। भजसि न कृपासिंधु रघुराई॥
जौं खल भयेसि राम कर द्रोही। ब्रह्म रुद्र सक राखि न तोही॥
मूढ़ बृथा जनि मारसि गाला। राम बयर होइहि अस हाला॥
तव सिर निकर कपिन्ह कें आगें। परिहहिं धरनि राम सर लागें॥
ते तव सिर कंदुक सम नाना। खेलिहहिं भालु कीस चौगाना॥
जबहिं समर कोपिहिं रघुनायक। छुटि़हहिं अति कराल बहु सायक॥
तब कि चलिहि अस गाल तुम्हारा। अस बिचारि भजु राम उदारा॥
सुनत बचन रावन परजरा। जरत महानल जनु घृत परा॥
दो०— कुंभकरन अस बंधु मम सुत प्रसिद्ध सक्रारि।
मोर पराक्रम नहिं सुनेहि जितेउँ चराचर झारि॥ २७॥

अर्थ—हे रावण! सुनो, और अपनी चतुरता त्याग करके कृपासिन्धु श्रीराम का भजन क्यों नहीं करते? रे दुष्ट! यदि तू श्रीराम का द्रोही बना तो ब्रह्मा और शिव जी तुम्हें नहीं बचा सकते।

रे मूढ़! व्यर्थ ही तू गप्प न हाँक (गाल मारसि) श्रीराम की शत्रुता से तुम्हारा यह हाल होगा कि श्रीराम के बाणों के लगते ही तुम्हारे सिर समूह वानरों के सामने पृथ्वी पर पड़ेंगे।

और तब भालु एवं वानर अनेकों सिरों को गेंद के समान (उनसे) चौगान खेलेंगे। जब युद्ध में श्रीराम क्रोध करेंगे और उनके तीक्ष्ण एवं भयंकर बाण छूटेंगे तो—

तब क्या तुम्हारी इस प्रकार की डींगे चलेंगी? ऐसा विचार करके हे रावण! तू उदार श्रीराम का भजन कर। (उसके) वचनों को सुनकर रावण प्रज्वलित (परजरा) हो उठा— मानो जलती हुई प्रचण्ड अग्नि में घी पड़ गया हो।

कुंभकरण जैसा मेरा भाई है और इन्द्र का शत्रु (मेघनाद) मेरा पुत्र है, और मैंने जिसने समग्र सचराचर को जीत लिया है, उसका पराक्रम नहीं सुना है?॥ २७॥

टिप्पणी—रावण को प्रत्युत्तर में भलीभाँति वाक् रचना द्वारा पराभूत तथा हतप्रभ करके अंगद पुनः उन्हें श्रीराम की शरण में जाने के लिए कहते हैं। रावण अंगद के वचनों से बिना प्रतिहत हुए अपने मान एवं दम्भ भरे वचनों द्वारा उत्तर देता है।

सठ साखामृग जोरि सहाई। बाँधा सिंधु इहै प्रभुताई॥
नाघहिं खग अनेक बारीसा। सूर न होहिं ते सुनु जड़ कीसा॥
मम भुज सागर बल जल पूरा। जहँ बूड़े बहु सुर नर सूरा॥
बीस पयोधि अगाध अपारा। को अस बीर जो पाइहि पारा॥

दिगपालन्ह मैं नीरु भरावा। भूप सुजसु खल मोहि सुनावा॥
जौं पै समर सुभट तव नाथा। पुनि पुनि कहसि जासु गुनगाथा॥
तौ बसीठ पठवत केहि काजा। रिपु सन प्रीति करत नहिं लाजा॥
हर गिरि मथन निरखु मम बाहू। पुनि सठ कपि निज प्रभुहि सराहू॥
दो०— सूर कवन रावन सरिस स्वकर काटि जेहिं सीस।
हुने अनल महुँ बार बहु हरषित साखि गिरीस॥ २८॥

अर्थ—रे शठ! वानरों की सहायता जोड़कर समुद्र बाँध दिया क्या यही प्रभुता है? रे वानर! सुनो, अनेक पक्षी समुद्र लाँघ जाते हैं किन्तु वे सब शूरवीर नहीं हो जाते।

मेरी भुजारूपी समुद्र जल-बल से परिपूर्ण हैं, जहाँ अनेक देवता एवं मनुष्य योद्धा डूब चुके हैं। इस प्रकार, मेरी बीसों भुजाएँ अगाध एवं अनन्त समुद्र हैं, कौन ऐसा बहादुर है, जो इनको पार पा सके।

(रे अंगद!) मैंने दिग्पालों से जल भरवाया है और तू एक राजा का सुयश मुझे सुना रहा है? यदि तुम्हारा स्वामी युद्ध (कामी) योद्धा है और जिसके सुयश की गुण गाथा (मुझे) बार-बार सुना रहे हो।

तो दूत किस कारण से भेजता है, उसे शत्रु से प्रीति करते लज्जा नहीं लगती! शिव के कैलास पर्वत का मंथन करने वाली मेरी भुजाएँ देखो, और फिर, हे मूर्ख! अपने स्वामी की सराहना कर।

रावण के सदृश और कौन पराक्रमी योद्धा है जिसने अपने हाथों से अपना ही सिर काटकर अत्यन्त हर्ष के साथ अनेक बार अग्नि में होम (हुने) किया, जिसके साक्षी स्वयं गिरजापति शिव हैं॥ २८॥

टिप्पणी—रावण को अपनी शक्ति तथा भुजाओं के बल पर पूर्ण विश्वास है और बार-बार वह अपने शौर्य पूर्व कृत्यों का स्मरण कराता हुआ अंगद को निरुत्तर करने की चेष्टा करता है किन्तु अंगद किसी भी तरह से निरुत्तर न होकर रावण को अपनी दर्पभरी शैली में पुनः उत्तर देते हैं। दर्पपूर्ण उत्तर प्रत्युत्तर ही इस प्रसंग की विशेषता है।

जरत बिलोकेउँ जबहिं कपाला। बिधि के लिखे अंक निज भाला॥
नर कें कर आपन बध बाची। हसेउँ जानि बिधि गिरा असाँची॥
सोउ मन समुझि त्रास नहिं मोरे। लिखा बिरंचि जरठ मति भोरें॥
आन बीर बल सठ मम आगें। पुनि पुनि कहसि लाज पति त्यागे॥
कह अंगद सलज्ज जग माहीं। रावन तोहि समान कोउ नाहीं॥
लाजवंत तव सहज सुभाऊ। निज मुख निज गुन कहसि न काऊ॥
सिरु अरु सैल कथा चित रही। ता तें बार बीस तैं कही॥
सो भुज बल राखेहु उर घाली। जीतेहु सहसबाहु बलि बाली॥
सुनु मतिमंद देहि अब पूरा। काटें सीस कि होइअ सूरा॥
बाजीगर कहुँ कहिअ न बीरा। काटइ निज कर सकल सरीरा॥
दो०— जरहिं पतंग बिमोह बस भार बहहिं खरबृंद।
ते नहिं सूर सराहिअहि समुझि देखु मतिमंद॥ २९॥

अर्थ—जब अपने कपाल पर जलते समय विधाता के लिखे लेख (अंक) देखे तो मनुष्य के हाथों से अपने वध को पढ़कर तथा ब्रह्मा की वाणी को असत्य समझ कर हँसा।

उस बात को जानकर भी मेरे हृदय में त्रास नहीं है क्योंकि (लगता है) ब्रह्मा ने मति भ्रम से

ऐसा लिख दिया है तो रे शठ! अन्य योद्धा के बल का वर्णन बार-बार लज्जा तथा मर्यादा त्यागकर मेरे सामने क्यों करता है।

अंगद ने उत्तर दिया कि हे रावण! तुम्हारे सदृश लज्जाशील व्यक्ति इस संसार में अन्य कोई नहीं है। लज्जाशीलता तुम्हारा सहज स्वभाव है, अपने मुख से अपने गुणों का वर्णन कोई नहीं करता।

अपने सिर (काटने की) तथा पर्वत (उठाने की) कथा तुम्हारे चित्त में चढ़ी हुई है, इसलिए उसे बीसों बार कहा। भुजाओं की उस शक्ति को तूने मन में छिपा रखा है, जिससे तूने बलि एवं सहस्त्रार्जुन को जीता था।

रे मतिमंद! सुनो, अब चुप रह, सिर काटने से क्या कोई योद्धा होते हैं। इन्द्रजाल करने वाले को कोई पराक्रमी योद्धा नहीं कहता जो अपने हाथों से अपना सारा शरीर काट डालता है।

पतिंगे मोहग्रस्त होकर जल पड़ते हैं, गधों के झुंड के झुंड बोझ लादकर चलते हैं, रे मतिमन्द रावण! इसे देखो तथा समझो कि वे बहादुर योद्धा नहीं कहलाते॥ २९॥

टिप्पणी—रावण के शौर्यपूर्ण कथन का प्रत्युत्तर देते हुए अंगद अपने तर्क देते हैं। इन तर्कों में रावण को प्रतिहत करने का भाव भरा हुआ है। अंगद बार-बार उसकी शक्ति एवं अहम् भाव की भर्त्सना करते हुए राम की शरण में जाने को प्रेरित करते हैं किन्तु रावण इसे अपनी शक्ति का अपमान समझता है। यह सन्दर्भ भी हनुमन्नाटक से प्रभावित है।

अब जनि बतबढ़ाव खल करही। सुनु मम बचन मान परिहरही॥
दसमुख मैं न बसीठीं आएउँ। अस बिचारि रघुबीर पठाएउँ॥
बार बार इमि कहइ कृपाला। नहिं गजारि जसु बधें सृगाला॥
मन महुँ समुझि बचन प्रभु केरे। सहेउँ कठोर बचन सठ तेरे॥
नाहिं त करि मुखभंजन तोरा। लै जातेउँ सीतहि बरजोरा॥
जानेउँ तव बल अधम सुरारी। सूनें हरि आनिहि पर नारी॥
तैं निसिचर पति गर्ब बहूता। मैं रघुपति सेवक कर दूता॥
जौं न राम अपमानहिं डरऊँ। तोहि देखत अस कौतुक करऊँ॥
दो०— तोहि पटकि महि सेन हति चौपट करि तव गाउँ।
मंदोदरी समेत सठ जनकसुतहि लै जाऊँ॥ ३०॥

अर्थ—रे दुष्ट! अब ज्यादा बतबढ़ाव न कर। मेरे वचनों को सुनो और अभिमान का परित्याग कर दो। हे रावण! मैं दूत बनकर (सन्धि के लिए) नहीं आया हूँ। श्रीराम ने इस प्रकार सोचकर मुझे भेजा है।

कृपालु श्रीराम बार-बार ऐसा कहते हैं कि शृगाल का वध करने से सिंह को यश नहीं मिलता। प्रभु श्रीराम के वचनों को मन में स्मरण करके ही, रे शठ! मैंने तुम्हारे वचनों को सहा है।

अन्यथा तुम्हारे मुखों को तोड़कर मैं सीता को बलात् ले जाता। रे अधम राक्षस! तेरा बल तभी मैंने जान लिया है, जब तू एकान्त पाकर पराई स्त्री हरण कर लाया।

तू राक्षसों का स्वामी है, इसलिए तुझे बड़ा अभिमान है, किन्तु मैं तो श्रीराम के सेवक का दूत हूँ। यदि मैं श्रीराम के अपमान से न डरूँ तो देखते-देखते ऐसा तमाशा करूँ कि—।

तुझे पृथ्वी पर पटक करके, सेना का संहार करके, तुम्हारे गाँव को नष्ट-भ्रष्ट करने के बाद, रे मूर्ख! मंदोदरी सहित जानकी को लेकर चला जाऊँ॥ ३०॥

टिप्पणी—अंगद अपनी शक्ति तथा शौर्य का प्रदर्शन करके रावण तथा उसकी सभा को आतंकित करता है। वातावरण को भयावह बनाकर शत्रु पक्ष में आतंक उत्पन्न करना

अंगद के दौत्यकर्म की योजना है और केवल रावण ही नहीं, उसके सम्पूर्ण सचिव एवं सेनापति इससे भलीभाँति आतंकित भी हैं।

जौं अस करौं तदपि न बड़ाई। मुएहिं बधें कछु नहिं मनुसाई॥
कौल काम बस कृपन बिमूढ़ा। अति दरिद्र अजसी अति बूढ़ा॥
सदा रोग बस संतत क्रोधी। बिष्नु बिमुख श्रुति संत बिरोधी॥
तनु पोषक निंदक अघ खानी। जीवत सव सम चौदह प्रानी॥
अस बिचारि खल बधौं न तोहीं। अब जनि रिस उपजावसि मोहीं॥
सुनि सकोप कह निसिचरनाथा। अधर दसन दसि मींजत हाथा॥
रे कपि पोत मरन अब चहसी। छोटें बदन बात बड़ि कहसी॥
कटु जल्पसि जड़ कपि बल जाकें। बल प्रताप बुधि तेज न ताकें॥
दो०— अगुन अमान जानि तेहि दीन्ह पिता बनबास।
सो दुख अरु जुबती बिरह पुनि निसिदिन मम त्रास॥
जिन्हके बल कर गर्ब तोहि ऐसे मनुज अनेक।
खाहिं निसाचर दिवस निसि मूढ़ समुझु तजि टेक॥ ३१॥

अर्थ—यदि मैं ऐसा करता हूँ तो भी मेरा बड़प्पन नहीं है। मरे हुए को मारने में कोई बहादुरी (मनुषाई : पुरुषत्व) नहीं है। कौल (वाममार्गी सिद्ध साधु), कामी, कृपण, जड़बुद्धि, अति दरिद्र, बदनाम एवं बहुत बूढ़े,

नित्य रोगी, निरन्तर क्रोध में रहने वाला, विष्णु से विमुख, वेद तथा सन्तों के विरोधी ये चौदह प्रकार के प्राणी जीते जी शव के सदृश हैं।

ऐसा विचार करके हे खल! मैं तुम्हारा वध नहीं करता, और अब तू मुझे क्रोध न उत्पन्न कर। उसे सुनकर रावण क्रोध में संयुक्त दाँतों से ओठों को काटता तथा हाथ मलता हुआ बोला।

अरे नीच वानर! अब तू मरना चाहता है, छोटे मुँह बड़ी बातें कहता है। रे मूर्ख वानर। जिसके बल पर कटु वचन बोल रहा है उसके पास बल, प्रताप, बुद्धि तथा तेज कुछ भी नहीं है।

उसे गुणहीन तथा असम्मानित समझकर पिता ने वनवास दे दिया है, उस दुःख के साथ पत्नी का विरह तथा रात-दिन मेरा भय (उसे रहता है)ष

जिसके बल पर तुझे गर्व है, ऐसे अनेकानेक मनुष्यों को राक्षसगण दिन-रात खाया करते हैं। अतः रे मूढ़! जिद्द (टेक) छोड़कर समझो॥ ३१॥

टिप्पणी—रावण अंगद द्वारा उत्पन्न संत्रास एवं भय के वातावरण को पुनः चुनौती देकर समाप्त करने की चेष्टा करता है? रावण अपने कथनों द्वारा राक्षसों में पुनः आत्मविश्वास उत्पन्न कराने की चेष्टा करता है। चौदह प्रकार के प्राणी जीवित रहते हुए भी मृतक की भाँति हैं, इस सन्दर्भ में कवि अपने युग के वाममार्गी सिद्ध कौलों का भी स्मरण करता है।

जब तेहिं कीन्हि राम कइ निंदा। क्रोधवंत अति भएउ कपिंदा॥
हरि हर निंदा सुनइ जो काना। होइ पाप गोघात समाना॥
कटकटान कपिकुंजर भारी। दुहु भुजदंड तमकि महि मारी॥
डोलत धरनि सभासद खसे। चले भाजि भय मारुत ग्रसे॥
गिरत सँभारि उठा दसकंधर। भूतल को मुकुट अति सुंदर॥
कछु तेहिं लै निज सिरन्हि सँवारे। कछु अंगद परे पास पबारे॥
आवत मुकुट देखि कपि भागे। दिनहीं लूक परन बिधि लागे॥

की रावन करि कोपु चलाए। कुलिस चारि आवत अति धाए॥
कह प्रभु हँसि जनि हृदयँ डेराहू। लूक न असनि केतु नहिं राहू॥
ये किरीट दसकंधर केरे। आवत बालितनय के प्रेरे॥
दो०— तरकि पवनसुत कर गहे आनि धरे प्रभु पास।
कौतुक देखहिं भालु कपि दिनकर सरिस प्रकास॥ ३२॥

अर्थ—जब रावण ने श्रीराम की निन्दा की तब कपिश्रेष्ठ अंगद क्रोधित हो उठे। विष्णु तथा शिव की निन्दा जो कानों से सुनता है, उसे गोवध के सदृश गोघात (पातक) होता है।

कपिश्रेष्ठ अंगद बड़ी तेजी से कटकटाये और तमक करके दोनों भुजदण्डों को पृथ्वी पर दे मारा, पृथ्वी हिलने लगी तथा सभासद गिर पड़े और वे भयरूपी वायु (भूत) से ग्रस्त भाग चले।

रावण गिरते-गिरते सम्हलकर उठा। उसके अत्यधिक सुन्दर मुकुट पृथ्वी पर गिर पड़े उनमें से कुछ लेकर अपने सिरों को सजाया और कुछ को अंगद ने प्रभु श्रीराम के पास फेंक दिया।

मुकुटों को आता हुआ देखकर वानर दौड़े। हे विधाता! क्या दिन में भी उल्कापात होने लगा, जो अत्यन्त वेग से आ रहे हैं? क्या रावण द्वारा क्रोध से चलाये गये चार वज्र तो नहीं हैं।

प्रभु श्रीराम ने हँसकर कहा कि हृदय में भय मत करो, ये न उल्कापात हैं, न वज्र हैं, न केतु हैं और न राहु! ये रावण के मुकुट हैं जो बालि पुत्र अंगद द्वारा फेंके हुए आ रहे हैं।

वायु पुत्र हनुमान ने वेग से उछलकर इन्हें हाथों से पकड़ा और उन्हें प्रभु श्रीराम के पास ले आकर रखा। भालु तथा वानर तमाशा देखने लगे। उसका प्रकाश सूर्य सदृश था।

वहाँ क्रोध से संयुक्त सभी से कुपित होकर कहने लगा, वानर को पकड़ो, पकड़कर मार डालो और उसे सुनकर अंगद मुसकराने लगे॥ ३२॥

टिप्पणी—रावण द्वारा उत्पन्न किये गए आत्मविश्वास एवं निर्भयता का वातावरण पुनः अंगद द्वारा तोड़ा जाता है। अंगद का क्रोध करके कटकटाना तथा दोनों भुजदण्डों द्वारा भयंकर आघात् करना भयावहता को उत्पन्न करता है। सम्पूर्ण सभासदों का आतंकित होकर भागना एवं रावण का भूमि पर गिर पड़ना तथा उसके चार मुकुटों का अंगद द्वारा फेंका जाना ये सभी कार्य वातावरण में भय तथा आतंक उत्पन्न करने के लिए पर्याप्त हैं।

येहि बधि बेगि सुभट सब धावहु। खाहु भालु कपि जहँ तहँ पावहु॥
मर्कटहीन करहु कपि जाई। जिअत धरहु तापस द्वौ भाई॥
पुनि सकोप बोलेउ जुबराजा। गाल बजावत तोहि न लाजा॥
मरु गर काटि निलज कुलघाती। बल बिलोकि बिहरी नहिं छाती॥
रे त्रियचोर कुमारग गामी। खल मलराशि मंदमति कामी॥
सन्यपात जल्पसि दुर्बादा। भएसि काल बस खल मनुजादा॥
या को फलु पावहिगो आगें। बानर भालु चपेटन्हि लागें॥
राम मनुज बोलत असि बानी। गिरहिं न तव रसना अभिमानी॥
गिरिहहिं रसना संसय नाहीं। सिरन्हि समेत समर महि माहीं॥
सो०— सो नर क्यों दसकंध बालि बध्यो जेहिं एक सर।
बीसहु लोचन अंध धिग तव जन्म कुजाति जड़॥
तव सोनित की प्यास तृषित राम सायक निकर।
तजउँ तोहि तेहि त्रास कटु जल्पक निसिचर अधम॥ ३३॥

अर्थ—इसका वध करके सभी योद्धाओं और जहाँ-तहाँ भालु तथा वानरों को प्राप्त करो, खा जाओ। सम्पूर्ण पृथ्वी को वानर विहीन कर दो और दोनों भाई तपस्वियों को जीवित पकड़ लो।

इसे सुनकर अत्यन्त कुपित (होकर) अंगद बोले, डींग मारते तुझे लज्जा नहीं आती। रे निर्लज्ज कुलघाती! तू (अपना) गला काटकर मर जा। मेरा बल देखकर भी क्या तुम्हारी छाती नहीं फटती।

रे स्त्री चोर! रे कुमार्गगामी! रे दुष्ट! पाप की राशि! रे मंदमति तथा कामी रावण! तू सन्निपात में दुर्वचन बक रहा है? अरे दुष्ट राक्षस (मनुजादा) तू कालवश हो चुका है।

इसका फल, तू आगे वानर तथा भालुओं के चेपेटे लगने पर पायेगा। रे अभिमानी! श्रीराम मनुष्य हैं, ऐसी वाणी बोलते ही तुम्हारी जीभ क्यों नहीं गिर जाती?

इसमें संशय नहीं है कि युद्धभूमि में तुम्हारी जीभ सिरों से साथ ही गिरेगी।

रे रावण! जिसने एक ही बाण में बालि को मारा है, वह मनुष्य कैसे है? अरे कुजाति! अरे जड़! तुझे धिक्कार है, तू बीस आँखों के होने पर भी अन्धा है।

श्रीराम के बाण समूह तेरे रुधिर की प्यास के लिए तृष्णातुर हैं। रे कटु बकवादी अधम राक्षस! इस भय से मैं तुझे (उन्हीं बाणों के लिए) छोड़ता हूँ॥ ३३॥

टिप्पणी—रावण सम्पूर्ण राक्षसों में आत्मविश्वास उत्पन्न करने के लिए पुनः अंगद को डाटता है किन्तु अंगद अपने शब्दों द्वारा रावण द्वारा उत्पन्न किये गए इस प्रभाव को नष्ट कर देता है।

मैं तव दसन तोरिबे लायक। आयसु मोहि न दीन्ह रघुनायक॥
अस रिस होति दसौं मुख तोरौं। लंका गहि समुद्र महँ बोरौं॥
गूलरि फल समान तव लंका। बसहु मध्य तुम्ह जंतु असंका॥
मैं बानर फल खात न बारा। आयसु दीन्ह न राम उदारा॥
जुगुति सुनत रावन मुसुकाई। मूढ़ सिखिहि कहँ बहुत झुठाई॥
बालि न कबहुँ गाल अस मारा। मिलि तपसिन्ह तैं भएसि लबारा॥
साँचेहुँ मैं लबार भुजबीहा। जौं न उपारिउँ तव दस जीहा॥
समुझि राम प्रताप कपि कोपा। सभा माँझ पन करि पद रोपा॥
जौं मम चरन सकसि सठ टारी। फिरहिं रामु सीता मैं हारी॥
सुनहु सुभट सब कह दससीसा। पद गहि धरनि पछारहु कीसा॥
इंद्रजीत आदिक बलवाना। हरषि उठे जहँ तहँ भट नाना॥
झपटहिं करि बल बिपुल उपाई। पद न टरइ बैठहिं सिरु नाई॥
पुनि उठि झपटहिं सुर आराती। टरइ न कीस चरन येहि भाँती॥
पुरुष कुजोगी जिमि उरगारी। मोह बिटप नहिं सकहिं उपारी॥

दो०— कोटिन्ह मेघनाद सम सुभट उठे हरषाइ।
झपटहिं टरहिं न कपि चरन पुनि बैठहिं सिरु नाइ॥
भूमि न छाड़त कपि चरन देखत रिपु मद भाग।
कोटि बिघ्न तें संत कर मन जिमि नीति न त्याग॥ ३४॥

अर्थ—मैं तुम्हारे दाँतों को तोड़ने में समर्थ हूँ किन्तु श्रीराम ने मुझे आज्ञा नहीं दी है। ऐसा क्रोध आता है कि तुम्हारे दसों मुँह तोड़ डालूँ और लंका को पकड़कर समुद्र में डुबा दूँ।

यह तेरी गूलर फल के समान लंका जिसके मध्य तुम निडर कीड़े (जन्तु) की भाँति रहते हो, मैं वानर हूँ और ऐसे फलों को खाते हुए मुझे देर नहीं लगती किन्तु उदार श्रीराम ने मुझे ऐसी आज्ञा नहीं दी है।

उस उक्ति को सुनकर रावण मुस्करा पड़ा (और बोला) रे मूढ़! इतना झूठ बोलना कहाँ सीख लिया? बालि ने कभी ऐसी गप्प नहीं मारी थी। तपस्वियों के साथ मिलकर लबार हो गये?

रे बीस भुजाओंवाले रावण! यदि तुम्हारी दसों जीभें नहीं उखाड़ ली तो मैं लबार ही हूँ। श्रीराम

के प्रताप का स्मरण करके कपि अंगद कुपित हो उठा और सभा के बीच प्रतिज्ञा करके चरण रोप दिया।

रे मूर्ख! यदि तू मेरा चरण हटा सके तो मैं सीता को हार गया और श्रीराम लौट जाएँगे। रावण ने कहा कि सभी योद्धाओं दौड़ो और सुनो, चरणों को पकड़ करके वानर को भूमि पर पछाड़ दो।

मेघनाद आदि शक्तिशाली अनेकानेक योद्धा जहाँ-तहाँ उठे और नाना प्रकार के यत्न करके झपटते हैं किन्तु चरण नहीं हटता और अपने-अपने स्थान पर जा बैठते हैं।

देवताओं को पीड़ा देने वाले राक्षस बार-बार उठते हैं किन्तु अंगद के चरण इस प्रकार नहीं टरते मानो हे गरुड़! जैसे भ्रष्ट योगी पुरुष मोहरूपी वृक्ष को नहीं उखाड़ (नष्ट कर) पाते।

मेघनाद सदृश करोड़ों वीर योद्धा हर्षित होकर उठे और वे झपट पड़े हैं किन्तु अंगद के पाँव टलते नहीं, और वे पुनः सिर झुकाकर आ बैठते हैं।

कपि अंगद का चरण भूमि नहीं छोड़ता जैसे अनेक प्रकार के विघ्नों के बावजूद भी सन्तों का मन नीति का त्याग नहीं करता। उसे देखकर शत्रु (रावण) का अभिमान नष्ट हो गया॥ ३४॥

टिप्पणी—रावण एवं उसके सम्पूर्ण सचिवों, सेनापतियों, पराक्रमी पुत्रों तथा राक्षसों को आतंकित करने के लिए अंगद का अन्तिम कार्य बड़ा ही महत्त्वपूर्ण है। यह है, रावण की भरी सभा में पाँव रोपना और उसके हटा देने पर सीता सहित राम को लौटा ले जाने का अंगद द्वारा प्रण करना। किसी भी योद्धा द्वारा अंगद के पाँव को न हिला पाना, इस सन्दर्भ में शौर्य एवं पराक्रम के आतंक की स्थापना का शीर्षतम बिन्दु बन जाता है। अंगद अपने पाँव को जमाता हुआ 'श्रीराम के प्रताप' का स्मरण करता है।

कपि बलु देखि सकल हियँ हारे। उठा आपु जुबराज प्रचारे॥
गहत चरन कह बालिकुमारा। मम पद गहे न तोर उबारा॥
गहसि न राम चरन सठ जाई। सुनत फिरा मन अति सकुचाई॥
भएउ तेजहत श्री सब गई। मध्य दिवस जिमि ससि सोहई॥
सिंघासन बैठेउ सिर नाई। मानहुँ संपति सकल गँवाई॥
जगदातमा प्रानपति रामा। तासु बिमुख किमि लह बिस्रामा॥
उमा राम की भृकुटि बिलासा। होइ बिस्व पुनि पावइ नासा॥
तृन तें कुलिस कुलिस तृन करई। तासु दूत पन कहु किमि टरई॥
पुनि कपि कही नीति बिधि नाना। मान न ताहि कालु निअराना॥
रिपु मद मथि प्रभु सुजसु सुनायो। यह कहि चल्यो बालि नृप जायो॥
हतौं न खेत खेलाइ खेलाई। तोहि अबहिं का करौं बड़ाई॥
प्रथमहिं तासु तनय कपि मारा। सो सुनि रावनु भएउ दुखारा॥
जातुधान अंगद पन देखी। भय ब्याकुल सब भए बिसेषी॥

दो०— रिपु बल धरषि हरषि कपि बालितनय बलपुंज।
सजल सुलोचन पुलक तनु गहे राम पद कंज॥
साँझ जानि दसमौलि तब भवन गएउ बिलखाइ।
मंदोदरी निसाचरहि बहुरि कहा समुझाइ॥ ३५॥

अर्थ—कपि अंगद के बल को देख करके सभी हृदय से हार गये और कपि द्वारा ललकारने पर वह रावण स्वयं उठा। चरण पकड़ने को उद्यत (उससे) अंगद बोला कि मेरा चरण पकड़ने से तुम्हारा बचाव नहीं होगा।

रे शठ! जाकर श्रीराम के चरणों को क्यों नहीं पकड़ता? और इसे सुनते ही मन-ही-मन संकुचित होकर वह लौटा। वह तेजहत हो उठा और उसकी सम्पूर्ण कान्ति इस प्रकार नष्ट हो गई जैसे मध्याह्न में चन्द्रमा शोभित हो।

सिर झुकाकर वह सिंहासन पर जा बैठा मानो अपनी सम्पूर्ण सम्पत्ति गँवा बैठा हो। श्रीराम जगत् के आत्मा एवं प्राणों के स्वामी हैं, उनसे विमुख रहने वाला कैसे शान्ति प्राप्त कर सकता है।

हे पार्वती! श्रीराम के भृकुटि विलास से संसार सृजन और विनाश को प्राप्त होता है। जो तृण से वज्र और वज्र से पुनः तृण बना देता है। कहो, उसके दूत का प्रण कैसे टल सकता है?

पुनः कपि अंगद ने नाना प्रकार की नीति समझाया किन्तु उसने नहीं स्वीकार किया क्योंकि उसका काल समीप था। शत्रु के अभिमान का मंथन करके कपि अंगद ने प्रभु श्रीराम का सुन्दर यश उसे सुनाया और फिर वह राजा बालि का पुत्र यह कहकर चल पड़ा।

रणभूमि में तुझे खेल-खेलाकर न मारूँ तो अभी (पहले से ही) क्या बड़ाई करूँ? कपि अंगद पहले ही उसके पुत्र का वध कर चुका था, इसे सुनकर रावण दुखी हुआ।

अंगद के प्रण को देखकर राक्षस अत्यधिक भय से व्याकुल हो उठे।

शत्रु के बल का मर्दन करके (धरषि) शक्ति पुंज कपि अंगद ने हर्षितभाव से नेत्रों में प्रेमाश्रु भरे हुए तथा पुलकित शरीर से श्रीराम के चरण कमल पकड़ लिये।

सन्ध्या समझकर रावण बिलखता हुआ महल में गया। मन्दोदरी ने पुनः रावण को समझाकर कहा॥ ३५॥

टिप्पणी—इस शीर्षतम बिन्दु का समापन रावण के अपमान से होता है। रावण ने आवेश में आकर जब अंगद का पैर पकड़कर उठाना चाहा तो अंगद रावण को धिक्कारता हुआ श्रीराम के पैरों को पकड़ने के लिए उपदेश देता है। इस घटना से रावण को सर्वथा तेजहीन एवं हतप्रभ बना देना ही कवि का मुख्य लक्ष्य है और यह प्रकरण न तो हनुमन्नाटक में है और न वाल्मीकि तथा अध्यात्म रामायण में ही।

कंत समुझि मन तजहु कुमतिहीं। सोह न समर तुम्हहि रघुपतिहीं॥
रामानुज लघु रेख खँचाई। सोउ नहिं नाँघेहु असि मनुसाई॥
पिय तुम्ह ताहि जितब संग्रामा। जा के दूत केर अस कामा॥
कौतुक सिंधु नाँघि तव लंका। आएउ कपि केहरी असंका॥
रखवारे हति बिपिन उजारा। देखत तोहि अच्छ तेहिं मारा॥
जारि नगरु सब कीन्हेसि छारा। कहाँ रहा बल गर्ब तुम्हारा॥
अब पति मृषा गाल जनि मारहु। मोर कहा कछु हृदयँ बिचारहु॥
पति रघुपतिहि नृपति जनि मानहु। अग जग नाथ अतुल बल जानहु॥
बान प्रताप जान मारीचा। तासु कहा नहिं मानेहि नीचा॥
जनक सभा अगनित महिपाला। रहे तुम्हउ बल बिपुल बिसाला॥
भंजि धनुष जानकी बिआही। तब संग्राम जितेहु किन ताही॥
सुरपति सुत जानइ बल थोरा। राखा जिअत आँखि गहि फोरा॥
सूपनखा कै गति तुम्ह देखी। तदपि हृदयँ नहिं लाज बिसेषी॥
दो०— बधि बिराध खरदूषनहि लीलाँ हत्यो कंबध।
बालि एक सर मार्‌यो तेहि जानहु दसकंध॥ ३६॥

अर्थ—हे प्रियतम! मन में समझकर कुमति का परित्याग करें। आप और श्रीराम के बीच युद्ध

शोभा नहीं देता। राम के लघु भ्राता लक्ष्मण ने रेखा खींच दी, तुम्हारा पुरुषत्व इतना था कि तुम उसे नहीं लाँघ सके।

जिसके दूत का यह कार्य है, हे पतिदेव! आप क्या उसे जीत सकेंगे? खेल-खेल में समुद्र को नाघ करके कपि-सिंह आपकी लंका में निर्भय चला आया।

रखवालों को मारकर वाटिका उजाड़ दी और आपके देखते-देखते उसने अक्षयकुमार को मार डाला। उसने सम्पूर्ण नगर को जलाकर भस्म कर दिया और उस समय तुम्हारा बल और गर्व कहाँ गया?

हे पति! अब व्यर्थ ही डींग न मारिये और मेरे कहने को हृदय में विचार करें। हे पति! श्रीराम को कोई राजा न समझें वरन् सचराचर (अग जग) के स्वामी जानें।

उनके बाण का प्रताप नीच मारीच जानता है, परन्तु आपने उसका कहना भी नहीं माना। जनक की राजसभा में अगणित राजा थे और वहाँ पर अतुलनीय तथा विशाल बल वाले आप भी थे।

वहाँ शिव का धनुष तोड़कर सीता को ब्याहा तब संग्राम में क्यों नहीं जीता? इन्द्रपुत्र जयन्त उनका थोड़ा-थोड़ा बल जानता है, उसे श्रीराम ने पकड़कर जीवित तो रखा किन्तु, आँख फोड़ दी।

शूर्पनखा की दुर्दशा तो आपने देख ली है फिर भी, हृदय में लज्जा (विशेष) नहीं आती।

जिन्होंने विराध तथा खर-दूषण को मारकर लीलाभाव से ही कबन्ध का वध कर डाला और जिन्होंने एक ही बाण से बालि का वध कर डाला, हे दसशीश! आप उन्हें (भलीभाँति) समझिये॥ ३६॥

टिप्पणी—रावण इस घटना से पूरी तरह से हतप्रभ मंदोदरी के अन्तःपुर में जाता है और पुनः मंदोदरी तीसरी बार रावण को अनेक दृष्टान्तों द्वारा सीता को लौटाकर श्रीराम से सन्धि करने की प्रार्थना करती है। मंदोदरी रावण से यह स्पष्टभाव से समझाती है कि श्रीराम का अवतरण राक्षसों के विनाश के लिए ही हुआ है और इसकी अनदेखी करना आत्मघाती निर्णय होगा किन्तु रावण के हठ के समक्ष किसी का वश नहीं चलता।

जेहिं जलनाथ बँधाएउ हेला। उतरे प्रभु दल सहित सुबेला॥
कारुनीक दिनकर कुल केतू। दूत पठायउ तव हित हेतू॥
सभा माँझ जेहिं तव बल मथा। करि बरूथ महुँ मृगपति जथा॥
अंगद हनुमत अनुचर जाके। रन बाँकुरे बीर अति बाँके॥
तेहि कहुँ पिय पुनि पुनि नर कहहू। मुधा मान ममता मद बहहू॥
अहह कंत कृत राम बिरोधा। काल बिबस मन उपज न बोधा॥
काल दंड गहि काहु न मारा। हरइ धर्म बल बुद्धि बिचारा॥
निकट काल जेहि आवइ साईं। तेहि भ्रम होइ तुम्हारिहि नाईं॥

दो०— दुइ सुत मरे दहेउ पुर अजहुँ पूर पिय देहु।
कृपासिंधु रघुनाथ भजि नाथ बिमल जसु लेहु॥ ३७॥

अर्थ—जिन्होंने समुद्र को खेल (हेला) में ही बँधवा डाला और जो प्रभु सेना सहित सुबेल पर्वत पर उतरे हैं। सूर्यकुल की पताकास्वरूप वह करुणाशील श्रीराम आपही के हित के निमित्त दूत भेजा था।

जिस (दूत) ने सभा के बीच में ही आपके बल को (इस प्रकार) मथ डाला जैसे हाथियों के

झुंड में (आकर) सिंह। युद्ध में अत्यन्त बंकिम एवं विकट योद्धा अंगद तथा हनुमान जिसके दास हैं—

हे पति! उसे आप बार-बार मनुष्य कहते हैं, आप मुग्धभाव से अभिमान, ममता एवं मद में बह रहे हैं। हे प्रियतम! आपने श्रीराम से विरोध ठान लिया है। मृत्यु से विवश होने के कारण मन में ज्ञान नहीं उत्पन्न होता।

काल दण्ड लेकर किसे नहीं मारता! वह (मृत्यु के समय) धर्म, बल, बुद्धि एवं विचार का हरण कर लेता है। हे स्वामी! काल जिसके सन्निकट आ जाता है, उसे आपकी ही भाँति भ्रम हो उठता है।

दो पुत्र मर गये, नगर जल गया, अब भी, हे पतिदेव! (इस कमी को) पूरा करें (देहु)। कृपा के सागर श्रीराम का भजन करके, हे नाथ! निर्मल यश प्राप्त करें॥ ३७॥

टिप्पणी—मंदोदरी अनेक दृष्टान्तों द्वारा रावण को श्रीराम की शरणागति में आने के लिए प्रेरित करती है। प्रेरणा का आधार है, अभिमान, मान तथा ममता का परित्याग। इन तीनों के परित्याग के बिना शरणागति सम्भव नहीं है। कवि कथात्मक सन्दर्भ के अन्तर्गत भक्तिविषयक मान्यताओं का समावेश कराने की चेष्टा यहाँ करता है। समझाने का कार्य पत्नी करती है फिर भी रावण पर समझाने का कोई प्रभाव नहीं है।

नारि बचन सुनि बिसिख समाना। सभा गएउ उठि होत बिहाना॥
बैठ जाइ सिंघासन फूली। अति अभिमान त्रास सब भूली॥
इहाँ राम अंगदहि बोलावा। आइ चरन पंकज सिरु नावा॥
अति आदर समीप बैठारी। बोले बिहँसि कृपाल खरारी॥
बालितनय अति कौतुक मोहीं। तात सत्य कहु पूछउँ तोहीं॥
रावनु जातुधान कुल टीका। भुज बल अतुल जासु जग लीका॥
तासु मुकुट तुम्ह चारि चलाए। कहहु तात कवनी बिधि पाए॥
सुनु सर्बग्य प्रनत सुखकारी। मुकुट न होहिं भूप गुन चारी॥
साम दान अरु दंड बिभेदा। नृप उर बसहिं नाथ कह बेदा॥
नीति धर्म के चरन सुहाए। अस जियँ जानि नाथ पहिं आए॥

दो०— धर्महीन प्रभुपद बिमुख कालबिबस दससीस।
आए गुन तजि रावनहि सुनहु कोसलाधीस॥
परम चतुरता स्त्रवन सुनि बिहँसे रामु उदार।
समाचार पुनि सब कहे गढ़ के बालिकुमार॥ ३८॥

अर्थ—बाण के समान पत्नी की वाणी सुनकर प्रातः होते ही वह उठकर सभा में गया और सम्पूर्ण भय भुलाकर अत्यन्त अभिमानपूर्वक सिंहासन पर जा बैठा।

यहाँ श्रीराम ने अंगद को बुलाया। उन्होंने आकर चरण-कमलों में सिर झुकाया। अत्यन्त आदर के साथ उसे पास बैठाकर खर राक्षस के शत्रु श्रीराम हँसकर बोले।

हे बालि के पुत्र अंगद! मुझे अत्यधिक कौतूहल है, हे तात! सत्य कहना, इसी से मैं तुझसे पूछता हूँ। रावण राक्षस कुल का तिलक है। उसके अतुलनीय बाहुबल जिसकी संसार भर में धाक है।

उनके चार मुकुटों को तुमने फेंका है, हे तात! बताओ किस प्रकार उन्हें प्राप्त किया। हे सर्वज्ञ, हे शरणागत को आनन्द देने वाले! सुनें, ये मुकुट नहीं हैं, राजा के चार गुण हैं।

साम, दाम, दण्ड और भेद ये राजाओं के हृदय में निवास करते हैं, हे नाथ! इस प्रकार वेद

कहते हैं, ये नीति-धर्म के चार सुन्दर चरण हैं, हृदय में ऐसा समझकर ये स्वामी के पास आये हैं।

हे श्रीराम सुनें, आपके चरणों से उदासीन, धर्महीन रावण काल के वशीभूत है, अतः उसे छोड़कर ये गुण (आपके पास) आये हैं।

कानों से अंगद की परम चातुरी सुनकर उदार श्रीराम हँस पड़े फिर बालि पुत्र अंगद ने लंका दुर्ग के समस्त समाचारों को बताया॥ ३८॥

टिप्पणी—प्रभु श्रीराम अंगद से प्रश्न पूछते हैं कि ये चारों मुकुट शक्तिशाली रावण एवं उसके राजदरबार में उपस्थित योद्धाओं के बीच कैसे छीनकर फेंके। अंगद कितनी शालीनतापूर्वक उत्तर देता है, उसके उत्तर में उसका अहम् नहीं शालीनता है। वह मुकुट में अपह्नुति अलंकार द्वारा राजनीति की स्थापना करता है। यही नहीं, कवि पुनः कल्पना करता है कि रावण के पास केवल दम्भ, हठ, अभिमान है जबकि राजा के पास साम, दाम, दण्ड, भेद होन चाहिए। यह प्रकरण महाभारत के शान्तिपर्व से जुड़ा है, जहाँ भीष्म राजा के लिए साम, दाम, दण्ड एवं भेद इन चारों की आवश्यकताओं पर बल देते हैं।

रिपु के समाचार जब पाए। राम सचिव सब निकट बोलाए॥
लंका बाँके चारि दुआरा। केहि बिधि लागिअ करहु बिचारा॥
तब कपीस रिच्छेस बिभीषन। सुमिरि हृदयँ दिनकर कुल भूषन॥
करि बिचार तिन्ह मंत्र दृढ़ावा। चारि अनी कपि कटकु बनावा॥
जथाजोग सेनापति कीन्हे। जूथप सकल बोलि तब लीन्हे॥
प्रभु प्रताप कहि सब समुझाए। सुनि कपि सिंघनाद करि धाए॥
हरषित राम चरन सिर नावहिं। गहि गिरि सिखर बीर सब धावहिं॥
गर्जहिं तर्जहिं भालु कपीसा। जय रघुबीर कोसलाधीसा॥
जानत परम दुर्ग अति लंका। प्रभु प्रताप कपि चले असंका॥
घटाटोप करि चहुँ दिसि घेरी। मुखहि निसान बजावहिं भेरी॥

दो०— जयति राम भ्राता सहित जय कपीस सुग्रीव।
गर्जहिं केहरिनाद कपि भालु महा बलसींव॥ ३९॥

अर्थ—जब शत्रु का समाचार प्राप्त कर लिया तो श्रीराम ने सभी मंत्रियों को पास बुलाया। लंका के चार विकट द्वार हैं, सभी विचार करें, किस पर उन पर घेरा डाला (लागा) जाए।

तब सुग्रीव, जाम्बवान् और विभीषण ने सूर्यवंश के भूषण श्रीराम का हृदय में स्मरण करके और (भलीभाँति) विचार करके मत निश्चय किया और वानर दल की चार सेनाएँ बनाईं।

उनके यथायोग्य सेनापति बनाये और समस्त यूथपतियों को बुला लिया। सभी को प्रभु श्रीराम का प्रताप कहकर समझाया जिसे सुनकर वानर सिंह के सदृश गर्जन करके दौड़े।

वे हर्षित भाव से श्रीराम के चरणों में सिर नवाते हैं और पर्वत शिखरों को लेकर योद्धा दौड़ते हैं। कोसलाधीश श्रीराम की जय जयकार करते हुए भालु तथा वानर गरजते तथा ललकारते (तरजते) हैं।

लंका को अत्यन्त दुर्गम दुर्ग जानते हुए भी प्रभु के प्रताप से वानर समूह निःशंक चल पड़े। चारों ओर से बादलों की घटा के सदृश आच्छादित (टोप) करके मुख स्वर से ही डंके तथा भेरी बजाते हैं।

राम की जय हो, लक्ष्मण की जय हो, वानरराज सुग्रीव की जय हो, कहते हुए अत्यन्त प्रबल बल की सीमा भालु तथा वानर गर्जन करते हैं॥ ३९॥

टिप्पणी—सेना को चार भागों में विभक्त करने की मंत्रणा यहाँ सचिवों के निर्णय पर आश्रित है

और यह निर्णय अकेला श्रीराम का नहीं है। लंका में चार प्रवेश द्वार हैं, वाल्मीकि रामायण में सर्वप्रथम इसका उल्लेख मिलता है। वहाँ श्रीराम सहित सभी सुग्रीव, विभीषण एवं जाम्बवान् एक-एक पुरद्वार से प्रवेश की योजना बनाते हैं और तदनुसार प्रवेश करते हैं।

यहाँ यह वर्णन मात्र संसूचनात्मक है। आक्रमण के पूर्व यहाँ 'श्रीराम प्रताप' प्रेरणा के लिए है। सम्पूर्ण यूथपतियों एवं सैन्य यूथों को 'श्रीराम का प्रताप' सुनकर युद्ध के लिए तत्पर करना प्रेरणा मंत्र की भाँति है। सम्पूर्ण युद्ध प्रकारान्तर भाव से 'श्रीराम के प्रताप' ने जीता था।

लंकाँ भएउ कोलाहल भारी। सुना दसानन अति अहँकारी॥
देखहु बनरन्ह केरि ढिठाई। बिहँसि निसाचर सेन बोलाई॥
आए कीस काल के प्रेरे। छुधावंत रजनीचर मेरे॥
अस कहि अट्टहास सठ कीन्हा। गृह बैठें अहारु बिधि दीन्हा॥
सुभट सकल चारिहुँ दिसि जाहू। धरि धरि भालु कीस सब खाहू॥
उमा रावनहि अस अभिमाना। जिमि टिट्टिभ खग सूत उताना॥
चले निसाचर आयसु माँगी। गहि कर भिंडिपाल बर साँगी॥
तोमर मुद्गर परसु प्रचंडा। सूल कृपान परिघ गिरिखंडा॥
जिमि अरुनोपल निकर निहारी। धावहिं सठ खग मांस अहारी॥
चोंच भंग दुख तिन्हहि न सूझा। तिमि धाए मनुजाद अबूझा॥
दो०— नानायुध सर चाप धर जातुधान बलबीर।
कोटि कंगूरन्हि चढ़ि गए कोटि कोटि रन धीर॥ ४०॥

अर्थ—लंका के अन्तर्गत भारी कोलाहल हुआ और उसे अत्यन्त अहंकारी रावण ने सुना और बोला कि वानरों की धृष्टता देखो और हँसकर (उसने) सेना बुलाई।

मृत्यु से प्रेरित ये वानर आये हैं, मेरे सारे राक्षस भूखे हैं और ऐसा कहकर शठ ने अट्टहास किया (और वह बोला) विधाता ने घर बैठे आहार दे दिया है।

वीरों! सभी लोग चारों दिशाओं में जाओ और पकड़-पकड़कर सारे भालुओं एवं वानरों को खाओ। हे पार्वती! रावण को इस प्रकार का अभिमान था जैसे टिटिहरी पक्षी उतान सोता है (वह पैर से गिरने वाले आकाश को थाम्हने की कामना रखता है)।

हाथ में श्रेष्ठ भिंडिपाल (ढेलबाँस), बरछे, गँड़ासे (तोमर), मुद्गर, प्रचण्ड फरसे, शूल, कृपाण, परिघ एवं पर्वतों के टुकड़े लेकर तथा आज्ञा माँगकर चले।

जैसे लाल लंग के पत्थर समूह को देखकर मूर्ख मांसाहारी पक्षी दौड़ पड़ते हैं, उन्हें चोंच भंग का भय नहीं सूझता, उसी प्रकार नासमझ बुद्धिहीन राक्षस (मनुजाद) दौड़े।

अनेक प्रकार के हथियार तथा धनुष-बाण धारण करके करोड़ों राक्षसों के पराक्रमी योद्धा किले के कंगूरों पर चढ़ गए॥ ४०॥

टिप्पणी—रावण अभिमान से ग्रस्त सैन्य व्यूह रचना पर न बल देता है और न विवेक से निर्णय लेता है। वह केवल राक्षसों को आज्ञा मात्र देता है—

'सुभट सकल चारिहुँ दिसि जाहू। धरि धरि भालु कीस सब खाहू॥'

वाल्मीकि रामायण में रावण व्यस्थित रूप से युद्ध की घोषणा करता है, फिर भी, प्रथम दिन के युद्ध में राक्षस सेना पराजित हो उठती है।

कोटि कँगूरन्हि सोहहिं कैसे। मेरु के सृंगनि जनु घन बैसे॥
बाजहिं ढोल निसान जुझाऊ। सुनि धुनि होइ भटन्ह मन चाऊ॥
बाजहिं भेरि नफीरि अपारा। सुनि कादर उर जाहिं दरारा॥

देखिन्ह जाइ कपिन्ह कै ठट्टा। अति बिसाल तनु भालु सुभट्टा॥
धावहिं गनहिं न अवघट घाटा। पर्बत फोरि करहिं गहि बाटा॥
कटकटाहिं कोटिन्ह भट गर्जहिं। दसन ओठ काटहिं अति तर्जहिं॥
उत रावन इत राम दोहाई। जयति जयति जय परी लराई॥
निसिचर सिखर समूह ढहावहिं। कूदि धरहिं कपि फेरि चलावहिं॥

अर्थ—वे (वानर) परकोटों में कंगूरों पर इस प्रकार शोभित होते हैं मानो सुमेरु के शिखर पर बादल स्थित (बैसे > बैठे) हों। युद्धप्रेरक (जुझाऊ) ढोल तथा डंके बज रहे हैं जिसे सुन-सुनकर योद्धाओं के मन में युद्ध कामना (चाऊ) उत्पन्न हो रही थी।

अगणित भेरियाँ एवं शहनाइयाँ (नफीरी) बज रही हैं, जिसे सुनकर कायरों के हृदय में दरारें उत्पन्न (जाहिं) हो रही हैं। उन्होंने जाकर वानरों के समूह देखे। उनके तथा भालु योद्धाओं के शरीर अत्यन्त विशाल थे।

वे दौड़ते हुए असमतलभूमि (औघट) एवं घाटियों (घाट) की गणना नहीं करते। पर्वतों को फोड़कर और उन्हें पकड़कर मार्ग बना देते हैं। कटकटाते हुए करोड़ों योद्धा गर्जना करते हैं और ललकारते हुए दाँतों से होठों को काटते हैं।

इधर रावण की तथा उधर श्रीराम की दुहाई हो रही है। जय, जय, जय हो की ध्वनि के साथ लड़ाई शुरू हो गई।

राक्षसगण पर्वतों के शिखर समूहों को गिराते हैं। वानरगण उन्हें दौड़कर पकड़ लेते हैं और पुनः उन्हीं (राक्षसों) की ओर फेंक देते हैं।

छंद— धरि कुधर खंड प्रचंड मर्कट भालु गढ़ पर डारहीं।
झपटहिं चरन गहि पटकि महि भजि चलत बहुरि पचारहीं॥
अति तरल तरुन प्रताप तरपहिं तमकि गढ़ चढ़ि चढ़ि गए।
कपि भालु चढ़ि मंदिरन्हि जहँ तहँ राम जसु गावत भए॥

दो०— एक एक गहि रजनिचर पुनि कपि चले पराइ।
ऊपर आपुनु हेठ भट गिरहिं धरनि पर आइ॥ ४१॥

प्रचंड वानर तथा भालु पर्वतों के टुकड़े ले लेकर किले पर डालते हैं और राक्षसों के पैर पकड़-पकड़ कर उन्हें पृथ्वी पर पटक कर भाग चलते हैं और पुनः ललकारते हैं। वे अत्यधिक फुर्तीले (तरल), बलशाली (तरुण) अपनी तेजस्विता से ललकारते और तेजी से उछलकर दुर्ग पर चढ़ गये। ये वानर तथा भालु जहाँ-तहाँ महलों पर चढ़-चढ़ करके श्रीराम का यश गाने लगे।

एक एक राक्षस को पकड़ कर वे वानर भाग चले तथा वे ऊपर अपने स्वयं को और नीचे राक्षस योद्धा सहित पृथ्वी पर आ गिरते हैं॥ ४१॥

टिप्पणी—युद्ध के प्रारम्भ का वर्णन है। युद्ध के प्रारम्भ में वीरोत्साहवर्धक वाद्यों एवं स्वामी की जय-जयकार से लेकर दौड़ने, आक्रमण करने से सम्बन्धित कृत्यों का उल्लेख है। यह उल्लेख युद्ध प्रकारान्तर से वीरोत्साह स्थायी भाव से सम्बद्ध है। वीर प्रधान काव्यों या प्रसंगों में इस प्रकार की वर्णन रूढ़ियाँ निरन्तर देखी जाती हैं।

राम प्रताप प्रबल कपि जूथा। मर्दहि निसिचर निकर बरूथा॥
चढ़े दुर्ग पुनि तहँ जहँ बानर। जय रघुबीर प्रताप दिवाकर॥
चले निसाचर निकर पराई। प्रबल पवन जिमि घन समुदाई॥
हाहाकार भयउ पुर भारी। रोवहिं आरत बालक नारी॥
सब मिलि देहिं रावनहि गारी। राजु करत येहि मृत्यु हँकारी॥
निजदल बिचल सुना जब काना। फेरि सुभट लंकेस रिसाना॥

जो रन बिमुख सुना मैं काना। सो मैं हतब कराल कृपाना॥
सर्बसु खाइ भोग करि नाना। समरभूमि भए बल्लभ प्राना॥
उग्र बचन सुनि सकल डेराने। फिरे क्रोध करि बीर लजाने॥
सन्मुख मरन बीर कै सोभा। तब तिन्ह तजा प्रान कर लोभा॥
दो०— बहु आयुध धर सुभट सब भिरहिं पचारि पचारि।
ब्याकुल कीन्हें भालु कपि परिध त्रिसूलहिं मारि॥ ४२॥

अर्थ—श्रीराम के प्रताप से प्रबल कपि समूह राक्षस योद्धाओं के झुंडों का मर्दन कर रहे हैं। पुनः दुर्गों पर जहाँ-तहाँ चढ़े हुए वानर प्रताप के सूर्य सदृश श्रीराम की जय बोलते हैं।

राक्षस समूह भाग चले जैसे वायु की प्रबलता के कारण बादल समूह। नगर में भयंकर हाहाकार हुआ। बालक नारियाँ और रोगी रोने लगे।

सभी मिलकर रावण को गाली देने लगे। राज्य करते हुए इसने मृत्यु बुला ली। अपने कानों से रावण ने जब अपने दल को विचलित सुना तो योद्धाओं को लौटाकर वह नाराज हुआ।

(उसने कहा कि) यदि मैंने युद्ध से भागने की बात कानों से सुनी तो अपनी भयंकर तलवार से उसका वध कर डालूँगा। सर्वस्व भोजन खाकर तथा नाना प्रकार के भोगों को भोगकर अब रणभूमि में प्राण प्यारे बन गये हैं।

उसके उग्र वचनों का सुनकर सभी डरे और वे लज्जित योद्धा क्रोध करते हुए चल पड़े। वीर की शोभा युद्ध में शत्रु के सामने मरने में है और तब उन्होंने प्राण का लोभ त्याग दिया।

वे समस्त योद्धा अनेक अस्त्र-शस्त्रों को धारण किये हुए ललकार-ललकार करके भिड़ते हैं। परिधों तथा त्रिशूलों से मार-मारकर तब उन्होंने वानरों तथा भालुओं को व्याकुल कर दिया॥ ४२॥

टिप्पणी—प्रथम युद्ध में रावण की सेना में पराजय और उस पराजय को देखकर रावण द्वारा पुनः युद्ध के लिए धमकी देना, मूल उत्साह संचारी भाव का भंग हो जाना है। इस प्रकार की स्थिति साहित्य में गुणीभूत व्यंग्य की है। वानर सेना के पास सबसे बड़ी आस्था एवं शक्ति श्रीराम प्रताप की है और उसी के भरोसे सभी-के-सभी युद्ध में संकल्पबद्ध हैं।

भय आतुर कपि भागन लागे। जद्यपि उमा जीतिहहिं आगे॥
कोउ कह कहँ अंगद हनुमंता। कहँ नल नील दुबिद बलवंता॥
निज दल बिचल सुना हनुमाना। पच्छिम द्वार रहा बलवाना॥
मेघनाद तहँ करइ लराई। टूट न द्वार परम कठिनाई॥
पवनतनय मन भा अति क्रोधा। गर्जेउ प्रबल काल सम जोधा॥
कूदि लंक गढ़ ऊपर आवा। गहि गिरि मेघनाद कहुँ धावा॥
भंजेउ रथ सारथी निपाता। ताहि हृदय महुँ मारेसि लाता॥
दुसरें सूत बिकल तेहि जाना। स्यंदन घालि तुरत गृह आना॥
दो०— अंगद सुनेउ कि पवनसुत गढ़ पर गयेउ अकेल।
समर बाँकुरा बालिसुत तरकि चढ़ेउ कपि खेल॥ ४३॥

अर्थ—भय से व्याकुल होकर वानर भागने लगे, हे पार्वती! यद्यपि वे आगे जीतेंगे। कोई कहता है, अंगद तथा हनुमान कहाँ हैं, कहाँ नल, नील, और बलवान दुविद हैं।

जब हनुमान ने अपने दल को व्याकुल होते सुना, वे (उस समय) पश्चिम द्वार पर थे, जहाँ मेघनाद युद्ध कर रहा था, वह द्वार टूट नहीं पा रहा था, बड़ी कठिनाई हो रही थी।

वायुपुत्र हनुमान के मन में अत्यधिक क्रोध उत्पन्न हुआ वे काल सदृश अतिशक्तिशाली योद्धा गरजे और कूद करके लंका के दुर्ग के ऊपर आये और पर्वत धारण करके मेघनाद की ओर दौड़े।

रथ तोड़ डाला, सारथी मार डाला और उसकी छाती पर लात से मारा। दूसरा सारथी मेघनाद

को व्याकुल जानकर, उसे रथ में डालकर तुरन्त घर तो आया।

जब अंगद ने यह सुना कि वायु पुत्र दुर्ग पर अकेले गये हैं तो रण में बाँकुरे बालिपुत्र अंगद वानर के खेल की भाँति उछल करके (तरकि) दुर्ग पर चढ़ गये॥ ४३॥

टिप्पणी—दुबारा राक्षसगण अत्यधिक उत्साह से वानरों को पराजित करते हुए उन्हें हतोत्साहित करते हैं।

मेघनाद का प्रथम युद्ध प्रवेश द्वार पर वाल्मीकि रामायण में भी वर्णित है। तुलसीदास भी मेघनाद की शक्ति तथा शौर्य का चित्रण बराबर बड़ी तन्मयता से करते हैं। रावण के अहंकार तथा मद का कारण मेघनाद की अतिशय शक्तिमत्ता भी है और वह बराबर पिता के प्रति समर्पित योद्धा के रूप में श्रीराम से जमकर युद्ध करता रहा। अन्य योद्धाओं में रावण के कृत्यों के प्रति जुगुप्सा भाव दिखाई पड़ता है, किन्तु मेघनाथ की प्रतिबद्धता रावण के प्रति अगाध आस्थ के रूप में सर्वत्र मिलती है।

जुद्ध बिरुद्ध क्रुद्ध द्वौ बंदर। राम प्रताप सुमिरि उर अंतर॥
रावन भवन चढ़े तब धाई। करहिं कोसलाधीस दोहाई॥
कलस सहित गहि भवनु ढहावा। देखि निसाचरपति भय पावा॥
नारिबृंद कर पीटहिं छाती। अब दुइ कपि आए उतपाती॥
कपिलीला करि तिन्हहि डेरावहिं। रामचंद्र कर सुजसु सुनावहिं॥
पुनि कर गहिकंचन के खंभा। कहेन्हि करिअ उतपात अरंभा॥
कूदि परे रिपु कटक मझारी। लागे मर्दइ भुज बल भारी॥
काहुहि लात चपेटन्ह केहू। भजहु न रामहि सो फलु लेहू॥
दो०— एक एक सब मर्दि करि तोरि चलावहिं मुंड।
रावन आगे परहिं ते जनु फूटहिं दधि कुंड॥ ४४॥

अर्थ—राक्षसों के युद्ध में वे विरोधभाव वाले दोनों वानर क्रुद्ध हो गये और हृदय के अन्दर श्रीराम के प्रताप का स्मरण करके दोनों दौड़ते हुए रावण के महल पर चढ़ गये और अयोध्यानरेश श्रीराम की दुहाई बोलने लगे।

उन्होंने कलश सहित भवन को गिरा दिया जिसे देखकर राक्षसराज रावण भयभीत हो उठा। स्त्रियाँ हाथ से छातियाँ पीट रही हैं (और कहती हैं) अबकी बार दो उत्पाती वानर आ गये हैं।

वानर लीला करते हुए वे उन्हें डराते हैं और उन्हें श्रीराम का सुयश सुनाते हैं और पुनः हाथ से सोने के खम्भों को पकड़कर कहते हैं कि अब उत्पात प्रारम्भ किया जाये।

गर्जना करके वे शत्रु सेना के ऊपर कूद पड़े और अपनी भुजाओं की प्रचंड शक्ति से उनका मर्दन करने लगे। किसी को लात से और किसी को चपेटे से मारते हैं (और कहते हैं) तुम सभी श्रीराम का भजन नहीं करते, उसका फल भोगो।

एक से एक-दूसरे को मसलते हैं और सिरों को तोड़कर फेंकते हैं। वे रावण के समक्ष जाकर गिरते और इस प्रकार फटते हैं, जैसे दही के मटके (कुंड-कूड़े)॥ ४४॥

टिप्पणी—वानर युद्ध-युद्ध के साथ-साथ उत्पात के रूप में दिखाई पड़ता है। यहाँ अंगद तथा हनुमान इन्हें दो वानर योद्धाओं के रूप में कवि निर्दिष्ट करके उनके द्वारा किये जा रहे उत्पात का वर्णन करता है। इन कपियों की परम शक्ति का आधार श्रीराम का प्रताप ही है। श्रीराम का यह प्रताप देश, काल के ऊपर एक सनातन मंत्र के रूप में सर्वत्र, सर्वथा एवं सर्वदा प्रभावकारी है।

महा महा मुखिया जे पावहिं। ते पद गहि प्रभु पास चलावहिं॥
कहइ बिभीषनु तिन्ह के नामा। देहिं रामु तिन्हहूँ निज धामा॥

खल मनुजाद द्विजामिष भोगी। पावहिं गति जो जाँचत जोगी॥
उमा रामु मृदु चित करुनाकर। बयरभाव सुमिरत मोहि निसिचर॥
देहिं परम गति सो जियँ जानी। अस कृपाल को कहहु भवानी॥
सुनि अस प्रभु न भजहिं भ्रम त्यागी। नर मति मंद ते परम अभागी॥
अंगद अरु हनुमंत प्रबेसा। कीन्ह दुर्ग अस कह अवधेसा॥
लंका द्वौ कपि सोहहिं कैसे। मथहिं सिंधु दुइ मंदर जैसे॥

दो०— भुजबल रिपु दल दलमलि देखि दिवस कर अंत।
कूदे जुगल प्रयास बिनु आए जहँ भगवंत॥ ४५॥

अर्थ—जिन बड़े-बड़े प्रधान योद्धाओं को वे पकड़ पाते हैं, वे उनके पैरों को पकड़कर प्रभु श्रीराम के पास फेंक देते हैं। विभीषण उनके नाम बतलाते हैं और श्रीराम उन्हें भी अपना लोक प्रदान करते हैं।

नीच, मनुष्यों एवं ब्राह्मणों के मांस के भक्षी वे उस परमगति को प्राप्त करते हैं जिसकी याचना योगीजन करते हैं। हे पार्वती! श्रीराम कोमल हृदय एवं करुणा के भंडार हैं (वे सोचते हैं कि) राक्षस वैर की भावना से ही मेरा स्मरण करते है (अर्थात् वैर भाव की भक्ति रखते हैं)।

ऐसा हृदय में समझकर वे उन्हें मोक्ष (परमगति) प्रदान करते हैं। हे पार्वती! बताओ, ऐसा कृपाशील और कौन है? श्रीराम को ऐसा (करते) सुनकर जो भ्रम त्याग कर भजन नहीं करते, वे मनुष्य मंदबुद्धि एवं भाग्यहीन हैं।

श्रीराम ने कहा कि अंगद तथा हनुमान (लगता है) दुर्ग में प्रवेश कर गये हैं। लंका में वे दोनों वानर योद्धा इस प्रकार शोभित हैं, जैसे दो मंदराचल सिन्धु मंथन कर रहे हों।

अपनी भुजाओं की शक्ति से शत्रु सैन्यदल का दलन करके और मसल करके तथा दिन का अन्त देख करके दोनों कूद पड़े और विगत श्रम होकर श्रीराम के पास आये॥ ४५॥

टिप्पणी—श्रीराम का क्रोध भी मुक्तिदायी है। श्रीराम के विरुद्ध वैर भाव रखकर योद्धा युद्ध में मरकर श्रीहरि का लोक प्राप्त कर रहे हैं, यह अध्यात्म रामायण एवं भागवत पुराण समर्थित भक्ति है। यह कुभाय भक्ति का उदाहरण है। नारद भक्तिसूत्र में भी भक्ति के इस स्वरूप की चर्चा मिलती है। भागवत् पुराण में कहा गया है —'क्रोधोऽते अनुग्रह' हे प्रभु! आपका क्रोध भी जीवों के लिए अनुग्रह है। जीव से जिस भी दशा में ब्रह्म सन्मुख होगा, जीव की मुक्ति अनिवार्य है। लीलामूलक भक्ति की यह विलक्षण अवधारणा है।

प्रभु पद कमल सीस तिन्ह नाए। देखि सुभट रघुपति मन भाए॥
राम कृपा करि जुगल निहारे। भए बिगतस्त्रम परम सुखारे॥
गए जानि अंगद हनुमाना। फिरे भालु मर्कट भट नाना॥
जातुधान प्रदोष बल पाई। धाए करि दससीस दोहाई॥
निसिचर अनी देखि कपि फिरे। जहँ तहँ कटकटाइ भट भिरे॥
द्वौ दल प्रबल पचारि पचारी। लरत सुभट नहिं मानहिं हारी॥
बीर तमीचर सब अति कारे। नाना बरन बलीमुख भारे॥
सबल जुगल दल समबल जोधा। कौतुक करत लरत करि क्रोधा॥
प्राबिट सरद पयोद घनेरे। लरत मनहु मारुत के प्रेरे॥
अनिप अकंपन अरु अतिकाया। बिचलित सेन कीन्ह इन माया॥
भएउ निमिष महँ अति अंधियारा। बृष्टि होइ रुधिरोपल छारा॥

दो०— देखि निबिड़ तम दसहुँ दिसि कपि दल भएउ खँभार।
एकहि एकु न देखइ जहँ तहँ करहिं पुकार॥ ४६॥

अर्थ—उन्होंने प्रभु श्रीराम के चरणों में शीश झुकाया और उन योद्धाओं को देखकर वे मन में प्रसन्न हुए। श्रीराम ने कृपापूर्वक उन्हें देखा और दोनों श्रमरहित तथा सुखी हो उठे।

हनुमान तथा अंगद को (सेना से) लौटा हुआ समझकर सभी वानर एवं भालु योद्धा लौट पड़े। राक्षसगणों ने सायंकाल (प्रदोष) का बल पाकर रावण की दुहाई देते हुए वानरों पर आक्रमण कर दिया।

राक्षसों की सेना आते देखकर वानर लौट पड़े और जहाँ-तहाँ कटकटाकर भिड़ गये। दोनों दल प्रबल हैं और योद्धागण ललकार-ललकार कर, लड़ते हैं और वे हार नहीं मानते।

सभी राक्षस महाबली अत्यन्त काले हैं तथा वानर विशालकाय तथा अनेक रंगों के हैं। दोनों ही दल बलवान हैं और योद्धागण समान रूप से शक्तिशाली हैं। वे क्रोध करके लड़ते और वीरता भरी युद्ध क्रीड़ा करते हैं।

ये इस युद्ध में रत हैं, मानो वर्षा एवं शरद् ऋतु के अनेक बादल वायु से प्रेरित लड़ रहे हों। अंकपन तथा अतिकाय नामक सेनापतियों ने सेना के विचलित होते ही माया फैलायी।

पल भर में घना अँधेरा हो गया। खून, पत्थर एवं राख की वर्षा होने लगी।

दशों दिशाओं में गहन अंधकार देखकर वानरों की सेना में खलबली शुरू हो गई। एक दूसरे को देख नहीं सकते, सभी जहाँ-तहाँ पुकार कर रहे हैं॥ ४६॥

टिप्पणी—कवि राक्षसों की तामसिक शक्ति का निर्देश करता है। राक्षस यहाँ 'प्रदोष का बल' पाकर शक्तिशाली हो उठे। यह प्रदोष बल रात्रिजन्य अहंकार, अविद्या, अस्मिता, माया आदि का सूचक है। वे तामसिक वृत्तियाँ मानस पर आकर अहंकार आदि उत्पन्न कर मन को विकृत करती हैं और तब श्रीराम जैसे सात्विक सन्दर्भ इन वृत्तियों को समाप्त करते हैं। प्रदोष की शक्ति आसुरिक तथा तामसिक वृत्ति से सम्बद्ध है, इसीलिए राक्षस इस कुत्सित कालखंड में सबल हो उठते हैं।

सकल मरम रघुनायक जाना। लिए बोलि अंगद हनुमाना॥
समाचार सब कहि समुझाए। सुनत कोपि कपिकुंजर धाए॥
पुनि कृपाल हँसि चाप चढ़ावा। पावक सायक सपदि चलावा॥
भएउ प्रकास कतहुँ तम नाहीं। ग्यान उदय जिमि संसय जाहीं॥
भालु बलीमुख पाइ प्रकासा। धाए हरषि बिगत स्रम त्रासा॥
हनूमान अंगद रन गाजे। हाँक सुनत रजनीचर भाजे॥
भागत भट पटकहिं धरि धरनी। करहिं भालु कपि अद्भुत करनी॥
गहि पद डारहिं सागर माही। मकर उरग झष धरि धरि खाही॥

दो०— कछु घायल कुछ रन परे कछु गढ़ चढ़े पराइ।
गर्जहिं मर्कट भालु भट रिपु दल बल बिचलाइ॥ ४७॥

अर्थ—श्रीराम ने सम्पूर्ण रहस्य समझा और उन्होंने अंगद तथा हनुमान को बुला लिया और सारा समाचार कह सुनाया। सुनते ही, वे दोनों कपिश्रेष्ठ कुपित होकर दौड़े।

फिर, कृपालु श्रीराम ने हँसकर धनुष चढ़ाया और तुरन्त ही अग्निबाण चलाया। प्रकाश हो गया, कहीं अंधकार नहीं है, जैसे ज्ञान के उदय हो जाने पर संदेह दूर हो जाते हैं॥

भालु तथा वानर प्रकाश पाकर भय सहित प्रसन्न होकर दौड़े और श्रम एवं भय दूर हो चुके थे। हनुमान और अंगद रण में गरज उठे और उनकी हाँक सुनते ही राक्षसगण भाग चले।

भागते हुए योद्धाओं को पृथ्वी पर पटकते हुए भालु एवं वानर आश्चर्यजनक कृत्य करते हैं। उनके चरण पकड़कर समुद्र में डाल देते हैं और वहाँ उन्हें मकर, साँप तथा मच्छ पकड़-पकड़ कर खा जाते हैं।

कुछ मारे गये, कुछ घायल हो गये और कुछ भाग कर दुर्ग में चले गये। शत्रु दल को अपने बल से विचलित करते हुए भालु एवं वानर गर्जना करते हैं॥ ४७॥

टिप्पणी—प्रदोष काल की शक्तियों को नष्ट करने के लिए सात्त्विकवृत्तिरूपी प्रकाश की आवश्यकता है। श्रीराम के पावक बाण से उत्पन्न प्रकाश क्षण-मात्र में प्रदोषजन्य अहंकार एवं राक्षसों के युद्ध-मद को नष्ट कर डालता है।

निसा जानि कपि चारिउ अनी। आए जहाँ कोसला धनी॥
राम कृपा करि चितवा सबहीं। भए बिगत स्रम बानर तबहीं॥
उहाँ दसानन सचिव हँकारे। सब सन कहेसि सुभट जे मारे॥
आधा कटकु कपिन्ह संहारा। कहहु बेगि का करिअ बिचारा॥
माल्यवंत अति जरठ निसाचर। रावन मातु पिता मंत्री बर॥
बोला बचन नीति अति पावन। सुनहु तात कछु मोर सिखावन॥
जब तें तुम्ह सीता हरि आनी। असगुन होहिं न जाहिं बखानी॥
बेद पुरान जासु जस गायो। राम बिमुख काहुँ न सुख पायो॥
दो०— हिरन्याच्छ भ्राता सहित मधु कैटभ बलवान।
जेहिं मारे सोइ अवतरेउ कृपासिंधु भगवान॥
कालरूप खल बन दहन गुनागार घनबोध।
सिव बिरंचि जेहिं सेवहिं तेहि सन कवन बिरोध॥ ४८॥

अर्थ—रात्रि जानकर वानरों की चारों सेनाएँ, जहाँ श्रीराम थे, वहाँ आईं। श्रीराम ने कृपापूर्वक सभी को देखा और उसी क्षण सभी श्रमरहित हो उठे।

वहाँ रावण ने मंत्रियों को बुलाया और सबसे मारे गये योद्धाओं के विषय में बताया (उसने कहा कि) आधी सेना तो वानरों ने मार डाली। शीघ्र बताओ, क्या उपाय करना चाहिए?

माल्यवन्त नामक एक वृद्ध राक्षस था। वह रावण के माता-पिता का श्रेष्ठ मंत्री था। अत्यन्त पवित्र नीति वचन बोला, हे तात! कुछ मेरी शिक्षा भी सुनो।

जब से आप सीता का हरण करके ले आये हैं, इतने अपशकुन हो रहे हैं कि उनका वर्णन करते नहीं बनता। वेद तथा पुराणों ने जिसके यश का गान किया है, इन श्रीराम से विमुख होकर किसी ने भी सुख नहीं प्राप्त किया है।

भाई सहित हिरण्याक्ष एवं बलवान मधुकैटभ को जिसने मारा था, वे ही कृपा के सिन्धु भगवान (श्रीराम रूप में) अवतरित हुए हैं।

कालस्वरूप पापियों के बन को भस्म करने वाले, गुणों के भंडार, ज्ञानघन श्रीराम जिनकी सेवा शिव एवं ब्रह्मा करते हैं, उनसे कौन-सा विरोध है॥ ४८॥

टिप्पणी—प्रथम दिन के युद्ध की समीक्षा के पश्चात् माल्यवंत द्वारा युद्ध न करने के लिए रावण को समझाना अध्यात्म रामायण में विशेष वर्णित है। सम्भवतः यह अन्तिम प्रयास था, शायद अब भी युद्ध टल जाय। यह प्रसंग मूलतः वाल्मीकि तथा अध्यात्म रामायण दोनों में है।

परिहरि बयरु देहु बैदेही। भजहु कृपानिधि परम सनेही॥
ताके बचन बान सम लागे। करिआ मुँह करि जाहि अभागे॥
बूढ़ भएसि न त मरतेउँ तोही। अब जनि नयन देखावसि मोही॥

तेहि अपने मन अस अनुमाना। बध्यौ चहत येहि कृपानिधाना॥
सो उठि गयउ कहत दुर्बादा। तब सकोप बोलेउ घननादा॥
कौतुक प्रात देखिअहु मोरा। करिहउँ बहुत कहौं का थोरा॥
सुनि सुत बचन भरोसा आवा। प्रीत समेत अंक बैठावा॥
करत बिचार भएउ भिनुसारा। लागे कपि पुनि चहूँ दुआरा॥
कोपि कपिन्ह दुर्घट गढ़ु घेरा। नगर कोलाहल भयउ घनेरा॥
बिबिधायुध धर निसिचर धाए। गढ़ तें पर्बत सिखर ढहाए॥

अर्थ—बैर का परित्याग करके उन्हें सीता दे दो तथा परम स्नेही कृपानिधान श्रीराम का भजन करो। उसके वचन (रावण को) बाण की भाँति लगे और कहा कि मुख काला करके हे आभागे चला जा।

बूढ़े हो गये हो, अन्यथा (तुझे) मार डालता। अब मेरी आँखों को तू मत दिखाई पड़। उसने अपने मन में यह अनुमान लगाया कि कृपानिधान श्रीराम इसे मारना चाहते हैं।

वह रावण को दुर्वचन कहता हुआ उठ कर चला गया और तब मेघनाद क्रोधपूर्वक बोला, प्रातः मेरा आश्चर्यपूर्ण (कृत्य) देखें, मैं बहुत कुछ करूँगा, थोड़ा-क्या कहूँ (अर्थात् इतना आश्चर्यजनक कार्य करूँगा कि शब्द उसको कहने के लिए थोड़े हैं)।

पुत्र की वाणी सुनकर उसे विश्वास उत्पन्न हुआ और प्रीतिपूर्वक उसे गोद में बैठा लिया। विचार करते-करते सवेरा हो गया और पुनः वानर (नगर के) चारों दरवाजों पर लग गये।

वानरों ने कुपित होकर दुर्गम किले को घेर लिया और नगर में अत्यधिक कोलाहल मच गया। राक्षस अनेक प्रकार के अस्त्र-शस्त्र धारण करके दौड़े और उन्होंने किले पर से पहाड़ों के शिखर ढहाये।

छंद— **ढाहे महीधर सिखर कोटिन्ह बिबिध बिधि गोला चले।**
घहरात जिमि पबि पात गर्जत जनु प्रलय के बादले॥
मर्कट बिकट भट जुटत कटत न लटत तन जर्जर भए।
गहि सैल तेहि गढ़ पर चलावहिं जहँ सो तहँ निसिचर हए॥

दो०— मेघनाद सुनि स्त्रवन अस गढ़ु पुनि छेंका आइ।
उतरि बीरबर दुर्ग तें सन्मुख चलेउ बजाइ॥ ४९॥

उन वानरों ने पर्वत के करोड़ों शिखरों को ढहाया और अनेक प्रकार के गोले चलने लगे। वे गोले घहराते हैं मानों वज्रपात हो, योद्धाओं की गर्जनाध्वनि मानो प्रलय काल के बादलों का (गर्जन) हो। पर्वत पकड़कर उसे दुर्ग पर चलाते हैं, राक्षस जहाँ के तहाँ मारे जाते (हत) हैं।

मेघनाद ने कान से यह सुनकर कि वानरों ने आकर पुनः दुर्ग को घेर लिया है, तब वह पराक्रमी दुर्ग से उतरा और डंका बजाकर उनके सामने चल पड़ा॥ ४९॥

टिप्पणी—मेघनाद का युद्ध मानस में तीन बार वर्णित है। 'नागपाश' में श्रीराम सहित समस्त सेना को बाँध लेना यहाँ वर्णित है। हनुमन्नाटक में इस नागपाश की घटना का उल्लेख है।

मायारथं समधिरूह्य नभः स्थलस्यो
गम्भीरकाल जलद ध्वनि रुज्जगर्ज
वातौरपातयदहो फणिपाशबहै
स्तौ मेरुमन्दगिरी पविनेव शक्रः।

कहँ कोसलाधीस द्वौ भ्राता। धन्वी सकल लोक बिख्याता॥
कहँ नल नील दुबिद सुग्रीवा। अंगद हनूमंत बल सींवा॥
कहाँ बिभीषनु भ्राताद्रोही। आजु सबहि हठि मारउँ ओही॥

अस कहि कठिन बान संधाने। अतिसय कोप स्त्रवन लगि ताने॥
सर समूह सो छाँड़ै लागा। जनु सपच्छ धावहिं बहु नागा॥
जहँ तहँ परत देखिअहि बानर। सन्मुख होइ न सके तेहि अवसर॥
जहँ तहँ भागि चले कपि रीछा। बिसरी सबहि जुद्ध कै ईच्छा॥
सो कपि भालु न रन महँ देखा। कीन्हेसि जेहि न प्रान अवसेषा॥

दो०— मारेसि दस दस बिसिख सब परे भूमि कपि बीर।
सिंघनाद गर्जत भएउ मेघनाद बल धीर॥ ५०॥

अर्थ—मेघनाद ने ललकारा कि सम्पूर्ण लोकों में विख्यात् धनुर्धर कोशलाधीश दोनों भाई कहाँ हैं? नल, नील, द्विविद, सुग्रीव, पराक्रम की सीमा अंगद तथा हनुमान कहाँ हैं?

भ्राताद्रोही विभीषण कहाँ है? आज सभी को और उसे भी हठपूर्वक मार डालूँगा। ऐसा कहकर उसने असंख्य बाणों का सन्धान किया तथा अत्यधिक क्रोधपूर्वक कानों तक ताना।

वह बाणों का समूह छोड़ने लगा मानो पंखयुक्त साँप दौड़ रहे हों। जहाँ-तहाँ वानर गिरते दिखाई पड़े। उसके सामने उस समय कोई भी न आ सका।

भालु और वानर भय से व्याकुल भाग चले और सभी की युद्ध की इच्छा भूल गई। एक भी वानर एवं भालु ऐसा नहीं दिखाई पड़ा जिसको उसने प्राण अवशेष मात्र न कर दिया।

पुनः उसने दस-दस बाणों को मारा और वानर वीर पृथ्वी पर गिर पड़े। युद्ध में धैर्यशाली मेघनाद फिर सिंहनाद करके गरजने लगा॥ ५०॥

टिप्पणी—मेघनाद का यह युद्ध 'लक्ष्मण शक्ति से सम्बद्ध' है। रामकथा के युद्ध का यह विख्यात प्रसंग है। युद्ध विजेता श्रीराम के उत्साह तथा पौरुष की परीक्षा तथा मन्तव्य की प्राप्ति में व्यवधान डाल कर इसे अधिक मार्मिक एवं रोचक बना देना ही इसकी मूल कथात्मक दृष्टि रही है। इसी बहाने कवि मेघनाद की अद्वितीय शक्तिमत्ता का भी परिचय देता है।

मेघनाद के पराक्रम का यह वर्णन अधिकांशतया कार्य प्रधान न होकर वाचिक है। वाल्मीकि तथा हनुमन्नाटक में मेघनाद का युद्ध कौशल विस्तारपूर्वक चित्रित है, वह विस्तार यहाँ नहीं दिखाई पड़ता। तुलसी मेघनाद का पराक्रम अपने कथनों द्वारा करते हैं न कि उसकी चेष्टाओं का निरूपण करके।

देखि पवनसुत कटक बिहाला। क्रोधवंत जनु धायेउ काला॥
महा महीधर तमकि उपारा। अति रिस मेघनाद पर डारा॥
आवत देखि गएउ नभ सोई। रथ सारथी तुरग सब खोई॥
बार बार पचार हनुमाना। निकट न आव मरमु सो जाना॥
राम समीप गयउ घननादा। नाना भाँति कहेसि दुर्बादा॥
अस्त्र सस्त्र आयुध सब डारे। कौतुक हीं प्रभु काटि निवारे॥
देखि प्रताप मूढ़ खिसिआना। करै लाग माया बिधि नाना॥
जिमि कोउ करै गरुड़ सैं खेला। डरपावै गहि स्वल्प सपेला॥

दो०— जासु प्रबल माया बस सिव बिरंचि बड़ छोट।
ताहि देखावै निसिचर निज माया मति खोट॥ ५१॥

अर्थ—वायु पुत्र हनुमान सेना को व्याकुल देखकर क्रोधित होकर इस प्रकार दौड़े, मानों काल हो। तुरन्त ही, उन्होंने तुरन्त तमक विशाल पर्वत उखाड़ लिया और बड़े ही क्रोध से मेघनाद पर डाल दिया।

उसे आता हुआ देखकर वह आकाश में चला गया, उसके रथ, सारथी तथा घोड़े सभी कुछ नष्ट हो गये। हनुमान उसे बार-बार ललकारते हैं किन्तु वह उनके बल का मर्म जानता था।

मेघनाद श्रीराम के सन्निकट गया और नाना प्रकार के उनको दुर्वचन कहे। उसने अपने सभी अस्त्र-शस्त्रों एवं हथियारों को चलाया और प्रभु श्रीराम ने लीला भाव में ही सब को काट कर अलग कर दिया।

श्रीराम के प्रताप को देखकर वह मूढ़ क्रोधित हो उठा और नाना प्रकार की माया करने लगा। जैसे कोई (नासमझ) स्वल्प साँप का बच्चा लेकर गरुड़ को भयभीत करते हुए खेल करे।

शिव, ब्रह्मा तथा सभी बड़े-छोटे जिसकी माया के वश में हैं, उन श्रीराम को वह खोटी बुद्धि का राक्षस (मेघनाद) माया दिखला रहा है॥ ५१॥

टिप्पणी—एक पराक्रमी योद्धा प्रत्यक्षत: 'श्रीराम प्रताप' के सामने हतप्रभ है। मेघनाद 'श्रीराम प्रताप से हतप्रभ 'माया युद्ध' प्रारम्भ करता है। तुलसी ने मानस में कई माया सन्दर्भों का उल्लेख किया है। श्रीहरि की माया, देवमाया, राक्षसमाया आदि आदि। श्रीराम की माया के समक्ष देव तथा राक्षस माया का कोई भी चमत्कार सक्षम नहीं है। कवि स्पष्ट रूप से टिप्पणी करता है कि मेघनाद की राक्षसी माया श्रीराम के समक्ष निरर्थक एवं उपहासास्पद है।

राम एवं मेघनाद के परस्पर युद्ध का प्रसंग है किन्तु स्वयं कवि अपनी टिप्पणी देकर मेघनाद की हीनता व्यंजित कर देता है। युद्ध की यह दृष्टि लीलान्वयी है। अध्यात्म रामायण में भी ऐसा ही वर्णन है। राम एवं मेघनाद के युद्ध को कवि निष्कर्षबद्ध करता हुआ कहता है—

'जिमि कोउ करै गरुड़ सै खेला। डरपावै गहि स्वल्प सपेला॥'

वाल्मीकि ने मेघनाद के जिस युद्ध कौशल का विस्तारपूर्वक वर्णन किया है, वह श्लाघ्य है।

नभ चढ़ि बरषइ बिपुल अँगारा। महि तें प्रगट होहिं जलधारा॥
नाना भाँति पिसाच पिसाची। मारु काटु धुनि बोलहिं नाची॥
बिष्टा पूय रुधिर कच हाड़ा। बरषइ कबहुँ उपल बहु छाड़ा॥
बरषि धूरि कीन्हेसि अँधिआरा। सूझ न आपन हाथ पसारा॥
कपि अकुलाने माया देखें। सब कर मरनु बना येहि लेखें॥
कौतुक देखि राम मुसुकाने। भये सभीत सकल कपि जाने॥
एक बान काटी सब माया। जिमि दिनकर हर तिमिर निकाया॥
कृपादृष्टि कपि भालु बिलोके। भए प्रबल रन रंहहिं न रोके॥
दो०— आयसु माँगेउ राम पहिं अंगदादि कपि साथ।
लछिमन चले सकोप अति बान सरासन हाथ॥ ५२॥

अर्थ—आकाश में चढ़कर बहुत सारे अंगारे बरसाये और पृथ्वी से जलधाराएँ प्रकट होने लगीं। नाना प्रकार की पिशाच एवं पिशाचिनियाँ नाच रही हैं और मारो-काटो की ध्वनि कर रही हैं॥

विष्टा, पीव, खून, बाल, हड्डियाँ तथा कभी-कभी (इनके साथ) बहुत सारे पत्थर फेंक देता था। धूलि की वर्षा करके अँधेरा कर दिया कि अपना ही फैलाया हुआ हाथ नहीं सूझता।

माया देखकर वानर व्याकुल हो उठे (और वे भयभीत होकर सोचने लगे कि) इस प्रकार से तो यह सभी के मरण (का कारण) बन गया है। उस लीला को देखकर श्रीराम मुसकरा पड़े और यह जान लिया कि समस्त वानर भयभीत हो उठे हैं।

एक ही बाण से उन्होंने सम्पूर्ण माया नष्ट कर दी जैसे सूर्य अंधकार समूह को हर लेता है। उन्होंने वानरों एवं भालुओं की ओर कृपा भरी दृष्टि देखी। (उससे) वे अत्यधिक शक्तिशाली हो उठे और रोकने पर भी रण में नहीं रुकते।

श्रीराम से आज्ञा माँगकर अंगदादि कपियों के साथ लक्ष्मण धनुष और बाण हाथ में लेकर क्रुद्ध होकर चले॥ ५२॥

टिप्पणी—राक्षसी माया के उद्वेग घृणास्पद एवं आसुरीवृत्ति के हैं, अंगार वर्षा, पिशाच पिशाचिनियों का प्रकट होकर भंयकर स्वर करना, विष्टा, पूय, रुधिर, बाल, हड्डियों की वर्षा आदि आदि घृणित एवं विजुगुप्सित कार्यों का निर्देश इसी सन्दर्भ को सूचित करते हैं। श्रीराम के द्वारा एक ही बाण में सहज ही समस्त माया को काट डालना, श्रीहरि के प्रभाव का द्योतक है।

छतज नयन उर बाहु बिसाला। हिमगिरि निभ तनु कछु एक लाला॥
इहाँ दसानन सुभट पठाए। नाना सस्त्र अस्त्र गहि धाए॥
भूधर नख बिटपायुध धारी। धाए कपि जय राम पुकारी॥
भिरे सकल जोरिहिं सन जोरी। इत उत जय इच्छा नहिं थोरी॥
मुठिकन्ह लातन्ह दातेन्ह काटहिं। कपि जयसील मारि पुनि डाटहिं॥
मारु मारु धरु धरु धरु मारू। सीस तोरि गहि भुजा उपारू॥
असि रव पूरि रही नव खंडा। धावहिं जहँ तहँ रुंड प्रचंडा॥
देखहिं कौतुक नभ सुरबृंदा। कबहुँक बिसमय कबहुँ अनंदा॥
दो०— रुधिर गाड़ भरि भरि जम्यो ऊपर धूरि उड़ाइ।
जिमि अँगार रासिन्ह पर मृतक धूम रह्यो छाइ॥ ५३॥

अर्थ—नेत्र लाल है, छाती एवं बाहुएँ विशाल हैं, हिमाचल पर्वत के सदृश उज्ज्वल गौर वर्ण (क्रोध के कारण) कुछ लालिमा लिये है। इधर रावण ने भी बड़े-बड़े योद्धा भेजे और वे नाना प्रकार के अस्त्र-शस्त्र लेकर दौड़े।

पर्वत, वृक्ष एवं नख के आयुधों को धारण किये वानर श्रीराम की जय करते हुए दौड़े। (वानर एवं राक्षस) सभी अपने जोड़ी से भिड़ पड़े, इस पक्ष और उस पक्ष में विजय की इच्छा भी कम प्रबल नहीं थी।

वानर मुष्टिकाओं से, लातों से (मारते तथा) दांतों से उन्हें काटते हैं। विजय में तत्पर वानर मारकर फिर डाटते हैं। मारो, मारो, पकड़ो, पकड़ो और पकड़ो मारो, सिर तोड़ दो और भुजाएँ पकड़ कर उखाड़ लो।

ऐसी ध्वनि नवों खण्डों में पूरित (ध्वनित) हो रही थी और जहाँ-तहाँ प्रचण्ड कटे हुए घड़ (रुण्ड) दौड़ रहे थे। आकाश से देवगण इस कौतुक को रहे थे, उन्हें कभी विस्मय होता था और कभी आनन्द।

गहरे गड्ढों में रक्त भर-भर कर जम गया और उस पर ऊपर से धूलि पड़ रही है। (ऐसा लगता है) मानो अंगारों की ढेर पर राख (मृतक धूम) छा रही हो॥ ५३॥

टिप्पणी—युद्ध की भयंकरता का वर्णन है। रोमांच, भय, संत्रास, घृणा एवं वीभत्सभाव के चित्रण से यहाँ यह युद्ध सन्दर्भ सार्थक हो रहा है। यह समस्त युद्ध वर्णन परम्परित युद्ध वर्णन रूढ़ियों से जुड़ा हुआ है।

घायल बीर बिराजहिं कैसे। कुसुमित किंसुक के तरु जैसे॥
लछिमन मेघनाद द्वौ जोधा। भिरहिं परसपर करि अति क्रोधा॥
एकहि एक सकइ नहिं जीती। निसिचर छलबल करइ अनीती॥
क्रोधवंत तब भएउ अनंता। भंजेउ रथ सारथी तुरंता॥
नाना बिधि प्रहार कर सेषा। राच्छस भयेउ प्रान अवसेषा॥
रावनसुत निज मन अनुमाना। संकट भयउ हरिहि मम प्राना॥

वीरघातिनी छाँड़ेसि साँगी। तेजपुंज लछिमन उर लागी॥
मुरछा भई सक्ति के लागें। तब चलि गयेउ निकट भय त्यागें॥

दो०— मेघनाद सम कोटि सत जोधा रहे उठाइ।
जगदाधार सेष किमि उठै चलै खिसिआइ॥ ५५॥

अर्थ—घायल योद्धा कैसे शोभित हो रहे हैं जैसे पुष्पित किंशुक के वृक्ष। लक्ष्मण और मेघनाद दोनों योद्धा थे और वे परस्पर क्रोध करके भिड़े हुए थे।

एक-दूसरे को कोई जीत नहीं सकता था किन्तु राक्षस छल-बल एवं अनीति कर रहा था। तब शेषनाग के स्वरूप (लक्ष्मण) क्रोधित हो उठे तुरन्त ही, उन्होंने रथ और सारथी को चूर-चूर कर डाला।

शेषनाग रूप लक्ष्मण अनेक प्रकार से प्रहार करने लगे और उस वह राक्षस के प्राण मात्र अवशेष रह गये। रावणपुत्र ने तब मन में अनुमान लगाया कि प्राण संकटापन्न हो उठा है, ये मेरे प्राण हरण कर लेंगे।

उसने तब वीरघातिनी शक्ति चलाई और वह तेजपुंजयुक्त शक्ति लक्ष्मण के हृदय में लगी। शक्ति के लगते ही मूर्च्छा आ गई और तब वह निर्भय उनके समीप गया।

मेघनाथ के समान सैकड़ों करोड़ योद्धा उन्हें उठा रहे हैं किन्तु जगत् के आधार शेषनाग उनसे (लक्ष्मण) किस प्रकार उठते! अत: वे क्रोधित होकर चले गये॥ ५४॥

टिप्पणी—लक्ष्मण शक्ति, जैसा कि निर्दिष्ट किया गया है, कथात्मक नाटकीयता के लिए आयोजित है। यह लंकाकांड की एक प्रमुख कथा है। यह कथा मेघनाद के शौर्य से सम्बद्ध होते हुए भी श्रीराम के धैर्य तथा पौरुष के परीक्षण से जुड़ती है। अध्यात्म एवं श्रीरामचरितमानस में इस प्रकार इसे प्रभु की लीला से सम्बद्ध किया गया है। इस घटना के माध्यम से प्रभु श्रीराम भक्तों को आनन्दित करने वाली मानवीय करुणा तथा पीड़ा का दिखावा मात्र करते हैं। कवि लीलाभाव के द्वारा इस सन्दर्भ के मन्तव्य को बदल देता है।

वाल्मीकि रामायण में इन्द्रजीत द्वारा फेंकी हुई ब्रह्मास्त्र शक्ति से राम तथा लक्ष्मण दोनों मूर्च्छित हो उठते हैं तब जाम्बवान् के निर्देश से हनुमान हिमालय पर्वत से दिव्य ओषधि लाकर दोनों में पुन: जागृति करते हैं।

परवर्ती काल की कथाओं में यह प्रसंग केवल लक्ष्मण से ही जुड़ा है।

सुनु गिरिजा क्रोधानल जासू। जारइ भवन चारिदस आसू॥
सक संग्राम जीति को ताही। सेवहिं सुर नर अग जग जाही॥
यह कौतूहल जानइ सोई। जा पर कृपा राम कै होई॥
संध्या भइ फिरि द्वौ बाहनी। लगे सँभारन निज निज आनी॥
व्यापक ब्रह्म अजित भुवनेस्वर। लछिमन कहाँ बूझ करुनाकर॥
तब लगि लै आयउ हनुमाना। अनुज देखि प्रभु अति दुख माना॥
जामवंत कह बैद सुषेना। लंका रहइ को पठई लेना॥
धरि लघु रूप गयउ हनुमंता। आनेउ भवन समेत तुरंता॥

दो०— राम पदारबिंद सिर नायउ आइ सुषेन।
कहा नाम गिरि औषधी जाहु पवनसुत लेन॥ ५५॥

अर्थ—हे पार्वती! सुनो, जिसकी क्रोधाग्नि शीघ्र ही (आसू : आशु) चौदहों भुवनों को जला सकती है, सचराचर के देवता, मनुष्य सभी जिसकी सेवा करते रहते हैं, उनसे युद्ध में कौन जीत सकता है?

यह कौतूहल वही समझ सकता है जिस पर श्रीराम की कृपा हो जाये। सन्ध्या हो गई। दोनों सेनाएँ लौटीं और सभी अपनी-अपनी सेनाओं को सम्हालने लगे।

व्यापक, ब्रह्म अजेय एवं भुवनों के स्वामी, करुणा के भंडार श्रीराम पूछते हैं कि लक्ष्मण कहाँ है? तब तक उन्हें हनुमान ले आये और अनुज लक्ष्मण को देखकर उन्होंने अत्यधिक कष्ट का अनुभव किया।

जाम्बवान् ने बताया कि लंका में सुषेण वैद्य रहता है, किसे लाने के लिए भेजा जाए! हनुमान लघु रूप धारण करके गये और उसे घर समेत तुरन्त उठा लाये।

सुषेण आकर श्रीराम के चरणों में सिर नवाया और पर्वत एवं ओषधि का नाम बताया तथा कहा कि हे वायुपुत्र! उसे लेने जाओ॥ ५५॥

टिप्पणी—श्रीराम की लक्ष्मण के लिए व्यग्रता यथार्थतः व्यग्रता न होकर लीलामूलक मात्र दिखावे के लिए है। कवि की टिप्पणी है—'यह कौतूहल जानइ सोई। जा पर कृपा राम कै होई॥' अध्यात्म रामायण में इस शक्ति के अवसर पर इसी प्रकार की टिप्पणी मिलती है—

रामोऽपि लक्ष्मणं दृष्ट्वा मूर्च्छितं पतितं भुवि।
मानुषत्वमुपाश्रित्य लीलयानुशुशोच ह॥

राम चरन सरसिज उर राखी। चला प्रभंजनसुत बल भाषी॥
उहाँ दूत एक मरमु जनावा। रावनु कालनेमि गृह आवा॥
दसमुख कहा मरमु तेहि सुना। पुनि पुनि कालनेमि सिरु धुना॥
देखत तुम्हहिं नगरु जेहिं जारा। तासु पंथ को रोकनिहारा॥
भजि रघुपति करु हित आपना। छाँड़हु नाथ मृषा जल्पना॥
नील कंज तनु सुंदर स्यामा। हृदयँ राखु लोचनाभिरामा॥
अहंकार ममता मद त्यागू। महा मोह निसि सोवत जागू॥
काल ब्याल कर भक्षक जोई। सपनेहु समर कि जीतिअ सोई॥

दो०— सुनि दसकंध रिसान अति तेहिं मन कीन्ह बिचार।
राम दूत कर मरौं बरु येह खल रत मल भार॥ ५६॥

अर्थ—श्रीराम के चरण-कमलों को हृदय में धारण करके वायुपुत्र हनुमान अपने बल का बखान करके चले। उधर (लंका में) एक दूत ने यह रहस्य बताया और रावण तुरन्त कालनेमि के पास आया।

रावण के बताने पर कालनेमि ने सारा रहस्य सुना और बार-बार अपने सिर को पीटा। जिसने तुम्हारे देखते-देखते लंका जला डाली, उसके मार्ग को रोकने में कौन समर्थ हो सकता है (रोक न पारा)?॥

श्रीराम का भजन करके अपना हित करो, हे नाथ! झूँठी जल्पनाएँ (दिवास्वप्न) त्याग दें। नेत्रों को आनन्द देने वाले नीलकमल सदृश श्यामल शरीर वाले श्रीराम को हृदय में धारण करो।

मेरा-तुम्हारा और ममतारूपी अज्ञान का त्याग करो और महामोहरूपी रात्रि में सोने वाले (रावण) जाग जाओ। जो कालरूपी सर्प का भी भक्षक है, क्या उसे स्वप्न में भी युद्ध द्वारा जीता जा सकता है?

इसे सुनकर रावण अत्यधिक क्रोधित हुआ तब उसने मन में विचार किया कि श्रीराम के दूत के हाथ से मरना श्रेयस्कर है, यह दुष्ट तो पाप के मल के बोझ से दबा हुआ है॥ ५६॥

टिप्पणी—श्रीराम के दूत हनुमान का अवरोध प्रसंग वाल्मीकि से शुरू होता है और परम्परा में सर्वत्र मिलता है। अध्यात्म रामायण में इसे भक्ति के सन्दर्भ से जोड़ा जाता है। मानस में इसी भक्ति

भावना का विस्तार मिलता है। मानसकार श्रीराम के दूत के हाथ से मारे जाने पर भी मुक्ति प्राप्त करने की मान्यता को प्रतिपादित करता है।

अस कहि चला रचिसि मग माया। सर मंदिर बर बाग बनाया॥
मारुतसुत देखा सुभ आश्रम। मुनिहि बूझि जलु पियौं जाइ स्त्रम॥
राच्छस कपट बेष तहँ सोहा। मायापति दूतहि चह मोहा॥
जाइ पवनसुत नायउ माथा। लाग सो कहइ राम गुन गाथा॥
होत महा रन रावन रामहिं। जितिहहिं रामु न संसय या महिं॥
इहाँ भये मैं देखौं भाई। ग्यान दृष्टि बल मोहिं अधिकाई॥
माँगा जल तेहिं दीन्ह कमंडल। कह कपि नहिं अघाऊँ थोरे जल॥
सर मज्जन करि आतुर आवहु। दिच्छा देउँ ग्यान जेहि पावहु॥

दो०— सर पैठत कपि पद गहा मकरीं तब अकुलान।
मारी सो धरि दिब्य तनु चली गगन चढ़ि जान॥ ५७॥

अर्थ—ऐसा सोचकर वह चला और मार्ग में माया-रचना की। उसने (माया द्वारा) सरोवर, मंदिर, सुन्दर वाटिका बनाई। वायुपुत्र हनुमान ने सुन्दर आश्रम देखा और सोचा कि मुनि से पूछकर जलपान करूँ ताकि श्रम दूर हो सके।

वहाँ राक्षस कपट वेष में शोभित था और श्रीराम के दूत को मोहना चाहता था। वायुपुत्र ने जाकर सिर झुकाया और वह श्रीराम की गुणगाथा गाने लगा।

राम तथा रावण के बीच महायुद्ध हो रहा है, इसमें संदेह नहीं कि श्रीराम ही युद्ध जीतेंगे। हे भाई! मैं यहाँ रहकर देख रहा हूँ, मुझे ज्ञान दृष्टि का बहुत बड़ा बल है।

जब हनुमान ने जल माँगा तो उसने कमंडलु दे दिया। हनुमान ने कहा कि इस थोड़े जल से मैं तृप्त नहीं हो सकता। सरोवर में स्नान करके तुरन्त आओ, तुझे ताकि दीक्षा दूँ और तुम उससे ज्ञान प्राप्त करो।

सरोवर में प्रवेश करते ही एक मकरस्त्री ने उनका व्याकुल भाव से पैर थाम्ह लिया। हनुमान ने उसे मार डाला तब वह दिव्य शरीर धारण करके यान पर चढ़कर आकाश को चली॥ ५७॥

टिप्पणी—राक्षस की आसुरी माया का उल्लेख कर श्रीराम दूत द्वारा उसको विनष्ट करने का सन्दर्भ यहाँ निर्दिष्ट किया गया है। मकरी प्रसंग यहाँ कथा की रोचकता तथा नाटकीयता को सबल बनाता है।

कपि तव दरस भइउँ निष्पापा। मिटा तात मुनिबर कर स्त्रापा॥
मुनि न होइ यह निसिचर घोरा। मानहु सत्य बचन कपि मोरा॥
अस कहि गई अपछरा जबहीं। निसिचर निकट गयउ सो तबहीं॥
कह कपि मुनि गुरदछिना लेहू। पाछें हमहि मंत्र तुम्ह देहू॥
सिर लंगूर लपेटि पछारा। निज तनु प्रगटेसि मरतीं बारा॥
राम राम कहि छाड़ेसि प्राना। सुनि मन हरषि चलेउ हनुमाना॥
देखा सैल न औषध चीन्हा। सहसा कपि उपारि गिरि लीन्हा॥
गहि गिरि निसि नभ धावत भयऊ। अवधपुरी ऊपर कपि गयऊ॥

दो०— देखा भरत बिसाल अति निसिचर मन अनुमानि।
बिनु फर सर तकि मारेउ चाप स्त्रवन लगि तानि॥ ५८॥

अर्थ—हे कपि! तुम्हारे दर्शन से मैं निष्पाप हो उठी और मुनिश्रेष्ठ का शाप मिट गया। यह मुनि नहीं, भयंकर राक्षस है, हे कपि! मेरे वचनों को सच मानो।

ऐसा कहकर जब अप्सरा चली गई तब हनुमान राक्षस के समीप पहुँचे । हनुमान ने कहा कि हे मुनि! पहले गुरुदक्षिणा लो और पीछे मुझे गुरुमंत्र देना।

उसके सिर को पूछ में लपेट कर पछाड़ दिया और मरते समय उसने अपने शरीर को प्रकट किया। श्रीराम-श्रीराम कहते हुए उसने प्राण त्यागे, उसे सुनकर हनुमान हर्षित मन से चल पड़े।

कपि हनुमान ने पर्वत को तो देखा किन्तु वे ओषधि न पहचान सके और फिर एकाएक पर्वत उखाड़ लिया। पर्वत को धारण करके रात्रि निशा में दौड़ पड़े और (इस प्रकार) अयोध्या नगरी के ऊपर हनुमान पहुँचे।

भरत ने आकाश में अत्यधिक विशाल (आकृति) देखी और मन में राक्षस का अनुमान करके एवं धनुष को कानों तक खींचकर बिना फल का बाण मारा॥ ५८ ॥

टिप्पणी—इस भरत प्रसंग द्वारा एक सम्पूर्ण कथा अयोध्या प्रसंग से जुड़कर अपना कलेवर पुनः नया कर लेती है। वाल्मीकि रामायण में यह प्रसंग नहीं है, अध्यात्म रामायण में भी नहीं है। यह प्रसंग मूलतः हनुमन्नाटक से प्रभावित है। यहाँ इस प्रसंग की कल्पना सबसे पहली बार की गई है।

परेउ मुरुछि महि लागत सायक। सुमिरत राम राम रघुनायक॥
सुनि प्रिय बचन भरतु उठि धाए। कपि समीप अति आतुर आए॥
बिकल बिलोकि कीस उर लावा। जागत नहिं बहु भाँति जगावा॥
मुख मलीन मन भए दुखारी। कहत बचन लोचन भरि बारी॥
जेहिं बिधि राम बिमुख मोहि कीन्हा। तेहिं पुनि यह दारुन दुख दीन्हा॥
जो मोरे मन बच अरु काया। प्रीति राम पद कमल अमाया॥
तौ कपि होउ बिगत स्त्रम सूला। जौ मो पर रघुपति अनुकूला॥
सुनत बचन उठि बैठ कपीसा। कहि जय जयति कोसलाधीसा॥
सो०— लीन्ह कपिहि उर लाइ पुलकित तनु लोचन सजल।
प्रीति न हृदयँ समाइ सुमिरि राम रघुकुल तिलक॥ ५९ ॥

अर्थ—बाण लगते ही, वह पृथ्वी पर मूर्च्छित होकर गिर पड़ा और राम, राम रघुपति का उच्चारण करने लगा। उसके प्रिय वचनों को सुनकर भरत दौड़े और कपि के पास अत्यन्त आतुरभाव से पहुँचे।

वानर को व्याकुल देखकर हृदय से लगा लिया और अनेक भाँति से उसे जगाते हैं किन्तु वे जागते नहीं। (भरत का) मुख मलिन हो उठा। वे अत्यधिक दुखी हुए और नेत्रों में अश्रु भर कर कहते हैं।

जिस विधाता ने मुझे श्रीराम से विमुख बना दिया है, उसी ने पुनः यह दारुण दुःख भी दिया है। यदि मेरे वचन, मन तथा शरीर में श्रीराम के चरणों के प्रति कपटरहित संसक्ति हो।

और यदि मुझपर श्रीराम अनुकूल हों तो यह वानर थकावट एवं पीड़ा से मुक्त हो उठे। उनके वचनों को सुनते ही कपिश्रेष्ठ हनुमान 'कोशलपति श्रीराम की जय हो, जय हो' कहते हुए उठ बैठे।

भरत ने कपि हनुमान को हृदय से लगा लिया, शरीर पुलकित है और आँखें अश्रुपूर्ण हैं। रघुकुलतिलक श्रीराम का स्मरण करते हुए भरत के हृदय में प्रीति नहीं समाती थी॥ ५९ ॥

टिप्पणी—भरत का बाण लगते ही पर्वत सहित हनुमान का गिर कर अर्धमूर्च्छित हो जाना एवं राम तथा लक्ष्मण कहकर आर्तभाव से स्वर करना हनुमन्नाटक में भी वर्णित है—

पुरंवावशेषभरतेषु ललाट पट्टो,
हा राम लक्ष्मण कुतोऽहमिति ब्रुवाणः।
संमूर्च्छितो भुवि पपात गिरिदधानो,
लांगूलशेखररुहेण सकेसरेण॥

सम्भवतया कवि इस प्रसंग को यहीं से ग्रहण करता है।

तात कुसल कहु सुखनिधान की। सहित अनुज अरु मातु जानकी॥
कपि सब चरित समास बखाने। भए दुखी मन महुँ पछिताने॥
अहह दैव मैं कत जग जाएउँ। प्रभु के एकहु काज न आएउँ॥
जानि कुअवसरु मन धरि धीरा। पुनि कपि सन बोले बलबीरा॥
तात गहरु होइहि तोहि जाता। काजु नसाइहि होत प्रभाता॥
चढ़ु मम सायक सैल समेता। पठवउँ तोहि जहँ कृपानिकेता॥
सुनि कपि मन उपजा अभिमाना। मोरें भार चलिहि किमि बाना॥
राम प्रभाव बिचारि बहोरी। बंदि चरन कह कपि कर जोरी॥
तव प्रताप उर राखि गोसाईं। जैहौं राम बान की नाईं॥
भरत हरषि तब आयेसु दयेऊ। पद सिर नाइ चलत कपि भयेऊ॥
दो०— भरत बाहुबल सील गुन प्रभु पद प्रीति अपार।
जात सराहत मनहिं मन। पुनि पुनि पवनकुमार॥ ६०॥

अर्थ—हे तात! आनन्दनिधान श्रीराम और अनुज लक्ष्मण सहित माता जानकी की कुशल बताओ। कपि हनुमान ने अति संक्षेप में सम्पूर्ण वृत्तान्त बताया। भरत दुखी हो उठे और मन-ही-मन पछताने लगे।

हा दैव! मैं संसार में क्यों पैदा हुआ? प्रभु श्रीराम के मैं एक भी काम में न आ सका। कुअवसर समझकर और मन में धैर्य धारण करके पुनः कपि हनुमान से बलवीर भरत बोले।

हे तात! तुझे जाते हुए देर (गहरु) होगी और प्रातः होते ही सारा कार्य नष्ट हो जायेगा। मेरे बाण पर पर्वत सहित बैठो, जहाँ कृपानिधान श्रीराम है, मैं वहाँ भेज दूँ।

उसे सुनकर कपि हनुमान के मन में अभिमान उत्पन्न हुआ और सोचा मेरे भार से बाण कैसे चलेगा और पुनः श्रीराम के प्रभाव को समझकर चरणों की वन्दना करके तथा हाथ जोड़कर कपि हनुमान ने कहा।

हे नाथ! आपके प्रताप को हृदय में धारण करके मैं श्रीराम के बाण की भाँति चला जाऊँगा, ऐसा सुनकर, भरत ने हर्षित भाव से आज्ञा दी और उनके चरणों की वन्दना करके हनुमान चल पड़े।

भरत के बाहुबल, शील, गुण तथा प्रभु के पदों में उनकी अपार प्रीति की मन-ही-मन बार-बार सराहना करते हुए वायुपुत्र हनुमान चले जा रहे हैं। ६०॥

टिप्पणी—भरत का यह प्रसंग मूलतः हनुमन्नाटक से लिया गया है। कवि भरत के प्रति अपनी आत्मीयता एवं निष्ठा जोड़कर इस प्रसंग को और अधिक चित्तद्रावी बना देता है। विशेष रूप से भरत का पश्चात्ताप यहाँ अत्यधिक महत्त्वपूर्ण है। भरत द्वारा बाण से भेजने का प्रस्ताव मूलतः हनुमन्नाटक का है जिसे संशोधन के साथ कवि स्वीकृति प्रदान करता है।

उहाँ रामु लछिमनहि निहारी। बोले बचन मनुज अनुसारी॥
अर्ध राति गइ कपि नहिं आयउ। राम उठाइ अनुज उर लायउ॥

सकहु न दुखित देखि मोहि काऊ। बंधु सदा तव मृदुल सुभाऊ॥
मम हित लागि तजेहु पितु माता। सहेहु बिपिन हिम आतप बाता॥
सो अनुराग कहाँ अब भाई। उठहु न सुनि मम बच बिकलाई॥
जौं जनतेउँ बन बंधु बिछोहू। पिता बचन मनतेउँ नहिं ओहू॥
सुत बित नारि भवन परिवारा। होहिं जाहिं जग बारहिं बारा॥
अस बिचारि जियँ जागहु ताता। मिलइ न जगत सहोदर भ्राता॥
जथा पंख बिनु खग अति दीना। मनि बिनु फनि करिबर कर हीना॥
अस मम जिवन बंधु बिनु तोही। जौं जड़ दैव जिआवै मोही॥
जैहउँ अवध कवन मुहु लाई। नारि हेतु प्रिय भाइ गँवाई॥
बरु अपजस सहतेउँ जग माहीं। नारि हानि बिसेष छति नाहीं॥
अब अपलोकु सोकु सुत तोरा। सहिहि निठुर कठोर उर मोरा॥
निज जननी के एक कुमारा। तात तासु तुम्ह प्रान अधारा॥
सौंपेसि मोहि तुम्हहि गहि पानी। सब बिधि सुखद परम हित जानी॥
उतरु काह दैहउँ तेहि जाई। उठि किन मोहि सिखावहु भाई॥
बहु बिधि सोचत सोच बिमोचन। स्रवत सलिल राजिव दल लोचन॥
उमा एक अखंड रघुराई। नर गति भगत कृपाल देखाई॥

सो०— प्रभु प्रलाप सुनि कान बिकल भय बानर निकर।
आइ गयेउ हनुमान जिमि करुना महँ बीर रस॥ ६१॥

अर्थ—यहाँ श्रीराम लक्ष्मण को देखकर मनुष्य की भाँति वाणी बोले। आधीरात हो गई, हनुमान नहीं लौटे और फिर श्रीराम ने लक्ष्मण को उठाकर हृदय से लगा लिया।

हे बन्धु! तुम्हारा स्वभाव सदैव ही कोमल था और मुझे कभी तुम दुखी नहीं देख सकते थे। मेरे हितों के लिए माता-पिता को छोड़ दिया और वन में ठंडक, धूप तथा हवा के थपेड़े सहे।

हे भाई! वह प्रेम अब कहाँ है? मेरे व्याकुलता भरे वचनों को सुनकर उठते क्यों नहीं? यदि जानता कि वन में भाई का वियोग होगा तो मैं पिता के उन वचनों को न मानता।

पुत्र, सम्पत्ति, नारी, भवन एवं परिवार ये संसार में अनेक बार होते और जाते रहते हैं किन्तु संसार में सहोदर भाई नहीं मिलता, ऐसा हृदय में विचार करके हे भाई! जागो।

जैसे बिना पंखों के पक्षी, बिना मणि के सर्प तथा सूँड़ के बिना श्रेष्ठ हाथी अत्यधिक दीन हो उठते हैं, यदि जड़ दैव मुझे जीवित रखता है तो हे भाई तुम्हारे बिना मेरा जीवन भी (उसी प्रकार होगा)।

पत्नी के लिए प्रिय भाई को खो करके अयोध्या में कौन-सा मुँह लेकर जाऊँगा। संसार में भले ही अपयश सह लेता क्योंकि नारी के बिना कोई विशेष हानि नहीं थी।

अब हे पुत्र! तुम्हारा अपयश एवं शोक दोनों मेरा यह निष्ठुर तथा कठोर हृदय सहेगा। हे तात! अपनी माता के तुम एकलौते पुत्र और उसके लिए प्राणाधार थे।

उसने हाथ पकड़कर मुझे सौंपा था और (उसने तुम्हे मेरा) सब प्रकार से सुख देने वाला तथा हितैषी समझा था। हे भाई! तुम उठकर सिखाते क्यों नहीं, मैं जाकर उन्हें क्या उत्तर दूँगा।

शोक को नष्ट करने वाले श्रीराम इस तरह अनेक प्रकार से शोक कर रहे थे। उनकी कमल दल सदृश नेत्रों से अश्रु बह रहे थे। हे पार्वती! श्रीराम एक एवं विकाररहित हैं। (यह तो) भक्तों के प्रति कृपालु श्रीराम ने मनुष्य गति (जैसी लीला) दिखाई है।

प्रभु श्रीराम के रुदन विलाप को कानों से सुनकर वानर समूह व्याकुल हो उठे। (इसी बीच)

हनुमान आ पहुँचे, जैसे करुण रस (के प्रसंग में) वीर रस॥ ६१॥

टिप्पणी—श्रीराम के विलाप का वर्णन उनकी लीला का निदर्शन है। कपि इस विलाप को वास्तविक न बताकर केवल प्रपंचात्मक एवं अज्ञों की बुद्धि को भ्रमित करने वाला कहता है—

'उमा एक अखंड रघुराई। नर गति भगति कृपाल देखाई॥'

इस प्रकार, यह करुण रस की निष्पत्ति न होकर करुग का रसाभास मात्र है। लीला की दृष्टि से यह आनन्द, कौतूहल एवं परिहासमूलक है।

हरषि राम भेंटेउ हनुमाना। अति कृतग्य प्रभु परम सुजाना॥
तुरत बैद तब कीन्हि उपाई। उठि बैठे लछिमन हरषाई॥
हृदयँ लाइ प्रभु भेटेउ भ्राता। हरषे सकल भालु कपि ब्राता॥
कपि पुनि बैद तहाँ पहुँचावा। जेहि बिधि तबहिं ताहि लइ आवा॥
यह बृत्तांत दसानन सुनेऊ। अति बिषाद पुनि पुनि सिर धुनेऊ॥
ब्याकुल कुंभकरन पहिं आवा। बिबिध जतन करि ताहि जगावा॥
जागा निसिचर देखिअ कैसा। मानहुँ कालु देह धरि बैसा॥
कुंभकरन बूझा कहु भाई। काहे तव मुख रहे सुखाई॥
कथा कही सब तेहिं अभिमानी। जेहि प्रकार सीता हरि आनी॥
तात कपिन्ह सब निसिचर मारे। महा महा जोधा संघारे॥
दुर्मुख · सुररिपु मनुज अहारी। भट अतिकाय अकंपन भारी॥
अपर महोदर आदिक बीरा। परे समर महि सब रनधीरा॥

दो०— सुनि दसकंधर बचन तब कुंभकरन बिलखान।
जगदंबा हरि आनि अब सठ चाहत कल्यान॥ ६२॥

अर्थ—श्रीराम ने हर्षित होकर हनुमान को भेंटा। परम सहृदय प्रभु श्रीराम अत्यन्त कृतज्ञ हैं। वैद्य ने तब तुरन्त उपाय रचना की और लक्ष्मण हर्षित भाव से उठ बैठे।

प्रभु श्रीराम भाई लक्ष्मण को हृदय से लगाकर भेंटा। भालु और वानरों का समस्त समूह हर्षित हुआ। कपि हनुमान ने वैद्य सुषेण को उसी प्रकार वहाँ पहुँचा दिया जिस प्रकार से उस समय उन्हें ले आये थे।

इस वृत्तान्त को रावण ने सुना (और सुनकर) अत्यन्त विषाद से पुनः-पुनः सिर धुना। वह व्याकुल होकर कुंभकर्ण के पास आया और विविध उपायों को कर-करके उसे जगाया।

जागा हुआ राक्षस किस प्रकार दिखाई पड़ रहा था मानो काल देह धारण करके बैठा हो। कुंभकर्ण ने पूछा, हे भाई, बताओ, तुम्हारा मुख क्यों सूख रहा है?

उस अभिमानी रावण ने जिस प्रकार सीता का हरग करके ले आया था, उसने सारी कथा कही। हे तात! वानरों ने समस्त राक्षसों को मार डाला और बड़े बड़े योद्धाओं का संहार कर डाला है।

दुर्मुख, सुररिपु, मनुष्य का आहार करने वाले (नरान्तक), अतिकाय, अकम्पन तथा महोदर आदि भयंकर और युद्ध में धैर्य दिखाने वाले योद्धागण युद्धभूमि में मारे गये।

रावण के वचनों को सुनकर तब कुंभकर्ण व्यथित होकर बोला, रे शठ! जगन्माता जानकी का हरण करके अब भी तू कल्याण चाहता है॥ ६२॥

टिप्पणी—तुलसीदास कुंभकर्ण को रौद्र एवं भयंकरता के जीवन्त प्रतीक के रूप में चित्रित करते हैं। इस भयंकरता के बावजूद भी तुलसी कुंभकर्ण के उस व्यक्तित्व को चित्रित करना चाहते हैं, जिसका सम्बन्ध सात्त्विकता से है। वाल्मीकि तथा अध्यात्म रामायण में थोड़ा-सा उसके इसी स्वरूप का चित्रण मिलता है। तुलसी कुंभकर्ण को चित्तवृत्ति से सात्त्विक किन्तु प्रवृत्ति तथा कर्म से हिंसक

बताते हैं। मानस में कुंभकर्ण का भक्तस्वरूप विशेष स्पृहणीय है।

भल न कीन्ह तैं निसिचर नाहा। अब मोहि आइ जगाएहि काहा॥
अजहूँ तात त्यागि अभिमाना। भजहु राम होइहि कल्याना॥
हैं दससीस मनुज रघुनायक। जाके हनूमान से पायक॥
अहह बंधु तैं कीन्हि खोटाई। प्रथमहिं मोहि न सुनायेहि आई॥
कीन्हेहु प्रभु बिरोध तेहि देवक। सिव बिरंचि सुर जाके सेवक॥
नारद मुनि मोहि ग्यान जो कहा। कहतेउँ तोहि समय निरबहा॥
अब भरि अंक भेंटु मोहि भाई। लोचन सुफल करौं मैं जाई॥
स्याम गात सरसीरुह लोचन। देखौं जाइ ताप त्रय मोचन॥
दो०— राम रूप गुन सुमिरत मगन भयउ छन एक।
रावन मागेउ कोटि घट मद अरु महिष अनेक॥ ६३॥

अर्थ—हे राक्षसराज! तूने अच्छा नहीं किया और अब आकर मुझे क्यों जगाया? हे तात! अब भी अभिमान त्याग करके श्रीराम का भजन करो, तुम्हारा कल्याण होगा!

जिसके पास हनुमान जैसे सेवक हैं, हे रावण! वे श्रीराम क्या मनुष्य हैं। हाय-हाय! हे बन्धु तूने बड़ा तुच्छ कार्य किया और प्रारम्भ में ही मुझे आकर नहीं सुनाया।

हे स्वामी! तुमने उस देवता का विरोध किया है, शिव, ब्रह्मा एवं देवगण जिसके दास हैं। नारद मुनि ने मुझे जो ज्ञान उपदिष्ट किया था, वह मैं तुमसे उसी समय कहता, अब तो समय बीत चुका (निरवहा)।

हे भाई! अब तो मुझे अंक में भरकर मुझे भेंट ले ताकि मैं जाकर (उन्हें देखकर) अपने नेत्रों को सफल करूँ और त्रिविध पापों को नष्ट करने वाले उन श्यामल शरीर वाले एवं कमल-नेत्र वाले श्रीराम का जाकर दर्शन करूँ।

श्रीराम के स्वरूप एवं गुण का स्मरण करते हुए वह एक क्षण के लिए प्रेम में मग्न हो उठा फिर रावण से उसने करोड़ों घड़े मदिरा एवं अनेक भैंसे माँगे॥ ६३॥

टिप्पणी—अपने सगे भाई रावण के कृत्यों की भर्त्सना करने वाला यह कुंभकर्ण श्रीराम के लीला ब्रह्म स्वरूप के प्रति संसक्त है। अध्यात्म रामायण तथा हनुमन्नाटक में उसके इसी स्वरूप का अंकन किया गया है। तुलसी इस प्रकरण में इन्हीं स्रोतों से प्रभावित हैं।

महिष खाइ करि मदिरा पाना। गर्जा बज्राघात समाना॥
कुंभकरन दुर्मद रन रंगा। चला दुर्ग तजि सेन न संगा॥
देखि बिभीषनु आगें आयउ। परेउ चरन निज नाम सुनायउ॥
अनुज उठाइ हृदयँ तेहि लायो। रघुपति भक्त जानि मन भायो॥
तात लात रावन मोहि मारा। कहत परम हित मंत्र बिचारा॥
तेहिं गलानि रघुपति पहिं आयऊँ। देखि दीन प्रभु के मन भायउँ॥
सुनु सुत भयउ कालबस रावन। सो कि मान अब परम सिखावन॥
धन्य धन्य तैं धन्य बिभीषन। भयहु तात निसिचर कुल भूषन॥
बंधु बंस तैं कीन्ह उजागर। भजेहु राम सोभा सुख सागर॥
दो०— बचन कर्म मन कपट तजि भजेहु राम रनधीर।
जाहु न निज पर सूझ मोहि भयउँ कालबस बीर॥ ६४॥

अर्थ—भैंसे को खाकर तथा मदिरा का पान करके वह वज्राघात के समान गरजा। रण के लिए

आनन्दित एवं मदिरा के नशे में चूर वह लंका दुर्ग को त्याग करके चला, उसके साथ सेना भी नहीं थी।

उसे देखकर विभीषण आगे आया और उसके चरणों पर गिरकर अपना नाम सुनाया। उसने अनुज को उठाकर हृदय से लगा लिया तथा श्रीराम का भक्त जानकर उसे अच्छा लगा।

हे तात! परम हितपूर्ण एवं विचारित सलाह देने पर उसने मुझे पैर से मारा उसी ग्लानि से मैं श्रीराम के पास चला आया और दीन देखकर मैं प्रभु श्रीराम के मन को अच्छा लग गया।

(कुंभकर्ण ने कहा) हे पुत्र! सुनो! रावण काल विवश हो चुका है, और इसलिए वह अच्छी शिक्षा क्यों मानेगा। हे विभीषण! तू धन्य है, धन्य है, धन्य है। हे तात! तुम अब राक्षस कुल के अलंकरण बन गये हो।

हे बंधु! तूने वंश को प्रकाशमान कर दिया है जो शोभा तथा सुख के समुद्र श्रीराम का तूने भजन किया।

कपट का परित्याग करके मन, कर्म वचन से रण में धैर्यवान श्रीराम का भजन करो। हे भाई! मैं काल के वश में हो गया हूँ, मुझे अपना पराया नहीं सूझ रहा है, इसलिए अब तुम जाओ॥ ६४॥

टिप्पणी—मांस भोजी एवं मद्यप कुंभकर्ण मृत्यु के लिए तत्पर होकर भी विभीषण को श्रीराम का भजन करने के लिए प्रेरणा देता है उसका यह भक्त स्वरूप तुलसी की अपनी स्वयं की कल्पना है।

बंधु बचन सुनि चला बिभीषन। आयउ जहँ त्रैलोक बिभूषन॥
नाथ भूधराकार सरीरा। कुंभकरन आवत रनधीरा॥
येतना कपिन्ह सुना जब काना। किलकिलाइ धाए बलवाना॥
लिये उठाइ बिटप अरु भूधर। कटकटाइ डारहिं ता ऊपर॥
कोटि कोटि गिरि सिखर प्रहारा। करहिं भालु कपि येक येक बारा॥
मुर्‌यो न मनु तनु टर्‌यो न टार्‌यो। जिमि गज अर्क फलनि को मार्‌यो॥
तब मारुतसुत मुठिका हन्यो। पर्‌यो धरनि ब्याकुल सिर धुन्यो॥
पुनि उठि तेहिं मारेउ हनुमंता। घुर्मित भूतल परेउ तुरंता॥
पुनि नल नीलहि अवनि पछारेसि। जहँ तहँ पटकि पटकि भट डारेसि॥
चली बलीमुख सेन पराई। अति भय त्रसित न कोउ समुहाई॥

दो०— अंगदादि कपि मुरुछित करि समेत सुग्रीव।
काँख दाबि कपिराज कहुँ चला अमित बल सींव॥ ६५॥

अर्थ—बन्धु के वचनों को सुनकर विभीषण चले और त्रैलोक्य के लिए अलंकरण स्वरूप श्रीराम जहाँ थे, वहाँ आये। हे नाथ! पर्वत की भाँति आकारवाला तथा युद्ध में धैर्य रखने वाला कुंभकर्ण आ रहा है।

जब वानरों ने इतना कान से सुना तो वे शक्तिशाली (वानर) किलकिलाते हुए दौड़े। उन सबने वृक्ष एवं पर्वत उठा लिए तथा वे दाँत किटकिटाकर उसके ऊपर डालने लगे।

वानरों तथा रीछों ने एक-एक बार में करोड़ों-करोड़ों पर्वत शिखरों से उस पर प्रहार किया किन्तु उससे न तो उसका मन मुड़ा और न शरीर टालने से टला जैसे मदारके फल मारने से हाथी (नहीं मुड़ता और टलता)।

तब हनुमान ने मुष्टिका से प्रहार किया, वह व्याकुल होकर पृथ्वी पर गिर पड़ा तथा सिर पीटने लगा। पुनः उठकर उसने हनुमान को मारा, वे चक्कर खाकर तुरन्त ही पृथ्वी पर गिर पड़े।

पुनः उसने नल-नील को पृथ्वी पर पछाड़ दिया और जहाँ तहाँ पटक-पटक कर योद्धाओं को वह मारने लगा। वानरों की सेना भाग चली। अत्यन्त भय से भयभीत कोई (उसके) समीप नहीं आ रहा था।

सुग्रीव सहित अंगद आदि वानरों को मूर्च्छित करके फिर वह असीमित शक्ति की सीमा स्वरूप (कुंभकर्ण) सुग्रीव को काँख में दबाकर चल पड़ा॥ ६५॥

टिप्पणी—त्रासद कुंभकर्ण के भयंकर कृत्यों का वर्णन करके कवि उसके व्यक्तित्व के रोमांचकारी एवं भयावह स्वरूप को अंकित करना चाहता है। कुंभकर्ण का त्रासद व्यक्तित्व वाल्मीकि रामायण में विशेष रूप से चित्रित किया गया है।

उमा करत रघुपति नर लीला। खेलत गरुड़ जिमि अहिगन मीला॥
भृकुटि भंग जो कालहि खाई। ताहि कि सोहइ ऐसि लराई॥
जग पावनि कीरति बिस्तरिहहिं। गाइ गाइ भवनिधि नर तरिहहिं॥
मुरुछा गइ मारुतसुत जागा। सुग्रीवहि तब खोजन लागा॥
सुग्रीवहुँ कै मुरछा बीती। निबुकि गयउ तेहि मृतक प्रतीती॥
काटेसि दसन नासिका काना। गरजि अकास चलेउ तेहि जाना॥
गहेउ चरन गहि भूमि पछारा। अति लाघवँ उठि पुनि तेहि मारा॥
पुनि आयेउ प्रभु पहिं बलवाना। जयति जयति जय कृपानिधाना॥
नाक कान काटे जियँ जानी। फिरा क्रोध करि भइ मन ग्लानी॥
सहज भीम पुनि बिनु श्रुति नासा। देखत कपि दल उपजी त्रासा॥

दो०— जय जय जय रघुबंस मनि धाए कपि दै हूह।
एकहि बार तासु पर छाड़ेन्हि गिरि तरु जूह॥ ६६॥

अर्थ—हे पार्वती! श्रीराम उसी प्रकार की नर लीला कर रहे थे, जैसे गरुड़ सर्पों के समूह से मिलकर खेलता हो। जो भौंह के संकेत से काल को खा जाता है, उसे क्या ऐसा युद्ध शोभा देता है?

इन कृत्यों के द्वारा भगवान श्रीराम संसार को पवित्र करने वाली अपनी लीला का विस्तार कर रहे हैं—जिसे गा-गाकर मनुष्य संसार सागर को पार करेंगे। मूर्च्छा समाप्त हुई तथा हनुमान जाग्रत भाव में आये और तब सुग्रीव को खोजने लगे।

(उधर) सुग्रीव की भी मूर्च्छा समाप्त हुई और तब वे मृतक की भाँति बनकर (काँख से) छूटकर निकल (निबुक) गये। उन्होंने कुंभकर्ण के नाक-कान दाँतों से काट लिये और फिर गरज कर आकाश की ओर चले।

उसने सुग्रीव का चरण पकड़कर पृथ्वी पर पछाड़ दिया और उन्होंने अतिशीघ्रता से उठकर पुनः उसको मारा और तब कृपानिधान श्रीराम की जय हो, जय हो, जय हो कहते हुए बलवान सुग्रीव श्रीराम के पास आये।

नाक कान कट गये हैं, ऐसा हृदय में जानकर उसके मन में ग्लानि हुई और वह क्रोध करके लौटा। वह स्वभावतः आकृति का भयंकर था और उस पर बिना नाक कान का। वानरों की सेना में उसे देखते ही भय उत्पन्न हुआ।

रघुवंशशिरोमणि श्रीराम की जय हो, जय हो, जय हो ऐसा कहकर वानर हू हू करते दौड़े और सभी ने एक ही साथ उस पर पहाड़ और वृक्षों के समूह (जूह) छोड़े॥ ६६॥

टिप्पणी—वाल्मीकि के कुंभकर्ण युद्ध में शालीनता है किन्तु तुलसी इस योद्धा के युद्ध को उपहासास्पद बना देते हैं। नासिका तथा कानविहीन युद्ध भूमि में इस वीर योद्धा को दिखाकर उसके शौर्य तथा पराक्रम का वर्णन न करके प्रकारान्तर भाव से उपहास का वर्णन करते हैं। वह बिना

किसी अस्त्र-शस्त्र के मानस के अन्तर्गत युद्ध करता है, जबकि वाल्मीकि रामायण में उसका गदा, त्रिशूल एवं मुद्गर युद्ध दिखाया गया है।

कुंभकरन रन रंग बिरुद्धा। सन्मुख चला काल जनु क्रुद्धा॥
कोटि कोटि कपि धरि धरि खाई। जनु टीड़ी गिरि गुहाँ समाई॥
कोटिन्ह गहि सरीर सन मर्दा। कोटिन्ह मीजि मिलव महि गर्दा॥
मुख नासा श्रवनन्हि कीं बाटा। निसरि पराहिं भालु कपि ठाटा॥
रन मद मत्त निसाचर दर्पा। बिस्व ग्रसिहि जनु येहि बिधि अर्पा॥
मुरे सुभट सब फिरहिं न फेरे। सूझ न नयन सुनहिं नहिं टेरे॥
कुंभकरन कपि फौज बिडारी। सुनि धाई रजनीचर धारी॥
देखी राम बिकल कटकाई। रिपु अनीक नाना बिधि आई॥

दो०— सुनु सुग्रीव बिभीषन अनुज सँभारेहु सैन।
मैं देखउँ खल बल दलहि बोले राजिव नैन॥ ६७॥

अर्थ—युद्ध के आनन्द में उत्साहित कुंभकर्ण विरुद्ध भाव से क्रुद्ध काल की भाँति आगे बढ़ा। कोटि-कोटि वानरों को वह पकड़कर वह इस प्रकार से खा लेता था, जैसे पर्वत की गुफा में टिड्डियाँ समा रही हों।

करोड़ों वानरों को पकड़कर शरीर से मसल डाला और करोड़ों को मींजकर पृथ्वी में धूल बना डाला। भालु तथा वानरों के समूह-के-समूह (ठाटा) मुख, नासिका एवं कानों के मार्ग से निकल कर भाग पड़ते हैं।

युद्ध के नशे में चूर वह राक्षस दर्प से आक्रान्त हो उठा, जैसे वह विश्व का ग्रास करना चाहता हो और ब्रह्मा ने उसे (विश्व) अर्पित कर दिया हो। सारे योद्धा भाग खड़े हुए, मोड़ने से भी नहीं मुड़ते, उन्हें आँखों से दिखाई नहीं पड़ता और चिल्लाने से भी नहीं सुनते।

कुंभकर्ण ने श्रीराम की सेना तितर बितर कर दिया, इसे सुनकर राक्षसों की सेना दौड़ी। श्रीराम ने देखा कि सेना विचलित है और (उधर) नाना प्रकार की शत्रु सेना आ गई है।

हे सुग्रीव, विभीषण तथा लक्ष्मण! तुम लोग सेना को सम्हालना मैं इस दुष्ट के बल तथा सेना को देखता हूँ, इस प्रकार कमलनयन श्रीराम बोले ॥ ६७॥

टिप्पणी—यहाँ श्रीराम का युद्ध के लिए तत्पर होना निर्दिष्ट है। वानर भालु सेना तथा हनुमान, अंगद, सुग्रीव आदि के पराभूत हो जाने के पश्चात् श्रीराम का कुंभकर्ण से युद्ध के लिए तत्पर होना उसकी शक्ति एवं सामर्थ्य को इंगित करना है।

कर सारंग साजि कटि भाथा। अरि दल दलन चले रघुनाथा॥
प्रथम कीन्हि प्रभु धनुष टँकोरा। रिपु दल बधिर भयउ सुनि सोरा॥
सत्यसंध छाँड़े सर लच्छा। कालसर्प जनु चले सपच्छा॥
जहँ तहँ चले बिपुल नाराचा। लगे कटन भट बिकट पिसाचा॥
कटहिं चरन उर सिर भुजदंडा। बहुतक बीर होहिं सत खंडा॥
घुर्मि घुर्मि घायल महि परहीं। उठि संभारि सुभट पुनि लरहीं॥
लागत बान जलद जिमि गाजहिं। बहुतक देखि कठिन सर भाजहिं॥
रुंड प्रचंड मुंड बिनु धावहिं। धरु धरु मारु मारु धुनि गावहिं॥

दो०— छन महुँ प्रभु के सायकन्हि काटे बिकट पिसाच।
पुनि रघुबीर निषंग महुँ प्रबिसे सब नाराच॥ ६८॥

अर्थ—हाथ में शादर्ङ्गधनुष, कमर में तरकस सजकर शत्रु के दल को मसलने के लिए श्रीराम चले। सर्वप्रथम श्रीराम ने धनुष की टंकार की और उस ध्वनि को सुनकर शत्रु दल बहरा हो गया।

सत्यसंध श्रीराम ने एक लाख बाण छोड़े मानो पंखवाले काल सर्प चले हों। जहाँ-तहाँ बहुत से बाण चले जिनसे राक्षसों के भयंकर योद्धा कटने लगे।

उनके चरण, हृदय, सिर एवं भुजदंड कटने लगे और अनेक योद्धा शत खंड होने लगे। चक्कर खा-खा कर घायल पृथ्वी पर गिर रहे हैं और योद्धागण पुनः उठकर सम्हलते और लड़ते हैं।

बाण लगते ही वे बादलों की भाँति गरजते हैं और बहुत से तो कठिन बाणों को देख करके ही भाग जाते हैं। बिना मुंड के ही प्रचंड धड़ दौड़ते हैं, पकड़ो-पकड़ो, मारो-मारो कहते हुए गा (चिल्ला) रहे हैं।

क्षण में प्रभु श्रीराम के बाणों ने भयंकर राक्षसों को काट डाला और फिर श्रीराम के तरकस में वे सभी आकर प्रविष्ट हो गये॥ ६८॥

टिप्पणी—कुंभकर्ण जैसे भयंकर राक्षस के वध की पृष्ठभूमि क्रोध एवं हताशा के कारण बनती है अपने पक्ष की पराजय से आहत कुंभकर्ण श्रीराम को देखकर उनके संहार के लिए स्वयं उत्तेजित हो उठता है।

कुंभकरन मन दीख बिचारी। हति छन माझ निसाचर धारी॥
भा अति क्रुद्ध महाबल बीरा। कियो मृगनायक नाद गँभीरा॥
कोपि महीधर लेइ उपारी। डारइ जहँ मर्कट भट भारी॥
आवत देखि सैल प्रभु भारे। सरन्हि काटि रज सम करि डारे॥
पुनि धनु तानि कोपि रघुनायक। छाँड़े अति कराल बहु सायक॥
तनु महुँ प्रबिसि निसरि सर जाहीं। जिमि दामिनि घन माझ समाहीं॥
सोनित स्त्रवत सोह तन कारे। जनु कज्जल गिरि गेरु पनारे॥
बिकल बिलोकि भालु कपि धाए। बिहँसा जबहिं निकट कपि आए॥
दो०— महानाद करि गर्जा कोटि कोटि गहि कीस।
महि पटकइ गजराज इव सपथ करइ दससीस॥ ६९॥

अर्थ—कुंभकर्ण ने मन में विचार करके देखा कि क्षण भर में ही राक्षस सेना का संहार हो चुका है। वह महाशक्तिशाली योद्धा क्रोधित हो उठा और (उसने) गम्भीर सिंह ध्वनि की।

वह क्रुद्ध होकर पर्वत उखाड़ देता है और जहाँ वानरों की अधिक सेना है, वहाँ डालता है। प्रभु श्रीराम ने भारी पर्वत को आते देखकर उन्हें बाणों से काटकर धूलि सदृश बना डाला।

पुनः धनुष तानकरके श्रीराम ने क्रोधकरके अत्यन्त भयंकर बाण छोड़े। उसके शरीर में प्रविष्ट होकर बाण बाहर निकल जाते हैं, जैसे बिजलियाँ बादलों के मध्य (चमक कर) समा जाएँ।

उसके काले शरीर पर बहता हुआ रक्त इस प्रकार शोभित हो रहा है, जैसे काजल के पर्वत पर गेरू के पनाले। उसे व्याकुल देखकर भालु तथा वानर दौड़े और जब वानर समीप आ गये तो वह हँसा।

वह करोड़ों-करोड़ों वानरों को पकड़कर भंयकर ध्वनि करके गरजा। वह उन्हें पृथ्वी पर पटकने लगा तथा रावण की दुहाई देने लगा॥ ६९॥

टिप्पणी—वाल्मीकि रामायण का 'राम-कुंभकर्ण' युद्ध बड़ा ही मार्मिक है। परस्पर राम और कुंभकर्ण अपने विविध अस्त्र-शस्त्रों से एक-दूसरे को पराजित करने की चेष्टा करते हैं। वाल्मीकि ने युद्ध भूमि में परस्पर दोनों के उत्तर-प्रत्युत्तर का बड़ा ही मार्मिक वर्णन किया है।

श्रीराम कहते हैं— आगच्छ रक्षोऽधिप मा विषाद
मनस्थितोऽहम् प्रग्रहीतचापो॥
अवेहि मां राक्षस वंशनाशनं
यस्त्वं मुहूर्ताद् भविता विचेताः॥

कुंभकर्ण राम को ललकारता हुआ कहता है—

नाहं विराधो विज्ञेयो न कबन्धः खरो न च।
न बाली न च मारीचः कुंभकर्णः समागतः॥

(हे राम! मुझे विराध, कबध और खर न समझें और न मारीच हूँ और न बाली। यह कुंभकर्ण तुझसे लगने आया है।) और युद्ध में भी वही होता है, साल बृक्ष को काटने वाले तथा बालि का वध करने वाले बाण उसके शरीर को व्यथा नहीं पहुँचा सके तब श्रीराम ने वायव्य बाण से मुद्गर सहित उसकी भुजाएँ काट डालीं। वाल्मीकि का कुंभकर्ण त्रिशूल, मुगद्र, गदा आदि से युद्ध करता है तो तुलसी का कुंभकर्ण पर्वत शिखरों तथा वृक्षों से।

तुलसी लीला भाव के निरूपण को केन्द्रीय दृष्टिकोण बनाकर युद्ध के दृश्यों का वर्णन करते है, जबकि वाल्मीकि का ऐसा कोई भी दृष्टिकोण नहीं है। तुलसी का युद्ध वर्णन इसीलिए कमजोर पड़ता है।

भागे भालु बलीमुख जूथा। बृकु बिलोकि जिमि मेष बरूथा॥
चले भागि कपि भालु भवानी। बिकल पुकारत आरत बानी॥
यह निसिचर दुकाल सम अहई। कपिकुल देस परन अब चहई॥
कृपा बारिधर राम खरारी। पाहि पाहि प्रनतारति हारी॥
सकरुन बचन सुनत भगवाना। चले सुधारि सरासन बाना॥
राम सेन निज पाछें घाली। चले सकोप महा बलसाली॥
खैंचि धनुष सर सत संधाने। छूटे तीर सरीर समाने॥
लागत सर धावा रिस भरा। कुधर डगमगत डोलति धरा॥
लीन्ह एक तेहिं सैल उपाटी। रघुकुलतिलक भुजा सोइ काटी॥
धावा बाम बाहु गिरि धारी। प्रभु सोउ भुजा काटि महि पारी॥
काटें भुजा सोह खल कैसा। पच्छहीन मंदर गिरि जैसा॥
उग्र बिलोकनि प्रभुहि बिलोका। ग्रसन चहत मानहुँ त्रैलोका॥

दो०— करि चिक्कार घोर अति धावा बदनु पसारि।
गगन सिद्ध सुर त्रासित हा हा हेति पुकारि॥ ७०॥

अर्थ—वानर और भालुओं की सेनाएँ भगीं जैसे भेंडिए को देखकर भेंड़ों के समूह। हे पार्वती! वानर तथा भालु भाग चले और आर्त स्वर में व्याकुल होकर पुकारने लगे।

यह राक्षस दुर्भिक्ष के सदृश आ गया है जो अभी वानररूपी देश पर पड़ना ही चाहता है। हे खरारि श्रीराम! हे कृपारूपी जलधर श्रीराम! हे प्रणत के कष्टों को दूर करने वाले श्रीराम! रक्षा करें, रक्षा करे।

भगवान श्रीराम करुणायुक्त वाणी सुनकर अपने धनुष तथा बाणों को सुधार कर चले। श्रीराम ने सेना को पीछे किया और वे महाबलशाली क्रोध से भरे हुए बढ़े।

धनुष खींच करके सौ बाणों को उन्होंने छोड़ा और वे बाण छूट कर शरीर में घुस नये। बाण लगते ही क्रोध में भरकर वह दौड़ा, पर्वत डगमगाने लगे, पृथ्वी डोलने लगी।

उसने एक पर्वत उखाड़ लिया। रघुकुलतिलक श्रीराम ने उसकी वह भुजा काट डाली। बाईं भुजा पर पर्वत धारण करके वह दौड़ा, तब प्रभु श्रीराम ने वह भी भुजा काटकर पृथ्वी पर गिरा दी।

भुजाओं के कट जाने पर वह दुष्ट इस प्रकार शोभित होता था, जैसे पंखहीन मंदराचल पर्वत। उसने प्रभु को उग्र दृष्टि से देखा, मानो वह तीनों लोकों का ग्रास करना चाहता हो।

बड़े जोर से चिंघाड़ कर करके वह मुँह फैलाकर दौड़ा। आकाश में देवता तथा सिद्ध त्रस्त 'हा हा हा' इस प्रकार से पुकारने लगे। ७०॥

टिप्पणी—तुलसी कुंभकर्ण के रौद्र भाव को शब्दों एवं प्रभावों से अधिक चित्रित करना चाहते हैं जबकि वाल्मीकि उसकी विविध चेष्टाओं एवं घातक प्रहारों से भयावह बनाते हैं। यहाँ कुंभकर्ण की भुजा के काटे जाने का सन्दर्भ है। वह एक भुजा से पर्वत लेकर दौड़ता है तो दूसरे से वृक्ष। वाल्मीकि रामायण का प्रसंग थोड़ा भिन्न एवं त्रासद रोमांच का व्यंजक है।

सभय देव करुनानिधि जान्यो। श्रवन प्रजंत सरासनु तान्यो॥
बिसिख निकर निसिचर मुख भरेऊ। तदपि महाबल भूमि न परेऊ॥
सरन्हि भरा मुख सन्मुख धावा। काल त्रोन सजीव जनु आवा॥
तब प्रभु कोपि तीब्र सर लीन्हा। धर ते भिन्न तासु सिर कीन्हा॥
सो सिर परेउ दसानन आगें। बिकल भयउ जिमि फनि मनि त्यागें॥
धरनि धसइ धर धाव प्रचंडा। तब प्रभु काटि कीन्ह दुइ खंडा॥
परे भूमि जिमि नभ तें भूधर। हेठ दाबि कपि भालु निसाचर॥
तासु तेज प्रभु बदन समाना। सुर मुनि सबहिं अचंभव माना॥
सुर दुंदुभी बजावहिं हरषहिं। अस्तुति करहिं सुमन बहु बरषहिं॥
करि बिनती सुर सकल सिधाए। तेही समय देवरिषि आए।।
गगनोपरि हरि गुन गन गाए। रुचिर बीररस प्रभु मन भाए॥
बेगि हतहु खल कहि मुनि गए। राम समर महि सोभत भए॥

अर्थ—करुणानिधि श्रीराम ने उन्हें भययुक्त समझ करके कानों तक धनुष को खींचा और बाण समूहों से राक्षस का मुँह भर दिया फिर भी, वह अत्यधिक शक्तिशाली कुंभकर्ण पृथ्वी पर नहीं गिरा।

बाण भरे मुखों वाला वह सामने दौड़ा मानो सजीव कालरूपी तरकस आ रहा हो। तब प्रभु श्रीराम ने कुपित होकर तीक्ष्ण बाण लिये और उसके सिर को धड़ से पृथक् कर दिया।

वह सिर रावण के आगे गिरा, (उसे देखकर) रावण इस प्रकार विकल हो उठा, जैसे मणि के छूट जाने पर सर्प। उसका प्रचंड धड़ दौड़ा, पृथ्वी धँसने लगी, तब प्रभु श्रीराम ने उसे काटकर दो टुकड़ों में कर दिया।

अपने नीचे (हेठ) भालु, वानर तथा राक्षस दबाते हुए वे (धड़) इस प्रकार पड़े जैसे आकाश से पर्वत (गिरे हों)। उसका तेज प्रभु श्रीराम के शरीर में समाहित हो उठा, सभी देवता एवं मुनियों ने इसे आश्चर्य माना।

देवगण नगाड़े बजाते और हर्षित होते हैं। वे स्तुति करते और बहुत सारे पुष्पों की वर्षा करते हैं। विनती करके वे सभी देवता चले गये और उसी समय देवर्षि नारद आ गये।

आकाश के ऊपर से उन्होंने श्रीहरि का सुन्दर वीर रस से संयुक्त गुण समूहों का गान किया जो प्रभु श्रीराम के मन को अच्छा लगा। मुनि गण यह कहकर चले गये कि इस दुष्ट (रावण) का शीघ्र ही वध करें और ततश्च श्रीराम आकर युद्धभूमि में शोभित हुए।

छंद— संग्राम भूमि बिराज रघुपति अतुल बल कोसल धनी।
श्रम बिंदु मुख राजीव लोचन अरुन तन सोनित कनी॥
भुज जुगल फेरत सर सरासन भालु कपि चहु दिसि बने।
कह दास तुलसी कहि न सक छबि सेष जेहि आनन घने॥

दो०— निसिचर अधम मलाकर ताहि दीन्ह निज धाम।
गिरिजा ते नर मंदमति जे न भजहिं श्रीराम॥ ७१॥

अतुलनीय शक्ति वाले कोसलपति श्रीराम युद्धभूमि में शोभित हैं। मुख पर श्रम से उत्पन्न (पसीने की) बूँदे हैं, कमल नेत्र (क्रोध के कारण) अरुण हैं, शरीर पर रक्त के कण हैं। वे दोनों हाथों से धनुष-बाण फिरा रहे हैं। चारों ओर भालु वानर शोभित हैं। तुलसीदास कहते हैं कि प्रभु श्रीराम के इस सौन्दर्य का वर्णन शेषनाग भी नहीं कर सकते, जिनके अनेक मुख हैं।

हे पार्वती! पाप के भंडार उस अधम राक्षस को श्रीराम ने अपना लोक दिया। वे मनुष्य मन्दबुद्धि के हैं, जो श्रीराम का भजन नहीं करते॥ ७१॥

टिप्पणी—तुलसी कुंभकर्ण के युद्ध सन्दर्भ में लीलाभाव का समावेश करते हैं। देवताओं को भयाक्रान्त जानकर श्रीराम को आवश्यक प्रतीत हुआ कि वह कुंभकर्ण का वध कर डालें—जैसे सब कुछ पूर्व निश्चित एवं निर्धारित मात्र है। युद्ध विषयक लोकात्मक वीर रस का यहाँ संचार न होकर लीला से अनुप्राणित वीर रस के रसाभास का स्वरूप ही दिखाई पड़ता है, जहाँ भक्ति रस ही लीलाधर्मिता के कारण प्रमुख है, वीर रस इस भक्ति रस का अंग है। कुंभकर्ण मरकर सालोक्य मुक्ति का अधिकारी बन जाता है, यह भक्त की दृष्टि है। अध्यात्म रामायण की भी ऐसी ही व्यंजना मिलती है।

दिन के अंत फिरीं दोउ अनी। समर भई सुभटन्ह स्रम घनी॥
राम कृपाँ कपि दल बल बाढ़ा। जिमि तृन पाइ लाग अति डाढ़ा॥
छीजहिं निसिचर दिनु अरु राती। निज मुख कहें सुकृत जेहि भाँति॥
बहु बिलाप दसकंधर करई। बंधु सीस पुनि पुनि उर धरई॥
रोवहिं नारि हृदय हति पानी। तासु तेज बल बिपुल बखानी॥
मेघनाद तेहि अवसर आवा। कहि बहु कथा पिता समुझावा॥
देखेहु कालि मोरि मनुसाई। अबहिं बहुत का करौं बड़ाई॥
इष्टदेव सैं बल रथ पायउँ। सो बल तात न तोहि देखायउँ॥
एहि बिधि जल्पत भयउ बिहाना। चहुँ दुआर लागे कपि नाना॥
इत कपि भालु काल सम बीरा। उत रजनीचर अति रनधीरा॥
लरहिं सुभट निज निज जय हेतू। बरनि न जाइ समर खगकेतू॥

दो०— मेघनाद मायामय रथ चढ़ि गयउ अकास।
गर्जेउ अट्टहास करि भइ कपि कटकहि त्रास॥ ७२॥

अर्थ—दिन के समाप्त होते ही दोनों सेनाएँ लौटीं। योद्धाओं को आज युद्ध में बड़ा परिश्रम पड़ा। श्रीराम की कृपा से वानरों की सेना की शक्ति बढ़ गई, जैसे घास पाकर आगे अग्नि की दग्धता (दाढ़ा) बढ़ जाती है।

दिन-रात राक्षस घटते (झीजते) जा रहे हैं, जिस प्रकार अपने मुँह से कहने से पुण्य। रावण बहुत विलाप कर रहा है और बार-बार भाई का सिर हृदय पर रख रहा है।

नारियाँ उसके प्रचंड बल एवं तेज का वर्णन करती हुई छाती पीट-पीट कर रो रही हैं। उसी

समय मेघनाद आया और अनेक कथाएँ कहकर पिता को समझाया।

(उसने कहा) कि कल मेरा पुरुषार्थ देखिएगा और अभी क्या अधिक बड़ाई करूँ? अपने इष्टदेव से मैंने जो बल तथा रथ पाया है, उस बल (और रथ को) मैंने आपको नहीं दिखाया है।

इस प्रकार डींग मारते हुए सवेरा हो गया और चारों द्वारों पर अनेकानेक वानर एकत्रित हो उठे। इधर काल के समान वानर तथा भालु योद्धा हैं और उधर अत्यन्त रणधीर राक्षसगण।

दोनों ओर योद्धा अपने-अपने (पक्ष की) विजय के निमित्त लड़ रहे हैं। हे गरुड़! उस युद्ध का वर्णन नहीं किया जा सकता।

मेघनाद उसी मायामय रथ पर चढ़कर आकाश गया और अट्टहास करके गरजा जिससे वानरों की सेना में भय छा गया॥ ७२॥

टिप्पणी—कुंभकर्ण के वध के पश्चात् मेघनाद का प्रकरण प्रारम्भ होता है और यही क्रम वाल्मीकि रामायण का भी है। वाल्मीकि रामायण एवं हनुमन्नाटक में नागपाश लक्ष्मण मूर्च्छा के पहले का प्रसंग है किन्तु यह यहाँ मूर्च्छा के बाद चित्रित किया गया है। मेघनाद के वध के पूर्व कुंभकर्ण के पश्चात् नरान्तक, देवान्तक, त्रिशिरा, आदि राक्षसों के वध की चर्चा मिलती है किन्तु तुलसी ने द्वारा इन युद्ध घटनाओं को छोड़ दिया जाता है। तुलसी की दृष्टि में लंका के तीन ही पात्र कुंभकर्ण, मेघनाद एवं रावण सर्वोपरि प्रचण्ड एवं वध योग्य हैं।

सक्ति सूल तरवारि कृपाना। अस्त्र सस्त्र कुलिसायुध नाना॥
डारइ परसु परिघ पाषाना। लागेउ बृष्टि करै बहु बाना॥
दस दिसि रहे बान नभ छाई। मानहुँ मघा मेघ झरि लाई॥
धरु धरु मारु सुनिअ धुनि काना। जो मारइ तेहि कोउ न जाना॥
गहि गिरि तरु अकास कपि धावहिं। देखहिं तेहि न दुखित फिरि आवहिं॥
अवघट घाट बाट गिरि कंदर। माया बल कीन्हेसि सर पंजर॥
जाहिं कहाँ ब्याकुल भए बंदर। सुरपति बंदि परे जनु मंदर॥
मारुतसुत अंगद नल नीला। कीन्हेसि बिकल सकल बलसीला॥
पुनि लछिमन सुग्रीव बिभीषन। सरन्हि मारि कीन्हेसि जर्जर तन॥
पुनि रघुपति सैं जूझै लागा। सर छाँड़इ होइ लागहिं नागा॥
ब्याल पास बस भए खरारी। स्वबस अनंत एक अबिकारी॥
नट इव कपट चरित कर नाना। सदा स्वतंत्र एक भगवाना॥
रन सोभा लगि प्रभुहिं बँधायो। नागपास देवन्ह भय पायो॥

दो०— गिरजा जासु नाम जपि मुनि काटहिं भव पास।
सो कि बंध तर आवइ ब्यापक बिस्व निवास॥ ७३॥

अर्थ—शक्ति, शूल, तलवार, कृपाण आदि नाना प्रकार के अस्त्र-शस्त्र तथा पत्थर, फरसे, परिघ आदि वह डालने तथा नाना प्रकार के बाणों की वर्षा करने लगा।

आकाश में दशों दिशाओं में बाण छा गये मानो मघा नक्षत्र के बादलों ने झड़ी लगा दी हो। धरो, धरो, मारो यह ध्वनि कानों में सुनाई पड़ती है, परन्तु जो मार रहा है, उसे कोई नहीं जानता।

वृक्षों तथा पर्वतों को पकड़कर वानर आकाश में दौड़ जाते हैं परन्तु उसे देख नहीं पाते। अत: दुखित होकर लौट आते हैं। असमतल भूमि (अवघट), घाटियों (घाट) रास्तों, एवं गिरि कंदराओं को माया के बल से बाणों का पिंजरा बना दिया।

कहाँ जाएँ, वानर व्याकुल हो उठे मानो मंदराचल पर्वत इन्द्र की कैद में हो। वायुपुत्र हनुमान, अंगद, नल, नील आदि समस्त बलवानों को उसने व्याकुल बना दिया।

पुन: लक्ष्मण, सुग्रीव तथा विभीषण को बाणों से मार कर जर्जरित शरीर कर दिया और वह श्रीराम से लड़ने लगा। वह बाण छोड़ता जो सर्प की भाँति लगते थे।

जो स्ववश, अनन्त, अद्वैत एवं अविकारी ब्रह्म हैं, वे नाग के पाश के वश में हो गये। श्रीराम सदैव अद्वैत ईश्वर हैं किन्तु यहाँ नर की भाँति अनेकानेक चरित्र कर रहे हैं।

रण की शोभा के निमित्त प्रभु श्रीराम ने स्वयं अपने को बँधवाया किन्तु उससे देवताओं को भय हुआ।

हे पार्वती! जिसके नाम का जप करके मुनि जन भवपाश काटते हैं, वह सर्वव्यापक एवं विश्वनिवास श्रीहरि क्या बन्धन में आ सकते हैं?॥ ७३॥

टिप्पणी—मेघनाद द्वारा राम लक्ष्मण सहित समस्त भालु वानर सेना एवं सेनानायकों को नागपाश में बाँध लेना प्रथमत: वाल्मीकि द्वारा निर्दिष्ट प्रसंग है। यह प्रसंग हनुमन्नाटक में भी है। वाल्मीकि रामायण में सर्पाकार बाणों से सबके बाँधे जाने का उल्लेख है—

'बबन्ध शरबन्धेन भ्रातरौ रामलक्ष्मणौ'

यहाँ सभी को निराश तथा हताश देखकर आकस्मिक रूप से गरुड़ का प्रकट होना और गरुड़ को देखकर ही साँपों के भागने का उल्लेख है। गरुड़ कहते हैं—

अहं सखा ते काकुस्थ प्रिय: प्राणो वहिश्चर:।
गरुत्मानिह सम्प्राप्तो युवयो: साह्यकारणात्॥
असुरा वा महावीर्या दानवा वा महाबला:।
सुराश्चापि सगन्धर्वा: पुरस्कृत्य शतक्रतुम्॥
नेमं मोक्षयितुं शक्ता: शरबन्धं सुदाहणम्॥

नाग बाण प्रकरण आगे चलकर नागपाश में बदल गया।

तुलसी इस प्रकार की भयावहता, रोमांच एवं संत्रास का लीलाभाव द्वारा वर्णन करते हैं, फलत: उसकी स्वाभाविकता विनष्ट हो उठती है।

चरित राम के सगुन भवानी। तर्कि न जाहिं बुद्धि बल बानी॥
अस बिचारि जे तग्य बिरागी। रामहि भजहिं तर्क सब त्यागी॥
ब्याकुल कटकु कीन्ह घननादा। पुनि भा प्रकट कहइ दुर्बादा॥
जामवंत कह खल रहु ठाढ़ा। सुनि करि ताहि क्रोध अति बाढ़ा॥
बूढ़ जानि सठ छाँड़ेउँ तोही। लागेसि अधम पचारै मोही॥
अस कहि तरल त्रिसूल चलायो। जामवंत कर गहि सोइ धायो॥
मारिसि मेघनाद कै छाती। परा भूमि घुर्मित सुरघाती॥
पुनि रिसान गहि चरन फिरायो। महि पछारि निज बल देखरायो॥
बर प्रसाद सो मरइ न मारा। तब गहि पद लंका पर डारा॥
इहाँ देवरिषि गरुड़ पठायो। राम समीप सपदि सो आयो॥

दो०— खगपति सब धरि खाए माया नाग बरूथ।
माया बिगत भए सब हरषे बानर जूथ॥ ७४ (क)॥
गहि गिरि पादप उपल नख धाए कीस रिसाइ।
चले तमीचर बिकलतर गढ़ पर चढ़े पराइ॥ ७४ (ख)॥

अर्थ—हे पार्वती! सगुण श्रीराम ब्रह्म के लीलाचरित बुद्धि, बल तथा वाणी से तर्क नहीं किये जा सकते। इसलिए तत्त्व ज्ञानी (तज्ञ) एवं वैराग्यवान् पुरुष समस्त तर्कों का परित्याग करके श्रीराम का भजन करते हैं।

मेघनाद ने सेना को व्याकुल बना दिया और पुनः दुर्वचन बकता हुआ प्रकट हुआ। जाम्बवान् ने कहा कि रे दुष्ट! खड़ा रह, इसे सुनकर उसे अत्यधिक क्रोध बढ़ा।

अरे शठ! तुझे बूढ़ा जानकर छोड़ दिया था। हे अधम! अब मुझे (तू) ललकारने लगा है। ऐसा कहकर उसने तीक्ष्ण (तरल) त्रिशूल चलाया और जाम्बवान् उसी को पकड़कर दौड़ा।

उसने मेघनाद की छाती पर उसे मारा (और तब) वह देवघाती मेघनाद चक्कर खाकर गिर पड़ा। जाम्बवान् पुनः क्रोधित होकर पैर पकड़ कर घुमाया और उसे पृथ्वी पर पटक कर अपना बल दिखलाया।

किन्तु वरदान के फलस्वरूप वह मारने से न मरा तब जाम्बवान् ने उसका पैर पकड़कर लंका में फेंक दिया। इधर देवर्षि नारद ने गरुड़ को भेजा और वह श्रीराम के समीप (सपदि) तुरन्त ही आ पहुँचा।

माया के समस्त सर्प समूहों को गरुड़ ने पकड़कर खा लिया। सभी वानर समूह माया विमुक्त होकर हर्षित हुए।

फिर वानर अत्यधिक क्रुद्ध होकर पर्वत, वृक्ष, पत्थर तथा नख के साथ दौड़े और राक्षस अत्यधिक व्याकुल भावमुक्त भागकर दुर्ग पर चले गये॥ ७४॥

टिप्पणी—गरुड़ का आकर नागपाश से मुक्त करना वाल्मीकि रामायण में भी देव प्रेरित घटना है। यहाँ देवर्षि नारद द्वारा गरुड़ को भेजा जाता है। गरुड़ द्वारा नागपाश से मुक्त किया जाना परम्परित वर्णन क्रम है।

मेघनाद कै मुरुछा जागी। पितहि बिलोकि लाज अति लागी॥
तुरत गयउ गिरिबर कंदरा। करौं अजय मख अस मन धरा॥
इहाँ बिभीषन मंत्र बिचारा। सुनहु नाथ बल अतुल उदारा॥
मेघनाद मख करइ अपावन। खल मायावी देव सतावन॥
जौं प्रभु सिद्ध होइ सो पाइहि। नाथ बेगि पुनि जीति न जाइहि॥
सुनि रघुपति अतिसय सुख माना। बोले अंगदादि कपि नाना॥
लछिमन संग जाहु सब भाई। करहु बिधंस जग्य कर जाई॥
तुम्ह लछिमन मारेहु रन ओही। देखि सभय सुर दुख अति मोही॥
मारेहु तेहि बल बुद्धि उपाई। जेहिं छीजै निसिचर सुनु भाई॥
जामवंत सुग्रीव बिभीषन। सेन समेत रहेहु तीनिउ जन॥
जब रघुबीर दीन्हि अनुसासन। कटि निषंग कसि साजि सरासन॥
प्रभु प्रताप उर धरि रनधीरा। बोले घन इव गिरा गँभीरा॥
जौं तेहि आजु बधें बिनु आवौं। तौ रघुपति सेवक न कहावौं॥
जौं सत संकर करहिं सहाई। तदपि हतउँ रघुबीर दोहाई॥
दो०— रघुपति चरन नाइ सिरु चलेउ तुरंत अनंत।
अंगद नील मयंद नल संग सुभट हनुमंत॥ ७५॥

अर्थ—मेघनाद की मूर्च्छा दूर हुई और पिता को देखकर उसे अत्यधिक लज्जा आई। वह तुरन्त ही पर्वतश्रेष्ठ की कन्दरा में चला गया और मन में ऐसा विचार धारण किया कि अजय यज्ञ करूँ।

यहाँ विभीषण ने मंत्रणा विचारित की कि हे अतुलनीय शक्तिवाले उदार स्वामी श्रीराम! दुष्ट, मायावी एवं देवों को कष्ट देने वाला मेघनाद अपवित्र यज्ञ कर रहा है।

हे प्रभु! यदि वह सिद्ध हो गया तो हे नाथ! शीघ्र जीता नहीं जा सकेगा। उसे सुनकर श्रीराम अत्यधिक प्रसन्न हुए और अंगद आदि अनेकानेक वानरों से बोले।

हे भाई! सभी लोग लक्ष्मण के साथ जाओ और जाकर यज्ञ का विध्वंस करो। तुम तथा लक्ष्मण मिलकर उसे रण में मारना क्योंकि देवताओं को भयान्वित देखकर मुझे अत्यधिक दुःख है।

उसे बल बुद्धि तथा उपाय से मारना, जिससे हे भाई! सुनो, राक्षसों का विनाश हो सके। हे जाम्बवान, विभीषण तथा सुग्रीव तुम सब तीनों व्यक्ति सेना सहित रहना।

जब श्रीराम ने आज्ञा दी तो कमर में तरकस कसकर और धनुष चढ़ाकर, साथ ही श्रीराम के प्रताप को हृदय में धारण करके बादल जैसे गम्भीर स्वर में (वे) बोले।

यदि आज उसका वध बिना किए लौटता हूँ तो मैं श्रीराम का सेवक न कहलाऊँ। यदि उसकी सहायता सैकड़ों शिव भी करते हैं तो भी मैं उसका वध करूँगा, मैं श्रीराम की दुहाई देकर कहता हूँ।

श्रीराम के चरणों में शीश झुकाकर शेषनाग तुरन्त चल पड़े। उनके साथ अंगद, नल, नील, मयंद तथा हनुमान आदि योद्धा थे॥ ७५॥

टिप्पणी—मूर्च्छित तथा पराजित प्रतिहत मेघनाद 'अजय यज्ञ' के माध्यम से अजेय होना चाहता था। वाल्मीकि रामायण में निकुम्भिका मन्दिर में जाकर यज्ञ करने का सन्दर्भ है। इस मन्दिर के यज्ञ का प्रभाव विभीषण श्रीराम को बताते हैं—

समाप्तकर्मा हि स राक्षसर्षभो,
भवत्यदृश्यः समरे सुरासुरैः।
युयुत्सता तेन समाप्तकर्मणा
भवेत् सुराणामपि संशयो महान्॥

(यदि राक्षस शिरोमणि इन्द्रजीत अपना अनुष्ठान पूरा कर लेता है तो युद्ध में उसे देवता तथा असुर भी नहीं देख सकते। अपना कर्म पूरा करके जब वह युद्ध की इच्छा से रंगभूमि में खड़ा होगा, उस समय देवताओं को भी अपने जीवन की रक्षा के विषय में महान संदेह होने लगेगा। विभीषण यहाँ सीधी वाणी में कहते हैं—

'जौ प्रभु सिद्ध होइ सो पाइहिं। नाथ बेगि पुनि जीति न जाइहिं॥'

निश्चित ही, वाल्मीकि जैसा युद्धायोजन का विस्तार तुलसी में नहीं है।

जाइ कपिन्ह सो देखा बैसा। आहुति देत रुधिर अरु भैंसा॥
कीन्ह कपिन्ह सब जग्य बिधंसा। जब न उठइ तब करहिं प्रसंसा॥
तदपि न उठइ धरेन्हि कच जाई। लातन्हि हति हति चले पराई॥
लै त्रिसूल धावा कपि भागे। आए जहँ रामानुज आगे॥
आवा परम क्रोध कर मारा। गर्ज घोर रव बारहिं बारा॥
कोपि मरुतसुत अंगद धाए। हति त्रिसूल उर धरनि गिराए॥
प्रभु कहँ छाँड़ेसि सूल प्रचंडा। सर हति कृत अनंत जुग खंडा॥
उठि बहोरि मारुति जुबराजा। हतहिं कोपि तेहि घाउ न बाजा॥
फिरे बीर रिपु मरइ न मारा। तब धावा करि घोर चिकारा॥
आवत देखि क्रुद्ध जनु काला। लछिमन छाड़े बिसिख कराला॥
देखेसि आवत पबि सम बाना। तुरत भयउ खल अंतरधाना॥
बिबिध बेष धरि करइ लराई। कबहुँक प्रगट कबहुँ दुरि जाई॥
देखि अजय रिपु डरपे कीसा। परम क्रुद्ध तब भयउ अहीसा॥
लछिमन मन अस मंत्र दृढ़ावा। एहि पापिहि मैं बहुत खेलावा॥

सुमिरि कोसलाधीस प्रतापा। सर संधान कीन्ह करि दापा॥
छाड़ा बान माझ उर लागा। मरती बार कपटु सब त्यागा॥
दो०— रामानुज कहँ रामु कहँ अस कहि छाँड़ेसि प्रान।
धन्य धन्य तव जननी कह अंगद हनुमान॥ ७६॥

अर्थ—उसे जाकर वानरों ने बैठा देखा और वह रक्त तथा भैंसे की आहुति दे रहा था। वानरों ने समस्त यज्ञ विध्वंस कर दिया किन्तु जब वह नहीं उठा, तब वे उसकी प्रशंसा करने लगे।

इतने पर भी वह न उठा तो उन्होंने उसके बालों को पकड़ा और पैरों से मार-मार कर वे भाग चले। वह त्रिशूल लेकर आया तो वानर भाग चले और वहाँ आये जहाँ आगे लक्ष्मण थे।

वह अत्यन्त क्रोधान्वित आया और बार-बार भयंकर गर्जना करने लगा। हनुमान तथा अंगद भी (इधर) क्रोध करके दौड़े, उसने उनकी छाती पर त्रिशूल मार कर भूमि पर गिरा दिया।

प्रभु लक्ष्मण पर अपने फिर प्रचण्ड त्रिशूल छोड़ा जिसे लक्ष्मण ने बाणों से मार कर उसे दो टुकड़ों में कर दिया। फिर हनुमान तथा अंगद पुनः उठकर क्रोधपूर्वक उसे मारने लगे किन्तु उसे चोट ही नहीं लगी (घाउ न बाजा)।

शत्रु मारे नहीं मरता, यह देखकर जब वीर लौटे तो तब वह भयंकर चिंघाड़ करके दौड़ा उसे क्रुद्ध काल की भाँति आता हुआ देखकर लक्ष्मण ने भयंकर बाण छोड़े।

वज्र की भाँति बाणों को आता हुआ देखकर वह दुष्ट तुरन्त अन्तर्धान हो गया और नाना प्रकार के वेषों को धारण करके वह युद्ध करने लगा। वह कभी प्रकट होता था और कभी छिप जाता था।

अजेय शत्रु को देखकर वानरगण डर गये तब लक्ष्मण अत्यधिक क्रुद्ध हुए। लक्ष्मण ने मन में यह विचार दृढ़ किया कि इस पापी के साथ मैंने बहुत खिलवाड़ किया।

कोशलाधीश श्रीराम के प्रताप का स्मरण करके अत्यन्त दर्पपूर्वक बाण का संधान किया। बाण छोड़ते ही उसकी छाती के बीच लगा और मरते समय उसने सम्पूर्ण कपट त्याग दिया।

लक्ष्मण कहाँ हैं, राम कहाँ हैं, ऐसा कहकर उसने प्राण त्यागे। अंगद तथा हनुमान (उसके शौर्य को देखकर) कहने लगे कि तुम्हारी माता धन्य है, तुम्हारी माता धन्य है, जिसने ऐसा वीर उत्पन्न किया॥ ७६॥

टिप्पणी—लक्ष्मण एवं मेघनाद का यह युद्ध अत्यन्त संक्षिप्त रूप में वर्णित है, केवल आठ अर्धालियों के वर्णन में तुलसी मेघनाद जैसे पराक्रमी योद्धा का वध करा देते हैं। उसे अपने पराक्रम, शौर्य तथा क्रिया व्यापार को प्रकट करने का वह अधिक अवसर नहीं प्रदान करते। वाल्मीकि इस युद्ध के लिए आठ सर्ग देते हैं और यह वर्णन उसके व्यक्तित्व, पराक्रम एवं शौर्य के अनुकूल है।

बिनु प्रयास हनुमान उठावा। लंका द्वार राखि पुनि आवा॥
तासु मरन सुनि सुर गंधर्बा। चढ़ि बिमान आए नभ सर्बा॥
बरषि सुमन दुंदुभीं बजावहिं। श्रीरघुनाथ बिमल जसु गावहिं॥
जय अनंत जय जगदाधारा। तुम्ह प्रभु सब देवन्हि निस्तारा॥
अस्तुति करि सुर सिद्ध सिधाए। लछिमन कृपासिंधु पहिं आए॥
सुत बध सुना दसानन जबहीं। मुरुछित भयउ परेउ महि तबहीं॥
मंदोदरी रुदन कर भारी। उर ताड़न बहु भाँति पुकारी॥
नगर लोग सब ब्याकुल सोचा। सकल कहहिं दसकंधर पोचा॥
दो०— तब दसकंठ बिबिधि बिधि समुझाईं सब नारि।
नस्वर रूप जगत सब देखहु हृदयँ बिचारि॥ ७७॥

अर्थ—हनुमान ने उसे बिना प्रयास ही उठा लिया और लंका के द्वार पर उसे रखकर (वह) चले आये। उसकी मृत्यु को सुनकर देवता तथा गन्धर्व सभी विमान पर चढ़कर आये।

वे पुष्प वर्षा करके दुंदुभी बजाने तथा श्रीराम का निर्मल यश गाने लगे हे अनन्त! हे जगत् के आधार! आपकी जय हो, हे प्रभु! आपने सभी देवताओं का निस्तार किया।

देवता तथा सिद्धजन स्तुति करके लौट गये तथा लक्ष्मण कृपासागर श्रीराम के पास आये। रावण ने जब पुत्र का वध सुना तब वह मूर्च्छित होकर उसी क्षण भूमि पर गिर पड़ा।

मंदोदरी ने छाती पीट पीट कर और अनेक प्रकार से विलाप कर करके रुदन किया। शोक संतप्त नगर के लोग व्याकुल हैं और सभी कहते हैं कि रावण नीच है।

तब रावण ने नाना प्रकार से अपनी सभी स्त्रियों को समझाया कि हृदय में विचार करके देखो कि सम्पूर्ण जगत् ही विनष्टधर्मा है। ७७॥

टिप्पणी—पुत्रवध की पीड़ा से रावण एवं मन्दोदरी दोनों का विलपित होना तथा पुनः रावण द्वारा सामान्य धर्मनिष्ठ मानव की भाँति मरणधर्मा नश्वर शरीर की निरर्थकता इंगित करना उपहास का विषय बन जाता है। केवल चार पंक्तियों में वर्णित पिता-माता का यह शोक वर्णन कौशल की दृष्टि से सामान्य है। वाल्मीकि रामायण में इस प्रसंग में वर्णित रावण-विलाप पुत्र शोक वर्णन परिपाटी का ही चित्तद्रावी संदर्भ है। यहाँ मन्दोदरी आदि राक्षसियों के विलाप में तो पूरा सर्ग-का-सर्ग भरा पड़ा है।

तिन्हहि ग्यान उपदेसा रावन। आपुन मंद कथा सुभ पावन॥
पर उपदेस कुसल बहुतेरे। जे आचरहिं ते नर न घनेरे॥
निसा सिरानि भयउ भिनुसारा। लगे भालु कपि चारिहुँ द्वारा॥
सुभट बोलाइ दसानन बोला। रन सन्मुख जा कर मन डोला॥
सो अबहीं बरु जाउ पराई। संजुग बिमुख भएँ न भलाई॥
निज भुज बल मैं बयरु बढ़ावा। देहउँ उतरु जो रिपु चढ़ि आवा॥
अस कहि मरुत बेग रथ साजा। बाजे सकल जुझाऊ बाजा॥
चले बीर सब अतुलित बली। जनु कज्जल कै आँधी चली॥
असगुन अमित होहिं तेहि काला। गनइ न भुजबल गर्ब बिसाला॥

अर्थ—रावण ने उन्हें ज्ञान का उपदेश दिया वह स्वयं में अधम है किन्तु उसकी कथा शुभ तथा पवित्र है। दूसरे के उपदेश में तो बहुत लोग कुशल हैं किन्तु जो अच्छे आचरण करते हैं, वे लोग अधिक नहीं है।

रात्रि व्यतीत हो गई, सवेरा हुआ। वानर तथा भालु चारों दरवाजों को घेर लिए। योद्धाओं को बुलाकर रावण बोला, कि शत्रु के समक्ष जिसका मन भय से डाँवाडोल है।

यह अच्छा है कि वह अभी भाग जाये। युद्ध से विमुख होने में भलाई नहीं है। मैंने अपनी भुजाओं के बल से वैर बढ़ाया है, जो शत्रु चढ़ आया है, मैं उसको उत्तर दूँगा।

ऐसा कहकर वह वायु के वेग के सदृश चलने वाले रथ को सजाया और युद्ध के सभी बाजे बजने लगे। अत्यन्त सबल वीर योद्धा चल पड़े मानो काजल की आँधी चल पड़ी हो।

उस समय असंख्य अपशकुन होने लगे किन्तु भुजाओं के अत्यधिक बल के कारण उनकी वह गणना नहीं करता।

छंद— अति गर्ब गनइ न सगुन असगुन स्त्रवहिं आयुध हाथ ते।
भट गिरत रथ ते बाजि गज चिक्करत भाजहिं साथ ते॥

गोमाय गीध कराल खर रव स्वान बोलहिं अति घने।
जनु कालदूत उलूक बोलहिं बचन परम भयावने॥
दो०— ताहि कि संपति सगुन सुभ सपनेहुँ मन बिश्राम।
भूत द्रोह रत मोहबस राम बिमुख रति काम॥ ७८॥

वह अत्यन्त बल गर्व के कारण शकुन-अपशकुन की गणना नहीं करता। हथियार हाथों से छूट कर गिर रहे हैं। योद्धा रथ से गिर पड़ते हैं और साथ छोड़कर हाथी तथा घोड़े भाग रहे हैं। स्यार, गृद्ध, कौवे और गधे शब्द कर रहे हैं। बहुत सारे कुत्ते बोल रहे हैं, उल्लू अत्यधिक भयंकर शब्दों में बोल रहे हैं, मानो वे कालदूत हों।

जो भूतद्रोह में रत है, जो मोह से विवशीभूत है, जो श्रीराम से विमुख है और जो काम वासनाओं में अनुरक्त है, उन्हें क्या स्वप्न में भी सम्पत्ति, शकुन, शुभ एवं विश्राम प्राप्त हो सकता है?॥ ७८॥

टिप्पणी—कवि रावण के युद्ध का सन्दर्भ प्रारम्भ करता है। कवि यह प्रारम्भ वैर तथा अमर्ष भाव से करता है और रावण के चलते ही अपशकुनों की भरमार शुरू हो उठती है। रावण जिस समय युद्ध के लिए प्रस्थान करता है, कवि वाल्मीकि महाकाव्योचित काव्य वर्णन परिपाटी के अनुसार एक महान योद्धा के रण प्रयाण की गाथा प्रस्तुत करते हैं—

स दिशो दशघोषेण रथस्यातिरथो महान्।
नादयन् प्रययौ तूर्णं राघवं चाप्यधावत॥
पूरिता तेन शब्देन सनदीगिरि कानना।
संचचाल मही सर्वा त्रस्तसिंहमृगद्विजा॥

रावण अतिरथी था और अतिरथी जब युद्ध के लिए चलता है तो उसके रथ की ध्वनि से पृथ्वी, पर्वत काँपने लगते हैं, नदी, गगन, ध्वनि गुंजरित हो उठते हैं, सिंह, मृग एवं पक्षीगण त्रस्त होकर भागने लगते हैं।

किन्तु, मानस का रावण जब युद्ध प्रयाण करता है तो समस्त अपशकुन एकसाथ घटित होते हैं। दोनों कवियों के युद्ध विषयक दृष्टिकोण में विषमता निश्चित ही वर्तमान है।

चलेउ निसाचर कटकु अपारा। चतुरंगिनी अनी बहु धारा॥
बिबिधि भाँति बाहन रथ जाना। बिपुल बरन पताक ध्वज नाना॥
चले मत्त गज जूथ घनेरे। प्राबिट जलद मरुत जनु प्रेरे॥
बरन बरन बिरदैत निकाया। समर सूर जानहिं बहु माया॥
अति बिचित्र बाहिनी बिराजी। बीर बसंत सेन जनु साजी॥
चलत कटक दिगसिंधुर डगहीं। छुभित पयोधि कुधर डगमगहीं॥
उठी रेनु रबि गयउ छपाई। मरुत थकित बसुधा अकुलाई॥
पवन निसान घोर रव बाजहिं। प्रलय समय के घन जनु गाजहिं॥
भेरि नफीरि बाज सहनाई। मारू राग सुभट सुखदाई॥
केहरि नाद बीर सब करहीं। निज निज बल पौरुष उच्चरहीं॥
कहइ दसानन सुनहु सुभट्टा। मर्दहु भालु कपिन्ह के ठट्टा॥
हौं मारिहउँ भूप द्वौ भाई। अस कहि सन्मुख फौज रेंगाई॥
यह सुधि सकल कपिन्ह जब पाई। धाए करि रघुबीर दोहाई॥

अर्थ—अपार राक्षस सेना चली। चतुरंगिनी सेना की अनेक टुकड़ियाँ हैं। नाना प्रकार के वाहन, रथ तथा यान हैं और अनेक रंगों की अनन्त ध्वजाएँ तथा पताकाएँ हैं॥

मदमाते हाथियों के अनेक झुंड चले मानो वायु से प्रेरित वर्षा (प्रावृट) के बादल। नाना प्रकार के रंग बिरंगे बाना धारण करने वाले वीरों के समूह जो युद्ध में पराक्रमी तथा अनेक माया को जानते हैं (चले)।

अत्यन्त विचित्र सेना शोभित हो रही है, मानो वीर वसन्त ने सेना सजाई हो। सेनाओं के चलने से दिशाओं में स्थित हाथी हिलने लगे, समुद्र संक्षुब्ध हो उठा तथा पर्वत डगमगाने लगे।

अत्यधिक धूल उठने से सूर्य छिप गया। वायु थक गया और पृथ्वी व्याकुल हो उठी। ढोल (पनव) एवं नगाड़े (निसान) भयंकर ध्वनि में बज रहे हैं, मानो प्रलय काल के बादल गरज रहे हों।

मेरी, नफीरी (तुरही) एवं शहनाई के साथ योद्धाओं को उत्साहित करने वाला मारू राग बज रहा है। सभी योद्धा सिंहनाद कर रहे हैं और अपने-अपने बल तथा पुरुषार्थ का वर्णन कर रहे हैं।

रावण कहता है कि हे योद्धाओ! सुनो, तुम वानरों तथा भालुओं के सैन्यदल (ठट्टाः समूह) का मर्दन कर डालो। मैं दोनों राजपुत्रों को मार डालूँगा और ऐसा कहकर अपनी सेना आगे बढ़ाई।

यह समाचार जब सभी वानरों ने प्राप्त किया तो श्रीराम की दुहाई कहते हुए वे दौड़ पड़े।

छंद— धाए बिसाल कराल मर्कट भालु काल समान ते।
मानहुँ सपच्छ उड़ाहिं भूधर बृंद नाना बान ते॥
नख दसन सैल महाद्रुमायुध सबल संक न मानहीं।
जय राम रावन मत्त गज मृगराज सुजसु बखानहीं॥

दो०— दुहु दिसि जय जयकार करि निज निज जोरी जानि।
भिरे बीर इत रामहि उत रावनहि बखानि॥ ७९॥

काल के सदृश विशाल एवं भयंकर भालु तथा वानर दौड़े मानो नाना वर्णों के पंख सहित पर्वत समूह उड़ चले हों। नख, दाँत, पर्वत, बड़े-बड़े पेड़ के हथियार से युक्त वे शक्तिशाली जरा भी भय नहीं मान रहे हैं। रावणरूपी मत्त हाथी के लिए सिंह सदृश श्रीराम की जय-जयकार करते हुए उनके सुयश का वर्णन करते हैं।

दोनों दिशाओं में जय-जय करके और अपनी-अपनी जोड़ी समझ करके वीर योद्धागण एक ओर श्रीराम और दूसरी रावण का बखान करते हुए भिड़ पड़े॥ ७९॥

टिप्पणी—काव्यात्मक रूढ़ियों के प्रकाश में युद्ध के प्रस्थान का चित्रण है। इस प्रस्थान के पूर्व वर्णन में यह कवि राम काव्य परम्परा से पर्याप्त भिन्न रूप में अपने को रखता है। दोनों दलों को आमने रखकर उनके पारस्परिक शौर्य तथा उत्साह का चित्रण कवि यहाँ कर रहा है।

रावनु रथी बिरथ रघुबीरा। देखि बिभीषन भयउ अधीरा॥
अधिक प्रीति मन भा संदेहा। बंदि चरन कह सहित सनेहा॥
नाथ न रथ नहिं तन पदत्राना। केहि बिधि जितब बीर बलवाना॥
सुनहु सखा कह कृपानिधाना। जेहिं जय होइ सो स्यंदन आना॥
सौरज धीरज तेहि रथ चाका। सत्य सील दृढ़ ध्वजा पताका॥
बल बिबेक दम परहित घोरे। छमा कृपा समता रजु जोरे॥
ईस भजनु सारथी सुजाना। बिरति चर्म संतोष कृपाना॥
दान परसु बुधि सक्ति प्रचंडा। बर बिग्यान कठिन कोदंडा॥
अमल अचल मन त्रोन समाना। सम जम नियम सिलीमुख नाना॥
कवच अभेद बिप्र गुर पूजा। येहि सम बिजय उपाय न दूजा॥
सखा धर्ममय अस रथ जाकें। जीतन कहँ न कतहुँ रिपु ताकें॥

दो०— महा अजय संसार रिपु जीति सकइ सो बीर।
जाके अस रथ होइ दृढ़ सुनहु सखा मतिधीर॥ ८० (क)॥
सुनि प्रभु बचन बिभीषन हरषि गहे पद कंज।
एहि मिस मोहि उपदेसेहु राम कृपा सुख पुंज॥ ८० (ख)॥
उत पचार दसकंधर इत अंगद हनुमान।
लरत निसाचर भालु कपि करि निज निज प्रभु आन॥ ८० (ग)॥

अर्थ—रावण रथ पर है और श्रीराम रथरहित हैं, यह देखकर विभीषण अत्यधिक अधीर हो उठा। (उन पर) प्रेमाधिक्य के कारण मन में संदेह हुआ और चरणों की वन्दना करके अत्यधिक स्नेह से बोला।

हे नाथ! न आपके पास रथ है और न शरीर की रक्षा करने वाला कवच और वह चरणों की वंदना करके स्नेह से युक्त बोला। कृपानिधान श्रीराम ने कहा कि हे सखा! सुनो, जिससे विजय मिलती है, वह रथ दूसरा है।

शौर्य तथा धैर्य उस रथ के चक्के हैं। सत्य एवं शील ध्वजा एवं पताकाएँ हैं, बल, विवेक, इन्द्रिय निग्रह (दम) एवं परोपकार ये (चार) घोड़े हैं और क्षमा, कृपा तथा समता (रूपी तीन) रस्सियों से ये जोड़े गये हैं।

ईश्वर का भजन ही उस रथ का चतुर सारथी है, विरति ढाल (चर्म ढाल) है तथा संतोष ही कृपाण है। दान परशु तथा बुद्धि प्रचंड शक्ति है, श्रेष्ठ विज्ञान ही कठिन धनुष है।

स्वच्छ तथा अडिग मन तरकस के सदृश है और समता, यम, नियम ये अनेकानेक बाण हैं। गुरु तथा ब्राह्मण पूजा अभेद कवच है और इसके सदृश विजय का अन्य कोई दूसरा उपाय नहीं है।

हे सखा! इस प्रकार जिसके पास धर्ममय रथ है, उसको जीतने वाले कहीं भी कोई शत्रु नहीं है।

संसाररूपी शत्रु परम अजेय है, इसे वही बहादुर योद्धा जीत सकता है, जिसके पास ऐसा दृढ़ रथ हो, हे धीर बुद्धि वाले सखा विभीषण! सुनो।

प्रभु श्रीराम के वचनों को सुनकर विभीषण ने हर्षित होकर श्रीराम के चरण-कमलों को पकड़ा। हे आनन्द के पुंज श्रीराम! आपने इसी बहाने मुझे उपदेश दिया है।

उधर रावण ललकार रहा है, इधर अंगद तथा हनुमान और (इस प्रकार) अपने स्वामियों की शपथ खा-खा कर (इधर) वानर और भालु (उधर) राक्षस युद्ध कर रहे हैं॥ ८०॥

टिप्पणी—रथ पर आरूढ़ रावण के समक्ष रथविहीन श्रीराम मानवीय गुणों को रथ के रूप में चित्रित करते हैं। विभीषण के द्वारा विजय के सन्दर्भ में संशयात्मक प्रश्न उठाने पर श्रीराम धर्म-रथ की चर्चा करते हैं। यह रथ केवल राम-रावण युद्ध के लिए ही नहीं है। जीवन युद्ध के लिए भी यह उपयोगी है। यहाँ सम्पूर्णत: कैतवापह्नुति अलंकार की योजना की गई है। तुलसी युद्धभूमि की गम्भीर परिस्थिति में भी न्याय, दया, धर्म एवं नीति का प्रश्न बहुत गम्भीरतापूर्वक उठाते हैं।

सुर ब्रह्मादि सिद्ध मुनि नाना। देखत रन नभ चढ़े बिमाना॥
हमहू उमा रहे तेहिं संगा। देखत राम चरित रन रंगा॥
सुभट समर रस दुहु दिसि माते। कपि जय सील राम बल ताते॥
एक एक सन भिरहिं पचारहिं। एकन्ह एक मर्दि महि पारहिं॥
मारहिं काटहिं धरहिं पछारहिं। सीस तोरि सीसन्ह सन मारहिं॥
उदर बिदारहिं भुजा उपारहिं। गहि पद अवनि पटकि भट डारहिं॥

निसिचर भट महि गाड़हिं भालू। ऊपर ढारि देहिं बहु बालू॥
बीर बलीमुख जुद्ध बिरुद्धे। देखिअत बिपुल काल जनु क्रुद्धे॥

अर्थ—देवता, ब्रह्मादिक अनेकानेक सिद्ध मुनिगण आकाश में विमानों पर चढ़े युद्ध देख रहे हैं। हे पार्वती! मैं भी उन्हीं के साथ, श्रीराम के युद्ध-क्रीड़ा चरित को देख रहा था।

दोनों दिशाओं के युद्ध रस में मदमस्त योद्धा थे। इनमें वानर श्रीराम के बल से (संयुक्त) जयशील थे। वे परस्पर एक-एक से भिड़ते तथा ललकारते थे और एक दूसरे को मसल कर पृथ्वी पर डाल देते थे।

मारते हैं, काटते हैं, पकड़ते हैं, पछाड़ते हैं, और सिरों को तोड़कर सिरों पर मारते हैं। पेटों को फाड़ डालते हैं, भुजाओं को उखाड़ डालते हैं और योद्धाओं का पैर पकड़कर पृथ्वी पर पटक डालते हैं।

भालु राक्षस योद्धाओं को पृथ्वी पर गाड़ देते हैं और उनके ऊपर अत्यधिक बालू डाल देते हैं। राक्षसों के विरुद्ध युद्ध में लगे अनेकानेक वानर क्रुद्ध काल की भाँति दिखाई पड़ रहे हैं।

छंद— क्रुद्धे कृतांत समान कपि तन स्त्रवत सोनित राजहीं।
मर्दहिं निसाचर कटक भट बलवंत घन जिमि गाजहीं॥
मारहिं चपेटन्हि डाटि दातन्ह काटि लातन्ह मीजहीं।
चिक्करहिं मर्कट भालु छल बल करहिं जेहिं खल छीजहीं॥
धरि गाल फारहिं उर बिदारहिं गल अँतावरि मेलहीं।
प्रह्लादपति जनु बिबिध तनु धरि समर अंगन खेलहीं॥
धरु मारु काटु पछारु घोर गिरा गगन महि भरि रही।
जय राम जो तृन ते कुलिस कर कुलिस ते कर तृन सही॥

दो०— निज दल बिचल बिलोकि बीस भुजाँ दस चाप।
रथ चढ़ि चलेउ दसानन फिरहु फिरहु करि दाप॥ ८१॥

काल के समान प्रतीत होने वाले क्रोधित वानरों के शरीर पर बहता हुआ रक्त शोभित हो रहा था। वे बलशाली योद्धा राक्षसों की सेना को मसलते हुए बादल की भाँति गर्जन कर रहे थे। वे डाटकर चपेटे मारते, दाँतों से काटकर लातों से पीस डालते हैं। इस प्रकार, वानर एवं भालु चिंघाड़ते और ऐसा छल-बल करते हैं कि जिससे राक्षस नष्ट हो उठे। वे पकड़कर गाल फाड़ते हैं, हृदय विदीर्ण कर देते हैं और अँतड़ियाँ निकाल कर गले में डाल लेते हैं। वे इस प्रकार प्रतीत होते हैं जैसे नृसिंह देव नाना शरीर धारण करके युद्धभूमि रूपी आँगन में खेल रहे हों। पकड़ो, मारो, पछाड़ो, काटो जैसी भयंकर ध्वनियों से आकाश और पृथ्वी भर गई। जो तृण से वज्र एवं वज्र से तृण कर देते हैं ऐसे श्रीराम की जय हो।

अपने दल को विचलित देखकर बीसों भुजाओं में दस धनुष चढ़ाये रावण रथ पर चढ़कर चला और (बोला) युद्ध दर्प से भरकर लौटो-लौटो॥ ८१॥

टिप्पणी—रावण प्रतिनायक है। वह अपनी शक्ति, पराक्रम एवं शौर्य के लिए विख्यात तथा विश्रुत है। ब्रह्मा, शिव, इन्द्र आदि देवताओं, ऋषियों, मुनियों द्वारा आकाश में एकत्रित होकर युद्ध दृश्य देखना युद्ध माहात्म्य को अतिरंजित करने के लिए है। शिव का यह वाक्य कि 'हमहू उमा रहे तेहिं सगा।' युद्ध की प्रामाणिकता, जीवन्तता एवं रोचकता की वृद्धि करता है। कवि विविध कल्पनाओं से मण्डित उत्प्रेक्षा एवं रूपक अलंकारों द्वारा इस युद्ध का चित्रण कर रहा है।

कवि युद्ध वर्णन में योद्धा गणों की क्रमबद्धता द्वारा युद्ध की घटनाओं का इस प्रसंग में विस्तार देता है। प्रथमतः प्रतिपक्ष तथा विपक्ष के योद्धागण युद्ध करते हैं, फिर रावण और रावण से क्रमश

योद्धा, यूथपति, सेनापति, लक्ष्मण एवं श्रीराम युद्ध करते हैं। मानस के रावण युद्ध में यह क्रमबद्धता दिखाई पड़ती है।

धायउ परम क्रुद्ध दसकंधर। सन्मुख चले हूह दै बंदर॥
गहि कर पादप उपल पहारा। डारेन्हि ता पर एकहिं बारा॥
लागहिं सैल बज्र तन तासू। खंड खंड होइ फूटहिं आसू॥
चला न अचल रहा रथ रोपी। रन दुर्मद रावन अति कोपी॥
इत उत झपटि दपटि कपि जोधा। मर्दै लाग भयउ अति क्रोधा॥
चले पराइ भालु कपि नाना। त्राहि त्राहि अंगद हनुमाना॥
पाहि पाहि रघुबीर गोसाईं। यह खल खाइ काल की नाईं॥
तेहि देखे कपि सकल पराने। दसहुँ चाप सायक संधाने॥

अर्थ—अत्यन्त क्रोध में भरकर रावण दौड़ा और वानर सामने हुंकार करके दौड़े। हाथ में वृक्ष पत्थर तथा पहाड़ लेकर एक ही बार में उस पर डाल दिया।

उसके वज्रवत् शरीर पर लगकर पत्थर शीघ्र ही (आसू: आशु) ही टुकड़े-टुकड़े होकर टूट जाते हैं। अत्यन्त क्रोधी स्वभाव वाला रणोन्मत्त रावण रथ रोककर अडिग खड़ा रहा, भागा नहीं।

उसे अत्यधिक क्रोध उत्पन्न हुआ और इधर-उधर झपट कर और वानर योद्धाओं को डपट कर मर्दन करने लगा। अनेकानेक रीछ तथा वानर चिल्लाते हुए भाग पड़े कि हे अंगद! हे हनुमान! रक्षा करो, रक्षा करो।

स्वामी श्रीराम! रक्षा करो, रक्षा करो, यह दुष्ट तो काल की भाँति हमें खा रहा है। उसने देखा कि समस्त वानर भाग पड़े हैं तब उसने दशों धनुषों पर बाण संधान किया।

छंद— संधानि धनु सर निकर छाड़ेसि उरग जिमि उड़ि लागहीं।
रहे पूरि सर धरनी गगन दिसि बिदिसि कहँ कपि भागहीं॥
भयो अति कोलाहल बिकल कपि दल भालु बोलहिं आतुरे।
रघुबीर करुना सिंधु आरत बंधु जन रच्छक हरे॥

दो०— निज दल बिकल देखि कटि कसि निषंग धनु हाथ।
लछिमन चले क्रुद्ध होइ नाइ राम पद माथ॥ ८२॥

बाण समूहों को धनुष पर संधान करके छोड़ा और वे सर्प की भाँति उड़कर लगने लगे। उन बाणों से पृथ्वी तथा आकाश की दिशाएँ एवं विदिशाएँ घिर गईं, वानर अब कहाँ भागे। वानरों के दल में अत्यधिक शोर मचा और वानर एवं भालु व्याकुल होकर कहने लगे, हे करुणासिन्धु! हे दुखियों के बन्धु! हे जनरक्षक श्रीराम रक्षा करें।

अपने दल को व्याकुल देखकर कमर में तरकस कसकर हाथ में धनुष लेकर श्रीराम के चरणों में सिर झुकाकर लक्ष्मण क्रुद्ध होकर चल पड़े॥ ८२॥

टिप्पणी—प्रतिनायक नायक के पराक्रम का चित्रण घटना प्रसंग में नाटकीयता तथा रोचकता की वृद्धि के लिए किया जाता है। वाल्मीकि भी इसी प्रकार का अपना युद्ध वर्णित करते है। यहाँ रावण अपने भयंकर युद्ध कौशल एवं पराक्रम से सभी को विचलित कर देता है।

रे खल का मारसि कपि भालू। मोहि बिलोकु तोर मैं कालू॥
खोजत रहेउँ तोहि सुतघाती। आजु निपाति जुड़ावउँ छाती॥
अस कहि छाड़ेसि बान प्रचंडा। लछिमन किए सकल सत खंडा॥
कोटिन्ह आयुध रावन डारे। तिल प्रवान करि काटि निवारे॥
पुनि निज बानन्ह कीन्ह प्रहारा। स्यंदनु भंजि सारथी मारा॥

सत सत सर मारे दस भाला। गिरि सृंगन्ह जनु प्रबिसहिं ब्याला॥
पुनि सत सर मारा उर माहीं। परेउ अवनि तल सुधि कछु नाहीं॥
उठा प्रबल पुनि मुरुछा जागी। छाड़िसि ब्रह्म दीन्हि जो साँगी॥

अर्थ—वानरों तथा भालुओं को क्यों मार रहा है, मुझे देखो, मैं तुम्हारा काल हूँ। (रावण ने उत्तर दिया) हे पुत्रघाती! मैं तुझे ही खोज रहा था, आज ही मैं तुझे मारकर अपनी छाती शीतल करूँगा।

ऐसा कहकर उसने प्रचंड बाण छोड़े और लक्ष्मण ने उन सभी के सौ-सौ टुकड़े कर डाले। रावण ने अनेक अस्त्रों-शस्त्रों को (उन पर) डाला किन्तु (लक्ष्मण ने) तिल सदृश काट कर हटा दिया।

और पुनः अपने बाणों से प्रहार किया, घोड़ों को मार कर सारथी को मार डाला। उसके दसों मस्तकों पर सौ-सौ बाण मारे।

वे सिरों में इस प्रकार प्रविष्ट हुए मानो पर्वत शिखरों में सर्प प्रविष्ट हो रहे हैं। पुनः शतबाण छाती में मारा। वह पृथ्वी पर गिर पड़ा और उसे कुछ याद न रहा। मूर्च्छा से जगने के बाद वह प्रबल राक्षस उठा और जो शक्ति ब्रह्मा ने दी थी, उसे चलाई।

छंद— सो ब्रह्म दत्त प्रचंड सक्ति अनंत उर लागी सही।
पर्‌यो बीर बिकल उठाव दसमुख अतुल बल महिमा रही॥
ब्रह्मांड भुवन बिराज जाकें एक सिर जिमि रज कनी।
तेहि चह उठावन मूढ़ रावन जान नहिं त्रिभुअन धनी॥

दो०— देखि पवनसुत धायउ बोलत बचन कठोर।
आवत कपिहि हन्यो तेहिं मुष्टि प्रहार प्रघोर॥ ८३॥

वह ब्रह्म के द्वारा दी गई शक्ति ठीक लक्ष्मण के हृदय पर जाकर लगी। पराक्रमी लक्ष्मण पृथ्वी पर गिर पड़े तथा अतुलनीय बल की महिमा से युक्त रावण उठाने लगा किन्तु ब्रह्मांडरूपी भवन जिसके एक कण पर धूल कण की भाँति शोभित होती है, उसे मूढ़ रावण उठाने चला है, उन त्रैलोक्य स्वामी लक्ष्मण को वह नहीं समझता।

उसे देखकर कठोर वाणी बोलते हुए हनुमान दौड़े, किन्तु हनुमान के आते ही उसने उन पर एक अत्यन्त भयंकर मुष्टिका का आघात किया॥ ८४॥

टिप्पणी—लक्ष्मण पर रावण क्रुद्ध होकर शक्ति का प्रहार करता है और मूर्च्छित होने पर उन्हें बार-बार उठाने की चेष्टा भी करता है। लक्ष्मण की यह मूर्च्छा विपक्ष की शक्ति तथा शौर्य के चित्रण के निमित्त है ताकि युद्ध के प्रसंगों में रोचकता तथा नाटकीयता की वृद्धि हो सके।

जानु टेकि कपि भूमि न गिरा। उठा सँभारि बहुत रिस भरा॥
मुठिका एक ताहि कपि मारा। परेउ सैल जनु बज्र प्रहारा॥
मुरुछा गै बहोरि सो जागा। कपि बल बिपुल सराहन लागा॥
धिग धिग मम पौरुष धिग मोही। जौं तैं जिअत रहेसि सुरद्रोही॥
अस कहि लछिमन कहुँ कपि ल्यायो। देखि दसानन बिसमय पायो॥
कह रघुबीर समुझु जियँ भ्राता। तुम्ह कृतांत भच्छक सुर त्राता॥
सुनत बचन उठि बैठ कृपाला। गई गगन सो सकति कराला॥
पुनि कोदंड बान गहि धाए। रिपु सन्मुख अति आतुर आए॥

अर्थ—घुटने टेक कर हनुमान भूमि पर नहीं गिरे और अत्यन्त क्रोध से भरे हुए वे सम्हलकर उठे। हनुमान ने उसे एक मुष्टिका का प्रहार किया। (रावण उस घूँसे के प्रहार से ऐसा गिरा) मानो वज्र के प्रहार से पर्वत।

मूर्च्छा समाप्त हुई, वह होश में आया और पुनः वानर हनुमान की शक्ति की सराहना करने लगा (हनुमान ने कहा) मेरे पौरुष को धिक्कार है, मुझे धिक्कार है, जो हे देवद्रोही! तू अब भी जीता रहा।

ऐसा कहकर लक्ष्मण को हनुमान ले आये और उसे देखकर रावण को आश्चर्य हुआ। श्रीराम ने कहा, हे भाई! तुम हृदय में विचार करो कि तुम काल के भी भक्षक एवं देवताओं के रक्षक हो।

यह वाणी सुनते ही कृपालु लक्ष्मण उठ बैठ गये और वह भयंकर शक्ति आकाश में चली गई। पुनः धनुष बाण लेकर लक्ष्मण दौड़े और अत्यन्त आतुर भाव से शत्रु रावण के सामने आये।

छंद— आतुर बहोरि बिभंजि स्यंदन सूत हति ब्याकुल कियो।
गिर्‍यो धरनि दसकंधर बिकलतर बान सत बेध्यो हियो॥
सारथी दूसर घालि रथ तेहि तुरत लंका लै गयो।
रघुबीर बंधु प्रताप पुंज बहोरि प्रभु चरनन्हि नयो॥

दो०— उहाँ दसानन जागि करि करै लाग कछु जग्य।
जय चाहत रघुपति बिमुख सठ हठ बस अति अग्य॥ ८४॥

पुनः उन्होंने अत्यन्त शीघ्रतापूर्वक घोड़ों को मारकर, सारथी का वध करके रावण को व्याकुल कर दिया। उसके हृदय में सौ बाण वेध डाले और वह अत्यन्त व्याकुल होकर पृथ्वी पर गिर पड़ा। दूसरा सारथी उसे रथ में डालकर लंका ले गया। प्रताप के समूह श्रीराम के भाई लक्ष्मण ने पुनः प्रभु के चरणों में प्रणाम किया।

वहाँ लंका में रावण जगकर कुछ यज्ञ करने लगा। अत्यन्त मूर्ख वह रावण अत्यन्त हठपूर्वक श्रीराम से विरोध करके विजय चाहता है, यह कितने आश्चर्य की बात है?

टिप्पणी—रावण हनुमान का युद्ध वाल्मीकि बड़ी भंयकरता से वर्णित करते हैं। दोनों वीर परस्पर मुष्टिका प्रहार से एक दूसरे को विचलित तथा मूर्च्छित करते हैं।

इस सन्दर्भ में एक दूसरा प्रसंग लक्ष्मण की मूर्च्छा का हटना है। लक्ष्मण की यह मूर्च्छा श्रीराम के संकल्प वाक्य से हटती है। संकल्प वाक्य का प्रयोग मंत्रों की भाँति किया जाता है। यहाँ लक्ष्मण के लिए संकल्प वाक्य है—

'तुम्ह कृतान्त भच्छक सुर त्राता'

यह संजीवन मंत्र है। इस संजीवन मंत्र को पढ़कर श्रीराम लक्ष्मण से उठने के लिए कहते है, और मूर्च्छित लक्ष्मण उठकर बैठ जाते हैं। यह प्रसंग श्रीराम के दैवी माहात्म्य को व्यंजित करता है।

इहाँ बिभीषन सब सुधि पाई। सपदि जाइ रघुपतिहि सुनाई॥
नाथ करइ रावन एक जागा। सिद्ध भएँ नहिं मरिहि अभागा॥
पठवहु नाथ बेगि भट बंदर। करहिं बिधंस आव दसकंधर॥
प्रात होत प्रभु सुभट पठाए। हनुमदादि अंगद सब धाए॥
कौतुक कूदि चढ़े कपि लंका। पैठे रावन भवन असंका॥
जग्य करत जबहीं सो देखा। सकल कपिन्ह भा क्रोध बिसेषा॥
रन ते निलज भाजि गृह आवा। इहाँ आइ बक ध्यान लगावा॥
अस कहि अंगद मारा लाता। चितव न सठ स्वारथ मन राता॥

अर्थ—यहाँ विभीषण ने समस्त समाचार प्राप्त किया और शीघ्र ही जाकर श्रीराम को सुनाया। हे नाथ! रावण एक यज्ञ करना चाहता है और सिद्ध हो जाने पर वह अभागा नहीं मर पायेगा!

हे नाथ! शीघ्र ही वानर योद्धाओं को भेजें, यज्ञ विध्वंस करे जिससे रावण लौट आये। प्रात: होते ही प्रभु श्रीराम ने योद्धाओं को भेजा। हनुमान अंगद आदि सभी दौड़ पड़े।

खेल-खेल में ही वानर लंका पर कूद पड़े और रावण के भवन में नि:शंक घुसे। यज्ञ करते हे जब वानरों ने उसे देखा तो सभी को विशेष क्रोध हुआ।

वे बोले, हे निर्लज्ज! तू रणभूमि से घर भाग आया और यहाँ बगुले का सा ध्यान लगाया है। ऐसा कहकर अंगद ने लात से मारा स्वाथ में मन अनुरक्त होने के कारण उस दुष्ट ने पुन: उनकी ओर नहीं देखा।

छंद— नहिं चितव जब करि कोप कपि गहि दसन लातन्ह मारहीं।
धरि केस नारि निकारि बाहेर तेऽतिदीन पुकारहीं॥
तब उठेउ क्रुद्ध कृतांत सम गहि चरन बानर डारई।
एहि बीच कपिन्ह बिधंस कृत मख देखि मन महुँ हारई॥

दो०— जग्य बिधंसि कुसल कपि आए रघुपति पास।
चलेउ निसाचर क्रुद्ध होइ त्यागि जिअन कै आस॥ ८५॥

जब उसने नहीं देखा तो वानर क्रोध करके दाँतों से काटने (पकड़ने) तथा लातों से मारने लगे। स्त्रियों के बाल पकड़कर बाहर निकाल लाये और वे अत्यधिक दीन स्वरों में पुकारती हैं। तब वह काल के समान क्रोधित होकर उठा और वानरों का चरण पकड़कर उन्हें पटकने लगा। इसी बीच वानरों ने यज्ञ विध्वंस कर दिया यह देखकर वह मन में हारने लगा।

यज्ञ को विध्वंस करके श्रीराम के पास वानर कुशलपूर्वक पहुँचे तब रावण जीवन की आशा छोड़कर क्रोधित होकर चला।

टिप्पणी—रावण के यज्ञ विध्वंस का चित्रण है। विभीषण की मंत्रणा पर 'यज्ञ विध्वंस' ताकि अजेय शक्तियों को वह अर्जित न कर सके। मेघनाद का प्रसंग भी इसी प्रकार का था। शत्रुता रावण से है और विघ्न उसकी स्त्रियों को सताकर उत्पन्न किया जाता है—यह प्रत्यनीक अलंकार की व्यंजना है।

चलत होहिं अति असुभ भयंकर। बैठहिं गीध उड़ाइ सिरन्ह पर॥
भयउ कालबस काहु न माना। कहेसि बजावहु जुद्ध निसाना॥
चली तमीचर अनी अपारा। बहु गज रथ पदाति असवारा॥
प्रभु सन्मुख धाए खल कैसें। सलभ समूह अनल कहँ जैसें॥
इहाँ देवतन्ह अस्तुति कीन्ही। दारुन बिपति हमहि एहिं दीन्ही॥
अब जनि राम खेलावहु येही। अतिसय दुखित होति बैदेही॥
देव बचन सुनि प्रभु मुसुकाना। उठि रघुबीर सुधारे बाना॥
जटा जूट दृढ़ बाँधें माथे। सोहहिं सुमन बीच बिच गाथे॥
अरुन नयन बारिद तनु स्यामा। अखिल लोक लोचनाभिरामा॥
कटितट परिकर कस्यो निषंगा। कर कोदंड कठिन सारंगा॥

अर्थ—उसके चलते समय अत्यधिक भयंकर अपशकुन हो रहे हैं। गृद्ध उड़कर सिरों के ऊपर बैठ पड़ते हैं किन्तु वह काल विवश था अत: वह किसी (अपशकुन) को नहीं मानता था और घोषित किया कि युद्ध के नगाड़े बजाओ।

अनन्त राक्षस सेना चली, उसमें अनेक हाथी, रथ, घुड़सवार तथा पैदल थे। प्रभु श्रीराम के समक्ष वे इस प्रकार दौड़े मानो अग्नि की ओर शलभ समूह दौड़ पड़े हों।

यहाँ देवताओं ने श्रीराम की अस्तुति की कि इसने हमें दारुण दुःख दिये हैं। हे श्रीराम अब इसे न खेलाइये। सीता (इस समय) अत्यधिक दुखी है।

देवताओं के वचनों को सुनकर प्रभु श्रीराम मुसकराये और इधर श्रीराम ने उठकर बाणों को सुधारा। मस्तक पर जटा समूहों को दृढ़तापूर्वक बाँध लिया। उनके बीच-बीच में गूँथे हुए पुष्प शोभित हो रहे हैं।

अरुण वर्ण के नेत्र हैं, शरीर बादल की भाँति श्यामल है और (वह शरीर) सम्पूर्ण लोकों के लिए सुन्दर (आनन्ददायी) है। कमर में तरकस एवं फेंटा कस लिया और हाथ में अपना कठिन शार्ङ्ग नामक धनुष धारण किया।

छंद— सारंग कर सुंदर निषंग सिलीमुखाकर कटि कस्यो।
भुजदंड पीन मनोहरायत उर धरासुर पद लस्यो॥
कह दास तुलसी जबहिं प्रभु सर चाप कर फेरन लगे।
ब्रह्मांड दिग्गज कमठ अहि महि सिंधु भूधर डगमगे॥

दो०— सोभा देखि हरषि सुर बरषहिं सुमन अपार।
जय जय जय करुनानिधि छबि बल गुन आगार॥ ८६॥

हाथ में शार्ङ्ग, कमर में सघन बाणों से संयुक्त सुन्दर तरकस कस लिया। पुष्ट भुजदंड हैं, मनोहारी चौड़ी छाती जिस पर ब्राह्मण भृगु का चरण चिह्न शोभित है। तुलसीदास कहते हैं कि (इस प्रकार की मुद्रा से युक्त) प्रभु श्रीराम जब धनुष बाण हाथ में लेकर (फिराने लगे) तो ब्रह्मांड दिशाओं के हाथी, कच्छप, शेषनाग, पृथ्वी, समुद्र, पर्वत सभी डगमगाने लगे।

श्रीराम की उस शोभा को देखकर हर्षित होकर देवगण अनन्त पुष्पों की वर्षा करते हैं (और कहते हैं कि) शोभा, शक्ति एवं गुणों के धाम करुणानिधान प्रभु श्रीराम की जय हो, जय हो, जय हो॥ ८६॥

टिप्पणी—रावण का पुनः युद्ध प्रस्थान अशुभ संकेतों से कवि प्रारम्भ करता है। अपशकुन अभिप्राय व्यंजक मोटिफ़ हैं। देवताओं की स्तुति कि रावण का शीघ्र वध करें घटनाक्रम को संघर्ष के चरम शीर्ष पर ले जाता है। युद्ध के चरमशीर्ष पर भी कवि तुलसीदास की श्रीराम विषयक संसक्ति छूटती नहीं। युद्ध भूमि में धनुष, बाण, तरकस लिए श्रीराम का आनन्दायी विग्रह विम्ब अंकित करने में कवि पूरी तन्मयता दिखाता है।

येहीं बीच निसाचर अनी। कसमसात आई अति घनी॥
देखि चले सन्मुख कपि भट्टा। प्रलयकाल के जनु घन घट्टा॥
बहु कृपान तरवारि चमंकहिं। जनु दहँ दिसि दामिनीं दमंकहिं॥
गज रथ तुरग चिकार कठोरा। गर्जहिं मनहुँ बलाहक घोरा॥
कपि लंगूर बिपुल नभ छाए। मनहुँ इंद्रधनु उये सुहाए॥
उठइ धूरि मानहुँ जलधारा। बान बुंद भै बृष्टि अपारा॥
दुहुँ दिसि पर्बत करहिं प्रहारा। बज्रपात जनु बारहिं बारा॥
रघुपति कोपि बान झरि लाई। घायल भै निसिचर समुदाई॥
लागत बान बीर चिक्करहीं। घुर्मि घुर्मि जहँ तहँ महि परहीं॥
स्त्रवहिं सैल जनु निर्झर भारी। सोनित सरि कादर भयकारी॥

अर्थ—इसी बीच में राक्षसों की अत्यन्त सघन सेना कसमसाती हुई आई। उसे देखकर सामने वानर योद्धा आगे बढ़े मानो (वह सेना) प्रलयकालीन बादलों के समूह हों।

बहुत सी कृपाणें तथा तलवारें चमक रही थीं मानो दशों दिशाओं में बिजली चमक रही हों। हाथी, रथ, घोड़ों के कठोर चिंघाड़ से ऐसा प्रतीत होता था माने बादल भयंकर गर्जन कर रहे हों।

आकाश में कपियों की बहुत सारी पूँछें छाई हुई थीं, मानो सुन्दर इन्द्र धनुष उठे हुए हो। जलधारा सदृश धूल उठ रही थी और बाणरूपी (वर्षा) बूँदों की अपार वृष्टि हो रही थी।

दोनों पक्षों से पर्वतों के प्रहार हो रहे थे मानो बार-बार वज्रपात हो रहा हो। श्रीराम ने कुपित होकर बाणों की झड़ी लगा दी और राक्षस समूह घायल हो उठे।

वाण लगते ही योद्धा चिंघाड़ पड़ते हैं और चक्कर खा-खा कर जहाँ-तहाँ पृथ्वी पर गिर पड़ते हैं। कायरों (कादर) में भय उत्पन्न करने वाली रक्त की नदी बह चली मानो पर्वतों से भारी झरने बह निकले हों।

छंद— कादर भयंकर रुधिर सरिता बढ़ी परम अपावनी।
दोउ कूल दल रथ रेत चक्र अबर्त बहति भयावनी॥
जलजंतु गज पदचर तुरग खर बिबिध बाहन को गने।
सर सक्ति तोमर सर्प चाप तरंग चर्म कमठ घने॥

दो०— बीर परहिं जनु तीर तरु मज्जा बहु बह फेन।
कादर देखि डरहिं तहँ सुभटन्ह के मन चेन॥ ८७॥

कायरों में भय उत्पन्न करने वाली अत्यन्त अपवित्र तथा भयंकर रक्त की नदी बह चली। दोनों दल नदी के किनारे हैं, रथ रेत हैं, पहिए भँवर हैं और (वह) भयावह नदी बह चली। हाथी, पैदल, घोड़े, गदहे तथा अनेकानेक वाहनों की गणना कौन करे, वे सभी नदी के जलजन्तु हैं। बाण, शक्ति एवं तोमर नदी के सर्प हैं और ढालें ही सारे कछुवे हैं।

योद्धा इस प्रकार गिर पड़ते हैं, मानो किनारे के वृक्ष एवं बहुत सारी मज्जा फेन की भाँति बह रही है। कायर उन्हें देखकर डरते हैं किन्तु योद्धाओं के मन में आनन्द (चेन) है॥ ८७॥

टिप्पणी—युद्ध भूमि में विपक्षी सेना की भयंकरता का चित्रण है। यह भयंकरता प्रारम्भिक स्तर पर 'भय तथा आतंक' भाव को व्यंजित कर सम्पूर्ण घटना को भयावह बना देती है। इस भयंकरता द्वारा नायक पक्ष की सेना की विजय तथा शौर्य की उदात्तता का निर्माण करना कवि का उद्देश्य है।

कवि भयंकरता की सृष्टि वर्षा की वेगवती नदी के प्रवाह के साथ कर रहा है। मानस में वेगवती नदी के प्रवाह के कई रूपक हैं। यहाँ भी खून की भयंकर नदी का यह प्रवाह वीभत्स एवं भयानक रसों की सृष्टि करता है।

मज्जहिं भूत पिसाच बेताला। प्रमथ महा झोटिंग कराला॥
काक कंक लै भुजा उड़ाहीं। एक ते छीनि एक लै खाहीं॥
एक कहहिं ऐसिउ सौंघाई। सठहु तुम्हार दरिद्र न जाई॥
कहँरत भट घायल तट गिरे। जहँ तहँ मनहुँ अर्धजल परे॥
खैंचहिं गीध आँत तट भए। जनु बंसी खेलत चित दए॥
बहु भट बहहिं चढ़े खग जाहीं। जनु नावरि खेलहिं सरि माहीं॥
जोगिनि भरि भरि खप्पर संचहिं। भूत पिसाच बधू नभ नंचहिं॥
भट कपाल करताल बजावहिं। चामुंडा नाना बिधि गावहिं॥
जंबुक निकर कटक्कट कट्टहिं। खाहिं हुआहिं अघाहिं दपट्टहिं॥
कोटिन्ह रुंड मुंड बिनु डोल्लहिं। सीस परे महि जय जय बोल्लहिं॥

अर्थ—भूत, वेताल तथा पिशाच, बड़े बड़े झोंटों वाले भयंकर झोटिंग तता प्रमथगण स्नान कर रहे हैं। कौएँ तथा चील (कंक) भुजाएँ लेकर उड़ रहे हैं। वे एक दूसरे से छीन छीन कर खा रहे हैं।

एक दूसरे से कहते हैं कि ऐसी अत्यधिकता (सौंधाई) होते हुए भी हे शठ! तुम्हारी दरिद्रता नहीं जाती। घायल होकर गिरे हुए योद्धा कहँरते हैं, मानो जहाँ-तहाँ तटों पर अधजल में पड़े हों।

तट पर स्थित (भये) गृद्ध आँत-खींचते हैं, मानो मन लगाये हुए शिकारी (मछली पकड़ने के लिए) बंसी खेल रहे हों। अनेक योद्धाओं बहते हुए शरीर पर पक्षी चढ़े चले जा रहे हैं, मानो नदी में नावरि (नदी में खेला जाने वाला खेल विशेष) खेल रहे हैं।

योगिनियाँ खप्परों में लहू भर भर कर संचित करती हैं। भूत तथा पिशाचों की वधुएँ आकाश में नाचती हैं और योद्धाओं के कपालों को हाथ से बजाती हैं और चामुंडाएँ अनेक प्रकार के गीत गाती हैं।

स्यारों के समूह कटकटा कर आपस में काट रहे हैं। वे खाते हैं, हुआ-हुआ बोलते हैं, परितृप्त होकर (आथहिं) दूसरों को डाटते हैं। करोड़ों धड़ें बिना सिर के डोलती हैं। पृथ्वी पर पड़े हुए सिर जय-जय बोल रहे हैं।

छंद— बोल्लहिं जो जय जय मुंड रुंड प्रचंड सिर बिनु धावहीं।
खप्परिन्ह खग्ग अलुज्झि जुज्झहिं सुभट भटन्ह ढहावहीं॥
बानर निसाचर निकर मर्दहिं राम बल दर्पित भए।
संग्राम अंगन सुभट सोवहिं राम सर निकरन्हि हए॥

दो०— रावन हृदयँ बिचारा भा निसिचर संघार।
मैं अकेल कपि भालु बहु माया करौं अपार॥ ८८॥

सिर तो जय-जय बोलते ही हैं, प्रचंड धड़े बिना सिर के दौड़ते हैं। खोपड़ियों पर उलझ कर पक्षी लड़ते हैं और वे अच्छे योद्धाओं को भी गिरा दे रहे हैं। क्रोधित वानर तथा भालु झुंड-के-झुंड राक्षसों का संहार कर रहे हैं और गर्वान्वित हो रहे हैं। श्रीराम के बाण समूहों से हत होकर रणभूमि के आँगन में योद्धागण सोते जा रहे हैं।

रावण ने हृदय में विचार किया कि राक्षसों का संहार हो गया। मैं अकेला हूँ, वानर भालु बहुत हैं, इसलिए गहरी माया करूँ॥ ८८॥

टिप्पणी—युद्धभूमि की भयंकरता का चित्रण है। यह चित्रण पारम्परिक तथा युद्ध की रूढ़ियों पर आधारित है। अतिशयता एवं युद्ध के विविध मोटिफ़ परम्परित क्रम में चित्रित हैं। भूत, पिशाच, बेताल, झोटिंग, एवं योगिनियों आदि ने नृत्य, रक्तपान, स्यारों तथा अन्य हिसंक पशुओं के अतिशयतापूर्ण विविध वीभत्स तथा रोमांचक कार्यों का चित्रण भयानक तथा जुगुप्सा की सृष्टि करता है। आवेग, मोह, अपस्मार, मृत्यु संचारी हैं।

धड़ का सर कटने के बाद भी डोलना, पृथ्वी पर कटे शीशों की जयकार करना आदि विभावना अलंकार के चमत्कार हैं।

देवन्ह प्रभुहि पयादें देखा। उपजा उर अति छोभ बिसेषा॥
सुरपति निज रथ तुरत पठावा। हरष सहित मातलि लै आवा॥
तेज पुंज रथ दिब्य अनूपा। हरषि चढ़े कोसलपुर भूपा॥
चंचल तुरग मनोहर चारी। अजर अमर मन सम गतिकारी॥
रथारूढ़ रघुनाथहि देखी। धाए कपि बलु पाइ बिसेषी॥
सही न जाइ कपिन्ह कै मारी। तब रावन माया बिस्तारी॥
सो मायाँ रघुबीरहि बाँची। लछिमन कपिन्ह सो मानी साँची॥
देखी कपिन्ह निसाचर अनी। अनुज सहित बहु कोसलधनी॥

अर्थ—देवताओं ने श्रीराम को पैदल देखा, तब उनके मन में अत्यधिक क्षोभ (पीड़ा) उत्पन्न

हुआ। इन्द्र ने तुरन्त अपना रथ भेजा और मातलि सारथी हर्षित भाव से ले आया।

तेज की राशि दिव्य अनुपम रथ पर कोशलाधीश श्रीराम चढ़े। चारों घोड़े सुन्दर तथा चंचल हैं। वे अजर-अमर हैं तथा मन के सदृश गति से चलने वाले हैं।

श्रीराम को रथ पर चढ़ा हुआ देखकर वानर तथा भालु विशेष बल पाकर दौड़े। वानरों की मार सही नहीं गयी, फलतः रावण ने माया का विस्तार किया।

उस माया से केवल श्रीराम ही बचे रहे। वानरों तथा लक्ष्मण ने उसे सही माना। वानरों ने राक्षसों की सेना देखी जिसमें लक्ष्मण के साथ अनेक श्रीराम हैं।

छंद— बहु राम लछिमन देखि मर्कट भालु मन अति अपडरे।
जनु चित्र लिखित समेत लछिमन जहँ सो तहँ चितवहिं खरे॥
निज सेन चकित बिलोकि हँसि सर चाप सजि कोसल धनी।
माया हरी हरि निमिष महुँ हरषी सकल मर्कट अनी॥

दो०— बहुरि राम सब तन चितइ बोले बचन गँभीर।
द्वंदजुद्ध देखहु सकल श्रमित भए अति बीर॥ ८९॥

अनेक श्रीराम तथा लक्ष्मण को देखकर भालु एवं वानरों की सेना मन में भयभीत हुई। वे खड़े होकर लक्ष्मण सहित इस प्रकार देख रहे हैं मानो चित्र लिखे हो। अपनी सेना को चकित देखकर श्रीराम ने हँसकर धनुष पर बाण चढ़ाया और क्षण मात्र में ही माया का हरण कर लिया। समस्त वानर सेना हर्षित हो उठी।

पुनः श्रीराम ने सबकी ओर देखकर गंभीर वाणी में कहा कि हे योद्धागण! आप सब अधिक थक चुके हैं, अतः अब सब द्वन्द्व युद्ध देखें॥ ८९॥

टिप्पणी—श्रीराम के लिए इन्द्र द्वारा अपने रथ को भेजना वाल्मीकि रामायण से प्रारम्भ होता है। प्रायः रामायणों में यह घटना निर्दिष्ट है। युद्ध में परस्पर योद्धाओं की साज सज्जा विषयक समतुल्यता के लिए यह रथ घटना प्रस्तुत की गई है।

यही नहीं, रावण द्वारा माया युद्ध राक्षसवृत्ति को व्यंजित करने के लिए किया गया है। राक्षस तथा राक्षस योद्धा इस आसुरी वृत्ति से समन्वित 'माया युद्ध' की योजना करते हैं। यह माया के अन्तर्गत 'अनैतिक एवं छल युक्त' माना गया है।

अस कहि रथ रघुनाथ चलावा। बिप्र चरन पंकज सिरु नावा॥
तब लंकेस क्रोध उर छावा। गर्जत तर्जत सन्मुख आवा॥
जीतेहु जे भट संजुग माहीं। सुनु तापस मैं तिन्ह सम नाहीं॥
रावन नाम जगत जस जाना। लोकप जाकें बंदीखाना॥
खर दूषन बिराध तुम्ह मारा। बधेहु ब्याध इव बालि बिचारा॥
निसिचर निकर सुभट संघारेहु। कुंभकरन घननादहिं मारेहु॥
आजु बयरु सबु लेउँ निबाही। जौं रन भूप भाजि नहिं जाही॥
आजु करउँ खलु काल हवाले। परेहु कठिन रावन के पाले॥
सुनि दुर्बचन कालबस जाना। बिहँसि बचन कह कृपानिधाना॥
सत्य सत्य सब तव प्रभुताई। जल्पसि जनि देखाउ मनुसाई॥

अर्थ—ऐसा कहकर श्रीराम ने ब्राह्मणों के चरणों में शीश झुकाकर रथ को आगे चलाया (उन्हें देखकर) रावण को क्रोध आ गया तथा गर्जन-तर्जन करते हुए वह आगे आया।

रे तपस्वी सुन! जिन वीर समूहों को तुमने जीता है, मैं उनके सदृश नहीं हूँ। मेरा नाम रावण है, मेरा यश संसार जानता है। लोकपाल उसके कारागर में हैं।

तुमने खर, दूषण, कबन्ध का वध किया है और बेचारे बालि को ब्याध की भाँति (छिपकर) मारा है। पराक्रमी राक्षसों का संहार करके कुंभकर्ण तथा मेघनाद को भी मार डाला है।

आज सारी दुश्मनी निकाल लूँगा, यदि तू रणभूमि से भाग नहीं जायेगा तो। रे दुष्ट! आज तुझे मृत्यु के हवाले करूँगा, तुम कठिन योद्धा रावण के पाले पड़े हो।

उसके दुर्वचन को सुनकर और उसे काल से विवश जानकर कृपानिधान श्रीराम ने हँसकर कहा। तेरी प्रभुता सब सही है, किन्तु बक-बक मत करो, अपना पुरुषत्व दिखाओ।

छंद— जनि जल्पना करि सुजसु नासहि नीति सुनहि करहि छमा।
संसार महँ पूरुष त्रिबिध पाटल रसाल पनस समा॥
एक सुमन प्रद एक सुमन फल एक फलइ केवल लागहीं।
एक कहहिं कहहिं करहिं अपर एक करहिं कहत न बागहीं॥

दो०— राम बचन सुनि बिहँसा मोहि सिखावत ग्यान।
बयरु करत नहिं तब डरे अब लागे प्रिय प्रान॥ ९०॥

क्षमा करना, मैं तुझे नीति सुना रहा हूँ अधिक डींग मत हाँको, इससे सुयश नष्ट होता है। संसार में पुरुष पाटल (गुलाब) आम और कटहल के समान तीन प्रकार के होते हैं। एक केवल फूल देते हैं, एक फूल तथा फल देते हैं और (तीसरे) केवल फल ही देते हैं, उसी प्रकार पुरुष भी तीन प्रकार के हैं—एक केवल कहते हैं, दूसरे कहते और करते हैं और तीसरे अन्य केवल करते हैं, वाणी से कहते नहीं।

श्रीराम के वचनों को सुनकर वह खूब हँसा (और कहा) कि मुझे ज्ञान सिखाते हो? उस समय वैर करते हुए नहीं डरे, अब प्राण प्रिय लग रहे हैं?॥ ९०॥

टिप्पणी— योद्धागण, सेनापतियों तथा लक्ष्मण आदि के युद्ध घटना क्रम के बाद कवि नायक तथा प्रतिपक्षी नायक के युद्ध द्वन्द्व का आयोजन करता है। इस बिन्दु पर पहुँचकर सम्पूर्ण घटनाक्रम अपनी सर्वोच्च ऊँचाई प्राप्त कर लेता है।

'नायक एवं प्रतिनायक का युद्धारम्भ' पहले वाक् युद्ध से शुरू होता है। एक दूसरे के प्रति के वाग्बाण का प्रहार करते हैं। वाग्युद्ध रावण शुरू करता है, उद्धत ढंग से किन्तु राम शालीनता से उत्तर देते हैं।

श्रीराम के उत्तर में कहने वाले, कहने-करने वाले तथा केवल कर्मशील इन तीन प्रकार के व्यक्तियों का वर्गीकरण 'यथासंख्य' अलंकार द्वारा किया गया है। इस यथासंख्य अलंकार का मन्तव्य गूढ़ता से भरा रावण को तिरस्कृत तथा अपने पुरुषार्थ को उत्कृष्ट व्यंजित करने के लिए होने के कारण गूढोत्तर अलंकार माना जा सकता है।

'बैर करत नहिं तब डरे अब लागत प्रिय प्रान' के अन्तर्गत आर्थी व्यंजना है।

कहि दुर्बचन क्रुद्ध दसकंधर। कुलिस समान लाग छाँड़ै सर॥
नानाकार सिलीमुख धाए। दिसि अरु बिदिसि गगन महि छाए॥
पावक सर छाँड़ेउ रघुबीरा। छन महुँ जरे निसाचर तीरा॥
छाड़िसि तीब्र सक्ति खिसिआई। बान संग प्रभु फेरि चलाई॥
कोटिन्ह चक्र त्रिसूल पबारै। बिनु प्रयास प्रभु काटि निवारै॥
निफल होहिं रावन सर कैसें। खल के सकल मनोरथ जैसें॥
तब सत बान सारथी मारेसि। परेउ भूमि जय राम पुकारेसि॥
राम कृपा करि सूत उठावा। तब प्रभु परम क्रोध कहुँ पावा॥

अर्थ—दुर्वचन कहकर रावण क्रुद्ध हुआ और वज्र के समान बाण छोड़ने लगा। अनेकों आकार

के बाण आकाश में छा गये। वे दिशा, विदिशा, आकाश एवं भूमि पर छा गये।

श्रीराम ने अग्नि बाण छोड़ा और राक्षस रावण के समस्त बाण क्षण में जल उठे। उसने कुपित होकर तीव्र शक्ति छोड़ी श्रीराम ने उसे बाणों के साथ ही वापस भेज दिया।

करोड़ों, चक्र एवं त्रिशूल उसने फेंके और श्रीराम ने बिना प्रयास ही उन्हें काट कर नष्ट कर दिया। रावण के बाण इस प्रकार निष्फल हो रहे थे, जैसे दुष्टों के सम्पूर्ण मनोरथ।

तब रावण ने (श्रीराम के) सारथी को सौ वाण मारे। वह श्रीराम की जय कहकर पृथ्वी पर गिर पड़ा। श्रीराम ने कृपा करके सारथी को उठा लिया और तब प्रभु श्रीराम अत्यन्त क्रोधित हुए।

छंद— भए क्रुद्ध जुद्ध बिरुद्ध रघुपति त्रोन सायक कसमसे।
कोदंड धुनि अति चंड सुनि मनुजाद सब मारुत ग्रसे॥
मंदोदरी उर कंप कंपति कमठ भू भूधर त्रसे।
चिक्करहिं दिग्गज दसन गहि महि देखि कौतुक सुर हँसे॥

दो०— तानेउ चाप श्रवन लगि छाँड़े बिसिख कराल।
राम मारगन गन चले लहलहात जनु ब्याल॥ ९१॥

युद्ध में शत्रु के विरुद्ध श्रीराम क्रुद्ध हुए और उनके बाण तरकस में कसमसाने लगे। उनके धनुष की अत्यन्त प्रचंड ध्वनि सुनकर सम्पूर्ण राक्षस अत्यधिक वातग्रस्त (भयभीत) हो उठे। मंदोदरी का उर कंप से कँपने लगा। कच्छप, पृथ्वी, पर्वत संत्रस्त हो उठे। दाँतों से पृथ्वी को पकड़कर दिग्गज चिंघाड़ने लगे। यह कौतुक देखकर देवता हँस पड़े।

श्रीराम ने धनुष को कान तक तानकर भयंकर बाण छोड़े। श्रीराम के बाण समूह (मारगन) इस प्रकार चले, मानो लहलहाते हुए सर्प॥ ९१॥

टिप्पणी—श्रीराम रावण का पारस्परिक द्वन्द्व युद्ध शक्ति कौशल एवं बाण विद्याओं के प्रदर्शन से होता है। वाल्मीकि रामायण में यही क्रम है। वायव्य, अग्नि, राक्षसास्त्र आदि-आदि बाणों के छूटने, उनके प्रभावों तथा उस प्रभाव को निष्क्रिय बनाने का युद्ध कौशल का चित्रण वाल्मीकि की ही भाँति तुलसी भी करते हैं।

वाल्मीकि ने राम-रावण युद्ध की तुल्यता का बड़े ही मार्मिक शब्दों में उल्लेख लिखा है—

गगनंगगनाकारं सागरं सागरोपमः।
रामरावणयोर्युद्धं राम रावणयोरिव।
एवं ब्रुवन्तो ददृशुस्तद् युद्धं राम रावणम्॥

आकाश आकाश के ही तुल्य है, समुद्र समुद्र के ही समान है, और राम-रावण का युद्ध राम-रावण के युद्ध के समान ही और ऐसा कहते हुए सभी राम-रावण का युद्ध देखने लगे।

चले बान सपच्छ जनु उरगा। प्रथमहिं हतेउ सारथी तुरगा॥
रथ बिभंजि हति केतु पताका। गर्जा अति अंतर बल थाका॥
तुरत आन रथ चढ़ि खिसिआना। अस्त्र सस्त्र छाँड़ेसि बिधि नाना॥
बिफल होहिं सब उद्यम ताके। जिमि परद्रोह निरत मनसा के॥
तब रावन दस सूल चलावा। बाजि चारि महि मारि गिरावा॥
तुरग उठाइ कोपि रघुनायक। खैंचि सरासन छाँड़े सायक॥
रावन सिर सरोज बनचारी। चलि रघुबीर सिलीमुख धारी॥
दस दस बान भाल दस मारे। निसरि गए चले रुधिर पनारे॥
स्त्रवत रुधिर धायउ बलवाना। प्रभु पुनि कृत धनु सर संधाना॥

तीस तीर रघुबीर पबारे। भुजन्हि समेत सीस महि पारे॥
काटतहीं पुनि भये नबीने। राम बहोरि भुजा सिर छीने॥
प्रभु बहु बार बाहु सिर हए। कटत झटिसि पुनि नूतन भए॥
पुनि पुनि प्रभु काटत भुज सीसा। अति कौतुकी कोसलाधीसा॥
रहे छाइ नभ सिर अरु बाहू। मानहुँ अमित केतु अरु राहू॥

अर्थ—बाण इस प्रकार चले, जैसे पंखवाले सर्प। सबसे पहले उन्होंने सारथी को मारा। रथ को ध्वस्त करके ध्वजा तथा पताकाओं को नष्ट किया। रावण, इस पर, बड़े जोर से गरजा, यद्यपि उसका समस्त बल थक गया था।

वह तुरन्त ही, दूसरे रथ पर चढ़कर क्रुद्ध हुआ तथा नाना प्रकार के अस्त्र-शस्त्र छोड़े। उसके समस्त उद्योग निष्फल हो रहे हैं जैसे पर द्रोह में दत्तचित्त मनुष्य के विचार।

तब रावण ने दस त्रिशूल फेंके और चारों घोड़ों को घायल करके पृथ्वी पर गिरा दिया। श्रीराम ने घोड़ों को उठाकर तथा कुपित होकर धनुष पर खींच कर बाण मारे।

तब रावण के सिररूपी कमल वन में विचरण करने वाले श्रीराम के बाणरूपी भ्रमरों की पंक्ति चली। उन्होंने उसके मस्तक पर दस-दस बांण मारे और वे उन्हें बींधकर पार निकल गये तथा उनसे रक्त के पनाले बह निकले।

रक्त बहते हुए भी वह बलवान रावण दौड़ा, प्रभु श्रीराम ने पुनः धनुष पर बाण चलाया। श्रीराम ने तीस बाण मारे और बीसों भुजाओं के साथ सिरों को पृथ्वी पर गिरा दिया।

वे काटते ही नये बन गये और पुनः श्रीराम ने भुजाओं तथा शिरों को काट डाला। प्रभु श्रीराम ने अनेकों बार भुजाओं तथा सिरों को काटे किन्तु वे कटते ही तुरन्त नये हे उठे।

अति कौतुकी कोशलाधीश श्रीराम बार -बार उसकी भुजाओं तथा सिरों को काट रहे हैं। आकाश में शीश तथा बाहुएँ छा गई मानो, (आकाश में) अनन्त राहु तथा केतु हो।

छंद— जनु राहु केतु अनेक नभ पथ स्त्रवत सोनित धावहीं।
रघुबीर तीर प्रचंड लागहिं भूमि गिरन न पावहीं॥
एक एक सर सिर निकर छेदे नभ उड़त इमि सोहहीं।
जनु कोपि दिनकर कर निकर जहँ तहँ बिधुंतुद पोहहीं॥

दो०— जिमि जिमि प्रभु हर तासु सिर तिमि तिम होहिं अपार।
सेवत बिषय बिबर्ध जिमि नित नित नूतन मार॥ ९२॥

रुधिर बहाते हुए आकाश में मानो अनेक राहु एवं केतु दौड़ रहे हैं। श्रीराम के प्रचण्ड बाण लगने से वे पृथ्वी पर गिर नहीं पा रहे हैं। एक एक बाण से सिर के समूह छिपे हुए आकाश में इस प्रकार शोभित हो रहे हैं, मानो सूर्य की किरणें क्रुद्ध होकर जहाँ-तहाँ राहुओं को पिरो रही हों।

ज्यो-ज्यों प्रभु श्रीराम उसके सिरों को काटते हैं त्यों-त्यों वे अपार होते जा रहे हैं। जैसे विषयों के सेवन करने पर काम वासनाएँ दिन-प्रतिदिन नूतन भाव से विवर्धित (बढ़ती जाती) होती जाती हैं॥ ९२॥

टिप्पणी—श्री राम-रावण के युद्ध का वह भयंकर रूप जहाँ यह युद्ध अपने निर्णायक दौर से गुजर रहा है। रावण सिर सरोज-साङ्गरूपक अलंकार द्वारा रावण के सिरों के काटे जाने की कवि पूर्व सूचना देना चाहता है। रावण के सिर कटने के बाद पुनः नवीन हो उठे हैं, यह नायक के साहस को हतप्रभ करने के लिए किया गया है। शत्रु के अजेयता इस कृत्य में चित्रित है। यह अजेयता की कथा सन्दर्भ को और धारधार बनाती है। वाल्मीकि रामायण में यह प्रसंग नहीं है। यह सर्वप्रथम अध्यात्म रामायण में अत्यन्त संक्षेप के साथ निर्दिष्ट है। सिरों के कटने के बाद

पुनः नया हो जाने का उल्लेख हनुमन्नाटक में भी है।

दसमुख देखि सिरन्ह कै बाढ़ी। बिसरा मरन भई रिस गाढ़ी॥
गर्जेउ मूढ़ महा अभिमानी। धायउ दसहु सरासन तानी॥
समर भूमि दसकंधर कोप्यो। बरषि बान रघुपति रथ तोप्यो॥
दंड एक रथ देखि न परेऊ। जनु निहार महुँ दिनकर दुरेऊ॥
हाहाकार सुरन्ह जब कीन्हा। तब प्रभु कोपि कारमुक लीन्हा॥
सर निवारि रिपु के सिर काटे। ते दिसि बिदिशि गगन महि पाटे॥
काटे सिर नभ मारग धावहिं। जय जय धुनि करि भय उपजावहिं॥
कहँ लछिमन सुग्रीव कपीसा। कहँ रघुबीर कोसलाधीसा॥

अर्थ—रावण अपने सिरों की बाढ़ देखकर, मृत्यु भूल गया और उसका क्रोध बढ़ा। वह महान अभिमानी मूढ़ गरजा और दसों धनुषों को खींचकर बढ़ा।

युद्ध स्थल में रावण कुपित हुआ और वाण वर्षाकर श्रीराम के रथ को ढक लिया। एक दण्ड के लिए रथ नहीं दिखाई पड़ा मानों कुहरे से सूर्य ढक गया हो।

जब देवताओं ने हाहाकार किया तब प्रभु श्रीराम ने कुपित होकर धनुष उठाया। वाणों का निवारण करके सिरों को काट डाला और उसे दिशा, विदिशा आकाश तथा पृथ्वी को पाट डाला।

काटे हुए सिर आकाश में दौड़ते हैं। जय जय की ध्वनि करके भय उत्पन्न करते हैं। लक्ष्मण कहां है, वानरराज सुग्रीव कहाँ है कहाँ कोशलाधीश श्रीराम है (कहते हैं)।

छंद— **कहँ रामु कहि सिर निकर धाए देखि मर्कट भजि चले।**
संधानि धनु रघुबंसमनि हँसि सरन्हि सिर बेधे भले॥
सिर मालिका कर कालिका गहि बृंद बृंदन्हि बहु मिलीं।
करि रुधिर सरि मज्जन मनहुँ संग्राम बट पूजन चलीं॥

दो०— **पुनि दसकंठ क्रुद्ध होइ छाँड़ी सक्ति प्रचंड।**
चली बिभीषन सन्मुख मनहुँ काल कर दंड॥ ९३॥

कहाँ श्रीराम हैं, सिर समूह कहकर दौड़े, उन्हें देखकर वानर भाग चले। तब धनुष सन्धान करके रघुवंशशिरोमणि श्रीराम ने हँसकर उन्हें भलीभाँति बिद्धकर डाला। कालिकाएँ हाथों में सिरों की मालिकाएँ लेकर झुंड की झुंड मिलकर इकट्ठीं हो रही हैं, मानो वे रुधिररूपी नदी में स्नान करके संग्रामरूपी वट वृक्ष का पूजन करने चल पड़ी हों।

पुनः रावण ने क्रुद्ध होकर प्रंचड शक्ति छोड़ी। वह विभीषण के सामने ऐसी चली मानो यमराज का दण्ड हो॥ ९३॥

टिप्पणी—रावण के कटे हुए सिरों का भयावह चित्रण तुलसी की अपनी विशिष्ट योजना है। रावण के कटे हुए सिरों से आकाश पट जाता है किन्तु रावण मरता नहीं। ये कटे हुए सिर आतंक उत्पन्न करके लक्ष्मणादि को भयान्वित कर देते हैं। कवि इनके माध्यम से समरांगण के भयावह एवं संत्रासकारी दृश्य को बड़ी ही तन्मयता तथा उत्सुकता से चित्रित करता है।

आवत देखि सक्ति अति घोरा। प्रनतारति भंजन पन मोरा॥
तुरत बिभीषन पाछें मेला। सन्मुख राम सहेउ सोइ सेला॥
लागि सक्ति मुरुछा कछु भई। प्रभु कृत खेल सुरन्ह बिकलई॥
देखि बिभीषन प्रभु श्रम पायो। गहि कर गदा क्रुद्ध होइ धायो॥
रे कुभाग्य सठ मंद कुबुद्धे। तैं सुर नर मुनि नाग बिरुद्धे॥

सादर सिव कहुँ सीस चढ़ाए। एक एक के कोटिन्ह पाए॥
तेहि कारन खल अब लगि बाँच्यो। अब तव कालु सीस पर नाच्यो॥
राम बिमुख सठ चहसि संपदा। अस कहि हनेसि माझ उर गदा॥

अर्थ—अत्यन्त भयंकर शक्ति को आते देखकर श्रीराम ने विचार किया कि शरगागतों के दु:ख को नाश करना मेरा प्रण है। विभीषण को अपने पीछे करके श्रीराम ने सामने वह शक्ति झेल ली।

शक्ति लगने पर थोड़ी देर के लिए मूर्च्छा आई। वह प्रभु श्रीराम के लिए लीला है किन्तु देवताओं के लिए विकलता। विभीषण ने देखा कि प्रभु श्रीराम श्रमित हैं तब क्रुद्ध भाव से हाथ में गदा धारण करके दौड़े।

(और वे बोले) कि रे अभागे, शठ, नीच दुर्बुद्धि! तूने देवता, मनुष्य, मुनि नाग सभी से विरोध किया है। आदरपूर्वक शिव को सिर चढ़ाया और इसी से एक-एक के बदले में करोड़ों प्राप्त कर लिया।

इसी कारणवश रे दुष्ट अब तक बचा रहा। अब तुम्हारी मृत्यु तुम्हारे सिर पर नाच रही है। श्रीराम के विमुख होकर रे शठ! तू सम्पत्ति चाहता है, ऐसा कहकर उसके हृदय के मध्य गदा से प्रहार किया।

छंद— **उर माझ गदा प्रहार घोर कठोर लागत महि पर्‌यो।**
दस बदन सोनित स्त्रवत पुनि संभारि धायो रिस भर्‌यो॥
द्वौ भिरे अतिबल मल्लजुद्ध बिरुद्ध एकु एकहि हनै।
रघुबीर बल दर्पित बिभीषनु घालि नहिं ता कहुँ गनै॥

दो०— **उमा बिभीषनु रावनहि सन्मुख चितव कि काउ।**
सो अब भिरत काल ज्यों श्रीरघुबीर प्रभाउ॥ ९४॥

हृदय के बीचोबीच भयंकर गदा के प्रहार लगते ही वह भूमि पर गिर पड़ा। दसों मुखों से रक्त बहने लगा और पुन: अपने आपके को सम्हाल करके क्रोधित दौड़ा। दोनों अत्यधिक बलशाली योद्धा एक-दूसरे के विरुद्ध मल्लयुद्ध में भिड़ गये और (एक दूसरे को) मारने लगे। श्रीराम के गर्व से गर्वित विभीषण उसको घलुए (घालि) के बराबर भी नहीं समझता था।

हे पार्वती! क्या विभीषण रावण के सामने कभी (आँख उठाकर भी) देख सकता था? श्रीराम के प्रभाव के फलस्वरूप अब वह उससे काल की भाँति भिड़ रहा है॥ ९४॥

टिप्पणी—सिर कटने के बाद भी न मरने वाला रावण सभी को हताश कर देता है। विपक्षी नायक का यह कृत्य नायक को शौर्य तथा पराक्रम को और ऊँचाई प्रदान करता है।

इसके अतिरिक्त भी रावण एवं विभीषण का युद्ध विशेष विचारणीय है। यह प्रकरण वाल्मीकि रामायण में है। मूलत: नैतिक तथा उदात्त मूल्यों की संरक्षा के लिए लोक सम्बन्ध तिरस्कार्य हैं, ऐसा विश्वास वाल्मीकि तथा तुलसीदास दोनों महाकवियों का है।

देखा श्रमित बिभीषनु भारी। धायउ हनूमान गिरि धारी॥
रथ तुरंग सारथी निपाता। हृदय माझ तेहि मारेसि लाता॥
ठाढ़ रहा अति कंपित गाता। गयउ बिभीषनु जहँ जनत्राता॥
पुनि रावन कपि हतेउ पचारी। चलेउ गगन कपि पूँछ पसारी॥
गहिसि पूँछ कपि सहित उड़ाना। पुनि फिरि भिरेउ प्रबल हनुमाना॥
लरत अकास जुगल सम जोधा। एकहि एकु हनत करि क्रोधा॥
सोहहिं नभ छल बल बहु करहीं। कज्जल गिरि सुमेरु जनु लरहीं॥
बुद्धि बल निसिचर परइ न पार्‌यो। तब मारुत सुत प्रभु संभार्‌यो॥

अर्थ—विभीषण को अत्यधिक थका देखकर हनुमान पर्वत लेकर दौड़े। उन्होंने उसके रथ, सारथी एवं घोड़ों को मार डाला और उसकी छाती पर उन्होंने लात से मारा।

अत्यन्त कंपित शरीर से रावण खड़ा रहा और विभीषण वहाँ गये जहाँ अपने दासों के रक्षक श्रीराम थे। फिर रावण ने ललकार कर हनुमान को मारा। वे पूँछ फैलाकर आकाश में उड़ चले।

(रावण ने) पूँछ पकड़ ली और कवि हनुमान उसको साथ लिए उड़ चले और फिर लौट कर अत्यन्त बलशाली हनुमान उससे भिड़ गये। दोनों समान योद्धा एक दूसरे पर क्रोध करते हुए (एक दूसरे को) मारने लगे।

दोनों अनेक छल-बल करते हुए आकाश में इस प्रकार शोभित हो रहे हैं मानो कज्जल गिरि एवं सुमेरु पर्वत लड़ रहे हों। जब बुद्धि बल से राक्षस रावण वश में नहीं हो सका तब हनुमान ने प्रभु श्रीराम का स्मरण किया।

छंद— संभारि श्रीरघुबीर धीर पचारि कपि रावनु हन्यो।
महि परत पुनि उठि लरत देवन्ह जुगल कहुँ जय जय भन्यो॥
हनुमंत संकट देखि मर्कट भालु क्रोधातुर चले।
रन मत्त रावन सकल सुभट प्रचंड भुज बल दलमले॥

दो०— तब रघुबीर पचारे धाए कीस प्रचंड।
कपि बल प्रबल देखि तेहिं कीन्ह प्रगट पाषंड॥ ९५॥

श्रीराम का स्मरण करके धैर्यशाली हनुमान ने ललकार करके रावण पर प्रहार किया। दोनों पृथ्वी पर गिरते हैं, दोनों उठकर लड़ते हैं और देवतागण उन दोनों की जय-जय कह रहे हैं। हनुमान का संकट देखकरके वानर तथा भालु क्रोधातुर होकर दौड़े किन्तु रण के मद में मत्त रावण ने अपनी प्रचंड भुजाओं के बल से (सभी को) कुचल और मसल डाला।

तब श्रीराम के ललकारने पर प्रचंड वीर वानर दौड़े। वानरों के शक्तिशाली बल को देखकर उसने अपनी माया (पाखंड) प्रकट की॥ ९५॥

टिप्पणी—श्रीराम को विश्राम प्रदान करने के लिए विभीषण के पश्चात् हनुमान-रावण युद्ध होता है, रावण और हनुमान के भयंकर युद्ध में शत्रु पक्ष की प्रबलता का ही उल्लेख है किन्तु जब प्रतिपक्षी रावण हारने लगता है, तब मायायुद्ध प्रारम्भ करता है।

तुलसी मायायुद्ध के अनेक प्रसंगों को रखते हैं। मध्यकालीन अवधारणाएँ, जिनका सम्बन्ध विश्वास से जुड़ा है, वे इस युद्ध के लिए सहमति प्रदान करती हैं।

अंतरधान भयउ छन एका। पुनि प्रगटे खल रूप अनेका॥
रघुपति कटक भालु कपि जेते। जहँ तहँ प्रगट दसानन तेते॥
देखे कपिन्ह अमित दससीसा। जहँ तहँ भजे भालु अरु कीसा॥
भागे बानर धरहिं न धीरा। त्राहि त्राहि लछिमन रघुबीरा॥
दहँ दिसि धावहिं कोटिन्ह रावन। गर्जहिं घोर कठोर भयावन॥
डरे सकल सुर चले पराई। जय कै आस तजहु अब भाई॥
सब सुर जिते एक दसकंधर। अब बहु भए तकहु गिरि कंदर॥
रहे बिरंचि संभु मुनि ग्यानी। जिन्ह जिन्ह प्रभु महिमा कछु जानी॥

अर्थ—एक क्षण के लिए वह अन्तर्धान हो गया और फिर उस दुष्ट ने अनेक रूपों को प्रकट किया। श्रीराम की सेना में जितने भालु कपि थे, उतने ही रावण जहाँ तहाँ प्रकट हो उठे।

वानरों ने अनन्त रावण देखे। वे वानर भालु (इसे देखकर) जहाँ-तहाँ भाग चले। भागते हुए वानर धैर्य नहीं धारण कर पाते। हे श्रीराम! हे लक्ष्मण! रक्षा करे, रक्षा करें (कहने लगे)।

दसों दिशाओं में करोड़ों रावण दौड़ने लगे। वे भीषण, कठोर तथा भयकारी गर्जना कर रहे हैं। सारे देवता भी डरे हुए भाग चले। (और वे कहने लगे कि) हे भाई! अब जय की आशा त्याग दो।

सम्पूर्ण देवताओं को तो एक ही रावण ने जीत लिया था। अब तो बहुत से रावण हो गये हैं। पर्वत कन्दराओं की शरण लो। वहाँ शिव, ब्रह्मा तथा वे ज्ञानी मुनि ही डटे रहे जिन्होंने प्रभु श्रीराम की कुछ महिमा समझ रखी थी।

छंद— जाना प्रताप ते रहे निर्भय कपिन्ह रिपु माने फुरे।
चले बिचलि मर्कट भालु सकल कृपाल पाहि भयातुरे॥
हनुमंत अंगद नील नल अतिबल लरत रन बाँकुरे।
मर्दहिं दसानन कोटि कोटिन्ह कपट भू भट अंकुरे॥

दो०— सुर बानर देखे बिकल हँस्यो कोसलाधीस।
सजि सारंग एक सर हते सकल दससीस॥ ९६॥

जो प्रभु श्रीराम का प्रताप जानते थे, वे निर्भय डटे रहे किन्तु वानरों ने उन्हें सब को ही (रावण) मान लिया था। सभी वानर तथा भालु विचलित भाग चले थे, हे कृपालु श्रीराम रक्षा करें। हनुमान, अंगद, नील, नल आदि अत्यंत बल बाँकुरे लड़ते और कपटरूपी पृथ्वी से अंकुरित हुए करोड़ों-करोड़ों योद्धा रावणों को ये मसल रहे थे।

देवताओं एवं वानरों को व्याकुल देखकर कोशलाधीश श्रीराम हँस पड़े और शार्ङ्गधनुष पर एक ही बाण चढ़ाकर माया के सभी रावणों को मार डाला॥ ९६॥

टिप्पणी—अनेक रावणों की परिकल्पना इस मायिक युद्ध को भयावहता को सिद्ध करता है। अनेक रावणों को देखकर देवता भयभीत होकर भाग चलते हैं—

'डरे सकल सुर चले पराई। जय के आस तजहु अब भाई॥'

यहाँ काव्योक्ति अलंकार है। इस काव्योक्ति का मुख्य धर्म रचना विलास से परिहास उत्पन्न करता है।

अनेक रावणों के मायामय युद्ध की कल्पना कवि की अपनी युद्ध विषयक रचना दृष्टि का अंग है।

प्रभु छन महुँ माया सब काटी। जिमि रबि उएँ जाहिं तम फाटी॥
रावनु एकु देखि सुर हरषे। फिरे सुमन बहु प्रभु पर बरषे॥
भुज उठाइ रघुपति कपि फेरे। फिरे एक एकन्ह तब टेरे॥
प्रभु बलु पाइ भालु कपि धाए। तरल तमकि संजुग महि आए॥
अस्तुति करत देवतन्हि देखें। भयउँ एक मैं इन्ह के लेखें॥
सठहु सदा तुम्ह मोर मरायल। अस कहि कोपि गगन पर धायल॥
हाहाकार करत सुर भागे। खलहु जाहु कहँ मोरें आगे॥
देखि बिकल सुर अंगद धायो। कूदि चरन गहि भूमि गिरायो॥

अर्थ—प्रभु श्रीराम ने क्षणभर में सारी माया काट डाली। सूर्योदय होने पर जैसे अंधकार फट (नष्ट हो) जाता है। रावण (अब) एक ही है, यह देखकर देवता हर्षित हुए और लौटकर प्रभु पर बहुत सारे पुष्प बरसाये।

श्रीराम ने अपनी भुजाएँ उठाकर वानरों को लौटाया, तब वे (परस्पर) एक दूसरे को पुकारते हुए लौट आये। प्रभु श्रीराम के बल को पाकर वानर तथा भालु दौड़े और वे जल्दी से तमक करके युद्ध भूमि में आ गये।

देवताओं को स्तुति करते हुए देखकर उसने सोचा कि मैं इनकी समझ से एक हो गया हूँ और बोला कि हे मूर्खों तुम सब सदा मेरी मार खाने वाले रहे हो और ऐसा कहकर वह क्रोधपूर्वक आकाश की ओर दौड़ा।

देवतागण हाहाकार करते हुए भाग चले, दुष्टों मेरे आने से (भागकर) कहाँ जा सकोगे? (रावण ने फिर ऐसा कहा) देवताओं को व्याकुल देखकर अंगद दौड़े और कूदकर चरण पकड़ा और उसे भूमि पर गिरा दिया।

छंद— गहि भूमि पार्‌यो लात मार्‌यो बालिसुत प्रभु पहिं गयो।
संभारि उठि दसकंठ घोर कठोर रव गर्जत भयो॥
करि दाप चाप चढ़ाइ दस संधानि सर बहु बरषई।
किए सकल भट घायल भयाकुल देखि निज बल हरषई॥

दो०— तब रघुपति लंकेस के सीस भुजा सर चाप।
काटे बहुत बढ़े पुनि जिमि तीरथ कर पाप॥ ९७॥

पकड़कर उसे भूमि पर गिराकर बालिपुत्र अंगद ने लातों से मारा और श्रीराम के पास गये। रावण सम्हाल कर उठा और भयंकर कठोर शब्दों में गर्जना करने लगा। वह अत्यन्त गर्वपूर्वक दस धनुषों को चढ़ाकर और उन पर बहुत से बाणों का सन्धान करके बरसाने लगा। उसने सम्पूर्ण योद्धाओं को घायल और भय से व्याकुल कर दिया और अपना बल देखकर वह हर्षित हो उठा।

तब श्रीराम ने रावण के सिर, भुजाएँ, धनुष तथा बाण सभी काट डाले। (कटने पर) वे पुनः बहुत बढ़ गये, जैसे तीर्थों में किये हुए पाप बढ़ जाते हैं॥ ९७॥

टिप्पणी—रावण का, स्तुति करते हुए देवताओं पर, क्रुद्ध होकर दुत्कारना, कवि की अपनी कल्पना है। यह परम्परित रामायणों में नहीं है। यह प्रसंग देवताओं की श्रीराम के साथ पक्षधरता को इंगित कराने के लिए ही कल्पित हैं। डाटने मात्र से देवताओं का भाग जाना रावण के आतंकपूर्ण व्यक्तित्व का व्यंजक है।

सिर भुज बाढ़ि देखि रिपु केरी। भालु कपिन्ह रिस भई घनेरी॥
मरत न मूढ़ कटेहुँ भुज सीसा। धाए कोपि भालु भट कीसा॥
बालितनय मारुति नल नीला। बानरराज दुबिद बलसीला॥
बिटप महीधर करहिं प्रहारा। सोइ गिरि तरु गहि कपिन्ह सो मारा॥
एक नखन्हि रिपु बपुष बिदारी। भागि चलहिं एक लातन्ह मारी॥
तब नल नील सिरन्हि चढ़ि गयऊ। नखन्हि लिलार बिदारत भयऊ॥
रुधिर देखि बिषाद उर भारी। तिन्हहि धरन कहुँ भुजा पसारी॥
गहे न जाहिं करन्हि पर फिरहीं। जनु जुग मधुप कमल बन चरहीं॥
कोपि कूदि द्वौ धरेसि बहोरी। महि पटकत भजे भुजा मरोरी॥
पुनि सकोप दस धनु कर लीन्हे। सरन्हि मारि घायल कपि कीन्हे॥
हनुमदादि मुरुछित करि बंदर। पाइ प्रदोष हरष दसकंधर॥
मुरुछित देखि सकल कपि बीरा। जामवंत धायउ रनधीरा॥
संग भालु भूधर तरु धारी। मारन लगे पचारि पचारी॥

भयउ क्रुद्ध रावन बलवाना। गहि पद महि पटकइ भट नाना॥
देखि भालुपति निज दल घाता। कोपि माझ उर मारेसि लाता॥

अर्थ—शत्रु रावण की भुजाओं एवं शिरों की बाढ़ देखकर भालुओं और वानरों को बड़ा क्रोध हुआ। यह शठ भुजाओं और सिरों के कटने से भी नहीं मरता और यह कहते हुए वानर तथा भालु क्रोध करके दौड़े।

बालिपुत्र अंगद, नल, नील, सुग्रीव तथा बलशाली द्विविद उस पर पर्वत तथा वृक्षों से प्रहार करते हैं और वह उन्हीं वृक्षों तथा पर्वतों को पकड़कर वानरों को मारता है।

कोई एक नखों से शरीर विदीर्ण करके भाग जाते हैं और कोई लात मारकर भागते हैं। तब नल एवं नील उसके सिरों पर चढ़ गये और नखों से उसके ललाट फाड़ने लगे।

रक्त देखकर उसके हृदय में बड़ा विषाद उत्पन्न हुआ और उनको पकड़ने के लिए भुजाएँ फैलाईं परन्तु वे पकड़ में नहीं आते तथा हाथों के ऊपर ही ऊपर फिरते हैं मानो दो भ्रमर कमलवन में विचरण कर रहे हों।

तब क्रोध करके तथा कूद करके उसने दोनों को पकड़ लिया। पृथ्वी पर उन्हें पटकते समय उसकी भुजा मरोड़ कर भाग चले। फिर क्रुद्ध होकर उसके दस धनुषों को उठाया और बाणों से मारकर वानरों को घायल कर दिया।

हनुमान आदि वानरों को मूर्च्छित करके सन्ध्या का समय पाकर रावण हर्षित हुआ। सारे वानर योद्धाओं को मूर्च्छित देखकर युद्ध में धैर्य रखने वाले जाम्बवान दौड़े।

साथ के भालु पर्वत तथा वृक्ष धारण करके ललकार ललकार कर मारने लगे। बलवान रावण तब क्रुद्ध हो उठा और पैर पकड़-पकड़कर वह पृथ्वी के ऊपर अनेक योद्धाओं को पटकने लगा।

जाम्बवान् ने अपने दल की क्षति देखकर क्रोधपूर्वक उसकी छाती पर लात से प्रहार किया।

छंद— उर लात घात प्रचंड लागत बिकल रथ ते महि परा।
गहि भालु बीसहुँ कर मनहुँ कमलन्हि बसे निसि मधुकरा॥
मुरुछित बिलोकि बहोरि पद हति भालुपति प्रभु पहिं गयो।
निसि जानि स्यंदन घालि तेहि तब सूत जतनु करत भयो॥

दो०— गइ मुरछा तब भालु कपि सब आए प्रभु पास।
निसिचर सकल रावनहि घेरि रहे अति त्रास॥ ९८॥

वक्ष पर चरण का प्रचंड आघात लगते ही वह व्याकुल होकर रथ से पृथ्वी के ऊपर गिर पड़ा। उसने अपने बीसों हाथों में भालुओं को पकड़ रखा था। यह ऐसा प्रतीत होता था मानों रात्रि में कमलों के मध्य भ्रमर बसे हुए हैं। उसे मूर्च्छित देखकर जाम्बवान उस पर पुनः प्रहार करके प्रभु श्रीराम के पास आये। रात्रि जानकर सारथी रावण को रथ में डाल करके उसकी रक्षा का उपाय करने लगा।

मूर्च्छा दूर होने पर सभी वानर तथा भालु श्रीराम के पास गये और उधर सभी राक्षसों ने अत्यधिक भयभीत होकर रावण को घेर लिया॥ ९८॥

टिप्पमी—वृद्ध जाम्बवान् का युद्ध आकस्मिक है यह उसके शौर्य को व्यंजित करने के लिए किया गया है। वृद्ध द्वारा रावण को मूर्च्छित किया जाना, सारथि द्वारा यत्न करके प्राण रक्षा करना, ये सभी कृत्य रावण के पराभव को व्यंजित करते हैं।

तेही निसि सीता पहिं जाई। त्रिजटा कहि सब कथा सुनाई॥
सिर भुज बाढ़ि सुनत रिपु केरी। सीता उर भइ त्रास घनेरी॥
मुख मलीन उपजी मन चिंता। त्रिजटा सन बोली तब सीता॥

होइहि कहा कहसि किन माता। केहि बिधि मरिहि बिस्व दुखदाता॥
रघुपति सर सिर कटेहुँ न मरई। बिधि बिपरीत चरित सब करई॥
मोर अभाग्य जिआवत ओही। जेहिं हौं हरि पद कमल बिछोही॥
जेहिं कृत कपट कनक मृग झूठा। अजहुँ सो दैव मोहि पर रूठा॥
जेहिं बिधि मोहि दुख दुसह सहाए। लछिमन कहुँ कटु बचन कहाए॥
रघुपति बिरह सबिष सर भारी। तकि तकि मार बार बहु मारी॥
ऐसेहुँ दुख जो राख मम प्राना। सोइ बिधि ताहि जिआव न आना॥
बहु बिधि कर बिलाप जानकी। करि करि सुरति कृपानिधान की॥
कह त्रिजटा सुनु राजकुमारी। उर सर लागत मरइ सुरारी॥
प्रभु ताते उर हतइ न तेही। एहि के हृदयँ बसति बैदेही॥

अर्थ—उसी रात्रि में सीता के पास जाकर त्रिजटा ने सम्पूर्ण कथा कहकर सुनाई। शत्रु के शिरों तथा भुजाओं की बाढ़ सुनकर सीता के हृदय में अत्यधिक भय उत्पन्न हुआ।

उनका मुख मलिन हो उठा और मन में चिन्ता उत्पन्न हुई और तब त्रिजटा से सीता बोलीं। हे माता! यह किस प्रकार होगा तथा (अर्थात् रावण की मृत्यु कैसे होगी?) बताती क्यों नहीं? यह विश्व के लिये दुःख देने वाला रावण किस प्रकार मरेगा?

श्रीराम के बाणों से भी सिर कटने पर भी वह नहीं मरता। विधाता सम्पूर्ण चरित्र विपरीत ही कर रहा है। जिससे (दुर्भाग्यवशात्) से मैं श्रीहरि के चरण-कमलों से बिछुड़ गई, वह दुर्भाग्य ही उसे जीवित किए हुए है।

जिसने कपट का झूठा मृग बनाया था, वह दैव आज भी मुझसे रूठा हुआ है जिस विधाता ने मुझे असह्य दुःख सहाये हैं और लक्ष्मण को वचन कहलाये।

श्रीराम के विरहरूपी विषयुक्त वाणों से बार-बार जिस दैव ने मारा है, वह अब भी लक्ष्य संधान करके मार रहा है तथा ऐसे दुःख में भी मेरे प्राणों को रखे हुए है (अर्थात् मरने नहीं देता), वही विधाता ही उसे जीवित किये हुए है और कोई दूसरा नहीं।

सीता कृपानिधान श्रीराम की याद करके अनेकों प्रकार से विलाप करती है। त्रिजटा ने कहा, हे राजकुमारी सीता सुनो, हृदय में बाण लगते ही राक्षस मरेगा।

प्रभु श्रीराम उसके हृदय में बाण इसलिए नहीं मारते कि इसके हृदय में सीता निवास करती है।

छंद— एहि के हृदयँ बस जानकी जानकी उर मम बास है।
मम उदर भुअन अनेक लागत बान सब कर नास है॥
सुनि बचन हरष बिषाद मन अति देखि पुनि त्रिजटाँ कहा।
अब मरिहि रिपु एहि बिधि सुनहि सुंदरि तजहि संसय महा॥

दो०— काटत सिर होइहि बिकल छुटि जाइहि तव ध्यान।
तब रावनहि हृदय महुँ मरिहहि रामु सुजान॥ ९९॥

इसके हृदय में जानकी का निवास है और जानकी के हृदय में मेरा निवास है और मेरे उदर में अनेक भुवन हैं और बाण लगते ही सभी का विनाश हो उठेगा। यह वाणी सुनकर सीता के हृदय में अत्यन्त हर्ष तथा विषाद दोनों हुए। हे सुन्दरी! इस गहन संदेह का परित्याग करो और सुनो अब शत्रु को इस प्रकार वे मारेंगे।

सिरों के बार-बार कटने से जब वह व्याकुल हो जायेगा, तब उसे तुम्हारा ध्यान टूट जायेगा, तब सुजान श्रीराम रावण के हृदय में (बाण) मारेंगे॥ ९९॥

टिप्पणी—श्रीराम रावण के हृदय में बाण प्रहार नहीं करते, जानते हैं कि इसमें सीता निवास करती है और सीता के हृदय में श्रीराम स्वयं निवास करते हैं और श्रीराम के हृदय में सम्पूर्ण ब्रह्मांड निवास करता है—और यदि रावण के हृदय को विदीर्ण किया जाता है तो प्रकारान्तर भाव से सम्पूर्ण ब्रह्मांड विनष्ट हो उठेगा, यह कथन एक काव्योक्ति है, जिसका उद्देश्य काव्यात्मक परिहास है। मूलतः यह उक्ति हनुमन्नाटक की है जिसका कवि अवसर पाकर उपयोग करता है किन्तु सन्दर्भ तथा मन्तव्य वह बदल देता है। विश्वास तथा कवि कल्पना को तुलसी यहाँ यथार्थ में बदलते हैं। हनुमन्नाटक में यह प्रसंग इस प्रकार है—

यो रामो न जघान वक्षसि रणे तं रावणं सायकैः,
स श्रेयो विवधातु वस्त्रिभुवन व्यापार चिन्ता परः।
हृदयस्थ प्रतिवासरं वसति सा तस्यास्त्वहं राघवो,
मय्यास्ते भुवनावली विलसिता द्वीप- समः सप्तभिः॥

(रावण के हृदय में निरन्तर सीता निवास करती हैं और सीता के हृदय में मैं निवास करता हूँ और मुझमें सातों द्वीप तथा चौदहों भुवन निवास करते हैं। यह विचार कर जिन श्रीराम ने रावण के हृदय में बाण का प्रहार नहीं किया—त्रिलोकों की रक्षा में तत्पर वे भगवान श्रीराम तुम्हारा कल्याण करें।)

अस कहि बहुत भाँति समुझाई। पुनि त्रिजटा निज भवन सिधाई॥
राम सुभाउ सुमिरि बैदेही। उपजी बिरह बिथा अति तेही॥
निसिहि ससिहि निंदति बहु भाँती। जुग सम भई सिराति न राती॥
करति बिलाप मनहिं मन भारी। राम बिरहँ जानकी दुखारी॥
जब अति भयउ बिरह उर दाहू। फरकेउ बाम नयन अरु बाहू॥
सगुन बिचारि धरी मन धीरा। अब मिलिहहिं कृपाल रघुबीरा॥
इहाँ अर्धनिसि रावनु जागा। निज सारथि सन खीझन लागा॥
सठ रनभूमि छड़ाइसि मोही। धिग धिग अधम मंदमति तोही॥
तेहिं पद गहि बहु बिधि समुझावा। भोरु भएँ रथु चढ़ि पुनि धावा॥
सुनि आगवनु दसानन केरा। कपिदल खरभर भयउ घनेरा॥
जहँ तहँ भूधर बिटप उपारी। धाए कटकटाइ भट भारी॥

अर्थ—ऐसा कहकर त्रिजटा ने बहुत तरह से समझा कर वह पुनः अपने भवन गई। श्रीराम के स्वभाव का स्मरण करके सीता को अत्यधिक विरह व्यथा उत्पन्न हुई।

रात्रि में वह भाँति-भाँति से चन्द्रमा की निन्दा करती है, रात बीतती नहीं, वह युग सदृश बन गई है। मन-ही-मन अत्यधिक विलाप करती हुई श्रीराम के विरह में सीता दुःखी थीं।

उनके हृदय में जब विरह की दारुण पीड़ा हुई तो उसी समय उनके बाम नेत्र एवं भुजाएँ फड़क उठीं। शकुन को विचार करके मन में धैर्य धारण किया, लगता है (अनुमान किया) कि कृपालु श्रीराम से भेंट होगी?

यहाँ आधी रात को रावण जागा तब अपने सारथी पर रुष्ट होकर कहने लगा। रे शठ! तूने मुझे रणभूमि छुड़ा दिया—रे अधम! रे मंदमति! तुझे धिक्कार है, तुझे धिक्कार है।

उसने चरण पकड़कर अनेक भाँति से समझाया और प्रातः होते ही वह रथ पर चढ़कर पुनः आया। रावण के आगमन को सुनकर वानरों की सेना में बड़ी खलबली मच गई।

जहाँ-तहाँ पर्वत एवं वृक्ष उखाड़कर बड़े-बड़े योद्धा कटकटाते हुए दौड़ पड़े।

छंद— धाए जो मर्कट बिकट भालु कराल कर भूधर धरा।
अति कोप करहिं प्रहार मारत भजि चले रजनीचरा॥

बिचलाइ दल बलवंत कीसन्ह घेरि पुनि रावनु लियो।
चहुँ दिसि चपेटन्हि मारि नखन्हि बिदारि तनु ब्याकुल कियो॥

दो०— देखि महा मर्कट प्रबल रावन कीन्ह बिचार।
अंतरहित होइ निमिष महुँ कृत माया बिस्तार॥ १००॥

विकराल एवं विकट वानर भालु हाथों में पर्वत धारण किये दौड़े अत्यन्त कुपित होकर वे प्रहार करते हैं और उनके मारने से राक्षस भाग चले। दल को विचलित करके पराक्रमी वानरों ने फिर रावण को घेर लिया और चारों दिशाओं से चपेटे मार-मार कर, नाखून से शरीर विदीर्ण कर करके उसे व्याकुल कर दिया।

वानरों को अत्यन्त प्रबल देखकर रावण ने विचार किया और अन्तर्धान होकर क्षण में ही माया फैला डाली॥ १००॥

टिप्पणी—सम्पूर्ण प्रसंग को कवि नाटकीयता प्रदान करने की चेष्टा करता है। रावण की मृत्यु सन्निकट है, सीता की विरह पीड़ा के सन्दर्भ में इसकी सूचना यह 'शकुन' द्वारा देता है। दूसरी ओर कवि उस पराक्रमी योद्धा रावण की आत्म विगर्हणा का भी चित्रण करता है। रणभूमि से भगाकर ले जाना यह एक पराक्रमी योद्धा के लिए मृत्यु से भी भयंकर अपमानजनक कार्य है। वह प्रकारान्तर भाव से अब निर्णायक युद्ध के लिए कटिबद्ध है!

छंद— जब कीन्ह तेहिं पाषंड। भए प्रगट जंतु प्रचंड॥
बेताल भूत पिसाच। कर धरें धनु नाराच॥
जोगिनि गहें करबाल। एक हाथ मनुज कपाल॥
करि सद्य सोनित पान। नाचहिं करहिं बहु गान॥
धरु मारु बोलहिं घोर। रहि पूरि धुनि चहुँ ओर॥
मुख बाइ धावहि खान। तब लगे कीस परान॥
जहँ जाहिं मर्कट भागि। तहँ बरत देखहि आगि॥
भए बिकल बानर भालु। पुनि लाग बरषै बालु॥
जहँ तहँ थकित करि कीस। गर्जेउ बहुरि दससीस॥
लछिमन कपीस समेत। भए सकल बीर अचेत॥
हा राम हा रघुनाथ। कहि सुभट मीजहिं हाथ॥
एहि बिधि सकल बल तोरि। तेहिं कीन्ह कपट बहोरि॥
प्रगटेसि बिपुल हनुमान। धाए गहे पाषान॥
तिन्ह रामु घेरे जाइ। चहुँ दिसि बरूथ बनाइ॥
मारहु धरहु जनि जाइ। कटकटहिं पूँछ उठाइ॥
दहँ दिसि लँगूर बिराज। तेहिं मध्य कोसलराज॥

छंद— तेहिं मध्य कोलराज सुंदर स्याम तन सोभा लही।
जनु इंद्रधनुष अनेक की बर बारि तुंग तमालही॥
प्रभु देखि हरष बिषाद उर सुर बदत जय जय जय करी।
रघुबीर एकहिं तीर कोपि निमेष महुँ माया हरी॥
माया बिगत कपि भालु हरषे बिटप गिरि गहि सब फिरे।
सर निकर छाड़े राम रावन बाहु सिर पुनि महि गिरे॥

श्रीराम रावन समर चरित अनेक कल्प जो गावहीं।
सत सेष सारद निगम कबि तेउ तदपि पार न पावहीं॥

दो०— ताके गुन गन कछु कहे जड़मति तुलसीदास।
जिमि निज बल अनुरूप ते माछी उड़इ अकास॥
काटे सिर भुज बार बहु मरत न भट लंकेस।
प्रभु क्रीड़त सुर सिद्ध मुनि ब्याकुल देखि कलेस॥ १०१

अर्थ—जब उसने पाखंड रचा तब अनेक प्रचंड जन्तु प्रकट हो उठे। बेताल, भूत तथा पिशाच हाथों में धनुष लेकर दिखाई पड़े।

योगिनियाँ एक हाथ में तलवार तथा दूसरे में मनुष्य के कपाल धारण किये ताजे रक्त का पान किये हुए नाचती तथा अनेक प्रकार का गाने गाती हैं।

वे, धरो-पकड़ो भयंकर शब्द बोलती हैं और उनकी ध्वनि चारों ओर गुंजरित हो रही है। वे मुख फैलाकर खाने दौड़तीं और तब बानर भागने लगे।

जहाँ-तहाँ वानर भाग कर जाते हैं, वहाँ जलती हुई आग देखते हैं। वानर भालु पुनः विकल हो उठे ततश्च बालू वर्षा होने लगी।

जहाँ-तहाँ वानरों को थकाकर रावण पुनः गरजा, लक्ष्मण तथा सुग्रीव सहित समस्त योद्धा अचेत हो उठे।

हा श्रीराम! हा रघुनाथ! कहकर योद्धा हाथ मीजते हैं, इस प्रकार उनकी सारी शक्ति तोड़कर पुनः माया प्रकट की।

उसने अनेक हनुमान प्रकट किये जो पाषाण लेकर दौड़े और उन्होंने जाकर चारों ओर दल बनाकर श्रीराम को घेर लिया।

पूछ उठाकर कटकटाते हैं कि मारो, पकड़ो, जाने न दो, दसों दिशाओं में पूँछें शोभित हो रही है और बीच में कोशलाधीश श्रीराम हैं।

उसके मध्य में कोशलराज श्रीराम का सुन्दर श्यामल शरीर इस प्रकार शोभा पा रहा है मानो ऊँचे तमाल वृक्ष के लिए अनेक इन्द्रधनुषों की सुन्दर बाड़ (घेरा) हो। प्रभु श्रीराम को देखकर विषादग्रस्त हृदय से देवता जय-जय कर रहे हैं। श्रीराम ने क्रोध करके पलभर में एक ही बाण से सारी माया हर ली।

माया से मुक्त होकर भालु तथा वानर हर्षित हुए और वृक्ष एवं पर्वत धारण करके पुनः लौटे। श्रीराम ने बाण समूह छोड़े जिनसे रावण के बाहु तथा सिर पुनः गिर पड़े। श्रीराम तथा रावण का युद्ध चरित्र यदि सैकड़ों शेष सरस्वती, वेद तथा कवि अनेक कल्पों तक गाते रहें तो भी उसका पार नहीं प्राप्त कर सकते।

उनके गुण समूहों का कुछ थोड़ा वर्णन मन्दबुद्धि तुलसीदास ने किया है और मक्खी भी अपनी शक्ति के अनुसार आकाश में उड़ना उड़ती है।

प्रभु श्रीराम ने अनेक बार उसके सिर तथा भुजाएँ काटी किन्तु रावण मरता नहीं। परन्तु प्रभु श्रीराम तो खेल कर रहे हैं किन्तु (दूसरी ओर) देवता, सिद्ध, मुनि क्लेश देखकर व्याकुल हैं॥ १०१॥

टिप्पणी—कवि युद्ध की भयंकरता को उसके शीर्ष पर पहुँचाकर उसे समापन बिन्दु की ओर ले जाने का प्रयास करता है। श्रीराम के पक्ष के सभी योद्धागण हतोत्साहित हैं। उनके हतोत्साहित होने में युद्ध की नाटकीयता एवं श्रीराम के पराक्रम तथा पौरुष का वृत्त और भी व्यापक हो जाता है।

काटत बढ़हिं सीस समुदाई। जिमि प्रति लाभ लोभ अधिकाई॥
मरइ न रिपु श्रम भयउ बिसेषा। राम बिभीषन तन तब देखा॥
उमा काल मर जाकीं ईछा। सो प्रभु जन कर प्रीति परीछा॥
सुनु सरबग्य चराचर नायक। प्रनतपाल सुर मुनि सुखदायक॥
नाभिकुंड पियूष बस याकें। नाथ जिअत रावनु बल ताकें॥
सुनत बिभीषन बचन कृपाला। हरषि गहे कर बान कराला॥
असगुन होन लगे तब नाना। रोवहिं खर सृकाल बहु स्वाना॥
बोलहिं खग जग आरति हेतू। प्रगट भए नभ जहँ तहँ केतू॥
दस दिसि दाह होन अति लागा। भयउ परब बिनु रबि उपरागा॥
मंदोदरि उर कंपति भारी। प्रतिमा स्त्रवहिं नयन मग बारी॥

अर्थ—काटते ही उसके सिर समूह बढ़ जाते हैं, जैसे प्रत्येक लाभ पर लोभ बढ़ता है। शत्रु मर नहीं रहा है और बहुत परिश्रम पड़ रहा है, तब श्रीराम ने विभीषण की ओर देखा।

हे पार्वती! काल स्वयं जिसकी इच्छा पाकर मर जाता है, वही प्रभु सेवक की प्रीति परीक्षा ले रहे हैं। (विभीषण ने बताया) कि हे सर्वज्ञ, सचराचर के स्वामी, प्रणत पालक एवं देवता तथा मुनियों को आनन्द प्रदान करने वाले श्रीराम! सुनिए।

इसके नाभिकुंड में अमृत बसता है, हे नाथ! जिसके बल से रावण जीवित है। कृपालु श्रीराम विभीषण की बात सुनते ही हर्षित होकर भयंकर बाण हाथ में लिये।

तब अनेक प्रकार के अशुभ प्रारम्भ हो गये अनेक गधे, स्यार एवं कुत्ते रोने लगे। जगत् के दुःख का भाव प्रकट करने के लिए पक्षी बोलने लगे तथा आकाश में जहाँ-तहाँ पुच्छल तारे प्रकट हो गये।

दशों दिशाओं में अत्यन्त दाह लागने लगी और बिना पर्व के ही सूर्यग्रह (रवि उपरागा) होने लगा। मंदोदरी के हृदय में अत्यधिक कम्प होने लगा एवं प्रतिमायें नेत्रों के मार्ग से जल स्त्रवित करने लगी।

छंद— प्रतिमा रुदहिं पबिपात नभ अति बात बह डोलति मही।
बरषहिं बलाहक रुधिर कच रज असुभ अति सक को कही॥
उतपात अमित बिलोकि नभ सुर बिकल बोलहिं जय जए।
सुर सभय जानि कृपाल रघुपति चाप सर जोरत भए॥

दो०— खैंचि सरासन श्रवन लगि छाड़े सर एकतीस।
रघुनायक सायक चले मानहुँ काल फनीस॥ १०२॥

प्रतिमाएँ रोने लगी, आकाश से वज्रपात होने लगे, प्रचंड आँधी बहने लगी, पृथ्वी हिलने लगी। बादल रक्त, बाल एवं धूलि की वर्षा करने लगे, उस अत्यधिक अशुभ का वर्णन कौन कर सकता है? अत्यधिक उत्पात देखकर देवगण आकाश में व्याकुल होकर जय-जय बोल रहे हैं। कृपालु श्रीराम देवताओं को भययुक्त जानकर धनुष के ऊपर बाण का सन्धान करने लगे।

धनुष को कानों तक खींचकर श्रीराम ने एकतीस बाण छोड़े। श्रीराम के (छोड़े हुए बाण) इस प्रकार चले मानो वे काल सर्प हों॥ १०२॥

टिप्पणी—रावण वध की आयोजना के लिए विभीषण मंत्रणा परम्परा में महत्त्वपूर्ण है। इसकी सर्वप्रथम सूचना अध्यात्म रामायण में मिलती है। यह प्रसंग वाल्मीकि रामायण में नहीं है। अध्यात्मरामायणकार कहता है—

नाभिदेशेऽमृतं तस्य कुण्डलाकार संस्थितम्।
तच्छोषययानलास्त्रेण तस्यमृत्युस्ततो भवेत्।

'इसके नाभिदेश में कुंडलाकार से अमृत रखा हुआ है, आप उसे आग्नेय अस्त्र से सुखा डालिये, तभी इसकी मृत्यु हो जायगी।'

मानस में भी, विभीषण की यही मंत्रणा रावण की मृत्यु का कारण बनती है।

रावण की मृत्यु न हो पाने के सन्दर्भ में कवि रावण की सामर्थ्य को महत्त्वपूर्ण न मानकर श्रीराम की लीला को महत्त्व देता है। श्रीराम रावण को जानबूझ कर नहीं मारते। रावण को न मारने के पीछे उनका स्वेच्छया लीला विलास भाव है।

सायक एक नाभि सर सोषा। अपर लगे भुज सिर करि रोषा॥
लै सिर बाहु चले नाराचा। सिर भुज हीन रुंड महि नाचा॥
धरनि धसइ धर धाव प्रचंडा। तब सर हति प्रभु कृत दुइ खंडा॥
गर्जेउ मरत घोर रव भारी। कहाँ रामु रन हतौं पचारी॥
डोली भूमि गिरत दसकंधर। छुभित सिंधु सरि दिग्गज भूधर॥
धरनि परेउ द्वौ खंड बढ़ाई। चापि भालु मर्कट समुदाई॥
मंदोदरि आगें भुज सीसा। धरि सर चले जहाँ जगदीसा॥
प्रबिसे सब निषंग महु जाई। देखि सुरन्ह दुंदुभीं बजाई॥
तासु तेज समान प्रभु आनन। हरषे देखि संभु चतुरानन॥
जय जय धुनि पूरी ब्रह्मंडा। जय रघुबीर प्रबल भुजदंडा॥
बरषहिं सुमन देव मुनि बृंदा। जय कृपाल जय जयति मुकुंदा॥

अर्थ—एक बाण ने (तो) नाभि में स्थित अमृत सरोवर को सोख लिया और शेष (तीस) बाण भुजाओं तथा सिरों पर लगे। उसके सिरों तथा बाहुओं को लेकर बाण चले तथा सिरों एवं भुजाओं से रहित धड़ पृथ्वी पर नाचने लगा।

धड़ प्रचंड वेग से पृथ्वी पर दौड़ा जिसे प्रभु श्रीराम ने बाण से मारकर दो टुकड़ों में कर दिया। मृत्यु के समय भयंकर शब्द करता हुआ गरज कर उसने कहा 'राम कहाँ हैं? ललकार कर उन्हें युद्ध में मारूँ।'

रावण के शरीरपात होते ही पृथ्वी हिल गई। समुद्र, नदियाँ, दिग्गज तथा पर्वत संक्षुब्ध हो उठे। वानर एवं भालु समूहों को दबाते हुए रावण धड़ के दोनों टुकड़ों को फैलकर (पृथ्वी पर) गिर पड़े।

उसकी भुजाएँ तथा सिर मंदोदरी के आगे रखकर बाण श्रीराम के पास चले और सभी तरकस में प्रविष्ट हो गये जिसे देखकर देवतागण दुंदुभी बजाने लगे।

उसका (रावण का) तेज प्रभु श्रीराम के मुख में समाहित हो उठा। जिसे देखकर शिव तथा ब्रह्मा हर्षित हो उठे। समस्त ब्रह्मांड भर में जय जय की ध्वनि भर गई कि प्रबल भुगजदण्डयुक्त श्रीराम की जय हो।

देवता तथा मुनि समूह पुष्प वर्षा कर रहे हैं और कह रहे हैं—कृपालु श्रीराम की जय हो, मुकुन्द की जय हो, जय हो।

विशेष—रावणवध के सन्दर्भ में कवि तीन मन्तव्यों को साथ-साथ व्यंजित करने की चेष्टा करता है—

(१) विभीषण की मंत्रणा का अनुपालन करके रावण की मृत्यु को विशिष्ट बना देना-अर्थात् अन्य किसी उपाय से वध सम्भव नहीं है और यदि है तो केवल इसी तरीके से।

(२) रावण को मार कर बाणों का पुन: श्रीराम के तरकस में प्रविष्ट हो उठना। ये बाण अगस्त्य मुनि द्वारा दिये गये थे। इस घटना का उल्लेख वाल्मीकि रामायण से लेकर अनेकानेक स्थलों पर चित्रित है। ये बाण ब्रह्म की महाकाल शक्ति के पयार्य हैं।

(४) रावण के तेज का प्रभु श्रीराम के तेज में अन्तनिर्हित हो उठना यह मध्यकालीन भक्ति एवं लीला का (मोटिफ़) अभिप्राय है। रावण को राम सायुज्यमुक्ति (अपने में ही सम्मिलित कर लेना) देते हैं। यह रावण के वैर एवं हठ का परिणाम है। वह भाई, पत्नी, मंत्री, नगर के शिष्ट जनों आदि के समझाने पर भी राम से वैर एवं हठ पूर्वक युद्ध का सम्बन्ध नहीं त्यागता, यही श्रीराम की भक्ति है। सम्पूर्ण मानस में श्रीराम की वैरभाव से चिन्ता करने वाला अन्य कोई दूसरा पात्र रावण जैसा नहीं है।

छंद— जय कृपा कंद मुकुंद द्वंद हरन सरन सुखप्रद प्रभो।
खल दल बिदारन परम कारन कारुनीक सदा बिभो॥
सुर सुमन बरषहिं हरष संकुल बाज दुंदुभि गहगही।
संग्राम अंगन राम अंग अनंग बहु सोभा लही॥
सिर जटा मुकुट प्रसून बिच बिच अति मनोहर राजहीं।
जनु नीलगिरि पर तड़ित पटल समेत उडुगन भ्राजहीं॥
भुजदंड सर कोदंड फेरत रुधिर कन तन अति बने।
जनु रायमुनीं तमाल पर बैठीं बिपुल सुख आपने॥

दो०— कृपादृष्टि करि बृष्टि प्रभु अभय किये सुर बृंद।
भालु कीस सब हरषे जय सुख धाम मुकुंद॥ १०३॥

हे कृपा के मूल! सम्पूर्ण द्वन्दों को नष्ट करने वाले हे मुकन्द! शरण में जाने वालों को आनन्द प्रदान करन वाले हे प्रभो! आपकी जय हो। हे दुष्टों के समूह को विदीर्ण करने वाले, परम कारण स्वरूप, निरन्तर करुणा करने वाले हे सर्वव्यापक विभो! आपकी जय हो। हर्ष से संकुलित देवता पुष्प वर्षा करते हैं और घमासान नगाड़े बज रहे हैं। इस प्रकार संग्राम के आँगन में श्रीराम के अंगों ने अनेक कामदेव की शोभा प्राप्त की।

सिर पर जटा मुकुट है, उस पर बीच-बीच में मनोहारी पुष्प शोभा दे रहे हैं मानो नीलगिरि पर विद्युत समूह सहित तारकगण शोभित हो रहे हो। श्रीराम अपनी भुजाओं से धनुष बाण फेर रहे हैं। रक्तकण शरीर पर अत्यन्त सुन्दर लग रहे हैं मानो तमाल वृक्ष पर लालमुनियाँ (पक्षिगण) अपने अत्यधिक आनन्द में मग्न बैठी हो।

प्रभु श्रीराम ने कृपादृष्टि की वृष्टि करके देव समूहों को निर्भय कर दिया। सभी वानर तथा भालु हर्षित हुए—आनन्द धाम भगवान मुकुन्द की जय हो॥ १०३॥

टिप्पणी—रावणवध के पश्चात् कवि वैष्णवी आस्था का आख्यान करता है। यह वैष्णवी आस्था देवता, इन्द्र, ब्रह्मा एवं शिव की स्तुतियों से सम्पुष्ट होती है। कवि इस वैष्णवी आस्था को श्रीराम की लीला का महत्तम धर्म मानता है। यह प्रसंग अध्यात्म रामायण एवं हनुमन्नाटक में भी है, किन्तु वर्णन स्वरूप में भिन्नता वर्तमान है।

पति सिर देखत मंदोदरी। मुरुछित बिकल धरनि खसि परी॥
जुबति बृंद रोवत उठि धाईं। तेहि उठाइ रावन पहिं आईं॥
पति गति देखि ते करहिं पुकारा। छूटे कच नहिं बपुष सँभारा॥
उर ताड़ना करहिं बिधि नाना। रोवत करहिं प्रताप बखाना॥
तव बल नाथ डोल नित धरनी। तेज हीन पावक ससि तरनी॥
सेष कमठ सहि सकहिं न भारा। सो तनु भूमि परेउ भरि छारा॥

बरुन कुबेर सुरेस समीरा। रन सन्मुख धरि काहुँ न धीरा॥
भुजबल जितेहु काल जम साईं। आजु परेहु अनाथ की नाईं॥
जगत बिदित तुम्हारि प्रभुताई। सुत परिजन बल बरनि न जाई॥
राम बिमुख अस हाल तुम्हारा। रहा न कोउ कुल रोवनिहारा॥
तव बस बिधि प्रपंच सब नाथा। सभय दिसिप नित नावहिं माथा॥
अब तव सिर भुज जंबुक खाहीं। राम बिमुख यह अनुचित नाहीं॥
काल बिबस पति कहा न माना। अग जग नाथ मनुज करि जाना॥

अर्थ—पति के सिर को देखते ही मंदोदरी व्याकुल तथा मूर्च्छित होकर पृथ्वी पर गिर पड़ी। युवतियाँ रोती हुई दौड़ी और उठाकर रावण के पास आई।

पति की दशा को देखकर वे पुकार-पुकार कर रोने लगीं, बाल खुल गये तथा शरीर नहीं सम्हल रहा है। नाना प्रकार से छातियाँ पीट रही हैं और रोते हुए उसके प्रभुता का बखान करती हैं।

हे नाथ! आपके बल से पृथ्वी डोलती रहती थी, (आपके समक्ष) अग्नि, चन्द्र एवं तेजहीन थे। शेषनाग एवं कच्छप पृथ्वी के भार को नहीं सकते थे, आज तुम्हारा वह शरीर धूल से भरा भूमि पर पड़ा हुआ है।

वरुण, कुबेर, इन्द्र, वायु में से कोई तुम्हारे समक्ष युद्ध में धैर्य नहीं धारण कर सकता था। हे स्वामी! आपने भुजाओं के बल से काल तथा यम को जीत लिया था किन्तु आज अनाथ की भाँति पड़े हैं।

आपकी प्रभुता विश्व विदित थी और तुम्हारे पुत्र एवं परिवार जनों के बल का वर्णन नहीं हो पाता था। श्रीराम से विमुख होने पर तुम्हारी यह दुर्दशा हो गई और अब परिवार में कोई रोने वाला भी नहीं बचा।

हे नाथ! आपके हाथ में विधाता की समस्त सृष्टि थी और भयान्वित दिक्पाल सदैव शीश झुकाते थे। अब तुम्हारे उन्हीं सिरों तथा भुजाओं को स्यार खायेंगे। श्रीराम से विमुख व्यक्ति के लिए यह अनुचित भी नहीं है।

हे पति! काल विवश होकर आपने मेरा कहना नहीं माना और सचराचर के स्वामी को मनुष्य करके समझा।

छंद— जान्यो मनुज करि दनुज कानन दहन पावक हरि स्वयं।
जेहि नमत सिव ब्रह्मादि सुर पिय भजेहु नहिं करुनामयं॥
आजन्म ते परद्रोह रत पापौघमय तव तनु अयं।
तुम्हहू दियो निज धाम राम नमामि ब्रह्म निरामयं॥

दो०— अहह नाथ रघुनाथ सम कृपासिंधु नहिं आन।
जोगि बृंद दुर्लभ गति तोहि दीन्हि भगवान॥ १०४॥

राक्षसोंरूपी वन को दहन करने वाले स्वयं श्रीहरि को मनुष्य करके माना हे पति! जिसका नमन शिव, ब्रह्मादिक देवता करते हैं, उस करुणामय (श्रीराम का) भजन नहीं किया। आपका यह शरीर जन्म लेते ही दूसरे से द्रोह करने में संलग्न तथा पाप के समूह से संयुक्त रहा है। इतने पर भी जिस निर्विकार ब्रह्म राम ने (आपको अपना परम) धाम दिया, उसको मैं नमस्कार करती हूँ।

अहह! हे नाथ! श्रीराम के सदृश करुणा का समुद्र और कोई दूसरा नहीं है क्योंकि उन भगवान् ने आपको योगियों के लिए भी दुर्लभ गति आपको प्रदान की है॥ १०४॥

टिप्पणी—मन्दोदरी के विलाप की आलोचकों ने निन्दा की है। विशेषकर मिश्रबन्धुओं ने

आरोप लगाया है कि मृत्यु के बाद कोई भी नारी अपने पति के लिए मृत्यु के बाद ऐसा नहीं कहती है कि 'अब तव सिर भुज जंबुक खाहीं। राम बिमुख यह अनुचित नाहीं।' तुलसी की श्रीराम के प्रति अन्धास्था इस प्रकार की वाक्य रचना कराने के लिए विवश है। इस मन्तव्य की वाक्य रचना सर्वप्रथम हनुमन्नाटक में मिलती है—

इह खलु विषमः पुराकृतानीं
भवति हि जन्तु कर्मणां विपाकः।
शिव शिरसि शिरांशि यानि रेजुः
शिव शिव तानि लुठन्ति गृद्ध पादैः॥

मंदोदरी बचन सुनि काना। सुर मुनि सिद्ध सबन्हि सुख माना॥
अज महेस नारद सनकादी। जे मुनिबर परमारथबादी॥
भरि लोचन रघुपतिहि निहारी। प्रेम मगन सब भए सुखारी॥
रुदन करत देखीं सब नारी। गयउ बिभीषनु मन दुख भारी॥
बंधु दसा बिलोकि दुख कीन्हा। तब प्रभु अनुजहि आयसु दीन्हा॥
लछिमन तेहि बहु बिधि समुझायो। बहुरि बिभीषन प्रभु पहिं आयो॥
कृपादृष्टि प्रभु ताहि बिलोका। करहु क्रिया परिहरि सब सोका॥
कीन्हि क्रिया प्रभु आयसु मानी। बिधिवत देस काल जियँ जानी॥
दो०— मंदोदरी आदि सब देइ तिलांजलि ताहि।
भवन गईं रघुपति गुन गन बरनत मन माहिं॥ १०५॥

अर्थ—मन्दोदरी के वचनों को कान से सुनकर देवता, मुनि, सिद्ध सभी ने सुख माना! ब्रह्मा!, महेश, नारद एवं जो सनकादि परमार्थवादी मुनि श्रेष्ठ थे—

सभी ने आँख भरकर श्रीराम को देखा और सभी सुखी तथा प्रेममग्न हो उठे। अपने घर की समस्त स्त्रियों को रुदन करते हुए देखकर विभीषण मन में अत्यधिक दु:ख का अनुभव करते हुए उनके पास गये।

भाई रावण की दशा को देखकर उन्होंने दु:ख प्रकट किया तब प्रभु ने छोटे भाई लक्ष्मण को आज्ञा दी। लक्ष्मण ने उन्हें अनेक भाँति से समझाया और तब विभीषण प्रभु श्रीराम के पास आये।

प्रभु श्रीराम ने उन्हें कृपा दृष्टि से देखा और कहा कि समस्त शोक का परित्याग करके अन्त्येष्टि क्रिया करो। प्रभु श्रीराम की आज्ञा मानकर उन्होंने हृदय में देश तथा काल का विचार करके विधिवत् समस्त क्रियाएँ की।

मन्दोदरी आदि समस्त स्त्रियों ने उनको तिलांजलि देकर मन ही मन श्रीरान के गुणों का वर्णन करती हुई महलों में गई॥ १०५॥

टिप्पणी—शोक के इस अवसर पर 'श्रीराम की मात्र एक ही कृपादृष्टि सम्पूर्ण सन्तापों को समाप्त कर लेने का हेतु है', कवि इसका लंकाकांड में सर्वत्र उपयोग करता है। आहत, पराजित, भयभीत, श्लथ, श्रमातुर सभी के लिए श्रीराम की कृपादृष्टि ही एकमात्र आधार है, कवि पदेन-पदेन इसे सिद्ध करने की चेष्टा करता है।

आइ बिभीषन पुनि सिरु नायो। कृपासिंधु तब अनुज बोलायो॥
तुम्ह कपीस अंगद नल नीला। जामवंत मारुति नयसीला॥
सब मिलि जाहु बिभीषन साथा। सारेहु तिलक कहेउ रघुनाथा॥
पिता बचन मैं नगर न आवउँ। आपु सरिस कपि अनुज पठावउँ॥

तुरत चले कपि सुनि प्रभु बचना। कीन्ही जाइ तिलक की रचना॥
सादर सिंहासन बैठारी। तिलक सारि अस्तुति अनुसारी॥
जोरि पानि सबहीं सिर नाए। सहित बिभीषन प्रभु पहिं आए॥
तब रघुबीर बोलि कपि लीन्हे। कहि प्रिय बचन सुखी सब कीन्हे॥

अर्थ—तत्पश्चात् विभीषण ने आकर प्रभु श्रीराम के चरणों में सिर झुकाया और तब कृपासागर श्रीराम ने लक्ष्मण को बुलाया और कहा कि तुम, सुग्रीव, अंगद, नल, नील, जाम्बवान् एवं नीति निपुण हनुमान।

सभी मिलकर विभीषण के साथ जाओ और उन्हें राजतिलक करो। पिता को दिये गये वचनों के कारण मैं नगर में नहीं आ सकता किन्तु अपने ही समान छोटे भाई लक्ष्मण तथा वानरों को भेज रहा हूँ।

प्रभु श्रीराम की वाणी सुनकर वानर तुरन्त चल पड़े और जाकर तिलक की व्यवस्था की। सभी ने आदरपूर्वक सिंहासन पर बैठाकर राजतिलक सम्पन्न किया और उसकी स्तुति थी।

हाथ जोड़कर सभी ने उन्हें सिर झुकाया और तब सब के साथ विभीषण प्रभु श्रीराम के पास लौटे। ततश्च श्रीराम ने वानरों को बुला लिया और प्रिय वचन कहकर सभी को प्रसन्न किया।

छंद— **किए सुखी कहि बानी सुधा सम बल तुम्हारे रिपु हयो।**
पायो बिभीषन राज तिहुँ पुर जसु तुम्हारो नित नयो॥
मोहि सहित सुभ कीरति तुम्हारी परम प्रीति जो गाइहैं।
संसार सिंधु अपार पार प्रयास बिनु नर पाइहैं॥

दो०— **प्रभु के बचन श्रवन सुनि नहिं अघाहिं कपि पुंज।**
बार बार सिर नावहिं गहहिं सकल पद कंज॥ १०६॥

अमृतमयी वाणी कहकर कि तुम्हारे ही बल से शत्रुओं का वध किया है, उन्हें सुखी किया। (तुम्हारे की कारण) विभीषण ने राज्य प्राप्त किया है जिससे तुम्हारा यश तीनों लोकों तक छा गया है। मेरे साथ तुम्हारी शुभ कीर्ति का अत्यधिक प्रीतिपूर्वक जो गान करेंगे, वे अपार संसाररूपी सिन्धु को बिना परिश्रम ही पार कर जाँयगे।

प्रभु श्रीराम के वचनों को सुनकर वानर समूह तृप्त नहीं होते। वे बार-बार सिर झुकाते हैं, और सभी चरण-कमलों को पकड़ते हैं॥ १०६॥

टिप्पणी—रावण वध के पश्चात् विभीषण के राज्याभिषेक का सन्दर्भ है। विभीषण को राजा मानकर वानर सहित उपस्थित सभी का उसे सिर झुकाकर प्रणाम करना प्रकरण का महत्त्व बढ़ा देता है। एक अधर्मी का राज्य से च्युत किया जाना तथा नीतिवान् एवं धर्मिष्ठ को सिंहासन पर बैठाने का उपक्रम लोकहित से सम्बन्धित है।

पुनि प्रभु बोलि लियउ हनुमाना। लंका जाहु कहेउ भगवाना॥
समाचार जानकिहि सुनावहु। तासु कुसल लै तुम्ह चलि आवहु॥
तब हनुमंत नगर महुँ आए। सुनि निसिचरी निसाचर धाए॥
बहु प्रकार तिन्ह पूजा कीन्ही। जनकसुता देखाइ पुनि दीन्ही॥
दूरिहि ते प्रनाम कपि कीन्हा। रघुपति दूत जानकीं चीन्हा॥
कहहु तात प्रभु कृपानिकेता। कुसल अनुज कपि सेन समेता॥
सब बिधि कुसल कोसलाधीसा। मातु समर जीत्यो दससीसा॥
अबिचल राजु बिभीषन पायो। सुनि कपि बचन हरष उर छायो॥

अर्थ—तब प्रभु श्रीराम ने हनुमान को बुला लिया और भगवान ने कहा कि तुम लंका चले जाओ। सीता को जाकर समाचार सुनाओ और उनका कुशल क्षेम लेकर तुम चले आओ।

तब हनुमान लंका नगर में आये यह सुनकर राक्षस राक्षसी दौड़ पड़े उन सबने अनेक प्रकार से पूजा की और फिर जनकसुता को दिखा दिया।

कपि हनुमान ने दूर से प्रणाम किया और सीता ने श्रीराम के दूत को पहचान लिया। हे तात! तुम बताओ, क्या कृपा के धाम श्रीराम, लक्ष्मण तथा वानर सेनाओं के साथ क्या कुशलपूर्वक हैं?

(हनुमान ने उत्तर दिया) कोशलाधीश श्रीराम हर तरह से कुशलपूर्वक हैं और हे माता! युद्ध में रावण को जीत लिया है। विभीषण ने अविचल राज्य प्राप्त किया। हनुमान के बचन सुनकर सीता के हृदय में हर्ष छा गया।

छंद— अति हरष मन तन पुलक लोचन सजल कह पुनि पुनि रमा।
का देउँ तोहि त्रैलोकि महुँ कपि किमपि नहिं बानी समा॥
सुनु मात मैं पायो अखिल जग राज आजु न संसयं।
रन जीति रिपुदल बंधु जुत पस्यामि राममनामयं॥

दो०— सुनु सुत सदगुन सकल तव हृदयँ बसहुँ हनुमंत।
सानुकूल रघुबंस मनि रहहुँ समेत अनंत॥ १०७॥

सीता के हृदय में हर्ष हुआ, शरीर पुलकित हो उठा, नेत्र सजल हो उठे और वे बार-बार कहती हैं। हे हनुमान! तुझे क्या (उपहार) दूँ, हे कपि! इस वाणी के सदृश तीनों लोकों में कुछ भी (सुखद) नहीं है। हे माता! सुनो! मैंने सम्पूर्ण लोकों का राज्य आज प्राप्त कर लिया, इसमें संदेह नहीं। क्योंकि मैं रण में शत्रु दल को जीत कर भाई लक्ष्मण के साथ विकार रहित श्रीराम को देख रहा हूँ।

(सीता ने कहा कि) हे पुत्र हनुमान! सुनो, (अब से) समस्त सद्गुण तुम्हारे हृदय में निवास करेंगे तथा लक्ष्मण सहित रघुवंश शिरोमणि निरन्तर तुम पर अनुकूल रहें॥ १०७॥

टिप्पणी—सीता के श्रीराम से मिलन का क्षण उपस्थित होने को है किन्तु श्रीराम नैतिक मर्यादा का त्याग नहीं करते। अध्यात्म रामायण में हनुमान को निर्देश देते हुए राम कहते हैं कि हे हनुमान! तुम विभीषण की आज्ञा से अब सीता को रावण वध का वृत्तान्त सुनाओ—

'विभीषणस्यानुमतेर्गच्छ त्वं रावणालयम्'

हनुमान पहले भी लंका में प्रविष्ट हुए थे किन्तु लंकिनी का वध करके हठात् या चोरी से क्योंकि वह अधर्मी व्यक्ति का शासन था, अब वह शासन व्यवस्था नहीं है।

हनुमान के लिए इस बार अशोकवाटिका का सारा का सारा दृश्य बदला हुआ दिखाई पड़ता है। नीतिनिष्ठ एवं धर्मिष्ठ राजा के राज्य का वातावरण इसी प्रकार का होता है।

अब सोइ जतन करहु तुम्ह ताता। देखौं नयन स्याम मृदु गाता॥
तब हनुमान राम पहिं जाई। जनकसुता कै कुसल सुनाई॥
सुनि संदेसु भानुकूलभूषन। बोलि लिए जुबराज बिभीषन॥
मारुतसुत के संग सिधावहु। सादर जनकसुतहि लै आवहु॥
तुरतहिं सकल गए जहँ सीता। सेवहिं सब निसिचरीं बिनीता॥
बेगि बिभीषन तिन्हहि सिखायो। तिन्ह बहु बिधि मज्जन करवायो॥
बहु प्रकार भूषन पहिराए। सिबिका रुचिर साजि पुनि ल्याए॥
ता पर हरषि चढ़ी बैदेही। सुमिरि राम सुखधाम सनेही॥

बेतपानि रच्छक चहुँ पासा। चले सकल मन परम हुलासा॥
देखन भालु कीस सब आए। रच्छक कोपि निवारन धाए॥
कह रघुबीर कहा मम मानहु। सीतहि सखा पयादें आनहु॥
देखहुँ कपि जननी की नाईं। बिहसि कहा रघुनाथ गोसाईं॥
सुनि प्रभु बचन भालु कपि हरषे। नभ ते सुरन्ह सुमन बहु बरषे॥
सीता प्रथम अनल महुँ राखी। प्रकट कीन्हि चह अंतर साखी॥

दो०— तेहि कारन करुनानिधि कहे कछुक दुर्बाद।
सुनत जातुधानीं सब लागीं करै बिषाद॥ १०८॥

अर्थ—हे पुत्र! अब तुम वही उपाय करो जिससे कोमल तथा श्याम शरीर वाले श्रीराम का दर्शन करूँ। तब हनुमान श्रीराम के पास जाकर जानकी का कुशल सुनाया।

सूर्यकुल के अलंकरण श्रीराम ने संदेश सुनकर अंगद तथा विभीषण को बुलाया। (तुम लोग) हनुमान के साथ जाओ और आदरपूर्व जानकी को ले आओ।

वे सभी शीघ्र ही, जहाँ सीता थीं, गये। सभी की सभी राक्षसियाँ विनम्रतापूर्वक उनकी सेवा कर रही थी। विभीषण ने शीघ्र ही उन्हें समझाया और उन्होंने अनेक प्रकार से (सीता को) स्नान करवाया।

उन्हें अनेक प्रकार से अलंकार पहनाये और सुन्दर पालकी सजाकर ले आये। सीता उस पर आनन्दधाम प्रियतम श्रीराम का स्मरण करके हर्षित होकर बैठीं।

चारों ओर छड़ी लिये (वेत्रपाणि) अत्यन्त आनन्दित मन से सभी चले। समस्त भालु तथा वानर दर्शन के लिए आये और तब क्रोध पूर्वक रक्षक रोकने के लिए दौड़े।

श्रीराम ने कहा, कि हे मित्र! मेरा कहना मानो और सीता को पैदल ले आओ। वानर उन्हें माता की भाँति देखें, स्वामी ने इस प्रकार हँस कर कहा।

प्रभु श्रीराम की वाणी सुनकर भालु तथा वानर हर्षित हुए और देवों ने आकाश से पुष्प वर्षा की। (श्रीराम ने) सीता को पहले अग्नि में रखा था, अब अन्तर्साक्षी भगवान श्रीराम उन्हें प्रकट करना चाहते हैं।

इसी कारण करुणा के भंडार श्रीराम ने लीलाभाव में कुछ कड़े वचन कहे, जिन्हें सुनकर समस्त राक्षसियाँ विषाद करने लगीं॥ १०८॥

टिप्पणी—सीता को अब ससम्मान लाया जाता है। सम्मानपूर्वक लाये आने का उल्लेख वाल्मीकि एवं अध्यात्म रामायणों में भी मिलता है। सीता को स्नान कराकर तथा नाना भाँति से अलंकृत करके वेत्रपाणि रक्षकों के साथ ले आने का प्रसंग वाल्मीकि रामायण में है। तुलसी इस स्थल पर वाल्मीकि के कथनों का पुनर्कथन यहाँ करते हैं।

ततः सीता सिरस्नातां युवतीभिरङ्कृतम्।
महार्हाभरणोपेतां महार्हाम्बर धारिणीम्॥
आरोप्य शिविका दिव्या...॥

इसी सन्दर्भ में 'वेत्रपाणि रक्षकः' का उल्लेख वाल्मीकि रामायण में तथा 'याष्टीकैबहुभिः' का उल्लेख अध्यात्म रामायण में है।

वानरों द्वारा सीता को देखने की उत्सुकता को ध्यान में रखकर वाल्मीकि तथा अध्यात्म दोनों में राम आज्ञा देते हैं कि सीता को पैदल ले आएँ, ताकि माता की भाँति सभी इन्हें देख सके—

'पश्यन्तुमातरं तस्मादिमे कोतूहलान्विता' —वाल्मीकि रामायण

×× ×× ××

'पश्यन्तु वानरा सर्वे मैथिलीं मातरं यथा॥' —अध्यात्म रामायण

प्रभु के बचन सीस धरि सीता। बोली मन क्रम बचन पुनीता॥
लछिमन होहु धरम के नेगी। पावक प्रगट करहु तुम्ह बेगी॥
सुनि लछिमन सीता कै बानी। बिरह बिबेक धरम निति सानी॥
लोचन सजल जोरि कर दोऊ। प्रभु सन कछु कहि सकत न ओऊ॥
देखि राम रुख लछिमन धाए। पावक प्रगटि काठ बहु लाए॥
प्रबल अनल बिलोकि बैदेही। हृदयँ हरष नहिं भय कुछ तेही॥
जौं मन बच क्रम मम उर माहीं। तजि रघुबीर आन गति नाहीं॥
तौ कृसानु सब कै गति जाना। मो कहुँ होउ श्रीखंड समाना॥

अर्थ—प्रभु के वचनों को सिर पर धारण करके मन, वाणी तथा कर्म से पवित्र सीता बोली—हे लक्ष्मण! तुम धर्म के सहायक बनो और तुरन्त आग तैयार करो।

विरह, विवेक, धर्म एवं नीति से सनी हुई सीता की वाणी सुनकर नेत्र अश्रुयुक्त हो उठे, दोनों हाथ जोड़कर खड़े हो गये, वे प्रभु श्रीराम से कुछ कह नहीं सकते।

श्रीराम के रुख को देखकर लक्ष्मण दौड़े और आग तैयार करके बहुत सारी लकड़ी ले आये। प्रबल अग्नि देखकरके जानकी के हृदय में हर्ष हुआ और कोई भय नहीं लगा।

यदि मन वाणी तथा कर्म से मेरे हृदय में श्रीराम को छोड़कर अन्य की गति न हो तो सबके हृदय की गति को जानने वाले हे अग्नि (देव) मेरे लिए चन्दन सदृश बन जायें।

छंद— **श्रीखंड सम पावक प्रबेस कियो सुमिरि प्रभु मैथिली।**
जय कोसलेस महेस बंदित चरन रति अति निर्मली॥
प्रतिबिंब अरु लौकिक कलंक प्रचंड पावक महुँ जरे।
प्रभु चरित काहुँ न लखे नभ सुर सिद्ध मुनि देखहिं खरे॥
धरिरूप पावक पानि गहि श्री सत्य श्रुति जग बिदित जो।
जिमि छीरसागर इंदिरा रामहि समर्पी आनि सो॥
सो राम बाम बिभाग राजति रुचिर अति सोभा भली।
नव नील नीरज निकट मानहुँ कनक पंकज की कली॥

दो०— **बरषहिं सुमन हरषि सुर बाजहिं गगन निसान।**
गावहिं किंनर सुरबधू नाचहिं चढ़ीं बिमान॥
जनकसुता समेत प्रभु सोभा अमित अपार।
देखि भालु कपि हरषे जय रघुपति सुख सार॥ १०९॥

प्रभु श्रीराम का स्मरण करके और जिनके चरण शिव द्वारा वन्दित हैं और जिनमें सीता की अत्यन्त निर्मल प्रीति है, उन कोसलाधीश श्रीराम की जय बोलकर चन्दन के समान शीतल हुई अग्नि में उन्होंने प्रवेश किया। सीता के कलंक तथा उनका लौकिक प्रतिबिम्ब प्रचंड पावक में जल गये। आकाश में देवता, सिद्ध तथा मुनि गण खड़े-खड़े देख रहे हैं किन्तु उनमें से किसी ने भी प्रभु श्रीराम का यह चरित्र नहीं देखा।

तब अग्नि ने देह धारण करके वेद तथा संसार में प्रसिद्ध वास्तविक श्रीरूप सीता को हाथ से

थाम्हकर अर्पित किया जैसे क्षीर सागर ने भगवान् श्रीहरि को लक्ष्मी सौंपी थी। वह सीता श्रीराम के वाम भाग में अत्यन्त सुन्दर एवं आकर्षक शोभा से संयुक्त विराज रही हैं। (उन्हें देखकर ऐसा प्रतीत होता है) मानो, सद्य खिले हुए नीले कमल के पास स्वर्ण कमल की कली हो।

देवता हर्षित भाव से पुष्प वृष्टि कर रहे हैं, आकाश में नगाड़े बज रहे हैं। किन्नरियाँ गा रही हैं। अप्सराएँ (देव वधुयें) विमान पर चढ़ी नाच रही हैं।

जानकी सहित प्रभु श्रीराम की अमित तथा अपार शोभा देखकर भालु एवं वानर हर्षित हैं और (कह रहे हैं कि) आनन्द के सार तत्त्व श्रीराम की जय हो॥ १०९॥

टिप्पणी—सीता के अग्नि प्रवेश की घटना वाल्मीकि रामायण में भी है किन्तु तुलसी इस सन्दर्भ में माया सीता को अग्नि में प्रवेश कराकर मूल सीता जिनको सुरक्षित अग्नि के पास रख दिया था पुनः लौटा देने की कल्पना करते हैं। मूलतः यह कल्पना अध्यात्म रामायण की है। अग्नि सीता को लेकर प्रकट होते और कहते हैं—

प्रोवाच साक्षीं जगतां रघुत्तमं
प्रसन्नं सर्वातिहरं हुतासनः।
गृहाण देव रघुनाथ जानकीं
पुरा त्वया मय्यवरोपितां वने॥
तिरोहिता सा प्रतिबिम्बरूपिणी
कृता तदर्थं कृतकृत्यया गता॥

तब रघुपति अनुसासन पाई। मातलि चलेउ चरन सिरु नाई॥
आए देव सदा स्वारथी। बचन कहहिं जनु परमारथी॥
दीन बंधु दयाल रघुराया। देव कीन्हि देवन्ह पर दाया॥
बिस्व द्रोह रत यह खल कामी। निज अघ गयउ कुमारगामी॥
तुम्ह समरूप ब्रह्म अबिनासी। सदा एकरस सहज उदासी॥
अकल अगुन अज अनघ अनामय। अजित अमोघसक्ति करुनामय॥
मीन कमठ सूकर नरहरी। बामन परसुराम बपु धरी॥
जब जब नाथ सुरन्ह दुखु पायो। नाना तनु धरि तुम्हईं नसायो॥
यह खल मलिन सदा सुरद्रोही। काम लोभ मद रत अति कोही॥
अधम सिरोमनि तव पद पावा। यह हमरें मन बिसमय आवा॥
हम देवता परम अधिकारी। स्वारथ रत प्रभु भगति बिसारी॥
भव प्रबाहँ संतत हम परे। अब प्रभु पाहि सरन अनुसरे॥

दो०— करि बिनती सुर सिद्ध सब रहे जहँ तहँ कर जोरि।
अति सप्रेम तन पुलकि बिधि अस्तुति करत बहोरि॥ ११०॥

अर्थ—तब श्रीराम की आज्ञा पाकर मातलि (उनके) चरणों में सिर झुका कर चल पड़े। सदा के स्वार्थी देवता तब आये और ऐसी वाणी बोल रहे हैं, मानो परमार्थी हों।

हे दीनबंधु, हे दयाशील श्रीराम, हे देव! आपने देवताओं पर दया की। यह दुष्ट, कामी विश्व-द्रोह में रत एवं कुमार्गगामी अपने ही पाप से नष्ट हो गया।

आप सम रूप, ब्रह्म, अविनाशी, नित्य, एकरस, स्वभाव से उदासीन, अखण्ड, निर्गुण, अज, पापरहित, निर्विकार, अजेय, अमोघ शक्तिमय एवं करुणामय हैं।

आपने ही मत्स्य, कच्छप, शूकर, नृसिंह, वामन तथा परशुराम के शरीर धारण किये थे। हे

नाथ! जब जब देवताओं ने कष्ट प्राप्त किया, आपने भाँति-भाँति का शरीर धारण करके उनके दुःख को नष्ट किया था।

यह दुष्ट, मलिन सदा देवताओं का शत्रु, काम, लोभ, मद में लीन तथा अत्यन्त क्रोधी था। इस अधमशिरोमणि ने आपका पद प्राप्त कर लिया है, इससे हम लोगों के मन में आश्चर्य उत्पन्न हुआ है।

हम देवता भी (आपके परम पद के) श्रेष्ठ अधिकारी होकर भी स्वार्थ में अनुरक्त होकर आपकी भक्ति भूल बैठे हैं। हम सब निरन्तर भवसागर के प्रवाह में पड़े हुए हैं। हे प्रभु! अब हम आपकी शरण में हैं, रक्षा करें।

देवता एवं सिद्ध विनती करके जहाँ-तहाँ हाथ जोड़कर खड़े रहे और तब ब्रह्मा हाथ जोड़कर अत्यधिक प्रेम से पुलकित शरीरयुक्त पुनः स्तुति करने लगे॥ ११०॥

टिप्पणी—देवस्तुतियों का सन्दर्भ है। यह प्रकरण वाल्मीकि रामायण में नहीं है। अध्यात्म रामायण में देवता तथा ब्रह्मा द्वारा स्तुति किये जाने का प्रकरण अवश्य आता है। यहाँ देव स्तुति भक्तिभाव से अनुप्राणित है। तुलसी देवता के विषय में अपनी निजी अवधारणा रखते हैं। वह यह कि देवता मति से मलिन एवं स्वार्थी हैं। इस देव स्तुति में स्वयं देवगण भी इस तथ्य को स्वीकार करते हैं। यह देवताओं की चिन्ता का विषय है कि असुरगण गर्हित होते हुए भी मुक्ति प्राप्त करते हैं, किन्तु देवगणों के लिए वह दुर्लभ है। इस कथन का मन्तव्य भक्ति की स्थापना है।

छंद— जय राम सदा सुखधाम हरे। रघुनायक सायक चाप धरे॥
भव बारन दारन सिंह प्रभो। गुन सागर नागर नाथ बिभो॥
तन काम अनेक अनूप छबी। गुन गावत सिद्ध मुनींद्र कबी॥
जसु पावन रावन नाग महा। खगनाथ जथा करि कोप गहा॥
जन रंजन भंजन सोक भयं। गतक्रोध सदा प्रभु बोधमयं॥
अवतार उदार अपार गुनं। महि भार बिभंजन ग्यानघनं॥
अज ब्यापकमेकमनादि सदा। करुनाकर राम नमामि मुदा॥
रघुबंस बिभूषन दूषन हा। कृत भूप बिभीषन दीन रहा॥
गुन ग्यान निधान अमान अजं। नित राम नमामि बिभुं बिरजं॥
भुजदंज प्रचंड प्रताप दलं। खल बृंद निकंद महा कुसलं॥
बिनु कारन दीन दयाल हितं। छबि धाम नमामि रमा सहितं॥
भव तारन कारन काज परं। मन संभव दारुन दोष हरं॥
सर चाप मनोहर त्रोन धरं। जलजारुन लोचन भूपबरं॥
सुख मंदिर सुंदर श्रीरमनं। मद मार मुधा ममता समनं॥
अनवद्य अखंड न गोचर गो। सबरूप सदा सब होइ न गो॥
इति बेद बदंति न दंतकथा। रबि आतप भिन्नमभिन्न जथा॥
कृतकृत्य बिभो सब बारन ए। निरखंति तवानन सादर ए॥
धिग जीवन देव सरीर हरे। तव भक्ति बिना भव भूलि परे॥
अब दीनदयाल दया करिऐ। मति मोरि बिभेदकरी हरिऐ॥
जेहि ते बिपरीत क्रिया करिऐ। दुख सो सुख मानि सुखी चरिऐ॥
खल खंडन मंडन रम्य छमा। पद पंकज सेवित संभु उमा॥
नृप नायक दे बरदानमिदं। चरनांबुज प्रेम सदा सुभदं॥

दो०— बिनय कीन्हि चतुरानन प्रेम पुलक अति गात।
सोभासिंधु बिलोकत लोचन नहीं अघात॥ १११॥

अर्थ—नित्य आनन्द के धाम श्रीराम! श्रीहरि! धनुषबाण धारण किये हुए हे रघुकुल के स्वामी! आपकी जय हो।

अनेक कामदेवों की भाँति अनुपम छवि वाले, सिद्ध, मुनीश्वर एवं कवि आपके गुण गान करते रहते हैं। हे पावन यश वाले आपने गरुड़ के सदृश रावणरूपी महानाग को अत्यन्त क्रोधपूर्वक पकड़ा है।

आप सेवकों को आनन्द देने वाले, शोक तथा भय को विनष्ट करने वाले हे प्रभु! सदा क्रोधरहित एवं ज्ञानस्वरूप हैं। आपका अवतार निर्मल तथा अनन्त गुणों से युक्त है और आपका ज्ञान समूह पृथ्वी के भार को नष्ट करने वाला है।

आप नित्य, अजन्मा, अद्वैत, अनादि एवं सर्वव्यापी हैं, हे करुणाकर श्रीराम मैं आनन्दपूर्वक आपको नमन करता हूँ। हे रघुवंश के अलंकरण तथा दूषण नामक राक्षस का वध करने वाले विभीषण को आपने राजा बना दिया, जो दीन था।

हे गुण तथा ज्ञान के भंडार! हे मानरहित! हे अजन्मा! हे व्यापक तथा माया के विकारों से रहित श्रीराम! मैं आपको नित्यशः नमन करता हूँ। आपके भुजदंडों में प्रचंड प्रताप तथा बल है और वह दुष्टों के समूहों को नष्ट करने में अत्यधिक कुशल है।

अकारण दीनों के प्रति दयालु एवं उनके हितैषी हे सीता सहित सौन्दर्य के धाम! मैं आपको नमस्कार करता हूँ। आप भव सागर से पार करने वाले और मन से उत्पन्न होने वाले दारुण दोषों को नष्ट करने वाले हैं।

आप मनोहारी धनुष एवं तरकस धारण करने वाले हैं। कमल के सदृश अरुण वर्ण के नेत्र युक्त तथा राजाओं में श्रेष्ठ आप आनन्द के धाम, सुन्दर श्री के पति तथा मद, काम तथा असत्य (मुधा) रूप स्थित ममता को विनष्ट करने वाले हैं।

आप अनिंद्य, अखण्ड हैं, इन्द्रियों के विषय से परे हैं। सदा सर्वरूप होते हुए भी सर्वरूप ही नहीं हैं (तक ही सीमित नहीं हैं), ऐसा वेद कहते हैं, यह कोई दन्त कथा नहीं है। यह वैसे ही है जैसे सूर्य का प्रकाश-भिन्न होते हुए भी अभिन्न है।

हे सर्वव्यापक! ये सभी वानर कृतकृत्य हैं। ये आपके मुख को आदरपूर्वक देख रहे हैं। हे प्रभो! हमारे जीवन एवं देव शरीर को धिक्कार है जो आपकी भक्ति से शून्य इस संसार में भूले पड़े (विभ्रमित) हैं।

हे दीनों के हितैषी! अब दया करें। आप मेरी विभेद को उत्पन्न करने वाली बुद्धि को हर लीजिये। इसी के कारण मैं विपरीत क्रिया करता हूँ और जो दुख रूप है, उसे सुख मानकर विचरण कर रहा हूँ।

आप दुष्टों को विनष्ट करने वाले हैं तथा इस पृथ्वी (क्षमा) के रमणीक आभूषण हैं। आपके चरण-कमल शिव तथा पार्वती द्वारा सेवित है। हे राजाओं के स्वामी! मुझे यह वरदान दें कि आपके चरण-कमलों के प्रति मेरा सदैव शुभदायी प्रेम बना रहे।

अत्यन्त प्रेम से पुलकित शरीर से ब्रह्मा ने विनय की और सौन्दर्य के समुद्र श्रीराम को देखते उनके नेत्र तृप्त नहीं हो पा रहे थे॥ १११॥

टिप्पणी—उक्त दोनों दोहों (११० तथा १११) में विस्तारपूर्वक ब्रह्मा की स्तुति का निर्देश है। यह स्तुति श्रीराम की दिव्यता से सम्बन्धित उनके ब्रह्म स्वरूप को इंगित करने के लिए की गई है।

तेहि अवसर दसरथ तहँ आए। तनय बिलोकि नयन जल छाए॥
अनुज सहित प्रनाम प्रभु कीन्हा। आसिरबाद पिताँ तब दीन्हा॥
तात सकल तव पुन्य प्रभाऊ। जीत्यों अजय निसाचर राऊ॥
सुनि सुत बचन प्रीति अति बाढ़ी। नयन सलिल रोमावलि ठाढ़ी॥
रघुपति प्रथम प्रेम अनुमाना। चितइ पितहि दीन्हेउ दृढ़ ग्याना॥
ताते उमा मोच्छ नहिं पायो। दसरथ भेद भगति मन लायो॥
सगुनोपासक मोच्छ न लेहीं। तिन्ह कहुँ राम भगति निज देहीं॥
बार बार करि प्रभुहि प्रनामा। दसरथ हरषि गए सुरधामा॥

दो०— अनुज जानकी सहित प्रभु कुसल कोसलाधीस।
सोभा देखि हरषि मन अस्तुति कर सुर ईस॥ ११२॥

अर्थ—उसी समय वहाँ दशरथ वहाँ आये और पुत्र को देखकर उनके नेत्रों में प्रेमाश्रु छा गये। अनुज लक्ष्मण के साथ प्रभु श्रीराम ने उनकी वन्दना की और तब पिता ने आशीर्वाद दिया।

(श्रीराम ने कहा) हे तात! आपके ही पुण्य प्रभाव से अजेय राक्षसराज रावण पर विजय प्राप्त की। पुत्र के वचनों को सुनकर उनकी प्रीति अत्यधिक बढ़ी। उनके नेत्र जल पूरित हो उठे और (शरीर में) पुलकावही बढ़ चली।

श्रीराम ने उनके पूर्व प्रेम का अनुमान करके तथा पिता को देखकर उन्हें अपने स्वरूप का दृढ़ ज्ञान दिया। हे पार्वती! दशरथ ने भेदभक्ति में अपना मन लगा रखा था, इसलिए उन्होंने मुक्ति नहीं प्राप्त की थी।

सगुणोपासक मोक्ष नहीं लेते। श्रीराम उन्हें अपनी भक्ति प्रदान करते हैं। बार-बार प्रभु श्रीराम को प्रणाम करके दशरथ देवलोक गये।

अनुज लक्ष्मण तथा जानकी सहित कोशलाधीश श्रीराम की शोभा देखकर मन-ही-मन हर्षित इन्द्र स्तुति करने लगे॥ ११२॥

टिप्पणी—दशरथ का प्रसंग मूलतः वाल्मीकि रामायण में प्रक्षिप्त रूप से है। यह प्रसंग अध्यात्म रामायण में नहीं है। दशरथ के इस प्रसंग के द्वारा तुलसी भक्ति एवं मुक्ति की तुलना में भक्ति को श्रेयस्कर सिद्ध करते हैं। भक्त मुक्ति नहीं, सगुण ब्रह्म की लीला का आनन्द भोगना चाहते हैं और इसीलिए दशरथ मुक्ति नहीं हैं और न उनकी मुक्ति ही होती है।

छंद— जय राम सोभा धाम। दायक प्रनत बिश्राम॥
धृत त्रोन बर सर चाप। भुजदंड प्रबल प्रताप॥
जय दूषनारि खरारि। मर्दन निसाचर धारि॥
यह दुष्ट मारेउ नाथ। भए देव सकल सनाथ॥
जय हरन धरनी भार। महिमा उदार अपार॥
जय रावनारि कृपाल। किए जातुधान बिहाल॥
लंकेस अति बल गर्ब। किए बस्य सुर गंधर्ब॥
मुनि सिद्ध नर खग नाग। हठि पंथ सब के लाग॥
परद्रोह रत अति दुष्ट। पायो सो फलु पापिष्ट॥
अब सुनहु दीन दयाल। राजीव नयन बिसाल॥
मोहि रहा अति अभिमान। नहिं कोउ मोहि समान॥
अब देखि प्रभु पद कंज। गत मान प्रद दुख पुंज॥

कोउ ब्रह्म निर्गुन ध्याव। अब्यक्त जेहि श्रुति गाव॥
मोहि भाव कोसल भूप। श्रीराम सगुन सरूप॥
बैदेहि अनुज समेत। मम हृदयँ करहु निकेत॥
मोहि जानिऐ निज दास। दे भक्ति रमानिवास॥

अर्थ—हे शोभा के धाम श्रीराम! शरणागत को विश्राम देने वाले! श्रेष्ठ धनुष, बाण एवं तरकस धारण करने वाले, प्रबल प्रतापी भुजदंडों से संयुक्त! आपकी जय हो।

हे खर तथा दूषण के शत्रु एवं राक्षस समूहों का मर्दन करने वाले श्रीराम! आपकी जय हो। हे नाथ! आपने इस दुष्ट का वध कर डाला जिससे सभी देवता सनाथ हो उठे हैं।

पृथ्वी का भार हरण करने वाले, हे अपार एवं निर्मल महिमा वाले श्रीराम! आपकी जय हो। हे कृपालु! रावण के शत्रु! आपकी जय हो। आपने राक्षसों को पूरी तरह से विनष्ट कर दिया है।

अत्यन्त शक्ति से गर्वित रावण ने देवता तथा गन्धर्वों को वश में कर रखा था। मुनि, सिंह, मनुष्य, पक्षी, नाग आदि सभी के हठपूर्वक पीछे पड़ गया था।

यह दुष्ट परद्रोह में लीन था, इस परम पापी ने इसका फल प्राप्त कर लिया। हे दीनदयाल एवं विशाल कमल नेत्रों वाले! सुनें।

मुझे अत्यधिक अभिमान था कि मेरे समान और कोई नहीं है, हे प्रभु श्रीराम! आपके चरण-कमलों को देखकर दु:ख समूहों को देने वाला मेरा वह अहंकार नष्ट हो चुका है।

कोई उस निर्गुण बह्म का ध्यान करते हैं, जिन्हें श्रुतियाँ अव्यक्त मानकर गाती हैं, हे श्रीराम! मुझे तो सगुण स्वरूपयुक्त कोशल भूप रूप ही अच्छा लगता है।

सीता तथा लक्ष्मण सहित मेरे हृदय को आप भवन बना लें। मुझे अपना दास समझिये और हे रमानिवास! अपनी भक्ति दीजिए।

छंद— दे भक्ति रमानिवास त्रास हरन सरन सुखदायकं।
सुख धाम राम नमामि काम अनेक छबि रघुनायकं॥
सुर बृंद रंजन द्वंद भंजन मनुज तनु अतुलितबलं।
ब्रह्मादि संकर सेब्य राम नमामि करुना कोमलं॥

दो०— अब करि कृपा बिलोकि मोहि आयसु देहु कृपाल।
काह करौं सुनि प्रिय बचन बोले दीनदयाल॥ ११३॥

हे रमानिवास! शरणागत के भय को दूर करने वाले और उसे प्रत्येक प्रकार का सुख देने वाले! मुझे भक्ति दीजिए। हे आनन्दधाम! हे अनन्त कामदेव की छविवाले श्रीराम! मैं आपको नमस्कार करता हूँ। देव समूहों को आनन्द देने वाले, द्वन्द्वों को नष्ट करने वाले, मनुष्य शरीरधारी, अतुलनीय बलयुक्त, ब्रह्मा शिव आदि द्वारा सेवित तथा करुणाभाव से (निरन्तर) कोमल श्रीराम! मैं आपको नमस्कार करता हूँ।

हे कृपाशील श्रीराम! अब कृपा करके मुझे देखें और आज्ञा दें कि मैं (अब) क्या करूँ? इन्द्र के प्रिय वचन सुनकर दीनदयालु श्रीराम बोले॥ ११३॥

टिप्पणी—रावण से मुक्ति प्राप्त करने वाले इन्द्र अत्यधिक समर्पण भाव से श्रीराम की वन्दना करते हैं। श्रीराम के पराक्रम एवं शौर्य देखकर न केवल उनके अभिमान का विनाश होता है, वरन् दशरथ पुत्र श्रीराम के प्रति उनके मन में निष्ठा भी उत्पन्न होती है। इन्द्र का सर्वात्मभावेन समर्पण तथा भक्ति के सन्दर्भ को प्रतिष्ठित करना ही यहाँ कवि का मूल मन्तव्य है।

वानरों को जीवित किए जाने का प्रकरण कवि यहाँ विशेष रूप से इसी प्रार्थना क्रम में जोड़ता है।

सुनु सुरपति कपि भालु हमारे। परे भूमि निसचरन्हि जे मारे॥
मम हित लागि तजे इन्ह प्राना। सकल जिआउ सुरेस सुजाना॥
सुनु खगेस प्रभु कै यह बानी। अति अगाध जानहिं मुनि ग्यानी॥
प्रभु सक त्रिभुअन मारि जिआई। केवल सक्रहि दीन्हि बड़ाई॥
सुधा बरषि कपि भालु जिआए। हरषि उठे सब प्रभु पहिं आए॥
सुधावृष्टि भै दुहु दल ऊपर। जिए भालु कपि नहिं रजनीचर॥
रामाकार भए तिन्ह के मन। मुक्त भए छूटे भव बंधन॥
सुर अंसिक सब कपि अरु रीछा। जिए सकल रघुपति कीं ईछा॥
राम सरिस को दीन हितकारी। कीन्हे मुकुत निसाचर झारी॥
खल मल धाम काम रत रावन। गति पाई जो मुनिबर पाव न॥

दो०— सुमन बरषि सब सुर चले चढ़ि चढ़ि रुचिर बिमान।
देखि सुअवसर प्रभु पहिं आयउ संभु सुजान॥
परम प्रीति कर जोरि जुग नलिन नयन भरि बारि।
पुलकित तन गदगद गिराँ बिनय करत त्रिपुरारि॥ ११४॥

अर्थ—हे इन्द्र! सुनें, हमारे वानर तथा भालु, जिन्हें राक्षसों ने मार डाला है और जो भूमि पर (मृत) पड़े हैं। इन्होंने मेरे हित के निमित्त प्राण त्याग है। हे चतुर देवराज! इन्हें जीवित कर दें।

हे गरुड़! प्रभु श्रीराम के ये वचन अत्यन्त रहस्यपूर्ण हैं। इन्हें मुनि ही जान सकते हैं। प्रभु श्रीराम स्वयं तीनों लोकों को मारकर जीवित कर सकते हैं। इन्होंने ते यहाँ इन्द्र को केवल बड़प्पन मात्र दिया है।

अमृत वर्षा करके (इन्द्र ने) वानर भालुओं को जिला दिया। सब हर्षित होकर उठे और प्रभु के पास आये। अमृत वर्षा तो दोनों दलों के ऊपर हुई थी किन्तु भालु तथा वानर ही जीवित हुए, राक्षस नहीं।

उन राक्षसों के मन तो राममय हो उठे थे, अतः वे मुक्त हो गये तथा उनके बन्धन छूट गये। वानर तथा भालु तो सभी देवताओं के अंश थे इसीलिए वे सभी प्रभु की इच्छा से जीवित हो उठे हैं।

श्रीराम के समान कौन दूसरा दीनों का हितैषी है? जिसने समस्त राक्षसों को मुक्ति दे दी। दुष्ट, पाप के धाम एवं काम वासनाओं में अनुरक्त रावण ने भी वह गति प्राप्त की जिसे मुनिश्रेष्ठ भी नहीं प्राप्त करते।

सभी देवता पुष्पों की वर्षा करते हुए अपने सुन्दर विमानों पर चढ़कर चल पड़े तब सुन्दर अवसर पाकर सुजान शिव श्रीराम के पास आये।

अत्यन्त प्रीतिपूर्वक दोनों हाथों को जोड़कर और कमलवत् नेत्रों में प्रेमाश्रुमंडित, पुलकित शरीर एवं गदगद वाणी से युक्त शिव विनती करने लगे॥ ११४॥

टिप्पणी—वानरों को जीवित करने का श्रीराम द्वारा किया जाने वाला अनुरोध वाल्मीकि तथा अध्यात्म दोनों रामायणों में है। वाल्मीकि रामायण में इन्द्र के वरदान से मृत भालु तथा वानर जीवित हो उठते हैं किन्तु अध्यात्म रामायण में अमृतवर्षा का सन्दर्भ आता है। इस अमृत के स्पर्श से देवता

जीवित हो उठते हैं किन्तु राक्षस नहीं, इसकी चर्चा भी यहीं है। तुलसी अध्यात्म रामायण के इसी सन्दर्भ को तदवत् स्वीकार करते हैं—

'नोत्थिता राक्षसास्तत्र पीयूषस्पर्शनादपि।'

छंद— मामभिरक्षय रघुकुल नायक। धृत बर चाप रुचिर कर सायक॥
मोह महा घन पटल प्रभंजन। संसय बिपिन अनल सुर रंजन॥
अगुन सगुन गुन मंदिर सुंदर। भ्रम तम प्रबल प्रताप दिवाकर॥
काम क्रोध मद गज पंचानन। बसहु निरंतर जन मन कानन॥
बिषय मनोरथ पुंज कंज बन। प्रबल तुषार उदार पार मन॥
भव बारिधि मंदर परमं दर। बारय तारय संसृति दुस्तर॥
स्याम गात राजीव बिलोचन। दीन बंधु प्रनतारति मोचन॥
अनुज जानकी सहित निरंतर। बसहु राम नृप मम उर अंतर॥
मुनि रंजन महि मंडल मंडन। तुलसिदास प्रभु त्रास बिखंडन॥

दो०— नाथ जबहिं कोसलपुरी होइहि तिलक तुम्हार।
कृपासिंधु मैं आउब देखन चरित उदार॥ ११५॥

अर्थ—हे रघुकुल के स्वामी! सुन्दर हाथों में श्रेष्ठ धनुष धारण करने वाले श्रीराम! आप मेरी रक्षा करें आप महामोहरूपी मेघ समूह के लिए प्रचंड वायु की भाँति हैं। हे देवों को आनन्द देने वाले! आप संशय रूप वन को दग्ध करने वाले अग्नि हैं।

आप निर्गुण तथा सगुण एवं दिव्य गुणों के सुन्दर धाम हैं। आप भ्रमरूपी अंधकार के लिए प्रबल प्रतापी सूर्य हैं। काम, क्रोध, मदरूपी हाथी के लिए सिंह के सदृश आप भक्तों के मनरूपी वन में सदा निवास करें।

विषय कामनाओं के पुंजरूपी कमल वन के लिए आप तुषार की भाँति हैं, आप पवित्र एवं मन से परे हैं। भवसागर के लिए आप मन्दराचल हैं। आप इस दुस्तर संसार सागर से पार करें (तारय) तथा हमारा उद्धार करें (बारय)।

हे श्यामल शरीर वाले! हे कमलनयन! हे दीनबन्धु! हे शरणागत की पीड़ा को दूर करने वाले! लक्ष्मण तथा सीता के साथ सदैव मेरे हृदय के मध्य निवास करें।

मुनियों को आनन्द देने वाले, पृथ्वीमंडल के आलंकरण स्वरूप, तुलसीदास के स्वामी आप भय का नाश करने वाले हैं।

हे नाथ! जब अयोध्या में आपका राजतिलक होगा तो हे कृपासिन्धु! मैं आपकी निर्मल लीला को देखने के निमित्त आऊँगा॥ ११५॥

टिप्पणी—अध्यात्म रामायण में शिव श्रीराम से अयोध्या में राज्याभिषेक के अवसर पर आने के लिए कहकर चले जाते हैं किन्तु यहाँ स्तुति करने के बाद इसे कहते हैं। ब्रह्मा, इन्द्र के बाद शिव की स्तुति की योजना भक्ति के मन्तव्य को पूर्ण करने के लिए है। तुलसी कहते हैं कि—

नाथ जबहिं कोसलपुरीं होइहिं तिलक तुम्हार।
कृपासिंधु मैं आउब देखन चरित उदार॥

यही अध्यात्म रामायण में भी है—

'आगमिष्याम्ययोध्यायां द्रष्टुं त्वां राज्यसत्कृतम्'

तुलसी के कथन में श्रीराम भक्ति का परिचालक मन्तव्य द्रष्टव्य है।

करि बिनती जब संभु सिधाए। तब प्रभु निकट बिभीषनु आए॥
नाइ चरन सिरु कह मुदु बानी। बिनय सुनहु प्रभु साराँगपानी॥

सकुल सदल प्रभु रावन मार्‌यो। पावन जस त्रिभुवन बिस्तार्‌यो॥
दीन मलीन हीन मति जाती। मो पर कृपा कीन्हि बहु भाँती॥
अब जन गृह पुनीत प्रभु कीजे। मज्जन करिअ समर श्रम छीजे॥
देखि कोस मंदिर संपदा। देहु कृपाल कपिन्ह कहुँ मुदा॥
सब बिधि नाथ मोहि अपनाइअ। पुनि मोहि सहित अवधपुर जाइअ॥
सुनत बचन मृदु दीनदयाला। सजल भए द्वौ नयन बिसाला॥

दो०— तोर कोस गृह मोर सब सत्य बचन सुनु भ्रात।
भरत दसा सुमिरत मोहिं निमिष कल्प सम जात॥
तापस बेष गात कृस जपत निरंतर मोहि।
देखौं बेगि सो जतन करु सखा निहोरउँ तोहि॥
बीतें अवधि जाउँ जौं जिअत न पावउँ बीर।
सुमिरत अनुज प्रीति प्रभु पुनि पुनि पुलक सरीर॥
करेहु कल्प भरि राजु तुम्ह मोहि सुमिरेहु मन माहिं।
पुनि मम धाम सिधाइहहु जहाँ संत सब जाहिं॥ ११६॥

अर्थ—विनती करके जब शिव चले गये तब विभीषण प्रभु श्रीराम के सन्निकट आये। चरणों में सिर झुकाकर वे मीठी वाणी में बोले, हे शार्ङ्गधनुष धारण करने वाले प्रभु! मेरी विनय सुनें।

आपने कुल तथा सेना सहित रावण का वध किया और तीनों लोकों में पवित्र यश का विस्तार किया और मुझ दीन, मलिन, बुद्धिहीन तथा जातिहीन पर अनेक प्रकार से कृपा की।

हे प्रभु! अब इस दास के घर को भी पवित्र करें। वहाँ चलकर स्नान कीजिए ताकि युद्ध की थकावट दूर हो सके। हे नाथ! महल, खजाना एवं सम्पत्ति का निरीक्षण करके प्रसन्नतापूर्वक वानरों को दान कीजिए।

हे नाथ! आप सब प्रकार से मुझे अपना लीजिए और फिर मुझे साथ लेकर अयोध्या नगरी चलें। विभीषण के मृदु वचनों को सुनकर दीनदयालु श्रीराम के दोनों विशाल नेत्रों में जल भर आये।

हे भाई! सुनो, तुम्हारा राजकोष और घर सब मेरा ही है, यह बात सत्य है किन्तु भरत की दशा याद कर करके एक-एक पल कल्प के समान बीत रहा है।

तपस्वी का वेष, कृश शरीर जो मुझे निरन्तर जप रहे हैं, ऐसा यत्न करो कि उन्हें शीघ्र ही देखूँ। हे मित्र! मैं तुम्हारा निहोरा कर रहा हूँ।

अवधि बीत जाने पर यदि मैं जाता हूँ तो अपना भाई जीवित नहीं पाऊँगा। अपने अनुज भरत की प्रीति का स्मरण करके प्रभु श्रीराम का शरीर बार-बार पुलकित हो रहा है।

हे विभीषण! तुम कल्पपर्यन्त राज्य करना, मन में निरन्तर मेरा स्मरण करते रहना और उसके बाद तुम मेरे उस धाम में पधारोगे जहाँ सारे सन्त (मृत्यु के पश्चात्) जाते हैं॥ ११६॥

टिप्पणी—विभीषण के लंका निवास एवं विश्राम के आग्रह पर श्रीराम की स्मृति में भरत के सन्दर्भ का आना वनवास कथा के समापन का विन्दु बन जाता है। यहाँ भरत का प्रसंग भातृत्व एवं भक्ति कुल मिलाकर आचार्य रामचन्द्र शुक्ल के शब्दों में 'भायप भक्ति' की व्यंजना देता है और वे भरत के लिए सब कुछ तृण के समान छोड़कर अयोध्या प्रस्थान के लिए उद्यत हो उठते हैं।

स्मृति संचारी से आविष्ट घनीभूत आवेग का यह मनोरम चित्रण श्रीराम की आत्मीयता को व्यक्त करता है।

सुनत बिभीषन बचन राम के। हरषि गहे पद कृपाधाम के॥
बानर भालु सकल हरषाने। गहि प्रभु पद गुन बिमल बखाने॥
बहुरि बिभीषन भवन सिधायो। मनि गन बसन बिमान भरायो॥
लै पुष्पक प्रभु आगें राखा। हँसि करि कृपासिंधु तब भाषा॥
चढ़ि बिमान सुनु सखा बिभीषन। गगन जाइ बरषहु पट भूषन॥
नभ पर जाइ बिभीषन तबही। बरषि दिए मनि अंबर सबही॥
जोइ जोइ मन भावइ सोइ लेहीं। मनि मुख मेलि डारि कपि देहीं॥
हँसे रामु श्री अनुज समेता। परम कौतुकी कृपा निकेता॥

दो०— ध्यान न पावहिं जाहि मुनि नेति नेति कह बेद।
कृपासिंधु सोइ कपिन्ह सन करत अनेक बिनोद॥
उमा जोग जप दान तप नाना मख ब्रत नेम।
राम कृपा नहिं करहिं तसि जसि निष्केवल प्रेम॥ ११७॥

अर्थ—विभीषण ने श्रीराम के वचनों को सुनकर हर्षित भाव से कृपाधाम श्रीराम के चरणों को पकड़ा। सभी वानर भालु हर्षित हो उठे और प्रभु के चरणों को पकड़कर उनके निर्मल गुणों का वर्णन करने लगे।

पुन: विभीषण महल गये और उन्होंने मणि समूहों एवं वस्त्रों को विमान में भर लिया। फिर उस पुष्पक विमान को प्रभु श्रीराम के आगे रख दिया, तब कृपासिन्धु श्रीराम ने हँस कर कहा।

हे विभीषण सखा! विमान पर चढ़कर के आकाश में जाकर वस्त्र एवं आभूषणों की वर्षा करो। तब विभीषण आकाश पर जा करके वस्त्र एवं मणियों की वर्षा कर दी।

जिसे जो जो अच्छा लगता था, ले लेता था। मणियों को मुख में डालकर वानरगण उन्हें पृथ्वी पर फेंक देते थे। श्रीराम सीता तथा लक्ष्मण सहित हँस पड़े। कृपा के धाम श्रीराम परम कौतुकी हैं।

मुनिगण जिसे ध्यान करने पर भी नहीं प्राप्त कर पाते और वेद जिसे नेति नेति कहते हैं, वही कृपासागर वानरों के साथ अनेक प्रकार के विनोद कर रहे हैं।

हे पार्वती! योग, जप, दान, तप तथा नाना प्रकार के यज्ञ, व्रत एवं नियमों से श्रीराम उस प्रकार की कृपा नहीं करते जैसा अनन्य प्रेम होने पर (कृपा करते हैं)॥ ११७॥

टिप्पणी—भालुओं तथा कवियों की कृतज्ञता के अवसर का प्रसंग है। कवि इस कृतज्ञता अर्पण करने के विधान द्वारा श्रीराम की कौतुकपूर्ण लीला का चित्रण करता है। अपनी कौतुकपूर्ण लीला द्वारा श्रीराम भक्तों पर जो अनुग्रह करते हैं, वह ज्ञान, यज्ञ, कर्मकांड, तप आदि से सम्भव नहीं है। भक्तों की लीला के द्वारा अनुग्रहपूर्ण पोषण यहाँ द्रष्टव्य है—जिसका आधार है प्रभु श्रीराम का भक्तों के प्रति 'निष्केवल प्रेम'।

भालु कपिन्ह पट भूषन पाए। पहिरि पहिरि रघुपति पहिं आए॥
नाना जिनस देखि सब कीसा। पुनि पुनि हँसत कोसलाधीसा॥
चितइ सबन्हि पर कीन्ही दाया। बोले मृदुल बचन रघुराया॥
तुम्हरें बल मैं रावनु मार्‌यो। तिलक बिभीषन कहँ पुनि सार्‌यो॥
निज निज गृह अब तुम्ह सब जाहू। सुमिरेहु मोहि डरपहु जनि काहु॥
सुनत बचन प्रेमाकुल बानर। जोरि पानि बोले सब सादर॥
प्रभु जोइ कहहु तुम्हहि सब सोहा। हमरें होत बचन सुनि मोहा॥
दीन जानि कपि किए सनाथा। तुम्ह त्रैलोक ईस रघुनाथा॥

सुनि प्रभु बचन लाज हम मरहीं। मसक कहूँ खगपति हित करहीं॥
देखि राम रुख बानर रीछा। प्रेम मगन नहिं गृह कै ईछा॥

दो०— प्रभु प्रेरित कपि भालु सब राम रूप उर राखि।
हरष बिषाद सहित चले बिनय बिबिध बिधि भाषि॥
कपिपति नील रीछपति अंगद नल हनुमान।
सहित बिभीषन अपर जे जूथप कपि बलवान॥
कहि न सकहिं कछु प्रेम बस भरि भरि लोचन बारि।
सन्मुख चितवहिं राम तन नयन निमेष निवारि॥ ११८॥

अर्थ—भालु तथा वानरों ने वस्त्र तथा आभूषण प्राप्त किये और उन्हें पहन-पहन कर श्रीराम के पास आये। नाना प्रकार के वानरों को देखकर कोसलाधीश श्रीराम बार-बार हँसते हैं।

सबको देखकर उन्होंने दया की और फिर वे कोमल वाणी में बोले—तुम्हारी ही शक्ति से मैंने रावण का वध और विभीषण का राजतिलक किया है।

अब तुम सब अपने-अपने घर जाओ, मेरा स्मरण करना और किसी को डरना नहीं। वह वाणी सुनते ही प्रेम से व्याकुल वानर आदरपूर्वक हाथ जोड़कर बोले।

प्रभु के इन वचनों को सुनकर हम लज्जा से मरे जा रहे हैं। कहीं मच्छर भी गरुड़ की मदद कर सकता है। श्रीराम के रुख को देखकर भालु तथा वानर प्रेम में मग्न हो उठे और उन्हें घर जाने की इच्छा नहीं है।

प्रभु श्रीराम की प्रेरणा पाकर सभी भालु तथा वानर श्रीराम के रूप को हृदय में रखकर हर्ष तथा विषाद सहित विविध प्रकार से विनय करके घर चले।

सुग्रीव, नील, जाम्बवान्, अंगद, नल, हनुमान तथा विभीषण सहित जो अन्य शेष बलवान वानर यूथपति थे।

वे प्रेम विवश कुछ कह नहीं सकते थे, प्रेम के वशवर्ती आँखों में अश्रु भर-भरकर तथा पलक निमेष को छोड़कर (एकटक) श्रीराम की ओर देख रहे थे॥ ११८॥

टिप्पणी—वानरों की विदाई का प्रकरण है। प्रभु वानरों के प्रति कृतज्ञता प्रकट करते हैं और वानर प्रभु के प्रति। इन भालु तथा वानरों को भी अनपायनी भक्ति का प्रसाद दृष्टिपात् से ही श्रीराम प्रदान करते हैं—

'चितइ सबन्हि पर कीन्ही दाया। बोले मृदुल बचन रघुराया॥'

'दया भरी दृष्टि के सम्पर्क में आना' यही भक्तों के लिए महाप्रसाद है और इस दुर्लभ महाप्रसाद को श्रीराम सहज ही वानरों को प्रदान करते हैं।

अतिसय प्रीति देखि रघुराई। लीन्हे सकल बिमान चढ़ाई॥
मन महुँ बिप्र चरन सिरु नायो। उत्तर दिसिहि बिमान चलायो॥
चलत बिमानु कोलाहल होई। जय रघुबीर कहइ सबु कोई॥
सिंहासन अति उच्च मनोहर। श्री समेत प्रभु बैठे ता पर॥
राजत रामु सहित भामिनी। मेरु सृंग जनु घन दामिनी॥
रुचिर बिमान चलेउ अति आतुर। कीन्ही सुमन बृष्टि हरषे सुर॥
परम सुखद चलि त्रिबिध बयारी। सागर सर सरि निर्मल बारी॥
सगुन होहिं सुंदर चहुँ पासा। मन प्रसन्न निर्मल नभ आसा॥
कह रघुबीर देखु रन सीता। लछिमन इहाँ हत्यो इँद्रजीता॥

हनूमान अंगद के मारे। रन महि परे निसाचर भारे॥
कुंभकरन रावन द्वौ भाई। इहाँ हते सुर मुनि दुखदाई॥

दो०— इहाँ सेतु बाँध्यो अरु थापेउँ सिव सुख धाम।
सीता सहित कृपानिधि संभुहि कीन्ह प्रनाम॥
जहँ जहँ कृपासिंधु बन कीन्ह बास बिश्राम।
सकल देखाए जानकिहि कहे सबन्हि के नाम॥ ११९॥

अर्थ—उनकी अतिशय प्रीति देखकर श्रीराम ने सभी को विमान पर चढ़ा लिया। मन में ब्राह्मणों के चरणों में सिर झुकाकर उत्तर दिशा की ओर विमान को चलाया।

विमान के चलते समय बड़ा शोर हो रहा है। सभी श्री रघुवीर की जय कह रहे हैं। (विमान के अन्दर एक) अत्यन्त ऊँचा एवं मनोहारी सिंहासन है। प्रभु श्रीराम सीता सहित उस पर बैठ गये।

श्रीराम पत्नी सीता सहित शोभित हो रहे हैं जैसे सुमेरु पर्वत पर मेघ सहित बिजली। सुन्दर विमान शीघ्रता से चला। देवगण हर्षित हुए एवं पुष्प वृष्टि की।

शीतल, मन्द, सुगन्ध तीनों प्रकार की वायु बह चली। सागर, सरोवर एवं नदियों का जल निर्मल हो उठा। चारों ओर शकुन होने लगे। सभी के मन प्रसन्न हैं तथा आकाश एवं दिशायें निर्मल हैं।

श्रीराम ने कहा कि हे सीते! रणभूमि को देखो। लक्ष्मण ने यहाँ इन्द्रजित मेघनाद का वध किया था। हनुमान तथा अंगद के मारे हुये भारी-भारी राक्षस यहाँ युद्धभूमि में पड़े हुए हैं।

देवताओं एवं मुनियों को दुःख देने वाले रावण तथा कुम्भकर्ण दोनों भाई यहाँ मारे गये।

मैंने यहाँ पुल बँधवाया (बाँध) और आनन्द धाम शिव को स्थापित किया। सीता के साथ कृपानिधि श्रीराम ने रामेश्वर शिव को प्रणाम किया।

वन में जहाँ-तहाँ कृपासागर श्रीराम ने विश्राम किया था, सभी स्थानों को जानकी को दिखलाया और सभी के नाम बतलाये॥ ११९॥

टिप्पणी—पुष्पक विमान की आकाश यात्रा का वर्णन है। पुष्पक विमान पर सीता को मार्ग में विविध स्थानों को दिखाया वाल्मीकि रामायण में वर्णित है किन्तु कालिदास कृत रघुवंश में इस यात्रा का बड़ा ही रमणीक चित्र प्रस्तुत किया गया है। तुलसी कालिदास की इस पुष्पक विमान यात्रा प्रसंग से अत्यधिक प्रभावित हैं।

तुरत बिमान तहाँ चलि आवा। दंडक बन जहँ परम सुहावा॥
कुंभजादि मुनिनायक नाना। गए रामु सब के अस्थाना॥
सकल रिषिन्ह सन पाइ असीसा। चित्रकूट आए जगदीसा॥
तहँ करि मुनिन्ह केर संतोषा। चला बिमान तहाँ ते चोखा॥
बहुरि राम जानकिहि देखाई। जमुना कलि मल हरनि सुहाई॥
पुनि देखी सुरसरी पुनीता। राम कहा प्रनाम करु सीता॥
तीरथपति पुनि देखु प्रयागा। देखत जन्म कोटि अघ भागा॥
देखु परम पावनि पुनि बेनी। हरनि सोक हरि लोक निसेनी॥
पुनि देखु अवधपुरी अति पावनि। त्रिबिध ताप भव रोग नसावनि॥

दो०— सीता सहित अवध कहुँ कीन्ह कृपाल प्रनाम।
सजल नयन तन पुलकित पुनि पुनि हरषित राम॥
पुनि प्रभु आइ त्रिबेनीं हरषित मज्जनु कीन्ह।
कपिन्ह सहित बिप्रन्ह कहुँ दान बिबिध बिधि दीन्ह॥ १२०॥

अर्थ—विमान शीघ्र ही वहाँ चला आया जहाँ परम सुहावना दण्डकवन था। वहाँ अगस्त्य आदि जो नाना प्रकार के ऋषि थे, सभी के आश्रमों पर गये।

समस्त ऋषिगणों से आशीवर्चन पाकर श्रीराम चित्रकूट आये और वहाँ मुनियों को सन्तुष्ट किया फिर विमान वहाँ से तेजी से चला।

पुनः श्रीराम ने जानकी को कलियुग के पापों को हरण करने वाली सुहावनी गंगा को दिखलाया। पुनः (उन्होंने) पवित्र गंगा को देखा और श्रीराम ने कहा कि हे सीते! प्रणाम करो।

पुनः तीरथराज प्रयाग को देखा जिसके दर्शन मात्र से करोड़ों जन्मों के पाप भाग जाते हैं। हे सीते! पुनः परम पवित्र त्रिवेणी को देखो, जो शोकों को हरने वाली तथा परमधाम पर (पहुँचने) के लिए सीढ़ी की भाँति है।

फिर अत्यन्त पवित्र अयोध्यापुरी के दर्शन करो जो तीनों प्रकार के तापों एवं संसार के जन्म-मरण के रोगों को हरने वाली है।

कृपालु श्रीराम ने पुनः सीता के साथ अयोध्या को प्रणाम किया। नेत्र जल पूरित हैं, शरीर पुलकित है (और इस प्रकार) श्रीराम (अयोध्या को देखकर) बार-बार हर्षित हैं।

फिर त्रिवेणी में आकर प्रभु श्रीराम ने हर्षित भाव से स्नान किया और वानरों सहित ब्राह्मणों को नाना प्रकार के दान दिये॥ १२०॥

टिप्पणी—सम्पूर्ण प्रसंगों को पुष्पक विमान यात्रा द्वारा पुनः स्मृति का विषय बना देना कवि कल्पना का अंग है। कवि प्रयाग में श्रीराम तथा सीता के उतरने, स्नान तथा प्रणाम करने का उल्लेख करता है, जबकि कालिदास यहाँ आकाश से बिम्बित गंगा-यमुना के निर्मल तथा विविध वर्णों से सम्पृक्त तथा धर्म धवलित रूप का चित्रण करते हैं।

इसी क्रम में, एक बार पुष्पक विमान से अयोध्या की यात्रा करने और उससे सम्बद्ध अपनी आत्मीयता भरी स्नेहासक्ति का चित्रण करने का अवसर कवि हाथ से नहीं जाने देता।

हर्ष भरा आवेग यहाँ केन्द्रीय भाव के रूप में है।

प्रभु हनुमंतहि कहा बुझाई। धरि बटु रूप अवधपुर जाई॥
भरतहि कुसल हमारि सुनाएहु। समाचार लै तुम्ह चलि आएहु॥
तुरत पवनसुत गवनत भयऊ। तब प्रभु भरद्वाज पहिं गयऊ॥
नाना बिधि मुनि पूजा कीन्ही। अस्तुति करि पुनि आसिष दीन्ही॥
मुनि पद बंदि जुगल कर जोरी। चढ़ि बिमान प्रभु चले बहोरी॥
इहाँ निषाद सुना प्रभु आए। नाव नाव कहँ लोग बोलाए॥
सुरसरि नाघि जान तब आयो। उतरेउ तट प्रभु आयसु पायो॥
तब सीताँ पूजी सुरसरी। बहु प्रकार पुनि चरनन्हि परी॥
दीन्हि असीस हरषि मन गंगा। सुंदरि तव अहिवात अभंगा॥
सुनत गुहा धायउ प्रेमाकुल। आयउ निकट परम सुख संकुल॥
प्रभुहि सहित बिलोकि बैदेही। परेउ अवनि तन सुधि नहिं तेही॥
प्रीति परम बिलोकि रघुराई। हरषि उठाइ लियो उर लाई॥

अर्थ—प्रभु श्रीराम ने हनुमान को समझाकर कहा कि तुम ब्रह्मचारी का रूप धारण करके अयोध्या जाओ। भरत को हमारी कुशल सुनाना तथा उनका समाचार लेकर चले आना।

वायुपुत्र हनुमान तुरन्त ही चल पड़े और तब प्रभु श्रीराम भरद्वाज के पास पहुँचे। मुनि ने अनेक भाँति से उनकी पूजा की और स्तुति करके आशीर्वाद दिया।

दोनों हाथों को जोड़ करके तथा मुनियों की वन्दना करके प्रभु श्रीराम पुनः विमान पर चढ़कर चले। यहाँ जब निषाद ने सुना कि प्रभु श्रीराम आ गये हैं, तब उसने, नाव कहाँ है—नाव कहाँ है, कहकर लोगों को बुलाया।

इतने में विमान गंगा को नाघ करके आ गया और प्रभु की आज्ञा पाकर वह तट पर उतरा। तब सीता ने गंगा की अनेक प्रकार से पूजा की और उनके चरणों पर गिरीं।

गंगा ने हर्षित मन से आशीर्वाद दिया कि हे सुन्दरी! तुम्हारा अहिवात (सौभाग्य) अखंड है। (श्रीराम के आने का समाचार सुनकर) वह निषादराज गुह व्याकुल दौड़ा और परम आनन्द से परिपूर्ण होकर श्रीराम के पास आया।

सीता सहित प्रभु श्रीराम को देखकर, वह पृथ्वी पर गिर पड़ा, उसे शरीर की सुधि नहीं रही। उसकी विलक्षण प्रीति को देखकर श्रीराम ने हर्षित होकर उसे उठाकर हृदय से लगा लिया।

टिप्पणी—भरद्वाज, निषादराज गुह एवं सीता द्वारा गंगा पूजन के प्रसंग वनवास के सन्दर्भ की पुनर्स्मृति से उत्पन्न प्रियता को व्यक्त करने के लिए हैं। निषाद गुह के माध्यम से कवि पुनः एकबार अपनी भक्ति विषयक मान्यता के प्रति सभी को सचेष्ट करता है।

छंद— लियो हृदयँ लाइ कृपा निधान सुजान रायँ रमापती।
बैठारि परम समीप बूझी कुसल सो कर बीनती॥
अब कुसल पद पंकज बिलोकि बिरंचि संकर सेब्य जे।
सुख धाम पूरनकाम राम नमामि राम नमामि ते॥
सब भाँति अधम निषाद सो हरि भरत ज्यों उर लाइयो।
मतिमंद तुलसीदास सो प्रभु मोह बस बिसराइयो॥
यह रावनारि चरित्र पावन राम पद रतिप्रद सदा।
कामादिहर बिग्यान कर सुर सिद्ध मुनि गावहिं मुदा॥

दो०— समर बिजय रघुबीर के चरित जे सुनहिं सुजान।
बिजय बिबेक बिभूति नित तिन्हहिं देहिं भगवान॥
यह कलिकाल मलायतन मन करि देखु बिचार।
श्रीरघुनाथ नामु तजि नाहिन आन अधार॥ १२१॥

इति श्रीरामचरितमानसे सकलकलिकलुषविध्वंसने विमल विज्ञान सम्पादिनो नाम
षष्ठः सोपानः समाप्तः॥

लक्ष्मी के पति, चतुरों के स्वामी, कृपानिधान श्रीराम ने उसे हृदय से लगा लिया और अत्यन्त समीप बैठाकर उसकी कुशल पूछने लगे। वह विनती करके कहने लगा। आपके ब्रह्मा तथा शिव द्वारा सेवित चरणों को देखकर अब सब कुशल है। हे आनन्दधाम, तथा पूर्णकाम श्रीराम! मैं आपको नमस्कार करता हूँ, नमस्कार करता हूँ।

प्रत्येक प्रकार से अधम निषाद जैसे को श्रीहरि ने भरत की भाँति हृदय से लगा लिया। तुलसीदास कहते हैं कि उस प्रभु को मोह विवश इस मतिमन्द ने भुला दिया है। रावण के शत्रु श्रीराम का यह पवित्र चरित्र उनके चरणों में सदैव प्रीति उत्पन्न करने वाला है। यह काम आदि विकारों का हरण करने वाला तथा विज्ञान उत्पन्न करने वाला है। देवता, मुनि एवं सिद्ध आनन्दित होकर इसे गाते हैं।

जो सहृदय जन श्रीराम के युद्ध विजय लीला चरित का श्रवण करते हैं उनको श्रीहरि नित्य विजय, विवेक एवं ऐश्वर्य (विभूति) प्रदान करते हैं।

रे मन! तू विचार करके देख ले! यह कलिकाल मलों का घर है। यहाँ श्रीराम के नाम के अतिरिक्त (मुक्ति के लिए) अन्य कोई दूसरा आधार नहीं है॥ १२१॥

टिप्पणी—उत्तरकांड का समापन कवि निषाद गुह के प्रसंग से करता है। गुह के प्रेम को देखकर श्रीराम उसे भरत की भाँति अत्यन्त आत्मीयतापूर्वक हृदय से लगा लेते हैं। कवि यहाँ निर्देश देता है कि—

'सब भाँति अधम निषाद सों हरि भरत ज्यों उर लाइयो॥'

कवि की भक्ति से आप्लावित यह पंक्ति सम्पूर्ण लंकाकांड के प्रसंगों पर भारी पड़ जाती है।

इस प्रकार कलि के समस्त पापों का विनाश करने वाला श्रीरामचरितमानस का यह छठाँ सोपान समाप्त हुआ।

❑❑

श्री गणेशाय नमः

श्री जानकीवल्लभोविजयते

श्रीरामचरितमानस

सप्तम सोपान

उत्तरकांड

केकीकण्ठाभनीलं सुरवरविलसद्विप्रपादाब्जचिह्नं
शोभाढ्यं पीतवस्त्रं सरसिजनयनं सर्वदा सुप्रसन्नम्।
पाणौ नाराचचापं कपिनिकरयुतं बन्धुनासेव्यमानं
नौमीड्यं जानकीशं रघुवरमनिशं पुष्पकारूढरामम्॥
कोशलेन्द्र पदकञ्जमञ्जुलौ कोमलावजमहेशवन्दितौ।
जानकीकरसरोजलालितौ चिन्तकस्य मनभृङ्गसङ्गिनौ॥
कुन्द इन्दुदरगौरसुन्दरं अम्बिकापतिमभीष्टसिद्धिदम्।
कारुणीककलकञ्जलोचनं नौमि शङ्करमनङ्गमोचनम्॥

अर्थ—मयूर कंठ प्रभा सदृश नील वर्ण, देवश्रेष्ठ, ब्राह्मण (भृगु) के चरण-कमल चिह्न से शोभित, सौन्दर्य से परिपूर्ण पीताम्बरधारी, सर्वदा अतिप्रसन्न, कमलनयन, हाथ में बाण तथा धनुष से संयुक्त, कपि समूह युक्त, बन्धु लक्ष्मण से सेवित, नमन योग्य, जानकीपति तथा पुष्पक विमान पर आरूढ़ रघुकुलश्रेष्ठ श्रीराम को मैं प्रणाम करता हूँ॥ १॥

कोसलेन्द्र श्रीराम के रमणीक वे सुन्दर कोमल चरण-कमल जो ब्रह्मा तथा शिव द्वारा वन्दित, जानकी के कर-कमलों द्वारा लालित और चिन्तनशील ऋषिगणों के मनरूपी भ्रमर के नित्य साथी हैं (मैं उन्हें प्रणाम करता हूँ)॥ २॥

बेला पुष्प तथा चन्द्रलेखा सदृश गौरवर्ण, जगज्जननी पार्वती के पति, मनोकामना के अनुकूल फल देने वाले, करुणाशील, रमणीक कमल सदृश नेत्रयुक्त, काम से मुक्ति दिलाने वाले श्री शिव को मैं प्रणाम करता हूँ॥ ३॥

टिप्पणी—गोस्वामी तुलसीदास प्रत्येक सोपान का प्रारम्भ श्लोक से करते हैं—और इन श्लोकों में सामयिक या भावी कथा-संकेत की व्यंजना उनकी मानस रचना शैली का अपरिहार्य लक्षण है। प्रथम श्लोक में कवि श्रीराम के एक नये स्वरूप की झाँकी देता है, जो लंका विजय से व्यंजित है। मानस में कवि ने श्रीराम की अनेक झाँकियाँ दी हैं और हर झाँकी में उनका रूपांकन सर्वथा नया दिखाई देता है अनेक रूप तथा अनेक वेषों में श्रीराम। श्रीराम की यह भी एक झाँकी है जो सर्गारम्भ की स्तुति एवं आराध्य के मनोहारी रूप-लावण्य से इंगित है।

द्वितीय श्लोक में 'कोसलेन्द्र' शब्द भावी राज्याभिषेक का सूचक और राजरानी सीता के साहचर्य तथा ब्रह्मा एवं शिव आदि द्वारा उनके स्तवन के माहात्म्य संकेत से इंगित है।

तीसरा श्लोक शिव वन्दना से है। कवि ने बालकांड का प्रारम्भिक भाग, अयोध्या, लंका तथा उत्तरकांडों की रचना काशी में की थी। कवि अपने आराध्य शिव की वन्दना इन सभी अध्यायों में करता है। यहाँ इस तीसरे श्लोक में अंनगमोचन शिव की वन्दना कवि करता है।

सामान्यतया ये श्लोक स्तुतिसूचक, मंगलात्मक, भावी कथा के संसूचनार्थ विनयमूलक हैं।

दो०— रहा एक दिन अवधि कर अति आरत पुर लोग।
जहँ तहँ सोचहिं नारि नर कृस तनु राम वियोग॥
सगुन होहिं सुंदर सकल मन प्रसन्न सब केर।
प्रभु आगवन जनाव जनु नगर रम्य चहुँ फेर॥
कौसल्यादि मातु सब मन अनंद अस होइ।
आएउ प्रभु श्री अनुज जुत कहन चहत अब कोइ॥
भरत नयन भुज दच्छिन फरकत बारहिं बार।
जानि सगुन मन हरष अति लागे करन बिचार॥

अर्थ—(अयोध्यानगरवासियों के लिए श्रीराम के चौदह वर्ष वन में व्यतीत करने के पश्चात्) प्रतीक्षा का एक दिन ही शेष रह गया, नगरवासी अत्यन्त दुखी हैं। जहाँ-तहाँ (नगर के) नर-नारी राम वियोग में क्षीणकाय सोच कर रहे हैं।

तत्पश्चात् सभी को सुन्दर शकुन होने लगे और सभी के मन प्रसन्न हुए मानो चारों ओर से अयोध्या नगर रमणीक (होकर) प्रभु श्रीराम के आगमन को सूचित कर रहा है।

कौसल्या आदि सभी माताओं के मन इस प्रकार आनन्दित हैं जैसे इसी समय कोई कहना चाहता है कि प्रभु श्रीराम सीता तथा लक्ष्मण सहित आ गये।

भरत के दक्षिण नेत्र तथा बाहु बार-बार फड़क रहे हैं। वे शकुन समझकर अत्यन्त हर्षित मन से विचार करने लगे।

टिप्पणी—भरत, माताएँ तथा अयोध्यानगरवासियों ने शुभ शकुन द्वारा कवि भावी कथा के फलक को तैयार करना चाहता है। कवि श्रीराम के आगमन के प्रति पूर्ण सचेतता का वातावरण 'शकुन' द्वारा करता है। शकुन कवि समय परम्परा के पूर्व संकेत है और मिलन, वियोग, कष्ट, शुभ आदि के अनेक लक्षणों से कवि मन्तव्य को इंगित करता है। यहाँ श्रीराम के आगमन के शुभ प्रसंग की अवतारणा के लिए ये शकुन कवि द्वारा पूर्व निर्देश के रूप में व्यंजित हैं।

रहेउ एक दिनु अवधि अधारा। समुझत मन दुख भएउ अपारा॥
कारन कवन नाथ नहिं आएउ। जानि कुटिल किधौं मोहिं बिसराएउ॥
अहह धन्य लछिमन बड़भागी। राम पदारबिंदु अनुरागी॥
कपटी कुटिल मोहिं प्रभु चीन्हा। तातें नाथ संग नहिं लीन्हा॥
जौं करनी समुझै प्रभु मोरी। नहिं निस्तार कलप सत कोरी॥
जन अवगुन प्रभु मान न काऊ। दीनबंधु अति मृदुल सुभाऊ॥
मोरे जियँ भरोस दृढ़ सोई। मिलिहहिं रामु सगुन सुभ होई॥
बीते अवधि रहहिं जौ प्राना। अधम कवन जग मोहि समाना॥

दो०— राम बिरह सागर महँ भरत मगन मन होत।
बिप्र रूप धरि पवन सुत आइ गएउ जनु पोत॥
बैठे देखि कुसासन जटा मुकुट कृस गात।
राम राम रघुपति जपत स्त्रवत नयन जलजात॥ १॥

अर्थ—एक दिन की अवधि प्राणों के लिए आधारस्वरूप शेष है, इसे सोचते हुए भरत के मन में अपार दु:ख उत्पन्न हुआ। क्या कारण है कि स्वामी श्रीराम अब तक नहीं आये। (लगता है) मुझे कुटिल समझकर भुला तो नहीं दिया।

अहो! लक्ष्मण तो बड़े भाग्यशाली एवं धन्य हैं जो श्रीराम के चरण कमलों में प्रेमासक्त हैं। प्रभु श्रीराम ने मुझे कपटी और कुटिल समझा, इसीलिए उन्होंने मुझे साथ नहीं लिया।

यदि श्रीराम मेरी करनी को समझेंगे तो मेरा सैकड़ों कल्पों तक भी उद्धार (छुटकारा) सम्भव नहीं है किन्तु श्रीराम अपने सेवकों का कोई भी अवगुण नहीं मानते। वे दीनबन्धु हैं तथा उनका स्वभाव मृदुल है।

(इसी के कारण) मेरे हृदय में दृढ़ भरोसा है कि शुभ शकुन हो रहे हैं, श्रीराम अवश्य मिलेंगे। प्रतीक्षा का समय व्यतीत हो जाने पर यदि प्राण रहता है तो संसार में मेरे सदृश अधम कौन है?

श्रीराम के विरहरूपी समुद्र में भरत का मन निमग्न ही हो रहा था कि ब्राह्मण का स्वरूप धारण करके हनुमान मानो नौका की भाँति अवतरित हो गये।

उन्होंने भरत को कुशासन पर, जटा का मुकुट धारण किये, क्षीणकाय, रघुपति श्रीराम-श्रीराम जैसा जप करते, कमलवत् नेत्रों से अश्रु प्रवहित, बैठे देखा॥ १॥

टिप्पणी—कवि विरह को घनीभूत बनाने के लिए उसे अन्तिम घड़ी के शीर्ष बिन्दु पर अवस्थित करता है। इस अन्तिम घड़ी का विरह-जीवन या मृत्यु के विकल्प में झूल रहा है और इस बीच शकुन पीड़ा मुक्ति का सामान्य आधार तथा दूत का अवतरण पीड़ा मुक्ति का हेतु बनकर आकस्मिक रूप से आता है। यहाँ एक ओर भरत की पीड़ा का जहाँ शिखर बिन्दु है—वहीं हनुमान का अवतरण उस व्यथा से मुक्ति का हेतु समुद्र में डूबने के क्षण नौका का उपस्थित होना—उत्प्रेक्षागर्भित रूपक है और रस मैत्री करुणा में वीर का समावेश सम्पूर्ण पीड़ा का उद्धारक बन जाता है। दूत का अवतरण परम्परित विरह मुक्ति के लिए संदेश काल परम्परा से जुड़ता है। विरहजन्य कारुणिकता की सन्धि मिलनजन्य आनन्द से होना—भाव द्वन्द्व की परिकल्पना है।

हनुमान का दूत कर्म सखा भाव से सम्बद्ध है। साहित्य में दूत को अन्तरंग सखा बताया गया है—हनुमान को श्रीराम दूत इसलिए बनाते हैं कि वे उनकी अन्तरंगता से भलीभाँति परिचित तथा भरत से भी पूर्व परिचित हैं।

देखत हनूमान अति हरषेउ। पुलक गात लोचन जल बरषेउ॥
मन महुँ बहुत भाँति सुख मानी। बोलेउ श्रवन सुधा सम बानी॥
जासु बिरहँ सोचहु दिनु राती। रटहु निरंतर गुन गन पाँती॥
रघुकुल तिलक सुजन सुखदाता। आएउ कुसल देव मुनि त्राता॥
रिपु रन जीति सुजस सुर गावत। सीता अनुज सहित प्रभु आवत॥
सुनत बचन बिसरे सब दूखा। तृषावंत जिमि पाइ पियूषा॥
को तुम्ह तात कहाँ तें आए। मोहि परम प्रिय बचन सुनाए॥
मारुत सुत मैं कपि हनुमाना। नाम मोर सुनु कृपानिधाना॥
दीनबंधु रघुपति कर किंकर। सुनत भरत भेंटेउ उठि सादर॥
मिलत प्रेमु नहिं हृदय समाता। नयन स्त्रवत जल पुलकित गाता॥

अर्थ—हनुमान उन्हें देखते हुए अत्यधिक हर्षित हुए, शरीर रोमांचित हो उठा, नेत्र अश्रु प्रवाहित हो उठे। वे मन में अत्यधिक सुख मानकर कानों के लिए अमृत तुल्य वाणी बोले।

जिसके विरह में आप रात-दिन शोक सन्तप्त हैं और जिनके गुणों की पंक्तियाँ निरन्तर रटते

रहते हैं, वे देवताओं एवं मुनियों के रक्षक, रघुवंश के तिलकस्वरूप, आत्मीय जनों को आनन्द प्रदान करनेवाले श्रीराम कुशलपूर्वक आ गये।

जिनके सुयश देवगण गा रहे हैं, ऐसे प्रभु श्रीराम शत्रु पर विजय प्राप्त करके सीता तथा लक्ष्मण के साथ आ रहे हैं। प्यासा जैसे अमृत पा गया हो तथैव वाणी सुनते ही भरत के समस्त दुःख विस्मृत हो उठे।

हे तात, तुम कौन हो, कहाँ से आये हो और मुझे अत्यन्त प्रिय वचनों को सुनाया। हे कृपानिधान (भरत)! मेरा नाम सुनें, मैं वायु पुत्र कपि हनुमान हूँ।

मैं दीनबन्धु श्रीराम का दास हूँ—इसे सुनते ही, भरत ने आदरपूर्वक उन्हें भेंटा। भेंटते हुए उनका प्रेम हृदय में नहीं समा पा रहा था। नेत्र अश्रु प्रवाह कर रहे थे, शरीर रोमांचित था।

टिप्पणी—यह दौत्यकर्म सुखात्मक प्रसंग का है। इस प्रकरण की कल्पना करके कवि मिलन के सुख को दिशाबद्ध एवं नियंत्रित कर रहा है। शोक तथा विरह की सत्त्वदशा को यह सूचना हर्ष पर्यावसायी बनाती है। मिलन का समाचार 'हर्ष' तथा 'पुलक' संचारी एवं सात्त्विक भाव को जाग्रत करके वातावरण को आनन्दमयता की ओर क्रमबद्ध रूप से ले जाता है।

कपि तव दरस सकल दुख बीते। मिले आजु मोहि रामु पिरीते॥
बार बार बूझी कुसलाता। तो कहुँ देउँ काह सुनु भ्राता॥
एहि संदेस सरिस जग माहीं। करि बिचार देखेउँ कछु नाहीं॥
नाहिन तात उरिन मैं तोही। अब प्रभु चरित सुनावहु मोही॥
तब हनुमंत नाइ पद माथा। कहे सकल रघुपति गुन गाथा॥
कहु कपि कबहुँ कृपाल गुसाईं। सुमिरहिं मोहिं दास की नाईं॥

अर्थ—हे हनुमान! तुम्हारे दर्शन से मेरे सारे दुख समाप्त हो गये। आज मुझे प्यारे श्रीराम ही (तुम्हारे रूप में) मिल गये। बार-बार (उन्होंने श्रीराम का) कुशल क्षेम पूछा और कहा, हे भ्राता! मैं तुझे (कौन-सा उपहार) क्या दूँ।

मन में मैंने विचार करके देख लिया है कि इस संदेश के सदृश संसार में कुछ भी नहीं है। हे तात! मैं तुमसे उऋण नहीं हो सकता, अब प्रभु श्रीराम का समाचार मुझे सुनाओ।

तब हनुमान ने चरणों में शीश झुकाकर श्रीराम की सम्पूर्ण गुणगाथा सुनाई। (भरत ने तत्पश्चात् जानना चाहा) हे कपि श्रेष्ठ! कभी कृपालु, गोस्वामी श्रीराम मुझे दास की भाँति स्मरण करते हैं।

छंद— निज दास ज्यों रघुबंस भूषन कबहुँ मम सुमिरन कर्‌यौ।
सुनि भरत बचन बिनीत अति कपि पुलकि तन चरनन्हि पर्‌यौ॥
रघुबीर निज मुख जासु गुन गन कहत अग जग नाथ जो।
काहे न होइ बिनीत परम पुनीत सदगुन सिंधु सो॥

दो०— राम प्रान प्रिय नाथ तुम्ह सत्य बचन मम तात।
पुनि पुनि मिलत भरत सुनि हरष न हृदयँ समात॥

सो०— भरत चरन सिरु नाइ तुरति गयउ कपि राम पहिं।
कही कुसल सब जाइ हरषि चलेउ प्रभु जान चढ़ि॥ २॥

रघुवंश विभूषण श्रीराम क्या कभी अपने दास की भाँति मेरा स्मरण करते हैं। भरत के अत्यधिक विनययुक्त वचनों को सुनकर रोमांचित शरीर हनुमान उनके चरणों पर गिर पड़े। सचराचर स्वामी श्रीराम जिसके गुण समूहों का वर्णन करते रहते हैं, वह भरत इतने विनय सम्पन्न, परम पवित्र, सद्गुणों के समुद्र की भाँति क्यों न हों?

हे स्वामी! आप श्रीराम के प्राणप्रिय हैं, हे तात! यह मेरी वाणी सत्य है, इसे सुनकर भरत बार-बार मिलते हैं, हर्ष हृदय में नहीं समा पाता।

भरत के चरणों में शीश झुकाकर हनुमान तुरन्त श्रीराम के पास गये। उन्होंने सम्पूर्ण कुशल बताया और तब यान पर चढ़कर प्रभु हर्षित भाव से चल पड़े॥ २॥

टिप्पणी—दौत्य कर्म प्रकरण में विषयि (भरत) द्वारा संदेश ज्ञान तथा आत्म-प्रेम की सम्पुष्टि का संज्ञान इसका मन्तव्य है। केन्द्रीय भाव यहाँ-'कहु कपि कबहुँ कृपाल गोसाईं। सुमिरहिं मोहिं दास की नाईं'। के प्रश्न पर हनुमान के द्वारा उनको उत्तर दिया जाना आत्मतोष की पूर्ण पराकाष्ठा है। प्रिय पात्र का आत्मीयस्मरण प्रणयी के लिए पूर्ण काम्य है—और उसकी सम्पुष्टि 'हर्षातिरेक का हेतु' है, भरत के इस हर्षातिरेक को व्यंजित कराना ही कवि का मन्तव्य है।

लोकभाव की आध्यात्मिक व्यंजना की दृष्टि से भी यह प्रसंग पूर्णतया उपयुक्त है—'एहिं संदेस सरिस जग माहीं।' किसी भक्त को श्रीराम (ब्रह्म) के मिलने का संदेश प्राप्त हो—इससे बड़ा प्रिय उसके लिए क्या हो सकता है? भक्ति को इंगित करने वाली शब्दावलियाँ लोकभाव में आध्यात्मिक व्यंजनाओं को सशक्त ढंग से व्यंजित करती हैं। भरत के दास्य में भक्ति की दास्य भावना का सर्वतोत्कृष्ट रूप अवतरित होता है।

हरषि भरत कोसलपुर आए। समाचार सब गुरहिं सुनाए॥
पुनि मंदिर महँ बात जनाई। आवत नगर कुसल रघुराई॥
सुनत सकल जननी उठि धाईं। कहि प्रभु कुसल भरत समुझाईं॥
समाचार पुरवासिन्ह पाए। नर अरु नारि हरषि सब धाए॥
दधि दूर्बा रोचन फल फूला। नव तुलसीदल मंगल मूला॥
भरि भरि हेम थार भामिनी। गावत चलिं सिंधुरगामिनी॥
जे जैसेहिं तैसेहिं उठि धावहिं। बाल बृद्ध कहुँ संग न लावहिं॥
एक एकन्ह कहुँ बूझहिं भाई। तुम्ह देखे दयाल रघुराई॥
अवधपुरी प्रभु आवत जानी। भई सकल सोभा कै खानी॥
बहइ सुहावन त्रिबिध समीरा। भइ सरजू अति निर्मल नीरा॥

दो०— हरषित गुर परिजन अनुज भूसुर बृंद समेत।
चले भरत मन प्रेम अति सन्मुख कृपानिकेत॥
बहुतक चढ़ी अटारिन्ह निरखहिं गगन बिमान।
देखि मधुर सुर हरषित करहिं सुमंगल गान॥ ३॥

अर्थ—हर्षित भाव से भरत अयोध्या नगर में आये और सारा समाचार गुरु वसिष्ठ को बताया। पुन: राजप्रासाद में बात जनाई कि कुशलपूर्वक श्रीराम अयोध्या नगर आ रहे हैं।

(इस समाचार को) सुनते ही सारी माताएँ उठकर दौड़ पड़ीं। भरत ने प्रभु श्रीराम के कुशल क्षेम को कह करके समझाया। नगरवासियों ने यह समाचार प्राप्त किया (और प्राप्त करते ही) नर-नारी सभी हर्षित भाव से दौड़ पड़े।

दही, दूब, गोरोचन, फल, फूल और मंगल के मूल नवीन तुलसीदल को गजगामिनी सौभाग्यवती स्त्रियाँ सोने की थालों में भर-भरकर गाते हुए चलीं।

जो जैसे हैं, वैसे ही उठकर दौड़ पड़े। कोई भी बालक तथा वृद्ध को साथ नहीं ले आते। एक-एक दूसरे से पूछते हैं कि हे भाई! तुमने दयावान् श्रीराम को देखा तो नहीं है?

श्रीराम को आता हुआ समझ कर अयोध्या नगरी सम्पूर्णत: सौन्दर्य की खान हो गई। सुहावनी

त्रिविध वायु बहने लगी और सरयू नदी अत्यन्त निर्मल जलों वाली हो गई।

गुरु वसिष्ठ, परिवारजन, शत्रुघ्न (अनुज) तथा ब्राह्मण समूह सहित हर्षित एवं भरत अत्यधिक प्रेम परिपूर्ण मन से श्रीराम के सामने चले।

बहुत-सी स्त्रियाँ अटारियों पर चढ़ी हुईं आकाश में पुष्पक विमान निरख रही हैं और उसे देखकर हर्षित भाव से मधुर स्वर में सुन्दर मंगलगीत गा रही हैं॥ ३॥

टिप्पणी—श्रीराम के आगमन का आनन्दमय समाचार हर्ष का वातावरण निर्मित करता है। श्रीराम के अधिदैवत् व्यक्तित्व को इंगित करने के लिए लोक सम्भावनाओं से हटकर घटनाओं का समावेश आश्चर्य तथा कौतूहल का सृजन करता है—'अवधपुरी प्रभु आवत जानी। भई सकल सोभा के खानी' तथा 'भइ सरयू प्रति निर्मल नीरा' आदि।

नगर, पुरवासी, माताओं आदि के हर्षातिरेक का चित्रण मिलन की भूमिका को सम्पुष्ट करता है।

इहाँ भानुकुल कमल दिवाकर। कपिन्ह देखावत नगर मनोहर॥
सुनु कपीस अंगद लंकेसा। पावन पुरी रुचिर यह देसा॥
जद्यपि सब बैकुंठ बखाना। बेद पुरान बिदित जग जाना॥
अवधपुरी सम प्रिय नहिं सोऊ। यह प्रसंग जानइ कोउ कोऊ॥
जन्मभूमि मम पुरी सुहावनि। उत्तर दिसि बह सरजू पावनि॥
जा मज्जन तें बिनहि प्रयासा। मम समीप नर पावहिं बासा॥
अति प्रिय मोहिं इहाँ के बासी। मम धामदा पुरी सुख रासी॥
हरषे सब कपि सुनि प्रभु बानी। धन्य अवध जो राम बखानी॥

दो०— आवत देखि लोग सब कृपासिंधु भगवान।
नगर निकट प्रभु प्रेरेउ उतरेउ भूमि बिमान॥
उतरि कहेउ प्रभु पुष्पकहिं तुम्ह कुबेर पहिं जाहु।
प्रेरित राम चलेउ सो हरषु बिरहु अति ताहु॥ ४॥

अर्थ—इधर सूर्यकुलरूपी कमल के सूर्य श्रीराम कपियों को अपना मनोहर नगर दिखला रहे हैं। हे सुग्रीव, अंगद तथा विभीषण सुनें, यह अयोध्यापुरी पवित्र एवं प्रदेश सुन्दर है।

यद्यपि सभी ने बैकुंठ की प्रशंसा की है और यह वेद, पुराणों में ज्ञात है तथा लोग भी जानते हैं किन्तु मुझे अयोध्यापुरी सदृश कोई भी प्रिय नहीं है, यह प्रसंग बिरले ही जानते हैं।

यह सुहावनी अयोध्यापुरी मेरी जन्मभूमि है। इसकी उत्तर-दिशा की ओर पवित्र सरयू बहती हैं जिसमें स्नान करने से बिना प्रयास ही मेरे समीप मनुष्य निवास पाते हैं।

यहाँ के निवासी मुझे अत्यधिक प्रिय हैं। सुख की राशि यह नगरी मेरे पुण्यधाम (लोक) को देने वाली है। प्रभु की वाणी सुनकर सभी हर्षित हुए—श्रीराम जिसका स्वयं वर्णन कर रहे हैं, वह अयोध्यानगरी धन्य है।

कृपासागर श्रीराम ने सभी लोगों को आते देखकर विमान को नगर में निकट (उतरने के लिए) प्रेरित किया और वह विमान भूमि पर उतारा।

विमान से उतरकर प्रभु श्रीराम ने पुष्पक विमान से कहा कि तुम (अपने स्वामी) कुबेर के पास जाओ—श्रीराम से प्रेरित होकर वह चला। उसे अत्यधिक हर्ष तथा विषाद दोनों हैं॥ ४॥

टिप्पणी—अयोध्या के माहात्म्य का द्विविधवर्णन है। श्रीराम अपनी जन्मभूमि (मातृभूमि) के रूप में अपने स्नेहातिरेक के साथ जोड़कर सहज मानवीय रूप में इसका वर्णन करते हैं।

इसका दूसरा प्रकरण आध्यात्मिक है। पुराणों में अयोध्या को 'श्रीहरि का धाम' बताया गया है।

यह विष्णु लोक सदृश पवित्र एवं मुक्ति फल विधायिनी है।

कवि श्रीराम के जन्म भूमि प्रेम के द्वारा प्रकारान्तर भाव से अयोध्या के प्रति अपनी स्वयं की संसक्ति तथा उसके आध्यात्मिक गौरव को इंगित करता है।

आए भरत संग सब लोगा। कृस तन श्रीरघुबीर बियोगा॥
बामदेव बसिष्ठ मुनि नायक। देखे प्रभु महि धरि धनु सायक॥
धाइ धरे गुरु चरन सरोरुह। अनुज सहित अति पुलक तनोरुह॥
भेंटि कुसल बूझी मुनिराया। हमरें कुसल तुम्हारिहिं दाया॥
सकल द्विजन्ह मिलि नाएउ माथा। धरम धुरंधर रघुकुलनाथा॥
गहे भरत पुनि प्रभु पद पंकज। नमत जिन्हहिं सुर मुनि संकर अज॥
परे भूमि नहिं उठत उठाए। बर करि कृपासिंधु उर लाए॥
स्यामल गात रोम भए ठाढ़े। नव राजीव नयन जल बाढ़े॥

अर्थ—भरत के साथ सभी लोग आये। सभी श्रीराम के वियोग में क्षीणकाय हैं। ऋषि वामदेव, वसिष्ठ एवं अन्य मुनियों को प्रभु ने देखा और पृथ्वी पर धनुष-बाण रखकर—

लक्ष्मण के साथ रोमांचित शरीर से अत्यधिक पुलकित गुरु के चरणों को थाम्ह लिया। मुनिश्रेष्ठ ने भेंटकरके कुशल-क्षेम पूछा। श्रीराम ने उत्तर दिया। आपकी ही दया मेरी कुशल है।

धर्म की धुरी धारण करने वाले श्रीराम ने समस्त ब्राह्मणों से मिलकर उन्हें शीश झुकाया। ततश्च भरत ने प्रभु के उन चरणकमल पकड़े जिनको देवता, मुनि, ब्रह्मा तथा शिव नमन करते हैं।

भरत भूमि पर पड़े हैं, उठाने से नहीं उठते, तब शक्ति लगाकर (जबरदस्ती) कृपासिन्धु श्रीराम ने उन्हें हृदय से लगा लिया। श्रीराम के श्याम शरीर के रोएँ-रोएँ खड़े हो गये और नवीन कमल सदृश नेत्रों में जल (अश्रु) बढ़ आये।

टिप्पणी—कवि सम्मिलन में श्रीराम के 'संयम' का चित्रण करता है। इस सम्मिलन में वियोग के उत्ताप की आपाधापी नहीं है—इसमें परम्परा का संयम है। धनुष-बाण भूमि पर रखकर फिर सर्वप्रथम गुरु वसिष्ठ, ऋषिगण एवं ब्राह्मणों के सम्मिलन के बाद ही परिवार जनों से मिलने का अनुक्रम द्वारा भरत के चित्तद्रावक सम्मिलन को क्षण भर के लिए रोककर कवि मर्यादा समर्थन की नाटकीयता से प्रसंग को कौतूहलपूर्ण बना देता है। संयम के बाद धैर्य का बाँध टूटता है—भरत के द्रावक सम्मिलन में न केवल बिछुड़े भाई-भाई के प्रेम की पयस्विनी उमड़ती है अपितु भक्ति तथा आराध्य के सम्मिलन की छाया भी उभरती है।

छंद— **राजीव लोचन स्त्रवत जल तन ललित पुलकावलि बनी।**
अति प्रेम हृदयँ लगाइ अनुजहिं मिले प्रभु त्रिभुवन धनी॥
प्रभु मिलत अनुजहिं सोह मो पहिं जाति नहिं उपमा कही।
जनु प्रेम अरु सिंगार तनु धरि मिले बर सुषमा लही॥
बूझत कृपानिधि कुसल भरतहिं बचन बेगि न आवई।
सुनु सिवा सो सुख बचन मन तें भिन्न जान जो पावई॥
अब कुसल कोसलनाथ आरत जानि जन दरसन दियो।
बूड़त बिरह बारीस कृपा निधान मोहि कर गहि लियो॥

दो०— **पुनि प्रभु हरषि सत्रुहन भेंटे हृदयँ लगाइ।**
लछिमन भरत मिले तब परम प्रेम दोउ भाइ॥ ५॥

कमलवत् नेत्रों से अश्रु प्रेमाश्रु-प्रवाह हो रहा है और उनके कोमल शरीर में पुलकावली

शोभित हो रही है। तीनों लोकों के स्वामी श्रीराम अत्यन्त प्रेमपूर्वक हृदय से आलिंगित करके अपने अनुज (भरत) से मिले। भरत से मिलते हुए श्रीराम इस प्रकार शोभित हो रहे हैं कि मुझसे उपमा कहते नहीं बनती। मानो प्रेम तथा शृंगार दोनों शरीर धारण करके मिलते हों और श्रेष्ठ सौन्दर्य को प्राप्त हुए हों।

कृपानिधि श्री राम भरत से कुशल-क्षेम पूछते हैं किन्तु (स्तम्भ आवेग के कारण) भरत के मुख से वाणी नहीं फूट पाती। हे पार्वती! सुनें, वह आनन्द मन तथा वाणी से परे है, जो पाता है, वही उसे जानता है। हे कोशलनाथ! आपने मुझे आर्त समझकर इस दास को दर्शन दिया है, इसलिए अब कुशल है। हे कृपानिधान! वियोगरूपी समुद्र में डूबते हुए मुझे आपने हाथ से थाम्ह लिया (बचा लिया)।

पुनः प्रभु श्रीराम हर्षित भाव से शत्रुघ्न को हृदय से लगाया तब लक्ष्मण एवं भरत दोनों भाई अत्यन्त प्रेम से मिले॥ ५॥

टिप्पणी—भरत तथा श्रीराम के सम्मिलन में प्रेम की प्रगाढ़ता को कवि घटना एवं दृष्टान्त दोनों रूपों में अद्वितीय चित्रित करता है। श्रीराम तथा भरत का सम्मिलन 'प्रेम तथा शृंगार' का सम्मिलन है। शृंगार सम्पूर्ण भावनाओं में उत्कट, उज्ज्वल, सान्द्र, द्रावक तथा रसराज है—भरत भातृत्व प्रेम के सर्वोत्कृष्ट प्रतीक हैं और कवि उन्हें शृंगार रूप में परिकल्पित करता है—श्रीराम समग्र प्रेम हैं—जिनसे दास्य, सख्य, वात्सल्य, आदि कितनी आसक्तियाँ फूटती हैं—इन सबमें कान्तासक्ति सर्वोपरि है और वही प्रेम का मूलभाव है। शृंगार के सम्मिलन से जैसे प्रेम अपनी परिपूर्णता प्राप्त कर लेता है तथैव भरत का स्नेह श्रीराम से मिलकर अपनी सम्पूर्ण भावातिशयता प्राप्त करता है। इस उत्प्रेक्षालंकार का उद्देश्य उसी भावातिशयता की सृष्टि करना है।

भरतानुज लछिमन पुनि भेंटे। दुसह बिरह संभव दुख मेटे॥
सीता चरन भरत सिरु नावा। अनुज समेत परम सुख पावा॥
प्रभु बिलोकि हरषे पुरबासी। जनित बियोग बिपति सब नासी॥
प्रेमातुर सब लोग निहारी। कौतुक कीन्ह कृपाल खरारी॥
अमित रूप प्रगटे तेहिं काला। जथाजोग मिले सबहि कृपाला॥
कृपादृष्टि रघुबीर बिलोकी। किए सकल नर नारि बिसोकी॥
छन महिं सबहिं मिले भगवाना। उमा मरम यह काहुँ न जाना॥
एहि बिधि सबहिं सुखी करि रामा। आगे चले सील गुन धामा॥
कौसल्यादि मातु सब धाईं। निरखि बच्छ जनु धेनु लवाईं॥

अर्थ—फिर लक्ष्मण शत्रुघ्न से गले लगकर मिले और विरह से उत्पन्न दुःसह दुःख को दूर किया। भरत ने सीता के चरण में शीश झुकाया और शत्रुघ्न सहित अत्यधिक आनन्द (उन्होंने) प्राप्त किया।

प्रभु श्रीराम को देखकर नगरवासी हर्षित हुए और उनकी श्रीराम के वियोग-जनित सम्पूर्ण आपदा समाप्त हो गई। मिलने के लिए सभी लोगों को आतुर देखकर भगवान श्रीराम ने आश्चर्यजनक कृत्य किया।

उस समय अनन्त रूपों में प्रकट हुए और कृपालु श्रीराम सभी से यथायोग्य मिले। श्रीराम ने कृपा दृष्टि सहित देखकर सभी नर-नारियों को शोकरहित किया।

क्षण में ही भगवान् श्रीराम सभी से मिले, हे पार्वती! यह रहस्य कोई समझ नहीं सका। शील तथा गुणों के धाम श्रीराम सभी तरह से सभी को सुखी करके क्षणभर में आगे चले।

कौसल्या सहित सारी माताएँ दौड़ पड़ीं—जैसे बछड़े को देखकर गौएँ दौड़ें।

टिप्पणी—श्रीराम के व्यक्ति के परादैवत् शक्ति तत्त्व की अभिव्यंजना—'छन महिं सबहिं मिले भगवाना। उमा मरम यह काहुँ न जाना'—वाक्य के द्वारा करके इस मिलन प्रसंग को आध्यात्मिक चमत्कार से कवि संवलित कर देता है।

छंद— जनु धेनु बालक बच्छ तजि गृह चरन बन परबस गईं।
दिन अंत पुर रुख स्त्रवत थन हुंकार करि धावत भईं॥
अति प्रेम प्रभु सब मातु भेंटीं बचन मृदु बहु बिधि कहे।
गइ बिषम बिपति बियोग भव तिन्ह हरष सुख अगनित लहे॥

दो०— भेंटेउ तनय सुमित्रा राम चरन रति जानि।
रामहिं मिलत कैकई हृदयँ बहुत सकुचानि॥
लछिमन सब मातन्हि मिलि हरषे आसिस पाइ।
कैकेयी कहुँ पुनि पुनि मिले मन कर छोभु न जाइ॥ ६॥

अर्थ—मानो गौएँ अपने छोटे बछड़ों को छोड़कर वन में चरने गई हों और सूर्यास्त ग्राम का रुख करते समय (उनकी प्रेमवशवर्तिता के कारण) स्तनों से (दूध) गिर रहा हो और वे हुंकार करती हुई दौड़ पड़ी हों। अत्यन्त प्रेमपूर्वक श्रीराम ने समस्त माताओं को गले लगाया और अनेक प्रकार की (सान्त्वना भरी) बातें कहीं और वियोग से उत्पन्न उनकी विषम विपत्ति समाप्त हुई और उन्होंने अगणित सुख तथा हर्ष प्राप्त किये।

श्रीराम के चरणों में प्रीति जानकर सुमित्रा ने लक्ष्मण को गले लगाया और श्रीराम से भेंटते हुए कैकेयी हृदय में बहुत संकोच-पीड़ित हुई।

लक्ष्मण सभी माताओं से मिलकर तथा आशीर्वाद पाकरके हर्षित हुए और वे कैकेयी से पुनः पुनः मिले किन्तु मन का क्षोभ नहीं जा पा रहा था॥ ६॥

टिप्पणी—कवि वियोगिनी माताओं के प्रेम का वर्णन मिलन के हर्ष के सात्विक भाव पुलक से जोड़कर करता है। इस पुलक के लिए वह 'धेनु' तथा 'बालक बच्छ' के सम्मिलन का दृष्टान्त देता है। जैसे सूर्यास्त होते समय गौएँ पागल की भाँति दौड़ती प्रेम में डूबी अपने बछड़ों को आत्मसात् करती हैं—तथैव माताएँ श्रीराम आदि को। प्रेम आदिम वासना है और उसका मूल नैसगिक स्वरूप पशुओं एवं अर्धविकसित चेतना प्राणियों में पराकाष्ठा में दिखाई पड़ता है—क्योंकि वहाँ सभ्यता का आवरण नहीं है कवि इसीलिए बिछुड़ी हुई माताओं की हौंस भरी मिलनोत्कंठा तथा मिलन को बिछुड़ी गायों के मिलन से उपमित करता है। वात्सल्य का मूल और भाव इस पुत्र मिलन में परिपूर्णता प्राप्त करता है।

सासुन्ह सबनि मिली बैदही। चरनन्हि लागि हरषु अति तेही॥
देहिं असीस बूझि कुसलाता। होउ अचल तुम्हार अहिबाता॥
सब रघुपति मुख कमल बिलोकहिं। मंगल जानि नयन जल रोकहिं॥
कनक थार आरती उतारहिं। बार बार प्रभु गात निहारहिं॥
नाना भाँति निछावरि करहीं। परमानंद हरष उर भरहीं॥
कौसल्या पुनि पुनि रघुबीरहिं। चितवत कृपासिंधु रनधीरहिं॥
हृदयँ बिचारति बारहिं बारा। कवन भाँति लंकापति मारा॥
अति सुकुमार जुगल मम बारे। निसिचर सुभट महाबल भारे॥

दो०— लछिमन अरु सीता सहित प्रभुहि बिलोकति मातु।
परमानंद मगन मन पुनि पुनि पुलकित गातु॥ ७॥

अर्थ—सभी सासुओं से सीता मिलीं। उनके चरणों में लगकर उसे अत्यन्त हर्ष हुआ। कुशल पूछ करके उसे सभी आशीर्वाद देती हैं कि तुम्हारा सौभाग्य अचल हो।

सभी श्रीराम के कमल-मुख को देख रही हैं और मांगलिक पर्व जानकर (अपशकुनसूचक) अश्रुप्रवाह रोके रखती हैं। सोने की थालियों से उनकी आरती उतारती हैं और बार-बार प्रभु श्रीराम के शरीर को देखती हैं।

वे नाना भाँति से निछावर करती हैं और हृदय में परमानन्द तथा हर्ष भर रही हैं। कौसल्या पुनः-पुनः कृपासिन्धु, रणधीर श्रीराम को देख रही हैं।

वह बार-बार हृदय में विचार करती है कि इन्होंने किस तरह से लंकापति रावण का वध किया होगा? मेरे दोनों बच्चे अत्यधिक कोमल हैं दूसरी ओर राक्षस तो बड़े बलशाली तथा महायोद्धा।

लक्ष्मण तथा सीता सहित श्रीराम को माता बार-बार देख रही हैं। उनका मन परम आनन्द में मग्न है और शरीर बार-बार पुलकित हो रहा है॥ ७॥

टिप्पणी—माताओं के नैसर्गिक स्नेह को चित्रित करके कवि उनकी सहजता तथा नैसर्गिक प्रेम भाव को व्यंजित करता है। 'हृदय विचारति बारहिं बारा। कवन भाँति लंकापति मारा॥' यह हृदय एवं भावना का तर्क है और मन तथा वैचारिकता की दृष्टि से विचार करने पर भले ही यह उपहास का विषय हो सकता है किन्तु हृदय की दृष्टि से विचार करने पर यह माता की ममता तथा आत्मीयता भरे वात्सल्य का सूचक है।

लंकापति कपीस नल नीला। जामवंत अंगद सुभ सीला॥
हनुमदादि सब बानर बीरा। धरे मनोहर मनुज सरीरा॥
भरत सनेहु सील ब्रत नेमा। सादर सब बरनहिं अति प्रेमा॥
देखि नगरबासिन्ह कै रीती। सकल सराहहिं प्रभु पद प्रीती॥
पुनि रघुपति सब सखा बोलाए। मुनि पद लागहु सकल सिखाए॥
गुरु बसिष्ठ कुलपूज्य हमारे। इन्हकी कृपा दनुज रन मारे॥
ए सब सखा सुनहु मुनि मेरे। भए समर सागर कहँ बेरे॥
मम हित लागि जन्म इन्ह हारे। भरतहुँ तें मोहि अधिक पिआरे॥
सुनि प्रभु बचन मगन सब भए। निमिष निमिष उपजत सुख नए॥

दो०— कौसल्या के चरनन्हि पुनि तिन्ह नायउ माथ।
आसिष दीन्हे हरषि तुम्ह प्रिय मम जिमि रघुनाथ॥
सुमन बृष्टि नभ संकुल भवन चले सुखकंद।
चढ़ी अटारिन्ह देखहिं नगर नारि नर बृंद॥ ८॥

अर्थ—विभीषण, सुग्रीव, नल-नील, जाम्बवान्, अंगद तथा हनुमानादि शुभ आचरणवाले वीर योद्धा वानर मनुष्य का सुन्दर शरीर धारण किये हुए थे।

वे सभी भरत के शील, स्नेह, व्रत तथा नियम का अत्यन्त प्रेमपूर्वक वर्णन करते हैं। नगरवासियों की (शीलादि) रीति देखकर वे सभी श्रीराम के चरणों में स्थित उनकी प्रीति की सराहना करते हैं।

पुनः श्रीराम ने सभी सखाओं को बुलवाया और सभी को सिखाया कि वे मुनि के चरणों में लगें। ये गुरु वसिष्ठ हमारे कुल-पूज्य हैं और इन्हीं की कृपा से सम्पूर्ण राक्षसों का वध किया है।

हे मुनिश्रेष्ठ! सुनिये, ये सब मेरे सखा हैं जो युद्धरूपी समुद्र के बेड़े (जहाजों के समूह) सदृश बने।

मेरे हितों की रक्षा के निमित्त ये अपने जन्म तक हार गये थे और ये मुझे भरत से भी अधिक

प्रिय हैं। श्रीराम के वचनों को सुनकर वे सभी आनन्दित हो उठे और क्षण-क्षण उनमें नये-नये आनन्दभाव उठते रहे।

पुनः उन सब ने कौसल्या के चरणों में सिर नवाया। उन्होंने हर्षितभाव से आशीर्वाद दिया कि तुम सब मुझे श्रीराम की भाँति प्रिय हो।

श्रीराम भवन चले। आकाश पुष्प-वर्षा से ढँक गया। अटारियों पर चढ़-चढ़कर नर-नारियों के समूह उन्हें देख रहे थे॥ ८॥

टिप्पणी—कवि संस्कारहीन भालुओं तथा वानरों को आर्य जीवन का सांस्कारिक ज्ञान देता है। 'पुनि रघुपति सब सखा बोलाए। मुनि पद लागहुँ सकल सिखाए।'—श्रीराम ने सभी भालुओं तथा वानरों को यह सिखाया कि मुनि-पद-कमलों में नमन कैसे किया जाता है? कवि की मूल दृष्टि जनसमुदाय को संस्कारबद्ध करने की ओर सक्रिय है और वही सक्रियता यहाँ भी दिखाई पड़ती है। यही नहीं, दूसरी ओर वसिष्ठ को उनका परिचय देते हुए उनके समर्पण भाव का चित्रण भी कवि कराता है। निष्ठा में सदाचरण का अंकुरण व्यक्तित्व की महानता की दिशा की ओर संकेत करता है।

कंचन कलस बिचित्र सँवारे। सबहिं धरे सजि निज निज द्वारे॥
बंदनिवार पताका केतू। सबन्हि बनाए मंगल हेतू॥
बीथीं सकल सुगंध सिंचाईं। गजमनि रचि बहु चौक पुराईं॥
नाना भाँति सुमंगल साजे। हरषि नगर निसान बहु बाजे॥
जहँ तहँ नारि निछावरि करहीं। देहिं असीस हरष उर भरहीं॥
कंचन थार आरती नाना। जुवती सजें करहिं सुभ गाना॥
करहिं आरती आरतिहर कें। रघुकुल कमल बिपिन दिनकर कें॥
पुर सोभा संपति कल्याना। निगम सेष सारदा बखाना॥
तेउ यह चरित देखि ठगि रहहीं। उमा तासु गुन नर किमि कहहीं॥

दो०— नारि कुमुदिनीं अवध सर रघुपति बिरह दिनेस।
अस्त भए बिगसत भईं निरखि राम राकेस॥
होहिं सगुन सुभ बिबिध बिधि बाजहिं गगन निसान।
पुर नर नारि सनाथ करि भवन चले भगवान॥ ९॥

अर्थ—आश्चर्यजनक रीति से स्वर्ण-कलशों को सजा-सजा करके सभी ने अपने-अपने द्वार पर रखा, सभी ने मंगल के हेतु स्वरूप अपने-अपने दरवाजों पर बन्दनवार, ध्वज तथा पताकाएँ लगाईं।

सम्पूर्ण गलियाँ सुगन्धित द्रवों से सिंचाई गईं और गजमणियों से रची गईं बहुत-सी चौकें पूरी गईं। नाना प्रकार के अत्यधिक मांगलिक साज सजाये गये और नगर में हर्ष भरे डंके बजने लगे।

जहाँ-तहाँ स्त्रियाँ निछावर कर रही हैं और हृदय से हर्षित होकर आशीर्वाद देती हैं। सोने की थालों में अनेक प्रकार की आरती सजाये युवतियाँ शुभ गायन कर रही हैं।

वे रघुवंशरूपी कमल के सूर्य एवं दुःखों का हरण करनेवाले श्रीराम की आरती करती हैं। वेद, शेषनाग तथा सरस्वती नगर की शोभा, सम्पत्ति तथा कल्याण का वर्णन करते हैं किन्तु,

वे भी यह चरित्र देखकर ठगे रह जाते हैं। हे पार्वती! भला मानव उस गुण का वर्णन कैसे कर सकता है?

अयोध्या सरोवर है, नारियाँ कौमुदी हैं, श्रीराम के विरहरूपी सूर्य को स्तमित देखकर वे श्रीरामरूपी चन्द्र को देखकर विकसित हो उठीं।

नाना प्रकार के शकुन हो रहे हैं, आकाश में नगाड़े बज रहे हैं, नगर के नर-नारियों को कृतार्थ (सनाथ) करके श्रीराम राजभवन गये॥ ९॥

टिप्पणी—लोक काव्य के अत्युक्ति अलंकार को यहाँ वर्णन का आधार बनाया गया है—

पुर सोभा संपति कल्याना। निगम सेष सारदा बखाना॥
तेउ यह चरित देखि ठगि रहहीं। उमा तासु गुन किमि नर कहहीं॥

यह 'नर' स्वयं कवि का अपने लिए कथन है—यह सामान्य नर (कवि) उस वैभव का वर्णन कैसे कर सकता है जिसे देखकर वे, शेष तथा सरस्वती स्तम्भित एवं मूकवत् हैं—यह सम्पूर्ण व्यंजना प्रसंग को आध्यात्मिक संदर्भ देती है।

इस प्रसंग में एक और भी तथ्य विचारणीय है। सामान्य वर्णन में भक्ति के उन्मेष का प्रकारान्तर भाव से स्फुरण कराकर सम्पूर्ण प्रकरण को भक्ति में परिवर्तित कराने का सचेष्ट प्रयास कवि मन्तव्य से जुड़ा हुआ है—'कहहिं आरती आरति हर के। रघुकुल कमल विपिन दिनकर के॥' यह आरती सम्राट् के प्रति नहीं, भक्ति-निष्ठा से समन्वित श्री हरि श्रीराम के प्रति है।

प्रभु जानी कैकई लजानी। प्रथम तासु गृह गए भवानी॥
ताहि प्रबोधि बहुत सुख दीन्हा। पुनि निज भवन गवन हरि कीन्हा॥
कृपासिंधु तब मंदिर गए। पुर नर नारि सुखी सब भए॥
गुरु बसिष्ठ द्विज लिए बुलाई। आजु सुघरी सुदिन सुभदाई॥
सब द्विज देहु हरषि अनुसासन। रामचंद्र बैठहिं सिंघासन॥
मुनि बसिष्ठ के बचन सुहाए। सुनत सकल बिप्रन्ह अति भाए॥
कहहिं बचन मृदु बिप्र अनेका। जग अभिराम राम अभिषेका॥
अब मुनिबर बिलंबु नहिं कीजै। महाराज कहँ तिलक करीजै॥

दो०— तब मुनि कहेउ सुमंत्र सन सुनत चलेउ सिरनाइ।
रथ अनेक बहु बाजि गज तुरत सँवारे जाइ॥
जहँ तहँ धावन पठइ पुनि मंगल द्रव्य मँगाइ।
हरष समेत बसिष्ठ पद पुनि सिरु नायउ आइ॥ १०॥

अर्थ—हे पार्वती! प्रभु श्रीराम ने जान लिया कि कैकेयी लज्जित है, इसलिए सर्वप्रथम उसके महल में गये और उसे सान्त्वना देकर बहुत आनन्दित किया और फिर श्रीराम ने अपने महल में प्रवेश किया।

कृपासागर श्रीराम जब अपने महल में गये, सम्पूर्ण नगरवासी प्रसन्न हो उठे। गुरु वसिष्ठ ने ब्राह्मणों को बुला लिया और कहा कि आज ही सारी शुभ घड़ी तथा शुभ दिन है।

सभी ब्राह्मण प्रसन्नतापूर्वक आज्ञा दें ताकि श्रीराम सिंहासन पर बैठें। वसिष्ठ की सुखकर वाणी को सुनकर ब्राह्मणों को अच्छा लगा।

वे अनेकानेक ब्राह्मण मृदु वाणी में बोले कि श्रीराम का अभिषेक समस्त संसार के लिए आनन्ददायी है। हे मुनिश्रेष्ठ! अब विलम्ब न करें और महाराज श्रीराम का तिलक करें।

तब वसिष्ठ ने सुमंत्र से कहा और वे सुनते ही हर्षित भाव से चल पड़े। उन्होंने तुरन्त ही जाकर अनेकों रथ, घोड़े और हाथी सजाये।

जहाँ-तहाँ धावकों को भेजकर तथा मांगलिक वस्तुएँ मँगाकर और फिर आकर हर्षपूर्वक वसिष्ठ के चरणों में सिर झुकाया॥ १०॥

टिप्पणी—राजसिंहासन पर बैठने के पूर्व राम का पुनः कैकेयी के पास जाना और लज्जित कैकेयी के मन की ग्लानि का दूर करना, नीति एवं नैतिकता दोनों का समन्वित चित्रांकन है।

अवधपुरी अति रुचिर बनाई। देवन्ह सुमन बृष्टि झरि लाई॥
राम कहा सेवकन्ह बोलाई। प्रथम सखन्ह अन्हवावहु जाई॥
सुनत बचन जहँ तहँ जन धाए। सुग्रीवादि तुरत अन्हवाए॥
पुनि करुनानिधि भरत हँकारे। निज कर राम जटा निरुआरे॥
अन्हवाए प्रभु तीनिउ भाई। भगत बछल कृपाल रघुराई॥
भरत भाग्य प्रभु कोमलताई। सेष कोटि सत सकहिं न गाई॥
पुनि निज जटा राम बिबराए। गुरु अनुसासन माँगि नहाए॥
करि मज्जन प्रभु भूषन साजे। अंग अनंग कोटि छबि लाजे॥

दो०— सासुन्ह सादर जानकिहि मज्जनु तुरत कराइ।
दिव्य बसन बर भूषन अँग अँग सजे बनाइ॥
राम बाम दिसि सोभित रमारूप गुन खानि।
देखि मातु सब हरषीं जन्म सुफल निज जानि॥
सुनु खगेस तेहिं अवसर ब्रह्मा सिव मुनि बृंद।
चढ़ि बिमान आए सब सुर देखन सुखकंद॥ ११॥

अर्थ—अयोध्यानगरी को अत्यधिक सुन्दर रचा गया। देवताओं ने पुष्प वर्षा की बौछार लगा दी। श्रीराम ने दासों को बुलाकर कहा कि तुम लोग सबसे पहले सखाओं को जाकर स्नान कराओ।

वाणी सुनते ही जहाँ-तहाँ (चारों ओर) सेवक दौड़े और सुग्रीवादि को शीघ्र ही नहलाया। पुनः करुणानिधान श्रीराम ने भरत को बुलाया और उनकी जटाओं को अपने हाथ से सुलझाया।

भक्तवत्सल कृपालु श्रीराम ने तीनों भाइयों को स्नान कराया। भरत का भाग्य और प्रभु श्रीराम की कोमलता का वर्णन शत कोटि शेष भी नहीं कर सकते।

श्रीराम ने फिर अपनी जटा हाथों से सुलझाकर गुरु वसिष्ठ से आज्ञा माँगकर स्नान किया। स्नान करके प्रभु श्रीराम आभूषणों से सज्जित हुए। उनके अंगों को देखकर सैकड़ों कामदेव लज्जित हो उठे।

जानकी ने सासुओं को शीघ्र ही स्नान कराकर उनके अंग-अंग में दिव्य वस्त्र तथा आभूषण सजा दिये।

श्रीराम की बायीं ओर लक्ष्मी रूप सीता जी शोभित हो रही थीं, उन्हें देखकर सभी माताएँ अपना-अपना जीवन सफल समझकर हर्षित हुईं।

हे गरुड़! सुनें, उस अवसर पर ब्रह्मा, शिव, मुनि समूह तथा विमानों पर चढ़े समस्त देवगण आनन्दकन्द श्रीराम का दर्शन करने के लिए आये॥ ११॥

टिप्पणी—कवि राम के राज्यारोहण का उत्सव विस्तारपूर्वक चित्रित नहीं करता क्योंकि वह एक बार अयोध्याकांड में उसका विस्तारपूर्वक चित्रण करके तथा सम्पूर्ण प्रसंग में व्यतिक्रम उत्पन्न करके नाटकीय भंगिमा का सृजन करता है। अब वह यहाँ उस उत्सव को पुनरावृत्ति के भय से और किसी विधान के चमत्कारपूर्ण सृजन के अभाव के कारण मात्र सूचनात्मक रूप में ही चित्रित करता है।

इन पंक्तियों में श्रीराम की अपने जनों के प्रति आत्यन्तिक करुणा तथा आत्मीयता का संसक्तिभाव से कवि चित्रण करता है। भाइयों के स्नान के पूर्व वानरों तथा भालुओं को स्नान कराना और भरत सहित तीनों भाइयों का श्रीराम द्वारा अपने हाथ से स्नान कराना अग्रज की अनुजों के प्रति आत्मीयता ही नहीं, भक्त जनों के प्रति उनकी अपार करुणा का बोध कवि करा रहा है—

'पुनि करुनानिधि भरत हँकारे। निज कर राम जटा निरुआरे॥'

भरत का यह अहोभाग्य, निश्चित ही, श्रीरामचरितमानस में शेष समस्त पात्रों के लिए ईर्ष्या का विषय है।

लोक दृष्टि से यह शील-निरूपण (अग्रज का अनुज के प्रति दायित्व बोध, आत्मीयता एवं प्रेम का सूचक है) तथा आध्यात्मिक दृष्टि से आराध्य का भक्त के प्रति अनन्य करुणा का साक्ष्य है। कवि श्रीराम के स्वभाव की इसे कोमलता कहता है—जिसमें शील तथा आराध्य की दया दृष्टि दोनों समन्वित हैं।

प्रभु बिलोकि मुनि मनु अनुरागा। तुरत दिब्य सिंघासनु माँगा॥
रबि सम तेज सो बरनि न जाई। बैठे रामु द्विजन्ह सिरु नाइ॥
जनकसुता समेत रघुराई। पेखि प्रहरषे मुनि समुदाई॥
बेदमंत्र तब द्विजन्ह उचारे। नभ सुर मुनि जय जयति पुकारे॥
प्रथम तिलक बसिष्ठ मुनि कीन्हा। पुनि सब बिप्रन्ह आयसु दीन्हा॥
सुत बिलोकि हरषीं महतारीं। बार बार आरती उतारीं॥
बिप्रन्ह दान बिबिध बिधि दीन्हे। जाचक सकल अजाचक कीन्हे॥
सिंघासन पर त्रिभुवन साईं। देखि सुरन्ह दुंदुभी बजाईं॥

अर्थ—प्रभु श्रीराम को देखकर मुनि वसिष्ठ का मन अनुराग से परिपूर्ण हो उठा और उन्होंने तुरन्त दिव्य सिंहासन मँगवाया। सूर्य सदृश तेज से युक्त उसका वर्णन करते नहीं बनता। उस सिंहासन पर श्रीराम ब्राह्मणों को सिर झुका कर बैठे।

जानकीसहित श्रीराम को देखकर, मुनि समुदाय हर्षित हुआ। तब ब्राह्मणों ने वेदमंत्र का उच्चारण किया। आकाश से देवगण एवं मुनियों ने जय हो, जय हो ऐसी पुकार लगाई।

सर्वप्रथम वसिष्ठ मुनि ने तिलक किया और तत्पश्चात् सभी विप्रों को (वैसा करने के लिए) आज्ञा दी। पुत्र श्रीराम को (राजसिंहासन पर) देखकर माताएँ हर्षित हुईं और बार-बार (उन्होंने) आरती उतारीं।

नाना प्रकार के दान ब्राह्मणों को दिये और सम्पूर्ण याचकों को अयाचक बना दिया। त्रिभुवन स्वामी श्रीराम को सिंहासन पर देखकर देवताओं ने दुंदुभी बजाई।

टिप्पणी—श्रीराम को राजसिंहासन पर बैठने का उपक्रम 'अयोध्याकांड' में भी हुआ किन्तु वह सिंहासनारूढ़ नहीं हो सके थे—और अब वसिष्ठ उन्हें दिव्य सिंहासन पर बैठाकर राज्य तिलक करते हैं। यहाँ पिता दशरथ नहीं हैं, माताएँ हर्षित भाव से उनकी आरती उतारती हैं। सब कुछ सामान्य राज्यारोहण जैसा है।

छंद— नभ दुंदुभी बाजहिं बिपुल गंधर्ब किन्नर गावहीं।
नाचहिं अपछरा बृंद परमानंद सुर मुनि पावहीं॥
भरतादि अनुज बिभीषनांगद हनुमदादि समेत ते।
गहे छत्र चामर ब्यजन धनु असि चर्म सक्ति बिराजते॥
श्री सहित दिनकर बंस भूषन काम बहु छबि सोहई।
नव अंबुधर बर गात अंबर पीत सुर मुनि मोहई॥
मुकुटांगदादि बिचित्र भूषन अंग अंगन्हि प्रति सजे।
अंभोज नयन बिसाल उर भुज धन्य नर निरखंति जे॥

दो०— वहु सोभा समाज सुख कहत न बनइ खगेस।
बरनइ सारद सेष श्रुति सो रस जान महेस॥

भिन्न भिन्न अस्तुति करि गए सुर निज निज धाम।
बंदी बेष बेद तब आए जहँ श्रीराम॥
प्रभु सर्बग्य कीन्ह अति आदर कृपानिधान।
लखेउ न काहू मरम यह लगे करन गुन गान॥ १२॥

आकाश में अनेकानेक दुंदुभियाँ बज रही हैं, गन्धर्व तथा किन्नर गा रहे हैं, अप्सरा समूह नाच रही हैं और देवता एवं मुनि परम आनन्द प्राप्त कर रहे हैं। भरत आदि सभी छोटे भाई, विभीषण, अंगद, हनुमान आदि छत्र, चामर, पंखे, धनुष, तलवार, ढाल तथा शक्ति लिये हुए शोभित हैं।

सीता के साथ सूर्यकुल के अलंकरण श्रीराम अनेकानेक कामदेव सदृश शोभित हो रहे हैं। नवीन जल धारण किये हुए मेघ सदृश शरीर तथा उस पर पीताम्बर शोभित हो रहा था। मुकुट, बाजूबंद (अंगद) आदि अनेकानेक विचित्र आभूषण अंग-प्रत्यंग पर सजे हुए थे। कमलसदृश नेत्र विशाल भुजाएँ एवं वक्ष जो देख रहे थे, वे मनुष्य धन्य हैं।

हे गरुड़! वह शोभा, समाज तथा सुख कहते नहीं बनता। सरस्वती, शेषनाग तथा वेद उसका वर्णन करते रहते हैं किन्तु उसका आनन्द तो शिव ही जानते हैं।

पृथक्-पृथक् रीति से स्तुति करके देवगण अपने-अपने धाम गये, तब बंदी वेश में वेदगण, जहाँ श्रीराम थे, आये।

सर्वज्ञ कृपानिधान श्रीराम ने उनका अत्यधिक आदर किया। किसी ने कुछ भी उस रहस्य को नहीं समझा—वे (श्रीराम का) गुणगान करने लगे॥ १२॥

छंद— जय सगुन निर्गुन रूप रूप अनूप भूप सिरोमने।
दसकंधरादि प्रचंड निसिचर प्रबल खल भुजबल हने॥
अवतार नर संसार भार बिभंजि दारुन दुख दहे।
जय प्रनतपाल दयाल प्रभु संजुक्त सक्ति नमामहे॥
तव बिषम माया बस सुरासुर नाग नर अग जग हरे।
भव पंथ भ्रमत अमित दिवस निसि काल कर्म गुनन्हि भरे॥
जे नाथ करि करुना बिलोके त्रिबिध दुख ते निर्बहे।
भव खेद छेदन दच्छ हम कहुँ रच्छ राम नाममहे॥
जे ग्यान मान बिमत्त तव भव हरनि भक्ति न आदरी।
ते पाइ सुर दुर्लभ पदादपि परत हम देखत हरी॥
बिस्वास करि सब आस परिहरि दास तब जे होइ रहे।
जपि नाम तव बिनु स्रम तरहिं भवनाथ सो स्मरामहे॥

अर्थ—बंदी के रूप में वेद स्तुति करते हुए कहते हैं—हे भूपशिरोमणि! हे सगुण-निर्गुण स्वरूप, हे विलक्षण रूपयुक्त श्रीराम आपकी जय हो। आपने अपनी शक्तिशाली भुजाओं के बल से रावणादि प्रचण्ड, प्रबल एवं दुष्ट राक्षसों का विनाश कर डाला। आपने मनुष्य का अवतार धारण करके तथा संसार के भार को नष्ट करके (अपार) दारुण दुखों को दूर किया। हे शरणागत के रक्षक! हे दयालु प्रभु! आपकी जय हो—मैं, सीता (शक्ति) सहित हे प्रभु! आपको नमस्कार करता हूँ।

हे हरि! (हे विपत्तियों के हरणकर्त्ता!) आपकी विषम माया के वशीभूत सम्पूर्ण देवता, असुर, नाग, मनुष्य तथा चर-अचर जन्म-मरण के बन्धन में अनन्तकाल तक कर्म एवं गुणों के बन्धन में बँधे विचरते रहते हैं। हे नाथ! जिनको करुणा करके आपने देख लिया, वे त्रिविध दुःखों से मुक्त

हो गये। हे जन्म-मरण के कष्टों को दूर करने में चतुर श्रीरामचन्द्र जी! हमारी रक्षा करें, मैं आपको नमस्कार करता हूँ।

जो व्यक्ति ज्ञान के अभिमान में मत्त आपके सांसारिक संत्रास को विनष्ट करनेवाली भक्ति का आदर नहीं करते, हे प्रभु! वे देवदुर्लभ पद को प्राप्त करके पुनः पतित हो जाते हैं, ऐसा हम देखते हैं। आप पर सम्पूर्णतः विश्वास करके तथा अन्य की आशाओं का परित्याग करके एक मात्र आपके होकर जो जीवन निर्वाह करते हैं, वे केवल आपका नाम जपकर, बिना परिश्रम के भवसागर पार कर जाते हैं, हे नाथ! ऐसे आपका मैं (श्रद्धापूर्वक) स्मरण करता हूँ।

जे चरन सिव अज पूज्य रज सुभ परसि मुनिपतिनी तरी।
नख निर्गता मुनि बंदिता त्रैलोक पावनि सुरसरी॥
ध्वज कुलिस अंकुस कंज जुत बन फिरत कंटक किन लहे।
पद कंज द्वन्द्व मुकुंद राम रमेस नित्य भजामहे॥
अव्यक्तमूलमनादि तरु त्वच चारि निगमागम भने।
षट कंध साखा पंच बीस अनेक पर्न सुमन घने॥
फल जुगल बिधि कटु मधुर बेलि अकेलि जेहि आस्रित रहे।
पल्लवत फूलत नवल नित संसार बिटप नमामहे॥
जे ब्रह्म अजमद्वैतमनुभव गम्य मन पर ध्यावहीं।
ते कहहुँ जानहुँ नाथ हम तव सगुन जसु निज गावहीं॥
करुनायतन प्रभु सदगुनाकर देव यह बर माँगहीं।
मन बचन कर्म बिकार तजि तव चरन हम अनुरागहीं॥

दो०— सबके देखत बेदन्ह बिनती कीन्हि उदार।
अंतर्धान भए पुनि गए ब्रह्म आगार॥
बैनतेय सुनु संभु तब आए जहँ रघुबीर।
बिनय करत गदगद गिरा पूरित पुलक सरीर॥ १३॥

अर्थ—आपके जो चरण शिव तथा ब्रह्मा द्वारा पूज्य हैं और जिन शुभ चरण-रजों का स्पर्श करके मुनि-पत्नी (अहल्या) तर गई, जिन चरणों के नख भाग से मुनिगणों द्वारा वंदित तथा त्रैलोक्य पावनी गंगा प्रकट हुई हैं और जो पताका, अंकुश, वज्र तथा कमल के चिह्नों से अंकित चरण बन में विचरण करते हुए कंटक कणों से (आच्छन्न) हो गये थे, हे मुकुन्द! हे श्रीराम! हे लक्ष्मीपति! उन युगल चरण-कमलों को हम नित्य भजते हैं।

जिनके विषय में वेदशास्त्रों में कहा गया है कि जिनका मूल जड़ अव्यक्त तथा अनादि है ऐसे तरु की चार त्वचाएँ हैं, छः तने तथा पचीस शाखाएँ हैं तथा अनेकों पत्ते तथा फूल हैं कटु तथा मधुर दो फल हैं—जिस पर एक ही बेल उसी पर आश्रित है तथा नित्य नए पत्ते तथा फूल निकलते रहते हैं, ऐसे संसार वृक्ष स्वरूप! हे प्रभु! मैं आपको नमस्कार करता हूँ।

वह ब्रह्म, जो अजन्मा, अद्वैत, अनुभवगम्य और मन के परे है, जो निर्गुण ब्रह्म का ध्यान करते हैं, वे ऐसा कहा करें किन्तु हम तो नित्य आपके सगुण रूपात्मक स्वरूप का गान करते हैं। हे करुणाधाम! हे सद्गुणनिधान!! हम यह वरदान माँगते हैं कि मन, कर्म, वाणी से विकारों का परित्याग करके आपके चरण-कमलों में अनुरक्त हों।

सबको-देखते चारणरूपी वेदों ने श्रेष्ठ विनती की और अन्तर्धान होकर ब्रह्म लोक गये।

हे गरुड़! सुनें, इसके पश्चात् शिव श्रीराम के पास आये और पुलकपूर्ण शरीर होकर गदगद वाणी से विनय करने लगे॥ १३॥

टिप्पणी—ब्रह्म का वृक्षरूपात्मक वर्णन मूलतः भागवत पुराण में मिलता है। इसका मूल वेद है। सर्वप्रथम वेद के अन्तर्गत ब्रह्मवृक्ष को विशाल रूप में वर्णित किया गया है और कवि वेदों के माध्यम से उस 'ब्रह्म वृक्ष' के रूप को श्रीराम के साथ जोड़कर उनके व्यापक दैवत् व्यक्तित्व की स्थापना करता है। वेद का 'ब्रह्म वृक्ष' का वर्णन प्रहेलिका जैसा है, और यहाँ भी ठीक वही स्थिति मिलती है। 'ब्रह्म की विराटता' का चित्रण वाङ्मय का मन्तव्य है, किन्तु यहाँ कवि विराटता का चित्रण न करके उसके उदात्त व्यक्तित्व के प्रति समर्पण अर्थात् भक्ति-भाव को चित्रित करता है॥

छंद— जय राम रमारमनं समनं। भव ताप भयाकुल पाहि जनं॥
अवधेस सुरेस रमेस बिभो। सरनागत माँगत पाहि प्रभो॥
दससीस बिनासन बीस भुजा। कृत दूरि महा महि भूरि रुजा॥
रजनीचर बृंद पतंग रहे। सर पावक तेज प्रचंड दहे॥
महि मंडल मंडन चारुतरं। धृत सायक चाप निषंग बरं॥
मद मोह महा ममता रजनी। तुम पुंज दिवाकर तेज अनी॥
मनजात किरात निपात किए। मृग लोग कुभोग सरेन हिए॥
हति नाथ अनाथन्हि पाहि हरे। बिषया बन पाँवर भूलि परे॥
बहु रोग बियोगन्हि लोग हए। भवदंघ्रि निरादर के फल ए॥
भवसिन्धु अगाध परे नर ते। पद पंकज प्रेमु न जे करते॥

अर्थ—हे राम, हे रमारमण, हे शान्तिदायक! भवताप से भयभीत तथा व्याकुल! जन की रक्षा करने वाले! आपकी जय हो। हे अवधेश! हे देवस्वामी! हे रमापति! हे सर्वव्यापक! मैं शरणागत आपसे यही माँगता हूँ कि आप मेरी रक्षा करें।

हे रावण के दस सिर और बीस भुजाओं के विनाशक, पृथ्वी के समस्त प्रचंड रोगों को आप दूर करें। राक्षस समूहरूपी जितने भी पतिंगे थे, वे सभी आपके बाणरूपी अग्नि के प्रचण्ड तेज से दग्ध हो चुके हैं।

हे पृथ्वीमंडल के अति सुन्दर आभूषण! हे श्रेष्ठ धनुष-बाण तथा तरकस धारण करने वाले, श्रीराम! आप महामोह, मद तथा ममतारूपी रात्रि के अंधकार समूह के लिए तेज से परिपूर्ण सूर्य के किरण-समूह हैं।

कामदेवरूपी किरात ने हृदय में कुभोगमयी वासनारूपी बाण मारकर मृगरूपी मनुष्यों को गिरा दिया है। विषयारूपी वन में भटक रहे पामर-अनाथों को हे नाथ! मारकर रक्षा करें।

अनेक रोगों तथा दुःखों से अनेकानेक लोग मारे हुए हैं—ये सब आपके निरादर के परिणाम हैं। आपके चरण-कमलों से जो प्रेम नहीं करते, वे मनुष्य अगाध भवसिन्धु में पड़े हुए हैं।

अति दीन मलीन दुखी नितहीं। जिन्हकें पद पंकज प्रीति नहीं॥
अवलंब भवंत कथा जिन्ह कें। प्रिय संत अनंत सदा तिन्ह कें॥
नहिं राग न लोभ न मान मदा। तिन्ह कें सम वैभव वा बिपदा॥
एहि तें तव सेवक होत मुदा। मुनि त्यागत जोग भरोस सदा॥
करि प्रेमु निरंतर नेमु लिएँ। पद पकंज सेवत सुद्ध हिएँ॥
सम मानि निरादर आदरहीं। सब संत सुखी बिचरंति महीं॥
मुनि मानस पंकज भृंग भजे। रघुबीर महा रनधीर अजे॥
तव नाम जपामि नमामि हरी। भव रोग महामद मान अरी॥
गुन सील कृपा परमायतनं। प्रनमामि निरंतर श्रीरमनं॥
रघुनंद निकंदय द्वंद्वघनं। महिपाल बिलोकय दीन जनं॥

दोहा— बार बार बर मागउँ हरषि देहु श्रीरंग।
पद सरोज अनपायनी भगति सदा सतसंग॥
बरनि उमापति राम गुन हरषि गए कैलास।
तब प्रभु कपिन्ह दिवाए सब बिधि सुखप्रद बास॥ १४॥

अर्थ—जिनके मन में आपके चरणों के प्रति प्रेम नहीं है, वे निरन्तर ही अत्यधिक दीन, मलीन तथा दुखी हैं। जिनके लिए आपकी कथा ही आलम्बन है—उनके लिए सन्तजन एवं ईश्वर सदैव प्रिय हैं।

जिनमें न राग है, न लोभ है, न मान है, न मद है, उनके लिए सम्पति तथा विपत्ति समान है, इसीलिए मुनिजन योग का सदा के लिए आश्रय त्याग करके आनन्दपूर्वक आपके सेवक बन जाते हैं।

निरन्तर नियमों का आलम्बन ग्रहण करके वे प्रेमपूर्वक शुद्ध हृदय से आपके चरण-कमलों की सेवा करते हैं। आदर तथा निरादर को समान मानकर वे सभी सन्त पृथ्वी पर आनन्दभाव से विचरण करते हैं।

मुनियों के मनरूपी कमल के हे भ्रमर! हे श्रीराम! हे महापराक्रमी! हे अजन्मा! मैं आपको भजता हूँ। हे हरि! मैं आपके नाम का जप करता हूँ, आप जन्म-मरणरूपी महान् रोग की ओषधि तथा अभिमान के शत्रु हैं।

आप गुण, शील तथा कृपा के परम स्थान हैं, हे लक्ष्मीपति! मैं निरन्तर आपको प्रणाम करता हूँ। हे श्रीराम! आप मेरे प्रचण्ड द्वन्द्व का विनाश करें और हे पृथ्वीपालक! इस दीन जन की ओर दृष्टि डालें।

हे लक्ष्मीपति! मैं आपसे बार-बार यह वर माँगता हूँ, कि आप अपने चरण-कमलों में अनपायनी भक्ति तथा सत्संगति हर्षित भाव से प्रदान करें।

श्रीराम के गुणों का वर्णन करके उमापति शिव हर्षित भाव से कैलास पर्वत पर गये, तब प्रभु श्रीराम ने वानरों को सब प्रकार से सुखदायी निवासस्थल दिलवाया॥ १४॥

टिप्पणी—वेदों ने श्रीराम की विराटता तथा उदात्तता को व्यंजित किया और यहाँ, शिव, श्रीराम के प्रति अनन्य स्नेह, संसक्ति तथा रागमूलक भक्ति के आश्रय का संकेत करते हैं। यह स्तुति 'अध्यात्मरामायण सम्मत' है तथा श्रीराम के प्रति शैव भावना के प्रेम को इसके माध्यम से व्यक्त किया गया है। शिव के स्तवन में अनपायनी भक्ति (अचला भक्ति) मूलतः काम्य है—और यह प्रकारान्तर भाव से तुलसी की अपनी विचारधारा से सम्बद्ध है। शिव की अचला भक्ति का उन्मेष इस स्तुति की सार्थकता से जुड़ा है।

सुनु खगपति यह कथा पावनी। त्रिबिध ताप भव भय दावनी॥
महाराज कर सुभ अभिषेका। सुनत लहहिं नर बिरति बिबेका॥
जे सकाम नर सुनहिं जे गावहिं। सुख संपति नाना बिधि पावहिं॥
सुर दुर्लभ सुख करि जग माहीं। अंतकाल रघुपति पुर जाहीं॥
सुनहिं बिमुक्त बिरत अरु बिषई। लहहिं भगति गति संपति नई॥
खगपति राम कथा मैं बरनी। स्वमति बिलास त्रास दुख हरनी॥
बिरति बिबेक भगति दृढ़ करनी। मोह नदी कहुँ सुंदर तरनी॥
नित नव मंगल कोसलपुरी। हरषित रहहिं लोग सब कुरी॥
निज नइ प्रीति राम पद पंकज। सब कें जिन्हहि नमत सिव मुनि अज॥
मंगन बहु प्रकार पहिराए। द्विजन्ह दान नाना बिधि पाए॥

दो०— परमानंद मगन कपि सब कें प्रभु पद प्रीति।
जात न जाने दिवस तिन्ह गए मास षट बीति॥ १५॥

अर्थ—हे गरुड़! तीनों प्रकार के संतापों एवं जन्म-मरणजनित भय को दूर करने वाली यह पवित्र कथा सुनिये। महाराज श्रीराम के राज्याभिषेक की कथा सुनकर मनुष्य वैराग्य का विवेक प्राप्त करते हैं।

जो मनुष्य विशिष्ट कामना के साथ इसका गान करते हैं, वे नाना प्रकार की सुख सम्पत्ति प्राप्त करते हैं। संसार में देवतुल्य आनन्द भोग करके वे नाना प्रकार की सम्पत्ति तथा सुख प्राप्त करते हैं।

इसे जो जीवनमुक्त, विरक्त तथा विषयी सुनते हैं वे क्रमशः भक्ति, मुक्ति तथा नवीन सम्पत्ति प्राप्त करते हैं। हे गरुड़! मैंने अपनी बुद्धि के अनुसार श्रीराम कथा का वर्णन किया है जो भय तथा दुःख को नष्ट करने वाली है।

(यह) वैराग्य, विवेक तथा भक्ति को दृढ़ करने वाली है तथा यह मोहरूपी नदी के लिए सुन्दर नौका की भाँति है। अयोध्यापुरी में नित्य नये मंगल हो रहे हैं और सभी वर्गों (कुरीः कुलों के लोग) के लोग सदा हर्षित रहते हैं।

जिन चरण-कमलों की वन्दना शिव, मुनिगण तथा ब्रह्मा करते हैं, उनमें उन सबकी निरन्तर नवीन प्रीति (बनी) रहती है। भिक्षुकों को अनेक प्रकार के वस्त्राभूषण पहनाये गये और ब्राह्मणों ने अनेक प्रकार का दान प्राप्त किया।

वानरगण ब्रह्मानन्द में मग्न हैं और उन सभी के हृदय में श्रीराम के चरणों के प्रति प्रेम है। उन्होंने दिन बीतते जाना नहीं और इस प्रकार छः महीने व्यतीत हो गये॥ १५॥

टिप्पणी—कवि की कथात्मक प्रकृति की एक बहुत बड़ी विशेषता है, श्रीराम या उनकी कथा के माहात्म्य को विलम्बित करके उनकी भक्ति तथा निष्ठा के पृष्ठावलोकन और इस रचना शैली के माध्यम से अविरल प्रवाह को रोककर एक प्रकार से पाठक के मन को श्रीराम के माहात्म्य तथा अनुराग में विश्रमित करता है—और फिर उस विश्राम के बाद कथा आगे बढ़ती है। प्रारम्भिक पंक्तियाँ कवि के कथाशिल्प विधान के इसी तंत्र से जुड़ी हुई हैं॥

बिसरे गृह सपनेहुँ सुधि नाहीं। जिमि परद्रोह संत मन नाहीं॥
तब रघुपति सब सखा बोलाए। आइ सबन्हि सादर सिरु नाए॥
परम प्रीति समीप बैठारे। भगत सुखद मृदु बचन उचारे॥
तुम्ह अति कीन्हि मोरि सेवकाई। मुख पर केहि बिधि करौं बड़ाई॥
ताते मोहिं तुम्ह अति प्रिय लागे। मम हित लागि भवन सुख त्यागे॥
अनुज राज संपति बैदेही। देह गेह परिवार सनेही॥
सब मम प्रिय नहिं तुम्हहि समाना। मृषा न कहउँ मोर यह बाना॥
सब कें प्रिय सेवक यह नीती। मोरें अधिक दास पर प्रीती॥

दो०— अब गृह जाहु सखा सब भजेहु मोहिं दृढ़ नेम।
सदा सर्बगत सर्बहित जानि करेहु अति प्रेम॥ १६॥

अर्थ—वे अपने घर भूल गये और स्वप्न में भी (उसकी) याद नहीं आती—जैसे साधु जन के मन में परद्रोह। तब श्रीराम ने समस्त सखागणों को बुलाया और सभी ने आकर आदरपूर्वक सिर झुकाया।

बड़े ही प्रेम से (उन्होंने उन्हें) समीप बैठाया तथा भक्तों को आनन्द देने वाले वचन कहा।

आप लोगों ने अत्यधिक सेवकाई की, आपके मुँह पर किस प्रकार मैं बड़ाई करूँ।

मेरे निमित्त आप लोगों ने गृह-सुखों का परित्याग कर दिया इसलिए आप लोग मुझे अत्यधिक प्रिय लग रहे हैं। लक्ष्मण, राज्य, सम्पत्ति, सीता, शरीर, गृह, परिवार एवं स्नेहीजन।

ये सब भी आप लोगों से प्रिय मुझे नहीं हैं, मैं असत्य नहीं कहता, यह मेरा स्वभाव है। सेवक सभी को प्यारे लगते हैं किन्तु मेरी तो दास पर ही अत्यधिक प्रीति (रहती) है।

हे सखागण! अब सब मिल करके घर जाओ और दृढ़ नियमपूर्वक मुझे भजते रहना। मुझे सदैव सर्वस्थित एवं सर्वहितैषी समझकर अत्यधिक प्रेम करना॥ १६॥

टिप्पणी—भालुओं, वानरों सहित विभीषण, सुग्रीव आदि के प्रत्यावर्तन की प्रस्तावना है। श्रीराम के प्रेम की पराकाष्ठा के चित्रण के बाद उनके वियोग की परिस्थिति खड़ी करके सम्पूर्ण प्रसंग को कवि भावात्मक द्वन्द्व से बाँधता है। उन सब को विदा करने के पूर्व श्रीराम उनके महत्त्व, पुरुषार्थ, प्रेम, समर्पण आदि का चित्रण करके प्रकारान्तर भाव से कृतज्ञता व्यक्त करते हैं॥

सुनि प्रभु बचन मगन सब भए। को हम कहाँ बिसरि तन गए॥
एक टक रहे जोरि कर आगे। सकहिं न कछु कहि अति अनुरागे॥
परम प्रेमु तिन्हकर प्रभु देखा। कहा बिबिध बिधि ग्यान बिसेषा॥
प्रभु सन्मुख कछु कहन न पारहिं। पुनि पुनि चरन सरोज निहारहिं॥
तब प्रभु भूषन बसन मँगाए। नाना रंग अनूप सुहाए॥
सुग्रीवहिं प्रथमहिं पहिराए। बसन भरत निज हाथ बनाए॥
प्रभु प्रेरित लछिमनु पहिराए। लंकापति रघुपति मन भाए॥
अंगद बैठ रहा नहिं डोला। प्रीति देखि प्रभु ताहि न बोला॥

दो०— जामवंत नीलादि सब पहिराए रघुनाथ।
हिय धरि राम रूप सब चले नाइ पद माथ॥
तब अंगद उठि नाइ सिरु सजल नयन कर जोरि।
अति बिनीत बोलेउ बचन मनहुँ प्रेम रस बोरि॥ १७॥

अर्थ—श्रीराम के वचनों को सुनकर सभी आनन्दित हो उठे, हम कौन हैं, और कहाँ हैं, यह शरीर की स्मृति भूल गई। उनके आगे वे एकटक हाथ जोड़े रहे तथा अत्यधिक अनुरागवश कुछ कह नहीं सके।

श्रीराम ने जब उनके प्रेम को देखा तब अनेक प्रकार से विशेष ज्ञान का उपदेश दिया। प्रभु श्रीराम के सम्मुख कुछ कहने में समर्थ (पारहिं) नहीं थे और पुनः-पुनः उनके चरण कमल निहारते रहे।

तब प्रभु श्रीराम ने अनुपम, अनेक वर्णों के तथा सुन्दर वस्त्र एवं आभूषण मँगवाये। अपने हाथों से बनाये हुए वस्त्रों को भरत ने सर्वप्रथम सुग्रीव को पहनाया।

प्रभु की प्रेरणा से विभीषण को लक्ष्मण ने (वस्त्राभरण) पहनाया जो श्रीराम के मन को अच्छे लगे। अंगद बैठा रहा, अपनी जगह से हिला तक नहीं। उसी प्रीति को देखकर श्रीराम ने उसे बुलाया नहीं।

जाम्बवन्त एवं नीलादि को श्रीराम ने अपने हाथ से पहनाया। हृदय में श्रीराम का रूप धारण करके और उनके चरणों में शीश झुकाकर सभी चल पड़े।

तब अंगद उठकर, शीश झुकाकर, अश्रुपूरित नेत्रों से, हाथ जोड़ करके मानो प्रेम-रस से डुबो करके अत्यन्त विनीत वचन बोला॥ १७॥

टिप्पणी—(क) गृह प्रत्यावर्तन का समाचार सुनकर सभी किंकर्त्तव्य विमूढ़ हैं, उनके लिए यह

प्रस्ताव अप्रत्याशित तथा अकल्पनीय है—और कवि उन सभी की गहन संसक्ति का अत्यन्त भावपूर्ण चित्रण विविध सात्त्विक अनुभावों की मदद से करता है—आत्मविस्मृति, एकटक टकटकी लगाकर श्रीराम को देखना, स्तम्भित हो उठना—आदि जड़ता प्रदान करने वाले सात्विक अनुभाव हैं और इन सबको नष्ट करता है प्रभु श्रीराम का ज्ञानोपदेश। भावात्मक व्यामोह ज्ञान की ही तीक्ष्ण धारा से कटता है—और प्रभु पुनः किसी को कुछ अवसर दिये बिना— 'तब प्रभु भूषन बसन मँगाये'—और फिर किसी के पास कोई भावात्मक विकल्प शेष नहीं बचता।

(ख) इस प्रसंग में अंगद प्रकरण बड़ा ही मार्मिक है और कवि इन अर्धालियों में मात्र उसकी अवधारणा देकर छोड़ देता है। अंगद का प्रकरण सबसे विचित्र है। पिता का वध श्रीराम के हाथों से होता है, अतः वह पितृविहीन तथा माता तारा को पुनः सुग्रीव अपनी पत्नी बना लेता है, इसलिए वह मातृविहीन भी है तथा मृत्यु के क्षण बालि के हाथों से अंगद का हाथ ग्रहण करके उसे अपना एक मात्र आश्रय देकर आश्वस्त कर चुके हैं और कवि उसकी मनोदशा तथा मनोव्यथा का आधी पंक्ति में कितना सटीक वर्णन करता है—'अंगद बैठि रहा नहिं बोला'।

वह उस भक्त की भाँति है, जिसके हाथ को थाम्हकर करुणानिधान श्रीराम ने आश्रय का आश्वासन दे रखा है—और अंगद इस भाव के लिए गौरवान्वित हैं और कवि ने भी जीवन भर अंगद के इसी भाव में अपना जीवन व्यतीत किया है—अतः कवि कहता है—'प्रीति देखि प्रभु ताहिं न बोला'।

सुनु सर्बग्य कृपा सुख सिंधो। दीन दयाकर आरत बंधो॥
मरती बेर नाथ मोहिं बाली। गएउ तुम्हारेहिं कोंछे घाली॥
असरन सरन बिरदु संभारी। मोहि जनि तजहु भगत हितकारी॥
मोरें तुम्ह प्रभु गुरु पितु माता। जाउँ कहाँ तजि पद जलजाता॥
तुम्हहिं बिचारि कहहु नरनाहा। प्रभु तजि भवन काजु मम काहा॥
बालक ग्यान बुद्धि बल हीना। राखहु सरन नाथ जन दीना॥
नीचि टहल गृह कै सब करिहउँ। पद पंकज बिलोकि भव तरिहउँ॥
अस कहि चरन परेउ प्रभु पाही। अब जनि नाथ कहहु गृह जाही॥

दो०— अंगद बचन बिनीत सुनि रघुपति करुनासींव।
प्रभु उठाइ उर लाएउ सजल नयन राजीव॥
निज उर माल बसन मनि बालि तनय पहिराइ।
बिदा कीन्हि भगवान तब बहु प्रकार समुझाइ॥ १८॥

अर्थ—हे कृपानिधि! हे सर्वज्ञ! हे आनन्दसिन्धु! हे दीनों पर दया करने वाले! हे दुखीजन के (आत्मीय) बन्धु! मरते समय, हे नाथ! आपकी गोद में मुझे (पिता) बालि डाल गये थे।

हे अशरण शरण! अपने विरद का स्मरण करके, हे भक्तों के हितैषी! मुझे न त्यागें। आपही मेरे स्वामी, गुरु, पिता, माता हैं अतः आपके चरण-कमलों को छोड़कर कहाँ जाऊँ?

हे महाराज! आपही विचार करके बतायें—आपका परित्याग करके भवन में मेरा क्या काम है! मैं ज्ञान तथा बल से हीन बालक हूँ। अतः हे नाथ! इस दीन जन को शरण में ही रखें।

मैं घर के छोटे-से-छोटे गृह कार्यों को करूँगा और आपके चरण-कमलों को देखकर भवसागर तर जाऊँगा। ऐसा कहकर प्रभु श्रीराम के चरणों में वह गिर पड़ा। हे नाथ! अब मुझे घर जाने के लिए न कहें।

अंगद के विनययुक्त वचनों को सुनकर अश्रु डूबे कमल-नयनों से करुणा की सीमा श्रीराम ने उसे उठाकर हृदय से लगा लिया।

अपने वक्ष की माला, वस्त्र, मणि बालिपुत्र अंगद को पहनाकर तथा उसे सब प्रकार से समझाकर तब भगवान् श्रीराम ने विदा किया॥ १८॥

टिप्पणी—श्रीरामचरितमानस में अंगद की मन:दशा का विलक्षण वर्णन कवि ने किया है। कथात्मक दृष्टि से आश्रयविहीन अंगद जिसके लिए एकमात्र श्रीराम ही शरण्य हैं—श्रीराम के प्रति सर्वात्मभाव से समर्पित तथा उनके एकमात्र आश्रय पर अवलम्बित भक्त का पर्यायवाची बन जाता है। गोस्वामी तुलसी की रचना कला का यह भी एक अद्‌भुत स्वभाव है कि वे स्थान-स्थान पर कथा पात्रों को भक्ति के आवरण से संवलित करते जाते हैं—श्रीराम कथा के प्राय: अधिकांश पात्र उनकी भक्ति की भावात्मक अवतारणा से मंडित है—अंगद तो इसका सबसे अधिक ज्वलंत उदाहरण है।

मुहावरे तथा भाषा-प्रयोग ठेठ संवेदात्मक तथा आत्यन्तिकप्रियता से सम्पूर्ण प्रकरण को जोड़े हुए हैं—'गयेउ तुम्हारेहिं कोछे घाली' अन्तिम रूप से केवल आपको सौंपना—अनाथ होने तथा संरक्षण के लिए आपको पूर्ण रक्षा के लिए सौंपा जाना तथा आपके द्वारा स्वीकार कर लिया जाना, 'मोरे प्रभु तुम गुरु पितु माता'—आश्रयण एवं दास्य तथा वात्सल्य के लिए मात्र आधार जो संसक्तिमूलक भक्ति का भी एकमात्र आधार है, दोनों को एक बिन्दु पर ले आना कवि को अभीष्ट है।

ईश्वर भक्त की उसी प्रकार रक्षा करता है—जैसे माता बालक की, ईश्वर भक्त को उसी प्रकार आश्रय देता है—जैसे स्वामी दीन तथा आर्तजन की—कवि सेव्य तथा सेवक के समस्त लक्षण अंगद में आरोपित करके आर्त्त भक्त जैसा उसका स्वरूप चित्रित करता है।

अंगद की भक्ति को स्वीकार करके प्रभु उसे स्वस्मृति चिह्न देकर अभय करता है। उसकी भक्ति से प्रसन्न श्रीराम अपने समस्त विग्रहों से उसे अलंकृत करके सारूप्य मुक्ति प्रदान करते हैं और सुग्रीव में भय उत्पन्न करने के लिए उसका अलंकरणयुक्त शरीर स्वयं में हेतु भी है।

भरत अनुज सौमित्रि समेता। पठवन चले भगत कृत चेता॥
अंगद हृदयँ प्रेमु नहिं थोरा। फिरि फिरि चितव राम की ओरा॥
बार बार कर दंड प्रनामा। मन अस रहन कहहिं मोहिं रामा॥
राम बिलोकनि बोलनि चलनी। सुमिरि सुमिरि सोचत हँसि मिलनी॥
प्रभु रुख देखि बिनय बहु भाखी। चलेउ हृदयँ पद पंकज राखी॥
अति आदर सब कपि पहुँचाए। भाइन्ह सहित भरत पुनि आए॥
तब सुग्रीव चरन गहि नाना। भाँति बिनय कीन्ही हनुमाना॥
दिन दस करि रघुपति पद सेवा। पुनि तव चरन देखिहउँ देवा॥
पुन्य पुंज तुम्ह पवन कुमारा। सेवहु जाइ कृपा आगारा॥
अस कहि कपि सब चले तुरंता। अंगद कहइ सुनहु हनुमंता॥

अर्थ—भक्त के कृत्य का स्मरण करके भरत, लक्ष्मण तथा शत्रुघ्न सहित उसे पहुँचाने चले। अंगद के हृदय में थोड़ा प्रेम नहीं था। वह पीछे मुड़-मुड़कर श्रीराम की ओर देख रहा था।

वह बार-बार दंड-प्रणाम करता है, मन में, ऐसा आता है कि श्रीराम मुझे रहने को कहें। श्रीराम का देखना, बोलना, चलना, हँसना तथा मिलना आदि का स्मरण कर-करके सोचता है (दुखी होता है)।

श्रीराम के रुख को देख करके अनेक विनय वचन कह-कह करके वह हृदय में श्रीराम को धारण करके चला। अत्यन्त आदरपूर्वक सम्पूर्ण वानरों को पहुँचा करके भाइयों के साथ फिर भरत लौटे।

तब सुग्रीव के चरणों को पकड़कर हनुमान ने नाना प्रकार की विनय की, दस दिन (कुछ

समय) श्रीराम के चरणों की सेवा करके (उसने कहा) हे देव! मैं आपके चरणों को आकर देखूँगा।

हे वायुपुत्र! आप पुण्य राशि हैं, आप जाकर कृपा के धाम श्रीराम की सेवां करें। ऐसा कहकर सारे वानरगण तुरन्त चल पड़े और तब अंगद ने कहा कि हे हनुमान! सुनें।

दो०— कहेहु दंडवत प्रभु सैं तुम्हहिं कहउँ कर जोरि।
बार बार रघुनायकहिं सुरति कराएहु मोरि॥
अस कहि चलेउ बालि सुत फिरि आएउ हनुमंत।
तासु प्रीति प्रभु सन कही मगन भए भगवंत॥
कुलिसहु चाहि कठोर अति कोमल कुसुमहु चाहि।
चित्त खगेस राम कर समुझि परइ कहु काहि॥ १९॥

अर्थ—(हे पवनपुत्र!) मैं आपसे हाथ जोड़कर कहता हूँ कि प्रभु से मेरा दंडवत् कहना तथा श्रीराम जी को बार-बार मेरी स्मृति कराना।

ऐसा कहकर बालिपुत्र अंगद चला और हनुमान लौट आये। (आकर उन्होंने) उसके प्रेम को बताया और उसे सुनकर भगवान श्रीराम मग्न हो उठे।

हे गरुड़! श्रीराम का वज्र से भी कठोर और पुष्प से भी कोमल चित्त किसी की समझ में नहीं आता॥ १९॥

टिप्पणी—विदा के क्षण सभी प्रेमाधिक्य से संवलित हैं और कवि विविध कायिक, वाचिक तथा मानसिक अनुमानों द्वारा वानर तथा भालुओं के स्नेह को चित्रित करता है।

(क) 'फिरि फिरि चितव राम की ओरा'—रूप दर्शन की स्पृहा

(ख) 'मन अस रहन कहहिं मोहिं रामा'—उत्कंठाभाव

(ग) 'राम विलोकनि, बोलनि चलनी। सुमिरि सुमिरि सोचत हँसि मिलनी॥' —स्मृति तथा आकांक्षा

(घ) 'बार बार रघुनायकहिं सुरति करायेउ मोहिं'—पुनर्स्मरण

इस प्रकार, वानरों तथा भालुओं का वियोग विविध मानसिक भावों पर आश्रित स्नेहाधिक्य की व्यंजना कराता है।

पुनि कृपाल लियो बोलि निषादा। दीन्हे भूषन बसन प्रसादा॥
जाहु भवन मम सुमिरन करेहू। मन क्रम बचन धर्म अनुसरेहू॥
तुम्ह मम सखा भरत सम भ्राता। सदा रहेहु पुर आवत जाता॥
बचन सुनत उपजा सुख भारी। परेउ चरन भरि लोचन बारी॥
चरन नलिन उर धरि गृह आवा। प्रभु सुभाउ परिजनन्हि सुनावा॥
रघुपति चरित देखि पुरबासी। पुनि पुनि कहहिं धन्य सुखरासी॥
राम राज बैठे त्रैलोका। हरषित भए गए सब सोका॥
बयरु न कर काहू सन कोई। राम प्रताप बिषमता खोई॥

दो०— बरनास्त्रम निज निज धरम निरत बेद पथ लोग।
चलहिं सदा पावहिं सुखहिं नहिं भय सोक न रोग॥ २०॥

अर्थ—तब कृपालु श्रीराम ने निषाद को बुला लिया और भूषण, वस्त्र एवं भेंट दी। अब घर जाओ और वहाँ मेरा स्मरण करते रहना, साथ ही, मन, वाणी तथा कर्म से धर्म का अनुसरण करना।

तुम मेरे सखा तथा भरत के सदृश भाई हो और सदा अयोध्या नगरी आते-जाते रहना। श्रीराम के वचनों को सुनकर उसे भारी सुख उत्पन्न हुआ और नेत्रों में प्रेमाश्रु भर कर वह चरणों पर गिर पड़ा।

वह श्रीराम के चरण-कमलों को हृदय में धारण करके घर लौटा और प्रभु के स्वभाव का वर्णन परिवारजनों को सुनाया। श्रीराम के चरित्र को देखकर अयोध्या नगरवासी बार-बार कहते हैं कि आनन्दराशि श्रीराम धन्य हैं।

श्रीराम के राज्य पर बैठने पर त्रैलोक्य हर्षित हो उठा और समस्त शोक समाप्त हो गये। कोई किसी से वैरभाव नहीं करता और श्रीराम की कृपा से सबकी विषमता समाप्त हो उठी।

सभी लोग अपने-अपने वर्ण तथा आश्रम के अनुकूल धर्म पर रत वेद मार्ग पर चलते हुए निरन्तर आनन्द प्राप्त करते हैं, न भय है, न शोक है, न रोग है॥ २०॥

टिप्पणी—अन्त में, कवि निषाद प्रसंग की अवतारणा करता है—सभी पात्र एक स्थिति विशेष में श्रीराम से मिलते हैं और फिर उनसे बिछुड़ भी जाते हैं—तादात्म्य एवं फिर विरह—इन दो भावों के हर्ष तथा विषाद के द्वन्द्व निरन्तर डूबते उतराते मानवीय तथा आध्यात्मिक दोनों व्यंजनाओं को साथ-साथ समेटे हुए चलते हैं। निषाद को श्रीराम भरत की भाँति अपना अनुज ही नहीं बनाते बराबर आते-जाते रहने की भी बात करते हैं। मध्यकालीन वर्ण-व्यवस्था के इस गर्हित पात्र को श्रीराम की यह आत्यन्तिकप्रियता भारतीय धर्म-व्यवस्था की लीक से हटकर भक्ति व्यवस्था के सन्दर्भ से जोड़ती है।

दैहिक दैविक भौतिक तापा। राम राज नहिं काहुहिं ब्यापा॥
सब नर करहिं परस्पर प्रीती। चलहिं स्वधर्म निरत श्रुति रीती॥
चारिउ चरन धर्म जग माहीं। पूरि रहा सपनेहुँ अघ नाहीं॥
राम भगति रत नर अरु नारी। सकल परम गति के अधिकारी॥
अल्पमृत्यु नहिं कवनिउ पीरा। सब सुंदर सब बिरुज सरीरा॥
नहिं दरिद्र कोउ दुखी न दीना। नहिं कोउ अबुध न लच्छन हीना॥
सब निर्दंभ धर्मरत पुनी। नर अरु नारि चतुर सब गुनी॥
सब गुनग्य पंडित सब ग्यानी। सब कृतग्य नहिं कपट सयानी॥

दो०— राम राज नभगेस सुनु सचराचर जग माहिं।
काल कर्म सुभाव गुन कृत दुख काहुहि नाहिं॥ २१॥

अर्थ—श्रीराम के राज्य में दैहिक, दैविक एवं भौतिक ताप किसी को नहीं व्यापते। सभी मनुष्य परस्पर प्रेम भाव करते हैं तथा वेदों में निर्देशित नीति के अनुसार आचरण करते हुए स्वधर्म में रत हैं।

धर्म अपने चारों चरणों सत्य, तप, दया, दान से संसार में परिपूर्ण हो रहा है और स्वप्न में भी पाप नहीं है। सम्पूर्ण नर-नारी श्रीराम के चरणों में रत हैं और सभी परम पद के अधिकारी हैं।

न अल्प मृत्यु है और न किसी प्रकार की पीड़ा है। सभी सुन्दर हैं और सभी नीरोग हैं। न कोई दरिद्र है, न दुखी है, न दीन, न कोई अज्ञानी है और न कोई लक्षणहीन है।

सभी दंभरहित, धर्मलीन एवं पुण्यवान हैं। सभी नर-नारी चतुर तथा गुणी हैं, सभी गुणज्ञाता हैं, पंडित तथा ज्ञानी हैं, सभी किये हुए उपकार को मानने वाले हैं कोई धूर्त (कपट सयाना) नहीं है।

हे गरुड़! सुनें, श्रीराम राज्य में जड़ तथा चेतन काल, कर्म, स्वभाव तथा गुण से उत्पन्न दुःख किसी को नहीं होते॥ २१॥

टिप्पणी—तुलसीदास इन पंक्तियों में रामराज्य की परिकल्पना करते हैं, रामराज्य एक कवि की कल्पना सृष्टि का वह साक्ष्य है—जहाँ मानवीय मूल्यों तथा हितों की सर्वोच्च एवं सर्वोत्कृष्ट परिकल्पना की गई है। परम्परागत वाल्मीकि रामायण तथा अध्यात्म पुराण में श्रीराम के राज्य के सुख, वैभव, शान्ति तथा सम्पन्नता का वर्णन मिलता है। किन्तु कवि मानस में अत्यन्त विस्तारपूर्वक

मानवीय सुख तथा समृद्धि की सर्वोच्च कल्पना करता है। रामराज्य की परिकल्पना के अन्तर्गत नैतिक, आध्यात्मिक, भौतिक, सामाजिक सुखों की आत्यन्तिक स्थापना एवं मानव को पीड़ित करने वाले दैविक, दैहिक, मानसिक तथा भौतिक संतापों से मुक्ति की आकांक्षा मिलती है। सुख, शान्ति, समृद्धि, सन्तोष, तृप्ति, आनन्द तथा व्यवस्था के सम्पूर्ण मूल्यों की व्यापक प्रतिष्ठा कवि की उदार मानवतावादी दृष्टि का प्रतिफल बनकर यहाँ आयी है।

भूमि सप्त सागर मेखला। एक भूप रघुपति कोसला॥
भुअन अनेक रोम प्रति जासू। यह प्रभुता कछु बहुत न तासू॥
सो महिमा समुझत प्रभु केरी। यह बरनत हीनता घनेरी॥
सोउ महिमा खगेस जिन्ह जानी। फिरि एहि चरित तिन्हहुँ रति मानी॥
सोउ जानै कर फल यह लीला। कहहिं महा मुनिबर दम सीला॥
राम राज कर सुख संपदा। बरनि न जाइ फनीस सारदा॥
सब उदार सब पर उपकारी। बिप्र चरन सेवक नर नारी॥
एक नारिब्रत रत सब झारी। ते मन बच क्रम पति हितकारी॥

दो०— दंड जतिन्ह कर भेद जहँ नर्तक नृत्य समाज।
जीतहुँ मनहिं सुनिअ अस रामचंद्र कें राज॥ २२॥

अर्थ—सात समुद्रों की मेखला से युक्त पृथ्वी पर एक मात्र राजा कोशलाधीश श्रीराम हैं जिनके रोम-रोम में अनेक भुवन हैं, यह प्रभुता बहुत अधिक नहीं है।

प्रभु श्रीराम की उस अत्यधिक महिमा को समझ लेने पर यह वर्णन बहुत बड़ी हीनता (ठहरती) है। हे गरुड़! वह महिमा जिसने जान ली है, वे भी पुनः इसी चरितात्मक लीला में ही रति मानते हैं।

उसको जानने का फल यह लीला है, इन्द्रियों का दमन करने वाले मुनिश्रेष्ठ ऐसा ही कहते हैं। राम राज्य की सुख-सम्पत्ति का वर्णन शेषनाग तथा सरस्वती भी नहीं कर सकते।

सभी उदार हैं, सभी परोपकारी हैं और नर-नारी ब्राह्मणों के चरणों के सेवक हैं। सभी पुरुष एक पत्नीव्रत हैं। स्त्रियाँ भी मन, वाणी तथा कर्म से पति का हित करने वाली हैं।

श्रीरामचन्द्र के राज्य में दण्ड केवल यतियों के हाथ में है और भेद जहाँ नर्तकों के नृत्य समाज में दिखायी पड़ता है और जीतना शब्द केवल मन के सन्दर्भ में ही सुनाई पड़ता है॥ २२॥

टिप्पणी—श्रीराम के माहात्म्य का निरूपण करता हुआ कवि रामराज्य के उदात्त मानवीय मूल्यों की स्थापनाओं को इंगित करता है। सुख-सम्पत्ति का प्राचुर्य एवं मानवों में परस्पर उदारता तथा परोपकार वृत्ति का वह उल्लेख करता है। नैतिक मूल्यों में ब्राह्मण को सर्वोपरि सामाजिक वरीयता, नारी एवं पुरुष में परस्पर एक-दूसरे के प्रति समर्पित जीवन-यापन की निष्ठा आदि की स्थापना से समाज व्यवस्थित था।

'दंड जतिन्ह..... रामचंद्र कें राज'—में परिसंख्या अलंकार है।

फूलहिं फरहिं सदा तरु कानन। रहहिं एक संग गज पंचानन॥
खग मृग सहज बयरु बिसराई। सबन्हि परस्पर प्रीति बढ़ाई॥
कूजहिं खगमृग नाना बृंदा। अभय चरहिं बन करहिं अनंदा॥
सीतल सुरभि पवन बह मंदा। गुंजत अलि लै चलि मकरंदा॥
लता बिटप माँगे मधु चवहीं। मनभावतो धेनु पय स्त्रवहीं॥
ससि सम्पन्न सदा रह धरनी। त्रेता भइ कृतजुग कै करनी॥
प्रगटीं गिरिन्ह बिबिध मनि खानी। जगदातमा भूप जग जानी॥

सरिता सकल बहहिं बर बारी। सीतल अमल स्वाद सुखकारी॥
सागर निज मरजादाँ रहहीं। डारहिं रतन तटन्हि नर लहहीं॥
सरसिज संकुल सकल तड़ागा। अति प्रसन्न दस दिसा बिभागा॥
दो०— बिधु महि पूर मयूखन्हि रबि तप जेतनेहि काज।
माँगे बारिद देहिं जल रामचंद्र कें राज॥ २३॥

अर्थ—वनों में वृक्ष सदा फूलते-फलते हैं और वहाँ एक साथ हाथी तथा सिंह (पंचानन) रहा करते हैं। पशु-पक्षी अपने सहज वैर भाव को भूलकर सभी ने आपस में प्रेम बढ़ा रखा है।

पक्षी (वन में) कूजन करते हैं और अनेकानेक पशु समूह निर्भय विचरण करते हुए आनन्द करते हैं। शीतल मंद सुगन्ध वायु चलता रहता है, मकरन्द लेकर चलते हुए भ्रमर गुंजार करते हैं।

लताएँ तथा वृक्ष माँगने पर पराग टपका देते हैं तथा गायें मनचाहा दूध देती हैं। पृथ्वी सदा खेती से सम्पन्न रहती है और त्रेता में सत्ययुग की दशा (करनी) हो गई।

परमात्मा श्रीराम को राजा जानकर पर्वतों ने विविध मणियों की खान उत्पन्न की। सभी नदियाँ निरन्तर शीतल, निर्मल, स्वादिष्ट, आनन्ददायी तथा पवित्र जल बहाने लगीं।

समुद्र अपनी मर्यादा में रहने लगा तथा (तटों पर स्वतः) रत्न डालता था और लोग प्राप्त करते थे। सभी तालाब कमल पूरित हो उठे और दसों दिशाओं के सभी प्रदेश (विभाग) अत्यन्त प्रसन्न हैं।

श्रीरामचन्द्र के राज्य में चन्द्र अपनी किरणों से पृथ्वी को परिपूर्ण किये हुए हैं, जितनी आवश्यकता है, सूर्य उतना ही तपता है और बादल माँगने से (आवश्यकतानुसार ही) जल देता है॥ २३॥

टिप्पणी—मानवीय मूल्यों की सर्वोत्कृष्टता का वर्णन करके कवि प्रकृति तथा मानवीय हित की परस्पर सहसम्बद्धता को इंगित करता है। तरु, कानन, खग, मृग, व्याघ्र, वायु, भ्रमर, लता, विटप, गौ, कृषि, पर्वत, मणियाँ, समुद्र, रत्न, कमल, तालाब, चन्द्र,सूर्य, बादल आदि अपनी हितकारी सीमाओं में स्थिर मानव समाज की सर्वोत्कृष्ट सम्पन्नता में लगे हैं। मानवीय सम्बद्धों के नैतिक सदाचरण तथा सद्भाव के बीच प्रकृति भी सन्तुलन स्थिर करके न केवल स्वयं आनन्दित होती है अपितु मानव समाज के लिए भी आनन्द का हेतु बन जाती है।

कोटिन्ह बाजिमेध प्रभु कीन्हे। दान अनेक द्विजन्ह कहँ दीन्हे॥
श्रुति पथ पालक धर्म धुरंधर। गुनातीत अरु भोग पुरंदर॥
पति अनुकूल सदा रह सीता। सोभाखानि सुसील बिनीता॥
जानति कृपासिंधु प्रभुताई। सेवति चरन कमल मन लाई॥
जद्यपि गृह सेवक सेवकिनी। बिपुल सदा सेवाबिधि गुनी॥
निज कर गृहँ परिचरजा करई। रामचंद्र आयसु अनुसरई॥
जेहिं बिधि कृपासिंधु सुख मानइ। सोइ कर श्री सेवा बिधि जानइ॥
कौसल्यादि सासु गृह माहीं। सेवइ सबन्हि मान मद नाहीं॥
उमा रमा ब्रह्मादि बंदिता। जगदंबा संततमनिंदिता॥
दो०— जासु कृपा कटाक्ष सुर चाहत चितव न सोइ।
राम पदारबिंद रति करति सुभावहि खोइ॥ २४॥

अर्थ—प्रभु श्रीराम ने करोड़ों अश्वमेध किया तथा ब्राह्मणों को अनेक प्रकार से दान दिये। धर्म की धुरी धारण करने वाले श्रीराम वैदिक मार्ग के रक्षक, गुणातीत तथा भोग में इन्द्र सदृश हैं।

सौन्दर्य की खानि, अत्यधिक शीलवती एवं विनीत स्वभाव वाली सीता सदैव पति के अनुकूल रहती हैं। कृपासागर श्रीराम की प्रभुता को समझती है तथा उनके चरण-कमलों की मन लगाकर

सेवा करती है।

यद्यपि राजभवन में अनेक तथा सेवा परिपाटी में सर्वथा कुशल सेवक तथा सेविकाएँ हैं किन्तु सीता अपने हाथ से गृह सेवा कार्य करती हैं तथा श्रीराम की आज्ञा का अनुसरण करती हैं।

जिस प्रकार से कृपासिन्धु श्रीराम सुख मानते थे, सेवा की परिपाटी (सीता) जानती थी, इसलिए वैसे ही करती थी। मान तथा गर्व से शून्य वह गृह में स्थित कौसल्या आदि सभी सासुओं की सेवा करती थी।

हे पार्वती! जगज्जननी लक्ष्मी जी सीता ब्रह्मा आदि द्वारा वंदित तथा सतत अभिनन्दनीय हैं।

जिसकी कृपा कटाक्ष की देवगण कामना करते हैं किन्तु वह उन्हें देखती तक नहीं, वह श्रीराम के चरण-कमल में, (अपने चंचला होने के) सहज स्वभाव का परित्याग करके, रति करती हैं॥ २४॥

टिप्पणी—मानवीय सम्बन्धों तथा सम्बन्धित आचरणों से ही समाज में सुख तथा शान्ति की परिकल्पना की जा सकती है। भौतिक साधनों तथा सम्पन्नता से सुख-शान्ति की सम्भावनाओं का कवि निषेध करके मानवीय सम्बन्धों की कवि गरिमामयी प्रतिष्ठा करता है। यद्यपि राजवैभव के समस्त साधन राज परिवार में उपलब्ध हैं किन्तु सीता अपने गृह की परिचर्या स्वयं करती है—

'निज कर गृह परिचरजा करई। रामचंद्र आयसु अनुसरई॥'

मानव जीवन के सुख के लिए आधारस्वरूप कौटुम्बिक जीवनयापन पद्धति को कवि यहाँ निर्दिष्ट करता है।

सेवहिं सानुकूल सब भाई। राम चरन रति अति अधिकाई॥
प्रभु मुख कमल बिलोकत रहहीं। कबहुँ कृपाल हमहिं कछु कहहीं॥
रामु करहिं भ्रातन्ह पर प्रीती। नाना भाँति सिखावहिं नीती॥
हरषित रहहिं नगर के लोगा। करहिं सकल सुर दुर्लभ भोगा॥
अहनिसि बिधिहिं मनावत रहहीं। श्रीरघुबीर चरन रति चहहीं॥
दुइ सुत सुंदर सीता जाए। लव कुस बेद पुरानन्ह गाए॥
दोउ बिजई बिनई गुन मंदिर। हरि प्रतिबिंब मनहुँ अति सुंदर॥
दुइ दुइ सुत सब भ्रातन्ह केरे। भए रूप गुन सील घनेरे॥
दो०— ग्यान गिरा गोतीत अज माया मन गुन पार।
सोइ सच्चिदानंद घन कर नर चरित उदार॥ २५॥

अर्थ—सदा अनुकूल भाव से सारे भाई सेवा करते हैं तथा (उनके हृदय में) श्रीराम के चरणों के प्रति अत्यधिक संसक्ति है। (वे सभी) श्रीराम के मुख-कमलों को निहारते रहते हैं (और प्रतीक्षा करते रहते हैं कि) कि कृपालु कभी उन्हें कुछ कहें (आज्ञा दें) तो।

श्रीराम भी भाइयों पर प्रेम करते हैं और नाना भाँति की नीति सिखलाते हैं। नगरवासी हर्षित रहते हैं और हर प्रकार के देव दुर्लभ भोग भोगते हैं।

वे रात-दिन ब्रह्मा को मनाते रहते हैं और श्रीराम के चरणों में प्रीति चाहते हैं। सीता के दो सुन्दर पुत्र उत्पन्न हुए, ऐसा वेद पुराणों ने गान (वर्णन) किया है।

दोनों विजयी, विनयशील एवं गुणों के धाम हैं। दोनों श्रीराम के मानो प्रतिबिम्ब तथा अत्यधिक सुन्दर हैं। सभी भाइयों के दो-दो पुत्र हुए जो अत्यधिक रूप, गुण, शील-सम्पन्न थे।

ज्ञान, वाणी, बुद्धि से विगत, अजन्मा, माया, मन तथा गुणों से परे वह सच्चिदानन्द घन ब्रह्म श्रेष्ठ मानव लीला करते हैं॥ २५॥

टिप्पणी—परिवार के पारस्परिक स्नेह तथा राजा प्रजा के बीच स्थित सन्तोष एवं सुख का चित्रण करके कवि आदर्श सामाजिक और राज्य व्यवस्था को निर्देशित करता है। श्रीराम की कथा के समापन को 'दुइ सुत सुंदर सीता जाए' जैसे संकेत द्वारा वह स्पष्ट करता है। वंश-परम्परा का संकेत कथा समापन की सूचना के लिए है।

प्रातकाल सरजू करि मज्जन। बैठहिं सभा संग द्विज सज्जन॥
बेद पुरान बसिष्ठ बखानहिं। सुनहिं राम यद्यपि सब जानहिं॥
अनुजन्ह संजुत भोजनु करहीं। देखि सकल जननी सुख भरहीं॥
भरत सत्रुहन दोनउ भाई। सहित पवनसुत उपवन जाई॥
बूझहिं बैठि राम गुन गाहा। कह हनुमान सुमति अवगाहा॥
सुनत बिमल गुन अति सुख पावहिं। बहुरि बहुरि करि बिनय कहावहिं॥
सब के गृह गृह होहिं पुराना। रामचरित पावन बिधि नाना॥
नर अरु नारि राम गुन गानहिं। करहिं दिवस निसि जात न जानहिं॥
दो०— अवधपुरी बासिन्ह कर सुख संपदा समाज।
सहस सेस नहिं कहि सकहिं जहँ नृप राम बिराज॥ २६॥

अर्थ—प्रातःकाल सरयू नदी में स्नान करके ब्राह्मणों एवं साधु जनों के साथ सभा में बैठते हैं। वसिष्ठ वेद-पुराणों का वर्णन करते हैं, यद्यपि श्रीराम सब जानते हैं, फिर भी सुनते हैं।

(श्रीराम) अपने भाइयों के साथ भोजन करते हैं जिसे देखकर सभी माताएँ आनन्द से भर जाती हैं। भरत-शत्रुघ्न दोनों भाई और हनुमान जी के साथ उपवन में जाकर—

श्रीराम की गुण गाथाओं को पूछते हैं और हनुमान अपनी सुन्दर गति के अनुसार आनन्दित भाव से (अवगाहा) कहते हैं। श्रीराम के विमल गुणों को सुनकर वे अत्यधिक आनन्द प्राप्त करते हैं और विनय करके उनसे पुनः-पुनः कहलवाते हैं।

सभी के घरों में पुराण तथा पवित्र रामचरित्र अनेक प्रकार से होते हैं। नर-नारी श्रीराम के गुण का गान करते और इस प्रकार रात्रि-दिन का व्यतीत होना भी नहीं जानते।

जहाँ श्रीराम स्वयं राजा बनकर विराजमान हैं, उस अयोध्या नगर के निवासियों के सुख तथा उनकी सम्पत्ति का वर्णन हजारों शेषनाग भी नहीं कर सकते॥ २६॥

टिप्पणी—कवि श्रीराम उनके भाइयों, परिचरों तथा नगरवासियों की यहाँ दिनचर्या का निरूपण करता है। श्रीराम की यह चर्या नैतिक तथा धार्मिक वातावरण की अवतारणा से सम्बद्ध है। सरयू स्नान, वेदपुराणों का नित्यशः श्रवण, श्रीराम कथा का कथन तथा श्रवण तथा घर-घर पुराण एवं श्रीराम कथा का वाचन—यही कवि के अनुसार आदर्श समाज की दिनचर्या है।

नारदादि सनकादि मुनीसा। दरसन लागि कोसलाधीसा॥
दिन प्रति सकल अजोध्या आवहिं। देखि नगरु बिराग बिसरावहिं॥
जातरूप मनि रचित अटारी। नाना रंग रुचिर गच ढारी॥
पुर चहुँ पास कोट अति सुंदर। रचे कँगूरा रंग रंग बर॥
नवग्रह निकर अनीक बनाई। जनु घेरी अमरावति आई॥
महि बहुरंग रचित गच काँचा। जो बिलोकि मुनिबर मन नाचा॥
धवल धाम ऊपर नभ चुंबत। कलस मनहुँ रबि ससि दुति निंदत॥
बहु मनि रचित झरोखा भ्राजहिं। गृह गृह प्रति मनि दीप बिराजहिं॥

अर्थ—नारदादि, सनक आदि मुनिश्रेष्ठ श्रीराम के दर्शन के निमित्त सभी प्रतिदिन अयोध्या में

आते हैं और नगर वैभव को देखकर (अपने) वैराग्य भाव को विस्मृत कर जाते हैं।

सोने तथा रत्नों से रची हुई अटारियाँ हैं, जिनकी नाना वर्णों में सुन्दर ढंग से फर्शें ढाली हुई हैं। नगर के चारों ओर अत्यन्त सुन्दर परकोटे हैं और उन पर सुन्दर रंग-बिरंगे परकोटे बने हैं।

(उन्हें देखकर ऐसा प्रतीत होता है) मानो नवों ग्रहों ने सेना बनाकर (देवनगरी) अमरावती को आकर घेर रखा हो। पृथ्वी पर अनेक रंगों के रत्नों की फर्शें (सड़क के रूप में) ढली हुई हैं— जिन्हें देखकर श्रेष्ठ मुनियों के भी मन नाच उठते हैं।

उज्ज्वल महल ऊपर आकाश को चुम्बित कर रहे हैं। उन पर स्थित कलश मानो सूर्य तथा चन्द्रमा को निन्दित (फीका) कर रहे हैं। बहुत-सी मणियों से रचे हुए झरोखा शोभित हैं और घर-घर में मणियों के दीपक शोभा पा रहे हैं।

छंद— मनि दीप राजहिं भवन भ्राजहिं देहरीं बिद्रुम रचीं।
मनि खंभ भीति बिरंचि बिरची कनक मनि मरकत खचीं॥
सुंदर मनोहर मंदिरायत अजिर रुचिर फटिक रचे।
प्रति द्वार द्वार कपाट पुरट बनाइ बहु बज्रन्हि खचे॥

दो०— चारु चित्रसाला गृह गृह प्रति लिखे बनाइ।
राम चरित जे निरखत मुनि मन लेहिं चुराइ॥ २७॥

मणियों के दीपक घरों में शोभित हो रहे हैं। मणियों के खम्भ हैं। मरकत मणियों से जड़ी स्वर्णिम दीवारें ऐसी सुन्दर हैं, मानो ब्रह्मा ने उनकी रचना की है। सुन्दर, मनोहर तथा आयताकार (चौड़े) महल हैं और स्फटिक मणियों से रचित आँगन सुन्दर हैं। प्रत्येक महल के द्वार खरादे हुए हीरों से जुड़े हुए सोने से बने हैं।

घर-घर में सुन्दर चित्रशालाएँ जिनमें श्रीराम के चरित्र सुन्दर ढंग से रचकर लिखे गये हैं, जो मुनि उनको देखते हैं, वे उनका भी चित्त चुरा लेते हैं॥ २७॥

टिप्पणी—सम्राट् श्रीराम के पुर-वैभव का वर्णन है। महाकवि वाल्मीकि, कालिदास आदि कवियों की काव्य परिपाटियों एवं महाकाव्य के लक्षण निर्देशों में नगर-वैभव का चित्रण महाकाव्य में आवश्यक है। कवि उसी परिपाटी के अनुक्रम में श्रीराम की अयोध्या नगरी का प्रशस्तिपरक वर्णन करता है। इस नगर वर्णन में यहाँ की पुररचना का परिपाटीगत वर्णन ही द्रष्टव्य है। मन्दिर, प्राचीर, कंगूरे, फर्श, आकाशचुम्बी अट्टालिकाएँ, झरोखे, गृहदीप, देहरी, किवाड़ें, चित्रशाला आदि नागरिक समृद्धि के अतिशयोक्तिपूर्ण वर्णन परम्परा से सम्बद्ध हैं।

सुमन बाटिका सबहिं लगाईं। बिबिध भाँति करि जतन बनाईं॥
लता ललित बहु जाति सुहाईं। फूलहिं सदा बसंत की नाईं॥
गुंजत मधुकर मुखर मनोहर। मारुत त्रिबिध सदा बह सुंदर॥
नाना खग बालकन्हि जिआए। बोलत मधुर उड़ात सुहाए॥
मोर हंस सारस पारावत। भवनन्हि पर सोभा अति पावत॥
जहँ तहँ देखिहिं निज परछाहीं। बहु बिधि कूजहिं नृत्य कराहीं॥
सुक सारिका पढ़ावहिं बालक। कहहु राम रघुपति जन पालक॥
राज दुआर सकल बिधि चारू। बीथीं चौहट रुचिर बजारू॥

अर्थ—सभी अयोध्यावासियों ने पुष्पवाटिका लगा रखी है और अनेक यत्नों से उन्हें सुसज्जित किया है। उनमें नाना जातियों की सुन्दर लताएँ शोभित हैं, जो वसन्त की भाँति सदैव पुष्पित रहती हैं।

भ्रमरों के मनोहारी गुंजार होते रहते हैं और शीतल, मन्द, सुगन्ध वायु बहती रहती है। बालक

अनेकानेक पक्षी पाल रखे हैं जो मधुरवाणी बोलते हैं तथा उड़ने में सुन्दर लगते हैं।

मयूर, हंस, सारस, कबूतर भवनों पर स्थित अत्यधिक शोभा प्राप्त कर रहे हैं, वे जहाँ-तहाँ अपने प्रतिबिम्ब को देखकर अनेक प्रकार से कूजन (मधुर स्वर करना) तथा नृत्य करते हैं।

बालकगणों को तोता-मैना पढ़ाते रहते हैं और कहते हैं कि राम, रघुपति, जनपालक (कहो)। राजद्वार प्रत्येक प्रकार से सुन्दर है, गलियाँ, चौराहे तथा बाजार सुन्दर हैं।

छंद— बाजार रुचिर न बनइ बरनत बस्तु बिनु गथ पाइए।
जहँ भूप रमानिवास तहँ की संपदा किमि गाइए॥
बैठे बजाज सराफ बनिक अनेक मनहुँ कुबेर ते।
सब सुखी सब सच्चरित सुंदर नारि नर सिसु जरठ जे॥

दो०— उत्तर दिसि सरजू बह निर्मल जल गंभीर।
बाँधे घाट मनोहर स्वल्प पंक नहिं तीर॥ २८॥

सुन्दर बाजार का वर्णन करते नहीं बनता और बिना मूल्य के वस्तुएँ प्राप्त होती हैं। जहाँ स्वयं लक्ष्मीपति राजा है, वहाँ की सम्पत्ति का क्या वर्णन किया जाय। अनेकानेक बजाज तथा सराफ कुबेर की भाँति बैठे हैं स्त्री, पुरुष, बच्चे, बूढ़े सभी सुखी, सच्चरित्र एवं सुन्दर हैं।

नगर के उत्तर की ओर निर्मल तथा गम्भीर जल से युक्त सरयू नदी बह रही हैं। मनोहर घाट बँधे हुए हैं तथा तट पर लेश मात्र भी कीचड़ नहीं है॥ २८॥

टिप्पणी—राज्य वर्णन के अन्तर्गत नगर वैभव एवं उसकी समृद्धि का परम्परित रूप कवि चित्रित करता है। इस चित्रण के अन्तर्गत सामन्तीय सुरुचि यथा, वाटिकाएँ, शुक-सारिका, मयूर, हंस, सारस, कपोत पालन एवं उनसे सम्बद्ध विशिष्ट प्रकार की नागर क्रीड़ाएँ यहाँ भी वर्णित हैं। इन शुक-सारिकाओं की क्रीड़ा से कवि समग्र नगर का वातावरण राममय कर देता है।

परम्परित ढंग से बाजार, जहाँ बज़ाज, सराफ, वणिक आदि बिना मूल्य के वस्तु विक्रय कर रहे हैं, यह एक आदर्श व्यवस्था है—वस्तुओं का क्रय आवश्यकतानुसार नगरवासी करते हैं, और उनका मूल्य शासन देता है—यह तुलसी के रामराज्य की विशिष्ट कल्पना है।

दूरि फराक रुचिर सो घाटा। जहँ जल पिअहिं बाजि गज ठाटा॥
पनिघट परम मनोहर नाना। तहाँ न पुरुष करहिं अस्नाना॥
राजघाट सब बिधि सुंदर बर। मज्जहिं तहाँ बरन चारिउ नर॥
तीर तीर देवन्ह के मंदिर। चहुँ दिसि तिन्ह की उपबन सुंदर॥
कहुँ कहुँ सरिता तीर उदासी। बसहिं ग्यानरत मुनि संन्यासी॥
तीर तीर तुलसिका सुहाई। बृंद बृंद बहु मुनिन्ह लगाई॥
पुर सोभा कछु बरनि न जाई। बाहेर नगर परम रुचिराई॥
देखत पुरी अखिल अघ भागा। बन उपबन बापिका तड़ागा॥

अर्थ—अलग कुछ दूर पर वह सुन्दर घाट है जहाँ घोड़े तथा हाथियों के झुण्ड-के-झुण्ड जल पीते हैं। अनेक मनोहारी पानी भरने के घाट हैं—जहाँ पुरुष स्नान नहीं करते।

राजघाट सब प्रकार से सुन्दर तथा श्रेष्ठ है जहाँ चारों वर्णों के पुरुष स्नान करते हैं। तट-तट पर देवालय हैं—जिनके चारों ओर उपवन हैं।

कहीं-कहीं सरयू नदी के तट-पर उदासीन, ज्ञानरत मुनि एवं संन्यासी रहते हैं। किनारे-किनारे पर तुलसी वृक्ष समूह शोभित हैं जो मुनियों द्वारा लगाये गये हैं।

अयोध्या नगरी की शोभा का वर्णन करते नहीं बनता। नगर के बाहर भी अत्यधिक सुन्दरता है।

वन, उपवन, बावलियों तथा तालाब से युक्त उस नगरी को देखते ही सम्पूर्ण पाप (स्वयं) भाग जाते हैं।

छंद— बापीं तड़ाग अनूप कूप मनोहरायत सोहहीं।
सोपान सुंदर नीर निर्मल देखि सुर मुनि मोहहीं॥
बहु रंग कंज अनेक खग कूजहि मधुप गुंजारहीं।
आराम रम्य पिकादि खग रव जनु पथिक हंकारहीं॥

दो०— रमानाथ जहँ राजा सो पुर बरनि कि जाइ।
अनिमादिक सुख संपदा रही अवध सब छाइ॥ २९॥

अनुपम वापियाँ, तालाब तथा विशाल कुएँ शोभित हो रहे हैं। उनकी सीढ़ियाँ सुन्दर हैं, जल निर्मल है और उन्हें देखकर देवता तथा मुनि मुग्ध हो जाते हैं। अनेक वर्णों के कमल हैं, कूजन करते हुए अनेकानेक पक्षी हैं तथा मधुप गुंजार कर रहे हैं। रमणीक बगीचों में कोयल आदि पक्षियों के स्वर मानो पथिकों को (अपनी ओर) बुला रहे हैं।

जहाँ लक्ष्मीपति राम स्वयं राजा हैं उस नगर का वर्णन कैसे किया जाय। अणिमा आदि सिद्धियाँ एवं समस्त सुख-सम्पदाएँ वहाँ स्वतः छायी रहती हैं॥ २९॥

टिप्पणी—कवि नगर वर्णन के क्रम में सरयू नदी के घाट अर्थात् नागरिकों की जल-व्यवस्था का चित्रण करता है। पशुओं के लिए पृथक् दूर बने हुए घाट, पनघट जहाँ केवल महिलाएँ पेय जल के लिए तत्पर हैं, वह पुरुष के लिए वर्जित स्थान है और अन्तिम रामघाट जहाँ चारों वर्णों के लिए जल प्रयोग की निर्बाधित व्यवस्था है।

'राजघाट सब बिधि सुंदर बर। मज्जहिं तहाँ बरन चारिउ नर॥' 'चारों वर्णों के मनुष्य' कहकर कवि आदर्श राज्य की व्यवस्था की ओर संकेत करता है। रामराज्य में किसी प्रकार की वर्णगत विभेद की दृष्टि नहीं थी, यह तुलसी की उदात्त सामाजिक कल्पना का उदाहरण है। इनके अतिरिक्त राज्य-समृद्धि तथा सौन्दर्य वर्णन के परम्परित क्रम में वह कूप, वापी, तड़ाग, उनकी पक्की सीढ़ियों आदि का निरूपण करता है।

जहँ तहँ नर रघुपति गुन गावहिं। बैठि परसपर इहइ सिखावहिं॥
भजहु प्रनत प्रतिपालक रामहि। सोभा सील रूप गुन धामहि॥
जलज बिलोचन स्यामल गातहि। पलक नयन इव सेवक त्रातहि॥
धृत सर रुचिर चाप तूनीरहि। संत कंज बन रबि रनधीरहि॥
काल कराल ब्याल खगराजहि। नमत राम अकाम ममता जहि॥
लोभ मोह मृग जूथ किरातहि। मनसिज करि हरिजन सुखदातहि॥
संसय सोक निबिड़ तम भानुहि। दनुज गहन घन दहन कृसानुहि॥
जनकसुता समेत रघुबीरहि। कस न भजहु भंजन भव भीरहि॥
बहु बासना मसक हिम रासिहि। सदा एक रस अज अबिनासिहि॥
मुनि रंजन भंजन महि भारहि। तुलसिदास के प्रभुहि उदारहि॥

दो०— एहि बिधि नगर नारि नर करहिं राम गुन गान।
सानुकूल सब पर रहहिं संतत कृपानिधान॥ ३०॥

अर्थ—जहाँ तहाँ मनुष्य (नगरवासी) श्रीराम का गुणानुवाद कर रहे हैं और बैठकर आपस में यही शिक्षा देते हैं। शोभा, शील, रूप एवं गुण के धाम शरणागत के रक्षक श्रीराम का भजन करो।

कमलवत् नेत्र वाले एवं श्यामल शरीरयुक्त तथा नेत्रों की रक्षक पलकों की भाँति भक्तों के

रक्षक श्रीराम का भजन करो। सुन्दर बाण, धनुष तथा तरकस धारण करने वाले एवं सन्तरूपी कमल वन के सूर्यरूपी रणधीर श्रीराम का भजन करो।

कालरूपी भयंकर सर्प के लिए गरुड़वत्, निष्काम भाव से प्रणाम करते ही ममता का विनाश करने वाले (जहि), लोभ-मोहरूपी मृगों के झुंड के लिए किरात की भाँति तथा कामरूपी हाथी के लिए सिंह रूप एवं सेवकों के आनन्ददाता श्रीराम का भजन करो।

संशयरूपी गहन शोक के लिए सूर्य स्वरूप, राक्षसरूपी गहन वन को दग्ध करने वाले अग्नि की भाँति श्रीराम का भजन करो। जन्म-मृत्यु के भय को विनष्ट करनेवाले जानकी सहित श्रीराम को क्यों नहीं भजते!

अनेकानेक वासनाओं को विनष्ट करने वाले हिम समूह सदृश, सदैव एकरस, अजन्मा तथा अविनाशी, मुनिजनों को आनन्दित करने वाले तथा पृथ्वी का भार नष्ट करने वाले एवं तुलसीदास के दयालु स्वामी का क्यों नहीं भजन करते।

इस प्रकार नगर के समस्त नर-नारी श्रीराम का गुणानुवाद करते हैं और कृपानिधान श्रीराम भी निरन्तर सभी के ऊपर सदैव अत्यन्त प्रसन्न (अनुकूल) रहते हैं॥ ३०॥

टिप्पणी—नगरवासियों द्वारा राजा के रूप-गुण, यश तथा कार्यों का वर्णन पुर वर्णन क्रम में यहाँ भी परम्परित रूप में मिलता है किन्तु दृष्टि बदली हुई है। यहाँ राजा के यश वर्णन को कवि प्रभु श्रीराम से जोड़कर इस प्रकरण की व्यंजना आध्यात्मिक कर देता है। राजा के यश वर्णन में प्रभु श्रीराम का त्रयतापहारी रूप आध्यात्मिक व्यंजना क्रम में द्रष्टव्य है।

जब तें राम प्रताप खगेसा। उदित भएउ अति प्रबल दिनेसा॥
पूरि प्रकास रहेउ तिहुँ लोका। बहुतेन्ह सुख बहुतन्ह मन सोका॥
जिन्हहि सोक ते कहउँ बखानी। प्रथम अबिद्या निसा नसानी॥
अघ उलूक जहँ तहाँ लुकाने। काम क्रोध कैरव सकुचाने॥
बिबिध कर्म गुन काल सुभाऊ। ये चकोर सुख लहहिं न काऊ॥
मत्सर मान मोह मद चोरा। इन्ह कर हुनर न कवनिहुँ ओरा॥
धरम तडाग ग्यान बिग्याना। ये पंकज बिकसे बिधि नाना॥
सुख संतोष बिराग बिबेका। बिगत सोक ये कोक अनेका॥
दो०— यह प्रताप रबि जाकें उर जब करइ प्रकास।
पछिले बाढ़हिं प्रथम जे कहे ते पावहिं नास॥ ३१॥

अर्थ—हे गरुड़! जब से प्रतापी श्रीरामरूपी प्रचण्ड सूर्य का उदय हुआ, तब से तीनों लोकों में प्रकाश पूर्ण हो उठा। इससे बहुतों के मन में सुख तथा बहुतों के मन में शोक उत्पन्न हुआ।

जिन-जिन को शोक हुआ, मैं उनका वर्णन करता हूँ। सर्वप्रथम तो अविद्यारूपी रात्रि नष्ट हो गई। पापरूपी उल्लू जहाँ-तहाँ छिप गये। काम तथा क्रोधरूपी कुमोदिनी संकुचित हो गई।

भाँति-भाँति के कर्म, गुण, काल तथा स्वभाव—ये चकोर हैं—जो कभी (सूर्य के कारण) आनन्द नहीं पाते। डाह, मान, मोह और मदरूपी चोर इनकी कला किसी ओर नहीं चल पाती।

धर्मरूपी तालाब में ज्ञान-विज्ञान के अनेक प्रकार के कमल खिल उठे। सुख, संतोष, वैराग्य तथा विवेक ये चक्रवाकी की भाँति हैं जो शोकरहित हो चुके हैं।

यह श्रीरामप्रतापरूपी सूर्य जिसके हृदय में जब प्रकाश करता है तो जिनका वर्णन पहले किया गया है, वे विनाश को प्राप्त करते हैं (अर्थात् नष्ट हो जाते हैं)॥ ३१॥

टिप्पणी—परम्परित काव्य वर्णक की रूढ़ि के अनुक्रम में राजा श्रीराम के यश का कवि वर्णन करता है। राजा के शासन से कुछ दुखी रहते हैं और कुछ सुखी। यहाँ रामराज्य में एक ओर

आनन्दित तो दूसरी ओर पीड़ित वर्गों की स्थिति पर कवि प्रकाश डालता है। पापकर्म, काम, क्रोध, लोभ, मोह में संलग्न व्यक्ति दुखी हैं और धर्म, ज्ञान, विज्ञान आदि में अनुरक्त जन इस राज्य में आनन्दित है, प्रकारान्तर भाव से राम राज्य सद्मूल्यों के विकास एवं समृद्धि के व्यापक प्रसार-प्रचार की व्यवस्था से सम्बद्ध है।

भ्रातन्ह सहित रामु एक बारा। संग परम प्रिय पवनकुमारा॥
सुंदर उपवन देखन गए। सब तरु कुसुमित पल्लव नए॥
जानि समय सनकादिक आए। तेज पुंज गुन सील सुहाए॥
ब्रह्मानंद सदा लयलीना। देखत बालक बहुकालीना॥
रूप धरें जनु चारिउ बेदा। समदरसी मुनि बिगत बिभेदा॥
आसा बसन ब्यसन यह तिन्हहीं। रघुपति चरित होइ तहँ सुनहीं॥
तहाँ रहे सनकादि भवानी। जहँ घट संभव मुनिबर ग्यानी॥
राम कथा मुनिबर बहु बरनी। ग्यान जोति पावक जिमि अरनी॥
दो०— देखि राम मुनि आवत हरषि दंडवत कीन्ह।
स्वागत पूँछि पीत पट प्रभु बैठन्ह कहुँ दीन्ह॥ ३२॥

अर्थ—एक बार साथ में हनुमान को लेकर भाइयों के साथ सुन्दर बगीचे को देखने के लिए गये—जहाँ सभी वृक्ष तरु पल्लवों से युक्त एवं खिले हुए थे।

उचित समय समझ कर सनकादि ऋषि आये। वे तेजपुंज तथा गुण एवं शील से शोभित थे। वे ब्रह्मानन्द में आमग्न डूबे हुए थे और देखने में बालक लगते हैं किन्तु हैं, बहुत समय के।

वे समदर्शी मुनि भेद मुक्त तथा (ऐसा) स्वरूप धारण किये हुए थे मानो चारों वेद हों। दिशाएँ (आशा) ही उनके लिए वस्त्र हैं और उनका एक मात्र व्यसन है कि जहाँ श्रीरामचरित्र का (कथन) होता था, उसे सुनते थे।

हे पार्वती! जहाँ मुनिश्रेष्ठ ज्ञानी अगस्त्य (घट सम्भव) रहते थे, वहाँ सनकादि मुनि (कुछ समय तक) रहे। मुनिश्रेष्ठ (अगस्त्य) ने श्रीराम को अनेक बार कथाएँ कही थीं वह श्रीराम कथा शमी की अरणि में स्थित अग्नि की भाँति ज्ञान को उत्पन्न करने के लिए मूल हेतु है।

श्रीराम ने मुनियों को आते देखकर हर्षित भाव से दण्डवत् किया, उनका कुशल प्रश्न करके श्रीराम ने उन्हें (अपना) पीताम्बर बैठने के लिए (आसन के रूप में) दिया॥ ३२॥

टिप्पणी—कवि आगे विविध मुनियों एवं ऋषियों के आगमन, उनकी संगोष्ठियों आदि के माध्यम से राज्य के विद्वत् विनोद का वर्णन करता है। राज्य वर्णन के अन्तर्गत कवियों ने विद्वानों की गोष्ठियों, चर्चाओं एवं कलाकारों के कला प्रदर्शन आदि का वर्णन किया है। यहाँ उसी क्रम को कवि अपनी आदर्श व्यवस्था के अनुसार मार्जित करके सनकादि ऋषियों के आगमन से जोड़कर अपने आराध्य श्रीराम के आध्यात्मिक व्यक्तित्व को विकसित करने की चेष्टा करता है। अपने दरबार में ऋषियों का मन, वाणी, कर्म से स्वागत करणीय है—कवि यहाँ इस प्रकरण में सनकादि की उपस्थिति से इस प्रकार का साक्ष्य प्रस्तुत करता है।

कीन्ह दंडवत तीनिउ भाई। सहित पवनसुत सुख अधिकाई॥
मुनि रघुपति छबि अतुल बिलोकी। भए मगन मन सके न रोकी॥
स्यामल गात सरोरुह लोचन। सुंदरता मंदिर भव मोचन॥
एक टक रहे निमेष न लावहिं। प्रभु कर जोरें सीस नवावहिं॥
तिन्ह कै दसा देखि रघुबीरा। स्रवत नयन जल पुलक सरीरा॥
कर गहि प्रभु मुनिबर बैठारे। परम मनोहर बचन उचारे॥

आजु धन्य मैं सुनहु मुनीसा। तुम्हरे दरस जाहिं अघ खीसा॥
बड़े भाग पाइअ सतसंगा। बिनहिं प्रयास होइ भव भंगा॥
दो०— संत संग अपबर्ग कर कामी भव कर पंथ।
कहहिं संत कबि कोबिद श्रुति पुरान सदग्रंथ॥ ३३॥

अर्थ—हनुमान के साथ अधिक आनन्द का अनुभव करते हुए तीनों भाइयों ने दण्डवत् किया। मुनिगण श्रीराम की अतुलनीय छवि को देखकर मग्न हो उठे और मन का आवेग न रोक पाये।

वे सौन्दर्य के धाम, जन्म-मृत्यु के बन्धन से मुक्त करने वाले श्यामल शरीर एवं कमल नेत्र थे। प्रभु श्रीराम हाथ जोड़े हुए शीश झुकाये थे किन्तु वे एकटक (देख रहे) थे तथा पलकें नहीं गिराते थे।

उनकी दशा देख करके श्रीराम भी प्रेमाश्रु से पुलकित नेत्र युक्त एवं आनन्द परिपूर्ण हो उठे। हाथ थाम्ह कर श्रीराम ने मुनिश्रेष्ठ को बैठाया और अत्यधिक मनोहर वाणी बोले।

हे मुनिगण! सुनें, मैं धन्य-धन्य हो उठा हूँ तथा आपके दर्शन से सम्पूर्ण पाप विनष्ट (खीसा) हो गये। बड़े भाग्य से सत्संगति प्राप्त होती है और बिना प्रयास ही (उसके द्वारा) जन्म-मृत्यु का बन्धन नष्ट हो जाता है।

सन्तों का साथ स्वर्ग का तथा कामियों का साथ जन्म-मृत्यु के बन्धन का कारण बनता है। यह (बात) संतजन, कविगण, पण्डित, वेद पुराण तथा अन्य सद्ग्रन्थ कहते हैं॥ ३३॥

टिप्पणी—अतिथि ऋषि का मन, कर्म, वाणी से स्वागत एवं सम्मान का वातावरण कवि तैयार करता है—यह वातावरण तैयार करके सामाजिक व्यवस्था के लिए एक आदर्श रखता है—'संत संग अपवर्ग कर कामी भवकर पंथ।'

आदर्श राज्य परिचालन एवं सात्त्विक सामाजिक व्यवस्था के लिए परम्परित ऋषि मूल्य आधार है, कवि यहाँ इस तथ्य को स्थापित करता है।

सुनि प्रभु बचन हरषि मुनि चारी। पुलकित तनु अस्तुति अनुसारी॥
जय भगवंत अनंत अनामय। अनघ अनेक एक करुनामय॥
जय निर्गुन जय जय गुन सागर। सुख मंदिर सुंदर अति नागर॥
जय इंदिरारमन जय भूधर। अनुपम अज अनादि सोभाकर॥
ग्यान निधान अमान मानप्रद। पावन सुजसु पुरान बेद बद॥
तग्य कृतग्य अग्यता भंजन। नाम अनेक अनाम निरंजन॥
सर्ब सर्बगत सर्ब उरालय। बससि सदा हम कहुँ परिपालय॥
द्वंद बिपति भव फंद बिभंजय। हृदि बसि राम काम मद गंजय॥
दो०— परमानंद कृपायतन मन परिपूरन काम।
प्रेम भगति अनपायनी देहु हमहिं श्रीराम॥ ३४॥

अर्थ—प्रभु श्रीराम के वचनों को सुनकर चारों मुनिगण हर्षित हुए और आनन्दित शरीर से स्तुति प्रारम्भ किया। हे भगवान, हे अनन्त, हे विकार निर्युक्त (अनामय), पापरहित, अनेकानेक वस्तुओं में स्थित, अद्वैत एवं करुणामय हैं।

हे निर्गुण स्वरूप, आपकी जय हो, हे गुणसागर, आपकी जय हो, आप आनन्द के धाम, सुन्दर तथा अत्यधिक चतुर हैं। हे लक्ष्मीपति आपकी जय हो, हे पृथ्वी को धारण करने वाले, आपकी जय हो। हे अनुपमेय, हे अज, हे अनादि, हे शोभाकर आपकी जय हो।

हे ज्ञान के भंडार, हे मानरहित, हे मान देनेवाले आपके पवित्र यश का वर्णन वेद, पुराण आदि

करते हैं। हे तत्त्वज्ञाता (तज्ञ), हे कृतज्ञ (दूसरे द्वारा की गई सेवा का प्रतिफल देनेवाले), हे अज्ञानभंजक, हे अनाम, हे निष्कलुष आपके अनेक नाम हैं।

आप सर्वव्यापी तथा सदैव सभी के हृदय धाम में निवास करने वाले हमारी रक्षा करें। द्वन्द्व, विपत्ति तथा जन्म-मरण के बन्धन को तोड़ें, तथा हे काम एवं मद को नष्ट करने वाले श्रीराम! मेरे हृदय में निवास करें।

हे परमानन्दस्वरूप, हे कृपाधाम और मन की कामना को परिपूर्ण करने वाले हे श्रीराम! हमें अपनी अचल प्रेम भक्ति प्रदान करें॥ ३४॥

टिप्पणी—श्रीराम के लीला रहस्य से सर्वथा परिचित ऋषिगणों की यह वन्दना उनके परमभक्त स्वरूप को व्यंजित करती है। उनकी भक्ति का यह स्वरूप तुलसी की अपनी परम्परित मान्यताओं से सम्पृक्त है। अचला प्रेम भगति (अनपायनी भक्ति) की यह कामना तुलसी के अपने जीवन की साधना का सर्वोच्च मूल्य है और सनकादि के माध्यम से कवि उसी की स्थापना करता है।

देहु भगति रघुपति अति पावनि। त्रिविध ताप भव दाप नसावनि॥
प्रनत काम सुरधेनु कलपतरु। होइ प्रसन्न दीजै प्रभु यह बरु॥
भव बारिधि कुंभज रघुनायक। सेवत सुलभ सकल सुखदायक॥
मन सम्भव दारुन दुख दारय। दीनबंधु समता बिस्तारय॥
आस त्रास इरिषादि निवारक। बिनय बिबेक बिरति बिस्तारक॥
भूपि मौलिमनि मंडन धरनी। देहि भगति संसृति सरि तरनी॥
मुनि मन मानस हंस निरंतर। चरन कमल बंदित अज संकर॥
रघुकुल केतु सेतु श्रुति रक्षक। काल कर्म सुभाव गुन भक्षक॥
तारन तरन हरन सब दूषन। तुलसिदास प्रभु त्रिभुवन भूषन॥
दो०— बार बार अस्तुति करि प्रेम सहित सिरु नाइ।
ब्रह्म भवन सनकादि गे अति अभीष्ट बर पाइ॥ ३५॥

अर्थ—त्रिविध संतापों को नष्ट करनेवाली, जन्म-मरण के क्लेशों को नष्ट करनेवाली भक्ति प्रदान करें। शरणागत की कामना को पूर्ण करनेवाले कामधेनु एवं कल्पतरु स्वरूप हे श्रीराम, प्रसन्न होकर यह वरदान दें।

हे जन्म-मरणरूपी समुद्र को पी जानेवाले अगस्त्य रूप श्रीराम! आप सेवा करने में सुलभ तथा समस्त आनन्द के दाता हैं। हे दीनबंधु! मन से उत्पन्न दारुण दुःखों को नष्ट करें (दारय) तथा हे दीनबंधु! समत्व बुद्धि का विस्तार करें।

आप आशा, संत्रास, ईर्ष्या आदि के विनाशकर्त्ता एवं विनय, विवेक तथा वैराग्यभाव की वृद्धि करने वाले हैं। हे राजाओं के शिरोमणि तथा पृथ्वी के आभूषण स्वरूप इस संसृति (जन्म-मरणधर्मी जगत्) रूपी नदी के लिए नौकारूपी भक्ति प्रदान करें।

हे मुनिगणों के मानस में निरन्तर हंस रूप में स्थित आपके चरण कमल शिव तथा ब्रह्मा द्वारा वन्दित हैं। आप काल, कर्म, गुण तथा स्वभाव के भक्षक हैं।

आप स्वयं में तरे हुए तथा दूसरों को तारने में समर्थ एवं सभी दोषों को नष्ट करने वाले आप, तुलसीदास कहते हैं कि, स्वमी एवं तीनों लोकों के आभूषण हैं।

प्रेम से परिपूर्ण बार-बार स्तुति करके तथा शीश नवाकर तथा अत्यन्त अभीष्ट वर पाकर मुनिगण ब्रह्मलोक गये॥ ३५॥

टिप्पणी—राजा के दरबार में विद्वानों, ऋषियों एवं कलाकारों को उपहार-स्वरूप कुछ प्राप्त करने की परिपाटी का वर्णन परम्परा में मिलता है। यहाँ 'अभीष्ट वर की प्राप्ति' ही इन ऋषियों का

उपहार रहा है और श्रीराम ऐसे समर्थ राजा हैं—जो कामनारहित सनकादि की भी अपूर्ण कामनाओं को पूर्ण करते हैं।

सनकादिक बिधि लोक सिधाए। भ्रातन्ह राम चरन सिरु नाए॥
पूछत प्रभुहि सकल सकुचाहीं। चितवहिं सब मारुत सुत पाहीं॥
सुनी चहहिं प्रभु मुख कै बानी। जो सुनि होइ सकल भ्रम हानी॥
अंतरजामी प्रभु सब जाना। बूझत कहहु काह हनुमाना॥
जोरि पानि कह तब हनुमंता। सुनहु दीनदयाल भगवंता॥
नाथ भरत कछु पूछन चहहीं। प्रस्न करत मन सकुचत अहहीं॥
तुम्ह जानहु कपि मोर सुभाऊ। भरतहिं मोहि कछु अंतर काऊ॥
सुनि प्रभु बचन भरत गहे चरना। सुनहु नाथ प्रनतारति हरना॥

दो०— नाथ न मोहिं संदेह कछु सपनेहु सोक न मोह।
केवल कृपा तुम्हारिहिं कृपानंद संदोह॥ ३६॥

अर्थ—सनकादि मुनिगण ब्रह्म के लोक में गये तब भाइयों ने श्रीराम के चरणों में सिर झुकाया। सभी भाई पूछने में संकोच करते हैं तथा सभी हनुमान की ओर देखते हैं।

वे श्रीराम के मुख से उस वाणी को सुनना चाहते हैं जिसे सुनकर सम्पूर्ण भ्रमों का विनाश होता है। अन्तर्यामी प्रभु श्रीराम सब कुछ जान गये और कहते हैं (बूझत) हे हनुमान! कहो, क्या बात है?

तब हनुमान ने हाथ जोड़कर कहा, हे दीनदयालु भगवान्! सुनें, हे नाथ! भरत आप से कुछ पूछना चाहते हैं किन्तु प्रश्न करने से मन में संकोच करते हैं।

(श्रीराम ने कहा) हे हनुमान्! तुम मेरा स्वभाव जानते हो कि भरत और मुझमें कोई अन्तर नहीं है। श्रीराम के वचनों को सुनकर भरत ने उनके चरण पकड़ लिये और कहा, हे शरणागत के दुःख को नष्ट करने वाले स्वामी! सुनें—

हे नाथ! न मुझे कुछ संदेह है और न स्वप्न में भी शोक तथा मोह है—और हे कृपा तथा आनन्द के समूह! यह केवल आपकी कृपा का ही परिणाम है॥ ३६॥

टिप्पणी—राज दरबार की परिपाटी के अनुसार परस्पर प्रश्नादि द्वारा सन्देहों तथा शंकाओं के समापन की एक प्रवृत्ति मिलती है। यहाँ प्रश्नकर्त्ता भरत हैं, उत्तर देने वाले स्वयं राम हैं। कवि स्वयं श्रीराम के मुख से सन्त लक्षण बताकर उसे अन्तिम रूप से प्रामाणिक और अपने विचारों पर परिपूर्णता की मुहर लगाना चाहता है। श्रीराम तो बहाना मात्र हैं, कवि इस प्रसंग की अवतारणा के द्वारा सन्देह तथा भ्रम विरहित परिस्थिति की अवधारणा करता है। यहाँ प्रश्न की शैली तथा शिष्टाचार का स्वरूप विलक्षण है।

करउँ कृपानिधि एक ढिठाई। मैं सेवक तुम्ह जन सुखदाई॥
संतन्ह कै महिमा रघुराई। बहु बिधि बेद पुरानन्ह गाई॥
श्रीमुख तुम्ह पुनि कीन्हि बड़ाई। तिन्ह पर प्रभुहि प्रीति अधिकाई॥
सुना चहउँ प्रभु तिन्ह कर लच्छन। कृपासिंधु गुन ग्यान बिचच्छन॥
संत असंत भेद बिलगाई। प्रनतपाल मोहिं कहहु बुझाई॥
संतन्ह के लच्छन सुनु भ्राता। अगनित श्रुति पुरान बिख्याता॥
संत असंतन्ह कै अस करनी। जिमि कुठार चंदन आचरनी॥
काटइ परसु मलय सुनु भाई। निज गुन देइ सुगंध बसाई॥

दो०— ता तें सुर सीसन्ह चढ़त जग बल्लभ श्रीखण्ड।
अनल दाहि पीटत घनन्हि परसु बदनु यह दण्ड॥ ३७॥

अर्थ—मैं सेवक हूँ तथा आप सेवकों को आनन्द देनेवाले हैं, अतः हे कृपानिधि! मैं एक धृष्टता कर रहा हूँ। हे श्रीराम! सन्तों की महिमा का गान वेद-पुराण आदि भाँति-भाँति से गाते हैं।

आपने भी अपने श्रीमुख से उसकी प्रशंसा की है और उन पर हे प्रभु! आपका प्रेम भी बहुत है। हे श्रीराम! उनका लक्षण सुनना चाहते हैं। आप कृपा के समुद्र तथा गुण एवं ज्ञान में अत्यधिक विलक्षण हैं।

हे शरणागतों के रक्षक! संत तथा असन्तों के भेद पृथक् करके मुझे समझाकर बतायें। श्रीराम ने उत्तर दिया, हे भ्राता! सुनो, सन्तों के अनेक वेद-पुराण प्रसिद्ध लक्षण हैं।

सन्त तथा असन्त के ऐसे आचरण हैं जैसे कुल्हाड़ी तथा चन्दन के आचरण। हे भाई! सुनो, कुल्हाड़ी चन्दन को काटती है किन्तु चन्दन अपना गुण देकर उसे (कुल्हाड़ी को) सुगन्धवासित कर देता है।

इसी गुण के कारण चन्दन देवताओं के शीश पर चढ़ता है और संसार में अत्यधिक प्रिय है और कुल्हाड़ी के मुख को यह दण्ड मिलता है कि उसे आग में दग्ध करके ततश्च घन से पीटते हैं॥ ३७॥

टिप्पणी—सन्त लक्षण का स्पष्टीकरण कवि श्रीराम के मुख से उदाहरण अलंकार के माध्यम से कराता है। असन्त कुल्हाड़े की भाँति हैं और सन्त चन्दन काष्ठ की भाँति जो अपने विघातक तथा विनाशक की भी परम हितैषिता भाव से रक्षा करते हैं। अपने कृत्य के कारण, इसीलिए, कुल्हाड़ी के मुख को आग में डालकर घन से पीटा जाता है और चन्दन अपने कर्म के कारण देवताओं के शीश पर चढ़ता है। इस वाक्य की अर्थ रचना दृष्टान्त अलंकार की है।

बिषय अलंपट सील गुनाकर। पर दुख दुख सुख सुख देखे पर॥
सम अभूतरिपु बिमद बिरागी। लोभामरष हरष भय त्यागी॥
कोमल चित दीनन्ह पर दाया। मन बच क्रम मम भगति अमाया॥
सबहिं मानप्रद आपु अमानी। भरत प्रान सम मम ते प्रानी॥
बिगत काम मम नाम परायन। सांति बिरति बिनती मुदितायन॥
सीतलता सरलता मयत्री। द्विज पद प्रीति धर्म जनयित्री॥
ए सब लच्छन बसहिं जासु उर। जानेहु तात संत संतत फुर॥
सम दम नियम नीति नहिं डोलहिं। परुष बचन कबहूँ नहिं बोलहिं॥

दो०— निंदा अस्तुति उभय सम ममता मम पद कंज।
ते सज्जन मम प्रानप्रिय गुन मंदिर सुख पुंज॥ ३८॥

अर्थ—संत जन विषयों में संसक्त नहीं होते, वे शील तथा गुण की खान होते हैं। उनको दूसरे का दुःख देखकर दुःख एवं सुख देखकर सुख होता है। वे समताबुद्धियुक्त, वे शत्रुरहित (अभूतरिपु), मदरहित तथा विरागयुक्त होते हैं और लोभ, अमर्ष, हर्ष तथा भय का त्याग किए रहते हैं।

वे कोमल चित्त तथा दीनों पर दया भाव रखते हैं, साथ ही, मन, कर्म, वाणी से मेरी निष्कपट भक्ति करते हैं। वे सब को सम्मान देते हैं तथा स्वयं सम्मान-रहित हैं। हे भरत! इस प्रकार के प्राणी मेरे प्राणों से भी प्रिय हैं।

वे विगत काम केवल मेरे नाम तक सीमित रहते हैं। वे शान्ति, वैराग्य, विनय तथा आनन्द के

गृह होते हैं। उनमें सीतलता, सरलता, मैत्रीभाव तथा धर्म को उत्पन्न करने वाली ब्राह्मणों के चरणों में प्रीति होती है।

हे तात! ये समस्त लक्षण जिसके हृदय में निवास करते हैं—उनको सदैव सच्चा संत जानना। वे शम, दम, नियम एवं नीति से डिगते नहीं तथा कभी भी कड़वी वाणी नहीं बोलते।

निन्दा तथा स्तुति दोनों जिनको समान है और मेरे चरण-कमलों में जिनमें ममता का भाव है—ऐसे गुणों के धाम तथा आनन्द की राशि रूप में सन्त जन मुझे प्राणों से भी प्रिय हैं॥ ३८॥

टिप्पणी—कवि इसके पश्चात् विशेष विस्तारपूर्वक सन्तों के लक्षण का निर्देश करता है। कवि यहाँ सन्तों के जिन लक्षणों का निरूपण करता है, वे व्यापक, नैतिक, आदर्शपूर्ण सामाजिक रचना के आधार सेतु हैं। सहनशीलता, मानवीय प्रेम की परिपूर्णता, उदारता, मैत्रीभाव, क्षमा, दया आदि कथित मूल्य बृहत्तर समाज रचना के मूलाधार हैं, ऐसा कवि का विश्वास है।

सुनहु असंतन्ह केर सुभाऊ। भूलेहु संगति करिअ न काऊ॥
तिन्ह कर संग सदा दुखदाई। जिमि कपिलहि घालइ हरहाई॥
खलन्ह हृदयँ अति ताप बिसेषी। जरहिं सदा पर संपति देखी॥
जहँ कहुँ निंदा सुनहिं पराई। हरषहिं मनहुँ परी निधि पाई॥
काम क्रोध मद लोभ परायन। निर्दय कपटी कुटिल मलायन॥
बैरु अकारन सब काहू सों। जो कर हित अनहित ताहू सों॥
झूठइ लेना झूठइ देना। झूठइ भोजन झूठ चबेना॥
बोलहिं मधुर बचन जिमि मोरा। खाइ महा अहि हृदय कठोरा॥

दो०— पर द्रोही पर दार रत पर धन पर अपवाद।
ते नर पाँवर पापमय देह धरे मनुजाद॥ ३९॥

अर्थ—अब असन्तों का स्वभाव सुनें—कभी भूलकर भी उनकी संगति नहीं करनी चाहिए। उनका साथ सदैव दुःख देने वाला है, जैसे हरहट (हरहाई : दुष्ट स्वभाव की गौ) कपिला गौ को नष्ट कर डालती है।

खलों के हृदय में अत्यधिक संताप रहता है और दूसरे की सम्पत्ति देखकर सदा जलते हैं। जहाँ कहीं भी वे दूसरे की निन्दा का श्रवण करते हैं, वे हर्षित होते हैं, मानो पड़ी हुई निधि पा ली हो।

वे काम, क्रोध, मद, लोभ के परायण एवं निर्दय, कपटी, कुटिल तथा पापों के घर हैं। वे अकारण सभी से वैर रखते हैं, जो उनका हित करता है, उसके प्रति भी अनहित का भाव रखते हैं।

उनका लेना झूठा है, उनका देना झूठा है, उनका भोजन झूठा तथा चबैना भी झूठा होता है। वे मयूर की भाँति मधुर वाणी बोलते हैं किन्तु उसी की भाँति इतने कठोर होते हैं कि भयंकर सर्प खा जाते हैं।

वे परद्रोही तथा पराये धन एवं परायी स्त्री तथा परायी निन्दा में संसक्त होते हैं। वे पामर तथा पापमय मनुष्य देह धारण किये हुए भी राक्षस (मनुजाद) हैं॥ ३९॥

लोभइ ओढ़न लोभइ डासन। सिस्नोदर पर जमपुर त्रास न॥
काहूँ कै जौं सुनइ बड़ाई। स्वास लेइ जनु जूड़ी आई॥
जब काहू कै देखहिं बिपती। सुखी भए मानहुँ जग नृपती॥
स्वारथ रत परिवार बिरोधी। लंपट काम लोभ अति क्रोधी॥
मातु पिता गुर बिप्र न मानहिं। आपु गए अरु घालहिं आनहिं॥

करहिं मोहबस द्रोह परावा। संत संग हरि कथा न भावा॥
अवगुन सिंधु मंदगति कामी। बेद बिदूषक पर धन स्वामी॥
बिप्र द्रोह सुर द्रोह बिसेषा। दंभ कपट जिय धरें सुबेषा॥
दो०— ऐसे अधम मनुज खल कृतजुग त्रेता नाहिं।
द्वापर कछुक बृंद बहु होइहहिं कलिजुग माहिं॥ ४०॥

अर्थ—लोभ ही उनका ओढ़ना है और लोभ ही उनका बिछौना है। उन काम तथा क्षुधा संसक्त को यमपुरी का भय नहीं है। यदि वे किसी की बड़ाई सुनते हैं तो सुनते ही ऐसी साँस लेते हैं, मानो जूड़ी आ गयी हो।

जब-जब वे किसी की विपत्ति देखते हैं तो ऐसे सुखी होते हैं मानो जगत् भर के राजा हों। वे स्वार्थलीन, (अपने) परिवारवालों के ही विरोधी, काम एवं क्रोध के कारण लंपट तथा अत्यधिक क्रोधी हैं।

वे माता, पिता, गुरु तथा ब्राह्मण किसी का भी सम्मान नहीं करते। स्वयं तो नष्ट रहते हैं, दूसरों को भी नष्ट करते हैं। वे मोहवश दूसरों से द्रोह करते हैं तथा उन्हें न संतों का साथ और न हरिकथा अच्छी लगती है।

वे अवगुणों के समुद्र, दुर्बुद्ध, कामी, वेद की निन्दा करने वाले एवं दूसरों के धन स्वामी (हो जाते) हैं। वे परद्रोही ब्राह्मण द्रोह विशेष रूप से करते हैं, वे ऊपर से सुन्दर वेष धारण करते हैं किन्तु उनके हृदय में कपट भरा है।

ऐसे नीच तथा दुष्ट मनुष्य सतयुग तथा त्रेता में नहीं होते, द्वापर में थोड़े-थोड़े होंगे—कलियुग में तो इनके समूह-के-समूह होंगे॥ ४०॥

परहित सरिस धर्म नहिं भाई। पर पीड़ा सम नहिं अधमाई॥
निर्नय सकल पुरान बेद कर। कहेउँ तात जानहिं कोबिद नर॥
नर सरीर धरि जे पर पीरा। करहिं ते सहहिं महा भव भीरा॥
करहिं मोह बस नर अघ नाना। स्वारथ रत परलोक नसाना॥
कालरूप तिन्ह कहुँ मैं भ्राता। सुभ अरु असुभ कर्म फल दाता॥
अस बिचारि जे परम सयाने। भजहिं मोहि संसृति दुख जाने॥
त्यागहिं कर्म सुभासुभदायक। भजहिं मोहि सुर नर मुनि नायक॥
संत असंतन्ह के गुन भाषे। ते न परहिं भव जिन्ह लखि राखे॥
दोहा— सुनहु तात माया कृत गुन अरु दोष अनेक।
गुन यह उभय न देखिअहि देखिअ सो अबिबेक॥ ४१॥

अर्थ—हे भाई! दूसरों की हितैषिता के सदृश दूसरा कोई धर्म नहीं है और पर पीड़ा देने के सदृश कोई पाप नहीं। यही सम्पूर्ण पुराणों एवं वेदों का निर्णय है, हे तात! मैंने जो कहा है, इस बात को पंडित लोग जानते हैं।

मनुष्य का शरीर धारण करके जो दूसरों को पीड़ित करते हैं, वे जन्म तथा मरण की भयंकर पीड़ा झेलते हैं। मनुष्य मोहवश नाना प्रकार के पाप करते हैं तथा स्वार्थ में रत रहते हैं तथा अपना परलोक नष्ट करते हैं।

हे भाई! मैं उनके लिए कालरूप और उनके शुभ तथा अशुभ कर्मों का फल देनेवाला हूँ। ऐसा विचार करके जो परम चतुर हैं, वे संसार के दुःख को समझकर ही मुझे भजते हैं।

इसीलिए वे शुभ तथा अशुभ कर्मों का परित्याग करके, देवता, मनुष्य एवं मुनियों के नायक मुझे भजते हैं। सन्तों तथा असन्तों के जिन गुणों को मैंने कहा है, जिन्होंने उन्हें समझ रखा

है, वे जन्ममरण के बन्धन में नहीं बँधते।

हे तात! सुनो, माया के रचे हुए ही उनके गुण तथा दोष हैं। विशेषता इसमें है कि दोनों ही न देखे जायँ। इन्हें देखना ही अविवेक है॥ ४१॥

टिप्पणी—मानवीय. गति की हितैषिता के लिए वह परोपकार को सबसे बड़ा धर्म मानता है और उसी की तुलना में 'हिंसा' को परम अधर्म। मानव जाति के लिए कवि के अनुसार हिंसा सर्वथा भयंकर पाप है।

कवि इसी शुभाशुम कर्म के बीच में भक्ति की स्थापना का मार्ग भी प्रशस्त करता है। जो शुभाशुम कर्मों का सर्वथा ईश्वर में समर्पण कर देता है—उसे भवमुक्ति मिलती है—मध्यकालीन इस धारणा की यहाँ सम्पुष्टि करता है। नारद भक्ति सूत्र में भी यही कहा गया है।

श्रीमुख बचन सुनत सब भाई। हरषे प्रेमु न हृदयँ समाई॥
करहिं बिनय अति बारहिं बारा। हनूमान हियँ हरष अपारा॥
पुनि रघुपति निज मंदिर गए। एहि बिधि चरित करत नित नए॥
बार बार नारद मुनि आवहिं। चरित पुनीत राम के गावहिं॥
नित नव चरित देखि मुनि जाहीं। ब्रह्म लोक सब कथा कहाहीं॥
सुनि बिरंचि अतिसय सुख मानहिं। पुनि पुनि तात करहु गुन गानहिं॥
सनकादिक नारदहि सराहहिं। जद्यपि ब्रह्म निरत मुनि आहहिं॥
सुनि गुन गान समाधि बिसारी। सादर सुनहिं परम अधिकारी॥
दो०— जीवनमुक्त ब्रह्मपर चरित सुनहिं तजि ध्यान।
जे हरि कथा न करहिं रति तिन्ह के हिय पाषान॥ ४२॥

अर्थ—श्रीराम के श्रीमुख से ये वचन सुनते ही सारे भाई हर्षित हो उठे और उनके हृदय में प्रेम नहीं समाता। वे बार-बार विनय करते हैं और हनुमान के हृदय में तो अपार हर्ष है।

तब श्रीराम अपने महल में गये और इस प्रकार वे नित्य नई लीला करते हैं। बार-बार नारद मुनि आते हैं और श्रीराम के पवित्र लीला का गान करते हैं।

मुनिगण यहाँ से नित्यशः नई चरित्र-लीला देखकर जाते हैं और ब्रह्मलोक में जाकर सम्पूर्ण कथा कहते हैं। उसे सुनकर ब्रह्मा अत्यधिक आनन्द मानते हैं और कहते हैं कि हे तात! बार-बार श्रीराम का गुण गान करो।

सनकादि ऋषिगण यद्यपि ब्रह्मलीन है, फिर भी, नारद की सराहना करते हैं। फिर भी, श्रीराम के गुणों का गान सुनकर वे ब्रह्मसमाधि भूल जाते हैं और उसे आदरपूर्वक सुनते हैं। वे ही श्रीराम कथा के सर्वश्रेष्ठ अधिकारी हैं।

जीवनमुक्त तथा ब्रह्मलीन सनकादि (ब्रह्मानन्द समाधि) का परित्याग करके श्रीराम की चरित्र-लीला को सुनते हैं। इस हरिकथा के प्रति (इसके बाद भी) जो संसक्ति नहीं रखता उनके हृदय पाषाण हैं॥ ४२॥

टिप्पणी—श्रीराम के राजदरबार में पंडितों के स्थान पर निरन्तर नारदादि मुनियों का आगमन होता था। नारद बार-बार श्रीराम के दरबार में आकर उनकी लीला कथा का गान लौटने पर सनकादि से करते हैं और वे बार-बार नारद के भाग्य की सराहना करते हुए उसे सुनते हैं। श्रीराम कथा नित्य नूतन है और वह कभी पुरानी नहीं पड़ती और इस कथा के साथ-साथ उसका वक्ता भी सदैव आदर का पात्र है।

एक बार रघुनाथ बोलाए। गुरु द्विज पुरबासी सब आए॥
बैठे गुर मुनि अरु द्विज सज्जन। बोले बचन भगत भव भंजन॥

सुनहु सकल पुरजन मम बानी। कहउँ न कछु ममता उर आनी॥
नहिं अनीति नहिं कछु प्रभुताई। सुनहु करहु जौ तुम्हहि सुहाई॥
सोइ सेवक प्रियतम मम सोई। मम अनुसासन मानइ जोई॥
जौं अनीति कछु भाषौं भाई। तौ मोहि बरजहु भय बिसराई॥
बड़े भाग मानुष तन पावा। सुर दुर्लभ सब ग्रंथन्हि गावा॥
साधन धाम मोक्ष कर द्वारा। पाइ न जेहि परलोक सँवारा॥

दो०— सो परत्र दुख पावइ सिर धुनि धुनि पछिताइ।
कालहि कर्महि ईश्वरहि मिथ्या दोष लगाइ॥ ४३॥

अर्थ—एक बार श्रीराम के बुलाने पर गुरु वसिष्ठ, सभी ब्राह्मण तथा नगर के निवासी आये। गुरु वसिष्ठ, ब्राह्मणगण, मुनिगण तथा साधुजनों के बैठ जाने पर भक्तों के जन्म-मरण (क्लेश) को मिटानेवाले श्रीराम बोले।

हे समस्त नगरवासी जन! मेरी बात सुनो, मैं हृदय में किसी ममता को लाकर यह बात नहीं कह रहा हूँ। इसमें न कोई अनीति (की बात) और न प्रभुता (की बात) है, (मेरी बात) सुनो तथा जो तुम्हें अच्छी लगे, उसे करो।

वही मेरा सेवक है, वही परम प्रिय है, जो मेरी आज्ञा माने। हे भाई! यदि मैं कुछ अनीति कहूँ तो भय भुलाकर मुझे रोक देना।

बड़े भाग्य से मनुष्य शरीर मिला है, सभी ग्रंथों ने कहा है कि यह देवताओं के लिए भी दुर्लभ है। यह (शरीर) साधनों का धाम तथा मोक्ष का द्वार है, इसे पाकर जिसने परलोक न बना लिया।

वह परलोक (परत्र) में दुःख प्राप्त करता है, सिर पीट-पीटकर पछताता है तथा (अपना दोष न मानकर) काल, कर्म एवं ईश्वर पर मिथ्या दोष लगाता है॥ ४३॥

टिप्पणी—कवि वर्णनों में नगर जनों की गोष्ठियों का उल्लेख है। प्रजा के सुख, दुःख, सद्विचार आदि के लिए राजा के लिए ऐसी गोष्ठियों का आयोजन आवश्यक है। तुलसी भी श्रीराम की इसी गोष्ठी की परिकल्पना करते हैं। इस संगोष्ठी में श्रीराम मनुष्य देह की दुर्लभता तथा उसकी महनीयता पर प्रकाश डालते हैं। व्यापक मानवतावाद के लिए मानवीय जीवन का अस्तित्व तथा उसके अस्तित्व के लिए खोजे गये सार्थक उपायों की कवि यहाँ चिन्ता करता है। कवि के अनुसार यही शरीर ही दैवी साधनाओं का हेतु एवं मुक्ति का द्वार है।

एहि तन कर फल बिषय न भाई। स्वर्गउ स्वल्प अंत दुखदाई॥
नर तनु पाइ बिषय मन देहीं। पलटि सुधा ते सठ बिष लेहीं॥
ताहि कबहुँ भल कहइ न कोई। गुंजा ग्रहइ परसमनि खोई॥
आकर चारि लच्छ चौरासी। जीव भ्रमत यह जिव अबिनासी॥
फिरत सदा माया कर प्रेरा। काल कर्म सुभाव गुन घेरा॥
कबहुँक करि करुना नर देही। देत ईस बिनु हेतु स्नेही॥
नर तनु भव बारिधि कहुँ बेरो। सन्मुख मरुत अनुग्रह मेरो॥
करनधार सदगुर दृढ़ नावा। दुर्लभ साज सुलभ करि पावा॥

दो०— जो न तरै भवसागर नर समाज अस पाइ।
सो कृत निंदक मंदमति आतमहन गति जाइ॥ ४४॥

अर्थ—हे भाई! इस शरीर (की प्राप्ति) का फल विषय भोग नहीं है। स्वर्ग का फल भोग भी अति अल्पकाल के लिए है और अन्ततया दुख देने वाला है। मनुष्य का शरीर पाकर जो विषयों की ओर मन देते हैं, वे शठ अमृत के बदले विष लेते हैं।

उन्हें कोई कभी अच्छा नहीं कहता। पारसमणि खोकर बदले में गुंजा ग्रहण (करना) चाहते हैं। चौरासी लाख योनियों तथा चार खानों (जीव स्वरूप: अण्डज, स्वेदज, जरायुज तथा उद्भिज) में यह अविनासी जीव भ्रमण करता रहता है।

काल, कर्म, स्वभाव एवं गुणों से घिरा हुआ तथा माया से प्रेरित सदैव भटकता रहता है। अकारण स्नेही कभी-कभी संयोगवश करुणा करके नर देह प्रदान करते हैं।

यह मनुष्य शरीर भवसागर के लिए बेड़े की भाँति है और अनुकूल वायु ही मेरी कृपा है। सद्गुरु इस दृढ़ नौका के कर्णधार हैं, इस प्रकार दुर्लभ साज-सज्जा से युक्त यह सहज ही प्राप्त किया गया है।

ऐसा साधन प्राप्त करके जो मनुष्य इस जन्म-मरणरूपी समुद्र को पार नहीं करता, वह कृतघ्न (कृत निन्दक), अज्ञानी तथा आत्महत्या करनेवाले की गति प्राप्त करता है॥ ४४॥

टिप्पणी—मानवीय अस्तित्व तथा उसके सर्वोपरि हित के निमित्त भौतिक मूल्यों का त्याग करके पारमार्थिक कार्यों का आचरण एकमात्र उसके लिए करणीय है। श्रीराम इस मनुष्य शरीर को कभी-कभी प्रसन्न होकर अकारण दे देते हैं और कभी-कभी बड़ी तपस्या के पश्चात् प्राप्त होती है। श्रीराम के अनुग्रह से बृहत्तर नैतिक मूल्यों का समर्थक व्यक्ति इस संसार-सागर से मुक्त होता है। कवि मानव समाज को उपालंभ देता हुआ कहता है कि यदि ऐसे मानव शरीर को पाकर मनुष्य जन्म-मरण के बन्धन से मुक्त नहीं होता तो उसका सम्पूर्ण जीवन यापन आत्महत्या के सदृश है।

जौ परलोक इहाँ सुख चहहू। सुनि मम बचन हृदयँ दृढ़ गहहू॥
सुलभ सुखद मारग यह भाई। भगति मोरि पुरान श्रुति गाई॥
ग्यान अगम प्रत्यूह अनेका। साधन कठिन न मन कहुँ टेका॥
करत कष्ट बहु पावइ कोऊ। भक्ति हीन प्रिय मोहिं नहिं सोऊ॥
भक्ति सुतंत्र सकल सुख खानी। बिनु सतसंग न पावहिं प्रानी॥
पुन्य पुंज बिनु मिलहिं न संता। सतसंगति संसृति कर अंता॥
पुन्य एक जग महुँ नहिं दूजा। मन क्रम बचन बिप्र पद पूजा॥
सानुकूल तेहिं पर मुनि देवा। जो तजि कपटु करइ द्विज सेवा॥

दो०— औरउ एक गुपुत मत सबहिं कहउँ कर जोरि।
संकर भजन बिना नर भगति न पावइ मोरि॥ ४५॥

अर्थ—यदि परलोक में और यहाँ दोनों स्थानों में सुख प्राप्त करना चाहते हो तो मेरे वचनों को सुनकर दृढ़ता से पकड़े रहो। यह मेरी भक्ति का मार्ग सुलभ तथा सुखदायक है तथा पुराणों एवं वेदों में गाई गई है।

ज्ञान अगम्य है, (उसकी प्राप्ति में) अनेक विघ्न हैं, (इसके लिए) साधन भी कठिन हैं और मन के लिए कोई आलम्बन (टेक) भी नहीं है। अनेक कष्ट करने पर कोई ही उसे प्राप्त कर सकता है और भक्तिहीन होने से वह भी मुझे प्रिय नहीं है।

भक्ति स्वतंत्र एवं सम्पूर्ण गुणों की खान है किन्तु सत्संग के बिना प्राणी उसे नहीं प्राप्त कर सकते। पुण्य समूह के बिना संत नहीं प्राप्त होते और सत्संगति ही जन्म-मृत्यु (संसृति) का अन्त करती है।

जगत् में पुण्य एक है, दूसरा नहीं—मन, कर्म तथा वाणी से ब्राह्मणों के चरणों की पूजा करना। जो छल त्याग करके ब्राह्मणों की सेवा करता है, उस पर मुनि तथा देवता प्रसन्न रहते हैं।

एक और भी गुप्त मत है, मैं उसे सबसे हाथ जोड़कर कहता हूँ कि शंकर की भक्ति के बिना मनुष्य मेरी भक्ति नहीं प्राप्त करते॥ ४५॥

टिप्पणी—तुलसी की यह कविता वर्णन से थोड़ा-थोड़ा खिसककर विचार की ओर अग्रसर हो रही है। इस रचना दृष्टि के कारण रामराज्य के वर्णन की कविता अब चिन्तन एवं नैतिक सद्विचारों के निरूपण की ओर बढ़ती है। मानवीय जीवन की सर्वोत्कृष्ट सार्थकता के अन्तर्गत यह भक्ति को महनीय बताता है—और इसके लिए विप्र सेवा, सत्संगति एवं शिवभक्ति परमावश्यक है। ये तीनों तत्त्व परम्परित मर्यादा एवं मानवीय अस्तित्व की रक्षा के सर्वोपरि मूल्य हैं, ऐसा तुलसीदास का विचार है।

कहहु भगति पथ कवन प्रयासा। जोग न मख जप तप उपवासा॥
सरल सुभाव न मन कुटिलाई। जथा लाभ संतोष सदाई॥
मोर दास कहाइ नर आसा। करइ तौ कहहु कहाँ बिस्वासा॥
बहुत कहहुँ का कथा बढ़ाई। एहि आचरन बस्य मैं भाई॥
बैर न बिग्रह आस न त्रासा। सुखमय ताहि सदा सब आसा॥
अनारंभ अनिकेत अमानी। अनघ अरोष दच्छ बिग्यानी॥
प्रीति सदा सज्जन संसर्गा। तृन सम बिषय स्वर्ग अपबर्गा॥
भगति पच्छ हठ नहिं सठताई। दुष्ट तर्क सब दूरि बहाई॥

दो०— मम गुन ग्राम नाम रत गत ममता मद मोह।
ता कर सुख सोइ जानइ परानंद संदोह॥ ४६॥

अर्थ—कहो, भक्ति पथ में कितना प्रयास (करना पड़ता) है। इसमें न योग, न यज्ञ, न जप, न तप और न उपवास का (प्रयास करना पड़ता) है। सरल स्वभाव हो, मन में कुटिलता न हो तथा सदैव यथालाभ सन्तोष हो।

मेरा सेवक कहलाकर यदि मनुष्य दूसरे की आशा करता है, तो बताओ कि उसका क्या विश्वास। बहुत कथा बढ़ाकर क्या कहूँ, हे भाइयो! इसी आचरण के मैं वशवर्ती हूँ।

जो न वैर करे, न विग्रह करे, न आशा रखे, न संत्रस्त हो, उसके लिए सभी दिशाएँ सदैव सुखमय होती हैं। जो फल की इच्छा रहित कार्य करता है, जिसका अपना कोई घर नहीं है, मान रहित, निष्पाप, क्रोध रहित एवं निपुण तथा विज्ञानवान् है।

जिसे सज्जनों की सत्संगति में सदैव प्रेम हो, जिसके मन में विषय यहाँ तक कि स्वर्ग तथा मुक्ति तृण के सदृश है, जो भक्ति पक्ष के निमित्त हठ करता है किन्तु शठता नहीं है और (जिसने) सम्पूर्ण कुतर्कों को दूर बहा दिया है।

जो मेरे गुण समूह तथा नाम में रत तथा ममता एवं मोह से विरत हैं वही उस परानन्द राशि के सुख को समझ सकता है॥ ४६॥

टिप्पणी—भक्ति क्यों आचरणीय है! कवि इसके कारण पर प्रकाश डालता है। क्योंकि भक्ति के लिए योग, जप, तप, यज्ञ, उपवास (व्रतादि) की आवश्यकता नहीं पड़ती और वह मात्र ईश्वररति पर आधारित मनस् वृत्ति है जो सर्वथा आचरणीय तथा सरल है। ममता, मद, मोह, मात्सर्य, अभिमान, विषय वासनाओं आदि का परित्याग करके केवल श्रीहरि के नाम की रति एवं गुणानुवाद का निरन्तर कथन ही भक्ति का आधार है। कवि सामाजिक हित के इस मंगलकारी किन्तु नितान्त सुगम उपाय की स्थापना श्रीराम के श्रीमुख से कराता है। भक्ति की इस महत्ता तथा आचरणीयता का श्रीमुख से कथन कराना—एक प्रकार का सार्वजनिक वक्तव्य है जो उसके रचना सामर्थ्य को कलावादियों से भिन्न करता हुआ, उसे विशेष ऊँचाई प्रदान करता है।

सुनत सुधासम बचन राम के। गहे सबनि पद कृपाधाम के॥
जननि जनक गुर बंधु हमारे। कृपा निधान प्रान ते प्यारे॥

तनु धनु धाम राम हितकारी। सब बिधि तुम्ह प्रनतारतिहारी॥
असि सिख तुम्ह बिनु देइ न कोऊ। मातु पिता स्वारथ रत ओऊ॥
हेतु रहित जग जुग उपकारी। तुम्ह तुम्हार सेवक असुरारी॥
स्वारथ मीत सकल जग माहीं। सपनेहुँ प्रभु परमारथ नाहीं॥
सब के बचन प्रेम रस साने। सुनि रघुनाथ हृदयँ हरषाने॥
निज निज गृह गए आयसु पाई। बरनत प्रभु बतकही सुहाई॥

दो०— उमा अवधबासी नर नारि कृतारथ रूप।
ब्रह्म सच्चिदानंद घन रघुनायक जहँ भूप॥ ४७॥

अर्थ—श्रीराम की अमृतमयी वाणी सुनकर सभी ने कृपाधाम के चरण पकड़ लिये और कहा—हे कृपानिधान! आप ही हमारे माता, पिता, गुरु, भाई तथा प्राणों से प्रिय हैं।

हे हितैषी श्रीराम! आप हमारे शरीर, धन तथा धाम एवं सब प्रकार से शरणागतों के दु:ख को दूर करने वाले हैं। आपके बिना ऐसी शिक्षा कोई दे नहीं सकता। माता-पिता (ऐसी शिक्षा दे सकते हैं किन्तु) वे स्वार्थरत हैं।

हे असुरारी! जगत् में बिना हेतु के (नि:स्वार्थ) उपकार करने वाले दो ही हैं—आप तथा आपके सेवक। जगत् में (अन्य) सभी स्वार्थ के मित्र हैं। हे प्रभो! उनमें स्वप्न में भी परमार्थ नहीं है।

सभी के प्रेमरस से सने हुए वचनों को सुनकर श्रीराम हृदय में हर्षित हुए और फिर आज्ञा पाकर श्रीराम की सुन्दर बातचीत का वर्णन करते अपने-अपने घर ये।

हे पार्वती! सच्चिदानन्द घन ब्रह्म श्रीराम जहाँ राजा हैं, उस अयोध्या के निवासी (समस्त नर-नारी) कृतार्थ स्वरूप हैं॥ ४७॥

टिप्पणी—राजा के प्रति प्रजा की कृतज्ञता का वर्णन इस अंश का मन्तव्य है। राजा प्रजा का प्रत्येक प्रकार से हितैषी है और कवि यहाँ श्रीराम जैसे राजा के पद को माता-पिता के पद से भी श्रेष्ठ बताता है। प्रजा का उदर प्रोषण एवं संरक्षा ही नहीं, उन्हें व्यापक मानवीय मूल्यों के अनुसार जीवन व्यतीत करने के लिए दिशा प्रदान करना भी राजा का दायित्व है, और तुलसी यहाँ इसी की अवतारणा करते हैं।

एक बार बसिष्ठ मुनि आए। जहाँ राम सुखधाम सुहाए॥
अति आदर रघुनायक कीन्हा। पद पखारि चरनोदक लीन्हा॥
राम सुनहु मुनि कह कर जोरी। कृपासिंधु बिनती कछु मोरी॥
देखि देखि आचरन तुम्हारा। होत मोह मम हृदयँ अपारा॥
महिमा अमित बेद नहिं जाना। मैं केहिं भाँति कहउँ भगवाना॥
उपरोहिती कर्म अति मंदा। बेद पुरान सुमृति कर निंदा॥
जब न लेउँ मैं तब बिधि मोही। कहा लाभु आगे सुत तोही॥
परमातमा ब्रह्म नररूपा। होइहि रघुकुल भूषन भूपा॥

दो०— तब मैं हृदयँ बिचारा जोग जग्य ब्रत दान।
जा कहुँ करिअ सो पैहउँ धर्म न एहि सम आन॥ ४८॥

अर्थ—एक बार, जहाँ आनन्दधाम श्रीराम सुशोभित हो रहे थे, वसिष्ठ मुनि आये। श्रीराम ने उनका बड़ा आदर किया तथा उनके चरणों को धोकर (उसका) पादोदक (चरण-जल) ग्रहण किया।

मुनि वसिष्ठ ने हाथ जोड़कर कहा कि हे कृपासिन्धु! श्रीराम! मेरी कुछ विनय सुनें। आपके आचरण को देख-देख करके मेरे हृदय में अपार मोह (उत्पन्न) हो रहा है।

जब वेद आपकी अनन्त महिमा नहीं जानते तो हे भगवन्! मैं किस प्रकार कह सकता हूँ। पुरोहिती कर्म बहुत ही तुच्छ है। वेद, पुराण एवं स्मृतियाँ इसकी निन्दा करती हैं।

जब मैं इसे नहीं ग्रहण करता था तब ब्रह्मा ने मुझसे कहा था कि हे पुत्र (इससे) तुझे आगे लाभ होगा। स्वयं ब्रह्म परमात्मा मनुष्य रूप ग्रहण करके रघुवंश के भूषण भूप होंगे।

तब मैंने हृदय में विचार किया कि जिसके निमित्त योग, यज्ञ, व्रत, दान किये जाते हैं, उसे मैं (इसी कर्म से) प्राप्त कर लूँगा और इसके सदृश कोई अन्य धर्म नहीं है॥ ४८॥

टिप्पणी—वसिष्ठ प्रसंग योग, यज्ञ, व्रत, धर्माचरण आदि सम्बन्धी मान्यताओं को भक्ति की तुलना में हीन एवं सामान्य निर्दिष्ट करने के लिए कल्पित है।.. राजपुरोहित वसिष्ठ का पश्चात्ताप यहाँ उनकी उस मनोव्यथा को इंगित करता है कि जो जीवन भर धर्माचरण करता रहा किन्तु भक्ति शून्य होने के कारण जीवन के अन्तिम चरणों में श्रीराम एवं उनकी भक्ति के महत्त्व को समझकर उसकी प्राप्ति की कामना से संकल्पबद्ध अपने यजमान से उसके लिए निवेदन करता है।

जप तप नियम जोग निज धर्मा। श्रुति संभव नाना सुभ कर्मा॥
ग्यान दया दम तीरथ मज्जन। जहँ लगि धर्म कहत श्रुति सज्जन॥
आगम निगम पुरान अनेका। पढ़े सुने कर फल प्रभु एका॥
तव पद पंकज प्रीति निरंतर। सब साधन कर यह फल सुंदर॥
छूटइ मल कि मलहि के धोएँ। घृत कि पाव कोउ बारि बिलोएँ॥
प्रेम भगति जल बिनु रघुराई। अभिअंतर मल कबहुँ न जाई॥
सोइ सर्बग्य तग्य सोइ पंडित। सोइ गुन गृह बिग्यान अखंडित॥
दच्छ सकल लच्छन जुत सोई। जाकें पद सरोज रति होई॥
दो०— नाथ एक बर मागउँ राम कृपा करि देहु।
जन्म जन्म प्रभु पद कमल कबहुँ घटै जनि नेहु॥ ४९॥

अर्थ—जप, तप, नियम, योग तथा अपने द्वारा किये गये धर्म (वेद विहित) बहुत से शुभ कर्म ज्ञान, दया, इन्द्रिय निग्रह, तीर्थ स्नान आदि को वेद एवं साधुजन जहाँ तक धर्म कहते हैं।

हे प्रभु श्रीराम! तंत्र शास्त्र, वेद तथा पुराणों के पढ़ने-सुनने का फल एक ही है—आपके चरण-कमलों में निरन्तर प्रेम और यही सभी साधनों का भी सुन्दर फल है।

मैल से धोने पर मैल नहीं छूटती अथवा क्या कोई जल मथने से क्या घी प्राप्त कर सकता है। प्रेम भक्ति के निर्मल जल के बिना अन्तःकरण की मैल कभी भी नहीं छूटती।

वही सर्वज्ञ है, वही तत्त्ववेत्ता है, वही पण्डित है, वही गुणों का धाम तथा अखण्डित विज्ञान स्वरूप है। वही चतुर तथा सम्पूर्ण लक्षणों से युक्त है जिसकी संसक्ति आपके चरण-कमलों में हो।

हे नाथ, श्रीराम! मैं एक वर माँग रहा हूँ, आप मुझे कृपा करके प्रदान करें। हे प्रभु! आपके चरण-कमलों में मेरा प्रेम जन्म-जन्मान्तर में कभी भी न घटे॥ ४९॥

टिप्पणी—जप, तप, ज्ञान, योग, धर्म, नाना प्रकार के शुभ कर्म, ज्ञान, दया, तप, तीर्थ, स्नान, आगम-निगम एवं पुराणादि का अध्ययन तथा श्रवण आदि-आदि जितने सन्मार्ग हैं, वे भक्ति की तुलना में हीन एवं सामान्य हैं। कवि यहाँ वसिष्ठ की चिन्ता के माध्यम से यही प्रतिपादित करता है कि सम्पूर्ण नैतिक साधनाओं का सुन्दरतम फल भक्ति है।

अस कहि मुनि बसिष्ठ गृह आए। कृपासिंधु के मन अति भाए॥
हनूमान भरतादिक भ्राता। संग लिए सेवक सुखदाता॥

पुनि कृपाल पुर बाहेर गए। गज रथ तुरग मँगावत भए॥
देखि कृपा करि सकल सराहे। दिए उचित जिन्ह जिन्ह तेइ चाहे॥
हरन सकल स्रम प्रभु स्रम पाई। गए जहाँ सीतल अँवराई॥
भरत दीन्ह निज बसन डसाई। बैठे प्रभु सेवहिं सब भाई॥
मारुतसुत तब मारुत करई। पुलक बपुष लोचन जल भरई॥
हनूमान सम नहिं बड़ भागी। नहिं कोउ राम चरन अनुरागी॥
गिरिजा जासु प्रीति सेवकाई। बार बार प्रभु निज मुख गाई॥

दो०— तेहिं अवसर मुनि नारद आए करतल बीन।
गावन लागे राम कल कीरति सदा नवीन॥ ५०॥

अर्थ—ऐसा कहकर मुनि वसिष्ठ घर आये। वे कृपासिन्धु श्रीराम को बहुत अच्छे लगे। सेवकों को सुख देने वाले श्रीराम ने हनुमान तथा भरतादि अन्य भाइयों को साथ लिया।

तब कृपालु श्रीराम नगर के बाहर निकले और हाथी, घोड़े तथा रथ मँगवाये। उन्हें देख करके कृपा करते हुए श्रीराम ने सबकी सराहना की और जिसने-जिसने जो चाहा, उसे उचित मानकर दिया। श्रीराम की इस कृपा को देखकर सभी ने (उनकी) सराहना की।

श्रम का अनुभव करके सबके श्रम को दूर करने वाले प्रभु श्रीराम ने जहाँ शीतल आम्र छाया थी (वहाँ) गये। भरत ने अपने वस्त्र को बिछा दिया, प्रभु बैठ गये और सभी भाई उनकी सेवा करने लगे।

पवनपुत्र हनुमान पंखा झलने लगे, उनका शरीर पुलकित था और नेत्रों में जल भर आता था। हनुमान के सदृश अत्यधिक भाग्यशाली अन्य कोई नहीं है और न कोई (उनके सदृश) श्रीराम के चरणों का संसक्त है।

हे पार्वती! उनकी (जिसकी) प्रीति तथा सेवा की बार-बार प्रभु श्रीराम ने अपने मुख से प्रशंसा की है।

उसी अवसर पर नारद मुनि हाथ में वीणा लिये हुए आये (और आकर) श्रीराम की सुन्दर तथा नित्य नवीन कीर्ति का गान करने लगे॥ ५०॥

टिप्पणी—राजा की चर्या का वर्णन है। इस क्रम में हाथी, घोड़े, रथादि के दान की चर्चा करके कवि श्रीराम की दानवृत्ति को निरूपित करता है। इस दानवृत्ति के साथ कवि सम्पूर्ण कथा को समापन की ओर ले जा रहा है और इस समापन में वह नारद के प्रसंग को ले आता है।

मामवलोकय पंकज लोचन। कृपा बिलोकनि सोच बिमोचन॥
नील तामरस स्याम कामअरि। हृदय कंज मकरंद मधुप हरि॥
जातुधान बरूथ बल भंजन। मुनि सज्जन रंजन अघ गंजन॥
भूसुर ससि नवबृंद बलाहक। असरन सरन दीन जन गाहक॥
भुजबल बिपुल भार महि खंडित। खर दूषन बिराध बध पंडित॥
रावनारि सुखरूप भूप बर। जय दसरथ कुल कुमुद सुधाकर॥
सुजसु पुरान बिदित निगमागम। गावत सुर मुनि संत समागम॥
कारुनीक ब्यलीक मद खंडन। सब बिधि कुसल कोसला मंडन॥
कलि मल मथन नाम ममताहन। तुलसिदास प्रभु पाहि प्रनत जन॥

दो०— प्रेम सहित मुनि नारद बरनि राम गुन ग्राम।
सोभा सिंधु हृदयँ धरि गए जहाँ बिधि धाम॥ ५१॥

अर्थ—जिसकी कृपा-दृष्टि सम्पूर्ण शोकों को नष्ट कर देती है, ऐसे कमल नयन श्रीराम! मेरी ओर देखें। हे हरि! आप नीलकमल के सदृश श्यामल और शिव (काम अरि) के परागपूर्ण हृदय कमल के भ्रमर हैं।

आप राक्षसों की सेना की शक्ति के भंजक, मुनि, साधुजनों को आनन्दित करनेवाले तथा पापों को नष्ट करनेवाले हैं। ब्राह्मणरूपी कृषि के लिए आप नवीन बादल समूह, अशरण के लिए शरण्य एवं दीनजनों के शुभैषी (गाहक) हो।

अपनी भुजाओं की शक्ति से पृथ्वी के भारी बोझ को नष्ट करनेवाले खर, दूषण एवं विराध आदि राक्षसों का वध करने में कुशल हैं। रावण के शत्रु, आनन्दस्वरूप, राजाओं में श्रेष्ठ, हे दशरथ के कुलरूपी कुमुद के लिए सुधाकर श्रीराम! आपकी जय हो।

आपका सुन्दर यश निगम, तंत्रशास्त्र एवं पुराणों में सर्वज्ञात है और उसका गान देवता, मुनि एवं सन्त समुदाय गाते (रहते) हैं। हे करुणायुक्त, हे मिथ्या मद का नाश करनेवाले, हे अयोध्या के अलंकरण श्रीराम! आपकी जय हो।

आपका नाम कलि के पापों को नष्ट करने वाला, और ममता को विनष्ट करने वाला है, तुलसीदास कहते हैं कि हे प्रभु, श्रीराम! यह भक्त शरणागत है, आप उसकी रक्षा करें।

प्रेम से संयुक्त नारद श्रीराम के गुण समूहों का वर्णन करते हुए शोभा के समुद्र श्रीराम को हृदय में धारण करके, जहाँ ब्रह्मा का लोक है, वहाँ गए॥ ५१॥

टिप्पणी—श्रीरामचरितमानस की कथा का समापन है और यह समापन नारद की स्तुति से होता है। यह स्तुति श्रीराम के यश की स्तुति है कथा समापन के सन्दर्भ में कवि एक बार पुनः नारद के मुख से कवि श्रीराम की यशः प्रशस्ति का गायन कराता है। इस सन्दर्भ में विशेष रूप से द्रष्टव्य यह है कि वाल्मीकि रामायण की रामकथा नारद प्रसंग से प्रारम्भ होती है किन्तु तुलसी के श्रीरामचरितमानस की मूल कथा श्रीनारद प्रसंग से समाप्त कराई जाती है।

गिरिजा सुनहु बिसद यह कथा। मैं सब कही मोरि मति जथा॥
रामचरित सत कोटि अपारा। श्रुति सारदा न बरनै पारा॥
रामु अनंत अनंत गुनानी। जन्म कर्म अनंत नामानी॥
जल सीकर महि रज गनि जाहीं। रघुपति चरित न बरनि सिराहीं॥
बिमल कथा हरिपद दायनी। भगति होइ सुनि अनपायनी॥
उमा कहेउँ सब कथा सुहाई। जो भुसुंडि खगपतिहिं सुनाई॥
कछुक राम गुन कहेउँ बखानी। अब का कहौं सो कहहु भवानी॥
सुनि सुभ कथा उमा हरषानी। बोलीं अति बिनीत मृदु बानी॥
धन्य धन्य मैं धन्य पुरारी। सुनेउँ राम गुन भव भय हारी॥

दो०— तुम्हरी कृपा कृपायतन अब कृतकृत्य न मोह।
जानेउँ राम प्रताप प्रभु चिदानंद संदोह॥
नाथ तवानन ससि स्त्रवत कथा सुधा रघुबीर।
श्रवन पुटन्हि मन पान करि नहिं अघात मतिधीर॥ ५२॥

अर्थ—हे पार्वती! सुनो, जैसी मेरी मति थी, वैसे ही, मैंने इस पवित्र कथा को कही है। श्रीराम की चरित्र कथा सत कोटि अथवा अनन्त है। वेद और पुराण भी उसे कहने में असमर्थ हैं।

श्रीराम अनन्त हैं, उनके गुण अनन्त हैं और उनके अनन्त जन्म, कर्म तथा नाम हैं। जल की बिन्दुएँ तथा पृथ्वी पर रजकण गिने जा सकते हैं किन्तु श्रीराम के चरित्र वर्णन करने में नहीं समाप्त होते।

यह विमल कथा श्रीहरि के धाम (पद) को दिलाने वाली है। इसके श्रवण से अविचल भक्ति होती है। हे पार्वती! मैंने वह सब भली लगने वाली कथा (तुम्हें) सुनाई है, जिसे काग भुशुण्डि ने श्रीराम को सुनाया था।

मैंने श्रीराम के कुछ गुणों को बखान कर वर्णित किया है, अब क्या बताऊँ, हे पार्वती! बताओ। इस शुभ कथा को सुनकर पार्वती हर्षित हुईं और अत्यन्त विनीत स्वर में मृदु वाणी बोलीं।

हे कृपाधाम! आपकी कृपा से मैं अब कृतकृत्य हूँ तथा अब मुझे मोह नहीं है। हे प्रभु! मैंने चिदानन्द की राशि श्रीराम के प्रताप को समझ लिया।

हे नाथ! आपका मुखरूपी चन्द्र श्रीराम की कथारूपी अमृत की वर्षा करता है और हे मतिधीर! मेरा मन अपने कर्ण पुटों से पान करके तृप्त नहीं होता॥ ५८॥

टिप्पणी—यह कथा का एक प्रकार से समापन का सन्दर्भ है जहाँ कथा के माहात्म्य, कथा नायक के स्वभाव एवं स्वरूप तथा श्रोता की कृतज्ञता का एक साथ वर्णन किया गया है।

कथा माहात्म्य भी राम के स्वरूप की अपरिमेयता की ओर इंगित करता है—और यह अपरिमेयता उन्हें सर्वात्म ब्रह्म मान कर स्थापित की गई है।

कथा नायक के स्वभाव का सन्दर्भ भी इसी अपरिमेयता से सम्बद्ध है—'रामु अनंत अनंत गुनानी। जन्म कर्म अनंत नामानी॥' श्रीराम के अनन्त जन्म, अनन्त नाम, अनन्त गुण हैं और इसलिए श्रीराम, स्वयं में अपरिज्ञेय हैं।

इस प्रकार कथा माहात्म्य की व्यंजना इंगित करता हुआ कवि कहता है कि—

'जल सीकर महि रज गनि जाहीं। रघुपति चरित न बरनि सिराहीं॥'

कथा फल से सम्बद्ध श्रोता की कृतज्ञता के दो पक्ष हैं—

(1) कथा स्वादन की परम तृप्ति—ब्रह्मानन्द सहोदररूप रसास्वादन एवं तृप्ति।

(2) मोह एवं भ्रम की मुक्ति।

रामचरित जे सुनत अघाहीं। रस बिसेष जाना तिन्ह नाहीं॥
जीवन्मुक्त महामुनि जेऊ। हरि गुन सुनहिं निरन्तर तेऊ॥
भवसागर चह पार जो पावा। राम कथा ता कहुँ दृढ़ नावा॥
विषइन्ह कहँ पुनि हरि गुन ग्रामा। स्त्रवन सुखद अरु मन अभिरामा॥
स्त्रवनवंत अस को जग माहीं। जाहि न रघुपति चरित सुहाहीं॥
ते जड़ जीव निजात्मक घाती। जिन्हहि न रघुपति कथा सोहाती॥
हरिचरित्र मानस तुम्ह गावा। सुनि मैं नाथ अमित सुख पावा॥
तुम्ह जो कही यह कथा सुहाई। काग भुसुंडि गरुड़ प्रति गाई॥

दो०— बिरति ग्यान बिग्यान दृढ़ राम चरन अति नेह।
बायस तन रघुपति भगति मोहि परम संदेह॥ ५३॥

अर्थ—श्रीराम के चरित को सुनकर जो तृप्त होते हैं, उन्होंने (उस तृप्ति की विह्वलता में) रस विशेष को जाना ही नहीं। जो जीवन्मुक्त महामुनि हैं, वे भी निरन्तर श्रीराम के गुणों का श्रवण करते रहते हैं।

जो भवसागर से पार होना चाहते हैं, उनके लिए श्रीराम कथा दृढ़ नौका है। श्रीराम के गुण समूह तो विषयी लोगों के लिए कानों के लिए सुखकर तथा मन के आनन्ददायी हैं।

संसार में ऐसा कौन कानवाला है जिसे श्रीरामचरित नहीं सुहाता। जो जीव जड़ तथा आत्मघाती हैं, उन्हें श्रीराम कथा अच्छी नहीं लगती।

हे नाथ! आपने श्रीरामचरितमानस का गान किया है, उसे सुनकर मुझे अपार आनन्द प्राप्त हुआ है। आपने जो यह कहा कि यह सुन्दर कथा कागभुशुण्डि ने गरुड़ से कहा था।

मुझे अत्यधिक सन्देह है कि कौअे का शरीर धारण करके वैराग्य, ज्ञान, विज्ञान तथा श्रीराम के चरणों में अत्यन्त दृढ़ स्नेह कैसे है? ॥ ५३॥

टिप्पणी—श्रीराम कथा के श्रवण के आस्वादन की श्रेणी रसातीत है। जीवनभुक्त व्यक्ति भी इस रस का आस्वादन करके तृप्त होते हैं किन्तु काव्यरस के आस्वादन से उन ऋषियों का कोई सम्बन्ध नहीं है—इसलिए श्रीराम का कथारस शेष रसों से व्यापक, विलक्षण, सान्द्र एवं लोक सम्भावनाओं से ऊपर है। कुशल कथा नियोजक की भाँति इस मूल कथा से ही कवि पार्वती के सन्देह के माध्यम से गरुड़ कथा का प्रारम्भ करता है। इस गरुड़ कथा के कई मन्तव्य हैं—

(क) श्रीराम के मूल विलक्षण चरित्र, स्वभाव, धर्म का निरूपण तथा उनके विषय में उठने वाले भ्रमों का निराकरण।

(ख) कविता को दार्शनिक व्यंजना देकर वर्तमान सामयिक संकट एवं उनसे मुक्ति की समस्याओं का समाधान।

(ग) लोक धर्म के मूल नियामक तत्त्व, उनके अपक्षय तथा उनसे मुक्ति के उपायों पर प्रकाश।

(घ) प्रभु की लीला तथा चरित्र की विलक्षणता का ज्ञान, योग, कर्म आदि से श्रेष्ठतर सिद्ध करने का उपक्रम।

(ङ) श्रीराम भक्ति की सर्वश्रेष्ठता एवं सर्वसुलभता का प्रतिपादन।

नर सहस्त्र महँ सुनहु पुरारी। कोउ एक होइ धर्म ब्रतधारी॥
धर्मसील कोटिक महँ कोई। बिषय बिमुख बिराग रत होई॥
कोटि बिरक्त मध्य श्रुति कहई। सम्यक ग्यान सकृत कोउ लहई॥
ग्यानवंत कोटिक महँ कोऊ। जीवनमुक्त सकृत जग सोऊ॥
तिन्ह सहस्त्र महुँ सब सुख खानी। दुर्लभ ब्रह्मलीन बिग्यानी॥
धर्मसील बिरक्त अरु ग्यानी। जीवनमुक्त ब्रह्म पर प्रानी॥
सब तें सो दुर्लभ सुरराया। राम भगति रत गत मद माया॥
सो हरि भगति काग किमि पाई। बिस्वनाथ मोहि कहहु बुझाई॥
दो०— राम परायन ग्यान रत गुनागार मति धीर।
नाथ कहहु केहि कारण पायउ काग सरीर॥ ५४॥

अर्थ—हजारों मनुष्यों में, हे शिव, कोई एक धर्मव्रत को धारण करनेवाला होता है। करोड़ों धर्मशील व्यक्तियों में कोई एक विषयों से उदासीन तथा वैराग्य भाव से सम्पन्न होता है।

श्रुतियाँ कहती हैं कि कोटि विरक्तों में कोई ही सम्यक् ज्ञान को प्राप्त करता है। कोटि ज्ञानवानों में संसार में कोई एक जीवन्मुक्त होता है।

सब सुखों की खान उन हजारों जीवन्मुक्तों में ब्रह्मलीन विज्ञानवान् दुर्लभ हैं। धर्मात्मा, जीवन्मुक्त, वैराग्यवान्, ज्ञानी तथा ब्रह्मलीन, इन सब में भी,

हे शिव! मद एवं माया से रहित श्रीराम भक्ति में निरन्तर लीन सबसे दुर्लभ है। हे विश्वनाथ! उस हरिभक्ति को कौआ कैसे पा गया, मुझे समझा कर बताएँ।

हे स्वामी! श्रीराम में अनुरक्त, ज्ञानरत, गुणों का धाम, धीर बुद्धि भुशुण्डि ने किस कारण से कौअे का शरीर प्राप्त किया॥ ५४॥

टिप्पणी—पार्वती के प्रश्न का मन्तव्य संशय से प्रारम्भ होता है और उनका यह परिप्रश्न

सन्देहमूलक न होकर भक्ति का प्रतिपादनमूलक है और वह क्रम अलंकार की शैली में कहा गया है।

यह प्रभु चरित पवित्र सुहावा। कहहु कृपाल काग कहँ पावा॥
तुम्ह केहिं भाँति सुना मदनारी। कहहु मोहि अति कौतुक भारी॥
गरुड़ महाग्यानी गुन रासी। हरि सेवक अति निकट निवासी॥
तेहिं केहि हेतु काग सन जाई। सुनी कथा मुनि निकर बिहाई॥
कहहु कवन बिधि भा संबादा। दोउ हरि भगत काग उरगादा॥
गौरि गिरा सुनि सरल सुहाई। बोले सिव सादर सुख पाई॥
धन्य सती पावनि मति तोरी। रघुपति चरन प्रीति नहिं थोरी॥
सुनहु परम पुनीत इतिहासा। जो सुनि सकल लोक भ्रम नासा॥
उपजइ राम चरन बिस्वासा। भव निधि तर नर बिनहिं प्रयासा॥
दो०— ऐसिअ प्रस्न बिहंगपति कीन्हि काग सन जाइ।
सो सब सादर कहिहउँ सुनहु उमा मन लाइ॥ ५५॥

अर्थ—हे कृपाशील! प्रभु श्रीराम का यह सुहावना पवित्र चरित्र, बतायें, कौओ ने कैसे प्राप्त किया? और हे कामशत्रु! आपने इसे किस प्रकार सुना, बतायें, मुझे (इस सन्दर्भ में) अत्यधिक कौतूहल है?

गरुड़ तो स्वयं महाज्ञानी एवं गुणों की राशि हैं, श्रीहरि के वे सेवक एवं उनके अत्यन्त निकट रहते हैं। उन्होंने किस लिए कौओ के पास जाकर किस कारण श्रीहरि की कथा सुनी।

हे नाथ! बतायें, किस प्रकार यह संवाद घटित हुआ काग भुशुण्डि तथा गरुड़ दोनों ही श्रीहरि के भक्त हैं। पार्वती की अत्यधिक सरल एवं सुन्दर वाणी सुनकर आनन्द प्राप्त करके शिव आदरपूर्वक बोले।

हे सती! आप धन्य हैं। आपकी मति अत्यन्त पवित्र है। श्रीराम के चरणों में तुम्हारी प्रीति कम नहीं है। अब यह परम पवित्र इतिहास सुनो—जिसे सुनकर समस्त लोकात्मक भ्रन नष्ट हो जाता है।

श्रीराम के चरणों में विश्वास उत्पन्न हो उठता है और मनुष्य बिना प्रयास इस भवसागर से पार हो जाता है।

गरुड़ ने ऐसे ही प्रश्न कागभुशुंडि से जाकर किये थे, मैं वह सब आदरपूर्वक कहूँगा, हे पार्वती! तुम मन लगाकर सुनो॥ ५५॥

टिप्पणी—आगे की कथा को कवि अनेक बिन्दुओं से रहस्यमय बनाकर पाठकों में कौतूहल की सृष्टि करता है। गरुड़, जो श्रीहरि के यान हैं और उनके सर्वथा सन्निकट हैं, वे श्रीराम का स्वरूप नहीं समझ सके। इससे बड़ा आश्चर्य और क्या हो सकता है? साथ ही, कागभुशुण्डि ने किस प्रकार इस रहस्य को समझा जो पक्षियों के संवर्ग में अधमतम है—और यह सम्पूर्ण रहस्य शिव को कैसे ज्ञात हुआ? पार्वती की इस जिज्ञासा में कथा को रहस्य गर्भित बनाने का अपने आप कौतूहलवर्धक तथ्य छिपा हुआ है।

इन प्रश्नों के माध्यम से भी हरि की लीला तथा चरित्र की विचित्रता को उपस्थित करने की कवि चेष्टा करता है।

मैं जिमि कथा सुनी भवमोचनि। सो प्रसंग सुनु सुमुखि सुलोचनि॥
प्रथम दच्छ गृह तव अवतारा। सती नाम तब रहा तुम्हारा॥
दच्छ जग्य तव भा अपमाना। तुम्ह अति क्रोध तजे तब प्राना॥
मम अनुचरन्ह कीन्ह मख भंगा। जानहु तुम्ह सो सकल प्रसंगा॥

तब अति सोच भयउ मन मोरे। दुखी भयउँ बियोग प्रिय तोरे॥
सुंदर बन गिरि सरित तड़ागा। कौतुक देखत फिरउँ बेरागा॥
गिरि सुमेरु उत्तर दिसि दूरी। नील सैल एक सुंदर भूरी॥
तासु कनकमय सिखर सुहाए। चारि चारु मोरे मन भाए॥
तिन्ह पर एक एक बिटप बिसाला। बट पीपर पाकरी रसाला॥
सैलोपरि सर सुंदर सोहा। मनि सोपान देखि मन मोहा॥
दो०— सीतल अमल मधुर जल जलज बिपुल बहुरंग।
कूजत कलरव हंस गन गुंजत मंजुल भृंग॥ ५६॥

अर्थ—हे सुमखि! हे सुन्दर नेत्रों वाली पार्वती! जन्म-मरण के बन्धन से मुक्ति दिलाने वाली यह कथा मैंने जिस तरह से सुनी थी, उस प्रसंग को (तुम) सुनो। तुम्हारा प्रथम अवतार दक्ष के घर हुआ था और तब तुम्हारा नाम सती था।

दक्ष के यज्ञ में तुम्हारा अपमान हुआ, और तुमने अत्यधिक क्रोध में अपने प्राण का त्याग कर दिया, मेरे सेवकों ने यज्ञ का विध्वंस किया और तुम उन सारे प्रकरणों को जानती ही हो।

तब मेरे मन में अत्यधिक सोक हुआ और हे प्रिय! मैं तुम्हारे वियोग में दुखी हो उठा और मैं विरक्त भाव से रमणीक वन, पर्वत, नदी, तालाब का दृश्य (कौतुक) देखते-फिरते रहता था।

सुमेरु पर्वत की उत्तर दिशा में और कुछ दूर एक अत्यन्त सुन्दर नील शैल है। उसके सुन्दर चार स्वर्णमय शिखर मेरे मन को सुहावने लगे।

उन शिखरों पर एक-एक पर बरगद, पीपल, पाकर एवं आम के विशाल वृक्ष हैं। पर्वत के ऊपर एक सुन्दर तालाब शोभित है, जिसकी मणियों की सीढ़ियाँ देखकर मन मोहित हो जाता है।

उसका जल शीतल, निर्मल और मधुर है, उसमें अनेक रंगों के कमल खिले हैं। हंसगण मधुर स्वर से बोल रहे हैं और भ्रमर मधुर गुंजार कर रहे हैं॥ ५६॥

टिप्पणी—इस प्रश्न के उत्तर में कवि उस पूर्व प्रस्तावना का स्मरण कराकर, उसके कथा सूत्र से सम्पूर्ण कथा को पुन: बाँधता है, जो यज्ञ भंग एवं सती के भस्म होने से सम्बन्धित है। पूर्वकथा से वर्तमान कथा को बाँधकर कथा को सामयिक बनाने की सजग प्रवृत्ति यहाँ वर्तमान है।

तेहिं गिरि रुचिर बसइ खग सोई। तासु नास कल्पांत न होई॥
माया कृत गुन दोष अनेका। मोह मनोज आदि अबिबेका॥
रहे ब्यापि समस्त जग माहीं। तेहि गिरि निकट कबहुँ नहिं जाहीं॥
तहँ बसि हरिहि भजइ जिमि कागा। सो सुनु उमा सहित अनुरागा॥
पीपर तरु तर ध्यान सो धरई। जाप जग्य पाकरि तर करई॥
आँव छाँह कर मानस पूजा। तजि हरि भजनु काजु नहिं दूजा॥
बर तर कह हरि कथा प्रसंगा। आवहिं सुनहिं अनेक बिहंगा॥
रामचरित बिचित्र बिधि नाना। प्रेम सहित कर सादर गाना॥
सुनहिं सकल मति बिमल मराला। बसहिं निरंतर जे तेहिं ताला॥
जब मैं जाइ सो कौतुक देखा। उर उपजा आनंद बिसेषा॥
दो०— तब कछु काल मराल तनु धरि तहँ कीन्ह निवास।
सादर सुनि रघुपति गुन पुनि आयउँ कैलास॥ ५७॥

अर्थ—उस सुन्दर पर्वत पर वह पक्षी (कागभुशुण्डि) निवास करता है—जिसकी मृत्यु कल्प के अन्त में भी नहीं होती। मायारहित अनेकानेक दोष, गुण, मोह, काम आदि अविवेक—

ये सभी सम्पूर्ण संसार में व्याप्त हो रहे हैं किन्तु वे उस पर्वत के समीप कभी भी नहीं जाते। वहाँ निवास करते हुए वह काग जिस तरह से श्री हरि का भजन करता था—हे पार्वती! उसे अनुरागपूर्वक सुनो।

पीपल वृक्ष के नीचे वह ध्यान धरता है और पाकरि वृक्ष के नीचे यज्ञ तथा जप करता है। आम की छाँह के नीचे वह मानसिक पूजा करता है तथा श्रीराम के भजन को छोड़कर उसके पास अन्य कोई कार्य नहीं है।

श्रीराम के कथा प्रसंगों को वट वृक्ष के नीचे कहता था और उसे सुनने के लिए अनेक पक्षी आते थे। विचित्र श्रीरामचरित नाना प्रकार से आदरपूर्वक प्रेम सहित वह गान करता था।

उस तालाब में निवास करने वाले निर्मल गति के सभी हंस श्रवण करते थे तब मैंने जाकर वह आश्चर्यजनक दृश्य (कौतुक) देखा और हृदय में विशेष आनंद उत्पन्न हुआ।

तब कुछ समय तक हंस का रूप धारण करके वहाँ रहा और आदरपूर्वक श्रीराम के गुणों का श्रवण करके पुनः कैलास पर्वत पर आया॥ ५७॥

टिप्पणी—किस प्रकार शिव का साहचर्य भुशुण्डि से हुआ यह उसी पूर्व वक्ता-श्रोता की परम्परा से सम्बद्ध है। कवि श्रीराम के आध्यात्मिक माहात्म्य का चित्रण करता हुआ उसके निमित्त पुनीत वातावरण की कल्पना करता है। कथा पीठ की पवित्रता पूर्वकाल से ही इसी प्रकार वर्णित है।

गिरिजा कहेउँ सो सब इतिहासा। मैं जेहि समय गयउँ खग पासा॥
अब सो कथा सुनहु जेहि हेतू। गयउ काग पहिं खग कुल केतू॥
जब रघुनाथ कीन्हि रन क्रीड़ा। समुझत चरित होत मोहि ब्रीड़ा॥
इंद्रजीत कर आपु बँधायो। तब नारद मुनि गरुड़ पठायो॥
बंधन काटि गयो उरगादा। उपजा हृदयँ प्रचंड बिषादा॥
प्रभु बंधन समुझत बहु भाँती। करत बिचार उरग आराती॥
ब्यापक ब्रह्म बिरज बागीसा। माया मोह पार परमीसा॥
सो अवतार सुनेउँ जग माहीं। देखेउँ सो प्रभाव कछु नाहीं॥

दो०— भव बन्धन तें छूटहिं नर जपि जाकर नाम।
खर्ब निसाचर बाँधेउ नागपास सोइ राम॥ ५८॥

अर्थ—हे पार्वती! मैं जिस समय कागभुशुण्डि के पास गया था, वह सब इतिहास मैंने कहा। अब उस कथा को सुनो, जिसके परिणामस्वरूप पक्षीकुल के ध्वज (गरुड़) भुशुण्डि के पास गये।

श्रीराम ने जब रण क्रीड़ा की थी, उस चरित्र को याद करते हुए मुझे अत्यधिक लज्जा होती है। मेघनाद के हाथों (उन्होंने) अपने को बँधा लिया, तब नारद मुनि ने गरुड़ को भेजा।

श्रीराम के बन्धन को काटकर गरुड़ गये और उनके हृदय में प्रचंड विषाद (मोहजन्य) उत्पन्न हुआ। प्रभु श्रीराम के बन्धनों को देखकर सर्पों के शत्रु गरुड़ अनेक प्रकार की चिन्तना करने लगे।

व्यापक, विकाररहित, वाणी के पति तथा माया मोह से युक्त परमेश्वर हैं, मैंने सुना था कि संसार में उनका अवतार हुआ है किन्तु उनका कोई प्रभाव नहीं देखा।

मनुष्य जिसके नाम का जप करके भवबन्धन से छूटते हैं, राम को एक तुच्छ राक्षस ने नागों के पाश में बाँध लिया था॥ ५८॥

टिप्पणी—कवि सर्वप्रथम शिव मुख से 'गरुड़-मोह' के हेतु का निरूपण करता है। मानस में

'अहम् भाव' का उदय, मोह तथा भ्रम का मूल कारण है। यहाँ गरुड़ प्रसंग में उस अहन्ताजन्य मोह से ग्रस्त गरुड़ की स्थिति का कवि वर्णन कर रहा है।

नाना भाँति मनहिं समुझावा। प्रगट न ग्यान हृदयँ भ्रम छावा॥
खेद खिन्न मन तर्क बढ़ाई। भयउ मोहबस तुम्हरिहिं नाईं॥
ब्याकुल गयउ देवरिषि पाहीं। कहेसि जो संसय निज मन माँहीं॥
सुनि नारदहिं लागि अति दाया। सुनु खग प्रबल राम कै माया॥
जो ग्यानिन्ह कर चित अपहरई। बरिआईं बिमोह मन करई॥
जेहि बहु बार नचावा मोही। सोइ ब्यापी बिहंगपति तोही॥
महामोह उपजा उर तोरे। मिटिहि न बेगि कहे खग मोरे॥
चतुरानन पहिं जाहु खगेसा। सोइ करेहु जेहि होइ निदेसा॥

दो०— अस कहि चले देव रिषि करत राम गुन गान।
हरि माया बल बरनत पुनि पुनि परम सुजान॥ ५९॥

अर्थ—भाँति-भाँति से उसने मन को समझाया किन्तु ज्ञान नहीं प्रकटा वरन् हृदय में भ्रम छा गया। खेद से खिन्न मन में तर्क बढ़ाकर तुम्हारी ही तरह मोह के वशवर्ती हो गये॥

व्याकुल भाव से वह देवर्षि नारद के पास गये और जो अपने मन का संदेह था, उनसे कहा। उसे सुनकर नारद को अत्यधिक दया लगी और कहा कि हे गरुड़ सुनो, श्रीराम की माया बड़ी ही बलवती है।

हे पक्षिराज! जो (माया) ज्ञानियों के चित्त का अपहरण कर लेती हैं और हठात् मन में व्यामोह उत्पन्न कर देती है—जिसने मुझे भी अनेक बार नचाया है, वही (माया) तुम्हें भी व्याप गई है।

हे गरुड़! तुम्हारे हृदय में महामोह उत्पन्न हुआ है और मेरे कहने से भी तुरन्त नहीं हटेगा। हे पक्षिराज! ब्रह्मा के पास जाइए, वहाँ जिस कार्य के लिए आदेश (निदेस/निर्देश) मिले, वही करियेगा।

ऐसा कहकर देवर्षि नारद श्रीराम का गुणानुवाद करते हुए तथा श्रीहरि की माया की शक्ति का वर्णन करते हुए चले॥ ५९॥

टिप्पणी—'अहन्ता' श्रीराम की माया के मुग्धकारी प्रभाव से आच्छादित करनेवाली सर्वाधिक सशक्त तत्त्व है। इस तत्त्व से आवेष्टित गरुड़ की पीड़ा को चित्रित कर माया में भ्रमित नाना प्रकार के ज्ञानी पुरुषों को कटाक्षपूर्ण भंगिमा द्वारा भ्रमित इंगित करना यहाँ कवि का लक्ष्य है।

तब खगपति बिरंचि पहिं गयऊ। निज संदेह सुनावत भयऊ॥
सुनि बिरंचि रामहिं सिरु नावा। समुझि प्रताप प्रेम उर छावा॥
मन महुँ करइ बिचार बिधाता। माया बस कबि कोबिद ग्याता॥
हरि माया कर अमित प्रभावा। बिपुल बार जेहिं मोहिं नचावा॥
अग जगमय जग मम उपराजा। नहिं आचरज मोह खगराजा॥
तब बोले बिधि गिरा सुहाई। जान महेस राम प्रभुताई॥
बैनतेय संकर पहिं जाहू। तात अनत पूछहु जनि काहू॥
तहँ होइहि सब संसय हानी। चलेउ बिहंग सुनत बिधि बानी॥

दो०— परमातुर बिहंगपति आयउ तब मो पास।
जात रहेउँ कुबेर गृह रहिहु उमा कैलास॥ ६०॥

अर्थ—तब गरुड़ ब्रह्मा के पास गये और अपना संदेश कह सुनाया। ब्रह्मा ने इसे सुनकर श्रीराम को प्रणाम किया और उनके प्रताप को समझकर हृदय में प्रेम छा गया।

ब्रह्मा मन-ही-मन विचार करने लगे कि कवि, पंडित तथा ज्ञानी सभी माया के वशवर्ती हैं। श्रीराम की माया का असीम प्रभाव है और जिसने अनेकों बार मुझे भी नचाया है।

यह समस्त सचराचर मेरा उत्पन्न किया हुआ है, (और जब मैं मोहवश हो जाता हूँ) तो गरुड़ का मोहग्रस्त हो जाना कोई आश्चर्य नहीं है। तत्पश्चात् ब्रह्मा सुन्दरवाणी बोले कि श्रीराम की महिमा तो शिव जानते हैं।

हे गरुड़! आप शिव के पास जायँ और हे तात! दूसरी जगह किसी से भी न पूछना। वहीं तुम्हारे सन्देह का निवारण होगा, ब्रह्मा की वाणी सुनते ही गरुड़ चल पड़े।

तब परमातुर भाव से गरुड़ मेरे पास आये, उस समय, मैं कुबेर के घर जा रहा था और तुम कैलास पर थीं॥ ६०॥

टिप्पणी—अहन्ता की माया से त्रस्त गरुड़ व्याकुल भाव से नारद के पास, ब्रह्मा के पास, मेरे पास विचरण करते हैं और अन्त में, वे गरुड़ के पास मेरे द्वारा प्रेरित होकर भेजे जाते हैं। श्री हरि की माया के संताप से त्रस्त व्यक्ति का उपकार वही कर सकता है—जो अहन्ताशून्य रहकर उन्हें समझता हो या जिसने उनके मर्म को भोगकर जान लिया हो। श्रीरामचरितमानस में इस प्रकार के पात्र नारद, पार्वती, गरुड़ एवं भुशुण्डि हैं। इन चरित्रों तथा कथाओं की अवतारणा करके कवि श्रीहरि के मूल स्वरूप का आख्यान करता है।

तेहि मम पद सादर सिरु नावा। पुनि आपन संदेह सुनावा॥
सुनि ताकरि बिनती मृदु बानी। प्रेम सहित मैं कहेउँ भवानी॥
मिलेहु गरुड़ मारग महँ मोहीं। कवन भाँति समुझावौं तोहीं॥
तबहिं होहि सब संसय भंगा। जब बहु काल करिअ सतसंगा॥
सुनिअ तहाँ हरिकथा सुहाई। नाना भाँति मुनिन्ह जो गाई॥
जेहि महुँ आदि मय अवसाना। प्रभु प्रतिपाद्य राम भगवाना॥
नित हरिकथा होत जहँ भाई। पठवउँ तहाँ सुनहु तुम्ह जाई॥
जाइहि सुनत सकल संदेहा। राम चरन होइहि अति नेहा॥

दो०— बिनु सतसंग न हरिकथा तेहिं बिनु मोह न भाग।
मोह गएँ बिनु राम पद होइ न दृढ़ अनुराग॥ ६१॥

अर्थ—उन्होंने मेरे चरणों में आदरपूर्वक शीश झुकाया और ततश्च अपना संदेह सुनाया। हे पार्वती! उनकी मृदु वाणी तथा विनय सुनकर मैंने प्रेमसहित उनसे कहा।

हे गरुड़! तुम मुझे मार्ग में मिले हो, अत: किस भाँति मैं तुम्हें समझाऊँ। संदेह का विनाश तो तभी होगा जब दीर्घकाल तक सतसंग किया जाय।

वहाँ सुन्दर हरिकथा सुनी जाय जिसे मुनियों ने अनेक भाँति से गाया है और उसमें (कथा में) आदि, मध्य एवं अन्त तक प्रभु भगवान् श्रीराम ही (एकमात्र) प्रतिपाद्य हों।

हे भाई! जहाँ नित्य श्रीहरि की कथा होती है, मैं तुमको वहीं भेजता हूँ और उसे सुनते ही तुम्हारा समस्त संदेह नष्ट हो जायेगा और श्रीराम के चरणों में अत्यधिक स्नेह उत्पन्न होगा।

बिना सतसंग के श्रीहरि की कथा (नहीं प्राप्त होती) और उसके बिना मोह नहीं भागता और मोह के समाप्त हुए बिना श्रीराम के चरणों में दृढ़ अनुराग नहीं होता॥ ६१॥

टिप्पणी—यहाँ शिव इस कथा के सन्दर्भ में अपने प्रसंग का उल्लेख करते हैं और उसे व्याधि के निवारण की उचित औषधि बताते हैं। उनके अनुसार इस व्याधि की ओषधि सत्संग है—बिना

सत्संग के श्रीहरि कथा का मूल मर्म नहीं समझ में आता और बिना मूल मर्म समझे अहन्ताजन्य भ्रम का विनाश नहीं होता और जब तक अहन्ता का विनाश नहीं होता तब तक श्रीहरि के चरणों में संशक्तिमूला भक्ति का उदय भी नहीं होता।

मिलहिं न रघुपति बिनु अनुरागा। किएँ जोग जप ग्यान बिरागा॥
उत्तर दिसि सुंदर गिरि नीला। तहँ रह काकभुशुंडि सुसीला॥
राम भगति पथ परम प्रबीना। ग्यानी गुन गृह बहु कालीना॥
राम कथा सो कहइ निरंतर। सादर सुनहिं बिबिध बिहंगबर॥
जाइ सुनहु तहँ हरि गुन भूरी। होइहिं मोह जनित दुख दूरी॥
मैं जब तेहिं सब कहा बुझाई। चलेउ हरषि मम पद सिरु नाई॥
तातें उमा न मैं समुझावा। रघुपति कृपा मरमु मैं पावा॥
होइहि कीन्ह कबहुँ अभिमाना। सो खोवै चह कृपानिधाना॥
कछु तेहिं ते पुनि मैं नहिं राखा। समुझहि खग खग ही कै भाषा॥
प्रभु माया बलवंत भवानी। जाहिन मोह कवन अस ग्यानी॥
दो०— ग्यानी भगत सिरोमनि त्रिभुवनपति कर जान।
ताहि मोह माया नर पावँर करहिं गुमान॥
सिव बिरंचि कहँ मोहइ को है बपुरा आन।
अस जिय जानि भजहिं मुनि मायापति भगवान॥ ६२॥

अर्थ—श्रीराम बिना अनुराग के योग, जप, ज्ञान, वैराग्य आदि से नहीं प्राप्त होते। उत्तर दिशा में सुन्दर नील पर्वत है, वहाँ सुशीलवान् कागभुशुण्डि निवास करते हैं।

श्रीराम की भक्ति के पथ का वह परम प्रवीण है और वह ज्ञानी, गुणधाम तथा बहुत काल से (स्थित) है। वह निरन्तर श्रीराम की कथा कहता रहता है और जिसे अनेक प्रकार के श्रेष्ठ पक्षी सुनते रहते हैं।

वहाँ जाकर श्रीहरि के गुण समूह को सुनो और तुम्हारे मोहजनित कष्ट दूर होंगे। मैंने जब उससे सब कुछ समझा कर बताया तो वह मेरे चरणों में सिर झुकाकर हर्षित होकर चला।

हे पार्वती! मैंने उसे इसलिए नहीं समझाया कि मैं श्रीराम की कृपा से उसका भेद प्राप्त कर लिया था। कभी (उन्होंने) अभिमान किया होगा जिसको कृपानिधान श्रीराम नष्ट करना चाहते हैं।

इस कारण भी मैंने उसको अपने पास नहीं रखा कि पक्षी पक्षी की ही बोली समझते हैं।

हे पार्वती! प्रभु श्रीराम की माया बलशालिनी है, वह कौन-सा ऐसा प्राणी है, जिसे उसने नहीं मुग्ध कर रखा है?

जो ज्ञानी, भक्तशिरोमणि एवं त्रिभुवन स्वामी (श्रीहरि) के वाहन हैं, जब उन गरुड़ को भी मोह माया ने मोह लिया है तो पामर मनुष्य तो घमंड करते ही हैं।

जब माया शिव तथा ब्रह्मा को मुग्ध करती है तब दूसरा बेचारा क्या है? ऐसा हृदय में समझकर मुनिगण मायापति भगवान् श्रीराम का भजन करते हैं॥ ६२॥

गयउ गरुड़ जहँ बसइ भुसुंडी। मनि अकुंठ हरि भगति अखंडी॥
देखि सैल प्रसन्न मन भयऊ। माया मोह सोच सब गयऊ॥
करि तड़ाग मज्जन जलपाना। बट तर गयउ हृदय हरषाना॥
बृद्ध बृद्ध बिहंग तहँ आए। सुनै राम के चरित सुहाए॥
कथा अरंभ करै सोइ चाहा। तेही समय गयउ खगनाहा॥
आवत देखि सकल खगराजा। हरषेउ बायस सहित समाजा॥

अति आदर खगपति कर कीन्हा। स्वागत पूँछि सुआसन दीन्हा॥
करि पूजा समेत अनुरागा। मधुर बचन तब बोलेउ कागा॥

दो०— नाथ कृतारथ भयउँ मैं तव दरसन खगराज।
आयसु देहु सो करौं अब प्रभु आयहु केहि काज॥
सदा कृतारथ रूप तुम्ह कह मृदु बचन खगेस।
जेहिं कै अस्तुति सादर निज मुख कीन्हि महेस॥ ६३॥

अर्थ—गरुड़ वहाँ गये, जहाँ अकुंठित मतिवाले तथा श्रीहरि की अखण्ड भक्ति में लीन भुशुंडि रहते थे। पर्वत देखकर मन प्रसन्न हो उठा और सब माया, मोह तथा चिन्ता समाप्त हो गई।

तालाब में स्नान और जलपान करके प्रसन्नचित्त बरगद के वृक्ष के नीचे गये। श्रीराम के सुन्दर चरित्र को सुनने के लिए वृद्ध-वृद्ध पक्षी आये हुए थे।

वह कथा प्रारम्भ करना चाहते ही थे कि उसी समय गरुड़ जा पहुँचे। गरुड़ को आते देखकर कागभुशुंडि सहित समस्त पक्षीसमाज हर्षित हुआ।

गरुड़ का उन्होंने अत्यधिक आदर किया, स्वागत (कुशल क्षेम) पूछ करके सुन्दर आसन (बैठने के लिए) दिया और फिर प्रेम सहित पूजा करके भुशुंडि मधुर वाणी बोले।

हे नाथ! हे पक्षिराज!! आपके दर्शन से मैं कृतार्थ हो गया। आप जो आज्ञा दें, अब मैं वही करूँ, हे प्रभु! आप किस कार्य के निमित्त आये हुए हैं।

पक्षिराज गरुड़ ने कोमल वाणी में कहा कि जिसकी स्तुति आदरपूर्वक शिव ने अपने मुख से की है, वह तुम तो सदैव कृतार्थस्वरूप हो॥ ६३॥

टिप्पणी—कवि यहाँ पक्षिराज गरुड़ के मुख से भुशुण्डि जैसे कौवे की प्रशंसा श्रीरामभक्ति के माध्यम से करा रहा है। सदा कृतार्थ रूप, कहकर लक्षणाभाव से गरुड़ उसकी स्तुति करता है।

सुनहु तात जेहि कारन आयउँ। सो सब भयउ दरस तव पायउँ॥
देखि परम पावन तव आश्रम। गयउ मोह संसय नाना भ्रम॥
अब श्रीराम कथा अति पावनि। सदा सुखद दुख पूग नसावनि॥
सादर तात सुनावहु मोही। बार बार बिनवउँ प्रभु तोही॥
सुनत गरुड़ कै गिरा बिनीता। सरल सुप्रेम सुखद सुपुनीता॥
भयउ तासु मन परम उछाहा। लाग कहै रघुपति गुन गाहा॥
प्रथमहिं अति अनुराग भवानी। रामचरित सर कहेसि बखानी॥
पुनि नारद कर मोह अपारा। कहेसि बहुरि रावन अवतारा॥
प्रभु अवतार कथा पुनि गाई। तब सिसु चरित कहेसि मन लाई॥

दो०— बालचरित कहि बिबिध बिधि मन महुँ परम उछाह।
रिषि आगमन कहेसि पुनि श्री रघुबीर बिबाह॥ ६४॥

अर्थ—हे तात! सुनें, मैं जिस कारण से आया था, आपका दर्शन मिला और वह सब पूरा हो गया। तुम्हारे इस पवित्र आश्रम को देखकर मोह, संशय तथा अनेकानेक भ्रम समाप्त हो उठे।

हे तात! अब श्रीराम की सदा सुख देने वाली तथा दुःख समूह को नष्ट करने वाली तथा अति पवित्र कथा आदरपूर्वक सुनाइये, मैं यह बार-बार विनती कर रहा हूँ।

गरुड़ के सरल, अत्यधिक प्रेमयुक्त, सुखद अत्यन्त पवित्र एवं विनययुक्त वाणी सुनकर उसका मन परम उमंगित हुआ और श्रीराम की गुणगाथा का वर्णन करने लगा।

हे पार्वती! अत्यधिक अनुरागपूर्वक सर्वप्रथम श्रीरामचरितमानस-सरोवर का रूपक उसने कहा, फिर नारद के अत्यधिक मोह और फिर रावण के अवतार के विषय में कहा।

फिर श्रीराम की अवतार कथा उसने कही और उसके बाद मन लगाकर श्रीराम की बाल-लीलाएँ कहीं।

मन में अत्यधिक उत्साह भरकर अनेक प्रकार की बाल-लीलाएँ कहकर फिर ऋषि विश्वामित्र का आगमन तथा श्रीराम के विवाह का वर्णन किया॥ ६४॥

टिप्पणी—भुशुण्डि के मुख से गरुड़ पुनः श्रीराम कथा की आवृत्ति करता है, यह आवृत्ति श्रीरामचरितमानस में तीसरी बार है। वाल्मीकि रामायण में भी इसी प्रकार कथा आवृत्ति मिलती है।

बहुरि राम अभिषेक प्रसंगा। पुनि नृप बचन राज रस भंगा॥
पुरबासिन्ह कर बिरह बिषादा। कहेसि राम लछिमन संबादा॥
बिपिन गवनु केवट अनुरागा। सुरसरि उतरि निवास प्रयागा॥
बालमीकि प्रभु मिलन बखाना। चित्रकूट जिमि बसे भगवाना॥
सचिवागवन नगर नृप मरना। भरतागवन प्रेम बहु बरना॥
करि नृप क्रिया संग पुरबासी। भरत गए जहँ प्रभु सुखरासी॥
पुनि रघुपति बहु बिधि समझाए। लै पादुका अवधपुर आए॥
भरत रहनि सुरपति सुत करनी। प्रभु अरु अत्रि भेंट पुनि बरनी॥

दो०— कहि बिराध बध जेहि बिधि देह तजी सरभंग।
बरनि सुतीछन प्रीति पुनि प्रभु अगस्ति सतसंग॥ ६५॥

अर्थ—फिर श्रीराम के अभिषेक का प्रसंग, पुनः राजा दशरथ के वचन से राज्य रस (अभिषेक के आनन्द) में भंग और फिर पुरवासियों की विरह पीड़ा एवं श्रीराम-लक्ष्मण का संवाद कहा।

वनगमन तथा केवट का प्रेम, गंगा को पार करना तथा प्रयाग का निवास और वाल्मीकि तथा प्रभु श्रीराम का मिलन तथा चित्रकूट में जिस प्रकार भगवान् ने निवास किया सब बताया।

नगर में सुमंत्र का लौटना तथा राजा दशरथ की मृत्यु और भरत के प्रेम का बहुत वर्णन किया। राजा दशरथ का अन्त्येष्टि कर्म करके नगरवासियों के साथ भरत जहाँ आनंदराशि श्रीराम निवास करते थे, वहाँ गये।

पुनः श्रीराम ने उन्हें बहुत समझाया और भरत श्रीराम की चरणपादुका लेकर अयोध्या नगरी को लौटे। भरत का अयोध्यापुरी में रहना तथा जयन्त की करतूति एवं पुनः प्रभु श्रीराम तथा अत्रि की भेंट का वर्णन किया।

जिस प्रकार विराध का वध हुआ और जिस प्रकार शरभंग ऋषि ने देह का परित्याग किया और फिर सुतीक्ष्ण के प्रेम का वर्णन करके प्रभु श्रीराम तथा अगस्त्य के सत्संग का वृत्तान्त कहा॥ ६५॥

कहि दंडक बन पावनताई। गीध मइत्री पुनि तेहि गाई॥
पुनि प्रभु पंचवटी कृत बासा। भंजी सकल मुनिन्ह की त्रासा॥
पुनि लछिमन उपदेस अनूपा। सूपनखा जिमि कीन्हि कुरूपा॥
खर दूषन बध बहुरि बखाना। जिमि सबु मरमु दसानन जाना॥
दसकंधर मारीच बतकही। जेहिं बिधि भई सो सब तेहिं कही॥
पुनि माया सीता कर हरना। श्री रघुबीर बिरह कछु बरना॥
पुनि प्रभु गीध क्रिया जिमि कीन्ही। बधि कबंध सबरिहि गति दीन्ही॥
बहुरि बिरह बरनत रघुबीरा। जेहिं बिधि गए सरोबर तीरा॥

दो०— प्रभु नारद संबाद कहि मारुति मिलन प्रसंग।
पुनि सुग्रीव मिताई बालि प्रान कर भंग॥
कपिहि तिलक करि प्रभु कृत सैल प्रबरसन बास।
बरनन बरषा सरद ऋतु राम रोष कपि त्रास॥

अर्थ—दण्डकारण्य को पवित्र करना कहकर उसने पुनः गृद्धराज जटायु की मैत्री को बताया फिर, जिस प्रकार श्रीराम ने पंचवटी में निवास किया और जिस प्रकार मुनियों के संकट को दूर किया।

पुनः लक्ष्मण को जैसे अनुपम उपदेश दिया और शूर्पनखा को जिस प्रकार कुरूप बनाया पुनः खर व दूषण का वध तथा जिस प्रकार सारा श्रीराम का रहस्य रावण ने समझा, वर्णित किया।

रावण तथा मारीच की बातचीत जिस प्रकार हुई उसने वह सब बताया फिर मायामयी सीता का हरण एवं श्रीराम के वियोग का कुछ वर्णन किया।

पुनः प्रभु श्रीराम ने जिस प्रकार गृद्ध की क्रिया की, कबन्ध का वध एवं शबरी का उद्धार किया और पुनः श्रीराम का विरह वर्णन करते हुए पंपा सरोवर तट पर वह गये, (उसका) वर्णन किया।

प्रभु श्रीराम का संवाद एवं नारद का मिलन प्रसंग का, फिर उसने हनुमान के मिलने का प्रसंग कहकर सुग्रीव की मित्रता एवं बालिवध का वर्णन किया।

प्रभु ने सुग्रीव का तिलक करके प्रवर्षण पर्वत पर निवास किया, उसी के साथ, वर्षा तथा शरद् ऋतु का वर्णन, सुग्रीव पर श्रीराम के क्रोध और सुग्रीव के भय का वर्णन किया॥ ६६॥

जेहि बिधि कपिपति कीस पठाए। सीता खोजि सकल दिसि धाए॥
बिबर प्रबेस कीन्ह जेहि भाँती। कपिन्ह बहोरि मिला संपाती॥
सुनि सब कथा समीर कुमारा। नाँघत भयउ पयोधि अपारा॥
लंका कपि प्रबेस जिमि कीन्हा। पुनि सीतहिं धीरजु जिमि दीन्हा॥
बन उजारि रावनहिं प्रबोधी। पुर दहि नाँघेउ बहुरि पयोधी॥
आए कपि सब जहँ रघुराई। बैदेही की कुसल सुनाई॥
सेन समेत जथा रघुबीरा। उतरे जाइ बारिनिधि तीरा॥
मिला बिभीषनु जेहिं बिधि आई। सागर निग्रह कथा सुनाई॥

दो०— सेतु बाँधि कपि सेन जिमि उतरी सागर पार।
गयउ बसीठी बीरबर जेहिं बिधि बालिकुमार॥
निसिचर कीस लराई बरनिसि बिबिध प्रकार।
कुंभकरन घननाद कर बल पौरुष संहार॥ ६७॥

अर्थ—जिस प्रकार सुग्रीव ने बन्दरों को (सीता की खोज में) भेजा, सीता की खोज में वे जिस प्रकार सम्पूर्ण दिशाओं में दौड़े, विवर में उन्होंने जिस प्रकार प्रवेश किया और फिर जिस प्रकार उनसे संपाती मिला, वह कथा सुनायी।

संपाती से सारी कथा सुनकर वायुपुत्र हनुमान ने अपार समुद्र को पार किया, जिस प्रकार से हनुमान ने लंका में प्रवेश किया तथा पुनः जिस प्रकार सीता को धैर्य प्रदान किया।

वन को उजाड़ कर रावण को समझाकर, लंका नगरी को जलाकर पुनः जैसे समुद्र लाँघा था सभी वानर जहाँ श्रीराम थे, आये और आकर उन्हें सीता की कुशल सुनाई।

जिस प्रकार सेना समेत श्रीराम जाकर समुद्र तट पर पहुँचे, जिस प्रकार आकर विभीषण उनसे मिला, वह सब तथा समुद्र बन्धन की कथा सुनाई।

सेतु बाँध करके जिस प्रकार वानरों की सेना समुद्र के उस पार उतरी और जिस प्रकार बालिपुत्र अंगद दूत कर्म के लिए गये।

फिर राक्षसों तथा बानरों के विविध प्रकार के युद्धों का वर्णन किया और उसके बाद कुंभकर्ण, मेघनाद के बल, पौरुष तथा संहार (कथा कही)॥ ६७॥

निसिचर निकर मरन बिधि नाना। रघुपति रावन समर बखाना॥
रावन बध मंदोदरि सोका। राजु बिभीषन देव असोका॥
सीता रघुपति मिलन बहोरी। सुरन्ह कीन्हि अस्तुति कर जोरी॥
पुनि पुष्पक चढ़ि कपिन्ह समेता। अवध चले प्रभु कृपा निकेता॥
जेहिं बिधि रामनगर निज आए। बायस बिसद चरित सब गाए॥
कहेसि बहोरि राम अभिषेका। पुर बरनत नृपनीति अनेका॥
कथा समस्त भुसुंडि बखानी। जो मैं तुम्ह सन कही भवानी॥
सुनि सब राम कथा खगनाहा। कहत बंचन मन परम उछाहा॥

सो०— गयउ मोर संदेह सुनेउँ सकल रघुपति चरित।
भयउ राम पद नेह तव प्रसाद बायस तिलक॥
मोहि भयउ अति मोह प्रभु बंधन रन महुँ निरखि।
चिदानंद संदोह राम बिकल कारन कवन॥ ६८॥

अर्थ—नाना प्रकार से राक्षस समूहों का मरण तथा श्रीराम-रावण के युद्ध का वर्णन किया। रावण वध, मंदोदरी के शोक, विभीषण का राज्यारोहण एवं देवताओं का शोकरहित होना,

फिर श्रीराम एवं सीता का मिलन और जिस प्रकार देवताओं ने हाथ जोड़कर स्तुति की और पुन: पुष्पक विमान पर चढ़ाकर कृपा के धाम श्रीराम जिस प्रकार अयोध्या चले।

जिस प्रकार श्रीराम अपने अयोध्या नगर में आये, भुशुंडि ने वह सब निर्मल चरित्र विस्तारपूर्वक गाया। पुन: श्रीराम के अभिषेक का वर्णन किया और नगर का एवं राजनीति का वर्णन करते हुए—

हे पार्वती! भुशुंडि ने वह समस्त कथा कही—जो मैंने तुमसे कही है। गरुड़ समस्त श्रीराम कथा सुनकर मन में परम उत्साहपूर्वक वचन कहने लगे—

हे काकशिरोमणि भुशुंडि! मैंने श्रीराम की समस्त चरित कथा सुनी जिसके फलस्वरूप मेरा सम्पूर्ण सन्देह समाप्त हो गया और श्रीराम के चरणों में मेरी आसक्ति हो उठी।

युद्धभूमि में प्रभु श्रीराम को नागपाश के बन्धन में देखकर मुझे अत्यधिक मोह हो गया था कि श्रीराम तो सच्चिदानन्दघन हैं, किस कारणवश परम व्याकुल हैं॥ ६८॥

टिप्पणी—गरुड़ की कथा सुनकर भ्रम विनाश—यह एक श्रीरामकथा से सम्बद्ध अवधारणा है और कवि इस अवधारणा को इस कथा श्रवणफल के रूप में चित्रित कर रहा है।

देखि चरित अति नर अनुसारी। भयउ हृदयँ मम संसय भारी॥
सोइ भ्रम अब हित करि मैं जाना। कीन्ह अनुग्रह कृपानिधाना॥
जो अति आतप ब्याकुल होई। तरु छाया सुख जानइ सोई॥
जौं नहिं होत मोह अति मोही। मिलतेउँ तात कवन बिधि तोही॥
सुनतेउँ किमि हरि कथा सुहाई। अति बिचित्र बहु बिधि तुम्ह गाई॥
निगमागम पुरान मत एहा। कहहिं सिद्ध मुनि नहिं संदेहा॥
संत बिसुद्ध मिलहिं परि तेही। चितवहिं रामु कृपा करि जेही॥
राम कृपा तव दरसन भयऊ। तव प्रसाद मम संसय गयऊ॥

दो०— सुनि बिहंगपति बानी सहित बिनय अनुराग।
पुलक गात लोचन सजल मन हरषेउ अति काग॥
स्त्रोता सुमति सुसील सुचि कथा रसिक हरि दास।
पाइ उमा अति गोप्यमपि सज्जन करहिं प्रकास॥ ६९॥

अर्थ—एक अति सामान्य मनुष्य की भाँति चरित्र देखकर मेरे हृदय में अत्यधिक सन्देह उत्पन्न हुआ। इस भ्रम को इस समय मैं हित करके मानता हूँ। मेरे ऊपर कृपानिधान श्रीराम ने अनुग्रह किया।

जो अत्यधिक धूप से व्याकुल होता है वही वृक्ष की छाया का सुख जानता है। यदि मुझे अत्यधिक मोह न होता तो हे तात! आपसे मैं क्यों कर मिलता?

मैं क्यों श्रीहरि की यह शोभित होने वाली अति विचित्र कथा सुनता जो तुम्हारे द्वारा अनेक प्रकार से गाई गई है। वेदादि एवं तंत्रशास्त्र आदि के यही मत हैं तथा सिद्ध और मुनि भी कहते हैं, इसमें कोई सन्देह नहीं है कि—

श्रीराम कृपा करके जिसका अवलोकन करते हैं, उसी को सच्चे सन्त मिलते हैं। श्रीराम की कृपा से तुम्हारा दर्शन हुआ और अब आपकी कृपा से मेरा सन्देह चला गया।

विनय एवं अनुराग से परिपूर्ण गरुड़ की वाणी सुनकर कागभुशुण्डि शरीर से पुलकित हो उठा, नेत्र सजल हो उठे तथा मन में वे अत्यन्त हर्षित हुए।

हे पार्वती! सुन्दर मति वाले, सुशील, पवित्र, कथा के रसिक एवं हरिदास श्रोता पाकर अत्यन्त गोपनीय को भी साधुजन प्रकाशित कर देते हैं॥ ६९॥

टिप्पणी—भुशुण्डि द्वारा गरुड़ की प्रशंसा और उसके माध्यम से श्रीरामकथा एवं श्रीराम के माहात्म्य का चित्रण। सम्पूर्ण माहात्म्य को सुनकर भुशुण्डि के सात्त्विक प्रेम की जागृति और इस जागृति से अन्य गूढ़, गोपनीय एवं रहस्यपूर्ण तत्त्वों के निराकरण की प्रस्तावना की यहाँ चर्चा की गई है।

बोलेउ कागभुसुंडि बहोरी। नभगनाथ पर प्रीति न थोरी॥
सब बिधि नाथ पूज्य तुम्ह मेरे। कृपापात्र रघुनायक केरे॥
तुम्हहि न संसय मोह न माया। मो पर नाथ कीन्हि तुम्ह दाया॥
पठइ मोह मिस खगपति तोही। रघुपति दीन्हि बड़ाई मोही॥
तुम्ह निज मोह कही खग साईं। सो नहिं कछु आचरज गोसाईं॥
नारद भव बिरंचि सनकादी। जे मुनिनायक आतमबादी॥
मोह न अंध कीन्ह केहि केही। को जग काम नचाव न जेही॥
तृष्ना केहि न कीन्ह बौराहा। केहिं कर हृदय क्रोध नहिं दाहा॥

दो०— ग्यानी तापस सूर कबि कोबिद गुन आगार।
केहि कै लोभ बिडंबना कीन्हि न एहि संसार॥
श्रीमद बक्र न कीन्ह केहि प्रभुता बधिर न काहि।
मृगलोचनि के नैन सर को अस लाग न जाहि॥ ७०॥

भुशुण्डि ने पुनः कहा कि पक्षिराज पर उनका प्रेम कम नहीं था। हे नाथ! आप मेरे सभी प्रकार से पूज्य हो और श्रीराम के कृपापात्र हैं।

तुम्हें न संशय, न मोह और न माया है, हे नाथ! तुम मुझपर दया करना चाहते हो। मेरे ऊपर कृपा करने के बहाने आपको श्रीराम ने यहाँ भेजकर मुझे बड़ाई दी है।

हे पक्षि स्वामी! आपने मुझे अपना मोह बताया है, हे स्वामी! इसमें कोई आश्चर्य नहीं है। नारद, शिव, ब्रह्मा, सनकादि ऋषि और अन्य जो आत्मवादी मुनिश्रेष्ठ हैं—

किसको-किसको नहीं मोह ने अंधा बना दिया, किसको कामदेव ने नहीं नचाया है। तृष्णा ने किसे पागल नहीं बना दिया तथा किसके हृदय को क्रोध ने नहीं जला डाला।

इस संसार में ज्ञानी, तपस्वी, योद्धा, कवि, पंडित और कौन ऐसा गुणों में मंडित व्यक्ति है कि जिसकी लोभ ने विडम्बना (हँसी का पात्र नहीं बनाया) नहीं की है।

लक्ष्मी के मद ने किसको टेढ़ा और प्रभुता ने किसे बधिर नहीं बना डाला है। कौन-सा ऐसा (व्यक्ति) है जिसे मृगनयनी (सुन्दर युवती) के नेत्र विलास बाण न लगे हों॥ ७०॥

टिप्पणी—भुशुण्डि इस कथा के माध्यम से स्वयं को कृतार्थ तथा उपकृत मानते हैं—कारण कि श्रीराम ने इसी बहाने मुझे बड़प्पन प्रदान किया और जहाँ तक मोह का प्रश्न है, उससे सम्पूर्ण सचराचर विमुग्ध है—और यह विमुग्धता प्राप्ति का स्वभाव बन गया है।

गुन कृत सन्यपात नहिं केही। कोउ न मान मद तजेउ निबेही॥
जौबन ज्वर केहि नहिं बलकावा। ममता केहि कर जसु न नसावा॥
मच्छर काहि कलंक न लावा। काहि न सोक समीर डोलावा॥
चिंता साँपिनि को नहिं खाया। को जग जाहि न ब्यापी माया॥
कीट मनोरथ दारु सरीरा। जेहि न लाग घुन को अस धीरा॥
सुत बित लोक ईषना तीनी। केहि कै मति इन्ह कृत न मलीनी॥
यह सब माया कर परिवारा। प्रबल अमिति को बरनै पारा॥
सिव चतुरानन जाहि डेराहीं। अपर जीव केहि लेखे माहीं॥

दो०— ब्यापि रहेउ संसार महुँ माया कपट प्रचंड।
सेनापति कामादि भट दंभ कपट पाखंड॥
सो दासी रघुबीर कै समुझै मिथ्या सोपि।
छूट न राम कृपा बिनु नाथ कहउँ पद रोपि॥ ७१॥

अर्थ—गुणों (सत्त्व, रज, तम रूप) का किया हुआ सन्निपात ज्वर किसे नहीं हुआ और किसी को भी मान तथा मद ने अछूता नहीं छोड़ा है। यौवन के ज्वर ने किसे नहीं आपे से बाहर किया तथा ममता ने किसके यश को नहीं नष्ट कर दिया।

मत्सर (डाह) ने किसको कलंक नहीं लगाया और शोकरूपी वायु ने किसे नहीं हिला दिया (उद्वेलित कर दिया)। चिंतारूपी सर्पिणी ने किसे नहीं डसा और कौन-सा ऐसा व्यक्ति है, जिसे माया न व्यापी हो।

मनोरथ कीड़ा है, शरीर लकड़ी है, ऐसा कौन धैर्यवान है जिसे घुन न लगा हो। पुत्र, सम्पत्ति तथा लोकेषणा इन तीनों ने किसकी मति नहीं मलिन कर दी है (नष्ट नहीं कर दिया है।)।

ये सब माया के परिवार प्रबल परिवार हैं, ये अमिट हैं तथा (इनका) वर्णन कौन कर सकता है। शिव तथा ब्रह्मा जिससे डरते रहते हैं, अन्य जीव तो किस गिनती में हैं।

संसार में माया की प्रचण्ड सेना छायी हुई है और कामादि उसके योद्धा तथा दंभ, कपट, पाखण्ड आदि सेनापति हैं।

वह श्रीराम की दासी है, यद्यपि जान लेने पर मिथ्या है किन्तु मैं प्रतिज्ञा (पद रोपि) करके कहता हूँ कि वह श्रीराम कृपा के बिना नहीं छूटती॥ ७१॥

टिप्पणी—कवि आत्मश्लाघा, मान, मद, काम, ममता, मात्सर्य, शोक, चिन्ता, माया, नाना प्रकार की एषणाएँ सभी को माया के परिवार के नाम से पुकारता है और कहता है कि ये सभी

मानवीय प्रपंचों के विमुग्धकारी रूप हैं और इनसे ब्रह्मा तथा शिव स्वयं डरते रहते हैं, मनुष्य की क्या स्थिति। ये समस्त माया के परिवार हैं और स्वयं माया श्रीराम की दासी है—इसलिए इनसे मुक्ति श्रीराम की कृपा से ही सम्भव है और श्रीराम की कृपा शरणागति के बिना सम्भव नहीं है।

श्रीराम की कृपापात्रता मात्र मुक्ति का माध्यम है—चाहे वह जैसे भी हो—यह तुलसी का स्वमत है। तुलसी इसी मत को सम्पूर्ण मानस में प्रतिपादित करते हैंऔर यहाँ भी स्पष्टभाव से उसी की ही स्थापना है।

सो माया सब जगहिं नचावा। जासु चरित लखि काहुँ न पावा॥
सोइ प्रभु भ्रू बिलास खगराजा। नाच नटी इव सहित समाजा॥
सोइ सच्चिदानंद घन रामा। अज बिग्यान रूप गुन धामा॥
ब्यापक ब्यापि अखंड अनंता। अखिल अमोघ सक्ति भगवंता॥
अगुन अदभ्र गिरा गोतीता। समदरसी अनवद्य अजीता॥
निर्मल निराकार निरमोहा। नित्य निरंजन सुख संदोहा॥
प्रकृति पार प्रभु सब उर बासी। ब्रह्म निरीह बिरज अबिनासी॥
इहाँ मोह कर कारन नाहीं। रबि सन्मुख तम कबहुँ कि जाहीं॥
दो०— भगत हेतु भगवान प्रभु राम धरेउ तनु भूप।
किए चरित पावन परम प्राकृत नर अनुरूप॥
जथा अनेक बेष धरि नृत्य करइ नर कोइ।
सोइ सोइ भाव देखावइ आपुन होइ न सोइ॥ ७२॥

अर्थ—उस माया ने सम्पूर्ण संसार को नचाया है और उसके चरित्र को कोई देख नहीं पाया। हे गरुड़! वही प्रभु श्रीराम के भ्रू-विलास मात्र से अपने सम्पूर्ण समाज (नर्तक समूहों—काम क्रोधादि) के साथ नटी की भाँति नाचती है।

श्रीराम वही सच्चिदानन्द घन हैं—जो अज, विज्ञान स्वरूप, शक्ति के धाम, व्यापक एवं व्याप्य, अखण्ड, अनन्त, सम्पूर्ण अमोघशक्ति युक्त भगवान् हैं।

वह निर्गुण अदभ्र (व्यापक), वाणी तथा इन्द्रियों से परे, सर्वद्रष्टा, निष्पाप, अजेय, निर्गुण, निराकार, मायारहित, नित्य, निर्मल एवं आनन्द की शक्ति हैं।

प्रकृति से परे वे प्रभु श्रीराम सभी के हृदय में निवास करनेवाले, इच्छारहित, विकाररहित अविनासी ब्रह्म हैं। यहाँ श्रीराम में मोह का कोई कारण ही नहीं है क्योंकि सूर्य के सम्मुख क्या कभी सूर्य जा सकता है।

श्रीराम ने भक्तों के निमित्त अवतार धारण किया है, और लोक मनुष्य की भाँति अनेक परम पावन चरित्र किये हैं।

जैसे अनेकानेक वेष धारण करके कोई नट नृत्य करता हैं और (उस वेश के अनुरूप) वही-वही भाव दिखाता है किन्तु वह उनमें से कोई हो नहीं जाता॥ ७२॥

टिप्पणी—कवि यहाँ सम्पूर्ण जगत् को नचाने वाली माया के प्रभाव का चित्रण करता हुआ बताता है कि ऐसी माया नटी की भाँति अपने सम्पूर्ण समाज (दंभ, कपट, मोहादि) स्वयं श्रीराम के संकेत पर नृत्य करती है।

श्रीराम के अद्वैत एवं निर्गुण स्वरूप का आख्यान करता हुआ उनके लीला स्वरूप का चित्रण करता है और यह लीला स्वरूप अभिनय-रूपात्मक है।

जैसे नाना प्रकार के पात्रों का अभिनय करता हुआ अभिनेय पुरुष स्वयं चरित्र नहीं हो जाता तथैव लीलाधारी अवतरित रूप में नाना प्रकार की लीलाओं में अनुरक्त उसके सुख-दुख विषादादि

परिणामों से कभी भी पीड़ित नहीं होता। लीला स्वयं में अन्वय व्यतिरेक रहित लीलाधारी की एक वृत्ति मात्र है।

भागवत पुराण के इस आशय को वह, 'जथा अनेक बेष धरि....आपुन होइ न सोइ।' उदाहरण द्वारा प्रकट करता है।

असि रघुपति लीला उरगारी। दनुज बिमोहनि जन सुखकारी॥
जे मति मलिन बिषय बस कामी। प्रभु पर मोह धरहिं इमि स्वामी॥
नयन दोष जा कहँ जब होई। पीत बरन ससि कहुँ कह सोई॥
जब जेहिं दिसि भ्रम होइ खगेसा। सो कह पच्छिम उयउ दिनेसा॥
नौकारूढ़ चलत जग देखा। अचल मोहबस आपुहिं लेखा॥
बालक भ्रमहिं न भ्रमहिं गृहादी। कहहिं परस्पर मिथ्याबादी॥
हरि बिषइक अस मोह बिहंगा। सपनेहुँ नहिं अग्यान प्रसंगा॥
माया बस मतिमंद अभागी। हृदयँ जमनिका बहुबिधि लागी॥
ते सठ हठ बस संसय करहीं। निज अग्यान राम पर धरहीं॥

दो०— काम क्रोध मद लोभ रत गृहासक्त दुखरूप।
ते किमि जानहिं रघुपतिहिं मूढ़ परे तम कूप॥
निर्गुन रूप सुलभ अति सगुन जान नहिं कोइ।
सुगम अगम नाना चरित सुनि मुनि मन भ्रम होइ॥ ७३॥

अर्थ—हे गरुड़! ठीक उसी प्रकार श्रीराम की लीला है जो असुरों को विमुग्ध करती है तथा भक्तों के लिए आनन्ददायी है। जो मलिन गति वाले विषय वासनाओं में लिप्त तथा कामीजन श्रीराम जैसे स्वामी पर इस प्रकार का मोह धारण करते हैं।

जब जिसको नेत्रदोष होता है, तब वह चन्द्रमा को पीत वर्ण का कहता है। जब जिसे दिशा भ्रम हो उठता है तो, हे गरुड़! वह कहता है कि सूर्य पश्चिम दिशा में उगा है।

नौका पर बैठा हुआ व्यक्ति मोहवश संसार को चलता हुआ तथा अपने को अचल समझता है। (चक्राकार) बालक घूमते हैं, गृह आदि नहीं किन्तु वे परस्पर एक-दूसरे को झूठा कहते हैं।

हे गरुड़! श्रीहरि के विषय में मोह की ऐसी ही कल्पना है किन्तु उनमें तो स्वप्न में भी अज्ञान का प्रसंग नहीं है। जिनके हृदय पर अनेकों प्रकार के (कामादि) के परदे पड़े हुए हैं वे मतिमंद तथा अभागे माया के वशवर्ती वे शठ हठपूर्वक (श्रीहरि पर) संदेह करते और अपने अज्ञान का आरोपण श्रीराम पर करते हैं।

काम, क्रोध, मद, लोभ में संसक्त दुःखरूप ग्रह में आसर्क्त, वे मूढ़ अज्ञानरूपी कुएँ में पड़े हुए श्रीराम को कैसे जान सकते हैं?

निर्गुण ब्रह्म का स्वरूप अत्यधिक सुलभ (सहज) है किन्तु सगुण को कोई नहीं समझता इसलिए उसके सुगम तथा अगम प्रकार के नाना चरित्रों को सुनकर मुनियों के मन में भी भ्रम होता है।

टिप्पणी—यहाँ श्रीहरि लीला के विमुग्धकारी स्वरूप का कथन है। यह लीला अज्ञानियों को विमुग्ध करती है तथा सन्तों के लिए आनन्दकारी है—अयोध्याकांड में कवि ने इस लीला के विषय में बताया है—

'राम देखि सुनि चरित तुम्हारे। जड़ मोहहिं बुध होहिं सुखारे॥'

बालकांड में पार्वती के सन्दर्भ में कवि जिस आत्ममोह की चर्चा करता है, यहाँ उसी की पुनरावृत्ति है और कवि बार-बार यह समझाना चाहता है कि श्रीराम के स्वरूप, लीला, गुण तथा

चरित्र के विषय में सन्देह व्यक्ति आत्ममोह के कारण करता है और यह स्वयं में उसका भ्रम तथा अज्ञान है।

लीला स्वरूप के अन्तर्गत चरित्र की भ्रमास्पद स्थिति पर व्यक्ति परम्परा से भिन्न टिप्पणी करता है—निर्गुण स्वरूप नितान्त सुलभ है किन्तु सगुण मानव की मोहबुद्धि के कारण समझ के परे है—और यहीं उसकी मूढ़ता तथा जटिलता है। इस लीलात्मक प्रपंच के कारण निर्गुण स्वरूप से सगुण ब्रह्म स्वरूप जटिल तथा भ्रमोत्पादक है। इस भ्रम का कारण मानव मोह तथा लीला है।

सुनु खगेस रघुपति प्रभुताई। कहउँ जथामति कथा सुहाई॥
जेहि बिधि मोह भयउ प्रभु मोही। सोउ सब कथा सुनावउँ तोही॥
राम कृपा भाजन तुम्ह ताता। हरि गुन प्रीति मोहिं सुखदाता॥
ताते नहिं कछु तुम्हहिं दुरावउँ। परम रहस्य मनोहर गावउँ॥
सुनहु राम कर सहज सुभाऊ। जन अभिमान न राखहिं काऊ॥
संसृति मूल सूलप्रद नाना। सकल सोकदायक अभिमाना॥
तातें करहिं कृपानिधि दूरी। सेवक पर ममता अति भूरी॥
जिमि सिसु तन ब्रन होइ गोसाईं। मातु चिराव कठिन की नाईं॥
दो०— जदपि प्रथम दुख पावइ रोवइ बाल अधीर।
ब्याधि नास हित जननी गनइ न सो सिसु पीर॥
तिमि रघुपति निज दास कर हरहिं मान हित लागि।
तुलसिदास ऐसे प्रभुहिं कस न भजहु भ्रम त्यागि॥ ७४॥

अर्थ—हे गरुड़! श्रीराम की प्रभुता का श्रवण करो, मैं अपनी बुद्धि के अनुसार यह सुहावनी कथा कहता हूँ। हे प्रभु! जिस प्रकार से मेरा मोह नष्ट हुआ, वह सारी कथा मैं आपको सुनाता हूँ।

हे तात! तुम श्रीराम कृपा के पात्र हो। आपकी प्रीति श्रीहरि के गुणों में है, इसीलिए वह मेरे लिए सुखकर है। इसलिए मैं आपसे कोई छिपाव नहीं करूँगा और मैं अपने परम मनोहर रहस्य का गान करूँगा।

श्रीराम का सहज स्वभाव सुनो। वे भक्तों में अभिमान कभी भी नहीं रहने देते क्योंकि अभिमान सृष्टि के लिए अनेक प्रकार से कष्टदायी है और यह अभिमान समस्त क्लेश तथा शोक को देने वाला है।

इसीलिए कृपानिधि श्रीराम उसे दूर करते हैं क्योंकि उन्हें अपने दासों पर अत्यधिक ममता है। हे स्वामी गरुड़! जैसे किसी शिशु के शरीर पर कोई फोड़ा हो तो उसे माता कठोर हृदय की भाँति चिरवा देती है।

वह शिशु यद्यपि पहले दुःख पाता है और अत्यधिक अधीर होकर रोता है किन्तु उस व्याधि के नाशभाव के लिए माता उस शिशु की पीड़ा की गणना नहीं करती।

उसी प्रकार श्रीराम अपने भक्तों के अभिमान को उसके हित के निमित्त हर लेते हैं—तुलसीदास कहते हैं कि ऐसे श्रीराम को भ्रम त्याग कर क्यों नहीं भजते॥ ७४॥

टिप्पणी—श्रीराम अपने प्रति सर्वतोभावेन समर्पित भक्त के प्रति सदैव कृपालु रहकर अहैतुकी कृपा करता है और इस अहैतुकी कृपा के लिए भक्तजन को आकांक्षा नहीं करनी पड़ती, वह स्वभावतः अपने भक्तों के प्रति कृपालु एवं स्वयं उसका रक्षक है।

इस सन्दर्भ में वह 'ब्रण' का दृष्टान्त देता है—जैसे शल्यचिकित्सक से शिशु की माता फोड़े की चीरफाड़ स्वयं निर्मम बनकर कराती है, वैसे ही अबोध शिशु रूप भक्तजन की पीड़ा श्रीहरि स्वयं

ममता-मोह त्याग कर के संघात को निर्ममतापूर्वक दूर करता है, यह उसकी भक्तजनों के प्रति परम हितैषिता है।

राम कृपा आपनि जड़ताई। कहउ खगेस सुनहु मन लाई॥
जब जब राम मनुज तनु धरहीं। भक्त हेतु लीला बहु करहीं॥
तब तब अवधपुरी मैं जाऊँ। बाल चरित बिलोकि हरषाऊँ॥
जन्म महोत्सव देखउँ जाई। बरष पाँच तहँ रहउँ लोभाई॥
इष्टदेव मम बालक रामा। सोभा बपुष कोटि सत कामा॥
निज प्रभु बदन निहारि निहारी। लोचन सुफल करउँ उरगारी॥
लघु बायस बपु धरि हरि संगा। देखउँ बाल चरित बहु रंगा॥

दो०— लरिकाईं जहँ जहँ फिरहिं तहँ तहँ संग उड़ाउँ।
जूठनि परइ अजिर महँ सो उठाइ करि खाउँ॥
एक बार अति सैसवँ चरित किए रघुबीर।
सुमिरत प्रभु लीला सोइ पुलकित भयउ सरीर॥ ७५॥

अर्थ—हे गरुड़! श्रीराम की कृपा तथा अपनी जड़ता की बात कहता हूँ। मन लगाकर सुनें, जब जब श्रीराम मनुष्य का शरीर धारण करते हैं और भक्तों के निमित्त अनेक लीलाएँ करते हैं।

तब तब मैं अयोध्यानगरी जाता हूँ तथा श्रीराम के बालचरित्र को देखकर हर्षित होता हूँ। मैं जाकर उनके जन्म महोत्सव को देखता हूँ तथा लुब्धभाव से पाँच वर्ष रहता हूँ।

बालक रूप श्रीराम मेरे इष्ट देवता हैं और उनके शरीर की शोभा शतकोटि कामदेव की है। हे गरुड़! अपने प्रभु शिशु श्रीराम को देखकर अपने नेत्रों को सफल करता हूँ।

छोटे से कौए का शरीर धारण करके श्रीहरि के साथ-साथ मैं उनके भाँति-भाँति प्रकार के बालचरित को देखता हूँ।

शैशवावस्था में वे जहाँ-जहाँ फिरते हैं, मैं वहाँ-वहाँ उनके साथ उड़ता जाता हूँ और आँगन में जो भी जूठन पड़ती है, उसे उठाकर खाता हूँ।

एक बार श्रीराम ने अत्यधिक विस्मयपूर्ण बालचरित किया। श्रीराम की उस लीला का स्मरण करते-करते ही शरीर पुलकित हो उठता है॥ ७५॥

टिप्पणी—जीव के रूप में भुशुण्डि आत्मजड़ता मोह तथा भक्तजनों पर स्थित श्रीहरि के वात्सल्य का चित्रण करता है।

कवि श्रीहरि की लीला के स्वरूप के प्रति आत्मीयता का चित्रण करता है और उसी को आत्यन्तिक आनन्द का हेतु बताया है। भक्त मुक्ति का निरादर करके निरन्तर लीला के आनन्द में लीन रहता है—भुशुण्डि अपने इस स्वभाव का निरूपण इन पंक्तियों में करता है।

कहइ भुसुंडि सुनहु खगनायक। रामचरित सेवक सुखदायक॥
नृप मंदिर सुंदर सब भाँती। खचित कनक मनि नाना जाती॥
बरनि न जाइ रुचिर अँगनाई। जहँ खेलहिं नित चारिउ भाई॥
बाल बिनोद करत रघुराई। बिचरत अजिर जननि सुखदाई॥
मरकत मृदुल कलेवर स्यामा। अंग अंग प्रति छबि बहु कामा॥
नव राजीव अरुन मृदु चरना। पदज रुचिर नख सीस दुति हरना॥

ललित अंक कुलिसादिक चारी। नूपुर चारु मधुर रवकारी॥
चारु पुरट मनि रचित बनाई। कटि किंकिनि कल मुखर सुहाई॥
दो०— रेखा त्रय सुंदर उदर नाभी रुचिर गंभीर।
उर आयत भ्राजत बिबिध बाल बिभूषन चीर॥ ७६॥

अर्थ—भुशुंडि कहते हैं कि हे गरुड़! सुनें, श्रीरामचरित सेवकों को सुख देने वाला है। दशरथ का महल प्रत्येक प्रकार से सुन्दर है तथा नाना प्रकार की मणियों से खचित है।

आँगन की रुचिरता का वर्णन करते नहीं बनता जहाँ नित्य चारों भाई खेलते हैं। आँगन में बाल विनोद करते हुए वे माता के लिए सुख देने वाले आचरण करते हैं।

मरकतमणि के सदृश श्याम तथा कोमल शरीर के प्रत्येक अंग पर अनेक कामदेव की शोभा छाई है। उनके मृदु चरण नवीन अरुण कमल के सदृश हैं तथा नख अपनी ज्योति से चन्द्रमा की कान्ति को हरने वाले हैं।

वज्रादि चारों सुन्दर चिह्न (वज्र, अंकुश, ध्वजा तथा कमल) (चरण के तलवों में) हैं तथा मधुर ध्वनि करने वाले सुन्दर नूपुर हैं। मणियों से जड़ी हुई सुन्दर सोने की करधन की ध्वनि सुहावनी है।

उदर पर सुन्दर तीन रेखाएँ हैं, नाभि सुन्दर एवं गम्भीर है, विशाल वक्ष पर बच्चों के नाना प्रकार के आभूषण तथा वस्त्र शोभित हो रहे हैं॥ ७६॥

टिप्पणी—कवि श्रीराम की बालक्रीड़ा का वर्णन करता है। कवि की दृष्टि में लीलाभक्ति का सबसे महनीय तत्त्व बालभाव की लीला है और कृष्ण भक्त कवियों की कान्तासक्ति से वात्सल्यासक्ति को सर्वोपरि सिद्ध करता है। बाललीला के मनोरम दृश्यों का रेखांकन भक्त कवियों की अपनी विशिष्टता है और कवि यहाँ तदनुकूल उसका मनोहारी वर्णन करता है।

अरुन पानि नख करज मनोहर। बाहु बिसाल बिभूषन सुंदर॥
कंध बाल केहरि दर ग्रीवाँ। चारु चिंबुक आनन छबि सीवाँ॥
कलबल बचन अधर अरुनारे। दुइ दुइ दसन बिसद बर बारे॥
ललित कपोल मनोहर नासा। सकल सुखद ससि कर सम हासा॥
नील कंज लोचन भव मोचन। भ्राजत भाल तिलक गोरोचन॥
बिकट भृकुटि सम श्रवन सुहाए। कुंचित कच मेचक छबि छाए॥
पीत झीन झिगुली तन सोही। किलकनि चितवनि भावति मोही॥
रूप रासि नृप अजिर बिहारी। नाचहिं निज प्रतिबिंब निहारी॥
मोहि सन करहिं बिबिध बिधि क्रीड़ा। बरनत मोहि होति अति ब्रीड़ा॥
किलकत मोहि धरन जब धावहिं। चलउँ भागि तब पूप देखावहिं॥
दो०— आवत निकट हँसहिं प्रभु भाजत रुदन कराहिं।
जाउँ समीप गहन पद फिरि फिरि चितइ पराहिं॥
प्राकृत सिसु इव लीला देखि भयउ मोहिं मोह।
कवन चरित्र करत प्रभु चिदानंद संदोह॥ ७७॥

अर्थ—अरुण वर्ण की हथेलियाँ, उँगलियाँ और मनोहर नाखून हैं, बाहुएँ विशाल, अलंकृत तथा सुन्दर हैं। कंधे बालसिंह के सदृश तथा वलयरेखयुक्त ग्रीवा है। सुन्दर चिबुक है तथा मुख तो छवि की सीमा है।

अरुण ओष्ठ और तुतली बोली है। निर्मल तथा सुन्दर दो छोटे-छोटे दाँत हैं। सुन्दर गाल, सुन्दर नासिका तथा चन्द्रमा की किरणों के सदृश मुस्कान सभी को सुख देने वाली है।

जन्म-मृत्यु के बन्धन से मुक्त करने वाले नीले कमल की भाँति नेत्र हैं तथा ललाट पर गोरोचन का तिलक शोभित है। भौंहें टेढ़ी हैं, कान सम एवं सुंदर हैं। काले तथा घुँघराले बालों की छवि छायी हुई है।

पीली तथा महीन झिंगुली शरीर पर शोभा दे रही है, उनकी किलकारी तथा दृष्टिपात मुझे बहुत ही भला लगता है। दशरथ के आँगन में विहार करनेवाले रूप की राशि श्रीराम अपने प्रतिबिम्ब को देखकर नाच रहे हैं।

मुझसे नाना प्रकार की क्रीड़ा करते हैं—जिनका वर्णन करते हुए मुझे लज्जा आती है किलकारी भरते हुए जब मुझे पकड़ने के लिए दौड़ते हैं, और जब मैं भाग चलता हूँ तो वे (मुझे पकड़ने के लिए) पुआ दिखाते हैं।

मुझे निकट आने पर प्रभु हँसते हैं और मेरे भागने पर रुदन करते हैं। जब उनका चरण छूने के लिए जाता हूँ तो वे मुड़-मुड़कर मेरी ओर देखते हैं और भाग जाते हैं।

लौकिक शिशु की भाँति लीला देखकर मुझे संदेह हुआ कि सच्चिदानन्द घन श्रीराम यह कौन-सा चरित्र कर रहे हैं॥ ७७॥

टिप्पणी—भक्त कवि आराध्य की बाल लीला का मनोहारी वर्णन करते हुए उनके रूप, चेष्टा, व्यापक शरीर एवं अंग रचना तथा अलंकरण को आधार बनाते रहे हैं, कवि भी उसी क्रम में श्रीराम के वात्सल्य का निरूपण करता है।

कवि इस बाल लीला के आनन्द से परिपूर्ण एक क्षण के लिए मोह भाव से संसक्त हो उठता है—और अपने जन में उत्पन्न हुए मोहभाव को निर्मम होकर श्रीहरि किस प्रकार दूर करता है, कवि यहाँ उसकी प्रस्तावना करता है।

एतना मन आनत खगराया। रघुपति प्रेरित ब्यापी माया॥
सो माया न दुखद मोहि काहीं। आन जीव इव संसृति नाहीं॥
नाथ इहाँ कछु कारन आना। सुनहु सो सावधान हरि जाना॥
ग्यान अखंड एक सीताबर। मायाबस्य जीव सचराचर॥
जौ सब के रह ग्यान एक रस। ईश्वर जीवहिं भेद कहहु कस॥
माया बस्य जीव अभिमानी। ईस बस्य माया गुनखानी॥
परबस जीव स्वबस भगवंता। जीव अनेक एक श्रीकंता॥
मुधा भेद जद्यपि कृत माया। बिनु हरि जाइ न कोटि उपाया॥
दो०— रामचंद्र के भजन बिनु जो चह पद निर्बान।
ग्यानवंत अपि सो नर पसु बिनु पूँछ बिषान॥
राकापति षोडस उअहिं तारागन समुदाइ।
सकल गिरिन्ह दव लाइअ बिनु रबि राति न जाइ॥ ७८॥

अर्थ—हे गरुड़! इतना मन में आते ही, श्रीराम से प्रेरित माया मुझमें व्याप्त हो गई। वह माया न तो किसी प्रकार दुःख देने वाली हुई और न तो दूसरे जीवों की भाँति संसार में डालने वाली।

हे नाथ! यहाँ कुछ दूसरा ही कारण है, हे गरुड़! उसे सावधान होकर सुनें। एक सीतापति ही अखण्ड ज्ञान स्वरूप हैं और जड़-चेतन सभी माया के वशवर्ती।

यदि जीवों को एकरस ज्ञान रहे तो बताइए कि ईश्वर तथा जीव के बीच कैसा भेद। अभिमानी जीव माया के वश में है और वह त्रिगुणात्मिका माया ईश्वर के वश में है।

इस प्रकार (माया के वशवर्ती होने के कारण) जीव परवश है और श्रीराम स्ववश, जीव

अनेक हैं श्रीहरि एक हैं। माया का किया हुआ यह भेद असत्य (मुधा) है किन्तु करोड़ों उपाय करने पर भी श्रीहरि के बिना समाप्त नहीं होता।

श्रीराम के भजन के अतिरिक्त अन्य किसी साधन से जो निर्वाण पद की प्राप्ति चाहता है, ज्ञानवान होने पर भी वह मनुष्य बिना सींग पूँछ का पशु है।

सोलह कलाओं से युक्त सभी तारागणों के साथ पूर्ण चन्द्र उदय हों और सम्पूर्ण पर्वतों पर दावाग्नि लगा दी जाये तो भी बिना सूर्य के रात्रि नहीं जा सकती॥ ७८॥

टिप्पणी—कवि माया-मुग्धता तथा एतद्जन्य पीड़ा का अनुभव कराता हुआ उसकी दार्शनिक पीठिका तैयार करता है। जीव माया-मुग्ध होता है क्योंकि अखण्ड ज्ञान चैतन्य से वंचित है और अखण्ड ज्ञान चैतन्य की संयुक्तता ब्रह्म का लक्षण है—और अपने इसी स्वभाव के कारण वह द्रष्टा है, प्रमाता है और सम्पूर्ण जगत् दृश्य तथा प्रमाण रूप। दृश्य रूप होने के कारण मनुष्य माया वशवर्ती है—ईश्वर स्ववश है, जीव परवश है और परवशता के कारण यह जीव नाना प्रकार के संकटों को भोगता है—और जीव की यह परवशता बिना ईश्वर की कृपा के समाप्त नहीं हो सकती—इसीलिए मायामुक्ति के लिए ईश्वर की शरणागति जीव के लिए अनिवार्य है।

यहाँ सम्पूर्ण कविता एक वैचारिक पृष्ठभूमि ले लेती है लेकिन अपने काव्य स्वभाव से वह मुक्त नहीं होती। विचार की कविता भी अन्ततया संप्रेषणधर्मी होती है, ज्ञेय नहीं क्योंकि यहाँ भी कविता का आवरण भावना व्यापार ही है, ज्ञान व्यापार नहीं।

ऐसिहिं बिनु हरि भजन खगेसा। मिटइ न जीवन केर कलेसा॥
हरि सेवकहिं न ब्याप अबिद्या। प्रभु प्रेरित ब्यापइ तेहि बिद्या॥
ता तें नास न होइ दास कर। भेद भगति बाढ़इ बिहंगबर॥
भ्रम ते चकित राम मोहिं देखा। बिहँसे सो सुनु चरित बिसेषा॥
तेहि कौतुक कर मरमु न काहूँ। जाना अनुज न मातु पिताहूँ॥
जानु पानि धाए मोहि धरना। स्यामल गात अरुन कर चरना॥
तब मैं भागि चलेउँ उरगारी। राम गहन कहुँ भुजा पसारी॥
जिमि जिमि दूरि उड़ाउँ अकासा। तहँ हरि भुज देखउँ निज पासा॥
दो०— ब्रह्म लोक लगि गयउँ मैं चितयउँ पाछ उड़ात।
जुग अंगुल कर बीच सब राम भुजहिं मोहिं तात॥
सप्ताबरन भेद करि जहाँ लगें गति मोर।
गयउँ तहाँ प्रभु भुज निरखि ब्याकुल भयउँ बहोर॥ ७९॥

अर्थ—हे गरुड़! इस प्रकार के श्रीहरि के भजन के बिना जीवों का क्लेश नहीं मिटता। श्रीहरि के सेवकों को अविद्या नहीं व्यापती। प्रभु की प्रेरणा से उसे विद्या ही व्यापती है।

हे गरुड़! इसलिए भक्त का नाश नहीं होता और भेद भक्ति ही बढ़ती है। जब श्रीराम ने मुझे भ्रम से चकित देखा, तब वे हँस पड़े, वह विशेष चरित्र सुनिये—

उस आश्चर्यपूर्ण कृत्य का मर्म छोटे भाइयों तथा माता-पिता ने भी नहीं जाना। श्यामल शरीर एवं अरुण हाथ और चरणतलवाले श्रीराम घुटनों के बल हाथों द्वारा मुझे पकड़ने के लिए दौड़े।

हे गरुड़! तब मैं भाग चला और श्रीराम ने मुझे पकड़ने के निमित्त अपनी भुजा फैलाई। मैं जैसे-जैसे दूर आकाश में उड़ना चाहता था, वैसे ही, वहाँ-वहाँ भुजा को अपने ही पास देखता था।

मैं ब्रह्म लोक तक गया तथा और उड़ते हुए जब पीछे देखा, हे तात! तब मुझे श्रीराम की भुजा एवं मुझमें केवल दो अंगुल (का अन्तर) शेष था।

सातों आवरणों को भेदकर जहाँ तक मेरी गति थी, वहाँ तक मैं गया और वहाँ पर भी प्रभु की भुजा देखकर मैं व्याकुल हो गया॥ ७९॥

टिप्पणी—श्रीहरि की भक्ति के बिना इस मायाजन्य क्लेश से मुक्ति नहीं मिलती—साथ ही श्रीहरि अहैतुकी भाव से भ्रम एवं सशंयजन्य इस अज्ञान को स्वयं दूर करने के लिए कटिबद्ध मिलते हैं—कवि स्वयं के साथ घटित आत्म प्रकरण के दृष्टान्त द्वारा इसकी सम्पुष्टि करता है।

मोह के जाग्रत होने के क्षण ही भक्त संशय एवं मोहहारी श्रीहरि द्वारा कौतुक सम्पादित करना उनकी अहैतुकी कृपा का फल है।

मूँदेउँ नयन त्रसित जब भयऊँ। पुनि चितवत कोसलपुर गयऊँ॥
मोहि बिलोकि राम मुसुकाहीं। बिहँसत तुरत गयउँ मुख माहीं॥
उदर माँझ सुनु अंडजराया। देखेउँ बहु ब्रह्मांड निकाया॥
अति बिचित्र तहँ लोक अनेका। रचना अधिक एक ते एका॥
कोटिन्ह चतुरानन गौरीसा। अगनित उडगन रबि रजनीसा॥
अगनित लोकपाल जम काला। अगनित भूधर भूमि बिसाला॥
सागर सरि सर बिपिन अपारा। नाना भाँति सृष्टि बिस्तारा॥
सुर मुनि सिद्ध नाग नर किन्नर। चारि प्रकार जीव सचराचर॥

दो०— जो नहिं देखा नहिं सुना जो मनहूँ न समाइ।
सो सब अद्‌भुत देखेउँ बरनि कवनि बिधि जाइ॥
एक एक ब्रह्मांड महुँ रहउँ बरष सत एक।
एहि बिधि देखत फिरउँ मैं अंड कटाह अनेक॥ ८०॥

अर्थ—भयाक्रान्त होकर मैंने नेत्र मूँद लिये और फिर आँखें खोलते ही अयोध्या पहुँच गया। मुझे देखकर श्रीराम मुस्कराने लगे और उनके हँसते ही, उनके मुँह में चला गया।

हे पक्षिराज! सुनें, उनके उदर के मध्य मैंने अनेक ब्रह्मांड समूहों को देखा। उन ब्राह्मांडों में अनेक विचित्र लोक थे जिनकी रचना एक-से-एक बढ़कर थी।

करोड़ों ब्रह्मा, शिव और अगणित सूर्य, रवि, चन्द्र, अगणित लोकपाल, यम, काल, अगणित पर्वत और विशाल भूमि।

अपार समुद्र, नदियाँ, तालाब, वन तथा नाना प्रकार की सृष्टि का विस्तार, देवता, मुनि, सिद्ध, नाग, मनुष्य, किन्नर तथा चारों प्रकार के जड़ तथा चेतन जीव देखे।

जो कभी न देखा, न जिसके विषय में सुना था और जिसकी मन में कल्पना भी नहीं की जा सकती थी, वह सब अद्‌भुत सृष्टि मैंने देखी, उसका वर्णन किस प्रकार से किया जाए।

एक एक ब्रह्मांड में एक एक सौ वर्ष रहा और इस प्रकार मैंने अनेकानेक ब्रह्मांड देखे॥ ८०॥

टिप्पणी—भुशुंडि की यह भ्रमात्मक स्थिति पार्वती की भाँति है। जैसे मोह बुद्धिग्रस्त पार्वती भ्रमित होकर अनेकानेक श्रीहरि के रूपों तथा उनके ऐश्वर्यों को देखकर भ्रमयुक्त होती हैं, वैसी ही स्थिति यहाँ भुशुंडि की भी है।

लोक लोक प्रति भिन्न बिधाता। भिन्न बिष्नु सिव मनु दिसित्राता॥
नर गंधर्ब भूत बेताला। किंनर निसिचर पसु खग ब्याला॥
देव दनुज गन नाना जाती। सकल जीव तहँ आनहिं भाँती॥
महि सर सागर सर गिरि नाना। सब प्रपंच तहँ आनइ आना॥
अंडकोस प्रति निज निज रूपा। देखेउँ जिनस अनेक अनूपा॥

अवधपुरी प्रति भुवन निनारी। सरजू भिन्न भिन्न नर नारी॥
दसरथ कौसल्या सुनु ताता। बिबिध रूप भरतादिक भ्राता॥
प्रति ब्रह्मांड राम अवतारा। देखेउँ बाल बिनोद उदारा॥

दो०— भिन्न भिन्न मैं दीख सबु अति बिचित्र हरि जान।
अगनित भुवन फिरेउँ प्रभु राम न देखेउँ आन॥
सोइ सिसुपन सोइ सोभा सोइ कृपाल रघुबीर।
भुवन भुवन देखत फिरउँ प्रेरित मोह समीर॥ ८१॥

अर्थ—प्रत्येक लोक में भिन्न-भिन्न ब्रह्मा, भिन्न-भिन्न विष्णु, शिव, मनु, दिग्पाल, मनुष्य, गन्धर्व, भूत, बेताल, किन्नर, राक्षस, पशु, पक्षी, सर्प,

नाना जातियों के देवता तथा असुर तथा सभी लोक भिन्न-भिन्न प्रकार के थे। अनेक पृथ्वी, नदी, समुद्र, तालाब, पर्वत तथा सभी सृष्टि वहाँ अलग प्रकार की थी।

प्रत्येक ब्रह्मांड में मैंने अपना स्वरूप देखा तथा अनेक विलक्षण वस्तुएँ देखीं, प्रत्येक भुवन में भिन्न अयोध्यापुरी, भिन्न सरयू एवं भिन्न-भिन्न मनुष्य तथा स्त्री दिखाई पड़े।

हे तात! सुनें, दशरथ, कौसल्या तथा भरतादिक भ्रातागण भिन्न-भिन्न रूपों में थे। प्रत्येक ब्रहांड में श्रीराम के अवतार एवं अपार बाल-लीलाएँ देखता फिरा।

हे गरुड़! मैंने सभी कुछ भिन्न-भिन्न तथा अत्यधिक विचित्र देखा। मैं अगणित ब्रह्मांडों में फिरा, परन्तु प्रभु श्रीराम को मैंने दूसरी तरह का नहीं देखा।

उसी बाल्यावस्था, उसी सौन्दर्य और उन्हीं कृपालु श्रीराम को मोहरूपी वायु से प्रेरित मैं भुवनों-भुवनों में देखता फिरा॥ ८१॥

टिप्पणी—यहाँ कवि ने विविध कौतुकपूर्ण कृत्यों का वर्णन किया है जो लीलाधारी के वैचित्र्य, शक्ति, माहात्म्य तथा अनन्तता के द्योतक हैं। इस प्रकार के आश्चर्यपूर्ण कृत्यों का वर्णन गीता तथा पुराणों में मिलता है। कवि उसी परम्परा तथा परिपाटी का अनुधावन इस प्रकरण में करता है।

भ्रमत मोहिं ब्रह्मांड अनेका। बीते मनहुँ कल्प सत एका॥
फिरत फिरत निज आश्रम आयउँ। तहँ पुनि रहि कछु काल गवाँयउँ॥
निज प्रभु जन्म अवध सुनि पायउँ। निर्भर प्रेम हरषि उठि धायउँ॥
देखउँ जन्म महोत्सव जाई। जेहिं बिधि प्रथम कथा मैं गाई॥
राम उदर देखेउँ जग नाना। देखत बनइ न जाइ बखाना॥
तहँ पुनि देखेउँ राम सुजाना। मायापति कृपाल भगवाना॥
करउँ बिचार बहोरि बहोरी। मोह कलिल ब्यापित मति मोरी॥
उभय घरी महँ मैं सब देखा। भयउँ भ्रमित मन मोह बिसेषा॥

दो०— देखि कृपाल बिकल मोहि बिहँसे तब रघुबीर।
बिहँसत ही मुख बाहेर आयउँ सुनु मतिधीर॥
सोइ लरिकाई मो सन करन लगे पुनि राम।
कोटि भाँति समुझावउँ मनु न लहइ बिस्राम॥ ८२॥

अर्थ—अनेक ब्रह्मांडों में भटकते हुए मुझे मानो एक सौ कल्प व्यतीत हो गये। भटकते-भटकते पुनः अपने आश्रम में आया और कुछ काल रहकर वहाँ व्यतीत किया।

फिर जब अपने प्रभु का जन्म अयोध्या में सुन पाया तब प्रेम से परिपूर्ण हर्षित उठ दौड़ा। जिस प्रकार मैं पहले वर्णन कर चुका हूँ, जाकर मैंने उनके उस जन्म महोत्सव को देखा।

श्रीराम के उदर में मैंने अनेक संसार देखे, वे देखते ही बनते थे। उनका वर्णन नहीं किया जा सकता है वहाँ पुनः मैंने माया के स्वामी कृपालु श्रीराम भगवान् को देखा।

पुनः-पुनः विचार करता था। मेरी बुद्धि मोहरूपी कीचड़ से लिप्त थी। मैंने यह सब दो घड़ी भर में ही देखा और मन में विशेष मोह होने के कारण मैं भ्रमित हो उठा।

मुझे व्याकुल देखकर तब कृपालु श्री रघुवीर हँस पड़े। हे धीरबुद्धि, गरुड़ जी! सुनें, उनके हँसते ही मैं उनके मुँह से बाहर आ गया।

श्रीराम मुझसे पुनः उसी प्रकार का लड़कपन करने लगे। मैं करोड़ों प्रकार से मन को समझाता था, किन्तु उसे शान्ति नहीं मिलती थी॥ ८२॥

टिप्पणी—कवि श्रीहरि के स्वरूप वर्णन के इस मिथकीय सन्दर्भ के माध्यम से उनकी विराटता, अनन्तता तथा अपरिज्ञेयता का चित्रण करता है। उनकी इस अनन्तता एवं महनीयता में दास के प्रति माता के निश्छल वात्सल्य जैसी हितैषिता भरी कृपा भी सन्निहित है।

देखि चरित यह सो प्रभुताई। समुझत देह दसा बिसराई॥
धरनि परेउँ मुख आव न बाता। त्राहि त्राहि आरत जन त्राता॥
प्रेमाकुल प्रभु मोहिं बिलोकी। निज माया प्रभुता तब रोकी॥
कर सरोज प्रभु मम सिर धरेऊ। दीन दयाल सकल दुख हरेऊ॥
कीन्ह राम मोहिं बिगत बिमोहा। सेवक सुखद कृपा संदोहा॥
प्रभुता प्रथम बिचारि बिचारी। मन महँ होइ हरष अति भारी॥
भगत बछलता प्रभु कै देखी। उपजी मम उर प्रीति बिषेखी॥
सजल नयन पुलकित कर जोरी। कीन्हिउँ बहु बिधि बिनय बहोरी॥

दो०— सुनि सप्रेम मम बानी देखि दीन निज दास।
बचन सुखद गंभीर मृदु बोले रमा निवास॥
कागभुशुंडि माँगु बर अति प्रसन्न मोहि जानि।
अनिमादिक सिधि अपर रिधि मोक्ष सकल सुख खानि॥ ८३॥

अर्थ—उनके इस चरित्र एवं इस प्रभुता को देखकर मैं उसका स्मरण करते हुए देह दशा विस्मृत कर गया। हे आर्तजनों के रक्षक, मेरी रक्षा करें, मेरी रक्षा करें कहता हुआ, पृथ्वी पर गिर पड़ा, मुख से बातें नहीं निकलतीं।

प्रभु श्रीराम ने मुझे प्रेम से व्याकुल जानकर अपनी माया की प्रभुता रोक ली और मेरे सिर पर अपना हस्त-कमल रखा और दीनदयाल प्रभु श्रीराम ने मेरे समस्त दुःखों का हरण कर लिया।

सेवकों को सुख देने वाले तथा कृपा के समूह (संदोह) श्रीराम ने मुझे मोह मुक्त कर दिया। उनकी पूर्व की प्रभुता का विचार करके मेरे मन में अपार हर्ष हुआ।

प्रभु श्रीराम की भक्त-वत्सलता देखकर मेरे हृदय और मन में विशेष प्रीति उत्पन्न हुई। नेत्र में जल भर-भर कर पुलकित होकर और हाथ जोड़कर मैंने बहुत प्रकार से विनय की।

मुझ दास को दीन देखकर और प्रेमपूर्ण वाणी सुनकर रमा निवास श्रीराम सुख देने वाले, गम्भीर एवं मृदुवाणी बोले।

हे कागभुशुंडि! मुझे अत्यधिक प्रसन्न जानकर वर माँगो। अणिमा आदि सिद्धियाँ दूसरी ऋद्धियाँ और सम्पूर्ण सुखों की खान मोक्ष (जो चाहे माँग लो)॥ ८३॥

टिप्पणी—श्रीहरि के परादैवी चरित्र एवं व्यक्तित्व का अतिशय रोमांचकारी प्रभाव का वर्णन करता हुआ उनकी अपरिमेय कृपा तथा आत्मीयता का भी उसी क्रम में कवि निरूपण करता है—

प्रेमाकुल प्रभु मोहिं बिलोकी। निज माया प्रभुता तब रोकी।
कर सरोज प्रभु मम सिर धरेऊ। दीन दयाल सकल दुख हरेऊ॥

श्रीहरि की अहैतुकी कृपा एवं निजता का दृष्टान्त कवि के आत्मचिंतनगत से जुड़ा हुआ है। श्रीराम के इसी स्वभाव का कवि निरन्तर प्रतिपादन करता है।

ग्यान बिबेक बिरति बिग्याना। मुनि दुर्लभ गुन जे जग जाना॥
आजु देउँ सब संसय नाहीं। माँगु जो तोहि भाव मन माहीं॥
सुनि प्रभु बचन अधिक अनुरागेउँ। मन अनुमान करन तब लागेउँ॥
प्रभु कह देन सकल सुख सही। भगति आपनी देन न कही॥
भगतिहीन गुन सब सुख ऐसे। लवन बिना बहु बिंजन जैसे॥
भजनहीन सुख कवने काजा। अस बिचारि बोलेउँ खगराजा॥
जौं प्रभु होइ प्रसन्न बर देहू। मो पर करहु कृपा अरु नेहू॥
मन भावत बर माँगउँ स्वामी। तुम्ह उदार उर अंतरजामी॥

दो०— अबिरल भगति बिसुद्ध तव श्रुति पुरान जो गाव।
जेहिं खोजत जोगीस मुनि प्रभु प्रसाद कोउ पाव॥
भगत कल्पतरु प्रनत हित कृपा सिंधु सुखधाम।
सोइ निज भगति मोहिं प्रभु देहु दया करि राम॥ ८४॥

अर्थ—ज्ञान, विवेक, वैराग्य, विज्ञान और वे अनेक गुण जो जगत् में मुनियों के लिए भी दुर्लभ हैं, आज मैं तुझे सब दूँगा। इसमें कोई भी संदेह नहीं है।

प्रभु श्रीराम के वचनों को सुनकर मैं अत्यधिक अनुरागपरिपूर्ण हो उठा और यह मन में अनुमान करने लगा, यह सत्य है कि प्रभु ने सम्पूर्ण सुखों को देने के लिए कहा है किन्तु अपनी भक्ति तो देने के लिए कही ही नहीं।

बिना भक्ति के सभी गुण तथा सुख इस प्रकार हैं, जैसे नमक के बिना अनेकानेक व्यंजन। भजन से रहित सुख किस कार्य का ऐसा सोच करके, हे गरुड़! मैं बोला।

हे प्रभु! यदि प्रसन्न होकर आप वरदान देते हैं तो मेरे ऊपर कृपा तथा स्नेह करें हैं। हे स्वामी श्रीराम! मनोकामना के अनुरूप वर माँग रहा हूँ—आप उदार तथा हृदय की बातें जानने वाले अन्तर्यामिन् हैं।

आपकी जिस अविरल तथा विशुद्ध भक्ति का गुणानुवाद श्रुति तथा पुराणादि करते हैं—जिसे योगिश्रेष्ठ एवं मुनिगण खोजते रहते हैं, उसे आपके कृपा प्रसाद से कोई बिरले ही प्राप्त करते हैं।

हे भक्तों के कल्पतरु! शरणागत के हित के निमित्त हे सुखधाम, कृपासिन्धु, प्रभु श्रीराम! मुझे दया करके (वही) दीजिए॥ ८४॥

टिप्पणी—भक्तिकाव्य के अन्तर्गत वरदान एक मोटिफ़ है और यहाँ कवि इस मोटिफ़ द्वारा ज्ञान, कर्म, विवेक, विरति एवं आत्मबोध आदि आध्यात्मिक सन्दर्भों की तुलना में भक्ति को सर्वातिश्रेष्ठ निरूपित करता है। कवि सम्पूर्ण ऐश्वर्यों, आनन्द के हेतुओं तथा सुख के साधनों को भक्ति के बिना अरुचिकर निरूपित करता हुआ उदाहरण देता है—

'भगतिहीन गुन सब सुख ऐसे। लवन बिना बहु बिंजन जैसे॥'

कवि प्रकारान्तर भाव से उन पर भी संशय करता है जो लोक ऐश्वर्य एवं उसके आनन्द को सर्वोपरि मानकर जीवन यापन करते हैं।

एवमस्तु कहि रघुकुलनायक। बोले बचन परम सुखदायक॥
सुनु बायस तइँ सहज सयाना। काहे न माँगसि अस बरदाना॥

सब सुख खानि भगति तैं माँगी। नहिं जग कोउ तोहि सम बड़भागी॥
जो मुनि कोटि जतन नहिं लहहीं। जे जप जोग अनल तन दहहीं॥
रीझेउँ देखि तोरि चतुराई। माँगेहु भगति मोहि अति भाई॥
सुनु बिहंग प्रसाद अब मोरे। सब सुभ गुन बसिहहिं उर तोरे॥
भगति ग्यान बिग्यान बिरागा। जोग चरित्र रहस्य बिभागा॥
जानब तैं सबहीं कर भेदा। मम प्रसाद नहिं साधन खेदा॥
दो०— माया संभव भ्रम सब अब न ब्यापिहहिं तोहि।
जानेसु ब्रह्म अनादि अज अगुन गुनाकर मोहि॥
मोहि भगत प्रिय संतत अस बिचारि सुनु काग।
काय बचन मन मम पद करेसु अचल अनुराग॥ ८५॥

अर्थ—रघुवंशशिरोमणि श्रीराम, ऐसा ही हो, कहकर, परम सुखदायी वाणी बोले, हे काक! सुन, तू स्वभाव से ही चतुर है। ऐसा वरदान क्यों कर न माँगता।

सभी सुखों की खान भक्ति की तूने याचना की, तुम्हारे समान संसार में कोई बड़भागी नहीं है, जो मुनिगण जप एवं योग की अग्नि में शरीर जलाकर भी करोड़ों यत्न करके नहीं प्राप्त कर पाते।

तुम्हारी चतुरता देखकर मैं प्रसन्न हूँ, तूने भक्ति माँगी, मुझे अच्छा लगा। हे पक्षी, सुनो, अब मेरी कृपा से सभी शुभ गुण तुम्हारे शरीर में निवास करेंगे।

भक्ति, ज्ञान, विज्ञान, वैराग्य, योग, लीला, उनके रहस्य तथा विभाग आदि के रहस्य को तुम मेरी कृपा से जानोगे और तुझे साधनों का कष्ट नहीं होगा।

मुझे अनादि, अज, अगुण तथा सम्पूर्ण गुणों की खान जानना और अब माया सम्भव भ्रम तुझमें उत्पन्न नहीं होंगे।

हे काक! सुनो, मुझे भक्त निरन्तर प्रिय हैं, ऐसा विचार करके शरीर, मन तथा वाणी से मेरे चरणों में अटल प्रेम करना॥ ८५॥

टिप्पणी—कवि यहाँ पुनः भक्ति को वरदान मोटिफ़ से जोड़कर उसकी सर्वश्रेष्ठता का प्रतिपादन करता है। 'वचन चातुरी' काव्यमूलक चमत्कार का हेतु है—काव्य चातुरी के अन्तर्गत श्रीहरि के शब्दों द्वारा भुशुंडि के आचरण की प्रशंसा कवि अपने मन्तव्य को प्रभावशाली बनाने के लिए करता है।

अब सुनु परम बिमल मम बानी। सत्य सुगम निगमादि बखानी॥
निज सिद्धान्त सुनावउँ तोही। सुनु मन धरु सब तजि भजु मोही॥
मम माया संभव संसारा। जीव चराचर बिबिध प्रकारा॥
सब मम प्रिय सब मम उपजाए। सब तें अधिक मनुज मोहिं भाए॥
तिन्ह महँ द्विज द्विज महँ श्रुतिधारी। तिन्ह महँ निगम धर्म अनुसारी॥
तिन्ह महँ प्रिय बिरक्त पुनि ग्यानी। ग्यानिहुँ तें अति प्रिय बिग्यानी॥
तिन्ह ते पुनि मोहिं प्रिय निज दासा। जेहि गति मोरि न दूसरि आसा॥
पुनि पुनि सत्य कहउँ तोहि पाहीं। मोहि सेवक सम प्रिय कोउ नाहीं॥
भगतिहीन बिरंचि किन होई। सब जीवहु सम प्रिय मोहि सोई॥
भगतिवंत अति नीचउ प्रानी। मोहि प्रान प्रिय असि मम बानी॥
दो०— सुचि सुसील सेवक सुमति प्रिय कहु काहि न लाग।
श्रुति पुरान कह नीति असि सावधान सुनु काग॥ ८६॥

अर्थ—अब मेरी परम भक्ति सत्य एवं वेदों द्वारा कही हुई वाणी सुनो। मैं तुझे अपना सिद्धान्त सुनाता हूँ जिसे सुनकर मन में धारण करो, वह है, सभी का त्याग करो और मुझे भजो।

यह सम्पूर्ण संसार मेरी माया से उत्पन्न है और इसमें, सचराचर से सम्बद्ध अनेकानेक प्रकार के जीव हैं। सभी जीव मेरे द्वारा उत्पन्न किये हुए हैं और मुझे प्रिय हैं और इन सबमें मनुष्य मुझे अत्यधिक प्रिय हैं।

मनुष्य में द्विज और द्विजों में वेदों को कंठ में धारण करनेवाले और उनमें भी वेदोक्त धर्म पर चलने वाले, उनमें से मुझे विरक्त प्रिय हैं और विरक्तों में ज्ञानी। ज्ञानियों में मुझे विज्ञानी प्रिय हैं।

फिर उनसे प्रिय मुझे मेरे दास हैं जिन्हें मेरा ही आश्रय है, और कोई अन्य आश्रय नहीं है, मैं तुझसे सच-सच कह रहा हूँ कि मुझे सेवक के सदृश कोई प्रिय नहीं है।

भक्ति से हीन विधाता ही क्यों न हों, वह मुझे सभी जीवों के ही सदृश प्रिय है। यदि नीच प्राणी भी भक्ति संयुत है तो वह मुझे प्राणों से प्रिय है, ऐसा मेरा वचन है।

पवित्र, शीलवान एवं सद्बुद्धियुक्त सेवक किसे प्रिय नहीं लगता। हे काक! सावधान होकर सुनो, वेद तथा पुराण इसी प्रकार की ही नीति कहते हैं॥ ८६॥

टिप्पणी—(१) कवि भक्ति सिद्धान्त ही सर्वोत्कृष्टता का निरूपण क्रम न्याय से करता है। भक्त सर्वश्रेष्ठ एवं सर्वाधिक प्रिय है—कवि इसके लिए एक तर्कबद्ध कथन करता है—

सर्वातिप्रिय मनुष्य रूप > मुनष्यों में द्विज > द्विजों में वेदज्ञ > वेदज्ञों में वैदिक धर्माचरण में अनुरक्त > उनमें विरक्त > विरक्तों में ज्ञानी > ज्ञानियों में आत्मबोध के ज्ञान से संयुक्त > और उनमें सर्वातिश्रेष्ठ मेरे भक्त प्रिय हैं। सर्वातिभाव से सम्पूर्ण आलम्बनों को त्याग कर श्रीहरि के प्रति समर्पित भक्त नीच प्राणी भी ब्रह्मा से अधिक मुझे प्रिय हैं।

तुलसीदास यहाँ सम्पूर्ण वर्ण व्यवस्था, नैतिक तथा आध्यात्मिक मान्यताओं के ऊपर श्रीहरि की कामनारहित भक्ति की स्थापना करते हैं।

(२) मध्यकाल के मूल वाक्य 'सब तज हरि (मोहि) भजु' का कवि पुनः यहाँ स्मरण करता है।

(३) भक्ति विवेचन में कविता नष्ट नहीं होती क्योंकि क्रमालंकार की वर्णन परिपाटी सम्पूर्ण वैचारिकता को अपने में समेटे हुए है।

एक पिता के बिपुल कुमारा। होहिं पृथक गुन सील अचारा॥
कोउ पंडित कोउ तापस ग्याता। कोउ धनवंत सूर कोउ दाता॥
कोउ सर्बग्य धर्मरत कोई। सब पर पितहिं प्रीति सम होई॥
कोउ पितु भगत बचन मन कर्मा। सपनेहुँ जान न दूसर धर्मा॥
सो सुत प्रिय पितु प्रान समाना। जद्यपि सो सब भाँति अयाना॥
एहिं बिधि जीव चराचर जेते। त्रिजग देव नर असुर समेते॥
अखिल बिस्व यह मोर उपाया। सब पर मोहिं बराबरि दाया॥
तिन्ह महँ जो परिहरि मद माया। भजै मोहि मन बच अरु काया॥

दो०— पुरुष नपुंसक नारि वा जीव चराचर कोइ।
सर्बभाव भज कपट तजि मोहि परम प्रिय सोइ॥

सो०— सत्य कहउँ खग तोहि सुचि सेवक मम प्रान प्रिय
अस बिचारि भजु मोहि परिहरि आस भरोस सब। ८७॥

अर्थ—एक ही पिता के अनेक पुत्र गुण, शील एवं आचरण के अनुसार पृथक्-पृथक् होते हैं। कोई पण्डित है, कोई तपस्वी है, कोई ज्ञानी है, कोई धनी है, कोई पराक्रमी है और कोई दानी है,

कोई सर्वज्ञ है, कोई धर्मशील है किन्तु पिता की प्रीति सब पर समान होती है, कोई वचन, मन तथा कर्म से पिता का भक्त होता है और स्वप्न में भी दूसरा धर्म नहीं जानता।

वह पुत्र पिता को प्राणों के सदृश प्रिय है यद्यपि वह सभी प्रकार से अज्ञानी (अयाना) है। इसी प्रकार सचराचर में तिर्यक् (पशु-पक्षी), देवता, मनुष्य तथा दैत्य सहित जितने भी जीव हैं—

यह सम्पूर्ण सृष्टि मेरे द्वारा उत्पन्न की हुई है और सब पर मेरी बराबर दया है। उनमें से वह जो मद तथा माया का परित्याग करके मुझे मन वाणी तथा कर्म से भजते हैं,

वह पुरुष हो, नपुंसक हो या नारी या चर-अचर का कोई भी जीव हो, कपट छोड़कर जो सर्वभाव से मेरा भजन करता है, वह मुझे परम प्रिय है।

हे पक्षी! तुझसे मैं सच-सच कह रहा हूँ, पवित्र सेवक मुझे प्राणों से भी प्रिय हैं, ऐसा विचार करके अन्य सम्पूर्ण आशा तथा भरोसा त्याग करके मुझे भजो॥ ८७॥

टिप्पणी—कवि लोक दृष्टान्त के माध्यम से एकमात्र प्रभु को समर्पित कामनाहीन भक्त के महत्त्व का निरूपण करता है। लोक दृष्टान्त का यह तर्क स्वयं श्रीहरि के मुख से कवि प्रस्तुत करता है।

कबहुँ काल नहिं ब्यापिहि तोहीं। सुमिरेसु भजेसु निरंतर मोहीं॥
प्रभु बचनामृत सुनि न अघाऊँ। तन पुलकित मन अति हरषाऊँ॥
सो सुख जानइ मन अरु काना। नहिं रसना पहिं जाइ बखाना॥
प्रभु सोभा सुख जानहिं नयना। कहि किमि सकहिं तिन्हहिं नहिं बयना॥
बहु बिधि मोहि प्रबोधि सुख देई। लगे करन सिसु कौतुक तेई॥
सजल नयन कछु मुख करि रूखा। चितइ मातु लागी अति भूखा॥
देखि मातु आतुर उठि धाई। कहि मृदु बचन लिए उर लाई॥
गोद राखि कराव पय पाना। रघुपति चरित ललित कर गाना॥

सो०— जेहिं सुख लागि पुरारि असुभ बेष कृत सिव सुखद।
अवधपुरी नर नारि तेहि सुख महुँ संतत मगन॥
सोई सुख लवलेस जिन्ह बारक सपनेहु लहेउ।
ते नहिं गनहिं खगेस ब्रह्म सुखहिं सज्जन सुमति॥ ८८॥

अर्थ—कभी भी तुझे काल नहीं व्यापेगा और मुझे निरन्तर भजना तथा स्मरण करना। प्रभु के वचनामृत सुनकर मैं तृप्त नहीं होता था। शरीर पुलकित था तथा मन में अत्यधिक हर्ष था।

वह सुख मन तथा कान जानते हैं, जीभ से उसका वर्णन नहीं किया जा सकता है। प्रभु के सौन्दर्य का सुख नेत्र ही जानते हैं, वे किस तरह से कहें, उनके पास वाणी नहीं है।

अनेक प्रकार से मुझे समझाकर और सुख देकर वह बालकों की-सी क्रीड़ा करने लगे। नेत्रों को जलयुक्त तथा मुख को कुछ रूखा-सा बनाकर माता की ओर देखा और माता ने समझा कि यह अत्यधिक भूखा है।

यह देखकर माता आतुर भाव से उठकर दौड़ी और कुछ मधुर वाणी कहकर हृदय से लगा लिया, गोदी में रखकर वह पयपान कराती हुई श्रीराम की ललित चरित कथा का गान करने लगी।

जिस सुख के लिए सबको सुख देने वाले शिव ने अशिव वेष धारण किया है, अयोध्या नगरी के नरनारी उस सुख में निरन्तर मग्न हैं।

उस सुख का लवलेश मात्र जिसने एक बार स्वप्न में भी प्राप्त कर लिया है, हे गरुड़! वे सुन्दर मतिवाले सज्जन (उसकी तुलना में) ब्रह्म-सुख की भी गणना नहीं करते॥ ८८॥

टिप्पणी—श्रीहरि के वचनामृत के आस्वादन का कवि वर्णन करता है। भक्तजन श्रीहरि के नाम, रूप, लीला तथा चरित्र के सम्पर्क से आस्वादन का अनुभव करते रहे हैं। यहाँ इन सब से पृथक् प्रभु श्रीराम के आस्वादन की अकथनीय अद्वितीयता का वर्णन कवि कर रहा है। उस अद्वितीयता का वर्णन करता हुआ कवि लीला तथा दर्शनजनित आनन्द की तुलना में ब्रह्मानन्द को स्वल्प एवं लेश बताता है। यह स्थिति निश्चित ही विचारणीय है—कारण कि समाधिजन्य ब्रह्मानन्द का अनुभव केवल प्रज्ञा तथा बोध का विषय है किन्तु लीलाजनित आनन्द मन, बुद्धि, चित्त, ज्ञानेन्द्रिय आदि सबके सम्मिलित आस्वादन का फल है—इसलिए यह लीलानन्द ब्रह्मानन्द से बलवत्तर तथा स्थायी है–

मैं पुनि अवध रहेउँ कछु काला। देखेउँ बाल बिनोद रसाला॥
राम प्रसाद भगति बर पायउँ। प्रभु पद बंदि निजास्त्रम आयउँ॥
तब तें मोहिं न ब्यापी माया। जब तें रघुनायक अपनाया॥
यह सब गुप्त चरित मैं गावा। हरि माया जिमि मोहिं नचावा॥
निज अनुभव अब कहउँ खगेसा। बिनु हरि भजन न जाहिं कलेसा॥
राम कृपा बिनु सुनु खगराई। जानि न जाइ राम प्रभुताई॥
जाने बिनु न होइ परतीती। बिनु परतीति होइ नहिं प्रीती॥
प्रीति बिना नहिं भगति दृढ़ाई। जिमि खगपति जल कै चिकनाई॥
सो०— बिनु गुरु होइ कि ग्यान ग्यान कि होइ बिराग बिनु।
गावहिं बेद पुरान सुख कि लहिअ हरि भगति बिनु॥
कोउ बिस्राम कि पाव तात सहज संतोष बिनु।
चलै कि जल बिनु नाव कोटि जतन पचि पचि मरिअ॥ ८९॥

अर्थ—मैं पुन: कुछ समय तक अयोध्या में रहा और श्रीराम की रसमय बाल लीला देखी। श्रीराम के प्रसाद से मैंने भक्ति का वरदान प्राप्त किया और प्रभु के चरणों की वन्दना करके इसके पश्चात् अपने आश्रम में आया।

जब से श्रीराम ने मुझे अपना लिया तबसे मुझे माया कभी नहीं व्यापी। श्रीहरि की माया ने मुझे जिस प्रकार नचाया वह सब गुप्त चरित्र मैंने कहा।

हे गरुड़! अब मैं अपना अनुभव कहता हूँ कि बिना श्रीहरि के भजन के क्लेश नहीं दूर होते। हे पक्षिराज! सुनिये, श्रीराम की कृपा के बिना श्रीराम की प्रभुता नहीं जानी जा सकती।

बिना जाने विश्वास नहीं होता और बिना विश्वास के प्रीति नहीं होती। प्रीति के बिना भक्ति दृढ़ नहीं होती, हे गरुड़! जैसे जल की चिकनाई ठहरती नहीं।

बिना गुरु के क्या ज्ञान हो सकता है अथवा वैराग्य के बिना क्या ज्ञान हो सकता है? वेद पुराण ऐसा गान करते हैं कि श्रीहरि की भक्ति के बिना क्या सुख प्राप्त हो सकता है?

हे तात! क्या कोई बिना सन्तोष के विश्रान्ति प्राप्त कर सकता है, चाहे करोड़ों उपाय करके पच-पच के मर जाइए किन्तु कभी जल के बिना नाव नहीं चल सकती॥ ८९॥

टिप्पणी—कवि सम्पूर्ण प्रसंग को निष्कर्षबद्ध करता हुआ कहता है कि श्रीहरि के भजन के बिना क्लेश नहीं जाते और श्रीराम के महत्त्व का ज्ञान बिना श्रीराम के जाना नहीं जा सकता। यही नहीं, श्रीराम को पूरी तरह समझे बिना प्रतीति नहीं होती और बिना प्रतीति के श्रीराम के प्रति प्रीति नहीं होती और बिना प्रीति के श्रीहरि की भक्ति दृढ़ भी नहीं होती—इन सबके लिए गुरु का होना

आवश्यक है क्योंकि बिना गुरु के ज्ञान नहीं होता और बिना ज्ञान के वैराग्य भी सम्भव नहीं है और श्रीहरि भक्ति के बिना आनन्द नहीं मिलता और बिना सन्तोष के कोई अत्यधिक शान्ति नहीं प्राप्त कर सकता और कवि अन्त में, निदर्शना अलंकार के माध्यम से एक दृष्टान्त वाक्य रख देता है कि—

'चलइ न जल बिनु जान कोटि जतन पचि पचि मरिअ।'

सम्पूर्णत: विनोक्ति अलंकार का चमत्कार है और कार्य-कारण की श्रृंखला क्रमश: एक दूसरे के हेतु तथा परिणाम के रूप में हैं।

बिनु संतोष न काम नसाहीं। काम अछत सुख सपनेहुँ नाहीं॥
राम भजन बिनु मिटिहिं न कामा। थल बिहीन तरु कबहुँ कि जामा॥
बिनु बिग्यान कि समता आवइ। कोउ अवकास कि नभ बिनु पावइ॥
स्त्रद्धा बिना धर्म नहिं होई। बिनु महि गंध कि पावइ कोई॥
बिनु तप तेज कि कर बिस्तारा। जल बिनु रस कि होइ संसारा॥
सील कि मिल बिनु बुध सेवकाई। जिमि बिनु तेज न रूप गुसाईं॥
निज सुख बिनु मन होइ कि थीरा। परस कि होइ बिहीन समीरा॥
कवनिउ सिद्धि कि बिनु बिस्वासा। बिनु हरि भजन न भव भय नासा॥
दो०— बिनु बिस्वास भगति नहिं तेहिं बिनु द्रवहिं न रामु।
राम कृपा बिनु सपनेहुँ जीव न लह बिस्रामु॥
सो०— अस बिचारि मति धीर तजि कुतर्क संसय सकल।
भजहु राम रघुबीर करुनाकर सुंदर सुखद॥ ९०॥

अर्थ—बिना संतोष के कामना का नाश नहीं होता। कामना के रहते हुए सुख स्वप्न में भी नहीं मिलता। श्रीराम के भजन बिना कामना समाप्त नहीं होती, स्थल के बिना क्या कभी भी पेड़ उग सका है?

क्या बिना विज्ञान के समत्व बुद्धि आ सकती है। आकाश के अभाव में क्या कोई अवकाश (पोल) प्राप्त कर सकता है। बिना श्रद्धा के धर्म नहीं होता। बिना पृथ्वी के क्या कोई गंध प्राप्त कर सकता है।

बिना तपस्या के क्या कोई तेज का विस्तार कर सकता है। जल के बिना क्या संसार में रस हो सकता है। क्या विद्वानों की सेवा के बिना कोई शील प्राप्त कर सकता है। जैसे बिना तेज के रूप नहीं मिलता।

आत्मानन्द के बिना मन स्थिर नहीं होता, वायु के बिना स्पर्श नहीं होता। बिना विश्वास के क्या कोई सिद्धि मिल सकती है। बिना श्रीहरि भजन के जन्ममरण की पीड़ा समाप्त नहीं हो सकती।

बिना विश्वास के भक्ति नहीं होती और बिना भक्ति के श्रीराम द्रवित नहीं होते। श्रीराम की कृपा के बिना जीव स्वप्न में भी विश्राम नहीं प्राप्त करता।

इस प्रकार, हे मतिधीर! सम्पूर्ण कुतर्क तथा संशय का परित्याग करके करुणा की खान और सुख को देने वाले रघुकुल के पराक्रमी योद्धा श्रीराम का भजन करो॥ ९०॥

टिप्पणी—कवि विनोक्ति अलंकार की कार्य-कारण श्रृंखला का प्रारम्भ सन्तोष से करता है। उसको कारण के रूप में स्वीकारता है तथा कार्य रूप में कामवासना की समाप्ति और यह श्रृंखला क्रमश: बढ़ाता जाता है। कवि अन्ततया सम्पूर्ण प्रसंग को निष्कर्षबद्ध करता हुआ कहता है—

बिना विश्वास के भक्ति सम्भव नहीं है और बिना भक्ति के श्रीराम द्रवित नहीं होते और बिना श्रीराम के द्रवित हुए व्यक्ति आत्यन्तिक शान्ति (विश्रान्ति) नहीं प्राप्त कर सकता।

निज मति सरिस नाथ मैं गाई। प्रभु प्रताप महिमा खगराई॥
कहेउँ न कछु करि जुगुति बिसेषी। यह सब मैं निज नयनन्हि देखी॥
महिमा नाम रूप गुन गाथा। सकल अमित अनंत रघुनाथा॥
निज निज मति मुनि हरि गुन गावहिं। निगम सेष सिव पार न पावहिं॥
तुम्हहिं आदि खग मसक प्रजंता। नभ उड़ाहिं नहिं पावहिं अंता॥
तिमि रघुपति महिमा अवगाहा। तात कबहुँ कोउ पाव कि थाहा॥
राम काम सत कोटि सुभग तन। दुर्गा कोटि अमित अरि मर्दन॥
सक्र कोटि सत सरिस बिलासा। नभ सत कोटि अमित अवकासा॥

दो०— मरुत कोटि सत बिपुल बल रबि सत कोटि प्रकास।
ससि सत कोटि सुसीतल समन सकल भव त्रास॥
काल कोटि सत सरिस अति दुस्तर दुर्ग दुरंत।
धूमकेतु सतकोटि सम दुराधरष भगवंत॥ ९१॥

अर्थ—हे नाथ! हे गरुड़! मैंने अपनी मति के अनुसार प्रभु श्रीराम के प्रताप तथा महिमा का गान किया है। मैंने कोई बात इसमें काव्योक्ति करके नहीं कही है, ये सारी बातें मैंने अपने नेत्रों से ही देखा है।

श्री रघुनाथ जी अनन्त हैं अतः उनकी महिमा, नाम, रूप, गुणों की कथा सभी अनन्त हैं। मुनिगण अपनी मति के अनुरूप श्रीहरि का गुणानुवाद करते हैं। वेद, शेषनाग तथा शिव उनकी महिमा का पार नहीं पाते।

तुम जैसे तथा अनेक मच्छर आकाश में उड़ते रहते हैं, किन्तु उसका अन्त नहीं पाते। हे तात! उसी प्रकार श्रीराम की महिमा अथाह है और कभी भी कोई उसकी थाह नहीं पाता।

श्रीराम सतकोटि काम सदृश सुन्दर हैं और वे अनन्त कोटि दुर्गा की भाँति शत्रु विनाशक हैं। उनका ऐश्वर्य शतकोटि इन्द्र सदृश है और शत कोटि आकाश के सदृश उनका अवकाश (विशाल प्रसार) है।

शतकोटि वायु के सदृश उनका विपुल बल है तथा शतकोटि सूर्य की भाँति प्रकाश है। शतकोटि चन्द्र की भाँति श्रीराम संसार के समस्त भव त्रास को नाश करने वाले हैं।

शतकोटि काल के सदृश अत्यन्त दुस्तर एवं दुर्गम हैं और शतकोटि धूमकेतु के सदृश भगवान् अत्यधिक बलशाली हैं॥ ९१॥

टिप्पणी—कवि प्रभु श्रीराम की विराटता का चित्रण करता है। गीता में ऐसी ही विराटता श्री प्रभु के सर्वत्र शुभमय होने के विषय में वर्णित है। यह विराटता कवि के भावजगत सहज आस्था से जुड़कर भव्य उदात्तता (Subtime) का द्योतक है। अन्तहीन विकल्पित तथा अननुमेय श्रीहरि की विराटता का यह भव्य तथा रोमांचक विवरण कवि के चिन्तन, उसकी आस्था से ही सर्वाधिक ऊँचाई पर नहीं ले जाता—यह कविता को भी भावना के अतिरेक से मण्डित करता है। त्याग, निन्दा, सादृश्यमूलक उपमा आदि का माध्यम कवि श्रीहरि की विराटता को चित्रित करने के लिए करता है। वह जब कहता है कि—

'मरुत कोटि सत बिपुल बल रबि सत कोटि प्रकास।
ससि सतकोटि सुसीतल समन सकल भव त्रास॥'

इन स्थितियों में उपमान उपमेय से हीन तथा लघु हो जाते हैं। आचार्य दण्डी ने इस प्रकार के वचनों को असम्भवोपमा के नाम से पुकारा है।

प्रभु अगाध सतकोटि पताला। समन कोटि सत सरिस कराला॥
तीरथ अमित कोटि सम पावन। नाम अखिल अघ पूग नसावन॥
हिमगिरि कोटि अचल रघुबीरा। सिंधु कोटि सत सम गंभीरा॥
कामधेनु सत कोटि समाना। सकल काम दायक भगवाना॥
सारद कोटि अमित चतुराई। बिधि सत कोटि सृष्टि निपुनाई॥
बिष्नु कोटि सम पालन करता। रुद्र कोटि सत सम संहरता॥
धनद कोटि सत सम धनवाना। माया कोटि प्रपंच निधाना॥
भार धरन सत कोटि अहीसा। निरवधि निरुपम प्रभु जगदीसा॥

अर्थ—प्रभु श्रीराम शतकोटि पाताल के सदृश अगाध एवं शतकोटि यम के सदृश भयंकर हैं। अनन्त कोटि तीर्थों के सदृश पवित्र और उनका नाम समस्त पाप पुंजों (पूग) को नष्ट करने वाला है।

श्रीराम कोटि-कोटि हिमालय के सदृश अचल और शतकोटि समुद्र की भाँति गम्भीर हैं। श्री भगवान् राम शतकोटि कामदेव के सदृश समस्त कामनाओं को प्रदान करने वाले हैं।

अनन्त कोटि सरस्वती की भाँति उनमें चतुरता है और शतकोटि ब्रह्मा के सदृश उनमें निपुणता है। कोटि विष्णु सदृश के पालन करने वाले तथा शतकोटि रुद्र की भाँति संहारक हैं।

शतकोटि कुबेर की भाँति धनी एवं शतकोटि माया की भाँति प्रपंच के निधान हैं। शतकोटि शेषनाग की भाँति भार धारण करने वाले प्रभु श्रीराम निरवधि तथा निरुपमेय हैं।

छंद— निरुपम न उपमा आन राम समान रामु निगम कहै।
जिमि कोटि सत खद्योत सम रबि कहत अति लघुता लहै॥
एहि भाँति निज निज मति बिलास मुनीस हरिहि बखानहीं।
प्रभु भाव गाहक अति कृपाल सप्रेम सुनि सुख मानहीं॥

दो०— रामु अमित गुन सागर थाह कि पावइ कोइ।
संतन्ह सन जस किछु सुनेउँ तुम्हहिं सुनाएउँ सोइ॥

सो०— भावबस्य भगवान सुख निधान करुनाभवन।
तजि ममता मद मान भजिअ सदा सीतारमन॥ ९२॥

श्रीराम उपमारहित हैं, उनकी कोई उपमा नहीं है, वेदादि कहते हैं कि श्रीराम श्रीराम के ही समान हैं जैसे शतकोटि जुगनू की भाँति सूर्य की उपमा देने पर सूर्य की ही निन्दा होती है। इस तरह अपनी-अपनी मति विलास के अनुरूप मुनिगण श्रीहरि का बखान करते हैं। प्रभु श्रीराम भक्तों के भाव के ग्राहक हैं अतः सप्रेम किये गये वर्णनों को ही सुनकर ही सुखी होते हैं।

श्रीराम अनन्त गुणों के समुद्र हैं, उनकी थाह क्या कोई प्राप्त कर सकता है। सन्तों से जैसा मैंने सुना था वही मैंने आपको सुनाया।

भगवान् भाव के वशवर्ती, सुखों के भंडार तथा करुणा के धाम हैं, अतः ममता, मद तथा मान का परित्याग करके उन जानकी वल्लभ श्रीराम का (सदा) भजन करें॥ ९२॥

टिप्पणी—कवि सम्पूर्ण उपमान विधानों की पुनः एक तालिका पूर्व क्रम में देता है—और इन उपमान विधानों को श्रीहरि के उपमेय क्रम में अनेकशः हीन बताता है। सम्पूर्ण लोक-मूल्यों की पराकाष्ठा श्रीहरि के स्वरूप सादृश्य के समकक्ष स्वल्प है। कवि अपनी इस सरणि को पूर्ववत् आगे बढ़ाता है।

टिप्पणी—सम्पूर्ण सादृश्य सम्भावनाओं की तुच्छता का निरूपण करता हुआ कवि अन्त में, इस निष्कर्ष पर पहुँच जाता है कि श्रीराम की उपमा स्वयं श्रीराम हैं—अनन्वयोपमा द्वारा अन्त में,

सम्पूर्ण सादृश्य विधानों की तुच्छता कवि सिद्ध करता हुआ कवि बुद्धि को पूर्णतया असमर्थ एवं अशक्य बता देता है। कवि अन्त में, एक दण्डी कृत हीनोपमा का भी सादृश्य प्रस्तुत करता है—

'जिमि कोटि सत खद्योत सम रवि कहत अति लघुता लहै॥'

लक्ष्य सम्भवा आर्थीव्यंजना के माध्यम से कवि श्रीराम की अद्वितीयता के लिए व्यंजना विधान करके उनके अपरिमेय महत्त्व को व्यंजित करता है।

इस सादृश्यविधान को कवि श्रीहरि की कविता के नाम से सम्बोधित करता है। इस प्रकार के वर्णन स्वयं तुलसी ने ही नहीं अन्य कवियों ने भी किये हैं—और ये वर्णन श्रीहरि के प्रति कवियों की मति के विलास भाव हैं।

कवि ने इसे सन्त कवियों के काव्यविलास का स्वरूप माना है।

सुनि भुसुंडि के बचन सुहाये। हरषित खगपति पंख फुलाए॥
नयन नीर मन अति हरषाना। श्री रघुपति प्रताप उर आना॥
पाछिल मोह समुझि पछिताना। ब्रह्म अनादि मनुज करि माना॥
पुनि पुनि काग चरन सिरु नावा। जानि राम सम प्रेम बढ़ावा॥
गुरु बिनु भवनिधि तरइ न कोई। जौं बिरंचि संकर सम होई॥
संसय सर्प ग्रसेउ मोहि ताता। दुखद लहरि कुतर्क बहु ब्राता॥
तव सरूप गारुड़ि रघुनायक। मोहि जिआयउ जन सुखदायक॥
तव प्रसाद मम मोह नसाना। राम रहस्य अनूपम जाना॥

दो०— ताहि प्रसंसि बिबिध बिधि सीस नाइ कर जोरि।
बचन बिनीत सप्रेम मृदु बोलेउ गरुड़ बहोरि॥
प्रभु अपने अबिबेक तें बूझउँ स्वामी तोहि।
कृपासिंधु सादर कहहु जानि दास निज मोहि॥ ९३॥

अर्थ—भुशुंडि की सुखदायी वाणी को सुनकर गरुड़ ने हर्षित भाव से पंख फुला लिये। नेत्रों में प्रेमाश्रु उत्पन्न हो गये और मन अत्यन्त हर्षित हो उठा और श्रीराम के प्रताप को हृदय में स्थापित किया।

पिछले मोह को समझ कर उन्हें पश्चात्ताप हुआ कि मैंने अनादि ब्रह्म को मनुष्य करके समझा और पुनः-पुनः कागभुशुण्डि के चरणों में बार-बार सिर नवाया तथा श्रीराम के सदृश ही उन्हें जानकर प्रेम बढ़ाया।

चाहे ब्रह्मा तथा शिव के सदृश ही क्यों न हो, बिना गुरु के क्या कोई भवसागर पार कर सकता है? हे तात! संशयरूपी सर्प ने मुझे डस लिया था। अत्यधिक कष्टदायी (बहुब्राता) बहुत-सी कुतर्क की लहरें दुःख दे रही थीं।

आपके स्वरूपरूपी विषवैद्य (गारुड़ि) द्वारा भक्तों को आनन्द देनेवाले श्रीराम ने मुझे जिला लिया। आपकी कृपा से मेरा मोह नष्ट हो गया और श्रीराम के अनुपम रहस्य को जान लिया।

उनकी विविध प्रकार से प्रशंसा करके, सिर नवाकर तथा हाथ जोड़कर फिर गरुड़ प्रेमपूर्वक कोमल तथा विनम्र वाणी में बोले—

हे प्रभु! हे स्वामी! अपने अविवेक के कारण मैं आपसे जानना चाहता हूँ। हे कृपासिंधु! आप मुझे अपना दास मानकर (मुझे) आदरपूर्वक बतायें॥ ९३॥

टिप्पणी—भक्त के सात्त्विक अनुभवों का वर्णन कवि यहाँ करता है। ये सात्त्विक कथा श्रवण से तृप्ति एवं श्री हरि के स्वरूप एवं लीला भक्ति के प्रति अनन्य आस्था के परिचायक हैं। हर्षित भाव से गरुड़ के द्वारा अपने पंखों को फुलाया जाना पक्षी के रोमांच भाव का प्रतीक है और मनुष्य के

हर्ष की भाँति यह भी पक्षी के हर्ष का व्यंजक है। नेत्रों में अश्रु प्रवाह, मन का हर्षमय हो उठना आदि-आदि कृतज्ञता भरे आनन्द का परिचायक है।

तुम्ह सर्बग्य तग्य तम पारा। सुमति सुसील सरल आचारा॥
ग्यान बिरति बिग्यान निवासा। रघुनायक के तुम्ह प्रिय दासा॥
कारन कवन देह यह पाई। तात सकल मोहि कहहु बुझाई॥
राम चरित सर सुंदर स्वामी। पाएहु कहाँ कहहु नभगामी॥
नाथ सुना मैं अस सिव पाहीं। महा प्रलयहुँ नास तव नाहीं॥
मृषा बचन नहिं ईस्वर कहई। सोउ मोरे मन संसय अहई॥
अग जग जीव नाग नर देवा। नाथ सकल जगु काल कलेवा॥
अंड कटाह अमित लयकारी। काल सदा दुरतिक्रम भारी॥
सो०— तुम्हहि न ब्यापत काल अति कराल कारन कवन।
मोहि सो कहहु कृपाल ग्यान प्रभाव कि जोग बल॥
दो०— प्रभु तव आस्रम आये मोर मोह भ्रम भाग।
कारन कवन सो नाथ सब कहहु सहित अनुराग॥ ९४॥

अर्थ—हे तात! आप सर्वज्ञ, तत्त्वज्ञ एवं मायान्धकार से परे हैं, सुन्दरमति युक्त, सुशीलवान, सरल तथा सदाचारी हैं। ज्ञान, वैराग्य तथा विज्ञान के धाम एवं श्रीराम के प्रिय भक्त हैं।

किस कारणवश यह देह आपने प्राप्त की है, हे तात! मुझे सब समझाकर कहें। श्रीरामचरित-सरोवर के सुन्दर स्वामी तथा आकाशगामी हे भुशुंडि जी! इस (श्रीरामचरित) को कहाँ प्राप्त किया।

हे नाथ! मैंने ऐसा शिव से सुना था कि आपका नाश महाप्रलय के पश्चात् भी सम्भव नहीं है। शिव कभी असत्य नहीं बोलते—वही मेरे मन में संदेह है।

हे नाथ! नाग, मनुष्य, देवता आदि चर-अचर जीव तथा समस्त जगत् काल के कलेवा हैं, असंख्य ब्रह्मांडों का विनाशक यह काल सदैव बड़ा ही दुरतिक्रमणीय है।

अत्यन्त भयंकर यह काल आपको नहीं व्यापता, इसका क्या कारण है, हे कृपालु! मुझे बताएँ कि यह ज्ञान के प्रभाव से है कि योग के बल से।

हे प्रभो! आपके आश्रम में आते ही मेरा मोह और भ्रम दूर हो गया। हे नाथ! इसका क्या कारण है सब अनुरागपूर्वक करें॥ ९४॥

टिप्पणी—कवि श्रीराम की भक्ति, लीला एवं स्वरूप का महत्त्व निरूपित करके अब भुशुण्डि कथा क्रम का प्रारम्भ करता है और इस कथा के माध्यम से श्रीराम कथा के कतिपय उन अछूते प्रसंगों की ओर ध्यान आकर्षित कराता है—जो मानवीय अस्तित्व की सनातनता से जुड़े हुए हैं, जैसे कलिकाल वर्णन आदि।

गरुड़ गिरा सुनि हरषेउ कागा। बोलेउ उमा परम अनुरागा॥
धन्य धन्य तव मति उरगारी। प्रस्न तुम्हारि मोहिं अति प्यारी॥
सुनि तव प्रस्न सप्रेम सुहाई। बहुत जनम कै सुधि मोहि आई॥
सब निज कथा कहउँ मैं गाई। तात सुनहु सादर मन लाई॥
जप तप मख सम दम ब्रत दाना। बिरति बिबेक जोग बिग्याना॥
सब कर फलु रघुपति पद प्रेमा। तेहि बिनु कोउ न पावइ छेमा॥
एहिं तन राम भगति मैं पाई। ता तें मोहि ममता अधिकाई॥
जेहि तें कछु निज स्वारथ होई। तेहि पर ममता कर सब कोई॥

सो०— पन्नगारि अस नीति श्रुति संमत सज्जन कहहिं।
अति नीचहु सन प्रीति करिअ जानि निज परम हित॥
पाट कीट तें होइ तेहि तें पाटंबर रुचिर।
कृमि पालइ सब कोइ परम अपावन प्रान सम॥ ९५॥

अर्थ—हे पार्वती! गरुड़ की वाणी सुनकर कागभुशुंडि हर्षित हुए और अत्यन्त प्रेमपूर्वक बोले। हे गरुड़! तुम्हारी मति धन्य है, और तुम्हारे प्रश्न मुझे अत्यधिक प्यारे लगे।

आपके प्रेमगर्भित तथा सुहावने प्रश्न को सुनकरके मुझे अनेक जन्मों का स्मरण हो आया। मैं पूरी कथा विस्तारपूर्वक कहता हूँ। हे तात! आदरपूर्वक मन लगाकर सुनें।

जप, तप, यज्ञ, मन पर नियंत्रण (सम) इन्द्रिय निग्रह (दम), व्रत, दान, वैराग्य, विवेक, योग एवं विज्ञानादि सबका फल प्रभु श्रीराम के चरणों में प्रेम है, उसके अभाव में कोई कल्याण नहीं प्राप्त कर सकता।

मैंने इसी शरीर से श्रीराम की भक्ति प्राप्त की है, इसीलिए मुझे इस शरीर पर अधिक ममता है। जिससे किसी का अपना कुछ स्वार्थ होता है, उसी पर वे सभी लोग ममता करते हैं।

यह वेद सम्मत है तथा साधु जन भी कहते हैं कि अपना परम हित जानकर अत्यन्त नीच से भी प्रेम करना चाहिए।

रेशम कीड़े से होता है और उससे सुन्दर रेशमी वस्त्र बनते हैं उस परम अपावन कीड़े को लोग प्राणों की भाँति पालते हैं॥ ९५॥

टिप्पणी—सर्वप्रथम गरुड़ काग शरीर के प्रति स्पृहा का कारण श्रीहरि भक्ति को बताता है। यह काग शरीर इसलिए प्रिय है कि इसी काग शरीर से ही मुझे श्रीराम की भक्ति की प्राप्ति हुई थी—अतः श्रीहरि प्रसाद के इस स्मरण को मैं सर्वोपरि तथा सर्वोच्च स्वीकार करता हूँ—इस वाक्य की तीन भंगिमाएँ निकलती हैं—

(१) जिस शरीर से श्रीहरि भक्ति मिले, वह शरीर सर्वोच्च है।

(२) एक काग शरीरधारी भी अपने शरीर से सर्वोच्च भक्ति प्राप्त कर सकता है—तो मनुष्य शरीर के लिए यह सर्वथा सुकर है क्योंकि कवि के अनुसार मनुष्य का शरीर—'साधनधाम मोक्ष कर द्वारा' है।

(३) कोई भी शरीर हो उससे भक्ति प्राप्ति की जा सकती है।

'एहिं तन राम भगति मैं पाई। ताते मोहिं ममता अधिकाई॥'

वाक्य अपनी दूरगामी सम्भावनाओं की ओर मन को आकर्षित करता है। यह शरीर नीच होते हुए भी अपना परम हितैषी है—अतः वह काम्य है। कवि इस शरीर की श्रेष्ठता को प्रतिपादित करने के लिए निदर्शना अलंकार का आश्रय ग्रहण करता है।

स्वारथ साँच जीव कहुँ एहा। मन क्रम बचन राम पद नेहा॥
सोइ पावन सोइ सुभग सरीरा। जो तनु पाइ भजइ रघुबीरा॥
राम बिमुख लहि बिधि सम देही। कबि कोबिद न प्रसंसहिं तेही॥
राम भगति एहि तन उर जामी। ताते मोहि परम प्रिय स्वामी॥
तजउँ न तन निज इच्छा मरना। तनु बिनु बेद भजन नहिं बरना॥
प्रथम मोह मोहिं बहुत बिगोवा। राम बिमुख सुख कबहुँ न सोवा॥
नाना जनम करम पुनि नाना। किए जोग जप तप मख दाना॥
कवन जोनि जनमेउँ जहँ नाहीं। मैं खगेस भ्रमि भ्रमि जग माहीं॥

देखेउँ करि सब करम गोसाईं। सुखी न भयउँ अबहिं की नाईं॥
सुधि मोहि नाथ जनम बहु केरी। सिव प्रसाद मति मोह न घेरी॥
दो०— प्रथम जनम के चरित अब कहउँ सुनहु बिहगेस।
सुनि प्रभु पद रति उपजइ जातें मिटइ कलेस॥
पूरब कल्प एक प्रभु जुग कलिजुग मल मूल।
नर अरु नारि अधर्म रत सकल निगम प्रतिकूल॥ ९६॥

अर्थ—जीव के लिए सच्चा स्वार्थ यही है कि वह मन, वाणी तथा कर्म से श्रीराम के चरणों में स्नेह करे। वही शरीर पवित्र तथा सुन्दर है जिस शरीर को पाकर श्रीराम का भजन किया जाय।

श्रीराम से विमुख ब्रह्मा के सदृश देह मिल जाय तो भी कवि एवं पण्डितजन उसकी प्रशंसा नहीं करते। इस शरीर के द्वारा ही मेरे हृदय में श्रीराम भक्ति उत्पन्न हुई है, इसलिए, हे स्वामी! यह मुझे परम प्रिय है।

मेरा मरण मेरी इच्छा पर है फिर भी, यह शरीर मैं नहीं छोड़ता क्योंकि वेदों ने वर्णन किया है कि बिना शरीर के भजन नहीं होता। पहले तो मोह ने मेरी बहुत दुर्दशा की और श्रीराम से विमुख होकर कभी भी सुख नहीं प्राप्त किया।

नाना जन्मों में नाना प्रकार के सत्कर्म और पुनः योग, तप, जप, यज्ञ तथा दानादि किये। हे गरुड़! संसार में भ्रमित हो होकर कौन-सी ऐसी योनि है, जिसमें मैंने जन्म नहीं लिया।

हे गोस्वामी! मैंने सारे कर्मों को कर-करके देख लिया इस जन्म की भाँति मैं कभी भी सुखी नहीं हुआ। हे नाथ! मुझे अनेकानेक जन्मों का स्मरण है। कारण कि शिव की कृपा से मेरी मति को मोह ने कभी भी नहीं घेरा।

हे गरुड़! सुनिये, अब मैं अपने प्रथम जन्म के चरित्र कहता हूँ। उसे सुनकर प्रभु श्रीराम के चरणों में आसक्ति उत्पन्न होती है, जिससे क्लेश मिट जाते हैं।

हे प्रभु! पूर्व के एक कल्प में मलों का मूल स्वरूप एक कलियुग था, सम्पूर्ण नर-नारी अधर्म में लीन वेद के विरोधी थे॥ ९६॥

टिप्पणी—कवि भुशुंडि के पूर्व जन्म वृत्त की प्रस्तावना प्रस्तुत करता है। इस प्रस्तावना के माध्यम से पुनः शरीर की सार्थकता श्रीराम की भक्ति में है—इस तथ्य का प्रतिपादन करता है। श्रीराम के विमुख यदि ब्रह्मा सदृश शरीर मिले तो भी वह निन्द्य है—निकृष्ट से निकृष्टतम शरीर श्रीराम की भक्ति से मण्डित आस्था एवं श्रद्धा का विषय है।

तेहिं कलिजुग कोसलपुर जाई। जन्मत भएउँ सूद्र तनु पाई॥
सिव सेवक मन क्रम अरु बानी। आन देव निंदक अभिमानी॥
धन मद मत्त परम बाचाला। उग्र बुद्धि उर दंभ बिसाला॥
जदपि रहेउँ रघुपति रजधानी। तदपि न कछु महिमा तब जानी॥
अब जाना मैं अवध प्रभावा। निगमागम पुरान अस गावा॥
कवनेहुँ जनम अवध बस जोई। राम परायन सो परि होई॥
अवध प्रभाव जान तब प्रानी। जब उर बसहिं रामु धनु पानी॥
सो कलिकाल कठिन उरगारी। पाप परायन सब नर नारी॥
दो०— कलिमल ग्रसे धर्म सब लुप्त भए सदग्रंथ।
दंभिन्ह निज मति कल्पि करि प्रगट किए बहु पंथ॥
भए लोग सब मोहबस लोभ ग्रसे सुभ कर्म।
सुनु हरिजान ग्यानिनिधि कहउँ कछुक कलिधर्म॥ ९७॥

अर्थ—उस कलियुग में कोसलपुरी में जाकर शूद्र का शरीर पाकर जन्मा। मन, वचन तथा कर्म से शिव का सेवक तथा मैं अहमन्य अन्य देवताओं का निन्दक था।

धन के मद से मत्त, परम वाचाल, उग्रबुद्धियुक्त तथा अत्यधिक दंभ से परिपूर्ण था। यद्यपि मैं श्रीराम की राजधानी में ही रहता था फिर भी, उस समय मैंने उनकी महिमा कुछ भी नहीं जानी थी।

अब मैंने अयोध्या के प्रभाव को समझा। वेद, तंत्रशास्त्र तथा पुराणों में ऐसा गाया गया है कि किसी भी जन्म में जो अयोध्या निवास करता है, वह श्रीरामपरायण होकर (भवसागर के) पार हो जाता है।

अयोध्या का प्रभाव प्राणी तभी जानता है जब धनुष-बाण सहित श्रीराम उसके हृदय में निवास करते हैं। हे गरुड़! वह कलिकाल बड़ा कठिन था क्योंकि सभी नरनारी पापपरायण थे।

कलि के पापों ने सम्पूर्ण धर्मों को ग्रस लिया फलस्वरूप (सम्पूर्ण) सद्ग्रंथ लुप्त हो उठे। दम्भियों ने अपनी बुद्धि से कल्पना करके बहुत से पंथ प्रकट किये।

समस्त जन लोभ के वशवर्ती हो गये और लोभ ने समस्त शुभ कर्मों को ग्रस लिया। हे ज्ञाननिधि गरुड़! सुनें, अब मैं कलि के कुछ धर्मों को कहता हूँ॥ ९७॥

टिप्पणी—कवि भुशुंडि कथा की प्रस्तावना का प्रारम्भ यहाँ से करता है। कवि निर्दिष्ट करता है कि यद्यपि श्रीराम से जुड़ी होने के कारण अयोध्या नगरी पुनीत एवं पाप विनाशक है—फिर भी युगधर्म का प्रभाव अपने आप में सर्वोपरि है और सम्पूर्ण देश, काल एवं स्थानों को ग्रस्त किए हुए है।

बरन धरम नहिं आश्रम चारी। श्रुति बिरोध रत सब नर नारी॥
द्विज श्रुति बेचक भूप प्रजासन। कोउ नहिं मान निगम अनुसासन॥
मारग सोइ जा कहुँ जोइ भावा। पंडित सोइ जो गाल बजावा॥
मिथ्यारंभ दंभ रत जोई। ता कहुँ संत कहइ सब कोई॥
सोइ सयान जो परधन हारी। जो कर दंभ सो बड़ आचारी॥
जो कह झूँठ मसखरी जाना। कलिजुग सोइ गुनवंत बखाना॥
निराचार जो श्रुति पथ त्यागी। कलिजुग सोइ ग्यानी सो बिरागी॥
जाकें नख अरु जटा बिसाला। सोइ तापस प्रसिद्ध कलिकाला॥

दो०— असुभ बेष भूषन धरें भक्षाभक्ष जे खाहिं।
तेइ जोगी तेइ सिद्ध नर पूज्य ते कलिजुग माहिं॥

सो०— जे अपकारी चार तिन्ह कर गौरव मान्य तेइ।
मन क्रम बचन लबार तेइ बकता कलिकाल महुँ॥ ९८॥

अर्थ—न वर्ण धर्म है और न (परम्परा के) चारों आश्रम हैं। सम्पूर्ण नर-नारी वेद विरोधी हैं। ब्राह्मण वेद का विक्रयी तथा राजा प्रजाभक्षक है। कोई वेद का अनुशासन नहीं मानता।

जिसे जो अच्छा लगता है, वही उसका मार्ग (नीति पथ) है। जो डींग मारता है, वही पंडित है। जो मिथ्याडम्बर तथा दम्भ में रत है, उसी को सभी सन्त कहते हैं।

वही चतुर है, जो दूसरे के धन का अपहर्त्ता है, जो दम्भ करता है, वही आचरणशील है। जो झूठ बोलता है, और मसखरी जानता है, कलियुग में वही गुणवन्त कहा गया है।

जो आचरणविहीन वेदमार्ग को छोड़े हुए हैं; कलियुग में वही ज्ञानी तथा विरागी हैं। जिनके नख एवं जटाएँ विशाल हैं, वे ही कलियुग में प्रसिद्ध तपस्वी हैं।

अशुभ वेष धारण किये हुए—जो भक्ष्य-अभक्ष्य सब कुछ खा रहे हैं; वे ही योगी, सिद्ध तथा कलियुग में पूज्य मनुष्य हैं।

जो आचरण से अपकारी हैं, उन्हीं का गौरव है तथा वे ही प्रतिष्ठित हैं जो मन, वाणी तथा कर्म से लबार हैं, वे कलियुग में वक्ता कहे जाते हैं॥ ९८॥

टिप्पणी—भुशुंडि अपने प्रथम जन्म के वृत्तान्त का वर्णन कलियुग से जोड़कर कहता है। कलियुग अधम मूल्यों का मिथक है। कवि उसके जीवन वृत्तान्त को गौण बनाकर अधमतम मानवीय मूल्यों की पराकाष्ठा से परिपूर्ण पापमय लोकजीवन का निरूपण करके नग्न एवं गर्हिततम ययार्थ की ओर सबका ध्यान आकर्षित करता है।

परम्परा में प्राय: सभी पुराणों के अन्तर्गत कलि का वर्णन मिलता है और पौराणिक व्यवस्था ने सम्पूर्ण मानव जीवन एवं युग को सत्ययुग, त्रेता, द्वापर एवं कलियुग—इन चार भागों में विभक्त किया है?

तुलसीदास इस परम्परित कलियुग वर्णन में संशोधन करते हैं—

(१) यह केवल वर्णन नहीं, जीवन तथा समाज का यथार्थ है।

(२) प्रत्येक व्यक्ति के जीवन में नित्य इन चारों युगों के धर्मों का उन्मेष होता रहता है।

इस प्रकार कवि कलियुग की परम्परित अवधारणा को सार्थक बनाने की दिशा में सचेष्ट है।

इस प्रकार कवि के अनुसार कलियुग एक युग नहीं एक सामाजिक अवधारणा है।

नारि बिबस नर सकल गोसाईं। नाचहिं नट मर्कट की नाईं॥
सूद्र द्विजन्ह उपदेसहिं ग्याना। मेलि जनेऊ लेहिं कुदाना॥
सब नर काम लोभ रत क्रोधी। देव बिप्र श्रुति संत बिरोधी॥
गुन मंदिर सुंदर पति त्यागी। भजहिं नारि पर पुरुष अभागी॥
सौभागिनी बिभूषन हीना। बिधवन्ह के सिंगार नवीना॥
गुर सिष बधिर अंध का लेखा। एक न सुनइ एक नहिं देखा॥
हरइ सिष्य धन सोक न हरई। सो गुरु घोर नरक महुँ परई॥
मातु पिता बालकन्हि बोलावहिं। उदर भरै सोइ धरम सिखावहिं॥

दो०— ब्रह्मग्यान बिनु नारि नर कहहिं न दूसरि बात।
कौड़ी लागि लोभ बस करहिं बिप्र गुर घात॥
बादहिं सूद्र द्विजन्ह सन हम तुम्ह तें कछु घाटि।
जानइ ब्रह्म सो बिप्रबर आँखि देखावहिं डाँटि॥ ९९॥

अर्थ—हे गोस्वामी! सभी मनुष्य स्त्रियों के वश में मदारी के बन्दर की भाँति नाचते हैं। शूद्र ब्राह्मणों को ज्ञानोपदेश करते हैं और जनेऊ पहनकर कुत्सित दान प्राप्त करते हैं।

सभी मनुष्य काम, क्रोध, लोभ एवं क्रोध में लीन देवता, वेद, ब्राह्मण एवं सन्तों के विरोधी हो गये हैं। गुणों से युक्त सुन्दर पति का त्याग करके अभागी स्त्रियाँ दूसरे पुरुष का सेवन करती हैं।

सौभाग्यवती अलंकाररहित हैं और विधवाओं के नवीन श्रृंगार हैं। गुरु तथा शिष्य बहरे तथा अंधे सदृश हैं, एक (शिष्य) सुनता नहीं और दूसरा (गुरु) देखता नहीं।

जो गुरु शिष्य के शोक का आहरण न करके धन का हरण करता है, वह घोर नरक में पड़ता है। माता पिता बालकों को बुलाकर, वही धर्म सिखाते हैं, जिससे पेट भरे।

स्त्री-पुरुष ब्रह्म ज्ञान के अतिरिक्त अन्य कोई बात नहीं करते और कौड़ी जैसे लोभ के वशीभूत ब्राह्मण तथा गुरु की हत्या कर डालते हैं।

शूद्र ब्राह्मणों से विवाद करते हैं, कि हम तुमसे क्या कुछ छोटे हैं। जो ब्रह्म को जानता है, वही श्रेष्ठ ब्राह्मण है, वे डाटकर आँखें दिखाते हैं॥ ९९॥

टिप्पणी—सामाजिक आचरण को केन्द्रीय रूप देकर उसकी ओर ध्यान आकर्षित कराना यहाँ कवि का मन्तव्य है। सम्पूर्ण मनुष्य स्त्रैण हैं, द्विज शूद्र से भी निकृष्ट हो चुके हैं, काम, क्रोध, लोभ सर्वत्र सभी को प्रभावित किये हुए हैं। परम्परित मूल्यों की अस्तव्यस्तता सम्पूर्णतः मानव समाज को उद्विग्न तथा अशान्त किये हुए हैं।

सम्पूर्ण प्रकरण वर्तमानकालिक है। कागभुशुंडि के अपने युग तथा आख्यान से जुड़कर भी सम्पूर्ण प्रकरण कवि के वर्तमान हो नहीं, आज पाठक के वर्तमान से जुड़ता है। वर्तमान तथा परम्परा के द्वन्द्व में श्रेष्ठ परम्पराएँ आज हमारे लिए उपयुक्त हैं।

पर त्रिय लंपट कपट सयाने। मोह द्रोह ममता लपटाने॥
तेइ अभेदवादी ग्यानी नर। देखा मैं चरित्र कलिजुग कर॥
आपु गए अरु तिन्हहू घालहिं। जे कहुँ सत मारग प्रतिपालहिं॥
कल्प कल्प भरि एक एक नरका। परहिं जे दूषहिं श्रुति करि तरका॥
जे बरनाधम तेलि कुम्हारा। स्वपच किरात कोल कलवारा॥
नारि मुई गृह संपति नासी। मूड़ मुड़ाइ होहिं संन्यासी॥
ते बिप्रन्ह सन आपु पुजावहिं। उभय लोक निज हाथ नसावहिं॥
बिप्र निरच्छर लोलुप कामी। निराकार सठ बृषली स्वामी॥
सूद्र करहिं जप तप ब्रत नाना। बैठि बरासन कहहिं पुराना॥
सब नर कल्पित करहिं अचारा। जाइ न बरनि अनीति अपारा॥

दो०— भए बरन संकर कलि भिन्न सेतु सब लोग।
करहिं पाप पावहिं दुख भय रुज सोक बियोग॥
श्रुति सम्मत हरि भगति पथ संजुत बिरति बिबेक।
तेहिं न चलहिं नर मोहबस कल्पहिं पंथ अनेक॥ १००॥

अर्थ—जो पराई स्त्री में आसक्त, कपट करने में चतुर, मोह, द्रोह तथा ममता में लिपटे हुए हैं, वे ही मनुष्य श्रेष्ठ अभेदवादी (अद्वैतवादी) मनुष्य हैं, ऐसा मैंने कलियुग का चरित्र देखा।

आप स्वयं नष्ट हुए हैं, जो कहीं सत मार्ग का प्रतिपालन करते हैं, उन्हें भी नष्ट करते हैं। जो तर्क करके वेदों की निन्दा करते हैं, वे कल्प-कल्प पर्यन्त एक-एक नरक में पड़े रहते हैं।

तेली, कुम्हार, स्वपच, किरात, कोल, कलवार आदि जो अधम वर्ण के हैं, स्त्री मर जाने पर तथा घर की सम्पत्ति नष्ट हो जाने पर सिर मुड़ाकर संन्यासी बन जाते हैं।

वे स्वयं ब्राह्मणों से पूजा कराते हैं और अपने हाथों से दोनों लोकों को नष्ट करते हैं। ब्राह्मण अपढ़, ज्ञानहीन, लोलुप, कामीजनों, आचरणविहीन, शठ तथा व्यभिचारी स्त्रियों के स्वामी हैं।

शूद्र नाना प्रकार के जप, तप, व्रत करते हैं और श्रेष्ठ आसन पर बैठकर पुराण वाचन करते हैं। सारे मनुष्य कल्पित आचरण करते हैं, अपार अनीति का वर्णन नहीं किया जा सकता।

कलियुग में सभी वर्ण संकर तथा सभी लोग मर्यादा च्युत हैं। वे पाप करते हैं, परिणामस्वरूप दुख, भय, रोग, शोक और वियोग प्राप्त करते हैं।

वेदसम्मत, वैराग्य तथा ज्ञान से युक्त श्रीहरि का भक्ति पथ है, किन्तु मनुष्य मोह के वशीभूत होकर उस पर नहीं चलते और अनेकानेक पंथों की कल्पना कर लेते हैं॥ १००॥

टिप्पणी—सम्पूर्ण परम्परित श्रेष्ठ मूल्यों की अस्त-व्यस्तता को इंगित करना कवि का मन्तव्य है,

नैतिक सदाचरण तथा पारम्परिक आर्ष मूल्यों के पतन को इंगित करता हुआ कवि उन्हीं मूल्यों की स्थापना की ओर संकेत करता है।

इन टिप्पणियों में कवि के सामयिक संदर्भ संकेत भी निहित हैं—यथा—

नारि मुई घर संपति नासी। मूड़ मुड़ाइ भये संन्यासी॥
बिप्र निरच्छर लोलुप कामी। निराचार सठ बृषली स्वामी॥

मध्यकाल की सामाजिक वर्ण व्यवस्था इन वाक्यों से व्यंजित होती है।

छंद— बहु दाम सँवारहिं धाम जती। बिषया हरि लीन्हि रही बिरती॥
तपसी धनवंत दरिद्र गृही। कलि कौतुक तात न जात कही॥
कुलवंति निकारहिं नारि सती। गृह आनहिं चेरि निबेरि गती॥
सुत मानहिं मातु पिता तब लौं। अबलानन दीख नहीं जब लौं॥
ससुरारि पियारि लगी जब तें। रिपुरूप कुटुंब भये तब तें॥
नृप पाप परायन धर्म नहीं। करि दंड बिडंब प्रजा नितहीं॥
धनवंत कुलीन मलीन अपी। द्विज चिन्ह जनेउ उघार तपी॥
नहिं मान पुरान न बेदहि जो। हरि सेवक संत सही कलि सो॥
कबि बृंद उदार दुनी न सुनी। गुन दूषक ब्रात न कोपि गुनी॥
कलि बारहिं बार दुकाल परै। बिनु अन्न दुखी सब लोग मरै॥

दो०— सुनु खगेस कलि कपट हठ दंभ द्वेष पाखंड।
मान मोह मायादि मद ब्यापि रहे ब्रह्मंड॥
तामस धर्म करहिं नर जप तप ब्रत मख दान।
देव न बरषहिं धरनि पर बए न जामहिं धान॥ १०१॥

अर्थ—संन्यासी बहुत-सा धन लगाकर घर सजाते हैं, उन्हें विषयों ने हर लिया है उनमें वैराग्य नहीं रह गया है। तपस्वी धनी हैं और गृहस्थ दरिद्र हैं, हे तात! कलियुग का आश्चर्यमय वृत्तान्त कहते नहीं बनता।

कुलवती तथा सती स्त्रियों को घर से निकाल देते हैं, मर्यादा त्यागकर (निबेरि गती) घर में दासी लाते हैं। पुत्र माता-पिता का तभी तक सम्मान करते हैं, जब तक स्त्री का मुँह नहीं दिखाई पड़ा है।

जब से ससुराल प्रिय लगने लगी, सम्पूर्ण कुटुम्ब शत्रुरूप बन गया। धर्म लुप्त है, राजा पाप-परायण हो गये। वे प्रजा को नित्यश: दण्ड देकर उनकी दुर्दशा (विडंब) किया करते हैं।

धनी व्यक्ति छोटी जाति (मलिन) होकर भी कुलीन हो गये हैं और द्विज का चिह्न जनेऊ मात्र एवं तपस्वी का चिह्न नंगा बदन रह गया है। कलियुग में श्रीहरि के वही सच्चे सेवक तथा सन्त कहे जाते हैं जो वेद तथा पुराण को नहीं मानते।

कवियों के झुंड-के-झुंड हैं, कवियों के आश्रयदाता कहीं सुनाई नहीं पड़ते। गुणों में दोष लगाने वाले बहुत हैं, गुणी कोई सुनाई नहीं पड़ता। कलि में अनेक बार दुर्भिक्ष पड़ते हैं। अन्न के बिना दुखी लोग सभी मरते हैं।

हे गरुड़, सुनें, कलियुग में कष्ट, हठ, दंभ, द्वेष, पाखंड, मान, मोह, काम आदि ब्रह्मांड भर में छा गये।

व्यक्ति जप, तप, व्रत, यज्ञ, दान तामस वृत्ति से करने लगे हैं। देवता पृथ्वी पर वर्षा नहीं करते और बोने से अन्न नहीं उपजता॥ १०१॥

टिप्पणी—(१) सामाजिक सन्दर्भ की पथभ्रष्टता का चित्रण है। दायित्व से च्युति कलि का विशेष धर्म है। यती, तपस्वी, गृहस्थ, पुत्र, नारी, राजा, प्रजा, ब्राह्मण आदि सभी अपने कर्मों तथा कर्त्तव्यों से भ्रष्ट विहित परम्परा से शून्य विपथगामी बन चुके हैं। गोस्वामी तुलसीदास जी नैतिक परम्परा तथा मर्यादा के कवि हैं। अतः उनकी दृष्टि में ये सम्पूर्ण सामाजिक परिवर्तन पथभ्रष्टता के मानक बन गये हैं।

(२) कवि अपने युग के कवि बाहुल्य को भी इंगित करने में नहीं चूकता—'कवि वृन्द उदार' कवि समूह विशाल है किन्तु आश्रयदाता नहीं मिल रहे हैं। यह प्राकृत कवियों के लिए उपहास है।

(३) सामाजिक अव्यवस्था से प्रकृति भी अव्यवस्थित होकर मानव जाति के लिए कष्टदायिनी बन जाती है, कवि की ऐसी मान्यता है, और वह उसकी ओर इंगित करता है—

'कलि बारहिं बार दुकाल परै। बिनु अन्न दुखी सब लोग मरैं॥'

× × ×

तामस वृत्ति करहिं नर जप तप मख ब्रत दान।
देव न बरषहिं धरनीं बए न जामहिं धान॥

छंद— अबला कच भूषन भूरि छुधा। धनहीन दुखी ममता बहुधा॥
सुख चाहहिं मूढ़ न धर्मरता। मति थोरि कठोरि न कोमलता॥
नर पीड़ित रोग न भोग कहीं। अभिमान बिरोध अकारन हीं॥
लघु जीवन संबत पंच दसा। कलपांत न नास गुमानु असा॥
कलिकाल बिहाल किए मनुजा। नहिं मानत कोउ अनुजा तनुजा॥
नहिं तोष बिचार न सीतलता। सब जाति कुजाति भए मंगता॥
इरिषा परुषाच्छर लोलुपता। भरि पूरि रही समता बिगता॥
सब लोग बियोग बिसोक हए। बरनास्त्रम धर्म अचार गए॥
दम दान दया नहिं जानपनी। जड़ता परबंचनताति घनी॥
तनु पोषक नारि नरा सगरे। परनिंदक जे जग मो बगरे॥

दो०— सुनु ब्यालारि काल कलि मल अवगुन आगार।
गुनौ बहुत कलिजुग कर बिनु प्रयास निसतार॥
कृत जुग त्रेता द्वापर पूजा मख अरु जोग।
जो गति होइ सो कलि हरि नाम ते पावहिं लोग॥ १०२॥

अर्थ—स्त्रियों के केश ही आभूषण हैं और उन्हें भूख बहुत लगती है। वे धनहीन हैं तथा ममता के कारण प्रायः दुखी हैं। वे मूर्ख सुख चाहती हैं, किन्तु धर्म में रत नहीं हैं। बुद्धि थोड़ी किन्तु कठोर है और उनमें कोमलता नहीं है।

मनुष्य रोग से पीड़ित हैं, कहीं भी भोगादि (सुख) नहीं है। अकारण ही अभिमान तथा विरोध है। दस-पाँच वर्ष का लोगों का जीवन है किन्तु गर्वभाव इतना है कि जैसे कल्पान्त तक विनाश नहीं होगा।

कलियुग ने मनुष्य को बेहाल कर दिया है कोई बेटी तथा बहन का भी विचार नहीं करता। न सन्तोष है, न विचार है, न शान्ति है। जाति-कुजाति सभी भीख माँगनेवाले हो गये हैं।

ईर्ष्या, कठोर वाणी एवं लोलुपता भरपूर है, समता समाप्त हो गई है। सभी लोग वियोग तथा विशोक से भरे पड़े हैं, वर्णाश्रम के धर्म तथा आचरण नष्ट हो गये हैं।

इन्द्रिय निग्रह, दान, दया तथा समझ नहीं रही। जड़ता तथा दूसरों को ठगना बढ़ गया है। समस्त

नर-नारी शरीर पोषक हो गए हैं जो परनिन्दक हैं, वे सम्पूर्ण संसार भर में फैले पड़े हैं।

हे गरुड़, सुनें, कलियुग पाप तथा अवगुणों का घर है किन्तु कलियुग का बहुत बड़ा गुण भी है जो बिना परिश्रम ही भवसागर से छुटकारा दिला देता है।

सत्य युग, त्रेता, द्वापर में पूजा, यज्ञ तथा योग से जो गति प्राप्त होती थी, कलियुग में श्रीहरि के नाम भजन से वही गति प्राप्त होती है॥ १०२॥

टिप्पणी—(१) कवि सामाजिक अनाचरण की पराकाष्ठा चित्रित करता है—जिसमें नारियों की पथभ्रष्टता विशेष रूप से इंगित है—नारियों के केश ही आभूषण हैं तथा उन्हें भूख बहुत लगती है—धनहीनता के कारण उन्हें दुःख है किन्तु वे ममता से ओतप्रोत हैं—उनमें कोमलता जैसा गुण शून्य हो चुका है? पुरुष की पथभ्रष्टता तो इतनी बढ़ चुकी है कि उसकी कामवासना ने समस्त नैतिक मर्यादा तोड़ रखी है—

'कलिकाल बिहाल भए मनुजा। नहिं मानत कोउ अनुजा तनुजा॥'

नैतिक नियमों की पथभ्रष्टता को सीधे-सीधे प्राकृतिक सम्बन्धों की पथभ्रष्टता तक पहुँचाकर सामाजिक मनोग्रंथियों से पीड़ित समाज़ को अधमता से जोड़ता है जो मूलतः समझदार व्यक्ति के लिए आत्मग्लानि का पर्याय बन जाता है।

(२) कलि के सम्पूर्ण दुर्गुणों के बाद भी कवि इस युग में मुक्ति के लिए सीधा उपाय बताता है। सत्ययुग, त्रेता, द्वापर में व्यक्ति का उद्धार-पूजा, यज्ञ तथा योग से होता था—जो सामान्यतया जटिल हैं, कलि में केवल श्रीहरि के नाम भजन से वैसा ही फल प्राप्त होता है।

अन्य युगों में मुक्ति के माध्यमों की जटिलता को कवि कलियुग में नितान्त सरल कर देता है—कारण कि जटिलमार्ग काल परिवर्तन के कारण मनुष्य स्वभाव से अति भिन्न हो चुके हैं।

कृतजुग सब जोगी बिग्यानी। करि हरि ध्यान तरहिं भवप्रानी॥
त्रेता बिबिध जग्य नर करहीं। प्रभुहिं समर्पि करम भव तरहीं॥
द्वापर करि रघुपति पद पूजा। नर भव तरहिं उपाय न दूजा॥
कलियुग केवल हरिगुन गाहा। गावत नर पावहिं भव थाहा॥
कलियुग जोग न जग्य न ग्याना। एक अधार राम गुन गाना॥
सब भरोस तजि जो भजि रामहिं। प्रेम समेत गाव गुन ग्रामहिं॥
सोइ भव तर कछु संसय नाहीं। नाम प्रताप प्रगट कलि माहीं॥
कलि कर एक पुनीत प्रतापा। मानस पुन्य होहिं नहिं पापा॥

दो०— कलिजुग सम जुग आन नहिं जौं नर कर बिस्वास।
गाइ राम गुन गन बिमल भव तर बिनहिं प्रयास॥
प्रगट चारि पद धर्म के कलि महुँ एक प्रधान।
जेन केन बिधि दीन्हे दान करइ कल्यान॥ १०३॥

अर्थ—सत्ययुग में सभी योगी तथा विज्ञानी होते थे। प्राणी श्रीहरि का ध्यान करके संसार सागर तर जाते थे। त्रेता में मनुष्य नाना प्रकार के यज्ञ करते और श्रीहरि को सभी कर्म समर्पित करके भवसागर को पार कर जाते थे।

द्वापर में श्रीराम के चरणों की पूजा करके मनुष्य भवसागर तरते थे, उनके लिए अन्य उपाय नहीं थे। कलियुग में श्रीहरि का गुणानुवाद मात्र है जिसका गान करते ही भवसागर की थाह पा जाते हैं।

कलियुग में न योग है, न यज्ञ है, न ज्ञान है। श्रीराम का गुणानुवाद ही एक मात्र आधार है।

अन्य भरोसों को त्यागकर जो श्रीराम का भजन करता है और जो प्रेम सहित उनके गुण समूहों का गान करता है।

वही भवसागर तर जाता है, इसमें कुछ संदेह नहीं। नाम का प्रताप कलियुग में प्रसिद्ध है। कलियुग का एक पवित्र प्रताप है, मानसिक पुण्य तो होते हैं किन्तु पाप नहीं होते।

मनुष्य यदि विश्वास करे तो कलियुग के सदृश अन्य कोई युग नहीं है। श्रीराम के निर्मल गुण समूहों का गान करके वह अनायास ही भवसागर तर जाता है।

धर्म के चार चरण (सत्य, दया, तप एवं दान) हैं, किन्तु कलि में केवल एक (दान) ही प्रधान है। येन केन प्रकारेण दिये जाने पर दान ही कलियुग में सदा कल्याण करता है।

टिप्पणी—(१) कवि अपने युग की पीड़ा का स्वयं अनुभव करता हुआ, अन्य को अनुभव कराता है और समाज के अन्तर्मन में ग्लानि उत्पन्न करता हुआ तर्कों तथा सिद्धान्तों के माध्यम से उन्हें मुक्ति के सरलतम उपायों की ओर आकर्षित करता है।

कलियुग जोग न जग्य न ग्याना। एक अधार राम गुन गाना॥
सब भरोस तजि जो भजि रामहिं। प्रेम समेत गाव गुन ग्रामहिं॥
सोइ भव तर कछु संसय नाहीं। नाम प्रताप प्रगट कलि माहीं॥

(२) इसी प्रकार वह धर्म वृषभ के चार पैरों की ओर इंगित करके सत्य, दया, तप, दान—ये चारों अन्य युगों में थे कलियुग में केवल दान और वह भी येन केन प्रकारेण दिया हुआ दान—मुक्तिदायी होता है।

वहाँ कवि व्यक्ति तथा समाज की मुक्ति के लिए दो मार्गों का निर्देश करता है—श्रीराम के नाम का भजन तथा दान।

कलियुग में ये सरलतम माध्यम सम्पूर्ण सामाजिक रचना को व्यवस्थित करने के लिए पर्याप्त हैं।

नित जुग धर्म होहिं सब केरे। हृदयँ राम माया के प्रेरे॥
सुद्ध सत्व समता बिग्याना। कृत प्रभाव प्रसन्न मन जाना॥
सत्त्व बहुत रज कछु रति कर्मा। सब बिधि सुख त्रेता कर धर्मा॥
बहु रज स्वल्प सत्त्व कछु तामस। द्वापर धर्म हरण भय मानस॥
तामस बहुत रजोगुन थोरा। कलि प्रभाव बिरोध चहुँ ओरा॥
बुध जुग धर्म जानि मन माहीं। तजि अधर्म रति धर्म कराहीं॥
काल धर्म नहिं ब्यापहिं ताही। रघुपति चरन प्रीति अति जाही॥
नट कृत बिकट कपट खगराया। नट सेवकहिं न ब्यापइ माया॥

दो०— हरिमाया कृत दोष गुन बिनु हरि भजन न जाहिं।
भजिअ राम तजि काम सब अस बिचारि मन माहिं॥
तेहिं कलिकाल बरष बहु बसेउँ अवध बिहँगेस।
परेउ दुकाल बिपति बस तब मैं गयउँ बिदेस॥ १०४॥

अर्थ—श्रीराम की माया से प्रेरित सब के हृदय में नित्य सभी युगों के धर्म होते रहते हैं। शुद्ध सत्त्व गुण, समता तथा विज्ञान और मन का प्रसन्न होना, इसे सत्य युग का प्रभाव समझें।

सत्त्वगुण अधिक हो, कुछ रजोगुण हो तथा कर्म में प्रीति हो, सब प्रकार से सुख हो, यह त्रेता का धर्म है। रजोगुण की अधिकता हो, सत्त्व गुण स्वल्प हो और कुछ तमोगुण हो, मन में हर्ष तथा भय हो, यह द्वापर का गुण है।

तमस गुण अधिक हो तथा रजोगुण लेशमात्र हो और चारों ओर विरोध का भाव हो यह कलिधर्म है। विद्वान् जन युग-धर्म को मन में ही मानकर अधर्म का परित्याग करके धर्म करते हैं।

युग धर्म उसे नहीं व्यापते जिसके हृदय में श्रीराम के चरणों में अत्यधिक प्रीति होती है। हे गरुड़! नट के द्वारा किया हुआ कपटपूर्ण-विकट चरित्र जैसे नट सेवक को भ्रमित नहीं करते उसी प्रकार श्रीराम के सेवकों को माया नहीं व्यापती।

श्रीहरि की माया द्वारा चरित दोष तथा गुण भी हरि की माया के बिना नहीं जाते। मन में ऐसा समझकर सम्पूर्ण कामनाओं का परित्याग करके श्रीराम का भजन करो।

हे गरुड़! उस कलिकाल में मैं अनेक वर्षों तक अयोध्या में रहा। एक बार, अकाल पड़ने पर विपत्तिवश मैं विदेश गया॥ १०४॥

टिप्पणी—कवि मानव स्वभाव से चतुर्युगों का सम्बन्ध जोड़ता है। वह मानता है कि प्रत्येक प्राणी के मन में चारों युगों के धर्म वर्तमान हैं—और क्रमशः उन युग-गुणों का अभ्युदय तथा ह्रास निरन्तर होता रहता है।

कवि इस प्रकार परम्परित मान्यताओं में परिवर्तन करके मानव स्वभाव के यथार्थ से उनका सम्बन्ध जोड़ता है। कवि की यह दृष्टि परम्परावादी न होकर मनोवैज्ञानिक तथा तर्कसम्मत है। मनुष्य का मन चारों युगों की समताओं एवं विषमताओं से निरन्तर आनन्दित एवं विवादग्रस्त रहता है। इस वासनात्मक अन्तर्द्वन्द्व से सम्पूर्ण समाज पीड़ित रहता है किन्तु यदि किसी व्यक्ति की श्रीराम् के चरणों में प्रीति हो जाती है तो वह शीघ्र ही इन चतुर्युगों की विषमता से मुक्त हो जाता है।

श्रीराम के प्रति पूर्ण समर्पित हो जाने पर सम्पूर्ण माया व्यक्ति को क्यों नहीं प्रभावित करती। कवि इसके लिए एक दृष्टान्त देता है—

'नट कृत बिकट कपट रघुराया। नट सेवकहिं न ब्यापहिं माया॥'

अभिनय काल में स्वयं नट ही नहीं, नट के सहचर तथा सेवक भी नट के द्वारा किये हुए विकट चरित्र के अभिनय से विमुग्ध नहीं होते और वे साथ-साथ रहने के कारण अभिनीत प्रपंचात्मक भूमिकाओं में कहीं भी लिप्त नहीं होते।

गएउँ उजेनी सुनु उरगारी। दीन मलीन दरिद्र दुखारी॥
गएँ काल बहु संपति पाई। तहँ पुनि करउँ संभु सेवकाई॥
बिप्र एक बैदिक सिव पूजा। करइ सदा तेहिं काजु न दूजा॥
परम साधु परमारथ बिंदक। संभु उपासक नहिं हरि निंदक॥
तेहिं सेवउँ मैं कपट समेता। द्विज दयाल अति नीति निकेता॥
बाहिज नम्र देखि मोहिं साईं। बिप्र पढ़ाव पुत्र की नाईं॥
संभु मंत्र मोहि द्विजवर दीन्हा। सुभ उपदेस बिबिध बिधि कीन्हा॥
जपउँ मंत्र सिव मंदिर जाई। हृदय दंभ अहमिति अधिकाई॥
दो०— मैं खल मल संकुल मति नीच जाति बस मोह।
हरि जन द्विज देखें जरउँ करउँ बिष्नु कर द्रोह॥
सो०— गुरु नित मोहिं प्रबोध दुखित देखि आचरन मम।
मोहि उपजइ अति क्रोध दंभिहि नीति कि भावई॥ १०५॥

अर्थ—हे गरुड़! सुनें, दीन, मलिन, दरिद्र तथा दुखी मैं उज्जैन गया। समय व्यतीत होने पर कुछ सम्पत्ति प्राप्त करके वहाँ फिर शिव की आराधना करने लगा।

एक ब्राह्मण वैदिक रीति से सदैव पूजा करता था, उसके पास अन्य कोई कार्य नहीं था। वह

परम साधु तथा परमार्थ का ज्ञाता (बिंदक) शिव का उपासक साथ ही, श्रीहरि का निन्दक नहीं था।

मैं कपटपूर्वक उसकी सेवा करता था। ब्राह्मण बड़े ही दयालु तथा नीति के घर थे। हे स्वामी! बाहर से मुझे विनम्र देखकर वह ब्राह्मण मुझे पुत्र की भाँति पढ़ाता था।

ब्राह्मणश्रेष्ठ ने मुझे शिव का मंत्र दिया तथा अनेक प्रकार के शुभ उपदेश भी दिये। शिव मंदिर में जाकर मैं मंत्र जपता था और मेरे मन में दम्भ तथा अहंता बढ़ गई।

मैं नीच जाति तथा पापमयी मलिन मतियुक्त मोहवशात् श्रीहरि के भक्तों तथा ब्राह्मणों को देखते ही जल उठता था और भगवान् विष्णु से द्रोह करता था।

मेरे आचरण को देखकर दुखित गुरु मुझे नित्य समझाते थे, (उसे सुनकर) मुझे क्रोध उत्पन्न होता था। दानी को (क्या) कभी नीति अच्छी लगती है?॥ १०५॥

टिप्पणी—भुशुंडि आत्मवृत्त प्रस्तुत करता है। इस आत्मवृत्त में अपना पूर्व इतिहास और इस इतिहास के माध्यम से जातिगत परम्परित तथा शाश्वत् स्वभाव साथ-ही-साथ उस स्वभाव का सामान्यीकरण करता है—

'दंभिहि नीति कि भावई'

अर्थान्तरन्यास अलंकार की व्यंजना इस सामान्यीकरण से जुड़ी हुई है।

एक बार गुरु लीन्ह बोलाई। मोहि नीति बहु भाँति सिखाई॥
सिव सेवा कै फल सुत सोई। अबिरल भगति राम पद होई॥
रामहि भजहिं तात सिव धाता। नर पावँर कै केतिक बाता॥
जासु चरन सिव अज अनुरागी। तासु द्रोह सुख चहसि अभागी॥
हर कहुँ हरि सेवक गुर कहेऊ। सुनि खगनाथ हृदय मम दहेऊ॥
अधम जाति मैं बिद्या पाए। भयउँ जथा अहि दूध पिआए॥
मानी कुटिल कुभाग्य कुजाती। गुर कर द्रोह करउँ दिनु राती॥
अति दयाल गुरु स्वल्प न क्रोधा। पुनि पुनि मोहि सिखाव सुबोधा॥
जेहि ते नीच बड़ाई पावा। सो प्रथमहि हति ताहि नसावा॥
धूम अनल संभव सुनु भाई। तेहिं बुझाव घन पदवी पाई॥

अर्थ—एक बार गुरु ने मुझे बुला लिया और मुझे अनेक प्रकार की नीति की शिक्षा दी। हे पुत्र! शिव जी की सेवा का फल यही है कि श्रीराम के चरणों में अगाध भक्ति हो।

हे तात! ब्रह्मा तथा शिव श्रीराम को भजते हैं, नीच मनुष्यों की तो बात ही कितनी है। शिव तथा ब्रह्मा जिसके चरणों के अनुरक्त हैं, अरे अभागे! उनसे द्रोह करके सुख चाहते हो।

शिव को, गुरु ने, श्री हरि का सेवक कहा, हे गरुड़! इसे सुनकर मेरा हृदय जल उठा। मैं नीच जाति का विद्या पाकर उस तरह का हो गया जैसे दूध पिलाने से सर्प।

अहंकारी, कुटिल, अभागा, कुजाति मैं दिन-रात गुरु का द्रोह करता था गुरु अत्यधिक दयालु थे, उन्हें स्वल्प भी क्रोध नहीं था और बार-बार मुझे अच्छी शिक्षा ही देते थे।

नीच व्यक्ति जिससे बड़ाई पाता है, सबसे पहले वह उसी को मारकर नष्ट करता है। हे भाई! सुनें, धुवाँ आग से उत्पन्न होकर बादल की पदवी प्राप्त करने के बाद उसी को बुझाता है।

टिप्पणी—कवि शैव तथा वैष्णव मान्यताओं के प्रति दुराग्रहपूर्ण आचरण के द्वारा इस कथा के माध्यम से दोनों को समन्वित करने पर बल देता था। शिव में अतिशय आस्था किन्तु विष्णु के प्रति अनास्था—यह एक विशिष्ट सन्दर्भ सम्पूर्ण कथा सन्दर्भ को शैव वैष्णव मान्यताओं के समन्वय की पीठिका तैयार करता है।

रज मग परी निरादर रहई। सब कर पद प्रहार नित सहई॥
मरुत उड़ाव प्रथम तेहिं भरई। पुनि नृप नयन किरीटन्हि परई॥
सुनु खगपति अस समुझि प्रसंगा। बुध नहिं करहिं अधम कर संगा॥
कबि कोबिद गावहिं असि नीती। खल सन कलह न भल नहिं प्रीती॥
उदासीन नित रहिअ गोसाईं। खल परिहरिअ स्वान की नाईं॥
मैं खल हृदयँ कपट कुटिलाई। गुर हित कहहिं न मोहि सोहाई॥
दो०— एक बार हर मंदिर जपत रहेउँ सिव नाम।
गुर आएउ अभिमान तें उठि नहिं कीन्ह प्रनाम॥
सो दयाल नहिं कहेहु कछु उर न रोष लवलेस।
अति अघ गुर अपमानता सहि नहिं सके महेस॥ १०६॥

अर्थ—धूल मार्ग में निरादर भाव से पड़ी रहती है और नित्य प्रति सभी के पद प्रहार सहती है। वायु उसे (सबसे पहले) उड़ाता है, किन्तु उसी को वह भर देती है (धूसरित कर देती है) और फिर राजाओं के नेत्रों तथा मुकुटों पर पड़ती है।

हे गरुड़! ऐसी बात समझ करके विद्वान् जन अधमों का साथ नहीं करते। कवि तथा पण्डित ऐसी नीति कहते हैं कि दुष्टों से न कलह अच्छा है और न प्रेम।

हे गोस्वामी! उनसे तो उदासीन ही रहना चाहिए। दुष्टों को कुत्ते की भाँति त्याग देना चाहिए। मैं दुष्ट था, हृदय में कुटिलता थी, गुरु हित की बात कहते थे, मुझे (वे बातें) सुहाती न थीं।

एक बार शिव के मन्दिर में शिव का नाम जप रहा था, (उसी समय) गुरु आये किन्तु अभिमानवशात् उठकर (उन्हें) प्रणाम नहीं किया।

वह दयालु थे, कुछ कहा नहीं, उनके हृदय में लेशमात्र भी रोष नहीं था। गुरु का अपमान बहुत बड़ा पाप है। उसे शिव नहीं सहन कर सके॥ १०६॥

टिप्पणी—कवि निदर्शना एवं दृष्टान्त अलंकारों के माध्यम से विद्वत् जनों के स्वभाव पर प्रकाश डालता हुआ कथा को आगे बढ़ाता है। अधम जन उन्हीं को कष्ट देते हैं जो उनकी श्रेष्ठता एवं उच्चता के हेतु बनते हैं और इसीलिए वह उदाहरण अलंकार के माध्यम से इस प्रसंग का निष्कर्ष निकालता है कि—'खल परिहरिअ स्वान की नाईं'

मंदिर माँझ भई नभ बानी। रे हतभाग्य अग्य अभिमानी॥
जद्यपि तब गुर कें नहिं क्रोधा। अति कृपाल चित सम्यक बोधा॥
तदपि साप सठ दैहउँ तोही। नीति बिरोध सोहाइ न मोही॥
जौं नहिं दंड करौं खल तोरा। भ्रष्ट होइ श्रुति मारग मोरा॥
जे सठ गुरु सन इरिषा करहीं। रौरव नरक कोटि जुग परहीं॥
त्रिजग जोनि पुनि धरहिं सरीरा। अयुत जन्म भरि पावहिं पीरा॥
बैठ रहेसि अजगर इव पापी। सर्प होहि खल मल मति ब्यापी॥
महा बिटप कोटर महुँ जाई। रहु अधमाधम अधगति पाई॥
दो०— हाहाकार कीन्ह गुरु दारुन सुनि सिव स्राप।
कंपित मोहि बिलोकि अति उर उपजा परिताप॥
करि दंडवत सप्रेम द्विज सिव सन्मुख कर जोरि।
बिनय करत गदगद गिरा समुझि घोर गति मोरि॥ १०७॥

अर्थ—मन्दिर के बीच में आकाशवाणी हुई, रे मूर्ख! हतभाग्य! तथा अभिमानी! यद्यपि तुम्हारे

गुरु को क्रोध नहीं है, वे अत्यधिक दयावान् हैं और उन्हें सम्यक् विवेकयुक्त ज्ञान है।

फिर भी, हे शठ! मैं तुझे शाप दूँगा क्योंकि नीति या विरोध मुझे अच्छा नहीं लगता। हे खल! यदि मैं तुझे दण्डित नहीं करता तो मेरा वेदमार्ग ही भ्रष्ट हो जायगा।

जो शठ गुरु से ईर्ष्या करते हैं वे करोड़ों युगों तक रौरव नरक में पड़े रहते हैं। वे पुनः तिर्यक् योनियों में शरीर धारण करते हैं और दस हजार (अयुत) जन्मों तक कष्ट पाते हैं।

हे पापी! तू (गुरु के आने पर भी) अजगर की भाँति बैठा रहा, रे दुष्ट! तेरी बुद्धि पाप (मल) से परिपूर्ण हो चुकी है, अतः तू सर्प हो जा और हे अधमाधम! अधोगति को प्राप्त करके किसी बड़े पेड़ के कोटर में तू जाकर रह।

शिव के भयंकर शाप को सुनकर गुरु ने हाहाकार किया और मुझे काँपता हुआ देखकर उनके हृदय में अत्यधिक कष्ट उत्पन्न हुआ।

वे ब्राह्मण, प्रेमपूर्वक दंडवत करके शिव के समक्ष हाथ जोड़कर तथा मेरी भयंकर गति समझकर भाव-विह्वल स्वर से विनय करने लगे॥ १०७॥

टिप्पणी—गुरु अपकार से आराध्य शिव का असन्तुष्ट होकर शाप देना और इस शाप को आकाशवाणी द्वारा व्यंजित करना मिथकीय सन्दर्भ द्वारा भयंकर अपकार ही सूचना है। शाप दिया जाना एक प्रकार की भयंकर विध्वंसकारी घटना है—जिसका सम्बन्ध भय तथा संत्रास से जुड़ता है। इस भय तथा संत्रास की भयंकरता को कवि इन शब्दों द्वारा इंगित करता है—

हाहाकार कीन्ह गुरु दारुन सुनि सिव साप।
कंपित मोहिं बिलोकि अति उर उपजा परिताप॥

प्रस्तुत सन्दर्भ में, 'हाहाकार, दारुण शाप, कंपित, उर परिताप' आदि शब्द भय एवं संत्रास के व्यंजक हैं।

छंद— **नमामीशमीशान निर्वाणरूपं। विभुं व्यापकं ब्रह्म वेद स्वरूपं॥**
निजं निर्गुणं निर्विकल्पं निरीहं। चिदाकाशमाकाशवासं भजेऽहं॥
निराकारमोंकारमूलं तुरीयं। गिराग्यानगोतीतमीशं गिरीशं॥
करालं महाकाल कालं कृपालं। गुणागार संसारपारं नतोऽहं॥
तुषाराद्रि संकाश गौरं गभीरं। मनोभूत कोटि प्रभा श्रीशरीरं॥
स्फुरन्मौलिकल्लोलिनी चारु गंगा। लसद्भालबालेन्दु कंठे भुजंगा॥
चलत्कुंडलं भ्रू सुनेत्रं विशालं। प्रसन्नाननं नीलकंठं दयालं॥
मृगाधीशचर्माम्बरं मुंडमालं। प्रियं शंकरं सर्वनाथं भजामि॥

हे ईशानकोणीय दिशा के ईश्वर, हे मोक्षस्वरूप, हे विभु, हे व्यापक, हे ब्रह्म तथा वेदस्वरूप शिव मैं आपको नमन करता हूँ। स्वयं रूप स्थित, गुणरहित, भेदरहित, इच्छारहित, चैतन्याकाश स्वरूप एवं गगन का ही वस्त्र धारण करने वाले शिव मैं आपको भजता हूँ।

निराकार, ओंकार के मूल, तीनों गुणों से अतीत, वाणी, ज्ञान तथा इन्द्रियों से परे, कैलासपति ईश, कराल महाकाल के भी काल, कृपालु, गुणों के धाम संसार से परे हे शिव, मैं आपको नमन करता हूँ।

हिमालय के समान गौर वर्णयुक्त गम्भीर तथा जिसके शरीर में कामदेव की श्री तथा ज्योति है—जिसके शिखर पर कल्लोल करने वाली सुन्दर गंगा स्फुरित हैं तथा जिसके मस्तक पर बालचन्द्र तथा गले में सर्प है।

जिसके कानों में कुंडल हिल रहे हैं, भौंह तथा सुन्दर नेत्र विशाल हैं, जो प्रसन्नमुख, नीलकंठ तथा परम दयालु हैं, उन सबके प्रिय सबके स्वामी शिव को मैं भजता हूँ।

टिप्पणी—भारतीय साहित्य में भय तथा संत्रास से मुक्ति पाने के लिए 'दैव याचना' एक उपाय बताया गया है। 'शाप' एवं 'दैवयाचना' ये दोनों धार्मिक अभिप्राय हैं, दैवयाचना की परम्परा में स्तुतियों एवं स्तोत्रों का विधान है। इन स्तोत्रों की संख्या निर्धारित की जाती है। यहाँ यह शिव स्तोत्र संख्या आठ होने के कारण—'रुद्राष्टक' के नाम से पुकारा गया है। यद्यपि ये स्तोत्र एक विशेष सन्दर्भ में रचे जाते हैं किन्तु उनमें वर्णनगत एकदेशीयता नहीं रहती और वे परम्परा में स्तुति के अंग और फल के हेतु बनते हैं।

स्तुति के अन्तर्गत आराध्य के रूप, गुण, नाम, स्वभाव, कृत्य, सामर्थ्य, सौन्दर्य, श्री, माहात्म्य, पूर्वचरितों, अंग विग्रहों का स्मरण तथा इन सबके प्रति मानसिक समर्पण विशेष महत्त्वपूर्ण हैं।

संकट से निवारण इस स्तोत्र का मूल मन्तव्य है।

प्रचण्डं प्रकृष्टं प्रगल्भं परेशं। अखंडं अजं भानुकोटिप्रकाशं॥
त्रयः शूल निर्मूलनं शूलपाणिं। भजेऽहं भवानीपतिं भावगम्यं॥
कलातीत कल्याण कल्पान्तकारी। सदा सज्जनानंददाता पुरारी॥
चिदानंद संदोह मोहापहारी। प्रसीद प्रसीद प्रभो मन्मथारी॥
न यावद् उमानाथ पादारविन्दं। भजंतीह लोके परे वा नराणां॥
न तावत्सुखं शान्ति सन्तापनाशं। प्रसीद प्रभो सर्वभूताधिवासं॥
न जानामि योगं जपं नैव पूजा। नतोऽहं सदा सर्वदा शंभु तुभ्यं॥
जरा जन्म दुःखौघतातप्यमानं। प्रभो पाहि आपन्नमामीश शंभो॥

श्लोक— रुद्राष्टकमिदं प्रोक्तं विप्रेण हरतोषये।
ये पठन्ति नरा भक्त्या तेषां शम्भुः प्रसीदति॥

अर्थ—रुद्ररूप (प्रचंड), श्रेष्ठ, तेजस्वी, परमेश्वर, अखंड, अजन्मा तथा कोटि सूर्यों के प्रकाश से संयुक्त, हाथ में त्रिशूल धारण करनेवाले त्रय तापों के नाशकर्ता, ऐसे प्रेम मात्र से प्राप्त होने वाले उमापति शिव को मैं भजता हूँ।

कलाओं से परे, कल्याण स्वरूप, कल्प का अन्त करनेवाले, सदा सज्जनों को आनन्द देने वाले सच्चिदानन्द समूह (संदोह) मोह का विनाश करने वाले, हे कामदेवता के शत्रु शिव! प्रसन्न हों, प्रसन्न हों।

जब तक पार्वती पति शिव के चरण-कमल नहीं भजते तब तक मनुष्य को न इस लोक में और न परलोक में सुख शान्ति मिलती है और न सन्तापों का विनाश होता है। अतः समस्त जीवों के हृदयस्थल में निवास करने वाले प्रभु शिव! प्रसन्न हों।

न मैं योग जानता हूँ, न जप, न पूजा! हे शिव! मैं तो सदा-सर्वदा आपको ही नमस्कार करता हूँ। जरा-मरण के दुःख समूहों से दग्ध मुझ क्लेशक्लान्त की हे शिव! रक्षा करें। हे ईश्वर! हे शिव! मैं आपको नमन करता हूँ।

यह भगवान रुद्र की स्तुति का अष्टक शिव की प्रसन्नता के लिए ब्राह्मण द्वारा कहा गया है। जो मनुष्य भक्तिपूर्वक (इसे) पढ़ते हैं उन पर शिव प्रसन्न होते हैं।

टिप्पणी—पूर्वपृष्ठ पर यथावत् विवेचित सन्दर्भ यहाँ भी द्रष्टव्य है। अधम शिष्य को शाप से मुक्ति दिलाने के लिए उदार गुरु द्वारा की गई यह स्तुति गुरु परम्परा की श्रेष्ठता तथा भद्रता को इंगित करती है।

सुनि बिनती सर्बग्य सिव देखि बिप्र अनुरागु।
पुनि मंदिर नभ बानी भइ द्विजबर बर माँगु॥

जौं प्रसन्न प्रभु मो पर नाथ दीन पर नेहु।
निज पद भगति देइ प्रभु पुनि दूसर बर देहु॥
तव मायाबस जीव जड़ संतत फिरइ भुलान।
तेहिं पर क्रोध न करिअ प्रभु कृपासिंधु भगवान॥
संकर दीन दयाल अब येहिं पर होहु कृपाल।
साप अनुग्रह होइ जेहिं नाथ थोरे हीं काल॥ १०८॥

अर्थ—सर्वज्ञ शिव ने ब्राह्मण के विनय को सुना तथा उसका अनुराग देखा और पुनः मन्दिर में आकाशवाणी हुई कि हे ब्राह्मणश्रेष्ठ! वर माँगो।

हे प्रभो! यदि प्रभु मुझ पर प्रसन्न हैं और हे नाथ! यदि इस दीन पर स्नेह है तो अपने चरणों की भक्ति प्रदान करके पुनः दूसरा वरदान दें।

हे प्रभो! आपकी माया के वशीभूत यह जड़जीव निरन्तर भूला-भटका फिरता है। हे कृपासिन्धु! हे भगवान्! उस पर क्रोध न कीजिए।

हे दीनों पर दया करनेवाले शिव! अब इस पर कृपालु हों जिससे, हे नाथ! थोड़े ही समय में इस शाप से मुक्ति हो जाये॥ १०८॥

टिप्पणी—आकाशवाणी शाप, वरदान, भावी संसूचना आदि पौराणिक अभिप्राय हैं। यहाँ इस आकाशवाणी का सन्दर्भ वरदान से है—यद्यपि यह गुरु के लिए व्यक्तिगत है किन्तु शिव उस व्यक्तिगत सन्दर्भ को शिष्य के प्रति अनुग्रह भाव में बदल देता है। भारतीय संस्कृति में यह गुरु तथा शिष्य परम्परा की उदारता है। गुरु शिव से 'शाप अनुग्रह' की कामना इन छन्दों में करता है।

येहि कर होइ परम कल्याना। सोइ करहु अब कृपानिधाना॥
बिप्र गिरा सुनि परहित सानी। एवमस्तु इति भइ नभ बानी॥
जदपि कीन्ह येहिं दारुन पापा। मैं पुनि दीन्ह क्रोध करि स्रापा॥
तदपि तुम्हारि साधुता देखी। करिहउँ येहि पर कृपा बिसेषी॥
छमासील जे पर उपकारी। ते द्विज मम प्रिय जथा खरारी॥
मोर स्राप द्विज ब्यर्थ न जाइहिं। जन्म सहस्र अवसि यह पाइहिं॥
जनमत मरत दुसह दुख होई। येहि स्वल्पउ नहिं ब्यापिहि सोई॥
कवनेउँ जन्म मिटिहिं नहिं ग्याना। सुनहि सूद्र मम बचन प्रवाना॥

अर्थ—हे कृपानिधान! अब आप वही करें, जिससे इसका परम कल्याण हो। परहित से सनी हुई ब्राह्मण की वाणी सुनकर, आकाशवाणी हुई कि ऐसा ही हो।

यद्यपि इसने भयंकर पाप किया है, और उसी पर मैंने क्रोध करके शाप दिया है। फिर भी तुम्हारी साधुता देखकर, इस पर मैं विशेष कृपा करूँगा।

जो क्षमाशील हैं, जो परोपकारी हैं, वे ब्राह्मण मुझे विष्णु की भाँति प्रिय हैं। हे ब्राह्मण! मेरा शाप व्यर्थ नहीं जायेगा। यह हजार जन्म अवश्य प्राप्त करेगा।

किन्तु जन्मने तथा मरने में जो असह्य दुःख होता है, वह इसे लेशमात्र भी नहीं व्यापेगा और किसी भी जन्म में इसका ज्ञान नहीं नष्ट होगा, हे शूद्र! मेरा प्रामाणिक वचन सुनो।

टिप्पणी—शाप का अनुग्रह में बदल जाना—इन पंक्तियों का मन्तव्य है। 'शाप व्यर्थ नहीं जाते किन्तु उनकी दिशा बदली जा सकती है' ऐसा विश्वास पौराणिक मान्यताओं में प्रतिपदित है। शाप घटित भी हो किन्तु उसके संत्रासकारी परिणामों से मुक्ति भी मिल जाए—यह शाप का रूपान्तरण है—

मोर स्राप द्विज ब्यर्थ न जाइहिं। जन्म सहस अवस्य यह पाइहिं॥
जनमत मरत दुसह दुख होई। एहि स्वल्पहु नहिं ब्यापिहि सोई॥
कवनेहु जन्म मिटिहिं नहिं ग्याना। सुनहि सूद्र मम बचन प्रवाना॥

इस प्रकार, रूपायन द्वारा शाप कल्याणकारी वरदान बन जाता है।

रघुपति पुरीं जन्म तव भयऊ। पुनि तैं मम सेवा मन दयऊ॥
पुरी प्रभाव अनुग्रह मोरें। राम भगति उपजिहि उर तोरें॥
सुनु मम बचन सत्य अब भाई। हरि तोषन ब्रत द्विज सेवकाई॥
अब जनि करहि बिप्र अपमाना। जानेसु संत अनंत समाना॥
इंद्र कुलिस मम सूल बिसाला। कालदंड हरिचक्र कराला॥
जो इन्ह कर मारा नहिं मरई। बिप्र द्रोह पावक सो जरई॥
अस बिबेक राखेहु मन माहीं। तुम्ह कहँ जग दुर्लभ कछु नाहीं॥
औरउ एक आसिषा मोरी। अप्रतिहत गति होइहि तोरी॥

दो०— सुनि सिव बचन हरषि गुर एवमस्तु इति भाषि।
मोहि प्रबोधि गएउ गृह संभु चरन उर राखि॥
प्रेरित काल बिंधि गिरि जाइ भएउँ मैं ब्याल।
पुनि प्रयास बिनु सो तनु तजेउँ गएँ कछु काल॥
जोइ तनु धरौं तजौं पुनि अनायास हरिजान।
जिमि नूतन पट पहिरइ नर परिहरइ पुरान॥
सिवँ राखी, श्रुति नीति अरु मैं नहिं पावा क्लेस।
एहि बिधि धरेउँ बिबिध तनु ग्यान न गयउ खगेस॥ १०९॥

अर्थ—प्रथमतः तुम्हारा जन्म श्रीराम की नगरी में हुआ है, और फिर तुमने मेरी सेवा में मन लगाया है। अयोध्यापुरी के प्रभाव से और मेरी कृपा से तुम्हारे हृदय में श्रीराम की भक्ति उत्पन्न होगी।

हे भाई! अब मेरा सत्य बचन सुन, द्विजों की सेवा ही ईश्वर को प्रसन्न करने वाला व्रत है। अब कभी ब्राह्मण का अपमान न करना। संतों को अब विष्णु के सदृश समझना।

इन्द्र के वज्र, मेरे त्रिशूल, काल के दण्ड एवं श्रीहरि के भयंकर चक्र के मारने से भी जो नहीं मृत होता, वह ब्राह्मणद्रोहरूपी अग्नि में जलकर भस्म हो जाता है।

ऐसा ज्ञान मन में रखना, फिर, तुम्हारे लिए संसार में कुछ दुर्लभ नहीं होगा। मेरा एक और भी आशीर्वाद है कि तुम्हारी गति सर्वत्र अबाधित होगी।

गुरु के वचन सुनकर गुरु हर्षित होकर ऐसा ही हो, कहकर मुझे समझा-बुझा करके शिव के चरणों को हृदय में धारण करके घर गये।

शिव शाप से प्रेरित मैं विंध्य पर्वत पर जाकर सर्प हुआ। कुछ समय पाकर बिना प्रयास ही वह शरीर छोड़ा।

हे गरुड़! जो शरीर धारण किया सहज ही पुनः उसे छोड़ा, जैसे मनुष्य पुराने वस्त्रों का त्याग करके नये वस्त्र धारण करता है।

हे गरुड़! शिव ने वेद-मर्यादा की रक्षा की और मैंने क्लेश भी नहीं प्राप्त किया। इस प्रकार मैंने अनेकानेक शरीर धारण किये, पर मेरा ज्ञान नहीं नष्ट हुआ॥ १०९॥

टिप्पणी—(१) कवि सम्पूर्ण कथा को इस क्रम में आगे बढ़ाता है और अयोध्या में, अपने जन्म

लेने के वृत्तान्त को निर्दिष्ट करता हुआ बताता है, कि श्रीराम की पुरी के कारण मुझ में श्रीराम की भक्ति का अंकुरण हुआ, यह सान्निध्य प्रभाव है।

इस प्रकरण में वह ब्राह्मण महत्त्व का भी प्रतिपादन करता है—

इन्द्र कुलिस मम सूल बिसाला। कालदंड हरिचक्र कराला॥
जो इन्हकर मारा नहिं मरई। बिप्र द्रोह पावक सो जरई॥

यह 'ब्राह्मण' शब्द ब्राह्मण जाति का वाचक न होकर उनको निर्दिष्ट करता है जो सन्तोष, क्षमा, दया, मैत्री, करुणा, अपरिग्रह, ज्ञानार्जन आदि-आदि से युक्त लोक रचना तथा नैतिक मूल्यों के निर्माण में निरन्तर अनुरक्त रहते हैं।

(२) प्रस्तुत सन्दर्भ में एक महत्त्वपूर्ण तत्त्व है, पुनर्जन्म के पश्चात् पूर्व संस्कारों का नष्ट न होना। सती जल कर पार्वती के रूप में जन्मी और उनके भी संस्कार नष्ट नहीं हुए थे। भुशुंडि की भी स्थिति ऐसी ही है। दोनों की अकुंठ मति श्रीराम भक्ति के माहात्म्य को इंगित करती है—

(क) पार्वती को श्रीराम का रहस्य एक जन्म में नहीं समझ में आया और उन्हें उसे जानने के लिए दूसरा जन्म लेना पड़ा। पार्वती के संस्कार भुशुंडि से श्रेष्ठ थे। वह जगत् माता तथा अनादि शक्ति हैं—शायद इसीलिए दूसरे जन्म में ही श्रीराम का रहस्य समझ में आ गया।

(ख) भुशुंडि के संस्कार सामान्य थे, इसीलिए अकुंठ मति से हजारों जन्म लेने के बाद उसमें भक्ति के संस्कार जाग्रत हुए तथा श्रीराम का स्वरूप समझ में आया।

श्रीरामभक्ति नितान्त सुगम है किन्तु 'श्रीराम तत्त्व' अत्यधिक जटिल है और उसको एकाध जीवन द्वारा नहीं समझा जा सकता है। उसे समझने के लिए अनेकानेक जन्मों के जाग्रत संस्कारों के उन्मेष की आवश्यकता पड़ती है।

त्रिजग देव नर जोइ तनु धरऊँ। तहँ तहँ राम भजन अनुसरऊँ॥
एक सूल मोहिं बिसर न काऊ। गुर कर कोमल सील सुभाऊ॥
चरम देह द्विज कै मैं पाई। सुर दुर्लभ पुरान श्रुति गाई॥
खेलउँ तहूँ बालकन्ह मीला। करउँ सकल रघुनायक लीला॥
प्रौढ़ भएँ मोहिं पिता पढ़ावा। समझउँ सुनउँ गुनउँ नहिं भावा॥
मन से सकल बासना भागी। केवल राम चरन लय लागी॥
कहु खगेस अस कवन अभागी। खरी सेव सुरधेनुहि त्यागी॥
प्रेम मगन मोहि कछु न सोहाई। हारेउ पिता पढ़ाइ पढ़ाई॥
भए काल बस जब पितु माता। मैं बन गएउँ भजन जनत्राता॥
जहँ जहँ बिपिन मुनीस्वर पावउँ। आश्रम जाइ जाइ सिरु नावउँ॥

अर्थ—त्रिर्यक् योनि, देवता तथा मनुष्य का जो भी शरीर धारण करता, उस-उस शरीर में श्रीराम के भजन का अनुसरण किया करता था। एक पीड़ा मुझे कभी नहीं भूलती थी, वह गुरु के कोमल शीलयुक्त स्वभाव (का अपमान)।

मैंने ब्राह्मण का अन्तिम शरीर प्राप्त किया, वेद पुराण कहते हैं कि यह देव दुर्लभ है। वहाँ बालकों के साथ मिलकर खेलता था तथा श्रीराम की सम्पूर्ण लीलाएँ करता था।

प्रौढ़ होने पर मुझे पिता ने अध्ययन कराया, मैं समझता था, सुनता था, गुनता था, किन्तु वह अच्छा नहीं लगता था। मेरे मन से सम्पूर्ण वासनाएँ भाग गईं तथा केवल श्रीराम के चरणों में रति लगी।

हे गरुड़! बताएँ, वह कौन अभागा है, जो कामधेनु को त्याग कर गधी (खरी) की सेवा करे। मुझ प्रेममग्न को कुछ भी अच्छा नहीं लगता था और पिता पढ़ा-पढ़ा कर हार गये।

जब माता-पिता कालकवलित हो गये, मैं भक्तों के रक्षक श्रीराम का भजन करने के निमित्त वन में गया। जहाँ-जहाँ वन में मुनीश्वरों के आश्रम पाता, जा-जाकर सिर झुकाता था।

टिप्पणी—भुशुंडि अनेकानेक जन्मों एवं योनियों की अपनी श्रीराम-आस्था का वर्णन करता है। एक बार वह ब्राह्मण के घर में जन्म लेता है किन्तु प्राक्तन संस्कारों से वशीभूत होकर अपनी श्रीरामभक्ति की परम आस्था को नहीं छोड़ता। यह प्रसंग आगे चलकर, भुशुंडि के 'काग-शरीर' जैसे प्रश्न का समाधान देता है।

बूझउँ तिन्हहिं राम गुन गाहा। कहहिं सुनउँ हरषित खगनाहा॥
सुनत फिरउँ हरि गुन अनुबादा। अब्याहत गति संभु प्रसादा॥
छूटी त्रिबिध ईषना गाढ़ी। एक लालसा उर अति बाढ़ी॥
राम चरन बारिज जब देखौं। तब निज जन्म सुफल करि लेखौं॥
जेहि पूँछउँ सोइ मुनि अस कहई। ईस्वर सर्ब भूतमय अहई॥
निर्गुन मत नहिं मोहिं सुहाई। सगुन ब्रह्म रति उर अधिकाई॥

दो०— गुर के बचन सुरति करि राम चरन मनु लाग।
रघुपति जस गावत फिरउँ छन छन नव अनुराग॥
मेरु सिखर बट छायाँ मुनि लोमस आसीन।
देखि चरन सिरु नायउँ बचन कहेउँ अति दीन॥
सुनि मम बचन बिनीत मृदु मुनि कृपाल खगराज।
मोहिं सादर पूँछत भए द्विज आएहु केहि काज॥
तब मैं कहा कृपानिधि तुम्ह सर्बग्य सुजान।
सगुन ब्रह्म अवराधन मोहि कहहु भगवान॥ ११०॥

अर्थ—हे गरुड़! मैं उनसे श्रीराम के गुणों की गाथा पूछता, वे कहते और मैं हर्षित भाव से सुनता। श्रीहरि का गुणानुवाद मैं सुनता फिरता क्योंकि शिव की कृपा से मेरी गति निर्बाधित थी।

तीनों प्रकार की प्रगाढ़ एषणाएँ छूट गईं और हृदय में मात्र एक ही अभिलाषा बढ़ी कि मैं अपना जन्म तब सफल मानूँगा जब श्रीराम के कमल-चरणों को देखूँगा।

जिन-जिन से मैं पूछता था, वे ऐसा कहते थे कि ईश्वर सभी प्राणियों में है। निर्गुण मत मुझे अच्छा नहीं लगता था और हृदय में सगुण ब्रह्म पर प्रीति बढ़ रही थी।

गुरु के वचनों का स्मरण करके श्रीराम के चरणों में मन लगा। क्षण-क्षण नव अनुराग से अभिभूत श्रीराम का गुण गाता फिरता था।

सुमेरु पर्वत पर वट की छाया में लोमश ऋषि बैठे थे, उन्हें देखकर उनके चरणों में सिर नवाया और अत्यन्त दीनता भरे वचन कहे।

हे गरुड़! मेरे विनीत तथा कोमल वचनों को सुनकर कृपालु मुनि ने मुझसे आदरपूर्वक पूछा, हे ब्राह्मण! किसलिए आये हो?

तब मैंने कहा, हे कृपानिधि! आप सर्वज्ञ और सुजान हैं। हे भगवन्! मुझे सगुण ब्रह्म की अवराधना (का स्वरूप) समझाइए॥ ११०॥

टिप्पणी—पूर्व कथित 'शैव' एवं 'वैष्णव' मत सम्बन्धी विवाद की भाँति कवि पुनः भुशुंडि प्रसंग के माध्यम से 'निर्गुण तथा सगुण' ब्रह्म विषयक विवाद को पुरस्कृत करके उसका समाधान देना चाहता है।

कवि के युग की महत्त्वपूर्ण समस्याओं में एक यह भी थी और निर्गुण तथा सगुण भक्ति की पारस्परिक श्रेष्ठता का यह विवाद काफी समय से चलता रहा है। कवि यहाँ इसको उठाकर भक्ति

की श्रेष्ठता का प्रतिपादन सम्पूर्ण कथा से जोड़कर करता है।

कथा प्रसंग आगे चलकर लोमश ऋषि से जुड़ जाता है, और मूल समस्या सम्बन्धी प्रश्न 'निर्गुण एवं सगुण' ब्रह्म की पारस्परिक श्रेष्ठता की शुरुआत यहाँ से हो जाती है।

तब मुनीस रघुपति गुन गाथा। कहे कछुक सादर खगनाथा॥
ब्रह्मग्यान रत मुनि बिग्यानी। मोहि परम अधिकारी जानी॥
लागे करन ब्रह्म उपदेसा। अज अद्वैत अगुन हृदयेसा॥
अकल अनीह अनाम अरूपा। अनुभवगम्य अखंड अनूपा॥
मन गोतीत अमल अबिनासी। निर्बिकार निरवधि सुखरासी॥
सो तैं ताहि तोहि नहिं भेदा। बारि बीचि इव गावहिं बेदा॥
बिबिध भाँति मोहि मुनि समझावा। निर्गुन मत मम हृदय न आवा॥
पुनि मैं कहेउँ नाइ पद सीसा। सगुन उपासन कहहु मुनीसा॥
राम भगति जल मम मन मीना। किमि बिलगाइ मुनीस प्रबीना॥
सोइ उपदेस कहहु करि दाया। निज नयनन्हि देखौं रघुराया॥

अर्थ—हे गरुड़! तब मुनिश्रेष्ठ ने आदरपूर्वक श्रीराम की गुणगाथा कही। ब्रह्मज्ञान में निरन्तर लीन विज्ञानवान् मुनिश्रेष्ठ ने मुझे परम अधिकारी समझकर—

वे ब्रह्म का उपदेश करने लगे कि (वह) अजन्मा, अद्वैत, निर्गुण एव अन्तर्यामिन् (हृदयेश) अमापनीय, इच्छारहित, नामरहित, रूपरहित, अनुभवगम्य, श्रीखण्ड, अनूप—

मन तथा इन्द्रियों से परे, निर्मल, अविनाशी, निर्विकार, सीमारहित तथा आनन्द की राशि है। वेद बताते हैं कि जल बीचि सदृश वह तू ही है और तुम्हारे और उसमें कोई भेद नहीं है।

अनेक भाँति से मुझे मुनि ने शिक्षा दी किन्तु निर्गुण मेरे हृदय में नहीं आया, फिर मैं सिर उनके चरणों पर झुका कर कहता कि हे मुनिश्रेष्ठ! मुझे सगुण उपासना के लिए कहें।

श्रीराम की भक्तिरूपी जल में मैं मछली की भाँति हूँ, हे प्रवीन मुनिश्रेष्ठ उनसे यह विलग क्यों हो सकता है। मेरे ऊपर दया करके वह उपदेश करें, मैं अपनी आँखों से श्रीराम को देखूँ।

टिप्पणी—लोमश ऋषि भुशुंडि को निर्गुण प्रश्न का उपदेश देते हुए उसके स्वरूप का कथन करते हैं और उसे उन अनेक लक्षणों से अभिमण्डित करते हैं, जिन्हें अद्वैतवादी निर्दिष्ट करते रहे हैं। श्रीराम की एकनिष्ठ भक्ति के कारण मैंने उनसे श्रीहरि की भक्ति के निरूपण की प्रार्थना की और याचना की कि वह कोई ऐसा उपाय बतायें—जिससे इन भौतिक नेत्रों से श्रीहरि के दर्शन हों।

भरि लोचन बिलोकि अवधेसा। तब सुनिहउँ निर्गुन उपदेसा॥
मुनि पुनि कहि हरिकथा अनूपा। खंडि सगुन मत अगुन निरूपा॥
तब मैं निर्गुन मत करि दूरी। सगुन निरूपउँ करि हठ भूरी॥
उत्तर प्रतिउत्तर मैं कीन्हा। मुनि तन भए क्रोध के चीन्हा॥
सुनु प्रभु बहुत अवग्या किएँ। उपज क्रोध ग्यानिन्ह के हिएँ॥
अति संघरषन जो कर कोई। अनल प्रगट चंदन तें होई॥

दो०— बारंबार सकोप सुनि करइ निरूपन ग्यान।
मैं अपने मन बैठ तब करौं बिबिध अनुमान॥
क्रोध कि द्वैत बुद्धि बिनु द्वैत कि बिनु अग्यान।
माया बस परिछिन्न जड़ जीव कि ईस समान॥ १११॥

अर्थ—नेत्र भरकर (सम्पूर्ण तृप्ति के साथ) श्रीराम को देख लेने के बाद ही मैं निर्गुण का उपदेश सुनूँगा। पुनः मुनि ने अनुपम कथा कहकर सगुण मत का खंडन करके निर्गुण का निरूपण किया।

तब मैंने निर्गुण मत को काटकर पुनः हठपूर्वक सगुण का निरूपण किया। मैंने उनसे उत्तर प्रत्युत्तर किया फलतः मुनि के शरीर में क्रोध के चिह्न उत्पन्न हो गये।

हे प्रभु! सुनें, अत्यधिक अवज्ञा करने पर ज्ञानियों के हृदय में भी क्रोध उत्पन्न होता है। यदि कोई बहुत अधिक संघर्षण करे तो चन्दन की भी लकड़ी (शीतल हृदय में भी) अग्नि प्रकट हो उठती है।

बार-बार मुनिश्रेष्ठ ज्ञान का निरूपण करने लगे तब मैं बैठकर के अपने मन ही मन विविध अनुमान करने लगा।

बिना द्वैत बुद्धि के क्रोध कहाँ और अज्ञान के बिना द्वैत बुद्धि कहाँ—माया से आच्छादित रहने वाला जड़ जीव क्या ब्रह्म सदृश हो सकता है?

टिप्पणी—मैंने इन नेत्रों से श्रीहरि के दर्शन की अपनी बलवती आकांक्षा लोमश ऋषि से प्रकट की, फिर भी, उन्होंने निर्गुण मत का प्रतिपादन किया और मैंने उनके उस निर्गुण प्रतिपादन का खण्डन किया।

इस प्रसंग के माध्यम से कवि यह सिद्ध करना चाहता है कि अनेक जन्मों के बाद श्रीरामभक्ति की अनन्यता के संस्कार जाग्रत अवश्य हुए हैं किन्तु मानसिक वृत्ति समत्व का भाव नहीं उत्पन्न हुआ। श्रेष्ठता एवं अश्रेष्ठता का द्वन्द्व भी विषमता का परिणाम है और यह भी 'श्रीराम तत्त्व' को भलीभाँति जानने तथा समझने में घातक है।

कबहुँ कि दुख सब कर हित ताकें। तेहिं कि दरिद्र परस मनि जाकें॥
परद्रोही की होहिं निसंका। कामी पुनि कि रहहिं अकलंका॥
बंस कि रह द्विज अनहित कीन्हें। कर्म कि होहिं स्वरूपहिं चीन्हें॥
काहू सुमति कि खल सँग जामी। सुभ गति पाव कि परत्रिय गामी॥
भव कि परहिं परमात्मा बिंदक। सुखी कि होहिं कबहुँ हरि निंदक॥
राजु कि रहइ नीति बिनु जाने। अघ कि रहहिं हरिचरित बखाने॥
पावन जस कि पुन्य बिनु होई। बिनु अघ अजस कि पावइ कोई॥
लाभु कि कछु हरि भगति समाना। जेहि गावहिं श्रुति संत पुराना॥
हानि कि जग एहि सम कछु भाई। भजिअ न रामहिं नर तनु पाई॥
अघ कि पिसुनता सम कछु आना। धर्म कि दया सरिस हरिजाना॥

अर्थ—सभी के हित चाहनेवाले से क्या कभी दुःख हो सकता है। जिसके पास स्पर्श मणि है, क्या वह दरिद्र होगा। परद्रोही क्या निर्भय हो सकता है? कामी पुरुष क्या कभी निष्कलंक हो सकते हैं?

ब्राह्मणों का अनहित करने पर क्या वंश रह सकता है? आत्मस्वरूप का दर्शन कर लेने पर क्या कर्म हो सकता है। खलों के साथ रहकर क्या किसी में सुमति उत्पन्न हुई है? परस्त्री गमन करने वाला क्या कभी शुभ गति प्राप्त कर सकता है?

परमात्मा के स्वरूप को जानने वाले (बिंदक) क्या भवसागर में पड़ सकते हैं? श्री हरि की निन्दा करने वाले क्या कभी सुखी हो सकते हैं। नीति के जाने बिना राज्य नहीं रह सकता। श्री हरि का चरित्र बखान करने से क्या पाप रह सकते हैं?

पुण्य के बिना क्या पवित्र यश प्राप्त हो सकता है? बिना पाप के क्या कोई अपयश कर सकता

है? जिसका गायन वेद, सन्त, पुराण आदि करते हैं, उस हरिभक्ति के सदृश क्या अन्य कोई लाभ है?

हे भाई! मनुष्य का शरीर पाकर श्रीराम का भजन न करने से बढ़कर संसार में क्या अन्य कोई (दूसरा) लाभ है! चुगली के समान अन्य कोई पाप नहीं है। हे गरुड़! दया के सदृश क्या कोई अन्य धर्म है?

येहि बिधि अमित जुगुति मन गुनेऊँ। मुनि उपदेस न सादर सुनेऊँ॥
पुनि पुनि सगुन पच्छ मैं रोपा। तब मुनि बोलेउ बचन सकोपा॥
मूढ़ परम सिख देउँ न मानसि। उत्तर प्रतिउत्तर बहु आनसि॥
सत्य बचन बिस्वास न करही। बायस इव सबहीं तें डरहीं॥
सठ स्वपच्छ तव हृदयँ बिसाला। सपदि होहि पच्छी चंडाला॥
लीन्हि साप मैं सीस चढ़ाई। नहिं कछु भय न दीनता आई॥

दो०— तुरत भएउँ मैं काग तब पुनि मुनि पद सिरु नाइ।
सुमिरि राम रघुबंसमनि हरषित चलेउँ उड़ाइ॥
उमा जे राम चरन रत बिगत काम मद क्रोध।
निज प्रभुमय देखहिं जगत केहिं सन करहिं बिरोध॥ ११२॥

अर्थ—इस प्रकार मन में अनन्त युक्तियों को विचारता रहा और आदर के साथ मुनि का उपदेश नहीं सुनता था। जब मैंने बार-बार सगुण पक्ष को रखा तब मुनि क्रोध भरी वाणी बोले—

हे मूढ़! मैं सर्वोच्च शिक्षा देता हूँ किन्तु तुम नहीं मानते, और अनेक उत्तर-प्रत्युत्तर रखते हो। मेरे सत्य वचनों पर विश्वास नहीं करता और कौओ की भाँति सभी से डरता है।

हे शठ! तुम्हारे हृदय में स्वपक्ष रखने का बड़ा (गर्व) है तू, शीघ्र ही, चांडाल पक्षी (कौआ) हो जा। मैंने उनके शाप को सिर पर चढ़ा लिया, न कुछ भय और न कुछ दीनता उत्पन्न हुई।

तब तुरन्त मैं कौआ हो गया और तब मुनि के चरणों में सिर नवाकर तथा रघुवंश शिरोमणि श्रीराम का स्मरण करके हर्षित मन से मैं उड़ चला।

हे पार्वती! जो श्रीराम के चरण में लीन हैं, वे काम, मद तथा क्रोध से विगत हैं, वे जगत् को स्व-प्रभुमय देखते हैं, फिर, किससे विरोध करें॥ ११२॥

टिप्पणी—द्वन्द्व बुद्धि के विकल्पों से जूझता भुशुंडि का मन अनेक संशयों से ग्रस्त है क्योंकि असमत्व बुद्धि ही संशय उत्पन्न करती है। वह द्वन्द्व बुद्धि से पीड़ित नाना प्रकार के विकल्पों में अपने मन को वह आन्दोलित किये हुए है—और लोमश के निर्गुण ब्रह्म निरूपण पर उसकी बुद्धि केन्द्रित नहीं होती और अनेक रूपों में वह संशय करता है। दुराग्रह से रुष्ट होकर शाप देने और इस शाप के अन्तर्गत 'काग शरीर' की प्राप्ति इस कथा प्रसंग का फल है। कवि मूलतः यहाँ द्वन्द्व रहित समताबुद्धि से मण्डित होने का निष्कर्ष निकालता है—

उमा जे रामचरन रत बिगत काम मद क्रोध।
निज प्रभुमय देखहिं जगत केहिं सन करहिं बिरोध॥

यह श्रेष्ठ रामभक्त का लक्षण है और कागभुशुंडि को कवि इस बिन्दु पर पहुँचाने के लिए लोमश प्रसंग की अवतारणा करता है।

सुनु खगेस नहिं कछु रिषि दूषन। उर प्रेरक रघुबंस बिभूषन॥
कृपासिंधु मुनि मति करि भोरी। लीन्ही प्रेम परिच्छा मोरी॥
मन बच क्रम मोहिं निज जन जाना। मुनि मति पुनि फेरी भगवाना॥
रिषि मम महत सीलता देखी। राम चरन बिस्वास बिसेषी॥

अति बिसमय पुनि पुनि पछिताई। सादर मुनि मोहिं लीन्ह बोलाई॥
मम परितोष बिबिध बिधि कीन्हा। हरषित राम मंत्र तब दीन्हा॥
बालक रूप राम कर ध्याना। कहेउ मोहिं मुनि कृपा निधाना॥
सुंदर सुखद मोहि अति भावा। सो प्रथमहिं मैं तुम्हहिं सुनावा॥
मुनि मोहि कछुक काल तहँ राखा। रामचरित मानस तब भाषा॥
सादर मोहि यह कथा सुनाई। पुनि बोले मुनि गिरा सुहाई॥

अर्थ—हे गरुड़, सुनें, इसमें ऋषि का कोई दोष नहीं था। हृदय में प्रेरणा देनेवाले तो रघुवंश-शिरोमणि श्रीराम हैं। कृपासिन्धु श्रीराम ने मुनि की मति को भोली बनाकर मेरी प्रेम परीक्षा ली थी।

मन वाणी तथा कर्म से मुझे अपना दास समझकर पुनः मुनि की मति को भगवान् ने पलट दी। ऋषि ने मेरी अत्यधिक विनयशीलता को देखकर तथा श्रीराम के चरणों में विशेष विश्वास देखा।

अति विस्मित भाव से बार-बार पश्चात्ताप करते हुए आदरपूर्वक मुनि ने मुझे बुला लिया। अनेकों प्रकार से मेरी परितुष्टि की और ततश्च हर्षित भाव से मुझे 'श्रीराम मंत्र' दिया।

कृपानिधान मुनि ने बालक स्वरूप श्रीराम का ध्यान मुझे बतलाया। सुन्दर तथा सुख देने वाला यह मुझे अत्यधिक भाया—वह मैं आपको पूर्व ही बता चुका हूँ।

मुनि ने कुछ समय तक वहाँ मुझे रखा और रामचरितमानस का वर्णन किया। आदरपूर्वक मुझे यह कथा सुनाकर फिर मुनि सुहावनी वाणी बोले।

रामचरित सर गुप्त सुहावा। संभु प्रसाद तात मैं पावा॥
तोहिं निज भगत राम कर जानी। ता ते मैं सब कहेउँ बखानी॥
राम भगति जिन्ह के उर नाहीं। कबहुँ न तात कहिअ तिन्ह पाहीं॥
मुनि मोहि बिबिध भाँति समुझावा। मैं सप्रेम मुनि पद सिरु नावा॥
निज कर कमल परसि मम सीसा। हरषित आसिष दीन्हि मुनीसा॥
राम भगति अबिरल उर तोरे। बसिहिं सदा प्रसाद अब मोरे॥

दो०— सदा राम प्रिय होहु तुम्ह सुभ गुन भवन अमान।
कामरूप इच्छा मरन ग्यान बिराग निधान॥
जेहिं आश्रम तुम्ह बसब पुनि सुमिरत श्री भगवंत।
ब्यापिहिं तेहिं न अबिद्या जोजन एक प्रजंत॥ ११३॥

अर्थ—हे तात! यह सुन्दर तथा गुप्त श्रीरामचरितमानस मैंने शिव की कृपा से प्राप्त की है और तुमको श्रीराम का भक्त माना और इसी कारण मैंने सब विस्तार के साथ बताया।

जिनके हृदय में श्रीराम की भक्ति नहीं है, हे तात! उनके सामने (इसे) कभी भी नहीं कहना चाहिए। फिर, उन्होंने मुझे अनेक भाँति से (श्रीराम रहस्य को) समझाया और मैंने प्रेमपूर्वक मुनि के चरणों में सिर झुकाया।

मेरे सिर पर अपने कमलवत् हथेलियों का स्पर्श करके मुनिश्रेष्ठ ने हर्षित भाव से आशीर्वाद दिया। मेरी कृपा से अब श्रीराम की भक्ति तुम्हारे हृदय में निरन्तर अविच्छिन्न भाव से बनी रहेगी।

तुम सदा श्रीराम के प्रिय होओ तथा शुभगुणों के धाम, कामना के अनुसार स्वरूप धारण करने वाले, इच्छा करने पर ही मृत्यु प्राप्ति, ज्ञान एवं वैराग्य के भंडार होओ।

श्री भगवान् का स्मरण करते हुए तुम जिस आश्रम पर निवास करोगे, एक योजन पर्यन्त वहाँ अविद्या नहीं व्यापेगी॥ ११३॥

टिप्पणी—श्रीराम की प्रेम परीक्षा का प्रकरण जोड़कर कवि सम्पूर्ण प्रसंग को सार्थकता प्रदान करता है—साथ ही प्रसंग के मूल मर्म की ओर इंगित करता है—लोमश ऋषि ने अत्यन्त प्रसन्न

होकर इसी काग शरीर को 'श्रीराम के मंत्र' मंडित किया था—अतः ऋषि, देव आदि से श्रेष्ठ यही काग शरीर दी है। इसकी प्रतीकार्थक व्यंजना यही निकलती है कि वही शरीर पूज्य देवतुल्य है जिससे श्री हरि की भक्ति प्राप्त हो।

इसके अतिरिक्त श्रीराम भक्त 'काम रूप इच्छा मरन' से अभिषिक्त तथा अविद्या से मुक्त रहते हैं। कागभुशुंडि अपने से इन दुर्लभ वरों को प्राप्त कर उसे अन्यों—यथा अयोध्या का विप्र शरीर आदि से श्रेष्ठ मानता है।

'गुप्त रामचरित सर' मानस के अन्तर्गत एक विशिष्ट तत्त्व है। यह 'गुप्त रामचरित सरोवर' शिव द्वारा रचित पार्वती तथा लोमश ऋषि को उन्हीं के द्वारा प्राप्त हुआ था—कवि की रामकथा का स्फुरण भी उसी 'गुप्त मानस सरोवर' से सरयू के रूप में हुआ था—और वह गुप्त रामसर श्रीराम कथा का मूल बीज स्रोत है।

काल करम गुन दोष सुभाऊ। कछु दुख तुम्हहिं न ब्यापिहिं काऊ॥
राम रहस्य ललित बिधि नाना। गुप्त प्रगट इतिहास पुराना॥
बिनु स्त्रम तुम्ह जानब सब सोऊ। नित नव नेह राम पद होऊ॥
जो इच्छा करिहहु मन माहीं। प्रभु प्रसाद कछु दुर्लभ नाहीं॥
सुनि मुनि आसिष सुनु मतिधीरा। ब्रह्मगिरा भइ गगन गँभीरा॥
एवमस्तु तव बच मुनि ग्यानी। यह मम भगत कर्म मन बानी॥
सुनि नभ गिरा हरष मोहि भयऊ। प्रेम मगन सब संसय गयऊ॥
करि बिनती मुनि आयसु पाई। पद सरोज पुनि पुनि सिरु नाई॥
हरष सहित एहिं आश्रम आयउँ। प्रभु प्रसाद दुर्लभ बर पायउँ॥
इहाँ बसत मोहिं सुनु खग ईसा। बीते कलप सात अरु बीसा॥
करउँ सदा रघुपति गुन गाना। सादर सुनहिं बिहंग सुजाना॥
जब जब अवधपुरी रघुबीरा। धरहिं भगत हित मनुज सरीरा॥

अर्थ—काल, कर्म, गुण, दोष तथा स्वभाव से उत्पन्न कोई भी दुःख तुम्हें नहीं व्यापेगा। श्रीराम के नाना प्रकार के ललित रहस्य जो इतिहास तथा पुराणों में गुप्त तथा प्रकट हैं—

वह सभी तुम बिना परिश्रम के जान जाओगे और श्रीराम के चरणों में तुम्हारा निरन्तर नित्य स्नेह हो। जो इच्छा तुम मन में करोगे श्रीहरि की कृपा से कुछ दुर्लभ नहीं होगी।

हे धीर बुद्धि वाले गरुड़! सुनें, मुनि का आशीर्वाद सुनकर आकाश में गम्भीर (स्वर में) आकाशवाणी हुई कि हे ज्ञानी मुनि, तुम्हारा वचन ऐसा ही हो (सत्य हो)। यह कर्म, मन तथा वाणी से मेरा भक्त है।

आकाश वाणी सुनकर मुझे हर्ष हुआ, मैं प्रेम में मग्न हो उठा और सम्पूर्ण सन्देह नष्ट हो गया। विनती करके, मुनि की आज्ञा पाकर तथा उनके चरणों में फिर-फिर सिर झुकाकर—

हर्षपूर्वक मैं इस आश्रम में आया और प्रभु श्रीराम की कृपा से दुर्लभ वर प्राप्त किया। हे गरुड़, सुनें यहाँ रहते हुए मुझे सत्ताईस कल्प व्यतीत हो गये।

मैं सदैव श्रीराम की गुण गाथा का वर्णन करता रहता हूँ और आदरपूर्वक रसिक पक्षी उसे सुनते रहते हैं। जब-जब श्रीराम अवधपुरी में भक्तों के हितार्थ मानव शरीर धारण करते हैं—

तब तब जाइ राम पुर रहऊँ। सिसु लीला बिलोकि सुख लहऊँ॥
पुनि उर राखि राम सिसु रूपा। निज आश्रम आयउँ खगभूपा॥
कथा सकल मैं तुम्हहिं सुनाई। काग देह जेहिं कारन पाई॥
कहेउँ तात सब प्रस्न तुम्हारी। राम भगति महिमा अति भारी॥

दो०— ता तें यह तन मोहि प्रिय भयउ राम पद नेह।
निज प्रभु दरसन पाएउँ गएउ सकल संदेह॥
भगति पच्छ हठ करि रहेउँ दीन्ह महारिषि स्राप।
मुनि दुर्लभ बर पायउँ देखहु भजन प्रताप॥ ११४॥

अर्थ—तब-तब जाकर मैं अयोध्या नगरी में रहता हूँ और श्रीराम की शिशुलीला देखकर सुख प्राप्त करता हूँ, तथा पुनः श्रीराम के शिशु रूप को हृदय में धारण करके हे गरुड़! अपने आश्रम आता हूँ।

मैंने वह सम्पूर्ण कथा तुम्हें सुना दी, कि मैंने काक का शरीर किस कारण प्राप्त किया। हे तात! मैंने आपके सभी प्रश्नों के उत्तर कहे। श्रीरामचरित की महिमा अत्यधिक भारी है।

मुझे यह काक शरीर इसलिए प्रिय है कि इसी से श्रीराम के चरणों का स्नेह प्राप्त हुआ। (इसी शरीर से ही) अपने प्रभु श्रीराम का दर्शन प्राप्त किया और सम्पूर्ण सन्देह विनष्ट हुआ।

मैं भक्ति पक्ष पर हठ करके दृढ़ रहा और महर्षि ने मुझे शाप दिया परन्तु भजन का प्रताप तो देखें कि मुनियों के लिए भी दुर्लभ वर मैंने प्राप्त कर लिया॥ ११४॥

टिप्पणी—श्रीराम की गुप्त कथा बड़ी ही मार्मिक है। लीलाभिधान से संयुक्त ऋषि, मुनि, देव आदि के मन में द्वन्द्व उत्पन्न करने वाली वह गुप्त कथा शिव के द्वारा रची गई थी, और उसका रहस्य जिसे ज्ञात हो जाता है, उसे काल, कर्म, गुण एवं स्वभाव की बाधाएँ पीड़ा नहीं देतीं। श्रीराम की इस गुप्त कथा के रहस्य को न समझने वाले ऋषि, मुनि, देव, ब्रह्मा, पार्वती, गरुड़ आदि मोहग्रस्त होकर निरन्तर भटकते रहते हैं।

कवि धीरे-धीरे सम्पूर्ण काव्य सन्दर्भ को ले जाकर भक्ति तथा लीला की वैचारिकता से ढँक देता है, किन्तु आवरण के झीनेपन के बीच कविता निरन्तर झाँकती है, आवरण में ढँक कर समाप्त नहीं होती।

जे असि भगति जानि परिहरहीं। केवल ग्यान हेतु श्रम करहीं॥
ते जड़ कामधेनु गृह त्यागी। खोजत आकु फिरहिं पय लागी॥
सुनु खगेस हरि भगति बिहाई। जे सुख चाहहिं आन उपाई॥
ते सठ महासिंधु बिनु तरनी। पैरि पार चाहहिं जड़ करनी॥
सुनि भुसुंडि के बचन भवानी। बोलेउ गरुड़ हरसि मृदु बानी॥
तव प्रसाद प्रभु मम उर माहीं। संसय सोक मोह भ्रम नाहीं॥
सुनेउँ पुनीत राम गुन ग्रामा। तुम्हरी कृपा लहेउँ बिस्रामा॥
एक बात प्रभु पूँछउँ तोही। कहहु बुझाइ कृपानिधि मोही॥
कहहिं संत मुनि बेद पुराना। नहिं कछु दुर्लभ ग्यान समाना॥
सोइ मुनि तुम्ह सन कहेउ गोसाईं। नहिं आदरेहु भगति की नाईं॥

अर्थ—जो भक्ति की ऐसी महत्ता जानकर उसका त्याग कर देते हैं और केवल ज्ञान के निमित्त श्रम करते हैं। वे जड़ घर में स्थित कामधेनु का परित्याग करके दूध के निमित्त मदार खोजते फिरते हैं।

हे गरुड़! सुनें, जो श्रीहरि की भक्ति को छोड़कर अन्य उपायों से सुख चाहते हैं, वे शठ तथा जड़तापूर्ण आचरण करने वाले (भवसागररूपी) महासमुद्र को बिना नौका के तैर कर पार करना चाहते हैं।

हे पार्वती! भुशुंडि के वचनों को सुनकर गरुड़ हर्षित होकर मृदुवाणी बोले, आपकी कृपा से मेरे हृदय में संशय, शोक, मोह तथा भ्रम अब नहीं है।

मैंने श्रीराम के पवित्र गुण समूहों का श्रवण किया और आपकी कृपा से विश्रान्ति (परम शान्ति) प्राप्त की। मैं एक बात आपसे पूछना चाहता हूँ, हे कृपानिधि मुझे समझाकर बताइए।

संत, मुनि, वेद तथा पुराण कहते हैं कि ज्ञान के सदृश कोई दुर्लभ वस्तु नहीं है। हे गोस्वामी! वही मुनि ने तुमसे कहा कि तुमने उसे भक्ति के सदृश आदर नहीं दिया।

ग्यानिहिं भगतिहि अंतरु केता। सकल कहहु प्रभु कृपानिकेता॥
सुनि उरगारि बचन सुख माना। सादर बोलेउ काग सुजाना॥
भगतिहिं ग्यानहिं नहिं कछु भेदा। उभय हरहिं भव संभव खेदा॥
नाथ मुनीस कहहिं कछु अंतर। सावधान सोउ सुनु बिहंगबर॥
ग्यान बिराग जोग बिग्याना। ये सब पुरुष सुनहु हरिजाना॥
पुरुष प्रताप प्रबल सब भाँती। अबला अबल सहज जड़ जाती॥
दो०— पुरुष त्यागि सक नारिहिं जो बिरक्त मतिधीर।
न तु कामी बिषयावस बिमुख जो पद रघुबीर॥
सो०— सोउ मुनि ग्यान निधान मृगनयनी बिधु मुख निरखि।
बिकल होहिं हरिजान नारि बिस्व माया प्रगट॥ ११५॥

अर्थ—ज्ञान तथा भक्ति के बीच कितना अन्तर है, हे प्रभु! कृपा के धाम! सब कुछ बतायें। गरुड़ के वचनों को सुनकर भुशुंडि ने सुख प्राप्त किया और वह चतुर काक आदरपूर्वक बोला।

भक्ति तथा ज्ञान में कोई भेद नहीं है और दोनों संसारजन्य क्लेशों का हरण करते हैं। हे नाथ! फिर भी मुनिगण (दोनों के मध्य) कुछ अन्तर बताते हैं, हे गरुड़! सावधान होकर सुनें।

ज्ञान, वैराग्य, योग तथा विज्ञान, हे गरुड़! ये सब पुरुष हैं। पुरुष का प्रताप सभी तरह से प्रबल होता है। अबला (माया) स्वभाव से निर्बल तथा जाति से जड़ ही होती है।

जो विरक्त तथा धीरमति के व्यक्ति हैं, वे स्त्री को त्याग सकते हैं किन्तु वे जो विषयों के वश में तथा श्रीराम के चरण स्नेह से पराङ्मुख हैं—

वे ज्ञान के भंडार मुनि भी मृगनेत्रवाली नारी के चन्द्रमुख को देखकर, हे गरुड़! विवश हो उठते हैं क्योंकि श्रीहरि की माया ही साक्षात् स्त्री रूप में प्रकट है॥ ११५॥

टिप्पणी—'काग शरीर' के प्रकरण द्वारा कवि निर्गुण-सगुण की तात्त्विकता, गुप्त श्रीराम सरोवर एवं भक्ति भजन के प्रभाव को निरूपित करता है, साथ-साथ यह भी व्यंजित करता है कि किसी भी शरीर, किसी भी वर्णव्यवस्था, किसी भी योनि में वही शरीर सर्वोत्तम है—जिसमें श्रीहरि भक्ति है, शेष त्याज्य है।

इस प्रश्न के पश्चात् कवि मध्यकाल के अत्यन्त विवादास्पद प्रश्न 'ज्ञान तथा भक्ति की पारस्परिक श्रेष्ठता' का उठाकर उसका उचित, तर्क सम्मत एवं काव्यपरक उत्तर देता है।

कवि ज्ञान तथा भक्ति के अन्तर को मुनियों द्वारा पूर्व कथित दृष्टान्तों से देता है—

ज्ञान से व्यक्ति माया भ्रष्ट हो उठते हैं क्योंकि माया की मुग्धता मनुष्य जाति को, चाहे वह जिस संवर्ग का हो विचलित किये रहती है। कवि कविता की भाषा में 'नारी' के उदाहरण द्वारा इस सन्दर्भ को समझाता है।

ज्ञान पुरुष है और माया नारी। श्रीहरि की भक्ति भी नारी संवर्ग में है—पुरुषरूप ज्ञान मायारूपी मृगनयनी के नेत्र कटाक्ष के सम्पर्क में आते ही विचलित हो उठते हैं—

सोउ मुनि ग्यान निधान मृगनयनी बिधु मुख निरखि।
बिकल होहिं हरिजान नारि बिस्व माया प्रगट॥

कवि इतने महत्त्वपूर्ण चिन्तन को एक विलासमयी रूपक का आश्रय लेकर काव्य के भावना

विलास की रक्षा करने में तत्पर है। यहाँ वैचारिक गहनता के कारण कविता क्षरित नहीं होती।

इहाँ न पक्षपात कछु राखउँ। बेद पुरान संत मत भाषउँ॥
मोह न नारि नारि के रूपा। पन्नगारि यह रीति अनूपा॥
माया भगति सुनहु तुम्ह दोऊ। नारि बर्ग जानइ सब कोऊ॥
पुनि रघुबीरहिं भगति पियारी। माया खलु नर्तकी बिचारी॥
भगतिहिं सानुकूल रघुराया। तातें तेहिं डरपति अति माया॥
राम भगति निरुपम निरुपाधी। बसइ जासु उर सदा अबाधी॥
तेहिं बिलोकि माया सकुचाई। करि न सकइ कछु निज प्रभुताई॥
अस बिचारि जे मुनि बिग्यानी। जाचहिं भगति सकल सुख खानी॥

दो०— यह रहस्य रघुनाथ कर बेगि न जानइ कोइ।
जो जानइ रघुपति कृपाँ सपनेहुँ मोह न होइ॥
औरउ ग्यान भगति कर भेद सुनहु सुप्रबीन।
जो सुनि होइ रामपद प्रीति सदा अबिछीन॥ ११६॥

अर्थ—मैं यहाँ कुछ भी पक्षपात नहीं रखता तथा वेद, पुराण एवं सन्त के मतों को रखता हूँ। नारी कभी नारी के स्वरूप पर मुग्ध नहीं होती हे गरुड़! यह विलक्षण स्थिति (चरित) है।

आप सुनें, यह सभी जानते हैं कि माया तथा भक्ति दोनों नारी वर्ग के हैं। फिर, श्रीराम को भक्ति प्रिय है माया तो बेचारी निश्चय ही नर्तकी की भाँति है।

चूँकि श्रीराम भक्ति के अनुकूल रहते हैं अत: माया उससे हृदय से डरती रहती है। जिसके हृदय में निरुपमेय तथा विशुद्ध (निरुपाधि) रामभक्ति निरन्तर निवास करती है—

उसे देखकर माया सकुचा जाती है और अपनी प्रभुता का प्रभाव कुछ भी नहीं डाल पाती। ऐसा विचार करके जो विज्ञानवान् मुनि हैं, सम्पूर्ण गुणों की खान भक्ति की ही याचना करते हैं।

श्रीराम का यह रहस्य जल्दी कोई भी नहीं जान पाता। श्रीराम की कृपा से जो (इसे) जान जाता है, उसे स्वप्न में भी मोह नहीं होता।

हे सुप्रवीण गरुड़! ज्ञान तथा भक्ति के अन्य भी भेद सुनें, जिसे सुनकर श्रीराम के चरणों में सदा अमिट (अविच्छिन्न) प्रीति हो जाती है॥ ११६॥

टिप्पणी—कवि अपने साङ्गरूपक को आगे बढ़ाता है—वह प्रभु श्रीराम की पत्नी के रूप में भक्ति की स्वीकृति देता है—और माया को श्रीहरि की रखैल गणिका बताता है और इसलिए माया श्रीहरि की मूल पत्नी भक्ति से डरती रहती है और भूलकर भी उसके पास नहीं जाती—साथ ही, नारी स्वभाव का मूल दृष्टान्त भी यहाँ घटित होता है—

'मोह न नारि नारि के रूपा। पन्नगारि यह रीति अनूपा॥'

इसलिए मुनि जनों को भक्ति प्रिय है, ज्ञान नहीं, और कवि अपने काव्यात्मक दृष्टान्त के माध्यम से सिद्ध करता है कि भक्ति ज्ञान से श्रेष्ठ है।

सुनहु तात यह अकथ कहानी। समुझत बनइ न जाइ बखानी॥
ईश्वर अंस जीव अबिनासी। चेतन अमल सहज सुखरासी॥
सो माया बस भयउ गोसाईं। बँध्यो कीर मरकट की नाईं॥
जड़ चेतनहिं ग्रंथि परि गई। जदपि मृषा छूटत कठिनई॥
तब ते जीव भयउ संसारी। छूट न ग्रंथि न होइ सुखारी॥
श्रुति पुरान बहु कहेउ उपाई। छूट न अधिक अधिक अरुझाई॥

जीव हृदयँ तम मोह बिसेषी। ग्रंथि छूट किमि परइ न देखी॥
अस संजोग ईस जब करई। तबहिं कदाचित सो निरुअरई॥
सात्विक श्रद्धा धेनु सुहाई। जौं हरि कृपा हृदयँ बस आई॥
जप तप ब्रत जम नियम अपारा। जे श्रुति कह सुभ धर्म अचारा॥

अर्थ—हे तात! यह अकथनीय कहानी सुनें। न यह कहते बनती है और न समझते बनती है। अविनाशी जीव ईश्वर का अंश है, वह चेतन है, निर्मल तथा आनन्द की राशि है।

वह माया के वशीभूत होकर तोते तथा बन्दर की भाँति बँध उठा है। इस प्रकार, जड़ तथा चेतन में ग्रंथि पड़ गई। यद्यपि वह असत्य है, फिर भी छूटने में कठिनता भरी है।

जब से जीव संसारी (संसार की जन्म-मरण वृत्तियों में बँधा) हुआ, वह ग्रंथि छूटती नहीं और न वह सुखी होता है। वेद तथा पुराणों ने इसके (छूटने के निमित्त) अनेक उपाय कहे हैं किन्तु वह (उन साधनों से भी) नहीं छूटती और छूटने के स्थान पर अधिकाधिक उलझती जाती है।

जीव के हृदय में मोहान्धकार विशेष के कारण ग्रंथि दिखाई ही नहीं पड़ती तो भला छूटे कैसे? ऐसा संयोग, जब कभी ईश्वर कर दे (जैसा आगे कहा गया है) तो कदाचित् वह सुलझे।

श्रीहरि की कृपा से जब सत्त्वगुणयुक्त श्रद्धारूपी गौ हृदयरूपी घर में आकर निवास करे। अनन्त जप, तप, यम, नियम और वेदों ने जितने शुभ धर्माचरण कहे हैं।

तेइ तृन हरित चरइ जब गाई। भाव बच्छ सिसु पाइ पेन्हाई॥
नोइ निबृत्ति पात्र बिस्वासा। निर्मल मन अहीर निज दासा॥
परम धर्ममय पय दुहि भाई। अवटइ अनल अकाम बनाई॥
तोष मरुत तब छमाँ जुड़ावै। धृति सम जावनु देइ जमावै॥
मुदिताँ मथै बिचार मथानी। दम अधार रजु सत्य सुबानी॥
तब मथि काढ़ि लेइ नवनीता। बिमल बिराग सुभग सुपुनीता॥

दो०— जोग अगिनि करि प्रगट तब कर्म सुभासुभ लाइ।
बुद्धि सिरावै ग्यान घृत ममता मम जरि जाइ॥
तब बिग्यानरूपिनी बुद्धि बिसद घृत पाइ।
चित्त दिआ भरि धरइ दृढ़ समता दिअटि बनाइ॥
तीनि अवस्था तीनि गुन तेहिं कपास ते काढ़ि।
तूल तुरीय सँवारि पुनि बाती करै सुगाढ़ि॥
सो०— येहि बिधि लेसइ दीप तेज रासि बिग्यानमय।
जातहिं जासु समीप जरहिं मदादिक सलभ सब॥ ११७॥

अर्थ—उन हरित तृणों को जब यह गाय चरे और आस्तिक भावरूपी बछड़े को पाकर जब यह पेन्हाए। निवृत्ति नोई (गाय को दुहने के लिए पिछले पैर में बाँधी जाने वाली डोरी) हो, विश्वास दुग्धपात्र हो, निर्मल मन जो स्वयं अपना दास हो (मन को वश में करने वाला हो) अहीर हो।

हे भाई! परमधर्ममय वह दुग्ध दुहकर निष्काम भावरूपी अग्नि पर उसे भलीभाँति औटावे, तब सन्तोष तथा क्षमारूपी वायु से उसे ठंडा कर और धैर्य तथा मन निग्रह रूपी जामन से उसे जमा दे।

सद्विचाररूपी मथानी में मुदिता उसका मंथन करे, दम आधारदण्ड हो, सत्य एवं सुन्दर वाणी रस्सी हो, तब मथकर निर्मल, वैराग्ययुक्त, सुन्दर तथा पवित्र मक्खन निकाल ले।

योगाग्नि को प्रकट करके तथा शुभाशुभ कर्मरूपी ईंधन लगाकर और जब ममतारूपी मल जल जाये तो बुद्धि से शीतल करें।

तब विज्ञानरूपी बुद्धि उस निर्मल घृत को पाकर एवं समता भाव का दीवट बनाकर तथा चित्त रूपी दीपक को भरकर रखे।

तीन अवस्थाओं (जाग्रत, स्वप्न, सुसुप्ति) तथा तीन गुणों (सत्त्व, रज, तम) रूपी कपास से तुरीयावस्था रूपी रुई को निकाल तथा सँवार कर सुन्दर गाढ़ी बाती बनाये।

इस प्रकार, तेज की राशि एवं विशुद्ध ज्ञानमय दीपक को जला दे। मद आदि पतिंगे उसके समीप जाते ही भस्म हो उठेंगे॥ ११७॥

टिप्पणी—कवि ज्ञान के स्वरूप निरूपण के सम्बन्ध में एक दूसरा तर्क देता है। यह सत्य है कि जीव ब्रह्म का अंश है और उसके प्रायः सभी लक्षणों से युक्त है किन्तु माया तथा कर्म के कारण जड़ तथा चेतन इन दो की रस्सियों से बँधी बड़ी ही भयंकर ग्रंथि पड़ गई है और यह जब तक नहीं खुलती, जीव स्व-स्वरूप को समझ नहीं सकता।

इस स्व-स्वरूप को समझने के लिए 'ज्ञान' एक साधना है और कवि दीपक के एक विशाल साङ्गरूपक द्वारा कष्टसाध्य ढंग से दीपक को जलाने की चर्चा करता है—जिसे शायद ही कोई विरला कर सके।

इस अनेकानेक युक्तियों एवं अनेक कष्टों द्वारा साधित होकर ज्ञान-दीप के जलते ही मदादिक शलभ स्वयं नष्ट हो जाते हैं।

इस ज्ञान के दीपक को जलाने में अनेक युक्तियाँ तथा अत्यधिक जटिलताएँ हैं।

सोहमस्मि इति बृत्ति अखंडा। दीप सिखा सोइ परम प्रचंडा॥
आतम अनुभव सुख सुप्रकासा। तब भवमूल भेद भ्रम नासा॥
प्रबल अबिद्या कर परिवारा। मोह आदि तम मिटइ अपारा॥
तब सोइ बुद्धि पाइ उँजियारा। उर गृह बैठि ग्रंथि निरुआरा॥
छोरन ग्रंथि पाव जौं सोई। तब यह जीव कृतारथ होई॥
छोरत ग्रंथि जानि खगराया। बिघ्न अनेक करइ तब माया॥
रिद्धि सिद्धि प्रेरइ बहु भाई। बुद्धिहि लोभ दिखावहि आई॥
कल बल छल करि जाहिं समीपा। अंचल बात बुझावहिं दीपा॥
होइ बुद्धि जो परम सयानी। तिन्ह तनु चितव न अनहित जानी॥
जौं तेहि बिघ्न बुद्धि नहिं बाधी। तौ बहोरि सुर करहिं उपाधी॥
इंद्री द्वार झरोखा नाना। तहँ तहँ सुर बैठे करि थाना॥
आवत देखहिं बिषय बयारी। ते हठि देहिं कपाट उघारी॥
जब सो प्रभंजन उर गृहँ जाई। तबहिं दीप बिग्यान बुझाई॥
ग्रंथि न छूटि मिटा सो प्रकासा। बुद्धि बिकल भइ बिषय बतासा॥
इंद्रिन्ह सुरन्ह न ग्यान सोहाई। बिषय भोग पर प्रीति सदाई॥
बिषय समीर बुद्धि कृत भोरी। तेहिं बिधि दीप को बार बहोरी॥

दो०— तब फिरि जीव बिबिध बिधि पावइ संसृति क्लेस।
हरि माया अति दुस्तर तरि न जाइ बिहँगेस॥
कहत कठिन समुझत कठिन साधत कठिन बिबेक।
होइ घुनाच्छर न्याय जौं पुनि प्रत्यूह अनेक॥ ११८॥

अर्थ—मैं ही ब्रह्म हूँ, इस प्रकार की जो अखंडित वृत्ति है, वह परम प्रचण्ड दीप की शिखा है। आत्मानुभव के सुख का सुन्दर प्रकाश है जिससे संसार का मूल भेदरूपी भ्रम नष्ट हो जाता है।

मोह आदि प्रबल अविद्या के अपार परिवार का जब विनाश हो जाता है तब वह बुद्धि परम प्रकाश पाकर हृदयरूपी गृह में बैठकर उस (अविद्यारूपी) ग्रंथि को खोलती है।

यदि वह ग्रंथि खोलने में सफल हो गई तो तब यह जीव कृतार्थ हो उठता है। हे गरुड़! गाँठ को खोलते हुए जानकर माया तब अनेक विघ्न (उत्पन्न) करती है।

हे भाई! वह अनेक ऋद्धियों तथा सिद्धियों को प्रेरित करके आकर बुद्धि को अनेक लोभ दिखाती है। कल, बल, छल करके वह समीप जाती है और आँचल की हवा से ज्ञानरूपी दीपक को बुझा देती है।

जब बुद्धि अत्यधिक चतुर हो तो अनहित समझकर उसकी ओर ताकती नहीं, यदि इन विघ्नों से बुद्धि बाधित नहीं हुई तो देवतागण अनेक विघ्न (उपाधि) करते हैं।

दसों इन्द्रियों के द्वार और उनकी वृत्तियों के अनेक झरोखे हैं, वहाँ-वहाँ देवता आसन जमाकर बैठे हैं। वे विषयवासनारूपी वायु को जब आते हुए देखते हैं, जो हठपूर्वक दरवाजों को खोल देते हैं।

ज्योंही वह वायु हृदयरूपी घर में प्रवेश करती है, तब विज्ञानरूपी दीपक बुझ जाता है। गाँठ नहीं खुली, वह प्रकाश भी समाप्त हो गया, विषय-वासनारूपी वायु से बुद्धि व्याकुल हो उठी।

इन्द्रियों तथा उनके देवताओं को ज्ञान अच्छा नहीं लगता और उनकी प्रीति निरन्तर विषयभोग पर रहती है। विषयरूपी वायु ने बुद्धि को बावला बना दिया और उस प्रकार के दीपक को (दुस्सह साधना से) दुबारा कौन जलाये?

तब जीव अनेकानेक प्रकार जन्म-मरण के सांसारिक क्लेशों को प्राप्त करता है। हे गरुड़! श्रीहरि की माया अत्यधिक दुर्गम है, वह तरी नहीं जा सकती।

ज्ञान कहने में कठिन, समझने में कठिन और साधने में भी कठिन है। यदि संयोगवशात् (घुणाक्षर न्याय से) वह सिद्ध भी हो जाय तो (उसके निर्वाह में) अनेकानेक विघ्न हैं॥ ११८॥

टिप्पणी—कवि बताता है कि इस ज्ञान दीपक का जलाना जितना जटिल है, उससे अधिक जटिल उसकी रक्षा करना है। इस दीपक को आच्छादित किए हुए प्रबल माया के परिवार जब इसके पास से दूर चले जाते हैं तो उसका प्रकाश बढ़ता है किन्तु इसके लिए ऋद्धि, सिद्धि अनेक लोभ देकर बुद्धि का आलम्बन ग्रहण करके अंचल रूपी वात से इसे बुझा देती हैं। यदि बुद्धि इन पर विजय प्राप्त कर लेती है इन्द्रियों के द्वार पर बैठे अनेक देवगण विषय वायु के प्रवाह से इस अज्ञान के पट खोलकर दीपक बुझा देते हैं। कहने का तात्पर्य यह है कि ज्ञान-दीप रूप सिद्ध दशा को अनेक भव बाधाएँ स्थिर नहीं रहने देतीं और इस दीप के एक बार बुझ जाने पर इसे पुनः प्रज्वलित करना असम्भव है।

ग्यान पंथ कृपान कै धारा। परत खगेस होइ नहिं बारा॥
जौ निर्बिघ्न पंथ निर्बहई। सो कैवल्य परमपद लहई॥
अति दुर्लभ कैवल्य परम पद। संत पुरान निगम आगम बद॥
राम भजत सोइ मुकुति गोसाईं। अनइच्छित आवइ बरिआईं॥
जिमि थल बिनु जल रहि न समाई। कोटि भाँति कोउ करइ उपाई॥
तथा मोच्छ सुख सुनु खगराई। रहि न सकइ हरि भगति बिहाई॥
अस बिचारि हरि भगति सयाने। मुकुति निरादर भगति लुभाने॥
भगति करत बिनु जतन प्रयासा। संसृति मूल अबिद्या नासा॥
भोजन करिअ तृपिति हित लागी। जिमि सो असन पचइ जठरागी॥
असि हरि भगति सुगम सुखदाई। को अस मूढ़ न जाहि सुहाई॥

दो०— सेवक सेब्य भाव बिनु भव न तरिअ उरगारि।
भजहु राम पद पंकज अस सिद्धान्त बिचारि॥
जो चेतन कहँ जड़ करइ जड़हि करइ चैतन्य।
अस समर्थ रघुनायकहिं भजहिं जीव ते धन्य॥ ११९॥

अर्थ—ज्ञान का मार्ग दुधारी तलवार की धारा (कृपाण की धारा) की भाँति कठिन है और हे गरुड़! इसे गिरते देर नहीं लगती। जो व्यक्ति विघ्नरहित इस मार्ग का निर्वाह कर ले जाता है, वह कैवल्य रूप परम पद की प्राप्ति करता है।

परम कैवल्य पद अत्यन्त दुर्लभ है, ऐसा सन्त, पुराण, वेद तथा शास्त्र बताते हैं किन्तु, हे गोस्वामी! श्रीराम का भजन करने से वह मुक्ति बिना (साधक की) आकांक्षा के हठात् आती है।

जैसे स्थल के बिना जल नहीं टिक सकता, चाहे कोटि उपाय क्यों न किये जायँ, उसी प्रकार, हे गरुड़! सुनें, श्रीहरि की भक्ति के बिना मुक्ति सुख टिक नहीं सकता।

ऐसा विचार करके चतुर श्रीहरि के भक्तगण मुक्ति का निरादर करते हैं तथा हरि भक्ति पर लुभाए रहते हैं। भक्ति करने से बिना यत्न के अनायास ही संसार की जड़ अविद्या नष्ट हो जाता है।

जैसे भोजन तो तृप्ति के निमित्त किया जाता है किन्तु उस भोजन को जठराग्नि पचा देती है, ऐसी सुगम तथा परम सुख को देने वाली हरिभक्ति किसे नहीं अच्छी लगेगी, वह कौन ऐसा मूर्ख होगा।

हे गरुड़! मैं सेवक हूँ और श्रीराम सेव्य हैं, इस भाव के बिना भवसागर तरा नहीं जा सकता। ऐसा सिद्धान्त विचार कर श्रीराम के चरण-कमलों की सेवा कीजिए।

जो चेतन को जड़ बना देता है और जड़ को चैतन्य ऐसे समर्थ श्रीराम का जो भजन करते हैं, वे धन्य हैं॥ ११९॥

टिप्पणी—कवि यहाँ ज्ञान के माहात्म्य का निरूपण करता हुआ भी उस मार्ग को नितान्त जटिल बताता है। जटिल ज्ञान साधना से कोई ही विरला कभी कदा कैवल्य पद की प्राप्ति कर सकता है किन्तु इतनी बड़ी सिद्धि श्रीराम भक्ति से अनायास ही प्राप्त हो जाती है। कवि इसके लिए एक दृष्टान्त देता है—वह यह कि जैसे स्थल के बिना कहीं भी जल नहीं टिक सकता वैसे ही बिना भक्ति के मुक्ति। ज्ञान से मुक्ति एक जटिल व्यापार है किन्तु वह तो भक्ति का सहज स्वभाव ही है।

इस प्रकार, कवि अपने युग के एक महत्त्वपूर्ण प्रश्न 'ज्ञान तथा भक्ति' की परस्पर तुलना करते हुए उनके सम्बन्ध में अपना भक्ति सापेक्ष्य समाधान काव्योचित शैली में करता है।

कहेउँ ग्यान सिद्धान्त बुझाई। सुनहु भगति मनि कै प्रभुताई॥
राम भगति चिंतामनि सुंदर। बसइ गरुड़ जाके उर अंतर॥
परम प्रकास रूप दिन राती। नहिं कछु चहिअ दिया घृत बाती॥
मोह दरिद्र निकट नहिं आवा। लोभ बात नहिं ताहि बुझावा॥
प्रबल अबिद्या तम मिटि जाई। हारहिं सकल सलभ समुदाई॥
खल कामादि निकट नहिं जाहीं। बसइ भगति जाके उर माहीं॥
गरल सुधा सम अरि हित होई। तेहिं मनि बिनु सुख पाव कि कोई॥
ब्यापहिं मानस रोग न भारी। जिन्हके बस सब जीव दुखारी॥
राम भगति मनि उर बस जाकें। दुख लवलेस न सपनेहु ताकें॥
चतुर सिरोमनि तेइ जग माहीं। जे मनि लागि सुजतन कराहीं॥

अर्थ—मैंने ज्ञान का सिद्धान्त समझाकर बताया अब भक्तिरूपी मणि (चिन्तामणि) की प्रभुता

सुनें। श्रीराम की भक्ति सुन्दर चिंतामणि है और यह जिसके हृदय के अन्दर निवास करती है।

यह दिन-रात परम प्रकाश रूप है तथा इसके लिए दीपक, घृत तथा बार्ता (जैसी कोई वस्तु) चाहिए। मोहरूपी दरिद्रता इसके निकट नहीं आ सकती और लोभरूपी वायु इसे बुझा नहीं सकती।

अविद्या का प्रबल अंधकार समाप्त हो उठता है। मद आदि पतिंगों का सनस्त समूह हार जाता है। जिसके हृदय में भक्ति निवास करती है, कामादि खल इसके समीप नहीं जा पाते।

(इसके आने पर) विष अमृत तथा शत्रु हितैषी हो उठते हैं, उस मणि के अभाव में क्या कोई सुख प्राप्त कर सकता है? बड़े-बड़े मानस रोग, जिनके वशवर्ती होकर समस्त जीव दुखी हैं, वे (इसके रहने पर) नहीं व्यापते।

श्रीराम की भक्तिरूपी चिन्तामणि जिसके हृदय में निवास करती है, स्वप्न में भी उसे लवलेश मात्र भी दुःख नहीं होगा। जो इस भक्ति चिंतामणि के लिए सुन्दर यत्न करते हैं, वही संसार में चतुर शिरोमणि हैं।

सो मनि जदपि प्रगट जग अहई। राम कृपा बिनु नहिं कोउ लहई॥
सुगम उपाय पाइबे केरे। नर हतभाग्य देहिं भटभेरे॥
पावन पर्बत बेद पुराना। राम कथा रुचिराकर नाना॥
मर्मी सज्जन सुमति कुदारी। ग्यान बिराग नयन उरगारी॥
भाव सहित खोजइ जो प्रानी। पाव भगति मनि सब सुख खानी॥
मोरे मन प्रभु अस बिस्वासा। राम तें अधिक राम कर दासा॥
राम सिंधु घन सज्जन धीरा। चंदन तरु हरि संत समीरा॥
सब कर फल हरिभगति सुहाई। सो बिनु संत न काहू पाई॥
अस बिचारि जोइ कर सतसंगा। राम भगति तेहि सुलभ बिहंगा॥
दो०— ब्रह्म पयोनिधि मंदर ग्यान संत सुर आहि।
कथा सुधा मथि काढ़हिं भगति मधुरता जाहि॥
बिरति चर्म असि ग्यान मद लोभ मोह रिपु मारि।
जय पाइअ सो हरि भगति देखु खगेस बिचारि॥ १२०॥

अर्थ—यद्यपि वह मणि संसार में स्पष्ट रूप से प्रकट है किन्तु श्रीराम की कृपा के बिना कोई नहीं प्राप्त कर सकता। इसके पाने के उपाय नितान्त सरल हैं, अभागे मनुष्य व्यर्थ हो ठुकरा (भटभरे) रहे हैं।

पवित्र वेद पुराण पर्वत हैं। श्रीराम की कथा अनेक सुन्दर खाने हैं। साधु जन इस रहस्य के ज्ञाता हैं तथा सुन्दर मति कुदाल है। हे गरुड़! ज्ञान तथा वैराग्य के दो नेत्र हैं।

प्रेम से परिपूर्ण जो प्राणी खोजता है, वह समस्त सुखों की खान भक्ति चिन्तामणि को प्राप्त करता है। हे प्रभु! मेरे मन में ऐसा निश्चल विश्वास है कि श्रीराम से अधिक श्रीराम के दास बढ़कर हैं।

श्रीराम समुद्र हैं तो धीर साधुजन बादल हैं, श्रीहरि चन्दन वृक्ष हैं तो श्रीहरि के भक्त वायु हैं। समस्त साधनों का फल सुन्दर श्रीहरिभक्ति ही है, और बिना सन्त के, उसे किसी ने भी नहीं प्राप्त की है।

ऐसा समझकर जो सत्संगति करते हैं, हे गरुड़! उसके लिए श्रीराम की भक्ति सुलभ हो जाती है।

ब्रह्म समुद्र है, ज्ञान मंदराचल है, संत देवता हैं, उस समुद्र को मथकर भक्ति के माधुर्य से ओतप्रोत कथारूपी अमृत निकालते हैं।

वैराग्यरूपी ढाल (असि चर्म) से अपनी रक्षा करते हुए ज्ञानरूपी तलवार से मद, लोभ एवं मोहरूपी शत्रु का वध करके, हे गरुड़! जो विजय प्राप्त कर ले, वही श्रीहरि की भक्ति है, इसे विचार करके देखें॥ १२०॥

टिप्पणी—कवि ज्ञान-दीपक की उपमा भक्ति चिन्तामणि से करता है। इस चिन्तामणि का निवास पावन पुराणरूपी पर्वतों में है और इसकी खान श्रीराम की सुन्दर कथा है। ज्ञान तथा वैराग्य के नेत्रों से संयत होकर सज्जनरूपी रत्न पारखी एवं सुन्दर मति कुदाल है। श्रीराम की भाव भक्ति से अनुप्राणित जो इस चिन्तामणि को खोजता है, वह उसे तुरन्त मिल जाती है। इसके लिए ज्ञान-दीप की प्रक्रिया जैसी जटिलताओं से परेशान नहीं होना पड़ता—यह भक्ति चिंतामणि स्वयं प्रकाशरूप है और इसके घृत-बाती जैसी योजनाओं में परेशान नहीं होना पड़ता।

जिसे चिन्तामणि प्राप्त हो जाती है, उसके कलिजन्य सम्पूर्ण कल्मष ध्वस्त हो उठते हैं, सम्पूर्ण दीनता तथा दारिद्र्य विखंडित हो उठता है और कुल मिलाकर ज्ञान की अपेक्षा यह सुगम, सुसाध्य, प्राप्य एवं चिरन्तन मुक्ति फलदायी है।

कवि के अनुसार ज्ञान तथा वैराग्य भक्ति के दृढ़ीकरण के साधन हैं, भक्ति स्वयं में साध्य।

इस प्रकार कवि ज्ञान तथा भक्ति की तुलना करके अपने युग के लिए भक्ति को सर्वथा आनन्ददायिनी, अमृत एवं मुक्तिस्वरूपा सिद्ध करता है।

पुनि सप्रेम बोलेउ खगराऊ। जौं कृपाल मोहि ऊपर भाऊ॥
नाथ मोहिं निज सेवक जानी। सप्त प्रस्न मम कहहु बखानी॥
प्रथमहिं कहहु नाथ मतिधीरा। सब ते दुर्लभ कवन सरीरा॥
बड़ दुख कवन कवन सुख भारी। सोइ संछेपहिं कहहु बिचारी॥
संत असंत मरम तुम जानहु। तिन्ह कर सहज सुभाव बखानहु॥
कवन पुन्य श्रुति बिदित बिसाला। कहहु कवन अघ परम कराला॥
मानस रोग कहहु समुझाई। तुम्ह सर्बग्य कृपा अधिकाई॥
तात सुनहु सादर अति प्रीती। मैं संछेप कहउँ यह नीती॥
नर तन सम नहिं कवनिउ देही। जीव चराचर जाचत जेही॥
नरक स्वर्ग अपबर्ग निसेनी। ग्यान बिराग भगति सुभ देनी॥

अर्थ—पुनः प्रेम सहित गरुड़ बोले, हे कृपालु यदि मेरे ऊपर प्रेम हो तो हे नाथ! मुझे अपना सेवक समझकर मेरे सात प्रश्नों के उत्तर वर्णन करके कहें।

हे स्थिरमति! हे नाथ! बतायें कि सबसे दुर्लभ शरीर कौन-सा है। कौन-सबसे बड़ा दुःख है और सबसे बड़ा सुख, संक्षेप में विचार करके आप कहें।

आप साधु तथा असाधु जन का रहस्य जानते हैं, उनका आप नैसर्गिक स्वभाव बतलायें। वेदों में प्रसिद्ध सबसे बड़ा पुण्य कौन-सा है, और सबसे भयंकर पाप कौन है, बताइए।

मानस रोग समझाकर बतलायें क्योंकि आप सर्वज्ञ हैं और आपकी मुझ पर कृपा है। हे तात! अत्यन्त प्रेम एवं आदरपूर्वक सुनें, मैं यह नीति संक्षेप में कहता हूँ।

मनुष्य शरीर के सदृश और कोई शरीर नहीं है, क्योंकि चर अचर सभी जीव इसकी याचना करते हैं, क्योंकि यही (मानव शरीर) नरक, स्वर्ग, मोक्ष की सीढ़ी तथा शुभ ज्ञान, वैराग्य तथा भक्ति को देने वाली है।

सो तनु धरि हरि भजहिं न जे नर। होहिं बिषयरत मंद मंदतर॥
काँच किरिच बदले ते लेहीं। कर तें डारि परस मनि देहीं॥
नहिं दरिद्र सम दुख जग माहीं। संत मिलन सम सुख जग नाहीं॥

पर उपकार बचन मन काया। संत सहज सुभाव खगराया॥
संत सहहिं दुख परहित लागी। पर दुख हेतु असंत अभागी॥
भूर्ज तरू सम संत कृपाला। पर हित निति सह बिपति बिसाला॥
सन इव खल पर बंधन करई। खाल कढ़ाइ बिपति सहि मरई॥
खल बिनु स्वारथ पर अपकारी। अहि मूषक इव सुनु उरगारी॥
पर संपदा बिनासि नसाहीं। जिमि ससि हति हिम उपल बिलाहीं॥
दुष्ट उदय जग आरति हेतू। जथा प्रसिद्ध अधम ग्रह केतू॥
संत उदय संतत सुखकारी। बिस्व सुखद जिमि इंदु तमारी॥
परम धरम श्रुति बिदित अहिंसा। पर निंदा सम अघ न गिरीसा॥

अर्थ—उस शरीर को धारण करके जो मनुष्य श्री हरि का भजन नहीं करते और मन्दातिमन्द भोगों में लीन रहते हैं वे हाथ से स्पर्श मणि फेंक कर उसके बदले में शीशे के टुकड़े ग्रहण करते हैं।

दरिद्र के सदृश संसार में कोई दु:ख नहीं है और सन्तों के मिलन सदृश संसार में कोई सुख नहीं है। हे गरुड़! मन, वाणी तथा कर्म से परोपकार करना ही सन्तों का सहज स्वभाव है।

सन्तजन दूसरों के हित के लिए दु:ख सहते हैं किन्तु अभागे असन्त दूसरों के दु:ख के हेतु बनते हैं। भोजपत्र की भाँति संत कृपालु होते हैं और दूसरों के हित के निमित्त नित्य दु:ख सहते हैं।

सन की भाँति दुष्ट जन दूसरों को बाँधते हैं और एतदर्थ अपनी खाल भी खिंचवाकर विपत्ति सहते हुए मर जाते हैं। हे गरुड़! सुनें, असाधु जन बिना किसी स्वार्थ के दूसरों का अपकार करते हैं।

दूसरे की सम्पत्ति को नष्ट करके नष्ट हो जाते हैं, जिस तरह से कृषि को नष्ट करके ओले गल जाते हैं। दुष्टों का उदय यथा प्रसिद्ध अधम ग्रह केतु के उदय के सदृश विपत्ति का कारण बनता है।

सन्तों का उदय निरन्तर सुखदायी है जैसे सूर्य तथा चन्द्रमा का उदय विश्व भर के लिए सुखकारी है। वेदों में विदित अहिंसा ही परम धर्म है और दूसरे की निन्दा के सदृश भारी पाप नहीं है।

हर गुर निंदक दादुर होई। जनम सहस्त्र पाव तन सोई॥
द्विज निंदक बहु नरक भोग करि। जग जनमइ बायस सरीर धरि॥
सुर श्रुति निंदक जे अभिमानी। रौरव नरक परहिं ते प्रानी॥
होहिं उलूक संत निंदा रत। मोह निसा प्रिय ग्यान भानु गत॥
सब कै निंदा जे जड़ करहीं। ते चमगादुर होइ अवतरहीं॥
सुनहु तात अब मानस रोगा। जिन्ह तें दुख पावहिं सब लोगा॥
मोह सकल ब्याधिन्ह कर मूला। तिन्ह तें पुनि उपजहिं बहु सूला॥
काम बात कफ लोभ अपारा। क्रोध पित्त नित छाती जारा॥
प्रीति करहिं जौं तीनिउ भाई। उपजइ सन्यपात दुखदाई॥
विषय मनोरथ दुर्गम नाना। ते सब सूल नाम को जाना॥

अर्थ—शिव तथा गुरु की निन्दा करने वाला मेढक होता है और हजार वर्षों तक वही मेढक का शरीर प्राप्त करता है। ब्राह्मण की निन्दा करने वाला अनेक नरकों का भोग करके संसार में कौए का शरीर धारण करके जन्म लेता है।

जो अभिमानी, देवता तथा वेद की निन्दा करते हैं, वे मनुष्य रौरव नरक में पड़ते हैं। साधु निन्दा में लीन व्यक्ति उल्लू होते हैं, जिनको ज्ञानरूपी सूर्य समाप्त हो उठता है तथा जिन्हें अज्ञान रात्रि प्रिय है।

जो जड़ व्यक्ति सभी की निन्दा करते रहते हैं, वे चमगादड़ होकर अवतरित होते हैं। हे तात! अब मानस रोगों के विषय में सुनें, जिनसे सभी लोग दु:ख प्राप्त करते हैं।

मोह सम्पूर्ण व्याधियों का मूल है और उनसे फिर अनेक शूल उत्पन्न होते हैं। काम वात है, अपार लोभ कफ है, क्रोध पित्त है, जो निरन्तर छाती जलाया करता है।

यदि ये तीनों भाई मिलकर प्रीति कर लें (एक हो जायँ) तो दु:खकारी सन्निपात ज्वर उत्पन्न होता है। नाना प्रकार के दुर्गम विषय-वासनारूपी मनोरथ, वे ही (अनन्त) शूल हैं, उनके नाम कौन जानता है?

ममता दादु कंडु इरषाई। हरष बिषाद गरह बहुताई॥
पर सुख देखि जरनि सोइ छई। कुष्ट दुष्टता मन कुटिलई॥
अहंकार अति दुखद डमरुआ। दंभ कपट मद मान नहरुआ॥
तृष्ना उदर बृद्धि अति भारी। त्रिबिध ईषना तरुन तिजारी॥
जुग बिधि ज्वर मत्सर अबिबेका। कहँ लगि कहौं कुरोग अनेका॥

दो०— एक ब्याधि बस नर मरहिं ये असाधि बहु ब्याधि।
पीड़हिं संतत जीव कहुँ सो किमि लहै समाधि॥
नेम धर्म आचार तप जोग जग्य जप दान।
भेषज पुनि कोटिन्ह नहिं रोग जाहिं हरिजान॥ १२१॥

अर्थ—ममता दाद है, ईर्ष्या खुजली है, हर्ष तथा विषाद गले के रोगों की बहुलता है। दूसरे की सम्पत्ति को देखकर जलन, यही क्षय रोग है। दुष्टता तथा मन की कुटिलता ही कोढ़ है।

अहंकार अत्यन्त दुखदायी गाँठ का रोग (डमरुआ) है, दंभ, कपट, मद, मान ये सब नसों के रोग (नहरुआ) हैं। तृष्णा अत्यन्त कष्टदायी जलोधर है, त्रिविध एषणाएँ (पुत्र, धन एवं सम्मान की आकांक्षा) प्रबल तिजारी ज्वर हैं।

मात्सर्य (डाह) एवं अविवेक दो प्रकार के ज्वर हैं, इतने अधिक मानस कुरोग हैं कि कहाँ तक उनका वर्णन करूँ।

एक ही रोग से मनुष्य मर जाते हैं ये तो अनेक असाध्य रोग-समूह हैं, ये निरन्तर जीव को पीड़ा देते रहते हैं, फिर वह कैसे शान्ति प्राप्त कर सकता है?

हे गरुड़! नियम, धर्म, आचरण, तप, ज्ञान, यज्ञ, जप, दान, तथा अन्य करोड़ों ओषधियाँ हैं किन्तु उनसे ये रोग नहीं जाते॥ १२१॥

टिप्पणी—कवि अपने युग की ज्वलन्त आध्यात्मिक समस्याओं का समाधान देने के पश्चात् मानव जीवन के मूलाधार से जुड़े सप्त प्रश्नों को रखकर उनका समाधान देता है। ये सप्त प्रश्न श्रीरामचरित मानस के वैचारिक समापन के मूल बिन्दु तथा मानव जाति की सनातन समस्या के आधार हैं। ये प्रश्न इस प्रकार हैं—

(१) सबसे दुर्लभ कौन शरीर है?
(२ + ३) सबसे बड़ा दु:ख या सुख क्या है?
(४) संत तथा असंत के रहस्य एवं स्वभाव।

येहि बिधि सकल जीव जग रोगी। सोक हरष भय प्रीति बियोगी॥
मानस रोग कछुक मैं गाए। हहिं सबके लखि बिरलेन्हि पाए॥
जाने तें छीजहिं कछु पापी। नास न पावहिं जन परितापी॥

बिषय कुपथ्य पाइ अंकुरे। मुनिहु हृदयँ का नर बापुरे॥
राम कृपा नासहिं सब रोगा। जौं इहि भाँति बनइ संजोगा॥
सदगुर बैद बचन बिस्वासा। संजम यह न बिषय कै आसा॥
रघुपति भगति सजीवनि मूरी। अनूपान श्रद्धा मति पूरी॥
येहिं बिधि भलेहि सो रोग नसाहीं। नाहिं त जतन कोटि नहिं जाहीं॥
जानिअ तब मन बिरुज गोसाईं। जब उर बल बिराग अधिकाईं॥
सुमति छुधा बाढ़इ नित नई। बिषय आस दुर्बलता गई॥
बिमल ग्यान जल जब सो नहाई। तब रह राम भगति उर छाई॥
सिव अज सुक सनकादिक नारद। जे मुनि ब्रह्म बिचार बिसारद॥

अर्थ—इस प्रकार सम्पूर्ण जीव संसार में रोगी हैं तथा शोक, हर्ष, भय एवं प्रीति के वियोग से और भी दुखी हैं। मैंने कुछ मानस के रोगों के विषय में बताया, ये रोग सभी को हैं, किन्तु बिरले इन्हें जान पाते हैं।

ये पापी रोग जानने से कुछ कम होते हैं किन्तु लोगों को कष्ट देने में (जानने मात्र से) नष्ट नहीं होते। विषयरूपी कुपथ्य पाकर ये बेचारे मनुष्यों की क्या बात, मुनियों के भी हृदय में अंकुरित होते हैं।

श्रीराम की कृपा से समस्त रोग नष्ट हो जाते हैं और निम्नवत् (एहि भाँति) संयोग बन जाय तो। सद्गुरुरूपी वैद्य के वचनों में विश्वास करे तथा विषयों की आशा न करे, यही संयम है।

श्रीराम की भक्ति संजीवनी जड़ है, श्रद्धा से युक्त बुद्धि ही अनुपान (दवा की मात्रादि) है। इस प्रकार, सम्भव है, रोग नष्ट हो जाय नहीं तो कोटि उपायों से नहीं जाने वाला है।

हे गोस्वामी! मन को तब रोग मुक्त समझें, जब हृदय में वैराग्य बल की अत्यधिकता उत्पन्न होने लगे। सुमतिरूपी नवीन भूख निरन्तर बढ़ती है, विषयों की आशारूपी दुर्बलता नष्ट हो जाती है।

जब मनुष्य निर्मल ज्ञानरूपी जल से स्नान कर लेता है, तब उसके हृदय में श्रीराम की भक्ति छा जाती है, शिव, ब्रह्मा, शुकदेव, सनकादि मुनि तथा नारद आदि तथा वे अन्य मुनि गण जो ब्रह्म तत्त्व के परम ज्ञाता हैं।

टिप्पणी—कवि बताता है कि इस प्रकार सम्पूर्ण जगत् रोगी है—इस रोग की एक ही दवा है, वह है—श्रीराम की भक्तिरूपी संजीवनी मूल और इसी के निरन्तर सेवन से वह रोगमुक्त एवं निर्मल हो उठता है।

सब कर मत खगनायक येहा। करिअ राम पद पंकज नेहा॥
श्रुति पुरान सब ग्रंथ कहाहीं। रघुपति भगति बिना सुख नाहीं॥
कमठ पीठि जामहिं बरु बारा। बंध्यासुत बरु काहुहि मारा॥
फूलहिं नभ बरु बहु बिधि फूला। जीव न लह सुख हरि प्रतिकूला॥
तृषा जाइ बरु मृगजल पाना। बरु जामहिं सस सीस बिषाना॥
अंधकार बरु रबिहिं नसावै। राम बिमुख न जीव सुख पावै॥
हिय तें अनल प्रगट बरु होई। बिमुख राम सुख पाव न कोई॥

दो०— बारि मथे घृत होइ बरु सिकता ते बरु तेल।
बिनु हरि भजन न भव तरिअ यह सिद्धान्त अपेल॥
मसकहि करइ बिरंचि प्रभु अजहि मसक ते हीन।
अस बिचारि तज संसय रामहिं भजहिं प्रबीन॥ १२२॥

विनिश्चितं वदामि ते न अन्यथा वचांसि मे।
हरिं नरा भजन्ति येऽतिदुस्तरं तरन्ति ते॥ १२२॥

अर्थ—हे गरुड़! सभी का यह मत है कि श्रीराम के चरण-कमलों की सेवा करो। वेद, पुराण एवं सभी ग्रंथ कहते हैं कि श्रीराम की भक्ति के बिना सुख नहीं है।

कछुए की पीठ पर सम्मव है, बाल उग आयें, बन्ध्या पुत्र भले ही किसी को मार डाले, सम्भव है, आकाश में अनेक प्रकार के फूल खिलें, किन्तु जीव श्रीहरि के प्रतिकूल हो जाने पर सुख नहीं प्राप्त कर सकता।

सम्भव है, प्यास मृग-मरीचिका के पीने से चली जायें, सम्भव है खरगोश के सिर पर सींग निकल आये, सम्भव है अंधकार ही सूर्य को नष्ट कर दे किन्तु श्रीराम से विमुख होकर जीव सुख नहीं प्राप्त कर सकता।

सम्भव है, बर्फ़ से अग्नि प्रकट हो जाय किन्तु श्रीराम से विमुख होकर कोई भी (व्यक्ति) सुख नहीं प्राप्त कर सकता।

सम्भव है, जल को मथने से घृत उत्पन्न हो जाय, और सम्भव है, बालू से तेल उत्पन्न हो जाय, किन्तु श्रीराम के भजन के बिना भवसागर नहीं तरा जा सकता, यह अटल सिद्धान्त है।

प्रभु श्रीराम मच्छर को ब्रह्मा कर सकते हैं और ब्रह्मा को मच्छर से क्षुद्र बना सकते हैं। ऐसा विचार करके तथा संशय का त्याग करके चतुर जन श्रीराम का भजन करते हैं।

भलीभाँति निश्चित किया हुआ मत मैं आपसे कहता हूँ, मेरे वचन अन्यथा (असत्य) नहीं हैं, जो मनुष्य श्रीहरि का भजन करते हैं, वे अति दुर्गम (इस) भवसागर को पार कर जाते हैं॥ १२२॥

टिप्पणी—कवि यहाँ मानस रोगों से मुक्ति के उपायों की चर्चा करता हुआ अपने मन्तव्य तथा कथा दोनों को समापन की ओर ले जा रहा है। कवि के अनुसार विषय-वासनारूपी कुपथ्य पाकर मानस रोग बार-बार उत्पन्न होकर मानव जाति को क्षीण करते रहते हैं। इसकी एक मात्र ओषधि श्रीराम की भक्तिरूपी संजीवनी मूली है, और बिना उसके यह नष्ट नहीं हो सकता और स्वस्थचित्त होने का प्रमाण है, मन की निर्मलता एवं माया मोह से मुक्ति।

कवि अन्त में, अपने मत को निष्कर्षबद्ध करता हुआ कहता है कि श्रीरामभक्ति और उनके चरणों में निरन्तर संसक्ति ही एक मात्र सम्पूर्ण चिन्तन, तथा जीवन-यापन का निचोड़ है। अनेक व्यापारों का घटित होना सम्भव हो सकता है—किन्तु प्राणी को श्रीरामभक्ति के बिना मुक्ति सम्भव नहीं है। दुस्तर भवसागर से तरण-तारण श्रीराम की भक्ति से ही सम्भव है।

कहेउँ नाथ हरि चरित अनूपा। ब्यास समास स्वमति अनुरूपा॥
श्रुति सिद्धांत इहै उरगारी। राम भजिअ सब काम बिसारी॥
प्रभु रघुपति तजि सेइअ काही। मोहि से सठ पर ममता जाही॥
तुम्ह बिग्यान रूप नहिं मोहा। नाथ कीन्हि मो पर अति छोहा॥
पूँछिहु राम कथा अति पावनि। सुक सनकादि संभु मन भावनि॥
सतसंगति दुर्लभ संसारा। निमिष दंड भरि एकौ बारा॥
देखु गरुड़ निज हृदयँ बिचारी। मैं रघुबीर भजन अधिकारी॥
सकुनाधम सब भाँति अपावन। प्रभु मोहि कीन्ह बिदित जगपावन॥

दो०— आजु धन्य मैं धन्य अति जद्यपि सब बिधि हीन।
निज जन जानि राम मोहिं संत समागम दीन॥
नाथ जथामति भाषेउँ राखेउँ नहिं कछु गोइ।
चरित सिंधु रघुनायक थाह कि पावइ कोइ॥ १२३॥

अर्थ—हे नाथ! श्रीहरि का मैंने अनुपम चरित्र संक्षेप तथा विस्तारपूर्वक (यथावश्यक) स्वमति के अनुसार कहा। हे गरुड़! वेदों का यही सिद्धान्त है कि सम्पूर्ण कार्यों का त्याग करके श्रीराम का भजन करो।

मुझ जैसे शठ पर जिसकी ममता है, उस श्रीराम को छोड़कर मैं और किसकी सेवा करूँ। हे नाथ! आप विज्ञानस्वरूप हैं, आप भ्रमित नहीं हुए वरन् मुझ पर अत्यन्त आत्मीय स्नेह किया।

आपने शुक, सनकादि मुनिगण तथा शिव आदि की मनभावनी तथा अतिपवित्र कथा के विषय में पूछा, पल भर या घड़ी भर एक बार भी सत्संगति अत्यधिक दुर्लभ हैं।

हे गरुड़! अपने हृदय में बिचार करके देखो, मैं क्या श्रीराम के भजन का अधिकारी पात्र हूँ। पक्षियों में अधम तथा सब प्रकार से अपवित्र मुझको प्रभु श्रीराम ने पवित्र कर दिया, यह जगत् प्रसिद्ध है।

यद्यपि मैं सब प्रकार से तुच्छ हूँ किन्तु मैं आज धन्य एवं अतिधन्य हूँ कि प्रभु श्रीराम ने मुझे सब प्रकार से अपना जन समझ कर सन्त समागम दिया।

हे नाथ! मैंने अपनी बुद्धि के अनुसार कहा और कुछ छिपा नहीं रखा—श्रीराम का चरित सिन्धु के समान है, उसका पार कौन प्राप्त कर सकता है॥ १२३॥

टिप्पणी—कवि सम्पूर्ण कथा को समापन की ओर ले जाने का प्रयास करता है और वह निष्कर्ष के रूप में दो बिन्दुओं द्वारा श्रीराम कथा एवं उनकी भक्ति की ओर ध्यान आकर्षित करता है। प्रथम बिन्दु है, श्रीराम की भक्ति के लिए सत्संगति की अनिवार्यता और इस सत्संगति के फलस्वरूप गरुड़ जैसा पक्षियों में अधम श्रीहरि की भक्ति का अधिकारी हो गया। सत्संगति ही, भक्ति एवं भक्त दोनों के लिए आधार है, और श्रीहरि कृपा के लिए माध्यम भी।

कवि श्रीरामकथा की ओर ध्यान आकर्षित करता हुआ कहता है कि श्रीराम का चरित्र अनन्त है, उसके स्वरूप तथा दृष्टिकोण अपरिमेय हैं, फिर भी, भक्तगण उनमें से किसी एक स्वरूप एवं दृष्टिकोण के अनुसार उनकी कथा का गान करते रहते हैं, उसे एकमात्र तथा अन्तिम नहीं समझना चाहिए।

सुमिरि राम के गुन गन नाना। पुनि पुनि हरष भुसुंडि सुजाना॥
महिमा निगम नेति करि गाई। अतुलित बल प्रताप प्रभुताई॥
सिव अज पूज्य चरन रघुराई। मो पर कृपा परम मृदुलाई॥
अस सुभाव कहुँ सुनउँ न देखउँ। केहिं खगेस रघुपति सम लेखउँ॥
साधक सिद्ध बिमुक्त उदासी। कबि कोबिद कृतग्य संन्यासी॥
जोगी सूर सुतापस ग्यानी। धर्म निरत पंडित बिग्यानी॥
तरहिं न बिनु सेएँ सम स्वामी। राम नमामि नमामि नमामी॥
सरन गएँ मो से अघ रासी। होहिं सुद्ध नमामि अबिनासी॥

दो०— जासु नाम भव भेषज हरन घोर त्रय सूल।
सो कृपालु मो पर सदा रहहु राम अनुकूल॥
सुनि भुसुंडि के बचन सुभ देखि राम पद नेह।
बोलेउ प्रेम सहित गिरा गरुड़ बिगत संदेह॥ १२४॥

अर्थ—श्रीराम के अनेकानेक गुणों का स्मरण करके चतुर भुशुंडि बार-बार हर्षित हुए। वेदों ने जिसकी महिमा का गान नेति-नेति करके किया है, जिनका बल, प्रताप, एवं प्रभुत्व अतुलनीय है।

शिव तथा ब्रह्मा जिनके चरण की पूजा करते हैं, उनका मुझपर कृपा करना उनकी परम

मृदुलता है। हे गरुड़! श्रीराम जैसा स्वभाव न कहीं सुनता हूँ और न कहीं देखता हूँ, अतः श्रीराम के समान किसकी गणना करूँ।

साधक, सिद्ध, मुक्त, उदासीन, कवि, पंडित, कर्मकांड का ज्ञाता, संन्यासी, योगी, पराक्रमी, बड़े तपस्वी, ज्ञानी, धर्मपरायण पण्डित तथा विज्ञानवान्—

ये सभी मेरे स्वामी की सेवा किये बिना नहीं तर पाते ऐसे श्रीराम को अनेक बार नमन करता हूँ। जिनकी शरण जाने पर मुझ जैसे पापपुंज शुद्ध हो जाते हैं, ऐसे अविनाशी श्रीराम का मैं नमन करता हूँ।

जिसका नाम जन्म-मरणरूपी रोग के लिए ओषधि है तथा भयंकर दैहिक, दैविक एवं भौतिक संतापों को नष्ट करने वाला है, ऐसे कृपालु श्रीराम मुझ और तुझपर सदा प्रसन्न रहें।

भुशुंडि के शुभ वचनों को सुनकर श्रीराम के चरणों में उनका अतिशय प्रेम देखकर संशयमुक्त गरुड़ प्रेमभरी बाणी बोले॥ १२४॥

टिप्पणी—कवि अपने प्रबन्ध श्रीरामचरितमानस को समापन की ओर ले जाते हुए निर्भ्रान्त एवं निर्बोध शब्दों में उनके यश तथा माहात्म्य का निरूपण करता है। शिव, ब्रह्मा, वेदादि द्वारा पूज्य श्रीराम का जैसा स्वभाव न देखा गया है और न सुना गया है—क्षण भर में भी भक्तों की पीड़ा देखकर, सुनकर द्रवित होनेवाले श्रीहरि के अतिरिक्त मानव जाति का और कोई उद्धार नहीं कर सकता। उपाय अनेक हैं, माध्यम भी अनेक हैं मार्गदर्शकों की भी कमी नहीं है किन्तु कवि कहता है कि उसका निश्चित मत है कि—

'तरहिं न बिनु सेए मम स्वामी। राम नमामि नमामि नमामी॥'

मैं कृतकृत्य भयउँ तव बानी। सुनि रघुबीर भगति रस सानी॥
राम चरन नूतन रति भई। माया जनित बिपति सब गई॥
मोह जलधि बोहित तुम्ह भए। मो कहुँ नाथ बिबिध सुख दए॥
मो पहिं होइ न प्रति उपकारा। बंदउँ तव पद बारहिं बारा॥
पूरन काम राम अनुरागी। तुम्ह सम तात न कोउ बड़भागी॥
संत बिटप सरिता गिरि धरनी। पर हित हेतु सबन्ह कै करनी॥
संत हृदय नवनीत समाना। कहा कबिन्ह पै कहइ न जाना॥
निज परिताप द्रवइ नवनीता। पर दुख द्रवहिं संत सुपुनीता॥
जीवन जन्म सुफल मम भयऊ। तव प्रसाद संसय सब गयऊ॥
जानेहु सदा मोहि निज किंकर। पुनि पुनि उमा कहइ बिहंगबर॥

दो०— तासु चरन सिरु नाइ करि प्रेम सहित मतिधीर।
गयउ गरुड़ बैकुंठ तब हृदयँ राखि रघुबीर॥
गिरिजा संत समागम सम न लाभ कछु आन।
बिनु हरि कृपा न होइ सो गावहिं बेद पुरान॥ १२५॥

अर्थ—श्रीराम के भक्तिरस से सनी हुई आपकी वाणी सुनकर मैं कृतकृत्य हो उठा और श्रीराम के चरणों में नवीन रति उत्पन्न हो चली और मायाजनित समस्त विपत्ति नष्ट हो गई।

मोहरूपी समुद्र के लिए आप जहाज हो गये और हे नाथ! मुझे नाना प्रकार के सुख प्रदान किये। मुझसे इसका प्रत्युपकार सम्भव नहीं है और मैं आपके चरणों की बार-बार (एतदर्थ) वन्दना करता हूँ।

आप पूर्ण काम तथा श्रीराम के प्रेमी हैं, हे तात! तुम्हारे समान अन्य बड़भागी नहीं है। संत, वृक्ष, नदी, पर्वत और पृथ्वी इन सबकी गति पराये हित के लिए होती है।

सन्तों का हृदय मक्खन के सदृश होता है, इस प्रकार कवियों ने कहा है, परन्तु उनसे कहते नहीं बना। मक्खन तो अपने को ताप मिलने से पिघलता है किन्तु अत्यन्त पवित्र सन्त जन दूसरे के दु:ख से द्रवित होते हैं।

मेरा जीवन तथा जन्म सफल हो गया और आपकी कृपा से समस्त संशय नष्ट हो गया। आप मुझे सदैव अपना दास समझें, हे पार्वती! गरुड़ ने बार-बार ऐसा कहा।

तब भुशुंडि के चरणों में प्रेमपूर्वक सिर झुकाकर और हृदय में श्रीराम को धारण करके स्थिर मतिवाले गरुड़ बैकुंठ गये।

हे पार्वती! सन्त समागम की भाँति अन्य कोई लाभ नहीं है। बिना श्रीहरि की कृपा के वह हो नहीं सकता, ऐसा, वेद पुराण गाते हैं॥ १२५॥

टिप्पणी—कवि कथा श्रवण एवं मोहजनित भ्रम की शान्ति के पश्चात् इन अर्धालियों में गरुड़ की कृतज्ञता का वर्णन करता है। ऐसा दुर्लभ ज्ञान भुशुंडि से गरुड़ को मिला कि वह कृतज्ञ है और उसके बदले में केवल श्रद्धा एवं भक्तिभरी कृतज्ञता के और कुछ देने योग्य वस्तु है भी नहीं। श्रीहरि के स्वरूप ज्ञान की तुलना में संसार की सम्पूर्ण बहुमूल्य वस्तुएँ निरर्थक हैं।

कहेउँ परम पुनीत इतिहासा। सुनत श्रवन छूटहिं भवपासा॥
प्रनत कल्पतरु करुना पुंजा। उपजइ प्रीति राम पद कंजा॥
मन क्रम बचन जनित अघ जाई। सुनहिं जे कथा श्रवन मन लाई॥
तीर्थाटन साधन समुदाई। जोग बिराग ग्यान निपुनाई॥
नाना कर्म धर्मब्रत दाना। संजम दम जप तप मख नाना॥
भूत दया द्विज गुर सेवकाई। बिद्या बिनय बिबेक बड़ाई॥
जहँ लगि साधन बेद बखानी। सब कर फल हरि भगति भवानी॥
सो रघुनाथ भगति श्रुति गाई। राम कृपा काहू एक पाई॥
दो०— मुनि दुर्लभ हरि भगति नर पावहिं बिनहिं प्रयास।
जे यह कथा निरंतर सुनहिं मानि बिस्वास॥ १२६॥

अर्थ—मैंने परम पवित्र इतिहास कहा जिसको कान से सुनते ही भवबन्धन नष्ट हो जाते हैं, करुणा के समूह तथा शरणागतों के लिए कल्पवृक्ष श्रीराम के चरण-कमल में प्रीति उत्पन्न होती है।

जो श्रीराम की कथा कान तथा मन लगाकर सुनते हैं, उनके मन, कर्म तथा वाणी के पाप नष्ट हो जाते हैं। तीर्थाटन आदि बहुत से साधन योग, वैराग्य तथा ज्ञान में निपुणता।

अनेक प्रकार के कर्म, धर्म, व्रत, दान, संयम, इन्द्रिय निग्रह, जप, तप यज्ञ, प्राणि दया, ब्राह्मण गुरु की सेवा, विद्या, विनय तथा विवेक का बड़प्पन।

जहाँ तक वेदों ने साधन बताये हैं, सबका फल श्रीहरि की भक्ति ही है किन्तु श्रीराम की वह भक्ति जिसे वेदों ने गाई है श्रीराम की कृपा से किसी विरले ने ही प्राप्त किया है।

जो इस कथा को विश्वास मानकर सुनते हैं, वे मनुष्य बिना प्रयास ही मुनिजनों के लिए दुर्लभ श्री हरिभक्ति को प्राप्त कर लेते हैं॥ १२६॥

टिप्पणी—शिव मूल कथा का समापन करते हुए पार्वती को समझाते हैं कि संसार में धर्म के अनेक माध्यम हैं, ज्ञान, दान, धर्म, दया आदि अनेकानेक साधनों का फल श्रीराम की भक्ति ही है और सम्पूर्ण सत्कर्म एवं व्रतादि धार्मिक अनुष्ठान श्रीराम की भक्ति से ही परिपूर्णता प्राप्त करते हैं, अत: सम्पूर्ण धर्म कार्यों का अवसान श्री हरिभक्ति में ही होता है, और यही साधना का मूल बीज तत्त्व है।

सोइ सर्बग्य गुनी सोइ ग्याता। सोइ महि मंडन पंडित दाता॥
धर्म परायन सोइ कुल त्राता। राम चरन जाकर मन राता॥
नीति निपुन सोइ परम सयाना। श्रुति सिद्धान्त नीक तेहिं जाना॥
सोइ कबि कोबिद सोइ रनधीरा। जो छल छाँड़ि भजइ रघुबीरा॥
धन्य देस सो जहाँ सुरसरी। धन्य नारि पतिब्रत अनुसरी॥
धन्य सो भूप नीति जो करई। धन्य सो द्विज निज धर्म न टरई॥
सो धन धन्य प्रथम गति जाकी। धन्य पुन्य रत मति सोइ पाकी॥
धन्य घरी सोइ जब सतसंगा। धन्य जन्म द्विज भगति अभंगा॥

दो०— सो कुल धन्य उमा सुनु जगत पूज्य सुपुनीत।
श्री रघुबीर परायन जेहिं नर उपज बिनीत॥ १२७॥

अर्थ—श्रीराम के चरणों में जिसका मन संसक्त है, वही सर्वज्ञ है, गुणी है, वही ज्ञानी है, वही पृथ्वी का अलंकरणस्वरूप पंडित तथा दानी है।

वही नीति निपुण है, वही परम चतुर है और वही वेदों के सिद्धान्तों को अच्छी तरह समझने वाला है। वही कवि है, वही पंडित है एवं वही रणधीर है।

वह देश धन्य है, जहाँ गंगा हैं, वह स्त्री धन्य है जो पतिव्रत धर्म का अनुसरण करती है। वह राजा धन्य है, जो नीति का आचरण करता है, वह ब्राह्मण धन्य है जो धर्म से न विचलित हो।

वह धन धन्य है, जिसकी पहली गति (अर्थात् जो दान के लिए संकल्पित होता है) है, जिसकी मति पुण्य में रति है, वह (मति) धन्य है। वह घड़ी धन्य है, जब सत्संग हो, वही जन्म धन्य है, जिसमें ब्राह्मणों की अखण्ड भक्ति हो॥

हे पार्वती! सुनें, वह कुल धन्य तथा विश्वभर में पूज्य तथा पवित्र है, जिसके अन्तर्गत श्रीराम का अनन्य उपासक विनम्र पुरुष उत्पन्न हो॥ १२७॥

टिप्पणी—सम्पूर्ण कथा को निष्कर्षबद्ध करते हुए शिव श्रीराम भक्ति तथा कथा की महनीयता का संस्थापन करते हैं। सृष्टि का सम्पूर्ण ज्ञान, धर्म-नीति, सन्मार्ग की सार्थकता श्रीराम की भक्ति से है, वह क्षेत्र, वह कुल , वह वंश सदा-सदा के लिए कृतकृत्य हो उठता है जहाँ श्रीराम के भक्त का जन्म होता है। इस प्रकार श्रीराम की भक्ति तथा भक्त दोनों सामाजिक निष्ठा के सर्वश्रेष्ठ आधार हैं क्योंकि श्रीराम कथा के लोक हितैषी स्वरूप के प्रचार-प्रसार एवं जन कल्याण का व्यापक दायित्व इनके ऊपर निहित है।

मति अनुरूप कथा मैं भाषी। जद्यपि प्रथम गुप्त करि राखी॥
तव मन प्रीति देखि अधिकाई। तौ मैं रघुपति कथा सुनाई॥
यह न कहिअ सठहीं हठसीलहिं। जो मन लाइ न सुन हरि लीलहिं॥
कहिअ न लोभिहि क्रोधिहि कामिहि। जो न भजइ सचराचर स्वामिहि॥
द्विज द्रोहिहि न सुनाइअ कबहूँ। सुरपति सरिस होइ नृप जबहूँ॥
राम कथा के तेइ अधिकारी। जिन्ह कें सत संगति अति प्यारी॥
गुर पद प्रीति नीति रत जेई। द्विज सेवक अधिकारी तेई॥
ता कहुँ यह बिसेषि सुखदाई। जाहिं प्रानप्रिय श्री रघुराई॥

दो०— रामचरन रति जौ चह अथवा पद निर्बान।
भाव सहित सो यहि कथा करौ श्रवन पुट पान॥ १२८॥

अर्थ—मैंने बुद्धि के अनुसार यह कथा कही, यद्यपि पहले मैंने इसे छिपा कर रखा था। तुम्हारे

मन में प्रीति की अत्यधिकता को देखकर ही मैंने श्रीराम की कथा सुनाई है।

यह (कथा) शठ एवं हठी स्वभाव के व्यक्ति से नहीं कहनी चाहिए और जो मन लगाकर श्रीहरि की लीला को न सुनते हों, क्रोधी, लोभी तथा कामी—जो सचराचर के स्वामी श्रीराम का भजन नहीं करते, नहीं कहनी चाहिए।

ब्राह्मण द्रोही, चाहे इन्द्र के सदृश ही राजा क्यों न हो कभी भी नहीं सुनानी चाहिए। श्रीराम कथा के वे ही अधिकारी हैं—जिन्हें सत्संगति अत्यधिक प्रिय है।

जिसे गुरु के चरणों में प्रेम हो, जो नीतिरत हो, जो ब्राह्मणों का सेवक हो, वही इसका अधिकारी है। जिस व्यक्ति को श्रीराम प्राणों से प्रिय हों, उसके लिए यह कथा विशेष आनन्ददायिनी है।

श्रीराम के चरणों में जो रति अथवा निर्वाण पद की प्राप्ति चाहते हैं, अत्मन्त प्रेम के साथ वे श्रवणरूपी दोनों से इस कथा रस का पान करें॥ १२८॥

टिप्पणी—शिव पार्वती को सम्पूर्ण कथा बताने के पश्चात् श्रीरामकथा के उन अनधिकारियों की चर्चा करते हैं—जो इस कथा में रुचि नहीं रखते, हठी, दम्भी, ब्राह्मण द्रोही, कामी, क्रोधी, लोभी हैं, उनके समक्ष यह कथा नहीं कहनी चाहिए क्योंकि वे इस कथा के अधिकारी नहीं हैं, ठीक इसके विपरीत इस कथा के अधिकारी हैं गुरु के प्रति आस्थावान, ब्राह्मण सेवक, श्रीराम के प्रति सर्वतोभावेन समर्पित भक्त—यही अधिकारी श्रीराम कथा का निरन्तर पान करते हुए संसार-सागर से मुक्त हो जाते हैं।

राम कथा गिरिजा मैं बरनी। कलिमल समनि मनोमल हरनी॥
संसृति रोग सजीवन मूरी। राम कथा गावहिं श्रुति सूरी॥
येहि महँ रुचिर सप्त सोपाना। रघुपति भगति केर पंथाना॥
अति हरि कृपा जाहि पर होई। पाउँ देइ येहि मारग सोई॥
मनकामना सिद्धि नर पावा। जे यह कथा कपट तजि गावा॥
कहहिं सुनहिं अनुमोदन करहीं। ते गोपद इव भवनिधि तरहीं॥
सुनि सब कथा हृदयँ अति भाई। गिरिजा बोली गिरा सुहाई॥
नाथ कृपा मम गत संदेहा। राम चरन उपजेउ नव नेहा॥

मैं कृतकृत्य भयउँ अब तव प्रसाद बिस्वेस।
उपजी राम भगति दृढ़ बीते सकल कलेस॥ १२९॥

अर्थ—हे पार्वती! कलियुग के पापों को विनष्ट करने वाली तथा मन के पाप को धोने वाली रामकथा का मैंने वर्णन किया। भव रोग के लिए यह संजीवनी जड़ी है, श्रीराम की कथा के विषय में इस प्रकार वेद तथा मर्मज्ञ विद्वान् (सूरी) गाते हैं।

इसमें सात सुन्दर सीढ़ियाँ हैं, जो श्रीराम की भक्ति तक पहुँचने के मार्ग हैं। श्रीहरि की जिस पर अत्यधिक कृपा होती है, वही इस पथ पर पदन्यास करता है।

जो इस कथा का कपट त्याग करके गान करते हैं, वे मनोकामना की सिद्धि प्राप्त करते हैं। जो (इस कथा को) कहते, सुनते या इसका समर्थन करते हैं, वे संसाररूपी समुद्र को गाय के खुर के बने गड्ढे सदृश पार कर जाते हैं।

यह सब कथा पार्वती को बहुत अच्छी लगी और वे सुन्दर वाणी बोलीं। हे नाथ! आपकी कृपा से मेरा सम्पूर्ण संशय विगत तथा श्रीराम के चरणों में नवीन अनुराग उत्पन्न हुआ।

हे विश्वनाथ! आपकी कृपा से मैं अब कृतार्थ हो गई, सम्पूर्ण क्लेश समाप्त हो गये तथा श्रीराम के चरणों में दृढ़ भक्ति उत्पन्न हुई है॥ १२९॥

टिप्पणी—सम्पूर्ण कथा को निष्कर्षबद्ध करते हुए शिव इस कथा के फल की ओर पार्वती का ध्यान आकर्षित करते हैं। श्रीहरि कृपा से ही इस भक्तिमार्ग की ओर व्यक्तियों के मन का झुकाव होता है और इसमें होने पर उनकी सम्पूर्ण मंगल कामनाएँ परिपूर्ण हो जाती हैं। जो व्यक्ति इस कथा को कहता, सुनता तथा इसका अनुमोदन करता है, वह सम्पूर्ण भवसागर को गोपद की भाँति सहज ही तर जाता है।

कवि श्रीरामकथा के कथा-फल का ही वर्णन नहीं करता, वह श्रोता (पार्वती) की कृतज्ञता को भी चित्रित करता है। इस कृतज्ञता का कारण कथा श्रवण से मोह, अज्ञान एवं भ्रम का विनाश होना ही नहीं, श्रीराम की भक्ति का अंकुरण भी महत्त्वपूर्ण है।

पार्वती तो एक प्रतीक हैं, भुशुंडि की भी स्थिति एक प्रतीक जैसी है—मूलतः वह पाठकों के लिए व्यंजना है कि श्रीरामकथा-श्रवण के दो लाभ हैं—प्रथम अज्ञान का विनाश तथा द्वितीय श्रीराम के चरण-कमलों में अप्रतिहत भक्ति का उदय होना।

कवि कथा समापन के साथ इन दोनों उद्देश्यों को एक साथ संकल्पबद्ध करके प्रस्तुत करता है।

यह सुभ संभु उमा संबादा। सुख संपादन समन बिषादा॥
भव भंजन गंजन संदेहा। जन रंजन सज्जन प्रिय येहा॥
राम उपासक जे जग माहीं। येहि सम प्रिय तिन्हकें कछु नाहीं॥
रघुपति कृपाँ जथामति गावा। मैं यह पावन चरित सुहावा॥
येहि कलिकाल न साधन दूजा। जोग जग्य जप तप ब्रत पूजा॥
रामहि सुमिरिअ गाइअ रामहि। संतत सुनिअ राम गुन ग्रामहि॥
जासु पतित पावन बड़ बाना। गावहिं कबि श्रुति संत पुराना॥
ताहि भजिअ मन तजि कुटिलाई। राम भजे गति केहि नहि पाई॥

अर्थ—शिव तथा पार्वती का यह शुभ संवाद विषाद को शान्त करनेवाला तथा आनन्द उत्पन्न करनेवाला है। भवरोग को नष्ट करनेवाला एवं संदेहों का विनाशक है। यह भक्तों के लिए आनन्ददायी तथा सज्जनों के लिए प्रिय है।

संसार में जो भी श्रीराम के उपासक हैं, इसके समान उन्हें कुछ भी प्रिय नहीं है। श्रीराम की कृपा से यह पवित्र एवं सुन्दर चरित्र मैंने यथामति गान किया।

इस कलिकाल में योग, यज्ञ, जप, व्रत, पूजा आदि अन्य कोई साधन नहीं है। श्रीराम का स्मरण करो तथा श्रीराम के गुणों को गाओ और श्रीराम के गुण समूहों का निरन्तर श्रवण करो।

पतितों को पवित्र करना ही जिसका महान् बाना है, ऐसा कवि, वेद, सन्त तथा पुराण गाते हैं। रे मन! कुटिलता त्याग करके उसका भजन करो। श्रीराम का भजन करने से किसने परम गति नहीं प्राप्त की है।

छंद— पाई न केहिं गति पतित पावन राम भजि सुनु सठ मना।
गनिका अजामिल ब्याध गीध गजादि खल तारे घना॥
आभीर जवन किरात खस स्वपचाति अति अघरूप जे।
कहि नाम बारक तेऽपि पावन होहिं राम नमामि ते॥
रघुबंसभूषन चरित यह नर कहहिं सुनहिं जे गावहीं।
कलिमल मनोमल धोइ बिनु स्त्रम रामधाम सिधावहीं॥
सत पंच चौपाईं मनोहर जानि जो नर उर धरे।
दारुन अबिद्या पंच जनित बिकार श्री रघुपति हरे॥

सुंदर सुजान कृपानिधान अनाथ पर कर प्रीति जो।
सो एक राम अकाम हित निर्बानपद सम आन को॥
जाकी कृपा लव लेस ते मतिमंद तुलसीदास हूँ।
पाएउ परम बिस्रामु राम समान प्रभु नाहीं कहूँ॥

रे शठ मन! पतितपावन श्रीराम का भजन करके किसने परम गति नहीं प्राप्त की है। (इस नाम ने) गणिका, अजामिल, व्याध, गृद्ध, गज आदि अनेक खलों को तारा है। आभीर, यवन, किरात, खस, स्वपच, आदि जो पापस्वरूप हैं, वे भी एक बार उनका नाम कहकर पवित्र हो जाते हैं, ऐसे श्रीराम को मैं नमन करता हूँ।

सूर्य वंश के अलंकरण श्रीराम का यह चरित्र जो मनुष्य कहते हैं, सुनते हैं तथा गाते हैं, कलियुगजनित पापों तथा मानस के मल को धो करके बिना श्रम के श्रीराम के लोक के लिए गमन करते हैं। मनोहारी समझकर जो व्यक्ति इसकी सात या पाँच चौपाइयाँ हृदय में धारण करता है श्रीराम उसके पंच अविद्याओं से जनित दारुण विकार को नष्ट कर देते हैं।

सुन्दर, चतुर, कृपा के भंडार तथा जो अनाथों पर प्रेम करते हैं, उनके सदृश निष्काम हितैषी तथा निर्वाणदाता अन्य कोई नहीं है, वह एकमात्र (अनुपमेय) श्रीराम ही हैं। जिसकी लवनिमेष मात्र की कृपा से मन्दबुद्धि तुलसीदास ने भी परम विश्रान्ति प्राप्त कर ली, ऐसे श्रीराम के सदृश स्वामी अन्यत्र नहीं हैं।।

दो०— मो सम दीन न दीन हित तुम्ह समान रघुबीर।
अस बिचारि रघुबंसमनि हरहु बिषम भवभीर॥
कामिहि नारि पियारि जिमि लोभिहि प्रिय जिमि दाम।
तिमि रघुनाथ निरंतर प्रिय लागहु मोहि राम॥ १३०॥

अर्थ—हे श्रीराम! मेरे समान कोई दीन नहीं है, और आपके सदृश दीनों का हितैषी भी कोई नहीं है। हे रघुवंशशिरोमणि! ऐसा समझकर मेरी जन्म-मरण की भयंकर पीड़ा हरण करें।

कामी पुरुष को जैसे कामिनी प्रिय लगती है, और जिस तरह लोभी को धन प्यारा लगता है, हे श्रीराम, उसी भाँति मुझे आप निरन्तर प्रिय लगें।

टिप्पणी—'दीनता' का सन्दर्भ कवि विनयपत्रिका में बार-बार उठाता है। अपने मूल से विच्छिन्न, आधारविहीन, आश्रयरहित इस जीव से बढ़कर कौन दीन हो सकता है और उसका आश्रयदाता, मूल, अंशिन् तथा जीव पर अकारण कृपाशील श्रीराम से बढ़कर दीन (जीव) का हितैषी भी अन्य कोई नहीं है क्योंकि इस आश्रयरहित जीव का आधार ब्रह्म के अतिरिक्त अन्य कोई देव नहीं हैं—अतः इस जीव की निरीहता एवं आश्रयहीनता को विचार कर कवि कहता है कि हे प्रभु श्रीराम उसकी विषम 'जन्म-मरण' की पीड़ा दूर करें। जीव की ईश्वर सायुज्यता ही जन्म-मरण पीड़ा से मुक्ति के लिए हेतु है।

कामी को नारी अतीव प्रिय है और निरन्तर वह उसी की कामना में अनुरक्त रहता है—किन्तु वृद्धावस्था आते-आते वह मोह क्षीण होने लगता है अतः कवि अपनी आत्यन्तिक संसक्ति के लिए दूसरा दृष्टान्त देता है—वह है लोभी का सम्पत्ति मोह और ज्यों-ज्यों आयु बढ़ती जाती है—उसका सम्पत्ति मोह बढ़ता जाता है उत्तरोत्तर तीव्र होता जाता है—प्रथम के मोह में उन्माद है, दूसरे के मोह में परम संसक्ति है और कवि अपने सम्पूर्ण उन्मादपूर्ण मोह संसक्ति से श्रीराम की प्रियता की आकांक्षा करता है। विनयपत्रिका के समापन के सन्दर्भ में भी कवि ने ऐसी ही चर्चा की है।

राम कबहुँ प्रिय लागिहौं जैसे नीर मीन को।
सुख जीवन ज्यों जीव को मनि ज्यों फनि को हितू ज्यों धन लोभ लीन को।
ज्यों सुभाउ प्रिय लागति नागरी नागर नवीन को॥

''हे श्रीराम! आप क्या मुझे कभी ऐसे प्रिय लगेंगे जैसे मछली को जल, जीव को भोगमय जीवन, सर्प को मणि तथा युवक को सहज भाव से प्रिय कोई युवती।''

यत्पूर्वं प्रभुणा कृतं सुकविना श्रीसंभुना दुर्गमं
श्रीमद्रामपदाब्जभक्तिमनिशं प्राप्त्यै तु रामायण॥
मत्वा तद्रघुनाथनामनिरतं स्वान्तस्तमःशांतये
भाषाबद्धमिदं चकार तुलसीदासस्तथा मानसं॥
पुण्यं पापहरं सदा शिवकरं विज्ञानभक्तिप्रदं
मायामोहमलापहं सुविमलं प्रेमाम्बुपूरं शुभम्॥
श्रीमद्रामचरित्रमानसमिदं भक्त्यावगाहन्ति ये।
ते संसारपतंगघोरकिरणैर्दह्यन्ति नो मानवाः॥

इति श्रीरामचरितमानसे सकलकलिकलुषविध्वंसने अविरल
हरिभक्ति संपादिनो नाम सप्तमः सोपानः समाप्तः॥

श्रीराम के चरण-कमल की नित्यशः भक्ति प्राप्ति के निमित्त श्रेष्ठ कवि श्री शिव द्वारा सर्वप्रथम जिस दुर्गम रामायण की रचना की गई थी, उस मानस रामायण को श्रीराम के नाम से सम्पृक्त मानकर अपने अन्तःकरण के अन्धकार को मिटाने के लिए तुलसीदास ने उसे इस मानस (श्रीरामचरितमानस) के रूप में भाषाबद्ध किया है।

यह श्रीरामचरितमानस पुण्य रूप, पापों को हरने वाला, सदैव कल्याणकारी, विज्ञान तथा भक्ति को प्रदान करनेवाला, माया एवं मोह के मल को नष्ट करनेवाला, निर्मल प्रेम रूपीजल से परिपूर्ण तथा शुभमय है। भगवान् श्रीराम के इस चरित्ररूपी सरोवर में जो भक्ति से आप्लावित होकर गोते लगाते हैं, वे मनुष्य जन्म-मरण रूपी सूर्य की भयंकर किरणों (के ताप) से नहीं जलते।

इस प्रकार कलियुग के समस्त पापों को नष्ट करनेवाला अविरल श्रीहरिभक्तियुक्त श्रीरामचरितमानस का सातवाँ सोपान समाप्त हुआ।

टिप्पणी—कवि श्रीरामचरितमानस की समाप्ति के बाद बालकांड के शिव प्रसंग से पुनः सम्पूर्ण कथा को जोड़ता है। वह कथा अर्थात् शिवकथा और यह कथा अर्थात् कविकृत श्रीरामचरितमानस दोनों के बीच में संगति बैठाकर कवि पुनः काव्य के वातावरण में रहस्यमयता की सृष्टि करता है। शिव ने उस कथा की पूर्व में रचना की थी। कवि तुलसीदास पुनः उसको प्रस्तुत करते हैं—अर्थात् कल्पना चमत्कार के माध्यम से वह अपने काव्य का माहात्म्य और आकर्षण दोनों बरकरार रखते हैं। इसके अतिरिक्त मानस सरोवर (शिवकृत रामचरितमानस) एवं मानस-सरोवर-सरयू (कविकृत रामचरितमानस) का एक विशाल सांगरूपक देकर उसके अवगाहन से जरामरणजन्य विषम सन्ताप से मुक्तिदायिनी शान्ति की चर्चा करता हुआ वह काव्य का समापन करता है।

काव्य समापन के सन्दर्भ में गुरु, कृति, कृतिकार, आत्म एवं वंश परिचय, कथाफल आदि के निर्देश की परम्परा मिलती है। कवि इस सन्दर्भ में अपनी कृति के मूल रचनाकार के साथ अपनी कृति का परिचय देता हुआ उसके अवगाहन के काव्यफल की ओर इंगित कर रहा है।

❑❑

परिशिष्ट

परिशिष्ट : १

मानस की छन्द संख्या

मानस की छन्द संख्या का संक्षिप्त परिचय

श्रीरामचरितमानस की छन्द संख्या के विषय में तुलसी ने उत्तरकांड में एक स्थल पर इस प्रकार संकेत दिया है—

सत पंच चौपाई मनोहर जानि जो नर उर धरै।
दारुन अबिद्या पंचजनित बिकार श्री रघुबर हरै॥

'सतपंच' को यदि अंकों में लिखा जाए तो इस प्रकार होगा '१००५'। अंकानां बामतो गतिः के अनुसार यह ५००१ हुआ। पंडित विश्वनाथ प्रसाद मिश्र ने इसे ५१०० कहा है जो उचित नहीं है। क्या श्रीरामचरित मानस में ५००१ चौपाई छ्न्द है, यह अन्वेषण का विषय है। मानस में कुछ प्रयुक्त छन्दों के नाम और उनकी संख्या इस प्रकार है—

वर्णिक छन्द

छन्दों के नाम	उनकी कुल संख्या
१. अनुष्टुप्	०७
२. इन्द्रवज्रा	०१
३. तोटक	३१
४. नगस्वरूपिणी	१३
५. मालिनी	०१
६. भुजंगप्रयात	०८
७. रथोद्धता	०२
८. वसन्ततिलका	०२
९. वंशस्थ	०१
१०. शार्दूलविक्रीडित	१०
११. स्रग्धरा	०२
	कुल योग : ७८

मात्रिक छन्द

१. चवपइया	०९
२. चौपाई (पूर्ण)	४५६४
चौपाई (खंडित)	९४

३.	डिल्ला'	०४
	डिल्ला खंडित	०१
४.	तोमर	२२
	तोमर खंडित	०१
५.	दोहा	११७३
६.	सोरठा	८५
७.	हरिगीतिका	१४१
८.	त्रिभंगी	०५

कुल योग = ६०९९
+ ७८

सम्पूर्ण योग = ६१७७

इस प्रकार श्रीरामचरितमानस के छन्दों की कुल संख्या ६१७७ है और उनमें चौपाई खंडित तथा सम्पूर्ण मिलाकर ४६११ आती है और ५००१ चौपाइयों में केवल ३९० चौपाइयों कम पड़ती हैं। पंडित विश्वनाथप्रसाद मिश्र ने कहा है कि सम्भव है, प्रामाणिक रूप से मानस के सम्पादन के बाद यह संख्या पूर्ण ही हो जाय क्योंकि २९ दोहों तक में यह चौपाई संख्या पूर्ण हो सकती है।

मानस में प्रयुक्त छन्दों का परिचय

वर्णिक

१. **अनुष्टुप्**—यह वैदिक छन्द है जिसके प्रत्येक चरण में आठ वर्ण होते हैं तथा प्रत्येक विषम चरण में आठवाँ अक्षर लघु, छठा अक्षर गुरु होता है—

उदाहरण— रुद्राष्टकमिदं प्रोक्तं विप्रेण हरतोषये।
ये पठन्ति नरा भक्त्या तेषां शम्भुः प्रसीदति॥

२. **इन्द्रवज्रा**—इसके प्रत्येक चरण में ग्यारह वर्ण होते हैं जिसमें दो तगण, एक जगण और अन्त में दो गुरु वर्ण आते हैं—

नीलाम्बुजस्यामलकोमलांगं सीतासमारोपित वामभागम् ॥
पाणौ महासायकचारुचापं नमामि रामं रघुवंशनाथम्॥

३. **तोटक**—इसके प्रत्येक चरण में बारह वर्ण होते हैं—

उदाहरण— **जय राम रमा रमनं शमनं। भयताप भयाकुल पाहिजनं।।**

४. **नगरस्वरूपिणी**—यह आठ वर्णों का वर्णिकवृत्त है और प्रत्येक चरण में दूसरा, चौथा, छठाँ और आठवाँ वर्ण गुरु होता है।

उदाहरण— **विनिश्चितं वदामि ते न अन्यथा वचांसि मे।**
हरिं नरा भजन्ति जेति दुस्तरं तरन्ति ते॥

५. **मालिनी**—न न म युतेयंमालिनी भोगलोकै अर्थात् मालिनी छन्द में नगण, नगण, मगण, यगण, तगण एवं यगण होता है। इसके प्रत्येक चरण में पन्द्रह वर्ण होते हैं—

अतुलित बलधामं स्वर्ण शैलाभदेहं।
दनुजवनकृशानुं ज्ञानिनामग्रगण्यं॥
सकल गुणनिधानं वानराणामधीशं।
रघुपति प्रियभक्तं वातजातं नमामि॥

६. **भुजंगप्रयात**—इसका लक्षण है—

भुजंगं प्रयातं चतुर्भिः यकारै।

अर्थात्, भुजंगप्रयात में ४ यगण होते हैं। इसके प्रत्येक चरण में १२ वर्ण होते हैं।

उदाहरण— **न जानामि योगं जपं नैव पूजां। नतोऽहं सदा सर्वदा संभु तुभ्यम्।**
जरा जन्म दुःखोघ तातप्यमानं। प्रभोपाहि आपन्नमामीश शंभो॥

८. **रथोद्धता**—इसके प्रत्येक चरण में ग्यारह वर्ण होते हैं तथा अन्त में लघु गुरु वर्णों का क्रम बनाता है।

उदाहरण— **कोसलेन्द्र पद कंज मंजुलौ।**
जानकी कर सरोज वंदितौ॥

९. **वसन्ततिलका**—इसका लक्षण इस प्रकार बताया गया है—

'उक्ता वसन्ततिलका तभजाजगौगः' अर्थात् वसन्ततिलका छन्द में—तगण, भगण, जगण, जगण तथा अन्त में दो गुरु होते हैं। वैसे प्रत्येक चरण में १८ वर्ण होते हैं—

नानापुराणनिगमागमसम्मतं यद्रामायणे निगदितं क्वचिदन्यतोऽपि।
स्वान्तःसुखाय तुलसी रघुनाथगाथा भाषानिबद्धमतिमंजुलमातनोति॥

१०. **वंशस्थ**—इसका लक्षण इस प्रकार बताया गया है—

'जतौ तु वंशस्थमुदीरितौ जरौ'

अर्थात्, वंशस्थ छन्द में—जगण, तगण, जगण, रगण होते हैं। वैसे इसके प्रत्येक चरण में १२ वर्ण होते हैं—

प्रसन्नतां या न गताभिषेकस्तथा न मम्ले वनवासदुःखतः।
मुखाम्बुजश्रीरघुनन्दनस्य मे सदास्तु सा मंजुलमंगलप्रदा॥

११. **शार्दूलविक्रीडित**—यह अट्ठारह वर्णों का वर्णिक वृत्त है। इसमें मगण, सगण, जगण, सगण तथा अन्त में, एक गुरु वर्ण होता है—

यन्मायावशवर्त्तिविश्वमखिलं ब्रह्मादिदेवासुराः।
यत्सत्त्वादमृषैवभाति सकलं रज्जौ यथाहेर्भ्रमः॥
यत्पादप्लवमेकमेव हि भवाम्भोधेस्तितीर्षावतां।
वन्देऽहं तमशेषकारणपरं रामाख्यामीशं हरिम्॥

मात्रिक छन्द

१२. **चवपइया**—प्रत्येक चरण में तीस मात्राएँ होती हैं—

उदाहरण— **ब्रह्मा सब जाना मन अनुमाना मोर कछू न बसाई।**
जाकरि तैं दासी सो अबिनासी हमरेउ तोर सहाई॥

१३. **चौपाई**—इसका लक्षण इस प्रकार है—

कल सोलह जहँ सदा सुहावै।
जाके अन्त जता नहिं आवै॥
सम सम विषम विषम सुखदाई।
फणपति ताहि कहैं चौपाई॥

अर्थात्, चौपाई १६ मात्राओं का छन्द है और इसके अन्त में जगण तथा तगण नहीं आने चाहिए। तुलसी ने चौपाई छन्द के अनेक प्रयोग किये हैं और उन्होंने प्रचलित लगभग २० अन्य छन्दों को चौपाई में सम्मिलित कर लिया है जैसे डिल्ला, चम्पकमाला आदि।

उदाहरण— **बंदौं गुरुपद पदुम परागा। सुरुचि सुबास सरस अनुरागा।**
अमिय मूरिमय चूरन चारू। समन सकल भवरुज परिवारू॥

१४. डिल्ला—प्रत्येक चरण में १६ मात्राएँ होती हैं और अन्त में, भगण का रहना आवश्यक है—

उदाहरण— **श्याम तामरस दाम शरीरं। जटा मुकुट परिधन मुनि चीरं।**
पाणि चाप शर कटि तूणीरं। नौमि निरन्तर श्रीरघुवीरं॥

१५. तोमर—प्रत्येक चरण में १२ मात्राएँ होती हैं और अन्त में क्रमशः एक गुरु एवं एक लघु का आना आवश्यक है—

उदाहरण— **जब कीन्ह तेहिं पाखंड। भये प्रगट जंतु प्रचंड॥**
बेताल भूत पिसाच। कर धरे धनु नाराच॥

१६. दोहा— यह चौबीस मात्राओं का छन्द है जिसके प्रथम एवं तृतीय चरण में १३ मात्राएँ एवं द्वितीय तथा चतुर्थ चरण में ११ मात्राएँ होती हैं—

उदाहरण— **रघुबर बरन बिलोकि बर बारि समेत समाज।**
होत मगन बारिधि बिरह चढ़े बिबेक जहाज॥

१७. सोरठा—यह दोहे का ठीक प्रतिकूल २४ मात्राओं का छन्द है। इसके प्रथम तथा तृतीय चरण में ग्यारह तथा द्वितीय एवं चतुर्थ चरण में ११ मोत्राएँ होती हैं—

राम सरूप तुम्हार बचन अगोचर बुद्धि पर।
अबिगत अकथ अपार नेति नेति नित निगम कहि॥

१८. हरिगीतिका—यह २८ मात्राओं का छन्द है और इसमें १६ तथा १२ मात्राओं के क्रम से विराम होता है।

उदाहरण— **पाई न केहिं गति पतित पावन राम भजु सुनु सठ मना।**
गनिका अजामिल ब्याध गीध गजादि खल तारे घना॥

१९. त्रिभंगी—यह ३२ मात्राओं का छन्द है। इसमें १०, ८, ८, ६ मात्राओं के क्रम से विराम होते हैं—

लोचन अभिरामा तनु घन स्यामा निज आयुध भुजचारी।
भूषण बनमाला नयन बिसाला सोभासिंधु खरारी॥

❑❑

परिशिष्ट : २

श्रीरामचरित मानस : अलंकार विवरणिका

१.१.१-४.	रूपक अलंकार
१.१. दो०	उदाहरण अलंकार
१.२.४.	रूपक अलंकार
१.३.१.	उल्लास अलंकार
१.३.४.	कारणमाला
१.४.१.	असंगति अलंकार
१.४.२.	मालोपमा
१.४.४.	उपमा अलंकार
१.४. दो०	तुल्ययोगिता अलंकार
१.५.२.	व्याघात अलंकार
१.५.दो०	दीपक
१.६.४.	विरोधाभास अलंकार
१.७.२.	पूर्वरूप अलंकार
१.८.३.	दृष्टान्त अलंकार
१.८.५.	अनुमान प्रमाण अलंकार
१.९.१.	अनुज्ञा तथा दृष्टान्त अलंकार
१.९.४.	प्रतिषेध अलंकार
१.१०.२.	प्रतिवस्तूपमा अलंकार
१.१२.२.	विचित्र अलंकार
१.१२.६.	काव्यार्थापत्ति अलंकार
१.१४.३.	पुनरुक्तिवदाभास अलंकार
१.१४.६.	दृष्टान्त अलंकार
१.१४. सो०	श्लेष तथा विरोधाभास अलंकार की संसृष्टि
१.१५.५.	उत्प्रेक्षा अलंकार
१.१७.४	विभावना अलंकार
१.१७.सो०	रूपक अलंकार (परम्परित)
१.१९.१.	यथासंख्य अलंकार और विरोधाभास अलंकारों का संकर
१.२०.दो०	काव्यलिंग अलंकार
१.२१.२.	आक्षेप अलंकार
१.२३.३.	काव्यलिङ्ग अलंकार
१.२३.४.	उदाहरण अलंकार
१.२३. दो०	प्रतीप अलंकार
१.२५.दो०	व्यतिरेक अलंकार
१.२६.४.	विकस्वर अलंकार एवं सम्बन्धातिशयोक्ति अलंकार का संकर
१.२८.१.	तुल्ययोगिता अलंकार
१.२८.२.	अत्युक्ति अलंकार एवं विषम अलंकार की संसृष्टि
१.२८.६.	असङ्गति अलंकार
१.२८.दो०	अर्थान्तरन्यास अलंकार
१.२९.२.	अर्थान्तरन्यास अलंकार
१.२९.३.	निदर्शना अलंकार
१.३१.४.	उल्लेख अलंकार
१.३५.१.	सम्बन्धातिशयोक्ति अलंकार
१.३५.३.	अतिशयोक्ति अलंकार
१.३५.५.	सहोक्ति अलंकार
१.३५.६.	काव्यलिङ्ग अलंकार
१.३६.१.	उल्लास अलंकार
१.३६.२.	रूपक अलंकार
१.३७.३.	यथासंख्य अलंकार
१.३७.दो०	उल्लेख अलंकार
१.३८.२	काव्यलिङ्ग अलंकार
१.३९.५.	यमक अलंकार
१.४३.१.	विरोधाभास अलंकार
१.४३.दो०	रूपक अलंकार
१.५२.दो०	युक्ति अलंकार
१.५३.४.	पिहित अलंकार
१.५४.३.	विशेष अलंकार
१.५६.१.	अपह्नुति अलंकार
१.५६.दो०	श्लेष अलंकार

१.५६.सो०	दृष्टान्त अलंकार
१.६०.४.	अर्थान्तरन्यास अलंकार
१.६२.दो०	परिकराङ्कुर अलंकार
१.६३.४.	अर्थान्तरन्यास अलंकार
१.६८.१.	मिलित अलंकार
१.७१.४.	अर्थान्तरन्यास अलंकार
१.७३.१.	सूक्ष्म अलंकार
१.७८.३.	ललित अलंकार
१.७९.३.	व्याजस्तुति अलंकार
१.८०.२.	यथासंख्य अलंकार
१.८१.४.	तिरस्कार अलंकार
१.८४.छ०	परिसंख्या अलंकार
१.८५.२.	काव्यार्थापत्ति अलंकार
१.८७.२.	विभावना अलंकार
१.८७.३.	अक्रमातिशयोक्ति अलंकार
१.८७.४.	व्याघात अलंकार
१.९६.छं०	ललित अलंकार
१.९७.छं०	असङ्गति अलंकार
१.९८.छं०	भ्रान्त्यापहुति अलंकार
१.९९.छं०	अनुज्ञा अलंकार
१.१००.दो०	भाविक अलंकार
१.१०३.दो०	उक्ताक्षेप और विचित्र अलंकार की संसृष्टि
१.१०४.४.	काव्यलिङ्ग अलंकार
१.१०५.३.	काव्यलिङ्ग अलंकार
१.१०६.३.	मालोपमा अलंकार
१.१०७.२.	विवृतोक्ति अलंकार
१.१०७.३.	सम अलंकार और परिकराङ्कुर अलंकार का संकर
१.१०८.१.	वक्रोक्ति अलंकार
१.११३.४.	व्याघात अलंकार
१.११४.४.	उक्ताक्षेप अलंकार
१.११५.४.	निदर्शना अलंकार
१.११६.२.	उदाहरण अलंकार
१.११७.२.	उदाहरण अलंकार
१.११७.४.	दृष्टान्तोपमा अलंकार
१.११८.४.	विभावना अलंकार
१.१२६.१.	अर्थावृत्ति दीपक अलंकार
१.१३२.१	कार्य निबन्धना तथा अप्रस्तुत प्रशंसा अलंकार

१.१३४.दो०	वस्तूत्प्रेक्षा अलंकार
१.१३५.३.	वस्तूत्प्रेक्षा अलंकार
१.१३६.२.	सम अलंकार तथा विकल्प अलंकार का संकर
१.१४०.सो०	काव्यलिङ्ग अलंकार
१.१४३.२.	वस्तूत्प्रेक्षा अलंकार
१.१४७.३.	वस्तूत्प्रेक्षा अलंकार
१.१४७.दो०	हेतूत्प्रेक्षा अलंकार
१.१४९.४.	श्लेष अर्थालंकार
१.१५२.१.	प्रहर्षण अलंकार
१.१५४.२.	सूक्ष्म अलंकार
१.१५६.३.	हेतूत्प्रेक्षा अलंकार
१.१६०.३.	समुच्चय अलंकार
१.१६०.दो०	विवृतोक्ति अलंकार
१.१६२.दो०	काव्यलिङ्ग अलंकार
१.१६३.१.	पिहित अलंकार
१.१६३.४.	पिहित अलंकार
१.१६५.३.	विवृतोक्ति अलंकार
१.१६६.१.	विवृतोक्ति अलंकार
१.१६६.३.	विशेषक अलंकार
१.१६८.३.	निदर्शना अलंकार
१.१७२.२.	युक्ति अलंकार
१.१७५.१.	ललित अलंकार
१.१७६.दो०	विषम अलंकार
१.१७८.३.	समुच्चय अलंकार
१.१७९.दो०	हेतूत्प्रेक्षा अलंकार
१.१८३.१.	अत्यन्तातिशयोक्ति अलंकार
१.१८३.सो०	पर्य्याय अलंकार
१.१८४.१.	सम अलंकार
१.१८९.२.	प्रहर्षण अलंकार
१.१९२.छ०	अधिक अलंकार
१.१९३.१.	अक्रमातिशयोक्ति अलंकार
१.१९४.४.	अत्युक्ति अलंकार
१.१९५.२.	उत्प्रेक्षालंकार
१.१९५.४.	वस्तूत्प्रेक्षा अलंकार
१.१९७.४.	विधि अलंकार
१.१९८.१.	उल्लेख अलंकार
१.१९८.२.	विवृतोक्ति अलंकार
१.१९८.३.	विशेष अलंकार
१.२०१.३.	विशेष अलंकार

१.२०४.४. असङ्गति अलंकार
१.२०५.दो० विरोधाभास अलंकार
१.२०६.दो० अतिशयोक्ति अलंकार
१.२०७.३. वस्तूत्प्रेक्षा अलंकार
१.२०८.५. पर्यस्तापह्नुति अलंकार
१.२०९.दो० काव्यलिङ्ग अलंकार
१.२१०.२. विभावना अलंकार एवं अतिशयोक्ति की संसृष्टि
१.२११.३. सम अलंकार
१.२११.४. अनुज्ञा अलंकार
१.२११.५. प्रहर्षण अलंकार
१.२१२.दो० यथासंख्य अलंकार
१.२१३.१. हेतूत्प्रेक्षा अलंकार
१.२१३.३. हेतूत्प्रेक्षा अलंकार
१.२१६.१. सन्देहालंकार
१.२१६.४. सूक्ष्म अलंकार
१.२१७.२. विवृतोक्ति अलंकार
१.२१८.२. पिहित अलंकार
१.२१८.३. पर्य्यायोक्ति अलंकार
१.२२०.१. वस्तूत्प्रेक्षा अलंकार
१.२२६.१. विवृतोक्ति अलंकार
१.२२७.४. पुनरुक्तिवदाभास अलंकार एवं अर्थावृत्त दीपक की संसृष्टि
१.२२७.दो० काव्यलिङ्ग अलंकार
१.२२८.२. श्लेष अलंकार
१.२२८.३. श्लेष अलंकार
१.२२९.१. काव्यलिङ्ग अलंकार
१.२२९.२. पर्यायोक्ति अलंकार
१.२२९.३. विवृतोक्ति अलंकार
१.२२९.दो० स्मरण अलंकार
१.२३०.१. उत्प्रेक्षालंकार
१.२३०.२. उत्प्रेक्षालंकार
१.२३०.३. उत्प्रेक्षालंकार
१.२३०.४. अत्युक्ति अलंकार एवं वस्तूत्प्रेक्षा अलंकार की संसृष्टि
१.२३१.१. प्रत्यक्ष प्रमाण अलंकार
१.२३१.२. काव्यलिङ्ग अलंकार
१.२३२.१. वस्तूत्प्रेक्षा अलंकार
१.२३२.२. वस्तूत्प्रेक्षा अलंकार
१.२३२.३. वस्तूत्प्रेक्षा अलंकार
१.२३२.४. समासोक्ति अलंकार
१.२३२.दो० वस्तूत्प्रेक्षा अलंकार
१.२३३.३. प्रतीप अलंकार
१.२३३.४. प्रौढ़ोक्ति अलंकार
१.२३४.१. व्याजोक्ति अलंकार
१.२३४.३. व्यजोक्ति अलंकार
१.२३४.४. समुच्चय अलंकार
१.२३४.दो. पार्यायोक्ति अलंकार
१.२३५.१. प्रमाण अलंकार
१.२३५.२. प्रौढ़ोक्ति अलंकार एवं अन्योन्य अलंकार का संकर
१.२३५.३. परिकराङ्कुर अलंकार
१.२३५.४. यमक अलंकार
१.२३६.१. श्लेष अलंकार
१.२३६.३. सूक्ष्म अलंकार
१.२३७.दो० व्यतिरेक अलंकार और प्रतीप अलंकार की संसृष्टि
१.२३८.२. व्याजोक्ति अलंकार
१.२३८.दो० प्रतिवस्तूपमा अलंकार
१.२३९.२. हेतु अलंकार एवं दीपक अलंकार
१.२३९.३. कैतवापह्नुति अलंकार एवं पर्य्यायोक्ति अलंकार का संकर
१.२४१.२. वस्तूत्प्रेक्षा अलंकार एवं उल्लेख अलंकार
१.२४२.४. काव्यार्थापत्ति अलंकार
१.२४५.१. अनुमान प्रमाण अलंकार एवं उत्प्रेक्षा का संकर
१.२४५.२. तुल्ययोगिता अलंकार
१.२४६.३. ललित अलंकार
१.२४७.१. काव्यलिङ्ग अलंकार
१.२४७.४. उल्लेख अलंकार
१.२४७.दो० सम्भावना अलंकार
१.२४९.४. विवृतोक्ति अलंकार
१.२५०. १. अर्थान्तरन्यास अलंकार
१.२५०. २. सहोक्ति अलंकार
१.२५०. ३. विवृतोक्ति अलंकार
१.२५०. ४. विशेषोक्ति अलंकार
१.२५०. दो० हेतूत्प्रेक्षा अलंकार
१.२५३. ३. काव्यार्थापत्ति अलंकार
१.२५४. १. व्याघात अलंकार

१.२५४. २.	तुल्ययोगिता अलंकार
१.२५४. दो०	रूपक अलंकार
१.२५६. २.	ललित अलंकार
१.२५६. ३.	भ्रान्त्यापह्नुति अलंकार
१.२५६. दो०	विभावना अलंकार
१.२५८. ३.	ललित अलंकार
१.२५८. दो०	वस्तूत्प्रेक्षा अलंकार
१.२५९.४.	सूक्ष्म अलंकार
१.२६०.१.	सूक्ष्म अलंकार
१.२६०.३.	भाविक अलंकार
१.२६०.४.	तुल्ययोगिता अलंकार
१.२६१.२.	चित्रोत्तर अलंकार
१.२६१.४.	दीपक अलंकार
१.२६१.सो०	रूपक अलंकार
१.२६३.२.	वस्तूत्प्रेक्षा अलंकार और पर्याय अलंकार की संसृष्टि
१.२६४.४.	हेतूत्प्रेक्षा अलंकार
१.२६५.३.	अक्रमातिशयोक्ति अलंकार
१.२६६.४.	सहोक्ति अलंकार
१.२६७.२.	पुनरुक्तिवदाभास अलंकार
१.२६७.दो०	वस्तूत्प्रेक्षा अलंकार
१.२६८.दो०	वस्तूत्प्रेक्षा अलंकार
१.२६९.२.	हेतूत्प्रेक्षा अलंकार
१.२७१.२.	विधि अलंकार
१.२७२.दो०	अप्रस्तुतप्रशंसा अलंकार
१.२७३.१.	व्याजनिन्दा अलंकार तथा ललित अलंकार की संसृष्टि
१.२७३.३.	काव्यलिङ्ग अलंकार
१.२७३.४.	प्रतीप अलंकार
१.२७४.दो०	छेकोक्ति अलंकार
१.२७५.३.	समुच्चय अलंकार
१.२७५.दो०	श्लेष अलंकार
१.२७७.३.	सम अलंकार
१.२७७.४.	शुद्धापह्नुति अलंकार
१.२७८.दो०	सूक्ष्म अलंकार
१.२८०.२.	वस्तूत्प्रेक्षा अलंकार
१.२८१.३.	दृष्टान्त अलंकार एवं अर्थान्तरन्यास अलंकार का संकर
१.२८१.४.	विचित्र अलंकार
१.२८४.३.	विभावना अलंकार
१.२८४.४.	स्मरण अलंकार एवं अत्यन्तातिशयोक्ति अलंकार की संसृष्टि
१.२८४ दो०	समाहित अलंकार
१.२९६.३.	विकस्वर अलंकार
१.२९७.४.	उत्प्रेक्षा एवं अधिक अलंकार की संसृष्टि
१.२९७.दो०	काव्यलिङ्ग अलंकार
१.२९८.१.	समाधि अलंकार
१.३०३.१.	हेतूत्प्रेक्षा अलंकार
१.३०३.४.	सम अलंकार
१.३०३.दो०	उत्प्रेक्षा अलंकार
१.३०४.१.	काव्यलिङ्ग अलंकार
१.३०४.२.	उत्प्रेक्षा अलंकार
१.३०५.दो०	वस्तूत्प्रेक्षा अलंकार
१.३०७.३.	पिहित अलंकार
१.३०७.४.	वस्तूत्प्रेक्षा अलंकार
१.३०९.१.	वस्तूत्प्रेक्षा अलंकार
१.३१०.दो०	काव्यलिङ्ग अलंकार
१.३११.४.	सामान्य अलंकार
१.३११.छं०	अनन्वय अलंकार
१.३१६.दो०	वस्तूत्प्रेक्षा अलंकार
१.३१७.३.	काव्यलिङ्ग अलंकार एवं अनुज्ञा अलंकार का संकर
१.३१८.२.	प्रौढोक्ति अलंकार
१.३१९.दो०	अधिक अलंकार
१.३२१.२.	अधिक अलंकार
१.३२१.छं०	काव्यलिङ्ग अलंकार एवं सूक्ष्म अलंकार का संकर
१.३२३.छं०	सूक्ष्म अलंकार
१.३२५.२.	हेतूत्प्रेक्षा अलंकार
१.३२५.५.	अतिशयोक्ति एवं उत्प्रेक्षा अलंकार का संकर
१.३२५.छं०	गूढोत्तर अलंकार
१.३२५.छं०	उत्प्रेक्षा अलंकार
१.३२५.दो०	उत्प्रेक्षा अलंकार
१.३२६.छं०	दृष्टान्त अलंकार
१.३२९.१.	अनुज्ञा अलंकार
१.३३२.३.	उत्प्रेक्षा अलंकार
१.३३२.दो०	तुल्ययोगिता अलंकार
१.३३८.२.	काव्यार्थापत्ति अलंकार

१.३४६.३.	उत्प्रेक्षा अलंकार
१.३४७.२.	उत्प्रेक्षा अलंकार
१.३५८.दो०	परिकराङ्कुर अलंकार
१.३६१.४.	काव्यलिङ्ग अलंकार
१.३६१.छ.	उक्ताक्षेप अलंकार
२.१.दो०	मुद्रालंकार
२.१.२.	रूपक अलंकार
२.१.३.	उत्प्रेक्षा अलंकार
२.१.४.	उत्प्रेक्षा अलंकार
२.३.दो०	अत्यन्तातिशयोक्ति अलंकार
२.४.दो०	विवृतोक्ति अलंकार
२.७.४.	उदाहरण एवं वक्रोक्ति अलंकार की संस्सृष्टि
२.७. दो०	उत्प्रेक्षा अलंकार
२.११.४.	उपमा एवं दृष्टान्त अलंकार की संसृष्टि
२.१२.१.	ललित अलंकार
२.१२.दो०	अप्रस्तुतप्रशंसा अलंकार
२.१४.दो०	समुच्चय अलंकार
२.१५.१.	उक्ताक्षेप अलंकार
२.१६.२.	विकल्प अलंकार
२.१७.४.	विकस्वर अलंकार
२.१९.४.	ललित अलंकार
२.२०.४.	भ्रान्ति एवं ललित अलंकार का संकर
२.२१.१.	अनुज्ञा अलंकार
२.२१.२.	विवृतोक्ति अलंकार
२.२१.दो०	वक्रोक्ति अलंकार
२.२२.३.	परिवृत अलंकार
२.२३.१.	ललित अलंकार
२.२३.३.	रूपक अलंकार
२.२४.दो०	उत्प्रेक्षा अलंकार
२.२५.२.	विकस्वर अलंकार
२.२५.छं०	उत्प्रेक्षा अलंकार एवं अप्रस्तुतप्रशंसा अलंकार का संकर
२.२६.२.	काव्यार्थापत्ति अलंकार
२.२६.४.	ललित अलंकार
२.२६.दो०	उत्प्रेक्षा अलंकार
२.२७.२.	उत्प्रेक्षा अलंकार
२.२७.३.	उदाहरण एवं काव्यलिङ्ग अलंकार का संकर
२.२७.४.	काव्यलिङ्ग अलंकार
२.२८.३.	दृष्टान्त अलंकार
२.२८.४.	उत्प्रेक्षा अलंकार
२.३०.१.	पुनरुक्तिवदाभास अलंकार
२.३१.१.	उत्प्रेक्षा अलंकार
२.३१.२.	विकल्प अलंकार
२.३३.२.	विषम अलंकार
२.३३.३.	विकल्प अलंकार
२.३३.४.	दीपक एवं व्याजनिन्दा अलंकार का संकर
२.३४.३.	कैतवापह्नुति अलंकार
२.३५.२.	उत्प्रेक्षा अलंकार
२.३५.४.	विकल्प अलंकार
२.३५.दो०	पर्यस्तापह्नुति अलंकार
२.३६.२.	भाविक अलंकार
२.३६.४.	अर्थान्तरन्यास अलंकार
२.३६.दो०	उत्प्रेक्षा अलंकार
२.३७.३.	उत्प्रेक्षा अलंकार
२.३८.२.	उत्प्रेक्षा अलंकार
२.४०.१.	उत्प्रेक्षा अलंकार
२.४१.१.	अत्युक्ति अलंकार
२.४१.दो०	समुच्चय अलंकार
२.४३.१.	युक्ति अलंकार
२.४५.२.	पूर्णोपमा अलंकार
२.४६.३.	उत्प्रेक्षा अलंकार
२.४६.दो०	उत्प्रेक्षा अलंकार
२.४७.१.	ललित अलंकार
२.४७.२.	विचित्र अलंकार
२.४८.१.	ललित अलंकार
२.४८.२.	उत्प्रेक्षा अलंकार
२.४८.दो०	प्रौढ़ोक्ति अलंकार
२.४९.१.	ललित अलंकार
२.५१.३.	उत्प्रेक्षा अलंकार
२.५१.दो०	उपमा एवं दृष्टान्त अलंकार का संकर
२.५२.३.	उत्प्रेक्षा अलंकार
२.५३.२.	उत्प्रेक्षा, रूपक एवं विषम अलंकार का संकर
२.५३. दो०	अतिशयोक्ति अलंकार

२.५४.४.	असङ्गति अलंकार
२.५५.१.	ललित अलंकार
२.५५.४.	सम अलंकार
२.५५.दो०	आक्षेप अलंकार
२.५६.४.	काव्यलिङ्ग अलंकार
२.५७.२.	व्यक्ताक्षेप अलंकार
२.५८.२.	सन्देह एवं विकल्प अलंकार का संकर
२.५८.३.	उत्प्रेक्षा अलंकार
२.५९.४.	ललित अलंकार
२.६०.२.	काव्यलिङ्ग अलंकार
२.६२.१.	अतिशयोक्ति अलंकार
२.६३.४.	अप्रस्तुतप्रशंसा अलंकार
२.६४.१.	विषम अलंकार
२.६४.२.	सम अलंकार
२.६५.३.	लेश अलंकार
२.६६.१.	उपमा अलंकार
२.६६.३.	प्रतीप अलंकार
२.६६.४.	परिकराङ्कुर अलंकार
२.६६. दो०	आक्षेप अलंकार
२.६७. दो०	सम्भावना अलंकार
२.६८.१.	अनुमानप्रमाण अलंकार
२.७०.३.	सन्देह अलंकार
२.७१.१.	समुच्चय अलंकार
२.७१.३.	अर्थान्तरन्यास अलंकार
२.७१. दो०	व्याघात अलंकार
२.७२.३.	तुल्ययोगिता अलंकार
२.७३.४.	भ्रान्ति एवं सन्देह अलंकार
२.७४.४.	विकस्वर अलंकार
२.७५.१.	अर्थान्तरन्यास अलंकार
२.७५.२.	हेत्वापह्नुति अलंकार
२.७५.सो०	उत्प्रेक्षा अलंकार
२.७६.२.	उत्प्रेक्षा अलंकार
२.७६.४.	समुच्चय अलंकार
२.७७.४.	विधि अलंकार
२.७७.दो०	असङ्गति अलंकार
२.७८.दो०	उत्प्रेक्षा अलंकार
२.८१.२.	व्याघात अलंकार एवं समुच्चय अलंकार का संकर
२.८३.२.	पुनरुक्तिवदाभास अलंकार
२.८३.३.	उत्प्रेक्षा अलंकार
२.८३.४.	उत्प्रेक्षा एवं अतिशयोक्ति अलंकार की संसृष्टि
२.८४.२.	रूपक अलंकार
२.८४.३.	विनोक्ति अलंकार
२.८५.१.	परिकराङ्कुर अलंकार
२.८५.३.	समाधि अलंकार
२.८६.२.	उत्प्रेक्षा अलंकार
२.८७.२.	परिवृत्त अलंकार
२.८७.४.	उक्ताक्षेप अलंकार
२.८८.४.	उक्ताक्षेप अलंकार
२.८९.१.	असङ्गति अलंकार
२.९०.४.	प्रतीप एवं उत्प्रेक्षा अलंकार का संकर
२.९१.१.	उपमा एवं प्रतीप अलंकार का संकर
२.९१.४.	काव्यलिङ्ग तथा वक्रोक्ति का संकर
२.९१.दो०	परिकराङ्कुर एवं काव्यलिङ्ग अलंकार का संकर
२.९२.१.	सम अलंकार
२.९२.२.	अर्थान्तरन्यास अलंकार
२.९२.४.	कारकदीपक अलंकार
२.९३.२.	सम्भावना अलंकार
२.९३.३.	अर्थान्तरन्यास अलंकार
२.९३.४.	विरोधाभास अलंकार
२.९५.२.	अनुप्रास अलंकार
२.९५.४.	अनुमान प्रमाण अलंकार
२.९६.दो०	रूपक अलंकार
२.९७.३.	वक्रोक्ति एवं अप्रस्तुतप्रशंसा अलंकार का संकर
२.९८.२.	अर्थान्तरन्यास अलंकार
२.९८.४.	अनुज्ञा अलंकार
२.९९.२.	असङ्गति अलंकार
२.९९. दो०	उल्लास अलंकार
२.१००.१.	अनुमान प्रमाण अलंकार
२.१००.२.	व्याजोक्ति अलंकार
२.१००.३.	काव्यार्थापत्ति अलंकार
२.१००.४.	पर्यायोक्ति अलंकार
२.१००.छं०	भाविक अलंकार
२.१००.सो०	सूक्ष्म अलंकार
२.१०१.२.	विरोधाभास अलंकार
२.१०१.दो०	अतिशयोक्ति अलंकार
२.१०२.२.	पिहित अलंकार

२.१०२.३. काव्यार्थापत्ति अलंकार
२.१०३.२. विशेष अलंकार
२.१०३.४. कैतवापह्नुति अलंकार एवं यमक की संसृष्टि
२.१०५.१. यमक अलंकार
२.१०५.२. रूपक अलंकार
२.१०६.४. उत्प्रेक्षा अलंकार
२.१०७.१. उत्प्रेक्षा अलंकार
२.१०७.३. तुल्ययोगिता अलंकार
२.१०७.४. पर्यस्तापह्नुति अलंकार
२.१०८.२. अन्योन्य अलंकार
२.१०९.१. विवृतोक्ति अलंकार
२.१०९.दो० प्रतीप अलंकार
२.१११.१. उत्प्रेक्षा अलंकार
२.१११.४. असङ्गति अलंकार
२.११२.३. उत्प्रेक्षा एवं विषम अलंकार
२.११३.१. अतिशयोक्ति एवं उल्लास अलंकार का संकर
२.११३.दो० समाधि अलंकार
२.११४.३. उत्प्रेक्षा अलंकार
२.११५.४. परिणाम अलंकार
२.११६.१. अल्प अलंकार
२.११६.४. प्रतीप अलंकार
२.११७.३. गूढ़ोत्तर अलंकार
२.११७.४. युक्ति अलंकार
२.११८.३. सूक्ष्म अलंकार
२.११९.२. असङ्गति अलंकार
२.१२०.१. हेत्वापह्नुति अलंकार
२.१२०.३. काव्यलिङ्ग अलंकार
२.१२२.२. अनुज्ञा अलंकार
२.१२२.४. अधिक अलंकार
२.१२३.१. उदाहरण अलंकार
२.१२३.२. उत्प्रेक्षा अलंकार
२.१२३.दो० समाधि अलंकार
२.१२४.१. विकस्वर अलंकार
२.१२५.दो० समुच्चय अलंकार
२.१२७.२. दीपक एवं यमक अलंकार
२.१२७.४. व्याघात अलंकार
२.१२७.दो० चित्रोत्तर अलंकार
२.१२८.२. निषेधाक्षेप अलंकार
२.१२८.३. विशेषोक्ति
२.१२८.४. दृष्टान्त अलंकार
२.१३०.२. तुल्ययोगिता अलंकार
२.१३०.३. उपमा अलंकार
२.१३२.३. निदर्शना अलंकार
२.१३३.२. रूपक एवं उत्प्रेक्षा अलंकार
२.१३३.दो० उत्प्रेक्षा अलंकार
२.१३५.१. उत्प्रेक्षा अलंकार
२.१३६.दो० विरोधाभास अलंकार
२.१३७.४. उत्प्रेक्षा अलंकार
२.१३८.दो० अतिशयोक्ति अलंकार
२.१३९.४. उपमा अलंकार
२.१४०.दो० काव्यार्थापत्ति अलंकार
२.१४२.दो० प्रत्यनीक अलंकार
२.१४५.२. काव्यलिङ्ग अलंकार
२.१४७.दो० उत्प्रेक्षा अलंकार
२.१४८.२. उत्प्रेक्षा अलंकार
२.१४८.३. उत्प्रेक्षा अलंकार
२.१४९.२. सन्देहालंकार
२.१५१.४. पुनरुक्तिवदाभास अलंकार
२.१५३.३. उत्प्रेक्षा अलंकार
२.१५३.४. अत्युक्ति अलंकार
२.१५३.दो० अतिशयोक्ति एवं उत्प्रेक्षा अलंकार
२.१५४.२. अनुमान प्रमाण अलंकार
२.१५५.२. उपमा अलंकार एवं स्मरण अलंकार
२.१५५.३. तिरस्कार अलंकार
२.१५५.दो० वीप्सा अलंकार
२.१५६.१. लेश अलंकार
२.१५६.४. ललित अलंकार
२.१५७.२. अतिशयोक्ति अलंकार एवं प्रतीप अलंकार
२.१६०.४. उत्प्रेक्षा अलंकार,
२.१६१.दो० विषम अलंकार
२.१६२.२. काव्यलिङ्ग अलंकार एवं व्याजनिन्दा अलंकार
२.१६२.३. उत्क्षेप अलंकार
२.१६२.दो० अर्थापत्ति प्रमाण अलंकार
२.१६३.२. उत्प्रेक्षा एवं अतिशयोक्ति अलंकार
२.१६५.१. समुच्चय अलंकार
२.१६५.२. सम अलंकार

२.१६६.३.	विशेषोक्ति अलंकार
२.१६६.दो०	उत्प्रेक्षा अलंकार
२.१६९.१.	उपमा अलंकार
२.१६९.२.	विरोधाभास अलंकार
२.१७१.दो०	विधि अलंकार एवं विवृतोक्ति अलंकार का संकर
२.१७५.सो०	उत्प्रेक्षा अलंकार
२.१७६.२.	अर्थान्तरन्यास अलंकार
२.१७८.३.	विनोक्ति अलंकार
२.१७८.दो०	समुच्चय अलंकार
२.१७९.१.	यमक अलंकार
२.१७९.४.	प्रतीप अलंकार
२.१७९.दो०	अर्थान्तरन्यास अलंकार
२.१८२.१.	गूढ़ोक्ति अलंकार
२.१८४.४.	अतद्गुण अलंकार
२.१८५.दो०	तिरस्कार अलंकार
२.१९०.२.	समुच्चय एवं अनुज्ञा अलंकार
२.१९०.दो०	समाहित अलंकार
२.१९३. २.	युक्ति अलंकार
२.१९६.४.	काव्यलिङ्ग अलंकार
२.१९६.दो०	युक्ति अलंकार
२.२००.दो०	असङ्गति अलंकार
२.२०१.४.	समासोक्ति अलंकार
२.२०५.३.	विशेष अलंकार
२.२०६.३.	उत्प्रेक्षा अलंकार
२.२०६.४.	गूढ़ोत्तर अलंकार
२.२०६.दो०	पर्यस्तापह्नुति अलंकार
२.२०९.१.	रूपक अलंकार
२.२१०.२.	समुच्चय अलंकार
२.२११.१.	समुच्चय अलंकार
२.२१६.दो०	समाधि अलंकार
२.२१७.२.	अर्थान्तरन्यास अलंकार
२.२१७.४.	दीपक अलंकार
२.२१८.४.	दीपक अलंकार
२.२२९.१.	व्याजनिन्दा अलंकार
२.२२९.३.	कैतवापह्नुति अलंकार
२.२२९.दो०	समुच्चय अलंकार
२.२३०.१.	उत्प्रेक्षा अलंकार
२.२३१.दो०	दृष्टान्त अलंकार
२.२३२.३.	ललित अलंकार
२.२३४.३.	रूपक अलंकार
२.२३७.दो०	पुनिरुक्ति अलंकार
२.२३८.३.	काव्यार्थापत्ति अलंकार
२.२३९.४.	उत्प्रेक्षा एवं परिणाम अलंकार
२.२४०.३.	उत्प्रेक्षा अलंकार
२.२४१.३.	प्रतिवस्तूपमा अलंकार
२.२४२.३.	काव्यलिङ्ग अलंकार
२.२४३.दो०	अर्थान्तरन्यास अलंकार
२.२४५.३.	समुच्चय अलंकार
२.२४६.४.	उपमा अलंकार
२.२५१.६.	असंगति अलंकार
२.२५२.३.	यथासंख्य अलंकार
२.२५२.४.	सन्देह अलंकार
२.२५२.दो०	उदाहरण अलंकार
२.२५३.१.	अपह्नुति अलंकार
२.२५३.३.	विवृतोक्ति अलंकार
२.२५४.१.	समुच्चय अलंकार
२.२५६.३.	उत्प्रेक्षा अलंकार
२.२५६.दो०	परिकराङ्कुर अलंकार
२.२५७.१.	उपमा अलंकार
२.२५७.२.	ललित अलंकार एवं वक्रोक्ति अलंकार का संकर
२.२६१.१.	कैतवापह्नुति अलंकार
२.२६१.२.	विषम एवं वक्रोक्ति अलंकार
२.२६३.दो०	सार अलंकार
२.२६४.४.	व्यक्ताक्षेप अलंकार
२.२६५.२.	स्मरण अलंकार
२.२६६.१.	व्यतिरेक अलंकार
२.२६६.२.	भ्रान्त्यापह्नुति अलंकार
२.२६६.३.	समुच्चय अलंकार
२.२६७.२.	ललित अलंकार
२.२६९.१.	उक्ताक्षेप अलंकार
२.२७०.४.	चित्रोत्तर अलंकार
२.२७२.दो०	व्याघात अलंकार
२.२७३.१.	समाधि अलंकार
२.२७५.२.	काव्यलिङ्ग अलंकार
२.२७६.१.	रूपक अलंकार
२.२७६.छं०	समासोक्ति अलंकार
२.२७७.४.	काव्यार्थापत्ति अलंकार
२.२८१.दो०	ललित एवं अप्रस्तुतप्रशंसा अलंकार

२.२८४.दो०	विकल्प अलंकार
२.२८५.२.	दृष्टान्त अलंकार
२.२८६.३.	उत्प्रेक्षा अलंकार
२.२८६. दो०	सम अलंकार
२.२८७.३.	उत्प्रेक्षा अलंकार
२.२८७.४.	पिहित अलंकार
२.२८८.४.	व्यतिरेक अलंकार
२.२८८.दो०	अनन्वय अलंकार
२.२९१.२.	समुच्चय अलंकार
२.२९२.१.	प्रेमात्युक्ति अलंकार
२.२९३.१.	अपह्नुति अलंकार
२.२९४.४.	दीपक अलंकार
२.२९५.२.	ललित अलंकार
२.२९७.१.	उदाहरण अलंकार
२.२९८.१.	तुल्ययोगिता अलंकार
२.३०२.दो०	व्याघात अलंकार
२.३०५.४.	ललित अलंकार
२.३०७.१.	उत्प्रेक्षा अलंकार
२.३०९.३.	समुच्चय अलंकार
२.३११.२.	समाधि अलंकार
२.३११.दो०	काव्यार्थापति अलंकार
२.३१४.१.	अनुज्ञा अलंकार
२.३१४.२.	पुनरुक्तिवदाभास अलंकार
२.३१६.४.	विशेष अलंकार
२.३२०.दो०	समुच्चय अलंकार
२.३२४.३.	अतिशयोक्ति अलंकार
२३२४.दो०	अर्थापत्ति अलंकार
२.३२५.१.	विशेषोक्ति अलंकार
३. सो०	व्याघात एवं मुद्रा अलंकार का संकर
३.३.१.	विवृतोक्ति अलंकार
३.४.९.	उल्लेख अलंकार
३.५.सो०	काव्यलिङ्ग अलंकार
३.७.३.	अतिशयोक्ति अलंकार
३.८.१.	रूपक अलंकार
३.८.२.	प्रहर्षण अलंकार
३.९.३.	परिकर अलंकार
३.१०.९.	पर्याय अलंकार
३.१०.१२.	उत्प्रेक्षा अलंकार
३.११.१.	दृष्टान्त अलंकार
३.११.६.	विरोधाभास अलंकार
३.११.९.	विशेषक अलंकार एवं भाविक अलंकार की संसृष्टि
३.११.१४.	निषेधाक्षेप अलंकार
३.१२.२.	पर्यायोक्ति अलंकार
३.१२.४.	अर्थान्तरन्यास अलंकार
३.१२.दो०	विशेष अलंकार
३.१५.१.	पुनरुक्तिवदाभास अलंकार
३.१५.३.	पर्यस्तापह्नुति अलंकार
३.१७.४.	सम अलंकार
३.१७.५.	मिथ्यावध्यसित अलंकार
३.१७.६.	पिहित एवं सूक्ष्म अलंकार का संकर
३.१७.१०.	सूक्ष्म अलंकार
३.१९.१.	ऊर्जस्वित अलंकार
३.२१.५.	विनोक्ति एवं यथासंख्य अलंकार का संकर
३.२१.६.	दीपक अलंकार
३.२१.सो०	दीपक अलंकार
३.२३.३.	सन्देह अलंकार
३.२४.२.	सामान्य अलंकार
३.२८.१.	भ्रान्ति अलंकार
३.२८. दो०	समुच्चय अलंकार
३.२९.८.	गूढ़ोत्तर अलंकार
३.३३.दो०	तुल्ययोगिता अलंकार
३.३४.२.	सार अलंकार
३.३६.दो०	गूढ़ोक्ति अलंकार
३.३७.५.	यथासंख्य, तुल्ययोगिता अलंकार, व्याघात का संकर
३.३७.दो.	उत्प्रेक्षा अलंकार
३.३९.१.	आक्षेप अलंकार
३.३९.३.	निदर्शना अलंकार
३.४३. ५.	विशेषक अलंकार
३.४५.३.	गूढ़ोत्तर अलंकर
३.४६.दो०	विशेष अलंकार
४.सो०	वक्रोक्ति अलंकार
४.१. दो०	सन्देह अलंकार
४.२.२.	गूढ़ोत्तर अलंकार
४.२.दो०	समुच्चय अलंकार
४.३.२.	प्रतिषेध अलंकार
४.६.७.	परिकराङ्कुर अलंकार

४.७.५.	तुल्ययोगिता अलंकार
४.७.७.	सम अलंकार
४.७.१०.	लेश अलंकार
४.८.२.	शुद्धापह्नुति अलंकार
४.८.३.	सामान्य एवं व्याजोक्ति अलंकार का संकर
४.८.४.	युक्ति अलंकार
४.९.२.	विषम अलंकार
४.९.३.	असङ्गति अलंकार
४.९.४.	तुल्ययोगिता अलंकार
४.१०.२.	दृष्टान्त अलंकार
४.१३.३.	परिकरांकुर अलंकार
४.१५.१.	उत्प्रेक्षा अलंकार
४.१६.१.	उत्प्रेक्षा अलंकार
४.२०.२.	युक्ति अलंकार
४.२१.२.	काव्यार्थापत्ति अलंकार
४.२३.२.	अर्थान्तरन्यास अलंकार
४.२५.३.	विशेष अलंकार
४.२७.४.	गूढ़ोक्ति अलंकार
४.२७.५.	समुच्चय एवं गूढ़ोत्तर अलंकार
४.४१.१.	गूढ़ोत्तर अलंकार
५.३.३.	काव्यलिंग अलंकार
५.३.५.	अपह्नुति अलंकार
५.४.३.	समाहित अलंकार
५.४.४.	गूढोत्तर अलंकार
५.५.२.	विरोधाभास अलंकार
५.६.१.	समाधि अलंकार
५.७.१.	गूढोत्तर अलंकार
५.७.२.	सार अलंकार
५.९.४.	अप्रस्तुतप्रशंसा अलंकार
५.९. दो०	हेतु अलंकार
५.१०.३.	अप्रस्तुतप्रशंसा अलंकार
५.११.४.	पर्यायोक्ति अलंकार
५.१२.४.	निदर्शना अलंकार
५.१२.५.	परिकरांकुर अलंकार
५.१३.१.	समुच्चय अलंकार
५,१३.३.	प्रहर्षण अलंकार
५.१३.६.	गूढोत्तर अलंकार
५.१५.दो०	अतिशयोक्ति अलंकार
५.१६.दो०	अपह्नुति अलंकार
५.१७.४.	सम अलंकार
५.२०.दो०	समुच्चय अलंकार
५.२२.१.	वक्रोक्ति एवं व्याजनिन्दा का संकर
५.२३.२.	उपमा अलंकार
५.२३.३.	दृष्टान्त अलंकार
५.२६.३.	अर्थान्तरन्यास अलंकार
५.२६.४.	काव्यलिंग अलंकार
५.२८.१.	उल्लास अलंकार
५.२८.दो०	प्रमाण अलंकार
५.२९.२.	यमक अलंकार
५.३०.दो०	काव्यलिंग अलंकार
५.३१.३.	काव्यलिंग अलंकार
५.३२.दो०	समुच्चय अलंकार
५.३३.५.	अपह्नुति अलंकार
५.३३.दो०	असंगति अलंकार
५.३५.३.	उत्प्रेक्षालंकार
५.३५.४.	व्याघात अलंकार
५.३५.५.	विशेष अलंकार
५.३५.छं०	व्याघात एवं अतिशयोक्ति अलंकार का संकर
५.३६.२.	व्याजस्तुति अलंकार
५.३६.४.	व्याजस्तुति अलंकार
५.३७.२.	विषम अलंकार
५.३७.५.	काव्यार्थापत्ति अलंकार
५.३७.दो०	यथासंख्य अलंकार
५.३८.३.	गूढोक्ति अलंकार
५.३९.१.	शुद्धापह्नुति अलंकार
५.३१.दो०	अर्थान्तरन्यास अलंकार
५.४१.१.	विभावना अलंकार
५.४१.४.	तुल्ययोगिता अलंकार
५.४१.५.	विशेष अलंकार
५.४३.१..	हेतु अलंकार
५४३.४.	उक्ताक्षेप अलंकार
५.४६.४.	अनुज्ञा अलंकार
५.४९.४.	परिकराङ्कुर अलंकार
५.४९.दो०	व्यतिरेक अलंकार
५.५०.२.	विरोधाभास अलंकार
५.५२.३.	गूढोत्तर अलंकार
५.५७.१.	गूढोत्तर अलंकार

५.५८.३.	अतिशयोक्ति अलंकार
५.५९.३.	विकस्वर अलंकार
६.१.दो०	अभेद रूपक तथा उल्लेख अलंकार का संकर
६.३.दो०	अपह्नुति अलंकार
६.७.४.	पर्यायोक्ति अलंकार
६.९.३.	श्लेष अलंकार
६.१०.१.	विषम अलंकार
६.१०.दो०	विभावना अलंकार
६.११.१.	परम्परित रूपक
६.१२. दो०(१)	निदर्शना अलंकार
६.१३.१.	भ्रान्तिमान अलंकार
६.१३.२.	भ्रान्त्यापह्नुति
६.१३. दो०(१)	सूक्ष्म अलंकार
६.१४. (दोहा तथा अर्धालियाँ)	सांग रूपक अलंकार
६.१६.३.	पर्यायोक्ति अलंकार
६.१६.दो०	प्रतिवस्तूपमा अलंकार
६.२०.१.	अपह्नुति अलंकार
६.२१.२.	पिहित अलंकार
६.२१.३.	रूपक अलंकार
६.२२.४.	व्याजनिन्दा अलंकार
६.२३.दो०	अभेद रूपक
६.२३.दो०(२)	अप्रस्तुत प्रशंसा
६.२४.१.	व्याजनिन्दा
६.२६.२.	पर्यायोक्ति अलंकार
६.२६.३-४.	प्रतिषेध अलंकार
६.२८.१	प्रतीप अलंकार
६.२९.५.	अर्थान्तरन्यास अलंकार
६.३०.२.	अन्योक्ति अलंकार
६.३२.५	भ्रान्त्यापह्नुति अलंकार
६.३३. दो०	काव्यलिंग अलंकार
६.३४.६.	विशेषोक्ति अलंकार
६.३५.४.	काव्यलिंग अलंकार
६.३६.१.	अर्थान्तरन्यास अलंकार
६.३६.४.	अपह्नुति अलंकार
६.३६.दो०	पर्यायोक्ति अलंकार
६.४४.दो०	वस्तूत्प्रेक्षा अलंकार
६.५३.दो०	उत्प्रेक्षालंकार
६.५४.१.	निदर्शना अलंकार
६.५५.१.	प्रतिषेध अलंकार
६.५८.दो०	भ्रान्ति अलंकार
६.६३.१.	प्रस्तुतांकुर अलंकार
६.६३.दो०	युक्ति अलंकार
६.६६.५.	समुच्चय अलंकार
६.६८.दो०	चपलातिशयोक्ति अलंकार
६.७३.५.	विभावना अलंकार
६.७६.१.	व्याजनिन्दा अलंकार
६.८०.२-६	सांगरूपक अलंकार
६.८०-दो०(१)	अपह्नुति अलंकार
६.८८.५.	विभावना अलंकार
६.८८. हरिगीतिका	साङ्गरूपक अलंकार
६.९०. हरिगीतिका	गूढोत्तर अलंकार
६.९६.४.	अर्थापत्ति अलंकार
६.१०१. हरिगीतिका (१)	समुच्चय अलंकार
६.११४.३.	व्याघात अलंकार
६.११७.४.	भ्रान्ति तथा सन्देह का संकर अलंकार
६.१२१. हरिगीतिका (१)	काव्यलिंग अलंकार
७.श्लो० ३.	मालोपमा अलंकार
७.१.४.	समुच्चय अलंकार
७.३. दो०	रुपक तथा उत्प्रेक्षा का संकर अलंकार
७.४. दो०	समुच्चय अलंकार
७.५. हरिगीतिका	यथासंख्य अलंकार
७.१८.दो०	सूक्ष्म अलंकार
७.१९. दो.	प्रतीप अलंकार
७.२३.समस्त अर्धालियाँ तथा दोहा—	विभावना अलंकार
७-२९. हरिगीतिका	उत्प्रेक्षालंकार
७.३४.१०.	विरोधाभास अलंकार
७.३७.दो०	तुल्ययोगिता अलंकार
७.४८. दो०	अनुज्ञा अलंकार
७.५३. दो०	विरोध अलंकार
७.६१.दो०	कारणमाला तथा विनोक्ति का संकर
७.६२.दो०	अर्थापत्ति अलंकार

७.७१.४.	अर्थापत्ति अलंकार	७.१०९.८.	अतिशयोक्ति अलंकार
७.७३. दो०	अर्थापत्ति अलंकार	७.१०५.१.	भ्रम अलंकार
७-७३.४.	रूपक तथा समुच्चय का संकर	७.११५.दो०	विभावना अलंकार
		७.११७.दो० तथा समस्त चौ०	सांगरूपक अलंकार
७.८८.दो०(१)	विभावना अलंकार	७.१२०. दो०	सांगरूपक अलंकार
७.९०.दो०(२)	व्यतिरेक अलंकार	७.१२१.दो०(१२)	समुच्चय अलंकार
७.९२. हरिगीतिका	अनन्वय अलंकार	७.१२२.दो०(२)	असम्भवोक्ति अलंकार
७.९५. सो०	विभावना अलंकार	७.१२४.दो०(१)	रूपक अलंकार
७.९८. दो०	विषम अलंकार	७.१२५.४.	व्यतिरेक अलंकार
७.१०२.दो०	यथासंख्य अलंकार	७.१३०.४.	अपह्नुति अलंकार
७.१०४.३.	भाविक अलंकार	७.१३०.४.	अन्योक्ति अलंकार
७.१०६.७.	निदर्शना अलंकार		

□□

परिशिष्ट : ३

प्रकाशित प्रमुख श्रीरामचरितमानस और उनके पाठान्तर तथा पाठ निर्धारण

श्रीरामचरितमानस अब तक लगभग दो दर्जन रूपों में प्रकाशित है—जिनमें निम्नलिखित प्रमुख हैं—

१. डॉ० माताप्रसाद गुप्त द्वारा सम्पादित
२. नागरी प्रचारिणी सभा द्वारा सम्पादित श्री शम्भुनाथ चौबे द्वारा
३. पं० विश्वनाथप्रसाद मिश्र कृत काशिराज संस्करण
४. गीता प्रेस, गोरखपुर द्वारा सम्पादित
५. दुर्गाप्रसाद द्वारा सम्पादित

इसी प्रकार श्री अंजनीनन्दन शरण, बाबू श्यामसुन्दर दास, पं० रामनरेश त्रिपाठी आदि के पाठ हैं—जिनमें मुख्य यही ठहरते हैं।

ये समस्त सम्पादन तीन श्रेणियों में रखे जा सकते हैं—

१. समस्त शाखाओं के पाठों से पाठ मिलान के बाद श्रीरामचरित मानस का आकलित पाठ। यह पाठ डॉ० माताप्रसाद गुप्त का है।

२. नागरी प्रचारिणी द्वारा प्रकाशित शम्भुनाथ चौबे का पाठ भी बड़े ही परिश्रम से तैयार किया गया है किन्तु उसकी भी परम्परा उन्हीं प्रतियों से सम्बद्ध है, जो काशिराज संस्करण के समीप है।

३. पण्डित विश्वनाथप्रसाद मिश्र ने काशिराज पुस्तकालय में प्राप्त मानस की प्रति के पाठ को अपना आधार बनाया है और प्राप्त अन्य पाठान्तरों पर भी विचार किया है किन्तु यह एक शाखा का भी पाठ नहीं है। यह केवल एक प्रति का पाठ है।

४. गीता प्रेस तथा दुर्गाप्रसाद के पाठ प्रायः एक ही जैसे हैं। इन पाठों का सम्बन्ध मानस की प्राचीनतम हस्तलिखित प्रतियों के पाठों से न होकर प्रकाशित प्रतियों के पाठों से है। गीता प्रेस का पाठ अधिकांशतया नागरी प्रचारिणी सभा के पाठों के समीप है और यही स्थिति दुर्गाप्रसाद के पाठों की है।

पाठ विवेचन की दृष्टि से इस प्रकार तीन ही पाठ ज्यादा महत्त्वपूर्ण है—

(१) डॉ० गुप्त का पाठ
(२) नागरी प्रचारिणी अर्थात् पं० शम्भुनाथ चौबे का पाठ
(३) पण्डित विश्वनाथ प्रसाद मिश्र का पाठ

इन तीनों पाठ रूपों में कई प्रकार की समस्याएँ आती हैं—

(१) तीनों में जहाँ एक पाठ हैं, वे सर्वसम्मत से स्वीकृत पाठ हैं। श्रीरामचरितमानस की परम्परागत प्रतियों में इन सर्वसम्मत पाठों के स्थान पर अनेक पाठ भेद मिलते हैं, और वे अब किसी भी रूप में ग्राह्य नहीं रहे।

(२) डॉ० माताप्रसाद गुप्त एवं पंडित विश्वनाथप्रसाद मिश्र के उत्तरकांड के पाठ में अधिक साम्य हैं और एकाध को छोड़कर वे सभी साम्य नागरी प्रचारिणी तथा गीता प्रेस के पाठ से प्रामाणिक हैं।

(३) अनेक ऐसे स्थल हैं, जहाँ डॉ० माताप्रसाद गुप्त, नागरी प्रचारिणी एवं काशिराज संस्करण (पण्डित विश्वनाथ प्रसाद मिश्र) के पाठों में पूर्णतः वैषम्य है, कुछ स्थलों को छोड़कर डॉ० गुप्त के पाठ सर्वथा प्रामाणिक तथा ग्राह्य हैं।

(४) डॉ० शम्भुनाथ चौबे के पाठ अनेक स्थलों पर डॉ० गुप्त तथा काशिराज संस्करण से भिन्न हैं, एकाध को छोड़कर वे ग्राह्य नहीं है।

(५) काशिराज संस्करण के अनेक पाठ ऐसे हैं, जो सभी से भिन्न हैं, ये पाठ ग्राह्य नहीं हैं।

इस प्रकार, यह सम्पादन मानस की अनेक शाखाओं से उपलब्ध पाठों की प्रामाणिकता पर आधारित है। सभी पाठों के पाठ-वैभिन्यों में संदेह की पर्याप्त सम्भावनाएँ हैं, फिर भी, तर्क तथा प्रामाणिकता पाठ निर्धारण के लिए जो भी आधार हो सकते हैं, उनके आधार पर प्रस्तुत पाठ को रखने की चेष्टा की गई है। प्रस्तुत सम्पादक सभी मानस के सम्पादकों के प्रति एतदर्थ कृतज्ञ है।

मानस के कतिपय प्रमुख पाठान्तरों की कांड क्रम के अनुसार तालिका इस प्रकार है—

बालकांड

दो० सं०	प्रस्तुत पाठ	डॉ० माताप्रसाद गुप्त का पाठ	नागरी प्रचारिणी सभा का पाठ	प० विश्वनाथ प्रसाद मिश्र का पाठ	गीता प्रेस का पाठ	दुर्गा प्रसाद का पाठ
१.२.१	रज मृद मंजुल	रज मृदु मंजुल	मृदु मंजुल रज	रज़ मृदु मंजुल	रज मृदु मंजुल	रज मृदु मंजुल
१.११	तीरथ साज	तीरथ साज	तीरथ साज	तीरथ साज	तीरथ राज	तीरथ राज
६.८	क्रमनासा	क्रमनासा	कविनासा	कविनासा	क्रमनासा	क्रमनासा
६.८	मरु मालव	मरु मालव	मरु मारब	मरु मारव	मरु मारब	मरु मारब
७.४	पोषक-सोषक	पोषक-सोषक	पोषक सोषक	सोषक पोषक	सोषक पोषक	सोषक पोषक
९.२	दादुर	दादुर	गादुर	गादुर	दादुर	दादुर
१२.६	थोरे महुँ	थोरहु महुँ	थोरे महुँ	थोरे महुँ	थोरे महुँ	थोरे महुँ
१२.८	जे असंका	ते असंका	ते असंका	ते असंका	जे असंका	जे असंका
१९.५	नाम प्रतापू	नाम प्रतापू	नाम प्रभाऊ	नाम प्रतापू	नाम प्रतापू	नाम प्रतापू
१९.५	उलटा जापू	उलटा जापू	उलटा नाऊ	उलटा जापू	उलटा जापू	उलटा जापू
२०.३	सुमिरत	सुमिरत	समुझत	सुमिरत	सुमिरत	सुमिरत
२१.७	गति	गति	गुन	गति	गति	गति
२५.५	सकुल कुल रावन	सकुल कुल रावन	सकल कुल रावन	सकुल रन रावनु	सकुल रन रावन	सकुल रन रावन
२८.११	मलिन मति	मलिन मति	मलिन मन	मलिन मति	मलिन मति	मलिन मति
३०.६	सवँदरसी	सब दरसी	सब दरसी	सब दरसी	सवँ दरसी	सँव दरसी
३४.२	बिनवउँ	बिनवौं	प्रनवौं	विनवौं	विनवउँ	विनवउँ
३६.१-२ दो.	बिचारु-चारु	विचारु-चारु	विचरि-चारि	विचारि-चरि	विचारि-चारि	विचारी-चारि
३७.३	बीचि	बीचि	बीच	बीचि	बीचि	बीचि
४१.४	सुबद्ध	सुबद्ध	सुबन्ध	सुबद्ध	सुबद्ध	सुबद्ध
४१.२दो.	अघ खल	अघ खल	खल अघ	अघ खल	अघ खल	अघ खल
४७.१	मोर	मोर	मोह	मोर	मोर	मोर
४८.२दो.	गुपुत रूप	गुपत रूप	गुप्त रूप	गुप्त रूप	गुप्त रूप	गुप्त रूप
५०.६	नावहिं	नावहिं	नावहिं	नावहिं	नावत	नावत
५२.८	लगे जपन	लगे जपन	जपन लगे	लगे जपन	लगे जपन	लगे जपन
५६.१	शिव	शिव	प्रभु	शिव	शिव	शिव
५६.१	परम प्रेम	परम प्रेम नहिं	परम प्रेम तजि	परम पुनीत न	परम पुनीत न	परम पुनीत न
(दो.)	नहिं जाइ तजि	जाइ तजि	जाइ नहिं	जाइ तजि	जाइ तजि	जाइ तजि
६३.६	दुख न हृदय अस	दुख न हृदय अस	दुख अस हृदय न	दुख न हृदय अस	दुखु न हृदयँ अस	दुखु न हृदय अस
६९.१	जो अस हिंहिसा	जौ अस हिहिसा	जौ ऐसहि इषिहा	जौ अस हिहिषा	जौ अस हिहिषा	जौ अस हिहिषा
(दो.)	करहिं नर	करहिं नर	करहिं नर	करहिं नर	करहिं नर	करहिं नर
७१.२.	समुझे	समुझे	बूझे	समुझे	समुझे	समुझे

दो० सं०	प्रस्तुत पाठ	डॉ० माताप्रसाद गुप्त का पाठ	नागरी प्रचारिणी सभा का पाठ	प० विश्वनाथ प्रसाद मिश्र का पाठ	गीता प्रेस का पाठ	दुर्गा प्रसाद का पाठ
७८.१.	मूरतिवंत	मूरतिवंत	मूरतिवंत	मूरतिवंत	मूरतिवंत	मूरतिवंत
७८.८	चाहिअ सदा सिवहिं	चाहिअ सिवहिं सदा	चाहिअ सदा सिवहिं	चाहिअ सदा सिवहिं	चाहिअ सदा सिवहिं	चाहिअ सदा सिवहिं
१०७.५	अनुमानी	अनुमानी	मनमानी	अनुमानी	अनुमानी	अनुमानी
११५.३	जिन्ह के	जिन्ह के	जिन्हहिं न	जिन्ह के	जिन्ह के	जिन्ह के
१२६.दो.	बैन	बैन	बयन	बयन	बैन	बैन
१३४.३	करहिं कूट	करहिं कूटि	करहिं कूट	करहिं कूटि	करहिं कूटि	करहिं कूटि
१३५.४.	लै गए	लै गए	लै गे	लै गे	लै गे	लै गे
१४९.१	बोले मृदु	बोले मृदु	बोली मृदु	बोली मृदु	बोली मृदु	बोली मृदु
१५१.१	बच रचना	बच रचना	बच रचना	बर रचना	बर रचना	बर रचना
१७८.दो.	जाइ	जाइ	जाइ	जाइ	जाहिं	जाहिं
१८२.५	स्रवहिं	स्रवहिं	स्रवहिं	स्रवहिं	स्रवहिं	स्रवहिं
१८२–८	प्रचारी	पचारी	प्रचारी	पचारी	पचारी	पचारी
१८३	सीसा > खीसा	दीसा, खीसा	दीस खीस	दीस, खीस	सीसा, खीसा	दीसा, खीसा
१–४ छं.	काना > पुराना	काना पुराना	कान पुरान	कान पुरान	काना पुराना	काना पुराना
१९२छं.	अनंता, मनंता	अनंता, मनंता	अनंत, मनंत	अनंत, मनंत	अनंता, मनंता	अनंता, मनंता
५–८ छं.	संता, श्रीकंता	संता श्रीकंता	संत श्रीकंत	संत श्रीकंत	संता श्रीकंता	संता श्रीकंता
१९४.१ (दो.)	प्रगटेउ प्रभु सुख कंद	प्रगटे प्रभु सुख कंद	प्रगटेउ सुषमा कंद	प्रगटेउ सुषमा कंद	प्रगटे सुषमा कंद	प्रगटे सुषमा कंद
२००.४	बस कै	बस कै	सबकै	बस के	बस कै	बस कै
२०८.५	सुत प्रिय मोहिं प्रान	सुत प्रिय मोहिं प्रान	सुत प्रीय मोहिं प्रान	सुत प्रीय मोहिं प्रान	सुत प्रिय मोहिं प्रान	सुत प्रिय मोहिं प्रान
२१०.५	पुनि मारा	पुनि मारा	तेहिं मारा	पुनि मारा	पुनि मारा	पुनि मारा
२१३.२	जनु विधि स्वकर	जनु विधि स्वकर	बिधि जन स्वकर	विधि जनु स्वकर	विधि जनु स्वकर	विधि जनु स्वकर
२३१.५	धरै न	धरै न	धरै न	धरै न	धरइ न	धरइ न
२४०.६	जरठ	जरठ	जठर	जरठ	जरठ	जरठ
२५८.१	प्रभुहि चितै पुनि चितव	प्रभुहि चितै पुनि चितव	प्रभुइ चितइ पुनि चितइ	प्रभुहि चितै पुनि चितव	प्रभुहि चितै पुनि चितव	प्रभुहि चितै पुनि चितव
२६७–३	लोभ लोलप कल कीरति	लोभ लोलुप कल कीरति	लोभ लोलु कल कीरति	लोभ लोलुप कल कीरति	लोभी लोलपु कल कीरति	लोभी लोलुप कल कीरति
२७२.दो.	महीप	महीप	महीस	महीप	महीप	महीप
२७४.२	करहिं प्रलापु	करहिं प्रलापु	कथहिं प्रलापु	कथहिं प्रतापु	कथहिं प्रतापु	कथहिं प्रतापु
२८३.४	जगु	जगु	जपु	जप	जपु	जपु
२८८–१	सरल सपरब	सरल सपरब	सरल सपरन	सरल सपरब	सरल सपरब	सरल सपरब
३०५.८	बरातिन्ह	बरातिन्ह	बराती	बरातिन्ह	बरातिन्ह	बरातिन्ह
३१२–३	गेह	गोह	गेह	भवन	भवन	भवन
३१६.२	मंगलमय	मंगलमय	मंगल सब	मंगल सब	मंगल सब	मंगल सब
३२५–१० छं.	सो जनक	सो जनक	सो जनक	सो तनय	सो तनय	सो तनय
३२७–९	महुँ देखिअत	महुँ देखिअत	महुँ देखि मूरतिवंत	महुँ देखि अति	महुँ देखि अति	महुँ देखि अति
३४६.५	मंजुर	मंजुर	मंजरि	मंजुर	मंजुर	मंजुर
३५९.८	अतिहिं	अधिक	अधिक	अतिहिं	अतिहिं	अतिहिं

अयोध्याकांड

दो० सं०	प्रस्तुत पाठ	डॉ० माताप्रसाद गुप्त का पाठ	नागरी प्रचारिणी सभा का पाठ	प० विश्वनाथ प्रसाद मिश्र का पाठ	गीता प्रेस गोरखपुर	दुर्गा प्रसाद का पाठ
२.१.१श्लो	वामांके	वामांके	वामांके	वामांके	यस्यांके	यस्यांके
२.११.६	मनावहिं	बनावहिं	मनावहिं	बनावहिं	मनावहिं	मनावहिं
२.१७.४	साढ़साती	साढ़साती	साढ़साती	साढ़साती	साढ़साती	साढ़साती
२.३१.८.	बजाई	बजाई	बजाई	बजाई	बजाई	बजाई
२.४७.७.	अगमु	अगमु	अगमु	अगहु	अगमु	अगमु
२.४८.८.	प्रान पियारे	परम पियारे	प्रान पियारे	प्रान पियारे	प्रान पियारे	प्रान पियारे
२.८४.२.	सफल	सफल	सफल	सफल	सफल	सफल
२.८९.८	आनी	आनी	आनी	आनी	आनी	आनी
२.९१.१	बसन	बसन	बिसद	बिसद	बसन	बसन
२.९४.२	मंगलदातादा	मंगलदातारा	सुखदारा	सुखदातासा	सुखदारा	सुखदारा
२.९७.६	प्रभा	प्रभा	प्रभा	प्रभा	प्रभा	प्रभा
२.९८.१	मिलत	मिलत	मिलित	मिलित	मिलित	मिलित
२.१००.१	जीहहिं	जीवहिं	जिइहहिं	जीहहिं	जिइहहिं	जिइहहिं
२.१०९.४	हमारा	हमारा	हमारा	हमारा	हमारा	हमारा
२.११६.६	हम	हम	सम	हम	हम	हम
२.११७.२	सकुचि सीय	सकुचि सीय	सकुचा सीय	सकुची सीय	सकुची सीय	सकुची सीय
२.१२२.३	जेहिं	जेहिं	जेहिं	जेहिं	जोइ	जोइ
२.१२५.४	आसन	आसन	आश्रम	आसन	आश्रम	आश्रम
२.१२८.दो.	मन	मन	मन	मन	हिय	हियँ
२.१३३.६	सुरथपति	सुरथपति	सुरथपति	सुरथपति	सुरथपति	सुरथपति
२.१३६.७	जहँ-तहँ	जहँ तहँ	जहँ तहँ	तहँ तहँ	तहँ तहँ	तहँ तहँ
२.१४८.२.	तेहिं तेहिं	तेहिं तेहिं	तेहिं तेहिं	तेहिं तेहिं	तेहिं तेहिं	तेहिं तेहिं
२.१५४.दो	सींचेउ	सींचेउ	सींचत	सींचेउ	सींचत	सींचत
२.१५६.२	करि	करि	क़रि	करि	करि	करि
२.१६४.७	रघुबर	रघुबर	रघुबर	रघुबर	रघुबर	रघुबर
२.१६७.दो	गन घोर	गन घोर	गन घोर	प्रान घोर	गन घोर	गन घोर
२.१७५.७	मरम	मरम	मरम	परम	मरम	परम
२.१८७.१	चहत	चहत	चहत	चहत	चहत	चहत
२.१८९.२	विचार	बिचारि	बिचार	विचार	विषाद	बिचार
२.१९५.३	कुसल	कुसल	कुसल	चितसचकित	चितसचकित	चितसचकित
२.२६५.२	करत उपाउ बनत	करत उपाउ बनत	करत उपाउ बनत	करत उपाउ बनत	करत उपाउ बनत	करत उपाउ बनत
२.२८३.१	बिबुध सरि	बिबुध सरि	देवसरि	विवुध सरि	देवसरि	देव सरि
२.३१३.७	सबहिं सहेउ	सबहिं सहेउ	सहेउ सबहिं	सहेउ सबहिं	सहेउ सबहिं	सहेउ सबहिं
२.३२५.१	घटई तेज	घटइ तेज	घटइ तेज	घटइ तेज	घटइ तेज	घटइ तेज

अरण्यकांड

दो० सं०	प्रस्तुत पाठ	डॉ० माताप्रसाद गुप्त का पाठ	नागरी प्रचारिणी सभा का पाठ	प० विश्वनाथ प्रसाद मिश्र का पाठ	गीता प्रेस गोरखपुर	दुर्गा प्रसाद का पाठ
३.१.१	पुर नर	पुर नर	पुर नर	पुर नर	पुर नर	पुर नर
३.१.५.	बाइस	बाइस	बाइस	बायस	बायस	बायस
३.२.१.	बाइस	बाइस	बाइस	बांयस	बायस	बायस
३.३.१.	स्त्रुति	स्त्रुति	श्रुति	श्रुति	श्रुति	श्रुति
३.५.४	सरस	सरस	सरस	सरस	सरस	सरस
३.६.७	भजी	भजी	भजी	भजी	भजी	भजी
३.७.२	बने	बने	बना	बने	बने	बने
३.९.७	सबँदरसी	सबदरसी	सबदरसी	सबदरसी	सबदरसी	सबदरसी
३.११.दो.	येह काम	येह काम	यह काम	येह काम	निः काम	निहकाम
३.१२.११	पर	पर	बर	बर	बर	बर
३.१६.दो.	निहकाम	निहकाम	निःकाम	निष्काम	निःकाम	निःकाम.
३.१८.२.	बिलपाता	बिलपाता	बिलपाता	बिलपाता	बिलपाता	बिलपाता
३.२०.१	बहु	बहु	बहु	बहु	बहु	बहु
३.२४.५	रचा	रचा	रचा	रचेउ	रचा	रचा
३.२६.४	मानस गुनी	मानस गुनी	मानस गुनी	मानस गुनी	मानस गुनी	मानस गुनी
३.२७.७	करतल	करतल	करतर	करतल	करतल	करतल
३.२८.१६	रिसाना	रिसाना	लजाना	रिसाना	रिसाना	रिसाना
३.३५.३	अतिमंद	अतिमंद	अतिमंद	अतिमंद	मतिमंद	मतिमंद
३.४०.१	सुसेवित	सुसेवित	सुचितित	सुचितित	सुचिंतित	सुचिंतित
३.४०.१	मधुर	मधुर	मधुर	मधुर	मधुर	मधुर
३.४०.६.	परास	परास	पनास	परास	परास	परास
३.४५.९	धर्मगति	धर्मगति	धर्मगति	भगति पथ	धर्मगति	धर्मगति

किष्किंधाकांड

दो० सं०	प्रस्तुत पाठ	डॉ० माताप्रसाद गुप्त का पाठ	नागरी प्रचारिणी सभा का पाठ	प० विश्वनाथ प्रसाद मिश्र का पाठ	गीता प्रेस गोरखपुर	दुर्गा प्रसाद का पाठ
४.२.६.	पुलकित तन	पुलकित तन	पुलकित तन	पुलकित तन	पुलकित तन	पुलकित तन
४.४.३.	अभय करीजै	अभय करीजै	अभय करीजै	अभय करीजै	अभय करीजै	अभय करीजै
४.६.दो.	उबरिहि	उबरिहि	उबरिहिं	उबरिहिं	उबरिहिं	उबरिहिं
४.७.१२.	ढहाये	ढहाये	ढहाये	ढहाये	ढहाये	ढहाये
४.१४.८.	अचल	अचल	अचल	अचल	अचल	अचल
४.२४.दो.	बिगसित बहुकंज	बिगसित बहुकंज	बिगसित बहुकंज	बिगसित बहुकंज	बिगसित बहुकंज	बिगसित बहुकंज
४.२५.७.	कमल पद	कमल पद	पद कमल	कमल पद	पद कमल	पद कमल
४.३०.दो.	त्रिसिरारि	त्रिसिरारि	त्रिसिरारि	त्रिसिरारि	त्रिसिरारि	त्रिसिरारि
४.३०.सो.	नीलोत्पल	नीलोत्पल	नीलोत्पल	नीलोत्पल	नीलोत्पल	नीलोत्पल